DICCIONARIO

DE LA

LENGUA CASTELLANA.

SEGUNDA PARTE.

EN LA IMPRENTA DE LACHEVARDIERE HIJO,
CALLE DU COLOMBIER, Nº 30, EN PARIS.

DICCIONARIO

DE LA

LENGUA CASTELLANA,

PARA CUYA COMPOSICION

SE HAN CONSULTADO LOS MEJORES VOCABULARIOS DE ESTA LENGUA,

Y EL DE LA REAL ACADEMIA ESPAÑOLA

ULTIMAMENTE PUBLICADO EN 1822;

AUMENTADO

CON MAS DE 5000 VOCES Ó ARTÍCULOS,

QUE NO SE HALLAN EN NINGUNO DE ELLOS;

POR D. M. NUÑEZ DE TABOADA,

DIRECTOR DE LA INTERPRETACION DE LENGUAS, ETC.

SEGUNDA PARTE

H—Z.

PARIS,

EN LA LIBRERÍA DE SEGUIN,

CALLE DE SAINT-JACQUES, N° 41.

1825.

DICCIONARIO

DE LA

LENGUA CASTELLANA.

H, Octava letra del alfabeto, cuya pronunciacion se forma arrimando toda la parte anterior *de la* lengua en el principio del *paladar* junto á los dientes de *arriba*, *apartándola* de golpe.

HA, *interj.* que explica diversos afectos y acciones con que se amonesta y avisa, anima ó alaba.

HABA, s. f. Planta de tallo erguido que produce un fruto comestible, encerrado dentro de una vaina. ‖ Cierta especie de ronchas que salen en el cuerpo. ‖ Cierto bulto que les sale á las bestias en la boca. ‖ Cada una de las bolitas blancas y negras con que se hacen las votaciones secretas. ‖ *Germ.* V. UÑAS. ‖ HABA DE EGIPTO, V. COLOCASIA. ‖ HABA DE LAS INDIAS, V. JUDÍA Ó FRISOL. ‖ HABA DE SAN IGNACIO, Simiente de un árbol que se cria señaladamente en las Filipinas. ‖ HABA PANOSA, Variedad de la haba comun. ‖ ECHAR LAS HABAS, Hacer hechizos *ó sortilegios.* ‖ EMPÚJOTE EL HABA, V. FILDERECHO. ‖ ESAS SON HABAS CONTADAS, met. Denota ser una cosa cierta y clara.

HABANERO, RA, adj. De la Habana.

HABANO, NA, adj. Dícese del tabaco y otras cosas que son de la Habana.

HABAR, s. m. Terreno sembrado de habas.

HABEDERO, RA, adj. ant. Que se ha *de* haber ó percibir.

HABER, v. a. Poseer, tener alguna cosa. ‖ HABER Á LAS MANOS, met. Encontrar ó hallar lo que se busca. ‖ HABER POR GRATO Ó RATO, ant. Tener alguna cosa por firme y valedera. ‖ HABER Á UNO POR CONFESO, for. Declarar por confeso al

que despues de notificada la demanda no comparece dentro del término prescrito por la ley. ‖ HABERLAS Ó HABÉRSELAS CON ALGUNO, fam. Disputar ó contender con alguno. ‖ HABERLO, Hablando de las muelas, pies, cabeza, etc., es padecer en dichas partes.

HABER, v. auxiliar que sirve para conjugar otros verbos en los tiempos de activa, como yo HE amado, yo HUBE leido.

HABER, v. impers. V. ACAECER, SOBREVENIR. ‖ HABER LA DE MARAGATOS Ó LA DE SAN QUINTIN, met. Haber una grande pendencia ó riña.

HABERSE, v. r. Portarse, proceder bien ó mal.

HABER, s. m. Hacienda, bienes. ‖ HABER MONEDADO, ant. Moneda, dinero en especie.

HABERADO, DA, adj. ant. Hacendado que tiene haberes y riquezas.

* **HABERÍA**, s. f. V. AVERÍA. ‖ HABERÍAS, p. Sueldo, situado, beneficio. ‖ Bienes, riquezas.

* **HABERÍO**, s. m. Instrumento de labrador.

HABICHUELA, s. f. V. ALUBIA.

HABIDERO, RA, adj. ant. Que se puede tener ó haber.

HABIDO, p. p. de HABER y HABERSE.

HABIENTE, p. a. ant. de HABER, Que tiene.

HÁBIL, adj. Capaz, inteligente y dispuesto para el manejo de cualquier egercicio, oficio ó ministerio.

HABILIDAD, s. f. Capacidad, inteligencia y disposicion para alguna cosa. ‖ Gracia y destreza en egecutar alguna cosa. ‖ met. Sugeto hábil. ‖ HACER SUS

HABILIDADES, fam. Valerse uno de toda su destreza para negociar una cosa.

HABILÍSIMAMENTE, adv. sup. de HÁBILMENTE.

HABILÍSIMO, MA, adj. sup. de HÁBIL.

HABILITACION, s. f. Accion y efecto de habilitar.

HABILITADO, p. p. de HABILITAR.

HABILITADO, s. m. El oficial á cuyo cargo está el recaudar en la tesorería los intereses del regimiento.

HABILITADOR, RA, s. m. y f. El que habilita á otro.

HABILITAR, v. a. Dar á alguno por capaz y apto para regir por sí su hacienda, ó servir algun empleo. ‖ En los concursos á prebendas ó curatos es declarar al que ha cumplido bien en la oposicion por hábil y acreedor en otra. ‖ Proveer á alguno de lo que ha menester para un viage, poner casa y otras cosas semejantes.

HABILLA, s. f. d. de HABA.

HABILLADO, DA, adj. ant. Vestido, adornado.

HABILLAMIENTO, s. m. ant. Vestidura, arreo ó adorno en el trage.

* HABILLAR, v. a. ant. V. VESTIR.

HÁBILMENTE, adv. Con habilidad.

HABITABLE, adj. Que puede habitarse.

HABITACION, s. f. La parte del edificio que se habita ó está destinada para habitarse.

HABITÁCULO, s. m. fam. V. HABITACION.

HABITADO, p. p. de HABITAR.

HABITADOR, RA, s. m. y f. El que vive ó reside en algun lugar ó casa.

HABITAMIENTO, s. m. ant. V. HABITACION.

HABITANTE, p. a. de HABITAR, Que HABITA.

HABITANZA, s. f. ant. V. HABITACION.

HABITAR, v. a. Vivir, morar en algun lugar ó casa.

HABITICO, LLO, TO, s. m. d. de HÁBITO.

HÁBITO, s. m. El vestido ó trage de que cada uno usa segun su estado, ministerio ó nacion. ‖ El que usan los religiosos y religiosas. ‖ Costumbre, facilidad que se tiene en cualquiera cosa por repetirla muchas veces. ‖ Insignia con que se distinguen las órdenes militares. ‖ HÁBITO DE PENITENCIA, El que impone ó manda traer por algun tiempo el que tiene potestad. ‖ Vestido áspero ó particular que usan los que se dedican á la virtud y penitencia, ó en las procesiones públicas. ‖ HÁBITOS, pl. El vestido talar que traen los eclesiásticos y estudiantes. ‖ AHORCAR LOS HÁBITOS, fam. Dejar el trage eclesiástico ó religioso para tomar otro destino y profesion. ‖ TOMAR EL HÁBITO, Recibir el hábito en cualquiera religion.

HABITUACION, s. f. ant. La costumbre de hacer alguna cosa.

HABITUADO, p. p. de HABITUAR.

HABITUAL, adj. Que se hace, padece, posee ó frecuenta con continuacion ó por hábito.

* HABITUALIDAD, s. f. Estado permanente de un hábito.

HABITUALMENTE, adv. Con continuacion ó por hábito.

HABITUAR, v. a. Acostumbrar ó hacer que uno se acostumbre.

HÁBITUD, s. f. Relacion ó respecto de una cosa á otra. ‖ ant. V. HÁBITO, COSTUMBRE.

HABITUDINAL, adj. ant. V. HABITUAL.

HABLA, s. f. Idioma ó lengua con que se explican y dan á entender las cosas. ‖ La misma locucion ó palabras que se hablan. ‖ ant. Razonamiento, oracion, arenga. ‖ ESTAR, DEJAR, TENER, etc. EN HABLA, Estar alguna cosa en estado de concertarse, tratarse ó disponerse para su conclusion. ‖ NEGAR Ó QUITAR EL HABLA, No hablar uno ó otro cuando se encuentran por estar reñidos.

HABLADO, p. p. de HABLAR. ‖ HABLADO, DA, adj. ant. Que habla. ‖ BIEN Ó MAL HABLADO, Comedido ó descomedido en el hablar.

HABLADOR, RA, s. m. y f. El que habla mucho con impertinencia y molestia del que le oye.

HABLADORCILLO, LLA, s. m. y f. d. de HABLADOR.

* HABLADORÍSIMO, MA, adj. sup. de HABLADOR, Gran hablador.

HABLADURÍA, s. f. Dicho ó expresion inoportuna é impertinente que desagrada.

HABLANCHIN, NA, s. m. y fam. V. HABLADOR.

HABLANTE, p. a. ant. de HABLAR, Que habla.

HABLANTIN, NA, s. m. y f. fam. V. HABLADORCILLO.

HABLAR, v. a. Articular, proferir las palabras para explicarse y darse á entender. ‖ Rogar, interceder por alguno. ‖ HABLAR ALTO, Explicarse con libertad ó enojo fundándose en su autoridad y razon. || HABLAR Á TONTAS Y Á LOCAS, fam. Hablar sin reflexion. || HABLARA YO PARA MAÑANA, fam. Reconviene á uno despues de haber explicado alguna circunstancia que ántes omitió, y era necesaria. || HABLAR BIEN, Ser cortés y comedido con todos en lo que se dice ó habla. || HABLAR BIEN, Explicarse con propiedad y buen estilo. || HABLAR CLARO, Decir cada uno su sentir desnudamente. || HABLAR DE GRACIA, ant. Hablar sin fundamento. || HABLAR DE HILVAN, Hablar atropelladamente. || HABLAR DE MEMORIA, DE CABEZA Ó DE REPENTE, Decir sin reflexion lo primero que ocurre. || HABLAR DE VERAS, Comenzar á enfadarse. || HABLAR DE VICIO, Ser hablador. || HABLAR EN COMUN, Hablar en general y con todos. || HABLAR ENTRE SÍ Ó CONSIGO, Meditar ó discurrir sin llegar á pronunciar lo que se medita ó discurre. || HABLARLO TODO, No tener discrecion para callar. || HABLAR POR HABLAR, Decir alguna cosa sin fundamento ni sustancia. || HABLAR RECIO. || Hablar con entereza. || HABLAR GORDO, Echar fieros y bravatas, amenazando. || HABLÁRSELO TODO, Hablar alguno tanto que no deje lugar de hablar á los demas. || CADA UNO HABLA COMO QUIEN ES, Da á entender que regularmente se explica cada uno conforme á su nacimiento y crianza. || ES HABLAR POR DEMAS, Denota que es inútil lo que uno dice por no hacer fuerza á la persona á quien se habla. || ESTAR HABLANDO, Exagera la propiedad con que esta egecutada alguna cosa inanimada. || NI HABLAR NI PARLAR, Ó NI HABLA NI PARLA, fam. Denota el sumo silencio de alguno. || NO HABLARSE. Apartarse alguno de la comunicacion que ántes tenia con otro por haberse enemistado. || NO SE HABLE MAS EN ELLO, Expr. con que se corta alguna conversacion, negocio ó disgusto. || Se dice cuando se da una cosa por hecha y ajustada.

*HABLATISTA, s. m. fam. V. HABLADOR.

HABLILLA, s. f. Rumor, cuento, mentira.

HABON, s. m. El bulto en figura de haba que sale al cútis.

HACA, s. f. Caballo pequeño de estatura. || ¿QUÉ HACA? Ó ¿QUÉ HACA MORENA? fam. Se usa en modo disyuntivo con otra cosa que se desprecia.

HACANEA, s. f. Caballo algo mayor que las hacas y menor que los caballos.

HACECICO, LLO, TO, s. m. d. de HAZ.

HACEDERO, RA, adj. Que puede hacerse ó fácil de hacer.

HACEDERO, RA, s. m. y f. ant. V. HACEDOR, 2ª A.

HACEDOR, RA, s. m. y f. Persona que tiene á su cuidado la administracion de alguna hacienda, etc. || El que hace, causa ó egecuta alguna cosa. || El que obra y trabaja con agilidad, eficacia y prontitud. || El que hace, causa ó egecuta alguna cosa.

HACENDADO, DA, adj. y s. m. El que tiene hacienda ó muchos bienes.

HACENDAR, v. a. Dar ó conferir el dominio de haciendas.

HACENDARSE, v. r. Comprar hacienda para arraigarse en alguna parte.

HACENDEJA, s. f. d. de HACIENDA.

HACENDERA, s. f. Trabajo á que debe acudir todo el vecindario por ser de utilidad comun.

HACENDERÍA, s. f. ant. Obra ó trabajo corporal.

HACENDERO, RA, adj. El que procura con aplicacion los adelantamientos de su hacienda.

HACENDILLA, s. f. d. de HACIENDA.

HACENDOSILLO, LLA, adj. d. de HACENDOSO.

HACENDOSO, SA, adj. Solícito, eficaz.

HACENDUELA, s. f. fam. d. de HACIENDA.

HACER. v. a. Producir y dar el primer ser. || Fabricar, formar. || Egecutar, poner por obra. || met. Dar el ser intelectual, formar con la imaginacion, ó concebir en ella. || Dar ó conceder. || Caber, contener. || Causar, ocasionar. || Disponer, componer, aderezar. || Juzgar, creer ó considerar. || Componer, mejorar, perfeccionar. || Juntar, convocar. || Habituar, acostumbrar á alguno. || *Vol.* Enseñar ó industriar las aves de caza. || *Vol.* Cortar con arte. || Entre jugadores, asegurar lo que paran y juegan cuando tienen poco ó ningun dinero delante. || Llenar ó cumplir el número de alguna cosa. || Junto con los infinitivos de algunos verbos es obligar ó precisar. || Junto con algunos nombres significa la accion de los verbos que se forman de los mismos nombres; tambien es reducir una cosa á lo que significan los nombres. || Junto con los artículos *el*, *la*, *lo*, y algunos nombres, denota egercer actualmente lo que los nombres significan, y mas comunmente representarlo. ||

HACER ALGUNA, fam. Egecutar alguna mala accion, travesura ó fraude. ‖ HACER ALGUNA COSA ARRASTRANDO, fam. Denota que no se hace bien alguna cosa, ó que se hace de mala gana. ‖ HACER BIEN, Beneficiar, contribuir al socorro ó alivio de alguna persona ó necesidad. ‖ HACER CARDIZA UNA COSA, V. CARDIZO. ‖ HACERLA, Significa que alguno faltó á lo que debia á sus obligaciones, ó al concepto que se tenia de él. ‖ HACER LA ACECHONA, Atisbar, acechar. ‖ HACERLA CERRADA, fam. Cometer algun error culpable por todas sus circunstancias. ‖ HACER LA DESHECHA, met. Disimular. ‖ CONVIDAR Á HACER PENITENCIA, Ó POSADA Ó VENTA, fam. Convidar á comer. ‖ HACER SABER, Poner en noticia de otro alguna cosa. ‖ HACER SUDAR, Da á entender la dificultad que costará una cosa para egecutarla ó entenderla; y á veces sirve tambien para amenazar. ‖ HACEMOS ALGO, fam. Dicese para uno incitar á otro á que entre en algun negocio que tiene con él, ó venir á la conclusion de algun contrato. ‖ HACERLO MAL, Y EXCUSARLO PEOR, Explica que algunas veces los motivos de hacer las cosas malas son peores que ellas mismas. ‖ COMO QUIEN HACE OTRA COSA, Ó TAL COSA NO HACE, Denota que se egecuta algo con disimulo, de forma que no le comprendan los otros. ‖ NO ES DE HACER Ó DE HACERSE ESTO Ó AQUELLO, Significa que no es lícita ó conveniente alguna cosa que se va á egecutar. ‖ NO HAY QUE HACER, Ó ESO NO TIENE QUE HACER, Da á entender que no tiene dificultad lo que propone y se conviene enteramente en ello. ‖ NO ME HAGAS HABLAR, Se usa para contener á alguno amenazándole con que se dirá cosa que le pese. ‖ ¿QUÉ HACES? Ó MIRA LO QUE HACES, Avisa al que va á egecutar alguna cosa mala ó arriesgada para que haga reflexion sobre ella, y la evite. ‖ ¿QUÉ HARÉMOS, QUÉ HACEMOS CON ESO? Significa la poca importancia y utilidad para el fin que se pretende de lo que actualmente se discurre ó propone. ‖ ¿QUÉ HEMOS DE HACER? Se usa para conformarse alguno con lo que sucede, dando á entender que no está en su mano el evitarlo.

HACER, v. n. Importar, convenir. ‖ Crecer, aumentarse, adelantarse para llegar al estado de perfeccion. ‖ Existir actualmente. ‖ Corresponder, concordar, venir bien una con otra. ‖ Con algunos nombres de oficios y la proposicion *de* es lo mismo que egercerlos. ‖ Junto con la particula *á* es estar dispuesto y pronto para admitir ó recibir lo que los nombres significan, ó inclinarse á ello. ‖ Junto con las particulas *de* ó *se*, ó con los articulos *el*, *la*, *lo*, es, algunas veces, fingir lo que significan los nombres con quien se juntan, otras veces se toma por blasonar de lo que los nombres significan. ‖ Junto con la particula *por* y los infinitivos de algunos verbos es poner cuidado y diligencia para la egecucion de lo que los verbos significan, tambien en este sentido suele juntarse con la particula *para*. ‖ HACER Á TODO, Estar alguna cosa dispuesta, ó ser á propósito para servir en cualquier ministerio á que se quiera aplicar. ‖ Se usa tambien para significar la disposicion ó ánimo de alguno para recibir cualquiera cosa que le den. ‖ HACER DE LAS SUYAS, Obrar, proceder alguno segun su genio y costumbre. ‖ HACER POR HACER, fam. Da á entender que se hace alguna cosa sin necesidad ó utilidad. ‖ HACER QUE HACEMOS, Trabajar inútilmente y ostentando diligencia, cuidado y fatiga. ‖ HACER Y ACONTECER, f. fam. Con que se significan las ofertas de algun bien ó beneficio grande. ‖ HACER Y ACONTECER, fam. Se usa para amenazar.

HACERSE, v. r. Apartarse ó desviarse. ‖ Llegar uno á ser lo que ántes no era. ‖ HACERSE ALGUNO ALCANZADIZO, met. Afectar ignorancia. ‖ HACERSE DE ALGO Ó CON ALGO, Adquirir ó comprar alguna cosa que se necesita. ‖ HACERSE DE ROGAR, No conceder luego lo que se pide. ‖ HACERSE DURA ALGUNA COSA, Ser difícil de creer, de sufrir, etc. ‖ HACÉRSELA, vulg. Da á entender que alguno agravia, engaña á otro, ó le quiere engañar. ‖ HACERSE TARDE, V. TARDE.

HACERIR, v. a. ant. V. ZAHERIR.

HACEZUELO, s. m. d. de HAZ.

HACHA, s. f. Vela grande y gruesa de cera de figura cuadrada y con cuatro pábilos. ‖ Instrumento de hierro que en la parte inferior tiene el corte, y en la superior un anillo para poner el ástil. ‖ Baile antiguo español. ‖ HACHA DE ARMAS, Instrumento ó arma antigua de la misma forma que el hacha de cortar leña. ‖ HACHA DE VIENTO, La de esparto y pez, que resiste al viento sin apagarse. ‖ CORRERSE LA HACHA, LA VELA, etc. Derretirse con exceso.

HACHAZO, s. m. Golpe dado con el hacha.

HACHE, s. f. Nombre de la letra *h*.

HACHEAR, v. a. Desbastar y labrar algun madero con el hacha.

HACHEAR, v. n. Dar golpes con el hacha.

HACHERO, s. m. Candelero para el hacha. || El que trabaja con el hacha en cortar y labrar maderas. || *Mil.* V. GASTADOR. || ant. V. ATALAYA.

HACHETA, s. f. d. de HACHA.

HACHO, s. m. Manojo de paja ó esparto encendido para alumbrar. || Leño bañado de materias resinosas de que se usaba para el mismo fin. || *Germ.* Ladron.

HACHON, s. m. V. HACHA DE VIENTO. Especie de brasero alto, fijo sobre un pié derecho.

HACHUELA, s. f. d. de HACHA.

HÁCIA, prep. que determina la situacion ó colocacion del lugar ó término del movimiento. || HÁCIA DONDE, Denota el lugar hácia el cual se dirige alguna cosa, ó por donde se ve ú oye.

HACIENDA, s. f. Tierra cultivada. || El cúmulo de bienes, posesiones y riquezas que uno tiene. || La especie de trabajos y labores caseras. || ant. Obra, accion ó suceso. || ant. Negocio que se trata entre algunas personas. || DERRAMAR LA HACIENDA, met. Destruirla, disiparla, malgastarla. || GASTAR ALEGREMENTE LA HACIENDA Ó CAUDALES. Gastar en diversiones ó pasatiempos sin la debida reflexion, y en especial en banquetes. || HACER BUENA HACIENDA, irón. Se usa cuando alguno ha incurrido en algun yerro ó desacierto. || REAL HACIENDA, Los bienes de la corona ó del estado. || REDONDEAR LA HACIENDA, Pagar las cargas, créditos ó gravámenes que tenia contra sí.

HACIENTE, p. a. ant. de HACER, Que hace.

HACIMIENTO, s. m. ant. La accion y efecto de hacer. || HACIMIENTO DE GRACIAS, ant. V. ACCION DE GRACIAS. || HACIMIENTO DE RENTAS, Arrendamiento de ellas hecho á pregon.

HACINA, s. f. Monton de haces. || met. Monton ó rimero.

HACINADO, p. p. de HACINAR.

HACINADOR, RA, s. m. y f. El que hacina.

HACINAMIENTO, s. m. Accion y efecto de hacinar.

HACINAR, v. a. Poner los haces unos sobre otros. || met. Amontonar, acumular, juntar sin órden.

HACINO, NA, adj. ant. Avaro, mezquino, miserable. || ant. V. TRISTE.

HADA, s. f. ant. La que segun los paganos pronosticaba lo que está dispuesto en los hados. || ant. Cualquiera de las tres parcas. || ant. V. HADO.

HADADA, s. f. ant. V. HADA.

HADADO, p. p. de HADAR.

HADADOR, RA, s. m. y f. ant. El que hada.

HADAR, v. a. ant. Determinar el hado alguna cosa. || ant. Anunciar, pronosticar lo que está dispuesto en los hados. || ant. V. ENCANTAR.

HADARIO, RIA, adj. ant. V. DESDICHADO.

HADO, s. m. Lo que conforme á lo dispuesto por Dios desde la eternidad nos sucede con el discurso del tiempo. || En opinion de los filósofos paganos serie y órden de causas tan encadenadas unas con otras, que necesariamente producian su efecto.

* **HADROLLA**, s. f. ant. Fraude en ventas y compra.

HAE, interj. ant. V. HA.

HAEDO, s. m. ant. V. HAYAL.

HALA, interj. ant. que servia para llamar á alguno.

HALACABULLAS, s. m. ant. El marinero que no conoce mas que la maniobra.

HALACUERDAS, s. m. ant. V. HALACABULLAS.

HALADO, p. p. de HALAR.

HALAGADO, DA, p. p. de HALAGAR.

HALAGADOR, RA, s. m. y f. El que halaga.

HALAGAR, v. a. Dar á uno muestras de amor y cariño con acciones ó palabras. || Lisonjear, adular.

HALAGO, s. m. Demostracion de amor y cariño con acciones ó palabras. || Lisonja ó adulacion. || V. ATRACTIVO.

HALAGÜEÑAMENTE, adv. m. Con halago.

HALAGÜEÑO, ÑA, adj. Que halaga. || Que lisonjea ó adula. || Que atrae con dulzura y suavidad.

HALAR, v. a. *Náut.* Tirar de los cabos.

HALCON, s. m. Ave de rapiña que se empleaba antiguamente en la caza de cetrería. || HALCON CAMPESTRE, Halcon domesticado que se criaba en el campo suelto con las palomas, gallinas, etc. || HALCON CORONADO, Ave de rapiña que se empleaba antiguamente en la cetrería. || HALCON GENTIL, Ave de rapiña. V. NEBLÍ. || HALCON LANERO, V. ALFANEQUE Y BOR

HALCON LETRADO, Variedad del halcon comun. || HALCON MARINO, Ave de rapiña de que se servian antiguamente en la cetreria, y la mas fácil de amansarse. || HALCON MONTANO, Halcon que no habia sido enseñado desde pequeño, el cual era siempre zahareño. || HALCON ROQUÉS, Variedad del halcon comun, que es enteramente negro. || HALCON SONGALETON, Ave de rapiña que se empleaba en la cetreria. || ABAJAR Ó BAJAR LOS HALCONES, *Cetr.* Darles á comer la carne lavada cuando estan muy gordos, para que enflaquezcan.

HALCONADO, DA, adj. Que se asemeja al halcon.

HALCONCICO, LLO, TO, s. m. d. de HALCON.

HALCONEADO, p. de HALCONEAR.

HALCONEAR, v. n. ant. Se dice de las mugeres desenvueltas que andan á caza de hombres.

HALCONERA, s. f. Lugar donde se guardan los halcones. || ant. Se aplicaba á la muger que con su desenvoltura provocaba á lascivia, y de sus acciones provocativas.

HALCONERÍA, s. f. La caza que se hace con halcones.

HALCONERO, s. m. El que cuidaba de los halcones de la cetreria. || HALCONERO MAYOR, El gefe de los halconeros en la casa real.

HALDA, s. f. V. FALDA. || Costal largo y ancho. || V. HALDADA. || HALDAS EN CINTA, met. y fam. En disposicion para hacer alguna cosa. || DE HALDAS Ó DE MANGAS, fam. De un modo ó de otro, por bien ó por mal, quiera ó no quiera.

HALDADA, s. f. Lo que cabe en el halda.

HALDEAR, v. n. Andar de priesa las personas que llevan faldas.

HALDICA, LLA, TA, s. f. d. de HALDA.

HALDRAPOSO, SA, adj. ant. ANDRAJOSO.

HALDUDO, DA, adj. Que tiene mucha halda.

HALECHE, s. m. V. ESCOMBRO, Pez.

HALIETO, s. m. Ave de rapiña de unos dos pies de largo, de color pardo por el lomo y blanco por el vientre.

HALIFA, s. m. ant. V. CALIFA.

HALIFADO, s. m. ant. V. CALIFATO.

HÁLITO, s. m. El aliento que sale por la boca. || El vapor que alguna cosa arroja. || *Poét.* El soplo suave y apacible del aire.

HALLADO, p. p. de HALLAR. || HALLADO, DA, adj. Con los adverbios, *tan*, *bien* ó *mal*, familiarizado ó avenido.

HALLADOR, RA, s. m. y f. El que halla. || ant. V. INVENTOR.

HALLAMIENTO, s. m. ant. V. HALLAZGO, por la accion y efecto de hallar.

HALLANTE, p. a. ant. de HALLAR, Que halla.

HALLAR, v. a. Encontrar buscando ó sin buscar. || V. INVENTAR. || Ver, observar, notar. || Averiguar. || Dar con alguna tierra ó pais de que no se tenia noticia. || Conocer, entender en fuerza de alguna reflexion.

HALLARSE, v. r. Estar presente. || Junto con los participios de pasiva equivale al verbo auxiliar *ser*. || Junto con algunos adjetivos es sentir ó reconocer en sí aquella cualidad que ellos significan. || HALLARSE BIEN CON ALGUNA COSA, Estar contento con ella. || HALLARSE CON ALGUNA COSA, TENERLA. || HALLARSE Ó METERSE EN TODO, Nota al entremetido que va á todas partes sin que le llamen. || NO HALLARSE, Estar uno violento.

HALLAZGO, s. m. Accion y efecto de hallar. || Cosa hallada. || Lo que se da á uno por haber hallado alguna cosa.

HALLULLA, s. f. Una especie de pan ó torta que se cuece en rescoldo ó en ladrillos calientes.

HALLULLO, s. m. V. HALLULLA.

HALO ó HALON, s. m. CORONA, meteoro.

HALOZA, s. f. GALOCHA, calzado de madera.

HAMACA, s. f. Red gruesa y clara, por lo comun de pita, la cual asegurada por las extremidades, queda pendiente en el aire, y sirve de cama y columpio.

HAMADRIADES, s. f. pl. Ninfas de las selvas.

HAMANTO, s. m. Planta de los montes Pirineos.

HAMAQUERO, s. m. El que conduce la hamaca cuando va alguno dentro de ella.

HAMBRE, s. f. Gana y necesidad de comer. || Escasez de frutos, particularmente de trigo. || met. Apetito ó deseo ardiente de alguna cosa. || HAMBRE CANINA, Enfermedad que consiste en tener uno tanta gana de comer que con nada se ve satisfecho. || Gana de comer extraordinaria y excesiva. || HAMBRE CANINA, met. Deseo vehementísimo. || HAMBRE DE TRES SEMANAS, Se usa cuando alguno por puro melindre muestra repugnancia á ciertos manjares. || HAMBRE ESTUDIANTINA, Buen

DICCIONARIO

DE LA

LENGUA CASTELLANA,

PARA CUYA COMPOSICION

SE HAN CONSULTADO LOS MEJORES VOCABULARIOS DE ESTA LENGUA,

Y EL DE LA REAL ACADEMIA ESPAÑOLA

ULTIMAMENTE PUBLICADO EN 1822;

AUMENTADO

CON MAS DE 5000 VOCES Ó ARTÍCULOS,

QUE NO SE HALLAN EN NINGUNO DE ELLOS;

POR D. M. NUÑEZ DE TABOADA,

DIRECTOR DE LA INTERPRETACION DE LENGUAS, ETC

SEGUNDA PARTE

H—Z.

PARIS,

EN LA LIBRERÍA DE SEGUIN,

CALLE DE SAINT-JACQUES, Nº 41.

1825.

* HARMÓNICAMENTE, adv. V. ARMONIOSAMENTE.
* HARMÓNICO, CA, adj. V. ARMÓNICO.
* HARMONIOSAMENTE, adv. V. ARMÓNICAMENTE.
* HARMONIOSO, SA, adj. V. ARMONIOSO.
* HARMONISTA, s. m. V. ARMONISTA.

HARNERICO, LLO, TO, s. m. d. de HARNERO.

HARNERO, s. m. V. CRIBA. || HECHO UN HARNERO, Ó ESTAR HECHO UN HARNERO, Tener muchas heridas.

HARON, NA, adj. ant. Lerdo, perezoso ó poltron.

HARONEADO, p. de HARONEAR.

HARONEAR, v. n. ant. Emperezarse, andar lerdo, flojo ó tardo.

HARONÍA, s. f. ant. Pereza, flojedad, poltronería.

HARPADO, DA, adj. *Poét.* Sonoro.
* HARPÍA, s. f. V. ARPÍA.
* HARPON, s. m. V. ARPON.

HARTADO, p. p. de HARTAR.

HARTAR, v. a. Satisfacer, saciar el apetito de comer ó beber. || met. Satisfacer el gusto ó deseo de alguna cosa. || met. Fastidiar, cansar. || met. Junto con algunos nombres y la preposicion *de* significa dar, causar, etc. copia ó muchedumbre de lo que explican los nombres.

HARTAZGA, s. f. ant. V. HARTAZGO.

HARTAZGO, s. m. La replecion que resulta de comer con exceso. || DARSE UN HARTAZGO, fam. Comer con mucho exceso. || DARSE UN HARTAZGO DE ALGUNA COSA, COMO DE LEER, ESCRIBIR, HABLAR, etc. met. y fam. Hacer cualquiera de estas cosas con exceso.

HARTÍO, TÍA, adj. ant. Harto ó saciado.

HARTO, p. p. irreg. de HARTAR. || HARTO, TA, adj. Bastante ó sobrado.

HARTO, adv. Bastantemente ó sopradamente.

HARTON, s. m. *Germ.* El pan.

HARTURA, s. f. La replecion que resulta de haber comido mucho. || Abundancia, copia. || met. El logro cabal y cumplido de cualquier deseo ó apetito.

HASIZ, s. m. El guarda de la seda.

HASTA, prep. que sirve para expresar el término de lugares, acciones y cantidades continuas ó discretas. || Conj. cop. TAMBIEN Ó AUN. || HASTA NO MAS, Se usa para significar gran exceso ó demasía.

HASTIADO, p. p. de HASTIAR.

HASTIAL, s. m. V. JASTIAL. || ant. V. FRONTISPICIO.

HASTIAR, v. a. ant. V. FASTIDIAR.

HASTÍO, s. m. Oposicion y repugnancia á la comida. || met. Disgusto, tedio.

HASTIOSAMENTE, adv. ant. Con hastío.

HASTIOSO, SA, adj. ant. V. FASTIDIOSO.

HATACA, s. f. ant. Cucharon ó cuchara grande de palo. || ant. El palo que sirve para extender la masa.

HATAJADO, p. p. de HATAJAR.

HATAJAR, v. a. Dividir el ganado en hatajos, ó separar del hato una ó mas porciones.

HATAJO, s. m. Pequeño hato de ganado. || met. Muchedumbre, copia.

HATEADO, p. de HATEAR.

HATEAR, v. n. Recoger uno cuando está de viage la ropa y pequeño ajuar para su uso preciso.

HATERÍA, s. f. La provision de víveres con que se abastece á los pastores para algunos dias. || La ropa, ajuar y repuesto de víveres que llevan los pastores cuando andan con el ganado.

HATERO, s. m. El que está destinado para llevar la provision de víveres á los pastores. || HATERO, RA, adj. Se aplica á las caballerías que sirven para llevar la ropa y ajuar de los pastores.

HATIJO, s. m. Cubierta para tapar la boca de las colmenas ó de algun otro vaso.

HATILLO, s. m. d. de HATO. || ECHAR EL HATILLO AL MAR, Irritarse, enojarse. || COGER Ó TOMAR SU HATILLO Ó EL HATILLO, Marcharse, partirse, irse.

HATO, s. m. Manada ó porcion de ganado mayor ó menor. || El sitio que eligen los pastores para comer y dormir durante su estada allí con el ganado. || V. HATERÍA 1ª A. || La ropa y pequeño ajuar que uno tiene para el uso preciso y ordinario. || met. Junta ó compañía de gente malvada ó despreciable. || met. V. HATAJO, 2ª A. || fam. V. JUNTA Ó CORRILLO. || ant. Redil ó aprisco. || ANDAR CON EL HATO Á CUESTAS, Mudar frecuentemente de habitacion, ó andar vagando de un lugar á otro. || PERDER EL HATO, Huir ó hacer otra cosa con aceleracion y falta de tiento. || REVOLVER EL HATO, Excitar discordias. || TRAER EL HATO Á CUESTAS, Andar con el hato á cuestas.

HAUTE, s. m. *Blas.* Escudo de armas adornado de cota, donde se

DICCIONARIO

DE LA

LENGUA CASTELLANA.

H

H, Octava letra del alfabeto, cuya pronunciacion se forma arrimando toda la parte anterior de la lengua en el principio del paladar junto á los dientes de arriba, apartándola de golpe.

HA, interj. que explica diversos afectos y acciones con que se amonesta y avisa, anima ó alaba.

HABA, s. f. Planta de tallo erguido que produce un fruto comestible, encerrado dentro de una vaina. ‖ Cierta especie de ronchas que salen en el cuerpo. ‖ Cierto bulto que les sale á las bestias en la boca. ‖ Cada una de las bolitas blancas y negras con que se hacen las votaciones secretas. ‖ *Germ.* V. UÑAS.

HABA DE EGIPTO, V. COLOCASIA. ‖ HABA DE LAS INDIAS, V. JUDÍA ó FRISOL. ‖ HABA DE SAN IGNACIO, Simiente de un árbol que se cria señaladamente en las Filipinas. ‖ HABA PANOSA, Variedad de la haba comun. ‖ ECHAR LAS HABAS, Hacer hechizos ó sortilegios. ‖ EMPÚJOTE EL HABA, V. FILDERECHO. ‖ ESAS SON HABAS CONTADAS, met. Denota ser una cosa cierta y clara.

HABANERO, RA, adj. De la Habana.

HABANO, NA, adj. Dícese del tabaco y otras cosas que son de la Habana.

HABAR, s. m. Terreno sembrado de habas.

HABEDERO, RA, adj. ant. Que se ha de haber ó percibir.

HABER, v. a. Poseer, tener alguna cosa. ‖ HABER Á LAS MANOS, met. Encontrar ó hallar lo que se busca. ‖ HABER POR GRATO É RATO, ant. Tener alguna cosa por firme y valedera. ‖ HABER Á UNO POR CONFESO, for. Declarar por confeso al que despues de notificada la demanda no comparece dentro del término prescrito por la ley. ‖ HABERLAS ó HABÉRSELAS CON ALGUNO, fam. Disputar ó contender con alguno. ‖ HABERLO, Hablando de las muelas, pies, cabeza, etc., es padecer en dichas partes.

HABER, v. auxiliar que sirve para conjugar otros verbos en los tiempos de activa, como yo HE amado, yo HUBE leido.

HABER, v. impers. V. ACAECER, SOBREVENIR. ‖ HABER LA DE MAZAGATOS ó LA DE SAN QUINTIN, met. Haber una grande pendencia ó riña.

HABERSE, v. r. Portarse, proceder bien ó mal.

HABER, s. m. Hacienda, bienes. ‖ HABER MONEDADO, ant. Moneda, dinero en especie.

HABERADO, DA, adj. ant. Hacendado que tiene haberes y riquezas.

* **HABERÍA**, s. f. V. AVERÍA. ‖ HABERÍAS, p. Sueldo, situado, beneficio. ‖ Bienes, riquezas.

* **HABERÍO**, s. m. Instrumento de labrador.

HABICHUELA, s. f. V. ALUBIA.

HABIDERO, RA, adj. ant. Que se puede tener ó haber.

HABIDO, p. p. de HABER y HABERSE.

HABIENTE, p. a. ant. de HABER, Que tiene.

HÁBIL, adj. Capaz, inteligente y dispuesto para el manejo de cualquier egercicio, oficio ó ministerio.

HABILIDAD, s. f. Capacidad, inteligencia y disposicion para alguna cosa. ‖ Gracia y destreza en egecutar alguna cosa. ‖ met. Sugeto hábil. ‖ HACER SUS

de una aguja. || Pistilo de la flor del azafran. || V. FIBRA. || En algunas cosas, como lino, cáñamo, lana, etc., es el filamento que contienen estas materias ántes de limpiarlas. || En la madera es aquella parte que tiene consistencia y flexibilidad para ser labrada ó torcida sin saltar ni quebrarse. || En el almíbar, cola, goma, liga, etc., es el hilo que hacen al verterlas. || En las minas de metales, VENA. || met. ant. En el discurso, HILO. || *Poét.* V. CABELLOS. || CORTAR LA HEBRA, met. Hablando de la vida es privarle á uno de ella. || SER Ó ESTAR DE BUENA HEBRA, fam. Tener una complexion fuerte y robusta.

HEBRAICO, CA, adj. V. HEBREO.

HEBRAICO, s. m. ant. V. HEBREO.

HEBRAISMO, s. m. La profesion de la ley antigua ó de Moises. || Idiotismo de la lengua hebrea.

* HEBRAIZANTE, adj. y s. El que se dedica al hebreo, erudito en él.

HEBREO, EA, adj. Nombre que se dió á Abrahan, hijo de Heber, y á todos sus descendientes. || Que pertenece á los Hebreos. || Á LA HEBREA, Al uso de los Hebreos.

HEBREO, EA, s. m. y f. El que profesa la ley de Moises. || fam. V. MERCADER. || Idioma hebreo ó el texto hebreo de la sagrada escritura.

HEBRERO, s. m. ant. V. FEBRERO. || HACER EL HEBRERO, fam. Atar á las reses despues de muertas y abiertas el tragadero á fin de que al sacarles el vientre no salga la inmundicia por aquel conducto.

HEBRICA, LLA, TA, s. f. d. de HEBRA.

HEBROSO, SA, adj V. FIBROSO. || ant. V. FIBROSO, hablando de las plantas.

* HÉCATE, s. f. Nombre poético de la luna.

HECATOMBA ó HECATOMBE, s. f. Sacrificio de cien bueyes ó víctimas.

HECHA, s. f. ant. Hecho ó accion. || ant. V. FECHA. || *Ar.* El tributo ó censo que se paga por el riego de las tierras. || DE AQUELLA HECHA, ant. Desde entónces, desde aquel tiempo ó desde aquella vez. || DE ESTA HECHA, Desde ahora, desde este tiempo, ó de esta vez ó fecha.

HECHICERESCO, CA, adj. Que pertenece á la hechicería.

HECHICERÍA, s. f. Arte supersticioso de hechizar. || V. HECHIZO. || Acto supersticioso de hechizar.

HECHICERO, RA, s. m. y f. y adj. El que practica la vana y supersticiosa arte de hechizar. || met. La persona ó cosa que por su hermosura, gracias ó buenas prendas atrae y cautiva la voluntad y cariño de las gentes.

HECHIZADO, p. p. de HECHIZAR.

HECHIZAR, v. a. Embrujar, dar hechizos, maleficiar. || met. Beber los sesos, ganar la voluntad ó el cariño.

HECHIZO, s. m. Encanto, maleficio. || met. La persona ó cosa que arrebata, suspende y embelesa nuestras potencias y sentidos.

HECHIZO, ZA, adj. Artificioso ó fingido. || Que es de quita y pon, portátil, postizo, sobrepuesto, ó agregado ó facticio. || Hecho ó que se hace segun ley y arte. || ant. Contrahecho, falseado ó imitado. || ant. Bien adaptado ó apropiado.

HECHO, s. m. Accion ú obra. || Suceso, acontecimiento. || Asunto ó materia de que se trata. || for. El caso sobre que se litiga. || HECHO DE ARMAS, Hazaña ó accion señalada de armas.

HECHO, p. p. de HACER. || HECHO, CHA, adj. Acostumbrado ó habituado. || Con algunos nombres lo que tiene alguna semejanza con las cosas significadas por los tales nombres. || Aplicado á nombres de cantidad con el adverbio *bien* denota que la cantidad es algo mas de lo que se expresa. || Aplicado al animal con los adverbios *bien* ó *mal* significa la proporcion ó desproporcion de sus miembros entre sí. || HECHO Y DERECHO, loc. Real y verdadero. || HECHO Y DERECHO, Perfecto, cabal, completo. || Á CASO HECHO, Á COSA HECHA, Denota la certeza del éxito de alguna cosa. || Á CASO HECHO, Adrede, de propósito. || Á HECHO, Seguidamente, sin interrupcion hasta concluir. || Por junto, sin distincion ni diferencia. || DE HECHO, V. EFECTIVAMENTE. || De veras, con eficacia y buena voluntad. || for. Denota que en una causa se procede arbitrariamente. || EN HECHO DE VERDAD, Real y verdaderamente. || HOMBRE DE HECHO, ant. El que cumple su palabra. || PERDONAR HECHO Y POR HACER, Nota la excesiva y culpable indulgencia de alguno.

HECHOR, RA, s. m. y f. ant. El que hace.

HECHURA, s. f. Accion y efecto de hacer. || Cualquiera cosa respecto del que la ha hecho ó formado. || Composicion, fábrica, organizacion del cuerpo. || Forma exterior ó figura. || Dinero que se paga por alguna obra. || met. Una persona respecto de otra á quien debe su empleo,

bertad ó enojo fundándose en su autoridad y razon. || HABLAR Á TONTAS Y Á LOCAS, fam. Hablar sin reflexion. || HABLARA YO PARA MAÑANA, fam. Reconviene á uno despues de haber explicado alguna circunstancia que ántes omitió, y era necesaria. || HABLAR BIEN, Ser cortes y comedido con todos en lo que se dice ó habla. || HABLAR BIEN, Explicarse con propiedad y buen estilo. || HABLAR CLARO, Decir cada uno su sentir desnudamente. || HABLAR DE GRACIA, ant. Hablar sin fundamento. || HABLAR DE HILVAN, Hablar atropelladamente. || HABLAR DE MEMORIA, DE CABEZA Ó DE REPENTE, Decir sin reflexion lo primero que ocurre. || HABLAR DE VERAS, Comenzar á enfadarse. || HABLAR DE VICIO, Ser hablador. || HABLAR EN COMUN, Hablar en general y con todos. || HABLAR ENTRE SI Ó CONSIGO, Meditar ó discurrir sin llegar á pronunciar lo que se medita ó discurre. || HABLARLO TODO, No tener discrecion para callar. || HABLAR POR HABLAR, Decir alguna cosa sin fundamento ni sustancia. || HABLAR RECIO. || Hablar con entereza. || HABLAR GORDO, Echar fieros y bravatas, amenazando. || HABLÁRSELO TODO, Hablar alguno tanto que no deje lugar de hablar á los demas. || CADA UNO HABLA COMO QUIEN ES, Da á entender que regularmente se explica cada uno conforme á su nacimiento y crianza. || ES HABLAR POR DEMAS, Denota que es inútil lo que uno dice por no hacer fuerza á la persona á quien se habla. || ESTAR HABLANDO, Exagera la propiedad con que está egecutada alguna cosa inanimada. || NI HABLAR NI PARLAR, Ó NI HABLA NI PARLA, fam. Denota el sumo silencio de alguno. || NO HABLARSE. Apartarse alguno de la communicacion que ántes tenia con otro por haberse enemistado. || NO SE HABLE MAS EN ELLO, Expr. con que se corta alguna conversacion, negocio ó disgusto. || Se dice cuando se da una cosa por hecha y ajustada.

* HABLATISTA, s. m. fam. V. HABLADOR.

HABLILLA, s. f. Rumor, cuento, mentira.

HABON, s. m. El bulto en figura de haba que sale al cútis.

HACA, s. f. Caballo pequeño de estatura. || ¿QUÉ HACA? ó ¿QUÉ HACA MORENA? *fam.* *Se usa* en modo disyuntivo con *otra* cosa que se desprecia.

HACANEA, s. f. Caballo algo mayor que las hacas y menor que los caballos.

HACECICO, LLO, TO, s. m. d. de HAZ.

HACEDERO, RA, adj. Que puede hacerse ó fácil de hacer.

HACEDERO, RA, s. m. y f. ant. V. HACEDOR, 2ª A.

HACEDOR, RA, s. m. y f. Persona que tiene á su cuidado la administracion de alguna hacienda, etc. || El que hace, causa ó egecuta alguna cosa. || El que obra y trabaja con agilidad, eficacia y prontitud. || El que hace, causa ó egecuta alguna cosa.

HACENDADO, DA, adj. y s. m. El que tiene hacienda ó muchos bienes.

HACENDAR, v. a. Dar ó conferir el dominio de haciendas.

HACENDARSE, v. r. Comprar hacienda para arraigarse en alguna parte.

HACENDEJA, s. f. d. de HACIENDA.

HACENDERA, s. f. Trabajo á que debe acudir todo el vecindario por ser de utilidad comun.

HACENDERIA, s. f. ant. Obra ó trabajo corporal.

HACENDERO, RA, adj. El que procura con aplicacion los adelantamientos de su hacienda.

HACENDILLA, s. f. d. de HACIENDA.

HACENDOSILLO, LLA, adj. d. de HACENDOSO.

HACENDOSO, SA, adj. Solícito, eficaz.

HACENDUELA, s. f. fam. d. de HACIENDA.

HACER, v. a. Producir y dar el primer ser. || Fabricar, formar. || Egecutar, poner por obra. || met. Dar el ser intelectual, formar con la imaginacion, ó concebir en ella. || Dar ó conceder. || Caber, contener. || Causar, ocasionar. || Disponer, componer, aderezar. || Juzgar, creer ó considerar. || Componer, mejorar, perfeccionar. || Juntar, convocar. || Habituar, acostumbrar á alguno. || *Vol.* Enseñar ó industriar las aves de caza. || *Vol.* Cortar con arte. || Entre jugadores, asegurar lo que paran y juegan cuando tienen poco ó ningun dinero delante. || Llenar ó cumplir el número de alguna cosa. || Junto con los infinitivos de algunos verbos es obligar ó precisar. || Junto con algunos nombres significa la accion de los verbos que se forman de los mismos nombres; tambien es reducir una cosa á lo que significan los nombres. || Junto con los artículos *el*, *la*, *lo*, y algunos nombres, denota egercer actualmente lo que los nombres significan, y mas comunmente representarlo. ||

aparece ó desaparece por apartarse del sol ó acercarse á él.

HELICE, s. f. *Astr.* Constelacion boreal llamada osa mayor. || *Geom.* V. ESPIRA.

HELICE, s. m. ant. *Arq.* V. VOLUTA.

HELICE, adj. ant. Se aplicaba á los pozos en que se guardaba nieve ó hielo.

HÉLICO, CA, adj. ant. *Geom.* Que es de figura espiral.

* HELICON, s. m. El Parnaso.

HELIÓMETRO, s. m. Instrumento para medir el diámetro del sol.

HELIOSCOPIO, Anteojo para observar el sol.

HELIOTROPIO, s. m. Planta originaria del Perú, cuya flor despide un olor muy agradable. || Piedra preciosa de color verde azulado y con manchas encarnadas.

* HELMÍNTICO, s. m. y adj. *Med.* Contra las lombrices.

* HELOSA, s. f. *Cir.* Enfermedad de los ojos en que se velven los parpados.

HELVECIO, CIA, adj. De la antigua Helvecia, hoy Suiza.

HELVÉTICO, CA, adj. V. HELVECIO.

* HEMAGOGO, s. m. y adj. Remedio para estimular el flujo hemorroidal y menstrual.

HEMATÍTES, s. f. Piedra mineral de hierro, ordinariamente de color de sangre.

* HEMATÓSIS, s. f. Conversion del quilo en sangre.

HEMBRA, s. f. En los animales es la que concibe y pare. || En las plantas cuyos seres estan separados en distintos pies, la que fecundada por el macho da el fruto. || met. Hablando de corchetes, broches, tornillos, rejas, llaves, y otras cosas semejantes, es la pieza que tiene un hueco ó agujero por donde otra se introduce y encaja. || met. MOLDE, pieza en que se vacia alguna masa para formar un modelo, moldura ó figura. || met. El pelo del racional delgado, flojo y lacio y la cola de los caballos poco poblada. || ant. La muger.

HEMBREADO, p. de HEMBREAR.

HEMBREAR, v. n. Mostrar el macho inclinacion á las hembras. || Engendrar solo hembras, ó mas hembras que machos.

HEMBRICA, LLA, TA, s. f. d. de HEMBRA. || Piececita pequeña en que otra se introduce, asegura á encaja. || *Rioj.* Especie de trigo muy menudo y que da mucha harina. || *And.* V. SOSTO.

HEMBRUNO, NA, adj. ant. Que pertenece á la hembra.

HEMENCIA, s. f. ant. Vehemencia, eficacia, ahinco, actividad.

HEMENCIADO, p. p. de HEMENCIAR.

HEMENCIAR, v. a. ant. Hacer con el mayor conato alguna cosa procurando sacarla perfecta.

HEMENCIOSO, SA, adj. ant. Vehemente, activo, eficaz.

* HEMEPLEXÍA, s. f. Perlesía de la mitad del cuerpo.

HEMICICLO, s. m. V. SEMICÍRCULO.

HEMICRÁNEA, s. f. *Med.* V. JAQUECA.

HEMINA, s. f. Medida de granos, la tercera parte de una fanega. || Medida que usaban los antiguos Griegos y Romanos para los líquidos.

* HEMIONITA, s. f. Culantrillo, planta.

* HEMIONITE, s. f. V. HEMIONITA.

* HEMIPLEGÍA, s. f. V. HEMIPLEXÍA.

* HEMISFÉRICO, CA, adj. Que tiene la forma de la mitad de una esfera.

HEMISFERIO, s. m. *Geom.* La mitad de una esfera dividida por un plano que pasa por su centro.

HEMISFERO, s. m. ant. V. HEMISFERIO.

* HEMISFEROIDE, adj. Que se acerca á la figura de un hemisferio.

HEMISTIQUIO, s. m. La mitad ó parte de un verso.

HEMORRAGIA, s. f. *Med.* Flujo de sangre.

HEMORROIDA, s. m. V. HEMORROO. || *Med.* V. ALMORRANA.

HEMORROIDAL, adj. *Med.* Perteneciente á las almorranas.

HEMORROIDE, s. f. *Med.* V. ALMORRANA.

HEMORROO, s. m. Culebra. || V. CERASTE.

HENAR, s. m. Sitio poblado de heno.

HENCHIDO, p. p. de HENCHIR.

HENCHIDOR, RA, s. m. y f. El que hinche.

HENCHIDURA, s. f. Accion y efecto de henchir.

HENCHIMIENTO, s. m. Accion y efecto de henchir. || En los molinos de papel el suelo de las pilas sobre que baten los mazos. || HENCHIMIENTOS, pl. *Náut.* Los maderos que se meten en los huecos de la ligazon de los buques para que queden macizos.

HENCHIR, v. a. V. LLENAR. || met. Hablando de cosas inmateriales, darlas en abundancia, difundirlas por muchas partes ó entre mucha gente.

HENCHIRSE, v. r. Llenarse ó cubrirse alguna superficie.

HENDEDOR, RA, s. m. y f. El que hiende.

HENDEDURA, s. f. Abertura prolongada en algun cuerpo sólido, que no llega á dividirle del todo.

HENDER, v. a. Hacer ó causar alguna hendedura. || met. *Poét.* Caminar ó ir por algun liquido ó fluido, cortándole ó separando sus partes. || met. Abrirse paso, hacerse camino rompiendo por entre una muchedumbre.

HENDIBLE, adj. Que se puede hender.

HENDIDO, p. p. de HENDER.

HENDIDURA, s. f. V. HENDEDURA.

HENDIENTE, s. m. ant. El golpe que con la espada ú otra arma cortante se tira ó da de alto á bajo.

HENDIMIENTO, s. m. Accion y efecto de hender.

HENDRIJA, s. f. ant. V. RENDIJA.

HENIL, s. m. El lugar donde se guarda el heno.

HENILLO, TO, s. m. d. de HENO.

HENO, s. m. La yerba que se guarda para pasto del ganado.

HENOGIL, s. m. Cenogil ó liga con que se atan las medias.

HEÑIDO, p. p. de HEÑIR.

HEÑIR, v. a. Sobar la masa con los puños. || HAY MUCHO QUE HEÑIR, fam. Denota que para concluir una cosa todavia se necesita trabajar mucho en ella.

HEPÁTICA, s. f. Nombre que se da á varias plantas por atribuírseles virtud para curar las enfermedades del hígado.

HEPÁTICO, CA, adj. *Med.* Que padece del hígado ó perteneciente á esta víscera.

* **HEPATÍTES**, s. f. Piedra preciosa de color de hígado.

HEPTACORDO, s. m. La séptima especie comprendida en el diapason ú octava.

HEPTÁGONO, NA, adj. y s. *Geom.* Se dice de la figura que consta de siete lados y siete ángulos.

* **HER**, v. a. ant. V. HACER.

* **HERÁLDICA**, s. f. Ciencia del blason.

HERÁLDICO, CA, adj. Perteneciente al blason y al que se dedica á esta ciencia.

HERALDO, s. m. V. REY DE ARMAS.

HERBÁCEO, CEA, adj. Que tiene la naturaleza de la yerba ó sus cualidades.

HERBADGO, s. m. ant. V. HERBAGE, 2ª A.

HERBADO, p. p. de HERBAR.

HERBAGE, s. m. Conjunto de yerbas que se crian en los prados y dehesas. || Cierto derecho que cobran los pueblos por el pasto de los ganados forasteros. || Un tributo que en la corona de Aragon se pagaba á los reyes al principio de su reinado. || Tela áspera semejante al camelote.

HERBAGEAR, v. n. ant. Pastar el ganado.

HERBAGERO, s. m. El que toma en arrendamiento el herbage de los prados ó dehesas. || El que da en arrendamiento el herbage de sus dehesas ó prados.

HERBAJAR, v. a. Apacentar los ganados en alguna dehesa ó prado.

HERBAJAR, v. a. y n. Pacer ó pastar el ganado.

HERBAR, v. a. Aderezar, adobar con yerbas las pieles ó cueros.

HERBARIO, s. m. V. BOTÁNICO. || *Botán.* Coleccion de yerbas y plantas secas colocadas segun arte en libros ó papeles.

HERBARIO, RIA, adj. Que pertenece á las yerbas y plantas.

* **HERBATÚ**, s. m. Erbato, serbato, planta.

HERBAZA, s. f. aum. de YERBA.

HERBAZAL, s. m. Sitio poblado de yerbas.

HERBECER, v. n. Empezar á nacer la yerba.

HERBECICA, TA, s. f. ant. d. de YERBA.

HERBERA, s. f. ant. Esófago ó tragadero.

HERBERO, s. m. ant. *Mil.* V. FORRAGEADOR. || ant. Esófago ó tragadero. Tiene uso hablando de los animales que pacen y rumian.

* **HERBÍVORO, RA**, adj. m. y f. Que se mantiene de yerba.

HERBOLADO, DA, adj. Que se aplica á las cosas inficionadas con zumo de yerbas venenosas.

HERBOLARIO, s. m. El que sin principios científicos se dedica á recoger yerbas y plantas medicinales para venderlas. || met. La persona extravagante y rara. || ant. V. BOTÁNICO.

HERBOLARIO, RIA, adj. ant. V. HERBARIO.

HERBOLECER, v. n. ant. V. HERBECER.

HERBOLIZADO, p. de HERBOLIZAR.

HERBOLIZAR, v. n. ant. *Botán.* V. HERBORIZAR.

HERBORIZADO, DA, p. de HERBORIZAR.

* HERBORIZADOR, s. m. El que herboriza.

HERBORIZACION, s. f. *Botán.* Accion y efecto de herborizar.

* HERBORIZANTE, s. m. V. HERBORIZADOR.

HERBORIZAR, v. n. *Botán.* Andar por montes, valles y campos reconociendo y recogiendo yerbas y plantas.

HERBOSO, SA, adj. Poblado de yerba.

HERCULÁNEO, NEA, adj. ant. V. HERCÚLEO.

HERCULANO, NA, adj. ant. V. HERCÚLEO.

HERCÚLEO, LEA, adj. Perteneciente á Hercules, ó que se asemeja á él ó á sus cualidades.

HÉRCULES, s. m. Epilepsia ó gota coral. || *Astron.* Una de las constelaciones borrales conocidas por los antiguos.

HERCULINO, NA, adj. ant. HERCÚLEO.

HEREDAD, s. f. Porcion de terreno cultivado. || ant. HACIENDA de campo, bienes raices ó posesiones. || ant. V. HERENCIA. || HEREDAD DE AÑO Y VEZ, V. TIERRA.

* HERDADE, s. f. ant. V. HEREDAD.

* HEREDADIJA, s. f. d. de HEREDAD.

HEREDADO, p. p. de HEREDAR. || HEREDADO, DA, adj. V HACENDADO.

HEREDAGE, s. m. ant. V. HERENCIA.

HEREDAMIENTO, s. m. V. HACIENDA de campo. || ant. V. HERENCIA. || HEREDAMIENTO DE AÑO Y VEZ, ant. Tierra ó heredad de año y vez.

HEREDANZA, s. f. ant. V. HACIENDA de campo.

HEREDAR, v. a. Adquerir alguna herencia por disposicion testamentaria ó legal. || Darle á uno heredades, posesiones ó bienes raices. || met. Sacar ó tener los hijos las inclinaciones, propriedades ó temperamentos de sus padres. || ant. Nombrar ó instituir uno á otro por su heredero. || ant. Adquirir la propiedad ó dominio de algun terreno. || HEREDÁSTELO, Ó CABÁSTELO, Expr. prov. que da á entender la facilitad con que se malgastan los caudales que no ha costado trabajo adquirir.

HEREDERO, RA, s. m. y f. Aquel á quien pertenece una herencia por disposicion testamentaria ó legal. || ant. Dueño de alguna heredad ó heredades. || met. El que saca ó tiene las inclinaciones ó propiedades de sus padres. || HEREDERO FORZOSO, El que no puede ser excluido por el testador de la herencia sin causa legitima. || INSTITUIR HEREDERO Ó POR HEREDERO Á ALGUNO, for. Nombrar á uno heredero en el testamento.

HEREDITABLE, adj. ant. Que puede heredarse.

HEREDITARIO, RIA, adj. Que pertenece á la herencia ó se adquiere por ella. || met. Se aplica á las inclinaciones costumbres, virtudes, vicios, enfermedades, que pasan de padres á hijos.

HEREGE, s. com. El cristiano que en materia de fe se opone con pertinacia á lo que cree y propone la iglesia católica.

HEREGÍA, s. f. Error en materia de fe sostenido con pertinacia. || met. Sentencia errónea contra los irrefragables principios de alguna ciencia ó arte. || met. Palabra gravemente injuriosa contra alguno.

HEREJA, s. f. ant. La muger herege.

HEREJAZO, ZA, s. m. y f. aum. de HEREGE.

HEREJOTE, TA, s. m. y f. aum. de HEREGE.

HEREN, s. f. Especie de legumbre. V. YERO.

HERENCIA, s. f. Derecho de suceder, ó la sucesion en los bienes y acciones que tenia alguno al tiempo de su muerte. || Los bienes y derechos que se heredan. || HERENCIA YACENTE, for. Aquella en que no ha entrado aun el heredero ó en que no se han hecho aun las particiones || ACEPTAR, RECIBIR, TOMAR LA HERENCIA CON BENEFICIO DE INVENTARIO, Admitirla judicalmente por medio de inventario. || ADIR LA HERENCIA, for. Admitirla, aceptarla.

HERESIARCA, s. m. Autor de una heregia.

* HERESIÓLOGO, adj. y s. m. Autor que ha escrito sobre las heregias.

HERETICADO, p. de HERETICAR.

HERETICAL, adj. V. HERÉTICO.

HERETICAR, v. n. ant. Sostener con pertinacia alguna heregia.

HERÉTICO, CA, adj. Que pertenece á la heregia ó al herege.

HERIA, s. f. V. HAMPA.

HERIDA, s. f. Solucion de continuidad en las partes blandas del animal, hecha con algun instrumento. || ant. Golpe de las armas blancas al tiempo de herir con ellas. || met. Ofensa, agravio. || met. Lo que afflige y atormenta el ánimo. || *Cetr.* El parage donde se abate la caza de volateria perseguida por alguna ave de repullo. || MANIFESTAR LA HERIDA, *Cir.* Abrirla y dilatarla para curarla con mas seguridad. || RENOVAR LA HERIDA, met. Acordar alguna cosa que cause sentimiento. || RESOLLAR POR LA HERIDA, Echar, despedir el aire interior por ella. || RESOLLAR Ó RESPIRAR POR LA HERIDA, met. Explicar con alguna ocasion el sentimiento que estaba reservado. || TOCAR Á ALGUNO EN LA HERIDA, met. Tocarle alguna especie sobre que está resentido.

HERIDERO, s. m. Lugar desde donde se hiere.

HERIDO, p. p. de HERIR. || HERIDO, DA, adj. Con el adverbio *mal*, gravemente herido. || ant. Que causa mucha efusion de sangre.

HERIDOR, RA, s. m. y f. El que hiere.

HERIMIENTO, s. m. La accion y efecto de herir. || El concurso y junta de vocales en una diccion ó dos.

HERIR, v. a. Romper la continuidad de las partes blandas del cuerpo del animal con algun instrumento. || Golpear, sacudir, batir, dar un cuerpo contra otro. || Hablando del sol es bañar alguna cosa. || Hablando de instrumentos de cuerda, pulsarlos, tocarlos. || Hablando del oido ó de la vista, hacer los objetos impresion en estos sentidos. || met. Hablando del alma ó del corazon mover, excitar algun afecto. || met. Ofender, agraviar.

HERIR, v. n. ant. Con la preposicion de y los nombres *mano*, *pié*, etc., temblarle á uno estas partes.

HERIRSE, v. r. ant. Con la preposicion de y algunos nombres, como peste ó males pegajosos, contagiarse, infestarse.

HERMAFRODITA, s. m. El que tiene en sí los dos sexos. Dícese tambien de los animales y de las plantas.

HERMAFRODITO, s. m. V. HERMAFRODITA.

HERMANA, s. f. *Germ.* La camisa. || HERMANITAS, pl. *Germ.* Las tigeras. || *Germ.* Las orejas.

HERMANABLE, adj. Que pertenece al hermano ó puede hermanarse.

HERMANABLEMENTE, adv. V. FRATERNALMENTE.

HERMANADA, s. f. Cierta planta.

HERMANADO, p. p. de HERMANAR. || HERMANADO, DA, adj. met. ant. Igual y uniforme en todo á alguna otra cosa.

HERMANAL, adj. ant. V. FRATERNAL.

HERMANAR, v. a. Unir, juntar, uniformar. || Hacer á uno hermano de otro en un sentido místico ó espiritual.

HERMANAZGO, s. m. V. HERMANDAD.

HERMANDAD, s. f. Relacion de parentesco entre hermanos. || met. Amistad íntima, union de voluntades. || met. La correspondencia que guardan algunas cosas entre sí. || met. Junta formada para egercitarse en obras de piedad. || met. Agregacion de alguna persona á una comunidad religiosa. || met. ant. Liga, alianza ó confederacion entre varias personas, y la misma gente aliada y confederada. || ant. Hablando de bienes, lo mismo que sociedad ó compañía en la acepcion de convenio ó contrato. || HERMANDAD Ó SANTA HERMANDAD. Especie de tribunal con jurisdiccion para proceder contra los delitos cometidos fuera de poblado.

HERMANDADO, p. p. de HERMANDARSE.

HERMANDARSE, v. r. ant. V. HERMANARSE. || ant. Hacerse hermano de alguna comunidad religiosa.

HERMANEADO, p. p. de HERMANEAR.

HERMANEAR, v. n. Dar el tratamiento de hermano.

HERMANECER, v. n. ant. Nacerle á uno algun hermano.

HERMANECIDO, p. p. ant. de HERMANECER.

HERMANÍA, s. f. ant. V. GERMANÍA.

HERMANICO, LLO, TO, s. m. d. de HERMANO.

HERMANO, NA, s. m. y f. Una persona respecto de otra con quien tiene comunes padre y madre, ó el padre ó la madre solamente. || Tratamiento que mutuamente se dan los cuñados. || Lego ó donado de alguna comunidad regular. || met. Una persona respecto de otra que tiene el mismo padre que ella en sentido moral. || met. El que es admitido por una comunidad religiosa á participar de ciertas gracias y privilegios. || met. Individuo de alguna piadosa y devota hermandad. || met. Una cosa respecto de otra á que es semejante. || HERMANO BASTARDO, El habido fuera de matrimonio. || HERMANO CARNAL, El que lo es de padre y madre. || HERMANO COADJUTOR, En la compañía de Jesus, COADJUTOR TEMPORAL. || HERMANO DE LECHE, El hijo de una nodriza respecto del ageno que crió. || HERMANO DE MADRE, Una persona respecto de otra que tiene la misma madre, pero no el mismo padre. || HERMANO DE PADRE, Una persona respecto de otra que tiene el mismo padre, pero no la misma madre. || HERMANO DEL TRABAJO, V. GANAPAN.

|| HERMANO POLÍTICO, V. CUÑADO.|| HERMANO UTERINO, V. HERMANO DE MADRE. || MEDIO HERMANO, El que lo es solamente de padre ó de madre.

HERMANUCO, s. m. Nombre que se da por desprecio á los donados.

HERMÉTICAMENTE, adv. Junto con el verbo *cerrar* significa tapar una vasija por su extremidad con la misma materia de que ella es, ó tapar bien.

HERMÉTICO, adj. Junto con el nombre *sello* es el cerramiento de una vasija por su extremidad, hecho con la misma materia de que ella es.

HERMOSAMENTE, adv. Con hermosura. || met. Con propiedad y perfeccion.

HERMOSEADO, p. p. de HERMOSEAR.

HERMOSEADOR, RA, s. m. y f. Lo que hermosea.

HERMOSEAR, v. a. Hacer ó poner hermoso.

HERMOSICO, CA, LLO, LLA, TO, TA, adj. d. de HERMOSO.

HERMOSÍSIMAMENTE, adv. sup. de HERMOSAMENTE.

HERMOSÍSIMO, MA, adj. sup. de HERMOSO.

HERMOSO, SA, adj. Bien hecho y proporcionado, perfecto y excelente en su línea, agradable y gustoso.

HERMOSURA, s. f. Proporcion de las partes con el todo y del todo con las partes. || Persona hermosa. || ¡QUÉ HERMOSURA DE RABUSCA Ó REBUSCO! Nota al que con poco trabajo quiere conseguir mucho fruto, valiéndose de la abundancia de él.

HERNIA, s. f. Quebradura, potra.

• HERNIARIA, s. f. Mil granos, yerba turca, planta.

HERNIOSO, SA, adj. Que padece hernia.

HERNISTA, s. m. El cirujano que con particularidad se dedica á curar hernias.

HERNO, s. m. ant. V. YERNO.

HERODES Á PILATOS (ANDAR DE), fam. Ir de mal en peor.

HERODIANO, NA, adj. Propio de Herodes ó perteneciente á él.

HÉROE, s. m. Entre los antiguos paganos era el que creian nacido de un dios ó de una diosa, y de una persona humana à quienes ellos tenian por mas que hombres y ménos que dioses. || Varon ilustre y famoso por sus hazañas ó virtudes. || Principal personage de algun poema ó fábula.

HEROICAMENTE, adv. Con heroicidad.

HEROICIDAD, s. f. Cualidad de lo heróico ó accion heróica.

HERÓICO, CA, adj. Famoso por sus hazañas ó virtudes, y perteneciente á los héroes.|| V. ÉPICO. || Se dice del metro que en cada lengua se tiene por mas conveniente para escribir poemas épicos. || Á LA HERÓICA, Al uso de los tiempos heróicos.

HEROÍNA, s. f. Muger ilustre y famosa por sus grandes hechos.

HEROISMO, s. m. El conjunto de cualidades y acciones que colocan á alguno en la clase de héroe. || Accion heróica.

HEROISTA, adj. ant. Se aplicaba á los poetas épicos.

HERPES, s. m. pl. Granitos rojos y arracimados que salen en el cútis, dan comezon, y terminan en una costra escamosa.

HERPETE, s. m. ant. V. HERPES.

HERPÉTICO, CA, adj. *Med.* Que padece de herpes, y perteneciente á estos.

HERRADA, adj. Se aplica al agua en que se apaga un hierro hecho ascua.

HERRADA, s. f. Vasija redonda tan ancha por la boca como por el suelo.|| UNA HERRADA NO ES CALDERA, Exp. fam. con que uno se excusa cuando ha incurrido en alguna equivocacion ó ligero error.

HERRADERO, s. m. Accion y efecto de marcar con el hierro los ganados. || El sitio destinado para marcar con el hierro los ganados. || Estacion en que se acostumbra marcar con el hierro los ganados.

HERRADO, p. p. de HERRAR.

HERRADO, s. m. ant. V. HERRADA.

HERRADOR, s. m. El que tiene por oficio herrar las caballerías.

HERRADURA, s. f. Hierro en figura de media luna que se clava á las caballerías en los cascos. || Especie de calzado de esparto ó cáñamo, que se pone à las caballerías en pies ó manos cuando se deshierran. || ASENTARSE LA HERRADURA, Lastimarse el pié ó mano de las caballerías por estar muy apretada la HERRADURA. || MOSTRAR LAS HERRADURAS, Se usa para explicar que alguna caballería es falsa ó que tira coces. || MOSTRAR LAS HERRADURAS, met. y fam. V. HUIR.

HERRAGE, s. m. El conjunto de piezas de hierro ó acero con que se guarnece algun artefacto. || Conjunto de herraduras y clavos con que estas se aseguran. || V. HERRAJ.

HERRAMENTAL, adj. y s. m. Se

dice de la bolsa, talega ú otra cualquiera cosa en que se guardan y llevan las herramientas.

HERRAMIENTA, s. f. Conjunto ó cualquiera de los instrumentos de hierro ó acero con que trabajan los artesanos. ‖ met. fam. La dentadura. ‖ met. V. cornamenta. ‖ ant. V. herrage, 1ª a.

HERRAR, v. a. Ajustar y clavar las herraduras á las caballerías en los cascos de pies ó manos. ‖ Marcar con un hierro encendido. ‖ Guarnecer de hierro. ‖ ant. Poner á alguno prisiones de hierro.

HERRAX, s. m. El hueso molido de la aceituna como queda despues de sacado el aceite, y sirve para los braseros.

HERREN, s. m. El verde de avena, cebada, trigo, centeno y otras semillas que se da al ganado. ‖ V. herreñal.

HERRENAL ó HERREÑAL, s. m. Terreno cercado y en que se siembra el herren.

HERRERÍA, s. f. El oficio del herrero. ‖ La oficina en que se funde el hierro ó en que se hacen obras de hierro en grueso. ‖ met. Ruido acompañado de confusion y desórden.

HERRERICO, LLO, TO, s. m. d. de herrero. ‖ Pájaro pequeñito, cuyas plumas por el lomo son azules.

HERRERO, s. m. El que tiene por oficio hacer obras de hierro en grueso. ‖ Germ. V. ferreruelo.

HERRERON, s. m. El herrero que no sabe bien su oficio.

HERRERUELLO, s. m. d. de herrero. ‖ Pájaro cuyo canto es semejante al sonido del martillo de un herrero. ‖ Soldado de la antigua caballería alemana, cuyas armas defensivas eran de color negro. ‖ V. ferreruelo.

HERRETE, s. m. Cabo de alambre, hoja de lata ú otro metal que se pone á las agujetas, cordones, cintas, etc.

HERRETEADO, p. p. de herretear.

HERRETEAR, v. a. Echar ó poner herretes. ‖ ant. Marcar con algun instrumento de hierro.

HERREZUELO, s. m. Pieza pequeña de hierro.

HERRIAL, adj. Se aplica á una especie de uva gruesa y tinta, cuyos racimos son muy grandes, á las vides que las producen y al veduño de esta especie.

HERRIN, s. m. Moho, orin.

* HERROJO, s. m. ant. V. cerrojo.

HERRON, s. m. Especie de rodaja usada en el juego llamado herron.

HERRONADA, s. f. Golpe dado con herron. ‖ met. Golpe violento que dan algunas aves con el pico.

HERROPEA, s. f. ant. V. arropea.

HERROPEADO, DA, adj. ant. Que tiene los pies con prisiones de hierro.

HERRUGENTO, TA, adj. ant. V. herrumbroso.

HERRUGIENTO, TA, V. herrumbroso.

HERRUMBRAR, v. a. Dar sabor de herrumbre al agua ó vino.

HERRUMBRARSE, v. r. Tomar sabor de herrumbre.

HERRUMBRE, s. f. El orin ó moho de cualquier metal, pero con particularidad del hierro. ‖ Gusto que algunas cosas toman del hierro.

HERRUMBROSO, SA, adj. Que cria herrumbre ó está tomado de ella.

HERVENTADO, p. p. de herventar.

HERVENTAR, v. a. Meter en agua ú otro líquido hasta que dé un hervor.

* HERVERO, s. m. ant. V. tragadero.

HERVIDERO, s. m. El movimiento y ruido que hacen los líquidos cuando hierven. ‖ Fuentecilla que brotan las aguas bullendo mucho. ‖ El ruido que hacen los humores estancados en el pecho por la agitacion del aire al tiempo de respirar. ‖ met. Muchedumbre ó copia, como hervidero de gente, hormigas, etc.

HERVIDO, p. de hervir.

HERVIENTE, p. a. de hervir. Que herve.

HERVIMIENTO, s. m. ant. V. hervor.

HERVIR, v. n. Bullir violentamente algun líquido á causa del calor externo ó de la fermentacion. ‖ met. Hablando del mar, ponerse sumamente agitado haciendo ruido y espuma. ‖ met. Con algunos nombres, tener abundancia ó copia de las cosas significadas por ellos. ‖ met. Hablando de afectos y pasiones indica su viveza, intension y vehemencia.

HERVOR, s. m. El movimiento agitado de los líquidos, producido por el calor externo ó la fermentacion. ‖ met. Ruido y movimiento agitado y violento de las aguas de mar, grandes lagunas y lagos. ‖ met. Fogosidad, inquietud, impetuosidad y viveza de la juventud. ‖ met. ant. Ardor, animosidad. ‖ met. ant. Devocion ardiente. ‖ met. ant. Ahinco, vehemencia, eficacia. ‖ hervor de la sangre, Med. La rarefaccion de este humor causada por el demasiado calor. ‖ alzar ó levantar el hervor, Empezar á hervir ó cocer algun líquido.

HERVORCICO, LLO, TO, s. m. d. de HERVOR.

HERVORIZADO, p. p. de HERVORIZARSE.

HERVORIZARSE, v. r. ant. V. ENFERVORIZARSE.

HERVOROSO, SA, adj. ant. Fogoso, impetuoso, acalorado.

HESITACION, s. f. ant. V. DUDA.

* HESPEDAR, v. a. ant. V. HOSPEDAR.

HESPÉRIDE, adj. Perteurciente á las Hespérides. || HESPÉRIDES, s. f. pl. V. PLEYADES.

HESPÉRIDO, DA, adj. *Poét.* Perteneciente á las Hespérides. || *Poét.* Occidental.

HESPERIO, RIA, adj. Natural de una y otra Hesperia, y perteneciente á ellas.

HÉSPERO, s. m. El planeta Venus cuando á la tarde aparece en el occidente.

* HESPITAL, s. m. ant. V. HOSPITAL.

* HETEROCLÍTICO, CA, adj. *Gram.* Que se aparta de las reglas gramaticales.

* HETERODOXIA, s. f. Oposicion á los dictámenes ortodoxos.

HETERODOXO, XA, adj. *Teol.* Que sostiene alguna doctrina contra lo que enseña la religion católica: tambien se aplica á la misma doctrina.

HETEROGENEIDAD, s. f. La cualidad de heterogéneo.

HETEROGÉNEO, EA, adj. Que se compone de partes de diversa naturaleza.

HETERÓSCIOS, s. m. pl. *Geog.* Los que al medio dia hacen sombra á un lado solamente.

HÉTICA, s. f. Calentura lenta que va consumiendo el cuerpo y destruyendo las fuezas.

HÉTICO, CA, adj. y s. El que tiene la hética. || met. Muy flaco y casi en los huesos. || HÉTICO CONFIRMADO, El que está declarado y reconocido por tal.

HETIQUEZ, s. f. Estado de enfermedad del que padece la calentura hética.

HETRIA, s. f. ant. Enredo, mezcla, confusion.

HEXACORDO, s. m. Entre los antiguos, conjunto de seis cuerdas. || HEXACORDO MAYOR, El que consta de cuatro tonos y un semitono mayor ó cantable. || HEXACORDO MENOR, El que consta de tres tonos y dos semitonos naturales cantables.

HEXAEDRO, s. m. *Geom.* El sólido terminado por seis superficies planas.

HEXÁGONO, NA, adj. y s. *Geom* Se dice de la figura plana terminada por seis lados.

HEXÁMETRO, s. m. Verso que consta de cuatro de dáctilos, ó espondéos, y de un dáctilo, y de un espondéo.

HEXÁNGULO, LA, adj. ant. V. HEXÁGONO.

HEXÁPEDA, s. f. V. TOESA.

HEXAPODO, s. m. y adj. Reptil que tiene seis pies.

HEZ, s. f. La parte grosera de los líquidos, que se posa en el fondo. || met. Lo mas ínfimo, vil y despreciable de CUALQUIERA CLASE. || HECES, pl. Los excrementos é inmundicias que arroja el cuerpo por el ano.

HI

HI, adv. ant. V. ALLÍ.

HI, s. m. V. HIJO. Solo tiene uso en esta expresion HI de puta.

HI, HI, HI, interj. con que se denota la risa.

HIADAS ó HIADES, s. f. pl. Grupo de estrellas en la cabeza del signo de Tauro.

HIANTE, adj. Se aplica al verso en que hay hiatos.

HIATO, s. m. El sonido desagradable que resulta de la pronunciacion de dos vocablos seguidos.

HIBERNAL, adj. Que pertenece al invierno.

HIBERNÉS, SA, adj. De Hibernia.

HIBÉRNICO, CA, adj. V. HIBERNÉS.

HIBERNIZO, ZA, adj. V. HIBERNAL.

HIBIERNAL, adj. ant. V. HIBERNAL.

HIBIERNAR, v. n. ant. Ser la estacion de invierno.

HIBIERNO, s. m. ant. V. INVIERNO.

HIBLEO, EA, adj. Que pertenece al monte Hibla.

HÍBRIDA, s. c. Animal procreado por dos distintas especies, como el mulo.

HÍBRIDA, met. adj. Se aplica á las voces formadas de dos idiomas diferentes.

HICOCERVO, s. m. Animal quimérico que se finge como un compuesto de macho cabrío y ciervo.

HIDALGAMENTE, adv. Con generosidad, con nobleza de ánimo.

* HIDALGARSE, v. r. Hacer de hidalgo.

HIDALGO, GA, s. m. y f. La persona que por su sangre y linage es de una clase noble y distinguida.

HIDALGO, GA, adj. Perteneciente

á un hidalgo. ‖ met. Se dice de la persona de ánimo generoso y noble, y de lo perteneciente á ella. ‖ HIDALGO COMO EL GAVILAN, Se aplica al que corresponde agradecido á sus bienhechores. ‖ HIDALGO DE BRAGUETA El que goza del privilegio de hidalgo por haber tenido siete hijos varones sin interrupcion de hembra alguna. ‖ HIDALGO DE CUATRO COSTADOS, Aquel cuyos cuatro abuelos paternos y maternos son hidalgos. ‖ HIDALGO DE DEVENGAR QUINIENTOS SUELDOS, El que por los antiguos fueros de Castilla tenia derecho á cobrar quinientos sueldos en satisfaccion de las injurias que se le hacian. ‖ HIDALGO DE EXECUTORIA, El que ha litigado su hidalguía y probado ser hidalgo de sangre. ‖ HIDALGO DE GOTERA, El que únicamente en algun pueblo goza de los privilegios de su hidalguía. ‖ HIDALGO DE PRIVILEGIO, El que lo es por compra ó merced real. ‖ HIDALGO DE SOLAR CONOCIDO, El que tiene solar ó casa solariega.

HIDALGON, NA, s. m. y f. aum. de HIDALGO, El hidalgo de una familia muy calificada.

HIDALGOTE, TA, s. m. y f. aum. de HIDALGO. V. HIDALGON.

HIDALGUEJO, JA, s. m. y f. d. de HIDALGO. El hidalgo pobre y de poco lustre.

HIDALGUETE, s. m d. de HIDALGO. ‖ V. HIDALGUEJO.

HIDALGUÍA, s. f. La noble calidad del hidalgo, ó su estado y condicion civil. ‖ met. Generosidad y nobleza de ánimo. ‖ CARTA DE HIDALGUÍA, V. EXECUTORIA.

HIDALGUILLO, LLA, s. m. y f. d. de HIDALGO.

HIDALGUÍSIMAMENTE, adv. sup. de HIDALGAMENTE.

HIDALGUÍSIMO, MA, adj. sup. de HIDALGO.

* **HIDIONDEZ**, s. f. ant. V. HEDIONDEZ.

* **HIDIONDO, DA**, adj. ant. V. HEDIONDO.

HIDRA, s. f. Culebra que se cría en el mar Pacífico junto á las costas, y carece de dientes. ‖ Monstruo fabuloso que fingian los poetas habitaba en el lago de *Lerna*, que tenia siete cabezas, las cuales renacian conforme las iban cortando. ‖ *Astr.* Una de las constelaciones boreales.

* **HIDRAGOGO**, s. m. y adj. Medicamento propio para la evacuacion de las serosidades.

HIDRÁULICA, s. f. Ciencia que enseña el modo de conducir y elevar las aguas.

HIDRÁULICO, s. m. El que sabe ó profesa la hidráulica.

HIDRÁULICO, CA, adj. Que pertenece á la hidráulica.

HIDRIA, s. f. Especie de cántaro ó tinaja de barro.

HIDROCÉFALO, s. m. Hinchazon de agua en la cabeza.

HIDRODINÁMICA, s. f. Ciencia que trata del movimiento de los fluidos, y de su presion y equilibrio.

HIDROFILACIO, s. m. Una gran concavidad dentro de la tierra, que se supone estar llena de agua.

HIDROFOBIA, s. f. El horror al agua que suelen tener los que han sido mordidos de animales rabiosos. ‖ Mal de rabia.

HIDRÓFOBO, s. m. El que padece la hidrofobia. ‖ ant. V. HIDROFOBIA.

* **HIDROFTALMÍA**, s. f. Hidropesía del ojo.

HIDRÓGENO, *Quim.* Sustancia simple, que es uno de los principales constitutivos del agua y del aire atmosférico.

HIDROGOGIA, s. f. Arte de nivelar las aguas.

HIDROGRAFÍA, s. f. El arte que trata de la descripcion de las aguas. Descripcion de los mares.

HIDROGRÁFICO, CA, adj. Que pertenece á la hidrografía.

HIDRÓGRAFO, s. m. El que profesa la hidrografía.

HIDROMANCIA, s. f. Arte supersticiosa de adivinar por las señales y observaciones del agua.

HIDROMÁNTICO, s. m. El que profesa la hidromancia.

HIDROMÁNTICO, CA, adj. Que pertenece á la hidromancia.

HIDRÓMETRA, s. m. El que sabe y profesa la hidrometría.

HIDROMETRÍA, s. f. Ciencia que trata del modo de medir las diferentes propiedades de los fluidos, y de usar de los hidrómetros.

HIDRÓMETRO, s. m. Instrumento para medir las propiedades de los otros fluidos.

* **HIDROMIEL**, s. m. Aguamiel, agua mezclada con miel.

HIDROPESÍA, Enfermedad causada por el conjunto de humores serosos en alguna parte del cuerpo.

HIDRÓPICO, CA, adj. y s. El que

padece hidropesía. || met. V. INSACIABLE.

* HIDROSCOPÍA, s. f. Facultad de penetrar y conocer las emanaciones de las aguas subterráneas.

HIDROSTÁTICA, s. f. Ciencia que trata de la presion y equilibrio de los líquidos y de los sólidos sumergidos en ellos.

HIDROSTÁTICAMENTE, adv. Con arreglo á la hidrostática.

HIDROSTÁTICO, CA, adj. Que pertenece á la hidrostática.

HIDROTECNIA, s. f. Arte que enseña la fábrica de varios artificios para mover y levantar el agua.

HIEBRE, s. f. ant. V. FIEBRE.

HIEDRA TERRESTRE, s. f. Planta medicinal cuyas hojas son como las de hiedra arbórea, pero mas largas y mas sutiles. || HIEDRA ARBÓREA, Planta de tallos leñosos que suben y se enlazan con el tronco de un árbol, pared ú otro cuerpo.

HIEL, s. f. Humor amarillo y amarguísimo que se recoge debajo del hígado en una vegiga pequeña. || met. Amargura, aspereza ó desabrimiento. || HIELES, pl. met. Trabajos, adversidades, disgustos. || HIEL DE LA TIERRA, Planta. V. CENTÁUREA MENOR. || DAR Á BEBER HIELES, met. Dar disgustos y pesadumbres. || ECHAR LA HIEL, Trabajar con exceso. || ESTAR HECHO DE HIEL, Pondera la irritacion, enojo, cólera ó desabrimiento de alguna persona. || NO TENER HIEL, fam. Ser sencillo y de genio suave.

HIELO, s. m. El agua convertida por el rigor del frio en un cuerpo sólido y cristalino. || Acto de helar ó helarse. || Frialdad en los afectos. || Pasmo, suspension del ánimo. || HIELOS, pl. V. AZÚCAR ROSADO. || ESTAR HECHO UN HIELO ALGUNO Ó ALGUNA COSA, Estar muy frio.

HIELTRO, s. m. ant. V. FIELTRO. || Especie de medida ó vasija.

HIEMAL, adj. Que pertenece al invierno.

HIEMAL, s. m. *Astrol.* El cuarto cuadrante del tema celeste.

HIENA, s. f. Cuadrúpedo feroz y carnicero del Ásia y África.

HIENDA, s. f. ant. El excremento de los animales ó el estiércol.

* HIERARCAS, s. m. Los que componian la gerarquía entre los Griegos.

HIERARQUÍA, s. f. ant. V. GERARQUÍA.

HIEROGLÍFICO, s. m. ant. V. GEROGLÍFICO.

HIEROGLÍFICO, CA, adj. Que pertenece á los geroglíficos.

* HIERÓNICO, CA, adj. Dícese de ciertos juegos sagrados entre los antiguos Romanos.

HIEROS, s. m. Planta. V. YEROS.

HIEROSCOPIA, s. f. V. ARUSPICINA.

HIEROSOLIMITANO, NA, adj. De Jerusalen.

HIERRECICO, LLO, TO, s. m. d. de HIERRO. || Pieza ó cosa pequeña de hierro labrado.

HIERREZUELO, s. m. d. de HIERRO.

HIERRO, s. m. Metal muy duro, y gris pardo y negro. || met. Arma, instrumento ó pieza de hierro ó acero. || Marca que con hierro encendido se pone á los esclavos, delincuentes y ganados. || En la lanza, saeta y otros instrumentos semejantes, pieza de hierro que se pone en extremo para herir. || HIERROS, pl. V. PRISIONES DE HIERRO. || HIERRO ALBO, El que está encendido y hecho ascua. || HIERRO ARQUEADO, V. HIERRO CELLAR. || HIERRO CABILLA, El forjado en barra redonda mas gruesa que la varilla. || HIERRO CARRETIL, El forjado en barras de cinco dedos de ancho y uno de grueso. || HIERRO CELLAR, El forjado en barras de tres dedos de ancho y medio de grueso. || HIERRO COLADO, El que se ha fundido ó derretido. || HIERRO CUCHILLERO, V. HIERRO CELLAR. || HIERRO DE LLANTAS, El forjado en barras de tres á cuatro dedos de ancho y uno de grueso. || HIERRO MEDIO TORCHO, V. HIERRO TORCHUELO. || HIERRO PALANQUILLA, El forjado en barras de dos dedos en cuadro. || HIERRO PLANCHUELA, V. HIERRO ARQUEADO. || HIERRO CUADRADILLO, V. HIERRO CUADRADO. || HIERRO CUADRADO, El forjado en barras de un dedo á dedo y medio en cuadro. || HIERRO TORCHO, El forjado en barras de cuatro dedos en cuadro. || HIERRO TORCHUELO, El forjado en barras de tres dedos en cuadro. || HIERRO VARILLA, El forjado en barra redonda de poco grueso. || AGARRARSE Á UN HIERRO ARDIENDO, met. y fam. V. AGARRARSE DE UN CLAVO ARDIENDO. || LLEVAR HIERRO Á VIZCAYA, V. LLEVAR LEÑA AL MONTE. || MACHACAR Ó MAJAR EN HIERRO FRIO, Da á entender que es inútil la correccion y doctrina cuando el natural es mal dispuesto á recibirla. || METER Á HIERRO FRIO, ant. V. PASAR Á CUCHILLO.

HIGA, s. f. La mano derecha cortada al topo ó tejon, ó una pieza de azabache en figura de mano, que se cree supersticiosamente tiene virtud para preservar del mal de ojo. || Accion que se hace con la mano cerrado el puño, mostando el dedo pulgar por entre el dedo índice y el de en medio, con la cual se señalaba á las personas infames y torpes, ó se hacia burla y desprecio de ellas. || met. Burla ó desprecio. || DAR HIGA LA ESCOPETA, No dar lumbre el pedernal al dispararla. || DAR HIGAS, met. Despreciar alguna cosa, burlarse de ella. || NO DAR POR ALGUNA COSA DOS HIGAS, fam. Despreciarla.

HIGADILLA, s. f. V. HIGADILLO.

HIGADILLO, s. m. Hígado de las aves, peces y otros animales pequeños.

HÍGADO, s. m. Entraña grande de figura irregular y de color rojo oscuro, situada en el hipocondrio derecho. || met. Ánimo, valentía. || HÍGADO DE ANTIMONIO, *Farm.* Mezcla de partes iguales de antimonio y potasa con un poco de sal comun fundido en crisol. || HÍGADO DE AZUFRE, *Farm.* Mezcla que se hace en las boticas derritiendo azufre con potasa. || HÍGADO MARINO, Pescado de mar semejante al besugo. || ECHAR LOS HÍGADOS, met. fam. Cansarse, fatigarse mucho. || ECHAR LOS HÍGADOS POR ALGUNA COSA, fam. y met. Solicitarla con ansia y diligencia. || HASTA LOS HÍGADOS, fam. y met. Denota la intension y vehemencia de algun afecto. || QUERER COMER Á OTRO LOS HÍGADOS, fam. y met. Denota la crueldad con que alguno desea vengarse de otro. || MALOS HÍGADOS, expr. met. Mala voluntad.

HIGATE, s. m. Potage que se usaba antiguamente, y se hacia de higos sofritos primero con tocino, y despues cocidos con caldo de gallina, y sazonados con azúcar, gengibre, canela, pimienta, y otras especias finas.

HIGO, s. m. El segundo fruto ó el mas tardío de la higuera. || Excrecencia regularmente venérea que se forma al rededor del ano. || HIGO CHUMBO, El fruto del nopal ó higuera de Indias. || HIGO DE PALA, V. HIGO CHUMBO. || ABLANDA HIGOS, V. ABLANDA BREVAS. || NO DÁRSELE Á UNO UN HIGO, fam. No importarle nada alguna cosa.

HIGROMETRÍA, s. f. Ciencia que trata de los medios de conocer la cantidad del agua repartida en el aire atmosférico.

HIGRÓMETRO, s. m. Máquina para conocer las diferentes disposiciones del aire en cuanto á la sequedad y humedad.

HIGUERA, s. f. Árbol cuyo tronco es corto y torcido; su madera, blanca y esponjosa, encierra en sí una leche muy amarga y astringente. || HIGUERA BREVAL, V. BREVAL. || HIGUERA DE EGIPTO, V. CABRAHIGO. || HIGUERA DE INDIAS, V. NOPAL. || HIGUERA DEL INFIERNO, V. HIGUERA INFERNAL. || HIGUERA DE PALA, V. NOPAL. || HIGUERA INFERNAL, Planta parecida á la parra. || HIGUERA LOCA, V. CABRAHIGO. || HIGUERA MORAL, V. CABRAHIGO. || HIGUERA DE TUNA, V. NOPAL

HIGUERAL, s. m. Sitio poblado de higueras.

HIGUERICA, LLA, TA, s. f. d. de HIGUERA.

HIGUERON, s. m. Árbol grande y corpulento semejante al moral.

HIGUICO, LLO, TO, s. m. d. de HIGO.

* HIJADA, HIJADEAR, HIJAR, V. IJADA, IJADEAR, IJAR.

HIJASTRO, TRA, s. m. y f. Hijo ó hija que trae cualquiera de los casados al nuevo matrimonio.

* HIJEZNO, s. m. Pajarito recien nacido.

HIJICO, CA, LLO, LLA, TO, TA, s. m. y f. d. de HIJO.

HIJO, JA, s. m. y f. El engendrado de macho y hembra con respecto á sus padres. || met. Lo que procede ó sale de otra cosa por procreacion, como los retoños ó renuevos. || met. Cualquiera persona respecto del reino, provincia ó pueblo de que es natural. || met. El que ha tomado el hábito de religioso con relacion al patriarca fundador de su órden, y á la casa donde le tomó. || Especie de asta dura y blanca que ocupa el hueco interior de las astas de los animales. || Obra ó produccion del ingenio. || El yerno y la nuera respecto de los suegros. || Expr. de cariño para con las personas que se quieren bien. || HIJO ADOPTIVO, El que lo es por adopcion. || HIJO BASTARDO, El procreado fuera de legítimo matrimonio, y de padres que no podian contraerle cuando le tuvieron. || HIJO DE BENDICION, El hijo de legítimo matrimonio. || HIJO DE CONFESION, Cualquiera persona con respecto al confesor que tiene elegido por director de su conciencia. || HIJO DE DIOS, *Teol.* El Verbo eterno engendrado por su padre. || El justo. || Expresion de admiracion ó extrañeza. || HIJO DE FAMILIA, El que está sin tomar estado y bajo la patria potestad. || HIJO DE GANANCIA, El que no es habido de legítimo matrimonio. || HIJO DEL AGUA, El que está muy hecho al mar ó es muy diestro nadador. || HIJO DE LA PIEDRA, El expósito que se cria de limosna sin saberse sus padres. || HIJO DE

LA TIERRA, El que no tiene padres ni parientes conocidos. || HIJO DEL DIABLO, El que es astuto y travieso. || HIJO DE LECHE, El niño con relacion al ama que lo crió. || HIJO DEL HOMBRE, Jesucristo. || HIJOS DE MUCHAS MADRES, Ó DE TANTAS MADRES, Manifiesta la diversidad de genios y costumbres entre muchos de una misma comunidad. || HIJO DE PADRE Ó DE MADRE, V. HIJO DE SU PADRE Ó DE SU MADRE. || HIJO DE PUTA, Expr. injuriosa y de desprecio. || HIJO DE SU MADRE, Expr. que se usa con alguna viveza para llamar á alguno bastardo ó hijo de puta. || HIJO DE SU PADRE Ó DE SU MADRE, fam. Denota la semejanza del hijo en las inclinaciones, cualidades ó parecer del padre ó la madre. || HIJO DE VECINO, El natural de cualquier pueblo, y el nacido de padres establecidos en él. || HIJO ESPIRITUAL, V. HIJO DE CONFESION. || HIJO ESPURIO, V. HIJO BASTARDO. || HIJO HABIDO EN BUENA GUERRA, El habido fuera del matrimonio. || HIJO INCESTUOSO, El habido por incesto. || HIJO LEGITIMO, El nacido de legítimo matrimonio. || HIJO MANCER, ant. V. HIJO ESPURIO. || HIJO MANCILLADO, V. HIJO ESPURIO. || HIJO NATURAL, El que es habido de muger soltera y de padre libre que podian casarse al tiempo de tenerle. || HIJO PÓSTUMO, El que nace despues de la muerte de su padre. || CADA Ó CUALQUIERA HIJO DE VECINO, CUALQUIERA PERSONA. || CADA UNO ES HIJO DE SUS OBRAS, fam. Denota que la conducta de una persona le da mejor á conocer que las noticias de su nacimiento ó linage. || ECHAR AL HIJO, Abandonarle, exponerle á la puerta de la iglesia ó en otra parte. || HACERLE Á UNO UN HIJO MACHO, fam. Cansar, moler con importuna y pesada conversacion. || RECONOCER POR HIJO, Declarar á uno por tal en el testamento ó fuera de él. || TENEMOS HIJO Ó HIJA, Expr. fam. con que se pregunta si el éxito de un negocio ha sido bueno ó malo. || TODOS SOMOS HIJOS DE ADAN. Denota la igualdad de las condiciones y linages de todos los hombres por naturaleza.

HIJODALGO, HIJADALGO, s. m. y f. V. HIDALGO, HIDALGA.

HIJUELA, s. f. Lista que se pone para ensanchar lo que venia estrecho. || Colchon pequeño y delgado que se pone entre los otros de la cama para mayor comodidad. || Pedazo de lienzo regularmente cuadrado que se pone encima del cáliz. || Conducto ó acequia pequeña. || Camino ó vereda que atraviesa desde el camino real. || Conductor que lleva las cartas desde la caja á los pueblos que estan fuera de la carrera. || Instrumento que se da á cada uno de los herederos del difunto por donde constan los bienes y alhajas que les tocan en la particion. || El conjunto de los mismos bienes. || Póliza que por los que pesan la carne se da á los dueños para que por ella se les forme la cuenta de la que venden. || Simiente de las palmas y palmitos. || *And.* Hacecillo de leña menuda, que se dispone así, para venderla por menor. || *Murc.* Cuerda que se hace del ventrículo del gusano de seda, y sirve á los pescadores de caña para asegurar el anzuelo.

HIJUELO, LA, s. m. y f. d. de HIJO. || En los árboles, V. CHUPON.

HILA, s. f. V. HILERA, 1ª A. || Una tripa delgada. || La accion de hilar. || HILAS, pl. Las hebras que se van sacando de los trapos de lienzo, que juntas sirven para curar las llagas y heridas. || HILA DE AGUA, La cantidad de agua que se toma de la acequia de la cabida de un palmo en cuadro por cierto espacio de tiempo. || HILAS RASPADAS, pl. Pelusa que se saca de trapos raspándolos con tigeras ó navaja. || HILA REAL DE AGUA, Medida ó cantidad de agua de una cuarta en alto y dos de ancho. || Á LA HILA, ant. Uno tras otro.

* HILABLE, adj. Que puede hilarse ó hacerse hilo.

HILACHA, s. f. Pedazo de hila que se desprende de la tela.

HILACHOSO, SA, adj. Que tiene muchas hilachas.

HILADA, s. f. V. HILERA, 1ª A. || Serie horizontal de ladrillos ó piedras labradas de sillería que se van poniendo en un edificio.

HILADILLO, s. m. Hilo que sale de la estopa de la seda. || Cinta estrecha de hilo ó seda.

HILADO, p. p. de HILAR.

HILADO, s. m. Conjunto de lo que se hiló en mazorcas.

HILADOR, RA, s. m. y f. El que hila.

HILANDERO, RA, s. m. y f. El que hila. || Parage donde se hila.

HILANDERUELO, LA, s. m. y f. d. de HILANDERO, RA.

HILAR, v. a. Reducir el lino, lana, seda, cáñamo, etc., á hilo. || Sacar de sí el gusano de seda la hebra para formar el capullo. Se dice tambien de las arañas y otros insectos. || met. Discurrir, trazar ó inferir unas cosas de otras. || HILAR DELGADO, Proceder con mucha exactitud y delicadeza en los discursos ó en las acciones. || HILAR EN VERDE, Sacar la seda del capullo estando el gusano vivo ó ahogado dentro de él. || HILAR LARGO, Da á entender que está muy distante ó tardará mucho tiempo en suceder lo que se ofrece ó aquello de que se habla.

HILARACHA, s. f. V. HILACHA.

HILAZA, s. f. HILADO, por conjunto, etc. || Hilo que sale gordo y desigual. || Hilo con que se teje cualquiera tela. || HILAZAS, pl. V. HEBRAS. || ant. V. HILAS || DESCUBRIR LA HILAZA, met. y fam. Hacer patente alguno el vicio ó defecto que tenia y se ignoraba.

HILEÑA, s. f. ant. V. HILANDERA.

HILERA, s. f. Órden ó formacion en linea recta de un número de cosas ó personas. || Instrumento de plateros y tiradores de oro para reducir á hilo los metales. || Hilo ó hilaza fina. || *Arq.* Madero que forma el lomo de la armadura. || *Mil.* Linea de soldados uno detras de otro. || ant. V. HILANDERA. || *Ar.* Hueca del huso por ser donde se afianza la hebra para formarse.

HILERO, s. m. Señal que forma la direccion de las corrientes en las aguas del mar ó rios.

HILETE, s. m. d. de HILO.

HILICO, LLO, TO, s. m. d. de HILO.

HILO, s. m. Hebra larga y delgada que se forma retorciendo el lino, lana, cáñamo ú otra materia semejante. || Alambre muy delgado que se saca de los metales por la hilera. || met. Chorro muy delgado y sutil de algun líquido. || met. Continuacion, serie. || Hebra de que forman las arañas, gusanos de seda, etc., sus telas y capullos. || V. FILO. || HILO Á HILO, Denota que una cosa liquida corre con lentitud y sin intermision. || HILO BRAMANTE ó de ACARRETO, *And.* V. BRAMANTE. || HILO DE CAMELLO, El que se hace de pelo de camello mezclado con lana. || HILO DE CARTAS, Hilo de cáñamo mas delgado que el bramante. || HILO DE CAJAS, Hilo fino. || HILO DE CONEJO, Alambre con que se hacen lazos para cazar conejos. || HILO DE LA MUERTE, Término de la vida. || HILO DE LA VIDA, Curso ordinario de ella. || HILO DE MEDIO DIA ó DE MEDIA NOCHE, Denota el momento preciso que divide la mitad de la noche ó del dia. || HILO DE MONJAS, Hilo fino. || HILO DE PALOMAR, *Ar.* V. BRAMANTE. || HILO DE PERLAS, Cantidad de perlas enhebradas en un hilo. || HILO DE PITA, El que se saca de la planta que tiene este nombre. || HILO DE SALMAR ó de ENSALMAR, V. BRAMANTE. || HILO DE VELAS, Hilo de cáñamo, con el cual se cosen las velas de las embarcaciones. || HILO LASO, Hilo de lino ó cáñamo sin torcer. || HILO PRIMO, Hilo muy blanco y delicado, con el cual encerado se cosen los zapatos delgados. || HILO VOLATIN, Hilo de velas. || A HILO, Sin interrupcion. || Á HILO, Segun la direccion de alguna cosa, en linea paralela con ella. || AL HILO, Denota que el corte de las cosas que tienen hebras ó venas va segun la direccion de estas. || AL HILO DEL VIENTO, Se dice cuando el ave vuela en derechura hácia la parte contra la cual sopla el viento. || CORTAR EL HILO, met. Interrumpir, atajar el curso de la conversacion ó de otras cosas. || CORTAR EL HILO DE LA VIDA, Matar, quitar la vida. || DE HILO, Derechamente, sin detencion. || ESTAR COLGADO DE UN HILO, met. y fam. Estar en grande riesgo ó peligro. || ESTAR COSIDA ALGUNA COSA CON HILO BLANCO, met. y fam. Desdecir y no conformar una cosa con otra. || ESTAR COSIDO CON HILO GORDO, met. y fam. Denota que alguna cosa está hecha con poca curiosidad. || IRSE AL HILO Ó TRAS EL HILO DE LA GENTE, Hacer las cosas solo porque otros las hacen. || LLEVAR ALGUNO Ó ALGUNA COSA HILO, fam. y met. Llevar traza ó camino de seguir una conversacion ú otra cosa por mucho tiempo sin interrumpirla. || PENDIENTE DE UN HILO, expr. Explica el gran riesgo, peligro ó amenaza de ruina. || PENDIENTE DE HILO, Se usa para significar el temor, miedo sobresalto ó duda que se padece en órden al suceso de alguna cosa futura. || PERDER EL HILO, met. Olvidarse en la conversacion ó discurso de la especie que se tenia presente. || QUEBRAR EL HILO, met. Interrumpir ó suspender la prosecucion de alguna cosa. || SEGUIR EL HILO, Proseguir ó continuar en lo que se trataba, decia ó egecutaba. || TOMAR EL HILO, met. Continuar el discurso ó conversacion que se habia interrumpido.

HILVAN, s. m. Bastilla de puntadas largas que se pone á los vestidos cuando se hacen y que se quita cuando ya estan concluidos.

HILVANADO, p. p. de HILVANAR.

HILVANAR, v. a. Apuntar ó asegurar con hilvanes. || met. Hacer algo con priesa y precipitacion, ó trazar y proyectar alguna cosa.

HIMENEO, s. m. Boda ó casamiento. || V. EPITALAMIO.

HIMNO, s. m. Canto en alabanza de Dios y de sus santos. || Entre los gentiles especie de poema del cual se servian para celebrar á los dioses ó á los héroes.

HIMPLAR, v. n. Proferir la onza ó pantera su voz natural.

HIN, s. m. Sonido que suelen formar las mulas y caballos.

HINCADO, p. p. de HINCAR.

HINCADURA, s. f. Accion y efecto de hincar.

HINCAPIÉ, s. m. Accion de hincar ó afirmar el pié. || HACER HINCAPIÉ, fam. y met. Insistir con teson, mantenerse firme en la propia opinion.

HINCAR, v. a. Introducir, clavar una cosa en otra. || *Rioj.* V. PLANTAR.

HINCAR, v. n. ant. V. QUEDAR.

HINCHA, s. f. fam. Odio, encono ó enemistad.

HINCHADAMENTE, adv. Con hinchazon.

HINCHADICO, CA, LLO, LLA, adj. d. de HINCHADO.

HINCHADISIMAMENTE, adv. sup. de HINCHADAMENTE.

HINCHADÍSIMO, MA, adj. sup. de HINCHADO.

HINCHADITO, TA, adj. d. de HINCHADO.

HINCHADO, p. p. de HINCHAR. || HINCHADO, DA, adj. met. Vano, presumido. || Se dice del estilo, discurso, etc., que abunda de palabras y expresiones altisonantes y afectadas.

HINCHAMIENTO, s. m. ant. V. HINCHAZON.

HINCHAR, v. a. Llenar y ocupar con el aire lo que está vacío.

HINCHARSE, v. r. Elevarse alguna parte del cuerpo. || Llenarse ó entumecerse alguna cosa por cualquiera causa que sea. || met. Envanecerse, engreirse, ensoberbecerse.

HINCHAZON, s. f. Efecto de hincharse. || met. Vanidad, presuncion, soberbia ó engreimiento. || met. Vicio ó defecto del estilo hinchado.

HINCHAZONCICA, LLA, TA, s. f. d. de HINCHAZON.

HINCHIR, v. a. ant. V. HENCHIR.

HINCON, s. m. El madero ó maderos que se hincan á las márgenes de los rios para asegurar la maroma que sirve á la conduccion del barco.

HINIESTA, s. f. V. RETAMA.

HINIESTRA, s. f. V. VENTANA.

HINNIBLE, adj. Que es capaz de relinchar.

HINOJADO, p. p. de HINOJAR.

HINOJAL, s. m. Sitio poblado de hinojos.

HINOJAR, v. n. ant. V. ARRODILLAR.

HINOJARSE, v. r. ant. V. ARRODILLARSE.

HINOJO, s. m. Planta muy comun en España, aromática y de gusto dulce y agradable. || ant. V. RODILLA. || HINOJO MARINO, Planta muy abundante en las costas de los mares de España, la que en varias partes se come encurtida. || HINOJOS FITOS, ant. Hincadas las rodillas.

HINTERO, s. m. Mesa para heñir ó amasar el pan.

HIPADO, p. de HIPAR.

HIPAR, v. n. Expeler frecuentemente hipos. || Resollar los perros cuando van siguiendo la caza. || Fatigarse por el mucho trabajo ó angustiarse con exceso. || Desear con ansia, codiciar con demasiada pasion alguna cosa.

HIPÉRBATON, s. m. *Gram.* Figura que se comete invirtiendo el órden gramatical de las palabras.

HIPÉRBOLA, s. f. *Matem.* Una de las tres secciones cónicas.

HIPÉRBOLE, s. m. y f. Figura retórica que aumenta ó disminuye excesivamente la verdad de las cosas de que se habla.

HIPERBÓLICAMENTE, adv. De un modo hiperbólico ó con hipérbole.

HIPERBÓLICO, CA, adj. Que pertenece á la hipérbole. || Que pertenece á la hiperbola.

HIPERBOLIZAR, v. n. ant. Usar de hipérboles.

HIPERBÓREO, EA, adj. Dícese de los montes y pueblos setentrionales expuestos al viento boreas.

HIPERDULÍA, s. f. El culto que se da á María Santísima.

HIPÉRICO, s. m. Planta, V. CORAZONCILLO.

HIPERMETRÍA, s. f. Figura poética.

HIPIÁTRICA, s. f. Arte de curar los caballos.

HIPNAL, s. m. Especie de áspid á quien se atribuye la propiedad de infundir sueño.

HIPO, s. m. Movimiento convulsivo del diafragma que produce una respiracion interrumpida y violenta y causa algun ruido. || met. Ansia, anhelo, deseo eficaz. || met. Encono, enojo y rabia con otro.

HIPOCAMPO, s. m. V. CABALLO MARINO.

HIPOCENTAURO, s. m. V. CENTAURO.

HIPOCONDRÍA, s. f. Enfermedad crónica que causa mucha melancolía.

HIPOCONDRÍACO, CA, adj. Que padece de hipocondría ó que pertenece á ella.

HIPOCONDRICO, CA, adj. Que pertenece á los hipocondrios ó á la hipocondría.

HIPOCONDRIO, s. m. Cualquiera de las dos partes laterales de la region epigástrica de las costillas falsas.

HIPOCRAS, s. m. Bebida hecha con vino, azúcar, canela, y otros ingredientes.

HIPOCRÁTICO, CA, adj. Que pertenece á Hipócrates ó á su doctrina.

*HIPOCRENE, s. f. Fuente del Parnaso.

HIPOCRÉNIDES, s. f. pl. *Poét.* Epíteto que se da á las musas del Parnaso.

HIPOCRESÍA, s. f. Apariencia contraria á lo que uno es ó á lo que siente.

HIPÓCRITA, adj. y s. El que finge ó aparenta lo que no es ó lo que no siente.

HIPÓCRITAMENTE, adv. Con hipocresía.

HIPOCRITILLA, adj. d. de HIPÓCRITA.

HIPÓCRITO, TA, adj. Que aparenta lo que no es.

HIPOCRITON, NA, adj. aum. de HIPÓCRITA.

HIPÓDROMO, s. m. Circo destinado para correr caballos en las fiestas públicas.

HIPOGÁSTRICO, CA, adj. *Anat.* Que pertenece al hipogastro.

HIPOGASTRO, s. m. *Anat.* La parte inferior del vientre.

*HIPOGLOSOS, s. m. Nervios que llevan de la lengua el sentido del gusto.

HIPOGRIFO, s. m. Animal fabuloso que fingen tener alas y ser la mitad caballo y la otra mitad grifo.

HIPOMÁNES, s. m. Humor que sale de las partes naturales de la yegua cuando está en celo, que los antiguos tenian por el principal ingrediente de un poderoso veneno amatorio.

HIPOMOCLIO ó HIPOMOCLION, s. m. *Mecan.* El punto de apoyo de una palanca de cualquier instrumento que se compone de esta máquina.

HIPOPÓTAMO, s. m. V. CABALLO MARINO.

HIPÓSTASIS, s. f. *Teol.* Supuesto ó persona.

HIPOSTÁTICAMENTE, adv. *Teol.* De un modo hipostático.

HIPOSTÁTICO, CA, adj. *Teol.* Que pertenece á la hipóstasis.

HIPOTECA, s. f. Finca que queda afecta y obligada á la seguridad y saneamiento de algun crédito || BUENA HIPOTECA, irón. Denota lo poco que hay que fiar de una persona ó cosa.

HIPOTECABLE, adj. Que se puede hipotecar.

HIPOTECADO, p. p. de HIPOTECAR.

HIPOTECAR, v. a. Asegurar algun crédito con bienes raices.

HIPOTECARIO, RIA, adj. Perteneciente á hipoteca.

*HIPOTENUSA, s. f. *Geom.* Lado opuesto al ángulo recto en un triángulo rectángulo.

HIPÓTESIS, s. f. Suposicion de una cosa, sea posible ó imposible, para sacar de ella alguna consecuencia.

HIPOTÉTICO, CA, adj. Que pertenece á la hipótesis ó se funda en ella.

HIPOTIPÓSIS, s. f. Figura retórica. Descripcion viva y enérgica de alguna cosa.

HIRCANO, NA, adj. de Hircania.

HIRCO, s. m. Especie de cabra montés muy comun en los Pirineos de España.

*HIRMA, s. f. Orillo del paño.

HIRMADO, p. p. de HIRMAR.

HIRMAR, v. a. Afirmar ó afianzar.

HIRME, adj. V. FIRME.

HIRSUTO, TA, adj. *Poét.* Velloso, áspero y duro.

HIRUNDINARIA, s. f. V. CELIDONIA.

HIRVIENTE, p. a. de HERVIR, Que hierve.

HISCA, s. f. Liga para cazar pájaros.

HISCAL, s. m. Cuerda de esparto de tres ramales.

HISOPADA, s. f. Rociada de agua echada con el hisopo.

HISOPEADO, p. p. de HISOPEAR.

HISOPEAR, v. a. Rociar ó echar agua con el hisopo.

HISOPILLO, s. m. d. de HISOPO. || Muñequillo de trapo para humedecer la boca y la garganta de los enfermos. || Planta semejante á hisopo.

HISOPO, s. m. Yerba que produce el tallo alto de un pié, y las hojas son semejantes á las de la agedrea. || Palo con un manojito de cerdas, para tomar agua bendita ó esparcirla al pueblo. Los hay tambien de plata. || HISOPO HÚMEDO, *Farm.* Mugre de la lana de las ovejas y carneros, despues de evaporado.

HISPALENSE, adj. De Sevilla.

HISPALO, LA, adj. ant. V. HISPALENSE.

HISPANENSE, adj. ant. V. ESPAÑOL.

HISPÁNICO, CA, adj. Perteneciente á España.

HISPANIDAD, s. f. ant. V. HISPANISMO.

HISPANISMO, s. m. Modo de hablar peculiar de la lengua española, que se aparta de las reglas comunes de la gramática.

HISPANIZADO, p. p. de HISPANIZAR.

HISPANIZAR, v. a. V. ESPAÑOLIZAR.

HISPANO, NA, adj. Natural de España ó perteneciente á esta nacion.

HISPIDO, p. p. de HISPIR.

HÍSPIDO, DA, adj. De pelo áspero.

HISPIR, v. n. *Ast.* Esponjar, ahuecar alguna cosa, como los colchones de lana cuando se mullen.

HISTÉRICO, s. m. V. MAL DE MADRE.

HISTÉRICO, CA, adj. Perteneciente al útero ó á la madre.

HISTORIA, s. f. Narracion y exposicion verdadera de los acontecimientos pasados y cosas memorables. || Fábula, cuento ó narracion inventada. || fam. Cuento, pendencia. || *Pint.* Cuadro ó tapiz que representa algun caso histórico ó fabuloso. || HISTORIA NATURAL, Descripcion de las producciones de la naturaleza en sus tres reinos animal, vegetal y mineral. || DEJARSE DE HISTORIAS Ó RODEOS, met. y fam. Omitir rodeos é ir á lo esencial de una cosa.

HISTORIADO, p. p. de HISTORIAR. || HISTORIADO, DA, adj. *Pint.* Se aplica al cuadro donde hay un conjunto organizado de varias partes, de cuya armoniosa composicion resulta un todo perfecto.

HISTORIADOR, RA, s. m. y f. El que escribe historia.

HISTORIAL, adj. Que pertenece á la historia.

HISTORIAL, s. m. ant. V. HISTORIADOR.

HISTORIALMENTE, adv. De un modo historial.

HISTORIAR, v. a Componer, contar ó escribir historias. || *Pint.* Pintar ó representar algun suceso histórico ó fabuloso.

HISTÓRICAMENTE, adv. De un modo histórico.

HISTÓRICO, CA, adj. Que pertenece á la historia.

HISTÓRICO, s. m. ant. V. HISTORIADOR.

HISTORIETA, s. f. d. de HISTORIA, Cuento ó fabula.

HISTORIÓGRAFO, s. m. V. HISTORIADOR.

HISTRION, s. m. El que representaba disfrazado en la comedia ó tragedia antigua. || Volatin, jugador de manos que divirte al público con disfraces.

HISTRIONICO, CA, adj. Que pertenece al histrion.

HISTRIONISA, s. f. La muger que representaba ó bailaba en el teatro.

HITA, s. f. Clavo pequeño cuadrado sin cabeza que en los coches sirve para asegurar las abrazaderas. || HITO, por mojon.

HITO, TA, adj. ant. V. NEGRO. || Aplícase regularmente al caballo. || V. FIJO. || ant. V. IMPORTUNO.

HITO, s. m. Mojon de piedra para conocer la direccion de los caminos y para señalar limites. || Juego que se egecuta fijando en la tierra un clavo, y tirando á él con herrones ó con tejos. || met. Blanco ó punto adonde se dirige la vista ó punteria para acertar el tiro. || Á HITO, Fijamente, seguidamente ó con permanencia en un lugar. || DAR EN EL HITO, Comprender ó acertar en el punto de la dificultad. || MIRAR DE HITO EN HITO, Fijar la vista en algun objeto sin distraerla á otra parte. || MUDAR DE HITO, Variar los medios para la consecucion de alguna cosa. || MIRAR EN HITO, ant. V. MIRAR DE HITO EN HITO.

HOB

HOBACHO, CHA, adj. ant. V. HOBACHON.

HOBACHON, NA, adj. Dícese del que teniendo muchas carnes es flojo.

HOCE, s. f. ant. V. HOZ.

HOCICADA, s. f. Golpe dado con el hocico ó de hocicos.

HOCICADO, p. p. de HOCICAR.

HOCICAR, v. a. V. HOZAR.

HOCICAR, v. n. Dar de hocicos en el suelo. || met. Caer en alguna falta ó yerro por descuido ó indocilidad.

HOCICO, s. m. Parte de la cabeza de algunos animales. || Boca de hombre cuando tiene los labios muy abultados. || met. y fam. Rostro. || met. Gesto que denota enojo ó desagrado.

HOCICUDO, DA, adj. Que tiene hocico abultado.

HOCINO, s. m. Instrumento corvo de que se usa para cortar la leña. || El que usan los hortelanos para trasplantar. || Terreno que dejan las quebradas ó angosturas de las faldas de las montañas cerca de los rios ó arroyos. || Angostura de los rios cuando se estrechan entre dos montañas.

HOCIQUILLO, TO, s. m. d. de HOCICO.

HOGAÑAZO, adv. fam. V. HOGAÑO.

HOGAÑO, adv. fam. ESTE AÑO Ó EN EL AÑO PRESENTE.

HOGAR, s. m. Lugar donde se enciende lumbre ó fuego para el servicio ordinario de una casa. || met. Casa ó domicilio.

HOGAZA, s. f. Pan grande que pesa mas de dos libras. || Pan de salvado ó harina mal cernida.

HOGUERA, s. f. Porcion de materias combustibles que encendidas levantan mucha llama.

HOJA, s. f. Parte sutil y delgada que arrojan los tallos de las plantas y las ramas de los árboles. || En las flores, cada una de las partes exteriores que forman guirnalda al boton. || En los metales, plancha batida y muy delgada que se hace de ellos. || En los libros y cuadernos, cada una de las partes de papel ó pergamino de que se componen. || Especie de escama que se levanta en los metales al tiempo de batirlos. || Cuchilla de espada, navajas y cuchillos. || Espada. || Cada una de las capas delgadas en que se suele dividir la masa. || Porcion de tierra labrantía ó dehesa que se siembra ó pasta un año, y se deja descansar otro ú otros dos. || En las puertas, ventanas, biombos, etc., una de las partes que se abre y se cierra. || Mitad de cada una de las partes principales de que se compone un vestido. || Cada una de las partes de la armadura antigua que cubria el cuerpo. || HOJA BRONCEADA, Plancha de laton muy delgada y luciente. || HOJA DE FLANDES, V. HOJA DE LATA. || HOJA DE LATA, Plancha de hierro muy delgada y dada de estaño. || HOJA DE MILAN, V. HOJA DE LATA. || HOJA DE TOCINO. Mitad de la canal de cerdo partida á lo largo. || AL CAER DE LA HOJA, fam. Al fin del otoño, al acercarse el invierno. || BATIR HOJA, Labrar oro, plata ú otro metal, reduciéndole á hojas. || DOBLAR LA HOJA, met. Dejar el negocio que se trata para proseguirle despues. || VOLVER A DOBLAR LA HOJA, Volver á continuar el discurso que de intento se habia interrumpido. || SER AMIGO TENTADO DE LA HOJA, fam. Ser aficionado á aquella cosa de que se trata. || SER TODO HOJA Y NO TENER FRUTO, Hablar mucho y sin sustancia. || VOLVER LA HOJA, met. Mudar de parecer, faltar á lo prometido; mudar de conversacion.

HOJALATERO, s. m. El que hace piezas de hoja de lata.

HOJALDRADO, p. p. de HOJALDRAR.

HOJALDRADO, adj. Que se asemeja á la hojaldre.

HOJALDRAR, v. a. Dar á la masa forma de hojaldre.

HOJALDRE, s. f. Torta de masa que al cocerse hace muchas hojas delgadas. || QUITAR LA HOJALDRE AL PASTEL, met. Descubrir algun enredo ó trampa.

HOJALDRISTA, s. m. El que hace hojaldres.

HOJARASCA, s. f. Conjunto de las hojas que han caido de los árboles. || Demasiada é inútil frondosidad de algunos árboles ó plantas. || met. Cosa inútil y de poca sustancia.

HOJEADO, p. p. de HOJEAR.

HOJEAR, v. a. Mover ó pasar ligeramente las hojas de un libro ó cuaderno.

HOJEAR, v. n. Hacerse ó formar hojas algun metal.

HOJECER, v. n. ant. Echar hoja los árboles.

HOJICA, LLA, TA, s. f. d. de HOJA.

HOJOSO, SA, adj. Que tiene muchas hojas.

HOJUDO, DA, adj. V. HOJOSO.

HOJUELA, s. f. d. de HOJA. || Fruta de sarten muy extendida y delgada. || Hollejo ó cascarilla que queda de la aceituna molida, y que separada la vuelven á moler. || Hoja muy delgada, angosta y larga de oro ú otro metal.

HOLA! interj. Que se usa para llamar á otro que es inferior. || interj. de que se usa para denotar la extrañeza ó novedad que causa alguna cosa no esperada.

*HOLAN, s. m. *And.* V. HOLANDA.

HOLANDA, s. f. Lienzo muy fino. || HOLANDA DE MARGOETA, Lienzo mas fino que la holanda comun.

HOLANDÉS, SA, adj. de Holanda.

HOLANDÉS, s. m. El idioma holandés. || Á LA HOLANDESA, Al uso de Holanda.

HOLANDETA, s. f. V. HOLANDILLA.

HOLANDILLA, s. f. Especie de lienzo teñido y prensado, para forros.

HOLGADAMENTE, adv. Con holgura.

HOLGADÍSIMAMENTE, adv. sup. de HOLGADAMENTE.

HOLGADÍSIMO, MA, adj. sup. de HOLGADO.

HOLGADO, p. p. de HOLGAR. || HOLGADO, DA, adj. V. DESOCUPADO. || Ancho y sobrado para lo que ha de caber tener. || met. Desempeñado en la hacienda, y sobrado.

HOLGANZA, s. f. Descanso, quietud, reposo. || Placer, contento, diversion y regocijo.

HOLGAR, v. n. Descansar, tomar aliento. || Estar ocioso, no trabajar. || Divertirse, entretenerse con gusto y placer en alguna cosa, alegrarse de ella. || Se dice de las cosas inanimadas que estan sin egercicio ó sin uso. || ant. Yacer, estar, parar.

* HOLGARSE, v. r. fam. Regocijarse, estar de chocota, de chunga.

HOLGAZAN, NA, adj. y s. Vagabundo y ocioso que no quiere trabajar.

HOLGAZANEAR, v. n. Ser holgazan.

HOLGAZANERÍA, s. f. Ociosidad, haraganería, aversion al trabajo.

HOLGAZAR, v. n. ant. V. HOLGAZANEAR.

HOLGIN, NA, adj. V. HECHICERO.

* HOLGON, s. m. fam. El que no piensa sinó en divertirse.

HOLGORIO, s. m. fam. Regocijo, fiesta, diversion bulliciosa.

HOLGUETA, s. f. fam. V. HOLGURA, 1ª A.

HOLGURA, s. f. Regocijo, diversion entre muchos. || V. ANCHURA.

HOLLADO, p. p. de HOLLAR.

HOLLADURA, s. f. ant. Accion y efecto de hollar. || Derecho que se pagaba por el piso de los ganados en algun terreno.

HOLLAR, v. a. Pisar, comprimir alguna cosa poniendo sobre ella los pies. || met. Abatir, ajar, humillar, despreciar.

HOLLECA, s. f. Herrerillo, pájaro.

HOLLEJA, s. f. ant. V. HOLLEJO.

HOLLEJICO, LLO, TO, s. m. d. de HOLLEJO.

HOLLEJO, s. m. Piel delgada que cubre algunas frutas y legumbres.

HOLLEJUELA, s. m. ant. d. de HOLLEJA.

HOLLEJUELA, s. m. d. de HOLLEJO.

HOLLIN, s. m. Parte crasa y oleosa del humo que se pega á las chimeneas y techos de las cocinas.

HOLLINAR, s. m. ant. V. HOLLIN.

HOLLINIENTO, TA, adj. Que tiene hollin.

HOLOCAUSTO, s. m. Sacrificio especial entre los Judios, en que se quemaba toda la víctima. || met. V. SACRIFICIO.

HOMARRACHE, s. m. V. MOHARRACHE.

HOMBRACHO, s. m. Hombre grueso y fornido.

HOMBRACHON, s. m. aum. de HOMBRACHO.

HOMBRAZO, s. m. aum. de HOMBRE.

HOMBRE, s. m. Animal racional, bajo cuya acepcion se comprende toda la especie humana. || Varon. || El que ha llegado á la edad viril ó adulta. || vulg. V. MARIDO. || El que en ciertos juegos de naipes dice que entra, y juega contra los demas. || Juego de naipes entre varias personas con eleccion de palo que sea triunfo. || El que posee las calidades y requisitos convenientes para el desempeño de lo que se trata. || Junto con algunos sustantivos por medio de la preposicion *de*, el que posee las calidades ó cosas significadas por los sustantivos. || HOMBRE AL AGUA Ó Á LA MAR, Se dice del que no da esperanza de remedio en su salud ó en su conducta. || HOMBRE BUENO, Calquiera del estado general ó pechero. || HOMBRE DE ÁMBAS Ó DE TODAS SILLAS, met. El sabio en varias artes ó facultades. || HOMBRE DE ARMAS, El que iba á la guerra armado. || HOMBRE DE ARMAS TOMAR, El que tiene aptitud ó suficiencia para cualquiera cosa. || HOMBRE DE BIEN, Hombre honrado. || HOMBRE DE BIGOTE, El que tiene entereza y severidad. || HOMBRE DE BIGOTE AL OJO, ant. Hombre juicioso y de edad madura. || HOMBRE DE BUENA CAPA, El que es de buen porte. || HOMBRE DE BUENAS LETRAS, El versado en letras humanas. || HOMBRE DE BURLAS, Chocarrero, hombre de poca sustancia. || HOMBRE DE CABO, ant. Cualquiera de los marineros de una embarcacion. || HOMBRE DE CALZAS ATACADAS, met El que es nimiamente observante de los usos y costumbres antiguos. || El que es demasiadamente rigido y severo. || HOMBRE DE CAMPO, El que voluntariamente y con frecuencia anda en el campo. || HOMBRE DE CAPA Y ESPADA, El seglar que no profesa de propósito alguna facultad. || HOMBRE DE CAPRICHO, El que tiene ideas singulares y las dice con novedad y agudeza. V. CAPRICHUDO. || HOMBRE DE COPETE, El que es hombre de estimacion y autoridad. || HOMBRE DE CORAZON Ó DE GRAN CORAZON, El valiente, generoso y magnánimo. || HOMBRE DE CHAPA, fam. Hombre de juicio, sesudo. || HOMBRE DE DIAS, Anciano, viejo. || HOMBRE DE DOS CARAS, met. El que en presencia dice una cosa y en ausencia otra. || HOMBRE DE ESTADO, ant. Personage ó hombre de corte. || ant. Politico, cortesano. || HOMBRE DE REPRESENTACION, V. REPRESENTACION. || HOMBRE

DE EXPERIENCIA, El prático y versado en las cosas. || HOMBRE DE FONDO, El que tiene gran capacidad y talento. || HOMBRE DE FORTUNA, El que de cortos principios llegó á grandes empleos ó riquezas. || HOMBRE DE HECHO, El que ha procedido constantemente con honradez y exactitud. || HOMBRE DE IGLESIA, Eclesiástico. || HOMBRE DE INTENCION, El doble y solapado. || HOMBRE DEL CAMPO, El que se egercita en las labores del campo. || HOMBRE DE LETRAS, V. LITERATO. || HOMBRE DE MALA DIGESTION, El que tiene mal gesto y dura condicion. || HOMBRE DE MANOS, HOMBRE DE PUÑOS. || HOMBRE DE NEGOCIO, El que negocia dando dinero á interes. || HOMBRE DE PECHO, El valeroso, constante, de gran serenidad. || HOMBRE DE PELO EN PECHO, El que es fuerte y osado. || HOMBRE DE PESO, El sensato ó juicioso. || HOMBRE DE PLAZA, El que ocupa ó puede ocupar los empleos honoríficos de su pueblo. || HOMBRE DE PRO Ó DE PROVECHO, El hombre de bien, el sabio ó útil al público. || HOMBRE DE PUÑOS, El que es robusto, fuerte y valeroso. || HOMBRE DE TAMAÑO, El que es muy estimado por sus prendas naturales y de cuerdo porte en sus operaciones, ó está autorizado con gran empleo. || HOMBRE DE UN SIGLO, El que en su edad ha sido singular ó sobresaliente. || HOMBRE DE VERAS, El que por su natural es amigo de la realidad y verdad, ó es serio y enemigo de burlas. || HOMBRE EN DIAS, ant. V. HOMBRE DE DIAS. || HOMBRE ESPIRITUAL, El dedicado á la virtud y contemplacion. || HOMBRE DE LA VIDA AIRADA, fam. El que vive licenciosamente, el que se precia de guapo y valenton. || HOMBRE HECHO, El que ha llegado á la edad adulta. || met. El que está versado en alguna facultad. || HOMBRE LISO, Hombre de verdad, ingenuo, sincero, sin dolo ni artificio. || HOMBRE LLENO, met. El que sabe mucho. || HOMBRE MAYOR, Anciano, de edad avanzada. || HOMBRE MENUDO, Miserable, escaso y apocado. || HOMBRE DE CAPA NEGRA, ant. La gente ciudadana y decente. || HOMBRE DE MALA VIDA, Vicioso y entregado á la vida licenciosa. || HOMBRE Ó MUGER DE PUNTO, Persona principal y de distincion. || HOMBRE Ó PERSONA DE DISTINCION, El de ilustre nacimiento. || HOMBRE Ó SUGETO SIN EXPRESION, El que es irreprensible. || HOMBRE PARA POCO, El pusilánime, de poco espíritu, de ninguna expedicion. || HOMBRE RETIRADO, El que es amigo del retiro ó soledad. || HOMBRE DE LETRAS, El docto é instruido. || BUEN HOMBRE, PERO MAL SASTRE, Se dice de las personas de buena índole ó genio, pero de corta habilidad. || EL PRIMER HOMBRE DEL MUNDO, Pondera que alguno es excelentísimo ó de especialísima habilidad en la materia de que se habla. || SER HOMBRE MUY LLEGADO Á LAS HORAS DE COMER, fam. Estar uno pronto á egecutar las cosas que le son de utilidad. || NO ES HOMBRE DE BURLAS NI AMIGO DE BURLAS, Se dice del que no gusta de chanzas, y del que está acostumbrado á cumplir lo que promete. || NO HABER HOMBRE CON HOMBRE, fam. Estar desavenidos entre sí. || NO HAY HOMBRE CUERDO Á CABALLO, Da á entender que con grande dificultad suele obrar prudentemente el que se halla puesto en la ocasion de propasarse. || NO SER HOMBRE DE PELEA, met. Carecer de ánimo, resolucion y habilidad. || NO SER HOMBRE PARA ALGUNA COSA, Ser cobarde ó incapaz de egecutar lo que dice y ofrece. || NO TENER HOMBRE, No tener protector ó favorecedor. || SER HOMBRE DE SU PALABRA, fam. Cumplir con exactitud y puntualidad lo que se dice ó promete. || SER MUY HOMBRE, Ser valiente y esforzado. || TENER HOMBRE, met. Tener brazos, protector.

HOMBREAR, v. n. Querer el jóven parecer hombre hecho. || met. Querer igualarse con otros en el saber, en la calidad ó prendas.

HOMBRECICO, LLO, TO, s. m. d. de HOMBRE.

HOMBRECILLOS, s. m. pl. Planta trepadora, muy comun en España y que sirve para la cerveza.

HOMBREDAD, s. f. ant. La calidad de hombre.

HOMBRERA, s. f. Pieza de la armadura antigua que cubria los hombros.

HOMBREZUELO, s. m. d. de HOMBRE.

HOMBRÍA DE BIEN, s. f. V. HONRADEZ.

HOMBRILLO, s. m. Lista de lienzo con que se refuerza la camisa por el hombro. || El tegido que sirve de adorno, y se pone encima de los hombros.

HOMBRO, s. m. La parte alta de la espalda del hombre, de donde nacen los brazos. || Á HOMBRO, V. SOBRE LOS HOMBROS. || ARRIMAR EL HOMBRO, met. Trabajar con actividad, ayudar ó contribuir al logro de algun fin. || ECHAR AL HOMBRO ALGUNA COSA, met. Hacerse responsable á ella. || ENCOGERSE DE HOMBROS, Manifiesta el movimiento natural que causa el miedo. ||

ENCOGERSE DE HOMBROS, Negar la contestacion á alguna cosa. ‖ MIRAR SOBRE HOMBRO, ó SOBRE EL HOMBRO, Mirar con superioridad, desprecio ó enojo. ‖ SACAR Á HOMBROS Á ALGUNO, met. Librarle con su favor, poder ó á sus espensas de algun riesgo ó apuro, ponerle en salvo.

HOMBRON, s. m. aum. de HOMBRE. ‖ met. Hombre de grandes prendas, esperiencia y valor.

HOMBRONAZO, s. m. aum. de HOMBRON.

HOMBRUNO, NA, adj. Que pertenece ó se parece al hombre.

HOME, s. m. ant. V. HOMBRE. ‖ HOME DE LEYENDA, ant. Eclesiástico.

HOMECILLO, s. m. ant. V. HOMICIDIO. ‖ ant. V. HOMICILLO, 2ª A. ‖ ant. Enemistad, odio, aborrecimiento.

• HOMECIO, s. m. ant. V. HOMICIDIO.

HOMENAGE, s. m. Juramento solemne de fidelidad hecho á un rey ó señor. ‖ met. Sumision, veneracion, respeto. ‖ V. TORRE DE HOMENAGE.

HOMÉRICO, CA, adj. Perteneciente á Homero.

• HOMERISTAS, s. m. pl. Los que tenian por oficio cantar versos de Homero.

HOMICIADO, p. p. de HOMICIARSE.

HOMICIANO, s. m. ant. El que mata á otro.

HOMICIARSE, v. r. ant. Enemistarse, perder la buena union ó armonía.

HOMICIDA, s. com. El que comete homicidio.

HOMICIDA, adj. Que da ú ocasiona la muerte.

HOMICIDIO, s. m. Muerte injusta de un hombre hecha por otro. ‖ Tributo que se pagaba en lo antiguo.

HOMICIERO, s. m. ant. El que causa ó promueve enemistades y discordias.

HOMICILLO, s. m. ant. V. HOMICIDIO. ‖ ant. Pena pecuniaria en que incurria el que llamado por juez competente por haber herido gravemente ó muerto á alguno, no comparecia.

HOMILÍA, s. f. Razonamiento ó plática que se hace para explicar al pueblo las materias de religion.

HOMILIARIO, s. m. El libro que contiene las homilías.

• HOMILISTA, s. f. Autor de homilías.

HOMINICACO, s. m. Hombre pusilánime y de mala traza.

• HOMOFAGÍA, s. f. Uso de carnes crudas.

• HOMÓFAGO, s. m. El que come carne cruda.

HOMOGENEIDAD, s. f. *Fil.* Calidad de homogéneo.

HOMOGÉNEO, NEA, adj. *Fil.* De la misma naturaleza y de las mismas propiedades.

HOMÓLOGO, GA, adj. *Geom.* Que se aplica á los lados correspondientes en las figuras semejantes. ‖ *Lóg.* Se dice de los términos sinónimos, ó que significan una misma cosa.

• HOMÓNIMO, s. m. y adj. gram. Del mismo nombre con sentidos diversos. ‖ Tocayo, el que tiene el mismo nombre que otro.

HONCEJO, s. m. ant. V. HOCINO Ó HOZ, 1ª A.

HONDA, s. f. Trenza de lana, cáñamo, esparto ú otra materia semejante para tirar piedras con violencia. ‖ Pedazo de cordel ó cabo unido perfectamente por sus extremos, el cual sirve para suspender cuerpos de mucho peso.

HONDABLE, adj. ant. V. HONDO.

HONDAMENTE, adv. Con hondura ó profundidad. ‖ met. V. PROFUNDAMENTE, altamente, elevadamente.

HONDARRAS, s. f. pl. *Rioj.* El poso, heces.

HONDAZO, s. m. Tiro de honda.

HONDEAR, v. a. ant. Reconocer el fondo con la sonda. ‖ Sacar carga de alguna embarcacion.

HONDERO, s. m. Soldado que antiguamente usaba de honda en guerra.

HONDICA, LLA, TA, s. f. d. de HONDA.

HONDIJO, s. m. V. HONDA.

HONDILLO, s. m. Cada uno de los pedazos de que se forma la bragadura de los calzones ó calzoncillos.

HONDO, DA, adj. Que tiene profundidad. ‖ Aplícase á la parte del terreno que está mas baja que todo lo demas.

HONDO, s. m. ant. La parte inferior de alguna cosa hueca ó cóncava. ‖ met. V. PROFUNDO.

HONDON, s. m. El suelo interior de cualquiera cosa hueca que puede contener algun liquido. ‖ Lugar profundo que se halla rodeado de terrenos mas altos. ‖ Agujero que tiene la aguja para enhebrarse. ‖ CONTRA HONDON, ant. V. HÁCIA ABAJO.

HONDONADA, s. f. Espacio de terreno hondo.

HONDONERO, RA, adj. ant. V. HONDO.

HONDURA, s. f. Profundidad de alguna cosa. || METERSE EN HONDURAS, met. Tratar de cosas profundas y dificultosas, sin tener bastante conocimiento.

HONESTAD, s. f. ant. V. HONESTIDAD.

HONESTADO, p. p. de HONESTAR.

HONESTAMENTE, adv. Con honestidad ó castidad. || Con modestia, decoro ó cortesía.

HONESTAR, v. a. V. HONRAR. || V. COHONESTAR.

HONESTARSE, v. r. ant. Portarse con moderacion y decencia.

HONESTIDAD, s. f. Compostura, decencia y moderacion en la persona, acciones y palabras. || Urbanidad, decoro, modestia.

HONESTÍSIMAMENTE, adv. sup. de HONESTAMENTE.

HONESTÍSIMO, MA, adj. sup. de HONESTO.

HONESTO, TA, adj. Decente ó decoroso. || Casto, recatado, virtuoso y modesto. || Razonable, justo. Dícese particularmente del precio.

HONGO, s. m. Especie de planta esponjosa que crece en muy poco tiempo y cuya figura es á manera de paraguas. || HONGO YESQUERO, Especie de hongo con que se hace yesca.

HONGOSO, SA, adj. ant. Fofo y esponjoso como el hongo.

HONOR, s. m. Accion, demostracion exterior por la cual se da á conocer la veneracion, el respeto ó estimacion que alguno tiene por su dignidad ó por su mérito. || Gloria ó buena reputacion que sigue á la virtud, al mérito ó á las acciones heróicas. || Honestidad y recato en las mugeres, y la buena opinion que se grangean con estas virtudes. || Obsequio, aplauso ó celebridad de alguna cosa. || Dignidad, cargo ó empleo. || HONORES. pl. Título ó preeminencia que se concede á alguno de poderse nombrar en alguna dignidad ó empleo como si realmente le tuviera.

HONORABILISIMO, adj. sup. de HONORABLE.

HONORABLE, adj. Que tiene honor ó merece ser honorado.

HONORABLEMENTE, adv. Con honor, con estimacion y lustre.

HONORACION, s. f. ant. Accion y efecto de honrar.

HONORADO, p. p. de HONORAR.

HONORAR, v. a. ant. V. HONRAR.

HONORARIO, RIA, adj. Que sirve para honrar. || Que tiene los honores y no la propiedad de alguna dignidad ó empleo.

HONORARIO, s. m. Gage ó sueldo de honor. || Estipendio ó sueldo que se da por el trabajo.

HONORCILLO, s. m. d. de HONOR.

HONORIFICACION, s. f. ant. Accion y efecto de honorificar.

HONORIFICADAMENTE, adv. ant. V. HONORÍFICAMENTE.

HONORIFICADO, p. p. de HONORIFICAR.

HONORÍFICAMENTE, adv. Con honor.

HONORIFICAR, v. a. ant. Honrar ó dar honor.

HONORÍFICO, CA, adj. Que da honor.

HONOROSÍSIMO, MA, adj. sup. de HONOROSO.

HONOROSO, SA, adj. ant. V. HONROSO.

HONRA, s. f. Buena opinion y fama adquirida por la virtud y el merito. || Demostracion de aprecio que se hace de alguno por su virtud y mérito. || Pudor, honestidad y recato de las mugeres. || HONRAS, pl. Oficio solemne que se hace por los difuntos algunos dias despues del entierro.

HONRABLE, adj. ant. Digno de ser honrado.

HONRADAMENTE, adv. Con honra.

HONRADEZ, s. f. Proceder recto, propio de un hombre de honor y estimacion.

HONRADÍSIMAMENTE, adv. sup. de HONRADAMENTE.

HONRADÍSIMO, MA, adj. sup. de HONRADO.

HONRADO, p. p. de HONRAR. || HONRADO, DA, adj. Que procede con honradez. || Egecutado honrosamente.

HONRADOR, RA, s. m. y f. El que honra.

HONRAMIENTO, s. m. Accion y efecto de honrar.

HONRAR, v. a. Manifestar el aprecio que se hace de alguno por su virtud, mérito y circunstancias.

HONRILLA, s. f. d. de HONRA. || Puntillo ó vergüenza con que se hace ó deja de hacer alguna cosa porque no parezca mal.

HONROSAMENTE, adv. Con honra.

HONROSÍSIMAMENTE, adv. sup. de HONROSAMENTE.

HONROSÍSIMO, MA, adj. sup. de HONROSO.

HONROSO, SA, adj. Que da honra y estimacion. || Decente, decoroso.

* HONRUDO, DA, adj. p. u. Que cuida nimiamente de su reputacion ó fama, exacto en cumplir con sus debeses.

HONTANA, s. f. V. FUENTE.

HONTANAL, s. m. V. HONTANAR.

HONTANALES, adj. pl. Se aplica á las fiestas que los gentiles hacian á las fuentes.

HONTANAR, s. m. Sitio en que nacen fuentes.

HONTANAREJO, s. m. d. de HONTANAR.

HOPA, s. f. Especie de vestidura al modo de túnica ó sotana cerrada.

HOPALANDA, s. f. Falda grande y pomposa. || Falda que traen arrastrando los estudiantes que van á las universidades.

HOPEADO, p. de HOPEAR.

HOPEAR, v. n. Menear la cola los animales, especialmente la zorra cuando la siguen. || met. V. CORRETEAR.

HOPO, s. m. Rabo ó cola que tiene mucho pelo ó lana. || *Germ.* Cabezon ó cuello de sayo. || SEGUIR EL HOPO, met. Ir siguiendo y dando alcance á alguno. || SUDAR EL HOPO, fam. Costar mucho afan y trabajo la consecucion de alguna cosa.

HOQUE, s. m. V. ALBOROQUE.

HORA, s. f. Cada una de las veinte y cuatro partes en que se divide el dia natural. || Tiempo oportuno y determinado para alguna cosa. || Espacio de doce á una que en el dia de la Ascension emplean los fieles en celebrar este misterio. || V. LEGUA. || HORAS, pl. Librito ó devocionario en que está el oficio de nuestra Señora y otras devociones. || HORAS, V. HORAS CANÓNICAS. || HORA MENGUADA, Tiempo fatal ó desgraciado en que sucede algun daño, ó no se logra lo que se desea. || HORAS CANÓNICAS, Las diferentes partes del oficio divino. || HORA SUS, interj. ant. SUS. || Á LA HORA, AL PUNTO, Inmediatamente, al instante. || Á LA HORA, ant. V. ENTÓNCES ó en aquel tiempo. || Á LA HORA DE ESTA Ó Á LA HORA DE AHORA, fam. V. EN ESTA HORA. || Á POCA DE HORA, ant. En poco tiempo, poco despues. || Á TAL HORA TE AMANEZCA, fam. Se suele decir al que llega tarde á alguna cosa ó especie de que se está tratando, y tambien al que trueca las horas del dia al hablar de ellas. || DAR HORA, Señalar plazo ó citar tiempo preciso para alguna cosa. || EN HORA BUENA, exp. fam. Está bien, sea así. || EN HORA MALA, fam. Se usa para despedir con desprecio alguna persona. || EN POCA DE HORA, ant. V. Á POCA DE HORA. || GANAR HORAS, Hablando de los correos es ganar el premio señalado por cada hora que tarden ménos en el viage de las que regularmente debian gastar. || GANAR LAS HORAS, Aprovechar el tiempo acelerando las providencias para el logro de alguna cosa. || HACER HORA, Ocuparse en alguna cosa pequeña miéntras llega el tiempo señalado para otro negocio. || HACERSE HORA DE ALGUNA COSA, Llegar el tiempo oportuno y señalado para egecutarla. || LLEGAR Ó LLEGARSE LA HORA, fam. Cumplirse el plazo señalado ó el tiempo determinado y oportuno para alguna cosa. || LLEGARLE Á ALGUNO LA HORA, SU HORA, Ó LLEGAR LA ÚLTIMA HORA, fam. Morir. || NACER EN BUENA Ó EN MALA HORA, Ser dichoso ó desdichado. || NO VER LA HORA, Se usa para denotar el gran deseo que uno tiene de que llegue el momento en que se haga ó verifique alguna cosa. || POR HORA, En cada hora. || POR HORAS, Por instantes. || CUARENTA HORAS, Festividad que se celebra en memoria de las que estuvo Cristo en el sepulcro.

HORA, adv. V. AHORA.

HORACADO, p. p. de HORACAR.

HORACAR, v. a. ant. V. HORADAR.

HORACIANO, NA, adj. Que pertenece á Horacio.

HORADABLE, adj. Que se puede horadar.

HORADACION, s. f. Accion y efecto de horadar.

HORADADO, p. p. de HORADAR.

HORADADO, s. m. Capullo del gusano de seda que está agujerado por ambas partes.

HORADADOR, RA, s. m. y f. El que horada.

HORADAR, v. a. Agujerear atravesando alguna cosa de parte á parte.

HORADO, s. m. Agujero que atraviesa de parte á parte alguna cosa. || Caverna ó concavidad subterránea.

HORAMBRE, s. m. En los molinos de aceite agujeros que tienen en medio las guiaderas.

HORAMBRERA, s. f. ant. V. AGUJERO.

HORARIO, RIA, adj. Que pertenece á las horas.

HORARIO, s. m. Saetilla de relox que señala las horas.

HORCA, s. f. Máquina compuesta de tres palos, en la cual á manos del verdugo mueren colgados los delincuentes condenados á esta pena. || Se llamaba antiguamente un palo con dos puntas y otro que atravesaba, en el cual metian el pescuezo del esclavo ó persona que se queria afrentar. En algunas partes le ponen al pescuezo á los cerdos y perros para que no se entren en las heredades. || Instrumento con que hacinan los labradores las mieses, las echan en el carro, levantan la paja, y revuelven la parva. || Palo que sirve para sostener las ramas de los árboles, armar los parrales, etc. || HORCA DE AJOS Ó DE CEBOLLAS, Ristra ó soga de los tallos de ajos ó cebollas que se hacen en dos ramales que se juntan por un lado. || HORCA PAJERA, *Ar.* V. AVIENTO. || DEJAR HORCA Y PENDON, Dejar en el tronco de los árboles cuando se podan dos ramas principales. || MOSTRAR LA HORCA ÁNTES QUE EL LUGAR, Anticiparse á poner inconvenientes y estorbos para negar alguna cosa. || TENER HORCA Y CUCHILLO, En lo antiguo tener derecho y jurisdiccion para castigar hasta con pena capital. || met. y fam. Mandar como dueño y con grande autoridad.

HORCADO, DA, adj. En forma de horca.

HORCADURA, s. f. Parte superior del tronco de los árboles donde se dividen las ramas ó el ángulo que forman estas entre sí.

HORCAJADAS (Á), Denota la postura del que va á caballo.

HORCAJADILLAS (Á), V. Á HORCAJADAS.

HORCAJADURA, s. f. Ángulo que forman los dos muslos en su nacimiento.

HORCAJO, s. m. Horca de madera que se pone al pescuezo de las mulas para trabajar.

HORCATE, s. m. Palo con dos ganchos que se pone al pescuezo de la caballería que va delante de los carros, al cual se atan las cuerdas con que va tirando.

HORCHATA, s. f. Bebida que se hace de pepitas de sandía ó melon, calabaza y otras.

HORCO, s. m. V. HORCA, por ristra de ajos ó cebollas.

HORCON, s. m. Palo en figura de horquilla para formar los parrales y sostener las ramas de los árboles.

HORDIATE, s. m. Bebida que se hace de cebada, semejante á la tisana.

HORDIATE, s. f. Especie de cebada, cuyo grano nace desnudo y mondado como el trigo.

HORIZONTAL, adj. Paralelo al horizonte.

HORIZONTALMENTE, adv. De un modo horizontal.

HORIZONTE, s. m. Círculo máximo que corta la esfera en dos partes que forman el hemisferio superior y el inferior. || La extension de tierra ó de mar hasta donde alcanza nuestra vista.

HORMA, s. f. Molde en que se fabrica ó forma alguna cosa. || HORMA Ó PARED HORMA, Pared de piedra seca. || HALLAR LA HORMA DE SU ZAPATO, fam. Encontrar uno con lo que le acomoda ó desea. || irón. Encontrar alguno con quien le entienda sus mañas y artificios, ó con quien le resista y se oponga á sus intentos.

HORMAZO, s. m. ant. Tapia ó pared de tierra. || Cármen en la acepcion de quinta.

HORMENTO, s. m. ant. V. FERMENTO Ó LEVADURA.

HORMERO, s. m. El que hace hormas.

HORMICA, LLA, TA, s. f. d. de HORMA. || Pedacito de madera, hueso ú otra materia sobre que se forman los botones.

HORMIGA, s. f. Nombre con que se designan dos insectos muy comunes en España, que viven en sociedad, y se alimentan de plantas y animales. || Enfermedad cutánea que causa comezon. || HORMIGOS, pl. *Germ.* Los dados de jugar.

HORMIGAMIENTO, s. m. ant. V. HORMIGUEAMIENTO.

HORMIGON, s. m. Mezcla compuesta de piedras menudas, cal y betun.

HORMIGOS, s. m. pl. Guisado compuesto de pan rallado con leche de almendras y simiente de cilantro. || Los granitos mayores que quedan regularmente en el harnerillo en que se cierne y acriba la sémola ó trigo quebrantado.

HORMIGOSO, SA, adj. Que pertenece á las hormigas ó dañado de ellas.

HORMIGUEAMIENTO, s. m. Accion y efecto de hormiguear.

HORMIGUEAR, v. n. Picar el cuerpo con una comezon entre cuero y carne. || met. Bullir, ponerse en movimiento. || *Germ.* Hurtar cosas de poco precio.

HORMIGÜELA, s. f. d. de HORMIGA.

HORMIGUEO, s. m. Accion y efecto de hormiguear.

HORMIGUERO, RA, adj. Que pertenece á la enfermedad llamada hormigas.

HORMIGUERO, s. m. Lugar donde se crian y se recogen las hormigas. ||

met. Lugar en que hay mucha gente puesta en movimiento. || *Germ.* Ladron que hurta cosas de poco precio, ó fullero que juega con dados falsos.

HORMIGUICA, LLA, TA, s. f. d. de HORMIGA. || V. HORMIGUILLO, enfermedad.

HORMIGUILLADO, p. p. de HORMIGUILLAR.

HORMIGUILLAR, v. a. En el beneficio de la plata, revolver con iguales porciones de colpa y sal el metal réducido á muy menudas harinas.

HORMIGUILLO, s. m. Enfermedad que da á las caballerías en los cascos. || Línea de gente que se hace para ir pasando de mano en mano los materiales para las obras y otras cosas. || HORMIGOS, guisado. || Movimiento y fermentacion del metal, sal, colpa, cal ú otros mixtos, y la misma union ó incorporacion.

HORNABEQUE, s. m. *Fortif.* Fortificacion exterior que se compone de dos medios baluartes.

HORNACERO, s. m. Oficial que tiene á su cuidado la hornaza.

HORNACHA, s. f. ant. V. HORNAZA.

HORNACHO, s. m. Agujero ó concavidad que se hace en las montañas ó cerros donde se cavan algunos minerales ó tierras.

HORNACHUELA, s. f. Especie de covacha ó choza.

HORNACINA, s. f. *Arq.* Hueco en forma de arco que se suele dejar en el grueso de la pared maestra en las fábricas.

HORNADA, s. f. Cantidad de pan, pasteles ú otras cosas que suelen cocerse de una vez en el horno.

HORNADICA, LLA, TA, s. f. d. de HORNADA.

HORNAGE, s. m. *Rioj.* Precio que se da en los hornos para el trabajo de cocer el pan en ellos.

HORNAGUEAR, v. a. Cavar ó minar la tierra para sacar hornaguera.

HORNAGUERA, s. f. Fósil. || V. CARBON DE PIEDRA.

HORNAGUERO, RA, adj. Flojo, holgado ó espacioso. || Se aplica al terreno en que hay hornaguera.

HORNAZA, s. f. Horno pequeño de que usan los plateros y fundidores de metales. || *Pint.* Color amarillo claro que se hace en los hornillos de los alfareros para vidriar.

HORNAZO, s. m. aum. de HORNO. || Rosca ó torta guarnecida de huevos cocidos juntamente con ella en el horno. || Agasajo que en los lugares hacen los vecinos al predicador, en la cuaresma.

HORNEAR, v. n. Egercer el oficio de hornero.

HORNECINO, NA, adj. Fornecino, bastardo, adulterino.

HORNERÍA, s. f. El oficio de hornero.

HORNERO, RA, s. m. y f. El que tiene por oficio cocer pan, y templar para ello el horno.

HORNIJA, s. f. Leña menuda con que se enciende el horno.

HORNIJERO, s. m. El que acarrea la hornija.

HORNILLA, s. f. Hueco hecho en el macizo de los hogares para sostener la lumbre y dar salida á la ceniza. || Hueco que se hace en la pared del palomar para que aniden las palomas en él.

HORNILLO, s. m. d. de HORNO. || Horno manual de cobre ó hierro. || *Mil.* Concavidad que se hace en la mina donde se mete la pólvora para volarla. || Cajon lleno de pólvora ó bombas que entierran debajo de alguno de los trabajos, al cual se pega fuego cuando el enemigo se ha hecho dueño del sitio en que está enterrado.

HORNO, s. m. Fábrica pequeña en forma de bóveda redonda con su respiradero ó boca para cocer pan y otras cosas. || Fábrica de boveda abierta por encima, en que se hace cal, se cuece ladrillo, teja, etc. || Entre colmeneros, sitio ó concavidad en que crian las abejas fuera de las colmenas. || *Germ.* Calabozo. || HORNO DE POYA, V. POYA. || HORNO DE REVERBERO. Horno construido de modo que reverberando la llama el calor adquiere tal grado de intension, que basta para fundir metales, derretir vidrio y otras operaciones. || HORNO DE TOSTADILLO, V. HORNO DE REVERBERO. || CALENTAR EL HORNO, Darle el grado de calor que se necesita para el objeto á que se destina. || CALENTARSE EL HORNO, met. Enardecerse, irritarse. || ENCENDER EL HORNO, Pegar fuego á la leña para que arda y se caliente.

HORON, s. m. Seron grande y redondo.

HOROPTER, s. m. opt. Línea recta tirada por el punto donde concurren los dos eges ópticos.

HORÓSCOPO, s. m. Observacion que hacen los astrólogos del estado del cielo al tiempo del nacimiento de alguno. || ant. Agorero que pronosticaba la suerte de la vida de los hombres por la observacion de las horas de los nacimientos.

HORQUETA, s. f. V. HORCON.

HORQUILLA, s. f. d. de HORCA. || Vara larga con dos ganchos que sirve para colgar y descolgar las cosas ó para afianzarlas y asegurarlas en el suelo. || Enfermedad que hiende las puntas del pelo.

HORRA, adj. Que se aplica á la yegua, burra, oveja, etc., que no queda preñada. || Entre ganaderos cualquiera de las cabezas de ganado que se conceden á los mayorales y pastores, mantenidas en las dehesas á costa de los dueños.

HORRENDAMENTE, adv. De un modo horrendo.

HORRENDÍSIMO, MA, adj. sup. de HORRENDO.

HORRENDO, DA, adj. Que causa horror.

HÓRREO, s. m. Granero ó lugar donde se recogen los granos.

HORRERO, s. m. El que tiene á su cuidado troges de trigo, lo distribuye y reparte.

HORRIBILIDAD, s. f. La calidad de horrible.

HORRIBILÍSIMO, MA, adj. sup. de HORRIBLE.

HORRIBLE, adj. V. HORRENDO.

HORRIBLEMENTE, adv. Con horror.

HÓRRIDO, DA, adj. V. HORRENDO.

HORRÍFICO, CA, adj. V. HORRENDO.

HORRIPILACION, s. f. *Med.* Estremecimiento que experimenta el que padece el frio de terciana ó otra enfermedad.

HORRIPILATIVO, VA, adj. Que causa horripilacion.

HORRÍSONO, NA, adj. Que con su ruido causa horror y espanto.

HORRO, RRA, adj. Se aplica al que habiendo sido esclavo alcanza libertad. || Libre, exento, desembarazado. || IR HORRO, Se usa en el juego. || IR, SACAR Ó IRSE HORRO, Sacar libre á alguno y sin pagar ó entrarse sin pagar su parte.

HORROR, s. m. Movimiento del alma causado por alguna cosa terrible y espantosa, y ordinariamente acompañado de estremecimiento y de temor.

HORRORIZADO, p. p. de HORRORIZAR.

HORRORIZAR, v. a. Causar horror.

HORRORIZARSE, v. r. Tener horror ó llenarse de pavor y espanto.

HORROROSAMENTE, adv. Con horror.

HORROROSO, SA, adj. Que causa horror. || fam. Muy feo.

HORRURA, s. f. Vascosidad y superfluidad que sale de alguna cosa. || ant. V. HORROR.

HORTAL, s. m. ant. V. HUERTO.

HORTALEZA, s. f. ant. V. HORTALIZA.

HORTALIZA, s. f. Yerbas, plantas y legumbres que se crian en las huertas.

HORTATORIO, RIA, adj. V. EXHORTATORIO.

HORTELANA, s. f. Muger de hortelano.

HORTELANO, s. m. El que por oficio cuida y cultiva huertas. || Ave muy comun que habita en los cañaverales, y se alimenta de insectos y semillas.

HORTELANO, NA, adj. Que pertenece á huertas.

HORTERA, s. f. Escudilla ó cazuela de palo.

HORTERA, s. m. Nombre que en Madrid se da por apodo á los mancebos de mercaderes.

HORTERICA, LLA, TA, s. f. d. de HORTERA.

HORTEZUELA, s. f. ant. dim. de HUERTA.

HORTEZUELO, s. m. ant. dim. de HUERTO.

*HORTIJA, s. f. ant. V. ORTIGA.

HORUELO, s. m. *Ast.* Sitio donde se reunen por la tarde en dias festivos los jóvenes de ámbos sexos para recrearse.

HOSARIO, s. m. V. HUESA.

HOSCO, CA, adj. Que se aplica al color muy oscuro, que se distingue poco del negro. || Se dice del hombre ceñudo, esquivo, áspero é intratable. || Ufano, desvanecido.

HOSCOSO, SA, adj. Erizado y áspero.

HOSPEDABLE, adj. ant. Digno de ser hospedado. || ant. Que pertenece al buen hospedage.

HOSPEDABLEMENTE, adv. ant. V. HOSPITALMENTE.

HOSPEDADO, p. p. de HOSPEDAR.

HOSPEDADOR, RA, s. m. y f. El que hospeda.

HOSPEDAGE, s. m. Alojamiento y asistencia que se da á cualquiera persona. || ant. V. HOSPEDERÍA.

HOSPEDAMIENTO, s. m. V. HOSPEDAGE.

HOSPEDAR, v. a. Recibir alguno en su casa huéspedes, darles alojamiento.

HOSPEDAR, v. n. Pasar los colegiales á la hospedería, cumplido el término de su colegiatura.

HOSPEDERÍA, s. f. Habitacion destinada en las comunidades para recibir á los huéspedes. ‖ Casa que en algunos pueblos tienen las comunidades religiosas para hospedar á los regulares forasteros de su órden. ‖ ant. Número de huéspedes ó tiempo que dura el hospedage. ‖ V. HOSPEDAGE.

HOSPEDERO, s. m. El que tiene á su cargo cuidar de los huéspedes.

HOSPICIANO, NA, s. m. y f. Pobre que vive en hospicio ó casa de misericordia.

HOSPICIO, s. m. Casa destinada para albergar y recibir los peregrinos y pobres. ‖ V. HOSPEDAGE. ‖ En las comunidades, HOSPEDERÍA.

HOSPITAL, s. m. Casa en que se curan enfermos pobres. ‖ Casa que sirve para recoger pobres y peregrinos por tiempo limitado. ‖ adj. ant. Afable y caritativo con los huéspedes. ‖ ant. Hospedable por lo perteneciente al hospedage. ‖ HOSPITAL DE LA SANGRE Ó DE LA PRIMERA SANGRE, *Mil.* Sitio ó lugar que estando en campaña se destina para hacer la primera cura á los heridos. ‖ HOSPITAL DE LA SANGRE, met. Los parientes pobres. ‖ HOSPITAL ROBADO, Casa sin alhajas ni muebles. ‖ AL HOSPITAL POR HILAS Ó POR MANTAS, Reprende la imprudencia de pedir á otro lo que consta que necesita y le falta para sí. ‖ ESTAR HECHO UN HOSPITAL, Padecer muchos achaques. Dícese de la casa en que se juntan á un tiempo muchos enfermos.

HOSPITALARIO, RIA, adj. Se aplica á las religiones que tienen por instituto el hospedage.

HOSPITALERÍA, s. f. ant. V. HOSPITALIDAD.

HOSPITALERO, RA, s. m. y f. El que está encargado del cuidado de algun hospital. ‖ Persona caritativa que hospeda en su casa.

HOSPITALICIO, CIA, adj. ant. Que pertenece á la hospitalidad.

HOSPITALIDAD, s. f. Virtud que se egercita con pobres y peregrinos, recogiéndolos y dándoles de comer. ‖ Buena acogida y recibimiento que se hace á los extrangeros. ‖ Estancia ó mansion de los enfermos en el hospital.

HOSPITALMENTE, adv. Con hospitalidad.

* HÓSPITE, expr. lat. Que solo se dice en esta locucion: HOSPITE INSALUTATO: sin decir agua va, sin decir por ahí te pudras.

HOSQUILLO, LLA, adj. dim. de HOSCO.

HOSTAGE, s. m. ant. V. REHENES.

HOSTAL, s. m. V. HOSTERÍA.

HOSTALAGE, s. m. ant. Precio debido por el tiempo que se está en posada ó meson.

HOSTALERO, s. m. ant. V. MESONERO.

HOSTE, s. m. ant. V. HUESTE. ‖ V. ENEMIGO. ‖ HOSTE PUTO, loc. fam. Que explica la repugnancia ó enfado con que se mira ú oye lo que desagrada y choca.

HOSTELAGE, s. m. ant. V. MESON. ‖ ant. Paga de la posada.

* HOSTELERO, s. m. V. MESONERO.

* HOSTERERO, s. m. Fondista, el que da de comer á toda hora.

HOSTERÍA, s. f. La casa donde se da por dinero alojamiento y de comer.

HOSTIA, s. f. Lo que se ofrece en sacrificio. ‖ Forma de pan ácimo que se hace para el sacrificio de la misa.

HOSTIARIO, s. m. Caja en que se guardan hostias no consagradas.

HOSTIERO, s. m. Oficial que hace hostias.

HOSTIGADO, p. p. de HOSTIGAR.

HOSTIGADOR, RA, s. m. y f. El que hostiga.

HOSTIGAMIENTO, s. m. El acto de hostigar.

HOSTIGAR, v. a. Perseguir, molestar.

HOSTIGO, s. m. Parte de la pared ó muralla expuesta al daño de los vientos recios y lluvias. ‖ Golpe de viento ó de agua que hiere y maltrata la pared.

HOSTIL, adj. Contrario ó enemigo.

HOSTILIDAD, s. f. Daño que por parte de una potencia se hace á otra estando en guerra ó ántes de declararla formalmente.

HOSTILIZADO, p. p. de HOSTILIZAR.

HOSTILIZAR, v. a. Hacer daño á enemigos.

HOSTILLA, s. f. ant. V. AJUAR.

HOSTILMENTE, adv. Con hostilidad.

HOTO, s. m. ant. V. CONFIANZA. ‖ EN HOTO, ant. V. EN CONFIANZA.

HOY, adv. En este dia. ‖ En el tiempo presente. ‖ HOY POR HOY, En este tiempo, en la estacion presente. ‖ ANTES HOY QUE MAÑANA, Explica el deseo de que suceda una cosa prontamente y sin dilacion. ‖ DE HOY Á MAÑANA, Da á entender que alguna cosa sucederá presto ó está pronta á egecutarse. ‖ DE HOY EN ADELANTE Ó DE HOY MAS, Desde este dia.

HOYA, s. f. Concavidad ó hondura grande formada en la tierra. ‖ V. SEPULTURA. ‖ PLANTAR Á HOYA, Plantar haciendo hoyo.

HOYADA, s. f. Terreno bajo que no se descubre hasta estar cerca de él.

HOYICO, TO, s. m. d. de HOYO.

HOYO, s. m. Concavidad ó hondura formada naturalmente en la tierra ó hecha de intento. ‖ Concavidad que se hace en algunas superficies. ‖ V. SEPULTURA.

HOYOSO, SA, adj. Que tiene hoyos.

HOYUELO, s. m. d. de HOYO. ‖ Juego de muchachos.

HOZ, s. f. Instrumento para segar las mieses y yerbas. ‖ Angostura de algun valle profundo, ó la que forma un rio que corre por entre dos sierras. ‖ ENTRARSE Ó METERSE DE HOZ Y DE COZ, fam. Introducirse en alguna parte ó asunto con empeño y sin reflexion. ‖ METER LA HOZ EN MIES AGENA, met. Introducirse alguno en profesion ó negocios que no le tocan.

HOZADERO, s. m. Sitio donde van á hozar puercos ó jabalíes.

HOZADO, p. p. de HOZAR.

HOZADURA, s. f. Hoyo que deja el animal por haber hozado la tierra.

HOZAR, v. a. Mover y levantar la tierra con el hocico el puerco y jabalí.

HU

HU, adv. ant. V. DONDE.

HUCHA s. f. Arca grande que tienen los labradores para guardar sus cosas. ‖ Alcancía. ‖ Dinero que se ahorra y guarda para tenerle de reserva.

*HUCHEAR, v. a. Escarnecer, mofar, denostar.

HUCHOHO, *Cetr.* Voz de que se sirven los cazadores para llamar al pájaro.

HUCIA, s. f. ant. V. CONFIANZA.

HUEBRA, s. f. Tierra que trabaja y labra una yunta en un dia. ‖ Par de mulas y mozo que se alquilan para trabajar un dia entero. ‖ *Ar.* V. BARBECHO. ‖ *Germ.* Baraja de naipes.

HUEBRADA, s. f. ant. V. HUEBRA.

HUEBRADO, p. p. de HUEBRAR.

HUEBRAR, v. a. ant. V. ARAR.

HUEBRERO, s. m. Mozo que trabaja con la huebra ó el que la da para trabajar.

HUECA, s. f. Muesca espiral que se hace al huso en la punta delgada.

HUECO, CA, adj. y s. Cóncavo ó vacío por adentro. ‖ met. Presumido, hinchado, vano. ‖ Que tiene sonido retumbante y profundo. ‖ Se aplica al estilo y palabras hinchadas y pomposas. ‖ Mullido y esponjoso, como tierra, lana, etc. ‖ V. HUECA. ‖ Que estando vacío abulta mucho.

HUECO, s. m. El intervalo de tiempo ó lugar. ‖ met. Empleo ó puesto vacante. ‖ GRABAR EN HUECO, V. GRABAR EN FONDO.

HUÉLFAGO, s. m. Enfermedad de los animales que les hace respirar con dificultad y prisa.

HUELGA, s. f. Espacio de tiempo que uno está sin trabajar. ‖ Tiempo que media sin labrarse la tierra. ‖ Recreacion en el campo ó en algun sitio ameno.

HUELGA, s. f. Holgura.

HUELGO, s. m. Aliento, respiracion, resuello. ‖ Holgura, anchura. ‖ TOMAR HUELGO, Parar un poco para descansar, descansar un rato.

HUELLA, s. f. Señal que deja el pié del hombre ó del animal en la tierra por donde ha pasado. ‖ Accion y efecto de hollar. ‖ Plano del escalon ó peldaño en que se asienta el pié. ‖ Señal que deja una lámina ó forma de imprenta estampada.

HUELLO, s. m. Sitio ó terreno que se pisa. ‖ Hablando de los caballos, la accion de pisar. ‖ Parte inferior del casco del animal con herradura ó sin ella.

HUEQUECICO, CA, LLO, LLA, TO, TA, adj. d. de HUECO.

HUERCA, s. f. *Germ.* La justicia.

HUERCO, s. m. ant. Andas que sirven para llevar á enterrar los difuntos. ‖ ant. V. INFIERNO. ‖ ant. V. MUERTE. ‖ ant. V. EL DEMONIO. ‖ ant. V. PLUTON. ‖ ant. El que está siempre llorando, triste y retirado en la oscuridad.

HUÉRFAGO, s. m. V. HUÉLFAGO.

HUERFANICO, CA, LLO, LLA, TO, TA, adj. d. de HUÉRFANO.

HUERFANIDAD, s. f. ant. V. ORFANDAD.

HUÉRFANO, NA, adj. y s. Persona de menor edad á quien han faltado su padre y madre ó alguno de los dos.

HUERO, RA, adj. Se aplica al huevo que por no estar gallado no produce pollo. ‖ met. Vacío y sin sustancia.

|| SALIR HUERA ALGUNA COSA, Desvanecerse lo que se esperaba conseguir.

HUERTA, s. f. Sitio donde se plantan y siembran hortalizas, legumbres y árboles frutales. || Toda la tierra de regadio. || METER EN LA HUERTA, met. Engañar á alguno valiéndose de medios que juzgue que redundan en su utilidad ó gusto.

HUERTECICO, LLO, TO, s. m. d. de HUERTO.

HUERTEZUELA, s. f. d. de HUERTA.

HUERTO, s. m. Sitio de corta extension en que se plantan hortalizas, legumbres y árboles frutales.

HUESA, s. f. V. SEPULTURA.

HUESARRON, s. m. aum. de HUESO.

HUESECICO, LLO, TO, s. m. d. de HUESO.

HUESO, s. m. Parte sólida y la mas dura del cuerpo del animal || Parte dura y compacta que está en lo interior de algunas frutas. || Parte de la piedra de cal que no se ha cocido y sale cerniéndola. || met. Lo que causa trabajo ó incomodidad. || Lo inútil, de poco precio y mala calidad. || HUESO SACRO, Hueso en que finaliza por la parte inferior el espinazo. || DAR UN HUESO QUE ROER, met. Dejar alguno el trabajo de algun empleo despues de haberle disfrutado ó cuando ya no tiene utilidad. || DESENTERRAR LOS HUESOS DE ALGUNO, Descubrir los defectos antiguos de su familia. || ESTAR EN LOS HUESOS, Se dice de la persona que está sumamente flaca. || MONDAR LOS HUESOS, Nota á alguno que con poca urbanidad se come cuanto le ponen delante. || PONERSE EN LOS HUESOS, Llegar alguno á estar muy flaco y extenuado. || RÓETE ESE HUESO, expr. met. Explica que á alguno se le encomienda una cosa de mucho trabajo sin utilidad ni provecho. || NO DEJAR Á UNO HUESO SANO, Murmurar de alguno descubriendo sus defectos. || NO ESTAR UNO BIEN CON SUS HUESOS, Cuidar poco de su salud.

HUESOSO, SA, adj. Que pertenece al hueso.

HUÉSPED, DA, s. m. y f. El que está alojado en casa agena por tiempo limitado. || Mesonero ó amo de posada. || ant. El que hospeda en su casa á alguno. || HUÉSPED DE APOSENTO, Persona á quien se destinaba el uso de alguna parte de casa en virtud del servicio de aposentamiento de corte. || SER HUÉSPED EN SU CASA, Se aplica al que pasa poco en la suya.

HUESTE, s. f. Egército en campaña.

HUESUDO, DA, adj. Que tiene mucho hueso.

HUEVA, s. f. Huevecillos de los pescados.

HUEVAR, v. n. *Vol.* Principiar las aves á tener huevos.

HUEVECICO, LLO, TO, s. m. d. de HUEVO.

HUEVERA, s. f. Uno de los menudillos del ave. || V. MATRIZ. || Piececita de plata ó de otra materia en que se pone el huevo pasado por agua para comerle.

HUEVERO, RA, s. m. y f. El que trata en huevos.

HUEVEZUELO, s. m. d. de HUEVO.

HUEVO, s. m. Cuerpo de figura esférica que ponen las hembras pájaros, aves, peces, y algunos insectos y reptiles para reproducirse. || Pedazo de madera fuerte de que se sirven los zapateros para amoldar en él la suela. || Vasigilla de cera que llena de agua de olor se tira por festejo en las carnestolendas. || HUEVO DE JUANELO, Se aplica á alguna cosa que tiene al parecer mucha dificultad, y es cosa facilísima despues de sabido en que consiste. || HUEVO DE PULPO, Animal que se cria en los mares de España. || HUEVO DE FALTRIQUERA, ant. Yema de huevo bañada y conservada con azúcar. || HUEVO DURO, El cocido con la cáscara en agua hirviendo hasta llegarse á cuajar enteramente yema y clara. || HUEVO EN AGUA, *Ar.* V. HUEVO PASADO POR AGUA. || HUEVO ESTRELLADO, El que se frie sin batirle ántes. || HUEVO PASADO POR AGUA, El cocido con la cáscara en agua hirviendo. || HUEVOS HILADOS, Composicion de huevos y azúcar que forma la figura de hebras ó hilos. || HUEVOS MOLES, Yemas de huevos batidas con azúcar. || HUEVOS REVUELTOS, Los que se frien en sarten revolviendolos para que no se unan como en la tortilla. || Á HUEVO, Pondera lo barato que valen ó se venden las cosas. || ABORRECER LOS HUEVOS, Dar ocasion á que alguno desista de la buena obra comenzada cuando se la andan escudriñando mucho. || CACAREAR, Y NO PONER HUEVO, fam. Prometer mucho y no dar nada. || CORTAR EL HUEVO, LA LECHE Ó OTRAS COSAS SEMEJANTES, Separar las partes mantecosas ó untuosas de las serosas. || ESTRELLAR HUEVOS, Freirlos en sarten sin romper las yemas. || PARECE QUE ESTÁ EMPOLLANDO HUEVOS, Nota á los que están apoltronados á la lumbre ó brasero ó muy metidos en casa. || SACAR los huevos, Empollarlos. || [illegible] un huevo. Expr. admirativa y jocosa con que se expresa la complacencia de que á otro le venga algun leve daño. || un huevo, y ese huero, Se dice del que no tiene mas que un hijo, y ese enfermo.

HUGUENOTE, TA, adj. y s. Se aplica á los que en Francia siguen la secta de Calvino.

HUGUÍA, s. f. *Geom.* Pan.

HUIDA, s. f. V. fuga. || Ensanche y holgura que se deja en los mechinales para poder meter y sacar con facilidad los maderos.

HUIDERO, RA, adj. ant. V. huidizo.

HUIDERO, s. m. El trabajador que en las minas de azogue se ocupa en abrir huidas en que se introducen y afirman los maderos con que se entiba la mina. || Lugar adonde se huyen las reses ó piezas de caza.

HUIDILLA, s. f. d. de huida.

HUIDIZO, ZA, adj. Que huye.

HUIDO, p. p. de huir.

HUIDOR, RA, s. m. y f. ant. El que huye.

HUIMIENTO, s. m. ant. Accion y efecto de huir.

HUIR, v. n. Apartarse con celeridad y presteza de algun lugar. || Pasar, cuando se habla del tiempo y de la edad. || Evitar, no hacer una cosa mala, ó no concurrir á lo que puede tener inconveniente. || á huir que azotan, fam. Aviso á uno se aparte del riesgo ó de la presencia de alguna persona que le incomoda.

HULE, s. m. Tela de lienzo dada de barniz que sirve de encerado. || Goma elástica que sirve para encerar algunas telas.

HUMADA, s. f. V. ahumada.

HUMANADO, p. p. de humanar.

HUMANAL, adj. ant. V. humano. || met. ant. Compasivo, caritativo ó inclinado á la piedad.

HUMANAMENTE, adv. Con humanidad. || Se usa tambien para denotar la dificultad ó imposibilidad de hacer ó creer alguna cosa.

HUMANAR, v. a. Hacer humano, familiar y afable.

HUMANARSE, v. r. Hacerse hombre. || Dícese únicamente del Verbo divino.

HUMANIDAD, s. f. La naturaleza humana. || fam. Corpulencia gordura. || Propension á los halagos de la carne, dejándose fácilmente vencer de ella. || Fragilidad ó flaqueza propia del hombre. || Benignidad, mansedumbre, afabilidad.

HUMANIDADES, pl. V. letras humanas.

HUMANÍSIMAMENTE, adv. sup. de humanamente.

HUMANÍSIMO, MA, adj. sup. de humano.

HUMANISTA, s. m. Instruido en letras humanas.

HUMANIZADO, p. p. de humanizarse.

HUMANIZARSE, v. r. V. humanarse.

HUMANO, NA, adj. Que pertenece al hombre ó es propio de él. || met. Afable y benigno.

HUMANO, s. m. ant. V. hombre.

HUMARAZO, s. m. V. humazo.

HUMAREDA, s. f. Abundancia de humo.

HUMAZGA, s. f. Tributo que se paga á algunos señores territoriales por cada hogar ó chimenea.

HUMAZO, s. m. Humo denso, espeso y copioso. || Humo de papel ó lana encendida que se aplica á las narices ó boca por remedio, por chasco, etc. || dar humazo, fam. Hacer de modo que alguno se retire del parage adonde acostumbraba concurrir ó incomodaba.

HUMEADO, p. p. de humear.

HUMEANTE, p. a. *Poét.* de humear, Que humea.

HUMEAR, v. n. Exalar, arrojar y echar de sí humo. || Arrojar alguna cosa vaho ó vapor que se parece al humo. || Quedar reliquias de algun alboroto, riña, pendencia ó enemistad que hubo en otro tiempo.

HUMECTACION, s. f. ant. Accion y efecto de humedecer.

HUMECTADO, p. p. ant. de humectar.

HUMECTANTE, p. a. ant. de humectar. Que humedece.

HUMECTAR, v. a. ant. V. humedecer.

HUMECTATIVO, VA, adj. Que causa humedad.

HUMEDAD, s. f. Calidad que hace húmedo.

HUMEDADO, p. p. de humedar.

HUMEDAL, s. m. Terreno húmedo.

HUMEDAR, v. a. ant. V. humedecer.

HUMEDECER, v. a. Producir ó causar humedad.

HUMEDECIDO, p. p. de HUMEDECER.

HÚMEDO, DA, adj. Ácueo ó que participa de la naturaleza del agua. ‖ HÚMEDO RADICAL, *Med.* Humor linfático, dulce, sutil y balsámico, que da á las fibras del cuerpo flexibilidad y elasticidad.

HUMERO, s. m. Cañon de chimenea por donde sale el humo.

HUMIGAR, v. n. ant. V. HUMEAR.

HUMIL, adj. ant. V. HUMILDE.

HUMILDAD, s. f. Virtud cristiana, que consiste en el conocimiento de nuestra bajeza y miseria, y en obrar conforme á él. ‖ Bajeza de nacimiento ó de otra cualquier especie. ‖ Sumision, rendimiento. ‖ HUMILDAD DE GARABATO, La falsa y afectada.

HUMILDANZA, s. f. ant. Humildad, virtud cristiana.

HUMILDE, adj. Que tiene ó egercita humildad. ‖ met. Bajo y de poca altura. ‖ Que carece de nobleza.

HUMILDEMENTE, adv. Con humildad.

HUMILDÍSIMAMENTE, adv. sup. de HUMILDEMENTE.

HUMILDÍSIMO, MA, adj. sup. de HUMILDE.

HUMILDITO, TA, adj. d. de HUMILDE.

HUMILDOSAMENTE, adv. ant. V. HUMILDEMENTE.

HUMILDOSO, SA, adj. ant. V. HUMILDE.

HUMILIACION, s. f. ant. V. HUMILLACION.

HUMILIADO, DA, adj. ant. V. HUMILLADO.

HUMÍLIMO, adj. sup. ant. de HUMIL.

HUMILÍSIMAMENTE, adv. sup. de HUMILMENTE.

HUMILLACION, s. f. El acto de humillarse.

HUMILLADAMENTE, adv. ant. V. HUMILDEMENTE.

HUMILLADERO, s. m. Lugar devoto á las entradas ó salidas de los pueblos con alguna cruz ó imágen.

HUMILLADO, p. p. de HUMILLAR.

HUMILLADOR, RA, s. m. y f. El que humilla.

HUMILLAMIENTO, s. m. ant. V. HUMILLACION.

HUMILLAR, v. a. Postrar, bajar, inclinar alguna parte del cuerpo en señal de sumision y acatamiento. ‖ met. Abatir el orgullo y altivez.

HUMILLARSE, v. r. Hacer actos de humildad. ‖ ant. V. ARRODILLARSE.

HUMILLO, s. m. d. de HUMO. ‖ met. Vanidad, presuncion y altanería. ‖ Enfermedad de los cochinos pequeños.

HUMILLOSO, SA, adj. ant. V. HUMILDE.

HUMILMENTE, adv. ant. V. HUMILDEMENTE.

HUMO, s. m. Vapor negro que exhala lo que se está quemando. ‖ Vapor que exhala cualquiera cosa que fermenta. ‖ HUMOS, pl. Hogares ó casas. ‖ Vanidad, presuncion y altivez. ‖ Á HUMO DE PAJAS, Ligeramente, de corrida, sin reflexion. ‖ IRSE TODO EN HUMO, Desvanecerse y parar en nada lo que daba grandes esperanzas. ‖ SUBIRSE Á ALGUNO EL HUMO Á LAS NARICES, Irritarse, enfadarse. ‖ VENDER HUMOS, met. Suponer valimiento con algun poderoso para sacar utilidad.

HUMOR, s. m. Sustancia tenue y fluida del cuerpo del animal. ‖ met. Genio, índole, condicion. ‖ met. Buena disposicion en que uno se halla para hacer alguna cosa. ‖ HUMOR ÁCUEO, *Anat.* Humor de los ojos que parece agua. ‖ DESGASTAR LOS HUMORES, Atenuarlos, adelgazarlos. ‖ EMBALSARSE LOS HUMORES, Recogerse ó detenerse en alguna parte del cuerpo. ‖ REMOVER HUMORES, met. Inquietar los ánimos. ‖ REMOVER LOS HUMORES, Alterarlos, perturbar la paz, inquietar.

HUMORADA, s. f. Dicho ó hecho festivo, caprichoso y extravagante.

HUMORADO, DA, adj. Que tiene humores.

HUMORAL, adj. Que pertenece á los humores.

HUMORAZO, s. m. aum. de HUMOR.

HUMORCICO, LLO, TO, s. m. d. de HUMOR.

HUMOROSIDAD, s. f. Abundancia de humores.

HUMOROSO, SA, adj. Que tiene humor.

HUMOSIDAD, s. f. ant. V. FUMOSIDAD.

HUMOSO, SA, adj. Que echa de sí humo. ‖ Se dice del lugar que contiene humo ó donde el humo se esparce. ‖ met. Que exala algun vapor.

*HUMÚSCULA, s. f. Cuervo marino. ‖ V. MORFEX.

HUNDIBLE, adj. Que puede hundirse.

HUNDICION, s. f. ant. V. HUNDIMIENTO.

HUNDIDO, p. p. de HUNDIR.

HUNDIMIENTO, s. m. Acto y efecto de hundirse.

HUNDIR, v. a. V. SUMERGIR. || met. Abrumar, oprimir, abatir. || met. Confundir á alguno, convencerle. || met. Destruir, consumir, arruinar.

HUNDIRSE, v. r. Arruinarse algun edificio o sumergirse alguna cosa. || met. Haber disensiones y alborotos ó bulla y algazara. || fam. Esconderse y desaparecerse alguna cosa, de forma que no se sepa donde está. || HUNDIRSE EL MUNDO, Se usa para exagerar alguna cosa.

HUNGARINA, s. f. ant. V. ANGUARINA.

HÚNGARO, RA, adj. De Hungría.

* **HUPA**, s. f. fam. Voz pueril de los niños cuando sienten algun mal.

HURA, s. f. Grano venenoso ó carbunco que sale en la cabeza.

HURACAN, s. m. Viento repentino é impetuoso que hace remolinos.

* **HURACO**, s. m. ant. V. AGUJERO.

* **HURAÑAMENTE**, adv. Desconfiadamente ó con desden.

HURAÑERÍA, s. f. V. HURAÑÍA.

HURAÑÍA, s. f. Repugnancia al trato de gentes.

HURAÑO, ÑA, adj. Que huye y se esconde de las gentes.

HURGADO, p. p. de HURGAR.

HURGAMANDERA, s. f. *Germ.* Muger pública.

HURGAR, v. a. Mener ó remover alguna cosa. || met. Incitar. || PEOR ES HURGALLO, Da á entender que á veces no conviene apurar mucho las cosas.

HURGON, s. m. Instrumento de hierro para menear y revolver la lumbre. || Entre espadachines, ESTOCADA.

HURGONADA, s. f. V. ESTOCADA.

HURGONAZO, s. m. V. ESTOCADA.

HURGONEADO, p. p. de HURGONEAR.

HURGONEAR, v. a. Menear y revolver la lumbre con hurgon. || Tirar estocadas.

HURGONERO, s. m. HURGON, 1ª A.

HURON, s. m. Cuadrúpedo que despide por el ano un olor sumamente desagradable, y que en varias partes domestican para la caza de conejos. || met. El que averigua y descubre lo escondido y secreto. || met. V. HURAÑO.

HURONA, s. f. La hembra del huron.

HURONEADO, p. p. de HURONEAR.

HURONEAR, v. a. Cazar con huron. || met. Procurar saber é informarse de cuanto pasa.

HURONERA, s. f. Lugar en que se encierra el huron. || met. Lugar en que alguno está oculto ó escondido.

HURONERO, s. m. El que cuida de los hurones.

HURRACO, s. m. ant. Adorno que llevaban las mugeres en la cabeza.

HURTABLE, adj. fam. Que se puede hurtar.

HURTACORDEL (Á), Expr. de que usan los muchachos jugando al peon. || met. Repentinamente, y sin ser visto ni esperado.

HURTADA, s. f. ant. V. HURTO.

HURTADAMENTE, adv. ant. V. FURTIVAMENTE.

HURTADAS (Á), ant. V. Á HURTADILLAS.

HURTADILLAS (Á), Á escondidas, ocultamente.

* **HURTADINEROS**, s. m. *Ar.* Alcancía ó hucha.

HURTADO, p. p. de HURTAR.

HURTADOR, RA, s. m. y f. El que hurta.

HURTAGUA, s. f. ant. Especie de regadera.

HURTAR, v. a. Tomar ó retener bienes agenos contra la voluntad de su dueño. || met. Se dice del mar y de los rios cuando se van entrando por las tieras y se las llevan. || met. Tomar dichos, sentencias y versos agenos para que se tengan por propios. || Desviar, apartar.

HURTARSE, v. r. Ocultarse, desviarse.

HURTAROPA, s. f. Juego de muchachos.

HURTAS (Á), ant. V. Á HURTADILLAS.

HURTIBLEMENTE, adv. ant. FURTIVAMENTE.

HURTO, s. m. El acto de quitar lo ageno contra la voluntad de su dueño con ánimo de apropiárselo. || La cosa hurtada. || En las minas del Almaden, camino subterráneo á uno y otro lado del principal. || Á HURTO, V. Á ESCONDIDAS. || COGER Á UNO CON EL HURTO EN LAS MANOS, met. Sorprenderle en el acto mismo de egecutar alguna cosa que quisiera no se supiese.

HURVIO, s. m. ant. Granillo que está dentro de la uva.

HUSADA, s. f. Porcion de lino, lana ó estambre que ya hilado cabe en el huso.

HÚSAR, s. m. Soldado de caballería ligera.

HUSILLERO, s. m. El que en los molinos de aceite trabaja en el husillo.

HUSILLO, s. m. d. de HUSO. || Cilinrro con muescas espirales al rededor, por las cuales baja y sube la tuerca. || *Arq.* Conductor por donde se desaguan los lugares inmundos.

* HUSITA, adj. El sectario de Juan Hus.

HUSMA (ANDAR Á LA), fam. Andar inquiriendo para saber las cosas ocultas sacándolas por conjeturas y señales.

HUSMADO, p. p. de HUSMAR.

HUSMAR, v. a. ant. V. HUSMEAR.

HUSMEADO, p. p. de HUSMEAR.

HUSMEADOR, RA, s. m. y f. El que husmea.

HUSMEAR, v. a. Rastrear con el olfato alguna cosa. || met. fam. Andar indagando alguna cosa con arte y disimulo.

HUSMEAR, v. n. Empezar á oler mal alguna cosa.

HUSMO, s. m. Olor que despiden de sí las cosas que ya empiezan á pasarse. || ESTAR AL HUSMO, Estar esperando la ocasion de lograr su intento.

HUSO, s. m. Instrumento con que se hila. || Instrumento para unir y retorcer dos ó mas hilos. || Cierto instrumento de hierro para devanar la seda metiéndole dentro de un cañon. || SER MAS DERECHO QUE UN HUSO. fam. Ser muy derecho ó recto.

HUTA, s. f. Especie de cabaña en donde se esconden los monteros.

HUTIA, s. m. Cuadrupedo indígeno de la América, muy parecido al raton.

I

I, Nona letra del alfabeto castellano y tercera entre las vocales. Se forma como las demas abierta la boca, ménos que para la *e*, y allegando mas la lengua al paladar para estrechar el paso del aliento y adelgazar el espíritu con que se forma.

IBÉ

IBÉRICO, CA, adj. V. IBERO.

IBERIO, RIA, adj. V. IBERO.

IBERO, RA, adj. De Iberia.

IBICE, s. m. Especie de cabra con grandes cuernos que se aumentan cada año hasta que llegan á tener veinte nudos.

IBIS, s. f. Ave indígena de Egipto de dos pies de altura con el pico muy largo y algo encorvado.

ICA

ICACO, s. m. Género de ciruelo pequeño que se cria en las Antillas en forma de zarza.

ICÁREO, REA, adj. Perteneciente á Icaro.

* ICARIO, RIA, adj. V. ICÁREO.

ICNEUMON, s. m. Cuadrúpedo de Egipto del tamaño de un gato.

ICNOGRAFÍA, s. f. *Geom.* Delineacion de la planta de un edificio.

ICNOGRÁFICO, CA, adj. Que pertenece á la icnografía ó hecho segun ella.

ICNOLOGIA, s. f. *Pint.* y *Esc.* Representacion de cosas morales ó naturales, con la figura ó apariencia de personas.

ICONOCLASTA, adj. y s. Herege que niega el culto debido á las sagradas imágenes.

ICONÓMACO, V. ICONOCLASTA.

ICOR, s. m. *Med.* Serosidad acre y salada de la sangre y humores del cuerpo del animal. || *Cir.* Especie de pus acre y seroso que fluye de algunas úlceras.

ICOROSO, SA, adj. *Med.* Aplicase á la sangre y humores del cuerpo del animal que tienen serosidad acre y salada. || *Cir.* Dícese de las úlceras que arrojan un pus seroso y acre, y del mismo pus.

* ICOSAEDRO, s. m. Cuerpo regular de veinte frentes.

ICTERIADO, DA, adj. Que padece ictericia.

ICTERICIA, s. f. Enfermedad que causa en el cuerpo una amarillez extraña.

ICTÉRICO, CA, adj. Que padece ictericia y perteneciente á esta enfermedad.

ICTIÓFAGO, GA, adj. Que se mantiene de peces.

* ICTIÓLITAS, s. f. pl. Peces petri-

fondas ó piscinas en que estan estancados peces.

ICTIOLOGIA, s. f. Historia natural de los peces.

IDA

IDA, s. f. El acto de ir de un lugar á otro. || met. Ímpetu, prontitud ó accion inconsiderada ó impensada. || En el juego de trucos y villar, salida de la bola del que juega fuera de la mesa. || *Esgr.* Acometimiento que hace el uno de los competidores al otro despues de presentar la espada. || *Mont.* Rastro que hace la caza en el suelo con los pies. || IDA Y VENIDA, loc. Partido o convenio en el juego de los cientos. || EN DOS IDAS Y VENIDAS, fam. Brevemente, con prontitud. || LA IDA DEL CUERVO, Loc. con que al irse alguno se da á entender el deseo de que no vuelva. || NO DAR O NO DEJAR LA IDA POR LA VENIDA, Esplica la eficacia y viveza con que alguno pretende alguna cosa.

IDEA, s. f. La primera y mas simple operacion del entendimiento con que conoce alguna cosa. || Imágen ó representacion que en el alma queda del objeto percibido. || Plan y disposicion que se concibe en la fantasía para la formacion de alguna obra. || Intension ó ánimo de hacer alguna cosa. || Ingenio, talento para disponer, inventar y trazar alguna cosa. || Modelo, egemplar. || fam. V. MANIA. || Opinion ó concepto de alguna cosa. || IDEAS DE PLATON, Segun este filósofo eran los egemplares perpetuos é inmutables que habia en la mente divina de todas las cosas criadas. || IDEAS PLATONICAS, Sutilezas singulares ó sin sólido fundamento, y por eso dificiles de practicarse.

IDEADO, p. p. de IDEAR.

IDEAL, adj. Propio de la idea ó perteneciente á ella. || Que no es físico, real y verdadero, sino que está puramente en la fantasía.

*IDEALISMO, s. m. Sistema de los filósofos que ven en Dios las ideas de todas las cosas.

IDEALMENTE, adv. En la idea ó discurso.

IDEAR, v. a. Formar idea de alguna cosa.

IDEM, s. f. Palabra látina, que significa el mismo ó lo mismo. || IDEM PER IDEM, loc. lat. Ello por ello, ó lo mismo es lo uno que lo otro.

IDÉNTICAMENTE, adv. met. Esplica ser una misma cosa con otra en la sustancia ó en la esencia.

IDÉNTICO, CA, adj. Que en la sustancia ó realidad es lo mismo que otra cosa.

IDENTIDAD, s. f. La cualidad de ser idéntica una cosa con otra. || IDENTIDAD DE PERSONA, for. Ficcion de derecho por la cual el heredero se tiene por una misma persona con el testador en cuanto á las acciones activas y pasivas.

IDENTIFICADO, p. p. de IDENTIFICAR.

IDENTIFICAR, v. a. Hacer que dos ó mas cosas, que en la realidad son distintas, aparezcan como una misma.

IDENTIFICARSE, v. r. *Filos.* Se dice de aquellas cosas que la razon aprende como diferentes, aunque en la realidad sean una misma.

*IDEOLOGIA, s. f. Ciencia que trata de las ideas.

IDILIO, s. m. *Poét.* Poema corto y festivo que suele tener por objeto asuntos pastoriles.

*IDIOELÉCTICO, CA, adj. *Fis.* Electrizable por frotamiento.

IDIOMA, s. m. La lengua de cualquiera nacion. || Modo particular de hablar de algunos ó en algunas ocasiones.

*IDIOPATÍA, s. f. Enfermedad primitiva y particular de una parte.

IDIOTA, adj. c. Rustico, negado y muy ignorante.

*IDIÓTICO, TEA, adj. p. u. Propio, particular.

IDIOTEZ, s. f. Negacion total, suma ignorancia.

IDIOTISMO, s. m. Ignorancia, falta de letras é instruccion. || Modo de hablar contra las reglas ordinarias de la gramática, pero propio y peculiar de alguna lengua.

IDO, p. p. de IR.

IDÓLATRA, adj. El que adora idólos ó alguna falsa deidad. || met. El que ama excesiva y desordenadamente á alguna persona ó cosa.

IDOLATRADO, p. p. de IDOLATRAR.

IDOLATRAR, v. a. Adorar ídolos. || met. Amar excesiva y desordenadamente á alguna persona ó cosa.

IDOLATRÍA, s. f. Adoracion que se da a los ídolos y falsas divinidades. || met. Amor excesivo y desordenado á alguna persona ó cosa.

IDOLÁTRICO, CA, adj. Perteneciente á la idolatría.

*IDOLISMO, s. m. p. u. V. IDOLATRIA.

ÍDOLO, s. m. Figura de alguna falsa deidad á que se da adoracion. || met. Objeto excesivamente amado.

IDONEIDAD, s. f. Buena disposicion y suficencia para alguna cosa.

IDÓNEO, NEA, adj. Que tiene buena disposicion ó suficiencia para alguna cosa.

* IDUMEO, MEA, adj. De Idumea.

ÍDUS, s. m. pl. Una de las tres partes en que los Romanos dividian el mes.

IGL

IGLESIA, s. f. Congregacion de los fieles regida por Cristo y el papa su vicario en la tierra. || Conjunto de todos los cabildos, personas eclesiásticas y gobierno eclesiástico de algun reino, ó sugetos de un patriarcado. || El estado eclesiástico, que comprende todos los ordenados. || El gobierno eclesiástico general del sumo pontífice, concilios y prelados. || Cabildo de las catedrales ó colegiales. || Diócesi, territorio y lugares de la jurisdiccion de los prelados y el conjunto de sus subditos. || Cada una de las juntas particulares de hereges. || V. TEMPLO. || Inmunidad que goza quien se vale de su sagrado. || IGLESIA DE ESTATUTO, Aquella en que ha de hacer pruebas de limpieza el que ha de ser admitido en ella. || IGLESIA FRIA, Derecho que conserva el que extrageron de sagrado, y no le han restituido, para alegarle si le vuelvén á prender. || IGLESIA MAYOR, La principal de cada pueblo. || IGLESIA MILITANTE, La congregacion de los fieles que viven en este mundo en la fe católica. || IGLESIA TRIUNFANTE, La congregacion de los fieles que estan ya en la gloria. || IGLESIA PAPAL, Aquella en que el prelado provee todas las prebendas. || IGLESIA ORIENTAL, Se llamaba latamente la iglesia incluida en el imperio del Oriente, distinguiéndola de la incluida en el imperio occidental. || ACOGERSE Á IGLESIA, fam. Entrar en religion, hacerse eclesiastico ó adquirir fuero de tal. || CUMPLIR CON LA IGLESIA, Confesar y comulgar los fieles por pascua florida en su propia parroquia. || EXTRAER DE LA IGLESIA, V. EXTRAER. || IGLESIA ME LLAMO, f. De que usan los delincuentes cuando no quieren decir su nombre, y con que dan á entender que tienen iglesia. || met. y fam. Se usa cuando alguno está asegurado de las persecuciones y tiros que otros le pueden ocasionar. || RECONCILIARSE CON LA IGLESIA, Volver al gremio de ella el apóstata ó herege.

IGN

ÍGNEO, EA, adj. Que es de fuego ó tiene alguna de sus calidades. || De color de fuego.

IGNICION, s. f. Aplicacion del fuego á los metales hasta ponerse rojos pero sin llegar á fundirse.

* IGNÍCOLA, s. m. y f. El que adora al fuego.

IGNÍFERO, RA, adj. *Poét.* Que contiene en sí ó arroja fuego.

IGNIPOTENTE, adj. *Poét.* Que puede ó es poderoso en el fuego.

IGNITO, TA, adj. ant. Que tiene fuego ó está encendido.

IGNÍVOMO, MA, adj. *Poét.* Que vomita fuego.

IGNOBIL, adj. ant. V. INNOBLE.

IGNOBILIDAD, s. f. ant. Calidad de innoble.

IGNOBLE, adj. V. INNOBLE.

IGNOGRAFIA, s. f. V. ICNOGRAFIA.

IGNOMINIA, s. f. Afrenta pública.

IGNOMINIOSAMENTE, adv. Con ignominia.

IGNOMINIOSÍSIMAMENTE, adv. sup. de IGNOMINIOSAMENTE.

IGNOMINIOSÍSIMO, MA, adv. sup. de IGNOMINIOSO.

IGNOMINIOSO, SA, adj. Que es ocasion ó causa de ignominia.

IGNORACION, s. f. ant. V. IGNORANCIA.

IGNORADO, p. p. de IGNORAR.

IGNORANCIA, s. f. Falta de ciencia, de letras y noticias, ó general ó particular. || IGNORANCIA CRASA, La que no tiene disculpa. || IGNORANCIA SUPINA, La que procede de negligencia en aprender. || IGNORANCIA DE DERECHO, for. La que tiene el que ignora el derecho. || La que se tiene de algun hecho. || IGNORANCIA INVENCIBLE, La que el entendimiento no puede vencer por sí solo. || IGNORANCIA NO QUITA PECADO, Explica que la ignorancia de las cosas que se deben saber no exime de culpa. || NO PECAR DE IGNORANCIA, Hacer alguna cosa con conocimiento de que no es razon el hacerla, ó despues de advertido de que se debia hacer. || PRETENDER IGNORANCIA, Alegarla.

IGNORANTE, p. a. de IGNORAR, Que ignora. || IGNORANTE, adj. Que no sabe ó no tiene noticia de las cosas.

IGNORANTEMENTE, adv. Con ignorancia.

IGNORANTÍSIMO, MA, adj. sup. de IGNORANTE.

IGNORANTON, NA, adj. aum. de IGNORANTE.

IGNORAR, v. a. No saber ó no tener noticia de las cosas.

IGNOTO, TA, adj. ant. Que no es conocido ni descubierto.

IGREJA, s. f. ant. V. IGLESIA.

IGUAL, adj. Que es de la misma naturaleza, cantidad ó calidad. ‖ Que no tiene cuestas ni profundidades. ‖ Muy parcido ó semejante. ‖ Constante en el modo de obrar. ‖ AL IGUAL, Con igualdad. ‖ EN IGUAL DE, En vez de, ó en lugar de. ‖ POR IGUAL Ó POR UN IGUAL, V. IGUALMENTE. ‖ QUEDAR TODOS IGUALES, Ó DEJAR Á TODOS IGUALES, Suele usarse cuando varios sugetos solicitan una cosa, y ninguno la consigue.

IGUALA, s. f. La accion de igualar. ‖ Composicion, ajuste ó pacto en los tratos, compras o ventas y el estipendio ó la cosa que se da en virtud de ajuste. ‖ Entre Albañiles listos de madera con que se reconoce la llanura de las tapias ó suelos. ‖ Á LA IGUALA, V. AL IGUAL. ‖ ant. Igualmente, con igualdad.

IGUALACION, s. f. Accion y efecto de igualar. ‖ met. Ajuste, convenio ó concordia.

IGUALADAS, adj. f. pl. Dícese de las aves que han pasado la muda.

IGUALADO, p. p. de IGUALAR. ‖ IGUALADO, DA, adj. Se aplica á algunas aves que ya han arrojado el plumon y tienen igual la pluma.

IGUALADOR, RA, s. m. y f. El que iguala.

IGUALAMIENTO, s. m. Accion y efecto de igualar.

IGUALANTE, p. a. ant. de IGUALAR, Que iguala.

IGUALANZA, s. f. ant. V. IGUALDAD. ‖ ant. V. IGUALA.

IGUALAR, v. a. Poner al igual. ‖ met. Juzgar sin diferencia, ó estimar á alguno y tenerle en la misma opinion que á otro ‖ Allanar. ‖ Hacer ajuste ó convenirse con pacto sobre alguna cosa.

IGUALAR, v. n. Ser igual una cosa á otra.

IGUALARSE, v. r. Ponerse al igual de otro.

IGUALDAD, s. f. Conformidad de una cosa con otra en naturaleza, calidad y cantidad. ‖ Correspondencia y proporcion que resulta de muchas partes que uniformemente componen un todo. ‖ IGUALDAD DE ÁNIMO, Constancia y uniformidad en los sucesos prósperos ó adversos.

IGUALEZA, s. f. ant. V. IGUALDAD, CONFORMIDAD.

IGUALICO, LLO, TO, s. m. adj. d. de IGUAL.

IGUALMENTE, adv. Con igualdad. ‖ Tambien, asimismo.

IGUANA, s. f Reptil con el cuerpo semejante al del lagarto, indígeno de la América meridional.

IJA

IJADA, s. f. Cualquiera de las dos cavidades que hay entre las costillas falsas y el vientre inferior del cuerpo animal. ‖ Dolor ó mal que se padece en aquella parte. ‖ TENER SU IJADA, met. Se dice de las cosas en que entre lo que tienen de bueno se halla algo que no lo es tanto.

IJADEAR, v. n. Menear mucho y aceleradamente las ijadas.

IJAR, s. m. V. IJADA.

ILA

ILACION, s. f. Accion de inferir ó deducir una cosa de otra.

* ILAPSO, s. m. p. u. Caida suave. ‖ Influjo.

ILATIVO, VA, adj. Que se infiere ó puede inferirse.

* ILECEBRA, s. f. p. u. Atractivo, incentivo, fomento de una pasion.

ILEGAL, adj. Contra ley.

ILEGALIDAD, s. f. Falta de legalidad ó contra ley.

ILEGALMENTE, adv. Sin legalidad.

ILEGIBLE, adj. Que no puede leerse.

ILEGITIMADO, p. p. de ILEGITIMAR.

ILEGÍTIMAMENTE, adv. Sin legitimidad.

ILEGITIMAR, v. a. Privar de la legitimidad.

ILEGITIMIDAD, s. f. Falta de alguna circunstancia ó requisito para ser una cosa legítima.

ILEGÍTIMO, MA, adj. Que no es legítimo.

ILEON, s. m. *Anat.* El tercer intestino, que empieza donde acaba el yeyuno, y termina en el ciego.

ILESO, SA, adj. Que no ha recibido lesion ó daño.

* ILIACA, adj. y s. f. Enfermedad ó cólica del intestino ilion.

* ILIADA, s. f. Poema épico de Homero sobre la guerra de Troya.

ILIBERAL, adj. ant. Que no es liberal.

ILIBERITANO, NA, adj. Natural de la antigua Iliberia ó perteneciente á aquella ciudad.

ILÍCITAMENTE, adv. Contra razon ó derecho.

ILÍCITO, TA, adj. Que no es lícito.

ILIMITADO, DA, adj. Que no tiene límites.

ILION, s. m. V. ILEON.

ILÍQUIDO, DA, adj. Se aplica á la cuenta, deuda, etc., que está por liquidar.

ILIRIO, RIA, adj. Natural de Iliria.

ILITERATO, TA, adj. Ignorante y no versado en ciencias y letras humanas.

* ILOTA, s. m. Esclavo en Lacedemonia.

ILUDIDO, p. p. de ILUDIR.

ILUDIR, v. a. ant. V. BURLAR.

ILUMINACION, s. m. Accion y efecto de iluminar || Adorno y disposicion de muchas y ordenadas luces. || Especie de pintura al temple que de ordinario se egecuta en vitela ó papel terso.

ILUMINADO, p. p. de ILUMINAR.

ILUMINADOR, RA, s. m. y f. El que ilumina. || El que adorna los libros, estampas, etc., con colores.

ILUMINAR, v. a. Alumbrar, dar luz ó resplandor. || Adornar los libros, estampas ó cosa semejante con pinturas ó colores. || Adornar con mucho número de luces los templos, casas ú otros sitios. || *Teol.* Ilustrar interiormente Dios á la criatura. || Teñir con los colores correspondientes de aguada las carnes, ropas y demas cosas de una estampa. || Poner por detras de las estampas tafetan ó papel de color, despues de cortados los blancos. || Ilustrar el entendimiento con ciencias ó estudios.

ILUMINATIVO, VA, adj. Que es capaz de iluminar.

ILUSION, s. f. Falsa imaginacion, aprension errada. || *Ret.* Ironía viva y picante.

ILUSIVO, VA, adj. Falso, engañoso, aparente.

ILUSO, SA, adj. Engañado, seducido.

* ILUSOR, s. m. Engañador. || Burlador.

* ILUSORIAMENTE, adv. De un modo ilusorio.

ILUSORIO, RIA, adj. Capaz de engañar. || for. Que es de ningun valor ó efecto, nulo.

ILUSTRACION, s. f. Acto y efecto de ilustrar.

ILUSTRADÍSIMO, MA, adj. sup. de ILUSTRADO.

ILUSTRADO, p. p. de ILUSTRAR.

ILUSTRADOR, RA, s. m. y f. El que ilustra.

ILUSTRANTE, p. a. ant. de ILUSTRAR, Que ilustra.

ILUSTRAR, v. a. Dar luz al entendimiento. || Aclarar un punto ó materia. || *Teol.* Alumbrar Dios interiormente á la criatura con luz sobrenatural. || met Hacer ilustre alguna persona ó cosa.

ILUSTRE, adj. Que es de distinguida prosapia; tambien se aplica á la casa, origen, etc. || Insigne, célebre. || Título de dignidad. || ILUSTRES, pl. *Germ.* Las botas.

ILUSTREMENTE, adv. De un modo ilustre.

ILUSTREZA, s. f. ant. Nobleza esclarecida.

ILUSTRÍSIMO, MA, adj. sup. de ILUSTRE. || Tratamiento que se da á los obispos y otras personas constituidas en cierta dignidad.

IMA

IMÁGEN, s. f. Figura, representacion, semejanza y apariencia. || Estatua, efigie ó pintura. || *Ret.* Representacion ó semejanza viva y expresiva. || QUEDAR PARA VESTIR IMÁGENES, Se dice de las mugeres cuando llegan á cierta edad, y no se han casado.

IMAGENCICA, LLA, TA, s. f. d. de IMÁGEN.

IMAGINABLE, adj. Que se puede imaginar.

IMAGINACION, s. f. Facultad del alma que le representa las imágenes de las cosas. || Aprension falsa ó juicio y discurso de alguna cosa que no hay en realidad ó no tiene fundamento. || CARGAR LA IMAGINACION, V. CARGAR LA CONSIDERACION. || DIVAGAR LA IMAGINACION, Distraerse á objetos diferentes de aquel en que estaba ocupada.

IMAGINADO, p. p. de IMAGINAR.

IMAGINAMIENTO, s. m. ant. Idea ó pensamiento de egecutar alguna cosa.

IMAGINANTE, p. a. ant. de IMAGINAR, Que imagina.

IMAGINAR, v. a. *Formar* concepto de alguna cosa.

IMAGINAR, v. a. ant. Adornar con imágenes. ‖ ant. Impresionar.

IMAGINARIA, s. f. *Mil.* Guardia nombrada para el caso de haber de salir del cuartel la que está guardándole.

IMAGINARIAMENTE, adv. Por aprension, sin realidad.

IMAGINARIO, RIA, adj. Que solo tiene existencia en la imaginacion.

IMAGINARIO, s. m. Estatuario ó pintor de imágenes.

IMAGINATIVA, s. f. Potencia ó facultad de imaginar.

IMAGINATIVO, VA, adj. Se aplica al que continuamente imagina ó piensa.

IMAGINERÍA, s. f. Bordado por lo regular de seda, cuyo dibujo imita la pintura. ‖ Arte de bordar de imagineria.

IMAGINERO, s. m. ant. Pintor de imágenes, y pintor y dorador.

IMAN, s. m. Mina de hierro, que tiene la propiedad de dirigirse de suyo hácia el norte, y de atraer el hierro. ‖ met. V. ATRACTIVO

IMBÉCIL, adj. Flaco, débil, especialmente de espíritu ó genio.

IMBECILIDAD, s. f. Flaqueza, debilidad.

IMBELE, adj. ant. Débil, flaco, sin fuerzas ni resistencia.

IMBIBICION, s. f. ant. Acto y efecto de embeber.

* **IMBIERNO**, s. m. V. INVIERNO.

IMBORNAL, s. m. V. EMBORNAL.

* **IMBORRABLE**, adj. Que no puede borrarse.

IMBRICADO, DA, adj. Dícese de la concha cuya figura es undeada.

IMBUIDO, p. p. de IMBUIR.

IMBUIR, v. a. Infundir, persuadir.

IMBURSACION, s. f. *Ar.* Accion y efecto de imbursar ó insacular.

IMBURSADO, p. p. de IMBURSAR.

IMBURSAR, v. a. *Ar.* V. INSACULAR.

IMITABLE, adj. Que se puede imitar ó es capaz ó digno de imitacion.

IMITACION, s. f. Accion y efecto de imitar.

IMITADO, p. p. de IMITAR. ‖ IMITADO, DA, adj. Que imita.

IMITADOR, RA, s. m. y f. El que imita.

IMITANTE, p. a. de IMITAR, Que imita.

IMITAR, v. a. Egecutar alguna cosa á egemplo ó semejanza de otra.

* **IMITATIVO, VA**, adj. Que imita ó tiene facultad de imitar.

IMITATORIO, RIA, adj. ant. Perteneciente á la imitacion.

IMPACIENCIA, s. f. Falta de paciencia.

IMPACIENTADO, p. p. de IMPACIENTAR.

IMPACIENTAR, v. a. Hacer perder la paciencia.

IMPACIENTE, adj. Que no tiene paciencia.

IMPACIENTEMENTE, adv. Con impaciencia.

IMPACIENTÍSIMO, MA, adj. sup. de IMPACIENTE.

* **IMPACTO, TA**, Dícese de un humor, etc., que se fija en alguna parte del cuerpo poniéndola mala.

IMPALPABLE, adj. Que no se puede tocar ó palpar. ‖ *Farm.* Remolido sobre el pórfido.

IMPAR, adj. Lo que no tiene par ó igual. ‖ *Arit.* Se dice del número cuya mitad no es entero y contiene algun quebrado.

IMPARCIAL, adj. Que no toma partido ó no se aplica á ninguna parcialidad.

IMPARCIALIDAD, s. f. Desinteres, falta de prevencion entre dos partidos ó objetos.

IMPARCIALMENTE, adv. Sin parcialidad, sin prevencion por una ni otra parte.

IMPARTIBLE, adj. Que no puede partirse.

IMPARTIDO, p. p. de IMPARTIR.

IMPARTIR, v. a. Repartir, comunicar.

IMPASIBILIDAD, s. f. Incapacidad de padecer.

IMPASIBLE, adj. Incapaz de padecer.

IMPÁVIDAMENTE, adv. Sin temor ni pavor.

* **IMPAVIDEZ**, s. f. Falta de miedo, fortaleza de espíritu.

IMPÁVIDO, DA, adj. Que no tiene temor ó pavor.

IMPECABILIDAD, s. f. Incapacidad ó imposibilidad de pecar.

IMPECABLE, adj. Incapaz de pecar.

IMPEDIDO, p. p. de IMPEDIR. ‖ IMPEDIDO, DA, adj. Que no puede usar de sus miembros.

IMPEDIDOR, RA, s. m. y f. El que impide.

IMPEDIENTE, p. a. de IMPEDIR, Que impide.

IMPEDIMENTO, s. m. Obstáculo,

embarazo, estorbo. || Cualquiera de las circunstancias que hacen ilícito ó nulo el matrimonio. || IMPEDIMENTO DIRIMENTE, El que estorba que se contraiga matrimonio y le anula si se contrae. || IMPEDIMENTO IMPEDIENTE, El que estorba que se contraiga matrimonio haciéndole ilegítimo si se contrae, pero no nulo.

IMPEDIR, v. a. Embarazar que se egecute alguna cosa. || *Poét.* Suspender, embargar.

IMPEDITIVO, VA, adj. Que puede estorbar ó embarazar.

IMPELENTE, p. a. de IMPELER, Que impele.

IMPELER, v. a. Dar ó comunicar impulso á alguna cosa para que se mueva. || met. Incitar, estimular.

IMPELIDO, p. p. de IMPELER.

IMPENETRABILIDAD, s. f. Propiedad de los cuerpos que impide que uno esté en el lugar que ocupa otro.

IMPENETRABLE, adj. Que no se puede penetrar. || met. Que no se puede comprender absolutamente ó sin mucha dificultad.

IMPENITENCIA, s. f. Obstinacion en el pecado, dureza de corazon para arrepentirse de él. || IMPENITENCIA FINAL, Perseverancia en la impenitencia hasta la muerte.

IMPENITENTE, adj. Obstinado en la culpa.

IMPENSADAMENTE, adv. Sin pensar en ello, sin esperarlo, sin advertirlo.

IMPENSADO, DA, adj. Se aplica á las cosas que suceden sin pensar en ellas ó sin esperarlas.

IMPERADO, p. de IMPERAR.

IMPERANTE, p. a. de IMPERAR, Que impera.

IMPERANTE, adj. *Astrol.* Se decia del signo que se suponia dominar en el año por estar en casa superior.

IMPERAR, v. n. Egercer la dignidad imperial.

IMPERATIVAMENTE, adv. Con imperio.

IMPERATIVO, VA, adj. Que impera ó manda. || *Gram.* Dícese de uno de los cuatro modos del verbo.

IMPERATORIA, s. f. Planta medicinal, indígena de España, que antiguamente se cultivaba por adorno en los jardines.

IMPERATORIO, RIA, adj. Perteneciente al emperador ó á la potestad y magestad imperial. || ant. V. IMPERIOSO.

IMPERCEPTIBLE, adj. Que no se puede percibir.

IMPERCEPTIBLEMENTE, adv. De un modo imperceptible.

IMPERFECCION, s. f. Falta de perfeccion. || Falta ó defecto ligero en lo moral.

IMPERFECTAMENTE, adv. Con imperfeccion.

IMPERFECTÍSIMO, MA, adj. sup. de IMPERFECTO.

IMPERFECTO, TA, adj. Que no es perfecto. || Que habiéndose principiado no se ha concluido ó perfeccionado.

IMPERIAL, adj. Perteneciente al emperador ó al imperio. || Se aplica á una especie de ciruelas. || V. CASCABELILLOS.

IMPERIAL, s. m. El tejadillo de las carrozas.

IMPERIAR, v. n. ant. V. IMPERAR.

IMPERICIA, s. f. Falta de pericia.

IMPERIO, s. m. El acto de imperar ó de mandar con autoridad. || Los estados sujetos al emperador. || Especie de lienzo de Alemania. || IMPERIO ORIENTAL, El de Constantinopla con relacion al de Roma. || Todo el imperio del gran Turco. || MERO IMPERIO, La potestad que reside en el soberano, y por su disposicion en ciertos magistrados. || MIXTO IMPERIO, La facultad que compete á los jueces para decidir las causas civiles.

IMPERIOSAMENTE, adv. Con imperio.

IMPERIOSO, SA, adj. Que manda con imperio, ó que se hace con imperio.

IMPERITAMENTE, adv. Con impericia.

IMPERITO, TA, adj. Que carece de pericia.

*IMPERMEABILIDAD, s. f. Cualidad que tiene un cuerpo de ser impermeable.

*IMPERMEABLE, adj. Dícese de todo cuerpo por el que los fluidos no pueden pasar.

IMPERMUTABLE, adj. Que no puede permutarse.

IMPERSCRUTABLE, adj. V. INESCRUTABLE.

IMPERSONAL, adj. *Gram.* Se aplica á los verbos que solo se usan en tercera persona de singular. || Se aplica al tratamiento en que no se da al sugeto ninguno de los comunes de tú, merced, señoría, etc. || EN IMPERSONAL Ó POR IMPERSONAL, V. IMPERSONALMENTE.

IMPERSONALMENTE, adv. Con tratamiento impersonal usando del artículo *el*, y la tercera persona del verbo. || *Gram.* Se usa para decir que el verbo está en una oracion sin persona.

UASIBLE, adj. Que no es

ÉRRITO, TA, adj. Dícese
ın no se infunde fácilmente

NENCIA, s. f. Dicho ó hecho
pósito.‖La nimia delicadeza
a humor desazonado y dis-
mportunidad molesta y en-
osidad, prolijidad, nimio
alguna cosa.

INENTE, adj. Que no vie-
| Nimiamente delicado que
a de todo, y pide ó hace
o fuera de proposito.

INENTEMENTE, adv. Con
ia.

INENTÍSIMO, MA, adj.
RTINENTE.

TIR, v. a. V. IMPARTIR.

URBABLE, adj. Que no
rbarse.

), s. m. ant. V. ÍMPETU.

A, s. f. Facultad, licencia ó
r. Bula en que se conceden
udosos con obligacion de
su cuenta y riesgo el que

ACION, s. f. Accion y efec-
rar.

ADO, p. p. de IMPETRAR.

ADOR, RA, s. m. y f. El

ANTE, p. a. de IMPETRAR,
a.

AR, v. a. Conseguir alguna
e ha solicitado y pedido con

, s. m. Movimiento acele-
nto, ó la misma fuerza y

OSAMENTE, adv. Con im-

OSIDAD, s. f. V. ÍMPETU.

OSÍSIMAMENTE, adv.
TUOSAMENTE.

OSÍSIMO, MA, adj. sup.

OSO, SA, adj. Violento,

. f. Yerba parecida al ro-

ENTE, adv. Con impiedad.

ID, s. f. Falta de piedad.

IO, RA, adj. ant. Activo,

IO MA, adj. sup. de IMPÍO.

DO, DA, p. p. de IMPIN-

IMPINGAR, v. a. ant. Lardear alguna cosa.

IMPÍO, PIA, adj. Falto de piedad.‖ met. Irreligioso.

* IMPÍREO, s. m. V. EMPÍREO.

IMPLA, s. f. ant. Velo ó toca de la cabeza, y la tela de que se hacian.

IMPLACABLE, adj. Que no se puede aplacar ó templar.

IMPLACABLEMENTE, adv. Con enojo implacable.

IMPLATICABLE, adj. Que no admite plática ó conversacion.

IMPLICACION, s. f. Contradiccion, oposicion de los términos entre sí.

IMPLICADO, p. p. de IMPLICAR.

* IMPLICANCIA, s. f. V. IMPLICACION.

IMPLICANTE, p. a de IMPLICAR, Que implica.

IMPLICAR, v. a. Envolver, enredar.

IMPLICAR, v. n. Obstar, impedir, estorbar.

IMPLICATORIO, RIA, adj. Que envuelve ó contiene en sí contradiccion ó implicacion.

IMPLÍCITAMENTE, adv. De un modo implícito.

IMPLÍCITO, TA, adj. Que se entiende incluido en otra cosa sin expresarlo en ella.

IMPLORACION, s. f. Accion y efecto de implorar.

IMPLORADO, p. p. de IMPLORAR.

IMPLORAR, v. a. Pedir con ruegos ó lágrimas.

IMPLUME, adj. Se aplica á las aves cuando no tienen pluma.

IMPOLÍTICA, s. f. V. DESCORTESÍA.

IMPOLÍTICO, CA, adj. Falto de política.

IMPOLUTO, TA, adj. Limpio, sin mancha.

IMPONDERABLE, adj. Que excede toda ponderacion.

IMPONEDOR, s. m. El que impone.

IMPONER, v. a. Poner carga, obligacion ú otra cosa. ‖ Imputar, attribuir falsamente.‖Instruir á alguno en alguna cosa, enseñarsela.‖*Impr.* Colocar de tal modo en la prensa las planas del molde que doblando despues el pliego queden en el órden que deben tener para ser leidas.

IMPORTABLE, adj. ant. V. INSOPORTABLE.

IMPORTACION, s. f. *Com.* Introduccion de géneros extrangeros.

IMPORTADO, *Com.* p. p. de IMPORTAR.

4

IMPORTANCIA, s. f. Conveniencia, utilidad. || Representacion de alguna persona por su dignidad ó calidades.

IMPORTANTE, p. a. de IMPORTAR, Que importa.

IMPORTANTEMENTE, adv. Con importancia.

IMPORTANTÍSIMO, MA, adj. sup. de IMPORTANTE.

IMPORTAR, v. n. Convenir, ser útil alguna cosa.

IMPORTAR, v. a. Hablando de precio, valer ó llegar á tal cantidad la cosa comprada ó ajustada. ||*Com.* Introducir géneros extrangeros. || ant. Contener, ocasionar ó causar. || Llevar consigo.

IMPORTE, s. m. Número ó cantidad á que llega lo que se compra ó ajusta.

IMPORTUNACION, s. f. Instancia porfiada y molesta.

IMPORTUNADAMENTE, adv. Con importunacion.

IMPORTUNADO, p. p. de IMPORTUNAR.

IMPORTUNAMENTE, adv. Con importunidad y porfía. || Fuera de tiempo, del caso ó del propósito.

IMPORTUNAR, v. a. Incomodar ó molestar con alguna pretension ó solicitud.

IMPORTUNIDAD, s. f. Incomodidad ó molestia causada con alguna solicitud ó pretension.

IMPORTUNÍSIMO, MA, adj. sup. de IMPORTUNO.

IMPORTUNO, NA, adj. Fuera de tiempo ó de propósito. || Molesto, enfadoso.

IMPOSIBILIDAD, s. f. La falta de posibilidad. ||IMPOSIBILIDAD FÍSICA, La absoluta repugnancia que hay para existir ó verificarse alguna cosa en el órden natural. || IMPOSIBILIDAD METAFÍSICA, La que dice ó incluye contradiccion, como que una cosa sea y no sea.|| IMPOSIBILIDAD MORAL, La inverisimilitud de que pueda ser ó suceder alguna cosa.

IMPOSIBILITADO, p. p. de IMPOSIBILITAR.

IMPOSIBILITAR, v. a. Quitar la posibilidad.

IMPOSIBLE, adj. Que no es posible. ||Que es sumamente difícil. || IMPOSIBLE DE TODA IMPOSIBILIDAD, exp. fam. Pondera la imposibilidad ó suma dificultad.

IMPOSIBLEMENTE, adv. Con imposibilidad.

IMPOSICION, s. f. Accion y efecto de imponer. || Carga, tributo ú obligacion que se impone. || *Impr.* La colocacion de las planas en la prensa para tirar el pliego de suerte que despues de doblado puedan leerse por su órden. || IMPOSICION DE LAS MANOS, Ceremonia eclesiástica de que usan los obispos con los que ordenan.

IMPOSTA, s. f. *Arq.* Especie de cornisa sobre que estriba el arco ó bóveda.

IMPOSTOR, RA, s. m. y f. El que atribuye falsamente á otro alguna cosa, ó el que finge ó engaña con apariencia de verdad.

IMPOSTURA, s. f. Imputacion falsa y maliciosa.||Fingimiento ó engaño con apariencia de verdad.

IMPOTENCIA, s. f. Falta de poder. ||Incapacidad de engendrar ó concebir.

IMPOTENTE, adj. Que no tiene potencia. || Incapaz de engendrar ó concebir.

IMPRACTICABLE, adj. Que no se puede practicar.||Se dice de los caminos y parages por donde no se puede caminar ó pasar sin mucha incomodidad.

IMPRECACION, s. f. Expresion con que se pide ó se manifiesta el deseo de que venga mal á alguno.

IMPRECAR, v. a. Manifestar con ciertas palabras el deseo vehemente de que á alguno le venga daño.

* **IMPRECATORIO, RIA**, adj. Que se hace con imprecacion. || JURAMENTO IMPRECATORIO, Juramento con imprecacion.

IMPREGNACION, s. f. Acto y efecto de impregnarse.

IMPREGNADO, p. p. de IMPREGNARSE.

IMPREGNARSE, v. r. Recibir un cuerpo en sus poros las partes ó corpúsculos de otro y la virtud de ellos.

IMPRENTA, s. f. El arte de imprimir libros.||La oficina donde se imprime. || IMPRESION, por la calidad ó forma de letra.

IMPRESCINDIBLE, adj. De que no se puede prescindir.

IMPRESCRIPTIBLE, adj. Que no puede ó no debe prescribir.

IMPRESION, s. f. Accion ó efecto de imprimir.||La marca ó señal que alguna cosa deja en otra apretándola. ||Calidad ó forma de letra con que está impresa una obra.||La misma obra impresa. ||El efecto ó alteracion que causa en algun cuerpo otro extraño || met. Movimiento que hacen las cosas espirituales en el ánimo. || IMPRESIONES PEREGRINAS Las mutaciones o accidentes fuera d lo natural y extraños al sugeto á que sucede. || met. Las especies que casual ó accidentalmente sobrevienen en el ánimo, y le inmutan. || DE LA PRIMERA IMPRESION, Se aplica al que es principiante ó novicio. || HACER IMPRESION, Fijarse en la imaginacion ó en el ánimo alguna cosa moviendo eficazmente. || PRIMERA IMPRESION, met. Aquel concepto con que uno se satisface inmediatamente sin detenerse á hacer exámen de su bondad ó certidumbre.

IMPRESIONADO, p. p. de IMPRESIONAR.

IMPRESIONAR, v. a. Fijar por medio de la persuasion en el ánimo ó hacer concebir con fuerza y viveza.

IMPRESO, p. p. irreg. de IMPRIMIR.

IMPRESO, s. m. La obra impresa de poca extension.

IMPRESOR, s. m. El artífice que imprime y el dueño de alguna imprenta.

IMPRESORA, s. f. La muger del impresor ó la que es propietaria de alguna imprenta.

IMPRESTABLE, adj. Que no se puede prestar.

IMPREVISTO, TA, adj. Que no ha sido previsto.

IMPRIMACION, s. f. *Pint.* La accion y efecto de imprimar. || *Pint.* Conjunto de ingredientes con que se imprimaban los lienzos.

IMPRIMADERA, s. f. *Pint.* Instrumento en figura de media luna con el cual se imprimaban los lienzos.

IMPRIMADO, p. p. de IMPRIMAR.

IMPRIMADOR, s. m. *Pint.* El que imprima.

IMPRIMAR, v. a. Disponer con el bol ó primeros colores los lienzos para pintar.

IMPRIMIDO, p. p. ant. de IMPRIMIR.

IMPRIMIDOR, s. m. ant. V. IMPRESOR.

IMPRIMIR, v. a. Señalar en el papel ú otra materia las letras ú otros caracteres de las formas, apretándolas en la prensa. || met. Fijar en el ánimo alguna idea ó especie.

IMPROBABILIDAD, s. f. Falta de probabilidad.

IMPROBABLE, adj. Que no es probable.

IMPROBABLEMENTE, adv. m. Con improbabilidad.

IMPROBADO, p. p. de IMPROBAR.

* IMPROBADOR, RA, s. m. y f. El que desaprueba, desaprobador.

IMPROBAR, v. a. Desaprobar, reprobar, reprender.

ÍMPROBO, BA, adj. Se aplica á la persona ó cosa mala. || Se aplica al trabajo excesivo y continuado.

IMPROPERADO, p. p. de IMPROPERAR.

IMPROPERAR, v. a. Injuriar á uno de palabra.

IMPROPERIO, s. m. Injuria de palabra.

IMPROPIADO, p. p. de IMPROPIAR.

IMPROPIAMENTE, adv. Con impropiedad.

IMPROPIAR, v. a. ant. Usar de las palabras en sentido impropio.

IMPROPIEDAD, s. f. Falta de propiedad.

IMPROPIO, IA, adj. Falto de las cualidades que le convendrian segun sus circunstancias. || Ageno ó estraño.

IMPROPORCION, s. f. Falta de proporcion.

IMPROPORCIONADO, DA, adj. Que carece de proporcion.

IMPROPRIEDAD, s. f. ant. V. IMPROPIEDAD.

IMPROPRIO, IA, adj. V. IMPROPIO.

IMPROROGABLE, adj. Que no se puede prorogar.

IMPRÓSPERO, RA, adj. ant. Que no es próspero.

IMPRÓVIDAMENTE, adv. Sin prevision.

IMPROVIDENCIA, s. f. ant. Falta de providencia.

IMPRÓVIDO, DA, adj. Desprevenido.

IMPROVISAMENTE, adv. De repente, sin prevencion ni prevision.

IMPROVISAR, v. a. Componer una obra un asunto extemporáneo. || Componer, echar versos de repente.

IMPROVISO, SA, adj. Que no se prevee ó previene. || DE IMPROVISO, Improvisamente.

IMPROVISTO, TA, adj. V. IMPROVISO. || Á LA IMPROVISTA, Improvisamente.

IMPRUDENCIA, s. f. Falta de prudencia.

IMPRUDENTE, adj. Que no tiene prudencia.

IMPRUDENTEMENTE, adv. Con imprudencia.

IMPRUDENTÍSIMAMENTE, adv. sup. de IMPRUDENTEMENTE.

IMPRUDENTÍSIMO, MA, adj. sup. de IMPRUDENTE.

* IMPÚBER, s. m. y f. El que no ha llegado á la edad de pubertad.

4.

IMPORTANCIA, s. f. Conveniencia, utilidad. || Representacion de alguna persona por su dignidad ó calidades.

IMPORTANTE, p. a. de IMPORTAR, Que importa.

IMPORTANTEMENTE, adv. Con importancia.

IMPORTANTÍSIMO, MA, adj. sup. de IMPORTANTE.

IMPORTAR, v. n. Convenir, ser útil alguna cosa.

IMPORTAR, v. a. Hablando de precio, valer ó llegar á tal cantidad la cosa comprada ó ajustada.||*Com.* Introducir géneros extrangeros. || ant. Contener, ocasionar ó causar. || Llevar consigo.

IMPORTE, s. m. Número ó cantidad á que llega lo que se compra ó ajusta.

IMPORTUNACION, s. f. Instancia porfiada y molesta.

IMPORTUNADAMENTE, adv. Con importunacion.

IMPORTUNADO, p. p. de IMPORTUNAR.

IMPORTUNAMENTE, adv. Con importunidad y porfía. || Fuera de tiempo, del caso ó del propósito.

IMPORTUNAR, v. a. Incomodar ó molestar con alguna pretension ó solicitud.

IMPORTUNIDAD, s. f. Incomodidad ó molestia causada con alguna solicitud ó pretension.

IMPORTUNÍSIMO, MA, adj. sup. de IMPORTUNO.

IMPORTUNO, NA, adj. Fuera de tiempo ó de propósito. || Molesto, enfadoso.

IMPOSIBILIDAD, s. f. La falta de posibilidad.||IMPOSIBILIDAD FÍSICA, La absoluta repugnancia que hay para existir ó verificarse alguna cosa en el órden natural. || IMPOSIBILIDAD METAFÍSICA, La que dice ó incluye contradiccion, como que una cosa sea y no sea.|| IMPOSIBILIDAD MORAL, La inverisimilitud de que pueda ser ó suceder alguna cosa.

IMPOSIBILITADO, p. p. de IMPOSIBILITAR.

IMPOSIBILITAR, v. a. Quitar la posibilidad.

IMPOSIBLE, adj. Que no es posible. ||Que es sumamente difícil. || IMPOSIBLE DE TODA IMPOSIBILIDAD, exp. fam. Pondera la imposibilidad ó suma dificultad.

IMPOSIBLEMENTE, adv. Con imposibilidad.

IMPOSICION, s. f. Accion y efecto de imponer. || Carga, tributo ú obligacion que se impone. || *Impr.* La colocacion de las planas en la prensa para tirar el pliego de suerte que despues de doblado puedan leerse por su órden. || IMPOSICION DE LAS MANOS, Ceremonia eclesiástica de que usan los obispos con los que ordenan.

IMPOSTA, s. f. *Arq.* Especie de cornisa sobre que estriba el arco ó bóveda.

IMPOSTOR, RA, s. m. y f. El que atribuye falsamente á otro alguna cosa, ó el que finge ó engaña con apariencia de verdad.

IMPOSTURA, s. f. Imputacion falsa y maliciosa.||Fingimiento ó engaño con apariencia de verdad.

IMPOTENCIA, s. f. Falta de poder. ||Incapacidad de engendrar ó concebir.

IMPOTENTE, adj. Que no tiene potencia. || Incapaz de engendrar ó concebir.

IMPRACTICABLE, adj. Que no se puede practicar.||Se dice de los caminos y parages por donde no se puede caminar ó pasar sin mucha incomodidad.

IMPRECACION, s. f. Expresion con que se pide ó se manifiesta el deseo de que venga mal á alguno.

IMPRECAR, v. a. Manifestar con ciertas palabras el deseo vehemente de que á alguno le venga daño.

* IMPRECATORIO, RIA, adj. Que se hace con imprecacion. || JURAMENTO IMPRECATORIO, Juramento con imprecacion.

IMPREGNACION, s. f. Acto y efecto de impregnarse.

IMPREGNADO, p. p. de IMPREGNARSE.

IMPREGNARSE, v. r. Recibir un cuerpo en sus poros las partes ó corpúsculos de otro y la virtud de ellos.

IMPRENTA, s. f. El arte de imprimir libros.||La oficina donde se imprime. || IMPRESION, por la calidad ó forma de letra.

IMPRESCINDIBLE, adj. De que no se puede prescindir.

IMPRESCRIPTIBLE, adj. Que no puede ó no debe prescribir.

IMPRESION, s. f. Accion ó efecto de imprimir.||La marca ó señal que alguna cosa deja en otra apretándola. ||Calidad ó forma de letra con que está impresa una obra.||La misma obra impresa. ||El efecto ó alteracion que causa en algun cuerpo otro extraño || met. Movimiento que hacen las cosas espirituales en el ánimo. || IMPRESIONES PEREGRINAS, Las mutaciones o accidentes fuera de

* INAMOVIBILIDAD, s. f. Calidad de lo que no se puede remover.

* INAMOVIBLE, adj. Que no se puede remover.

INANE, adj. ant. Vano, fútil, inútil.

INANICION, s. f. *Med.* Notable debilidad por falta de alimento.

INANIMADO, DA, adj. Que no tiene alma.

* INÁNIME, adj. Inanimado, que no tiene alma.

INAPAGABLE, adj. Que no puede apagarse.

INAPEABLE, adj. Que no se puede apear. || met. Que no se puede comprender ó conocer. || met. Dícese del que no se le puede disuadir de su dictámen ú opinion.

INAPELABLE, adj. Se aplica á la sentencia de que no se puede apelar.

INAPETENCIA, s. f. Falta de apetito o de gana de comer.

INAPETENTE, adj. Que no tiene apetencia.

* INAPLICABLE, adj. Que no se puede aplicar.

INAPLICACION, s. f. V. DESAPLICACION.

INAPLICADO, DA, adj. V. DESAPLICADO.

INAPRECIABLE, adj. Que no se puede apreciar por su mucho valor ó mérito.

* INAPTITUD, s. f. Insuficiencia, falta aptitud.

INARTICULADO, DA, adj. No articulado.

INASEQUIBLE, adj. Que no es asequible.

* INATACABLE, adj. Inexpugnable, que no se puede atacar.

INAUDITO, TA, adj. Que nunca se ha oido.

INAUGURACION, s. f. Acto de inaugurar. || Exaltacion de un soberano al trono.

INAUGURADO, p. p. de INAUGURAR.

INAUGURAL, adj. Se aplica á la oracion ó discurso que se hace en la apertura de los estudios.

INAUGURAR, v. a. Adivinar por el vuelo, canto ó movimiento de las aves.

INAVERIGUABLE, adj. Que no se puede averiguar.

INCALAR, v. a. ant. Tocar ó pertenecer.

INCANSABLE, adj. Incapaz ó muy difícil de cansarse.

INCANSABLEMENTE, adv. De un modo incansable.

INCANTABLE, adj. Que no se puede cantar por no alcanzar la voz á la distancia que hay entre tono y semitono.

INCANTACION, s. f. ant. V. ENCANTO.

INCAPACIDAD, s. f. Falta de capacidad. || met. Necedad, falta de entendimiento.

INCAPAZ, adj. Que no tiene capacidad o aptitud. met. Falta de talento.

* INCARDINACION, s. f. Renta de una iglesia que administra uno sin tener la propiedad de ella.

INCASABLE, adj. Que no puede casarse. || Que tiene gran repugnancia al matrimonio.

* INCASTO, TA, adj. Impúdico, deshonesto.

* INCATÓLICO, CA, adj. Que no es católico.

INCAUTAMENTE, adv. Sin cautela, sin prevision.

INCAUTO, TA, adj. Que no tiene cautela.

INCENDIADO, p. p. de INCENDIAR.

INCENDIAR, v. a. Poner ó pegar fuego.

* INCENDIARIA, s. f. Ave de mal agüero.

INCENDIARIO, RIA, s. m. y f. Que maliciosamente incendia algun edificio, mieses, etc.

INCENDIO, s. m. Fuego grande que abrasa edificios, mieses, etc. || met. Se aplica a los afectos que acaloran y agitan vehementemente el ánimo.

* INCENDIOSO, SA, adj. p. u. Que tiene fuego, quema, calienta.

INCENSACION, s. f. Accion y efecto de incensar.

INCENSADO, p. p. de INCENSAR.

INCENSAR, v. a. Dirigir con el incensario el humo del incienso hacia alguna persona ó cosa. || met. Lisonjear.

INCENSARIO, s. m. El braserillo con cadenillas y tapa que sirve para incensar.

INCENSIVO, VA, adj. ant. Que enciende ó tiene virtud de encender.

INCENSO, s. m. ant. V. INCIENSO.

INCENSOR, RA, s. m. y f. ant. V. INCENDIARIO.

INCENSURABLE, adj. Que no se puede censurar.

INCENTIVO, s. m. Lo que mueve ó excita á alguna cosa.

IMPUDENCIA, s. f. Descaro, desvergüenza

IMPUDENTE, adj. Desvergonzado, sin pudor.

IMPÚDICAMENTE, adv. Deshonestamente.

IMPUDICICIA, s. f. Deshonestidad.

IMPÚDICO, CA. adj. Deshonesto, falto de pudor.

IMPUESTO, p. p. irreg. de IMPONER.

IMPUESTO, s. m. Tributo.

IMPUGNABLE, adj. Que se puede impugnar. || ant. V. INEXPUGNABLE.

IMPUGNACION, s. f. Accion y efecto de impugnar.

IMPUGNADO, p. p. de IMPUGNAR.

IMPUGNADOR, RA, s. m. y f. El que impugna.

IMPUGNANTE, p. a. de IMPUGNAR, Que impugna.

IMPUGNAR, v. a. Oponerse á lo que otro dice ó hace.

IMPUGNATIVO, VA, adj. Que impugna ó es capaz de impugnar.

IMPULSADO, p. p. de IMPULSAR.

IMPULSAR, v. a. Impeler, dar impulso.

IMPULSION, s. f. V. IMPULSO.

IMPULSIVO, VA, adj. Que impele ó puede impeler.

IMPULSO, s. m. Accion y efecto de impeler.

IMPULSOR, RA, s. m. y f. El que impele.

IMPUNE, adj. Que se queda sin castigo.

IMPUNEMENTE, adv. Con impunidad.

IMPUNIDAD, s. f. Falta de castigo.

IMPUNIDO, DA, adj. ant. V. IMPUNE.

* IMPURAMENTE, adv. Sin pureza.

IMPUREZA, s. f. Mezcla de partículas groseras ó extrañas á un cuerpo ó materia. || met. Falta de pureza ó castidad. || IMPUREZA DE SANGRE, met. Mancha de una familia por la mezcla de mala raza.

IMPURIDAD, s. f. ant. V. IMPUREZA.

IMPURÍSIMO, MA, adj. sup. de IMPURO.

IMPURO, RA, adj. Que no es puro.

* IMPUSICION, s. f. ant. V. IMPOSICION.

IMPUTABILIDAD, s. f. La calidad que constituye imputable alguna cosa.

IMPUTABLE, adj. Que se puede imputar.

IMPUTACION, s. f. Accion y efecto de imputar.

IMPUTADO, p. p. de IMPUTAR.

IMPUTADOR, RA, s. m. y f. El que imputa.

IMPUTAR, v. a. Atribuir á otro alguna culpa, delito ó accion.

IN

IN, Preposicion latina, que en castellano solo se usa en composicion, y por lo comun es negativa.

INACABABLE, adj. Que no se puede acabar.

INACCESIBILIDAD, s. f. Cualidad de lo inaccesible.

INACCESIBLE, adj. Que no es accesible || met. Dícese de la persona de difícil acceso.

INACCESIBLEMENTE, adv. De un modo inaccesible.

INACCESO, SA, adj. p. u. V. INACCESIBLE.

INACCION, s. f. Falta de accion.

INADAPTABLE, adj. Que no es adaptable.

INADECUADO, DA, adj. Que no es adecuado.

INADMISIBE, adj. Que no es admisible.

INADVERTENCIA, s. f. Falta de advertencia.

INADVERTIDAMENTE, adv. Con inadvertencia.

INADVERTIDO, DA, adj. Que no advierte ó repara en las cosas que debiera. || Que no ha sido advertido.

INAFECTADO, DA, adj. Que no es afectado.

INAGENABLE, adj. V. INALIENABLE.

INAGOTABLE, adj. Que no se puede agotar.

INAGUANTABLE, adj. Que no se puede aguantar ó sufrir.

INALIENABLE, adj. Que no se puede enagenar.

INALTERABILIDAD, s. f. La cualidad de lo inalterable.

INALTERABLE, adj. Que no se puede alterar.

INALTERABLEMENTE, adv. Sin alteracion.

INALTERADO, DA, adj. Que no tiene alteracion.

* INAMISIBILIDAD, s. f. Calidad de lo que es inamisible.

INAMISIBLE, adj. Que no se puede perder.

* INAMOVIBILIDAD, s. f. Calidad de lo que no se puede remover.

* INAMOVIBLE, adj. Que no se puede remover.

INANE, adj. ant. Vano, fútil, inútil.

INANICION, s. f. *Med.* Notable debilidad por falta de alimento.

INANIMADO, DA, adj. Que no tiene alma.

* INÁNIME, adj. Inanimado, que no tiene alma.

INAPAGABLE, adj. Que no puede apagarse.

INAPEABLE, adj. Que no se puede apear. || met. Que no se puede comprender ó conocer. || met. Dícese del que no se le puede disuadir de su dictámen ú opinion.

INAPELABLE, adj. Se aplica á la sentencia de que no se puede apelar.

INAPETENCIA, s. f. Falta de apetito ó de gana de comer.

INAPETENTE, adj. Que no tiene apetencia.

* INAPLICABLE, adj. Que no se puede aplicar.

INAPLICACION, s. f. V. DESAPLICACION.

INAPLICADO, DA, adj. V. DESAPLICADO.

INAPRECIABLE, adj. Que no se puede apreciar por su mucho valor ó mérito.

* INAPTITUD, s. f. Insuficiencia, falta aptitud.

INARTICULADO, DA, adj. No articulado.

INASEQUIBLE, adj. Que no es asequible.

* INATACABLE, adj. Inexpugnable, que no se puede atacar.

INAUDITO, TA, adj. Que nunca se ha oido.

INAUGURACION, s. f. Acto de inaugurar. || Exaltacion de un soberano al trono.

INAUGURADO, p. p. de INAUGURAR.

INAUGURAL, adj. Se aplica á la oracion ó discurso que se hace en la apertura de los estudios.

INAUGURAR, v. a. Adivinar por el vuelo, canto ó movimiento de las aves.

INAVERIGUABLE, adj. Que no se puede averiguar.

INCALAR, v. a. ant. Tocar ó pertenecer.

INCANSABLE, adj. Incapaz ó muy difícil de cansarse.

INCANSABLEMENTE, adv. De un modo incansable.

INCANTABLE, adj. Que no se puede cantar por no alcanzar la voz á la distancia que hay entre tono y semitono.

INCANTACION, s. f. ant. V. ENCANTO.

INCAPACIDAD, s. f. Falta de capacidad. || met. Necedad, falta de entendimiento.

INCAPAZ, adj. Que no tiene capacidad o aptitud. met. Falta de talento.

* INCARDINACION, s. f. Renta de una iglesia que administra uno sin tener la propiedad de ella.

INCASABLE, adj. Que no puede casarse. || Que tiene gran repugnancia al matrimonio.

* INCASTO, TA, adj. Impúdico, deshonesto.

* INCATÓLICO, CA, adj. Que no es católico.

INCAUTAMENTE, adv. Sin cautela, sin prevision.

INCAUTO, TA, adj. Que no tiene cautela.

INCENDIADO, p. p. de INCENDIAR.

INCENDIAR, v. a. Poner ó pegar fuego.

* INCENDIARIA, s. f. Ave de mal aguero.

INCENDIARIO, RIA, s. m. y f. Que maliciosamente incendia algun edificio, mieses, etc.

INCENDIO, s. m. Fuego grande que abrasa edificios, mieses, etc. || met. Se aplica a los afectos que acaloran y agitan vehementemente el ánimo.

* INCENDIOSO, SA, adj. p. u. Que tiene fuego, quema, calienta.

INCENSACION, s. f. Accion y efecto de incensar.

INCENSADO, p. p. de INCENSAR.

INCENSAR, v. a. Dirigir con el incensario el humo del incienso hacia alguna persona ó cosa. || met. Lisonjear.

INCENSARIO, s. m. El braserillo con cadenillas y tapa que sirve para incensar.

INCENSIVO, VA, adj. ant. Que enciende ó tiene virtud de encender.

INCENSO, s. m. ant. V. INCIENSO.

INCENSOR, RA, s. m. y f. ant. V. INCENDIARIO.

INCENSURABLE, adj. Que no se puede censurar.

INCENTIVO, s. m. Lo que mueve ó excita á alguna cosa.

* INCEPCION, s. f. ant. V. PRINCIPIO.

* INCEPTOR, s. m. ant. El que principia.

INCERTEZA, s. f. ant. V. INCERTIDUMBRE.

INCERTIDUMBRE, s. f. Falta de certidumbre.

INCERTINIDAD, s. f. ant. V. INCERTIDUMBRE.

INCERTÍSIMO, MA, adj. sup. de INCIERTO.

INCERTITUD, s. f. ant. V. INCERTIDUMBRE.

INCESABLE, adj. Que no cesa ó no puede cesar.

INCESABLEMENTE, adv. V. INCESANTEMENTE.

INCESANTE, adj. Que no cesa.

INCESANTEMENTE, adv. Sin cesar.

INCESTAR, v. a. ant. Cometer incesto.

INCESTO, s. m. El pecado carnal cometido por parientes dentro de los grados prohibidos.

INCESTUOSAMENTE, adv. De un modo incestuoso.

INCESTUOSO, SA, adj. Que comete incesto, y que pertenece á este pecado.

* INCICATRIZABLE, adj. Que no puede cicatrizarse.

INCIDENCIA, s. f. Lo que sobreviene en el discurso de algun asunto ó negocio. || *Geom.* La caida de una linea, de un radio ó de un cuerpo sobre otro.

INCIDENTAL, adj. ant. V. INCIDENTE.

INCIDENTALMENTE, adv. ant. V. INCIDENTEMENTE.

INCIDENTE, adj. y s. Que sobreviene en el discurso de algun asunto ó negocio.

INCIDENTEMENTE, adv. Por incidencia.

INCIDIR, v. a. Caer ó incurrir en algo.

INCIENSO, s. m. Sustancia que consta de resina y goma trasparente de color amarillo, y que se quema despidiendo un olor fuerte y agradable. || met. Lisonja.

INCIENTE, adj. ant. Que no sabe ó ignora.

INCIERTAMENTE, adv. Con incertidumbre.

INCIERTO, TA, Que no es cierto ó verdadero. || Inconstante, no seguro ni fijo. || Desconocido, no sabido, ignorado.

* INCINDENTE, adj. p. a. Cortante.

INCINERACION, s. f. *Quim.* La accion y efecto de reducir á cenizas.

INCINERADO, p. p. de INCINERAR.

INCINERAR, v. a. *Quim.* Reducir á cenizas.

INCIPIENTE, adj. Que empieza.

* INCIRCUNCISION, s. f. Falta de mortificacion de corazon, de labios, de oidos.

INCIRCUNCISO, SA, adj. No circuncidado.

INCIRCUNSCRIPTO, TA, adj. Que no está limitado.

INCISA, s. f. *Ret.* Frasecilla que hace parte del miembro de un periodo.

INCISION, s. f. Cortadura ó abertura hecha con instrumento cortante. || ant. *Poét.* V. CESURA.

INCISIVO, VA, adj. Apto para abrir ó cortar.

INCISO, s. m. *Ort.* V. COMA.

INCISO, SA, adj. V. CORTADO.

INCISORIO, RIA, adj. Que corta ó puede cortar.

INCITACION, s. f. Accion y efecto de incitar.

INCITADO, p. p. de INCITAR.

INCITADOR, RA, s. m. y f. El que incita.

INCITAMENTO, s. m. Lo que incita.

INCITAMIENTO, s. m. V. INCITAMENTO.

INCITAR, v. a. Mover, estimular.

INCITATIVA, s. f. for. La provision que despacha el tribunal superior para que los jueces ordinarios hagan justicia y no agravio á las partes.

INCITATIVO, VA, adj. y s. Que incita ó tiene virtud de incitar. || for. V. ACUIJATORIO.

INCIVIL, adj. Falto de civilidad y cultura.

INCLEMENCIA, s. f. Falta de clemencia. || met. Rigor de la estacion, especialmente en el invierno. || Á LA INCLEMENCIA, Al descubierto, sin abrigo.

INCLEMENTE, adj. Falto de clemencia.

INCLINACION, s. f. Accion y efecto de inclinar. || La reverencia que se hace con la cabeza ó cuerpo. || met. Afecto, amor, propension.

INCLINADÍSIMO, MA, adj. sup. de INCLINADO.

INCLINADO, p. p. de INCLINAR.

INCLINADOR, RA, s. m. El que inclina.

INCLINANTE, p. a. de INCLINAR, Que inclina ó se inclina.

INCLINAR, v. a. Torcer un poco hácia abajo. || INCLINAR ó apartar hácia un lado. || met. Mover ó persuadir á alguno á que haga alguna cosa.

INCLINAR, v. n. Parecerse ó asemejarse algun tanto una cosa á otra.

INCLINARSE, v. r. Tener propension natural á alguna cosa.

INCLINATIVO, VA, adj. Que inclina ó puede inclinar.

ÍNCLITO, TA, adj. Ilustre, esclarecido, afamado.

INCLUIDO, p. p. de INCLUIR.

INCLUIR, v. a. Poner una cosa dentro de otra ó dentro de sus límites. || Contener. || Comprender un número menor en otro mayor ó una parte en su todo.

INCLUSA, s. f. La casa en donde se recogen y crian los niños expósitos. || ant. V. RECLUSA.

INCLUSERO, RA, adj. Que se crió en la inclusa.

INCLUSILLA, s. f. ant. d. de INCLUSA.

INCLUSION, s. f. Accion y efecto de incluir. || Conexion ó amistad de una persona con otra.

INCLUSIVAMENTE, adv. Con inclusion.

INCLUSIVE, adv. V. INCLUSIVAMENTE.

INCLUSIVO, VA, adj. Que incluye ó tiene virtud y capacidad para incluir.

INCLUSO, p. p. irreg. de INCLUIR.

INCLUYENTE, p. a. de INCLUIR, Que incluye.

INCOADO, p. p. de INCOAR.

INCOAR, v. a. Comenzar.

INCOATIVO, VA, adj. Que explica ó denota el principio de alguna cosa, ó la accion de principiar.

INCOBRABLE, adj. Que no se puede ó es muy difícil de cobrar.

INCÓGNITO, TA, adj. Que no es conocido. || EN INCÓGNITO, Se usa para significar que alguna persona constituida en dignidad quiere tenerse por desconocida, y que no se le trate con ceremonia y etiqueta.

INCOGNOSCIBLE, adj. Que no se puede ó es muy difícil de conocer.

* INCOHERENCIA, s. f. Calidad de lo incoherente.

* INCOHERENTE, adj. Falto de union.

ÍNCOLA, s. m. ant. El morador ó habitante de algun pueblo.

INCOLUMIDAD, s. f. Salud, conservacion.

INCOMBUSTIBILIDAD, s. f. Calidad de lo que es incombustible.

INCOMBUSTIBLE, adj. Que no se puede quemar.

INCOMBUSTO, TA, adj. ant. Que no se ha quemado.

INCOMERCIABLE, adj. Con lo que no se puede comerciar.

INCOMODADO, p. p. de INCOMODAR.

INCÓMODAMENTE, adv. Con incomodidad.

INCOMODAR, v. a. Causar incomodidad.

INCOMODIDAD, s. f. Molestia, daño falta, de comodidad.

INCOMODÍSIMO, MA, adj. sup. de INCÓMODO.

INCÓMODO, DA, adj. Que incomoda ó que carece de comodidad.

INCÓMODO, s. m. ant. V. INCOMODIDAD.

INCOMPARABLE, adj. Que no se puede adquirir ó se adquiere difícilmente. || Que no tiene ó no admite comparacion.

INCOMPARABLEMENTE, adv. Sin comparacion.

INCOMPARADO, DA, adj. V. INCOMPARABLE.

INCOMPARTIBLE, adj. Que no se puede compartir.

INCOMPASIBLE, adj. V. INCOMPASIVO.

INCOMPASIVO, VA, adj. Que carece ó está falta de compasion.

INCOMPATIBILIDAD, s. f. La repugnancia que tiene una cosa para unirse con otra.

INCOMPATIBLE, adj. Que no es compatible con otra cosa.

INCOMPETENCIA, s. f. Falta de competencia y jurisdiccion.

INCOMPETENTE, adj. Que no es competente. || Que no se hace con oportunidad y al debido tiempo.

* INCOMPETENTEMENTE, adv. De un modo incompetente.

INCOMPLETAMENTE, adv. De un modo incompleto.

INCOMPLETO, TA, adj. Que no está completo.

* INCOMPLEXO, XA, adj. Que no es complexo sino simple.

INCOMPONIBLE, adj. Que no es componible.

INCOMPORTABLE, adj. Que no es comportable.

INCOMPOSIBILIDAD, s. f. La imposibilidad ó dificultad de componerse una cosa con otra.

INCOMPOSIBLE, adj. V. INCOMPONIBLE.

INCOMPOSICION, s. f. Falta de composicion ó debida proporcion. || ant. Descompostura ó desaseo.

INCOMPRENSIBILIDAD, s. f. Imposibilidad de comprenderse alguna cosa, ó la suma dificultad de comprenderla ó entenderla.

INCOMPRENSIBLE, adj. Que no se puede comprender, que es muy difícil de comprender.

* INCOMPRIMIBLE, adj. Que no se puede comprimir.

INCOMPUESTAMENTE, adv. ant. Sin aseo, con desaliño. || met. ant. Sin compostura, desordenadamente.

INCOMPUESTO, TA, adj. Simple, no compuesto. || V. DESASEADO.

INCOMUNICABILIDAD, s. f. Calidad de lo incomunicable.

INCOMUNICABLE, adj. Que no es comunicable.

* INCOMUNICADO, DA, adj. Sin comunicacion, hablando de los presos á quienes no se permite comunicar con nadie.

* INCOMUNICAR, v. a. Poner á un preso solo sin que pueda comunicar con nadie.

* INCONCERNENTE, adj. Impropio, que no conviene.

* INCONCILIABLE, adj. Incomponible, que no se puede convenir ó componer con otra cosa.

INCONCINO, NA, adj. Desordenado, descompuesto, desarreglado.

INCONCUSAMENTE, adv. Seguramente, sin oposicion ni disputa.

INCONCUSO, SA, adj. Que es firme, sin duda ni contradiccion.

INCONDUCENTE, adj. Que no es conducente para algun fin.

INCONEXION, s. f. Falta de conexion.

INCONEXO, XA, adj. Que no tiene conexion.

INCONFESO, SA, adj. for. Aplícase al reo que no confiesa en juicio.

INCONFIDENCIA, s. f. V. DESCONFIANZA.

* INCONFIDENTE, adj. V. INFIEL.

INCONGRUAMENTE, adv. Sin conveniencia ni oportunidad.

INCONGRUENCIA, s. f. Falta de congruencia.

INCONGRUENTE, adj. Que no es conveniente.

INCONGRUENTEMENTE, adv. Con incongruencia.

INCONGRUIDAD, s. f. ant. V. INCONGRUENCIA.

INCONGRUO, GRUA, adj. Que no es conveniente ni oportuno. || Que no tiene congrua.

INCONMENSURABILIDAD, s. f. Calidad de lo que no es mensurable.

INCONMENSURABLE, adj. Que no se puede conmensurar.

INCONMUTABILIDAD, s. f. ant. V. INMUTABILIDAD.

INCONMUTABLE, adj. V. INMUTABLE. || Que no es conmutable.

* INCONMUTABLEMENTE, adv. De un modo inconmutable.

INCONQUISTABLE, adj. Que no se puede ó es muy difícil de conquistar. || met. Que no se deja vencer con ruegos ni dádivas.

INCONSECUENCIA, s. f. Falta de consecuencia.

INCONSECUENTE, adj. V. INCONSIGUIENTE.

INCONSIDERACION, s. f. Falta de consideracion.

INCONSIDERADAMENTE, adv. Sin consideracion.

INCONSIDERADO, DA, adj. Que no se ha considerado. || Inadvertido que no considera ni reflexiona.

INCONSIGUIENTE, adj. Que no es consiguiente.

INCONSOLABLE, adj. Que se consuela con dificultad ó no admite consuelo.

INCONSOLABLEMENTE, adv. Sin consuelo.

INCONSTANCIA, s. f. Falta de estabilidad y permanencia. || Demasiada facilidad y ligereza con que alguno muda de opinion, de pensamientos, de amigos, etc.

INCONSTANTE, adj. Que no es estable ni permanente. || Que muda con demasiada facilidad y ligereza de pensamientos, opiniones y conducta.

INCONSTANTEMENTE, adv. Con inconstancia.

INCONSTANTÍSIMO, MA, adj. sup. de INCONSTANTE.

* INCONSTITUCIONAL, adj. Que no es constitucional.

INCONSTRUIBLE, adj. *Gram.* Que no se puede construir.

INCONSULTO, TA, adj. Que se hace sin consideracion ni consejo.

INCONSÚTIL, adj. que no tiene costura.

INCONTABLE, adj. Que no se puede ó es muy difícil de contar.

INDECIBLEMENTE, adv. De un modo indecible.

INDECISION, s. f. Irresolucion ó dificultad en decidirse.

INDECISO, SA, adj. Que no está decidido ó resuelto. ‖ Dudoso ó indeterminado.

INDECLINABLE, adj. Que es inflexible ó no se puede declinar. ‖ *Gram.* Aplícase al nombre que no se declina. ‖ *For.* Aplícase á la jurisdiccion que no se puede declinar.

INDECORO, s. m. Falta de decoro.

INDECORO, RA, adj. ant. V. INDECOROSO.

INDECOROSAMENTE, adv. Sin decoro.

INDECOROSO, SA, adj. Que carece de decoro.

* **INDEFECTIBILIDAD**, s. f. Imposibilidad de faltar ó fenecer

INDEFECTIBLE, adj. Que no puede dejar de ser.

INDEFECTIBLEMENTE, adv. De un modo indefectible.

INDEFENSABLE, adj. Que no se puede defender.

INDEFENSO, SA, adj. Que no tiene defensa.

INDEFICIENTE, adj. V. INDEFECTIBLE.

INDEFINIBLE, adj. Que no se puede definir.

INDEFINIDO, DA, adj. Que no es definido. ‖ *Log.* Dícese del termino ó proposicion que no tiene signos que le determinen. ‖ *Mat.* Que no tiene término señalado ó conocido.

INDEFINITO, TA, adj. *Mat.* INDEFINIDO ó que no tiene término.

INDELEBLE, adj. Que no se puede borrar ó quitar.

INDELEBLEMENTE, adv. De un modo indeleble, sin poderse borrar.

INDELIBERACION, s. f. Falta de deliberacion.

INDELIBERADAMENTE, adv. Sin deliberacion.

INDELIBERADO, DA, adj. Que se ha hecho sin deliberacion.

INDEMNE, adj. Libre ó exento de algun daño.

INDEMNIDAD, s. f. Seguridad que se da á alguno de que no padecerá daño ó perjuicio.

INDEMNIZACION, s. f. Resarcimiento de los daños causados.

INDEMNIZADO, p. p. de INDEMNIZAR.

INDEMNIZAR, v. a. Resarcir de algun daño ó perjuicio.

INDEPENDENCIA, s. f. Falta de dependencia.

INDEPENDENTE, adj. Que no depende de otra cosa.

INDEPENDENTEMENTE, adv. V. INDEPENDIENTEMENTE.

INDEPENDIENTE, adj. V. INDEPENDENTE.

INDEPENDIENTE, adv. V. INDEPENDIENTEMENTE.

INDEPENDIENTEMENTE, adv. Con independencia.

* **INDEPENDIENTES**, s. m. pl. Sectarios que no reconocen ninguna autoridad eclesiástica.

* **INDEPENDIENTISMO**, s. m. Secta de los independientes.

* **INDESCIFRABLE**, adj. Que no se puede leer, adivinar. ‖ met. Indefinible, hablando de una persona. ‖ Obscuro, intrincado.

* **INDESCOMPONIBLE**, adj. Que no puede descomponerse.

INDESCRIBIBLE, adj. Que no se puede describir ó definir.

INDESIGNABLE, adj. Que es imposible ó muy difícil de señalar.

* **INDESTRUCTIBILIDAD**, s. f. Incapacidad ó imposibilidad de ser una cosa destruida.

INDESTRUCTIBLE, adj. Que no puede destruirse por estar muy fundado y defendido.

INDETERMINABLE, adj. Que no se puede determinar. ‖ Que no se determina ó está indeciso.

INDETERMINACION, s. f. Falta de determinacion y resolucion.

INDETERMINADAMENTE, adv. Sin determinacion.

INDETERMINADO, DA, adj. Que no está determinado ni resuelto. ‖ Que no se resuelve á una cosa. ‖ Aplicado á los nombres, proposiciones, etc. V. INDEFINIDO. ‖ Que no está determinado ni contraido.

INDEVOCION, s. f. Falta de devocion.

* **INDEVOTAMENTE**, adv. Con poca devocion.

INDEVOTO, TA, adj. Falto de devocion. ‖ Que no es afecto á alguna cosa ó persona.

* **INDEX**, s. m. V. INDICE.

INDEZUELO, s. m. d. de INDIO.

INDIANA, s. f. Tela de lino ó algodon, pintada por un solo lado.

INDIANO, NA, adj. Natural pero

INCREMENTO, s. m. V. AUMENTO. ‖ *Gram.* Aumento de sílabas que tienen en la lengua latina los casos sobre las del nominativo, y los verbos sobre las de la segunda persona del presente de indicativo.

INCREPACION, s. f. Reprension fuerte, agria y severa.

INCREPADO, p. p. de INCREPAR.

INCREPADOR, RA, s. m. y f. El que increpa.

INCREPANTE, p. a. de INCREPAR. Que increpa ó reprende.

INCREPAR, v. a. Reprender con dureza y severidad.

INCRUENTO, TA, adj. Que no es sangriento.

INCRUSTACION, s. f. Accion y efecto de incrustar.

INCRUSTADO, p. p. de INCRUSTAR.

INCRUSTAR, v. a. Vestir con hojas delgadas de oro, mármoles, jaspes, etc., algun pavimento, pared, etc.

INCUBO, adj. Se aplica al demonio, que segun la opinion vulgar tiene comercio carnal con alguna muger bajo la apariencia de varon.

INCUBO, s. m. ant. *Med.* V. PESADILLA.

INCULCACION, s. f. *Impr.* Accion y efecto de inculcar.

INCULCADO, p. p. de INCULCAR.

INCULCAR, v. a. Apretar una cosa contra otra. ‖ Repetir con empeño muchas veces una cosa á alguno. ‖ *Impr.* Juntar demasiado unas letras con otras.

INCULCARSE, v. r. Afirmarse, obstinarse.

INCULPABLE, adj. Que carece de culpa ó no se puede culpar.

INCULPABLEMENTE, adv. Sin culpa, de un modo que no se puede culpar.

INCULPACION, s. f. for. Accion y efecto de inculpar.

INCULPADAMENTE, adv. Sin culpa.

INCULPADO, p. p. de INCULPAR. ‖ INCULPADO, DA, adj. Que no tiene culpa.

INCULPAR, v. a. for. Culpar, acusar á alguno de alguna cosa.

I CULTAMENTE, adv. De un modo inculto.

INCULTÍSIMO, MA, adj. sup. de INCULTO.

INCULTIVABLE, adj. Que no se puede ó es muy difícil de cultivar.

INCULTIVADO, DA, adj. ant. V. INCULTO, sin labor.

INCULTO, TA, adj. Que no tiene cultivo ni labor. ‖ met. Rústico y grosero ó de corta instruccion. ‖ Hablando del estilo, el desaliñado y grosero.

INCULTURA, s. f. Falta de cultivo.

INCUMBENCIA, s. f. Obligacion, cargo.

INCUMBIR, v. n. Estar á cargo de uno alguna cosa.

INCURABLE, adj. Que no se puede curar. ‖ met. Que no tiene enmienda ni remedio.

INCURIA, s. f. Poco cuidado, negligencia.

INCURIOSO, SA, adj. Descuidado en sus cosas.

INCURRIDO, p. de INCURRIR.

INCURRIMIENTO, s. m. Accion y efecto de incurrir.

INCURRIR, v. n. Junto con sustantivos que significan delito, falta, *error*, etc., es cometer alguna accion pecaminosa, errada ó defectuosa. ‖ Junto con sustantivos que significan odio, indignacion, pena, castigo, etc., es hacerse merecedor de estas cosas, ó cometer una accion á que está impuesta y aneja cierta y determinada pena.

INCURSION, s. f. ant. Accion de incurrir. ‖ *Mil.* V. CORRERÍA.

INCURSO, p. p. irreg. de INCURRIR.

INCURSO, s. m. ant. V. ACOMETIMIENTO.

INCUSACION, s. f. ant. V. ACUSACION.

INCUSADO, p. p. de INCUSAR.

INCUSAR, v. a. ant. V. ACUSAR.

* **INDABLE**, adj. Que no puede darse.

INDAGACION, s. f. Accion y efecto de indagar.

INDAGADO, p. p. de INDAGAR.

INDAGADOR, RA, s. m. y f. El que indaga.

INDAGAR, v. a. Averiguar, inquirir alguna cosa, discurriendo por conjeturas y señales.

INDEBIDAMENTE, adv. Sin deberse, ilícitamente.

INDEBIDO, DA, adj. Que no se debe. ‖ Que no es lícito ni permitido.

INDECENCIA, s. f. Falta de decencia ó modestia.

INDECENTE, adj. Que no es decente y decoroso.

INDECENTEMENTE, adv De un modo indecente, con indecencia.

INDECENTÍSIMO, MA, adj. sup. de INDECENTE.

INDECIBLE, adj. Que no se puede decir ó explicar bien con palabras.

*INDISCIPLINA, s. f. Falta de disciplina.

INDISCIPLINABLE, adj. Imposible ó muy difícil de ser corregido ó enseñado.

INDISCIPLINADO, DA, adj. Que carece de enseñanza ó correccion.

INDISCRECION, s. f. Falta de discrecion y prudencia.

INDISCRETAMENTE, adv. Sin discrecion ni prudencia.

INDISCRETO, TA, adj. Imprudente, que obra sin discrecion. || Que se hace sin discrecion.

INDISCULPABLE, Que no se puede ó no es fácil de disculpar.

INDISOLUBILIDAD, s. f. La imposibilidad de ser disuelta ó desunida una cosa de otra.

INDISOLUBLE, adj. Que no se puede disolver.

INDISOLUBLEMENTE, adv. De un modo indisoluble.

INDISPENSABLE, adj. Que no se puede dispensar. || Que es necesario ó mui regular que suceda.

INDISPENSABLEMENTE, adv. Forzosa y precisamente.

INDISPONER, v. a. Privar de la disposicion conveniente, ó quitar la preparacion necesaria para alguna cosa. || Malquistar. || Causar alguna indisposicion ó falta de salud.

*INDISPONIBLE, adj. for. De que no se puede disponer por testamento.

INDISPOSICION, s. f. Falta de disposicion y de preparacion para alguna cosa. || Desazon ó falta no muy grave de salud.

INDISPOSICIONCILLA, s. f. d. de indisposicion.

INDISPUESTO, p. p. irreg. de indisponer. || indispuesto, ta, adj. Falto de salud.

INDISPUTABLE, adj. Que no admite disputa.

INDISPUTABLEMENTE, adv. Sin disputa.

INDISTINCION, s. f. Agravio que se hace á alguna persona, estado ó dignidad privándole de las prerogativas y distinciones que le corresponden.

INDISTINGUIBLE, adj. Que no se puede ó no es fácil de distinguir.

INDISTINTAMENTE, adv. Sin distincion.

INDISTINTO, TA, adj. Que no se distingue. || Que no se percibe clara y distintamente.

INDIVIDUACION, s. f. V. individualidad.

INDIVIDUADO, p. p. de individuar.

INDIVIDUAL, adj. Propio del individuo ó que le pertenece. || Mas particular, propio y característico de alguna cosa.

INDIVIDUALIDAD, s. f. Calidad particular de alguna cosa, por la que se da á conocer ó se señala singularmente.

INDIVIDUALIZADO, p. p. de individualizar.

INDIVIDUALIZAR, v. a. V. individuar.

INDIVIDUALMENTE, adv. Con individualidad. || Con una union estrecha é inseparable.

INDIVIDUAR, v. a. Especificar alguna cosa, tratar de ella con particularidad y por menor.

INDIVIDUIDAD, s. f. ant. V. individualidad.

INDIVIDUO, UA, adj. V. individual. || Inseparable, indivisible.

INDIVIDUO, s. m. *Lóg.* El particular de cada especie. || individuo vago, *Dial.* El interminado é incierto.

INDIVISAMENTE, adv. Sin division.

INDIVISIBILIDAD, s. f. Incapacidad de separarse una cosa de otra ó de dividirse en partes.

INDIVISIBLE, adj. Que no se puede dividir.

INDIVISIBLEMENTE, adv. Sin division.

INDIVISO, SA, adj. Que no está separado ó dividido en partes. || pro indiviso, for. Se dice de las herencias cuando no estan hechas las particiones.

INDIYUDICABLE, adj. ant. Que no se puede ó no se debe juzgar.

INDÓCIL, adj. Que no tiene docilidad.

INDOCILIDAD, s. f. Falta de docilidad.

INDOCTÍSIMO, MA, adj. sup. de indocto.

INDOCTO, TA, adj. Que no es docto é instruido.

INDOCTRINADO, DA, adj. Que carece de doctrina ó enseñanza.

ÍNDOLE, s. f. La inclinacion natural propia de cada uno.

INDOLENCIA, s. f. Insensibilidad á los objetos que mueven regularmente á otras personas.

INDOLENTE, adj. Insensible á los

no originario de la India ó de las Indias, y que pertenece á ellas. || Que vuelve rico de allá. || INDIANO DE HILO NEGRO, fam. Avaro, miserable, mezquino.

INDICACION, s. f. Accion ó efecto de indicar.

INDICADO, p. p. de INDICAR.

INDICANTE, p. a. de INDICAR, Que indica.

INDICAR, v. a. Dar á entender ó significar alguna cosa con indicios y señales.

INDICATIVO, VA, adj. Que indica ó sirve para indicar. || *Gram.* El primer modo de cada verbo que indica ó demuestra sencillamente las cosas.

INDICCION, s. f. Convocacion ó llamamiento para alguna junta. || *Cron.* El periodo que se forma contando de quince en quince años.

ÍNDICE, s. m. V. INDICIO ó SEÑAL. || Lista ó enumeracion breve, y por órden, de libros, capítulos ó cosas notables. || La manecilla ó mostrador de los reloges. || V. DEDO. || ÍNDICE EXPURGATORIO, Catálogo de los libros que se prohiben ó se mandan corregir.

INDICIADOR, RA, s. m. y f. El que indicia.

INDICIAR, v. a. for. Descubrir algun reo por indicios. || V. INDICAR.

INDICIO, s. m. Accion ó señal que da á conocer lo que está oculto. || INDICIOS Ó SOSPECHAS VEHEMENTES, for. Aquellos que mueven de tal modo á creer reo de algun delito á alguno, que ellos solo equivalen á semiplena probanza.

ÍNDICO, CA, adj. Que pertenece á la India ó natural de ella.

ÍNDICO, s. m. V. AÑIL.

INDIESTRO, TRA, adj. ant. Que no es diestro, ni hábil.

INDIFERENCIA, s. f. Estado ó disposicion del ánimo que no se inclina mas á una parte que á otra.

INDIFERENTE, adj. Que por sí no está determinado á una cosa mas que á otra. || Que no importa que sea ó se haga de una ó de otra forma.

INDIFERENTEMENTE, adv. Indistintamente, sin diferencia.

INDÍGENA, adj. y s. Natural del pais, provincia ó lugar de que se trata.

INDIGENCIA, s. f. Falta de lo necesario.

INDIGENTE, adj. Falto de lo necesario.

* INDIGERIDO, DA, adj. ant. V. INDIGESTO.

INDIGESTIBLE, adj. Que no se puede ó no es fácil de digerir.

INDIGESTION, s. f. Falta de digestion.

INDIGESTO, TA, adj. Que no se digiere ó que se digiere con dificultad. || met. Confuso sin el órden y distincion que le corresponde. || Duro, áspero en el trato.

INDIGNACION, s. f. Enojo, ira, enfado contra alguno.

INDIGNADÍSIMO, MA, adj. sup. de INDIGNADO.

INDIGNADO, p. p. de INDIGNAR.

INDIGNAMENTE, adv. Con indignidad.

INDIGNANTE, p. a. de INDIGNAR, Que se indigna ó indigna.

INDIGNAR, v. a. Irritar, enfadar.

INDIGNIDAD, s. f. Falta de mérito y de disposicion para alguna cosa. || Accion impropia de las circunstancias del sugeto que la egecuta, ó inferior á la calidad del sugeto con quien se trata. || ant. V. INDIGNACION.

INDIGNÍSIMAMENTE, adv. sup. de INDIGNAMENTE.

INDIGNÍSIMO, MA, adj. sup. de INDIGNO.

INDIGNO, NA, adj. Que no tiene mérito ni disposicion para alguna cosa. || Que no corresponde á las circunstancias de algun sugeto, ó inferior á la calidad y mérito de la persona con quien se trata.

* INDIGO, s. m. V. AÑIL.

INDIJADO, DA, adj. ant. Adornado con dijes.

INDILIGENCIA, s. f. Falta de diligencia y de cuidado.

INDIO, DIA, adj. y s. El natural y originario de las Indias. || De color azul. || INDIO DE CARGA, El que en las Indias conducia sobre sí de una parte á otra las cargas. || SOMOS INDIOS, Expr. fam. con que se reconviene á alguno cuando quiere engañar, ó cree no le entienden lo que dice.

INDIRECTA, s. f. Medio ó proposicion de que se usa para hacer ó decir alguna cosa distinta de lo que á primera vista se manifiesta. || INDIRECTA DEL PADRE COBOS, fam. El medio ó proposicion con que claramente se pide alguna cosa, ó se dice á otro lo que le es desagradable.

INDIRECTAMENTE, adv. De un modo indirecto.

INDIRECTO, TA, adj. Que no va rectamente á algun fin.

INEPTO, TA, adj. Que no es apto ó á propósito.

INERCIA, s. f. Flojedad, desidia.

INERME, adj. Que está sin armas.

INERRABLE, adj. Que no se puede errar.

INERRANTE, adj. *Astron.* Que está fijo y sin movimiento.

INERTE, adj. Flojo, desidioso.

INESCRUTABLE, adj. Que no se puede averiguar.

INESCUDRIÑABLE, adj. V. INESCRUTABLE.

INESPERADAMENTE, adv. Sin esperarse.

INESPERADO, DA, adj. Que sucede sin esperarse.

INESTIMABILIDAD, s. f. Calidad de lo inestimable.

INESTIMABLE, adj. Que es incapaz de ser estimado como le corresponde.

INESTIMADO, DA, adj. for. Que está sin apreciar ni tasar.

INEVITABLE, adj. Que no se puede evitar.

INEVITABLEMENTE, adv. Sin poderse evitar.

* INEXACTITUD, s. f. Falta de exactitud.

* INEXACTO, TA, adj. Falto de exactitud.

INEXCUSABLE, adj. Que no se puede excusar.

INEXCUSABLEMENTE, adv. Sin excusa.

INEXHAUSTO, TA, adj. Que por su abundancia ó plenitud no se agota ni se acaba.

INEXISTENCIA, s. f. ant. Existencia de una cosa en otra.

INEXISTENTE, adj. Que existe en otro.

INEXORABLE, adj. Que no se deja vencer de los ruegos, ni condesciende fácilmente con las súplicas.

INEXPERIENCIA, s. f. Falta de experiencia.

INEXPERTO, TA, adj. Falto de experiencia.

INEXPIABLE, adj. Que no se puede expiar.

INEXPLICABLE, adj. Que no se puede explicar.

INEXPUGNABLE, adj. Que no se puede tomar ó conquistar á fuerza de armas. || met. Que no se deja vencer ni persuadir fácilmente.

* INEXTENSO, SA, adj. Que carece de extension.

INEXTINGUIBLE, adj. Que no se extinguible. || met. Que es de una perpetua o larga duracion.

INEXTRICABLE, adj. ant. Que no es fácil de desenredar, ó muy intrincado y confuso.

INFACETÍSIMO, MA, adj. sup. Muy falto de gracia y agudeza en el decir ó escribir.

* INFACETO, TA, adj. Falto de gracia, de agudeza, insípido.

INFACUNDO, DA, adj. Que no es facundo, ó que es de pocas palabras y de tosca explicacion.

INFALIBILIDAD, s. m. Imposibilidad de engañar o engañarse.

INFALIBLE, adj. Que no puede engañar ni engañarse. || Seguro, cierto, indefectible.

INFALIBLEMENTE, adv. Con infalibilidad.

INFAMACION, s. f. Accion y efecto de infamar.

INFAMADO, p. p. de INFAMAR.

INFAMADOR, RA, s. m. y f. El que infama.

INFAMANTE, p. a. de INFAMAR.

INFAMAR, v. a. Quitar la fama, honra y estimacion. || Desacreditar, minorar la estimacion en que se tiene alguna cosa.

INFAMATIVO, VA, adj. Que infama ó puede infamar.

INFAMATORIO, RIA, adj. Que infama.

INFAME, adj. Que carece de honra, crédito y estimacion. || Malo y despreciable.

INFAMEMENTE, adv. Con infamia.

INFAMIA, s. f. Descrédito, deshonra. || Maldad, vileza. || PURGAR LA INFAMIA, for. Se dice del reo cómplice en un delito, que en el tormento del potro ratifica la declaracion hecha contra su compañero. || REFUNDIR INFAMIA, met. Infamar, deshonrar.

IMFAMIDAD, s. f. ant. V. INFAMIA.

INFAMÍSIMO, MA, adj. sup. de INFAME.

INFAMOSO, SA, adj. ant. V. INFAMATORIO.

INFANCIA, s. f. Edad del niño desde que nace hasta los siete años. || met. El primer estado de una cosa despues de su nacimiento ó ereccion.

* INFANCINO, s. m. Aceite de aceitunas verdes.

INFANDO, DA, adj. Torpe é indigno de que se hable de ello.

INFANTA, s. f. La niña que aun no ha llegado á los siete años de edad. ||

objetos que mueven regularmente á otras personas.

* INDOLENTEMENTE, adv. Con indolencia.

INDOMABLE, adj. Que no se puede domar.

INDOMADO, DA, adj. Que está sin sujetar ó reprimir.

INDOMESTICABLE, adj. Que no se puede domesticar.

INDOMÉSTICO, CA, adj. Que está sin domesticar.

INDÓMITO, TA, adj. Aplícase al animal que está sin domar. ‖ met. Que está sin sujetar ó reprimir.

INDOTACION, s. f. for. Falta de dotacion.

INDOTADO, DA, adj. Que está sin dotarse.

INDUBITABLE, adj. Que no se puede dudar.

INDUBITABLEMENTE, adv. Ciertamente, sin poderse dudar.

INDUBITADAMENTE, adv. ant. Ciertamente, sin duda.

INDUBITADO, DA, adj. ant. Que es cierto y no admite duda.

INDUCCION, s. f. Instigacion, persuasion. ‖ *Retór.* Especie de argumento por el que de la enumeracion de los particulares, se infiere la proposicion que se ha de probar.

INDUCIA, s. f. ant. Tregua ó dilacion.

INDUCIDO, p. p. de INDUCIR.

INDUCIDOR, RA, s. m. y f. Que induce.

INDUCIMIENTO, s. m. Induccion ó persuasion.

INDUCIR, v. a. Instigar, persuadir, mover. ‖ ant. Ocasionar, causar.

INDUCTIVO, VA, adj. Que induce.

INDULGENCIA, s. f. Facilidad en perdonar ó disimular las culpas ó en conceder gracias. ‖ Remision que hace la iglesia de las penas debidas por los pecados. ‖ INDULGENCIA PARCIAL, Aquella por la que se perdona parte de la pena. ‖ INDULGENCIA PLENARIA, Aquella por la que se perdona toda la pena.

INDULGENTE, adj. Fácil en perdonar y disimular.

INDULTADO, p. p. de INDULTAR.

INDULTAR, v. a. Perdonar la pena merecida, eximir de alguna ley ú obligacion.

INDULTARIO, s. m. El sugeto que en virtud de indulto ó gracia pontificia podia conceder beneficios eclesiásticos.

INDULTO, s. m. Gracia ó privilegio concedido á alguno para que pueda hacer lo que sin él no podria. ‖ Gracia por la cual el superior remite la pena, ó exime de la ley y de otra cualquiera obligacion.

INDUMENTO, s. m. ant. V. VESTIDURA.

INDURACION, s. f. ant. V. ENDURECIMIENTO.

INDUSTRIA, s. f. Maña y destreza para hacer alguna cosa. ‖ Ocupacion, el trabajo que se emplea en la agricultura, fábrica y comercio. ‖ DE INDUSTRIA, De intento, de propósito.

INDUSTRIADO, p. p. de INDUSTRIAR.

INDUSTRIAL, adj. Que pertenece á la industria.

INDUSTRIAR, v. a. Instruir, enseñar, amaestrar á alguno.

INDUSTRIOSAMENTE, adv. Con industria y maña. ‖ ant. De industria ó de propósito.

INDUSTRIOSO, SA, adj. Que obra con industria. ‖ INDUSTRIOSO, Que se hace con industria.

INEBRIADO, p. p. de INEBRIAR.

INEBRIAR, v. a. ant. Embriagar, emborrachar. ‖ met. ant. Turbar la razon ciertos afectos violentos y pasiones.

INEBRIATIVO, VA, adj. Que embriaga ó tiene virtud de embriagar.

INEDIA, s. f. Estado de una persona que está sin comer ni beber por mas tiempo del que es regular.

INÉDITO, TA, adj. Escrito que no se ha publicado aun.

INEFABILIDAD, s. f. Imposibilidad de ser explicada alguna cosa con palabras.

INEFABLE, adj. Que con palabras no se puede explicar.

INEFABLEMENTE, adv. Sin poderse explicar.

INEFICACIA, s. f. Falta de eficacia y actividad.

INEFICAZ, adj. Que no es eficaz.

INEFICAZMENTE, adv. Sin eficacia.

INELEGANTE, adj. Que no es elegante.

INENARRABLE, adj. V. INEFABLE.

INEPCIA, s. f. ant. V. NECEDAD.

INEPTAMENTE, adv. Sin aptitud ni proporcion.

INEPTÍSIMO, MA, adj. sup. de INEPTO.

INEPTITUD, s. f. Inhabilidad, falta de aptitud.

...sarios. || met. Inquietar, perturbar, ...millar.

INFERNO, NA, adj. *Poét.* V. INFERNAL.

INFERO, RA, adj. ant. *Poét.* V. INFERIOR.

INFESTACION, s. f. Accion y efecto de infestar.

INFESTADO, p. p. de INFESTAR.

INFESTAR, v. a. Inficionar, apestar. || Causar el enemigo daños y estragos con hostilidades y correrías.

INFESTÍSIMO, MA, adj. sup. de INFESTO.

INFESTO, TA, adj. ant. Dañoso, perjudicial, incómodo.

INFEUDACION, s. f. V. ENFEUDACION.

INFEUDADO, p. p. de INFEUDAR.

INFEUDAR, v. a. V. ENFEUDAR.

INFICIENTE, p. a. ant. de INFECIR, Que inficiona.

INFICIONADO, p. p. de INFICIONAR.

INFICIONAR, v. a. Corromper, contagiar. || met. Corromper con malas doctrinas ó egemplos.

INFIDEL, adj. ant. V. INFIEL.

INFIDELIDAD, s. f. Falta de fidelidad, deslealtad. || Carencia de la fe católica. || Conjunto y universalidad de los infieles que no conocen la fe católica.

INFIDELISÍMO, MA, adj. sup. de INFIEL.

INFIDENCIA, s. f. Falta á la confianza y fe debida.

INFIDENTE, adj. Que no corresponde á la confianza que se hace de él.

INFIDO, DA, adj. ant. Infiel, desleal.

INFIEL, adj. Falto de fidelidad, desleal. || Gentil, pagano.

INFIELMENTE, adv. Con infidelidad.

INFIERNO, s. m. Lugar destinado por la divina justicia para eterno castigo de los malos. || Tormento y castigo de los condenados. || El lugar adonde creian los paganos que iban las almas despues de la muerte. || Limbo ó seno de Abraham. || El lugar en que hay mucho alboroto y discordia, y la misma discordia. || En algunas órdenes religiosas que tienen por instituto el comer de viernes, el refectorio donde se come de carne. || En la tahona, el lugar debajo de tierra en que sientan la rueda y artificio con que se mueve esta máquina. || Juego de muchachos. || V. INFERNÁCULO. || SER MUY DELICADO PARA EL INFIERNO, fam.

Moteja al que se queja con leve ó ningun motivo.

INFIGURABLE, adj. Que no puede tener figura corporal ni representarse con ella.

* INFILTRACION, s. f. Recaladura, penetracion de un liquido por los poros de otro cuerpo.

* INFILTRARSE, v. r. Recalar, penetrar un liquido los poros de un cuerpo sólido.

ÍNFIMO, MA, adj. Que en su situacion está muy bajo. || En el órden y graduacion de las cosas, lo último y lo que es ménos que las demas. || Lo mas vil y despreciable en cualquiera linea.

INFINGIDO, DA, adj. ant. V. FINGIDO.

INFINGIDOR, RA, s. m. y f. El que finge.

INFINIBLE, adj. ant. Que no se acaba ó no puede tener fin.

INFINIDAD, s. f. Calidad de lo infinito que no tiene fin ni término. || Gran número y muchedumbre de cosas.

INFINITAMENTE, adv. De un modo infinito.

INFINITÍSIMO, MA, adj. fam. sup. de INFINITO.

INFINITIVO, s. m. *Gram.* Uno de los modos del verbo.

INFINITO, TA, adj. Que no tiene fin ni término. || Muy numeroso, grande y excesivo.

INFINITO, adv. Excesivamente, muchísimo.

INFINTA, s. f. ant. Fingimiento ó engaño.

INFINTOSAMENTE, adv. ant. Fingidamente, con engaño.

INFINTOSO, SA, adj. ant. Fingido, disimulado, engañoso.

INFINTUOSAMENTE, adv. ant. Fingidamente, con engaño.

INFIRMADO, p. p. de INFIRMAR.

INFIRMAR, v. r. Disminuir, minorar el valor y eficacia. || for. V. INVALIDAR.

INFLACION, s. f. Hinchazon causada por el aire ó ventosidad. || met. Engreimiento y vanidad.

INFLADO, p. p. de INFLAR.

INFLAMABLE, adj. Que es fácil de inflamarse ó de levantar llama.

INFLAMACION, s. f. Accion y efecto de inflamar levantando llama. || Ardor, calor preternatural en el cuérpo animal. || met. Enardecimiento de las pasiones y afectos del ánimo.

INFLAMADO, p. p. de INFLAMAR.

INFLAMAMIENTO, s. m. ant. V. INFLAMACION.

INFLAMAR, v. a. Encender levantando llama. || met. Acalorar, enardecer las pasiones y afectos del ánimo.

INFLAMARSE, v. r. Ponerse de color bermejo parecido al de la llama. || Enardecerse alguna parte del cuerpo del animal tomando un color encendido.

* INFLAMATORIO, RIA, adj. Que causa inflamacion.

INFLAR, v. a. Hinchar con aire. || met. Ensoberbecer, engreir.

INFLATIVO, VA, adj. Que infla ó tiene virtud de inflar.

* INFLECTIVO, VA, adj. Dícese de la pena corporal que se ha impuesto ó que se ha de imponer.

INFLEXIBILIDAD, s. f. La imposibilidad ó la gran resistencia que tiene alguna cosa para torcerse ó doblegarse. || met. Constancia y firmeza de ánimo.

INFLEXIBLE, adj. Incapaz de torcerse ó de doblarse. || met. Que por su firmeza y constancia de ánimo no se conmueve ni se dobla fácilmente.

INFLEXIBLEMENTE, adv. Con inflexibilidad.

INFLEXION, s. f. Torcimiento ó comba de una cosa que estaba derecha. Hablando de la voz es la elevacion ó depresion que se hace con ella, quebrándola ó pasando de un tono á otro. || *Gram.* La variacion del nombre por sus casos y números, y la del verbo por sus modos, personas y tiempos.

INFLICTO, p. p. irreg. ant. de INFLIGIR.

INFLIGIDO, p. p. de INFLIGIR.

INFLIGIR, v. a. ant. Hablando de castigos y penas corporales, imponerlas, condenar á ellas.

INFLUENCIA, s. f. Accion y efecto de influir. || met. La intervencion que alguno tiene en un negocio por su autoridad, valimiento y persuasion. || met. La gracia é inspiracion que Dios envia interiormente á las almas.

INFLUENTE, p. a. de INFLUIR, Que influye.

INFLUIDO, p. p. de INFLUIR.

INFLUIR, v. a. Causar ciertos efectos unos cuerpos en otros. || met. Intervenir, tener parte en algun negocio. || met. Inspirar ó comunicar Dios algun afecto ó don de su gracia.

INFLUJO, s. m. V. INFLUENCIA. || met. El valimiento y poder. || Intervencion y parte se que tiene en algun negocio.

INFORCIADO, s. m. La segunda parte del Digesto ó Pandectas de Justiniano.

INFORMACION, s. f. Accion y efecto de informar ó informarse. || Averiguacion jurídica y legal. || Pruebas que se hacen de la calidad y circunstancias necesarias en un sugeto para algun empleo ú honor. || met. ant. V. EDUCACION, INSTRUCCION. || INFORMACION AD PERPETUAM Ó AD PERPETUAM REI MEMORIAM, for. La que se hace judicialmente y á prevencion para que conste en lo sucesivo alguna cosa. || INFORMACION DE DERECHO Ó EN DERECHO, El escrito que hace el abogado á favor de su parte. || INFORMACION DE POBRE Ó DE POBREZA, La que se hace ante cualquier juzgado para acreditar que alguno no tiene bienes. || INFORMACION DE VITA ET MORIBUS, La que se hace de la vida y costumbres. || INFORMACION SUMARIA, for. La que por la naturaleza y calidad del negocio se hace por el juez brevemente y sin solemnidades jurídicas.

INFORMADO, p. p. de INFORMAR.

INFORMADOR, RA, s. m. y f. ant. El que informa.

INFORMAL, adj. Que no guarda las leyes y circunstancias prevenidas. || Que no observa el decoro correspondiente ó que no cumple sus palabras.

INFORMALIDAD, s. f. Calidad que constituye á uno informal.

INFORMAMIENTO, s. m. ant. V. INFORMACION, 1ª A.

INFORMANTE, p. a. de INFORMAR, Que informa.

INFORMANTE, s. m. El que tiene el encargo y comision de hacer las informaciones de limpieza y calidad de alguno.

INFORMAR, v. a. Enterar, dar noticia de alguna cosa. || *Filos.* Ser la forma sustancial de algun cuerpo. || met. ant. Formar, perfeccionar á alguno por medio de la instruccion y buena crianza.

INFORMATIVO, VA, adj. Que informa ó sirve para dar noticia de alguna cosa. || ant. *Filos.* Lo que da forma y ser á alguna cosa.

INFORME, s. m. La noticia é instruccion que se da de alguna cosa.

INFORME, adj. Que no tiene la forma, figura y perfeccion que le corresponde.

* INFORMIDAD, s. f. Cualidad de lo que es informe.

INFORTIFICABLE, adj. Que no se puede fortificar.

INFORTUNA, s. f. Influjo adverso é infausto de los astros.

INFORTUNADAMENTE, adv. ant. Sin fortuna, de un modo desgraciado.

INFORTUNADO, DA, adj. ant. V. DESAFORTUNADO.

INFORTUNIO, s. m. Desgracia, desventura.

INFORTUNO, NA, adj. ant. V. DESAFORTUNADO.

INFOSURA, s. f. *Albeit.* V. AGUADURA.

INFRACCION, s. f. Transgresion, quebrantamiento de alguna ley, pacto ó tratado.

INFRACTO, TA, adj. Que es constante y no se conmueve fácilmente.

INFRACTOR, RA, s. m. y f. V. TRANSGRESOR.

INFRAESCRIPTO, TA, adj. ant. V. INFRAESCRITO.

INFRAESCRITO, TA, adj. Se aplica á las personas que se nombran ó firman al fin de algun escrito.

INFRAGANTE, adv. V. EN FRAGANTE.

INFRANGIBLE, adj. Que no se puede quebrar. ‖ met. ant. Que no se puede quebrantar ó violar.

INFRAOCTAVA, s. f. Los seis dias comprendidos en la octava de alguna festividad de la iglesia.

INFRAOCTAVO, VA, adj. Aplícase á cualquiera de los dias de la infraoctava.

INFRASCRIPTO, TA, adj. ant. V. INFRAESCRITO.

INFRUCTÍFERO, RA, adj. Que no lleva ni produce fruto. ‖ met. Que no es de utilidad ni provecho para ningun fin.

INFRUCTUOSAMENTE, adv. Sin fruto, sin utilidad.

INFRUCTUOSIDAD, s. f. ant. La calidad de lo infructuoso.

INFRUCTUOSO, SA, adj. Inútil para algun fin.

INFRUGÍFERO, RA, adj. V. INFRUCTÍFERO.

ÍNFULAS, s. f. pl. Adorno que se ponia sobre la cabeza de los sacerdotes de los gentiles y sobre las de las víctimas. ‖ met. Presuncion ó vanidad de alguno en portarse de un modo superior á su clase ó facultades.

INFUNDADO, DA, adj. Que carece de fundamento.

* **INFUNDIBLE**, adj. Que no se puede fundir ó derretir.

INFUNDIDO, p. p. de INFUNDIR.

INFUNDIR, v. a. ant. Echar algun licor en una vasija ú otra cosa. ‖ ant. Poner algun simple ó medicamento en un licor por cierto tiempo. ‖ met. Comunicar Dios al alma algun don ó gracia. ‖ Causar algun afecto en el ánimo ó mover alguna pasion.

INFURCION, s. f. Tributo que se pagaba al señor de un lugar por razon del solar de las casas.

INFURCIONIEGO, GA, adj. Que estaba sujeto al tributo de infurcion.

INFURTIDO, p. p. de INFURTIR.

INFURTIR, v. a. V. ENFURTIR.

INFUSCADO, p. p. de INFUSCAR.

INFUSCAR, v. a. ant. Oscurecer, ofuscar.

INFUSION, s. f. Accion y efecto de infundir. ‖ La permanencia de algun simple ó medicamento en un licor, y el licor mismo. ‖ Accion de echar el agua sobre el que se bautiza. ‖ ESTAR EN INFUSION PARA ALGUNA COSA, met. y fam. Hallarse en aptitud y disposicion próxima para conseguir alguna cosa.

INFUSO, p. p. irreg. de INFUNDIR. Hoy solo tiene uso hablando de las gracias y dones que Dios infunde en el alma.

INGENERABLE, adj. Que no puede ser engendrado.

INGENIADO, p. p. de INGENIAR.

INGENIAR, v. a. Trazar ó inventar ingeniosamente.

INGENIARSE, v. r. Discurrir con ingenio trazas y modos para conseguir alguna cosa ó egecutarla.

INGENIATURA, s. f. fam. Industria y arte con que alguno se ingenia.

INGENIERÍA, s. f. El arte que enseña á hacer y usar de las máquinas y trazas de guerra.

INGENIERO, s. m. ant. El que discurre con ingenio las trazas y modos de conseguir ó egecutar alguna cosa. ‖ En la milicia el que sirve en la disposicion, traza y manejo de las máquinas de guerra y en las obras de fortificacion. ‖ INGENIERO DE MARINA, El oficial militar que dirige la construccion y compostura de los bajeles, y sirve en la disposicion, traza y manejo de las máquinas. ‖ INGENIERO EN GEFE, Oficial del cuerpo de ingenieros que tiene la misma graduacion que el coronel de infantería. ‖ INGENIERO EN SEGUNDO, Oficial en el cuerpo de ingenieros que tiene la misma graduacion que el teniente coronel de infantería. ‖ INGENIERO EXTRAORDINARIO, Oficial subalterno del cuerpo de ingenieros que tiene la misma graduacion que el teniente capitan de infantería. ‖ INGENIERO

ORDINARIO, Oficial subalterno que en el cuerpo de ingenieros tiene la misma graduacion que el capitan de infantería.

INGENIO, s. m. Facultad en el hombre para discurrir é inventar con prontitud y facilidad. ‖ El sugeto ingenioso ó de ingenio. ‖ Industria, maña y artificio. ‖ Cualquiera máquina en la mecánica. ‖ Cualquiera máquina ó artificio de guerra. ‖ Instrumento con que los libreros recortan el papel y los libros que se han de encuadernar. ‖ INGENIO DE AZÚCAR, El molino en que se exprime el zumo de las cañas dulces para sacar el azúcar. ‖ En los teatros de comedias, el que las compone para que se representen en ellos, ó hace los sainetes y tonadillas. ‖ AFILAR EL INGENIO, met. Poner algun esfuerzo extraordinario de ingenio. ‖ AGUZAR EL INGENIO, met. Aplicarle atentamente á la inteligencia de alguna cosa ó para salir de una dificultad.

INGENIOSAMENTE, adv. Con ingenio.

INGENIOSIDAD, s. f. La calidad del ingenioso.

INGENIOSÍSIMO, MA, adj. sup. de INGENIOSO.

INGENIOSO, SA, adj. Que tiene ingenio ó que se hace con ingenio.

INGÉNITO, TA, adj. Que no ha sido engendrado. ‖ Conatural, y como nacido con alguno.

INGENTE, adj. Muy grande.

INGENUAMENTE, adv. Con ingenuidad ó sinceridad.

INGENUIDAD, s. f. Sinceridad, buena fe, realidad. ‖ for. Estado ó condicion del que ha nacido libre. ‖ Condicion del que ha conseguido su libertad por ahorro ó manumision.

INGENUO, NUA, adj. Real, sincero, sin doblez. ‖ for. Que nació libre y no ha perdido su libertad.

INGERIDO, p. p. de INGERIR.

INGERIDURA, s. f. Parte por donde se ha ingerto el árbol.

INGERIR, v. a. Introducir una cosa en otra. ‖ met. Incluir una cosa en otra haciendo mencion de ella.

INGERIRSE, v. r. Entrometerse, introducirse en alguna dependencia ó negocio.

INGERTADO, p. p. de INGERTAR.

INGERTAR, v. a. Introducir una pua verde de un árbol en el tronco ó ramo de otro árbol.

INGERTO, p. p. de INGERIR.

INGERTO, s. m. Árbol ingertado.

INGINA, s. f. Carrillera ó quijada.

INGLE, s. f. La parte del cuerpo en que se juntan los muslos con el vientre.

INGLÉS, SA, adj. y s. Natural de Inglaterra y perteneciente á aquel reino. ‖ Á LA INGLESA, Al uso de Inglaterra.

INGLÉS, s. m. El idioma inglés.

INGLETE, s. m. La línea oblicua diagonal del cartabon que corta en dos ángulos iguales el recto.

INGLOSABLE, adj. Que no se puede glosar.

INGOBERNABLE, adj. Que no se puede gobernar.

* INGRADUABLE, adj. Que no se puede graduar.

INGRATAMENTE, adv. Con ingratitud.

INGRATÍSIMAMENTE, adv. sup. de INGRATAMENTE.

INGRATÍSIMO, MA, adj. sup. de INGRATO.

INGRATITUD, s. f. Desagradecimiento, olvido ó desprecio de los beneficios recibidos.

INGRATO, TA, adj. Desagradecido, que olvida ó desconoce los beneficios recibidos. ‖ Desapacible, áspero, desagradable á los sentidos.

INGRE, s. f. ant. V. INGLE.

INGREDIENTE, s. m. Cualquiera droga que entra en la composicion de alguna cosa.

INGRESO, s. m. ENTRADA, por el espacio por donde se entra en alguna parte. ‖ V. ENTRADA, por principio. ‖ Caudal que entra en poder de alguno, y que es de cargo en las cuentas. ‖ V. PIÉ DE ALTAR.

INGUINARIO, RIA, adj. Que pertenece á las ingles.

INGURGITACION, s. f. ant. Accion y efecto de ingurgitar.

INGURGITAR, v. a. ant. Engullir.

INGUSTABLE, adj. ant. Que no se puede gustar.

INHÁBIL, adj. Falto de habilidad, talento é instruccion. ‖ Que no tiene las calidades y condiciones necesarias para hacer alguna cosa. ‖ Que por alguna tacha ó delito no puede obtener ó servir algun cargo ó dignidad.

INHABILIDAD, s. f. Falta de habilidad, talento é instruccion. ‖ Defecto ú obstáculo para egercer ó obtener un empleo ú oficio.

INHABILÍSIMO, MA, adj. sup. de INHÁBIL.

INHABILITACION, s. f. Accion y efecto de inhabilitar.

INHABILITADO, p. p. de INHABILITAR.

INHABILITAMIENTO, s. m. ant. V. INHABILITACION.

INHABILITAR, v. a. Declarar á uno inhábil ó incapaz de egercer ú obtener algun empleo ú oficio. ‖ Imposibilitar á uno para alguna cosa.

INHABITABLE, adj. Que no es habitable.

INHABITADO, DA, adj. Que no se habita.

INHERENCIA, s. f. *Fil.* Union de cosas inseparables por su naturaleza, ó que solo se pueden separar mentalmente.

INHERENTE, adj. *Fil.* Que por su naturaleza está de tal manera unido que no se puede separar.

INHESTADO, p. p. de INHESTAR.

INHESTAR, v. a. V. ENHESTAR.

INHIBICION, s. f. Accion y efecto de inhibir.

INHIBIDO, p. p. de INHIBIR.

INHIBIR, v. a. for. Impedir que un juez prosiga en el conocimiento de alguna cosa.

INHIBITORIO, RIA, adj. for. Se aplica al despacho, decreto ó letras que inhiben al juez.

INHIESTO, TA, adj. V. ENHIESTO.

INHONESTAMENTE, adv. V. DESHONESTAMENTE.

INHONESTIDAD, s. f. Falta de honestidad ó decencia.

INHONESTO, TA, adj. V. DESHONESTO. ‖ Indecente é indecoroso.

INHONORADO, p. p. de INHONORAR.

INHONORAR, v. a. V. DESHONRAR.

INHOSPEDABLE, adj. V. INHOSPITABLE.

INHOSPITABLE, adj. *Poét.* Que no tiene hospitalidad.

INHOSPITAL, adj. ant. V. INHABITABLE.

INHOSPITALIDAD, s. f. Falta de hospitalidad.

INHUMANAMENTE, adv. Con inhumanidad.

INHUMANIDAD, s. f. Crueldad, barbarie, falta de humanidad.

INHUMANÍSIMAMENTE, adv. sup. de INHUMANAMENTE.

INHUMANÍSIMO, MA, adj. sup. de INHUMANO.

INHUMANO, NA, adj. Falto de humanidad, bárbaro, cruel.

* INICIACION, s. f. Accion y efecto de iniciar.

INICIADO, p. p. de INICIARSE.

INICIAL, adj. Se aplica á la primera letra de alguna palabra, verso, capítulo, etc.

* INICIAR, v. a. Admitir á la participacion de ciertos misterios entre los antiguos gentiles.

INICIARSE, v. r. Recibir las primeras órdenes, ú órdenes menores.

INICIATIVO, VA, adj. Que da principio.

INICUAMENTE, adv. Con iniquidad.

INICUO, CUA, adj. Malvado, injusto.

INIESTA, s. f. ant. V. RETAMA.

INIGUAL, adj. ant. V. DESIGUAL.

INIGUALDAD, s. f. ant. V. DESIGUALDAD.

INIMAGINABLE, adj. Que no es imaginable.

INIMICICIA, s. f. ant. V. ENEMISTAD.

INIMICÍSIMO, MA, adj. sup. ant. V. ENEMIGUÍSIMO.

INIMITABLE, adj. Que no es imitable.

ININTELIGIBLE, adj. Que no es inteligible.

INIQUIDAD, s. f. Maldad, injusticia grande.

INIQUÍSIMAMENTE, adv. sup. de INICUAMENTE.

INIQUÍSIMO, MA, adj. sup. de INICUO.

INJURIA, s. f. Afrenta, agravio, ultrage. ‖ Hecho ó dicho contra razon y justicia. ‖ met. El daño ó incomodidad que causa alguna cosa.

INJURIADO, p. p. de INJURIAR.

INJURIADOR, s. m. y f. El que injuria.

INJURIAMIENTO, s. m. Accion y efecto de injuriar.

INJURIANTE, p. a. de INJURIAR, Que injuria.

INJURIAR, v. a. Agraviar, ultrajar, ofender con obras ó palabras.

INJURIOSAMENTE, adv. Con injuria.

INJURIOSO, SA, adj. Que injuria.

INJUSTAMENTE, adv. Con injusticia, sin razon.

INJUSTICIA, s. f. Accion contraria á la justicia.

INJUSTÍSIMAMENTE, adv. sup. de INJUSTAMENTE.

INJUSTÍSIMO, MA, adj. sup. de INJUSTO.

INJUSTO, TA, adj. Que no es justo.

INLEGIBLE, adj. Que no es legible ó es muy difícil de leer.

no originario de la India ó de las Indias, y que pertenece á ellas. || Que vuelve rico de allá. || INDIANO DE HILO NEGRO, fam. Avaro, miserable, mezquino.

INDICACION, s. f. Accion ó efecto de indicar.

INDICADO, p. p. de INDICAR.

INDICANTE, p. a. de INDICAR, Que indica.

INDICAR, v. a. Dar á entender ó significar alguna cosa con indicios y señales.

INDICATIVO, VA, adj. Que indica ó sirve para indicar. || *Gram.* El primer modo de cada verbo que indica ó demuestra sencillamente las cosas.

INDICCION, s. f. Convocacion ó llamamiento para alguna junta. || *Cron.* El periodo que se forma contando de quince en quince años.

ÍNDICE, s. m. V. INDICIO ó SEÑAL. || Lista ó enumeracion breve, y por órden, de libros, capítulos ó cosas notables. || La manecilla ó mostrador de los reloges. || V. DEDO. || ÍNDICE EXPURGATORIO, Catálogo de los libros que se prohiben ó se mandan corregir.

INDICIADOR, RA, s. m. y f. El que indicia.

INDICIAR, v. a. for. Descubrir algun reo por indicios. || V. INDICAR.

INDICIO, s. m. Accion ó señal que da á conocer lo que está oculto. || INDICIOS Ó SOSPECHAS VEHEMENTES, for. Aquellos que mueven de tal modo á creer reo de algun delito á alguno, que ellos solo equivalen á semiplena probanza.

ÍNDICO, CA, adj. Que pertenece á la India ó natural de ella.

ÍNDICO, s. m. V. AÑIL.

INDIESTRO, TRA, adj. ant. Que no es diestro, ni hábil.

INDIFERENCIA, s. f. Estado ó disposicion del ánimo que no se inclina mas á una parte que á otra.

INDIFERENTE, adj. Que por sí no está determinado á una cosa mas que á otra. || Que no importa que sea ó se haga de una ó de otra forma.

INDIFERENTEMENTE, adv. Indistintamente, sin diferencia.

INDÍGENA, adj. y s. Natural del pais, provincia ó lugar de que se trata.

INDIGENCIA, s. f. Falta de lo necesario.

INDIGENTE, adj. Falto de lo necesario.

* INDIGERIDO, DA, adj. ant. V. INDIGESTO.

INDIGESTIBLE, adj. Que no se puede ó no es fácil de digerir.

INDIGESTION, s. f. Falta de digestion.

INDIGESTO, TA, adj. Que no se digiere ó que se digiere con dificultad. || met. Confuso sin el órden y distincion que le corresponde. || Duro, áspero en el trato.

INDIGNACION, s. f. Enojo, ira, enfado contra alguno.

INDIGNADÍSIMO, MA, adj. sup. de INDIGNADO.

INDIGNADO, p. p. de INDIGNAR.

INDIGNAMENTE, adv. Con indignidad.

INDIGNANTE, p. a. de INDIGNAR, Que se indigna ó indigna.

INDIGNAR, v. a. Irritar, enfadar.

INDIGNIDAD, s. f. Falta de mérito y de disposicion para alguna cosa. || Accion impropia de las circunstancias del sugeto que la egecuta, ó inferior á la calidad del sugeto con quien se trata. || ant. V. INDIGNACION.

INDIGNÍSIMAMENTE, adv. sup. de INDIGNAMENTE.

INDIGNÍSIMO, MA, adj. sup. de INDIGNO.

INDIGNO, NA, adj. Que no tiene mérito ni disposicion para alguna cosa. || Que no corresponde á las circunstancias de algun sugeto, ó inferior á la calidad y mérito de la persona con quien se trata.

* INDIGO, s. m. V. AÑIL.

INDIJADO, DA, adj. ant. Adornado con dijes.

INDILIGENCIA, s. f. Falta de diligencia y de cuidado.

INDIO, DIA, adj. y s. El natural y originario de las Indias. || De color azul. || INDIO DE CARGA, El que en las Indias conducia sobre sí de una parte á otra las cargas. || SOMOS INDIOS, Expr. fam. con que se reconviene á alguno cuando quiere engañar, ó cree no le entienden lo que dice.

INDIRECTA, s. f. Medio ó proposicion de que se usa para hacer ó decir alguna cosa distinta de lo que á primera vista se manifiesta. || INDIRECTA DEL PADRE COBOS, fam. El medio ó proposicion con que claramente se pide alguna cosa ó se dice á otro lo que le es desagradable.

INDIRECTAMENTE, adv. De un modo indirecto.

INDIRECTO, TA, adj. Que no va rectamente á algun fin.

bienes raices en contraposicion de los bienes muebles.

INMUNDICIA, s. f. Suciedad, basura, porquería. || met. Impureza.

INMUNDÍSIMO, MA, adj. sup. de INMUNDO.

INMUNDO, DA, adj. Sucio y asqueroso. || INMUNDO, cuyo uso estaba prohibido á los judíos por la ley.

INMUNE, adj. Libre, exento. || Que goza del privilegio de inmunidad.

INMUNIDAD, s. f. Libertad y exencion de ciertos oficios y cargos personales. || Seguridad ó privilegio concedido á alguno que le hace seguro. || Privilegio local concedido á las iglesias para que los delincuentes que se acogen á ellas no sean castigados con pena corporal en ciertos casos.

INMUTABILIDAD, s. f. Calidad de lo que es inmutable.

INMUTABLE, adj. Que no es mudable.

INMUTACION, s. f. Accion y efecto de inmutar ó inmutarse.

INMUTADO, p. p. de INMUTAR.

INMUTAR, v. a. Alterar variar. || met. Causar alguna alteracion y mudanza en el cuerpo, en el semblante ó en el ánimo.

INMUTATIVO, VA, adj. Que inmuta ó tiene virtud de inmutar.

INNACIBLE, adj. ant. Que no puede nacer de otro.

INNACIENTE, adj. ant. Que no nace de otro.

INNATO, TA, adj. Connatural y como nacido con el mismo sugeto.

INNAVEGABLE, adj. Que no es navegable || Dícese de las embarcaciones en que no se puede navegar.

INNECESARIO, RIA, adj. Que no es necesario.

INNEGABLE, adj. Que no se puede negar.

INNOBLE, adj. Que no es noble.

INNOCUO, UA, adj. Que no hace daño.

INNOMINADO, DA, adj. for. Que no tiene nombre.

INNOVACION, s. f. Accion y efecto de innovar.

INNOVADO, p. p. de INNOVAR.

INNOVADOR, RA, s. m. y f. El que innova.

INNOVAMIENTO, s. m. ant. V. INNOVACION.

INNOVAR, v. a. Mudar ó alterar las cosas introduciendo novedades. || ant. V. RENOVAR.

INNUMERABILIDAD, s. f. Muchedumbre grande y excesiva.

INNUMERABLE, adj. Que no puede ó es muy difícil de numerarse.

INNUMERABLEMENTE, adv. Sin número.

INNÚMERO, RA, adj. ant. V. INNUMERABLE.

* INNUPTO, TA, adj. Que no está casado.

INOBEDIENCIA, s. f. Falta de obediencia.

INOBEDIENTE, adj. Que no es obediente.

INOBSERVABLE, adj. Que no puede observarse.

INOBSERVANCIA, s. f. Falta de observancia.

INOBSERVANTE, adj. Que no es observante.

INOCENCIA, s. f. Estado y calidad del alma que carece de culpa. || Estado del que se halla inocente y libre del delito que se le imputa. || Simplicidad, sencillez.

INOCENTADA, s. f. fam. Accion ó palabra sencilla ó simple.

INOCENTE, adj. y s. Libre de culpa. || Que pertenece á la persona inocente. || Cándido, sin malicia, fácil de engañar. || Que no daña, ó que no es nocivo. || Dícese del niño que no ha llegado á la edad de discrecion.

INOCENTEMENTE, adv. Con inocencia.

INOCENTICO, CA, LLO, LLA, TO, TA, adj. d. de INOCENTE.

INOCENTÍSIMAMENTE, adv. sup. de INOCENTEMENTE.

INOCENTÍSIMO, MA, adj. sup. de INOCENTE.

INOCULACION, s. f. Accion de inocular.

INOCULADO, p. p. de INOCULAR.

INOCULADOR, s. m. El que inocula.

INOCULAR, v. a. *Med.* Ingerir las viruelas introduciendo el pus por medio de la lanceta.

* INOCULISTA, s. m. Partidario de la inoculacion.

INOFENSO, SA, adj ant. V. ILESO.

* INOFICIOSIDAD, s. f. Cualidad de lo inoficioso.

INOFICIOSO, SA, adj. for. Que se hace fuera de tiempo contra lo que mandan las leyes.

* INOPE, adj. p. u. Pobre.

INOPIA, s. f. ant. Indigencia, pobreza, escasez.

INOPINABLE, adj. Que no es opinable. || ant. Que no se puede ofrecer á la imaginacion, ó no se puede pensar que suceda.

INOPINADAMENTE, adv. De un modo inopinado.

INOPINADO, DA, adj. Que sucede sin pensar ó sin esperarse.

INOPORTUNO, NA, adj. Que se dice ó hace fuera del tiempo conveniente.

INORDENADAMENTE, adv. De un modo inordenado.

INORDENADO, DA, adj. Que no tiene órden, que está desordenado.

INORDINADO, DA, adj. V. INORDENADO.

IN PRONTU, adv. ant. Á la mano.

IN-PURIBUS, adv. fam. p. u. Dícese de una persona á quien no le queda nada.

INQUIETACION, s. f. ant. V. INQUIETUD.

INQUIETADO, p. p. de INQUIETAR.

INQUIETADOR, RA, s. m. y f. El que inquieta.

INQUIETAMENTE, adv. Con inquietud.

INQUIETAR, v. a. Quitar el sosiego, turbar la quietud. || for. Intentar despojar á uno de la quieta y pacífica posesion de alguna cosa, ó perturbarle en ella.

INQUIETÍSIMAMENTE, adv. sup. de INQUIETAMENTE.

INQUIETÍSIMO, MA, adj. sup. de INQUIETO.

INQUIETO, TA, adj. Que no está quieto. || met. Que está desasosegado por alguna agitacion del ánimo. || met. Se dice de aquellas cosas en que no se ha tenido quietud, aplicando el efecto á la causa de él.

INQUIETUD, s. f. Falta de quietud, desasosiego, y tambien alboroto, conmocion.

INQUILINATO, s. m. for. Derecho que adquiere el inquilino en la casa arrendada.

INQUILINO, NA, s. m. y f. El que ha tomado una casa en alquiler para habitarla. || for. V. ARRENDATARIO.

INQUINA, s. f. fam. Aversion, mala voluntad.

INQUINADO, DA, adj. Infestado ó inficionado.

INQUINAMENTO, s. m. ant. Infeccion.

INQUINAR, v. a. Manchar, contagiar.

INQUIRIDO, p. p. de INQUIRIR.

INQUIRIDOR, RA, s. m. y f. El que inquiere.

INQUIRIR, v. a. Indagar, averiguar ó examinar cuidadosamente.

INQUISICION, s. f. Accion y efecto de inquirir. || Tribunal eclesiástico establecido para inquirir y castigar los delitos contra la fe. || La casa donde se junta el tribunal de la inquisicion, y su cárcel. || HACER INQUISICION, met. y fam. Examinar los papeles, y separar los inútiles para quemarlos.

INQUISIDOR, RA, s. m. y f. V. INQUIRIDOR. || Juez eclesiástico que conoce de las causas de fe. || ant. V. PESQUISIDOR. || *Ar.* Cada uno de los jueces nombrados para hacer inquisicion de la impericia, negligencia, dolo, corrupcion, etc. del vicecanciller, regente de la chancillería, asesor del gobernador y de los oidores. || INQUISIDOR APOSTÓLICO, El nombrado por el inquisidor general para entender en los negocios pertenecientes á la inquisicion. || INQUISIDOR DE ESTADO, En la república de Venecia cada uno de los tres nobles elegidos del consejo de los diez, que estan diputados para inquirir los crímenes de estado. || INQUISIDOR GENERAL, El supremo inquisidor. || INQUISIDOR ORDINARIO, El obispo ó el que en su nombre asiste á sentenciar en definitiva las causas de los reos de fe.

INQUISITIVO, VA, adj. ant. Que inquiere y averigua con cuidado y diligencia las cosas ó es inclinado á esto.

INRAZONABLE, adj. ant. V. IRRACIONAL.

INREMUNERADO, DA, adj. ant. Que se queda sin remuneracion.

INSABIBLE, adj. ant. Que no se puede saber ó es inaveriguable.

INSACIABILIDAD, s. f. Calidad de lo que es insaciable.

INSACIABLE, adj. Que no se puede saciar.

INSACIABLEMENTE, adv. Con insaciabilidad.

INSACULACION, s. f. for. Accion y efecto de insacular.

INSACULADO, p. p. de INSACULAR.

INSACULADOR, s. m. for. El que insacula.

INSACULAR, v. a. for. Poner en el saco, cántaro ó pliego el nombre de las personas señaladas para los oficios públicos.

INSALUBRE, adj. Mal sano ó dañoso á la salud.

* **INSALUBRIDAD**, s. f. Calidad de lo que es dañoso á la salud.

INSANABLE, adj. Que no se puede sanar ó es incurable.

INSANIA, s. f. V. LOCURA.

INSANO, NA, adj. Loco, demente.

INSCRIBIR, v. a. Grabar letreros en metal ó en piedra para conservar la memoria de algun sugeto ó hecho memorable. ‖ *Geom.* Formar una figura dentro de otra de suerte que todos los ángulos de la inscripta toquen á los lados de aquella en que se inscribe.

INSCRIPCION, s. f. Letrero grabado en metal ó piedra para conservar la memoria de algun sugeto ó suceso.

INSCRIPTO, p. p. irreg. de INSCRIBIR.

INSCRUTABLE, adj. ant. V. INESCRUTABLE.

INSCULPIDO, p. p. de INSCULPIR.

INSCULPIR, v. a. V. ESCULPIR.

INSECABLE, adj. ant. Que no puede ó es muy difícil de secarse.

* **INSECCION**, s. f. Cortadura.

INSECTIL, adj. ant. Que pertenece á la clase de los insectos.

INSECTO, s. m. Nombre que se da á los animales de una clase que comprende sola mas individuos que todas las otras juntas.

INSENESCENCIA, s. f. Calidad de lo que no se envejece.

INSENSATEZ, s. f. Necedad, falta de sentido ó de razon.

INSENSATO, TA, adj. Tonto, fátuo, sin sentido.

INSENSIBILIDAD, s. f. Falta de sensibilidad. ‖ met. Dureza de corazon ó falta de sentimiento.

INSENSIBLE, adj. Que carece de facultad sensitiva ó que no tiene sentido. ‖ Privado de sentido. ‖ V. IMPERCEPTIBLE. ‖ met. Que no siente las cosas que causan dolor y pena ó mueven á lástima.

INSENSIBLEMENTE, adv. De un modo insensible.

INSEPARABILIDAD, s. f. Calidad de lo que es inseparable.

INSEPARABLE, adj. Que no se puede separar.

INSEPARABLEMENTE, adv. Con inseparabilidad.

INSEPULTADO, DA, adj. ant. V. INSEPULTO.

INSEPULTO, TA, adj. Que no está sepultado.

INSERCION, s. f. Accion y efecto de insertar.

INSERIDO, p. p. de INSERIR.

INSERIR, v. a. ant. V. INSERTAR. ‖ ant. Ingerir, ingertar. ‖ ant. met. Plantar ó sembrar.

INSERTADO, p. p. de INSERTAR.

INSERTAR, v. a. Incluir, introducir una cosa en otra.

INSERTO, p. p. irreg. de INSERTAR. ‖ INSERTO, TA, adj. ant. V. INCIERTO.

INSERVIBLE, adj. Que no es servible ó no está en estado de servir.

INSIDIA, s. f. ant. V. ASECHANZA.

INSIDIADO, p. p. de INSIDIAR.

INSIDIADOR, RA, s. m. y f. El que insidia.

INSIDIAR, v. a. Poner asechanzas.

INSIDIOSAMENTE, adv. Con insidias.

INSIDIOSO, SA, adj. El que arma asechanzas. ‖ Que se hace con asechanzas.

INSIGNE, adj. Célebre, famoso.

INSIGNEMENTE, adv. De un modo insigne.

INSIGNIA, s. f. Señal, distintivo ó divisa honorífica. ‖ Bandera ó estandarte.

INSIGNIDO, DA, adj. ant. Distinguido, adornado.

* **INSIGNIFICACION**, s. f. Insignificado, ninguna significacion.

* **INSIGNIFICADO, DA**, adj. Que nada significa.

INSIGNÍSIMO, MA, adj. sup. de INSIGNE.

INSIMULADO, p. p. de INSIMULAR.

INSIMULAR, v. a. ant. Acusar ó delatar de algun delito.

INSINUACION, s. f. Accion y efecto de insinuar. ‖ for. Presentacion instrumento público ante juez competente para que este interponga en él su autoridad y decreto judicial. ‖ *Ret.* Una de las especies de exordio de que se vale el orador.

INSINUADO, p. p. de INSINUAR.

INSINUAR, v. a. Tocar ligeramente y de paso alguna especie ó noticia, apuntarla. ‖ Indicar la voluntad ó deseo de alguna cosa.

INSINUARSE, v. r. Introducirse mañosamente en el ánimo de alguno, ganando su gracia. ‖ met. Introducirse blanda y suavemente en el ánimo algun afecto, vicio ó virtud, etc.

* **INSÍPIDAMENTE**, adv. De un modo insípido.

INSIPIDEZ, s. f. Calidad de lo insípido.

INSIPIDÍSIMO, MA, adj. sup. de INSÍPIDO.

INSÍPIDO, DA, adj. Desabrido ó

que no tiene sabor ni sazon. || met. Que no tiene espíritu, viveza, gracia ni sal.

INSIPIENCIA, s. f. Falta de sabiduría ó ciencia.

INSIPIENTE, adj. Falto de sabiduría ó ciencia.

INSIPIENTÍSIMO, MA, adj. sup. de INSIPIENTE.

INSISTENCIA, s. f. Permanencia, continuacion y porfía acerca de alguna cosa.

INSISTIDO, p. de INSISTIR.

INSISTIR, v. n. Instar porfiadamente, persistir ó mantenerse firme.

ÍNSITO, TA, adj. Propio y connatural á alguna cosa y como nacido en ella.

INSOCIABILIDAD, s. f. Falta de sociabilidad.

INSOCIABLE, adj. Huraño intratable é incómodo en la sociedad.

INSOLACION, s. f. Enfermedad causada en la cabeza por el excesivo ardor del sol.

INSOLADO, p. p. de INSOLAR.

INSOLAR, v. a. Poner alguna cosa al sol para facilitar su fermentacion ó secar.

INSOLARSE, v. r. Asolearse, enfermar por el demasiado ardor del sol.

INSOLDABLE, adj. Que no se puede soldar. || met. Se aplica al yerro ú accion que no se puede enmendar ó corregir.

* INSOLEARSE, v. r. V. ASOLEARSE.

INSOLENCIA, s. f. Accion desacostumbrada y temeraria. || Atrevimiento, descaro.

INSOLENTADO, p. p. de INSOLENTAR.

INSOLENTAR, v. a. Hacer insolente atrevido.

INSOLENTE, adj. y s. Que comete insolencias. || Orgulloso, soberbio, desvergonzado. || ant. Raro, desusado y extraño.

INSOLENTEMENTE, adv. Con insolencia.

INSOLENTÍSIMO, MA, adj. sup. de INSOLENTE.

INSOLIDUM, adv. for. Por entero, por el todo.

INSÓLITO, TA, adj. Que no es comun y ordinario.

* INSOLUBILIDAD, s. f. Cualidad de lo que es insoluble.

INSOLUBLE, adj. ant. V. INDISOLUBLE. || Que no se puede pagar.

* INSOLUTUNDACION, s. f. *For.* Entrega de un efecto en pago de un crédito sin garantía.

INSOLVENCIA, s. f. Incapacidad de pagar alguna deuda.

INSOLVENTE, adj. Que no tiene con que pagar.

INSOMNE, adj. Que no duerme ó está desvelado.

INSOMNIO, s. m. Vigilia, desvelo.

INSONDABLE, adj. Que no se puede sondear. || met. Que no se puede averiguar, sondear ó saber á fondo.

INSOPORTABLE, adj. Que no es soportable. || met. Muy incómodo, molesto y enfadoso.

* INSOSTENIBLE, adj. Que no se puede sostener ó defender.

INSPECCION, s. f. Accion y efecto de reconocer ó examinar atentamente. || Cargo y cuidado de velar sobre alguna cosa. || La casa ú oficina del inspector.

INSPECCIONAR, v. a. Examinar, reconocer.

INSPECTOR, RA, s. m. y f. El que reconoce y examina. || Gefe militar encargado de velar sobre la conservacion y buena disciplina de los cuerpos.

INSPIRACION, s. f. Accion de atraer el aire é introducirle en los pulmones. || met. Ilustracion ó movimiento sobrenatural que Dios comunica á la criatura.

INSPIRADO, p. p. de INSPIRAR.

INSPIRADOR, RA, s. m. y f. El que inspira.

INSPIRANTE, p. a. de INSPIRAR, Que inspira.

INSPIRAR, v. a. Atraer el aire externo al pulmon por la dilatacion del pecho. || Infundir en otro alguna cosa, como aliento, espíritu, valor. || ant. Hacer aire con alguna cosa. || met. Iluminar Dios el entendimiento de alguno, ó excitar y mover su voluntad.

INSPIRAR, v. n. *Poet.* Soplar ó ventear.

INSPIRATIVO, VA, adj. Que tiene virtud de inspirar.

INSTABILIDAD, s. f. Falta de estabilidad.

INSTABLE, adj. Que no es estable.

INSTADO, p. p. de INSTAR.

INSTALACION, s. f. for. Accion y efecto de instalar.

INSTALADO, p. p. de INSTALAR.

INSTALAR, v. a. for. Poner en posesion de un empleo, cargo ó beneficio.

INSTANCIA, s. f. Accion de instar. || for. El egercicio de la accion ó juicio despues de la contestacion hasta la sentencia definitiva. || Impugnacion de alguna respuesta dada á un argumento. || DE

PRIMERA INSTANCIA, Al primer ímpetu, de un golpe. || DE PRIMERA INSTANCIA, Primeramente, en primer lugar, por la primera vez. || ABSOLVER DE LA INSTANCIA, for. Absolver al reo de la acusacion ó demanda que se le ha puesto cuando no hay méritos para darle por libre ni para condenarle. || CAUSAR INSTANCIA, for. Seguir juicio formal sobre una cosa por el término y con las solemnidades establecidas por las leyes.

INSTANTANEAMENTE, adv. ant. En un instante, luego, al punto.

INSTANTANEIDAD, s. f. Existencia instantánea.

INSTANTÁNEO, EA, adj. Que solo dura un instante.

INSTANTE, p. a. de INSTAR, Que insta.

INSTANTE, s. m. La parte mas breve en que se divide el tiempo. || AL INSTANTE, Luego al punto, sin dilacion. || CADA INSTANTE, Frecuentemente, á cada paso. || EN UN INSTANTE, Brevísimamente ó prontísimamente. || POR INSTANTES, Sin cesar, continuamente, sin intermision.

INSTANTEMENTE, adv. Con instancia. || adv. t. ant. V. INSTANTANEAMENTE.

INSTANTÍSIMAMENTE, adv. sup. de INSTANTEMENTE.

INSTAR, v. a. Repetir la súplica ó peticion, ó insistir en ella con ahinco. || Impugnar la solucion dada al argumento.

INSTAR, v. n. Apretar ó urgir la pronta egecucion.

INSTAURACION, s. f. Accion y efecto de instaurar.

INSTAURADO, p. p. d. de INSTAURAR.

INSTAURAR, v. a. Renovar, restablecer ó restaurar.

INSTAURATIVO, VA, adj. y s. Que tiene virtud de instaurar.

INSTIGACION, s. f. Accion y efecto de instigar.

INSTIGADO, p. p. de INSTIGAR.

INSTIGADOR, RA, s. m. y f. El que instiga.

INSTIGAR, v. a. Incitar, provocar ó inducir.

INSTILACION, s. f. Accion y efecto de instilar. || ant. Destilacion ó fluxion.

INSTILADO, p. p. de INSTILAR.

INSTILAR, v. a. Echar poco á poco, gota á gota algun licor. || met. Infundir ó introducir insensiblemente en el ánimo.

INSTINTO, s. m. El sentimiento y sagacidad natural de los animales. || Impulso ó movimiento del Espíritu Santo hablando de inspiraciones sobrenaturales. || ant. Instigacion ó sugestion.

INSTITOR, s. m. for. FACTOR entre comerciantes.

INSTITUCION, s. f. Establecimiento, fundacion. || Instruccion, educacion, enseñanza. || INSTITUCION CANÓNICA, El acto de conferir canónicamente algun beneficio. || INSTITUCION CORPORAL, El acto de poner á uno en posesion de algun beneficio. || INSTITUCION DE HEREDERO, Nombramiento que en el testamento se hace de la persona que ha de heredar. || INSTITUCIONES, pl. Coleccion metódica de los principios ó elementos de alguna ciencia ó arte, etc.

INSTITUENTE, p. a. de INSTITUIR, V. INSTITUYENTE.

INSTITUIDO, p. p. de INSTITUIR.

INSTITUIDOR, RA, s. m. y f. El que instituye.

INSTITUIR, v. a. V. FUNDAR, en la acepcion de erigir. || Establecer de nuevo, dar principio. || Enseñar ó instruir. || ant. Determinar, resolver.

INSTITUTA, s. f. Compendio del derecho civil de los Romanos.

INSTITUTO, s. m. Establecimiento ó regla que prescribe cierta forma y método de vida. || Intento, objeto y fin.

INSTITUTOR, RA, s. m. y f. V. INSTITUIDOR.

INSTITUYENTE, p. a. de INSTITUIR, Que instituye.

INSTRIDENTE, adj. ant. Que da chasquidos ó estallidos.

INSTRUCCION, s. f. ant. Accion y efecto de instruir.

INSTRUCTIVAMENTE, adv. Para instruccion.

INSTRUCTIVO, VA, adj. Que instruye ó sirve para instruir.

INSTRUCTO, p. p. irreg. ant. de INSTRUIR.

INSTRUCTOR, RA, s. m. y f. El que instruye.

INSTRUIDO, p. p. de INSTRUIR.

INSTRUIDOR, RA, s. m. y f. ant. V. INSTRUCTOR.

INSTRUIR, v. a. Enseñar, doctrinar. || Dar á conocer á uno el estado de alguna cosa ó informarle de ella. || for. Formalizar un proceso ó expediente conforme á las reglas de derecho y prácticas recibidas.

INSTRUMENTAL, adj. Que pertenece á instrumentos. || for. Perteneciente á los instrumentos ó escrituras públicas. || CAUSA INSTRUMENTAL, *Filos.* La que sirve de instrumento.

INSTRUMENTALMENTE, adv. Como instrumento.

INSTRUMENTISTA, s. m. El músico de instrumento.

INSTRUMENTO, s. m. Cualquiera de las herramientas y máquinas de que se sirven los artífices. || Ingenio ó máquina. || Aquello de que nos servimos para hacer alguna cosa. || Escritura, papel ó documento con que se justifica alguna cosa. || *Mús.* Toda máquina ó artificio hecho para producir sonidos armónicos. || met. Lo que sirve de medio para hacer alguna cosa ó conseguir algun fin. || INSTRUMENTO DE CANTO, *Mús.* ant. INSTRUMENTO MÚSICO. || INSTRUMENTO DE VIENTO, Los instrumentos músicos que se tocan á favor del aire respirado ó del aliento. || INSTRUMENTOS PNEUMATICOS, Los instrumentos músicos que animados con el viento causan la variedad de sones que experimentamos, como el clarin, pífano militar, etc. || ACORDAR LOS INSTRUMENTOS MÚSICOS Ó LAS VOCES, Templarlos segun arte para que entre sí no disuenen. || HACER HABLAR Á ALGUN INSTRUMENTO, Tocarle con mucha expresion y destreza.

INSUAVE, adj. Desapacible á los sentidos.

INSUBSISTENCIA, s. f. Falta de subsistencia.

INSUBSISTENTE, adj. Que no es subsistente. || Falto de fundamento ó razon.

INSUDADO, p. p. de INSUDAR.

INSUDAR, v. n. r. Afanarse ó poner mucho trabajo, cuidado y diligencia.

INSUFICIENCIA, s. f. Falta de suficiencia.

INSUFICIENTE, adj. Que no es suficiente.

INSUFLADO, p. p. de INSUFLAR.

INSUFLAR, v. a. ant. Soplar.

INSUFRIBLE, adj. Que no es sufrible.

INSUFRIBLEMENTE, adv. De un modo insufrible.

INSUFRIDERO, RA, adj. V. INSUFRIBLE.

ÍNSULA, s. f. ant. V. ISLA.

INSULANO, NA, adj. ant. V. ISLEÑO.

INSULAR, adj. V. ISLEÑO.

INSULSAMENTE, adv. Con insulsez.

INSULSEZ, s. f. Calidad de lo insulso.

INSULSÍSIMAMENTE, adv. sup. de INSULSAMENTE.

INSULSÍSIMO, MA, adj. sup. de INSULSO.

INSULSO, SA, adj. Insípido, zonzo ó falto de sabor. || met. Falto de gracia y viveza.

INSULTADO, p. p. de INSULTAR.

INSULTADOR, RA, s. m. y f. El que insulta.

INSULTANTE, p. p. de INSULTAR, Que insulta.

INSULTAR, v. a. Ofender provocando, irritando.

INSULTARSE, v. r. *Med.* V. ACCIDENTARSE.

INSULTO, s. m. Accion y efecto de insultar. || Acometimiento ó asalto repentino y violento. || ACCIDENTE, en la accepcion de enfermedad ó indisposicion repentina.

INSUME, adj. ant. V. COSTOSO.

INSUPERABLE, adj. Que no es superable.

INSUPERABLE, adj. Que no se puede supurar.

INSURGENTE, adj. y s. El levantado ó sublevado.

INSURGIR, v. n. ant. V. ALZARSE.

INSURRECCION, s. f. Levantamiento, sublevacion, rebelion.

INSUSTANCIAL, adj. Que es de poca ó ninguna sustancia ó valor.

INTACTO, TA, adj. Que no ha sido tocado ó palpado. || Que no se ha tocado ó de que no se ha hablado. || Que no ha padecido menoscabo ó deterioracion, puro, sin mezcla.

INTANGIBLE, adj. Que no debe tocarse.

INTÉGERRIMO, MA, adj. sup. de ÍNTEGRO.

* INTEGRACION, s. f. *Mat.* Accion de hallar la integral.

INTEGRAL, adj. *Fil.* Se aplica á las partes que entran en la composicion de un todo.

INTEGRALMENTE, adv. De un modo integral.

ÍNTEGRAMENTE, adv. V. ENTERAMENTE.

INTEGRANTE, p. a. de INTEGRAR, Que integra.

INTEGRAR, v. a. Dar integridad, componer un todo de sus partes integrantes. || ant. REINTEGRAR.

INTEGRIDAD, s. f. Perfeccion que constituye las cosas en el estado completo que deben tener. || met. Calidad de una persona íntegra, desinteresada y virtuosa. || Pureza de las vírgenes.

ÍNTEGRO, GRA, adj. Dícese de aquello á que no falta ninguna de sus partes. || met. Desinteresado, recto.

INTEGUMENTO, s. m. ant. Envoltura ó cobertura. || ant. Disfraz, ficcion, fábula.

INTELECCION, s. f. Accion y efecto de entender.

INTELECTIVO, VA, adj. Que tiene virtud de entender. En la terminacion femenina, la facultad de entender.

INTELECTO, s. m. ant. V. ENTENDIMIENTO.

INTELECTUAL, adj. Que pertenece al entendimiento. || ESPIRITUAL, ó sin cuerpo. || ant. Dedicado al estudio y meditacion.

INTELECTUALIDAD, s. f. ant. V. ENTENDIMIENTO, en la accepcion de potencia.

INTELECTUALMENTE, adv. De un modo intelectual.

INTELIGENCIA, s. f. Facultad intelectiva. || Conocimiento, comprension, el acto de entender. || Sentido en que se puede tomar una sentencia, dicho ó expresion. || Habilidad, destreza y experiencia. || Trato y correspondencia secreta. || Sustancia puramente espiritual. || EN INTELIGENCIA, En el concepto, en el supuesto ó en la suposicion.

INTELIGENCIADO, DA, adj. Enterado, informado, instruido.

INTELIGENTE, adj. Sabio, perito, instruido. || Dotado de facultad intelectiva.

INTELIGIBLE, adj. Que es fácil de entenderse. || Que se oye clara y distintamente. || *Filos.* Que solo existe en nuestro entendimiento.

INTELIGIBLEMENTE, adv. De un modo inteligible.

INTEMPERADAMENTE, adv. ant. Sin templanza.

INTEMPERADO, DA, adj. ant. DESTEMPLADO ó falto de templanza.

INTEMPERANCIA, s. f. Falta de templanza.

INTEMPERANTE, adj. DESTEMPLADO ó falto de templanza.

INTEMPERATURA, s. f. ant. V. INTEMPERIE.

INTEMPERIE, s. f. Destemplanza ó desigualdad del tiempo ó de los humores del cuerpo humano.

INTEMPESTA, adj. *Poét.* Se aplica á la noche muy entrada.

INTEMPESTIVAMENTE, adv. De un modo intempestivo.

INTEMPESTIVO, VA, adj. Fuera de tiempo y sazon.

INTENCION, s. f. Determinacion de voluntad. || met. El especial instinto con que algunos animales aguardan ocasion para hacer daño. || DAR INTENCION, ant. DAR ESPERANZA. || FUNDAR O TENER FUNDADA INTENCION CONTRA ALGUNO, for. Asistir ó favorecer á uno el derecho comun para egercer alguna facultad ó continuar en alguna costumbre, uso y egercicio de cualquier derecho sin necesidad de probarle. || PRIMERA INTENCION, fam. Modo de proceder claro y sin solapa. || SEGUNDA INTENCION, fam. Modo de proceder doble y solapado.

INTENCIONADAMENTE, adv. Con intencion.

INTENCIONADO, DA, adj. Que tiene alguna intencion.

INTENCIONAL, adj. Que pertenece á los actos interiores del alma.

INTENCIONALMENTE, adv. De un modo intencional.

INTENDENCIA, s. f. La direccion, cuidado y gobierno. || El distrito á que se extiende la jurisdiccion del intendente. || Empleo y oficio de intendente. || Casa, ú oficina del intendente.

INTENDENTA, s. f. La muger del intendente.

INTENDENTE, s. m. El primer gefe y director de la hacienda pública en una provincia. Suele darse el mismo título á otros gefes. || INTENDENTE DE EGÉRCITO, El que dirige la distribucion de los fondos entre los cuerpos del egército. || INTENDENTE DE EGÉRCITO EN CAMPAÑA, El que aunque no esté destinado á provincia alguna preside en el egército á la distribucion de los fondos y abastecimiento de lo necesario.

INTENDER, v. a. ant V. ENTENDER.

INTENSAMENTE, adv. Con intension.

INTENSION, s. f. Actividad y fuerza de las calidades de los cuerpos naturales. || Vehemencia de las operaciones y afectos del ánimo.

INTENSÍSIMAMENTE, adv. sup. de INTENSAMENTE.

INTENSÍSIMO, MA, adj. sup. de INTENSO.

INTENSIVO, VA, adj. V. INTENSO.

INTENSO, SA, adj. Que tiene intension. || met. Que es muy vehemente y violento.

INTENTADO, p. p. de INTENTAR.

INTENTAR, v. a. Tener ánimo de hacer alguna cosa. || Procurar ó pretender. || for. Proponer, deducir el actor su accion en juicio.

INTENTO, TA, adj. ant V. ATENTO.

INTENTO, s. m. Propósito, intencion, designio. || La cosa intentada.

INTENTONA, s. f. fam. Intento temerario ó arduo.

INTER, adv. ant. V. INTERIN.

INTERCADENCIA, s. f. Desigualdad defectuosa en la conducta ó en el estilo. || *Medic.* Desigualdad de las pulsaciones. || met. Inconstancia en los afectos.

INTERCADENTE, adj. Que tiene intercadencias.

INTERCADENTEMENTE, adv. Con intercadencia.

INTERCALACION, s. f. *Cron.* Accion y efecto de intercalar.

INTERCALADO, p. p. de INTERCALAR.

INTERCALAR, v. a. Interponer ó poner una cosa entre otras.

INTERCALAR, adj. Que se ha puesto, ingerido y añadido á otra cosa.

INTERCEDER, v. n. Rogar ó mediar por otro. || Interponerse ó mediar una cosa entre otras.

INTERCEPTADO, p. p. de INTERCEPTAR.

INTERCEPTAR, v. a. Apoderarse de alguna cosa ántes que llegue al fin á que se destinaba.

INTERCESION, s. f. Accion y efecto de interceder.

INTERCESOR, RA, s. m. y f. El que intercede.

INTERCESORIAMENTE, adv. ant. Con ó por intercesion.

* INTERCESORIO, RIA, adj. Que intercede.

INTERCISO, SA, adj. Se aplica al dia en que por la mañana es fiesta, y por la tarde se puede trabajar.

INTERCLUSION, s. f. ant. Acto de encerrar una cosa entre otras.

INTERCOLUNIO, s. m. El espacio que hay entre dos columnas.

INTERCOSTAL, adj. *Anat.* Que está entre las costillas.

INTERCUTÁNEO, NEA, adj. Entre cuero y carne.

INTERDECIR, v. a. ant. Vedar ó prohibir.

INTERDICCION, s. f. Accion y efecto de interdecir.

INTERES, s. m. Provecho, utilidad, ganancia. || El valor que en sí tiene alguna cosa. || *Poét.* La parte que toma el lector ú oyente en los afectos que suscita la lectura ó representacion de un poema. || INTERESES Á PROPORCION, Cuenta usada en la cantaduría mayor. || INTERES Á PRORATA, Cuenta usada en la contaduría mayor.

INTERESABLE, adj. ant. Interesado, codicioso.

INTERESADAMENTE, adv. De una manera interesada.

INTERESADÍSIMO, MA, adj. sup. de INTERESADO.

INTERESADO, p. p. de INTERESAR. || INTERESADO, DA, adj. y s. Que tiene interes en alguna cosa. || El que se deja llevar demasiadamente del interes, ó solo se mueve por él.

INTERESAL, adj. ant. V. INTERESABLE.

* INTERESALIDAD, s. f. Cualidad que hace interesante.

INTERESANTE, adj. Que interesa.

INTERESAR, v. n. Tener interes en una cosa ó sacar utilidad de ella.

INTERESAR, v. a. Dar parte á uno en alguna negociacion ó comercio en que pueda tener interes. || Hacer tomar parte ó empeño á alguno en los negocios ó intereses agenos como si fuesen propios. || *Poét.* Mover un poema leido ó representado á los oyentes y lectores.

INTERESE, s. m. ant. V. INTERES.

INTERESENCIA, s. f. Asistencia personal á algun acto ó funcion.

INTERESENTE, adj. Que asiste á los actos de comunidad para poder percibir alguna distribucion.

INTERESILLO, s. m. d. de INTERES.

INTERIN, s. m. V. INTERINIDAD. || adv. Entretanto ó miéntras.

INTERINACION, s. f. for. ant. V. INTERINAMIENTO.

INTERINADO, p. p. de INTERINAR.

INTERINAMENTE, adv. Con interinidad ó en el interin.

INTERINAMENTO, s. m. for. ant. La accion y efecto de interinar.

INTERINAR, v. a. for. ant. Aprobar, ratificar ó confirmar jurídicamente.

INTERINARIO, RIA, adj. ant. V. INTERINO.

INTERINIDAD, s. f. Calidad de lo que es interino.

INTERINO, NA, adj. Que sirve por algun tiempo supliendo la falta de otra cosa ó persona.

INTERIOR, adj. Que está de la parte de adentro. || Que está muy adentro.

INTERIOR, s. m. El ánimo. || met. Lo que solo se siente en el alma. || INTERIORES, pl. ENTRAÑAS.

* INTERIORIDAD, s. f. El interior, la parte de adentro.

INTERIORÍSIMO, MA, adj. sup. de INTERIOR.

INTERIORMENTE, adv. En lo interior.

INTERJECCION, s. f. *Gram.* Una de las partes de la oracion.

INTERLINEACION, s. f. Accion y efecto de interlinear.

INTERLINEADO, p. p. de INTERLINEAR.

INTERLINEAL, adj. Que se escribe en el blanco que hay entre dos líneas. || Se aplica á la version de la Biblia impresa de modo que vaya alternando un renglon de la traduccion con otro de la lengua original.

INTERLINEAR, v. a. V. ENTRERRENGLONAR.

INTERLOCUCION, s. f. Plática ó conferencia alternada.

INTERLOCUTOR, RA, s. m. y f. El que habla á alguno ó lleva la voz en nombre de otro. || Cada uno de personages que se introducen en un dialogo.

INTERLOCUTORIAMENTE, adv. for. De un modo interlocutorio.

INTERLOCUTORIO, RIA, adj. for. Se aplica al auto ó sentencia que se da antes de la definitiva.

INTERLUNIO, s. m. *Astron.* El tiempo de la conjuncion en que no se ve la luna.

INTERMEDIADO, p. p. de INTERMEDIAR || INTERMEDIADO, DA, adj. ant. V. INTERMEDIO.

INTERMEDIAR, v. n. Estar una cosa en medio de otras.

INTERMEDIO, DIA, adj. Que está entremedias ó en medio de los extremos.

INTERMEDIO, s. m. Espacio de un tiempo á otro ó de una accion á otra. || El baile, música, sainete, etc., que se egecuta entre los actos de una pieza de teatro.

INTERMINABLE, adj. Que no tiene término ó fin.

INTERMISION, s. f. Interrupcion ó cesacion por algun tiempo.

INTERMITENCIA, s. m. *Med.* Discontinuacion de la calentura ó de otro cualquier síntoma que cesa y vuelve.

INTERMITENTE, adj. Que se interrumpe ó cesa y vuelve á proseguir.

INTERMITIDO, p. p. de INTERMITIR.

INTERMITIR, v. a. Cesar por algun tiempo, interrumpir la continuacion.

INTERNACION, s. f. Accion y efecto de internar ó internarse.

INTERNADO, p. p. de INTERNAR.

INTERNAMENTE, adv. V. INTERIORMENTE.

INTERNAR, v. a. Penetrar ó entrar muy adentro ó tierra adentro.

INTERNARSE, v. r. met. Introducirse ó insinuarse en los secretos y amistad de alguno. || Profundizar alguna materia.

* INTERNECION, s. f. Carnicería, matanza, estrago.

INTERNO, NA, adj. V. INTERIOR. || DE INTERNO, ant. V. INTERIORMENTE.

INTERNODIO, s. m. Espacio entre dos nodos.

INTERNUNCIO, s. m. El que habla por otro, el interlocutor. || Ministro pontificio que hace veces de nuncio.

INTERPELACION, s. f. for. Accion y efecto de interpelar.

INTERPELADO, p. p. de INTERPELAR.

INTERPELAR, v. a. Implorar el auxilio de alguno ó recurrir á él. || for. Requerir é instar sobre el cumplimiento de algun mandato.

INTERPOLACION, s. m. Accion y efecto de interpolar. || Interrupcion, intermision ó cesacion.

INTERPOLADAMENTE, adv. Con interpolacion.

INTERPOLADO, p. p. de INTERPOLAR.

* INTERPOLADOR, RA, adj. El que interpola.

INTERPOLAR, v. a. Interponer unas cosas entre otras. || Interrumpir ó hacer una breve intermision en la continuacion de una cosa.

INTERPONER, v. a. Poner unas cosas entre otras. || ant. Poner, aplicar. || met. Poner por intercesor ó medianero á alguno.

INTERPOSICION, s. f. Situacion de una cosa entre otras. || met. Mediacion, intervencion. || El espacio que media de un tiempo á otro.

INTERPÓSITA PERSONA, for. Denota el sugeto que hace alguna cosa por otro.

INTERPRENDER, v. a. ant. Tomar ú ocupar por sorpresa.

INTERPRESA, s. f. Accion militar súbita é imprevista.

INTERPRETACION, s. f. Accion y efecto de interpretar. || Secretaría en que se traducen al castellano los documentos y papeles escritos en otras lenguas.

INTERPRETADO, p. p. de INTERPRETAR.

INTERPRETADOR, RA, s. m. y f. El que interpreta. || ant. V. TRADUCTOR.

INTERPRETANTE, p. a. de INTERPRETAR, Que interpreta.

INTERPRETAR, v. a Explicar ó declarar el sentido de alguna cosa. || Traducir de una lengua en otra. || Entender ó tomar en buena ó mala parte. || Atribuir una accion á algun fin ó causa particular.

INTERPRETATIVAMENTE, adv. De un modo interpretativo.

INTERPRETATIVO, VA, adj. Que sirve para interpretar.

INTÉRPRETE, s. com. El que interpreta. || met. Lo que sirve para dar á conocer los efectos y movimientos del alma.

INTERPUESTO, p. p. irreg. de INTERPONER.

INTERREGNO, s. m. Espacio de tiempo en que un reino está sin rey.

INTERROGACION, s. f V. PREGUNTA. || *Ortog*. Nota de que se usa en la escritura cuando se pregunta, y se usa así (?) || *Ret*. Figura de pensamiento.

INTERROGADO, p. p. de INTERROGAR.

INTERROGANTE, p. a. de INTERROGAR. Que interroga. || INTERROGANTE; adj. *Gram*. Se aplica á las notas de interrogacion.

INTERROGAR, v. a. V. PREGUNTAR.

INTERROGATIVAMENTE, adv. Con interrogacion.

INTERROGATIVO, VA, *Gram*. Que sirve para preguntar.

INTERROGATORIO, s. m. for. Serie de preguntas que se hacen al reo ó á la parte y á los testigos.

INTERROTO, p. p. irreg. ant. de INTERRUMPIR.

INTERRUMPIDAMENTE, adv. Con interrupcion.

INTERRUMPIDO, p. p. de INTERRUMPIR.

INTERRUMPIR, v. a. Impedir la continuacion.

INTERRUPCION, s. f. Accion y efecto de interrumpir.

INTERSECADO, p. p. de INTERSECARSE.

INTERSECARSE, v. a. *Geom*. Cortarse ó cruzarse dos líneas.

INTERSECCION, s. f. *Geom*. La seccion con que dos líneas se cortan una á otra.

INTERSERIDO, p. p de INTERSERIR.

INTERSERIR, v. a. ant. Ingerir unas cosas entre otras.

INTERSTICIO, s. m. Hueco ó espacio que media entre dos cuerpos. || V. INTERVALO. || for. El espacio de tiempo que debe mediar entre la recepcion de dos órdenes sagradas.

INTERUSURIO, s. m. for. Interes de un cierto tiempo. || Provecho que resulta del goce de alguna cosa. || INTERUSURIO DOTAL, for. El interes que se debe á la muger por la retardacion en la restitucion de su dote.

INTERVALO, s. m. Espacio ó distancia de un lugar á otro ó de un tiempo á otro. || *Mus*. La distancia que va de una voz á otra. || CLAROS INTERVALOS, V. LÚCIDOS INTERVALOS. || LÚCIDO INTERVALO, El espacio de tiempo en que los que han perdido el juicio hablan en razon.

INTERVENCION, s. f. Accion y efecto de intervenir. || for. La asistencia de algun sugeto nombrado por el juez ú otro superior para intervenir en algun negocio.

INTERVENIDO, p. p. de INTERVENIR.

INTERVENIDOR, RA, s. m. y f. ant. V. INTERVENTOR.

INTERVENIR, v. n. Asistir con autoridad à algun negocio. || Interceder, ser mediador en un negocio ó interponer su autoridad. || Haber ó mediar.

INTERVENIR, v. imp. V. ACONTECER.

INTERVENTOR, RA, s. m. y f. El que interviene.

INTERYACENTE, adj. Que está en medio ó entre otras cosas.

INTESTADO, DA, adj. Que muere sin hacer testamento.

INTESTINAL, adj. Que pertenece á los intestinos.

INTESTINO, NA, adj. Que es interno ó está dentro del cuerpo. || met. Civil, doméstico.

INTESTINO, s. m. Tripa que hace muchos rodeos, y sirve para recibir el alimento cuando sale del estómago, y para expeler el excremento. || INTESTINO CIEGO, V. CIEGO.

INTIMA, s. f. V. INTIMACION.

INTIMACION, s. f. Accion y efecto de intimar.

INTIMADO, p. p. de INTIMAR.

INTIMAMENTE, adv. Con intimidad.

INTIMAR, v. a. Declarar, notificar, hacer saber.

INTIMARSE, v. a. Introducirse un cuerpo ó una cosa material dentro de otra. || met. ant. Introducirse en el afecto ó ánimo de alguno, estrecharse con alguno.

INTIMATORIO, RIA, adj. for. Se aplica á las cartas, despachos ó letras con que se intima algun decreto ú órden.

INTIMIDAD, s. f. Amistad estrecha é íntima.

INTIMIDADO, p. p. de INTIMIDAR.

INTIMIDAR, v. a. Poner ó causar miedo.

ÍNTIMO, MA, adj. Interior, interno. || Se aplica á la amistad muy estrecha, y al amigo muy querido.

INTITULACION, s. f. ant. V. TITULO Ó INSCRIPCION.

INTITULADO, p. p. de INTITULAR.

INTITULAR, v. a. Poner titulo. || Llamar, dar algun titulo particular á una persona ó cosa. || ant. Nombrar, señalar, destinar para determinado empleo. || ant. Dedicar una obra á alguno poniendo al frente su nombre.

***INTITULATA**, s. f. Rotulata, titulo de un libro, escrito, etc.

INTOLERABILIDAD, s. f. La calidad de lo intolerable.

INTOLERABLE, adj. Que no se puede tolerar.

INTOLERANCIA, s. f. Falta de tolerancia.

INTOLERANTE, adj. Que no tiene tolerancia.

INTONSO, SA, adj. *Poet.* Que no tiene cortado el pelo. || met. Ignorante, inculto, rústico.

INTRA MUROS, adv. Dentro del recinto de una ciudad, villa ó lugar.

INTRÁNEO, NEA, adj. ant. V. INTERNO.

INTRANSITABLE, adj. Por donde no se puede transitar.

INTRANSITIVO, VA, adj. *Gram.* Se aplica á los verbos cuya accion no pasa á otra cosa.

INTRASMUTABILIDAD, s. f. Calidad de lo que es intrasmutable.

INTRASMUTABLE, adj. Que no se puede trasmutar.

INTRATABLE, adj. Que no es tratable ni manejable. || Difícil de transitar. || met. Insociable ó de genio áspero.

INTRÉPIDAMENTE, adv. Con intrepidez.

INTREPIDEZ, s. f. Presencia de ánimo en los peligros, esfuerzo, valor. || Osadía y falta de reparo ó reflexion.

INTRÉPIDO, DA, adj. Que no teme en los peligros. || Que obra ó habla sin reflexion.

INTRIBUTADO, p. p. de INTRIBUTAR.

INTRIBUTAR, v. a. ant. V. ATRIBUTAR.

INTRICABLE, adj. ant. V. INTRINCABLE.

INTRICACION, s. f. ant. V. INTRINCACION.

INTRICADAMENTE, adv. ant. V. INTRINCADAMENTE.

INTRICADO, p. p. de INTRICAR.

INTRICAMIENTO, s. m. ant. V. INTRINCAMIENTO.

INTRICAR, v. a. ant. Enredar ó enmarañar una cosa con otra. || met. ant. INTRINCAR.

INTRIGA, s. f. Manejo cauteloso, accion que se egecuta con astucia y ocultamente.

INTRIGANTE, p. a. de INTRIGAR, y s. El que INTRIGA.

INTRIGAR, v. n. Proceder haciendo intriga.

INTRINCABLE, adj. Que se puede intrincar.

INTRINCACION, s. f. Accion y efecto de intrincar.

INTRINCADAMENTE, adv. Con intrincacion.

INTRINCADO, p. p. de INTRINCAR.

INTRINCAMIENTO, s. m. V. INTRINCACION.

INTRINCAR, v. a. Enredar ó enmarañar. || met. Confundir ú oscurecer los pensamientos ó conceptos.

INTRÍNSECAMENTE, adv. Interiormente, en lo interior.

INTRÍNSECO, CA, adj. Interior, interno. || met. V. ÍNTIMO. || for. V. JUDICIAL.

INTRODUCCION, s. f. Accion y efecto de introducir. || met. Entrada y trato familiar é intimo con alguna persona. || Preparacion, disposicion, ó lo que es propio para llegar al fin que uno se ha propuesto. || Prólogo de un libro.

INTRODUCIDO, p. p. de INTRODUCIR.

INTRODUCIDOR, RA, s. m. y f. ant. V. INTRODUCTOR. || ant. El que introduce contrabandos.

INTRODUCIR, v. a. Meter adentro ó dar entrada. || Usar ó hacer uso de alguna cosa. || Hacer hablar á uno en algun diálogo, escrito ó cosa semejante. || met. Dar principio á alguna cosa ó ponerla en uso. || Facilitar, proporcionar.

INTRODUCIRSE, v. r. V. ENTROMETERSE uno en lo que no le toca.

INTRODUCTO, TA, adj. ant. Habituado, acostumbrado.

INTRODUCTOR, RA, s. m. y f. El que introduce. || INTRODUCTOR DE EMBAJADORES, Sugeto destinado en algunas cortes para acompañar á los embajadores en las entradas públicas.

INTRODUCTORIO, RIA, adj. ant. Que sirve para introducir.

INTROITO, s. m. Entrada ó principio de una cosa. || Primera antífona que el sacerdote dice al principio de la misa. || V. INTROITOS, pl. Antífonas que se dicen ántes de los salmos.

INTROMETERSE, v. r. ant. V. ENTROMETERSE.

INTRUSAMENTE, adv. Por intrusion.

· INTRUSION, s. f. Accion de introducirse sin derecho en alguna dignidad, jurisdiccion, oficio, etc.

INTRUSO, SA, adj. y s. El que ó lo que se introduce sin derecho.

INTUICION, s. f. *Teol.* V. VISION BEATÍFICA.

INTUITIVAMENTE, adv. Con intuicion.

INTUITIVO, VA, adj. Que pertenece á la intuicion.

*INTUITO, s. m. p. u. Vision. || POR INTUITO, En atencion, en consideracion, por razon.

INTUITU, s. m. ant. Vista, ojeada ó mirada. || POR INTUITU, ant. V. POR INTUITO.

INTUMESCENCIA, s. f. V. HINCHAZON.

INULTO, TA, adj. *Poét.* Que queda sin venganza.

INUMERIDAD, s. f. ant. V. INUMERABILIDAD.

INUNDACION, s. f. Abundancia de las aguas cuando cubren los campos ó salen de madre los rios ó el mar. || met. Multitud excesiva.

INUNDADO, p. p. de INUNDAR.

INUNDANCIA, s. f. ant. V. INUNDACION.

INUNDANTE, p. a. de INUNDAR, Que inunda.

INUNDAR, v. a. Cubrir de agua los campos ó anegarlos. || met. Llenar un pais de gentes extrañas ó de otras cosas.

INURBANAMENTE, adv. Sin urbanidad.

INURBANIDAD, s. f. Falta de urbanidad, desatencion.

INURBANO, NA, adj. Falto de urbanidad.

INUSADO, DA, ant. Inusitado ó desusado.

INUSITADAMENTE, adv. De un modo inusitado.

INUSITADO, DA, adj. Que no es usado.

INUTIL, adj. Que no es útil.

INUTILIDAD, s. f. Falta de utilidad ó calidad de lo que es inútil.

INUTILÍSIMAMENTE, adv. sup. de INÚTILMENTE.

INUTILÍSIMO, MA, adj. sup. de INÚTIL.

INUTILIZADO, p. p. de INUTILIZAR.

INUTILIZAR, v. a. Hacer inútil, vano, nulo.

INÚTILMENTE, adv. Sin utilidad.

INVADEABLE, adj. Que no se puede vadear.

INVADIDO, p. p. de INVADIR.

INVADIR, v. a. Acometer y entrar por fuerza.

INVALIDACION, s. f. Accion y efecto de invalidar.

INVALIDAD, s. f. ant. V. NULIDAD.

INVÁLIDAMENTE, adv. Con invalidacion.

INVALIDADO, p. p. de INVALIDAR.

INVALIDAR, v. a. Hacer inválido, nulo ó de ningun valor y efecto.

INVÁLIDO, DA, adj. Que no tiene fuerzas ni vigor. || met. Nulo y de ningun valor. || Falto de vigor y de solidez en el entendimiento ó en la razon.

* INVÁLIDO, s. m. Soldado por lo comun viejo y estropiado. || INVÁLIDOS, pl. El retiro, pré ó jubilacion que se concede á los soldados que han quedado estropeados, y que han servido cierto tiempo.

INVARIABILIDAD, s. f. La calidad de invariable.

INVARIABLE, adj. Que no padece ó no puede padecer variacion.

INVARIABLEMENTE, adv. Sin variacion.

INVARIACION, s. f. ant. Subsistencia permanente y sin variacion de alguna cosa, ó en alguna cosa.

INVARIADAMENTE, adv. ant. Sin variacion.

INVARIADO, DA, adj. Que no se ha variado.

INVASION, s. f. Accion y efecto de invadir.

INVASOR, RA, s. m. y f. El que invade.

INVECTIVA, s. f. Discurso acre

y vehemente contra alguna persona ó cosa.

INVEHIDO, p. p. de INVEHIR.

INVEHIR, v. a. ant. Hacer ó decir invectivas.

INVENCIBLE, adj. Que no puede ser vencido.

INVENCIBLEMENTE, adv. De un modo invencible.

INVENCION, s. f. Accion y efecto de inventar. || La cosa inventada. || Hallazgo. || Engaño, ficcion. || *Ret.* Parte de la retórica que enseña á disponer del modo mas conveniente un discurso.

INVENCIONERO, RA, s. m. y f. El que inventa. || Embustero, engañador. || fam. El que hace gestos ó cariños fuera de propósito.

INVENDIBLE, adj. Que no puede venderse.

INVENIBLE, adj. ant. Que se puede hallar ó descubrir.

INVENIR, v. a. ant. Hallar o descubrir.

INVENTACION, s. f. ant. Accion y efecto de inventar.

INVENTADO, p. p. de INVENTAR.

INVENTADOR, RA, s. m. y f. ant. El que inventa.

INVENTAR, v. a. Discurrir ó hacer alguna cosa de nuevo. || Fingir ó discurrir sin fundamento.

INVENTARIADO, p. p. de INVENTARIAR.

INVENTARIAR, v. a. Hacer inventario. || met. Referir los hechos y acciones de alguno.

INVENTARIO, s. m. Asiento de los bienes y demas cosas pertenecientes á alguna persona ó comunidad hecho con orden y distincion, y el papel en que están escritas dichas cosas.

INVENTIVA, s. f. Facultad y disposicion para inventar. || ant. V. INVENCION.

INVENTIVO, VA, adj. Se aplica al que tiene disposicion para inventar, y tambien á lo que es inventado.

INVENTO, s. m. V. INVENCION.

INVENTOR, RA, s. m. y f. El que inventa. || El que finge ó discurre sin mas fundamento que su voluntariedad y capricho.

INVERECUNDO, DA, adj. Que no tiene vergüenza.

INVERISÍMIL, adj. Que no tiene apariencia de verdad.

INVERISIMILITUD, s. f. Falta de apariencia de verdad.

INVERNÁCULO, s. m. Lugar abrigado para defender las plantas de la impresion del frio.

INVERNADA, s. f. Estacion del invierno.

INVERNADERO, s. m. Sitio cómodo y á propósito para pasar el invierno, y para que pasten los ganados en dicha estacion.

INVERNADO, p. p. de INVERNAR.

INVERNAL, adj. ant. Perteneciente al invierno.

INVERNAR, v. a. Pasar el invierno en alguna parte.

INVERNAR, v. n. Ser tiempo de invierno.

INVERNIZO, ZA, adj. Que pertenece al invierno ó tiene sus propiedades.

INVEROSÍMIL, adj. V. INVERISÍMIL.

INVERSION, s. f. Accion y efecto de invertir.

INVERSO, p. p. irreg. de INVERTIR. || INVERSO, SA, adj. Alterado, trastornado.

INVERTIDO, p. p. de INVERTIR.

INVERTIR, v. a. Alterar, trastornar las cosas ó el órden de ellas. || Hablando de caudales emplearlos, gastarlos.

INVESTIDO, p. p. de INVESTIR.

INVESTIDURA, s. f. Accion y efecto de investir.

INVESTIGABLE, adj. Que no se puede investigar.

INVESTIGACION, s. f. Accion y efecto de investigar.

INVESTIGADOR, RA, s. m. y f. El que investiga.

INVESTIGAR, v. a. Hacer diligencia para descubrir alguna cosa.

INVESTIR, v. a. V. ENVESTIR, por conferir, etc.

INVETERADAMENTE, adv. De un modo inveterado.

INVETERADO, p. p. de INVETERARSE.

INVETERARSE, v. r. Envejecerse.

INVICTAMENTE, adv. De un modo invincible.

INVICTÍSIMO, MA, adj. sup. de INVICTO.

INVICTO, TA, adj. No vencido, siempre victorioso.

INVIDIA, s. f. ant V. ENVIDIA.

INVIDIADO, p. p. ant. de INVIDIAR.

INVIDIAR, v. a. ant. V. ENVIDIAR.

INVIDIOSO, SA, adj. ant. V. ENVIDIOSO.

INVIDO, DA, adj. ant. V. ENVIDIOSO.

INVIERNITO, s. m. d. de INVIERNO.

INVIERNO, s. m. Una de las cuatro estaciones del año.

INVIGILAR, v. v. Cuidar solícitamente de alguna cosa.

INVIOLABILIDAD, s. f. La calidad que constituye inviolable.

INVIOLABLE, adj. Que no se debe ó no se puede violar ni profanar.

INVIOLABLEMENTE, adv. Con inviolabilidad. || V. INFALIBLEMENTE.

INVIOLADO, DA, adj. Que se conserva en todo su integridad.

INVIRTUD, s. f. ant. Falta de virtud, accion opuesta á ella.

INVIRTUOSAMENTE, adv. ant. Sin virtud, viciosamente.

INVIRTUOSO, SA, adj. ant. Falto de virtud ú opuesto á ella.

INVISIBILIDAD, s. f. Calidad que constituye invisible.

INVISIBLE, adj. Incapaz de ser visto. || EN UN INVISIBLE, fam. ant. Prontísimamente, en un momento.

INVISIBLEMENTE, adv. Sin verse.

INVITADO, p. p. de INVITAR.

INVITAR, v. a. ant. Convidar, incitar.

INVITATORIO, s. m. Antífona que se canta al principio de los maitines.

INVOCACION, s. f. Accion y efecto de invocar. || *Poét.* La parte del poema en que se invoca alguna deidad.

INVOCADO, p. p. de INVOCAR.

INVOCADOR, RA, s. m. y f. El que invoca.

INVOCAR, v. a. Llamar en su favor y auxilio.

* INVOCATORIA, s. f. V. INVOCACION.

INVOCATORIO, RIA, adj. Que sirve para invocar.

INVOLUNTARIAMENTE, adv. Sin voluntad ni consentimiento.

INVOLUNTARIEDAD, s. f. La calidad que constituye las acciones involuntarias.

INVOLUNTARIO, RIA, adj. Que no es voluntario.

INVULNERABLE, adj. Que no puede ser herido.

INYECCION, s. f. La accion de introducir algun fluido en otro cuerpo con algun instrumento.

* INYECTAR, v. a. Introducir algun fluido en otro cuerpo por medio de una geringuilla.

INYUNGIDO, p. p. de INYUNGIR.

INYUNCTO, p. p. irreg. ant. de INYUNGIR.

INYUNGIR, v. a. ant. Prevenir, mandar, imponer.

IPE

IPECACUANA, s. f. Planta de la América setentrional, emética, tónica, purgante y sudorífica.

IPSO FACTO, loc. lat. Por el mismo hecho. || IPSO JURE, loc. lat. Usada en el foro para denotar que una cosa no necesita declaracion del juez, pues consta por la misma ley.

IR

IR, v. n. Andar ó moverse de un lugar hácia otro. || Estar ó ser. || Caminar de aca para allá. || Apostar. || Consistir, depender. || Importar, interesar. || Distinguirse, diferenciarse una persona ó cosa de otra. || Usase para denotar hácia donde se dirige un camino. || Seguir alguna carrera. || Obrar, proceder. || Declinarse ó conjugarse algun nombre ó verbo por otro. || Decir uno que juega. || Junto con los gerundios de otros verbos denota la accion de ellos, y da á entender la actual egecucion de lo que dichos verbos significan. || Junto con algunas voces significan el modo de IR. || Junto con el participio pasivo de los verbos activos significa padecer su accion, y con el de los recíprocos egecutarla. || Junto con la preposicion *á* con algun infinitivo significa disponerse para la accion del verbo con quien se junta. || Junto con la preposicion *con* vale tener ó llevar lo que el nombre significa. || Junto con la preposicion *contra* vale perseguir, y tambien sentir ó pensar lo contrario de lo que significa el nombre con quien se junta. || Con la preposicion *fuera de* significa la accion contraria del verbo ó nombre con quien se junta. || IR ADELANTE, No detenerse, proseguir en lo que se va diciendo ó tratando. || IR AL JORDAN, fam. Denota que alguno se ha remozado ó convalecido. || ALLÁ SE VA, V. ALLÁ. || ALLÁ VA ESO, Ó ALLÁ VA LO QUE ES, V. ALLÁ. || IR ALTO, Se dice de los rios ó arroyos cuando van muy crecidos. || IR BIEN Ó MAL, Hallarse en buen ó mal estado. || IR CON ALGUNO, Ser de su opinion ó dictámen, convenir con él. || Estar de su parte ó á su favor. || Atender á lo que dice, escucharle con cuidado. || IR PASANDO, Significa que alguno se mantiene en un mismo estado en órden á su salud ó conveniencias. || IR LÉJOS, Ó MUY LÉJOS, me

Estar muy distante de lo que se dice, se hace ó se quiere dar á entender. || IR POR EL ALBAÑILLO, met. y fam. Hacerse las cosas atropelladamente. || IRSE MURIENDO, met. Ir ó caminar muy despacio, con desmayo ó lentitud. || IRSE POR ALTO, En el juego de trucos y villar, hacer saltar la bola fuera por encima de la tablilla. || IRSE POR ALTO ALGUNA COSA, met. No entenderla ó no advertirla. || IRSE TRAS ALGUNA PERSONA Ó COSA, Quererla con extremo. || IR SOBRE ALGUNA COSA, Seguir algun negocio sin perderle de vista. || IR Y VENIR, Insistir en alguna cosa revolviéndola continuamente en la imaginacion. || Á GRAN IR, AL MAS IR, ant. V. Á TODO CORRER. || NI VA NI VIENE, fam. Explica la irresolucion. || ¿QUIEN VA? ó ¿QUIEN VA ALLÁ? Se usa por la noche cuando se descubre algun bulto, ó se siente algun ruido, y no se ve quien le causa. || NI IRLE NI VENIRLE, expr. Se usa para dar á entender que no le importa á alguno aquello de que se trata. || TANTO SE LE DA POR LO QUE VA COMO POR LO QUE VIENE, Da á entender que á alguno no le importa nada lo que sucede. || VAYA, Usado como interjeccion sirve para expresar algun enfado, y tambien para aprobar alguna cosa, y para excitar ó contener.

IRSE, v. r. Morirse ó estarse muriendo || Salirse algun liquido insensiblemente del vaso donde está. Aplícase tambien al mismo vaso. || Deslizarse, perder el nivel. || Gastarse, consumirse ó perderse. || Desgarrarse ó romperse alguna tela, y tambien envejecerse. || Ventosear ó hacer alguno sus necesidades sin sentir.

IRA, s. f. Pasion del alma, que mueve á indignacion y enojo. || Apetito ó deseo de injusta venganza. || Apetito ó deseo de venganza segun órden de justicia. || met. El castigo egecutado ó amenazado. || met. La furia ó violencia de los elementos. || ¡IRA DE DIOS! Se usa para manifestar la extrañeza que causa alguna cosa, ó la demasía de ella. || ALZA Ó ALZÓ SE IRA DIOS, fam. Denota el ardor y estrépito de los que altercan ó riñen. || DESCARGAR LA IRA EN ALGUNO, Desfogarla con el castigo ó insulto hecho al que ha dado el motivo.

IRACUNDIA, s. f. Propension á la ira.

IRACUNDO, DA, adj. Propenso á la ira. || *Poét.* Aplícase á los elementos cuando estan demasiadamente alterados y enfurecidos.

IRADO, p. p. de IRARSE. || IRADO, DA, adj. ant. V. BANDIDO. || IRADO Y PAGADO, Exp. de la cual se usaba al tiempo de nombrar lo que se reservaban en los lugares donados los reyes.

IRARSE, v. r. ant. V. AIRARSE.

IRASCENCIA, s. f. ant. V. IRACUNDIA.

IRASCIBLE, adj. Perteneciente á la ira. || Se aplica á la facultad del hombre que le inclina á vencer las dificultades que se oponen á la consecucion de algun fin.

IRENARCA, s. m. Entre los Romanos el magistrado destinado á cuidar de la tranquilidad del pueblo.

IRIDE SALVAGE, s. f. V. ESPÁRRAGO.

* IRINO, NA, adj. Hecho con lirio. Dícese de un ungüento.

* IRION, s. m. Jaramago, planta.

IRIS, s. m. Arco celeste de varios colores que se ve en las nubes. || Piedra preciosa, V. OPALO NOBLE. || *Anat.* Círculo de varios colores que se ve inmediato á la pupila del ojo. || met. El que pone paz entre los que estan discordes.

* IRISÍPULA, s. f. ant. V. ERISIPELA.

IRLANDA, s. f. Tegido de lana y algodon de Irlanda. || Tela fina de lino de la isla de este nombre.

IRLANDÉS, SA, adj. y s. Natural de Irlanda y perteneciente á esta isla.

IRLANDESCO, CA, adj. ant. V. IRLANDÉS.

IRONÍA, s. f. Figura retórica con que se quiere dar á entender que se siente lo contrario de lo que se dice.

IRÓNICAMENTE, adv. Con ironía.

IRÓNICO, CA, adj. Que contiene ironía.

IRRACIONABLE, adj. ant. V. IRRACIONAL.

IRRACIONABLEMENTE, adv. ant. V. IRRACIONALMENTE.

IRRACIONAL, adj. Que carece de razon. Usado como sustantivo es el predicado esencial del bruto que le diferencia del hombre. || Opuesto á la razon. || *Geom. y Arit.* Que no tiene medida conocida, ni se puede explicar con número cierto.

IRRACIONALIDAD, s. f. Calidad de lo irracional.

IRRACIONALÍSIMAMENTE, adj. sup. de IRRACIONALMENTE.

IRRACIONALÍSIMO, MA, adj. sup. de IRRACIONAL.

IRRACIONALMENTE, adv. Con irracionalidad, de un modo irracional.

IRRADIACION, s. f. Accion y efecto de irradiar.

IRRADIADO, p. p. de IRRADIAR.

IRRADIAR, v. a. Difundir rayos de luz el cuerpo luminoso.

IRRAZONABLE, adj. Que no es razonable. || ant. V. IRRACIONAL.

IRRECONCILIABLE, adj. Que no quiére volver á la paz y amistad con otro.

IRRECUPERABLE, adj. Que no se puede recuperar.

IRRECUSABLE, adj. Que no se puede recusar. || ant. V. INEVITABLE.

IRREDIMIBLE, adj. Que no se puede redimir.

IRREDUCIBLE, adj. Que no se puede reducir.

* IRREFLEXION, s. f. Falta de reflexion.

IRREFORMABLE, adj. Que no se puede reformar.

IRREFRAGABLE, adj. Que no se puede contrarestar.

IRREFRAGABLEMENTE, adv. De un modo irrefragable.

IRREGULAR, adj. Que va fuera de regla ó es contrario á ella. || Que no sucede comun y ordinariamente. || Que ha incurrido en alguna irregularidad canónica.

IRREGULARIDAD, s. f. Calidad que constituye las cosas irregulares. || Impedimento canónico para recibir los órdenes.

IRREGULARMENTE, adv. Con irregularidad.

IRRELIGION, s. f. Falta de religion.

IRRELIGIOSAMENTE, adv. Sin religion.

IRRELIGIOSIDAD, s. f. Calidad que constituye á uno irreligioso.

IRRELIGIOSO, SA, adj. Falto de religion. || Que se opone al espíritu de la religion.

IRREMEDIABLE, adj. Que no se puede remediar.

IRREMEDIABLEMENTE, adv. Sin remedio.

IRREMISIBLE, adj. Que no se puede remitir ó perdonar.

IRREMISIBLEMENTE, adv. Sin remision ó perdon.

IRREMUNERADO, DA, adj. No remunerado.

IRREPARABLE, adj. Que no se puede reparar.

IRREPARABLEMENTE, adv. Sin arbitrio para reparar algun daño.

IRREPRENSIBLE, adj. Que no es digno de reprension.

IRREPRENSIBLEMENTE, adv. Sin motivo de reprension.

IRRESISTIBLE, adj. Que no se puede resistir.

IRRESISTIBLEMENFE, adv. Sin poder resistir.

IRRESOLUBLE, adj. Que no se puede resolver ó determinar. || V. IRRESOLUTO.

IRRESOLUCION, s. f. Falta de resolucion.

IRRESOLUTO, TA, adj. Que no tiene resolucion.

IRRESUELTO, TA, adj. V. IRRESOLUTO.

IRREVERENCIA, s. f. Falta de reverencia.

IRREVERENTE, adj. Que es contra la reverencia ó respeto debido.

IRREVERENTEMENTE, adv. Sin reverencia.

IRREVOCABILIDAD, s. f. Gualidad que constituye irrevocable.

IRREVOCABLE, adj. Que no se puede revocar.

IRREVOCABLEMENTE, adv. De un modo irrevocable.

IRRISIBLE, adj. Digno de risa y desprecio.

IRRISION, s. f. Burla, desprecio.

IRRISORIAMENTE, adv. Por irrision.

IRRISORIO, RIA, adj. Que mueve ó provoca á risa y burla.

IRRITABILIDAD, s. f. Propension á conmoverse ó irritarse con facilidad.

IRRITABLE, adj. Que se puede anular ó invalidar. || Que es capaz de irritacion ó irritabilidad.

IRRITACION, s. f. Enojo grave. || Invalidacion. || Conmocion ó agitacion violenta de los humores.

IRRITADÍSIMO, MA, adj. sup. de IRRITADO.

IRRITADO, p. p. de IRRITAR.

IRRITADOR, RA, s. m. y f. El que irrita.

IRRITAMENTE, adv. Inválidamente.

IRRITAMIENTO, s. m. V. IRRITACION.

IRRITANTE, p. a. de IRRITAR, Que irrita.

IRRITAR, v. a. Excitar vivamente la ira. || Anular, invalidar. || Conmover y agitar con violencia.

IRRITO, TA, adj. Inválido, sin fuerza ni obligaçion.

IRROGAR, v a. Causar, ocasionar.

IRRUPCION, s. f. Acometimiento impetuoso é impensado.

ISA

ISAGOGE, s. f. r. lat. Introduccion.
ISAGÓGICO, CA, adj. ant. Perteneciente á la isagoge.
ISIDORIANO, NA, adj. Perteneciente á san Isidoro. || Se dijo de ciertos monges gerónimos, instituidos por Fr. Lope de Olmedo.
* ISÍPULA, s. f. ant. V. ERISIPELA.
ISLA, s. f. Cierta porcion de tierra rodeada enteramente de agua. || met. Edificio ó conjunto de casas cercado por todas partes de calles. || EN ISLA, Aisladamente.
ISLAN, s. m. ant. Especie de velo guarnecido de encages.
ISLEÑO, ÑA, adj. Natural de alguna isla, y perteneciente á las islas.
ISLEO, s. m. Terreno aislado ó cercado de peñascos.
ISLETA, s. f. Isla pequeña.
ISLICA, LLA, TA, s. f. d. de ISLA.
ISLILLA, s. f. La parte del cuerpo desde el cuadril hasta debajo del brazo.
ISLOTE, s. m. Isla pequeña y despoblada. || Peñasco rodeado del mar.
ISMAELITA, adj. Agareno ó sarraceno.
ISÓCELES, s. m. V. TRIÁNGULO.
ISÓCRONO, adj. Se aplica á los movimientos que se hacen en igual tiempo.
* ISPIDA, s. f. Arvela, pájaro pescador.
ISPIR, v. n. Esponjarse alguna cosa, como la lana, la espuma, la tortilla, etc.
ISRAELITA, adj. y s. El natural de Israel y perteneciente á este reino.
ISRAELÍTICO, CA, adj. Perteneciente al reino de Israel. || V. ISRAELITA.
ISTMO, s. m. *Geog.* Estrecho de tierra que une una peñínsula al continente.
ISTRIADO, p. p. de ISTRIAR.
ISTRIAR, v. a. V. ESTRIAR.
* ISTRUTO, TA, adj. ant. V. INSTRUIDO.

ITA

ITALIANO, NA, adj. Natural de Italia, perteneciente á ella.
ITALIANO, s. m. El idioma italiano.
ITÁLICO, CA, adj. Perteneciente á Italia. || ant. V. ITALIANO.
ÍTALO, LA, adj. ant. V. ITALIANO.
ITEM, adv. lat. Se usa para hacer distincion de artículos en alguna escritura, y tambien por señal de adicion. || ITEM MAS, V. ITEM.
ITERABLE, adj. ant. Capaz de repetirse.
ITERACION, s. f. ant. Accion y efecto de iterar.
ITERADO, p. p. ITERAR.
ITERAR, v. a. ant. V. de REPETIR.
ITERICIA, s. f. ant. V. ICTERICIA.
ITINERARIO, RIA, adj. Perteneciente á caminos.
ITINERARIO, s. m. La descripcion y direccion de algun camino.

IVA

* IVA, s. f. Pinillo, planta.
IVERNAL, adj. ant. Que toca ó pertenece al invierno.
IVERNAR, v. n. ant. V. INVERNAR.

IXI

* IXIA, s. f. Lirio turco, planta bulbosa.
* IXIDO, s. m. ant. V. EXIDO.

IZA

IZA, s. f. *Germ.* Muger pública.
IZADO, p. p. de IZAR.
IZADO, s. m. *Germ.* El amancebado.
IZAGA, s. f. Lugar donde hay muchos juncos.
IZAR, v. a. *Náut.* Tirar de alguna cuerda ó cabo para levantar las vergas y velas, y hacer otras maniobras.
IZQUIERDEAR, v. n. met. Apartarse de lo que dicta la razon y el juicio.
IZQUIERDO, DA, adj. Se aplica á la parte ó sitio opuesto al lado derecho.
IZQUIERDA, s. f. Siniestra. || V. ZURDO. || Se dice de la caballería que saca los pies ó manos hácia fuera, y mete las rodillas adentro. || met. ant. V. TORCIDO.

J

J, Décima letra de nuestro alfabeto. Es igual en todas sus combinaciones con las vocales; y tiene con todas la pronunciacion fuerte que la *g* en las combinaciones *ge*, *gi*.

JA

JA, adv. ant. V. YA.

JABALCON, s. m. El madero que se tiende desde la viga maestra en el tejado, y el madero colocado oblicuamente para sostener cualquier vano ó voladizo.

JABALCONADO, p. p. de JABALCONAR.

JABALCONAR, v. a. Formar con jabalcones el tendido del tejado. ‖ Sostener con jabalcones algun vano ó voladizo.

JABALÍ, s. m. Cuadrúpedo silvestre, especie de marrano.

JABALIN, s. m. ant. V. JABALÍ.

JABALINA, s. f. La hembra del jabalí. ‖ Arma á manera de una pica, de que se usaba en la caza mayor.

JABALON, s. m. V. JABALCON.

JABALONADO, p. p. de JABALONAR.

JABALONAR, v. a. V. JABALCONAR.

* JABALUNO, NA, adj. De jabalí, perteneciente al jabalí.

JABARDEAR, v. n. Hacer las abejas segunda cria, y separarse de la madre con su maestra.

JABARDILLO, s. m. V. JABARDO, 2a. á.

JABARDO, s. m. La segunda cria que hacen las abejas, y que se huye de la madre. ‖ met. Junta de gente baja ó de mala vida.

JABATO, s. m. El hijo de la jabalina.

JÁBECA ó JÁBEGA, s. f. Red grande ó conjunto de redes para pescar.

JÁBEGA, s. f. Instrumento músico que usan los Moriscos, con que imitan el órgano.

JABEGUERO, RA, adj. Perteneciente á la jábega.

JABEGUERO, s. m. *And.* El pescador de jábega.

JABEQUE, s. m. Embarcacion muy usada en el Mediterráneo, de construccion diferente de las fragatas, aunque con igual número de palos.

JABÍ, s. m. Manzana silvestre y pequeña. ‖ Cierta especie de uva pequeña del reino de Granada.

JABINO, s. m. V. CHAPARRO.

JABLE, s. m. La cavidad circular en que se encajan las tiestas de los toneles y botas.

JABON, s. m. Compuesto de un álcali y aceite que se disuelve en el agua formando espuma y tiñéndola de blanco, que se usa para limpiar las ropas. ‖ met. Cualquiera otra masa que tenga semejante uso. ‖ JABON DE PALENCIA, fam. La pala con que las lavanderas golpean la ropa para limpiarla y gastar ménos jabon. ‖ Zurra de palos. ‖ JABON DE PIEDRA, fam. El jabon blanco, consistente y duro. ‖ JABON DE SASTRE, Piedra, blanca, especie de yeso con que señalan los sastres lo que han de cortar ó coser. ‖ DAR UN JABON, met. Castigar á alguno ó reprenderle ásperamente.

JABONADO, p. p. de JABONAR.

JABONADO, s. m. Accion y efecto de jabonar. ‖ El cúmulo de ropa blanca, especialmente la delgada que se da á limpiar ó que viene ya limpia.

JABONAR, v. a. Fregar ó estregar la ropa ú otras cosas con jabon y agua, para limpiarlas. ‖ met. y fam. Tratar á alguno mal de palabras ó reprenderle ásperamente.

JABONADURA, s. f. Accion y efecto de jabonar.

JABONADURAS, pl. El agua que queda mezclada con el jabon y su espuma, ó la misma espuma que se forma al jabonar.

JABONCILLO, s. m. Jabon confeccionado con alguna cosa aromática, de que se usa para lavar las manos y hacer la barba. ‖ Un trozo de clarion de que usan los sastres para delinear en las telas la figura y corte de los vestidos.

JABONERA, s. f. Planta que crece espontánea en varias partes de España, y cuyo zumo, y raiz sirven como el jabon para limpiar la ropa. ‖ JABONERA ó JABONERA DE LA MANCHA, En Aragon y otras partes dan este nombre á una planta que es de dos pies de altura, con los vástagos nudosos, las hojas muy estrechas y carnosas, y las flores pequeñas y blancas. En algunos paises la usan en lugar de jabon para lavar las ropas de lana. || La caja para el jabon que hay en los recados de barba ó de lavar las manos.

JABONERÍA, s. m. Lugar en que se fabrica el jabon.

JABONERO, s. m. Persona que fabrica ó vende el jabon.

JABONETE ó JABONETE DE OLOR, V. JABONCILLO.

JACA, s. f. V. HACA.

JÁCARA, s. f. Composicion poética y cantar usado entre los que llaman jaques. || Cierto tañido que se toca para cantar ó bailar || Especie de danza formada al tañido ó son propio de la jácara. || Junta de mozuelos y gente alegre, que de noche anda metiendo ruido y cantando por las calles. || fam. Molestia ó enfado. || Mentira ó patraña. || fam. Cuento, historia, razonamiento.

JACARANDANA, s. f. *Germ.* Rufianesca ó junta de rufianes ó ladrones. || El lenguage de los rufianes.

JACARANDINA, s. f. *Germ.* V. JACARANDANA. || JÁCARA, ó el modo particular de cantarla los jaques.

JACARANDINO, NA, adj. Que pertenece á la jacarandina.

JACAREAR, v. n. Andar cantando jácaras frecuentemente. || Andar por el lugar cantando y haciendo ruido. || fam. Molestar con impertinencias, palabras ridículas y frioleras.

JACARERO, s. m. La persona que anda por el lugar cantando jácaras. || El que es alegre de genio y chancero.

JACARILLA, s. f. d. de JÁCARA.

JÁCARO, RA, adj. Que pertenece al jácaro, guapo y baladron. || Á LO JÁCARO, Con afectacion, valentía ó bizarría en el modo ó trage.

JÁCARO, s. m. El guapo y baladron.

JACENA, s. f. *Arq.* Viga atravesada que sostiene las demas vigas menores.

JACER, v. a. ant. V. TIRAR ó ARROJAR.

JACERINA, adj. y s. f. Se aplica á la cota de malla muy fina.

JACERINO, NA, adj. ant. Duro y difícil de penetrar como el acero.

JACHALI, s. m. Árbol indígena de la América cuya madera se aprecia, así como su fruto llamado jagua.

JACINTO, s. m. Planta de cebolla, cuyas flores son conocidas con el mismo nombre en la jardinería. || La planta que da la flor de este nombre. || Piedra preciosa de color amarillento.

* JACIO, s. m. *Náut.* Calma, bonanza completa.

JACO, s. m. Vestido corto que usaban los soldados en lo antiguo. || V. JAQUES. || Caballo pequeño y ruin.

JACTADO, p. p. de JACTARSE.

JACTANCIA, s. f. Alabanza propia desordenada ó injusta.

JACTANCIOSAMENTE, adv. Con jactancia.

JACTANCIOSO, SA, adj. Que se jacta.

JACTANTE, p. a. ant. de JACTARSE, Que se jacta.

JACTARSE, v. r. Alabarse injusta ó desordenadamente de la propia excelencia.

JACULATORIA, s. f. Oracion breve y fervorosa.

JACULATORIO, RIA, adj. Breve y fervoroso.

JADA, s. f. *Ar.* V. AZADA.

JADE, s. m. Piedra muy dura de color verde, de que se sirven en América los naturales en lugar del hierro para hacer armas y varios instrumentos.

JADEAR, v. n. Respirar con dificultad y fatiga por el cansancio.

JADEO, s. m. Accion de jadear.

JADIADO, p. p. de JADIAR.

JADIAR, v. a. *Ar.* Cavar con la jada.

JAECERO, RA, s. m. y f. El que hace jaeces.

JAEN, adj. Se aplica á cierta uva blanca algo crecida y de hollejo grueso y duro y á la vid y viduño que la produce.

JAENÉS, SA, adj. y s. ant. Natural de Jaen, y que pertenece á esta ciudad ó reino.

JAEZ, s. m. Todo el adorno que se pone á los caballos para lucirlo en alguna funcion. || Adorno de cintas con que se enjaezan las clines del caballo en dias de funcion ó gala. || met. CALIDAD, propiedad. || *Germ.* Ropa ó vestidos.

JAGA, s. f. ant. V. LLAGA.

JAGUA, s. f. Fruto del jachali.

JAGUADERO, s. m. ant. V. DESAGUADERO.

JAGUEY, s. m. En el Perú, la balsa grande en que se recoge el agua.

JAHARRADO, p. p. de JAHARRAR.

JAHARRAR, v. a. *Albañ.* Allanar

la pared ingualándola con yeso y raspándola.

JAHARRO, s. m. Accion y efecto de jaharrar.

JALAPA, s. f. Raiz purgante de una planta que crece de suyo en la provincia de Jalapa.

JALBEGADO, p. p. de JALBEGAR.

JALBEGAR, v. a. V. ENJALBEGAR. || met. AFEITAR ó componer el rostro con afeites.

JALBEGUE, s. m. Blanqueo hecho con cal. || met. El afeite de que suelen usar las mugeres para blanquearse el rostro.

JALDADO, DA, adj. V. JALDE.

JALDE, adj. Amarillo subido.

JALDO, DA, adj. V. JALDE.

JALDRE, s. m. *Cetr.* El color de las aves.

JALEA, s. f. Conserva congelada y trasparente hecha del zumo de algunas frutas. || JALEA DEL AGRO, Conserva de cidra. || HACERSE UNA JALEA, met. y fam. V. DERRETIRSE, por enamorarse.

JALEADO, p. p. de JALEAR.

JALEAR, v. a. Llamar los perros á voces para cargar ó seguir la caza.

JALES, s. m. ant. Lienzo recio y grueso para cubrir las cargas.

JALETINA, s. m. Especie de jalea, hecha con el jugo de cualquiera fruta; ó con sustancia de pechugas de gallina, manos de ternera y polvos de asta de ciervo.

JALISCO, CA, adj. y s. Perteneciente á la provincia de Jalisco y el natural de ella.

JALJACOLT, s. m. Árbol indígena de la América que da un fruto semejante á la acerola.

JALMA, s. f. V. ENJALMA.

JALOQUE, s. m. Viento. || V. SIROCO.

JALLULO, s. m. *And.* Pan ó masa tostada sobre las ascuas.

JAMADO, p. p. de JAMAR.

* JAMANZA, s. f. V. ZURRA.

JAMAR, v. a. ant. V. LLAMAR.

JAMAS, adv. Nunca, en ningun tiempo. Unido con los adverbios *nunca* y *siempre* les da mayor fuerza. || ant. V. SIEMPRE. || ant. Alguna vez. || JAMAS POR JAMAS, Nunca jamas.

JAMBA, s. f. *Arq.* Cualquiera de las dos piedras labradas, que sostienen el dintel de las puertas y ventanas.

JAMBAGE, s. m. *Arq.* Conjunto de jambas.

JÁMBICO, CA, adj. V. YÁMBICO.

JAMBILLA, s. f. *Arq.* d. de JAMBA.

JAMBO, s. m. ant. V. YAMBO.

JAMBORLIER, s. m. *Ar.* V. CAMARERO.

JAMBRADO, p. p. de JAMBRAR.

JAMBRAR, v. a. *Ar.* V. ENJAMBRAR.

JAMERDADO, p. p. de JAMERDAR.

JAMERDANA, s. f. Parage donde se arroja la inmundicia de los vientres de las reses en el matadero.

JAMERDAR, v. a. Limpiar los vientres de las reses. || met. Lavar mal y de priesa.

JAMETE, s. m. Especie de tela antigua.

JAMETERÍA, s. f. *Mur.* V. ZALAMERÍA.

JAMILA, s. f. V. ALPECHIN.

JAMON, s. m. V. PERNIL.

JAMONA, adj. Se aplica á la muger que ha pasado ya de la juventud, y es algo gruesa.

JAMONCICO, LLO, TO, s. m. d. de JAMON.

JAMUGA ó JAMUGAS, s. f. Especie de silla hecha de unos correones y brazos de madera á modo de los de las sillas comunes.

JAMUGUILLA, s. f. d. de JAMUGA.

JAMUSCADO, p. p. de JAMUSCAR.

JAMUSCAR, v. a. ant. V. CHAMUSCAR.

* JANABLE, s. m. V. CERNABLE.

JÁNDALO, LA, adj. y s. Se aplica al modo de andar y hablar afectado de los Andaluces.

JANGADA, s. f. Compuesto de maderos ó fragmentos del navío que se hace para salvar la gente cuando se pierde el bajel.

JANGUA, s. f. Embarcacion pequeña muy semejante á la jangada.

* JANÍPABA, s. f. Árbol de las Antillas que da un fruto semejante al membrillo.

JANO, NA, adj. V. XANO.

JANSENISMO, s. m. Doctrina ó secta de Jansenio.

JANSENISTA, s. m. El que sigue la doctrina ó secta de Jansenio.

* JAOLA, s. f. ant. V. JAULA.

JAPELETE, s. m. m. ant. V. XAPELETE.

JAPOIPA, s. f. V. XAPOIPA.

JAPON, NA, adj. y s. Natural del Japon y perteneciente á aquel reino.

JAPONENSE, adj. y s. V. JAPONÉS.

JAPONÉS, SA, adj. y s. Natural del Japon y perteneciente á este reino.

JAPURADO, p. p. de JAPURCAR.

JAPURCAR, v. a. V. XAPURCAR.

JAQUE, s. m. Valenton, rufian, perdonavidas. ‖ En el juego del ajedrez, cierto lance. ‖ Especie de peinado liso que estilaban las mugeres antiguamente. ‖ *Ar.* Cualquiera de los dos lados de las alforjas. ‖ *Germ.* El rufian.

JAQUE, interj. con que se avisa á alguno que se aparte ó se vaya. ‖ JAQUE DE AQUI, V. JAQUE.

JAQUEADO, p. p. de JAQUEAR.

JAQUEAR, v. a. Dar jaques en el juego del ajedrez.

JAQUECA, s. f. Dolor grande de una parte de la cabeza.

JAQUEL, s. m. *Blas.* V. CUADRO.

JAQUELADO, DA, adj. *Blas.* Dividido en casas como las del ajedrez. ‖ Se aplica á las piedras preciosas labradas á manera de cuadros.

JAQUERO, s. m. Peine pequeño y muy fino que servia para hacer jaque ó para tener el pelo corto.

JAQUÉS, SA, adj. y s. Natural de Jaca y perteneciente á aquella ciudad.

JAQUETA, s. f. Vestidura sueltá con mangas, que solo cubre desde los hombros hasta las rodillas.

JAQUETILLA, s. f. d. de JAQUETA.

JAQUETON, s. m. aum. Vestidura semejante á la jaqueta. ‖ JAQUE, El valenton arrogante y guapo. ‖ aum. de JAQUE.

JAQUIDO, p. p. de JAQUIR.

JÁQUIMA, s. f. La cabezada del cordel con que se hace el cabestro para atar las bestias y el mismo cabestro.

JAQUIMAZO, s. m. El golpe dado con la jáquima. ‖ met. Pesar ó chasco grave dado á alguno.

JAQUIR, v. a. ant. Dejar, desamparar.

JAR, v. n. *Germ.* Orinar.

JARA, s. f. Arbusto de cuyas hojas y ramas tiernas fluye aquel zumo oloroso y medicinal que llaman ládano, ó vulgarmente mangla. ‖ La saeta ó palo arrojadizo, tostado, con su punta muy delgada y sutil. ‖ JARA CERVAL, Planta muy parecida á la jara. ‖ JARA ESTEPA, s. f. Mata, especie de JARA cuyas hojas son medicinales.

JARABE, s. f. Bebida dulce y medicinal que confeccionan los boticarios hasta la consistencia del almibar. ‖ met. Bebida compuesta, que excede en el dulce, especialmente si no está muy fria. ‖ SER TODO JARABE DE PICO, Manifiesta que alguno habla lo que no ha de egecutar.

JARABEADO, p. p. de JARABEARSE.

JARABEARSE, v. r. Tomar jarabes regularmente para disponerse y prevenirse á la purga.

JARAIZ, s. m. V. LAGAR. ‖ En algunas partes se toma por lugar pequeño.

JARAL, s. m. El sitio, parage ó lugar poblado de jaras. ‖ met. Lo que está muy enredado ó intrincado, aludiendo á la espesura de los jarales.

JARAMAGO, s. m. Planta que crece de suyo en varias partes de España.

JARAMEÑO, ÑA, adj. Se aplica á los toros que se crian en las riberas de Jarama.

JARAMUGO, s. m. Los peces pequeños de que se sirven para cebo.

JARANA, s. f. Bulla, gresca, algazara.

JARANDINA, s. f. *Germ.* Junta de rufianes ó ladrones.

JARAPOTE, s. m. *Ar.* y *And.* V. JAROPEO.

JARAPOTEADO, p. p. de JARAPOTEAR.

JARAPOTEAR, v. a. *Ar.* y *And.* V. JAROPEAR.

JARAQUI ó **JARACUO**, s. m. Huerto ó sitio de recreacion.

JARAZO, s. m. Golpe ó herida hecha con la jara.

JARCIA, s. f. Carga de muchas cosas distintas para algun uso ó fin. ‖ El conjunto de muchas cosas diversas, ó de una misma especie, pero sin órden ni concierto. ‖ Los aparejos y cabos del navio. ‖ Conjunto de instrumentos y redes para pescar.

JARDIN, s. m. Huerto de recreacion, compuesto de diversas flores y yerbas finas y olorosas. ‖ En los navios, el lugar comun. ‖ La mancha que deslustra y afea la esmeralda. ‖ *Germ.* Tienda de mercader ó feria. ‖ JARDIN BOTÁNICO, Terreno destinado para cultivar plantas medicinales.

JARDINCICO, LLO, TO, s. m. d. de JARDIN.

JARDINERÍA, s. f. Arte de cultivar los jardines.

JARDINERO, RA, s. m. y f. El que por oficio cuida y cultiva algun jardin.

JARDINICO, LLO, TO, s. m. d. de JARDIN.

JARETA, s. f. Costura que se hace en la ropa, doblando la orilla para meter una cinta, ó cordon.

JARETA, s. f. *Náut.* La red de madera ó de cabos, debajo de la cual se pone la gente á pelear con resguardo. ‖ JARETA DE LA JARCIA, *Náut.* Las vueltas que forma un cabo de los obenques de una banda á los de la otra.

JARETERA, s. f. V. JARRETERA.

JARIFE, s. m. V. CHERIFE.

JARIFO, FA, adj. Rozagante, vistoso, bien compuesto ó adornado.

JARO, RA, adj. Se aplica á los puercos que tiran á rojos ó cárdenos.

JAROPADO, p. p. de JAROPAR.

JAROPAR, v. a. Dar muchos jaropes ó medicinas de botica. || met. Disponer y dar en forma de jarope algun otro licor que no sea de botica.

JAROPE, s. m. Confeccion líquida que se da á los enfermos. || met. El trago amargo ó bebida desabrida y fastidiosa que se da á alguno.

JAROPEADO, p. p. JAROPEAR.

JAROPEAR, v. a. V. JAROPAR.

* JAROPEO, s. m. El uso excesivo y frecuente de jaropes.

JARRA, s. f. Vasija de barro fino con vientre, cuello y asa. || Órden antigua de caballería en el reino de Aragon. || DE JARRAS Ó EN JARRA Ó EN JARRAS, Explica la postura del cuerpo que se hace encorvando los brazos y poniendo las manos en la cintura.

JARRAGIN, s. m. ant. Sitio en que habia huertas ó huertos para recreacion.

JARREAR, v. n. fam. Sacar frecuentemente agua ó vino con el jarro.

JARRER, RA, s. m. y f. ant. V. TABERNERO.

JARRERO, s. m. El que hace ó vende jarros, y que cuida del agua ó vino que se pone en ellos.

JARRETA, s. f. d. de JARRA.

JARRETADO, p. p. de JARRETAR.

JARRETAR, v. a. ant. V. DESJARRETAR. || met. Enervar, debilitar.

JARRETE, s. m. La parte alta y carnuda de la corva opuesta á la rodilla.

JARRETERA, s. f. Liga con su hebilla, con que se ata la media ó el calzon por el jarrete. || Órden militar instituida en Inglaterra.

JARRETILLO, s. m. d. de JARRETE.

JARRICO, LLO, TO, s. m. d. de JARRO.

JARRO, s. m. Vasija á manera de jarra con una asa sola. || fam. Ar. El que grita mucho hablando sin propósito, principalmente si es muger. || JARRO DE AGUA, La porcion de ella que se saca de la acequia por espacio de medio cuarto de hora. || ECHARLE Á UNO UN JARRO DE AGUA, fam. y met. Dejar á uno suspenso ó cortado con alguna cosa ó dicho impensado ó gracioso.

JARRON, s. m. aum. de JARRO, Arq. Adorno semejante al jarro.

JASA, s. f. ant. V. SAJADURA.

JASADO, p. p. de JASAR.

JASADOR, s. m. ant. Sajador ó sangrador. || ant. Instrumento para sajar.

JASADORCILLO, s. m. ant. d. de JASADOR.

* JASADURA, s. f. ant. V. SAJA.

JASAR, v. a. ant. V. SAJAR.

JASPE, s. m. Piedra de naturaleza de pedernal, de color pardo ó rojo ó amarillo ó verde, y á veces tambien gris ó blanco, que admite un hermoso pulimento.

JASPEADO, p. p. de JASPEAR.

JASPEADO, DA, adj. Manchado y salpicado de pintas.

JASPEAR, v. a. Pintar imitando los colores del jaspe.

JASTIAL, s. m. Lienzo de pared.

JATEO, TEA, adj. Mont. Se aplica al perrillo que hace á las zorras y las persigue.

JATIVÉS, SA, adj. y s. Perteneciente á Játiva, y natural de esta ciudad.

JATO, TA, s. m. y f. V. BECERRO.

JAU, Interj. V. XAU.

JAULA, s. f. Caja para encerrar pájaros. || Encierro formado con enrejados como los que se hacen para asegurar los locos y las fieras. || APORREARSE EN LA JAULA, met. y fam. Afanarse y fatigarse en vano por salir con su intento.

JAULICA, LLA, TA, s. f. d. de JAULA. || ant. Adorno para la cabeza hecho á manera de red.

JAULON, s. m. aum. de JAULA.

JAURADO, DA, adj. V. XAURADO.

JAURIA, s. f. Agregado de podencos que cazan juntos.

JAUTO, TA, adj. Ar. Insípido y sin sal.

* JAVEQUE, s. m. Especie de barco del Mediterráneo de vela y remo.

JAVO, VA, adj. y s. El natural de la isla de Java, y lo perteneciente á ella.

JAYAN, NA, s. m. y f. La persona de grande estatura, robusta y de muchas fuerzas. || Germ. El rufian á quien todos respetan.

JAYANAZO, s. m. aum. de JAYAN.

JAZARINO, NA, adj. Natural de Argel y perteneciente á esta ciudad.

JAZILLA, s. f. Rastro que deja alguna cosa sobre la tierra en que ha estado por algun tiempo.

JAZMIN, s. m. Arbusto que se cultiva en los jardines, y cuyas flores son blancas y de olor suave y agradable. ‖ Flor que nace de la planta del mismo nombre.

JAZMINREAL, s. m. Especie de jazmin que algunos llaman JAZMIN DE ESPAÑA.

JER

JEREZANO, NA, adj. y s. Natural de Jerez y perteneciente á los pueblos de este nombre.

JEROSOLIMITANO, NA, s. y adj. El natural de Jerusalen ó perteneciente á esta ciudad.

JESUCRISTO, s. m. El hijo de Dios hecho hombre. ‖ JESUCRISTO! interj. con que se manifiesta admiracion y extrañeza.

JESUITA, s. m. Individuo de la compañía de Jesus.

JESUÍTICO, CA, adj. Perteneciente á los jesuitas ó á su órden.

JESUS! Usado como interjeccion sirve para manifestar admiracion ó espanto. ‖ JESUS MIL VECES! V. JESUS! ‖ EN UN DECIR JESUS, EN UN INSTANTE.

JESUSEADO, p. p. de JESUSEAR.

JESUSEAR, v. n. Repetir muchas veces el nombre Jesus.

JO

JO, interj. de que se usa para hacer parar las caballerias.

* JOBA, s. f. V. JOA.

JOCOSAMENTE, adv. Con jocosidad.

JOCOSERIO, RIA, adj. Mezclado de serio y jocoso.

JOCOSIDAD, s. f. Chiste, donaire.

JOCOSÍSIMO, MA, adj. sup. de JOCOSO.

JOCOSO, SA, adj. Festivo y gracioso.

JOCUNDIDAD, s. f. ant. Alegria, apacibilidad.

JOCUNDÍSIMO, MA, adj. ant. sup. de JOCUNDO.

JOCUNDO, DA, adj. ant. Plácido, alegre y agradable.

JOFAINA, s. f. V. ALJOFAINA.

JOFRE, s. m. ant. V. JORFE.

JOGLAR, s. m. ant. V. JUGLAR.

JOGLERÍA, s. f. ant. Pasatiempo, regocijo, placer.

JOGUER, v. n. ant. V. ACOSTARSE.

JOLITO, s. m. ant. Calma, suspension. ‖ QUEDARSE Ó VOLVERSE EN JOLITO, ant. Quedarse suspenso ó chasqueado.

JÓNICO, CA, adj. Natural de Jonia, perteneciente á esta provincia. ‖ *Arq.* Se aplica á uno de los cinco órdenes de arquitectura.

JÓNICO, s. m. Pie de verso que consta de cuatro sílabas.

JONGOLÍ, s. m. ALEGRÍA, planta.

JONIO, IA, adj. V. JÓNICO.

JORCADO, p. p. de JORCAR.

JORCAR, v. a. *Extr.* V. AECHAR.

JORCO, s. m. *Extr.* Fiesta ó baile algo libre.

* JORDAN, s. m. Todo lo que rejuvenece.

JORFE, s. m. ant. Pared de piedra seca. ‖ Tormo de piedra ó peñasco en alto.

JORGINA, s. f. V. HECHICERA.

JORGOLIN, NO, s. m. *Germ.* Compañero ó criado de rufian.

* JORGUINA, s. f. ant. V. BRUJA.

JORGUINERÍA, s. f. ant. V. HECHICERÍA.

JORNADA, s. f. El camino que yendo de viage se anda regularmente en un dia. ‖ Todo el camino ó viage, aunque pase de un dia. ‖ Expedicion militar. ‖ El viage que los reyes hacen á los sitios reales, y el tiempo que residen en alguno de estos sitios. ‖ Lance, ocasion, circunstancia. ‖ met. El tiempo de la vida del hombre, el paso que da el alma de esta vida á la eterna. ‖ met. Cualquiera de las partes en que se divide la comedia española. ‖ met. En la imprenta es lo que puede tirar la prensa en un dia. ‖ JORNADA ROMPIDA, ant *Mil.* BATALLA ó accion general. ‖ Á GRANDES Ó Á LARGAS JORNADAS, Con celeridad y presteza. ‖ AL FIN DE LA JORNADA, Al cabo de tiempo, al concluirse, al descubrirse alguna cosa. ‖ CAMINAR POR SUS JORNADAS, met. Proceder con tiento y reflexion.

JORNADICA, LLA, TA, s. f. d. de JORNADA.

JORNAL, s. m. Estipendio que gana el trabajor en un dia entero por su trabajo. ‖ ant. Medida de terreno, tierra que trabajaba en un dia un jornalero. ‖ Á JORNAL, Explica el ajuste que se hace de alguna obra pagando los jornales.

JORNALADO, p. p. de JORNALAR.

JORNALAR, v. a. ant. Trabajar á jornal.

JORNALERO, s. m. El que trabaja por su jornal.

JOROBA, s. f. V. CORCOBA. || met. y fam. Impertinencia y molestia enfadosa.

JOROBADO, p. p. de JOROBAR.

JOROBADO, DA, adj. V. CORCOBADO.

JOROBAR, v. a. fam. Molestar, enfadar con instancias impertinentes.

JORRO (Á), adv. ant. *Náut.* V. Á REMOLQUE.

JOSTRADO, DA, adj. Se aplica al virote guarnecido de un cerco de hierro.

JOTA, s. f. Nombre de la décima letra de nuestro alfabeto. || Cosa mínima. || Tañido y baile usado en España. || V. OJOTA. || Especie de potage ó menestra antigua. || NO SABER UNA JOTA, Ser muy ignorante. || SIN FALTAR UNA JOTA, V. SIN FALTAR UNA COMA.

JOVADA Ó JUVADA, s. f. *Ar.* El terreno que puede arar en un dia un par de mulas.

*JOVE, s. m. *Poét.* Divinidad de la mitología. || Uno de los principales planetas.

JÓVEN, adj. y s. El que está en la edad de la juventud.

JOVENADO, s. m. El tiempo que estan los religiosos ó religiosas despues de la profesion bajo la direccion de un maestro, y el sitio donde habitan y se juntan.

JOVENCICO, CA, LLO, LLA, TO; TA, adj. y s. d. de JÓVEN.

JOVENETE, s. m. d. de JÓVEN.

JOVIAL, adj. De genio alegre y apacible.

JOVIALIDAD, s. f. Alegría y apacibilidad de genio.

JOYA, s. f. Pieza de plata ú oro trabajada con primor y curiosidad, en que estan engastadas piedras preciosas. || El premio que se da por alguna accion de habilidad ó destreza. || *Arq.* y *Artill.* V. ASTRÁGALO. || JOYAS, pl. Todos los adornos y vestidos que pertenecen á una muger, especialmente cuando sale de su casa para casarse.

JOYANTE, adj. Se aplica á la seda muy fina y de mucho lustre.

JOYEL, s. m. Joya pequeña que á veces no tiene piedras.

JOYERA, s. f. La que tiene tienda de joyería. || ant. La muger que hacia y bordaba adornos mugeriles.

JOYERÍA, s. f. Trato, comercio y tienda de cosas menudas de seda y otros adornos, como abanicos, guantes, etc.

JOYERO, s. m. El que tiene tienda de joyería.

JOYITA, s. f. d. de JOYA.

JOYO, s. m. Especie de grama que se cria entre los trigos y cebadas.

JOYON, s. m. aum. de JOYA.

JOYOSA, s. f. *Germ.* La espada.

JOYUELA, s. f. d. de JOYA.

JUA

JUAGUARZO, s. m. Arbusto conocido en varias provincias, especialmente en la Mancha.

JUAN, s. m. *Germ.* Cepo de iglesia. || JUAN DE GARONA, *Germ.* El piojo. || JUAN DIAZ, *Germ.* Candado ó cerradura. || JUAN DORADO, *Germ.* Moneda de oro. || JUAN MARCHIR, *Germ.* El machete. || JUAN PLATERO, *Germ.* Moneda de plata. || JUAN TARAFE, *Germ.* El dado de jugar. || BUEN JUAN, *Germ.* Se aplica al hombre sencillo y fácil de engañar. || DON JUAN, DON PEDRO O DON DIEGO DE NOCHE, Planta indígena del Perú, y cultivada por adorno en nuestros jardines. || JUAN DE BUENA ALMA, V. BUEN JUAN. || JUAN LANAS, Hombre de genio apocado, que se presta con facilidad á todo cuanto se quiere hacer de él. || JUAN PALOMO, fam. El hombre que no se vale de nada ni sirve para nada. || HACER SAN JUAN, fam. Despedirse los mozos asalariados ántes de cumplir el tiempo de su ajuste.

JUANERO, s. m. *Germ.* El ladron que abre cepos de iglesia.

JUANETE, s. m. El hueso del nacimiento del dedo grueso del pié, que en algunos sobresale mucho. || Cualquiera de los dos huesos altos de las megillas, cuando abultan demasiado. || *Náut.* Cada una de las velas que van sobre la gavia y el velacho.

JUANETUDO, DA, adj. Que tiene juanetes.

JUARDA, s. f. La suciedad que contrahe el paño por el aceite, cola y otros ingredientes.

JUARDOSO, adj. Que tiene juarda.

*JUBERTAR, v. a. *Náut.* Recoger la lancha á bordo.

JUBETE, s. m. V. SUBETE.

JUBETERÍA, s. f. ant. La tienda en donde se venden jubones y otras ropas. || ant. El oficio de jubetero.

JUBETERO, s. m. ant. El que hacia y componia jubones y otras ropas.

JUBILACION, s. f. Relevacion del trabajo ó carga de algun empleo, conservando al que le tenia los honores y el sueldo en todo ó en parte. || ant. V. JÚBILO.

JUBILADO, p. p. de JUBILAR.

JUBILANTE, p. a. ant. de JUBILAR, Que jubila ó se alegra.

JUBILAR, v. a. Relevar á alguno del trabajo ó carga de su empleo, conservándole los honores y el sueldo en todo ó en parte. || fam. Desechar por inútil alguna cosa y no servirse mas de ella.

JUBILAR, v. n. Conseguir la jubilacion. || ant. Alegrarse, regocijarse.

JUBILEO, s. m. Entre los israelitas, fiesta pública que se celebraba de cincuenta en cincuenta años. || Entre los cristianos una indulgencia plenaria, solemne y universal concedida por el papa en ciertos tiempos y en ciertas ocasiones. || El espacio de cincuenta años que contaban los judios de un jubileo á otro. || JUBILEO DE CAJA, El que se concede con la obligacion de dar alguna limosna. || GANAR EL JUBILEO, Hacer las diligencias necesarias para conseguirle. || POR JUBILEO, RARA VEZ.

JÚBILO, s. m. Gozo, alegría, regocijo.

JUBON, s. m. Vestidura que cubre desde los hombros hasta la cintura. || JUBON DE AZOTES, fam. Los azotes que se dan por justicia en las espaldas. || JUBON DE [illegible], Especie de cota. || JUBON ESTOFADO, Cierta defensa hecha en forma de jubon que usaban antiguamente. || MIS JUBON ME TENGO EN FRANCIA, fam. Se usa para burlarse de quien se jacta de tener alguna cosa que en realidad no le puede servir.

JUBONAZO, s. m. aum. de JUBON.

JUBONCICO, LLO, TO, s. m. d. de JUBON.

JUBONERO, s. m. El que tiene por oficio el hacer jubones.

JUCLA, s. f. Una de las siete señales que los Arabes ponen sobre sus letras en lugar de nuestras vocales.

JUDAICO, CA, adj. Perteneciente á los judíos. || JUDAICA Ó PIEDRA JUDAICA, Petrificacion muy comun en varias partes de España.

JUDAISMO, s. m. La religion de los judíos.

JUDAIZADO, p. p. de JUDAIZAR.

JUDAIZANTE, p. a. de JUDAIZAR, y s. El que judaiza.

JUDAIZAR, v. n. Seguir en algunos puntos la religion de los judíos.

JUDAS, s. m. met. Alevoso, traidor. || El gusano de seda que subiendo al embojo no hila, ó el que clavándose en alguna punta se muere y queda colgado. || Una figura ridícula que se pone en las calles en ciertos dias de la cuaresma, y luego se quema. || PARECER Ó ESTAR HECHO UN JUDAS, fam. Tener roto y maltratado el vestido, ser desaseado.

JUDERÍA, s. f. Barrio destinado para la habitacion de los judíos. || Cierto pecho ó contribucion que pagaban los judíos. || ant. V. JUDAISMO.

JUDÍA, s. f. Planta bien conocida que se cultiva comunmente por el uso que se hace de su fruto comestible así seco como verde. || JUDÍA DE CARETA, Especie de judía que vino de la India á Italia y de allí á España.

JUDIAZO, ZA, s. m. y f. fam. aum. de JUDIO.

JUDICACION, s. f. ant. El acto de juzgar.

JUDICADO, p. p. de JUDICAR.

JUDICANTE, s. m. *Ar.* Cada uno de los jueces que condenaban ó absolvian á los ministros de justicia denunciados.

JUDICAR, v. a. ant. V. JUZGAR.

JUDICATIVO, VA, adj. ant. Que juzga ó puede hacer juicio.

JUDICATURA, s. f. El egercicio de juzgar. || La dignidad ó empleo de juez, y el tiempo que dura.

JUDICIAL, adj. Que pertenece al juicio ó á la administracion de la justicia. || ant. V. CRIMINAL.

JUDICIALMENTE, adv. En juicio.

JUDICIARIA, s. f. V. ASTROLOGÍA JUDICIARIA.

JUDICIARIO, RIA, adj. Perteneciente á la astrología judiciaria. || ant. V. JUDICIAL.

JUDICIOSAMENTE, adv. ant. V. JUICIOSAMENTE.

JUDICIOSO, SA, adj. ant. V. JUICIOSO.

JUDIEGA, s. f. Cierta especie de aceituna buena para hacer aceite, pero no para comer.

JUDIEGO, GA, adj. ant. Perteneciente á los judíos.

JUDIHUELO, s. m. d. de JUDIO. Dícese tambien por desprecio de cualquier judío ó que hay sospecha de que lo es. || Legumbre, V. JUDÍA.

JUDÍO, DÍA, adj. Perteneciente á judíos.

JUDÍO, DÍA, s. m. y f. El que observa la ley antigua de Moises. || Voz injuriosa y de desprecio de que suele usarse en casos de cólera y enojo. ‖ Cierta variedad de judía. ‖ JUDÍO DE SEÑAL, Judío convertido á quien se le permitia vivir entre cristianos con una señal en el hombro.

JUEGO, s. m. Entretenimiento ó diversion. ‖ Conjunto de buenas cartas. ‖ met. La disposicion con que estan unidas dos cosas, de suerte que sin separarse puedan tener movimiento, etc., y el mismo movimiento. ‖ Habilidad y arte para conseguir alguna cosa. ‖ Un determinado número de cosas que tienen una cierta conexion y proporcion entre sí. ‖ En los carruages de cuatro ruedas, la armazon compuesta de ruedas, eges, varas, etc. ‖ JUEGOS, pl. Las fiestas y espectáculos públicos que se usaban en lo antiguo. ‖ JUEGO CARTEADO, Cualquiera de los juegos de naipes que no es de envite. ‖ JUEGO DE CARTAS, Juego de naipes. ‖ JUEGO DE MANOS, Acciones y movimientos de alegría que hacen dos ó mas personas retozando y dándose golpes con las manos. ‖ La agilidad de manos con que los titiriteros y otras personas engañan la vista de los espectadores, haciendo ver en la apariencia lo que no hay en la realidad. ‖ Accion ruin por la cual se hace desaparecer en poco tiempo alguna cosa que se tenia á la vista. ‖ JUEGO DE NIÑOS, met. Modo de proceder sin consecuencia ni formalidad. ‖ JUEGO DE PALABRAS Ó VOCES, El uso de ellas en diversas significaciones, ó en sentido equívoco. ‖ JUEGO DE PASA PASA, V. JUEGO DE MANOS. ‖ JUEGO DE PELOTA, Especie de juego entre dos ó mas personas, que se juega con una pelota. ‖ Sitio destinado para jugar á la pelota. ‖ JUEGO DE SUERTE, El que depende solo de la suerte. ‖ JUEGO DE TRUCOS Ó DE VILLAR, La casa adonde se va á jugar á los trucos ó al villar. ‖ JUEGO FUERA, Úsase en algunos juegos de invite cuando se envida todo lo que falta para acabar el juego. ‖ JUEGO PÚBLICO, La casa en donde se juega públicamente con permiso del gobierno. ‖ ACUDIR EL JUEGO Á ALGUNO, V. DARLE BIEN. ‖ CONOCER EL JUEGO, met. Penetrar la intencion de alguno. ‖ DAR BIEN Ó MAL EL JUEGO, Tener favorable ó contraria la suerte. ‖ DESPINTARSE EL JUEGO, Engañarse por estar la pinta equivocada, tomando un palo por otro. ‖ HACER JUEGO, Mantenerle ó perseverar en él. ‖ Convenir ó proporcionarse una cosa con otra. ‖ Entre jugadores decir aquel á quien le toca las calidades que tiene, como la de entrada, paso, etc. ‖ METER EN JUEGO, V. METER EN FUGA. ‖ POR JUEGO Ó POR MODO DE JUEGO, Por burla, de chanza. ‖ VER EL JUEGO, V. CONOCER EL JUEGO. ‖ VER EL JUEGO MAL PARADO, Conocer que algun negocio está en mal estado.

JUEGUECICO, LLO, TO, s. m. d. de JUEGO.

JUERA, s. f. *Extr.* Especie de arnero de espartos casi juntos unos á otros.

JUÉVES, s. m. El quinto dia de la semana. ‖ JUÉVES DE COMADRES, El penúltimo juéves ántes del carnaval. ‖ JUÉVES DE COMPADRES, El anterior al de las comadres. ‖ JUÉVES DE LA CENA, ant. V. JUÉVES SANTO. ‖ JUÉVES GORDO, El inmediato á las carnestolendas. ‖ JUÉVES LARDERO, V. JUÉVES GORDO. ‖ JUÉVES SANTO, El juéves de la semana santa. ‖ COSA DEL OTRO JUÉVES, Cosa muy extraña ó difícil, ó pocas veces vista.

JUEZ, s. m El que tiene autoridad y potestad para juzgar y sentenciar. ‖ En las justas públicas y certámenes literarios, el que se señala para cuidar de que se observen las leyes impuestas en ellos, y para distribuir los premios. ‖ El que es nombrado para resolver alguna duda. ‖ JUEZ AD QUEM, for. El juez ante quien se interpone la apelacion. ‖ JUEZ Á QUO, for. El juez de quien se apela. ‖ JUEZ ÁRBITRO, V. ÁRBITRO, en la acepcion de juez. ‖ JUEZ COMPETENTE, El que tiene jurisdiccion para conocer del asunto ó negocio de que se trata. ‖ JUEZ COMPROMISARIO, V. COMPROMISARIO. ‖ JUEZ CONSERVADOR, El juez nombrado con potestad para defender de violencias alguna iglesia, comunidad religiosa ú otros eclesiásticos. ‖ JUEZ DE ALZADAS, Juez superior á quien van las apelaciones de los inferiores. ‖ JUEZ DE APELACIONES, V. JUEZ DE ALZADAS. ‖ JUEZ DE BALANZA, V. BALANZARIO. ‖ JUEZ DE COMPETENCIAS, Cualquiera de los dos ministros de consejo que nombra el rey cada año para resolver puntos de jurisdiccion. ‖ JUEZ DE COMPROMISO, V. COMPROMISARIO. ‖ JUEZ DE ENQUESTA, Ministro togado de Aragon, que haci inquisicion contra los ministros de jus ticia delincuentes, y contra los notario y escribanos. ‖ JUEZ DELEGADO, V. DELEGADO. ‖ JUEZ DEL ESTUDIO, En la universidad de Salamanca es el juez que conoce de las causas de los graduados, estudiantes y ministros que gozan del fuero de la universidad. ‖ JUEZ ENTREGADOR, V. ALCALDE ENTREGADOR. ‖ JUEZ INCOMPETENTE, El que no tiene jurisdiccion pa conocer en el negocio de que se trata. ‖ JUEZ IN CURIA, Cualquiera de los seis protonotarios apostólicos españoles. ‖ JUEZ MAYOR DE VIZCAYA, Ministro togado de la chancilleria de Valladolid, el cual forma tribunal por sí solo, y conoce en segunda instancia de las causas de los vizcainos. ‖ JUEZ OFICIAL DE CAPA Y ESPADA, Ministro de capa y espada de la audiencia de la contratacion de Indias en Cadiz. ‖ JUEZ PESQUISIDOR, El que se destina ó envia para hacer jurídicamente la pesquisa de algun delito ó reo. ‖ JUEZ SUBDELEGADO, V. SUBDELEGADO.

JUGADA, s. f. La accion y efecto de jugar. ‖ met. La accion mala é inesperada contra alguno.

JUGADERA, s. f. V. LANZADERA.

JUGADO, p. p. de JUGAR.

JUGADOR, RA, s. m. y f. El que juega. ‖ El que tiene el vicio de jugar. ‖ El que tiene especial habilidad, y es muy diestro en jugar. ‖ JUGADOR DE MANOS, El que hace juegos de manos. ‖ EL MEJOR JUGADOR SIN CARTAS, met. fam. Denota que se ha dejado de incluir alguno en el negocio ó diversion en que tiene mayor inteligencia ó destreza.

JUGANTE, p. a. ant. de JUGAR, Que juega.

JUGAR, v. a. Entretenerse, divertirse con algun juego que tiene reglas. ‖ Perder al juego. ‖ Hablando de los miembros corporales, usar de ellos dándoles el movimiento que les es natural. ‖ En los juegos de naipes es echar la carta en la mesa.

JUGAR, v. n. Hablando de las armas es tener uso ó egercicio. ‖ Hablando de las armas ofensivas y defensivas es usar de ellas. ‖ Travesear, retozar. ‖ Burlarse de alguno. ‖ HACER JUEGO, Corresponder una cosa con otra. ‖ Ponerse alguna cosa compuesta de varias piezas en movimiento para el fin que se hizo. ‖ Intervenir ó tener parte en la disposicion de algun negocio. ‖ En ciertos juegos de naipes es lo mismo que ENTRAR. ‖ JUGAR Á LAS BONICAS, Se usa cuando dos personas echan la pelota de una mano á otra, sin dejarla caer, y cuando á otros juegos no se juega interes. ‖ JUGAR FUERTE, Aventurar al juego grandes cantidades. ‖ JUGAR GRUESO, V. JUGAR FUERTE. ‖ ASÍ LA JUEGA UN ZURDO, fam. irón. Pondera la habilidad, destreza ó inteligencia de algun sugeto en el acierto de alguna accion que ha egecutado. ‖ NI JUGAR NI DAR DE BARATO, met. y fam. Proceder con total indiferencia y sin tomar partido,

JUGARRETA, s. f. fam. Jugada mal hecha y sin conocimiento del juego.

JUGLAR, adj. y s. Que pertenece á juegos y truhanerías. ‖ ant. V. FARSANTE.

JUGLARESA, s. f. La muger juglar. ‖ ant. V. FARSANTA.

JUGLERÍA, s. f. ant. Ademan ó modo propio de los juglares.

JUGO, s. m. Zumo ó sustancia de las yerbas y cosas húmedas. ‖ met. Lo provechoso, útil y sustancial de cualquier cosa.

JUGOSIDAD, s. f. La disposicion ó calidad jugosa de las cosas.

JUGOSO, SA, adj. Que tiene jugo. ‖ met. Sustancial, útil y provechoso en cualquiera línea.

JUGUE, s. f. La pringue, porquería y suciedad húmeda.

JUGUETE, s. m. Alhajilla curiosa y de poco valor que sirve para entretenimiento de los niños. ‖ Chanza ó burla. ‖ Cancion alegre y festiva. ‖ POR JUGUETE, Por chanza ó entretenimiento.

JUGUETEAR, v. n. Entretenerse jugando y retozando.

JUGUETICO, LLO, TO, s. m. d. de JUGUETE.

JUGUETON, NA, adj. Que juega y retoza con frecuencia.

JUGUETONCILLO, LLA, TO, adj. d. de JUGUETON.

JUICIERO, s. m. ant. El que juzga sin fundamento.

JUICIO, s. m. La facultad del alma que juzga de las cosas. ‖ El estado de la sana razon como opuesto á la locura ó delirio. ‖ Opinion, parecer ó dictámen. ‖ Lugar donde se juzga. ‖ Pronóstico que hacen los astrólogos de los sucesos del año. ‖ met. Cordura, prudencia. ‖ *Lóg.* La operacion del entendimiento por la que se combinan dos ideas. ‖ for. El conocimiento de alguna causa, en la cual el juez ha de pronunciar sentencia. ‖ for. ant. La sentencia del juez. ‖ JUICIO EXTRAORDINARIO, for. Aquel en que se procede de oficio del juez, y aquel en que se procede sin el órden ni reglas establecidas por derecho para los juicios comunes. ‖ JUICIO FINAL, V. JUICIO UNIVERSAL. ‖ JUICIO PARTICULAR, El que Dios hace del alma en el instante en que se separa del cuerpo. ‖ JUICIO UNIVERSAL, El que ha de hacer Jesucristo de todos los hombres en el fin del mundo. ‖ JUSTOS JUICIOS DE DIOS, Decretos ocultos de la divina justicia. ‖ ABRIR EL JUICIO, for. Instaurar el príncipe ó el tribunal supremo un juicio ya egecutoriado, para que las partes deduzcan de nuevo sus derechos. || AMONTONARSE EL JUICIO, fam. Ofuscarsé la razon por enojo ó enfado. || ASENTAR EL JUICIO, Empezar á tener juicio y cordura. || CARGAR EL JUICIO, met. V. CARGAR LA CONSIDERACION. || CONVENIR Á ALGUNO EN JUICIO, for. ant. Ponerle demanda judicial. || CONVENIR Á JUICIO, for. ant. Acudir al tribunal competente á litigar las causas y pleitos. || ENTRAR EN JUICIO CON ALGUNO, Pedirle y tomarle cuenta de lo que se le ha entregado y ha practicado. || ESTAR EN SU JUICIO Ó MUY EN JUICIO, Estar bien dispuesto y tener cabal y entero su entendimiento. || ESTAR FUERA DE JUICIO, Padecer la enfermedad de manía ó locura. || FALTO DE JUICIO, El que padece alguna demencia. || PARECER EN JUICIO, Deducir ante el juez la accion ó derecho. || PEDIR EN JUICIO, Comparecer ante el juez á proponer sus acciones y derechos. || PERDER EL JUICIO, Se usa para ponderar la extrañeza que causa alguna cosa. || PONER EN JUICIO, for. ant. Comprometer en hombres prudentes la resolucion de algun negocio. || PRIVARSE DE JUICIO, Volverse loco. || SER UN JUICIO, fam. Pondera la multitud confusa de personas ó cosas. || SUSPENDER EL JUICIO, No determinarse á resolver en alguna duda. || TENER EL JUICIO EN LOS TALONES, met. y fam. Da á entender la poca reflexion y cordura con que alguno se porta. || VOLVER Á UNO EL JUICIO, Trastornársele, hacérsele perder. || VOLVERSELE EL JUICIO Á ALGUNO, Volverse loco.

JUICIOSAMENTE, adv. Con juicio.

JUICIOSO, SA, adj. Que tiene juicio. || Hecho con juicio.

JULEPE, s. m. *Farm.* Cierta bebida dulce.

* JULICA, s. f. Cerceta, ave acuática.

JULIO, s. m. El séptimo mes del año segun nuestro cómputo.

JULO, s. m. Guia del ganado. V. MANSO.

* JUMELAS, s. f. pl. *Náut.* V. GIMELGAS GABURONES.

JUMENTA, s. f. La hembra del jumento.

JUMENTAL, adj. ant. Que pertenece al jumento.

JUMENTAZO, s. m. aum. de JUMENTO.

JUMENTIL, adj. Perteneciente al jumento.

JUMENTILLO, LLA, TO, TA, s. m. y f. d. de JUMENTO.

JUMENTO, s. m. V. ASNO. || met. El hombre ignorante y necio.

JUNCADA, s. f. Cierta especie de fruta de sarten. || Medicamento compuesto de lo tierno de los juncos, y otros ingredientes para darle á comer á los caballos cuando tienen muermo.

* JUNCAGO, s. m. Junco bastardo, planta.

JUNCAL ó JUNCAR, s. m. El sitio en donde se crian muchos juncos.

* JUNCARIA, s. f. Planta ramosa y vulneraria.

JUNCIA, s. f. Planta medicinal parecida á los juncos. || VENDER JUNCIA, met. Jactarse, echar bravatas.

JUNCIANA, s. f. Hojarasca, jactancia vana y sin fundamento.

JUNCIDO, p. p. de JUNCIR.

JUNCIERA, s. f. Vaso de barro cuya tapa tiene muchos agujeros para poner en el yerbas aromáticas.

JUNCINO, NA, adj. Que es de juncos ó está compuesto con ellos.

JUNCIR, v. a. ant. V. UNCIR.

JUNCO, s. m. Planta que se cria en lugares muy húmedos. || Especie de embarcacion pequeña de las Indias orientales. || JUNCO DE INDIAS, Cada ramo nuevo ó delgado de un árbol muy espinoso que se cria en la India oriental, flexible y elástico, y que sirve para bastones.

JUNCOSO, SA, adj. Que se parece al junco. || Se aplica al terreno que produce juncos.

JUNGLADA, s. f. ant. V. LEBRADA.

JUNIO, s. m. El sexto mes del año.

JUNIOR, s. m. Jóven religioso que despues de haber profesado está aun sujeto á la enseñanza y obediencia del maestro de novicios.

JUNÍPERO, s. m. V. ENEBRO.

JUNQUERA, s. f. V. JUNCO, planta.

JUNQUERAL, s. m. V. JUNCAL.

JUNQUILLO, TO, s. m. d. de JUNCO.

JUNQUILLO, s. m. Planta de jardinería de flores muy olorosas de color amarillo. || JUNCO DE INDIAS. || *Arq.* Moldura redonda y mas delgada que el bocel.

* JUNQUITOS, s. m. pl. Palitos con que juegan los muchachos.

JUNTA, s. f. Asamblea de varias personas para tratar de algun asunto. || El todo que forman varias cosas unidas ó agregadas unas á otras. || Union de dos ó mas cosas. V. TRIBUNAL. || *Cant.* Cada una de las dos superficies laterales de un sillar que se ha de colocar junto á otros. || ant. V. JUNTURA. || JUNTA DE DESCARGOS, Tribunal que interviene en el cumplimiento de los testamentos y últimas voluntades de los reyes. || JUNTA DE SANIDAD, La que hay para precaver los contagios en los puertos y otras partes.

JUNTADO, p. p. de JUNTAR y JUNTARSE.

JUNTADOR, RA, s. m. y f. ant. El que junta.

JUNTADURA, s. m. ant. V. JUNTURA.

JUNTAMENTE, adv. Con union ó concurrencia de varias cosas en un mismo sugeto ó lugar. || ant. V. UNÁNIMEMENTE. || Á un mismo tiempo.

JUNTAMIENTO, s. m. ant. Accion y efecto de juntar. || ant. JUNTA ó ASAMBLEA. || V. JUNTURA.

JUNTAR, v. a. Unir unas cosas con otras. || Congregar. || Acopiar.

JUNTARSE, v. r. Arrimarse ó acercarse mucho á otro. || Acompañarse, andar con alguno. || Tener acto carnal.

JUNTERA, s. f. Especie de cepillo cuyo hierro ocupa solamente la mitad de la madera.

JUNTERILLA, s. f. d. de JUNTERA.

JUNTO, p. p. irreg. de JUNTAR. || JUNTO, TA, Unido, cercano.

JUNTO, adv. Juntamente, á un mismo tiempo, con union y concurrencia. || JUNTOS LOS PIES, met. V. Á PIÉ JUNTILLAS. || DE POR JUNTO, V. POR JUNTO. || POR JUNTO, En grueso, por mayor. || V. CERCA.

JUNTORIO, s. m. Cierta especie de tributo.

JUNTURA, s. f. La parte en que se juntan y unen dos ó mas cosas. || ant. V. JUNTA, 3ª A. || ant. V. MEZCLA. || JUNTURA CLAVAL, *Anat.* La union de dos huesos entrando el uno en el otro á manera de clavo. || JUNTURA MODÁTIL, *Anat.* V. JUNTURA NUDOSA. || JUNTURA NUDOSA, *Anat.* La que tienen dos huesos por medio de una concavidad que tiene el uno, y una cabeza ó nudo del otro que entra en ella. || JUNTURA SERRÁTIL, *Anat.* La que tienen dos huesos en figura de dientes de sierra.

JÚPITER, s. m. *Astron.* Uno de los principales planetas situado entre Saturno y Marte. || *Quim.* V. ESTAÑO.

JUR, s. m. ant. V. DERECHO.

JURA, s. f. ant. V. JURAMENTO. || El acto solemne en que los estados y ciudades de un reino juran la obediencia á su príncipe. || JURA DE MANCUADRA Ó DE LA MANCUADRA. || for. ant. V. JURAMENTO DE CALUMNIA.

JURADERÍA, s. f. ant. V. JURADURÍA.

JURADO, p. p. de JURAR.

JURADO, s. m. El sugeto elegido para atender al bien comun, en particular en la provision de víveres. || JURADO EN CAP, En la corona de Aragon era el primero de los jurados.

JURADOR, RA, s. m. y f. El que jura ó tiene vicio de jurar. || ant. El que declara en juicio con juramento.

JURADORÍA, s. f. ant. V. JURADURÍA.

JURADURÍA, s. f. Oficio y dignidad de jurado.

JURAMENTADO, p. p. de JURAMENTAR.

JURAMENTAR, v. a. Tomar juramento á alguno.

JURAMENTARSE, v. r. Obligarse con juramento.

JURAMENTO, s. m. Afirmacion ó negacion de alguna cosa, poniendo por testigo á Dios. || JURAMENTO ASERTORIO, Aquel con que se afirma la verdad. || JURAMENTO CONMINATORIO, Aquel con que se amenaza á alguno. || JURAMENTO DE CALUMNIA, for. El que hacen las partes al principio del pleito, afirmando que no proceden ni procederán con malicia. || JURAMENTO DECISORIO, Aquel que una parte exige de la otra, obligándose á pasar por lo que esta jurare. || JURAMENTO EXECRATORIO, Maldicion que se echa uno á sí mismo si no fuere verdad lo que asegura. || JURAMENTO FALSO, El que se hace con mentira. || JURAMENTO JUDICIAL, El que toma el juez. || JURAMENTO PROMISORIO, Aquel con que se promete alguna cosa. || JURAMENTO SUPLETORIO, for. El que se pide á la parte á falta de otras pruebas.

JURANTE, p. a. ant. de JURAR, Que jura.

JURAR, v. a. Afirmar ó negar alguna cosa, poniendo por testigo á Dios. || Reconocer solemnemente y con juramento de fidelidad y obediencia la soberanía de un príncipe. || JURÁRSELA Á ALGUNO, fam. Asegurar que se ha de vengar de él.

JURATORIA, s. f. *Ar.* Lámina de plata en que está escrito el evangelio, y sobre la cual ponen las manos los magistrados para hacer el juramento.

JURATORIA, adj. V. CAUCION JURATORIA.

JURATORIO, s. m. El instrumento en que se hacia constar el juramento prestado por los magistrados de Aragon.

JURDÍA, s. f. Especie de red para pescar.

JUREL, s. m. Pez que se cria en los mares de España, y que tiene en cada uno de los costados una línea de puas.

JURGINA ó JURGUINA, s. f. V. HECHICERA.

JURÍDICAMENTE, adv. En forma de juicio ó derecho.

JURIDICIAL, adj. ant. V. JUDICIAL.

JURÍDICO, CA, adj. Que está ó se hace segun forma de juicio ó de derecho.

JURIO, s. m. ant. V. JURO Ó DERECHO perpetuo de propiedad.

JURISCONSULTO, s. m. El intérprete del derecho civil, cuyas respuestas tuvieron fuerza de ley. || V. JURISPERITO.

JURISDICCION, s. f. Poder ó autoridad que tiene alguno para gobernar y poner en egecucion las leyes. || Término de algun lugar ó provincia. || Autoridad ó fuerza de alguna cosa sobre otra. || JURISDICCION DELEGADA, La que egerce alguno en lugar de otro por comision que se le da. || JURISDICCION FORZOSA, for. La que tiene el superior ó juez respecto de sus súbditos. || JURISDICCION ORDINARIA, La que por derecho egerce universal y perpetuamente el superior con sus súbditos. || JURISDICCION VOLUNTARIA, for. La que tiene un juez sobre los que voluntariamente se sujetan á su decision. || CAER DEBAJO DE LA JURISDICCION Ó PODER DE ALGUNO, met. y fam. Estar sujeto á su dominio ó voluntad. || DECLINAR JURISDICCION, for. Alegar alguno no deber comparecer ni contestar á la demanda que se le pone ante juez incompetente. || PROROGAR LA JURISDICCION, Sujetarse al juez incompetente por algun acto de contestacion. || REASUMIR LA JURISDICCION, for. Suspender el superior la jurisdiccion que otro tenia, tomándola en sí para poder proceder y conocer en algun negocio. || REFUNDIR Ó REFUNDIRSE LA JURISDICCION, for. Recaer ó reunirse en una sola persona ó en pocas la jurisdiccion que residia en muchas mas.

JURISDICCIONAL, adj. Que pertenece á la jurisdiccion.

JURISPERICIA, s. f. ant. V. JURISPRUDENCIA.

JURISPERITO, s. m. Profesor de jurisprudencia.

JURISPRUDENCIA, s. f. Ciencia del derecho.

JURISPRUDENTE, s. m. V. JURISPERITO.

JURISTA, s. m. El que estudia ó profesa la ciencia del derecho. || El que tiene juro ó derecho á alguna cosa.

JURO, s. m. Derecho perpetuo de propiedad. || Especie de pension perpetua concedida sobre las rentas públicas. || JURO MOROSO, Aquel que se ha dejado cierto número de años sin acudir á su cobranza, y de que se vale el príncipe con la calidad de satisfacerle á la parte siempre que acredite su pertenencia. || CABER EL JURO Ó LIBRANZA, TENER CABIMIENTO en la relacion por antelacion. || DE JURO, Ciertamente, por fuerza, sin remedio. || DE JURO Ó POR JURO DE HEREDAD, Perpetuamente, para que pase de padres á hijos.

* **JURUGO**, s. m. V. ABEJARUCO.

JUSBARBA, s. f. Planta. V. BRUSCO.

JUSELLO, s. m. Especie de potage.

JUSGADO, p. p. ant. de JUSGAR.

JUSGAR, v. a. ant. Condenar á perder por justicia alguna cosa.

JUSTA, s. f. Pelea ó combate singular á caballo con lanza. || Torneo. || *Germ.* La justicia.

JUSTADO, p. p. de JUSTAR.

JUSTADOR, s. m. ant. V. AJUSTADOR Ó JUBON.

JUSTADOR, s. m. El que justa.

JUSTAMENTE, adv. Con justicia. || V. AJUSTADAMENTE. || Cabalmente, ni mas ni ménos. || Expresa la identidad de lugar ó tiempo en que sucede alguna cosa.

JUSTAR, v. n. Pelear ó combatir en las justas.

JUSTEDAD, s. f. ant. La calidad de justo. || ant. Igualdad ó correspondencia justa y exacta de alguna cosa.

JUSTICIA, s. f. Virtud que inclina á dar á cada uno lo que le pertenece. || El atributo de Dios por el cual arregla todas las cosas en número, peso y medida. || Una de las cuatro virtudes cardinales. || Derecho, razon, equidad. || El conjunto de todas las virtudes, que constituye bueno al que las tiene. || Lo que debe hacerse segun derecho ó razon. || Pena ó castigo público. || El ministro ó tribunal que la egerce.

JUSTICIA, s. m. ant. V. ALGUACIL MAYOR. || JUSTICIA DE ARAGON, El magistrado supremo de aquel reino. || JUSTICIA DE DIOS, Especie de imprecacion con que se da á entender que alguna cosa es injusta. || JUSTICIA DE SANGRE, ant. V. MERO IMPERIO. || JUSTICIA MAYOR DE CASTILLA, Dignidad de las primeras del reino. || JUSTICIA ORDINARIA, La que tiene por sí derecho de conocer en primera instancia de todas las causas que ocurren en su distrito. || JUSTICIA ORIGINAL, La inocencia y gracia en que Dios crió á nuestros primeros padres. || ADMINISTRAR JUSTICIA, Se dice de los jueces que juzgan sobre ella, ó hacen que se egecute lo que es justo. || AQUÍ DE LA JUSTICIA, expr. prov. V. FAVOR Á LA JUSTICIA. || DE JUSTICIA, Debidamente, segun justicia y razon. || ESTAR Á JUSTI-

CIA, V. ESTAR Á DERECHO. || HACER JUSTICIA, Obrar en razon con alguno ó tratarle segun el mérito. || IR POR JUSTICIA, Poner pleito. || OIR EN JUSTICIA, Admitir el juez y seguir la demanda segun los términos del derecho. || PEDIR EN JUSTICIA, Poner demanda ante juez competente. || PEDIR JUSTICIA, Acudir al juez para que la haga. || Pedir con razon y equidad en cualquiera materia. || TENERSE Á LA JUSTICIA, Detenerse y rendirse a ella.

JUSTICIADO, p. p. de JUSTICIAR.

JUSTICIADOR, s. m. ant. El que hace justicia.

JUSTICIAR, v. a. ant. V. AJUSTICIAR. || ant. V. CONDENAR.

JUSTICIAZGO, s. m. ant. Empleo ó dignidad de justicia.

JUSTICIERO, RA, s. m. y f. El que observa y hace observar rigurosamente la justicia. || El que castiga con rigor los delitos.

JUSTIFICACION, s. f. Conformidad con lo justo. || Probanza que hace el reo de su justicia. || Prueba convincente de alguna cosa. || Santificacion interior del hombre por la gracia. || Entre impresores, la justa medida del largo que han de tener los renglones que se ponen en el componedor.

JUSTIFICADAMENTE, adv. Con justificacion y rectitud. || Con exactitud, sin discrepar.

JUSTIFICADÍSIMAMENTE, adv. sup. de JUSTIFICADAMENTE.

JUSTIFICADÍSIMO, MA, adj. sup. de JUSTIFICADO.

JUSTIFICADO, p. p. de JUSTIFICAR. || JUSTIFICADO, DA, adj. Conforme á justicia y razon. || Que obra segun justicia y razon.

JUSTIFICADOR, s. m. V. SANTIFICADOR.

JUSTIFICANTE, p. a. de JUSTIFICAR, Que justifica.

JUSTIFICAR, v. a. Hacer Dios justo á alguno dándole la gracia. || Probar judicialmente. || Probar con razones convincentes. || Rectificar ó hacer justo. || Ajustar, arreglar con exactitud. || Probar la inocencia de alguno en lo que se le imputa ó presume de él. || En la imprenta igualar el largo de las líneas de una plana.

JUSTIFICATIVO, VA, adj. Que sirve para justificar.

JUSTILLO, s. m. Vestido interior que ciñe el cuerpo, y no baja de la cintura ni tiene mangas.

JUSTIPRECIADO, p. p. de JUSTIPRECIAR.

JUSTIPRECIAR, v. a. Apreciar y tasar.

JUSTÍSIMAMENTE, adv. sup. de JUSTAMENTE.

JUSTÍSIMO, MA, adj. sup. de JUSTO.

JUSTO, TA, adj. Que obra segun justicia y razon. || Arreglado á justicia y razon. || El que vive segun la ley de Dios. Úsase tambien como sustantivo. || Que es igual á otra cosa. || AL JUSTO, Ajustadamente, con la debida proporcion. || Cabalmente, á punto fijo. || EN JUSTOS Y CREYENTES, fam. Se usa para asegurar que una cosa es cierta. || EN JUSTOS Y EN VERENJUSTOS, fam. Con razon ó sin ella. || PAGAR JUSTOS POR PECADORES, Explica que ordinariamente los pobres y desamparados pagan por los poderosos y validos, y los inocentes por los culpados.

JUSTO, adv. Justamente, debidamente. || APRETADAMENTE, con estrechez.

JUSTO, s. m. *Germ.* V. JUBON.

JUTA, s. f. Pájaro de las Indias occidentales, que los salvages de la provincia de Quito crian en sus habitaciones.

JUVENAL, adj. ant. V. JUVENIL.

JUVENCO, CA, s. m. y f. ant. V. NOVILLO, LLA.

JUVENIL, adj. Que pertenece á la juventud.

JUVENTUD, s. f. La edad que média entre la niñez y la edad viril. || El conjunto de jóvenes.

JUZGADO, p. p. de JUZGAR. || ESTAR Á JUZGADO Y SENTENCIADO, fam. Quedar obligado á oir y consentir la sentencia que se diere.

JUZGADO, s. m. La junta de jueces que concurren á dar sentencia. || Tribunal de un solo juez. || Jugar donde se juzga. || Judicatura, empleo ú oficio de juez.

JUZGADOR, RA, s. m. y f. V. JUEZ.

JUZGADURÍA, s. f. ant. Judicatura, cargo ú oficio de juez.

JUZGAMIENTO, s. m. ant. La accion y efecto de juzgar.

JUZGAMUNDOS, s. c. fam. El murmurador.

JUZGANTE, p. a. de JUZGAR, Que juzga.

JUZGAR, v. a. Dar sentencia como juez. || Persuadirse alguna cosa, creerla, formar dictámen. || ant. Condenar por justicia en la pérdida de alguna cosa, confiscarla.

K

K, Esta letra, que se ha contado hasta ahora como perteneciente á nuestro abecedario, solo se usa en algunas voces tomadas de otros idiomas. Como letra numeral valia doscientos y cincuenta; y poniéndole una rayita encima valia docientos y cincuenta mil.

L

L, Undécima letra de nuestro abecedario. Fórmase el sonido de estra letra, que es una de las cónsonantes linguales, con la lengua arrimada al paladar junto á los dientes altos, y arrojando la voz al tiempo de separarla.

LA

LA, Artículo femenino que se antepone á los nombres apelativos de este género. || Acusativo del singular del pronombre personal femenino Ella.

LA, s. m. *Mús.* La voz sexta de la escala ó diapason.

LÁBARO, s. m. El estandarte con la cruz de que usaban los emperadores romanos desde Constantino. || La cifra del nombre de Cristo compuesta de la X *Ji*, y P *Ro* griegas.

* LABE, s. f. ant. V. MANCHA.

LABERINTO, s. m. Lugar artificiosamente formado para que confundiéndose el que está dentro no pueda acertar con la salida. || met. Cosa confusa y enredada. || *Anat.* La segunda cavidad del oido. || *Poét.* Composicion en que estan colocados los versos ó dicciones de modo que por cualquiera parte que se lea se encuentra cadencia y sentido.

LABIA, s. f. fam. La afluencia, persuasiva y gracia en el hablar.

LABIADO, DA, adj. *Bot.* Se aplica á la flor de una pieza entera por la base, y que por ariba se reparte en dos, alto y bajo, á manera de labios.

LABIAL, adj. Dícese de las letras y voces que se pronuncian juntando los labios.

LABIÉRNAGO, s. m. Arbusto, V. LADIERNO.

LABIO, s. m. La parte exterior de la boca. || met. Extremidad y borde. || CERRAR LOS LABIOS, V. CALLAR. || MORDERSE LOS LABIOS, met. Mostrar uno sentimiento de hallarse burlado, ó de no poder egecutar ó decir lo que se desea. || met. y fam. Violentarse para reprimir la risa ó el habla. || NO DESCOSER LOS LABIOS, met. Guardar silencio cuando se podia ó debia hablar. || NO DESPEGAR Ó NO DESCOSER ALGUNO SUS LABIOS, Callar ó no contestar. || NO MORDERSE LOS LABIOS, met. y fam. Decir su sentir con desembarazo y libertad. || SELLAR LOS LABIOS, met. Callar, enmudecer ó suspender las palabras.

LABOR, s. f. Accion y efecto de trabajar. || En las telas y otras cosas, DIBUJO. || La obra de coser, bordar, etc., en que se ocupan las mugeres. || Con el artículo *la* es la escuela de niñas donde aprenden á hacer labor. || LABRANZA, en especial por la de las tierras que se siembran. || Cada una de las vueltas de arado ó cavas que se dan á la tierra. || Entre los fabricantes de teja y ladrillo cada millar de esta obra. || La simiente de los gusanos de seda. || LABOR BLANCA, Entre las labores mugeriles es la que hacen en lienzo. || HACER LABORES, *Ar.* Tomar las medidas convenientes para la consecucion de alguna cosa. || METER EN LABOR LA TIERRA, Labrarla, prepararla para la sementera.

LABORABLE, adj. Que se puede laborar ó trabajar.

LABORADO, p. p. de LABORAR.

LABORADOR, s. m. Trabajador, labrador.

LABORANTE, p. a. ant. de LABORAR, Que labora ó trabaja.

LABORAR, v. a. ant. V. LABRAR.

LABORATORIO, s. m. La oficina en que se hacen las operaciones químicas.

LABORCICA, LLA, TA, s. f. d. de LABOR.

LABOREADO, p. p. de LABOREAR.

LABOREAR, v. a. LABRAR ó trabajar.

LABOREAR, v. n. *Náut.* Pasar y correr un cabo por la roldana de algun moton.

LABOREO, s. m. *Miner.* El trabajo que se hace en las minas para descubrir y extraer los metales. || *Náut.* El órden y disposicion de los que se llaman en las embarcaciones cabos de labor.

LABORERA, adj. ant. Se aplicaba á la muger diestra en las labores de manos.

LABORÍO, s. m. Labor ó trabajo.

LABORIOSIDAD, s. f. Aplicacion ó inclinacion al trabajo.

LABORIOSO, SA, adj. Trabajador, aficionado al trabajo, amigo de trabajar. || Trabajoso, penoso.

LABRADA, s. f. V. LABRADO. || LABRADAS, pl. *Germ.* Las habillas.

LABRADERO, RA, adj. Que es proporcionado para la labor, y se puede labrar.

LABRADÍO, DÍA, adj. V. LABRANTÍO.

LABRADO, p. p. de LABRAR. || LABRADO, DA, adj. Se aplica á las telas ó géneros que tienen alguna labor.

LABRADO, s. m. El campo labrado. || LABRADOS, pl. *Germ.* Botines ó borceguíes.

LABRADOR, RA, s. m. El que labra la tierra. || El que posee hacienda de campo y la cultiva por su cuenta. || El que vive en aldea ó pueblo pequeño, y aunque no se ocupe en la labranza, tiene el trage y costumbres de los labradores.

LABRADOR, RA, adj. Que trabaja ó es á propósito para trabajar.

LABRADORA, s. f. *Germ.* La mano.

LABRADORCICO, CA, LLO, LLA, TO, TA, s. m. y f. d. de LABRADOR Y LABRADORA.

LABRADORESCO, CA, adj. Que pertenece al labrador y es propio de él.

LABRANDERA, s. f. ant. La muger que sabe labrar ó hacer labores mugeriles.

LABRANTE, s. m. El que entalla las piedras.

LABRANTIN, s. m. El labrador de poco caudal.

LABRANTÍO, TÍA, adj. Se aplica al campo ó tierra de labor.

LABRANZA, s. f. El trabajo de cultivar la tierra. || La agricultura y arte de labrar las tierras, ó la profesion de labrador. || Hacienda de campo ó tierras de labor. || ant. Labor ó trabajo de cualquier arte ú oficio.

LABRAR, v. a. Trabajar en algun oficio. || Trabajar alguna materia reduciéndola al estado ó forma conveniente para usar de ella. || Cultivar la tierra. || V. ARAR. || V. EDIFICAR, ó mandar edificar. || Coser, bordar ó hacer otras labores mugeriles. || met. Mortificar, hacer daño.

LABRAR, v. n. Hacer fuerte impresion en el ánimo alguna cosa.

LABRERO, RA, adj. Se aplica á las redes que sirven para la pesca de los cazones.

LABRIEGO, s. m. El aldeano y labrador rústico.

LABRO, s. m. ant. V. LABIO.

LABRUSCA, s. f. La vid silvestre.

LACA, s. f. Especie de goma resinosa muy encarnada. || Color rojo que se hace del extracto de la cochinilla ó del brasil con otros ingredientes.

LACAYO, s. m. Criado de librea cuya principal ocupacion es seguir á su amo á pié, á caballo ó en la trasera del coche. || ant. El mozo de espuelas. || ant. Soldado ligero de á pié. || Escudero de caballero ó rico hombre. || Lazo de cinta que llevaban las mugeres colgando del puño de la camisa ó jubon.

LACAYUELO, s. m. d. de LACAYO.

LACAYUNO, NA, adj. fam. Perteneciente á lacayo.

LACEADO, p. p. de LACEAR.

LACEAR, v. a. Adornar con lazos. || Atar con lazos. || Disponer la caza para que venga al tiro tomándole el aire.

LACEDEMON, adj. V. LACEDEMONIO.

LACEDEMONIO, NIA, adj. De Lacedemonia.

LACERACION, s. f. Accion y efecto de lacerar.

LACERADO, p. p. de LACERAR. || LACERADO, DA, adj. Infeliz, desdichado. || Contagiado del mal de san Lázaro.

LACERADOR, s. m. ant. Acostumbrado á trabajos, capaz de resistirlos.

LACERAR, v. a. Hacer pedazos, romper, maltratar. || ant. Escasear, ahorrar, gastar poco. || ant. Penar, pagar algun delito. || met. ant. Perjudicar, poner en mal á alguna persona con otra.

LACERAR, v. n. ant. Padecer, pasar trabajos.

LACEREAR, v. n. ant. Padecer, pasar trabajos.

LACERIA, s. f. Miseria, pobreza. || Trabajo, fatiga, molestia. || ant. Enfermedad de san Lázaro. || ant. Conjunto de lazos.

LACERIO, s. m. ant. V. LACERIA.

LACERIOSO, SA, adj. Que padece laceria ó miseria.

* LACERTA, s. f. Cierto pescado del océano.

LACERTO, s. m. ant. V. LAGARTO.

LACERTOSO, SA, adj. ant. *Med.* MUSCULOSO.

LACHA, s. f. Pez. V. SÁBALO.

* LACIMADAS, adj. f. pl. *Bot.* Retorcidas, halando de las hojas de las plantas.

LACIO, CIA, adj. Marchito, ajado. || Flojo, descaecido, sin vigor.

LACÓNICAMENTE, adv. Breve, concisamente.

LACÓNICO, CA, adj. Conciso, breve, compendioso.

LACONISMO, s. m. La propiedad del estilo lacónico.

LACRA, s. f. Reliquia é señal de alguna enfermedad ó achaque. || Defecto ó vicio de alguna cosa, sea físico ó moral.

LACRADO, p. p. de LACRAR.

LACRAR, v. a. Dañar la salud de alguno, pegarle alguna enfermedad. || met. Dañar ó perjudicar á alguno en sus intereses.

LACRE, s. m. Pasta hecha de laca y otros combustibles, que sirve para cerrar cartas é imprimir sellos.

* LACREAR, v. a. Cerrar con lacre.

LÁCRIMA, s. f. ant. V. LÁGRIMA.

LACRIMABLE, adj. ant. Digno de ser llorado.

LACRIMACION, s. f. ant. Efusion ó derramamiento de lágrimas.

LACRIMADO, p. p. de LACRIMAR.

LACRIMAL, adj. Perteneciente á las lágrimas.

LACRIMAR, v. ant. V. LLORAR.

LACRIMATÓRIO, RIA, adj. Se aplica á los vasos en que los antiguos recogian las lágrimas que lloraban por los difuntos, y que guardaban en sus mismos sepulcros.

LACRIMOSO, SA, adj. Que tiene lágrimas.

LACRIS, s. m. V. ROMERO, planta.

* LACTACION, s. f. V. LACTANCIA.

LACTANCIA, s. f. Accion de mamar la criatura, y el tiempo en que mama.

LACTANTE, s. m. El que mama.

LACTARIO, RIA, adj. V. LÁCTEO.

LÁCTEO, TEA, adj. Que pertenece á leche ó es parecido á ella.

LACTICÍNEO, NEA, adj. ant. V. LÁCTEO.

LACTICINIO, s. m. La leche ó cualquier manjar compuesto con ella.

LACTÍFERO, RA, adj. *Anat.* Se aplica á los conductos ó vasos por donde pasa la leche hasta llegar al pezon del pecho.

LACTÚMEN, s. m. *Med.* Enfermedad que suelen padecer los niños que maman.

LACTUOSO, SA, adj. ant. V. LÁCTEO.

* LACUEARIO, s. m. Atleta que peleaba con un puñal en una mano y una cuerda con lazo en la otra.

LACUSTRE, adj. ant. V. PALUSTRE.

LADA, s. f. V. JARA.

LÁDANO, s. m. Licor aceitoso que destila la jara, y despues le espesan y dan consistencia á manera de goma en las boticas.

LADEADO, p. p. de LADEAR.

* LADEAMIENTO, s. m. Accion y efecto de ladear.

LADEAR, v. a. Inclinar y torcer alguna cosa hácia un lado. || Acompañar á alguno yendo á su lado.

LADEAR, v. n. V. LADEARSE. || Andar ó caminar por las laderas. || met. Declinar del camino derecho.

LADEARSE, v. r. met. Inclinarse á alguna cosa, dejarse llevar de ella. || LADEARSE CON ALGUNO, met. fam. Empezar á enemistarse con él.

* LADEO, s. m. Accion y efecto de ladear.

LADERA, s. f. El declivio de un monte ó de una altura por sus lados. || ant. V. LADO.

LADERÍA, s. f. ant. Pequeña llanura en la ladera de algun monte.

LADERILLA, TA, s. f. d. de LADERA.

LADERO, RA, adj. V. LATERAL.

LADIERNO, s. m. Arbusto con corta diferencia de la magnitud de la alheña, con la corteza parecida á la del cerezo.

LADILLA, s. f. Insecto casi redondo, velloso, chato, y de color blanquizco, que se agarra estrechamente á las partes mas vellosas del cuerpo humano. || Especie de cebada, cuya espiga tiene dos órdenes de granos. || PEGARSE COMO LADILLA, met. Arrimarse á alguna persona molestándola.

LADILLO, s. m. La parte de la caja del coche que está á cada uno de los lados de las puertecillas.

LADINAMENTE, adv. De un modo ladino.

LADINO, NA, adj. ant. Se aplicaba al romance ó castellano antiguo. || ant. El que sabe otra lengua ó lenguas ademas de la suya. || met. Sagaz, advertido.

LADITO, s. m. d. de LADO.

LADO, s. m. El costado ó parte del cuerpo del animal, comprendida entre el brazo y el hueso de la cadera. || Lo que está á la derecha ó izquierda de un todo. || El costado ó la mitad del cuerpo del animal desde el pié hasta la cabeza. || Cualquiera de los parages que estan al rededor de un cuerpo. || La estera que se pone arrimada á las estacas de los lados de los carros y carretas. || met. La persona que protege ó favorece á otra. || met. El que acompaña á otro y le aconseja. || met. El modo, medio ó camino que se toma para alguna cosa. || *Geom.* Cada una de las líneas que encierran una figura plana, ó de los planos que encierran un sólido. || *Geom.* Cuando se considera como base una de las lineas que comprenden una figura plana, ó de los planos que encierran un sólido, las otras lineas ó planos se llaman LADOS por contraposicion. || V. COSTADO. || AL LADO, V. MUY CERCA, inmediato. || Á UN LADO, Advierte á alguno ó algunos que se aparten y dejen el paso libre. || COMERLE UN LADO Á UNO, fam. Da á entender el gasto continuo que alguna persona hace á otra viviendo en su casa y comiendo á sus expensas. || DAR LADO Ó DE LADO, *Naut.* Torcer la embarcacion para descubrir bien todo el costado hasta la quilla. || DE LADO, met. Por incidencia, accesoriamente. || DE LADO Á LADO, Explica la igualdad de dos ó mas personas cuando se pasean juntas. || MIRAR DE LADO Ó MEDIO LADO, met. Mirar con ceño y desprecio. || Mirar con disimulo. || DEJAR Á UN LADO, Omitir alguna cosa en la conversacion que se trata. || ECHAR Á UN LADO, Hablando de un negocio ó diligencia es concluirle, fenecerle.

LADON, s. m. V. JARA.

LADRA, s. f. El acto de ladrar el perro.

LADRADO, p. p. de LADRAR.

LADRADOR, RA, s. m. y f. El que ladra. || ant. V. PERRO.

LADRANTE, p. a. de LADRAR, Que ladra ó que imita el ladrido.

LADRAR, v. n. Dar ladridos el perro. || met. Amenazar sin acometer. || met. Impugnar, motejar.

LADRIDO, s. m. La voz que forma el perro cuando ladra. || met. Murmuracion, censura, calumnia con que se zahiere á alguno. || met. Estímulo, movimiento que causa alguna pasion ó inclinacion violenta.

LADRILLADO, p. p. de LADRILLAR.

LADRILLADO, s. m. El solado de ladrillos.

LADRILLADOR, s. m. V. ENLADRILLADOR.

LADRILLAL, s. m. El sitio ó lugar donde se fabrica ladrillo.

LADRILLAR, v. a. ant. V. ENLADRILLAR.

LADRILLAR, s. m. V. LADRILLAL.

LADRILLAZO, s. m. Golpe dado con un ladrillo.

LADRILLEJO, s. m. d. de LADRILLO. || Juego que suelen hacer los mozos de noche colgando un ladrillo delante de la puerta de alguna casa.

LADRILLERO, s. m. El que hace ó vende ladrillos.

LADRILLO, s. m. Pedazo de barro amasado y cocido que sirve para construir fábricas. || met. La labor en figura de ladrillo que tienen algunos tegidos. || *Germ.* Ladron. || LADRILLO DE CHOCOLATE, met. La pasta de chocolate hecha en figura de ladrillo.

LADRILLOSO, SA, adj. Que es de ladrillo.

LADRON, NA, s. m. y f. El que hurta ó roba. || El que sale á herir al traves. || El portillo en las presas de los molinos ó aceñas para robar el agua. || La pavesa encendida que separándose del pábilo se pega á la vela, y la hace correrse. || HACER DEL LADRON FIEL, Confiarse de alguno poco seguro por necesidad ó precision.

LADRONAMENTE, adv. met. Disimuladamente ó á hurtadillas.

LADRONCILLO, LLA, TO, TA, s. m. y f. d. de LADRON.

LADRONERA, s. f. El lugar donde se abrigan y ocultan los ladrones. || V. LADRON, 3ª A. || V. LADRONICIO. || V. HUCHA Ó ALCANCÍA.

LADRONERÍA, s. f. V. LADRONICIO.

LADRONESCO, CA, adj. fam. Que pertenece á los ladrones.

LADRONÍA, s. f. ant. V. LADRONICIO.

LADRONICIO, s. m. El hurto ó la costumbre de hurtar ó defraudar á los otros en sus intereses.

LAGAÑA, s. f. El humor que destila

los ojos y queda cuajado y pegado á las pestañas y lagrimales.

LAGAÑOSO, SA, adj. Que tiene muchas lagañas.

LAGAR, s. m. El estanque pequeño en que se pisa la uva para exprimir el mosto.

LAGAREJO, s. m. d. de LAGAR. ‖ HACERSE LAGAREJO, met. y fam. Apretarse los mozos unos á otros los pescuezos por burla y pasatiempo. ‖ HACERSE LAGAREJO LA UVA, Maltratarse, extrujarse la uva que se trae para comer.

LAGARERO, s. m. El que trabaja en el lagar pisando uva. ‖ El que trabaja en el molino de aceite.

LAGARETA, s. f. V. LAGAREJO.

LAGARTA, s. f. La hembra del lagarto.

LAGARTADO, DA, adj. V. ALAGARTADO.

LAGARTERA, s. f. El agujero ó madriguera del lagarto.

LAGARTERO, RA, adj. El ave ú otro animal que caza lagartos.

LAGARTEZNA, s. f. ant. V. LAGARTIJA.

LAGARTIJA, s. f. Reptil muy comun cuyo cuerpo es semejante al del lagarto.

LAGARTIJERO, RA, adj. Que caza y come lagartijas.

LAGARTILLO, s. m. d. de LAGARTO.

LAGARTO, s. m. Reptil, especie de caiman de diez á doce pulgadas de largo, muy comun en varias partes de España. ‖ El músculo grande del brazo que está entre el hombro y el codo. ‖ fam. Pícaro, taimado. ‖ fam. ant. La espada roja, insignia de la órden de caballería de Santiago. ‖ *Germ.* El ladron del campo, ó el que muda vestido para que no le conozcan. ‖ LAGARTO DE INDIAS, V. CAIMAN ó COCODRILO.

LAGO, s. m. Concavidad grande y profunda que está siempre llena de agua. ‖ LAGO DE LEONES, El lugar subterráneo ó cueva en que los encerraban.

*LAGOSTA, s. f. ant. V. LANGOSTA.

LAGOSTIN, s. m. V. LANGOSTIN.

LAGOSTO, s. m. ant. V. LANGOSTA.

LAGOTEADO, p. p. de LAGOTEAR.

LAGOTEAR, v. n. fam. Hacer halagos y zalamerías.

LAGOTERÍA, s. fam. Zalamería.

LAGOTERO, RA, adj. fam. Zalamero.

LÁGRIMA, s. f. Cada una de las gotas del humor acueo que sale á los ojos por los puntos lacrimales. ‖ Vino que se saca apretando muy poco la uva. ‖ met. La gota de humor que destilan las vides y otros árboles despues de la poda. ‖ met. Porcion muy corta de cualquier licor. ‖ LÁGRIMA DE HOLANDA, Una pequeña porcion de cristal cuajada en el agua en figura de cornezuelo con cabeza redonda, que aunque es muy dura por la cabeza rompiendo la punta se deshace en menudo polvo. ‖ LÁGRIMAS DE COCODRILLO, Las que vierte una persona aparentando dolor. ‖ LÁGRIMAS DE DAVID, Yerba semejante á la caña, de cuya simiente se hacen rosarios. ‖ LÁGRIMAS DE MOISEN ó DE SAN PEDRO, fam. Las piedras ó guijarros con que se apedrea á alguno. ‖ CORRER LAS LÁGRIMAS, Llorar con abundancia. ‖ DERRAMAR LÁGRIMAS, Llorar de manera que caigan las lágrimas por las megillas. ‖ DESHACERSE EN LÁGRIMAS, Llorar copiosa y amargamente. ‖ LO QUE NO VA EN LÁGRIMAS VA EN SUSPIROS, Expr. fam. con que se satisface á la queja de alguno de que no se le da todo lo que pide ó le pertenece. ‖ LLORAR Á LÁGRIMA VIVA, ó LLORAR LÁGRIMAS DE SANGRE, met. Sentir con gran vehemencia alguna cosa. ‖ SALTARLE ó SALTÁRSELE Á UNO LAS LÁGRIMAS, Enternecerse, echar á llorar de improviso.

LAGRIMABLE, adj. Digno de llorarse.

LAGRIMADO, p. p. de LAGRIMAR.

LAGRIMAL, s. m. Ángulo del ojo por la parte mas cercana de la nariz.

LAGRIMAR, v. n. V. LLORAR.

LAGRIMEAR, v. n. V. LAGRIMAR.

LAGRIMILLA, TA, s. f. d. de LÁGRIMA.

LAGRIMON, s. m. aum. de LÁGRIMA.

LAGRIMON, NA, adj. ant. Lagrimoso, legañoso ó pitarroso.

LAGRIMOSO, SA, adj. Dícese de los ojos tiernos y húmedos por vicio de la naturaleza, por estar próximos á llorar ó haber llorado. ‖ Que tiene los ojos en este estado. ‖ Que hace llorar ó merece ser llorado. ‖ Que tiene semejanza al que llora.

LAGUNA, s. f. Concavidad en la tierra donde se juntan y mantienen muchas aguas. ‖ met. En los escritos es el hueco que se quedó sin escribir, ó cuya escritura consumió el tiempo.

LAGUNAJO, s. m. Charco que queda en el campo despues de haber llovido ó haberse inundado.

LAGUNAR, s. m. Cada uno de los huecos que dejan los maderos con que se forma el techo artesonado. ‖ ant. V. LAGUNAJO.

LAGUNERO, RA, adj. Perteneciente á la laguna.

LAGUNOSO, SA, adj. Que abunda en charcos ó que tiene lagunas.

LAICAL, adj. Que pertenece á los legos.

LAICO, CA, adj. y s. m. y f. V. LEGO.

LAIDAMENTE, adv. ant. Ignominiosamente, vergonzosamente.

LAIDO, DA, adj. ant. Afrentoso, ignominioso. ‖ ant. Triste, caido de ánimo. ‖ ant. Feo ó afeado.

LAIREN, adj. Se aplica á cierta especie de uva de crecido grano y de hollejo duro, de las cepas que las producen y del veduño de esta especie.

LAJA, s. f. LANCHA por piedra llana y lisa. ‖ *Náut.* La peña que suele haber en la barra ó boca de los puertos de mar.

LAMA, s. f. El cieno que queda en el fondo de los parages ó vasos en que hay ó ha habido agua largo tiempo. ‖ Tela ó nata que cria el agua en su superficie. ‖ Tela de oro ó plata en que los hilos de estos metales forman el tegido y brillan por su haz. ‖ Entre mineros la harina ó tierra sutil de los metales. ‖ *And.* La arena muy menuda y suave que sirve para mezclar con la cal. ‖ *Gal.* Pedazo de llanura sin piedras.

LAMA, s. m. El sacerdote de los Tártaros.

LAMADO, p. p. de LAMAR.

LAMAR, v. a. ant. V. LLAMAR.

LAMBEL, s. m. *Blas.* Pieza que tiene la figura de una faja con tres caidas muy semejantes á las gotas de la arquitectura.

LAMBICADO, p. p. de LAMBICAR.

LAMBICAR, v. a. ant. V. ALAMBICAR.

LAMBREQUIN, s. m. *Blas.* La cobertura del casco de armas, como la cota lo era de lo restante de la armadura.

LAMBRIJA, s. f. V. LOMBRIZ. ‖ met. y fam. Persona muy flaca.

* **LAMBRUSCA**, s. f. Vid silvestre.

LAMEDAL, s. m. Sitio donde hay mucha lama ó cieno.

LAMEDOR, RA, s. m. y f. El que lame.

LAMEDOR, s. m. Composicion que se hace en las boticas de varios simples con azúcar. ‖ met. Halago fingido ó lisonja con que se pretende suavizar el ánimo de alguno á quien se ha dado o se pretende dar algun disgusto. ‖ DAR LAMEDOR, Entre jugadores es hacerse uno al principio perdidizo para volver despues sobre el contrario, y ganarle el dinero con mas seguridad.

LAMEDURA, s. f. Accion ó efecto de lamer.

LAMENTABLE, adj. Que merece ser sentido ó es digno de llorarse. ‖ Que infunde tristeza y horror.

LAMENTABLEMENTE, adv. Con lamentos.

LAMENTACION, s. f. La queja dolorosa junta con llanto, suspiros ú otras muestras de dolor. ‖ Cada una de las partes del canto lúgubre de Jeremías, llamado trenos.

LAMENTADO, p. p. de LAMENTAR.

LAMENTADOR, RA, s. m. y f. El que se lamenta.

LAMENTANTE, p. a. ant. de LAMENTAR, Que lamenta ó se lamenta.

LAMENTAR, v. n. Quejarse con llanto, sollozos ú otras demostraciones de dolor. Tambien es activo.

LAMENTO, s. m. LAMENTACION, 1ª A.

LAMENTOSO, SA, adj. Lleno de lamentos ó quejas.

LAMEPLATOS, s. m. fam. Goloso. ‖ El que sirve las comidas y refrescos.

LAMER, v. a. Pasar repetidas veces la lengua por alguna cosa para tomar el gusto de ella. ‖ met. Tocar blanda y suavemente alguna cosa. ‖ TENER Ó LLEVAR QUE LAMER, Haber recibido algun mal que no puede remediarse pronto.

LAMERON, NA, s. m. y f. Laminero, goloso.

LAMIA, s. f. Monstruo fabuloso que se decia tener rostro de muger hermosa y cuerpo de dragon que devoraba los hombres. ‖ Pez, V. TIBURON.

LAMIDO, p. p. de LAMER. ‖ LAMIDO, DA, adj. met. Gastado con el uso ó roce continuo.

LAMIENTE, p. a. de LAMER, Que lame.

LAMIN, s. m. *Ar.* V. GOLOSINA.

LAMINA, s. f. Plancha delgada de algun metal. ‖ Plancha de cobre grabado para tirar estampas. ‖ La pintura hecha en cobre. ‖ met. Plancha delgada, hoja ó capa de cualquiera materia.

LAMINADO, p. p. de LAMINAR. ‖ LAMINADO, DA, adj. Guarnecido de láminas ó planchas de algun metal.

LAMINAR, v. a. *Ar.* Lamer ó golosmear.

LAMINERA, s. f. *Ar.* La abeja suelta que se adelanta á las demas al olor del pasto y comida que les gusta.

LAMINERO, RA, s. m. y f. El que hace láminas ó guarnece relicarios de metal.

LAMINERO, RA, adj. *A.* y *Murc.* Goloso.

LAMINICA, LLA, TA, s. f. d. de LÁMINA.

LAMISCADO, p. p. de LAMISCAR.

LAMISCAR, v. a. Lamer con priesa y con ansia.

LAMOSO, SA, adj. Que tiene ó cria lama.

LAMPACEAR, v. a. *Náut.* Limpiar la humedad de las cubiertas y costados de una embarcacion fregando con el lampazo.

* LAMPADÓFORO, s. m. El que alumbraba en las ceremonias religiosas de los antiguos.

LÁMPARA, s. f. Cuerpo luminoso que arroja de sí luz. || Vaso de vidrio redondo en que se echa aceite con una mecha para alumbrar. || En las iglesias una especie de bacía grande de metal pendiente, en cuyo centro está el vaso con la luz que arde delante de un altar. || Mancha de aceite en la ropa. || El ramo de algun árbol que los jovenes ponen á las puertas de las casas en manifestacion de sus regocijos y de sus amores. || ATIZAR LA LÁMPARA Ó EL CANDIL, Sacar un poco la mecha y limpiarla para que arda mejor. || ATIZAR LA LÁMPARA, fam. Volver á echar vino en el vaso para beber.

LAMPARERO, RA, s. m. y f. El que tiene cuidado de las lámparas.

LAMPARILLA, s. f. d. de LÁMPARA. || La torcida pequeña que se pone en un plato para conservar luz toda la noche. || Tegido de lana delgado y ligero de que se solian hacer las capas de verano.

LAMPARIN, s. m. La caja de metal en que se pone el vaso en las lámparas de las iglesias.

LAMPARISTA, s. com. V. LAMPARERO.

LAMPARON, s. m. Tumor duro que se forma á efecto de obstruirse las glándulas del cuello.

* LAMPASADO, adj. m. *Blas.* Dicese del leon con la lengua de fuera.

LAMPATAN, s. m. CHINA, planta ó raiz que viene de la China.

LAMPAZO, s. m. Yerba de raiz gruesa, de mas de un pié de largo, negruzca por fuera y blanca por dentro, de sabor casi dulce. || *Náut.* Especie de estropajo hecho de filástica en figura de borla.

* LAMPIÑAS, adj. f. *Bot.* Dicese de las hojas ó frutas lisas.

LAMPIÑO, adj. Que no tiene barba. || Que tiene poco pelo.

LAMPION, s. m. Farol ó lámpara grande.

LAMPO, s. m. *Poét.* Resplandor, luz, brillo pronto y pasagero como el del relampago.

LAMPOTE, s. m. Tela de algodon que se fabrica en las islas Filipinas.

LAMPREA, s. f. Pez marino muy estimado de tres á cuatro pies de largo, con siete respiradores que tiene colocados en fila al arranque del lomo. || Pez de rio muy parecido al de mar del mismo nombre.

LAMPREADO, p. p. de LAMPREAR.

LAMPREAR, v. a. Guisar alguna vianda, friéndola ó asándola primero, cociéndola despues en vino, etc.

LAMPREHUELA ó LAMPREILLA, s. f. Pez de rio semejante á la lamprea de solo unas cinco pulgadas de largo.

LAMPSANA, s. f. Especie de berza silvestre.

LAMPUGA, s. f. Pez de cuatro á cinco pies de largo, que dentro del agua aparece todo dorado.

LANA, s. f. El vellon de las ovejas y carneros. || El pelo de otros animales. || El tegido de lana y el vestido que de él se hace. || met. y fam. El dinero. || LANA DE CAIDAS, La que tienen en las piernas los ganados. || LANA EN BARRO, La lana mas pura que sale del peine ántes de hilarse. || BATIR LA LANA, *Extr.* Esquilar el ganado de lana. || CARDARLE Á UNO LA LANA, met. y fam. Reprenderle con severidad y aspereza. || CARDARLE Á UNO LA LANA, Ganarle una cantidad considerable en el juego. || LAVAR LA LANA Á ALGUNO, met. ant. Averiguar y examinar la causa ó delitos de alguno hasta descubrir la verdad.

LANADA, s. f. Instrumento para limpiar y refrescar el alma de las piezas de artillería despues de haberlas disparado.

LANADO, DA, adj. V. LANUGINOSO.

LANAR, adj. Aplícase al ganado que tiene lana.

LANARIA, s. f. Yerba de que usan en los lavaderos para limpiar la lana.

LANCE, s. m. Accion ó efecto de lanzar. || La accion de echar la red para pescar, y la pesca que se saca. || Trance ú ocasion crítica. || Suceso señalado ó situacion notable. || Encuentro, riña, quimera. || Cada una de las armas que arroja la ballesta. || LANCE APRETADO, V. COSA APRETADA. || LANCE DE FORTUNA, Casualidad, accidente inesperado. || DE LANCE, Barato por la ocasion en que se compra. || DE LANCE EN LANCE, De una accion en otra, ó de una razon en otra. || DE UNO EN OTRO LANCE, V. DE LANCE EN LANCE. || ECHAR BUEN Ó MAL LANCE, Lograr lo que se desea con facililad, ó perderlo todo malogrando las disposiciones y medios que se habian puesto para su consecucion. || JUGAR EL LANCE, Manejar algun negocio que pide destreza ó sagacidad.

LANCEADO, p. p. de LANCEAR.

LANCEAR, v. a. Herir con lanza.

LANCÉOLA, s. f. La especie menor de llanten, yerba.

LANCERA, s. f. El armero ó percha en que se ponian las lanzas.

LANCERÍA, s. f. ant. La tropa de lanceros.

LANCERO, s. m. El soldado que peleaba con lanza. || El que usa ó lleva lanza. || El que hace ó labra lanzas.

LANCETA, s. f. Instrumento para sangrar.

LANCETADA, s. f. La accion de herir con la lanceta, y la abertura que con ella se hace.

LANCETAZO, s. m. V. LANCETADA.

LANCETERO, s. m. Estuche en que se llevan colocadas las lancetas.

LANCHA, s. f. Pedazo de piedra plano, extendido y delgado. || *Náut.* Embarcacion de remos de construccion mas reforzada que los botes, que sirve para llevar las anclas. || *Mont.* Cierto armadijo compuesto de unos palillos y una piedra para coger perdices. || LANCHA BOMBARDERA, CAÑONERA Ú OBUSERA, La que se construye de próposito para llevar un mortero, cañon ú obus montado.

LANCHADA, s. f. La carga que lleva de una vez una lancha.

LANCHAR, s. m. La cantera de donde se sacan lanchas.

LANCHAZO, s. m. El golpe que se da de plano con una lancha de piedra.

LANCHON, s. m. aum. de LANCHA.

LANCILLA, TA, s. f. d. de LANZA.

LANCURDIA, s. f. Trucha pequeña.

LANDGRAVE, s. m. Título de honor y de dignidad de algunos grandes señores en Alemania.

*LANDGRAVIADO, s. m. Estado de un landgrave.

LANDRE, s. m. Tumor del tamaño de una bellota que se forma en los parages glandulosos. || Bolsa escondida que se hace en la capa ó vestido.

LANDRECILLA, s. f. Pedacito de carne redondo que se halla en varias partes del cuerpo.

LANDRERO, RA, adj. Mísero que va abuchando el dinero en la landre ó bolsillo oculto. || *Germ.* Ladron que trocando algun dinero recibe el trueque, y no da el dinero ó el que hurta abriendo la ropa donde ve que hay bulto de dinero.

LANDRILLA, s. f. La larva de un insecto que se fija debajo de la lengua y en las narices de algunos cuadrúpedos.

LANERÍA, s. f. Casa ó tienda donde se vende lana.

LANERO, s. m. El que trata en lana. || El almacen donde se guarda la lana.

LANGARUTO, TA, adj. fam. Desproporcionado por ser muy largo y angosto.

LANGOSTA, s. f. Nombre con que se designan varias especies de insectos que viven de vegetales, y se propagan á veces en tanto número que devoran todas las plantas de provincias enteras. || Especie de cangrejo muy comun en los mares de España. || met. y fam. Lo que consume y acaba con alguna cosa.

LANGOSTILLA, s. f. d. de LANGOSTA.

LANGOSTIN, s. m. Especie de cangrejo muy parecido al llamado langosta.

LANGOSTINO, s. m. V. LANGOSTIN.

LANGOSTON, s. m. Insecto verde, especie de langosta la mas grande que se conoce.

LÁNGUIDAMENTE, adv. Con languidez, con flojedad.

LANGUIDEZ ó LANGUIDEZA, s. f. Flaquèza, debilidad. || met. Falta de espíritu, valor y energía.

LÁNGUIDO, DA, adj. Flaco, débil, fatigado. || met. Que es de poco espíritu, valor y energía.

LANGUOR, s. m. ant. V. LANGUIDEZ.

LANÍFERO, RA, adj. *Poét.* Que lleva ó maneja lana.

LANIFICACION, s. f. ant. V. LANIFICIO.

LANIFICIO, s. m. El arte de labrar la lana y la obra hecha de ella.

LANILLA, s. f. El pelillo que le queda al paño por la haz. || Tegido de lana mas delgado y fino que la lamparilla. || Especie de afeite antiguo.

LANIO, NIA, adj. V. LANAR.

LANOSIDAD, s. f. Especie de lana, ó vello suave que tienen las hojas de algunas plantas, frutas, etc.

LANOSO, SA, adj. V. LANUDO.

LANTEJA, s. f. V. LENTEJA.

LANTEJUELA, s. f. Planchita redonda de plata ú otro metal que sirve para bordar. || Planchita muy delgada y

LARGUEADO, DA, adj. Listado ó adornado con listas.

LARGUERO, s. m. Cada uno de los palos ó barrotès que se ponen á lo largo de alguna obra de carpinteria. || CABEZAL, TRAVESERO, por almohada, etc.

LARGUEZ, s. f. ant. Largo, longitud, extension.

LARGUEZA, s. f. Largo ó longitud. || V. LIBERALIDAD.

LARGUICO, CA, LLO, LLA, TO, TA, adj. d. de LARGO.

LARGUÍSIMAMENTE, adv. m. sup. de LARGAMENTE.

LARGUÍSIMO, MA, adj. sup. de LARGO.

LARGURA, s. f. Longitud ó largo.

LARICE, s. m. Árbol. V. PINO ALERCE.

LARICINO, NA, adj. Que pertenece al larice.

LARIGE, adj. Dícese de cierta especie de uva de color muy rojo.

LARINGE, s. f. *Anat.* La parte superior de la traquiarteria.

* LARO, s. m. Ave anfibia muy voraz.

LARVA, s. f. V. MÁSCARA Ó DISFRAZ. || Nombre que se da á los insectos y á algunos reptiles cuando acaban de salir del huevo, y no han adquirido todavía todos sus miembros. || *Mit.* Nombre que entre los paganos se daba á las almas de los malos.

LARVAL, adj. Que pertenece á la larva.

LASADO, p. p. ant. de LASARSE.

LASANA, s. f. Fruta de sarten. V. OREJA DE ABAD.

LASARSE, v. r. ant. Fatigarse, cansarse.

LASCA, s. f. ant. Lancha, chapa ú hoja de piedra.

LASCADO, p. p. de LASCAR.

LASCAR, v. a. *Náut.* Aflojar ó arriar muy poco á poco algun cabo.

LASCIVAMENTE, adv. Con lascivia.

LASCIVIA, s. f. Propension á los deleites carnales. || ant. Apetito inmoderado de alguna cosa.

LASCIVIOSO, SA, adj. ant. V. LASCIVO.

LASCIVO, VA, adj. Que pertenece á la lascivia ó sensualidad, y que tiene este vicio. || Frondoso, lozano.

LASEDAD, s. ant. V. LASITUD.

* LASER, s. m. V. LASERPICIO.

LASERPICIO, s. m. Yerba medicinal de raiz grande, cenicienta por fuera, blanca por dentro.

LASITUD, s. f. Desfallecimiento, cansancio, falta de vigor y de fuerzas.

LASO, SA, adj. Cansado, desfallecido, falto de fuerzas. || Que está flojo y macilento.

* LASQUENETA, s. m. Soldado aleman de infantería antiguamente.

LASTADO, p. p. de LASTAR.

LASTAR, v. a. Suplir lo que otro debe pagar, con el derecho de reintegrarse. || met. Padecer por la culpa de otro.

LÁSTIMA, s. f. Afecto de compasion. || Objeto que excita la compasion. || Quejido, lamento, expresion lastimera. || ant. Razon dura ó palabra injuriosa que causa sentimiento. || DAR, HACER, PONER LÁSTIMA, Causar lástima ó compasion, mover á ella. || LLORAR LÁSTIMAS, MISERIA, POBREZA, etc. Exagerarlas.

LASTIMADO, p. p. de LASTIMAR.

LASTIMAMIENTO, s. m. ant. Accion y efecto de lastimar.

LASTIMAR, v. a. Herir ó hacer daño. || Mover á lástima ó compasion. || Compadecer. || Agraviar, ofender en la estimacion ú honra.

LASTIMARSE, v. r. Dolerse del mal de otro. || Quejarse, dar muestras de dolor y sentimiento.

LASTIMERAMENTE, adv. ant. De un modo lastimero.

LASTIMERO, RA, adj. Que mueve á lástima y compasion.

LASTIMOSAMENTE, adv. De un modo lastimoso.

LASTIMOSÍSIMO, MA, adj. sup. de LASTIMOSO.

LASTIMOSO, SA, adj. Que mueve á compasion y lástima.

LASTO, s. m. Recibo ó carta de pago que se da al que lasta.

LASTRA, s. f. Lancha ó piedra chata y extendida.

LASTRADO, p. p. de LASTRAR.

LASTRAR, v. a. *Náut.* Poner el lastre á la embarcacion. || met. Afirmar alguna cosa cargándola de peso.

LASTRE, s. m. Piedra tosca, ancha y de poco grueso que está en la superficie de la cantera. || Cosa de peso que se pone en el fondo de la embarcacion para que entre en el agua hasta donde corresponde. || met. Juicio, peso, madurez.

LASTRON, s. m. aum. de LASTRE, 1ª A.

LASUN, s. m. Pez. V. LOCHA.

LATA, s. f. Cada uno de los palos largos, conforme se cortan de los árboles, que sirven para formar techumbres, cubiertas de las embarcaciones, etc. || V. HOJA DE LATA. || Bote hecho de hoja de lata.

LATAMENTE, adv. Con extension, larga y difusamente. || Por extension, en sentido lato.

LATASTRO, s. m. *Arq.* V. PLINTO.

LATAZ, s m. Cuadrúpedo indígeno de América y Asia, que vive siempre junto al agua.

LATEBROSO, SA, adj. ant. Que se oculta y esconde y no se deja conocer.

LATERAL, adj. Que pertenece al lado ó está al lado. || met. Que no viene por línea recta.

LATERALMENTE, adv. De lado.

LATERANENSE, adj. Perteneciente al templo de san Juan de Letran.

LATERANO, NA, adj. ant. V. LATERANENSE.

* LATICLAVIA, s. f. Túnica de los senadores romanos.

LATIDO, p. p. de LATIR.

LATIDO, s. m. Movimiento acelerado ó palpitacion del corazon ó de otra parte interior del cuerpo del animal. || Ladrido interrumpido del perro de caza cuando la ve ó la sigue y el alarido cuando siente algun dolor.

LATIENTE, p. a. de LATIR, Que late.

LATIGADERA, s. f. *And.* La soga ó correa con que se sujeta el yugo contra el pértigo de la carreta.

LATIGAZO, s. m. Golpe que se da con látigo, espada ó cosa semejante. || Chasquido del látigo. || met. Daño impensado que se hace á otro, ó la reprension áspera y no esperada.

LÁTIGO, s. m. Azote de cuero ó cuerda con que se castiga y aviva á las bestias. || Cordel para afianzar al peso lo que se quiere pesar. || Cuerda con que se asegura y aprieta la cincha. || Pluma que se ponia para adorno sobre el ala del sombrero y le rodeaba casi todo.

LATIGUEADO, p. p. de LATIGUEAR.

LATIGUEAR, v. n. Dar chasquidos con el látigo.

LATIGUERA, s. f. V. LÁTIGO 3ª. A.

LATIGUERO, s. m. El que hace ó vende látigos.

LATIGUILLO, s. m. d. de LÁTIGO.

LATIN, s. m. La lengua latina. || Palabra ó cláusula latina que se intercala en algun escrito ó discurso en romance. || COGER Á UNO EN UN MAL LATIN, fam. Coger á alguno en alguna falta, culpa ó delito.

LATINADO, p. de LATINAR.

LATINAJO, s. m. fam. El latin malo, y macarrónico.

LATINAMENTE, adv. En latin propio y castizo.

LATINAR, v. n. ant. Hablar ó escribir en latin.

LATINEADO, p. p. de LATINEAR.

LATINEAR, v. n. V. LATINAR.

LATINICO, s. m. d. de LATIN.

LATINIDAD, s. f. La lengua latina.

LATINILLO, s. m. d. de LATIN.

LATINISMO, s. m. Construccion, modo de hablar propio de la lengua latina.

LATINIZADO, p. p. de LATINIZAR.

LATINIZAR, v. a. Dar la terminacion ó inflexion latina á las palabras de otra lengua.

LATINIZAR, v. n. Mezclar palabras y expresiones latinas en nuestra lengua.

LATINO, NA, adj. y s. Natural del Lacio y perteneciente á él. || El que sabe la lengua latina. || Que pertenece á la lengua latina ó es propio de ella. || Se aplica á la iglesia de occidente en contraposicion de la iglesia griega, y á lo que pertenece á ella.

* LATINOSO, SA, adj. Perteneciente á la lengua latina.

LATIR, v. n. Dar latidos ó moverse violenta y aceleradamente alguna de las partes interiores del cuerpo del animal. || Formar el perro cierto género de ladrido cuando ve la caza.

* LATIRO, s. m. Arveja silvestre, planta.

LATÍSIMAMENTE, adv. m. sup. de LATAMENTE.

LATÍSIMO, MA, adj. sup. de LATO.

LATITADO, p. de LATITAR.

LATITANTE, p. a. de LATITAR, Que latita ó está oculto y escondido.

LATITAR, v. n. ant. Esconderse, ocultarse, andar escondido.

LATITUD, s. f. Anchura. || Toda la extension de un reino, provincia ó distrito. || *Geogr.* La distancia que hay desde un lugar á la equinoccial contada por los grados de su meridiano. || *Astron.* La distancia que hay desde la eclíptica á cualquier punto considerado en la esfera hácia alguno de los polos.

LATITUDINAL, adj. Que se extiende á lo ancho.

LATO, TA, adj. Dilatado, extendido. || met. Se aplica á las palabras cuando no se toman en su riguroso sentido.

LATON, s. m. Metal artificial de co-

algunos animales domésticos que muestran al hombre cierta especie de amor, fidelidad y reconocimiento. || Aplícase á las caballerías que no son falsas. || ant. Fidedigno, verídico, legal y fiel.

LEALMENTE, adv. Con lealtad. || ant. Con legalidad, con la debida buena fe.

LEALTAD, s. f. Buen porte de una persona con otra segun las leyes de la fidelidad del honor y de la hombría de bien. || Aquella especie de amor ó gratitud que muestran al hombre algunos animales. || ant. Legalidad, verdad, realidad.

LEALTANZA, s. f. ant. V. LEALTAD.

LEBRADA, s. f. La salsa ó guiso con que antiguamente se aderezaban las liebres.

LEBRASTICO, s. m. ant. d. de LEBRATICO.

LEBRASTO, s. m. ant. V. LEBRATO.

LEBRASTON, s. m. ant. V. LEBRATON.

LEBRATICO, LLO, TO, s. m. d. de LEBRATO.

LEBRATO, s. m. La liebre nueva ó de poco tiempo.

LEBRATONCILLO, s. m. ant. V. LEBRATO.

LEBREL, s. m. Variedad del perro, de que con preferencia se valen para la caza de las liebres.

LEBRELA, s. f. La hembra del lebrel.

LEBRERO, RA, adj. Que sirve para cazar liebres.

LEBRIJANO, NA, adj. De la villa de Lebrija.

LEBRILLO, s. m. Especie de barreño que sirve para lavar ropa, para baños de pies y otros usos.

LEBRON, s. m. La liebre grande. || met. Hombre tímido y cobarde.

LEBRONCILLO, s. m. V. LEBRATO. || ant. V. DADO para jugar.

LEBRUNO, NA, adj. Que pertenece á la liebre ó se asemeja á ella.

LECCION, s. f. V. LECTURA 1.ª A. || La letra ó texto de alguna obra, ó el restablecimiento de algun pasage en la forma que se descubre ó conjetura que le escribió su autor. || Trozo ó lugar tomado de la escritura, padres ó actas sobre la vida de los santos, que se reza ó canta en los maitines al fin de cada nocturno. || La instruccion ó conjunto de conocimientos que en cada vez da á los discípulos el maestro. || Todo lo que en cada vez señala el maestro al discípulo para que lo estudie. || El discurso que en las oposiciones se compone dentro de 24 horas sobre un punto elegido de entre tres que se sortean, y despues se dice de memoria públicamente. || met. Amonestacion, acontecimiento, egemplo ó accion agena que nos enseña el modo de arreglar nuestra conducta ó de conducirnos en algun negocio. || ECHAR LECCION, Señalarla á los discípulos. || TOMAR LA LECCION, Entre los estudiantes, oírsela dar al otro. || met. Aprender de otro, ó para el escarmiento ó para gobierno en adelante. || Egecutar con el maestro alguna habilidad ó arte que se está aprendiendo para irse imponiendo en ella.

LECCIONARIO, s. m. Libro de coro que contiene las lecciones de maitines.

LECCIONCICA, LLA, TA, s. f. d. de LECCION.

LECCIONISTA, s. m. El maestro que da lecciones en casas particulares.

LECHADA, s. f. Masa muy fina para blanquear paredes ó para unir piedras ó hiladas de ladrillos. || La masa suelta á que se reduce el trapo para hacer papel.

LECHAL, adj. Se aplica á los animales de cria durante la temporada que se mantienen de leche ó mamando. || Que tiene un zumo blanco semejante á la leche. || Dícese tambien del zumo.

LECHAR, adj. V. LECHAL. || Aplícase á la hembra cuyos pechos tienen leche. || Que cria ó tiene virtud para criar leche en las hembras de especies vivíparas.

LECHE, s. f. Licor blanco que se forma en los pechos de las mugeres, y de las hembras de los animales vivíparos para alimento de sus hijos ó crias. || El zumo blanco que hay en algunas plantas ó frutos. || El jugo blanco que se extrae de algunas semillas. || Con la preposicion *de* y algunos nombres de animales significa que estos maman todavía. || Con la preposicion *de* y algunos nombres de hembras de animales vivíparos significa que estas se tienen para aprovecharse de la leche que dan. || met. La primera educacion que se da á alguno. || LECHE DE CANELA, Aceite de canela disuelto en vino. || LECHE DE GALLINA Ó DE PÁJARO, Planta que nace en los sembrados. || LECHE DE LOS VIEJOS, fam. El vino. || LECHE DE TIERRA, V. MAGNESIA. || LECHE VIRGINAL, *Farm.* Licor blanco para afeite del rostro. || COMO UNA LECHE, fam. Denota que algun manjar cocido ó asado está muy tierno. || CORTAR LA LECHE, AL HUEVO Ó

OTRAS COSAS SEMEJANTES, Separar las partes mantecosas ó untuosas de las serosas. || ESTAR ALGUNA COSA EN LECHE, Hablando de plantas ó frutos significa que estan todavía formándose ó cuajándose. || ESTAR ALGUNO CON LA LECHE EN LOS LABIOS, Hablando de las personas jóvenes denota que les faltan aquellos conocimientos del mundo que trae consigo la experiencia. || met. Haber poco tiempo que dejó uno de ser discípulo en alguna facultad ó profesion. || MAMAR UNO ALGUNA COSA EN LA LECHE, met. Aprenderla en los primeros años de la vida. || TENER ALGUNO LA LECHE EN LOS LABIOS, met. Estar con la LECHE en los labios.

LECHECICA, LLA, s. f. d. de LECHE. || LECHECICAS, LLAS, pl. Las mollejuelas de los cabritos, corderos, terneras, etc. || La asadura.

LECHECITA, s. f. d. de LECHE.

LECHERA, s. f. ant. Vasija en que se tenia la leche. || ant. V. LITERA. || ant. El féretro en que se llevan los cadáveres á enterrar. || ant. *Mil.* V. EXPLANADA.

LECHERA, adj. Se aplica á las hembras de animales que se tienen para que den leche.

LECHERÍA, s. f. Sitio ó puesto donde se vende leche.

LECHERO, RA, s. m. y f. El que vende leche.

LECHERO, RA, adj. Que contiene leche ó tiene sus propiedades.

LECHERON, s. m. *Ar.* Vasija en que los pastores recogen la leche que ordeñan. || *Ar.* Mantilla de lana en que se envuelven los niños luego que nacen.

LECHETREZNA, s. f. Se da este nombre á diversas de titímalos.

LECHIGA, s. f. ant. Féretro en que se llevan los cadáveres á enterrar. || ant. Cama para dormir y descansar.

LECHIGADA, s. f. Conjunto de animalillos que han nacido de un parto. || met. Compañía ó cuadrilla de personas de una misma profesion ó de un mismo género de vida.

LECHIGADO, DA, adj. ant. Que está acostado en la cama.

LECHIN, s. m. V. LECHINO, 1ª A. || Especie de olivos que producen mucha aceituna.

LECHINO, s. m. Grano ó divieso pequeño, puntiagudo que se hace á las caballerías sobre el cútis. || Conjunto de hilas en figura de clavo.

LECHO, s. m. Cama ó mueble que sirve al hombre para dormir y descansar. || Especie de canapé en que los Orientales y Romanos se reclinaban para comer. || met. En los carros ó carretas, cama ó suelo sobre que se coloca la carga. || met. Madre de rio ó terreno por donde corren sus aguas. || met. La porcion de algunas cosas que estan ó se ponen extendidas horizontalmente sobre otras. || met. *Cant.* La superficie horizontal de una piedra ó sillar sobre que se ha de sentar otro. || met. ant. Féretro en que se llevan los cadáveres á enterrar.

LECHON, s. m. Cochinillo que todavía mama. || Puerco macho. || met. Hombre sucio, puerco, desaseado.

LECHONA, s. f. La hembra del lechon. || met. Muger sucia, puerca, desaseada.

LECHONCICO, LLO, TO, s. m. d. de LECHON.

LECHOSO, SA, adj. Se aplica á las plantas y frutos que tienen un jugo blanco semejante á la leche.

LECHUGA, s. f. Planta hortense bien conocida. || V. LECHUGUILLA, 2ª A. || LECHUGA SILVESTRE, La que se cria en los campos y prados y en las laderas de los caminos, con hojas verticales, largas, pequeñas y estrechas.

LECHUGADO, DA, adj. Que tiene la forma de las hojas de lechuga.

LECHUGUERO, RA, s. m. y f. El que vende lechugas.

LECHUGUICA, LLA, s. f. d. de LECHUGA. || LECHUGUICAS, pl. Cierto género de cabezones y puños de camisa dispuestos en figura de hojas de lechuga.

LECHUGUINO, s. m. El conjunto ó cualquiera de las lechuguillas pequeñas ántes de ser trasplantadas.

LECHUGUITA, s. f. d. de LECHUGA.

LECHUZA, s. f. Ave nocturna de rapiña de un pié de largo, de color blanco ó rojizo con manchas pardas. || *Germ.* El ladron que hurta de noche.

LECHUZO, s. m. Apodo que se da al que anda en comisiones y se envia á los lugares á egecutar despachos de apremios.

LECHUZO, ZA, adj. y s. met. Que se asemeja á la lechuza. || Se aplica á los muletos y muletas desde que nacen hasta que cumplen un año.

LECION, s. f. ant. V. LECCION.

LECIONARIO, s. m. ant. V. LECCIONARIO.

LECTISTERNIO, s. m. Cierto culto que los Romanos gentiles tributaban á sus dioses.

LECTIVO, VA, adj. Se aplica al

tiempo y días destinados en las universidades para la enseñanza.

LECTOR, RA, s. m. y f. El que lee. || El que en las comunidades religiosas tiene el empleo de enseñar públicamente. || El clérigo que en virtud de su órden se empleaba antiguamente en enseñar a los catecúmenos los rudimentos de la religion catolica. || ant. Cualquiera maestro que enseñaba alguna facultad.

LECTORADO, s. m. La órden de lector.

LECTORAL, s. f. Uno de los canonicatos llamados de oficio que hay en las iglesias catedrales y en algunas colegiatas de España é Indias

LECTORAL, s. m. El sugeto que obtiene la canongía llamada LECTORAL.

LECTORÍA, s. f. En las comunidades religiosas, el empleo de lector.

• LECTUARIO, s. m. ant. V. ELECTUARIO.

LECTURA, s. f. La accion de leer. || En las universidades el tratado ó materia que un maestro explica á sus discípulos. || El acto de enseñar públicamente. || V. LECCION, 6a A. || En algunas comunidades religiosas, LECTORÍA. || Letra de imprenta que es de un grado mas que la de entredos, y de uno ménos que la atanasia.

LEDAMENTE, adv. ant. Con alegria, contento y placer.

LEDANÍA, s. f. ant. V. LETANÍA, 1a A. || met. ant. V. LETANÍA, 3a A. || ant. V. LÍMITE. || LEDANÍAS, pl. ant. V. LETANÍAS, por procesion.

LEDO, DA, adj. ant. Alegre, contento, placentero.

LEDONA, s. f. ant. *Náut.* El flujo diario del mar.

LEDRO, DRA, adj. *Germ.* Bajo, ruin, despreciable.

LEEDOR, RA, s. m. y f. ant. V. LECTOR, 1a A.

LEER, v. a. Pasar la vista por lo escrito ó impreso, haciéndose cargo del valor de los caractéres. || Enseñar ó explicar públicamente el profesor á sus oyentes algun tratado ó materia. || Escribir, dar en estos ó los otros términos el texto ó algun pasage de una obra agena, como si tal fuese la letra genuina de su autor. || Decir de memoria en público un opositor ó profesor de alguna facultad el discurso ó leccion que dentro del término señalado ha compuesto. || met. Penetrar el interior de alguno por lo que exteriormente aparece, ó venir en conocimiento de alguna cosa oculta que le haya sucedido. || LEER DE EXTRAORDINARIO, En las universidades es explicar un bachiller en leyes ó cánones nombrado por el claustro á los profesores no graduados el libro ó materia que se le designa.

LEGA, s. f. Monja profesa exenta de coro, pero con la obligacion de servir á la comunidad.

LEGACÍA, s. f. Empleo de legado. || Mensage de que va encargado un legado. || Distrito dentro del cual un legado egerce su encargo. || Tiempo que dura el cargo de un legado.

LEGACION, s. f. V. LEGACÍA.

LEGADO, p. p. de LEGAR.

LEGADO, s. m. Manda que un testador deja á alguno en su testamento ó codicilo. || El sugeto que alguna suprema potestad envia á otra para tratar algun negocio con el principe ó presidente de la provincia ó prefecto del pretorio. || Presidente de cada una de las provincias inmediatamente sujetas ó reservadas á los emperadores romanos. || Socio que los procónsules llevaban en su compañía á las provincias como asesores y consejeros. || En la milicia de los antiguos romanos, el gefe ó cabeza de cada legion. || Ciudadano romano, enviado á las provincias recien conquistadas para arreglar su gobierno. || Persona eclesiástica que por disposicion del papa hace sus veces en algun concilio ó en algun reino ó provincia. || El prelado elegido por el sumo pontífice para el gobierno de algunas de las provincias eclesiásticas. || LEGADO Á LATERE, Un cardenal enviado extraordinariamente por el papa con amplísimas facultades cerca de algun príncipe cristiano. || CADUCAR EL LEGADO Ó FIDEICOMISO, for. Extinguirse por falta de sugeto en quien debia recaer.

LEGADOR, s. m. Jornalero que ata las reses de pies y manos para esquilarlas.

LEGADURA, s. f. Cuerda, cinta ú otra cualquiera cosa que sirve para liar ó atar.

LEGAJICO, LLO, TO, s. m. d. de LEGAJO.

LEGAJO, s. m. Atado de papeles sueltos.

LEGAL, adj. Prescrito por ley ó conforme á ella. || Verídico, fidedigno, puntual, fiel y recto.

LEGALIDAD, s. f. Verdad, puntualidad, buena fe, rectitud y fidelidad. || ant. V. LEGALIZACION.

LEGALÍSIMO, MA, adj. sup. de LEGAL.

LEGALIZACION, s. f. Autorizacion ó comprobacion de un instrumento, certificacion de su verdad y legitimidad.

LEGALIZADO, p. p. de LEGALIZAR.

LEGALIZAR, v. a. Autorizar un instrumento certificando en forma auténtica acerca de su verdad y legalidad.

LEGALMENTE, adv. Segun ley, conforme á derecho. ‖ ant. Lealmente, con lealtad, fidelidad y honradez.

LEGAMENTE, adv. Sin instruccion, sin ciencia ni conocimientos.

LÉGAMO, s. m. Cieno, lodo ó barro pegajoso. ‖ La grosura de algunas tierras, su sustancia ó jugo untuoso.

LEGAMOSO, SA, adj. Que tiene légamo.

LEGAÑA, s. f. V. LAGAÑA.

LEGAÑOSO, SA, adj. V. LAGAÑOSO.

LEGAR, v. a. Dejar una persona á otra alguna manda en su testamento ó codicilo. ‖ Enviar alguno de legado ó con alguna legacía. ‖ ant. V. LIGAR ó ATAR. ‖ ant. Juntar, congregar, reunir.

LEGAR, v. n. ant. V. LLEGAR.

LEGATARIO, s. m. Persona á quien se deja alguna manda.

* **LEGATORIO, RIA**, adj. Gobernado por un lugarteniente en tiempo de los emperadores romanos.

LEGENDA, s. f. ant. Historia ó actas de la vida de algun santo.

LEGENDARIO, s. m. Libro en que las catedrales ó monasterios tenian antiguamente recopiladas las vidas de santos.

LEGÍA, s. f. Agua en que ha hervido ceniza. ‖ Agua fermentada con cualquiera ceniza ó cosa terrea. ‖ Reprension fuerte y satírica.

LEGIBLE, adj. Que se puede leer.

* **LEGÍO**, s. m. Entre tintoreros, LEGÍA.

LEGION, s. f. Cuerpo de tropa romana compuesto de infantería y caballería. ‖ Número indeterminado de personas ó espíritus.

LEGIONARIO, RIA, adj. Que pertenece á la legion.

LEGIONARIO, s. m. El soldado que servia en las legiones romanas.

LEGIONENSE, adj. V. LEONÉS, SA.

LEGISLACION, s. f. Conjunto ó cuerpo de leyes, por las cuales se gobierna un estado. ‖ La ciencia de las leyes.

LEGISLADO, p. p. de LEGISLAR.

LEGISLADOR, RA, s. m. y f. El que da ó establece leyes. ‖ met. Censor ó censurador de alguna cosa.

LEGISLAR, v. a. Dar, hacer ó establecer leyes.

LEGISLATIVO, VA, adj. Se aplica al derecho ó potestad de hacer leyes. ‖ Se aplica al cuerpo ó código de leyes.

LEGISLATOR, s. m. ant. V. LEGISLADOR.

* **LEGISLATURA**, s. f. Cuerpo legislativo en actividad y tiempo de su duracion.

LEGISPERITO, s. m. V. JURISPERITO.

LEGISTA, s. m. Letrado ó profesor de jurisprudencia. ‖ El que estudia jurisprudencia.

LEGÍTIMA, s. f. La parte de herencia que pertenece segun ley á cada uno de los hijos legítimos.

LEGITIMACION, s. f. Accion y efecto de legitimar.

LEGITIMADO, p. p. de LEGITIMAR.

LEGÍTIMAMENTE, adv. Con legitimidad, con justicia, debidamente.

LEGITIMAR, v. a. Justificar la verdad de alguna cosa ó la calidad de alguna persona ó cosa conforme á las leyes. ‖ Hacer legítimo al hijo que no lo es. ‖ Habilitar á alguna persona de suyo inhábil para algun oficio ó empleo.

LEGITIMIDAD, s. f. La calidad que hace legítimo.

LEGÍTIMO, MA, adj. Conforme á las leyes. ‖ Cierto y verdadero en cualquier línea.

LEGO, GA, adj. y s. El que no tiene órdenes clericales. ‖ Persona falta de letras ó noticias. Dícese de las mismas letras.

LEGO, s. m. En los conventos de religiosos el que no tiene opcion á las sagradas órdenes. ‖ LEGO LLANO Y ABONADO, for. Explica las calidades que debe tener el fiador ó depositario. ‖ LEGO, LLANO, LISO Y ABONADO, V. LEGO LLANO Y ABONADO.

LEGON, s. m. Especie de azadon.

LEGONCILLO, s. m. d. de LEGON.

LEGRA, s. f. Instrumento de hierro con dos cortes, del cual se sirven los cirujanos y albeitares para descubrir y raer el cráneo.

LEGRACION, s. f. La accion de legrar.

LEGRADO, p. p. de LEGRAR.

LEGRADURA, s. f. Accion y efecto de legrar.

LEGRAR, v. a. *Cir.* Raer y manifestar el casco ó hueso en las heridas de cabeza con la legra.

LEGRON, s. m. aum. de LEGRA, Legra grande, mayor que la regular.

LEGUA, s. f. Medida de tierra, cuya magnitud es varia entre las naciones. ‖ Á LEGUA, Á LA LEGUA, Á LEGUAS, DE CIEN LEGUAS, DE MUCHAS LEGUAS, DESDE MEDIA LEGUA, met. Desde muy léjos, á gran distancia. ‖ POR DO QUIERA HAY SU LEGUA DE MAL CAMINO, Ó TENER ALGUNA COSA SU LEGUA Ó PEDAZO DE MAL CAMINO, Enseñan que en cualquiera cosa que se intente hacer se encuentran dificultades.

LEGUMBRE, s. f. Todo género de fruto ó semilla que se cria en vainas de plantas herbáceas.

LEIBLE, adj. V. LEGIBLE.

LEIDO, p. p. de LEER. ‖ LEIDO, DA, adj. Que ha leido mucho y es hombre de muchas noticias y erudicion.

LEIJADO, p. p. de LEIJAR.

LEIJAR, v. a. ant. V. DEJAR.

LEIMMA, s. m. Intervalo músico segun en sistema de los antiguos, el cual estaba en la razon de 19 á 18.

LEJA, s. f. *Murc.* V. VASAR. ‖ ant. V. MANDA.

LEJADO, p. p. de LEJAR.

LEJANÍA, s. f. V. DISTANCIA.

LEJANO, NA, adj. Distante, apartado.

LEJAR, v. a. ant. Dejar, legar ó mandar.

LEJÍSIMOS, adv. sup. de LÉJOS.

LÉJOS, adv. Con mucha distancia ó á gran distancia.

LÉJOS, JAS, adj. pl. Lejanos, distantes, muy apartados.

LÉJOS, s. m *Pint.* Lo que está pintado en diminucion, y representa á la vista estar apartado de la figura principal. ‖ La vista ó aspecto que tiene una persona ó cosa mirada desde cierta distancia. ‖ met. Semejanza, apariencia, vislumbre. ‖ Á LO LÉJOS, DE LÉJOS, DE MUY LÉJOS Ó DESDE LEJOS, Á larga distancia, de ó desde larga distancia.

LEJUELOS, adv. d. de LEJOS.

LEJURA, s. f. ant. La mucha distancia de un lugar á otro.

LELILÍ, s. m. La grita ó vocería que levantan los moros cuando entran en alguna batalla.

LELO, LA, adj. Fatuo, simple y como pasmado.

LEMA, s. m. El argumento ó título que precede á los versos, emblemas, empresas y otras composiciones. ‖ *Geom.* Proposicion que se suele poner solo para demostrar la proposicion ó proposiciones siguientes.

LEME, s. m. ant. TIMON de la nave.

LEMOSIN, NA, adj. Natural de Lemosin ó Limoges, y perteneciente á está provincia.

LEMOSIN, s. m. La lengua lemosina.

LEN, adj. Se aplica al hilo ó seda poco torcidos y por eso blandos.

LENCERA, s. f. La muger que trata en lienzos ó los vende. ‖ La muger del lencero.

LENCERÍA, s. f. El parage en que hay varias tiendas de lienzos. ‖ El conjunto de toda especie de lienzos.

LENCERO, RA, s. m. y f. Mercader de lienzos.

LENDEL, s. m. El círculo que hace la caballería que saca agua de la noria ó da movimiento á alguna máquina.

LENDRERA, s. f. El peine para sacar las liendres.

LENDRERO, s. m. Lugar donde hay liendres.

LENDROSO, SA, adj. Que tiene muchas liendres.

LENE, adj. ant. Suave ó blando.

LENGUA, s. f. Parte carnosa y movible en la boca del animal, órgano del gusto y de la palabra. ‖ Conjunto de voces con que cada nacion explica sus conceptos. ‖ Intérprete que sirve para declarar una lengua por otra entre personas que no entienden la una ó la otra. ‖ El que habla por otro que no quiere ó no puede hablar. ‖ Noticia que se desea ó procura para alguna fin. ‖ Lo que se habla. ‖ Badajo de la campana. ‖ En el peso, FIEL. ‖ Cada una de las provincias ó territorios en que tiene dividida su jurisdiccion la órden de san Juan. ‖ ant. Uso y facultad de hablar. ‖ ant. V. ESPIA. ‖ LENGUA CANINA, Planta, V. CINOGLOSA. ‖ LENGUA CERVAL Ó CERVINA, Ó LENGUA DE CIERVO, Planta medicinal que se cria en lugares sombrios y frescos. ‖ LENGUA DE BUEY, Planta medicinal llamada en las boticas buglosa. ‖ LENGUA DE ESCORPION, met. Murmurador, maldiciente. ‖ LENGUA DE ESTROPAJO, fam. El balbuciente ó el que habla y pronuncia mal. ‖ LENGUA DE FUEGO, Llama en figura de lengua. ‖ LENGUA DEL AGUA, La orilla ó extremidad de la tierra que toca el agua. ‖ La linea horizontal adonde llega el agua en un cuerpo que está metido en ella. ‖ LENGUA DE PERRO, Planta, V. CINOGLOSA. ‖ LENGUA DE SIERPE, *Fort.* Obra exterior que se suele hacer delante de los ángulos salientes del camino cubierto. ‖ LENGUA DE SIERPE, met. V. LENGUA DE ESCORPION. ‖ LENGUA DE TIERRA, El pedazo de tierra largo y estrecho que entra en el mar. ‖ LENGUA DE VÍBORA, Especie de piedra en forma de lengua con dientecillos que se halla en la isla de Malta. || LENGUA DE VÍBORA, V. LENGUA VIPERINA. || LENGUA MATERNA, El idioma propio del reino ó pais donde se nace. || LENGUA MATRIZ, La lengua de que proceden y se derivan varios dialectos. || LENGUA MUERTA, La lengua antigua, que no se habla ya como propia y natural de ninguna nacion. || LENGUA NATURAL, V. LENGUA MATERNA. || LENGUA POPULAR, V. LENGUA MATERNA. || LENGUA SANTA, La hebrea. || LENGUA VIPERINA, La que es mordaz, y maldiciente. || Murmurador. || LENGUA VIVA, La que se habla en alguna nacion ó provincia. || LENGUA VULGAR, La que se habla en cada pais ó nacion. || ATAR LA LENGUA, met. Impedir que se diga alguna cosa. || BUSCAR LA LENGUA, Incitar á disputas, provocar á riñas. || CAER ALGUNO EN PODER DE LAS LENGUAS, ant. Exponerse, dar motivo á que se hable de él con libertad. || CORTAR LA LENGUA CASTELLANA, LATINA, etc., Pronunciarla con exactitud, limpieza y claridad. || CON LA LENGUA DE UN PALMO, ó CON UN PALMO DE LENGUA, ó CON UN PALMO DE LENGUA FUERA, Explica el gran conato, ó ansia con que se hace ó se apetece alguna cosa. || DE LENGUA EN LENGUA, De unos en otros, de boca en boca. || DESTRABAR LA LENGUA, Quitar el impedimento que alguno tenia para hablar. || ECHAR LA LENGUA, ó ECHAR LA LENGUA DE UN PALMO, Desear con ansia. || HABLAR CON LENGUA DE PLATA, Pretender ó solicitar por medio de dinero, ó de regalos. || HACERSE LENGUAS, Alabar encarecidamente y con singulares expresiones alguna cosa. || IRSE ó IRSELE Á ALGUNO LA LENGUA, Decir en la conversacion inconsideradamente expresiones que se reconoce despues podian ser injuriosas, malsonantes. || LARGO DE LENGUA, El que habla con desvergüenza ó con imprudencia. || MALA LENGUA, fam. Murmurador, maldiciente. || MALAS LENGUAS, fam. Murmuradores, calumniadores. || fam. Se dice tambien fuera de toda murmuracion por el comun de las gentes. || MEDIA LENGUA, fam. Dícese del que pronuncia imperfectamente lo que habla por impedimento de la lengua, y de la misma pronunciacion imperfecta. || MORDERSE LA LENGUA, met. Contenerse en hablar sin quererlo. || PEGARSE LA LENGUA AL PALADAR, No poder hablar por turbacion ó pasion. || PONER LENGUA, V. ALENGUAR. || met. Hablar mal de alguno, murmurar. || SACAR LA LENGUA Á ALGUNO, Burlarse de él. || SACAR LA LENGUA Á PAGAR, Obligar á alguno á que hable cosas de sentimiento para el que obligó á decirlas. || TENER LA LENGUA GORDA, Estar borracho. || TENER MUCHA LENGUA, Ser muy hablador ó parlanchin. || TOMAR LENGUA, VOZ ó SEÑAS, Informarse. || TRABARSE LA LENGUA, met. Impedirse el libre uso de ella.

LENGUADETA, s. f. ant. El lenguado pequeño.

LENGUADO, s. m. Pez de un pié á pié y medio de largo, sumamente chato, cuya carne es muy estimada.

LENGUAGE, s. m. Idioma, lengua. || El estillo y modo de hablar y escribir de cada uno en particular. || ant. El uso de la habla ó la facultad de hablar.

LENGUARADA, s. f. V. LENGÜETADA.

LENGUARAZ, adj. Hábil, inteligente en dos ó mas lenguas. || Deslenguado, atrevido en el hablar.

LENGUAZ, adj. El que habla mucho con impertinencia y necedad.

LENGÜEADO, p. p. de LENGÜEAR.

LENGÜEAR, v. a. ant. Espiar, seguir á alguno preguntando, tomando lengua ó noticia de él.

LENGÜECICA, LLA, TA, s. f. d. de LENGUA.

LENGÜETA, s. f. d. de LENGUA. || El gallillo que cubre la traquearteria. || V. GALLILLO ó EPIGLÓTIS. || El fiel del peso. Instrumento de libreros, para cortar el papel. || Laminilla de metal movible que suelen tener los instrumentos músicos de aire, y otras máquinas en que el aire y agua son los agentes. || *Arq.* La pared ó citara que se hace en los costados ó enjutas de una bóveda tabicada. || *Arq.* Cierta moldura ó adorno. || Especie de barrena que usan los silleros.

LENGÜETADA, s. f. Accion de tomar cada vez alguna cosa con la lengua, ó de lamer con ella.

LENGÜETERÍA, s. f. El conjunto de los registros del órgano, que tienen lengüeta.

LENGÜEZUELA, s. f. d. de LENGUA.

LENIDAD, s. f. Suavidad, blandura.

LENIDO, p. p. de LENIR.

LENIENTE, p. a. ant. de LENIR, y s. Que suaviza ó ablanda.

LENIFICADO, p. p. de LENIFICAR.

LENIFICAR, v. a. V. SUAVIZAR.

LENIFICATIVO, VA, adj. Que tiene virtud de ablandar y suavizar.

LENIR, v. a. ant. Ablandar, suavizar.

LENITIVO, VA, adj. Que tiene virtud de ablandar y suavizar.

LENITIVO, s. m. Remedio para

ablandar ó suavizar. ‖ met. Medio para mitigar ó suavizar el ánimo.

* LENIZAR, v. a. *Med.* Suavizar.

* LENMA, s. m. Intervalo de la música griega antigua.

LENOCINIO, s. m. V. ALCAHUETERÍA.

LENON, s. m. ant. V. ALCAHUETE ó RUFIAN.

LENTAMENTE, adv. Con lentitud.

LENTE, s. m. *Diop.* Vidrio circular, cóncavo ó convexo, de que se usa en los instrumentos dióptricos.

LENTECERSE, v. r. ant. Ablandarse ó humedecerse.

LENTECIDO, p. p. de LENTECERSE.

LENTEJA, s. f. Yerba bien conocida por ser su fruto una legumbre. ‖ LENTEJA ACUÁTICA ó DE AGUA, Yerba que se cria en las aguas estancadas, y viene á ser unas hojas de la figura del fruto de la lenteja.

LENTEJUELA, s. f. V. LANTEJUELA.

LENTEZA, s. f. ant. V. LENTITUD.

LENTICULAR, adj. Parecido á la lenteja.

LENTISCAL, s. m. Terreno poblado de lentiscos.

LENTISCINA, s. f. ant. ALMÁCIGA.

LENTISCO, s. m. Árbol muy comun en España, llamado tambien simplemente MATA.

LENTÍSIMAMENTE, adv. sup. de LENTAMENTE.

LENTÍSIMO, MA, adj. sup. de LENTO, TA.

LENTITUD, s. f. La tardanza ó espacio con que se egecuta alguna cosa.

LENTO, TA, adj. Tardo y pausado en su movimiento. ‖ Poco vigoroso y eficaz. ‖ ant. Hablando de árboles y arbustos es lo mismo que flexible ó correoso. ‖ *Med.* y *Farm.* Glutinoso, pegajoso.

LENTOR, s. m. *Med.* y *Farm.* Viscosidad, glúten. ‖ ant. Hablando de árboles ó arbustos es lo mismo que flexibilidad ó correa.

LENTURA, s. f. ant. V. LENTOR, 2ª A.

LENZAL, adj. ant. Que es de lienzo.

LENZUELO, s. m. ant. V. PAÑUELO.

LEÑA, s. f. La parte de los árboles y matas que se destina para la lumbre. ‖ CARGAR DE LEÑA Á ALGUNO, fam. Darle de palos. ‖ ECHAR ó PONER LEÑA AL FUEGO, met. Fomentar la discordia. ‖ LLEVAR LEÑA AL MONTE, met. y fam. Moteja la indiscrecion de los que dan alguna cosa á quien tiene abundancia de ella.

LEÑADO, p. p. de LEÑAR.

LEÑADOR, RA, s. m. y f. El que se emplea en hacer leña y venderla.

LEÑAME, s. m. ant. V. MADERA. ‖ ant. *Mar.* Provision de leña.

LEÑAR, v. a. *Ar.* Hacer ó cortar leña.

LEÑERA, s. f. Sitio para guardar y hacinar la leña.

LEÑERO, s. m. El que vende ó provee leña. ‖ V. LEÑERA.

LEÑO, s. m. El trozo de árbol despues de cortado y limpio de las ramas. ‖ Embarcacion de vela y remo, semejante á las galeotas. ‖ *Poet.* Nave. ‖ met. La persona de poco talento y habilidad. ‖ LEÑO HEDIONDO, Planta. V. HEDIONDO.

LEÑOSO, SA, adj. Aplícase á la parte de los árboles que es y se llama madera. ‖ Que tiene una dureza y consistencia semejante á la de la madera.

LEON, s. m. Cuadrúpedo indígeno del África, de color entre amarillo y rojo, de tres á cuatro pies de altura y de siete á ocho de largo. Es el mas fuerte de todos los cuadrúpedos, de índole generosa; reconoce y paga los beneficios recibidos, y se domestica sin gran dificultad. ‖ Insecto de una pulgada de largo de color pardo con manchas amarillas que aova en la arena, y se alimenta de hormigas. ‖ Signo boreal, el quinto de los del zodiaco. ‖ Culebra BOA, la mas grande y mas fuerte de las culebras. ‖ met. La persona iracunda y cruel. ‖ *Germ.* El rufian. ‖ LEON MARINO, Anfibio de unos seis á ocho pies de largo, de color blanco oscuro, que vive á orillas de los mares entre el Asia y África: es polígamo, y defiende á sus hembras. ‖ LEON PARDO, ant. V. LEOPARDO. ‖ LEON REAL, LEON, 1ª A. ‖ DESQUIJARAR LEONES, met. Expresa que alguno echa fieros y baladronadas.

LEONA, s. f. La hembra del leon. ‖ LEONAS, pl. *Germ.* Las calzas.

LEONADO, DA, adj. De color semejante al del pelo del leon.

LEONAZO, ZA, s. m. y f. aum. de LEON.

LEONCICO, LLO, TO, s. m. d. de LEON.

LEONERA, s. f. Lugar en que se tienen encerrados los leones. ‖ met. La casa de juego y de garito.

LEONERO, s. m. Persona que cuida de los leones. ‖ met. V. TABLAJERO ó GARITERO.

LEONÉS, SA, adj. y s. Natural de Leon y perteneciente á este reino ó ciudad.

LEÓNICA, adj. y s. V. RANINA ó SUBLINGUAL.

LEONINA, s. f. Cierta especie ó grado de lepra.

LEONINO, NA, adj. Propio del leon. || Se aplica á las compañías y contratos en que se pacta toda la ganancia para un socio, y toda la pérdida para otro, ó á quellos en que se pacta para un socio parte en la ganancia y ninguna en la pérdida, y al contrario. || Se dice de cierta especie de versos latinos usados en la edad media.

LEONTINO, NA, adj. De Lentini.

*LEONTOFONO, s. m. Cuadrúpedo conocido de los antiguos.

LEOPARDO, s. m. Cuadrúpedo indígeno de África y del Asia cruel y sanguinario.

*LEPADA, s. f. *Náut.* Fenómeno marino que aparece como el cabo del arco iris.

LEPADO, p. p. de LEPAR.

LEPAR, v. a. *Germ.* Pelar.

LEPIDIO, s. m. Yerba medicinal perenne de hojas anchas, alternas, con dientes como de sierra.

*LEPOR, s. m. p. u. Gracia, donaire.

LEPRA, s. f. Enfermedad cutánea y contagiosa. || LEPRA BLANCA, V. ALBARAZO.

*LEPRERÍA, s. f. Hospital de leprosos.

LEPROSO, SA, adj. Que padece la enfermedad llamada lepra.

LERCHA, s. f. *Manch.* Junquillo con que se atraviesan las agallas de los peces para colgarlos.

LERDA, s. f. *Albeit.* V. LERDON.

LERDAMENTE, adv. Con pesadez y tardanza.

LERDEZ, s. f. ant. Pesadez, tardanza.

LERDO, DA, adj. Pesado y torpe en el andar. || met. Tardo y torpe para comprender ó egecutar alguna cosa. || *Germ.* Cobarde.

LERDON, s. m. *Albeit.* Hinchazon ó tumor.

LERIDANO, NA, adj. Perteneciente á Lérida y natural de ella.

LESION, s. f. Daño ó detrimento corporal causado por alguna herida, golpe ó enfermedad. || met. Daño, perjuicio ó detrimento. || for. El daño que se causa dolosamente en las ventas por no hacerlas en su justo precio. || LESION ENORME, Perjuicio que uno experimenta por haber sido engañado en algo mas ó ménos de la mitad del justo precio en las compras ó ventas. || LESION ENORMÍSIMA, Perjuicio, que uno experimenta, por haber sido engañado en mucho mas ó ménos de la mitad del justo precio en las compras y ventas.

LESIVO, VA, adj. Que puede dañar ó causar lesion.

LESNA, s. f. Instrumento de zapateros para agujerar, coser y pespuntar.

LESNORDESTE, s. m. *Mar.* El viento medio entre el leste y el nordeste. || La parte que está situada hácia el sitio por donde sopla el viento de este nombre.

LESO, SA, adj. Aplícase al animal y á cualquiera de sus partes ó miembros que ha recibido algun daño por razon de enfermedad, golpe, herida, etc. || Hablando del juicio, entendimiento ó imaginacion pervertido, turbado, trastornado. || Agraviado, ofendido.

LEST, s. m. ant. V. LESTE. || ant. Viento. V. LESTE.

LESTE, s. m. Viento ESTE SOLANO ó LEVANTE, La parte ó punto que está situado hácia el oriente ó hacia donde nace el sol.

LESUESTE, s. m. Viento medio entre el leste y sueste.

LETAL, adj. V. MORTÍFERO.

LETAME, s. m. ant. Tarquin, cieno y basura con que se engrasa y abona la tierra.

LETANÍA, s. f. Rogativa, súplica que se hace á Dios. || Procesion que se hace por alguna rogativa cantando las letanías. || fam. Lista, retahila, enumeracion seguida de muchos nombres ó cosas. || LETANÍAS MAYORES, Las que se cantan ó rezan en los tres dias de la Ascension, etc. || La procesion de rogativa que se hace el dia de san Marcos. || LETANÍAS MENORES. La procesion de rogativa que se hace en los tres dias ántes de la Ascension. || LETANÍA DE LA VIRGEN, ó LETANÍA LAURETANA, Cierta deprecacion á la Virgen por sus elogios y atributos.

LETARGÍA, s. f. ant. Enfermedad. || V. LETARGO.

LETÁRGICO, CA, adj. Que está con letargo, ó pertenece á esta enfermedad.

LETARGO, s. m. Accidente peligroso que consiste en la suspension del uso de los sentidos y de las facultades del ánimo, y se asemeja á un sueño profundo. || met. Torpeza, insensibilidad, enagenamiento del ánimo por la vehemencia de alguna pasion.

LETEO, EA, adj. *Poét.* Que pertenece al rio Lete ó Leteo.

*LETICIA, s. f. p. u. Gozo, alegria.

hacen mantos para mugeres pobres. || fam. Astucia, treta, bellaquería.

* LILAO, s. m. Vana ostentacion.

* LILIÁCEA, adj. f. Azucenada. Dícese de las flores parecidas á las del lirio.

LILILÍ, s. m. La gritería que hacen los Moros en sus fiestas y zambras.

* LILIO, s. m. ant. V. LIRIO. || Licor para hacer volver en sí á los desmayados.

LIMA, s. f. El árbol que produce las limas. || Especie de limon dulce. || Instrumento de acero, áspero y firme para cortar y alisar los metales y otras cosas. || met. Correccion y enmienda de las obras, particularmente de las de entendimiento. || Canal grande en el ángulo de los tejados para recibir y conducir las aguas. || *Germ.* La camisa. || LIMA SORDA, La que hace poco ó ningun ruido cuando lima. || met. Lo que imperceptiblemente va consumiendo alguna cosa.

LIMADÍSIMO, MA, adj. sup. de LIMADO.

LIMADO, p. p. de LIMAR.

LIMADURA, s. f. Accion y efecto de limar. || LIMADURAS, pl. Las partecillas muy menudas que salen limando alguna cosa.

LIMALLA, s. f. El conjunto de las limaduras.

LIMAR, v. a. Cortar ó alisar los metales con la lima. || met. Pulir alguna obra.

LIMATON, s. m. Lima redonda, gruesa y áspera de cerrageros y herreros.

LIMAZA, s. f. ant. Animal, V. BABOSA.

LIMAZO, s. m. Viscosidad ó babaza.

LIMBO, s. m. Seno donde estaban detenidas las almas de los santos y patriarcas antiguos esperando la redencion del género humano. || El lugar adonde se dice que van las almas de los niños que mueren ántes de haber recibido el bautismo. || *Astron.* La extremidad del globo del sol ó de la luna, que aparece cuando el disco queda escondido por algun eclipse. || La extremidad del instrumento con que se observan los astros. || ant. El fin ó extremo de alguna cosa, y con especialidad se tomaba por la orla ó extremidad de la vestidura. || ESTAR EN EL LIMBO, met. Estar distraido ó pendiente de algun suceso sin podér tomar resolucion.

LIMEN, s. m. *Poét.* V. UMBRAL.

LIMEÑO, ÑA, adj. Natural de Lima ó perteneciente á esta ciudad.

* LIMERA, s. f. *Náut.* Agujero por donde pasa la caña del timon.

LIMERO, RA, s. m. y f. El que vende limas. || El árbol que produce limas.

LIMETA, s. f. V. BOTELLA.

LIMISTE, s. f. Paño que se fabrica en Segovia.

LIMITACION, s. f. Accion y efecto de limitar. || Término ó distrito. || ant. Límite ó término de algun territorio.

LIMITADAMENTE, adv. Con limitacion.

LIMITADÍSIMAMENTE, adv. sup. de LIMITADAMENTE.

LIMITADÍSIMO, MA, adj. sup. de LIMITADO.

LIMITADO, p. p. de LIMITAR.

LIMITADO, adj. Se aplica á la persona de corto talento.

LIMITÁNEO, NEA, adj. Que pertenece ó está inmediato á los límites ó fronteras.

* LIMITAR, v. a. Poner límites á algun terreno. || met. Acortar, ceñir.

LÍMITE, s. m. Término, confin ó lindero.

LIMÍTROFE, adj. Se aplica á las provincias ó naciones que confinan con otras.

LIMO, s. m. ant. V. BARRO ó LODO.

* LIMODORO, s. m. Planta aperitiva.

LIMON, s. m. Fruta de forma oval, de color amarillo llena de un zumo contenido en diversos casquillos. || Árbol que produce la fruta de este nombre. || V. LIMONERA.

LIMONADA, s. f. Bebida compuesta de agua, azúcar y zumo de limon. || LIMONADA DE VINO, La limonada comun mezclada con una porcion de vino.

LIMONADO, DA, adj. De color de limon.

LIMONAR, s. m. Sitio plantado de limones. || ant. LIMON, Árbol.

LIMONCILLO, s. m. d. de LIMON.

LIMONERA, En algunos carruages cada uno de los maderos largos que forman su asiento.

LIMONERO, s. m. V. LIMON, árbol.

LIMONERO, RA, s. m. y f. El que vende limones.

LIMONERO, RA, adj. Se aplica á la caballería que va á varas en el carro, calesa, etc.

* LIMONIO, s. m. Acelga silvestre, planta buena para la disenteria.

* LIMOSCAPO, s. m. *Arq.* Cuerpo

por medio de la imitacion el buen gusto en el arte de hablar y de escribir.

LETRADA, s. f. La muger del letrado ó abogado.

LETRADICO, LLO, TO, s. m. d. de LETRADO.

LETRADO, DA, adj. Sabio, docto ó instruido. ‖ fam. Se dice del que presume de discreto y habla mucho sin fundamento. ‖ ant. El que solo sabia leer. ‖ ant. El que sabe escribir, y tambien lo que se escribe y pone por letra.

LETRADO, s. m. V. ABOGADO. ‖ Á LO LETRADO, Al uso de los letrados.

LETRADO, p. p. de LETRAR.

LETRADURA, s. f. ant. V. LITERATURA. ‖ ant. Instruccion en las primeras letras ó en el arte de leer.

LETRADURÍA, s. f. fam. Dicho vano é inútil proferido con alguna presuncion.

LETRAR, v. a. ant. V. DELETREAR.

LETRERO, s. m. La inscripcion ó rótulo que se pone para memoria, noticia é inteligencia.

LETRILLA, s. f. d. de LETRA. ‖ Composicion poética de versos cortos.

LETRINA, s. f. Lugar destinado para expeler excrementos.

LETRON, s. m. aum. de LETRA. ‖ LETRONES, pl. Los carácteres que se ponen en las puertas de las iglesias y otros lugares para que conste de una excomunion.

LETUARIO, s. m. ant. ELECTUARIO. ‖ ant. Especie de bocadillo que se solia tomar por la mañana ántes del aguardiente.

LETURA, s. f. ant. LECTURA Ó LEYENDA. ‖ LECTURA en las imprentas por una clase de letras. ‖ IR CON LECTURA, ant. Proceder con aviso y conocimiento en la suposicion de una cosa.

LEUCROCUTA, s. f. Cuadrúpedo de Etiopia parecido al asno silvestre.

LEUDADO, p. p. de LEUDAR.

LEUDAR, v. a. Fermentar la masa con la levadura.

LEUDO, DA, adj. Aplícase á la masa ó pan fermentado con levadura.

LEVA, s. f. *Náut.* La partida de las embarcaciones del puerto. ‖ Recluta ó enganche de gente para el servicio de un estado. ‖ Enredo, treta y maula. ‖ IRSE Á LEVA Y Á MONTE, Escaparse, huirse, retirarse.

LEVADA, s. f. En la cria de la seda es la porcion de gusanos que se alza y muda de una panera á otra. ‖ El movimiento airoso con que se maneja la lanza, estoque, etc., ántes de ponerlos en su lugar. ‖ *Esgr.* La ida y venida ó lance que de una vez y sin intermision juegan los dos que esgrimen. ‖ ant. V. LEVA, Enredo, etc. ‖ ant. Salida ó nacimiento de los astros. ‖ ant. LLEVADA, recado ó mensage.

LEVADERO, RA, adj. Que se ha de cobrar.

LEVADIZO, ZA, adj. Que se levanta ó puede levantar con algun artificio, quitándolo y volviéndolo á poner, ó levantándolo y volviéndolo á dejar caer.

LEVADO, p. p. de LEVAR.

LEVADOR, s. m. ant. V. LLEVADOR. ‖ *Germ.* El ladron que huye con prontitud. ‖ *Germ.* El ladron astuto y sutil que usa de muchas tretas.

LEVADURA, s. f. La harina amasada sin sal, fermetada ó cocida hasta que se ponga agria.

LEVAMIENTO, s. m. ant. Levantamiento, sedicion.

LEVANTADAMENTE, adv. Con elevacion, en estilo sublime.

LEVANTADÍSIMO, MA, adj. sup. de LEVANTADO.

LEVANTADIZO, ZA, adj. ant. *Ar.* V. LEVADIZO.

LEVANTADO, p. p. de LEVANTAR.

LEVANTADOR, RA, s. m. y f. El que levanta. ‖ Amotinador, sedicioso.

LEVANTADURA, s. f. ant. V. LEVANTAMIENTO.

LEVANTAMIENTO, s. m. La accion y efecto de levantar. ‖ Sedicion, rebelion. ‖ Sublimidad, elevacion. ‖ *Ar.* Ajuste, conclusion y finiquito de cuentas.

LEVANTAR, v. a. Mover de abajo atriba, poner en lugar mas alto. ‖ Poner derecho ó recto. ‖ Construir, fabricar, edificar. ‖ met. Erigir, establecer, instituir. ‖ Alborotar, rebelar, mover sediciones. ‖ Fingir, atribuir, imputar maliciosamente. ‖ Esforzar, animar, infundir confianza y ánimo. ‖ Engrandecer, elevar, ensalzar. ‖ Mover, ahuyentar, hacer que salte la cosa del sitio en que estaba. ‖ En el juego de naipes ALZAR. ‖ En el juego de naipes CARGAR. ‖ Reclutar, alistar, hacer gente para el egército. ‖ Aumentar, subir, dar mayor incremento á alguna cosa. ‖ Subir de punto la voz ó los instrumentos. ‖ Causar, ocasionar, formar, excitar. ‖ Mover, pasar de un lugar á otro. ‖ Quitar, recoger, llevar. ‖ LEVANTAR Á ALGUNO HÁCIA ARRIBA Ó TAN ALTO, Irritarle, hacerle sentir gravemente alguna cosa.

LEVANTARSE, v. r. Dejar la cama

el que está acostado. || Vestirse, dejar la cama el que estaba en ella por alguna indisposicion. || Sobresalir, elevarse sobre alguna superficie ó plano. || LEVANTARSE CON ALGUNA COSA, Apoderarse de ella con injusticia.

LEVANTE, p. a. de LEVAR, Que nace ó se levanta. || DE LEVANTE, En disposicion próxima de hacer algun viage ó mudanza, ó sin haber fijado el domicilio.

LEVANTE, s. m. La parte del horizonte por donde nace el sol. || El viento que viene de la parte oriental.

LEVANTINO, NA, adj. V. LEVANTISCO.

LEVANTISCO, CA adj. Natural de Levante ó que pertenece á él.

LEVAR, v. a. ant. V. LEVANTAR. || ant. V. LLEVAR. || *Náut.* Hablando de las anclas, V. LEVANTAR. || ant. Hacer levas. || ant. V. QUITAR.

LEVAR, v. n. ant. NACER ó salir los astros.

LEVARSE, v. r. *Náut.* Hacerse á la vela. || *Germ.* Moverse ó irse.

LEVE, adj. Ligero, de poco peso. || met. De poca importancia, de poca consideracion.

LEVECHE, s. m. Viento, V. SUDOESTE.

LEVEDAD, s. f. La calidad de lo leve. || met. Inconstancia de ánimo, ligereza en las cosas.

LEVEMENTE, adv. Ligeramente, blandamente. || met. V. VENIALMENTE.

LEVENTE, s. m. Soldado turco de marina.

LEVÍSIMAMENTE, adv. sup. de LEVEMENTE.

LEVÍSIMO, MA, adj. sup. de LEVE.

LEVITA, s. m. Israelita de la tribu de Leví. || V. DIÁCONO.

LEVÍTICO, s. m. Libro canónico del viejo Testamento. || fam. El ceremonial que se usa en alguna funcion.

* LÉXICO, s. m. Diccionario.

* LEXICÓGRAFO, s. m. Autor de un diccionario.

LEY, s. f. Establecimiento hecho por la legítima potestad, en que se mandan ó se prohiben algunas cosas para la utilidad pública. || V. RELIGION. || Lealtad, fidelidad, amor. || Calidad, peso ó medida que tienen los géneros segun las leyes de los reinos. || Hablando de metales y moneda la calidad legítima. || Estatuto ó condicion establecida para algun acto particular. || LEYES, p. El conjunto de las leyes. || LEY ANTIGUA, V. LEY DE MOISÉS. || LEY CALDARIA, La que ordenaba antiguamente en España la prueba del agua caliente. || LEY DE DIOS, Todo lo que es arreglado á la voluntad divina y recta razon. || LEY DE DUELO, Máximas y reglas universalmente admitidas acerca de los retos y desafios. || LEY DE GRACIA Ó EVANGÉLICA, La de Cristo. || LEY DE LA TRAMPA, Embuste, engaño. || LEY DEL ENCAJE, fam. El dictámen ó juicio que voluntariamente y por su mero dicurso forma el juez. || LEY DE MOISÉS, Los preceptos y ceremonias de Moisés. || LEY ESCRITA, Los preceptos escritos en las dos tablas dados por Dios á Moisés en el monte Sinai. || LEY NATURAL, El dictámen de la razon. || LEY NUEVA, V. LEY DE GRACIA. || LEY VIEJA, V. LEY DE MOISÉS. || Á LA LEY, fam. Con propiedad y esmero. || Á LEY DE CABALLERO, DE CRISTIANO, etc., Asegura la verdad de lo que se dice. || Á TODA LEY, Con perfeccion, segun arte. || BAJAR DE LEY, Se dice del oro cuando tiene ménos quilates, y de la plata cuando tiene ménos dineros de los que corresponden á la ley. || BAJO DE LEY. Se dice del oro ó plata que tiene ménos quilates ó dineros que lo mandado por la ley. || DAR LA LEY, Servir de modelo. || Obligar á uno á que haga lo que otro quiere aunque sea contra su gusto. || ECHAR LA LEY Ó TODA LA LEY Á ALGUNO, Condenarle usando con él de todo el rigor de la ley. || HECHA LA LEY. HECHA LA TRAMPA, fam. Da á entender que la malicia humana halla fácilmente medios para quebrantar ó eludir un precepto, apénas se ha impuesto. || VENIR CONTRA ALGUNA LEY, PRECEPTO, etc. Quebrantarle.

LEYENDA, s. f. Historia ó materia que se lee.

LEYENTE, p. a. ant. de LEER, El que lee.

LEZDA, s. f. ant. Tributo impuesto.

LEZDERO, s. m. ant. Ministro que cobraba la lezda.

LEZNE, adj. ant. V. DELEZNABLE.

LIA

LIA, s. f. Soga tegida como trenza de esparto machacado. || El orujo de las uvas, del cual se saca el aguapié. || ESTAR HECHO UNA LIA, Estar poseido del vino.

LIADO, p. p. de LIAR.

* LIANCHA, s. f. Piedra franca, especie de piedra caliza.

LIANZA, s. f. ant. V. ALIANZA.

LIAR, v. n. Atar los fardos y cargas con lias.

LIARSE, v. r. Hacer, contraer alianza. || fam. Huir alguno, escaparse con presteza || met. y fam. V. MONTARSE.

LIARA, s. f. *And.* V. CUERNA.

LIAZA, Es el conjunto de ciertas correas que se cortan de los nietos de las mimbres con que se lia toda la arcazon. || Conjunto de lias con que se atan las corambres en que se conduce el vino, aceite, etc.

LIBACION, s. f. El acto de libar. || Ceremonia religiosa de los antiguos paganos, que consistia en llenar un vaso de vino ó de otro licor, y derramarle despues de haberle probado.

LIBADO, p. p. de LIBAR.

LIBÁMEN, s. m. ant. Ofrenda en el sacrificio.

LIBAMIENTO, s. m. ant. V. LIBACION. La materia ó especies que se libaban en los sacrificios antiguos.

LIBAR, v. a. Chupar suavemente el jugo de alguna cosa. || Hacer el libamento para el sacrificio. || Sacrificar. || Probar ó gustar algun licor.

LIBELA, s. f. ant. Moneda de plata romana que valia cuatro maravedís de plata castellanos.

LIBELADO, p. p. de LIBELAR.

LIBELAR, v. a. ant. Escribir refiriendo alguna cosa. || for. Hacer peticiones.

LIBELÁTICO, CA, adj. Se aplicaba á los cristianos que sacaban certificacion de haber obedecido á los decretos de los emperadores.

LIBELO, s. m. ant. LIBRO PEQUEÑO. || for. Peticion ó memorial. || Libro, papel ó escrito satírico y denigrativo. || LIBELO DE REPUDIO, Escritura con que el marido antiguamente repudiaba á la muger y disolvia el matrimonio. || DAR LIBELO DE REPUDIO, met. Renunciar, dar de mano.

LIBERACION, s. f. ant. Accion y efecto de poner en libertad.

LIBERAL, adj. Que obra con liberalidad ó hecho con ella. || Expedito, pronto para egecutar cualquiera cosa. || Se dice del arte propia del ingenio á diferencia de la mecánica.

LIBERALIDAD, s. f. Virtud moral que consiste en distribuir generosamente los bienes sin esperar recompensa.

LIBERALÍSIMAMENTE, adv. sup. de LIBERALMENTE.

LIBERALÍSIMO, MA, adj. sup. de LIBERAL.

LIBERALMENTE, adv. Con liberalidad. || Con expedicion, presteza y brevedad.

LÍBERAMENTE, adv. ant. V. LIBREMENTE.

LÍBERO, RA, adj. ant. V. LIBRE.

LIBÉRRIMO, MA, adj. sup. Muy libre.

LIBERTAD, s. f. La facultad que tiene el hombre de obrar ó no obrar. || El estado y condicion del que no es esclavo. || El estado del que no está preso. || Falta de sujecion y subordinacion. || La facultad que se disfruta en las naciones bien gobernadas de hacer y de decir cuanto no se oponga á las leyes ni á las buenas costumbres. || Prerogativa, privilegio, licencia. || El estado de las personas libres. || Desenfrenada contravencion á las leyes y buenas costumbres. || LICENCIA ú osada familiaridad. || Independencia de las etiquetas. || Esfuerzo y ánimo para hablar lo que conviene al propio estado ú oficio. || Desembarazo, despejo. || Rescate. || LIBERTAD DE ESPÍRITU. || La facilidad con que mueve sus miembros el que no tiene alguna enfermedad ó achaque que se lo impida. || Facilidad, soltura, disposicion natural para hacer alguna cosa con destreza. || LIBERTAD DE COMERCIO, La facultad de comprar y vender sin estorbo ninguno. || LIBERTAD DE CONCIENCIA, Permiso de profesar cualquiera religion. || Desenfreno y desorden contra las buenas costumbres. || LIBERTAD DE CULTOS, V. LIBERTAD DE CONCIENCIA, 2ª A. || LIBERTAD DEL ESPÍRITU, Dominio ó señorío del ánimo sobre las pasiones. || APELLIDAR LIBERTAD, Pedir el esclavo injustamente detenido en esclavitud que se le declare por libre. || PONER EN LIBERTAD DE ALGUNA OBLIGACION, met. Eximir de ella. || SACAR Á LIBERTAD LA NOVICIA, Examinar el juez eclesiástico su voluntad donde sin dar nota pueda libremente salirse del convento.

LIBERTADAMENTE, adv. Con libertad, con descaro y desenfreno.

LIBERTADO, p. p. de LIBERTAR. || LIBERTADO, DA, adj. Osado, atrevido. || Libre, sin sujecion. || ant. Desocupado, ocioso.

LIBERTADOR, RA, s. m. y f. El que liberta.

LIBERTAR, v. a. Poner en libertad. || Eximir de alguna obligacion, sujecion ó deuda. || V. PRESERVAR.

LIBERTINAGE, s. m. Desenfreno en las obras ó en las palabras. || Falta de respeto á la religion.

LIBERTINO, NA, adj. Que tiene libertinage.

DA, adj. Se aplica á cualquiera cosa tegida ó pintada de listas.

LISTAR, v. a. V. ALISTAR.

LISTEADO, DA, adj. V. LISTADO.

LISTEL ó LISTELO, s. m. *Arq.* V. FILETE.

LISTO, TA, adj. Diligente, pronto, expedito.

LISTON, s. m. Cinta de seda mas angosta que la colonia. || *Carp.* Pedazo de tabla de dos dedos poco mas ó ménos de ancho, y poco ménos de grueso. || *Arq.* V. FILETE.

LISTONCICO, LLO, TO, s. m. d. de LISTON.

LISTONERÍA, s. f. Conjunto de listones.

LISTONERO, RA, s. m. y f. El que hace listones.

LISURA, s. f. Igualdad y lustre de la superficie. || met. Ingenuidad, sinceridad.

LITA, s. f. V. LANDRILLA por la larva y el grano que de esta se origina.

LITACION, s. f. Accion y efecto de litar.

LITADO, p. p. de LITAR.

LITAR, v. a. Hacer algun sacrificio agradable á la divinidad.

LITARGE, s. m. V. ALMÁRTAGA.

LITARGIA, s. f. ant. V. LETARGO.

LITARGIRIO, s. m. V. ALMÁRTAGA. || LITARGIRIO DE ORO, V. ALMÁRTAGA. || LITARGIRIO DE PLATA, V. ALMÁRTAGA.

LITE, s. f. for. V. PLEITO.

LITERA, s. f. Especie de silla de manos que se pone entre dos mulas ó caballos.

LITERAL, adj. Conforme á la letra del texto.

* LITERALISTA, s. m. El que se atiene al sentido literal.

LITERALMENTE, adv. Conforme á la letra ó al sentido literal.

LITERARIO, RIA, adj. Perteneciente á la literatura ó ciencias.

* LITERATILLO, s. m. Hombre de pluma.

LITERATÍSIMO, MA, adj. sup. de LITERATO.

LITERATO, TA, adj. Instruido en varios ramos de literatura.

LITERATURA, s. f. Conocimiento de las letras ó ciencias.

LITERERO, s. m. El que guia y cuida la litera.

LITERILLA, s. f. d. de LITERA.

LITIGACION, s. f. ant. Accion y efecto de litigar.

LITIGADO, p. p. de LITIGAR.

* LITIGADOR, s. m. El que litiga.

LITIGANTE, p. a. de LITIGAR, y s. El que litiga.

LITIGAR, v. a. Pleitear, disputar en juicio. || met. Altercar, contender.

LITIGIO, s. m. Pleito, altercacion en juicio. || met. Disputa, contienda.

LITIGIOSO, SA, adj. Que está en duda y se disputa. || Propenso á mover pleitos y litigios.

LÍTIS, s. f. V. PLEITO.

LITISCONSORTE, s. com. El que litiga por la misma causa ó interes que otro.

LITISCONTESTACION, s. f. for. Respuesta á la demanda judicial.

LITISEXPENSAS, s. f. pl. Gastos ó costas de un pleito.

LITISPENDENCIA, s. f. El estado del pleito pendiente y sin determinar.

LITOCOLA, s. f. Betun para pegar las piedras.

* LITÓFAGO, GA, adj. y s. Que come piedra.

LITOGRAFÍA ó LITOLOGIA, s. f. El arte de sustituir la piedra á las láminas de cobre para multiplicar los egemplares del grabado.

* LITÓGRAFO, s. m. El que egerce la litografía.

* LITOLOGIA, s. f. Ciencia de las piedras.

LITORAL, adj. Que pertenece á la orilla ó costa del mar.

* LITOTOMÍA, s. f. Extraccion de la piedra de la vegiga.

LITUO, s. m. Instrumento militar de los Romanos semejante á la trompa. || El cayado o báculo de que usaban los agoreros.

LITURGIA, s. f. El órden y la forma que ha aprobado la iglesia para celebrar los oficios divinos.

LITÚRGICO, CA, adj. Que pertenece á la liturgia.

LIUDADO, p. p. de LIUDAR.

LIUDAR, v. a. ant. V. LEUDAR.

LIUDO, DA, adj. V. LEUDO.

LIVIANAMENTE, adv. Deshonestamente. || ant. Con ligereza, sin fundamento. || met. ant. Superficialmente.

LIVIANDAD, s. f. Ligereza ó poco peso. || met. Ligereza, inconstancia del ánimo. || V. INCONTINENCIA.

LIVIANEZ, ZA, s. f. ant. V. LIVIANDAD.

LIVIANO, NA, adj. Ligero, de poco peso. || met. Fácil, inconstante. || De poca monta. || Lascivo, incontinente.

LIVIANOS, s. m. pl. V. BOFES.

que sirve para llevar fácilmente los á cualquiera parte.

LIBRO, s. m. Porcion de pliegos de papel cosidos y encuadernados. ‖ Una de las principales partes en que con este título suelen dividirse las obras. ‖ ant. Rueca de hilar lana. ‖ met. ant. V. CONTRIBUCION Ó IMPUESTO. ‖ LIBRO BORRADOR ó V. BORRADOR, por el libro, etc. ‖ LIBRO DE ASIENTO, El que sirve para anotar lo que importa tener presente. ‖ LIBRO DE BECERRO, V. BECERRO. ‖ LIBRO DE CAJA, El que tienen los hombres de negocios y mercaderes para los asientos. ‖ LIBRO DE COMPRAS, Libro en papel blanco donde escriben los mercaderes lo que fian y reciben diariamente, y las letras y billetes de cambio. ‖ LIBRO DE CORO, Libro grande, en que estan escritos los salmos, antífonas, etc., que se cantan en el coro. ‖ LIBRO DE LA VIDA, met. El decreto de la predestinacion. ‖ LIBRO DE LAS CUARENTA HOJAS, fam. Baraja de naipes. ‖ LIBRO DE MANO, El que está manuscrito. ‖ LIBRO DE MEMORIA, El que sirve para apuntes. ‖ LIBRO DE MÚSICA, El que tiene escritas las notas para tocar y cantar las composiciones músicas. ‖ LIBRO DE ORO, El librete en que los batihojas ponen los panes de oro. ‖ LIBRO EN DOZAVO, El que está impreso ó manuscrito, haciendo cada hoja la duodécima parte del pliego de papel. ‖ LIBRO EN CUARTO, El que está impreso ó manuscrito, haciendo cada hoja la cuarta parte del pliego de papel. ‖ LIBRO EN FOLIO, El que está impreso ó manuscrito, haciendo cada hoja medio pliego de papel. ‖ LIBRO EN OCTAVO, El que está impreso ó manuscrito, haciendo cada hoja una octava parte del pliego de papel. ‖ LIBRO ENTONATORIO, El que sirve para entonar en el coro. ‖ LIBRO MAESTRO, El libro principal en que se registran las noticias pertenecientes al gobierno económico de alguna casa, ó cuerpo. ‖ LIBRO PENADOR, En algunos pueblos es el que tiene la justicia para sentar las penas en que condenan á los que rompen con el ganado los cotos y sitios prohibidos. ‖ LIBRO PROCESIONARIO, El que se lleva en las procesiones para cantar. ‖ LIBRO VERDE, fam. El libro ó cuaderno en que se escriben algunas noticias particulares y curiosas. ‖ Persona dedicada á averiguarlas. ‖ CANTAR Á LIBRO ABIERTO, Cantar de repente alguna composicion música. ‖ HACER LIBRO NUEVO, fam. Empezar á corregir los vicios de la vida pasada. ‖ METERSE ALGUNO EN LIBROS DE CABALLERÍA, met. Mezclarse en lo que no le importa.

LIBROTE, s. m. aum. de LIBRO. ‖ El que es despreciable.

LIBÚRNICA, s. f. Embarcacion ligera usada de los liburnos.

LICANTROPIA, s. f. Vehemente imaginacion de melancolía que enagena de sí al que la padece.

LICENCIA, s. f. Facultad ó permiso para hacer alguna cosa. ‖ La demasiada libertad que alguno se toma para hacer o decir alguna cosa. ‖ El grado de licenciado. ‖ LICENCIA DE ARTES, Junta particular en la universidad de Alcalá de los sugetos que examinan á los bachilleres de ella para el grado de licenciado. ‖ LICENCIA Ó CLAUSTRO DE LICENCIAS, La junta de la facultad de teología y medicina que examina á los bachilleres formados en dichas facultades para el grado de licenciado para ascender al de doctor. ‖ LICENCIA POÉTICA, La libertad que toman los poetas para usar algunas frases, figuras ó voces. ‖ PRIMERO, SEGUNDO, etc., EN LICENCIA, En la universidad de Alcalá son los sugetos que señala el claustro para que reciban por este órden el grado de alguna facultad. ‖ TOMARSE LICENCIA, Hacer por sí é independientemente alguna cosa.

LICENCIADILLO, s. m. d. de LICENCIADO, Apodo que se da por desprecio al que anda vestido de hábitos clericales, y es ridículo en su persona ó acciones.

LICENCIADO, p. p. de LICENCIAR. ‖ LICENCIADO, DA, adj. Que se precia de entendido. ‖ Dado por libre.

LICENCIADO, s. m. El que ha obtenido el grado de licenciado. ‖ fam. El que viste hábitos largos ó trage de estudiante. ‖ Tratamiento que se da á los profesores juristas.

LICENCIAMIENTO, s. m. ant. El acto de graduarse de licenciado.

LICENCIAR, v. a. Dar permiso ó licencia. ‖ Despedir á alguno. ‖ V. GRADUAR ó conferir el grado de licenciado.

LICENCIARSE, v. r. Hacerse licencioso ó desordenado.

LICENCIOSAMENTE, adv. Con demasiada licencia y libertad.

LICENCIOSO, SA, adj. Libre, atrevido, disoluto.

LICEO, s. m. La escuela pública que tuvo Aristóteles cerca de Atenas.

LICHERA, s. f. Manta de lana.

LICION, s. f. ant. V. LECCION.

LICIONARIO, s. m. ant. V. LECCIONARIO.

LIBERTINO, NA, s. m. y f. El hijo de liberto.

LIBERTO, s. m. Esclavo á quien se ha dado libertad.

LÍBICO, CA, adj. Que pertenece á la Libia.

* LIBICOÁBRICO, s. m. Viento del poniente de invierno.

* LIBICONOTO, s. m. Viento que sopla, entre el mediodia y el poniente de invierno.

* LIBÍDINE, s. f. ant. V. LIVIANDAD.

LIBIDINOSAMENTE, adv. De un modo libidinoso.

LIBIDINOSO, SA, adj. V. LUJURIOSO.

LIBIO, BIA, adj. de Libia.

LÍBITUM (AD), loc. lat. Al arbitrio de cada uno.

* LIBONOTO, s. m. V. LIBICONOTO.

LIBRA, s. f. Peso que comunmente consta de diez y seis onzas. || Especie de moneda imaginaria. || Peso que colocado al extremo de la viga sirve para oprimir la pasta. || El séptimo signo del zodíaco. || LIBRA CARNICERA, La que regularmente consta de treinta y seis onzas LIBRA MEDICINAL, La que se usa en las boticas, y consta de solas doce onzas. || LIBRA PONDERAL, La de 16 onzas.

LIBRACION, s. f. El movimiento que hace un cuerpo sobre su centro hasta quedar en equilibrio.

LIBRADO, p. p. de LIBRAR.

LIBRADOR, s. m. El que libra. || ant. V. LIBERTADOR. || En las caballerizas del rey es el que cuida de las provisiones para el ganado, y de todo lo que es necesario para su curacion. || Medida que sirve para sacar y poner en el peso las legumbres secas.

LIBRAMIENTO, s. m. ant. El acto y efecto de librar de algun peligro. || La órden que se da por escrito para que el tesorero, etc., pague alguna cantidad.

LIBRANCISTA, s. m. El que tiene libranzas á su favor. || El oficial que en la secretaría tiene á su cargo dar las libranzas.

LIBRANTE, p. a. de LIBRAR, Que libra.

LIBRANZA, s. f. V. LIBRAMIENTO. || ant. LIBERACION Ó LIBERTAD. || CORTAR LAS LIBRANZAS, Embarazar á los hombres de negocios el que cobren los efectos ó mesadas que se les hayan asignado para irse haciendo pago de sus créditos.

LIBRAR, v. a. Sacar á alguno de algun trabajo que padece. || Preservar á alguno de algun mal ó peligro. || Dár libranza. || V. DAR Ó ENTREGAR. || Poner al cargo y confianza de otro la egecucion de algun encargo. || Determinar, sentenciar, decidir. || Expedir ó dar alguna órden ó decreto. || ant. Pedir justicia. || ant. Salir la religiosa á hablar al locutorio ó á la red. || LIBRAR BIEN Ó MAL, Salir con felicidad ó con desgracia de algun negocio. || Á BIEN Ó Á BUEN LIBRAR, Lo mejor que podrá suceder.

LIBRATORIO, s. m. V. LOCUTORIO.

LIBRAZO, s. m. aum. de LIBRO. || Golpe dado con un libro.

LIBRE, adj. Que tiene facultad para obrar ó no obrar. || Que no es esclavo. Que no está preso. || Licencioso, insubordinado. || Atrevido, desenfrenado. || Disoluto, torpe, deshonesto. || Se dice del sitio, edificio, etc., que está solo y aislado. || Exento, privilegiado, dispensado. || Soltero. || V. INDEPENDIENTE. || DESEMBARAZADO ó exento de algun daño ó peligro. || Que tiene esfuerzo y ánimo para hablar lo que conviene á su estado ú oficio. || Aplícase á los sentidos y á los miembros del cuerpo que no son estorbados en el egercicio de sus funciones. || Inocente, sin culpa.

LIBREA, s. m. El vestuario uniforme que se da á una especie de criados. || El vestido uniforme que sacan las cuadrillas de caballeros en los festejos públicos.

LIBREADO, p. p. de LIBREAR.

LIBREAR, v. a. Vender ó distribuir alguna cosa por libras.

LIBREDUMBRE, s. f. ant. V. LIBERTAD.

LIBREJO, s. m. d. de LIBRO.

LIBREMENTE, adv. Con libertad.

LIBRERÍA, s. f. Tienda donde se venden libros. || La biblioteca ó conjunto de libros. || ant. El egercicio ó profesion de librero.

LIBRERO, s. m. El que tiene por oficio vender ó encuadernar libros.

LIBRETA, s. f. de LIBRA. || En Madrid pan que pesa una libra. || Libro pequeño de papel blanco. || LIBRETA DE VITA ET MORIBUS, El libro secreto en el cual los gefes militares anotan la vida, costumbres y acciones distinguidas de la oficialidad.

LIBRETE, s. m. d. de LIBRO. || El braserito ó rejuela de que usan las mugeres para calentarse los pies.

LIBRETILLO, s. m. d. de LIBRETE.

LIBRETIN, s. m. V. LIBRETILLO.

LIBRICO, LLO, TO, s. m. d. de LIBRO.

LIBRILLO, s. m. V. LEBRILLO. || LIBRILLO DE CERA, La porcion de cerilla que sirve para llevar fácilmente luz á cualquiera parte.

LIBRO, s. m. Porcion de pliegos de papel cosidos y encuadernados. || Una de las principales partes en que con este título suelen dividirse las obras. || ant. Rueca de hilar lana. || met. ant. V. CONTRIBUCION Ó IMPUESTO. || LIBRO BORRADOR ó V. BORRADOR, por el libro, etc. || LIBRO DE ASIENTO, El que sirve para anotar lo que importa tener presente. || LIBRO DE BECERRO, V. BECERRO. || LIBRO DE CAJA, El que tienen los hombres de negocios y mercaderes para los asientos. || LIBRO DE COMPRAS, Libro en papel blanco donde escriben los mercaderes lo que fian y reciben diariamente, y las letras y billetes de cambio. || LIBRO DE CORO, Libro grande, en que estan escritos los salmos, antífonas, etc., que se cantan en el coro. || LIBRO DE LA VIDA, met. El decreto de la predestinacion. || LIBRO DE LAS CUARENTA HOJAS, fam. Baraja de naipes. || LIBRO DE MANO, El que está manuscrito. || LIBRO DE MEMORIA, El que sirve para apuntes. || LIBRO DE MÚSICA, El que tiene escritas las notas para tocar y cantar las composiciones músicas. || LIBRO DE ORO, El librete en que los batihojas ponen los panes de oro. || LIBRO EN DOZAVO, El que está impreso ó manuscrito, haciendo cada hoja la duodécima parte del pliego de papel. || LIBRO EN CUARTO, El que está impreso ó manuscrito, haciendo cada hoja la cuarta parte del pliego de papel. || LIBRO EN FOLIO, El que está impreso ó manuscrito, haciendo cada hoja medio pliego de papel. || LIBRO EN OCTAVO, El que está impreso ó manuscrito, haciendo cada hoja una octava parte del pliego de papel. || LIBRO ENTONATORIO, El que sirve para entonar en el coro. || LIBRO MAESTRO, El libro principal en que se registran las noticias pertenecientes al gobierno económico de alguna casa, ó cuerpo. || LIBRO PENADOR, En algunos pueblos es el que tiene la justicia para sentar las penas en que condenan á los que rompen con el ganado los cotos y sitios prohibidos. || LIBRO PROCESIONARIO, El que se lleva en las procesiones para cantar. || LIBRO VERDE, fam. El libro ó cuaderno en que se escriben algunas noticias particulares y curiosas. || Persona dedicada á averiguarlas. || CANTAR Á LIBRO ABIERTO, Cantar de repente alguna composicion música. || HACER LIBRO NUEVO, fam. Empezar á corregir los vicios de la vida pasada. || METERSE ALGUNO EN LIBROS DE CABALLERÍA, met. Mezclarse en lo que no le importa.

LIBROTE, s. m. aum. de LIBRO. || El que es despreciable.

LIBÚRNICA, s. f. Embarcacion ligera usada de los liburnos.

LICANTROPIA, s. f. Vehemente imaginacion de melancolía que enagena de sí al que la padece.

LICENCIA, s. f. Facultad ó permiso para hacer alguna cosa. || La demasiada libertad que alguno se toma para hacer o decir alguna cosa. || El grado de licenciado. || LICENCIA DE ARTES, Junta particular en la universidad de Alcalá de los sugetos que examinan á los bachilleres de ella para el grado de licenciado. || LICENCIA Ó CLAUSTRO DE LICENCIAS, La junta de la facultad de teología y medicina que examina á los bachilleres formados en dichas facultades para el grado de licenciado para ascender al de doctor. || LICENCIA POÉTICA, La libertad que toman los poetas para usar algunas frases, figuras ó voces. || PRIMERO, SEGUNDO, etc., EN LICENCIA, En la universidad de Alcalá son los sugetos que señala el claustro para que reciban por este órden el grado de alguna facultad. || TOMARSE LICENCIA, Hacer por sí é independientemente alguna cosa.

LICENCIADILLO, s. m. d. de LICENCIADO, Apodo que se da por desprecio al que anda vestido de hábitos clericales, y es ridículo en su persona ó acciones.

LICENCIADO, p. p. de LICENCIAR. || LICENCIADO, DA, adj. Que se precia de entendido. || Dado por libre.

LICENCIADO, s. m. El que ha obtenido el grado de licenciado. || fam. El que viste hábitos largos ó trage de estudiante. || Tratamiento que se da á los profesores juristas.

LICENCIAMIENTO, s. m. ant. El acto de graduarse de licenciado.

LICENCIAR, v. a. Dar permiso ó licencia || Despedir á alguno. || V. GRADUAR ó conferir el grado de licenciado.

LICENCIARSE, v. r. Hacerse licencioso ó desordenado.

LICENCIOSAMENTE, adv. Con demasiada licencia y libertad.

LICENCIOSO, SA, adj. Libre, atrevido, disoluto.

LICEO, s. m. La escuela pública que tuvo Aristóteles cerca de Atenas.

LICHERA, s. f. Manta de lana.

LICION, s. f. ant. V. LECCION.

LICIONARIO, s. m. ant. V. LECCIONARIO.

LICITACION, s. f. for. Acto y efecto de licitar.

LICITADOR, s. m. for. El que pone en precio alguna cosa que se vende en almoneda, ó puja el precio ofrecido por otro.

LICITAMENTE, adv. Justa y legítimamente.

LICITANTE, p. a. de LICITAR, Que licita.

LICITAR, v. a. Poner en precio alguna cosa que se vende en almoneda, ó pujar la cantidad ofrecida por otro.

LÍCITO, TA, adj. Justo, permitido, segun justicia y razon. || Que es de la ley ó calidad que se manda.

LICOR, s. m. El cuerpo liquido y fluido. || Bebida espiritosa destilada por alambique. || ASENTARSE LOS LICORES, Bajar al suelo las partes térreas y crasas y las heces.

LICOROSO, SA, Se aplica al vino espiritoso y aromático.

LICTOR, s. m. Ministro de justicia entre los Romanos.

LICUABLE, adj. V. LIQUIDABLE.

LICUACION s. f. Accion y efecto de licuarse ó derretirse.

LICUADO, p. p. de LICUAR.

LICUAR, v. a. Derretir ó liquidar.

LICUOR, s. m. V. LICOR.

LID, s. f. Combate, pelea. || met. Disputa, contienda de razones y argumentos. || ant. V. PLEITO. || LID FERIDA DE PALABRAS, expr. for. ant. Demanda ó pleito contestado.

LIDIA, s. f. ant. V. LID.

LIDIADERO, RA, adj. ant. Que puede lidiarse ó correrse.

LIDIADOR, RA, s. m. y f. El que lidia.

LIDIANTE, p. a. de LIDIAR, Que lidia.

LIDIAR, v. n. Batallar, pelear. || met. Hacer frente á alguno, oponérsele. || met. Tratar, comerciar con alguna ó mas personas que causan molestia. || ant. V. PLEITEAR.

LIDIAR, v. a. Correr y sortear toros y otras fieras.

LIEBRASTON, s. m. Liebre pequeña.

LIEBRATICO, s. m. El hijuelo de la liebre.

LIEBRE, s. f. Cuadrúpedo muy parecido al conejo. || met. El hombre tímido y cobarde. || Una de las constelaciones celestes. || LIEBRE MARINA, Animal marino de una pulgada de longitud, que se cree venenoso. || COGER UNA LIEBRE, met. y fam. Mancharse de lodo ó polvo el que resbala y cae en él || LEVANTAR LA LIEBRE, V. LEVANTAR LA CAZA. || SEGUIR LA LIEBRE, met. y fam. Continuar averiguando ó buscando alguna cosa por la señal ó indicio que de ella se tiene.

• LIEBRE, s. f. *Náut.* Cada uno de los trozos de madera largos y horadados, que ensartados con los vertellos forman el racamento.

LIEBRECICA, LLA, TA, s. f. d. de LIEBRE.

LIEBRECILLA, s. f. Planta, V. AZULEJO.

LIEBREZUELA, s. f. d. de LIEBRE.

LIENCECICO, LLO, TO, s. m. d. de LIENZO.

LIENDRE, s. f. La semilla del piojo. || CASCAR Ó MACHACAR Á ALGUNO LAS LIENDRES, met. y fam. Convencerle con razones. || CASCARLE Á UNO LAS LIENDRES Ó LAS NUECES, met. y fam. Aporrearle, darle de palos.

LIENTERA, s. f. *Med.* Enfermedad en que por la demasiada debilidad del estómago se echa la comida sin digerir.

LIENTERIA, s. f. *Med.* V. LIENTERA.

LIENTÉRICO, CA, *Med.* adj. Propio de la lientera y que pertenece á ella.

LIENTO, TA, adj. Húmedo y no mojado del todo.

LIENZA, s. f. Lista ó tira estrecha de cualquiera tela.

LIENZO, s. m. Tela que se fabrica del lino ó cáñamo. || Pañuelo de lienzo, algodon ó hiladillo || La pintura que está sobre lienzo. || El pedazo de muralla que corre en linea recta de baluarte á baluarte ó de cubo á cubo. || La fachada del edificio ó la pared que se extiende de un lado á otro. || LIENZO CRUDO, El que no está curado.

LIEVA, s. f. ant. Acto de llevar ó la misma carga.

LIEVADO, p. p. de LIEVAR.

LIEVAR, v. a. ant. V. LLEVAR.

LIEVE, adj. ant. V. LEVE. || DE LIEVE, ant. Ligeramente, con facilidad

LIFARA, s. f. fam. *Ar.* V. ALIFARA.

LIGA, s. f. La cinta ó liston con que se aseguran las medias. || Planta, V. MUÉRDAGO. || Materia viscosa para coger pájaros. || La confederacion que hacen entre sí los reyes y príncipes para defenderse de sus enemigos ó para ofenderlos. || La porcion pequeña de otro metal que se echa al oro ó á la plata cuando se bat moneda ó se fabrica alguna pieza. ‖ ant. V. BANDA ó FAJA. ‖ *Germ.* Amistad.

LIGACION, s. f. Accion y efecto de ligar. ‖ Union ó mistura.

LIGADO, p. p. de LIGAR.

LIGADO, s. m. *Mús.* La union de dos puntos sosteniendo el valor de ellos, y nombrando solo el primero.

LIGADURA, s. f. La vuelta que se da apretando alguna cosa con liga, venda ú otra atadura. ‖ Accion de ligar ó el maleficio. ‖ met. V. SUJECION. ‖ *Cir.* La venda ó cinta con que se aprieta y da garrote. ‖ *Mús.* El artificio con que se ata ó liga la disonancia con la consonancia.

LIGAGAMBA, s. f. ant. LIGA, por la cinta, etc.

LIGALLO, s. m. *Ar.* V. MESTA.

LIGAMAZA, s. f. La viscosidad que crian algunas frutas en lo exterior y algunas plantas sobre sus hojas.

LIGAMENTO, s. m. V. UNION ó ENLACE. ‖ *Anat.* Cuerda nervosa, dura, firme y flexible que sirve para ligar las partes del cuerpo humano ó del animal.

LIGAMENTOSO, SA, adj. Que tiene ligamentos.

LIGAMIENTO, s. m. Accion y efecto de ligar. ‖ met. Union, conformidad en las voluntades. ‖ ant. *Anat.* V. LIGAMENTO.

LIGAPIERNA, s. f. ant. V. LIGA ó CENOJIL.

LIGAR, v. a. V. ATAR. ‖ Mezclar cierta porcion de otro metal con el oro ó con la plata cuando se bate moneda ó se fabrica alguna pieza. ‖ met. Unir los afectos. ‖ Se dice segun la creencia del vulgo de los que usan de algun maleficio para hacer á uno impotente para la generacion. ‖ V. OBLIGAR. Se dice de la excomunion válida que liga al que incurre en ella. ‖ ant. V. ENCUADERNAR.

LIGAR, v. n. En ciertos juegos de naipes es juntar dos cartas de un palo, que valen segun su número.

LIGARSE, v. r. Confederarse, unirse para algun fin. ‖ met. V. OBLIGARSE.

LIGATURA, s. f. V. LIGADURA.

LIGAZON, s. f. Union, trabazon, enlace. ‖ *Naut.* Conjunto de maderos sobre que se fundan los bajeles.

LIGERAMENTE, adv. Con ligereza. ‖ De paso, levemente. ‖ met. Sin reflexion. ‖ ant. V. FÁCILMENTE.

LIGEREZ, s. f. ant. V. LIGEREZA.

LIGEREZA, s. f. Presteza, agilidad. ‖ met. Inconstancia, volubilidad, instabilidad.

LIGERÍSIMAMENTE, adv. sup. de LIGERAMENTE.

LIGERÍSIMO, MA, adj. sup. de LIGERO.

LIGERO, RA, adj. Que pesa poco. ‖ Ágil, veloz, pronto. ‖ Aplícase al sueño que se interrumpe fácilmente. ‖ met. Leve, de poca importancia. ‖ Hablando de alimentos el que pronto y fácilmente se digiere. ‖ met. Inconstante, voltario.

LIGERO, s. m. *Germ.* El manto de muger. ‖ Á LA LIGERA, De prisa, ó ligera y brevemente. ‖ Sin aparato, con ménos comodidad y compañía de la que corresponde. ‖ DE LIGERO, Sin reflexion. ‖ ant. V. FÁCILMENTE. ‖ PARTIR DE LIGERO, met. V. PARTIR DE CARRERA.

LIGERO, adv. V. LIGERAMENTE. ‖ ant. Ligeramente, con facilidad.

LIGERUELA, adj. Se aplica á la uva temprana.

* LIGNALOE, s. f. ant. V. ÁLOE.

* LIGNÍVORO, RA, adj. Dícese de los insectos que roen la madera.

LIGNUMCRUCIS, s. m. Reliquia de la cruz de Cristo.

LIGONA, s. f. *Ar.* V. AZADA.

LIGUILLA, s. f. Especie de cinta angosta.

LIGUR, adj. Natural de la Liguria.

LIGURINO, NA, adj. Natural de Liguria y perteneciente a ella.

LIGÚSTICO, CA, adj. Perteneciente á la Liguria.

LIGUSTRE, s. m. ant. La flor del ligustro ó alheña.

LIGUSTRINO, NA, adj. Que pertenece al ligustro.

LIGUSTRO, s. m. V. ALHEÑA.

LIJA, s. f. Pez que llega á veces hasta la longitud de veinte y cinco pies. ‖ La piel del pez del mismo nombre, así como la del cazon, la del tiburon y otros del mismo género.

LIJADO, p. p. de LIJAR.

LIJAR, v. a. *Mont.* V. LASTIMAR. ‖ Alisar y pulir con lija alguna cosa.

LIJO, s. m. ant. V. INMUNDICIA.

LIJO, JA, adj. ant. Sucio.

LIJOSO, SA, adj. ant. Sucio, inmundo.

LILA, s. f. Arbusto muy conocido que florece en primavera, con flores entre blancas y moradas de hechura de embudo y olorosas. ‖ La flor que produce el árbol de este nombre. ‖ Tela de lana de varios colores.

LILAILA, s. f. Tegido de lana muy delgado, claro y estrecho, del cual se hacen mantos para mugeres pobres. || fam. Astucia, treta, bellaquería.

* LILAO, s. m. Vana ostentacion.

* LILIÁCEA, adj. f. Azucenada. Dícese de las flores parecidas á las del lirio.

LILILÍ, s. m. La gritería que hacen los Moros en sus fiestas y zambras.

* LILIO, s. m. ant. V. LIRIO. || Licor para hacer volver en sí á los desmayados.

LIMA, s. f. El árbol que produce las limas. || Especie de limon dulce. || Instrumento de acero, áspero y firme para cortar y alisar los metales y otras cosas. || met. Correccion y enmienda de las obras, particularmente de las de entendimiento. ||Canal grande en el ángulo de los tejados para recibir y conducir las aguas. || *Germ.* La camisa. || LIMA SORDA, La que hace poco ó ningun ruido cuando lima. || met. Lo que imperceptiblemente va consumiendo alguna cosa.

LIMADÍSIMO, MA, adj. sup. de LIMADO.

LIMADO, p. p. de LIMAR.

LIMADURA, s. f. Accion y efecto de limar. || LIMADURAS, pl. Las partecillas muy menudas que salen limando alguna cosa.

LIMALLA, s. f. El conjunto de las limaduras.

LIMAR, v. a. Cortar ó alisar los metales con la lima. || met. Pulir alguna obra.

LIMATON, s. m. Lima redonda, gruesa y áspera de cerrageros y herreros.

LIMAZA, s. f. ant. Animal, V. BABOSA.

LIMAZO, s. m. Viscosidad ó babaza.

LIMBO, s. m. Seno donde estaban detenidas las almas de los santos y patriarcas antiguos esperando la redencion del género humano. || El lugar adonde se dice que van las almas de los niños que mueren ántes de haber recibido el bautismo. || *Astron.* La extremidad del globo del sol ó de la luna, que aparece cuando el disco queda escondido por algun eclipse. ||La extremidad del instrumento con que se observan los astros. || ant. El fin ó extremo de alguna cosa, y con especialidad se tomaba por la orla ó extremidad de la vestidura. || ESTAR EN EL LIMBO, met. Estar distraido ó pendiente de algun suceso sin podér tomar resolucion.

LÍMEN, s. m. *Poét.* V. UMBRAL.

LIMEÑO, ÑA, adj. Natural de Lima ó perteneciente á esta ciudad.

* LIMERA, s. f. *Náut.* Agujero por donde pasa la caña del timon.

LIMERO, RA, s. m. y f. El que vende limas. || El árbol que produce limas.

LIMETA, s. f. V. BOTELLA.

LIMISTE, s. f. Paño que se fabrica en Segovia.

LIMITACION, s. f. Accion y efecto de limitar. ||Término ó distrito. ||ant. Límite ó término d algun territorio.

LIMITADAMENTE, adv. Con limitacion.

LIMITADÍSIMAMENTE, adv. sup. de LIMITADAMENTE.

LIMITALÍSIMO, MA, adj. sup. de LIMITADO.

LIMITADO, p. p. de LIMITAR.

LIMITADO, adj. Se aplica á la persona de corto talento.

LIMITÁNEO, NEA, adj. Que pertenece ó está inmediato á los límites ó fronteras.

LIMITAR, v. a. Poner límites á algun terreno. || met. Acortar, ceñir.

LÍMITE, s. m. Término, confin ó lindero.

LIMÍTROFE, adj. Se aplica á las provincias ó naciones que confinan con otras.

LIMO, s. m. ant. V. BARRO O LODO.

* LIMODORO, s. m. Planta aperitiva.

LIMON, s. m. Fruta de forma oval, de color amarillo llena de un zumo contenido en diversos carcos. || Árbol que produce la fruta de este nombre ||V. LIMONERA.

LIMONADA, s. f Bebida compuesta de agua, azúcar y zumo de limon. || LIMONADA DE VINO, La limonada comun mezclada con una porcion de vino.

LIMONADO, DA, adj. De color de limon.

LIMONAR, s. m. Sitio plantado de limones. || ant. LIMON, Árbol.

LIMONCILLO, s. m. d. de LIMON.

LIMONERA, En algunos carruages cada uno de los maderos largos que forman su asiento.

LIMONERO, s. m. V. LIMON, árbol.

LIMONERO, RA, s. m. y f. El que vende limones.

LIMONERO, RA, adj. Se aplica á la caballería que va á varas en el carro, calesa, etc.

* LIMONIO, s. m. Acelga silvestre, planta buena para la disentería.

* LIMOSCAPO, s. m. *Arq.* Cuerpo

de la columna inmediatamente á la base.

LIMOSIDAD, s. f. Calidad de lo limoso.||El sarro que se cria en la dentadura.

LIMOSNA, s. f. Lo que se da por amor de Dios para socorrer alguna necesidad.||RECOGER LIMOSNA, Irla tomando de los fieles.

LIMOSNADERO, RA, adj. ant. V. LIMOSNERO.

LIMOSNADOR, RA, s. m. y f. ant. El que da limosna.

LIMOSNERO, RA, adj. Que da limosna y que la recoge.

LIMOSNERO, s. m. El que está destinado en los palacios de los reyes, ú otras personas para distribuir limosnas.

LIMOSO, SA, adj. Lleno de limo.

LIMPIA, s. f. Accion ó efecto de limpiar.

LIMPIADERA, s. f. CEPILLO, instrumento hecho, etc.

LIMPIADIENTES, s. m. V. MONDADIENTES.

LIMPIADO, p. p. de LIMPIAR.

LIMPIADOR, RA, s. m. y f. El que limpia.

LIMPIADURA, s. f. La accion y efecto de limpiar.||LIMPIADURAS, pl. Desperdicios y porquería que se sacan de alguna cosa que se limpia.

LIMPIAMENTE, adv. Con limpieza. Con suma agilidad, desembarazo y destreza. || met. Sinceramente, con candor. || met. Con integridad, sin interes.

LIMPIAMIENTO, s. m. V. LIMPIADURA.

LIMPIANTE, p. a. ant. de LIMPIAR.

LIMPIAR, v. a. Quitar la suciedad ó inmundicia de alguna cosa.|| met. Purificar.|| Ahuyentar de alguna parte á los que son perjudiciales en ella.||fam. Hurtar. fam. En el juego GANAR.

*LIMPIDÍSIMO, MA, adj. sup. de LÍMPIDO.

*LÍMPIDO, DA, adj. Limpio, claro, puro, cristalino.

LIMPIEDAD, s. f. V. LIMPIEZA.

LIMPIEDUMBRE, s. f. ant. V. LIMPIEZA.

LIMPIEZA, s. f. La cualidad que constituye las cosas limpias. || met. Hablando de la Vírgen su inmaculada concepcion. || met. Pureza, castidad. || V. LIMPIEZA DE SANGRE. || El desinteres con que se procede en los negocios. || LIMPIEZA DE BOLSA, met. fam. Falta de dinero. || LIMPIEZA DE CORAZON, Rectitud, sinceridad. || LIMPIEZA DE SANGRE, La calidad de no tener mezcla ni raza de moros, judíos, herejes ni penitenciados.

LIMPIO, PIA, adj. Que no tiene mancha ó suciedad. || Que no tiene mezcla de otra cosa. || Que no tiene mezcla ni raza de moros, judíos herejes ó penitenciados. || Libre, exento de alguna cosa que le dañe ó inficione.||EN LIMPIO, V. EN SUSTANCIA.||Se usa para explicar el valor fijo que queda de alguna cosa deducidos los gastos.|| En claro, por contraposicion á lo está en borrador. || JUGAR LIMPIO, met. Jugar sin trampas. || met. fam. Proceder con lealtad y buena fe.

LIMPION, s. m. Limpiadura ligera.

LIMPÍSIMO, MA, adj. sup. de LIMPIO.

LINAGE, s. m. La descendencia ó línea de cualquiera familia.|| met. Clase ó condicion de alguna cosa. || LINAGES, pl. Los vecinos nobles reconocidos por tales é incorporados en el cuerpo de la nobleza. || LINAGE HUMANO, El conjunto de todos los descendientes de Adan.

LINAGISTA, s. m. El que sabe ó escribe de linages.

LINAJUDO, DA, s. m. y f. El que se precia de ser de gran linage.

*LINALVE, s. m. Árbol que se cria en varias partes de las Indias orientales, semejante al olivo, y cuya madera quemada expide un olor muy fragante.

LINÁMEN, s. m. ant. V. DAMAGE.

LINAR, s. m. Tierra sembrada de lino.

LINARIA, s. f. Yerba medicinal de muchos vástagos, de mas de un pié de alto, rollizos, lisos, de color de verdemar.

LINAZA, s. f. La simiente del lino.

LINCE, s. m. Cuadrúpedo de un color bermejo oscuro con manchas negras mal terminadas, que habita en los bosques, y trepa con facilidad sobre los árboles.

LINCE, adj. Se aplica á la vista perspicaz || Agudo, sagaz.

LINCURIO, s. m. Piedra conocida de los antiguos que se cree ser la belemnita de los modernos.

LINDAMENTE, adv. Primorosamente, con perfeccion.

LINDANTE, p. a. de LINDAR, Que linda.

LINDAÑO, s. m. ant. V. LINDE.

LINDAR, v. n. Estar contigua una posesion á otra.

LINDAZO, s. m. V. LINDE.

LINDE, s. m. El término ó línea que divide unas heredades de otras.

LINDERA, s. f. ant. V. LINDE.

LINDERO, RA, adj. Que linda con otra cosa.

LINDERO, s. m. V. LINDE. || CON LINDEROS Y ARRABALES, fam. Refiriendo alguna cosa por extenso, contando todas sus circunstancias y menudencias.

LINDEZA, s. f. La proporcion que tienen las cosas para parecer bien.

LINDÍSIMO, MA, adj. sup. de LINDO.

LINDO, DA, adj. Que tiene las proporciones convenientes para parecer bien. || art. V. BUENO.

LINDO, s. m. fam. met. El hombre afeminado que cuida demasiado de su compostura.

LINDURA, s. f. V. LINDEZA.

LÍNEA, s. f. Longitud que se considera sin latitud ó con sola una dimension. || V. RAYA. || V. RENGLON. || Clase, género, especie. || V. LÍNEA EQUINOCCIAL. || Ascendencia ó descendencia de familias. || met. Termino, límite. || Trinchera. || La duodécima parte de un dedo y décimasexta de una pulgada || *Milic.* Formacion de la tropa en órden de batalla. || LÍNEA ARITMÉTICA Ó DE PARTES IGUALES, *Geom.* Una de las señaladas en la pantómetra. || LÍNEA CORDOMÉTRICA Ó DE LAS CUERDAS, *Geom.* Una de las que hay en la pantómetra. || LÍNEA CURVA, La que no está en direccion recta. || LÍNEA DE CIRCUNVALACION, *Fort.* Línea fortificada que construye el egercito sitiador por su retaguardia. || LÍNEA DE CONTRAVALACION, *Fort.* La que forma el egército sitiador para impedir las salidas de los sitiados. || LÍNEA DE DEFENSA FIJANTE, *Fort.* La que indica la direccion de los tiros que saliendo de los flancos pueden asegurarse en las caras de los baluartes opuestos. || LÍNEA DE DEFENSA RASANTE, *Fort.* La que dirige el fuego de artillería ó mosquetería desde el flanco secundo para barrer ó rasar la cara del baluarte opuesto. || LÍNEA DE TRAVIESO, ant. V. LÍNEA TRASVERSAL. || LÍNEA DIAGONAL, V. DIAGONAL. || LÍNEA EQUINOCCIAL, V. ECUADOR. || LÍNEA ESPIRAL, V. ESPIRA. || LÍNEA ESTEREOMÉTRICA Ó DE LOS SÓLIDOS, *Geom.* La que hay en la pantometra para medir los sólidos. || LÍNEA GEOMÉTRICA Ó DE LOS POLÍGONOS, *Geom.* Lo que tiene la pantómetra para conocer el lado de los polígonos hasta el dodecágono. || LÍNEA MERIDIANA, V. MERIDIANA. || LÍNEA METÁLICA, Es una de las que se suelen poner en las pantómetras para espresar las proporciones que tienen entre sí los metales. || LÍNEA OBSIDIONAL, Cualquiera de las dos líneas de circunvalacion y contravalacion. || LÍNEA RECTA, Órden y sucesion de generaciones de padres á hijos. || LÍNEA TRASVERSAL, La sucesion lateral ó de costados. || APARTAR LA LÍNEA DEL PUNTO, *Esgr.* Desviar la espada de la postura del ángulo recto || CORRER LA LÍNEA, *Mil.* Recorrer los puestos que forman la línea. || CORRER LA LÍNEA DE ALGUNA PROVINCIA Ó PAIS POR TAL Ó TAL PARTE. Tener tales confines, pasar por tales parages. || ECHAR Ó TIRAR LÍNEAS, met. Discurrir los medios, tomar las medidas para conseguir alguna cosa. || TIRAR POR LÍNEA CURVA, *Art.* Tirar á un objeto para herirle con el movimiento que lleva al caer la bala ó bomba. || TIRAR POR LÍNEA RECTA Ó DE PUNTA EN BLANCO, *Art.* Tirar á un objeto que está dentro de la puntería ántes que insensiblemente descienda la bala y pierda la línea recta.

LINEAL, adj. for. Perteneciente á la línea.

LINEAMENTO, s. m. Delineacion ó dibujo de algun cuerpo por el cual se distingue y conoce su figura.

LINEAR, v. a. Tirar líneas.

LINERO, RA, s. m. y f. ant. El que trata en lienzos ó tegidos de lino.

LINFA, s. f. Humor acuoso que se halla en varias partes del cuerpo. || *Poet.* V. AGUA.

LINFÁTICO, CA, adj. *Med.* Que abunda de linfa, y que pertenece á ella.

LINGUAL, adj. Que pertenece á la lengua.

LINIMENTO, s. m. *Med.* Composicion media entre aceite y ungüento para ablandar y resolver.

LINIMIENTO, s. m. V. LINIMENTO.

LINIO, s. m. V. LINO.

LINJAVERA, s. f. ant. V. CARCAX.

LINO, s. m. Planta que se cultiva en lugares húmedos ó de regadío. Llámase tambien así despues de seca y preparada para hilarse. || Tela hecha de lino || *Poet.* Vela del navío.

* LINON, s. m. Tela de lino finísima y trasparente.

LINTEL, V. DINTEL.

LINTERNA, s. f. Especie de farol con una asa. || ant. Jáula de hierro en donde suelen poner las cabezas de los ajusticiados. || *Arq.* Fábrica de figura redonda ó de varios lados, con ventanas y aberturas para que entre la luz. || En los molinos y otras máquinas semejantes es una rueda pequeña, que consti de varios huecillos en que entran los dientes de otra rueda. || LINTERNA MÁGICA, Máquina de óptica que por medio de vidrios dispuestos de cierto modo representa diferentes objetos en un lienzo ó pared.

LINTERNERO, s. m. El artífice que hace linternas.

LINTERNILLA, s. f. d. de LINTERNA.

LINTERNON, s. m. aum. de LINTERNA. || *Mar.* El farol de popa.

LINUESO, s. m. V. LINAZA.

LIÑO, s. m. Hilera de árboles ó plantas.

LIO, s. m. Porcion de ropa ó de otras cosas atadas.

LIQUEFACCION, s. f. La accion y efecto de liquidar.

* LIQUEFACER, v. a. V. LIQUIDAR.

LIQUEFACTIBLE, adj. V. LICUABLE.

* LIQUEN, s. m. Empeine de árboles, planta.

LIQUIDABLE, adj. Que se puede liquidar.

LIQUIDACION, s. f. El acto de liquidar.

LIQUIDADO, p. p. de LIQUIDAR.

LIQUIDÁMBAR, s. m. Licor resinoso de la consistencia de la trementina, que se saca por incision de un grande árbol de Nueva España llamado ocozol.

LÍQUIDAMENTE, adv. Con liquidacion.

LIQUIDAR, v. a. Hacer liquida ó fluida alguna cosa sólida. || met. Aclarar, desenredar. || Aplícase comunmente a las cuentas.

LIQUIDARSE, v. r. Perder las letras vocales su sonido por la union con otra letra que le precede, como en guerra. || Se dice de las letras *l* y *r* cuando siguiendo á la *b*, *c*, *d*, *f*, *g*, *p* y *t* forman un solo sonido con ellas.

LIQUIDEZ, s. f. La calidad de lo líquido.

LÍQUIDO, DA, adj. Se aplica á aquellos fluidos que mojan y se pegan á los cuerpos sumergidos en ellos. || met. Se aplica á la suma que resulta de la comparacion del cargo con la data.

* LÍQUIDOS, s. m. pl. Alimentos líquidos.

LIRA, s. f. Instrumento músico de cuerdas. || *Astron.* Una de las constelaciones celestes. || Composicion métrica.

LIRIA, s. f. V. LIGA, por materia viscosa.

LÍRICO, CA, adj. Que pertenece á la lira ó á la poesía propia para el canto.

LIRIO, s. m. Yerba medicinal, que comunmente se llama lirio cárdeno. || LIRIO BLANCO, V. AZUCENA. || LIRIO HEDIONDO, Planta cuyas flores de la misma hechura que las del lirio comun despiden por la noche un olor hediondo.

LIRON, s. m. Cuadrúpedo muy semejante al raton, que nada con la misma agilidad que corre, y pasa todo el invierno adormecido. || DORMIR COMO UN LIRON, fam. Dormir mucho, de continuo.

LIRONDO, DA, adj. V. MONDO Y LIRONDO.

LIS, s. f. V. FLOR DE LIS.

LISAMENTE, adv. Con lisura.

LISBONÉS, SA, adj. De Lisboa ó perteneciente á esta ciudad.

LISERA, s. f. *Murc.* El vástago de la pita. || *Fort.* V. BERMA.

LISIADO, p. p. de LISIAR.

LISIAR, v. a. Ofender, lastimar alguna parte del cuerpo.

LISIMAQUIA, s. f. Planta que se cria en lugares húmedos y produce una raiz larga, rojiza, y que rastrea por la superficie de la tierra.

LISO, SA, adj. Igual, sin tropiezo. || *Germ.* Desvergonzado. || LISO Y LLANO, Sin dificultad.

LISO, s. m. *Germ.* Raso ó tafetan.

LISONJA, s. f. Adulacion, alabanza afectada. || *Blas.* V. LOSANGE.

* LISONJADO, p. p. de LISONJAR. || *Blas.* Dividido en losanges.

* LISONJAR, v. a. ant. V. LISONJEAR.

LISONJEADO, p. p. de LISONJEAR.

LISONJEADOR, RA, s. m. y f. V. LISONJERO.

LISONJEANTE, p. a. de LISONJEAR, Que lisonjea.

LISONJEAR, v. a. Adular, alabar afectadamente. || met. Deleitar, agradar.

LISONJERAMENTE, adv. Con lisonja.

LISONJERÍA, s. f. ant. V. LISONJA.

LISONJERO, RA, adj. y s. El que lisonjea. || met. Que agrada y deleita.

LISONJÍA, s. f. ant. V. LISONJA.

LISOR, s. m. ant. V. LISURA.

LISTA, s. f. Pedazo de papel, de lienzo ó de otra cosa largo y angosto. || La tira de distinto color que tienen algunas telas. || V. CATÁLOGO. || El recuento que se hace en alta voz de las personas que deben asistir á algun acto.

LISTADO, p. p. de LISTAR. || LISTADO,

sá, adj. Se aplica á cualquiera cosa tegida ó pintada de listas.

LISTAR, v. a. V. ALISTAR.

LISTEADO, DA, adj. V. LISTADO.

LISTEL ó LISTELO, s. m. *Arq.* V. FILETE.

LISTO, TA, adj. Diligente, pronto, expedito.

LISTON, s. m. Cinta de seda mas angosta que la colonia. ‖ *Carp.* Pedazo de tabla de dos dedos poco mas ó menos de ancho, y poco ménos de grueso. ‖ *Arq.* V. FILETE.

LISTONCICO, LLO, TO, s. m. d. de LISTON.

LISTONERÍA, s. f. Conjunto de listones.

LISTONERO, RA, s. m. y f. El que hace listones.

LISURA, s. f. Igualdad y lustre de la superficie. ‖ met. Ingenuidad, sinceridad.

LITA, s. f. V. LANDRILLA por la larva y el grano que de esta se origina.

LITACION, s. f. Accion y efecto de litar.

LITADO, p. p. de LITAR.

LITAR, v. a. Hacer algun sacrificio agradable á la divinidad.

LITARGE, s. m. V. ALMÁRTAGA.

LITARGIA, s. f. ant. V. LETARGO.

LITARGIRIO, s. m. V. ALMÁRTAGA. ‖ LITARGIRIO DE ORO, V. ALMÁRTAGA. ‖ LITARGIRIO DE PLATA, V. ALMÁRTAGA.

LITE, s. f. for. V. PLEITO.

LITERA, s. f. Especie de silla de manos que se pone entre dos mulas ó caballos.

LITERAL, adj. Conforme á la letra del texto.

* LITERALISTA, s. m. El que se atiene al sentido literal.

LITERALMENTE, adv. Conforme á la letra ó al sentido literal.

LITERARIO, RIA, adj. Perteneciente á la literatura ó ciencias.

* LITERATILLO, s. m. Hombre de pluma.

LITERATÍSIMO, MA, adj. sup. de LITERATO.

LITERATO, TA. adj. Instruido en varios ramos de literatura.

LITERATURA, s. f. Conocimiento de las letras ó ciencias.

LITERERO, s. m. El que guia y cuida la litera.

LITERILLA, s. f. d. de LITERA.

LITIGACION, s. f. ant. Accion y efecto de litigar.

LITIGADO, p. p. de LITIGAR.

* LITIGADOR, s. m. El qué litiga.

LITIGANTE, p. a. de LITIGAR, y s. El que litiga.

LITIGAR, v. a. Pleitear, disputar en juicio. ‖ met. Altercar, contender.

LITIGIO, s. m. Pleito, altercacion en juicio. ‖ met Disputa, contienda.

LITIGIOSO, SA, adj. Que está en duda y se disputa. ‖ Propenso á mover pleitos y litigios.

LÍTIS, s. f. V. PLEITO.

LITISCONSORTE, s. com. El que litiga por la misma causa ó interes que otro.

LITISCONTESTACION, s. f. for. Respuesta á la demanda judicial.

LITISEXPENSAS, s. f. pl. Gastos ó costas de un pleito.

LITISPENDENCIA, s. f. El estado del pleito pendiente y sin determinar.

LITOCOLA, s. f. Betun para pegar las piedras.

* LITÓFAGO, GA, adj. y s. Que come piedra.

LITOGRAFÍA ó LITOLOGIA, s. f. El arte de sustituir la piedra á las láminas de cobre para multiplicar los egemplares del grabado.

* LITÓGRAFO, s. m. El que egerce la litografía.

* LITOLOGIA, s. f. Ciencia de las piedras.

LITORAL, adj. Que pertenece á la orilla ó costa del mar.

* LITOTOMÍA, s. f. Extraccion de la piedra de la vegiga.

LITUO, s. m. Instrumento militar de los Romanos semejante á la trompa. ‖ El cayado o báculo de que usaban los agoreros.

LITURGIA, s. f. El órden y la forma que ha aprobado la iglesia para celebrar los oficios divinos.

LITÚRGICO, CA, adj. Que pertenece á la liturgia.

LIUDADO, p. p. de LIUDAR.

LIUDAR, v. a. ant. V. LEUDAR.

LIUDO, DA, adj. V. LEUDO.

LIVIANAMENTE, adv. Deshonestamente. ‖ ant. Con ligereza, sin fundamento. ‖ met. ant. Superficialmente.

LIVIANDAD, s. f. Ligereza ó poco peso. ‖ met. Ligereza, inconstancia del ánimo. ‖ V. INCONTINENCIA.

LIVIANEZ, ZA, s. f. ant. V. LIVIANDAD.

LIVIANO, NA, adj. Ligero, de poco peso. ‖ met. Fácil, inconstante. ‖ De poca monta. ‖ Lascivo, incontinente.

LIVIANOS, s. m. pl. V. BOFES.

LÍVIDO, DA, adj. V. AMORATADO.

LIVOR, s. m. ant. V. CARDENAL, por la señal que dejan en el cuerpo los golpes. || ant. El color cárdeno.

* LIVORADO, DA, adj. ant. V. ACARDENALADO.

* LIXIVIACION, s. f. Accion de lavar las cenizas para extraer las sales alcalinas.

* LIXIVIAL, adj. Dícese de la sal sacada de las cenizas por medio de la lecina.

LIZA, s. f. Pez. V. MUJOL. || ant. V. LIA.

LIZADO, p. p. de LIZAR.

LIZAR, v. a. ant. V. ALISAR.

LIZO, s. m. Cada uno de los hilos con que los tegedores dividen la seda ó estambre para que pase la lanzadera con la trama.

LIZON, s. m. V. ALISMA, planta.

LLA

LLAGA, s. f. Desunion de la carne causada por corrosion ó por herida. || met. Cualquiera mal ó enfermedad del alma. || La abertura que queda entre dos ladrillos. || ENDIGNARSE LA LLAGA, Ar. Irritarse ó enconarse. || RENOVAR LA LLAGA Ó LAS LLAGAS, met. RENOVAR LA HERIDA.

LLAGADO, p. p. de LLAGAR.

LLAGADOR, RA, s. m. y f. El que llaga.

LLAGADOR, RA, adj. ant. Que llaga.

LLAGAMIENTO, s. m. ant. V. LLAGA.

LLAGAR, v. a. Hacer ó causar llagas.

LLAGOSO, SA, adj. ant. V. LLAGADO.

LLAGUICA, LLA, TA, s. f. d. de LLAGA.

LLAMA, s. f. La parte mas sutil del fuego que se levanta á lo alto en figura piramidal. || Cuadrúpedo indígeno de la América meridional. || Animal de carga, muy manso. || met. La eficacia y fuerza de alguna pasion ó deseo vehemente. ' Ast. Terreno pantanoso en que se detiene el agua, manantial que brota en él.

LLAMADA, s. f. Accion de llamar. || La señal que se pone en algun escrito para llamar la atencion. || Ademan ó movimiento con que se llama la atencion de alguno con el fin de engañarle ó distraerle. || Toque de caja para que la tropa asista á la lista y hacer honores. || Milic. Señal que se hace tocando el clarin ó caja de un campo á otro para parlamentar.

LLAMADO, p. p. de LLAMAR.

LLAMADO, s. m. ant. V. LLAMAMIENTO.

LLAMADOR, RA, s. m. y f. El que llama. || Persona destinada para avisar y citar á los individuos de algun cuerpo. || Aldabon con que se llama á las puertas.

LLAMAMIENTO, s. m. Accion de llamar. || for. El acto de nombrar personas ó familias para alguna herencia, ó sucesion. || Inspiracion con que Dios mueve los corazones. || Accion de atraer algun humor de una parte del cuerpo á otra.

LLAMANTE, p. a. ant. de LLAMAR, Que llama.

LLAMAR, v. a. Dar voces á alguno ó hacer ademanes para que venga. || Invocar, pedir con el corazon y con el deseo. || Convocar, citar. || Nombrar, apellidar. || Traer, inclinar hácia un lado. || met. Atraer ó hacer venir hácia alguna parte. || Excitar la sed. || Dar golpes en la puerta ó hacer alguna otra seña para que abran. || INVOCAR, pedir favor.

LLAMARADA, s. f. La llama que se levanta del fuego y se apaga pronto. || met. Encendimiento repentino y momentáneo del rostro. || Movimiento repentino del ánimo y de poca duracion. || ant. V. AHUMADA.

LLAMATIVO, VA, adj. Se aplica al manjar que llama ó excita la sed.

LLAMAZAR, s. m. Tierra pingüe ó de miga.

LLANA, s. f. Plancha de hierro, de que usan los albañiles para tender y allanar el yeso. || V. PLANA. || V. PLANADA.

LLANADA, s. f. Espacio de terreno igual y dilatado sin altos ni bajos.

LLANAMENTE, adv. Con ingenuidad y sencillez. || Con llaneza, sin aparato ni ostentacion.

LLANEZA, s. f. ant. V. LLANURA. || Sencillez, moderacion en el trato sin aparato. || Familiaridad, igualdad en el trato de unos con otros. || Simplicidad y sencillez en el estilo. || Falta de cultura y pureza en el estilo. || Falta de atencion, respeto ó modestia. || ant. Sinceridad, buena fe. || ALABO LA LLANEZA, irón. Moteja al que usa de familiaridad y llaneza con las personas á quienes debia tratar con respeto.

LLANICO, CA, LLO, LLA, TO, TA, adj. d. de LLANO.

LLANÍSIMAMENTE, adv. m. sup. de LLANAMENTE.

LLANÍSIMO, MA, adj. sup. de LLANO.

LLANO, NA, adj. Igual y extendido, sin altos ni bajos. ‖ met. Afable, sencillo, sin presuncion. ‖ Descomedido inurbano. ‖ Libre, franco. ‖ Se aplica al vestido que no es precioso ni tiene adorno ninguno. ‖ Rendido, obediente, sujeto. ‖ Claro, evidente. ‖ met. Corriente, que no tiene dificultad ni embarazo. ‖ for. Hablando de fianzas, depósitos, etc., se aplica á la persona que no puede declinar la jurisdiccion del juez á quien pertenece el conocimiento de estos actos. ‖ Pechero ó que no goza de fuero privilegiado. Dícese tambien del estado de los pecheros. ‖ Se aplica al estilo sencillo y sin ornato.

LLANOS, s. m. pl. En las medias y calcetas de aguja, los puntos en que no se crece ni mengua. ‖ Á LA LLANA, m. Sin ceremonia, sin aparato. ‖ Llanamente, sin afectacion. ‖ Llana y sencillamente. ‖ DE LLANO, ant. V. CLARA Y DESCUBIERTAMENTE. ‖ DE LLANO EN LLANO, Clara y llanamente.

LLANTA, s. f. Variedad de col mas tierna que la berza. ‖ Cualquiera de las piezas de hierro con que se guarnecen las pinas de las ruedas en los coches y carros.

LLANTEAR, v. n. ant. Llorar, plañir.

LLANTEJA, s. f. ant. V. LENTEJA.

LLANTEN s. m. Planta que crece en lugares húmedos

LLANTO, s. m. Efusion de lágrimas acompañada regularmente de lamentos. ‖ ANEGARSE EN LLANTO, met. Pondera el demasiado llanto. ‖ EL LLANTO SOBRE EL DIFUNTO, fam. Denota que las cosas se han de hacer á tiempo y oportunamente.

LLANURA, s. f. Igualdad de la superficie.

LLAPA, s. f. *Min.* El aumento de la porcion de azogue que se echa al metal al tiempo que se trabaja en el buitron.

LLAPAR, v. a. *Min.* Aumentar la porcion de azogue que se echa al metal al tiempo que se trabaja en el buitron.

LLARES, s. f. pl. Cadena de hierro pendiente en el cañon de la chimenea, y perpendicular á la lumbre, con un garabato donde se pone la caldera.

LLAVE, s. f. Instrumento para abrir y cerrar moviendo el pestillo de la cerradura. ‖ Instrumento para armar y desarmar camas y otras cosas. ‖ Instrumento de metal para facilitar ó impedir la salida al agua de las fuentes, y pasar los licores de unas vasijas á otras. ‖ Parte muy principal de las armas de fuego que sirve para dispararlas. ‖ V. APIRADOR ‖ Hierro largo en la parte inferior de l ballesta para desarmarla. ‖ Instrument de metal para dar cuerda á los reloges. met. Medio para descubrir lo oculto secreto. ‖ met. El principio que facilita conocimiento de otras cosas. ‖ *Arq.* I madero y escuadra de hierro con que guarnecen en lo interior los muros. se afianzan los ángulos. ‖ LLAVE CAPONA fam. La llave de gentilhombre de l cámara de rey, que solo es honoraria. LLAVE DE ENTRADA, La que autoriza á lo gentileshombres de la cámara sin eger cicio para entrar en la cámara del re ‖ LLAVES DE LA IGLESIA, La potestad esp ritual para el gobierno y direccion d los fieles. ‖ LLAVE DE LA MANO, La anch ra entre las extremidades del pulgar del índice estando la mano abierta. LLAVE DEL REINO, Plaza fuerte en la fro tera que dificulta la entrada al enemig ‖ LLAVE DOBLE, La que ademas de l guardas regulares tiene unos dientecill que alcanzan á dar segunda vuelta pestillo. ‖ LLAVE DORADA, La que usa los gentileshombres de palacio. ‖ LLAV MAESTRA, La que está hecha en tal di posicion que abre y cierra todas las ce raduras. ‖ LLAVE DE TERCERA VUELTA, L que ademas de las guardas regulares y l dientecillos para segunda vuelta, tie otros para dar tercera vuelta al pestill ‖ LLAVE FALSA, La que se hace furtiv mente para falsear una cerradura. ‖ A TE QUEDAN LAS LLAVES, expr. met. Da entender que alguno deja el manejo algun negocio sin dar razon de su es do. ‖ DEBAJO DE LLAVE, exp. fam. Da entender que alguna cosa está guarda ó cerrada con llave. ‖ DOBLAR LA LLAV V. TORCER LA LLAVE. ‖ ECHAR LA LLAV Cerrarla. ‖ ECHAR LA LLAVE, met. V. ECH EL SELLO. ‖ FALSEAR LA LLAVE, Hacer ot semejante con las mismas guardas y m didas para abrir furtivamente. ‖ TORC LA LLAVE, Dar vueltas á la llave dent de la cerradura para abrir ó cerrar. TRAS LLAVE, expr. fam. DEBAJO DE LLAV

LLAVECICA, LLA, TA, s. f. d. LLAVE.

LLAVERIZO, s. m. ant. El que cui de las llaves, trayéndolas frecuent mente consigo.

LLAVERO, RA, s. m. y f. Perso que tiene á su cargo las llaves de algu plaza, ciudad, etc.

LLAVERO, s. m. El anillo de plat hierro ú otro metal en que se traen l llaves.

LLE, pron. ant. V. LE.

LLECO, CA, adj. Se aplica á la tierra ó campo que nunca se ha labrado para sembrar.

LLEGA, s. f. Accion y efecto de recogar, allegar ó juntar.

LLEGADA, s. f. Arribo de alguno á parte ó sitio determinado.

LLEGADO, p. p. de LLEGAR. || LLEGADO, DA, adj. ant. V. CERCANO.

LLEGAMIENTO, s. m. ant. V. ALLEGAMIENTO.

LLEGAR, v. n. Venir, arribar de un sitio á otro. || Durar hasta época ó tiempo determinado. || Venir por su órden ó tocar por su turno. || Conseguir el fin á que se aspira. || Tocar, alcanzar una cosa. || Venir, verificarse, empezar á correr un cierto y determinado tiempo, ó venir el tiempo de ser ó hacerse alguna cosa. || Ascender, importar, subir. || Junto con algunos verbos tiene la significacion del verbo á que se junta.

LLEGAR, v. a. Allegar, juntar. || Arrimar, acercar.

LLEGARSE, v. r. Acercarse. || Ir á parage determinado que esté cercano. || Unirse || EL QUE PRIMERO LLEGA ESE LA CALZA, prov. Nota que el mas diligente logra por lo comun lo que se solicita. || LLEGAR Y BESAR, Explica la brevedad con que se logra alguna cosa.

LLENA, s. f. Creciente que hace salir de madre los rios ó arroyos.

LLENADO, p. p. de LLENAR.

LLENAMENTE, adv. Copiosa y abundantemente.

LLENAR, v. a. Ocupar, henchir. || Ocupar dignamente algun lugar ó empleo. || Parecer bien, satisfacer alguna cosa. || FECUNDAR el varon á la hembra. || met. Cargar, colmar abundantemente. || Hartarse de comida ó bebida.

LLENARSE, v. r. Atufarse, irritarse despues de haber sufrido largo tiempo. || LLENARSE DE IRA, Enfadarse ó irritarse mucho.

LLENERA. s. f. ant. V. LLENURA.

LLENERAMENTE, adv. ant. V. LLENAMENTE.

LLENERO, RA, adj. for. Cumplido, cabal, pleno, sin limitacion.

LLENEZA, s. f. ant. Plenitud, llenura.

LLENO, NA, adj. Ocupado ó henchido de otra cosa. || *Blas.* Aplícase á los escudos llenos de otro esmalte y á las figuras cargadas de otras de color diferente. || *Med.* Se dice del pulso cuando se percibe por las yemas de los dedos, que está aumentado en todas las dimensiones de longitud, latitud y profundidad.

LLENO, s. m. fam. Abundancia. || Perfeccion ó último complemento. || V. PLENILUNIO. || DE LLENO, Enteramente, totalmente. || DE LLENO EN LLENO, De medio á medio, enteramente. || EN LLENO, V. DE LLENO.

LLENURA, s. f. ant. Copia, abundancia grande, plenitud.

LLETA. s. f. El tallo recien nacido de las plantas que producen las semillas y cebollas.

LLEUDADO, p. p. de LLEUDAR.

LLEUDAR, v. a. V. LEUDAR.

LLEVA, s. f. V. LLEVADA.

LLEVADA, s. f. Accion de llevar.

LLEVADERO, RA, adj. Fácil de sufrir, tolerable.

LLEVADO, p. p. de LLEVAR.

LLEVADOR, RA, s. m. y f. El que lleva.

LLEVAR, v. a. Trasportar, conducir de una parte á otra. || Cobrar, exigir, percibir el precio ó derechos. || Producir. || Cortar, separar violentamente una cosa de otra. || Junto con algunos nombres significa exceder ó aventajarse en aquello que los nombres significan. || Tolerar, sufrir. || Inducir, persuadir, atraer alguno á otro á su opinion. || Guiar, indicar, dirigir. || Traer puesto el vestido, la ropa, etc. || Introducir, proteger á alguno para con otro. || Lograr, conseguir. || *Arit.* Reservar de la suma de una columna una unidad de cada decena para añadirla á la suma de la columna inmediata. || En el juego de naipes es ir á robar con un determinado número de puntos ó cartas. || Junto con algunos participios vale lo que ellos significan. || Junto con la preposicion *por* y algunos nombres vale egercitar las acciones que los mismos nombres significan. || LLEVAR ADELANTE, Seguir con teson y constancia lo que se ha intentado. || LLEVAR CONSIGO, met. Hacerse acompañar de alguna ó algunas personas. || LLEVARLA HECHA, fam. Tener dispuesta ó tramada de antemano con disimulo y arte la egecucion de una cosa. || LLEVAR POR DELANTE, Tener presente alguna cosa para dirigir sus operaciones. || LLEVARSE BIEN Ó MAL, Estar bien ó mal avenidos. || NO LLEVARLAS TODAS CONSIGO, Denota el rezelo ó temor que alguno tiene ó con que va á egecutar alguna cosa.

LLOICA, s. f. Pájaro. V. PARDILLO.

LLORADERA, s. f. ant. V. PLAÑIDERA.

LLORADO, p. p. de LLORAR.

LLORADOR, RA, s. m. y f. El que llora.

LLORADUELOS, s. m. fam. El que frecuentemente lamenta y llora sus infortunios.

LLORANTE, p. a. ant. de LLORAR, Que llora.

LLORAR, v. n. Derramar lágrimas por algun pesar ó placer. || Fluir algun humor por los ojos del animal. || met. Lamentar, condolerse de las calamidades é infortunios. || met. Caer el licor gota á gota ó destilar.

LLORIQUEAR, v. n. V. GIMOTEAR.

LLORIQUEO, s. m. V. GIMOTEO.

LLORO, s. m. Accion de llorar.

LLORON, NA, adj. y s. El que llora mucho ó fácilmente.

LLORONAS, s. f. pl. V. PLAÑIDERAS.

LLOROSAMENTE, adv. Con lloro.

LLOROSO, SA, adj. Que tiene señales de haber llorado. || Que causa llanto y tristeza.

LLOSA. s. f. ant. La heredad ó terreno cercado.

LLOVEDIZA, adj. Se aplica al agua que cae de las nubes.

LLOVER, v. n. Caer agua de las nubes. || met. Venir, caer sobre uno con abundancia alguna cosa.

LLOVERSE, v. r. Calarse las bóvedas y los techos ó cubiertos con las lluvias. || LLOVER SOBRE MOJADO, met. Venir trabajos sobre trabajos.

LLOVIDO, p. p. de LLOVER.

LLOVIDO, s. m. El que sin las licencias necesarias se embarca furtivamente para pasar á Indias.

LLOVIOSO, SA, adj. V. LLUVIOSO.

LLOVIZNA, s. f. Lluvia menuda.

LLOVIZNAR, v. n. Caer de las nubes gotas menudas.

LLUECA, adj. V. CLUECA.

LLUVIA, s. f. El agua que cae de las nubes. || met. Copia ó muchedumbre.

LLUVIAL, adj. ant. V. PLUVIAL.

LLUVIANO, NA, adj. ant. Recien mojado con la lluvia.

LLUVIOSO, SA, adj. Se aplica al tiempo en que llueve mucho.

LO

LO, pron. pers. que se antepone ó pospone á los verbos y se toma siempre neutralmente, como *lo quisiéron acertar y lo erráron ó erráronlo.* || Art. neútro que solo se usa con los nombres adjetivos sustantivados, como *lo bueno, lo malo*, etc.

LOA, s. f. Preludio ó prólogó que precede á las comedias y dramas. || ant. V. ALABANZA.

LOABLE. adj. Digno de alabanza.

LOABLE, s. f. En algunas universidades, el refresco que se da con motivo de algun grado ó funcion literaria.

LOABLEMENTE, adv. Con alabanza.

LOADERO, RA, adj. ant. V. LAUDABLE.

LOADÍSIMO, MA, adj. sup. de LOADO.

LOADO, p. p. de LOAR. || LOADO, DA, adj. Elogiado, alabado.

LOADOR, RA, s. m. y f. El que loa ó alaba.

LOAMIENTO, s. m. ant. Accion y efecto de loar.

LOANDA, s. f. Especie de escorbuto.

LOANZA, s. f. ant. V. ALABANZA.

LOAR, v. a. V. ALABAR. || ant. Dar por bueno.

LOBA, s. f. La hembra del lobo. || V. SOTANA. || El lomo que deja el arado entre surco y surco || LOBA CERRADA, El manto ó sotana que con el capirote y bonete formaba el trage que fuera del colegio traian los colegiales de las órdenes militares.

LOBADO, s. m. *Albeit.* Tumor que padecen algunos animales.

LOBAGANTE, s. m. Especie de langosta marina de color azulado con pintas negras.

LOBANILLO, s. m. Tumor redondo que se forma lentamente en algunas partes del cuerpo.

LOBATO, s. m. Cachorro del lobo.

LOBATON, s. m. *Germ.* El ladron que hurta ovejas ó carneros.

LOBERA, s. f. ant. Portillo por donde se puede entrar y salir con trabajo. || El monte en que por su espesura hacen guarida los lobos.

LOBERO, RA, adj. Que pertenece á los lobos.

LOBERO, s. m. V. ESPANTANUBLADOS.

LOBEZNO, s. m. Cachorro de lobo.

LOBILLA, s. f. d. de LOBA.

LOBILLO, s. m. d. de LOBO.

LOBINA, s. f. Pez comestible de unos tres pies de largo, casi cilíndrico, de color azulado por el lomo, y por el vientre blanco con pintas negras.

LOBO, s. m. Cuadrúpedo de una vara de alto, que se diferencia del perro en tener las orejas y la cola levantadas. ‖ Pez comestible de unas seis pulgadas de largo, cilíndrico y casi de igual diámetro en toda su longitud. ‖ *Astron.* Una de las constelaciones australes. ‖ fam. Embriaguez, borrachera. ‖ Garfio fuerte de hierro de que usaban los sitiados para defenderse de los sitiadores. ‖ *Germ.* Ladron. ‖ LOBO CERVAL Ó CERVARIO, Cuadrúpedo, V. LINCE ‖ LOBO MARINO, Animal muy semejante al leon marino. ‖ ARREBATÓSE Ó ARREMANGÓSE MOBILLA, Y COMIÉRONLA LOS LOBOS, V. ARREMETER. ‖ COGER UN LOBO, V. PILLAR UN LOBO. ‖ DESOLLAR EL LOBO Ó LA ZORRA, etc., Dormir el que se ha emborrachado. ‖ DORMIR EL LOBO, Dormir miéntras dura la borrachera ‖ ESPERAR DEL LOBO CARNE, met. Esperar algo de quien todo lo quiere para sí. ‖ PILLAR UN LOBO, UN CERNICALO, UNA MONA, UNA ZORRA, etc., met. y fam. Embriagarse.

LOBOSO, SA, adj. Aplícase al terreno en que se crian muchos lobos.

LÓBREGO, GA, adj. Oscuro, tenebroso. ‖ met. Triste, melancólico.

LOBREGUECER, v. a. Hacer lóbrego

LOBREGUECER, v. n. V. ANOCHECER.

LOBREGUEZ, s. f. V. OBSCURIDAD.

* **LÓBULO**, s. m. Parte blanda y aplastada de algunas partes del cuerpo especialmente del pulmon y del hígado.

LOBUNO, NA, adj. Que pertenece al lobo.

LOCACION, s. f. for. V. ARRENDAMIENTO. ‖ LOCACION Y CONDUCCION, for. Contrato de arrendamiento.

LOCAL, adj. Que pertenece á lugar.

LOCALIDAD, s. f. La calidad de las cosas que las determina á lugar fijo.

LOCAMENTE, adv. Con locura. ‖ Excesivamente, sin moderacion.

* **LOCARIAS**, s. m. fam. Loco.

LOCAZO, ZA, adj. aum. de LOCO.

LOCHA, s. f. Pez de algo mas de un pié de largo, que tiene la singularidad de que los huevos de su hembra se fecundizan dentro del vientre, y así pare las crias perfectas.

LOCION, s. f. V. LAVACION. ‖ La accion de lavar.

LOCO, CA, adj. y s. El que ha perdido el juicio. ‖ Persona de poco juicio, disparatada é imprudente. ‖ met. Muy fecundo, muy abundante. ‖ LOCO DE ATAR, fam. Se dice del que en sus acciones procede como loco. ‖ LOCO PERENNE, El que en ningun tiempo está en su juicio. ‖ El que tiene el genio demasiadamente alegre. ‖ ESTAR Ó VOLVERSE LOCO DE CONTENTO, met. y fam. Estar excesivamente alegre ‖ VOLVER Á UNO LOCO, met. Confundirle con diversidad de especies. ‖ Envanecerle de modo que parezca que está sin juicio.

* **LOCOMOCION**, s. f. Mudanza de lugar.

LOCUACIDAD, s. f. El vicio de hablar mucho.

LOCUACÍSIMO, MA, adj. sup. de LOCUAZ.

LOCUAZ, adj. Que habla mucho.

LOCUCION, s. f. Frase ó modo de hablar.

LOCUELA, s. f. El modo particular de hablar de cada uno.

LOCURA, s. f. Privacion del juicio y uso de la razon. ‖ Accion inconsiderada ó desacierto.

LOCURILLA, s. f. d. de LOCURA.

LOCUTORIO, s. m. Lugar destinado en los conventos de monjas para recibir visitas.

LOCHE, s. m. V. LOCHA.

LODACHAR, s. m. V. LODAZAL.

* **LÓDANO**, s. m. Ledo, jaguarzo, arbusto.

LODAZAL, s. m. Sitio lleno de lodo.

LODAZAR, s. m. V. LODAZAL.

LODIENTO, TA, adj. ant. Sucio, lleno de lodo.

LODO, s. m. Mezcla que resulta de la tierra y el agua. ‖ PONER Á ALGUNO DE LODO, met. Ofenderle, denostarle con palabras injuriosas.

LODOSO, SA, adj. Lleno de lodo.

LOGADERO, s. m. ant. El que toma en alquiler ó arrendamiento alguna cosa.

LOGADO, p. p. de LOGAR y LOGARSE.

LOGAR, s. m. ant. V. LUGAR Ó PUEBLO. ‖ ant. V. SITIO Ó PARAGE ‖ ant. Representacion, veces ó graduacion de otra persona superior. ‖ ant. Causa, motivo ú ocasion.

LOGAR, v. a. ant. Alquilar, dar en arrendamiento.

LOGARSE, v. r. ant. Obligarse á algun trabajo personal por cierto precio ó salario.

LOGARÍTMICO, CA, adj. Que pertenece á los logaritmos.

LOGARITMO, s. m. *Arit.* Número tomado en una progresion aritmética correspondiente á otro tomado en progresion geométrica.

• LOGIA, s. f. Discurso, tratado.

LÓGICA, s. f. Ciencia que enseña á discurrir con exactitud. || LÓGICA NATURAL, Disposicion natural para discurrir con exactitud. || LÓGICA PARDA, V. GRAMÁTICA PARDA.

LOGICAL, adj. Que pertenece á la lógica.

LÓGICAMENTE, adv. Segun las reglas de la lógica.

LÓGICO, CA, adj. Perteneciente á la lógica ó que la estudia y sabe.

LÓGICO, s. m. El que profesa la lógica.

LOGÍSTICA, s. f. Teórica, tratado ó discurso de los números, cantidades, raices, etc., y de las reglas de la aritmética.

LOGOGRIFO, s. m. Enigma que consiste en tomar en diversos significados las diversas partes de una palabra.

• LOGOMAQUIA, s. f. Cuestion de nombre ó de voces.

LOGRADO, p. p. de LOGRAR.

LOGRAR, v. a. Conseguir ó alcanzar. || Gozar ó disfrutar.

LOGRARSE, v. r. Llegar á colmo ó á su perfeccion alguna cosa.

LOGREAR, v. n. Emplearse en dar ó recibir á logro.

LOGRERÍA, s. f. El egercicio de logrero.

LOGRERO, RA, s. m. y f. El que da dinero á logro.

LOGRO, s. m. Ganancia que se saca de dinero ó de otra cosa. || Consecuencia y posesion de lo que se desea ó intenta. || V. USURA. || DAR Á LOGRO, Prestar ó dar alguna cosa con usura.

LOGROÑÉS, SA, adj. De Logroño ó perteneciente á esta ciudad.

LOGUER, s. m. ant. Salario, premio alquiler.

LOGUERO, s. m. ant. V. LOGUER. || ant. El jornal ó salario de un dia que gana un peon.

LOLIO, s. m. ant. V. JOYO.

LOMA, s. f. Colina ó altura no muy grande en las llanuras.

LOMADO, p. p. de LOMAR.

LOMAR, v. a. *Germ.* Dar.

LOMBARDA, s. f. Cañon de artillería de varios calibres para arrojar piedras. || Variedad de berza muy semejante al repollo.

LOMBARDADA, s. f. Tiro que dispara la lombarda.

LOMBARDEAR, v. a. Disparar las lombardas contra algun sitio ó edificio.

LOMBARDERÍA, s. f. Conjunto de piezas de artillería llamadas lombardas.

LOMBARDERO, s. m. El soldado que tiene ó tenia á su cargo dirigir y disparar las lombardas.

LOMBÁRDICO, CA, adj. Perteneciente á Lombardía.

LOMBARDO, DA, adj. De Lombardía ó perteneciente á ella.

LOMBRIGUERA, s. f. Agujero que hacen en la tierra las lombrices. || Yerba, V. ABRÓTANO.

LOMBRIZ, s. f. Animal cilíndrico, de color castaño oscuro, muelle, sin huesos, sin pies, que vive oculto debajo de la tierra en parages húmedos. || LOMBRIZ SOLITARIA, V. SOLITARIA.

• LOMBRIZAL, adj. Que tiene la forma de lombriz de gusano.

LOMEAR, v. n. Mover los caballos el lomo encorvándole con violencia.

LOMERA, s. f. La correa que se acomoda en el lomo de la caballería para que mantenga en su lugar las demas piezas de la guarnicion. || CABALLETE del tejado.

LOMICA, LLA, TA, s. f. dim. de LOMA.

LOMICO, LLO, TO, s. m. d. de LOMO. || Labor de dos puntadas cruzadas entre costureras. || La parte superior de las albardas. || En plural, una especie de aparejo que se pone á las caballerías cuando han de conducir costales cargados.

LOMINHIESTO, TA, adj. Alto de lomos. || met. Engreido, presuntuoso.

LOMO, s. m. La tercera parte del espinazo del animal, en la cual hay cinco vértebras. || La parte del libro opuesta al canto. || La parte por donde se doblan á lo largo de la pieza las pieles, tegidos y otras cosas. || La tierra que levanta el arado entre surco y surco. || En los instrumentos cortantes la parte opuesta al filo. || ant. V. LOMA. || Por antonomasia el del cerdo. || LOMOS, pl. Se suele tomar por las costillas. || LOMO DESCARGADO, El que se da con poca parte de hueso. || Á LOMO, Junto con los verbos *traer*, *llevar* y otros significa conducir cargas en bestias. || JUGAR DE LOMO, met. Estar lozano y holgado.

LOMOSO, SA, adj. ant. Que pertenece al lomo.

LONA, s. f. Lienzo fuerte de algodon ó cáñamo para velas de navios, etc.

LONCHA, s. f. Piedra mediana, chata ó plana, á manera de ladrillo. || Tajada delgada de carne. V. LONJA.

LÓNDIGA, s. f. V. ALHÓNDIGA.

LONDRÉS, SA, adj. y s. ant. El natural de Lóndres y perteneciente á esta ciudad.

LONDRINA, s. f. Tela de lana que se tejia en Lóndres.

* **LONDRO**, s. m. Pinque, embarcacion mercante de vela latina.

LONGA, s. f. La nota de música que en el tiempo de compasillo vale cuatro compases.

LONGADURA, s. f. ant. V. LARGURA ó LONGITUD.

LONGANIMIDAD, s. f. Grandeza y constancia de ánimo en las adversidades.

LONGÁNIMO, MA, adj. Magnánimo, constante.

LONGANIZA, s. f. Pedazo largo de tripa angosta rellena de carne de cerdo picada y adobada.

LONGAR, adj. Se aplica al panal que está trabajado á lo largo de la colmena, y á esta.

LONGARES, s. m. *Germ.* Cobarde.

LONGAZO, ZA, adj. aum. de LUENGO.

LONGEVO, VA, adj. ant. Que es muy anciano ó de larga edad.

LONGIMETRÍA, s. f. *Geom.* Arte que trata de la medida de las líneas.

LONGINCUO, CUA, adj. Distante, lejano, apartado.

LONGÍSIMO, MA, adj. sup. de LUENGO.

LONGITUD, s. f. Lo largo de cualquiera cosa. || *Geogr.* Distancia de un lugar, respecto al primer meridiano, contada por grados en la direccion de poniente á levante. || LONGITUD ASTRONÓMICA, Distancia entre dos estrellas tomadas sobre la ecliptica en direccion de poniente á levante.

LONGITUDINAL, adj. Que pertenece á la longitud ó hecho con arreglo á ella.

LONGITUDINALMENTE, adv. Á lo largo.

LONGOBARDO, DA, adj. V. LOMBARDO.

LONGOR, s. m. ant. V. LONGITUD.

LONGUERA, s. f. Porcion de tierra larga y angosta.

LONGUERÍA, s. f. ant. V. DILACION.

* **LONGUETE**, adj. d. ant. de LUENGO.

LONGUEZA, s. f. ant. V. LARGURA.

LONGUEZUELO, LA, adj. ant. d. de LUENGO.

LONGUÍSIMO, MA, adj. sup. de LUENGO.

LONGUISO, s. m. *Germ.* Cobarde.

LONGURA, s. f. ant. V. LONGITUD. || ant. Distancia, trascurso considerable de tiempo. || ant. V. DILACION.

LONJA, s. f. Cosa larga y angosta. || Sitio público donde se juntan mercaderes y comerciantes para sus tratos y comercios. || La tienda donde se vende cacao, azúcar y otros géneros. || Atrio algo levantado del piso de las calles. || En las casas de esquileo, almacen donde se coloca la pila de lana. || Pieza de baqueta con que en los coches se afianzan los balancines menores al mayor. || *Cetr.* Correa larga que se ata á las pihuelas del halcon para no tenerle muy recogido.

LONJEAR, v. a. ant. V. ALMACENAR.

LONJEADO, p. p. de LONJEAR.

* **LONJERO**, s. m. V. LONJISTA.

LONJETA, s. f. d. de LONJA. || V. CENADOR.

LONJISTA, s. com. El mercader ó mercadera que tiene lonja.

* **LONTANANZA**, s. f. *Pint.* Vista lejana.

LOOR, s. m. ant. V. ALABANZA.

LOPICIA, s. f. V. ALOPECIA.

LOQUEAR, v. n. Decir ó hacer locuras. || met. Regocijarse con demasiada bulla y alboroto.

LOQUERO, RA, s. m. y f. El que tiene por oficio cuidar y guardar los locos.

LOQUESCA (Á LA), Á modo de locos.

LOQUILLO, LLA, TO, TA, adj. d. de LOCO.

* **LORANECER**, v. a. ant. V. ENGREIRSE.

LORENÉS, SA, adj. De Lorena y que pertenece á esta ciudad.

LORENZANA, s. f. Lienzo grueso que se fabrica en Galicia.

LORIGA, s. f. Armadura hecha de láminas pequeñas. || Armadura del caballo para el uso de la guerra. || Pieza de hierro circular con que se refuerzan los bujes de las ruedas de los carruages.

LORIGADO, DA, adj. Armado con loriga.

LORIGON, s. m. aum. de LORIGA.

LORIGUERO, RA, adj. ant. Que pertenece á la loriga.

LORIGUILLO, s. m. Arbusto que usan los tintoreros para las tintas.

LORO, s. m. V. PAPAGAYO.

LORO, RA, adj. De un color amulatado.

LORO, s. m. Árbol peculiar de España y Portugal, especie de laurel. || LORO [illegible], Ave. V. PARAGUA.

LORQUINO, NA, adj. Natural de Lorca y perteneciente á esta ciudad.

• LORRADAS, adj. f. pl. *Blas.* Dícese de las aletas del pescado cuando son de un esmalte diverso de él del cuerpo.

LOSA, s. f. Piedra llana y de poco grueso, que sirve para enlosar. || Trampa formada con losas para coger aves y ratones. || ECHAR Ó PONER UNA LOSA ENCIMA, met. Asegurar alguno con la mayor firmeza que guardará secreto. || ECHAR UNA LOSA SOBRE EL CORAZON, Causar alguna grave pesadumbre que acongoje.

LOSADO, p. p. de LOSAR.

LOSADO, s. m. V. ENLOSADO.

LOSANGE, s. m. *Blas.* La figura de un rombo colocado de suerte que un ángulo quede por pié y su opuesto por cabeza.

LOSAR, v. a. V. ENLOSAR.

LOSETA, s. f. d. de LOSA. || LOSETA Ó LOSILLA, Trampa formada con losas pequeñas para coger pájaros. || COGER EN LA LOSETA Ó LOSILLA, met. y fam. Engañar con astucia.

LOSICA, LLA, TA, s. f. d. de LOSA.

• LOTA, s. f. Especie de lamprea de rio.

• LOTE, s. m. Suerte en la lotería y otros juegos.

LOTERÍA, s. f. Especie de rifa, que se hace con mercaderías, billetes, dineros y otras cosas con autoridad pública. || Juego casero en que se imita el juego público con números puestos en cartones. || La casa en que se despachan los billetes y se anotan los números de los jugadores de la lotería.

LOTERO, s. m. Administrador de la lotería.

• LOTO, s. m. Planta y árbol.

LOVANIENSE, adj. De Lovaina y perteneciente á esta ciudad.

LOZA, s. f. Todo lo que se fabrica de barro fino y lustroso. || ANDAR LA LOZA, met. y fam. Da á entender el bullicio y algazara que suele haber en algun concurso de gente alegre.

LOZANAMENTE, adv. Con lozanía.

LOZANEAR, v. n. Ostentar lozanía ó obrar con ella.

LOZANECER, v. n. ant. Engreirse, envanecerse.

LOZANÍA, s. f. El mucho verdor y frondosidad en las plantas. || En los hombres y animales, la viveza y gallardía nacida de su vigor y robustez. || ant. Orgullo, altivez.

LOZANO, NA, adj. Se aplica á los árboles, á los campos y á los sembrados muy verdes y frondosos. || met. Alegre, gallardo, airoso.

LUA

LUA, s. f. Especie de guante de esparto el cual sirve para limpiar las caballerías. || *Manch.* Zurron de piel para trasportar el azafran. || TOMAR ALGUNA EMBARCACION POR LA LUA, *Náut.* V. EMBARCACION.

LUBRICACION, s. f. ant. V. LUBRICIDAD.

LUBRICADO, p. p. de LUBRICAR.

LUBRICAN, s. m. ant. El crepúsculo de la mañana.

LUBRICAR, v. a. ant. Hacer lúbrico ó resbaladizo.

LUBRICIDAD, s. f. Cualidad de lo lúbrico. || met. Propension á la lujuria.

LÚBRICO, CA, adj. V. RESBALADIZO. || met. Propenso á algun vicio, particularmente á la lujuria.

LUBRIFICADO, p. p. de LUBRIFICAR.

LUBRIFICAR, v. a. ant. V. LUBRICAR.

LUBRIFICATIVO, VA, adj. ant. Que tiene virtud de lubricar.

LUCANO, NA, adj. Perteneciente á Lucania y natural de esta provincia.

LUCAS, s. m. *Germ.* Los naipes.

LUCENCIA, s. f. ant. Claridad, resplandor, luz.

LUCENSE, adj. Perteneciente á Luca y natural de aquella ciudad. || Natural de Lugo y perteneciente á esta ciudad.

LUCENTÍSIMO, MA, adj. sup. de LUCIENTE.

LUCENTOR, s. m. ant. Afeite para poner reluciente el rostro.

LUCERNA, s. f. Insecto. V. LUCIÉRNAGA. || Pescado marino semejante á la golondrina marina. || ant. Especie de lamparilla ó linterna. || *Germ.* V. CANDELA.

LUCERNO, s. m. *Germ.* El candelero.

LUCÉRNULA, s. f. Planta que se cria en huertos y que de noche despide un género de luz.

LUCERO, s. m. La estrella que comunmente se llama de Vénus. || Cualquier astro de los que aparecen mas grandes y brillantes. || Postigo ó cuarteron de las ventanas por donde entra la luz. || met. Lustre, esplendor. || *Germ.* El ojo.

LUCHA, s. f. Pelea entre dos, en que abrazándose uno á otro procura cada cual dar con su contrario en tierra.

• LUCHADERO, s. m. *Náut.* El

asiento del remo en el borde del barco.

LUCHADOR, RA, s. m. y f. El que lucha.

LUCHAR, v. a. Contender ó lidiar dos personas á brazo partido.

LUCHARNIEGO, GA, adj. Se aplica al perro que sirve para cazar liebres de noche con lazos.

LUCIBLE, adj. ant. V. RESPLANDECIENTE.

LUCIDAMENTE, adv. Con lucimiento.

LUCIDÍSIMAMENTE, adv. sup. de LUCIDAMENTE.

LUCIDÍSIMO, MA, adj. sup. de LUCIDO.

LUCIDO, p. p. de LUCIR. || LUCIDO, DA, adj. *Poét.* V. LUCIENTE. || Que hace ó desempeña las cosas con gracia, lucimiento y esplendor.

LUCIDURA, s. f. fam. Blanqueo que se da á las paredes.

LUCIENTE, p. a. de LUCIR, Que luce.

LUCIÉRNAGA, s. f. Insecto de una media pulgada de largo, delgado y de color blanco que tira á rosa, que tiene la parte posterior de su cuerpo fosfórica.

LUCIÉRNAGO, s. m. ant. V. LUCIÉRNAGA.

LUCIFER, s. m. met. El soberbio, encolerizado y maligno.

LUCIFERINO, NA, adj. Perteneciente á Lucifer.

LUCÍFERO, RA, adj. *Poét.* V. RESPLANDECIENTE.

LUCÍFUGO, GA, adj. Que huye de la luz.

LUCILO, s. m. ant. V. LUCILLO.

LUCILLO, s. m. Urna de piedra, en que suelen sepultarse algunas personas de distincion.

LUCIMIENTO, s. m. El acto de lucir.

LUCINA, s. f. ant. V. RUISEÑOR.

LUCIO, CIA, adj. Terso, lucido.

LUCIO, s. m. Pescado de agua dulce de dos á tres codos de largo.

LUCIR, v. n. Brillar, resplandecer. || met. Sobresalir, aventajarse.

LUCIR, v. a. ant. Iluminar comunicar luz. || Manifestar el adelantamiento, ó la riqueza ó la autoridad, etc. || Ver y experimentar lo que se hace, ó corresponder el provecho al trabajo que se pone. || V. ENLUCIR.

LUCIRSE, v. r. Adornarse, componerse con esmero.

LUCO, s. m. ant. Bosque ó selva de árboles cerrados y espesos.

LUCRATIVO, VA, adj. Que produce utilidad y ganancia.

LUCRO, s. m. Ganacia ó provecho que se saca de alguna cosa. || LUCRO CESANTE, for. La ganancia que se regula podria producir el dinero en el tiempo que ha estado dado en empréstito.

LUCROSO, SA, adj. Que produce mucho lucro.

LUCTUOSA, s. f. Derecho antiguo que se pagaba en algunas provincias á los señores y prelados cuando morian sus súbditos.

LUCTUOSAMENTE, adv. Con tristeza y llanto.

LUCTUOSO, SA, adj. Triste y digno de llanto.

LUCUBRADO, p. p. de LUCUBRAR.

LUCUBRAR, v. a. ant. Trabajar velando y con aplicacion.

LUCUBRACION, s. f. Accion y efecto de lucubrar.

LUDA, s. f. *Germ.* La muger.

LUDADA, s. f. ant. Especie de adorno mugeril ó venda para la frente.

LUDIA, s. f. *Extr.* Levadura ó fermento.

LUDIADO, p. p. de LUDIAR.

LUDIAR, v. a. *Extr.* V. FERMENTAR.

LUDIBRIO, s. m. Escarnio, desprecio, mofa.

LUDIDO, p. p. de LUDIR.

* **LUDIMIENTO**, s. m. Colision, el acto violento de ludir ó frotar un cuerpo contra otro.

LUDIO, DIA, adj. *Extr.* V. FERMENTADO.

LUDIO, s. m. *Germ.* V. BELLACO. || *Germ.* Ochavo, cuarto, moneda de cobre.

LUDIR, v. a. Frotar, estregar, rozar una cosa con otra.

LUDRIA, s. f. *Ar.* V. NUTRIA y su piel.

LUEGO, adv. Prontamente, sin dilacion. || V. DESPUES. || conj. Se usa para manifestar la ilacion ó consecuencia que se infiere del antecedente. || LUEGO Á LUEGO, ó DE LUEGO Á LUEGO, Con mucha prontitud, sin la menor dilacion.

LUELLO, s. m. *Ar.* V. SOYO.

LUENGA, s. f. ant. Dilacion, tardanza.

LUENGAMENTE, adv. ant. V. LARGAMENTE.

LUENGO, GA, adj. ant. V. LARGO. || *Germ.* Principal. || Á LA LUENGA, V. Á LA LARGA. || Á LA LUENGA, ant. V. Á LO LARGO. || EN LUENGO, ant. De largo, á lo largo.

LUEÑE, adj. ant. Distante, lejano y apartado.

LUEÑE, adv. ant. V. LÉJOS.

LUGANO, s. m. Pajaro. V. SILGUERO.

LUGAR, s. m. Cualquier, sitio ó paragr. || Ciudad, villa ó aldea. || Poblacion pequeña menor que villa y mayor que aldea. || met. Puesto, empleo. || Texto, autoridad ó sentencia de un autor. || Tiempo, ocasion, oportunidad. || El sitio ó asiento que alguna persona ocupa ó debe ocupar por su dignidad ú oficio. || Causa, motivo ú ocasion para hacer ó no hacer alguna cosa. || met. La propuesta que se hace de alguno en la consulta para un empleo. || LUGAR COMUN, V. LETRINA. || LUGARES COMUNES, Principios generales de que se sacan las pruebas para los argumentos en los discursos. || LUGAR RELIGIOSO, Sitio donde está sepultada alguna persona. || LUGAR DE SEÑORIO, El que estaba sujeto á algun señor particular. || COMO MEJOR HAYA LUGAR DE DERECHO Ó EN DERECHO, for. Se usa en todo pedimento para manifestar la parte que ademas de lo que expone quiere se le favorezca lo que permite el derecho. || DESPOBLARSE EL LUGAR, Salir la mayor parte de gente de algun pueblo por alguna diversion ú otro motivo. || EN LUGAR, En vez. || En ausencia, en falta. || EN PRIMER LUGAR, V. PRIMERAMENTE. || HACER LUGAR, Desembarazar algun sitio ó paso para que quepa alguna cosa. || HACERSE LUGAR, Hacerse estimar ó entender entre otros. || NO HA LUGAR, loc. for. Declara que no se condesciende á lo que se pide. || PARTIR Ó PARTIRSE DE ALGUN LUGAR, Empezar á caminar. || PONERSE EN LUGAR DE OTRO, Substituir por él cualquier LUGAR. || SALVO SEA EL LUGAR Ó SALVA SEA LA PARTE, fam. Denota el deseo de que no se tenga ó padezca daño semejante á aquel de que se está hablando. || TOMAR EL LUGAR, met. V. ASIENTO.

LUGARAZO, s. m. aum. de LUGAR.

LUGARCICO, LLO, TO, s. m. d. de LUGAR.

LUGAREJO, s. m. d. de LUGAR.

LUGAREÑO, ÑA, adj. y s. Natural de algun lugar y perteneciente á él. || Perteneciente á los lugares.

LUGAREÑO, ÑA, s. m. y f. El que habita en alguna aldea ó poblacion pequeña.

LUGARETE, s. m. d. de LUGAR.

LUGARON, s. m. aum. de LUGAR.

LUGAROTE, s. m. aum. de LUGAR.

LUGARTENIENTE, s. m. La persona que tiene autoridad y poder para egercer las veces de otro.

LUGO, s. m. Lienzo llamado asi por fabricarse en la ciudad de Lugo.

* **LUGRE**, s. m. Especie de embarcacion mercante.

LÚGUBRE, adj. Triste, funesto, melancólico.

LUICION, s. f. *Ar.* V. REDENCION DE CENSOS.

LUIDO, p. p. de LUIR.

LUIR, v. a. *Ar.* Redimir, quitar censos. || *Náut.* Rozarse un cabo con otro ó en alguna parte de la embarcacion.

LUISMO, *Ar.* V. LAUDEMIO.

LUJO, s. m. Exceso y demasía en la pompa y regalo.

LUJOSO, SA, Que tiene ó gasta lujo.

LUJURIA, s. f. El vicio que consiste en el uso ilícito ó apetito desordenado á los deleites de la carne. || met. El exceso ó demasia en algunas cosas.

LUJURIANTE, p. a. de LUJURIAR, Que lujuria. || LUJURIANTE, adj. Muy lozano, vicioso, y que tiene excesiva abundancia.

LUJURIAR, v. n. Cometer el pecado de lujuria. || En los animales egercer el acto de la generacion.

LUJURIOSAMENTE, adv. Con lujuria.

LUJURIOSÍSIMO, MA, adj. sup. de LUJURIOSO.

LUJURIOSO, SA, adj. Entregado á la lujuria.

LUMADERO, s. m. *Germ.* El diente

LUMBO, s. m. ant. V. LOMO.

LUMBRADA, s. f. Cantidad grande de lumbre.

LUMBRAL, s. m. ant. V. UMBRAL.

LUMBRARADA, s. f. V. LUMBRADA

LUMBRE, s. f. Carbon, leña ú otra materia combustible encendida. || ant. VISTA, por la facultad de ver. || ant. LUZ de la razon. || ant. Ilustracion, noticia doctrina. || ant. V. LUZ. || met. Esplendor, lucimiento, claridad. || LUMBRES, pl. El conjunto de eslabon, yesca y pedernal, para encender lumbre. || En las armas de fuego la parte del rastrillo que hiere al pedernal. || La parte anterior de la herradura. || LUMBRE DE LA AGUA, V. SUPERFICIE. || Á LUMBRE DE PAJAS, fam. D á entender la brevedad y poca duracio de alguna cosa. || Á LUMBRE MANSA, V. FUEGO LENTO. || DAR Ó NO DAR LUMBRE, Á rojar chispas el pedernal herido del ra trillo ó eslabon. || DAR LUMBRE, met. Co seguir el lance ó fin que se intenta con algun disimulo. || SER LA LUMBRE

SUS OJOS, Pondera lo mucho que se estima ó ama alguna persona ó cosa. ‖ NI POR LUMBRE, ant. De ningun modo. ‖ TOCAR EN LA LUMBRE Ó EN LAS NIÑAS DE LOS OJOS, met. Pondera lo mas alto del sentimiento que se padece por la pérdida ó el daño que sucede á aquello que se ama.

LUMBRERA, s. f. Cuerpo que despide luz. ‖ met. Persona insigne y esclarecida, que con su virtud y doctrina enseña é ilumina á otros. ‖ Tronera que se hace en lo alto de las piezas para que entre la luz. ‖ ant. V. LÁMPARA.

LUMBRERÍA, s. f. ant. Accion y efecto de alumbrar.

LUMBROSO, SA, adj. ant. V. LUMINOSO.

LUMINACION, s. f. ant. V. ILUMINACION.

LUMINADO, p. p. de LUMINAR.

LUMINADOR, RA, s. m. y f. ant. V. ILUMINADOR.

LUMINAR, s. m. Cualquiera de los astros que despide luz.

LUMINAR, v. a. ant. V. ILUMINAR.

LUMINARIA, s. f. Luz que se pone en las ventanas, etc., en señal de regocijos públicos. ‖ La luz que arde continuamente en las iglesias delante del santísimo Sacramento. ‖ *Germ.* La ventana. ‖ Lo que se da á los ministros y criados del rey para el gasto que deben hacer las noches que hay luminarias públicas.

LUMINOSO, SA, adj. Que despide luz.

LUNA, s. f. El planeta mas cercano á la tierra que alumbra por la noche. ‖ La tabla de vidrio cristalino de que se forma el espejo. ‖ Vidrio que se pone en los anteojos. ‖ Efecto que hace la luna en los faltos de juicio y otros enfermos. ‖ *Ar.* El patio abierto ó descubierto. ‖ *Germ.* Camisa. ‖ Rodela. ‖ ant. Piezas de la armadura antigua para defender el cuerpo. ‖ LUNA CRECIENTE, La luna desde su conjuncion hasta el plenilunio. ‖ LUNA EN LLENO, V. LUNA LLENA. ‖ LUNA LLENA, La luna en el tiempo de su oposicion con el sol. ‖ LUNA MENGUANTE, La luna desde el plenilunio hasta su conjuncion. ‖ LUNA NUEVA, La luna en el tiempo de su conjuncion con el sol. ‖ DEJAR Á UNO Á LA LUNA DE VALENCIA, Ó QUEDARSE Á LA LUNA DE VALENCIA, fam. Frustrársele las esperanzas de lo que deseaba ó pretendia. ‖ LLENAR LA LUNA, Llegar á la oposicion con el sol, de suerte que se nos manifiesta enteramente iluminada. ‖ MEDIA LUNA, Especie de fortification que se construye delante de las capitales, etc., sin cubrir enteramente sus caras. ‖ TENER LUNAS, fam. Sentir alguna perturbacion en el juicio al tiempo de las variaciones de la luna.

LUNACION, s. f. Tiempo que gasta la luna desde una conjuncion con el sol hasta la siguiente.

LUNADA, s. f. ant. V. PERNIL.

LUNADO, DA, adj. Que tiene figura ó forma de media luna.

LUNANCO, CA, adj. Se aplica á los cuadrúpedos que tienen una cadera mas alta que otra.

LUNAR, s. m. La mancha natural que alguno tiene en alguna parte del cuerpo. ‖ met. Nota, mancha ó infamia que resulta á alguno de haber hecho alguna cosa detestable.

LUNAR, adj. Que pertenece á la luna.

LUNARIO, s. f. V. CALENDARIO. ‖ ant. V. LUNACION.

LUNÁTICO, CA, adj. y s. El que padece locura por intervalos.

LUNECILLA, s. f. Cierto dige mugeril en forma de media luna.

LÚNES, s. m. Segundo dia de la semana.

LUNETA, s. f. El cristal ó vidrio pequeño de los anteojos. ‖ Adorno en figura de media luna que usaban las mugeres en la cabeza y los niños en los zapatos. ‖ En los teatros, los asientos inmediatos al tablado. ‖ LUNETAS, pl. *Arq.* V. BOCATEJAS.

LUNICA, LLA, TA, s. f. d. de LUNA.

* LÚNULA, s. f. Figura geométrica en forma de media luna.

LUPANAR, s. m. V. BURDEL.

LUPANARIO, RIA, adj. Perteneciente al lupanar.

LUPIA, s. f. Tumor duro y glanduloso.

* LUPINO, NA, adj. De lobo, perteneciente al lobo.

LÚPULO, s. m. Yerba, V. HOMBRECILLO.

LUQUÉS, SA, adj. y s. Perteneciente á Luca y natural de ella.

LUQUETE, s. m. Ruedecita de limon ó naranja que se echa en el vino. ‖ PAJUELA para encender.

LUSCO, CA, adj. ant. Tuerto ó visco ó que ve muy poco.

LUSITANO, NA, adj. Que pertenece á Lusitania y natural de este reino.

LUSTRACION, s. f. ant. Ceremonia que usaban los paganos en los sacrificios de expiacion.

LUSTRADO, p. p. de LUSTRAR.

LUSTRAL, adj. Se aplica al agua con que se rociaban las víctimas los gentiles.

LUSTRAMIENTO, s. m. ant. La accion de ilustrar ó condecorar á alguno.

LUSTRAR, v. a. Expiar y purgar con sacrificios, etc., las cosas impuras. || Dar lustre y brillantez á alguna cosa. || Andar, peregrinar por algun reino ó provincia.

LUSTRE, s. m. El brillo de las cosas tersas ó bruñidas. || met. Esplendor, gloria. || ant. V. LUSTRO.

LUSTRECICO, LLO, TO, s. m. d. de LUSTRE.

LÚSTRICO, CA, adj. *Poét.* Que pertenece al lustro.

* LUSTRINA, s. f. Cierta tela de seda.

LUSTRO, s. m. El espacio de cinco años, ú de cuatro segun algunos.

LUSTROSAMENTE, adv. Con lustre.

LUSTROSO, SA, adj. Que tiene lustre.

LUTADO, DA, adj. ant. V. ENLUTADO.

LÚTEA, s. f. Ave pequeña, enemiga de la llamada pipo.

LUTERANISMO, s. m. La secta de Lutero. || La comunidad ó cuerpo de los sectarios de Lutero.

LUTERANO, NA, adj. Perteneciente á Lutero y que profesa su secta.

LUTO, s. m. El vestido negro que se trae por la muerte de alguno. || LUTOS, pl. Los paños y bayetas negras y otros aparatos fúnebres, que se ponen en las casas de los difuntos, y en la iglesia.

LUTRIA, s. f. V. NUTRIA.

LUTUOSO, SA, adj. ant. V. LUCTUOSO.

LUXACION, s. f. Descoyuntamiento, dislocacion, espibio de los huesos.

* LUXARSE, r. v. Descoyuntarse, dislocarse los huesos.

LUZ, s. f. Lo que ilumina los objeto[s] || Cualquiera luz artificial. || Ilustracio[n] conocimiento. || El hombre eminent[e] que ilustra á otros con su ciencia. || *Pin[t.]* El punto desde donde se ilumina y alum[bra] toda la historia y objetos pintad[os] en un lienzo. || LUCES, pl. *Arq.* Las ve[n]tanas y troneras por donde se da luz [á] los edificios. || LUZ DE LA RAZON, El conoci[]miento que tenemos de las cosas por [el] natural discurso. || LUZ DE LUZ, La qu[e] recibe una habitacion por medio d[e] otra. || LUZ PRIMARIA, *Pint.* La que inme[]diatamente procede del cuerpo lumin[o]so. || LUZ SECUNDARIA, LUZ refleja. || *Pin[t.]* La que resulta de la iluminacion d[e] la primaria. || Á BUENA LUZ, Con r[e]flexion, atentamente. || Á PRIMERA LUZ, Al amanecer, al rayar el dia. || Á TOD[AS] LUCES, Por todas partes, de todos m[o]dos. || ALEGRAR LAS LUCES, Avivar las to[r]ciendo el pábilo á un lado para qu[e] luzcan mas. || Atizar el fuego para qu[e] esté mas vivo. || DAÑAR LA LUZ ALGU[N] ESPACIO, Iluminarle, alumbrarle tod[o]. DAR Á LUZ, Publicar alguna obra. || DA[R] Á LUZ, Parir la muger. || DAR LUZ, Alum[]brar el cuerpo luminoso ó disponer pa[] para la luz. || DAR LUZ, met. Alumbrar iluminar el entendimiento. || ENTRE D[OS] LUCES, AL AMANECER Ó AL ANOCHECER. HACER DOS LUCES, Alumbrar á dos part[es] á un tiempo. || MEDIA LUZ, La que es c[]casa ó no se comunica entera y direct[a]mente. || RAYAR LA LUZ DE LA RAZON, me[t.] Empezar á ilustrarse el entendimien[to] en el conocimiento de las cosas. || SAC[AR] Á LUZ, Imprimir, publicar alguna obra. SACAR Á LUZ, Descubrir, manifestar, hac[er] notorio lo oculto. || SALIR Á LUZ, met. S[er] producida alguna cosa. || SALIR Á LUZ, me[t.] Imprimirse, publicarse alguna cosa, met. Descubrirse lo que estaba oculto.

M

M, Duodécima letra del alfabeto castellano, una de las labiales mas señaladas, porque su pronunciacion se forma fuera de la boca al abrir de golpe los labios apretados, y corre clara y distintame[nte] con todas las vocales sin interposici[on] de otra letra.

MAC

MACA, s. f. Señal que queda en la fruta por algun daño que ha recibido. Dícese tambien del daño ligero que tienen algunas cosas. || met. Disimulacion, engaño, fraude.

*MACACA, s. f. Hembra del mono.

MACADO, p. p. de MACARSE.

MACANA, s. f. Arma ofensiva de que usaban los Indios.

MACARENO, adj. fam. Majo, guapeton, y vestido á semejanza de estos.

MACARRON, s. m. Pasta de harina en figura de canuto largo. || *Náut.* El extremo de las cuadernas que sale fuera de las bordas de los bajeles.

MACARRÓNEA, s. f. Composicion burlesca en que se mezclan y entretogen palabras de diferentes lenguas.

MACARRÓNICO, CA, adj. Que pertenece á la macarrónea y al estilo y lenguage ridículo y chabacano.

*MACARRONISMO, s. m. Poèsía ó prosa macarrónicas.

MACARSE, v. r. Empezar á podrirse las frutas.

MACEADO, p. p. de MACEAR.

MACEADOR, s. m. El que macea.

MACEAR, v. a. Dar golpes con el mazo ó maza.

MACEAR, v. n. met. Porfiar repitiendo una cosa muchas veces.

MACEDON, NA, MACEDÓNICO, CA, MACEDONIO, NIA, adj. Perteneciente á Macedonia y natural de aquel reino.

MACERACION, s. f. Accion y efecto de macerar.

MACERADO, p. p. de MACERAR.

MACERAR, v. a Ablandar, enternecer á golpes ó por medio de algun licor. || met. Mortificar, afligir la carne con penitencias || *Quim.* Machacar las plantas ó ponerlas al sol ó al aire para sacarles mas fácilmente sus zumos.

MACERINA, s. f. Plato con un hueco en medio, donde se pone la gicara para el chocolate.

MACERO, s. m. El que lleva la maza delante de los cuerpos ó personas autorizadas que usan esta señal de dignidad.

MACETA, s. f. Tiesto en que se siembran yerbas y flores. || El pié donde se ponen ramilletes de flores artificiales para adorno. || Empuñadura ó mango de algunos instrumentos de hierro ó acero. || La parte superior del taco en el juego de los trucos y villar.

MACETICA, LLA, TA, s. f. d. de MACETA.

MACETON, s. m. aum. de MACETA.

MACHACA, s. com. Sugeto pesado que fastidia con su conversacion necia.

MACHACADERA, s. f. Instrumento con que se machaca.

MACHACADO, p. p. de MACHACAR.

MACHACADOR, RA, s. m. y f. El que machaca.

MACHACAR, v. a. Quebrantar y desmenuzar á golpes.

MACHACAR, v. n. met. Porfiar é insistir importuna y pesadamente.

MACHACON, NA, adj. Importuno, pesado, que repite las cosas.

*MACHADA, s. f. El hato de machos de cabrío. || fam. V. NECEDAD.

MACHADO, p. p. de MACHAR.

MACHADO, s. m. HACHA para cortar madera.

* **MACHAMARTILLO (Á)**, adv. Con mas solidez que gracia. || CREER EN DIOS Á MACHAMARTILLO, fam. Creer firmemente en él con la fe del carbonero.

MACHAR, v. a. V. MACHACAR.

MACHEAR, v. n. Engendrar los animales mas machos que hembras.

MACHETAZO, s. f. Golpe que se da con el machete.

MACHETE, s. m. Cuchillo grande.

MACHETERO, s. m. El que tiene por egercicio desmontar con machetes los pasos embarazados con árboles.

MACHIHEMBRADO, p. p. de MACHIHEMBRAR.

MACHIHEMBRAR, v. a. *Carp.* Ensamblar dos piezas de madera á caja y espiga y ranura.

MACHINA, s. f. En los arsenales la máquina que sirve para arbolar y desarbolar las embarcaciones.

MACHINETE, s. m. *Mur.* Cuchillo de golpe.

MACHO, s. m. Animal del sexo masculino. || El hijo de caballo y burra, ó de yegua y asno. || La planta que fecundiza á otra de su especie. || *Arq.* Pilar de fábrica que sostiene el techo. || La parte del corchete que se engancha en la hembra. || La pieza que entrando dentro de otra forma algun instrumento. || Mazo grande en las herrerias para forjar el hierro. || Banco del yunque pequeño. || Yunque cuadrado.

MACHO, CHA, adj. Fuerte, vigoroso, robusto. || V. MACHO DE CABRÍO. || MACHO CABRÍO Ó DE CABRÍO, V. CABRON. || MACHO DE PARADA, Macho de cabrío industriado á estarse quieto para que el ganado no se esparrame. || MACHO ROMO, El que nace de caballo y burra.

MACHON, s. m. *Arq.* Pilar que sostiene la fábrica.

MACHORRA, s. f. fam. Hembra estéril.

MACHOTE (Á), adv. Como á golpe de mazo.

MACHUCADURA, s. f. Accion y efecto de machucar.

MACHUCAMIENTO, s. m. V. MACHUCADURA.

MACHUCAR, v. a. Herir, golpear maltratando con contusion.

MACHUCHO, CHA, adj. V. SOSEGADO, JUICIOSO.

MACHUCO, CA, adj. V. MACHUCHO.

MACHUELO, s. m. d. de MACHO. || El corazon del ajo.

MACIAS, s. f. V. MACIS.

MACICEZ, s. f. La calidad de lo macizo, solidez.

MACILENTO, TA, adj. Flaco, descolorido y triste.

MACIS, s. f. La corteza sutil y olorosa de color de canela, en forma de red, que se halla en la nuez moscada.

MACIZADO, p. p. de MACIZAR.

MACIZAMENTE, adv. Con macicez.

MACIZAR, v. a. Rellenar algun hueco, de modo que quede sólido y firme.

MACIZO, ZA adj. Firme, sólido. || met. Sólido y bien fundado.

* MACLE, s. m. *Blas.* Lisonja agujerada en medio con otra de diferente esmalte.

MACO, CA, adj. *Germ.* Bellaco.

MACOCA, s. f. *Mur.* Especie de breva grande.

MACOLLA, s. f. Conjunto de pies ó tallos nacidos de un mismo grano.

MACONA, s. f. Cesto sin asas.

MACONERA, s. f. ant. *Arq.* V. ENCUADRO.

MACUCA, s. f. Arbusto silvestre, especie de peral.

MÁCULA, s. f. V. MANCHA. || MÁCULA DE LA LUNA, Cualquiera de las partes oscuras que se observan en su cuerpo. || MÁCULA DEL SOL, La parte oscura que se observa en el cuerpo del sol.

MACULADO, p. p. de MACULAR.

MACULAR, v. a. ant. V. MANCHAR.

MACULOSO, SA, adj. ant. Lleno de manchas.

MACUQUINO, NA, adj. Se aplica á la moneda cortada que no tiene cordoncillo.

MADAMA, s. f. V. SEÑORA.

MADAMISELA, s. f. La muger jóven que se compone mucho y presume de dama.

MADEJA, s. f. Porcion de hilo, etc., cogida en una aspa ó torno en disposicion de que se puede reducir á ovillos. || El hombre flojo y dejado. || MADEJA SIN CUENDA, Cosa que está muy enredada ó desordenada. || met. Se dice de la persona que tiene muchas especies sin coordinacion ni método, ó que no tiene órden ni concierto en sus cosas y discursos. || HACER MADEJA Ó HACER HEBRA, Se dice de los licores que estando muy coagulados hacen como hilos ó hebras.

MADEJETA, s. f. d. de MADEJA.

MADEJICA, LLA, TA, s. f. d. de MADEJA.

MADEJUELA, s. f. d. de MADEJA.

MADERA, s. f. La parte sólida de los árboles. || Materia de que se compone el casco de las caballerías. || MADERA DEL AIRE, Hueso ó cuerno. || MADERA EN BLANCO, La que está labrada y no tiene pintura ni barniz. || Á MEDIA MADERA, Cortada la mitad del grueso en las piezas de madera ó metal que se ensamblan ó unen. || DESCUBRIR LA MADERA, met. V. DESCUBRIR LA HILAZA. || NO HOLGAR LA MADERA, fam. Trabajar incesantemente. || PESAR LA MADERA. SER DE MALA MADERA, Ó TENER MALA MADERA, fam. Rehusar el trabajo. || SANGRAR LA MADERA, Hacer cortes profundos á los pinos y otros árboles resinosos para que la resina salga.

MADERADA, s. f. Conjunto de muchos maderos.

MADERADO, p. p. de MADERAR.

MADERAGE, s. m. Conjunto de maderas para un edificio ú otros usos.

MADERÁMEN, s. m. V. MADERAGE.

MADERAMIENTO, s. m. ant. V. ENMADERAMIENTO.

MADERAR, v. a. ant. V. ENMADERAR.

MADERERÍA, s. f. Sitio donde se recoge la madera para su venta.

MADERERO, s. m. El que trata en madera. || El que se emplea en conducir las armadías por los rios. || V. CARPINTERO.

MADERICO, LLO, TO, s. m. d. de MADERO.

MADERISTA, s. m. *Ar.* V. MADERERO.

MADERO, s. m. Pieza de madera larga y regularmente cuadradra.

MADERUELO, s. m. d. de MADERO.

MADIOS, expr. ant. V. PAR DIOS Ó POR DIOS.

* MADONA, s. f. ant. V. SEÑORA.

MADRASTRA, s. f. Muger casada con el que tiene hijos del antecedente matrimonio. || met. Cualquiera cosa que incomoda. || *Germ.* La cárcel, la cadena.

MADRAZA, s. f. fam. La madre muy condescendiente y que mima mucho á sus hijos.

MADRE, s. f. La hembra que ha parido. || Título que se da á las religiosas. || En los hospitales y casas de recogimiento, la muger á cuyo cargo está el gobierno en todo ó en parte. || met. La causa, raiz ú origen. || Medio eficaz para el mejor logro ó inteligencia de alguna cosa. || En las hembras es la parte donde se concibe y se alimenta el feto. || El espacio de una á otra márgen por donde tiene su curso regular el rio. || La cloaca maestra por donde corren las inmundicias. || La materia mas crasa ó heces del mosto ó vinagre que se sientan en el fondo de la cuba. || Acequia principal de donde salen y donde desaguan las hijuelas. || MADRE DE CLAVO, V. MADRECLAVO. || MADRE DE NIÑOS, *Med.* Enfermedad semejante á la alferecía ó á la gota coral. || BUSCAR LA MADRE GALLEGA, ó IRSE CON SU MADRE GALLEGA, Buscar la fortuna ó ganar la vida. || ESA ES LA MADRE DEL CORDERO, ó NO ES ESA LA MADRE DEL CORDERO, fam. Se usa cuando uno hace alguna cosa pretextando diversa causa de la que realmente le mueve. || SACAR DE MADRE Á ALGUNO, met. Inquietarle mucho, hacerle perder la paciencia. || SALIR DE MADRE, met. Exceder extraordinariamente de lo acostumbrado ó regular.

MADRECICA, LLA, TA, s. f. d. de MADRE. || El ovario de las aves.

MADRECLAVO, s. m. Clavo de especia que ha estado en el árbol dos años.

MADREÑA, s. f. V. ALMADREÑA.

MADREPERLA, s. f. Concha casi redonda, de cuatro á seis pulgadas de diámetro, en donde se crian dentro perlas en grande cantidad. Ademas de esto se emplea la concha para adornos.

MADRÉPORA, s. f. Cuerpo marino de naturaleza de piedra.

MADRESELVA, s. f. Mata bien conocida que echa los vástagos caedizos y muy ramosos.

MADRIGADA, adj. ant. Se aplicaba á la muger que ha sido otra vez casada.

MADRIGADO, DA, adj. Se aplica al toro que ha sido padre. || met. Se aplica al sugeto práctico y experimentado.

MADRIGAL, s. m. Composicion poética que consta de dos, tres ó mas estrofas.

MADRIGALEJO, s. m. d. de MADRIGAL.

MADRIGALETE, s. m. d. de MADRIGAL.

MADRIGUERA, s. f. La cuevecilla en que habitan los conejos, y otros animales. || met. El lugar retirado y escondido donde se oculta la gente de mal vivir.

MADRILEÑO, ÑA, adj. y s. Natural de Madrid y perteneciente á esta villa.

MADRILLA, s. f. *Ar.* V. BOGA por el pez de rio.

MADRILLERA, s. f. *Ar.* Instrumento para pescar pececillos.

MADRINA, s. f. La muger que tiene á la criatura en la pila miéntras la bautizan, ó le asiste en la confirmacion. || La que acompaña á otra que va á tomar estado. || La muger que protege á otra persona en alguna pretension. || PUNTAL ó columna de madera. || La correa ó cuerda que une dos mulas ó caballos para que vayan iguales.

MADRIZ, s. f. ant. MATRIZ en las hembras. || ant. MATRIZ por iglesia ó ciudad principal. || El sitio donde anida la codorniz ó se cria el erizo del mar.

MADRONA, s. f. ant. V. MATRONA. || fam. La madre que muestra demasiado amor á sus hijos.

MADRONCILLO, s. m. La fruta de las fresas.

MADROÑAL, s. m. Sitio poblado de madroños.

MADROÑERO, s. m. *Murc.* V. MADROÑO, árbol.

MADROÑO, s. m. Árbol de corteza áspera y resquebrajada, con ramas en lo alto algo rojas. || Fruto del MADROÑO. || Borlita de seda floja, redonda y semejante en su figura á un madroño.

MADROÑUELO, s. m. d. de MADROÑO.

MADRUGADA, s. f. El alba. || La accion de levantarse al amanecer. || DE MADRUGADA, Al amanecer, muy de mañana.

MADRUGADO, p. de MADRUGAR.

MADRUGADOR, RA, s. m. y f. El que madruga.

MADRUGAR, v. n. Levantarse al amanecer. || met. Anticiparse en alguna solicitud ó empresa.

MADRUGON, s. m. Madrugada grande.

MADRUGUERO, RA, adj. ant. Se aplicaba al que madruga ó á lo que se anticipa.

MADURACION, s. f. La accion y efecto de madurar.

MADURADERO, s. m. Sitio á propósito para madurar las frutas.

MADURADO, p. p. de MADURAR.

MADURADOR, RA, s. m. y f. El ó lo que madura.

MADURAMENTE, adv. Con madurez.

MADURAMIENTO, s. m. ant. V. MADURACION.

MADURANTE, p. a. de MADURAR, Lo que madura.

MADURAR, v. a. y n. Dar sazon á los frutos. || *Cir.* Cocer y preparar con medicinas el humor crudo que hay en las apostemas y tumores para arrojarle. || met. Disponer los medios para facilitar el logro de algun fin.

MADURAR, v. n. met. Crecer en edad, juicio y prudencia.

MADURATIVO, VA, adj. Que tiene virtud de madurar.

MADURATIVO, s. m. met. fam. El medio que se aplica para inclinar y ablandar al que está duro en conceder lo que se le pide.

MADURAZON, s. f. ant. V. MADUREZ.

MADUREZ, s. f. Sazon de los frutos. || met. El juicio ó prudencia con que el hombre se gobierna.

MADUREZA, s. f. ant. V. MADUREZ.

MADURÍSIMO, MA, adj. sup. de MADURO.

MADURO, RA, adj. Que está en sazon. || met. Prudente, juicioso, sesudo.

MAESA, s. f. Insecto, V. ABEJA MAESA.

MAESE, s. m. ant. V. MAESTRO. || MAESE CORAL, JUEGO DE MANOS por agilidad, etc.

* **MAESIL**, s. m. V. MAESTRIL.

MAESTRA, s. f. Muger que enseña || Tómase particularmente por la muger que enseña á hacer labor á las niñas ú otros oficios. || La muger de cualquier maestro. || Insecto, V. ABEJA MAESA. || Cualquier cosa que instruye ó enseña. || *Alban.* La linea que con la regla fija en la pared se hace para igualar despues su superficie y ponerla á nivel.

MAESTRADAMENTE, adv. Con maestría.

MAESTRADGO, s. m. ant. V. MAESTRAZGO.

MAESTRADO, p. p. de MAESTRAR. || MAESTRADO, DA, adj. ant. Mañoso, artificioso.

MAESTRAGE, s. m. ant. V. MAESTRÍA, 3ª A.

MAESTRAL, s. m. V. MAESTRIL.

MAESTRAL, adj. Que pertenece al maestre ó al maestrazgo. || Aplícase al viento que viene de la parte intermedia entre poniente y tramontana. || ant. V. MAGISTRAL.

MAESTRALIZADO, p. de MAESTRALIZAR.

MAESTRALIZAR, v. n. *Náut.* En el mediterráneo declinar la brújula magnética hácia el poniente.

MAESTRAMENTE, adv. ant. Con maestría, con destreza.

MAESTRANTE, s. m. Cualquiera de los caballeros de que se compone la maestranza.

MAESTRANZA, s. f. Sociedad de caballeros, cuyo instituto es egercitarse en el manejo y destreza de los caballos. || El conjunto de operarios destinados á la construccion y reparo de los buques. || El obrador donde se trabajan las maderas, cordages, lonas y otras cosas para el uso de la navegacion.

MAESTRAR, v. a. ant. V. AMAESTRAR.

MAESTRAZGO, s. m. La dignidad de maestre de cualquiera de las órdenes militares. || El territorio de la jurisdiccion del maestre. || ant. El oficio de maestro, especialmente en algun arte.

MAESTRE, s. m. El superior de cualquiera de las órdenes militares. || Doctor ó maestro. || *Náut.* La segunda persona de la embarcacion despues del capitan. || El mismo capitan. || MAESTRE CORAL, JUEGO DE MANOS por la agilidad, etc. || MAESTRE DE CAMPO, Oficial de grado superior en la milicia que mandaba cierto número de tropas. || MAESTRE DE CAMPO GENERAL, Oficial superior en la milicia á quien solia confiarse el mando de los egércitos. || MAESTRE Ó MAESTRO DE HOSTAL, En la casa real de Aragon, la persona que cuidaba del gobierno económico. || MAESTRE DE JARCIA, El sugeto que está encargado de la jarcia y cabos de los navios. || MAESTRE DE PLATA, En los navios del rey es el sugeto que recibe los caudales. || MAESTRE DE RACIONES, El que tiene á su cargo la provision de las naves. || MAESTRE RACIONAL, *Ar.* El ministro real que tiene la razon de la hacienda de cada reino.

MAESTREADO, p. p. de MAESTREAR.

MAESTREAR, v. a. ant. Entender ó intervenir con otros en alguna operacion como maestro. || Podar la vid, dejando el sarmiento un palmo de largo. || Arreglar la superficie de alguna pared ó tabique para que esté á nivel.

MAESTREAR, v. n. fam. Hacer de maestro.

MAESTREESCUELA, s. m. V. MAESTRESCUELA.

MAESTRECICOMAR, s. m. ant. V. MAESECORAL.

* **MAESTRECORAL**, s. m. V. MAESECORAL.

MAESTREPASQUIN, s. m. ant. V. PASQUIN.

MAESTRESALA, s. m. El criado principal que asistia á la mesa de un señor.

MAESTRESCOLÍA, s. f. La dignidad de maestrescuela.

MAESTRESCUELA, s. m. Dignidad de algunas iglesias catedrales. || En algunas universidades, CANCELARIO.

MAESTRÍA, s. f. El arte y destreza en enseñar ó en egecutar alguna cosa || Entre los regulares, la dignidad ó grado de maestro. || ant. El oficio de maestre en las embarcaciones. ||ant. Engaño, fingimiento ó artificio y estratagema. || ant. Remedio, medicina, medicamento. || MAESTRERÍA DE LA CÁMARA, Empleo y oficina de palacio.

MAESTRIL, s. m. La celdilla del panal de miel dentro de la cual se trasforma en insecto perfecto la larva de la abeja maesa.

MAESTRILLO, s. m. d. de MAESTRO.

MAESTRO, TRA, adj. Se aplica á ciertas obras que por ser principales ó por estar hechas con cierta perfeccion y artificio se pueden mirar como modelos en su línea. || met. Se aplica al irracional adiestrado.

MAESTRO, s. m. El que enseña alguna ciencia ó arte. || El que es práctico en alguna materia y la maneja con desembarazo. || Título que en las órdenes regulares se da á veces para condecorar á los religiosos beneméritos y á veces para enseñar. || El que está aprobado en algun oficio mecánico ó le egerce públicamente. || El que tiene el grado mayor en filosofía. || ant. Maestre de alguna órden militar. || MAESTRO AGUAÑON, El que entiende en obras ó ingenios de agua. || MAESTRO DE ALTAS OBRAS, ant. En la milicia, VERDUGO. || MAESTRO DE ARMAS, El que enseña el arte de la esgrima. || MAESTRO DE ATAR ESCOBAS, fam. Título burlesco que se da al que afecta magisterio en cosas inútiles ó ridículas. || MAESTRO DE CABALLERIA Ó DE LOS CABALLEROS, ant. El cabo principal de los soldados de á caballo. || MAESTRO DE CAPILLA, El profesor de música destinado para componer las obras que se cantan en el templo y echar el compas. || MAESTRO DE CEREMONIAS, El que advierte las ceremonias que deben observarse con arreglo á los ceremoniales ó usos autorizados. || MAESTRO DE COCINA, El cocinero mayor que manda á los demas dependientes en su ramo. || MAESTRO DE ESCUELA, El que enseña á leer, escribir y contar. || MAESTRO DE ESGRIMA, V. MAESTRO DE ARMAS. || MAESTRO DE HERNIAS Y ROTURAS, ant. V. HERNISTA. || MAESTRO DE BALANZA, V. BALANZARIO. || MAESTRO DE LA NAVE, ant. V. PILOTO. || MAESTRO DE LLAGAS, ant. V. CIRUJANO. || MAESTRO DEL SACRO PALACIO, Empleado en el palacio pontificio, á cuyo cargo está el examen de los libros que se han de publicar. || MAESTRO DE NIÑOS, V. MAESTRO DE ESCUELA. || MAESTRO DE NOVICIOS, El religioso que en las comunidades dirige y enseña á los novicios || MAESTRO DE OBRA PRIMA, Zapatero de nuevo. || MAESTRO DE OBRAS, El profesor que cuida de la construccion material de un edificio bajo el plan del arquitecto. || MAESTRO DE POSTAS, La persona á cuyo cuidado ó en cuya casa estan las postas ó caballos de posta para los que la corren. || MAESTRO DE POSTAS, V. CORREO MAYOR. || MAESTRO DE PRIMERAS LETRAS, V. MAESTRO DE ESCUELA. || MAESTRO DE RIBERA, V. MAESTRO AGUAÑON. || MAESTRO EN ARTES, El que obtiene el grado mayor de filosofía. || MAESTRO MAYOR, El que tiene la direccion en las obras públicas del pueblo que le ha nombrado y dotado. || MAESTRO RACIONAL, ant. *Ar.* Maestra racional ó contador mayor. || AL MAESTRO CUCHILLADA, fam. Se usa cuando se enmienda al que debe entender alguna cosa ó presume saberla. || ASENTAR CON MAESTRO, Obligarse uno por escritura á servirle por determinado tiempo para que le enseñe su oficio.

MAGACEN, s. m. ant. V. ALMACEN.

MAGANEL, s. m. ant. Máquina militar que servia para batir.

MAGANTO, TA, adj. Triste, pensativo, macilento.

MAGAÑA, s. f. Defecto que se suele hallar dentro del alma del cañon de artillería. || ant. Engaño, astucia ó ardid.

MAGARZA, s. f. Yerba semejante al hinojo en las hojas.

MAGARZUELA, s. f. V. MANZANILLA HEDIONDA.

MAGDALEON, s. m. En las boticas es un rollito largo, redondo y delgado que se hace de cualquier emplasto para ir partiendo las porciones que es necesario despachar.

MAGENCA, s. f. *Mur.* La cava de las viñas.

MAGENCADO, p. p. de MAGENCAR.

MAGENCAR, v. a. *Mur.* Cavar las viñas.

MAGESTAD, s. f. Grandeza, magnificencia, ostentacion con que se hace alguna cosa. || La gravedad y seriedad que alguna persona manifiesta en el semblante ó acciones. || Tratamiento honorífico que propiamente pertenece á Dios, y hoy se da comunmente á los emperadores y reyes.

MAGESTOSO, SA, adj. V. MAGESTUOSO.

MAGESTUOSAMENTE, adv. Con magestad.

MAGESTUOSIDAD, s. f. La calidad de lo magestuoso.

MAGESTUOSO, SA, adj. Que tiene magestad.

MAGIA, s. f. Ciencia ó arte que enseña á hacer cosas extraordinarias y admirables. || MAGIA ARTIFICIAL, La que por arte ó industria humana hace cosas que parecen superiores á las fuerzas de la naturaleza. || MAGIA BLANCA, V. MAGIA NATURAL. || MAGIA NATURAL, La que por medio de causas naturales obra efectos extraordinarios que parecen sobrenaturales. || MAGIA NEGRA, Arte con que cree el vulgo pueden hacerse con ayuda del demonio cosas admirables y extraordinarias.

MÁGICO, CA, s. m. y f. El que profesa y egerce la magia.

MÁGICO, CA, adj. Perteneciente á la magia.

* MAGILLA, s. f. ant. V. MEGILLA.

MAGIN, s. m. fam. ant. V. IMAGINACION.

* MAGINACION, s. f. ant. V. IMAGINACION.

* MAGISMO, s. m. Religion antigua de los magos de Persia.

MAGISTERIAL, adj. Perteneciente al magisterio.

MAGISTERIO, s. m. La enseñanza y gobierno que el maestro egerce con sus discípulos. || El título ó grado de maestro que se confiere en alguna facultad. || Gravedad afectada y presuncion en hablar y hacer alguna cosa. || *Quim.* Preparacion de un mixto, por la cual todas las partes homogéneas se subliman á otro grado de cualidad y sustancia mas noble y pura. || V. PRECIPITADO.

MAGISTRADO, s. m. El superior en el órden civil. || La dignidad ó empleo del juez ó ministro superior. || Cualquier consejo ó tribunal.

MAGISTRAL, adj. Que pertenece al maestro.

MAGISTRAL, s. f. Una de las cuatro canongías de oficio, cuyo cargo es predicar.

MAGISTRAL, s. m. El sugeto que obtiene la canongía llamada MAGISTRAL. || En las boticas se llama así una bebida antivenérea.

MAGISTRALMENTE, adv. Con maestría y tono de maestro.

MAGISTRATURA, s. f. Oficio y dignidad de magistrado y el tiempo que dura.

MAGNÁNIMAMENTE, adv. Con magnanimidad.

MAGNANIMIDAD, s. f. Grandeza y elevacion de ánimo.

MAGNÁNIMO, MA, adj. Que tiene magnanimidad.

MAGNATE, s. m. Persona muy ilustre y principal.

MAGNESIA, s. f. Tierra muy suave, blanca y absorvente que constituye la base de la sal de la higuera.

MAGNÉTICO, CA, adj. Perteneciente á la piedra iman. || Que tiene virtud de atraer por otro cualquier cuerpo.

MAGNETISMO, s. m. La virtud atractiva de la piedra iman.

MAGNETIZADO, p. p. de MAGNETIZAR.

MAGNETIZAR, v. a. Comunicar al hierro la virtud atractiva, tocándole con la piedra iman.

MAGNIFICADO, p. p. de MAGNIFICAR.

MAGNÍFICAMENTE, adv. Con magnificencia.

MAGNIFICAR, v. a. Engrandecer, alabar, ensalzar.

MAGNÍFICAT, s. m. El cántico de nuestra Señora.

MAGNIFICENCIA, s. f. Liberalidad para grandes gastos y disposicion para grandes empresas.

MAGNIFICENTÍSIMO, MA, adj. Muy magnífico.

MAGNÍFICO, CA, adj. Espléndido, suntuoso. || Título de honor que suele darse á algunas personas ilustres.

MAGNILOCUO, CUA, adj. ant. V. GRANDILOCUO.

MAGNITUD, s. f. El tamaño ó la cantidad de algun cuerpo. || met. Grandeza ó excelencia.

MAGNO, NA, adj. V. GRANDE. Úsase como epiteto aplicado á algunas personas ilustres.

* MAGNOLIA, s. f. Planta dedicada á Magnolio, botánico célebre.

MAGO, GA, adj. Persona que egerce la magia. || Se aplica alguna vez á los sabios y filósofos antiguos de oriente.

MAGRA, s. f. La lonja de pernil de cerdo.

MAGRECER, v. a. ant. V. ENMAGRECER. Úsase tambien como recíproco y neutro.

MAGREZ, s. f. ant. La calidad de magro.

MAGREZA, s. f. ant. V. MAGREZ.

MAGRICA, LLA, TA, s. f. d. de MAGRA.

MAGRICO, CA, LLO, LLA, TO, TA, adj. d. de MAGRO.

MAGRO, GRA, adj. Flaco y enjuto que tiene poca ó ninguna grosura.

MAGRUJO, JA, adj. ant. V. MAGRO.

MAGRURA, s. f. V. MAGREZ.

MAGÜER y MAGÜERA, conj. ant. V. AUNQUE.

MAGÜETO, TA, s. m. y f. V. NOVILLO.

MAGUEY, s. m. *de Amér.* Planta, V. PITA.

MAGUILLO, s. m. MANZANO silvestre que ingertan en Murcia y Granada.

MAGUJO, s. m. Instrumento corvo á manera de hoz para sacar la estopa vieja de las junturas del costado y cubiertas de las embarcaciones.

MAGULADO, p. p. de MAGULAR.

MAGULADURA, s. f. ant. V. MAGULLADURA.

MAGULAR, v. a. ant. V. MAGULLAR.

MAGULLA, s. f. ant. V. MAGULLADURA.

MAGULLADO, p. p. de MAGULLAR.

MAGULLADURA, s. f. El efecto que queda en algun cuerpo del golpe que se da magullando.

MAGULLAMIENTO, s. m. Accion y efecto de magullar.

MAGULLAR, v. a. Comprimir violentamente el cuerpo causándole contusion.

* MAHALEBE, s. m. Cerezo de Mahoma, árbol.

MAHARON, NA, adj. ant. Infeliz ó desdichado.

MAHERIDO, p. p. de MAHERIR.

MAHERIMIENTO, s. m. ant. Accion y efecto de maherir.

MAHERIR, v. a ant. Tener prevenido o anticipado.

MAHOMETANO, NA, adj. y s. El que profesa la secta de Mahoma y que pertenece á él ó á ella.

MAHOMÉTICO, CA, adj. ant. V. MAHOMETANO.

MAHOMETISMO, s. m. Secta de Mahoma.

MAHOMETISTA, s. m. ant. El que profesa la secta de Mahoma.

MAHOMETIZAR, v. n. Profesar la secta de Mahoma.

MAHON, s. m. Tela de algodon angosta de color anteado.

MAHONA, s. f. Especie de embarcacion turca de trasporte.

MAHONÉS, SA, adj. De Mahon.

MAHOZMEDIN, s. m. ant Moneda antigua. V. MARAVEDÍ DE ORO.

* MAHUTE, s. f. La parte de las alas de las aves de rapiña contigua al cuerpo.

MAIDO, s. m. V. MAULLIDO.

* MAIMON, s. f. V. BALLO.

MAIMONA, s. f. Un palo de la tahona pegado á la gualdra en que encaja y se mueve el peon.

MAINEL, s. m. Barandilla de escalera.

MAIS, adv. ant. V. MAS, SINO.

MAITINANTE, s. m. El que acostumbra ir á maitines. ‖ En algunas catedrales el clérigo que tiene la obligacion de asistir á maitines.

* MAITINARIO, s. m. Libro que contiene el oficio de maitines.

MAITINES, s. f. Una de las horas canónicas.

MAIZ, s. m. Planta, regularmente de poco mas de dos varas de alto, trigo de Indias.

MAIZAL, s. m. La tierra poblada de maices.

MAJADA, s. f. El lugar donde se recoge de noche el ganado y se albergan los pastores. ‖ ant. V. POSADA.

MAJADAL, s. m. Tierra que ha servido de majada, beneficiada con el estiércol del ganado.

MAJADEADO, p. de MAJADEAR.

MAJADEAR, v. n. Hacer noche el ganado en alguna majada, albergarse en algun parage.

* MAJADERAZO, s. m. aum. de MAJADERO.

MAJADERÍA, s. f. Dicho ó hecho necio, imprudente y molesto.

MAJADERICO, s. m. ant. Especie de guarnicion.

MAJADERILLO, LLA, TO, TA, adj. d. de MAJADERO.

MAJADERILLO, s. m. Palillo de hacer encage.

MAJADERO, RA, adj. met. Necio y porfiado.

MAJADERO, s. m. ant. Instrumento para majar ó machacar, por lo comun en mortero. ‖ ant. Cada uno de los palillos con que se hacen encages, randas y otras labores.

MAJADERON, NA, adj. aum. de MAJADERO.

MAJADO, p. p. de MAJAR.

MAJADOR, RA, s. m. y f. El que maja.

MAJADURA, s. f. ant. Accion y efecto de majar. || met. ant. Azote, castigo.

MAJAGRANZAS, s. m. fam. Hombre pesado y necio.

MAJAMIENTO, s. m. met. ant. Azote, castigo.

MAJANO, s. m. El monton de cantos sueltos que se forma en las tierras de labor ó en las encrucijadas.

MAJAR, v. a. Machacar ó quebrantar aplastando ó desmenuzando. || met. Molestar, cansar, importunar.

MAJARRANA, s. f. *And.* V. TOCINO FRESCO.

MAJILLA, s. f. ant. V. MEJILLA.

MAJO, JA, adj. y s. La persona que en su porte, acciones y vestidos afecta un poco de libertad y guapeza.

MAJOLAR, s. m. ant. El pago recien plantado de viñas.

MAJOLAR, v. a. Ajustar los zapatos con lazos ó correas.

MAJARONA, s. f. ant. V. MEJORANA.

MAJORCA, s. f. V. MAZORCA.

MAJUELA, s. f. El fruto del majuelo. || La correa de cuero con que se ajustan y atan los zapatos.

MAJUELO, s. m. Arbol que mas comunmente se llama espino majuelo ó espino albar, y es comun en los bosques y sotos de España. || La viña nuevamente plantada. || *Rioj.* La cepa nueva.

MAL, s. m. El daño ú ofensa que alguno recibe. || Enfermedad, dolencia. || Lo que tiene imperfeccion positiva, por la cual se aparta de lo licito y honesto, y es contrario al bien. || MAL, MALO, Usase solo antepuesto al sustantivo masculino.

MAL, adv. V. MALAMENTE. || Con imperfeccion. || MAL CADUCO, V. EPILEPSIA. || MAL DE CORAZON, Flato que oprime el corazon y causa convulsiones en el que le padece. || MAL DE MADRE, Afecto vaporoso que toca en el sistema nervioso, y causa varios accidentes de mucho cuidado. || MAL DE MI GRADO, MAL DE SU GRADO, MAL DE TU GRADO, loc. Á pesar mio, suyo, tuyo, aunque no quiera. || MAL DE OJO, Enfermedad que se atribuye vanamente á la vista de alguno que mira con ahinco ó con ojos atravesados. || MAL DE SAN ANTON, V. FUEGO DE SAN ANTON. || MAL DE SAN LÁZARO, Especie de lepra. || MAL FRANCÉS, V. GÁLICO. || MAL HAYA, Especie de interj. imprecatoria. || MAL PECADO, Especie de interj. anticuada con que se denota que alguna cosa sucede por desgracia. || MAL POR MAL, Se usa para denotar que por necesidad se admite algun daño por evitar otro mayor. || MAL QUE BIEN, Significa de buena ó de mala gana. || MAL QUE LE PESE, loc. V. MAL DE SU GRADO. || Á MAL DE SU GRADO, V. MAL DE SU GRADO. || DEL MAL EL MENOS, fam. Aconseja que de dos males se elija el menor. || DE MAL EN PEOR, fam. Denota que alguna cosa se va deteriorando ó empeorando. || ECHAR Á MAL, Desestimar, despreciar arrojar. || Desperdiciar, malgastar ó emplear mal. || HACER MAL Á ALGUNO, Perseguirle, injuriarle, procurarle daño y molestia. || HACER MAL ALGUNA COSA, Ser nociva y dañar ó lástimar. || HACER MAL Á UN CABALLO, Trabajarle con destreza para que obedezca. || HACER MAL BARATO, ant. Obrar ó proceder mal. || HACÉRSELA DE MAL, Explica la repugnancia de emprender alguna cosa, no considerada útil ó gustosa. || METER EN MAL, Malquistar, introducir discordias ó cizaña. || NO HACER MAL Á UN GATO, Ser pacífico, benigno y bien intencionado. || PARAR EN MAL, Tener fin desgraciado ó infeliz éxito. || POCO MAL, Y BIEN QUEJADO, expr. Se dice de aquellos que con el mas leve motivo manifiestan grandes incomodidades. || PONER EN MAL, Descomponer á alguno, haciéndole perder la estimacion que tenia con chismes y malos informes.

MALA, s. f. Balija del correo ó posta ordinaria de Francia. || V. MALILLA, 1ª A.

MALABAR, adj. Natural de la costa de este nombre y perteneciente á ella.

MALABÁRICO, adj. Que pertenece á la costa de Malabar.

* **MALACOIDE**, s. f. Planta cuyas hojas son malváceas.

MALACOSTUMBRADO, DA, adj. Que tiene malos hábitos y costumbres.

* **MALACOTON**, s. m. *Ar.* V. MELOCOTON.

* **MALACOTONERO**, s. m. *Ar.* V. MELOCOTONERO.

* **MALÁCTICO, CA**, adj. *Med.* Emoliente.

MALACUENDA, s. f. Tela muy basta y bronca que se hace de la hilaza de las estopas y la misma hilaza.

MALAESTANZA, s. f. ant. V. INDISPOSICION.

MALAGAÑA, s. f. *Ar.* Industria de que se valen los colmeneros en algunas partes para sentar los enjambres que salen de las colmenas.

MALAGUEÑO, ÑA, adj. Perteneciente á la ciudad de Malaga y nacido en ella.

MALAGUÉS, SA, adj. ant. V. MALAGUEÑO.

MALAGUETA, s. f. Frutilla bien conocida en el comercio, y parecida al fruto del arrayan.

MALAMENTE, adv. Con maldad, sin razon, con daño.

MALANDANTE, s. c. ant. El desafortunado, infeliz, desdichado.

MALANDANZA, s. f. ant. Mala fortuna ó desgracia.

MALANDAR, s. m. Cerdo que no se destina para entrar en vara.

MALANDRIN, NA, adj. Maligno, perverso, bellaco.

* MALAQUITA, s. f. Piedra de un color verde opaco.

MALATÍA, s. f. ant. V. ENFERMEDAD. || MALATÍA DE SAN LÁZARO, ant. V. MAL DE SAN LÁZARO.

MALATO, TA, adj. y s. m. y f. V. ENFERMO.

MALAVENIDO, DA, adj. Descontentadizo.

MALAVENTURA, s. f. Desventura, desgracia, infortunio.

MALAVENTURADO, DA, adj. Infeliz ó de mala ventura.

MALAVENTURANZA, s. f. ant. Infelicidad, desdicha, infortunio.

MALAVES, adv. ant. V. APÉNAS.

MALAVEZ, adv. ant. V. APÉNAS. || Á MALA VEZ, adv. ant. V. APÉNAS.

* MALAYO, s. m. La lengua mas pura que se habla en la India.

MALBARATADO, p. p. de MALBARATAR.

MALBARATADOR, RA, s. m. y f. V. DESBOCHADOR.

MALBARATAR, v. a. Vender la hacienda á bajo precio ó disiparla.

MALCASADO, p. p. de MALCASAR.

MALCASAR, v. a. Casar un padre á un hijo sin las circunstancias que se requieren para la felicidad del matrimonio.

MALCASO, s. m. Traicion, accion fea é infame.

MALCOCINADO, s. m. El menudo de las reses, y el sitio donde se vende.

MALCOMIDO, DA, adj. Poco alimentado

MALCONTENTO, TA, adj. V. DESCONTENTO Ó DISGUSTADO.

MALCONTENTO, s. m. Juego de naipes en que se da uno á cada jugador. || Inquieto, perturbador del órden público.

MALCORAJE, s. m. Cierta yerba medicinal.

MALCORTE, s. m. Quebrantamiento de los estatutos de montes altos.

MALCREER, v. a. ant. Dar crédito ligeramente.

MALCRIADO, DA, adj. Se aplica á los hijos consentidos y que no tienen la educacion que les corresponde.

MALDAD, s. f. La calidad de lo malo. || Accion injusta, mala y peca-minosa.

MALDADOSAMENTE, adv. ant. Con maldad, con malicia.

MALDADOSO, SA, adj. ant. Que acostumbra cometer maldades.

MALDECIDO, p. p. de MALDECIR.

MALDECIDOR, RA, s. m. y f. El que murmura ó dice mal de otro.

MALDECIMIENTO, s. m. ant. La accion de maldecir por decir mal ó murmurar.

MALDECIR, v. a. Echar maldiciones contra alguno ó alguna cosa. || Decir mal de alguno, murmurar.

MALDECIR, s. m. ant. V. MALDICION.

MALDICHO, p. p. irreg. ant. de MALDECIR.

MALDICIENTE, p. a. de MALDECIR, Que maldice.

MALDICIENTEMENTE, adv. ant. Con maledicencia.

MALDICION, s. f. Imprecacion con que se manifiesta el deseo que tiene alguno de que al prógimo le venga algun daño. || ant. V. MURMURACION. || CAER LA MALDICION Á ALGUNO, fam. Comprenderle á alguno la maldicion que le echan saliéndole infelizmente las cosas.

MALDITA, s. f. fam. La lengua. || SOLTAR LA MALDITA, fam. Decir con sobrada libertad y poco respeto lo que se siente.

MALDITO, p. p. irreg. de MALDECIR. || MALDITO, TA, adj. Perverso, de mala intencion y dañadas costumbres. || Condenado y castigado por la justicia divina. || fam. V. NINGUNO.

* MALEABILIDAD, s. f. Cualidad de lo que se deja trabajar al martillo.

MALEABLE, adj. Se aplica á los metales que pueden forjarse á golpe de martillo.

MALEADO, p. p. de MALEAR.

MALEADOR, RA, s. m. y f. V. MALEANTE.

MALEANTE, p. a. de MALEAR, Que malea. || *Germ.* Burlador.

MALEAR, v. a. Dañar, echar á perder. || met. Pervertir alguno á otro con su mala compañía y costumbres.

MALECILLO, s. m. d. de MAL.

MALECON, s. m. Murallon ó terraplen que se hace para defensa de las aguas.

MALEDIÇENCIA, s. f. Detraccion, murmuracion.

MALEFICENCIA, s. f. El hábito ó costumbre de hacer mal.

MALEFICIADO, p. p. de MALEFICIAR.

MALEFICIAR, v. a. Causar daño en alguna persona ó cosa. || V. HECHIZAR.

MALEFICIO, s. m. ant. Daño ó perjuicio que se causa á otro. || El daño que se cree equivocadamente hecho de hechicerías y supersticiones, y el hechizo de que se cree que se valen para hacer este daño. || DESLIGAR EL MALEFICIO, Destruir el impedimento que, segun creia el vulgo, solia ponerse por medio del diablo á algun casado para que no pudiese usar del matrimonio.

MALÉFICO, CA, adj. Que perjudica y hace daño á otro con maleficios.

* **MALENCOLÍA**, s. f. ant. V. MELANCOLÍA.

MALENTRADA, s. f. ant. Cierto derecho que pagaba el que entraba preso en la cárcel.

MALETA, s. f. Balija ó bolsa hecha comunmente de cuero, redonda y larga, en que se lleva ropa cuando se mina. || *Germ.* Muger pública que la trae alguno ganando con ella. || HACER LA MALETA, Disponer lo necesario para un viage.

MALETERO, s. m. El que hace maletas.

MALETÍA, s. f. Malicia ó calidad de alguna cosa dañosa á la salud. || V. ENFERMEDAD.

MALETICA, LLA, TA, s. f. d. de MALETA.

MALETON, s. m. aum. de MALETA.

MALEVOLENCIA, s. f. El odio ó mala voluntad.

MALÉVOLO, LA, adj. Inclinado á hacer mal.

MALEZA, s. f. ant. V. MALDAD. || Abundancia de yerbas malas. || Espesura de algunos arbustos.

MALFACER, v. a. ant. Obrar mal.

MALFACIENTE, p. a. ant. de MALFACER.

MALFADADO, DA, adj. ant. V. MALHADADO.

MALFECHO, s. m. ant. V. MALHECHO.

MALFECHOR, s. m. ant. V. MALHECHOR.

MALFEITA, s. f. ant. Daño, perjuicio, maldad.

* **MALFETERÍA**, s. f. ant. V. MALFETRÍA.

MALFETRÍA, s. f. ant Hecho malo, maldad.

MALGAMA, s. f. *Quím.* V. AMALGAMA.

MALGASTADO, p. p. de MALGASTAR.

MALGASTAR, v. a. Disipar, destruir el caudal, los bienes, la hacienda.

MALHABLADO, DA, adj. Desvergonzado ó atrevido en el hablar.

MALHADADO, DA, adj. ant. Infeliz, desgraciado, desventurado.

MALHECHO, s. m. Accion mala ó fea.

MALECHO, CHA, adj. Se aplica á la persona de cuerpo mal formado ó contrahecho.

MALHECHOR, RA, s. m. y f. El que comete algun delito.

MALHERIDO, p. p. de MALHERIR.

MALHERIR, v. a. Herir gravemente.

MALHETRÍA, s. f. ant. V. MALFETRÍA.

MALHOJO, s. f. ant. Desperdicio ó deshecho.

MALHUMORADO, DA, adj. Que tiene malos humores. || Que está de mal humor, desabrido ó displicente.

MALICIA, s. f. V. MALDAD, 1a A. || La inclinacion á lo malo y contrario á la virtud. || La perversidad del que peca por pura malignidad. || Solapa y bellaquería con que se hace ó dice alguna cosa, ocultando la intencion con que se procede. || fam. Sospecha ó recelo. || Interpretacion siniestra y maliciosa. || Calidad que hace alguna cosa dañosa, perjudicial y maligna. || ant. Palabra satírica, sentencia picante y ofensiva.

MALICIADO, p. p. de MALICIAR.

MALICIAR, v. a. Recelar, sospechar ó presumir algun mal de otro. || V. MALEAR.

MALICIOSAMENTE, adv. Con malicia.

MALICIOSICO, CA, LLO; LLA, TO, TA, adj. fam. d. de MALICIOSO.

MALICIOSO, SA, adj. Que por malicia echa las cosas á mala parte. || Que contiene malicia.

MALICO, CA, adj. d. de MALO.

* MÁLICO, adj. m. *Quím.* Dícese del ácido de las manzanas.

MALIGNADO, p. p. de MALIGNAR.

MALIGNAMENTE, adv. Con malignidad.

MALIGNANTE, p. a. de MALIGNAR. Que maligna.

MALIGNAR, v. a. Viciar, inficionar. ‖ met. Hacer malo. ‖ ant. Poner mal ó desacreditar.

MALIGNARSE, v. r. Corromperse, empeorarse.

MALIGNIDAD, s. f. Propension del ánimo á pensar ú obrar mal. ‖ Calidad que constituye nocivas algunas cosas.

MALIGNO, NA, adj. Propenso á pensar ú obrar mal. ‖ met. Malo, perjudicial ó nocivo.

MALILLA, s. f. En el juego de naipes llamado el hombre es la segunda carta del estuche. ‖ Juego de naipes que comunmente se juega entre cuatro, repartiendo toda la baraja. ‖ met. fam. El sugeto de mala intencion que con chismes causa desavenencias.

MALILLO, LLA, adj. d. de MALO.

MALINA, s. f. El reflujo del mar en la marea baja ó menguante diario de sus aguas.

MALÍSIMAMENTE, adv. sup. de MALAMENTE.

MALÍSIMO, MA, adj. sup. de MALO.

MALITO, TA, adj. d. de MALO.

MALLA, s. f. La abertura que tiene la red entre nudo y nudo. ‖ Tegido de eslabones de alambre de que se hacian las armaduras de defensa, y cada eslabon.

MALLADA, s. f. ant. V. MAJADA.

MALLADADO, p. p. de MALLADAR.

MALLADAR, v. n. ant. Hacer majada el ganado.

MALLADO, p. p. de MALLAR.

MALLAR, v. a. ant. Armar con cota de malla. ‖ Hacer malla.

MALLERO, s. m. El que hace malla.

MALLO, s. m. Juego que se egecuta con unas bolas semejantes á las de los trucos y con unos mazos. ‖ Terreno destinado para jugar al mallo. ‖ El mazo con que se da á la bola en el juego de este nombre. ‖ ant. V. MAZO.

MALLORQUÉS, SA, adj. ant. V. MALLORQUIN.

MALLORQUIN, NA, adj. Natural de Mallorca.

MALMANDADO, DA, adj. El que no obedece ó hace de mala gana alguna cosa.

MALMETER, v. a. ant. Malbaratar, malgastar. ‖ Inclinar, inducir á hacer cosas malas. ‖ V. MALQUISTAR.

MALMETIDO, p. p. de MALMETER.

MALMIRADO, DA, adj. Descortés, inconsiderado.

MALO, LA, adj. Que carece de la bondad que corresponde. ‖ Dañoso nocivo á la salud. ‖ Que se opone á la razon ó á la ley. ‖ Que es de mala vida y costumbres. ‖ V. ENFERMO. ‖ DIFICULTOSO. ‖ fam. Travieso, inquieto, enredador. ‖ Usado como interjeccion sirve para ponderar la disonancia de alguna cosa reprobándola por mala. ‖ ANDAR Á MALAS, fam. Andar dos ó mas personas desavenidas y enemistadas. ‖ EL MALO, V. DEMONIO.

MALOGRADO, p. p. de MALOGRAR.

MALOGRAMIENTO, s. m. V. MALOGRO.

MALOGRAR, v. a. Perder, no aprovechar alguna cosa.

MALOGRARSE, v. r. Frustarse lo que se pretendia.

MALOGRO, s. m. El efecto de malograrse.

MALPARADO, p. p. de MALPARAR. ‖ MALPARADO, DA, adj. Que se halla en mala disposicion.

MALPARANZA, s. f. ant. Menoscabo de alguna cosa ó mal estado á que se reduce.

MALPARAR, v. a. ant. Maltratar, poner en mal estado.

MALPARIDA, s. f. La muger que ha poco que malparió ó abortó.

MALPARIDO, p. p. de MALPARIR.

MALPARIR, v. a. V. ABORTAR.

MALPARTO, s. m. V. ABORTO.

MALQUERENCIA, s. f. Odio y mala voluntad.

MALQUERER, v. a. ant. Aborrecer, tener odio á alguno.

MALQUERIDO, p. p. de MALQUERER.

MARQUERIENTE, p. a. ant. de MALQUERER, Que quiere mal á otro.

MALQUISTADO, p. p. de MALQUISTAR.

MASQUISTAR, v. a. Poner á una persona mal con otra.

MALQUISTO, TA, adj. Que se ha puesto mal con algunos.

MALROTADO, p. p. de MALROTAR.

MALROTAR, v. a. Disipar, destruir, malgastar la hacienda.

MALSANO, NA, adj. Dañoso á la salud. ‖ Enfermizo, de salud quebrada.

MALSIN, s. m. El que habla mal de otro.

MALSINADO, p. p. de MALSINAR.

MALSINAR, v. a. ant. Hablar mal de alguno ó de alguna cosa.

MALSINDAD, s. f. ant. La accion y efecto de malsinar.

MALSINERÍA, s. f. ant. V. MALSINDAD.

MALSONADO, p. p. de MALSONAR.

MALSONANTE, p. p. a. ant. de MALSONAR, Que suena mal.

MALSONANTE, adj. Se aplica á la doctrina que ofende los oidos piadosos.

MALSONAR, v. n. ant. Hacer mal sonido ó sonido desagradable.

MALTÉS, SA, adj. y s. El natural de Malta y perteneciente á esta isla.

MALTRAEDOR, RA, s. m. y f. ant. El perseguidor ó represor.

MALTRAER, v. a. ant. Maltratar, injuriar. || ant, Reprender con severidad.

MALTRAIDO, p. p. de MALTRAER.

MALTRATADO, p. p. de MALTRATAR.

MALTRATAMIENTO, s. m. El acto y efecto de maltratar.

MALTRATAR, v. a. Tratar mal de palabra ú obra. || Menoscabar, echar á perder.

MALTRATO, s. m. La accion y efecto de tratar mal.

MALTRECHO, CHA, adj. ant. Maltratado, malparado.

MALUCO, CA, adj. y s. Natural de las islas Malucas y perteciente á ellas.

MALVA, s. f. Yerba bien conocida, cuyas hojas y flores son de uso en la medicina. || MALVA REAL, Planta que se cultiva por la hermosura de su flor en los jardines. || MALVA RÓSEA, V. MALVA REAL. || HABER NACIDO EN LAS MALVAS, fam. met. Haber tenido humilde nacimiento.

* MALVÁCEAS, adj. y s. f. Dícese de las plantas parecidas á la malva ó de su misma familia.

MALVADAMENTE, adv. Con maldad, con injusticia.

MALVADÍSIMO, MA, adj. sup. de MALVADO.

MALVADO, p. p. de MALVAR. || MALVADO, DA, adj. Muy malo, perverso.

MALVAR, v. a. ant. Corromper ó hacer malo.

MALVAR, s. m. Sitio poblado de malvas.

MALVASÍA, s. f. Cierta casa de uva muy dulce y fragante. || El vino que se hace de la uva así llamada.

MALVAVISCA, s. m. ant. V. MALVAVISCO.

MALVAVISCO, s. m. Planta medicinal bien conocida por el uso que se hace de su raiz.

MALVERSACION, s. f. Accion y fecto de malversar.

MALVERSADOR, RA, El que malversa.

MALVERSAR, v. Invertir los caudales en usos distintos de aquellos para que estan destinados.

MALVESTAD, s. f. ant. V. MALDAD.

MALVEZADO, p. p. de MALVEZAR.

MALVEZAR, v. a. ant. V. MALACOSTUMBRAR.

MALVIS, s. m. Ave del mismo género que la golondrina, y muy comun en algunas partes de España.

MALVIVIENTE, adj. ant. El hombre de mala vida.

MALVIZ, s. m. V. MALVIS.

MAMA, s. f. *Anat.* V. TETA. || De esta voz usan comunmente los niños y algunos que no lo son para nombrar á sus madres.

MAMACALLOS, s. m. fam. Hombre tonto y que es para poco.

MAMADA, s. f. fam. El tiempo que la criatura mama.

MAMADERA, s. f. Cierta vasija de vidrio para descargar los pechos de las mugeres.

MAMADO, p. p. de MAMAR.

MAMADOR, RA, s. m. y f. El que mama.

MAMENTE, p. a de MAMAR, Que mama. || PIANTE NI MAMENTE, expr. fam. V. PIANTE.

MAMANTON, NA, adj. Dícese del animal que mama todavía.

MAMAR, v. a. Atraer, sacar, chupar con los labios y lengua la leche de los pechos. || fam. Comer, engullir. || MAMAR Y GRUÑIR, fam. Moteja al que con nada se contenta, y se queja de que no sean mayores los beneficios que se le hacen.

MAMARIO, RIA, adj. *Anat.* Que pertenece á las mamas ó tetas.

MAMARRACHADA, s. f. Conjunto de mamarrachos. || Accion desconcertada.

* MAMARRACHISTA, s. f. Pintor malo.

MAMARRACHO, s. m. fam. Figura defectuosa y ridícula, ó adorno mal hecho ó mal pintado.

MAMELUCO, s. m. Cualquiera de los soldados de la milicia de que se servian los soldanes de Egipto. || fam. El necio y bobo.

MAMELLA, s. f. V. MARMELLA.

MAMELLADO, DA, adj. V. MARMELLADO.

MAMEY, s. m. Árbol de América muy corpulento.

MAMILA, s. f. *Anat.* La parte principal de la teta ó pecho de la hembra sin entrar el pezon.

MAMILAR, adj. Que pertenece á la mamila.

MAMOLA, s. f. Cierto modo de poner uno la mano debajo de la barba de otro, como para acariciarle ó burlarse de el. ‖ HACER Á UNO LA MAMOLA, fam. Engañarle con caricias fingidas tratándole de bobo.

MAMON, NA, s. m. y f. El que está todavía mamando. ‖ El que mama mucho ó mas tiempo del regular. ‖ En las vides y otras plantas es cada uno de los pitones que chupan el jugo del vástago.

MAMONA, s. f. ant. V. MAMOLA. ‖ HACER LA MAMONA, Tomar á otro por la barba y darle golpes en ella por burla ó chacota.

MAMONCILLO, LLA, TO, TA, s. m. y f. d. de MAMON.

MAMOSO, SA, adj. Que mama bien y con apetencia.

MAMOTRETO, s. m. Cuaderno en que se apuntan las cosas que se han de tener presentes para ordenarlas despues.

MAMPARA, s. f. Cierto género de antepuerta ó cancel portátil con sus pies, que se hace sobre bastidores.

MAMPARO, s. m. La division en lo interior de los navíos para formar la de los camarotes y otras cosas.

MAMPASTOR, s. m. ant. V. MAMPOSTERO, RECAUDADOR, etc.

MAMPESADA, s. f. ant. V. PESADILLA.

MAMPESADILLA, s. f. ant. V. PESADILLA.

MAMPIRIAN, s. m. *Mur.* Escalon de madera.

MAMPORRO, s. m. Golpe que no hace mucho daño.

MAMPOSTEADO, p. p. de MAMPOSTEAR.

MAMPOSTEAR, v. a. *Arq.* Trabajar de mampostería.

MAMPOSTERÍA, s. f. La obra hecha de cal y canto. ‖ El oficio de mampostero.

MAMPOSTERO, s. m. El que trabaja de mampostería. ‖ El recaudador ó administrador de diezmos, rentas, limosnas y otras cosas.

MAMPOSTOR, s. m. ant. V. MAMPOSTERO, 2ª A.

MAMPOSTORÍA, s. m. ant. V. MAMPOSTERÍA, 2ª A.

MAMPRESADO, p. p. de MAMPRESAR.

MAMPRESAR, v. a. En algunas partes empezar á domar las caballerías cerriles.

MAMPUESTA, s. f. V. HILADA.

MAMPUESTO, TA, adj. ant. Que se sobrepone á otra cosa en las obras de mampostería.

MAMPUESTO, s. m. El material de que se hace la obra de mampostería. ‖ DE MAMPUESTO, De repuesto, de prevencion.

MAMUJADO, DA, p. p. de MAMUJAR.

MAMUJAR, v. a. Mamar como sin gana, dejando el pecho y volviéndole á tomar.

MAMULLADO, p. p. de MAMULLAR.

MAMULLAR, v. a. Comer ó mascar con los mismos ademanes y gestos que hace el que mama. ‖ Pronunciar mal algunas razones ó palabras.

MAN, s. f. ant. V. MANO.

MAN Á MANO, adv. ant. Al punto, al instante. ‖ Á MAN SALVA, ant. Con facilidad, sin trabajo. ‖ BUENA MAN DERECHA, fam. ant. Felicidad, fortuna, buena ventura.

MANÁ, s. m. El sustancioso rocío con que Dios alimentó al pueblo de Israel en el desierto. ‖ Sustancia medicinal gomosa, sacarina que fluye en abundancia de una especie de fresno en Sicilia y en la Calabria. ‖ Incienso desmenuzado y casi reducido á polvos.

MANADA, s. f. El hato pequeño de ganado menor. ‖ Porcion de yerba trigo, lino, etc., que se puede coger con la mano. ‖ ant. Conjunto de muchas personas. ‖ Á MANADAS, adv. V. EN CUADRILLAS.

MANADERO, RA, adj. Que mana.

MANADERO, s. m. El pastor de una manada de ganado. ‖ V. MANANTIAL.

MANADILLA, TA, s. f. d. de MANADA.

MANADO, p. p. de MANAR.

MANANTE, p. a. de MANAR, Que mana.

MANANTIAL, adj. Se aplica al agua que mana.

MANANTIAL, s. m. El nacimiento de las aguas. ‖ met. Origen, principio.

MANANTÍO, TÍA, adj. ant. Que mana.

MANAR, v. n. y a. Brotar ó salir de una parte algun licor. ‖ met. Provenir una cosa de otra. ‖ met. Abundar, tener copia de alguna cosa.

MANATÍ, s. m. V. VACA MARINA.

MANATO, s. m. V. MANATÍ.

MANAZA, s. f. aum. de MANO.

* MANCA, s. f. fam. La mano izquierda.

MANCADO, p. p. de MANCAR.

MANCAMIENTO, s. m. Falta, privacion, defecto de alguna cosa.

MANCAR, v. a. Lisiar, estropear, herir á alguno en las manos imposibilitándole el libre uso de ellas.

MANCAR, v. n. ant. Faltar, dejarse de hacer alguna cosa por falta de alguno. ‖ *Germ.* Faltar.

MANCEBA, s. f. Amiga ó concubina con quien se tiene comercio ilícito continuado. ‖ MANCEBA EN CABELLO, ant. V. SOLTERA Ó DONCELLA.

MANCEBETE, s. m. d. de MANCEBO.

MANCEBÍA, s. m. ant. Juventud ó mocedad. ‖ ant. La casa ó lugar donde habitan las malas mugeres.

MANCEBICO, LLO, TO, s. m. d. de MANCEBO.

MANCEBO, s. m. El mozo de pocos años. ‖ En algunos oficios y artes es el que trabaja por su salario.

MANCELLADERO, RA, adj. ant. V. MANCILLADERO.

MANCELLADO, p. p. de MANCELLAR.

MANCELLAR, v. a. ant. V. AMANCILLAR.

MANCELLOSO, SA, adj. ant. Malicioso ó maligno.

MANCER, s. m. Hijo de la muger pública.

MANCERA, s. f. ESTEVA del arado.

* MANCERINA, s. f. V. MACERINA.

MANCHA, s. f. La señal que hace en algun cuerpo cayendo sobre él una cosa que mude su color. ‖ La parte ó porcion que hay en algun cuerpo de distinto color que lo demas. ‖ El pedazo de terreno que se distingue de los inmediatos por alguna calidad. ‖ met. La deshonra que se hereda o se contrae. ‖ NO ES MANCHA DE JUDÍO, fam. Desprecia ó disminuye la nota que se pone á alguno, como de poca consideracion. ‖ SALIR LA MANCHA, Quitarse de la ropa ó sitio en que estaba.

MANCHADO, p. p. de MANCHAR. ‖ MANCHADO, DA, adj. Que tiene manchas.

MANCHAMIENTO, s. m. ant. Accion y efecto de manchar.

MANCHAR, v. a. Ensuciar haciendo perder el color. ‖ met. Deslustrar la buena fama. ‖ *Pint.* Ir metiendo las plazas de claro y oscuro ántes de definir.

MANCHEGA, s. f. Especie de cinta de estambre de uno ó varios colores.

MANCHEGO, GA, adj. De la mancha.

MANCHICA, LLA, TA, s. f. d. de MANCHA.

MANCHON, s. m. aum. de MANCHA. ‖ Pedazo de terreno en que nacen el grano ó las plantas muy espesas y juntas.

MANCHUELA, s. f. d. de MANCHA.

* MANCIA, s. f. V. ADIVINACION.

MANCIL, s. m. *Germ.* El mandil.

MANCILLA, s. f. V. MANCHA. ‖ ant. Llaga que mueve á compasion. ‖ ant. Lástima, compasion.

MANCILLADERO, RA, adj. ant. Que amancilla.

MANCILLADO, p. p. de MANCILLAR.

MANCILLAMIENTO, s. m. Accion y efecto de mancillar.

MANCILLAR, v. a. ant. V. AMANCILLAR.

MANCILLOSO, SA, adj. ant. Lleno de mancilla, compasion ó lástima.

MANCIPACION, s. f. ant. V. EMANCIPACION.

MANCIPADO, p. p. de MANCIPAR.

MANCIPAR, v. a. Sujetar, hacer esclavo á otro.

* MANCO, CA, adj. Se aplica á la persona ó animal á quien falta algun brazo ó mano, ó tiene perdido el uso de estos miembros. ‖ met. Defectuoso, falto de alguna parte necesaria. ‖ COJO NI MANCO, fam. V. COJO.

MANCOMUN (DE), adv. De acuerdo.

MANCOMUNADAMENTE, adv. V. DE MANCOMUN.

MANCOMUNADO, p. p. de MANCOMUNAR Y MANCOMUNAR-SE.

MANCOMUNAR, v. a. Unir dos ó mas personas sus fuerzas ó caudales para algun fin ó intento. ‖ for. Obligar á dos ó mas personas de mancomun á la paga ó egecucion de alguna cosa.

MANCOMUNARSE, v. r. Unirse, asociarse, convenirse dos ó mas personas para la egecucion de alguna cosa.

MANCOMUNIDAD, s. f. Accion y efecto de mancomunar.

MANCORNAR, v. a. Poner un novillo con los cuernos fijos en tierra dejándole sin movimiento.

MANCUADRA, s. f. ant. Juramento mutuo que hacian los litigantes de proceder con verdad y sin engaño en el pleito.

MANCUERDA, s. f. Una de las vueltas del tormento.

MANDA, s. f. Oferta que hace alguno á otro de darle alguna cosa.‖La donacion o legado que alguno hace á otro en su testamento. ‖ ant. V. TESTAMENTO.

MANDADERA, s. f. V. DEMANDADERA.

MANDADERÍA, s. f. ant. Embajada ó mensage.

MANDADERO, RA, s. m. y f. La persona que sirve á alguna comunidad ó particular para hacer mandados.

MANDADERO, s. m. V. DEMANDADERO. ‖ ant. V. PROCURADOR. ‖ ant. Embajador ó comisionado para algun negocio.

MANDADO, p. p. de MANDAR.

MANDADO, s. m. Órden, precepto, mandamiento.‖El recado que envia una persona á otra ‖ant. Aviso ó noticia.

MANDADOR, RA, s. m. y f. ant. El que manda.‖ant. El que lleva algun mandado ó embajada.

MANDAMIENTO, s. m. Precepto ú órden de un superior á un inferior.‖Cada uno de los preceptos del decálogo y de la iglesia. ‖ for. El despacho del juez por escrito mandando egecutar alguna cosa. ‖ MANDAMIENTOS, pl. fam. Los cinco dedos de la mano cuando se usa de ellos en lugar de cuchara y tenedor, ó para castigar á alguno.

MANDANTE, p. a. de MANDAR, Que manda.

MANDAR, v. a. Ordenar el superior al súbdito alguna cosa, imponer algun precepto. ‖ Regir, gobernar, tener el mando. ‖ Legar, donar en testamento.‖ Ofrecer, prometer.‖V. ENVIAR.‖ant. V. QUEMAR.

MANDARSE, v. r. Moverse, manejarse uno por sí mismo sin ayuda de otro. ‖ En los edificios, comunicarse una pieza con otra. ‖ Servirse de alguna puerta, escalera ú otra comunicacion.

MANDARIN, s. m. En la China y otros reinos, el que tiene á su cargo el gobierno de alguna ciudad ó la administracion de justicia.

MANDARRIA, s. f. Martillo ó maza de hierro de que se sirven los calafates.

MANDATARIO, s. m. El sugeto que por encargo ó mandato de otro entiende en algun negocio.

MANDATO, s. m. Órden ó precepto que el superior impone á los súbditos.‖ Ceremonia eclesiástica que se egecuta el jueves santo lavando los pies á doce personas, y el sermon que con este motivo se predica.

MANDERECHA, s. f. ant. met. V. MANO DERECHA, buena suerte ó fortuna.

MANDÍBULA, s. f. V. QUIJADA.

MANDIL, s. m. El delantal tosco.‖ *Germ.* V. MANDILANDIN.

MANDILADA, s. f. *Germ.* Junta de criados de rufianes.

MANDILADO, p. p. de MANDILAR.

MANDILANDIN, s. m. *Germ.* El criado de rufianes ó de mugeres públicas.

MANDILAR, v. a. Limpiar al caballo con un paño ó mandil.

MANDILEJO, s. m. d. de MANDIL.

MANDILETE, s. m. *Art.* Compuerta que se pone delante de la pieza de artillería en las baterías.

MANDILON, s. m. fam. El hombre de poco espíritu y cobarde.

MANDO, s. m. La autoridad y poder que tiene el superior sobre sus súbditos. ‖ ant. V. MANDATO. ‖ *Germ.* Destierro. ‖ TENER EL MANDO Y EL PALO, Tener absoluto poder y dominio sobre alguna cosa.

MANDOBLE, s. m. Cuchillada ó golpe grande dado con ámbas manos. ‖ met. Amonestacion ó reprension áspera.

MANDON, NA, adj. y s. El que ostenta demasiado su autoridad, y manda mas de lo que le toca.

MANDRA, s. f. ant. La majada donde se recogen los pastores.

MANDRACHERO, s. m. El tablajero que tiene juego público en su casa.

MANDRACHO, s. m. Casa del juego público.

MANDRAGORA, s. f. Yerba medicinal que distinguia ántes de ahora el vulgo impropiamente en macho y hembra.

MANDRIA, s. m. El hombre apocado, inútil y de poco valor.‖*Germ.* Simple o tonto.

MANDRIEZ, s. f. ant. Flaqueza, debilidad, falta de ánimo.

MANDRON, s. m. ant. Máquina antigua para arrojar piedras. ‖ ant. El primer golpe que da la bola ó la piedra cuando se arroja de la mano.

MANDUCACION, s. f. fam. Accion de manducar.

MANDUCADO, p. p. de MANDUCAR.

MANDUCAR, v. a. fam. V. COMER.

* **MANDUCATORIA**, s. f. fam. Condumio, pienso, comida.

MANEA, s. f. V. MANIOTA.

MANEADO, p. p. de MANEAR.

MANEAR, v. a. Atar las manos á una caballería con maniotas. || ant. V. MANEJAR.

MANECICA, LLA, TA, s. f. d. de MANO. || MANECILLA, Abrazadera comunmente de metal con que se cierran y ajustan algunos libros y otras cosas. || La señal en figura de mano que se suele poner con tinta en los libros para señalar alguna cosa notable. || En los reloges el índice que señala las horas ó minutos.

MANEJABLE, adj. Que se maneja fácilmente.

MANEJADO, p. p. de MANEJAR. || *Pint.* Usado con los adverbios *bien* ó *mal*, y otros semejantes, es lo que está pintado con soltura ó sin ella.

MANEJAR, v. r. Usar ó traer entre las manos alguna cosa. || Hablando de caballos, es gobernalos ó usar de ellos segun arte. || met. Gobernar, dirigir.

MANEJARSE, v. r. Moverse, adquirir agilidad despues de haber tenido algun impedimento.

MANEJO, s. m. Accion y efecto de manejar. || El arte de trabajar los caballos. || met. Direccion y gobierno de algun negocio.

MANEOTA, s. f. V. MANIOTA.

MANERA, s. f. El modo y forma con que se egecuta alguna cosa. || *Pint.* El modo y carácter que un pintor ó escultor da á todas sus obras. || El porte y los modales de alguna persona. || ant. V. FIGURA. || ant. V. FALTRIQUERA. || ant. V. MAÑA. || Abertura que tienen los capotes y sayas de las mugeres á los lados de los bolsillos. || La bragueta. || ant. V. ESPECIE Ó GÉNERO. || ant. Calidad ó clase de las personas. || MANERAS, pl. ant. COSTUMBRES ó calidades morales. || DE MANERA, De forma, de modo, de suerte. || EN MANERA, ant. V. DE MANERA. || POR MANERA, V. DE MANERA.

MANERO, RA, adj. ant. Deciase del deudor que se sustituia para pagar ó cumplir la obligacion de otro. || *Cetr.* Se aplica al azor ó halcon que está enseñado á venir á la mano.

• **MANERUELO, LA**, adj. d. de MANERO.

• **MANES**, s. m. pl. Almas de los muertos.

MANEZUELA, s. f. d. de MANO. || V. MANECILLA Ó ABRAZADERA.

MANFLA, s. f. fam. La manceba con quien se tiene trato ilícito. || *Manch.* La lechona vieja que ha parido. || *Germ.* V. BURDEL.

MANFLOTA, s. f. *Germ.* V. BURDEL.

MANFLOTESCO, CA, adj. *Germ.* Que frecuenta los burdeles.

MANGA, s. f. La parte del vestido que cubre el brazo. || En algunos balandranes, el pedazo de tela que cuelga desde los hombros hasta los pies. || La parte del ege del coche ó carro donde entra y voltea la rueda. || Especie de maleta manual abierta por las cabeceras que se cierran con cordones. || *Milic.* Partida poco numerosa de tropa escogida. || *Mont.* La gente que en las batidas forma línea para dirigir la caza al parage que se intenta. || met. Adorno de tela que sobre unos aros cubre la vara de la cruz de algunas paroquias, y la misma armazon. || Red que se arroja extendida al agua, y tirando de unas cuerdas se cierra cogiendo dentro la pesca. || Especie de red de figura cónica. || Pedazo de bayeta, estameña, lienzo, etc., á modo de cucurucho para colar los licores. || Porcion de agua que atraida por los vapores condensados de la atmósfera se eleva en la mar en forma de cono. || MANGA ARROCADA, ant Cualquiera de las mangas que se ensanchaban y estrechaban. || MANGA DE ÁNGEL, En las batas de las mugeres, la que tenia vuelos grandes. || MANGA PERDIDA, La que cuelga por la parte de atras de las jaquetas. || MANGAS, pl. Adehalas, utilidades. || ANDAR MANGA POR HOMBRO, fam. Haber gran descuido y abandono en el gobierno de las cosas domésticas. || ECHAR DE MANGA, Valerse de alguno con destreza y disimulo para conseguir por su medio lo que se desea. || HACERSE DE MANGA, V. IR DE MANGA. || IR DE MANGA, Convenirse dos ó mas personas. || PEGAR MANGAS, met. Introducirse á participar de alguna cosa. || SER DE MANGA ANCHA Ó TENERLA, fam. Se dice del confesor que tiene demasiada facilidad en absolver. || TRAER EN LA MANGA, fam. Tener una cosa pronta y á la mano para lo que se necesita.

MANGADO, DA, adj. ant. Que tenia mangas largas.

MANGAJARRO, s. m. fam. Manga desaseada y que cae encima de las manos.

MANGANESA, s. f. Metal quebradizo de color negro, que se encuentra siempre combinado con el oxígeno.

MANGANILLA, s. f. Treta ó sutileza de manos. || *Extr.* Vara muy larga, con que varean las encinas, y echan abajo las bellotas.

MANGELIN, s. m. Peso correspondiente al quilate.

MANGLA, s. f. ant. V. TIZON, enfermedad, etc.‖En Sierramonera se llama así la goma que destila la jara.

MANGLAR, s. m. El lugar en que se cria con abundancia el árbol llamado mangle.

MANGLE, s. m. Árbol muy alto y grueso que se cria en las costas de la América española con hojas semejantes á las del peral, y la resina de este árbol.

MANGO, s. m. El cabo por donde se toma con la mano algun instrumento ú otra cosa para usar de ella.

MANGON, s. m. ant. T. REVENDEDOR. ‖Murc. V. GRANDILLON.

MANGONADA, s. f. El golpe que se da á alguno con el brazo y la manga.

MANGONEADO, p. p. de MANGONEAR.

MANGONEAR, v. n. fam. Andar vagueando sin saber que hacerse. ‖ fam. Entrometerse alguno en cosas que no le tocan.

MANGONERO, RA, adj. ant. Se aplicaba al mes en que habia muchas fiestas y no se trabajaba.

MANGORRERO, RA, adj. fam. Que anda comunmente entre las manos, y es inútil ó de poca estimacion. ‖ Se aplica al cuchillo que tiene mango.

MANGOSTA, s. f. Cuadrúpedo de pié y medio de largo, cubierto de pelo áspero, largo y de color ceniciento oscuro, con la cola tan larga como el cuerpo.

MANGOTE, s. m. fam. La manga ancha y larga.

MANGUAL, s. m. *Mil.* Instrumento antiguo en cuyo extremo pendian unas bolas con que se heria jugándole como látigo.

MANGUARDIA, s. f. ant. V. VANGUARDIA. ‖ *Arq.* Cualquiera de las dos paredes que sirven para dar mayor firmeza á los lados de los dos últimos estribos del puente.

MANGUERA, s. f. *Náut.* Pedazo de lona alquitranado en figura de manga para sacar el agua de las embarcaciones.

MANGUERO, s. m. ant. *Mont.* Cada uno de los monteros que en los ojeos mataba la caza que caia en las redes.

MANGUETA, s. f. Vegiga ó cuero con un cañoncito en la boca, para echar lavativas. ‖ Liston de madera en que se aseguran con goznes las puertas, vidrieras, celosías, etc. V. PALANCA.

MANGUILLA, TA, s. f. d. de MANGA.

MANGUITA, V. FUNDA.

MANGUITERO, s. m. El artífice que fabrica manguitos y otras cosas de pieles.

MANGUITO, s. m. Especie de manga abierta por ámbos lados, que sirve para traer abrigadas las manos en el invierno. ‖ Media manga de punto de que usan las mugeres ajustada desde el codo á la muñeca.

MANÍA, s. f. Especie de locura, que fija la imaginacion en un solo objeto.‖ Extravagancia, tema, capricho de genio en el modo de pensar.‖Afecto ó deseo desordenado.

MANÍACO, CA, adj. V. MANIÁTICO.

MANIATADO, p. p. de MANIATAR.

MANIATAR, v. a. Atar las manos á alguno.

MANIÁTICO, CA, adj. Que padece la enfermedad de manía.

MANIBLAX, s. m. *Germ.* V. MANDILANDIN.

MANICORDIO, s. m. V. MONACORDIO.

MANICORTO, TA, adj. Poco generoso ó dadivoso.

MANIDA, s. f. Parage donde alguno se recoge y hace mansion.‖*Germ.* Casa.

MANIDO, p. p. de MANIR. ‖ MANIDO, DA, adj. Escondido.

MANIFACERO, RA, adj. *Murc.* Revoltoso y que se mete en todo.

MANIFACTURA, s. f. V. MANUFACTURA. ‖ La hechura y forma de las cosas.

MANIFESTACION, s. f. Accion y efecto de manifestar. ‖ *Art.* El despacho que libraban los lugartenientes del justicia de Aragon para que se guardase justicia.

MANIFESTADO, p. p. de MANIFESTAR.

MANIFESTADOR, RA, s. m. y f. El que manifiesta.

MANIFESTAMIENTO, s. m. ant. V. MANIFESTACION.

MANIFESTAR, v. a. Declarar, descubrir, dar á conocer alguna cosa oculta.‖*Ar.* Poner en libertad y de manifiesto en virtud del despacho del justicia de Aragon.

MANIFIESTAMENTE, adv. Con claridad y evidencia.

MANIFIESTO, p. p. de MANIFESTAR. ‖ MANIFIESTO, TA, adj. Descubierto, patente, claro.

MANIFIESTO, s. m. El escrito en que se justifica y manifiesta alguna cosa.

‖El acto de exponer el Santisimo Sacramento á la adoracion pública.‖PONER DE MANIFIESTO, Manifestar, exponer al público

MANIJA, s. f. En algunos instrumentos, la parte donde se fija la mano para usar de ellos.‖V. MANIOTA.‖Especie de abrazadera con que se asegura alguna cosa. ‖ ant. V. MANILLA.

MANIJERO, s. m. Capataz de la cuadrilla de trabajadores del campo.

MANILARGO, GA, adj. Que tiene largas las manos.

MANILLA, s. f. d. de MANO. ‖ El adorno que traen las mugeres en las muñecas. ‖ El anillo de hierro que por prision se echa á la muñeca.

MANIOBRA, s. f. Cualquiera obra material que se egecuta con las manos. ‖ *Mil.* Evolucion bien dispuesta en que se egercita la tropa. ‖ met. El artificio y manejo con que alguno entiende en algun negocio. ‖ El arte que enseña á dar á las embarcaciones todos sus movimientos. ‖ La faena y operacion que se hace á bordo de los bajeles con su aparejo, velas, anclas, etc. ‖ *Náut.* El conjunto de los cabos ó aparejos de una embarcacion, de uno de los palos, de una de sus vergas, etc.

MANIOBRADO, p. p. de MANIOBRAR.

MANIOBRAR, v. a. Trabajar con las manos. ‖ met. Buscar los medios convenientes para el logro de alguna cosa. ‖ *Náut.* Dar á la embarcacion todos sus movimientos.

MANIOBRAR, v. n. *Mil.* Egecutar la tropa las evoluciones militares.

MANIOBRISTA, s. m. El que sabe y egercita la maniobra de las embarcaciones.

MANIOTA, s. f. La cuerda ó cadena con que se atan las manos á las bestias para que no se huyan.

* MANIPODIO, s. m. fam. met. Fregado, alcahueteria.

* MANIPULACION, s. f. La accion de manipular.

MANIPULANTE, p. a. fam. de MANIPULAR. Úsase tambien como sustantivo.

MANIPULAR, v. a. fam. Manejar los negocios á su modo o mezclarse en todos.

* MANIPULARIO, s. m. Entre los antiguos Romanos, gefe ó caudillo de tropa.

MANÍPULO, s. m. Ornamento sagrado de la misma hechura de la estola. ‖ En la milicia romana, cada uno de los viente y cinco trozos ó compañías en que se dividia la cohorte.

MANIQUEISMO, s. m. Secta de los maniqueos.

MANIQUEO, EA, adj. Sectario de Maniqueo ó Manes.

MANIQUÍ, s. m. *Pint.* Figura movible que se puede poner en varias actitudes.

MANIR, v. a. Guardar la carne de un dia para otro o el tiempo conveniente para que se ponga tierna y sazonada.

MANIROTO, TA, adj. Demasiado liberal y dadivoso.

MANIROTURA, s. f. ant. Liberalidad excesiva ó prodigalidad.

MANIVACÍO, CÍA, adj. fam. Que tiene ó se va con las manos vacias.

MANJAR, s. m. Lo que se puede comer. ‖ Cualquiera de los cuatro palos de que se compone la baraja de naipes ‖ met. Recreo ó deleite que fortalece ó da vigor al espíritu. ‖ MANJAR BLANCO, Plato compuesto de pechugas de gallinas ‖ MANJAR DE ÁNGELES, Plato compuesto de leche y azúcar. ‖ MANJAR IMPERIAL. Cierto plato compuesto de leche, yemas de huevo y harina de arroz. ‖ MANJAR LENTO ó SUAVE, Especie de plato de leche, yemas de huevo batidas y azúcar. ‖ MANJAR PRINCIPAL, Plato compuesto de queso, leche colada, yemas de huevo batidas y pan rallado. ‖ MANJAR REAL, Especie de manjar blanco.

MANJAREJO, s. m. ant. Manjar despreciable ó de poco sustento.

MANJOLADO, p. p. de MANJOLAR.

MANJOLAR, v. a. *Cetr.* Llevar la ave sujeta en jaula ó en cesta ó en la mano

MANJORRADA, s. f. Comida demasiada ó mucho manjar.

MANLEVADO, p. p. de MANLEVAR.

MANLEVAR, v. a. Contraer.

MANLIEVA, s. f ant. Tributo que se recogia efectiva y prontamente de casa en casa ó de mano en mano. ‖ V. GASTO ó EXPENSAS.

MANLIEVADO, DA, p. p. de MANLIEVAR.

MANLIEVAR, v. a. ant. Cargarse de dudas ó contraerlas.

MANLIEVE, s. m. ant. Engaño que se hace á alguno para sacarle dinero, dejando en su poder una cosa cerrada, dándole á entender que es preciosa no siéndolo.

MANO, s. f. Parte del brazo del hombre desde la muñeca hasta la extremidad de los dedos. ‖ En los cuadrúpedos cualquiera de los dos pies delanteros. || En las reses de carnicería cualquiera de los cuatro pies ó extremos despues de cortados. || La trompa del elefante. || Uno de los dos lados derecho ó izquierdo á que cae ó en que sucede alguna cosa respecto de la situacion local de otra. || La saetilla del relox que señala las horas. || El majadero ó instrumento que sirve para moler ó desmenuzar alguna cosa. || Piedra larga en forma de cilindro que sirve para quebrantar y hacer masa el cacao. || La capa de color barniz ú otra cosa que se da sobre el lienzo, pared, etc. || En el obrage de los paños las cardas unidas y aparejadas para cardar los paños. || Poder ó posesion actual de alguna cosa. || En el arte de la seda la porcion de seis ú ocho cadejos de pelo. || Entre taboneros el número de treinta y cuatro panecillos. || Vigésima parte de una resma de papel. || En la música ESCALA. || Vez ó vuelta en la enmienda ó perfeccion de alguna obra. || Medio para hacer ó alcanzar alguna cosa. || La persona que egecuta alguna cosa. || Industria. || Poder, imperio, mando, facultades. || Patrocinio, favor, piedad. || Auxilio, socorro. || El lance entero que se juega sin dar otra vez las cartas. || En el juego el primero en órden de los que juegan. || V. DAR PALABRA Y MANO. || Reprension. || ant. La garra del ave de rapiña. || ant. V. PALMO. || En la caza, cada una de las vueltas que dan los cazadores reconociendo un sitio par buscarla. || MANOS, pl. El trabajo manual que se emplea para hacer alguna obra independiente de los materiales, y de la traza y direccion. || met. Las obras consideradas en sí. || MANO Á MANO, En compañía, con familiaridad y confianza. || Sin compañía, sin ayuda de otro. || Entre jugadores, sin ventaja de uno á otro ó con partido igual. || MANO DE AZOTES, COCES, etc. met. V. VUELTA de azotes, de coces. || MANO DE CAZO, fam. Apodo del que usa de la mano zurda. || MANO DE GATO, Afeite de que usan las mugeres. || La correccion de alguna obra hecha por persona mas diestra que el autor. || MANO DE JABON, El baño que se da á la ropa con agua de jabon para lavarla. || MANO DE JUDAS, met. Cierta especie de matacandelas en forma de mano. || MANO DE LANZA Ó DE LA LANZA, En los caballos la derecha que tiene alguna señal blanca. || MANO DE RIENDA Ó DE LA RIENDA, En los caballos, la izquierda que tiene señal blanca. || MANO DE SANTO, met. y fam. Remedio que consigue su efecto. || MANO FUERTE, En lo forense, la gente armada para hacer cumplir lo que el juez manda. || MANO POR MANO, ant. V. MANO Á MANO ó sin compañía. || MANO SOBRE MANO, Ociosamente, sin hacer nada. || MANOS Á LA OBRA Ó Á LA LABOR, Expr. con que se alienta á alguno á que emprenda algun trabajo ó le prosiga. || MANOS LIBRES, Los emolumentos de algunas diligencias en que puede emplearse el que está asalariado por otro empleo. || Poseedores de bienes no vinculados ni amortizados. || MANOS LIMPIAS, met. Pureza y desinteres con que se egerce algun cargo. || met. Ciertos emolumentos que se perciben justamente en algun empleo ademas del sueldo. || MANOS MUERTAS, for. Los poseedores de alguna finca en quienes se perpetúa el dominio por no poder enagenarlos ó venderlos. || MANOS PUERCAS, fam. Utilidades que se perciben injustamente á título de algun empleo. || Á DOS MANOS, exp. fam. Dícese del que en alguna cosa en que se interesan dos procura sacar provecho de ámbos. || Á DOS MANOS, Con toda voluntad. || Á LA MANO, met. Denota ser alguna cosa llana y fácil de entender. || Cerca. || Á LA MANO DE DIOS, Denota la determinacion con que se emprende alguna cosa. || Á MANO, Cerca. || Artificialmente. || Con la mano, sin instrumento ni otro auxilio. || met. Se dice de las cosas que aunque parecen casualidad estan hechas con estudio. || Á MANO ABIERTA Ó Á MANOS ABIERTAS, met. Con gran liberalidad. || Á MANO SALVA, Con facilidad, sin contradiccion. || Á MANOS LAVADAS, V. Á MANO SALVA. || Á MANOS LLENAS, Liberalmente. || Colmadamente, con grande abundancia. || Á MAN SALVA, ant. V. Á MANO SALVA. || Á UNA MANO, ant. De conformidad. || Con movimiento circular, siempre de derecha á izquierda, ó siempre de izquierda á derecha. || ABRIR LA MANO, met. Admitir dádivas y regalos. || met. Dar con liberalidad. || ABRIR LA MANO AL CABALLO, Alargarle la rienda. || ADIVINA QUIEN TE DIÓ QUE LA MANO TE CORTÓ, Juego de muchachos. || ALZAR Ó LEVANTAR LA MANO, Levantarla amenazando dar con ella. || met. Cesar en la proteccion de alguna persona, ó dejar de atender á algun negocio. || ALZAR Ó LEVANTAR LAS MANOS AL CIELO, Levantarlas para pedir á Dios algun favor ó beneficio. || ANDAR EN MANOS DE TODOS, met. Ser una cosa vulgar y comun. || ANDAR Ó ESTAR CON LAS MANOS EN LA CINTA, ant. V. ESTAR MANO SOBRE MANO. || APARTAR LA MANO, met. ant. Alzarla ó levantarla. || APRETAR LA MANO, met. y fam. Castigar ó reprender con rigor. || ASENTAR LA MANO Ó EL GUANTE, Dar golpes á alguno, castigarle ó corregirle. || ATAR LAS MANOS, met. Impedir que se haga alguna cosa. || ATARSE LAS MANOS, Se dice del que con alguna palabra que da ó promesa que hace se quita á sí mismo la libertad de obrar en adelante como le conviene. || BAJAR LA MANO, met. Abaratar alguna mercadería. || BAJO MANO, Oculta ó secretamente. || BESAR LA MANO, Expr. de que se usa de palabra y por escrito en señal de urbanidad. || BUENA MANO, Acierto. || BUENAS MANOS, La persona justa, hábil para la expedicion de algun negocio. || CARGAR LA MANO, met. Insistir con empeño ó eficacia. || CAER EN LAS MANOS DE LA JUSTICIA Ó DE LOS ENEMIGOS, fam. Ser preso ó verse cercado de sus contrarios. || CARGAR LA MANO, met. Llevar mas del justo precio ó excesivos derechos. || CARGAR LA MANO, met. Reprender con severidad. || CARGAR LA MANO EN ALGUNA COSA, fam. y met. Echarla con exceso en algun guisado, medicamento ú otra composicion. || CERRAR LA MANO, met. Ser miserable y mezquino. || COGER Á UNO DE MANOS Á BOCA, fam. Cogerle de repente, sorprenderle. || COGER Á UNO LAS MANOS Ó CON LAS MANOS EN LA MASA, fam. Sorprenderle ó encontrarle haciendo alguna cosa. || COMERSE LAS MANOS TRAS ALGUNA COSA, met. y fam. Denota el gusto con que se come algun manjar sin dejarse nada. Dícese tambien de cualquiera otra cosa que sea de mucho deleite. || COMO CON LA MANO Ó COMO POR LA MANO, expr. Con gran facilidad ó ligereza. || COMPRAR, TOMAR, etc., DE PRIMERA MANO, met. Comprar del primer vendedor. || CON FRANCA MANO, V. CON LARGA MANO. || CON LARGA MANO, Con liberalidad, abundantemente. || CON LAS MANOS EN LA CABEZA, fam. Con descalabro, pérdida ó desaire. || CON LAS MANOS VACÍAS, met. Junto con los verbos *irse*, *venirse* y *volverse* significa no lograr lo que se pretendia. || Sin presentes, sin dádivas. || CON MANO ARMADA Ó DE MANO ARMADA, Con todo empeño, con ánimo resuelto. || CON MANO ESCASA, Con escasez. || CON MANO PESADA, Con dureza y rigor. || CON SU MANO Ó POR SU MANO, expr. met. Por sí mismo ó por su propia autoridad. || CORRER LA MANO, *Esgr.* Explica el modo de dar una cuchillada retirando la espada hacia el cuerpo. || CORRER POR MANO DE UNO ALGUNA COSA, Estar obligado á responder de ella. || CORTO DE MANOS, Que no es expedito en el trabajo. || CRUZAR LAS MANOS Ó QUEDARSE CON LAS MANOS CRUZADAS, Estarse quieto. || DAR Á LA MANO, Servir con puntualidad y á la mano los materiales para que puedan trabajar los oficiales continuamente. || DAR DE MANO, Dejar, abandonar. || Entre albañiles es JAHARRAR. || DAR DE MANOS, Caer de bruces echando las manos delante. || met. Incurrir en algun defecto. || DAR EN MANOS DE ALGUNO, Caer sin pensar bajo su poder. || DAR LA MANO Á UNO, met. Ampararle, ayudarle, favorecerle. || DAR Ó DARSE BUENA MANO EN ALGUNA COSA, met. Apresurarse á acabarla. || DAR LA ÚLTIMA MANO Á ALGUNA COSA, met. Concluirla, perfeccionarla. || DARSE ALGUNOS LAS MANOS, met. Unirse ó coligarse. || DARSE LA MANO UNA COSA Á OTRA, met. Fomentarse ó ayudarse mutuamente. || DARSE LA MANO UNA COSA CON OTRA, Estar inmediata, junta ó contigua una á otra. || DARSE LAS MANOS, met. Se aplica á las partes que componen un todo guardando entre sí órden y armonía. || DEBAJO DE MANO, BAJO MANO. || DEJADO DE LA MANO DE DIOS, El que olvidado de las obligaciones de cristiano comete enormes delitos. || DEJAR ALGUNA COSA EN MANOS DE ALGUNO, Ponerla á su cuidado y arbitrio. || DEJARSE EN MANOS DE OTRO, Someterse á su arbitrio con entera confianza. || DE LA MANO Y PLUMA, met. Denota ser propia de alguno alguna obra. || DE MANO, ant. V. DE CONTADO. || DE MANO EN MANO, Por tradicion ó noticia seguida desde nuestros mayores. || DE MANOS Á BOCA, fam. De repente, impensadamente. || DESCARGAR LA MANO SOBRE ALGUNO, Castigarle. || DESENCLAVIJAR LA MANO, fam. Desasirla de alguna cosa que tenia fuertemente agarrada. || DESENCLAVIJAR LAS MANOS, fam. Desprenderlas, y separar los dedos que estaban unidos y cruzados. || DESHACERSE ALGUNA COSA ENTRE LAS MANOS, fam. Pondera la facilidad con que alguna cosa se malbarata. || DESLIZARSE DE ENTRE LAS MANOS, met. Dar á alguna dificultad la salida que no se esperaba. || DE UNA MANO Á OTRA, En breve tiempo. || ECHAR LA MANO Á ALGUNA COSA, Asirla, prenderla, cogerla. || ECHAR LA MANO Ó LAS MANOS Á ALGUNO, Asirle, prenderle. || ECHAR MANO Á LA BOLSA, Sacar dinero de ella. || ECHAR MANO Á LA ESPADA, Hacer ademan de sacarla. || ECHAR MANO DE ALGUNO Ó DE ALGUNA COSA, met. Valerse de él para algun fin. || ECHAR MANO Ó UNA MANO Á ALGUNA COSA, met. Ayudar á su egecucion. || ECHAR MANO Á LOS ARNESES, fam. V. ECHAR MANO Á LA ESPADA. ||

ENSORTIJAR LAS MANOS, Enlazar los dedos unos con otros en señal de compasion ó angustia. || ENSUCIAR Ó ENSUCIARSE LAS MANOS, Robar con disimulo ó dejarse sobornar. || ESTAR Ó ESTARSE MANO SOBRE MANO, Estar ocioso. || ENTRE LAS MANOS, De improviso, sin saber como. || ESTAR EN LA MANO ALGUNA COSA, met. Ser fácil ó obvia. || ESTAR UNA COSA EN MANO DE ALGUNO, met. Pender de su eleccion o ser libre en elegirla. || ESTAR CON LAS MANOS EN EL SENO, V. VENIR, etc. || ESTAR CON LAS MANOS EN LA MASA, met. Estar actualmente trabajando alguna cosa. || GANAR POR LA MANO, Anticiparse á otro en hacer ó lograr alguna cosa. || HABER Á LAS MANOS, met. Encontrar ó hallar lo que se busca. || HABLAR Á LA MANO, fam. Turbar, impedir, inquietar á otro en lo que está hablando ó escribiendo. || HABLAR DE MANOS, Explica que alguno manotea mucho cuando habla, ó que las tiene prontas para castigar. || HABLAR POR LA MANO, Formar figuras con los dedos, para darse á entender sin hablar. || HACER Á DOS MANOS, met. Manejarse con astucia en algun negocio, sacando utilidad de todos los que se interesan en él, aunque esten encontrados. || HACER LA MANO, met. *Albeit.* Acepillar y limpiar el casco del pié del caballo sobre que ha de sentar la herradura. || IR Á LA MANO Á ALGUNO, fam. Contenerle, moderarle. || IRSE Á LA MANO, fam. Contenerse, moderarse. || Escaparse, caerse de ella impensadamente. || Hacer con la mano alguna accion involuntaria. || IRSELE Á ALGUNO ALGUNA COSA DE ENTRE LAS MANOS, Desaparecerse y escaparse alguna cosa con gran velocidad y presteza. || IRSELE Á UNO LA MANO, met. Exceder en la cantidad de alguna cosa que se da ó mezcla con otra. || JUGAR DE MANOS, met. y fam. Retozar ó enredar dándose golpes con ellas. || LANZAR MANOS EN ALGUNO, ant. Asegurarle, prenderle. || LARGO DE MANOS, Atrevido á ofender con ellas. || LAVARSE ALGUNO LAS MANOS, met. Justificarse, echándose fuera de algun negocio ó manifestando la repugnancia con que se toma parte en él. || LIMPIO DE MANOS, met. Desinteresado. || LLEGAR Á LAS MANOS, Reñir, pelear. || LLEVAR LA MANO LIGERA Ó BLANDA, met. Tratar benignamente, proceder con suavidad. || MAL ME ANDARÁN LAS MANOS, Ó MAL ME HAN DE ANDAR LAS MANOS, Se usa para dar á entender la esperanza que uno tiene de conseguir alguna cosa. || MENEAR LAS MANOS, Batallar ó pelear con otro. || Trabajar pronta y ligeramente. || METER LA MANO EN EL SENO, met. V. METER LA MANO EN EL PECHO. || METER LA MANO Ó LAS MANOS EN ALGUNA COSA, met. Entrar ó tomar parte en su egecucion, emprenderla con interes. || METER LA MANO EN ALGUNA COSA, Apropiársela, usurparla con ansia ó codicia. || METER LA MANO EN SU PECHO Ó EN SU SENO, met. Considerar, pensar para consigo. || Examinar y tantear alguno lo que pasa en su interior para juzgar de las acciones agenas sin injusticia. || METER LAS MANOS HASTA LOS CODOS EN ALGUNA COSA, Empeñarse, engolfarse, dedicarse á ella con todo conato. || METER MANO Á ALGUNA COSA, Cogerla, echar mano de ella. || METER UNA COSA EN MANO DE ALGUNO, ant. Encomendársela, ponerla á su cargo. || MIRAR Á LAS MANOS Ó LAS MANOS, met. Observar cuidadosamente la conducta de alguno en el manejo de caudales. || MORDERSE LAS MANOS, met. Manifestar grave sentimiento de haber perdido por omision ó descuido alguna cosa que deseaba conseguir. || MUDAR DE MANO, met. Pasar alguna cosa ó negocio de una persona á otra. || NO CAÉRSELE Á UNO ALGUNA COSA DE ENTRE LAS MANOS, Traerla siempre en ellas. || NO DARSE MANOS Á UNA COSA, met. Acelerarse, apresurarse demasiado en la egecucion de alguna cosa. || NO DEJARLO DE LA MANO, Continuar en alguna cosa con empeño y sin intermision. || NO SABER UNO CUAL ES SU MANO DERECHA, fam. Denota la incapacidad y poco talento de alguno. || PAGARSE POR SU MANO, Cobrar alguno lo que le pertenece en el mismo caudal que maneja. || PARTIR MANO, Apartarse ó separarse de alguna cosa, dependencia ó contienda. || PASAR LA MANO POR EL CERRO, met. Halagar, acariciar. || PONER LA MANO EN ALGUNA COSA, met. Examinarla y reconocerla por experiencia propia. || PONER LA MANO Ó LAS MANOS EN ALGUNO, met. Maltratarle de obra ó castigarle. || PONER LAS MANOS, Juntarlas delante del pecho en ademan de orar, pedir ó suplicar. || PONER LAS MANOS EN EL FUEGO, Asegurar la verdad y certeza de alguna cosa. || PONER LAS MANOS EN LA MASA, met. y fam. Emprender alguna cosa, tratar de ella. || PONER LA ÚLTIMA MANO EN ALGUNA COSA, met. Perfeccionarla, concluirla del todo. || PONER MANO Á LA ESPADA, V. ECHAR MANO Á LA ESPADA. || PONER MANO Ó LAS MANOS EN ALGUNA COSA, met. Emprenderla. || PONER MANOS VIOLENTAS EN ALGUNO, for. met. Maltratarle de obra. || POR DEBAJO DE MANO, mod. adv. V. BAJO MANO. || POR SEGUNDA Ó POR TER-

CERA MANO, expr. met. Por medio de otro. || PROBAR LA MANO, met. Intentar, alguna cosa para ver si conviene proseguirla. || QUEDARSE SOPLANDO LAS MANOS, met. Quedar corrido por haber malogrado alguna ocasion. || SACAR DE ENTRE LAS MANOS, Quitarle á uno lo que tenia mas asegurado. || SEÑALADO DE LA MANO DE DIOS, expr. fam. El que tiene algun defecto corporal. || SER Á LAS MANOS CON ALGUNO, met. ant. Pelear con él || SI Á MANO VIENE Ó SI VIENE Á MANO, expr. met. Acaso, por ventura, tal vez. || SOLTAR LA MANO, Ponerla ágil. || SOPLARSE LAS MANOS Ó LAS UÑAS, met. Quedar burlado en la pretension ó logro de alguna cosa. || TENER ALGUNO Á OTRO DE SU MANO, Tenerle propicio. || TENER Á MANO. met. Refrenar, contener. || TENER Á MANO Ó Á LA MANO ALGUNA COSA, met. Tenerla preparada y á punto. || TENER Á MANOS Ó Á LAS MANOS ALGUNA COSA, ant. V. TENER Á MANO. || TENER ALGUNA COSA ENTRE MANOS, met. Estar tratando de ella, entender actualmente en ella. || TENER ATADAS LAS MANOS, Hallarse con algun estorbo ó embarazo para egecutar alguna cosa. || TENER BUENA MANO PARA ALGUNA COSA, met. Tener habilidad y destreza para egecutarla. || TENER BUENAS MANOS, met. Ser hábil en algun oficio ó labor de manos. || TENER DE SU MANO Ó DE LA MANO Á ALGUNO, Estar este propicio á favorecerle. || TENER LA MANO, met. Detenerse, proceder con tiento, pulso y moderacion. || TENER LAS MANOS EN LA MASA, met. Estar haciendo alguna cosa. || TENER MANO CON ALGUNO, met. Tener influjo, poder y valimiento con él. || TENER MUCHAS MANOS, met. Tener gran valor. || TENGA VD. LA MANO, Expr. con que se contiene á alguno en lo que va á hacer ó decir. || TOMAR LA MANO, met. Comenzar á razonar ó discurrir sobre alguna materia, y emprender algun negocio. || TRAER Á LA MANO, Se dice de los perros que vienen fielmente con la caza ú otra cosa que sus amos les mandan traer. || TRAER ENTRE MANOS, met. Manejar alguna cosa, estar entendiendo actualmente en ella. || TRAER LA MANO POR EL CERRO, met. y fam. V. PASAR LA MANO POR EL CERRO. || TROCAR LAS MANOS, met. Mudar las suertes. || UNTAR LAS MANOS Á ALGUNO, met. Sobornarle con dinero. || VENIR ALGUNOS Á LAS MANOS Ó VENIR UNO CON OTRO Á LAS MANOS, Reñir, batallar. || VENIRLE Á ALGUNO Á LA MANO Ó Á LAS MANOS ALGUNA COSA, met. Lograrla sin solicitarla. || VENIR Ó ESTAR CON LAS MANOS EN EL SENO, Estar ocioso, ó llegar á pretender ó á pedir sin poner nada de su parte. || VENIR Ó VENIRSE CON SUS MANOS LAVADAS, met. Pretender el fruto y utilidad de alguna cosa sin haberla merecido || VIVIR POR SUS MANOS, fam. Mantenerse de su trabajo.

MANOBRA, s. f. *Murc.* Material para hacer alguna obra

MANOBRE, s. m. *Murc.* El que amasa el yeso y le da á la mano.

MANOBRERO, s. m. El que cuida de la limpia y mondas de brazales y recogimiento de aguas.

MANOJADO, p. p. de MANOJAR.

MANOJAR, v. a. ant. V. MANOSEAR.

* MANOJEAR, v. a. Dividir en hacecillos, en manojos.

MANOJICO, LLO, TO, s. m. d. de MANOJO.

MANOJO, s. m. Hacecillo de yerbas ó de otras cosas que se puede coger con la mano. || Á MANOJOS, Abundantemente.

MANOJUELO, s. m. d. de MANOJO.

MANOLICO, LLO, TO, s. m. fam. d. de MANOLO.

MANOLO, s. m. n. p. fam. V. MANUEL.

MANOPLA, s. f. Pieza del arnés, armadura con que se guarnecia la mano. || Látigo de cocheros.

MANOSEADO, p. p. de MANOSEAR.

MANOSEAR, v. a. Tocar repetidamente alguna cosa.

MANOSEO, s. f. Accion y efecto de manosear.

MANOTADA, s. f. golpe dado con la mano. || *Esgr.* La herida que consta de tres movimientos del brazo y dos de la espada.

MANOTAZO, s. m. V. MANOTADA.

MANOTEADO, p. p. de MANOTEAR.

MANOTEADO, s. m. V. MANOTEO.

MANOTEAR, v. a. Dar golpes con las manos.

MANOTEAR, v. n. Mover las manos para dar mayor fuerza a lo que se habla ó para mostrar algun afecto del ánimo.

MANOTEO, s. m. Accion y efecto de manotear.

MANOTON, s. m. V. MANOTADA.

MANQUEAR, v. n. Mostrar alguno su manquedad o aparentarla.

MANQUEDAD, s. f. Falta ó lesion de mano ó brazo. || met. Falta ó defecto

MANQUERA, s. f. V. MANQUEDAD.

MANQUILLO, LLA, TO, TA, adj. d. de MANCO.

MANSÁMENTE, adv. Con manse

dumbre. ‖ V. LENTAMENTE. ‖ Quedito y sin hacer ruido.

MANSEDAD, s. f. ant. V. MANSEDUMBRE.

MANSEDUMBRE, s. f. Suavidad y benignidad en la condicion ó en el trato. ‖ met. ant. Apacibilidad.

MANSEJON, NA, adj. Dícese de los animales que son muy mansos.

MANSESOR, s. m. ant. V. TESTAMENTARIO.

MANSEZA, s. f. ant. V. MANSEDUMBRE.

MANSICO, CA, LLO, LLA, TA, TO, adj. d. de MANSO.

MANSION, s. f. La detencion ó parada en alguna parte. ‖ El aposento ó pieza destinada para habitar. ‖ HACER MANSION, Detenerse, pararse.

MANSIONARIO, adj. Se aplicaba á los eclesiásticos que vivian dentro del claustro.

MANSÍSIMAMENTE, adv. sup. de MANSAMENTE.

MANSÍSIMO, MA, adj. sup. de MANSO.

MANSITO, adv. V. QUEDITO.

MANSO, SA, adj. Benigno y suave en la condicion. ‖ Se aplica á los animales que no son bravos. ‖ met. Apacible, sosegado. ‖ ant. Suave, ligero.

MANSO, s. f. El carnero, macho ó buey que sirve de guia á los demas. ‖ MANSOS, s. pl. Ast. Las tierras ó bienes primordiales de los curatos.

MANSUEFACTO, TA, adj. ant. Se aplicaba á los animales de su naturaleza bravos, cuando estaban amansados.

MANSUETÍSIMO, MA, adj. ant. sup. de MANSUETO.

MANSUETO, TA, adj. ant. V. MANSO. ‖ ant. Se aplicaba á los animales de su naturaleza mansos.

MANSUETUD, s. f. ant. V. MANSEDUMBRE.

MANTA, s. f. Tegido de lana tupido y peludo para abrigarse en la cama. ‖ La cubierta que sirve de abrigo á las caballerías. ‖ Especie de juego del hombre entre cinco ‖ V. MANTELETE por parapeto portátil. ‖ met. La zurra de golpes que se da á alguno, como MANTA de palos, de azotes, etc. ‖ *Vol.* Cualquiera de las doce plumas que tiene el ave de rapiña desde las aguaderas hasta las caderas. ‖ MANTA DE PARED, ant. V. TAPIZ. ‖ Á MANTA Ó Á MANTA DE DIOS, fam. Con abundancia. ‖ DAR UNA MANTA, fam. V. MANTEAR. ‖ PONER Á MANTA, *Agr.* V. PONER Á ALMANTA. ‖ TOMAR LA MANTA, fam. Tomar las unciones.

MANTATERILLA, s. f. Tela que regularmente sirve para mantas de caballerías menores.

* MANTEABLE, adj. Que merece ser manteado.

MANTEADO, p. p. de MANTEAR.

MANTEADOR, RA, s. m. y f. El que mantea.

MANTEAMIENTO, s. m. Accion y efecto de mantear.

MANTEAR, v. a. Levantar con violencia en el aire á algun hombre, mamarracho ó bruto, puesto en una manta, tirando muchos á un tiempo desde las esquinas.

MANTEAR, v. n. *Murc.* Salir mucho de casa las mugeres.

MANTECA, s. f. Gordura de los animales, especialmente del lechon. ‖ Sustancia crasa y oleosa de la leche. ‖ La de puerco que se mezcla con el espíritu ó con agua destilada de algunas frutas ó flores. ‖ Sustancia crasa y oleosa de algunos frutos.

MANTECADA, s. f. Rebanada de pan untada con manteca de vacas y azúcar.

MANTECADILLO, TO, s. m. d. de MANTECADO.

MANTECADO, DA, adj. ant. V. MANTECOSO.

MANTECADO, s. m. Cierto género de bollo amasado con manteca.

MANTECON, s. m. Sugeto regalon y delicado.

MANTECOSO, SA, adj. Que se asemeja á la manteca ó tiene mucha manteca.

MANTEISTA, s. m. El que vestido de sotana y manteo asiste á los estudios públicos.

MANTEL, s. m. Tegido de lino con que se cubre la mesa para poner sobre él las viandas. ‖ El lienzo mayor con que se cubre la mesa del altar. ‖ EN MANTEL, *Blas.* Significa la division del escudo en tres partes. ‖ LEVANTARSE DE LOS MANTELES, ant. Levantarse de comer ó de la mesa.

MANTELERÍA, s. f. Conjunto de manteles y servilletas.

* MANTELETA, s. f. Capotillo de muger.

MANTELETE, s. m. Vestidura que traen los obispos y prelados encima del roquete. ‖ Vestidura de monseñor en Roma. ‖ *Mil.* Tabla gruesa que ordinariamente sirve para cubrir la boca del petardo despues de cargado, cuando se aplica contra la parte que se quiere romper. || Cualquiera de los tablones gruesos que llevan sobre ruedas los trabajadores de un sitio haciéndoles rodar delante para cubrirse del enemigo || *Blas.* Vestidura mas estrecha y corta que el manto ducal con la cual se cubria antiguamente la cabeza.

MANTELLINA, s. f. V. MANTILLA.

MANTENEDOR, RA, s. m. y f. El que mantiene ó sustenta a otro.

MANTENEDOR, s. m. ant. El principal en las justas, torneos ú otros juegos públicos. || ant. V. DEFENSOR.

MANTENENCIA, s. f. ant. Accion y efecto de mantener. || met. ant. Accion y efecto de sostener. || ant. Alimento, sustento, víveres.

MANTENER, v. a. Proveer del alimento necesario. || Conservar alguna cosa en su ser, darle vigor y permanencia. || Sostener alguna cosa para que no caiga ó se tuerza. || Proseguir voluntariamente en lo que se está egecutando. || Defender ó sustentar alguna opinion ó sistema. || Ser el principal en la justa ó en otro juego público. || for. Amparar á alguno en la posesion ó goce de alguna cosa.

MANTENERSE, v. r. Perseverar, no variar de estado ó resolucion. || met. Fomentarse, alimentarse.

MANTENIDO, p. p. de MANTENER.

MANTENIENTE (Á), adv. Con toda la fuerza y firmeza de la mano, ó con ámbas manos.

MANTENIMIENTO, s. m. Efecto de alimentarse. || V. MANJAR Ó ALIMENTO. || En las órdenes militares la porcion que se libra á los caballeros profesos para el pan y el agua que deben gastar en el año.

MANTEO, s. m. Capa larga sin sobrecuello que traen los eclesiásticos sobre la sotana. || Ropa de bayeta ó paño que traian las mugeres de la cintura abajo.

MANTEQUERA, s. f. Vasija en que se hace la manteca. || Vasija de barro en que se sirve á la mesa.

MANTEQUERO, RA, s. m. y f. El que vende manteca.

MANTEQUILLA, s. f. d. de MANTECA. || Pasta suave que se hace de la manteca de vacas batida y mezclada con azúcar.

MANTERA, s. f. La muger que corta y hace los mantos que traen las mugeres.

MANTERO, RA, s. m. y f. El que fabrica mantas ó las vende.

MANTICO, LLO, TO, s. m. d. de MANTO.

MANTILLA, s. f. Ropa con que las mugeres se cubren la cabeza y parte del cuerpo. || Pieza cuadrada de bayeta, lienzo ú otra tela con que se abrigan y envuelven los niños. || El adorno que cubre las ancas del caballo. || MANTILLAS, pl. El regalo que hace un príncipe á otro cuando le nace un hijo. || ESTAR EN MANTILLAS, met. y fam. Da á entender que algun negocio ó dependencia está muy á los principios. Estar poco adelantado. || SALIR DE MANTILLAS Ó PAÑALES, met. Tener ya conocimiento y edad para gobernarse por sí sin direccion agena.

MANTILLEJA, s. f. d. de MANTILLA.

MANTILLO, s. m. Estiércol podrido y molido.

MANTILLON, NA, adj. *Murc.* Desaliñado, sucio y sin aseo.

MANTINIENTE, adv. ant. V. Á MANTENIENTE.

MANTO, s. m. Velo con que se cubren las mugeres la cabeza y el cuerpo hasta la cintura, donde se ata. || La capa que usaban algunas naciones, y tambien la que ahora llevan algunos religiosos. || Rica vestidura de ceremonia que se ata por encima de los hombros y es insignia de príncipes soberanos. || La ropa talar de que usan en los colegios sus individuos y alumnos. || *Alban.* La fachada de la campana de una chimenea. || En las minas la beta que se extiende horizontalmente hácia los lados sin considerable inclinacion al centro de la tierra. || met. Lo que encubre y oculta alguna cosa. || MANTO CABALLEROSO, Antiguamente era una vestidura talar propia y privativa de los caballeros. || MANTO CAPITULAR, Vestidura exterior que los caballeros de las órdenes militares usan para juntarse en capítulo. || MANTO DE HUMO, El manto de seda negro y trasparente que llevaban antiguamente las mugeres en señal de luto. || MANTO DE SOPLILLO, Un género de manto antiguo de tafetan que traian las mugeres por gala. || MANTO DUCAL, *Blas.* La verdadera cota de armas de caballo, ó la jaqueta de las armerias de aquel que las trae.

MANTON, s. m. aum. de MANTO. || Cada una de las dos listas con que solian guarnecerse los jubones ó casacas de las mugeres. || *Vol.* V. MANTA. || ant. El mozo recien casado. || ant. V. CAPA Ó MANTEO.

MANTON, adj. V. MANTUDO.

MANTONCILLO, s. m. d. de MANTON.

MANTUANO, NA, adj. De Mantua.

MANTUDO, DA, adj. Se aplica al pollo y otras aves cuando tienen caidas las alas.

MANUABLE, adj. Fácil de manejar.

MANUAL, adj. Que se egecuta con las manos. || Fácil de manejar ó de llevar de una parte á otra. || Casero, de fácil egecucion. || Fácil de entender. || Docil y de condicion suave y apacible. || ant. Ligero y fácil para alguna cosa.

MANUAL, s. m. El libro que contiene los ritos con que deben administrarse los sacramentos. || El libro en que se compendia lo mas sustancial de alguna materia. || El libro en que los hombres de negocios van notando las partidas de cargo ó data y el cuaderno que sirve para hacer apuntamientos. || MANUALES, pl. Ciertas distribuciones que se dan á los eclesiásticos en el coro. || ant. Los derechos que se dan á los jueces ordinarios por su firma.

MANUALMENTE, adv. Con las manos.

MANUBRIO, s. m. Empuñadura de cualquier instrumento.

MANUCODIATA, s. f. Ave. V. AVE DEL PARAISO, 1ª A.

* **MANUCORDIO**, s. m. Instrumento músico con cuerdas de metal y teclado.

MANUELLA, s. f. *Náut.* La barra ó palanca del cabrestante.

MANUFACTURA, s. f. La obra de manos, como tegidos, bordados.

* **MANUFACTURAR**, v. a. Fabricar en una manufactura.

MANUMISION, s. f. for. Accion y efecto de dar libertad al esclavo.

MANUMISO, p. p. irreg. de MANUMITIR. || MANUMISO, SA, adj. V. HORRO.

MANUMISOR, s. m. for. El que da libertad al esclavo.

MANUMITIDO, p. p. de MANUMITIR.

MANUMITIR, v. a. for. Dar libertad al esclavo.

MANUSCRITO, TA, adj. y s. Escrito de mano.

MANUTENCION, s. f. Accion y efecto de mantener. || Conservacion y amparo.

MANUTENENCIA, s. f. ant. V. MANUTENCION.

MANUTENER, v. a. ant. for. V. MANTENER ó AMPARAR.

MANUTENIDO, p. p. de MANUTENER.

MANUTISA, s. f. MINUTISA, planta.

MANVACÍO, CÍA, adj. ant. V. MANIVACÍO.

MANZANA, s. f. Fruta redonda que tiene la cáscara delgada y lisa. || Conjunto de varias casas contiguas y aisladas. || ant. El pomo de la espada. || MANZANA DE LA DISCORDIA, Lo que es ocasion de contrariedad en los ánimos y opiniones.

* **MANZANAHIGO**, s. m. Especie de manzana.

MANZANAL, s. m. V. MANZANAR. || V. MANZANO.

MANZANAR, s. m. Terreno plantado de manzanos.

* **MANZANETA**, s. f. d. de MANZANA. || MANZANETA DE DAMA, V. ACEROLA.

MANZANICO, s. m. d. de MANZANO.

MANZANIL, adj. Se aplica á algunas frutas parecidas á la manzana.

MANZANILLA, TA, s. f. d. de MANZANA. || Yerba silvestre medicinal y su flor. || MANZANILLA BASTARDA, V. AJENJO. || MANZANILLA HEDIONDA, Planta parecida á la manzanilla. || MANZANILLA LOCA, Planta parecida á la manzanilla. || V. OJO DE BUEY. || Especie de aceituna pequeña. || La parte inferior que sobresale en los pies y manos de los perros y demas animales que tienen uñas. || Cada uno de los remates en forma de manzanas con que se adornan las camas, los coches, balcones, etc. || La parte inferior redonda de la barba.

MANZANILLO, s. m. d. de MANZANO. || El olivo que produce la aceituna manzanilla. || Árbol de unos diez y seis pies de altura, indígeno de las islas Caribes. Es tan venenoso, que hace que lo sea la carne de los animales que le comen.

MANZANITA DE DAMA, s. f. *Ar.* V. ACEROLA.

MANZANITO, s. m. d. de MANZANO.

MANZANO, s. m. El árbol que produce las manzanas.

MAÑA, s. f. Destreza, habilidad. || Artificio ó astucia. || Costumbre ó resabio. || Manojito pequeño, como de lino, cáñamo, esparto, etc. || ant. MANERA, forma ó modo. || DARSE MAÑA, Ingeniarse, ayudarse, disponer sus negocios con habilidad. || MAS QUIERE MAÑA QUE FUERZA, Denota que saca mejor partido la suavidad y destreza que la violencia y el rigor.

MAÑANA, s. f. La parte del dia desde que amanece hasta el medio dia. Usase algunas veces por el espacio de tiempo desde la media noche hasta el medio dia.

MAÑANA, adv. El dia que se sigue al de hoy. ‖ met. El tiempo venidero. ‖ Presto, ó ántes de mucho tiempo. ‖ Expr. con que se niega alguno á hacer lo que le piden. ‖ MAÑANA SERÁ OTRO DIA, Anuncia consuelo al que padece alguna pena, manifestando que los males nunca son perpetuos. ‖ DE GRAN MAÑANA, ant. V. MUY DE MAÑANA. ‖ DE MAÑANA, Al amanecer, ó á poco de haber amanecido. ‖ MUY DE MAÑANA, Muy temprano, de madrugada. ‖ TOMAR LA MAÑANA, Madrugar.

* MAÑANAR, v. n. Llegar á la mañana siguiente.

MAÑANEADO, p. de MAÑANEAR.

MAÑANEAR, v. n. ant. Madrugar.

MAÑANICA, TA, s. f. El principio de la mañana.

MAÑEADO, p. p. de MAÑEAR.

MAÑEAR, v. a. Disponer alguna cosa con maña.

MAÑERÍA, s. f. ant. Esterilidad en las hembras ó en las tierras. ‖ El derecho que tenian los reyes y señores de suceder en los bienes á los que morian sin sucesion legítima. ‖ ant. Astucia, sagacidad y engaño.

MAÑERO, RA, adj. Sagaz, astuto. ‖ ant. FIADOR ó delegado para pagar por otro. ‖ ant. V. ESTÉRIL. ‖ ant. El que muere sin sucesion légitima. ‖ Se aplica al vecino y á la vecindad aparente y artificiosa.

MAÑERUELO, LA, adj. d. de MAÑERO.

MAÑO, ÑA, adj. ant. V. GRANDE.

MAÑOSAMENTE, adv. Con habilidad y destreza. ‖ Maliciosamente.

MAÑOSÍSIMO, MA, adj. sup. de MAÑOSO.

MAÑOSO, SA, adj. Que tiene maña. ‖ Que se hace con maña.

MAÑUELA, s. f. La maña con astucia y bellaquería. ‖ MAÑUELAS, pl. com. fam. La persona astuta y cauta que sabe manejar diestramente los negocios.

MAPA, s. m. El papel, lienzo, pergamino, etc., donde se representa la situacion de diferentes puntos de la tierra ó de algun distrito de ella.

MAPA, s. f. fam. La cosa que sobresale en su línea. ‖ MAPA MUNDI, El mapa en que se representa el globo de la tierra en dos hemisferios. ‖ LLEVARSE LA MAPA, fam. Aventajarse en alguna línea. ‖ NO ESTAR EN LA MAPA, Ser cosa desusada y extraordinaria.

* MAPALIA, s. f. Cabaña de pastor.

[illegible] s. m. Especie de gengibre.

[illegible]ÉLICO, CA, adj. Perteneciente á las máximas de Maquiavelo.

MAQUIAVELISMO, s. m. Sistema de Maquiavelo.

MAQUIAVELISTA, s. m. El que sigue las máximas de Maquiavelo.

MAQUILA, s. f. Porcion de grano ó harina que corresponde al molinero por la molienda. ‖ La medida con que se maquila. ‖ La vigésima cuarta parte de una fanega. Úsase tambien en la medida de las tierras.

MAQUILADO, p. p. de MAQUILAR.

* MAQUILANDERO, s. m. Medida con que el molinero coge la harina.

MAQUILAR, v. a. Cobrar el molinero la porcion de grano ó de harina que le corresponde por la molienda.

MAQUILERO, s. m. Sugeto destinado para cobrar las maquilas.

MAQUILON, s. m. ant. V. MAQUILERO.

MÁQUINA, s. f. Artificio con que se facilita el movimiento para sacar, levantar, arrastrar ó arrojar algun cuerpo. ‖ met. Agregado de diversas partes ordenadas entre sí, y dirigidas á la formacion de un todo. ‖ met. El edificio grande y suntuoso. ‖ met. Multitud y abundancia. ‖ met. Traza, proyecto de pura imaginacion. ‖ Artificio compuesto de varias piezas para representar ó figurar algun hecho.

MAQUINACION, s. f. Proyecto ó asechanza artificiosa y oculta dirigida regularmente á mal fin.

MAQUINADOR, RA, s. m. y f. El que maquina.

MAQUINAL, adj. Que pertenece á los movimientos ó efectos de la máquina.

MAQUINALMENTE, adv. De un modo maquinal.

MAQUINANTE, p. a. de MAQUINAR, El que maquina.

MAQUINAR, v. a. Trazar, procurar ocultar artificiosamente.

MAQUINARIA, s. f. Arte que enseña á fabricar las máquinas. ‖ V. MECÁNICA.

* MAQUINETE, s. m. V. MACHA ó MACHADO.

* MAQUÍNICA, s. f. V. MAQUINARIA.

MAQUINISTA, s. com. El que inventa ó fabrica máquinas.

MAR, s. amb. El conjunto de aguas que rodean la tierra. ‖ met. Gran lago, como el Caspio, el Muerto. ‖ met. Abundancia de algunas cosas. ‖ met. La marejada ó el oleage alto que se mueve en el mar con los vientos fuertes ó tempestades. || MAR ALTA, El mar alborotado. || MAR BONANZA, V. MAR EN CALMA. || MAR DE BATALLA, El mar ó parage de él donde han combatido algunas escuadras ó embarcaciones. || MAR DE DONAS, ant. V. MAR EN CALMA. || MAR DE LEVA, La agitacion de las aguas causada en alta mar por los temporales ó vientos tormentosos. || MAR EN CALMA Ó EN LECHE, El que está sosegado y sin agitacion. || MAR EN LECHO, ant. V. MAR EN LECHE. || MAR LARGA, El mar ancho. || ALTA MAR, La parte del mar que está á cierta distancia de tierra. || ARROJARSE Á LA MAR, met. Aventurarse á algun grave riesgo. || CALZAR EN EL MAR, Dícese de algun navío ó escuadra cuando navega en cierto parage determinado, yendo y veniendo. || DE MAR Á MAR, met. Denota la abundancia de algunas cosas que ocupan algun sitio. || Aplícase al lujo ó exceso en los adornos. || ECHAR LANZAS EN LA MAR, met. Trabajar en vano. || HABLAR DE LA MAR, Da á entender que alguna cosa es imposible en la egecucion ó en la inteligencia: tambien denota que hay mucho que tratar y hablar de alguna especie ó asunto. || HACERSE Á LA MAR, Separarse de la costa y entrar en mar ancha. || METER LA MAR EN UN POZO, Pondera la dificultad de reducir á estrechos límites una cosa de mucha extension. || QUEBRAR EL MAR Ó LAS OLAS, Estrellarse ó romper con algun peñasco, playa, etc. || SOBRE MAR, V. EN LA MAR Ó EMBARCADO. || SUBIR LA MAR, Ir creciendo cuando está menguante.

MARABETINO, s. m. ant. V. MARAVEDÍ.

MARAGATO, TA, adj. y s. El natural de la Maragatería y perteneciente á ella.

MARAGATO, s. m. Especie de adorno mugeril que antiguamente traian en los escotes.

*MARAGUTO, s. m. *Náut.* Toque del bauprés.

MARAÑA, s. f. La maleza ó abundancia de yerbas silvestres, arbustos y espinas. || Desperdicio de la seda de que se hacen algunos tegidos, y los tegidos mismos. || met. El enredo de los hilos en las madejas. || met. Embuste inventado para enredar ó descomponer algun negocio. || met. Lance intrincado y de difícil salida. || *Germ.* Muger pública.

MARAÑADO, p. p. de MARAÑAR.

MARAÑAR, v. a. ant. V. ENMARAÑAR.

MARAÑERO, RA, adj. Amigo de marañas, enredador.

MARAÑOSO, SA, adj. V. MARAÑERO.

*MARASMO, s. m. *Med.* La flaqueza y consuncion de toda la sustancia del cuerpo.

*MARATRO, s. m. V. HINOJO.

MARAVEDÍ, s. m. Moneda antigua española que ha tenido diversos valores. || Moneda de cobre que ha corrido en España con diversos valores en lo antiguo y en lo moderno. || El tributo que de siete en siete años pagaban al rey los Aragoneses. || MARAVEDÍ ALFONSÍ, Moneda labrada en Castilla en el reinado de don Alfonso el sabio. || MARAVEDÍ BLANCO, V. MARAVEDÍ ALFONSÍ. || MARAVEDÍ BURGALÉS, Moneda de cobre ligada con la cuarta parte de plata. || MARAVEDÍ COBREÑO Ó USUAL, Moneda que equivalia al valor de dos blancas. || MARAVEDÍ DE LA BUENA MONEDA, Ó MARAVEDÍ DE LOS BUENOS, El de cobre que tenia mas liga de plata. || MARAVEDÍ DE ORO, Moneda efectiva que corrió ántes de don Alonso el sabio. || MARAVEDÍ DE PLATA, Moneda antigua de plata, cuyo valor parece haber sido la tercera parte de un real de plata. || MARAVEDÍ NOVEN, V. MARAVEDÍ VIEJO. || MARAVEDÍ PRIETO, Moneda antigua inferior á la blanca en el valor. || MARAVEDÍ VIEJO, Moneda antigua que se cree corrió en España desde don Fernando el IV. || HASTA EL ULTIMO MARAVEDÍ, Da á entender que paga alguno enteramente lo que debe.

MARAVEDINADA, s. f. ant. Cierta medida antigua de áridos.

MARAVILLA, s. f. Suceso extraordinario que causa admiracion. || V. ADMIRACION. || Yerba oficinal y cuyas flores pajizas se renuevan todos los meses. || Yerba que produce flores azules, listadas de rayos rojos, de figura de una campanilla, originaria de América y que se cultiva en los jardines. || Á LAS MIL MARAVILLAS, Exquisita y primorosamente. || Á MARAVILLA, V. MARAVILLOSAMENTE. || ES UNA MARAVILLA, Pondera que alguna cosa es singular y primorosa. || OCTAVA MARAVILLA, Fábrica suntuosa y magestuosa. || POR MARAVILLA, Rara vez, con gran dificultad.

MARAVILLADO, p. p. de MARAVILLAR.

MARAVILLAR, v. a. V. ADMIRAR.

MARAVILLAR, v. n. ant. V. MARAVILLARSE.

MARAVILLOSAMENTE, adv. Con perfeccion.

MARAVILLOSÍSIMAMENTE, adv. sup. de MARAVILLOSAMENTE.

MARAVILLOSÍSIMO, MA, adj. sup. de MARAVILLOSO.

MARAVILLOSO, SA, adj. Excelente, admirable.

MARBETE, s. m. Pedacito de papel que se pone á los extremos de las piezas de lienzo y otras telas donde se anotan las varas que tiene la pieza y el año en que se hizo el avanzo.

MARCA, s. f. V. PROVINCIA. || La medida cierta y segura del tamaño que debe tener alguna cosa. || El instrumento con que se marca ó señala alguna cosa. || La accion y efecto de marcar. || *Germ.* La muger pública. || DE MARCA, Explica que alguna cosa es sobresaliente en su línea. || DE MAS DE MARCA Ó DE MARCA MAYOR, Declara que alguna cosa es excesiva en su línea, y que sobrepuja á lo justo y razonable.

MARCADO, p. p. de MARCAR.

MARCADOR, RA, s. m. y f. El que marca. || MARCADOR MAYOR, La persona á cuyo cargo está marcar los pesos y medidas, la plata y otros metales.

MARCAR, v. a. Señalar y poner la marca. || met. Señalar á alguno ó advertir en él alguna calidad digna de notarse. || met. Aplicar, destinar.

* MARCASITA, s. f. ant. V. MARQUESITA.

* MARCEADO, p. p. de MARCEAR.

* MARCEAR, v. a. Trasquilar las bestias en el mes de marzo.

MARCELINO, NA, adj. ant. V. MARZAL.

MARCEO, s. m. El esquileo de las obejas en el mes de marzo. || Corte que los colmeneros hacen en la primavera de lo reseco y sucio de los panales

MARCHA, s. f. La accion de marchar. || *Mil.* El son del tambor ó del clarin para que comiencen á marchar los soldados. || *Rioj.* La boguera de leña que se hace á las puertas de las casas en señal de regocijo. || Á LARGAS MARCHAS Ó JORNADAS, met. Con gran celeridad y priesa. || Á MARCHAS FORZADAS, *Mil.* Caminando en determinado tiempo mas que lo que se acostumbra en igual espacio. || DOBLAR LAS MARCHAS, *Mil.* Caminar en un dia la jornada de dos. || SOBRE LA MARCHA, De priesa, inmediatamente.

MARCHAMADO, p. p. de MARCHAMAR.

MARCHAMADOR, s. m. ant. V. MARCHAMERO.

MARCHAMAR, v. a. Señalar ó marcar los géneros ó fardos en las aduanas.

MARCHAMERO, s. m. El que tiene el oficio de marchamar.

MARCHAMO, s. m. La señal ó marca que se pone en los fardos en las aduanas.

MARCHANTE, s. m. V. TRAFICANTE.

MARCHANTE, adj. V. MERCANTIL. || BUENO, de buena calidad ó de recibo. Dícese ahora del abajedo de mediana calidad.

MARCHAR, v. n. Caminar, hacer viage, ir ó partir de un lugar á otro. || *Mil.* Ir ó marchar la tropa con cierto órden y compas.

* MARCHAZO, s. m. V. ESMARCHAZO.

MARCHITABLE, adj. Que puede marchitarse.

MARCHITADO, p. p. de MARCHITAR.

MARCHITAMIENTO, s. m. ant. Accion y efecto de marchitarse.

MARCHITAR, v. a. Ajar, deslucir y quitar el jugo y virtud. || met. Enflaquecer, debilitar, quitar el vigor y aliento.

MARCHITEZ, s. f. Ajamiento, falta de vigor y lozanía.

MARCHITO, TA, adj. Ajado, falto de vigor y lozanía.

MARCHITURA, s. f. ant. V. MARCHITEZ.

MARCIAL, s. m. Porcion de polvos aromáticos con que antiguamente se aderezaban los guantes.

MARCIAL, adj. Que pertenece á la guerra.

MARCIALIDAD, s. f. Franqueza, familiaridad.

MARCIO, CIA, adj. ant. V. MARCIAL.

MARCIO, s. m. ant. V. MARZO.

MARCO, s. m. El cerco que rodea y ciñe, y en donde se encaja la puerta, ventana, pintura, etc. || Peso que es la mitad de una libra. Usase de él en el oro y en la plata. || El patron ú original por donde se deben regular los pesos y medidas. || Instrumento de que usan los zapateros para tomar la medida de los zapatos. || Instrumento con que se miden las aguas. || La medida del largo, ancho y grueso que deben tener las maderas para ser de ley. || El espacio ó extension de tierra que debe tenner cada fanega

MARCOLA, s. f. Instrumento rústico usado en la Andalucía baja para limpiar y desmarojar los olivos.

MAREA, s. f. El flujo y reflujo de mar. || Aquella parte de la ribera de mar que se ocupa con el flujo ó plena mar. || El viento blando y suave que sopla del mar. || El conjunto de la inmun dicia y bascosidad que se barre y limpia de las calles.

MAREADO, p. p. de MAREAR.

MAREADOR, s. m. *Germ.* El ladron que trueca la mala moneda por la buena.

MAREAGE, s. m. El arte ó profesion de marear ó andar por el mar ó navegar. ‖ El rumbo ó derrota que llevan las embarcaciones en su navegacion.

MAREAMIENTO, s. m. Accion y efecto de marearse.

MAREANTE, p. a. de MAREAR, El que profesa el arte de la navegacion.

MAREANTE, s. m. ant. El comerciante ó traficante por la mar.

MAREAR, v. a. Poner en movimiento una embarcacion, gobernarla y dirigirla. ‖ Vender en público ó despachar las mercaderías. ‖ fam. met. Enfadar, molestar. ‖ *And.* V. REHOGAR.

MAREAR, v. n. ant. V. NAVEGAR.

MAREARSE, v. r. Desazonarse alguno turbándosele la cabeza, revolviéndosele el estómago, con el movimiento de la embarcacion ó del carruage. ‖ Averiarse los géneros en el mar. ‖ MAREARSE EL OFICIO, met. y fam. Egercitarse alguno mucho en su propia profesion.

MAREJADA, s. f. Movimiento de olas grandes sin borrasca.

MARE MAGNUM, Voces latinas que ponderan la abundancia, grandeza ó confusion de alguna cosa.

MAREO, s. m. El efecto de marearse. ‖ fam. met. Molestia, enfado.

MARERO, RA, adj. Que viene ó sopla de la parte del mar.

MARETA, s. f. Movimiento de las olas del mar cuando se empiezan á levantar con el viento. ‖ MARETA SORDA, La alteracion de las olas sin causarla viento grande ni impetuoso en el parage en que se sienten.

MARETAZO, s. m. V. GOLPE DE MAR.

MARFAGA, s. f. *Rioj.* Cobertor de cama.

MÁRFEGA, s. f. *Ar.* Gergon de la tela tosca llamada márfega.

MARFIL, s. m. La sustancia de que constan los dos grandes dientes incisivos que tienen los elefantes en la mandíbula superior.

MARFILEÑO, ÑA, adj. Que se hace de marfil ó que pertenece á él.

MARGA, s. f. Jerga de que se usó antiguamente en señal de deshonra, para los lutos y para hacer sacos. ‖ Sustancia mineral que se encuentra desde la forma terrea hasta en la consistencia de una piedra blanda.

MARGADO, p. p. de MARGAR.

MARGAGITA, s. f. Piedra metálica. V. MARQUESITA.

MARGALLON, s. m. V. PALMITO.

MARGAR, v. a. Abonar las tierras con marga.

MARGARITA, s. f. Caracol ovalado de unas cuatro líneas de largo, de color blanco, que tira á rosa con alguna manchita negra. ‖ Planta, V. MAYA. ‖ V. PERLA. ‖ ECHAR MARGARITAS Á PUERCOS, Emplear el discurso, generosidad ó delicadeza en quien no la conoce ó no sabe apreciarla.

MARGARITEÑO, ÑA, adj. Natural de la isla Margarita.

* **MARGARITILLA**, s. f. Maya, beflorita, flor.

MÁRGEN, s. f. La extremidad y orilla de alguna cosa. ‖ En el papel escrito ó en los libros el espacio que queda blanco á una y á otra parte. ‖ Cualquiera de las notas que se pone en las márgenes de los libros. ‖ ANDARSE POR LAS MÁRGENES, met. No ir en derechura á lo principal del intento. ‖ DAR MÁRGEN, met. V. DAR OCASION. ‖ Á MEDIA MÁRGEN, adv. Doblando por la mitad la plana ú hoja en que se escribe ó imprime.

MARGENADO, p. p. de MARGENAR.

MARGENAR, v. a. V. MARGINAR. ‖ Hacer ó dejar márgenes.

MARGINADO, p. p. de MARGINAR.

MARGINAL, adj. Que está ó pertenece á la márgen.

MARGINAR, v. a. Anotar al márgen.

MARGOMADO, p. p. de MARGOMAR.

MARGOMAR, v. a. ant. V. BORDAR.

* **MARGRAVE**, s. m. Título de algunos príncipes de Alemania.

* **MARGRAVIATO**, s. m. Dignidad de margrave.

MARGUERA, s. f. Barreta ó veta de marga y el sitio donde se tiene depositada.

* **MARGUERO**, s. m. Peon que saca la marga de la marguera.

MARHOJO, s. m. V. MALHOJO.

* **MARÍA**, s. f. Nombre de la Madre de Dios. ‖ Moneda de plata de valor de doce reales de vellon que mandó labrar la reina Doña Mariana de Austria. ‖ fam. La vela blanca que se pone en lo alto del tenebrario. ‖ ÁRBOL DE MARÍA, Árbol. V. CALAMBUCO.

MARIAL, adj. Se aplica comunmente

á algunos libros que contienen alabanzas de la Virgen María.

* MARIANO, NA, adj. V. MARIAL.

MARICA, s. f. n. p. fam. V. MARÍA. || Ave, V. URRACA. || En el juego del truque la sota de oros.

MARICA, s. m. Hombre afeminado y de poco ánimo y esfuerzo.

MARICON, s. m. Hombre afeminado y cobarde.

MARIDABLE, adj. Se aplica á la vida y union que debe haber entre marido y muger ó que á ellos corresponde.

MARIDABLEMENTE, adv. Con vida, union ó afecto maridable.

MARIDADO, p. p. de MARIDAR.

MARIDAGE, s. m. Enlace, union y conformidad de los casados. || met. Union, analogía ó conformidad con que algunas cosas se enlazan ó corresponden entre sí.

MARIDAL, adj. ant. V. MARIDABLE.

MARIDANZA, s. f. *Extr.* La vida que da el marido á la muger.

MARIDAR, v. n. V. CASARSE.

MARIDAR, v. a. met. Unir ó enlazar.

MARIDAZO, s. m. V. GURRUMINO.

MARIDILLO, s. m. El marido ruin y despreciable. || Braserito cubierto con una rejuela del que usaban las mugeres para los pies.

MARIDO, s. m. El hombre casado con respecto á la muger.

MARIHUELA, s. f. fam. d. de MARÍA.

MARIMACHO, s. m. La muger que en su corpulencia ó acciones parece hombre.

MARIMANTE, s. f. Fantasma ó figura espantosa con que se pone miedo á los niños.

MARIMORENA, s. f. fam. V. RIÑA ó PENDENCIA.

MARINA, s. f. El territorio junto al mar. || El cuadro ó pintura que representa el mar. || Arte ó profesion que enseña á navegar y gobernar las embarcaciones. || El cuerpo de los empleados en la marina, y el conjunto de buques de un estado.

MARINADO, p. p. de MARINAR.

MARINAGE, s. m. Egercicio de la marinería. || Conjunto de los marineros.

MARINAR, v. a. Dar cierta sazon al pescado para conservarle.

MARINEADO, p. p. de MARINEAR.

MARINEAR, v. n. Egercitar el oficio de marinero.

MARINERADO, DA, adj. Tripulado ó equipado.

MARINERÍA, s. f. Profesion ó egercicio de mar. || El conjunto de marineros.

MARINERO, s. m. El hombre de mar que sirve en las maniobras de las embarcaciones. || Cada uno de los hombres de mar que componen la clase intermedia entre la de grumete y artillero de mar. || Caracol de mar de seis á ocho pulgadas de alto, sumamente delgado, blanco, el cual boga par la mar, siendo él á un mismo tiempo el constructor del buque, el timon, la vela y el piloto.

MARINERO, RA, adj. Se aplica á la nave que está expedita para navegar.

MARINESCO, CA, adj. Que pertenece á los marineros. || A LA MARINESCA, Á la moda ó costumbres de los marineros.

MARINO, NA, adj. Que pertenece al mar. || *Blas.* Se aplica á los leones y otros animales que terminan en colas de pescados, como las sirenas.

MARINO, s. m. El que se egercita en la náutica.

MARION, s. m. Pez, V. ESTURION. || ant. V. MARICON.

MARIPEREZ, s. f. En algunos juegos de naipes la primera y última vuelta en la que son dobles las ganancias ó pérdidas que en las otras manos.

MARIPOSA, s. f. Nombre que se da á todos aquellos insectos que constan de cuatro alas compuestas de pequeñas escamas, que al tacto se desprenden en forma de un polvo pegajoso. || Especie de candelilla para tener luz de noche.

MARIPOSILLA, s. f. de MARIPOSA.

MARIQUITA, s. f. fam. d. de MARÍA.

MARIQUITA, s. f. Insecto de tres á cuatro líneas de largo, por debajo negro y por encima encarnado.

MARISCADO, p. p. de MARISCAR.

MARISCAL, s. m. Oficial muy preeminente en la milicia antigua, inferior al condestable. || El que antiguamente tenia el cargo de aposentar la caballería. || El herrador. || MARISCAL DE CAMPO, Oficial general, inferior en el grado y en las funciones al teniente general.

MARISCALATO, s. m. V. MARISCALÍA.

MARISCALÍA, s. f. Dignidad ó empleo de mariscal.

MARISCAR, v. a. Coger mariscos. || *Germ.* Hurtar.

MARISCO, s. m. Nombre genérico con que se designan todos los caracoles y conchas de mar. || *Germ.* Lo que se hurta.

MARISMA, s. f. Terreno bajo que se inunda con las aguas que redundan del mar ó de los rios al entrar en él.

MARISMO, s. m. V. ORZAGA.

MARITAL, adj. Perteneciente al marido.

MARÍTIMO, MA, adj. Perteneciente al mar.

* **MARITORNES**, s. f. Muger mal hecha, tosca, sin gracia y desairada.

MARJAL, s. m. Prado ó valle pantanoso. || En algunas partes, cierta porcion de tierra y su medida.

MARJOLETA, s. f. *And.* V. MAJUELA.

MARJOLETO, s. m. *And.* V. MAJUELO ó ESPINO MAJUELO.

MARLOTA, s. f. Vestidura morisca á modo de sayo vaquero con que se ciñe y ajusta el cuerpo.

* **MARLOTAR**, v. a. V. MALROTAR.

MARMELLA, s. f. Cada una de las dos verrugas largas y ovaladas que tienen algunas cabras á los lados de la parte inferior del cuello.

MARMELLADO, DA, adj. Se aplica á las cabras que tienen marmella.

MARMESOR, s. m. ant. V. ALBACEA.

MARMITA, s. f. Olla de cobre de la figura de un caldero con su tapa ajustada y una asa grande de hierro.

MARMITON, s. m. El galopin ó mozo de cocina.

MÁRMOL, s. m. Piedra caliza lustrosa de un grano muy fino, dura, que admite pulimento. || Piedra á que se da vulgarmente el nombre de jaspe por tener diferentes colores en un mismo pedazo. || met. V. COLUMNA. || En los hornos ó fábricas de vidrio es una plancha de hierro en que se labran las piezas, y se trabaja la materia para formarlas.

MARMOLEJO, s. m. Columna pequeña.

MARMOLEÑO, ÑA, adj. De mármol ó que tiene su semejanza y calidades.

MARMOLERÍA, s. f. ant. Conjunto de mármoles de algun edificio.

MARMOLISTA, s. m. Artífice que trabaja en mármoles.

MÁRMOR, s. m. ant. V. MÁRMOL.

MARMORACION, s. f. V. ESTUCO.

MARMÓREO, REA, adj. De mármol ó que tiene sus calidades.

MARMOROSO, SA, adj. V. MARMÓREO.

MARMOTA, s. f. Cuadrúpedo indígeno de los Alpes de algo mas de un pié de altura, que pasa el invierno adormecido y oculto debajo de la tierra.

MARO, s. m. Planta que echa los tallos derechos de un pié de altura de gran uso en la farmacia.

MAROJO, s. m. *And.* Planta, V. MUÉRDAGO.

MAROMA, s. f. Cuerda gruesa de esparto ó cáñamo. || MAROMA DE ARQUÍMEDES, Máquina que usaban los antiguos, y se usa hoy para elevar las aguas por medio de arcaduces ó vasos de barro. || ANDAR EN LA MAROMA, met. Tener partido ó favor para conseguir alguna cosa.

MAROMILLA, s. f. d. de MAROMA.

MARON, s. m. Pez. V. ESTURION.

* **MARONITAS**, s. f. Cristianos del monte Líbano.

MARQUES, s. m. En lo antiguo era el señor de alguna tierra que estaba en la comarca del reino. || Título de honor ó de dignidad.

MARQUESA, s. f. La muger ó viuda del marques, ó la que por sí gosa este título. || V. MARQUESINA.

MARQUESADO, s. m. La dignidad de marques ó el territorio anexo á ella.

MARQUESINA, s. f. La cubierta ó pabellon que se pone sobre la tienda de campaña para guardarse del agua.

MARQUESITA, s. f. Dase este nombre á lo que los naturalistas llaman PIRITA, y es una combinacion del azufre con un metal.

MARQUESITO, TA, LLO, LLA, s. m. y f. d. de MARQUÉS Y MARQUESA.

MARQUESOTE, s. m. aum. de MARQUÉS.

MARQUETA, s. f. El pan ó la porcion de cera sin labrar.

MARQUETERÍA, s. f. El arte ú oficio de los ebanistas. || La obra de taracea de varios colores.

MARQUIARTIFE, s. m. *Germ.* El pan.

MARQUIDA, s. f. *Germ.* La muger pública.

MARQUISA, s. f. *Germ.* V. MARQUIDA.

MARRA, s. f. Falta de alguna cosa donde debiera estar. || V. ALMADANA.

MARRADO, p. p. de MARRAR.

MARRAGA, s. f. ant. MARGA, tela.

MARRAJO, JA, adj. met. Cauto, astuto, difícil de engañar y que encubre dañada intencion. || Se aplica al toro ó buey malicioso que no arremete sino á golpe seguro.

MARRAJO, s. m. Pez, V. TIBURON.

MARRANA, s. f. La hembra del marrano.

MARRANAYA, s. f. V. CANALLA.

MARRANCHO, s. m. *Nav.* V. MARRANO.

MARRANCHON, NA, s. m. y f. V. MARRANO Ó LECHON.

MARRANO, s. m. El jabalí domesticado, que se distingue en ser ménos feroz, en tener el pelo mas lacio y mas ralo. ‖ Cada uno de los maderos trabados que se sientan en el suelo del pozo ó de la zanja que brota agua para afirmar los cimientos. ‖ ant. Maldito ó descomulgado.

MARRAR, v. n. Faltar, errar. ‖ met. Desviarse de lo recto.

MARRAS, adv. fam. El tiempo en que ya pasó ó en que sucedió algun caso particular.

MARRAZO, s. m. *Mil.* Especie de hacha de corte para hacer leña.

MÁRREGA, s. f. *Ar.* V. MARGA, JERGON, etc.

MARREGON, s. m. *Rioj.* V. JERGON.

MARRIDO, DA, adj. fam. V. AMARRIDO.

MARRILLO, s. m. Palo corto y algo grueso.

MARRO, s. m. Juego que se egecuta hincando en el suelo un bolo ú otra cosa. ‖ El regate ó hurto del cuerpo que se hace para no ser cogido y burlar al que persigue. ‖ Falta, yerro. ‖ Juego de muchachos. ‖ El palo con que se juega á la tala.

MARRON, s. m. La piedra con que se juega al marro.

MARROQUÍ y MARROQUIN, NA, adj. De Marruecos ó que pertenece á este reino.

*MARROTAR, v. a. V. MALROTAR.

MARRUBIO, s. m. Planta que crece en abundancia en los parages secos.

MARRULLERÍA, s. f. Astucia con que se pretende alucinar á alguno, halagándole.

MARRULLERO, RA, adj. El que usa de marrullerías.

MARSELLÉS, SA, adj. De Marsella.

MARSELLÉS, s. m. Especie de anguarina corta de paño burdo que usan los caleseros y marineros.

MARSOPA ó MARSOPLA, s. f. Animal marino conocido tambien con el nombre de CACHALOTE de cuarenta á sesenta pies de largo, de los cuales la cabeza ocupa mas de la mitad.

MARTA, s. f. Cuadrúpedo muy semejante á la fuina ó garduña cuyas pieles se estiman generalmente. ‖ La piel de la marta.

MARTAGON, s. m. Planta de cebolla que crece de suyo en algunas partes de España, y se cultiva por adorno en los jardines.

MARTAGON, NA, s. m. y f. La persona astuta, reservada y difícil de engañar.

MARTE, s. m. Uno de los principales planetas. ‖ *Quím.* El hierro. ‖ PROPIO MARTE, De propio ingenio, sin ayuda ni advertencia de otro.

MARTELO, s. m. Zelos, ó la pena y afliccion que nace de ellos.

MÁRTES, s. m. El tercer dia de la semana. ‖ DAR CON LA DEL MÁRTES, fam. Zaherir ó burlarse de alguno echándole en cara ó publicando algun defecto.

MARTILLADA, s. f. El golpe que se da con el martillo.

MARTILLADO, p. p. de MARTILLAR.

MARTILLADO, s. m. *Germ.* El camino.

MARTILLADOR, RA, s. m. El que martilla.

MARTILLAR, v. a. Batir y dar golpes con el martillo.

MARTILLAR, v. n. *Germ.* Caminar.

MARTILLEJO, s. m. d. de MARTILLO. ‖ ant. V. AFINADOR por la llave.

MARTILLICO, TO, s. m. d. de MARTILLO.

MARTILLO, s. m. Instrumento de hierro que regularmente tiene el cabo ó mango de madera, y sirve para afirmar y clavar los clavos. ‖ V. AFINADOR, por la llave. ‖ met. La cruz de la religion de san Juan, quitado el brazo derecho. ‖ El que persigue alguna cosa con el fin de sofocarla ó acabar con ella. ‖ *Germ.* El camino. ‖ Á MARTILLO, Á golpes de martillo. ‖ Á MACHA MARTILLO, Explica estar hecha una cosa con mas solidez que primor. ‖ DE MARTILLO, Se aplica á los metales labrados á golpe de martillo.

MARTIN DEL RIO, s. m. Ave, V. MARTINETE.

MARTIN PESCADOR, s. m. Ave de unas cuatro pulgadas de largo con el pico negro delgado, y largo, que habita en las orillas del mar y de los rios, y es quizá la mas hermosa de las aves indígenas de España.

MARTIN (SAN), La temporada en que se matan los cerdos.

MARTINA, s. f. Pez del Mediterráneo semejante á la anguila.

MARTINETE, s. m. Ave de dos pies y medio de largo que se alimenta de sabandijas y semillas. || El penacho de plumas del ave llamada martinete. || En el clavicordio es el palillo que correspondiendo á cada tecla hiere la cuerda con una lengüecilla. || El mazo movido por el agua para batir algunos metales, para abatanar los paños y fabricar papel, y la fábrica en que está. || Máquina para clavar estacas en el mar y en los rios por medio de un mazo. || PICAR DE MARTINETE, Volver el talon contra los ijares del caballo para picarle.

MARTINGALA, s. f. V. QUIJOTE, armadura.

MARTINIEGA, s. f. Tributo ó contribucion que se debia pagar el dia de san Martin.

MÁRTIR, s. com. El que padece muerte por amor de Jesucristo y en defensa de la verdadera religion. || met. El que padece grandes afanes y trabajos. || ANTES MÁRTIR QUE CONFESOR, fam. Explica la dificultad y resistencia que algunos muestran para declarar lo que se pretende saber de ellos.

MARTIRIADO, p. p. de MARTIRIAR.

MARTIRIAR, v. a. ant. V. MARTIRIZAR.

MARTIRIO, s. m. La muerte ó los tormentos padecidos por causa de la verdadera religion. || Cualquier trabajo largo y muy penoso.

MARTIRIZADO, p. p. de MARTIRIZAR.

MARTIRIZADOR, RA, s. m. y f. El que martiriza.

MARTIRIZAR, v. a. Atormentar á alguno ó quitarle la vida por causa de la verdadera religion. || met. Afligir, atormentar.

MARTIROLOGIO, s. m. El libro ó catálogo de los mártires, y por extension de todos los santos conocidos.

MARZADGA, s. f. Tributo y contribucion que se pagaba en el mes de marzo.

MARZAL, adj. Que pertenece al mes de marzo.

MARZAPAN, s. m. ant. V. MAZAPAN.

MARZO, s. m. El tercer mes del año segun nuestro cómputo.

MAS, adv. comp. con que se significa el exceso que hay de una cosa á otra ó de una cantidad á otra. || Se usa tambien para denotar alguna cantidad indeterminada, ademas de la que se determina. || Conj. adversativa, V. PERO. || V. SINÓ. || Con la partícula *que* se usa como interjeccion para denotar la indiferencia con que se mira el que suceda ó se haga alguna cosa. || Con la partícula *si* se usa como interjeccion de duda ó sospecha. || Precediendo el verbo *haber*, y siguiéndose interrogacion, se suele usar para afirmar el modo con que se discurre ó arbitria en alguna dificultad que se propone. || MAS Y MAS, Denota un aumento progresivo y continuado. || Á LO MAS MAS, V. CUANDO MUCHO, Á LO SUMO. || Á MAS, Expresa lo que se sobreañade á alguna cosa. || Á MAS Y MEJOR, GRANDEMENTE, con excelencia y primor. || DE HOY MAS, V. HOY. || DE MAS Á MAS, fam. Se usa para significar el aumento de alguna cosa. || NI MAS NI MÉNOS, Igualmente, cabalmente. || NO HAY MAS, Expr. que junta con algunos verbos significa lo sumo ó excelente de lo que dice el verbo. || SIN MAS ACÁ NI MAS ALLÁ, fam. Desnudamente, sin rebozo ni rodeos. || SIN MAS ACÁ NI MAS ALLÁ, Sin causa justa, atropelladamente. || SIN MAS NI MAS, Sin reparo, precipitadamente.

MAS, s. m. La casa de labranza con tierras, aperos y ganados.

MASA, s. f. La harina incorporada con agua ú otro líquido. || La mezcla ó betun que se forma con el yeso, cal, barro ú otra cosa incorporada ó batida con agua. || met. La porcion de oro, plata ú otro metal que se ha derretido. || met. El cuerpo ó el todo de una hacienda ú otra cosa tomada en grueso. || met. El conjunto ó la concurrencia de algunas cosas. || met. La naturaleza, constitucion ó calidad de los cuerpos. || met. El natural dócil ó genio blando de alguno. || *Ar.* La casa de labranza con sus tierras y aperos. || MASA Ó GRAN MASA, Lo que se descuenta del haber de cada soldado para proveerle de vestuario. || MASA DEL CLARO Ó DEL OSCURO, *Pint.* El conjunto del color claro ó del oscuro que se nota en una figura pintada ó en la composicion de un cuadro. || MASA DE LA SANGRE, El todo de la sangre del cuerpo encerrada en sus vasos.

MASADA, s. f. La casa de campo y de labor.

MASADERO, s. m. El vecino ó colono de una masada.

MASADO, p. p. de MASAR.

MASAR, v. a. V. AMASAR.

MASCABADO, adj. Se aplica al azúcar inferior que sale de la última cochura.

MASCADA, s. f. ant. V. MASCADURA.

MASCADO, p. p. de MASCAR.

MASCADOR, RA, s. m. y f. El que masca.

MASCADURA, s. f. Accion de mascar.

MASCAR, v. a. Partir y desmenuzar el manjar con la dentadura.|| met. Pronunciar y hablar con dificultad cortando las cláusulas ó las palabras. || MASCAR Á DOS CARRILLOS, fam. V. COMER Á DOS CARRILLOS. || DAR Á ALGUNO MASCADA ALGUNA COSA, met. Dársela explicada ó casi concluida de suerte que le cueste poco trabajo hacerla ó entenderla.

MÁSCARA, s. f. Figura, por lo comun ridícula, hecha de carton ú otra materia, con que algunas personas se cubren el rostro para no ser conocidas.|| Vestido de singular invencion hecho de intento para disfrazarse. || El festin ó sarao de personas enmascaradas. || Festejo de nobles á caballo con invencion de vestidos y libreas vistosas de noche con hachas, corriendo parejas. || V. CARETA de colmeneros. || met. Pretexto, disfraz, velo.

MÁSCARA, s. com. La persona que se cubre el rostro para no ser conocida. ||QUITARSE LA MÁSCARA, met. V. QUITARSE LA MASCARILLA.

MASCARADA, s. f. El festin ó sarao de personas enmascaradas.

MASCARADO, p. p. de MASCARAR.

MASCARAR, v. a. ant. V. ENMASCARAR.

MASCARERO, s. m. El que vende ó alquila los vestidos de máscara.

MASCARETA, s. f. d. de MÁSCARA.

MASCARILLA, s. f. d. de MÁSCARA, La máscara pequeña que por lo regular cubre solamente la frente y los ojos. || El vaciado que se saca sobre el rostro de una persona, y particularmente de los cadáveres. || QUITARSE LA MASCARILLA, met. Deponer el empacho y vergüenza para hacer ó decir alguna cosa.

MASCARON, s. m. aum. de MÁSCARA. || Cara grande y disforme hecha regularmente de carton con que se cubre el rostro ridiculamente. || Cara de piedra ó de otra materia que se coloca en las fuentes ó en otras obras de arquitectura.

MASCARONCILLO, s. m. d. de MASCARON.

MASCUJADO, p. p. de MASCUJAR.

MASCUJAR, v. a. fam. Mascar mal ó con dificultad. || met. Mascar ó pronunciar y hablar con dificultad.

MASCULINIDAD, s. f. for. Calidad que constituye el sexo masculino.

MASCULINO, NA, adj. Propio del varon ó que le pertenece.|| met. Se aplica al estilo y elocuencia que tiene mucha energía y nervio. || *Gram.* Dícese del nombre que significa varon ó macho de cualquiera especie de animal, y tambien del que no siéndolo se reduce á este género por su terminacion.

MASCULLADO, p. p. de MASCULLAR.

MASCULLAR, v. a. Hablar ó pronunciar mal algunas razones ó palabras de modo que con dificultad se entiendan.

MÁSCULO, s. m. ant. V. VARON ó el macho en cualquiera especie de animal.

MÁSCULO, LA, adj. ant. V. MASCULINO.

MASECORAL, s. m. JUEGO DE MANOS por agilidad.

MASEGICOMAR, s. m. V. MASECORAL.

* MASEGICORAL, s. m. V. MASECORAL.

MASELUCAS, s. m. pl. *Germ.* Los naipes.

MASERA, s. f. Artesa grande que sirve para amasar. || La piel de carnero ó el lienzo en que se amasa la torta.

MASERÍA, s. f. V. MASADA ó casa de labor.

MASÍA, s. f. *Ar.* V. MASADA ó casa de labor.

* MASICORAL, s. m. V. MASECORAL.

MASILIENSE, adj V. MARSELLÉS.

MASILLA, TA, s. f. d. de MASA.||La corta cantidad de dinero que retiene el capitan á los soldados de su haber para proveerlos de zapatos y de ropa interior.

MASLO, s. m. El tronco de la cola de los cuadrúpedos.||ant. El ástil ó tallo de alguna planta.

MASON, s. m. aum. de MASA. || Bollo para cebar las aves.

MASTE, s. m. ant. V. MÁSTIL.

MASTEL, s. m. ant. V. MASLO. ||ant. V. MASTELERO. || ant. El palo derecho que sirve para mantener alguna cosa.

MASTELEO, s. m. ant. V. MASTELERO.

MASTELERO, s. m. *Náut.* Palo menor que se pone en los navíos y demas embarcaciones de vela redonda sobre cada uno de los mayores.||MASTELERO DE GAVIA, *Náut.* El que va sobre el palo mayor, y sirve para sostener la verga y vela de gavia. ‖ MASTELERO DE JUANETE, *Náut.* Cada uno de los que se ponen sobre los masteleros de gavia y que sostiene el juanete y su verga. ‖ MASTELERO DE POPA, *Náut.* V. MASTELERO DE GAVIA. ‖ MASTELERO DE PROA, *Náut.* V. MASTELERO DE VELACHO. ‖ MASTELERO DE SOBREMESANA, El que va sobre el palo de mesana, y sostiene la verga y vela de sobremesana. ‖ MASTELERO DE VELACHO, *Náut.* El que va sobre el palo de trinquete, y sostiene el velacho y su verga. ‖ MASTELERO MAYOR, *Náut.* V. MASTELERO DE GAVIA.

MASTICACION, s. f. Accion y efecto de masticar.

MASTICADO, p. p. de MASTICAR.

MASTICAR, v. a. V. MASCAR. ‖ met. V. RUMIAR Ó MEDITAR.

MASTICATORIO, RIA, adj. Se aplica á los medicamentos que se mastican.

MASTICINO, NA, adj. ant. Perteneciente al masticis.

MASTICIS, s. m. ant. V. ALMÁSTIGA Ó ALMÁCIGA.

MASTIGADO, p. p. de MASTIGAR.

MASTIGADOR, s. m. Instrumento como frenillo ó mordaza que se pone á los caballos en la boca para que no puedan comer.

MASTIGAR, v. a. ant. V. MASTICAR.

MÁSTIL, s. m. V. MASTELERO. ‖ Cualquiera de los palos derechos que sirven para mantener alguna cosa. ‖ Tallo de alguna planta cuando se hace grueso y leñoso. ‖ Faja ancha de que usan los Indios en lugar de calzones.

MASTIN, s. m. Variedad del perro comun. ‖ *Germ.* El criado de justicia.

MASTINA, s. f. La hembra del mastin.

MASTINAZO, ZA, s. m. y f. aum. de MASTIN.

MASTINILLO, LLA, s. m. y f. d. de MASTIN.

MASTO, s. m. *Ar.* El árbol donde se ingiere.

MASTRANTO, s. m. Planta, V. MASTRANZO.

MASTRANZO, s. m. Planta muy comun en toda España en las orillas de los rios, prados y sitios húmedos.

MASTUERZO, s. m. Planta cuyas hojas tienen un gusto picante y agradable, y se cultiva en los jardines para ensalada.

MATA, s. f. Nombre genérico que se da á todas las plantas que duran vivas mas de dos años, y cuyo tronco es leñoso, pero sin yemas. ‖ Ramito ó pié de alguna yerba. ‖ Porcion de terreno poblado de árboles de una misma especie. ‖ Juego, V. MATARRATA. ‖ En el juego de la matarrata, el siete de espadas y de oros. ‖ met. El cabello ó parte de él, como buena MATA de pelo. ‖ ant. Matanza, mortandad, destrozo. ‖ SALTAR DE LA MATA, Darse á conocer el que estaba oculto. ‖ SEGUIR Á ALGUNO HASTA LA MATA, met. Perseguirle y acosarle con empeño hasta no poder mas. ‖ SER TODO MATAS Y POR ROZAR, met. Se dice del negocio enmarañado.

MATACAN, s. m. Fruto, V. NUEZ VÓMICA. ‖ Nombre que se da á la liebre que ha sido ya corrida de los perros. ‖ Composicion venenosa para matar los perros. ‖ La piedra grande de ripio que se puede coger cómodamente con la mano. ‖ El dos de bastos en el juego de naipes *cuca y matacan.* ‖ *Murc.* La encina nueva.

MATACANDELAS, s. f. Instrumento que puesto en una vara ó caña sirve para apagar las luces.

MATACANDIL, s. m. *Murc.* Especie de cangrejo, V. LANGOSTA.

MATACHIN, s. m. Hombre disfrazado ridiculamente con carátula, vestido de varios colores ajustado al cuerpo desde la cabeza á los pies y armado con espada de palo. ‖ El que mata las reses. ‖ Juego usado entre los matachines haciendo movimientos y dándose golpes. ‖ DEJAR Á ALGUNO HECHO UN MATACHIN, fam. Avergonzarle.

* **MATACHINADA**, s. f. Los juegos de matachines.

MATACÍA, s. f. *Ar.* Muerte ó matanza.

MATADERO, s. m. El sitio donde se mata y desuella el ganado destinado para el abasto público. ‖ met. Trabajo ó afan de grave incomodidad. ‖ IR, VENIR Ó LLEVAR AL MATADERO, met. Meterse alguno ó ponerle en peligro evidente de perder la vida.

MATADO, p. p. de MATAR.

MATADOR, RA, adj. Que causa la muerte.

MATADOR, RA, s. m. y f. El que mata. ‖ En el juego del hombre se llama así cualquiera de las tres cartas del estuche.

MATADURA, s. f. La llaga ó herida que se hace á la bestia por ludirle el aparejo. ‖ DAR Á ALGUNO EN LAS MATADURAS Ó EN LO VIVO, fam. Zaherir á alguno con aquello que siente mas ó que le causa mas enojo.

MATAFUEGO, s. m. El instrumento con que se apagan los fuegos que se llama BOMBA. || MATAFUEGOS, pl. El oficial destinado por las ciudades para acudir á apagar los incendios.

MATAHUMOS, s. m. ant. V. DESPABILADERA.

MATAJUDÍO, s. m. Pez, V. MUJOL.

MATALAHUVA, s. f. ANIS, planta y semilla.

MATALON, adj. y s. Que aplica á la caballeria muy flaca, trotona y de mal paso.

MATALOTAGE, s. m. La prevencion de comida que se lleva en la embarcacion. || met. fam. Conjunto de muchas cosas diversas y mal ordenadas.

MATALOTE, adj. V. MATALON.

MATAMIENTO, s. m. ant. Accion de matar.

MATANTE, p. a. ant. de MATAR, y s. El que mata.

MATANZA, s. f. Accion de matar, y por antonomasia se dice hablando del ganado de cerda. || La porcion de ganado de cerda destinado para matar. || Mortandad en alguna batalla ú otra funcion. || met. Instancia y porfia en alguna pretension ú otro negocio.

MATAR, v. a. Quitar la vida á alguno. || Apagar. || Herir y llagar la bestia por ludirle el aparejo ú otra cosa. || Hablando de la cal ó del yeso quitarles la fuerza echándoles agua. || met. Desazonar ó incomodar con necedades y pesadeces. || met. Estrechar, violentar. || met. Extinguir, aniquilar. || met. Acongojarse de no poder conseguir algun intento. || MATARSE CON ALGUNO, met. Reñir ó pelear con él. || MATARSE POR ALGUNA COSA, met. Hacer vivas diligencias para conseguirla. || MATARLAS CALLANDO, Apodo del que con maña y secreto procura conseguir su intento. || QUE ME MATEN, Expr. fam. para asegurar la verdad de alguna cosa. || TODOS LA MATAMOS, fam. Redarguye al que reprende algun defecto en que el mismo incurre.

* MATARIFE, s. m. El carnicero que mata las reses.

MATARRATA, s. f. Juego de naipes semejante al del truque.

MATASANOS, s. m. fam. Apodo que se da á los médicos y cirujanos, y mas comunmente á los curanderos y malos medicos.

MATASIETE, s. m. El espadachin, fanfarron, preciado de valiente.

MATE, s. m. El último lance del agedrez. || Nombre que dan en América al cocimiento de algunas plantas cefálicas, estomacales ó estimulantes. || La taza en que toman en América el mate. || V. YERBA MATE.

MATE, adj. Se aplica á los metales que no estan bruñidos. || DAR MATE, Zumbarse, burlarse de alguno con risa. || DAR MATE AHOGADO, En el juego del agedrez estrechar al rey sin darle jaque, de manera que no tenga donde moverse. || DAR MATE AHOGADO, met. Querer las cosas al punto, sin dilacion, sin poder tomar acuerdo.

MATEAR, v. n. *Murc.* Extenderse los panes echando muchos hijuelos.

MATEMÁTICA, s. f. Ciencia que trata de la cantidad en cuanto mensurable.

MATEMÁTICAMENTE, adv. Conforme á las reglas de la matemática.

MATEMÁTICO, CA, adj. Que pertenece á la matemática.

MATEMÁTICO, s. m. El que profesa la matemática.

MATERCARIA, s. f. ant. V. MATRICARIA.

MATERIA, s. f. La sustancia corporal. || La sustancia de las cosas considerada con respecto á algun agente determinado. || El material de que se compone alguna obra. || La sangre corrompida, cocida y encrasada de color blanco, que se halla en las heridas, llagas ó apostemas. || En los sacramentos se dice aquella cosa ó accion fisica ó moralmente sensible que es aplicada por las palabras. || *Fil.* La sustancia extensa é impenetrable capaz de recibir toda especie de formas. || met. Cualquier punto ó negocio de que se trata. || met. Causa, ocasion, motivo. || ant. En las escuelas de primeras letras la muestra que da el maestro á los niños. || MATERIA DE ESTADO, Todo lo que pertenece al gubierno, conservacion, aumento y reputacion del reino y del príncipe. || MATERIA PARVA, La cantidad pequeña de alguna cosa. || MATERIA PRÓXIMA DEL SACRAMENTO, La accion con que se aplica la materia remota á la forma. || MATERIA REMOTA DEL SACRAMENTO, La cosa fisica ó moralmente sensible que se aplica á la forma por medio de la accion. || COCER Ó COCERSE LAS MATERIAS EN LAS HERIDAS, LLAGAS Ó APOSTEMAS, Llegar á corromperse del todo los humores que hay en ellas. || ENTRAR EN MATERIA, Empezar á tratar de ella de intento. || PRIMERA MATERIA, La produccion, fruto, especie ó materia que aun no se ha empleado en manufacturas.

MATERIAL, adj. Que toca ó pertenece á la materia. ‖ Grosero, sin agudeza ni discrecion.

MATERIAL, s. m. V. INGREDIENTE. ‖ Cualquiera de las materias que se necesitan para una obra.

MATERIALIDAD, s. f. *Filos.* La calidad de la materia ‖ La superficialidad ó apariencia de las cosas ó el sonido de las palabras. ‖ Entre los teólogos el físico y material ser de las acciones egecutadas con ignorancia inculpable.

MATERIALISMO, s. m. El error de los que no admiten mas sustancia que la materia.

MATERIALISTA, s. com. El sectario del materialismo.

MATERIALMENTE, adv. Con materialidad. ‖ Entre los teólogos son el conocimiento y advertencia que constituye las acciones buenas ó malas.

MATERNAL, adj. V. MATERNO.

MATERNALMENTE, adv. Con afecto de madre.

MATERNIDAD, s. f. Estado ó la calidad de madre.

MATERNO, NA, adj. Que pertenece á la madre.

MATIHUELO, s. m. V. DOMINGUILLO.

MATIZ, s. m. Union de diversos colores mezclados con proporcion.

MATIZADO, p. p. de MATIZAR.

MATIZAR, v. a Juntar, casar con hermosa proporcion diversos colores. ‖ met. Adornar alguna cosa no material, como una oracion, discurso, etc.

MATO, s. m. V. MATORRAL.

MATON, s. m. Guapeton, espadachin y pendenciero. ‖ ant. V. RECIEN CASADO.

MATORRAL, s. m. Campo inculto lleno de matas y malezas.

' **MATORRALILLO**, s. m. d. de MATORRAL.

MATOSO, SA, adj. Lleno y cubierto de matas.

MATRACA, s. f. Instrumento de madera que se forma un ruido grande y desapacible. ‖ Burla y chasco con que se zahiere ó reprende.

MATRAQUEADO, p. p. de MATRAQUEAR.

MATRAQUEAR, v. a. Burlar y dar chasco zahiriendo ó reprendiendo.

MATRAQUISTA, s. com. El que da matraca.

MATRAZ, s. m. Vaso de que se usa en las boticas.

MATRERO, RA, adj. Astuto, diestro y esperimentado.

MATRICARIA, s. f. Planta que crece hasta la altura de dos pies, algo vellosa, y que despide un olor agradable, por lo cual se cultiva los jardines.

MATRICIDA, s. com. Persona que mata á su madre.

MATRICIDIO, s. m. Delito de matar á la madre.

MATRÍCULA, s. f. Lista ó catálogo de los nombres de las personas que se asientan para algun fin determinado.

MATRICULADO, p. p. de MATRICULAR.

MATRICULADOR, s. m. El que matricula.

MATRICULAR, v. a. Escribir el nombre de alguno en la lista ó matrícula.

MATRIMONIAL, adj. Que pertenece al matrimonio.

MATRIMONIALMENTE, adv. Segun el uso y costumbre de los casados.

' **MATRIMONIAR**, v. a. ant. Contraer matrimonio.

MATRIMONIO, s. m. Contrato entre hombre y muger por mutuo consentimiento externo, en que da el uno al otro potestad sobre su cuerpo. ‖ fam. El marido y la muger. ‖ MATRIMONIO CLANDESTINO, El que se celebra sin presencia del propio párroco y testigos. ‖ MATRIMONIO DE CONCIENCIA, El que se contrae faltando á las solemnidades prescritas por las leyes del pais. ‖ MATRIMONIO RATO, El celebrado legítima y solemnemente que no ha llegado aun á consumarse. ‖ CONSTANTE EL MATRIMONIO, *For.* V. DURANTE EL MATRIMONIO. ‖ CONSUMAR EL MATRIMONIO, Tener los legitimamente casados el primer acto en que se pagan el débito conyugal. ‖ CONSUMIR MATRIMONIO Ó EL MATRIMONIO, CONSUMARLE. ‖ CONTRAER MATRIMONIO, Celebrar el contrato matrimonial.

MATRITENSE, adj. Natural de Madrid y perteneciente á esta villa.

MATRIZ, s. f. La parte en que se concibe el feto. ‖ El molde en que se funde la letra para la imprenta.

MATRIZ, adj. met. Principal ó primero en su clase. ‖ Aplícase á la escritura ó instrumento que queda en el oficio para que con ella en caso de duda se cotejen el original y traslados.

MATRONA, s. f. Madre de familia noble y virtuosa. ‖ Comadre que partea y asiste á las que estan de parto.

MATRONAL, adj. Perteneciente á matrona.

MATRONAZA, s. f. aum. de MA-

ZRONA, Muger corpulenta y circunspecta.

MATUTE, s. m. La entrada de algunos géneros por alto. || Género que entra por alto.

MATUTEAR, v. a. Entrar géneros por alto.

MATUTERO, s. m. El que se ocupa en entrar géneros por alto.

MATUTINAL, adj. Se aplica á las misas que se dicen á la aurora.

MATUTINO, NA, adj. Que pertenece á las horas de la mañana.

* MAU, s. m. Grito, natural del gato.

MAULA, s. f. La cosa inútil y despreciable. || Engaño ó artificio encubierto. || La propina ó agasajo que se da à los criados agenos.

MAULA, s. com. fam. El tramposo ó mal pagador. || BUENA MAULA, joc. Taimado y bellaco.

MAULERÍA, s. f. Puesto en que se venden retazos de diferentes telas.

MAULERO, s. m. El que vende retazos de diferentes telas. || met. Embustero y engañador con artificio y disimulo.

MAULON, s. m. aum. de MAULA.

MAULLADOR, RA, adj. Se aplica al gato que maulla mucho.

MAULLAR, v. n. Formar el gato el sonido natural de su voz.

MAULLIDO, s. m. La voz del gato.

MAULLO, s. m. V. MAULLIDO.

MAURITANO, NA, adj. Natural de Mauritania ó perteneciente á ella.

MAUSEOLO, s. m. V. MAUSOLEO.

MAUSOLEO, s. m. Sepulcro magnífico y suntuoso.

MÁXIMA, s. f. Regla, principio ó proposicion generalmente admitida. || Sentencia, apotegma, dicho sentencioso ó doctrina buena para direccion de las acciones morales. || Idea, intencion, designio, principio adoptado de obrar. || La mayor nota ó punto de música.

MÁXIMAMENTE, adv. En primer lugar, principalmente.

MÁXIME, adv. fam. Principalmente.

MÁXIMO, MA, adj. sup. Sumo, tan grande en su especie que no tiene mayor ni igual.

*MAXMORDON, s. m. Hombre grosero, estúpido. || Hombre astuto.

MAYA, s. f. Yerba perenne que produce unas flores blancas ó encarnadas, y se cultiva en los jardines || Una niña que en los dias de fiesta del mes de mayo por juego visten galanamente, y la ponen sentada sobre una mesita en la calle. || La persona que se vestia con cierto disfraz ridículo para hacer reir en las funciones públicas.

MAYADOR, RA, s. m. y f. V. MAULLADOR.

MAYAL, s. m. En los molinos de aceite y tahonas el palo que sale de la piedra, y lleva siempre detras de sí la bestia. || Instrumento con el cual se desgrana el centeno.

MAYAR, v. n. V. MAULLAR.

MAYETAD, s. f. ant. V. MITAD.

MAYETO, s. m. El mazo con que se bate el papel en los molinos.

MAYO, s. m. El quinto mes del año segun nuestro cómputo. || Palo alto adornado de cintas frutas y otras cosas que se pone en algun lugar público, adonde durante el mes de mayo concurren los mozos y mozas á divertirse. || Ramos ó enramadas que ponen los novios á las puertas de sus novias.

MAYOR, s. m. El superior ó gefe de alguna comunidad ó cuerpo. || El oficial primero de cualquiera secretaría ú oficina. || V. SARGENTO MAYOR. || SARGENTO MAYOR de una plaza de armas. || MAYOR ó MAYOR DE EDAD, El sugeto que tiene la edad determinada por las leyes para salir de tutela ó curaduría. || ant. Caudillo, capitan, gefe de guerra.

MAYOR, s. f. *Log.* La primera proposicion de un silogismo.

MAYOR, adj. com. Que excede á otra cosa en cantidad ó calidad. || *Náut.* La vela principal de una embarcacion que va en el palo mayor. || MAYORES, pl. *Náut.* Las tres velas principales del navío y otras embarcaciones. || Los abuelos y demas progenitores de alguna persona. || Antepasados, sean ó no sean progenitores del que habla. || En algunos estudios de gramática la clase superior en que se estudia la prosodia. || MAYOR DE TODA EXCEPCION, El testigo que no padece tacha ni excepcion legal. || MAYOR GENERAL, En un egército reunido es el oficial general encargado del detalle del servicio. || LEVANTARSE Á MAYORES, Ensoberbecerse alguno elevándose mas de lo que le corresponde. || POR MAYOR, Sumariamente ó sin especificar las circunstancias. || En cantidad grande.

MAYORA, s. f. La muger del mayor.

MAYORADGO, s. m. ant. V. MAYORAZGO.

MAYORAL, s. m. ant. Gefe de cualquiera cuerpo ó comunidad. || El pastor principal que cuida de los rebaños ó cabañas. || En los coches de colleras ó de camino el que gobierna el tiro de mulas y tiene á sus órdenes al zagal. || En las cuadrillas de segadores el que hace de cabeza ó capataz. || En las cabañas de mulas, el cabeza ó capataz que manda á los otros mozos. || *Germ.* Alguacil ó corregidor. ||* MAYORAL HAMPASTOR, En los hospitales de san Lázaro el que los gobierna.

MAYORALÍA, s. f. ant. El rebaño que pastoreaba un mayoral. || ant. Salario ó precio que llevaba el mayoral por el trabajo de su pastoreo ó mayoralía.

MAYORANA, V. MEJORANA.

MAYORAR, v. a. ant. Dar ó mejorar en mayor porcion.

MAYORAZGA, s. f. La que goza y posee algun mayorazgo, la sucesora en él, y la muger del mayorazgo.

MAYORAZGO, s. m. Conjunto de bienes vinculados. || El poseedor de los bienes vinculados. || Hijo primogénito de alguna persona que goza y posee mayorazgo. || fam. Hijo primogénito de cualquiera persona. || MAYORAZGO DE AGNACION ARTIFICIAL Ó ARTIFICIOSA, El que pidiendo varonía admite que extinguida la línea de varon en varon, entre el varon de la hembra mas próxima. || MAYORAZGO DE AGNACION RIGUROSA, Aquel en que suceden solo los varones de varones por línea masculina. || MAYORAZGO DE MASCULINIDAD, Aquel que solo admite á los varones, ya sean descendientes de varon ó de hembra. || MAYORAZGO REGULAR, Aquel en que se sucede perfiriendo el varon á la hembra, y el mayor al menor en cada línea. || MAYORAZGO SALTUARIO, El que sin atender á la línea busca para la sucesion al sugeto que tiene las calidades prevenidas en los llamamientos.

MAYORAZGÜELO, s. m. d. de MAYORAZGO.

MAYORAZGUILLO, s. m. d. de MAYORAZGO.

MAYORAZGUISTA, s. m. for. El autor que trata ó escribe de la materia de mayorazgos.

MAYORAZGUITO, s. m. d. de MAYORAZGO.

MAYORCICO, CA, LLO, LLA, TO, TA, adj. d. de MAYOR.

MAYORDOMA, s. f. La muger del mayordomo.

MAYORDOMADGO, s. m. ant. V. MAYORDOMÍA.

MAYORDOMAZGO, s. m. ant. V. MAYORDOMÍA.

MAYORDOMBRE, s. m. ant. *Ar.* V. PROHOMBRE.

MAYORDOMBRÍA, s. f. ant. *Ar.* El oficio de prohombre.

MAYORDOMEAR, v. a. Administrar alguna hacienda ó casa.

MAYORDOMÍA, s. m. Cargo y empleo del mayordomo. || ant. V. PRÉSTAMO.

MAYORDOMO, s. m. El criado principal á cuyo cargo esta el gobierno económico de alguna cosa ó hacienda. || El oficial que se nombra en las congregaciones ó cofradías para la satisfaccion de los gastos, cuidado y gobierno de las funciones. || MAYORDOMO DE ESTADO, Persona á cuyo cargo estaba en la casa real el cuidado de la servidumbre del estado de los caballeros. || MAYORDOMO DE FÁBRICA, El que recauda el derecho de fábrica. || MAYORDOMO DE SEMANA, La persona que en la casa real sirve la semana que le toca bajo las órdenes del mayordomo mayor. || MAYORDOMO MAYOR, Gefe principal de palacio, á cuyo cargo está el cuidado y gobierno de la casa del rey. || MAYORDOMO DE PROPIOS, El administrador de los caudales y propios de un pueblo.

MAYORÍA, s. f. Superioridad ó excelencia de una cosa respecto de otra. || La mayor edad prescrita por las leyes para salir de la curaduría.

MAYORIDAD, s. f. V. MAYORÍA por superioridad.

MAYORINO, s. m. ant. Merino.

MAYORISTA, s. m. En los estudios de gramática el que ha llegado á la clase de mayores.

MAYORMENTE. adv. Principalmente, con especialidad.

MAYORMIENTRE, adv. ant. Mayormente.

* MAYORQUIN, s. m. Desigualdad en un tegido de lana.

MAYÚSCULA, s. f. V. LETRA MAYÚSCULA.

MAZA, s. m. *Mil.* En lo antiguo arma hecha de palo guarnecida de hierro ó toda de hierro con la cabeza gruesa. || La insignia que llevan los maceros. || Instrumento de madera dura que sirve para machacar el esparto y el lino. || Pieza gruesa y pesada que puesta entre dos pilares elevados dejándola caer de repente sirve para clavar estacas. || Tronco ó cosa pesada en que se asegura la cadena á los monos para que no se huyan. || El palo, hueso ú otra cosa que por entretenimiento se suele poner en las carnestolendas atado á la cola de los perros; y el trapo ú otra cosa que se prende en los vestidos para burlarse de los que los llevan. || met. La persona pesada y molesta en su conversacion y trato. || ant. El cubo de la rueda. || ant. Especería, droga. || MAZA SORDA, V. ESPADAÑA. || MAZA DE FRAGA, V. MARTINETE, 5ª A. || LA MAZA Y LA MONA, fam. Llámase así á dos personas que andan siempre juntas.

MAZACOTE, s. m. El zumo que se extrae del almarjo, para fabricar el jabon de piedra. || La mezcla hecha de cal, arena, casquijo, ó guijo y agua, para cimientos y rellenos de las paredes gruesas. || met. El guisado ú otra vianda ó cosa de masa que está seca, dura y pegajosa. || Apodo. El hombre molesto y pesado.

MAZADA, s. f. El golpe que se da con maza ó mazo. || *Germ.* La suerte que hace el fullero cuando da con algun encuentro que junta. || DAR MAZADA A UNO, Hacer ó causar algun daño ó perjuicio grave á otro.

MAZADO, p. p. de MAZAR.

MAZAGATOS (ANDAR LA DE), Haber gran ruido, pendencia ó riña.

MAZAMORRA, s. f. Cierta vianda compuesta de harina de maiz con azúcar ó miel. || El bizcocho averiado, ó los fragmentos ó reliquias que quedan de él. || Comida compuesta de los fragmentos del bizcocho que se da á la gente de mar. || met. Cualquiera cosa desmoronada y reducida á piezas menudas, aunque no sea comestible.

MAZANETA, s. f. Pieza que antiguamente se ponia en las joyas.

MAZAPAN, s. m. Género de pasta hecha de almendras, azúcar y otra cosas.

MAZAR, v. a. Golpear la leche dentro de un odre para que se separe la manteca.

MAZARÍ, s. m. ant. V. LADRILLO.

MAZILLO, s. m. d. de MAZO.

MAZMORRA, s. f. Prision subterránea de que usaban los Moros.

MAZNADO, p. p. de MAZNAR.

MAZNAR, v. a. ant. Amasar, ablandar ó estrujar alguna cosa con las manos. || ant. Machacar el hierro cuando está caliente.

MAZO, s. m. Instrumento de madera fuerte á modo de martillo grande. || Cierta porcion de cosas juntas y atadas en un manojo. || En el juego de la primera es la suerte en que concurren el seis, el siete y el as de un palo. || met. Hombre molesto, fastidioso y pesado. || MAZO SOBRAO, Mazo grande de madera que sirve para fabricar los navíos.

MAZON, s. m. aum. de MAZO.

MAZONADO, DA, adj. *Blas.* Se dice de la figura que representa en el escudo la obra de silleria.

MAZONADURA, s. f. ant. Accion de macear.

MAZONAR, v. a. ant. V. MACEAR.

MAZONEADO, p. p. de MAZONEAR.

MAZONEAR, v. a. ant. V. MACHAR.

MAZONERÍA, s. f. Fabrica de cal y canto. || ant. Bordado de oro y plata de realce. || ant. Voz colectiva que comprende varias piezas de plata ú oro que se hacen para el servicio de las iglesias. || Obra de relieve.

MAZORCA, s. f. V. HUSADA. || Especie de espiga densa ó apretada en que se crian algunos frutos muy juntos. || La labor que tienen los balaustres de algunos balcones en la mitad.

* MAZORRA, s. f. Machote, mazo grande de madera.

MAZORRAL, adj. Grosero, rudo, basto.

MOZORRALMENTE, adv. Grosera, y rudamente.

ME

ME, Caso irregular del pronombre yo, que sirve para dativo y acusativo, y se suele usar antepuesto y pospuesto á los verbos.

MEA, s. f. fam. Voz con que el niño explica querer orinar.

MEADA, s. f. Porcion de orina que se expele de una vez. || El sitio que moja ó señal que hace en el suelo una meada.

MEADERO, s. m. Lugar destinado para orinar.

MEADO, p. p. de MEAR.

MEADOS, s. m. pl. V. ORINES.

* MEADURA, s. f. Chorrito, hilito, caño muy delgado de una fuente ó saltador.

MEAJA, s. f. Moneda antigua de Castilla que valia la sexta parte de un maravedí. || Cierto derecho que los jueces exigian de las partes en las egecuciones. || MEAJA DE HUEVO, GALLADURA.

MEAJILLA, TA, s. f d. de MEAJA.

MEAJUELA, s. f. d. de MEAJA. || Cada una de las piezas pequeñas que se ponen pendientes en los sabores del freno.

* MEAPERROS, s. m. Sardinera, planta.

MEAR, v. n. y a. V. ORINAR.

MEATO, s. m. *Med.* Conducto, via ó poro del cuerpo humano.

MEAUCA, s. f. Ave de dos pies de

largo, muy comun en el norte donde habita á orillas de la mar.

MECÁNICA, s. f. Parte de las matemáticas mixtas que trata del movimiento y de las fuerzas motrices. || fam. Cosa despreciable y ruin. || fam. Accion mezquina é indecorosa. || *Mil.* La policía interior y el manejo por menudo de los intereses y efectos de los soldados.

MECÁNICAMENTE, adv. Con mezquindad.

MECÁNICO, s. m. El que profesa la mecánica.

MECÁNICO, CA, adj. Que pertenece á la ciencia mecánica. || Que pertenecer á los oficios ú obras de los menestrales. || Bajo é indecoroso.

*MECANIQUEZ, s. f. Cualidad de lo que es bajo, vil y mecánico.

MECANISMO, s. m. Artificio ó estructura de un cuerpo.

MECEDERO, s. m. V. MECEDOR, instrumento.

MECEDOR, RA, s. m. y f. El que mece. || Instrumento de madera para mecer.

MECEDURA, s. m. Accion de mecer.

MECENAS, s. m. El príncipe ó persona poderosa que patrocina á los hombres de letras.

MECER, v. a. Mover alguna cosa con repeticion de una parte á otra. || Menear y mover algun líquido de una parte á otra para que se mezcle ó incorpore. || *Ast* Ordeñar.

*MECEREO, s. m. Laureola hembra, arbusto.

MECHA, s. f. Torcida que se pone en las lámparas, velones ó candiles. || El clavo de hilas torcidas que meten los cirujanos en las heridas y llagas. || Cuerda de cáñamo para dar fuego á las minas, piezas de artillería, etc. || Lonjilla de tocino gordo para mechar aves, carne y otras cosas. || Porcion de pelo, hebras o hilos separados de los otros. || ALARGAR LA MECHA, fam. Aumentar la paga. || Alargar alguna dependencia voluntariamente.

MECHADO, p. p. de MECHAR.

*MECHADOR, RA, s. m. y f. El que mecha.

MECHAR, v. a. Introducir mechas de tocino gordo en la carne que se ha de asar ó empapar.

MECHERA, s. f. Aguja para mechar.

MECHERO, s. m. El cañutillo ó cañutito en donde se pone la mecha ó torcida para alumbrar. || El cañon de los candeleros en donde se coloca la vela.

MECHINAL, s. m. Agujero cuadrado que se deja en las paredes cuando se fabrica algun edificio, para formar después los andamios.

MECHITA, s. f. d. de MECHA.

MECHOACAN, s. m. Cierta raiz blanca que se usa en la medicina como purgante.

MECHON, s. m. aum. de MECHA. || Porcion de hilos ó hebras separada de las otras.

MECHONCILLO, s. m. d. de MECHON.

MECHOSO, SA, adj. Que tiene mechas en abundancia.

MECHUSA, s. f. *Germ.* V. CABEZA.

MECIDO, p. p. de MECER.

MECONIO, s. m. V. ALHORRE. || *Farm.* Jugo de las cabezas de las adormideras.

MEDA, s. f. *Gal.* V. HACINA.

MEDADO, p. p. de MEDAR.

MEDALLA, s. f. Pedazo de metal batido ó acuñado con alguna figura, símbolo, emblema. || *Escul.* Pieza de mármol, metal ó madera redonda ú ovalada, en que está alguna figura esculpida de medio relieve. || fam. V. DOBLON DE Á OCHO.

MEDALLON, s. m. aum. de MEDALLA. || *Arq.* Bajo relieve de figura redonda ú ovalada.

MÉDANO, s. m. Porcion ó monton de arena cubierta de agua, donde hay poco fondo en la orilla del mar.

MEDAÑO, s. m. V. MÉDANO.

MEDAR, v. a. *Gal.* V. HACINAR.

MEDECINA, s. f. ant. V. MEDICINA.

MEDECINAMIENTO, s. m. ant. Accion ó efecto de medicinar.

MEDERO, s. m. *Gal.* Hacina de gavillas de sarmientos.

MEDIA, s. f. Calzado que sirve para cubrir el pié y la pierna. || Medida en que cabe la mitad de una fanega. || MEDIA DE ARRUGAS, Media que se usaba antiguamente, y se ponia de modo que hiciese arrugas || MEDIA CON LIMPIO, En Madrid ajuste en alguna posada para tener por la noche media cama, y por compañero uno que estuviese limpio de achaque contagioso. || MEDIA PROPORCIONAL, *Geom.* y *Arit.* La cantidad ó magnitud que en una proporcion continua de tres términos sirve de consecuente al primero y de antecedente al último.

MEDIACAÑA, s. f. *Arq.* Moldura cóncava, cuyo perfil es por lo regular un semicírculo. || Liston de madera con algunas molduras lisas. || Entre los carpinteros y ebanistas el formon con el cual se entalla en la madera la moldura llamada MEDIACAÑA. || Lima cuya figura es la de una caña partida á lo largo. || Instrumento de hierro que usan los peluqueros para rizar el pelo. || En el juego de trucos, el taco que sirve para jugar algunas suertes, cuya punta está cortada verticalmente por en medio.

MEDIACION, s. f. Accion y efecto de mediar.

MEDIADO, p. p. de MEDIAR.

MEDIADOR, RA, s. m. y f. El que media.

MEDIANA, s. f. La carne del brazuelo inmediata á las agujas y pescuezo de la res. || *Agr.* V. BARZON. || *Extr.* La caña muy delgada que se pone por punta al extremo de la caña de pescar. || PAN DE MEDIANA, El pan que se hace de calidad entre el de flor y el bazo.

MEDIANAMENTE, adv. Sin tocar en los extremos.

MEDIANEDO, s. m. ant. La línea donde se pone el mojon divisorio de algun término.

MEDIANERÍA, s. f. ant. V. MEDIANÍA. || La pared que es comun á dos casas contiguas. || POR MEDIANERÍA, ant. Por medio.

MEDIANERO, RA, adj. Que media ó intercede para que otro consiga alguna cosa. || ant. Que tiene medianías conveniencias. || ant. V. MEDIO. || Dueño de una casa que tiene medianería con otra ú otras. || ant. V. MEDIANO. ant. || Dícese de la cosa que está en medio de otras dos.

MEDIANEZA, s. f. ant. Medianía.

MEDIANIA, s. f. Moderacion y templanza en la egecucion de alguna cosa.

MEDIANIDAD, s. f. V. MEDIANÍA.

MEDIANIL, s. m. *Agr.* En una haza de tierra la parte que está entre la cabezada y la hondonada.

MEDIANISTA, s. m. En los estudios de gramática el estudiante que está en la clase de medianos.

MEDIANO, NA, adj. Moderado, ni muy grande ni muy pequeño.

MEDIANOS, s. m. pl. La clase de la gramática, que es la que se trata del uso y construccion de las partes de la oracion.

MEDIANTE, p. a. de MEDIAR, Que media.

MEDIANTE, adv. Respecto, en atencion, por razon.

MEDIAR, v. n. Llegar á la mitad de alguna cosa real ó figuradamente. || Interceder ó rogar por alguno. || Interponerse entre dos ó mas que riñen. || Existir ó estar una cosa en medio de otras.

MEDIAR, v. a. Tomar un término medio entre dos extremos.

MEDIASTINO, s. m. *Anat.* Continuacion de la membrana llamada pleura, que se extiende desde las clavículas hasta el diafragma.

MEDIATAMENTE, adv. Con intermision ó mediacion de otra cosa.

MEDIATO, TA, adj. Que en tiempo ó lugar está junto con otra cosa, mediando otra entre las dos.

MEDIATOR, s. m. Juego, V. HOMBRE.

MEDICABLE, adj. Capaz de sanar con medicinas.

MEDICADO, p. p. de MEDICAR.

MEDICAMENTO, s. m. Remedio interno ó externo para recobrar la salud.

MEDICAR, v. a. ant. Aplicar remedios.

MEDICASTRO, s. m. El curandero que se introduce á egercer la medicina sin ciencia ni letras algunas. || Médico indocto y falto de experiencia.

MEDÍCEA, adj. Se aplica á cualquiera de los cuatro satelites del planeta Júpiter que descubrió Galileo.

MEDICINA, s. f. Ciencia de precaver y curar las enfermedades del cuerpo humano.

MEDICINADO, p. p. de MEDICINAR.

MEDICINAL, adj. Que pertenece á la medicina. || Que tiene virtud saludable y contraria á algun mal ó achaque.

MEDICINAR, v. a. Aplicar medicinas.

MEDICION, s. f. La accion de medir.

MÉDICO, CA, adj. Que toca ó pertenece á la medicina.

MÉDICO, s. m. El que profesa la medicina. || MÉDICO DE APELACION, Aquel á quien se llama para las consultas y casos graves. || MÉDICO DE CABECERA, El que asiste especialmente y de continuo al enfermo. || MÉDICO ESPIRITUAL, El que dirige y gobierna la conciencia y espíritu de alguno.

MEDIDA, s. f. Cualquier instrumento que sirve para el conocimiento de la extension ó cantidad de alguna cosa. || La accion de medir. || *Arit.* Aquel número que repetido algunas veces compone cabalmente otro con que se compara. || La cantidad de sílabas de que se componen los versos. || La cinta que se corta igual á la altura de la imágen ó estatua de algun santo, en que se suele estampar su figura y su nombre. || Proporcion ó correspondencia de una cosa con otra. || met. Cordura, prudencia. || AJUSTADME ESTAS MEDIDAS, Ó AJÚSTEME VMD ESTAS MEDIDAS, fam. Se usa cuando alguno habla sin concierto, contradiciéndose ó cuando las cosas que se hacen no tienen la debida proporcion. || Á MEDIDA DEL DESEO, Explica que á alguno le salen las cosas segun apetecia. || Á MEDIDA Ó Á SABOR DE SU PALADAR, Segun su gusto ó deseo. || DESCONCERTÁRSELE Á UNO LAS MEDIDAS, Desbaratársele á uno los medios que iba poniendo para conseguir algun fin. || LLENAR Ó HENCHIR LAS MEDIDAS, met. Decir alguno su sentimiento á otro claramente y sin rebozo ni adulacion. || Adular excesivamente. || TOMAR Á ALGUNO LAS MEDIDAS, met. Hacer entero juicio de lo que es un sugeto. || TOMAR LA MEDIDA, Medir y tantear la extension y latitud de una cosa para el acierto de alguna obra. || TOMAR SUS MEDIDAS, met. Premeditar y tantear alguna dependencia para lograr el mayor acierto.

MEDIDAMENTE, adv. Con medida.

MEDIDO, p. p. de MEDIR.

MEDIDOR, **RA**, s. m. y f. El que mide. || FIEL MEDIDOR, El sugeto destinado para asistir á la medida de las cosas que tienen tributo de saca.

MEDIERA, s. f. La que hace y compone medias.

MEDIERO, s. m. El que hace y vende medias ó trata en ellas. || *Ar.* El que va á medias con otro en la administracion de tierras ó cria de ganados.

MEDIO, **DIA**, adj. Que contiene la mitad.

MEDIO, s. m. La parte que en alguna cosa dista igualmente de sus extremos. || met. El corte ó sesgo que se toma en algun negocio ó dependencia. || met. La diligencia ó accion conveniente para conseguir alguna cosa. || *Log.* La razon con que se prueba alguna cosa, colocada artificiosamente en el silogismo. || Lo que no está perfectamente concluido. || V. MELLIZO, GEMELO. || Moderacion entre los extremos en lo físico ó en lo moral. || MEDIOS, pl. El caudal, rentas ó hacienda que uno posee. || MEDIO DE PROPORCION, *Esg.* La distancia que se toma para formar la herida. || Á MEDIAS, Por mitad, tanto á uno como á otro. || ATRASADO DE MEDIOS, Pobre. || CORTO DE MEDIOS, Falto de caudal. || ECHAR POR EN MEDIO, met. Tomar alguna resolucion ó medio extraordinario para salir de alguna dificultad sin decirla. || EN MEDIO, En lugar igualmente distante de los extremos ó entre dos cosas. || No obstante, sin embargo. || METERSE EN MEDIO Ó DE POR MEDIO, Interponerse para componer alguna dependencia ó sosegar alguna riña. || PARIR Á MEDIAS, met. Pondera la concurrencia de uno á algun trabajo ó cuidado con otro. || PONERSE DE POR MEDIO Ó EN MEDIO, Mediar entre las partes para componerlas. || QUITAR DE EN MEDIO, Apartar á alguno de delante, matándole ó alejándole ó ausentándole. || TOMAR EL MEDIO Ó LOS MEDIOS, Usar ó aprovecharse de ellos.

MEDIOCRE, adj. V. MEDIANO.

MEDIOCRIDAD, s. f. El estado de una cosa entre grande y pequeño, entre bueno y malo.

MEDIODIA, s. m. La hora en que está el sol en el mas alto punto de su elevacion horizontal. || *Geog.* Aquel punto del horizonte que se nos muestra en derechura, mirando á la parte de donde viene el sol al tiempo del mediodia. || *Náut.* El viento que viene derechamente de la parte del mediodia. || HACER MEDIODIA, Detenerse en algun parage para comer el que va de viage.

MEDIOPAÑO, s. m. Tegido de lana semejante al paño, pero mas delgado.

MEDIR, v. a. Examinar la magnitud ó extension de alguna cosa, usando de los instrumentos conducentes. || Examinar el número y cantidad de las silabas breves ó largas de que ha de constar el verso. || fam. Tender el cuerpo en el suelo, reclinándose para descansar, ó por alguna caida apresurada y violenta. || met. Igualar y comparar alguna cosa no material con otra.

MEDIRSE, v. r. met. Contenerse ó moderarse.

MEDITACION, s. f. Aplicacion del pensamiento á la consideracion de alguna cosa. || Consideracion ó discurso intelectual sobre algun misterio de la fe ó sobre alguna materia moral para sacar de ella algun fruto espiritual.

MEDITACIONCILLA, s. f. d. de MEDITACION.

MEDITADO, p. p. de MEDITAR.

MEDITAR, v. a. Aplicar el pensamiento á la consideracion de alguna cosa, ó discurrir determinadamente hácia algun intento. || Considerar y discurrir intelectualmente sobre algun misterio de nuestra santa fe ó sobre materia moral.

MEDITERRÁNEO, **NEA**, adj. Que está en medio ó entre dos tierras.

MEDO, DA, adj. De Media.

MEDRA, s. f. Aumento, mejora, adelantamiento ó progreso.

MEDRADO, p. p. de MEDRAR.

MEDRANZA, s. f. ant. V. MEDRA.

MEDRAR, v. n. Crecer, tener aumento los animales y plantas. || met. Mejorar de fortuna aumentando sus bienes.

MEDROSAMENTE, adv. Temerosamente, con miedo y temor.

MEDROSIA, s. f. ant. Miedo permanente.

MEDROSILLO, LLA, adj. d. de MEDROSO.

MEDROSO, SA, adj. Temeroso, pusilánime. || Que infunde miedo.

MEDULA, s. f. Sustancia contenida dentro de los huesos de los animales. || La sustancia principal de alguna cosa no material. || MEDULA ESPINAL, *Anat.* El tuétano del espinazo.

MEDULAR, adj. Que toca á medula.

MEDULOSO, SA, adj. Que tiene medula.

* MEGANO, s. m. Colina de arena en la costa del mar.

MEGE, s. m. ant. El médico.

MEGICANO, NA, adj. y s. Natural de Mégico y perteneciente á este reino.

MEGICANO, s. m. El idioma megicano.

MEGIDO, DA, adj. Se aplica á los huevos cuyas yemas solas se deslien con agua y azúcar.

MEGILLA, s. f. Cada una de las dos prominencias que hay en el rostro humano debajo de los ojos.

MEGILLON, s. m. Marisco muy abundante en algunos de los mares de España.

MEGO, GA, adj. Manso, apacible, tratable y halagüeño.

MEITAD, s. f. ant. V. MITAD. || Á MEITADES, ant. Por mitad.

MEITAL, s. m. ant. Mercal ó metal por moneda.

MEJOR, adj. comp. Superior á otra cosa en alguna cualidad.

MEJOR, adv. Mas buena y rectamente, mas justamente.

MEJORA, s. f. Medra, adelantamiento y aumento. || En los testamentos es la manda especial que el padre hace á favor de alguno ó algunos de sus hijos, ademas de la legítima. || El recurso ó apelacion al superior fundando la queja ó agravio del auto apelado del inferior. || V. PUJA. || MEJORA DE TERCIO Y QUINTO, La que hace el padre al hijo fuera de su legítima.

MEJORADO, p. p. de MEJORAR. || MEJORADO EN TERCIO Y QUINTO, met. Aventajado, excesivo y que se prefiere á otro.

MEJORAMIENTO, s. m. Acto de mejorar.

MEJORANA, s. f. Planta perenne aromática y medicinal, que echa los tallos leñosos y cuadrados.

MEJORAR, v. a. Adelantar, acrecentar y aumentar alguna cosa, haciéndola pasar de un estado bueno á otro mejor. || for. Dejar en el testamento mejora á alguno ó algunos de los hijos. || V. PUJAR.

MEJORAR, v. n. Ir recobrando la salud perdida, restablecerse. || Ponerse mas favorable el tiempo.

MEJORARSE, v. r. Ponerse en lugar ó grado ventajoso al que ántes se tenia.

MEJORÍA, s. f. Medra, adelantamiento, progreso y aumento. || Diminucion de la dolencia. || Ventaja, superioridad. || ant. MEJORA por manda.

MELADA, s. f. La rebanada de pan tostado empapada en miel al modo de las torrijas. || Pedazos de mermelada seca.

MELADO, p. p. de MELAR. || MELADO, DA, adj. Que tiene color de miel. Dícese regularmente de los caballos.

MELADUCHA, s. f. Cierta casta de manzana basta que se da en la raya de Aragon y Castilla.

* MELAMPIRO, s. m. Trigo de vaca, planta.

MELANCOLÍA, s. f. Bilis negra ó atrabilis. || Tristeza grande y permanente, procedida de humor melancólico.

MELANCÓLICO, CA, adj. Que pertenece á la melancolía. || Uno de los varios epítetos que los astrólogos dan al tercer cuadrante del tema celeste.

MELANCOLIZADO, p. p. de MELANCOLIZAR.

MELANCOLIZAR, v. a. Entristecer y desanimar dando una mala nueva ó causando pena ó sentimiento.

* MELANTERIA, s. f. *Miner.* Piedra negra muy cargada de vitriolo.

MELAPIA, s. f. Variedad de la manzana comun.

MELAR, v. n. En los ingenios de azúcar es dar la segunda cochura al zumo de la caña hasta que se pone en consistencia de miel. || Entre colmeneros es hacer las abejas la miel, en los vasillos de los panales.

MELAR, adj. Se aplica á una especie de trigo que tiene la espiga mas rala.

MELAZA, s. f. *Murc.* Las heces de la miel.

MELCOCHA, s. f. Cierto género de turron hecho de harina, miel y especias y tostado al fuego.

MELCOCHERO, s. m. El que hace ó vende melcocha.

MELECINA, s. f. ant. V. MEDICINA.

MELECINAR, v. a. ant. V. MEDICINAR.

MELENA, s. f. El cabello que desciende por junto al rostro, especialmente el que cae sobre los ojos. || Cabello suelto. || Piel blanda que se pone al buey en la frente para que no se lastime con el yugo. || TRAER Á LA MELENA, Obligar ó precisar á egecutar lo que no se queria hacer.

MELENO, s. f. fam. Payo, hombre del campo.

MELENUDO, DA, adj. Que tiene mucho pelo.

MELERA, s. f. Enfermedad que da á los melones cuando llueve. || V. BUGLOSA.

MELERO, s. m. El que vende miel ó trata en él. || El sitio donde se guarda la miel.

MELGACHO, s. m. Pez. V. LIJA.

* MELGAR, s. m. Prado de mielga.

* MELIANTO, s. m. Chupamieles, planta.

MELÍFERO, RA, adj. Que tiene ó lleva miel.

MELIFICADO, p. p. de MELIFICAR. || MELIFICADO, DA, adj. V. MELIFLUO.

MELIFICAR, v. a. y n. Hacer las abejas la miel ó sacarla de las flores.

MELIFLUAMENTE, adv. Dulcemente, con grandísima suavidad y delicadeza.

MELIFLUIDAD, s. f. Dulzura, suavidad y delicadeza.

MELÍFLUO, FLUA, adj. Que tiene miel o es parecido á ella en sus propiedades. || met. Dulce, suave, delicado y tierno ó en el trato ó en la explicacion.

MELILOTO, s. m. Planta. V. TRÉBOL OLOROSO. || Sugeto insensato, necio y enagenado.

MELINDRE, s. f. Frutilla de sarten hecha con miel y harina, muy delicada y gustosa. || Cierta especie de pasta de azúcar, harina y huevos. || La afectada y demasiada delicadeza en las acciones ó el modo.

MELINDRE, s. m. Entre pasamaneros bocadillo.

MELINDREAR, v. n. Hacer melindres.

MELINDRERO, RA, adj. V. MELINDROSO

MELINDRILLO, s. m. *Murc.* Cierta especie de listoncillo muy delgado.

MELINDRIZAR, v. n. V. MELINDREAR.

MELINDROSO, SA, adj. Que afecta demasiada delicadeza en las acciones ó en el modo.

MELISA, s. f. Planta, torongil.

MELLA, s. f. El hueco que se hace en alguna arma que tiene filos ó en otra cosa sólida por algun golpe que ha dado en otra cosa mas fuerte. || El vacío que queda en alguna cosa por haber sacado lo que la ocupaba ó henchia. || HACER MELLA, met. Significa que á alguno no le hace armonía lo que se le reprende, dice ó aconseja, y tambien para otorgar lo que se le pide. || NO HACER MELLA, met. Da á entender lo poco que han servido las diligencias que se han hecho para el logro de alguna cosa por la dureza del sugeto que le ha de conceder.

MELLADO, p. p. de MELLAR. || MELLADO, DA, adj. Falto de uno ó mas dientes.

MELLAR, v. a. Rajar ó descantillar alguna cosa hendiéndola ó sacándole una porcion corta. || met. Menoscabar, disminuir, minorar alguna cosa no material.

MELLIZA, s. f. Cierto género de salchichon hecho con miel.

MELLIZO, ZA, adj. V. GEMELO.

MELLON, s. m. Manojo de paja.

MELOCOTON, s. m. Árbol frutal de unos catorce pies de altura. || El fruto del árbol del mismo nombre.

MELODÍA, s. f. Dulzura, primor y blandura de la voz y canto suave y armonioso. || Suavidad ó dulzura en el hablar.

* MELODRAMA, s. f. Diálogo puesto en música.

MELOJA, s. f. Las lavaduras de miel.

MELON, s. m. Planta y su fruto, que se creen indígenos de Persia, y cultivada en toda la Europa de tiempo inmemorial. || MELON CHINO Ó DE LA CHINA, Variedad del melon, que se distingue en ser enteramente redondo. || MELON DE AGUA, V. SANDÍA. || MELON DE INDIAS,

V. MELON CHINO. || CALAR EL MELON Ó LA SANDIA, Cortar un pedazo para probarle. || CATAR EL MELON, met. Tantear ó sondear á alguno. || DECENTAR EL MELON, met. Explica el temor que se tiene de que empezándose alguna cosa prosiga siempre perdiendo.

MELONAR, s. m. Campo sembrado de melones.

MELONCETE, s. m. d. de MELON.

MELONCICO, ILLO, ITO, s. m. d. de MELON.

MELONERO, s. m. El que siembra, guarda ó vende melones.

MELOSIDAD, s. f. Dulzura de la miel ó almíbar ó de otras cosas. || Dulzura, suavidad y blandura de una cosa no material.

MELOSO, SA, adj. Que tiene calidad ó naturaleza de miel. || Blando, suave y dulce.

MELOTE, s. m. *Murc.* Conserva hecha con miel. || El último residuo y heces que despide el azúcar despues de la segunda fábrica de ella.

MELSA, s. f. *Ar.* V. BAZO. || met. Flema, espacio ó lentitud con que se hacen las cosas.

MEMBRADA, s. f. La piel delgada ó túnica á modo de pergamino.

MEMBRANA, adj. *Blas.* Se aplica á las piernas de las águilas y otras aves que son de diferentes esmaltes que lo es el cuerpo. || *Anat.* Tela ó túnica cuya trama ó tegido está compuesto de fibras flexibles.

MEMBRANOSO, SA, adj. Cubierto ó vestido de membranas.

MEMBRANZA, s. f. ant. V. MEMORIA Ó RECUERDO.

MEMBRARSE, v. r. y a. ant. V. ACORDARSE.

MEMBRETE, s. m. La memoria ó anotacion que se hace de alguna cosa. || Rengloncito que se pone en las cartas ó billetes con el nombre del sugeto á quien se dirige. || Aviso que se da escrito en una cuartilla de papel doblada para convidar á alguna funcion o para hacer memoria á los ministros de alguna pretension.

MEMBRILLA, s. f. *Murc.* El membrillo tierno con pezon.

MEMBRILLAR, s. m. Terreno plantado de membrillos.

MEMBRILLERO, s. m. V. MEMBRILLO.

MEMBRILLO, s. m. Árbol de unos diez pies de altura, cuyo fruto, conocido tambien con el nombre de MEMBRILLO, es una especie de manzana.

MEMBRUDAMENTE, adv. Con fuerza y robustez.

MEMBRUDO, DA, adv. Fornido, robusto y grande de cuerpo y miembros.

MEMENTOS, s. m. pl. Las dos partes del cánon de la misa en que se ofrece el sacrificio por vivos y difuntos. || HACER SUS MEMENTOS, Detenerse á discurrir con particular atencion y estudio lo que á uno importa.

MEMNÓNIDAS, s. f. pl. Aves famosas que la fábula fingió iban desde Egipto á Troya al sepulcro de Memnon.

MEMO, MA, s. f. V. TONTO.

MEMORABLE, adj. Digno de memoria.

MEMORANDO, DA, adj. V. MEMORABLE.

MEMORAR, v. a. Acordarse, hacer memoria de alguna.

MEMORATÍSIMO, MA, adj. sup. Celebradísimo y digno de eterna memoria.

MEMORIA, s. f. Una de las tres potencias del alma, en la cual se conservan las especies de las cosas pasadas, y por medio de ella nos acordamos de lo que hemos percibido por los sentidos. || Fama, gloria ó aplauso. || Monumento que queda á la posteridad para recuerdo ó gloria de alguna cosa. || La obra pia ó aniversario que instituye ó funda alguno en que conserva su memoria. || La relacion de gastos hechos en alguna dependencia ó negociado, ó el apuntamiento de otras cosas, como una especie de inventario sin formalidad. || El escrito simple á que se remite el testador como parte de su testamento. || V. DISERTACION. || MEMORIAS, pl. Los recados cortesanos que se envian al que está ausente. || El libro, cuaderno ó papel en que se apunta alguna cosa para tenerla presente. || Relaciones de algunos acaecimientos particulares que se escriben para ilustrar la historia. || Dos ó mas anillos juntos que se traen en el dedo para que sirvan de recuerdo para la egecucion de alguna cosa, soltando uno de ellos que cuelga del dedo. || MEMORIA DE GALLO Ó GRILLO, Sugeto de poca memoria. || MEMORIA LOCAL Ó ARTIFICIAL, Facilidad artificiosa de acordarse de muchas cosas diferentes. || BORRAR O BORRARSE DE LA MEMORIA, Olvidar alguna cosa de todo. || CAERSE UNA COSA DE LA MEMORIA, Olvidarse de ella. || CONSERVAR LA ME

MORIA DE ALGUNA COSA, Acordarse de ella, tenerla presente. ‖ DE MEMORIA, Con el uso y egercicio de ella. ‖ V. BOCA ARRIBA. ‖ ENCOMENDAR Á LA MEMORIA, Aprender ó tomar de memoria. ‖ FLACO DE MEMORIA, Olvidadizo y de memoria poco firme. ‖ HACER MEMORIA, Procurar acordarse de alguna cosa que ha sucedido y de que ya estaban borradas y confundidas las especies ‖ HACER MEMORIA, Hacer recuerdo alguno de alguna cosa, ó acordarse de alguno ausente hablando de él. ‖ IRSE DE LA MEMORIA ALGUNA COSA, met. Olvidarse enteramente de ella. ‖ IRSE ALGUNA COSA DE LA MEMORIA, Olvidarla. ‖ RAER DE LA MEMORIA, Olvidarse de la especie que se va á decir. ‖ RECORRER LA MEMORIA, Hacer reflexion para recordarse de lo que pasó. REFRESCAR LA MEMORIA, Renovar las especies de alguna cosa que se tenia olvidada. ‖ RENOVAR LA MEMORIA, Hacer recuerdo de las especies ya pasadas. ‖ TRAER Á LA MEMORIA, V. HACER MEMORIA. ‖ TENER EN MEMORIA, f. Con que uno ofrece á otro su proteccion.

MEMORIAL, s. m. El libro ó cuaderno en que se apunta ó nota alguna cosa para algun fin. ‖ El papel ó escrito en que se pide alguna merced ó gracia, alegando los méritos ó motivos en que funda su razon. ‖ MEMORIAL AJUSTADO, for. Apuntamiento en que se contiene todo el hecho de algun pleito ó causa. ‖ PERDER LOS MEMORIALES, Da á entender que uno ha perdido enteramente la memoria de alguna cosa, y que no sabe dar razon de ella.

MEMORIALISTA, s. m. El que por oficio se ocupa en hacer memoriales y escribir lo que le mandan.

MEMORION, s. m. aum. de MEMORIA

MEMORIOSO, SA, adj. Que tiene feliz memoria.

MEMOROSO, SA, adj. ant. V. MEMORIOSO.

MENA, s. f. Pez poco estimado abundante en el mediterráneo de España. La veta del mineral y el mismo mineral.

MENADOR, RA, s. m. y f. *Murc.* El que da vueltas á la rueda para recoger la seda.

MENAGE, s. m. Los muebles de una casa que se mudan de una parte á otra.

MENAR, v. a. *Murc.* Recoger la seda en la rueda.

MENCION, s. f. El recuerdo ó memoria que se hace de alguna cosa refiriéndola. ‖ HACER MENCION, Nombrar alguna persona ó cosa, hacer recuerdo ó memoria de ella.

MENCIONADO, p. p. de MENCIONAR.

MENCIONAR, v. a. Referir, recordar y contar alguna cosa para que se tenga noticia de ella.

MENDICACION, s. f. V. MENDIGUEZ.

MENDICANTE, adj El que mendiga. ‖ MENDICANTES, pl. Las religiones que tienen por instituto pedir limosna, las que por privilegio gozan de sus inmunidades.

MENDICIDAD, s. f. V. MENDIGUEZ.

MENDIGADO, p. p. de MENDIGAR.

MENDIGANTA, s. f. La que mendiga.

MENDIGANTE, p. a. de MENDIGAR, Que mendiga.

MENDIGAR, v. a. Pedir limosna de puerta en puerta. ‖ Tomar ó valerse de cualquiera cosa por la necesidad que se tiene de ella.

MENDIGO, s. m. Pobre que pide limosna de puerta en puerta.

MENDIGUEZ, s. f. Accion de mendigar.

MENDOSAMENTE, adv. Errada y mentirosamente, con equivocacion.

MENDOSO, SA, adj. Errado, equivocado y mentiroso.

MENDRUGO, s. m. Pedazo de pan que suele dar á los mendigos.

MENDRUGUILLO, s. m. d. de MENDRUGO.

MENEADO, p. p. de MENEAR.

MENEADOR, RA, s. m. y f. El que menea.

MENEAR, v. a. Mover alguna cosa de una parte á otra. ‖ met. Manejar, dirigir, gobernar ó guiar alguna dependencia.

MENEARSE, v. r. Hacer con promtitud y diligencia alguna cosa ó andar de prisa.

MENEO, s. m. Movimiento del cuerpo ó de alguna parte de él ‖ ant. Trato y comercio.

MENESTER, s. m. Falta ó necesidad. ‖ Egercicio, empleo ó ministerio. ‖ MENESTERES, pl. Necesidades corporales precisas á la naturaleza. ‖ fam. Los instrumentos ó cosas necesarias para los oficios ú otros usos. ‖ SER MENESTER, Ser preciso.

MENESTEROSO, SA, adj. Falto, necesitado, que carece de alguna cosa.

MENESTRA, s. f. Cierto género de guisado ó potage hecho de diferentes yerbas ó legumbres. || Las legumbres secas.

MENESTRAL, s. m. El oficial mecánico que gana de comer por sus manos.

MENGAJO, s. m. *Murc.* El guion ó pedazo de la ropa que va arrastrando ó colgando.

MENGÍA, s. f. ant. Medicamento ó remedio.

MENGUA, s. f. La falta que padece alguna cosa para estar cabal y perfecta. || Pobreza, necesidad y escasez. || met. Descrédito que procede de falta de valor ó espíritu.

MENGUADAMENTE, adv. Deshonradamente, sin crédito ni reputacion.

MENGUADO, p. p. de MENGUAR. || MENGUADO, DA, adj. Cobarde, pusilánime, de poco ánimo y espíritu || Tonto, falto de juicio. || Miserable, ruin ó mezquino.

MENGUADO, s m. Llaman las mugeres que hacen media á aquellos puntos que van embebiendo haciendo de dos uno, á fin de estrechar la media.

MENGUANTE, s. f. La mengua y escasez que padecen los rios ó arroyos por el calor, y la del mar por el flujo y reflujo. || El decremento de la luz de la luna, especialmente en el último cuarto. || met. Decadencia o decremento de otras cosas.

MENGUAR, v. a. Disminuirse ó irse consumiendo física ó moralmente || Faltar. || Hacer los menguados en las medias.

MENINA, s. f. La señora que desde niña entraba á servir á la reina en la clase de dama hasta que llegaba el tiempo de ponerse chapines.

MENINO, s. m. El caballero que desde niño entraba en palacio á servir á la reina o á los príncipes niños. || *Murc.* El sugeto pequeño y remilgado.

MENIQUE, s. m. V. MEÑIQUE.

MENISCO, s. m. El vidrio cóncavo por una cara, y convexo por otra.

MENJUÍ, s. m. V. BENJUÍ.

MENJURGE, s. m. fam. Mezcla de diversos ingredientes.

MENOLOGIO, s. m. El martirologio, calendario de los griegos dividido en doce partes por meses del año.

MENONIA, s. f. V. MEMNÓNIDAS.

MENOR, adj. comp. Que tiene ménos cuerpo ó extension en cantidad ó calidad que otra cosa.

MENOR, s. comp. El pupilo ó hijo de familias que no tiene los años que prescriben y determinan las leyes para gobernar su hacienda ó disponer de su persona. || En la música, tono cuya tercera es menor. || En la música se aplica á la tercera que se compone de un tono y un semitono. || *Arq.* El sillar cuyo paramento es mas corto que la entrega ó cola. || *Log.* La segunda proposicion de un silogismo. || El religioso de la órden de san Francisco. || MENORES, pl. Se dice de las órdenes de prima y grados, ó grados y corona. || POR MENOR, Menudamente y no en grueso. || Menudamente, por partes, por extenso.

MENORES, s. f. pl. En la division vulgar de clases de los estudios de gramática, la tercera en que se enseñan las oraciones y construcciones mas fáciles de la lengua latina.

MENORACION, s. f. ant. V. MINORACION.

MENORADO, p. p. de MENORAR.

MENORAR, v. a. ant. V. MINORAR.

MENORETE, adj fam. d. de MENOR. || AL MENORETE, POR EL MENORETE, fam. Lo mismo que Á LO MÉNOS Ó POR LO MÉNOS.

MENORÍA, s. f. La inferioridad y subordinacion con que uno está sujeto y en mas ínfimo grado que otro. || MENORÍA DE EDAD, V. MENOR EDAD.

MENORIDAD, s. f. ant. V. MENOR EDAD.

MENORISTA, s. m. El estudiante gramático que está en la clase de menores.

MENORQUÉS, SA, adj. ant. V. MENORQUIN.

MENORQUIN, NA, adj. De Menorca.

MÉNOS, adv. comp. Expresa el defecto que alguna cosa tiene para igualar á otra. || V. EXCEPTO. || Á LO MÉNOS Ó POR LO MÉNOS, Excepcion ó excluye alguna cosa de otras, proponiéndola como mas fácil de concreuer o egecutar. || Á LO MÉNOS, Ó POR LO MÉNOS, Ó CUANDO MÉNOS, Se usa para expresar lo que es necesario para algun fin, de suerte que si le falta algo, no puede servir ó no se cumple. || Á MÉNOS DE, ant. V. SIN. || NI MAS NI MÉNOS, Justa y cabalmente, sin faltar ni sobrar. || NO MÉNOS, Igualmente, tan o tanto en comparacion de otra persona ó cosa. || SER PARA MÉNOS, vulg. No ser capaz de lo que otro es.

MENOSCABADO, p. p. de MENOSCABAR.

MENOSCABADOR, RA, s. m. y f. El que menoscaba y deteriora alguna cosa.

MENOSCABAR, v. a. Disminuir, quitar alguna parte || met. Acortar, reducir á menos. || met. Deteriorar, deslustrar quitando alguna parte del lucimiento ó estimacion.

MENOSCABO, s. m. Diminucion ó deterioracion de alguna cosa

MENOSPRECIADAMENTE, adv. Con menosprecio.

MENOSPRECIADO, p. p. de MENOSPRECIAR.

MENOSPRECIADOR, RA, s. m. y f. El que menosprecia.

MENOSPRECIAMIENTO, s. m. ant. V. MENOSPRECIO.

MENOSPRECIANTE, p. a. ant. de MENOSPRECIAR, Que menosprecia.

MENOSPRECIAR, v. a. Tener en menos. || V. DESPRECIAR.

MENOSPRECIO, s. m. Poco aprecio, poca estimacion ó caso. || Desprecio, desestimacion.

***MENOSVALER**, s. m. V. DESCRÉDITO, DESDORO.

MENSAGE, s. m. El recado de palabra que envia una persona á otra.

MENSAGERA, adj. y s. f. ant. Se aplicaba á la carta.

MENSAGERÍA, s. f. ant. V. MENSAGE.

MENSAGERO, RA, s. m. y f. El que lleva algun recado, despacho ó noticia á otro.

MENSIL, adj. ant. V. MENSUAL.

MENSTRUACION, s. f. Accion de menstruar, y la evacuacion de la sangre menstrual.

MENSTRUADO, p. p. de MENSTRUAR.

MENSTRUAL, adj. *Med.* Tocante ó perteneciente al menstruo.

MENSTRUALMENTE, adv. MENSUALMENTE ó con evacuacion menstrual.

MENSTRUANTE, p. a. de MENSTRUAR, Que menstrua ó está con el menstruo.

MENSTRUAR, v. n. *Med.* Padecer la hembra la evacuacion menstrual.

MENSTRUO, s. m. *Med.* La sangre superflua que todos los meses evacuan las mugeres naturalmente, y la misma evacuacion. || *Qu m.* Disolvente que penetrando lo interior de una materia hace el extracto de la parte mas sutil y esencial.

MENSTRUO, TRUA, adj. *Med.* Que pertenece al menstruo de las mugeres. V. MENSUAL.

MENSTRUOSO, SA, adj *Med.* Se aplica á la muger que está con el menstruo.

MENSUAL, adj. De cada mes.

MENSUALMENTE, adv. Por meses ó cada mes.

MÉNSULA, s. f. *Arq.* Miembro de arquitectura que sirve para recibir ó sostener alguna cosa.

MENSURA, s. f. V. MEDIDA. || ant. MEDIDA hablando de los versos.

MENSURABLE, adj. Que se puede medir.

MENSURADO, p. p. de MENSURAR.

MENSURADOR, RA, s. m. y f. El que mensura.

MENSURAL, adj. Que sirve para medir cosas liquidas ó secas.

MENSURAR, v a. V. MEDIR. || met. V. JUZGAR, considerar.

MENTA, s. m. Planta. V. YERBABUENA.

MENTADO, p. p. de MENTAR. || MENTADO, DA, Que tiene fama ó nombre célebre, famoso.

MENTAL, adj. Que pertenece á la mente.

MENTALMENTE, adv. Imaginariamente, solo con el pensamiento ó la mente.

MENTAR, v. a. Nombrar ó mencionar.

MENTASTRO, s. f. V. MASTRANZO.

MENTE, s. f. V. ENTENDIMIENTO. || Voluntad, disposicion de alguno que se expresa con palabras ó con algun acto exterior. || DE BUENA MENTE, ant. De buena voluntad, de buena gana. || TENER EN LA MENTE, Tener pensada ó prevenida con cuidado alguna cosa.

MENTECATERÍA, s. f. Necedad, tontería, falta de juicio.

MENTECATILLO, LLA, TO, TA, adj. d. de MENTECATO.

MENTECATO, TA, adj. Tonto, fatuo, falto de juicio, privado de razon.

MENTECATON, NA, adj. aum. de MENTECATO.

MENTIDERO, s. m. Lugar donde se junta la gente ociosa á conversacion.

MENTIDO. p. p. de MENTIR.

MENTIR, v. n. Decir ó afirmar lo contrario de lo que se cree ó piensa. || Engañar. || Errar, equivocar, falsificar. || *Poét.* Fingir, mudar ó disfrazar alguna cosa, haciendo que por las señas exteriores parezca otra. || Desdecir ó no conformar una cosa con otra. || MIENTE MAS QUE DEPARTE, ant. MIENTE MAS QUE HABLA, Para ponderar lo mucho que alguno miente. || NO ME DEJARÁ MENTIR, fam. Afirma alguna cosa atestiguando con persona que lo sabe ciertamente ó con cosa que lo prueba.

MENTIRA, s. f. Expresion externa hecha por palabras ó acciones, contraria á lo que interiormente se siente. || La errata ó equivocacion en los escritos ó en lo impreso. || MENTIRA JOCOSA, La que se dice por diversion. || MENTIRA OFICIOSA, La que se dice para conseguir algun fin que no perjudica á otro ni él en sí es malo. || COGER EN MENTIRA, fam. Hallar ó verificar que alguno ha mentido. || DECIR MENTIRA POR SACAR VERDAD, Fingir lo que no se sabe para hacer que lo cuente ó manifieste otro que tiene noticia de ello.

MENTIRICA, LLA, TA, s. f. d. de MENTIRA. || mod. adv. V. DE BURLAS.

MENTIRON, s. m. aum. V. DE MENTIRA.

MENTIROSAMENTE, adv. Fingidamente, con falsedad, engaño y cautela.

MENTIROSÍSIMO, MA, adj. sup. de MENTIROSO.

MENTIROSITO, TA, adj. d. de MENTIROSO.

MENTIROSO, SA, adj. y s. La persona que tiene costumbre de mentir. || Engañoso, aparente, fingido y falso. || Errado ó equivocado.

MENTÍS, Voz con que se da á entender á alguno se engaña ó miente en lo que afirma. Es palabra injuriosa.

* MENTOR, s. m. El que guia, aconseja y gobierna á otro.

MENUCELES, s. m. pl. *Ar.* V. MINUCIAS.

MENUCIA, s. f. ant. V. MINUCIA, 1ª A.

MENUDAMENTE, adv. Con suma pequeñez. || Particularmente, con distincion y menudencia.

MENUDEADO, p. p. de MENUDEAR.

MENUDEAR, v. a. Hacer alguna cosa muchas veces, repetidamente, con frecuencia. || Contar y referir las cosas menudamente ó muy por menor.

MENUDEAR, v. n. Contar ó escribir menudencias ó cosas de poca entidad y despreciables.

MENUDENCIA, s. f. Pequeñez de alguna cosa. || met. La exactitud, esmero y escrupulosidad con que se considera y reconoce alguna cosa, sin perdonar lo mas menudo y leve. || Cosa de poco aprecio y estimacion, y de que no se debe hacer caso. || MENUDENCIAS, pl. Los despojos y partes pequeñas que quedan de las canales del tocino despues de destrozadas. || Morcillas, longanizas y otras cosas.

MENUDEO, s. m. La accion de menudear.

MENUDERO, RA, s. m. y f. El que trata en menudos, los vende ó arrienda.

MENUDICO, CA, LLO, LLA, adj. d. de MENUDO.

MENUDILLO, s. m. La parte del animal cuadrúpedo en las manos inmediata á la cuartilla. || *Ar.* V. MOYUELO || MENUDILLOS, pl. Lo interior de las aves.

MENUDÍSIMO, MA, adj. sup. de MENUDO.

MENUDITO, TA, adj. d. de MENUDO.

MENUDO, DA, adj. Pequeño, chico ó delgado || Despreciable, de poca ó ninguna importancia. || Plebeyo ó vulgar. || ant. Miserable, escaso, apocado. || Se aplica al dinero en especial á la plata en monedas inferiores de ella. || Exacto y que con gran cuidado y menudencia examina y reconoce las cosas.

MENUDO, s. m. El vientre, manos y sangre de las reses que se matan. || En las aves, el pescuezo, alones, pies é intestinos, como higadillos, molleja, madrecilla, etc || Diezmo de los frutos menores, como son hortalizas, frutas, miel, cera y otros semejantes. || La moneda de cobre llamada dinero. || MENUDOS, pl. Las monedas de cobre que se traen regularmente en la faltriquera.

MENUDO, adv. ant. V. MENUDAMENTE. || Á MENUDO, Repetidamente y con continuacion. || POR MENUDO, Particularmente, con mucha distincion y menudencia || En las compras y ventas en las tiendas de abacería ó mercadería vale lo mismo que por mínimas partes.

MENUZA, s. f. ant. Pedazo ó trozo pequeño de alguna cosa que se quiebra ó rompe.

MENUZADO, p. p. de MENUZAR.

MENUZAR, v. a. ant. V. DESMENUZAR.

MENUZO, s. m. ant. Pedazo menudo.

MEÑIQUE, adj. y s. m. Se aplica al dedo exterior de la mano del hombre, que es el mas pequeño de todos.

MEÑIQUE, adj. fam. Muy pequeño.

MEOLLADA, s. f. *And.* La fritada de sesos.

MEOLLAR, s. m. *Náut.* Cabo regularmente de seis hilos que se mete ó coloca en la vaina de las velas para atesarlas.

MEOLLITO, s. m. d. de MEOLLO.

MEOLLO, s. m. V. MÉDULA. || ant. Cerebro ó la parte donde estan los sesos. || met. La sustancia ó lo mas principal de una cosa, el fondo de ella. || V. JUICIO ó ENTENDIMIENTO. || NO TENER MEOLLO, Da á entender que una cosa no tiene sustancia. Dícese regularmente del que tiene poco juicio. || ant. Sesos. || En las fatas, cuesco.

MEON, NA, adj. El que mea mucho y frecuentemente.

MEONA, s. f. fam. La muger. Dícese regularmente de la niña recien nacida por contraposicion al varon.

MEONIO, NIA, adj. De Meonia.

MEQUETREFE, s. m. El hombre entremetido, bullicioso y de poco provecho.

MERADO, p. p. de MERAR.

MERAMENTE, adv. Solamente, sin mezcla de otra cosa.

MERAR, v. a. Mezclar un licor con otro. Dícese particularmente del agua que se mezcla con vino.

MERCA, s. f. fam. V. COMPRA.

MERCACHIFLE, s. m. V. BUHONERO.

MERCADANTE, s. m. V. MERCADER.

MERCADANTESCO, CA, adj. ant. V. MERCANTIL.

MERCADANTÍA, s. f. ant. V. MERCANCÍA.

MERCADEAR, v. n. Hacer trato y comercio de mercancías.

MERCADER, s. m. El que trata ó comercia con géneros vendibles. || *Germ.* El ladron que anda siempre donde hay trato. || MERCADER DE GRUESO, El que comercia en géneros por mayor.

MERCADERA, s. f. La muger que tiene tienda de comercio. || La muger del mercader.

MERCADERÍA, s. f. Todo género que se vende o compra. || El empleo y egercicio del mercader. || *Germ.* Lo que hurtan los ladrones.

MERCADERO, s. m. ant. V. MERCADER.

MERCADO, p. p. de MERCAR.

MERCADO, s. m. La concurrencia de gente á un parage determinado á comprar y vender géneros. || El sitio público destinado para vender, comprar ó trocar las mercaderías en los dias señalados. || Privilegio real para tener mercado. || PODER VENDER EN UN BUEN MERCADO, met. Ser sagaz y astuto respecto de otro y tener mas inteligencia.

MERCADOR, s. m. ant. V. MERCADER.

MERCADORÍA, s. f. ant. V. MERCADERÍA.

MERCADURA, s. f. ant. V. MERCANCÍA.

MERCADURÍA, s. f. V. MERCADERÍA. || V. MERCADERÍA, 2ª A.

MERCAL, s. m. Moneda de vellon usada en España en tiempo del rey D. Ferdinando el Santo.

MERCANCEADO, p. ant. de MERCANCEAR.

MERCANCEAR, v. n. ant. V. COMERCIAR.

MERCANCÍA, s. f. El trato de vender y comprar comerciando en géneros. || Todo género vendible. || ant. V. MERCED.

* **MERCANDÍA**, s. f. ant. V. MERCANCÍA.

MERCANTE, s. m. V. MERCADER.

MERCANTE, p. a. de MERCAR, y s. m. Que merca.

MERCANTE, adj. V. MERCANTIL, 1ª A. Se aplica al navío de comercio MERCANTIL.

MERCANTESCO, CA, adj. ant. V. MERCANTIL.

MERCANTIL, adj. Que pertenece á mercader ó mercaderías.

MERCANTILMENTE, adv. Segun la forma, modo ú ordenanzas del comercio.

MERCANTIVO, VA, adj. ant. V. MERCANTIL.

MERCANTIVOL, adj. ant. Se aplicaba á un género de letra que se usaba antiguamente entre gente de comercio.

MERCAR, v. a. V. COMPRAR.

MERCED, s. f. El premio ó galardon que se da por el trabajo, especialmente al jornalero. || Dádiva ó gracia que los reyes ó señores hacen á sus vasallos. || Cualquier beneficio gracioso que se hace á otro. || Voluntad ó arbitrio de otro. || Tratamiento ó título de cortesía. || Religion real y militar, instituida por el rey D. Jaime el Conquistador, cuyo principal instituto es redimir cautivos. || ant. Misericordia, perdon. || MERCED DE AGUA, El repartimiento que se hace de ella en algunos pueblos para el uso de cada vecino. || ENTRE MERCED Y SEÑORÍA, Se usa para significar que una cosa es mediana, ni sobresaliente ni despreciable. || ESTAR Á MERCED, Explica que alguno está enteramente á expensas de otro. || ESTAR Á MERCED, Ó SERVIR Ó IR Ó VENIR Á MERCED Ó Á MERCEDES, Servir á alguno, estar ó ir con él sin salario conocido, sino á la voluntad del señor ó amo. || ESTAR PARA HACER MERCEDES, Estar alguno de gusto ó de buena condicion. || HACER Á UNO LA MERCED, irón. Expresa que á alguno le han maltratado ó hecho daño. || HACER MERCED Ó MERCEDES, Dar de gracia algun empleo honorífico ú otra cosa, hacer algun gusto que se pide. || LA MERCED DE DIOS, En la Mancha, huevos y torreznos fritos con miel. || MERCED Ó MUCHAS MERCEDES, Expr. con que se dan las gracias de algun beneficio ó buena obra que se ha recibido de otro. || PENA DE LA NUESTRA MERCED, V. PENA.

MERCENARIO, s. m. El jornalero que por su estipendo y jornal trabaja en el campo. || El que sirve por su estipendio. || El que sirve por otro algun empleo ó ministerio por el salario que le da.

MERCENARIO, RIA, adj. y s. m. y f. Que trabaja ó sirve por su paga. || Que sirve en la guerra á un príncipe extrangero por cierto estipendio. || Religioso ó religiosa de la real y militar órden de la Merced.

MERCENDEADO, p. p. ant. de MERCENDEAR.

MERCENDEAR, v. a. ant. Hacer gracia ó merced.

MERCENDERO, RA, adj. ant. El que hace merced, y tambien el que la recibe.

MERCENDERO, s. m. ant. V. MERCADER.

MERCERÍA, s. f. Comercio de cosas menudas y de poco valor y entidad.

MERCERO, s. m. El que egercita la mercería.

MERCHANDÍA, s. f. ant. V. MERCANCÍA.

MERCHANIEGO, GA, adj. ant. Se aplica al ganado que se lleva á vender á las ferias ó mercados.

MERCHANTE, s. m. El que compra y vende géneros, sin tener tienda fija.

MERCHANTE, adj. Se aplica á la nave de comercio. || V. MERCANTE.

MERCHANTERÍA, s. f. ant. Empleo ú oficio del merchante ó el mismo trato y comercio.

MERCULINO, NA, adj. Que pertenece al miércoles.

MERCURIAL, s. f. Planta anua muy comun en varias partes de España, que se emplea en la farmacia como uno de los vegetales mas emolientes.

MERCURIAL, adj. Perteneciente á mercurio.

MERCURINO, NA, adj. V. MERCULINO.

MERCURIO, s. m. El planeta mas cercano al sol, y que hace su revolucion al rededor de él en ménos tiempo || Metal, V. AZOGUE. || Papel periódico que se publica en Madrid todos los meses.

* **MERDA**, s. f. ant. V. MIERDA.

MERDELLON, NA, adj. fam. Dícese para reprender al criado ó criada que sirve con desaseo.

MERDOSO, SA, adj. Asqueroso, sucio y lleno de inmundicia.

MERE, adv. ant. V. MERAMENTE.

MERECEDOR, RA, s. m. y f. El que merece premio ó castigo.

MERECER, v. a. Hacer alguna cosa por la cual se hace uno digno de premio ó castigo. || V. LOGRAR. || Tener cierto grado ó estimacion alguna cosa.

MERECER, v. n. Hacer méritos, buenas obras, ser digno de premio. || DAR EN QUE MERECER, Dar alguna persona desazones y pesadumbres.

MERECIDAMENTE, adv. Dignamente, con razon y justicia.

MERECIDO, p. p. de MERECER.

MERECIDO, s. m. El castigo de que se juzga digno á alguno.

MERECIENTE, p. a. de MERECER, Que merece.

MERECIMIENTO, s. m. V. MÉRITO.

MERENDADO, p. p. de MERENDAR.

MERENDAR, v. n. y a. Comer alguna cosa por la tarde entre la comida y la cena. || Comer al medio dia || Registrar y acechar con curiosidad lo que otro escribe ó hace || En el juego se dice del compañero que ve las cartas del otro. || Anticiparse á lograr alguna cosa que otro pretendia, ó lograrla en su competencia.

MERENDERO, adj. Se aplica al cuervo que anda por los sembrados y saca la merienda del hato de los labradores.

MERENDITA, s. f. d. de MERIENDA.

MERENDONA, s. f. aum. de MERIENDA. || La merienda espléndida y abundante.

MERENGUE, s. m. Dulce que se hace de claras de huevos frescos incorporadas con azúcar clarificado, etc.

MERETRICIO, CIA, adj. Que pertenece á las rameras.

MERETRICIO, s. m. ant. El pecado carnal cometido con una ramera.

MERETRIZ, s. f. V. RAMERA.

MERGANSAR, s. m. Ave, V. CUERVO MARINO.

MERGO, s. m. Ave, V. CUERVO MARINO.

MERIDEÑO, ÑA, adj. De Mérida.

MERIDIANA, s. f. Línea recta tirada de norte á sur en el plano del meridiano. || Línea que es la seccion del plano del meridiano, y de otro plano cualquiera horizontal, vertical ó inclinado.

MERIDIANO, NA, adj. Que pertenece al mediodia.

MERIDIANO, s. m. Círculo máximo en la esfera celeste, que pasa por los polos del mundo y por el cenit y nadir de algun punto de la tierra á que se refiere. || Uno de los varios epítetos que los astrologos dan al segundo cuadrante del tema celeste. || MERIDIANO PRIMERO, Aquel que arbitrariamente se toma como principio para contar los grados de longitud geografica en que está cada lugar de la tierra. || Á LA MERIDIANA, Á la hora del mediodia.

MERIDION, s. m. ant. V. MEDIO DIA.

MERIDIONAL, adj. Que pertenece ó tiene relacion en la esfera á la parte del mediodia ó austral.

MERIENDA, s. f. La comida que se hace por la tarde ántes de la cena. || La comida que se hace al mediodia. || met. fam. V. CORCOBA. || MERIENDA DE NEGROS, Confusion y embrollo de algun negocio ó dependencia, á fin de alzarse alguno con la utilidad. || HACERSE MERIENDA DE NEGROS, Meter a barato una cosa, quedándose con ella aquellos que la manejan. || JUNTAR MERIENDAS, met. y fam. Unir los intereses.

MERINDAD, s. m. El sitio o territorio en que tiene jurisdiccion el merino || El oficio de merino.

MERINO, NA. adj. Se aplica al ganado trashumante, á quien mudan de pastos. || Se aplica al cabello crespo ó muy espeso.

MERINO, s. m. Juez puesto por el rey en algun territorio en donde tenia jurisdiccion amplia || El sugeto que cuida del ganado y de sus pastos y divisiones de ellos. || MERINO CHICO, ant. V. ALGUACIL.

MÉRITAMENTE, adv. V. MERECIDAMENTE.

* **MERITAR**, s. m. ant. V. MERECER.

MERITÍSIMAMENTE, adv. Dignísimamente, justísimamente, con grandísima razon.

MERITÍSIMO, MA, adj. sup. de MÉRITO, Dignísimo de alguna cosa.

MÉRITO, s. m. La accion ó derecho que uno tiene al premio por lo bien hecho, ó la razon de ser castigado por lo contrario.

MÉRITO, TA, adj. ant. Digno, merecedor, benemérito. || MÉRITO DE CONDIGNO, *Teol.* Merecimiento de las buenas obras sobrenaturales egercitadas por el que está en gracia de Dios. || MÉRITO DE CONGRUO, *Teol.* Merecimiento de las buenas obras sobrenaturales egercitadas por el que está en pecado mortal. || MÉRITOS DEL PROCESO Ó DE LA CAUSA, Las causas ó razones que resultan de él por las cuales se ha de gobernar el juez para sentenciarle en justicia. || ALEGAR MÉRITOS, SERVICIOS, etc., Exponerlos ó referirlos para lograr por ellos alguna pretension.

MERITORIO, RIA, adj. Digno de premio ó galardon.

MERLA, s. f. Ave, V. MIRLO.

* **MERLAN**, s. m. Pescado de mar.

MERLO, s. m. Pez, V. ZORZAL MARINO. || ant. V. MERLON.

MERLON, s. m. *Fort.* Cada uno de los trozos del parapeto que hay entre tronera y tronera, ó sea cañonera.

MERLUZA, s. f. Pez comun en los mares de España, que se estima como un manjar sano y delicado.

MERMA, s. f. La porcion que se consume ó gasta de alguna cosa.

MERMADO, p. p. de MERMAR.

MERMAR, v. n. Disminuirse una cosa, ó consumirse alguna parte de lo que ántes tenia.

MERMELADA, s. f. Conserva hecha de membrillos con miel ó azúcar. || BRAVA MERMELADA, Nota de despróposito, alguna cosa mal hecha ó mal dicha.

MERO, RA, adj. Puro, simple, sin mezcla.

MERO, s. m. Pez indígeno de los mares de España, de mas de dos pies de largo, cuya carne pasa por una de las mas delicadas.

MERODE, s. m. V. PILLAGE.

MERODEADO, p. p. de MERODEAR.

* **MERODEADOR**, s. m. El que merodea.

MERODEAR, v. n. En la milicia apartarse algunos soldados del cuerpo ó tropa á reconocer en las caserías y campo lo que pueden recoger ó robar.

MERODISTA, s. m. En la milicia, el soldado que sale á merodear.

* **MERRIA**, s. f. V. NARRIA.

MES, s. m. Cada una de las doce partes en que se divide el año. || El número de dias consecutivos que corren desde un dia señalado hasta otro de igual fecha en el mes siguiente. || El menstruo de las mugeres. || El salario que se da á los sirvientes, y se paga por meses. || MES ANOMALÍSTICO, El tiempo que la luna tarda desde que está una vez en su apogeo hasta que vuelve á él. || MES APOSTÓLICO, Cada uno de aquellos en que tocaba á la dataría romana la presentacion de los beneficios y prebendas eclesiásticas. || MES CORRIENTE, El mes presente en que sucede, se egecuta ó manda hacer alguna cosa. || MES DEL OBISPO, V. MES ORDINARIO. || MES DEL REY, V. MES APOSTÓLICO. || MES DRACONITICIO, El tiempo que la luna tarda desde que sale del nodo boreal hasta que vuelve á él. || MES LUNAR PERIÓDICO, El tiempo que gasta la luna con su movimiento propio desde que parte de un punto del zodiaco hasta que vuelve al mismo. || MES LUNAR SINÓDICO, El tiempo que gasta la luna desde una conjuncion con el sol hasta la conjuncion siguiente. || MES ORDINARIO, Aquel en que corresponde al ordinario la presentacion de las prebendas y beneficios eclesiásticos. || MES SOLAR ASTRONÓMICO, El tiempo que gasta el sol con su movimiento propio de poniente á levante en correr cualquiera signo del zodiaco. || MESES MAYORES, Los mas cercanos al parto. || MESES MAYORES, Los meses anteriores é inmediatos á la cosecha. || CAER EN EL MES DEL OBISPO, Ademas del sentido recto, se usa para significar que alguno llegó á tiempo oportuno para lograr lo que deseaba.

MESA, s. f. Mueble sostenido sobre unos pies, el cual sirve regularmente para poner sobre él lo que se ha de comer ú otras cosas. || Se toma regularmente por la misma vianda que se pone sobre él. || El sagrado manjar del cuerpo de nuestro Señor Jesucristo sacramentado. || En las secretarías y oficinas, el conjunto de negocios que pertenecen á algun oficial. || *Arq.* El plano en que remata cada uno de los tramos de una escalera. || La llanura extendida que está sobre alguna altura. || El cúmulo de las rentas de las iglesias, prelados ó dignidades ó de las órdenes militares. || En las piedras preciosas el plano superior de la labor que se les da. || El plano de la espada ú otra arma semejante. || Cada partida del juego de trucos ó villar y el tanto que se paga por cada uno. || ant. Convite ó comida. || MESA DE CAMBIOS, V. BANCO DE COMERCIO. || MESA DE ESTADO, Aquella en que por cuenta del rey se sirve la comida á los caballeros de su servidumbre y á otros personages. || MESA DEL SOL, ant. V. ZONA TÓRRIDA. || MESA DE GUARNICION, *Náut.* Cada uno de los tablones anchos y gruesos que estan á las bandas de la nao por la parte de afuera donde se amarran los obenques. || MESA DE MILANOS, fam. Aquella en que siempre falta ó es muy escasa la comida. || MESA DE TRUCOS, La que se dispone para el juego que llaman así. || MESA DE VILLAR, La que se dispone para el juego que llaman así. || MESA DE LA VACA, En el juego, el partido inferior donde hay otro de mas cantida ó autoridad. || MESA FRANCA, Aquella en que se da de comer á todos cuantos llegan sin distincion de personas. || MESA GALLEGA Ó DE GALLEGOS, fam. Aquella en que falta pan. || MESA MAESTRAL, En las órdenes militares, la encomienda respectiva al maestre ó á cualquiera ciudad, villa ó pertenencia suya. || MESA REDONDA, La que no tiene ceremonia, preferencia ó diferencia en los asientos. || MESA TRAVIESA, La que en los refectorios y salas de juntas de comunidades está en el testero de la sala. || ALZAR Ó LEVANTAR LA MESA, met. y fam. Levantar los manteles de la mesa despues de haber comido. || Á MESA PUESTA, Sin trabajo, gasto ni cuidado. || CALZAR LAS MESAS, SILLAS, ESCRITORIOS, etc. Ponerles alguna cuña entre el pié y el piso cuando estan desiguales. || CUBRIR LA MESA, Poner por órden en ellas las viandas ó platos que se sirven. || DAR MESA Ó LA MESA Á ALGUNO, Franquearle comida, tenerle convidado frecuentemente á comer. || DAR Á MESA Y MANTEL DE ALGUNO, Comer diariamente con él. || LEVANTAR LA MESA, met. V. ALZAR LA MESA. || MEDIA MESA, La segunda mesa que por menor precio se pone en las hosterías y posadas para que coman los criados. || PONER LA MESA, Cubrirla con los manteles, cubiertos y mas adherentes necesarios para comer. || SOBRE MESA, En la mesa despues de haber comido ó cenado.

MESADA, s. f. La porcion de dinero ú otra cosa que se da ó paga todos los meses.

MESADO, p. p. de MESAR.

MESADURA, s. f. ant. Accion de mesar.

MESANA, s. f. *Náut.* El árbol del navío que se pone hácia la popa. || La vela que se coloca en el árbol ó palo del mástil de mesana.

MESAR, v. a. Arrancar los pelos con las manos.

MESCABADO, p. p. ant. de MESCABAR.

MESCABAR, v. a. ant. V. MENOSCABAR.

MESCABO, s. m. ant. V. MENOSCABO.

MESCLADO, p. p. ant. de MESCLAR.

MESCLADOR, RA, s. m. y f. ant. Calumniador, calumniadora.

MESCLAMIENTO, s. m. ant. V. MEZCLA.

MESCLAR, v. a. ant. Calumniar.

MESCLARSE, v. r. ant. MEZCLARSE por tener parte en alguna cosa.

MESE, s. f. ant. V. MIES.

MESEGUERÍA, s. f. La guarda de los panes. ‖ Repartimiento que se hace entre los labradores para pagar la garda de los panes, y el tanto que á cada uno corresponde.

MESEGUERO, s. m. El que guarda las mieses.

MESEGUERO, RA, adj. Que pertenece á las mieses. ‖ *Ar.* El que guarda las viñas.

MESENIO, NIA, adj. De Mesena.

MESENTÉRICO, CA, adj. Que pertenece al mesenterio.

MESENTERIO, s. m. *Anat.* Tela llena de gordura á la cual estan unidos los intestinos.

MESERAICA, adj. *Anat.* Se aplica á cada una de las venas que descienden del hígado al mesenterio por medio de la vena porta.

MESERO, s. m. El que despues de haber salido de aprendiz se ajusta con el maestro á trabajar, dándole de comer y pagándole por meses.

MESETA, s. f. En la escalera, MESA.

MESÍAS, s. m. Enviado, aplicado á JESUCRISTO.

MESIAZGO, s. m. La dignidad de Mesías.

MESILLA, TA, s. f. d. de MESA. ‖ Porcion diaria de dinero que el rey da á sus criados cuando está en jornada. ‖ La reprension que se da á algun sugeto, advirtiéndole de algun yerro con poca seriedad ó por modo de chanza. ‖ MESA en las escaleras. ‖ MESILLA CORRIDA, La mesa de escalera que está entre dos tramos, cuyas direcciones son paralelas.

MESILLO, s. m. El primer menstruo que baja á las mugeres despues del parto.

MESMO, MA, pron. pers. ant. V. MISMO. ‖ ASO MESMO, ant. Tambien, igualmente, del mismo modo.

MESNADA, s. m. ant. Compañía de gente de armas que en lo antiguo servia debajo del mando del rey, de algun rico hombre ó caballero principal. ‖ Compañía, junta, congregacion.

MESNADERÍA, s. f. ant. Sueldo del mesnadero.

MESNADERO, s. m. ant. El que servia en la mesnada.

MESON, s. m. La casa donde se alojan los forasteros de diversas partes. ‖ ESTAR COMO MESON, Se dice para notar la gran concurrencia ó ruido que ha habido en alguna casa, y que han estado abiertas las puertas para todos.

MESONAGE, s. m. El sitio ó calle en que hay muchos mesones.

MESONCILLO, s. m. d. de MESON.

MESONERO, RA, s. m. y f. El que por oficio hospeda á los forasteros.

MESONERO, RA, adj. Que asiste ó sirve en el meson.

MESONISTA, adj. La persona que asiste en el meson.

* **MÉSPERO**, s. m. ant. V. NÍSPERO.

MESQUINO, NA, adj. ant. Ruin, miserable.

MESTA, s. f. Junta de los dueños de ganados mayores y menores, que cuidan de su crianza y pasto, y venden para el comun abastecimiento. ‖ La junta que los pastores y dueños de ganados tienen anualmente para tratar los negocios concernientes á sus ganados y gobierno económico de ellos.

MESTAL, s. m. ant. Erial ó tierra que no lleva fruto alguno.

MESTENCO, CA, adj. ant V. MOSTRENCO.

MESTEÑO, ÑA, adj. Que toca ó pertenece á la mesta. ‖ V. MOSTRENCO.

MESTER, s. m. ant. V. MENESTER. ‖ ant. Arte, oficio.

MESTIZO, ZA, adj. y s. Se aplica á la persona ó animal nacido de padre y madre de diferentes castas.

MESTO, s. m. Arbusto de unos diez pies de altura. El cocimiento de su madera se usa para disminuir la sangre. ‖ V. ARBOLLO.

MESTRUAL, adj. ant. V. MENSTRUAL.

MESTRUO, s. m. ant. V. MENSTRUO.

MESTURA, s. f. ant. V. MEZCLA. ‖ *Ar.* y *Gal.* Trigo mezclado con centeno.

MESTURADO, p. p. de MESTURAR.

MESTURAR, v. a. V. MISTURAR. ‖ ant. Revelar, descubrir ó publicar el secreto que se ha confiado. ‖ ant. V. DENUNCIAR Ó DELATAR.

MESTURERO, RA, s. m. y f. ant. El que descubre, revela ó publica el secreto que se le ha confiando.

MESURA, s. f. Gravedad, seriedad y compostura de rostro y de cuerpo. ‖ Reverencia, cortesía, demostracion exterior de sumision y respeto. ‖ Moderacion, medida. ‖ ant. La virtud de la templanza. ‖ V. MEDIDA.

MESURADAMENTE, adv. Poco á poco, con circonspeccion y prudencia.

MESURADÍSIMO, MA, adj. ant. sup. de MESURADO.

MESURADO, p. p. de MESURAR.

MESURADO, DA, adj. Mirado, moderado, modesto, circunspecto. ‖ Proporcionado, arreglado de modo que nada le sobre ni le falte. ‖ ant. V. MEDIANO. ‖ Reglado, templado y parco.

MESURAMIENTO, s. m. ant. V. MESURA, 3ª A.

MESURANTE, p. a. ant. de MESURAR. Que mide ó da igualdad á las cosas.

MESURAR, v. a Hacer que alguno se ponga serio y grave, mostrando modestia y circunspeccion. ‖ ant. Medir. ‖ met. ant. Cotejar, comparar. ‖ met. ant. Considerar.

MESURARSE, v. r. Contenerse, moderarse.

META, s. f. V. BLANCO.

METACARPO, s. m. *Anat.* V. PALMA DE LA MANO.

* **METACRONISMO**, s. m. Anacronismo en colocar un hecho ántes del tiempo en que ha sucedido.

METAFÍSICA, s. f. La ciencia que trata de los primeros principios de nuestros conocimientos, de las ideas universales y de los seres espirituales. ‖ met. El modo de discurrir con demasiada sutileza en cualquier materia, y las mismas cosas asi discurridas.

METAFÍSICAMENTE, adv. De un modo metafísico.

METAFÍSICO, CA, adj. Que pertenece á la metafísica, que la profesa.‖Oscuro y difícil de comprenderse.

METÁFORA, s. f. *Ret.* Figura por la cual se traslada una voz del significado propio al que no lo es.

METAFÓRICAMENTE, adv. Por metáfora.

METAFÓRICO, CA, adj. Que incluye metáfora.

METAFORIZADO, p. p. de METAFORIZAR.

METAFORIZAR, v. a. Usar de metáforas.

METAGOGE, s. f. *Ret.* Figura que se comete cuando se refieren las calidades pertenecientes al sentido á las cosas que carecen de él.

METAL, s. m. Nombre que se da á diferentes fósile todos opacos, duros, brillantes, compactos y muy pesados, que tienen la propiedad de fundirse á cierto grado de calor. ‖ El azófar ó laton. ‖ *Blas.* El oro y la plata. ‖ met. El sonido ó tono de la voz. ‖ Calidad ó condicion de alguna cosa. ‖ ant. V. MESCAL. ‖ METAL MACHACADO, *Min.* El metal de oro ó plata puro y sin mezcla que se halla pegado á las piedras. ‖ ACOSTARSE EL METAL, V. VENA.

METAL, s. m. El dinero en oro, plata, ó en su propia especie, á diferencia del papel moneda.

METALADO, DA, adj. ant. V. METÁLICO.

METALARIO, s. m. El artífice que trata y trabaja en metales.

METALEPSIS, s. f. *Ret.* Figura que se comete cuando se traspone una diccion á otro significado diverso del que segun las antecedentes habia de tener.

METÁLICA Ó ARTE METÁLICA, s. f. V. METALURGIA.

METÁLICO, s. m. V. METALARIO.

METÁLICO, CA, adj. De metal ó que pertenece á él. ‖ Perteneciente á medallas.

METALÍFERO, RA, adj. *Poét.* Que produce ó lleva metales.

METALINO, NA, adj. ant. Que es de metal.

METALISTA, s. m. V. METALARIO.

METALLA, s. f. Los pedazos pequeños de oro con que los doradores sanan en el dorado las partes que quedan descubiertas.

METALURGIA, s. f. La ciencia que trata del modo de beneficiar los metales.

METALÚRGICO, CA, adj. Que pertenece á la metalurgia, que trabaja en esta ciencia.

METAMORFÓSI, s. f. V. METAMORFÓSIS.

METAMORFÓSIS, s. f. Trasformacion de una cosa en otra.‖ Entre los naturalistas la mudanza de formas que se observan en los insectos ántes de ser perfectos. ‖ met. Mudanza que hace una cosa de un estado á otro.

* **METÁNEA**, s. f. *Ret.* Correccion.

METAPLASMO, s. m. *Gram.* Figura de diccion por la cual se mudan, se quitan ó se añaden letras á una palabra.

*METASTÁSIS, s. f. *Med.* Mudanza de una enfermedad en otra.

METÁTESIS, s. f. *Gram.* Figura de diccion que se comete cuando una sílaba ó letra se muda de un lugar de la diccion á otro.

METEDOR, RA, s. m. y f. El que introduce ó incorpora una cosa en otra. ‖ El que entra é introduce contrabandos. ‖ El paño de lienzo largo y angosto que se pone á los niños pequeños debajo del pañal.

METEDURÍA, s. f. La accion de meter ó introducir contrabandos.

METEMPSÍCOSIS, s. f. Trasmigracion de las almas.

METEMUERTOS, s. m. El que en la compañía de farsantes sirve de sacar y poner en el tablado las cosas que han de servir para la representacion. ‖ El entremetido, que tiene poca estimacion, y es digno de desprecio.

METEÓRICO, CA, adj. Que pertenece á los meteoros.

METEORISTA, s. m. El inteligente en los meteoros ó que trata en ellos.

METÉORO, s. m. Cuerpo ó fenómeno que se engendra en el aire.

METEOROLOGÍA, s. f. La ciencia que trata de los meteoros.

METEOROLÓGICO, CA, adj. Que pertenece á la meteorología ó a los meteoros.

*METEOROMANCIA, s. f. Adivinacion por medio de los meteoros.

METER, v. a. Encerrar, introducir ó incluir una cosa dentro de otra ó en alguna parte. ‖ Introducir por alto algun género para librarse de pagar los derechos debidos. ‖ met. Ocasionar ó motivar ó hacer alguna cosa ‖ Poner absolutamente. ‖ Inducir ó mover á alguno á algun fin. ‖ En el juego del hombre es atravesar triunfo. ‖ En cualquier juego es poner el dinero que se ha de jugar ó atravesarle á la suerte ‖ Engañar ó hacer creer alguna especie falsa. ‖ Estrechar ó apretar las cosas colocándolas de un modo que en poco espacio quepan muchas mas de las que regularmente se ponen. ‖ fam. V. COMER. ‖ ant. Emplear, destinar, dedicar. ‖ ant. Gastar, invertir. ‖ METER Á ALGUNO CON OTRO, ant. Ponerle en su compañía para que le ayude en el desempeño de sus obligaciones.

METERSE, v. r. Introducirse en alguna parte ó en alguna dependencia sin ser llamado. ‖ Introducirse en el trato y comunicacion con alguna persona, frecuentando su casa y conversacion. ‖ Dejarse llevar con pasion de alguna cosa ó cebarse en ella. ‖ Hablando de los rios y arroyos desembocar ó morir en otro ó en el mar. ‖ Arrojarse al contrario ó á los enemigos con las armas en la mano. ‖ En el juego de la cascarela es ceder la polla, conviniéndose á reponerla ántes de elegir palo. ‖ Junto con nombres que significan profesion, oficio ó estado es seguirla. ‖ Con la preposicion *á* y algunos nombres que significan condicion, estado ó profesion, es lo mismo que aparentarla ó afectarla en su porte. ‖ Hablando de un cabo, promontorio ó lengua de tierra es introducirse mucho en el mar. ‖ METERSE ALGUNO DONDE NO LE LLAMAN, Ó EN LO QUE NO LE TOCA, Ó EN LO QUE NO LE VA NI LE VIENE, fam. Entrometerse en lo que no le incumbe ó no es de su inspeccion. ‖ METERSE CON ALGUNO, Darle motivo de inquietud y desazon. ‖ METERSE EN SÍ MISMO, met. Pensar ó meditar por sí solo las cosas, sin darse á partido de pedir consejo ó explicar lo que siente. ‖ METERSE EN TODO, Introducirse inoportunamente en cualesquier negocio, dando su dictámen sin que se le pida. ‖ NO ME METO EN NADA, Loc. con que alguno se sincera de que no tiene parte en alguna cosa cuyo suceso teme. ‖ NO SABER DONDE METERSE, Explica y pondera el gran temor que ocasiona alguna especie ó acontecimiento.

METICULOSO, SA, adj. V. MEDROSO.

METIDO, p. p. de METER.

METIDO, s. m. Especie de legía que se hace con ingredientes muy fuertes. ‖ ESTAR MUY METIDO EN ALGUNA COSA, Estar muy empeñado en su logro y consecucion.

METIMIENTO, s. m. ant. Accion y efecto de meter una cosa en otra.

METÓDICAMENTE, adv. Con método, con órden.

METÓDICO, CA, adj. Que se hace con arte y método. Dícese tambien de las personas que le usan.

MÉTODO, s. m. El modo de decir ó hacer alguna cosa con cierto órden, y siguiendo ciertos principios. ‖ El modo de obrar ó proceder, el hábito ó costumbre que cada uno tiene y observa. ‖ *Fil.* El órden que se sigue en las ciencias para hallar la verdad y enseñarla. ‖ MÉTODO ANALÍTICO, El que procede de las conclusiones á los principios, ó del fin á los medios. ‖ MÉTODO SINTÉTICO, El que procede de los principios á las conclusiones, ó de las definiciones ó nociones comunes, y de las mas simples y fáciles á las mas oscuras y difíciles.

METONIMIA, s. f. *Ret.* Figura que se comete cuando se toma la causa por el efecto, ó al contrario, el continente por el contenido, el autor por sus obras.

* METONOMASIA, s. f. Mutacion de un nombre propio por medio de la traduccion.

METOPA, s. f. *Arq.* Espacio que media entre triglifo y triglifo en el friso dórico.

METRALLA, s. f. La municion menuda con que cargan las piezas de artillería.

METRETA, s. f. Medida de líquidos de que usaron los Griegos y los Romanos.

MÉTRICA, s. f. El arte que enseña á medir los metros ó versos y á componerlos.

MÉTRICAMENTE, adv. En metro ó con las reglas propias del metro.

MÉTRICO, CA, adj. Que pertenece al metro ó está compuesto con él.

METRIFICACION, s. f. ant. V. VERSIFICACION.

METRIFICADO, p. p. ant. de METRIFICAR.

METRIFICADOR, RA, s. m. y f. ant. V. VERSIFICADOR.

METRIFICAR, v. n. ant. V. VERSIFICAR.

METRIFICATURA, s. f. ant. MEDIDA de versos ó composicion en ellos.

METRISTA, s. com. ant. V. VERSIFICADOR.

MÉTRO, s. m. V. VERSO. || ant. La composicion y medida ajustada del verso.

* METROMANÍA, s. f. Manía de hacer versos.

* METROMANÍACO, s. m. El que tiene la manía de hacer versos.

METRÓPOLI, s. f. Cuidad principal, cabeza de provincia ó reino. || Iglesia arzobispal que tiene dependientes y sujetas otras sufragáneas.

METRÓPOLIS, s. f. ant. V. METRÓPOLI.

METROPOLITANO, s. m. El arzobispo respecto de los obispos sus sufragáneos.

METROPOLITANO, NA, adj. Que pertenece á la metrópoli ó al arzobispo.

MEYA, s. f. Cangrejo marino, cuyo carapacho y bocas estan armadas de aguijones.

* MEYON, s. m. Meu, yerba muy olorosa que las bestias devoran con ansia y muy útil en medicina.

MEYOR, adj. com. ant. V. MEJOR.

MEYORAMIENTO, s. m. ant. V. MEJORAMIENTO.

MEZCLA, s. f. Mixtura ó incorporacion de una cosa con otra. || Contextura de diversos colores en los tegidos. || met. ant. Cuento ó chisme con que se intenta hacer daño ó incomodar á alguno. || *Alb.* Masa formada de cal y arena con agua.

* MEZCLABLE, adj. Que se puede mezclar.

MEZCLADAMENTE, adv. Unidamente con mezcla de unas y otras cosas.

MEZCLADO, p. p. de MEZCLAR. || MEZCLADO, DA, adj. ant. V. REVUELTO.

MEZCLADO, s. m. ant. Genero de tela ó paño que habia antiguamente hecho con mezclas.

MEZCLADOR, RA, s. m. y f. El que mezcla. || met. ant. Chismoso, cuentista que mete zizaña.

MEZCLADURA, s. f. V. MEZCLA.

MEZCLAMIENTO, s. m. V. MEZCLA ó MIXTURA. || met. ant. V. MEZCLA, 3a a.

MEZCLAR, v. a. Juntar unir, incorporar una cosa con otra. || met. ant. Enredar, poner division y enemistad entre las personas con chismes ó cuentos.

MEZCLARSE, v. r. Introducir ó meterse entre otros. || Hablando de familias ó linages es enlazarse unos con otros. || MEZCLARSE EN ALGUNA COSA, Introducirse y tomar parte en su manejo ó direccion. || MEZCLARSE UNA COSA EN OTRA, met. Introducirse en ella, participar de ella.

MEZCLILLA, TA, s. f. d. de MEZCLA. || El tegido ó ropa de mezcla.

MEZCOLANZA, s. f. fam. Mezcla extraña y ridícula.

MEZÑADA, s. f. ant. V. MESNADA. ||

MESQUINAMENTE, adv. Pobre, miserablemente. || Con avaricia.

MEZQUINDAD, s. f. Pobreza, necesidad, desemparo. || Miseria, escasez, avaricia.

* MEZQUINERÍA, s. f. V. MEZQUINDAD.

MEZQUINITO, TA, adj. d. de MEZQUINO.

MEZQUINO, NA, adj. Pobre, necesitado, falto de lo necesario. || Avaro, escaso, miserable. || ant. Desdichado, desgraciado, infeliz. || Pequeño, diminuto.

MEZQUITA, s. f. El lugar en que los mahometanos hacen las ceremonias religiosas de su secta.

MI

MI, gen. dat. acus. y abl. del pron. pers. de la prim. pers. Yo. ‖ Pron. pos. antep. á nombres sustantivos en lugar de MIO, MIA, que se dice cuando se pospone.

MI, s. m. La tercera voz de la música de las seis del hexacordo, que sube dos puntos mas que el *ut*.

MIADO, p. p. de MIAR.

MIAGADO, p. p. de MIAGAR.

MIAGAR, v. n. V. MAULLAR.

* **MIAGRO**, s. m. Camelina, planta.

MIAJA, s. f. V. MIGAJA, 2ª A. ‖ Moneda de cobre que valia medio dinero.

MIAR, v. n. V. MAULLAR.

MIASMA, s. m. *Med.* Efluvio maligno que exhalan algunos cuerpos enfermos y generalmente las aguas corrompidas ó estancadas.

MIAU, s. m. El sonido que forma el gato cuando maya.

* **MICALETE**, s. m. Bandido, salteador. ‖ Fusilero de montaña en Cataluña.

MICHA, s. f. fam. Nombre que se da comunmente á la gata.

* **MICHITO**, s. m. d. de MICHO.

MICHO, s. m. fam. Nombre que se da comunmente al gato.

MICO, s. m. Mono con cola. ‖ DEJAR Á UNO HECHO UN MICO, fam. Dejarle corrido ó avergonzado. ‖ HACER MICO, fam. Faltar uno á alguna concurrencia adonde estaba citado ó debia asistir por obligacion. ‖ QUEDARSE HECHO UN MICO, fam. Quedar corrido y avergonzado.

* **MICROCÓSMOS**, s. m. Mundo abreviado. Dícese del hombre.

* **MICRÓFONO**, s. m. Instrumento propio para aumentar la voz y los sonidos.

* **MICROGRAFÍA**, s. f. Descripcion de las partes y de las propiedades de los objectos sumamente pequeños.

MICRÓMETRO, s. m. Anteojo para medir los diámetros de los astros ó las pequeñísimas distancias entre ellos.

* **MICROSCÓPICO**, CA, adj. Que pertenece al microscopio.

MICROSCOPIO, s. m. Instrumento dióptrico con el cual las cosas muy pequeñas aparecen muy aumentadas á la vista. ‖ MICROSCOPIO SOLAR, Instrumento compuesto de un espejo que recibe y reflecta los rayos del sol, y de un tubo con una lente, delante de la cual se pone el objeto que se pinta de un tamaño sumamente grande en la pared ó lienzo que está á la parte opuesta en un cuarto enteramente oscuro.

MIDA, s. f. ant. Voz sincopada de medida.

MIDA, s. m. Especie de gusano que se cria en las legumbres.

MIEDO, s. m. Perturbacion del ánimo originada de la aprension de algun peligro ó riesgo. ‖ Rezelo ó aprension que uno tiene de que le suceda alguna cosa contraria. ‖ MIEDO CERVAL, Miedo grande ó excesivo. ‖ Á MIEDO Ó Á MIEDOS, ant. Por miedo, de miedo ó con miedo. ‖ CISCARSE DE MIEDO, fam. Pondera el gran miedo que alguno tiene. ‖ MORIRSE DE MIEDO, Exagera el gran miedo que se padece por algun rezelo de cosa adversa, ó por ser el sugeto pusilánime. ‖ MUCHO MIEDO Y POCA VERGÜENZA, Reprende al que teme mucho el castigo, y comete sin reparo el delito que le merece. ‖ NO HAYA Ó NO HAYAS MIEDO, Úsase para asegurar que no sucederá alguna cosa.

MIEL, s. f. Licor espeso, trasparente, dulce y agradable que forman las abejas de la sustancia de las flores. ‖ En los ingenios de azúcar, aquella sustancia que ha caido de las cañas al tiempo de molerlas despues que se le ha dado la segunda cochura. ‖ MIEL DE CAÑAS, El licor espeso que destila del zumo de las cañas dulces cuando se echa en las formas. ‖ MIEL DE GOTA, La tercera y última miel que da de si el azúcar fino al tiempo del blanqueo ‖ MIEL DE PRIMA, El primer licor que destila del azúcar cuando se cuaja en la forma. ‖ MIEL DE TIERRA, La segunda miel que despide el pilon despues de macizado con barro dentro de la forma. ‖ MIEL ROSADA, Especie de jarabe. ‖ MIEL SILVESTRE, En las Indias una miel que labran en los árboles unas abispas negras del tamaño de las moscas. ‖ MIEL SOBRE HOJUELAS, Se usa para expresar que una cosa viene ó recae muy bien sobre otra. ‖ MIEL VIRGEN, La primera que labra cada enjambre. ‖ DEJAR Á UNO CON LA MIEL EN LOS LABIOS, fam. Privarle de lo que empezaba á gustar ó disfrutar. ‖ HACERSE DE MIEL, Portarse con alguno blanda y suavemente mas de lo que conviene. ‖ SER COSA DE MIELES, Ser cosa muy gustosa suave, dulce y deleitable.

MIELGA, s. f. Planta que crece de suyo en varias partes de España, y que se cultiva para pasto del ganado caballar. ‖ Pez no raro en los mares de España. Es de cuatro á cinco pies de largo, recto por el vientre, y tan encorvado por el lomo que presenta casi la forma de un triángulo. || Instrumento de labradores para arrastrar la paja con unos dientes grandes de palo ó hierro. || *Agr.* Lista ó pedazo de tierra en una misma haza ó heredad || MIELGA DE FLOR AZAFRANADA Ó AMARILLA, Especie de mielga. || MIELGA MARINA, Planta muy comun en las costas marítimas de España, especie de mielga.

MIELGO, GA, s. m. y f. ant. V. MELLIZO.

MIEMBRECICO, LLO, TO, s. m. d. de MIEMBRO.

MIEMBRO, s. m. Parte del cuerpo del animal. || Cualquiera parte que sirve y concurre á la composicion de algun cuerpo moral. || met. ant. Parte de algun todo unida con el. || ant. Parte ó pedazo de alguna cosa separado de ella. Ramo, parte, especie de algun total. || *Arq.* Cada parte principal de un órden arquitectónico ó de un edificio. || MIEMBRO PODRIDO, met. El sugeto separado de su comunidad por sus excesos. || MIEMBRO DE LA IGUALACION, *Alg.* Cada una de las cantidades que estan á una y otra banda del cotejo.

MIENTA, s. f. *Ast.* y *Mont.* V. YERBABUENA.

MIENTE, s. f. ant. V. PENSAMIENTO. || ant. V. GANA Ó VOLUNTAD. || CAER EN MIENTES, ant. Caer en la imaginacion, imaginarse alguna cosa || PARAR MIENTES, ant. Considerar, meditar y recapacitar con particular cuidado y atencion alguna cosa.

MIENTRA, adv. ant. V. MIÉNTRAS. || DE MIENTRA, ant. V. MIÉNTRAS. || EN MIENTRA, ant. V. MIÉNTRAS.

MIÉNTRAS, adv. Entre tanto, en tanto ó entre tanto que. || CUANDO, en el tiempo, en la ocasion ó coyuntura. || MIÉNTRAS TANTO, fam. V. MIÉNTRAS.

* MIERA, s. f. El aceite de enebro, de que usan regularmente los pastores para curar la roña del ganado. || Sustancia resinosa, pesada, crasa y trasparente que con el calor del sol destilan los troncos de los pinos.

* MIERA s. f. Aceite de nebrina. || Jugo resinoso del pino.

MIÉRCOLES, s. m. El cuarto dia de la semana. || MIÉRCOLES CORVILLO, fam. El miércoles de ceniza. || MIÉRCOLES DE CENIZA, El primer dia de la cuaresma. || MIÉRCOLES SANTO, El miércoles de la semana santa.

MIERDA, s. f. El excremento del hombre y de algunos animales. || Grasa, suciedad ó porquería que se pega á la ropa ó á otra cosa.

MIERDACRUZ, s. f. Mata, especie de torvisco.

MIERLA, s. f. ant. Ave. V. MIRLA.

MIERRA, s. f. V. NARRIA.

MIES, s. f. La espiga, caña y grano del trigo, cebada y demas semillas de que se hace pan. || El tiempo de la siega y cosecha de granos. || met. La muchedumbre de gentes convertida ó pronta á su conversion.

MIGA, s. f. Parte interior y mas blanda del pan. || Porcion pequeña y menuda de cualquiera cosa. || Sus ancia y virtud interior de las cosas físicas. || met. Entidad, gravedad y principal sustancia de alguna cosa moral. || ant. Papilla que se hace para los niños. || MIGAS, pl. Pan desmenuzado remojado en aceite y agua con pimiento y ajo y frito. || HACER BUENAS Ó MALAS MIGAS, met. fam. Avenirse bien con alguno, con su trato y amistad, ó al contrario.

MIGADO, p. p. de MIGAR.

MIGAJA, s. f. La parte más pequeña y menuda del pan, que suele saltar ó desmenuzarse al partirle. || Porcion pequeña y menuda de cualquiera cosa. || met. La parte pequeña de alguna cosa no material. || fam. Nada, o casi nada. || MIGAJAS, pl. Los desperdicios ó sobras de alguno de que se utilizan otros. || SEPARAR EN MIGAJAS, Se dice de los que en las cosas de monta se detienen á reparar y escasear lo que no tiene sustancia.

MIGAJADA, s. f. La porcion pequeña de alguna cosa grande, que se puede dividir.

MIGAJICA, LLA, TA, s. f. d. de MIGAJA.

MIGAJON, s. m. Porcion de pan que no tiene corteza. || La sustancia y virtud interior de alguna cosa.

MIGAJUELA, s. f. d. de MIGAJA.

MIGAR, v. a Desmenuzar ó partir el pan en porciones muy pequeñas.

* MIGEDIAGA, s. f. Bocha, yerba de pasto.

* MIGRAÑA, s. f. V. JAQUECA.

MIGRATORIO, RIA, adj. Que se muda de una parte á otra.

MIGUERO, RA, adj. Que pertenece de algun modo á las migas.

MIJERO, s. m. ant. La tercera parte de una legua, una milla. || Poste ó columna que señala en los caminos la distancia de cada milla.

MIJO, s. m. Planta cereal de unos dos pies de altura, con las hojas largas, estrechas y puntiagudas. || La semilla de la planta del mismo nombre. || En algunas partes MAIZ. || MIJO CEBURRO, V. CANDEAL.

MIL, adj. núm. card. Se aplica al número que contiene ó incluye diez veces ciento. || Número ó cantidad grande indefinidamente. || MIL Y QUINIENTAS, f.m. Las lentejas por la multitud de ellas que entran en una escudilla de potage. || MILES, pl. V. MILLARES.

MILAGRERO, RA, s. m. y f. El sugeto que cree con facilidad por milagros las cosas que naturalmente acaecen, y las publica por tales.

MILAGRO, s. m. Obra divina, superior al órden natural y á las fuerzas humanas. || Cualquiera suceso ó cosa rara, extraordinaria y maravillosa. || V. PRESENTALLA. || HACER MILAGROS, Hacer mucho mas de lo que se puede hacer comunmente. || VIVIR DE MILAGRO, Pondera la dificultad de mantenerse, ó el especial riesgo y peligro de que se ha salido con la vida.

MILAGRON, s. m. fam. Aspaviento, extremo.

MILAGROSAMENTE, adv. Por milagro. || De una manera que admira y suspende.

MILAGROSO, SA, adj. Que excede las fuerzas y facultad de la naturaleza. || Que obra ó hace milagros. || Maravilloso, ascombroso, pasmoso.

MILAN, s. m. Especie de tela de lino así llamada por la ciudad del mismo nombre donde se fabricaba.

MILANES, SA, adj. De Milan.

MILANES, s. m. *Germ.* El pistolete.

MILANO, s. m. Ave de un pié de largo, de color rojizo ménos la cabeza, que es blanquizca. || Ave del mismo género que la anterior, aunque mas pequeña. || Pez de un pié escaso de largo, casi cilíndrico y adelgazado en forma de cuña de la cabeza á la cola. || V. VILANO.

MILENARIO, s. m. El espacio de mil años. || Sectario que creia que Jesucristo reinaria sobre la tierra con sus santos en una nueva Jerusalen por tiempo de mil años ántes del dia del juicio.

MILENARIO, RIA, adj. num. Perteneciente al número de mil ó al millar.

MILENO, NA, adj. Se aplica á las telas cuya urdimbre se compone de mil hilos.

MILENRAMA, s. f. Planta muy comun en España, cuyas flores son pequeñas, blancas ó encarnadas, y forman ramilletes densos y enteramente planos.

* MILENTA, s. f. fam. V. MIL.

* MILÉPORA, s. f. Produccion porosa llena de agujeritos.

MILÉSIMO, MA, adj. num. ord. Que cumple ó completa el número de mil.

MILESIO, SIA, adj. Se aplica á ciertos cuentos ó fábulas disparatadas que solo se dirigen á divertir á sus lectores. || De Melaso.

MILGRANA, s. f. ant. V. GRANADA, fruta.

MILHOJAS, s. f. Planta, V. MILENRAMA.

MILIAR, adj. Se aplica á una especie de herpes.

* MILIAREO, REA, adj. Que señala la milla.

MILICIA, s. f. Arte de hacer la guerra ofensiva y defensiva, y de disciplinar los soldados para ella. || Servicio ó profesion militar. || La misma soldadesca ó la gente que sigue la guerra. || Nombre que se da á los coros de los ángeles. || MILICIA Ú ÓRDEN DE CRISTO, V. ÓRDEN. || MILICIAS, pl. Cuerpo de tropa formado de vecinos de algun pais ó ciudad, que se alistan por sorteo para salir á campaña cuando lo pide la necesidad. || MILICIAS PROVINCIALES, V. MILICIAS. || MILICIAS URBANAS, Cierto número de compañías que residen fijas en varios pueblos.

MILICIANO, NA, adj. Que pertenece á la milicia.

MILITADO, p. de MILITAR.

MILITANTE, p. a. de MILITAR, Que milita.

MILITANTE, adj. Se aplica á la iglesia, entendiéndose la congregacion de los fieles cristianos unidos con su cabeza visible el sumo pontífice.

MILITAR, adj. Que pertenece á la milicia. || Se aplica al vestido seglar á la francesa.

MILITAR, s. m. El que sigue la milicia.

MILITAR, v. n. Servir en la guerra ó profesar la milicia. || met. Haber ó concurrir en cualquiera cosa alguna razon ó circunstancia particular.

MILITARMENTE, adv. Conforme al estilo ó leyes de la milicia.

* MILITARON, s. m. Soldadon.

MÍLITE, s. m. ant. V. SOLDADO.

MILLA, s. f. Medida de caminos, el espacio de ocho estadios ó mil pasos geométricos. || ant. V. CUARTO DE LEGUA.

MILLAR, s. m. El agregado de cosas que componen el número de mil. || La figura numeral que denomina el número de mil. || Entre los contadores figura para advertir que los números antecedentes á ella estan en la clase de millares. || Por exageracion se toma por un número grande, indeterminado. || Cantidad de cacao, que en unas partes es tres libras y media, y en otras mas. || En las dehesas es el espacio de terreno en que se pueden mantener mil ovejas. || MILLAR CERRADO, Entre contadores la figura ó carácter del millar, con una raya á cada lado donde habian de estar los números. || MILLAR EN BLANCO, La misma figura del millar sin cosa alguna á los lados.

MILLARADA, s. f. La cantidad de millares en cualquiera línea. || Á MILLARADAS, Á millares, innumerables veces. || ECHAR MILLARADAS, Ponderar y exagerar los bienes ó rentas que uno tiene.

MILLO, s. m. ant. V. MIJO.

MILLON, s. m. V. CUENTO. || Un número indeterminado y excesivo que se dice por exageracion de cualquier cosa.

MILLONARIO, RIA, adj. Ricazo, poderoso, muy acaudalado. || MILLONARIOS, pl. El servicio que los reinos tienen concedido al rey sobre el consumo del vino, vinagre, aceite, carne, jabon y velas de sebo.

* MILLONÉSIMO, MA, adj. Que completa un millon.

MILOCHA, s. f. COMETA, por la armazon de cañas y papel.

MILOR, s. m. Tratamiento que se da en Inglaterra á las personas de primera calidad y distincion.

MIMADO, p. p. de MIMAR.

MIMAR, v. a. Hacer caricias y halagos. || Tratar con excesivo regalo, caricia y condescendencia, en especial á los niños.

MIMBRAL, s. m. V. MIMBRERAL.

MIMBRE, s. f. Arbusto, V. MIMBRERA. || Cada una de las varitas correosas y flexibles que produce la mimbrera.

MIMBREADO, p. de MIMBREAR.

MIMBREAR, v. n. V. CIMBRAR.

MIMBREÑO, ÑA, adj. Que es de naturaleza de mimbre.

MIMBRERA, s. f. Arbusto cuyo tronco se puebla desde la raiz de ramas largas que se emplean para hacer cestas, aros de toneles y otros usos. || V. MIMBRERAL.

MIMBRERAL, s. m. Sitio en que nacen ó se crian mimbres.

MIMBROSO, SA, adj. Hecho de mimbres.

MÍMICO, CA, adj. Que pertenece al mimo y á la representacion de sus fábulas.

MIMO, s. m. El truhan ó bufon en las comedias antiguas. || Especie de representacion jocosa ó de risa, pero obscena, que usaban los antiguos. || Cariño, halago ó demostracion expresiva de ternura. || El cariño, regalo y condescendencia excesiva con que se suele tratar expecialmente á los niños.

MIMOSA, s. f. Planta, V. SENSITIVA.

MIMOSO, SA, adj. Melindroso, delicado y regalon.

MINA, s. f. Conducto artificial subterráneo. || *Fort.* Artificio subterráneo que se hace en los sitios de las plazas, para arruinar las fortificaciones de la plaza. || Lugar que se abre y cava en la tierra para sacar de ella los metales ó minerales. || Nacimiento y origen de las fuentes. || Moneda antigua entre los Griegos. || met. El oficio, empleo ó negocio de que con poco trabajo se saca mucho interes y ganancia. || fam. y fest. Cantidad grande de dinero. || MINA LUDIA, *Germ.* Cobre. || MINA MAYOR, *Germ.* Oro. || MINA MENOR, *Germ.* Plata. || REVENTAR LA MINA, met. Descubrirse alguna cosa que estaba oculta y qué tenia en expectacion. || VOLAR LA MINA, met. Romper y explicar su sentimiento el que ha estado callando mucho tiempo. || VOLAR LA MINA, met. Descubrirse alguna cosa que cautelosamente estaba secreta.

MINADO, p. p. de MINAR.

* MINADORA, s. f. Oruga.

MINADOR, RA, s. m. y f. El que mina. || El ingeniero ó artífice que hace minas.

MINAL, adj. Perteneciente á mina.

MINAR, v. a. Cavar y abrir camino por debajo de tierra. || *Mil.* Hacer minas, poniendo artificios de pólvora para volar alguna cosa. || met. Hacer las mas exquisitas y extraordinarias diligencias para la consecucion ó la averiguacion de alguna cosa.

MINAZ, adj. ant. Que amenaza.

MINCIO, s. m. ant. V. LUCTUOSA.

MINCION, s. f. ant. V. LUCTUOSA. || ant. V. MENCION.

MINERA, s. f. ant. MINA de metales.

MINERAGE, s. m. La labor y beneficio de las minas.

MINERAL, adj. Que toca ó pertenece á mina ó minero.

MINERAL, s. m. Cualquiera de los metales y demas fósiles aun no beneficiado todavia, y combinados con otros substancias. || El origen y principio de las fuentes. || met. Principio, origen y fundamento que produce ó fructifica abundantemente alguna cosa. || MINA ó MINERO de metales y piedras preciosas.

* **MINERALIZACION**, s. f. Combinacion de la mina con azufre ó arsénico.

MINERALIZAR, v. a. *Quim.* Reducir un metal á forma de mineral.

MINERALOGIA, s. f. Ciencia que trata de minerales.

* **MINERALÓGICO, CA**, adj. Perteneciente á la mineralogía.

MINERALOGISTA, s. m. Sugeto versado en el conocimiento de los minerales.

* **MINERALOGO**, s. m. V. MINERALOGISTA.

MINERÍA, s. f. El arte de trabajar y elaborar las minas. || Los individuos que forman cuerpo para entender en cuanto concierne á las minas.

MINERO, s. m. MINA de metales y minerales. || El sugeto que trabaja en minas ó las beneficia. || met. Origen, principio ó nacimiento de alguna cosa.

* **MINGA**, s. f. Dícese en esta locucion: MINGA FRIA, Serio, tétrico, insensible. || En el juego de villar, la bola que se coloca en cierto punto, y nunca puede ser herida con el taco.

MINGRANA, s. f. ant. V. GRANADA. Fruta.

MINGUA, s. f. ant. MENGUA por falta.

MINGUADO, p. de MINGUAR. || MINGUADO, DA, adj. ant. MENGUADO por necesitado.

MINGUAR, v. n. ant. V. MENGUAR.

MINIADO, p. p. de MINIAR.

MINIAR, v. a. *Pint.* Ir haciendo con puntos continuados el oscuro y medias tintas de una figura.

MINIATURA, s. f. Pintura sobre vitela ó papel terso á manera de iluminacion, pero egecutando el claro y oscuro punteado y no tendido.

MINIATURISTA, s. c. El pintor de miniatura.

MÍNIMA, *Mús.* Una de las siete notas ó figuras, cuyo valor es la mitad del semibreve.

MINIMISTA, s. m. Estudiante que está en la clase de mínimos en el estudio de gramática.

MÍNIMO, MA, adj. sup. anom. de PEQUEÑO.

MÍNIMO, s. m. El religioso ó religiosa de la órden de san Francisco de Paula. || MÍNIMOS, pl. En el órden vulgar de las clases en que se divide la enseñanza de la gramática, la segunda.

MINIO, s. m. *Farm.* V. AZARCON.

MINISTERIAL, adj. Que pertenece al ministerio ó gobierno del estado ó á alguno de los ministros.

MINISTERIALMENTE, adv. Con ministerio ó facultades y oficios de ministro.

MINISTERIO, s. m. El oficio, empleo, ocupacion ó cargo de cada uno. || Cualquier egercicio ó trabajo manual. || El gobierno de estado en los negocios importantes de un reino ó república. || El empleo de ministro y el tiempo que dura su egercicio. || Cuerpo de ministros del estado.

MINISTRA, s. f. La que sirve á otro para alguna cosa || La muger del ministro.

MINISTRADO, p. p. de MINISTRAR.

MINISTRADOR, RA, s. m. y f. El que ministra.

MINISTRANTE, p. a. de MINISTRAR, Que ministra ó sirve.

MINISTRAR, v. a. y n. Servir ó egercitar algun oficio, empleo ó ministerio. || Dar, suministrar á otro alguna cosa. || ant. V. ADMINISTRAR.

MINISTRIL, s. m. Ministro inferior de poca autoridad ó respeto. || Instrumento músico de boca, como chirimía, bajon y otros semejantes. || El que toca los instrumentos llamados MINISTRILES.

MINISTRO, s. m. El que sirve y ministra á otro alguna cosa. || El juez que se emplea en la administracion de la justicia. || SECRETARIO DEL DESPACHO ó del despacho universal. || V. ENVIADO. || En algunas religiones, el prelado ordinario de cada convento. || En la religion de la compañía de Jesus es el segundo prelado de las casas y colegios. || El alguacil y cualquiera de los oficiales inferiores que egecutan los mandatos y autos de los jueces. || MINISTRO CONSULTANTE, El del consejo que en las consultas del viérnes propone el caso consultado y el dictámen del consejo. || MINISTRO DE CAPA Y ESPADA, En los tribunales reales, el consejero que no es letrado, por lo que no tiene voto sino en los negocios consultivos y de gobierno. || MINISTRO DE LA ÓRDEN TERCERA, El superior de ella. || MINISTRO GENERAL, En la religion de san Francisco, el prelado superior y cabeza de toda la órden. || PRIMER MINISTRO, Ministro superior que el rey suele nombrar para que le alivie en parte el trabajo del despacho.

MINORACION, s. f. Accion y efecto de minorar.

MINORADO, p. p. de MINORAR.

MINORAR, v. a. Disminuir, acortar y reducir á ménos.

MINORATIVO, VA, adj. Que minora ó tiene virtud de minorar. || Medicina ó remedio purgante que minora los humores sin copiosa evacuacion.

MINORIDAD, s. f. V. MENOR EDAD.

MINUCIA, s. f. Cierta especie de diezmo que se paga de los frutos menores. || Menudencia, cortedad, cosa de poco valor y entidad.

MINUCIOSO, SA, adj. Demasiado prolijo, y que se detiene en pequeñas cosas.

MINUÉ, s. m. *Mús.* Composicion de compas ternario que se canta y se toca para bailar, y el baile.

MINUETE, s. m. V. MINUÉ.

MINÚSCULA, V. LETRA MINÚSCULA.

MINUTA, s. f. Borrador que se hace de algun contrato ú otra cosa, anotando las cláusulas esenciales para extenderle con todas las formalidades necesarias. || La lista ó catálogo en que se escribe ó anota alguna cosa para tenerla presente.

MINUTADO, p. p. de MINUTAR.

MINUTAR, v. a. Hacer el borrador de alguna consulta, ó poner en extracto algun instrumento ó contrato.

MINUTERO, s. m. La manecilla que señala los minutos en el relox.

MINUTISA, s. f. Especie de clavellina.

MINUTO, s. m. Una de las sesenta partes iguales en que se divide un grado de círculo. || MINUTOS HORARIOS, Las sesenta partes iguales en que se divide una hora.

MIÑARSE, v. r. *Germ.* Irse.

MIÑON, s. m. Soldado de tropa ligera destinada á la persecucion de ladrones y contrabandistas y á la custodia de los bosques reales.

* **MIÑONETA**, s. f. Yerba mora, planta medicinal.

MIÑOSA, s. f. V. LOMBRIZ.

MIO, MIA, pron. posesivo de la primera persona, que significa lo que es propio ó pertenece á ella. || ES MUY MIO, Da á entender la intimidad ó estrecha amistad que alguno disfruta de otro. || SOY MIO, Explica la libertad ó independencia que uno tiene respecto de otro para obrar.

MIO, s. m. La voz con que se llama al gato.

MIOPE, s. c. El que es corto de vista.

* **MIOPIA**, s. f. Estado del miope.

MIQUELETE, s. m. Fusilero de montaña en Cataluña.

MIRA, s. f. Cierta pieza que se pone en algunos instrumentos para dirigir la vista y asegurar la puntería. || El ángulo que tiene la adarga en la parte superior. || met. Intencion, reparo ó advertencia que se observa en la egecucion de alguna cosa. || MIRAS DE PROA, *Náut.* Los cañones que se ponen en dos portas mayores que las de los costados. || ESTAR Á LA MIRA, Observar con particular cuidado los pasos y lances de algun negocio para egecutar las diligencias conducentes á su logro. || PONER LA MIRA, Hacer eleccion de alguna cosa poniendo los medios necesarios para conseguirla.

MIRABEL, s. m. Planta cuyo tallo se levanta hasta una vara de altura, y está vestido desde la raiz de ramas mas cortas que él. || Planta. V. GIRASOL.

MIRABLE, adj. ant. V. ADMIRABLE.

MIRABOLANO, s. m. Fruto purgante de una pulgada de largo, ovalado, carnoso, y que contiene en su interior un hueso duro, dentro del cual hay una almendra.

MIRACULOSAMENTE, adv. ant. V. MILAGROSAMENTE.

MIRACULOSO, SA, adj. ant. V. MILAGROSO.

MIRADA, s. f. La accion de mirar ligeramente ó la de clavar los ojos para expresar algun efecto.

MIRADERO, s. m. Lugar público que está patente á la vista de todos. || El lugar desde donde se mira.

MIRADO, p. p. de MIRAR. || MIRADO, DA, adj. Circunspecto, pundonoroso y que procede en todo con mucha cordura, reparo y madurez.

MIRADO, s. m. ant. V. MIRADA.

MIRADOR, RA, s. m. y f. El que mira. || Cierto género de corredor ó galería puesto en parage que se descubra mucha tierra. || Cierta especie de balcones cubiertos con su tejadillo, y rodeados de vidrieras.

MIRADURA, s. f. Accion de mirar. || V. MIRADA.

MIRAMAMOLIN, s. m. El monarca y supremo dominante de los Moros.

MIRAMIENTO, s. m. Acto de mirar, atender ó considerar. || Respeto, atencion y circunspeccion que se debe observar en la egecucion de alguna cosa.

MIRANTE, p. a. de MIRAR, Que mira.

MIRAR, v. a. Fijar la vista en algun objecto, aplicando juntamente la atencion y advertencia del ánimo. || Reconocer, respectar y atender á uno por alguna calidad especial que concurre en él. || Tener ó llevar por fin ú objecto alguna cosa en lo que se egecuta. || Observar las acciones de alguno. || Apreciar, atender ó hacer caso de alguna cosa. || Estar situado, puesto ó colocado un edificio ó cualquier cosa enfrente de otra, como que la está mirando. || met. Considerar, advertir y premeditar con mucho estudio y cuidado. || Cuidar, atender, proteger, amparar ó defender. || Inquirir, reconocer, buscar ó informarse. || MIRA, Segunda persona del imperativo. Usase como interjeccion para avisar ó amenazar á alguno. || MIRAR Á LAS MANOS Ó LAS MANOS, met. Observar cuidadosamente la conducta de alguno en el manejo de caudales ó efectos. || MIRAR BIEN Ó MAL Á UNO, met. Tenerle afecto ó aversion. || MIRAR Ó MIRARSE EN ELLO, Tomar tiempo para considerar las circunstancias de alguna cosa ántes de resolverla. || MIRAR Ó VER PARA LO QUE ALGUNO HA NACIDO, Expr. fam. con que se le amenaza para que haga ó deje de hacer alguna cosa. || MIRAR POR ENCIMA, Mirar ligeramente alguna cosa. || MIRARSE Á SI, Atender uno á quien es, para no egecutar alguna cosa agena de su estado. || MIRARSE EN ALGUNO, Cuidar de él con esmero ó cariño. || MIRARSE UNOS Á OTROS, Explica la suspension ó extrañeza que causa alguna especie que obliga á semejante accion, como esperando cada uno por donde se determina el otro. || MIRE COMO HABLA, Ó LO QUE HABLA, Ó CON QUIEN HABLA, expr. de enojo con que se advierte á alguno que ofende con lo que dice ó le puede causar perjuicio. || MIRA QUIEN HABLA, Nota á alguno del mismo defecto de que él habla contra otro, ó con que se le advierte que no debe hablar en las circunstancias ó en la materia de que se trata. || MIRE Á QUIEN SE LO CUENTA, Denota que de algun suceso sabe mas quien le oye que quien le refiere.

MIRASOL, s. m. V. GIRASOL.

MIRÍFICO, CA, adj. *Poét.* Maravilloso, admirable.

MIRIÑAQUE, s. m. Alhajuela de poco valor.

MIRLA, s. f. Ave, V. MIRLO. || *Germ.* V. OREJA.

MIRLADO, p. p. de MIRLAR y MIRLARSE.

MIRLAMIENTO, s. m. El acto de mirlarse.

MIRLAR, v. a. ant. V. EMBALSAMAR.

MIRLARSE, v. r. Entonarse afectando gravedad y señorío en el rostro.

MIRLO, s. m. Gravedad y afectacion en el rostro. || Ave de cinco á seis pulgadas de largo que se domestica con facilidad, y aprende á repetir sonidos.

* **MIRMECIA**, s. f. Verruga en la mano.

MIRON, NA, s. m. y f. El que mira demasiado ó con curiosidad.

MIRRA, s. f. Goma resinosa de olor fragante. || MIRRA LÍQUIDA, El licor gomoso y oloroso que sale de los árboles nuevos que llevan la MIRRA.

MIRRADO, DA, adj. Compuesto ó mezclado con mirra.

MIRRAUSTE, s. m. Salsa de almendras tostadas y majadas con migajon mojado en caldo y cantidad de canela.

MIRRINO, NA, adj. ant. Que es de mirra ó participa de sus calidades y virtudes.

MIRTIDANO, s. m. El pimpollo que nace al pié del mirto.

* **MIRTIFORME**, adj. En forma de hoja de mirto.

MIRTINO, NA, adj. Que es de mirto ó participa de sus calidades.

MIRTO, s. m. Arbusto, V. ARRAYAN.

MISA, s. f. Sacrificio incruento de la ley de gracia. || El órden del presbiterado. || MISA CANTADA, La que se celebra con canto y solemnidad. || MISA CONVENTUAL, La misa mayor que se dice en los conventos. || MISA DE CUERPO PRESENTE, La que se dice por lo regular estando presente el cadáver. || MISA DE DIFUNTOS, La señalada por la iglesia para que se diga por ellos. || MISA DEL GALLO, La que se dice la noche de navidad. || MISA DE PARIDA, La que se dice á la muger que va por la primera vez á la iglesia despues del parto. || MISA DE REQUIEM, V. MISA DE DIFUNTOS. || MISA EN SECO, La que se dice sin consagrar, como la del que se adiestra é impone para celebrarla. || MISA MAYOR, La que se canta con toda solemnidad á determinada hora del dia. || MISA NUEVA, La primera que dice ó canta el sacerdote. || MISA PARROQUIAL, La solemne que se celebra en las parroquias en los domingos y fiestas de guardar. || MISA PRIVADA, V. MISA REZADA. || MISA REZADA, La que se celebra sin canto. || MISA SOLEMNE, V. MISA CANTADA. || MISAS DE SALUD, Modo de hablar que ademas del sentido recto se usa para despreciar las maldiciones ó malos deseos que otro tiene contra alguno. || MISA VOTIVA, L.

que no siendo propia del dia se puede decir en ciertos dias por voto á algun santo. || AYUDAR Á MISA, Servir y responder al sacerdote en el sacrificio de la misa. || CANTAR MISA, V. DECIRLA. Úsase mas comunmente hablando de la primera. || DECIR MISA, Celebrar el sacerdote este santo sacrificio. || DECIRSELO DE MISAS, Ó ALLÁ TE LO DIRAN DE MISAS, fam. Amenaza á alguno de que pagará en la otra vida lo mal que obrase en esta, ó que pagará en otro tiempo lo que obrase mal de presente. || NO SABER DE LA MISA LA MEDIA, fam. Ignorar alguna cosa. || OIR MISA, Asistir y estar presente á ella.

MISACANTANO, s. m. Clérigo que está ordenado de todas órdenes y celebra misa. || Sacerdote que dice ó canta la primera misa. || *Germ.* El gallo.

MISAL, adj. y s. m. El libro que contiene el órden y modo de celebrar la misa. || *Impr.* Grado de letra entre peticanon y parangona.

MISANTROPÍA, s. f. Humor tétrico y desapacible con los demas hombres, aversion al trato humano. || Naturaleza, costumbres y propiedades de los misántropos.

MISÁNTROPO, s. m. El que por su humor tétrico y desapacible con todos, manifiesta aversion al trato humano.

MISAR, v. n. ant. Oir misa.

MISARIO, s. m. Acólito para ayudar á las misas.

MISCELÁNEA, s. f. La mezcla, union y entretegimiento de algunas cosas con otras. || La obra ó escrito en que se tratan muchas materias inconexas y mezcladas.

* MISEÑOREAR, v. a. fam. Encajar señorías y mas señorías á alguno.

MISERABILÍSIMO, MA, adj. sup. de MISERABLE.

MISERABLE, adj. Desdichado, infeliz y desafortunado. || Abatido, sin valor ni fuerza. || Avariento, escaso y apocado.

MISERABLEMENTE, adv. Desgraciada y lastimosamente. || Escasamente, con avaricia, poquedad y miseria.

MISERACION, s. f. V. MISERICORDIA.

MISERAICA, adj. V. MESERAICA.

MÍSERAMENTE, adv. V. MISERABLEMENTE.

MISEREAR, v. n. Portarse ó gastar con escasez y miseria.

MISERERE, s. m. La fiesta ó funcion que se hace en cuaresma á alguna imágen de Cristo. || *Med.* El cólico vólvulo.

MISERIA, s. f. Desgracia, pena, trabajo, calamidad ó infortunio. || Pobreza, estrechez, falta de lo necesario. || Avaricia, mezquindad y demasiada parsimonia. || Cosa corta. || COMERSE DE MISERIA, PIOJOS, etc., met. y fam. Padecer gran pobreza, y vivir miserablemente.

MISERICORDIA, s. f. Virtud que inclina el ánimo á compadecerse de los trabajos y miserias agenas.

MISERICORDIOSAMENTE, adv. Piadosamente, con misericordia y clemencia.

MISERICORDIOSÍSIMO, MA, adj. sup. de MISERICORDIOSO.

MISERICORDIOSO, SA, adj. Piadoso, benigno, clemente, y que se conduele de los trabajos y miserias agenas.

MISERO, RA, adj. Que gusta de oir muchas misas. || El sacerdote que celebra mucha misas.

MÍSERO, RA, adj. V. MISERABLE.

MISÉRRIMO, MA, adj. sup. de MÍSERO.

MISION, s. f. El acto de enviar. || La salida, jornada ó peregrinacion que hacen los varones apostólicos de pueblo en pueblo predicando el Evangelio. || Sermon fervoroso que hacen los misioneros en las peregrinaciones evangélicas. || La tierra, provincia ó reino en que predican los misioneros. || Gasto, costa ó expensa que se hace en alguna cosa. || Lo que se les señala á los segadores para sustento, de pan, carne y vino por cierta cantidad de trabajo ó tiempo.

MISIONARIO, s. m. V. MISIONERO.

MISIONERO, s. m. Predicador que hace las misiones.

MISIVO, VA, adj. y s. Se aplica al papel, billete ó carta que se envia á alguno. || LETRA MISIVA, V. CARTA MISIVA.

MISMÍSIMO, MA, adj. sup. de MISMO.

MISMO, MA, pron. personal, que se atribuye á una cosa única aunque parezca diversa, que se representa, subsiste y se reconoce ser aquella que se ha visto, ó de que se ha oido hablar. || Semejante ó igual. || Se usa para dar mas fuerza á la expresion, singularizando la persona ó cosa, y como separándola y distinguiéndola de las demas.

MISTAMENTE, adv. for. Denota que una causa pertenece á los dos fueros eclesiástico y civil.

MISTAR, v. a. Hablar ó hacer algun ruido con la boca.

MISTELA, s. f. Bebida que se hace de la mezcla de aguardiente, agua, azúcar, y canela.

MISTERIAL, adj. ant. V. MISTERIÓSO.

MISTERIALMENTE, adv. ant. V. MISTERIOSAMENTE.

MISTERIO, s. m. Secreto incomprensible de las verdades divinas reveladas. || El secreto de los príncipes en los negocios de mucha entidad y consideracion. || Cualquier cosa que es muy difícil de comprenderse. || HABLAR DE MISTERIO, Hablar alguno cautelosa y reservadamente, ó afectar oscuridad. || HACER MISTERIO, V. HABLAR DE MISTERIO. || NO SER SIN MISTERIO, Da á entender que una cosa no se hizo por acaso.

MISTERIOSAMENTE, adv. Secreta y escondidamente, con misterio.

MISTERIOSO, SA, adj. Que encierra ó incluye en sí misterio. || Se aplica al que hace misterios y da á entender cosas recónditas donde no las hay.

MÍSTICA, s. f. Parte de la teología que trata de la vida espiritual y contemplativa, y del conocimiento y direccion de los espíritus.

MÍSTICAMENTE, adv. Figuradamente, de un modo místico ó misterioso. || Espiritualmente.

MÍSTICO, CA, adj. Que incluye misterio ó razon oculta. || Que pertenece á la mística.

MÍSTICO, s. m. El que se dedica á la vida espiritual, y el que escribe ó trata de mística.

MISTICON, s. m. El que afecta mística ó santidad.

MISTIFORI, V. MIXTIFORI.

MISTILÍNEO, adj. *Geom.* Se aplica al ángulo formado de una línea recta y otra curva.

MISTION, s. f. Mezcla, mistura.

MISTO, TA, adj. Mezclado é incorporado con otra cosa. || Compuesto de varios simples. || Se aplica al animal procreado de dos especies.

MISTURA, s. f. Mezcla, juntura ó enlace. || El pan de varias semillas.

MISTURADO, p. p. de MISTURAR.

MISTURAR, v. a. Mezclar, incorporar y confundir una cosa con otra.

MISTURERO, s. m. ant. Revolvedor, cizañero.

MITA, s. m. Sorteo en los pueblos de los indios para sacar el número correspondiente de vecinos que deben emplearse en los trabajos públicos.

MITAD, s. f. Una de las dos partes iguales en que se divide un todo. || MITAD Y MITAD, Por partes iguales. || ENGAÑARSE EN LA MITAD DE SU JUSTO PRECIO, met. Padecer mucho engaño. || LA MITAD Y OTRO TANTO, expr. Se usa para excusarse de responder derechamente especialmente hablando de cantidad ó número.

MITAN, s. m. ant. V. HOLANDILLA.

MITAYO, s. m. El indio que dan por sorteo los pueblos para el trabajo.

MITIGACION, s. f. Moderacion ó diminucion del rigor de alguna cosa.

MITIGADO, p. p. de MITIGAR.

MITIGADOR, s. m. El que mitiga, modera ó aplaca alguna cosa.

MITIGANTE, p. a. de MITIGAR, Que mitiga.

MITIGAR, v. a. Moderar, aplacar, disminuir ó suavizar.

MITIGATIVO, VA, adj. Que mitiga.

MITIGATORIO, RIA, adj. V. MITIGATIVO.

MITOLOGIA, s. f. La historia de los fabulosos dioses y héroes de la gentilidad.

MITOLÓGICO, CA, adj. Que pertenece á la mitología.

MITOLOGISTA, s. m. Autor de alguna obra mitológica, ó el sugeto versado en la mitología.

* MITÓLOGO, s. m. V. MITOLOGISTA.

MITON, s. m. Especie de guante sin dedos, de que usan las mugeres para cubrir el brazo.

MITOTE, s. m. Especie de baile ó danza que usaban los Indios.

MITRA, s. f. El adorno y toca de la cabeza que usaban los Persas, de quienes le tomáron otras naciones. || El ornamento que traen en la cabeza los arzobispos y obispos por insignia de su dignidad. || La misma dignidad del arzobispo ú obispo, y en algunas partes se llama así el territorio de su jurisdiccion. || La corona que se pone á los hechiceros y otros delincuentes.

MITRADO, adj. Que tiene privilegio para traer mitra en las funciones públicas.

MITRAR, v. n. fam. Obtener algun obispado.

MITRIDÁTICO, CA, adj. Perteneciente al rey Mitridates.

MITRIDATO, s. m. Antídoto ó composicion de varias drogas contra los venenos.

* MITRILLA, s. f. Sanícula, planta.

MÍTULO, s. m. Marisco. V. MEJILLON.

* MIXTIFORI, adj. De fuero mixto, esto es civil y eclesiástico.

* MIXTILÍNEO, NEA, adj. *Geom.* Compuesto de líneas rectas y curbas.

* MIXTION, s. f. Mixtura, mezcla.

* MIXTO, TA, adj. V. MISTO.

* MIXTO, s. m. V. MISTO.
* MIXTURA, s. f. V. MISTURA.
* MIXTURADO, p. p. de MIXTURAR.
* MIXTURAR, v. a. V. MISTURAR.
MIZ, s. m. Voz de que ordinariamente se usa para llamar al gato.
MIZA, s. f. V. MICHA.
MÍZCALO, s. m. El hongo que se cria junto á los pinos.
MIZO, s. m. V. MICHO. || *Germ.* Manco ó izquierdo.

MOA

MOA, s. m. *Germ.* Moneda.
MOBLAR, v. a. Alhajar con muebles.
MOBLE, adj. V. MÓVIL.
* MOCA, s. f. Especie de café muy regalado.
MOCADERO, s. m. El lienzo con se limpian las narices.
MOCADOR, s. m. V. MOCADERO.
MOCANTE, s. m. *Germ.* Lienzo de narices.
MOCARRO, s. m. El moco que por descuido de alguna persona cuelga de las narices sin limpiarle.
MOCEAR, v. a. Egecutar acciones propias de la gente moza.
MOCEDAD, s. f. El tiempo desde los catorce años hasta la edad varonil ó hasta llegar á la vejez. || Travesura ó desórden con que suelen vivir los mozos por su poca experiencia.
MOCERO, adj. Se aplica á la persona dada á la lascivia y trato de las malas mugeres.
MOCETON, NA, s. m. y f. La persona jóven, corpulenta y membruda.
MOCHADA, s. f. La testarada ó golpe que se da con la cabeza.
MOCHAR, v. a. V. DESMOCHAR.
MOCHAZO, s. m. Golpe dado con el mocho de la escopeta ú otra arma semejante.
MOCHETA, s. f. Remate de las columnas y machos de las cornisas, en que afirman los arcos y bóvedas.
MOCHIL, s. m. Muchacho que sirve á los labradores para llevar ó traer recados á los mozos del campo.
MOCHILA, s. f. Cierto género de caparazon de la gineta escotado de los dos arzones. || La talega de lienzo ó de cuero en que los soldados llevan la provision de su comida, y alguna ropa. || HACER MOCHILA, Entre cazadores y caminantes, prevenirse de alguna comida ó merienda para el camino.
MOCHILERO, s. m. El que sirve en el egército llevando las mochilas.
MOCHIN, s. m. V. VERDUGO.
MOCHO, CHA, adj. Se aplica al animal á quien han cortado las astas ó está sin ellas debiéndolas tener. || fam. Pelado ó cortado el pelo. || Se dice de los árboles que se han mondado de las ramas y copa, y de las torres que se fabrican sin chapitel ú otro adorno, ó de otra cosa á la que le falta la punta. || Dícese del remate grueso, y las mas veces redondo, de cualquiera cosa larga. || VÁYASE MOCHA POR CORNUDA, met. Se dice cuando el defecto ó imperfeccion de una cosa se recompensa con la bondad ó perfeccion de otra.
MOCHUELO, s. m. Ave nocturna de medio pié de grande, amarillenta, y abigarrada por el lomo de gris y pardo. || TOCAR EL MOCHUELO, Explica que alguno lleva siempre lo peor en algun repartimiento.
MOCION, s. f. Accion ó pasion en virtud de la cual una cosa se mueve por sí ó es movida por otra. || met. La alteracion del ánimo que se mueve ó inclina á alguna especie á que le han persuadido. || La inspiracion interior que Dios ocasiona en el alma en órden á las cosas espirituales.
MOCION, s. m. V. MONZON.
MOCITO, TA, adj d. de MOZO, El que está en el principio de su mocedad.
MOCO, s. m. Humor pituitoso que fluye y sale por las ventanas de la nariz. || Materia glutinosa que en forma de los mocos se hace en algunos licores y otras cosas. || Geta que se hace en el pábilo de la luz especialmente en tiempo húmedo. || Escoria que sale del hierro encendido en la fragua cuando se amartilla y apura. || El licor derretido de las velas que se va cuajando pegado á ellas. || MOCO DE PAVO, La membrana carnosa del tamaño de un dedo que esta ave tiene sobre el pico. || MOCOS DE HERRERO, V. CAGAFIERRO || Á MOCO DE CANDIL, Mediante ó á la luz del candil. || CAÉRSELE EL MOCO Á ALGUNO, Nota á alguno de simple ó poco advertido. || ESCOGER ALGUNA COSA Á MOCO DE CANDIL, fam. Escoger con mucho exámen y cuidado. || ¿ES MOCO DE PAVO? Expr. joc. con que se da á entender á otro la estimacion ó entidad de alguna cosa que él considera por despreciable. || HABER QUITADO Á ALGUNO LOS MOCOS, Haberle criado ó cuidado de él desde pequeño. || NO SABE QUITARSE LOS MOCOS, Nota la suma ignorancia de alguno. || QUITAR LOS MOCOS,

Amenaza á algunos con castigo especialmente de manos ó bofetadas. || TENER MOCOS, Se usa preguntando para dar á entender que alguna cosa, en comparacion de otras, no debe ser despreciada ó desestimada.

* MOCOSIDAD, s. f. Humor espeso, mocoso.

MOCOSO, SA, adj. Que tiene las narices sucias ó llenas de mocos. || Se usa para notar á alguno de poco advertido ó experimentado, tratándole de niño y despreciando lo que hace ó dice. ¿ Despreciable ó poco estimable.

MOCOSUELO, s. m. fam. Chuchumeco, muñeco, monuelo.

MODA, s. f. Uso, modo ó costumbre. || ENTRAR EN LAS MODAS, Seguir lo que se estila y practica por otros, y conformarse con los usos y costumbres del pais ó pueblo donde se reside. || SALIR UNA MODA Ó ALGUNA COSA POR MODA, Empezar á usarse.

MODAL, adj. Que comprende ó incluye modo ó determinacion particular.

MODALES, s. amb. pl. El modo de las acciones externas de cada uno.

MODELADO, p. p. de MODELAR.

MODELAR, v. a. Formar de cera, barro ú otra materia blanda alguna figura ó adorno.

MODELO, s. m. El egemplar ó forma que se propone y sigue. || met. En las obras de ingenio y acciones morales es el egemplar que por su perfeccion se debe seguir é imitar. || MODELO VIVO, El hombre desnudo que sirve para el estudio del dibujo.

MODENES, SA, adj. De Módena.

MODERACION, s. f. Templanza en las acciones físicas ó morales. || Hablando del precio de las cosas, reduccion ó rebaja de él al ínfimo ó medio.

MODERADAMENTE, adv. Con moderacion ó templanza, sin exceso. || Medíana y razonablemente.

MODERADÍSIMO, MA, adj. sup. de MODERADO.

MODERADO, p. p. de MODERAR. || MODERADO, DA, adj. Que tiene el medio entre los extremos, entre lo poco y lo mucho, la falta y el exceso.

MODERADOR, RA, s. m. y f. El que modera.

MODERAMIENTO, s. m. ant. V. MODERACION.

MODERANTE, p. a. de MODERAR, Que modera. || En algunas universidades el que preside y dirige las academias.

MODERAR, v. a. Templar, ajustar y arreglar las acciones, evitando los excesos. || Reducir, rabajar el precio excesivo de las cosas.

MODERATIVO, VA, adj. Que modera.

MODERATORIO, RIA, adj. Que templa reduce á lo justo las cosas que tienen exceso.

MODERNAMENTE, adv. Recientemente, de poco tiempo á esta parte.

MODERNÍSIMO, MA, adj. sup. de MODERNO.

MODERNO, NA, adj. Nuevo y reciente, que ha sucedido de poco tiempo á esta parte.

MODERNO, s. m. El nuevo en cualquiera cuerpo.

* MODERNOS, s. m. pl. Autores, artistas, hombres de los últimos siglos desde Jesucristo.

MODESTAMENTE, adv. Con modestia y compostura ó templanza en el modo.

MODESTIA, s. f. Virtud que modera, templa y regla las acciones externas, conteniendo al hombre en los límites de su estado. || La suma templanza ó moderacion en el mirar, y compostura y recato en los ojos. || La honestidad, decencia y recato en las acciones ó palabras.

MODESTÍSIMAMENTE, adv. sup. de MODESTAMENTE.

MODESTÍSIMO, MA, adj. sup. de MODESTO.

MODESTO, TA, adj. Templado y moderado en sus acciones y deseos, contenido en los límites de su estado. || Compuesto y recatado en el mirar, trayendo frecuentemente bajos los ojos. || Honesto, decente y recatado en las acciones ó palabras.

MODIFICACION, s. f. Limitacion, determinacion ó restriccion. || Reduccion de las cosas á los términos debidos y justos. || *Fil.* El modo con que estan combinadas ó dispuestas las partes de alguna sustancia material, y que la constituye en su ser.

MODIFICADO, p. p. de MODIFICAR.

MODIFICADOR, RA, s. m. y f. El que modifica.

MODIFICAR, v. a. Limitar, determinar ó restringir. || Reducir las cosas á los términos justos, templando el exceso ó exorbitancia. || *Fil.* Dar un nuevo modo de existir á la sustancia material.

MODIFICATIVO, VA, adj. Que modifica ó sirve para modificar.

MODILLO, s. m. d. de MODO. Úsase de esta voz para dar mas energía y viveza.

MODILLON, s. m. *Arq.* Parte de la cornisa en el órden corintio y compuesto.

MODILLONCILLO, s. m. d. de MODILLON.

MODIO, s. m. Medida romana antigua de los frutos y cosas secas, algo mayor que la cuartilla castellana.

MODISMO, s. m. Modo particular de hablar propio y privativo de una lengua.

MODISTA, s. c. El que adopta y sigue las modas. || El que hace las modas ó tiene tienda de ellas.

MODO, s. m. Determinacion de las cosas á un cierto estado y ser. || Moderacion ó templanza en las acciones ó palabras. || Urbanidad, cortesanía ó decencia en el porte ó trato. || El carácter ó calidad que constituye á alguno digno de estimacion ó respeto. || La forma y uso particular de hacer alguna cosa. || *Gram.* La diferencia de conjugarse los verbos para explicar la diversidad de tiempos ó afectos. || *Mús.* Una idea y determinada disposicion de armonía. || MODO POTENCIAL, *Gram.* El que incluye los tiempos que significan las cosas que pueden ser. || AL MODO, V. Á SEMEJANZA. || Á MODO, Como ó semejantemente. || DE MODO, V. DE MANERA. || SOBRE MODO, En extremo, sobre manera.

MODÓRRA, s. f. Accidente que consiste en una grande pesadez de sueño violento. || Cualquiera sueño profundo ó pesadez soñolienta. || El aturdimiento que suele sobrevenir á las ovejas de encendimiento ó abundancia de sangre. || El tiempo inmediato al amanecer ó la venida del dia. || La fruta que perdiendo el color empieza á fermentar.

MODORRADO, p. p. de MODORRAR.

MODORRAR, v. a. Causar modorra.

MODORRARSE, v. a. Ponerse la fruta blanda y mudar de color, como que va á podrirse.

MODORRILLA, s. f. La tercera vela de la noche.

MODORRO, RRA, adj. El que padece el accidente de modorra. || met. Inadvertido, ignorante, que no hace distincion de las cosas.

MODREGO, s. m. El sugeto desmañado y que no tiene habilidad.

MODULACION, s. f. Suavidad, armonía y variedad de la voz en el canto.

MODULADO, p. p. de MODULAR.

MODULADOR, RA, s. m. y f. El que modula.

MODULANTE, p. a. de MODULAR, Que modula.

MODULAR, v. n. Cantar con armonía y variedad de la voz.

MÓDULO, s. m. Medida de que se usa en la arquitectura para las proporciones. || El modo de variar la voz para cantar con suavidad y armonía.

MODURRIA, s. f. ant. V. BOBERÍA.

MOFA, s. f. Escarnio y burla que se hace con palabras, acciones y señales exteriores.

MOFADO, p. p. de MOFAR.

MOFADOR, RA, s. m. y f. El que mofa.

MOFADURA, s. f. V. MOFA.

MOFANTE, p. a. de MOFAR, Que hace mofa.

MOFAR, v. a. Hacer burla, escarnio.

MOFLETE, s. m. fam. El carrillo demasiadamente grueso y carnoso que parece que está hinchado.

MOFLETUDO, DA, adj. Gordinflon, carrilludo.

MOFLIR, v. a. ant. Comer, mascar.

MOGA, s. f. V. DINERO.

MOGATE, s. m. El baño ó barniz que cubre alguna cosa, como el del vidriado basto. || Á MEDIO MOGATE Ó DE MEDIO MOGATE, Con descuido ó poca advertencia en lo que se egecuta, ó sin la perfeccion debida.

MOGATO, s. m. V. MOGIGATO.

MOGELES, s. m. pl. *Náut.* Cajetas hechas de meollar, del largo de braza y media, para dar vueltas al cable y al virador cuando se zarpa el ancla.

* **MOGERA**, s. f. Mustaco, espino de majuelas, arbusto.

MOGICON, s. m. Golpe dado en la cara con el puño cerrado. || Especie de dulce seco ó bizcocho.

MOGIGANGA, s. f. Fiesta pública que se hace con varios disfraces ridículos. || Cualquiera cosa ridícula con que parece que alguno se burla de otro.

MOGIGÁTEZ, s. f. La calidad del mogigato.

MOGIGATO, TA, adj. Disimulado, que afecta humildad ó cobardía. || Beato, bazañero que hace escrúpulo de todo.

MOGOLLON, s. m. Entrometimiento de alguno adonde no le llaman ó es convidado. || COMER DE MOGOLLON, fam. Comer á expensas de otros y sin escotar.

MOGOTE, s. m. Montecillo aislado que remata en punta. || met. Hacina ó monton de haces que remata en punta. || MOGOTES, pl. Las cuernas de los gamos y venados cuando comienzan á nacer.

MOGROLLO, s. m. V. GORRISTA. || El sugeto tosco y que no tiene cortesía.

MOHADA, s. f. V. MOJADA.

MOHARRA, s. f. Lancilla en que finaliza el asta de la bandera.

MOHARRACHE ó **MOHARRACHO**, s. m. El que se difraza ridiculamente en alguna funcion para alegrar y entretener á otros. || Cualquiera figura ó adorno ridículo y mal trazado.

MOHATRA, s. f. Compra fingida ó simulada.

MOHATRANTE, p. a. de MOHATRAR, Que mohatra.

MOHATRAR, v. a. Hacer mohatras.

MOHATRERO, **RA**, adj. El que hace mohatras.

MOHATRON, s. m. V. MOHATRERO.

MOHECER, v. a. Llenar ó cubrir de moho.

MOHECIDO, p. p. de MOHECER.

MOHEDA, s. f. Arboleda espesa de encinas, alcornoques, etc., que forma monte hueco y ceñido.

MOHIENTO, **TA**, adj. ant. V. MOHOSO.

MOHINA, s. f. Enojo ó encono contra alguno.

MOHINDAD, s. f. ant. V. MOHINA.

MOHINÍSIMO, **MA**, adj. sup. de MOHINO.

MOHINO, **NA**, adj. Enojado, airado ó enfadado. || Dícese del macho ó mula hijo de caballo y burra. || Aplícase á las caballerías que tienen el hocico y pelo negro. || En el juego se llama aquel contra quien van los demas que juegan. || En el juego del revesino partido que se hace. || TRES AL MOHINO, expr. que ademas del sentido recto del juego significa la conjuracion ó union de algunos contra otros.

MOHO, s. m. Planta, especie de hongo. || V. ORIN. || met. La desidia ó dificultad de trabajar, ocasionada del demasiado ocio y descanso. || NO CRIAR MOHO ALGUNA COSA, fam. Traerla en continuo movimiento, ó usar de ella de modo que no esté ociosa ni parada. || NO DEJAR CRIAR MOHO Á ALGUNA COSA, met. fam. Tenerla en continuo egercicio. || met. y fam. Gastarla prontamente.

MOHOSO, **SA**, adj. Cubierto de moho.

MOJABANA, s. f. V. ALMOJÁBANA por el manjar, etc.

MOJADA, s. f. Accion de mojar ó mojarse. || *Murc.* Sopa que se moja y empapa en cualquier licor. || La herida con arma punzante.

MOJADO, p. p. de MOJAR.

MOJADOR, **RA**, s. m. y f. El que moja.

MOJADURA, s. f. La accion de mojar.

MOJAMA, s. f. Cecina de atun.

MOJAR, v. a. Humedecer con agua ú otro licor. || met. Introducirse ó tener parte en alguna dependencia ó negocio.

MOJARRILLA, s. m. fam. La persona que siempre está de chanza, fiesta, burla y alegría.

MOJE, s. m. f. El caldo de cualquier guisado.

MOJERA, s. f. V. ESPINO MAJUELO.

MOJI ó **MOJIL**, s. m. V. CAZUELA.

MOJO, s. m. ant. V. REMOJO. || ECHAR EN MOJO, ant. V. ECHAR EN REMOJO.

MOJON, s. m. Señal que se pone para dividir los términos, lindes y caminos. || V. TÁNGANO, juego. || V. MONTON. || ant. V. MOJONERO.

MOJONA, s. f. El tributo que se paga por la medida del vino ú otra especie. || Accion de medir ó amojonar las tierras.

MOJONACION, s. f. V. AMOJONAMIENTO.

MOJONADO, p. p. de MOJONAR.

MOJONAR v. a. V. AMOJONAR.

MOJONERA, s. f. Lugar donde se ponen los mojones.

MOJONERO, s. m. V. APORADOR.

MOLA, s. f. Pedazo de carne informe, que se engendra en el vientre de la muger. || Harina de cebada tostada y mezclada con sal de que usaban los gentiles en sus sacrificios.

MOLADA, s. f. Porcion de color que se muele de una vez con la moleta.

MOLAR, adj. Que pertenece á muela, ó es apto para moler. || Se aplica á los dientes mas grandes con que se masca y desmenuza el alimento.

MOLDADO, p. p. de MOLDAR.

MOLDAR, v. a. V. AMOLDAR.

MOLDE, s. m. Pieza hueca en que artificiosamente se vacía la figura. || Cualquier instrumento, aunque no sea hueco, de que se usa para formar alguna cosa ó para darle cuerpo. || Conjunto de letras ó forma ya dispuesta para imprimir. || met. La persona que por llegar al sumo grado en alguna cosa puede servir de regla ó norma en ella. || MOLDE DE

TONTOS, Se dice por aquel á quien cansan y fatigan con impertinencia y pesadez. || DE MOLDE, Explica que alguna cosa está impresa, á distincion de lo que está manuscrito. || DE MOLDE, fam. Á propósito, con toda propiedad. || DE MOLDE, Bien, perfectamente, con maestría.

MOLDEADO, p. p. de MOLDEAR.

MOLDEAR, v. a. Hacer molduras.

MOLDERO, s. m. ant. V. IMPRESOR ó ESTAMPADOR.

MOLDURA, s. f. Figura artificiosa, hecha de varios modos para hermosear la obra.

MOLDURADO, p. p. de MOLDURAR.

MOLDURAR, v. a. Hacer molduras en alguna cosa.

MOLE, adj. Suave, blando.

MOLE, s. f. Corpulencia y bulto grande en las cosas, y el peso de ellas.

MOLÉCULA, s. f. Cada una de las partes muy pequeñas é invisibles que componen los cuerpos.

MOLEDERO, RA, adj. Que puede molerse. || ant. V. MOLENDERO.

MOLEDOR, RA, s. m. y f. El que muele. || El necio que cansa ó fatiga á otro con pesadez.

MOLEDURA, s. f. V. MOLIENDA.

MOLENDERO, RA, adj. Que muele ó lleva que moler á los molinos. || Que labra y muele el chocolate.

MOLER, v. a. Quebrantar algun cuerpo, reduciéndole á menudísimas partes ó hasta hacerle polvo. || met. Molestar gravemente y con impertinencia. || Cansar ó fatigar mucho materialmente. || Se dice del que gasta alguna cosa rompiéndola. || Mascar. || Dar golpes á alguno.

MOLERO, s. m. El que hace ó vende muelas de molinos.

MOLESTADÍSIMO, MA, adj. sup. de MOLESTADO.

MOLESTADO, p. p. de MOLESTAR.

MOLESTADOR, RA, s. m. y f. El que molesta.

MOLESTAMENTE, adv. Con molestia, instancia y pesadez.

MOLESTAR, v. a. Causar molestia, dar fastidio ó pesadumbre, inquietar ó turbar el sosiego de alguno.

MOLESTIA, s. f. Incomodidad, enfado, fastidio ó inquietud.

MOLESTÍSIMO, MA, adj. sup. de MOLESTO.

MOLESTO, TA, adj. Que enfada, inquieta, fastidia y desazona.

MOLETA, s. f. d. de MUELA. || Guijarro de figura cónica con que los pintores muelen los colores sobre la losa. || Instrumento de impresores para moler la tinta en el tintero. || En la fábrica de los cristales es un cajon compuesto de piedras, pizarra, etc., para alisarlos y pulirlos.

* MOLETON, s. m. Cierta tela de lana cortada y suave.

MOLIBDENA, s. m. Metal de color gris claro, que tira algunas veces á rojo, muy opaco y blando, suave, craso, y que al tacto tizna.

MOLICIE, s. f. Blandura, suavidad. || Pecado torpe contra naturaleza.

MOLIDÍSIMO, MA, adj. sup. de MOLIDO.

MOLIDO, p. p. de MOLER.

MOLIENDA, s. f. La accion de moler. || La porcion ó cantidad que se muele de una vez. || El mismo molino. || Fatiga, cansancio ó molestia, y aquello que la causa.

MOLIENTE, p. a. de MOLER, Que muele. || MOLIENTE Y CORRIENTE, V. CORRIENTE.

MOLIFICACION, s. f. La accion y efecto de molificar.

MOLIFICADO, p. p. de MOLIFICAR.

MOLIFICANTE, p. a. de MOLIFICAR, Que molifica.

MOLIFICAR, v. a. Ablandar ó suavizar.

MOLIFICATIVO, VA, adj. Que molifica ó tiene virtud de molificar.

MOLIMIENTO, s. m. El acto de moler. || Fatiga, cansancio y molestia.

* MOLINA, s. f. Lana de España.

MOLINAR, s. m. ant. El sitio donde estan los molinos.

MOLINEJO, s. m. d. de MOLINO.

MOLINERA, s. f. Muger del molinero.

MOLINERÍA, s. f. Conjunto de molinos.

MOLINERO, RA, adj. Cosa para moler ó perteneciente al molino.

MOLINERO, s. m. El que tiene á su cargo algun molino y trabaja en él.

MOLINETE, s. m. d. de MOLINO. || *Náut.* Un palo ochavado, con algunas escopladuras, en la distancia de su largo, para meter en ella algunos espeques ó barras, con que se vira el cable y se mete dentro.

MOLINILLO, s. m. d. de MOLINO. || El instrumento pequeño para moler. || El instrumento que sirve para batir y desleir el chocolate. || Guarnicion antigua de los vestidos.

MOLINISMO, s. m. Secta de Molinos.

MOLINISTA, adj. y s. Que sigue los errores de Molinos.

MOLINITO, s. m. d. de MOLINO.

MOLINO, s. m. Máquina fuerte compuesta de ruedas, para quebrantar ó reducir á polvo lo que se quiere moler. ‖ Cualquiera máquina dispuesta para quebrantar ó adelgazar violentamente alguna cosa. ‖ met. Sugeto sumamente inquieto, bullicioso, y el que es muy molesto. ‖ fam. La boca, porque en ella se suele la comida. ‖ *Germ.* El tormento. ‖ MOLINO DE SANGRE, El que mueven hombres ó caballerías. ‖ MOLINO DE VIENTO, El que se mueve con el viento. ‖ IR AL MOLINO, Convenirse para obrar contra alguno, especialmente en el juego.

MOLITIVO, VA, adj. Que molifica ó tiene virtud de molificar.

MOLLA, s. f. *Murc.* La miga del pan.

MOLLAR, adj. Blando y fácil de partir ó quebrantar. ‖ Se aplica á la carne magra y sin hueso. ‖ met. Se aplica á las cosas que dan mucha utilidad sin carga especial. ‖ Fácil de engañar ó de dejarse persuadir.

MOLLEAR, v. n. Ceder á la fuerza ó impresion, ó doblarse una cosa por su blandura.

MOLLEDO, s. m. Parte carnosa y redonda de algun miembro. ‖ Miga del pan.

MOLLEJA, s. f. Especie de glándula carnosa, que se forma en varias partes del cuerpo del animal. ‖ Una parte del ventrículo de las aves, colocada al fin del esófago. ‖ CRIAR MOLLEJA, met. Empezarse ó hacerse holgazan y poltron.

MOLLEJILLA, TA, s. f. d. de MOLLEJA.

MOLLEJON, s. m. aum. de MOLLEJA. ‖ met. El hombre muy gordo y flojo, ó muy blando de genio.

MOLLEJUELA, s. f. d. de MOLLEJA.

MOLLENTAR, v. a. ant. V. AMOLLENTAR.

MOLLERA, s. f. La parte mas alta del casco de la cabeza junto á la comisura coronal. ‖ CERRADO DE MOLLERA, El rudo é incapaz. ‖ CERRAR LA MOLLERA, ó TENER CERRADA LA MOLLERA, ó CERRARSE LA MOLLERA, Significa que los huesos parietales se endurecen y hacen firmes. ‖ CERRAR LA MOLLERA, met. Tener ya juicio. ‖ NO HABER CERRADO LA MOLLERA, No tener juicio ni asiento. ‖ SER DURO DE MOLLERA, Ser porfiado ó temoso. ‖ TENER YA DURA LA MOLLERA, No estar ya en estado de aprender. ‖ UNTAR LA MOLLERA, met. Nota de terco y pertinaz, ó sumamente rudo en aprender.

MOLLERON, s. m. *Germ.* Casco de acero.

MOLLESCER, v. a. ant. V. ABLANDAR.

MOLLESCIDO, p. p. ant. de MOLLESCER.

MOLLESCIENTE, p. a. ant. de MOLLESCER, Que ablanda.

MOLLETA, s. f. V. DESPABILADERAS. ‖ La torta de pan de la flor de la harina.

MOLLETE, s. m. Bodigo de pan redondo y pequeño, por lo regular blanco y de regalo. ‖ V. MOLLEDO ó MOLLEJON DE BRAZO. ‖ Carillo grueso y redondo.

MOLLETUDO, DA, adj. Que tiene muy gordos los molletes ó carrillos.

MOLLEZ, s. f. ant. V. MOLICIE, 1ª. A. ‖ ant. Afeminacion, delicadeza y falta de vigor y fuerzas. ‖ ant. V. MOLICIE, 2ª. A.

MOLLEZA, s. f. ant. V. BLANDURA.

MOLLICIO, CIA, adj. ant. V. BLANDO ó TIERNO.

MOLLIDO, p. p. ant. de MOLLIR.

MOLLIDURA, s. f. ant. V. BLANDURA.

MOLLINA, s. f. La lluvia suave, sutil y delicada.

MOLLINITA, s. f. d. de MOLLINA.

MOLLIR, v. a. ant. V. AMOLLENTAR.

MOLLIZNA, s. f. V. LLOVIZNA.

MOLLIZNAR ó MOLLIZNEAR, v. n. Llover blanda y suavemente tanto que apénas se percibe.

MOLONDRO ó MOLONDRON, s. m. Poltron, perezoso y falto de enseñanza.

MOLOSO, s. m. Pié de la poesía latina, que consta de tres sílabas largas.

MOLTURA, s. f. *Ar.* V. MAQUILA.

* **MOLUSCOS**, s. m. pl. *Hist. nat.* Animales blandos sin articulaciones, ni vértebras pero con nervios nacidos de un celebro.

MOMENTÁNEAMENTE, adv. Brevísimamente, sin detencion alguna.

MOMENTÁNEO, NEA, adj. Que se pasa luego, no dura ó no tiene permanencia, que prontamente y sin dilacion se egecuta.

MOMENTO, s. m. El mínimo espacio en que se divide el tiempo. ‖ Importancia, entidad ó peso. ‖ *Estát.* La propension que tiene un cuerpo grave para bajar. ‖ AL MOMENTO, Al instante. ‖ POR MOMENTOS, Sucesiva y continuadamente.

MOMERÍA, s. f. Egecucion de cosas ó acciones burlescas con gestos y figuras.

MOMIA, s. f. Cuerpo de Egipcio embalsamado.

MOMIO, MIA, adj. Magro y sin gordura.

MOMO, s. m. Gesto, figura ó mofa. ‖ HACERSE MOMO, En el juego es tener uno siempre el naipe.

MOMÓRDIGA, s. f. Planta, V. BALSAMINA.

MOMPERADA, adj. Se aplica á la tela llamada lamparilla.

MONA, s. f. La hembra del mono. ‖ Especie de mono de una vara de altura, cubierto de pelo ceniciento mas ó ménos oscuro, con las nalgas sin pelo y callosas. ‖ fam. El que hace las cosas por imitar á otros. ‖ joc. y fam. Embriaguez ó borrachera. ‖ El que la padece. ‖ *Val. y Mur.* Torta ó rosca que se cuece en el horno con huevos en cáscara. ‖ HECHO UNA MONA, Da á entender que alguno ha sido corrido y avergonzado. ‖ PILLAR UNA MONA, UN CERNÍCALO, UN LOBO, UNA ZORRA, etc., met. y fam. Embriagarse.

MONACAL, adj. Que pertenece á los monges.

* MONACALMENTE, adv. De un modo monacal.

MONACATO, s. m. Estado é instituto de los monges.

MONACILLO, s. m. El niño que sirve para ministerios del altar.

MONACORDIO, s. m. Especie de clavicordio pequeño ó espineta.

MONADA, s. f. Gesto ó figura afectada y enfadosa.

MONAGO ó MONAGUILLO, s. m. V. MONACILLO.

MONAQUISMO, s. m. El estado ó profesion del monacato.

MONARCA, s. m. Príncipe independiente y soberano.

MONARQUÍA, s. f. Estado ó reino gobernado por un monarca. ‖ Forma de gobierno en que manda uno solo con arreglo á leyes fijas y estables.

MONÁRQUICO, CA, adj. Perteneciente á monarca ó monarquía.

* MONARQUISTA, s. m. Partidario de la monarquía.

MONASTERIAL, adj. Que pertenece á monasterio.

MONASTERILLO, s. m. d. de MONASTERIO.

MONASTERIO, s. m. Convento donde viven en comunidad los monges. ‖ Cualquiera casa de religiosos ó religiosas.

MONÁSTICAMENTE, adv. Segun las reglas monásticas.

MONÁSTICO, CA, adj. Perteneciente al estado de los monges ó al monasterio.

MONAZO, ZA, s. m. y f. aum. de MONO Y MONA.

MONDA, s. f. Limpia de los árboles, ú otra cualquiera. ‖ Tiempo á propósito para la limpia de los árboles. ‖ En Talavera de la Reina es una especie de manga grande de parroquia, que los pueblos circunvecinos ofrecen ante la imágen de nuestra Señora del Prado.

MONDADIENTE ó MONDADIENTES, s. m. Instrumento para limpiar los dientes.

MONDADO, p. p. de MONDAR.

MONDADOR, RA, s. m. y f. El que monda ó limpia.

MONDADURA, s. f. Accion de mondar. ‖ Despojo, cáscara ó desperdicio de las cosas que se mondan.

MONDAOREJAS, s. m. Cucharita muy chica, para sacar de la oreja lo que purga por ella.

MONDAR, v. a. Limpiar ó purificar quitándo lo superfluo ó extraño. ‖ Quitar la cáscara á las frutas. ‖ Cortar el pelo. ‖ met. Quitarle á uno lo que tiene, especialmente el dinero.

MONDEJO, s. m. Cierto relleno de la panza del puerco ó carnero.

MONDO, DA, adj. Limpio y libre de otras cosas superfluas, mezcladas ó añadidas. ‖ MONDO Y LIRONDO, loc. fam. Limpio, sin añadidura alguna.

MONDONGA, s. f. fam. Nombre que se da por desprecio á las criadas.

MONDONGO, s. m. Intestinos y panza del animal.

* MONDONGONIZAR, v. a. fam. Hacer morcillas, salchichas, etc.

MONDONGUERO, RA, s. m. y f. El que compone, guisa ó vende los mondongos.

MONDONGUIL, adj. fam. Que pertenece á mondongo.

MONEDA, s. f. Pieza de oro, plata ó cobre, acuñada con el sello del soberano que tiene el derecho de fabricarla. ‖ fam. El dinero. ‖ MONEDA AMONEDADA, El dinero efectivo. ‖ MONEDA CORRIENTE, La legal y usual. ‖ MONEDA CORTADA, La que no tiene cordoncillo. ‖ MONEDA DE SOPLILLO, Moneda de cobre de corto valor en tiempo de Felipe IV. ‖ MONEDA DE VELLON, La de cobre. ‖ MONEDA FORERA, ant. Tributo que se pagaba al rey de siete á siete años. ‖ MONEDA JAQUESA, La que se labró antiguamente en Jaca, y los reyes de Aragon juraban mantenerla. ‖ MONEDA

MENUDA, V. MONEDA SUELTA. || MONEDA METÁLICA, Se llama la misma moneda en especie para distinguirla de los pagos hechos con papel representativo del valor. || MONEDA OBSIDIONAL, Entre los Romanos era la que se batia en alguna plaza sitiada. || MONEDA SONANTE, V. MONEDA METÁLICA. || MONEDA SUELTA, El conjunto de varias monedas chicas. || ALTERAR LA MONEDA, Subirla ó bajarla de su valor, peso ó ley. || BATIR MONEDA, Fabricarla y acuñarla. || BUENA MONEDA, La de oro ó plata. CORRER LA MONEDA, Pasar sin dificultad en el comercio. || CORRER LA MONEDA, Haber abundancia de dinero en el público. || LABRAR MONEDA, Batirla y acuñarla. || NO HACEMOS MONEDA FALSA, expr. de que usan algunos para manifestar á otros que no hay inconviente en que oigan lo que estan tratando. || PAGAR EN BUENA MONEDA, Dar entera satisfaccion en cualquiera materia. || PAGAR EN LA MISMA MONEDA, met. Egecutar alguna accion por correspondencia ó venganza de otra semejante.

MONEDADO, p. p. de MONEDAR.

MONEDAGE, s. m. Derecho que se paga al soberano por la fábrica de la moneda. || Tributo de doce dineros por libra en Aragon y Cataluña sobre los bienes muebles y raices.

MONEDAR, v. a. V. AMONEDAR.

MONEDEADO, p. p. de MONEDEAR.

MONEDEAR, v. a. V. AMONEDAR.

MONEDERÍA, s. f. El oficio de monedero.

MONEDERO, s. m. El que fabrica, forma y acuña la moneda.

MONEDILLA, TA, s. f. d. de MONEDA.

MONERÍA, s. f. Gesto, visage y caricia propia de las monas ó parecida á ellas. || Cualquiera cosa fútil y de poca importancia.

MONESCO, CA, adj. fam. Propio de las monas, ó parecido á sus gestos.

MONESTERIAL, adj. ant. V. MONASTERIAL.

MONESTERIO, s. m. ant. V. MONASTERIO.

MONETARIO, s. m. Coleccion de monedas y medallas de diversos tiempos y lugares. || Conjunto de estantes, cajones ó tablas en que estan ordenadamente colocadas las monedas y medallas. || La pieza ó piezas donde se colocan y conservan los estantes ó cajones que contienen las series de las monedas y medallas.

MONFÍ, s. m. Nombre que se daba á ciertos moros ó moriscos salteadores y malhechores.

MONGE, s. m. Solitario ó anacoreta. || Religioso de las órdenes monacales. || Ave, V. PAVO CARBONERO.

MONGECICO, LLO, TO, s. m. d. de MONGE.

MONGÍA, s. f. ant. V. MONACATO. || Derecho, emolumento, prebenda, beneficio ó plaza que el monge como tal tiene en su monasterio.

MONGIL, s. m. El hábito ó túnica de la monja. || Trage de lana que usa la muger que trae luto.

MONGÍO, s. m. El estado de monjas. || Entrada de monja en religion.

* MONICACO, s. m. *Satir.* Chuchumeco. Es voz de desprecio.

MONICION, s. f. Aviso, amonestacion. Usase regularmente por las tres que se hacen ántes de contraer matrimonio.

MONICO, ICA, s. d. de MONO y MONA.

* MONICONGO, s. m. Mono grande.

MONIGOTE, s. m. Voz que daba el vulgo á los legos de las religiones. || Ignorante en su profesion.

MONILLO, ILLA, s. d. de MONO y MONA.

MONILLO, s. m. Jubon de muger sin faldillas ni mangas.

MONIPODIO, s. m. Convenio ó contrato de personas unidas para algun trato ó fin malo.

MONIS, s. f. *Ar.* Especie de masa, como los melindres. || Cosa pequeña ó pulida.

MONISES, pl. En sentido vulgar moneda ó dinero.

MONITA, s. f. Arte, astucia, lisonja afectada.

MONITO, TA, s. d. de MONO.

MONITOR, s. m. V. ADMONITOR.

MONITORIA, s. f. Letras ó despacho que se obtiene del juzgado eclesiástico para obligar á comparecer personalmente.

* MONITORIAL, adj. En forma de monitoria.

MONITORIO, RIA, adj. Que avisa, amonesta ó advierte de algo.

MONJA, s. f. Religiosa en alguna de las órdenes aprobadas por la iglesia. || MONJAS, pl. Centellas pequeñas que quedan cuando se quema un papel, y se van apagando poco á poco.

MONO, NA, adj. fam. Pulido delicado ó gracioso.

MONO, s. m. Nombre que se da á un género de animales que en su forma son los mas parecidos al hombre. || El hombre que hace gestos ó figuras parecidas á las del mono. || QUEDARSE HECHO UN MONO, met. Quedarse uno corrido ó avergonzado.

MONOCEROTE, s. m. V. UNICORNIO.

MONÓCULO, LA, adj. Que no tiene mas que un ojo.

* MONOGAMÍA, s. f. Estado de los que se han casado una sola vez.

* MONÓGAMO, s. m. El que solo se ha casado una vez.

MONOGRAMA, s. m. Cifra ó carácter compuesto de una ó muchas letras enlazadas, que se usa como abreviatura de un nombre.

MONÓLOGO, s. m. Drama en que representa un solo actor. || MONÓLOGO, V. SOLILOQUIO.

MONOMAQUIA, s. f. Duelo ó desafio singular ó de uno á uno.

* MONOMIO, s. m. *Alg.* Cantidad expresada con un solo término.

MONOPASTOS, s. f. Garrucha que consta de una sola rodaja.

* MONOPÉTALO, LA, adj. *Bot.* Que tiene un solo pétalo ó una hoja sola.

MONOPOLIO, s. m. Tráfico abusivo y odioso por el cual una compañía ó un particular vende exclusivamente mercaderías que deberian ser libres. || El convenio hecho entre los mercaderes de vender á un determinado precio los géneros.

* MONOPOLISTA, s. m. Agavillador, el que quiere vender solo algun género ó efecto necesario á la vida.

* MONOPTERIO, s. m. *Arq.* Templo circular y abierto.

* MONOSILÁBICO, CA, adj. V. MONOSÍLABO.

MONOSÍLABO, BA, adj. Que tiene una sola sílaba.

MONÓSTROFE, s. f. Composicion poética de una sola estrofa.

MONOTONÍA, s. f. *Dial.* Uniformidad fastidiosa ya en el discurso ó ya en la expresion y tono de la voz.

MONÓTONO, NA, adj. Que tiene uniformidad ó igualdad fastidiosa de tono en la conversacion, recitacion oratoria, etc.

MONSEÑOR, s. m. Título de honor que se da en Italia á los prelados eclesiásticos, y en Francia al Delfin, y por extension á otros sugetos de alta dignidad.

MONSIUR, s. m. Voz francesa que vale señor.

MONSTRUO, s. m. Produccion contra el órden regular de la naturaleza. || Cualquier cosa excesivamente grande ó extraordinaria en cualquiera línea. || La persona ó cosa muy fea.

MONSTRUOSAMENTE, adv. Con monstruosidad ó excesiva grandeza ó fealdad.

MONSTRUOSIDAD, s. f. Desórden grave en la proporcion que deben tener las cosas segun lo natural ó regular. || met. Suma fealdad ó desproporcion en lo físico ó en lo moral.

MONSTRUOSO, SA, adj. Que es contra el órden de la naturaleza. || Excesivamente grande ó extraordinario en cualquiera línea.

MONTA, s. f. La suma de varias partidas significadas por número.

MONTADERO, s. m. V. MONTADOR.

MONTADGADO, p. p. de MONTADGAR.

MONTADGAR, v. a. ant. V. MONTAZGAR.

MONTADGO, s. m. ant. V. MONTAZGO.

MONTADO, p. p. de MONTAR. || MONTADO, DA, adj. Dícese del soldado que el caballero de órden militar envia á la guerra para que sirva en su lugar. || Dícese del caballo dispuesto y con todos los arreos y aparejos para poderse montar. || Que sirve en la guerra á caballo.

MONTADOR, s. m. El que monta. || Un poyo en los zaguanes ó á las puertas de las casas para facilitar el montar en las caballerías.

MONTADURA, s. f. El conjunto de los arneses que necesita un soldado de á caballo para estar montado.

MONTAGE, s. m. Accion y efecto de montar la artillería. || MONTAGES, pl. Afustes de las piezas de artillería.

MONTANERA, s. f. Dehesa en que se echa el ganado á pastar la bellota. || El cebo ó pasto de bellota que el ganado de cerda tiene en las dehesas. || El tiempo que está pastando. || ESTAR EN MONTANERA, met. y fam. Con que á alguno se le da á entender que ha tenido buen alimento por muchos dias.

MONTANERO, s. m. El guarda de monte ó dehesa.

MONTANO, NA, adj. Que pertenece al monte.

MONTANTADA, s. f. Jactancia vana, afectando superioridad ú otras cosas. || Muchedumbre, excesivo número.

MONTANTE, s. m. Espada ancha y con gavilanes muy largos. || Llaman los polvoristas á un artificio de fuego que le maneja uno de ellos, y encendido representa esta figura.

MONTANTE, adj. *Blas.* Se aplica á los crecientes cuyas puntas estan hácia el gefe del escudo y á las abejas y mariposas que vuelan hácia lo alto.

MONTANTE, s. f. *Náut.* Marea alta. || ant. *Náut.* La marea que sube. || METER EL MONTANTE, Ademas del sentido recto usado en la esgrima, vale ponerse de por medio de alguna disputa ó riña para cortarla.

MONTANTEAR, v. n. Gobernar ó jugar el montante en el juego de la esgrima. || met. Hablar con jactancia, y querer manejar las cosas y dependencias de otros con superioridad.

MONTANTERO, s. m. El que pelea con montante.

MONTAÑA, s. f. V. MONTE. || La tierra de las montañas de Burgos. || MONTAÑAS DE PINOS, *Germ.* La mancebia.

MONTAÑELA, s. f. d. de MONTAÑA.

MONTAÑÉS, SA, adj. Que pertenece á montaña. || Natural de las montañas de Burgos ó que pertenece á ellas.

MONTAÑOSO, SA, adj. Sitio ó tierra quebrada con montañas.

MONTAÑUELA, s. f. d. de MONTAÑA.

MONTAR, v. n. Ponerse ó subirse encima de alguna cosa. || En las cuentas vale importar ó subir una cantidad total las partidas diversas unidas y juntas. || met. Ser alguna cosa de importancia, consideracion ó entidad.

MONTAR, v. a. Multar, exigir multa por haber entrado en el monte ganados, caballerías, etc.

MONTARAZ, adj. Que anda ó está hecho á andar en los montes ó se ha criado en ellos. || Agreste, grosero y feroz.

MONTARAZ, s. m. El guarda de montes ó heredades.

MONTAS, adv. ant. ASÍ ES DECIR.

MONTAZGAR, v. a. Cobrar y percibir el montazgo.

MONTAZGO, s. m. El tributo que pagan los ganados por el tránsito de un territorio á otro. || La tierra misma por donde pasan los ganados ó las cañadas.

MONTE, s. m. Parte de tierra notablemente encumbrada sobre las demas. || La tierra cubierta de árboles. || ant. V. MONTERÍA. || met. Grave estorbo ó inconveniente que se halla en las dependencias. || fam. Cabeza muy poblada de pelo ó muy enredada. || Las cartas que quedan despues de haber repartido á cada uno las que le tocan. || *Germ.* La mancebia. || MONTE ALTO, El poblado de árboles grandes. || MONTE BAJO, El que está poblado de matas y malas yerbas. || MONTE BLANCO, El que no es propio de ningun vecino. || MONTE CERRADO, V. MOHEDA. || MONTE DE PIEDAD, Tesoro en que se presta á los menesterosos alguna cantidad determinada por limitado tiempo, dejando en él prenda para seguridad. || MONTE DE VÉNUS, *Quirom.* Pequeña eminencia en la palma de la mano á la raiz de alguno de los dedos. || La parte superior y vellosa del púbis. || MONTE HUECO, La tierra en que hay encinas y otros árboles, que mirando por lo bajo se ve á lo largo. || MONTE PIO, V. MONTE DE PIEDAD. || Depósito de dinero formado ordinariamente de los descuentos que se hacen á los individuos de algun cuerpo, para socorrer á sus viudas y huérfanos. || MONTE DE ORO, fam. Crecida recompensa, grandes intereses. || ANDAR Á MONTE, Andar fuera de poblado huyendo de la justicia. || Que sin saberse el motivo deja de concurrir adonde solia ir con frecuencia. || ANDAR Á MONTE, Andar en malos pasos. || BATIR EL MONTE Ó EL SOTO, *Mont.* V. CORRER MONTE. || CORRER LOS MONTES Ó SIERRAS, met. Tener tanta longitud y distancia, dilatarse ó extenderse tantas leguas ó terreno desde tal parte á otra. || CORRER MONTES, Ir á caza mayor.

MONTEA, s. f. El arte que enseña los cortes de las piedras que forman todo género de arcos y bóvedas. || Descripcion ó planta de alguna obra. || *Arq.* La vuelta del arco á semicírculo por la parte convexa.

MONTEADO, p. p. de MONTEAR.

MONTEAR, v. a. Buscar caza en los montes ó ojearla hácia algun sitio ó parage donde la esperan para tirarla. || Trazar la obra á perfil y con sus alturas. || Voltear ó formar arcos.

MONTECICO, MONTECILLO, TO, s. m. d. de MONTE.

MONTERA, s. f. Cobertura de la cabeza. || La que busca y persigue la caza en el monte.

MONTERERÍA, s. f. Sitio donde se hacen ó venden monteras.

MONTERERO, s. m. El que hace monteras.

MONTEREY, s. m. Especie de pastel como el fajardo.

MONTERÍA, s. f. La caza de jabalíes, venados y otras fieras. || El arte de cazar.

MONTERO, s. m. El que busca y persigue la caza en el monte, ó la ojea hácia el sitio en que la esperan para tirarla.

MONTERO, RA, adj. ant. V. MONTÉS. ‖ MONTERO DE CÁMARA, V. MONTERO DE ESPINOSA. ‖ MONTERO DE ESPINOSA, Criado distinguido de la casa real de Castilla. ‖ MONTERO DE LEBREL, El que tiene á su cuidado los lebreles que han de servir en las paradas. ‖ MONTERO DE TRAILLA, El que tiene á su cargo y cuidado los sabuesos de trailla ‖ MONTERO MAYOR, Uno de los gefes de la casa real á cuyo cargo está el dirigir las batidas.

MONTERON, s. m. aum. de MONTERA.

MONTÉS, adj. Que anda, está ó se cria en el monte.

* **MONTESA**, s. f. Órden militar de España.

MONTESCOS Y CAPELETES (HABER), fam. Haber grande pendencia riña.

MONTESINO, NA, adj. V. MONTÉS. ‖ met. ant. Agreste, huraño.

MONTO, s. m. Valor, calidad y estimacion intrinseca. ‖ La señal que se hace en la guerra para que monte la caballeria al especial toque del clarin. ‖ V. ACABALLADERO.

MONTO, s. m. V. MONTA ó IMPORTE.

MONTON, s. m. Agregado ó junta de muchas cosas puestas confusamente de modo que se eleven al plano en que estan. ‖ met. Persona inútil, y que es para poco, ó desaseada. ‖ MONTON DE TIERRA, fam. La persona muy anciana, debil ó achacosa. ‖ Á MONTONES, Abundantemente, sobrada y excesivamente. ‖ DE MONTON Ó EN MONTON, Juntamente, sin separacion ó distincion.

MONTOSO, SA, adj. ant. V. MONTUOSO.

MONTOYA, s. f. V. MARIONA. ‖ Baile.

MONTUOSO, SA, adj. Cerrado ó rodeado de montes y espesuras.

MONTURA, s. f. Destinacion ó aplicacion de las caballerias, para que sirvan únicamente de paso. ‖ El conjunto de los arneses del caballo que tiene cada uno de los soldados de caballeria. ‖ Todos los arneses de una compañia, regimiento, etc., juntos. ‖ La obra y el precio del trabajo de montar ó armar alguna máquina, etc.

* **MONUELO**, s. m. fam. Muñeco, chuchumeco.

MONUMENTO, s. m. Obra pública y patente puesta en memoria y por señal, que nos acuerda de alguna accion heróica ó de otra cosa singular de los tiempos pasados. ‖ El túmulo, altar ó aparato que el juéves santo se forma en las iglesias. ‖ MONUMENTOS, pl. Las piezas ó especies de historia que nos han quedado de los antiguos acerca de los sucesos pasados.

MONZON, s. m. *Náut.* Viento reglado ó periódico que sopla en algunos mares.

MOÑA, s. f. La figura artificial de muger, que sirve para modelo del trage. ‖ Enfado, desazon ó tristeza. ‖ fam. La borrachera.

MOÑO, s. m. La castaña, atado ó rodete que se hace con el cabello para tenerle recogido ó por adorno. ‖ El lazo de cintas, etc., con que se ata el cabello, ó que se pone en la cabeza por adorno. ‖ El copete de pluma que tienen algunas aves.

MOÑUDO, DA, adj. Que tiene moño. Dícese regularmente de las gallinas, palomas y otras aves.

MOQUEAR, v. n. Echar mocos.

MOQUERO, s. m. fam. El pañuelo para limpiarse los mocos.

MOQUETE, s. m. Puñada dada en el rostro, especialmente en las narices.

MOQUETEAR, v. n. fam. Echar frecuentemente mocos.

MOQUETEAR, v. a. Dar moquetes ó puñadas.

MOQUÍFERO, RA, adj. fam. Mocoso, muermoso.

MOQUILLO, TO, s. m. d. de moco. ‖ Enfermedad que padecen algunos animales, V. GABARRO.

MOQUITA, s. f. El moco líquido que destila de la nariz.

MORA, s. f. for. Dilacion ó tardanza. ‖ El fruto del moral y el de la morera, uno y otro comestibles.

MORABITO, s. m. Religioso mahometano.

MORACHO, CHA, adj. Morado bajo.

MORADA, s. f. Habitacion ó estancia de asiento en algun parage.

MORADO, DA, adj. De color de mora.

MORADOR, RA, s. m. y f. El que habita ó está de asiento en algun parage.

MORAGA, s. m. El manojo ó maña que forman las espigaderas.

MORAL, adj. Que pertenece á las buenas costumbres ó á las acciones humanas en órden á lo lícito ó ilícito de ellas.

MORAL, s. m. Árbol de unos veinte pies de alto, con hojas de figura de corazon.

MORAL, s. f. Facultad que trata de

las acciones humanas en órden á lo lícito ó ilícito de ellas.

* MORALEJA, s. f. Moralidad, sentido moral de una fábula, apólogo ó parábola.

MORALIDAD, s. f. Doctrina ó enseñanza perteneciente á las buenas costumbres y al arreglo de la vida. || Capacidad de las acciones humanas para ser ó denominarse lícitas ó ilícitas.

MORALISTA, s. m. El profesor de la ciencia ó facultad moral ó el escritor de ella.

* MORALIZADOR, s. m. Glosador, fisgon, criticador.

MORALIZAR, v. a. y n. Explicar alguna materia con relaciones y respecto á las buenas costumbres.

MORALMENTE, adv. Segun las reglas y documentos morales ó con moralidad. || Segun el juicio general y comun sentir de los hombres.

MORANZA, s. f. ant. V. MORADA.

MORAR, v. n. Habitar ó residir de asiento en algun lugar.

* MORATO, TA, adj. m. y f. Dícese de un poema relativo á las costumbres.

MORATORIA, s. f. Espera concedida por el rey ó sus tribunales supremos para que no apremien al deudor á la paga por tiempo determinado.

MORBIDEZ, s. f. *Pint. y Esc.* Blandura ó suavidad de las carnes de una figura.

MÓRBIDO, DA, adj. Que padece enfermedad ó la ocasiona. || *Pint. y Esc.* Dícese de lo que aparece blando y suave de modo que si se tentase se hundiria el dedo.

* MORBÍFICO, CA, adj. Que pertenece á las enfermedades ó las causas.

MORBO, s. m. V. ENFERMEDAD. || MORBO COMICIAL, *Med.* V. EPILEPSIA. || MORBO GÁLICO, *Med.* V. BUBAS ó GÁLICO. || MORBO REGIO, *Med.* V. ICTERICIA.

MORBOSO, SA, adj. Enfermo ó que causa enfermedad.

MORCELLA, s. f. La chispa ó centella que salta del moco del candil.

MORCILLA, s. f. Tripa de puerco, carnero ú otro animal, rellena de sangre condimentada con especias.

MORCILLERO, RA, s. m. y f. El que hace ó vende las morcillas.

MORCILLO, LLA, adj. Se aplica al caballo ó yegua de color totalmente negro.

MORCILLO, s. m. La parte carnosa del brazo desde el hombro hasta el codo.

MORCON, s. m. La morcilla hecha en la tripa gruesa del animal. || fam. La persona gruesa, pequeña y desaliñada.

MORDACIDAD, s. f. Cualidad corrosiva y acre de los humores y otras cosas. || Aspereza y acrimonia en las frutas por madurar y algunos mixtos. || met. Murmuracion que hiere ú ofende.

* MORDACILLA, s. f. d. de MORDAZA.

MORDANTE, s. m. Instrumento de la imprenta, que sirve puesto en el divisorio para abrazar y asegurar el original.

MORDAZ, adj. Que corroe ó tiene acrimonia y actividad corrosiva. || Áspero, picante y acre al gusto ó paladar. || met. Que hiere ú ofende con murmuracion ó sátira.

MORDAZA, s. f. Instrumento que se pone en la boca para impedir el hablar.

MORDAZMENTE, adv. Con mordacidad, acrimonia ó murmuracion.

MORDEDOR, RA, s. m. y f. El que muerde. || El que satiriza ó murmura.

MORDEDURA, s. f. Accion de morder, ó el daño ocasionado con ella.

MORDER, v. a. Asir y apretar con los dientes alguna cosa clavándolos en ella. || Punzar ó picar. Dícese de los humores, y otras cosas. || Asir una cosa á otra haciendo presa en ella. || Gastar insensiblemente ó poco á poco, quitando ó desfalcando partes muy pequeñas. || met. Murmurar ó satirizar, hiriendo y ofendiendo en la fama ó crédito.

MORDICACION, s. f. La picazon que ocasionan las cosas mordaces, como los humores.

MORDICANTE, p. a. de MORDICAR, y adj. Acre, corrosivo, que causa picazon.

MORDICAR, v. a. Picar ó punzar como mordiendo.

MORDICATIVO, VA, adj. Que mordica ó tiene virtud de mordicar.

MORDIDO, p. p. de MORDER. || MORDIDO, DA, adj. Menoscabado, escaso, desfalcado.

MORDIENTE, s. m. La sustancia con la cual se preparan las telas ó maderas que se intentan teñir. || MORDIENTES, pl. *Germ.* Las tigeras.

MORDIHUI, s. m. Insecto, V. GORGOJO.

MORDIMIENTO, s. m. V. MORDEDURA.

MORDISCAR, v. a. Morder frcuente ó ligeramente sin hacer presa. ‖ V. MORDER.

MORDISCO, s. m. El bocado que se da con los dientes. ‖ El pedazo que se saca de alguna cosa mordiéndola.

MORDISCON, s. m. V. MORDISCO.

MOREL DE SAL, s. m. *Pint.* Cierto color morado carmesí para pintar al fresco.

MORENA, s. f. Pez comestible muy commun en los mares de España cilíndrico, de dos pies á dos pies y medio de largo, de color rojo oscuro con manchas vistosas de un hermoso amarillo. ‖ La hogaza ó pan de la harina muy apurada al cernerla, con lo que sale el pan moreno.

MORENICO, ICA, MORENILLO, LLA, TO, TA, adj. d. de MORENO.

MORENILLO, s. m. Unos polvos negros de que usan los esquiladores para poner en la herida cuando cortan algo del cuero.

MORENO, NA, adj. Oscuro, que tira á negro. ‖ Se dice del hombre negro atezado por suavizar la voz negro, que es la que le corresponde. ‖ SOBRE ELLO MORENA, Expr. que declara la resolucion de sostener lo que se quiere con todo empeño.

MORERA, s. f. Árbol de unos dies y seis á veinte pies de altura, con las hojas de figura de corazon y cuyo fruto se conoce con el nombre de moras. Las hojas sirven para alimentar los gusanos de seda.

MORERAL, s. m. Sitio plantado de morreras.

MORERÍA, s. f. El barrio destinado en algun pueblo para la habitacion de los Moros. ‖ La provincia ó tierras propias de ellos.

* MORFEX, s. m. Cuervo marino, ave.

MORGA, s. f. La hez del aceite.

MORIBUNDO, DA, adj. Que está muriendo ó muy cercano á morir.

MORIEGO, GA, adj. Que pertenece á Moros.

MORIGERACION, s. f. Templanza ó moderacion en las costumbres y modo de vida.

MORIGERADO, p. p. de MORIGERAR.

MORIGERAR, v. a. Templar ó moderar los excesos de los afectos, y por extension se dice de las costumbres ú otras cosas.

* MORILLO, s. m. d. de MORO. Dícese lo de cualquiera de ellos. ‖ El caballete de hierro que se pone en el hogar para sustentar la leña.

* MORINA, s. f. Planta cordial del Levante.

MORIR, v. n. Acabar y fenecer la vida. ‖ met. Fenecer ó acabar del todo cualquier cosa, aunque no sea viviente. ‖ Desear con tal ansia alguna cosa que parece que se ha de acabar la vida si no se consigue. ‖ Padecer violentamente algun efecto, pasion ó otra cosa ‖ Hablando del fuego ó cosa que le pertenece, apagarse. ‖ En algunos juegos se dice de los lances ó manos que por no saberse quien las gana se dan por no egecutadas. ‖ En el juego de la oca es dar con los puntos del dado á la casilla donde está pintada la muerte. ‖ Cesar alguna cosa en el curso, movimiento ó accion. ‖ MORIR CIVILMENTE, Estar separado alguno del trato, comercio y sociedad humana, ó imposibilitado de obtener, ó porque eligió el estado religioso, ó por que se le ha condenado á alguna pena. ‖ MORIR Ó QUEDARSE SIN DECIR JESUS, Morir de repente. ‖ MORIR VESTIDO, Morir violentamente.

MORIRSE, v. r. MORIR ó perder la vida. ‖ Entorpecerse ó privarse de sentido algun miembro del cuerpo como si estuviera muerto ‖ Hablando del fuego, de la luz, llama, etc., es apagarse. ‖ MORIRSE POR ALGUNO, Amarle con extremo.

MORISCO, CA, adj. Que pertenece á los Moros.

MORISCO, s. m. Cualquiera de los Moros que al tiempo de la restauracion de España se quedaron en ella bautizados.

MORISMA, s. f. La secta de los moros. ‖ Multitud de ellos.

MORISQUETA, s. f. fam. El ardid ó treta propia de los Moros. ‖ Accion con que se pretende engañar, burlar ó despreciar á otro. ‖ HACER MORISQUETAS, Egecutar alguna accion por donde otro se de por sentido.

MORLACO, CA, adj. Que afecta tontería ó ignorancia.

MORLÉS, s. m. Tela de lino no muy fina. ‖ MORLÉS DE MORLÉS, El lienzo mas fino que el morlés, aunque de su misma especie. ‖ fam. Da á entender que una cosa se diferencia poco ó nada de otra.

MORLON, NA, adj. V. MORLACO.

MORMULLO, s. m. V. MURMULLO.

* MORMURACION, s. f. Queja, descontento que se levanta entre el pueblo, el público, etc. ‖ V. MURMURACION.

MORMURADO, p. p. de MORMURAR.

* MORMURADOR, RA, s. m. y f. V. MURMURADOR.

MORMURAR v. a. V. MURMURAR.

MORMURARSE, v. r. Susurrarse, correr el rumor, hablando de una noticia secreta.

MORMÚREO, s. m. V. MORMULLO.

MORO, RA, adj. y s. Natural de Mauritania. || fam. El vino que no tiene agua en contraposicion del que la tiene, que llaman CRISTIANO. || MORO DE PAZ, En el África es aquel Moro que promete vasallage al rey, y por cuyo medio se contrata con los demas de África. || MORO DE PAZ, met. La persona que tiene disposiciones pacíficas, y de quien nada hay que temer ó recelarse. || MOROS VAN, MOROS VIENEN, met. Da á entender que á alguno aunque no está enteramente borracho la falta poco. || MOROS Y CRISTIANOS, Fiesta pública que se egecuta vistiéndose algunos del trage de moros, y fingiendo lid ó batalla con los cristianos. || HABER MOROS Y CRISTIANOS, met. Haber gran pendencia, riña ó discordia.

MOROCADA, s. f. La topetada que da el carnero con la cabeza.

MORON, s. m. Montecillo de tierra.

MORONCHO, CHA, adj. V. MORONDO.

MORONDANGA, s. f. fam. Mezcla de cosas inútiles y de poca entidad.

MORONDO, DA, adj. Pelado ó mondado de cabellos ú hojas.

MORONÍA, s. f. V. ALBORONÍA.

MOROSAMENTE, adv. Con tardanza, dilacion ó morosidad.

MOROSIDAD, s. f. Tardanza ó dilacion.

MOROSO, SA, adj. Tardo, detenido ó dilatado.

MORQUERA, s. f. Tomillo salsero, segunda especie de agedrea.

MORRA, s. f. La parte superior y redonda de la cabeza.||Juego vulgar usado entre la gente baja.

MORRADA, s. f. El golpe dado con la cabeza, especialmente cuando topan dos una con otra.

MORRAL, s. m. Saquillo ó talego para dar de comer á las bestias cuando caminan.||Entre cazadores la red ó saco que les sirve para llevar la provision y para echar la caza que han cogido.

MORRALLA, s. f. Conjunto ó mezcla de cosas inútiles y despreciables.||V. BOLICHE.

MORRILLO, s. m. d. de MORRO, Piedra ó guijarro redondo, ó cosa que se le parece. || En el carnero, parte de gordura en el cogote, dura, fuerte y muy sabrosa.

MORRIÑA, s. f. Enfermedad epidémica en los ganados que causa mucha mortandad. || Tristeza ó melancolía.

MORRION, s. m. Armadura de la parte superior de la cabeza hecha en forma del casco de ella, y que en lo alto suele tener algun plumage ú otro adorno. || *Cetr.* Mal de las aves de altanería, llamado vahido y vértigo en los hombres.

MORRO, RA, adj. Se aplica al gato, que forma cierto ruido ó murmullo cuando le acarician, etc.

MORRO, s. m. Cualquier cosa redonda cuya figura sea semejante á la de la cabeza, como el MORRO de la pistola, el monte ó peñasco pequeño y redondo, y los guijarros pelados y redondos. || El bezo, especialmente grueso y sobresaliente de los labios. || ANDAR AL MORRO Ó Á LA MORRA, met. Andar á golpes. || JUGAR AL MORRO CON ALGUNO, met. Engañarle no cumpliendo lo que se le promete.

MORRONCHO, CHA, adj. *Murc.* V. MANSO.

MORRUDO, DA, adj. Morro ó redondo. || V. BEZUDO, HOCICUDO.

* MORTADELA, s. f. Salchichon con especias y pimienta en abundancia.

MORTAJA, s. f. La vestidura, sábana ú otra cosa en que se envuelve el cadáver para el sepulcro.

MORTAL, adj. Capaz de morir ó sujeto á la muerte. || Que ocasiona ó puede ocasionar muerte espiritual ó corporal. || Se aplica tambien á aquellos efectos con que se procura ó desea la muerte á alguno. || Que tiene ó está con señas de muerto.

MORTALIDAD, s. f. Capacidad de morir ó de padecer la muerte.

MORTALÍSIMAMENTE, adv. sup. de MORTALMENTE.

MORTALMENTE, adv. De muerte ó con deseo de ella ó de modo que la cause.

MORTANDAD, s. f. Multitud de muertes causadas de alguna epidemia, peste ó guerra.

MORTECINO, NA, adj. Se aplica al animal muerto sin violencia ni intento, y á la carne suya. || Bajo, apagado y sin vigor. || Que está casi muriendo ó apagándose. || HACER LA MORTECINA, Fingir el estar muerto.

MORTERADA, s. f. La porcion de ajo ó salsa que se hace de una vez en el mortero. ‖ La porcion de piedras ú otra cosa semejante que se arroja de una vez con el mortero.

MORTERETE, s. m. Pieza pequeña de artillería. ‖ met. Pieza pequeña de hierro con su fogoncillo que usan en las festividades atacándola de pólvora. ‖ Pieza de cera hecha en forma de vaso con su mecha para iluminar altares ó teatros. ‖ *Art.* El agujero que tienen las cureñas de artillería en las teleras de contera.

MORTERICO, LLO, TO, s. m. d. de MORTERO.

MORTERO, s. m. Instrumento redondo y hueco para machacar en él especias, semillas ó drogas. ‖ Arma ofensiva que se usa en la artillería para arrojar bombas, balas, granadas y piedras con elevacion y por medio de la pólvora. ‖ V. ARGAMASA. ‖ *Náut.* Instrumento de madera que sirve para sacar el agua con la bomba. ‖ *Blas.* La insignia que por marca de justicia soberana usan en vez de corona los cancilleres, presidentes y otros ministros que la egercitan. ‖ fam. La persona gruesa y chica.

MORTERUELO, s. m. d. de MORTERO. Dícese regularmente de un instrumento que usan los muchachos para diversion. ‖ Guisado á modo de salsa que se hace del hígado del puerco.

* **MORTICINIO**, s. m. Bestia muerta de muerte natural.

MORTÍFERO, RA, adj. Que ocasiona ó puede ocasionar la muerte.

MORTIFICACION, s. f. Accion y efecto de mortificar. ‖ Virtud que enseña á moderar las pasiones macerando el cuerpo y reprimiendo la voluntad. ‖ Medio para conseguir esta virtud. ‖ Afliccion, sinsabor ó desazon, ó lo que la causa.

MORTIFICADO, p. p. de MORTIFICAR.

* **MORTIFICANTE**, p. a. de MORTIFICAR. Que mortifica. ‖ MORTIFICANTE, adj. Fastidioso, pesado.

MORTIFICAR, v. a. Quitar la vitalidad ó disminuir el vigor y actividad natural de alguna parte del cuerpo. ‖ Domar las pasiones castigando el cuerpo y refrenando la voluntad. ‖ Afligir, desazonar ó causar pesadumbre ó molestia.

MORTUORIO, s. m. La funcion y aparato para enterrar los muertos, ó demostracion perteneciente á la muerte. ‖ En la órden de san Juan, el tiempo que media desde el dia de la muerte de cualquier comendador, hasta primero de mayo siguiente.

MORUECO, s. m. El carnero padre ó que ha servido para la propagacion.

MÓRULA, s. f. Tardanza ó detencion muy breve.

MORUNO, NA, adj. Perteneciente á la Mauritania.

MORUSA, s. f. fam. V. DINERO.

MOSAICO, CA, adj. y s. Perteneciente á Moises. ‖ Se aplica á la obra taraceada de piedras de varios colores. ‖ Se aplica á la columna que tiene su fuste á manera de caracol.

MOSCA, s. f. Insecto, del que se conocen varias especies, que se distinguen entre sí por la variedad de color en algunas de las partes de su cuerpo. ‖ fam. El dinero. ‖ met. El hombre molesto, impertinente y pesado. ‖ Constelacion celeste cerca del polo antártico. ‖ met. Desazon picante que inquieta y molesta. ‖ MOSCAS, pl. fam. Las chispas que saltan de la lumbre. ‖ interj. de que se usa para quejarse ó extrañar alguna cosa que pica ó molesta. ‖ MOSCA DE BURRO, V. MOSCA DE MULA. ‖ MOSCA DE MULA, Insecto de dos á tres líneas de largo, que se alimenta chupando la sangre de las reses caballares y boyunas. ‖ MOSCA EN LECHE, fam. Muger morena vestida de blanco. ‖ MOSCA MUERTA, Apodo que se aplica al que es al parecer de ánimo ó genio apagado, pero no pierde la ocasion de su provecho, ó no deja de explicarse en lo que siente. ‖ MOSCAS BLANCAS, Llaman á los copos de nieve que vienen cayendo por el aire. ‖ ANDAR CON MOSCA, met. Estar uno enfadado y resentido. ‖ CASAR MOSCAS, met. y fam. Ocuparse en cosas inútiles ó vanas. ‖ PAPAR MOSCAS Ó VIENTO, met. Estar embelesado ó sin hacer nada ó con la boca abierta. ‖ PICAR LA MOSCA, met. Estar alguno herido ó venirle á la memoria alguna especie que le inquieta, desazona y molesta. ‖ SACUDIRSE LAS MOSCAS, met. V. MOSQUEARSE.

MOSCADA, adj. V. NUEZ MOSCADA.

MOSCARDA, s. f. Especie de mosca de cuatro á cinco líneas de largo. ‖ La cresa ó los huevecillos que ponen las abejas.

MOSCARDEAR, v. n. Poner el rey de las abejas la cresa ó moscarda en los alvéolos.

MOSCARDON, s. m. Insecto de una pulgada de largo, que se alimenta de insectos, especialmente de abejas. ‖ met. El hombre impertinente que molesta con pesadez y picardía.

MOSCARETA, s. f. Ave muy conocida en España.

MOSCATEL, adj. y s. Cierta casta de uva de gusto sumamente dulce, el vidaño que la produce ó vino que se hace de ella. ‖ El hombre que fastidia por su ignorancia y falta de noticias.

MOSCELLA, s. f. V. MORCELLA.

MOSCON, s. m. Especie de mosca. ‖ El hombre que con porfía y astucia logra lo que desea afectando ignorancia.

MOSCOVITA, adj. y s. El natural de Moscovia.

MOSCOVÍTICO, CA, adj. Que pertenece á Moscovia y á sus naturales.

MOSQUEADO, DA, adj. Sembrado de pintas.

MOSQUEADOR, s. m. Instrumento, especie de abanico, para espantar ó ahuyentar las moscas. ‖ fam. La cola de las bestias ó ganado vacuno.

MOSQUEAR, v. a. Espantar ó ahuyentar las moscas. ‖ met. Responder y redargüir resentido y como picado de alguna especie.

MOSQUEARSE, v. r. Apartar de sí violentamente los embarazos ó estorbos.

MOSQUEO, s. m. El acto de ojear ó espantar las moscas.

MOSQUERO, s. m. Un ramo ó haz de yerba ó conjunto de tiras de papel que se cuelga del techo para recoger las moscas y darles fuego.

MOSQUERUELA, adj. Se aplica á una casta ó variedad de pera, llamada tambien almizcleña.

MOSQUETA, s. f. Especie de rosa blanca.

MOSQUETAZO, s. m. El tiro del mosquete.

MOSQUETE, s. m. Escopeta mayor y mas ancha que las ordinarias. ‖ *Náut.* Cada uno de los palos que asientan sobre la madre de crugía.

• **MOSQUETEADO, DA**, adj. *Blas.* Cargado de bordaduras.

MOSQUETERÍA, s. f. La tropa formada de soldados mosqueteros. ‖ Llamaban en los corrales ó coliseos de comedias al conjunto de los que estan en el patio para verlas.

MOSQUETERIL, adj. fam. Que pertenece á la mosquetería, y se aplica á la de los coliseos.

MOSQUETERO, s. m. El soldado que sirve con mosquete. ‖ En los coliseos de comedias es el que las ve en el patio.

MOSQUIL, adj. Que toca ó pertenece á la mosca.

MOSQUINO, NA, adj. V. MOSQUIL.

MOSQUITERO, RA, s. m. y f. Pabellon ó colgadura de cama, hecho de gasa, para impedir que entren los mosquitos.

MOSQUITO, s. m. Insecto de línea y media de largo, que se mantiene, chupando la sangre de los animales, á quienes molesta con su picaduras y zumbido. ‖ fam. El que acude frecuentemente á la taberna.

MOSTACHO, s. m. V. BIGOTE. ‖ Mancha ó chafarrinada en el rostro.

MOSTACHON, s. m. Pasta de mazapan, compuesta de almendra, azúcar y especia.

MOSTACHOSO, SA, adj. Adornado de mostachos.

MOSTACILLA, s. f. MOSTAZA ; municion.

MOSTAJO, s. m. Planta que crece de suyo en todas las provincias de España, y que se cultiva con esmero en varias partes de Europa.

MOSTAZA, s. f. La semilla de la planta del mismo nombre. ‖ Salsa que se hace de la simiente de este nombre machacada. ‖ Municion muy menuda. ‖ HACER LA MOSTAZA, fam. Hacer salir sangre de las narices uno á otro cuando andan á puñadas. ‖ SUBIRSE LA MOSTAZA Á LAS NARICES, Enojarse, irritarse.

MOSTAZO, s. m. MOSTAZA, por la planta. ‖ Mosto fuerte y pegajoso.

MOSTEAR, v. n. Arrojar ó destilar las uvas el mosto. ‖ Llevar ó echar el mosto en las tinajas ó cubas. ‖ Echar ó mezclar algun mosto en el vino añejo, que mas frecuentemente se dice AMOSTAR.

• **MOSTELA**, s. f. La gavilla de sarmientos.

MOSTELERA, s. f. Lugar donde se guardan ó hacinan las mostelas de sarmientos.

MOSTILLO, s. m. Masa hecha con mosto y especias, de que despues se forman unas tortitas ó trozos. ‖ Salsa que se hace de mosto y mostaza.

MOSTO, s. m. Zumo exprimido de la uva ántes de cocer y hacerse vino. ‖ MOSTO AGUSTIN, Género de masa que se hace con mosto, harina y toda especie fina.

MOSTRABLE, adj. Que se puede mostrar.

MOSTRADO, p. p. de MOSTRAR. ‖ Mos-

MOSTRADO, p. p. de MOSTRAR. ‖ MUS-

TRADO, DA, adj. Hecho, acostumbrado ó habituado á alguna cosa.

MOSTRADOR, RA, s. m. y f. El que muestra. || El índice ó gnomon del relox. || Mesa ó tablero para presentar los géneros en las tiendas.

MOSTRANZA, s. f. ant. V. MUESTRA.

MOSTRAR, v. a. Manifestar á la vista alguna cosa, enseñarla ó señalarla para que se vea. || met. Explicar, dar á conocer alguna cosa ó convencer de su certidumbre. || Fingir ó disimular, ó dar á entender lo que no es. || Dar á entender ó conocer con las acciones alguna calidad del ánimo.

MOSTRARSE, v. r. Portarse correspondientemente á su oficio, dignidad ó calidad, ó darse á conocer en alguna especie.

MOSTRENCO, CA, adj. Se aplica á la alhaja ó bienes que no tienen dueño conocido, y por eso pertenecen al príncipe ó comunidad que tiene privilegio de él. || Que no tiene casa ni hogar, ni señor ó amo conocido. || Ignorante ó tardo en el discurrir ó aprender. || Muy gordo y pesado.

MOTA, s. f. Nudillo ó granillo que se forma en el paño, y se le quita ó corta con unas pinzas ó tigeras. || Partícula de hilo ú otra cosa semejante, que se pega á los vestidos y otras partes. || met. Defecto muy ligero ó de poca entidad que se halla en las cosas inmateriales. || El ribazo ó linde de tierra alto con que se detiene el agua ó se cierra un campo.

MOTACEN, s. m. *Ar.* V. ALMOTACEN.

MOTACILLA, s. f. Ave, V. AGUZANIEVE.

MOTAR, v. a. *Germ.* Hurtar.

MOTE, s. m. Sentencia breve, que incluye algun secreto ó misterio que necesita explicacion. || V. APODO.

MOTEADO, p. p. de MOTEAR.

MOTEAR, v. n. Esparcir ó salpicar de motas alguna tela, para darle variedad y hermosura.

MOTEJADO, p. p. de MOTEJAR.

MOTEJADOR, RA, s. m. y f. El que moteja.

MOTEJAR, v. n. Notar, censurar las acciones de alguno con apodos ó motes.

MOTETE, s. m. Breve composicion música para cantar en las iglesias.

MOTILADO, p. p. de MOTILAR.

MOTILAR, v. a. Cortar el pelo ó raparle.

MOTILON, s. m. fam. Religioso lego.

MOTIN, s. m. Tumulto, movimiento ó levantamiento del pueblo ú otra multitud contra sus cabezas y gefes. || En la antigua milicia española, tropa que por no pagarle el sueldo, se amotina.

MOTIVADO, p. p. de MOTIVAR.

MOTIVAR, v. a. Dar motivo para alguna cosa. || Dar ó explicar la razon ó motivo.

MOTIVO, VA, adj. Que mueve ó tiene eficacia ó virtud para mover.

MOTIVO, s. m. Causa ó razon que mueve para alguna cosa. || DE SU MOTIVO, Con resolucion ó intencion libre y voluntaria.

MOTOLITA, s. f. Ave, V. AGUZANIEVE.

MOTOLITO, TA, y MOTOLOTICO, CA, adj. Fácil de ser engañado ó vencido, por ser poco avisado ó falto de experiencia y manejo.

MOTON, s. m. *Náut.* Garrucha de madera de diversas formas y tamaños, por donde laborean los cabos.

MOTONERÍA, s. f. Conjunto de poleas, garruchas ó carrillos del navío.

MOTOR, s. m. V. MOVEDOR.

MOTRIL, s. m. V. MOCHIL.

MOTRIZ, adj. V. MOVEDORA.

MOTU-PROPRIO, adv. Por su arbitrio, y sin seguir el órden regular.

MOVEDIZO, ZA, adj. Fácil de moverse ó ser movido. || met. Inconstante ó fácil de mudar dictámen ó intento.

MOVEDOR, RA, s. m. y f. El que mueve.

MOVEDURA, s. f. ant. La accion de mover. || Hablando de las mugeres ABORTO.

MOVENTE, p. a. ant. de MOVER, Que mueve.

MOVER, v. a. Hacer que un cuerpo deje el lugar ó espacio que ocupaba, y pase á ocupar otro. || Por extension vale menear ó agitar alguna cosa ó parte de algun cuerpo, como MOVER la cabeza. || met. Dar motivo para alguna cosa, persuadir, inducir ó incitar á ella. || Causar ú ocasionar. || Alterar, conmover. || Excitar ó dar principio á alguna cosa en lo físico ó en lo moral. || Inspirar.

MOVER, v. n. *Arq.* Principiar el arco ó la bóveda, empezar á formar su curvatura sobre la cornisa ó imposta. || V. ABORTAR. || Empezar á echar ó brotar las plantas por la primavera.

MOVIBLE, adj. Que se puede mover. || Por los astrólogos se aplica á cualquiera de los cuatro signos cardinales áries, cáncer, libra, y capricornio.

MOVIDO, p. p. de MOVER.

MOVIENTE, p. a. de MOVER, Que mueve.

MOVIENTE, adj. *Blas.* Se dice de cualquiera de las piezas que nacen del gefe, de los flancos y de la punta del escudo.

MÓVIL, adj. Que se mueve ó puede moverse de una parte á otra, y no tiene estabilidad ni permanencia en un lugar. ‖ PRIMER MÓVIL, Aquella esfera superior que se considera estar mas alta que el firmamento. ‖ El principal motor y como causa de la egecucion y logro de alguna cosa.

MOVILIDAD, s. f. Potencia ó facilidad de moverse alguna cosa. ‖ Inconstancia, instabilidad y poca firmeza de las cosas.

MOVIMIENTO, s. m. El acto ó accion de mover ó moverse. ‖ Alteracion, inquietud ó conmocion. ‖ Ímpetu de alguna pasion con que empieza á manifestarse. ‖ *Mús.* La mayor ó menor velocidad con que la voz sigue el compas. ‖ *Arq.* En los arcos y bóvedas, ARRANQUE. ‖ MOVIMIENTO ACCIDENTAL, *Esg.* El que se hace hácia adelante. ‖ MOVIMIENTO ACELERADO, *Estát.* Es aquel con que el cuerpo movible en el segundo tiempo igual al primero corre mayor espacio, en el tercero mayor que en el segundo, etc. ‖ MOVIMIENTO DE AUMENTO, *Esgr.* El que se hace de menores grados de fuerza á los mayores del contrario, y causa flaqueza en el que le hace. ‖ MOVIMIENTO DE DIMINUCION, *Esgr.* El que se hace de mayores grados de fuerza á los menores del contrario, y causa fuerza en el que le hace. ‖ MOVIMIENTO DE DIVERSION, *Esgr.* El que hace la espada que está sujeta en la que está sujetando, cuando por encima de ella hace movimiento occidental, quitándole el movimiento de invia. ‖ MOVIMIENTO DE INVIA, *Esgr.* Es cuando la espada mira derechamente á la parte del cuerpo donde ha de tocar. ‖ MOVIMIENTO DE REDUCCION, *Esgr.* Es el que se vuelve al ángulo recto. ‖ MOVIMIENTO DE TREPIDACION, *Astron.* Es el que hacen los astros de oriente á poniente, y de mediodia á setentrion, como bambaleándose hácia estas partes. ‖ MOVIMIENTO DISYUNTIVO, *Mús.* V. DISYUNTA. ‖ MOVIMIENTO DIURNO, V. MOVIMIENTO RAPTO. ‖ MOVIMIENTO EXTRAÑO, *Esgr.* Es el que se hace hácia atras. ‖ MOVIMIENTO IGUAL Ó UNIFORME, *Estát.* Aquel con el cual el cuerpo movible en tiempos iguales corre espacios iguales. ‖ MOVIMIENTO IGUAL Ó MEDIO, *Astron.* El que se pone medio entre el mas veloz y el mas tardo que tienen los planetas. ‖ MOVIMIENTO MISTO, Es el que resulta de dos ó mas impulsos que impelen al movible por diferentes líneas. ‖ MOVIMIENTO MISTO, *Esgr.* El violento, el natural, el remiso y el de reduccion. ‖ MOVIMIENTO NATURAL, Es aquel con que los cuerpos pesados bajan hácia el centro de la tierra. ‖ *Esgr.* El que se hace de arriba abajo. ‖ MOVIMIENTO OBLICUO, *Esgr.* El que con medio círculo pasa de un lado á otro, sin bajar ni subir el brazo. ‖ MOVIMIENTO PROPIO Y NATURAL, *Astron.* Es aquel que tienen los planetas con sus orbes, y las estrellas fijas en el firmamento, moviéndose de poniente á levante. ‖ MOVIMIENTO RAPTO Ó VIOLENTO, Es aquel con que el sol, la luna y demas astros parecen moverse de levante á poniente. ‖ MOVIMIENTO REMISO, *Esgr.* Es el que se hace á cualquiera de los lados. ‖ MOVIMIENTO RETARDADO, *Estát.* Es aquel con que el cuerpo movible, en el segundo tiempo igual al primero, corre menor espacio en el tercero menor que en el segundo, etc. ‖ MOVIMIENTO TÓNICO, *Med.* El de los músculos cuando estan con una tension, contraccion y convulsion continua y permanente. ‖ MOVIMIENTO VERDADERO Ó APARENTE, Es el que se observa desde la tierra en los planetas de poniente á levante, el cual es desigual. ‖ MOVIMIENTO VIOLENTO, Aquel con que los cuerpos graves son movidos por diferente línea de la que va al centro de la tierra. ‖ MOVIMIENTOS DESIGUALES, *Maq.* Los que en igual tiempo caminan espacios desiguales. ‖ MOVIMIENTOS IGUALES, *Maq.* Los que en igual tiempo caminan espacios iguales. ‖ PRIMER MOVIMIENTO, El repentino é involuntario ímpetu de una pasion.

* MOXI, s. m. V. CAZUELA.

* MOXIL, s. m. V. CAZUELA.

MOYANA, s. f. Especie de culebrina de muy poco calibre. ‖ Pan hecho de salvado para los perros de ganado. ‖ fam. Mentira ó ficcion.

MOYO, s. m. Medida de Castilla para cosas líquidas y secas. ‖ Número de ciento y diez tejas.

MOYUELO, s. m. El salvado mas fino que sale al tiempo de apurar la harina.

MOZA, s. f. La criada que sirve en ministerios humildes y de tráfago. ‖ Llaman las lavanderas á una pala con que apalean la ropa. || En algunos juegos la última mano. || MOZA DE CÁMARA, La que sirve en los oficios de la casa y despues de la doncella. || MOZA DE CÁNTARO, La criada que se tiene en casa con la obligacion de traer agua y de ocuparse en otras haciendas domesticas. || MOZA DE FORTUNA, V. RAMERA. || MOZA EN CABELLO, ant. V. DONCELLA.

MOZALBETE ó MOZALBILLO, s. m. d. de MOZO.

MOZALLON, s. m. Moso robusto entre la gente del trabajo.

MOZÁRABE, adj. Se aplica al cristiano que vivió antiguamente entre los Moros de España, y mezclado con ellos, y al oficio y misa que usaron entónces.

MOZCORRA, s. f. V. RAMERA.

MOZNADO, adj. *Blas.* Se dice del leon que no tiene dientes, lengua ni garras.

MOZO, ZA, adj. y s. V. JÓVEN. || El que está por casar aunque tenga mucha edad.

MOZO, s. m. El que sirve en las casas ó al público en oficios humildes y de trabajo. || El gato. || *Germ.* El garabato. || MOZO DE CABALLOS, El criado que cuida de ellos. || MOZO DE CORDEL, El que lleva cosas de carga ó hace algun otro mandado. || MOZO DE ESPUELA Ó DE ESPUELAS, El que llevan los caminantes para que cuide de las caballerias. || MOZO DE ESQUINA, V. MOZO DE CORDEL. || MOZO DE MULAS, El que en las casas cuida de las mulas de coche. || MOZO DE OFICIO, En los palacios la persona que empieza á servir en algun oficio de la casa ó caballeriza para ascender despues á ayuda. || Mozo destinado para el servicio mecánico de ellas. || MOZO DE PAJA Y CEBADA, El que en las posadas y mesones lleva cuenta de lo que cada pasagero toma para el ganado. || SER MOZO DE BUEN RECADO, irón. Moteja á otro de la mala cuenta que ha dado de su comision ó encargo.

MOZON, NA, s. m. y f. aum. de MOZO.

MOZUELO, LA, s. m. y f. d. de MOZO.

MU

MU, s. f. V. SUEÑO. Es voz usada de las amas cuando quieren que se duerman los niños.

MU, s. m. La voz natural del buey, que mas comunmente se llama MUGIDO.

MUCETA, s. f. Género de vestidura á modo de esclavina que se ponen los prelados.

MUCHACHADA, s. f. Accion propia de los muchachos, reprensible en los grandes.

MUCHACHEAR, v. n. Hacer ó egecutar cosas propias de muchacho.

MUCHACHERÍA, s. f. V. MUCHACHADA. || Muchedumbre de niños que meten ruido.

MUCHACHEZ, s. f. Estado y propiedades de muchacho.

MUCHACHO, CHA, adj. y s. En su rigoroso sentido se dice del niño que mama. || El que no ha llegado á la edad juvenil.

MUCHEDUMBRE, s. f. La copia, abundancia y multitud de alguna cosa.

MUCHÍSIMO, MA, adj. sup. de MUCHO.

MUCHO, CHA, adj. Abundante, excesivo en cantidad ó calidad.

MUCHO, adv. Excesivamente, con abundancia, en gran manera || MUCHO MÉNOS, Expr. con que se niega alguna cosa en comparacion con otra.

* MUCILAGINOSO, SA, adj. Viscoso.

MUCÍLAGO, s. m. Licor muy espeso y viscoso.

* MUCOSO, SA, adj. Que tiene mucosidad.

MUCRONATA, adj. *Anat.* Se aplica á la ternilla que hay en la boca del estómago.

MUDA, s. f. La accion de mudar alguna cosa. || El conjunto de ropa que se muda de una vez, y se toma regularmente por la ropa blanca. || Especie de afeite ó untura que se suelen poner las mugeres en el rostro. || Tiempo ó acto de mudar las aves sus plumas. || *Cetr.* La cámara ó cuarto en que se ponen las aves para que muden sus plumas. || El nido de las aves de caza. || El tránsito de un tono de voz á otro que hacen los muchachos cuando entran en la pubertad. || ESTAR EN MUDA, Se dice del hombre que calla demasiado en una conversacion.

MUDABLE, adj. Que con gran facilidad se muda.

MUDADO, p. p. de MUDAR.

MUDAMENTE, adv. Callada y silenciosamente, sin hablar palabra.

MUDAMIENTO, s. m. ant. V. MUDANZA.

MUDANZA, s. f. Alteracion esencial ó trasformacion accidental de una cosa en otra. ‖ Variacion del estado que tienen las cosas pasando á otro diferente en lo físico ó en lo moral. ‖ Movimiento que se hace para pasar de un lugar á otro, trocando el uno por el otro. ‖ Cierto número de movimientos en los bailes y danzas. ‖ Inconstancia ó variedad de los afectos y dictámenes. ‖ DESHACER LA MUDANZA, *Danz.* Hacer al contrario en el baile toda la mudanza ya egecutada. ‖ HACER MUDANZAS, *Danz.* En los bailes es variar los movimientos del paso ó compas y las figuras. ‖ HACER MUDANZA Ó MUDANZAS, met. No corresponder, ó portarse con inconsecuencia, ser inconstante en el afecto, lo que regularmente se dice de las damas.

MUDAR, v. a. Dar ó tomar otro ser ó naturaleza, ú otro estado, figura, lugar, etc. ‖ Dejar una cosa que ántes se tenia, y tomar en su lugar otra. ‖ Remover ó apartar de algun sitio ó empleo. ‖ Hablando de los muchachos, mudar la voz. ‖ En las aves, mudar la pluma. ‖ met. Variar.

MUDARSE, v. r. Dejar el modo de vida ó el afecto que ántes se tenia, trocándole en otro. ‖ Tomar otra ropa ó vestido, dejando el que ántes se tenia. ‖ Dejar la casa que se habita, y pasar á vivir en otra. ‖ fam. Irse del lugar, sitio ó conversacion en que se estaba.

MUDEZ, s. f. Impedimento en el órgano de la voz para hablar, privacion de habla, carencia de palabras.

MUDO, DA, adj. Que no puede hablar por tener impedimiento en el órgano de la voz. ‖ Por extension, muy silencioso ó callado. ‖ *Astrol.* Se dice de los signos cáncer, escorpion y piscis. ‖ Dícese de la consonante cuya pronunciacion no empieza con vocal, y quitada en la que termina queda como sin sonido. ‖ HACER HABLAR Á LOS MUDOS, Pondera la eficacia ó viveza de alguna especie, que precisa á responderla.

MUÉ, s. m. Especie de ormesí de aguas.

MUEBLE, adj. y s. Hacienda ó bienes que se pueden mover y llevar de una parte á otra.

MUECA, s. f. Gesto ó ademan que se hace con el rostro ó cuerpo.

MUELA, s. f. Piedra redonda y aplanada que en los molinos con la fuerza del agua anda al rededor, y con sus vueltas muele y desmenuza el trigo y otras semillas. ‖ Cantidad de agua que basta á moler un molino. ‖ Piedra redonda en que se afilan y amuelan los cuchillos, tigeras y otros instrumentos de acero. ‖ met. Rueda ó corro que se hace con alguna cosa. ‖ Cerro alto, y asimismo el cerro hecho á mano. ‖ Cada uno de los dientes últimos de la quijada por ser los que muelen y desmenuzan el manjar. ‖ MUELA DE DADOS, Conjunto de nueve pares de ellos. ‖ MUELAS DE GALLO, Apodo con que se moteja al que no tiene muelas ó dientes, ó los tiene malos y separados. ‖ AL QUE LE DUELE LA MUELA QUE SE LA SAQUE, prov. Se suele usar para no tomar parte en negocios agenos. ‖ HABER SALIDO LA MUELA DEL JUICIO, Ser prudente, mirado en sus acciones.

MUELLAGE, s. m. Derecho que se cobra á toda embarcacion que da fondo.

MUELLE, adj. Delicado, suave y blando.

MUELLE, s. m. Pieza de hierro, acero ú otro metal, que pegado artificiosamente en alguna máquina, y violentado en él es causa de algun movimiento. ‖ Lengua de tierra artificiosamente fabricada dentro del mar para buscar fondo bastante á que se arrimen las embarcaciones. ‖ Adorno que las mugeres de distincion traian, compuesto de varios relicarios ó diges pendientes á un lado de la cintura. ‖ MUELLES, pl. *Moned.* Tenazas grandes para agarrar los rieles y tejos interin la fundicion y echarlos en la copela.

MUELLEMENTE, adv. Delicada y suavemente, con blandura.

MUER, s. m. V. MUÉ.

MUÉRDAGO, s. m. Planta que crece sobre los troncos de varios árboles silvestres y cultivados de España.

MUERMO, s. m. *Albeit.* Enfermedad que padecen las caballerías.

MUERMOSO, SA, adj. Se aplica á la caballería que padece muermo.

MUERTE, s. f. Division y separacion del cuerpo y alma, ó el fin de la vida ó cesacion del movimiento de los espíritus y de la sangre. ‖ Homicidio, delito ó crimen de matar á alguno. ‖ Afecto ó pasion violenta que inmuta gravemente, ó parece que pone en peligro de ella, por no poderse tolerar. ‖ Esqueleto humano, ó en sí mismo ó pintado. ‖ MUERTE CIVIL, for. Mutacion de estado, por la cual la persona en quien acontece se contempla en el derecho respecto de los efectos legales como si no fuera. ‖ met. Vida miserable y trabajada con pesadumbres. ‖ MUERTE NATURAL, La que viene por accidente ó enfermedad. ‖ MUERTE PELADA, Apodo con que se moteja al que le han rapado el pelo ó al demasiadamente calvo. || MUERTE VIOLENTA, La que se egecuta privando de la vida á otro con hierro, veneno ú otra cosa. || ACUSAR Á MUERTE, ant. Acusar de delito á que corresponde pena capital. || ARROSTRAR LA MUERTE, V. ARROSTRAR LOS PELIGROS. || Á MUERTE Ó Á VIDA. Explica el riesgo ó peligro de alguna medicina que se aplica en caso difícil y dudoso. || met. Se usa para demostrar el riesgo de cualquiera cosa que se ha determinado intentar ó egecutar, dudando de la eficacia del medio que se elige. || BUENA MUERTE, Muerte contrita y cristiana. || ES UNA MUERTE, Explica lo penoso, insufrible y enfadoso de alguna cosa. || HASTA LA MUERTE, Explica la firme resolucion en que se está de egecutar alguna cosa, y permanecer siempre en ella constantemente. || LUCHAR CON LA MUERTE, Estar por mucho tiempo en agonía. || SENTIR DE MUERTE Ó Á PAR DE MUERTE, Explica el sumo sentimiento ó dolor de alguna cosa parecido al de la muerte, que es lo que mas se siente. || TOMARSE LA MUERTE Ó EL MAL POR SU MANO, Egecutar algunas cosas voluntariamente contra la vida, la salud ó el bienestar, despreciando las advertencias ó consejos que se le dan en contra de lo que hace.

MUERTO, p. p. irreg. de MORIR. || MUERTO, TA, adj. Se aplica al yeso ó á la cal que se apaga con agua. || met. Apagado, poco activo ó marchito.

MUERTO, s. m. El cadáver humano ó el cuerpo separado del alma. || En plural significa golpes dados á alguno. || CAERSE MUERTO DE MIEDO, SUSTO, GOZO, RISA, etc. Pondera el sumo miedo, susto, alegría ó vergüenza que padece alguno. || CONTARLE CON LOS MUERTOS, Fuera del sentido recto vale no hacer caso de alguno, despreciarle enteramente ú olvidarse de él. || DESENTERRAR LOS MUERTOS, met. y fam. Murmurar de ellos, descubrirles las faltas y defectos que tuviéron. || QUEDARSE MUERTO, met. Sorprenderse de alguna noticia repentina, que causa pesar ó sentimiento.

MUESCA, s. f. La concavidad ó hueco que hay ó se hace en alguna cosa para encajar otra.

MUESO, SA, adj. V. NUESTRO. || V. CORDERO MUESO.

MUESO, s. m. ant. *Ar.* V. BOCADO.

MUESTRA, s. f. Lista pequeña de cualquiera tela, ó la porcion corta de alguna mercancía, que se da para reconocer su calidad. || Diseño ó modelo de alguna cosa para dár á entender lo que ha de ser y las calidades que debe tener. || La parte extrema del paño donde se pone la señal del fabricante. || met. Señal, indicio, demostracion ó prueba. || *Mil.* Reseña de la gente de guerra. || *Cetr.* Aquella detencion que hace el perro en acecho de la caza para levantarla á su tiempo. || En los reloges es el círculo donde estan numeradas las horas y sus partes, con el índice que las señala. || Cualquier relox que no tenga campana. || LA MUESTRA DEL PAÑO, Da á entender que alguna cosa es indicio por el cual se discurre como son las demas de su especie. || PASAR MUESTRA, Hacer la reseña de los soldados. || met. Se dice de cualquiera cosa que se registra para reconocerla. || TOMAR MUESTRA, ant. Pasar revista.

MUFLA, s. m. Cubierta de barro redonda y hueca que se pone en los hornillos de las fraguas ó forjas, y en las copelas ó cendras.

MUFLIR, v. a. *Germ.* Comer.

MUGA, s. f. Mojon, término ó límite.

MUGER, s. f. Criatura racional del sexo femenino. || Se entiende regularmente la que está casada, con relacion al marido. || MUGER DE MALA VIDA Ó DE LA VIDA AIRADA, V. RAMERA. || MUGER DEL PARTIDO, V. RAMERA. || MUGER DE GOBIERNO, La criada que tiene á su cargo el gobierno económico de la casa. || MUGER DE PUNTO, La que es recatada y pundonorosa. || MUGER DE SU CASA, La que tiene gobierno y disposicion para mandar y egecutar las cosas que le pertenecen, y cuida de su hacienda y familia con mucha exactitud. || MUGER FÁCIL, La que es conocidamente frágil. || MUGER MUNDANA, V. RAMERA. || MUGER PERDIDA, V. RAMERA. || MUGER PÚBLICA, V. RAMERA. || ECHARSE CON ALGUNA MUGER, ant. Conocerla carnalmente. || GOZAR UNA MUGER, Tener acto carnal con ella. || LA MUGER Y LA GALGA EN LA MANGA, Dicho festivo en favor de las mugeres pequeñas. || SER MUGER, Haber llegado una moza á estado de menstruar. || TOMAR MUGER. Casarse ó contraer matrimonio con ella.

MUGERCILLA, s. f. Muger de poca estimacion y porte.

MUGERIEGO, GA, adj. Que toca ó pertenece á la muger. || Dado á mugeres. || Usado como sustantivo se toma por el agregado ó conjunto de las mugeres.

MUGERIL, adj. Propio y perteneciente á la muger.

MUGERILMENTE, adv. Afeminadamente, á modo de muger.

MUGERONA, s. m. aum. de MUGER. Aplícase á la que es muy corpulenta, y tambien á la matrona respetable.

MUGIDO, s. m. La voz del buey, vaca ó toro.

* **MUGIENTE**, p. a. de MUGIR. Que muge. || Bramador. Dícese de los vientos.

MÚGIL, s. m. Pez, V. MUJOL.

MUGIR, v. n. Prorumpir ó formar el buey el sonido de su voz propia, llamada MUGIDO.

MUGRE, s. f. La grasa ó suciedad de la lana, vestido, etc.

MUGRIENTO, TA, adj. Grasiento, sucio y lleno de mugre.

MUGRON, s. m. Sarmiento largo de una vid, que sin dividirle de ella se entierra, de modo que salga la punta en el sitio ó para donde faltaba alguna cepa.

MUHARRA, s. f. El hierro acerado que se pone en el extremo superior del asta de la bandera.

MUIDO, p. p. de MUIR.

MUIR, v. a. *Ar.* Ordeñar.

MUJOL, s. m. Pez muy comun en varias partes de España, y cuya carne es muy estimada.

MULA, s. f. Cuadrúpedo, la hembra del mulo. || Especie de calzado. || MULA DE PASO, La que está destinada para andar á caminar, á distincion de las de coches ó carros. || DESGUARNECER LAS MULAS, Quitarles los aderezos que comunmente se llaman guarniciones.

MULADAR, s. m. Sitio donde se echa el estiércol ó basura que sale de las casas. Algunos le llaman MURADAL. || met. Todo aquello que ensucia ó inficiona.

MULAR, adj. Que toca ó pertenece á mulo ó mula.

MULATERO, s. m. El mozo que cuida de las mulas ó acémilas.

MULATO, TA, s. y adj. Persona que ha nacido de negra y blanco, ó al contrario. || Lo que es de color moreno. || Por extension todo aquello que es moreno en su linea.

MULATO, TA, s. m. y f. ant. V. MULETO Y MULETA.

MULERO, s. m. Entre labradores mozo que cuida de las mulas.

MULERO, RA, adj. masc. Se aplica al caballo que es aficionado á mulas y se enciende demasiado con ellas

MULETA, s. f. La mula nueva ó cerril. || Palo con un atravesaño por encima, el cual sirve para afirmarse y apoyarse el que tiene dificultad de andar. || met. Cosa que ayuda en parte á mantener otra. || Porcion pequeña de alimento que se suele tomar ántes de la comida regular. || TENER UNA COSA MULETAS, met. y fam. Se dice de las cosas que son muy sabidas por antiguas y viejas.

MULETADA, s. f. Conjunto ó agregado de muletas ó muletos que tiene alguno para comerciar.

MULETO, s. m. Mulo pequeño ó cerril.

* **MULILLA**, s. f. d. de MULA, 2a A.

MULLA, s. f. Entre los labradores obra de mullir las viñas.

MULLIDO, p. p. de MULLIR.

MULLIDOR, RA, s. m. y f. El que mulle. || V. MUÑIDOR.

MULLIR, v. a. Ahuecar y esponjar alguna cosa para que esté blanda y suave. || V. MUÑIR. || Entre los labradores es cavar al rededor las cepas, ahuecando la tierra para que reciban el temporal. || met. Tratar y disponer las cosas industriosamente para conseguir algun intento. || HABER QUIEN SE LAS MULLA, Da á entender á algun sugeto que hay otro que le conozca sus ideas ó intentos, y tiene habilidad para rechazarlos.

MULO, s. m. Cuadrúpedo de unos cuatro pies de altura, producto del asno y de la yegua, ó del caballo y de la asna.

MULTA, s. f. Pena pecuniaria que se impone por alguna falta, exceso ó delito.

MULTADO, p. p. de MULTAR.

MULTAR, v. a. Cargar é imponer á uno alguna pena pecuniaria por algun exceso ó delito que ha cometido.

MULTIFORME, adj. Que tiene muchas ó varias figuras ó formas.

MULTILÁTERO, RA, adj. Se aplica en la geometría á las figuras que constan de mas de cuatro lados.

* **MULTINOMIO**, s. m. *Alg.* Cantidad compuesta de muchos términos.

MULTIPLICABLE, adj. Que se puede multiplicar.

MULTIPLICACION, s. f. Aumento ó acrecentamiento de los individuos de alguna especie. || *Arit.* Regla que enseña á multiplicar un número por otro y la egecucion de ella.

MULTIPLICADO, p. p. de MULTIPLICAR.

MULTIPLICADOR, RA, s. m. y f. El que multiplica ó aumenta en número las cosas. ‖ Número por quien se ha de multiplicar alguna cantidad.

MULTIPLICANDO, s. m. La cantidad multiplicada por el multiplicador.

MULTIPLICAR, v. a. y n. Aumentar en número considerablemente los individuos de alguna especie. ‖ *Arit.* Buscar un tercer número que contenga al que se toma por cantidad tantas veces cuantas el otro que ha de servir de multiplicador contiene la unidad.

MULTIPLICE, adj. Se aplica en la geometría y arimética á cualquier todo que incluye varias veces la parte alícuota que le mide.

MULTIPLICIDAD, s. f. Muchedumbre ó abundancia excesiva en número de algunas especies ó individuos.

MULTIPLICO, s. m. Efecto de multiplicar ó acrecentarse alguna cosa.

MULTITUD, s. f. Número grande y excesivo de algunas cosas.

* MULTIVALVAS, s. f. pl. *Hist. nat.* Dícese de un género de conchas de muchas almejas.

MUNDANAL, adj. ant. V. MUNDANO.

MUNDANALIDAD, s. f. ant. Propiedad del mundo ó de las cosas mundanas. ‖ La calidad del mundano.

MUNDANO, NA, adj. Que es del mundo ó que pertenece á él. ‖ Se dice del sugeto que atiende demasiadamente y se emplea en las cosas del mundo.

MUNDIAL, adj. ant. V. MUNDANO.

MUNDIFICADO, p. p. de MUNDIFICAR.

MUNDIFICANTE, p. a. de MUNDIFICAR, Que mundifica.

MUNDIFICAR, v. a. Limpiar, purgar y purificar alguna cosa.

MUNDIFICATIVO, VA, adj. Que tiene virtud ó facultad de limpiar ó purgar.

MUNDILLO, s. m. Género de enjugador. ‖ Cierto género de almohadilla larga y redonda, que sirve á las mugeres para hacer encajes.

MUNDINOVI ó MUNDINUEVO, s. m. Arca en forma de escaparate que traen acuestas los Saboyardos, en cual hacen ver cosas curiosas.

MUNDO, s. m. Agregado y conjunto de todas las criaturas racionales é irracionales, sensibles é insensibles, que componen el universo. ‖ Privativamente, ESFERA TERRESTRE. ‖ Bola con una cruz encima, que suelen poner en las efigies del niño Jesus ó á los pies del Salvador y de la Virgen. ‖ fam. Multitud y copia grande de alguna cosa. ‖ En sentido moral, modo de vida, tratos y comercios de los hombres. ‖ En lo ascético y moral propension á vivir siguiendo las diversiones, gustos y vanidades que apetecen los hombres. ‖ *Germ.* El rostro. ‖ ANDAR Ó ESTAR EL MUNDO AL REVES, Estar las cosas trocadas de como deben ser. ‖ DAR EL MUNDO UN ESTALLIDO, Significa que las cosas estan tan desconcertadas, que parece que está para acabarse el mundo. ‖ DESDE QUE EL MUNDO ES MUNDO, Pondera y explica la antigüedad de alguna cosa ó la continuacion en la egecucion de ella. ‖ DESTERRAR DEL MUNDO, Explica que una persona ó cosa es tan mala que no debe ser admitida en parte alguna. ‖ ECHAR AL MUNDO, Criar Dios á alguno en el mundo. ‖ ECHAR DEL MUNDO Á ALGUNO, Separarle del trato y comunicacion de las gentes. ‖ ECHARSE AL MUNDO, Seguir las malas costumbres y placeres. ‖ EL NUEVO MUNDO, Parte de la tierra en que estan las dos Américas, descubiertas á fines del siglo XV. ‖ EL OTRO MUNDO, La otra vida que esperamos despues de esta. ‖ ESTE MUNDO Y EL OTRO, fam. Pondera la abundancia grande y copia de dinero, riquezas ú otra cosa semejante. ‖ IRSE POR EL MUNDO ADELANTE, Ó POR ESOS MUNDOS, Denota el despecho ó sentimiento por alguna cosa que obliga á retirarse ó ausentarse inconsideradamente. ‖ MORIR AL MUNDO, Apartarse de él enteramente renunciando á sus bienes y placeres. ‖ NO CABER EN ESTE MUNDO, met. Ser muy soberbio, arrogante y vano. ‖ NO SER DE ESTE MUNDO, Explica que alguno está totalmente abstraido de las cosas terrenas. ‖ RODAR MUNDO, Caminar muchas tierras sin hacer mansion en ninguna ó sin determinado motivo. ‖ SALIR DE ESTE MUNDO Ó SALIR DE LA VIDA, Morir. ‖ TENER MUNDO Ó TENER MUCHO MUNDO, fam. Saber por experiencia lo bastante para no dejarse llevar de exterioridades ó de las primeras impresiones y para conducirse en el trato humano. ‖ TODO EL MUNDO ES UNO Ó TODO EL MUNDO ES PAIS, Se usa para disculpar el vicio ó defecto que se pone á algun determinado lugar, no siendo particular en él, sino comun en todas partes. ‖ VER MUNDO, Viajar por varias tierras y paises.

MUNICION, s. f. Los pertrechos y bastimentos necesarios para la manutencion de un egército, plaza, etc. ‖ La carga que se echa en el arcabuz y demas bocas de fuego. ‖ SER DE MUNICION ALGUNA COSA, fam. Explica que alguna obra se ha hecho de priesa, y por eso mal.

MUNICIONADO, p. p. de MUNICIONAR.

MUNICIONAR, v. a. Proveer y abastecer de municiones.

*MUNICIONERO, s. m. Proveedor.

MUNICIPAL, adj. Que toca ó pertenece al municipio.

MUNÍCIPE, s. m. El ciudadano del municipio, donde naturalmente nació ó se entiende nacido por derecho.

MUNICIPIO, s. m. Ciudad principal que se gobierna por sus propias leyes.

MUNIFICENCIA, s. f. Generosidad.

MUNÍFICO, CA, adj. Que egerce la liberalidad con manificencia.

MUNITORIA, s. f. Arte que enseña á fortalecer una plaza.

MUÑECA, s. f. Juntura de la mano con el brazo. || Envoltorio de trapo con algun ingrediente ó medicina que se mete en los cocimientos para que les dé virtud. || Figurilla de muger que sirve de entretenimiento y juguete á las niñas. || La que sirve de diseño para los trages. || MENEAR LAS MUÑECAS, met. Trabajar mucho y con viveza en alguna obra.

MUÑECO, s. m. La figura pequeña de hombre hecha de pasta, madera, etc. || El hombre afeminado, afeitado y compuesto como muger, ó el que es pequeño, atado y sin expedicion.

MUÑEQUEAR, v. a. Esg. Jugar las muñecas, meneando la mano á una parte y á otra.

MUÑEQUERA, s. f. ant. V. MANILLA, PULSERA.

MUÑEQUERÍA, s. f. Exceso ó demasía en los adornos, trages y vestidos afeminados.

MUÑIDO, p. p. de MUÑIR.

MUÑIDOR, s. m. Criado de las cofradías que sirve para avisar á los hermanos las fiestas, entierros y otros egercicios á que deben concurrir.

MUÑIR, v. a. Llamar ó convocar á las juntas ó á otra cosa.

MUÑON, s. El músculo grande del brazo del animal. || Resto de un miembro cortado ó defectuoso. || Cada una de las dos partes cilíndricas que salen á los dos lados del cañon hácia el medio, y le sirven de ege para hacer la puntería.

MUÑONERA, s. f. ant. Concavidad semicircular que tiene cada uno de los tablones de la cureña, y en donde entra el muñon de la pieza de artillería.

MUQUICION, s. f. *Germ.* Comida.

MUQUIDO, p. p. de MUQUIR.

MUQUIR, v. a. *Germ.* Comer.

MUR, s. m. Cuadrúpedo, V. RATON.

*MURADAL, s. m. ant. V. MULADAR.

MURADO, p. p. de MURAR.

MURAGES, s. m. Yerba medicinal muy pequeña, que echa muchos tallos tendidos por la tierra.

MURAL, adj. Que pertenece á muro.

MURALLA, s. f. Fábrica que ciñe y cierra para su defensa alguna plaza.

MURAR, v. a. Cercar y guarnecer con muro.

MURCEGUILLO, s. m. Animal, V. MURCIÉLAGO.

MURCEO, s. m. *Germ.* El tocino.

MURCIADO, p. p. de MURCIAR.

MURCIAR, v. a. *Germ.* Hurtar.

MURCIÉGALO, s. m. Animal. V. MURCIÉLAGO.

MURCIÉLAGO, s. m. Animal que se distingue de todos los cuadrúpedos, con los cuales tiene mucha analogía en tener una membrana, con cuyo auxilio vuela, y tetas con que alimenta sus crias.

MURCIGALLERO, s. m. *Germ.* Ladron que hurta á primera noche.

MURCIGLERO, s. m. *Germ.* Ladron que hurta á los que estan durmiendo.

MURCIO, s. m. *Germ.* Ladron.

MURECILLO, s. m. *Anat.* V. MÚSCULO.

MURENA, s. f. Pez, V. MORENA.

MURGA, s. f. V. ALPECHIN.

*MURIÁTICO, CA, adj. *Quim.* Dícese del ácido de sal y de las cosas que le contienen.

*MURIATO, s. m. *Quim.* Nombre genérico de las sales formadas por el ácido muriático y una base.

MÚRICE, s. m. Nombre genérico dado á unos caracoles que casi todos se crian en la mar.

MURMUGEAR, v. a. met. V. MURMURAR ó hablar quedo.

MURMULLO, s. m. El ruido que se hace hablando, especialmente cuando no se percibe lo que se dice.

MURMURACION, s. f. Conversacion secreta en perjuicio de algun ausente, y aquella en que se publican sus faltas.

MURMURADO, p. p. de MURMURAR.

MURMURADOR, RA, s. m. y f. El que murmura.

MURMURANTE, p. a. de MURMURAR, Que murmura.

MURMURAR, v. a. Hacer ó formar ruido la corriente de las aguas por entre la arena y piedras. || Gruñir y hablar entre dientes razones medio formadas, por no suceder una cosa como se deseaba. || Conversar secretamente en perjuicio de algun ausente, censurando sus acciones y acriminando su conducta.

* MURMUREO, s. m. Ruido sordo y confuso con aplausos en una grande concurrencia.

MURMURIO, s. m. El ruido que forma la corriente de las aguas, ó el que hacen las hojas de los árboles movidas del viento. || V. MURMURACION.

MURO, s. m. V. PARED Ó TAPIA. || V. MURALLA. || *Germ.* El broquel.

MURRIA, s. f. Especie de tristeza y cargazon de cabeza, que obliga al hombre á andar cabizbajo y melancólico. || Medicamento sumamente astringente, compuesto de ajos, vinagre y sal.

MURRIO, RIA, adj. Triste, melancólico y descontento.

* MURRION, s. m. ant. V. MORRION.

MURTA, s. f. V. ARRAYAN. || V. MURTON. || *Germ.* Aceituna.

MURTERA, s. f. Terreno poblado de murtas.

MURTILLA, s. f. Arbusto indígeno del reino de Chile en la América setentrional. || Fruto del arbusto del mismo nombre con que hacen en Chile un licor fermentado de gusto muy agradable y muy sano. || Licor fermentado que se hace con el fruto del mismo nombre.

MURTINA, s. f. V. MURTILLA.

MURTON, s. m. Fruta del arrayan ó murta.

MURUCUYA, s. f. *Bot.* V. GRANADILLA Ó PASIONARIA.

MURUECO, s. m. V. MORUECO. || ant. ARIETE por máquina militar.

MUSA, s. f. Cada una de las fabulosas deidades de la antigüedad, que los poetas hacen habitadoras del monte Helicon. || El númen ó ingenio poético. || MUSAS, pl. Las ciencias y artes liberales, señaladamente las humanidades y conocimientos filosóficos. || ENTENDER LA MUSA, met. Conocer la intencion ó malicia de alguno.

MUSADO, p. p. de MUSAR.

* MUSAICO, CA, adj. ant. V. MOSAICO.

MUSAR, v. n. ant. Esperar, aguardar.

MUSARAÑA, s. f. Cuadrúpedo, V. MUSCAÑO. || Se llama por extension cualquiera sabandija, insecto ó animal pequeño. || La figura contrahecha ó fingida de alguna persona. || Especie de nubecilla que se suele poner delante de los ojos. || MIRAR Á LAS MUSARAÑAS, fam. Mirar á otra parte que á la que se debe por estar distraido. || PENSAR EN LAS MUSARAÑAS, met. Nota á alguno que no está ó atiende á lo que hace ó dice.

MUSCARIA, s. f. Ave, V. MOSCARETA.

MUSCICAPA, s. m. Ave, V. MOSCARETA.

MUSCO, s. m. V. ALMIZCLE. || ant. V. ALMIZCLERA. || V. MUSGO.

MUSCO, CA, adj. Pardo, oscuro.

* MUSCOSIDAD, s. f. Especie de moho que se encuentra en los ventrículos de los animales que rumian.

* MUSCULADO, DA, adj. *Pint.* Dícese de la figura en que estan bien señalados los músculos.

MUSCULAR, adj. Que pertenece á los músculos.

MUSCULO, s. m. *Anat.* Parte del cuerpo del animal. || Especie de cetáceo de unos ochenta pies de largo, con el cuerpo casi redondo, la cabeza pequeña, la boca armada de láminas que hacen el oficio de dientes.

MUSCULOSO, SA, adj. Que tiene músculos.

MUSELINA, s. f. Tela de algodon muy fina y delicada, llamada tambien bengala.

MUSEO, s. m. Edificio ó lugar destinado para el estudio de las ciencias, letras humanas y artes liberales. || Lugar en que se guardan varias curiosidades pertenecientes á las ciencias. || V. MONETARIO.

MUSEROLA, s. f. Correa de la brida que aprieta las quijadas del caballo para poderle manejar.

MUSGAÑO, s. m. Cuadrúpedo de diez pulgadas de largo. Tiene los pies muy cortos, el cuerpo cubierto de pelo fino y espeso, de color ceniciento por el lomo y blanco por el vientre.

MUSGO, s. m. Movimiento que hacen las cabalgaduras cuando quieren tirar coces. || Nombre que se da á varias plantas muy pequeñas que crecen por lo comun en lugares húmedos y sombríos. || MUSGO MARINO, V. CORALINA.

MUSICA, s. f. Ciencia físico-matemática que trata de los sones armónicos. || Concierto de instrumentos y voces, ó de uno y otro. || Sonido acorde y modulado de alguna voz ó instrumento. || Compañía de músicos que cantan ó tocan juntos. || Composiciones musicales, y papeles en que estan escritas. || Por antífrasis se llama el ruido disonante. || MÚSICA CORRADA, La que está compuesta para cantar á coros y la que no tiene fugas. || MÚSICA ARMÓNICA, Música de voces.

|| MÚSICA LLANA, V. CANTO LLANO. || MÚSICA MENSURABLE, V. CANTO DE ÓRGANO. || MÚSICA ORGÁNICA, Música de instrumentos de aire. || MÚSICA RATONERA, fam. Música mala ó compuesta de malas voces ó instrumentos. || MÚSICA RÍTMICA, Música de instrumentos de cuerdas. || MÚSICA Y ACOMPAÑAMIENTO, Explica la gente de menor suerte ó calidad en algun concurso, á distincion de la primera ó principal. || CON BUENA MÚSICA SE VIENE, exp. met. y fam. Nota al que pide una impertinencia ó cosa que no le da gusto al que se la piden. || CON LA MÚSICA Á OTRA PARTE, Modo de hablar fam. con que se despide y reprende al que viene con chismes ó cuentos. || DAR MÚSICA Á UN SORDO, Expresa el trabajo que se pone en vano para persuadir á alguno. || NO ENTENDER LA MÚSICA, met. y fam. Hacerse desentendido de lo que no le tiene cuenta oir.

MUSICAL, adj. Que pertenece á la música.

MÚSICO, CA, adj. Que pertenece á la música.

MÚSICO, CA, s. m. y f. El que egerce ó sabe el arte de la música.

MUSIQUILLA, TA, s. f. d. de MÚSICA.

MUSIQUILLO, TO, s. m. d. de MÚSICO.

MUSITAR, v. n. Susurrar ó hablar entre dientes.

MUSLILLO, s. m. d. de MUSLO.

MUSLO, s. m. La parte de la pierna del animal desde el cuadril ó desde la juntura de las caderas hasta la rodilla. || MUSLOS, pl. La cubierta ó vestidura de los muslos, que hoy se llaman CALZONES.

* **MUSMON**, s. m. Hijo de carnero y cabra.

MUSQUEROLA, adj. V. ALMIZCLEÑA, hablando de la pera.

MUSTACO, s. m. ant. Bollo ó torta de harina amasada con mosto, manteca y otras cosas.

MUSTELA, ant. V. COMADREJA.

MUSTELO, s. m. Pez sin escamas, de piel dura y áspera, de unos cinco pies de largo, y de color ceniciento oscuro por el lomo y plateado por el vientre.

MUSTIAMENTE, adv. Tristemente, con melancolía y desmayo.

MUSTIO, TIA, adj. Lánguido, marchito. || met. Melancólico, triste.

MUSULMAN, s. m. Nombre que se da á los mahometanos, y que entre ellos significa verdadero creyente.

MUTA, s. f. Cuadrilla de perros de caza.

MUTABILIDAD, s. f. Calidad de mudable ó de lo que puede mudarse.

MUTABLE, adj. ant. V. MUDABLE.

MUTACION, s. f. V. MUDANZA. || Cada una de las diversas perspectivas que se forman en los teatros. || Destemple de la estacion en determinado tiempo del año, que se padece sensiblemente en algunos paises.

MUTANZA, s. f. ant. V. MUDANZA. || *Mús.* En el antiguo modo de solfear mutacion ó variacion de voz dando á un signo otra distinta de la que le correspondia por el órden seguido de la escala.

MUTILACION, s. f. Corte ó cortadura con separacion de alguna parte del cuerpo.

MUTILADO, p. p. de MUTILAR.

MUTILAR, v. a. Cortar ó cercenar alguna parte del cuerpo. || Cortar ó quitar alguna parte ó porcion de otra cualquier cosa.

MUTUAL, adj. V. MUTUO.

* **MUTUALMENTE**, adv. V. MUTUAMENTE.

MUTUAMENTE, adv. Con recíproca correspondencia.

MUTUO, TUA, adj. Dícese de lo que recíprocamente se hace entre dos ó mas personas ó cosas inmateriales. || for. Contrato en que se da una cantidad de dinero, aceite, granos ú otra cosa semejante, con la obligacion de volver otra tanta sin interes alguno.

MUY, adv. Que siempre se junta con algun nombre positivo, adverbio ó modo adverbial, y les da fuerza de sumo grado ó superlativo. || En el estilo político significa ménos que el superlativo; y así el tratamiento de MUY ilustre es menor que el de ilustrísimo. || Muchas veces vale MUCHO ó en grande manera. || Usado con negacion pierde la fuerza de superlativo, equivale á poco, ó da á entender que se acerca al extremo contrario.

MUYER, s. f. ant. V. MUGER.

MUZÁRABE, adj. V. MOZÁRABE.

met. Con dificultad y gran trabajo. || ECHARSE Á NADO, met. Aventurarse, arriesgarse á una empresa.

NADO, p. irreg. ant. de NACER.

NAFA, s. f. *Murc.* V. NEFA. || *Murc.* El agua de azahar.

NAFTA, s. f. Betun líquido de color ceniciento diáfano, muy ligero y muy untuoso, que se encuentra sobrenadando en el agua en varias partes del antiguo y nuevo continente.

NAGUAS, s. f. pl. V. ENAGUAS.

NAGUELA, s. f. ant. Casa pajiza ó pobre.

NAIFE, s. f. Diamante bruto y sin labrar.

NAIPE, s. m. Carton cortado en que se pintan con diversos colores algunas figuras en número determinado, para jugar á varios juegos.||NAIPES DE MAYOR, Entre fulleros, se llaman asi cuando de propósito se ponen desiguales los unos con los otros. || NAIPES DE TERCIO, Entre fulleros, los que en la tercera parte de la baraja estan desiguales de propósito. || ACUDIR EL NAIPE Á ALGUNO, V. ACUDIR EL JUEGO Á ALGUNO.||CORTAR EL NAIPE, Dividir la baraja en dos partes para dar las cartas. || DAR BIEN Ó MAL EL NAIPE, Tener favorable ó contraria la suerte. || DAR EL NAIPE, Tener buena suerte en el juego.|| DAR EL NAIPE Á ALGUNO PARA ALGUNA COSA, Tener habilidad ó destreza para hacerla. || ESTAR COMO UN NAIPE, Estar muy flaco y seco; y tambien se dice de las cosas que estan muy blandas ó flojas por haberlas manoseado mucho. || FLOREAR EL NAIPE, Disponer la baraja para hacer fullerías. || TENER BUEN O MAL NAIPE, Tener buena ó mala suerte al juego.

NAIRE, s. m. El que cuida los elefantes y los adiestra ó trata.

NALGA, s. f. Porcion carnosa y redonda de la parte posterior del hombre encima del muslo.

NALGADA, s. f. La carne del anca del puerco, que llaman tambien PERNIL. ||Golpe dado con la nalga.

NALGATORIO, s. m. fam. La parte posterior del hombre sobre los muslos, compuesta de ambas nalgas.

NALGUDO, DA, adj. Que tiene gruesas nalgas.

NALGUEAR, v. n. Mover las nalgas al andar desproporcionadamente.

NALGUICA, LLA, TA, s. f. d. de NALGA.

NALGUILLA, En los cubos de los carruages la parte que media entre el rasgo y la culata.

* NAMORE, s. m. Especie de árbol de América.

NANA, s. f. ant. Muger casada, madre.

NANO, NA, s. m. y f. ant. V. ENANO.

NANSA, s. f. Estanque pequeño para tener peces.

NANTADO, p. p. de NANTAR.

NANTAR, v. a. ant. Aumentar ó acrecentar.

NAO, s. f. V. NAVE.

NAOCHERO, s. m. ant. NAUCLERO, piloto ó patron de la nave.

NAPA, s. f. *Germ.* La nalga.

NAPEA, s. f. Cualquiera de las ninfas que los gentiles fingiéron que presidian en los bosques.

NAPELO, s. m. Planta muy comun en varias partes de España, cuya raiz de hechura de un huso, es venenosa.

NAPOLITANA, s. f. En el juego de naipes que llaman de los tres sietes, el conjunto de as, dos y tres de un mismo palo.

NAPOLITANO, NA, adj. De Napoles.

NAQUE, s. m. Compañía antigua de cómicos compuesta de dos hombres.

* NAQUERACUZA, s. m. Especie de baile muy alegre y su tañido.

NARANJA, s. f. El fruto del naranjo. ||Bala de artillería del tamaño de una naranja comun.||NARANJA AGRIA, Variedad de la naranja, cuyo gusto es agrio || NARANJA CAGEL, V. NARANJA ZAJARI.||NARANJA CHINA, Variedad de la naranja, la que mas se aprecia. || NARANJA DULCE, Variedad de la naranja, que se diferencia en ser casi encarnada ||NARANJA ZAJARI, Variedad de la naranja producida del ingerto del naranjo dulce sobre el agrio. || MEDIA NARANJA, V. CÚPULA.

NARANJADA, s. f. Conserva y bebida hecha de naranjas. || Agua de naranja.

NARANJADO, DA, adj. De color de naranja.

NARANJAL, s. m. Sitio plantado de naranjos.

NARANJAZO s. m. Golpe dado con alguna naranja tirada ó arrojada.

NARANJERO, RA, adj. Se aplica á los cañones de artillería que calzan la bala del calibre de las que llaman naranjas. || adj. Dícese de ciertos trabucos que tienen la boca en figura de trompeta, del tamaño de una naranja pequeña.

NARANJERO, RA, s. m. y f. El que

vende naranjas. || El árbol que las produce.

NARANJICA, LLA, TA, s. f. d. de NARANJA. Frecuentemente se toma por las verdes y pequeñitas de que se suele hacer conserva.

NARANJICO, LLO, TO, s. m. d. de NARANJO.

NARANJO, s. m. Árbol indígeno del Asia cuyas flores, conocidas con el nombre de azahar, son pequeñas, blancas y olorosas; y su fruto, que llamamos naranja, es sano y comestible. || met. fam. Hombre rudo ó ignorante.

NARBONENSE, adj. Perteneciente á la ciudad y provincia de Narbona.

NARBONÉS, SA, adj. De Narbona.

* NARCISITA, s. f. Piedra que figura la flor del narciso con su color y transparencia.

NARCISO, s. m. Planta de cebolla, que nace de suyo en varias partes de España, y que por la hermosura de sus flores se cultiva en los jardines. || La flor de la planta de este nombre es blanca y muy olorosa. || El que cuida demasiadamente de su adorno y compostura, ó se precia de galan y hermoso.

NARCÓTICO, CA, adj. y s. *Med.* Que tiene virtud de adormecer ó entorpecer.

NARDINO, adj. Compuesto con nardo, ó que participa de su calidad y virtudes.

NARDO, s. m. Planta de cebolla, indígena de la India, é introducida en nuestros jardines. || La confeccion aromática hecha de las hojas del NARDO y sus espigas.

NARES, s. f. pl. *Germ.* Las narices.

NARICICA, LLA, TA, s. f. d. de NARIZ.

* NARICÍSIMO, MA, adj. fam. Que tiene una grande nariz.

* NARIGAL, s. m. fam. Nariz.

* NARIGANTE, adj. m. y f. fam. Que tiene una grande nariz natural ó postiza.

NARIGON, s. m. aum. de NARIZ.

NARIGON, NA, adj. Que tiene grandes narices.

NARIGUDO, NA, adj. Que tiene largas narices. || Que tiene forma ó figura de nariz.

* NARIGUETA, s. f. d. de NARIZ.

NARIGUILLA, s. f. d. de NARIZ.

NARIZ, s. f. Miembro del rostro del animal y sobresaliente en él, especialmente en los hombres. || El sentido del olfato. || Cada una de las ventanas ó cañones de que consta este miembro. || El hierro en figura de nariz donde encaja el picaporte ó el pestillo de las puertas ó ventanas. || La extremidad aguda ó en punta que se forma en algunas obras para cortar el aire ó el agua. || El cañon de la alquitara y de otros instrumentos. || NARICES REMACHADAS, Las que estan llanas ó chatas. || HABLAR POR LAS NARICES, Ganguear ó hablar de modo que parece que la voz sale de las narices. || HACERSE LAS NARICES, Da á entender irónicamente que alguno recibió algun golpe grande en las narices de suerte que se las deshizo. || HACERSE LAS NARICES, met. Suceder alguna cosa en contra ó en perjuicio de lo que se pretende. || DAR Á ALGUNO EN LA NARIZ ALGUNA COSA, Percibir el olor de alguna cosa. || DAR EN LA NARIZ, met. Discurrir ó presumir lo que otro intenta egecutar. || DEJAR Á ALGUNO CON TANTAS NARICES Ó CON UN PALMO DE NARICES, met. Explica que alguno burló á otro, estorbándole ó negándole lo que tenia creido que habia de conseguir. || EN DERECHO DE LAS NARICES Ó DE SUS NARICES, Nota al que solo examina ó juzga las cosas por su utilidad y conveniencia, ó obra segun su capricho. || HINCHARSE LAS NARICES, met. Enojarse ó enfadarse con demasía. || HINCHARSE LAS NARICES, met. Se dice hablando del mar y de los rios cuando estos crecen mucho, y del mar cuando se altera. || HOMBRE DE BUENA NARIZ, met. El que tiene sagacidad y prevee las cosas de léjos. || TENER Á ALGUNO AGARRADO POR LAS NARICES, met. y fam. Dominarle, tenerle subordinado ó sujeto á su voluntad. || TENER LARGAS NARICES, Ó NARICES DE PERRO PERDIGUERO, Tener viveza en el olfato. || met. Antever ó presentir. || TORCER LAS NARICES, met. Repugnar ó no admitir alguna cosa que se dice.

* NARIZUDO, DA, adj. Que tiene una nariz muy grande.

NARRACION, s. f. Relacion de alguna cosa. || *Ret.* La declaracion ó exposicion de algun hecho con todas sus circunstancias.

NARRADO, p. p. de NARRAR.

* NARRADOR, s. m. El que narra ó relata.

NARRAR, v. a. Contar ó referir algun hecho.

NARRATIVA, s. f. V. NARRACION. || La habilidad ó destreza en referir ó contar las cosas.

NARRATIVO, VA, ó NARRATORIO, RIA, adj. Que pertenece á la narracion ó la incluye.

los fieles que estan en el tablero de la ballesta.

NAVAJADA, s. f. El golpe que se da con la navaja y herida que resulta.

NAVAJAZO, s. m. V. NAVAJADA.

NAVAJERO, s. m. El estruche ó bolsa en que se traen las navajas, especialmente las de los barberos. || El paño en que limpia las navajas el que afeita.

NAVAJICA, LLA, TA ó NAVAJUELA, s. f. d. de NAVAJA.

NAVAJO, s. m. V. NAVAZO.

NAVAJON, s. m. aum. de NAVAJA.

NAVAJONAZO, s. m. Corte ó herida hecha con navajon.

NAVAL, adj. Que pertenece á las naves y á la navegacion.

NAVARRO, RA, adj. De Navarra.

NAVARRO, s. m. *Germ*. El ansaron.

NAVAZERO, RA, s. m. y f. El que forma y cultiva los navazos.

NAVAZO, s. m. En San Lúcar de Barrameda se da este nombre á los huertos que se forman sobre los arenales inmediatos á las playas.

NAVE, s. f. Embarcacion de cubierta con velas sin remos. || En los edificios es un cañon seguido de bóveda. || IRSE LA NAVE Á PIQUE, Sumergirse.

NAVECICA, LLA, TA, s. f. d. de NAVE.

NAVECILLA, s. f. NAVETA para el incienso.

NAVEGABLE, adj. Se aplica á lo que se puede navegar.

NAVEGACION, s. f. Accion de navegar ó el viage que se hace con la nave. || Tiempo que dura el navegar ó el viage que se hace por agua. || NÁUTICA ó el arte de navegar.

NAVEGADO, p. p. de NAVEGAR.

NAVEGADOR, s. m. V. NAVEGANTE.

NAVEGANTE, p. a. y s. de NAVEGAR, El que navega.

NAVEGAR, v. n. y a. Hacer viage por el agua con embarcacion ó nave. || met. Andar de una parte á otra tratando y comerciando. || met. TRANSITAR ó traginar de una parte á otra.

NAVEGAR, v. a. Conducir las mercaderías por mar de unas partes á otras para su comercio.

NAVETA, s. f. Cajita que en figura regularmente de una navecilla sirve para ministrar el incienso en la iglesia. || V. GAVETA. || d. ant. de NAVE.

NAVICHUELO, s. m. d. de NAVÍO.

NAVICULAR, adj. y s. Se aplica al hueso del pié situado delante del astrágalo en la parte interna media.

NAVIDAD, s. f. V. NACIMIENTO ó NATIVIDAD. || El dia en que se celebra el nacimiento de Jesucristo. || El tiempo inmediato al dia del nacimiento de Jesucristo. || AÑO, y se usa frecuentemente en plural. || NAVIDADES, pl. V. NAVIDAD, 3ª A.

NAVIDEÑO, ÑA, adj. Propio ó perteneciente al tiempo de navidad.

NAVIERO, s. m. Dueño de navío ó de otra embarcacion capaz de navegar en alta mar.

NAVIGACION, s. f. ant. V. NAVEGACION.

NAVIGADO, p. p. ant. de NAVIGAR.

NAVIGAR, v. a. ant. V. NAVEGAR.

NAVÍO, s. m. Bajel de guerra, de tres palos y vela cuadrada con tres cubiertas ó puentes, y en ellas otras tantas baterías de cañones. || Úsase genéricamente por lo mismo que NAVE ó NAO. || *Germ*. El cuerpo. || NAVÍO DE ALTO BORDO, El que tiene altos los bordos ó costados para aumentar la fuerza y navegar en alta mar. || NAVÍO DE AVISO, AVISO por la embarcacion destinada, etc. || NAVÍO DE CARGA, V. NAVÍO DE TRASPORTE. || NAVÍO DE GUERRA, El que está destinado para atacar y combatir. || NAVÍO DE LÍNEA, El que por su fortaleza y armamento puede combatir en batalla ordenada ó en formaciones de escuadras con otros navíos. || NAVÍO DE MEDIA GABARRA, El que no tiene gavia y es muy alto de rasel. || NAVÍO DE TRASPORTE, El que solo sirve para conducir mercaderías, tropas, municiones ó víveres. || NAVÍO DE TRES PUENTES, El que tiene tres cubiertas ó puentes, y por consiguiente tres baterías corridas una encima de otra. || NAVÍO MERCANTE ó MERCANTIL, El que sirve para conducir mercaderías. || NAVÍO PARTICULAR, V. NAVÍO MERCANTE. || ARMAR NAVÍO Ó BAJEL, Aprestarle de lo necesario para navegar. || MONTAR UN NAVÍO, Lo mismo que mandarle.

NAYADE, s. f. La ninfa que fingiéron los gentiles que presidia á los rios y fuentes.

NAZARENO, NA, adj. De Nazaret. || El que entre los Hebreos se consagraba particularmente al culto de Dios.

NAZARENO, s. m. En algunas partes el que va en las procesiones de semana santa vestido con túnica morada. || CUANDO VENGAN LOS NAZARENOS, fam. Da á entender la imposibilidad de que suceda alguna cosa.

NAZAREO, V. NAZARENO, 2ª A.

NAZORA, s. f. ant. V. NAZA.

NÁZULA, s. f. V. REQUESON.

NE

NE, conj. ant. V. NI.

NEAPOLITANO, NA, adj. ant. V. NAPOLITANO.

NÉBEDA. s. f. Planta, V. NEVADA.

NEBLÍ, s. m. Ave indígena de España que se empleaba ántes en la caza de cetrería.

NEBLINA, s. f. Niebla espesa y baja.

NEBRINA, s. f. El fruto del enebro.

NEBRO. s. m. ant. V. ENEBRO.

*NEBULOSA, adj. *Blas.* Dícese de las piezas en forma de nubes.

NEBULOSO, SA, adj. Que abunda de nieblas ó está cubierto de ellas. || V. NEBULOSA. || *Astron.* Se aplica á algunas de las estrellas fijas cuya luz es muy ténue y escasa.

NECEAR, v. n. Decir necedades ó porfiar neciamente en alguna cosa.

NECEDAD, s. f. Ignorancia total de las cosas en quien debia ó podia saberlas. || El dicho ó hecho importuno, y fuera de razon. || Imprudencia, terquedad ó porfía.

NECESARIA, s. f. V. LETRINA.

NECESARIAMENTE, adv. Con necesidad ó precision.

NECESARIO, RIA, adj. Que precisa ó necesariamente ha de suceder ó ser. || *Filos.* Que se hace y egecuta obligado de otra cosa como opuesto á lo voluntario y espontaneo. || Que es menester y se necesita para alguna operacion ó consecucion de algun fin. || for. ant. Se aplicaba al heredero instituido cuando era siervo del testador.

NECESARÍSIMO, MA, adj. sup. de NECESARIO.

NECESIDAD, s. f. La fuerza natural de las cosas, que las precisa y obliga á obrar determinada é inevitablemente. || La obligacion á que no se puede ó debe faltar. || La falta que hace alguna cosa para egecutar ó conseguir lo que se desea. || Falta de las cosas que son menester para la conservacion de la vida. || La falta continuada de alimento que hace desfallecer. || El especial riesgo ó peligro que se padece, y en que se necesita de pronto auxilio. || Cualquiera de las evacuaciones corporales. || NECESIDAD DE MEDIO, *Teol.* La precision absoluta de una cosa, sin la cual no se puede conseguir la salvacion. || NECESIDAD DE PRECEPTO, La obligacion que en virtud de él se induce respecto de alguna cosa conducente á la salvacion. || NECESIDAD EXTREMA, El estado en que ciertamente perderá alguno la vida si no se le socorre ó sale de él. || NECESIDAD GRAVE, El estado en que está expuesto alguno á peligro de perder la vida temporal ó eterna. || HABLAR SIN NECESIDAD, Nota á alguno el que habla fuera de propósito ó excediéndose de los términos debidos. || HACER DE LA NECESIDAD VIRTUD, Egecutar de buena gana lo que por precision se habia de hacer, ó tolerar con ánimo constante y conforme lo que no se puede evitar. || LA NECESIDAD CARECE DE LEY, Explica que el que padece urgente necesidad se juzga dispensado de las leyes ú obligaciones comunes. || LA NECESIDAD TIENE CARA DE HEREJE, Se usa para denotar que generalmente se huye del necesitado.

NECESITADÍSIMO, MA, adj. sup. de NECESITADO.

NECESITADO, p. p. de NECESITAR.

NECESITAR, v. a. Obligar y precisar á egecutar alguna cosa.

NECESITAR, v. n. Haber menester ó tener precision ó necesidad de alguna cosa.

*NECIAMENTE, adv. Ignorante ó imprudentemente.

NECIO, CIA, adj. Ignorante, y que no sabe lo que podia y debia saber. || Imprudente ó falto de razon, terco y porfiado. || Egecutado ó dicho con necedad ó ignorancia imprudente. || MAS VALE SER NECIO QUE PORFIADO, Proloquio con que se da á entender que entre dos propiedades malas se debe evitar primero la que fuere mas notable.

NECÍSIMO, MA, adj. sup. de NECIO.

NECROLOGIA, s. f. Lista ó noticia de muertos.

NECROLÓGICO, CA, adj. Que incluye nómina de muertos.

*NECROLOGIO, s. m. Registro mortuario de los obispos.

NECROMANCIA, s. f. ant. V. NIGROMANCIA.

NECTAR, s. m. *Mit.* Licor suavísimo que se fingia destinado para el uso y regalo de las deidades del gentilismo. || Por analogía se llama cualquier licor deliciosamente suave y gustoso.

NECUACUAM, adv. lat. De ningun modo ó manera.

NEFA, s. f. ant. V. NAFA. || Agua de azahar.

NEFANDAMENTE, adv. Torpemen-

liana, y significa el pariente que declara el sumo pontífice con este título.

NEREIDA, s. f. Ninfa fabulosa que la antigüedad fingió que presidia y vivia en el mar, pintándola medio pez.

NERVEZUELO, s. m. d. de NERVIO.

NERVIAR, v. a. ant. Trabar con nervios.

NERVINO, adj. Dícese del ungüento hecho de aceites y enjundias penetrantes y confortativas.

NERVIO, s. m. Parte orgánica del cuerpo del animal, compuesta de fibras blancas, fuertes y tan unidas que parecen una sola. || met. La fortaleza ó parte mas firme ó poderosa de cualquiera cosa. || La eficacia ó vigor de la razon. || Las cuerdas de los instrumentos músicos. || El hilito que corre á lo largo de las hojas de las plantas por su envés. || ant. Género de prision que usaban los antiguos. || NERVIO ÓPTICO, Cualquiera de aquellos que hay en los ojos, por donde la vista recibe las especies.

NERVIOSIDAD, s. f. V. NERVOSIDAD.

NERVIOSO, SA, adj. V. NERVOSO. || Aplícase á las hojas de las plantas que tienen unas rayas que corren de arriba abajo sin dividirse en otros ramillos. || met. Aplícase al discurso, expresion, palabra, etc., que contiene razones muy fuertes y convincentes.

NERVOSAMENTE, adv. Con vigor, eficacia y actividad.

NERVOSIDAD, s. f. La fuerza y actividad de los nervios. || met. Fuerza y eficacia de las razones ó argumentos. || Flexibilidad y consistencia que ceden sin romperse. Aplícase á algunos metales.

NERVOSO, SA, adj. Que tiene nervios. || Que tiene la propiedad de los nervios, y es fuerte y robusto como ellos, en lo físico ó en lo moral.

NERVUDO, DA, adj. Que tiene fuertes y robustos nervios.

NESCIENCIA, s. f. Ignorancia, necedad, falta de ciencia ó conocimiento.

NESCIENTE, adj. Que no sabe.

NESCIENTEMENTE, adv. ant. V. IGNORANTEMENTE.

NESCIO, CIA, adj. ant. V. NECIO.

NESGA, s. f. Tira cortada en figura triangular, la cual se añade á las ropas ó vestidos para darles vuelo ó el ancho que necesitan. || Pieza de cualquiera cosa cortada ó formada en figura triangular y unida con otras.

NÉSPERA, s. f. V. NÍSPERO, fruta.

NETEZUELO, LA, s. m. y f. d. de NIETO.

NETO, TA, adj. Limpio y puro. || Que resulta líquido en la suma, precio ó valor de una cosa despues de deducir los gastos, ó de haber comparado la data con el cargo. || EN NETO, EN LIMPIO, Líquidamente.

NETO, s. m. Pedestal de la columna desnudo de las molduras alta y baja.

NEUMA, s. amb. *Ret.* Figura con que mas por señas exteriores que por voces se expresa la interior voluntad.

NEUMÁTICO, CA, adj. Que pertenece al aire ó viento.

NEURISMA, s. f. V. ANEURISMA.

NEUTRAL, adj. Que está indiferente, y no se termina mas á una cosa que á otra.

NEUTRALIDAD, s. f. Indiferencia ó inderminacion á uno de los extremos.

NEUTRO, TRA, adj. *Gram.* Se aplica al género de aquellos nombres que ni son masculinos ni femeninos. || Se aplica tambien á los verbos que ni son activos ni pasivos. || V. NEUTRAL.

NEVADA, s. f. La copia de nieve que ha caido de una vez. || Planta que crece en varios sitios pedregosos de España de medio pié de alto, y con los tallos candados y cubiertos de pelo áspero.

NEVADILLA, s. f. Planta muy comun en sitios áridos de España, que se usa para dulcificar la sangre.

NEVADO, p p. de NEVAR. || NEVADO, DA, adj. Blanco como la nieve.

NEVAR, v. n. Caer nieve sobre la tierra.

NEVAR, v. a. met. Poner de color de nieve.

NEVASCA, s. f. V. NEVADA, ó el temporal de mucha nieve.

NEVATILLA, s. f. Ave, V. AGUZANIEVE.

NEVAZO, s. m. V. NEVADA.

NEVERA, s. f. Sitio en que se guarda ó conserva la nieve. || met. Habitacion demasiadamente fria.

NEVERETA, s. f. Ave, V. AGUZANIEVE.

NEVERÍA, s. f. Tienda donde se vende la nieve.

NEVERO, RA, s. m. y f. El que vende la nieve.

NEVISCA, s. f. V. NEVASCA.

NEVOSO, SA, adj. Que frecuentemente tiene nieve. Dícese tambien del temporal que está dispuesto para nevar.

NEXO, s. m. Nudo, union ó vínculo de una cosa con otra. || *Germ.* No.

NI

NI, part. Con que se niegan los extremos. || conj. Con que se niega absolutamente alguna cosa.

NIARA, s. f. Pajar en el campo, en cuyo interior se suele conservar el grano.

NICEROBINO, adj. Se aplica á un ungüento muy precioso y oloroso, de que usaban mucho los antiguos para ungirse.

NICHO, s. m. Concavidad formada artificialmente en la fábrica para colocar en ella alguna estatua. || Concavidad para colocar alguna cosa, como en los cementerios ó bóvedas un cadáver. || Empleo en que se juzga debe ser colocado alguno por su mérito.

NICLE, s. m. Variedad de la calcedonia, V. PRASMA.

NICOCIANA, s. m. Planta cuyas hojas preparadas se conocen con el nombre de tabaco.

NICOMEDIENSE, adj. Nicomedia.

*__NICTÁLOPE__, s. m. El que por enfermedad ve mejor de noche que de dia.

*__NICTALOPIA__, s. f. Vicio de la vista en los nictálopes.

NIDADA, s. f. Conjunto de los huevos puestos en el nido, ó de los pajarillos mientras estan en él.

NIDAL, s. m. Lugar señalado donde la gallina ú otra ave va á poner sus huevos. || Huevo que se deja en algun parage señalado para que la gallina ponga. || met. El principio, fundamento ó motivo de que suceda ó prosiga alguna cosa. || Parage donde alguno acude con frecuencia y le sirve de acogida; ó en donde reserva y guarda alguna cosa.

NIDIFICAR, v. n. Hacer nidos las aves.

NIDICO, LLO, TO, s. m. d. de NIDO.

NIDO, s. m. Aquella como casita que artificiosamente forman las aves de yerbecillas ó pajas secas, etc., para poner sus huevos y criar los pollos. || Cavidad, *agujero* ú otro estrecho en que se recogen y juntan algunos animalillos ó insectos. || V. NIDAL. || met. La casa, patria ó habitacion de cada uno || El lugar donde se juntan gentes de mala conducta, y se acaban de pervertir unos con otros.

*__NIDUSAVIS__, s. m. Planta que crece al pié de los pinos.

NIEBLA, s. f. Vapor grueso que se extiende sobre la superficie de la tierra, por no poder subir por su pesadez á la media region del aire. || Enfermedad de los ojos, que los oscurece y estorba la vista. || *Med.* Aquella porcion crasa de la orina que sube y se deja ver en la parte superior de ella. || Daño que ocasiona en las mieses la niebla. || met. La confusion y oscuridad que no deja percibir ó hacer juicio de las cosas, negocios ó dependencias. || *Germ.* Madrugada.

NIEGO, adj. Se aplica al halcon cogido en el nido ó recien sacado de él.

NIEL, s. m. El relieve que se hace en lo que se trabaja ó labra en la plata, oro ú otros metales.

NIELADO, p. p. de NIELAR.

NIELAR, v. a. Entallar ó trabajar de relieve en la plata ú otro metal.

NIERVECICO, LLO, TO, s. m. d. de NIERVO.

NIERVO, s. m. ant. V. NERVIO.

NIÉSPERA, s. f. Árbol, V. NISPERO.

NIÉSPOLA, s. f. *Ar.* Fruta, V. NISPOLA.

NIETECICO, CA, LLO, LLA, TO, TA, s. m. y f. d. de NIETO.

NIETO, TA, s. m. y f. Término relativo al abuelo, como hijo de su hijo. || El descendiente de una linea en las terceras, cuartas y demas generaciones.

NIETRO, s. m. *Ar.* El número y complemento de diez y seis cántaras de vino.

NIEVE, s. m. Vapor que se hiela y condensa en la atmósfera por el aire frio, y que resolviéndose cae sobre la tierra en copos menudos y esponjosos. || ant. V. NEVADA. || El temporal en que nieva mucho. || met. Suma blancura de cualquiera cosa.

NIGROMANCIA, s. f. Arte abominable de egecutar cosas extrañas y preternaturales por medio de la invocacion del demonio y pacto con él. || La accion egecutada por este arte.

NIGROMANTE, s. m. El que egerce la nigromancia.

NIGROMÁNTICO, CA, adj. Perteneciente á la nigromancia. || V. NIGROMANTE.

NIGUA, s. f. Insecto indígeno de la América, muy parecido á la pulga, y armado de una trompa tan larga como todo él, con la cual se introduce en los pies de los hombres, en donde deposita sus huevos, que avivándose causan agudísimos dolores, y á veces la muerte.

NIMIAMENTE, adv. Con demasía ó exceso.

NIMIEDAD, s. f. Exceso ó demasía. || fam. Poquedad ó cortedad.

NIMIO, MIA, adj. Demasiado, excesivo, prolijo.

NIN, conj. copulat. ant. V. NI.

NINFA, s. f. Fabulosa deidad de las aguas, bosques, selvas, etc. || El insecto, cuando despues que ha vivido en el estado de larva se encierra dentro de una membrana mas ó menos delgada. || Muger moza, y particularmente la que se tiene por dama.

NÍNFEA, s. f. Planta. V. NENÚFAR.

NINFO, s. m. El hombre demasiadamente pulido y afeminado, y que cuida de su gala y compostura con afectacion.

NINGUN, adj. V. NINGUNO. Úsase anteponiéndole á los nombres sustantivos masculinos.

NINGUNO, NA, adj. Con que se niegan absoluta y exclusivamente las cosas y personas. || NULO y sin valor.

NINI NANA, Voces sin significacion de que se vale el que canta sin pronunciar palabras. || Úsase para significar alguna cosa impertinente y frecuentemente repetida, sin conocido intento.

NIÑA, s. f. Abertura pequeña en las túnicas del ojo, redonda ú ovalada, por donde pasan los rayos de la luz. || NIÑAS DE LOS OJOS, met. Lo mas estimado, delicado y digno del mayor cuidado en cualquier línea.

NIÑADA, s. f. Hecho ó dicho impropio de la edad varonil.

NIÑATO, s. m. El becerrillo que se halla en el vientre de la vaca cuando la matan.

NIÑEAR, v. n. Egecutar niñadas, ó portarse como niño.

NIÑERA, s. f. Criada destinada principalmente al cuidado de los niños.

NIÑERÍA, s. f. Accion propia de los niños. || Poquedad ó cortedad de las cosas, que las hace poco estimables de los hombres. || El hecho ó dicho de poca entidad ó sustancia.

NIÑERO, RA, adj. Que gusta de niños ó niñerías.

NIÑETA, s. f. NIÑA del ojo.

NIÑEZ, s. f. La edad de los niños hasta los siete años. || Principio ó primer tiempo.

NIÑITA, s. f. d. de NIÑA.

NIÑO, ÑA, adj. y s. Se aplica al que no ha llegado á los siete años de edad. || Que tiene pocas esperiencias en cualquier línea. || Que obra con poca reflexion y advertencia, y se suele usar para desprecio. || NIÑO DE LA DOCTRINA, V. DOCTRINO. || NIÑO DE DA ROLLONA, El que siendo ya de edad tiene propiedades y modales de niño. || NIÑO DE TETA, El niño que mama. || met. y fam. El que es inferior á otro con mucha diferencia en alguna de sus cualidades. || NIÑO JESUS, Imágen que representa á Cristo en la edad de niño. || NIÑOS DE LA PIEDRA, V. EXPÓSITOS. || DESDE NIÑO, Desde el tiempo de la niñez. || DESENVOLVER Á UN NIÑO, Quitarle las envolturas. || LOS NIÑOS LO SABEN, Nota al que ignora ó duda alguna cosa muy notoria á todos. || QUÉ NIÑO ENVUELTO, expr. fam. Con que alguno desprecia ó rechaza lo que se le propone ó se le pide. || YA NO ES NIÑO, expr. fam. Explica que alguno tiene mas edad de la que se aprende, se juzga ó representa.

NIOTO, s. m. Pez, V. CAZON.

NIPOS, s. m. pl. *Germ.* Los dineros.

* NIQUEL, s. m. Metal gris, indócil y de poco uso.

NIQUISCOCIO, s. m. Negocio de poca importancia, ó cosa poco útil.

NÍSPERO, s. m. Árbol de unos doce pies de altura, cuyo fruto, conocido con el nombre de níspola, es redondo y comestible. || Fruta, V. NÍSPOLA. || SO MONDAR NÍSPEROS, fam. Significa la inteligencia que alguno tiene de la materia que se trate.

NÍSPOLA, s. f. El fruto del níspero.

NÍTIDO, DA, adj. *Poét.* Limpio, claro, resplandeciente.

NITOS, s. m. Voz que se usa familiarmente para ocultar lo que se come ó se lleva cuando otro con curiosidad lo pregunta.

NITRAL, s. m. Parage ó mineral en que se cuaja nitro.

* NITRATO, s. m. Nombre genérico de las sales formadas con el ácido nitroso.

NITRERÍA, s. f. Lugar donde se beneficia y recoge el nitro.

* NÍTRICO, CA, adj. *Quim.* Dícese del ácido que se estrae del nitro.

NITRO, s. m. Especie de sal, que se encuentra en pequeños cristales en forma de agujas muy cortas.

NITROSO, SA, adj. Que incluye en sí el nitro ó alguna de sus propiedades.

NIVEL, s. m. Instrumento para examinar si un plano está verdaderamente horizontal. || La igualdad misma del terreno y plano sin inclinacion á una parte ni á otra. || met. La suma igualdad en cualquiera línea ó especie. || NIVEL DE AGUA,

Instrumento para nivelar por medio del agua. || NIVEL DE AIRE, Instrumento para nivelar por medio del aire. || Á NIVEL, Con total igualdad al horizonte plano. || Con igualdad recta á lo largo ó en filas, sin discrepar uno de otro.

NIVELADO, p. p. de NIVELAR.

* NIVELADOR, RA, s. El que por oficio nivela un terreno, un rio, etc.

NIVELAR, v. a. Echar el nivel para reconocer si está igual un plano. || Poner un plano en la posicion horizontal justa. || Por extension vale poner en equilibrio ó en igualdad cualquiera cosa material. || met. Observar igualdad ó equidad en lo que se egecuta.

NIZEÑO, NA, adj. Natural de Nicéa y perteneciente á esta cuidad.

NO

NO, adv. Que sirve para negar absolutamente todas las cosas. || Se usa tambien preguntando, y significa el deseo de que se apruebe, se confirme ó se conceda lo que se propone ó se trata. || Junto con romance de algun verbo y la voz NADA pospuesta, se usa para dar mas eficacia y energía á la negacion. || NO DECIR O RESPONDER UN SI NI UN NO, Callar enteramente, ó no satisfacer ó excusar el cargo que se hace. || NO HABER ENTRE ALGUNOS, Ó NO TENER UN SI NI UN NO, Explica la conformidad de voluntades y pareceres entre los que viven juntos ó se tratan, y la paz y concordia con que viven. || NO MAS, Niega absolutamente todo lo que pertenece á una especie ó la prosecucion en alguna cosa. || NO MÉNOS, Pondera ó exagera alguna cosa que conviene á otra de quien no se juzgaba. || NO SÉ QUE, Se usa como nombre sustantivo, y significa alguna gracia ó atractivo particular que se reconoce en las cosas, y no se sabe explicar. || NO SINÓ, Da á entender que se tiene por mejor ó por mas cierto aquello de que se trata que su contrario ó su contradictorio. || NO SINÓ NO, Se usa para afirmar ó asegurar lo que se dice y de que se duda, por la negacion contrapuesta irónicamente. || POR SÍ Ó POR NO, Explica la resolucion de egecutar ó proseguir alguna cosa en duda de su consecuencion, por la contingencia que se aprehende en ella. || PUES NO? Contradice ó deshace la duda ó sentir contrario, acerca de la determinacion que se tiene hecha ó la opinion en que se está. || SIN FALTAR UN SÍ NI UN NO, Explica que se hizo puntual y entera relacion de alguna cosa sin dejar parte ó circunstancia de ella. || SI POR SI Ó NO POR NO, Advierte el modo ingenioso y verídico de decir las cosas, evitando el juramento.

NOBILIARIO, s. m. Libro ó cuaderno en que está escrita ó se trata de la nobleza de las familias.

NOBILÍSIMO, MA, adj. sup. de NOBLE.

NOBLE, adj. Ilustre, claro y conocido por su sangre. || Principal en cualquiera línea, excelente ó ventajoso en ella. || Singular ó particular en su especie, ó que se aventaja á los demas individuos de ella. || Honroso y estimable, como contrapuesto á lo deshonrado y vil. || En Aragon es título de honor que da el rey. || NOBLE VENECIANO, Título de honor con que en la república de Venecia se llamaron aquellos descendientes de las diez y seis familias que dieron principio á su aristocrático gobierno.

NOBLECER, v. a. ant. V. ENNOBLECER.

NOBLECIDO, p. p. de NOBLECER.

NOBLEMENTE, adv. Ilustre ó generosamente, con nobleza y primor.

NOBLEZA, s. f. Lustre, esplendor ó claridad de sangre, por la cual se distinguen los nobles de los demas del pueblo. || Cuerpo de los nobles. || Excelencia, primor ó ventaja que tienen algunas cosas entre las demas de su especie. || Tela de seda, especie de damasco, pero con mas delicado dibujo.

NOCEDAL, s. m. V. NOGUERAL.

NOCHARNIEGO, GA, adj. ant. V. NOCTURNO.

NOCHE, s. f. La parte del dia natural en que está el sol debajo del horizonte. || met. Confusion, oscuridad ó tristeza en cualquier línea. || La muerte. || *Germ.* Sentencia de muerte. || NOCHE BUENA, La noche de la vigilia de navidad. || NOCHE TOLEDANA, La que se pasa sin dormir. || NOCHE Y DIA, Siempre ó continuamente. || AYER NOCHE, V. ANOCHE. || BUENA Ó MALA NOCHE, Ademas del sentido recto se llama así ó la que se ha pasado con diversion, con quietud, descanso y sosiego, ó al contrario. || BUENAS NOCHES, Salutacion familiar de que se usa encontrando de noche con gentes conocidas. || CERRAR LA NOCHE, Anochecer, faltar la luz del dia. || DE NOCHE TODOS LOS GATOS SON PARDOS, fam. Explica que con la oscuridad es fácil disimular las tachas de lo que se vende ó se comercia. || HACERSE DE NOCHE, Anochecer. || HACER NOCHE, Detenerse y parar en algun lugar ó venta para dormir. || HACER Ó HACERSE NOCHE, Da á entender que alguna cosa se desapareció ó faltó de entre las manos ó la hurtaron. || LA NOCHE ES CAPA DE PECADORES, Explica que los que obran mal se valen de la oscuridad y las tinieblas para ocultar sus malos hechos y no ser conocidos. || MEDIA NOCHE, La hora en que el sol está en el punto opuesto al de mediodía. || PASAR LA NOCHE EN CLARO, ó DE EN CLARO EN CLARO, met. Pasarla sin dormir. || PRIMA NOCHE, Las horas primeras, ó el principio de la noche. || QUEDARSE ALGUNO Á BUENAS NOCHES, met. y fam. Ser burlado. || QUEDARSE UNO Ó DEJAR Á OTRO Á BUENAS NOCHES, fam. Quedarse ó dejar á uno á oscuras por haber apagado la luz. || met. y fam. Quedarse ó dejar burlado. || TEMPRANO ES NOCHE, Denota que se hace ó pide alguna cosa ántes de tiempo.

NOCHEBUENO, s. m. Torta grande amasada con aceite, almendras, piñones y otras cosas para la colacion de noche buena. || Tronco grande de leña que ponen en el fuego la noche de navidad.

NOCHIELO, LA, adj. ant. Se aplica al color oscuro ó négro mal teñido.

NOCHIZO, s. m. La avellana silvestre.

NOCIBLE, adj. ant. V. NOCIVO.

NOCIDO, p. p. de NOCIR.

NOCIMIENTO, s. m. ant. V. DAÑO ó PERJUICIO.

NOCION, s. f. *Teol.* Conocimiento ó idea de alguna cosa por la especie que da al entendimiento. || Sentido ó acepcion de alguna palabra ó voz por el conocimiento que se tiene de su significado.

NOCIONAL, adj. *Teol.* Perteneciente á la nocion.

NOCIR, v. a. ant. Dañar, ofender ó perjudicar.

NOCIVO, VA, adj. Dañoso, pernicioso, perjudicial ú ofensivo.

* NOCTAMBULISMO, s. m. Enfermedad del noctámbulo.

NOCTÁMBULO, s. m. El que por la noche anda dormido como si estuviese dispierto.

NOCTILUCA, s. f. V. LUCIÉRNAGA.

* NOCTILUCO, CA, adj. Dícese de los cuerpos que despidan luz de noche, como la luciérnaga, etc.

NOCTÍVAGO, GA, adj. Que anda vagando por la noche.

* NOCTURLABIO, s. m. Instrumento para medir de noche la altura del polo.

NOCTURNAL, adj. V. NOCTURNO.

* NOCTURNAMENTE, adv. De noche.

NOCTURNANCIA, s. f. ant. El tiempo de la noche desde las nueve á las doce.

NOCTURNO, NA, adj. Que pertenece á la noche ó se hace en ella. || El que anda siempre solo, melancólico y triste. || *Astrol.* Se aplica á los planetas que se creia predominaban en las calidades pasivas de humedad ó sequedad.

NOCTURNO, s. m. Una de las tres partes en que se dividen los maitines.

NODACION, s. f. *Cir.* Impedimento ocasionado en los nervios por alguna dureza ó tumor engendrado en ellos.

NODO, s. m. *Cir.* Tumor ó dureza que se engendra en los nervios ó huesos del cuerpo. || *Astron.* Cualquiera de los dos puntos opuestos, en que la órbita de un planeta corta la eclíptica.

NODRIZA, s. f. El ama de criar.

NOEMA, s. f. *Ret.* Figura en que por el sentido equívoco de la oracion se deja suspenso al verdadero, para que se infiera por el contexto.

NOGADA, s. f. Salsa hecha de nueces y especias, con que regularmente se suelen guisar algunos pescados.

* NOGADO, s. m. Pasta hecha con harina, miel y almendra ó nuces.

NOGAL, s. m. Árbol de unos treinta pies de altura, copudo y bien cubierto de hojas cuyo fruto es lo que conocemos con el nombre de nuez.

NOGUERA, s. f. Árbol, V. NOGAL.

NOGUERADO, DA, adj. Se aplica al color pardo oscuro, como el del nogal.

NOGUERAL, s. m. Sitio plantado de nogales.

NOLICION, s. f. *Teol.* Acto de la voluntad con que no se quiere alguna cosa.

NOLIMETANGERE, s. m. *Cir.* Llaga maligna en el rostro, especie de cáncer tan difícil de curar, que con los remedios se empeora. || met. Cosa que es muy delicada.

NOLIT ó NOLITO, s. m. ant. V. FLETE.

* NOMA, s. f. Así se llamaban en Egipto las provincias.

NÓMADE, adj. Se aplica al conjunto de familias ó pueblos errantes que no tienen domicilio fijo.

NOMBRADAMENTE, adj. Con distincion del nombre, expresamente.

NOMBRADÍA, s. f. V. NOMBRE, 3ª A.

NOMBRADO, p. p. de NOMBRAR.

* **NOMBRADOR**, s. m. El que nombra á un sugeto para algun empleo, etc.

NOMBRAMIENTO, s. m. Acto y efecto de nombrar. || Cédula ó despacho en que se nombra á alguno para algun cargo ú oficio.

NOMBRAR, v. a. Decir el nombre de alguna cosa ó persona. || Hacer mencion particular y honorífica de alguna cosa. || Elegir ó señalar á alguno para algun cargo, empleo ú otra cosa. || NO ME LA NOMBRES, Expr. con que alguno explica la repugnancia de que le acuerden al sugeto que aborrece ó ama con exceso.

NOMBRE, s. m. Palabra que se apropia ó se da á alguna cosa ó persona para darla á conocer y distinguirla de otra. || El título de alguna cosa por el cual es conocida. || Fama, opinion, reputacion ó crédito. || La autoridad, poder ó virtud con que se egecuta alguna cosa por otro. || Apodo. || *Mil.* Aquella palabra que se da por la noche por señal secreta para reconocer á los amigos, haciéndosela decir. || *Gram.* La primera parte de la oracion, que se declina por casos. || *Alg.* El término ó parte de un binomio. || NOMBRE APELATIVO, V. RENOMBRE. || NOMBRE DE PILA, El que se da á la criatura cuando se bautiza. || DAR EL NOMBRE, ant. DECIR EL SANTO á las centinelas. || DECIRSE LOS NOMBRES DE LAS PASCUAS Ó DE LAS FIESTAS, fam. Injuriarse recíprocamente. || EN EL NOMBRE, Deprecacion con que se implora el favor de Dios ó de sus santos. || ¿ES NOMBRE DE PILA? Expr. con que se reprende al que usa frecuentemente de algun apodo en lugar del nombre propio. || HACER NOMBRE DE DIOS, Dar principio á alguna cosa, especialmente en las que hay ganancia. || LO FIRMARÉ DE MI NOMBRE, Expr. con que alguno asevera la seguridad que tiene de la verdad que propone. || PONER NOMBRE, met. Señalar ó determinar algun precio en los ajustes ó compras. || ROMPER EL NOMBRE, *Mil.* Cesar el que se habia dado para reconocerse en el tiempo de la noche, al llegar la aurora.

NOME, s. m. ant. V. NOMBRE.

* **NOMENCLATOR**, s. m. Era en la antigua Roma el que tenia oficio de dar el nombre de los ciudadanos al que se le pedia por interes ó curiosidad. || En algunas ciencias el que se aplica á formar nomenclaturas ó catálogos de nombres.

NOMENCLATURA, s. f. V. NÓMINA. || El conjunto de las voces técnicas y propias de alguna facultad.

* **NOMIA**, s. f. Voz tomada del griego que significa regla, ley, etc.

NÓMINA, s. f. La lista ó catálogo de personas ó cosas puestas por sus nombres. || En lo antiguo era una reliquia en que estaban escritos los nombres de algunos santos. Hoy se toma en mala parte.

NOMINACION, s. f. V. NOMBRAMIENTO.

NOMINADO, p. p. de NOMINAR.

NOMINADOR, RA, s. m. y f. El que elige y nombra á algun sugeto para algun empleo.

NOMINAL, adj. Que pertenece al nombre. || Se aplica á aquellos filósofos y doctores que fundan su doctrina en la particular y singular significacion de los nombres.

* **NOMINALES**, s. m. pl. Escolásticos opuestos á los realistas.

NOMINAR, v. a. V. NOMBRAR.

NOMINATIVO, s. m. *Gram.* El primer caso de los seis por donde se declina el nombre. || NOMINATIVOS, pl. Los rudimentos ó principios de cualquiera facultad ó arte. || Las declinaciones de los nombres.

NÓMINO, s. m. El sugeto capaz de egercer en la república los empleos y cargos honoríficos por nominacion que se hace para ellos de su persona.

* **NOMOCÁNON**, s. m. Coleccion de constituciones imperiales y de cánones.

* **NOMPAREL**, s. f. *Imp.* Grado de letra usado en la imprenta.

NON, adj. Que no es par.

NON, adv. ant. V. NO.

NONA, s. f. Una de las horas en que dividian los Romanos el dia, y equivale al tiempo de las tres de la tarde. || En el rezo eclesiástico es la última de las horas menores. || NONAS, pl. La segunda de las partes en que los Romanos dividiéron el mes que hoy se usa en el calendario eclesiástico.

NONADA, s. f. Poco ó muy poco.

NONADILLA, s. f. d. de NONADA.

NONAGENARIO, RIA, adj. y s. El que tiene ó cumple la edad de noventa años.

NONAGÉSIMO, MA, adj. Que cumple el número de noventa. || NONAGÉSIMO DE LA ECLÍPTICA, Punto de ella que dista noventa grados del otro que corta el horizonte.

NONAGONAL, adj. Que pertenece al número de nueve.

NONÁGONO, s. m. *Geom.* Figura plana de nueve ángulos y nueve lados.

NONATO, TA, adj. Que no ha nacido naturalmente, sino rompiendo el vientre de su madre.

NONES, s. m. pl. La negacion repetida de alguna cosa, ó el decir que no, é insistir con pertinacia en su dictámen. ‖ ANDAR DE NONES, No tener ocupacion ú oficio. ‖ Se usa para ponderar la rareza de alguna cosa, tal que no se halla otra igual. ‖ ESTAR DE NON, No servir de nada, estar de sobra en alguna parte. ‖ QUEDAR DE NON, Quedar solo ó sin compañero en ocasion de ir apareados.

NONES. Pares y nones, juego.

NONO, NA, adj. NOVENO en órden numeral.

NON PLUS ULTRA, Expr. lat. que se usa en nuestro castellano como sustantivo masculino para ponderar las cosas, exagerándolas y levantándolas á lo mas á que pueden llegar.

NO OSTANTE, adv. Sin embargo, sin que perjudique para alguna cosa.

NOPAL, s. m. Planta arbórea, de unos ocho á diez piés de altura, que se compone desde la raiz de hojas en figura de pala, de un pié de largo, verdes, carnosas y erizadas de puas crecidas, y que da el fruto conocido con los nombres de higo chumbo, higo de pala, é higo de tuna.

NOQUE, s. m. Estanquillo ó pozuelo en que se ponen á curtir las pieles. ‖ El pié que se hace de varios capachos llenos de aceituna molida, para que cargue sobre ellos la viga.

NOQUERO, s. m. V. CURTIDOR.

NORABUENA, s. f. Parabien ó manifestacion de complacencia que se hace á alguno por su bien ó felicidad.

NORABUENA, adv. Con bien, con felicidad.

NORAMALA, s. f. La manifestacion de un pesar ó disgusto. Úsase frecuentemente como adverbio.

NORAY, s. m. *Náut.* V. PROIS.

NORD, s. m. *Náut.* Viento, V. NORTE.

NORDESTE, s. m. *Náut.* El viento que viene de la parte intermedia entre el norte y el este. ‖ El punto del horizonte que está entre el norte y el este á igual distancia de los dos.

NORDESTEAR, v. n. *Náut.* Declinar ó apartarse la brújula magnética del norte ó setentrion hácia el este ó levante.

NORDOVEST, s. m. V. NORUESTE.

NORDOVESTEAR, v. n. *Náut.* Declinar la brújula magnética del norte hácia el oeste ó poniente.

NORIA, s. f. Máquina bien conocida, que sirve para sacar agua y regar con ella. ‖ El pozo formado en figura ovalada del cual sacan el agua con la máquina. ‖ met. Cualquiera cosa, ó negocio en que sin adelantar nada, se trabaja mucho.

NORIAL, adj. Que pertenece á noria.

NORMA, s. f. La escuadra de que usan los artífices para arreglar y ajustar los maderos, piedras y otras cosas. ‖ met. Regla que se debe seguir ó á que se deben ajustar las operaciones.

NORMANDO, DA, adj. De Normandía.

NORNORDESTE, s. m. *Náut.* Viento entre el NORD y el NORDESTE. ‖ El punto del horizonte que está entre el NORTE y el NORDESTE á igual distancia.

NOROESTEAR, v. n. V. NORDOVESTEAR.

NORTE, s. m. El polo ártico ó setentrional. ‖ El primer punto del horizonte desde donde se empieza su numeracion. ‖ La parte setentrional de la esfera, y las tierras situadas en ella. ‖ El viento setentrional, uno de los cuatro cardinales. ‖ met. Direccion, guia.

NORTEAR, v. a. Observar el norte para la direccion del viage, especialmente por mar.

NORUESTE, s. m. *Náut.* El viento que viene de la parte intermedia entre el NORD y el OVEST. ‖ El punto del horizonte que está perfectamente en medio del NORTE y el OESTE.

NORUESTEAR, v. n. V. NORDOVESTEAR.

NOS, pron. pers. V. NOSOTROS. Úsase junto con verbo, cuando su accion es de otra persona, y muchas veces se pospone á él. ‖ Se usa tambien para denotar la autoridad ó mando cuando la accion del verbo es propia, aunque sea en singular.

NOSOMÁNTICA, s. f. Modo de curar por encantamiento.

NOSOTROS, TRAS, pron. pers. Significa la pluralidad de personas, en cuyo número concurre ó se incluye el mismo que habla ó que obra. ‖ Se usa tambien figuradamente en singular para denotar la autoridad ó dignidad de la persona que habla.

* NOSTALGIA, s. f. Inclinacion vio-

lenta que obliga á los que se han espatriado á volverse á su pais.

NOTA, s. f. Marca ó señal que se pone en alguna cosa para darla á conocer. ‖ Reparo que se hace á algun libro ó escrito, por lo regular en las márgenes. ‖ Censura ó reparo de las acciones de alguno. ‖ El estilo en el escribir ó el dictar para que se escriba. ‖ Apuntamiento de algunas especies ó materias para extenderlas despues ó acordarse de ellas. ‖ Tacha ó defecto grave y reparable. ‖ Cualquiera de los carácteres de que usan los músicos en la práctica de su arte. ‖ NOTAS, pl. El cúmulo de protocolos de un escribano. ‖ CAER EN NOTA, fam. Dar motivo de escándalo ó murmuracion. ‖ SACAR LA NOTA, V. SACAR LA AUTORIDAD.

NOTABILÍSIMAMENTE, adv. sup. de NOTABLEMENTE.

NOTABILÍSIMO, MA, adj. sup. de NOTABLE.

NOTABLE, adj. Digno de nota, reparo, atencion ó cuidado. ‖ Muy grande y excesivo, por lo que se hace reparar en su línea. ‖ Usado como sustantivo vale entre los escolásticos lo mismo que nota ó previa advertencia.

NOTABLEMENTE, adv. Reparablemente ó con nota.

NOTACION, s. f. ant. V. ANOTACION ó NOTA.

NOTADO, p. p. de NOTAR.

NOTAR, v. a. Señalar alguna cosa para que se conozca ó se advierta. ‖ Reparar, observar ó advertir. ‖ Apuntar brevemente alguna cosa para extenderla despues ó acordarse de ella. ‖ Poner notas, advertencias ó reparos á los escritos ó libros. ‖ Dictar para que otro escriba. ‖ Censurar, reprender ó reparar las acciones de alguno. ‖ Ocasionar ó causar descrédito ó infamia.

NOTARÍA, s. f. El oficio de notario. ‖ La oficina donde despachan los notarios.

NOTARIATO, s. m. Título ó nombramiento de notario.

NOTARIO, s. m. Escribano público. ‖ En lo antiguo el que escribia con abreviaturas. Hoy se distinguen de los escribanos en que estos entienden en los negocios seglares, y los NOTARIOS en los de los eclesiásticos. ‖ V. AMANUENSE. ‖ NOTARIO DE CAJA, Ar. Notario del número de Zaragoza. ‖ NOTARIO MAYOR, El principal ó gefe en la notaría.

NOTICA, ILLA, ITA, s. f. d. de NOTA.

NOTICIA, s. f. Ciencia ó conocimiento de las cosas. ‖ V. NOVEDAD Ó AVISO. ‖ Extracto, indicio, luz. ‖ NOTICIA Ó ESPECIE REMOTA, La que se tiene en memoria como en confuso de lo que se supo ó sucedió. ‖ VENDER ALGUNA NOTICIA Ó NUEVA, Participarla á otro. ‖ NOTICIAS, pl. Las especies diversas en cualquier arte ó ciencia que hacen docto ó erudito á alguno.

NOTICIADO, p. p. de NOTICIAR.

NOTICIAR, v. a. Dar noticia ó hacer saber alguna cosa.

NOTICIOSO, SA, adj. Sabedor ó que tiene noticia de alguna cosa. ‖ Sabio, erudito y que tiene especies de varias materias.

NOTIFICACION, s. f. El acto de hacer saber alguna cosa jurídicamente.

NOTIFICADO, p. p. de NOTIFICAR. ‖ NOTIFICADO, DA, adj. Se aplica al sugeto á quien se le ha hecho la notificacion.

NOTIFICAR, v. a. Hacer saber alguna cosa jurídicamente. ‖ Por extension vale dar noticia ó hacer saber alguna cosa extrajudicialmente.

NOTÍSIMO, MA, adj. sup. de NOTO.

NOTO, TA, adj. Sabido, publicado y notorio. ‖ Bastardo ó ilegítimo.

NOTO, s. m. Uno de los cuatro vientos cardinales, que es el que viene de la parte del mediodia. ‖ NOTO SÓNZO, El movimiento del mar en que sus aguas se mueven del austro hácia el setentrion, ó al contrario.

NOTORIAMENTE, adv. Manifiestamente, con notoria publicidad.

NOTORIEDAD, s. f. Pública noticia de las cosas ó conocimiento claro que todos tienen de ellas. ‖ NOTORIEDAD DE DERECHO, for. La pública noticia que resulta de la sentencia dada en algun caso. ‖ NOTORIEDAD DE HECHO, for. La noticia pública que se tiene por el mismo delito cometido ó caso sucedido.

NOTORIO, RIA, adj. Público y conocido ó sabido de todos.

NOVACION, s. f. for. Renovacion de la obligacion contraida antecedentemente.

NOVADO, p. p. de NOVAR.

NOVAL, adj. Se aplica á las tierras que se cultivan de nuevo, y tambien á los frutos que producen, á los árboles y plantas.

* NOVALES, s. m. pl. Diezmos que los curas exigen de las tierras nuevas.

NOVALIO, LIA, adj. ant. V. NOVAL.

NOVAR, v. a. for. Renovar la obligacion antecedentemente contraida.

NOVATO, TA, adj. fam. Nuevo ó principiante en cualquier facultad ó materia.

NOVATOR, s. m. Inventor de novedades.

NOVECIENTOS, TAS, adj. Que incluye el número que se produce de la multiplicacion del ciento por nueve.

NOVEDAD, s. f. Estado de las cosas recien hechas ó discurridas, ó nuevamente vistas ú oidas. ‖ La mutacion de las cosas que por lo comun tienen estado fijo, ó se creia que le debian tener. ‖ met. La extrañeza ó admiracion que causan las cosas hasta entonces no vistas ni oidas. ‖ HACER NOVEDAD, Causar alguna cosa extrañeza por no esperada ‖ Innovar en algo lo que estaba en estilo de egecutarse y seguirse.

NOVEL, adj. Nuevo, principiante ó sin experiencia en las cosas.

NOVELA, s. f. Historia fingida y tegida de los casos que comunmente suceden ó son verisímiles.‖Ficcion ó mentira en cualquiera materia. ‖ for. Cualquiera de las leyes nuevas de los emperadores que se añadiéron y publicáron despues del código de Justiniano.

NOVELADOR, s. m. El que escribe novelas.

NOVELAR, v. n. Componer ó escribir novelas. ‖ Contar, publicar novelas, cuentos y patrañas.

NOVELERÍA, s. f. Narracion de fábulas ó novelas, ó aficion á ellas ó á novedades. ‖ Aficion, inclinacion á novedades.

NOVELERO, RA, adj. Amigo de novedades, ficciones y cuentos. ‖ Deseoso de novedades, ó que las esparce. ‖ Inconstante y vario en su modo de proceder. ‖, *Germ.* Criado de rufian, que lleva ó trae nuevas.

NOVENA, s. f. Espacio ó término de nueve dias, que se dedican á la devocion y culto de Dios y de sus santos. ‖ El librito en que se contienen las oraciones y preces que se hacen á Dios y á los santos en los nueve dias que se dedican á su culto ‖ Se usa tambien para significar los sufragios y ofrenda que se hacen por los difuntos, aunque sea en uno ó dos dias.

NOVENARIO, s. m. El espacio ó tiempo de nueve dias que se emplean en los pésames, lutos, etc., entre los parientes de algun difunto; y tambien en el culto de algun santo con sermones.

NOVENDIAL, adj. Se aplica á cualquiera de los dias del novenario celebrado por los difuntos.

NOVENO, NA, adj. Que constituye en órden el número nueve.

NOVENO, s. m. Una de las nueve partes en que se divide todo el cúmulo de las décimas para distribuirlas segun la disposicion pontificia.

NOVENTA, s. m. Número que se constituye por la multiplicacion del diez por el nueve.

* NOVENTENO, adj. num. Noventa, nueve decenas.

* NOVENTON, adj. y s. De noventa años de edad.

NOVIA, s. f. La muger recien casada. ‖ La que está inmediata al matrimonio. LA NOVIA DE CONTADO, Y EL DOTE DE PROMETIDO, Explica que con solo la esperanza del útil se quiere obligar á alguno á lo que le es gravoso. ‖ PEDIR LA NOVIA, Ir á pedirla con solemnidad y públicamente á casa de sus padres una persona de autoridad. ‖ SACAR LA NOVIA POR EL VICARIO, Conseguir el novio que el juez extraiga la novia de casa de sus padres.

NOVICIADO, s. m. El tiempo destinado para la probacion en las religiones ántes de profesar. ‖ La casa, cuarto ó habitacion de los novicios. ‖ El tiempo primero que se gasta en aprender cualquiera facultad, y experimentar los egercicios y actos de ella.

NOVICIO, CIA, adj. El que en la religion donde tomó el hábito no ha profesado todavia. ‖ Principiante en cualquier arte o facultad. ‖ El que es muy compuesto y arreglado en sus acciones, especialmente en la modestia en los ojos. ‖ SACAR LA NOVICIA Á LIBERTAD, V. LIBERTAD.

NOVICIOTE, s. m. fam. El novicio ya de edad ó muy alto de cuerpo.

NOVIEMBRE, s. m. Noveno mes en el reglamento antiguo del año romano y undécimo del que despues usó Roma, y al presente usa nuestra Europa.

NOVILLA, s. f. La vaca jóven desde la edad de tres años hasta la de seis.

NOVILLADA, s. f. Junta de novillos ó fiesta que se suele tener con ellos en los lugares.

NOVILLEJO, JA, s. m. y f. d. de NOVILLO.

NOVILLERO, s. m. Sitio donde separan y encierran los novillos. ‖ El que guarda y cuida de los novillos cuando los separan de la vacada. ‖ La parte de dehesa que se separa para pastar los no villos, ó paridera de las vacas. || El que hace novillos ó se huye.

NOVILLICO, TO, s. m. d. de NOVILLO.

NOVILLO, s. m. El toro ó buey nuevo que aun no está domado ó sugeto al yugo. || fam. Se usa alusivamente para notar el sugeto á quien hace traicion su muger. || HACER NOVILLOS, fam. Hacer falta en alguna parte donde se suele ó debe asistir.

NOVILUNIO, s. m. LUNA NUEVA ó conjuncion de luna.

NOVIO, s. m. El inmediato á casarse ó recien casado. || El que entra de nuevo en alguna dignidad ó estado.

NOVÍSIMO, MA, adj. sup. de NUEVO. El último en el órden de las cosas.

NOVÍSIMO, s. m. Cada una de las cuatro postrimerías del hombre.

NOXA, s. f. ant. V. DAÑO.

NUB

NUBADA, s. f. El golpe abundante de agua que cae de alguna nube en parage determinado. || met. El concurso abundante de algunas cosas.

NUBADO, DA, adj. V. NUBARRADO.

NUBARRADA, s. f. V. NUBADA.

NUBARRADO, DA, adj. Se aplica á las telas coloridas en figura de nubes.

NUBARRON, s. m. La nube grande separada de otras.

NUBE, s. f. Agregado de hálitos, que se levanta de la tierra á la media region del aire. || met. Conjunto de muchas cosas que oscurecen el aire ó estorban el sol. || met. Cualquiera cosa que oscurece ó encubre otra. || Aquella telilla blanca que suele formarse dentro del ojo impidiendo la vista. || Sombra que aparece en las piedras preciosas, oscureciendo sus brillos. || *Germ.* La capa. || NUBE DE VERANO, La nube tempestuosa. || met. La especie ruidosa, que se pasa presto por lo regular, nacida de ira, etc. || ANDAR Ó ESTAR POR LAS NUBES EL MAR, Estar el mar sumamente alterado, y tempestuoso. || Por alusion significa el gran enojo de algun sugeto. || LEVANTARSE Á LAS NUBES, V. LEVANTARSE Á LAS ESTRELLAS. || PONER EN LAS NUBES ALGUNA COSA, met. Ponderarla ó alabarla excesivamente. || PONER Ó LEVANTAR SOBRE LAS NUBES, met. Exagerar excesivamente, alabar en sumo grado. || SUBIR Á LAS NUBES Ó ESTAR POR LAS NUBES, met. Pondera lo que han encarecido las cosas y subido sus precios.

NUBECICA, LLA, TA, s. f. d. de NUBE.

*NUBIL, adj. m. y f. Dícese de la doncella moza casadera.

NUBILOSO, SA, adj. V. NUBLOSO.

NUBLADO, p. p. de NUBLAR.

NUBLADO, s. m. V. NUBE. Tómase regularmente por la que amenaza tempestad. || met. La especie que amenaza algun riesgo ó turbacion en el ánimo. || *Germ.* La capa. || DESCARGAR EL NUBLADO, Llover, nevar ó granizar copiosamente. || met. Desahogarse la cólera ó enojo con expresiones vehementes.

NUBLAR ó NUBLARSE, v. a. y. r. V. ANUBLAR.

NUBLO, BLA, adj. V. NUBLADO.

NUBLO, s. m. V. NUBE ó NUBLADO. || ant. V. TIZON.

NUBLOSO, SA, adj. Cubierto de nubes. || met. Desgraciado, adverso, contrario.

NUCA, s. f. La parte superior del espinazo que le une con la cabeza, y está entre la primera y segunda vertébra.

NUCIENTE, p. a. ant. de NUCIR, Que nuce.

NUCIR, v. a. ant. V. DAÑAR.

NÚCLEO, s. m. El meollo de la nuez, y el de otra cualquiera fruta.

NUDAMENTE, adv. V. DESNUDAMENTE.

NUDILLO, s. m. La juntura en los dedos que sobresale á lo demas de ellos. || Billete doblado y cerrado con un nudo. || *Arq.* Pedazo corto y grueso de madera que se empotra en la fábrica para clavar en él alguna cosa. || Llaman las que hacen medias cada uno de los puntos que forman la carrera ó costura en ellas.

NUDO, DA, adj. ant. V. DESNUDO.

NUDO, s. m. Lazo que se estrecha y cierra de modo, que con dificultad se puede soltar. || En los árboles y plantas la parte del tronco por donde salen de él las ramas, y en estas por donde arroja los vástagos. || En algunas plantas y raices de ellas la parte que sobresale algo, y por donde parece que estan unidas las partes de que se compone. || El bulto ó tumor que suele hacerse en los nervios ó huesos. || En los animales es la union de unas partes con otras, especialmente de los huesos. || met. La principal dificultad ó duda en algunas materias. || Union, lazo, vínculo. || El impedimento causado por maleficio para el uso del matrimonio. || ant. ENREDO en la composicion dramática.

|| NUDO CIEGO, El dificil de desatar ó por muy apretado, ó por el modo especial de enredarse. || NUDO DE TRONDOA, El que se forma uniendo los dos cabos, y formando con ellos dos lazos encontrados, y apretándolos. || NUDO EN LA GARGANTA, Impedimento que se suele sentir en ella. || met. Afliccion ó congoja que impide el explicarse ó el hablar. || NUDO GORDIANO, met. Dificultad indisoluble. || ATRAVESÁRSELE Á UNO UN NUDO EN LA GARGANTA, met. No poder hablar por algun susto, pena ó vergüenza. || DAR Ó ECHAR OTRO NUDO Á LA BOLSA, Denota la resistencia para soltar dinero.

NUDOSO, SA, adj. Que tiene nudos.

NUDRIDO, p. p. de NUDRIR.

NUDRIMIENTO, s. m. ant. V. NUTRIMENTO.

NUDRIR, v. a. ant. V. NUTRIR.

NUÉGADOS, s. m. pl. Cierta composicion de masa que se hace con harina, miel y nueces.

NUERA, s. f. La muger del hijo respecto de los suegros.

NUESO, SA, adj. V. NUESTRO.

NUESTRAMO, s. m. V. NUESTRO AMO. || *Germ.* El escribano.

NUESTRO, TRA, adj. y pron. poses. de la primera persona de plural, que significa lo que de cualquier modo nos pertenece ó poseemos.

NUESTROS, s. m. pl. Los que son del mismo partido, profesion ó naturaleza respecto del que habla.

NUEVA, s. f. La especie ó noticia de alguna cosa que no se ha dicho ó no se ha oido ántes. || HACERSE DE NUEVAS, Dar alguno á entender con afectacion y disimulo que no ha llegado á su noticia, aquello que le dice otro.

NUEVAMENTE, adv. De poco tiempo á esta parte ó con novedad.

NUEVE, adj. num. card. Se aplica al número compuesto de nueve unidades. || En algunas expresiones NONO.

NUEVE, s. m. El número último que se escribe con una sola cifra de las que comunmente se usan. || Naipe que tiene nueve señales.

NUEVECITO, LLO, adj. d. de NUEVO.

NUEVO, VA, adj. Recien hecho ó fabricado. || Que se ve ó se oye la primera vez. || Repetido ó reiterado para renovarlo. || Distinto ó diferente de lo que ántes habia ó se tenia prendido. || Que sobreviene ó se añade á otra cosa que habia ántes. || Recien venido á algun pais ó lugar. || En las universidades se llama el que está en ellas el primer año. || Principiante en alguna facultad ó arte. || Antepuesta la preposicion *de* en muchas frases castellanas, equivale á novedad. || DE NUEVO, V. NUEVAMENTE.

NUEZ, s. m. El fruto del nogal. || El fruto de algunos árboles que tiene la figura de las nueces. || V. LARINGE. || En la ballesta es un hueso que tiene el tablero en que se arma la cuerda. || NUEZ DE CIPRES, El fruto del cipres. || NUEZ MOSCADA, La nuez que cogida en verde ántes de cuajar la cáscara, y conservada en almibar se cubre despues con alcorza. || NUEZ MOSCADA Ó DE ESPECIA, El fruto que da el árbol de la nuez moscada de gusto aromático y picante. || NUEZ VÓMICA, El fruto de un árbol indígeno de las islas Marianas, cuya madera se conoce en la farmacia con el nombre de leño columbrino. Se reputa un veneno activo. || APRETAR Á UNO LA NUEZ, fam. Matar á alguno ahogándole. || VOLVER LAS NUECES AL CÁNTARO, met. y fam. Suscitar de nuevo alguna especie despues de muy disputada y concluida.

NUEZA, s. f. Planta muy comun en varias partes de España, de cuya raiz, que es harinosa, se hace uso en algunas partes para suplir la falta del pan.

NUGATORIO, RIA, adj. Engañoso, frustráneo.

NULAMENTE, adv. Inválidamente, con defecto de valor.

NULIDAD, s. f. Defecto de valor, vicio que disminuye la estimacion. || Cualquiera falta ó tacha que disminuye el precio ó la estimacion.

NULO, LA, adj. Falto de valor y fuerza para obligar ó tener efecto.

NUMANTINO, NA, adj. Natural de la antigua Numancia y perteneciente á esta ciudad.

NÚMEN, s. m. DEIDAD. Llamaban así los gentiles á cualquiera de los dioses fabulosos que adoraban. || El ingenio ó genio especial para alguna cosa. Mas comunmente se usa por el ingenio poético, mirándole como una deidad que inspira al poeta sus versos.

NUMERABLE, adj. Que se puede contar por números.

NUMERACION, s. f. El acto de contar por el órden de los números. || La primera parte de la aritmética, que enseña á escribir las cantidades con las nueve cifras numéricas y el cero, y á leer las que estan escritas

NUMERADO, p. p. de NUMERAR.

NUMERADOR, s m. *Arit.* El número

que se escribe en la parte superior cuando se quiere expresar algun quebrado.

NUMERAL, adj. Propio ó que pertenece al número.

NUMERAR, v. a. Contar por el órden de los números. ‖ Foliar las hojas ó páginas; poner números en los capítulos, párrafos ó artículos. ‖ Contar ó tener por uno de los que componen el número de personas ó cosas de determinada ó particular calidad. ‖ Marcar con números los fardos, paquetes, cajones, etc.

NUMERARIO, RIA, adj. Que es del número ó pertenece á el.

NUMERARIO, s. m. Moneda acuñada ó dinero efectivo.

* NUMERATA-PECUNIA, adv. lat. fam. Dinero contante.

NUMÉRICAMENTE, adv. Con determinacion á individuo, individualmente.

NUMÉRICO, CA, adj. Que determina, individúa ó diferencia un individuo de otro. ‖ Que se egecuta con números.

NÚMERO, s. m. Coleccion de unidades, ó la cantidad discreta, que es el objeto de la aritmética. ‖ Se llama, aunque impropiamente, la unidad, por ser principio y raiz de los números. ‖ El carácter ó cifra con que se significa el mismo número. ‖ Muchedumbre indeterminada. ‖ Muchedumbre de cosas de determinada ó particular calidad. ‖ Cantidad determinada de personas en algun empleo ó comunidad. ‖ La determinada medida proporcional ó cadencia que hace armoniosos los periodos músicos y los de la poesía y retórica. ‖ El verso. ‖ *Gram.* La propiedad del nombre que se declina, y se divide en singular, que significa uno, y en plural, que significa muchos ó mas de uno. ‖ NÚMEROS, pl. Uno de los cinco sagrados libros que compuso Moises. ‖ NÚMERO CENTENAR, El que consta de uno ó mas cientos de unidades. ‖ NÚMERO COMPUESTO, Aquel á quien mide otro número ademas de la unidad. ‖ NÚMERO CÓSICO, El que se produce por la multiplicacion repetida de sí mismo. ‖ NÚMERO CUADRADO, El que se produce por la multiplicacion de un número por sí mismo. ‖ NÚMERO CÚBICO, El que se produce por la multiplicacion continuada de un mismo número tomado tres veces. ‖ NÚMERO IMPAR, El que no se puede dividir por mitad sin quebrado. ‖ NÚMERO INCONMENSURABLE, V. NÚMERO SORDO. ‖ NÚMERO IRRACIONAL, NÚMERO SORDO. ‖ NÚMERO PAR, El que se puede dividir por mitad sin quebrado. ‖ NÚMERO PLANO, El que se produce de la multiplicacion de dos números. ‖ NÚMERO PRIMO, Aquel que solo es medido de la unidad, ó que no se produce por la multiplicacion de otro número. ‖ NÚMERO SÓLIDO, El que se produce por la multiplicacion continua de tres números. ‖ NÚMERO SORDO, IRRACIONAL, ó INCONMENSURABLE, El que no tiene proporcion que se pueda explicar con otro número, aunque se aprende como si la tuviera. ‖ NÚMEROS COMPUESTOS ENTRE SÍ, Los que tienen alguna medida comun demas de la unidad. ‖ NÚMEROS DENOMINADOS, Los que numeran cosas de diferentes especies, como libras, sueldos, dineros, grados, minutos, etc. ‖ NÚMEROS DÍGITOS, *Arit.* Los carácteres desde el uno hasta el nueve, cuando estan cada uno de por sí de suerte que no llegan al valor de la decena. ‖ NÚMEROS PRIMOS ENTRE SÍ, Los que no tienen medida comun mas que la unidad. ‖ NÚMEROS PROPORCIONALES, Los que son términos de dos razones semejantes. ‖ FARDO NÚMERO UNO, Expr. joc. con que se explica el cuidado que cada uno debe tener de sí mismo y sus conveniencias ante todas cosas. ‖ HACER NÚMERO, Se usa para dar á entender que alguna cosa no sirve de mas ó no tiene mas utilidad que aumentar el número de su especie. ‖ LLENAR EL NÚMERO DE ALGUNA COSA, Completarle. ‖ SIN NÚMERO, Significa una muchedumbre casi innumerable.

NUMEROSAMENTE, adv. En gran número, ó con cadencia, medida y proporcion.

NUMEROSIAD, s. f. Multitud numerosa.

NUMEROSÍSIMO, MA, adj. sup. de NUMEROSO.

NUMEROSO, SA, adj. Que incluye gran número ó muchedumbre de cosas. ‖ Armonioso, ó que tiene proporcion, cadencia ó medida.

NUMIDA, adj. y s. V. NUMÍDICO

NUMÍDICO, CA, adj. Perteneciente á la Numidia.

NUMISMA, s. m. ant. V. MONEDA.

NUMISMÁTICA, s. f. La ciencia que trata del conocimiento de las monedas y medallas antiguas.

NUMISMÁTICO, CA, adj. Que pertenece á la numismática.

NUMISMÁTICO, s. m. El que profesa la numismática.

* NUMISMATOGRAFIA, s. f. Descripcion de las medallas antiguas.

NUMO, s. m. Moneda ó dinero.

* NUMULARIA, s. f. Planta medicinal.

NUMULARIO, s. m. El que comercia ó trata con dinero.

NUNCA, adv. t. En ningun tiempo. NUNCA JAMAS, NUNCA. Añádesele la voz *jamas* para dar mas eficacia á la negacion.

NUNCIAR, v. a. ant. V. ANUNCIAR.

NUNCIATURA, s. f. El cargo ó dignidad de nuncio. || El tribunal que erige el nuncio de su santidad para despachar las causas eclesiásticas. || La casa en que vive el nuncio y está su tribunal.

NUNCIO, s. m. El que lleva aviso, noticia ó encargo de un sugeto á otro, enviado á él para este efecto. || Por antonomasia se toma por el embajador que envia el papa á los príncipes católicos. || En Toledo, el hospital donde recogen y curan los locos.

NUNCUPATIVO, s. m. for. Se aplica al testamento que no se reduce á escritura, sino solo en voz, nombrando heredero en presencia de cinco testigos.

NUNCUPATORIO, RIA, adj. Se aplica á las cartas ó escritos con que se dedica alguna obra, ó en que se nombra é instituye alguno por heredero, ó se le confiere algun empleo.

* NUNDINALES, s. f. Nombre que daban á las ocho letras del alfabeto con las quales aplicadas á cada uno de los dias del año, como nuestras dominicales, indicaban los dias de mercado.

NUPCIAL, adj. Que pertenece ó conduce á las bodas.

NUPCIAS, s. f. pl. V. BODA.

NUTRA, s. f. Cuadrúpedo. V. NUTRIA.

NUTRIA, s. f. Cuadrúpedo anfibio, muy comun en varios rios de España.

NUTRICIO, CIA, adj. Que sirve para alimentar ó nutrir.

NUTRICION, s. f. La operacion con que la naturaleza actúa el alimento. || En la farmacia es la preparacion de los medicamentos, mezclándolos con otros para aumentarles la virtud y darles mayor fuerza.

NUTRIDO, p. p. de NUTRIR.

NUTRIMENTAL, adj. Que da ó sirve de sustento ó alimento.

NUTRIMENTO, s. m. La sustancia de los alimentos que sirve á la nutricion, V. NUTRICION. || met. La materia ó causa del aumento, actividad ó fuerza de una cosa en cualquiera línea, especialmente en lo moral.

NUTRIR, v. a. Aumentar la sustancia del cuerpo del animal por medio del alimento. || met. Aumentar ó dar nuevas fuerzas en cualquiera línea, pero especialmente en lo moral.

NUTRITIVO, VA, adj. Que tiene fuerza de nutrir ó aumentar.

NUTRIZ, s. f. V. AMA DE LECHE.

Ñ

Ñ Décimacuarta letra de nuestro alfabeto. Fórmase el sonido de esta letra como el de la *n*, pero con mas parte de la lengua y mas apegada y firme en el paladar, y se percibe por consiguiente mas en ella la semejanza con las nasales.

ÑAGAZA, s. f. V. AÑAGAZA.

ÑAQUE, s. m. Conjunto ó monton de cosas inútiles y ridículas.

ÑIQUIÑAQUE, Voz de ninguna significacion, que se suele usar para desprecio de algun sugeto ú otra cosa.

ÑOCLO, s. m. Especie de melindre hecho de masa de harina, azúcar, manteca de vacas, huevos, vino y anis.

ÑOÑO, ÑA, adj. fam. Caduco ó chocho. Dícese de los viejos.

ÑORA, s. f. *p. Murc.* V. NORIA.

ÑUBLADO, p. p. de ÑUBLAR.

ÑUBLADO, s. m. ant. V. NUBLADO.

ÑUBLAR, v. a. ant. V. NUBLAR.

ÑUBLO, s. m. ant. V. NUBLO.

ÑUDILLO, s. m. ant. V. NUDILLO.

ÑUDO, s. m. ant. V. NUDO.

ÑUDOSO, SA, adj. ant. V. NUDOSO.

O

O Décimaquinta letra de nuestro alfabeto. Su sonido es claro y vigoroso: se forma con la boca abierta, como en las demas vocales, alargando los labios para fuera un poco en forma redonda.

O, adv. ant. DO Ó DONDE.

OBC

OBCECACION, s. f. Ceguedad, deslumbramiento, ofuscacion.

*OBCECACION, s. f. La accion y efecto de obcecar.

OBCECADO, p. p. de OBCECAR.

OBCECAR, v. a. Cegar, deslumbrar ó ofuscar.

OBCEGADO, p. p. de OBCEGAR.

OBCEGAR, v. a. ant. V. OBCECAR.

OBDURACION, s. f. Dureza ó porfía en resistir, obstinacion y terquedad.

OBEDECEDOR, RA, s. m. y f. El que obedece.

OBEDECER, v. a. Hacer la voluntad del superior que manda, sujetarse á él y egecutar sus preceptos. ‖ Se entiende tambien de algunos animales que ceden con docilidad á la escuela y al régimen que se les quiere poner para servirse de ellos. ‖ met. Se dice de los metales y otras cosas inanimadas cuando se logra reducirlas al fin para que se destinan. ‖ HACERSE OBEDECER, Tener entereza para hacer que se cumpla lo que se manda. ‖ MAS VALE OBEDECER QUE SACRIFICAR, Enseña la obligacion que se tiene de obedecer en primer lugar y ante todas cosas el precepto del superior.

OBEDECIDO, p. p. de OBEDECER.

OBEDECIENTE, p. a. ant. de OBEDECER, Que obedece.

OBEDECIMIENTO, s. m. ant. El acto de obedecer.

OBEDIENCIA, s. f. Sujecion y subordinacion á la voluntad del superior egecutando sus preceptos. ‖ Precepto del superior. ‖ Entre los regulares el permiso que da el superior á un súbdito para ir á predicar, ó la asignacion de oficio para otro convento ó para hacer algun viage. ‖ En las órdenes regulares es el oficio ó empleo de comunidad que sirve ó desempeña un religioso por órden de sus superiores. ‖ met. La docilidad con que los brutos é insensibles se sujetan á la enseñanza ó al arte. ‖ OBEDIENCIA CIEGA, La que se egerce sin examinar los motivos ó razones del que manda. ‖ ACATAR OBEDIENCIA, ant. Tener obediencia ó rendirla. ‖ Á LA OBEDIENCIA, Expr. cortesana con que alguno se somete al gusto de otro. ‖ DAR LA OBEDIENCIA, Sujetarse á alguno, reconocerle por su superior.

OBEDIENCIAL, adj. Que pertenece á la obediencia.

OBEDIENTE, adj. Que obedece.

OBEDIENTEMENTE, adv. Con resignacion, sujecion y obediencia.

OBEDIENTÍSIMAMENTE, adv. sup. de OBEDIENTEMENTE.

OBEDIENTÍSIMO, MA, adj. sup. de OBEDIENTE.

OBEJARUCO, s. m. ant. V. ABEJARUCO.

OBELISCO, s. m. Pirámide de piedra sobre base cuadrada, la cual erigida perpendicularmente sirve de adorno en algun lugar público. ‖ La señal que se suele poner en la márgen de los libros para anotar alguna cosa particular.

OBELO, s. m. V. OBELISCO.

OBENCADURA, s. f. *Náut.* Conjunto de los obenques.

OBENQUE, s. m. *Náut.* Cada uno de los cabos gruesos que encapillan en la cabeza del palo ó garganta sobre los baos.

OBESIDAD, s. f. Crasitud ó gordura demasiada del cuerpo del hombre.

OBESO, SA, adj. Grueso de cuerpo en demasía.

ÓBICE, s. m. Obstáculo, embarazo, estorbo, impedimento.

OBISPADO, s. m. La prelacía ó dignidad del obispo. ‖ Territorio ó distrito asignado á cada obispo para egercer sus funciones y jurisdiccion.

OBISPAL, adj. V. EPISCOPAL.

OBISPALÍA, s. f. Palacio ó casa del obispo junto á la catedral. ‖ Territorio perteneciente al obispo ó á la dignidad episcopal.

OBISPAR, v. n. Obtener algun obispado, ser provisto en él. ‖ met. y fam. Morirse, haberse perdido alguna cosa que se tenia, ó que se pretendia.

OBISPILLO, s. m. d. de OBISPO.

Nombre que dan en algunas partes á un muchacho que la víspera de san Nicolas de Bari se viste de obispo, y le llevan con gran fiesta á la iglesia. || Burla que hacian los estudiantes en las universidades con los nuevos, poniéndolos sentados con alguna mitra de papel. || Una morcilla grande que se hace cuando se matan los puercos. || En las aves, V. SABADILLA.

OBISPO, s. m. El prelado superior de alguna diócesi legítimamente consagrado. || Pez fabuloso que se fingió ser parecido á un obispo. || OBISPILLO, morcilla, etc. || *Germ.* El gallo. || OBISPO AUXILIAR, El que nombran algunos obispos y arzopispos para que les ayuden á cumplir con la carga de pastor. || OBISPO DE ANILLO, V. OBISPO AUXILIAR. || OBISPO DE PRIMERA SILLA, V. METROPOLITANO. || OBISPO DE TÍTULO, V. OBISPO AUXILIAR.

OBJECION, s. f. Réplica, razon que se propone, dificultad que se discurre en contrario de una opinion, ó para impugnar alguna proposicion.

OBJECTO, s. m. ant. Objecion, tacha, reparo.

OBJETADO, p. p. de OBJETAR.

OBJETAR, v. a. Oponer alguna cosa á una opinion para combatirla ó refutarla.

OBJETIVAMENTE, adv. En cuanto al objeto ó por razon del objeto.

OBJETIVO, VA, adj. Que pertenece al objeto.

OBJETO, s. m. Que se percibe con alguno de los sentidos, ó acerca de lo cual se egercen. || Término ó fin de los actos de las potencias. || Fin ó intento á que se dirige ó encamina alguna cosa. || La materia y el sugeto de una ciencia. || ant. Objecion ó tacha, reparo. || ant. Tacha y excepcion. || OBJETO DE ATRIBUCION, Principal ó último fin á quien se dirigen todos los actos de la facultad ó de la potencia. Se dice de otras que principalmente se intentan.

OBLACION, s. f. Ofrenda y sacrificio que se hace á Dios.

OBLADA, s. f. La ofrenda que se lleva á la iglesia, y se da por los difuntos.

OBLATA, s. f. La porcion de dinero que se da al sacristan ó á la fábrica de la iglesia por razon del gasto de vino, hostias, cera ú ornamentos para decir las misa. || En la misa es la hostia ofrecida y puesta sobre la patena, y el vino en el cáliz ántes de estar consagrados.

OBLEA, s. f. Hoja muy delgada hecha de harina y agua, que sirve para diversos usos, y para cerrar las cubiertas de las cartas.

OBLICUAMENTE, adv. Con oblicuidad.

OBLICUAR, v. a. Dar direccion á alguna cosa al traves ó con inclinacion á otra.

OBLICUIDAD, s. f. Direccion al sesgo, al traves, con inclinacion. || OBLICUIDAD DE LA ECLÍPTICA, El ángulo que forma la eclíptica con el ecuador.

OBLICUO, CUA, adj. Sesgado, inclinado. || Se dice del plano ó línea que cae sobre otro, y hace con él ó ella ángulo que no es recto.

OBLIGACION, s. f. Vínculo que estrecha á dar alguna cosa ó egecutar alguna accion. || La escritura que uno hace ante escribano á favor de otro de que cumplirá aquello que ofrece y á que se obliga. || La correspondencia que uno debe manifestar que tiene al beneficio que ha recibido de otro. || El contrato que hace alguna ciudad ó villa con el particular que promete abastecerla de carne, jabon, tocino, etc. || Casa donde el obligado vende el género que está de su cargo. || OBLIGACIONES, pl. Se toma por las prendas y estimacion que debe conservar el hombre honrado para ser estimado y respetado. || La familia que cada uno tiene que mantener, y particularmente la de los hijos y parientes. || OBLIGATION CIVIL, La que no subsistiendo en realidad, consta de suerte en el fuero judicial, que puede el que aparece deudor ser estrechado por el juez á su cumplimiento. || OBLIGACION MISTA, La que subsiste en realidad y consta para el fuero judicial por instrumento legítimo. || OBLIGACION NATURAL, La que por provenir de contrato no admitido en el derecho civil, subsiste solamente en el interno. || CONSTITUIRSE EN OBLIGACION DE ALGUNA COSA, Obligarse á ella. || CORRER OBLIGACION Á ALGUNO, met. Estar obligado.

OBLIGADÍSIMO, MA, adj. sup. de OBLIGADO.

OBLIGADO, p. p. de OBLIGAR. || Usado como sustantivo significa la persona á cuya cuenta corre el abastecer á un pueblo ó ciudad de algun género, como nieve, carbon, carne, etc. || *Mús.* Lo que canta ó toca un músico como principal, acompañándole las demas voces ó instrumentos.

OBLIGAMIENTO, s. m. ant. V. OBLIGACION.

OBLIGANTE, p. a. de OBLIGAR, Que obliga.

OBLIGAR, v. a. Atar, ligar, precisar, mover eficazmente á alguna cosa, aunque sea repugnante. ‖ Adquirirse y atraer la voluntad ó benevolencia de otro.

OBLIGARSE, v. r. Comprometerse, hacerse responsable de alguna cosa.

OBLIGATIVO, VA, adj. ant. V. OBLIGATORIO.

OBLIGATORIO, RIA, adj. Que precisa y obliga á cumplirse ó egecutarse.

OBLONGO, GA, adj. Que es mas largo que ancho.

OBNOXIO, XIA, adj. ant. Expuesto á contingencia ó peligro.

OBOE, s. m. V. OBUE.

OBÓLO, s. m. Moneda ateniense que valia como seis maravedís. ‖ *Farm.* Medio escrúpulo.

OBRA, s. f. Cualquiera cosa hecha ó producida por algun agente. ‖ Los escritos de alguno. ‖ El edificio que se va fabricando ó la compostura que se hace en alguna cosa. ‖ Medio, virtud ó poder. ‖ El gran trabajo que cuesta ó el mucho tiempo que se gasta en egecutar alguna cosa. ‖ Cantidad, magnitud ó distancia de alguna cosa cuando se determina á poco mas ó ménos. ‖ La labor que tiene que hacer un artesano. ‖ Toda suerte de accion moral, y principalmente la que se encamina al provecho del alma ó la que le hace daño. ‖ ant. Hablando de las iglesias lo que hoy se dice la fábrica de ellas. ‖ OBRA CORONADA, *Fort.* Una de las obras exteriores. ‖ OBRA DE, Determina una cantidad sobre poco mas ó ménos. ‖ OBRA DE ARTE MAYOR, fam. Obra de mucho primor ó de dificil egecucion. ‖ OBRA DE FÁBRICA, El arco, pared ú otra cosa fabricada de ladrillo, ó piedra cortada colocada con arte y órden. ‖ OBRA DE MISERICORDIA, Cada uno de aquellos actos con que se socorre al necesitado corporal ó espiritualmente. ‖ OBRA DE ROMANOS ó ROMANA, Cualquiera cosa que cuesta mucho trabajo y tiempo, ó que es perfecta y acabada en su línea. ‖ OBRA EN PECADO MORTAL, met. y fam. La que ó no consigue el fin que se intenta, ó no tiene la correspondencia debida. ‖ OBRA MANUAL, ant. V. OPERACION. ‖ OBRA MUERTA, *Náut.* Las obras exteriores de una embarcacion que estan fuera del agua. ‖ OBRA MUERTA, En lo moral es la que es buena en sí, pero que por estar en pecado mortal el que la egecuta no es meritoria de la vida eterna. ‖ OBRA PIA, vulg. Cualquier cosa en que se halla utilidad. ‖ Establecimiento piadoso para el culto de Dios ó egercicio de la caridad con el prógimo. ‖ OBRA PRIMA, El arte de zapatería de nuevo. ‖ OBRA VIVA, *Náut.* La obra de una embarcacion en la parte que está sumergida en el agua. ‖ OBRAS ACCESORIAS, *Fort.* Las obras menores que interior ó exteriormente se hacen para mayor seguridad de las principales. ‖ OBRAS ACCIDENTALES, *Fort.* V. OBRAS ACCESORIAS. ‖ OBRAS EXTERIORES, *Fort.* Las que se hacen de la contraescarpa afuera. ‖ Á OBRA DE, V. OBRA DE. ‖ ALZAR DE OBRA, Entre obreros suspender el trabajo. ‖ BUENA OBRA, El socorro oportuno ó favor que se da á alguno, ó cualquiera cosa en que se le ayuda. ‖ DAR OBRA, Dar que trabajar á los oficiales. ‖ Dedicarse ó emplearse en algun trabajo. ‖ LA OBRA DEL ESCORIAL, met. fam. Se dice de cualquiera cosa que tarda mucho en finalizarse. ‖ MALA OBRA, Incomodidad, perjuicio, daño. ‖ METER EN OBRA, V. PONER POR OBRA. ‖ NI OBRA BUENA, NI PALABRA MALA, Moteja á los que ofrecen mucho, y nada cumplen. ‖ PONER POR OBRA, Pasar á egecutar alguna cosa, y dar principio á ella. ‖ PONER POR OBRA ALGUNA COSA, Hacerla, egecutarla. ‖ SECA ESTÁ LA OBRA, Expr. fam. y gros. con que los artífices y oficiales dan á entender al dueño de alguna obra que es menester remojarla dándoles para refrescar. ‖ SENTARSE LA OBRA, *Arq.* Enjugarse la humedad de la fábrica, y adquirir esta la union y firmeza necesaria. ‖ TOMAR UNA OBRA, Encargarse de ella, concertándola para ponerla en egecucion.

OBRADA, s. f. La labor que un par de mulas ó bueyes hace en un dia.

OBRADO, p. p. de OBRAR.

OBRADOR, RA, s. m. y f. Hacedor, artífice. ‖ Oficina ó taller donde se egecutan obras de manos.

OBRADURA, s. f. Lo que de cada vez se exprime en el molino de aceite en cada prensa.

OBRAGE, s. m. La manufactura. ‖ Oficina ó parage donde se labran paños y otras cosas para el uso comun.

OBRAGERO, s. m. Capataz que gobierna la gente que trabaja en alguna obra.

OBRANTE, p. a. OBRAR, Que obra.

OBRAR, v. a. Hacer alguna cosa, trabajar en ella. ‖ Egecutar ó practicar alguna cosa no material. ‖ Causar, producir ó hacer efecto. ‖ Construir, edificar, hacer alguna obra. ‖ Exonerar el vientre.

OBRECICA, LLA, TA, s. f. d. ant. de OBRA.

OBREPCION, s. f. Falsa narracion de un hecho que se dice al superior para sacar ó conseguir de él algun rescripto, empleo ó dignidad, y si no se digese serviría de impedimento á su logro.

* OBREPTICIAMENTE, adv. De una manera obrepticia.

OBREPTICIO, CIA, adj. for. Que se pretende ó consigue con obrepcion.

OBRERÍA, s. f. El cargo del obrero. ‖ La renta destinada para la fábrica de la iglesia ó de otras comunidades, el cuidado de ella, y el sitio ú oficina para este despacho.

OBRERO, RA, s. m. y f. El que trabaja. ‖ El oficial que trabaja por jornal en las obras de las casas y en las labores del campo. ‖ met. El que trabaja apostólicamente en la salud de las almas. ‖ El que cuida de las obras en las iglesias ó comunidades. ‖ Dignidad de las órdenes militares que cuida de los reparos y obras del convento. ‖ El dezmero que en algunas partes está señalado, y debe pagar á la obrería de la iglesia catedral. ‖ ant. V. MAESTRO DE OBRAS. ‖ ant. El que obra ó hace alguna cosa. ‖ OBRERO DE VILLA, V. ALBAÑIL.

OBRICA, LLA, TA, s. f. d. de OBRA.

OBRIZO, adj. Se aplica al oro muy puro, acendrado y subido de quilates.

OBSCENAMENTE, adv. Impuramente, con torpeza y lascivia.

OBSCENIDAD, s. m. Impureza, suciedad, torpeza y lascivia.

OBSCENO, NA, adj. Impuro, sucio, torpe y lascivo.

OBSCURACION, s. f. V. OSCURIDAD.

OBSCURAMENTE, adv. V. OSCURAMENTE.

* OBSCURAR, v. a. ant. V. OSCURECER.

OBSCURECER y OBSCURECERSE, v. a. y r. V. OSCURECER y OSCURECERSE.

* OBSCURECIDO, p. p. de OBSCURECER.

* OBSCURECIMIENTO, s. m. V. OSCURECIMIENTO.

OBSCURIDAD, s. f. V. OSCURIDAD.

* OBSCURÍSIMO, MA, adj. sup. de OBSCURO.

OBSCURO, RA, adj. V. OSCURO.

OBSECUENTE, adj. Obediente, rendido, sumiso.

OBSECUENTÍSIMO, MA, adj. sup. de OBSECUENTE.

OBSEQUIADO, p. p. de OBSEQUIAR.

* OBSEQUIADOR, RA, s. m. y f. El que obsequia.

OBSEQUIANTE, p. a. de OBSEQUIAR, Que corteja, sirve y procura agradar.

OBSEQUIAR, v. a. Cortejar, servir, obedecer y dar gusto á alguna persona, que por lo regular es superior.

OBSEQUIAS, s. f. pl. ant. V. EXEQUIAS. ‖ ant. Canto fúnebre en alabanza ó memoria de algun difunto.

OBSEQUIO, s. m. Oficio reverente para servir ó contentar á alguno.

OBSEQUIOSAMENTE, adv. Con reverencia, cortejo y acatamiento.

OBSEQUIOSÍSIMAMENTE, adv. sup. de OBSEQUIOSAMENTE.

OBSQUIOSÍSIMO, MA, adj. sup. de OBSEQUIOSO, SA.

OBSEQUIOSO, SA, adj. Rendido, cortesano y sujeto á hacer la voluntad de otro.

* OBSERVABLE, adj. Que puede ser observado.

OBSERVACION, s. f. Accion de observar. ‖ La misma cosa observada. ‖ Cumplimiento de alguna órden ley ó precepto.

OBSERVADO, p. p. de OBSERVAR.

OBSERVADOR, RA, s. m. y f. El que atentamente repara y nota todo lo que ve y oye. ‖ El que observa, cumple y guarda las reglas, leyes ó constituciones. ‖ Astrónomo que observa los movimientos de los astros.

OBSERVANCIA, s. f. Reverencia, honor, acatamiento que hacemos á los mayores y á las personas superiores. ‖ Cumplimiento exacto y puntual de lo que se manda egecutar. ‖ En algunas órdenes religiosas el estado antiguo de ellas á distinction de la reforma. ‖ PONER EN OBSERVANCIA, Hacer que se observe con todo rigor lo que se manda, impone y ordena. ‖ REGULAR OBSERVANCIA, En algunas religiones observancia de la regla segun estaba al tiempo que admitiéron alguna reforma.

OBSERVANTE, p. a. de OBSERVAR, Que guarda y cumple exactamente lo que es de su obligacion ó se le manda. ‖ Se aplica al religioso de ciertas familias y á la familia.

OBSERVANTEMENTE, adv. Con observancia.

OBSERVANTÍSIMAMENTE, adv. sup. de OBSERVANTEMENTE.

OBSERVANTÍSIMO, MA, adj. sup. de OBSERVANTE.

OBSERVAR, v. a. Mirar, advertir

con atencion. || Guardar y cumplir exactamente lo que se manda y ordena. || *Astron.* Especular los movimientos de los astros.

OBSERVATORIO, s. m. Lugar á propósito para observar cómodamente los astros.

OBSESION, s. f. Asistencia de los espíritus malignos al rededor de alguna persona.

OBSESO, SA, adj. Se aplica á los que tienen arrimados los espíritus malignos que los cercan y rodean.

OBSIDIANA, adj. y s. Cierto género de piedra que ya no se halla.

OBSIDIONAL, adj. Que pertenece al sitio de una plaza. || V. LÍNEA.

OBSOLETO, TA, adj. ant. Anticuado ó ya no usado.

OBSTÁCULO, s. m. Impedimento, embarazo, inconveniente.

OBSTANCIA, s. f. ant. V. OBJECION.

OBSTANTE, p. a. de OBSTAR. Que obsta. || NO OBSTANTE, Sin embargo de otra disposicion, ó sin que sirva de impedimento.

OBSTAR, v. n. Impedir, estorbar, hacer contradiccion y repugnancia.

OBSTAR, v. imp. Oponerse ó ser contraria una cosa á otra.

OBSTINACION, s. f. Pertinacia, porfía, terquedad en el ánimo y perseverancia en el error. || Dureza ó tenacidad de las cosas con que resisten á la actividad del agente.

OBSTINADAMENTE, adv. Terca y porfiadamente, con pertinacia y tenacidad en el ánimo.

OBSTINADÍSIMAMENTE, adv. sup. de OBSTINADAMENTE.

OBSTINADÍSIMO, MA, adj. sup. de OBSTINADO.

OBSTINADO, p. p. de OBSTINARSE.

OBSTINARSE, v. r. Mantenerse en su resolucion y tema, porfiar con necedad y pertinacia.

OBSTRUCCION, s. f. *Med.* Impedimento en las vias del cuerpo del animal.

OBSTRUCTIVO, VA, adj. Que causa obstrucciones.

OBSTRUIR, v. a. Cerrar y tapar las vias del cuerpo del animal.

OBSTRUIRSE, v. r. met. Cerrarse y taparse algun agujero, grieta ú otra cosa por algun estorbo.

OBTEMPERADO, p. p. de OBTEMPERAR.

OBTEMPERAR, v. a. ant. V. OBEDECER.

OBTENCION, s. f. La accion de obtener.

OBTENER, v. a. Alcanzar, conseguir y lograr alguna cosa que se merece ó solicita y pretende. || Tener, conservar y mantener.

OBTENIDO, p. p. de OBTENER.

OBTENTO, s. m. Renta eclesiástica.

OBTESTACION, s. f. Protesta ó amenaza que se hace á alguno conjurándole con razones y otros motivos que le persuadan.

OBTUSÁNGULO, adj. *Geom.* Se aplica al triángulo que tiene un ángulo obtuso.

OBTUSO, SA, adj. Romo, sin punta.

OBUÉ, s. m. Instrumento músico de boca muy parecido al bajon. || El músico que tañe el instrumento de este nombre.

OBUS, s. m. *Artill.* Especie de mortero largo de 7 á 9 pulgadas de diámetro.

OBVENCION, s. f. Provecho casual ó que sobreviene al principal útil de alguna cosa.

OBVIADO, p. p. de OBVIAR.

OBVIAR, v. v. Evitar, huir, apartar y quitar de en medio.

OBVIAR, v. n. Obstar, estorbar, oponerse.

OBVIO, VIA, adj. Que se encuentra ó pone delante de los ojos. || met. Claro, sin dificultad.

OBYECTO, TA, adj. ant. Interpuesto, intermedio, puesto delante.

OBYECTO, s. m. V. OBJECION ó RÉPLICA.

OCA

OCA, s. f. Ave, V. ANSAR. || Planta indígena de la América, cuya raiz, conocida en algunas partes con el nombre de CAVÍ, se come cocida. || Cierto juego.

OCAL, adj. Se aplica á cierto género de peras ó manzanas muy gustosas y delicadas y á otras frutas. || Se aplica al capullo que forman dos ó mas gusanos juntos, y á la seda que se hace de ellos.

OCALEAR, v. n. Hacer los gusanos los capullos ocales.

OCASION, s. f. Oportunidad ó comodidad de tiempo ó lugar, que como acaso se ofrece para egecutar alguna cosa. || Causa ó motivo por que se hace alguna cosa. || Peligro ó riesgo. || Tiempo oportuno, sazon y coyuntura. || ant. Defecto ó vicio corporal. || OCASION PRÓXIMA, Aquella en que puesto alguno, siempre ó casi siempre cae en la culpa. ‖ OCASION REMOTA, Aquella que de suyo no induce á pecado. ‖ ASIR LA OCASION POR LA MELENA Ó POR LOS CABELLOS, fam. Usar en debido tiempo de la oportunidad que se ofrece. ‖ PERDER LA OCASION Ó EL TIEMPO, No aprovecharse ó no valerse de ellos. ‖ NO PERDER OCASION, Estar atento y vigilante para aprovecharse de todas las circunstancias y oportunidades. ‖ PONER EN OCASION, Poner á alguno en riesgo ó peligro, ó provocarle é incitarle á él. ‖ PONERSE EN OCASION, Andar buscando los riesgos y peligros. ‖ POR OCASION, ant. Por casualidad, por accidente. ‖ TOMAR LA OCASION POR LOS CABELLOS Ó POR EL COPETE, met. y fam. No perder ninguna coyuntura favorable para conseguir alguna cosa. ‖ TOMAR OCASION, Buscar ó tomar motivo para egecutar alguna cosa.

OCASIONADÍSIMO, MA, adj. sup. de OCASIONADO.

OCASIONADO, p. p. de OCASIONAR. ‖ OCASIONADO, DA, adj. Provocativo, molesto y mal acondicionado. ‖ ant. Defectuoso, imperfecto, ó que tiene algun vicio corporal. ‖ Expuesto á ocasiones y peligros.

OCASIONADOR, RA, s. m. y f. El que da ocasion ó motivo para alguna cosa.

OCASIONAL, adj. Que da ocasion ó motivo para alguna cosa, ó sobreviene por alguna ocasion ó accidente.

OCASIONALMENTE, adv. Por ocasion ó contengencia.

OCASIONAR, v. a. Ser causa ó motivo para que suceda alguna cosa. ‖ Mover ó excitar. ‖ Poner en riesgo ó peligro.

OCASIONCILLA, TA, s. f. d. de OCASION.

OCASO, s. m. La ocultation de cualquier astro por el horizonte. ‖ V. OCCIDENTE, PONIENTE. ‖ met. La muerte.

OCCIDENTAL, adj. Que pertenece al occidente. ‖ Uno de los varios epítetos que los astrólogos dan al tercer cuadrante del tema celeste. ‖ Se dice de los planetas cuando se ponen despues de puesto el sol.

OCCIDENTE, s. m. La parte del horizonte por donde se pone el sol y todos los demas astros. ‖ Parte de la tierra que respecto de nuestra habitacion cae hácia donde se pone el sol.

* OCCIDUA, adj. f. *Astr.* Solo se usa en esta frase: AMPLITUD OCCIDUA, La distancia del punto del horizonte en que un astro se pone al observarle á uno de los dos puntos del horizonte que cortan el ecuador.

OCCIPITAL, adj. Se aplica á uno de los huesos que tiene el casco de la cabeza.

OCCIPUCIO, s. m. La parte superior de la cabeza por donde se une con las vértebras del cuello.

OCCISION, s. f. ant. Muerte violenta.

OCCISO, SA, adj. ant. Muerto violentamente.

OCÉANO, s. m. Aquel grande y dilatado mar que rodea toda la tierra. ‖ met. Se usa muchas veces para expresar las cosas que no puede ponderar la lengua por su grandeza ó inmensidad.

* OCHA, s. f. p. u. V. OCTAVA.

OCHAVA, s. f. Una parte de las ocho en que se divide un todo. ‖ V. OCTAVA.

OCHAVADO, p. p. de OCHAVAR. ‖ OCHAVADO, DA, adj. Se aplica á lo que está terminado por ocho lados y ángulos iguales.

OCHAVAR, v. a. *Arq.* Formar en figura ochavada.

OCHAVARIO, s. m. ant. V. OCTAVARIO.

OCHAVO, VA, adj. ant. V. OCTAVO.

OCHAVO, s. m. Moneda castellana de cobre, que vale dos maravedis. ‖ Cualquier edificio ó lugar que tiene figura ochavada. ‖ ant. Una parte de las ocho en que se divide un todo.

OCHENTA, adj. Se aplica al número que se produce del diez multiplicado por ocho.

OCHENTAL, adj. ant. V. OCTOGENARIO.

OCHENTANARIO, RIA, adj. ant. V. OCTOGENARIO.

OCHENTAÑAL, adj. num. ant. V. OCTOGENARIO.

OCHENTON, NA, adj. fam. Que se usa hablando de la persona que tiene ochenta años.

OCHO, adj. num. card. El número que consta de ocho unidades. ‖ En algunas expresiones lo mismo que OCTAVO.

OCHO, s. m. El carácter ó cifra que representa este número. ‖ Naipe que tiene ocho señales. ‖ La cuarta parte de un cuartillo de vino. ‖ DAR Ó ECHAR CON LOS OCHOS Y LOS NUEVES, met. Decir á uno cuanto se le ofrece sobre alguna queja que se tiene de él explicándola con palabras sensibles.

OCHOCIENTOS, adj. num. card. Ocho centenas ú ocho veces ciento.

OCHOSEN, s. m. Moneda antigua, que valia un dinero y dos meajas.

OCIAR, v. a. Divertir á alguno del trabajo en que está empleado.

OCIAR, v. n. Dejar el trabajo, darse al ocio.

OCIO, s. m. Cesacion del trabajo, inaccion ó total omision de hacer alguna cosa.||Diversion ú ocupacion quieta, especialmente en obras de ingenio.||ENTREGARSE Ó DARSE AL OCIO, Abandonarse y darse á la vida holgazana, empleándose solo en vicios, torpezas y delitos.

OCIOSAMENTE, adv. Sin ocupacion ó egercicio.||Sin fruto ni utilidad.

OCIOSIDAD, s. f. El vicio de perder ó gastar el tiempo inútilmente. || El efecto del ocio, como son palabras ociosas, juegos y otras diversiones.

OCIOSO, SA, adj. Dícese de la persona que está sin trabajar ó hacer alguna cosa, ó de lo que no tiene uso ni egercicio en aquellas cosas que le deben tener.||Desocupado ó que no tiene que hacer cosa precisa. || Que es sin fruto, provecho ni sustancia.

* OCLOCRACIA, s. f. Gobierno plebeyo.

OCOZOAL, s. m. Serpiente que se halla en el reino de Mégico, que tiene la cabeza de víbora.

OCOZOL, s. m. Árbol de veinte á treinta pies de altura, é indígeno de Nueva-España, de que se saca el liquidámbar.

OCRE, s. m. Fósil compuesto de una arcilla combinada con un óxido de hierro. || OCRE QUEMADO, El ocre amarillo cuando habiéndosele dado un cierto grado de fuego toma el color rojo oscuro.

* OCRO, s. m. Planta resolutiva.

OCTAEDRO, s. m. *Geom.* Sólido regular terminado por ocho triángulos equiláteros.

OCTAGONAL, adj. Que pertenece al octágono.

OCTÁGONO, NA, adj. y s. *Geom.* Figura que consta de ocho lados y ocho ángulos.

OCTANTE, s. m. *Astron.* Instrumento astronómico para tomar la altura del sol.

OCTAVA, s. f. Espacio de ocho dias, durante los cuales celebra la iglesia alguna fiesta solemne. || Cierta composicion poética, que consta de ocho versos de once sílabas.||La azumbre que se sisa en cada cántara ó arroba de vino, aceite y vinagre. || El librito en que se contiene el rezo de alguna octava. || *Mús.* La voz que completa el diapason.||OCTAVA CERRADA, Entre los eclesiásticos la que no admite ni da lugar al rezo de otro santo ó festividad alguna.||OCTAVA DE COLUBRINA, V. FALCONETE.

OCTAVAR, v. n. *Mús.* Formar octavas ó diapasones en los instrumentos de cuerdas. || Deducir la octava parte de las especies sujetas al servicio de millones.

OCTAVARIO, s. m. La fiesta que se hace en los ocho dias de una octava.

* OCTAVIANO, NA, adj. De Octaviano. || PAZ OCTAVIANA, met. Paz profunda.

OCTAVILLA, s. f. El medio cuartillo que se sisa de cada azumbre en las ventas por menor del vino, aceite y vinagre.

* OCTAVILLO, s. m. Especie de flauta.

OCTAVO, VA, adj. Que completa ó acaba la el número de ocho. || Cada uno de los ocho fragmentos ó partes en que se supone dividido cualquier todo.

* OCTENTÉSIMO, MA, adj. num. ord. Octuagésimo.

* OCTIL, s. m. *Astr.* La octava parte del zodíaco ó 45 grados.

OCTOGENARIO, RIA, adj. Que tiene ochenta años.

OCTOGENTÉSIMO, MA, adj. num. ord. Que completa el número de ochocientos.

OCTOGÉSIMO, adj. num. ord. Que completa el número de ochenta.

OCTOSILÁBICO, CA, adj. Que consta de ocho sílabas.

OCTOSÍLABO, BA, adj. Que consta de ocho sílabas.

* OCTUAGÉSIMO, MA, adj. num. ord. Octentésimo.

OCTUBRE, s. m. Octavo mes en el primer reglamento del año romano, y décimo en el que despues usó Roma y al presente se usa.

* OCTUPLAR, v. a. Octuplicar, multiplicar por ocho.

* OCTUPLICAR, v. a. V. OCTUPLAR.

* ÓCTUPLO, PLA, adj. Que contiene ocho veces tanto.

OCULAR, adj. Que pertenece á los ojos ó se hace con ellos. || Dícese de la lente que está mas inmediata á los ojos en los anteojos de larga vista.

OCULARMENTE, adv. Con inspeccion material de la vista.

OCULISTA, s. m. El cirujano que se

particularmente á curar las en-
ladea de los ojos.
)LTACION, s. f. Sustraccion que
e de alguna cosa para ocultarla y
la de donde pueda ser vista ó se
que la hay. || El silencio por el
e calla una cosa que es cierta y se
debiendo decirla.
ULTADO, p. p. de OCULTAR.
ULTAMENTE, adv. Con secreto,
que se entienda ni perciba || Es-
damente, sin ser visto ni oido.
ULTAR, v. a. Esconder, tapar
zar, encubrir á la vista. || Callar
tidamente lo que se pudiera ó de-
decir.
ULTÍSIMAMENTE, adv. sup. de
AMENTE.
ULTO, TA, adj. Escondido, igno-
sin darse á conocer, ni dejarse ver
tir. || DE OCULTO, V. DE INCÓGNITO.
CULTO, En secreto, sin publicidad.
UPACION, s. f. Acto de ocupar ó
r alguna cosa. || Trabajo ó cuidado
npide emplear el tiempo en otra co-
tinta de él. || Empleo, oficio, ó digni-
| *Ret.* Figura que se comete cuando
icemos cargo de alguna objecion que
podia hacer, y satisfacemos á ella.
UPADÍSIMO, MA, adj. sup. de
DO.
UPADO, p. p. de OCUPAR.
UPADA, adj. f. PREÑADA.
UPADOR, s. m. El que toma ú
alguna cosa.
UPANTE, p. a. de OCUPAR, Que
.
UPAR, v. a. Tomar posesion,
rarse de alguna cosa. || Obtener,
ó estar empleado en alguna cosa.
iar algun espacio ó lugar vacio. ||
ar alguna casa. || Dar que hacer ó
e trabajar, especialmente en algun
ó arte. || Embarazar ó estorbar á
). || met. Lograr la estimacion, la
on ó el cuidado, ó especialmente
exclusion de otra cosa.
URRENCIA, s. f. Encuentro, su-
asual, ocasion ó cuyuntura. || Es-
ú ofrecimiento que ocurre á
ginacion. || OCURRENCIA DE ACREEDO-
l pleito que estos tienen entre sí
obrarse de los bienes del deudor
zo concurso.
JRRENTE, p. a. de OCURRIR, Que
:.
JRRIDO, p. p. de OCURRIR.
JRRIR, v. n. Prevenir, antici-
ó salir al encuentro. || Acaecer,
cer, suceder alguna cosa. || En el
rezo eclesiástico es caer juntamente ó en un mismo dia una fiesta con otra. || Venir á la imaginacion una especie de repente y sin esperarla, ó sobrevenir alguna cosa en alguna dependencia. || Acudir á alguna parte.

OCURSO, s. m. ant. CONCURSO, copia.

ODA

ODA, s. f. Canto, especie de poesía lírica.

* ODALISCA, s. f. Muger del serrallo destinada á los placeres del sultan.

ODIADO, p. p. de ODIAR.

ODIAR, v. a. Aborecer, tener ira y enojo.

ODIARSE, v. r. Profesarse recíprocamente odio.

* ODINO, s. m. Divinidad de los antiguos pueblos del norte.

ODIO, s. m. Aversion absoluta á una persona ó cosa.

* ODIOSAMENTE, adv. Enemigamente, con odio.

ODIOSIDAD, s. f. Aversion parcial y procedente de causa determinada.

ODIOSÍSIMO, MA, adj. sup. de ODIOSO.

ODIOSO, SA, adj. Digno de odio y aborrecimiento.

* ODISEA, s. f. Poema de Homero, en que Ulises es el héroe.

* ODÓMETRO, s. m. Instrumento para medir el camino andado.

* ODONTALGIA, s. f. Dolor de dientes ó de muelas.

* ODONTALGICO, CA, adj. Dícese de los remedios que calman los dolores de muelas ó de dientes.

ODORABLE, adj. ant. Que despide olor ó puede ser olido.

ODORATÍSIMO, MA, adj. sup. ant. Muy oloroso.

ODORATO, s. m. V. OLFATO.

ODORIFERÍSIMO, MA, adj. sup. de ODORÍFERO.

ODORÍFERO, RA, adj. Oloroso, fragrante, suave y grato al olfato.

ODRE, s. m. Cuerto que cosido por todas partes y dejándole arriba una boca, sirve para echar en él vino, aceite y otros licores. || fam. El borracho.

ODRECILLO, s. m. d. de ODRE.

ODRERÍA, s. f. Oficina donde se hacen y venden los odres.

ODRERO, s. m. Oficial que hace ó vende odres.

ODREZUELO, s. m. d. de ODRE.

ODRINA, s. f. ant. Cuero del buey cosido en forma de odre. || met. fam. El borracho. || ESTAR HECHO UNA ODRINA, met. ant. Explica que alguno está lleno de enfermedades y llagas.

OEN

•OENAS, s. m. Paloma juja ó montesina.

OESNORUESTE, s. m. Viento medio entre el NORUESTE y el OESTE. || El punto del horizonte que está perfectamente entre el oeste y el norueste.

OESTE, s. m. El viento occidental, que es uno de los cuatro cardinales. || El punto del horizonte donde se pone el sol al tiempo del equinocio.

OESUDUESTE, s. m. Viento medio entre oeste y sudueste. || El punto del horizonte que está en medio del oeste y el sudueste.

OFE

OFENDEDOR, RA, s. m. y f. V. OFENSOR.

OFENDER, v. a. Hacer daño á otro físicamente hiriéndole ó maltratándole. || Injuriar de palabra ó denostar. || Fastidiar enfadar y desplacer.

OFENDERSE, v. r. Picarse y enfadarse de alguna cosa ó de un dicho que no sienta bien.

OFENDIDÍSIMO, MA, adj. sup. de OFENDIDO.

OFENDIENTE, p. a. ant. de OFENDER, Que ofende.

OFENDIDO, p. p. de OFENDER.

OFENSA, s. f. Daño, injuria, ó agravio que se hace á otro de palabra ú obra. || La accion de ofender ó acometer al enemigo. || Quebrantamiento de la ley ó preceptos de Dios.

OFENSADO, p. p. ant. de OFENSAR.

OFENSADOR, RA, s. m. y f. ant. V. OFENSOR.

OFENSAR, v. a. ant. V. OFENDER.

OFENSION, s. f. Daño, molestia ó agravio.

OFENSIVA, adj. Se aplica al arma que sirve para ofender.

OFENSIVAMENTE, adv. Con daño, ofensa ó injuria.

OFENSIVO, VA, adj. Que ofende ó puede ofender.

OFENSIVO, s. m. Reparo que se pone á alguna cosa, el cual ofende, hiere ó impide que se acerquen á ella.

OFENSOR, RA, s. m. y f. El que ofende, hace daño, hiere ó injuria.

OFERENTE, adj. y s. El que ofrece.

OFERTA, s. f. Promesa que se hace de dar, cumplir ó egecutar alguna cosa.

OFERTO, TA, adj. ant. V. OFRECIDO.

OFERTORIO, s. m. El acto de ofrecer alguna cosa. || Parte de la misa. || La antífona que dice el sacerdote ántes de ofrecer la hostia y el cáliz.

OFICIAL, LA, s. m. y. f. El que se ocupa ó trabaja en algun oficio. || El que trata ó egerce algun oficio de manos con inteligencia y conocimiento, y no ha pasado á ser maestro. || En la milicia, cualquiera desde alférez arriba. || El empleado subalterno que bajo la direccion y órdenes de un gefe, trabaja en alguna oficina. || El verdugo. || El carnicero. || En el estilo cortesano se suele tomar alguna vez por oficioso. || En la república, el que tiene cargo del gobierno de ella. || El que conoce de las causas contenciosas en las audiencias eclesiásticas. || OFICIAL DE LA SALA, En Madrid el escribano que actúa en las criminales. || OFICIAL REAL, Cierto ministro de capa y espada que tiene el rey en diferentes lugares de las Indias. || ES BUEN OFICIAL, Explica la habilidad, destreza ó inteligencia de alguno en cualquiera materia.

OFICIAL, adj. Que es de oficio, y no particular ó privado.

OFICIALAZO, s. m. aum. de OFICIAL. Se dice del muy diestro en algun oficio.

OFICIALÍA, s. f. El empleo de oficial de contaduría ó secretaría.

OFICIALIDAD, s. f. Conjunto de oficiales de un regimiento ó egército.

OFICIAR, v. a. Ayudas á cantar las misas y demas oficios divinos. || Celebrar de preste la misa y demas oficios divinos.

OFICINA, s. f. Sitio donde se hace, se forja ó se trabaja alguna cosa. || El sitio destinado para el trabajo de alguna secretaría. || met. Parage donde se fragua y dispone alguna cosa no material. || OFICINAS, pl. Las piezas bajas de las casas como bóvedas y sótanos.

OFICINAL, adj. V. MEDICINAL.

OFICINISTA, s. m. El que está empleado en cualquiera oficina.

OFICIO, s. m. La obra que cada uno debe hacer y en que está ocupado, segun el lugar y estado que tiene. || Funcion ú operacion de cualquiera cosa. ||

El trabajo y egercicio en que se emplean varios artífices, segun las reglas del arte que cada uno profesa. || El egercicio ó empleo de cada uno. || El derecho de propiedad en virtud de la cual pueden los poseedores de ciertos empleos, servirlos por sí ó por otros, y venderlos, arrendarlos, etc. || El rezo que tienen obligacion á decir todos los dias los eclesiásticos en el coro ú otra parte. || El papel que escribe el ministro ó superior comunicando alguna órden ó aviso, y aquel en que el inferior contesta. || En las casas reales es cualquiera de aquellos cuartos que estan destinados para asistencia de los criados, y para dar desde allí las providencias necesarias al servicio. || La oficina de los escribanos. || OFICIO DE BOCA Ó DE LA BOCA, En palacio cada uno de aquellos que tienen relacion con la comida del rey. || OFICIO DE CABEZA, Aquel cuyo desempeño pende mas del discurso que de la práctica. || OFICIO DE DIFUNTOS, El que la iglesia tiene destinado para pedir por los difuntos. || OFICIO DE SÁBADO, En las escuelas de niños y estudiantes de gramática la anticipacion de los egercicios del sábado, cuando este es dia de fiesta. || OFICIO RENUNCIABLE, El que se adquiere con facultad de pasarle á otro por renuncia. || OFICIO SERVIL, El mecánico ó bajo. || OFICIO PARVO, El que tiene destinado la iglesia para honrar y alabar á nuestra Señora. || OFICIOS, pl. Las funciones solemnes pertenecientes al altar ó al coro. || OFICIOS DE MANOS, En palacio llaman á los menestrales que trabajan para él. || APRENDER BUEN OFICIO, fam. Se dice del que se aplica á oficio que aunque no sea de honra, es de mucha utilidad. || CELEBRAR LOS DIVINOS OFICIOS, Celebrar el sacrificio de la misa, y cantar las horas canónicas en el coro segun el rito de la iglesia. || CORRER BIEN EL OFICIO, Aprovecharse bien de lo que puede dar de sí. || Tener mucho que trabajar en su oficio ó empleo. || DE OFICIO, Con formalidad, acerca del oficio ó cargo. || Por propia obligacion ó sin instancia agena. || HACER SU OFICIO, Cumplir con el ministerio que se tiene. || met. Se dice de las cosas que estan en algun sitio para algun fin. || METERSE EN OFICIO AGENO, Reprende al que se mezcla en lo que no le toca. || PASAR OFICIOS, Comunicar por escrito las noticias, informes, órdenes y demas diligencias para el despacho de algun negocio. || HACER Ó PRACTICAR OFICIOS, Hacer alguna particular diligencia en nombre de otro para que no se le culpe ó se eche ménos en el logro de alguna especial pretension. || SANTO OFICIO, El tribunal de la inquisicion. || SIN OFICIO NI BENEFICIO, ó NO TENER OFICIO NI BENEFICIO, fam. Se apropia á los holgazanes, que quieren vivir y mantenerse, sin tener patrimonio ni oficio alguno, á costa agena. || SUSPENDER Á ALGUNO DE OFICIO Ó EMPLEO, Privarle del egercicio de él por algun tiempo. || TENER OFICIO, met. Se dice de las aceitunas cuando estan pasadas. || TOMARLO POR OFICIO, Se usa para notar la frecuencia con que alguno hace alguna cosa.

OFICIONARIO, s. m. El libro en que se contiene el oficio canónico.

OFICIOSAMENTE, adv. Con oficiosidad.

OFICIOSIDAD, s. f. Diligencia y aplicacion al trabajo. || Diligencia y cuidado en los oficios de amistad. || La importunidad y hazañeria del que se entromete en oficio ó negocio que no le incumbe.

OFICIOSÍSIMO, MA, adj. sup. de OFICIOSO.

OFICIOSO, SA, adj. Se aplica á la persona hacendosa y solícita en egecutar lo que está á su cuidado. || El que solicita agradar á alguno ó persuadir que se haga alguna cosa.

OFRECEDOR, s. m. El que ofrece.

OFRECER, v. a. Prometer alguna cosa graciosamente. || Presentar y dar voluntariamente alguna cosa. || Manifestar y poner patente alguna cosa para que todos la vean. || Dedicar ó consagrar á Dios ó á algun santo la obra buena que se hace ó dice. || Dar alguna limosna, dedicándola á Dios en la misa ó en otras funciones eclesiásticas. || fam. Entrar á beber en la taberna.

OFRECERSE, v. r. Venirse impensadamente alguna cosa á la imaginacion. || Ocurrir ó sobrevenir. || Entregarse voluntariamente á otro para egecutar lo que quisiere.

OFRECIDO, p. p. de OFRECER.

OFRECIMIENTO, s. m. Accion y efecto de ofrecer. || Oferta ó promesa de hacer alguna cosa.

OFRENDA, s. f. Don que se dedica á Dios ó á los santos. || El pan, vino y otras cosas que llevan los fieles á la iglesia por sufragio á los difuntos. || Lo que se da al tiempo de los entierros para la manutencion de los ministros de la iglesia en las partes donde no se pagan diezmos. || Ofrecimiento de dinero que se da á los sacerdotes pobres cuando celebran la primera misa, para lo cual convida el padrino á sus conocidos.

OFRENDAR, v. a. Ofrecer dones y sacrificios á Dios por algun beneficio recibido, ó en señal de rendimiento y adoracion. || Contribuir con dinero ú otros dones para algun fin.

*OFRIS, s. m. Yerba de dos hojas, planta.

OFTALMIA, s. f. *Med.* Enfermedad de los ojos ó inflamacion de ellos.

OFTÁLMICO, CA, adj. Que pertenece á la enfermedad de los ojos.

OFUSCACION, s. f. V. OFUSCAMIENTO.

OFUSCADO, p. p. de OFUSCAR.

OFUSCAMIENTO, s. m. Turbacion que padece la vista por algun reflejo grande de luz ó por algunos vapores ó fluxiones que caen en los ojos. || met. Oscuridad de la razon que confunde las ideas.

OFUSCAR, v. a. Perturbar, deslumbrar y dar á las cosas otro sentido ó color distinto del que tienen. || Oscurecer y hacer sombra.

OGR

*OGRO, s. m. Monstruo imaginario que se decia comer las criaturas.

OH

OH! Interj. de que usamos para exclamar, encarecer, exhortar, reconvenir, etc.

OIB

OIBLE, adj. ant. Que se puede oir.

OIDA, s. f. ant. Accion y efecto de oir. || DE OIDAS, Se usa hablando de las cosas que se saben sin haberlas visto. || POR OIDAS, V. DE OIDAS.

OIDO, p. p. de OIR.

OIDO, s. m. El sentido del oir. || El órgano colocado en la cabeza de los animales por el cual estos perciben el sonido. || El agujero que tienen las armas de fuego por el cual se comunica este á la carga. || OIDOS QUE TAL OYEN, fam. Explica la extrañeza que causa algun despropósito. Suélese decir tambien cuando se oye alguna cosa de gran gusto. || ABRIR LOS OIDOS, met. Escuchar con atencion. || ABRIR TANTO EL OIDO, met. Escuchar con mucha atencion y demasiada curiosidad. || APLICAR EL OIDO, Oir con atencion. || CERRAR LOS OIDOS, Negarse á oir razones ó excusas. || CERRARLE Á UNO LOS OIDOS Ó LOS OJOS, met. Alucinarle para que no vea ni oiga lo que le conviene. || DAR OIDOS, Dar crédito, ó á lo ménos escuchar con gusto lo que se dice. || ENTRAR Ó ENTRARSE ALGUNA COSA POR UN OIDO Y SALIRSE POR OTRO, met. No hacer caso ni aprecio de lo que á uno le dicen. || HACER Ó TENER OIDOS DE MERCADER, met. Hacerse sordo y no querer oir alguna cosa que se dice. || LADRAR AL OIDO Ó Á LA OREJA, Estar sugeriendo á otro alguna especie continua y fuertemente. || LLEGAR Á OIDOS Ó Á SUS OIDOS, met. Venir á noticia de uno alguna cosa que sucede. || NEGAR LOS OIDOS Ó NO DAR OIDOS, met. No permitir alguno que se le vea para hablarle sobre una cosa que se le propone ó solicita de él. || NO SER VISTO NI OIDO, Expresa la gran velocidad y presteza en egecutar alguna cosa. || POR UN OIDO LE ENTRA Y POR OTRO LE SALE, met. Explica la poca impresion que hace en alguno lo que se le dice. || REGALAR EL OIDO Á ALGUNO, Lisonjearle diciéndole cosas que le agraden. || SER BIEN OIDO, Explica la estimacion ó aceptacion que alguno logra en lo que propone ó dice. || TAPARSE LOS OIDOS, met. Denota repugnancia en escuchar. || TENER OIDO, met. Tener facilidad para discernir las consonancias y disonancias.

OIDOR, s. m. El que oye. || Ministro togado que en cualquiera de las audiencias del reino oye y sentencia las causas y pleitos.

OIDORÍA, s. f. Empleo ó dignidad del oidor.

OIMIENTO, s. m. ant. Accion de oir. || ant. for. Audiencia que se daba á cualquier actor ó reo, etc.

OIR, v. a. Percibir por el órgano del oido cualquier sonido. || Asentir. || Atender, escuchar favorablemente los ruegos ó súplicas de alguno. || Hacerse uno cargo ó darse por entendido de lo que le hablan. || Asistir á la explicacion que el maestro hace de alguna facultad para aprenderla. || OIR VER Y CALLAR, Advierte ó aconseja á alguno que no se interese en lo que no le toca u hable cuando no le piden consejo. || OIGA Ó OIGAN, Especie de interjeccion para expresar la extrañeza que causa alguna cosa. || ÓIGASE Ú OIGÁMONOS, Voces que se usan para imponer silencio. || OYE, Especie de interjeccion que denota enfado, y suele servir de amenaza. || OYES Ó OYE VM, Especie de interjeccion para llamar al que está distante. || AHORA LO OIGO, Da á entender la novedad que causa alguna cosa que se dice y de que no se tenia noticia. || COMO QUIEN OYE LLOVER, Denota el poco aprecio que se hace de lo que se escucha ó sucede.

OISLO, s. m. La persona querida y estimada.

OJA

OJAL, s. m. La abertura prolongada que se hace en la ropa para que entre y prenda el boton. || En algunas cosas el agujero que atraviesa de parte á parte.

OJALÁ, interj. Quiera Dios, así sea.

OJALADERA, s. f. La muger que hace y forma los ojales.

OJALADO, p. p. de OJALAR.

OJALADURA, s. f. Conjunto de ojales de un vestido.

OJALAR, v. a. Hacer y formar ojales.

OJANCO, s. m. V. CÍCLOPE.

OJAR, v. a. ant. Mirar atentamente.

OJAZO, s. m. aum. de OJO.

OJEADA, s. f. Mirada pronta y ligera.

OJEADO, p. p. de OJEAR.

OJEADOR, s. m. El que ojea ó espanta con voces la caza.

OJEAR, v. a. Echar los ojos y mirar con atencion á determinada parte. || Espantar con voces la caza para que se levante ó vaya al sitio donde se le ha de tirar. || Espantar y ahuyentar de cualquiera suerte alguna cosa.

OJEO, s. m. Accion de ahuyentar y levantar la caza para conducirla al sitio que se desea. || ECHAR UN OJEO, Disponer un género de caza. || IRSE Á OJEO, met. Buscar con cuidado alguna cosa que se desea ó pretende.

OJERA, s. f. Señal ó mancha en el párpado inferior del ojo.

OJERIZA, s. f. Enojo, encono y mala voluntad que se tiene á otro.

OJEROSO, SA, adj. V. OJERUDO.

OJERUDO, DA, adj. Que tiene ojeras.

OJETE, s. m. Agujero redondo que se hace en la ropa para que entre la agujeta ó cordon con que se afianza. || fam. El ano ú orificio posterior.

OJETEADO, p. p. de OJETEAR.

OJETEAR, v. a. Hacer ojetes.

OJETERA, s. f. Fuerza que se pone á los cantos de las casacas y jubones de las mugeres por la porte donde se atacan.

OJIALEGRE, adj. Que tiene los ojos alegres, vivos y bulliciosos.

OJICO, LLO, TO, s. m. d. de OJO.

OJIENJUTO, TA, adj. Que tiene dificultad en llorar.

OJIMORENO, NA, adj. Que tiene los ojos pardos.

OJINEGRO, GRA, adj. Que tiene los ojos negros.

OJIZAINO, NA, adj. Que mira atravesado y con malos ojos.

OJIZARCO, CA, adj. Que tiene los ojos azules.

OJO, s. m. Órgano colocado en la cabeza de los animales, por el cual reciben estos las sensaciones de la vista. || V. AOJO. || El agujero que tiene la aguja para que entre en ella el hilo. || El agujero que tienen algunas cosas para ensartarse. || El anillo que tienen las herramientas para que entre por él el ástil ó mango con que se agarran. || El manantial de corto caudal, que nace en un terreno algo llano. || Cada una de las gotas de aceite ó grasa que nadan en otro licor. || El círculo de colores que tiene el pavo real en las extremidades de cada una de las plumas de la cola. || El arco de la puente por donde pasa el agua. || El que tiene el molino para que entre la que hace andar la rueda. || met. Atencion, cuidado ó advertencia. || En la letra *e* se llama aquella pequeña abertura que tiene en la cabeza del carácter. || *Impr.* El grueso que tienen los carácteres de ella para dar el cuerpo á la letra. || La mano que se da á la ropa con el jabon cuando se lava. || Nota de advertencia que se pone al márgen de lo escrito ó impreso. || Se toma por expresion de gran cariño ó por el objeto de él. || Cada uno de los huecos ó cavidades que tiene dentro de sí el pan, y otras cosas esponjadas. || Cada una de las mallas de que se componen las redes. || OJO Á LA MÁRGEN, expr. met. Se usa para explicar que se ponga advertencia en alguna cosa. || OJO AL CRISTO QUE ES DE PLATA, Modo de hablar con que se advierte á alguno tenga cuidado con una cosa por el riesgo que hay de que la hurten. || OJO ALERTA, fam. Se advierte á otro que esté con cuidado para evitar algun riesgo ó fraude. || OJO AVIZOR, Alerta, con cuidado. || OJO DE BESUGO, Apodo que se dice del ojo vuelto. || OJO de besugo, fam. El que es pitarroso y remellado. || OJO Ó OJOS DE BITOQUE, Apodo que se da á los que miran atravesado. || OJO DE BUEY, Planta que produce los tallos tiernos y delgados y las hojas como las del hinojo. || fam. El doblon de á ocho. || OJO DE GALLO, Color parecido al del OJO DE GALLO que tienen algunos vinos. || OJO DE GATO, Piedra preciosa, que segun algunos es lo mismo que la esmeralda aguacate. || OJO DE PERDIZ, Entre pasamaneros cierta labor que tiene la figura de un ojo pequeño. || OJO DE POLLO, La raiz pequeña ó mancha negra que se forma en el callo. || OJOS DE CANGREJO, Ciertas piedrezuelas medicinales que los cangrejos de la India oriental crian en la cabeza. || OJOS DE GATO, Apodo que se da al que los tiene azules ó varios en el color. || OJOS DE PREPOSICION, fam. Apodo que se da en el juego al que mira á otro que pierde. || OJOS DE SAPO, El que los tiene muy hinchados, reventones y que le purgan mucho. || OJOS QUE TE VIERON IR, Significa que la ocasion que se perdió una vez no vuelve despues. || OJOS RASGADOS, Los que siendo grandes se descubren mucho por la amplitud de los parpados. || OJOS SALTONES, Los que son muy abultados ó parecen estar fuera de su órbita. || OJOS VIVOS, Los muy brillantes, bulliciosos y alegres. || ABRIR EL OJO, met. y fam. Estar uno advertido para que no le engañen. || ABRIR LOS OJOS, met. Conocer las cosas como ellas son. || ABRIR LOS OJOS Á UNO, met. Darle á conocer lo que ignoraba. || ABRIR TANTO OJO, Significa la alegría con que alguno asiente á lo que se le promete, ó con que desea aquello de que se está hablando. || Á CIERRA OJOS, Sin reparar en inconvenientes. || met. Sin exámen, ni reparo, precipitadamente. || ALEGRÁRSELE Á ALGUNO LOS OJOS, Manifestar en ellos el regocijo extraordinario que ha causado un objeto agradable. || AL OJO, Cercanamente, ó á la vista. || Á LOS OJOS, Á la vista, en presencia de alguno, y delante de él. || ALZAR Ó LEVANTAR LOS OJOS AL CIELO, met. Levantar el corazon á Dios implorando su favor. || Á OJO, Sin peso, sin medida, á bulto. || Á juicio, arbitrio ó discrecion de alguno. || ant. V. Á LOS OJOS. || Á OJO DE BUEN CUBERO, fam. Explica las cosas que se hacen ó venden sin medida, sin peso, y a bulto. || Á OJOS CEGARRITAS, Cerrando casi los ojos para dirigir la vista. || Á OJOS CERRADOS, V. Á CIERRA OJOS. || Á OJOS VISTAS, Visible, clara, patente, palpablemente. || APARTAR LOS OJOS, V. APARTAR LA VISTA. || Á QUIEN TANTO VE UN OJO LE BASTA, Se usa para reprender al que es muy curioso, y se mete á registrar lo que no quieren vea ó entienda. || ARRASÁRSELE Á UNO LOS OJOS DE AGUA Ó LÁGRIMAS, Llenarse los ojos de agua ántes de prorumpir á llorar. || Á SUS OJOS, Á su vista, en su presencia. || AVIVAR LOS OJOS, Andar con cuidado y diligencia para no dejarse engañar ni coger de repente. || BAILAR LOS OJOS, met. Se dice de los que son bulliciosos, alegres y vivos. || BAJAR LOS OJOS, Ademas del sentido recto, vale humillarse y obedecer prontamente á lo que se manda. || CERRADOS LOS OJOS, V. Á OJOS CERRADOS. || CERRAR EL OJO Ó LOS OJOS, met. Espirar ó morir. || CERRAR LOS OJOS, met. V. DORMIR. || met. Sujetar el entendimiento al dictámen de òtro. || met. Obedecer sin exámen ni réplica || met. Arrojarse temerariamente á hacer alguna cosa sin reparar en inconvenientes. || CLAVAR LOS OJOS Ó LA VISTA, Mirar con particular cuidado y atencion. || COMO LOS OJOS DE LA CARA, fam. Se usa para ponderar el aprecio que se hace de una cosa, ó el cariño y cuidado con que se trata. || CON EL OJO TAN LARGO, Con cuidado, atencion y vigilancia. || CON OTROS OJOS, Con diferente aficion y de diverso modo que ántes. || CONOCÉRSELE Á UNO ALGUNA COSA EN LO BLANCO DE LOS OJOS, Da á entender que por alguna señal, sin decir cual es, se ha penetrado la intencion ó deseo de alguno. || COSTAR UN OJO, Se usa para ponderar el precio excesivo de las cosas, ó el mucho gasto que se ha tenido en ellas. || CRECER EL OJO, met. y fam. Alegrarse á vista de alguna cosa que se desea y espera conseguir. || CUATRO OJOS, Nombre que da el vulgo á las personas que traen anteojos. || DAR DE OJOS, Caer de pechos en el suelo. || Encontrarse con alguna persona. || met. Caer en algun error. || DAR EN LOS OJOS, met. Ser una cosa tan clara y patente, que por sí misma se hace conocer á la primera vista. || Egecutar alguna accion de propósito con ánimo de enfadar ó disgustar á otro. || DELANTE DE LOS OJOS, En presencia de alguno, á la vista. || DE MEDIO OJO, No enteramente descubierto ó en público. || DESENCAPOTAR LOS OJOS, Deponer el enojo y ceño, y mirar con agrado. || DESPABILAR Ó DESPABILARSE LOS OJOS, met. Vivir con cuidado y advertencia. || DICHOSOS LOS OJOS QUE VEN Á VM., Se usa cuando se encuentra á alguna persona despues de largo tiempo que no se ve.

|| DORMIR CON LOS OJOS ABIERTOS, Explica el dormir con precaucion y cuidado. || DORMIR LOS OJOS, Expresa la afectacion y el melindre de la que los cierra y entreabre para que parezcan mejor. || ECHAR EL OJO Ó TANTO OJO Á UNA COSA, fam. Mirarla con atencion mostrando deseo de ella. || ENCIMA DE MIS OJOS, V. SOBRE MIS OJOS. || ENCLAVAR LOS OJOS, V. CLAVAR LOS OJOS. || EN LOS OJOS DE ALGUNO, V. DELANTE DE LOS OJOS. || ENTRAR Á OJOS CERRADOS, met. Incluirse en un negocio, ó admitir una cosa sin exámen ni reflexion. || EN UN ABRIR DE OJO, Ó EN UN ABRIR Y CERRAR DE OJOS, En un instante, con mucha brevedad. || EN UN ABRIR Y CERRAR DE OJOS Ó EN UN VOLVER DE OJOS, Explica la gran celeridad y prontitud en egecutar alguna cosa. || ESTAR UNA COSA TAN EN LOS OJOS, Ser vista con mucha frecuencia. || ESTIMAR SOBRE LOS OJOS, Se usa para mostrar se agradece el beneficio ú oferta que se hace á alguno. || HABLAR CON LOS OJOS, Dar á entender con alguna mirada ó guiñada lo que se quiere decir á otro. || HACER LOS OJOS TELARAÑAS, met. Turbarse la vista. || HACER Ó HACERSE DEL OJO, Hacerse uno á otro señas guiñando el ojo. || Estar dos de un mismo parecer y dictámen en alguna cosa sin habérsela comunicado. || HACER OJO, met. Estar el peso poco equilibrado, y cargar mas á la una balanza que á la otra. || || HACERSE OJOS, met. Estar solícito y atento para conseguir ó egecutar alguna cosa que se desea, ó para verla y examinarla. || HASTA LOS OJOS, Pondera el exceso de alguna cosa en que uno se halla metido, ó de alguna pasion que padece. || HENCHIR Ó LLENAR EL OJO, met. Da á entender que alguna cosa ha contentado mucho, por parecer perfecta y aventajada. || IRSELE Á UNO LOS OJOS POR ALGUNA COSA, Ó TRAS ALGUNA COSA, V. IRSELE Á UNO EL ALMA. || LLEVAR LOS OJOS, Ó LLEVARSE LOS OJOS, Atraer á sí la atencion de los que lo ven. || LLEVAR Ó TENER LOS OJOS CLAVADOS EN EL SUELO, fam. Se usa para denotar modestia y compostura. || LLORAR CON AMBOS OJOS, Pondera una pérdida grande ó un contratiempo. || LLORAR CON UN OJO, met. Explica no comprender mucho sentimiento á alguno de un pesar que á otro le alcanza mas, ó fingir el que no se tiene. || MAL DE OJO, V. MAL. || MAS VEN CUATRO OJOS QUE DOS, Da á entender que las resoluciones salen mejor conferidas y consultadas con otros, que tomadas por solo un dictámen. || MENTIR Á UNO EL OJO, fam. Equivocarse, engañarse en alguna cosa ó precio por algunas señales exteriores. || METER POR LOS OJOS, met. Introducir con violencia alguna cosa, ó hacer que se tome contra su gusto y dictámen. || METERSE POR EL OJO DE UNA AGUJA, met. Se dice de la persona bulliciosa y viva que se introduce en cualquiera parte para conseguir lo que solicita. || MIRAR CON BUENOS Ó MALOS OJOS, Mirar alguna cosa con aficion ó cariño, ó al contrario. || MIRAR CON OTROS OJOS, met. Hacer de alguno diferente concepto, estimacion y aprecio del que ántes se hacia. || MIRAR DE MAL OJO, met. Monstrar desafecto ó desagrado. || NO HAY MAS QUE ABRIR OJOS Y MIRAR, Pondera la perfeccion, grandeza ó estimacion de alguna cosa. || NO LEVANTAR LOS OJOS, met. Mirar al suelo por humildad, modestia, etc. || NO PEGAR EL OJO Ó LOS OJOS, No poder dormir en toda la noche ni tomar el sueño. || NO QUITAR LOS OJOS, Mirar con atencion y cuidado. || NO SABER DONDE SE TIENEN LOS OJOS, fam. Pondera la demasiada ignorancia de alguno en las cosas mas claras y triviales. || NO TENER DONDE VOLVER LOS OJOS, fam. Se usa hablando de la persona desvalida, ó á que se le ha muerto quien la sustentaba. || ¿ NO TIENE OJOS ? Se usa para decir á alguno que por qué no mira lo que hace, ó como va. || OFENDER LOS OJOS, Hacer daño en ellos. || Servir de escándalo. || PASAR LOS OJOS Ó LA VISTA, Leer ligeramente algun escrito, y enterarse de lo que contiene. || PERDER DE OJO UNA COSA, V. PERDERLA DE VISTA. || PONER DELANTE DE LOS OJOS, fam. Convencer con la razon ó con la experiencia. || PONER LOS OJOS, Mirar con atencion y cuidado. || fam. Solicitar y pretender alguna cosa. || Denotar aficion ó cariño. || PONER LOS OJOS EN BLANCO, Volverlos de modo que apénas se descubra mas que lo blanco de ellos. || PONER Ó TORNAR LOS OJOS EN ALBO, ant. V. PONERLOS EN BLANCO. || POR SUS OJOS BELLIDOS, Por su buena cara, de balde y sin costar trabajo alguno. || QUEBRAR EL OJO AL DIABLO, met. y fam. Hacer lo mejor, mas justo y razonable. || QUEBRAR LOS OJOS, fam. Desplacer ó desagradar á alguno en lo que se conoce ser de su gusto. || met. Se dice de la luz cuando es muy activa, que no se puede mirar á ella sin que se ofenda la vista. || QUEBRARSE LOS OJOS, met. Cansarse los ojos por la mucha fatiga. || Se dice tambien de los moribundos cuando se les turba la vista. || QUEBRARSE Ó SACARSE Ó HACERSE SACAR UN OJO POR QUEBRAR

ó SACAR Á OTRO LOS DOS, met. Denota el odio y enemistad que alguno tiene con otro. ‖ RASARSE LOS OJOS DE AGUA, V. ARRASARSE. ‖ REVOLVER LOS OJOS, Volver la vista á otra parte, sin torcerla al tiempo de mirar. ‖ SACAR LOS OJOS, Apretar á uno, é instarle con molestia. ‖ met. Exagera el enojo con que dos ó mas personas riñen y altercan. ‖ SALIR Á LOS OJOS, met. Dejar que sentir. ‖ SALTAR Á LOS OJOS, met. Expresa que una cosa es clara y patente, que no se puede dudar de ella. ‖ Se dice tambien de las cosas vistosas y sobresalientes por su primor. ‖ Se usa para explicar el enojo é irritacion que alguno tiene contra otro. ‖ SALTÁRSELE LOS OJOS, met. Explica el ansia vehemente con que alguno apetece una cosa. ‖ SALTÁRSELE LOS OJOS Ó SUS NIÑAS, met. Significa la grande ansia con que se apetece alguna cosa. ‖ SER EL OJO DERECHO DE ALGUNO, fam. Ser de su mayor confianza y cariño. ‖ SOBRE MIS OJOS, Explica la mucha estimacion ó aprecio que se hace de alguna cosa. ‖ TANTO OJO, Ó ESTAR CON TANTO OJO, Avisa ó denota el cuidado que se debe tener con algunas personas que pueden ser sospechosas. ‖ TAPARSE DE MEDIO OJO, Se dice de las mugeres cuando se tapan la cara con la mantilla sin descubrir mas que un ojo. ‖ TENER ENTRE OJOS Á ALGUNO, fam. V. TENER SOBRE OJO. ‖ TENER LOS OJOS EN ALGUNA COSA, met. Mirarla con grande atencion. ‖ TENER OJO Á ALGUNA COSA, Atender, poner la mira en ella. ‖ TENER MALOS OJOS, Fuera del sentido recto se usa para dar á entender á alguno que es aciago ó desgraciado en las cosas que mira. ‖ TIERNO DE OJOS, El que en ellos padece alguna fluxion ligera y continua. ‖ TORCER LOS OJOS, Esconder los ojos hácia algun lado. ‖ TRAER AL OJO ALGUNA COSA, Cuidar atentamente de algun negocio ó persona sin dejarla olvidar. ‖ TRAER ENTRE OJOS, met. Observar á alguno por el recelo que se tiene de él. ‖ TRAER SOBRE OJO, met. Denota que á alguno le observan los pasos que da. ‖ fam. Estar enojado con alguno. ‖ UN OJO Á UNA COSA Y OTRO Á OTRA, Explica la concurrencia de diversas intenciones á un tiempo. ‖ VALER UN OJO DE LA CARA, Ser una cosa de mucha estimacion ó precio. ‖ VENDARSE LOS OJOS, met. No querer asentir ni sujetarse á la razon por clara que sea. ‖ VENIRSE Á LOS OJOS fam. V. SALTAR Á LOS OJOS en su primera acepcion. ‖ VER CON MUCHOS OJOS, met. Explica la atencion y cuidado con que se mira alguna cosa. ‖ VIDRIARSE LOS OJOS, Tomar la apariencia ó semejanza del vidrio. ‖ VOLVER LOS OJOS, Torcerlos al tiempo de mirar. ‖ met. Considerar ó poner la atencion en alguna cosa.

OJOTA, s. f. Especie de calzado que usaban las Indias, á modo de las alpargatas.

OJUELO, s. m. d. de OJO. ‖ OJUELOS, pl. Ojos risueños, alegres y agraciados. ‖ Anteojos para leer.

OLA

OLA, s. f. Cada una de las elevaciones ó prominencias que forma la superficie del agua agitada.

OLAGE, s. m. La sucesion continuada de las olas.

* **OLANDILLA**, s. f. Lienzo encarnadino ó verdoso con que los mercaderes envuelven sus telas.

OLEADA, s. f. Ola grande. ‖ Movimiento de mucha gente apiñada. ‖ Cosecha abundante de aceite.

OLEADO, p. p. de OLEAR.

OLEAGE, s. m. Olage.

OLEAGINOSIDAD, s. f. Calidad aceitosa ó pegajosa.

OLEAGINOSO, SA, adj. V. ACEITOSO.

OLEAR, v. a. Dar á algun enfermo el sacramento de la extremauncion.

OLEARIO, RIA, adj. V. OLEOSO.

OLEASTRO, s. m. V. ACEBUCHE.

OLEAZA, s. f. *Ar.* El agua que sobra despues que se ha sacado el aceite en los molinos.

OLEDERO, RA, adj. Que despide olor.

OLEDOR, RA, s. m. y f. El que huele. ‖ ant. V. BUJETA, POMA.

ÓLEO, s. m. V. ACEITE. ‖ Se dice del que usa la iglesia en los sacramentos y otras ceremonias. ‖ Accion de olear. ‖ AL ÓLEO, Se dice de la pintura hecha con colores preparados con aceite. ‖ ANDAR Ó ESTAR AL ÓLEO, met. Estar una cosa muy adornada y compuesta. ‖ BUENO VA EL ÓLEO, met. é iron. Se usa para explicar que alguna cosa no va como debe ir.

* **OLEONNEL**, s. m. Especie de aceite que segun Diascórides corre de un árbol de las inmediaciones de Palmira.

OLEOSIDAD, s. f. ant. La calidad de oleoso.

OLEOSO, SA, adj. V. ACEITOSO.

OLER, v. a. Percibir la fragrancia ó el hedor que despiden de sí las cosas. || Conocer y percibir alguna cosa que se juzgaba oculta || Inquirir con curiosidad y diligencia lo que hacen otros.

OLER, v. n. Exhalar, echar de sí fragancia, ó hedor. || Parecerse ó tener señas y visos de alguna cosa, por lo regular mala. || NO OLER BIEN ALGUNA COSA. met. Ser sospechosa de que encubre algun daño ó fraude.

OLFATEAR, v. a. Oler con ahinco y frecuencia. || met. y fam. Indagar, averiguar con demasiada curiosidad y empeño.

OLFATO, s. m. Órgano colocado en la cabeza de los animales, por el cual perciben los olores.

OLFATORIO, RIA, adj. Que pertenece al olfato.

* OLÍBANO, s. m. Incienso mucho.

OLIDO, p. p. de OLER.

OLIENTE, p. a. de OLER, Que despide de sí olor, y el que huele.

OLIERA, s. f. Vaso en que se guarda aceite. || Vaso en que se guardan el santo óleo y crisma.

OLIGARQUÍA, s. f. Gobierno de pocos.

OLIGÁRQUICO, CA, adj. Que pertenece á la oligarquía.

OLIMPÍACO CA, adj. ant. V. OLÍMPICO.

OLIMPÍADA, s. f. Periodo de cuatro años, en el primero de los cuales se celebraban los juegos olímpicos cerca de la ciudad de Olimpia.

OLIMPÍADE, s. f. ant. V. OLIMPÍADA. || ant. Fiesta ó juego que se hacia cada cuatro años en la ciudad de Olimpia.

OLÍMPICO, CA, adj. *Poét.* Perteneciente al Olimpo ó á los juegos que se celebraban en Olimpia.

OLIMPO, s. m. met. Altura eminencia. || *Poét.* El cielo.

ÓLIO, s. m. ant. V. ÓLEO. || AL ÓLIO, *Pint* V. AL ÓLEO.

OLISCAR, v. a. Oler con cuidado y frecuentemente, y buscar por el olfato. || met. Averiguar, inquirir ó procurar saber.

OLISCAR, v. n. Empezar á oler mal una cosa.

OLIVA, s. f. Árbol, V. OLIVO. || V. ACEITUNA. || LECHUZA, ave.

OLIVADO, p. p. de OLIVARSE.

OLIVAR, s. m. Sitio plantado de olivos.

OLIVARDA, s. f. Ave, variedad del neblí. || Yerba de hojas de figura de hierro de lanza con dientecillos en los bordes de que usan mucho los veterinarios para hacer cocimientos.

OLIVARSE, v. r. Levantarse unas ampollas en el pan al cocerse.

OLIVASTRO DE RODAS, s. m. V. LINALOE.

OLIVERA, s. f. Árbol, V. OLIVO.

OLIVÍFERO, RA, adj. *Poét.* Que abunda en olivas.

* OLIVILLA, s. f. Olivo enano.

OLIVO, s. m. Árbol indígeno de los paises cálidos de Europa y Asia, cuyo fruto es bien conocido con los nombres de oliva y aceituna.

OLLA, s. f. Vasija redonda de barro ó metal. || La comida, compuesta de carne, tocino, garbanzos y otras cosas. || V. REMOLINO. || OLLA CARNICERA, Aquella en que por su tamaño se puede cocer mucha carne. || OLLA CIEGA, V. ALCANCÍA. || OLLA DE CAMPAÑA, La de cobre que sirve para llevar en los viages cocida la carne. || OLLA DE CONGRIO, Grave riesgo, sumo peligro. || OLLA DE FUEGO, Máquina de fuego mayor que una granada, de la figura de una olla. || OLLA PODRIDA, El cocido compuesto de mas especies de carne que el ordinario. || ACÁ QUE HAY OLLA, fam. Da á entender á otro que vaya al parage donde está el que lo dice, por haber en él cosa que ha de gustarle || Á LAS OLLAS DE MIGUEL, Juego de los muchachos. || HACER LA OLLA GORDA, met. Ser causa de alguna utilidad ó provecho. || NO HAY OLLA SIN TOCINO, met. Se usa para explicar que si falta algo de lo sustancial no está perfecta una cosa.

OLLAO, s. m. *Náut.* Cada uno de ojales que se hace á las velas para añadirles otra vela cuando fuere necesario.

* OLLAR, adj. Dícese de una piedra blanda y fácil de trabajar.

OLLAZA, s. f. aum. de OLLA.

OLLAZO, s. m. El golpe ó encuentro que se da con la olla.

OLLERÍA, s. f. Fábrica, tienda ó barrio donde se hacen y venden las ollas y vasijas de barro. || Conjunto de ollas y otras vasijas de barro.

OLLERO, s. m. El que hace ó vende ollas y cosas de barro.

* OLLETA, s. f. d. de OLLA.

OLLICA, LLA, TA, ó OLLUELA, s. f. d. de OLLA. || El hoyo que tenemos debajo de la garganta donde comienza el pecho.

OLMEDA, s. f. Sitio donde hay plantados muchos olmos.

OLMEDANO, NA, adj. De la villa de Olmedo.

OLMEDO, s. m. V. OLMEDA.

OLMO, s. m. Árbol muy comun en varias partes de España, cuya madera es fuerte, sólida y fácil de labrar.

*OLÓGRAFO, FA, adj. m. y f. *For.* Dícese del testamento ó última voluntad, escrito por el mismo testador.

OLOR, s. m. La impresion que los efluvios de los cuerpos producen en el olfato. || ant. V. OLFATO. || met Esperanza, promesa ú oferta de alguna cosa. || Lo que causa ó motiva alguna sospecha en cosa que está oculta ó por venir. || met. Fama, opinion y reputacion. || ESTAR AL OLOR, met. V. ESTAR AL HUSMO.

OLORCICO, LLO, TO, s. m. d. de OLOR.

OLOROSÍSIMO, MA, adj. sup. de de OLOROSO.

OLOROSO, SA, adj. Que exhala de sí fragrancia.

OLURA, s. f. ant. Aroma ó perfume.

OLVIDADERO, RA, adj. ant. V. OLVIDADIZO.

OLVIDADIZO, ZA, adj. Que con facilidad se olvida de las cosas. || HACERSE OLVIDADIZO, Fingir olvido.

OLVIDADO, p. p. de OLVIDAR. || OLVIDADO, DA, adj. El que se olvida. || ESTAR OLVIDADO, Explica que alguna cosa ha mucho tiempo que se hizo.

OLVIDANZA, s. f. ant. V. OLVIDO.

OLVIDAR, v. a. Perder la memoria de alguna cosa. || Dejar el cariño que ántes se tenia.

OLVIDO, s. m. Falta de memoria ó cesacion de la que se tenia de alguna cosa. || Cesacion del cariño que ántes se tenia. || Descuido de alguna cosa que se debia tener presente. || ECHAR AL OLVIDO ó EN OLVIDO, Olvidarse voluntariamente de alguna cosa. || ENTERRAR EN EL OLVIDO, met. Olvider alguna cosa para siempre. || ENTREGAR ALGUNA COSA AL OLVIDO, met. Olvidarla, callarla, no hacer mas mencion de ella. || NO TENER EN OLVIDO, Tener presente á alguno ó alguna cosa.

OLVIDOSO, SA, adj. ant. V. OLVIDADIZO.

OMB

OMBLIGADA, s. f. En los cueros es la parte que corresponde al ombligo.

OMBLIGO, s. m. El nudo que queda formado en medio del vientre despues de haberse secado y caido el cordon umbilical. || El medio ó centro de cualquiera cosa. || *Anat.* El cordon umbilical que va desde el vientre del feto á la placenta ó pares. || OMBLIGO DE VÉNUS, Planta muy comun, de cuya raiz salen en invierno una porcion de hojas que tienen la forma de un cucurucho, y que son provechosas para las quemaduras. || OMBLIGO DE VÉNUS, *Hist. Nat.* Conchita redonda en figura espiral. || HABERLE CORTADO EL OMBLIGO, Ademas del sentido recto metafóricamente se dice de la persona que tiene captada á otra la voluntad.

OMBLIGUERO, s. m. Venda para sujetar el pañito ó cabezal que cubre el ombligo de los recien nacidos.

OMBLIGUILLO, TO, s. m. d. de OMBLIGO.

OMBRÍA, s. f. V. UMBRÍA.

OMECILLO, s. m ant. V. HOMICIDIO.

OMEGA, s. f. La O larga de los Griegos y letra última de su alfabeto.

OMENTAL, adj. *Anat.* Que pertenece al omento ó redaño.

OMENTO, s. m. *Anat.* V. REDAÑO.

OMICRON, s. f. La O breve de los Griegos.

OMINADO, p. p. de OMINAR.

OMINAR, v. a. Agorar.

OMINOSO, SA, adj. Azaroso, que es de mal agüero.

OMISION, s. f. Falta de la egecucion de alguna cosa. || Flojedad o descuido del que está encargado de alguna cosa.

OMISO, adj. Flojo y descuidado.

OMITIDO, p. p. de OMITIR.

OMITIR, v. a. Dejar de hacer las cosas. || Pasar en silencio alguna cosa.

*OMNICIENCIA, s. f. Ciencia infinita.

OMNÍMODAMENTE, adv. De todos modos.

OMNÍMODO, DA, adj. Que lo abraza y comprende todo.

OMNIPOTENCIA, s. f. Poder para todas las cosas: atributo únicamente de Dios.

OMNIPOTENTE, adj. Que todo lo puede

OMNIPOTENTEMENTE, adv. Con omnipotencia.

OMNIPOTENTÍSIMO, MA, adj. sup. de OMNIPOTENTE.

OMNISCIO, CIA, adj. Aplicado á Dios es el que todo lo sabe, y aplicado á los hombres el que tiene sabiduría o conocimiento de muchas cosas.

una goma resinosa, de que se usa en la farmacia.

OPOPÓNACE, s. f. V. OPOPÓNACO.

OPOPÓNACO, s. m. La goma resinosa que destila la planta llamada OPOPÓNACA.

OPORTUNAMENTE, adv. Cómodamente, en tiempo y en sazon.

OPORTUNIDAD, s. f. Sazon, comodidad, conveniencia de tiempo y de lugar.

OPORTUNÍSIMO, MA, adj. sup. de OPORTUNO.

OPORTUNO, NA, adj. Que se hace ó sucede en tiempo á propósito y cuando conviene.

OPOSICION, s. f. La disposicion de algunas cosas, de modo que esten enfrente unas de otras. || Contrariedad ó repugnancia de una cosa con otra. || Se llama el concurso de los pretendientes á alguna cátedra ó prebenda. || Contradiccion ó resistencia á lo que otro hace ó dice. || *Astr.* El aspecto que se considera entre dos planetas cuando distan entre sí 180 grados.

OPÓSITO, p. p. irreg. ant. de OPONER. || AL OPÓSITO, ant. Por contraposicion ú oposicion.

OPÓSITO, s. m. ant. Defensa, oposicion, impedimento ó embarazo puesto en contra.

OPOSITOR, RA, s. m. y f. El que se opone á otro en cualquier materia. || El pretendiente á alguna prebenda ú otra cosa en concurso de otros.

OPRESADO, p. p. de OPRESAR.

OPRESAR, v. a. ant. V. OPRIMIR.

OPRESION, s. f. Sujecion violenta, estrechez forzada en que se pone alguna cosa.

OPRESIVAMENTE, adv. Con opresion ó violencia.

* OPRESIVO, VA, adj. m. y f. Que oprime.

OPRESO, SA, p. p. irreg. de OPRIMIR.

OPRESOR, RA, s. m. y f. El que violenta á alguno, le aprieta y obliga con alguna vejacion ó molestia.

OPRIMIDO, p. p. de OPRIMIR.

OPRIMIR, v. a. Apretar, estrechar y afligir á alguno demasiadamente. || Estrechar, apretar ó comprimir alguna cosa.

OPROBIO, s. m. Ignominia, afrenta, deshonra é injuria.

OPROBIOSO, SA, adj. Que causa oprobio.

OPROBRIO, s. m. ant. V. OPROBIO.

OPROBRIOSO, SA, adj. ant. V. OPROBIOSO.

OPTADO, p. p. de OPTAR.

OPTANTE, p. a. de OPTAR.

OPTAR, v. a. Aceptar, adquirir ó entrar en la dignidad, empleo ú otra cosa á que se tiene algun derecho.

OPTATIVO, s. m. *Gram.* Uno de los modos de conjugar los verbos.

ÓPTICA, s. f. Ciencia físico-matemática que trata del órgano y modo de la vision y de los rayos visuales.

ÓPTICO, CA, adj. Que pertenece á la óptica.

ÓPTIMAMENTE, adv. ant. Con suma bondad y perfeccion.

* OPTIMISMO, s. m. Sistema de los que afirman que todo lo que sucede es bueno en sumo grado.

* OPTIMISTA, s. m. El que sigue y defiende el optimismo.

ÓPTIMO, MA, adj. sup. ant. Sumamente bueno, que no cabe mejor en su linea.

OPUESTAMENTE, adv. Con oposicion y contrariedad.

OPUESTÍSIMO, MA, adj. sup. de OPUESTO.

OPUESTO, p. p. irreg. de OPONER. || OPUESTO, TA, adj. Enemigo ó contrario.

OPUGNACION, s. f. Oposicion con fuerza y violencia. || Contradiccion por fuerza de razones.

OPUGNADO, p. p. de OPUGNAR.

OPUGNADOR, s. m. El que hace oposicion con fuerza y violencia.

OPUGNAR, v. a. Hacer oposicion con fuerza y violencia. || Contradecir y repugnar.

OPULENCIA, s. f. Abundancia, riqueza y sobra de bienes.

OPULENTAMENTE, adv. Con abundancia, riqueza y sobra de bienes.

OPULENTÍSIMAMENTE, adv. sup. de OPULENTAMENTE.

OPULENTÍSIMO, MA, adj. sup. de OPULENTO.

OPULENTO, TA, adj. Rico, abundante de bienes y hacienda.

OPUSCULICO, LLO, TO, s. m. d. de OPÚSCULO.

OPÚSCULO, s. m. Escrito corto, breve y compendioso.

OQU

OQUEDAD, s. f. ant. Concavidad, hueco, vacío.

OQUEDAL, s. m. Monte solo de árboles altos sin tener yerba ni otra espesura de matas.

OQUERUELA, s. f. Lazadilla que casualmente se suele hacer en la hebra por estar el hilo muy retorcido, y estorba el correr por la puntada.

ORA

ORA, adv. V. YA. Sirve para distinguir las cláusulas, y para señalar perfectamente las acciones y objetos, como ORA digas, ORA leas, ORA sean gigantes, ORA vestigios.

ORACION, s. f. Razonamiento, locucion, arenga compuesta artificiosamente para persuadir ó mover á alguna cosa. || Súplica, deprecacion, ruego. Dícese por antonomasia de la que se hace á Dios y á los santos. || Enunciacion ó proposicion en que se afirma ó niega alguna cosa. || *Gram.* La expresion que con una ó muchas palabras como partes suyas hace sentido perfecto. || En la misa, en el rezo eclesiástico y rogaciones públicas aquella deprecacion particular que incluye la conmemoracion del santo ó de la festividad del dia. || ORACIONES, pl. La primera parte de la doctrina cristiana que se enseña á los niños. || ORACION DE CIEGO, La composicion devota en verso que los ciegos cantan por las calles. || met. El razonamiento que se dice sin gracia ni afecto, sino relatándole de memoria, y en un mismo tono. || ORACION DOMINICAL, La oracion del Padre nuestro. || ORACION JACULATORIA, V. JACULATORIA. || ORACION MENTAL. Elevacion de la mente á Dios para pedirle mercedes. || ORACION VOCAL, Deprecacion que se hace á Dios con palabras. || LA ORACION BREVE SUBE Ó PENETRA AL CIELO, Da á entender que el que va á pedir una gracia no ha de ser molesto ni gastar muchas razones. || LAS ORACIONES, El anochecer. || ROMPER LAS ORACIONES, *Ar.* Interrumpir la plática con alguna impertinencia.

ORACIONAL, s. m. El libro compuesto de oraciones ó que trata de ellas.

ORACIONERO, s. m. El que anda rezando oraciones, gozos y romances de puerta en puerta, que regularmente es ciego.

ORÁCULO, s. m. Respuesta que da Dios ó por sí ó por sus ministros. || Lugar, estatua ó simulacro que representaba aquella deidad fingida á quien iban á consultar los gentiles para saber las cosas futuras. || La persona á quien todos escuchan con respeto y veneracion por su mucha sabiduría ó doctrina. || ORÁCULO DEL CAMPO, V. MANZANILLA. || ORÁCULO Ó JUEGO DEL ORÁCULO, Diversion poética que se hace entre algunas personas.

ORADOR, RA, s. m. y f. ant. El que pide y ruega. || El que ora en público pidiendo ó persuadiendo. || El predicador que hace panegíricos.

ORAGE, s. m. El tiempo muy crudo de lluvias, nieve ó piedra, y tambien de vientos recios.

ORAL, adj. Que se expresa por sola la palabra.

ORAR, v. n. Hablar en público para persuadir alguna cosa ó mover los afectos. || Hacer oracion á Dios vocal ó mentalmente.

ORAR, v. a. Rogar, pedir, suplicar.

ORARIO, s. m. ant. Cierta vestidura.

ORATE, s. com. El que ha perdido el juicio. || La persona de poco juicio, moderacion y prudencia.

ORATORIA, s. f. Arte que enseña á hacer oraciones retóricas, tanto en escrito como para decir en público.

ORATORIAMENTE, adv. Con estilo oratorio.

ORATORIO, RIA, adj. Que pertenece á las oraciones retóricas.

ORATORIO, s. m. Lugar destinado para retirarse á hacer oracion á Dios, en las casas particulares. || La congregacion de presbíteros fundada por san Felipe Neri. || Composicion dramática. || SER UN ORATORIO, Se dice del convento ó casa en que se practica mucho la virtud.

ORBAYAR, v. n. Caer el rocío de la niebla.

ORBAYO, s. m. Lluvia menuda.

ORBE, s. m. Redondez ó círculo. || Esfera celeste ó terreste. || Se toma regularmente por el mundo. || *Astron.* Cualquiera de las esferas particulares en que se supone estar colocado cada uno de los planetas. || Un pez que dicen muchos no tener cabezá.

ORBEDAD, s. f. ant. V. ORFANDAD.

ORBICULAR, adj. Redondo ó circular.

ORBICULARMENTE, adv. De un modo orbicular.

ÓRBITA, s. f. *Astron.* La línea que describe un planeta ó cometa dando una vuelta entera al rededor del sol, ó un satélite al rededor de un planeta. || La cuenca del ojo.

ORCA, s. f. Cetáceo de unos veinte pies de largo.

ORCANETA, s. f. Planta, V. ONOQUÍLES.

* ORCHILLA, s. f. Especie de liquen, planta.

ORCO, s. m. V. ORCA. || El infierno.

ÓRDEN, s. amb. La colocacion que tienen las cosas que estan puestas en el lugar que corresponde á cada una. || Concierto y buena disposicion de las cosas. || Regla ó modo que se observa para hacer las cosas. || Se toma tambien por serie ó sucesion de las cosas. || El sexto en número de los sacramentos de la iglesia instituidos por nuestro señor Jesucristo. || Cualquiera de los grados del sacramento de este nombre. || Instituto religioso aprobado por el sumo pontífice. || Mandato que se debe obedecer, observar y egecutar. || Relacion ó respeto de una cosa á otra. || La disposicion de cuerdas puestas en línea como en el arpa, ó duplicadas como en la guitarra. || ÓRDEN DE ARQUITECTURA, Cierta disposicion y proporcion de los cuerpos principales que componen un edificio. || ÓRDEN DE BATALLA, Formacion de un batallon, regimiento, etc., con mucho frente y poco fondo. || ÓRDEN DE CABALLERÍA, Dignidad y título de honor que se daba con varias ceremonias y ritos. || Cuerpo y sociedad de los caballeros que profesaban las armas con autoridad pública bajo las leyes universales. || Órden militar. || Se llamaba en lo antiguo la destreza militar y enseñanza de las cosas de la guerra. || ÓRDEN DE PARADA, Cierta formacion de un batallon, regimiento, etc. || ÓRDEN MILITAR, Cualquiera de las de caballeros fundadas en diferentes tiempos, y con varias reglas y constituciones. || Á LA ÓRDEN Ó Á LAS ÓRDENES, Expr. cortesana con que alguno se ofrece á la disposicion de otro. || CONSIGNAR LAS ÓRDENES, Dar al centinela la órden de lo que ha de hacer. || DAR ÓRDENES, Conferir el obispo las órdenes sagradas á los eclesiásticos. || EN ÓRDEN, Ordenadamente ú observando el órden. || EN ÓRDEN, EN CUANTO ó por lo que mira á alguna cosa. || PONER EN ÓRDEN, Reducir á método y regla. || PONER EN ÓRDEN, met. Reglar y concordar alguna cosa para que tenga su debida proporcion, forma ó régimen. || POR SU ÓRDEN, Sucesivamente y como se van siguiendo las cosas. || VENGA POR SU ÓRDEN, Expr. de los tribunales superiores con que mandan que la causa sentenciada por el juez ordinario se les remita con el reo para examinarla de nuevo.

ORDENACION, s. f. Disposicion, providencia. || La accion y efecto de ordenar. || Mandato, órden, precepto.

ORDENADO, p. p. de ORDENAR.

ORDENADA, s. f. *Mat.* La recta que se tira desde un punto á otro de una curva.

ORDENADAMENTE, adv. Concertadamente, con método y proporcion.

ORDENADOR, s. m. El que ordena. || V. COMISARIO ORDENADOR.

ORDENAMIENTO, s. m. La accion y efecto de ordenar. || Ley, pragmática ú órden que da el superior para que se observe alguna cosa. || ORDENAMIENTO REAL, Coleccion de las leyes municipales de Castilla puestas en órden.

ORDENANDO, s. m. El que está para recibir alguno de los órdenes ó grados.

ORDENANTE, p. a. de ORDENAR, El que ordena ó pone en órden.

ORDENANTE, s. m. V. ORDENANDO.

ORDENANZA, s. f. Método, órden y concierto en las cosas que se egecutan. || Ley ó estatuto que se manda observar. || ant. V. ESCUADRON. || Mandato, disposicion, arbitrio y voluntad de alguno. || *Arq. y Pint.* V. ORDENACION. || *Mil.* El soldado pronto y destinado para egecutar lo que se pudiere ofrecer al oficial que manda, y para las órdenes y avisos.

ORDENAR, v. a. Poner en órden, concierto y disposicion alguna cosa física ó moralmente. || Mandar y prevenir que se haga alguna cosa. || Encaminar y dirigir á algun fin. || Conferir las órdenes á alguno.

ORDENARSE, v. r. Recibir la tonsura, los grados ó las órdenes sacras.

ORDEÑADERO, s. m. La vasija ó vaso en que cae la leche cuando se ordeña

ORDEÑADO, p. p. de ORDEÑAR.

ORDEÑADOR, RA, adj. El que ordeña.

ORDEÑAR, v. a. Estrujar las tetas de la hembra para sacarle la leche. || Coger á mano la aceituna y sin varearla.

ORDINACION, s. f. *Ar.* V. ORDENANZA. || ant. Órden ó disposicion.

ORDINAL, adj. Se aplica en la gramática á los nombres que señalan el órden de las cosas y el lugar en que se han de colocar.

ORDIÑAR, v. a. ant. V. ORDENAR.

ORDINARIAMENTE, adv. Frecuentemente, regularmente, por lo comun. ‖ Sin cultura ó policía, groseramente. ‖ for. Por el órden de conocer que disponen las leyes.

ORDINARIO, RIA, adj. Comun, regular y que acontece cada dia ó muchas veces. ‖ Contrapuesto á noble, V. PLEBEYO. ‖ Bajo, vulgar y de poca estimacion. ‖ Que no tiene grado ó distincion en su línea. ‖ El gasto de cada dia que tiene cualquiera en su casa, y tambien lo que come regularmente. ‖ Dícese del juez que en primera instancia conoce de las causas y pleitos. ‖ Juez eclesiástico, vicario de los obispos, y el mismo obispo. ‖ for. Provision ó auto que los jueces libran en vista de la peticion sola de la parte. ‖ El correo que viene todas las semanas, á distincion del extraordinario que se despacha cuando conviene.

ORDIÑARIO, s. m. El arriero ó tragincro que tiene costumbre de ir á una parte destinada con su recua. ‖ DE ORDINARIO, Comun y regularmente, con frecuencia, muchas veces.

ORDINARÍSIMO, MA, adj. sup. de ORDINARIO.

ORDINATIVO, VA, adj. Que pertenece á la ordenacion ó arreglo de alguna cosa.

OREA, adj. V. OREADO.

ORÉADE, adj. y s. f. Se aplica á la ninfa de los bosques ó montes segun los poetas.

OREADO, p. p. de OREAR.

OREAR, v. a. Dar el viento en alguna cosa refrescándola. ‖ Poner alguna cosa á que le dé el aire para que se seque ó se le quite el olor que ha contraido.

OREARSE, v. r. Salir á coger el aire.

OREBCE, s. m. ant. El artífice que trabaja en oro.

ORECER, v. a. fam. Convertir en oro alguna cosa.

ORECIDO, p. p. de ORECER.

ORÉGANO, s. m. Planta muy comun en los terrenos montañosos y secos de España, aromática y de uso en la farmacia y economía doméstica.

OREJA, s. f. Ternilla que tiene el animal á los dos lados de la cabeza, la cual sirve de introducirse por ella el sonido que percibe el oido. ‖ El oido ó la accion de oir. ‖ La parte del zapato que sirve para ajustarle al empeine del pié por medio de cintas, botones ó hebillas. ‖ met. El adulador que lleva chismes y cuentos, y lo tiene por oficio. ‖ met. Pieza como aleta que se coloca al lado de algunos instrumentos y de otras cosas. ‖ OREJA DE ABAD, La fruta de sarten que se hace en forma de hojuela. ‖ Planta, V. OMBLIGO DE VÉNUS. ‖ OREJA DE MONGE, Planta, V. OMBLIGO DE VÉNUS. ‖ OREJA DE OSO, Planta que se cultiva en los jardines y se aprecia por ser de las primeras que florecen en la primavera. ‖ OREJA DE RATON, Planta muy comun en las tierras cultivadas. ‖ Planta que se diferencia de la anterior en ser algo mayor y en tener las hojas reunidas por su base. ‖ OREJA MARINA, Caracol de mar, ovalado, chato, adelgazado y casi plano por uno de sus extremos. ‖ OREJAS DE MERCADER, Se usa cuando alguno se hace sordo, y no quiere contestar á lo que se dice. ‖ AGUZAR LAS OREJAS, Levantar las caballerías las orejas poniéndolas muy tiesas. ‖ AGUZAR LAS OREJAS, LOS OIDOS, EL SENTIDO, etc. Prestar mucha atencion, poner gran cuidado. ‖ AMUSGAR LAS OREJAS, met. ant. Dar oidos. ‖ APEARSE POR LAS OREJAS, met. V. APEARSE POR LA COLA. ‖ BAJAR LAS OREJAS, fam. Ceder con humildad en alguna disputa ó réplica. ‖ CALENTAR Á UNO LAS OREJAS, met. y fam. Reprenderle severamente. ‖ CERRAR LA OREJA, met. ant. V. CERRAR LOS OIDOS. ‖ CON LAS OREJAS CAIDAS, Con tristeza, y sin haber conseguido lo que se deseaba. ‖ CON LAS OREJAS TAN LARGAS, Significa la atencion ó curiosidad con que alguno oye ó desea oir alguna cosa. ‖ CUATRO OREJAS, fam. El hombre que trae guedejas, y lo demas de la cabeza pelada. ‖ DAR OREJAS, ant. V. DAR OIDOS. ‖ DESENCAPOTAR LAS OREJAS, Hablando de algunos animales, enderezarlas, ponerlas tiesas. ‖ ESTAR Á LA OREJA, met. Se dice del que está siempre con otro, sin apartarse de él, y tambien del que está instando y porfiando sobre alguna pretension. ‖ HACER OREJAS DE MERCADER, Darse por desentendido hacer que no se oye. ‖ HACER ZOMBAR LAS OREJAS, met. y fam. Dar á alguno que sentir diciéndole palabras agrias. ‖ MOJAR LA OREJA, met. Haber vencido á otro. ‖ NO HAY OREJA PARA CADA MARTES, met. Da á entender que no es fácil salir de los riesgos cuando frecuentemente se repiten ó buscan. ‖ NO VALE SUS OREJAS LLENAS DE AGUA, met. Desprecia á algun sugeto. ‖ PONER LAS OREJAS COLORADAS, met. Decir á alguno palabras sensibles ó darle una severa reprension.‖REPARTIR OREJAS, met. Suplantar testigos de oidas de una cosa que no oyeron. ‖ RETEÑIR LAS OREJAS, met. Perjudicar, ser nocivo y en extremo opuesto á aquello que se oye al sugeto, de suerte que no quisiera haberlo oido. ‖ TAPARSE LAS OREJAS Ú OIDOS, Pondera la disonancia ó escándalo que causa alguna cosa que se dice.‖TENER DE LA OREJA, met. Tener á alguno á su arbitrio para que haga lo que se le pide ó manda. ‖ TIRAR LAS OREJAS Ó LA OREJA, met. Se usa para decir que alguno juega á los naipes.‖TIRARSE DE UNA OREJA, Y NO ALCANZARSE Á LA OTRA, met. Explica el sentimiento del que no consiguió lo que deseaba, ó lo perdió por no haber sido solícito y prudente para lograrlo.‖VER LAS OREJAS AL LOBO, met. Hallarse en gran riesgo ó peligro próximo.

OREJEADO, DA, adj. Prevenido ó avisado para cuando otro le hable que pueda responderle, ó no crea lo que le digere.

OREJEAR, v. n. Mover las orejas el animal sacudiéndolas. ‖ met. Hacer alguna cosa de mala gana y con violencia.

OREJERA, s. f. Abrigo que se hace hara defender las orejas del frio.‖En el arado cualquiera de las dos cuñas que tiene á uno y otro lado al principio de la cama para abrir el surco.‖Rodaja que se metian los Indios en el agujero que abrian á la oreja.

OREJETA, s. m. d. de OREJA.

OREJICA, LLA, TA, s. f. d. de OREJA.

OREJON, s. f. Pedazo de melocoton en forma de lonja, sin cáscara, curado al aire y al sol.‖El tiron de orejas. ‖ *Fort.* Cuerpo que prolongada la frente del baluarte sale fuera, formando oreja á todo él. ‖ En el Perú el mancebo noble que se criaba para emplearle en los cargos de la primera distincion.

OREJUDO, DA, adj. Que tiene orejas. ‖ Se aplica al animal que tiene grandes y largas las orejas.

* ORELLANA, s. f. Achiote, cierta pasta de color encarnado, que se usa en la medicina y en las artes.

ORENGA, s. f. *Náut.* V. VARENGA, y mas propiamente CUADERNA.

OREO, s. m. El golpe del aire que da suavemente en alguna cosa.

OREOSELINO, s. m. Planta medicinal no rara en los terrenos montuosos y arenosos de España.

ORESPE, s. m. ant. Artífice que trabaja en cosas de oro.

ORFANDAD, s. f. Carencia de padres, ó del padre solo. ‖ met. La falta en que alguno se halla de la persona que se puede ayudar ó favorecer.

ORFANICO, CA, ILLO, LLA, TO, TA, adj. d. de HUÉRFANO.

ORFANIDAD, s. f. ant. V. ORFANDAD.

ORFEBRERÍA, s. f. ant. Obra ó bordadura de oro ó de plata.

ORGANERO, s. m. El que fabrica y compone órganos.

ORGÁNICO, CA, adj. Se aplica al cuerpo y á sus partes, que consta de los órganos necesarios á las acciones vitales. ‖ Que tiene armonía y consonancia.

ORGANICO, LLO, TO, s. m. d. de ÓRGANO.

ORGANISTA, s. com. El que toca el órgano.

ORGANIZACION, s. f. La composicion y correspondencia de las partes del cuerpo del animal entre sí.‖met. Disposicion, arreglo, órden.

ORGANIZADO, p. p. de ORGANIZAR.

ORGANIZAR, v. a. Disponer el órgano para que esté acorde y templado. ‖ met. Disponer, arreglar, ordenar.

ÓRGANO, s. m. Instrumento músico, neumático, famosísimo y muy antiguo, que tiene uso en las iglesias. ‖ Máquina para enfriar ó helar. ‖ Cualquiera de los conductos que hay en el cuerpo del animal que sirven á las acciones vitales. ‖ met. Medio ó conducto por donde una cosa se comunica á otra. ‖ ÓRGANO DE LA VOZ, El sonido de ella. ‖ LOS ÓRGANOS DE MÓSTOLES, met. Explica que algunas cosas estan colocadas desigualmente ó sin la igualdad que deben tener.

ORGULLEZA, s. f. ant. V. ORGULLO.

ORGULLO, s. m. Hinchazon del corazon y soberbia del que intenta alguna cosa. ‖ Viveza y prontitud en el movimiento ó execucion de alguna cosa.

ORGULLOSAMENTE, adv. Con altaneria, con orgullo.

ORGULLOSO, SA, adj. Hinchado, soberbio ó solícito con ansia. ‖ Vivo, pronto y ligero.

ORI, interj. *Germ.* Hola.

ORICALCO, s. m. ant. V. LATON.

ORIENTAL, adj. Que pertenece al oriente. ‖ Epíteto que los astrólogos dan al primer cuadrante del tema celeste. ‖ Se aplica á los planetas cuando salen por la mañana ántes de nacer el sol.

ORIENTE, s. m. El nacimiento de alguna cosa. || El primero de los cuatro puntos cardinales en que se divide la esfera. || La parte del horizonte por dónde nacen todos los astros. || Aquella parte en la tierra que respecto de nuestra habitacion cae hácia donde nace el sol. || El viento que sopla derechamente de la parte de oriente. || *Astrol.* El horóspoco ó casa primera del tema celeste || En las perlas se llama aquel color blanco y brillante que tienen, lo que las hace mas estimadas y ricas. || met. La mocedad ó la edad temprana del hombre.

ORÍFICE, s. m. El artífice que trabaja en oro.

ORIFICIA, s. f. El arte de trabajar en cosas de oro, como joyas, vasijas, etc.

ORIFICIO, s. m. Boca ó agujero de alguna cosa. || *Anat.* La abertura de ciertos conductos ó vasos.

*ORIFLAMA, s. f. Estandarte de que usaban los antiguos reyes de Francia en la guerra.

ORÍGEN, s. m. y f. Principio, nacimiento, manantial ó causa y raiz. || La patria donde se ha nacido ó donde tuvo principio la familia. || La ascendencia ó familia. || met. Principio, motivo ó causa moral de alguna cosa.

ORIGINADO, p. p. de ORIGINAR.

ORIGINAL, adj. Que pertenece al orígen. || Usado regularmente como sustantivo se toma por la primera escritura, composicion ó invencion que se hace para que de ella se saquen copias. || En los tribunales se aplica á la sala donde tuvo principio y se radicó algun pleito. || Se aplica á los códices antiguos manuscritos. || SABERSE DE BUEN ORIGINAL, Pondera la certeza de alguna cosa que se refiere ó asegura.

ORIGINALIDAD, s. f. Carácter de lo que es original, sea en cosas ó personas.

ORIGINALMENTE, adv. Radicalmente, por su principio, desde su nacimiento y orígen. || En su original ó segun el original.

ORIGINAR, v. a. Causar, ser instrumento, principio y orígen de alguna cosa.

ORIGINARSE, v. r. Traer su principio ú orígen de alguna cosa.

ORIGINARIAMENTE, adv. Por orígen y sucesion. || V. ORIGINALMENTE.

ORIGINARIO, RIA, adj. Que incluye orígen de otra cosa. || Que tiene su ascendencia ú orígen en algun pais determinado.

ORIGÍNEO, NEA, adj. ant. V. ORIGINAL.

ORILLA, s. f. Término, límite ó extremo de la latitud. || El extremo de alguna tela, etc. || El canto de la tierra que está contiguo al mar ó al rio. || Aquella senda que en las calles se elige para poder andar por ella arimado á las casas sin coger lodo. || Vientecillo fresco que traspasa el cuerpo. || met. Límite, término ó fin de cualquiera cosa no material. || Á LA ORILLA, Cercanamente ó con inmediacion. || SALIR Á LA ORILLA, Ademas del sentido recto, metafóricamente vale haber vencido las dificultades ó riesgos.

ORILLADO, p. p. de ORILLAR.

ORILLAR, v. a. met. Concluir, arreglar, ordenar, desenredar algun asunto.

ORILLAR, v. n. Llegarse ó arrimarse á las orillas. || Dejar orillas al paño ú otra tela. || Guarnecer la orilla de alguna tela ó ropa.

ORILLO, s. m. La orilla en el paño, la cual regularmente se hace de lana mas basta.

ORIN, s. m. Nombre que se da á los metales, y con particularidad al óxido de hierro. || met. La mancha ó defecto de alguna cosa no material. || V. ORINA.

ORINA, s. f. Suero y acuosidad de la sangre que se cuela por los riñones á la vegiga.

ORINAL, s. m. Vaso hecho para recoger la orina. || fam. Lugar ó territorio donde llueve muy frecuentemente.

ORINAR, v. n. y a. Exonerar el animal y vaciar la vegiga del suero de la sangre que se recoge en ella y sale por la via.

ORINECER, v. n. ant. Amohecerse, cubrirse de orin.

ORINIENTO, TA, adj. Cubierto de moho ú orin, y tomado ó intorpecido por no usarse.

ORINQUE, s. m. *Náut.* Cabo grueso que se pone por fiador para asegurar el ancla cuando se da fondo.

ORIOL, s. m. Ave, V. OROPÉNDOLA.

ORION, s. m. Una de las diez y seis constelaciones del hemisferio meridional.

ORIUNDO, DA, adj. V. ORIGINARIO.

ORLA, s. f. La orilla de paños, telas, vestidos ú otras cosas con algun adorno que las distingue de otras. || *Blas.* Pieza honrosa hecha en forma de un filete, y puesta dentro del escudo.

ORLADO, p. p. de ORLAR.

ORLADOR, RA, s. m. y f. El que hace orlas.

ORLADURA, s. f. El juego y adorno de toda la orla. || ORLA por la orilla.

* ORLAN, s. m. Tela de lino muy fina.

ORLAR, v. a. Adornar con guarnicion al canto. || *Blas.* Poner la orla en el escudo.

ORLO, s. m. Instrumento músico de boca en forma de cayado.

ORMESÍ, s. m. Tela de seda casi del mismo tegido que el camelote.

* ORNABALLO, s. m. Asclepiádes, planta.

ORNADAMENTE, adv. Con ornato y compostura.

ORNADO, p. p. de ORNAR.

ORNAMENTADO, p. p. de ORNAMENTAR.

ORNAMENTAR, v. a. V. ADORNAR.

ORNAMENTO, s. m. Adorno, compostura, atavio que hace vistosa alguna cosa. || ORNAMENTOS, pl. Las vestiduras sagradas. || *Arq.* y *Esc.* Ciertas piezas que se ponen para acompañar á las obras principales. || met. Las calidades y prendas morales del sugeto que le hacen mas recomendable.

ORNAR, v. a. V. ADORNAR.

ORNATÍSIMO, MA, adj. sup. ant. de ORNADO.

ORNATO, s. m. Adorno, atavío, aparato y composicion.

ORNITOLOGIA, s. f. Parte de historia natural que trata de las aves.

* ORNITOMANCIA, s. f. Adivinacion por el vuelo de las aves.

ORO, s. m. Metal el mas pesado, tenaz, ductil y maleable de todos los vulgarmente conocidos. || met. El color rubio, especialmente hablando de las mugeres. || Joyas y adornos mugeriles de esta especie. || met. Las riquezas y el conjunto grande de hacienda y dinero. || *Blas.* El color amarillo, porque se usa de él en lugar del metal. || OROS, pl. Uno de los cuatro palos de la baraja. || ORO BATIDO, Aquel que puesto entre hojas de pergamino á fuerza de golpes con un mazo se adelgaza y sutiliza, y sirve para dorar. || ORO BRUÑIDO, *Pint.* El que se hace mediante los aparejos de cola, yeso y bol sobre piezas de madera. || ORO CORONARIO, El que es muy fino y subido ...es. || ORO DE CAÑUTILLO, Cañuto y corto que se hace por lo regular de vidrio para guarnecer vestidos. || ORO DE COPELA, El oro purgado al fuego de toda mezcla ó impureza. || ORO DE TIBAR, Oro muy acendrado que se coge en un rio llamado así. || ORO ES LO QUE ORO VALE, Significa que no solo consiste la recompensa en dinero, sino en otras cosas equivalentes. || ORO FULMINANTE, Preparacion que se hace con el oro y el amoniaco, y que por frotamiento ó percusion tiene mucho mayor impulso y causa mayor estruendo que la pólvora. || ORO MAJADO LUCE, Enseña que las cosas cobran mas estimacion cuanto estan mas experimentadas y probadas. || ORO MATE, Se llama el que se asienta sobre diferentes materias mediante la sisa y aparejos del óleo. || ORO MOLIDO, El que se muele en panes con miel, y luego se aclara con agua para realzar y tocar de oro las iluminaciones y miniaturas. || El oro calcinado y reducido á polvo, que sirve para dorar lo mas fino. || ORO POTABLE, Nombre dado á varias preparaciones liquidas del oro que hacian los alquimistas. || *Alquim.* Cierta composicion amarilla. || COMO ORO EN PAÑO, Explica el aprecio que se hace de alguna cosa por el cuidado que se tiene con ella. || COMO UN ORO Ó COMO MIL OROS, Ponderacion que explica la hermosura, aseo y limpieza de alguna persona ó cosa. || DE ORO Y AZUL, Modo de hablar para ponderar que alguna persona viene muy aseada y compuesta. || EL ORO Y EL MORO, irón. Pondera el engaño de alguno que se cree le han de dar alguna cosa grande, ó la estimacion en que tiene alguna cosa que da ó que posee. || ES COMO UN ORO PATITAS Y TODO, vulg. irón. Dícese para burlarse de alguno ó dar á entender que está conocido por astuto y bellaco. || ES OTRO TANTO ORO, fam. Explica lo que á una cosa se le sube de estimacion y punto cuando se le añade otra que le da mayor realce. || HACERSE DE ORO, Adquirir alguno con su industria y modo de vivir muchas riquezas. || PONER DE ORO Y AZUL, irón. Decir á alguno palabras sensibles, y tambien haberle llenado de lodo ó de otra inmundicia. || SE LE PUDIERA FIAR ORO MOLIDO, Explica la fidelidad de alguna persona. || TOCAR DE ORO, *Pint.* Realzar con oro los claros en algunos adornos de arquitectura.

OROBIAS, s. m. Una de las especies mas finas del incienso.

ORÓFRES, s. m. ant. Galon de oro y plata.

ORONDADO, DA, adj. ant. Ensortijado, enroscado que va variando en ondas.

ORONDADURA, s. f ant. Diversidad de color en forma de ondas.

ORONDO, DA, adj. Se aplica á las vasijas de mucha concavidad ó hueco. || Campanudo, pomposo, presumido, amigo de ser visto y parecer bien.

OROPEL, s. m. Lámina de laton muy batida y adelgazada que queda como un papel. || met. Se dice de las cosas que son de poco valor, y las hacen subir de estimacion por vanidad ó por engañar á otros. || met. Se toma tambien por los adornos ó requisitos de alguna persona. || GASTAR MUCHO OROPEL, met. Se dice de los que ostentan gran vanidad y fausto sin posibles.

OROPELERO, s. m. El que fabrica ó vende oropel.

OROPÉNDOLA, s. f. Ave quizá la mas hermosa de nuestro suelo.

OROPIMENTE, s. m. Metal, especie de arsénico, de un hermoso color amarillo, y por que se usa principalmente en la pintura al óleo.

* OROYÉNDOLA, s. f. V. OROPÉNDOLA, ave.

OROZUZ, s. m. Planta muy comun en España en los sitios húmedos de cuya raiz es lo que se conoce con el nombre de palo dulce.

ORQUESTA, s. f. El conjunto de músicos que tocan y cantan con arreglo á las reglas del arte.

ORTEGA, s. f. Ave de un pié de largo y muy comun en casi todas las provincias de España, cuya carne se estima tanto como la de la perdiz.

ORTIGA, s. f. Planta muy comun en España. Toda ella está erizada de pelos tiesos y punzantes, que causan al tocarla una quemazon extraordinaria. || ORTIGA BLANCA, Planta, V. ORTIGA MUERTA. || ORTIGA MORRÑA, Especie de ortiga con que se hace hilo. || ORTIGA MUERTA, Variedad de la ortiga de figura blanca y larga de tallo. || ORTIGA ROMANA, Otra especie de ortiga. || SER COMO UNAS ORTIGAS, Ser áspero y desapacible en el trato y palabras.

ORTIVO, VA, adj. *Astron.* Oriental.

ORTO, s. m. La ascension ó subida de cualquier astro por el horizonte. || ORTO POÉTICO, El nacimiento de cualquier astro con respecto al sol.

* ORTODOXIA, s. f. Sana doctrina, catolicismo.

ORTODOXO, XA, adj. Católico, que cree constantemente las verdades decididas por la iglesia romana ó conforme á ellas.

* ORTODROMIA, s. f. *Náut.* Camino recto de un navío.

ORTOGONIO, adj. V. RECTÁNGULO.

ORTOGRAFÍA, s. f. El arte que enseña á escribir correctamente. || ORTOGRAFÍA GEOMÉTRICA, La delineacion de la superficie de cualquier cuerpo segun su latitud y altura. || ORTOGRAFÍA PROYECTA, DEGRADADA Ó EN PERSPECTIVA, La delineacion del perfil segun se representa en la tabla ó plano óptico.

ORTOGRÁFICO, CA, adj. Que pertenece á la ortografía.

ORTÓGRAFO, s. m. El profesor y sabio en la ortografía.

ORTOLOGIA, s. f. El arte de pronunciar bien.

* ORTOPEDIA, s. f. Arte de corregir en los niños las deformedades del cuerpo.

ORUGA, s. f. Planta que crece en abundancia en varias partes de España, cuyas hojas tienen un gusto picante, y se cultiva en algunas partes para ensalada. || Gusanillo muy nocivo que se engendra de las hojas verdes de la hortaliza. || Salsa gustosa que se hace de la yerba de este nombre con azúcar ó miel, vinagre y pan tostado. || ORUGA DE PINO, Gusanillo rojo algun tanto velloso, que en el invierno se encierra sobre los pinos en unas telas muy sutiles. || ORUGA LE DIÓ, Se dice cuando alguna cosa se ha perdido ó desperdiciado.

ORUJO, s. m. El hollejo de la uva despues de exprimida.

ORZA, s. f. Vasija vidriada de barro, alta y sin asa. || ORZA DE AVANTE, ORZA DE NOVELA, Expr. de galera para avisar se enderece á la mano izquierda. || Á ORZA, *Náut.* Que se dice cuando el bajel navega de bolina poniendo la proa hácia la parte de donde viene el viento.

ORZAGA, s. f. Mata bien conocida, especie de armuelles.

ORZAR, v. n. *Náut.* Poner la proa cuanto se pueda hácia la parte de donde viene el viento.

ORZUELA, s. f. d. de ORZA.

ORZUELO, s. m. Granillo que nace en el párpado del ojo. || Instrumento de cazadores para coger vivas las perdic-- || Género de cepo para prender las f por los pies.

OS

OS, pron. personal. VOSOTROS. Úsase antepuesto y propuesto al verbo. || Equivale muchas veces á VOS; y se usa cuando no se quiere dar el tratamiento particular de la persona ó para denotar autoridad de superior á inferior, ó el mayor respecto del inferior al superior.

OSA, s. f. La hembra del oso. || OSA MAYOR, Una de las constelaciones boreales. || OSA MENOR, Constelacion boreal que entre otras muchas estrellas tiene siete mas notables.

OSADAMENTE, adv. Atrevidamente, con intrepidez ó sin conocimiento ó reflexion.

OSADÍA, s. f. Atrevimiento, audacia ó temeridad. || Fervor y animosidad santa y buena.

OSADILLO, LLA, adj. d. de OSADO.

OSADÍSIMO, MA, adj. sup. de OSADO.

OSADO, p. p. de OSAR. || Á OSADAS, ant. Osadamente. || ant. Ciertamente, en verdad, á fe.

OSAMBRE, s. m. V. OSAMENTA.

OSAMENTA, s. f. La armazon del cuerpo del hombre ó de otro animal.

OSAR, v. n. Atreverse, emprender alguna cosa con atrevimiento. || Imaginar, ponerse en la fantasía.

OSAR, s. m. V. OSARIO.

OSARIO, s. m. El hoyo ó fosa donde se ponen y reservan los huesos de los difuntos. || Cualquiera lugar donde se hallan huesos.

OSCENSE, adj. De Huesca.

OSCILACION, s. f. Vibracion, balance, movimiento de ida y vuelta de un cuerpo suspendido.

OSCILANTE, p. a. de OSCILAR, Que oscila ó se mueve vibrándose.

OSCILAR, v. n. Vibrar, moverse libremente en el aire á un lado y á otro.

OSCILATORIO, RIA, adj. Se aplica al movimiento vibratorio de los cuerpos péndulos.

OSCITANCIA, s. f. ant. Inadvertencia que proviene de descuido.

ÓSCULO, s. m. V. BESO.

OSCURACION, s. f. ant. Accion y efecto de oscurecer.

OSCURADO, p. p. de OSCURAR.

OSCURAMENTE, adv. Sin luz ni claridad, con oscuridad. || Confusamente, sin órden ni concierto. || Indecentemente, con bajeza, sin lustre, esplendor ó estimacion.

OSCURAR, v. a. ant. V. OSCURECER.

OSCURECER, v. a. Privar de luz y claridad. || met. Disminuir la estimacion y esplendor de las cosas, deslustrarlas y abatirlas. || met. Ofuscar la razon alterando y confundiendo la realidad y verdad de las cosas. || met. Usar en el estilo de términos y conceptos extravagantes y de frases enigmáticas y oscuras. || *Pint.* Dar mucha sombra á las figuras y otras cosas que se pintan.

OSCURECER, v. imp. Ir anocheciendo, faltar la luz y claridad.

OSCURECERSE, v. r. No parecer alguna cosa por haberla hurtado ú ocultado. || Aplicado al dia, la mañana, el cielo, etc., nublarse.

OSCURECIDO, p. p. de OSCURECER.

OSCURECIMIENTO, s. m. El acto de oscurecer.

OSCURIDAD, s. f. Lobreguez, falta de luz y claridad. || Densidad y espesura muy sombría. || met. La humildad y bajeza de que procede alguna cosa, especialmente hablando de los linages. || met. Falta de luz y conocimiento en el alma ó en las potencias intelectuales. || met. Confusion del estilo ó falta de explicacion en lo que se escribe ó habla. || met. La dificultad del sentido ó inteligencia de lo que se dice ó se propone.

OSCURÍSIMAMENTE, adv. sup. de OSCURAMENTE.

OSCURÍSIMO, MA, adj. sup. de OSCURO.

OSCURO, RA, adj. Que carece de luz ó claridad. || met. No conocido ó que procede de un principio bajo y humilde. || met. Confuso, falto de claridad. || met. Que se explica confusamente y sin claridad. || *Pint.* Dícese de aquella parte donde se representan las sombras. || Se aplica al color que casi llega á ser negro. || Se dice tambien de lo que apénas se ve ó distingue. || Se dice del color que en la diversidad de los coloridos está mas cargado ó tiene alguna parte mas de tintura. || OSCURO MAYOR, *Pint.* Se dice de lo que está muy cargado de color oscuro. || Á OSCURAS, Sin luz. || Á OSCURAS ó Á ESCURAS, Sin principios ó conocimiento de lo que se trata ó maneja. || ESTAR ó HACER OSCURO, Se dice cuando las noches tienen falta de claridad por estar muy nublado el cielo.

OSECICO, LLO, ZUELO, s. m. d. de HUESO.

ÓSEO, A, adj. Que es de naturaleza de hueso.

OSERA, s. f. La cueva donde se recoge el oso.

OSERÍA, s. f. ant. La cacería de osos.

OSERO, s. m. V. OSARIO.

OSESNO, s. m. El cachorro de la osa.

OSETA, s. f. *Germ.* Que pertenece á la rufianesca. || ECHAR DE LA OSETA, Hablar recio, jurando y perjurando, y diciendo con enfado cuanto se viene á la boca.

OSIFICADO, p. p. de OSIFICARSE.

OSIFICARSE, v. a. Volverse, convertirse en hueso alguna cosa.

OSIFRAGA, s. f. Ave, V. QUEBRANTAHUESOS.

OSIFRAGO, s. m. V. QUEBRANTAHUESOS.

* **OSÍRIDE**, s. f. Mirabel, planta de jardines.

OSO, s. m. Cuadrúpedo indígeno de los paises frios y montuosos de entrambos continentes. || OSO BLANCO, Variedad del oso. || OSO COLMENERO, El que roba las colmenas, llevándolas al agua para abrirlas y chupar la miel. || OSO MARÍTIMO, Cuadrúpedo, V. OSO BLANCO.

OSOSO, SA, adj. Perteneciente á hueso, ó que es de calidad de hueso, ó los tiene.

OSTAGA, s. f. *Náut.* Cabo grueso con que se afirma el cuadernal de la driza á la verga.

OSTALAGE, s. m. El estipendio que se paga en las posadas.

OSTENSIBLE, adj. Que puede manifestarse ó demostrarse.

OSTENSION, s. f. Manifestacion de alguna cosa.

OSTENSIVO, VA, adj. Que muestra ú ostenta alguna cosa.

OSTENTACION, s. f. Manifestacion de lo que es digno de verse, y que corresponde al estado de cada uno. || Jactancia y vanagloria.

OSTENTADO, p. p. de OSTENTAR.

OSTENTADOR, RA, s. m. y f. El que ostenta.

OSTENTAR, v. a. Mostrar ó hacer patente una cosa para que sea vista de todos con magnificencia y boato.

OSTENTAR, v. n. Jactarse, vanagloriarse de alguna cosa.

OSTENTATIVO, VA, adj. Que hace ostentacion de alguna cosa.

OSTENTO, s. m. ant. Apariencia que denota prodigio de la naturaleza, ó cosa monstruosa ó milagrosa.

OSTENTOSAMENTE, adv. Con ostentacion.

OSTENTOSÍSIMAMENTE, adv. sup. de OSTENTOSAMENTE.

OSTENTOSÍSIMO, MA, adj. sup. de OSTENTOSO.

OSTENTOSO, SA, adj. Magnífico, suntuoso grande y digno de verse.

OSTEOLOGÍA, s. f. Arte que enseña á conocer la naturaleza de los huesos del cuerpo humano.

* **OSTEOTOMIA**, s. f. Diseccion de los huesos.

OSTIA, s. f. ant. V. OSTRA.

OSTIARIO, s. m. El que tiene uno de los grados eclesiásticos así llamados.

OSTIATIM, adv. lat. De puerta en puerta.

OSTIERO, s. m. ant. V. OSTRERA.

OSTRA, s. f. Marisco de dos piezas planas, escabrosas, casi redondas y con las orillas ó labios desiguales.

OSTRACISMO, s. m. Destierro político por espacio de diez años que usaban los Griegos con aquellas personas que tenian gran poder y crédito.

OSTRAL, s. m. V. OSTRERA.

OSTRERA, s. f. El lugar donde sovan y se crian las ostras.

OSTRÍFERO, RA, adj. *Poét.* Que cria ostras.

OSTRO, s. m. V. OSTRA. || Viento, V. MEDIODIA.

OSTROGODO, DA, adj. y s. El natural de la Gocia oriental y perteneciente á ella.

OSTUGO, s. m. Vestigio, señal ó parte oculta.

OSUDO, DA, adj. Que tiene mucho hueso.

OSUNO, NA, adj. Que pertenece á oso.

OTA

OTACUSTA, s. m. ant. Espía ó escucha que vive de traer y llevar cuentos, chismes y enredos.

OTADO, p. p. de OTAR.

OTAÑEZ, s. m. fam. Se usa para explicar un gentilhombre que sirve de acompañar á alguna señora.

OTAR, v. a. ant. V. OTEAR.

OTEADO, p. p. de OTEAR.

OTEADOR, RA, s. m. y f. El que otea.

OTEAR, v. a. Registrar desde los lugares altos y elevados sobre las tierras lo que está debajo. || Escudriñar, registrar ó mirar con cuidado.

OTERO, s. m. El lomo que hace la tierra elevándose en los llanos, de forma que sobresale á lo demas.

en la frase NI HABLAR NI PARLAR, y es inventada para darle consonante y mayor fuerza á la expresion.

PABULO, s. m. Pasto, comida, alimento par la susistencia ó conservacion.|| met. Sustento ó mantenimiento en las cosas inmateriales.

PACA, s. f. Cuadrúpedo indígeno de la América meridional que gruñe como el cerdo, y se domestica con facilidad. || Fardo ó lio.

PACADO, DA, adj. ant. V. APACIGUADO.

PACATO, TA, adj. Pacífico, tranquilo, moderado, quieto.

PACCION, s. f. V. PACTO.

PACCIONADO, p. p. de PACCIONAR.

PACCIONAR, v. a. V. PACTAR.

PACEDERO, RA, adj. Se aplica al campo que tiene yerba capaz ya de pacerse.

PACEDURA, s. f. Apacentamiento ó pasto del ganado.

PACER, v. a. Apacentarse el ganado, comer la yerba y pastos en los prados, montes, y dehesas. || Comer, roer ó gastar alguna cosa. || Apacentar el ganado.

PACHON, s. m. Hombre de genio pausado y flemático. || Perro perdiguero.

PACHONA, s. f. La perra hembra del pachon.

PACHONCICO, CA, LLO, LLA, TO, TA, s. m. y f. d. de PACHON.

PACHORRA, s. f. Flema, tardanza y espera.

*PACHORRUDO, DA, adj. Flemático, tardo, sosegado.

PACIDO, p. p. de PACER.

PACIENCIA, s. f. Virtud que enseña á sufrir y tolerar los infortunios y trabajos. || Sufrimiento y tolerancia en las adversidades, penas y dolores. || Espera y sosiego en las cosas que se desean mucho. || Lentitud ó tardanza en las cosas que se debian egecutar prontamente. || El sufrimiento y tolerancia indebida en materia de honra ó pundonor. || Como interj. se usa para exhortar á la conformidad en cualquier trabajo. || CON PACIENCIA SE GANA EL CIELO, Exhorta á no atropellar las dependencias. || GASTAR Á OTRO LA PACIENCIA, Apurársela, ó hacerle sufrir mucho. || PROBAR LA PACIENCIA, Explica que alguno egecuta acciones que disgustan á otro, de suerte que llegue el caso de no poderle sufrir. || TENTAR DE PACIENCIA Ó LA PACIENCIA, Dar frecuentes ó repetidos motivos para que alguno se irrite.

PACIENTE, adj. Que sufre y tolera los trabajos y adversidades sin perturbacion del ánimo. || met. Sufrido que tolera y consiente que su muger le ofenda.

PACIENTE, s. m. *Fil.* El sugeto que recibe ó padece la accion del agente.

PACIENTEMENTE, adv. Con tolerancia, con sufrimiento.

PACIENTÍSIMAMENTE, adv. sup. de PACIENTEMENTE.

PACIENTÍSIMO, MA, adj. sup. de PACIENTE.

PACIFICACION, s. m. Acto de pacificar. || Paz, quietud y sosiego.

PACIFICADO, p. p. de PACIFICAR.

PACIFICADOR, RA, s. m. y f. El que pacifica ó pone paz.

PACÍFICAMENTE, adv. Con paz, quietud, sin oposicion ó contradiccion.

PACIFICAR, v. a. Establecer la paz, ó poner en paz. || met. Sosegar y aquietar las cosas insensibles, turbadas ó alteradas.

PACIFICAR, v. n. Tratar de asentar paces, pidiéndolas ó deseándolas.

PACÍFICO, CA, adj. Quieto, sosegado y amigo de paz. || Que no tiene ó halla oposicion, contradiccion ó alteracion en su estado. || Entre los gentiles el sacrificio ofrecido por la paz y la salud.

PACO, ó PACO LLAMA, s. m. Cuadrúpedo muy dócil, de la América meridional, donde se valen de él como de bestia de carga.

*PACOTILLA, s. f. Ancheta, la porcion de géneros que se permite á un particular embarcar de su cuenta y llevar consigo en el viage.

PACTADO, p. p. de PACTAR.

PACTAR, v. a. Asentar, poner condiciones ó pactos.

PACTO, s. m. Concierto ó asiento en que se convienen dos ó mas partes debajo de condiciones. || Convenio con el demonio para obrar por medio suyo cosas extraordinarias, embustes y sortilegios. || RENUNCIAR EL PACTO, Apartarse del pacto que se supone hecho con el demonio.

PADECER, v. a. Sufrir, ó tolerar física y corporalmente. || Sentir los agravios, injurias, pesares, etc., que se experimentan. || Tener ó estar poseido de alguna cosa. || met. Se dice de las cosas insensibles por estar expuestas á algun daño ó ser frecuente en ellas.

PADECIDO, p. p. de PADECER.

PADECIENTE, p. a. ant. de PADECER, Que padece.

PADECIMIENTO, s. m. Acto de padecer, sufrir el daño, injuria, enfermedad, etc.

PADILLA, s. f. Sarten pequeña. ‖ Especie de horno para cocer el pan.

PADRASTRO, s. m. Hombre casado con muger que tiene hijos de otro matrimonio, respecto de los cuales se le da este nombre. ‖ met. Obstáculo, impedimento ó inconveniente que estorba ó hace daño. ‖ El monte, colina ó lugar alto y dominante á alguna plaza, desde el cual pueden batirla. ‖ El pedacito de pellejo que se levanta de la carne inmediata á las uñas de las manos. ‖ *Germ.* Fiscal. ‖ *Germ.* Procurador en contra.

PADRAZO, s. m. aum. de PADRE. ‖ Padre muy indulgente con sus hijos.

PADRE, s. m. El que engendra ó procrea otro su semejante en su especie, que se llama hijo. ‖ *Teol.* La primera persona de la santísima Trinidad. ‖ El macho destinado en el ganado para la generacion y procreacion. ‖ met. Nombre que se da á las aves respecto de sus hijos. ‖ Principal y cabeza de alguna descendencia, familia ó pueblo. ‖ met. Cualquiera cosa de quien proviene ó procede otra como de principio suyo. ‖ met. El que favorece á otro, cuida de él y hace oficio de padre, y por extension se dice aun de las cosas insensibles. ‖ met. El autor de cualquier obra de ingenio, o el inventor de otra cualquiera cosa. ‖ El que en lo antiguo fue excelente en alguna ciencia ó facultad, la enseñó ó la perfeccionó y adelantó. ‖ *Germ.* Sayo. ‖ El religioso, sacerdote y anciano en señal de veneracion y respecto. ‖ Nombre que tambien se da á los antiguos prelados, santos, maestros y doctores de la iglesia, que suelen llamarse santos PADRES. ‖ Cualquiera de los que han concurrido á algun concilio de la iglesia. ‖ PADRES, pl. El padre, la madre. ‖ Los abuelos y demas progenitores de una familia. ‖ Todos los individuos de alguna religion ó congregacion hablando en comun. ‖ Ermitaños antiguos que vivian en los yermos ó desiertos. ‖ PADRE ADOPTIVO, El que ha adoptado hijo ageno. ‖ PADRE CONSCRIPTO, Entre los Romanos el que era del gremio de los patricios. ‖ PADRE DE ALMAS, Prelado eclesiástico ó cura á cuyo cargo está la direccion y gobierno espiritual de sus feligreses y súbditos. ‖ PADRE DE CONCILIO, Fuera del sentido recto se suele dar este título al que se juzga muy docto, é irónicamente se usa para notar al que habla en materias arduas y difíciles, que no puede saber ó resolver. ‖ PADRE DE FAMILIA Ó DE FAMILIAS, La cabeza de la casa y familia, que la rige y gobierna. ‖ PADRE DE LA PATRIA, ó DE SU PATRIA, El sugeto venerable de ella. ‖ PADRE DE PILA, V. PADRINO en el bautismo. ‖ PADRE DE POBRES, El sugeto muy caritativo y limosnero. ‖ PADRE DE PROVINCIA, En algunas religiones el sugeto que ha sido provincial ó ha tenido puesto equivalente. ‖ PADRE ESPIRITUAL, El confesor que dirige la conciencia del penitente. ‖ PADRE NUESTRO, La oracion dominical. ‖ En el rosario es la cuenta de diferente hechura ó mayor que las otras. ‖ PADRE PUTATIVO, El que es tenido y reputado por padre. ‖ PADRE SANTO, El sumo pontífice. ‖ DORMIR CON SUS PADRES, ant. V. MORIR. ‖ HALLAR PADRE Y MADRE, met. Explica que alguno halló quien le cuidase y favoreciese, como lo pudieran hacer sus padres. ‖ MI PADRE ES DIOS, Exp. con que nos ponemos en los trabajos debajo de la paternal proteccion divina. ‖ MI PADRE LAS GUARDARÁ, Reprende al que echa el trabajo y cuidado á otros. ‖ NO AHORRARSE CON NADIE NI CON SU PADRE, fam. Se aplica á la persona que atiende solo á su propio interes y al que dice libremente su sentir sin guardar respeto á ninguna persona. ‖ NUESTROS PRIMEROS PADRES, Adan y Eva. ‖ SANTO PADRE, Epíteto que se da á los doctores de la iglesia, y á otros varones ilustres en santidad y doctrina. ‖ SIN PADRE NI MADRE, NI PERRO QUE ME LADRE, fam. Se usa para manifestar la total independencia en que se halla alguno. ‖ TENER EL PADRE ALCALDE, Contar en cualquiera solicitud con un decidido protector.

PADRE DEL YERMO, s. m. Anacoreta.

PADREAR, v. n. Parecerse al padre en las facciones ó costumbres. ‖ Hablando de los animales padres del ganado es tener fecundidad en la generacion; en estilo jocoso se dice de los mozos traviesos.

PADRINA, s. f. V. MADRINA.

PADRINAZGO, s. m. El acto de asistir como padrino al bautismo ó á alguna funcion pública. ‖ Título ó cargo de padrino.

PADRINO, s. m. El que tiene al niño en la pila miéntras le bautizan, y el que asiste al sacramento de la confirmacion. ‖ El que apadrina, asiste y acompaña á otro en algun acto literario ó funcion pública. ‖ El que apadrina en las justas, torneos, juegos de cañas, desafíos, y otras funciones públicas. ‖ met. El que favorece ó protege á otro en sus pretensiones.

PADRON, s. m. La nomina, etc., que

se hace en las ciudades, etc., para saber por sus nombres el número de vecinos contribuyentes. || Columna de piedra con una lápida ó inscripcion de alguna cosa que conviene que sea perpetua y pública. || met. Nota pública de infamia ó desdoro que queda en la memoria por alguna accion mal hecha. || fam. El padre que muestra demasiado cariño á sus hijos. || V. PATRON Ó DECHADO.

PADRONAZGO, s. m. ant. V. PATRONATO.

PADRONERO, s. m. ant. V. PATRON, 5ª A.

PADUANO, NA, adj. de Padua.

PAFLON, s. m. *Arq.* Salida plana que se da á la cornisa ó moldura por abajo.

PAGA, s. f. El acto de pagar y satisfacer. || Satisfaccion de la culpa, delito ó yerro por medio de la pena correspondiente. || Cantidad con que se paga la culpa ó la pena con que se satisface. || Entre los soldados el sueldo de un mes. || Correspondencia del amor ú otro beneficio. || PAGA VICIOSA, La que contiene algun defecto que la hace inválida. || BUENA PAGA, La persona que prontamente y sin dificultad paga lo que debe, y al contrario se dice MALA PAGA. || CORRER LAS PAGAS, EL SALARIO, EL SUELDO, Estar corrientes. || EN TRES PAGAS, Nota al mal pagador; y algunos añaden tarde, mal y nunca. || PAGAR EL POSESO, ant. Dar algun agasajo á los amigos para celebrar la entrada en algun nuevo empleo. || VER LA PAGA AL OJO, Explica la facilidad con que se egecutan las cosas y se hace el trabajo cuando hay seguridad de la pronta recompensa.

PAGADERO, RA, adj. Que se ha de pagar y satisfacer, ó que puede pagarse fácilmente.

PAGADERO, s. m. El tiempo, ocasion ó plazo en que alguno ha de pagar lo que debe, ó satisfacer con la pena lo que ha hecho.

PAGADO, p. p. de PAGAR. || PAGADO, DA, adj. Placentero, agradable, apacible. || PAGADO DE SÍ, Presumido, arrogante, vano. || ESTAMOS PAGADOS, Se usa para dar á entender que se corresponde por una parte á lo que se merece de otra.

PAGADOR, RA, s. m. y f. El que paga. || La persona en cuyo poder entran caudales para satisfacer sueldos, las deudas públicas, etc.

PAGADURÍA, s. f. La casa, sitio y lugar público donde se paga.

PAGAMENTO, s. m. V. PAGA, 1ª A. || Á PAGAMENTO, ant. Á contento, á satisfaccion.

PAGAMIENTO, s. m. ant. V. PAGAMENTO. || Á PAGAMIENTO, ant. Á contento, á satisfaccion.

PAGANÍA, s. f. ant. V. PAGANISMO, 2ª A.

PAGANISMO, s. m. El gentilisimo ó agregado de los infieles. || Profesion de los paganos.

PAGANO, NA, adj. Que pertenece á los paganos, ó es propio de ellos.

PAGANO, s. m. El que vive en la campaña ó en el campo, que no goza del derecho de ciudadano. || El infiel no bautizado. || fam. El que paga ó contribuye.

PAGAR, v. a. Dar uno ó satisfacer lo que debe. || Causar derecho los géneros que se introducen. || met. Satisfacer por el delito, culpa ó yerro por medio de la pena correspondiente. || Complacer, agradar, satisfacer ó dar gusto. || Corresponder al afecto, cariño ú otro beneficio.

PAGARSE, v. r. Estar satisfecho de sí mismo. || PAGAR DE CONTADO, Satisfacer sin la menor dilacion que se debia. || PAGARLA DOBLE, Pagar doble el castigo que se merecia por haberle huido la primera vez.

PAGARÉ, s. m. Papel de obligacion por alguna cantidad que se ofrece pagar á tiempo determinado.

PAGE, s. m. Criado cuyo egercicio es acompañar á sus amos. || PAGES, pl. fam. Los azotes que dan á los muchachos en la escuela ó en el estudio. || PAGE DE BOLSA, El page del secretario del despacho universal y de los tribunales reales, que lleva la bolsa donde van los papeles. || PAGE DE CÁMARA, El que sirve dentro de ella á su señor. || PAGE Ó PAGE DE ESCOBA, Cualquiera de los muchachos destinados en las embarcaciones para su limpieza y aseo. || PAGE DE GINETA, El que acompañaba al capitan llevando este distintivo de su empleo. || PAGE DE GUION, El mas antiguo de los pages del rey, á cuyo cargo está el llevar las armas en ausencia del armero mayor. || PAGE DE LANZA Ó DE ARMAS, El que lleva las armas de su amo. || PAGE DE RODELA, El que llevaba la rodela.

PAGECICO, LLO, TO, s. m. d. de PAGE. || *And.* Bufete pequeño en que se ponen las luces.

PAGEL, s. m. Pez muy comun en

todos los mares de España, cuya carne es comestible y bastante estimada.

PÁGINA, s. f. PLANA de la hoja de algun libro.

PAGO, s. m. La entrega de algun dinero que se debe. || V. PAGA. || Satisfacion, premio ó recompensa. || El distrito determinado de tierras ó heredades. || DAR EL PAGO, Se usa para avisar á alguno que le sobrevendrá ó sobrevino daño correspondiente. || Se usa por antifrásis para significar la mala correspondencia al beneficio ó servicio hecho. || EN PAGO, En satisfaccion, descuento ó recompensa.

PAGO, GA, adj. fam. Pagado, satisfecho.

PAGODE, s. m. Templo, sacerdote é ídolo entre los Indios del Oriente.

PAGOTE, s. m. Aquel á quien le echan todas las cargas y gravámenes, ó la culpa de lo que otros hacen. || *Germ.* El que de mandil está para ser rufian, y guarda la muger para que le paguen.

*PAGUGERO, s. m. *Ar.* Sitio donde se deja pudrir la paja para hacer de ella estiércol.

PAGURO, s. m. Cangrejo mas ancho que largo, con la cola muy corta y el carapacho recortado en puntas por su borde.

PAIRAR, v. n. *Náut.* Estar la nave queda con las velas tendidas y largas las escotas.

PAIRO, s. m. *Náut.* El acto de estar pairada la nave.

PAIS, s. m. Region, reino, provincia ó territrio. || La pintura en que estan pintadas villas, lugares, fortalezas, casas de campo y campañas. || met. La materia de las ciencias ú otras cosas. || CORRER EL PAIS, V. TIERRA.

PAISAGE, s. m. Pedazo de pais en la pintura.

PAISANA, s. f. Tañido y danza de paisanos.

PAISANAGE, s. m. La gente del pais, á distincion de los militares. || El título ó conveniencia en ser de un mismo pais.

PAISANO, NA, adj. El que es de un mismo pais. || Llaman los soldados á cualquiera que no es militar.

PAJA, s. f. La caña del trigo, cebada, centeno y otras semillas despues de seca y separada de la espiga. || Lo que queda despues de trilladas las semillas y apartado el grano. || Arista ó partecilla pequeña y delgada de alguna yerba ó cosa semejante. || met. Cualquiera cosa ligera, de poca consistencia ó entidad. || met. Lo inútil y desechado en cualquiera materia. || PAJAS, pl. Especie de interjeccion que da á entender que en alguna cosa no quedará uno inferior á otro. || PAJA DE AGUA, Cierta cantidad ó medida de agua en los repartimientos de la de las fuentes. || PAJA DE MECA Ó PAJA DE ESQUINANTO, V. ESQUINANTE. || PAJA LARGA, La de cebada que no se trilla. || Apodo que vulgarmente se da á la persona que es en exceso alta, delgada y desairada. || BUSCAR LA PAJA EN EL OIDO, Buscar ocasion para hacer mal á otro, reñir ó descomponerse con él. || ECHAR PAJAS, Explica un género de sorteo que se hace con pajas ó palillos. || EN DACA LAS PAJAS Ó EN ALZA ALLÁ ESAS PAJAS, fam. Da á entender la brevedad ó facilidad con que se puede hacer alguna cosa. || EN QUITAME ALLÁ ESAS PAJAS, fam. Con suma prontitud y brevedad. || NO DORMIRSE EN LAS PAJAS, Estar con vigilancia y aprovecharse bien de las ocasiones. || NO HABERLE ECHADO Á ALGUNO PAJA NI CEBADA, fam. No conocer ó no haber tratado al sugeto de quien se habla ó se pide informe. || NO MONTAR Ó NO IMPORTAR UNA PAJA, Desprecia alguna cosa por inútil ó de poca entidad. || NO PESAR UNA PAJA, met. Da á entender la ligereza, poca importancia y sustancia de alguna cosa. || POR QUITAME ALLÁ ESAS PAJAS, fam. Por cosa de poca importancia, sin fundamento ó razon. || QUITAR LA PAJA, fam. Denota el primero que bebió del vino que habia en una vasija. || SACAR LA PAJA, V. QUITAR LA PAJA. || SACAR PAJAS, V. SACAR CARTAS. || SACAR PAJAS, Ó SACAR PAJAS DE UNA ALBARDA, fam. Manifiesta que alguna cosa és muy fácil, y no tiene que saber. || TODO ESO ES PAJA, exp. Se dice por aquel que habla mucho y sin sustancia sobre alguna materia. || TOMAR LAS PAJAS CON EL COGOTE, Ó ALZAR LAS PAJAS CON LA CABEZA, fam. Da á entender que alguno ha caido de espaldas.

PAJADA, s. f. La paja cocida, revuelta con salvado, que se da por regalo para que engorden las bestias.

PAJADO, DA, adj. Que tiene enteramente el color de paja.

PAJAR, s. m. Sitio donde se encierra la paja.

PÁJARA, s. f. Hembra del pájaro. || COMETA, armazon, etc. || PÁJARA PINTA, Juego que se usa para divertirse en las tertulias.

PAJAREAR, v. a. Cazar pájaros. ||

pla. || COGER LAS PALABRAS, Observar cuidadosamente las que alguno dice. || COGER Ó PEDIR LA PALABRA, Valerse de ella, ó reconvenir con ella. || COMERSE LAS PALABRAS, met. y fam. Pronunciar mal cuando se lee ó se habla, omitiendo algunas sílabas ó palabras. || CORRER LA PALABRA, *Mil.* Avisarse succesivamente unas á otras las centinelas para que esten toda la noche alerta. || DAR PALABRA Ó SU PALABRA, Obligarse con ella al cumplimiento de alguna promesa ú oferta. || DAR PALABRA Y MANO, Contraer esponsales. || DE PALABRA, Sin otro instrumento ó seña mas que la voz. || DE PALABRA, Á BOCA, de viva voz. || DE PALABRA Á PALABRA, Á la letra, sin omitir nada. || DE PALABRA EN PALABRA, De una razon ó de un dicho en otro. || DEJAR Á UNO CON LA PALABRA EN LA BOCA, Volverle la espalda sin escuchar lo que va á decir. || DIRIGIR LA PALABRA Ó LA PLÁTICA Á ALGUNO, Hablar singular y determinadamente con él. || EMPEÑAR LA PALABRA, Dar palabra de hacer alguna cosa. || EN UNA, EN DOS Ó POCAS PALABRAS, Significa la brevedad y concision con que se expresa ó dice alguna cosa. || ESA PALABRA ESTÁ GOZANDO DE DIOS, Explica la complacencia que se tiene en lo que se oye ó se ofrece. || FALTAR Á LA PALABRA, Dejar de hacer lo que se ha prometido. || FALTAR PALABRAS, Pondera la excelencia ó grandeza de alguna cosa, y que no se puede explicar ó alabar dignamente. || GASTAR PALABRAS Ó SALIVA, Hablar inútilmente. || LLEVAR LA PALABRA, Hablar una persona en nombre de otras á aquella á quien se dirige algun mensage. || HABLAR Ó DECIR UNA PALABRA, Interponerse con alguno. || IRSE Ó ESCAPARSE UNA PALABRA, Significa el descuido ó falta de reparo en proferir alguna voz ó expresion disonante ó que puede ser sensible. || MANTENER SU PALABRA, met. Perseverar en lo ofrecido. || MEDIAS PALABRAS, Las que ó no se pronuncian enteramente por defecto de la lengua, ó voluntariamente por no explicarse del todo. || MI PALABRA ES PRENDA DE ORO, Pondera á alguno la seguridad que debe tener en la oferta que se le hace. || NI OBRA BUENA NI PALABRA MALA, V. OBRA. || NO DECIR Ó NO HABLAR, Ó SIN DECIR Ó HABLAR PALABRA, Callar ó guardar silencio, ó no repugnar ni contradecir á lo que se propone ó pide. || NO DECIR PALABRA, No responder á propósito, ó no dar razon suficiente en lo que se habla. || NO SER MAS QUE PALABRAS, Da á entender que en alguna disputa ó altercacion no ha habido cosa sustancial. || NO TENER MAS QUE PALABRAS, nota el baladron ó que se jacta de valiente, no correspondiendo en las ocasiones. || NO TENER PALABRA, Faltar fácilmente á todo lo que se ofrece ó contrata. || NO TENER PALABRAS, No explicarse en alguna materia ó por sufrimiento ó por ignorancia. || OIR UNA Ó DOS PALABRAS, Se usa para pedir uno á otro que le escuche, que será breve. || PASAR LA PALABRA, *Mil.* V. CORRER LA PALABRA || QUEMADAS SEAN TUS PALABRAS, Significa la malicia ó cautela que se aprehende en lo que alguno dice. || QUITARLE Á UNO LAS PALABRAS DE LA BOCA, met. y fam. Interrumpirle cuando habla. || REMOJAR LA PALABRA, fam. Ir á beber á la taberna. || SANTA PALABRA, El dicho ú oferta que complace. || SOBRE SU PALABRA, Sin otra seguridad que la palabra que se da de hacer alguna cosa. || Se dice de las cosas materiales que estan con poca seguridad y consistencia y amenazando ruina. || SOLTAR LA PALABRA, Absolver ó libertar á alguno de la obligacion en que se constituye por la palabra. || SOLTAR LA PALABRA, Dar palabra de hacer alguna cosa. || TOMAR LA PALABRA, Hacer prenda de lo que uno ofrece, para reconvenirle si falta á ella. || Hablar el primero ó proseguir la conversacion y especie que otro ha dejado. || TENER PALABRAS, TRATARSE DE PALABRA, Reñir con alguno diciéndose palabras injuriosas y provocativas. || TORCER, TROCAR Ó MUDAR LAS PALABRAS, Darles otro sentido del que ellas propiamente tienen, ó de aquel en que se dicen naturalmente. || TRAER EN PALABRAS, Entretener á alguno con ofertas ó promesas. || TRATAR MAL DE PALABRA, Injuriar con algun dicho ó voz sensible. || VENDER PALABRAS, met. Engañar ó traer entretenido á alguno con ellas. || VENIR ALGUNO CONTRA SU PALABRA, Faltar á ella.

PALABRADA, s. f. Dicho disonante, indecente ó gravemente sensible.

PALABRERO, RA, adj. El que habla mucho, ú ofrece fácilmente y sin reparo.

PALABRICA, LLA, s. f. d. de PALABRA.

PALABRIMUGER, s. m. El hombre que tiene el tono de la voz como de muger.

PALABRISTA, s. amb. V. PALABRERO.

PALABRITA, s. f. d. de PALABRA. || Palabra sensible ó que lleva mucha alma. || PALABRITAS MANSAS, Apodo que se da al que tiene suavidad en la persuasi-

PAJICA, LLA, TA, s. f. d. de PAJA. ‖ Cigarro hecho en hoja de maiz.

PAJIZO, ZA, adj. Hecho ó cubierto de paja. ‖ De color paja seca.

PAJOSO, SA, adj. De paja que ó tiene mucha paja.

PAJUELA, s. f. d. de PAJA. ‖ Pedazo delgado de cañaheja, cuerda, etc., mojada en azufre para encender prontamente fuego.

PAJUGERO, s. m. Lugar en que se pone á podrir la paja para hacer de ella estiércol.

PAJUZ, s. m. *Ar.* Paja á medio podrir y desechada de los pesebres.

PAJUZO, s. m. Paja mala y desechada para estiércol.

PAL, s. m. *Blas.* V. PALO.

PALA, s. f. Instrumento rústico para traspalar el trigo y otras semillas, y para otros ministerios. ‖ El mismo instrumento hecho de hierro, que sirve en las cocinas para revolver la lumbre y otros usos. ‖ El instrumento de que se sirven en los hornos para meter y sacar el pan. ‖ En el juego de la pelota es una tabla gruesa con que se impele la pelota. ‖ En el juego de la argolla es un instrumento de madera con que se coge y tira la bola. ‖ La parte ancha del remo con que se hace fuerza en el agua. ‖ Entre lapidarios el asiento del metal en que se engastan las piedras. ‖ Instrumento cortante para descarnar las pieles. ‖ La parte de arriba del zapato, que coge todo el empeine y los dedos del pié. ‖ Lo ancho y plano de los dientes ‖ met. Astucia ó artificio para conseguír ó averiguar alguna cosa. ‖ Destreza ó habilidad de algun sugeto. ‖ CABE DE PALA, met. Ocasion ó lance que impensadamente se ofrece para lograr lo que se desea. ‖ CORTA PALA, fam. El que es poco inteligente en alguna cosa. ‖ HACER PALA, Entre los jugadores de pelota es poner la pala de firme para recibirla, y que se rebata con su mismo impulso. ‖ *Germ.* Ponerse un ladron delante de alguno á quien quieren robar para ocuparle la vista. ‖ METER LA PALA, met. Engañar con disimulo y habilidad. ‖ METER SU MEDIA PALA, met. Concurrir en parte ó con alguna oficio á la consecucion de algun intento.

PALABRA, s. f. Voz articulada ó diccion significativa que explica los conceptos del ánimo. ‖ Seguridad y firmeza. ‖ *Teol.* El Hijo unigénito del Padre, que tambien se llama Verbo. ‖ Promesa ú oferta. ‖ ant. PROVERBIO, sentencia ó parábola. ‖ ant. El metal de la voz. ‖ NO ENTIENDO PALABRA, NI PALABRA ENTIENDO, No entiendo absolutamente nada. ‖ PALABRA DE DIOS Ó DIVINA, El Evangelio, la Escritura, los sermones y doctrina de los predicadores evangélicos. ‖ PALABRA DE MATRIMONIO, La que se da recíprocamente de contraerle y se acepta. ‖ PALABRA DE REY, Encarece la seguridad de la palabra que se da ú oferta que se hace. ‖ PALABRA OCIOSA, La que no tiene fin determinado, y se dice por diversion ó pasatiempo. ‖ PALABRA PESADA, La injuriosa ó sensible. ‖ PALABRA PICANTE, Lo que hiere y mortifica al que se le dice. ‖ PALABRA POR PALABRA, Sin omitir voz alguna en lo que se dice, escribe y traslada. ‖ PALABRA PREÑADA, Dicho que incluye en sí mas sentido del que manifiesta. ‖ PALABRAS, pl. Las dicciones ó voces supersticiosas, regularmente extrañas, y muchas veces de ninguna significacion. ‖ El texto ó sentencia, sacados de algun autor ó escrito, conducentes á algun asunto que se trata. ‖ Las que constituyen la forma de los sacramentos. ‖ V. SACRA. ‖ Especie de interjeccion que se usa para llamar á alguno á conversacion. ‖ PALABRAS AL AIRE, Las que se dicen sin asunto determinado. ‖ PALABRAS DE BUENA CRIANZA, Expresiones de cortesía ó de cumplimiento. ‖ PALABRAS DE LA LEY Ó DEL DUELO, Las que las leyes dan y señalan por gravemente injuriosas. ‖ PALABRAS DE ORÁCULO, Respuestas anfibológicas. ‖ PALABRAS FINGIDAS, Las que encubren otra cosa de lo que explican. ‖ PALABRAS FORMALES, Las propias individuales palabras que alguno dijo, ó que se hallan en algun escrito. ‖ PALABRAS LIBRES, Las deshonestas. ‖ PALABRAS MAYORES, Las injuriosas y ofensivas. ‖ AHORRAR PALABRAS, Dejar de proponer excusas para no pensar y trabajar sinó en el asunto. ‖ Á LA PRIMERA PALABRA, Explica la promptitud en la inteligencia de lo que se dice, ó en el conocimiento del que habla. ‖ Se dice tambien hablando de los mercaderes, cuando entran pidiendo por lo que venden un precio excesivo. ‖ ALZAR LA PALABRA, SOLTARLA. ‖ Á MEDIA PALABRA, Pondera la eficacia de persuadir ó por la amistad ó por la autoridad que se tiene con otro. ‖ ATRAVESAR CON ALGUNO UNA PALABRA, ant. met. HABLAR CON ÉL. ‖ BEBER LAS PALABRAS, LOS ACENTOS, LOS SEMBLANTES Y ACCIONES Á OTRO, Escuchar ú atender con sumo cuidado, servirle con esmero. ‖ COGER Á UNO LA PALABRA, Hacer prenda de ella para poder obligarle á que la cum-

tercio de la vela mayor y trinquete. || *Germ.* V. LADRON.

PALASTRO, s. m. Chapa sobre que se coloca el pestillo de una cerradura.

PALATINA, s. f. Adorno de que usaban las mugeres para cubrir la garganta y cuello en invierno.

PALATINADO, s. m. Dignidad ó título de algunos de los príncipes de Alemania, que llaman palatinos. || Territorio de los príncipes palatinos.

PALATINO, NA, adj. Que pertenece á palacio ó es propio de los palaciegos.

PALATINO, s. m. Nombre que se daba antiguamente á todos aquellos que tenian oficio principal en los palacios de lós príncipes. Despues en Alemania, Francia y Polonia fué dignidad de gran consideracion.

PALAZO, s. m. Golpe dado con el palo ó pala.

PALAZON, s. f. Conjunto de palos de que se compone alguna fábrica.

PALCO, s. m. Tabladillo en que se pone la gente á ver alguna funcion. || Aposento con balcon en los teatros y fiestas de toros.

PALEACION, s. f. ant. V. PALIACION.

PALEADO, p. p. de PALEAR.

PALEADOR, s. m. El que trabaja con la pala ó usa de ella.

PALEAR, v. a. ant. V. PALIAR. || V. APALEAR.

PALEATIVO, VA, adj. V. PALIATIVO.

PALENQUE, s. m. Valla ó estacada que se hace para la defensa de algun puesto, ó para cerrar el terreno en que se ha de hacer alguna fiesta pública. || Camino de tablas que desde el suelo se eleva hasta el tablado de las comedias cuando hay entrada de torneo ú otra funcion semejante.

PALENTE, adj. ant. V. PÁLIDO.

PALENTINO, NA, adj. De Palencia.

PALEOGRAFÍA, s. f. Arte de leer la escritura y signos de los libros y documentos antiguos.

PALEOGRÁFICO, CA, adj. Que pertenece á la paleografía.

PALEÓGRAFO, s. m. Autor de paleografía, ó el que se dedica al estudio de este arte.

PALERÍA, s. f. Arte ú oficio de formar las madres é hijuelas para desaguar las tierras bajas y húmedas.

PALERO, s. m. El que hace ó vende palas. || El que con pala abre y limpia las acequias ó zanjas para desaguar los terrenos húmedos. || En la milicia antigua el que trabajaba con pala como ahora los gastadores.

PALESTINO, NA, adj. De Palestina.

PALESTRA, s. f. Sitio ó lugar donde se lidia ó lucha. || En los poetas, la misma lucha. || met. Teatro ó parage público en que se egercitan los ingenios en la disputa ó argumento.

PALÉSTRICO, CA, adj. Perteneciente á la palestra.

PALESTRITA, s. m. El que se egercita en la palestra.

PALETA, s. f. d. de PALA. || *Pint.* Tabla pequeña ovalada ó cuadrada, en que los pintores tienen dispuestos por su órden los colores para pintar. || Instrumento de hierro en las cocinas, para repartir la vianda. || Badil ú otro instrumento semejante con que se revuelve la lumbre. || V. ESPALDILLA. || Plancha regularmente en figura de una hoja de hiedra, para trabajar con la cal. || CABE DE PALETA Ó Á PALETA, Suerte en el juego de la argolla. || CABE DE PALETA Ó Á PALETA, met. V. CABE DE PALA. || DE PALETA, Oportunamente, á la mano, á pedir de boca. || EN DOS PALETAS, fam. Brevemente, en un instante. || MEDIA PALETA, *Ar.* El oficial de albañil que sale de aprendiz y no gana gages de mancebo.

* PALETADA, s. f. Pellada de mezcla ó de yeso.

PALETERO, s. m. *Germ.* El ladron que ayuda á hacer pala.

PALETILLA, s. f. d. de PALETA. || Ternilla que hay en la boca del estómago. || PALMATORIA, platillo, etc. || LEVANTARLE Á UNO LA PALETILLA, met. Darle una grave pesadumbre, ó decirle palabras de sentimiento. || PONERLE Á UNO LA PALETILLA EN SU LUGAR, met. Reprenderle agriamente, y decirle lo que debe hacer.

PALETO, s. m. El gamo que tiene astas, y los ramos de ellas anchos, de hechura de palas. || met. El hombre rústico, zafio y de las aldeas.

PALETON, s. m. La parte de la llave en que se forman los dientes y guardas de ellas.

PALETOQUE, s. m. Género de capotillo de dos haldas como escapulario, largo hasta las rodillas y sin mangas.

PALIA, s. f. Lienzo sobre que se descogen los corporales para decir misa. || La cortina ó mampara exterior que se pone delante del sagrario en que está reservado el Santísimo. || La hijuela con que se cubre el cáliz.

PALIACION, s. f. Acto de encubrir, disimular ó pretextar alguna cosa.

PALIADAMENTE, adv. Disimulada ó encubiertamente.

PALIADO, p. p. de PALIAR.

PALIAR, v. a. Encubrir, disimular ó pretextar alguna cosa.

PALIATIVO, VA, adj. Se dice de los remedios que se aplican á las enfermedades incurables para mitigar la violencia. || met. V. PALIATORIO.

PALIATORIO, RIA, adj. Capaz de encubrir, disimular ó pretextar alguna cosa.

PALIDEZ, s. f. Amarillez, descaecimiento de color natural.

PÁLIDO, DA, adj. Amarillo, macilento ó descaecido de su color natural.

PALILLERO, s. m. El que hace y vende palillos para mondar los dientes. || Cañuto en que se guardan los palillos para limpiarse los dientes.

PALILLO, s. m. d. de PALO. || Una varilla por la parte inferior aguda y por la superior redonda, con un agujerillo en medio, adonde se encaja la aguja para hacer media. || Astillita que se pule y corta á proporcion, formándole su punta ó puntas para mondarse los dientes. || met. La conversacion que se tiene despues de comer. || Pedazo de palo gordo y redondo por abajo y delgado por arriba, para hacer puntas, randas, encages y cordones. || Cualquiera de las dos varitas redondas que sirven para tocar el tambor. || PALILLOS, pl. Aquellos primeros principios ó reglas menudas de las artes ó ciencias. || met. Lo insustancial y poco importante ó despreciable de alguna cosa. || PALILLO DE BARQUILLERO Ó DE SUPLICACIONES, Es aquel con que los barquilleros juegan á la suerte. || TRAER Á ALGUNO COMO PALILLO DE SUPLICACIONES, Ó COMO PALILLO DE BARQUILLERO, Hacerle ir y venir infructuosamente en órden á algun fin.

PALILOGIA, s. f. *Ret.* Figura que se comete cuando la voz que en la primera sentencia es última, se hace primera en la siguiente.

* PALINDROMIA, s. f. *Med.* Repeticion de un paroxismo de fiebre, repercusion de un humor.

PALINODIA, s. f. Retractacion pública de lo que ántes se habia dicho.

PALIO, s. m. V. CAPA Ó BALANDRAN. || Insignia pontifical que da el papa á los arzobispos y á algunos obispos. || Especie de dosel. || El premio que señalaban en la carrera al que llegaba primero. || Cualquiera cosa que forma alguna manera de dosel ó cubre como él. || RECIBIR CON PALIO, Recibir con ó bajo dosel. || met. Hacer singular estimacion de la venida de alguno que se deseaba mucho.

PALIQUE, s. m. fam. Conversacion de poca importancia, y que pudiera excusarse.

PALITOQUE, s. m. V. PALITROQUE.

* PALITOS, s. m. pl. Junquitos con que juegan los muchachos.

* PALITROQUE, s. m. Palo pequeño, mal formado y tosco. || V. PALITOQUE.

PALIZA, s. f. Zurra de palos ó muchos golpes que se dan con algun palo.

PALIZADA, s. f. El sitio cercado de estacas. || *Fort.* V. ESTACADA. || Defensa hecha de estacas y terraplenada para impedir las salidas de los rios ó torcer su corriente. || *Blas.* Conjunto de piezas en forma de palos, fajas punteadas ó agudas, encajadas las unas en las otras.

PALLADO, p. p. de PALLAR.

PALLAR, v. a. Entresacar ó escoger la parte metálica ó mas rica de los minerales.

PALLON, s. m. La cantidad de oro ó plata ya afinada que ha resultado del ensaye. || El ensaye de oro luego que se le ha incorporado la plata en la copelacion.

PALMA, s. f. Árbol indígeno del Asia y África, y cultivado en varias partes de las provincias meridionales de España, que produce la fruta llamada dátiles. || La hoja del árbol del mismo nombre. || V. PALMITO. || La insignia del triunfo y la victoria. || La parte interior y cóncava de la mano desde la muñeca hasta los dedos. || *Alb.* El tercio del casco del caballo ó de otra bestia desde el sauco hasta la ranilla. || PALMA INDIANA, V. coco, árbol. || ANDAR EN PALMAS, Ser estimado y aplaudido de todos. || COMO POR LA PALMA DE LA MANO, Modo de hablar con que se significa la facilidad de egecutar ó conseguir alguna cosa. || LLANO, LISO Ó RASO COMO LA PALMA DE LA MANO, Pondera que alguna cosa es muy llana y sin embarazo ni tropiezo. || LLEVARSE LA PALMA, Significa que alguno sobresale en competencia de otros, mereciéndose el aplauso general. || LLEVAR Ó TRAER EN PALMAS Á ALGUNO, Complacerle y darle gusto en todo.

PALMACRISTI, s. f. Planta, V. HIGUERA INFERNAL.

PALMADA, s. f. Golpe dado con la palma de la mano. || PALMADAS, pl. Los golpes repetidos que se dan con una mano en la palma de la otra en señal de regocijo ó aplauso. || DARSE UNA PALMADA EN LA FRENTE, Procurar con eficacia hacer memoria de alguna cosa.

PALMADICA, LLA, TA, s. f. d. de PALMADA. || Cierto baile.

PALMAR, adj. Perteneciente al palmo ó que consta de un palmo. Y tambien se toma por cosa de palma. || Claro, patente y manifiesto, y que fácilmente puede saberse.

PALMAR, s. m. El sitio ó lugar donde se crian palmas. || En la fábrica de paños, instrumento para sacar el pelo suavemente al paño.

PALMAR, v. n. fam. V. MORIR.

PALMAR, v. a. *Germ.* Dar por fuerza alguna cosa.

PALMARIO, RIA, adj. V. PALMAR, claro.

PALMATORIA, s. f. Instrumento que usan los maestros de escuela para castigar á los muchachos.|| Especie de candelero con su mango del mismo metal. || GANAR LA PALMATORIA Ó PALMETA, met. Llegar entre los niños el primero á la escuela, y por semejanza llegar el primero á cualquier congreso.

PALMATORIADA, s. f. ant. Golpe dado con la palmatoria ó palmeta.

PALMEADO, p. p. de PALMEAR. || PALMEADO, DA, adj. Se aplica á los pies de las aves de agua, como patos, ánades, etc., que tienen los dedos unidos con una membrana.

PALMEAR, v. n. Dar golpes con las palmas de las manos. || *Germ.* Azotar.

PALMEJAR, s. m. *Náut.* Madero que ciñe de popa á proa por dentro al navío, y va endentado con los maderos de la ligazon.

PALMENTA, s. f. *Germ.* Carta mensagera.

PALMENTERO, s. m. *Germ.* Cartero ó correo.

PALMERA, s. f. Palma, árbol.

PALMERO, s. m. Nombre que daban antiguamente á los que venian de romería de tierra santa. || El que cuida de las palmas.

PALMETA, s. f. PALMATORIA, instrumento de que usan los maestros de escuela. || El golpe dado en la palma de la mano.

PALMÍFERO, RA, adj. *Poét.* Que lleva palmas ó abunda de ellas.

PALMILLA, s. f. Cierto género de paño, que particularmente se labra en Cuenca. || PLANTILLA del zapato.

PALMITIESO, SA, adj. Se aplica al caballo que tiene los cascos derechos hácia delante y duros.

PALMITO, s. m. d. de PALMO, Planta muy comun en los terrenos meridionales y marítimos de España. La medula de la raiz de esta planta se come, y de sus hojas secas se hacen las escobas, que se conocen con el nombre de PALMA. || La raiz de la planta del mismo nombre, que se come en varias partes. || V. ROSTRO. || COMO UN PALMITO, fam. Da á entender que alguno está curioso y limpiamente vestido.

PALMO, s. m. Medida que consta de la distancia que hay desde la punta del dedo pólice de la mano hasta el extremo del meñique, abierta y extendida. || La distancia de los cuatro dedos desde el índice al meñique juntos á lo ancho. || Juego que usan los muchachos tirando unas monedas contra alguna pared. || PALMO Á PALMO, Expresa la dificultad y lentitud con que se gana algun terreno por la actividad y resistencia de los que le disputan. || PALMO DE TIERRA, Espacio muy pequeño de ella. || CRECER Á PALMOS, fam. Crecer mucho alguna cosa en poco tiempo.||DEJAR Á UNO CON UN PALMO DE NARICES, met. Burlar á otro estorbándole ó negándole lo que tenia creido que habia de conseguir.||EN UN PALMO DE TIERRA, Brevemente, ó en poco espacio. || NO ADELANTAR Ó NO GANAR UN PALMO DE TIERRA EN ALGUNA COSA, fam. Adelantar muy poco ó casi nada en ella. || TENER MEDIDO Á PALMOS, met. Tener entero y perfecto conocimiento de una cosa por haberla manejado y practicado.

PALMOTEAR, v. a. V. PALMEAR.

PALMOTEO, s. m. Acto de palmotear, y tambien el de dar con la palmeta.

PALO, s. m. Vara gruesa y larga de cualquiera madera, que tiene diferentes usos, dispuesta en varias figuras y con varios tamaños.|| V. MADERA en comun. || La madera de algunos árboles de Indias que sirve para medicinas ó tinturas. || El golpe que se da con algun palo. || El último suplicio, que se egecuta en algun instrumento de palo, como la horca, garrote, etc. || Cualquiera de las cuatro clases de que se compone la baraja de naipes.||El pezoncillo de cualquiera fruta. || En el arte de escribir es aquella linea que sobresale de la letra, ó por la parte de arriba, ó por la de abajo. || *Cetr.* V. ALCÁNDARA. || *Blas.* El espacio ó superficie contenida entre dos lineas perpendiculares, que caen sobre la punta ó parte inferior del escudo desde su parte superior ó gefe. || *Blas.* La pieza ó figura de honor que se pone perpendicular en medio, y donde parte el escudo. || met. Disonancia que causa algun dicho ménos decente. || PALOS, pl. *Náut.* Los árboles de la embarcacion. || PALO ALOE, Madera de que se hace uso en la farmacia. || PALO BAÑON ó PALO DE BAÑON, Arbusto, V. MESTO. || PALO BRASIL, ó PALO DE BRASIL, V. PALO DE CAMPECHE. || PALO CAMPECHE ó PALO DE CAMPECHE, La madera de un árbol indígena de Campeche, de cuya madera se hace uso en las artes para teñir. || PALO CODAL, Palo del tamaño ó medida de un codo, que se colgaba al cuello en señal de penitencia publica. || PALO DEL ÁGUILA, V. PALO ALOE. || PALO DE CIEGO, El golpe grande y dado con el palo. Se dice de cualquier daño ó injuria que se hace sin reflexion ó medida. || PALO DE ESTEVA, V. ESTEVA en los coches. || PALO DEL ÁGUILA, V. ASPALATO. || PALO DE LA ROSA, V. ASPALATO, La madera de un árbol que se cria en la India, y se aprecia para muebles, especialmente manuables. || PALO DE ROSA, *Farm.* Madera medicinal de color amarillo, que tira algo á rojo, y despide un olor semejante al de la rosa. || PALO DE LAS INDIAS, V. PALO SANTO. || PALO DULCE, La raiz del orozuz. || Planta, V. OROZUZ. || PALO MESTO, Arbusto, V. MESTO. || PALO NEFRÍTICO, La madera de un árbol de mediana altura, que se usa en la farmacia. || PALO SANTO, La madera del árbol llamado guayaco. || ANDAR EL PALO, Úsase por el castigo doméstico, especialmente entre la gente de baja esfera. || Á PALO SECO, *Náut.* Se dice de una embarcacion cuando camina recogidas las velas. || CORRER Á PALO SECO, *Náut.* V. CORRER Á ÁRBOL SECO. || DAR PALO, met. Salir ó suceder alguna especie al contrario de como se esperaba ó se deseaba. || DE TAL PALO TAL ASTILLA, Da á entender que comunmente todos tienen las propiedades ó inclinaciones conformes á su principio ú origen. || DOBLAR Á UNO Á PALOS, Darle muchos palos en las costillas. || ESTÁR DEL MISMO PALO, Significa que alguno está en el mismo estado ó disposicion que otro. || NO SE DAN PALOS DE BALDE, fam. Explica que ninguno obra sin interes, y que todo cuesta. || PONER EN UN PALO, Ahorcar ó castigar con pena de muerte, ó póner á la vergüenza en la árgolla.

PALOMA, s. f. Ave doméstica indígena de España, de condicion mansa, y de que hay infinitas variedades. || Una de las diez y seis constelaciones celestes, que llaman australes. || met. La persona de genio apacible y quieto. || Algunos dicen PALOMA SIN HIEL. || *Germ.* Sábana. || PALOMA BRAVA, V. PALOMA SILVESTRE. || PALOMA CALZADA, Variedad de la paloma silvestre. || PALOMA DEL RACAMENTO MAYOR Y TRINQUETE, *Náut.* Son dos gazas que se pasan por la verga, donde se hacen firmes las ostagas para izar. || PALOMA DE MOÑO, Variedad de la paloma silvestre. || PALOMA DE TOCA, Variedad de la paloma de color regularmente blanco. || PALOMA MONGIL, V. PALOMA DE TOCA. || PALOMA MOÑUDA, V. PALOMA DE MOÑO. || PALOMA REAL, Es la mayor de todas las castas que hay entre las palomas domésticas. || PALOMA RIZADA, Variedad de la paloma silvestre. || PALOMA SILVESTRE, Especie de paloma que ha dado origen á todas las diversas castas ó variedades de la doméstica. || PALOMA TORCAZ, Especie de paloma que habita en los bosques y anida en la copa de los árboles. || PALOMA TRIPOLINA, Especie de paloma casera, pequeña de cuerpo. || PALOMA ZURA, V. PALOMA TORCAZ. PALOMAS Ó PALOMILLAS, pl. Las espumas que se ven moverse y blanquear á lo léjos en el mar, y son señal de viento ó tempestad.

PALOMADURAS, s. f. pl. *Náut.* Las costuras que se hacen de la vela, con relinga á trechos.

PALOMAR, adj. Se aplica á una especie de hilo bramante, mas delgado y retorcido que el regular.

PALOMAR, s. m. Casa donde se recogen y crian las palomas. || ALBOROTAR EL PALOMAR, V. ALBOROTAR EL CORTIJO.

PALOMARIEGO, GA, adj. Se dice de la paloma criada en palomar y que sale al campo.

PALOMEAR, v. n. Andar á caza de palomas. Dícese tambien del que ocupa mucho tiempo en cuidarlas.

PALOMERA, s. f. Lugar despoblado y raso, al cual combaten todos los vientos que corren. || Palomar pequeño de palomas domésticas. || *And.* Vaso de barro en que hacen sus nidos y crian las palomas.

PALOMERÍA, s. f. Caza de palomas al paso.

PALOMERO, adj. Se aplica á los virotes en la ballesta, que tienen una virola de hierro en la cabeza. || El que trata en la venta y compra de palomas, y aficionado á la cria de estas aves.

PALOMICO, CA, LLO, LLA, s. m. y f. d. de PALOMO Y PALOMA.

PALOMILLA, s. f. Especie de mariposa de tres á cuatro líneas de largo, que habita en los graneros de cebada. || Insecto, V. MARIPOSA. Aplícase á las especies que son muy pequeñas. || Planta, V. FUMARIA. || El espinazo de las bestias caballares. || El hueco correspondiente en las albardas ó sillas para que no se asienten en el espinazo de las bestias. || Caballo de color muy blanco, y semejante á la paloma. || La punta que sobresale en el remate de algunas albardas. || Llaman los carpinteros y ensambladores una pieza que ponen para mantener estantes ó cosas semejantes. || Pieza de bronce que por la parte superior es cóncava, sobre el cual asienta y se mueve el ege de hierro que tienen algunas máquinas. || V. AIAYA, Insecto. || PALOMILLA Ó PALOMILLA DE TINTES, Planta, V. ONCQUILES.

PALOMINA, s. f. Excremento de las palomas. || Yerba, V. FUMARIA. || Especie de uva negra muy semejante en los racimos á la heben blanca.

PALOMINO, s. m. El pollo de la paloma. || fam. La mancha del excremento que suele quedar en las camisas.

PALOMITO, TA, s. m. y f. d. de PALOMO Y PALOMA.

PALOMO, s. m. El macho de la paloma. || *Germ.* Necio ó simple. || Ave, V. PALOMA TORCAZ.

PALON, s. m. *Blas.* Insignia semejante á la bandera.

PALOR, s. m. V. PALIDEZ.

PALOTADA, s. f. Golpe que se da con el palote ó papillo. || NO DAR PALOTADA, met. No acertar en cosa alguna de las que se dicen ó hacen. || No haber empezado á hacer aun alguna cosa que estaba encargada ó encomendada.

PALOTE, s. m. aum. de PALO. Palo mediano, como son las baquetas con que se tocan los tambores. || En las escuelas de niños es una línea muy gruesa del largo de una pulgada, que es ordinariamente la distancia de la regla, con que empiezan á enseñarles á formar las letras.

PALOTEADO, p. p. de PALOTEAR.

PALOTEADO, s. m. Danza rústica. || Riña ó contienda ruidosa ó en que hay golpes.

PALOTEAR, v. n. Herir unos palos con otros, ó hacer ruido con ellos. || met. Hablar mucho, y contender sobre alguna especie.

* PALOTEO, s. m. Sonido ó ruido de las armas, tocándose ó encontrándose unas con otras.

PALPABLE, adj. Que puede tocarse con las manos. || met. Patente, evidente y tan claro que parece que se puede tocar.

PALPABLEMENTE, adv. Patente ó claramente, sin duda y con evidencia.

PALPADO, p. p. de PALPAR.

PALPADURA, s. f. V. PALPAMIENTO.

PALPAMIENTO, s. m. El acto de palpar ó tocar alguna cosa con las manos.

PALPAR, v. a. Tocar con las manos alguna cosa para percibirla ó reconocerla por el sentido del tacto. || Andar á tientas ó á oscuras valiéndose de las manos para no caer ó tropezar. || met. Conocer tan claramente una cosa como si se tocara.

PALPEBRA, s. f. V. PÁRPADO.

PALPITACION, s. f. Agitacion ó movimiento natural y ordenado del corazon y las arterias en el cuerpo del animal. || Movimiento interior, involuntario y trémulo de algunas partes del cuerpo.

PALPITANTE, p. a. de PALPITAR, Que se mueve ó palpita.

PALPITAR, v. n. Moverse y agitarse naturalmente el corazon ó las arterias en el cuerpo del animal, ó extraña ó irregularmente. || Moverse ó agitarse alguna parte del cuerpo interiormente con movimiento trémulo é involuntario.

PALPO, s. m. Cuerpo cilíndrico, carnoso, corto que tienen casi todos los insectos, para tocar y examinar los objetos.

PALTA, s. f. V. AGUACATE, fruto.

PALTO, s. m. Árbol, V. AGUACATE.

PALUDAMENTO, s. m. Manto de púrpura bordado de oro de que usaban los emperadores y capitanes generales romanos en campaña.

PALUDE, s. f. ant. V. LAGUNA.

PALUDOSO, SA, adj. Lleno de lagunas ó pantanos.

PALUMBARIO, adj. Se aplica al halcon, llamado así porque persigue las palomas torcaces y se lanza á ellas.

PALURDO, DA, adj. Tosco, grosero.

PALUSTRE, adj. Que es propio de la laguna.

PALUSTRE, s. m. La paleta de hierro de figura de un triángulo de que usan los albañiles.

PAMEMA, s. f. fam. Cosa fútil y de poca entidad, á que se ha querido dar importancia.

PÁMPANA, s. f. Hoja de la vid. ‖ AL CAER DE LA PÁMPANA, AL CAER DE LA HOJA. ‖ TOCAR Ó ZURRAR LA PÁMPANA, fam. Amenaza que se castigará á alguno.

PAMPANADA, s. f. El zumo que se saca de los pampanos para suplir el del agraz.

PAMPANAGE, s. m. Copia de pámpanos. ‖ met. Al demasiado adorno ó aparato en lo exterior de las cosas, que en la realidad son de poca entidad.

PAMPANICO, LLO, TO, s. m. d. de PÁMPANO.

PAMPANILLA, s. f. Cobertura de la decencia ú honestidad que usan los Indios.

PÁMPANO, s. m. El sarmiento verde, tierno y delgado ó pimpollo de la vid. ‖ Pescado, V. SALPA.

PAMPANOSO, SA, Que tiene muchos pámpanos.

PAMPIROLADA, s. f. Salsa que se hace con ajos, pan y agua, machacados en el mortero y desleidos. ‖ met. y fam. Cualquiera necedad ó cosa insustancial.

PAMPLINA, s. f. Planta, V. ZADORIJA. ‖ Planta, V. LENTEJA ACUÁTICA. Segun algunos, OREJA DE RATON, yerba. ‖ met. y fam. Cosa de poca entidad, fundamento ó utilidad.

PAMPLONÉS, SA, adj. De Pamplona.

PAMPORCINO, s. m. Planta que crece de suyo en algunas partes de España, cuyas hojas machacadas son muy provechosas para resolver tumores.

PAMPOSADO, DA, adj. Desidioso, flojo y poltron.

PAMPRINGADA, s. f. V. PRINGADA DE PAN. ‖ Por antífrasis cualquiera cosa de poca sustancia ó que es fuera de propósito.

PAN, s. m. Harina amasada y cocida al fuego, para sustento de los hombres. ‖ La masa muy sobada y delicada con manteca ó aceite de que usan en las pastelerías y cocinas para pasteles y empanadas. ‖ met. La masa de otras cosas que no se hace de semilla. ‖ Todo lo que en general sirve para el sustento diario. ‖ El trigo. *Gal.* Todas las semillas de que se hace pan, ménos el trigo. ‖ Los trigos, centenos, cebadas, etc., desde que nacen hasta que se siegan. ‖ Hoja de harina cocida entre dos hierros á la llama, que sirve para hostias, oblea, etc. ‖ Hoja muy delicada que forman los batidores de oro, plata ú otros metales á fuerza de martillo. ‖ PAN AFLORADO, V. PAN FLOREADO. ‖ PAN ÁCIMO, El que está sin levadura. ‖ PAN BAZO, El que se hace de moyuelo y alguna parte de salvado. ‖ PAN BENDITO, El que se bendice en la misa solemne, y se reparte al pueblo. ‖ PAN DE LA BODA, Los regalos, agasajos y buen tratamiento que se suelen hacer los primeros dias, especialmente por el marido á la muger, que despues faltan por lo regular. ‖ PAN DE MUNICION, El que se da á los soldados. ‖ PAN DE PERRO, V. PERRUNA. ‖ PAN DE PERRO, Daño ó castigo que se hace ó da á alguno. ‖ PAN DE POYA, El pan con que se contribuye en los hornos públicos por precio de la cochura. ‖ PAN DE PROPOSICION, El que se ofrecia todos los sabados en la ley antigua, y se ponia en el tabernáculo. ‖ PAN FERMENTADO, El que lleva levadura, á distincion del pan ácimo. ‖ PAN FLOREADO, El que se hace de la flor de la harina. ‖ PAN MAL CONOCIDO, Nota al que no corresponde ó agradece el beneficio. ‖ PAN Ó VINO, Especie de suerte que se egecuta mojando un canto ó tegilla ú otra cosa por un lado, que llaman VINO, y el seco PAN. ‖ PAN PERDIDO, met. El que ha dejado su casa y se ha metido á holgazan y vagabundo. ‖ PAN PINTADO, El pan que se hace para las bodas y otras funciones, adornándole con unas labores. ‖ PAN POR MITAD, Modo de arrendar alguna renta por igual porcion de trigo y cebada. ‖ PAN POR PAN, VINO POR VINO, Da á entender que alguno ha dicho á otro alguna cosa llanamente, sin rodeos. ‖ PAN SECO, V. PAN SOLO. ‖ PAN SENTADO, El que tiene un dia de cocido. ‖ PAN TERCIADO, La renta de las tierras que se paga en granos, siendo las dos terceras partes de trigo y la otra de cebada. ‖ PAN Y AGUA, Cierta cantidad limitada de maravedís que dan las órdenes militares á sus caballeros de alimentos. ‖ Penitencia egecutada con ese solo alimento. ‖ PAN Y CALLEJUELA, Explica que á alguno se le deja libre el paso para que vaya donde quisiere. ‖ PAN Y PAN CON ELLO, Y PAN PARA COMELLO, Explica que una cosa es la misma que otra, y no tiene nueva utilidad, aunque se signifique como diversa. ‖ PAN Y QUESILLO, Planta muy comun en todas las provincias de España que tiene el fruto en forma de un triángulo ‖ Á PAN Y CUCHILLO, Continua y familiarmente. || Á PAN Y MANTELES, Se dice del que mantiene á otro dentro de su misma casa y á su misma mesa. || AUN AHORA SE COME EL PAN DE LA BODA, Muestra que el peso y cargas del matrimonio no se sienten en sus principios, como tampoco en los cargos y empleos miéntras dura el gozo de haberlos adquirido. || AYUNAR Á PAN Y AGUA, No tomar otro alimento que el de pan y agua. || COMER EL PAN DE ALGUNO, fam. Ser familiar, doméstico ó mantenido por otro. || COMER EL PAN DE LOS NIÑOS, Da á entender á alguno que es ya muy viejo. || COMER PAN CON CORTEZA, met. y fam. Ser adulto y valerse por sí mismo sin la ayuda de otro. || CON SU PAN SE LO COMA, Da á entender la indiferencia con que se mira la conducta ó resolucion de alguna persona. || DEL PAN Y DEL PALO, Enseña no se debe usar del excesivo rigor, sino mezclar la suavidad y el agasajo con el castigo. || Significa que con lo útil y provechoso se suele recompensar el trabajo y fatiga. || ECHARSE LOS PANES, Inclinarse ó caerse los trigos. || ESCALFAR EL PAN, Cocerle con demasiado fuego, de suerte que saca en la corteza unas ampollas. || ENGAÑAR EL PAN, met. y fam. Comer con el pan alguna cosa de gusto para que sepa mejor y no se desperdicie. || GANAR PAN, ADQUIRIR CAUDAL. || NO COMER EL PAN DE BALDE, Da á entender que si á alguno le dan alguna cosa no es de gracia, sino por su fatiga y trabajo. || NO COMER PAN, met. Se dice de las cosas que pueden ser útiles, y no hay daño en conservarlas, porque no ocasionan costa alguna. || NO HABER PAN PARTIDO, Da á entender la amistad y estrecha confianza que hay entre dos ó mas personas. || NO LE COMERÁN EL PAN LAS GALLINAS, Significa que alguno llegará tarde al parage donde camina. || REPARTIRSE COMO PAN BENDITO, Explica que alguna cosa se distribuye en porciones muy pequeñas. || TANTO PAN COMO QUESO, Explica que se debe guardar proporcion en las cosas, especialmente cuando se comparan unas con otras.

PANA, s. f. Especie de tela de algodon semejante al terciopelo.

PANACE, s. f. Planta medicinal y aromática indígena de los paises setentrionales de entrámbos continentes.

PANACEA, s. f. Nombre que dan los boticarios á algunas medicinas que regularmente se administran en polvos ó píldoras.

PANADEADO, p. p. de PANADEAR.

PANADEAR, v. a. Hacer del trigo pan para venderle.

PANADERÍA, s. f. Oficio de los panaderos. || El sitio, casa ó lugar donde se hace ó vende el pan.

PANADERO, RA, s. m. y f. El que tiene por oficio hacer y vender pan.

PANADIZO, s. m. Postemilla que se hace regularmente en los dedos. || fam. La persona que tiene el color muy pálido, y que anda continuamente enferma.

PANAL, s. m. El cuerpo esponjioso en que las abejas fabrican la miel. || met. El pan de azúcar rosado hecho en figura de panal.

PANARIZO, s. m. V. PANADIZO.

PANARRA, s. m. Simple, mentecato, dejado y flojo.

PANÁTICA, s. f. Provision de pan.

PANCADA, s. f. *Gal.* Golpe dado con el pié. || Contrato de vender las mercaderías por junto y en monton, especialmente las menudas.

PANCARPIA, s. f. Corona compuesta de diversas flores.

PANCERA, s. f. La parte de la armadura que cubre el vientre ó panza.

PANCHO, s. m. fam. V. PANZA.

* PANCRACÍA, s. f. Egercicio gimnástico.

PANCRÁTICO, CA, V. PANCREÁTICO.

PANCREAS, s. m. *Anat.* Cuerpo glanduloso situado en la parte inferior del estómago.

PANCREÁTICO, CA, adj. Que toca al pancreas.

PANDADO, p. p. de PANDAR.

PANDAR, v. a. *Germ.* Juntar y componer los naipes para hacer alguna trampa ó fullería.

PANDEAR, v. n. Torcerse alguna cosa encorvándose, especialmente en el medio.

PANDECTAS, s. f. pl. La recopilacion de varias obras, especialmente las del derecho civil que el emperador Justiniano puso en los cincuenta libros del digesto. || El cuaderno en que se forma un abecedario, poniendo una letra en cada hoja, para escribir los nombres de las personas con quien se tiene dependencia.

PANDEO, s. m. La corta inclinacion, torcedura ó corvadura de alguna cosa en el medio.

PANDERADA, s. f. La junta ó copia de muchos panderos, y el golpe dado con alguno de ellos. || met. y fam.

Necedad, dicho insustancial ó fuera de propósito.

PANDERAZO, s. m. aum. de PANDERO. || El golpe que se da con el pandero.

PANDERETE, s. m. d. de PANDERO. || *Germ.* Flor ó treta de que los fulleros usan en el juego de naipes.

PANDERETEAR, v. n. Tocar el pandero en bulla regocijo y alegría, ó festejarse y bailar al son de él.

PANDERETEO, s. m. El acto de tocar el pandero, ó el regocijo y bulla al son de él.

PANDERETERO, RA, s. m. El que toca el pandero.

PANDERILLO, s. m. d. de PANDERO.

PANDERO, s. m. Instrumento rústico de que suelen usar en los bailes de las aldeas. || met. y fam. Hombre necio y que habla mucho con poca sustancia. || COMETA, armazon, etc.

PANDILLA, s. f. Aquella liga ó union que hacen algunos para engañar á otros ó hacerles algun daño.

PANDILLERO, s. m. V. PANDILLISTA.

PANDILLISTA, s. m. El que solicita ó fomenta las pandillas.

PANDO, DA, adj. Inclinado ó corvo levemente en el medio. || Lento y tardo en el movimiento. || met. Se dice del sugeto pausado y espacioso.

PANDORGA, s. f. fam. La muger muy gorda, pesada, dejada y floja en sus acciones. || COMETA, armazon, etc.

PANDORGONA, s. f. aum. de PANDORGA.

PANECICO, LLO, TO, s. m. d. de PAN. || met. Que tiene figura de pan.

PANECILLO, s. m. El mollete largo y esponjado que se usa para tomar chocolate.

PANEGÍRICO, CA, adj. Que pertenece al razonamiento que se hace en alabanza de alguna cosa ó persona.

PANEGÍRICO, s. m. Razonamiento, oracion retórica que se hace en alabanza de alguno. || met. Cualquiera alabanza grande que se da á alguna persona ó á alguna accion.

PANEGIRISTA, s. m. El orador ó predicador que hace ó dice el panegírico. || met. El que alaba á alguno ó sus acciones en conversacion familiar ó privadamente.

PANELA, s. f. *Blas.* Escudete en forma de corazon en campo rojo.

PANERA, s. f. La troj ó cámara donde se guarda el trigo, el pan ó la harina.

* PANES, s. m. pl. Faunos, sátiros, monstruos fabulosos de los bosques y montañas.

PANETELA, s. f. Especie de sopa como papas.

PANETERÍA, s. f. Lugar destinado en palacio para la distribucion del pan, y el cuidado de la ropa de mesa.

* PANETERO, s. m. Empleado en la paneteria de la casa réal.

PANFILO, s. m. El sugeto demasiadamente pausado, dejado, flojo y tardo. || Juego de burla con que se suele entretener la gente moza.

PANGELIN, s. m. Árbol indígeno de la América meridional.

PANIAGUADO, s. m. El allegado á una casa que está favorecido del dueño de ella, y á quien da este de comer. || met. Amigo, confederado y parcial absolutamente.

PÁNICO, CA, adj. Se aplica al miedo grande, temor excesivo, extrema cobardía sin motivo ó razon.

PANÍCULO, s. m. *Anat.* Membrana que está debajo de la gordura del cuerpo del animal, y cubre varias partes de él.

PANIEGO, GA, adj. El que come mucho pan ó es muy aficionado á él. || Se dice del terreno que rinde y lleva panes y trigo.

PANIEGO, s. m. El saco ó costal hecho de gerga ú otra cosa para llevar y vender el carbon.

PANIFICADO, p. p. de PANIFICAR.

PANIFICAR, v. a. Romper las dehesas y tierras eriales arándolas, cultivándolas y haciéndolas de pan llevar.

PANILLA, s. f. Medida que se usa solo en el aceite, y es la cuarta parte de una libra.

PANIZO, s. m. Planta, cereal de tres ó cuatro pies de altura. || La semilla y fruto de la planta del mismo nombre. || PANIZO DE DAIMIEL, Planta y semilla, V. ZÁHINA. || PANIZO NEGRO, Planta y semilla, V. ZÁHINA.

* PANLARGO, GA, adj. Dícese de los caballos que alargan el paso.

PANOJA, s. m. La mazorca donde se cria la semilla del panizo y mijo. || *Bot.* Es una parte de algunas plantas que sostiene sus flores y frutos.

PANTALLA, s. f. Plancha delgada de varias hechuras, que se pone en la vara de los velones ó candeleros, delante de la luz para, que haga sombra y no ofenda la vista. || met. Todo lo que se pone delante de la vista y estorba la luz ó el fuego. || met. El sugeto que se pone para ocultar ó hacer sombra á alguna cosa.

PANTALON, s. m. Calzon largo, algunas veces con pié.

PANTANO, s. m. Lugar bajo donde se recoge y detiene el agua, formando charco cenagoso. || Dificultad, óbice, estorbo grande. || Depósito artificial. || met. La dificultad ó estorbo grave que se ofrece en algun negocio.

PANTANOSO, SA, adj. Que tiene pantanos ó está lleno de ellos. || met. Lleno de inconvenientes y dificultades para su consecucion.

PANTEON, s. m. Templo en Roma dedicado al culto de todos los dioses. || Bóveda de hechura redonda y de estructura magnífica, al rededor con urnas, donde se entierran los cuerpos de los reyes, príncipes, etc.

PANTERA, s. f. Cuadrúpedo indígeno del África semejante al leopardo. || *Fosil.* Cristal de roca, que tiene dentro cuerpos extraños.

* PANTÓGRAFO, s. m. Instrumento para reducir un dibujo. || *Náut.* Molinete.

PANTÓMETRA, s. f. Instrumento muy usado por los geómetras, llamado tambien compas de proporcion.

PANTOMIMA, s. f. Representacion por figuras y gestos sin que intervengan palabras.

PANTOMÍMICO, CA, adj. Que pertenece á la pantomima y pantomimo.

PANTOMIMO, s. m. El truhan, bufon ó representante que en los teatros remeda ó imita todas las figuras.

PANTOQUE, s. m. *Náut.* El todo del plan y curvidad que tienen las varengas principales y forma la barriga del navío.

PANTORRILLA, s. f. La parte posterior de la pierna, mas carnuda y abultada.

PANTORRILLERA, s. f. Calceta gruesa que se pone para abultar las pantorrillas.

PANTORRILLUDO, DA, adj. Que tiene las pantorrillas muy gordas.

PANTUFLAZO, s. m. El golpe que da con el pantuflo.

PANTUFLO, s. m. Calzado, especie de chinela ó zapato para casa.

PANZA, s. f. V. BARRIGA ó VIENTRE. || En algunos cuerpos artificiales se llama la parte sobresaliente y redonda en el medio de ellos. || PANZA AL TROTE, Apodo con que se nota á aquel que anda siempre comiendo á costa agena. || PANZA DE OVEJA, fest. y fam. El pergamino en que se da el título del grado en las universidades. || PANZA EN GLORIA, fam. El que es muy sosegado de natural y siente poco las cosas. || DEBO NO ROMPE PANZA, fam. Se dice por el que no se le da nada de tener deudas.

PANZADA, s. f. El golpe que se da con la panza. || El hartazgo de comida ó bebida; y por extension se dice de otras cosas. || DARSE UNA PANZADA, fam. Comer mucho de algun manjar hasta satisfacerse de él. || met. y fam. Pondera el exceso con que alguno hace una cosa ó se ceba en ella.

PANZON, s. m. El que tiene mucha panza.

PANZUDO, DA, adj. Que tiene mucha panza.

PAÑAL, s. m. La sabanilla ó pedazo de lienzo en que se envuelven los niños de teta. En plural se toma por toda la envoltura. || La falda de la camisa por las caidas de ella. || Cualquiera túnica ó tela en que está envuelta alguna cosa. || PAÑALES, pl. met. Los primeros principios de la crianza y nacimiento, especialmente en órden á la calidad. || La niñez. || ESTAR EN PAÑALES, fam. Tener poco ó ningun conocimiento de alguna cosa. || PEGARSE EL PAÑAL, met. y fam. Aficionarse con demasía á algun sugeto. || SACAR DE PAÑALES Á ALGUNO, Libertarle de miserias, ponerlo en mejor fortuna.

PAÑALICO, LLO, TO, s. m. d. de PAÑAL.

PAÑALON, s. m. aum. de PAÑAL, El que por desaliño ó negligencia le trae colgando siempre.

PAÑERO, s. m. El mercader que vende paños.

PAÑETES, s. m. pl. Cierto género de calzoncillos de que usan los pescadores y curtidores, y otros que no traen camisa. || Enagüillas que ponen á las imágenes de Cristo desnudo en la cruz.

PAÑITO, s. m. d. de PAÑO.

PAÑIZUELO, s. m. V. PAÑUELO.

PAÑO, s. m. La tela de lana de varias estofas, que sirve para vestirse y otros usos. || met. Cualquiera tegido de seda, lino ó algodon. || El ancho del tegido de lana, seda, etc., especialmente cuando se unen para formar un vestido ú otra cosa. || El tapiz ú otra colgadura. || Cualquier pedazo de lienzo ú otra tela, particularmente los que sirven para curar llagas. || La mancha oscura que varía el color natural del cuerpo. || Aquel color bermejo, que inmuta el color natural de los ojos. || En los espejos, cristales y otros vidrios y piedras preciosas es la mancha que estorba lo diáfano. || *Náut.* Las velas que lleva el navío. || PAÑO CATORCENO, Cierta especie de paño basto. || PAÑO DE CÁLIZ, Pedazo de tela con que se cubre. || PAÑO DE LAMPAZO, Tapiz que solo representa verduras. || PAÑO DE MANOS, DE MESA, etc., La toalla ó lienzo con que se limpian cuando se lavan ó con que se cubre la mesa. || PAÑO DE PÚLPITO, El paramento con que se adorna exteriormente. || PAÑO DE QUE CORTAR, met. La materia abundante de que se puede disponer. || PAÑO DE RAS Ó ARRAS, El tapiz fabricado en esta ciudad. || PAÑO DE TUMBA, La cubierta negra que se pone en ella para las exequias de difuntos. || PAÑOS, pl. Cualquier género de vestiduras. || PAÑOS CALIENTES, met. Las diligencias é instancias que se hacen para avivar á alguno en órden á que egecute lo que le está encomendado. || met. Las diligencias y buenos oficios que se aplican para templar el rigor ó aspereza con que se quiere proceder en alguna materia. || PAÑOS DE CORTE, Los tapices con que se adornan y abrigan los aposentos en invierno. || PAÑOS DE EXCUSA, En lo antiguo eran lo mismo que ahora bata ó ropa de cámara. || PAÑOS MENORES, La vestidura interior. || AL PAÑO, En los teatros de comedias se dice del que está á la cortina, y por extension se dice en otras ocasiones. || TENDER EL PAÑO DEL PÚLPITO, fam. Ponerse á hablar larga y difusamente.

PAÑOL, s. m. *Náut.* Cualquiera de los compartimientos que se hacen á proa y á popa en la bodega.

PAÑOSO, SA, adj. Asqueroso y vestido de remiendos y arambeles.

PAÑUELO, s. m. Pedazo de lienzo, seda ó algodon, que sirve para limpiarse las narices, el sudor y otros usos.

PAPA, s. m. El sumo pontífice romano, sucesor de san Pedro en el gobierno universal de la iglesia católica, de quien es cabeza visible. || Voz de que usan los niños cuando empiezan á hablar para nombrar á su padre, y el pan. || Sopas muy blandas. || PATATA, por la planta y el bulbo. || V. PUCHES. || fam. Cualquiera especie de comida.

PAPACOTE, s. m. V. COMETA, armazon, etc.

PAPADA, s. f. La carne que crece en abundancia debajo de la barba.

PAPADGO, s. m. ant. V. PAPADO.

PAPADILLA, s. f. d. de PAPADA, La parte de carne que hay debajo de la barba.

PAPADO, s. m. La dignidad de papa ó el tiempo que dura.

PAPAFIGO, s. m. Ave de unas cinco pulgadas de largo, cuya carne, especialmente en la temporada de los higos, es muy delicada. || OROPÉNDOLA.

PAPAGAYA, s. f. Ave. La hembra del PAPAGAYO.

PAPAGAYO, s. m. Ave indígena de la América, de la que se conocen diversas especies y variedades, que se aprecian por la hermosura de sus colores y facilidad con que aprenden á repetir palabras. || Planta cultivada por adorno en los jardines. || Pez del mediterráneo de España, de un pié de largo. || For. Especie de tulipan. || *Germ.* Criado de justicia ó soplon. || HABLAR COMO EL PAPAGAYO, Decir algunas cosas buenas y discretas sin inteligencia ni conocimiento.

PAPAHIGO, s. m. Cierto pedazo del paño ó tela de que está hecha la montera, que tirándole hacia abajo cubre toda la cara y pescuezo ménos los ojos. || *Náut.* La vela mayor sin boneta, y PAPAHIGO menor la del trinquete. || Ave, V. PAPAFIGO.

PAPAHUEVOS, s. m. fam. V. PAPANATAS.

PAPAL, adj. Que pertenece al papa.

PAPALINA, s. f. Especie de gorro ó birrete con dos puntas que cubre las orejas.

PAPALMENTE, adv. Como papa, con la autoridad y poder pontificio.

PAPAMOSCAS, s. m. Ave. V. MOSCARETA. || V. PAPANATAS.

PAPANATAS, s. m. Apodo que dan al hombre simple y crédulo ó demasiadamente cándido.

PAPANDUJO, JA, Flojo ó pasado de puro maduro.

PAPAR, v. a. Comer cosas blandas sin mascar. || fam. Comer absolutamente. || Hacer poco caso de las cosas de que debia hacerse.

PÁPARO, s. m. Aldeano ú hombre del campo simple é ignorante que se queda admirado y pasmado con facilidad.

PAPARRABIAS, s. c. fam. El que fácilmente se enoja, riñe ó explica su enfado.

PAPARRASOLLA, s. f. Nombre inventado para poner miedo á los niños para que callen cuando lloran.

• PAPARRUCHA, s. f. fam. Chirinola, pamplina.

PAPASAL, s. m. Cierto juego con que se divierten los niños. || met. Friolera, bagatela, cosa insustancial ó que solo sirve de entretenimiento.

PAPAZ, s. m. Nombre que dan en las costas de África á los sacerdotes cristianos.

PAPAZGO, s. m. V. PAPADO.

PAPEL, s. m. Pasta convertida en hojas delgadas y hecha de trapos y otras materias para escribir é imprimir. || El escrito que sirve para dar alguna noticia ó aviso ó para otro fin. || El discurso ó tratado que está escrito en cualquier asunto, aunque sea impreso, como no llegue á ser libro.||El que contiene en sí alguna cosa ó en que se envuelve. || Entre farsantes la parte de comedia que se da á cada uno escrita para que la estudie; el sugeto mismo que la representa y recita el papel.|| met. El sugeto que tiene alguna representacion en cualquiera línea, en la república ó otra parte. || PAPEL BLANCO, El que no tiene nada escrito, especialmente cuando se halla entre otros que lo estan. || PAPEL DE AÑAFEA, V. PAPEL DE ESTRAZA. || PAPEL DE CULEBRILLA, V. PAPEL DE SEDA. || PAPEL DE ESTRAZA, El basto de color oscuro y en que no se puede escribir. || PAPEL DE ESTRACILLA, El mas basto y moreno. || PAPEL DE MARCA MAYOR, El que se hace de mayor longitud, latitud y grueso.||PAPEL DE MARQUILLA, El que se hace medio entre el de marca mayór y el comun.|| PAPEL DE MÚSICA, El rayado para escribir música.|| PAPEL DE SEDA, El que se hace de retazos de seda.||PAPEL DE DERECHO, El informe que hacen del pleito los abogados en defensa de la parte que defienden, el cual se da impreso á los jueces. || PAPEL FLORETE, El de primera clase. || PAPEL MOJADO, El papél de póca importancia. ||Cosa inútil ó sin solidez. || PAPEL MONEDA, El que por autoridad pública se substituye al dinero efectivo, y tiene curso fórzado como tal. || PAPEL SELLADO, El que está señalado con las armas del rey, y sirve para autorizar los instrumentos legales y jurídicos. || PAPEL VOLANTE, Escrito corto y breve que se esparce fácilmente. || EMBARRAR PAPEL, Escribir cosas inútiles ó despreciables. || HACER PAPEL, V. HACER FIGURA. || HACER PAPEL Ó EL PAPEL, Fingir bien y diestramente alguna cosa, representar á otro al vivo. || HACER SU PAPEL, met. Cumplir con su cargo y ministerio, ó ser necesario para alguna cosa. || MANCHAR PAPEL, met. fam. V. EMBARRAR PAPEL. || TENER BUENOS PAPELES, Tener instrumentos legales ó certificaciones que prueban la nobleza ó el mérito.|| Se dice del que tiene razon en lo que propone ó se disputa. || TRAER LOS PAPELES MOJADOS, met. Nota á alguno que las noticias que dice son falsas ó sin fundamento.

PAPELEAR, v. n. Revolver papeles buscando en ellos alguna noticia ú otra cosa que se necesita saber. || met. V. HACER FIGURA.

• PAPELEJO, s. m. Se dice de todo cuaderno impreso que por su corto volúmen se vende sin encuadernar.

PAPELERA, s. f. Escritorio con sus separaciones para guardar papeles. || Abundancia ó exceso de papel escrito.

PAPELERÍA, s. f. Conjunto de papeles esparcidos y sin órden.

PAPELERO, s. m. El que fabrica ó vende papel.

PAPELETA, s. f. La lista de papel en que se nota alguna cosa ó se da algun aviso ó noticia. || Cucurucho de papel en que incluyen alguna cosa doblándole y cerrándole por la boca.

PAPELILLO, s. m. d. de PAPEL.

PAPELINA, s. f. Vaso estrecho por el pié y ancho por la boca. || Tela muy delgada, seda, lana, yerba ó mezcla de esto, que regularmente se tege con pintas y motas.

PAPELISTA, s. m. El que maneja papeles y tiene inteligencia de ellos.

PAPELITO, s. m. d. de PAPEL.

PAPELON, s. m. aum. de PAPEL. Ordinariamente se dice despreciando por inútil un papel que se ha escrito. || Un papel sobre otro pegado con engrudo, especie de carton. || El hombre vano que ostenta y aparenta lo que no es.

PAPELONADO, adj. *Blas.* Se dice de la figura de honor que representa en forma de escama de pescado.

PAPERA, s. f. La apostema ó tumor que se hace en la papada entre la garganta y la oreja.

PAPERO, s. m. El vaso ó puchero en que se hacen las papas para los niños, y la misma papilla.

PAPIALBILLO, s. m. Cuadrúpedo de cerca de un pié de largo, de color rojo, con el pecho, el vientre y los pies blancos.

PAPILLA, s. f. Las papas que se

dan á los niños.|| met. Cautela ó astucia halagüeña para engañar á otro. || DAR PAPILLA Á ALGUNO, Engañarle con cautela ó astucia.

PAPILLO, s. m. d. de PAPO.

PAPION, s. m. Especie de mono, V. ZAMBO.

PAPIRO, s. m. Planta indígena de Europa y Asia, de cuyas membranas en lo antiguo se hacia papel.

PAPIROLADA, s. f.~V. PAMPIROLADA.

PAPIROTADA, s. f. El golpe que se da con la mano, especialmente en el cuello ó cara.

PAPIROTE, s. m. El golpe que se da en la cabeza, frente ú otra parte de la cara, apoyando el dedo del corazon en el pulgar, soltando el primero con violencia.

*PAPISMO, s. m. Nombre injurioso que dan los protestantes á la religion católica romana.

PAPISTA, s. amb. Católico romano que obedece al papa.

PAPO, s. m. La parte carnosa del animal entre la barba y el cuello. || *Vol.* La porcion de comida que se da de una vez al ave de rapiña.|| LA FLOR DEL CARDO. VILANO, por barbillas que tienen algunas semillas. || PAPOS, pl. ant. Moda de tocado que usaron las mugeres.||PAPO DE VIENTO. || *Náut.* Se dice cuando por haber mucho viento se despliega solo un pedazo de la vela. || ESTAR EN PAPO DE BUITRE, Explica que alguna cosa ha caido en poder de quien no la soltará de la mano, ó será difícil recobrarla. || HABLAR DE PAPO, Hablar con presuncion y vanidad.|| HABLAR Ó PONERSE PAPO Á PAPO, Hablar cara á cara, ó decir ó otro con desenfado y claridad lo que se ofrece.

PAPUDO, DA, adj. Que tiene crecido y grueso papo.

PAPUJADO, DA, adj. Se aplica á las aves, que tienen mucha pluma y carne en el papo. || met. Abultado, elevado ó sobresaliente y hueco.

PÁPULA, s. f. *Med.* Tumorcillo que se hace en la garganta debajo de la barba, especie de lamparon.

PAQUEBOT, s. m. Embarcacion que sirve para llevar la correspondencia pública de una parte á otra.

PAQUETE, s. m. Fardo pequeño. || El conjunto ó mazo de cartas unido y cerrado en forma de pliego.

PAR, adj. Igual ó semejante totalmente. || *Arit.* Dícese del número que se puede dividir igualmente sin quebrado.

PAR, s. m. El conjunto de dos cosas de una misma especie. || *Arq.* Cada uno de los maderos que forman el pendiente de las armaduras de los edificios. || Dos mulas ó bueyes de labranza. || Título de dignidad en Francia.

PAR, adv. V. CERCA Ó JUNTO. || PARES NONES, Juego, V. NONES.

PARES, s. f. pl. En las preñadas PLACENTA. || PAR DIOS, PAR DIEZ, V. POR DIOS. || Á LA PAR, Juntamente ó á un tiempo. || Igualmente, sin distincion ó separacion. || Entre hombres de negocios sin premio de parte á parte en el cambio ó en la letra que se da. || Á PAR, Cerca ó inmediatamente á alguna cosa ó junto á ella. || Con semejanza ó igualdad. || Á PARES, De dos en dos, en cantidad de cosas. || DE PAR EN PAR, Significa estar abiertas enteramente las puertas ó ventanas. || met. Sin impedimento ni embarazo que estorbe, clara ó patentemente. || IR Á LA PAR, En el juego ó en el comercio ir de compañía á partir igualmente la ganancia ó la pérdida. || JUGAR Ó ECHAR Á PARES Y NONES ALGUNA COSA, Sortearla teniendo uno en el puño cerrado un número de cosas que el otro ha de adivinar si es par ó impar. || SIN PAR, V. SIN IGUAL.

PARA, Prep. con que se denota el derecho de posesion ó adquisicion de alguno. || En órden ó á fin. || Hácia, denotando el lugar de alguna dehesa ó su situacion. || Se usa determinando el lugar ó tiempo á que se difiere ó determina el egecutar alguna cosa ó finalizarla. || Se usa tambien determinando alguna cosa á lo que puede servir ó es á propósito. || Se usa como partícula adversativa significando el estado en que se halla actualmente alguna cosa. || Se usa significando el respeto ó relacion de una cosa á otra, ó lo que le es propio ó le toca respecto de sí misma.||Porque ó por lo que.|| Por ó á fin de, se usa determinando alguna especie entre muchas, ó contrayéndola á sugeto determinado. || Se usa significando la aptitud y capacidad de algun sugeto. || Junto con el romance de algun verbo significa unas veces la resolucion ó disposicion ó aptitud de hacer lo que el verbo significa, y otras veces la proximidad ó inmediacion á hacerlo. || Junto con la partícula *que* se usa preguntando, y vale, POR QUÉ ó CON QUÉ razon ó causa? || Junto con los nombres personales *mí*, *sí*, etc., y romance de algunos verbos denota la particularidad de la persona, ó que la accion del verbo es interior, secreta, y que no se comunica á otro. || Junto con algunos nombres se usa supliendo el verbo *comprar*. || Usado con la partícula *con* explica la comparacion de una cosa con otra. || PARA ESO, Modo de hablar que se usa despreciando alguna cosa ó por fácil ó por inútil. || PARA ESTA, Especie de amenaza que se hace poniendo el dedo índice sobre la nariz. || PARA SIEMPRE, Significa la eternidad ó la carencia de fin en el tiempo.

PARABIEN, s. m. V. FELICITACION, NORABUENA.

PARABIENERO, s. m. fam. El que da parabienes.

PARÁBOLA, s. f. Narracion de algun suceso que se supone ó se finge, del cual se intenta sacar alguna moralidad ó instruccion alegórica. || *Geom.* Figura curvilínea que procede de una seccion cónica, cuyo diámetro es paralelo al lado del triángulo que pasa por el ege del cono. || PARÁBOLAS ASÍNTOTAS, Dos parábolas iguales puestas una dentro de otra con un mismo ege, las cuales se alargan cuanto se quiere y se van continuamente acercando la una á la otra sin que jamas se puedan juntar. || PARÁBOLAS IGUALES, Son las que tienen iguales los parámetros de sus eges.

PARABOLANO, s. f. El que usa de parábolas ó ficciones.

PARABÓLICO, CA, adj. Que incluye parábola ó ficcion doctrinal. || *Geom.* Que pertenece á la parábola, como línea PARABÓLICA.

PARÁCLETO ó PARÁCLITO, s. m. Nombre que se da al Espíritu Santo, enviado para consolador de los fieles.

PARACRONISMO, s. m. Computacion errada de los tiempos que consiste en posponer los sucesos al tiempo en que acaecieron.

PARADA, s. f. Accion de parar ó detenerse. || Lugar donde se para. || Término del movimiento de alguna cosa, especialmente de la carrera. || Suspension ó pausa, especialmente en la música. || El sitio ó lugar donde se recogen ó juntan las reses. || *Mil.* Reunion de la tropa que entra de guardia, y el parage donde se reune para partir cada trozo á su respectivo destino. || Mulas, caballos que se ponen á cierta distancia, y se mudan para hacer la jornada, y punto en que estan apostados, y la distancia de uno á otro. || La presa que se hace en los rios para dar agua abundante y con fuerza á los molinos ó para pescar. || Porcion de dinero que se expone de una vez á una suerte al juego. || ant. Número, porcion ó cantidad dispuesta ó prevenida para algun fin. || DOBLAR LA PARADA, En los juegos de envite es poner cantidad doble de la que estaba puesta ántes. || Pujar una cosa doblando otro tanto mas el precio en que estaba. || LLAMAR DE PARADA, *Mont.* Se dice cuando el perro topa con el jabalí, venado ó gamo, y la pieza se está quieta.

PARADERA, s. f. Compuerta con que se quita el agua al caz del molino.

PARADERO, s. m. El lugar ó sitio donde se para ó se va á parar. || met. El fin ó término de alguna cosa.

PARADETA, s. f. V. PARADILLA. || PARADETAS, pl. Especie de baile en la escuela española.

PARADIGMA, s. m. Egemplo ó egemplar.

PARADILLA, s. f. de PARADA.

PARADISLERO, s. m. El cazador á espera ó á pié quedo. || El que anda como á caza de noticias, las finge ó inventa.

PARADO, p. p. de PARAR. || PARADO, DA, adj. Remiso, flojo y descuidado en las acciones del ánimo. || Desocupado ó sin egercicio ó empleo. || Á LO BIEN PARADO, Nota que alguno desecha lo que aun puede servir ó aprovechar, por gustar de lo mejor y mas nuevo.

PARADOJA, s. f. Especie extraña ó fuera de la comun opinion y sentir de los hombres.

PARADÓJICO, CA, adj. Que incluye paradoja ó que usa de ellas.

PARADOJO, JA, adj. Extraño ó extravagante en su modo de opinar ó sentir. || Aplícase tambien al dictámen formado de esta suerte.

PARADOR, s. m. El que para. || El meson en que se admiten carros, galeras y otros carruages.

* PARADOXISMO, s. m. Figura de retórica.

* PARADURA, s. f. *Mar.* Tabla de la quilla.

PARAFERNALES, V. BIENES PARAFERNALES.

PARAFRASEADO, p. p. de PARAFRASEAR.

PARAFRASEAR, v. a. Explicar de diversos modos una misma sentencia.

PARÁFRASIS, s. f. La explicacion

que se hace de una sentencia por otra que es mas fácil de entender y percibir.

PARAFRASTE, s. m. El que interpreta ó expone algun texto ó escrito oscuro.

PARAFRÁSTICAMENTE, adv. Con paráfrasis.

PARAFRÁSTICO, CA, adj. Que es propio de la paráfrasis ó que la incluye. || El estado ó disposicion de alguna cosa.

PARAGE, s. m. Lugar, sitio ó estancia.

PARAGOGE, s. f. Figura de diccion que se comete cuando al fin de la voz se añade alguna letra ó sílaba.

PARAGONAR, v. a. V. PARANGONAR.

PARÁGRAFO, s. m. V. PÁRRAFO.

PARAGUAS, s. m. V. QUITASOL.

PARAGUAY, s. m. Especie de loro ó papagayo de color verde, manchado de amarillo.

PARAISO, s. m. Huerto amenísimo adonde Dios puso nuestro primer padre Adan luego que le crió. || La gloria de los bienaventurados ó el cielo, como lugar de todas las delicias. || met. Cualquier sitio ó lugar ameno ú otra cosa deliciosa. || PARAISO DE LOS BOBOS, fam. Las imaginaciones alegres con que cada uno se finge á su arbitrio las conveniencias ó gustos.

PARAL, s. m. Madero sobre que se desliza y corre la embarcacion al botarla al agua.

PARALÁCTICO, adj. Que pertenece á la paralage.

PARALAGE, PARALAXE, ó PARALÁSIS, s. f. Astron. La diferencia del lugar verdadero de un astro, considerando mirarse del centro de la tierra al lugar aparente mirado de la superficie de ella.

*PARALELA, s. f. Mil. Linea de comunicacion de una trinchera á otra en el ataque de una plaza.

PARALELIPÍPEDO, s. m. Geom. Figura sólida que consta de seis planos paralelógramos, de los que cada dos opuestos son iguales y paralelos.

PARALELISMO, s. Geom. La propiedad que constituye las lineas ó planos paralelos, ó la continuada igualdad de distancias entre ellos.

PARALELO, LA, adj. Geom. Que está colocado en total igualdad de distancia, á otra cosa de su especie. || Correspondiente ó semejante.

PARALELO, s. m. Cotejo ó comparacion de una cosa con otra. || Geom. Cada uno de los círculos que en la tierra se suponen descritos en igual distancia por todas partes de la linea equinoccial.

PARALELÓGRAMO, MA, adj. Que está hecho y dispuesto en figura de paralelógramo.

PARALELÓGRAMO, s. m. Geom. Figura de cuatro lados, de los que cada dos opuestos son paralelos.

PARALIPÓMENON, s. m. Uno de los libros de que se compone la Biblia sagrada.

PARALÍSIS, s. f. V. PERLESÍA.

PARALITICADO, DA, adj. Impedido de la perlesía ó tocado de ella.

PARALÍTICO, CA, adj. V. PERLÁTICO.

PARALOGISMO, s. m. Discurso falaz ó conclusion falsa apoyada con razones aparentes.

PARALOGIZADO, p. p. de PARALOGIZAR.

PARALOGIZAR, v. a. Persuadir con discursos falaces y razones aparentes.

PARAMENTADO, p. p. de PARAMENTAR.

PARAMENTAR, v. a. Adornar ó ataviar alguna cosa.

PARAMENTO, s. m. Adorno ó atavío con que se cubre alguna cosa. || Cualquier paño con que se cubre alguna cosa. || En la cantería cualquiera de las dos superficies de las seis de que constan las piedras de que se componen los arcos. || PARAMENTOS SACERDOTALES, Las vestiduras y adornos que usan los sacerdotes para los divinos oficios. || Los adornos del altar.

PARÁMETRO, s. m. Geom. Linea invariable que entra en la ecuacion ó formacion de una curva.

PÁRAMO, s. m. Campo desierto, raso y descubierto á todos vientos, que no se cultiva ni tiene habitacion alguna. || met. Cualquier lugar sumamente frio ó desamparado.

PARANCERO, s. m. Cazador que caza con lazos, perchas y otras invenciones.

PARANGON, s. m. Comparacion ó semejanza.

PARANGONA, s. f. Impr. Grado de letra, y la mayor despues del gran canon, peticanon y misal.

PARANGONADO, p. p. de PARANGONAR.

PARANGONAR, v. a. Hacer comparacion de una cosa con otra.

PARANGONIZADO, p. p. de PARANGONIZAR.

PARANGONIZAR, v. a. ant. V. PARANGONAR.

PARANÍNFICO, CA, adj. Se aplica al órden de arquitectura, en que en lugar de columnas suelen poner estatuas de ninfas.

PARANINFO, s. m. Padrino de las bodas. || El que anuncia alguna felicidad. || En las universidades el que anuncia la entrada del curso, estimulando al estudio con alguna oracion retórica.

PARANZA, s. f. El tollo formado de tierra y ramas para esperar las reses al tiro.

PARAO, s. m. Embarcacion pequeña de remos, hecha de cañas y sin quilla, en la India oriental.

PARAPETO, s. m. *Fort.* Terraplen corto, formado sobre el terraplen principal hácia la parte de la campaña. || La pared ó baranda que se pone para defensa en los puentes, escaleras, etc.

PARAR, s. m. Juego de naipes.

PARAR, v. n. Cesar en el movimiento ó en la accion, no pasar adelante en ella.

PARAR, v. n. Detener é impedir el movimiento ó accion de otro. || Prevenir ó preparar. || ant. Adornar, componer ó ataviar alguna cosa. || Ir á dar á algun término ó llegar al fin. || Recaer, venir ó estar en dominio ó propiedad de alguno alguna cosa despues de otros dueños que la han poseido ó ha pasado por ellos. || Determinar la cantidad de dinero que se expone ó apuesta al lance ó suerte. || Hablando de los perros de caza vale mostrarla, suspendiéndose al descubrirla, ó con alguna otra señal. || Reducirse ó convertirse una cosa en otra distinta de la que se juzgaba ó esperaba. || Hablando del caballo vale suspender la carrera ó detenerse enteramente en ella con arte y firmeza.

PARARSE, v. r. met. Detenerse ó suspenderse en la resolucion de alguna cosa. || Estar pronto y aparejado ó exponerse á algun peligro. || Ponerse en otro estado diferente del que se tenia por algun accidente que sobreviene. || Junto con el romance de algunos verbos, que significan accion del entendimiento, vale egecutar dicha accion con atencion, refleja y sosiego. || PARAR MAL, V. MALPARAR. || NO PARAR, Pondera la eficacia, viveza ó instancia con que se egecuta ó se solicita algo. || NO PARAR EN BIEN, V. MALPARAR. || NO PODER PARAR, Explica el desasosiego ó inquietud que causa algun dolor ó especie molesta. || NO TENER MAS QUE PARAR, Explica la última necesidad y miseria á que han reducido á alguno sus travesuras, desperdicio y prodigalidad. || SIN PARAR, Luego al punto, sin dilacion.

PARARAYO, s. m. Artificio que se coloca sobre los edificios, para disminuir la materia eléctrica de que estan cargadas las nubes.

PARASCEVE, s. m. V. PREPARACION. Tómase por el dia de viernes santo.

PARASELENE, s. f. *Meteor.* Imágen de la luna que se representa en alguna nube.

PARASISMO, s. m. Accidente peligroso, en que el paciente pierde el sentido y la accion por largo tiempo.

PARÁSITO, s. m. El que se arrima á otro para comer á costa agena.

PARÁSITO, TA, adj. Se aplica á las plantas que se alimentan y crecen con el jugo y sustancia de otras á las que estan unidas.

PARASOL, s. m. V. QUITASOL.

PARASTADE, s. m. *Arq.* Poste que en los colunarios se suele poner ademas de las columnas y arrimado á ellas.

PARAUSO, s. m. Especie de barrena ó taladro que se mueve con unas correas.

PARAZONIO, s. m. Cierto género de espada muy ancha y sin punta.

PARCA, s. f. Voz con que se significa la muerte, especialmente en la poesía.

PARCAMENTE, adv. Con parsimonia ó escasez.

PARCE, s. m. La cédula que dan los maestros de gramática á los discípulos en premio, por la cual se les perdona el castigo que despues merecen.

* PARCEMICAR, v. a. Cantar el *parce mihi* del oficio de difuntos.

PARCHAZO, s. m. aum. de PARCHE. || fam. Burla ó chasco.

PARCHE, s. m. El pedazo de lienzo, guante ú otra cosa en que se pega algun ungüento, etc., y se pone en la parte enferma para su curacion. || El pergamino ó piel con que se cubren los tambores de guerra. || met. Cualquiera cosa sobre puesta á otra, y como pegada, que desdice de lo principal. || Mancha, especialmente en la pintura. || Un pedazo de papel untado con trementina, que suelen poner en la frente del toro los toreros de habilidad. || PEGAR UN PARCHE ó PARCHAZO, met. Engañar á alguno sacándole dinero ú otra cosa, pidiéndola prestado ó de otro modo con ánimo de no volverlo.

PARCIAL, adj. Que pertenece á la parte de algun todo. || El que sigue el partido de otro, ó está siempre de su parte. || Sociable, comunicable.

PARCIALIDAD, s. f. La union de algunos, confederándose para algun fin, separándose del comun y formando cuerpo aparte. || Conjunto de muchos que componen una familia ó faccion. || Amistad, estrechez, familiaridad en el trato. || Sociabilidad, afabilidad en el genio para tratar con otros ó ser tratado de ellos.

PARCIALIZADO, p. p. ant. de PARCIALIZAR.

PARCIALIZAR, v. a. ant. Aplicar alguna cosa mas á uno que á otro por especial afecto ó parcialidad.

PARCIALMENTE, adv. Amigable y familiarmente. || En cuanto á alguna parte ó partes.

PARCIDAD, s. f. Detencion económica ó prudente en el repartimiento de las cosas ó uso de ellas.

PARCIDO, p. p. ant. de PARCIR.

PARCIONERO, RA, adj. V. PARTÍCIPE.

PARCIR, v. a. ant. V. PERDONAR.

PARCÍSIMAMENTE, adv. sup. de PARCAMENTE.

PARCÍSIMO, MA, adj. sup. de PARCO.

PARCO, CA, adj. Corto, escaso ó moderado en el uso de las cosas. || Sobrio, templado y moderado en la comida ó bebida.

PARCO, s. m. V. PARCE.

PARDAL, adj. Se aplica á la gente de las aldeas por andar regularmente vestida de pardo. || Bellaco, astuto.

PARDAL, s. m. Cuadrúpedo, V. LEOPARDO. || Cuadrúpedo, V. CAMELLO PARDAL. || Ave, GORRION, y tambien PARDILLO. || Planta, V. ACÓNITO PARDAL.

PARDEADO, p. p. de PARDEAR.

PARDEAR, v. n. Sobresalir ó distinguirse el color pardo.

PARDELAS, s. m. Especie de ave.

PAR DIEZ, Expr. fam. que se usa á modo de interjecion para explicar el ánimo en que se está acerca de alguna cosa.

PARDILLA, s. f. Ave, V. PARDILLO.

PARDILLO, LLA, adj. Se aplica al paño mas tosco, grosero y basto, que se hace del color pardo.

PARDILLO, s. m. Ave muy comun en varias partes de España, que se alimenta principalmente de las yemas de los árboles.

PARDO, DA, adj. Se aplica al color que resulta de la mezcla del blanco y negro. || Oscuro, especialmente hablando de las nubes ó del dia nublado || Se dice de la voz casi tenor que imita á la del pardillo. || MIREN SI ES PARDA, fam. Explica que alguno pondera mucho lo que dice ó miente.

PARDO, s. m. Cuadrúpedo, V. ONZA.

PARDUSCO, CA, adj. Que tiene el color pardo claro.

PAREADO, p. p. de PAREAR.

PAREAR, v. a. Juntar, igualar dos cosas comparándolas entre sí. || Formar pares de las cosas, poniéndolas de dos en dos.

PARECER, s. m. Dictámen, voto ó sentencia que se da ó se lleva en cualquiera materia. || El órden de las facciones del rostro y disposicion del cuerpo. || AL PARECER, Explica el juicio ó dictámen que se forma en alguna materia, segun lo que ella demuestra ó la especie que da. || ARRIMARSE AL PARECER DE OTRO, Seguir su dictámen ó adherirse á él. || POR EL BIEN PARECER, Da á entender que alguno obra por atencion y respeto á lo que pueden decir ó juzgar de él. || TOMAR PARECER, V. TOMAR CONSEJO.

PARECER, v. n. Aparecer ó dejarse ver alguna cosa. || Hacer juicio ó dictámen acerca de alguna cosa. Usase mas comunmente como pasivo é impersonal. || Hallarse ó encontrarse lo que se tenia por perdido. || Dar alguna cosa muestras ó señales de lo que es ó incluye. || Aprobar ó desaprobar alguna cosa. || Tener las cosas buena disposicion, simetría, adorno y hermosura, de modo que ocasione gusto el mirarlas, ó al contrario. || Hallarse en alguna parte ó dejarse ver alguno en ella.

PARECERSE, v. r. Dejarse ver ú ofrecerse á la vista. || Asemejarse una cosa á otra, ó ser conforme segun lo que se ve.

PARECIDÍSIMO, MA, adj. sup. de PARECIDO.

PARECIDO, p. p. de PARECER. || PARECIDO, DA, adj. Con los adv. *bien* ó *mal* que tiene buena ó mala disposicion de facciones ó aire de cuerpo.

PARECIENTE, p. a. de PARECER, Que parece ó se parece.

PARED, s. f. Fábrica levantada á plomo para cerrar los edificios y sostener sus techumbres y cubiertas. || met. La superficie plana y alta que forman las cebadas ó los trigos cuando estan bastantemente crecidos y cerrados. || met. El adorno que se suele formar en los jardines y huertos de murtas, arrayanes, etc., para cerrar y defender los cuadros y el conjunto de cosas que se aprietan ó unen estrechamente. || PAREDES, pl. met. La casa propia de cada uno. || PARED EN MEDIO, expr. Explica la inmediacion ó contigüidad de una casa ó habitacion respecto de otra, que solo las divide una pared. || met. Denota la inmediacion ó cercanía de alguna cosa. || PARED ESCARPADA, *Arq.* La que tiene mayor grueso por la parte inferior que por la superior. || PARED MAESTRA, Cualquiera de las principales y mas gruesas que mantienen y sostienen el edificio. || PARED MEDIANA, ant. V. PARED MEDIANERA. || PARED MEDIANERA, La comun á dos casas. || ADENTELLAR UNA PARED, *Arq.* Dejar en ella de trecho á trecho piedras ó ladrillos, que sobresalen de la linea recta, para encadenar y fijar en sus intervalos otras piedras ó ladrillos si se sigue la obra. || ARRIMARSE Á LAS PAREDES, met. Nota al que se emborracha. || COSERSE CON LA TIERRA, PARED, etc. V. TIERRA. || DARSE CONTRA UNA PARED, Explica el despecho ó cólera que alguno tiene, y que le saca fuera de sí. || DARSE POR LAS PAREDES Ó ESQUINAS, Ó CONTRA LAS PAREDES, fam. Apurarse y fatigarse sin acertar con lo que se desea. || DEJAR Á ALGUNO PEGADO Á LA PARED, fam. Desairarle, avergonzarle, tratarle con mucho despego. || DESCARGAR LAS PAREDES, *Arq.* Aligerar su peso por medio de arcos ó de estribos. || ENTRE CUATRO PAREDES, Explica que alguno está retirado del comercio ó encerrado en su casa ó cuarto. || HABLAR LAS PAREDES Ó LAS PIEDRAS, Denota la posibilidad de que se descubran cosas que se dicen ó hacen con mucho secreto. || LAS PAREDES OYEN, Enseña y amonesta el gran cuidado que se debe poner en donde y á quien se dice alguna cosa que importa que esté secreta. || LAS PAREDES TIENEN OIDOS, Advierte que no se egecute lo que es malo, fiándose en qué no se descubrirá.

PAREDAÑO, ÑA, adj. Que está pared en medio.

PAREDILLA, s. f. d. de PARED.

PAREDON, s. m. aum. de PARED, La que queda en pié, como ruina.

PAREJA, s. f. El conjunto de dos cosas semejantes ó iguales. || En las fiestas reales es la union de dos caballeros de un mismo trage, librea, adornos y jaeces de caballos que corren juntos y unidos. || PAREJOS, pl. En el juego de dados los dos números ó puntos iguales que salen de una tirada, y en los naipes dos cartas semejantes en número ó en figura. || *Manej.* La carrera que dan dos ginetes juntos sin adelantarse ninguno, por lo que suelen ir dadas las manos. || CORRER PAREJAS, met. Ir iguales ó sobrevenir juntas algunas cosas, ó ser semejantes en alguna prenda ó habilidad.

PAREJO, JA, adj. Igual ó semejante á otra cosa. || POR PAREJO Ó POR UN PAREJO, Por igual ó de un mismo modo.

PAREJURA, s. f. Igualdad ó semejanza.

PARELIA, s. f. Especie de meteoro que consiste en un sol aparente, que se manifiesta cerca del verdadero.

PARELIO, s. m. V. PARELIA.

PARÉNESIS, s. f. Exhortacion ó amonestacion.

PARENÉTICO, CA, adj. Que amonesta ó exhorta.

PARENTADO, s. m. ant. V. PARENTELA.

PARENTAL, adj. ant. Que pertenece á los padres y parientes.

PARENTELA, s. f. El conjunto de todo género de parientes. || V. PARENTESCO.

PARENTESCO, s. m. Vínculo, conexion ó aligacion por consanguinidad ó afinidad. || La union, vínculo ó liga que tienen las cosas. || PARENTESCO ESPIRITUAL, El vínculo que contraen en los sacramentos de bautismo y confirmacion el ministro y padrino con el que los recibe y sus padres. || CONTRAER PARENTESCO, Emparentar, ligarse con alguna persona con afinidad espiritual ó legal.

PARÉNTESIS, s. m. Frase ú oracion que se ingiere ó introduce en el periodo interrumpiendo su sentido, pero sin mudarle. || Signo ortografico que sirve para contener el paréntesi ú oracion inserta, y tiene esta figura ( ). || met. Suspension ó intercadencia de otras cosas que no son locucion. || ENTRE Ó POR PARÉNTESIS, Se usa para suspender el discurso ó conversacion de alguno, interponiendo alguna especie agena de él.

PAREO, s. m. El acto de parear ó unir una cosa con otra.

PARERGON, s. m. Aditamento á alguna cosa que le sirve de ornato.

PARIAS, s. f. El tributo que paga un principe á otro en reconocimiento de superioridad. || *Anat.* V. PLACENTA. || DAR Ó RENDIR PARIAS, met. Someterse á otro, prestarle obsequio.

PARICION, s. f. ant. V. PARTO. || El tiempo de parir el ganado.

PARIDAD, s. f. Comparacion de una cosa con otra por egemplo ó símil. || Igualdad de las cosas entre sí. || CORRER LA PARIDAD, V. CORRER LA COMPARACION.

PARIDERA, adj. Se dice de la hembra fecunda de cualquiera especie.

PARIDERA, s. f. El sitio en que pare el ganado lanar. || El acto de parir el ganado y el tiempo en que pare.

PARIDO, p. p. de PARIR. || PARIDO, DA, adj. Dícese de la hembra que ha poco tiempo que parió. || SALGA LA PARIDA, Juego de muchachos.

PARIENTE, TA, s. m. y f. Se dice de todos los ascendientes, descendientes y colaterales de una familia por consanguinidad ó afinidad. || met. fam. Allegado, semejante ó parecido.||fam. El marido respecto de la muger, y la muger respecto del marido. || Nombre que dan por escrito nuestros reyes á los títulos de Castilla. || NO HABER PARIENTE POBRE, Explica el genio del que teniendo que gastar, gasta largamente y sin reparo.

PARIETAL, adj. y s. *Anat.* Se aplica á cada uno de los dos huesos situados en las partes media y laterales de la cabeza.

PARIETARIA, s. f. Planta medicinal de pié y medio de alto, que crece en lugares sombríos, y mas especialmente junto á las paredes.

PARIFICADO, p. p. de PARIFICAR.

PARIFICAR, v. a. Probar ó apoyar con paridad ó egemplo.

PARIHUELA, s. f. Máquina compuesta de dos varas gruesas como las de las sillas de manos, con unas tablas atravesadas sobre la cual colocan el peso ó carga para llevarle entre dos.

PARILERA, s. f. *Arq.* El madero en que se afirman los pares y que forma el lomo de la armadura.

PARIMIENTO, s. m. ant. Convenio ó ajuste hecho de prevencion.

PARIO, IA, adj. De Páros.

PARIR, v. a. Dar á luz en tiempo oportuno la hembra de cualquiera especie el feto que tenia concebido. || Hablando de las aves y los peces, poner sus huevos. || met. Producir ó causar una cosa á otra de cualquier modo que sea. || Explicar bien y con acierto el concepto del entendimiento. || Salir á luz ó al público lo que estaba oculto ó ignorado. || PARIR Á MEDIAS, Ayudar á otro en algun trabajo dificultoso. || NO PARIR Ó NO QUEBRAR PARIR, met. No dar mas de sí alguna cuenta por mas que se examine ó repase. || FORZAR Á PARIR, met. Estrechar fuertemente á alguno para obligarle á alguna cosa.

PARISIENSE, adj. y s. El natural de Paris y perteneciente á esta ciudad.

PARLA, s. f. Expedicion en el hablar. || El exceso de hablar sin sustancia.

PARLADILLO, s. m. Cláusula de estilo levantado ó afectado.

PARLADO, p. p. de PARLAR.

PARLADOR, RA, s. m. y f. V. HABLADOR.

PARLADURÍA, s. f. V. HABLADURÍA.

PARLAENBALDE, s. c. fam. El que habla mucho y sin sustancia.

PARLAMENTADO, p. p. de PARLAMENTAR.

PARLAMENTAL, adj. Que pertenece al parlamento por tribunal.

PARLAMENTAR, v. n. Hablar ó conversar unos con otros. || Tratar de ajustes, capitular para la entrega de alguna plaza ó para algun otro contrato.

PARLAMENTARIO, RIA, adj. Que sirve para parlamentar.

PARLAMENTARIO, s. m. El ministro individuo de alguno de los parlamentos.|| La persona que va á parlamentar.

PARLAMENTEADO, p. de PARLAMENTEAR.

PARLAMENTEAR, v. n. ant. V. PARLAMENTAR.

PARLAMENTO, s. m. Razonamiento ú oracion que se hace á algun congreso ó junta. || Tribunal que hay en algunas naciones. || La accion de parlamentar.

PARLANCHIN, NA, adj. y s. fam. El que habla mucho sin oportunidad, ó dice lo que no debia decir.

PARLANTE, p. a. de PARLAR, Que parla.

PARLAR, v. a. Hablar con desembarazo ó expedicion. || Hablar mucho y sin sustancia. || Se dice frecuentemente de las aves que imitan la locucion humana. || Revelar y decir lo que se debe callar ó lo que no hay necesidad de que se sepa.

PARLATORIO, s. m. El acto de hablar ó parlar unos con otros.|| Lugar destinado para hablar y recibir visitas.

PARLERÍA, s. f. El flujo de hablar ó parlar. || Chisme, cuento ó hablilla. || met. El canto, gorgeos y trinos de los pájaros y murmurio de las corrientes.

PARLERITO, TA, adj. d. de PARLERO.

PARLERO, RA, adj. y s. Que habla mucho. || El que lleva chismes ó cuentos de una parte á otra, ó dice lo que debiera callar, ó el que guarda poco secreto. || *Poét.* Se aplica tambien á las aves que cantan al susurro de las aguas, etc. || met. Se aplica á algunas cosas que forman ruido armonioso, como las fuentes, arroyos, etc. || Se dice de aquellas cosas que dan á entender de alguna manera los afectos del ánimo, ó descubren lo que se ignoraba.

PARLERON, NA, adj. El que habla mucho.

PARLERUELO, LA, adj. d. de PARLERO.

PARLETA, s. f. fam. Conversacion por diversion ó pasatiempo en materia varia é indiferente ó de poca importancia.

PARLON, NA, adj. Que habla mucho.

PARLOTEADO, p. de PARLOTEAR.

PARLOTEAR, v. n. Hablar mucho y sin sustancia unos con otros por diversion ó pasatiempo.

PARMESANO, NA, adj. De Parma.

PARNASO, s. m. El monte que los mitólogos fingen que es habitacion de las musas. || El conjunto de poetas. || Coleccion de varias poesías escogidas.

PARODIA, s. f. Imitacion burlesca, escrita las mas veces en verso, de una obra seria de literatura.

PARÓDICO, CA, adj. Que pertenece á la parodia.

PAROLA, s. f. fam. Labia, facundia en el hablar y expedicion en el decir. || Conversacion larga y de poca entidad.

PÁROLI, s. m. En varios juegos la jugada que se hace no cobrando la suerte ganada para cobrar triplicado si se gana segunda vez.

PAROLINA, s. f. V. PÁROLA.

PARONOMASIA, s. f. *Ret.* Figura en que con ligera variacion de alguna letra se da á la voz otro significado.

PARÓTIDA, s. f. *Cir.* Tumor preternatural formado en las glandulas del mismo nombre.

PAROXISMAL, adj. Que pertenece á paroxismo ó parasismo.

PAROXISMO, s. m. V. PARASISMO.

PARPADEAR, v. n. Menear los párpados y abrir y cerrar los ojos.

PÁRPADO, s. m. Túnica exterior de la cara que cubre y resguarda los ojos.

PARPALLA ó PARPALLOTA, s. f. La pieza de cobre que sellada vale dos cuartos.

PARPAR, s. m. La voz natural del pato.

PARQUE, s. m. Terreno ó sitio cercado para plantas ó para caza, inmediato á algun palacio. || *Milic.* Parage donde se colocan las municiones de guerra en los acampamentos. || Aquel en que se sitúan los víveres y vivanderos. || PARQUE DE ARTILLERÍA, Parage en que se reunen las piezas, carruages, máquinas y demas útiles pertenecientes á la artillería.

PARQUEDAD, s. f. V. V. PARCIDAD.

PARRA, s. f. La vid levantada artificialmente que se extiende mucho en vástagos. || Vaso de barro bajo y ancho, con dos asas, para miel. || PARRA DE CORINTO, Casta de vid originaria de Corinto, que lleva la uva sin granillos.

PARRADO, p. de PARRAR. || PARRADO, DA, adj. Se aplica á los árboles ó plantas que extienden mucho sus ramas por los lados.

PÁRRAFO, s. m. Division de algun capítulo ó discurso. || Notas con este carácter §. || El carácter ó signo que sirve para denotar la division de párrafos. || ECHAR PÁRRAFOS, Hablar mucho, mezclando inoportunamente lo que se ha leido ú oido. || PÁRRAFO Ó PÁRRAFO APARTE, V. APARTE. || PÁRRAFO APARTE, met. fam. Expresion de que se usa para mudar de asunto en la conversacion.

PARRAGON, s. m. Plata de ley para comprobar por ella la calidad de la que se lleva á marcar.

PARRAL, s. m. La parte ó conjunto de parras sostenidas con armazon de madera ú otro artificio. || La viña que se ha quedado sin podar, y arroja muchos vástagos. || Vaso grande de barro que sirve para echar miel.

PARRAR, v. n. Extender mucho sus ramas los árboles y plantas al modo de las parras.

PARRICIDA, s. com. El que mata á su padre ó madre. || El que mata á cualquiera de sus parientes, ó á los que son entendidos por padres.

PARRICIDIO, s. m. La muerte violenta que alguno da á su padre ó madre ó á algun pariente.

PARRILLA, s. f. Especie de botija ancha de asiento, y muy angosta de boca. || PARRILLAS, pl. Instrumento de hierro en figura de rejilla, para asar ó tostar alguna cosa. || *Germ.* El potro en que daban tormento.

PARRIZA, s. f. Para silvestre.

PARRO, s. m. V. PATO.

PÁRROCO, s. m. El sacerdote que en virtud de su beneficio está obligado á administrar los sacramentos á los fieles de una determinada feligresía.

PARRON, s. m. V. PARRIZA.

PARROQUIA, s. f. La iglesia en que se administran los sacramentos y se da pasto espiritual á los fieles de una parroquia. ‖ Conjunto de fieles gobernados en lo espiritual por un sacerdote que tiene cura de almas. ‖ Territorio que ocupan los fieles que componen una parroquia. ‖ El clero destinado al culto y administracion de sacramentos en una parroquia. ‖ CUMPLIR CON LA PARROQUIA, Confesar y comulgar cada uno por pascua florida en su propia parroquia.

PARROQUIAL, adj. Que pertenece á parroquia. Úsase como sustantivo por la parroquia.

PARROQUIALIDAD, s. f. Asignacion ó pertenencia á una determinada parroquia.

PARROQUIANO, NA, adj. y s. Que pertenece á una y determinada parroquia. ‖ El que acostumbra comprar lo que necesita en alguna tienda, ó servirse de algun artesano ú oficial.

PARSIMONIA, s. f. Frugalidad y moderacion en los gastos.

PARTE, s. f. Cantidad que junta con otras compone un todo. ‖ Cantidad especial ó determinada de algun agregado numeroso. ‖ Porcion que se da á alguno en repartimiento ó cosa semejante. ‖ Sitio ó lugar. ‖ Lado ó costado. ‖ En los libros ó tratados division grande que comprende otras menores. ‖ Cada una de dos ó mas cosas que estan opuestas. ‖ La persona que tiene interes ó influjo. ‖ El sentido que se da á las acciones y palabras. ‖ for. El litigante. ‖ Nueva razon ó malicia con que se funda ó persuade alguna proposicion. ‖ Usado con la proposicion y los pronombres *esta* y *aquella* significa el tiempo presente á la época de que se trata con relacion á tiempo pasado. ‖ La dependencia ó conexion de una cosa con otras, con quienes forma un todo ó un conjunto. ‖ Cada una de las palabras divididas con espacios que componen un renglon. ‖ met. El lado á que alguno se inclina ó contradice en cuestion, riña ó pendencia. ‖ El papel que representa un comediante. ‖ El sugeto que le representa. ‖ Usado como adverbio sirve para distribuir en la oracion los extremos de ella. ‖ PARTES, pl. Las prendas y dotes naturales que adornan á alguna persona. ‖ Faccion ó partido. ‖ Los órganos de la generacion. ‖ PARTE ALICUANTA, *Arit.* y *Geom.* La que no es medida cabal de su todo, como el tres respecto del ocho. ‖ PARTE ALICUOTA, *Arit.* y *Geom.* La que es medida cabal de su todo, como dos respecto de ocho. ‖ PARTE DE FORTUNA, Cierto punto del cielo, el que dista del ascendiente tanto como la luna dista del sol. ‖ PARTE DE ROSARIO, La tercera parte del rosario, que son cinco dieces. ‖ PARTE ESENCIAL, La que constituye la esencia de un compuesto, de modo que faltando ella falta él. ‖ PARTE INFERIOR, Hablando del hombre se entiende por el cuerpo con todas sus potencias activas y pasivas. ‖ PARTE INTEGRAL Ó INTEGRANTE, La que constituye la integridad, y aunque falte, no falta el compuesto. ‖ PARTE POR PARTE, Distintamente, sin omitir nada. ‖ PARTE SUPERIOR, El alma racional con sus potencias y actos. ‖ PARTE DE LA ORACION, *Gram.* Aquella voz que puede entrear en la formacion de ella. ‖ PARTES DEL MUNDO, Las cuatro divisiones que han hecho los geógrafos de la esfera terrestre. ‖ PARTES NATURALES, Los órganos de la generacion. ‖ PARTES VERGONZOSAS, Las de la generacion. ‖ Á PARTES Ó EN PARTES, Con discontinuacion ó distincion en órden á recibir algun efecto las partes de un todo, recibiéndole unas y otras no. ‖ CARGAR Á ALGUNA PARTE Ó SOBRE ALGUNA PARTE, Encaminarse, dirigirse á ella. ‖ DAR PARTE, Noticiar, dar cuenta á alguno de lo que ha sucedido, avisarle para que llegue á su noticia. ‖ DE FUERA PARTE, De fuera del lugar de que se trata. ‖ DE PARTE, Á favor. ‖ En nombre ó de órden. ‖ DE PARTE Á PARTE, Desde un lado al extremo opuesto. ‖ De una persona ó de un partido á otro. ‖ ECHAR Á MAL Ó Á MALA PARTE, Interpretar en mal sentido alguna cosa. ‖ ECHAR POR OTRA PARTE, Seguir distinto rumbo ú opinion que otro, ó dejar la que uno mismo habia adoptado para seguir otra distinta. ‖ EN PARTE, En algo de lo que pertenece á un todo, ó no enteramente. ‖ ENTRAR Á LA PARTE, Tenerla juntamente con otros en alguna cosa. ‖ HACER LAS PARTES, Obrar por alguno ó en su nombre, interesándose en que lo consiga. ‖ HACER Ó PONER DE SU PARTE, Aplicar alguno los medios que estan en su arbitrio, posibilidad ó comprension para el logro de algun fin. ‖ IR Á LA PARTE, Interesarse, tener parte dos ó mas personas en algun negocio, trato ó comercio. ‖ JUNTAR PARTES Ó CABOS, Reflexionar sobre algun asunto combinando las circunstancias unas con otras. ‖ LLEVAR LA PEOR PARTE, Tener pérdida ó quedar vencido. Úsase frecuentemente en la milicia. ‖ MEDIA

PARTE, Entre los comediantes es aquella porcion de dinero con que les contribuye el autor diaria ó mensualmente. || METERSE Á PARTE, ant. Ponerse de parte de alguno, tomar interes por él. || MOSTRARSE PARTE, for. Presentar alguno pedimento al tribunal competente para que se le entregue el expediente, y pedir en su vista lo que le convenga. || NOMBRAR PARTES, Explicar ó referir en conversacion los sugetos que se debieran encubrir ó disimular, por ser autores de alguna culpa. || NO SER PARTE EN ALGUNA COSA, No tener influjo en ella. || NO SER PARTE DE LA ORACION, met. Explica que alguno está enteramente excluido de alguna dependencia, ó que alguna cosa no viene á propósito á lo que se trata. || POR LA MAYOR PARTE, En el mayor número, ó en lo mas de alguna cosa ó comunmente. || POR MI PARTE Ó DE MI PARTE, Por lo que á mí toca ó yo puedo hacer. || POR PARTES, Con distincion y separacion. || V. Á PARTES Ó EN PARTES. || SER PARTE, met. Servir ó contribuir algo para alguna cosa. || TENER DE SU PARTE, Tener á alguno en su favor, serle parcial y protector. || TENER PARTE, Tener trato y comunicacion carnal con alguna muger. || TENER PARTE Ó SER PARTE, Tener accion en alguna cosa, autoridad ó poder para egecutarla. || TERCERA Ó TERCIA PARTE, Tributo que se carga en las casas de la corte.

PARTE, s. m. El correo que despachan los reyes ó principes á su corte cuando estan fuera de ella. || Cédula que se da á los correos que van en posta, en que se da noticia á la parte adonde van, del dia y hora en que partieron, y de cuya órden van. || La casa donde viene á parar el parte.

PARTEADO, p. p. de PARTEAR.

PARTEAR, v. a. Asistir el facultativo ó la comadre á la muger que está de parto.

PARTECICA, LLA, TA, s. f. d. de PARTE.

PARTERA, s. f. La muger que por su oficio asiste á la que está de parto.

PARTERÍA, s. f. El oficio de partear.

PARTERO, s. m. El comadron, cirujano que asiste á los partos.

PARTESANA, s. f. Arma ofensiva, especie de alabarda.

PARTIBLE, adj. Que se puede ó debe partir.

PARTICION, s. f. Division ó repartimiento que se hace entre algunas personas, de hacienda, herencia ó cosa semejante.

PARTICIONERO, RA, adj. V. PARTÍCIPE.

* PARTICIPABLE, adj. m. f. Que es fácil de comunicar ó de recibir comunicacion con otra cosa, hablando de cosas morales.

PARTICIPACION, s. f. Accion y efecto de participar. || ant. Comunicacion ó trato. || El aviso, parte ó noticia que se da á alguno.

PARTICIPADO, p. p. de PARTICIPAR.

PARTICIPANTE, p. a. de PARTICIPAR, El que participa ó tiene parte en algo.

PARTICIPAR, v. a. V. DAR PARTE. || Recibir de otro alguna cosa, haciéndola como propia, ó como parte que le toca.

PARTICIPAR, v. n. Tener parte en alguna cosa ó tocarle algo de ella.

PARTÍCIPE, adj. Que tiene parte en alguna cosa.

PARTICIPIAL, adj. Perteneciente al participio.

PARTICIPIO, s. m. *Gram.* Parte de la oracion. || ant. V. PARTICIPACION.

PARTÍCULA, s. f. Parte pequeña. || *Gram.* Palabra indeclinable de que se usa en la oracion.

PARTICULAR, adj. Propio y privativo de alguna cosa, ó que le pertenece con singularidad. || Especial, extraordinario, ó pocas veces visto en su línea. || Singular ó individuo, como contrapuesto al universal ó general. || Se dice en las comunidades y repúblicas del que no tiene título ó empleo que le distinga de los demas. || Se aplica á la comedia que se representa por los farsantes fuera del teatro público. || EN PARTICULAR, Distinta, separada, segular ó especialmente.

PARTICULAR, s. m. Algun punto ó materia de que se trata.

PARTICULARIDAD, s. f. Singularidad, especialidad, individualidad. || La distincion que en el trato ó cariño se hace de una persona respecto de otras. || Cada una de las circunstancias ó partes menudas de alguna cosa.

PARTICULARÍSIMAMENTE, adv. sup. de PARTICULARMENTE.

PARTICULARÍSIMO, MA, adj. sup. de PARTICULAR.

PARTICULARIZADO, p. p. de PARTICULARIZAR.

PARTICULARIZAR, v. a. Expresar alguna cosa con todas sus circunstancias y particularidades.|| Hacer distincion especial de alguna persona en el afecto, atencion ó correspondencia.

PARTICULARIZARSE, v. r. Distinguirse, singularizarse en alguna cosa.

PARTICULARMENTE, adv. Singular ó especialmente, con particularidad. || Con individualidad y distincion.

PARTIDA, s. f. El acto de partirse de un lugar á otro. || La muerte por ser esta con la que se pasa de esta vida á la otra. || Asiento en los libros de las iglesias parroquiales de los bautismos, confirmaciones, matrimonios ó entierros, y la copia autorizada que se saca de ellas. || *Mil.* Cierto número de soldados con su cabo, que se nombran determinadamente para alguna faccion. || En las cuentas la cantidad particular que se junta con otras para la suma. || Porcion determinada de alguna especie, como una PARTIDA de azúcar, etc. || En el juego la talla que se pone de travesía, y la ha de tirar el que gana el juego.||Número de tantos ó juegos que se determinan para ganar lo que se propone. || En el juego el número de tantos é suertes con que se gana, y tambien lo que se atraviesa. || En el juego, V. PARTIDO. || La prenda ó calidad de un sugeto. || Una de las siete partes de la coleccion de leyes compiladas en tiempo del rey don Alonzo el sabio. || PARTIDA AVANZADA, V. CENTINELA. || ant. V. PARTE Ó LITIGANTE. || ant. V. PARTE Ó LUGAR. || ANDAR LAS SIETE PARTIDAS, Se usa para ponderar lo mucho que se ha andado. || BUENA Ó MALA PARTIDA, Modo de hablar con que se nota á alguno su modo de proceder ó portarse en las ocasiones.

PARTIDAMENTE, adv. Separadamente, con division.

PARTIDARIO, adj. y s. El médico ó cirujano que anda por partidos. || El que sigue algun partido ó entra en él.

PARTIDARIO, s. m. Cabo de una partida.||El que obra separadamente del egército con determinado número de soldados que él junta ó elige.

PARTIDILLO, s. m. d. de PARTIDO.

PARTIDO, p. p. de PARTIR.|| PARTIDO, adj. Franco, liberal y que reparte con otros lo que tiene.|| *Blas.* Se aplica al escudo ó blason dividido perpendicularmente.

PARTIDO, s. m. Parcialidad ó coligacion entre los que siguen una misma opinion ó interes. || Ventaja ó conveniencia. || Amparo, favor ó proteccion particular de muchos.|| En el juego el conjunto de varios que entran en él, como compañeros, contra otros tantos. || En el juego se llama asimismo la ventaja que se da al que juega ménos. || Trato, convenio ó concierto. || El medio apto y proporcionado para conseguir alguna cosa en la precision de egecutarla. || El distrito ó territorio de alguna jurisdiccion ó administracion de ciudad principal, que se llama su cabeza. || El territorio ó lugar en que el médico ó cirujano tiene obligacion de asistir á los enfermos por el salario que se le señala. || El conjunto ó agregado de personas que siguen y defienden una misma faccion ó sentencia.||PARTIDO ROBADO, El que es tan ventajoso para alguna de las partes, que no hay oposicion ni disputa de la otra. || DARSE Á PARTIDO, met. Ceder alguno de su empeño ú opinion.|| FORMAR PARTIDO, Solicitar á otros, inducirlos y alentarlos para que juntos coadyuven á algun fin. || TOMAR PARTIDO, *Mil.* Alistarse para servir en las tropas de un general ó de un egército los que eran del contrario ó guarnicion de plaza enemiga. || TOMAR PARTIDO, Determinarse ó resolverse el que estaba suspenso ó dudoso en alguna especie.

PARTIDOR, s. m. El que divide ó reparte alguna cosa. || El que parte alguna cosa rompiéndola. || Instrumento con que se parte ó rompe. || Instrumento con que se dividen y reparten las aguas para dirigirlas adonde se quieren guiar.|| Sitio donde se hace esta division ó repartimiento. || Especie de aguja de plata de que las mugeres se servian para partir el cabello || *Arit.* V. DIVISOR.

PARTIJA, s. f. V. PARTICION.

* PARTILLO, s. m. dim. de PARTO.

PARTIL, adj. Epiteto que los astrologos dan á cualquier aspecto cuando los planetas distan entre sí perfectamente, lo que para su formacion pide el aspecto.

PARTIMENTO, ó PARTIMIENTO, s. m. V. PARTICION. || ant. Partida ó salida.

PARTIR, v. a. Dividir una cosa en partes. || Romper ó deshacer la union ó continuacion de una cosa con otra.||Repartir ó distribuir alguna cosa entre varios. || Romper ó cascar los huesos de algunas frutas ó las cáscaras duras para sacar el meollo. || Distinguir ó separar una cosa de otra, determinando lo que á cada uno pertenece. || Distribuir ó dividir en clases. || Acometer en pelea, batalla ó conflicto de armas.|| Entre colmeneros hacer de una colmena dos. || *Arit.* Buscar un tercer número que contenga tantas veces la unidad cuantas el número que se parte incluye al otro por quien se parte. || met. Resolver ó determinarse el que estaba suspenso ó dudoso. || ant. Separar ó apartar. || ant. Finalizar, concluir ó acabar. || PARTIR ABIERTO, Entre colmeneros dejar abierto al tiempo de enjambrar el vaso sin témpano, y con un lienzo que cuelga. || PARTIR CERRADO, Dicen los colmeneros cuando en el acto de partir las colmenas juzgan y discurren prudentemente que del vaso que se parte han pasado las suficientes abejas al que se está poblando. || PARTIR POR A, B, C. Tratando de instrumentos antiguos era escribir dos iguales en pergamino, poniendo en medio de ellos las letras del abecedario que el canciller queria, y luego se cortaban, ya en una línea recta, ya en forma de onda ó de arpon. || PARTIR POR EL MEDIO Ó POR MEDIO, V. ECHAR POR UN MEDIO. || PARTIR POR ENTERO, En las escuelas de niños dividir una cantidad por mas que un número. || Llevarse uno todo lo que hay que repartir. || PARTIR POR MEDIO, met. Resolverse á egecutar una cosa, sin reparar en nada.

PARTIR, v. n. Empezar á caminar, ponerse en camino.

PARTIRSE, v. r. Dividirse en opiniones ó parcialidades.

PARTITIVO, VA, adj. *Gram.* Que puede partirse ó dividirse.

PARTO, s. m. Acto de parir. || El mismo feto despues que ha salido á luz. || met. Se toma por cualquier produccion física. || La produccion del entendimiento ó ingenio humano. || Cualquier cosa especial que puede suceder y se espera sea de importancia. || PARTO DE LOS MONTES, met. Cosa fútil y ridícula que sucede cuando se esperaba una grande. || PARTO REVESADO, El que es difícil ó fuera del modo regular. || VENIR EL PARTO DERECHO, met. Suceder alguna cosa favorablemente ó como se deseaba.

PARTURA, s. f. ant. Concierto ó apuesta.

PARTURIENTE, adj. Que está de parto.

PARÚLIS, s. m. *Cir.* Un tumor pituitoso situado debajo de la lengua ó en las encías.

PARVA, s. f. La mies tendida en la era para trillarla ó despues de trillada, ántes de separar el grano. || met. Monton ó cantidad grande de alguna cosa. || PARVIDAD por la corta porcion, etc. || SALIRSE DE LA PARVA, met. y fam. Apartarse del intento ó del asunto.

PARVEDAD, ó PARVIDAD, s. f. Pequeñez, poquedad, cortedad ó tenuidad. || La corta porcion de alimento que se toma por la mañana en los dias de ayuno.

PARVIFICENCIA, s. f. ant. Escasez ó cortedad en el porte y gasto.

PARVÍFICO, CA, adj. ant. Escaso, corto y miserable en el gastar.

PARVO, VA, adj. V. PEQUEÑO.

PARVULEZ, s. m. V. PEQUEÑEZ.

PARVULICO, CA, LLO, LLA, TO, TA, adj. d. de PÁRVULO.

PÁRVULO, LA, adj. y s. PEQUEÑO, niño ó niña. || met. Inocente, que sabe poco ó es fácil de engañar. || Humilde, bajo ó de poca humildad.

PASA, s. f. La uva seca ó enjuta al sol ó cocida con legía. || *Vol.* Paso de las aves de una region á otra para invernar, ó estar en el verano ó primavera. || Especie de afeite que usaron las mugeres. || PASA GORRONA, La de gran tamaño desecada al sol. || PASAS, pl. Los cabellos cortos, crespos y retortijados de los negros.

PASACABALLO, s. m. Embarcacion sin palos, muy aplanada en sus fondos.

PASACALLE, s. m. Cierto tañido en la guitarra y otros instrumentos, muy sonoro.

PASADA, s. f. Accion de pasar de una parte á otra. || Medida que consta de cinco pies. || La cóngrua suficiente para mantenerse y pasar la vida. || En los juegos es PARTIDA. || La accion maliciosa egecutada en perjuicio de alguno, ó el modo de portarse con él. || DAR PASADA, Tolerar, disimular, dejar pasar alguna cosa. || DE PASADA, V. DE PASO.

PASADERA, s. f. Cada una de las piedras que se ponen para atravesar charcos, arroyos, etc. || *Náut.* V. MEOLLAR.

PASADERAMENTE, adv. Medianamente, de un modo pasadero.

PASADERO, RA, adj. Que se puede pasar con facilidad. || Medianamente bueno. || Llevadero, tolerable. || met. ant. Transitorio, perecedero.

PASADERO, s. m. V. PASADERA, 1ª A.

PASADÍA, s. f. ant. V. PASADA, 3ª A.

PASADILLO, s. m. Especie de bordadura que pasa por ámbos lados de la tela.

PASADIZO, s. m. El paso estrecho en las casas ó calles para ir de una parte á otra atajando camino. || met. Cualquier otro medio que sirve para pasar de una cosa á otra. || CONDENAR UN PASADIZO, Quitar el uso de él clavándole ó tapándole.

PASADO, p. p. de PASAR. || PASADOS, DAS, adj. pl. V. ASCENDIENTES Ó ANTEPASADOS. || LO PASADO PASADO, Expr. con que se pretende que se olviden ó se perdonen los motivos de queja ó enojo.

PASADOR, s. m. El que pasa una cosa de una parte á otra. || Cierto género de flecha ó saeta muy aguda que se dispara con ballesta. || Pieza de hierro en las puertas, ventanas y tapias, para cerrar. || Especie de aguja que en las charnelas, bisagras, etc., pasa por las piezas que estan separadas. || Especie de broche para recoger y sujetar el pelo. || Género de broche que usaban las mugeres para mantener la falda en la cintura. || *Náut.* Instrumento de hierro para abrir los cordones de los cabos cuando se empalma uno con otro.

PASADURA, s. f. ant. Tránsito ó pasage de una parte á otra.

PASAGE, s. m. Acto de pasar de una parte á otra. || Derecho que se paga por pasar por algun parage. || El sitio ó lugar por donde se pasa. || El estrecho que está entre dos islas ó entre una isla y la tierra firme. || *Mús.* Tránsito ó mutacion con arte ó armonía de una voz ó de un tono á otro. || Trozo ó lugar de algun libro, escrito ó discurso. || Acogida que se hace á alguno, ó trato que se le da. || En la religion de san Juan es un derecho que pagan al tesorero los caballeros que han de profesar en ella.

PASAGERO, RA, adj. Se aplica al lugar por donde pasa continuamente mucha gente. || Que pasa presto ó dura poco. || Se aplica á aquellas aves que vienen de partes remotas en tiempos determinados, y se vuelven á ir.

PASAGERO, RA, s. m. y f. El que pasa ó va de camino de un lugar á otro.

PASAGONZALO, s. m. fam. Pequeño golpe dado con presteza.

PASAJUEGO, s. m. En el juego de la pelota la vuelta que de ella se hace desde el resto, pasando todo el juego hasta el saque.

PASAMANADO, p. p. de PASAMANAR.

PASAMANAR, v. a. Fabricar ó disponer alguna cosa con pasamanos.

PASAMANERÍA, s. f. La obra ó fábrica de pasamanos. || El oficio de pasamanero. || La tienda donde se fabrica y vende la obra de pasamanos.

PASAMANERO, s. m. El que hace pasamanos, franjas y otras cosas.

PASAMANILLO, s. m. d. de PASAMANO.

PASAMANO, s. m. El borde ó remate de cualquier antepecho que se pone en las escaleras y corredores. || Género de galon ó trencilla para guarnecer y adornar los vestidos y otras cosas por el borde ó canto.

PASAMENTO, s. m. ant. V. MUERTE.

PASAMIENTO, s. m. V. PASO Ó TRÁNSITO. || ant. V. MUERTE.

PASANTE, p. a. de PASAR, Que pasa. || El que asiste y acompaña al maestro de alguna facultad en el egercicio de ella para imponerse enteramente en su práctica. || El profesor en algunas facultades, con quien van á estudiar los que estan para examinarse. || El que pasa ó explica la leccion á otro. || En algunas religiones el religioso estudiante, que acabados sus años destinados de estudio espera para entrar á las lecturas, cátedras ó púlpitos. || Cierto modo de jugar á las quinolas. || PASANTE DE PLUMA, El que pasa con algun abogado, y tiene la incumbencia de escribirle á la mano lo tocante á la facultad.

PASANTÍA, s. f. Egercicio del pasante en las facultades.

PASAPAN, s. m. fam. V. GARGÜERO.

PASAPASA, s. m. V. JUEGO DE PASAPASA.

PASAPORTE, s. m. Licencia por escrito para poder pasar libre y seguramente de un reino á otro, ó de una á otra parte. || Licencia que se da á los militares, con itinerario, para que en los lugares se les asista con alojamiento y bagages. || met. Licencia franca ó libertad de egecutar alguna cosa.

PASAR, v. a. Llevar, conducir de un lugar á otro. || Mudar, trasladar á uno de una clase á otra. Úsase tambien como neutro. || Enviar. || Junto con ciertos nombres que indican un punto limitado ó determinado significa ir mas allá de él. || Penetrar ó traspasar. || En los estudios en que hay diversidad de clases, ascender de una á otra. || Hablando de géneros prohibidos ó que adeudan derechos, introducirlos ó extraerlos sin registro. || Extenderse ó comunicarse alguna cosa de unos en otros. || Mudar, trocar ó convertir una cosa en otra, ó mejorándose ó empeorándose. || Exceder, aventajar, superar. || Volver á contar. || Exceder, aventajarse ó adelantarse á otro. || Transferir ó trasladar alguna cosa de un sugeto á otro. Úsase como neutro. || Padecer. || Llevar una cosa por encima de otra de modo que la vaya tocando suavemente. || Introducir alguna cosa por el hueco de otra. || Colar, y tambien cerner. || Hablando de la comida ó bebida TRAGAR. || Presentar en el consejo ú otro tribunal el despacho, privilegio ó bula para su corroboracion. || No poner reparo, censura ó tacha en alguna cosa. || Callar ú omitir algo de lo que se debiera decir ó tratar. || Disimular, ó no darse por entendido de alguna cosa. || Estudiar privadamente con alguno una ciencia ó facultad. || Asistir al estudio de algun abogado, ó acompañar al médico en sus visitas para imponerse en la práctica. || Explicar privadamente alguna facultad ó ciencia á algun discípulo. || Recorrer el estudiante la leccion, ó repasarla para decirla. || Recorrer leyendo ó estudiando algun libro ó tratado. || Leer ó estudiar algo sin reflexion, ó rezar sin devocion ó atencion. || Desecar alguna cosa al sol ó al aire o con legía. || Vivir con alguna comodidad.

PASAR, v. n. ant. Hablando de leyes, ordenanzas, preceptos era traspasarlos, quebrantarlos. || Ir determinadamente á algun parage, á fin de egecutar alguna diligencia, ademas de la que se lleva por principal intento. || Ir á alguna parte, y transitar caminando por ella. || Ceder el lugar ó asiento, el paso, la entrada ó puerta, convidando á aquel con quien se quiere tener esa atencion. || Hablando de las cosas inmateriales tener movimiento ó correr de una parte á otra. || Con la preposicion *á* y los infinitivos de algunos verbos y con algunos sustantivos es proceder á la accion de lo que significan los tales verbos ó nombres. || Ir sucesivamente ascendiendo ú ocupando los empleos ó cargos, ú otras cosas. || met. Propasarse ó exceder los límites de la razon. || Hablando del tiempo vale irse sucediendo los espacios hasta su fin ó término. || Morir, y se junta siempre con alguna otra voz, que determina la significacion. || Hablando de las mercaderías y géneros vendibles se toma por lo mismo que valer ó tener precio. || Vivir, tener salud. || Admitirse ó aprobarse alguna opinion ó hecho. || Hablando de la moneda vale ser admitida sin reparo, ó por el valor que le está señalado. || Durar ó mantenerse aquellas cosas que se podrian gastar. || Cesar, acabarse alguna cosa. || Ser tratada ó manejada por alguno alguna dependencia. || PASAR CONTRA ALGUNA COSA, ant. Contravenir á ella. || PASAR DE LARGO, Pasar ó atravesar por alguna parte sin detenerse. || met. No hacer reparo ó reflexion en lo que se lee ó se trata. || PASAR EN BLANCO Ó EN CLARO ALGUNA COSA, Omitirla, no hacer mencion de ella. || PASAR POR ALTO, met. Omitir ó dejar de decir alguna especie que se debió tocar, olvidarse de ella, no tenerla presente. || PASAR POR ENCIMA, met. Atropellar por los inconvenientes que se proponen ó que ocurren. || met. Anticiparse en los empleos el ménos antiguo al que segun su grado tocaba entrar en él. || POR DONDE PASA MOJA, Da á entender que no está fria el agua que se creia lo estuviese. || Se aplica á aquellas cosas que hacen poca impresion en el ánimo. || UN BUEN PASAR, Explica que alguno tiene una suficiente medianía para su manutencion.

PASAR, v. imp. Haber, ocurrir, acontecer, suceder. || En el juego de naipes es, en los de envite no envidar, y en los otros, como en el del hombre, es dar á entender que no entra á la polla. || met. Ofrecerse ligeramente al discurso ó á la imaginacion alguna cosa. || Parecer ó representarse á la imaginacion una cosa como semejante á otra, ó como verdadera no siéndolo. || PASAR Ó PASARSE, Con la particula *no* y algunos nombres es no necesitar la cosa significada por ellos. || PASARLO, Denota el estado de salud de alguno.

PASARSE, v. r. Fuera de usarse en pasiva en las acepciones del verbo pasar, vale tambien tomar otro partido contrario al que ántes se tenia, ó ponerse de la parte opuesta. || Acabarse ó dejar de ser. || Olvidarse ó borrarse de la memoria alguna cosa. || Perder la sazon ó empezarse á podrir las frutas, carnes ó cosa semejante. || Perderse en algunas cosas la ocasion ó el tiempo de que logren su actividad en el efecto. || Hablando de la lumbre de carbon es encenderse bien. || Exceder en alguna calidad ó propiedad, ó usar de ella con prolijidad. || Filtrarse algun licor por los poros sutiles del cuerpo que le contiene, ó en que se pone. || Entre los profesores de facultades exponerse al exámen ó prueba en el consejo, juntas ó universidades para poder egercitarlas. || En el juego que consiste en el número de puntos es exceder en los que se han pactado para ganar, y se pierde el derecho al juego. || Hablando de aquellas cosas que prenden en otras, las aseguran ó cierran, estar flojas, ó no alcanzar al efecto que se pretende.

PASATIEMPO, s. m. Diversion ó entretenimiento en que se pasa el tiempo.

PASATURO, s. m. ant. El que pasa con otro alguna ciencia ó facultad, atendiendo á su explicacion.

PASAVANTE, s. m. ant. *Mil.* V. PARLAMENTARIO.

PASAVOLANTE, s. m. La accion ligeramente egecutada, ó con brevedad y sin reparo. || Cierta especie de culebrina de muy poco calibre.

PASAVOLEO, s. m. Lance del juego de pelota.

PASCASIO, s. m. Nombre que daban en las universidades al estudiante que se iba á su tierra por estar cerca á pasar las pascuas.

PASCO, s. m. ant. V. PASTO.

PASCUA, s. f. La fiesta mas solemne de los Hebreos. || En la iglesia católica la fiesta solemne de la resurreccion del Señor. || met. Cualquiera de las solemnidades del nacimiento de Cristo, del reconocimiento y adoracion de los reyes magos, y de la venida del Espíritu Santo. || fam. Tres dias de fiesta juntos. || PASCUA DE FLORES ó FLORIDA, La pascua de resurreccion. || PASCUA MAYOR, ant. La pascua de resurreccion. || PASCUAS, pl. El tiempo desde la natividad de nuestro Señor Jesucristo hasta el dia de Reyes inclusive. || ESTAR COMO UNA PASCUA, Estar alegre y regocijado. || HACER PASCUA, Empezar á comer carne en la cuaresma. || SANTAS PASCUAS, Locucion con que se da á entender que uno se conforma con lo que sucede, se hace ó se dice.

PASCUAL, adj. Que pertenece á la pascua.

PASCUILLA, s. f. El primer domingo despues del de pascua de resurreccion.

PASE, s. m. El permiso que da algun tribunal ó superior para que se use de su privilegio, licencia ó gracia. || Pasaporte en algunas regiones y reinos ultramarinos. || Licencia por escrito para pasar algunos géneros de un lugar á otro y poderlos revender.

PASEADERO, s. m. V. PASEO, 2ª A.

PASEADO, p. p. de PASEAR.

PASEADOR, RA, s. m. y f. El que se pasea mucho y continuamente. || V. PASEO, 2ª A.

PASEANTE, p. a. de PASEAR, El que pasea. || PASEANTE EN CORTE, El que no tiene destino ni se emplea en alguna ocupacion útil ú honesta.

PASEAR, v. a. Sacar al paseo ó hacer pasear. || Se dice del caballo que anda con movimiento ó paso natural.

PASEAR, v. n. Andar poco á poco á pié, á caballo ó en carruage con el fin de recrearse. Usase como recíproco y activo. || Andar sin otro fin que el de hacer egercicio ó recrearse. || Andar en el campo ó en el paseo á caballo ó en coche por diversion, ó á tomar el aire ó gozar del tiempo. || PASEAR LA CAPA, fam. Salir de casa por diversion. || PASEAR LA CÁTEDRA, Asistir á ella cuando no acuden los discípulos. || PASEAR LAS CALLES, Da á entender que á alguno le han sacado á azotar por justicia, ó á otro castigo semejante. || ANDA Á PASEAR, ó VÁYASE VM. Á PASEAR, Loc. con que se despide á alguno con enfado ó disgusto.

PASEARSE, v. r. met. Discurrir en alguna materia sin hacer pié en ella ó vagamente. || Se dice tambien de otras cosas que no son materiales, y vale andar vagando. || Estar ocioso.

PASEO, s. m. El acto de pasearse ó pasear. || Sitio público destinado para pasearse. || El acto de ir alguno con pompa y acompañamiento por determinada carrera. || El camino que llevan los reos sentenciados por la justicia. || ECHAR ó ENVIAR Á PASEO, fam. Manifiesta el desagrado ó la desaprobacion de lo que otro propone, dice ó hace.

PASERA, s. f. Lugar donde se ponen á secar las frutas para que se pasen y sequen. || Operacion de hacer pasar algunas frutas.

PASERO, RA, s. m. y f. El macho ó mula que está enseñada á paso.

PASIBILIDAD, s. f. Capacidad de padecer.

PASIBLE, adj. Que puede padecer ó es capaz de ello.

PASICORTO, TA, adj. Que tiene el paso corto.

PASIEGO, GA, adj. De Pas.

PASILARGO, GA, adj. Que tiene el paso largo.

PASILLO, s. m. d. de PASO. || En los edificios pieza de paso pequeña y angosta. || Entre costureras la puntada larga sobre que forman los ojales ú otra cosa. || Entre los músicos cualquiera de las cláusulas de la pasion de Cristo, que se suelen cantar á muchas voces.

PASIO, s. m. V. PASION, 8ª A.

PASION, s. f. El acto de padecer tormentos, penas, muerte y otras cosas sensibles. || Los tormentos y muerte que nuestro Señor Jesucristo padeció. || Cualquiera perturbacion ó afecto desordenado del ánimo. || Coma por la excesiva inclinacion ó preferencia de una persona á otra. || El apetito ó aficion vehemente á alguna cosa. || *Med.* Dolor sensible de alguna de las partes del cuerpo. || Sermon sobre los tormentos y muerte de Jesucristo que se predica el juéves y viérnes santo. || La parte de cada uno de los cuatro evangelios que describe la pasion de Cristo.

PASIONARIA, s. f. Planta indígena de América, y cultivada por adorno en nuestros jardines.

PASIONARIO, s. m. Libro de canto por donde se cantan las pasiones de semana santa.

PASIONCILLA, TA, s. f. d. de PASION. Pasion pequeña ó leve.

PASIONERO, s. m. El que canta la pasion. ||En el hospital general de Zaragoza, cada uno de los sacerdotes destinados á la asistencia espiritual de los enfermos.

PASIONISTA, s. m. V. PASIONERO, 1ª A.

PASITAMENTE, adv. m. V. PASITO.

PASITO, s. m. d. de PASO.

PASITO, adv. Quedito, con gran tiento. || PASITO Á PASITO, Muy despacio y con gran tiento.

PASITROTE, s. m. Especie de trote corto que suelen tomar por sí mismas las caballerías.

PASIVA, s. f. *Gram.* En las lenguas que admiten verbos pasivos es su segunda inflexion en la cual se mudan las personas á distintos casos.

PASIVAMENTE, adv. Con sola la capacidad de recibir ó padecer, sin operacion ni accion de su parte. || met. De un modo pasivo.||*Gram.* En sentido pasivo.

PASIVO, VA, adj. Se aplica al sugeto que recibe la accion del agente. || for. Se aplica á los juicios con relacion al reo ó persona que es demandada. || met. Se aplica al que deja obrar á los otros sin hacer por sí cosa alguna.||*Gram.* Se aplica á las palabras que significan pasion.

PASMADO, p. p. de PASMAR. || *Blas.* El delfin sin lengua con la boca abierta.

PASMAR, v. a. Ocasionar ó causar suspension ó pérdida de los sentidos y del movimiento de los espíritus. || Enfriar mucho ó con violencia. || Hablando de las plantas es helarlas en tanto grado que queden secas y abrasadas.

PASMAR, v. n. Quedar suspenso, admirado enagenado.

PASMAROTA, s. f. Cualquiera de los ademanes con que se aparenta la enfermedad del pasmo ú otra. || Cualquiera de los ademanes con que se aparenta admiracion ó extrañeza una cosa que no lo merece.

PASMAROTADA, s. f. V. PASMAROTA.

PASMO, s. m. La contraccion fuerte ó duradera de uno ó muchos miembros del animal. || met. Admiracion grande que ocasiona una como suspension de la razon y del discurso. || El objeto mismo que ocasiona la admiracion ó suspension. || DE PASMO, V. PASMOSAMENTE.

PASMOSAMENTE, adv. De una manera pasmosa y admirable.

PASMOSO, ant. *Med.* V. ESPASMÓDICO.

PASMOSO, SA, adj. Que causa grande admiracion ó pasmo.

PASO, p. p. irreg. de PASAR. || PASO, SA, adj. Dícese de las frutas desecadas.

PASO, s. m. El espacio ó distancia que dandando naturalmente se adelanta de un pié al otro. || El acto de pasar de una parte á otra. || El escalon. || El modo de andar. || En las mulas y caballos el movimiento templado y cómodo con que caminan. || Sitio por donde se pasa de una parte á otra. || La diligencia que se hace en solicitud de alguna cosa. || Huella que queda impresa al andar. || Licencia de poder pasar sin estorbo.||Licencia de trasferir á otro la gracia, merced, empleo ó dignidad que se le ha concedido á alguno. || Licencia que da el consejo para que corran libremente los despachos, bulas, etc. || En los estudios de gramática, el ascenso de una clase á otra. || El repaso ó explicacion que hace el pasante á sus discípulos, ó la conferencia de estos entre sí sobre las materias que estudian. ||En varios juegos de naipes denota que alguno no entra á hacer juego. || Lance ó suceso digno de reparo. ||met. El adelantamiento que se hace en cualquiera especie. || El trance de la muerte ó cualquiera otra cosa peligrosa. || Cualquiera de los sucesos mas notables de la pasion de Cristo. ||La efigie ó el conjunto de efigies que representan algun suceso de la pasion de Cristo. ‖ Torneo ó justa. ‖ *Fil.* V. PACIENTE.‖ Usado como adverbio vale lo mismo que blandamente, quedo, en voz baja.‖met. Cláusula ó pasage de algun libro ó escrito. ‖ Usado como interjeccion sirve para contener á alguno, ó para poner paz entre los que riñen. ‖ Entre costureras la puntada larga que dan en la ropa cuando por muy usada está clara y próxima á romperse. ‖ La puntada larga que se da para apuntar ó hilvanar.‖El modo de vida de alguno ó su conducta. ‖ PASO ANDANTE, Especie de medida.‖PASO ANTE PASO, V. PASO ENTRE PASO. ‖ PASO Á PASO, Poco á poco ó despacio.‖PASO CASTELLANO, En las bestias caballares el paso largo y sentado. ‖ PASO DE AMBLADURA, V. PASO DE ANDADURA.‖PASO DE ANDADURA, En las caballerías el portante ó paso llano. ‖PASO DE COMEDIA, El lance ó pasage escogido de ella.‖met. Cualquiera cosa que mueve ó risa, ó hace armonía ó extrañeza. ‖ PASO DE GALLINA, met. Diligencia corta en el logro y consecucion de algun intento. ‖ PASO DE GARGANTA, Inflexion de la voz ó trinado en el cantar. ‖ PASO DE LA MADRE, fam. El pasitrotre que toman naturalmente las caballerías cuando no estan enseñadas.‖PASO ENTRE PASO, Lentamente, poco á poco.‖PASO GEOMÉTRICO, Especie de medida. ‖ PASO LIBRE, El que está desembarazado de peligros ó enemigos. ‖ PASO POR PASO, Se usa para denotar la exactitud con que se mide algun terreno, ó la dificultad y lentitud con que se hace ó adquiere alguna cosa. ‖ ABRIR PASO, V. ABRIR CAMINO.‖ACORTAR LOS PASOS, met. Contener, embarazar los progresos de alguno.‖ALARGAR EL PASO, fam. Adelantar el paso, andar mas apriesa.‖APRETAR EL PASO, fam. Andar ó ir de priesa. ‖ Á BUEN PASO, Aceleradamente, de priesa.‖Á CADA PASO, Repetidamente, continuadamente, frecuentemente, á menudo.‖Á ESE PASO, Segun eso, de ese modo.‖Á ESE PASO EL DIA ES UN SOPLO, met. Reprende al que gasta sin reparo ni moderacion. ‖ AL PASO, Sin detenerse. ‖ V. AL ENCUENTRO. ‖ Al modo, á imitacion ó como.‖AL PASO DEL BUEY, Despacio, con lentitud.‖AL PASO QUE, Se usa para contraponer los extremos de una oracion con otra por via de suposicion de algun hecho.‖Al mismo tiempo, de camino.‖ANDAR EN MALOS PASOS, Tener mala conducta. ‖ Á PASO DE BUEY, met. Con mucha lentitud, ó con mucha consideracion y tiento.‖Á PASO LARGO, Aceleradamente, de priesa.‖Á POCOS PASOS, Á poca distancia, con corta ó pequeña diligencia.‖AVIVAR EL PASO, V. APRETAR EL PASO. ‖ CERRAR EL PASO, Embarazarle ó cortarle.‖CERRAR EL PASO, met. Impedir el progreso de algun negocio.‖COGER LOS PASOS, Ocupar los caminos ó parages por donde se recela puede venir algun daño.‖COGER Á ALGUNO AL PASO, fam. Encontrarle y detenerle para tratar con él alguna cosa.‖COGER AL PASO, En el juego del agedrez comerse un peon que pasó dos casas sin pedir permiso.‖CONTAR LOS PASOS Á ALGUNO, met. Observar todo lo que alguno hace. ‖ CONTAR LOS PASOS, Impedir la egecucion de lo que se intenta hacer.‖DAR PASO, Permitirle ó no estorbarle.‖met. Facilitar los medios de conseguir ó de que suceda alguna cosa. ‖ DE PASO, Denota que uno pasa por alguna parte yendo á otra.‖met. Ligeramente, sin detencion, de corrida. ‖ Al mismo tiempo. ‖ MAS QUE DE PASO, V. DE PRIESA.‖NO DAR PASO, No adelantar alguna dependencia. ‖NO PODER DAR PASO Ó UN PASO, No poder andar.‖NO PODER DAR UN PASO, Estar alguno impedido ó con grave dificultad en moverse.‖POR EL PASO EN QUE ESTOY Ó EN QUE ME HALLO, Loc. con que alguno asegura la verdad de sus palabras.‖POR SUS PASOS CONTADOS, Por su órden ó curso regular.‖SACAR DE SU PASO Á ALGUNO, Hacerle obrar fuera de su costumbre ú órden regular. ‖ SALIR DEL PASO, met. V. SALIR DEL BARRANCO.‖SALIR DE SU PASO, met. Exceder la costumbre regular en las acciones y modo de obrar. ‖ SEGUIR LOS PASOS, Imitar á alguno en sus acciones.‖SEGUIR LOS PASOS Á ALGUNO, met. Observar su conducta. ‖ SENTAR EL PASO, fam. Hablando de las caballerías, caminar con paso quieto y sosegado.‖V. ASENTAR EL PIÉ. ‖ fam. Hablando de los hombres, vivir con quietud y prudencia. ‖ TOMAR LOS PASOS, V. COGER LOS PASOS. ‖ TOMAR PASO, Habituarse las caballerías, ó seguir el modo de andar que les enseñan, ó volver á este. ‖ TOMAR UN PASO Ó UN PORTANTE, Pondera la priesa con que alguno camina ó anda.

PASPIÉ, s. m. Danza que tiene los pasos de minué.

PASQUIN, s. m. Escrito que se fija en público con expresiones satíricas contra el gobierno ó alguna persona constituida en dignidad.

PASQUINADA, s. f. El dicho agudo y satírico que se hace público.

PASQUINAR, v. a. Satirizar con pasquines.

PASTA, s. f. Masa formada y unida de

una ó diversas cosas machacadas. || *Pint.* Masa trabajada para hacer pasteles, hojaldres, etc. || Masa de harina de trigo de que se hacen fideos, tallarines y otras cosas para sopa. || Oro, plata ú otro metal fundido y sin labrar. || V. MASA. || Masa de papel machacado de que se hacen cartones. || *Pint.* V. EMPASTE. || La masa de trapo machacado para hacer papel. || El forro de los libros que se hace de cartones cubiertos con pieles bruñidas || met. La demasiada blandura en el genio, sosiego ó pausa en el obrar ó hablar. || ant. Hoja, lámina ó plancha de metal. || PASTA DE CHOCOLATE, Masa de cacao molido con poco azúcar que se trae de Indias para mezclar en las moliendas. || PASTA ITALIANA, El forro de los libros que se hace de cartones cubiertos en pergamino muy fino ó avitelado. || BUENA PASTA, La índole, el genio blando ó pacífico.

PASTADO, p. p. de PASTAR.

PASTAR, v. a. Llevar ó conducir el ganado al pasto.

PASTAR, v. n. Pacer ó comer los ganados la yerba del campo.

PASTECA, s. f. *Náut.* Moton grande.

PASTEL, s. m. Composicion de masa de harina, dentro de la cual se pone carne picada, pescado ú otra cosa, y despues se cuece al horno. || *Fort.* El reducto irregular de cualquiera figura acomodada al terreno. || Planta, V. GLASTO. || Masa que se hace del glasto. || En el juego es una fullería. || En la imprenta es el defecto que sale por haber dado demasiada tinta ó por estar muy espesa. || *Imp.* El conjunto de letra inútil destinada para fundirse de nuevo. || met. Convenio, secreto entre algunos para algun fin siniestro. || PASTEL EMBOTE, Guisado de pierna de carnero picada. || met. Persona pequeña de cuerpo y muy gorda. || DESCUBRIRSE EL PASTEL, met. Hacerse pública y manifiesta alguna cosa que se procuraba ocultar.

PASTELEJO, s. m. d. de PASTEL.

PASTELERA, s. f. Muger del pastelero.

PASTELERÍA, s. f. La tienda donde se hacen y venden los pasteles. || Arte de trabajar pastas, pasteles, etc. || Pastas ó cosas de pasto ó masa.

PASTELERILLO, TO, s. m. d. de PASTELERO.

PASTELERO, RA, s. m. y f. Persona que tiene por oficio hacer y vender pasteles.

PASTELILLO, TO, s. m. d. de PASTEL. || Especie de dulce.

PASTELON, s. m. aum. de PASTEL.

PASTERO, s. m. El que echa la pasta de la aceituna molida en los capachos.

PASTILLA, s. f. El pedazo pequeño delgado de cualquiera masa seca. || PASTILLA DE BOCA, La que se hace de azúcar, mezclando en ella algunos polvos olorosos. || PASTILLA DE OLOR, Confeccion de materias aromáticas, que quemándose sirve de perfume. || GASTAR PASTILLAS DE BOCA, met. Se dice del que habla suavemente, y ofrece mucho cumpliendo poco.

* PASTIZAS, s. f. pl. Terreno sin yerba ni cultura.

PASTO, s. m. Accion de pastar. || La yerba que sirve para el alimento de los ganados paciéndola. || Cualquiera cosa que sirve para el sustento del animal. || Sitio en que pasta el ganado. || *Cetr.* La porcion de comida que se da de una vez á las aves. || PASTO Ó PASTO ESPIRITUAL, Doctrina ó enseñanza que se da á los fieles. || La materia que sirve á la actividad de los agentes que consumen las cosas como la materia del fuego. || Á PASTO, Se usa hablando de la comida y bebida, y significa hasta saciarse, hasta mas no querer. || Á TODO PASTO, Da á entender que se ha de usar de una cosa sola y exclusivamente.

PASTOFORIO, s. m. Habitacion que tenian en los templos los sumos sacerdotes de la gentilidad.

PASTOR, RA, s. m. y f. El que guarda, guia y apacienta el ganado. || Prelado ó cura eclesiástico. || El borron que cae en la plana. || PASTOR UNIVERSAL Ó SUMO, El sumo pontífice. || BUEN PASTOR, Atributo que se da á Cristo nuestro redentor.

PASTORAL, adj. Que pertenece á los pastores ó es propio de ellos.

PASTORAL, s. f. *Poét.* Especie de drama bucólico cuyos interlocutores son pastores y pastoras. || V. CARTA DE PASTORAL.

PASTORALMENTE, adv. Como pastor, al modo de los pastores.

PASTORICA, LLA, TA, s. f. d. de PASTORA.

PASTORICO, LLO, TO, s. m. d. de PASTOR.

PASTOREADO, DA, p. p. de PASTOREAR.

PASTOREAR, v. a. Llevar los ganados al campo, y cuidar de ellos mientras pacen. || met. Cuidar los prelados vigilantemente de sus súbditos, y gobernarlos.

PASTORELA, s. f. Tañido, canto sencillo y alegre á modo del que usan los pastores.

PASTOREO, s. m. Egercicio ó acto de pastorear el ganado.

PASTORÍA, s. f. El oficio ó egercicio de los pastores.‖El conjunto de los pastores.

PASTORICIO, CIA, adj. V. PASTORIL.

PASTORIL, adj. Que pertenece á los pastores de ganado ó es propio de ellos.

PASTORILMENTE, adv. Al modo ó manera de los pastores.

*PASTOSIDAD, s. f. *Pint.* Ternura, ó blandura de carnes en las figuras, imitando á la viveza y frescura de la carne viva.

PASTOSO, SA, adj. Se aplica á las cosas que al tocarlas se sienten suaves y blandas.‖*Pint.* Pintado con buena masa y pasta de color.

PASTURA, s. f. Pasto ó yerba de que se alimentan los animales.‖La porcion de comida que se da de una vez á los bueyes. ‖ V. PASTO, 4ª A.

PASTURADO, p. p. de PASTURAR.

PASTURAGE, s. m. Lugar de pasto abierto ó comun. ‖ El derecho con que se contribuye para poder pastar los ganados.

PASTURAR, v. a ant. V. APACENTAR, alimentar.

PATA, s. f. El pié y pierna de los animales. ‖ La hembra del pato.‖Entre sastres CARTERA, GOLPE, PORTEZUELA. ‖ PATA DE CABRA, met. fam. Especie extraña, ridícula é impertinente. ‖ PATA DE GALLO, met. fam. V. PATA DE CABRA.‖PATA DE LEON, V. PIÉ DE LEON.‖PATA DE POBRE, fam. La pierna hinchada y con llagas ó parches.‖PATA GALANA, fam. La pata coja. fam. El cojo ó el que tiene alguna pierna encogida.‖PATAS DE PERDIZ, Apodo que se da al que trae medias coloradas. ‖ PATAS ARRIBA, Al reves, ó vuelto lo de abajo arriba.‖met. Da á entender el desconcierto ó trastorno de alguna cosa.‖Á LA PATA COJA, Juego de muchachos. ‖ ANCORAR Á PATA DE GANSO, *Náut.* Echar tres áncoras al navio en forma de triángulo. ‖ Á PATA, fest. V. Á PIÉ.‖Á PATA LLANA, Ó Á LA PATA LLANA, Ó Á LA PATA LA LLANA, Llanamente, sin afectacion.‖ENSEÑAR Ó SACAR LA PATA Ó SU PATA, fam. Descubrir sin advertirlo algun defecto de costumbre que se habia disimulado por algun tiempo.

PATACA, s. f. ant. V. PATACON. ‖ Pieza de calderilla de dos cuartos. ‖ *Ar.* Planta indígena del Brasil, y cultivada en varias partes de España. ‖ El bulbo de la raiz de la planta del mismo nombre.

PATACHE, s. m. Embarcacion que antiguamente era de guerra, y se destinaba al servicio de los buques mayores en escuadras, y hoy solo se usa de esta en la marina mercante.

PATACO, CA, adj. V. PATON.

PATACON, s. m. Moneda de plata de peso de una onza, y cortada con tigeras.

PATADA, s. f. El golpe dado con la planta del pié ó con lo llano de la pata del animal. ‖ fam. V. PASO. ‖ Estampa, pista, huella. ‖ NO DAR PIÉ NI PATADA, No hacer diligencia alguna para la consecucion de alguna cosa.

PATAGON, NA, adj. y s. Se aplica á los Indios salvages que ocupan el pais que se extiende desde el rio de la Plata hasta el estrecho de Magallanes.

PATAGON, s. m. V. PATON.

PATAGORRILLO, LLA, s. m. y f. guisado asadura, picada.

PATAGUA, s. f. Árbol indígeno del reino de Chile, en donde crece en sitios cenagosos hasta la altura de veinte á veinte y cinco pies.

PATALEAR, v. n. Mover las piernas ó patas violentamente y con ligereza. ‖ Dar patadas en el suelo violentamente y con priesa por algun enfado ó pesar.

PATALEO, s. m. Accion de patalear. ‖ El ruido que se hace con las patas.

PATALETA, s. f. El accidente que priva del sentido ú ocasiona algunos movimientos ó ademanes extraños.

PATALETILLA, s. f. Baile en que se levantan los pies alternativamente en cadencia moviéndolos en el aire.

PATAN, NA, adj. y s. fam. El aldeano ó rústico. ‖ Se dice de la persona zafia, tosca y campesina.

PATANERÍA, s. f. Grosería, rustiquez, simpleza, ignorancia.

PATARATA, s. f. Cosa ridícula, despreciable. ‖ Expresion, demostracion afectada y ridícula de algun sentimiento ó cuidado, ó exceso demasiado en cortesías y cumplimientos.

PATARATERO, RA, adj. El que usa de pataratas.

PATARRAEZ, s. m. *Náut.* Un cabo hecho firme en el cuello del palo que se dice corona.

PATATA, s. f. Planta indígena de América, cultivada en casi todas las provincias de España. || El bulbo de la raiz de la planta del mismo nombre, el que es muy harinoso y un alimento sano ó nutritivo. || PATATA DE CAÑA, V. PATACA. || PATATA GALLEGA, Variedad de la patata comun. || PATATA MANCHEGA, Variedad mas fina de la patata.

PATATUS, s. m. fam. Congojo ó accidente leve.

PATAVINO, NA, adj. De Padua.

PATAX ó PATAGE, s. m. Embarcacion, V. PATACHE.

PATE, s. f. *Blas.* Las cruces cuyos extremos se ensanchan un poco.

PATEADO, p. p. de PATEAR.

PATEADURA, s. f. Accion de patear ó dar patadas.

PATEAMIENTO, s. m. Accion y efecto de patear.

PATEAR, v. a. Dar golpes con los pies.

PATEAR, v. n. Dar patadas por enfado ó cólera. || Andar mucho, haciendo diligencias para conseguir alguna cosa. || met. Estar sumamente encolerizado ó enfadado.

PATENA, s. f. Medalla grande con alguna imágen esculpida que usan para adorno las labradoras. || Platillo en el cual se pone la hostia en la misa.

PATENTE, adj. Manifiesto, visible. || met. Claro, perceptible.

PATENTE, s. f. Despacho real para el goce de algun empleo y que conste de él, especialmente en la milicia. || La cédula que dan algunas cofradías ó hermandades á los hermanos para que conste que lo son. || La cédula ó despacho que dan los superiores á los religiosos cuando los mudan de un convento á otro, ó se les da licencia de ir á alguna parte. || Contribucion que hace pagar por estilo los mas antiguos al que entra de nuevo en algun empleo ú ocupacion. || PATENTE DE CORSO, Despacho real que autoriza para hacer el corso contra los enemigos de la corona. || PATENTE DE SANIDAD, Certificacion que llevan las embarcaciones de no haber peste ó contagio en el parage de su salida. || PATENTES DE CONTRAMARCA, V. CARTA DE CONTRAMARCA. || LETRAS PATENTES, V. LETRAS.

PATENTEMENTE, adv. Visiblemente, claramente, sin estorbo.

PATENTÍSIMO, MA, adj. sup. de PATENTE.

PATERA, s. f. Vaso bastante ancho de boca y de poco fondo de que se usaba en los sacrificios antiguos.

PATERNAL, adj. Propio del padre.

PATERNALMENTE, adv. De un modo propio ó digno de un padre.

PATERNIDAD, s. f. La cualidad de padre ó la relacion que dice al hijo. || Tratamiento que, en algunas religiones, dan los religiosos inferiores á los padres condecorados de su órden.

PATERNO, NA, adj. Que pertenece el padre, ó es propio suyo ó se deriva de él.

PATERNOSTER, s. m. V. PADRENUESTRO oracion. || V. PADRENUESTRO, cuenta del rosario. || fam. El nudo gordo y apretado.

PATETA, s. m. Apodo que se suele dar al que tiene algun vicio en la conformacion de los pies ó de las piernas. || NO LO HICIERA, Ó NO LO DIJERA, Ó NO DIJERA MAS PATETA, fam. Pondera la gran disonancia que causa alguna accion ó expresion.

PATÉTICAMENTE, adv. De un modo patético.

PATÉTICO, CA, adj. Se aplica á los discursos y pensamientos cuya vehemencia excita en el ánimo diversos afectos penetrándole y conmoviéndole. || Se aplica á la música expresiva y vehemente que excita la compasion, el dolor, la ira, tristeza y las otras pasiones que comprimen el corazon.

PATIABIERTO, TA, adj. El que tiene las piernas torcidas y separadas una de otra.

PATIALBILLO, s. m. V. PAPIALBILLO.

PATÍBULO, s. m. Lugar en que se egecuta la pena de muerte.

PATICA, s. f. d. de PATA. || PONER DE PATICAS EN LA CALLE, Despedir á alguno echándole fuera de su casa.

PATICO, s. m. d. de PATO.

PATICOJO, JA, adj. fam. V. COJO.

PATIECILLO, s. m. d. de PATIO.

PATIESTEVADO, DA, adj. V. ESTEVADO.

PATIHENDIDO, DA, adj. Se aplica al animal que tiene el pié hendido.

PATILLA, s. f. d. de PATA. || En la vihuela cierto punto que se forma con el dedo índice y del corazon. || *Náut.* Hierro largo clavado en el codaste del navío, en el cual se prende el timon. || En algunas llaves de las armas de fuego la pieza que descansa sobre el punto para disparar. || Porcion de pelo que se deja crecer desde la sien abajo. || PATI-

ELAS, pl. fam. El diablo. || LEVANTAR DE PATILLA, Exasperar á alguno, hacer que pierda la paciencia.

PATILLO, s. m. d. de PATO.

PATIN, s. m. Patio pequeño. || Ave no rara en las costas marítimas del norte de España. || Instrumento de hierro que se ajusta á lo largo de la suela del zapato, y sirve para caminar con rapidez sobre el hielo.

PATINEJO, PATINILLO, s. m. d. de PATIN.

PATIO, s. m. Plano cerrado con paredes ó galerías que en las casas y otros edificios se deja al descubierto. || En los coliseos la área que media entre las lunetas y la entrada. || El espacio que media entre las líneas de árboles y el término ú márgen de un campo á otro.

PATITA, s. f. d. de PATA.

PATITIESO, SA, adj. fam. Que por algun accidente repentino se queda sin sentido ni movimiento. || Que queda sorprendido por la novedad que le causa alguna cosa. || El que por presuncion ó afectacion anda muy erguido y tieso.

PATITUERTO, TA, adj. Que tiene las piernas ó patas torcidas. || Que no lleva rectitud en la línea que debe tener.

PATIZAMBO, BA, Que tiene las piernas torcidas hácia fuera.

PATO, TA, adj. V. EMPATADO. || PATA ES LA TRAVIESA, Se dice cuando alguno ha engañado á otro en alguna cosa y él ha sido engañado en otra.

PATO, s. m. Ave, V. ÁNSAR. || ESTAR Ó VENIR, etc., HECHO UN PATO Ó PATO DE AGUA, Estar muy mojado ó sudado. || PAGAR EL PATO, fam. Padecer alguno la pena no merecida ó que ha causado otro.

PATOCHADA, s. f. Disparate, despropósito.

PATOGNOMÓNICO, CA, adj. *Med.* Se aplica á la señal infalible de alguna enfermedad.

PATOJO, JA, adj. Que tiene las piernas ó pies torcidos ó desproporcionados.

PATOLOGIA, s. f. Parte de la medicina que trata de la naturaleza de las enfermedades, de sus causas y síntomas.

PATOLÓGICO, CA, adj. Perteneciente á la patología.

PATON, NA, adj. Que tiene grandes y disformes pies ó patas.

PATRAÑA, s. f. Noticia fabulosa ó mentira inventada.

PATRAÑUELA, s. f. d. de PATRAÑA.

PATRIA, s. f. Lugar, ó pais en que se ha nacido. || met. El cielo ó la gloria.

PATRIARCA, s. m. Personage del antiguo testamento que ha sido cabeza de dilatadas familias. || Título de dignidad concedido á los obispos de algunas iglesias principales. || Título de dignidad modernamente concedido por el papa á algunos prelados. || Cualquiera de los fundadores de las órdenes religiosas. || COMO UN PATRIARCA, Se usa para ponderar las comodidades de alguna persona.

PATRIARCADGO, s. m. ant. V. PATRIARCADO.

PATRIARCADO, s. m. Dignidad de patriarca. || El territorio de la jurisdiccion del patriarca. || El tiempo que uno obtiene la dignidad de patriarca.

PATRIARCAL, adj. Que toca y pertenece al patriarca.

PATRIARCAL, s. f. Iglesia, territorio y jurisdicciion del patriarca.

PATRICIADO, s. m. Dignidad constituida en el imperio romano por Constantino.

PATRICIANO, NA, adj. Que sigue los errores de Patricio y perteneciente á su secta.

PATRICIDA, s. com. ant. V. PARRICIDA.

PATRICIDO, s. m. ant. V. PARRICIDIO.

PATRICIO, CIA, adj. Propio de los patricios.

PATRICIO, s. m. El natural de algun pueblo ó provincia. || Cada uno de los que descendian de los primeros senadores establecidos por Rómulo. || El que obtenia la dignidad de patriciado.

PATRIEDAD, s. f. ant. V. PATRIMONIALIDAD.

PATRIMONIAL, adj. Que pertenece al patrimonio. || Que pertenece á alguno por razon de su patria ó padre.

PATIMONIALIDAD, s. f. El derecho que tiene alguno por natural de algun pais para obtener beneficios eclesiásticos.

PATRIMONIO, s. m. Bienes que el hijo tiene heredados de su padre ó abuelos. || met. Los bienes profanos adquiridos por qualquier título. || Los bienes propios espiritualizados para órdenarse á título de ellos. || V. PATRIMONIALIDAD. || PATRIMONIO REAL, Los bienes de la corona. || CONSTITUIR PATRIMONIO, Obligar una porcion determinada de bienes para congrua sustentacion del ordenado.

PATRIO, TRIA, adj. Que pertenece á la patria. || Que pertenece al padre ó proviene de él. || PATRIA POTESTAD, V. POTESTAD.

PATRIOTA, s. m. El que tiene amor á la patria y procura todo su bien. || ant. V. COMPATRIOTA.

PATRIÓTICO, CA, adj. Perteneciente al patriota ó la patria.

PATRIOTISMO, s. m. Amor de la patria.

PATROCINADO, p. p. de PATROCINAR.

PATRIOCINAR, v. a. Defender, proteger, amparar y favorecer.

PATROCINIO, s. m. Amparo, proteccion, auxilio. || PATROCINIO DE NUESTRA SEÑORA, Título de una fiesta de la santísima Virgen. || PATROCINIO DE SAN JOSEF, Título que se da á una fiesta del patriarca san Josef.

PATRON, NA, s. m. y f. V. PATRONO, 1ª A. || El que tiene el cargo y mando de alguna embarcacion. || El santo titular de alguna iglesia, ó el que se elige por especial protector. || El dueño de la casa donde otro se aloja. || El que tiene el derecho del patronato en alguna cosa. || El que da libertad á su esclavo. || El dechado que sirve de muestra para sacar otra cosa igual. || PATRON DE BOTE Ó LANCHA, El oficial de mar que en los bajeles de guerra tiene el cargo y gobierno del bote ó lancha.

PATRONA, s. f. Galera que en una escuadra sigue en dignidad á la capitana.

PATRONADO, DA, adj. Se aplica á las iglesias y beneficios.

PATRONADO, s. m. *Ar.* V. PATRONATO.

PATRONATO, s. m. Derecho, poder ó facultad que tiene el patrono. || Conjunto de los patronos de una fundacion. || La misma fundacion de alguna obra pia. || El cargo de cumplir algunas obras pias que tienen las personas designadas por el fundador. || PATRONATO DE LEGOS, Vínculo fundado con el gravámen de alguna obra pia. || PATRONATO REAL, El derecho que tiene el rey de presentar sugetos idoneos para los obispados, prelacías, etc.

PATRONAZGO, s. m. V. PATRONATO.

PATRONEAR, v. a. Egercer el cargo de patron en alguna embarcacion mercante.

PATRONERO, s. m. ant. V. PATRON, 5ª A.

PATRONÍMICO, CA, adj. Entre los Griegos y Romanos, dícese del nombre formado del padre, abuelo ú otro predecesor, y significa el hijo, nieto ú otro descendiente. || Dícese del apellido que antiguamente se daba en España á los hijos, formado del nombre de su padre, como de Nuño Nuñez.

PATRONO, s. m. Defensor, protector, amparador. || V. PATRON, 6ª A. || El que tiene derecho ó cargo de PATRONATO. || V. PATRON, 3ª A. || El señor del directo dominio en los feudos.

PATRULLA, s. f. Partida de soldados en corto número con destino á rondar para evitar desórdenes. || met. Corto número de personas que van acuadrilladas.

PATRULLAR, v. n. Rondar la tropa en patrullas.

PATRUDO, DA, adj. fam. Que tiene grandes patas ó pies.

* PATUÉ, s. m. Lengua corrompida que habla el vulgo, y es peculiar de ciertas provincias, ó comarcas.

PATULLAR, v. n. Pisar con fuerza y desatentamente. || met. Dar muchos pasos ó hacer muchas diligencias.

PAUL, s. m. El sitio bajo y húmedo en que se estancan las aguas y despues se cria yerba.

PAULAR, s. m. ant. Pantano ó atolladero.

PAULATINAMENTE, adv. Poco á poco, despacio.

PAULATINO, NA, adj. Que procede ú obra despacio ó lentamente.

PAULINA, s. f. Despacho de excomunion que se expide en los tribunales pontificios para el descubrimiento de algunas cosas que se sospecha haberse robado. || met. fam. Reprension áspera y fuerte.

PAUPÉRRIMO, MA, adj. sup. Muy pobre.

PAUSA, s. f. Breve interrupcion del movimiento, accion ó egercicio. || Tardanza, lentitud. || *Mús.* Breve intervalo en que se cesa de cantar ó tocar. || *Mús.* El signo de la PAUSA en la música escrita. || Á PAUSAS, Interrumpidamente, por intervalos.

PAUSADAMENTE, adv. Con lentitud, tardanza á pausa.

PAUSADÍSIMAMENTE, adv. sup. de PAUSADAMENTE.

PAUSADÍSIMO, MA, adj. sup. de PAUSADO.

PAUSADO, DA, adj. Que obra ó se egecuta con pausa ó lentitud.

PAUSADO, adv. V. PAUSADAMENTE.

PAUSAR, v. n. Interrumpir ó cesar en el movimiento, egercicio ó accion.

PAUTA, s. f. Tablilla lisa con lineas señaladas, que sirve á los niños para reglar el papel para escribir. || met. Cualquier instrumento que sirve para gobernarse en la egecucion de alguna cosa. || met. Dechado, modelo.

PAUTADO, p. p. de PAUTAR.

PAUTADOR, s. m. El que pauta ó hace pautas.

PAUTAR, v. a. Señalar el papel por la pauta. || *Mús.* Señalar en el papel las rayas necesarias para escribir las notas musicales. || met. Dar reglas ó determinar el modo de egecutar alguna accion.

PAVA, s. f. Ave. La hembra del pavo. || ABDALLO PAVAS, fam. Se usa para significar el gusto y complacencia en lo que se ve ó se oye, y para reprenderlo cuando es reparable.

PAVADA, s. m. Manada de pavos. || LA PAVADA, Juego que usan los muchachos.

PAVANA, s. f. Danza española grave y seria, y de movimientos pausados. || El tañedor de la danza de este nombre. || Especie de esclavina que usaron las mugeres.

PAVERO, RA, s. m. y f. El que cuida de las manadas de los pavos ó los anda vendiendo.

PAVÉS, s. m. Especie de escudo oblongo.

PAVESA, s. f. La parte sútil que queda de un combustible consumido por el fuego. || ESTAR HECHO UNA PAVESA, met. y fam. Estar muy extenuado y debil. || SER UNA PAVESA, met. y fam. Ser muy dócil y apacible.

PAVESADA, s. f. V. EMPAVESADA.

PAVESON, s. m. aum. de PAVÉS.

PAVÍA, s. f. Variedad del melocoton.

PAVIANO, NA, adj. ant. De Pavía.

PÁVIDO, DA, adj. Madroso, tímido.

PAVILON, s. m. La mecha ó parte que pende algo separada del copo de la rueca, y suele caer y desperdiciarse.

PAVILLO, TO, s. m. d. de PAVO.

PAVIMENTO, s. m. Cualquiera de los pisos solados de un edificio.

PAVIMIENTO, s. m. ant. V. PAVIMENTO.

PAVIOTA, s. f. Ave, V. GAVIOTA.

PAVIPOLLO, s. m. El pollo del pavo.

PAVO, s. m. Ave de unos tres pies de largo, indígena de América, y que se cria doméstica en casi toda Europa. Se irrita á vista del color encarnado. Su carne es muy delicada. || PAVO CARBONERO, Ave muy comun en varias partes de España. Tiene el canto desagradable, y es inquieta y atrevida. || PAVO MARINO, Ave de un pié de largo, de color pardo por el lomo, y blanco por el vientre, célebre por los combates encarnizados que tienen entre si los machos por conseguir la posesion de alguna hembra. || PAVO REAL, Ave indígena de la India oriental, que en el dia se cria doméstica en varias partes de Europa.

PAVON, s. m. Ave, V. PAVO REAL. || Constelacion celeste cerca polo antártico.

PAVONADA, s. f. Paseo breve ú otra diversion semejante. || met. Ostentacion ó pompa con que alguno se deja ver.

PAVONADO, p. p. de PAVONAR. || PAVONADO, DA, adj. Se aplica al color azulado oscuro. || DARSE UNA PAVONADA, fam. Ir á recrearse ó divertirse.

PAVONAR, v. a. Dar al hierro color azulado oscuro.

PAVONAZDO, s. m. *Pint.* Color mineral rojo oscuro á manera del carmin, por quien suple en le pintura al fresco.

PAVONCILLO, TO, s. m. d. de PAVON.

PAVONEAR, v. n. Hacer alguno vana ostentacion de su gallardía ó de otras prendas. || met. fam. Traer á uno entretenido ó hacerle desear alguna cosa.

PAVOR, s. m. Temor con espanto ó sobresalto.

PAVORDE, s. m. Prepósito de alguna comunidad. || En la iglesia metropolitana y en la universidad de Valencia titulo de honor que se da á algunos catedráticos de teología, cánones ó derecho civil.

PAVORDEAR, v. n. V. JABARDEAR.

PAVORDÍA, s. f. La dignidad de pavorde. || Derecho de percibir los frutos de la dignidad y el territorio en que los goza.

PAVORIDO, DA, adj. V. DESPAVORIDO.

PAVOROSAMENTE, adv. Con pavor.

PAVOROSO, SA, adj. Que causa pavor.

PAVURA, s. f. V. PAVOR.

PAYASO, s. m. El que en los volatines y fiestas semejantes hace el papel de gracioso.

PAYO, YA, adj. Agreste, villano, y zafio ó ignorante. || *Germ.* Pastor.

PAZ, s. f. Virtud que pone en el ánimo la tranquilidad y sosiego. || La pública tranquilidad y quietud de los reinos. || El sosiego y buena correspondencia de unos con otros, especialmente en las familias. || Genio pacífico, sosegado y apacible. || El ajuste ó convenio que se concuerda entre los príncipes para dar la quietud á sus pueblos. || En la misa la ceremonia en que el celebrante besa la patena, y luego abraza al diácono, y este al subdiácono. || Reliquia ó imágen que se besa al dar la paz. || En el juego se toma por la igualdad del caudal ó del dinero que se expone. || Igualdad en las cuentas cuando se paga enteramente el alcance ó deuda. || met. El desquite ó correspondencia en las acciones ó palabras que intervienen de un sugeto á otro. || La salutacion que se hace dándose un beso en el rostro los que se encuentran despues que ha tiempo que no se ven. || Se usa como interjeccion para ponerla. || PAZ SEA EN ESTA CASA, Modo de hablar con que se saluda generalmente cuando se entra en ella. || PAZ OCTAVIANA, met. Gran quietud y sosiego. || Á LA PAZ DE DIOS, fam. Modo de hablar con que se despide alguno de otro ó de alguna conversacion. || ANDAR LA PAZ POR EL CORO, met. y fam. Haber riñas y desazones en alguna comunidad ó familia. || CON PAZ SEA DICHO, Con beneplácito, permiso ó sin ofension. || DAR LA PAZ, Dar un abrazo, ó dar á besar una imágen en señal de paz y fraternidad. || DAR PAZ Ó DAR LA PAZ, ant. Saludar á alguno besándole en el rostro en señal de amistad. || DEJAR EN PAZ Á ALGUNO, No inquietarle ó molestarle. || DESCANSAR EN PAZ, Salvarse, conseguir la bienaventuranza. || EN PAZ Y EN HAZ, V. CON VISTA Y CONSENTIMIENTO. || IR EN PAZ Ó CON LA PAZ DE DIOS, Expr. con que cortesanamente despide alguno al que estaba en su compañía. || METER Ó PONER PAZ, Ó EN PAZ, Mediar ó interponerse entre los que riñen ó contienden. || PAZ Y PAN, Significa que estas dos cosas son la causa y fundamento principal de la quietud pública. || REPOSAR EN PAZ, V. DESCANSAR EN PAZ. || SACAR Á PAZ Y SALVO, Librar de todo peligro y riesgo. || VAYA EN PAZ, Ó VETE EN PAZ, Ó CON LA PAZ DE DIOS, V. VAYA CON DIOS, Ó VETE CON DIOS. || VENIR EN PAZ, Venir sin ánimo de reñir cuando se temia lo contrario.

PAZGUATO, TA, adj. Simple, que se pasma y admira de lo que ve ú oye.

PAZOTE, s. m. Planta aromática originaria del Perú, y cultivada en algunas partes de España, que tiene un gusto semejante al de la nuez moscada.

PE

PE (DE) Á PA, Enteramente, desde el principio al fin.

PEAGE, s. m. El derecho que se paga por sacar, entrar mercaderías, ó pasar ganados por algunas partes ó territorios.

PEAGERO, s. m. El que cobra el tributo ó peage.

PEAL, s. m. La parte de la media ó la de otros paños que cubren el pié. || fam. Persona inútil y despreciable.

PEANA, s. f. Pedestal sobre que está plantada alguna estatua ó figura. || La tarima que hay delante del altar arrimada á él. || POR LA PEANA SE ADORA EL SANTO, fam. Denota que uno hace la corte ú obsequia á una persona por ganarse la voluntad de otra que tiene con ella íntima relacion ó amistad.

PEAÑA, s. f. V. PEANA.

PEBETE, s. m. Composicion aromática, confeccionada de polvos odoríferos, que encendida echa de sí un humo muy fragante. || Cualquiera cosa que tiene mal olor. || Cañutillo formado de una masa de pólvora y otros ingredientes, para encender los artificios de fuego.

PEBETERO, s. m. V. PERFUMADOR.

PEBRADA, s. f. V. PEBRE.

PEBRE, s. m. Cierta especie de salsa que se hace para sazonar algunas viandas. || La pimienta.

PECA, s. f. Cualquiera de las manchas pequeñas y de color pardo que suelen salir en el cútis.

PECABLE, adj. Capaz de pecar. || Se aplica á la materia misma en que se puede pecar.

PECADAZO, s. m. aum. de PECADO.

PECADILLO, s. m. d. de PECADO.

PECADO, p. de PECAR.

PECADO, s. m. Hecho, dicho, deseo, pensamiento ú omision contra la ley de Dios. || Cualquiera cosa que se aparta de lo recto y justo, ó á que falta lo que es debido. || Exceso en cualquiera línea. || fam. El diablo. || Juego de naipes y de envite. || PECADO ACTUAL, El acto con que el hombre peca voluntariamente. || PECADO CONTRA NATURA Ó CONTRA NATURALEZA, La sodomía ó cualquier otro pecado carnal contrario á la generacion. || PECADO DE BESTIALIDAD, El que se comete con alguna bestia. || PECADO DE COMISION, La obra, palabra ó deseo prohibido por la ley de Dios. || PECADO DE OMISION, El que se comete dejando de hacer aquello á que uno está obligado. || PECADO GRAVE, V. PECADO MORTAL. || PECADO HABITUAL, El acto continuado ó la costumbre de pecar. || PECADO MATERIAL, *Teol.* Accion contraria á la ley, y cuando el que la egecuta ignora inculpablemente su malicia ó prohibicion. || PECADO MORTAL, La culpa que priva al hombre de la gracia, y le hace digno de la pena eterna. || PECADO NEFANDO, El de sodomía. || PECADO ORIGINAL, Aquel en que es concebido el hombre por descender de Adan. || met. fam. La desgracia de que participa alguno por la relacion que tiene con otra persona ó con algun cuerpo. || PECADO VENIAL, El que levemente se opone á la ley de Dios. || CONOCER ALGUNO SU PECADO, Confesarle. || DE MIS PECADOS, Significa algun afecto particular acerca del sugeto ó cosa de que se habla. || EL PECADO DE LA LENTEJA, fam. Defecto leve que alguno pondera ó exagera mucho. || ESTAR EN PECADO, Estar mal ó sumamente desazonado con algun sugeto ó especie. || ESTAR HECHO EN PECADO, Significa el mal éxito de alguna cosa ó el efecto contrario á lo que se pretendia. || MAL PECADO, Especie de interjeccion que se usa en la poesía con que se explica la desgracia, el pesar ó disgusto. || PAGAR SU PECADO, Explica que alguno padeció la pena correspondiente á alguna mala accion. || POR MAL DE MIS PECADOS, V. POR MIS PECADOS || POR MALOS DE MIS PECADOS Ó DE SUS PECADOS, fam. Por desgracia, por desdicha. || POR MIS PECADOS, Significa el motivo ó causa de haber sucedido mal alguna cosa.

PECADOR, RA, s. m. y f. El que peca. || El que está sujeto al pecado ó puede cometerle. || met. El que absolutamente falta á cualquiera cosa que debia egecutar. || met. El ignorante ó que sabe poco. || PECADORA, fam. V. RAMERA. || PECADOR DE MÍ, Interjecion con que se explica la extrañeza ó sentimiento en lo que se egecuta, se ve, se oye ó sucede. || AL PECADOR COMO VINIERE, met. Significa que se ha de admitir fácilmente á cualquiera de quien se espera alguna ganancia, aunque sea corta.

PECADORAZO, ZA, s. m. y f. aum. de PECADOR.

PECADORCILLO, LLA, TO, TA, s. m. y f. d. de PECADOR.

PECAMINOSAMENTE, adv. Criminalmente, de un modo pecaminoso.

PECAMINOSO, SA, adj. Que pertenece al pecado.

PECANTE, p. a. de PECAR, Que peca ó que excede en su línea.

PECAR, v. n. Quebrantar la ley de Dios. || Faltar absolutamente á cualquiera obligacion, y á lo que es debido y justo, ó á las reglas del arte ó política. || Faltar á las reglas. || Jactarse en alguna materia, ó presumir de ella ó dejarse llevar de la aficion á alguna cosa. || Incurrir en alguna accion, aunque no sea mala, á que se tiene vehemente inclinacion. || Dar motivo para algun castigo ó pena. || *Med.* Predominar ó exceder algunos de los humores en las enfermedades. || DARLE POR DONDE PECA, Redargüir ó zaherir á alguno sobre algun defecto frecuente.

PECATRIZ, adj. f. ant. V. PECADORA.

PECE, s. m. ant. V. PEZ. || La tierra mojada para hacer tapias. || El lomo de tierra que queda entre surco y surco. || PECE AUSTRAL, Una de las constelaciones celestes australes. || PECE VOLANTE, Constelacion celeste, cerca del polo antártico.

PECECICO, LLO, TO, s. m. d. de PEZ.

PECEÑO, ÑA, adj. Que tiene el color de la pez. || Que sabe á la pez.

PECEZUELA, s. f. d. de PIEZA.

PECEZUELO, s. m. d. de PIE. || El pez pequeño.

PECHA, s. f. PECHO en le sentido de tributo.

PECHADO, p. p. de PECHAR.

PECHAR, v. a. Pagar el pecho ó tributo. || ant. Pagar alguna multa.

PECHARDIGNO DE MANGA, *Germ.* El engaño que se hace á otro haciéndole que pague algo por ambos.

PECHAZO, s. m. aum. de PECHO.

PECHE, s. m. V. PECHIN.

PECHERA, s. f. El pedazo de lienzo ó paño que se pone en el pecho para abrigarle. || La guarnicion á modo de farfalá que se pone en la abertura de las camisolas por la parte del pecho. || El pedazo de vaqueta afurrado en cordoban, y relleno de borra ó cerdas, que puesto á los caballos y mulas en el pecho les sirve de apoyo para que tiren. || fam. La parte exterior del pecho, especialmente en las mugeres. || ant. V. PECHO, TRIBUTO.

PECHERÍA, s. f. Padron ó repartimiento de lo que deben pagar los pecheros.

PECHERO, RA, adj. El que está obligado á pagar ó contribuir con el pecho ó tributo, || V. PLEBEYO.

PECHERO, s. m. V. BABADOR.

PECHIBLANCO, CA, adj. Se aplica al animal que tiene el pecho cubierto de pluma ó pelo blanco.

PECHICO, LLO, s. m. d. de PECHO.

PECHICOLORADA, s. f. Ave, V. PARDILLO.

PECHICOLORADO, s. m. Ave, V. PECHICOLORADA.

PECHIGONGA, s. f. Juego de naipes en que se dan nueve cartas á cada jugador en tres veces.

PECHINA, s. m. Concha mas ancha que larga, de una pulgada de largo, muy comun en el mediterráneo de España. || *Arq.* Cada uno de los cuatro triángulos curvilíneos que forma el anillo de la cúpula con los arcos torales sobre que estriba.

PECHIROJO, s. m. Pájaro. V. PARDILLO.

PECHITO, s. m. d. de PECHO.

PECHO, s. m. La parte anterior del animal desde la garganta hasta el estómago. || La parte interior de él, especialmente en el hombre. || TETA en las hembras, especialmente en las mugeres. || met. El interior del hombre. || Confianza, estimacion ó agrado. || met. Valor, esfuerzo, fortaleza y constancia. || La calidad de la voz ó su duracion y sostenimiento para cantar ó perorar. || Tributo que se paga al rey ó señor territorial por razon de los bienes ó haciendas. || met. Censo que se paga por obligacion á cualquier otro sugeto que no sea el rey. || PECHO DE MORAYE, *Náut.* La cosedura que se hace con un vaiven de una pulgada de grueso al racamento por encima de las palomas. || PECHO POR TIERRA, Humildemente, con mucha sumision. || *Cetr.* Se dice de las aves que vuelan muy bajas. || ABRIR SU PECHO ALGUNO Ó CON ALGUNO, met. Descubrirle ó declararle su secreto. || Á LO HECHO BUEN PECHO, Exhorta á la paciencia y constancia en las cosas ya sucedidas. || Á PECHO DESCUBIERTO, Sin armas defensivas, sin resguardo. || BUEN PECHO, interj. Ánimo, buen ánimo. || CRIAR Á LOS PECHOS, Ademas del sentido recto, metafóricamente vale instruir, educar á alguno ó tenerle muy conocido. || CRIAR Á SUS PECHOS Á ALGUNO, met. y fam. Enseñarle, inspirarle sus máximas. || Protegerle, fomentarle, darle la mano. || DECLARAR SU PECHO, V. CORAZON. || DE PECHOS, Con el pecho inclinado sobre alguna cosa. || DESCUBRIR SU PECHO, Hacer entera confianza de alguna persona, ó comunicarle lo mas secreto del corazon. || ECHAR EL PECHO AL AGUA, met. Emprender con resolucion ú osadamente. || ECHARSE Á PECHOS ALGUN VASO, TAZA, etc. Beber con ansia y en grande cantidad. || ECHARSE Á PECHOS, met. Intentar ó tomar á su cargo con empeño ó actividad alguna cosa, sin reparo. || ENTRE PECHO Y ESPALDA, fam. En el estómago. || met. Descubiertamente, cara á cara. || ESTAR, CAER, Ó ECHARSE DE PECHOS, Modos de hablar con que se da á entender que alguno está con los pechos sobre otra cosa. || FIAR EL PECHO, met. V. ABRIR Ó DESCUBRIR EL PECHO. || NO CABER Á ALGUNO UNA COSA EN EL PECHO, Declararla, descubrir lo que no era necesario decir. || PONER Á LOS PECHOS UNA PISTOLA, PUÑAL, etc. Amenazar con alguna arma cara á cara. || TENER PECHO, V. TENER PACIENCIA. || TOMAR Á PECHOS, met. Tomar alguna cosa con demasiada eficacia y empeño. || TOMAR EL PECHO, Coger el niño con la boca el pezon del pecho para mamar.

PECHUELO, s. m. d. de PECHO.

PECHUGA, f. El pecho del ave. || met. y fam. El pecho del hombre ó muger.

PECHUGON, s. m. El golpe fuerte que se da con la mano en el pecho de otro. || La caida ó encuentro de pechos.

PECHUGUERA, s. f. La tos que está sentada en el pecho.

PECHUGUICA, LLA, TA, s. f. d. de PECHUGA.

PECIENTO, TA, adj. Que tira á color de la pez ó es parecido á él.

PECILGADO, p. p. ant. de PECILGAR.

PECILGAR, v. a. ant. V. PELLIZCAR.

PECILGO, s. m. ant. V. PELLIZCO.

PECILUENGO, GA, adj. Se aplica á la fruta que tiene largo el pezon.

PECINA, s. f. Estanque de peces.

PECINAL, s. m. Charco de agua estancada ó laguna que tiene mucho cieno.

PECIO, s. m. ant. Fragmento de la nave que ha naufragado ó de lo que contiene. || ant. El derecho de las naves que naufragaban.

PÉCORA, s. f. La res ó cabeza de ganado lanar. || BUENA Ó MALA PÉCORA, met. fam. Pícaro, astuto ó de vida alegre.

PECÓREA, s. f. Pillage que salen á hacer los soldados desmandados. || met. La diversion ociosa y fuera de casa andando de aquí para allí.

PECOREAR, v. a. ant. Hurtar ó robar el ganado.

PECOSO, SA, adj. Que tiene pecas

PECTAR, v. a. ant. V. PECHAR.

PECTORAL, adj. Que pertenece al pecho. || Útil y provechoso para el pecho.

PECTORAL, s. m. La cruz que por insignia pontifical traen sobre el pecho los obispos y otros prelados. || El racional del sumo sacerdote en la ley antigua. || PECTORAL MAYOR, *Cir.* Uno de los músculos que tiene el brazo.

PECUARIO, RIA, adj. Que pertenece á los ganados.

PECULADO, s. m. for. Hurto de caudales del erario público.

PECULIAR, adj. Que es propio y privativo de cada cosa.

PECULIARÍSIMAMENTE, adv. sup. de PECULIARMENTE.

PECULIARÍSIMO, MA, adj. sup. de PECULIAR.

PECULIARMENTE, adv. Propiamente, especialmente, con particularidad.

PECULIO, s. m. La hacienda ó caudal que el padre ó señor permite al hijo ó siervo para su uso y comercio. || met. El dinero que particularmente tiene cada uno. || PECULIO ADVENTICIO, V. BIENES ADVENTICIOS. || PECULIO CASTRENSE Ó CUASI CASTRENSE, V. BIENES CASTRENSES Ó CUASI CASTRENSES. || PECULIO PROFECTICIO, V. BIENES PROFECTICIOS.

PECUNIA, s. f. fam. V. MONEDA Ó DINERO. || NUMERATA PECUNIA, for. El dinero efectivo.

PECUNIAL, adj. ant. V. PECUNIARIO.

PECUNIARIAMENTE, adv. En dinero efectivo.

PECUNIARIO, RIA, adj. Que pertenece al dinero efectivo.

PEDACICO, LLO, TO, s. m. d. de PEDAZO.

PEDAGE, s. m. V. PEAGE.

PEDAGOGÍA, s. f. El cargo de instruir ó enseñar á los muchachos, ó la misma enseñanza y régimen de ellos.

PEDAGOGO, s. m. V. AYO. || Cualquiera que anda siempre con otro, y le lleva donde quiere, ó le dice lo que ha de hacer.

PEDÁNEO, adj. Se aplica al juez ó alcalde de lugares cortos, que tienen limitada la jurisdiccion.

PEDANTE, s. m. El maestro que enseña á los niños la gramática por las casas. || El que se precia de sabio, no teniendo mas que conocimientos cortos y superficiales.

PEDANTEAR, v. n. Decir pedanterías, ostentar erudicion importuna y de mal gusto.

PEDANTERÍA, s. f. Ignorancia, torpeza desatino, necedad, bobería.

PEDANTESCO, CA, adj. Que pertenece á los pedantes, á su estilo y modo de hablar.

PEDANTISMO, s. m. V. PEDANTERÍA.

PEDANTON, s. m. aum. de PEDANTE.

PEDAZAR, v. a. ant. V. DESPEDAZAR.

PEDAZO, s. m. Parte ó porcion de alguna cosa dividida del todo. || Cualquiera parte de un todo físico ó moral. || PEDAZO DE ALCORNOQUE, DE ANIMAL, DE BRUTO, etc. Denota la incapacidad ó necedad de alguno. || PEDAZO DEL ALMA, CORAZON Ó ENTRAÑAS, Pondera el cariño que se tiene á alguna persona. || PEDAZO DE PAN, met. Lo mas preciso para mantenerse. || met. El precio bajo ó interes muy corto. || Á PEDAZOS Ó EN PEDAZOS, Por partes, en porciones. || CAERSE Á PEDAZOS, fam. Se aplica al que anda tan desairado que parece que se va cayendo. || Estar muy cansado de algun egercicio corporal. || met. y fam Ser muy tonto. || ESTAR HECHO PEDAZOS, f. met. Estar muy cansado ó fatigado. || HACERSE PEDAZOS ALGUNO, fam. y met. Romper el vestido. || MORIRSE POR SUS PEDAZOS, fam. Explica que alguno está muy apasionado de otra persona.

PEDAZUELO, s. m. d. de PEDAZO.

PEDERNAL, s. m. Fósil muy duro, vitrificable medianamente pesado, que se emplea para sacar lumbre, hiriéndole con un eslabon. || met. La suma dureza en cualquiera, especie. || V. PEDREÑAL.

PEDESTAL, s. m. Cuerpo sólido, de figura por lo comun cuadrada, que tiene una columna, estatua, etc. || V. PEANA. || met. El fundamento en que se asegura ó afirma alguna cosa.

PEDESTALICO, LLO, TO, s. m. d. de PEDESTAL.

PEDESTRE, adj. Se aplica al que anda á pié.

PEDICOX, s. m. El salto que se da con un pié solo.

PEDICULAR, adj. Se aplica á la enfermedad en que el enfermo se plaga de piojos.

PEDIDO, p. p. de PEDIR.

PEDIDO, s. m. El donativo que piden los soberanos á sus vasallos y súbditos en caso de necesidad. || V. PETICION.

PEDIDOR, RA, s m. y f. El que pide.

PEDIDURA, s. f. El acto de pedir.

PEDIENTE, p. a. ant. de PEDIR, y s. El demandante ó el que pide.

PEDIGON, s. m. fam. V. PEDIDOR ó PEDIGÜEÑO.

PEDIGÜEÑO, ÑA, adj. y s. El que pide con frecuencia ó importunidad.

PEDILUVIOS, s. m. pl. Baños en los pies.

PEDIMENTO, s. m. V. PETICION. ‖ Á PEDIMENTO. Á instancia, á solicitud, á peticion.

PEDIMIENTO, s. m. ant. V. PEDIMENTO.

PEDIR, v. a. Rogar ó demandar á otro que dé ó haga alguna cosa de gracia ó de justicia. ‖ Preguntar, informarse de alguna cosa. ‖ Pedir limosna. ‖ Deducir su derecho ó accion ante el juez, contra alguno. ‖ Poner el que vende precio á la mercadería ‖ Ordenar, disponer. ‖ Requerir alguna cosa, exigirla como necesaria ó conveniente. ‖ Querer, desear ó apetecer. ‖ V. MENDIGAR. ‖ Proponer á los padres ó parientes de alguna muger el deseo de que la concedan por esposa para sí ó para otro. ‖ En el juego de la pelota y otros, preguntar á los que miran si el lance ó jugada se ha hecho segun las reglas ó leyes del juego. ‖ En el juego de naipes obligar á servir carta del palo que se ha jugado. ‖ Á PEDIR DE BOCA, Á medida del deseo. ‖ met. Con toda propiedad ó adecuadamente, exactamente. ‖ NO HABER MAS QUE PEDIR, Explica la perfeccion de alguna cosa, y que no le falta nada para llenar el deseo.

* PEDIR-REY, s. m. Cierto juego de naipes.

PEDO, s. m. La ventosidad que se despide del vientre por el ano. ‖ PEDO DE LOBO, Planta, V. BEGIN.

PEDORRERA, s. f. La frecuencia ó muchedumbre de ventosidades expelidas del vientre. ‖ PEDORRERAS, pl. Los calzones ajustados.

PEDORRERO, RA, adj. El que frecuentemente ó sin reparo expele las ventosidades del vientre.

PEDORRETA, s. f. Voz con que explican las amas un ruido que suelen enseñar á hacer á los niños con la boca.

PEDORRO, RRA, adj. V. PEDORRERO.

PEDRADA, s. f. La accion de despedir ó arrojar con impulso la piedra. ‖ El golpe que se da con la piedra tirada, ó la misma señal que deja. ‖ Lazo de cintas que ponian los soldados en el ala del sombrero. Lazo que solian ponerse las mugeres á un lado de la cabeza. ‖ met. La expresion dicha con intencion de que otro la sienta ó se dé por entendido de ella. ‖ PEDRADA ó PEDRADAS, Interj. que explica que alguno merece castigo por alguna accion. ‖ fam. Nota ó reprende al que enseña los dientes. ‖ COMO PEDRADA EN OJO DE BOTICARIO, fam. Expresa que una cosa viene muy á propósito de lo que se está tratando.

PEDREA, s. f. Accion de apedrear ó apedrearse. ‖ Especie de combate, que los muchachos de un barrio hacen contra los de otro. ‖ El acto de caer piedra de las nubes.

PEDRECITA, s. f. d. de PIEDRA.

PEDREGAL, s. m. Terreno cubierto casi todo él de mucha piedra menuda.

PEDREGOSO, SA, adj. Se aplica al terreno naturalmente cubierto de muchas piedras. ‖ Que padece mal de piedra.

PEDREJON, s. m. Piedra grande suelta.

PEDREÑAL, s. m. Escopeta pequeña, ó especie de trabuco, de que usan los foragidos.

PEDRERA, s. f. Cantera de donde se sacan las piedras.

PEDRERÍA, s. f. Conjunto de piedras preciosas.

PEDRERO, s. m. El que tiene por oficio labrar piedras para las fábricas. ‖ Pieza pequeña de artillería. ‖ V. HONDERO. ‖ ant. V. LAPIDARIO. ‖ Niño expósito.

PEDREZUELA, s. f. d. de PIEDRA.

PEDRISCA, s. f. V. PEDRISCO.

PEDRISCAL, s. m. V. PEDREGAL.

PEDRISCO, s. m. Piedra ó granizo muy crecido que cae de las nubes en mucha copia. ‖ Multitud de piedras arrojadas ó tiradas. ‖ Conjunto de piedras sueltas.

PEDRISQUERO, V. PEDRISCO, 1ª A.

PEDRIZA, s. f. PEDRERA ó MINERAL. ‖ PEDRIZA ó PEDRIZAL, Conjunto ó multitud de piedras sueltas.

PEDRO, s. m. *Germ.* El vestido que tentándole tiene pelo, y este usan los ladrones de noche. ‖ *Germ.* Capote ó tudesquillo, y tambien el cerrojo. ‖ DON PEDRO DE NOCHE, V. DON JUAN. ‖ PEDRO ENTRE ELLAS, Moteja al hombre que gusta de andar entre mugeres.

PEDROSO, SA, adj. ant. V. PEDREGOSO.

* PEDRUSCO, s. m. Pedazo grande

de mármol en bruto conforme sale de la cantera.

PEER, v. n. Arrojar ó despedir la ventosidad del vientre por la parte posterior.

PEGA, s. f. Accion por la cual una cosa se pega, une ó conglutina con otra. ‖ El baño que se da con la pez á los vasos ó vasijas. ‖ fam. Chasco ó petardo que se da á alguno especialmente en materia de intereses. ‖ V. ZURRA. ‖ Ave, variedad de la picaza. ‖ PEGA REBORDA, *Gal.* La PEGA que no aprende á articular palabras. ‖ SABER Á LA PEGA, met. Imitar y seguir las malas costumbres y resabios de una mala educacion ó de trato con malas compañías. ‖ SER DE LA PEGA, Entrar en la cuadrilla de otros que viven viciosos y mal entretenidos.

PEGADILLO, s. m. d. de PEGADO. ‖ PEGADILLO Ó PEGADILLO DE MAL DE MADRE, fam. El que es pesado en la conversacion, molesto y entremetido.

PEGADIZO, ZA, adj. Que fácilmente se pega. ‖ V. CONTAGIOSO. ‖ Que se arrima á otro ó se introduce con él con ánimo de comer ó divertirse á costa suya.

PEGADO, p. p. de PEGAR.

PEGADO, s. m. El parche, bizma ó emplasto compuesto de cosas que se pegan.

* PEGADOR, RA, s. El que viste las casas de papel y le pega.

PEGADURA, s. f. Acto de pegar. ‖ La union física ó costura que resulta de haberse pegado una cosa con otra.

PEGAJOSÍSIMO, MA, adj. sup. de PEGAJOSO.

PEGAJOSO, SA, adj. Que con facilidad se pega. ‖ Contagioso ó que con facilidad se communica. ‖ met. Suave, atractivo y blando. ‖ met. Se aplica á los vicios que fácilmente se comunican, ó cuyo atractivo con dificultad se desecha. ‖ met. Se aplica á los oficios y empleos en que se manejan intereses, de los que fácilmente puede abusarse.

PEGAMIENTO, s. m. Acto de pegar ó unir una cosa con otra.

PEGANTE, p. a. de PEGAR, Que pega ó se pega.

PEGAR, v. a. Juntar, unir una cosa con otra. ‖ Unir ó juntar una cosa con otra, atándola, cosiéndola ó encadenándola con ella. ‖ Arrimar ó aplicar una cosa á otra de modo que entre las dos no quede espacio alguno. ‖ Arrojar con violencia una cosa contra otra, dar ó tropezar en ella con fuerte impulso. ‖ Castigar ó maltratar con golpes. ‖ Comunicar una cosa á otro por el contacto, trato, etc. ‖ PEGARLA, Chasquear, burlar la buena fe ó confianza de alguno. ‖ Engañar la confianza de alguno, no usando de ella como se debia.

PEGAR, v. n. Asir ó prender. ‖ Tener efecto alguna cosa, ó hacer impresion en el ánimo. ‖ Arremeter ó acometer. Se dice del que riñe con otro de palabra. ‖ Estar una cosa próxima ó contigua á otra. ‖ Empezar á hacer efecto ó acometer algun accidente, enfermedad ó cosa semejante. ‖ Empezar á dormir ó tomar sueño. ‖ met. Decir ó hacer alguna cosa que cause sentimiento ó pesadumbre. ‖ ant. V. EMPEGAR.

PEGARSE, v. r. Introducirse ó agregarse alguno donde no es llamado. ‖ Asirse ó unirse por su naturaleza una cosa á otra, de modo que sea dificultoso separarla. ‖ met. Insinuarse alguna cosa en el ánimo, de modo que produzca en él complacencia ó aficion. ‖ Aficionarse mucho á alguna cosa, de modo que sea muy difícil dejarla ó separarse de ella. ‖ Quedar alguno perjudicado en el manejo de los intereses de otro. ‖ PEGARSE ALGO, Sacar alguna utilidad de lo que se maneja ó trata.

PEGÁSEO, SEA, adj. *Poét.* Perteneciente al caballo Pegaso.

PEGASO, s. m. Caballo con alas que en la mitología se fingió que habia hecho nacer de una coz la fuente del Parnaso. ‖ Una de las constelaciones boreales.

PEGATA, s. f. fam. Engaño con que á alguno se le estafa ó se le burla en alguna materia.

PEGE, s. m. V. PEZ. ‖ met. Hombre astuto, sagaz é industrioso. ‖ PEGE ARAÑA, Pez muy comun en todos los mares de España. ‖ PEGE DIABLO, Pez, V. PEGESAPO.

PEGEMULLER, s. m. PESCADO, V. VACA MARINA.

PEGEREY, s. m. Pez de unas tres pulgadas de largo muy comun en todos los mares de España, y se estima como muy delicado.

PEGESAPO, s. m. Pez sin escamas comun en los mares de España, y que crece hasta la longitud de tres pies.

PEGIGUERA, s. m. fam. Cualquiera cosa que sin traernos gran provecho, nos pone en embarazo y dificultad.

PEGOTE, s. m. Emplasto ó bizma de pez, etc. || met. Cualquiera guisado ú otra cosa que está muy espesa y se pega. || met. El que impertinentemente no se aparta de otro, y particularmente en las horas de comer. || Cualquiera cosa sobrepuesta y como pegada á otra, que desdice de la principal.

PEGOTEAR, v. n. fam. Introducirse alguno en las casas á las horas de comer sin ser convidado.

PEGOTICO, LLO, TO, s. m. d. de PEGOTE.

PEGUERA, s. f. Hacina de madera de pino, de la cual quemada se saca la pez. || Parage donde se calienta la pez y se pone la marca al ganado.

PEGUERO, s. m. El que por oficio saca ó fabrica la pez ó trata en ella.

PEGUJAL, s. m. PECULIO, ó lo que el padre permite tener al hijo no emancipado, y el señor al criado ó al esclavo. || met. La corta porcion de siembra, ganado ó caudal.

PEGUJALEJO, s. m. d. de PEGUJAL.

PEGUJALERO, s. m. Labrador que tiene poca siembra ó labor, ó el ganadero que tiene poco ganado.

PEGUJAR, s. m. V. PEGUJAL.

PEGUJARERO, s. m. V. PEGUJALERO.

PEGUJON, s. m. Conjunto de lana ó pelos que se aprietan y pegan unos con otros á manera de ovillo.

PEGUNTA, s. f. La señal ó marca que se pone con pez derretida al ganado lanar.

PEGUNTADO, p. p. de PEGUNTAR.

PEGUNTAR, v. a. Marcar ó señalar las reses con pez derretida.

PEINADA, s. f. V. PEINADURA.

PEINADO, p. p. de PEINAR. || PEINADO, DA, adj. Que se adorna con esmero mugeril.

PEINADO, s. m. El adorno y compostura del pelo.

PEINADOR, RA, s. m. y f. El que peina. || La toalla que cubre el cuerpo del que se peina ó se afeita.

PEINADURA, s. f. Acto de peinar ó peinarse. || Los cabellos que salen ó se arrancan con el peine.

PEINAR, v. a. Desenredar ó componer el cabello. || met. Desenredar ó limpiar el pelo ó lana de algunos animales. || Tocar ó rozar ligeramente una cosa á otra. Úsase mas comunmente entre carpinteros. || Cortar y quitar parte de piedra ó tierra de alguna roca ó montaña, escorpándola. || met. Poét. Mover ó dividir suavemente alguna cosa. || ant. V. ARPEÑAR. || NO PEINARSE PARA ALGUNO, fam. Se dice en loor de una muger que no será para el hombre que se propone ó de quien se habla.

PEINAZO, s. m. *Carp.* El palo que atraviesa entre los largueros de puertas y ventanas para formar los cuarterones.

PEINE, s. m. Instrumento compuesto de muchos dientes espesos y cerrados, con que se limpia y compone el pelo. || Entre cardadores CARDA. || Entre tegedores el instrumento con que aprietan la tela. || met. Instrumento de puntas aceradas, con que los tiranos mandaban atormentar á los mártires. || El empeine del pié. || Á SOBRE PEINE, met. Á MEDIAS, imperfectamente. || SOBRE PEINE, Por encima del cabello, y sin abondar mucho. || met. Ligeramente ó sin especial reflexion ó cuidado.

PEINERÍA, s. f. Tienda donde se venden ó fabrican peines.

PEINERO, s. m. El que tiene tienda de peines ó los fabrica.

PEINETA, s. f. Peine convexo que usan las mugeres.

PEL, s. f. ant. V. PIEL.

PELA, s. m. *Gal.* Muchacho que va ricamente adornado sobre los hombros de un hombre y bailando.

PELADA, s. f. La piel del carnero ú oveja, á la que se le arranca la lana despues de muerta la res.

PELADERA, s. f. V. ALOPECIA.

PELADERO, s. m. Sitio donde se escaldan las aves y marranos para pelarlos.

PELADILLA, s. f. Almendra confitada, lisa y redonda. || met. Piedrecilla blanda y redonda que se halla en los arroyos, orillas de rios y campos.

PELADILLOS, s. m. pl. La lana de peladas.

PELADO, p. p. de PELAR. || PELADO, DA, adj. Se dice del monte, peñasco ó campo que está sin árboles ó yerbas.

PELADOR, s. m. El que pela ó descorteza alguna cosa.

PELADURA, s. f. El acto de pelar ó descortezar alguna cosa.

PELAFUSTAN, NA, s. m. y f. Holgazan, perdido y pobreton.

PELAGALLOS, s. m. fam. Un hombre bajo, y que no tiene oficio honrado ni ocupacion honesta.

PELAGATOS, s. m. fam. Pobreton que no tiene ocupacion honesta.

PELAGE, s. m. La naturaleza y calidad del pelo ó de la lana. || met. La disposicion y calidad de alguna cosa, esencialmente del vestido.

PELAGIANISMO, s. m. La secta de Pelagio ó el conjunto de sus sectarios.

PELAGIANO, NA, adj. y s. Perteneciente al heresiarca Pelagio, y el que sigue su secta.

PELAIRE. s. m. Oficial de la fábrica de los paños, cuya ocupacion es cardarlos á la percha y colgarlos al aire.

PELAIRÍA, s. f. El oficio ú ocupacion del pelaire.

PELAMBRADO, p. p. de PELAMBRAR.

PELAMBRAR, v. a. V. APELAMBRAR.

PELAMBRE, s. m. Porcion de pieles que se apelambran. || El conjunto de pelo en todo el cuerpo, ó en algunas partes de él. || El arrancado y el que quitan los curtidores á las pieles. || Mezcla de agua y cal con que se pelan los pellejos. || La falta de pelo en las partes donde es natural tenerle.

PELAMBRERA, s. f. Sitio donde se apelambran las pieles. || La cantidad de pelos que se hallan en algunas partes. || V. PELADERA Ó PELONA.

PELAMBRERO, s. m. Oficial que apelambra las pieles.

PELÁMEN, s. m. fam. V. PELAMBRE.

PELAMESA, s. f. Riña ó pelea en que se asen y mesan los cabellos ó barba. || La porcion de pelo que se puede asir ó mesar.

PELANDUSCA, s. f. V. RAMERA.

PELANTRIN, s. m. El labrador de corto ó mediano caudal.

PELAR, v. a. Arrancar, quitar ó raer el pelo. || Quitar las plumas á las aves. || met. Se dice de otras cosas que no tienen pelo, como almendras, etc., y vale quitarla cascarilla. || *Cetr.* Comer el halcon alguna ave que aun tiene pluma. || met. fam. En el juego es ganar á alguno todo el dinero. || met. Quitar con engaño, arte ó violencia los bienes á otro.

PELARSE, v. r. Perder el pelo por enfermedad ú otro accidente. || PELARSE DE FINO, Da á entender que alguno es demasiadamente astuto. || PELÁRSELAS, Da á entender que alguno apetece ó egecuta alguna cosa con vehemencia.

PELARUECAS, s. f. fam. La muger pobre que vive de hilar.

PELAZA, adj. Se aplica á la paja de la caña de la cebada á medio trillar.

PELAZA, s. f. Pendencia, riña ó disputa. V. PELAZGA.

* PELAZGA, s. f. V. PELAZA.

PELDAÑO, s. m. Escalon ó grada de alguna escalera.

PELDE, s. f. V. APELDE.

PELDEFEBRE, s. m. Cierto género de tela de lana y pelo de cabra.

PELEA, s. f. Combate, batalla, contienda. || Contienda ó riña particular. || met. Riña de los animales. || met. El cuidado, fuerza ó diligencia que se pone en vencer los apetitos y pasiones. || met. Afan, fatiga ó trabajo en la egecucion ó consecucion de alguna cosa.

PELEADO, p. p. de PELEAR.

PELEADOR, s. m. El que pelea, combate, contiende ó lidia.

PELEANTE, p. a. de PELEAR, Que pelea.

PELEAR, v. a. Batallar, combatir ó contender con armas. || Contender ó reñir aunque sea sin armas. || met. Combatir entre sí, ú oponerse las cosas unas á otras. Dicese frecuentemente de los elementos. || met. Resistir y trabajar por vencer las pasiones y apetitos, ó combatir estos entre sí. || Afanar, resistir ó trabajar continuadamente por conseguir alguna cosa, ó para vencerla. || Se dice de los brutos cuando luchan entre sí.

PELEARSE, v. r. Reñir dos ó mas personas á puñadas ó de otro modo semejante.

PELECHAR, v. n. Echar el primer pelo ó pluma ó volver á echar el que se cayó ó perdió. || met. fam. Comenzar á medrar, á mejorar de fortuna, etc.

PELELE, s. m. Figura humana de paja ó trapos que se suele poner en los balcones, en las carnestolendas. || met. fam. La persona simple o inútil.

PELEONA, s. f. Pendencia, cuestion, riña ó contienda.

PELETE, s. m. En el juego de la baceta y otros es el que apunta por encima. || fam. Pelon, pobre, de pocos haberes. || EN PELETE, Enteramente desnudo, en cueros.

PELETERÍA, s. f. El oficio de adobar y componer las pieles finas, ó hacer algunos adornos de ellas. || Tienda donde se venden y su conjunto y surtido.

PELETERO, s. m. El que compone las pieles finas, trabaja con ellas, ó las vende.

PELGAR, s. m. fam. Pelagallos.

PELIAGUDO, DA, adj. Dícese del animal que tiene el pelo largo y delgado. || met. fam. Se dice del negocio ó cosa que tiene grande dificultad en su inteligencia ó resolucion. || Se aplica al sugeto sutil ó mañoso.

PELO, met. Desnudamente, sin los adherentes que de ordinario suelen acompañar. || Hablando de las caballerías vale sin algun aderezo, adorno ó aparejo. || LARGO COMO PELO DE HUEVO Ó DE RATA, Nota á alguno de miserable. || NO CUBRIRLE PELO Á ALGUNO, No poder medrar ó hacer fortuna. || NO TENER PELOS EN LA LENGUA, Hablar con expedicion ó demasiada libertad. || NO TOCAR AL PELO DE LA ROPA, De á entender que no se ha ofendido ni hecho daño á alguno. || RASCARSE PELO ARRIBA, fam. Sacar con repugnancia dinero de la faltriquera. || RELUCIR EL PELO, fam. Denota que alguno está gordo y bien tratado. || SALIR DE PELO, Explica que alguna cosa se hace segun el genio ó natural de cada uno. || SER DE BUEN PELO, irón. Nota á alguno de mal natural ó propiedades. || ¿SON PELOS DE COCHINO? Se usa para significar que alguno no da la estimacion y valor que merece á alguna cosa. || TENER PELOS, met. Tener dificultad, enredo ó embarazo algun negocio. || TENER PELOS EN EL CORAZON, Tener grande esfuerzo y ánimo. || Ser inhumano, poco sensible á los males agenos.

PELON, NA, adj. Que no tiene pelo. || met. Que no tiene medios ni caudal.

PELONA, s. f. V. ALOPECIA.

PELONERÍA, s. f. fam. Pobreza ó escasez y miseria.

PELONÍA, s. f. V ALOPECIA.

* PELOSILLA, s. f. Orejilla de raton, planta.

PELOSO, SA, adj. Que tiene pelo.

PELOSO, s. m. *Germ.* Saya, capa y frazada.

PELOTA, s. f. Bola pequeña de lana ó pelote apretada con hilo ó cuerda, y forrada de cuero ó paño. || Pola de materia blanda. || Bala de plomo ó hierro. || El juego que se hace con ella. || fam. V. RAMERA. || PELOTA DE VIENTO, Vegiga llena de aire y cubierta de cuero que sirve tambien para el juego. || DEJAR EN PELOTA, Quitar ó robar todo lo que uno tiene. || EN PELOTA, Totalmente desnudo. || Sin dinero ó caudal alguno. || JUEGO DE PELOTA, V. JUEGO. || JUGAR Á LA PELOTA, met. Traer á alguno engañado con razones, haciéndole ir y venir inútilmente. || NO TOCAR PELOTA, met. y fam. No dar en el punto de la dificultad. || RECHAZAR LA PELOTA, met. Rebatir lo que alguno dice con sus mismas razones. || SACAR PELOTAS DE UNA ALCUZA, met. Pondera la astucia ó agudeza de alguno para conseguir lo que es en su provecho ó lo que desea. || VOLVER LA PELOTA, fam. V. RECHAZAR LA PELOTA.

PELOTAZO, s. m. Golpe dado con la pelota.

PELOTE, s. m. El pelo de cabra, que sirve para rellenar las sillas y otras cosas. || ant. V. PELLIZA.

PELOTEAR, v. a. Repasar y señalar las partidas de una cuenta, y cotejarlas con sus correspondientes recados.

PELOTEAR, v. n. Jugar á la pelota por entretenimiento, sin la formalidad de haber hecho partido. || met. Disputar, controvertir ó contender. || Arrojar una cosa de una parte á otra.

PELOTEARSE, v. r. Reñir dos ó mas personas entre sí.

PELOTERA, s. f. Riña, contienda ó revuelta.

PELOTERÍA, s. f. Conjunto ó copia de pelotas. || El conjunto de pelote.

PELOTERO, s. m. El que tiene por oficio hacer pelotas ó ministrarlas en el juego. || V. PELOTERA. || TRAER AL PELOTERO, Traer engañado á alguno con esperanzas inútiles, sin dejarle quieto.

PELOTICA, LLA, ITA, s. f. d. de PELOTA. || Bolita de cera armada de puntas de vidrio, de que usaban los disciplinantes. || DARSE CON LA PELOTILLA, Ademas de sentido recto vale beber vino en abundancia y con frecuencia. || HACER PELOTILLAS, fam. Hurgarse las narices con los dedos.

PELOTO, TA, adj. V. DERRASPADO Ó CHAMORRO.

PELOTON, s. m. aum. de PELOTA. || El conjunto de pelos ó cabellos unidos, apretados ó enredados. || *Mil.* El pequeño cuerpo de soldados fuera del órden de escuadron || Conjunto de personas sin órden y como en tropa.

PELTA, s. f. Especie de escudo redondo antiguo.

PELTRABA, s. f. *Germ.* Mochila.

PELTRE, s. m. Metal compuesto de estaño y plomo.

* PELTRECHAR, v. a. ant. V. PERTRECHAR.

PELTRERO, s. m. El que trabaja en cosas de peltre.

PELUCA, s. f. La cabellera postiza que cubre la cabeza. || La persona que la trae ó la usa. || fam. Reprension acre y severa dada por un superior á un inferior.

PELUCON, s. m. aum. de PELUCA.

El que la trae con fantasía y ostentacion.

PELUDO, DA, adj. Que tiene mucho pelo.

PELUDO, s. m. El ruedo afelpado que tiene los espartos largos y majados.

PELUQUERA, s. f. La muger del peluquero.

PELUQUERÍA, s. f. La tienda donde se hacen y venden pelucas.

PELUQUERO, s. m. El que tiene por oficio peinar á las gentes, ó hacer y vender pelucas.

PELUQUILLA, TA, s. f. d. de PELUCA.

PELUQUIN, s. m. Peluca mas sencilla y ligera en su peinado.

PELUSA, s. f. Especie de vello suave que tienen algunas plantas y frutas. || La parte de pelo ó lana que con el uso despiden de sí los vestidos y las telas que se tegen.

PELUSILLA, s. f. d. de PELUSA.

PENA, s. f. El mal que alguno padece contra su voluntad. || El castigo impuesto. || Cuidado, afliccion ó sentimiento interior grande. || Dolor, tormento ó sentimiento corporal. || Especie de adorno mugeril. || Pena, dificultad, trabajo. || *Náut.* El extremo superior de la verga de mesana y de las entenas en las galeras. || ant. V. PLUMA. || ant. El pelo de las pieles de los animales. || PENA CAPITAL, La de muerte. || PENA DE DAÑO, La privacion perpetua de la vista de Dios en la otra vida. || PENA DE LA NUESTRA MERCED, Conminacion que los reyes usan para amenazar con su indignacion. || PENA DEL DESPREZ, V. DESPREZ. || PENA DEL HOMECILLO, V. HOMECILLO. || PENA DEL SENTIDO, La que atormenta los sentidos de los condenados. || PENA DEL TALION, La del tanto por tanto. || PENA Ó PENA PECUNIARIA, La multa que se impone al que quebranta las leyes ó hace algun daño. || PENA ORDINARIA, *For.* V. PENA CAPITAL. || PENAS, pl. *Germ.* Galeras. || PENAS DE CÁMARA, *Fort.* Las condenaciones pecuniarias que los jueces imponen á las partes con aplicacion á la cámara real. || Á DURAS PENAS, Con gran dificultad ó trabajo. || Á GRAVES PENAS, V. Á DURAS PENAS. || Á MALAS PENAS, V. Á DURAS PENAS. || ACUSAR Á PENA, ant. Acusar criminalmente pidiendo el castigo. || MERECER Ó VALER ALGUNA COSA LA PENA, Denota que se puede dar por bien empleado el trabajo que cuesta. || NI PENA NI GLORIA, Manifiesta la insensibilidad con que alguno ve ú oye las cosas. || PASAR LAS PENAS DEL PURGATORIO, met. Explica las molestias ó desazones que se padecen sin interrupcion. || Á PENAS, Luego que, al punto que. || Con dificultad.

PENACHERA, s. f. V. PENACHO.

PENACHO, s. m. Copete de plumas que tienen algunas aves sobre la cabeza. || El adorno de plumas vistosas encima de las celadas y morriones. || met. Lo que tiene forma y figura de él. || fam. Vanidad, presuncion ó soberbia.

PENACHUELO, s. m. de PENACHO.

* PENADA, adj. *Bot.* Dícese de la hoja partida en forma de alas.

PENADAMENTE, adv. V. PENOSAMENTE.

PENADILLA, s. f. V. PENADO, vasija.

PENADÍSIMO, MA, adj. sup. de PENADO.

PENADO, p. p. de PENAR. || PENADO, DA, adj. V. PENOSO Ó LLENO DE PENAS. || Aplícase á cierta especie de vasijas usadas antiguamente en España para beber. || *Germ.* Galeote. || Difícil, trabajoso.

PENAL, adj. Que pertenece á la pena ó la incluye.

PENALIDAD, s. f. Trabajo, afliccion, molestia, incomodidad.

PÉNAME, s. m. *Ar.* V. PÉSAME.

PENANTE, p. a. de PENAR, Que sufre pena.

PENANTE, adj. V. PENADO, 3ª A.

PEÑAR, v. a. Imponer pena á alguno.

PENAR, v. n. Padecer, sufrir y tolerar algun dolor ó pena. || Padecer las penas de la otra vida en el purgatorio. || Agonizar mucho tiempo. || PENAR POR ALGUNA COSA, Desearla con ansia.

PENARSE, v. r. Afligirse, acongojarse, padecer alguna pena ó sentimiento.

PENATES, s. m. pl. Los dioses domésticos á quienes daba culto la gentilidad.

PENCA, s. f. La hoja picante del cardo ó de otra planta semejante. || met. Pedazo de cuero con que el verdugo azota á los delincuentes. || HACERSE DE PENCAS, No consentir fácilmente en lo que se pide.

PENCADO, p. p. de PENCAR.

PENCAR, v. a. *Germ.* Azotar el verdugo.

PENCAZO, s. m. El golpe que se da con la penca.

PENCHICARDA, s. f. *Germ.* Pendencia que arman entre sí los ladrones en el bodegon para irse sin pagar.

PENCUDO, DA, adj. Que tiene pencas.

PENCURIA, s. f. *Germ.* V. RAMERA.

PENDANGA, s. f. V. RAMERA. || En el juego de quínolas la sota de oros.

PENDEJO, s. m. El pelo que nace en el empeine y en las ingles. || fam. Cobarde y pusilánime.

PENDENCIA, s. f. Contienda, riña de palabras ó de obras. || *Fort.* V. LITISPENDENCIA. || ant. Calidad de lo que está por decidir. || *Germ.* Rufian.

PENDENCIAR, v. n. Reñir ó tener pendencias.

PENDENCIERO, RA, adj. Propenso á riñas ó pendencias.

PENDENZUELA, s. f. d. de PENDENCIA.

PENDER, v. n. Estar colgado ó suspenso. || V. DEPENDER. || *For.* Estar un pleito por determinar.

PENDIENTE, p. a. de PENDER.

PENDIENTE, s. f. Cuesta ó declive de algun terreno. || Adorno que colgado de un arillo se pone regularmente en las orejas.

PENDIL, s. m. El manto de las mugeres. || TOMAR EL PENDIL, Marcharse, ausentarse.

PENDOL, s. m. *Náut.* Operacion que hacen los marineros para limpiar los fondos de una embarcacion.

PÉNDOLA, s. f. ant. V. PLUMA. || Peso pendiente que por medio de sus oscilaciones regla los movimientos del relox, y sirve para otros usos. || *Ar.* Cualquiera de los maderos de un faldon de armadura.

PENDOLAGE, s. m. Derecho que pertenece á los apresados de apropiarse en las presas de mar todos los géneros que estan sobre cubierta.

PENDOLARIO, s. m. V. PENDOLISTA.

PENDOLISTA, s. m. El que escribe bien y con destreza y garbo.

PENDOLON, s. m. *Ar.* Madero de armadura en situacion vertical que va desde la hilera á la puente.

PENDON, s. m Insignio militar. || La divisa ó insignia que tienen las iglesias y cofradías para guiar las procesiones. || En los árboles el vástago que sale del tronco principal, el cual por ley se debe dejar. || fam. Persona ó muger muy alta, desvaida y desaliñada. || *Blas.* Insignia semejante á la bandera. || PENDON Y CALDERA, Privilegio que daban los reyes á los ricos hombres de Castilla, que era traer como divisa suya un PENDON en señal de que podian levantar gente. || Á PENDON HERIDO, Con toda fuerza, union y diligencia para socorrer alguna necesidad. || ALZAR Ó LEVANTAR PENDONES, V. PROCLAMAR. || SEGUIR EL PENDON DE ALGUNO, *Mil.* Alistarse bajo de sus banderas. || PENDON POSADERO, La señal que se pone en las puertas de las posadas ó mesones para manifestar que en ellos se admiten pasageros.

PÉNDULO, LA, adj. V. PENDIENTE.

PÉNDULO, s. m. *Estát.* Cualquiera cuerpo grave pendiente que puede moverse libremente con vaivenes, oscilaciones ó vibraciones.

PENEDO, s. m. V. PEÑA Ó PEÑASCO.

PENEQUÉ, s. m. fam. El que está borracho.

PENETRABILIDAD, s. f. La capacidad de ser penetrado un cuerpo por otro.

PENETRABLE, adj. Que se puede penetrar. || met. Que fácilmente se penetra ó se entiende.

PENETRACION, s. f. Accion y efecto de penetrar. || La inteligencia cabal de alguna cosa difícil. || Perspicacia de ingenio, agudeza.

PENETRADO, p. p. de PENETRAR.

PENETRADOR, RA, s. m. y f. Agudo, perspicaz, sutil, el que es de vivo ingenio.

PENETRANTE, p. a. de PENETRAR, Que penetra. || PENETRANTE, V. PROFUNDA. Aplícase á la herida que llega á lo interior de alguna de las cavidades del cuerpo. || Aguda, alta, subida, ó elevada, hablando de la voz.

PENETRAR, v. a. Introducir algun cuerpo en otro por sus poros. || Introducirse en lo interior de algun espacio, aunque haya dificultad ó estorbo. || Hacerse sentir con violencia y demasiada eficacia alguna cosa que hiere algun sentido. || met. Llegar lo agudo del dolor, sentimiento ú otro afecto á lo interior del alma. || met. Comprender el interior de alguno ó alguna cosa dificultosa.

PENETRATIVO, VA, adj. Que penetra, es capaz ó tiene virtud de penetrar.

PENÍGERO, RA, adj. *Poét.* Que tiene alas.

PENÍNSULA, s. f. La tierra que está cercada por el agua, y solo por una parte está unida con la tierra firme.

PENISLA, s. f. V. PENÍNSULA.

PENITENCIA, s. f. Uno de los siete sacramentos. ‖ Virtud que consiste en el dolor sobrenatural de haber pecado. ‖ La serie de egercicios penosos con que alguno procura la mortificacion de sus pasiones y sentidos. ‖ Cualquier acto de mortificacion interior ó exterior. ‖ La pena que impone el confesor al penitente para satisfaccion del pecado, ó para preservacion de él. ‖ El dolor y arrepentimiento que se tiene de algun mal hecho. ‖ El castigo público que imponia el tribunal de la inquisicion á algunos reos. ‖ Casa donde vivian estos penitenciados. ‖ PENITENCIA CANÓNICA, La serie de egercicios laboriosos y públicos impuestos por los sagrados canones al que hubiese cometido ciertos delitos. ‖ PENITENCIA PÚBLICA, V. PENITENCIA CANÓNICA. ‖ POR PENITENCIAS MAL CUMPLIDAS, fam. Da á entender que aunque no es suficiente el motivo que se alega para egecutar alguna cosa, tiene otro el que le ha de egecutar para hacerla, que ignora el que la pide.

PENITENCIADO, p. p. de PENITENCIAR. ‖ PENITENCIADO, DA, adj. y s. Castigado por la inquisicion.

PENITENCIAL, adj. Que pertenece á la penitencia ó la incluye.

PENITENCIAR, v. a. Imponer á algun delincuente la pena ó castigo público correspondiente á su delito.

PENITENCIARÍA, s. f. Tribunal eclesiástico de la corte de Roma. ‖ La dignidad, oficio ó cargo del penitenciario.

PENITENCIARIO, RIA, adj. Se aplica al presbítero secular ó regular que tiene la obligacion de confesar en alguna iglesia determinada, y á la capellanía que tiene esta obligacion.

PENITENCIARIO, s. m. El cardenal presidente del tribunal de la penitenciaría en Roma.

PENITENCIERÍA, s. f. ant. Tribunal, V. PENITENCIARÍA.

PENITENCIERO, s. m. ant. V. PENITENCIARIO. ‖ PENITENCIERO MAYOR, V. PENITENCIARIO. El cardenal.

PENITENTA, s. f. La muger que se confiesa sacramentalmente con algun sacerdote.

PENITENTE, adj. Que pertenece á la penitencia.

PENITENTE, s. c. La persona que hace penitencia. ‖ La persona que se confiesa sacramentalmente con algun sacerdote. ‖ fam. Compañero en alguna accion de gusto ó bellaquería. ‖ El que en las procesiones iba vestido de túnica haciendo alguna penitencia.

PENITENTÍSIMO, MA, adj. sup. de PENITENTE.

PENO, s. m. El natural de Cartago en África.

PENOL, s. m. *Náut.* La punta ó extremo de las vergas. ‖ APAGA PENOLES, Se usa para mandar largar los cabos con que se aseguran las velas por los penoles. ‖ Á TOCA PENOLES, Expr. de que se usa para dar á entender que una embarcacion pasa tan inmediata á otra que casi se roza con ella.

PENOSAMENTE, adv. Con pena y trabajo.

PENOSÍSIMAMENTE, adv. sup. de PENOSAMENTE.

PENOSÍSIMO, MA, adj. sup. de PENOSO.

PENOSO, SA, adj. Trabajoso, que causa pena ó cuesta gran dificultad. ‖ fam. Presumido de lindo ó de galan. ‖ Que padece alguna afliccion ó pena.

PENSADO, p. p. de PENSAR. ‖ DE PENSADO, De intento, con previa meditacion y estudio.

PENSAMIENTO, s. m. Potencia ó facultad de pensar. ‖ La accion y efecto de pensar. ‖ met. La suma ligereza ó prontitud. ‖ *Germ.* Bodegon. ‖ *Pint.* y *Esc.* El bosquejo de la primera idea ó invencion. ‖ Sospecha, malicia, recelo. ‖ BEBER LOS PENSAMIENTOS Á ALGUNO, fam. Adivinárselos para ponerlos prontamente en egecucion. ‖ DERRAMAR EL PENSAMIENTO, met. Divertirle, ocuparle con especies diversas y cosas diferentes. ‖ ENCONTRARSE CON LOS PENSAMIENTOS, Pensar dos ó mas personas una misma cosa sin haberlo comunicado entre sí. ‖ EN UN PENSAMIENTO, Brevísima ó prontamente. ‖ LEVANTAR EL PENSAMIENTO, Resolverse á emprender alguna accion heróica. ‖ NI POR PENSAMIENTO, Explica que alguna cosa ha estado tan lejos de egecutarse, que ni aun se ha ofrecido á la imaginacion.

PENSAR, v. a. Imaginar, meditar, considerar ó discurrir. ‖ Reflexionar, examinar con cuidado para formar dictámen. ‖ Intentar ó formar ánimo de hacer alguna cosa. ‖ Echar pienso á los animales. ‖ PENSAR EN LO ESCUSADO, Denota lo imposible ó muy dificultoso de alguna pretension ó intento. ‖ DAR EN QUE PENSAR, Dar ocasion ó motivo para sospechar que hay algo mas de lo que se manifiesta en alguna cosa. ‖ SIN PENSAR, De improviso ó inesperadamente.

PENSATIVO, VA, adj. Que medita con intension, y está absorto y embelesado.

PENSEQUE, s. m. fam. Error nacido de ligereza, descuido ó falta de meditacion.

PENSIER, s. m. Planta, V. TRINITARIA.

PENSIL, adj. Pendiente ó colgado en el aire.

* PENSIL, s. m. Jardin delicioso.

PENSION, s. f. La renta ó canon anual que perpetua ó temporalmente se impone sobre alguna finca. || Cantidad anual que el rey da por algun servicio especial. || Derecho de percibir cierta porcion de frutos de la mesa ó beneficio durante la vida del que le goza. || met. El trabajo, molestia ó cuidado que lleva consigo la posesion ó goce de alguna cosa. || PENSION BANCARIA, La que se cargaba en Roma sobre piezas eclesiásticas, y se aseguraba en el banco. || CASAR LA PENSION, Libertar el beneficio sobre que está impuesta la carga de la pension.

PENSIONADO, p. p. de PENSIONAR.

PENSIONADO, DA, s. m. y f. La persona que tiene ó cobra alguna pension.

PENSIONAR, v. a. Imponer alguna pension ó gravámen.

PENSIONARIO, s. m. El que paga alguna pension. || El consejero, abogado ó dignidad de letras en alguna república.

PENSIONISTA, s. c. El que tiene derecho á percibir y cobrar alguna pension. || El que está en algun colegio ó casa particular, y paga cierta pension.

PENSOSO, SA, adj. ant. V. PENSATIVO.

PENTÁGONO, s. m. *Geom.* Figura terminada por cinco lados ó líneas rectas.

PENTÁGRAMA, s. m. *Mús.* Las cinco líneas paralelas en que se escribe la música.

PENTÁMETRO, s. m. Verso latino que consta de cinco pies.

PENTATÉUCO, s. m. La parte de la biblia que comprende los cinco primeros libros del Viejo Testamento.

PENTECÓSTES, s. m. Festividad de la venida del Espíritu Santo.

PENTESÍLABO, s. m. Verso que consta de cinco sílabas.

PENÚLTIMO, MA, adj. Que está inmediatamente ántes de lo último ó postrero.

PENUMBRA, s. f. *Astron.* En los eclipses aquella sombra parcial que hay entre los espacios enteramente oscuros y enteramente iluminados.

PENURIA, s. f. La escasez de alguna cosa.

PEÑA, s. f. La piedra grande sin labrar segun la produce la naturaleza. || PEÑAS, pl. *Germ.* Avisa a alguno que se vaya ó huya. || PEÑAS Y BUEN TIEMPO, Y PEÑAS Y LONGARES, *Germ.* Irse muy lejos. || PEÑA VIVA, La que aun no está separada de la cantera. || DURAR POR PEÑAS, Por largo tiempo.

PEÑADO, s. m. ant. V. PEÑASCO ó PEÑA.

PEÑARSE, v. r. *Germ.* Irse huyendo.

PEÑASCAL, s. m. El sitio cubierto de peñascos.

PEÑASCO, s. m. Peña muy grande y elevada. || Cierta tela llamada así por ser de mucha duracion.

PEÑASCOSO, SA, adj. Que se aplica al sitio, lugar ó montaña donde hay muchos peñascos.

PEÑÍSCOLA, s. f. ant. V. PENÍNSULA.

PEÑO, s. m. ant. V. PRENDA.

PEÑOL, s. m. V. PEÑON. || *Náut.* V. PENOL.

PEÑOLA, s. f. ant. V. PLUMA.

PEÑON, s. m. aum. La peña grande ó el monte de peñas.

PEÑUELA, s. f. d. de PEÑA.

PEON, s. m. El que camina ó anda á pié. || Jornalero que trabaja en cosas materiales que no piden arte ni habilidad. || Infante ó soldado de á pié. || Pieza de madera de figura casi cónica, en cuyo extremo mas delgado está clavada una pua de hierro con que juegan los muchachos. || Pié de cuatro sílabas, tres breves y una larga. || Cualquiera de las piezas del juego de damas, ó cualquiera de las ocho delanteras del ajedrez. || Á PEON, fam. V. Á PIÉ.

PEONADA, s. f. Lo que un peon ú obrero trabaja en un dia. || PAGAR LA PEONADA, met. Corresponder egecutando alguna accion como en paga de otra semejante.

PEONAGE, s. m. Conjunto de peones ó soldados de infantería. || Conjunto de peones que trabajan en alguna obra.

PEONCILLO, s. m. d. de PEON.

PEONERÍA, s. f. Tierra que un hombre labra ordinariamente en un dia || ant. V. PEONAGE, 1ª A.

PEONERO, s. m. ant. Peon ó soldado de infantería.

PEONÍA, s. f. Planta medicinal muy comun en varias partes de España. || En

Indias es lo que se puede labrar en un dia. || La porcion de tierra ó heredad que despues de hecha la conquista de algun pais se solia asignar á cada soldado. || *Ar.* V. PEONADA.

PEONZA, s. f. Pieza de madera en figura cónica y sin punta de hierro, la cual baila azotada de una correa. || La persona chiquita y bulliciosa. || Á PEONZA, fam. V. Á PIÉ.

PEOR, adj. comp. irreg. Que es de mas mala condicion ó de inferior calidad.

PEOR, adv. Con peoría, con mas imperfeccion ó menoscabo respeto de otra cosa. || PEOR ES LO ROTO QUE LO DESCOSIDO, fam. Da á entender que entre dos daños uno es mayor que otro. || PEOR ESTÁ QUE ESTABA, Da á entender que alguna cosa mala é imperfecta, ó que estaba en mal estado, se ha puesto de mas mala calidad. || PEOR QUE PEOR, Se usa para significar que lo que se propone por remedio ó disculpa de alguna cosa, la pone de mas mala calidad.

PEORADO, p. p. de PEORAR.

PEORAR, v. a. ant. V. EMPEORAR.

PEORÍA, s. f. El menoscabo ó detrimento de alguna cosa, ó el aumento de daño ó mal que en ella se experimenta.

PEORMENTE, adv. Con peoría.

* PEPÁSTICO, CA, adj. *Med.* Que dispone los humores para una buena supuracion.

PEPIAN, s. m. V. PIPIAN.

PEPINAR, s. m. Sitio ó tierra sembrada de pepinos.

PEPINAZO, s. m. El golpe dado con el pepino, y el pepino muy grande.

PEPINICO, LLO, ITO, s. m. d. de PEPINO.

* PEPINILLOS, s. m. pl. Pepinos chicos en adobo.

PEPINO, s. f. Planta indígena de Egipto, y cultivada en todas las provincias de España. || El fruto de la planta del mismo nombre, que es comestible. || PEPINO DEL DIABLO, Planta, V. COHOMBRILLO. || NO DÁRSELE UN PEPINO, Expr. con que se desprecia alguna cosa, ó se da á entender que se hace poco caso de ella.

PIPION, s. m. Moneda menuda que se usó en Castilla en el siglo XIII.

PEPITA, s. f. La simiente de algunas frutas y legumbres, como del melon, pera, manzana, etc. || Enfermedad que da á las gallinas en la lengua. || Pedazo de oro puro y nativo. || La arena de oro que se halla en algunos rios. || PEPITA DE SAN IGNACIO, La semilla ó el hueso de un árbol indígeno de las Indias orientales. || NO TENER PEPITA EN LA LENGUA, fam. Da á entender que alguno habla con libertad y desahogo.

PEPITORIA, s. f. Guisado que se hace ordinariamente con los despojos de las aves. || met. El conjunto de cosas diversas y sin órden.

PEPITOSO, SA, adj. Que abunda en pepitas. || Se aplica á la gallina cuando padece pepita.

PEPON, s. m. V. SANDÍA.

PEQUEÑAMENTE, adv. Con pequeñez.

PEQUEÑEZ, s. f. La calidad de pequeño. || Infancia, corta edad.

PEQUEÑEZA, s. f. ant. V. PEQUEÑEZ.

PEQUEÑÍSIMO, MA, adj. sup. de PEQUEÑO.

PEQUEÑITO, TA, adj. d. de PEQUEÑO.

PEQUEÑO, ÑA, adj. Corto, limitado. || El que es de corta edad. || Bajo, abatido y humilde, como contrapuesto á los poderosos y soberbios. || met. Corto ó breve, aunque no sea corpóreo.

PEQUEÑUELO, LA, adj. d. de PEQUEÑO.

PEQUILLA, TA, s. f. d. de PECA.

PEQUIN, s. m. Tela de seda de China, cuyo tegido imita á la sarga.

PER, Preposicion inseparable que solo tiene uso en las composiciones de nombres y verbos.

PERA, s. f. El fruto del peral. || Aquella porcion de pelo que solia dejarse crecer en la punta de la barba. || met. Renta ó destino lucrativo y descansado. || PERA CALABACIL, Se da este nombre á toda las castas de peras que en su figura se asemejan á la calabaza vinatera. || COMO PERA EN TABAQUE, Dícese de aquellas cosas que se guardan con cuidado y delicadeza. || DAR PARA PERAS, fam. Amenaza que se ha de maltratar ó castigar á alguno. || ESCOGER COMO ENTRE PERAS, met. Nota al que cuidadosamente elige para sí lo mejor. || PARTIR PERAS CON ALGUNO, fam. Tratarle con familiaridad y llaneza. || PEDIR PERAS AL OLMO, fam. Se usa para explicar que en vano se esperaria de alguno lo que naturalmente no puede provenir de su educacion, de su carácter, etc. || PONER LAS PERAS Á CUARTO Ó Á OCHO, Estrechar á alguno obligándole á egecutar ó conceder lo que no queria.

PERADA, s. f. La conserva que se hace de la para rallada.

PERAILE, s. m. ant. V. PELAIRE.

PERAL, s. m. Árbol indígeno en varias partes de España, y cultivado con esmero por la delicadeza de su fruto, conocido con el nombre de pera.

PERALEDA, s. f. Sitio poblado de perales.

PERALEJO, s. m. Variedad del álamo blanco.

PERALTADO, p. p. de PERALTAR.

PERALTAR, v. a. *Arq.* Levantar el arco de una bóveda ó cúpula mas de lo que da de sí el semicírculo quedando en figura parabólica.

PERANTON, s. m. V. MIRABEL. ‖ Abanico, V. PERICON. ‖ met. y fam. La persona muy alta.

*PERAZA, s. f. Pera de un peral ingerto.

PERCA, s. f. Pescado de rio de color blanco, y de escamas delicadas. ‖ Pez, V. RAÑO.

PERCADOR, s. m. *Germ.* El ladron que hurta con ganzua.

PERCANCE, s. m. El provecho que los criados perciben ademas del salario fijo. ‖ PERCANCES DEL OFICIO, V. GAJES DEL OFICIO.

PERCANZAR, v. a. ant. Alcanzar, tocar, comprender.

PERCATAR, v. n. Pensar, considerar ó cuidar.

PERCEBIMIENTO, s. m. V. APERCEBIMIENTO.

PERCEPCION, s. f. Accion y efecto de percibir. ‖ La sensacion que resulta en el alma á virtud de una impresion material hecha en nuestros sentidos.

PERCEPTIBLE, adj. Que se puede comprender ó percibir.

PERCEPTIBLEMENTE, adv. Sensiblemente, de un modo perceptible.

PERCEPTIVO, adj. Que tiene virtud de percibir.

PERCHA, s. f. Madero ó estaca larga y delgada, que se atraviesa para sostener alguna cosa. ‖ Liston con unos bolillos ó medias lanas de madera ó hierro, que sirve para colgar en ellos las ropas ó vestidos. ‖ Accion y efecto de perchar el paño. ‖ Cierto lazo de que se sirven los cazadores para cazar perdices y otros pájaros.‖Entre cazadores una correa de donde cuelgan la caza, y la traen pendiente de los hombros.‖ V. ALCÁNDARA.‖En las tiendas de los barberos el madero ó hierro de que cuelgan las bacías. ‖ Pescado, V. PERCA. ‖ *Germ.* Posada ó casa, y tambien la uña sobre que los ladrones cortan la bolsa. ‖ PERCHAS, pl. *Naut.* Maderos en forma de un medio punto, que nacen desde el remate del costado de proa hasta el remate del tajamar. ‖ ESTAR EN PERCHA, Estar ya asido y asegurado lo que se deseaba coger y asegurar.

PERCHADO, p. p. de PERCHAR.‖PERCHADO, DA, adj. *Blas.* Se aplica á las aves puestas en ramas ó perchas.

PERCHAR, v. a. Colgar el paño tendido de costado y pasarle las cardas de palmar.

PERCHON, s. m. El pulgar largo del sarmiento que deja el podador en la vid.

PERCHONAR, v. n. Dejar en la cepa muchos pulgares largos, y con mas yemas que permiten las leyes de podar bien. ‖ Armar perchas ó lazos en el parage donde concurre la caza.

PERCIBIDO, p. p. de PERCIBIR.

PERCIBIR, v. a. Recibir alguna cosa y entregarse de ella. ‖ Recibir por alguno de los sentidos las especies ó impresiones del objeto.‖Comprender ó conocer alguna cosa.

PERCIBO, s. m. Accion y efecto de percibir ó recibir.

PERCOCERÍA, s. f. La obra menuda de plata, como sartales, cuentas, etc., y la de filigrana.

PERCUCIENTE, adj. Que hiere.

PERCUDIDO, p. p. de PERCUDIR.

PERCUDIR, v. a. Maltratar ó ajar la tez ó el lustre de las cosas.

PERCUSION, s. f. Accion y efecto del choque de un cuerpo con otro.

PERCUSOR, s. m. El que hiere.

PERDEDERO, s. m. Ocasion ó motivo de perder.

PERDEDOR, RA, s. m. y f. El que pierde.

PERDER, v. a. Dejar de tener lo que se poseia por culpa ó descuido del poseedor, ó por contingencia ó desgracia.‖Desperdiciar, disipar ó malgastar alguna cosa. ‖ No conseguirse ó imposibilitarse al logro de lo que ansiosamente se desea ó ama. ‖ Ocasionar algun daño á las cosas desmejorándolas ó deslucièndolas. ‖ Ocasionar á otro ruina ó daño. Padecer algun daño, ruina ó diminucion en lo material, inmaterial ó espiritual.‖Hablando de la guerra morir ó quedar prisionero algun sugeto principal ó parte de la tropa, ó quedar desbaratado el egército, ó apoderarse el enemigo de algun puesto. ‖ met. Decaer del concepto, credito ó estimacion en que se estaba. ‖ Junto con algunos nombres faltar á la obligacion de lo que significan, ó hacer alguna cosa en contrario. || PERDER EL COMER, ant. Perder el apetito. || NO SE PERDERÁ, Explica que alguno es inteligente en lo que maneja, y no se descuida en lo que es de su utilidad. || TENER QUE PERDER, Explica que algun sugeto es de estimacion y crédito, y que en cualquier lance expone mucho si se arriesga.

PERDERSE, v. r. Errar el camino ó rumbo que se llevaba. || No hallar camino ni salida. || met. No hallar modo de salir de alguna dificultad. || Conturbarse ó arrebatarse sumamente por algun accidente, sobresalto ó pasion. || Entregarse libremente á los vicios. || Borrarse la especie que se sigue ó trata en alguna oracion. || No percibirse alguna cosa por el sentido de que es objeto, especialmente el oido y la vista. || No aprovecharse alguna cosa que podia y debia ser útil, ó aplicarse mal para otro fin || Naufragar ó irse á pique. || Ponerse á riesgo de perder la vida ó sufrir otro grave daño. || Amar mucho ó con ciega pasion. || Dejar con el tiempo de tener uso ó estimacion las cosas que se apreciaban ó se egercitaban. || Padecer algun daño ó ruina espiritual ó corporal || Hablando de las aguas corrientes ocultarse o esconderse debajo de tierra ó entre peñas ó yerbas.

PERDICION, s. f. Acto de perder ó perderse. || Ruina ó daño grave. || La pasion desenfrenada de amor. || La condenacion eterna. || El desbarate ó desarreglo en las costumbres ó en el uso de los bienes temporales. || La cosa ó sugeto que ocasiona algun daño.

PÉRDIDA, s. f. Carencia, privacion de lo que se poseia. || El daño ó menoscabo que se recibe en alguna cosa. || La cantidad ó cosa perdida. || IR Ó ESTAR Á PÉRDIDAS Y GANANCIAS, Exponer alguna cantidad de dinero teniendo parte en el daño ó utilidad que resulte.

PERDIDAMENTE, adv. Con exceso, con abandono é inconsideradamente. || Inútilmente, sin provecho.

PERDIDÍSIMO, MA, adj. sup. de PERDIDO.

PERDIDIZO, ZA, adj. Que se finge que se pierde. || HACERSE PERDIDIZO, Se dice de aquel que voluntariamente dispone el perder por complacer al contrario á quien debe respeto ó atencion.

PERDIDO, p. p. de PERDER. || PERDIDO, DA, adj. El que pierde. || Que no tiene ó lleva destino determinado. || PERDIDA COSA ó COSA PERDIDA, Da á entender que alguna persona es descuidada ó incorregible. || DE PERDIDA, Con riesgo, disposicion ó principio de perder. || IR PERDIDO, met. Confiesa ó previene la ventaja en las conpetencias con otro, especialmente en los juegos de habilidad. || SER UN PERDIDO, Se usa para explicar la demasiada franqueza ó liberalidad de alguno.

PERDIDOSO, SA, adj. Que pierde ó padece alguna pérdida.

PERDIGADO, p. p. de PERDIGAR.

PERDIGANA, s. f. *Ar.* V. PERDIGON.

PERDIGAR, v. a. Poner sobre las brasas la perdiz ú otra ave ó vianda ántes de asarla para que se conserve sin dañarse. || Preparar la carne en cazuela con alguna grasa para que esté mas sustanciosa. || met. Disponer alguna cosa para algun fin.

PERDIGON, s. m. El pollo de la perdiz o la perdiz cuando es nueva. || La perdiz macho que ponen para reclamo. || El mozo que malbarata su hacienda, desatentado y de poco juicio. || Cada uno de los granos de plomo que en la municion menuda sirve pare cargar las escopetas y matar la caza menor. || CAZAR CON PERDIGONES DE PLATA, fam. Se suele decir de los que compran la caza y quieren pasar por cazadores.

PERDIGONCICO, LLO, TO, s. m. d. de PERDIGON.

PERDIGUERO, RA, adj. Se aplica al perro ú otro animal que caza perdices. || V. PERRO. || Dícese del recobero que compra de los cadazores la caza para revenderla.

* **PERDIMENTO**, s. m. V. PERDICION, PÉRDIDA.

PERDIMIENTO, s. m. V. PERDICION ó PÉRDIDA.

PERDIZ, s. f. Ave que se cria en gran número en todas las provincias de España y cuya carne es muy sustanciosa, sana y agradable. || PERDIZ BLANCA, Especie de perdiz que se diferencia de la comun principalmente en tener las piernas y los pies cenicientos. || La perdiz patiblanca. || PERDIZ PATIBLANCA, Ave no rara en los paises frios de España, especie de perdiz. || PERDIZ PARDILLA, Variedad de la perdiz comun, y que vuela mas. || PERDIZ REAL, Dásele este nombre á la comun para distinguirla de las otras. || PERDICES EN CAMPO RASO, Da á entender que alguna cosa es dificultosa de conseguir. || OLER Á PERDICES, Previene á alguno que es muy natural ó contingente que pierda en el juego ó en lo que solicita ganancia. || ó PERDIZ Ó NO COMERLA, Significa que cuando se pretenden las cosas con razon se debe poner la mira en lo mas útil y glorioso.

PERDON, s. m. La remision de la deuda, injuria ú otra cosa que se debia. || V. INDULGENCIA. || La gota de aceite, cera ú otra cosa que cae ardiendo. || CON PERDON, Con licencia, ó sin nota ó reparo.

PERDONABLE, adj. Digno de perdon.

PERDONADO, p. p. de PERDONAR.

PERDONADOR, RA, s. m. y f. El que perdona ó remite.

PERDONAMIENTO, s. m. ant. V. PERDON.

PERDONANTE, p. a. de PERDONAR, Que perdona.

PERDONANZA, s. f. ant. V. PERDON. || Disimulo.

PERDONAR, v. a. Remitir la deuda, injuria ú otra cosa. || Exceptuar á alguno de lo que comunmente se egecuta con todos. || Se usa para despedir á los pobres cuando no se les da limosna.

PERDONAVIDAS, s. m. fam. Baladron que ostenta guapezas, y se jacta de valentías ó atrocidades.

PERDULARIO, RIA, adj. Sumamente descuidado en sus intereses ó en su persona.

PERDURABLE, adj. Perpetuo ó que dura siempre. || Que dura mucho tiempo.

* PERDURABLE, s. f. Tegido, V. ROMPECOCHES.

PERDURABLEMENTE, adv. Eternamente, perennemente, sin fin.

PERECEAR, v. a. Dilatar, retardar, diferir alguna cosa por flojedad, negligencia ó pereza.

PERECEDERO, RA, adj. Poco durable, que ha de perecer ó acabarse.

PERECEDERO, s. m. Necesidad, estrechez ó miseria en las cosas precisas para el sustento humano.

PERECER, v. n. Acabar, fenecer, dejar de ser. || Padecer algun daño, trabajo, fatiga ó molestia de alguna pasion que reduce al último extremo. || met. Padecer alguna ruina espiritual. || Apetecer, desear con anhelo, amar con vehemencia. || Tener suma pobreza.

PERECERSE, v. r. Desear ó apetecer con ansia. || Padecer con violencia algun efecto ó pasion.

PERECIDO, p. p. de PERECER. || PERECIDO, DA, adj. Que padece con violencia alguna cosa, ó el afecto de alguna pasion.

PERECIENTE, p. a. de PERECER, Que perece.

PERECIMIENTO, s. m. Acto de perecer.

PEREGIL, s. m. Yerba perenne que tiene la raiz larga, recta y blanca, y cuyas hojas se usan como condimento, y la semilla y la raiz son de uso en la farmacia. || met. El adorno ó compostura demasiada. || PEREGILES, pl. met. Los connotados de dignidad ó empleos, que juntos con alguno mas principal condecoran á algun sugeto. || PEREGIL MARINO Ó DE MAR, V. HINOJO MARINO.

* PEREGRINA, s. f. Cierta planta.

PEREGRINACION, s. f. Viage por tierras distantes de la patria propia. || El viage que se hace á algun santuario por devocion ó por voto. || met. El tiempo de esta vida, en que se está de paso para la eterna.

PEREGRINAGE, s. m. V. PEREGRINACION.

PEREGRINAMENTE, adv. De un modo raro, extraño, extraordinario, ó con gran primor.

PEREGRINANTE, p. a. de PEREGRINAR, Que peregrina.

PEREGRINAR, v. n. Andar alguno por tierras distantes de su patria. || Ir en romería á algun santuario. || met. Estar en esta vida, en que se camina á la patria celestial.

PEREGRINIDAD, s. f. La especialidad de alguna cosa por rara ó pocas veces vista.

PEREGRINO, NA, adj. Que anda por tierras extrañas ó léjos de su patria. || Que por devocion ó por voto va á visitar algun santuario. || met. Extraño, especial, raro ó pocas veces visto. || met. Que está en esta vida mortal y camina á la eterna. || V. PASAGERO, hablando de aves. || Llaman los astrónomos á cualquier planeta cuando está en un lugar del zodiaco, donde no tiene dignidad alguna.

PERENDECA, s. f. fam. V. RAMERA.

PERENDENGUE, s. m. Adorno que se ponen las mugeres pendiente de la punta de las orejas.

* PERENE, adj. c. V. PERENNE.

PERENNAL, adj. V. PERENNE. || Se aplica al continuamente loco ó que no tiene intervalos.

PERENNALMENTE, adv. V. PERENNEMENTE.

PERENNE, adj. Continuo, incesante, que no tiene intermision.

PERENNEMENTE, adv. Incesantemente, continuadamente.

PERENNIDAD, s. f. Perpetuidad, continuacion incesable.

PERENTORIAMENTE, adv. Con término perentorio.

PERENTORIO, RIA, adj. Dícese de lo último que se concede ó determina en cualquier línea. ‖ Concluyente, decisivo, terminante.

PERERO, s. m. Instrumento de que se usaban antiguamente para mondar fruta.

PEREZA, s. f. Negligencia, tedio ó descuido en las cosas á que estamos obligados. ‖ Flojedad, descuido, negligencia. ‖ Tardanza ó pesadez en las acciones ó movimientos. ‖ La dificultad de levantarse de la cama ó del asiento. ‖ PEREZA ¿ QUIERES SOPAS ? fam. Reprende al que por desidia ó negligencia deja ó pierde aquello que le conviene.

PEREZOSAMENTE, adv. Lentamente, flojamente, con pereza y tardanza.

PEREZOSÍSIMO, MA, adj. sup. de PEREZOSO.

PEREZOSO, SA, adj. Negligente, descuidado, ó flojo. ‖ Tardo, lento ó pesado en el movimiento ó en la accion. ‖ Que por demasiado afecto á dormir se levanta con repugnancia de la cama.

PERFECCION, s. f. El acto de acabar ó perfeccionar alguna cosa. ‖ El grado de excelencia ó bondad á que puede llegar alguna cosa en su línea. ‖ El conjunto de partes que necesita alguna cosa para su entero complemento sin que le falte nada. ‖ Gracia, dote ó prenda especial en alguna persona ‖ Hermosura ó belleza. ‖ El alto grado de virtud, ó exacta observancia de la ley ó modo de vida que se profesa. ‖ Á LA PERFECCION, Completamente, perfectamente.

PERFECCIONADO, p. p. de PERFECCIONAR.

PERFECCIONAR, v. a. Acabar enteramente alguna cosa, dándole toda su perfeccion, puliéndola.

PERFECTAMENTE, adv. Cabalmente, sin falta, con perfeccion, pulidez ó esmero.

PERFECTÍSIMAMENTE, adv. sup. de PERFECTAMENTE.

PERFECTÍSIMO, MA, adj. sup. de PERFECTO.

PERFECTIVO, VA, adj. Que da ó puede dar perfeccion.

PERFECTO, TA, adj. Acabado ó cumplido en su línea. ‖ met. El que tiene el alto grado de virtud en la vida cristiana ó religiosa. ‖ Hermoso, pulido y bien formado. ‖ Hábil ó diestro en algun empleo ó arte. ‖ Que tiene el grado mayor de excelencia ó bondad en su línea. ‖ *Gram.* Se aplica á los tiempos que definen y perfectamente significan el estado absoluto de las cosas.

PERFECTO, s. m. La mejora ó adelantamiento que se da á alguna posesion ó heredad.

PERFICIENTE, adj. Que perfecciona.

PÉRFIDAMENTE, adv. Con perfidia ó infidelidad.

PERFIDIA, s. f. Deslealtad, traicion ó quebrantamiento de la fe debida.

PERFIDÍSIMO, MA, adj. sup. de PÉRFIDO.

PÉRFIDO, DA, adj. Desleal, infiel ó traidor.

PERFIL, s. m. *Pint.* Lo último de la figura que se comprende con un hilo imaginario, dentro del cual se contiene todo lo demas. ‖ *Arq.* La delineacion de la superficie de cualquier cuerpo segun su latitud y altura. ‖ Adorno sutil y delicado, especialmente el que se pone al canto ó extremo de alguna cosa. ‖ El rasguito en que rematan las letras. ‖ La postura que se hace con el cuerpo ladeándole enteramente. ‖ PERFIL OBLICUO, *Arq.* El que se erige sobre planos ó suelos inclinados, ó se termina en los mismos. ‖ PERFIL RECTO, *Arq.* El que se erige sobre planos horizontales, y se termina en ellos, formando ángulos rectos. ‖ CORROMPER LOS PERFILES, *Pint.* No ajustarse el aprendiz al dibujo del maestro. ‖ MEDIO PERFIL, *Pint.* La postura ó figura del cuerpo que no está enteramente ladeado. ‖ PASAR PERFILES, *Pint.* Afianzar el dibujo estarcido, pasándole con lápiz ó pluma ó cosa semejante. ‖ TOMAR PERFILES, *Pint.* Señalar con lápiz en un papel trasparente puesto sobre una pintura ó estampa los contornos de ella.

PERFILADO, p. p. de PERFILAR. ‖ PERFILADO, DA, adj Se aplica á la nariz perfecta y bien formada y al rostro adelgazado, y largo en proporcion.

PERFILADURA, s. f. Accion de perfilar, el mismo perfil.

PERFILAR, v. a. *Pint.* Dar el perfil ó sacar los perfiles.

PERFILARSE, v. r. Ladearse enteramente.

PERFOLIATA, ó PERFOLIADA, s. f. Planta, V. CORAZONCILLO.

PERFUMADERO, s. m. V. PERFUMADOR.

PERFUMADO, p. p. de PERFUMAR.

PERFUMADOR, RA, s. m. y f. El que confecciona ó compone cosas olorosas para perfumar. || Vasija con su cubierta llena de agujeros, dentro de la cual se meten confecciones olorosas para perfumar.

PERFUMAR, v. a. Sahumar, aromatizar alguna cosa quemando materias olorosas. || met. Dar ó esparcir cualquier olor bueno ó malo.

PERFUME, s. m. La materia odorífera y aromática que puesta al fuego echa de sí un humo fragante y oloroso. || El mismo humo ú olor que arrojan de sí las materias olorosas. || met. Cualquiera materia cuando arroja de sí algun olor bueno ó malo y el mismo olor.

PERFUMERÍA, s. f. El lugar donde se hacen y venden los perfumes, ó se adoban las ropas ó pieles con olores.

PERFUMERO, RA, s. m. y f. V. PERFUMISTA.

PERFUMISTA, s. m. y f. El que hace ó vende los perfumes.

PERFUNCTORIAMENTE, adv. De paso, superficialmente, con ligereza ó por encima.

PERFUNCTORIO, RIA, adj. Que pasa ligeramente sin hacer impresion en el ánimo.

PERGAMINERO, s. m. El que trabaja ó trata en pergaminos.

PERGAMINO, s. m. La piel de la res limpia del vellon, de la humedad y jugo de la carne, raida, adobada y estirada.

PERGENIO, s. m. V. PERGEÑO.

PERGEÑADO, p. p. de PERGEÑAR.

PERGEÑAR, v. a. fam. Disponer ó egecutar alguna cosa con habilidad y acierto.

PERGEÑO, s. m. fam. Disposicion, habilidad ó destreza en egecutar las cosas.

PERIAMBO, s. m. Pié de verso latino, que consta de un troqueo y un tribaquio.

PERICARDIO, s. m. *Anat.* Una bolsa membranosa que cubre el corazon.

PERICARPIO, s. m. *Bot.* La película que cubre el fruto ó las semillas de varias plantas.

PERICIA, s. f. Sabiduría, práctica, experiencia y habilidad en alguna ciencia ó arte.

PERICO, s. m. Especie de tocado. || Especie de papagayo indígeno de América. || En el juego del truque el caballo de bastos. || PERICO ENTRE ELLAS, Apodo que dan al que gusta de estar siempre entre mugeres. || PERICO LIGERO, Cuadrúpedo de las tierras meridionales del nuevo continente, á quien dan este nombre por lo poco que anda, aunque al parecer camina sin cesar.

PERICON, NA, adj. Se aplica al que suple por todos.

PERICON, s. m. En el juego de quínolas el caballo de bastos. || Especie de abanico muy grande.

PERICRÁNEO, s. m. *Anat.* Membrana que cubre el cráneo.

PERIECOS, s. m. pl. *Geom.* Los que viven en puntos diametralmente opuestos de un mismo paralelo de latitud.

PERIFERIA, s. f. V. CIRCUNFERENCIA.

PERIFOLLO, s. m. Planta anual que crece de suyo en algunas provincias de España, y que cultivan en varias partes para salsas, ensaladas y otros usos. || Planta perenne no rara en los prados de algunas provincias de España, de gusto agradable, y que se emplea para aderezar ensaladas. || PERIFOLLOS, pl. Adornos mugeriles, alfileres, atavíos en el prenderse y tocarse las mugeres.

PERIFRASEADO, p. p. de PERIFRASEAR.

PERIFRASEAR, v. a. Usar de perífrasis.

PERÍFRASI, s. f. V. PERÍFRASIS.

PERÍFRASIS, s. f. *Ret.* Figura V. CIRCUNLOCUCION.

PERIGALLO, s. m. El pellejo que con exceso pende de la barba ó de la garganta. || La cinta de color sobresaliente que llevaban las mugeres en la parte superior de la cabeza || Una especie de honda hecha de un simple bramante. || fam. La persona alta y delgada. || *Náut.* El cabo que sirve para suspender por medio un toldo.

PERIGEO, s. m. *Astron.* El punto en que un planeta se halla con su órbita mas próximo á la tierra.

PERIHELIO, s. m. *Astron.* El punto en que un planeta se halla mas inmediato al sol.

PERILLA, s. f. d. de PERA. || Cualquier adorno que se hace en figura de pera. || DE PERILLA, Á propósito ó conforme.

PERILLAN, NA, adj. fam. *Pícaro*, astuto y vagabundo.

PERILLO, s. m. Bolillo de masa dulce hecho en forma de panecillo.

PERILUSTRE, adj. ant. Muy ilustre.

PERÍMETRO, s. m. *Geom.* V. ÁMBITO.

PERÍNCLITO, TA, adj. ant. Grande, heróico, inaudito en sumo grado.

PERINEO, s. m. *Anat.* El espacio que hay en el cuerpo humano á modo de canal desde el orificio hasta las partes naturales.

PERINEUMONIA, s. f. *Med.* V. PULMONIA.

PERINEUMÓNICO, CA, adj. *Med.* V. PULMONIACO.

PERINOLA, s. f. Piececita pequeña de madera ú otra materia, que tiene cuatro caras iguales con las letras S. P. D. T., y sirve para jugar, haciéndola bailar. ‖ met. fam. La muger pequeña de cuerpo y viva.

PERIÓDICAMENTE, adv. Con cierto periodo.

PERIÓDICO, CA, adj. Que pertenece al periodo.

PERIÓDICO, s. m. La obra ó papel que se publica en ciertos dias ó por tiempo determinado.

PERIODISTA, s. m. Compositor, autor ó editor de algun periódico.

PERÍODO, s. m. Cierto y determinado número de años, meses ó dias, etc., en que alguna cosa vuelve al mismo estado ó parage. ‖ El espacio de determinado tiempo que incluye toda la duracion de alguna cosa. ‖ La cláusula entera y perfecta de la oracion. ‖ *Cron.* Cierta medida y espacio de tiempo, respecto del cual se cuentan y calculan los años. ‖ *Astron.* El tiempo en que cualquiera estrella ó planeta hace su revolucion entera ó vuelve al mismo punto del cielo. ‖ *Med.* El tiempo que dura la calentura desde su crecimiento hasta la remision.

PERIOSTIO, s. m. *Anat.* Membrana ó película delgada que rodea casi todos los huesos.

PERIPATÉTICO, CA, adj. Que sigue la filosofia ó doctrina de Aristóteles, y perteneciente á este sistema ó secta. ‖ fam. Ridículo ó extravagante en sus dictámenes ó máximas.

* **PERIPATETISMO**, s. m. Doctrina de los peripatéticos.

PERIPATO, s. m. El sistema de Aristóteles, cabeza de los PERIPATÉTICOS.

PERIPECIA, s. f. Mudanza repentina de un estado á otro en los personages del drama.

PERÍPTERO, adj. Entre los antiguos se aplicaba al templo que tenia seis columnas en el frontispicio, seis á la espalda y once á cada costado.

PERIPUESTO, TA, adj. fam. Que se adereza y viste con demasiada delicadeza y afectacion.

PERIQUILLO, s. m. Especie de dulce de solo azúcar.

PERIQUITO, s. m. Especie pequeña de papagayo que se cria en el Brasil.

PERISCIOS, s. m. *Geog.* Los habitantes de las zonas frias.

PERISOLOGIA, s. f. En la retórica REDUNDANCIA.

PERISTÁTICO, CA, adj. *Med.* Se aplica al movimiento de contraccion ó compresion que hacen los intestinos para expeler los excrementos.

PERISTILO, s. m. Entre los antiguos era un lugar rodeado por la parte interior de columnas como los atrios.

PERITÍSIMO, MA, adj. sup. de PERITO.

PERITO, TA, adj. y s. Sabio, experimentado, hábil, práctico en alguna ciencia ó arte.

PERITÓNEO, s. m. *Anat.* Tela que cubre por dentro todo el vientre, y da una túnica á todas las partes contenidas.

PERJUDICADO, p. p. de PERJUDICAR.

PERJUDICADOR, RA, s. m. y f. El que perjudica.

PERJUDICANTE, p. a. de PERJUDICAR. Que perjudica.

PERJUDICAR, v. a. Hacer daño, causar pérdida ó perjuicio á otro.

PERJUDICIABLE, adj. ant. V. PERJUDICIAL.

PERJUDICIAL, adj. Dañoso y que causa ruina y menoscabo ó perjuicio. ‖ for. Se dice de la accion ó excepcion que ante todas cosas se debe examinar, definir.

PERJUDICIALÍSIMAMENTE, adv. sup. de PERJUDICIALMENTE. Con mucho ó grave perjuicio.

PERJUDICIALÍSIMO, adj. sup. de PERJUDICIAL.

PERJUDICIALMENTE, adv. Con perjuicio.

PERJUICIO, s. m. El daño, pérdida ó menoscabo que se recibe ó causa.

PERJURADOR, RA, s. m. y f. V. PERJURO.

PERJURAR, v. n. Jurar en falso. ‖ Jurar mucho ó por vicio, ó por añadir fuerza al juramento, como maldiciéndose.

PERJURARSE, v. a. Faltar á la fe ofrecida en el juramento.

PERJURIO, s. m. El delito de jurar falso, ó el acto de perjurarse.

PERJURO, RA, adj. Que jura falso ó quebranta maliciosamente el juramento que ha hecho.

PERJURO, s. m. V. PERJURIO.

PERLA, s. m. Concrecion que se forma en lo interior de la concha conocida con el nombre de madreperla. ‖ met. Cosa preciosa ó exquisita en su clase. ‖ DE PERLAS, Perfectamente, de molde.

PERLÁTICO, CA, adj. Que padece la enfermedad de perlesía y perteneciente á ella.

PERLERÍA, s. f. El conjunto de muchas perlas.

PERLESÍA, s. f. Resolucion ó relajacion de los nervios, en que pierden su vigor, y se impide su movimiento y sensacion.

PERLEZUELA, s. f. d. de PERLA.

PERLICA, LLA, TA, s. f. d. de PERLA.

PERLONGAR, v. n. *Náut.* Ir navegando por una costa de luengo.

• PERMANECEDERO, RA, adj. Permanente, durable.

PERMANECER, v. n. Durar establemente ó persistir en el mismo estado ó calidad sin mutacion.

PERMANECIENTE, p. a. de PERMANECER, V. PERMANENTE.

PERMANENCIA, s. f. Duracion firme, constancia, perseverancia, estabilidad é inmutabilidad.

PERMANENTE, adj. Que permanece, estable, inmutable, constante.

PERMANSION, s. f. V. PERMANENCIA.

PERMISIBLE, adj. Que se puede permitir.

PERMISION, s. f. El acto de permitir. ‖ *Ret.* Figura con que el orador concede algunas razones, en que se funda la opinion contraria.

PERMISIVAMENTE, adv. Con consentimiento tácito, sin licencia expresa.

PERMISIVO, VA, adj. Que incluye facultad ó licencia.

PERMISO, p. p. irreg ant. de PERMITIR.

PERMISO, s. m. Licencia ó consentimiento para hacer ó decir alguna cosa.

PERMISOR, s. m. V. PERMITIDOR.

PERMISTION, s. f. Mezcla de algunas cosas regularmente líquidas.

PERMITENTE, p. a. de PERMITIR, Que permite, consiente.

PERMITIDERO, RA, adj Que se puede permitir.

PERMITIDO, p. p. de PERMITIR.

PERMITIDOR, RA, s. m. y f. El que consiente, sufre, tolera disimula ó permite.

PERMITIR, v. a. Consentir ó tolerar alguna cosa, no oponerse á ella. ‖ No impedir lo que se pudiera y debiera evitar. ‖ En las escuelas y en la oratoria vale conceder alguna cosa como si fuera verdadera. ‖ *Teol.* Concurrir físicamente á la operacion de alguna cosa, aun siendo mala, sin voluntad ó amor ó deseo de ella.

PERMITIRSE, v. r. Dejarse ver, mostrarse benigno y favorable.

PERMUTA, s. f. Trueque ó cambio de una cosa por otra. ‖ Renuncia que dos hacen de sus beneficios en manos del ordinario eclesiástico, con súplica recíproca para que de libremente el beneficio del uno al otro.

PERMUTACION, s. f. V. PERMUTA. ‖ PERMUTACIONES, pl. *Arit.* Especie de combinaciones.

PERMUTADO, p. p. de PERMUTAR.

PERMUTAR, v. a. Trocar, cambiar una cosa por otra. ‖ En la geometría ALTERNAR.

PERNA, s. f. Marisco cuyas valvas son de unas tres pulgadas de largo, y de una y media de ancho, y de figura parecida á la de la pierna del hombre.

PERNADA, s. f. El golpe que se da con la pierna, ó el movimiento violento que se hace con ella.

PERNAZA, s. f. aum. de PIERNA.

PERNEADOR, adj. Se aplica al que tiene muchas fuerzas en las piernas.

PERNEAR, v. n. Mover violentamente las piernas. ‖ Andar mucho y con fatiga en la solicitud de algun negocio. ‖ met. Impacientarse é irritarse, ponerse en cólera.

PERNEAR, v. a. Poner á vender el ganado de cerda en la feria por cabezas.

PERNERÍA, s. f. *Mar.* El conjunto ó provision de pernos.

PERNETAS (EN), Desnudas las piernas.

PERNETE, s. m. d. de PERNO.

PERNIABIERTO, TA, adj. Que tiene las piernas abiernas ó apartadas una de otra.

PERNICHO, s. m. *Germ.* Postigo.

PERNICIOSAMENTE, adv. Perjudicialmente, con muy grave daño.

PERNICIOSISIMO, MA, adj. sup. de PERNICIOSO.

PERNICIOSO, SA, adj. Gravemente dañoso y perjudicial.

PERNIGON, s. m. Ciruela redonda y tierna que viene de Génova en dulce.

PERNIL, s. m. El anca y muslo del animal. || Por antonomasia se entiende el del puerco.

PERNIO, s. m. El gozne que se pone en las puertas y ventanas.

PERNIQUEBRADO, p. p. de PERNIQUEBRAR.

PERNIQUEBRAR, v. a. Romper, quebrar las piernas.

PERNITUERTO, TA, adj. Se aplica al que tiene las piernas torcidas.

PERNO, s. m. Clavo redondo, y de cabeza grande y casi redonda. || Medio gozne á modo de escarpia, que sirve para quitar y poner las ventanas ó puertas con facilidad.

PERNOCHAR, v. n. ant. V. PERNOCTAR.

PERNOCTAR, v. n. Pasar la noche.

* PERNOCTERO, s. m. Especio de águila.

PERO, s. m. Variedad de la manzana comun. || Variedad del manzano comun. || El árbol que lleva los peros. || PERO GIMEN ó PERO GIMENEZ, Variedad ó casta de uva. || ESE PERO NO ESTÁ MADURO, Previene á alguno para que no prosiga en la contradiccion que hace, por no ser ocasion ó tener inconveniente.

PERO, Conj. adversativa con que se contrapone el extremo de una oracion al de otra, moderando su sentido ó destruyéndole. || Suele usarse como sustantivo, y significa defecto, como fulano no tiene PERO.

PEROGRULLADA, s. f. fam. La verdad y especie que por notoriamente sabida es necedad y simpleza el decirla.

* PEROGRULLO (VERDAD DE), V. PEROGRULLADA.

PEROL, s. m. Utensilio de metal muy abierto de boca y en figura de una media esfera, que sirve para cocer diferentes cosas.

PEROLILLO, s. m. d. de PEROL.

PERONE, s. m. La canilla menor de la pierna.

PERORACION, s. f. Compendio ó recopilacion de las razones que se han expuesto para prueba de algun asunto.

PERORAR, v. n. Concluir ó cerrar la oracion ó discurso recopilando todas las razones que se han traido para su prueba ó exornacion. || Decir ó hablar de alguna materia en estilo oratorio. || met. Pedir con instancia ó eficazmente.

* PERORATA, s. f. Arenga, discurso fastidioso. || ECHAR PERORATAS, Arengar, hablar mucho y con énfasis ó afectacion.

PEROTE, s. m. d. de PERO.

PERPEJANA, s. f. V. PARPALLA.

PERPENDICULAR, adj. *Geom.* Dícese de la línea ó plano que cae sobre otra línea ú otro plano, haciendo ángulos iguales á entrámbas partes. || PERPENDICULAR Á LA PARÁBOLA, Dícese de la línea recta, que cortando la parábola en un punto, es perpendicular á la tangente que pasa por dicho punto.

PERPENDICULARMENTE, adv. Rectamente, derechamente, sin torcerse, cayendo hácia abajo.

PERPENDÍCULO, s. m. *Estat.* V. PÉNDULO.

PERPETRACION, s. f. Acto de perpetrar ó cometer algun delito.

PERPETRADO, p. p. de PERPETRAR.

PERPETRADOR, RA, s. m. y f. Agresor, ó el que comete algun delito ó culpa.

PERPETRAR, v. a. Hacer ó cometer algun delito ó culpa.

PERPETUA, s. f. Planta indígena de la India, y cultivada para adorno de los jardines, cuya flor, arrancada de la planta, persiste meses enteros sin padecer alteracion. || PERPETUA AMARILLA, Planta que crece de suyo en varias partes de España, cuyas flores, separadas de la planta, se conservan meses enteros sin alteracion. || Planta indígena del África, que se diferencia de la del mismo nombre, que es indígena de España, en tener las hojas mas anchas.

PERPETUACION, s. m. Accion de perpetuar.

PERPETUADO, p. p. de PERPETUAR.

PERPETUAL, adj. ant. V. PERPETUO.

PERPETUALIDAD, s. f. ant. V. PERPETUIDAD.

PERPETUALMENTE, adv. ant. V. PERPETUAMENTE.

PERPETUAMENTE, adv. Perdurablemente, para siempre.

PERPETUAN, s. m. Cierto género de tela de lana.

PERPETUAR, v. a. Hacer perpetuo ó perdurable.

PERPETUIDAD, s. f. Duracion sin fin.

PERPETUO, TUA, adj. Que dura y permanece para siempre.

PERPIAÑO, s. m. La piedra que atraviesa toda la pared.

PERPLEJAMENTE, adv. Confusamente, dudosamente, con irresolucion.

PERPLEJIDAD, s. f. Irresolucion, duda ó confusion de lo que se debe hacer en alguna cosa.

PERPLEJO, JA, adj. Dudoso, incierto, irresoluto, confuso.

PERPUNTE, s. m. Jubon fuerte, colchado con algodon y pespuntado, para preservar el cuerpo de las armas blancas.

PERQUE, s. m. Libelo infamatorio.

PERQUIRIDO, p. p. de PERQUIRIR.

PERQUIRIR, v. a. ant. Buscar alguna cosa con cuidado y diligencia.

PERRA, s. f. La hembra del perro. || met. La borrachera. || LA PERRA LE PARIRÁ LECHONES, fam. Pondera la felicidad de alguno, que aun de las cosas en que parece no podia tener utilidad saca provecho ó conveniencia. || SOLTAR LA PERRA, Jactarse de alguna cosa ántes de su logro.

PERRADA, s. f. Conjunto de perros. || Accion villana. || Hartazgo de uvas en la misma viña por la mañana.

PERRAMENTE, adv. Muy mal.

PERRAZO, s. m. aum. de PERRO.

PERREDA, s. f. ant. V. PERRERA, 2ª A.

PERRENQUE, s. m. fam. El que con facilidad y vehemencia se enoja, encoleriza ó emperra. || El negro.

PERRERA, s. f. El lugar donde se guardan ó encierran los perros de caza. || El empleo ú ocupacion que tiene mucho trabajo ó molestia y poca utilidad. || Mal pagador. || La mula ó caballo que estan ya muy viejos, cansados y flacos.

PERRERÍA, s. f. Muchedumbre de perros. || El conjunto ó agregado de personas malvadas. || Expresion ó demostracion de enojo, enfado ó ira.

PERRERO, s. m. El que en las iglesias catedrales tiene cuidado de echar fuera de ellas los perros. || El que cuida ó tiene á su cargo los perros de caza. || El que es muy aficionado á tener ó criar perros. || met. El que engaña á otro.

PERREZNILLO, LLA, s. m. y f. d. de PERREZNO.

PERREZNO, s. m. El perrillo ó cachorro.

PERRICO, ICA, ILLO, ILLA, TO, TA, s. m. d. de PERRO.

PERRILLO, s. m. GATILLO en las armas de fuego. || Pieza de hierro en forma de media luna, que se pone á los machos y mulas en la barbada para que levanten la cabeza. || PERRILLO DE FALDA, El perro pequeño que suelen tener las mugeres en las faldas. || PERRILLO RAPOSERO, Especie de podenco, que sirve para levantar la caza mayor. || PERRITO DE TODAS BODAS, El que gusta de hallarse en todas las fiestas y concursos de diversion.

PERRO, s. m. Cuadrúpedo, que no se encuentra sino domesticado ó nacido de castas domesticadas, y que habiéndolo sido desde tiempo inmemorial, se halla tan alterado, que se ignora cual haya sido su forma primitiva. || met. Nombre que se da por ignominia, afrenta y desprecio, especialmente á los moros y judios. || met. Tenaz, firme y constante en alguna opinion ó empresa. || El engaño ó daño que se padece en algun ajuste ó contrato. || PERRO ALANO, V. ALANO. || PERRO ALBANARIEGO Ó ALBARRANIEGO, Perro de los ganados trashumantes. || PERRO CIMARRON, El perro salvage procedente de castas domesticadas. || PERRO CRUZADO, El que proviene de padres de distintas castas. || PERRO CHINO, Casta ó variedad de perro, que se diferencia de todas las otras por carecer absolutamente de pelo. || PERRO DE AGEO, Perrillo del tamaño y color de una zorra ó alobunado, que caza las perdices. || PERRO DE AGUAS, Casta de perro que se distingue en tener el pelo largo y ensortijado. || PERRO DE AYUDA, El que está enseñado á socorrer y defender á su amo en caso de aprieto. || PERRO DE CASTA, El que no es cruzado ó engendrado de padre y madre de distintas castas. || PERRO DE ENCARRO, Perro pequeño semejante al de ageo. || PERRO DE LANAS, V. PERRO DE AGUAS, y PERRO FALDERO. || PERRO DE MUESTRA, El que se para á la pieza de caza, como mostrándola. || PERRO DE PRESA, V. ALANO. || PERRO DOGO, V. DOGO. || PERRO DE PUNTA Y VUELTA, El que hace punta ó muestra la caza, y toma despues la vuelta para cogerla cara á cara. || PERRO FALDERO, Casta de perro de pequeña estatura, con el pelo sumamente largo y colgante. || PERRO GALGO, V. GALGO. || PERRO GOZQUE, Casta de perro de unos dos pies de alto. || PERRO GOZQUE, V. GOZQUE. || PERRO GUION, El perro delantero de la jauria. || PERRO LEBREL, V. LEBREL. || PERRO MASTIN, V. MASTIN. || PERRO PACHON, V. PERRO PERDIGUERO. || PERRO PERDIGUERO, Casta de perro que se distingue en tener las orejas grandes y caidas, y una especie de espolon en los pies de atras. || PERRO PODENCO, Casta media entre el galgo y el perdiguero. || PERRO RAPOSERO, Casta de perro de unos dos pies de altura. || PERRO VIEJO, met. y fam. Se dice del sumamente cauto, advertido y prevenido por la experiencia. || Á OTRO PERRO CON ESE HUESO, Expr. fam. con que se repele al que propone artificiosamente alguna cosa incómoda ó desagradable. || COMO PERRO CON VEGIGA, CON CENCERRO, CON MAZA, Ó CON CUERNO, Explica que alguno se ausentó, sentido de alguna especie, con precipitacion, sonrojo y prisa. || COMO PERROS Y GATOS, Explica el aborrecimiento que algunos se tienen. || DARSE Á PERROS, fam. Irritarse mucho. || ECHAR Á PERROS, Emplear mal alguna cosa ó malbaratarla. || EN DANDO QUE EL PERRO RABIA HA DE RABIAR, fam. Reprender al que es tenaz en su dictámen, arrebatado del primer concepto que formó. || NO ATA LOS PERROS CON LONGANIZA, fam. Se dice del que es miserable ó no tan rico como se piensa. || NO QUIERO PERRO CON CENCERRO, fam. Explica que uno no quiere ciertas cosas que traen consigo mas perjuicio que comodidad. || PONERSE COMO UN PERRO Ó HECHO UN PERRO, fam. Significa que alguno se enoja, irrita y enfurece con facilidad. || TODO JUNTO COMO AL PERRO LOS PALOS, Significa que todos los males le vienen á uno de una vez; y tambien que vendrá ocasion en que pagará juntos todos los males el que los hubiere hecho. || TRATAR Á UNO COMO Á UN PERRO, Maltratar á alguno, despreciarle.

PERROQUETE, s. m. *Mar.* V. MASTELERO.

PERRUNA, s. f. Especie de pan muy moreno que se da á los perros. || V. TORTA PERRUNA.

PERRUNO, NA, adj. Que pertenece á perro.

PERSA, adj. y s. De Persia.

PERSECUCION, s. f. Acto de perseguir ó hacer daño. || Los trabajos, fatigas y molestias del cuerpo ó del alma. || La conminacion que por edicto público hacian los tiranos afligiendo á la iglesia y á los cristianos en los primeros siglos. || La causa del enfado ó molestia con frecuencia y con instancia.

PERSEGUIDO, p. p. de PERSEGUIR.

PERSEGUIDOR, RA, s. m. y f. El que persigue ó hace daño.

PERSEGUIMIENTO, s. m. V. PERSECUCION.

PERSEGUIR, v. a. Seguir al que va huyendo con ánimo de alcanzarle. || Seguir ó buscar á alguno en todas partes con frecuencia é importunidad. || Molestar, fatigar, dar que padecer ó sufrir á alguno, procurar hacerle el daño posible. || Solicitar ó pretender con frecuencia, instancia ó molestia.

PERSEO, s. m. Una de las veinte y dos constelaciones celestes.

PERSEVANTE, s. m. Oficial de armas.

PERSEVERANCIA, s. f. Constancia, permanencia y continuacion en lo empezado. || Duracion permanente ó continua de alguna cosa. || PERSEVERANCIA FINAL, Constancia en la virtud hasta la muerte.

PERSEVERANTE, p. a. de PERSEVERAR, Que persevera.

PERSEVERANTEMENTE, adv. Constantemente, con perseverancia.

PERSEVERANZA, s. f. ant. V. PERSEVERANCIA.

PERSEVERAR, v. n. Mantenerse constante en la prosecucion de lo comenzado || Durar permanentemente ó por largo tiempo.

PERSIANA, s. f. Tela de seda con varias flores grandes y diversidad de matices. || Especie de celosía.

PERSIANO, NA, adj. y s. De Persia.

PÉRSICO, CA, adj. Perteneciente á la Persia.

PÉRSICO, s. m. Árbol, variedad del melocoton. || La fruta del árbol del mismo nombre.

PERSIGNARSE, v. r. Signarse con la señal de la cruz. || Admirarse ó extrañar alguna cosa que se ve ó se oye. || fam. Estrenarse ó estrenar la venta de alguna cosa.

PERSIGNUMCRUCIS, s. m. fam. Fuera del sentido recto se toma por la herida dada ó señal hecha en el rostro.

PÉRSIGO, s. m. PÉRSICO, por el árbol y fruta. || V. PRISCO.

PERSISTENCIA, s. f. Permanencia ó firmeza en la egecucion de alguna cosa.

PERSISTENTE, p. a. de PERSISTIR, Que persiste.

PERSISTIR, v. n. Permanecer, estar firme ó constante en alguna cosa. || Durar por largo tiempo.

PERSONA, s. f. Individuo de la naturaleza intelectual ó de la naturaleza humana. || Cualquier hombre ó muger en particular. || La disposicion ó figura del cuerpo. || El hombre distinguido en la república con algun empleo muy honorífico ó poderoso. || El hombre de prendas, capacidad, disposicion y prudencia. || *Teol.* Se dice del Padre, del Hijo y del Espíritu Santo, que son tres personas distintas con una misma esencia. || *Gram.* Cualquier nombre ó pronombre con quien concierta el verbo, y respecto de quien se conjuga. || En las comedias INTERLOCUTOR. || Especie de dignidad, llamada por los Árabes *almugea*, que los astrólogos atribuyen á los planetas cuando se colocan de cierto modo. || ACEPTAR PERSONAS, Distinguir ó favorecer á unos mas que á otros por algun motivo ó afecto particular. || DE PERSONA Á PERSONA, Uno solo con otro, ó personalmente. || EN PERSONA Ó POR SU PERSONA, Por sí mismo, ó estando presente. || HACER DE PERSONA, Afectar poder ó mérito sin tenerle, jactarse vanamente. || NO DESPINTÁRSELE Á UNO ALGUNA PERSONA Ó COSA, Conservar la especie de ella aunque la haya visto pocas veces.

PERSONADO, s. m. Prerogativa que alguno tiene en la iglesia sin jurisdiccion alguna. || Dignidad eclesiástica. || Persona que tiene esta prerogativa. || En Cataluña beneficio que se funda á fin solo de permutarle con otros verdaderamente beneficios eclesiásticos.

PERSONAGE, s. m. El sugeto de distincion, calidad ó representacion en la república. || Sugeto disfrazado, extrangero ó no conocido. || Persona oculta con algun disfraz, ó la figura dispuesta para alguna representacion. || Beneficio eclesiástico, V. PERSONADO.

PERSONAL, adj. Que pertenece á la persona, ó es propio ó particular de ella.

PERSONAL, s. m. Tributo que pagan en algunas partes los que hacen de cabeza de familia.

PERSONALIDAD, s. f. La diferencia individual que constituye la persona en ser de tal, y como [illegible]nta de otra. || Inclinacion ó aversio[illegible]e se tiene á alguna persona con [illegible]rencia ó exclusion de las demas.

PERSONALIZARSE, v. r. MOSTRARSE PARTE.

PERSONALMENTE, adv. V. EN PERSONA Ó POR SI MISMO.

PERSONERÍA, s. f. El cargo ó ministerio del personero.

PERSONERO, s. m. El constituido procurador para entender ó solicitar el negocio ageno. || El procurador síndico de algun pueblo.

PERSONILLA, s. f. d. de PERSONA. Úsase regularmente por desprecio del sugeto muy pequeño ó de mala traza.

PERSPECTIVA, s. f. Ciencia que enseña á delinear en una superficie los objetos con tal arte que parezcan á la vista como verdaderos. || La misma obra ó representacion egecutada con el arte de la perspectiva. || met. Todo el objeto de la vista en la mayor distancia, especialmente cuando es ameno. || met. Representacion engañosa y falaz de las cosas.

PERSPECTIVO, s. m. El que profesa la perspectiva.

PERSPICACIA, s. f. Agudeza y penetracion de la vista. || met. La agudeza y penetracion del ingenio ó entendimiento.

PERSPICACIDAD, s. f. V. PERSPICACIA.

PERSPICACÍSIMO, MA, adj. sup. de PERSPICAZ.

PERSPICAZ, adj. Se aplica á la vista muy aguda, y que alcanza mucho. || met. Se dice del ingenio agudo y penetrativo, y del que le tiene.

PERSPICUIDAD, s. f. Claridad, trasparencia, limpieza. || met. La claridad en la explicacion, expresion y limpieza de estilo.

PERSPICUO, CUA, adj. Claro, trasparente y terso. || met. Que se explica con claridad. || Dícese del mismo estilo inteligible.

PERSUADIDO, p. p. de PERSUADIR.

PERSUADIDOR, RA, s. m. y f. El que persuade.

PERSUADIR, v. a. Obligar á alguno con el poder de las razones que egecute alguna cosa ó la crea. || met. Inclinar á uno con eficacia á las cosas que van fuera de razon.

PERSUASIBLE, adj. Que se puede creer ó tenerse por cierto en fuerza de las razones ó fundamentos.

PERSUASION, s. f. Accion y efecto de persuadir. || La aprehension ó el juicio que se forma en virtud de algun fundamento.

PERSUASIVA, s. f. Eficacia y destreza en persuadir.

PERSUASIVO, VA, adj. Que tiene fuerza y eficacia para persuadir.

PERSUASOR, RA, s. m. y f. El que persuade.

PERTENECER, v. n. Tocar á alguno, ó ser propia de él alguna cosa ó serle debida. || Ser del cargo, ministerio ú obligacion de alguno. || Referirse ó hacer relacion una cosa á otra, ó ser parte integral de ella.

PERTENECIDO, s. m. V. PERTENENCIA.

PERTENECIENTE, p. a. de PERTENECER, Que pertenece, ó se refiere á otra cosa.

PERTENECIENTE, adj. Á propósito para algun fin.

PERTENENCIA, s. f. La accion ó derecho que alguno tiene á la propiedad de alguna cosa. || El espacio que toca á alguno por jurisdiccion ó propiedad. || Accesorio ó consiguiente á lo principal, y que entra con ello en la propiedad.

PÉRTICA, s. f. Medida de tierra que consta de dos pasos ó diez pies geométricos.

PÉRTIGA, s. f. Vara larga. || ant. V. PÉRTICA.

PERTIGAL, s. m V. PÉRTIGA.

PÉRTIGO, s. m. La lanza del carro.

PERTIGUERÍA, s. f. Empleo de pertiguero.

PERTÍGUERO, s. m. Ministro secular en las iglesias catedrales, que asiste llevando en la mano una pértiga ó vara larga. || PERTIGUERO MAYOR DE SANTIAGO, Dignidad en esta iglesia de gran autoridad y representacion.

PERTIGUILLA, s. f. d. de PÉRTIGA.

PERTINACE, adj. ant. V. PERTINAZ.

PERTINACIA, s. f. Obstinacion, terquedad ó tenacidad.

PERTINACÍSIMAMENTE, adv. sup. de PERTINAZMENTE.

PERTINAZ, adj. Obstinado, terco ó tenaz.

PERTINAZMENTE, adv. Con pertinacia ó terquedad.

PERTINENCIA, s. f. ant. V. PERTENENCIA.

PERTINENTE, adj. Que pertenece á alguna cosa. || Que viene á propósito.

PERTINENTEMENTE, adv. Oportunamente, á propósito.

PERTRECHADO, p. p. de PERTRECHAR.

PERTRECHAR, v. a. Reforzar ó abastecer de municiones y defensas una plaza, fortaleza, etc. || met. Disponer ó preparar lo necesario.

PERTRECHARSE, v. r. Prevenirse de defensas y de lo necesario para cualquiera operacion.

PERTRECHOS, s. m. pl. Municiones, armas y demas instrumentos ó máquinas de guerra para fortificacion y defensa. || Todos los instrumentos necesarios para cualquiera operacion.

PERTURBABLE, adj. Que se puede perturbar.

PERTURBACION, s. f. Revolucion del órden ó concierto de alguna cosa, ó del estado de quietud en que se hallaba.

PERTURBADAMENTE, adv. Con perturbacion.

PERTURBADO, p. p. de PERTURBAR.

PERTURBADOR, RA, s. m. y f. El que es causa ó motivo de la perturbacion é inquietud.

PERTURBAR, v. a. Inmutar y revolver el órden y concierto ó la quietud que tenian las cosas. || Impedir el órden del discurso al que va hablando.

PERUANO, NA, adj. V. PERULERO.

PERUÉTANO, s. m. Peral silvestre. || El fruto de este árbol. || met. Cualquiera cosa larga que entre otras sobresale como en punta.

PERULERO, RA, adj. y s. Natural del Perú y perteneciente á este reino. || El que ha venido desde el reino del Perú á España. || Sugeto adinerado.

PERULERO, s. m. Vasija de barro, angosta de suelo, ancha de barriga, y estrecha de boca.

PERUSINO, NA, adj. de Perusa.

PERVENIR, v. a. ant. V. LLEGAR.

PERVERSAMENTE, adv. Con perversidad ó suma maldad.

PERVERSIDAD, s. f. Suma maldad ó corrupcion.

PERVERSION, s. f. El acto de pervertir. || Estado de error ó corrupcion de costumbres.

PERVERSÍSIMAMENTE, adv. sup. de PERVERSAMENTE.

PERVERSÍSIMO, MA, adj. sup. de PERVERSO.

PERVERSO, SA, adj. Sumamente malo, defectuoso en su línea, depravado.

PERVERTIDO, p. p. de PERVERTIR.

PERVERTIDOR, RA, s. m. y f. El que pervierte.

PERVERTIMIENTO, s. m. V. PERVERSION, 1ª A.

PERVERTIR, v. a. Turbar ó perturbar el órden ó estado de las cosas. || Ocasionar con mala doctrina ó malos egemplos la falta á la verdadera fe, ó á la virtud y buenas costumbres.

PERVIGILIO, s. f. Falta y privacion de sueño, vela ó vigilia continua.

PESA, s. f. Pieza de determinado peso, que sirve para poner en equilibrio aquello cuyo peso se intenta saber. || La pieza de pezo determinado que se pone colgada de la cuerda para dar el movimiento á los reloges. ‖ La que se pone pendiete de alguna cuerda por contrapeso. ‖ PESA DINERAL, Cualquiera de las piezas de laton con que se pesan las monedas de oro y plata cortadas ó sin cordoncillo. ‖ CONFORME CAYEREN LAS PESAS, met. Da á entender que una cosa se hará ó no segun las circunstancias.

PESADA, s. f. Cantidad que se pesa de una vez. ‖ ant. V. PESADILLA.

PESADAMENTE, adv. Con pesadez ó gravedad. ‖ Con pesar, molestia, desazon, de mala gana. ‖ Gravemente ó con exceso. ‖ Con tardanza ó demasiada lentitud en el movimiento ó en la accion.

PESADEZ, s. f. La calidad de pesado. ‖ V. GRAVEDAD DE LOS CUERPOS. ‖ Terquedad ó impertinencia del genio molesto ó enfadoso. ‖ Cargazon, abundancia ó copia. ‖ V. OBESIDAD. ‖ met. Molestia, trabajo, fatiga.

PESADILLA, s. f. Opresion del corazon por las especies melancólicas del sueño que aflige y contrista al que la padece.

PESADÍSIMAMENTE, adv. sup. de PESADAMENTE.

PESADÍSIMO, MA, adj. sup. de PESADO.

PESADO, p. p. de PESAR. ‖ PESADO, DA, adj. Que pesa mucho. ‖ Intenso, profundo hablando del sueño. ‖ Cargado de humores, vapores ó cosa semejante. ‖ Tardo ó muy lento. ‖ V. OBESO. ‖ Molesto, enfadoso ó impertinente. ‖ Ofensivo, sensible. ‖ Duro, áspero é insufrible, fuerte, violento ó dañoso. ‖ *Germ.* Embargado.

PESADOR, s. m. El que pesa.

PESADUMBRE, s. f. ant. V. PESADEZ ó GRAVEDAD. ‖ Molestia, desazon, sentimiento y disgusto. ‖ Motivo ó causa del pesar, desazon ó sentimiento. ‖ Riña ó contienda con alguno que ocasiona desazon ó disgusto. ‖ ant. V. INJURIA, AGRAVIO.

PESADURA, s. f. ant. Gravedad ó pesadez.

PÉSAME, s. m. La expresion con que se significa á alguno el sentimiento que se tiene de su pena.

PESANTE, p. a. de PESAR, Que pesa ó tiene determinado peso.

PESANTE, adj. ant. V. PESAROSO.

PESANTE, s. m. Pesita de medio adarme.

PESANTEZ, s. f. V. PESADEZ.

PESAR, s. m. Sentimiento ó dolor interior que molesta y fatiga el ánimo. ‖ Dicho ó hecho que causa algun sentimiento ó disgusto. ‖ Arrepentimiento ó dolor de los pecados ó de otra cosa mal hecha.

PESAR, v. n. Tener gravedad ó peso. ‖ Tener mucho peso. ‖ Tener estimacion ó valor, ser digno de mucho aprecio ‖ Arrepentirse dolerse. ‖ met. Hacer fuerza el ánimo, la razon ó el motivo de alguna cosa.

PESAR, v. a. Examinar cuanto peso tiene alguna cosa con algun instrumento. ‖ Examinar con atencion ó considerar con prudencia las razones de alguna cosa para hacer juicio de ella. ‖ Á PESAR, Contra la voluntad ó gusto de alguno. ‖ Contra la fuerza ó resistencia. ‖ MAL QUE LE PESE. ‖ Demuestra la resolucion en que se está de hacer alguna cosa, aun contra la voluntad y gusto de otro.

PESAROSO, SA, adj. Sentido ó arrepentido de la que se ha hecho. ‖ V. APESADUMBRADO.

PESCA, s. f. La accion de pescar. ‖ Se toma por el oficio y arte de pescar. ‖ Se toma por el mismo pescado. ‖ BUENA, BRAVA Ó LINDA PESCA! Explica la sagacidad, industria y artificio de alguno. ‖ Sugeto de aviesas costumbres.

PESCADA, s. f. Pez. V. MERLUZA. ‖ *Germ.* La ganzúa. ‖ PESCADA FRESCA Ó PESCADA EN ROLLO. ‖ V. MERLUZA.

PESCADAZA, s. m. aum. de PESCADO.

PESCADERA, s. f. La que vende pescado.

PESCADERÍA, s. f. El sitio, donde se vende el pescado.

PESCADERO, s. m. El que vende el pescado, especialmente por menor.

PESCADICO, ILLO, ITO, s. m. d. de PESCADO.

PESCADILLA, s. f. Pez. Merluza jóven.

PESCADO, p. p. de PESCAR. ‖ PESCADO, DA, adj. *Germ.* Se dice de aquel á quien han robado con ganzúa.

PESCADO, s. m. PEZ por el animal. Se da este nombre solo al que es comestible. ‖ Abadejo salado. ‖ PARECE QUE HA VENDIDO PESCADO, Nota en el juego al que ha recogido los cuartos de los demas.

PESCADOR, RA, adj. y s. Se dice del que tiene el trato ú oficio de pescar. ‖ Cierto pez que para coger á los otros tiene colgada del cuello una bolsa ó seno, que le encoge y estiende en un instante.

PESCANTE, s. m. Instrumento que

forman los alarifes para tirar y subir los materiales. || En los coches es el asiento con almohadon, desde donde el cochero gobierna las mulas ó caballos. || En los teatros de comedias es una tramoya.

PESCAR, v. a. Coger peces con redes, cañas ú otros instrumentos||Coger, agarrar ó tomar cualquiera cosa. || Coger á alguno en las palabras á en los hechos cuando no lo esperaba ó sin prevencion. || met. Lograr ó conseguir lo que se pretendia ó anhelaba. || NO SABER LO QUE SE PESCA, Da á entender que alguno es ignorante, ó no sabe dirigirse.

PESCE, s. m. ant. PEZ por el animal.

*PESCOSO, SA, adj. p. u. Abundante de pesca.

PESCOZADA, s. f. V. PESCOZON.

PESCOZON s. m. Golpe que se da con la mano en el pescuezo.

PESCOZUDO, DA, adj. Que tiene muy grueso el pescuezo.

PESCUDA, s. f. ant. V. PREGUNTA.

PESCUDADO, p. p. ant. de PESCUDAR.

PESCUDAR, v. a. ant. V. PREGUNTAR.

PESCUEZO, s. m. La parte del cuerpo del animal desde la cabeza hasta los hombros. || En las mugeres la parte anterior que descubrian con el escote. || met La altanería, vanidad ó soberbia. || ANDAR AL PESCUEZO, Andar á golpes. || ESTIRAR Á UNO EL PESCUEZO, fam. V. AHORCARLE. || TORCER EL PESCUEZO, met. Matar á alguno ahorcándole, ó con otro género de muerte semejante. || Morirse.

PESCUÑO, s. m. Cuña gruesa y larga para apretar la esteva, reja y dental que se meten en el agujero que tiene la cama del arado.

PESE, Interj. que explica la desazon ó enfado.

PESEBRE, s. m. Lugar, estable, donde comen las bestias, el y espacio destinado para este fin. || met. fam. Lugar adonde alguno acude á comer ó se le da de comer con frecuencia. || CONOCER EL PESEBRE, fam. Nota al que asiste con frecuencia y facilidad donde le dan de comer.

PESEBREJO, s. m. Albeit. El hueco en que estan encajados los dientes del caballo.

PESEBRERA, s. f. La disposicion ú órden de pesebres en las caballerizas, y el conjunto de ellos.

PESEBRON, s. m. En los coches el cajon que tienen debajo del pavimento, y en los calesines y calesas es el mismo pavimento.

PESETA, s. m. Moneda de plata que vale cuatro reales de vellon.

PÉSETE, s. m. Especie de juramento maldicion ó execracion.

PESGA, s. f. V. PESO Ó PESA.

PESIA Ó PESIA TAL, V. PESE.

PESILLO, s. m. d de PESO, El que sirve para pesar monedas.

PÉSIMAMENTE, Muy mal, rematadamente mal, del modo peor.

PÉSIMO, MA, adj. Muy malo, ó lo peor que puede ser.

PESITA, s. f. d. de PESA.

PESO, s. m. La fuerza natural de los cuerpos para moverse hácia abajo, procedente de la pesadez ó gravedad.||Cualquiera cosa grave que sirve para equilibrar ó igualar con otra. || La gravedad determinada de algun cuerpo que resulta que tiene, ó que por ley se le debe dar. || Entidad, sustancia é importancia. || Fuerza y eficacia de las cosas no materiales. || La cargazon ó abundancia de humores en alguna parte del cuerpo. || Sitio público donde se venden por mayor varias especies comestibles. ||met. Carga ó gravámen que alguno tiene á su cuidado. || Instrumento que sirve para examinar la gravedad y peso de las cosas. || Moneda castellana de plata, del peso de una onza. || PESO FUERTE El que vale diez reales de plata. || *Germ.* Embargo. || PESO ENSAYADO, En Indias una moneda que se finge ó supone para apreciar las barras de plata. || PESO DE ARTIFARA, *Germ.* El pan. || Á PESO DE ORO, PLATA Ó DINERO, Ademas del sentido recto explica el mucho coste ó precio de alguna cosa. || CAERSE ALGUNA COSA DE SU PESO, met. Denota su mucha razon ó su verdad. || CORRER EL PESO, Tener alguna balanza mas peso que otra. || DE PESO, Con el peso cabal ó que debe tener una cosa su ley. || DE SU PESO, Naturalmente ó de su propio movimiento. || EN PESO, En el aire, y sin que toque el cuerpo grave en otro para descansar. || EN PESO, Enteramente ó del todo. || met. En duda, sin inclinarse á una parte ó á otra. || LLEVAR EN PESO, Llevar una cosa en el aire ó sin apoyo. || met. Tomar enteramente á su cargo y cuidado alguna dependencia ó diligencia || MEDIAS DE PESO, Las de seda que tienen un peso determinado por ley. || NO VALE Á PESO DE OVEJA, Expr. con que se desprecia alguna cosa. || TOMAR Á PESO, V. SOMPESAR. || met. Examinar ó considerar con cuidado la entidad ó sustancia de alguna cosa, haciéndose cargo de ella.

PESOL, s. m. V. JUDÍA.

PESPUNTADO, p. p. de PESPUNTAR.

PESPUNTADOR, RA, s. m. y f. El que pespunta.

PESPUNTAR, v. a. Coser ó labrar de pespunte, ó hacer pespuntes.

PESPUNTE, s. m. Labor hecha con aguja de puntos seguidos y unidos. ‖ MEDIO PESPUNTE, Labor que se egecuta dejando la mitad de los hilos que se habian de coger en cada puntada.

PESQUERA, s. f. Lugar donde se hace frecuentemente la pesca.

PESQUERÍA, s. f. El trato ó egercicio de los pescadores. ‖ La accion de pescar.‖V. PESQUERA.

PESQUERIDO, p. p. de PESQUERIR.

PESQUERIDOR, RA, s. m. y f. ant. V. PESQUISIDOR.

PESQUERIR, v. a. ant. V. PESQUERIR.

PESQUISA, s. f. Informacion ó indagacion, inquisicion.

PESQUISA, s. m. ant. V. TESTIGO.

PESQUISADO, p. p. de PESQUISAR.

PESQUISANTE, p. a. de PESQUISAR, Que pesquisa.

PESQUISAR, v. a. Hacer pesquisa de alguna cosa.

PESQUISIDOR, RA, s. m. y f. El que pesquisa.

PESTAÑA, s. m. El pelo que sirve de ornato y defensa á los ojos, vistiendo con órden la extremidad de los párpados. ‖ Entre costureras la orilla ó extremidad del lienzo que dejan para que no se vayan los hilos en la costura. ‖ Cualquier adorno angosto que ponen al canto de las telas ó vestidos.

PESTAÑEAR, v. n. Mover las pestañas. ‖ NO PESTAÑEAR, Ó SIN PESTAÑEAR, Significa la suma atencion con que se está mirando alguna cosa.

•PESTAÑEO, s. m. Movimiento rápido é involuntario de las pestañas. ‖ El movimiento de cerrar y abrir los ojos guiñando.

PESTE, s. f. Enfermedad contagiosa, ordinariamente mortal.‖Cualquiera enfermedad, aunque no sea contagiosa, que causa grande mortandad. ‖ Cualquiera cosa mala ó de mala calidad en su linea, ó que puede ocasionar daño grave.‖met. Corrupcion de las costumbres.‖met. La mucha abundancia de las cosas en cualquiera linea. ‖ *Germ.* El dado de jugar. ‖ PESTES, pl. Las palabras de enojo ó amenaza y execracion.

PESTÍFERAMENTE, adv. Muy mal ó de un modo dañoso y pernicioso.

PESTÍFERO, RA, adj. Que puede ocasionar peste ó daño grave, ó lo que es muy malo en su linea.

PESTILENCIA, s. f. V. PESTE.

PESTILENCIAL, adj. V. PESTÍFERO.

PESTILENCIALMENTE, adv. V. PESTÍFERAMENTE.

PESTILENCIOSO, SA, adj. Que pertenece á la pestilencia ó peste.

PESTILENTE, adj. V. PESTÍFERO.

PESTILENTÍSIMO, MA, adj. sup. de PESTILENTE.

PESTILLO, s. m. Pieza de hierro con su muelle con que se cierran las puertas por dentro. ‖ Pieza de la cerradura.

PESTIÑO, s. m. Cierta fruta de sarten.

PESTOREJAZO, s. m. V. PESTOREJON.

PESTOREJO, s. m. La parte posterior del pescuezo, carnuda y fuerte.

PESTOREJON, s. m. El golpe dado en el pestorejo.

PESUÑA, s. f. Los dedos de los animales de pata hendida.

PESUÑO, s. m. La uña ó parte de la pesuña en los animales de pata hendida.

PETACA, s. f. Especie de arca hecha de cueros ó pellejos fuertes ó de madera cubierta de ellos.

PETALISMO, s. m. Nombre que se daba á cierta especie de destierro usado entre los Siracusanos.

PÉTALO, s. m. *Bot.* Lo que vulgarmente se llama hoja en las flores, y constituye la parte mas vistosa de la mayor parte de ellas.

PETAQUILLA, s. m. d. de PETACA.

PETAR, v. a. fam. Agradar, complacer.

PETARDEAR, v. a. Batir alguna puerta con petardos.

PETARDEAR, v. n. Estafar, engañar, pedir algo prestado con ánimo de no volverlo.

PETARDERO, s. m. El soldado que aplica y dispara el petardo. ‖ V PETARDISTA.

PETARDISTA, s. com. El estafador ó que pega petardos.

PETARDO, s. m. *Mil.* Morterete que se sujeta despues de cargado á la puerta de una plaza, para hacerla saltar. ‖ Estafa, engaño, peticion de alguna cosa prestada con ánimo de no volverla. ‖ PEGAR UN PETARDO, fam. Pedir dinero prestado á alguno y no volverle, ó egecutar alguna otra estafa ó engaño semejante.

PETARTE, s. m. ant. V. PETARDO.

PETATE, s. m. Estera que hacen y usan los Indios de Nueva-España.||fam. Embustero ó estafador. || Hombre despreciable y que vale poco.

PETICANO ó PETICANON, s. m. Grado de letra de la imprenta.

PETICION, s. f. El acto de pedir. || La cláusula ú oracion con que se pide. ||for. El escrito con que se pide jurídicamente ante el juez.

PETILLO, s. m. d. de PETO. Pedazo de tela cortado en triángulo que las mugeres usaron por adorno delante del pecho.

PETIMETRE, TRA, s. m. y f. El que cuida demasiadamente de su compostura y de seguir las modas.

PETITORIA, s. f. fam. V. PETICION.

PETITORIO, RIA, adj. Que pertenece á súplica ó peticion, ó la contiene. || Se aplica al juicio que se sigue sobre la propiedad de alguna cosa.

PETITORIO, s. m. fam. La peticion repetida é impertinente.||*Farm.* El cuaderno impreso de los medicamentos simples y compuestos de que debe haber surtido en las boticas.

PETO, s. m. Armadura del pecho. || El adorno ó vestidura que se pone en el pecho para entallarse.||Entre jardineros un cabo que tiene la podadera por la parte opuesta, en figura de formon. || PETO VOLANTE, El que llevaban los hombres de armas sobre el peto principal.

PETRAL, s. m. V. PRETAL.

PETRARIA, s. f. Máquina antigua, V. BALLESTA.

PETRARQUISTA, adj. y s. Que pertenece al Petrarca ó á su escuela.

PETREO, EA, adj. Pedregoso.|| Que tiene la cualidad de las piedras.

PETRERA, s. f. ant. La riña con piedras. || Cualquiera riña en que hay mucho ruido y voces.

PETRIFICACION, s. f. Accion por la cual alguna cosa se trasforma en piedra.

PETRIFICADO, p. p. de PETRIFICAR.

PETRIFICANTE, p. a. d. PETRIFICAR, Que petrifica.

PETRIFICAR, v. a. Trasformar ó convertir en piedra, ó endurecerse de modo que lo parezca.

PETRÍFICO, CA, adj. Que petrifica ó tiene virtud de petrificar.

PETRÓLEO, s. m. Aceite sutil y mineral de varios colores y de un olor bituminoso muy subido.

PETROSO, SA, adj. Se aplica al sitio en que hay muchas piedras.

PETRUS IN CUNCTIS, loc. lat. Moteja al que aparenta saber de muchas cosas á un tiempo sin tener conocimiento sólido de ninguna.

PETULANCIA, s. f. Insolencia, atrevimiento ó descaro.

PETULANTE, adj. Insolente, atrevido ó descarado.

PEUCÉDANO, s. m. Planta, V. SERVATO ó SERVATO.

PEYORADO, p. p. de PEYORAR.

PEYORAR, v. a. ant. V. EMPEORAR.

PEZ, s. m. Nombre que se da á todos los individuos de una numerosa clase de animales, que solo pueden vivir dentro del agua, y son de figura ó bien cilindrica, ó bien mas ó ménos ovalada, ya chata, ya comprimida. || Nombre que se da indistintamente á todos los peces pequeños de rio que son comestibles. || PEZ ESPADA, Pez muy comun en los mares de España, voraz y feroz, que con la mandíbula superior, llamada espada, acomete á los peces mas grandes y á veces á los buques, cuyos costados taladra. || met. La cosa que se adquiere con utilidad y provecho, especialmente cuando ha costado mucho trabajo ó solicitud. || met. El monton prolongado de trigo en la era ú otro cualquier bulto en la misma figura. || PEZ MUGER, V. VACA MARINA. || PEZ SIERRA, V. PRISTE. || PEZ VOLANTE, V. VOLADOR. || ESTAR COMO EL PEZ EN EL AGUA, met. Disfrutar comodidades y conveniencias.||PICAR EL PEZ, met. y fam. Dejarse engañar cayendo incautamente en cierta especie ó engaño que se prepara á este fin.

PEZ, s. f. El jugo resinoso que se saca por incision del pino albar despues que se ha cocido á fuego lento y se ha condensado. || V. ALHORRE. || PEZ BLANCA, La que no tiene mezcla de otros cuerpos, ni se le ha extraido el aceite volátil. || PEZ CON PEZ, Totalmente desocupado, desembarazado ó vacío. || PEZ DE BORGOÑA, V. PEZ BLANCA. || PEZ GRIEGA, Aquella á que se ha extraido el aceite volátil. || PEZ NEGRA, La mezclada con humo de pez. Es enteramente negra y ménos lustrosa que las otras.||PEZ NAVAL, Un mixto de varios ingredientes. || DAR LA PEZ, met. y fam. Experimentar ó llegar al último extremo de cualquiera cosa.

PEZOLADA, s. f. Aquella porcion de hilos sueltos sin teger que estan en los principios y fines de las piezas de los paños.

PEZON, s. m. El palito por donde estan asidos los frutos y frutas de las ramas de los árboles y plantas. ‖ La punta que sobresale en los pechos ó tetas de los animales. ‖ El extremo del ege que sobresale de la rueda en los carros y coches. ‖ Palo de media vara de largo, que se encaja en un agujero que hay en el extremo de la vara ó timon del carro, y se ata á él el yugo con el sobeo. ‖met. La punta ó cabo de tierra ó de cosa semejante. ‖ En los molinos de papel el extremo y remate del árbol. ‖ *Germ.* El asidero de la bolsa.

PEZONCICO, LLO, TO, s. m. d. de PEZON.

PEZONERA, s. f. La pieza de hierro que atraviesa la punta del ege para que no se salga la rueda. ‖ Una pieza redonda de plomo ó estaño, que usan las mugeres para hacer los pezones cuando crian.

PEZPITA ó PEZPÍTALO, s. f. y m. Ave, V. AGUZANIEVE.

PEZUELO, s. m. El principio ó fundamento del lienzo.

PEZUÑA, s. f. V. PESUÑA.

PIA

* **PIA**, s. f. Caballo pio. ‖ OBRAS PIAS, Las que se hacen por dios, y en beneficio del prógimo.

PIACHE, Voz que solo tiene uso en la expr. fam. TARDE PIACHE, que significa que alguno llegó tarde.

PIADA, s. f. La voz ó el modo de piar. ‖ La expresion de alguno, parecida á la que otro suele usar.

PIADOR, RA, s. m. y f. El que pia. ‖ *Germ.* Bebedor.

PIADOSAMENTE, adv. Misericordiosamente, con lástima y piedad. ‖ Segun la piedad y creencia cristiana, sin la obligacion de la fe. ‖ fam. Haciendo á uno merced en creerle lo que dice.

PIADOSÍSIMAMENTE, adv. sup. de PIADOSAMENTE.

PIADOSÍSIMO, MA. adj. sup. de PIADOSO.

PIADOSO, SA, adj. Benigno, blando, misericordioso, que mueve á compasion. ‖ Razonable, ó moderado y cómodo.

* **PIAFADOR**, s. m. Caballo que pasea de movimiento.

* **PIAFAR**, v. a. Teclear, pasear de movimiento. Dícese del caballo.

PIAMATER ó PIAMADRE, s. f. *Anat.* Membrana sutil y muy sensible, que cubre inmediatemente todos los rodeos del celebro.

PIAMENTE, adv. V. PIADOSAMENTE.

* **PIAN**, s. m. Nombre que se da en América al mal gálico, ó bubas.

PIAN PIAN, Un pié tras otro, cayendo y levantando.

PIAN PIANO, Poco á poco, á paso lento.

PIANO ó PIANOFORTE, s. m. V. FORTEPIANO.

PIANTE, p. a. de PIAR, Que pia. ‖ PIANTE NI MAMANTE, Expr. fam. que junta con los verbos *quedar*, *dejar* y otros da á entender que no queda viviente alguno.

PIAR, v. n. Formar algunas aves, y especialmente el pollo, cierto género de sonido ó voz. ‖met. Llamar, clamar con anhelo, deseo é instancia por alguna cosa.

PIAR, v. a. *Germ.* Beber.

PIARA, s. f. La manada de cerdos de yeguas, mulas, ovejas.

PIARCON, NA, adj. *Germ.* El que es gran bebedor.

PIARIEGO, GA, adj. Se aplica al sugeto que tiene piara de yeguas, mulas ó puercos.

* **PIASTRA**, s. f. Moneda turca de plata, que vale 120 aspros.

PICA, s. f. Especie de lanza larga, compuesta de una asta, con un hierro pequeño y agudo en el extremo superior. ‖ PICA SECA, El soldado que en lo antiguo servia en la milicia con la pica, sin otro sueldo, ventaja ó grado. ‖ PICA SECA ó SUELTA, El soldado que servia con ella en la guerra, y no iba armado de coselete. ‖ Á PICA SECA, Con trabajo y sin utilidad ó graduacion. ‖ CALAR LA PICA, met. Prepararla, ponerla en disposicion de servirse de ella. ‖ PASAR POR LAS PICAS, Pasar muchos trabajos é incomodidades. ‖ PODER PASAR POR LAS PICAS DE FLANDES, Explica que alguna cosa tiene toda su perfeccion, y que puede pasar por cualquiera censura. ‖ PONER UNA PICA EN FLANDES, met. y fam. Explica la dificultad que ha costado el conseguir alguna cosa. ‖ SALTAR POR LAS PICAS DE FLANDES, met. Atropellar por cualquiera respetos ó inconvenientes.

PICACERO, RA, adj. Se aplica

las aves de rapiña, que cazan piezas.

PICACHO, s. m. La punta aguda á modo de pico que tienen lós montes y riscos.

PICACUREBA, s. f. Especie de paloma indígena de varias partes de América.

PICADA, s. f. El golpe ó herida que se hace picando.

PICADERO, s. m. El lugar ó sitio donde los picadores adiestran y trabajan los caballos.||Entre carpinteros madero con una muesca donde aseguran las cuñas ú otros palos que adelgazan con la azuela.||*Mont.* El sitio que en el tiempo de la ronca toman los gamos cerca de alguna encina ú otra mata, donde éstan rascando y escarbando.

PICADILLO, s. m. Cierto género de guisado. || ESTAR Ó VENIR DE PICADILLO, fam. Da á entender que alguno viene enfadado y deseoso de que se ofrezca la mas leve ocasion para dar á entender su sentimiento.

PICADO, p. p. de PICAR.||PICADO, DA, adj. Se dice del patron que se hace con picaduras para señalar el dibujo. || Labrado con picaduras ó sutiles agujerillos puestos en órden.

PICADO, s. m. V. PICADILLO Ó PISTO.

PICADOR, s. m. El que tiene el oficio de adiestrar los caballos.||Torero de á caballo que por obligacion pica á los toros con vara de detener. || Tajo de cocina.||*Germ.* El ladron que usa de ganzúa.

PICADURA, s. f. Accion de picar. || El golpe leve que se hace con instrumento punzante.||En los vestidos ó calzados la cisura que artificiosamente se hace para adorno ó conveniencia. || La mordedura ó punzada de algun animal, ave ó insecto.

PICAFIGO, s. m. Ave. V. PAPAFIGO.

PICAGALLINA, s. f. Planta. V. ALSINE.

PICAGREGA, s. f. Ave, V. PEGA REBORDA.

PICAMADEROS, s. m. Ave no rara en los bosques de España, que se alimenta de insectos que saca de entre las cortezas de los árboles con su pico.

PICAMULO, s. m. *Germ.* El arriero.

PICANTE, p. a. de PICAR, Que pica.

PICANTE, s. m. La acerbidad ó acrimonia que tienen algunas cosas, que exacerban el sentido del gusto. || met. Cierto género de acrimonia ó mordacidad en el decir, que por tener gracia, se suele oir con gusto. || *Germ.* La pimienta.

PICANTEMENTE, adv. Con intencion de picar ó herir.

PICAÑO, ÑA, adj. Pícaro, holgazan, andrajoso y de poca vergüenza.

PICAÑO, s. m. El remiendo que se echa al zapato.

PICAPEDRERO, s. m. V. CANTERO, artífice.

PICAPLEITOS, s. m. ant. V. EMBUSTERO.

PICAPORTE, s. m. Instrumento para cerrar de golpe las puertas y ventanas.

PICAPOSTE, s. m. Ave, V. PICAMADEROS.

PICAPUERCO, s. m. Ave no rara en los paises frios de España, que se alimenta de los insectos que viven en e estiércol.

PICAR, v. a. Herir con alguu instrumento punzante. || Detener el picador al toro con la vara dispuesta para este fin. || Punzar ó morder algun animal, ave ó insecto. || Hacer pedazos muy menudos alguna cosa. || Se dice de las aves cuando hieren con el pico, ó toman con él la comida. || Morder el pez el cebo que está puesto en el anzuelo para pescarle. || Causar escozor en alguna parte del cuerpo. || Exasperar el paladar alguna cosa que se ha comido de cualidad ardiente. || Tomar alguna ligera porcion de algun manjar ó cosa comestible. || Comer un racimo de uvas tomando grano á grano. || Andar de priesa, apretar el paso el que va á caballo. || Hacer mal á un caballo, egercitarle y adiestrarle el picador. || met. Empezar á conc[illegible]rir compradores. || Se dice tambien [illegible] las cosas que tienen el precio muy subido. || Mover, excitar ó estimular. || met. Empezar á obrar ó tener su efecto algunas cosas no materiales. || Enojar y provocar á otro con palabras ó acciones. || Se dice del que tiene ligeras ó superficiales noticias de las facultades, ciencias, etc. || Desazonar ó inquietar. || *Mar.* Moler ó desmenuzar alguna cosa. || *Pint.* Concluir con algunos golpecitos graciosos y oportunos una cosa pintada.||En los instrumentos de arco es tocar los puntos con tal disposicion que suene cada uno de por sí sin que alcance el eco del uno al otro. || Junto con la preposicion *en* tocar, llegar, rayar. || *Mil.* Seguir al enemigo que se retira, atacándole la retaguardia de su egército. || En el juego de los cientos vale contar el que es mano sesenta puntos.

PICARSE, v. r. Encenderse, resentirse, perder la paciencia. || Maltratarse ó menoscabarse la ropa por algun accidente. || Se dice tambien de las carnes, frutas y otras cosas comestibles que se han empezado á podrir ó dañar, de los licores que se empiezan á acedar, y de las semillas roidas y carcomidas. || Se dice tambien de los animales que estan en zelo por haber conocido hembra. || met. Ofenderse, enfadarse ó enojarse provocado de alguna palabra ó accion ofensiva. || Preciarse, jactarse ó moverse de alguna cualidad ó habilidad que se tiene. || Dejarse llevar de la vanidad creyendo poder egecutar lo mismo ó mas que otro en cualquiera línea. || PICAR LAS ESPALDAS Ó EN LAS ESPALDAS, ant. V. PICAR LA RETAGUARDIA. || PICAR MAS ALTO Ó MUY ALTO, met. Da á entender que alguno se jacta con demasía de las calidades que tiene, ó que pretende alguna cosa muy exquisita y elevada. || Sobresalir y exceder mucho del concepto que se tenia formado de alguna cosa.

PÍCARAMENTE, adv. Ruin é infamemente.

PICARAZA, s. f. Ave, V. URRACA.

PICARAZO, ZA, adj. V. PICARON.

PICARDEAR, v. n. Decir ó egecutar picardías. || Retozar, enredar, travesear.

PICARDÍA, s. f. Accion baja, ruindad, vileza, engaño ó maldad. || Bellaquería, astucia ó disimulo en el decir ó hacer alguna cosa. || Travesura de muchachos, chasco, burla inocente. || Accion deshonesta ó impúdica. || Junta ó gavilla de pícaros.

PICARDO, DA, adj. De Picardía.

PICARESCA, s. f. Junta ó profesion de los pícaros.

PICARESCO, CA, adj. Propio ó que pertenece al pícaro.

PICARIL, adj. V. PICARESCO.

PICARILLO, LLA, adj. dim. de PÍCARO.

PÍCARO, RA, adj. Bajo, ruin, doloso, falto de honra y vergüenza. || Dañoso y malicioso en su línea. || Astuto taimado, y que con arte y disimulacion logra lo que desea. || Chistoso, alegre, placentero, decidor.

PÍCARO, s. m. V. PINCHE Ó GALOPIN DE COCINA.

PICARON, NA, adj. aum. de PÍCARO.

PICARONAZO, ZA, adj. aum. de PICARON.

PICAROTE, adj. aum. de PÍCARO. Redomado, cauteloso y astuto.

PICARRELINCHO, Ave, V. AGUZANIEVE.

PICATOSTE, s. m. La rebanadilla de pan frita ó tostada con torreznos.

PICAZA, s. f. Ave, V. URRACA. || *Murc.* Azada ó legon pequeño. || PICAZA CHILLONA Ó MANCHADA, V. PEGA REBORDA. || PICAZA MARINA, Ave, V. FLAMENCO.

PICAZO, s. m. El golpe que se da con la pica ó con alguna cosa puntiaguda y punzante, ó el que dan las aves ó los insectos con el pico. || La señal que queda de este golpe. || El pollo de la picaza.

PICAZON, s. f. Desazon y molestia que causa alguna cosa que pica. || met. Enojo, desabrimiento ó disgusto.

PÍCEA, s. f. Especie de pino bastardo.

PICHEL, s. m. Vaso alto y redondo, algo mas ancho del suelo que de la boca, ordinariamente de estaño.

PICHELERÍA, s. f. El oficio de pichelero.

PICHELERO, s. m. El que hace picheles.

PICHOLA, s. f. Medida de vino que se usa en Galicia.

PICHON, s. m. El pollo de la paloma casera.

*PICHONCILLO, s. m. V. PALOMITO.

PICO, s. m. En las aves son dos piezas mas largas que anchas de la misma naturaleza que el cuerno, que acompañan la boca. || Ave, V. PICAMADEROS. || met. La punta aguda que tiene alguna cosa. || Instrumento de hierro que sirve á los canteros para labrar las piedras. || Especie de azadon. || Cierto género de canal aguda á modo de pico de pájaro que suelen tener los jarros, y otras vasijas. || Montaña que está sola ó sobresale sobre las otras en altura, que fenece en punta. || La cantidad de moneda necesaria para acabalar una cuenta ó suma, cuya parte principal está en monedas mayores ó en números redondos. || La boca del hombre. || met. Facundia, expedicion y facilidad en el decir. || PICO Á VIENTO, Con el viento en la cara. || PICO DE CIGÜEÑA, Planta muy comun en casi todas las provincias de España, cuyas hojas cocidas se emplean con utilidad para las llagas y heridas. || PICO DE ORO, Epíteto que se da al que con energía, discrecion, agudeza y facundia hace cualquier razonamiento, discurso ú oracion. || PICO POR SI, *Cetr.*

Sin embarazo alguno de capirote ni de otra cosa en el pico del ave de rapiña. || PICO VERDE, Ave, V. PICAMADEROS. || ANDARSE Ó IRSE Á PICOS PARDOS, fam. Da á entender que alguno pudiendo aplicarse á cosas útiles, se entrega á las inútiles. || Á PICO DE JARRO, Explica la accion de beber sin medida ni tasa. || CALLAR SU PICO, met. y fam. CALLAR, disimular, ó no darse por entendido. || DE PICO, V. SIN OBRAS. || HACER EL PICO, Mantener á alguno de comida. || LLEVARSE EN EL PICO, met. Hacer gran ventaja á alguno en la egecucion ó comprension de alguna cosa. || NO PERDERÁ POR SU PICO, Nota al que se alaba jactanciosamente. || PERDER POR EL PICO, Expresa que a alguno le vino daño por haber hablado lo que no debia. || PONER EN PICO, met. y fam. Parlar ó dar noticia de lo que seria mejor se callase. || TENER ALGO EN EL PICO DE LA LENGUA, Estar para decir una cosa, y no acordarse de ella. || TENER MUCHO PICO, Descubrir todo lo que se sabe, ó hablar mas de lo que es regular.

PICOA, s. f. *Germ.* La olla.

PICOL, adv. *Germ.* POCO, en pequeña cantidad.

PICOLETE, s. m. Especie de abrazadera en forma de grapa que se pone en las cerraduras.

PICON, NA, adj. Se dice de los cuadrúpedos que tienen los dientes de arriba mas largos que los de abajo. || Se aplica á la bestia que corta la yerba al reves por defecto de la dentadura.

PICON, s. m. Chasco, zumba ó burla que se hace para picar é incitar á otro. || Pez pequeño de agua dulce que tiene el hocico puntiagudo. || Especie de carbon muy menudo. || Arroz quebrantado. || *Germ.* El piojo.

PICONERO, s. m. El que trabaja el carbon llamado PICON.

PICOR, s. m. El escozor que resulta en el paladar por haber comido algo que pique. || El que se siente en otras partes del cuerpo.

PICOSA, s. f. *Germ.* La paja.

PICOSO, SA, adj. Que está muy señalado de viruelas.

PICOTA, s. f. El rollo ú horca de piedra que suele haber á las entradas de los lugares. || *Náut.* Trozo de madera con un hueco donde entra la cabeza del guimbalete. || met. La parte superior en punta de alguna torre ó montaña muy alta.

PICOTADA, s. f. V. PICOTAZO.

PICOTAZO, s. m. Golpe que dan las aves con el pico.

PICOTE, s. m. Tela áspera y basta de pelo de cabra. || Cierta tela de seda muy lustrosa de que se hacen vestidos. || ant. V. SACO.

PICOTEADO, p. p. de PICOTEAR. || PICOTEADO, DA, adj. Que tiene picos.

PICOTEAR, v. a. Golpear ó herir con el pico.

PICOTEAR, v. n. met. Hablar mucho, y cosas inútiles é insustanciales. || Se dice del caballo cuando no lleva el rostro firme.

PICOTEARSE, v. r. Contender ó reñir las mugeres entre sí.

PICOTERÍA, s. f. Propension ó prurito de hablar.

PICOTERO, RA, adj. Que habla mucho sin sustancia ni razon.

PICOTILLO, s. m. Picote de inferior calidad.

PÍCTIMA, s. f. *Med.* V. APÓSITO.

PICTÓRICO, CA, adj. Que pertenece á la pintura.

PICUDILLA, s. f. Ave muy comun en algunas provincias de España, de unas siete pulgadas de largo, que vive en cuadrillas. || Especie de aceituna.

PICUDILLO, LLA, adj. d. de PICUDO.

PICUDO, DA, adj. Que tiene pico. || met. Que habla mucho é inútilmente.

PIDO, s. m. fam. El acto de pedir alguna cosa.

PIDON, NA, adj. fam. V. PEDIDOR ó PEDIGÜEÑO.

PIDIENTERO, s. m. PORDIOSERO ó mendigo.

PIÉ, s. m. Parte integral del hombre, del ave y el bruto, que está colocado en la extremidad del cuerpo, y le sirve como de base y cimiento para sostenerse y moverse. || met. La base ó bases sobre que se mantiene el cuerpo de alguna cosa material. || El tronco de los árboles y plantas, y muchas veces todo el árbol. || La parte inferior de alguna cosa sobre que está lo demas. || V. POSO, HEZ, SEDIMENTO. || El monton redondo de uvas que se forma en el lagar despues de pisadas para exprimirlas y apretarlas con la viga. || La lana estambrada para las urdimbres. || En los tintes el color diferente que se da primero para que el segundo sea mas permanente. || En las medias, calcetas ó botas la parte que cubre el pié. || En la poesia latina cualquiera de las partes de que se compone y con que se mide el verso. ||

Verso. ‖ En el juego el último en órden de los que juegan. ‖ Entre los comediantes la última palabra que le toca decir á uno para dejar que entre otro á hablar. ‖ Especie de medida muy usada en las mas partes, pero desigual en unas respecto de otras. ‖ Ocasion ó motivo de hacerse alguna cosa. ‖ Regla, planta, uso ó estilo. ‖ En los escritos lo último de ellos. ‖ Parte, especialmente la primera sobre que se forma alguna cosa. ‖ La parte opuesta en algunas cosas á la que es principal en ellas que llaman cabecera. ‖ Todo aquello que sirve de fundamento, principio y como escalon para adquirir ó ascender á otra cosa. ‖ PIES, pl. Con los adjectivos *muchos*, *buenos* y otros semejantes denota la agilidad y ligereza en el caminar. ‖ PIÉ ADELANTE, Con adelantamiento ó mejora en lo que se pretende. ‖ PIÉ ANTE PIÉ, V. PASITO, Ó PASO Á PASO. ‖ PIÉ Á TIERRA, Se usa para mandar á alguno se apee de la caballería, y al que está en algun lugar alto que baje. ‖ Desmontado del caballo. ‖ PIÉ ATRAS, Explica la pérdida, detencion ó atraso en lo que se intenta. ‖ PIÉ COLUMBINO, Planta, V. LENGUA DE BUEY. ‖ PIÉ CON BOLA, fam. Justamente, sin sobrar ni faltar nada. ‖ PIÉ DE ALTAR, Los emolumentos que se dan á los ministros eclesiásticos por las funciones que egercen, ademas de su congrua. ‖ met. Aquellos provechos que alguno va disfrutando de otro ademas de la renta fija para mantenerse. ‖ PIÉ DE AMIGO, V. PIÉ DERECHO. ‖ Todo aquello que sirve de afirmar y fortalecer otra cosa. ‖ Instrumento de hierro á modo de una horquilla que se afianza en la barba, y sirve para impedir el bajar la cabeza. ‖ PIÉ DE BURRO, Marisco que consta de cinco piezas triangulares y planas, y que nace formando grupo sobre las peñas de las orillas del mar. ‖ PIÉ DE CABALGAR Ó DE MONTAR, El pié izquierdo de la caballería. ‖ PIÉ DE CABRA, Instrumento de hierro que sirve para varios usos. ‖ PIÉ DE CARNERO, *Náut.* Cualquiera de los dos puntales que hay desde la escotilla hasta la sobrequilla. ‖ PIÉ DE GALLINA, Planta, V. QUIJONES. ‖ PIÉ DE GALLO, Lance en el juego de las damas. ‖ En los coches la armadura de dos hierros iguales que se afianzan con tornillos en el tablon que cae sobre el ege del coche. ‖ PIÉ DE GATO, PATILLA, en las armas de fuego. ‖ PIÉ DE LEON, Planta cuyas hojas son parecidas á la de la malva. ‖ PIÉ DE LIEBRE, Especie de trébol muy comun en terrenos arenosos de España. ‖ PIÉ DE PALOMA, Planta, V. LENGUA DE BUEY. ‖ PIÉ DERECHO, El madero que en los edificios se pone perpendicular para que cargue sobre él alguna cosa. ‖ PIÉ GEOMÉTRICO, El pié romano antiguo. PIÉ GIBADO, Danza ó baile antiguo. ‖ PIÉ DE MONTAR, V. PIÉ DE CABALGAR. ‖ PIÉ QUEBRADO, *Poét.* Medio verso que se suele poner de intento al fin ó en medio de la copla ó estancia. ‖ Á LOS PIES DE VM., Modo cortesano con que se saluda á personas de distincion y superioridad, y los hombres les usan frecuentemente hablando con las señoras. ‖ Á PIÉ, Explica el modo de caminar alguno sin caballería ni en carruage. ‖ Á PIÉ ENJUTO, V. SIN MOJARSE. ‖ met. Sin fatiga ni trabajo. ‖ Á PIÉ FIRME, Sin moverse ó apartarse del sitio que se ocupaba. ‖ Constante ó firmemente ó con seguridad. ‖ Á PIÉ JUNTILLAS, Con los pies juntos. ‖ Á PIÉ JUNTILLAS Ó Á PIÉ JUNTILLO, met. Firmemente, con gran porfia y terquedad. ‖ Á PIÉ LLANO, Sin escalones. ‖ met. Fácilmente, sin embarazo ni impedimento. ‖ Á PIÉ QUEDO, Sin mover los pies ó sin andar. ‖ met. Sin trabajo ó diligencia propia. ‖ AL PIÉ, Cercano, próximo, inmediato á alguna cosa. ‖ AL PIÉ, V. CERCA Ó CASI. ‖ AL PIÉ DE LA CUESTA, met. Al principio de alguna empresa ó carrera larga ó difícil. ‖ AL PIÉ DE LA LETRA, Puntual y exactamente. ‖ AL PIÉ DE LA OBRA, Prontamente, al instante, sin dilacion. ‖ ANDAR DE PIÉ QUEBRADO, Estar en decadencia de hacienda, salud, crédito, etc. ‖ ANDAR EN UN PIÉ, met. Hacer las cosas con diligencia y presteza. ‖ ANDAR Ó ESTAR EN PIÉ, Estar mejorado de alguna enfermedad ó no hacer cama. ‖ ARRASTRAR LOS PIES, Estar ya alguno muy viejo. ‖ ASENTAR EL PIÉ, Pisar seguro, sentar el pie con firmeza. ‖ met. Proceder con tiento y madurez. ‖ BESAR LOS PIES, Expr. que se usa de palabra y por escrito con las damas en señal de rendimiento. ‖ CAER DE PIES, met. Tener felicidad en aquellas cosas en que otros tienen desgracia. ‖ CAMINAR CON PIES DE PLOMO, met. Proceder con tiento y reflexion. ‖ CERRADO COMO PIÉ DE MULETO, fam. Se dice de la persona de genio duro y ostinado que no da oidos á las razones. ‖ CON BUEN PIÉ. Con felicidad, con dicha. ‖ CON PIÉ Ó CON PIES DE PLOMO, Con tino, consideracion y prudencia. ‖ CORRER Á CUATRO PIES LA PARIDAD, fam. Explica que algun símil viene con toda propiedad al asunto. ‖ CORTAR POR EL

PIÉ, Echar abajo los árboles cortándolos á raiz de la tierra. || DAR CON EL PIÉ, met. Tratar con desprecio ó poca estimacion alguna cosa. || DAR DE PIÉ, met. Tratar con desprecio ó poca estimacion alguna cosa. || DAR EL PIÉ, Con que se pide á alguno le sirva de apoyo para subir á algun lugar alto. || DAR EL PIÉ, Y TOMARSE LA MANO, fam. Moteja á los que se propasan. || DAR PIÉ, Ofrecer ocasion á alguno para que hable ó egecuta alguna cosa. || DAR POR EL PIÉ, Derribar ó destruir del todo. || DAR TANTOS PIES Á UNA FÁBRICA, Señalar en algun sitio los pies de terreno que ha de ocupar algun edificio. || DE Á PIÉ, Que para sus ocupaciones no usa de caballo, como contrapuesto á los que le tienen. || DEJAR Á UNO Á PIÉ, Ademas del sentido recto, metafóricamente vale quitarle la conveniencia ó empleo que tenia. || DE PIES, V. EN PIÉ. || DE PIES Á CABEZA, V. DE ALTO Á BAJO. || DEL PIÉ Á LA MANO, DE UN INSTANTE PARA OTRO. || DONDE PONGO LOS PIES PONGO LOS OJOS, met. Explica el dolor que alguno tiene en los pies. || ECHAR EL PIÉ ADELANTE Á ALGUNO, fam. Aventajarle, excederle en alguna cosa. || ECHAR EL PIÉ ATRAS, fam. No mantenerse firme en el puesto que se ocupaba ó en la resolucion que se tenia. || ECHAR PIÉ Á TIERRA, Desmontarse ó bajarse del caballo, coche, etc. || ECHARSE Á LOS PIES DE ALGUNO, Pedirle con acatamiento y sumision alguna cosa. || EL QUE ESTÁ EN PIÉ MIRE NO CAIGA, Enseña el cuidado que se debe tener en la prosperidad por lo inconstante que es. || EN BUEN PIÉ, V. CON BUEN PIÉ. || ENGARGANTAR EL PIÉ, Correrse por el estribo entrando en él hasta la garganta. || EN PIÉ, Levantado ya de la cama restablecido de alguna enfermedad ó que no hace cama por ella. || Explica la forma de estar ó ponerse alguno derecho, erguido y afirmado sobre los pies. || Con permanencia y duracion, sin destruirse ni acabarse. || met. Constante y firmemente, con permanencia y duracion. || ENTRAR CON EL PIÉ DERECHO Ó CON BUEN PIÉ, Empezar ó dar acertadamente los primeros pasos en un negocio. || EN UN PIÉ DE TIERRA, Brevemente, ó en poco tiempo ó espacio. || ESTAR Á, Ó EN LOS PIES DE LOS CABALLOS, Estar uno muy abatido y despreciado de todos. || ESTAR CON EL PIÉ EN EL ESTRIBO, V. ESTRIBO. || ESTAR CON UN PIÉ EN EL AIRE, fam. No estar de asiento en una parte ó estar próximo á hacer viage. || ESTAR CON UN PIÉ EN LA SEPULTURA, Estar ya muy próximo á morir. || ESTAR EN PIÉ, met. Permanecer, durar, existir alguna cosa. || ESTAR EN PIÉ COMO GRULLA, met. Estar con suma vigilancia y cuidado. || HACER PIÉ, En algun rio ó lago hallar fondo en que sentar los pies sin necesidad de nadar. || En los lagares, preparar el primer monton de uva ó de aceituna que se ha de pisar. || met. Se dice del que se afirma ó va con seguridad en alguna especie ó intento. || met. Pasarse ó estar de asiento en alguna parte ó lugar. || IR POR SU PIÉ Á LA PILA, Moteja á alguno de cristiano nuevo. || IRSE POR SUS PIES, Huir, escapar alguno por la ventaja que le hace en la carrera al que le sigue. || LEVANTAR LOS PIES DEL SUELO, met. Inquietar á alguno diciendo ó haciendo alguna cosa que le incite á egecutar lo que no pensaba. || METER EL PIÉ, Introducirse en alguna cosa. || METER UN PIÉ Ó TENER UN PIÉ DENTRO, fam. Explica que alguno ha empezado á experimentar adelantamiento en el logro de su pretension. || MIRARSE Á LOS PIES, Reconocer uno las faltas ó defectos que tiene para no envanecerse, abatir su presuncion. || NACER DE PIES, met. Significa la felicidad que alguno tiene en todo lo que hace ó pretende. || NO CABER DE PIES, fam. Da á entender la estrechez con que se está en alguna parte. || NO DAR PIÉ NI PATADA, Explica que en alguna materia no se hace diligencia alguna. || NO DEJAR Á ALGUNO SENTAR EL PIÉ EN EL SUELO, Traerle continuamente egercitado y ocupado. || NO LLEGAR AL PIÉ, V. NO LLEGAR Á LA SUELA DEL ZAPATO. || NO PODERSE TENER EN PIÉ, Explica la debilidad que alguno padece. || NO PONER LOS PIES EN EL SUELO, Pondera la ligereza ó velocidad con que se corre ó camina. || NO SE IRÁ POR PIES, met. Explica que alguna cosa se tiene asegurada. || NO TENER Ó NO LLEVAR ALGUNA COSA PIES NI CABEZA, met. y fam. No tener órden ni concierto. || PASAR DEL PIÉ Á LA MANO, Se dice de las bestias, que tienen el paso tan largo, que con el pié pisan mas adelante de donde pisaron con la mano. || PEGARSE LOS PIES, No poder andar por turbacion ó accidente. || PERDER PIÉ, No encontrar el fondo en el agua el que entra en un rio, lago, etc. || met. Confundirse, y no hallar salida en el discurso. || PONER EL PIÉ SOBRE EL PESCUEZO, Humillar ó sujetar. || PONER LOS PIES EN EL SUELO, Levantarse de la cama. || PONER PIES CON CABEZA LAS COSAS, Confundirlas, trastornarlas contra el órden regular. || PONER PIES EN PARED, fam. Mantenerse con tenecidad en su opinion ó dictámen. || PONER PIES EN POLVOROSA, fam. Huir, escapar. || PONERSE DE PIES EN UN NEGOCIO, Entenderle ó comprenderle. || QUEDAR Ó QUEDARSE EN PIÉ LA DIFICULTAD, Da á entender que subsiste ó que no se ha vencido. || RECALCARSE EL PIÉ, Lastimarse las cuerdas de él por haberse torcido. || SACAR Á ALGUNO EL PIÉ DEL LODO, met. y fam. Sacarle de miseria ó de menor á mayor fortuna. || SACAR CON LOS PIES ADELANTE Á ALGUNO, Llevarle á enterrar. || SACAR LOS PIES AL NIÑO, Vestirle de corto, ponerle á andar. || SACAR LOS PIES DE LAS ALFORJAS, fam. Se dice del que habiendo estado tímido, ó comedido, empieza á atreverse. || SACAR LOS PIES DEL PLATO, fam. V. SACAR LOS PIES DE LAS ALFORJAS. || SACAR PIES, Retirarse poco á poco sin volver la espalda. || SALIR CON LOS PIES ADELANTE, V. SACAR CON LOS PIES ADELANTE. || SER PIES Y MANOS DE ALGUNO, met. Servir á una persona de total alivio y descanso en todos sus asuntos. || SIETE PIES DE TIERRA, La sepultura. || SIN PIES NI CABEZA, Sin método, sin órden, disparatadamente. || TENER EL PIÉ EN DOS ZAPATOS, met. Se dice del que solicita ó espera dos ó mas conveniencias para lograr la que ántes pudiere. || TENER Ó TRAER DEBAJO DE LOS PIES, met. Significa el desprecio ó superioridad con que se trata á alguna persona. || TENER PIES, Se dice del que anda ó corre mucho, ligero y veloz. || TOMAR PIÉ, met. Arraigarse ó coger fuerza alguna cosa. || met. Valerse de alguna cosa, tomar ocasion y pretexto de ella. || TRES PIES Ó UN PIÉ Á LA FRANCESA, fam. Da á entender que alguno ha de precisar á otro á que egecute lo que le mandare. || UN PIÉ TRAS OTRO, Expr. con que á alguno se le despide ó se le dice que se vaya. || VOLVER PIÉ ATRAS, Retroceder.

PIECECICA, LLA, TA, PIECEZUELA, s. f. d. de PIEZA.

PIECECICO, LLO, TO, ó PIECEZUELO, s. m. d. de PIÉ.

PIECICO, LLO, TO, s. m. d. de PIÉ.

PIEDAD, s. f. Virtud que mueve á reverenciar, acatar, servir y honrar á dios, á los padres y á la patria. || Los actos de esta virtud. || Misericordia, conmiseracion y lástima.

PIEDRA, s. f. Compuesto compacto y mas ó ménos duro de tierra, sales, y á veces de sustancias metálicas que le dan color. || El pedernal que se pone en la llave de las armas de fuego. || Materia dura que se engendra en el cuerpo humano, particularmente en los riñones, de que se origina la enfermedad llamada mal de piedra. || Granizo crecido. || Lugar destinado para poner los niños expósitos. || En el juego el tanto que se gana cada mano, hasta que se concluye el partido. || met. La dureza en las cosas. || *Germ.* La gallina. || PIEDRA ALUMBRE, V. ALUMBRE. || PIEDRA AMOLADERA, V. PIEDRA DE AMOLAR. || PIEDRA AZUFRE, V. AZUFRE. || PIEDRA BERROQUEÑA, Especie de piedra dura de color ceniciento y salpicada de unas pintas negras. || PIEDRA BEZAR, V. BEZAR. || PIEDRA CIEGA, La piedra dura ó preciosa que no tiene trasparencia. || PIEDRA DE AMOLAR, Piedra que se emplea en afilar los instrumentos de hierro ó acero. || PIEDRA DE ESCOPETA Ó DE FUSIL, PIEDRA pedernal. || PIEDRA DEL ÁGUILA, Mineral de hierro de figura redondeada, interiormente hueco, y que contiene una porcion del mismo mineral desprendido y movedizo. || PIEDRA DE LUMBRE, PIEDRA pedernal. || PIEDRA DE MOCA, Variedad de la calcedonia. || PIEDRA NEFRÍTICA, Piedra medianamente dura, de color verde oscuro que tira algo á azul, á la que antiguamente se le atribuyó una gran virtud para el mal de riñones. || PIEDRA DE TOQUE, Cierta especie de piedra negra y lisa de que se sirven los contrastes y plateros para reconocer la calidad de los metales y sus quilates. || met. Todo aquello que conduce al conocimiento de la bondad ó malicia de alguna cosa. || PIEDRA DURA, Nombre que se da á todas las piedras de naturaleza del pedernal. || PIEDRA FILOSOFAL, La materia con que algunos filósofos ó alquimistas pretenden hacer oro artificialmente. || PIEDRA FRANCA, La que es fácil de labrar. || PIEDRA FUNDAMENTAL, La primera que se pone en los edificios. || met. Todo aquello que es origen y principio de donde dimana otra cosa, y le sirve como de basa y fundamento. || PIEDRA IMAN, V. IMAN. || PIEDRA INFERNAL, Compuesto de plata fundida con ácido nítrico. || PIEDRA INGA, Fósil, V. MARQUESITA. || PIEDRA JASPE, V. JASPE. || PIEDRA JUDAICA, V. JUDAICA. || PIEDRA LÍPIS, Compuesto de cobre y ácido sulfúrico, de hermoso color azul. || PIEDRA MÁRMOL, V. MÁRMOL. || PIEDRA PÓMEZ, Piedra de color gris esponjosa, opaca, dura, quebradiza, y tan ligera que se mantiene sobre el agua. || PIEDRA PRECIOSA, La que es dura, trasparente y brillante, como el diamante, el rubí, la esmeralda y otras. || PIEDRA RODADA, Nombre que se da á las rocas y piedras comunes que se hallan en trozos pequeños y redondeados. || PIEDRA SECA, La que en las paredes y tapias se une sin cal ni barro poniendo la una sobre la otra. || Á PIEDRA Y LODO, met. Explica que alguna cosa está cerrada de manera que dificultuosamente se puede abrir. || ABLANDAR LAS PIEDRAS, met. Exagera la compasion de un caso lastimoso. || BIEN ESTÁ LA PIEDRA EN AGUJERO, fam. Advierte que las personas ni las cosas no se deben sacar del lugar que les corresponde. || ECHAR Á LA PIEDRA Ó EN LA PIEDRA, Poner á criar los hijos en alguna casa de expósitos. || ECHAR Ó PONER LA PRIMERA PIEDRA, met. Dar principio á alguna dependencia. || ECHARSE UNA PIEDRA EN LA MANGA, met. Recarga á alguno por haber caido en la misma culpa que reprende. || ENCONTRAR Ó HALLAR LA PIEDRA FILOSOFAL, met. Haber hallado alguno un modo oculto de hacer caudal ó de ser rico. || ESTAR PICADA LA PIEDRA, Se dice del que come de prisa y mucho. || HABLAR LAS PIEDRAS, V. HABLAR LAS PAREDES. || LEVANTARSE LAS PIEDRAS CONTRA UNO, Pondera las muchas desgracias que acaecen á una persona, ó denota lo malo que es algun sugeto. || NO DEJAR Ó NO QUEDAR PIEDRA SOBRE PIEDRA, Quedar enteramente arruinado, destruido ó asolado. || NO DEJAR PIEDRA POR MOVER, Ó NO QUEDARLE Á UNO PIEDRA POR MOVER, met. Poner todas las diligencias y medios para conseguir algun fin. || PICAR LA PIEDRA, Desigualar la superficie de la piedra del molino ó tahona con algun instrumento cortante ó punzante. || *Cant.* Labrarla. || PONER LA PRIMERA PIEDRA, Egecutar la ceremonia de asentar la piedra fundamental en algun edificio que se quiere construir. || SEÑALAR CON PIEDRA BLANCA Ó NEGRA, met. Celebrar con aplauso y regocijo el dia feliz y dichoso, ó por el contrario lamentar y llorar el aciago y desdichado. || SER LA PIEDRA DEL ESCÁNDALO, met. Ser el motivo ú origen de alguna disension, cuestion ó pendencia. || TAPIAR Á PIEDRA Y LODO, met. Da á entender que una cosa se cierra tan del todo que no se puede romper. || TENER SU PIEDRA EN EL ROLLO, met. Explica ser alguno persona de distincion en el pueblo. || TIRAR LA PIEDRA, Y ESCONDER LA MANO, met. Hacer daño á alguno ocultando que se le hace. || TIRAR PIEDRAS, met. Da á entender que alguno está fuera de juicio.

PIEDRECICA, LLA, TA, ó PIEDREZUELA, s. f. d. de PIEDRA.

PIEL, s. f. El tegumento extendido sobre todo el cuerpo del animal. || El pellejo de algun animal abodado y curado. || La parte exterior que cubre la pulpa de algunas frutas. || DAR LA PIEL, fam. Morir. || SER LA PIEL Ó DE LA PIEL DEL DIABLO, met. y fam. Ser muy travieso, enredador y revoltoso, y no admitir sujecion.

PIÉLAGO, s. m. Aquella parte del mar que dista ya mucho de la tierra. || met. Lo que por su abundancia y copia es dificultoso de numerar ó contar. || V. TARQUIN.

PIELECITA, s. f. d. de PIEL.

PIELGO, s. m. V. PIEZGO.

PIENSO, s. m. La porcion de cebada ó de otro alimento que se da diariamente á algunos animales.

PIERIO, RIA, adj. *Poét* Perteneciente á las musas.

PIERNA, s. f. La parte del animal que está entre el pié y la rodilla. || En los cuadrúpedos y aves MUSLO. || met. Alguna cosa que junta con otras forma ó compone un todo. || En los tegidos la desigualdad ó falta de rectitud en las orillas ó en el corte. || Especie de cantarilla larga y angosta. || En el arte de escribir se llama el palico que va hácia abajo. || En la imprenta cada uno de los dos maderos que se ponen á un lado y otro de la prensa para ceñir y asegurar toda la máquina. || Á MODO DE PIERNA DE NUEZ, fam. Explica que alguna cosa no se hace con la rectitud que le corresponde. || ANDAR Á LA PIERNA, *Man.* Andar el caballo de costado. || Á PIERNA SUELTA Ó TENDIDA, Explica que alguno goza, posee ó disfruta alguna cosa con descanso y quietud. || CORTAR Ó CORTARSE LAS PIERNAS, met. Imposibilitar ó imposibilitarse para alguna cosa. || ECHAR Á ALGUNO LA PIERNA ENCIMA, fam. Excederle ó sobrepujarle. || ECHAR PIERNAS, Preciarse ó jactarse de galan ó valiente. || EN PIERNAS, Con las piernas desnudas. || ESTIRAR LA PIERNA, fam. V. MORIRSE. || ESTIRAR Ó EXTENDER LAS PIERNAS, fam. Pasearse. || HACER PIERNAS, met. Se dice de los caballos cuando se afirman en ellas y las juegan bien. || met. Se dice de los hombres que presumen de galanes y bien hechos. || met. Estar firme y constante en un propósito. || METER Ó PONER PIERNAS AL CABALLO, Avivarle ó apretarle para que corra ó salga con prontitud. || NO ESTIRAR LA PIERNA MAS DE LO QUE ALCANZA LA MANTA, fam. Amonesta que no se gaste mas de lo que corresponde á las facul-

PIMENTERO, s. m. La planta que da la pimienta, que es un arbusto que crece de suyo en varias partes de la India. || La vasija en que se pone la pimienta molida para servirse de ella en la mesa. || PIMENTERO FALSO, Árbol, V. TURBINTO.

PIMENTON, s. m. aum. de PIMIENTO. || El pimiento colorado molido.

PIMIENTA, s. f. El fruto del arbusto sarmentoso conocido con el nombre de pimentero. || PIMIENTA BLANCA, La pimienta que habiendo sido puesta á remojo en el agua del mar, ha perdido despues de enjuta su corteza y es blanca. || PIMIENTA DE CHILE, V. MALAGUETA. || PIMIENTA LARGA, El fruto de una especie de pimentero. || PIMIENTA DE TABASCO, V. MALAGUETA. || PIMIENTA NEGRA, V. PIMIENTA. || PIMIENTA FALSA, El fruto del turbinto. || PIMIENTA LOCA Ó SILVESTRE, Arbusto. SAUZGATILLO, y tambien el fruto de él. || SER UNA PIMIENTA Ó COMO UNA PIMIENTA, met. y fam. Ser muy vivo, agudo y pronto en comprender y obrar. || TENER MUCHA PIMIENTA, met. y fam. Da á entender que está muy alto el precio de algun género ó mercancía.

PIMIENTO, s. m. Planta anua indígena de la América, y de la que se cultivan en Europa diferentes variedades. || El fruto de la planta del mismo nombre. Antes de madurar es de color verde subido, y cuando madura encarnado, y segun las varias castas de gusto mas ó ménos picante. || Arbusto, V. PIMENTERO. || Arbusto, V. SAUZGATILLO. || Enfermedad de algunas plantas, V. ROYA. || PIMIENTO DE CERECILLA, Variedad del pimiento. || PIMIENTO DE HOCICO DE BUEY Ó DE BONETE, Variedad del pimiento. || PIMIENTO DE LAS INDIAS, V. GUINDILLA || PIMIENTO LOCO, MONTANO Ó SILVESTRE, Arbusto, V. SAUZGATILLO.

PÍMPIDO, s. m. Pescado, especie de mielga, y muy parecido á ella.

PIMPIN, s. m. Juego de muchachos semejante al de la pizpirigaña.

PIMPINELA, s. f. Planta muy comun en España en lugares áridos y en los prados, cujas hojas se usan en la farmacia, y en varias partes la comen en ensalada.

PIMPOLLAR, s. m. El sitio problado de pimpollos.

PIMPOLLECER, v. n. Arrojar, brotar, echar renuevos ó pimpollos.

PIMPOLLEJO, s. m. d. de PIMPOLLO.

PIMPOLLICO, TO, s. m. d. de PIMPOLLO.

PIMPOLLO, s. m. Vástago ó tallo nuevo que echan los árboles y plantas. || La rosa por abrir. || fam. El jóven galan y bizarro.

PIMPOLLON, s. m. aum. de PIMPOLLO.

PIMPOLLUDO, DA, adj. Que tiene muchos pimpollos.

PINA, s. f. Género de mojon redondo y levantado que remata en punta. || ant. V. ALMENA. || El madero curvo que forma en círculo la rueda del coche ó carro.

PINABETE, s. m. Árbol, V. ABETO.

PINÁCULO, s. m. La parte superior y mas alta de algun edificio magnífico ó templo.

PINAR, s. m. Sitio ó lugar poblado de pinos.

PINAREJO, s. m. d. de PINAR.

PINARIEGO, GA, adj. Que pertenece al pino.

PINASTRO, s. m. El pino silvestre.

PINAZA, s. f. Embarcacion pequeña de remo y vela.

PINCARRASCAL, s. m. Sitio poblado de pincarrascos.

PINCARRASCO ó **PINCARRASCA**, s. m. y f. Variedad del pino negral.

PINCEL, s. m. Instrumento con que el pintor asienta los colores en el lienzo, etc. || met. La mano ó sugeto que pinta, la obra pintada, ó el modo de pintar. || *Náut.* Palo largo y delgado, con una escobilla, con que se da alquitran á los costados y palos de la nave. || Cualquiera de las plumas que los vencejos tienen debajo de la segunda pluma del ala.

PINCELADA, s. f. El golpe que el pintor da con el pincel. || DAR LA ÚLTIMA PINCELADA, met. Perfeccionar y dar fin á alguna obra, negocio ó dependencia.

PINCELERO, RA, s. m. y f. Que hace ó vende pinceles, V. BRUCERO.

PINCELILLO, s. m. d. de PINCEL.

PINCELOTE, s. m. aum. de PINCEL.

PINCERNA, s. amb. Que sirve y ministra la copa en las comidas ó banquetes, probando la bebida primero.

PINCHADURA, s. f. fam. Accion de picar ó herir con instrumento agudo ó punzante.

PINCHAR, v. a. Picar, punzar ó herir con alguna cosa aguda ó punzante.

PINCHAUVAS, s. m. Apodo que se da al hombre despreciable.

PINCHE, s. m. El mozo ordinario ó galopin de cocina.

PINCHO, s. m. Aguijon ó punta

aguda de hierro ú otra materia. || Instrumento de que usan los guardas de puertas para averiguar lo que viene en las cargas.

* PINCO, s. m. Filibote: voz inglesa que denota una embarcacion aurcada, de unas cien toneladas.

PINDÁRICO, CA, adj. Que pertenece á PÍNDARO ó á su estilo.

* PINDO, s. m. Cordillera de montes en la Grecia. || El monte Parnaso.

PINEDA, s. f. Especie de cinta de hilo y estambre de diversos colores.

PINEDA, s. m. V. PINAL.

PINGAJO, s. m. Arrapiezo que cuelga de alguna parte.

PINGANELLO, s. m. V. CALAMOCO.

PINGANITOS (EN), En fortuna próspera ó en puestos elevados.

PINGOROTUDO, DA, adj. Empinado, alto ó elevado.

PINGÜE, adj. Craso, gordo, mantecoso. || Abundante, copioso, fértil.

PINGÜE, s. m. Embarcacion de carga, cuyas medidas ensanchan mas en la bodega.

PINGÜEDINOSO, SA, adj. Que tiene gordura.

PINGÜÍSIMO, MA, adj. sup. de PINGÜE.

PINGUOSIDAD, s. f. Grasa, crasitud, untuosidad.

PÍNICO, s. m. de PINO. || PINO por el paso, etc. || HACER PINICOS ó PINOS, Se dice de los niños cuando empiezan á andar, y de los convalecientes cuando salen de ella.

PINILLO, s. m. Planta, V. MIRABEL. || Planta resinosa que crece de suyo en varias partes de España.

PINITO, s. m. d. de PINO.

PINJADO, p. p. de PINJAR. || ant. V. BANCO PINJADO.

PINJANTE, s. m. ant. La joya ó pieza de oro, plata ú otra materia que se trae colgando para adorno. || El adorno de arquitectura que cuelga de lo superior de la fábrica.

PINJANTILLO, s. m. d. de PINJANTE.

PINJAR, v. n. ant. V. COLGAR.

PINO, NA, adj. Muy pendiente ó muy derecho.

PINO, s. m. Árbol muy comun en los terrenos áridos y montuosos de toda Europa, del que se conocen diferentes especies y cuya madera es blanquizca, fibrosa, medianamente dura y de uso general en la construccion de buques, etc. || met. Cualquiera embarcacion. || El primer paso que empiezan á dar los niños cuando se quieren soltar ó los convalecientes cuando empiezan á levantarse. || PINO ALBAR, Especie de pino. || Casta del pino negral. || PINO ALERCE, Árbol que se cria en los Pirineos de Cataluña, muy parecido al pino, del que es especie. || PINO BALSAIN, Casta de pino negral. || PINO DONCEL, Casta ó variedad del pino negral. || PINO NEGRAL, Especie de pino que se diferencia de los otros en que sus hojas carecen de pelos en sus márgenes. || PINO RODENO, Especie de pino bastante crecido que produce unas piñas grandes, fuertes y puntiagudas. || Á PINO, Explica la forma de tocar las campanas, levantándolas en alto, y haciéndoles dar vueltas. || PINO DE ORO, met. Especie de adorno que antiguamente usaban las mugeres en el tocado. || COMO UN PINO DE ORO, Explica que alguna persona es bien dispuesta, airosa y bizarra. || EN PINO, En pié, derecho, sin caer. || HACER PINOS, V. HACER PINICOS.

PINOCHA, s. f. La hoja del pino.

PINOCHO, s. m. La piña del pino rodeno.

PÍNOLE, s. m. Ciertos polvos que vienen de Indias, compuestos de vainillas y otras especies aromáticas para el chocolate.

PINOSO, SA, adj. Que tiene pinos.

PINTA, s. f. La señal ó mancha que queda en el rostro ú otra parte ó cosa. || La señal que tienen los naipes en sus extremos, por donde se conoce, ántes de descubrirle todo, de qué palo es. || Medida de líquidos. || met. La señal ó muestra exterior por donde se conoce la calidad buena ó mala de las cosas. || Gota. || PINTAS, pl. La enfermedad que mas comunmente se llama TABARDILLO. || Juego de naipes, especie del que se llama del parar. || NO QUITAR PINTA, Parecerse con grandísima semejanza á otro en el exterior y en el genio y operaciones. || SACAR POR LA PINTA, Conocer á alguno por alguna señal.

PINTACILGO, s. m. V. JILGUERO.

PINTADERA, s. f. Instrumento para adornar con labores el pan por la parte superior.

PINTADILLO, s. m. Pájaro, V. JILGUERO.

PINTADO, p. p. de PINTAR. || PINTADO, DA, adj. met. Que naturalmente está matizado de diversos colores. || AL MAS PINTADO, Al mas sabio, al mas hábil, prudente ó experimentado. || NO PODER

VER Á UNO PINTADO, Aborrecerle con extremo. ‖ VENIR PINTADO, met. Da á entender que alguna cosa está ajustada y medida, ó que es muy á propósito de lo que se trata.

PINTAMONAS, s. m. fam. Apodo con que se moteja al pintor de corta habilidad.

PINTAR, v. a. Figurar en un plano con el pincel y los colores alguna imágen. ‖ met. Describir por escrito ó de palabra. ‖ Escribir, formar la letra. ‖ Fingir, engrandecer, ponderar, exagerar. ‖ Dar, vender ó pagar.

PINTAR, v. n. Empezar á tomar color y madurar algunos frutos. ‖ Empezar á mostrarse la calidad buena ó mala de alguna cosa.

PINTARSE, v. r. Darse colores y afeites en el rostro. ‖ PINTAR COMO QUERER, Explica que alguno sin fundamento ni solidez se adula el gusto, persuadiéndose á que alguna cosa tendrá el efecto que él se figura. ‖ PINTAR DE LA PRIMERA, *Pint.* Dejar desde luego concluido lo que se pinta sin bosquejar ni acabar ni retocar.

PINTAROJO, s. m. *Gal.* PARDILLO, pájaro.

PINTARRAJADO, p. p. de PINTARRAJAR.

PINTARRAJAR, v. a. fam. V. PINTORREAR.

PINTARRAJO, s. m. fam. Pintura mal formada y de colores impropios.

PINTARROJA, s. f. LIJA, pez.

PINTICA, LLA, TA, s. f. d. de PINTA.

PINTIPARADO, DA, p. p. de PINTIPARAR. ‖ PINTIPARADO, DA, adj. Parecido, semejante á otro, que en nada difiere de él. ‖ Que viene justo y medido á otra cosa, ó es á propósito de lo que se trata.

PINTIPARAR, v. a. fam. Comparar una cosa con otra.

PINTO, TA, adj. ant. V. PINTADO.

PINTOJO, JA, adj. Que tiene pintas ó manchas.

PINTOR, s. m. El que profesa ó egercita el arte de la pintura.

PINTORA, s. m. La muger del pintor, ó la que profesa y egercita el arte de la pintura.

PINTORESCO, CA, adj. Que presenta una imágen agradable, deliciosa y digna de ser pintada.

PINTORREADO, p. p. de PINTORREAR.

PINTORREAR, v. a. Manchar de varios colores una cosa sin arte.

*PINTORZUELO, s. m. Pintor malo.

PINTURA, s. f. Arte liberal, imitadora de las proporciones de la naturaleza. ‖ La tabla, lámina ó lienzo en que está pintada alguna cosa, ó la misma obra pintada. ‖ La formacion de las letras con la pluma. ‖ met. La descripcion ó narracion que se hace por escrito ó de palabra de alguna cosa. ‖ PINTURA Á DOS VISOS, La que se forma artificialmente, de suerte que mirada de un modo representa una figura, y mirada de otro otra distinta. ‖ PINTURA AL FRESCO, La hecha con sola el agua y los colores sobre el estuque fresco. ‖ PINTURA AL INCAUSTO, V. PINTURA CERÍFICA. ‖ PINTURA AL OLEO Ó AL OLIO, La hecha en virtud de aceites desecantes. ‖ PINTURA AL TEMPLE, La hecha con los colores liquidados con cola, goma ó cosa semejante. ‖ PINTURA BORDADA, La que imita la naturaleza con sedas de varios colores mediante la aguja sobre superficie tegida. ‖ PINTURA CERÍFICA, La hecha con ceras de varios colores, uniéndolas con fuego de suerte que igualen la superficie de la tabla. ‖ PINTURA DE ACUAZO, La hecha sobre lienzo blanco y delgado, humedeciendóle por el reverso con agua natural. ‖ PINTURA DE PORCELANA, La hecha esmaltando de blanco sobre oro ó cobre, usando de colores vitreos y minerales. ‖ PINTURA EMBUTIDA, La que imita á la naturaleza, embutiendo fragmentos de varias materias con la debida union. ‖ PINTURA FÉRREA, La que con aguas secretamente preparadas hace que el hierro imita el oro ó la plata. ‖ PINTURA FIGULINA, La hecha con colores metálicos sobre vasijas de barro. ‖ PINTURA TEGIDA, La hecha en la tela con lino, estambre ó seda de varios colores. ‖ PINTURA VITREA, La hecha con colores preparados, usando del pincel y endureciéndolos al fuego.

PINTURILLA, TA, s. f. d. de PINTURA.

PÍNULA, s. f. Cada una de las piezas elevadas que se colocan en los extremos de la dioptra, con un agujerillo para dirigir por ellos la vista.

PINZAS, s. f. pl. Instrumento á modo de unas tenazuelas suaves, de que se sirven los cirujanos. ‖ NO LO SACARÁN NI CON PINZAS, met. Expresa la dificultad de averiguar de alguno reservado ó cauto lo que se desea saber.

PINZON, s. m. Ave de cuatro á

cinco pulgadas de largo y muy comun en toda Europa.

PINZOTE, s. m. *Náut.* Madero cuyo extremo está enganchado en la cabeza de la caña del timon.

PIÑA, s. f. El fruto del pino. || Fruto, V. ANANA. || En las minas la porcion de plata virgen que amasada con el azogue, se pone al fuego para que saliendo el azogue quede incorporada la plata sola.

PIÑARSE, v. r. *Germ.* Irse huyendo.

* PIÑODADO, DA, adj. *Blas.* Que se eleva en forma de piña.

PIÑON, s. m. La simiente del pino, ó cada uno de los huesos que contiene la piña. || *Cetr.* El huesecillo último de las alas del ave. || En los reloges la pieza pequeña estriada que moviéndose hiere en los dientes de otra rueda, y la hace mover. || En la escopeta la pieza en que estriba la patilla de la llave cuando está para disparar. || Cualquiera de las plumas pequeñas en forma de secunda ala que los halcones tienen debajo de las alas. || COMER LOS PIÑONES, hacer noche buena.

PIÑONATA, s. f. Género de conserva.

PIÑONATE, s. m. Cierto género de pasta que se compone de piñones y azúcar.

PIÑONCICO, LLO, TO, s. m. d. de PIÑON. || PINONCILLO, V. PIÑON, 5ª A.

PIÑORAR, v. a. ant. PRENDAR ó sacar prendas por algun delito.

PIÑUELA, s. f. Tela ó estofa de seda. || La nuez ó el fruto del cipres.

PIO, IA, adj. Devoto, inclinado á la piedad, dado al culto de la religion. || Benigno, blando, misericordioso y compasivo. || Se dice del caballo, burro ó yegua cuya piel es remendada ó de varios colores.

PIO, s. m. La voz que forma el pollo de cualquiera ave y con que los llaman. || Deseo vivo y ansioso de alguna cosa. || *Germ.* El vino.

PIOCHA, s. f. Joya de varias figuras de que usan las mugeres para adorno de la cabeza. || Flor de mano hecha de plumas delicadas de aves.

PIOJENTO, TA, adj. Que tiene piojos ó que pertenece á ellos.

* PIOJERA, s. f. Estefisagria, paparaz, planta.

PIOJERÍA, s. f. Abundancia ó copia de piojos. || met. y fam. Miseria, escasez, menudencia ó poquedad.

* PIOJICIDA, s. f. fam. Matador de piojos.

PIOJILLO, s. m. d. de PIOJO. Dícese regularmente de los que crian las aves.

PIOJO, s. m. Insecto sin alas, de una línea ó línea y media de largo, que se alimenta de la sangre del hombre. || Enfermedad de las aves de caza. || PIOJO DE MAR, Insecto de unas diez á doce líneas de largo que se alimenta de ballenas y otros animales acuáticos, á los cuales se ase fuertemente. || PIOJO PEGADIZO, met. Persona importuna y molesta á quien no puede uno apartar de sí. || COMO PIOJO EN COSTURA, fam. Se dice del que se entromete donde no le llaman. || COMO PIOJOS EN COSTURA, fam. Se usa para denotar que se está con mucha estrechez en algun parage.

PIOJOSO, SA, adj. Que tiene muchos piojos. || met. Miserable, mezquino y apocado.

PIOJUELO, s. m. d. de PIOJO. || Dícese de ciertos insectos pequeños y negros que infestan algunas plantas.

PIOLA, s. f. *Náut.* Cabito formado de dos ó tres filásticas.

PIORNO, s. m. Planta ó árbol pequeño, V. RETAMA. || *Germ.* Borracho.

PIPA, s. f. El tonel ó candiota que sirve para trasportar ó guardar el vino ú otros licores. || Cierta pieza que sirve para tomar tabaco de hoja. || En las chirimías la lengüeta por donde se echa el aire. || Género de flautilla. || V. PIPIRITAÑA. || PEPITA, semilla de algunas frutas. || En las bombas de fuego y en las granadas ESPOLETA. || TOMAR PIPA, fam. Marcharse, irse, huir.

PIPAR, v. n. Tomar tabaco de hoja.

PIPERÍA, s. f. Conjunto ó provision de pipas. || ABATIR LA PIPERÍA, *Náut.* Desbaratar las pipas ó barriles que en las embarcaciones sirven para llevar el agua dulce.

PIPÍ, s. m. Ave, V. PITPIT.

PIPIAN, s. m. Guisado usado en Indias, que se compone de carnero, gallina, pavo ú otra ave con tocino gordo y almendra machacada.

PIPIAR, v. n. Dar voces las aves cuando pequeñas.

PIPIRIGALLO, s. m. Planta muy comun en casi todas las provincias de España, que es de mucho alimento para el ganado mular.

PIPIRIPAO, s. m. fam. Convite espléndido y magnífico un dia en una casa y otro en otra.

PIPIRITAÑA ó PIPITAÑA, s. f. La flautilla que suelen hacer los muchachos de las cañas verdes del alcacer.

PIPO, s. m. Ave muy comun en varias partes de España, que anida sobre los árboles, y se alimenta de los insectos que viven en ellos.

PIPORRO, s. m. fam. V. BAJON.

PIPOTE, s. m. La pipa pequeña que sirve para encerrar y trasportar licores, pescados y otras cosas.

PIPOTILLO, s. m. d. de PIPOTE.

PIQUE, s. m. Resentimiento, desazon, desabrimiento, discordia ó disgusto. || CHICHISBEO, cortejo. || En el juego de los cientos es cierto lance. || V. PONTÓN. || *Náut.* Cualquiera de los maderos que asientan sobre la quilla. || Á PIQUE, Cerca, á riesgo, en contingencia. || ECHAR Á PIQUE, Sumergir el navío. || Destruir y acabar alguna cosa, como ECHAR Á PIQUE la hacienda.

PIQUERA, s. f. El agujero ó puertecita que se hace en las colmenas para que las abejas puedan entrar y salir. || El agujero que tienen en una de sus dos frentes los toneles, para que abriéndole pueda salir el vino. || MECHERO, cañutillo.

PIQUERÍA, s. f. El agregado ó número de soldados que servia en los egércitos armados de picas.

PIQUERO, s. m. El soldado que servia en el egército con la pica.

PIQUETA, s. f. Especie de azadon.

PIQUETE, s. m. El golpe ó herida de poca importancia que se recibe ó da con algun instrumento agudo ó punzante. || El agujero pequeño que se hace en las ropas ú otras cosas. || Estaca de madera que fijada en la tierra sirve para mirar por su extremidad algun objeto, ó tomar alguna medida desde léjos. || *Mil.* Cierto número de soldados que se sacan de cada compañía con sus oficiales, y estan prevenidos por si se ofrece alguna operacion.

PIQUETERO, s. m. En las minas el muchacho que lleva de una parte á otra las piquetas á los trabajadores.

PIQUETILLA, s. f. Entre albañiles piqueta pequeña.

PIQUILLO, TO, s. m. d. de PICO.

PIRA, s. f. La hoguera ó llama. || La que se encendia en lo antiguo para quemar los cuerpos de los difuntos y las víctimas de los sacrificios.

* PIRACANTA, s. f. Espino albar, arbusto.

PIRAGON, s. m. V. PIRAUSTA.

PIRAGUA, s. f. Embarcacion de que usan los Indios.

PIRAL, s. m. V. PIRAUSTA.

PIRAMIDAL, adj. Hecho en forma ó figura de pirámide. || *Cir.* Dícese de uno de los huesos que hay en el carpo ó muñeca, así dicho por su figura.

PIRAMIDALMENTE, adv. En figura de pirámide.

PIRÁMIDE, s. f. *Geom.* Figura sólida determinada de diversos triángulos, que saliendo de los extremos de otro plano que sirve de base, concurren en un punto. || *Germ.* La pierna. || PIRÁMIDE CÓNICA, Llaman muchos el cono por la semejanza que tiene con la pirámide. || PIRÁMIDE ÓPTICA, La comprendida de los rayos ópticos principales, que tiene por base el objeto, y por cúspide el centro de cualquiera de los ojos.

PIRATA, s. m. Ladron que anda robando por el mar. || met. El sugeto cruel y desapiadado.

PIRATEAR, v. n. Robar y apresar los navíos y embarcaciones que andan por el mar.

PIRATERÍA, s. f. El oficio de pirata, ó el robo ó presa que hace el pirata. || met. Robo ó destruccion de los bienes de otro.

PIRÁTICO, CA, adj. Que pertenece al pirata.

PIRAUSTA, s. f. Insecto algo mayor que una mosca, con alas y cuatro pies, que nace y vive en el fuego.

* PIRITAS, s. m. V. PIRITA.

PIRITA, s. f. V. MARQUESITA.

PIRLITERO, s. m. V. ESPINO MAJUELO.

PIROFILACIO, s. m. Caverna dilatada en las entrañas de la tierra, llena de fuego.

* PIROLA, s. f. Acelga silvestre, planta.

PIRÓFORO, s. m. Cierta composicion que se inflama al contacto del aire.

PIROMANCIA, s. f. Adivinacion por el fuego ó su llama.

PIROMÁNTICO, s. m. El que profesa la adivinacion por el fuego á su llama.

PIRÓMETRO, s. m. Instrumento para medir los diversos grados del fuego y sus efectos.

PIROPO, s. m. Especie de granate globoso y redondeado ó esquinado. || met. El relumbron de voces demasiadamente cultas.

PIROTECNIA, s. f. Algunos llaman así á la química; pero mas comunmente se da este nombre al arte que trata de todo género de invenciones de fuego.

PIROTÉCNICO, ICA, adj. Que pertenece á la pirotecnia.

PIRRIQUIO, s. m. Pié de verso latino que consta de dos sílabas breves.

PIRRÓNICO, adj. V. ESCÉPTICO.

PIRRONISMO, s. m. V. ESCEPTICISMO.

* PIRRONISTA, s. m. El que duda, ó afecta de dudar de todo.

* PIRUETA, s. f. Volteta. Dícese en el baile, y tambien del caballo en el manejo.

PIRUÉTANO, s. m. V. PERUÉTANO.

PISA, s. f. Accion de pisar. || Zurra ó vuelta de patadas ó coces. || La porcion de aceituna ó uva que se estruja de una vez en el molino ó lagar. || *Germ.* Mancebía.

* PISADA, s. f. Huella que deja estampada el pié en la tierra. || V. PATADA. || SEGUIR LAS PISADAS, met. Imitar á otro, seguir su egemplo en todo.

PISADO, p. p. de PISAR.

PISADOR, s. m. El que pisa ó huella alguna cosa. Tómase regularmente por el que pisa la uva. || met. El caballo que levanta mucho los brazos y pisa con violencia y estrépito.

PISADURA, s. f. Accion y efecto de pisar.

PISAFALTO, s. m. Betun fósil, V. ASFALTO.

* PISANÍA, s. f. Guayacana de Virginia, planta.

PISANO, NA, adj. De Pisa.

PISANTE, s. m. *Germ.* El pié y tambien el zapato.

PISAR, v. a. Hollar ó poner los pies sobre la tierra ú otra cosa. || Apretar á golpe de pison ó maza. || Tocar ó estar cerca. || met. Despreciar, abandonar, ó no hacer caso de alguna cosa.

PISAR, v. n. En los edificios estar el suelo ó piso de una habitacion fabricado sobre otra. || En las aves, especialmente en las palomas, cubrir el macho á la hembra.

PISASFALTO, s. m. Betun fósil, V. ASFALTO.

PISAUVAS, s. m. Pisador de uvas.

PISAVERDE, s. m. fam. Persona presumida y afeminada que no conoce mas ocupacion que la de acicalarse, perfumarse, etc.

PISCATOR, s. m. Pronóstico general que suele salir cada año.

PISCATORIA, s. f. *Poes.* Égloga cuyos interlocutores son pescadores.

PISCATORIO, RIA, adj. Que pertenece á la pesca ó pesquería.

PISCINA, s. f. El estanque que se suele hacer en los jardines para tener peces. || El lugar en que se echan y sumen algunas materias sacramentales.

PÍSCIS, s. m. El duodécimo signo del zodiaco y sexto de los australes.

PISO, s. m. La accion y efecto de pisar. || El suelo ó pavimiento de las casas. || El suelo ó superficie natural ó artificial de algun terreno. || ALTO en las casas, como primer PISO, segundo PISO. || Lo que se paga por habitar ó estar en algun edificio, casa ó posada.

PISON, s. m. Instrumento pesado que sirve para apretar la tierra, piedras, etc. || Á PISON, Á golpe de pison.

PISONEADO, p. p. de PISONEAR.

PISONEAR, v. a. Apretar la tierra con el pison.

PISOTEADO, p. p. de PISOTEAR.

PISOTEAR, v. a. Pisar repetidamente, maltratando ó ajando alguna cosa.

PISOTEO, s. m. Accion de pisotear.

PISTA, s. f. La huella ó rastro que dejan los animales en la tierra por donde han pasado.

PISTACHO, s. m. El fruto de una especie de alfóncigo.

PISTADERO, s. m. El instrumento de madera ú otra materia con que se pista.

PISTADO, p. p. de PISTAR.

PISTAR, v. a. Machacar, aprensar ó sacar el jugo á alguna cosa.

PISTERO, s. m. Vasija en forma de jarro pequeño que se usa para dar caldos ó líquidos á los enfermos agravados.

PISTILO, s. m. La parte femenina de la flor, de figura de puntero que ocupa su centro, y contiene el rudimento de la semilla.

PISTO, s. m. El jugo ó sustancia que machacándola ó aprensándola se saca del ave, especialmente de la gallina ó perdiz. || Fritada de pimientos y tomates revueltos. || Á PISTOS, Poco á poco, con escasez y miseria.

PISTOLA, s. f. Arma de fuego de las mas cortas, que varia en su tamaño, y segun el cual toma varios nombres.

PISTOLERA, s. f. Cada una de las fundas ó estuches de cuero en que se meten las pistolas de arzon, para que no ludan los cañones.

PISTOLETAZO, s. m. El tiro de la pistola ó la herida que resulta de él.

PISTOLETE, s. m. Arma de fuego mas corta que la pistola. || Pistola de bolsillo.

PISTORESA, s. f. Arma corta de acero á manera de puñal ó daga.

PISTRACE ó PISTRAQUE, s. m. El licor, condimento ó bodrio desabrido y de mal gusto.

PISTURA, s. f. La accion y efecto de pistar.

PITA, s. f. Planta indígena de América y connaturalizada en las provincias meridionales de España, que echa desde la raiz un cono puntiagudo, compuesto de hojas rolladas á lo ancho, que sucesivamente se desenvuelven, y son de hechura de caña, puntiagudas, acanaladas, armadas de puas en su extremidad y bordes. || Las hebras de que estan llenas las hojas de la planta del mismo nombre despues de preparadas. Úsase para hacer telas, encages y otros usos. || Voz con que se llama á las gallinas.

PITACO, s. m. La caña que arroja la pita.

PITAFIO, s. m. *Germ.* El jarró.

PITAGÓRICO, CA, adj. y s. El que sigue la secta, opinion ó filosofía de Pitágoras, ó que pertenece á ella.

PITANCERÍA, s. f. El sitio ó lugar donde se reparten, distribuyen ó apuntan las pitanzas. || La distribucion que se hace por pitanzas, ó lo destinado á ellas. || Empleo de pitancero.

PITANCERO, s. m. El que está destinado para repartir las pitanzas. || En algunas iglesias catedrales el ministro que tiene el cuidado de apuntar ó avisar las faltas en el coro. || El clérigo ó fraile que no tiene grado alguno, y solo vive de la limosna que gana ó pide. || En los conventos de las órdenes militares el religioso refitolero y mayordomo.

PITANCICA, LLA, TA, s. f. d. de PITANZA.

PITANZA, s. f. La distribucion que se hace diariamente de alguna cosa, ya sea comestible ó pecuniaria. || fam. El precio ó estipendio que se da por alguna cosa.

PITAÑA, s. f. V. LEGAÑA.

PITAÑOSO, SA, V. LEGAÑOSO.

PITAR, v. n. Tocar ó sonar el pito.

PITAR, v. a. Pagar. || Distribuir, repartir ó dar las pitanzas.

PITARRA, s. f V. LEGAÑA.

PITARROSO, SA, adj. V. LEGAÑOSO.

PITEZNA, s. f. Pestillo de hierro en los cepos, que al mas leve contacto se dispara, y hace que se junten los zoquetes en que se queda preso el animal.

PITILLO, s. m. d. de PITO.

PITIPIÉ, s. m. ESCALA, línea, etc.

PITO, s. m. Flauta pequeña como un silbato que forma un sonido agudo. || Cierto género de flautilla que echándole agua, y soplándole por el pico hace un son ó voz que imita el canto y los gorgeos de los pájaros. || Insecto indígeno de la América, que tiene ocho pies, con los cuales se ase fuertemente á las piernas principalmente de los hombres, para chuparles la sangre, de que se alimenta. || La tala con que juegan los muchachos, y dicen el juego del PITO. || *Mur.* El capullo de seda que está abierto por una punta. || NO DÁRSELE UN PITO, Explica el desprecio que se hace de alguna cosa. || NO TOCAR PITO, No tener parte en alguna dependencia ó negocio. || NO VALER UN PITO, met. y fam. Desprecia alguna cosa por inútil ó de ningun valor. || CUANDO PITOS FLAUTOS, CUANDO FLAUTOS PITOS, fam. Explica que las cosas suceden ó se egecutan al contrario de lo que se esperaban o debian hacer.

PITON, s. m. El cuerno pequeño que empieza á salir á los animales, como al carnero, cordero, cabrito, etc. || met. Bulto pequeño que sobresale en punta en la superfie de alguna cosa. || El renuevo del árbol cuando empieza á abotonar. || La caña que arroja la pita. || *Ar.* La piedrecilla con que los muchachos juegan al juego que llaman de los cantillos.

PITONISA, s. f. Encantadora, hechicera.

PITORRA, s. f. V. CHOCHAPERDIZ.

PITPIT, s. m. Ave indígena de América.

* PITREO, s. m. Lisera, el vástago de la pita.

PITUITA, s. f. Especie de flema.

PITUITOSO, SA, adj. Que pertenece á la pituita ó al que la padece.

PÍXIDE, s. f. Caja pequeña de madera ó metal para guardar alguna cosa. || El copon ó caja pequeña en que se guarda el Santísimo Sacramento, ó se lleva á los enfermos.

PIZARRA, s. f. Fósil muy abundante en la naturaleza, y del cual se conocen varias especies. || Entre los estudiantes de matemáticas el cuadro negro en que hacen con yeso ó clarion las figuras necesarias para las demostraciones.

PIZARRAL, s. m. El lugar ó sitio en que se hallan las pizarras.

* PIZARREÑO, ÑA, adj. De color ó naturaleza de pizarra.

PIZARRERO, s. m. El artífice que labra, pule y asienta las pizarras en los edificios.

PIZCA, s. f. fam. La porcion mínima ó muy pequeña de alguna cosa.

PIZCADO, p. p. de PIZCAR.

PIZCAR, v. a. fam. PELLIZCAR.

PIZCO, s. m. fam. V. PELLIZCO.

PIZPERETA, adj. Se aplica á la muger que es viva, pronta y aguda.

* PIZPERINA, s. f. Despierta vivaracha, hablando de una muger.

PIZPIRIGAÑA, s. f. Juego con que se divierten los muchachos pellizcándose suavemente en los manos.

PIZPITA, s. f. ó PIZPITILLO, s. m. Ave. V. AGUZANIEVE.

PLACA, s. f. Moneda de valor de diez maravedís que corrió antiguamente en España. || La insignia de alguna de las órdenes reales que se lleva bordada en el vestido.

PLACABILIDAD, s. f. La facilidad ó dispocision de aplacarse alguna cosa.

PLACABLE, adj. V. APLACABLE.

PLACACION, s. f. V. APLACACION.

PLACADO, p. p de PLACAR.

PLACAR, v. a. ant. V. APLACAR.

PLACARTE, s. m. Cartel, pragmática, edicto ú ordenanza que se fija en las esquinas para noticia del público.

PLACATIVO, VA, adj. Capaz de aplacar.

PLACEAR, v. a. ant. Publicar ó hacer manifiesta alguna cosa.

PLACEL, s. m. *Náut.* Banco de arena ó piedra en el fondo del mar, pero de bastante extension y de poca desigualdad en su profundidad.

PLACEME, s. m. La enhorabuena ó cumplimiento de congratulacion.

PLACEMIENTO, s. m. ant. Agrado, placer, gusto.

PLACENTA, s. f. *Anat.* Masa carnosa y esponjosa que se forma y coagula en el vientre de la muger preñada, de donde nace la cuerda umbilical.

PLACENTERAMENTE, adv. Alegremente, con regocijo y agrado.

PLACENTERÍA, s. f. ant. V. PLACER.

PLACENTERO, RA, adj. Alegre, regocijado, gustoso y lleno de placer.

PLACENTIN, NA, adj. Que pertenece á la ciudad de Placencia.

PLACENTINO, NA, adj. y s. Natural de Placencia ó perteneciente á esta ciudad.

PLACER, v. imp. AGRADAR ó dar gusto. || QUE ME PLACE, Expresa que agrada ó se aprueba alguna cosa.

PLACER, s. m. Gusto, contento, alegría, regocijo ó diversion. || Voluntad, consentimiento, beneplácito. || Á PLACER, Con todo gusto, á toda satisfaccion, sin impedimento ni embarazo alguno. || *Ar.* Despacio.

PLACERAMENTE, adv. ant. Públicamente, sin rebozo.

PLACERO, RA, adj. Que pertenece á la plaza ó es propio de ella. || Ocioso que se anda en conversacion por las plazas.

PLACETA, s. f. d. de PLAZA. V. PLAZUELA.

PLACETILLA, s. f. d. de PLACETA.

PLACETUELA, s. f. d. de PLACETA.

PLACIBILIDAD, s. f. ant. La facultad ó facilidad de agradar ó dar gusto.

PLACIBLE, adj. Agradable, y que da gusto y satisfaccion.

PLACIBLEMENTE, adv. ant. V. APACIBLEMENTE. || ant. Con agrado y placer.

PLÁCIDAMENTE, adv. Con sosiego y tranquilidad.

PLACIDÍSIMO, MA, adj. sup. de PLÁCIDO.

PLÁCIDO, DA, adj. Quieto, sosegado y sin perturbacion.

PLACIENTE, p. a. ant. de PLACER, Que place.

PLACIENTE, adj. Agradable, gustoso y bien visto.

PLACILLA, s. f. d. de PLAZA.

PLACIMIENTO, s. m. ant. AGRADO, gusto, voluntad.

PLACITA, s. f. d. de PLAZA

PLAFON, s. m. *Arq.* El plano inferior del resalto de la corona de la cornisa.

PLAGA, s. f. ant. V. LLAGA. || La calamidad grande. || El daño grave ó corporal, enfermedad que sobreviene á alguna persona. || met. Infortunio, trabajo, pesar ó contratiempo. || met. Copia ó abundancia de alguna cosa nociva. || *Geog.* V. CLIMA ó ZONA. || *Geog.* Cada uno de los cuatro puntos cardinales en que se divide el horizonte. || *Náut.* La division del plano del horizonte en diferentes partes iguales, como es la de los vientos en la rosa náutica.

PLAGADO, p. p. de PLAGAR. || PLAGADO, DA, adj. ant. V. HERIDO ó CASTIGADO.

PLAGAR, v. a. Llenar á uno de alguna cosa nociva. || ant. V. LLAGAR.

PLAGIARIO, RIA, adj. Entre los antiguos Romanos el que compraba un hombre libre, sabiendo que lo era, y lo retenia en servidumbre contra su voluntad. || met. El que hurta los conceptos, sentencias ó versos de otro, y los vende por suyos.

PLAGIO, s. m. Hurto ó apropiacion de libros, obras ó tratados agenos.

PLAGOSO, SA, adj. Que hace llagas.

PLAN, s. m. V. PLANO. ‖ El extracto ó escrito en que por mayor se apunta alguna cosa. ‖ La descripcion que por lista, nombres ó partidas se hace de algun egército, rentas ó cosa semejante. ‖ Delineacion ó descripcion de la postura horizontal de alguna cosa. ‖ *Naút.* El madero que asienta sobre la quilla, y forma el plan ó suelo, y el primer asiento de la nave.

PLANA, s. f. *Albañ.* V. PALETA, LLANA. ‖ La cara ó haz de una hoja de papel impreso ó escrito. ‖ *Geog.* Porcion de pais llano y fértil. ‖ En la escuela lo que escriben para aprender los niños en una cara del pliego de papel. ‖ PLANA MAYOR, ó PRIMERA PLANA, *Mil.* El conjunto de los primeros oficiales de un regimiento. ‖ Á PLANA RENGLON, Expresa que algun escrito se copia ó reimprime con total igualdad al que sirve de original. ‖ met. Se dice cuando una cosa viene totalmente ajustada á lo que necesita, sin sobrar ni faltar. ‖ CERRAR LA PLANA, met. Concluir ó finalizar alguna cosa. ‖ CORREGIR Ó ENMENDAR LA PLANA, met. Advertir ó notar persona de mas inteligencia, ó que presume tenerla, algun defecto en lo que otro ha egecutado. ‖ ENMENDAR LA PLANA, Sobresalir y exceder á otro, haciendo alguna cosa mejor que él.

PLANADA, s. f. V. LLANADA.

PLANADOR, s. m. El oficial de platero que aplana con el martillo sobre el tas la vagilla y piezas lisas. ‖ El que aplana y pule las planchas para grabar.

PLANCHA, s. f. Lámina ó pedazo de metal llano y delgado. ‖ Cierto instrumento hecho de una plancha de hierro, para planchar todo género de ropa blanca y las costuras. ‖ PLANCHA DE AGUA, *Náut.* Union de maderos y tablas, que se mantienen con pipas vacias, para trabajar los calafates. ‖ PLANCHA DE VIENTO, *Náut.* Union de dos barrotes y tres tablas, suspendidas de cabos, sobre las cuales trabajan los calafates en los costados.

PLANCHADA, s. f. *Náut.* Entarimado que sirve para igualar la cubierta y sentar con proporcion la artillería.

PLANCHADO, p. p. de PLANCHAR.

PLANCHAR, v. a. V. APLANCHAR.

PLANCHEADO, p. p. de PLANCHEAR.

PLANCHEAR, v. a. Cubrir alguna cosa con hojas ó planchas de metal.

PLANCHETA, s. f. Instrumento geométrico para medir distancias ó alturas y para levantar planos.

PLANCHETE, s. m. ant. V. BLANCHETE, perro.

PLANCHICA, LLA, TA, s. f. d. de PLANCHA.

PLANCHON, s. m. aum. de PLANCHA.

PLANCHUELA, s. f. d. de PLANCHA.

PLANCO, s. m. V. PLANGA.

PLANETA, s. m. Cuerpo celeste opaco que solo brilla por la luz refleja del sol, al rededor del cual describe su órbita mas ó ménos circular con un movimiento propio y periódico. ‖ Cierta especie de casulla. ‖ *Germ.* Candela.

PLANETARIO, RIA, adj. Perteneciente á los planetas ó que trata de ellos.

PLANGA, s. f. Especie de águila, que tiene las plumas manchadas de blanco y negro, y vive cerca de las lagunas.

PLANICIE, s. f. V. LLANO Ó LLANURA.

PLANIMETRÍA, s. f. V. PLANOMETRÍA.

PLANISFERIO, s. m. Descripcion geográfica de los dos hemisferios de la tierra, hecha en plano, y reducida á dos círculos que los representan.

PLANO, NA, adj. Llano, liso, sin estorbos ni tropiezos.

PLANO, s. m. El diseño, planta ó descripcion de alguna plaza, castillo, ciudad, campamento ú otra cosa semejante, descrito ó delineado en el papel. ‖ *Geom.* V. SUPERFICIE PLANA. ‖ PLANO DEL HOROPTER, *Opt.* El que pasa por el horopter, y es perpendicular al plano que pasa por los eges ópticos. ‖ PLANO DEL RELOX, *Gnom.* Aquel en que se describe el relox. ‖ PLANO GEOMÉTRICO, *Persp.* Superficie plana paralela al horizonte, puesta mas abajo que la vista. ‖ PLANO HORIZONTAL, *Persp.* Superficie plana, que pasando por la vista es perpendicular á la tabla ó plano óptico. ‖ PLANO INCLINADO, *Estát.* El que forma ángulos oblicuos con la superficie de la tierra. ‖ PLANO ÓPTICO, *Persp.* V. TABLA. ‖ PLANO VERTICAL, *Persp.* Superficie plana, que pasando por el rayo principal, es perpendicular al horizonte. ‖ PLANO PARALELO, *Geom.* Aquel que extendido por todas partes, y comparado con otro siempre dista igualmente de él. ‖ DAR DE PLANO, Dar con lo ancho de algun instrumento cortante ó con la mano abierta. ‖ DE PLANO, Enteramente, clara y manifiestamente. ‖ for. Dícese del modo de proceder en que se dispone un proceso, excusando muchas formalidades judiciales. || CAER DE PLANO, Caer á la larga, tendiéndose sin poderse valer.

PLANOMETRÍA, s. f. Parte de la geometría que trata de la medida de los planos.

PLANOPLANO, s. m. *Arit.* La cuarta potestad, que es la que resulta de la multiplicacion del cubo por su raiz, ó del cuadrado por sí mismo.

PLANOSÓLIDO, s. m. *Arit.* La quinta potestad, que es la que resulta de la multiplicacion continua de cualquier número tomado cinco veces.

PLANTA, s. f. La parte inferior del pié con que se huella y pisa, y que sostiene el cuerpo. || Nombre genérico, con que se comprenden y nombran cualesquiera árboles, arbustos, flores, yerbas ó legumbres. || El árbol ú hortaliza, que sembrada y nacida en alguna parte, está dispuesta para trasplantarse á otra. || El acto de plantar. || V. PLANTÍO. || El diseño ó idea que se hace para la fábrica ó formacion de alguna cosa. || La especial y artificiosa postura de los pies para esgrimir, danzar ó andar. || met. Proposicion ó especie que parece significa ó explica mucho, y en la realidad no es nada. || met. Proyecto ó disposicion que se hace para asegurar el acierto y buen logro de algun negocio ó pretension. || *Persp.* El punto en el plano geométrico en que cae la perpendicular que baja de un punto de cualquier objeto puesto en el aire sobre dicho plano. || *Arq.* La figura que forman sobre el terreno los cimientos de un edificio, ó la que forman las paredes en los diferentes pisos. || Bravata y baladronada. || DE PLANTA, De nuevo, desde los cimientos. || FIJAR LAS PLANTAS, met. ant. Afirmarse en algun concepto ú opinion.

PLANTACION, s. f. Accion de plantar.

PLANTADO, p. p. de PLANTAR.

PLANTADOR, s. m. El que planta. || Instrumento de hierro para plantar. || *Germ.* Sepulturero.

PLANTAGE, s. m. El conjunto de plantas. || *Mar.* V. LLANTEN.

PLANTAINA, s. f. ant. V. LLANTEN.

PLANTAMIENTO, s. m. ant. V. PLANTÍO.

PLANTANAL, s. m. V. PLATANAL.

PLANTANO, s. m. Árbol. V. PLÁTANO, 2ª A. || Fruto comestible.

PLANTAR, v. a. Meter ó introducir en la tierra el vástago ó mata de árboles ú otra planta. || met. Fijar y poner derecha y enhiesta alguna cosa. || met. Asentar ó colocar una cosa en el lugar que debe estar para usar de ella. || met. Cascar, dar ó sacudir algun golpe. || met. Poner ó introducir á uno en alguna parte. || met. Poner en egecucion la planta ó idea formada para algun fin. || met. Fundar, establecer ó regir. || met. y fam. Dejar á uno burlado ó abondonarle. || *Germ.* Enterrar.

PLANTARSE, v. r. Ponerse de pié firme ocupando algun lugar ó sitio. || Llegar con brevedad á algun lugar, ó en ménos tiempo del que regularmente se gasta. || Pararse algun animal en términos de que cuesta mucho trabajo el hacerle salir del punto que toma. || En algunos juegos de cartas no querer mas de las que se tienen.

PLANTARIO, s. m. La era ó pedazo de tierra en que nacen y se crian las yerbas y plantas para trasponerlas luego á sus lugares.

PLANTEADO, p. p. de PLANTEAR.

PLANTEAR, v. a. Tantear, trazar ó hacer planta de alguna cosa para asegurar el acierto de ella.

PLANTEAR, v. n. ant. Llorar, sollozar ó gemir. Usábase tambien como verbo activo.

PLANTECICA, s. f. d. de PLANTA.

PLANTEL, s. m. V. CRIADERO.

PLANTÍA, s. f. ant. V. PLANTÍO.

PLANTIFICACION, s. f. PLANTACION ó PLANTA en el sentido de la egecucion de alguna cosa.

PLANTIFICADO, p. p. de PLANTIFICAR.

PLANTIFICAR, v. a. V. PLANTAR, 6ª A. || fam. Cascar ó dar bofetadas, coces, etc.

PLANTILLA, s. f. de PLANTA. || La tira de cordoban, badana ó de otra materia sobre que se forma el zapato. || met. La soleta de lienzo ú otra tela que se echa en la parte inferior de los pies de las medias cuando estan rotos. || La pieza principal donde se fijan y guarnecen todos los demas hierros de la llave del arcabuz y demas armas de fuego. || Tabla ó plancha cortada con los mismos ángulos, figuras y tamaños que ha de tener la superficie de alguna pieza, y puesta sobre ella. || Plano reducido, ó porcion de un plano total, trazado por la escala, que se saca de alguna obra. || *Astrol.* La figura ó tema celeste.

PLANTILLAR, v. a. Echar plantillas á los zapatos ó medias.

PLANTÍO, TÍA, adj. Aplícase á la tierra ó sitio que está plantado ó se puede plantar.

PLANTÍO, s. m. La accion de plantar. ‖ El lugar adonde se han puesto nuevamente árboles, y el conjunto de estos árboles nuevos.

PLANTISTA, s. m. El que echa fieros, bravatas y plantas. ‖ En los jardines y sitios reales es el que está destinado para cuidar de la cria y plantío de los árboles.

PLANTO, s. m. ant. Llanto con gemido y sollozo ú otra demostracion semejante.

PLANTON, s. m. El pimpollo ó arbolito nuevo que sirve para trasplantar. ‖ *Mil.* Soldado que está de guardia en algun puesto, sin mudarse á hora regular, por castigo de algun exceso. ‖ El soldado destinado á egercer el oficio de portero en alguna casa, oficina, etc. ‖ ESTAR DE PLANTON, fam. Da á entender que uno está parado y fijo en alguna parte por mucho tiempo.

PLANTOSA, s. f. *Germ.* Taza ó vaso para beber.

PLANUDO, DA, adj. *Náut.* Se aplica al bajel que navega en poca agua por tener demasiado plan.

PLANURA, s. f. ant. V. LLANURA.

PLAÑIDERA, s. f. La muger llamada y pagada para ir acompañando y llorando en los entierros.

PLAÑIDO, p. p. de PLAÑIR.

PLAÑIDO, s. m. Lamento, queja y llanto.

PLAÑIR, v. n. Llorar gimiendo y sollozando.

PLAQUIN, s. m. Especie de cota de armas que traian los caballeros que peleaban por necesidad.

PLASENCIANO, NA, adj. Perteneciente á Plasencia y natural de ella.

PLASMA, s. f. Piedra, V. PRASIO.

PLASMADO, p. p. de PLASMAR.

PLASMADOR, RA, s. m. y f. El que plasma.

PLASMANTE, p. a. de PLASMAR, Que hace ó forma alguna cosa, particularmente de barro.

PLASMAR, v. a. Figurar, hacer ó formar alguna cosa, particularmente de barro.

PLASTA, s. f. Cualquiera cosa que está blanda, como la masa, el barro, etc. ‖ met. y fam. Lo que está hecho sin regla ni método.

PLASTE, s. m. Masa hecha de yeso mato y agua cola para llenar los agujeros y hendeduras de alguna cosa que se ha de pintar.

* PLASTEAR, v. a. Dar de yeso hecho con agua y cola.

PLASTECER, v. a. Llenar, cerrar, tapar con plaste.

PLASTECIDO, p. p. de PLASTECER.

PLASTECIDO, s. m. La accion y efecto de plastecer.

PLÁSTICA, s. f. Arte de plasmar ó formar cosas de barro.

PLÁSTICO, CA, adj. Que pertenece á la plástica.

PLATA, s. f. Metal de color blanco hermoso y de un lustre muy vivo, siendo el mas brillante de todos ellos. ‖ Uno de los metales de que se usa en el blason. ‖ PLATA QUEBRADA, Lo que conserva su valor intrínseco, aunque pierda la hechura ó adorno. ‖ met. Lo que sin ser gravosoes de valor y utilidad en cualquier tiempo que se use de ello. ‖ PLATA SECA, El mineral de plata que en la amalgamacion no se junta con el azogue. ‖ COMO UNA PLATA, Limpia y hermosamente. ‖ EN PLATA, met. Brevemente, sin rodeos ni circunloquios. ‖ En sustancia, en resolucion, en resúmen.

PLATAFORMA, s. f. *Fort.* Especie de caballero. ‖ *Mecán.* Máquina que sirve para construir las piezas de metal de los reloges y otros artefactos.

PLATANAL ó PLATANAR, s. m. El sitio poblado de plátanos.

PLÁTANO, s. m. Planta indígena de los paises cálidos del Asia y América, y cultivada en varias partes de Europa por la delicadeza de su fruto. ‖ El fruto de la planta del mismo nombre. ‖ Árbol indígeno del Asia.

PLATAZO, s. m. aum. de PLATO.

PLATEA, s. f. ant. En los teatros PATIO.

PLATEADO, p. p. de PLATEAR. ‖ PLATEADO, DA, adj. Que tiene color de plata.

PLATEADOR, s. m. Obrero que platea alguna cosa.

PLATEADURA, s. f. La accion de aplicar la plata sobre alguna cosa.

PLATEAR, v. a. Dar ó cubrir de plata alguna cosa, como un retablo, un marco, etc.

PLATEL, s. m. ant. El plato.

PLATERESCO, CA, adj. Se aplica á los adornos caprichosos é infundados que se ponen en las obras de arquitectura por pura fantasía del artífice.

PLATERÍA, s. m. Calle donde tienen sus tiendas los plateros ó el obrador donde trabajan.||El arte y oficio de platero.

PLATERO, s. m. El artífice que labra la plata, haciendo de ella varias cosas. || PLATERO DE ORO, Orífice.

PLÁTICA, s. f. La conversacion ó discurso que una persona tiene con otra. || Discurso que hacen los predicadores, superiores ó prelados á sus súbditos ó fieles. || V. PRÁCTICA. || DE PLÁTICA EN PLÁTICA, ant. DE PALABRA EN PALABRA. || ECHAR LA PLÁTICA Á OTRA PARTE, Mudar el discurso ó la conversacion.

PLATICABLE, adj. V. PRACTICABLE.

PLATICADO, p. p. de PLATICAR.

PLATICAR, v. a. Conversar, hablar uno con otro, conferir ó tratar de algun negocio ó materia.

PLATIFICADO, p. p. de PLATIFICAR.

PLATIFICAR, v. a. Volver ó convertir en plata cualquiera cosa.

PLATIJA, s. f. Pez, V. ACEDIA.

PLATILLA, s. f. El lienzo llamado BOCADILLO.

PLATILLO. s. m. d. de PLATO. || Guisado compuesto de carne y verduras picadas. || El extraordinario que dan á comer á los religiosos en sus comunidades los dias festivos. || Instrumento de metal que sirve en las músicas, especialmente militares. || met. Murmuracion. || HACER PLATILLO, met. Tomar alguna cosa ó persona por objeto de conversacion ó murmuracion.

PLATINA, s. f. Metal de color blanco que tira algo á gris de hierro, y bruñido al negro.

PLATINO, s. m. Metal, V. PLATINA.

PLATO, s. m. Vasija baja y redonda, con una concavidad en medio, que se usa en las mesas para servir las viandas, comer en él, y para otros usos. || La vianda ó manjar que se sirve en los platos. || La comida ó el ordinario que cada dia se gasta en comer. || *Arq.* Ornato que se pone en el friso de la arquitectura corintia entre los triglifos. || PLATO COMPUESTO, *And.* El que se hace de variedad de dulces ó de leche, huevos, y otros ingredientes. || HACER PLATO, Servir ó distribuir en la mesa á otros la comida. || HACER PLATO, met. V. HACER PLATILLO. || HACER EL PLATO, f. met. Mantener á alguno, darle de comer. || NO HABER QUEBRADO UN PLATO, No haber cometido defecto alguno sustancial. || PONER EL PLATO, met. Poner á uno en ocasion de hacer ó decir lo que no pensara.

PLATÓNICAMENTE, adv. Honesta y decentemente, con respeto, sin malicia ni mal fin.

PLATÓNICO, CA, adj. y s. Que pertenece á la escuela y filosofía de Platon, y el que la sigue.

* PLATONISMO, s. m. Sistema filosófico de Platon.

PLATUCHA, s. f. p. *Gal.* Pez. V. ACEDIA.

PLATUJA, s. f. Pez, V. ACEDIA.

PLAUSIBILIDAD, s. f. La cualidad ó excelencia que constituye alguna cosa plausible.

PLAUSIBLE, adj. Digno ó merecedor de aplauso.

PLAUSIBLEMENTE, adv. Con aplauso.

PLAUSO, s. m. V. APLAUSO.

PLAUSTRO, s. m. *Poét.* V. CARRO.

PLAYA, s. f. La ribera del mar ó de los rios grandes, formada de arenales en superficie casi plana.

PLAYADO, DA, adj. Se dice del rio, mar, etc., que tiene playa.

PLAYAZO, s. m. La playa grande y extendida.

PLAYERO, s. m. El que conduce el pescado de la playa para venderle.

PLAYON, s. m. aum. de PLAYA.

PLAYUELA, s. f. d. de PLAYA.

PLAZA, s. f. Lugar ancho y espacioso dentro del poblado, donde se venden los mantenimientos, y se tiene el trato comun de los vecinos y comarcanos. ||Cualquier lugar fortificado para que la gente se pueda defender del enemigo. || Sitio determinado y preciso para que pueda estar alguna cosa, donde hay otras de su especie. || Oficio, ministerio ó empleo. || Asiento que se hace en los libros del rey al que voluntariamente se presenta para servir. || Fama ú opinion. || PLAZA ALTA, La fortificacion que se hace superior al terraplen, y viene á ser lo mismo que el caballero. || PLAZA BAJA, *Fort.* Batería que se pone detras del orejon. || PLAZA DE ARMAS, El sitio en que se acampa y forma el egército cuando está en campaña. || Aquella ciudad ó fortaleza que se elige en el parage donde se hace la guerra para poner en ella las armas y demas pertrechos militares. || PLAZA MUERTA, *Mil.* La que los capitanes tienen en sus campañías sin soldado, aprovechándose del sueldo que este habia de percibir. || PLAZA, PLAZA, Voz repetida de que usan los guardias cuando sale el rey, ó en otras ocasiones de gran concurso. || plaza viva, La del soldado que aunque no esté presente se le cuenta como si lo estuviera. || asentar plaza, V. sentar plaza. || atacar bien la plaza, Comer mucho. || borrar la plaza, Quitarla testando el asiento que se hizo de ella. || ceñir la plaza, Cercar ó sitiar alguna plaza. || echar en plaza ó en la plaza alguna cosa, sacarla á la plaza. || en plaza, ant. V. en público. || en pública plaza, V. en público. || estar sobre una plaza, Sitiarla ó asediarla. || hacer plaza, Hablando de la venta de ciertas cosas significa venderlas por menudo públicamente. || Hacer lugar despejando algun sitio por violencia ó mandato. || Manifestar ó publicar lo que estaba escondido. || jurar alguna plaza ó empleo, V. empleo. || pasar plaza, met. Ser tenido uno ó reputado por lo que no es en realidad. || sacar á la plaza ó á plaza alguna cosa, Publicarla. || sentar plaza, Entrar á servir de soldado. || socorrer la plaza, Entrarle algun socorro cuando está asediada. || met. Suministrar algun socorro á alguna persona que se halla necesitada.

PLAZO, s. m. El término ó tiempo que se da á alguno para responder ó satisfacer á alguna cosa. || El término ó distrito que se señalaba para los duelos públicos. || correr el plazo, V. correr el término.

PLAZUELA, s. f. d. de plaza.

PLE, s. m. Juego de pelota, en que se arroja esta contra la pared.

PLEAMAR, *Náut.* La mayor altura de la creciente del mar.

PLÉBANO, s. m. V. cura, párroco.

PLEBE, s. f. La gente comun y baja del pueblo.

PLEBEO, BEA, adj. ant. V. plebeyo.

PLEBEYO, YA, adj. Propio del pueblo ó que pertenece á él.

PLEBEZUELA, s. f. d. de plebe.

PLEBISCITO, s. m. La ley que la plebe de Roma establecia separadamente, propuesta por el magistrado suyo, que llamaban tribuno.

PLECA, s. f. *Impr.* Una raya pequeña, que unida con otras forman una linea.

PLECTRILLO, s. m. d. de plectro.

PLECTRO, s. m. *Mús.* Instrumento para herir y tocar las cuerdas de la lira, citara ú otro instrumento músico. || met. La poesía.

PLEGABLE, adj. Capaz de plegarse.

PLEGADAMENTE, adv. Confusamente, sin la claridad necesaria, por mayor.

PLEGADERA, s. f. Instrumento á manera de cuchillo para plegar ó cortar libros y papeles.

PLEGADIZO, ZA, adj. Fácil de plegarse ó doblarse.

PLEGADO, p. p. de plegar.

PLEGADO, s. m. V. plegadura.

PLEGADOR, s. m. El que plega. || El instrumento con que se plega alguna cosa. || *Ar.* El que recoge la limosna para alguna cofradía ó comunidad. || En el arte de la seda madero grueso y redondo donde se revuelve la tela para irla tegiendo.

PLEGADURA, s. f. El acto de plegar alguna cosa ó el pliegue mismo.

PLEGAR, v. a. Hacer dobleces ó pliegues á alguna ropa ú otra cosa doblándola repetidas veces una sobre otra. || Entre libreros doblar é igualar con la debida proporcion los pliegos de que se compone un libro que se ha de encuadernar. || En el arte de la seda revolver la tela en el plegador para ponerla en el telar.

PLEGAR, v. imp. defect. Placer, agradar. || plegá á dios, Manifiesta el deseo de que suceda alguna cosa, y el recelo de que no suceda como se desea. || plegue á dios, V. plegá á dios.

PLEGARIA, s. f. La rogativa, deprecacion ó súplica que se hace para conseguir alguna cosa. || La señal que se hace con la campana en las iglesias al tiempo del medio dia. || En Toledo el criado de los prebendados. || hacer plegarias, Rogar con extremos y demostraciones para que se conceda alguna cosa que se desea.

PLEITA, s. f. Tira de esparto que junta y cosida con otras forma el rollo de estera ú otra cualquiera cosa que se fabrica con ella.

PLEITEADO, p. p. de pleitear.

PLEITEADOR, RA, s. m. y f. El que pleitea, inclinado á pleitos.

PLEITEAMIENTO, s. m. ant. V. pleito.

PLEITEAR, v. a. Litigar ó contender judicialmente sobre alguna cosa. || ant. Pactar, concertar, ajustar.

PLEITEANTE, p. a. de pleitear, Que pleitea.

PLEITEOSO, SA, adj. ant. V. pleitista.

PLEITÉS, adj. ant. Versado en pleitos y dado á ellos. || ant. Que media entre dos ó mas personas para componer sus desavenencias, ó que en nombre de otro trata, ajusta ó litiga algun negocio. ‖ Inteligente en tratar ó ajustar negocios.

PLEITESÍA, s. f. ant. Pacto, convenio, concierto, avenencia. ‖ COMETER PLEITESÍA Ó PLEITO, ant. Hacer algun pacto ó concierto con ciertas seguridades de cumplir lo prometido.

PLEITILLA, s. f. d. de PLEITA.

PLEITISTA, adj. y s. Revoltoso, y el que con ligero motivo mueve y ocasiona contiendas y pleitos.

PLEITO, s. m. ant. Pacto, convenio, ajuste, tratado ó negocio. ‖ Contienda diferencia, disputa, litigio judicial entre partes. ‖ Contienda, lid ó batalla que se determina por las armas. ‖ Disputa, riña ó pendencia doméstica. ‖ El proceso ó cuerpo de autos sobre cualquiera causa. ‖ PLEITO CIVIL, Aquel en que se contiende y litiga sobre alguna hacienda, posesion, empleo ó regalía. ‖ PLEITO CRIMINAL, Aquel en que se trata de la averiguacion y castigo de algun crimen, culpa ó delito. ‖ PLEITO DE ACREEDORES, El que se forma ante juez competente, haciendo renuncia ó dejacion de bienes, para que de ellos se satisfagan los acreedores. ‖ PLEITO DE CÉDULA, En las chancillerías el pleito que se ve con dos ó mas salas y con asistencia del presidente en virtud de cédula real. ‖ PLEITO DE JUSTICIA, ant. Pleito ó causa criminal. ‖ PLEITO HOMENAGE, V. HOMENAGE. ‖ PLEITO ORDINARIO, for. El que se sigue por demandas y respuestas observando los términos. ‖ met. Aquello que se dilata, hace comun y frecuente, cediendo del rigor con que comenzó. ‖ met. Se dice tambien de aquello que sucede todos los dias ó frecuentemente. ‖ Á PLEITO, ant. V. CON CONDICION. ‖ ARDERSE EN PLEITOS, Ser muy frecuentes, empeñados y con exceso. ‖ ARMAR PLEITO, PENDENCIA, RUIDO, etc. Mover cualquiera de estas cosas para inquietar á otro ó perjudicarle. ‖ ARRASTRAR EL PLEITO, for. ARRASTRAR LA CAUSA. ‖ CONOCER DE UN PLEITO, Ser juez de él. ‖ CONTESTRAR EL PLEITO, for. V. CONTESTAR LA DEMANDA. ‖ GANAR EL PLEITO, met. Lograr alguno aquello en que habia dificultad. ‖ PONER Á PLEITO, met. Oponerse y contradecir con ardor y eficacia alguna cosa sin tener razon ó justo motivo para ello. ‖ SALIR CON EL PLEITO, Ganarle. ‖ TENER MAL PLEITO, No tener razon en lo que se pide, ó carecer de medios competentes para conseguirlo. ‖ VER EL PLEITO, Hacerse relacion de él hablando las partes ó sus abogados. ‖ VER EL PLEITO MAL PARADO, met. Reconocer el riesgo, peligro ó aprieto en que se halla alguno, ó la deterioracion ó pérdida que padece alguna cosa.

PLENAMAR, s. f. V. PLEAMAR.

PLENAMENTE, adv. Llena y enteramente.

* PLENARIA, s. f. Que remite todos los pecados, hablando de indulgencias.

PLENARIAMENTE, adv. Llena y enteramente, con plenitud. ‖ for. Con juicio plenario, ó sin omitir las formalidades establecidas por las leyes.

PLENARIO, RIA, adj. Lleno, entero, cumplido, que no le falta nada. ‖ for. Se aplica al juicio posesorio en que se trata con mas especulacion del derecho de las partes para declaracion de la posesion á favor de una de ellas. ‖ En la práctica criminal se aplica al estado de la causa en que se recibe á prueba para la ratificacion de los testigos de la sumaria y admision de otros nuevos.

PLENERAMENTE, adv. ant. Llenamente, íntegramente, del todo, plenamente.

PLENERO, RA, adj. ant. V. LLENERO.

PLENILUNIO, s. m. V. LUNA LLENA.

PLENIPOTENCIA, s. f. Poder pleno y sin limitacion alguna.

PLENIPOTENCIARIO, s. m. El ministro ó persona que con el título de embajador envian los reyes á los congresos ó á las cortes de otros soberanos.

PLENÍSIMAMENTE, adv. sup. de PLENAMENTE.

PLENÍSIMO, MA, adj. sup de PLENA.

PLENITUD, s. f. El lleno ó complemento de alguna cosa. ‖ Abundancia ó exceso de algun humor en el cuerpo.

PLENO, NA, adj. V. LLENO.

* PLEO, A, adj. V. LLENO.

PLEONASMO, s. m. Figura de construcion que se comete cuando en la oracion se añade alguna palabra que no es necesaria para el sentido de ella.

* PLEONASTO, s. m. Chorlo negro octaedro, piedra volcánica.

PLÉTORA, s. f. *Med.* Plenitud de sangre, abundancia de los otros humores.

PLETORÍA, s. f. ant. V. PLÉTORA.

PLETÓRICO, CA, adj. *Med.* Que

abunda en sangre ó en alguno de los otros humores.

PLEURA, s. f. *Anat.* La membrana que viste interiormente toda la cavidad del pecho.

PLEURESÍA, s. f. La enfermedad que consiste en la inflamacion de la pleura.

PLEURÍTICO, CA, adj. Que padece la pleuresía y perteneciente á la pleura.

* PLEXO, s. m. *Anat.* Tegido de varios nervios ó de vasos estrechos.

PLÉYADAS ó PLÉYADES, s. f. pl. *Astron.* V. CABRILLAS.

PLICA, s. f. Pliego cerrado y sellado en que se contiene testamiento, sentencia ó voto para publicarse á su tiempo.

PLIEGO, s. m. ant. V. PLEGADURA ó PLIEGUE. || La porcion ó pieza de papel que se fabrica de una vez en el molde. || El papel ó memorial que presentan los arrendadores ó asentistas para entrar en alguna renta ó negocio. || El envoltorio ó cúmulo de cartas cerradas debajo de una cubierta.

PLIEGUE, s. m. El doblez ó arruga que se hace en la ropa ú otra cosa para recogerla ó ceñirla.

PLINTO, s. m. *Arq.* El cuadrado sobre que asienta el toro de la basa de la columna.

PLOMADA, s. f. El estilo ó pluma de plomo que sirve á los artífices para señalar ó reglar alguna cosa. || Pesa de plomo atada á una cuerda para reconocer la igualdad de una pared ú otra obra. || La sonda que usan los navegantes para medir la profundidad del agua. || Azote hecho de correas, en cuyo remate habia unas bolas de plomo. || El conjunto de plomos que se ponen en las redes para pescar. || ant. Bala por globo, bala de hiero, plomo, etc. || *Germ.* Pared. || ECHAR LA PLOMADA, Examinar con este instrumento si alguna cosa está perpendicular.

PLOMADO, p. p. de PLOMAR.

PLOMAR, v. a. Poner un sello de plomo pendiente de hilos en algun instrumento, privilegio ó diploma.

PLOMAZON, s. f. Almohadilla pequeña en que cortan los doradores los panes de oro ó plata para dorar.

* PLOMBAGINA, s. f. Lápiz-plomo, molibdena, mineral ferrigíneo.

PLOMERO, s. m. El que trabaja ó fabrica cosas de plomo.

PLOMIZO, ZA, adj. Que tiene plomo ó participa de sus cualidades.

PLOMO, s. m. Metal de color gris que tira ligeramente á azul. || V. PLOMADA, 2ª A. || met. Cualquiera pieza ó pedazo de plomo para dar peso. || Por metonimia se toma por las balas. || met. y fam. La persona pesada y molesta. || PLOMO CORTO, En la fábrica de perdigones el que por tener mezcla de arsénico carece de la ductilidad que es natural al plomo puro. || PLOMO PLATA, El que en las minas tiene mucha mezcla de plata. || PLOMO POBRE, El que en las minas tiene poca mezcla de plata. || Á PLOMO, Recta y perpendicularmente. || CAER Á PLOMO, met. y fam. Caer con todo el peso del cuerpo sin torcerse ó ladearse.

PLOMOSO, SA, adj. V. PLOMIZO.

PLUMA, s. f. Cada una de las piezas vellosas de que está cubierto el cuerpo de las aves. || El cañon con que se escribe, porque regularmente es pluma de ave. || met. Cualquier instrumento con que se escribe en forma de pluma. || met. La habilidad y destreza en escribir y formar las letras. || met. El escritor. || met. y fam. Riqueza, bienes y hacienda; y así se dice, fulano tiene PLUMA. || fam. La porcion de aire que se expele con estruendo por la parte posterior. || *Náut.* Aparejo que se hace firme al palo de la chata cuando la nave cae de quilla. || *Germ.* Remo. || PLUMA EN SANGRE, *Cetr.* La pluma de las aves que no tiene el cañon seco. || PLUMA VIVA, La que se quita de las aves estando vivas, y sirve para rellenar almohadas, colchones, etc. || BUENA PLUMA, met. El que escribe bien. || CORTAR LA PLUMA, Tajarla para escribir con ella. || DEJAR CORRER LA PLUMA, met. Dilatarse demasiado en la materia ó punto que por escrito se va tratando. || ECHAR BUENA PLUMA, met. Empezar á salir de miseria y enriquecer. || HACER Á PLUMA Y Á PELO, fam. Se aplica al que se contenta con cualquiera cosa, aunque no sea tan buena como el quisiera. || LLEVAR LA PLUMA Á ALGUNO, fam. Ser su amanuense ó escribir lo que le dicta.

PLUMADA, s. f. La accion de escribir alguna cosa corta, ó el golpe de la pluma. || Las plumas que han comido los halcones, y las que se preparan para que las traguen. || HACER LA PLUMADA ó LA PLUMA, *Cetr.* Arrojar el azor la pluma que comió.

PLUMADO, DA, adj. Que tiene pluma.

PLUMAGE, s. m. Conjunto de plumas que adornan y visten al ave. || E penacho de plumas que se pone por adorno en los sombreros, morriones y cascos. || *Cetr.* Cierta especie ó linage de aves de caza, ó el color de las plumas con que se distinguen.

PLUMAGEAR, v. n. ant. Mover alguna cosa de un lado á otro como si fuera un plumage.

PLUMAGERÍA, s. f. El cúmulo ó agregado de plumas ó plumages.

PLUMAGERO, s. m. El que hace ó vende plumas ó plumages.

PLUMARIO, s. m. ant. V. PLUMISTA.

PLUMAZO, s. m. Colchon ó almohada grande llena de pluma.

PLUMAZON, s. m. V. PLUMAGERÍA, PLUMAGE.

PLUMBEO, BEA, adj. Que es de plomo ó tiene sus cualidades. || V. PLOMADO.

PLUMEADO, p. p. de PLUMEAR.

PLUMEADO, s. m. *Pint.* El conjunto de rayas semejante á las que se hacen con la pluma, y que suelen usar algunos en la miniatura.

PLUMEAR, v. a. *Pint.* Formar líneas con el lápiz ó la pluma para sombrear un dibujo.

PLUMEO, MEA, adj. Que tiene plumas.

PLUMERÍA, s. f. V. PLUMAGERÍA.

PLUMERO, s. m. El mazo ó atado de plumas que sirve para quitar el polvo. || Vaso ó caja donde se ponen las plumas. || V. PLUMAGE.

PLUMICA, s. f. d. de PLUMA.

PLUMÍFERO, RA, adj. *Poét.* Que tiene ó lleva plumas.

PLUMILLA, s. f. d. de PLUMA.

PLUMION, s. m. V. PLUMON, pluma, etc.

PLUMISTA, s. m. El que tiene el egercicio de escribir. || El que trabaja y forma plumages ó plumas artificiales.

PLUMITA, s. f. d. de PLUMA.

PLUMON, s. m. La pluma muy delgada y en forma de seda que tienen las aves. || El colchon relleno de pluma.

PLUMOSO, SA, adj. Que tiene pluma ó mucha pluma.

PLURAL, adj. *Gram.* En los nombres y en los verbos el número que habla de mas de uno.

PLURALIDAD, s. f. Multitud, copia y número grande de algunas cosas ó el mayor número de ellas. || Á PLURALIDAD DE VOTOS, Por el mayor número de votos.

PLUS ULTRA (SER EL NON), fam. Se usa para denotar la preeminencia ó superioridad de alguna persona ó cosa en su clase ó línea.

* PLUSPETICION, s. f. *For.* La accion de pedir mas de lo debido.

* PLUSPRÉS, s. f. pl. V. LÍNEA DE PLUSPRÉS.

PLUTEO, s. m. Cada uno de los cajones de los estantes ó armarios de libros.

PLUTON, s. m. ant. V. INFIERNO.

PLUVIA, s. f. ant. V. LLUVIA.

PLUVIAL, adj. Se aplica al agua que cae de las nubes.

PLUVIAL, s. m. V. CAPA PLUVIAL.

PLUVIO, VIA, adj. V. PLUVIAL.

PLUVIOSO, SA, adj. V. LLUVIOSO.

PO

PO, interj. V. PU.

POA, s. f. *Náut.* Cabo que se pone y fija por una y otra banda de las velas en las relingas.

POBEDA, s. f. Sitio poblado de pobos.

POBLACHO, s. m. V. POPULACHO.

POBLACHON, s. m. aum. de PUEBLO.

POBLACION, s. f. El número de vecinos que componen algun pueblo. || La accion y efecto de poblar. || La ciudad, villa ó lugar que está poblada y habitada de gente.

POBLADÍSIMO, MA, adj. sup. de POBLADO.

POBLADO, p. p. de POBLAR.

POBLADO, s. m. Poblacion, ciudad, villa ó lugar.

POBLADOR, RA, s. m. y f. El que puebla, fundador de una colonia.

POBLAMIENTO, s. m. ant. Accion y efecto de poblar.

POBLANZA, s. f. ant. V. POBLACION.

POBLAR, v. a. Erigir ó fundar alguna poblacion. Muchas veces se usa tambien como neutro. || Llenar ú ocupar. || Procrear mucho. || Hablando de los árboles se dice cuando van echando la hoja por la primavera.

POBLAZO, s. m. V. POBLACHO.

POBLAZON, s. f. ant. POBLACION, ciudad ó villa, etc.

POBLEZUELO, s. m. d. de PUEBLO.

POBO, s. m. V. ÁLAMO BLANCO.

POBRA, adj. fam. ant. La muger que pide limosna de puerta en puerta.

POBRADO, p. p. de POBRAR.

POBRAR, v. a. ant. V. POBLAR.

POBRE, adj. Necesitado, menesteroso y falto de lo necesario para vivir, ó que lo tiene con mucha escasez. || Mendigo que pide limosna de puerta en puerta. || Escaso, y que carece de alguna cosa para su entero complemento. || Humilde, modesto, de poco valor ó entidad. || Infeliz, desdichado y triste. || Pacífico, quieto y de buen genio, ó intencion, corto de ánimo y espíritu. || POBRE DE ESPÍRITU, El que no tiene deseo ni asimiento á la riqueza. || POBRE DE MÍ, Especie de interj. PECADOR DE MÍ. || POBRE DE SOLEMNIDAD, El que padece total necesidad y pobreza. || POBRE VERGONZANTE, La persona que por su calidad no puede pedir limosna de puerta en puerta, y lo hace con el mayor secreto posible. || POBRE VOLUNTARIO, El que voluntariamente se enagena de todo lo que posee. || POBRE Y SOBERBIO, El que teniendo necesidad de auxilio procura ocultarlo no admitiéndole, ó el que no se contenta con lo que le dan, ó con el favor que le hacen, creyéndose merecedor de mas. || NO ESTAN BIEN DOS POBRES Á UNA PUERTA, Explica el estorbo que se causan recíprocamente los varios pretendientes á una misma ocupacion ó empleo.

POBRECICO, CA, LLO, LLA, TO, TA, adj. d. de POBRE.

POBREDAD, s. f. ant. V. POBREZA.

*POBREDURÍA, s. f. fam. V. POBRERÍA.

POBREMENTE, adv. Escasamente, con necesidad, estrechez, cortedad y pobreza.

POBRERÍA, s. f. V. POBRETERÍA.

POBRERO, s. m. El que en las comunidades tiene el encargo de dar la limosna á los pobres.

POBRETA, s. f. fam. V. RAMERA.

POBRETE, adj. y s. Desdichado, infeliz, abatido. || Sugeto inútil y de corta habilidad, y ánimo ó espíritu, pero de buen natural. || POBRETE, PERO ALEGRETE, fam. Explica que se siente poco la pobreza cuando hay algun motivo de alegría en el que es fácil dejarse llevar de ella.

POBRETERÍA, s. f. El conjunto de pobres. || Escasez ó miseria en las cosas.

POBRETILLO, LLA, adj. d. de POBRETE.

POBRETO, s. m. POBRETE, desdichado, infeliz.

POBRETON, NA, adj. y s. El que es muy pobre.

POBREZA, s. f. Necesidad, estrechez, carencia de lo necesario para el sustento de la vida. || Falta, escasez ó carestía de alguna cosa. || La dejacion voluntaria de todo lo que se tiene y pone, y de todo lo que el amor propio puede juzgar necesario. || El conjunto ó agregado de alhajas pobres y humildes. || met. Escasez ó cortedad de ánimo ó de otras prendas del alma.

POBREZUELO, LA, adj. dim. de POBRE.

POBRÍSIMAMENTE, adv. sup. de POBREMENTE.

POBRÍSIMO, MA, adj. sup. de POBRE.

POBRISMO, s. m. El cuerpo, conjunto ó agregado de los pobres.

POCERO, s. m. El que fabrica ó hace pozos, y trabaja en ellos. || El que limpia los pozos ó depósitos de las inmundicias.

POCHO, CHA, adj. Descolorido, quebrado de color.

POCICO, s. m. d. de POZO.

POCILGA, s. f. La zahurda ó casa en que se recoge el ganado de cerda. || met. Cualquier lugar hediondo y asqueroso.

POCILLO, s. m. d. de POZO. || La tinaja empotrada en la tierra para recoger algun licor. || *And.* La gícara en que se toma chocolate.

PÓCIMA, s. f. Bebida ó confeccion medicinal que se da á los enfermos. || met. Cualquier género de bebida desabrida ó mal hecha.

POCION, s. f. BEBIDA medicinal.

POCITO, s. m. d. de POZO.

POCO, CA, adj. Escaso, limitado y corto en cantidad ó calidad.

POCO, adv. Cortamente, con miseria y escasez. || Brevemente, en corto tiempo.

POCO, s. m. Cantidad corta ó escasa. || POCO Á POCO, Despacio, con lentitud, ó de corta en corta cantidad. || Usado como interjecion sirve para contener ó amenazar al que se va precipitando en obras ó palabras. || POCO MAS Á MÉNOS, ó POCO MAS Ó MÉNOS, Se aplica á las personas y cosas despreciables ó de poca estimacion. || POCO MAS Ó MÉNOS, Con corta diferencia. || POCO MÉNOS, V. CASI CASI. || Á POCAS, ant. V. POR POCO. || Á POCO, Á breve término, á corto espacio de tiempo. || EN POCO, V. POR POCO. || POR POCO, Da á entender que estuvo muy á pique ó faltó muy poco para suceder alguna cosa. || QUÉ POCO, Da á entender la imposibilidad ó dificultad de que suceda lo que se supone.

PÓCULO, s. m. ant. V. BEBIDA.

PODA, s. f. Accion de podar y el tiempo en que se egecuta.

PODADERA, s. f. Instrumento acerado para podar.

PODADO, p. p. de PODAR.

PODADOR, RA, s. m. y f. El que poda.

PODADURA, s. f. ant. V. PODA.

PODAGRA, s. f. La enfermedad de gota que da en los pies.

PODAR, v. a. Cortar ó quitar las ramas superfluas de los árboles y plantas para que fructifiquen con mas fuerza y vigor.

PODATARIO, s. m. ant. V. PODERHABIENTE.

PODAZON, s. f. Tiempo ó sazon de podar los árboles. || ant. V. PODA.

PODENCO, CA, adj. y s. Se aplica á cierta especie de perro, algo menor que el galgo, que sirve para cazar conejos.

PODENQUILLO, LLA, adj. d. de PODENCO.

PODER, v. a. Tener expedita la facultad ó potencia de hacer alguna cosa. || Tener dominio, autoridad ó manejo. || Tener fuerza y actividad ó para obrar, ó para resistir ó sufrir. || Se usa muchas veces para excitar ó reconvenir á alguno para que egecute alguna cosa que está en su mano. || Tener facilidad, tiempo ó lugar de hacer alguna cosa. || Á MAS NO PODER, Explica la forma de egecutar alguna cosa impelido y forzado, y sin poder resistir mas. || HASTA MAS NO PODER, Cuanto se puede, todo lo posible. || NO PODER MAS, Explica la precision de egecutar alguna cosa. || Estar sumamente fatigado ó rendido de hacer alguna cosa, ó no poder continuar en su egecucion. || No tener tiempo y lugar suficiente para concluir lo que se está haciendo. || NO PODER MÉNOS, Ser necesario ó preciso.

PODER, v. imp. Ser contingente ó posible que suceda alguna cosa. || *Geom.* Valer ó producir.

PODER, s. m. El dominio, imperio, facultad y jurisdiccion que uno tiene para mandar ó egecutar alguna cosa. || Las fuerzas militares de algun soberano. || El instrumento en que alguno da facultad á otro para que en lugar de su persona y representándola pueda egecutar alguna cosa. || La posesion actual ó tenencia de alguna cosa. || Fuerza, vigor, capacidad, posibilidad, poderío. || PODER ABSOLUTO Ó ARBITRARIO, V. DESPOTISMO. || PODER DE DIOS! Interj. que sirve para exagerar alguna cosa de que se habla. || PODER ESMERADO, V. PODER SUPREMO. || Á PODER DE, Á fuerza de, ó con repeticion de actos. || Á fuerza de, con copia, con abundancia de alguna cosa. || Á SU PODER, Ó Á TODO SU PODER, ant. Con todo su poder, fuerzas, capacidad, posibilidad ó poderío. || Á TODO PODER, Con todo el vigor ó esfuerzo posible. || Á TODO SU LEAL PODER, for. Con la mayor fidelidad y exactitud posible. || DE PODER ABSOLUTO, V. DESPÓTICAMENTE. || DE PODER Á PODER, Da á entender que alguna cosa se ha disputado ó contendido de una parte y otra con toda la eficacia y fuerzas. || HACER UN PODER, fam. Incita á hacer un esfuerzo al que se excusa de hacer alguna cosa que le mandan diciendo que no puede.

PODERHABIENTE, s. m. El que tiene poder ó facultad de otro para administrar alguna hacienda, ó egecutar otra cualquiera cosa.

PODERÍO, s. m. La facultad de hacer cosas, ó poder mucho. || Hacienda, bienes y riquezas. || Poder, dominio, señorío, imperio. || Potestad, facultad, jurisdiccion. || ant. Poder, facultad ó fuerza grande.

PODEROSAMENTE, adv. Vigorosa y fuertemente, con potencia.

PODEROSÍSIMAMENTE, adv. sup. de PODEROSAMENTE.

PODEROSÍSIMO, MA, adj. sup. de PODEROSO.

PODEROSO, SA, adj. Que tiene poder. || Rico, acomodado y lleno de bienes de fortuna. || Grande y excelente ó magnífico en su línea. || Activo, eficaz, que tiene virtud para alguna cosa. || ant. Que tiene en su poder alguna cosa.

PODIENTE, p. a. ant. de PODER. Que puede.

PODIO, s. m. *Arq.* El pedestal largo en que estriban varias columnas.

PODO, s. m. ant. V. PODA.

PODON, s. m. Instrumento corvo de acero que sirve para podar cosas fuertes.

PODRE, s. f. V. MATERIA, PUS.

PODRECER, v. a. V. PUDRIR. Úsase tambien como neutro y como recíproco.

PODRECIDO, p. p. de PODRECER.

PODRECIMIENTO, s. m. V. PUTREFACCION, CORRUPCION.

PODREDUMBRE, s. f. La calidad dañosa que se introduce en las cosas y las pudre. || met. El sentimiento interior que no se explica. || V. MATERIA, PUS.

PODREDURA, s. f. ant. V. PUTREFACCION, CORRUPCION.

PODRICION, s. f. V. PUTREFACCION, CORRUPCION.

PODRIDERO, s. m. V. PUDRIDERO.

PODRIDO, p. p. de PODRIR. || PODRIDO DE CABEZA, ant. El loco ó necio.

PODRIMIENTO, s. m. V. PUDRIMIENTO.

PODRIR, v. a. V. PUDRIR.

POEMA, s. f. La obra escrita en verso que puede reducirse á alguna de las especies de poesía.

POESÍA, s. f. El arte, ciencia ó facultad de hacer composiciones en verso con invencion y entusiasmo, imitando á la naturaleza. || La misma composicion hecha en verso con invencion y entusiasmo, en la que se imita á la naturaleza. || El fuego y viveza de las imágenes de la poesía. || Cualquiera obra ó parte de ella que abunda de figuras, imágenes y ficciones. En este sentido se aplica tambien este nombre á la prosa escrita en estilo poético. || POESÍAS, pl. Las obras de los poetas, en especial hablando de los modernos.

POETA, s. m. El que imita á la naturaleza en verso, con invencion y entusiasmo.

POETAR, v. n. ant. V. POETIZAR.

POETASTRO, s. m. fam. El mal poeta.

POÉTICA, s. f. POESÍA, arte, etc., obra ó tratado en que se señalan los preceptos necesarios para la mayor perfeccion de las obras poéticas.

POÉTICAMENTE, adv. Conforme á las reglas y preceptos de la poesía, ó con númen poético.

POÉTICO, CA, adj. Que toca ó pertenece á la poesía.

POETILLA, s. m. d. de POETA.

POETISA, s. f. La muger que hace versos, é imita la naturaleza con invencion y entusiasmo.

POETIZAR, v. n. Hacer ó componer versos ú obras poéticas.

POETON, s. m. irón. aum. de POETA.

POETRÍA, s. f. ant. V. POESÍA.

POINO, s. m. El codal que sirve de encaje y sustenta las cubas en las bodegas.

POLACA, s. f. El copete ó vuelta del zapato que cae sobre el empeine del pié, y suele ser de diferente color.

POLACO, CA, adj. De Polonia.

POLACRA, s. m. Embarcacion de vela latina usada en el Mediterráneo.

POLAINA, s. f. Especie de botin ó calza hecha regularmente de paño, que cubre la pierna hasta la rodilla.

POLAR, adj. Que pertenece á los polos.

POLEA, s. f. V. GARRUCHA. || *Náut.* Especie de moton.

POLEADAS, s. f. pl. V. GACHAS ó PUCHES.

POLEAME, s. m. El conjunto ó acopio de poleas para una ó mas embarcaciones.

POLÉMICA, s. f. El arte que enseña los ardides con que se debe ofender y defender cualquiera plaza. || La teología dogmática.

POLÉMICO, CA, adj. Que pertenece al arte polémica ó á controversias por escrito, dogmáticas ó literarias.

POLEMONIO, s. m. Planta perenne usada en medicina, y por la hermosura de sus flores cultivada en los jardines.

POLENTA, s. f. Cierto género de poleadas ó puches algo trabadas.

POLEO, s. m. Yerba medicinal muy conocida, que produce los tallos cuadrados y cubiertos de vello, y las hojas redondas, parecidas á las del almoraduz. || La jactancia y vanidad en el andar ó hablar. || fam. Viento frio y recio. || *Germ.* V. POLINCHE.

POLEVÍ, s. m. V. PONLEVÍ.

POLEX, s. m. ant. V. PÓLICE.

POLIANTEA, s. f. Recoleccion ó agregado de noticias en materias diferentes y de distintas clases.

POLIARQUÍA, s. f. Gobierno de muchos.

POLIÁRQUICO, CA, adj. Que pertenece la poliarquía.

PÓLICE, s. m. V. PULGAR.

POLICHE, s. m. *Germ.* La casa donde se juega.

POLICÍA, s. f. El buen órden que se observa en las ciudades y repúblicas, cumpliéndose las leyes ú ordenanzas establecidas. || Cortesía, buena crianza y urbanidad en el trato y costumbres.

POLICITACION, s. f. Oferta ó promesa hecha á Dios ó á la república.

POLIDAMENTE, adv. ant. V. PULIDAMENTE.

POLIDERO, s. m. V. PULIDERO ó PULIDOR.

POLIDEZA, s. f. ant. V. PULIDEZ.

POLIDÍSIMAMENTE, adv. ant. sup. de POLIDAMENTE.

POLIDO, p. p. de POLIR. || POLIDO, DA, adj. ant. V. PULIDO.

POLIDOR, s. m. ant. V. PULIDOR.

Germ. El ladron que vende lo que han hurtado otros.

POLÍGALA, s. f. Yerba medicinal muy pequeña que se cria en terrenos campestres elevados.

POLÍGAMA, s. f. La muger que tiene á un tiempo muchos maridos, ó los tuvo sucesivamente.

POLIGAMIA, s. f. El estado de un hombre casado con muchas mugeres á un tiempo. ‖ Se extiende al estado de las plantas cuyas flores masculinas, femeninas ó hermafroditas se fecundan promiscuamente por estar colocadas dentro de un mismo cáliz.

POLÍGAMO, s. m. El que tiene á un tiempo muchas mugeres, ó sucesivamente las tuvo.

POLIGARQUÍA, s. f. V. POLIARQUÍA.

POLÍGLOTA, s. f. La sagrada Biblia impresa en varias lenguas.

POLÍGLOTO, TA, adj. Escrito en varias lenguas y el sugeto que las sabe.

POLÍGONO, s. m. Nombre genérico que se da en la geometría á cualquiera figura plana que consta de mas de cuatro lados. ‖POLÍGONO EXTERIOR, *Fort.* El que se forma tirando líneas rectas de punta á punta de todos los baluartes de una plaza. ‖ POLÍGONO INTERIOR, *Fort.* La figura compuesta de las líneas que forman las cortinas y semigolas.

POLÍGONO, NA, adj. Hecho en forma de polígono, ó que tiene alguna relacion muy principal á él.

POLIGRAFÍA, s. f. Arte de escribir por diversos modos ocultos que encubren las escrituras. ‖Ciencia que enseña á declarar ó descifrar lo que está escrito con letras ó carácteres no usados.

POLÍGRAFO, s. m. El que se dedica al estudio y cultivo de la poligrafía.

POLIHEDRO, s. m. En la geometría cualquiera figura sólida que consta de muchas superficies planas.

POLILLA, s. f. Gusanillo que se cria en la ropa, y la roe ó destruye. ‖ Especie de mariposa que por desgracia es muy comun en España. ‖met. Lo que menoscaba ó destruye insensiblemente alguna cosa. ‖COMERSE DE POLILLA, fam. Da á entender que á alguno se le van consumiendo las cosas insensiblemente. ‖met. Se dice del sugeto que se repudre y consume interiormente. ‖ NO TENER POLILLA EN LA LENGUA, met. y fam. Hablar con libertad, ó decir libre y francamente su sentir.

POLIMENTO, s. m. ant. V. POLIMENTO.

POLÍMITA, adj. Aplícase á la ropa tegida de hilos de varios colores.

POLIN, s. m. V. RODILLO, madero.

POLINCHE, s. m. *Germ.* El que encubre ladrones ó los abona ó fia.

POLIO, s. m. Yerba medicinal, V. ZAMARRILLA.

* POLIPÉTALO, LA, adj. *Bot.* Dícese de las flores que tienen muchos pétalos ú hojas.

PÓLIPO, s. m. *Med.* Excrescencia carnosa y fofa que se cria en las membranas mucosas. ‖Nombre que se da á todas las especies de un genero de animales sumamente pequeños, que son quizá los que gozan de una estructura mas simple, de medios mas sencillos de propagarse, y que son los ménos expuestos á perecer. ‖V. PULPO.

POLIPODIO, s. m. Planta llamada así por la abundancia de raices que echa á manera de pies, la cual es utilísima á la medicina, y especialmente su raiz.

POLIR, v. a. ant. V. PULIR.

POLÍSILABO, BA, adj. Se aplica al nombre ó voz que consta de muchas sílabas.

POLISINDETON, s. m. *Ret.* Figura que se comete cuando la oracion se encadena con muchas conjunciones.

POLISPASTOS, s. f. La garrucha que consta de muchas rodajas.

POLITÉCNICO, CA, adj. Que abraza muchas ciencias ó artes.

* POLITEISMO, s. m. Sistema religioso que admite muchos dioses.

* POLITEISTA, s. m. El que profesa el politeismo.

POLÍTICA, s. f. Arte de gobernar, dar leyes y reglamentos para mantener la tranquilidad y seguridad públicas, y conservar el órden y buenas costumbres. ‖ La cortesía y buen modo de portarse.

POLÍTICAMENTE, adv. Conforme á las leyes ó reglas de la política.

POLÍTICO, CA, adj. Que pertenece á la política. ‖Cortés, urbano. ‖ Versado en las cosas del gobierno y negocios de la república ó reino.

POLIVALVO, VA, adj. Se aplica á los testáceos que tienen mas de dos conchas.

PÓLIZA, s. f. Libranza ó instrumento en que se da órden para percibir ó cobrar algun dinero. ‖ La junta de algunos á parlar ó jugar. ‖Guía ó instrumento que acredita ser legítimos y no de contrabando los géneros y mercancías que se llevan.

POLIZON, s. m. El sugeto ocioso y sin destino que anda de corrillo en corrillo.||La persona que se embarca ocultamente y sin pasaporte en las embarcaciones que van á América.

POLLA, s. f. La gallina nueva, medianamente crecida. || En el juego del hombre y otros la porcion de dinero que se pone y apuesta entre los que juegan. ||POLLA DE AGUA, Ave muy comun en España, que habita en los parages pantanosos, y vuela poco y con los pies colgando.||POLLA Ó POLLA DE AGUA, V. GALLINA DE AGUA.

POLLADA, s. f. El conjunto de pollos que sacan las aves, particularmente las gallinas.

POLLASTRO, TRA, s. m. y f. El pollo ó la polla algo crecidos. || fam. Hombre muy astuto y sagaz.

POLLAZON, s. f. La echadura de huevos que de una vez empollan las aves, y los pollos que salen de estos huevos.

POLLERA, s. f. El lugar ó sitio en que se crian los pollos.||Cierta especie de cesto de mimbres, para criar los pollos y tenerlos guardados.||Cierto artificio hecho de mimbres que se pone á los niños para que aprendan á andar. || El brial ó guardapies que las mugeres se ponian sobre el guarda infante.

POLLERÍA, s. f. El sitio, casa ó calle donde se venden los pollos y pollas.

POLLERO, s. m. El que tiene cuidado de criar pollos.||El lugar en que se crian los pollos.||El que tiene por oficio cebar y engordar los pollos y pollas, y venderlas.

POLLEZ, s. f. *Cetr.* El tiempo que se mantienen los azores, halcones y otras aves de rapiña sin mudar la pluma.

POLLICO, CA, LLO, LLA, TO, TA, s. m. d. de POLLO Y POLLA.

POLLINEJO, JA, s. m. y f. d. de POLLINO Y POLLINA.

POLLINA, s. f. La hembra del pollino.

POLLINARMENTE, adv. ASNALMENTE, denotando que alguno va montado en un asno.

POLLINO, s. m. Asno nuevo y cerril, cualquier borrico. || met. El sugeto simple, ignorante ó agreste. || ant. El hijo ó la cria de aves y cuadrúpedos.

POLLITO, TA, s. m. y f. d. de POLLO Y POLLA.

POLLO, s. m. La cria ó produccion que sacan las aves de sus huevos. || La cria de las abejas. || ant. La cria de cualquier animal. || met. y fam. Hombre astuto y sagaz. || *Cetr.* La ave que no ha mudado aun la pluma. || *Ar.* En las viñas de regadio una como márgen que levantan á trechos los cavadores para que se estanque el agua cuando las riegan. || POLLO CON POLLO, Explica que los azores pollos se deben echar con perdigoncillos de su tiempo. || ESTAR HECHO UN POLLO DE AGUA, fam. V. AGUA. || SACAR POLLOS, Fomentar ó dar á los huevos el calor correspondiente y continuado para que se vaya formando el pollo, y llegue á vivificarse y salir.|| VOLÓ EL POLLO, fam. V. VOLÓ EL GOLONDRINO.

POLLUELO, LA, s. m. y f. d. de POLLO Y POLLA.

POLO, s. m. Cualquiera de los dos extremos del ege de la esfera. || En el iman cualquiera de los dos puntos que corresponden á los polos del mundo. || met. Aquello en que estriba alguna cosa, y sirve como de fundamento á otra. ||POLOS DE UN CIRCULO EN LA ESFERA, Dos puntos en la superficie esférica á uno y otra parte. || POLO GNOMÓNICO, Ó POLO DEL RELOX SOLAR, Aquel punto en el plano del relox en que la línea paralela al ege del mundo, tirada por la extremidad del gnomon, toca al dicho plano. || POLO MAGNÉTICO DEL IMAN, Los puntos por los cuales el iman atrae ó repele el acero ó el hierro.||DE POLO Á POLO, Pondera la distancia grande que hay de una parte á otra.

POLONO, NA, adj. ant. V. POLACO.

POLTRON, NA, adj. Flojo, perezoso, haragan, enemigo del trabajo. || Se aplica á aquello que sirve para la demasiada comodidad ó descanso.

*POLTRONEAR, v. n. fam. Haraganear: andar ó estar hecho un haragan, un haron, un guillote, un pendejo.

POLTRONERÍA, s. f. Pereza, haraganería, flojedad ó aversion al trabajo.

POLTRONÍSIMO, MA, adj. sup. de POLTRON.

POLTRONIZARSE, v. r. Huir del trabajo, entregarse á la ociosidad, haciéndose perezoso y haragan.

POLUCION, s. f. Mancha corporal que afea.||Efusion del sémen.

POLUTO, TA, adj. Sucio, inmundo y contaminado.

POLVAREDA, s. f. La cantidad de polvo que se levanta de la tierra agitada del viento.||LEVANTAR POLVAREDA, met. V. LEVANTAR CANTERA.

POLVICO, s. m. d. de POLVO.

POLVIFICADO, p. p. de POLVIFICAR.

POLIVIFICAR, v. a. fam. V. POLVERIZAR.

POLVILLO, TO, s. m. d. de POLVO.

POLVO, s. m. La parte mas menuda y deshecha de la tierra muy seca, que con cualquier movimiento se levanta en el aire. || Lo que queda de otras cosas sólidas, desmenuzándolas y moliéndolas hasta reducirlas á partes muy menudas. || Porcion de cualquiera cosa menuda ó reducida á polvo que se puede tomar de una vez con las yemas de los dedos pulgar é índice. || POLVOS, pl. Los que se hacen de almidon ó harina para echar en él pelo ó peluca. || POLVO DE BATATA, Ó BATATA EN POLVO, Conserva que se hace de la batata zarandeada. || POLVOS DE CARTAS, Arenilla que sirve para secar lo escrito y que no se borre. || POLVOS DE JUANES, V. MERCURIO PRECIPITADO ROJO. || POLVOS DE LA MADRE CELESTINA, fam. Da á entender el modo secreto y maravilloso con que se hace alguna cosa. || POLVOS DE SOCONUSCO, V. PINOLE. || LEVANTAR DEL POLVO, Ó DEL POLVO DE LA TIERRA, Elevar á alguno de la infelicidad y abatimiento á alguna dignidad ó empleo. || LIMPIO DE POLVO Y PAJA, expr. fam. met. Lo que se da ó se recibe sin trabajo, carga ó gravámen. || MATAR EL POLVO, met. Regar el suelo para que no se levante polvo. || NO VERSE DE POLVO, met. Denota las muchas palabras ásperas ó injuriosas con que se ha maltratado ú ofendido á alguno. || SACAR DEL POLVO Á ALGUNO, met. V. LEVANTAR DEL POLVO. || SACAR POLVO DEBAJO DEL AGUA, fam. Pondera la sagacidad y viveza de alguna persona. || SACUDIR EL POLVO, fam. Dar de golpes á alguno. || met. y fam. Impugnar, rebatir fuertemente las razones de alguno. || SACUDIR EL POLVO DE LOS PIES Ó ZAPATOS, Apartarse de algun lugar digno de castigo y aborrecimiento. || SALIR Ó SACAR LIMPIO DE POLVO Y PAJA, Producir en liquido, rebajados gastos y expensas. || UN POLVO, Una tomadura ó una corta cantidad de polvos.

PÓLVORA, s. f. Misto de azufre, salitre y carbon, fácilmente inflamable y de gran violencia por lo mucho que se estiende. || Conjunto de fuegos artificiales que se disparan en alguna fiesta ó celebridad. || V. POLVO. || met. El mal genio de alguno que con ligero motivo ú ocasion se irrita y enfada. || La viveza, actividad y vehemencia de alguna cosa. || ant. V. POLVOS. || PÓLVORA SORDA, La que sin dar estallido hace el mismo efecto que la ordinaria. || met. El sugeto que hace daño á otro sin estrépito y con gran disimulo. || GASTAR LA PÓLVORA EN SALVAS, met. Poner medios inútiles y fuera de tiempo para algun fin. || MOJAR LA PÓLVORA Á ALGUNO, met. Templar al que estaba colérico ó enojado sin motivo justo. || SER UNA PÓLVORA, fam. Ser muy vivo, pronto y eficaz. || VOLAR CON PÓLVORA, Esplica el grave castigo que merece alguno ó amenaza con él.

POLVORADUQUE, s. f. ant. Sálsa que se hacia de clavos, gengibre, azúcar y canela.

PÓLVOREADO, p. p. de POLVOREAR.

POLVOREAMIENTO, s. m. El acto de polvorear.

POLVOREAR, v. a. Echar, esparcir ó derramar polvo ó polvos sobre alguna cosa.

POLVORIENTO, TA, adj. Lleno ó cubierto de polvo.

POLVORIN, s. m. La pólvora reducida á polvo, para cebar las armas de fuego. || Frasco pequeño en que se lleva pólvora mas fina para cebar las armas de fuego.

POLVORISTA, s. m. El que hace y fabrica la pólvora. || V. COHETERO.

POLVORIZABLE, adj. V. PULVERIZABLE.

POLVORIZACION, s. f. V. PULVERIZACION.

POLVORIZADO, p. p. de POLVORIZAR.

POLVORIZAR, v. a. V. POLVOREAR. || V. PULVERIZAR.

POLVOROSO, SA, adj. V. POLVORIENTO.

POMA, s. f. V. MANZANA. || Manzana pequeña y chata de un color verdoso, y que es muy suave al gusto. || V. PERFUMADOR. || V. BUJETA. || Bola que se compone de varios simples por lo comun odoríferos.

POMADA, s. f. Composicion hecha de varios ingredientes, muy útil para ablandar el cútis del rostro y manos, y para refrescar las partes encendidas. || Composicion mantecosa y olorosa para los cabellos.

POMAR, s. m. Sitio, ó huerta donde hay árboles frutales, especialmente manzanos.

PÓMEZ, s. f. V. PIEDRA PÓMEZ.

POMÍFERO, RA, adj. *Poét.* Que tiene ó lleva manzanas ó pomas. || ant. V. FRUTAL.

POMO, s. m. El fruto ó fruta de pipa, especialmente de los árboles, como el manzano. || V. POMA, 4ª A. || Vaso de vidrio de hechura de una manzana, que sirve para conservar las confecciones olorosas. || El extremo de la guarnicion de la espada que está encima del puño || *Mur.* Ramillete de flores.

POMPA, s. f. El acompañamiento suntuoso, numeroso y de gran aparato que se hace en alguna funcion. || Fausto, vanidad y grandeza. || Procesion solemne. || La ampolla que forma el agua por el aire que se le introduce. || El fuelle hueco ó ahuecamiento que se forma con la ropa tomando aire. || La rueda que forma el pavo real extendiendo y levantando la cola. || *Náut.* V. BOMBA. || HACER POMPA. Se dice de los árboles que se extienden con follage hácia todas partes. || met. Se dice de las mugeres que ahuecan las basquiñas cogiendo aire y sentándose de repente. || HACER POMPA, met. Hacer vana ostentacion de alguna cosa.

* **POMPEAR**, v. n. Caminar con pompa, con mucho séquito.

POMPEARSE, v. r. Tratarse con desvanecimiento y vanidad, y con grande comitiva.

POMPEYANO, NA, adj. Perteneciente á Pompeyo.

POMPONEARSE, v. r. V. POMPEARSE.

POMPOSAMENTE, adv. Con pompa, con ostentacion, con autoridad y aparato.

POMPOSO, SA, adj. Ostentoso, magnífico, grave y autorizado. || Hueco, hinchado y extendido circularmente.

PONCELA, s. f. ant. V. DONCELLA.

PONCHE, s. m. Bebida que se hace de aguardiente mezclada con agua, limon y azúcar.

PONCHO, CHA, adj. Manso, perezoso, dejado y flojo.

PONCHON, NA, adj. aum. de PONCHO.

PONCÍ, adj. V. PONCIL.

PONCIL, adj. y s. Se aplica á una especie de limon, lima ó cidra agria.

PONDERABLE, adj. Se aplica á todo aquello que se puede pesar. || Digno de ponderacion.

PONDERACION, s. f. La atencion, consideracion, peso y cuidado con que se dice ó hace alguna cosa. || Exageracion ó encarecimiento de alguna cosa. || La accion de pesar alguna cosa.

PONDERADO, p. p. de PONDERAR. || PONDERADO, DA, adj. Vano, presuntuoso y presumido, que exagera y pondera las cosas.

PONDERADOR, RA, s. m. y f. El que pondera ó exagera. || El que pesa ó examina.

PONDERAL, adj. Que pertenece á peso.

PONDERAR, v. a. V. PESAR. || Examinar, considerar y pensar con particular cuidado, atencion y diligencia. || Exagerar y encarecer.

PONDERATIVO, VA, adj. Que pondera, encarece.

PONDEROSAMENTE, adv. Atenta y cuidadosamente, con gran consideracion.

PONDEROSIDAD, s. f. V. PESADEZ.

PONDEROSÍSIMO, MA, adj. sup. de PONDEROSO.

PONDEROSO, SA, adj. V. PESADO. || met. Grave, circunspecto y bien considerado.

PONEDERA, adj. Dícese de las aves que ya ponen huevos.

PONEDERO, RA, adj. Que se puede poner, ó está para ponerse.

PONEDERO, s. m. V. NIDAL, en sus dos primeras acepciones. || La parte por donde la gallina pone los huevos.

PONEDOR, RA, s. m. y f. El que pone.

PONEDOR, adj. Se aplica al caballo enseñado á levantarse de manos. || V. PONEDERA.

PONENTE, adj. Se aplica en la curia romana y en el tribunal de la Rota al juez á quien toca hacer relacion de algun expediente.

PONENTINO, NA, adj. ant. Occidental, que pertenece ó mira al occidente.

PONENTISCO, CA, adj. ant. V. OCCIDENTAL.

PONER, v. a. Colocar en algun sitio ó lugar una cosa, ó disponerla en el lugar ó grado que debe tener. || Disponer ó prevenir alguna cosa con lo que ha menester para algun fin. || Establecer y determinar. || Suponer. || Imponer alguna cosa, ú obligar á ella. || Apostar. || Reducir, estrechar ó precisar á alguno á que egecute alguna cosa contra su voluntad. || Dejar alguna cosa a la resolucion, arbitrio ó disposicion de otro. || Traer algun egemplo ó símil en confirmacion ó prueba de lo que se dice. || Escribir en el papel lo que otro dicta. || Parir el ave el huevo que tiene en el vientre. || Dedicar ó inclinar á uno á algu empleo ú oficio. || En el juego PARAR. || Aplicar. || Trabajar ó hacer en órden á algun fin. || Exponer. || Añadir algun fundamento ó circunstancia que parece falta ó altera. || Escolar ó concurrir con otros dando cierta cantidad. || Añadir voluntariamente alguna cosa á la narracion. || Concertar, pactar, contraer. || En algunos juegos de naipes no sacar la polla el que habia entrado por haber hecho una baza ménos de las necesarias para ganar. || Tratar á uno mal de obra ó de palabra. || Junto con la partícula *á* y el infinitivo de otro verbo vale empezar á egecutar la accion de lo que el verbo significa. || Junto con la partícula *á* y algunos nombres aplicar ó disponer alguna cosa para que reciba el efecto de lo que los nombres significan. || Junto con la preposicion *en* y algunos nombres egercer la accion de los verbos á que los nombres corresponden. || Junto con la preposicion *por* y algunos nombres valerse ó usar para algun fin de lo que el nombre significa. || Junto con algunos nombres causar ú ocasionar lo que los nombres significan. || Junto con los nombres *gusto*, *felicidad*, etc., apreciarlos determinadamente mas que á otra cosa ó perferirlos á ella. || Junto con los nombres *ley*, *contribucion* ú otros semejantes establecer ú obligar á lo que los nombres significan. || PONER BIEN Á UNO, met. Darle estimacion y crédito en la opinion de otro, ó deshacer la mala opinion que se tenia de él. || met. Suministrarle medios, caudal ó empleo con que viva ó lo pase con conveniencias. || PONER COMO NUEVO Á ALGUNO, met. y fam. Maltratarle castigándole ó reprendiéndole. || PONER EN SECO, Mudar la ropa ó vestido mojado para ponerse otra.

PONERSE, v. r. Dedicarse á hacer alguna cosa, ó trabajar en ella con eficacia y esfuerzo. || Oponerse á otro, hacerle frente ó reñir con él. || Sobrevenir de nuevo alguna cosa que ántes no habia en el sugeto, inmutándole del estado antecedente. || Hablando de los astros es ocultarse debajo del horizonte. || Llegar con brevedad á un lugar determinado. || PONERSE BIEN, met. Adelantarse en conveniencias y medios para mantener su estado. || Enterarse ó hacerse capaz en el todo de algun negocio, facultad ó ciencia. || En los ajustes y conciertos regularse á un precio ó cantidad moderada, y que parece que racionalmente no se puede excusar. || PONERSE DE PARTE DE UNO, Hacerse á la opinion ó sentir de alguna persona. || PONERSE TAN ALTO ALGUNO, met. Ofenderse, resentirse con muestras de superioridad por el dicho ó hecho de alguno. || NO PONERSELE COSA POR DELANTE, Atropellar por todos los inconvenientes que se ofrecen sin reparar en ninguno.

PONIENTE, s. m. V. OCCIDENTE. || El viento que viene derechamente de la parte de occidente. || *Germ.* El sombrero.

PONIMIENTO, s. m. ant. Accion y efecto de poner y ponerse. || Accion y efecto de ponerse un astro. || ant. V. LIBRANZA.

PONLEVÍ, s. m. El tacon de madera que antiguamente traian las mugeres en el zapato.

PONTADGO, s. m. ant. V. PONTAZGO.

PONTAGE, s. m. V. PONTAZGO.

PONTAZGO, s. m. El derecho que se paga en algunas partes por pasar los puentes.

PONTEAR, v. a. Fabricar ó hacer algun puente, ó echarle.

PONTECILLA, s. f. ant. d. de PUENTE.

PONTEZUELA, s. f. d. de PUENTE.

PONTEZUELO, s. m. d. de PUENTE.

PONTICIDAD, s. f. ant. *Med.* Sabor áspero y austero.

PÓNTICO, CA, adj. Perteneciente al Ponto. || ant. *Med.* Que es de un sabor áspero y austero.

PONTIFICADO, s. m. La dignidad de pontífice. || Tiempo en que cada uno de los sumos pontífices obtiene esta dignidad, ó el en que cualquier obispo ó arzobispo permanecen en el régimen de sus iglesias.

PONTIFICAL, adj. Que pertenece al pontífice.

PONTIFICAL, s. m. El conjunto ó agregado de ornamentos que sirven al obispo para celebracion de los oficios divinos. || El libro que contiene las ceremonias pontificias y de las funciones episcopales. || La renta de diezmos eclesiásticos que corresponde á cada parroquia.

PONTIFICALMENTE, adv. Segun la práctica y estilos de los obispos ó pontífices.

PONTIFICAR, v. n. Ser pontífice, ú obtener la dignidad pontificia.

PONTÍFICE, s. m. Obispo ó arzobispo de alguna diócesis. || Por antonomasia se llama el prelado supremo de la iglesia católica romana.

PONTIFICIO, adj. Que pertenece al pontífice.

PONTON, s. m. Barco chato para pasar los rios ú construir puentes, etc. || Madero de diez y nueve ó mas pies de largo. || PONTON FLOTANTE, Barca hecha de maderos unidos para pasar un rio, etc.

PONTONCILLO, s. m. d. de PONTON.

PONZOÑA, s. f. Sustancia que tiene en sí cualidades nocivas á la salud ó destructivas de la vida.

PONZOÑADO, p. p. de PONZOÑAR.

PONZOÑAR, v. a. ant. V. EMPONZOÑAR.

PONZOÑOSAMENTE, adv. Con ponzoña.

PONZOÑOSÍSIMO, MA, adj. sup. de PONZOÑOSO.

PONZOÑOSO, SA, adj. Que tiene ó encierra en sí ponzoña. || met. Nocivo á la salud espiritual, ó perjudicial á las buenas costumbres.

POPA, s. f. La parte posterior de las naves donde se coloca el timon, y estan las cámaras ó habitaciones principales. || ant. En los coches TESTERA. || DE POPA Á PROA, met. Enteramente ó totalmente.

POPADO, p. p. de POPAR.

POPAMIENTO, s. m. Accion y efecto de popar.

POPAR, v. a. Despreciar ó tener en poco á uno egecutando con él acciones de desprecio. || Acariciar ó halagar. || met. Tratar con blandura y regalo, cuidar mucho.

POPES, s. m. *Náut.* Cualquiera de los dos cabos muy gruesos que se fijan en la cabeza del árbol de trinquete.

POPOTE, s. m. Especie de paja semejante al balago.

POPULACHO, s. m. Lo ínfimo de la plebe.

POPULACION, s. f. V. POBLACION, 2ª A.

POPULADO, p. p. de POPULAR.

POPULAR, adj. Que pertenece al pueblo. || Que es del pueblo ó de la plebe. || Que por su afabilidad y buen trato es acepto y grato al pueblo.

POPULAR, v. a. ant. V. POBLAR.

POPULARIDAD, s. f. La aceptacion y aplauso que alguno tiene en el pueblo, y el conjunto de prendas y acciones con que se grangea esta aceptacion.

POPULARMENTE, adv. En forma de pueblo ó como pueblo.

POPULAZO, s. m. V. POPULACHO.

POPULEON, s. m. Especie de ungüento.

POPULOSÍSIMO, MA, adj. sup. de POPULOSO.

POPULOSO, SA, adj. Que está muy poblado y abunda de gente. || ant. Poblado ó lleno.

POQUEDAD, s. f. Escasez, cortedad ó miseria, corta porcion ó cantidad de alguna cosa. || Cobardía, pusilanimidad y falta de espíritu. || Cosa de ningun valor ó de poca entidad.

POQUEDUMBRE, s. f. ant. V. POQUEDAD.

POQUEZA, s. f. ant. V. POQUEDAD.

POQUILLO, LLA, adj. d. de POCO.

POQUILLO, adv. d. de POCO.

POQUÍSIMO, MA, adj. sup. de POCO.

POQUÍSIMO, adv. sup. de POCO.

POQUITICO, CA, LLO, LLA, TO, TA, adj. d. de POQUITO.

POQUITICO, LLO, adv. d. de POQUITO.

POQUITO, TA, adj. d. de POCO. || Débil en las fuerzas del cuerpo ó del ánimo.

POQUITO, adv. En corta cantidad, en escaso tiempo. || POQUITO Á POCO, V. POCO Á POCO. || Á POQUITOS, En pequeñas y repetidas porciones. || DE POQUITO, fam. Se dice del que es pusilánime ó tiene corta habilidad en lo que maneja.

POR, Prep. causal ó final, que sirve para significar la razon ó motivo que se tiene para hacer alguna cosa. || Se junta con el ablativo, significando la persona que hace cuando se habla por pasiva. || Se junta con los nombres de lugar, para determinar el tránsito por ellos. || Se junta con los nombres de tiempo determinándole. || Denota la propiedad, posesion ó egercicio actual de alguna cosa. || Se usa para nota de permision ó estorbo, segun los verbos que entran en la oracion. || Se usa asimismo para denotar el medio de egecutar alguna cosa. || Denota el modo de egecutar alguna cosa. || Se usa para denotar el trueque ó venta de alguna cosa. || Vale á favor ó en defensa de alguno. || V. EN LUGAR DE. || En juicio ú opinion de. || En órden á, ó cerca de. || Se usa muy frecuentemente en lugar de SIN. || Se pone muchas veces en lugar de la preposicion *á* y el verbo *traer*, supliendo la significacion de entrambos. || Junto con el romance de infinitivo de algunos verbos se toma por PARA. || Junto con romances de verbo denota la accion futura del mismo verbo. || V. ENTRE POR JUNTO. || POR AHÍ, POR AHÍ, V. POCO MAS Ó MÉNOS. || POR ENCIMA, Sin el bastante exámen de las cosas. || En los juegos de envite se dice de los que estando fuera de él ponen ó paran á alguna suerte. || POR MAS QUE, Ó POR MUCHO QUE, Se usa para ponderar la dificultad de egecutar ó conseguir alguna cosa, aunque se esfuercen las diligencias para su logro. || POR SI ACASO, Previene el accidente que puede suceder, ó que se teme que suceda. || DE POR SÍ, Con separacion de una cosa de otra.

PORA, prep. ant. V. PARA.

PORCAL, adj. Se aplica á cierta especie de ciruelas gordas y bastas.

PORCARIZA, s. f. ant. V. PORQUERIZA.

PORCARIZO, s. m. ant. V. PORQUERIZO.

PORCEL, s. m. p. *Murc.* El puerco pequeño.

PORCELANA, s. f. Especie de loza fina, trasparente, clara y lustrosa, inventada en la China || Especie de taza ancha y honda para poner dulces, caldo, leche y otras cosas. || El esmalte blanco con algun mezcla de azul, con que los plateros adornan las joyas y piezas de oro. || Color blanco mezclado de azul.

PORCHE, s. m. Soportal y cobertizo.

PORCINO, NA, adj. Perteneciente al puerco.

PORCINO, s. m. El puerco pequeño. || El bulto ó chichon que se hace en la cabeza por haber recibido en ella algun golpe. || PAN PORCINO, V. PAMPORCINO.

PORCION, s. f. Cantidad pequeña que se toma ó desfalca de otra mayor. || met. La cantidad de vianda que diariamente se da á uno para su alimento. || En algunas catedrales RACION. || PORCION CONGRUA, Aquella parte que se da al eclesiástico que tiene cura de almas, y no percibe los diezmos.

PORCIONCICA, LLA, TA, s. f. d. de PORCION.

PORCIONERO, RA, adj. y s. V. PARTÍCIPE.

PORCIONISTA, s. com. El que tiene accion ó derecho á alguna porcion. || En los colegios y otras comunidades PENSIONISTA.

PORCIPELO, s. m. fam. La cerda fuerte y aguda del puerco.

PORCIÚNCULA, s. f. Indulgencia que se gana en los conventos de san Francisco el dia 2 de agosto.

PORCO, s. m. ant. *Gal.* V. PUERCO.

PORCUNO, NA, adj. Propio del puerco ó que pertenece á él.

PORDIOSEAR, v. n. Mendigar, pedir limosna de puerta en puerta.

PORDIOSERÍA, s. f. La profesion ó costumbre de pedir limosna de puerta en puerta.

PORDIOSERO, RA, adj. Dícese del pobre mendigo que pide limosna implorando el nombre de Dios.

PORFÍA, s. f. Contienda ó disputa de palabras tenaz y obstinada. || La continuacion ó repeticion de una cosa muchas veces con ahinco y teson. || La instancia é importunacion para el logro de alguna cosa. || Á PORFÍA, Con emulacion, á competencia.

PORFIADAMENTE, adv. Obstinada y tenazmente, con porfía y ahinco.

PORFIADÍSIMAMENTE, adv. sup. de PORFIADAMENTE.

PORFIADÍSIMO, MA, adj. sup. de PORFIADO.

PORFIADO, p. p. de PORFIAR. || PORFIADO, DA, adj. Terco y obstinado en su dictámen y parecer.

PORFIADOR, RA, s. m. y f. El que porfía mucho.

PORFIAR, v. n. Disputar y altercar obstinadamente y con tenacidad. || Importunar y hacer instancia con repeticion y porfía para el logro de alguna cosa. || Continuar repetidamente alguna accion para el logro de algun intento en que se halla resistencia.

PÓRFIDO, s. f. Especie de piedra compuesta de una masa de naturaleza de pedernal y de cristales de otros fosiles.

PORFIJADO, p. p. de PORFIJAR.

PORFIJADOR, s. m. ant. V. PROHIJADOR.

PORFIJAMIENTO, s. m. ant. V. PROHIJAMIENTO.

PORFIJAR, v. a. ant. V. PROHIJAR.

PORFIOSAMENTE, adv. ant. V. PORFIADAMENTE.

PORFIOSO, SA, adj. ant. V. PORFIADO.

PÓRFIRO, s. m. V. PÓRFIDO.

PORGADERO, s. m. *Ar.* La zaranda ó criba para limpiar el grano.

PORHIJACION, s. f. ant. V. PROHIJAMIENTO.

PORHIJADO, p. p. de PORHIJAR.

PORHIJAMIENTO, s. m. ant. V. PROHIJAMIENTO.

PORHIJAR, v. a. ant. V. PROHIJAR.

PORIDAD, s. f. ant. V. SECRETO. || EN PORIDAD, V. EN PURIDAD Ó EN SECRETO.

PORMENOR, s. m. Reunion de circunstancias menudas y particulares de alguna cosa.

*PORMENORES, s. m. pl. Circunstancias, detalles, particularidades.

PORO, s. m. Agujerico ó hueco que próvidamente deja la naturaleza entre las partes de cualquier cuerpo, tan pequeño y sutil, que en los mas de ellos es imperceptible.

POROSIDAD, s. f. Conjunto de poros de un cuerpo. ‖ La cualidad de poroso.

POROSO, SA, adj. Que tiene poros.

PORQUE, Conjuncion con que se denota la causa, motivo ó razon de alguna cosa.

PORQUÉ, s. m. fam. La causa, razon ó motivo. ‖ fam. Cantidad ó porcion que se da á alguno para su manutencion ú otro fin.

PORQUECILLA, s. f. d. de PUERCA.

PORQUERA, s. f. El lugar ó sitio en que se encaman y habitan los jabalíes en el monte.

PORQUERÍA, s. f. Suciedad, inmundicia ó basura. ‖ La accion sucia ó indecente. ‖ Grosería, desatencion y falta de crianza ó respeto. ‖ Cualquiera cortedad ó cosa de poco valor. ‖ La golosina ó fruta y legumbre de poca entidad y dañosa á la salud. ‖ PORQUERÍAS, pl. fest. Las menudencias que se hacen de la carne del puerco. ‖ PORQUERÍA SON SOPAS, Reconviene al que desprecia ó desdeña alguna cosa digna de aprecio y estimacion.

PORQUERIZA, s. f. Pocilga donde se crian y recogen los puercos.

PORQUERIZO, s. m. El que guarda los puercos.

PORQUERO, s. m. V. PORQUERIZO.

PORQUERON, s. m. El corchete ó ministro de justicia.

PORQUETA, s. f. V. CUCARACHA.

PORQUEZUELA, s. f. d. de PUERCA.

PORQUEZUELO, s. m. d. de PUERCO. ‖ Se usa por desprecio de algun sugeto.

PORRA, adj. c. fam. V. PORRON.

PORRA, s. f. V. CLAVA. ‖ V. CACHIPORRA. ‖ Llaman los muchachos al último en el órden de jugar. ‖ met. y fam. Vanidad, jactancia ó presuncion. ‖ fam. Sugeto pesado, molesto ó porfiado. ‖ *Germ.* El rostro. ‖ HACER PORRA, Pararse sin poder ó querer pasar adelante en alguna cosa.

PORRÁCEO, CEA, adj. De un verde oscuro semejante al del puerro.

PORRADA, s. f. Golpe que se da con la porra, y el que se da con la mano ú con algun instrumento. ‖ met. y fam. Necedad, disparate ó bobería.

PORRAZO, s. m. Golpe que se da con la porra, y el que se da con otro instrumento, ó el que se recibe de alguna caida.

PORREAR, v. a. fam. Insistir con pesadez en alguna cosa, machacar, molestar á alguno.

PORRERÍA, s. f. fam. Necedad, tontería, tardanza y pesadez.

PORRETA, s. f. Las hojas que brotan de la raiz reciente de varias yerbas. ‖ EN PORRETA, fam. En cueros.

PORRILLA, s. f. d. de PORRA. ‖ El martillo con que los herradores adoban los clavos. ‖ *Albeit.* Tumor duro de naturaleza huesosa que se hace á las caballerías en las articulaciones de los menudillos.

PORRILLO (Á), fam. En abundancia, copiosamente.

PORRINA, s. f. El estado de las mieses ó sembrados cuando estan muy pequeños y verdes. ‖ V. PORRETA.

*PORRINO, s. m. La planta del puerro criada en el sementero, cuando está en proporcion de trasplantarse.

PORRO, RRA, adj. fam. Se aplica al sugeto torpe, rudo y necio.

PORRON, ONA, adj. fam. Pelmazo, pachorrudo, tardo.

PORRON, s. m. Vasija con un tubo para beber, de que ordinariamente se usa para traer y tener agua.

PORRUDO, s. m. *Murc.* Cayado con que el pastor guia su ganado.

PORTA, s. f. ant. V. PUERTA. ‖ V. VENA PORTA. ‖ *Náut.* V. CAÑONERA, TRONERA, Y CUARTEL.

PORTABANDERA, s. f. *Mil.* Especie de cinturon con una bolsa delante en que se apoya el regaton de la bandera.

PORTACARABINA, s. f. Bolsa pequeña hecha de baqueta pendiente de dos correas, en donde se afirma para que no cabecee.

PORTACARTAS, s. m. La bolsa ó balija en que se llevan las cartas. ‖ ant. El que tiene por oficio llevar y traer las cartas de un lugar á otro.

PORTADA, s. f. El ornato de arquitectura ó pintura que se hace en las fachadas principales. ‖ met. El frontispicio ó cara principal de cualquiera otra cosa. ‖ La primera plana de los libros impresos. ‖ En el arte de la seda la division que de cierto número de hilos se hace para formar la urdimbre. ‖ LA BOCA PUERTA, HONRA LA CASA, fam. Con que se suele apodar al que tiene la boca grande.

PORTADERAS, s. f. pl. V. APORTADERAS.

PORTADGO, s. m. ant. V. PORTAZGO.

PORTADGUERO, s. m. ant. V. PORTAZGUERO.

PORTADO, p. p. de PORTAR.

PORTADOR, RA, s. m. y f. El que lleva ó trae alguna cosa de una parte á otra. ‖ Instrumento de madera para llevar los platos de vianda ú otra cosa. ‖ PORTADOR DE MALAS NUEVAS, El que da ó lleva noticias melancólicas.

PORTAESTANDARTE, s. m. *Mil.* En la caballería, el oficial destinado á llevar el estandarte.

PORTAFUSIL, s. m. *Mil.* Correa que pasa por dos anillos que tiene el fusil, y sirve para echarle á la espalda.

PORTAGE, s. m. ant. V. PUERTO. ‖ V. PORTAZGO.

PORTAGUION, s. m. En los regimientos de dragones el oficial destinado á llevar el guion.

PORTAL, s. m. El zaguan ó primera pieza de las casas por donde se entra á las demas. ‖ Lugar cubierto para pasearse ó preservarse del agua y del sol. ‖ V. PÓRTICO. ‖ La puerta de la ciudad.

PORTALAZO, s. m. aum. de PORTAL.

PORTALEJO, s. m. d. de PORTAL.

PORTALEÑA, s. f. V. CAÑONERA, TRONERA. ‖ La tabla que sirve para hacer puertas.

PORTALERO, s. m. El guarda que está puesto á la puerta de alguna poblacion para registrar los géneros que entran.

PORTALICO, LLO, TO, s. m. d. de PORTAL.

PORTALON, s. m. *Náut.* Sitio donde estan las escalerillas para subir á bordo.

PORTAMANTEO, s. m. MANGA, especie de maleta.

PORTANARIO, s. m. El intestino inferior del ventrículo.

PORTANTE, s. m. La marcha ó paso apresurado de las caballerías.

PORTANTILLO, s. m. d. de PORTANTE, El paso menudo y apresurado del animal.

PORTANVECES, s. m. *Ar.* Teniente ó vicario de otro.

PORTAÑOLA, s. f. *Náut.* V. CAÑONERA, TRONERA.

PORTAÑUELA, s. f. La tira de tela con que se tapa la bragueta.

PORTAPAZ, s. amb. La lámina de metal con que en las iglesias se da la paz á los fieles.

PORTAR, v. a. ant. Llevar ó traer.

PORTARSE, v. r. Gobernarse en alguna dependencia ó negociado con acierto, valor ó discrecion, ó por el contrario. ‖ Tratarse con decencia y lucimiento en el ornato de su persona y casa, ó usar de liberalidad y franqueza en las funciones.

PORTÁTIL, adj. Movible y fácil de trasportarse.

PORTAVENTANERO, s. m. El carpintero que hace puertas y ventanas.

PORTAZGAR, v. a. ant. Cobrar el portazgo.

PORTAZGO, s. m. El derecho que se paga por el paso de algun sitio ó parage.

PORTAZGUERO, s. m. El que tiene á su cuidado cobrar el portazgo.

PORTAZO, s. m. El golpe recio que se da con le puerta, ó el que ella da movida del viento. ‖ La accion de cerrar la puerta para desairar á alguno que está de la parte de afuera.

PORTE, s. m. La cantidad que se da ó paga por llevar alguna cosa de un lugar á otro. ‖ El modo de gobernarse y portarse en la conducta de su vida y acciones. ‖ Buena ó mala disposicion de una persona, y la mayor ó menor decencia y lucimiento con que se trata. ‖ Calidad, nobleza ó lustre de la sangre. ‖ La grandeza, buque ó capacidad de alguna cosa.

PORTEADO, p. p. de PORTEAR.

PORTEAR, v. a. Conducir de una parte á otra por el precio ajustado.

PORTEAR, v. n. Dar golpes las puertas y ventanas ó darlos con ellas.

PORTEARSE, v. r. Pasarse de una parte á otra, y se dice particularmente de las aves pasageras.

PORTECICA, LLA, TA, s. f. ant. d. de PORTA.

PORTENTO, s. m. Cualquiera singularidad ó grandeza que por su extrañeza causa admiracion ó terror.

PORTENTOSAMENTE, adv. De un modo portentoso.

PORTENTOSÍSIMAMENTE, adv. sup. de PORTENTOSAMENTE.

PORTENTOSÍSIMO, MA, adj. sup. de PORTENTOSO.

PORTENTOSO, SA, adj. Singular, extraño, y que por su novedad causa admiracion, terror ó pasmo.

PORTEREJO, s. m. d. de PORTERO.

PORTERÍA, s. f. Puerta principal de los conventos y otras comunidades. ‖ El empleo de portero, y su habitacion. ‖ *Náut.* El conjunto de todas las portas de un bajel.

PORTERILLO, s. m. d. de PORTERO.

PORTERO, RA, s. m. y f. La persona que tiene á su cuidado el guardar, cerrar y abrir las puertas. || PORTERO DE DAMAS, Oficio de palacio, cuya ocupacion es guardar la entrada de las habitaciones que en otro tiempo ocupaban las damas. || PORTERO DE ESTRADOS, El de cualquiera de los consejos ó tribunales que tiene á su cuidado el de los estrados de ellos. || PORTERO DE VARA, Ministro de justicia inferior al alguacil.

PORTEZUELA, s. f. d. de PUERTA. || Entre sastres CARTERA, GOLPE.

PORTEZUELO, s. m. d. de PUERTO.

PÓRTICO, s. m. Especie de portal cubierto y fundado sobre columnas delante de la entrada de los templos ú otros edificios.

PORTILLO, s. m. La abertura que hay en las murallas, paredes ó tapias. || Postigo ó puerta chica en otra mayor. || met. Se dice de otra cualquiera cosa que abre entrada y paso. || La mella ó hueco que queda en alguna cosa quebrada, como plato, escudilla, etc. || met. Cualquiera entrada que deja el descuido para la consecucion de alguna cosa. || En algunas capitales la puerta ménos principal por donde no puede entrar nada que se deba registrar. || DIEZMAR Á PORTILLO, Diezmar el ganado lanar ó cabrío al tiempo de entrar ó salir uno á uno.

PORTON, s. m. La segunda puerta grande que divide el zaguan de lo demas de la casa.

PORTUGALÉS, SA, adj. ant. V. PORTUGUÉS.

PORTUGUÉS, SA, adj. y s. El natural de Portugal y perteneciente á este reino.

PORTUGUÉS, s. m. El idioma portugués. || Á LA PORTUGUESA, Al uso de Portugal.

PORVENIR, s. m. fam. El suceso futuro.

PORVIDA, s. f. Juramento ó blasfemia que se dice jurando por la vida de Dios ó de sus santos.

POS (EN), adv. DETRAS ó en seguida de alguno.

POSA, s. f. El clamor que se da con las campanas por los difuntos. || La parada que hace el clero cuando se lleva á enterrar el cadáver para cantar el responso. || ant. V. PAUSA. || ant. Descanso, quietud, reposo. || POSAS, pl. Las asentaderas ó nalgas.

POSADA, s. f. La casa propia de cada uno donde habita ó mora. || La casa donde por su dinero se recibe y hospeda la gente. || Estuche compuesto de cuchara, tenedor y cuchillo que se lleva en la faltriquera cuando se va de camino. || En palacio y casas de los señores el cuarto destinado á la habitacion de las mugeres sirvientes. || POSADA FRANCESA, El hospedage que se hace sin interes en alguna ocasion por servicio del rey ó del público. || MAS ACÁ HAY POSADA, fam. Moteja á alguno que exagera ó sube de punto alguna cosa.

POSADERAS, s. f. pl. V. NALGAS.

POSADERÍA, s. f. ant. V. POSADA, 1ª A.

POSADERO, RA, s. m. y f. El que tiene casa de posada y hospeda en ella á los que se lo pagan. || Cierta especie de asiento que se hace de espadaña ó de sogas de esparto. || V. NALGATORIO.

POSADERO, adj. V. PENDON POSADERO.

POSADILLA, TA, s. f. d. de POSADA.

POSADO, p. p. de POSAR. || POSADO, DA, adj. En lo antiguo se tomaba por difunto.

POSADOR, s. m. ant. V. APOSENTADOR.

POSANTE, p. a. de POSAR en la acepcion de *descansar*, en la cual es muy usado en la marina para denotar que un buque es quieto y descansado.

POSAR, v. n. Alojarse ú hospedarse en alguna posada ó casa particular. || Descansar, asentarse ó reposar. || ant. Morar, habitar. || Hablando de las aves ó animales que vuelan, pararse, asentarse en algun sitio.

POSAR, v. a. Soltar la carga que se trae acuestas para descansar ó tomar aliento.

POSAVERGA, s. f. *Náut.* Palo largo que antiguamente llevaban á prevencion los buques para remplazar ó componer algun mastelero ó verga.

POSDATA, s. f. La cláusula ó capítulo que se añade á la carta ya escrita y puesta la fecha ó data.

POSEEDOR, RA, s. m. y f. El que posee. || POSEEDOR DE BUENA FE, El que posee alguna cosa como propia con firme creencia de que es suya. || TERCERO POSEEDOR, En los juicios egecutivos el que posee alguna cosa cierta y particular habida de aquel contra quien se litiga por título singular.

POSEER, v. a. Tener en su poder alguna cosa. || met. Saber con perfeccion alguna cosa, como lengua, facultad, etc.

POSEIDO, p. p. de POSEER. || POSEIDO, DA, adj. V. POSESO. || met. Que egecuta acciones furiosas ó malas.

POSEIDO, s. m. Terreno labrantío comprado ó heredado.

POSENTADOR, s. m. ant. V. APOSENTADOR.

POSESION, s. f. El acto de poseer ó tener alguna cosa con ánimo de tenerla para sí ó para otro. || Estado de la persona que está poseida de los espíritus malignos. || met. Concepto bueno ó malo que se tiene de una persona. || Se toma por la misma cosa poseida. || POSESION CIVIL, La que alguno tiene con justa causa y buena fe, y con ánimo y creencia de señor. || POSESION CLANDESTINA, La que se toma ó tiene furtiva ú ocultamente. || POSESION DE BUENA FE, La que alguno tiene justamente, aunque no por causa en virtud de la cual se trasfiere el dominio. || POSESION DE MALA FE, La detentacion de la cosa agena conocida como tal, ó con duda positiva de serlo, y sin color ni título para poseerla. || POSESION NATURAL, La real aprehension de alguna cosa corporal, ó la POSESION destituida de los efectos de derecho. || POSESION PRETORIA, La que se da á alguno en la finca agena redituable para que se haga pago de sus frutos. || POSESION VEL CUASI, for. La posesion de las cosas corporales, como la de derechos, servidumbres y otras acciones. || POSESION VIOLENTA, La detentacion de alguna cosa inmoble, de cuya posesion fué violentamente arrojado ó impedido para su recobro el que la tenia. || AMPARAR EN LA POSESION, for. V. AMPARAR. || APREHENDER LA POSESION, for. Tomar la posesion. || DAR POSESION, Poner real y efectivamente en poder de alguno lo que ha de poseer, con la solemnidad y las formalidades acostumbradas. || TOMAR POSESION, Egecutar algun acto con el cual se demuestre que alguno usa de la alhaja ó egerce el empleo como propio, ó como que ya está en su poder.

POSESIONAL, adj. Que pertenece á la posesion ó la incluye.

POSESIONERO, s. m. El ganadero que ha adquirido la posesion de los pastos arrendados.

POSESIVO, adj. *Gram.* Se dice de los pronombres que denotan posesion ó dominio.

POSESO, p. p. irreg. seg. de POSEER. || POSESO, SA, adj. Que se supone tener los espíritus malignos dentro del cuerpo.

POSESOR, RA, s. m. y f. POSEEDOR.

POSESORIO, RIA, adj. Que pertenece á posesion.

POSEYENTE, p. a. de POSEER, Que posee.

POSFECHA, s. f. Fecha posterior á la verdadera.

POSIBILIDAD, s. f. Capacidad ó no repugnancia que tienen las cosas para poder ser ó existir. || Los medios, caudal ó hacienda de alguno. || HACER SU POSIBILIDAD, ant. V. HACER LO POSIBLE.

POSIBILITADO, p. p. de POSIBILITAR.

POSIBILITAR, v. a. Facilitar y hacer posible alguna cosa dificultosa y ardua.

POSIBLE, adj. Que puede ser ó suceder, que se puede egecutar.

POSIBLES, s. m. pl. Los bienes, rentas ó medios que alguno posee ó goza. || ¿ES POSIBLE? Explica la extrañeza y admiracion que causa alguna cosa extraordinaria, y reprende ó afea algun delito ó cosa mal hecha. || HACER LO POSIBLE Ó TODO LO POSIBLE, No omitir circunstancia ni diligencia alguna para el logro de lo que se intenta ó se encarga. || NO SER POSIBLE, Pondera la dificultad de egecutar alguna cosa ó de conceder lo que se pide.

POSIBLEMENTE, adv. Con posibilidad.

POSICION, s. f. POSTURA ó situacion de alguna cosa. || El acto de poner. || Demanda del actor ó excepciones así del actor como del reo, hechas en respuesta de la demanda del actor. || Suposicion. || Postura ó disposicion. || for. Artículo á cuyo tenor bajo de juramento debe responder la parte contraria á instancia de la otra del hecho que se le pregunta. || FALSA POSICION, *Arit.* La suposicion que se hace de uno ó mas números para resolver alguna cuestion.

POSITIVAMENTE, adv. Cierta y efectivamente, sin duda alguna.

POSITIVO, VA, adj. Cierto, efectivo, verdadero. || Se aplica al derecho ó ley divina ó humana en contraposicion de la natural. || *Gram.* Se dice del nombre adjetivo cuyo significado es el mismo que suena, sin aumento ni diminucion. || *Lóg.* V. AFIRMATIVO. || DE POSITIVO, Ciertamente, sin duda.

PÓSITO, s. m. La casa en que se guarda la cantidad de trigo que se tiene de repuesto y prevencion. || PÓSITO PIO, El distinto del real, y que por su fundacion y gobierno tiene algunas circunstancias caritativas.

POSITURA, s. f. V. POSTURA. || Estado ó disposicion de alguna cosa.

POSMA, s. f. fam. Pesadez, flema, cachaza.

POSMO, MA, adj. m. y f. fam. Lento y pesado en su modo de obrar.

POSO, s. m. El asiento, heces ó superfluidad que dejan las cosas líquidas en las vasijas en que estan. || Descanso, quietud, reposo. || ant. Lugar para descansar ó detenerse.

POSON, s. m. V. POSADERO.

POSPARTO, s. m. V. POSTPARTO.

POSPELO (Á), V. Á CONTRAPELO. || met. Contra la propension ó inclinacion natural, con repugnancia. || V. Á CONTRAPELO.

POSPIERNA, s. f. En las caballerías la parte desde la corva al cuadril.

POSPONER, v. a. Poner ó colocar alguna cosa despues de otra. || met. Apreciar una cosa ménos que otra, darle inferior lugar en su juicio y estimacion.

POSPUESTO, p. p. irreg. de POSPONER.

POSTA, s. f. Los caballos prevenidos ó apostados en los caminos para que los correos y otras personas vayan con toda diligencia de una parte á otra. || Casa ó lugar adonde estan las postas. || Distancia que hay de una POSTA á otra.

POSTA, s. m. La persona que corre y va por la posta á alguna diligencia. || Tajada ó pedazo de carne, pescado ú otra cosa. || Bala pequeña de plomo algo mayor que los perdigones. || ant. *Mil.* La gente apostada || Soldado que está de centinela. || ant. *Mil.* Apostadero ó puesto militar. || ant. El puesto ó sitio donde se aposta algun centinela. || En los juegos de envite es la porcion de dinero que se envida. || *Germ.* Alguacil. || Á POSTA, fam. De propósito, con intencion. || Á SU POSTA, ant. Á su propósito, á su voluntad. || CORRER LA POSTA, Caminar con celeridad en caballos ó carruages prevenidos en los lugares á ciertas distancias. || HACER POSTA, ant. *Mil.* Estar de centinela. || POR LA POSTA, Corriendo la posta. || met. Explica la prisa, presteza ó velocidad con que se egecuta alguna cosa.

POSTADO, p. p. de ant. de POSTAR.

POSTAR, v. a. ant. V. APOSTAR.

* POSTCOMUNION, s. f. Oracion que dice el sacerdote despues de la misa.

POSTE, s. m. La columna ó pilar de piedra, madera ó metal que sirve para sostener algun edificio. || met. La mortificacion que en los colegios se da á los nuevos colegiales. || ant. V. PUNTAL. || ASISTIR AL POSTE, Ponerse el catedrático despues de bajarse de la cátedra á esperar por cierto tiempo si á los discípulos se les ofrece alguna dificultad para desatársela. || DAR POSTE, Detener á alguno, obligándole á que se aguarde mucho. || HACER LLEVAR POSTE, Hacer que uno espere en sitio determinado mas del tiempo regular ó en que habia convenido. || LLEVAR POSTE, Aguardar á uno que falta á la cita. || OLER EL POSTE, met. Prever el daño que puede suceder para evitarle.

POSTEAR, v. n. ant. V. CORRER LA POSTA.

POSTELERO, s. m. *Náut.* Cada una de las curvas de madera, que sujetan las mesas de guarnicion.

POSTEMA, s. f. Absceso ó tumor preternatural que contiene pus ó materia. || met. Persona pesada ó molesta. || NO HACÉRSELE Á UNO POSTEMA ALGUNA COSA, met. fam. Denota la facilidad con que alguno descubre á otros lo que sabe, y con especialidad cuando es cosa secreta. || Dícese del que con franqueza y sin dilacion manifiesta á otro las quejas ó sentimientos que tiene de él.

POSTEMACION, s. f. ant. V. APOSTEMA.

POSTEMERO, s. m. Instrumento de cirugía, como una lanceta grande, para abrir las postemas.

POSTERAMENTE, adv. ant. Posterior y últimamente, al fin.

POSTERGACION, s. f. Accion y efecto de postergar.

POSTERGADO, p. p. de POSTERGAR.

POSTERGAR, v. a. Hacer sufrir atraso, dejar atrasada alguna cosa.

POSTERIDAD, s. f. Descendencia ó generacion venidera.

POSTERIOR, RA, adj. Que fué ó viene despues, ó queda detras de otra cosa.

POSTERIORIDAD, s. f. El estado de una cosa en cuanto es posterior á otra.

POSTERIORMENTE, adv. de ord. Últimamente, despues.

POSTETA, s. f. *Impr.* Conjunto de pliegos de papel que los impresores meten unos dentro de otro.

POSTIELLA, s. f. ant. V. POSTILLA.

POSTIGO, s. m. La puerta falsa que ordinariamente está colocada en sitio escusado de la casa. || Puerta fabricada en una pieza sin tener division, ni mas que una hoja, la cual se asegura con llave. || Puerta chica practicada en otra mayor. || Cada una de las puertecillas que hay en las ventanas ó puertaventanas || Cualquiera de las puertas ménos principales de alguna ciudad ó villa.

POSTIGUILLO, s. m. d. de POSTIGO.

POSTILA, s. f. La nota ó adicion que se pone en la márgen de los libros para interpretacion ilustracion, ó suplemento.

POSTILACION, s. f. La accion de postilar.

POSTILADOR, s. m. El que apostilla.

POSTILAR, v. a. Poner notas breves á algun libro ó escrito.

POSTILLA, s. f. La costra que se cria en las llagas ó granos cuando se van secando.

POSTILLON, s. m. El mozo que va á caballo delante de los que corren la posta.

POSTILLOSO, SA, adj. Que tiene postillas.

POSTIZA, s. f. *Náut.* La obra muerta que se pone exteriormente á las galeras y galeotas desde su cubierta principal en ámbos costados. || V. CASTAÑUELA.

POSTIZO, ZA, adj. Que no es natural ni propio, sino agregado, imitado, fingido ó sobrepuesto.

POSTIZO, s. m. Entre peluqueros el añadido ó tegido de pelo que sirve para suplir la falta de este.

POSTLIMINIO, s. m. Ficcion del derecho romano, por la cual los que en la guerra quedaban hechos prisoneros de los enemigos, en restituyéndose á la ciudad se reintegraban en los derechos de ciudadanos.

POSTMERIDIANO, NA, adj. Que pertenece á la tarde, ó que es despues de medio dia.

POSTOR, s. m. V. PONEDOR.

POSTPARTO, s. m. El parto que se sigue á otro.

POSTRACION, s. f. Accion y efecto de postrar. || Abatimiento por enfermedad ó afliccion.

POSTRADO, p. p. de POSTRAR.

POSTRADOR, RA, s. m. y f. El que postra. || La tarima baja de madera que se pone al pié de la silla en el coro.

POSTRAR, v. a. Rendir, humillar ó derribar. || Enflaquecer, debilitar, quitar el vigor y fuerzas.

POSTRARSE, v. r. Hincarse de rodillas humillándose por tierra, ponerse á los pies de otro en señal de respeto, veneracion ó ruego.

POSTRE, adj. V. POSTRERO. || Á LA POSTRE, Á lo último, al fin.

POSTRE, s. m. La fruta, dulce y otras cosas que se sirven al fin de las comidas ó banquetes.

POSTREMAS (Á), ant. V. AL FIN ó ÚLTIMAMENTE.

POSTREMERO, RA, adj. ant. V. POSTRERO.

POSTREMO, MA, adj. V. POSTRERO ó ÚLTIMO.

POSTRER, adj. V. POSTRERO.

POSTRERAMENTE, adv. de ord. Últimamente, á la postre.

POSTRERO, RA, adj. Último en órden. || Que está, se queda ó viene detrás.

POSTRIMER, adj. ant. V. POSTRERO.

POSTRIMERAMENTE, adv. Última y finalmente, á la postre.

POSTRIMERÍA, s. f. V. NOVÍSIMO. || El último periodo ó últimos años de la vida.

POSTRIMERO, RA, adj. V. POSTRERO ó ÚLTIMO.

POSTULACION, s. f. Nombramiento de prelado de alguna iglesia hecho por el cabildo en sugeto que necesita de dispensacion. || ant. Peticion, instancia ó súplica.

POSTULADO, p. p. de POSTULAR.

POSTULADO, s. m. Principio tan claro y evidente, que no necesita de prueba ni demostracion, y pide concederse al principio para que no haya despues tropiezo en las demostraciones.

POSTULADOR, s. m. El capitular que da su voto para prelado ó sugeto que no puede ser nombrado por via de eleccion. || El que por comision legítima solicita en la curia romana la beatificacion y canonizacion de alguna persona.

POSTULAR, v. a. Pedir para prelado de alguna iglesia sugeto que segun derecho no puede ser elegido

PÓSTUMO, MA, adj. Que sale á luz despues de la muerte de su autor.

POSTURA, s. f. La planta, accion figura, situacion ó modo en que está puesta alguna persona ó cosa. || Accion de poner ó plantar árboles tiernos ó plantas. || El precio que por la justicia se pone á las cosas comestibles. || El precio que el comprador pone á alguna cosa que se vende ó arrienda. || El pacto ó concierto, ajuste, convenio. || La porcion ó cantidad que se suele apostar entre dos sobre si alguna cosa será o no será. || ant. V. ADORNO. || El huevo del ave. || La planta ó arbolillo tierno que se trasplanta. || Á POSTURA DE REGIDOR, Explica en los abastos públicos que el precio de los géneros ha de ser el que determinare la justicia con arreglo al que sucesivamente fueren tomando los géneros. || PLANTAR DE POSTURA, Plantar poniendo árboles tiernos.

POSTURICA, LLA, TA, s. f. d. de POSTURA.

POTABLE, adj. Que se puede beber.

POTADO, s. m. *Germ.* Borracho.

POTADOR, s. m. El que pota.

POTAGE, s. m. El caldo de la olla, ú otro guisado líquido. || Las legumbres guisadas para el mantenimiento en los dias de abstinencia. || Legumbres secas. || La bebida ó brebage en que entran muchos ingredientes. || met. El conjunto de varias cosas inútiles mezcladas y confusas.

POTAGERÍA, s. f. Conjunto ó agregado de legumbres secas de que se hacen potages. || Oficina en que se guardan y distribuyen las semillas ó potages.

POTAGIER, s. m. El gefe de la potagería de las casas reales.

POTALA, s. f. Piedra que atada á la extremidad de un barco sirve para hacer fondear los botes ó embarcaciones menores.

POTAR, v. a. Igualar y marcar los pesos y medidas. || *Germ.* Beber.

POTASA, s. f. *Quim.* El álcali vegetal que se saca calcinando las rasuras de vino con el nombre de sal de tártaro, y de las cenizas de la mayor parte de los vegetables.

POTE, s. m. Cierta especie de vaso de barro alto, de que se suele usar para beber ó guardar los licores. || El tiesto en que se plantan y tienen las flores y yerbas olorosas hecho en figura de jarra. || La medida ó pesa por la cual se arreglan otras. || *Gal.* y *Ast.* Comida equivalente á la olla de Castilla. || Á POTE, fam. Abundantemente.

POTECILLO, s. m. d. de POTE.

POTENCIA, s. La facultad para egecutar alguna cosa ó producir algun efecto. || Imperio, dominacion. || POSIBIDAD por la facultad de existir. || La virtud generativa. || El poder y fuerza de algun estado. || Cualquiera de las tres facultades del alma que son entendimiento, voluntad y memoria. || Cualquier gobierno, reino, república ó estado soberano. || POTENCIA DE DOS LÍNEAS UNIDAMENTE, *Geom.* Es el paralelógramo rectángulo que se forma ó puede formar con dichas líneas. || POTENCIA DE UNA LÍNEA, *Geom.* El cuadrado que se forma ó puede formar sobre ella. || POTENCIA DE UNA PIEZA DE ARTILLERÍA, El trecho que anda la bala por el aire formando línea sensiblemente recta. || POTENCIA MOTRIZ, *Maq.* El cuerpo que puede mover á otro. || POTENCIAS, pl. Llámanse así nueve rayos de luz, que de tres en tres forman una especie de corona en las imágenes del Niño Jesus. || EN POTENCIA, *Fil.* V. POTENCIALMENTE. || LO ÚLTIMO DE POTENCIA, Todo el esfuerzo de que uno es capaz.

POTENCIAL, adj. Que tiene ó encierra en sí potencia ó que pertenece á ella. || Se aplica á las cosas que tienen la virtud ó eficacia de otras, y equivalen á ellas.

POTENCIALIDAD, s. f. La mera capacidad de la potencia independiente del acto. || Equivalencia de una cosa en la virtud ó eficacia de otra.

POTENCIALMENTE, adv. Equivalente ó virtualmente. || *Fil.* En un estado de capacidad, aptitud ó disposicion para alguna cosa.

POTENTADO, s. m. El príncipe ó soberano que tiene dominio absoluto en alguna provincia ó estado; pero toma investidura de otro príncipe superior.

POTENTE, adj. Que tiene poder, eficacia ó virtud. || Poderoso. || Capaz de engendrar. || fam. Grande, abultado, de tamaño irregular ó desmesurado.

POTENTEMENTE, adv. Poderosamente, con eficacia y vigor.

POTENTÍSIMAMENTE, adv. sup. de POTENTEMENTE.

POTENTÍSIMO, MA, adj. sup. de POTENTE.

POTENZA, s. f. *Blas.* Palo que puesto horizontalmente sobre otro forma con él la figura de una T.

POTENZADO, DA, adj. *Blas.* Se aplica á las piezas terminadas en una T.

POTERNA, s. f. *Fort.* En las plazas fortificadas puerta menor que cualquiera de las principales, y mayor que un portillo.

POTERO, s. m. V. POTADOR.

POTESTAD, s. f. El dominio, poder, jurisdiccion ó facultad. || En algunos pueblos de Italia el corregidor, juez ó gobernador. || V. POTENTADO. || *Mat.* Cualquier producto de los que salen de la multiplicacion contínua de un número por sí mismo, y el tal número se llama raiz. || POTESTADES, pl. Los espíritus celestes del sexto coro y tercero de la gerarquía media. || POTESTAD RACIONAL, La que tiene raiz justa, que se puede expresar con números, como nueve, cuya raiz quebrada justa es tres. || POTESTAD SORDA Ó IRRACIONAL, Aquella cuya raiz no se puede expresar con números algunos.

POTESTATIVO, VA, adj. for. Que está en la facultad ó potestad de alguno.

POTÍSIMO, MA, adj. Especialísimo ó principalísimo.

POTISTA, s. com. fam. El bebedor de vino.

POTRA, s. f. fam. V. HERNIA. || V. POTRO. || CANTARLE Á UNO LA POTRA, met. y fam. Sentir los quebrados algun dolor en la parte lastimada.

POTRANCA, s. f. La yegua que no pasa de tres años.

POTRERA, adj. Se aplica á una cabezada de cáñamo que se pone á los potros.

POTRERO, s. m. fam. V. HERNISTA. || El que cuida de los potros cuando estan en la dehesa.

POTRICO, s. m. d. de POTRO.

POTRIL, adj. y s. Se aplica á la dehesa en que se crian los potros despues de separados de las madres.

POTRILLA, s. f. Apodo que se da á los viejos que ostentan verdor y mocedad.

POTRILLO, TO, s. m. d. de POTRO.

POTRO, TRA, s. m. y f. El caballo ó yegua desde que nacen hasta que mudan los dientes mamones ó de leche. || Cierta máquina sobre la cual atormentan á los delincuentes. || Máquina de madera para sujetar los caballos cuando no se quieren dejar herrar ó curar. || Entre colmeneros llman así el hoyo que abren en tierra para partir los peones. || fam. V. INCORDIO. || met. Todo aquello que molesta y desazona gravemente. || El orinal de barro. || POTRO DE PRIMER BOCADO, El caballo desde que muda los cuatro dientes llamados palas hasta que muda los cuatro dientes incisivos inmediatos á las palas. || POTRO DE SEGUNDO BOCADO, El caballo desde que muda los cuatro dientes incisivos inmediatos á las palas, hasta que muda los otros cuatro dientes incisivos inmediatos á los colmillos. || MANDA POTROS Y DA POCOS, fam. Moteja al que es largo en prometer y corto en cumplir lo prometido.

POTROSO, SA, fam. V. HERNIOSO. || Dichoso y afortunado.

POYA, s. f. El derecho que se paga en pan en el horno comun.

POYAL, s. m. El paño alistado con que en las aldeas y lugares cortos cubren los poyos. || V. POYO.

POYATA, s. f. El basar ó anaquel que sirve para poner vasos y otras cosas.

POYATILLA, s. f. d. de POYATA.

POYO, s. m. El banco arrimado á las paredes, junto á las puertas de las casas, en los zaguanes y otras partes. || El derecho que se da á los jueces cuando estan despachando.

POZA, s. m. La charca ó concavidad en que hay agua detenida. || Balsa ó alberca para empozar y macerar el cáñamo. || LAMER LA POZA, met. y fam. Ir poco á poco sacando y chupando el dinero á alguno con arte y simulacion.

POZAL, s. m. El cubo ó zaque con que se seca el agua del pozo. || El brocal del pozo. || La tinaja ó visija empotrada en tierra para recoger algun licor.

POZANCO, s. m. La poza que queda en las orillas de los rios al retirarse las aguas marginales.

POZO, s. m. Hoyo redondo en la tierra con un manantial de agua. || Parage donde los rios tienen mayor profundidad. || En el juego de la cascarela y otros es cierto número de pollas que se va separando para que no exceda de ello lo que se juega en una mano, y se van jugando uno á uno hasta apurarlos. || En el juego de la oca la casa de la cual no sale el jugador que cayó en ella hasta que entra en ella otro || met. Cualquiera cosa llena, profunda ó completa en su línea. || POZO DE NIEVE, Especie de pozo seco, muy ancho y capaz, donde se guarda y conserva la nieve para el verano.

POZUELA, s. f. d. de POZA.

POZUELO, s. m. d. de POZO. || V. POZAL, 3ª A.

PRA

PRÁCTICA, s. f. El egercicio ó actual egecucion conforme á las reglas de algun arte ó facultad. || El uso continuado, costumbre ó estilo de alguna cosa. || El modo ó método que particularmente observa alguno en sus operaciones. || El egercicio que bajo la direccion de un maestro y por cierto número de años tienen que hacer algunos profesores para habilitarse.

PRACTICABLE, adj. Que se puede practicar ó poner en práctica.

PRACTICADO, p. p. de PRACTICAR.

PRACTICADOR, RA, s. m. y f. El que practica.

PRÁCTICAMENTE, adv. Con uso y egercicio de alguna cosa, experimentadamente.

PRACTICANTE, p. a. de PRACTICAR. Que practica.

PRACTICANTE, s. m. El que por cierto número de años egerce la cirugía y medicina bajo la direccion de algun maestro aprobado. || El que en los hospitales cuida de la asistencia de los enfermos.

PRACTICAR, v. a. Egercitar, poner en práctica alguna cosa que se ha aprendido. || Usar ó egercitar continuadamente alguna cosa. || Egercer algunos profesores la práctica bajo la direccion de un maestro por determinado número de años.

PRÁCTICO, CA, adj. Que pertenece á la práctica. || Experimentado, versado y diestro en alguna cosa.

PRÁCTICO, s. m. V. PILOTO PRÁCTICO.

PRACTICON, NA, adj. aum. Mas diestro que docto en alguna facultad.

PRADAL, s. m. ant. V. PRADO.

PRADECILLO, s. m. d. de PRADO.

PRADEÑO, NA, adj. Que pertenece al prado.

PRADERA, s. f. V. PRADERÍA.

PRADERÍA, s. f. El campo ó tierra en que hay muchos prados para pasto del ganado. || Pedazo de prado muy fértil que se puede segar en el mismo prado que se pasta ó enmontaña.

PRADEROSO, SA, adj. Perteneciente á prado.

PRADICO, ILLO, ITO, s. m. d. de PRADO.

PRADO, s. m. Pedazo de tierra llana é inculta en que se deja crecer la yerba para pasto de los ganados. || Sitio ameno adornado de árboles cerca de las ciudades, para diversion y paseo. || PRADO DE GUADAÑA, El que se siega anualmente.

PRAGMÁTICA, s. f. Ley que procede de competente autoridad.

PRAGMÁTICO, adj. y for. Se aplica al autor jurista que interpreta ó glosa las leyes nacionales.

PRASIO, s. m. Fósil duro, medio trasparente y medio opaco, tenido por la matriz de las esmeraldas.

PRASMA, s. m. Variedad de la calcedonia.

PRÁTICA, s. f. ant. V. PRÁCTICA.

PRAVEDAD, s. f. Iniquidad, perversidad, corrupcion de costumbres.

PRAVO, VA, adj. Perverso, malvado y de dañadas costumbres.

PRÁXIS, s. f. V. PRÁCTICA.

PRE, s. m. El socorro diario que se da á los soldados.

PRE, Prep. latina que tiene uso en castellano para la composicion de varios nombres y verbos. || PRE MANIBUS, adv. lat. Á la mano ó entre las manos.

PREA, s. f. ant. V. PRESA.

PREADO, p. p. de PREAR.

PREÁMBULO, s. m. El exordio ó prefacion que precede á alguna narracion, peticion, discurso, etc. || fam. Rodeo ó digresion impertinente en el discurso para evadir la dificultad.

PREAR, v. a. ant. Apresar, saquear, robar.

PREBENDA, s. f. Renta eclesiástica anexa á un canonicato, etc. || Cualquier beneficio eclesiástico. || Dote que piadosamente se da por alguna fundacion á una muger para tomar estado, ó á los estudiantes para seguir los estudios. || met, y fam. Oficio, empleo ó ministerio lucrativo y poco trabajoso. || PREBENDA DE OFICIO, Cualquiera de las cuatro canongías doctoral, magistral, lectoral y penitenciaría.

PREBENDADO, p. p. de PREBENDAR.

PREBENDADO, s. m. El dignidad, canónigo ó racionero de las iglesias catedrales y colegiales.

PREBENDAR, v. a. Conferir prebenda á alguno.

PREBESTAD, s. f. V. PREBOSTAZGO.

PREBESTADGO, s. m. V. PREBOSTAZGO.

PREBOSTAZGO, s. m. Oficio de proboste.

PREBOSTE, s. m. El sugeto que es cabeza y preside ó gobierna alguna comunidad. || PREBOSTE Ó CAPITAN PREBOSTE, *Mil.* Oficial que en tiempo de guerra se nombra para que vele sobre todo lo perteneciente á la buena policía del egército.

PRECACION, s. f. ant. V. DEPRECACION.

PRECARIAMENTE, adv. for. De un modo precario.

PRECARIO, RIA, adj. for. Que solo se posee como en préstamo y á voluntad de su dueño.

PRECAUCION, s. f. Reserva, cautela para evitar ó precaver los inconvenientes, embarazos ó daños que pueden sobrevenir.

PRECAUCIONADO, p. p. de PRE-

CAUCIONARSE. || PRECAUCIONADO, DA, adj. Precavido, cauto, prevenido.

PRECAUCIONARSE, v. r. Precaverse, prevenirse, guardarse, cautelarse.

PRECAUTELADO, p. p. de PRECAUTELAR.

PRECAUTELAR, v. a. Prevenir y poner los medios necesarios para evitar ó impedir algun riesgo ó peligro.

PRECAVER, v. a. Prevenir algun riesgo, daño ó peligro para guardarse de él y evitarle.

PRECAVIDO, p. p. de PRECAVER.

PRECEDENCIA, s. f. Anterioridad, prioridad de tiempo, anteposicion, antelacion en el órden de la colocacion. || Preeminencia ó preferencia. || Primacía, superioridad, mayoría, supereminencia de dignidad.

PRECEDENTE, p. a. de PRECEDER, Que precede ó es anterior y primero.

PRECEDER, v. a. Ir delante ó anteceder en tiempo, órden ó lugar una cosa á otra. || Anteceder ó estar antepuesta alguna cosa. || met. Tener alguna persona ó cosa sobre otra la preferencia, primacía, superioridad ó supereminencia.

PRECEDIDO, p. p. de PRECEDER.

PRECELENTE, adj. ant. Muy excelente.

PRECELENTÍSIMO, MA, adj. sup. ant. de PRECELENTE.

PRECEPCION, s. f. ant. Precepto, instruccion ó documento.

PRECEPTISTA, adj. y s. m. Persona que da ó enseña preceptos y reglas.

PRECEPTIVAMENTE, adv. De un modo preceptivo.

PRECEPTIVO, VA, adj. Que incluye ó encierra en sí preceptos.

PRECEPTO, s. m. Mandato ú órden que el superior intima ó hace observar al inferior ó súbdito. || Instruccion, documento ó regla que se establece para el conocimiento ó manejo de algun arte ó facultad. || Cada uno de los diez del decálogo. || PRECEPTO AFIRMATIVO. El que no obliga en todo tiempo. || PRECEPTO FORMAL DE OBEDIENCIA, El que en las religiones usan los superiores para estrechar á la obediencia en alguna cosa á los súbditos. || PRECEPTO NEGATIVO, El que obliga siempre y en todo tiempo, por ser prohibicion de cosa que nunca es lícito hacerla. || CUMPLIR CON EL PRECEPTO, V. CUMPLIR CON LA PARROQUIA.

PRECEPTOR, s. m. El maestro, el que enseña.

PRECES, s. f. pl. Orationes para pedir á Dios el socorro en las necesidades públicas ó particulares. || ant. RUEGOS ó súplicas.

PRECESION, s. f. Ret. V. RETICENCIA.

PRECIADITO, TA, adj. d. de PRECIADO.

PRECIADO, p. p. de PRECIAR. || PRECIADO, DA, adj. Precioso, excelente y de mucha estimacion. || Jactancioso, vano.

PRECIADOR, RA, s. m. y f. V. APRECIADOR.

PRECIAR, v. a. V. APRECIAR.

PRECIARSE, v. r. Gloriarse, jactarse y hacer vanidad.

PRECINTA, s. f. Pequeña tira, por lo regular de cuero, que se pone en los cajones á sus esquinas para asegurarlos que no se abran por ellas ó desclaven.

PRECINTADO, p. p. de PRECINTAR.

PRECINTAR, v. a. Asegurar y fortificar con precintas. || Cruzar por lo ancho y largo con unas cintas de hiladillo los cajones de géneros de comercio, para que con esta marca no sean registrados sino solo en la aduana del pueblo adonde se dirigen.

PRECIO, s. m. El valor pecuniario en que se estima alguna cosa. || El premio ó prez que se ganaba en las justas. || met. Estimacion, importancia ó crédito. || ABRIR PRECIO, Hacer el primer egemplar de precio en la venta de géneros. || ALZAR EL PRECIO Ó VALOR DE ALGUNA COSA, met. AUMENTARLE Ó SUBIRLE. || CORRER LAS COSAS Á TAL PRECIO, Tener tal estimacion ó valor. || PONER PRECIO, Apreciar, señalar el valor ó tasa que se ha de dar ó llevar por alguna cosa. || PONER Á PRECIO, V. PONER TALLA. || PONER EN PRECIO, Ajustar, concertar el valor que se ha de dar ó llevar. || ROMPER PRECIO, V. ABRIR PRECIO. || TENER EN PRECIO, Estimar, apreciar alguna cosa.

PRECIOSA, s. f. La distribucion que se da á los prebendados por asistir á la conmemoracion que se dice por el alma de algun bienhechor.

PRECIOSAMENTE, adv. Ricamente, con precio y estimacion.

PRECIOSIDAD, s. f. La calidad que constituye una cosa en el grado de preciosa.

PRECIOSÍSIMAMENTE, adv. sup. de PRECIOSAMENTE

PRECIOSÍSIMO, MA, adj. sup. d PRECIOSO.

PRECIOSO, SA, adj. Excelente, exquisito y digno de estimacion y aprecio. || Chistoso, festivo, decidor, agudo.

PRECIPICIO, s. m. El despeñadero ó derrumbadero. || Despeño ó caida precipitada y violenta. || met. Ruina temporal ó espiritual.

PRECIPITACION, s. f. p. u. La accion de despeñar ó precipitar á uno. || Inconsideracion, inadvertencia ó demasiada prisa con que se egecuta alguna cosa. || *Quim.* La caida de las particulas mas gruesas de algun metal, etc., al fondo de la vasija.

PRECIPITADAMENTE, adv. Arrebatadamente, sin consideracion ni prudencia.

PRECIPITADERO, s. m. V. PRECIPICIO.

PRECIPITADÍSIMAMENTE, adv. sup. de PRECIPITADAMENTE.

PRECIPITADÍSIMO, MA, adj. sup. DE PRECIPITADO,

PRECIPITADO, p. p. de PRECIPITAR. || PRECIPITADO, DA, adj. Atropellado, atronado, alocado, inconsiderado.

PRECIPITADO, s. m. Cualquiera cosa que se precipita al fondo de una vasija por medio de alguna operacion química. || PRECIPITADO BLANCO, *Farm.* El mercurio que disuelto por el ácido nítrico se combina con el muriático por medio de una disolucion acuosa de sal. || PRECIPITADO ROJO, *Farm.* El mercurio que disuelto en el ácido nítrico se combina con su óxido, y evaporada la disolucion y calcinada hasta cierto punto adquiere color anaranjado.

PRECIPITANTE, p. a. de PRECIPITAR, Que precipita.

PRECIPITANTE, s. m. *Quim.* Cualquiera de los agentes que obran la precipitacion.

PRECIPITAR, v. a. Despeñar, arrojar ó derribar á uno de algun lugar alto. || *Quim.* Separar el mixto disuelto y hacerle caer en polvos debajo de su disolvente. || met. Exponer á uno á alguna ruina espiritual ó temporal.

PRECIPITARSE, v. r. Arrojarse inconsideradamente y sin prudencia á egecutar ó decir alguna cosa.

PRECÍPITE, adj. Puesto en peligro ó riesgo de caer ó precipitarse.

PRECIPITOSAMENTE, adv. V. PRECIPITADAMENTE.

PRECIPITOSO, SA, adj. Pendiente, resbaladizo y arriesgado para despeñarse ó precipitarse. || met. Arrojado y que egecuta las cosas sin reparo ni consideracion.

PRECIPUAMENTE, adv. Principalmente.

PRECIPUO, UA, adj. Señalado ó principal

PRECISADO, p. p. de PRECISAR.

PRECISAMENTE, adv. Justa y determinadamente, con precision. || Necesaria, forzosa, ó indispensablemente.

PRECISAR, v. a. Obligar, forzar determinadamente y sin excusa á egecutar alguna cosa.

PRECISION, s. f. La obligacion ó necesidad indispensable que fuerza y precisa á egecutar alguna cosa. || Determinacion, exactitud, puntualidad, concision, igualdad. || La exactitud concisa en el discurso. || *Lóg.* La abstraccion ó separacion mental que hace el entendimiento de dos cosas realmente identificadas.

PRECISIVO, VA, adj. Que prescinde.

PRECISO, SA, adj. Necesario, indispensable. || Puntual, fijo, exacto, cierto, determinado. || Distinto, claro y formal. || Separado, apartado ó cortado. || *Lóg.* Abstraido ó separado por el entendimiento.

PRECITO, TA, adj. y s. V. RÉPROBO.

PRECLARAMENTE, adv. Con mucho esclarecimiento.

PRECLARÍSIMO, MA, adj. sup. de PRECLARO.

PRECLARO, RA, adj. Esclarecido, ilustre, famoso.

PRECOCIDAD, s. f. Adelantamiento ó anticipacion de los frutos de la tierra, y de otras cosas.

PRECOGNICION, s. f. Conocimiento anterior.

PRECONIZACION, s. f. Relacion que se hace de las prendas ó méritos que concurren en algun sugeto, en el consistorio romano cuando se publica la eleccion de alguna persona.

PRECONIZADO, p. p. de PRECONIZAR.

PRECONIZADOR, s. m. V. PANEGIRISTA.

PRECONIZAR, v. a. Hacer relacion en el consistorio romano de las prendas y méritos de algun sugeto que está nombrado por un soberano para alguna prelacía ú obispado.

PRECONOCEDOR, RA, s. m. y f. Próvido, prevenido, el que anticipadamente conjetura y conoce el fin que ha de tener alguna cosa.

PRECONOCER, v. a. Prever, conjeturar, conocer anticipadamente alguna cosa.

PRECOZ, adj. Temprano, prematuro. || met. Anticipado, adelantado.

PRECURSOR, RA, adj. Que precede ó va delante de otro.

PREDECESOR, RA, s. m. y f. El antecesor, el que ha precedido á otro en alguna cosa.

PREDECIR, v. a. Adivinar, pronosticar, anunciar, decir con anticipacion, ó ántes que suceda alguna cosa.

PREDEFINICION, s. f. *Teol.* El decreto ó determinacion de Dios para la existencia de las cosas en un tiempo señalado.

PREDEFINIDO, p. p. de PREDEFINIR.

PREDEFINIR, v. a. Determinar el tiempo en que han de existir las cosas. || V. PREFINIR.

PREDESTINACION, s. f. La destinacion anterior de alguna cosa. || La ordenacion de la voluntad divina con que ab eterno tiene elegidos los que por medio de su gracia han de lograr la gloria.

PREDESTINADO, p. p. de PREDESTINAR.

PREDESTINANTE, p. a. de PREDESTINAR, Que predestina.

PREDESTINAR, v. a. Destinar anticipadamente. || Destinar y elegir Dios ab eterno á los que por medio de su gracia han de lograr la gloria.

PREDETERMINACION, s. f. La determinacion anterior de alguna cosa.

PREDETERMINADO, p. p. de PREDETERMINAR.

PREDETERMINAR, v. a. Determinar ó resolver con anticipacion alguna cosa.

PREDIAL, adj. Que toca ó pertenece á predio.

PREDICA, s. f. La plática ó sermon que hacen los sectarios á sus pueblos.

PREDICABLE, adj. Digno de ser predicado y alabado. || *Lóg.* Dícese de una de las clases á que se reducen todas las cosas que se pueden decir ó predicar del sugeto.

PREDICACION, s. f. Accion de predicar. || La misma doctrina que se predica, ó la enseñanza que se da con ella.

PREDICADERA, s. f. *Ar.* El púlpito. || PREDICADERAS, pl. El estilo, modo ó habilidad de predicar.

PREDICADO, p. p. de PREDICAR.

PREDICADO, s. m. *Lóg.* Atributo de una proposicion, lo que se afirma ó niega del sugeto en ella.

PREDICADOR, RA, s. m. y f. El que públicamente anuncia alguna verdad, reprende y procura desterrar algun vicio ó falta, ú otra cosa. || El que elogia ó alaba á alguno privadamente. || Orador evangélico que predica ó declara la palabra de Dios.

PREDICAMENTAL, adj. *Filos.* Que pertenece al predicamento, ó á alguna cosa que es raiz de otra.

PREDICAMENTO, s. m. Una de las clases ó categorías á que se reducen todas las cosas y entidades físicas. || La dignidad, opinion, lugar ó grado de estimacion en que se halla alguno, y que ha merecido por sus obras.

PREDICANTE, s. m. El ministro que enseña alguna secta ó heregía.

PREDICAR, v. a. Publicar, hacer patente y clara alguna cosa. || Declarar el ministro evangélico la palabra de Dios, explicar su santo evangelio reprendiendo los vicios y exhortando á la virtud. || met. Reprender agriamente á uno de algun vicio ó defecto. || Alabar con exceso.

PREDICARSE, v. r. *Lóg.* Decirse, afirmarse ó negarse en la enunciacion una cosa de otra. || SUBIRSE Á PREDICAR, fam. Se dice del buen vino, porque se sube á la cabeza fácilmente.

PREDICATORIO, s. m. ant. V. PÚLPITO.

PREDICCION, s. f. Pronóstico, anuncio anticipado de alguna cosa.

PREDICHO, p. p. irreg. de PREDECIR.

PREDILECCION, s. f. La preferencia de una persona á otra por especial amor ó cariño.

PREDILECTO, TA, adj. Preferido por amor ó afecto especial.

PREDIO, s. m. Heredad, hacienda, tierra, ó posesion inmoble. || PREDIO RÚSTICO, La parte de tierra vacía que se cultiva ó beneficia de algun modo. || PREDIO URBANO, Sitio en que hay edificio para habitar, ya sea en el poblado ó ya en el campo.

PREDOMINACION, s. f. V. PREDOMINIO.

PREDOMINADO, p. p. de PREDOMINAR.

PREDOMINANTE, p. a. de PREDOMINAR, Que predomina.

PREDOMINAR, v. a. Dominar, prevalecer, tener mayor fuerza, poder y dominio sobre alguna cosa. || met. Exceder mucho en la altura una cosa respecto de otra. || Tener alguno de los humores del cuerpo del animal mayor fuerza ó actividad que los otros.

PREDOMINIO, s. m. El imperio, poder, superioridad, influjo, ó fuerza dominante sobre alguna persona ó cosa. ‖ *Med.* La fuerza ó calidad superior que tiene alguno de los humores sobre los otros.

PREEMINENCIA, s. f. El privilegio, exencion, ventaja ó preferencia que se concede á uno respecto de otro.

PREEMINENTE, adj. Sublime, superior, honorífico, y que está mas elevado que otro.

PREESTABLECER, v. a. Establecer de antemano, de prevencion.

PREEXCELSO, SA, adj. Sumamente ilustre, grande y excelso.

PREEXISTENCIA, s. f. *Filos.* La existencia anterior con alguna de las prioridades de naturaleza ú origen.

PREEXISTENTE, p. a. de PREEXISTIR, Que existe ántes con alguna de las propiedades filosóficas.

PREEXISTIR, v. n. *Filos.* Existir ántes ó realmente, ó con antelacion de naturaleza ú origen.

PREFACIO, s. m. Le parte de la misa que precede inmediatamente al canon. ‖ V. PRÓLOGO.

PREFACION, s. f. V. PRÓLOGO.

PREFACIONCILLA, s. f. d. de PREFACION.

PREFECTO, s. m. Dignidad muy preeminente. ‖ El ministro que preside y manda en algun tribunal, junta ó comunidad eclesiástica. ‖ Sugeto á cuyo cargo está el hacer cumplir y cuidar de algun ministerio ó cargo. ‖ PREFECTO, ó PREFECTO PRETORIO Ó DEL PRETORIO, Magistrado que desde el tiempo de Constantino se destinaba para gobernar cualquiera de las cuatro provincias en que se dividió el imperio romano. ‖ PREFECTO DEL PRETORIO, El comandante de la guardia pretoriana de los emperadores romanos.

PREFECTURA, s. f. Dignidad de prefecto.

PREFERENCIA, s. f. Primacía, ventaja ó mayoría que alguna pérsona ó cosa tiene sobre otra.

PREFERENTE, p. a. de PREFERIR, Que prefiere.

PREFERIBLE, adj. Digno de preferirse ó anteponerse.

PREFERIDO, p. p. de PREFERIR.

PREFERIR, v. a. Anteponer.

PREFIGURACION, s. f. Representacion anticipada de alguna cosa.

PREFIGURADO, p. p. de PREFIGURAR.

PREFIGURAR, v. a. Representar anticipadamente la forma ó figura de alguna cosa.

PREFIJADO, p. p. de PREFIJAR.

PREFIJAR, v. a. Determinar, señalar ó fijar anticipadamente alguna cosa.

PREFIJO, p. p. seg. irreg. de PREFIJAR.

PREFINICION, s. f. Accion de prefinir ó fijar término á alguna cosa.

PREFINIDO, p. p. de PREFINIR.

PREFINIR, v. a. Señalar ó determinar el término ó tiempo para egecutar alguna cosa.

PREFULGENTE, adj. Muy resplandeciente y lucido.

PREGON, s. m. Promulgacion ó publicacion que en voz alta se hace en los lugares ó sitios públicos. ‖ ant. La alabanza que se hace en público de alguna persona ó cosa. ‖ TRAS CADA PREGON AZOTE, fest. Zahiere al que tras cada bocado quiere beber.

PREGONADO, p. p. de PREGONAR.

• **PREGONADOR, RA**, s. El que pregona por las calles géneros y comestibles.

PREGONAR, v. a. Publicar, hacer notoria en voz alta alguna cosa. ‖ Publicar á voces la mercancía ó género comestible que alguno lleva para vender, para que la tomen y compren. ‖ met. Publicar lo que estaba oculto, ó hablar y descubrir lo que debia callarse. ‖ met. Decir bien de alguno en público, alabar sus buenas prendas. ‖ ant. V. PROSCRIBIR.

• **PREGONEO**, s. m. Modo de pregonar que tienen los ciegos, buhoneros, y verduleras por las calles.

PREGONERÍA, s. f. Oficio ó egercicio del pregonero. ‖ Cierto derecho ó tributo.

PREGONERO, RA, adj. y s. Que publica ó divulga alguna cosa que se ignoraba.

PREGONERO, s. m. El oficial público, que en alta voz da los pregones. ‖ PREGONERO DE RENTAS, En las iglesias catedrales el sugeto que se nombra para publicar en alta voz la postura y pujas que se hacen en arrendamientos. ‖ PREGONERO MAYOR, Dignidad ó empleo muy honorífico, que tiene la prerogativa de que se le contribuya por los arrendadores con medio maravedí al millar de precio en que se rematan todas las rentas del reino.

PREGUNTA, s. f. Interrogacion que se hace para que uno responda lo que sabe. || ABSOLVER LAS PREGUNTAS Ó POSICIONES DE ALGUN INTERROGATORIO, for. Responder á ellas ó declarar á su tenor bajo de juramento. || ANDAR, ESTAR Ó QUEDAR Á LA CUARTA PREGUNTA, Da á entender que alguno está escaso de dinero ó no tiene ninguno.

PREGUNTADO, p. p. de PREGUNTAR.

PREGUNTADOR, RA, s. m. y f. El que pregunta. || El que es molesto é impertinente en preguntar.

PREGUNTANTE, p. a. de PREGUNTAR, Que pregunta.

PREGUNTAR, v. a. Demandar, interrogar ó hacer preguntas.

PREGUNTICA, LLA, TA, s. f. d. de PREGUNTA.

PREGUNTON, NA, adj. Preguntador molesto, ó el que pregunta mucho.

PREINSERTO, TA, adj. Que ántes está insertado.

PREJUDICIAL, adj. for. Que requiere ó pide decision anterior y previa á la sentencia en lo principal. || for. Se dice de la accion ó excepcion que ante todas cosas se debe examinar y definir.

PRELACÍA, s. f. La dignidad ú oficio de prelado.

PRELACION, s. f. La antelacion ó preferencia con que una cosa debe ser atendida en primer lugar respecto de otra con quien se compara.

PRELADA, s. f. Superiora de un convento de religiosas.

PRELADO, s. m. Superior eclesiástico constituido en alguna de las dignidades de la iglesia. || Superior de un convento ó comunidad eclesiática. || PRELADO CONSISTORIAL, El superior de canónigos ó monges que se provee por el consistorio del papa. || PRELADO DOMÉSTICO, El eclesiástico que es de la familia del papa.

PRELATURA, s. f. V. PRELACÍA.

PRELIMINAR, adj. Que sirve de preámbulo ó proemio.

PRELIMINAR, s. m. Cada uno de los artículos generales que sirven de fundamento para el ajuste y tratado de paz definitivo entre las potencias contratantes.

PRELIMINARMENTE, adv. Anticipadamente.

PRELUCIR, v. n. Lucir con anticipacion.

PRELUDIAR, v. n. *Mús.* Florear, hacer flores, probar, ensayar un instrumento á la voz, tocar ó cantar juguetes ántes de comenzar la pieza principal.

PRELUDIO, s. m. Lo que precede y sirve de entrada, preparacion ó principio á alguna cosa. || *Mús.* Tiento, floreo, arpegio, ántes de tocar ó cantar la pieza principal.

PRELUSION, s. f. Accion ó discurso que da señas ó muestras de lo que ha de ser la funcion principal.

PREMATURAMENTE, adv. Ántes de tiempo, fuera de sazon.

PREMATURO, RA, adj. Que no está en sazon. || for. Se aplica á la muger que no ha llegado á edad de admitir varon.

PREMEDITACION, s. f. Consideracion, meditacion juiciosa sobre alguna cosa ántes de egecutarla.

PREMEDITADO, p. p. de PREMEDITAR.

PREMEDITAR, v. a. Considerar, meditar juiciosamente sobre alguna cosa ántes de egecutarla.

PREMIA, s. f. ant. Apremio, fuerza, coaccion. || ant. Urgencia, necesidad, precision.

PREMIADO, p. p. de PREMIAR.

PREMIADOR, RA, s. m. y f. El que premia.

PREMIAR, v. a. Remunerar, galardonar con mercedes, privilegios, empleos, rentas, etc. || ant. V. APREMIAR.

PREMIATIVO, VA, adj. ant. Que premia ó sirve para premiar.

PREMIO, s. m. Recompensa, galardon ó remuneracion. || La alhaja que se da en los juegos de habilidad y destreza, ó en los certámenes literarios y poéticos al que se ha adelantado á los competidores. || Vuelta, demasía, la cantidad que se sobreañade en los cambios para igualar la estimacion ó la calidad de una cosa.

PREMIOSAMENTE, adv. Con apretura y dificultad, apretada y ajustadamente. || Por fuerza, con apremio ó coaccion.

PREMIOSO, SA, adj. Que está ajustado ó apretado, que dificultosamente se puede mover. || Gravoso, molesto. || ant. Que apremia ó estrecha.

PREMISA, s. f. *Lóg.* Cualquiera de las dos primeras proposiciones del silogismo. || met. Señal, indicio ó especie por donde se viene en conocimiento de alguna cosa ó se infiere esta.

PREMISO, SA, adj. PREVENIDO, presupuesto ó enviado con anticipacion. || for. Que precede.

PREMITIR, v. a. ant. V. ANTICIPAR.

PREMOCION, s. f. Mocion anterior, que inclina á algun efecto ú operacion.

PREMONSTRATENSE, adj. Se aplica á la religion de canónigos seglares, fundada por san Norberto, y de los individuos que la profesan.

PREMORIENCIA, s. f. ant. Muerte anterior á otra.

PREMORIR, v. n. for. Morir una persona ántes de otra.

PREMOSTRATENSE, adj. V. PREMONSTRATENSE.

PREMUERTO, p. p. irreg. de PREMORIR.

PREMURA, s. f. Aprieto, apuro, prisa, urgencia, instancia.

PRENDA, s. f. La alhaja que se da ó se toma para la seguridad de alguna deuda ó contrato, ó satisfaccion de algun daño. || Cualquiera alhaja de las que sirven en las casas. || Lo que se da ó hace en señal, prueba ó demostracion de alguna cosa. || met. Cualquiera cosa no material, que sirve de seguridad y firmeza para algun objeto. || Lo que se ama intensamente, como hijos, muger, amigos, etc. || Cada una de las buenas partes, cualidades ó perfecciones, así del cuerpo como del alma, con que la naturaleza adorna á algun sugeto. || PRENDA PRETORIA, for. La que se da al acreedor para la seguridad de su crédito. || ESTAR POR MAS LA PRENDA, met. Nota que la recompensa que hace uno para mostrar su agradecimiento, es inferior á los beneficios recibidos. || HACER PRENDA, Retener alguna alhaja para la seguridad de algun crédito. || met. Valerse de algun dicho ó hecho para reconvenir con él y obligar á la egecucion de lo que se ha ofrecido. || METER PRENDAS, met. Introducirse ó incluirse en algun negocio ó dependencia para tener parte en ella.

PRENDADISIMO, MA, adj. sup. de PRENDADO.

PRENDADO, p. p. de PRENDAR.

PRENDADOR, RA, s. m. El que prenda ó saca alguna prenda.

PRENDAMIENTO, s. m. La accion y efecto de prendar.

PRENDAR, v. a. Sacar una alhaja ó prenda para la seguridad de una deuda, ó para la satisfaccion de algun daño. || Ganar la voluntad y agrado de alguno.

PRENDARSE, v. r. Aficionarse, enamorarse, cobrar gusto á alguna cosa ó persona.

PRENDECILLA, s. f. d. de PRENDA.

PRENDEDERO, s. m. Cualquier instrumento que sirve para prender ó asir alguna cosa. || Instrumento con que las aldeanas prenden sus sayas cuando las enfaldan. || Pieza á modo de cinta hecha de alguna tela, con que se aseguraba el pelo.

PRENDEDOR, s. m. El que prende.

PRENDER, v. a. Asir, agarrar alguna cosa. || Asegurar alguna persona privándola de la libertad en la cárcel por delito cometido ú otra causa. || met. y fam. Detener á alguno para obsequiarle ó por otra cosa de su gusto. || ant. V. TOMAR, recibir.

PRENDER, v. n. Arraigar, prevalecer la planta en la tierra, echar raices, y establecerse en ella. || Empezar á egercitar su cualidad ó comunicar su virtud una cosa á otra. Dícese regularmente del fuego cuando se empieza á cebar en alguna materia dispuesta. || Egercer los brutos el acto de la generacion.

PRENDERSE, v. r. Adornarse, ataviarse y engalanarse las mugeres.

PRENDERÍA, s. f. La casa en que se ponen á vender las prendas ó alhajas.

PRENDERO, RA, s. m. y f. El sugeto que tiene casa de prendas.

PRENDIDO, p. p. de PRENDER.

PRENDIDO, s. m. El adorno de las mugeres, especialmente de la cabeza. || El patron ó dibujo picado que sirve de regla para hacer los encajes, y la parte del encaje hecha sobre lo que ocupa el dibujo.

PRENDIMIENTO, s. m. El acto de prender, prision, captura.

PRENESTINO, NA, adj. De Preneste.

PRENOCION, s. f. *Filos.* Anticipada nocion ó primer conocimiento de las cosas.

PRENOTADO, p. p. de PRENOTAR.

PRENOTAR, v. a. Notar con anticipacion.

PRENSA, s. f. Instrumento para apretar ó exprimir algunas cosas, para alisar y dar lustre á los tegidos, y para otros muchos usos. || En la imprenta máquina para estampar ó imprimir. || V. IMPRENTA. || DAR Á LA PRENSA, Publicar, imprimir alguna obra. || METER EN PRENSA, met. Apretar y estrechar á uno mucho para obligarle á egecutar alguna cosa. || SUDAR LA PRENSA, Imprimir mucho ó continuamente.

PRENSADO, p. p. de PRENSAR.

PRENSADO, s. m. El lustre, lisura ó labor que queda en los tegidos ó telas por haberse aprensado.

PRENSADOR, RA, s. m. El que prensa.

PRENSADURA, s. f. La accion de prensar ó aprensar.

PRENSAR, v. a. V. APRENSAR.

PRENSISTA, s. m. El oficial que en las imprentas trabaja en la prensa.

PRENUNCIADO, p. p. de PRENUNCIAR.

PRENUNCIAR, v. a. Anunciar, pronosticar lo que está por venir.

PRENUNCIO, s. m. El anuncio, pronóstico ó señal de alguna cosa futura.

PREÑADA, adj. Se dice de la muger ó hembra que ha concebido y tiene la criatura en el vientre.

PREÑADO, DA, adj. Se dice de la pared que está desplomada y forma una como barriga, por lo cual amenaza ruina. || met. Lleno ó cargado, como la nube de agua, el monte, etc. || met. Que incluye en sí alguna cosa que no se descubre.

PREÑADO, s. m. El estado de la hembra preñada. Tómase tambien por el tiempo que lo está.

PREÑEZ, s. f. V. PREÑADO, el estado, etc. || La conception ó accion y efecto de hacerse la muger embarazada. || met. El estado de una cosa que amenaza, ó de quien se espera algun suceso adverso ó favorable en que no acaba de prorumpir. || met. Confusion, dificultad, oscuridad incluida en alguna cosa.

PREOCUPACION, s. f. La anticipacion, ocupacion ó prevention en la adquisicion de alguna cosa. || Juicio ó la primera impresion que hace una cosa en el ánimo de alguno. || Ofuscacion del entendimiento causada por pasion, por error, por el modo de concebir, por la educacion, ó por el egemplo.

PREOCUPADAMENTE, adv. Con preocupacion.

PREOCUPADÍSIMAMENTE, adv. sup. de PREOCUPADAMENTE.

PREOCUPADÍSIMO, MA, adj. sup. de PREOCUPADO.

PREOCUPADO, p. p. de PREOCUPAR y PREOCUPARSE. || PREOCUPADO, DA, adj. Imbuido en alguna preocupacion.

PREOCUPAR, v. a. Ocupar ántes ó anticipadamente alguna cosa, ó prevenir á otro en la adquisicion de ella. || met. Prevenir con anticipacion el ánimo.

PREOCUPARSE, v. r. Estar prevenido ó encaprichado contra alguna persona, opinion ú otra causa.

PREORDINACION, s. f. *Teol.* Predeterminacion y disposicion de la voluntad de Dios, con que ab eterno determinó todas las cosas.

PREORDINADAMENTE, adv. *Teol.* Con preordinacion.

PREORDINADO, p. p. de PREORDINAR.

PREORDINAR, v. a. *Teol.* Determinar Dios, y disponer todas las cosas desde ab eterno.

PREPARACION, s. f. Accion y efecto de preparar ó disponer alguna cosa para que sirva en lo que se pretende.

PREPARADO, p. p. de PREPARAR.

PREPARAMIENTO, s. m. ant. V. PREPARACION.

PREPARAR, v. a. Prevenir, disponer y aparejar. || Prevenir á algun sugeto ó disponerle para alguna accion que se ha de seguir. || Templar la fuerza de las medicinas hasta reducirlas á aquel grado en que las necesitan para el efecto de la curacion.

PREPARARSE, v. r. Disponerse, prevenirse y aparejarse para egecutar alguna cosa con acierto y oportunidad.

PREPARATIVO, VA, adj. V. PREPARATORIO.

PREPARATIVO, s. m. La misma cosa dispuesta y preparada.

PREPARATORIAMENTE, adv. Con previa preparacion.

PREPARATORIO, RIA, adj. Que prepara y dispone.

PREPASADO, DA, adj. ant. V. ANTEPASADO.

PREPONDERANCIA, s. f. Exceso del peso ó el mayor peso de una cosa respecto de otra. || met. Superioridad de crédito, consideracion, autoridad, etc.

PREPONDERAR, v. n. Pesar mas una cosa respecto de otra. || met. Prevalecer ó hacer mas fuerza una opinion ú otra cosa que aquella con quien se compara.

PREPONER, v. a. Anteponer ó preferir una cosa á otra.

PREPOSICION, s. f. *Gram.* Parte indeclinable de la oracion que precede á la palabra á quien rige ó determina.

PREPOSITIVO, VA, adj. *Gram.* Antepuesto, que sirve para estar puesto ántes ó en el principio de una voz, etc.

PREPÓSITO, s. m. El primero y mas principal en alguna junta ó comunidad, que preside ó manda en ella.

PREPÓSITURA, s. f. La dignidad empleo ó cargo del propósito.

PREPOSTERACION, s. f. Trastorno ó inversion del órden que deben tener algunas cosas.

PREPOSTERADO, p. p. de PREPOSTERAR.

PREPÓSTERAMENTE, adv. Fuera de tiempo ú órden.

PREPOSTERAR, v. a. Trastrocar el órden de alguna cosa poniendo despues lo que debia estar ántes.

PREPÓSTERO, RA, adj. Trastrocado, hecho al reves ó fuera de tiempo.

PREPOTENCIA, s. f. Poder superior y aventajado, poder excesivo y demásiado.

PREPOTENTE, adj. Muy poderoso, y que tiene grande potencia ó demasiado y excesivo poder. || Que abusa de su poder con los inferiores.

PREPUCIO, s. m. El capillo ó pellejo que cubre la cabeza del miembro viril.

PREPUESTO, p. p. irreg. de PREPONER.

PREROGATIVA, s. f. El privilegio gracia ó exencion.

PRESA, s. f. Accion de prender ó tomar alguna cosa. || El pillage, botin ó robo que se hace y toma el enemigo en la guerra, así por tierra como por mar. || Conducto descubierto ó zanja por donde se conducen las aguas de los rios para regar y otros usos. || *Vol.* El ave á quien prende el halcon ú otra ave de rapiña. || *Vol.* La uña del halcon ú otra ave de rapiña. || Fábrica á modo de pared de piedra con que se ataja y detiene el rio, para encaminar el agua al molino, ó para sacarla fuera de la madre del rio. || La tajada, pedazo ó porcion pequeña de alguna cosa comestible. || Colmillo ó diente agudo y grande que tienen en ámbas quijadas algunos animales. || *Ar.* El puchero de enfermo. || PRESA DE CALDO, V. PISTO. || PRESA Y PINTA, Juego de naipes, V. PARAR. || CAER Á LA PRESA Ó AL SEÑUELO, met. y fam. Bajar el halcon á hacer presa en el ave que le ponen de muestra para adiestrarle en la caza. || HACER PRESA, met. Asir alguna cosa y asegurarla de suerte que se escape con dificultad.

PRESADA, s. f. Color verde entre oscuro y claro.

PRESAGIADO, p. p. de PRESAGIAR.

PRESAGIAR, v. a. Anunciar por presagios ó señales alguna cosa futura.

PRESAGIO, s. m. La señal que indica, previene y anuncia algun suceso favorable ó contrario.

PRESAGIOSO, SA, adj. Que presagia ó contiene presagio.

PRÉSAGO, GA, adj. Que adivina ó anuncia alguna cosa futura, favorable ó adversa.

PRESBÍTERA, s. f. Muger del presbítero.

PRESBITERADO, s. m. El sacerdocio ó la dignidad ú órden de sacerdote.

PRESBITERAL, adj. Que pertenece al presbítero.

PRESBITERATO, s. m. V. PRESBITERADO.

PRESBITERIANO, NA, adj. Se aplica á cada uno de los hereges que niegan la inferioridad de los presbíteros respecto de los obispos por derecho divino y á su secta.

PRESBÍTERIO, s. m. Plano ó área del altar hasta el pié de las gradas por donde se sube á él.

PRESBÍTERO, s. m. El clérigo ordenado de misa ó el sacerdote.

PRESCIENCIA, s. f. Conocimiento anticipado de las cosas futuras.

PRESCINDIBLE, adj. Que se puede prescindir ó hacer abstraccion.

PRESCINDIR, v. a. Separar ó apartar una cosa de otra. || *Fil.* Separar mentalmente una cosa de otra que realmente está identificada con ella.

PRESCIO, s. m. ant. V. PRECIO.

PRESCITO, TA, adj. V. RÉPROBO.

PRESCRIBIR, v. a. Señalar, ordenar, determinar alguna cosa.

PRESCRIBIR, v. n. for. Adquirir el dominio de una cosa por medio de la prescripcion.

PRESCRIBIR, v. a. Adquirir por prescripcion.

PRESCRIPCION, s. f. Accion y efecto de prescribir. || La introduccion, proemio ó epígrafe con que se empieza alguna obra ó escrito. || for. Modo de adquirir el dominio de una cosa por haberla poseido con las condiciones y por el tiempo prefijado por las leyes.

PRESCRIPTIBLE, adj. Que se puede prescribir.

PRESCRIPTO, p. p. irreg. de PRESCRIBIR.

PRESEA, s. f. Alhaja, joya ó cosa preciosa. || ant. Mueble y utensilio que sirve para el uso y comodidad de las casas.

PRESENCIA, s. f. La asistencia personal ó el estado de la persona que se halla delante ó en el mismo parage que otra. || El talle, figura y disposicion del cuerpo. || Representacion, pompa, fausto. || *Fil.* La correspondencia de un cuerpo á lugar ó espacio, ó su coexistencia. || met. La actual memoria de alguna especie ó representacion de ella. || PRESENCIA DE ÁNIMO, La serenidad ó tranquilidad que conserva el ánimo, así en los sucesos adversos como en los prósperos. || PRESENCIA DE DIOS, La actual consideracion de estar delante de él.

PRESENCIAL, adj. Que pertenece á la presencia.

PRESENCIALMENTE, adv. Con actual presencia ó personalmente.

PRESENTACION, s. f. Accion y efecto de presentar. || Fiesta particular de la Virgen que celebra la iglesia el dia veinte y uno de noviembre. || La proposicion de un sugeto apto para alguna dignidad, beneficio ó empleo.

PRESENTADO, p. p. de PRESENTAR. || PRESENTADO, adj. y s. Se aplica en algunas órdenes religiosas al teólogo que ha seguido su carrera, y está esperando el grado de maestro.

PRESENTADOR, RA, s. m. y f. El que presenta.

PRESENTALLA, s. f. La ofrenda don ó voto que hacen los fieles á Dios ó á los santos por recuerdo de algun beneficio recibido. || Don que ofrecen los gentiles á sus falsos dioses.

PRESENTANEAMENTE, adv. ant. Luego, al punto, sin intermision de tiempo.

PRESENTÁNEO, NEA, adj. ant. Eficaz de tal modo, que tiene virtud para producir prontamente y sin dilacion su efecto.

PRESENTANTE, p. a. de PRESENTAR, Que presenta.

PRESENTAR, v. a. Hacer manifestacion de una cosa, ponerla en la presencia de otro. || Dar graciosa y voluntariamente á otro alguna cosa. || Proponer algun sugeto para una dignidad ó empleo eclesiástico.

PRESENTARSE, v. r. for. Comparecer en justicia. || Ofrecerse voluntariamente á la disposicion de alguna persona para algun fin.

PRESENTE, adj. Que está delante ó en presencia de otro, ó concurre con él en el mismo sitio. || Se dice del tiempo en que actualmente está uno cuando refiere alguna cosa. || *Gram.* Dícese de uno de los tres tiempos del verbo. || HACER PRESENTE, Representar, informar declarar, referir. || Considerar á uno como si lo estuviera en órden á los emolumentos ú otros favores. || HACERSE PRESENTE, Ponerse de intento delante de otro para algun fin. || POR EL PRESENTE, POR LA PRESENTE, ó POR LO PRESENTE, Por ahora, en este momento. || TENER PRESENTE, Conservar en la memoria.

PRESENTE, s. m. El don, alhaja ó regalo que una persona da á otra en señal de reconocimiento ó amor. || AL PRESENTE ó DE PRESENTE, Ahora, cuando se está diciendo ó tratando.

PRESENTEMENTE, adv. V. AL PRESENTE ó DE PRESENTE.

PRESENTERO, s. m. El que presenta beneficios, prebendas ú otras cosas semejantes.

PRESENTIDO, p. p. de PRESENTIR.

PRESENTILLO, s. m. d. de PRESENTE.

PRESENTIMIENTO, s. m. Cierto movimiento interior que hace antever y prevenir lo que ha de acontecer.

PRESENTIR, v. a. Antever por cierto movimiento interior del ánimo lo que ha de suceder. || Sentir alguna cosa ántes que suceda, por algunos indicios ó señales que la preceden.

* PRESENTÍSIMO, MA, adj. sup. de PRESENTE.

PRESERA, s. f. V. AMOR DE HORTELANO.

PRESERO, s. m. Persona destinada para cuidar de las presas y de que no se les quite el agua ó se pierda.

PRESERVACION, s. f. Accion y efecto de preservar.

PRESERVADO, p. p. de PRESERVAR.

PRESERVADOR, RA, s. m. y f. El que preserva.

PRESERVAR, v. a. Guardar y conservar alguna cosa anticipadamente, defendiéndola ó evitando el que caiga en algun peligro ó daño.

PRESERVATIVAMENTE, adv. Con preservacion.

PRESERVATIVO, VA, adj. y s. Que tiene virtud ó eficacia de preservar.

PRESIDARIO, s. m. V. PRESIDIARIO.

PRESIDENCIA, s. f. La dignidad,

empleo ó cargo del presidente. || La accion de presidir, como la PRESIDENCIA de un acto.

PRESIDENTA, s. f. La muger del presidente, la que manda y preside en alguna comunidad.

PRESIDENTE, p. a. de PRESIDIR, Que preside.

PRESIDENTE, s. m. El que preside manda y prefiere á otros. || Entre los Romanos el juez gobernador de alguna provincia. || En algunas religiones el que sustituye al prelado. || El maestro que puesto en la cátedra asiste al discípulo que sustenta algun acto literario.

PRESIDIADO, p. p. de PRESIDIAR.

PRESIDIAR, v. a. Guarnecer con soldados algun puesto, plaza ó castillo para que esté guardada y defendida.

PRESIDIARIO, s. m. El condenado á servir en el presidio en pena de algun delito.

PRESIDIDO, p. p. de PRESIDIR.

PRESIDIO, s. m. La guarnicion de soldados que se pone en las plazas, castillos y fortalezas para su guarda y custodia. || La misma ciudad ó fortaleza que se puede guarnecer de soldados. || La plaza ó lugar destinado para castigo de los delincuentes. || El castigo ó pena que se les impone á ciertos delincuentes, de servir en algun presidio. || met. Auxilio, ayuda, socorro ó amparo. || REMATADO Á PRESIDIO, V. REMATADO Á GALERAS.

PRESIDIR, v. a. Tener el primer lugar en alguna junta, congregacion ó tribunal, ser el superior, gefe ó cabeza de ella. || Asistir el maestro desde la cátedra al discípulo que sustenta algun acto literario.

PRESILLA, s. f. Cordon pequeño de seda ú otra materia con que se prende ó asegura alguna cosa. || Cierta especie de lienzo. || Entre sastres costurilla pequeña de puntos unidos.

PRESION, s. f. *Fis.* Accion de apretar ó estrujar ó comprimir alguna cosa con fuerza. || ant. PRESA en la caza.

PRESO, p. p. irreg. de PRENDER. Úsase como sustantivo por el que está encarcelado. || PRESO POR MIL, PRESO POR MIL Y QUINIENTOS, Advierte que él que llega á excederse en alguna cosa, se atreve á egecutar otros muchos excesos sin temor. || fam. Explica la resolucion que se tiene hecha á perder algo mas en cualquiera materia, para conseguir algun fin. || SOLTAR EL PRESO, fam. Echar la ventosidad por la parte posterior.

PREST, s. m. V. PRE.

PRESTA, s. f. *Extr.* V. YERBA-BUENA.

PRESTACION, s. f. for. Accion y efecto de prestar.

PRESTADIZO, ZA, adj. Que se puede prestar.

PRESTADO, p. p. de PRESTAR. || DE PRESTADO, Por poco tiempo ó sin propiedad.

PRESTADO, s. m. ant. V. EMPRÉSTITO.

PRESTADOR, RA, s. m. y f. El que presta.

PRESTAMENTE, adv. Pronta y ligeramente, con brevedad y presteza.

PRESTAMERA, s. f. Género de préstamo.

PRESTAMERÍA, s. f. Dignidad y goce de prestamero.

PRESTAMERO, s. m. El que tiene ó goza de algun préstamo. || PRESTAMERO MAYOR, El señor ó caballero principal que tiene de la iglesia algunos beneficios desmembrados y secularizados.

PRESTAMISTA, s. c. El que da ó toma dinero á préstamo.

PRÉSTAMO, s. m. V. EMPRÉSTITO. || Porcion desmembrada del beneficio curado, que se destina para ayudar á los mozos hábiles y virtuosos hasta que tengan letras, edad y suficiencia para darles los beneficios ú otros empleos.

PRESTANÇIA, s. f. V. EXCELENCIA.

PRESTANTE, adj. V. EXCELENTE.

PRESTANTÍSIMO, MA, adj. sup. de PRESTANTE.

PRESTAR, v. a. Dar á otro el uso de alguna alhaja, dinero ú otra cosa con la obligacion de restituirla á su dueño en determinado tiempo. || Ayudar, asistir y contribuir al logro de alguna cosa. || Dar ó comunicar. || for. Contribuir alguno ó pagar algun interes, rédito ó derecho á que está obligado.

PRESTAR, v. n. Aprovechar, ser útil ó conveniente. || *Ar.* Dar de si extendiéndose. || Junto con los nombres *atencion, paciencia, silencio*, etc., es tener lo que los nombres significan.

PRESTARSE, v. r. Ofrecerse, allanarse, convenirse á alguna cosa.

PRESTE, s. m. Sacerdote que celebra asistido del diácono y subdiácono. || ant. V. SACERDOTE. || PRESTE JUAN, Título que se da al emperador de los Abisinos.

PRESTER, s. m. V. HURACAN.

PRESTEZA, s. f. Prontitud, diligencia y brevedad en hacer ó decir alguna cosa.

PRESTIDO, p. p. de PRESTIR.

PRÉSTIDO, s. m. ant. V. EMPRÉSTITO.

PRESTIGIADO, p. p. de PRESTIGIAR.

PRESTIGIADOR, s. m. El embaucador que hace juegos de manos y otras cosas con que engaña á la gente sencilla.

PRESTIGIANTE, p. a. ant. de PRESTIGIAR, Que prestigia.

PRESTIGIO, v. a. ant. Hacer prestigios, embaucar.

PRESTIGIO, s. m. El engaño, ilusion ó aparencia con que los prestigiadores emboban y embaucan al pueblo.

PRESTIGIOSO, SA, adj. V. PRESTIGIADOR.

PRESTIMONIO, s. m. V. PRÉSTAMO, 2ª ac.

PRESTIÑO, s. m. V PESTIÑO.

PRESTIR, v. a. *Germ.* Prestar.

PRESTÍSIMAMENTE, adv. sup. de PRESTAMENTE.

PRESTÍSIMO, MA, adj. sup. de PRESTO.

PRESTITO, adv. Con presteza, diligencia.

PRESTO, TA, adj. Pronto, diligente, ligero en la egecucion de alguna cosa. || Aparejado, pronto, preparado ó dispuesto.

PRESTO, adv. Luego, al instante, con gran prontitud ó brevedad. || DE PRESTO, Prontamente, con presteza.

PRESUMIBLE, adj. Que se puede presumir.

PRESUMIDICO, CA, LLO, LLA, TO, TA, adj. d. de PRESUMIDO.

PRESUMIDO, p. p. de PRESUMIR. || PRESUMIDO, DA, adj. y s. El que presume, vano, jactancioso.

PRESUMIR, v. a. Sospecharse, juzgar ó conjeturar por indicios ó señales.

PRESUMIR, v. n. Vanagloriarse, tener demasiado concepto y confianza de sí mismo.

PRESUNCION, s. f. La sospecha ó conjetura que se hace de alguna cosa, fundada en indicios ó señales || Vanidad, confianza y demasiado concepto de sí mismo. || for. Sospecha que coadyuva al juez en la formacion del juicio. || PRESUNCION DE DERECHO Y DE HECHO, La sospecha fundada en tales conjeturas, que sobre ella establece expresamente la ley el derecho que se debe observar. || PRESUNCION DE HOMBRE Ó DE JUEZ, Conjetura ó sospecha, á distincion de la ley, la que por sí sola no hace plena probanza. || PRESUNCION DE LEY, for. V. PRESUNCION DE SOLO DERECHO. || PRESUNCION DE SOLO DERECHO, Sospecha fundada en indicios y conjeturas legales. || PRESUNCION VIOLENTA, La sospecha fundada en indicios y conjeturas tan vehementes que no dejan razon de dudar.

PRESUNCIOSO, SA, adj. ant. V. PRESUNTUOSO.

PRESUNTA, s. f. V. PRESUNCION.

PRESUNTAMENTE, adv. Por presuncion.

PRESUNTIVAMENTE, adv. Con presuncion, sospecha ó conjetura.

PRESUNTIVO, VA, adj. Que se puede presumir ó es capaz de presuncion.

PRESUNTO, seg. p. p. irreg. de PRESUMIR.

PRESUNTUOSAMENTE, adv. Vanamente, con vanagloria y demasiada confianza.

PRESUNTUOSIDAD, s. f. V. PRESUNCION.

PRESUNTUOSÍSIMO, MA, adj. sup. de PRESUNTUOSO.

PRESUNTUOSO, SA, adj. V. PRESUMIDO.

PRESUPONER, v. a. Dar antecedentemente por asentada, cierta, notoria y constante alguna cosa para pasar á tratar de otra.

PRESUPOSICION, s. f. Suposicion previa. || V. PRESUPUESTO.

PRESUPUESTO, p. p. irreg. de PRESUPONER.

PRESUPUESTO, s. m. El motivo, causa ó pretexto con que se egecuta alguna cosa. || V. SUPUESTO Ó SUPOSICION. || El cálculo anticipado del coste que podrá tener alguna obra ú otra cosa.

PRESURA, s. f. ant. Opresion, aprieto, congoja. || Priesa, prontitud y ligereza.

PRESURANZA, s. f. ant. V. PRESTEZA, V. APRESURACION.

PRESUROSAMENTE, adv. Prontamente, con velocidad y apresuracion.

PRESUROSO, SA, adj. Pronto, ligero y veloz.

PRETAL, s. m. La correa asida á la parte delantera de la silla, que ciñe el pecho del caballo ó mula.

PRETENDENCIA, s. f. ant. V. PRETENSION.

PRETENDER, v. a. Procurar ó solicitar alguna cosa haciendo las diligencias necesarias para su consecucion. || Intentar.

PRETENDIDO, p. p. de PRETENDER.

PRETENDIENTA, s. f. La que pretende alguna cosa.

PRETENDIENTE, p. a. de PRETENDER, Que pretende, procura ó solicita alguna cosa.

PRETENDIENTE, s. m. El que pretende alguna cosa.

PRETENSION, s. f. La solicitacion para adquirir ó lograr alguna cosa que se desea. || El derecho bien ó mal fundado que alguno juzga tener sobre una cosa. || BARAJARLE Á ALGUNO UNA PRETENSION, Ser causa de que se le malogre. || CONCURRIR Á LA PRETENSION DE UNA MISMA COSA VARIOS SUGETOS, Ser opositores y competidores á ella.

PRETENSO, p. p. irreg. de PRETENDER.

PRETENSO, s. m. V. PRETENSION.

PRETENSOR, s. m. V. PRETENDIENTE.

PRETERICION, s. f. *Escol.* La forma ó cuasi forma que se constituye y denomina pasada, pero que existió en algun tiempo. || En el derecho civil la omision del que teniendo hijos herederos forzosos no hace mencion de ellos en su testamento. || *Ret.* Figura de sentencia.

PRETERIDO, p. p. de PRETERIR.

PRETERIR, v. a. for. Omitir en el testamento la institucion de herederos ó la desheredacion formal de los hijos.

PRETÉRITO, TA, adj. Que ya ha pasado ó sucedido. || *Gram.* Uno de los tiempos del verbo.

PRETERMITIDO, p. p. de PRETERMITIR.

PRETERMITIR, v. a. V. OMITIR.

PRETERNATURAL, adj. Que no es natural.

PRETERNATURALIZADO, p. p. de PRETERNATURALIZAR.

PRETERNATURALIZAR, v. a. Alterar, pervertir, trastornar el ser ó estado natural de alguna cosa.

PRETERNATURALMENTE, adv. De un modo preternatural.

PRETEXTA, s. f. Especie de toga de que usaban los magistrados romanos.

PRETEXTADO, p. p. de PRETEXTAR.

PRETEXTAR, v. a. Valerse de algun motivo ó pretexto para egecutar alguna cosa ó para excusarse de lo que no se quiere hacer.

PRETEXTO, s. m. El motivo ó causa simulada ó aparente que se alega para hacer alguna cosa ó para excusarse de no haberla egecutado.

PRETIL, s. m. El antepecho ó vallado de piedra ú otra materia que se pone en algunos edificios.

PRETINA, s. f. Especie de correa para cerrarla y atarla á la cintura encima de la ropilla. || La misma cintura donde se ciñe la pretina. || La parte de los calzones, briales, basquiñas y otras ropas que se ciñe y ajusta á la cintura. || met. Todo aquello que ciñe, rodea ó circunda alguna cosa. || METER EN PRETINA, met. Estrechar y precisar á uno á que egecute alguna cosa, ó á que cumpla con su obligacion. || PONER EN PRETINA, met. V. METER EN PRETINA.

PRETINAZO, s. m. El golpe dado con la pretina.

PRETINERO, s. m. El artífice ú oficial que fabrica pretinas.

PRETINILLA, s. f. d. de PRETINA. || Cierto adorno que traian las mugeres ceñido á la cintura.

PRETOR, s. m. Magistrado romano que egercia jurisdiccion en Roma ó en las provincias. || En la pesca de atunes la negrura de las aguas en los parages donde abundan.

PRETORÍA, s. f. V. PRETURA.

PRETORIAL, adj. Que pertenece al pretor.

PRETORIANO, NA adj. Que pertenece al pretor. || Se aplicaba á los soldados de la guardia de los emperadores.

PRETORIENSE, adj. Que pertenece al pretorio.

PRETORIO, RIA, adj. Que pertenece al pretor.

PRETORIO, s. m. El palacio donde habitaban y juzgaban las causas los pretores ó los presidentes de las provincias.

PRETURA, s. f. Empleo ó dignidad de pretor.

PREVALECER, v. n. Sobresalir, tener alguna superioridad ó ventaja entre otros, conseguir, obtener alguna cosa en oposicion de otros. || Arraigar las plantas y semillas en la tierra, ir creciendo y aumentándose poco á poco. || met. Crecer y aumentarse alguna cosa no material.

PREVALECIDO, p. p. de PREVALECER.

PREVALECIENTE, p. p. de PREVALECER, Que prevalece.

PREVALER, v. n. ant. V. PREVALECER.

PREVALERSE, v. r. Valerse ó servirse de alguna cosa.

PREVALIDO, p. p. de PREVALER.

PREVARICACION, s. f. Accion y efecto de prevaricar.

PREVARICADO, p. p. de PREVARICAR.

PREVARICADOR, RA, s. m. y f. El que falta á las obligaciones de su oficio. || El que pervierte é incita á otro á faltar á las obligaciones de su oficio ó religion.

PREVARICAR, v. n. Faltar uno á la obligacion de su oficio quebrantando la fe, palabra, religion ó juramento. || Flaquear en el juicio ú órden de sus acciones.

PREVARICAR, v. a. Trastrocar ó invertir y confundir el órden y disposicion de alguna cosa colocándola fuera del lugar que le corresponde.

PREVARICATO, s. m. for. El vicio del abogado ó procurador que falta á la fidelidad de su parte haciendo por la contraria.

PREVENCION, s. f. Accion y efecto de prevenir. || La preparacion y disposicion de alguna cosa que se hace anticipadamente para evitar algun riesgo ó para egecutar cualquiera otra cosa. || La provision de mantenimiento ú otra cosa que sirve para algun fin. || Conocimiento anticipado de lo que puede suceder ó del riesgo que amenaza. || Aviso ó advertencia que se hace á alguno para que evite ó egecute alguna cosa. || El conocimiento anticipado del juez en alguna cosa que por su naturaleza pudiera pertenecer á varios. || *Mil.* La guardia del cuartel que cela el órden y policía de la tropa. || Á PREVENCION, for. Denota que un juez conoce de alguna cosa con exclusion de otros que eran igualmente competentes. || Á PREVENCION Ó DE PREVENCION, Por si acaso, por prevencion ó con intento de prevenir.

PREVENIDAMENTE, adv. Anticipadamente, de antemano, con prevencion.

PREVENIDO, p. p. de PREVENIR. || PREVENIDO, DA, adj. Preparado, dispuesto, aparejado para alguna cosa. || Provisto, abundante, lleno. || Próvido, advertido, cuidadoso.

PREVENIENTE, p. a. de PREVENIR, Que previene ó dispone antecedentemente.

PREVENIR, v. a. Preparar, aparejar y disponer con anticipacion las cosas necesarias para algun fin. || Prever, ver, conocer de antemano ó con anticipacion algun daño ó perjuicio. || Anticiparse, adelantarse á alguno, ganarle por la mano, cogerle desprevenido ó sobrecogerle. || Precaver, evitar, estorbar ó impedir alguna cosa. || Advertir, informar ó avisar á otro de alguna cosa. || Imbuir, impresionar, preocupar el ánimo ó voluntad de alguno dándole noticias favorables ó adversas de alguna persona ó cosa. || Ocurrir á un inconveniente, dificultad ú objecion. || Servir, agasajar, cumplimentar. || for. Anticiparse el juez en el conocimiento de la causa cuando puede tocar á varios. || Sobrevenir, sorprender.

PREVENIRSE, v. r. Disponerse con anticipacion, prepararse de antemano. || PREVENIRSELE Á UNO ALGUNA COSA, Venirle al pensamiento, ocurirle.

PREVENTIVAMENTE, adv. for. Con prevencion.

PREVENTIVO, VA, adj. Que previene á otra cosa.

PREVER, v. a. Ver con anticipacion conocer, conjeturar por algunas señales ó indicios lo que ha de suceder.

PREVICO, s. m. ant. V. HECHICERO Ó AGORERO.

PREVILEJADO, p. p. de PREVILEJAR.

PREVILEJAR, v. a. ant. V. PRIVILEGIAR.

PREVILEJO, s. m. ant. V. PRIVILEGIO.

PREVILLEJO, s. m. ant. V. PRIVILEGIO.

PREVIO, VIA, adj. Anticipado, que va delante ó que sucede primero.

PREVISION, s. f. Conocimiento ó juicio de lo futuro.

PREVISOR, RA, s. m. y f. El que preve.

PREVISTO, p. p. irreg. de PREVER.

PREZ, s. m. El honor, estima ó consideracion que se adquiere ó gana con alguna accion gloriosa. || ant. FAMA.

PRIAPISMO, s. m. Enfermedad que consiste en una ereccion continua del miembro viril sin apetito á cosa venérea.

PRIEGO, s. m. ant. V. CLAVO.

PRIESA, s. f. V. PRISA.

PRIETAMENTE, adv. ant. V. APRETADAMENTE.

PRIETO, TA, adj. Se aplica al color muy oscuro y que casi no se distingue del negro. || V. APRETADO. || Misero, escaso, codicioso.

PRIMA, s. f. Una de las partes en que los Romanos dividian el dia artificial. || Úsase hoy de esta voz en las universidades y estudios. || Una de las siete horas canónicas que se dice despues de laudes. ‖ En algunos instrumentos de cuerda la que es primera en órden, y la mas delgada de todas. ‖ *Mil.* La parte de la noche desde las ocho á las once. ‖ V. TONSURA. ‖ *Cetr.* V. HALCON. ‖ ant. V. PRIMACÍA. ‖ *Germ.* Camisa.

PRIMACÍA, s. f. Superioridad, ventaja ó excelencia. ‖ Dignidad ó empleo de primado.

PRIMACIAL, adj. Que pertenece al primado ó á su primacía.

PRIMADGO, s. m. ant. V. PRIMADO.

PRIMADO, s. m. El primer lugar, grado, superioridad ó ventaja que una cosa tiene respecto de otra de su especie. ‖ Superioridad, primacía ó supereminencia que en un reino ó region tiene algun obispo sobre todos los otros. ‖ El primero y mas preeminente de todos los arzobispos y obispos de algun reino ó region. ‖ V. PRIMAZGO.

PRIMAL, LA, adj. Se aplica á la res ovejuna ó cabría desde san Miguel de setiembre hasta el san Miguel del año siguiente.

PRIMAL, s. El cordon ó trenza de seda.

PRIMAMENTE, adv. ant. Primorosamente, con esmero y perfeccion.

PRIMARIAMENTE, adv. Principalmente, en primer lugar.

PRIMARIO, RIA, adj. Principal ó primero en órden ó grado.

PRIMARIO, s. m. El catedrático de prima.

PRIMAVERA, s. f. Una de las cuatro estaciones ó tiempos en que se divide el año. ‖ Yerba perenne que por la hermosura y buen olor de su flor, que sale en la primavera, se cultiva en los jardines. ‖ Cierta tela de seda sembrada y matizada de flores de varios colores. ‖ met. Cualquiera cosa vistosamente varia y de hermosos coloridos. ‖ met. El tiempo en que una cosa está en su mayor vigor y hermosura.

PRIMAZ, s. m. Primado.

PRIMAZGO, s. m. El parentesco que tienen entre sí los primos.

PRIMEARSE, v. r. Darse el tratamiento de primos.

PRIMER, adj. V. PRIMERO.

PRIMERA, s. f. Juego de naipes que se juega dando cuatro cartas á cada uno.

PRIMERAMENTE, adv. ord. Previamente, anticipadamente, ántes de todo, con antelacion y preferencia.

PRIMERÍA, s. f. ant. V. PRIMACÍA. ‖ ant. PRINCIPIO.

PRIMERIDAD, s. f. ant. V. PRIMACÍA.

PRIMERIZO, ZA, adj. Que es primero, ó se anticipa y prefiere á otro. ‖ PRIMERIZA, Se dice con especialidad de la hembra que está preñada y que pare la primera vez.

PRIMERO, RA, adj. Que precede á otra cosa en órden, tiempo, lugar ó situacion. ‖ El principal en dignidad en cualquier especie. ‖ Excelente, grande, y que sobresale y excede á otros. ‖ Antiguo, y que ántes se ha poseido ó logrado. ‖ DE PRIMERO, Y ÁNTES ó al principio. ‖ NO SER EL PRIMERO, Excusa la accion de algun sugeto, dando á entender que hay otros egemplares, ó que el que la egecuta lo tiene por costumbre. ‖ CINCO PRIMERAS, Ventaja en el juego de naipes que llaman el hombre.

PRIMERO, adv. V. PRIMERAMENTE. ‖ Ántes, mas bien, de mejor gana, con mas ó con mayor gusto.

PRIMEVO, VA, adj. ant. V. PRIMITIVO ó primero.

PRIMICERIO, RIA, adj. Primero superior á los demas en su línea.

PRIMICERIO, s. m. V. CHANTRE ó CAPISCOL. ‖ En la universidad de Salamanca es el graduado elegido anualmente, el cual egerce ciertas funciones económicas y gubernativas.

PRIMICHON, s. m. Madejuela muy retorcida de seda floja para los bordados que llaman de sedas ó de imaginería.

PRIMICIA, s. f. El fruto primero de cualquiera cosa. ‖ La oblacion que en especie de frutos se hace á Dios en reconocimiento de los primeros que se cogen. ‖ PRIMICIAS, pl. met. Los principios ó primeros frutos que produce cualquiera cosa no material.

PRIMICIAL, adj. Perteneciente á primicias.

PRIMICLERIO, s. m. V. PRIMICERIO. ‖ V. CHANTRE.

PRIMIGENIO, NIA, adj. Primero engendrado ó hecho.

PRIMILLA, s. f. El perdon de la primera culpa ó falta que se comete.

PRIMÍSIMO, MA, adj. sup. de PRIMO, 2ª A.

PRIMITIVO, VA, adj. Primero en su línea, ó que no tiene ni toma origen de otra cosa.

PRIMO, MA, adj. V. PRIMERO. ‖ Escelente, primoroso y diestro en la egecucion de alguna cosa. ‖ Egecutado con gran primor, delicadeza, esmero y perfeccion. ‖ El hijo del tio carnal, hermano del padre ó la madre. ‖ PRIMO HERMANO, V. PRIMO. ‖ Tratamiento que da el rey á los grandes de España. ‖ fam. El negro ó Etiope. ‖ *Germ.* Jubon. ‖ PRIMO CARNAL, V. PRIMO, 3ª A. ‖ PRIMO CORMANO, ant. V. PRIMO HERMANO. ‖ PRIMO HERMANO, V. PRIMO, 3ª A. ‖ met. Semejante ó muy parecido. ‖ PRIMA TONSURA, V. TONSURA. ‖ Á PRIMAS, ant. V. PRIMERAMENTE, al principio.

PRIMOGÉNITO, TA, adj. y s. Se aplica al hijo que nace primero.

PRIMOGENITOR, s. m. ant. V. PROGENITOR.

PRIMOGENITURA, s. f. La dignidad, prerogativa ó derecho del primogénito.

PRIMOPRIMUS, s. m. lat. Dícese del primer movimiento del ánimo que obliga á egecutar algo sin libertad.

PRIMOR, s. m. Destreza, habilidad, esmero ó excelencia en hacer ó decir alguna cosa, y el mismo artificio y hermosura de la obra egecutada con él. ‖ ant. Primacía, principalidad.

PRIMORDIAL, adj. Primitivo, primero.

PRIMOREAR, v. n. Hacer primores. Usase particularmente entre los que tocan instrumentos.

PRIMOROSAMENTE, adv. Diestra y perfectamente, con delicadeza, excelencia y acierto.

PRIMOROSÍSIMAMENTE, adv. sup. de PRIMOROSAMENTE.

PRIMOROSÍSIMO, MA, adj. sup. de PRIMOROSO.

PRIMOROSO, SA, adj. Excelente, delicado y perfecto. ‖ Diestro, experimentado, y que hace ó dice con perfeccion alguna cosa.

PRINCESA, s. f. La muger del príncipe ó la que por sí posee un principado. ‖ En España la hija del rey inmediata sucesora del reino.

PRINCIPADA, s. f. fam. Accion de autoridad ó superioridad egecutada por quien no debe.

PRINCIPAGDO, s. m. ant. V. PRINCIPADO.

PRINCIPADO, s. m. La dignidad de príncipe. ‖ El territorio ó pueblos de que es señor el príncipe. ‖ Primacía, ventaja ó superioridad. ‖ PRINCIPADOS, pl. El tercer coro de los espíritus celestes, y tercero de la ínfima gerarquía.

PRINCIPAL, adj. Que tiene el primer lugar y estimacion, y se antepone y prefiere á otras cosas. ‖ Ilustre, esclarecido en nobleza. ‖ El que es el primero en algun negocio ó en cuya cabeza está. ‖ Esencial, fundamental, por oposicion á accesorio.

PRINCIPAL, s. m. En las plazas de armas el cuerpo de guardia situado ordinariamente en el centro de la poblacion. ‖ En las obligaciones y contratos el capital impuesto á censo ó á réditos.

PRINCIPALÍA, s. f. ant. V. PRINCIPALIDAD.

PRINCIPALIDAD, s. f. La calidad de principal ó de primero en su línea.

PRINCIPALÍSIMAMENTE, adv. sup. de PRINCIPALMENTE.

PRINCIPALÍSIMO, MA, adj. sup. de PRINCIPAL.

PRINCIPALMENTE, adv. Primeramente, ántes que todo, con antelacion ó preferencia.

PRINCIPANTE, p. ant de PRINCIPAR, y s. El que manda como príncipe.

PRINCIPAR, v. n. ant. Mandar, dominar ó regir como príncipe.

PRÍNCIPE, s. m. El primero y mas excelente, superior ó aventajado en alguna cosa. ‖ El hijo primogénito del rey, heredero de su corona. ‖ El soberano. ‖ Dignidad, dictado ó título de honor que dan los reyes. ‖ Cualquiera de los grandes de algun reino ó monarquía, que son los principales. ‖ Entre colmeneros el pollo de las abejas de la especie de sus reyes, que no está en estado de procrear. ‖ PRÍNCIPE DE ASTURIAS, Título que se da al hijo primogénito del rey de España. ‖ PRÍNCIPE DE LA SANGRE, El que es de la familia real de Francia, y puede suceder en el reino. ‖ PORTARSE COMO UN PRÍNCIPE, Explica que alguno se trata con fausto, magnificencia y aparato.

PRINCIPELA, s. f. Tegido de lana semejante á la lamparilla.

PRINCIPIESA, s. f. ant. V. PRINCESA.

PRINCIPIADO, p. p. de PRINCIPIAR.

PRINCIPIADOR, RA, s. m. y f. El que comienza ó da principio á alguna cosa.

PRINCIPIANTE, p. a. de PRINCIPIAR, y s. Que comienza ó principia alguna cosa. Tómase regularmente por el sugeto que empieza á aprender ó egercer algun arte ó facultad.

PRINCIPIAR, v. a. Comenzar, empezar, dar principio.

PRINCIPIO, s. m. Entrada, exordio, todo aquello por donde empieza alguna cosa. ‖ Basa, fundamento, origen, razon fundamental sobre la cual se procede discurriendo. ‖ La causa primitiva ó primera de alguna cosa, ó aquello de quien otra cosa procede de cualquier modo. || Cualquiera de los platos de vianda que se sirven en la comida ademas de la olla y de los postres. || En la universidad de Alcalá cualquiera de los tres actos que tenian los teólogos de una de las cuatro partes del libro de las Sentencias. || Cualquiera de las primeras proposiciones ó verdades por donde se empiezan á estudiar las facultades || met. cada una de las máximas particulares por donde cada uno se rige para sus operaciones ó discursos. || Cualquiera cosa que entra con otra en la composicion de algun cuerpo. || PRINCIPIOS, pl. *Imp.* Tratado ó parte que se pone ántes de entrar en la materia sustancial del libro. || PRINCIPIO QUIEREN LAS COSAS, Exhorta á resolverse á empezar ó proseguir alguna cosa que se teme ó se duda si se conseguirá ó logrará. || AL PRINCIPIO Ó Á LOS PRINCIPIOS, Al empezar alguna cosa. || DEL PRINCIPIO AL FIN, Enteramente ó del todo en las cosas sucesivas. || TENER, TOMAR Ó TRAER PRINCIPIO, met. Proceder ó provenir una cosa de otra.

PRINCIPOTE, s. m. fam. El que en su tren, fausto y porte hace ostentacion de una clase superior á la suya.

PRINGADA, s. f. La rebanada de pan empapada en pringue.

PRINGADO, p. p. de PRINGAR.

PRINGAR, v. a. Untar con pringue. || Manchar con pringue. || Castigar ó maltratar á uno echándole lardo ó pringue hirviendo. || fam. Herir haciendo sangre. || met. y fam. Tener parte en algun negocio ó dependencia. || met y fam. Denigrar, infamar, inducir alguna nota en la fama ó sangre.

PRINGARSE, v. r. met. y fam. Interesarse indebidamente en alguna cosa que estaba puesta á su cuidado ó agencia.

PRINGON, NA, adj. Puerco, sucio, lleno de grasa ó pringue.

PRINGON, s. m. La accion de mancharse con pringue, ó la misma mancha contraida con ella.

PRINGOSO, SA, adj. Que tiene pringue.

PRINGUE, s. amb. La grasa, sustancia ó jugo que sale del tocino ú otra cosa crasa aplicada al fuego. || met. La suciedad, grasa ó porquería que se pega á la ropa ú otra cosa. || El acto de castigar con pringue hirviendo.

PRIOR, s. m. Superior ó prelado ordinario del convento en algunas religiones. || El superior de cualquier convento de los canónigos reglares y de las órdenes militares de Santiago, Calatrava, Alcántara y Montesa. || Dignidad que hay en algunas iglesias catedrales. || En algunos obispados el párroco ó cura. || El que es cabeza de cualquier consulado establecido con autoridad legítima para entender en asuntos de comercio. || GRAN PRIOR, En la religion de S. Juan es dignidad superior á las demas de cada lengua.

PRIOR, adj. En lo escolástico se dice de lo que precede á otra cosa en cualquier órden.

PRIORA, s. f. La prelada de algunos conventos de religiosas.

PRIORADGO, s. m. ant. V. PRIORATO.

PRIORAL, adj. Que toca ó pertenece al prior ó priora.

PRIORATO, s. m. El oficio, dignidad ó empleo del prior ó priora. || El distrito ó territorio en que tiene jurisdiccion el prior. || En la religion de S. Benito la casa en que habitan pocos monges pertenecientes á algun monasterio principal, cuyo abad nombra el superior inmediato.

PRIORAZGO, s. m. V. PRIORATO.

PRIORESA, s. f. ant. V. PRIORA.

PRIORIDAD, s. f. Anterioridad de una cosa respecto de otra ó en el tiempo ó en el órden. || *Filos.* La anterioridad ó procedencia de una cosa de otra que depende ó procede de ella, y no al contrario. || PRIORIDAD DE NATURALEZA, La anterioridad ó precedencia de una cosa respecto de otra precisamente en cuanto es causa suya. || PRIORIDAD DE ORIGEN, *Teol.* La que se considera en las personas divinas en cuanto una procede de otra que tiene este prioridad, y no al contrario.

PRIOSTE, s. m. El mayordomo de alguna hermandad ó cofradía.

PRISA, s. f. La instancia, solicitud y presteza con que se egecuta alguna cosa. || Rebato, escaramuza ó pelea muy encendida y confusa: presura ó aprieto. || El concurso grande al despacho de alguna cosa. || Los sastres y otros oficiales llaman PRISA cuando concurren muchas obras. || ant. Aprieto, conflicto, consternacion, ahogo. || ant. Muchedumbre, tropel. || ACABÓSE CON LA PRISA, fam. Expresa que alguna cosa se finalizó enteramente. || Á MAS PRISA GRAN VAGAR Ó MAS VAGAR, Da á entender que no se deben atropellar las cosas ni sacarlas de su curso regular, porque se tarda mas. ‖ ANDAR DE PRISA, Se aplica al que parece que le falta tiempo para cumplir con las ocupaciones y negocios que tiene á su cárgo. ‖ Á TODA PRISA, Con la mayor prontitud. ‖ DAR PRISA, Instar y obligar á uno á que egecute alguna cosa con presteza y brevedad, ó instar las mismas cosas á su pronta egecucion. ‖ Acometer con ímpetu, brio y resolucion obligando á huir al contrario. ‖ DARSE PRISA, fam. Acelerarse, apresurarse. ‖ DE PRISA, Con prontitud y celeridad, sin la debida reflexion. ‖ ESTAR DE PRISA, Estar muy ocupado. ‖ METER PRISA, Apresurar las cosas. ‖ VIVIR DE PRISA Ó Á PRISA, Trabajar demasiado, ó gastar la salud sin reparo.

PRISADO, p. p. de PRISAR.

PRISAR, v. a. ant. Hacer prisionero á alguno. ‖ ant. Tomar, coger, ocupar.

PRISCILIANISMO, s. m. Heregía de Prisciliano.

PRISCILIANISTA, adj. y s. El que sigue la heregía de Prisciliano.

PRISCILIANO, NA, adj. y s. ant. El que sigue la heregía de Prisciliano, y perteneciente á él.

PRISCO, s. m. Especie de durazno.

PRISION, s. m. La accion de prender, asir ó coger. ‖ La cárcel donde se encierran y aseguran los presos. ‖ V. PRISIONERO. ‖ En la caza son las aves ó animales perseguidos y cogidos por los alcones ó azores en tierra, en agua, ó muy cerca de ellas. ‖ Las atadura con que estan presas las aves de caza. ‖ met. Cualquiera cosa que ata ó detiene físicamente. ‖ Lo que une estrechamente las voluntades y afectos. ‖ ant. La toma ú ocupacion de alguna cosa. ‖ PRISIONES, pl. Los grillos y cadenas con que se aseguran los delincuentes. ‖ RENUNCIAR LA PRISION, V. RENUNCIAR LA CADENA.

PRISIONCILLA, TA, s. f. d. de PRISION.

PRISIONERO, s. m. El soldado ó militar cogido en tiempo de guerra á los enemigos. ‖ met. El que está como cautivo de algun afecto ó pasion. ‖ PRISIONERO DE GUERRA, El que se entrega al vencedor precediendo capitulacion.

PRISMA, s. m. *Geom.* Cuerpo terminado por dos bases planas, paralelas, iguales y semejantes, y por tantos paralelógramos cuantos lados tenga cada base. ‖ *Diop.* Pieza de cristal en forma de PRISMA TRIANGULAR.

PRISMÁTICO, CA, adj. Que tiene figura de PRISMA.

PRISO, p. p. irreg. ant. de PRISAR.

PRISTE, s. m. Cetáceo voraz y ligero indígena del océano europeo, muy semejante á la ballena.

PRÍSTINO, NA, adj. ant. Antiguo, primero, primitivo, original.

PRISUELO, s. m. Frenillo ó bozo que se echa á los hurones para que no puedan chupar la sangre á los conejos.

PRIVACION, s. f. El acto de despojar, impedir ó privar. ‖ Carencia ó falta de una cosa en sugeto capaz de tenerla. ‖ La pena con que se desposee á alguno del empleo, cargo ó dignidad que tenia. ‖ met. La ausencia del bien que se apetece y desea.

PRIVADA, s. f. V. LETRINA. ‖ La plasta grande de suciedad ó excremento echada en el suelo ó en la calle.

PRIVADAMENTE, adv. Familiar y separadamente, en particular.

PRIVADERO, s. m. Pocero, el que limpia los pozos de la inmundicia.

PRIVADO, p. p. de PRIVAR. ‖ PRIVADO, DA, adj. Que se egecuta á vista de pocos, familiar y domésticamente, ó que es particular y personal de cada uno.

PRIVADO, s. m. Favorito, valido, el sugeto que tiene valimiento, favor y familiaridad con alguno.

PRIVANZA, s. f. El favor, valimiento y trato familiar que uno tiene con alguna persona.

PRIVAR, v. a. Despojar ó quitar á uno alguna cosa que poseia. ‖ Despojar á uno de algun empleo, ministerio, dignidad, etc. ‖ V. PROHIBIR Ó VEDAR. ‖ Quitar ó suspender el sentido, como sucede con algun golpe violento ú olor sumamente vivo.

PRIVAR, v. n. Tener privanza ó familiaridad con algun príncipe ó superior, y ser favorecido de él.

PRIVARSE, v. r. Dejar voluntariamente alguna cosa de gusto, interes ó conveniencia, como PRIVARSE del paseo.

PRIVATIVAMENTE, adv. Propia y singularmente, con exclusion de todo lo demas.

PRIVATIVO, VA, adj. Que causa privacion ó la significa. ‖ Singular, propio y particular.

PRIVILEGIADAMENTE, adv. De un modo privilegiado.

PRIVILEGIADO, p. p. de PRIVILEGIAR.

PRIVILEGIAR, v. a. Exceptuar, librar de algun gravámen ó carga, ó dar y conceder alguna exencion ó prerogativa.

PRIVILEGIATIVO, VA, adj. Que

encierra en sí algun privilegio ó excencion.

PRIVILEGIO, s. m. La gracia ó prerogativa que concede el superior libertando á uno de alguna carga ó gravámen, ó concediéndole alguna exencion. || PRIVILEGIO CONVENCIONAL, El que se da ó concede con algun pacto ó convenio con el privilegiado. || PRIVILEGIO DEL CÁNON, El que gozan las personas del estado clerical y religioso. || PRIVILEGIO DEL FUERO, El que tienen los eclesiásticos para ser juzgados en sus tribunales. || PRIVILEGIO FAVORABLE, El que favorece al privilegiado de suerte que no perjudica á ninguno. || PRIVILEGIO GRACIOSO, El que se da sin atencion á los méritos del privilegiado. || PRIVILEGIO LOCAL, El que se concede á algun lugar determinado, fuera de cuyos límites no se extiende. || PRIVILEGIO ODIOSO, El que perjudica á tercero, como de no pagar diezmos, etc. || PRIVILEGIO PERSONAL, El que inmediatamente se concede á alguna persona á quien se limita sin pasar á los sucesores. || PRIVILEGIO REAL, El que gozan algunas personas á quienes pertenece alguna cosa, cargo ó estado por cuyo respecto se concedió. || PRIVILEGIO REMUNERATORIO, El que se concede en premio de alguna accion gloriosa. || PRIVILEGIO RODADO, El que se concedia antiguamente, y despues de la data se formaba una rueda, en cuyo centro se ponia el signo ó sello real, y al rededor las firmas.

PRIVILLEJADO, p. p. de PRIVILLEJAR.

PRIVILLEJAR, v. a. ant. V. PRIVILEGIAR.

PRIVILLEJO, s. m. ant. V. PRIVILEGIO.

PRO, s. amb. V. PROVECHO. || BUENA PRO, Modo de hablar con que se saluda al que está comiendo ó bebiendo. || Se usa en los remates de las ventas, arrendamientos, etc. || EN PRO, En favor, con útil ó conveniencia.

PRO, prep. Que sirve solo para la composicion de algunos nombres ó verbos.

PROA, s. f. La parte delantera de la nave que va cortando las aguas del mar. || PONER LA PROA, met. Fijar la mira en alguna cosa haciendo las diligencias conducentes para su logro y consecucion.

PROBABILIDAD, s. f. Verisimilitud ó apariencia fundada de verdad.

PROBABILÍSIMAMENTE, adv. sup. de PROBABLEMENTE.

PROBABILÍSIMO, MA, adj. sup. de PROBABLE.

PROBABILISMO, s. m. La sentencia de los que en materias morales llevan ser lícita y segura la accion que se funda en opinion probable.

PROBABILISTA, adj. y s. m. El que sigue la sentencia de ser lícita y segura la accion que se funda en opinion probable.

PROBABLE, adj. Verisímil, ó que se funda en razon prudente. || Que se puede probar ó persuadir.

PROBABLEMENTE, adv. Con verisimilitud ó apariencia fundada de verdad.

PROBACION, s. f. V. PRUEBA. || En las órdenes regulares el exámen y prueba que debe hacerse de la vocacion y virtud de los novicios ántes de profesar.

PROBADÍSIMO, MA, adj. sup. de PROBADO.

PROBADO, p. p. de PROBAR. || PROBADO, DA, Acreditado por la experiencia.

PROBADOR, RA, s. m. y f. El que prueba. || ant. Defensor.

PROBADURA, s. f. La accion de probar alguna cosa.

PROBANZA, s. f. La averiguacion ó prueba que jurídicamente se hace de una cosa.

PROBAR, v. a. Hacer exámen de la calidad de alguna cosa, prenda ó capacidad. || Examinar si una cosa está ajustada á la medida ó proporcion de otra á quien se debe ajustar. || Justificar, manifestar y hacer patente la verdad. || Gustar una pequeña porcion de algun manjar ó líquido. || Junto con la preposicion *á* y el infinitivo de otros verbos significa hacer prueba, experimentar ó intentar.

PROBAR, v. n. Ser á propósito ó convenir una cosa á otra, ó hacer el efecto que se necesita. || ant. V. APROBAR.

PROBÁTICA, adj. Se dice solo de la piscina que habia en Jerusalen inmediata al templo de Salomon.

PROBATORIO, RIA, adj. Que sirve para probar ó averiguar la verdad de alguna cosa.

PROBIDAD, s. f. Bondad, rectitud de ánimo, hombría de bien, integridad y honradez en el obrar.

PROBLEMA, s. m. Cuestion que regularmente se propone para egercitar el ingenio, y se puede defender acgativa y afirmativamente. || *Mat.* La propuesta que se hace de investigar alguna verdad desconocida, ó de practicar alguna cosa. || PROBLEMA INDETERMINADO, *Alg.* El que admite infinitas ó muchas resoluciones.

PROBLEMÁTICAMENTE, adv. Con razones por una y otra parte, sin determinar opinion.

PROBLEMÁTICO, CA, adj. Dudoso, incierto, ó que se puede defender por una y otra parte.

PROCACIDAD, s. f. Desvergüenza, insolencia, atrevimiento.

PROCAX, adj. Desvergonzado, atrevido.

PROCEDENTE, p. a. de PROCEDER, Dimanante, originado, nacido, que procede.

PROCEDENTE, adj. Hablando de embarcaciones dícese de la que ha salido de cierto parage.

PROCEDER, s. m. El modo, forma y órden de portarse y gobernar uno sus acciones bien ó mal.

PROCEDER, v. n. Ir ó considerar algun número de personas ó de cosas seguidos unos á otros, como tales números proceden en proporcion dupla. || Seguirse, nacer ú originarse alguna cosa de otra. || Portarse y gobernar uno sus acciones bien ó mal. || Pasar á poner en egecucion alguna cosa á que precedieron algunas diligencias. || Continuar en la egecucion de algunas cosas que piden tracto sucesivo. || Entenderse alguna cosa como perteneciente á la persona ó cosa de que se trata. || Venir por generacion. || Hablando del misterio de la Trinidad significa que el Eterno Padre produce al Verbo divino, y ámbos al Espíritu Santo. || for. Hacer causa á alguno, formar proceso contra él. || PROCEDER EN INFINITO, Seguir una serie de cosas que no tiene fin.

PROCEDIDO, p. p. de PROCEDER.

PROCEDIDO, s. m. ant. V. PRODUCTO.

PROCEDIENTE, p. a. ant. de PROCEDER, Que procede.

PROCEDIMIENTO, s. m. El acto de proceder. || La accion, operacion ó modo de portarse alguno bien ó mal.

PROCELEUSMÁTICO, s. m. Pié de verso latino que consta de dos pirriquios.

PROCELOSO, SA, adj. Que frecuentemente padece tempestades ó tormentas.

PRÓCER, adj. Alto, eminente ó elevado.

PRÓCER, s. m. Persona de la primera distincion ó constituida en alta dignidad.

PROCERIDAD, s. f. Altura, eminencia ó elevacion.

PRÓCERO, adj. V. PRÓCER.

PROCESADO, p. p. de PROCESAR. || PROCESADO, DA, adj. Se aplica al escrito y letra de proceso.

PROCESAL, adj. Que pertenece al proceso.

PROCESAR, v. a. Formar autos y procesos.

PROCESION, s. f. Accion de proceder una cosa de otra. || La accion con que el Padre Eterno produce al Verbo Divino, y la accion con que estas dos personas divinas producen al Espíritu Santo. || Acto religioso que consiste en ir ordenadamente de una parte á otra muchas personas eclesiásticas y seculares con cruces reliquias ó imágenes de santos, etc. || met. y fam. El agregado de algunas personas ó cosas que van por la calle siguiendo unas á otras. || ABRIR LA PROCESION, Se dice de las personas ó comunidades que van en ella las primeras. || CERRAR LA PROCESION, Se dice de los que van en ella los últimos.

PROCESIONAL, adj. Se aplica á lo que se ordena en forma de procesion, ó á lo que pertenece á ella.

PROCESIONALMENTE, adv. En forma de procesion.

PROCESIONARIO, s. m. El libro que se lleva en las procesiones.

PROCESO, s. m. V. PROGRESO. || for. El agregado de los autos y demas escritos en cualquiera causa civil ó criminal. || PROCESO EN INFINITO, El acto de seguir una serie de cosas que no tiene fin. || FULMINAR EL PROCESO, Hacerle y sustanciarle hasta ponerle en estado de sentencia. || VESTIR EL PROCESO, Formarle con todas las diligencias y solemnidades requeridas por derecho.

PROCINTO, s. m. El estado inmediato y próximo de egecutarse alguna cosa.

PROCION, s. m. Estrella muy notable de primera magnitud.

PROCLAMA, s. f. Notificacion pública. || CORRER LAS PROCLAMAS, V. CORRER LAS AMONESTACIONES.

PROCLAMACION, s. f. Publicacion solemne de algun decreto, bando ó ley. || Alabanza pública y comun.

PROCLAMADO, p. p. de PROCLAMAR.

PROCLAMAR, v. a. Publicar en altas voces alguna cosa para que se haga notoria y venga á noticia de todos. || V. ACLAMAR.

PROCLIVE, adj. Inclinado ó propenso especialmente á lo malo.

PROCLIVIDAD, s. f. Propension ó inclinacion especialmente á lo malo.

PROCO, s. m. ant. El que pide con repetidas ansias á una muger para poseerla en el matrimonio, y mas propiamente fuera de él.

PROCÓNSUL, s. m. Gobernador de una provincia entre los Romanos.

PROCONSULADO, s. m. El oficio, dignidad ó empleo del procónsul. || Tiempo que alguno obtenia la dignidad de procónsul.

PROCONSULAR, adj. Que pertenece al procónsul.

PROCREACION, s. f. Generacion, extension de alguna especie, crianza y conservacion de ella.

PROCREADO, p. p. de PROCREAR.

PROCREADOR, RA, s. m. y f. El que procrea ó engendra.

PROCREANTE, p. p. de PROCREAR, Que procrea.

PROCREAR, v. a. Engendrar, multiplicar alguna especie, ó cuidar de su conservacion.

* PROCREONISMO, s. m. Error de cronología, anticipando la data de un hecho.

PROCURA, s. f. V. PROCURACION, 2ª A. || V. PROCURADURÍA.

PROCURACION, s. f. El cuidado ó diligencia con que se trata y maneja algun negocio. || La comision ó poder que alguno da á otro para que en su nombre haga ó egecute alguna cosa. || Dignidad, oficio ó empleo del procurador. || V. PROCURADURÍA, 2ª A. || Contribucion ó derechos que los prelados exigen de las iglesias que visitan.

PROCURADO, p. p. de PROCURAR.

PROCURADOR, RA, s. m. y f. El que procura. || El que en virtud de poder ó facultad de otro egecuta en su nombre alguna cosa. || El que por oficio en los tribunales y audiencias defiende en pleitos ó causas. || En las comunidades el sugeto por cuya mano corren las dependencias económicas de la casa. || PROCURADOR SINDICO GENERAL, Sugeto elegido para que en los ayuntamientos ó concejos promueva los intereses de los pueblos. || En las comunidades de religiosas la que tiene á su cargo el gobierno económico del convento. || PROCURADOR DE CÓRTES, Cualquiera de los nombrados y diputados por alguno de los reinos, ciudades ó villas que tienen voto en córtes, para venir á ellas. || PROCURADOR DE POBRES, fam. El sugeto que se mezcla ó introduce en negocios ó dependencias en que no tiene interes alguno. || PROCURADOR ASTRICTO, for. *Ar.* El que está obligado á seguir ciertas causas, especialmente criminales.

PROCURADURÍA, s. f. Oficio ó cargo de procurador. || Oficina donde despacha el procurador.

PROCURANTE, p. a. de PROCURAR, Que procura ó solicita.

PROCURAR, v. a. Solicitar y hacer las diligencias para conseguir lo que se desea. || Egercer el oficio de procurador.

PROCURRENTE, f. m. *Geog.* Un gran pedazo de tierra metida y avanzada dentro del mar, como lo es toda la Italia.

PRODICION, s. f. V. ALEVOSÍA ó TRAICION.

PRODIGADO, p. p. de PRODIGAR.

PRODIGALIDAD, s. f. Profusion, desperdicio, consumo de la propia hacienda gastando excesivamente. || Copia, abundancia ó multitud.

PRÓDIGAMENTE, adv. Abundante y copiosamente, con prodigalidad.

PRODIGAR, v. a. Disipar, gastar pródigamente ó con exceso y desperdicio alguna cosa.

PRODIGIADOR, s. m. El que por los prodigios ó cosas extraordinarias que suceden pronostica lo que ha de suceder.

PRODIGIO, s. m. Suceso extraño que excede los límites regulares de la naturaleza. || Cosa especial, rara ó primorosa en su línea. || Milagro.

PRODIGIOSAMENTE, adv. Extraordinariamente, de un modo prodigioso y extraño. || Primorosamente, con grande excelencia y esmero.

PRODIGIOSIDAD, s. f. La calidad que hace prodigiosa alguna cosa.

PRODIGIOSÍSIMAMENTE, adv. sup. de PRODIGIOSAMENTE.

PRODIGIOSÍSIMO, MA, adj. sup. de PRODIGIOSO.

PRODIGIOSO, SA, adj. Maravilloso, extraordinario, y que encierra ó incluye en sí prodigio. || Excelente, primoroso y exquisito.

PRÓDIGO, GA, adj. y s. Disipador,

gastador, maniroto que desperdicia y consume su hacienda. || Que desprecia generosamente la vida ú otra cosa estimable. || El muy liberal.

PRODITOR, s. m. ant. V. TRAIDOR.

PRODITORIO, RIA, adj. ant. Que incluye traicion ó pertenece á ella.

PRODUCCION, s. f. Acto y efecto de producir. || Enunciacion, modo de expresarse hablando ó escribiendo.

PRODUCENTE, p. a. de PRODUCIR, Que produce.

PRODUCIBILIDAD, s. f. *Filos.* La capacidad que tiene alguna cosa para ser producida.

PRODUCIBLE, adj. *Filos.* Que se puede producir.

PRODUCIDO, p. p. de PRODUCIR.

PRODUCIDOR, RA, s. m. y f. El que produce.

PRODUCIENTE, p. a. ant. de PRODUCIR, Que produce.

PRODUCIMIENTO, s. m. ant. V. PRODUCCION.

PRODUCIR, v. a. Sacar de sí con actividad ó accion vital alguna cosa. || Engendrar, procrear, criar. || Dar, llevar, rendir fruto los terrenos, árboles, etc. || Rentar, redituar interes, utilidad ó beneficio anual alguna cosa. || Causar, procurar, originar, acarrear, ocasionar bienes ó males en el sentido moral. || met. Se dice de la patria ó pueblo donde nacen algunas personas. || for. Exhibir, presentar, manifestar alguno aquellas razones que pueden apoyar su justicia. || Alegar, citar un hecho, una circunstancia, una autoridad.

PRODUCIRSE, v. r. Enunciarse, explicarse, hacerse percibir. || met. Manifestarse, salir á luz.

PRODUCTIVO, VA, adj. Que tiene virtud de producir.

PRODUCTO, p. p. seg. irreg. de PRODUCIR.

PRODUCTO, s. m. El caudal que se saca de alguna cosa que se vende ó que ella reditúa. || *Mat.* El número ó cantidad que resulta de la multiplicacion de otros dos números ó cantidades.

PROEJAR, v. n. Remar contra las corrientes ó la fuerza de los vientos que embisten á la embarcacion por la proa.

PROEL, s. m. El marinero que asiste y trabaja en la proa del navío ó embarcacion.

PROEMIAL, adj. y s. Perteneciente al proemio.

PROEMIO, s. m. V. PRÓLOGO, PREFACION.

PROEZA, s. f. Hazaña, valentía ó accion valerosa.

PROFACER, v. a. ant. Restaurar, restablecer, satisfacer lo equivalente.

PROFANACION, s. f. Accion y efecto de profanar.

PROFANADO, p. p. de PROFANAR.

PROFANADOR, RA, s. m. y f. El que profana.

PROFANAMENTE, adv. Con grave exceso y fausto en lo público, ó con profanidad.

PROFANAMIENTO, s. m. V. PROFANACION.

PROFANAR, v. a. Tratar alguna cosa sagrada sin el debido respeto ó aplicarla á usos profanos. || Deslucir, desdorar, deshonrar, prostituir.

PROFANÍA, s. f. ant. V. PROFANIDAD.

PROFANIDAD, s. f. El abuso de las cosas sagradas, ó el acto con que se profanan. || Exceso en el fausto y lucimiento.

PROFANO, NA, adj. Que no es sagrado ni sirve á sus usos. || Que es contra la reverencia debida á las cosas sagradas. || Libertino ó muy dado á las cosas del mundo. || Impío, irreligioso.

PROFAZADO, p. p. de PROFAZAR.

PROFAZADOR, RA, s. m. y f. ant. El chismoso.

PROFAZAMIENTO, s. m. ant. V. PROFAZO.

PROFAZAR, v. a. ant. Abominar, censurar ó decir mal.

PROFAZO, s. m. Abominacion, descrédito, mala fama en que cae alguno por su mal obrar.

PROFECÍA, s. f. Don que consiste en un conocimiento de las cosas distantes ó futuras por inspiracion divina. || La prediccion ó anuncio de las cosas futuras, hecha en virtud del don de profecía. || met. El juicio ó conjetura que se forma y hace de una cosa por las antecedentes señales que se han visto en ella.

PROFECTICIO, adj. V. BIENES y PECULIO.

PROFERENTE, p. a. de PROFERIR, Que profiere.

PROFERIDO, p. p. de PROFERIR.

PROFERIMIENTO, s. m. ant. Oferta.

PROFERIR, v. a. Pronunciar, decir, articular las palabras. || ant. Ofrecer, prometer, proponer.

PROFERTA, s. f. ant. V. OFERTA.

PROFERTO, p. p. irreg. ant. de PROFERIR, por ofrecer.
PROFESADO, p. p. de PROFESAR.
PROFESANTE, p. a. de PROFESAR, Que profesa.
PROFESAR, v. a. Egercer un arte, oficio, etc. || Enseñar, sostener públicamente alguna facultad, ciencia ó doctrina. || Confesar, reconocer, seguir una doctrina, una religion, etc. || Obligarse para toda la vida en alguna religion, haciendo solemnemente los tres votos de pobreza, obediencia y castidad. || Egercer alguna cosa con inclinacion voluntaria y continuacion en ella.
PROFESION, s. f. Oficio, egercicio, destino, carrera, modo de vida que cada uno tiene. || La accion de profesar en alguna religion. || Protestacion, confesion declaracion pública de su creencia, opinion, doctrina, etc. || Costumbre ó continuacion voluntaria de alguna cosa.
PROFESO, SA, adj. Que ha hecho su profesion.
PROFESOR, s. m. Catedrático.
PROFETA, s. m. El que posee y tiene el don de profecía. || met. El sugeto que por algunas señales conjetura y anuncia el fin que tendrá alguna cosa.
PROFETADO, p. p. de PROFETAR.
PROFETAL, adj. Que pertenece á los profetas y á las profecías.
PROFETAR, v. a. V. PROFETIZAR.
PROFÉTICAMENTE, adv. Con espíritu profético, á modo de profeta.
PROFÉTICO, CA, adj. Que pertenece á la profecía ó á los profetas, ó es propio de ámbos.
PROFETISA, s. f. La muger que tiene espíritu de profecía.
PROFETIZADO, p. p. de PROFETIZAR.
PROFETIZANTE, p. a. de PROFETIZAR, Que profetiza.
PROFETIZAR, v. a. Anunciar las cosas distantes ó futuras. || met. Conjeturar ó hacer juicio por algunas señales que se han observado del éxito de alguna cosa.
PROFICIENTE, adj. Que va aprovechando ó haciendo progresos.
PROFICUO, CUA, adj. V. PROVECHOSO.
PROFIJADO, p. p. de PROFIJAR.
PROFIJAMIENTO, s. m. ant. V. PROHIJAMIENTO.
PROFIJAR, v. a. ant. V. PROHIJAR.
PROFLIGADO, p. p. de PROFLIGAR.
PROFLIGAR, v. a. Vencer, destruir y desbaratar.
PRÓFUGO, GA, adj. Fugitivo, errante, vagabundo.
PROFUNDADO, p. p. de PROFUNDAR.
PROFUNDAMENTE, adv. Con profundidad. || met. Alta, elevada, agudamente, de lo íntimo y mas interior del ánimo.
PROFUNDAR, v. a. ant. V. PROFUNDIZAR. || met. Discurrir con la mayor atencion y examinar alguna cosa para llegar á su perfecto conocimiento. || Poner y penetrar muy interiormente alguna cosa.
PROFUNDIDAD, s. f. Una de las tres dimensiones que considera la matemática en cualquier cuerpo. || La extension de cualquiera cosa desde su superficie hasta su fondo. || La intension de alguna cosa en su especie. || met. La alteza, excelencia, grandeza, impenetrabilidad por la capacidad é ingenio, y por la densidad ó espesura.
PROFUNDÍSIMAMENTE, adv. sup. de PROFUNDAMENTE.
PROFUNDÍSIMO, MA, adj. sup. de PROFUNDO.
PROFUNDIZADO, p. p. de PROFUNDIZAR.
PROFUNDIZAR, v. a. Cavar alguna cosa para que esté mas honda. || met. Discurrir con la mayor atencion y examinar alguna cosa para llegar á su perfecto conocimiento.
PROFUNDIZAR, v. n. Poner y penetrar muy interiormente alguna cosa para llegar á su perfecto conocimiento.
PROFUNDO, DA, adj. Que se considera medido desde lo mas alto á lo mas bajo. || Que está mas cavado y hondo que lo regular. || Extendido á lo largo. || met. Intenso ó denso en su especie. || Recóndito, abstruso, difícil de entenderse ó comprenderse. || Alto, grande, particular. || Humilde en su grado.
PROFUNDO, s. m. El mar. || *Poét.* El infierno.
PROFUSAMENTE, adv. Abundante y excesivamente, con profusion.
PROFUSION, s. f. Dispendio excesivo ó superfluo.
PROFUSÍSIMO, MA, adj. sup. de PROFUSO, SA.
PROFUSO, SA, adj. Abundante, copioso, superfluamente excesivo en el gasto.
PROGENIE, s. f. Casta, generacion ó familia.
PROGENITOR, s. m. El ascendiente de quien se deriva y tiene alguno su principio.

PROGENITURA, s. f. V. PROGENIE. || La calidad de primogénito ó el derecho de tal.

PROGIMNASMA, s. m. Principio ó ensayo de algun egercicio ó accion.

PRÓGIMO, s. m. Cualquiera criatura capaz de gozar de la bienaventuranza. || fest. El asno. || NO TENER PRÓGIMO, Ser muy duro de corazon.

PROGRAMA, s. m. La diccion ó dicciones que se destinan para que trastrocando sus letras se formen otra ú otras que es la ANAGRAMA. || El tema que se da para un discurso, diseño, cuadro, etc.

PROGRESION, s. f. La accion de ir, ó dirigirse hácia adelante. || *Mat.* Una serie de números ó cantidades en proporcion continua. || PROGRESION ASCENDENTE, Aquella cuyos números van creciendo. || PROGRESION DESCENDENTE, Aquella cuyos números van menguando.

PROGRESIVAMENTE, adv. Con progresion.

PROGRESIVO, VA, adj. Que va hácia adelante.

PROGRESO, s. m. Continuacion ó adelantamiento.

PROHIBENTE, p. a. de PROHIBIR, Que prohibe, como ley PROHIBENTE.

PROHIBICION, s. f. Accion y efecto de prohibir. || PROHIBICION DE LUZ, *Astr.* La que padece un planeta mas tardo hallándose entre otros dos mas veloces.

PROHIBIDO, p. p. de PROHIBIR.

PROHIBIR, v. a. Vedar é impedir el uso ó egecucion de alguna cosa.

PROHIBITIVO, VA, adj. V. PROHIBITORIO.

PROHIBITORIO, RIA, adj. Que veda, embaraza ó prohibe alguna cosa.

PROHIDIA, s. f. ant. V. PORFÍA.

PROHIDIAR, v. a. ant. V. PORFIAR.

PROHIJACION, s. f. V. PROHIJAMIENTO.

PROHIJADO, p. p. de PROHIJAR.

PROHIJADOR, s. m. El que prohija.

PROHIJAMIENTO, s. m. El acto de prohijar.

PROHIJAR, v. a. Adoptar y declarar por hijo al que lo es de otro naturalmente. || Adoptar, recibir como hijo ó hermano. || met. Achacar ó atribuir á uno alguna cosa que no ha egecutado.

PROHOMBRE, s. m. En los gremios de los artesanos el veedor electo para el gobierno del gremio. || Hombre bueno, buen varon, esto es, prudente, cuerdo é íntegro.

PROIS, s. m. ant. *Náut.* La piedra ú otra cosa en tierra en que se amarra la embarcacion. || La misma amarra que se da en tierra para asegurar la embarcacion en el PROIS.

PROIZA, s. f. *Náut.* Cierto cable que se pone á proa para anclar ó amarrar el navío.

PROL, s. m. ant. Provecho, utilidad, conveniencia y abundancia.

PROLACION, s. f. Accion de proferir ó pronunciar.

PROLE, s. f. El linage, hijos ó descendencia de alguno.

PROLEGÓMENO, s. m. El tratado que se pone al principio de alguna obra ó escrito.

PROLÉPSIS, s. f. *Ret.* Figura en que el orador se propone la objecion que podrian ponerle los contrarios, y responde á ella.

PROLETARIO, RIA, adj. y s. El que no tiene bienes ningunos, y no es comprendido en las listas vecinales del pueblo en que habita sino por su persona y familia.

*PROLÍFICO, CA, adj. Que tiene virtud de producir y engendrar.

PROLIJAMENTE, adv. Dilatada y difusamente, con prolijidad.

PROLIJIDAD, s. f. Dilatacion ó extension demasiada en la egecucion de alguna cosa. || Excesivo cuidado ó esmero en la egecucion de alguna cosa. || Demasiada impertinencia ó pesadez.

PROLIJÍSIMAMENTE, adv. sup. de PROLIJAMENTE.

PROLIJÍSIMO, MA, adj. sup. de PROLIJO.

PROLIJO, JA, adj. Largo, dilatado, difuso. || Demasiadamente cuidadoso ó esmerado. || Molesto, impertinente, pesado.

PRÓLOGO, s. m. El exordio ó prefacion que se pone y coloca al principio de los libros ó tratados. || met. Todo aquello que sirve como de exordio ó principio para egecutar alguna cosa.

PROLOGUISTA, s. m. El escritor de prólogos.

PROLONGA, s. m. *Art.* Cuerda que une el avantren con la cureña.

PROLONGACION, s. f. La dilatacion ó extension de alguna cosa, especialmente en el tiempo.

PROLONGADAMENTE, adv. Dilatadamente, con extension ó con larga duracion.

PROLONGADÍSIMO, MA, adj. sup. de PROLONGADO.

PROLONGADO, p. p. de PROLONGAR. ‖ PROLONGADO, DA, adj. Que es mas largo que ancho.

PROLONGADOR, RA, s. m. y f. El que dilata ó prolonga.

PROLONGAMIENTO, s. m. V. PROLONGACION.

PROLONGAR, v. a. Alargar, dilatar ó, extender alguna cosa mas á lo largo que á lo ancho. ‖ Hacer que dure alguna cosa por mas tiempo.

PROLOQUIO, s. m. Máxima, axioma, sentencia.

PROLUSION, s. f. V. PRELUSION.

PROMEDIADO, p. p. de PROMEDIAR.

PROMEDIAR, v. a. Igualar ó repartir alguna cosa en dos partes iguales.

PROMEDIAR, v. n. Interponerse entre dos ó mas personas para ajustar alguna dependencia.

PROMEDIO, s. m. Aquella parte en que se divide por mitad ó casi la mitad alguna cosa.

PROMESA, s. f. La expresion de la voluntad de dar á otro ó hacer por él alguna cosa. ‖ Ofrecimiento que se hace á Dios ó sus santos de egecutar alguna obra piadosa. ‖ SIMPLE PROMESA, La que no se confirma con voto ó juramento.

PROMETEDOR, RA, s. m. y f. El que promete alguna cosa.

PROMETER, v. a. Ofrecer con toda aseveracion y firmeza el hacer ó dar alguna cosa. ‖ Aseverar ó asegurar alguna cosa.

PROMETERSE, v. r. Esperar ó tener gran confianza en el logro de alguna pretension ú otra cosa. ‖ Ofrecerse por devocion ó agradecimiento al servicio ó culto de Dios ó de sus santos. ‖ Darse mutuamente palabra de matrimonio ó por sí ó por tercera persona.

PROMETIDO, p. p. de PROMETER.

PROMETIDO, s. m. V. PROMETIMIENTO. ‖ En las pujas aquella talla que se pone de premio á los ponedores ó pujadores desde la primera postura hasta el primer remate.

PROMETIENTE, p. a. de PROMETER, Que promete.

PROMETIMIENTO, s. m. V. PROMESA.

PROMINENCIA, s. f. Elevacion de una cosa sobre lo que está al rededor.

PROMINENTE, adj. Que se levanta ó sobresale sobre lo que está al rededor.

PROMISCUAMENTE, adv. Con uso igual de una cosa ú otra equivalente.

PROMISCUAR, v. n. Mezclar en dias de vigilia comida de carne y pescado.

PROMISCUO, CUA, adj. Mezclado confusa ó indiferentemente. ‖ Equívoco, anfibológico, que tiene dos sentidos.

PROMISION, s. f. Accion de prometer ó promesa.

PROMISORIO, RIA, adj. Que incluye en sí promesa.

PROMOCION, s. f. Accion de promover. ‖ La elevacion ó traslacion de alguno á una dignidad ó empleo superior al que tenia.

PROMONTORIO, s. m. La altura considerable de tierra que se halla en cualquiera parte. ‖ met. Cualquiera cosa que hace demasiado bulto y causa gran estorbo. ‖ *Geog.* V. CABO.

PROMOTOR, s. m. El que promueve ó adelanta alguna cosa, haciendo que llegue á su perfeccion. ‖ Fiscal.

PROMOVEDOR, RA, s. m. y f. El que promueve ó adelanta alguna cosa.

PROMOVENDO, s. m. El que está para ser promovido.

PROMOVER, v. a. Adelantar alguna cosa procurando hacer que llegue á su perfeccion. ‖ Levantar ó elevar á uno á otro empleo ó dignidad mas preeminente que el que tenia.

PROMOVIDO, p. p. de PROMOVER.

PROMULGACION, s. f. Publicacion, la accion y efecto de promulgar ó publicar.

PROMULGADO, p. p. de PROMULGAR.

PROMULGADOR, RA, s. m. y f. El que promulga ó publica alguna cosa.

PROMULGAR, v. a. Publicar alguna cosa solemnemente, hacerla saber á todos. ‖ V. DAR AL PÚBLICO.

PROMUTACION, s. f. ant. V. PERMUTACION.

PROMUTADO, p. p. de PROMUTAR.

PROMUTAR, v. a. ant. V. PERMUTAR.

PRONEIDAD, s. f. ant. Inclinacion ó propension á alguna cosa.

PRONO, NA, adj. Inclinado demasiadamente. ‖ met. Inclinado, propenso, afecto.

PRONOMBRE, s. m. *Gram.* La diccion que se pone en lugar del nombre propio ó apelativo para evitar la repeticion de él.

PRONOSTICACION, s. f. La prediccion de lo futuro, que se hace por la observacion de algunas señales.

PRONOSTICADO, p. p. de PRONOSTICAR.

PRONOSTICADOR, RA, s. m. y f. El que predice ó pronostica.

PRONOSTICAR, v. a. Anunciar ó predecir alguna cosa por la observacion de las señales.

PRONÓSTICO, s. m. La señal por donde se conjetura ó adivina alguna cosa futura. || La prediccion ó adivinacion de las cosas futuras hecha por la observacion de algunas señales. || El almanaque que pronostica.

PRONÓSTICO, CA, adj. Que pertenece al pronóstico.

PRONTAMENTE, adv. Apresuradamente, con prisa ó celeridad.

PRONTEZA, s. f. ant. V. PRONTITUD.

PRONTÍSIMAMENTE, adv. sup. de PRONTAMENTE.

PRONTÍSIMO, MA, adj. sup. de PRONTO.

PRONTITUD, s. f. Celeridad, presteza ó velocidad. || Viveza de ingenio ó de la imaginacion. || Viveza de genio, precipitacion.

PRONTO, TA, adj. Veloz, acelerado, ligero. || Dispuesto, aparejado para la egecucion de alguna cosa. || PRIMER PRONTO, V. PRIMER MOVIMIENTO.

PRONTO, s. m. El movimiento repentino de alguna pasion.

PRONTO, adv. V. PRONTAMENTE. || DE PRONTO, Apresuradamente, sin reflexion. || POR EL PRONTO, Interinamente, en el entretanto, provisionalmente.

PRONTUARIO, s. m. Apuntamiento en que se anotan ligeramente varias cosas á fin de tenerlas presentes.

PRONUBA, s. f. *Poét.* La madrina de las bodas.

PRONUNCIA, s. f. for. *Ar.* V. PRONUNCIACION.

PRONUNCIACION, s. f. Articulacion de las letras ó palabras hecha con el sonido de la voz. || La parte de la retórica que trata de la accion y modo de hablar y representar lo que se dice. || for. V. PUBLICACION.

PRONUNCIADO, p. p. de PRONUNCIAR.

PRONUNCIADOR, RA, s. m. y f. El que pronuncia.

PRONUNCIAMENTO, s. m. for. V. PRONUNCIACION por publicacion.

PRONUNCIAR, v. a. Anunciar, proferir con anticipacion algun suceso. || Determinar, acordar alguna cosa interin se decide el punto principal. || Articular, expresar las letras ó palabras con el sonido de la voz. || for. Publicar la sentencia ó auto.

PROPAGACION, s. f. La multiplicacion de la especie por generacion. || Dilatacion, extension de alguna cosa.

PROPAGADO, p. p. de PROPAGAR.

PROPAGADOR, RA, s. m. y f. El que propaga.

PROPAGAR, v. a. Multiplicar la especie por via de generacion. || Extender, dilatar ó aumentar alguna cosa.

PROPAGATIVO, VA, adj. Que tiene virtud de propagar.

PROPALADO, p. p. de PROPALAR.

PROPALAR, v. a. Publicar, divulgar una cosa que debiera estar secreta y oculta.

PROPAO, s. m. *Náut.* Especie de barandilla puesta en algunos parages de la cubierta alta de los navíos y otras embarcaciones.

PROPARTIDA, s. f. ant. El tiempo que precede á la partida.

PROPASADO, p. p. de PROPASAR.

PROPASAR, v. a. Pasar mas adelante de lo que se debia.

PROPENSAMENTE, adv. Con inclinacion ó propension á alguna cosa.

PROPENSION, s. f. La inclinacion de alguna persona ó cosa á lo que es de su naturaleza ó genio.

PROPENSO, SA, adj. Inclinado ó afecto á aquello que le es natural.

PROPIAMENTE, adv. Con propiedad.

PROPICIACION, s. f. La accion agradable á Dios, con que se le mueve á piedad y misericordia. || El sacrificio que se ofrecia en la ley antigua para aplacar la justicia divina.

PROPICIADO, p. p. de PROPICIAR.

PROPICIADOR, RA, s. m. y f. El que propicia.

PROPICIAMENTE, adv. Benigna y favorablemente.

PROPICIAR, v. a. Ablandar, aplacar la ira de alguno.

PROPICIATORIO, RIA, adj. Que tiene virtud de mover y hacer propicio.

PROPICIATORIO, s. m. Cierta lámina ó tabla cuadrada de oro, que en la ley antigua se ponia sobre el arca del testamento.

PROPICIO, CIA, adj. Benigno, favorable, blando, inclinado á hacer bien.

PROPIEDAD, s. f. V. DOMINIO. || V. HACIENDA, RAIZ. || Aquella calidad particular que conviene privativamente á alguna cosa. || La debida proporcion, naturalidad ó perfeccion con que se usa de alguna cosa ó se habla de ella. || La propension natural, ó inclinacion de costumbre que alguno tiene á alguna cosa.||met. Semejanza ó perfecta imitacion. || met. El vicio contrario á la pobreza religiosa.||for. El domino de alguna cosa. || *Filos.* V. PROPIO. || *Mús.* Cada una de las tres especies de hexacordos del sistema de Guido Aretino.

PROPIENDA, s. f. *Bord.* Tira de angeo, que se clava en el rebajo que por adentro tienen los palos del bastidor, y sirve para coser y asegurar en ella la tela que se ha de bordar.

PROPIETARIAMENTE, adv. Con derecho de propiedad.

PROPIETARIO, RIA, adj. y s. Que tiene el derecho de propiedad en alguna cosa.|| Dícese de todo aquello en que alguno tiene el derecho de propiedad.||El religioso que incurre en el vicio de propiedad.

PROPINA, s. f. La colacion ó agasajo que se repartia entre los concurrentes de alguna junta. || Estipendio que se da á uno por algun trabajo, ocupacion ó asistencia.

PROPINADO, p. p. de PROPINAR.

PROPINAR, v. a. Dar á beber convidando con la bebida.

PROPINCO, CA, adj. ant. V. PROPINCUO.

PROPINCUIDAD, s. f. Proximidad, cercanía ó inmediacion de una cosa á otra.

PROPINCUÍSIMO, MA, adj. sup. de PROPINCUO.

PROPINCUO, CUA, adj. Allegado, cercano, inmediato, próximo.

PROPIO, PIA, adj. Que pertenece á alguno con derecho de poder usar de ello libremente.||Dícese de las cosas no materiales, peculiares de cada uno. || Á propósito y conveniente para algun fin. || V. CONSECUENTE. || Natural en contraposicion á postizo ó accidental. || Equivale tambien á MISMO.||Muy semejante ó parecido. || *Filos.* Dícese de aquel accidente que se sigue necesariamente, y es inseparable de la esencia de las cosas.||*Gram.* Se dice del nombre que expresa algun individuo de cualquiera especie.

PROPIO, s. m. El correo de á pié que alguno despacha para llevar una ó mas cartas de importancia. || Heredad, dehesa, casa ú otro cualquier género de hacienda que tiene alguna ciudad, villa ó lugar. || V. PROPIEDAD. || AL PROPIO, Con propiedad.

PROPÍSIMAMENTE, adv. sup. de PROPIAMENTE.

PROPOLEOS, s. m. El betun con que las abejas bañan las colmenas ó vasos ántes de empezar á obrar.

PROPONEDOR, RA, s. m. y f. El que propone ó representa alguna cosa.

PROPONENTE, p. a. de PROPONER, Que propone.

PROPONER, v. a. Representar ó hacer presente con razones á uno alguna cosa. || Resolver, deliberar, determinar ó hacer propósito de egecutar ó no alguna cosa.||En las escuelas poner el medio explicando ántes la cuestion, y arguyendo contra la parte que elige el que defiende.||Indicar, tocar, demostrar alguna dificultad, duda, objecion, etc.||Consultar ó presentar á alguno para algun empleo.

PROPONIMIENTO, s. m. ant. V. PROPÓSITO, resolucion.

PROPORCION, s. f. Disposicion, conformidad ó correspondencia debida de las partes con el todo. || La aptitud, disposicion ó capacidad para alguna cosa.||*Mat.* La semejanza ó igualdad de dos razones. || La razon entre dos cantidades. || PROPORCION ARITMÉTICA, Aquella en que los excesos de los números de que se compone son los mismos. || PROPORCION ARMÓNICA, En la serie de tres números, en la que el máximo al mínimo tiene la misma razon que la diferencia entre el máximo y medio, es la diferencia entre el medio y mínimo. || PROPORCION COMPUESTA, La que se compone de mas de cuatro términos principales. || PROPORCION CONTINUA, Se dice cuando el primer término tiene al segundo la misma razon que el segundo al tercero, y que el tercero al cuarto, y el cuarto al quinto, etc. || PROPORCION DIRECTA, Se dice cuando los términos se comparan directamente.||PROPORCION DUPLA, Aquella en que una de las longitudes ó cantidades es dos veces mayor que la otra. || PROPORCION GEOMÉTRICA, Aquella cuyos antecedentes y consecuentes proceden en una misma razon. || PROPORCION INVERSA, V. PROPORCION RECÍPROCA.||PROPORCION MAYOR, Uno de los tiempos que se usan en la música.||PROPORCION MENOR, Es otro tiempo de los que se usan en la música.||PROPORCION RECÍPROCA Ó INVERSA, Se dice cuando los términos se comparan indirectamente. || PROPORCION SESQUIÁLTERA, Aquella en que una de las longitudes ó cantidades es vez y media mayor que la otra.||PROPORCION SIMPLE, La que solamente se compone de cuatro términos principales, y consiguientemente de dos razones. ‖ Á PROPORCION, Con conformidad ó á medida.

PROPORCIONABLE, adj. V. PROPORCIONADO.

PROPORCIONABLEMENTE, adv. V. PROPORCIONADAMENTE.

PROPORCIONADAMENTE, adv. Con proporcion.

PROPORCIONADO, p. p. de PROPORCIONAR. ‖ PROPORCIONADO, DA, adj. Regular, competente ó apto para lo que es menester.

PROPORCIONAL, adj. Que pertenece á la proporcion ó la encluye en sí.

PROPORCIONALIDAD, s. f. V. PROPORCION.

PROPORCIONALMENTE, adv. V. PROPORCIONADAMENTE.

PROPORCIONAR, v. a. Disponer y ordenar alguna cosa de suerte que tenga la debida proporcion y correspondencia en sus partes, ó que no le falte ni sobre para acomodarse al fin para que se destina. ‖ Poner en aptitud ó grado para el logro de alguna cosa.

PROPORCIONARSE, v. r. Medirse en lo que se intenta ó pretende con su capacidad ó mérito.

PROPOSICION, s. f. Accion de proponer. ‖ Entre los dialécticos es una oracion breve en que se asienta alguna cosa verdadera ó falsa. ‖ *Mat.* Cualquiera conclusion de la ciencia que se propone, para probarla por sus principios. ‖ BARAJAR UNA PROPOSICION, Descartarla ó desecharla no haciendo caso de ella. ‖ RECOGER UNA PROPOSICION, Advierte á alguno que la proposicion que ha dicho es sensible, mal sonante ó no verdadera.

PROPÓSITO, s. m. Resolucion firme de hacer alguna cosa. ‖ La materia de que se trata ó en que se está entendiendo. ‖ Á PROPÓSITO, Expresa que alguna cosa es proporcionada ú oportuna para el fin que se desea ó á que se destina. ‖ DE PROPÓSITO, Con intencion determinada ó voluntariamente. ‖ FUERA DE PROPÓSITO, Sin venir al caso, fuera de tiempo y oportunidad.

PROPRETOR, s. m. Magistrado romano.

PROPRIO, PRIA, adj. ant. V. PROPIO.

PROPUESTA, s. f. La proposicion ó especie que se representa y propone a uno para algun fin. ‖ La representacion ó súplica que se hace de las razones que se tienen para no hacer ó para dilatar lo que se manda. ‖ La consulta de uno ó mas sugetos hecha al superior para algun empleo.

PROPUESTO, p. p. irreg. de PROPONER.

PROPUGNÁCULO, s. m. La fortaleza ó lugar murado y guarnecido. ‖ met. Antemural, defensa, escudo, amparo.

PROPULSA, s. f. El acto de apartar al enemigo ú otra cosa que ofende defendiéndose.

PROPULSION, s. f. V. PROPULSA.

PRORA, s. f. ant. V. PROA.

PRORATA, s. f. La cuota parte que toca á alguno de aquello que se reparte en varios.

PRORATEADO, p. p. de PRORATEAR.

PRORATEAR, v. a. Repartir una cantidad entre algunos proporcionando la parte que toca á cada uno.

PRORÁTEO, s. f. La separacion y reparticion de algun todo entre varias personas proporcionada á lo que debe tocar á cada una.

PROROGA, s. f. V. PROROGACION.

PROROGABLE, adj. Que se puede prorogar.

PROROGACION, s. f. Ampliacion, extension, continuacion ó dilatacion del tiempo señalado.

PROROGADO, p. p. de PROROGAR.

PROROGAR, v. a. Ampliar, dilatar, extender ó continuar el tiempo señalado.

PRORUMPIR, v. n. Salir con ímpetu ó fuerza alguna cosa. ‖ Proferir ó arrojar repentinamente y con fuerza ó violencia alguna voz, suspiro ú otra cosa que dé muestras del dolor ú otro afecto del ánimo.

PROSA, s. f. La oracion corriente y suelta sin aligacion de pies ni consonantes. ‖ fam. La conversacion ó plática impertinente y pesada. ‖ En la misa la secuencia que en algunas solemnidades se dice ó canta despues de la espistola.

PROSADOR, RA, s. m. y f. V. PROSISTA. ‖ fam. Hablador malicioso, satírico, mordaz, picante.

PROSAICO, CA, adj. Que pertenece á la prosa, ó que está en prosa.

PROSAPIA, s. f. La ascendencia, linage ó generacion de alguno.

PROSCENIO, s. m. En el teatro de los antiguos el lugar entre la escena y la orquesta.

PROSCRIBIR, v. a. Declarar á uno por público malhechor, dando facultad á cualquiera para que le quite la vida, y prometiendo premios á quien le entregue vivo ó muerto. ‖ Desterrar, echar fuera. || met. Excluir, reprobar, desechar, abolir, hablando de vocablos de una lengua, etc.

PROSCRIPCION, s. f. for. El bando con que se declara á alguno por público malhechor.

PROSCRIPTO, p. p. irreg. de PROSCRIBIR.

PROSECUCION, s. f. Accion de proseguir ó continuar alguna cosa. || SEGUIMIENTO ó persecucion.

PROSEGUIBLE, adj. Que se puede proseguir.

PROSEGUIDO, p. p. de PROSEGUIR.

PROSEGUIMIENTO, s. m. V. PROSECUCION.

PROSEGUIR, v. a. Seguir, continuar, llevar adelante lo que se tenia empezado.

PROSÉLITO, s. m. Nombre que se daba ántes de la venida de Jesucristo al gentil que se convertia á la verdadera religion. || met. Secuaz, partidario de alguna faccion, bando ó parcialidad.

PROSEVANTE, s. m. V. PERSEVANTE.

PROSISTA, s. m. El autor que ha escrito alguno ó algunos tratados en prosa. ||fam. El hablador que gasta mucha prosa.

PROSIT, Voz latina que significa buen provecho haga.

PROSITA, s. f. d. de PROSA. Tómase por un discurso ó fragmento corto de una obra en prosa.

PROSODIA, s. f. Parte de le gramática que enseña la pronunciacion, señala los acentos y la cantidad de las sílabas, y por consecuencia á hacer y medir versos. ||La misma poesía. || La locuacidad ó afluencia afectada de voces.

PROSOPOPEYA, s. f. *Ret.* Figura con la cual el orador ó poeta finge y representa varias personas haciendo hablar á los ausentes ó difuntos, ó introduciendo ciudades y otras cosas inanimadas que hablen. ||Ostentacion, fausto, afectacion en el discurso, etc. || fam. La accion de esplendor, lucimiento ó gala.

PROSPECTO, s. m. Exposicion, indicacion ó anuncio breve que se hace al público sobre alguna obra ó escrito ántes de darse á luz.

PROSPERADO, p. p. de PROSPERAR.

PRÓSPERAMENTE, adv. Feliz ó dichosamente, con prosperidad y fortuna.

PROSPERAR, v. a. Acrecentar á uno los bienes ú otra cosa para que viva feliz y afortunado.

PROSPERAR, v. n. Tener ó gozar prosperidad.

PROSPERIDAD, s. f. Felicidad, bonanza ó buen suceso en salud ó negocios.

PROSPERÍSIMAMENTE, adv. sup. de PRÓSPERAMENTE.

PROSPERÍSIMO, MA, adj. sup. de PRÓSPERO.

PRÓSPERO, RA, adj. Feliz, dichoso, afortunado.

PROSTAFÉRESI, s. f. *Astron.* La diferencia que hay entre el lugar ó movimiento medio y el verdadero ó aparente de algun astro.

PROSTILO, adj. Se aplica al templo entre los antiguos que ademas de las dos columnas conjuntas tenia otras dos enfrente de las pilastras angulares.

PROSTITUCION, f. Accion y efecto de prostituir ó prostituirse.

PROSTITUIDO, p. p. de PROSTITUIR.

PROSTITUIR, v. a. Exponer públicamente á todo género de torpeza y sensualidad. || met. Deshonrar, vender su empleo, autoridad, etc., abusando bajamente de ella.

PROSTITUTA, s. f. V. RAMERA.

PROSTITUTO, p. p. irreg. de PROSTITUIR.

PROSTRADO, p. p. de PROSTRAR.

PROSTRAR, v. a. ant. V. POSTRAR.

PROSUPONER, v. a. ant. V. PRESUPONER.

PROSUPUESTO, p. p. irreg. de PROSUPONER.

PROSUPUESTO, s. m. ant. V. PRESUPUESTO.

PROTAGONISTA, s. f. El personage principal en cualquiera fábula dramática.

PROTÁSIS, s. f. La primera parte del drama, en que se entabla la accion. || *Ret.* En el período compuesto la primera parte de él hasta donde empieza á descender el sentido.

PROTECCION, s. f. El amparo ó favor con que algun poderoso patrocina á los desvalidos.

PROTECTOR, RA, s. m. y f. El que patrocina y ampara. || El que por oficio cuida de los derechos ó intereses de alguna comunidad ó religion.

PROTECTORÍA, s. f. El empleo ó ministerio de protector.

PROTECTORIO, RIA, adj. Que pertenece á la proteccion.

PROTECTRIZ, s. f. V. PROTECTORA.

PROTEGER, v. a. Amparar, favorecer, defender.

PROTEGIDO, p. p. de PROTEGER, Usado como sustantivo se toma por favorito, ahijado.

PROTERVAMENTE, adv. Insolentemente, con arrogancia, tenacidad y desafuero.

PROTERVIA, s. f. Tenacidad, soberbia, arrogancia é insolencia.

PROTERVIDAD, s. f. V. PROTERVIA.

PROTERVO, VA, adj. Tenaz, insolente, arrogante.

PROTESTA, s. f. for. Prevencion que se hace para no perjudicar en el derecho que uno tiene á adquirir alguna cosa ó usar de ella. || Promesa con aseveracion ó atestacion de egecutar alguna cosa.

PROTESTACION, s. f. Declaracion del ánimo firme que uno tiene en órden á egecutar alguna cosa. || Amenaza. || PROTESTA en lo forense. || PROTESTACION DE LA FE, Declaracion, confesion pública que alguno hace de la religion verdadera ó de la creencia que profesa. || La fórmula dispuesta por la iglesia para confesar y enseñar en público las verdades de la fe católica.

PROTESTADO, p. p. de PROTESTAR.

PROTESTANTE, p. a. de PROTESTAR, Que protesta.

PROTESTANTE, adj. y s. El que sigue la religion reformada ó cualquiera de sus sectas, ó perteneciente á estos sectarios.

PROTESTAR, v. a. Declarar el ánimo que uno tiene en órden á egecutar alguna cosa. || Asegurar con ahinco y eficacia. || Amenazar. || Confesar públicamente la fe y creencia que alguno profesa y en que desea vivir. || for. Declarar violencia, miedo ú otra accion, á fin de que no le pare perjuicio en lo que egecuta.

PROTESTATIVO, VA, adj. Que protesta ó declara alguna cosa ó da testimonio de ella.

PROTESTO, s. m. V. PROTESTA. || Requerimiento que se hace ante escribano al que no quiere aceptar ó pagar alguna letra. || PROTESTO LA FUERZA, V. FUERZA.

PROTO, Voz griega que vale primero en su línea.

PROTOALBÉITAR, s. m. El primero entre los albéitares.

PROTOALBEITERATO, s. m. Tribunal en que se examinan y aprueban los albéitares para poder egercer su facultad.

PROTOCOLADO, p. p. de PROTOCOLAR.

PROTOCOLAR, v. a. Poner ó incluir en el protocolo.

PROTOCOLIZADO, p. p. de PROTOCOLIZAR.

PROTOCOLIZAR, v. a. V. PROTOCOLAR.

PROTOCOLO, s. m. El libro en que el escribano pone por su órden los registros de las escrituras y otros instrumentos que han pasado ante él.

PROTOMÁRTIR, s. m. El primero de los mártires.

PROTOMEDICATO, s. m. Tribunal para reconocer la suficiencia y habilidad de los que se quieren aprobar de médicos. || Empleo y título honorífico de protomédico.

PROTOMÉDICO, s. m. El primero y mas principal de los médicos. || Título que se da á todos los tres médicos del rey que componen el tribunal de protomedicato.

PROTONOTARIO, s. m. El primero y principal de los notarios, ó el que despacha con el príncipe y refrenda sus despachos, cédulas y privilegios. || PROTONOTARIO APOSTÓLICO, Dignidad eclesiástica con honores de prelacía que el papa concede á algunos clérigos.

PROTOTIPO, s. m. El original, egemplar ó primer molde en que se fabrica alguna figura ú otra cosa.

PROVAGAR, v. n. ant. Proseguir el camino comenzado, pasar adelante en él.

PROVECHADO, p. p. de PROVECHAR.

PROVECHAR, v. a. ant. V. APROVECHAR.

PROVECHO, s. m. Beneficio ó utilidad que se consigue ó se origina de alguna cosa ó por algun medio. || Utilidad ó beneficio que se hace á alguno ó se le sigue de alguna cosa. || Aprovechamiento ó adelantamiento en las ciencias, artes ó virtudes. || PROVECHOS, pl. Utilidades ó emolumentos que se adquieren ó permiten fuera del salario. || BUEN PROVECHO, fam. Explica el deseo de que alguna cosa le sea útil ó conveniente á la salud ó á su bien estar. || SER DE PROVECHO, Ser útil ó á propósito. || NO HAY TONTO PARA SU PROVECHO, Explica que por poca capacidad que uno tenga, en llegando á su propia utilidad discurre con acierto.

PROVECHOSAMENTE, adv. Con provecho ó utilidad.

PROVECHOSÍSIMAMENTE, adv. sup. de PROVECHOSAMENTE.

PROVECHOSÍSIMO, MA, adj. sup. de PROVECHOSO.

PROVECHOSO, SA, adj. Que causa provecho ó es de provecho ó utilidad.

PROVECTO, TA, adj. Antiguo, adelantado ó que ha aprovechado en alguna cosa.

PROVEEDOR, RA, s. m. y f. El que tiene á su cargo proveer ó abastecer de lo necesario.

PROVEEDURÍA, s. f. La casa donde se guardan y distribuyen las provisiones. || El cargo y oficio de proveedor.

PROVEER, v. a. Prevenir, juntar y tener prontos los mantenimientos ú otras cosas necesarias para algun fin. || Disponer, mandar ó gobernar alguna dependencia ó negocio. || Dar ó conferir alguna dignidad, empleo ú otra cosa. || Suministrar, á alguno lo necesario para mantenerse ó alimentarse. || for. Despachar ó dar algun auto.

PROVEERSE, v. r. Desembarazar, exonerar el vientre.

PROVEIDÍSIMO, MA, adj. sup. de PROVEIDO.

PROVEIDO, p. p. de PROVEER.

PROVEIDO, s. m. El auto dado por el juez.

PROVEIMIENTO, s. m. Acto de proveer.

PROVENA, s. f. El mugron de la vid.

PROVENIENTE, p. a. de PROVENIR, Que procede de otra cosa.

PROVENIR, v. n. Nacer, proceder, originarse de alguna cosa como de su principio.

PROVENTO, p. p. ant. é irreg. de PROVENIR.

PROVENTO, s. m. Producto, renta.

PROVENZAL, adj. y s. De la Provenza.

PROVERBIADOR, s. m. Libro ó cuaderno donde se anotan algunas sentencias ó cosas dignas de traerlas á la memoria.

PROVERBIAL, adj. Que toca ó pertenece á proverbio ó le incluye.

PROVERBIALMENTE, adv. En forma de proverbio ó como proverbio.

PROVERBIAR, v. n. fam. Usar mucho de proverbios.

PROVERBIO, s. m. Sentencia, adagio ó refran. || Supersticion que consiste en creer que ciertas palabras oidas casualmente en determinadas noches del año, y con especialidad en la de san Juan, son oráculos que anuncian la dicha ó desdicha de quien las oye. || PROVERBIOS, pl. Libro de la sagrada Escritura que contiene varias sentencias de Salomon.

PROVERBISTA, s. m. fam. El aficionado á decir ó escribir proverbios.

PRÓVIDAMENTE, adv. Cuidadosa y diligentemente.

PROVIDENCIA, s. f. Disposicion anticipada ó prevencion que mira ó conduce al logro de algun fin. || La disposicion que se toma en algun lance sucedido para componerle ó remediar algun daño que puede resultar. || Por antonomasia se entiende la de Dios. || Estado, órden ó disposicion actual de las cosas, especialmente en lo facultativo.

PROVIDENCIAL, adj. Que toca á la providencia ó la incluye.

PROVIDENCIALMENTE, adv. Provisionalmente, por pronta providencia.

PROVIDENCIAR, v. a. Dar ó tomar providencia.

PROVIDENTE, adj. Avisado, prudente, que tiene prudencia.

PROVIDENTÍSIMO, MA, adj. sup. de PROVIDENTE.

PRÓVIDO, DA, adj. Prevenido, cuidadoso y diligente para proveer y acudir con lo necesario.

PROVINCIA, s. f. Parte de un reino ó estado. || En las religiones distrito en que dividen su cuerpo. || El juzgado de los alcaldes de corte, separados de la sala criminal. || met. La materia grave ó negocio de que se ha de tratar.

PROVINCIAL, adj. Perteneciente á alguna provincia.

PROVINCIAL, s. m. El religioso que tiene el gobierno y superioridad sobre todos los conventos de una provincia. || El pasquin ó mote breve con que se nota y censura agriamente el gobierno ú otra accion pública.

PROVINCIALATO, s. m. Dignidad, oficio ó empleo del provincial. || El tiempo ó espacio que el provincial tiene esta dignidad ó cargo.

PROVINCIANO, NA, adj. y s. De Guipúzcoa, y perteneciente á esta provincia.

PROVINCO, s. m. ant. V. ENCANTADOR.

PROVISION, s. f. Prevencion de mantenimientos ú otras cosas necesarias. || Los mismos mantenimientos ó cosas que se previenen y tienen prontas. || Mandamiento en nombre del rey para que se egecute lo que por ellos se ordena. || La accion de dar ó conferir algun oficio, dignidad ó empleo. || ant. Providencia ó disposicion conducente para el logro de alguna cosa.

PROVISIONAL, adj. Que se dispone ó manda interinamente.

PROVISIONALMENTE, adv. De un modo provisional, interinamente.

PROVISO (AL), V. AL INSTANTE.

PROVISOR, s. m. V. PROVEEDOR. || El juez eclesiástico en quien el obispo delega su autoridad y jurisdiccion.

PROVISORA, s. f. En los conventos de religiosas la que cuida de la provision de la casa.

PROVISORATO, s. m. Empleo ú oficio de provisor, y el tiempo de su duracion.

PROVISORÍA, s. f. V. PROVISORATO. || En los conventos y otras comunidades el parage destinado á guardar y distribuir las provisiones.

PROVISTO, p. p. seg. irreg. de PROVEER.

PROVOCACION, s. f. Accion y efecto de provocar. || El motivo ó causa de la provocacion.

PROVOCADO, p. p. de PROVOCAR.

PROVOCADOR, RA, s. m. y f. El sugeto que da motivo á quimeras ó riñas.

PROVOCANTE, p. a. de PROVOCAR, Que provoca.

PROVOCAR, v. a. Excitar, incitar, inducir á otro á que egecute alguna cosa. || Irritar ó estimular á uno con palabras ú obras para que se enoje. || fam. V. VOMITAR. || Facilitar, ayudar ó mover. || Mover ó incitar.

PROVOCATIVO, VA, adj. Que tiene virtud ó eficacia de provocar, excitar ó precisar á egecutar alguna cosa. || Sugeto provocador.

PRÓXIMAMENTE, adv. Reciente ó cercanamente.

PROXIMIDAD, s. f. La cercanía, vecindad ó inmediacion que una cosa tiene con otra. || Parentesco cercano.

PRÓXIMO, MA, adj. Inmediato, cercano ó allegado.

PROYECCION, s. f. *Máq.* El acto de arrojar algun cuerpo al aire, y el efecto ó el impulso de los mismos cuerpos arrojados.

PROYECTADO, p. p. de PROYECTAR.

PROYECTAR, v. a. Disponer ó proponer proyecto para el ajuste ó disposicion de alguna cosa.

PROYECTISTA, s. m. Sugeto muy dado á hacer proyectos y á facilitarlos.

PROYECTO, TA, adj. *Persp.* Extendido y dilatado.

PROYECTO, s. m. La planta y disposicion que se forma para algun tratado, ó para la egecucion de alguna cosa.

PROYECTURA, s. f. *Arq.* V. VUELO.

PRU

PRUDENCIA, s. m. Una de las cuatro virtudes cardinales. || Cordura, templanza, moderacion en las acciones.

PRUDENCIAL, adj. Que pertenece á la prudencia.

PRUDENCIALMENTE, adv. Segun las reglas y perceptos de la prudencia.

PRUDENTE, adj. Que tiene prudencia y obra con circunspeccion y recato.

PRUDENTEMENTE, adv. Con prudencia, juicio y circunspeccion.

PRUDENTÍSIMAMENTE, adv. sup. PRUDENTEMENTE.

PRUDENTÍSIMO, MA, adj. sup. de PRUDENTE.

PRUEBA, s. f. Accion y efecto de probar. || La razon, argumento, instrumento ú otro medio con que se pretenda hacer patente la verdad ó falsedad de alguna cosa. || Indicio, señal ó muestra que se da de alguna cosa. || El ensayo ó experiencia que se hace de alguna cosa. || for. La justificacion del derecho de alguna de las partes hecha por declaraciones de testigos ó por instrumentos. || La cantidad pequeña de algun género comestible que se destina para examinar si es bueno ó malo. || En las reglas de contar la comprobacion de la cuenta para ver si está bien hecha. || *Impr.* La primera plana que se tira en papel ordinario para corregir y apuntar en ella las erratas. || PRUEBAS, pl. for. V. PROBANZAS || Á PRUEBA DE BOMBA, Expresa estar hecha alguna cosa á satisfaccion ó á ley, conforme al fin para que se egecuta. || Se dice de ciertos edificios cuando estan construidos con tal firmeza, que pueden resistir la explosion de las bombas. || Á PRUEBA Y ESTÉSE, Ademas del sentido recto jurídico se dice metafóricamente por el que se tiene detenido sin despacharle en algun asunto. || DE PRUEBA, Explica la consistencia ó firmeza de alguna cosa en lo físico ó en lo moral. || RECIBIR Á PRUEBA, for. Pronunciar la sentencia interlocutoria en que se manda hacer las probanzas.

PRUINA, s. f. ant. V. HELADA Ó ESCARCHA.

PRUNA, s. f. V. CIRUELA.

PRURITO, s. m. *Med.* Comezon, picazon. || Deseo demasiado ó excesivo.

PUERCO DE SIMIENTE, V. VERRACO. || PUERCO ESPIN, Animal cuadrúpedo parecido al erizo. || Madero grueso guarnecido de puas de hierro, que se suele poner en las brechas, bocas de las puentes y golas de los fuertes. || PUERCO ESPINO, V. PUERCO ESPIN. || PUERCO MARINO, Pez parecido algo al puerco. || PUERCO MONTÉS, V. JABALÍ. || PUERCO SALVAGE, V. JABALÍ.

PUERICIA, s. f. La edad del hombre que media entre la infancia y la adolescencia.

PUERIL, adj. Que pertenece á la puericia. || Se dice de las acciones ó dichos propios de niños, é impropios de un hombre. || Epíteto que los astrólogos dan al primer cuadrante del tema celeste.

PUERILIDAD, s. f. Muchachada ó cosa propia de niños, reprensible en los hombres. || Cosa de poca entidad ó despreciable.

PUERILMENTE, adv. Como niño ó á modo de niño.

PUERQUEZUELA, s. f. d. de PUERCA.

PUERQUEZUELO, LA, adj. d. de PUERCO.

PUERQUEZUELO, s. m. d. de PUERCO.

PUERRO, s. m. Especie de cebolla. || PUERRO SILVESTRE Ó SALVAGE, Especie de puerro.

PUERTA, s. f. La abertura que se hace artificiosamente en la pared, llega hasta el suelo, y sirve para entrar y salir por ella. || met. Cualquier agujero que se hace para entrar y salir por él. || La máquina, que engoznada ó puesta en el quicio, y asegurada por el otro lado con llave, cerrojo ú otro instrumento, sirve de impedir la entrada y salida por ella. || met. Camino, principio ó entrada. || El tributo de entrada que se paga en las ciudades y otros lugares. || ant. El paso estrecho en los montes. || PUERTA, LA GRAN PUERTA, Ó LA PUERTA OTOMANA. El gabinete ó gobierno de la corte de Turquía. || PUERTA ACCESORIA, V. PUERTA FALSA. || PUERTA COCHERA, La de las cocheras, y metafóricamente la que es muy grande. || PUERTA ESCUSA, V. PUERTA FALSA. || PUERTA FALSA, La que no está en la fachada principal de la casa, y sale á un parage escusado. || PUERTA FRANCA, La entrada ó salida libre que se concede á todos. || Excencion de pagar derechos de lo que se introduce para consumo. || PUERTA REGLAR, Aquella por donde se entra á la clausura de las religiosas. || PUERTA SECRETA, V. PUERTA FALSA. || PUERTA TRASERA, La puerta segunda ó excusada de la casa. || fam. y joc. La parte por donde se expelen los excrementos mayores. || PUERTA VIDRIERA, Puerta guarnecida de vidrios ó cristales. || ABRIR PUERTA Ó LA PUERTA, met. Dar motivo, ocasion ó facilidad para alguna cosa. || Á ESOTRA PUERTA, Reprende la terquedad y porfía con que uno se mantiene en algun dictámen. || Usase tambien para explicar que alguno no oyó lo que se dijo. || Á LAS PUERTAS DE LA MUERTE, Con proximidad á la muerte. || Á OTRA PUERTA, QUE ESTA NO SE ABRE, Expr. met. con que se despide á alguno negándose á conceder ó á hacer lo que pide. || Á PUERTA CERRADA, En secreto. || Á PUERTA CERRADA, Ó PUERTAS CERRADAS, Hablando de testamentos se dice de los que mandan la herencia á alguno sin reservar ó esceptuar nada. || CERRAR LA PUERTA, met. Negarse del todo á hacer alguna cosa. || CERRARSE TODAS LAS PUERTAS, Faltarle á uno todo recurso. || COGER ENTRE PUERTAS, met. y fam. Sorprender á alguno para obligarle á hacer alguna cosa. || COGER LA PUERTA, Irse. || CONDENAR UNA PUERTA, Quitar el uso de ella clavándola ó tapiándola. || DAR CON LA PUERTA EN LA CARA, EN LOS OJOS Ó EN LOS HOCICOS, Desairar á alguno cuando quiere entrar en alguna parte cerrándole la puerta. || DEJAR Á UNO POR PUERTAS, fam. Gastarle, consumirle el caudal que tenia. || DE PUERTA EN PUERTA, Mendigando. || DETRAS DE LA PUERTA, Pondera la facilidad de encontrar ó hallar alguna cosa. || ECHAR LAS PUERTAS ABAJO, Llamar muy fuerte. || EMPAREJAR LA PUERTA, Juntarla de modo que ajuste, pero sin cerrarla con llave, cerrojo ú otra seguridad. || ENSEÑAR Á ALGUNO LA PUERTA DE LA CALLE, met. Echarle ó despedirle de casa. || ENTRARSE POR LAS PUERTAS, Venírsele á un hombre á su casa alguna persona ó cosa cuando ménos lo esperaba. || ENTRARSE POR LAS PUERTAS DE UNO, Entrarse sin ser buscado ni llamado. || ESTAR Á LA PUERTA, Estar muy próxima y cercana alguna cosa á suceder. || LLAMAR Á LA PUERTA, V. ESTAR Á LA PUERTA. || LLAMAR Á LAS PUERTAS DE ALGUNO, met. Implorar su favor. || PONER PUERTAS AL CAMPO, met. y fam. Tratar de impedir lo que no se puede evitar. || POR PUERTAS, Con tanta necesidad y pobreza, que es necesario pedir limosna. || SALIR POR LA PUERTA DE LOS PERROS, met. Huir precipitadamente por temor de algun castigo. || TOMAR LA PUERTA, Salirse de casa. || VOLVER LA PUERTA, Cerrarla.

PUERTAVENTANA, s. f. V. CONTRAVENTANA.

PUERTECICA, LLA, TA, s. f. d. de PUERTA.

PUERTEZUELA, s. f. d. de PUERTA.

PUERTEZUELO, s. m. d. de PUERTO.

PUERTO, s. m. Lugar seguro y defendido de los vientos, donde pueden entrar y estar las embarcaciones. ‖ La presa ó estacada de céspedes, leña y cascajo que atraviesa el rio para hacer subir el agua. ‖ El paso ó camino que hay entre montañas. ‖ Cualquiera de las gargantas de los montes por donde se pasa de una provincia ó reino á otro. ‖ La boca de la madre en las mugeres. ‖ met. Asilo, amparo ó refugio. ‖ *Germ.* Posada ó venta. ‖ PUERTO DE ARREBATA CAPAS, Cualquier sitio por donde corren vientos impetuosos. ‖ PUERTO DE ARRIBADA, *Náut.* V. ESCALA. ‖ PUERTO FRANCO, Aquel en que entran y salen las naves de cualquiera nacion sin pagar derechos. ‖ PUERTOS, pl. En el concejo de la Mesta los pastos de verano. ‖ PUERTOS ó PUERTOS SECOS, Lugares de las fronteras en donde estan establecidas las aduanas. ‖ SALIR Á PUERTO DE CLARIDAD, met. V. SALIR Á SALVO. ‖ TOMAR PUERTO, Arribar á él. ‖ TOMAR PUERTO, met. Refugiarse en parte segura de alguna persecucion ó desgracia.

PUES, Partícula que sirve en la oracion de nota de quien se resuelve alguna cosa ó se afirma sobre lo que discurre ó va á discurrir. ‖ Sirve tambien de nota de ilacion, y las mas veces equivale á SUPUESTO QUE. ‖ Sirve tambien por nota de suposicion de alguna cosa para proseguir ó resolver otras; y equivale á YA QUE, ó SUPUESTO QUE. ‖ Se usa tambien como partícula adversativa para denotar el sentido contrario á lo ántes propuesto. ‖ Se usa asimismo como partícula relativa para redargüir de un caso á otro, ó de un discurso á otro. ‖ Se usa tambien para unir las oraciones en una cláusula ó discurso, comparando las mas veces una cosa con otra para ponderarla. ‖ Se usa tambien para certificar alguna cosa, anteponiéndola en la oracion. ‖ Solo y como separado de la oracion se usa para preguntar lo que se duda, y para responder afirmando lo que se pregunta. ‖ Se usa tambien como interjecion para dar fuerza á la amenaza.

PUES, adv. ant. Despues. ‖ ¿PUES NO? V. NO. ‖ PUES SÍ, Expr. irón. que se usa para reconvenir ó redargüir á alguno, como asintiendo á lo que promete; pero haciéndole ver lo contrario. ‖ ¿PUES Y QUÉ? Se usa para denotar repreguntando que no tiene inconveniente ó que no es legítimo el cargo que se hace. ‖ Y PUES? fam. Se usa preguntando y equivale al PUES solo.

PUESTA, s. f. En algunos juegos carteados la mano ó suerte en que el que jugaba pierde la polla y la pone en el fondo. ‖ PUESTA DEL SOL, V. OCASO. ‖ Á PUESTA Ó PUESTAS DEL SOL, Al ponerse el sol.

PUESTECICO, ILLO, ITO, s. m. d. de PUESTO. ‖ Tiendecilla ó parage en donde hay poco que vender.

PUESTO, p. p. irreg. de PONER.

PUESTO, s. m. El sitio ó espacio que ocupa cualquiera cosa. ‖ Parage señalado para la egecucion de alguna cosa. ‖ La tienda ó parage donde se vende por menor. ‖ Silla, cama ó parage donde pare la muger. ‖ Empleo, dignidad, oficio ó ministerio. ‖ El sitio que se dispone con ramas ó cantos para ocultarse el cazador y tirar desde él á la caza. ‖ La casa en que se tienen garañones y caballos padres para echarlos por cierto precio á las burras y yeguas. ‖ met. El estado ó disposicion en que se halla alguna cosa física ó moralmente. ‖ *Mil.* El lugar destinado para alguna tropa ó soldado. ‖ PUESTO QUE, V. AUNQUE.

PUF, Interj. con que se significa que alguna cosa huele muy mal.

PUGA, s. f. ant. V. PUA.

PUGIL, s. m. El gladiator que contendia ó combatia á puñadas.

PUGILAR, s. m. Volúmen manual en que tenian los Hebreos las lecciones de la santa Escritura.

PUGILATO, s. m. La contienda ó pelea que se mantiene á puñadas entre dos ó mas hombres.

PUGNA, s. f. BATALLA, PELEA, y tambien OPOSICION.

PUGNACIDAD, s. f. El ánimo, ardimiento y tenacidad en el pelear.

PUGNANTE, p. a. de PUGNAR, y adj. Con trario, opuesto á, ó enemigo de otra cosa.

PUGNAR, v. n. Batallar, contender ó pelear. ‖ Solicitar con ahinco, procurar con eficacia. ‖ Porfiar con teson, instar por el logro de alguna cosa.

PUGNAZ, adj. V. BELICOSO.

PUJA, s. f. El aumento de precio que se da á alguna cosa que se vende ó se arrienda. ‖ ant. V. EXCESO ó VENTAJA. ‖ SACAR DE LA PUJA, met. Exceder á otro que tiene fuerza, habilidad ó manejo en alguna cosa. || SACAR DE LA PUJA Á ALGUNO, V. SACARLE DEL APURO Ó LANCE.

PUJADO, p. p. de PUJAR.

PUJADOR, RA, s. m. y f. El que hace puja en lo que se vende ó arrienda.

PUJAME, s. m. *Náut.* V. PUJÁMEN.

PUJÁMEN, s. m. *Náut.* La parte ó tercio bajo de las velas que está entre los puños.

PUJAMIENTO, s. m. Abundancia de humores.

PUJANTE, adj. Poderoso, robusto, que tiene fuerzas para conseguir algun fin.

PUJANTÍSIMO, MA, adj. sup. de PUJANTE.

PUJANZA, s. f. Fuerza grande ó robustez para dar impulso ó egecutar alguna accion.

PUJAR, v. a. Aumentar el precio que está puesto á alguna cosa que se vende ó arrienda. || Hacer fuerza para pasar adelante ó proseguir alguna accion, procurando vencer el embarazo que se encuentra. || Tener dificultad en explicarse. || fam. Hacer gestos ó ademanes para prorumpir en llanto ó quedar haciéndolos despues de haber llorado. || ant. Exceder, aventajar. || ant. Subir, ascender.

PUJAVANTE, s. m. Instrumento de que usan los herradores para cortar el casco de las bestias.

PUJES, s. m. ant. BIGA, la accion, etc.

PUJO, s. m. Enfermedad muy penosa que consiste en la gana continua de hacer cámara con gran dificultad de lograrlo. || met. La gana violenta ó deseo vehemente de prorumpir en algun afecto exterior, como risa ó llanto. || met. El deseo eficaz ó ansia de lograr algun fin. || PUJOS DE SANGRE, V. TENESMO. || Á PUJOS, Poco á poco, ó con dificultad.

PULCRITUD, s. f. Esmero en el adorno y aseo de la persona.

PULCRO, CRA, adj. Hermoso, aseado, bello, bien parecido. || Que cuida con demasía de su compostura y limpieza.

PULGA, s. f. Insecto muy molesto, de color pardo oscuro, que pica en la carne, y chupando la sangre la expele luego por la parte posterior. || PULGAS, pl. Llaman los muchachos á los peones muy pequeños con que juegan. || CADA UNO TIENE SU MODO DE MATAR PULGAS, met. Explica la variedad de genios y modos particulares que cada uno tiene para discurir ó egecutar alguna cosa. || ECHAR LA PULGA DETRAS DE LA OREJA, met. Decirle á uno alguna cosa que le inquiete y desazone. || HACER DE UNA PULGA UN CAMELLO Ó UN ELEFANTE, Moteja á los que ponderan los defectos agenos. || TENER PULGAS Ó MALAS PULGAS, SACUDIRSE LAS PULGAS, Y NO SUFRIR PULGAS, fam. Ser mal sufrido ó resentirse con facilidad.

PULGADA, s. f. Medida, que es la duodécima parte de un pié.

PULGAR, s. m. El dedo primero y mas grueso de los de la mano. || La parte de sarmiento que con dos ó tres yemas se deja en las vides al podarlas. || MENEAR LOS PULGARES, En el juego de naipes brujulear las cartas. || MENEAR LOS PULGARES, Darse priesa á egecutar alguna cosa que se hace con los dedos. || POR SUS PULGARES, fam. Expresa que uno ha hecho alguna cosa por su mano y sin ayuda de otros.

PULGARADA, s. f. El golpe que se da apretando con el dedo pulgar. || POLVO, por la porcion de cualquiera cosa menuda. || V. PULGADA.

PULGON, s. m. Insecto, del que hay diferentes especies, y que se alimenta de plantas, á cuyos tallos viven fuertemente asidos.

PULGOSO, SA, adj. Que tiene pulgas.

PULGUERA, s. f. Lugar donde se juntan muchas pulgas. || Yerba, V. ZARAGATONA. || V. EMPULGUERA.

PULGUICA, LLA, TA, s. f. d. de PULGA. || PULGUILLAS, pl. La persona bulliciosa que se resiente de todo.

PULICAN, s. m. Instrumento de sacar muelas.

PULIDAMENTE, adv. Curiosamente, con adorno, compostura y delicadeza.

PULIDERO, s. m. PULIDOR, trapo, etc.

PULIDEZ, s. f. Pulcritud, compostura, aseo, delicadeza.

PULIDEZA, s. f. ant. V. PULIDEZ.

PULIDÍSIMAMENTE, adv. sup. de PULIDAMENTE.

PULIDÍSIMO, MA, adj. sup. de PULIDO.

PULIDO, p. p. de PULIR. || PULIDO, DA, adj. Agraciado y de buen parecer.

PULIDOR, s. m. El que pule, compone ó adorna alguna cosa. || Instrumento con que se pule. || Un pedacito de trapo ó de cuero suave, que se tiene entre los dedos cuando se devana.

PULIMENTO, s. m. Lustre, bruñido, tersura que se da á algunas cosas.

PULIMENTAR, v. a. Bruñir alguna cosa, darle lustre.

PULIR, v. a. V. PULIMENTAR. || Componer, alisar ó perfeccionar alguna cosa, dándole la última mano. || Adornar, hermosear, enriquecer. || Adornar, aderezar, componer. || PULIRSE, Deponer la rusticidad é irse instruyendo en el trato civil y cortesano.

PULLA, s. f. Dicho obsceno y sucio de que comunmente usan los caminantes al encontrar alguna persona; y tambien se suele usar entre las familias por burla. || Expresion aguda y picante dicha con prontitud. || Especie de águila.

PULLÉS, SA, adj. De la Pulla.

PULLISTA, s. m. y f. La persona que dice ó es amiga de decir pullas.

* **PULLISTA**, s. m. Burlon, chuzon.

PULMON, s. m. *Anat.* V. BOFES ó LIVIANOS. || ant. *Albeit.* Tumor carnoso que se forma sobre los huesos y coyunturas. || PULMON MARINO, Especie contada por algunos entre la de mariscos ó testáceos, aunque su cobertura ó valva no es sino un callo duro y grueso.

PULMONARIA, s. f. Yerba, especie de liquen que suele hallarse pegada á algunos árboles.

PULMONÍA, s. f. Enfermedad que consiste en la inflamacion del pulmon ó tubérculo contenido en él.

PULMONÍACO, CA, adj. Que pertenece á los pulmones.

PULPA, s. f. La parte mollar ó momia de las carnes, ó la carne pura sin huesos, ternilla ni nervios. || La carne ó parte mollar de las frutas, y la medula ó tuétano de las plantas leñosas.

PULPEJO, s. m. La parte carnosa y mollar de algun miembro pequeño del cuerpo humano. || Parte de la mano de que sale el dedo pulgar.

PULPERÍA, s. f. Tiendas en las Indias donde se venden diferentes géneros para el abasto.

PULPERO, s. El que tiene tienda de pulpería en los reinos de las Indias. || Pescador de pulpos.

PULPETA, s. f. La tajada que se saca de la pulpa de la carne.

PULPETON, s. m. aum. de PULPETA. Se suele dar este nombre á un relleno grande cubierto de pulpa.

PULPITO, s. m. Especie de balcon en las iglesias, para predicar ó para cantar la epístola y el evangelio. || En las órdenes religiosas el empleo de predicador.

PULPO, s. m. Pescado de mar que tiene ocho brazos ó piernas gruesas que acaban en punta, con una especie de bocas repartidas por ellas. || PONER COMO UN PULPO, met. y fam. Castigar á alguno dándole tantos golpes ó azotes, que le dejen muy maltratado.

PULPOSO, SA, adj. Que solo tiene carne sin hueso.

PULQUE, s. m. El jugo que se saca del maguey ó pita, bebida muy estimada en la Nueva España.

PULQUERÍA, s. f. La tienda donde se vende el pulque.

PULSACION, s. f. La accion de pulsar. || El golpe que da la arteria.

PULSADA, s. f. V. PULSACION, golpe, etc.

PUSADO, p. p. de PULSAR.

PULSADOR, RA, s. m. y f. El que ó lo que pulsa.

PULSAMIENTO, s. m. ant. V. PULSACION, golpe, etc.

PULSANTE, p. a. de PULSAR, Que pulsa.

PULSAR, v. a. V. TOCAR ó HERIR. || Tomar el pulso á un enfermo. || met. Tantear algun asunto para descubrir el medio de tratarle.

PULSAR, v. n. Latir la arteria, el corazon ú otra cosa que tiene movimiento sensible.

PULSÁTIL, adj. V. PULSATIVO.

PULSATIVO, VA, adj. Que pulsa y golpea.

PULSERA, s. f. La venda que se pone en el pulso al enfermo cuando se le aplica vino generoso ó algun espíritu para confortarle. || Parte de la barba que cubre el arranque de las mandíbulas. || La manilla ó adorno con que las mugeres se rodean las muñecas.

PULSISTA, adj. y s. m. Se aplica al médico que sobresale en el conocimiento del pulso.

PULSO, s. m. El latido de la arteria por donde se conoce la intension de la calentura y sus especies. || Aquella parte de la muñeca donde se siente el latido de la arteria. || Seguridad ó firmeza en la mano para hacer alguna accion con acierto. || met. Tiento ó cuidado en alguna dependencia. || PULSO SENTADO, Pulso quieto, sosegado y firme. || Á PULSO, Expresa que alguna cosa se levanta haciendo fuerza solo con el pulso sin apoyar el brazo. || QUEDARSE SIN PULSOS, met. Inmutarse gravemente de alguna especie que se ve ó se oye. || TOMAR Á PULSO, Examinar ó probar el peso de alguna cosa levantándola ó suspendiéndola con la mano. || TOMAR EL PULSO, Reconocer el médico la calentura del enfermo. || met. Tantear y examinar el estado ó disposicion de alguna cosa para poder gobernarse en ella.

PULULANTE, p. a. de PULULAR, Que pulula.

PULULAR, v. n. Empezar á brotar y echar renuevos ó vástagos el árbol ó planta. || met. Originarse, provenir ó nacer alguna cosa de otra.

PULVERISABLE, adj. c. Que se puede reducir á polvos, ó es semejante á ellos.

PULVERIZACION, s. f. Accion y efecto de pulverizar.

PULVERIZADO, p. p. de PULVERIZAR.

PULVERIZAR, v. a. Reducir á polvo.

PUMENTE, *Germ*. Faldellin ó refajo de muger.

PUNA, s. f. ant. V. PUGNA.

PUNADO, p. p. de PUNAR.

PUNAR, v. a. V. PUGNAR en todas sus acepciones.

PUNCION, s. f. ant. PUNZADA por el dolor, etc.

PUNCHA, s. f. pua, espina, punta, delgada y aguda.

PUNCHADO, p. p. de PUNCHAR.

PUNCHAR, v. a. ant. Picar, punzar.

PUNCTO, s. m. ant. V. PUNTO.

PUNDONOR, s. m. Punto de honor, punto de honra.

PUNDONOROSAMENTE, adv. Con pundonor.

PUNDONOROSO, SA, adj. Que incluye en sí pundonor ó le causa, ó que le tiene.

PUNGENTE, p. a. de PUNGIR, V. PUNZANTE.

PUNGENTÍSIMO, MA, adj. sup. de PUNGENTE.

PUNGENTIVO, VA, adj. ant. Que punge y excita á hacer alguna cosa.

PUNGIDO, p. p. de PUNGIR.

PUNGIMIENTO, s. m. Acto y efecto de pungir.

PUNGIR, v. a. V. PUNZAR. || met. Herir las pasiones, el ánimo ó el corazon.

PUNGITIVO, VA, adj. Que punge ó es capaz de pungir.

PUNIBLE, adj. for. Que merece castigo.

PUNICION, s. f. V. CASTIGO.

PÚNICO, CA, adj. Que pertenece á los Fenicios y Cartagineses.

PUNIDO, p. p. de PUNIR.

PUNIDOR, RA, s. m. y. f. ant. El que castiga.

PUNIR, v. a. ant. V. CASTIGAR.

PUNTA, s. f. El extremo agudo de algun instrumento. || El extremo de alguna cosa que remata en ángulo agudo. || Pequeña porcion de ganado que se separa del hato. || En los ciervos cada uno de los dos cuernos pequeños que estan entre las astas. || La asta del toro. || met. Un pedazo de tierra que se va angostando y entrando dentro del mar. || met. El sabor que va tirando á agrio en alguna cosa. || Entre los cazadores la detencion que hace el perro siempre que se para la caza cuando va apeonando. || Entre los carpinteros y arquitectos el madero que queda despues de cortados del largo del árbol los que han de servir para vigas y pies derechos y otros usos semejantes. || El extremo de cualquier madero opuesto al raigal. || *Blas.* La parte inferior del escudo en la perpendicular que le divide en dos partes iguales. || *Blas.* Figura de honor, opuesta á la pila. || *Impr.* Instrumento á modo de lesna, que sirve para sacar alguna letra de la plana que está compuesta. || Especie de encage de hilo, seda ú otra materia. || PUNTA DE DIAMANTE, Instrumento de que los hojalateros se sirven para cortar el vidrio. || Figura puntiaguda que nace de varios ángulos. || PUNTA CON CABEZA, Juego de muchachos. || ANDAR EN PUNTAS, Andar en diferencias. || Á PUNTA DE LANZA, met. Con esfuerzo, con todo rigor. || ARMAR DE PUNTA EN BLANCO, Armar á uno de todas armas de pies á cabeza. || DOBLAR LA PUNTA, *Náut.* V. DOBLAR EL CABO. || ESTAR DE PUNTA CON OTRO, fam. Estar encontrado ó reñido con él. || HACER PUNTA, Dirigirse, encaminarse el primero á alguna parte. || HACER PUNTA, Oponerse abiertamente á otro pretendiendo adelantársele en lo que solicita ó intenta, y sobresalir entre muchos. || MONTAR LA PUNTA, *Náut.* V. DOBLAR EL CABO. || TENER EN LA PUNTA DE LA LENGUA ALGUNA COSA, No acordarse de pronto é inmediatamente de alguna cosa que se quiere decir. || DE PUNTAS, V. DE PUNTILLAS.

PUNTACION, s. f. Accion de poner puntos sobre las letras.

PUNTADA, s. f. El paso de la aguja con el hilo por la tela que se va cosiendo. || met. Aquella razon ó palabra que se dice como al descuido para recordar alguna especie, ó motivar que se hable de ella. || NO DAR PUNTADA, met. No dar paso en algun negocio, dejarlo sin tocar.

‖ NO DAR PUNTADA EN ALGUNA COSA, met. No tener ninguna instruccion ni conocimiento de ella, hablar desatinadamente en alguna materia.

PUNTADO, p. p. de PUNTAR.

PUNTADOR, s. m. V. APUNTADOR.

PUNTAL, s. m. El madero que se pone hincado en la tierra firme para sostener y afirmar una pared. ‖ La prominencia de un terreno que forma como punta. ‖ *Náut.* La altura de la nave desde su plan hasta la cubierta principal ó superior. ‖ met. Apoyo, fundamento.

PUNTALICO, LLO, TO, s. m. d. de PUNTAL.

PUNTAPIÉ, s. m. El golpe que se da con la punta del pié. ‖ MANDAR Á ALGUNO Á PUNTAPIES, met. y fam. Tener gran ascendiente sobre él, alcanzar fácilmente de él todo lo que se quiere.

PUNTAR, v. a. APUNTAR las faltas de los eclesiásticos en el coro. ‖ Poner puntos sobre las letras, en las lenguas que no tienen vocales. ‖ Poner los puntos del canto del órgano sobre las letras.

PUNTEADO, p. p. de PUNTEAR.

PUNTEAR, v. a. Tocar la vihuela hiriendo determinadas cuerdas, cada una con un dedo. ‖ Señalar puntos en alguna cosa para formar con ellos lo que se quiere. ‖ Coser ó dar puntadas.

PUNTEAR, v. n. y a. *Náut.* Ir orzando cuanto se puede para aprovechar el viento cuando se escasea.

PUNTEL, s. m. En las fábricas ú hornos de vidrio es un cañon de hierro como el de una escopeta, con que se saca el vidrio del horno.

PUNTERA, s. f. V. YERBA.

PUNTERÍA, s. f. La linea que se mira para disparar alguna arma, á fin de que el tiro hiera en el punto adonde va dirigido. ‖ HACER, DIRIGIR, PONER LA PUNTERIA, V. APUNTAR, ASESTAR EL TIRO. ‖ HACER, DIRIGIR, PONER LA PUNTERÍA, met. V. ECHAR Ó TIRAR LÍNEAS.

PUNTERICO, LLO, TO, s. m. d. de PUNTERO.

PUNTERO, RA, adj. Que hace bien la puntería con alguna arma.

PUNTERO, s. m. El palillo ó plumilla con que los muchachos que aprenden á leer van señalando las letras que hay en lo escrito. ‖ Género de punzon para señalar de cualquier modo que sea. ‖ La cañita que está unida á la tapa de las crismeras por la parte de adentro, y que sirve para ungir. ‖ Entre los herradores es un instrumento redondo de hierro para señalar por donde han de entrar los clavos en la herradura. ‖ Cincel de hierro con que pican las piedras los canteros.

PUNTEROL, s. m. *Germ.* La almarada de hacer alpargatas.

PUNTIAGUDO, DA, adj. Que tiene aguda la punta.

PUNTICA, s. f. d. de PUNTA.

PUNTICO, s. m. d de PUNTO.

PUNTIDO, s. m. *Rioj.* El descansillo ó meseta de las escaleras.

PUNTILLA, s. f. d. de PUNTA. ‖ Encage muy angosto hecho en puntas. ‖ Instrumento de portaventaneros para trazar en lugar de lápiz. ‖ DE PUNTILLAS, Explica el modo de andar pisando solo con las puntas de los pies. ‖ PONERSE DE PUNTILLAS, met. y fam. Persistir tercamente en el dictámen aunque le contradigan.

PUNTILLAZO, s. m. V. PUNTAPIÉ.

PUNTILLO, s. m. Cosa leve y despreciable en que una persona nimiamente pundonorosa repara.

PUNTILLON, s. m. V. PUNTAPIÉ.

PUNTITA, s. f. d. de PUNTA.

PUNTITO, s. m. d. de PUNTO.

PUNTO, s. m. *Mat.* El principio ó elemento de la magnitud, el término ó extremo de la linea. ‖ Asunto ó materia de que se trata. ‖ Lo sustancial ó principal en algun asunto. ‖ El fin ó intento de cualquiera accion. ‖ El estado actual de cualquiera especie ó negocio. ‖ El estado perfecto que llega á tomar cualquiera cosa que se beneficia al fuego. ‖ Parte ó cuestion de alguna ciencia. ‖ V. PUNDONOR. ‖ Ocasion oportuna, momento favorable. ‖ Cada uno de los agujeros que tiene el timon del arado en la punta por donde se une al yugo para acortar ó alargar el tiro. ‖ En algunos juegos de naipes el as de cada palo. ‖ Cosa muy corta, parte mínima de alguna cosa. ‖ Instante, momento, porcion pequeñísima de tiempo. ‖ met. La menor cosa, la parte mas pequeña ó la circunstancia mas menuda de alguna cosa. ‖ met. Hablando de las calidades morales buenas ó malas es el extremo ó mas alto grado á que estas puedan llegar. ‖ *Náut.* El lugar señalado en la carta de marear que indica donde se cree hallarse la nave. ‖ *Ortog.* Aquella nota que se hace asentando en el papel el extremo del corte de la pluma para señalar que allí se acaba la cláusula, período ó capítulo. ‖ En la escopeta ú otra arma de fuego MIRA. ‖ En la llave del arma de fuego PIÑON. ‖ En

púrpura. || met. La dignidad real y la de los cardenales. || *Poét.* La sangre.

PURPURADO, p. p. de PURPURAR. || PURPURADO, DA, adj. y s. V. CARDENAL.

PURPURANTE, p. a. de PURPURAR, Que purpura ó da el color de púrpura.

PURPURAR, v. a. Teñir ó vestir de púrpura.

PURPUREAR, v. n. Tomar ó mostrar el color de púrpura.

PURPÚREO, REA, adj. Que tiene el color de púrpura. || Perteneciente á la púrpura ó dignidad cardinalicia.

PURRELA, s. f. El último é inferior vino de los que se llaman agua pié.

PURRIELA, s. f. fam. Cualquiera cosa despreciable, de mala calidad, de poco valor.

PURULENTO, TA, adj. *Med.* y *Cir.* Que tiene pus.

* PÚRVIDO, s. m. Cierta planta.

PUS, s. m. *Méd.* y *Cir.* La sangre corrompida, que comunmente llaman materia.

PUSILÁNIME, adj. Falto de ánimo y valor para tolerar las desgracias ó para intentar cosas grandes.

PUSILANIMIDAD, s. f. Timidez, falta de ánimo.

PUSILÁNIMO, MA, adj. ant. V. PUSILÁNIME.

PÚSTULA, s. f. *Med.* y *Cir.* V. POSTILLA.

PUSTULILLA, s. f. d. de PÚSTULA.

PUTA, s. f. V. RAMERA.

. PUTAISMO, s. m. Vida, egercicio, reunion de mugeres perdidas, casa de prostitucion.

PUTANISMO, s. m. V. PUTAISMO.

PUTAÑEAR, v. n. fam. Darse al vicio de la torpeza, andar buscando las mugeres perdidas.

PUTAÑERO, adj. fam. Dado al vicio de la torpeza.

PUTATIVO, VA, adj. Reputado ó tenido por padre, hermano, etc., no siéndolo.

PUTEAL, s. m. Brocal del pozo fatídico.

PUTEAR, v. n. fam. V. PUTAÑEAR.

PUTERÍA, s. f. V. PUTAISMO. || fam. Arrumaco, roncería, soflama de que usan algunas mugeres.

PUTERO, adj. fam. V. PUTAÑERO.

PUTESCO, CA, adj. fam. Perteneciente á las putas.

PUTICA, LLA, TA, s. f. d. de PUTA.

PUTO, s. m. El sugeto de quien abusan los libertinos. || Á PUTO EL POSTRE, fam. Se usa para denotar el esfuerzo que se hace para no ser el último ó postrero en alguna cosa.

PUTPUT, s. f. ant. V. ABUBILLA.

PUTREDINAL, adj. Que pudre ó corrompe alguna cosa ó tiene virtud para ello.

PUTREFACCION, s. f. Accion de corromperse alguna cosa, y la podre ó podredumbre.

PUTREFACTIVO, VA, adj. Que puede causar putrefaccion.

PÚTRIDO, DA, adj. Corrompido, podrido, que está acompañado de putrefaccion.

PUTUELA, s. f. d. de PUTA.

PUZOL, s. m. V. PUZOLANA.

PUZOLANA, s. f. Especie de arena que se encuentra en Puzol.

Q

Q, Décima séptima letra de nuestro alfabeto, y consonante paladial porque su voz se forma en el medio del paladar con el medio de la lengua.

QUA

* QUADRATRIZ, adj. V. LÍNEA CUADRATRIZ.

QUE, pronombre relativo que se sigue siempre á algun nombre, y equivale á EL CUAL. || Se usa tambien como partícula admirativa para exagerar y ponderar una cosa. || Usado despues del verbo es partícula que rige otro verbo y le determina. || Se usa tambien como partícula comparativa, y se sigue regularmente al adverbio *mas* ó *tanto*. || Se usa algunas veces como causal dando la

Coser la abertura de alguna herida para restañar la sangre. || DE TODO PUNTO, Enteramente, y sin que falte cosa alguna. ECHAR EL PUNTO, *Náut.* Colocar en la carta de marear el parage en que se considera estar la nave. || EN PUNTO, Sin sobra ni falta. || ESTAR EN PUNTO Ó Á PUNTO, Ser contingente el suceder alguna cosa. || HACER PUNTO, Parar haciendo cláusula en lo que se lee ó en la conversacion. || HACER PUNTO DE ALGUNA COSA, Tomarla por caso de honra, y no desistir de ella hasta conseguirla. || LEVANTAR DE PUNTO, met. Realzar, elevar. || METER EN PUNTOS, *Escult.* Desbastar una pieza hasta tocar en aquellos parages adonde han de llegar los miembros principales ó ropas de una figura. || MUGER DE PUNTO, V. HOMBRE. || HACER EN BUEN Ó MAL PUNTO, V. HACER EN BUENA Ó MALA HORA. || NO PERDER PUNTO, Proceder con la mayor atencion y diligencia en algun negocio. || POR PUNTO GENERAL, Por regla general. || POR PUNTOS, Expresa que alguna cosa se espera ó teme suceda sin dilacion. || PONER EN SU PUNTO, met. y fam. Poner las cosas en aquel grado de perfeccion que les corresponde. || PONER LOS PUNTOS, met. Dirigir la mira, intencion ó conato á algun fin que se desea. || PONER LOS PUNTOS MUY ALTOS, met. Pretender alguna cosa sin considerar la proporcion que para ella se tiene. || SUBIR DE PUNTO, Crecer ó aumentarse alguna cosa. || TOMAR PUNTOS, Picar en el libro correspondiente á la facultad sobre que se ha de leer en oposicion.

PUNTOSO, SA, adj. Que tiene muchas puntas. || Que contiene en sí punto de honra, ó que procura conservar la buena opinion y fama. || Nimiamente delicado sobre puntos de etiqueta.

PUNTUACION, s. f. La colocacion de las notas de ortografía en los escritos.

PUNTUADO, p. p. de PUNTUAR.

PUNTUAL, adj. Pronto, diligente, exacto. || Indubitable, cierto. || Conforme, conveniente.

PUNTUALIDAD, s. f. Cuidado y diligencia en hacer las cosas precisamente en el tiempo que se debe. || Certidumbre, conformidad, conveniencia precisa de las cosas para el fin á que se destinan.

PUNTUALÍSIMAMENTE, adv. sup. de PUNTUALMENTE.

PUNTUALÍSIMO, MA, adj. sup. de PUNTUAL.

PUNTUALIZADO, p. p. de PUNTUALIZAR.

PUNTUALIZAR, v. a. Gravar profundamente y con exactitud las especies en la memoria. || Dar la última mano, perfeccionar alguna cosa.

PUNTUALMENTE, adv. Con puntualidad, ajustada y ciertamente.

PUNTUAR, v. a. Poner y colocar las notas de ortografía en los escritos.

PUNTUOSO, SA, adj. V. PUNTOSO, PUNDONOROSO.

PUNTURA, s. f. Herida con instrumento que punza como espina, lanceta, aguijon de abeja, etc. || Herida que se hace á los animales en las ranillas y palmas por sentar el pié sobre alguna cosa punzante. || *Imp.* Cualquiera de las dos puntas de hierro en las cuales se clava el pliego que se ha de tirar para que esté sujeto.

PUNZADA, s. f. Herida ó picada de punta. || met. El dolor que molesta y se siente mas agudamente de cuando en cuando. || met. Sentimiento interior que causa alguna cosa que aflige el ánimo.

PUNZADO, p. p. de PUNZAR.

PUNZADOR, RA, s. m. y. f. El que ó lo que punza.

PUNZADURA, s. f. V. PUNZADA, 1a A.

PUNZANTE, p. a. de PUNZAR, Que punza.

PUNZAR, v. a. Herir de punta. || met. Molestar mas agudamente algun dolor de cuando en cuando. || met. Hacerse sentir interiormente alguna cosa que aflige el ánimo.

PUNZON, s. m. Instrumento de hierro que remata en punta para abrir ojetes, etc. V. BURIL. || Instrumento de acero algo romo, de que usan los que abren matrices para la imprenta, los marcadores para la plata, etc. || V. PITON ó cuernicillo. || La llave fingida que llevan los gentiles hombres y ayudas de cámara de S. M. para no exponerse á perder la verdadera.

PUNZONCICO, s. m. d. de PUNZON.

PUNZONERÍA, s. f. Coleccion de todos los punzones necesarios para una fundicion de letra.

PUÑADA, s. f. El golpe que se da con el puño cerrado. || VENIR Á LAS PUÑADAS, ant. V. VENIR Á LAS MANOS.

PUÑADO, s. m. La porcion de cualquiera cosa que se puede llevar ó tomar en la mano cerrado el puño. || met. Cortedad de alguna cosa de que debe o suele haber cantidad. || PUÑADO DE MOSCAS, met. y fam. Conjunto de cosas que fácilmente se separan ó desaparecen. || Á PUÑADOS, Larga y abun-

alguna cosa. ‖ SACAR DE LA PUJA Á ALGUNO, V. SACARLE DEL APURO Ó LANCE.

PUJADO, p. p. de PUJAR.

PUJADOR, RA, s. m. y f. El que hace puja en lo que se vende ó arrienda.

PUJAME, s. m. *Náut.* V. PUJÁMEN.

PUJÁMEN, s. m. *Náut.* La parte ó tercio bajo de las velas que está entre los puños.

PUJAMIENTO, s. m. Abundancia de humores.

PUJANTE, adj. Poderoso, robusto, que tiene fuerzas para conseguir algun fin.

PUJANTÍSIMO, MA, adj. sup. de PUJANTE.

PUJANZA, s. f. Fuerza grande ó robustez para dar impulso ó egecutar alguna accion.

PUJAR, v. a. Aumentar el precio que está puesto á alguna cosa que se vende ó arrienda. ‖ Hacer fuerza para pasar adelante ó proseguir alguna accion, procurando vencer el embarazo que se encuentra. ‖ Tener dificultad en explicarse. ‖ fam. Hacer gestos ó ademanes para prorumpir en llanto ó quedar haciéndolos despues de haber llorado. ‖ ant. Exceder, aventajar. ‖ ant. Subir, ascender.

PUJAVANTE, s. m. Instrumento de que usan los herradores para cortar el casco de las bestias.

PUJES, s. m. ant. HIGA, la accion, etc.

PUJO, s. m. Enfermedad muy penosa que consiste en la gana continua de hacer cámara con gran dificultad de lograrlo. ‖ met. La gana violenta ó deseo vehemente de prorumpir en algun afecto exterior, como risa ó llanto. ‖ met. El deseo eficaz ó ansia de lograr algun fin. ‖ PUJOS DE SANGRE, V. TENESMO. ‖ Á PUJOS, Poco á poco, ó con dificultad.

PULCRITUD, s. f. Esmero en el adorno y aseo de la persona.

PULCRO, CRA, adj. Hermoso, aseado, bello, bien parecido. ‖ Que cuida con demasía de su compostura y limpieza.

PULGA, s. f. Insecto muy molesto, de color pardo oscuro, que pica en la carne, y chupando la sangre la expele luego por la parte posterior. ‖ PULGAS, pl. Llaman los muchachos á los peones muy pequeños con que juegan. ‖ CADA UNO TIENE SU MODO DE MATAR PULGAS, met. Explica la variedad de genios y modos particulares que cada uno tiene para discurir ó egecutar alguna cosa. ‖ ECHAR LA PULGA DETRAS DE LA OREJA, met. Decirle á uno alguna cosa que le inquiete y desazone. ‖ HACER DE UNA PULGA EN CAMELLO Ó UN ELEFANTE, Moteja á los que ponderan los defectos agenos. ‖ TENER PULGAS Ó MALAS PULGAS, SACUDIRSE LAS PULGAS, Y NO SUFRIR PULGAS, fam. Ser mal sufrido ó resentirse con facilidad.

PULGADA, s. f. Medida, que es la duodécima parte de un pié.

PULGAR, s. m. El dedo primero y mas grueso de los de la mano. ‖ La parte de sarmiento que con dos ó tres yemas se deja en las vides al podarlas. ‖ MENEAR LOS PULGARES, En el juego de naipes brujulear las cartas. ‖ MENEAR LOS PULGARES, Darse priesa á egecutar alguna cosa que se hace con los dedos. ‖ POR SUS PULGARES, fam. Expresa que uno ha hecho alguna cosa por su mano y sin ayuda de otros.

PULGARADA, s. f. El golpe que se da apretando con el dedo pulgar. ‖ POLVO, por la porcion de cualquiera cosa menuda. ‖ V. PULGADA.

PULGON, s. m. Insecto, del que hay diferentes especies, y que se alimenta de plantas, á cuyos tallos viven fuertemente asidos.

PULGOSO, SA, adj. Que tiene pulgas.

PULGUERA, s. f. Lugar donde se juntan muchas pulgas. ‖ Yerba, V. ZARAGATONA. ‖ V. EMPULGUERA.

PULGUICA, LLA, TA, s. f. d. de PULGA. ‖ PULGUILLAS, pl. La persona bulliciosa que se resiente de todo.

PULICAN, s. m. Instrumento de sacar muelas.

PULIDAMENTE, adv. Curiosamente, con adorno, compostura y delicadeza.

PULIDERO, s. m. PULIDOR, trapo, etc.

PULIDEZ, s. f. Pulcritud, compostura, aseo, delicadeza.

PULIDEZA, s. f. ant. V. PULIDEZ.

PULIDÍSIMAMENTE, adv. sup. de PULIDAMENTE.

PULIDÍSIMO, MA, adj. sup. de PULIDO.

PULIDO, p. p. de PULIR. ‖ PULIDO, DA, adj. Agraciado y de buen parecer.

PULIDOR, s. m. El que pule, compone ó adorna alguna cosa. ‖ Instrumento con que se pule. ‖ Un pedacito de trapo ó de cuero suave, que se tiene entre los dedos cuando se devana.

PULIMENTO, s. m. Lustre, bruñido, tersura que se da á algunas cosas.

PULIMENTAR, v. a. Bruñir alguna cosa, darle lustre.

PULIR, v. a. V. PULIMENTAR. || Componer, alisar ó perfeccionar alguna cosa, dándole la última mano. || Adornar, hermosear, enriquecer. || Adornar, aderezar, componer. || PULIRSE, Deponer la rusticidad é irse instruyendo en el trato civil y cortesano.

PULLA, s. f. Dicho obsceno y sucio de que comunmente usan los caminantes al encontrar alguna persona; y tambien se suele usar entre las familias por burla. || Expresion aguda y picante dicha con prontitud. || Especie de aguila.

PULLÉS, SA, adj. De la Pulla.

PULLISTA, s. m. y f. La persona que dice ó es amiga de decir pullas.

* PULLISTA, s. m. Burlon, chuzon.

PULMON, s. m. *Anat.* V. BOFES ó LIVIANOS. || ant. *Albeit.* Tumor carnoso que se forma sobre los huesos y coyunturas. || PULMON MARINO, Especie contada por algunos entre la de mariscos ó testáceos, aunque su cobertura ó valva no es sino un callo duro y grueso.

PULMONARIA, s. f. Yerba, especie de liquen que suele hallarse pegada á algunos árboles.

PULMONÍA, s. f. Enfermedad que consiste en la inflamacion del pulmon ó tubérculo contenido en él.

PULMONÍACO, CA, adj. Que pertenece á los pulmones.

PULPA, s. f. La parte mollar ó momia de las carnes, ó la carne pura sin huesos, ternilla ni nervios. || La carne ó parte mollar de las frutas, y la medula ó tuétano de las plantas leñosas.

PULPEJO, s. m. La parte carnosa y mollar de algun miembro pequeño del cuerpo humano. || Parte de la mano de que sale el dedo pulgar.

PULPERÍA, s. f. Tiendas en las Indias donde se venden diferentes géneros para el abasto.

PULPERO, s. El que tiene tienda de pulpería en los reinos de las Indias. || Pescador de pulpos.

PULPETA, s. f. La tajada que se saca de la pulpa de la carne.

PULPETON, s. m. aum. de PULPETA. Se suele dar este nombre á un relleno grande cubierto de pulpa.

PULPITO, s. m. Especie de balcon en las iglesias, para predicar ó para cantar la epístola y el evangelio. || En las órdenes religiosas el empleo de predicador.

PULPO, s. m. Pescado de mar que tiene ocho brazos ó piernas gruesas que acaban en punta, con una especie de bocas repartidas por ellas. || PONER COMO UN PULPO, met. y fam. Castigar á alguno dándole tantos golpes ó azotes, que le dejen muy maltratado.

PULPOSO, SA, adj. Que solo tiene carne sin hueso.

PULQUE, s. m. El jugo que se saca del maguey ó pita, bebida muy estimada en la Nueva España.

PULQUERÍA, s. f. La tienda donde se vende el pulque.

PULSACION, s. f. La accion de pulsar. || El golpe que da la arteria.

PULSADA, s. f. V. PULSACION, golpe, etc.

PUSADO, p. p. de PULSAR.

PULSADOR, RA, s. m. y f. El que ó lo que pulsa.

PULSAMIENTO, s. m. ant. V. PULSACION, golpe, etc.

PULSANTE, p. a. de PULSAR, Que pulsa.

PULSAR, v. a. V. TOCAR ó HERIR. || Tomar el pulso á un enfermo. || met. Tantear algun asunto para descubrir el medio de tratarle.

PULSAR, v. n. Latir la arteria, el corazon ú otra cosa que tiene movimiento sensible.

PULSÁTIL, adj. V. PULSATIVO.

PULSATIVO, VA, adj. Que pulsa y golpea.

PULSERA, s. f. La venda que se pone en el pulso al enfermo cuando se le aplica vino generoso ó algun espíritu para confortarle. || Parte de la barba que cubre el arranque de las mandíbulas. || La manilla ó adorno con que las mugeres se rodean las muñecas.

PULSISTA, adj. y s. m. Se aplica al médico que sobresale en el conocimiento del pulso.

PULSO, s. m. El latido de la arteria por donde se conoce la intension de la calentura y sus especies. || Aquella parte de la muñeca donde se siente el latido de la arteria. || Seguridad ó firmeza en la mano para hacer alguna accion con acierto. || met. Tiento ó cuidado en alguna dependencia. || PULSO SENTADO, Pulso quieto, sosegado y firme. || Á PULSO, Expresa que alguna cosa se levanta haciendo fuerza solo con el pulso sin apoyar el brazo. || QUEDARSE SIN PULSOS, met. Inmutarse gravemente de alguna especie que se ve ó se oye. || TOMAR Á PULSO, Examinar ó probar el peso de alguna cosa levantándola ó suspendiéndola con la mano. || tomar el pulso, Reconocer el médico la calentura del enfermo. || met. Tantear y examinar el estado ó disposicion de alguna cosa para poder gobernarse en ella.

PULULANTE, p. a. de pulular, Que pulula.

PULULAR, v. n. Empezar á brotar y echar renuevos ó vástagos el árbol ó planta. || met. Originarse, provenir ó nacer alguna cosa de otra.

PULVERISABLE, adj. c. Que se puede reducir á polvos, ó es semejante á ellos.

PULVERIZACION, s. f. Accion y efecto de pulverizar.

PULVERIZADO, p. p. de pulverizar.

PULVERIZAR, v. a. Reducir á polvo.

PUMENTE, *Germ.* Faldellin ó refajo de muger.

PUNA, s. f. ant. V. pugna.

PUNADO, p. p. de punar.

PUNAR, v. a. V. pugnar en todas sus acepciones.

PUNCION, s. f. ant. punzada por el dolor, etc.

PUNCHA, s. f. ¡ua, espina, punta, delgada y aguda.

PUNCHADO, p. p. de punchar.

PUNCHAR, v. a. ant. Picar, punzar.

PUNCTO, s. m. ant. V. punto.

PUNDONOR, s. m. Punto de honor, punto de honra.

PUNDONOROSAMENTE, adv. Con pundonor.

PUNDONOROSO, SA, adj. Que incluye en sí pundonor ó le causa, ó que le tiene.

PUNGENTE, p. a. de pungir, V. punzante.

PUNGENTÍSIMO, MA, adj. sup. de pungente.

PUNGENTIVO, VA, adj. ant. Que punge y excita á hacer alguna cosa.

PUNGIDO, p. p. de pungir.

PUNGIMIENTO, s. m. Acto y efecto de pungir.

PUNGIR, v. a. V. punzar. || met. Herir las pasiones, el ánimo ó el corazon.

PUNGITIVO, VA, adj. Que punge ó es capaz de pungir.

PUNIBLE, adj. for. Que merece castigo.

PUNICION, s. f. V. castigo.

PÚNICO, CA, adj. Que pertenece á los Fenicios y Cartagineses.

PUNIDO, p. p. de punir.

PUNIDOR, RA, s. m. y. f. ant. El que castiga.

PUNIR, v. a. ant. V. castigar.

PUNTA, s. f. El extremo agudo de algun instrumento. || El extremo de alguna cosa que remata en ángulo agudo. || Pequeña porcion de ganado que se separa del hato. || En los ciervos cada uno de los dos cuernos pequeños que estan entre las astas. || La asta del toro. || met. Un pedazo de tierra que se va angostando y entrando dentro del mar. || met. El sabor que va tirando á agrio en alguna cosa. || Entre los cazadores la detencion que hace el perro siempre que se para la caza cuando va apeonando. || Entre los carpinteros y arquitectos el madero que queda despues de cortados del largo del árbol los que han de servir para vigas y pies derechos y otros usos semejantes. || El extremo de cualquier madero opuesto al raigal. || *Blas.* La parte inferior del escudo en la perpendicular que le divide en dos partes iguales. || *Blas.* Figura de honor, opuesta á la pila. || *Impr.* Instrumento á modo de lesna, que sirve para sacar alguna letra de la plana que está compuesta. || Especie de encage de hilo, seda ú otra materia. || punta de diamante, Instrumento de que los hojalateros se sirven para cortar el vidrio. || Figura puntiaguda que nace de varios ángulos. || punta con cabeza, Juego de muchachos. || andar en puntas, Andar en diferencias. || á punta de lanza, met. Con esfuerzo, con todo rigor. || armar de punta en blanco, Armar á uno de todas armas de pies á cabeza. || doblar la punta, *Náut.* V. doblar el cabo. || estar de punta con otro, fam. Estar encontrado ó reñido con él. || hacer punta, Dirigirse, encaminarse el primero á alguna parte. || hacer punta, Oponerse abiertamente á otro pretendiendo adelantársele en lo que solicita ó intenta, y sobresalir entre muchos. || montar la punta, *Náut.* V. doblar el cabo. || tener en la punta de la lengua alguna cosa, No acordarse de pronto é inmediatamente de alguna cosa que se quiere decir. || de puntas, V. de puntillas.

PUNTACION, s. f. Accion de poner puntos sobre las letras.

PUNTADA, s. f. El paso de la aguja con el hilo por la tela que se va cosiendo. || met. Aquella razon ó palabra que se dice como al descuido para recordar alguna especie, ó motivar que se hable de ella. || no dar puntada, met. No dar paso en algun negocio, dejarle sin toca

|| NO DAR PUNTADA EN ALGUNA COSA, met. No tener ninguna instruccion ni conocimiento de ella, hablar desatinadamente en alguna materia.

PUNTADO, p. p. de PUNTAR.

PUNTADOR, s. m. V. APUNTADOR.

PUNTAL, s. m. El madero que se pone hincado en la tierra firme para sostener y afirmar una pared. || La prominencia de un terreno que forma como punta. || *Náut.* La altura de la nave desde su plan hasta la cubierta principal ó superior. || met. Apoyo, fundamento.

PUNTALICO, LLO, TO, s. m. d. de PUNTAL.

PUNTAPIÉ, s. m. El golpe que se da con la punta del pié. || MANDAR Á ALGUNO Á PUNTAPIÉS, met. y fam. Tener gran ascendiente sobre él, alcanzar fácilmente de él todo lo que se quiere.

PUNTAR, v. a. APUNTAR las faltas de los eclesiásticos en el coro. || Poner puntos sobre las letras, en las lenguas que no tienen vocales. || Poner los puntos del canto del órgano sobre las letras.

PUNTEADO, p. p. de PUNTEAR.

PUNTEAR, v. a. Tocar la vihuela hiriendo determinadas cuerdas, cada una con un dedo. || Señalar puntos en alguna cosa para formar con ellos lo que se quiere. || Coser ó dar puntadas.

PUNTEAR, v. n. y a. *Náut.* Ir orzando cuanto se puede para aprovechar el viento cuando se escasea.

PUNTEL, s. m. En las fábricas ú hornos de vidrio es un cañon de hierro como el de una escopeta, con que se saca el vidrio del horno.

PUNTERA, s. f. V. YERBA.

PUNTERÍA, s. f. La linea que se mira para disparar alguna arma, á fin de que el tiro hiera en el punto adonde va dirigido. || HACER, DIRIGIR, PONER LA PUNTERÍA, V. APUNTAR, ASESTAR EL TIRO. || HACER, DIRIGIR, PONER LA PUNTERÍA, met. V. ECHAR Ó TIRAR LÍNEAS.

PUNTERICO, LLO, TO, s. m. d. de PUNTERO.

PUNTERO, RA, adj. Que hace bien la puntería con alguna arma.

PUNTERO, s. m. El palillo ó plumilla con que los muchachos que aprenden á leer van señalando las letras que hay en lo escrito. || Género de punzon para señalar de cualquier modo que sea. || La cañita que está unida á la tapa de las crismeras por la parte de adentro, y que sirve para ungir. || Entre los herradores es un instrumento redondo de hierro para señalar por donde han de entrar los clavos en la herradura. || Cincel de hierro con que pican las piedras los canteros.

PUNTEROL, s. m. *Germ.* La almarada de hacer alpargatas.

PUNTIAGUDO, DA, adj. Que tiene aguda la punta.

PUNTICA, s. f. d. de PUNTA.

PUNTICO, s. m. d de PUNTO.

PUNTIDO, s. m. *Rioj.* El descansillo ó meseta de las escaleras.

PUNTILLA, s. f. d. de PUNTA. || Encage muy angosto hecho en puntas. || Instrumento de portaventaneros para trazar en lugar de lápiz. || DE PUNTILLAS, Explica el modo de andar pisando solo con las puntas de los pies. || PONERSE DE PUNTILLAS, met. y fam. Persistir tercamente en el dictámen aunque le contradigan.

PUNTILLAZO, s. m. V. PUNTAPIÉ.

PUNTILLO, s. m. Cosa leve y despreciable en que una persona nimiamente pundonorosa repara.

PUNTILLON, s. m. V. PUNTAPIÉ.

PUNTITA, s. f. d. de PUNTA.

PUNTITO, s. m. d. de PUNTO.

PUNTO, s. m. *Mat.* El principio ó elemento de la magnitud, el término ó extremo de la línea. | Asunto ó materia de que se trata. || Lo sustancial ó principal en algun asunto. || El fin ó intento de cualquiera accion. || El estado actual de cualquiera especie ó negocio. || El estado perfecto que llega á tomar cualquiera cosa que se beneficia al fuego. || Parte ó cuestion de alguna ciencia. || V. PUNDONOR. || Ocasion oportuna, momento favorable. || Cada uno de los agujeros que tiene el timon del arado en la punta por donde se une al yugo para acortar ó alargar el tiro. || En algunos juegos de naipes el as de cada palo. || Cosa muy corta, parte mínima de alguna cosa. || Instante, momento, porcion pequeñísima de tiempo. || met. La menor cosa, la parte mas pequeña ó la circunstancia mas menuda de alguna cosa. || met. Hablando de las calidades morales buenas ó malas es el extremo ó mas alto grado á que estas puedan llegar. || *Náut.* El lugar señalado en la carta de marear que indica donde se cree hallarse la nave. || *Ortog.* Aquella nota que se hace asentando en el papel el extremo del corte de la pluma para señalar que alli se acaba la cláusula, periodo ó capítulo. || En la escopeta ú otra arma de fuego MIRA. || En la llave del arma de fuego PIÑON. || En las obras de costura la puntada que se va dando para hacer alguna labor sobre el lienzo. || Cada una de las lazaditas ó nuditos de que se forman las medias, calcetas, etc. || La pequeña rotura que se hace en las medias. || En el arte de la seda la labor ó forma que va tomando el haz de la tela que no lleva dibujo especial. || En los instrumentos músicos el tono determinado de consonancia para que esten acordes. || En las universidades el fin del curso en que se cierran las escuelas. || En los tribunales la cesacion del despacho, cuando entra el tiempo en que ha de haber vacaciones. || La puntada que da el cirujano pasando la aguja por los labios de la herida || En las correas agujero que se pone á trechos para que el hierecillo de la hebilla entre en él. || En el arte de zapatería la medida que está rayada en el marco. || En las plumas de escribir cada una de las dos partes en que se divide el corte de ellas. || En los dados ó naipes el número que se señala de valor á cada carta ó superficie del dado. || En algunos juegos el tanto que se va ganando hasta llegar al número señalado. || En los estudios de gramática cada uno de los errores que se cometen al dar la leccion que se debe dar de memoria. || Cada una de las cuestiones que picando en un libro salen en las hojas, para que elija el que ha de leer de oposicion. || PUNTO ACCIDENTAL, *Persp.* Cualquier punto diferente del principal adonde se encaminan las líneas de aquellos objectos cuyos lados no son perpendiculares á la tabla. || PUNTO CÉNTRICO, El que señala donde se halla el centro de cualquiera figura circular ó redonda. || met. El fin á que se dirigen las acciones del que intenta alguna cosa. || PUNTO CRUDO, El momento preciso en que sucede alguna cosa. || PUNTO DE APOYO, *Maq.* En las máquinas es la parte al rededor de la cual se mueven las otras. || PUNTO DE APOYO, met. El que sostiene cualquiera empresa, discurso ó cosa material. || PUNTO DE CADENETA, V. CADENETA. || PUNTO DE DISTANCIA, *Persp.* Un punto de la línea horizontal distante del punto principal ó de la vista tanto cuanto es el rayo principal. || PUNTO DE ESCUADRÍA, *Náut.* El que se coloca en la carta de marear deduciéndole del rumbo que se ha seguido y de la latitud observada. || PUNTO DE ESTIMA, *Náut.* El que se coloca en la carta de marear deduciéndole del rumbo seguido y de la distancia andada en un tiempo determinado. || PUNTO DE FANTASÍA, *Náut.* V. PUNTO DE ESTIMA. || PUNTO DE LA REFRACCION, *Dióp.* El punto en que pasando los rayos de la luz oblicuamente de un medio á otro de diferente resistencia, forma el ángulo de inclinacion, separándose de la línea recta. || PUNTO DE LONGITUD, *Náut.* El que se coloca en la carta de marear, y resulta de las observaciones astronómicas de la longitud y latitud. || PUNTO DE LA SUSPENSION, *Estát.* Aquel en que se mantiene suspenso un cuerpo. || PUNTO DE LA SUSTENTACION, *Estát.* Aquel sobre quien descansa un cuerpo. || PUNTO DE LA VISTA ó PUNTO PRINCIPAL, *Persp.* El punto en que el rayo principal corta el plano óptico, el cual está en la línea horizontal. || PUNTO DE MEDITACION, La materia que se señala para que sobre ella se tenga la oracion. || PUNTO EN BOCA, Previene á alguno que calle. || Expr. fam. con que se pide silencio ó secreto de alguna cosa. || PUNTO EQUINOCCIAL, Cada uno de aquellos en que la eclíptica corta la línea equinoccial ó el ecuador || PUNTO EQUIPOLADO, *Blas.* Cada uno de los nueve cuadrillos en la forma que está el tablero del agedrez con órden alternativo. || PUNTO FIJO, V. PUNTO DE LONGITUD. || PUNTO MÉNOS, Denota que una cosa es casi igual á otra con quien se compara. || PUNTO MUSICAL, NOTA en la música. || PUNTO POR PUNTO, Por menor, y sin omitir circunstancia. || PUNTO PRINCIPAL, V. PUNTO DE LA VISTA. || PUNTO TORCIDO, Entre bordadores la labor cuyo dibujo es solo una línea, la cual se ha de cubrir con la seda, sin que tenga que salir de ella lo que se borda. || Á BUEN PUNTO, Á tiempo, oportunamente. || Á PUNTO, Con la prevencion y disposicion necesaria para que alguna cosa pueda servir al fin á que se destina. || Á PUNTO FIJO, Cabalmente ó con certidumbre. || AL PUNTO, Prontamente, sin la menor dilacion. || ANDAR EN PUNTOS, V. ANDAR EN PUNTAS. || AQUÍ FINCA EL PUNTO, ant. EN ESTO CONSISTE LA DIFICULTAD. || BAJAR DE PUNTO, Declinar ó decaer del primitivo estado. || BAJAR EL PUNTO Á ALGUNA COSA, met. MODERARLA. || BAJAR EL PUNTO Ó BAJAR DE PUNTO, *Mús.* Descender de un signo á otro. || DAR PUNTO, En las universidades, tribunales ó escuelas cesar el curso ó suspender el trabajo. || met. Suspender y cesar en algun estudio ó trabajo. || *Cir.*

Coser la abertura de alguna herida para restañar la sangre. || DE TODO PUNTO, Enteramente, y sin que falte cosa alguna. ECHAR EL PUNTO, *Náut.* Colocar en la carta de marear el parage en que se considera estar la nave. || EN PUNTO, Sin sobra ni falta. || ESTAR EN PUNTO Ó Á PUNTO, Ser contingente el suceder alguna cosa. || HACER PUNTO, Pasar haciendo cláusula en lo que se lee ó en la conversacion. || HACER PUNTO DE ALGUNA COSA, Tomarla por caso de honra, y no desistir de ella hasta conseguirla. || LEVANTAR DE PUNTO, met. Realzar, elevar. || METER EN PUNTOS, *Escult.* Desbastar una pieza hasta tocar en aquellos parages adonde han de llegar los miembros principales ó ropas de una figura. || HOMBRE DE PUNTO, V. HOMBRE. || HACER EN BUEN Ó MAL PUNTO, V. HACER EN BUENA Ó MALA HORA. || NO PERDER PUNTO, Proceder con la mayor atencion y diligencia en algun negocio. || POR PUNTO GENERAL, Por regla general. || POR PUNTOS, Expresa que alguna cosa se espera ó teme suceda sin dilacion. || PONER EN SU PUNTO, met. y fam. Poner las cosas en aquel grado de perfeccion que les corresponde. || PONER LOS PUNTOS, met. Dirigir la mira, intencion ó conato á algun fin que se desea. || PONER LOS PUNTOS MUY ALTOS, met. Pretender alguna cosa sin considerar la proporcion que para ella se tiene. || SUBIR DE PUNTO, Crecer ó aumentarse alguna cosa. || TOMAR PUNTOS, Picar en el libro correspondiente á la facultad sobre que se ha de leer en oposicion.

PUNTOSO, SA, adj. Que tiene muchas puntas. || Que contiene en sí punto de honra, ó que procura conservar la buena opinion y fama. || Nimiamente delicado sobre puntos de etiqueta.

PUNTUACION, s. f. La colocacion de las notas de ortografía en los escritos.

PUNTUADO, p. p. de PUNTUAR.

PUNTUAL, adj. Pronto, diligente, exacto. || Indubitable, cierto. || Conforme, conveniente.

PUNTUALIDAD, s. f. Cuidado y diligencia en hacer las cosas precisamente en el tiempo que se debe. || Certidumbre, conformidad, conveniencia precisa de las cosas para el fin á que se destinan.

PUNTUALÍSIMAMENTE, adv. sup. de PUNTUALMENTE.

PUNTUALÍSIMO, MA, adj. sup. de PUNTUAL.

PUNTUALIZADO, p. p. de PUNTUALIZAR.

PUNTUALIZAR, v. a. Gravar profundamente y con exactitud las especies en la memoria. || Dar la última mano, perfeccionar alguna cosa.

PUNTUALMENTE, adv. Con puntualidad, ajustada y ciertamente.

PUNTUAR, v. a. Poner y colocar las notas de ortografía en los escritos.

PUNTUOSO, SA, adj. V. PUNTOSO, PUNDONOROSO.

PUNTURA, s. f. Herida con instrumento que punza como espina, lanceta, aguijon de abeja, etc. || Herida que se hace á los animales en las ranillas y palmas por sentar el pié sobre alguna cosa punzante. || *Imp.* Cualquiera de las dos puntas de hierro en las cuales se clava el pliego que se ha de tirar para que esté sujeto.

PUNZADA, s. f. Herida ó picada de punta. || met. El dolor que molesta y se siente mas agudamente de cuando en cuando. || met. Sentimiento interior que causa alguna cosa que aflige el ánimo.

PUNZADO, p. p. de PUNZAR.

PUNZADOR, RA, s. m. y. f. El que ó lo que punza.

PUNZADURA, s. f. V. PUNZADA, 1ª A.

PUNZANTE, p. a. de PUNZAR, Que punza.

PUNZAR, v. a. Herir de punta. || met. Molestar mas agudamente algun dolor de cuando en cuando. || met. Hacerse sentir interiormente alguna cosa que aflige el ánimo.

PUNZON, s. m. Instrumento de hierro que remata en punta para abrir ojetes, etc. V. BURIL. || Instrumento de acero algo romo, de que usan los que abren matrices para la imprenta, los marcadores para la plata, etc. || V. PITON ó cuernicillo. || La llave fingida que llevan los gentiles hombres y ayudas de cámara de S. M. para no exponerse á perder la verdadera.

PUNZONCICO, s. m. d. de PUNZON.

PUNZONERÍA, s. f. Coleccion de todos los punzones necesarios para una fundicion de letra.

PUÑADA, s. f. El golpe que se da con el puño cerrado. || VENIR Á LAS PUÑADAS, ant. V. VENIR Á LAS MANOS.

PUÑADO, s. m. La porcion de cualquiera cosa que se puede llevar ó tomar en la mano cerrado el puño. || met. Cortedad de alguna cosa de que debe o suele haber cantidad. || PUÑADO DE MOSCAS, met. y fam. Conjunto de cosas que fácilmente se separan ó desaparecen. || Á PUÑADOS, Larga y abundantemente cuando debe ser con escasez y cortedad; ó al contrario. ‖ ¡GRAN PUÑADO! ó ¡QUÉ PUÑADO! fam. Desprecia por corto ó de poca entidad ó cantidad lo que se da ó se ofrece.

PUÑAL, adj. ant. Que cabe ó puede tenerse en el puño.

PUÑAL, s. m. Arma ofensiva que solo hiere de punta.

PUÑALADA, s. f. La herida que se hace con el puñal. ‖ Pesadumbre grande dada de repente. ‖ COSER Á PUÑALADAS, fam. Dar á uno muchas puñaladas. ‖ ¿ES PUÑALADA DE PÍCARO? Exp. met. y fam. con que se excusa aquel á quien le dan prisa, para la egecucion de alguna cosa que necesita de mas tiempo.

PUÑALEJO, s. m. d. de PUÑAL.

PUÑALERO, s. m. El que hace ó vende puñales.

PUÑALICO, LLO, TO, s. m. d. de PUÑAL.

PUÑETAZO, s. m. Golpe que se da con el puño á mano cerrada.

PUÑETE, s. m. V. PUÑADA. ‖ V. MANILLA, PULSERA.

PUÑICO, TO, s. m. d. de PUÑO.

PUÑO, s. m. La mano cerrada. ‖ V. PUÑADO. ‖ Cortedad ó estrechez en lo que no debe haberla. ‖ En la camisa el pedazo de lienzo que unido á la boca de la manga ajusta la muñeca. ‖ Adorno de tela ó de encajes blancos, alechugados que se pone rodeado á la muñeca. ‖ En las armas blancas é instrumentos aquella parte por donde se toman con la mano. ‖ La parte superior del baston. ‖ *Náut.* Cada uno de los ángulos ó extremos bajos de la vela donde se afirman las amuras, escotas ó escotines. ‖ ant. V. PUÑADA. ‖ APRETAR LOS PUÑOS, Poner mucho conato para egecutar alguna cosa. ‖ Á PUÑO CERRADO, Con fuerza ó con eficacia. ‖ COMO UN PUÑO, Pondera que una cosa es muy grande entre las que regularmente son pequeñas, ó al contrario. ‖ DE PROPRIO PUÑO, V. DE MANO PROPIA. ‖ JUGARLA DE PUÑO, V. PEGARLA DE PUÑO. ‖ MEDIR Á PUÑOS, Medir alguna cosa poniendo un puño sobre otro, ó uno despues de otro sucesivamente. ‖ METER EN UN PUÑO Ó EN UN ZAPATO, met. Confundir, estrechar, avergonzar á alguno de suerte que no se atreva á responder. ‖ PEGARLA DE PUÑO, met. y fam. Engañar á uno enteramente en cosa sustancial. ‖ POR SUS PUÑOS, Con su propio trabajo personal. ‖ SER COMO UN PUÑO, Ser alguno miserable ó pequeño de cuerpo.

PUPA, s. f. La postilla que queda del grano que sale en el cuerpo en la boca. ‖ Voz de los niños con que dan á entender algun mal que no saben explicar.

PUPILA, s. f. V. NIÑA DE LOS OJOS. ‖ La huérfana menor de doce años que tiene tutor. ‖ La menor de veinte y cinco años que tiene curador.

PUPILAGE, s. m. Estado del pupilo respecto de su tutor. ‖ Estado del que está ajustado por un tanto diario para que le cuiden y den de comer. ‖ La casa donde se reciben pupilos estudiantes.

PUPILAR, adj. Que pertenece al pupilo ó menor.

PUPILERO, RA, s. m. y f. El que recibe en su casa pupilos estudiantes.

PUPILO, s. m. El menor que necesita de tutor. ‖ El muchacho que está puesto en casa de pupilage.

PUPOSO, SA, adj. Que tiene pupas.

PURAMENTE, adv. Con pureza y sin mezcla de otra cosa. ‖ Castamente. ‖ for. Sin condicion, excepcion ó restriccion.

PUREZA, s. f. La calidad que constituye alguna cosa pura, limpia y sin mezcla de cosa extraña. ‖ Integridad virginal ó castidad. ‖ met. La carencia de pecados, integridad é inocencia de costumbres. ‖ met. La exactitud en la eleccion, uso, órden y construccion de las voces, frases y expresiones.

PURGA, s. f. Medicina que se toma por la boca á fin de mover los malos humores, y expelerlos por la parte posterior.

PURGABLE, adj. Que se puede purgar.

PURGACION, s. f. Accion de expeler los malos humores mediante la medicina que se ha tomado para ello. ‖ La sangre que naturalmente evacuan las mugeres todos los meses, y la que baja despues de haber parido. ‖ La materia ó humor que por enfermedad se suele expeler por la via de la orina. ‖ met. Accion y efecto de purgar. ‖ for. El acto de purgarse y desvanecer los indicios ó nota que resulten contra alguna persona delincuente. ‖ PURGACION CANÓNICA, La prueba que los cánones establecen para el caso en que alguno fuere notado de algun delito que no se puede plenamente probar, se purgue de la nota ó infamia que resulta contra el acusado por su juramento y el de los compurgadores. ‖ PURGACION

VULGAR, Exámen judicial, en que por defecto de otra prueba, y para decidir la verdad de la inocencia ó culpa del reo, se sujetaba á la experiencia del agua hirviendo ó del hierro encendido ó del agua fria, y tambien por medio del duelo y de otros modos supersticiosos.

PURGADÍSIMO, MA, adj. sup de PURGADO.

PURGADO, p. p. de PURGAR.

PURGADOR, s. m. y f. El que ó la que purga.

PURGAMIENTO, s. m. ant. La accion y efecto de limpiar ó purgar.

PURGANTE, p. a. de PURGAR, y s. m. Que purga. Dícese regularmente de la medicina.

PURGAR, v. a. Limpiar, purificar alguna cosa quitándole todo cuanto la pueda hacer imperfecta ó no le conviene. || V. EXPIAR. || met. Purificar, acrisolar. || Satisfacer con alguna pena parte ó el todo de lo que merecia por su culpa ó delito. || Padecer las penas del purgatorio para purificarse el alma de las reliquias del pecado, y poder entrar en el cielo. || Dar al enfermo la medicina conveniente para expeler los malos humores. || Se dice de la misma medicina que purga. || Evacuar algun humor. || for. Desvanecer los indicios, sospecha ó nota que hay contra alguna persona. || *Poés.* Corregir, moderar las pasiones.

PURGARSE, v. r. met. Libertarse de cualquiera cosa no material que causa perjuicio ó gravámen. || ¡TOMA SÍ PURGA! Especie de interj. con que se expresa el enfado de que alguna cosa se repita muchas veces y continuamente.

PURGATIVO, VA, adj. Que purga ó tiene virtud de purgar.

PURGATORIO, s. m. Lugar donde las almas de los que mueren en gracia sin haber hecho en esta vida entera penitencia por sus culpas, satisfacen la deuda con las penas que padecen. || met. Cualquiera lugar donde se pasa la vida con trabajo y penalidad.

PURIDAD, s. f. ant. PUREZA por la calidad que constituye alguna cosa pura. || ant. Entereza, integridad, severa y exacta observancia. || ant. Inocencia, rectitud, integridad de costumbres. || ant. V. SECRETO. || EN PURIDAD, Sin rebozo, claramente ó sin rodeos. || ant. V. EN SECRETO.

PURIFICACION, s. f. Acto de purificar ó limpiar de toda mancha ó imperfeccion. || La fiesta que en el dia dos de febrero celebra la iglesia en memoria de cuando nuestra Señora fué con su Hijo santísimo á presentarle en el templo. || En las mugeres segun el Levitico era el acto de ir al templo despues de pasados los dias de la purgacion del parto. || En la misa cada uno de los lavatorios con que se purifica el cáliz.

PURIFICADERO, RA, adj. Que limpia ó purifica.

PURIFICADÍSIMO, MA, adj. sup. de PURIFICADO.

PURIFICADO, p. p. de PURIFICAR.

PURIFICADOR, RA, s. m. y f. El que limpia ó purifica. || Paño de lino con el cual se enjuga y purifica el cáliz. || El lienzo de que se sirve el sacerdote en el altar para limpiarse los dedos.

PURIFICANTE, p. a. de PURIFICAR, Que purifica.

PURIFICAR, v. a. Quitar de cualquiera cosa todo aquello que le es extraño. || met. Limpiar alguna cosa no material de toda imperfeccion. || Acrisolar Dios las almas por medio de las aflicciones y trabajos.

PURIFICARSE, v. r. En la ley antigua era presentarse la muger en el templo despues del parto habiendo pasado el tiempo de la purgacion.

PURIFICATORIO, RIA, adj. Que sirve para purificar alguna cosa.

PURÍSIMAMENTE, adv. sup. de PURAMENTE.

PURÍSIMO, MA, adj. sup. de PURO.

PURISMO, s. m. El vicio del que afecta mucho la pureza del lenguage.

PURISTA, adj. El que afecta mucho la pureza del lenguage.

PURITANISMO, s. m. Secta y doctrina de los puritanos.

PURITANO, NA, adj. y s. Se aplica al herege presbiteriano que se precia de observar una religion mas pura.

PURO, RA, adj. Libre y exento de toda mezcla de otra cosa. || Dícese del que procede con desinteres en el desempeño de su empleo. || Que no incluye ninguna condicion excepcion, ó restriccion. || Casto. || met. Libre, exento de imperfecciones. || met. Mero, solo, no acompañado de otra cosa. || DE PURO, Sumamente, excesivamente.

PÚRPURA, s. f. Múrice de concha retorcida como la del caracol, dentro de cuya garganta se halla aquel precioso licor rojo con que antiguamente se teñian las ropas de los reyes y emperadores. || Ropa teñida con el licor de la

púrpura. || met. La dignidad real y la de los cardenales. || *Poét.* La sangre.

PURPURADO, p. p. de PURPURAR. || PURPURADO, DA, adj. y s. V. CARDENAL.

PURPURANTE, p. a. de PURPURAR, Que purpura ó da el color de púrpura.

PURPURAR, v. a. Teñir ó vestir de púrpura.

PURPUREAR, v. n. Tomar ó mostrar el color de púrpura.

PURPÚREO, REA, adj. Que tiene el color de púrpura. || Perteneciente á la púrpura ó dignidad cardinalicia.

PURRELA, s. f. El último é inferior vino de los que se llaman agua pié.

PURRIELA, s. f. fam. Cualquiera cosa despreciable, de mala calidad, de poco valor.

PURULENTO, TA, adj. *Med.* y *Cir.* Que tiene pus.

* PÚRVIDO, s. m. Cierta planta.

PUS, s. m. *Méd.* y *Cir.* La sangre corrompida, que comunmente llaman materia.

PUSILÁNIME, adj. Falto de ánimo y valor para tolerar las desgracias ó para intentar cosas grandes.

PUSILANIMIDAD, s. f. Timidez, falta de ánimo.

PUSILÁNIMO, MA, adj. ant. V. PUSILÁNIME.

PÚSTULA, s. f. *Med.* y *Cir.* V. POSTILLA.

PUSTULILLA, s. f. d. de PÚSTULA.

PUTA, s. f. V. RAMERA.

· PUTAISMO, s. m. Vida, egercicio, reunion de mugeres perdidas, casa de prostitucion.

PUTANISMO, s. m. V. PUTAISMO.

PUTAÑEAR, v. n. fam. Darse al vicio de la torpeza, andar buscando las mugeres perdidas.

PUTAÑERO, adj. fam. Dado al vicio de la torpeza.

PUTATIVO, VA, adj. Reputado ó tenido por padre, hermano, etc., no siéndolo.

PUTEAL, s. m. Brocal del pozo fatídico.

PUTEAR, v. n. fam. V. PUTAÑEAR.

PUTERÍA, s. f. V. PUTAISMO. || fam. Arrumaco, roncería, soflama de que usan algunas mugeres.

PUTERO, adj. fam. V. PUTAÑERO.

PUTESCO, CA, adj. fam. Perteneciente á las putas.

PUTICA, LLA, TA, s. f. d. de PUTA.

PUTO, s. m. El sugeto de quien abusan los libertinos. || Á PUTO EL POSTRE, fam. Se usa para denotar el esfuerzo que se hace para no ser el último ó postrero en alguna cosa.

PUTPUT, s. f. ant. V. ABUBILLA.

PUTREDINAL, adj. Que pudre ó corrompe alguna cosa ó tiene virtud para ello.

PUTREFACCION, s. f. Accion de corromperse alguna cosa, y la podre ó podredumbre.

PUTREFACTIVO, VA, adj. Que puede causar putrefaccion.

PÚTRIDO, DA, adj. Corrompido, podrido, que está acompañado de putrefaccion.

PUTUELA, s. f. d. de PUTA.

PUZOL, s. m. V. PUZOLANA.

PUZOLANA, s. f. Especie de arena que se encuentra en Puzol.

Q

Q, Décima séptima letra de nuestro alfabeto, y consonante paladial porque su voz se forma en el medio del paladar con el medio de la lengua.

QUA

* QUADRATRIZ, adj. V. LÍNEA CUADRATRIZ.

QUE, pronombre relativo que se sigue siempre á algun nombre, y equivale á EL CUAL. || Se usa tambien como partícula admirativa para exagerar y ponderar una cosa. || Usado despues del verbo es partícula que rige otro verbo y le determina. || Se usa tambien como partícula comparativa, y se sigue regularmente al adverbio *mas* ó *tanto*. || Se usa algunas veces como causal dando la

razon ó motivo de alguna cosa, y vale lo mismo que PORQUE. || Se usa tambien distribuyendo los extremos contrarios de una oracion. || Suele usarse con la misma fuerza que la ó como conjuncion disyuntiva. || ALGO QUE, Se usa para significar que hay algo mas de lo que se presume ó aparece. || SIN QUÉ NI PARA QUÉ, Sin motivo, causa ni razon alguna. || QUE DIRAN, El respeto á la opinion pública.

QUEBRADA, s. f. Tierra desigual y abierta, que forma algunos valles estrechos, cogidos ó cercados de montes.

QUEBRADERO, s. m. V. QUEBRADOR. || QUEBRADERO DE CABEZA, met. Lo que la molesta, fatiga, cansa é inquieta. || met. El objeto del cuidado amoroso.

QUEBRADILLO, s. m. El taconcillo de madera sobre que se formaba el ponleví del zapato. || Un movimiento especial que se hace con el cuerpo en la danza.

QUEBRADIZO, ZA, adj. Fácil de quebrarse. || Delicado en la salud y disposicion corporal. || Flexible. || met. V. FRÁGIL.

QUEBRADO, p. p. de QUEBRAR. || QUEBRADO, DA, adj. Quebrantado, debilitado.

QUEBRADO, s. m. *Arit.* Una ó algunas partes iguales de aquellas en que se considera dividirse un entero. || *Poés.* Verso de cuatro sílabas y la copla en que hay esta especie de versos. || QUEBRADO COMPUESTO, ó QUEBRADO DE QUEBRADO, *Arit.* Número quebrado que se toma como entero, y se divide en algunas partes. || ESCRIBIR DE QUEBRADOS, Escribir derechos los renglones, reglando el papel á trechos, dejando algunos blancos sin regla.

QUEBRADOR, RA, s. m. y f. El que quiebra. || met. Infractor, el que quebranta ó viola alguna ley ó estatuto.

QUEBRADURA, s. f. Hendedura, rotura ó abertura de alguna cosa. || V. HERNIA.

QUEBRAJA, s. f. Grieta, hendrija, raja en la madera, hierro, etc.

QUEBRAJADO, p. p. de QUEBRAJAR.

QUEBRAJAR, v. a. y n. V. RESQUEBRAJAR.

QUEBRAJOSO, SA, adj. V. QUEBRADIZO.

QUEBRAMIENTO, s. m. V. QUEBRANTAMIENTO.

QUEBRANTABLE, adj. Que se puede quebrantar.

QUEBRANTADO, p. p. de QUEBRANTAR.

QUEBRANTADOR, RA, s. m. y f. V. QUEBRADOR en sus dos acepciones. || El que debilita ó quebranta las fuerzas.

QUEBRANTADURA, s. f. Rotura de alguna cosa que se quiebra.

QUEBRANTAHUESOS, s. m. Ave indígena de los paises frios de Europa, que habita á orillas del mar, en donde se alimenta de peces. || met. y fam. El sugeto pesado, molesto é importuno, que cansa y fastidia con sus impertinencias. || Juego de muchachos.

QUEBRANTAMIENTO, s. m. Fractura, el acto de quebrantar, ó quebrar. || Evasion, rompimiento ó fuerza hecha para librarse de alguna opresion. || Cansancio, desasosiego, desazon, desabrimiento en el cuerpo. || met. Infraccion, trasgresion ó violacion de alguna ley, estatuto, precepto, palabra ú obligacion. || for. Casacion, anulacion revocacion de un testamento.

QUEBRANTANTE, p. a. de QUEBRANTAR, Que quebranta.

* QUEBRANTA-PIEDRAS, s. f. Planta buena para el mal de orina.

QUEBRANTAR, v. a. Romper, separar ó dividir con violencia las partes de un todo. || Cascar ó hender alguna cosa, ponerla en estado de que se rompa ó quiebre mas fácilmente. || Moler ó machacar alguna cosa no del todo, sino á medio moler. || Violar ó profanar algun sagrado, seguro ó coto. || met. Infringir, traspasar, violar alguna ley, palabra ú obligacion. || Forzar, romper venciendo alguna dificultad, impedimento ó estorbo, que embaraza para la libertad. || Disminuir las fuerzas ó brio, suavizar ó templar el exceso de alguna cosa. || Molestar, fatigar, causar pesadumbre ó desabrimiento. || Causar lástima, compasion, mover á piedad. || Persuadir, inducir ó mover con ardid, industria y porfía, ablandar el rigor ó la ira. || for. Anular, revocar un testamento.

QUEBRANTE, p. a. de QUEBRAR, Que quiebra.

QUEBRANTO, s. m. Acto de quebrantar. || Descaecimiento, desaliento, falta de fuerza. || Lástima, conmiseracion, piedad ó compasion. || Grande pérdida ó daño padecido.

QUEBRAR, v. a. V. QUEBRANTAR. || Doblar ó torcer. || QUEBRANTAR, infringir. || met. Interrumpir ó estorbar la continuacion de alguna cosa no material. || Templar, suavizar ó moderar la fuerza y el vigor de alguna cosa. || Ajar, afear, deslustrar la tez ó color natural del rostro. || Vencer alguna dificultad material ú opresion.

QUEBRAR, v. n. Cesar en el comercio por falta de caudales con que satisfacer á los acreedores, perdiendo el crédito. || Romper la amistad de alguno disminuirse ó entibiarse la correspondencia. || QUEBRAR POR ALGUNO, No verificarse ó descomponerse alguna cosa por faltar uno ó egecutar lo que le tocaba. || QUEBRAR QUE POR LO MAS DELGADO, Explica que la parte mas flaca es la que sale ordinariamente vencida.

QUEBRARSE, v. r. Relajarse, caérsele á alguno las tripas. || Hablando de cordilleras, cuestas ó cosas semejantes significa interrumpirse su continuidad.

*QUECHE, s. m. Especie de embarcacion inglesa.

QUEDA, s. f. El tiempo de la noche señalado en algunos pueblos, para que todos se recojan. || ant. En la milicia RETRETA.

QUEDADA, s. f. Accion de quedarse en algun sitio ó lugar.

QUEDANTE, p. a. ant. de QUEDAR, Que queda.

QUEDAR, v. n. Detenerse ó hacer mansion en algun parage. || V. RESTAR. || Faltar. || Permanecer, durar ó subsistir alguna cosa como efecto de otra. || Rematarse á favor de uno las rentas ú otra cosa que se vende á pregon para las posturas y pujas. || Junto con algun nombre vale lo mismo que estar con alguna especialidad. || Se junta muchas veces con la preposicion *por*, y vale ser tenido ó reputado. || ant. Cesar. || Se usa, aunque con impropiedad, como verbo activo, y vale lo mismo que DEJAR. || QUEDAR BIEN Ó MAL, Portarse en alguna accion ó salir de algun negocio bien ó mal. || QUEDAR CON UNO, Acordar, convenirse con alguno. || QUEDAR EN LIMPIO, Resultar en alguna cuenta una suma real y líquida despues de rebajados los gastos y otras partidas. || QUEDAR LIMPIO, met. y fam. Quedar enteramente sin dinero. || QUEDAR Ó QUEDARSE ATRAS, met. Ser inferior, ó de ménos estimacion y mérito que otro. || QUEDAR POR ALGUNO, Fiarle, abonarle o salir por él. || QUEDAR POR UNO, No verificarse alguna cosa por dejar uno de egecutar lo que debia ó le tocaba. || QUEDAR UNO AIROSO, Sálir con honor ó felicidad de alguna empresa ó negocio. || NO QUEDAR Á DEBER NADA, met. Corresponder á alguno con el dicho ó las acciones que otro ha egecutado con él. || NO QUEDARLE Á UNO OTRA COSA, fam. Asegura que lo que se dice es cierto y no fingido.

QUEDARSE, v. r. Suspenderse, pararse, perder el hilo y órden de la materia que se trataba. || Junto con la preposicion *con* significa retener en su poder alguna cosa, sea propia ó agena. || QUEDARSE Á ESCURAS, met. ant. DEJAR Á ESCURAS. || QUEDARSE Á OSCURAS Ó Á ESCURAS, Á BUENAS NOCHES, met. Perder alguna cosa que se poseia, ó no lograr lo que se pretendia. || QUEDARSE ATRAS, met. No alcanzar ó no saber tanto como otro || met. No comprender toda la fuerza de alguna cosa, no hacer progresos en alguna ciencia ó arte. || QUEDARSE HELADO, Sobrecogerse de alguna especie que causa notable extrañeza ó espanto. || QUEDARSE EN BLANCO, met. No conseguir lo que se pretendia ó esperaba. || QUEDARSE FRESCO, met. y fam. Se usa cuando no se logra aquello de que se tenia esperanza, y en que se habia consentido. || QUEDARSE FRIO, Salirle á uno alguna cosa al contrario de lo que deseaba y pretendia. || met y fam. Denota la sorpresa que le causa á alguno el ver ú oir alguna cosa que no esperaba. || QUEDARSE IN ALBIS, met. y fam. V. QUEDARSE EN BLANCO. || QUEDARSE MUERTO, V. MUERTO.

QUEDITO, TA, adj. d. de QUEDO.

QUEDITO, adv. V. QUEDO.

QUEDO, DA, adj. V. QUIETO.

QUEDO, adv. Con voz muy baja. || Interjeccion que sirve para contener á alguno. || Con tiento. || QUEDO Á QUEDO, ant. Poco á poco, despacio. || QUEDO QUE QUEDO, Significa que uno está terco y y rehacio en no egecutar alguna cosa.

QUEHACER, s. m. Ocupacion, negocio.

QUEJA, s. f. Expresion de dolor, pena ó sentimiento. || RESENTIMIENTO, desazon. || V. QUERELLA.

QUEJADA, s. f. ant. V. QUIJADA.

QUEJARSE, v. r. Explicar con la voz el dolor ó pena que se siente. || Dar á entender la queja ó resentimiento que se tiene de otro. || V. QUERELLARSE.

QUEJICOSO, SA, adj. Que se queja demasiadamente, y las mas veces sin causa.

QUEJIDICO, LLO, TO, s. m. d. de QUEJIDO.

QUEJIDO, s. m. Voz lastimosa de algun dolor ó pena que aflige y atormenta.

QUEJIGAL, s. m. La parte de tierra poblada de quejigos.

QUEJIGO, s. m. Especie de roble muy parecido á la encina.

QUEJILLA, TA, s. f. d. de QUEJA.

QUEJO, s. m. ant. V. QUEJA.

QUEJOSAMENTE, adv. Con queja.

QUEJOSÍSIMAMENTE, adv. sup. de QUEJOSAMENTE.

QUEJOSÍSIMO, MA, adj. sup. de QUEJOSO.

QUEJOSO, SA, adj. Que tiene queja de otro.

QUEJUMBRE, s. m. ant. V. QUEJA.

QUEJUMBROSO, SA, adj. ant. Que se queja con poco motivo, ó forma fácilmente queja.

QUEJURA, s. f. ant. Prisa ó aceleracion congojosa.

QUEMA, s. f. El acto de quemar, y tambien el parage quemado. || HUIR DE LA QUEMA, met. Retirarse ó apartarse de algun riesgo por temor de ser incluido en él.

QUEMADERO, s. m. El sitio ó parage destinado para quemar los sentenciados ó condenados á la pena de fuego.

QUEMADO, p. p. de QUEMAR. || QUEMADO, DA, adj. *Germ.* El negro.

QUEMADOR, RA, s. m. y f. El que quema ó pone fuego á alguna cosa. || V. INCENDIARIO.

QUEMADURA, s. f. Accion que causa el fuego en algun cuerpo, seguida de una descomposicion de sus partes. || La señal, llaga, ampolla, ó impresion que hace el fuego ó una cosa muy caliente aplicada á otra. || Enfermedad de las plantas, V. TIZON.

QUEMAJOZO, SA, adj. Que pica ó escuece, como quemado.

QUEMAMIENTO, s. m. ant. Accion y efecto de quemar.

QUEMANTE, p. a. de QUEMAR, Que quema. || *Germ.* El ojo.

QUEMAR, v. a. Abrasar ó consumir con fuego. || Calentar con mucha actividad. || Desecar mucho, y hacer perder el verdor y lozanía. || Causar una sensacion muy picante en la boca y el paladar. || met. Malbaratar, destruir ó vender alguna cosa á ménos precio.

QUEMAR, v. n. Estar una cosa demasiadamente caliente.

QUEMARSE, v. r. Padecer ó sentir mucho calor. || Impacientarse ó desazonarse porque no se egecuta alguna cosa á gusto propio. || met. Padecer la fuerza de alguna pasion ó afecto. || fam. Tocar ó estar cerca de acertar ó hallar alguna cosa. || QUIEN SE QUEMARE QUE SOPLE, met. Advierte que el que juzgare le comprende algun cargo que otro hace en general, procure purgarse de él.

QUEMAZON, s. f. Accion ó efecto de quemar ó quemarse. || Color excesivo. || V. COMEZON. || met. Dicho, razon ó palabra picante con que se zahiere ó provoca á alguno.

QUEQUIER, adj. ant. V. CUALQUIERA.

QUERELLA, s. f. Sentimiento, queja, expresion de dolor. || for. Queja propuesta ante el juez contra alguno, en que se le hace reo de algun delito, que el agraviado pide se castigue. || La queja que los hijos proponen ante el juez, pidiendo la invalidacion de algun testamento.

QUERELLADOR, s. m. ant. V. QUERELLANTE.

QUERELLANTE, p. a. de QUERELLARSE, Que se querella.

QUERELLARSE, v. r. Explicar el sentimiento propio ó contra alguno, lamentarse ó dolerse. || Poner acusacion ante el juez quejándose de alguno por delito, injuria ó agravio que le ha hecho.

QUERELLOSAMENTE, adv. Con queja ó sentimiento.

QUERELLOSO, SA, adj. V. QUERELLANTE. || Quejoso ó que con facilidad se queja de todo.

QUERENCIA, s. f. El sitio ó parage donde el animal asiste de ordinario al pasto ó donde se ha criado. || met. El lugar ó casa á donde acude con propension é inclinacion alguna persona. || ant. Accion de amar ó querer bien.

QUERENCIOSO, SA, adj. Se aplica al sitio ó parage á que tienen querencia los animales.

QUERER, v. a. Desear ó apetecer con ansia alguna cosa. || Amar con deseo, tener cariño, voluntad ó inclinacion á alguna persona. || Tener voluntad ó determinacion de egecutar alguna cosa. || Resolver, determinar ó mandar. || Pretender, intentar ó procurar. || Ser conveniente una cosa á otra, pedirla, requerirla. || Conformarse ó convenir con otro en algun intento. || En el juego vale aceptar el envite. || Tener gana de alguna cosa. || Dar alguno ocasion con lo que hace ó dice para que se egecute algo contra él. || Estar próxima á ser ó verificarse alguna cosa. || COMO ASÍ ME LO QUIERO, fam. Significa haber sucedido una cosa á medida del deseo. || COMO USTED QUISIERE, Se usa para ceder en cualquiera cuestion, disputa ó con-

púrpura. || met. La dignidad real y la de los cardenales. || *Poét.* La sangre.

PURPURADO, p. p. de PURPURAR. || PURPURADO, DA, adj. y s. V. CARDENAL.

PURPURANTE, p. a. de PURPURAR, Que purpura ó da el color de púrpura.

PURPURAR, v. a. Teñir ó vestir de púrpura.

PURPUREAR, v. n. Tomar ó mostrar el color de púrpura.

PURPÚREO, REA, adj. Que tiene el color de púrpura. || Perteneciente á la púrpura ó dignidad cardinalicia.

PURRELA, s. f. El último é inferior vino de los que se llaman agua pié.

PURRIELA, s. f. fam. Cualquiera cosa despreciable, de mala calidad, de poco valor.

PURULENTO, TA, adj. *Med.* y *Cir.* Que tiene pus.

* PÚRVIDO, s. m. Cierta planta.

PUS, s. m. *Med.* y *Cir.* La sangre corrompida, que comunmente llaman materia.

PUSILÁNIME, adj. Falto de ánimo y valor para tolerar las desgracias ó para intentar cosas grandes.

PUSILANIMIDAD, s. f. Timidez, falta de ánimo.

PUSILÁNIMO, MA, adj. ant. V. PUSILÁNIME.

PÚSTULA, s. f. *Med.* y *Cir.* V. POSTILLA.

PUSTULILLA, s. f. d. de PÚSTULA.

PUTA, s. f. V. RAMERA.

PUTAISMO, s. m. Vida, egercicio, reunion de mugeres perdidas, casa de prostitucion.

PUTANISMO, s. m. V. PUTAISMO.

PUTAÑEAR, v. n. fam. Darse al vicio de la torpeza, andar buscando las mugeres perdidas.

PUTAÑERO, adj. fam. Dado al vicio de la torpeza.

PUTATIVO, VA, adj. Reputado ó tenido por padre, hermano, etc., no siéndolo.

PUTEAL, s. m. Brocal del pozo fatídico.

PUTEAR, v. n. fam. V. PUTAÑEAR.

PUTERÍA, s. f. V. PUTAISMO. || fam. Arrumaco, roncería, soflama de que usan algunas mugeres.

PUTERO, adj. fam. V. PUTAÑERO.

PUTESCO, CA, adj. fam. Perteneciente á las putas.

PUTICA, LLA, TA, s. f. d. de PUTA.

PUTO, s. m. El sugeto de quien abusan los libertinos. || Á PUTO EL POSTRE, fam. Se usa para denotar el esfuerzo que se hace para no ser el último ó postrero en alguna cosa.

PUTPUT, s. f. ant. V. ABUBILLA.

PUTREDINAL, adj. Que pudre ó corrompe alguna cosa ó tiene virtud para ello.

PUTREFACCION, s. f. Accion de corromperse alguna cosa, y la podre ó ó podredumbre.

PUTREFACTIVO, VA, adj. Que puede causar putrefaccion.

PÚTRIDO, DA, adj. Corrompido, podrido, que está acompañado de putrefaccion.

PUTUELA, s. f. d. de PUTA.

PUZOL, s. m. V. PUZOLANA.

PUZOLANA, s. f. Especie de arena que se encuentra en Puzol.

Q

Q, Décima séptima letra de nuestro alfabeto, y consonante paladial porque su voz se forma en el medio del paladar con el medio de la lengua.

QUA

* QUADRATRIZ, adj. V. LÍNEA CUADRATRIZ.

QUE, pronombre relativo que se sigue siempre á algun nombre, y equivale á EL CUAL. || Se usa tambien como partícula admirativa para exagerar y ponderar una cosa. || Usado despues del verbo es partícula que rige otro verbo y le determina. || Se usa tambien como partícula comparativa, y se sigue regularmente al adverbio *mas* ó *tanto*. || Se usa algunas veces como causal dando la

razon ó motivo de alguna cosa, y vale lo mismo que PORQUE. || Se usa tambien distribuyendo los extremos contrarios de una oracion. || Suele usarse con la misma fuerza que la ó como conjuncion disyuntiva. || ALGO QUE, Se usa para significar que hay algo mas de lo que se presume ó aparece. || SIN QUÉ NI PARA QUÉ, Sin motivo, causa ni razon alguna. || QUE DIRAN, El respeto á la opinion pública.

QUEBRADA, s. f. Tierra desigual y abierta, que forma algunos valles estrechos, cogidos o cercados de montes.

QUEBRADERO, s. m. V. QUEBRADOR. || QUEBRADERO DE CABEZA, met. Lo que la molesta, fatiga, causa é inquieta. || met. El objeto del cuidado amoroso.

QUEBRADILLO, s. m. El taconcillo de madera sobre que se formaba el ponlevi del zapato. || Un movimiento especial que se hace con el cuerpo en la danza.

QUEBRADIZO, ZA, adj. Fácil de quebrarse. || Delicado en la salud y disposicion corporal. || Flexible. || met. V. FRÁGIL.

QUEBRADO, p. p. de QUEBRAR. || QUEBRADO, DA, adj. Quebrantado, debilitado.

QUEBRADO, s. m. *Arit.* Una ó algunas partes iguales de aquellas en que se considera dividirse un entero. || *Poés.* Verso de cuatro sílabas y la copla en que hay esta especie de versos. || QUEBRADO COMPUESTO, ó QUEBRADO DE QUEBRADO, *Arit.* Número quebrado que se toma como entero, y se divide en algunas partes. || ESCRIBIR DE QUEBRADOS, Escribir derechos los renglones, reglando el papel á trechos, dejando algunos blancos sin regla.

QUEBRADOR, RA, s. m. y f. El que quiebra. || met. Infractor, el que quebranta ó viola alguna ley ó estatuto.

QUEBRADURA, s. f. Hendedura, rotura ó abertura de alguna cosa. || V. HERNIA.

QUEBRAJA, s. f. Grieta, hendrija, raja en la madera, hierro, etc.

QUEBRAJADO, p. p. de QUEBRAJAR.

QUEBRAJAR, v. a. y n. V. RESQUEBRAJAR.

QUEBRAJOSO, SA, adj. V. QUEBRADIZO.

QUEBRAMIENTO, s. m. V. QUEBRANTAMIENTO.

QUEBRANTABLE, adj. Que se puede quebrantar.

QUEBRANTADO, p. p. de QUEBRANTAR.

QUEBRANTADOR, RA, s. m. y f. V. QUEBRADOR en sus dos acepciones. || El que debilita ó quebranta las fuerzas.

QUEBRANTADURA, s. f. Rotura de alguna cosa que se quiebra.

QUEBRANTAHUESOS, s. m. Ave indígena de los paises frios de Europa, que habita á orillas del mar, en donde se alimenta de peces. || met. y fam. El sugeto pesado, molesto é importuno, que cansa y fastidia con sus impertinencias. || Juego de muchachos.

QUEBRANTAMIENTO, s. m. Fractura, el acto de quebrantar, ó quebrar. || Evasion, rompimiento ó fuerza hecha para librarse de alguna opresion. || Cansancio, desasosiego, desazon, desabrimiento en el cuerpo. || met. Infraccion, trasgresion ó violacion de alguna ley, estatuto, precepto, palabra ú obligacion. || for. Casacion, anulacion revocacion de un testamento.

QUEBRANTANTE, p. a. de QUEBRANTAR, Que quebranta.

* QUEBRANTA-PIEDRAS, s. f. Planta buena para el mal de orina.

QUEBRANTAR, v. a. Romper, separar ó dividir con violencia las partes de un todo. || Cascar ó hender alguna cosa, ponerla en estado de que se rompa ó quiebre mas fácilmente. || Moler ó machacar alguna cosa no del todo, sino á medio moler. || Violar ó profanar algun sagrado, seguro ó coto. || met. Infringir, traspasar, violar alguna ley, palabra ú obligacion. || Forzar, romper venciendo alguna dificultad, impedimento ó estorbo, que embaraza para la libertad. || Disminuir las fuerzas ó brio, suavizar ó templar el exceso de alguna cosa. || Molestar, fatigar, causar pesadumbre ó desabrimiento. || Causar lástima, compasion, mover á piedad. || Persuadir, inducir ó mover con ardid, industria y porfía, ablandar el rigor ó la ira. || for. Anular, revocar un testamento.

QUEBRANTE, p. a. de QUEBRAR, Que quiebra.

QUEBRANTO, s. m. Acto de quebrantar. || Descaecimiento, desaliento, falta de fuerza. || Lástima, conmiseracion, piedad ó compasion. || Grande pérdida ó daño padecido.

QUEBRAR, v. a. V. QUEBRANTAR. || Doblar ó torcer. || QUEBRANTAR, infringir. || met. Interrumpir ó estorbar la continuacion de alguna cosa no material. || Templar, suavizar ó moderar la

gal. || En el juego de las tablas reales, y otros que se juegan con dados, son dos cincos cuando salen en una tirada. || *Germ.* Los dineros.

QUINAO, s. m. ant. Victoria literaria en que uno ha sido vencido y concluido de otro.

QUINARIO, adj. y s. m. Se aplica al número que consta de cinco unidades.

QUINARIO, s. m. Moneda de plata de los Romanos que valia medio denario.

QUINCALLA, s. f. Mercadería de géneros de poco valor, cuales son tigeras, dedales, navajas, etc.

QUINCE, s. m. num. card. El número compuesto de diez y cinco, ó de tres veces cinco. || El carácter ó cifra que representa este número. || Juego de naipes, cuyo fin es hacer quince puntos con las cartas que se reparten. || En el juego de la pelota á largo ó raqueta es cada uno de los dos primeros lances y tantos que se ganan. || DAR QUINCE Y FALTA, met. y fam. Significa el exceso que uno hace á otro en qualquiera habilidad, con alusion al juego de pelota.

QUINCE, adj. En algunas expresiones DÉCIMO-QUINTO.

QUINCENA, s. f. Uno de los registros de trompeteria que hay en el órgano.

QUINCENO, NA, adj. Que acabala y cumple el número de quince, ó una de las partes, cuando el entero se divide en quince.

QUINCUAGENARIO, RIA, adj. Que consta del número de cincuenta, ó le incluye.

QUINCUAGÉSIMA, s. f. La dominica que precede á la primera de cuaresma.

QUINCUAGÉSIMO, MA, adj. Que cumple ó llena el número de cincuenta.

QUINCURION, s. m. El gefe ó cabo de cinco soldados.

QUINDÉCIMA, s. f. Cada una de las partes de un todo que consta de quince.

QUINDENIO, s. m. El espacio, tiempo y trascurso de quince años.

QUINETE, s. m. Estameña ordinaria de Amiens y Mans.

QUINGENTÉSIMO, MA, adj. num. ord. Que cumple el número de quinientos.

QUINIENTOS, TAS, adj. num. pl. Se aplica á la mitad del millar, que se produce por la multiplicacion del cinco por el ciento. || ESOS SON OTROS QUINIENTOS, fam. Explica que alguno hace ó dice algun despropósito sobre el que ya ha hecho ó dicho.

* QUINO. s. m. Árbol cuya corteza es la quina.

QUÍNOLAS, s. f. pl. Juego de naipes. || ESTAR EN QUÍNOLAS, fam. Juntarse en alguna manera varias especies ó colores.

QUINOLEADO, p. p. de QUINOLEAR.

QUINOLEAR, v. a. Disponer la baraja para el juego de las quínolas.

QUINOLILLAS, s. f. pl. V. QUÍNOLAS.

QUINQUEFOLIO, s. m. V. CINCO EN RAMA.

QUINQUENAL, adj. ant. Se aplicaba á ciertos juegos, magistrados y otras cosas que entre los Romanos se hacian de cinco en cinco años.

QUINQUENERVIA, s. f. Planta, V. LANCEOLA.

QUINQUENIO, s. m. El trascurso ó espacio de cinco años.

QUINQUILLERÍA, s. f. V. BUHONERÍA.

QUINQUILLERO, s. m. V. BUHONERO.

QUINTA, s. f. Casería ó sitio de recreo en el campo. || El acto de entresacar de cinco uno. || En el juego de los cientos cinco cartas de un palo seguidas en órden. || La accion y efecto de sacar por suerte los que han de *servir* en la milicia en clase de soldados. || *Mús.* Intervalo que consta de tres tonos y un semitono mayor. || QUINTA ESENCIA, V. ESENCIA. || QUINTA REMISA, *Mús.* Intervalo que consta de dos tonos y dos semitonos mayores.

QUINTADO, p. p. de QUINTAR.

QUINTADOR, RA, s. m. y f. El que quinta.

QUINTAL, s. m. El peso de cien libras ó cuatro arrobas, aunque en algunas partes varía. || La quinta parte de ciento. || La pesa de cien libras ó cuatro arrobas.

QUINTALADA, s. f. Dos y medio por ciento del producto liquido de los fletes que se reparte á la gente de mar que mas ha trabajado y servido en el viage.

QUINTALEÑO, ÑA, adj. Que contiene ó es capaz de un quintal.

QUINTALERO, RA, adj. Que tiene el peso de un quintal.

QUINTANTE, s. m. *Astron.* Instrumento para tomar la altura del sol y hacer otras observaciones.

QUINTAÑON, ÑA, adj. Que tiene cien años.|| Muy viejo.

QUINTAR, v. a. Sacar por suerte uno de cada cinco. || Sacar por suerte los que han de servir en la tropa viva en clase de soldados. || Pagar al rey el derecho que llaman quinto. || Dar la quinta y última vuelta de arado á las tierras para sembrarlas.

QUINTAR, v. n. Llegar al número de cinco.

QUINTERÍA, s. f. Casa de campo ó cortijo para labor.

QUINTERILLO, s. m. d. de QUINTERO.

QUINTERNO, s. m. El cuaderno de cinco pliegos. || La suerte ó acierto de cinco números en la extraccion de la lotería antigua.

QUINTERO, s. m. El que tiene arrendada alguna quinta, labra y cultiva las heredades que le pertenecen. || El mozo ó criado de labrador que por su jornal ó salario ara y cultiva la tierra.

QUINTIL, s. m. El quinto mes del año en el primer reglamento del año romano, que ahora se llama julio.

QUINTILLA, s. f. Composicion métrica de cinco versos. || PONERSE Ó ANDAR EN QUINTILLAS, Oponerse á otro porfiando y contendiendo con él. || El juego del hombre con algunas modificaciones cuando se juega entre cinco.

QUINTIN, s. m. Especie de lienzo, llamado así por el lugar donde se fabricaba.

QUINTO, TA, adj. Que llena ó cumple el número de cinco.

QUINTO, s. m. Se aplica al que por suerte le toca ser soldado para servir en la milicia.|| Una parte del todo que se divide en cinco, el derecho de veinte por ciento que se paga á la nacion de las mercaderías que se trafican. || La quinta parte del caudal del testador en que tiene libertad, aunque tenga hijos, de legarla á quien quisiere.|| Cierta especie de derecho que se paga al rey de las presas, tesoros y otras cosas semejantes. || *Náut.* Una parte de las cinco en que dividen los marineros la hora para sus cómputos. || Parte de dehesa ó tierra aunque no sea la quinta parte.

QUINTUPLO, PLA, adj. *Arit.* Dícese de la cantidad multíplice que incluye á otra cinco veces, en órden á las proporciones.

QUIÑON, s. m. La parte que alguno tiene con otros para la ganancia de alguna cosa.

QUIÑONERO, s. m. El que tiene y es dueño de alguna parte con otros.

QUIPOS, s. m. d. Ciertos ramales de cuerdas anudados, con diversos nudos y varios colores, con que los Indios del Perú suplian la falta de escritura.

QUIRAGRA, s. f. La gota de las manos.

QUIRIE, s. m. Deprecacion que se hace al Señor. || JUGAR LOS QUIRIES, fam. Jugar la pitanza de la misa.

QUIRIELEISON, s. m. V. QUIRIE.|| fam. El canto de los entierros y oficio de difuntos.

QUIRINAL, adj. Perteneciente á Quirino ó Rómulo, y á uno de los siete montes de la antigua Roma.

QUIRITE, s. m. El caballero ó ciudadano romano. Úsase regularmente en plural.

QUIROMANCIA, s. f. Adivinacion vana y supersticiosa por las rayas de las manos, que los gitanos llaman buena ventura.

QUIROMÁNTICO, CA, adj. Que pertenece á la quiromancia.

QUIROMÁNTICO, s. m. El que usa de la quiromancia.

QUIROTECA, s. f. El guante.

QUIRÚRGICO, CA, adj. Perteneciente á la cirugía.

QUIRURGO, s. m. fam. El cirujano.

QUISICOSA, s. f. fam. Enigma ú objeto de pregunta muy dudosa y dificultosa de averiguar.

QUISQUILLA, s. f. Reparo ó dificultad de poco momento.

QUISQUILLOSO, SA, adj. Que se para en quisquillas, el demasiado delicado en el trato comun.

QUISTO, p. p. irreg. ant. de QUERER, Úsase en el dia con los adverbios *bien* ó *mal*.

QUITA, s. f. for. La remision ó liberacion que hace el acreedor al deudor de la deuda ó parte de ella.|| Se usa tambien como interjeccion para significar la repugnancia que se tiene de admitir ó hacer alguna cosa. || QUITA ALLÁ, Manifiesta que no se gusta oir, ó no se aprueban las ideas ó noticias que alguno comunica.

QUITACION, s. f. Renta, sueldo ó salario. || V. QUITA Ó LIBERACION.

QUITADO, p. p. de QUITAR.

QUITADOR, RA, s. m. y f. El que quita alguna cosa. || El perro que está enseñado á quitar la caza á los otros, para que no la despedacen ó coman.

QUITAGUAS, s. m. V. QUITASOL.

QUITAIPON, s. m. V. QUITAPON.

QUITAMENTE, adv. ant. Totalmente, enteramente.

* QUITAMERIENDAS, s. f. Merendera, planta.

QUITAMIENTO, s. m. V. QUITA.

QUITANTE, p. a. de QUITAR, Que quita.

QUITANZA, s. f. ant. Finiquito, liberacion ó carta de pago que se da al deudor cuando paga.

QUITAPELILLOS, s. amb. fam. Lisonjero y adulador.

QUITAPESARES, s. amb. fam. Consuelo ó alivio en la pena.

QUITAPON, s. m. Especie de adorno que se pone en las cabezas del ganado mular y de carga.

QUITAR, v. a. Tomar alguna cosa separándola y apartándola de otras, ó del lugar y sitio en que estaba.‖Desempeñar. ‖ Usurpar, robar ó tomar algo contra la voluntad de otro. ‖ Impedir ó estorbar. ‖ Prohibir ó vedar. ‖ Derogar, abrogar alguna ley, sentencia, etc., ó librar á uno de alguna pena, carga ó tributo. ‖ Suprimir algun empleo ú oficio. ‖met. Despojar ó privar de alguna cosa. ‖ *Esgr.* Defenderse de algun tajo ó apartar la espada del contrario en otro cualquier género de ida. ‖ ant. Libertar ó desembarazar á uno de alguna obligacion.‖AL QUITAR, Significa la poca permanencia y duracion de alguna cosa.‖ SIN QUITAR NI PONER, Al pié de la letra, sin exageracion, sin figura, etc.

QUITARSE, v. r. Dejar alguna cosa ó apartarse totalmente de ella.‖Irse, separarse de alguna parte.

QUITASOL, s. m. Instrumento con una cubierta de tafetan ú otra tela, que se abre y cierra, y sirve para preservarse de la lluvia y de los rayos del sol.

QUITE, s. m. Accion de quitar ó estorbar. ‖ NO TIENE QUITE, Demuestra que alguna cosa no tiene remedio ó forma de evitarse, ó que es muy difícil impugnarla o resolverla.

QUITO, p. p. irreg. ant. de QUITAR, V. LIBERTADO.

QUITO, s. m. ant. V. QUITA.

QUIZÁ ó QUIZÁS, adv. V. ACASO, POR VENTURA.

QUIZÁVES, adv. V. QUIZÁS.

R

R, Décima octava letra de nuestro alfabeto. Tiene dos pronunciaciones, una suave cuando es sola, y otra fuerte cuando es doble. Pronúnciase tremolando la parte anterior y mas delgada de la lengua en lo alto del paladar, con aliento y espíritu delgado, cuando fuere sencilla, y con recio y vehemente cuando fuere duplicada, á principio de diccion y despues de n. ‖ Abreviatura de REAL por lo perteneciente al rey.‖Abreviatura de REVERENDO y REVERENCIA en los tratamientos.

RAB

RABADAN, s. m. Mayoral, el que con subordinacion al mayoral gobierna un hato de ganado.

RABADILLA, s. f. La punta ó extremidad del espinazo en el cuerpo del animal.

* RABADOQUIN, s. m. Especie de culebrina.

RABANAL, s. m. Sitio ó parage sembrado ó plantado de rábanos.

RABANERO, RA, adj. Se aplica al vestido corto, especialmente de las mugeres.

RABANERO, RA, s. m. y f. El que vende rábanos.

RABANETE, s. m. d. de RÁBANO.

RABANILLO, TO, s. m. d. de RÁBANO. ‖ El agrio ó punta que percibe el gusto en el vino que se va haciendo vinagre. ‖ met. y fam. El desden y esquivez del genio ó natural, especialmente en el trato. ‖ met. y fam. Deseo vehemente ó inquieto de hacer alguna cosa.

POSENTADOR, s. m. ant. V. APOSENTADOR.

POSESION, s. f. El acto de poseer ó tener alguna cosa con ánimo de tenerla para sí ó para otro. || Estado de la persona que está poseida de los espíritus malignos. || met. Concepto bueno ó malo que se tiene de una persona. || Se toma por la misma cosa poseida. || POSESION CIVIL, La que alguno tiene con justa causa y buena fe, y con ánimo y creencia de señor. || POSESION CLANDESTINA, La que se toma ó tiene furtiva ú ocultamente. || POSESION DE BUENA FE, La que alguno tiene justamente, aunque no por causa en virtud de la cual se trasfiere el dominio. || POSESION DE MALA FE, La detentacion de la cosa agena conocida como tal, ó con duda positiva de serlo, y sin color ni título para poseerla. || POSESION NATURAL, La real aprehension de alguna cosa corporal, ó la POSESION destituida de los efectos de derecho. || POSESION PRETORIA, La que se da á alguno en la finca agena redituable para que se haga pago de sus frutos. || POSESION VEL CUASI, for. La posesion de las cosas corporales, como la de derechos, servidumbres y otras acciones. || POSESION VIOLENTA, La detentacion de alguna cosa inmoble, de cuya posesion fué violentamente arrojado ó impedido para su recobro el que la tenia. || AMPARAR EN LA POSESION, for. V. AMPARAR. || APREHENDER LA POSESION, for. Tomar la posesion. || DAR POSESION, Poner real y efectivamente en poder de alguno lo que ha de poseer, con la solemnidad y las formalidades acostumbradas. || TOMAR POSESION, Egecutar algun acto con el cual se demuestre que alguno usa de la alhaja ó egerce el empleo como propio, ó como que ya está en su poder.

POSESIONAL, adj. Que pertenece á la posesion ó la incluye.

POSESIONERO, s. m. El ganadero que ha adquirido la posesion de los pastos arrendados.

POSESIVO, adj. *Gram.* Se dice de los pronombres que denotan posesion ó dominio.

POSESO, p. p. irreg. seg. de POSEER. || POSESO, SA, adj. Que se supone tener los espíritus malignos dentro del cuerpo.

POSESOR, RA, s. m. y f. POSEEDOR.

POSESORIO, RIA, adj. Que pertenece á posesion.

POSEYENTE, p. a. de POSEER, Que posee.

POSFECHA, s. f. Fecha posterior á la verdadera.

POSIBILIDAD, s. f. Capacidad ó no repugnancia que tienen las cosas para poder ser ó existir. || Los medios, caudal ó hacienda de alguno. || HACER SU POSIBILIDAD, ant. V. HACER LO POSIBLE.

POSIBILITADO, p. p. de POSIBILITAR.

POSIBILITAR, v. a. Facilitar y hacer posible alguna cosa dificultosa y ardua.

POSIBLE, adj. Que puede ser ó suceder, que se puede egecutar.

POSIBLES, s. m. pl. Los bienes, rentas ó medios que alguno posee ó goza. || ¿ES POSIBLE? Explica la extrañeza y admiracion que causa alguna cosa extraordinaria, y reprende ó afea algun delito ó cosa mal hecha. || HACER LO POSIBLE ó TODO LO POSIBLE, No omitir circunstancia ni diligencia alguna para el logro de lo que se intenta ó se encarga. || NO SER POSIBLE, Pondera la dificultad de egecutar alguna cosa ó de conceder lo que se pide.

POSIBLEMENTE, adv. Con posibilidad.

POSICION, s. f. POSTURA ó situacion de alguna cosa. || El acto de poner. || Demanda del actor ó excepciones así del actor como del reo, hechas en respuesta de la demanda del actor. || Suposicion. || Postura ó disposicion. || for. Artículo á cuyo tenor bajo de juramento debe responder la parte contraria á instancia de la otra del hecho que se le pregunta. || FALSA POSICION, *Arit.* La suposicion que se hace de uno ó mas números para resolver alguna cuestion.

POSITIVAMENTE, adv. Cierta y efectivamente, sin duda alguna.

POSITIVO, VA, adj. Cierto, efectivo, verdadero. || Se aplica al derecho ó ley divina ó humana en contraposicion de la natural. || *Gram.* Se dice del nombre adjetivo cuyo significado es el mismo que suena, sin aumento ni diminucion. || *Lóg.* V. AFIRMATIVO. || DE POSITIVO, Ciertamente, sin duda.

PÓSITO, s. m. La casa en que se guarda la cantidad de trigo que se tiene de repuesto y prevencion. || PÓSITO PIO, El distinto del real, y que por su fundacion y gobierno tiene algunas circunstancias caritativas.

POSITURA, s. f. V. POSTURA. || Estado ó disposicion de alguna cosa.

POSMA, s. f. fam. Pesadez, flema, cachaza.

POSMO, MA, adj. m. y f. fam. Lento y pesado en su modo de obrar.

POSO, s. m. El asiento, heces ó superfluidad que dejan las cosas líquidas en las vasijas en que estan. || Descanso, quietud, reposo. || ant. Lugar para descansar ó detenerse.

POSON, s. m. V. POSADERO.

POSPARTO, s. m. V. POSTPARTO.

POSPELO (Á), V. Á CONTRAPELO. || met. Contra la propension ó inclinacion natural, con repugnancia. || V. Á CONTRAPELO.

POSPIERNA, s. f. En las caballerías la parte desde la corva al cuadril.

POSPONER, v. a. Poner ó colocar alguna cosa despues de otra. || met. Apreciar una cosa ménos que otra, darle inferior lugar en su juicio y estimacion.

POSPUESTO, p. p. irreg. de POSPONER.

POSTA, s. f. Los caballos prevenidos ó apostados en los caminos para que los correos y otras personas vayan con toda diligencia de una parte á otra. || Casa ó lugar adonde estan las postas. || Distancia que hay de una POSTA á otra.

POSTA, s. m. La persona que corre y va por la posta á alguna diligencia. || Tajada ó pedazo de carne, pescado ú otra cosa. || Bala pequeña de plomo algo mayor que los perdigones. || ant. *Mil.* La gente apostada || Soldado que está de centinela. || ant. *Mil.* Apostadero ó puesto militar. || ant. El puesto ó sitio donde se aposta algun centinela. || En los juegos de envite es la porcion de dinero que se envida. || *Germ.* Alguacil. || Á POSTA, fam. De propósito, con intencion. || Á SU POSTA, ant. Á su propósito, á su voluntad. || CORRER LA POSTA, Caminar con celeridad en caballos ó carruages prevenidos en los lugares á ciertas distancias. || HACER POSTA, ant. *Mil.* Estar de centinela. || POR LA POSTA, Corriendo la posta. || met. Explica la prisa, presteza ó velocidad con que se egecuta alguna cosa.

POSTADO, p. p. de ant. de POSTAR.

POSTAR, v. a. ant. V. APOSTAR.

* POSTCOMUNION, s. f. Oracion que dice el sacerdote despues de la misa.

POSTE, s. m. La columna ó pilar de piedra, madera ó metal que sirve para sostener algun edificio. || met. La mortificacion que en los colegios se da á los nuevos colegiales. || ant. V. PUNTAL. || ASISTIR AL POSTE, Ponerse el catedrático despues de bajarse de la cátedra á esperar por cierto tiempo si á los discípulos se les ofrece alguna dificultad para desatársela. || DAR POSTE, Detener á alguno, obligándole á que se aguarde mucho. || HACER LLEVAR POSTE, Hacer que uno espere en sitio determinado mas del tiempo regular ó en que habia convenido. || LLEVAR POSTE, Aguardar á uno que falta á la cita. || OLER EL POSTE, met. Prever el daño que puede suceder para evitarle.

POSTEAR, v. n. ant. V. CORRER LA POSTA.

POSTELERO, s. m. *Náut.* Cada una de las curvas de madera, que sujetan las mesas de guarnicion.

POSTEMA, s. f. Absceso ó tumor preternatural que contiene pus ó materia. || met. Persona pesada ó molesta. || NO HACÉRSELE Á UNO POSTEMA ALGUNA COSA, met. fam. Denota la facilidad con que alguno descubre á otros lo que sabe, y con especialidad cuando es cosa secreta. || Dícese del que con franqueza y sin dilacion manifiesta á otro las quejas ó sentimientos que tiene de él.

POSTEMACION, s. f. ant. V. APOSTEMA.

POSTEMERO, s. m. Instrumento de cirugía, como una lanceta grande, para abrir las postemas.

POSTERAMENTE, adv. ant. Posterior y últimamente, al fin.

POSTERGACION, s. f. Accion y efecto de postergar.

POSTERGADO, p. p. de POSTERGAR.

POSTERGAR, v. a. Hacer sufrir atraso, dejar atrasada alguna cosa.

POSTERIDAD, s. f. Descendencia ó generacion venidera.

POSTERIOR, RA, adj. Que fué ó viene despues, ó queda detras de otra cosa.

POSTERIORIDAD, s. f. El estado de una cosa en cuanto es posterior á otra.

POSTERIORMENTE, adv. de ord. Últimamente, despues.

POSTETA, s. f. *Impr.* Conjunto de pliegos de papel que los impresores meten unos dentro de otro.

POSTIELLA, s. f. ant. V. POSTILLA.

POSTIGO, s. m. La puerta falsa que ordinariamente está colocada en sitio escusado de la casa. || Puerta fabricada en una pieza sin tener division, ni mas que una hoja, la cual se asegura con llave. || Puerta chica practicada en otra

RACIONCICA, LLA, TA, s. f. d. de RACION.

RACIONERO, s. m. El prebendado que tiene racion en alguna iglesia catedral ó colegial. ‖ El que distribuye las raciones en la comunidad. ‖ MEDIO RACIONERO, El prebendado inmediato al racionero.

RACIONISTA, s. com. El que goza racion ó sueldo, y se mantiene de ella.

RADA, s. f. V. BAHÍA, ENSENADA.

RADIACION, s. f. Accion y efecto de despedir rayos de luz.

RADIANTE, adj. *Poét.* Que despide y arroja de sí rayos de luz.

RADIAR, v. n. *Poét.* Despedir ó arrojar rayos de luz.

RADICACION, s. f. Accion y efecto de radicar. ‖ met. Establecimiento, larga permanencia, práctica y duracion de un uso, costumbre, etc.

RADICADO, p. p. de RADICAR.

RADICAL, adj. Que pertenece á la raiz ó es propio de ella. ‖ met. Fundamental ó principal en su línea.

RADICALMENTE, adv. De raiz, fundamentalmente y con solidez.

RADICAR, v. n. V. ARRAIGAR.

RADICARSE, v. r. Arraigarse, afirmarse, afianzarse en alguna virtud ó vicio.

RADICOSO, SA, adj. Que participa en algo de la naturaleza de las raices.

RADIO, DIA, adj. ant. V. DIVIDIDO, Ó SEPARADO.

RADIO, s. m. *Geom.* La linea recta tirada desde el centro del circulo á la circunferencia. ‖ *Anat.* Hueso mas grueso por abajo que por arriba, situado al lado del cúbito. ‖ RADIO DE LA PLAZA, *Fort.* La linea recta que se considera desde el centro de la plaza hasta el ángulo del polígono exterior ó interior. ‖ RADIO DE LOS SIGNOS, *Astr.* Cierto instrumento en que estan figuradas las secciones de los paralelos en que anda el sol el dia en que entra en cada signo. ‖ RADIO VECTOR, *Astr.* Linea tirada desde el sol á un planeta.

RADIÓMETRO, s. m. *Mat.* V. BALLESTILLA.

RADIOSO, SA, adj. Radiante, que despide rayos de luz.

RAEDERA, s. f. Instrumento para raer.

RAEDIZO, ZA, adj. Que es fácil de raerse.

RAEDOR, RA, s. m. y f. El que rae, ‖ V. RASERO. ‖ ant. El que tiene por oficio medir el trigo, cebada y otros granos, pasando el rasero por las medidas.

RAEDURA, s. f. La parte menuda que se rae de alguna cosa.

RAER, v. a. Quitar como cortando y raspando la superficie, con instrumento áspero ó cortante. ‖ RASAR ó pasar el rasero por las medidas de granos. ‖ met. Desechar enteramente alguna cosa, como vicio ó mala costumbre.

* RAEZ, adj. m. ant. Fácil de hacer, de egecutar.

RAFA, s. f. La fuerza de cal y ladrillo ó piedra que se pone entre tapia y tapia. ‖ Cortadura hecha en el quijero de acequia ó brazal para sacar agua para el riego. ‖ Abertura longitudinal que se hace á las caballerias en la parte delantera de los cascos.

RÁFAGA, s. f. El movimiento violento del aire que hiere repentinamente y que por lo comun tiene poca duracion. ‖ Cualquiera nubecilla que aparece de poco cuerpo ó densidad, especialmente cuando hay ó quiere haber mutacion de tiempo.

RAFE, s. f. Alero del tejado. ‖ *Anat.* V. PERINÉO.

RAFEADO, p. p. de RAFEAR.

RAFEAR, v. a. Hacer, asegurar con rafas algun edificio.

RAFEZ, adj. ant. V. RAHEZ. ‖ DE RAFEZ, ant. V. FÁCILMENTE.

RAFEZAR, v. n. ant. Abaratar, perder estimacion ó valor las cosas.

RAFEZMENTE, adv. ant. V. FÁCILMENTE.

RAGADÍA, s. f. ant. V. RESQUEBRAJADURA ó grieta.

RAGUSEÓ, EA, adj. de Ragusa.

RAHEZ, adj. ant. Vil, bajo, despreciable. ‖ ant. Barato, que vale poco. ‖ ant. V. FÁCIL.

RAHEZARSE, v. r. ant. Bajarse, humillarse, abatirse.

RAHEZMENTE, adv. ant. V. FÁCILMENTE.

RAIBLE, adj. Fácil ó que se puede raer.

RAICEJA, s. f. d. de RAIZ.

RAICICA, ILLA, ITA, s. f. d. de RAIZ.

RAIDO, p. p. de RAER. ‖ RAIDO, DA, adj. met. Desvergonzado, libre, y que no atiende á su decoro ni á otros respetos.

RAIGADO, p. p. de RAIGAR.

RAIGAL, adj. Que toca á la raiz.

RAIGAMBRE, s. f. Conjunto de raices.

RAIGAR, v. n. ant. V. ARRAIGAR.

RAIGON, s. m. aum. de RAIZ. || La raiz de las muelas y dientes.

RAIMIENTO, s. m. Accion y efecto de raer. || met. El descaro y desvergüenza de algun sugeto.

RAIZ, s. f. La parte ínfima del árbol ó planta que está introducida en la tierra. || met. La parte de cualquiera cosa de la que quedando oculta procede lo que está manifiesto. || met. La parte inferior ó pié de cualquiera cosa. || La hacienda de campo, como viña, tierra, olivar, etc. la casa y otras cosas que no se pueden llevar de una parte á otra. || met. Origen ó principio de que procede alguna cosa. || V. ESOGA. || *Arit.* El número que multiplicado por sí mismo una ó mas veces produce una cantidad que se llama potencia de aquel número. || *Gram.* Voz primitiva de una lengua, de la cual se derivan otras voces. || RAIZ IRRACIONAL ó SORDA, *Arit.* Aquella que no se puede expresar con números algunos, y asi es inconmensurable con su potestad. || RAIZ RODIA, Raiz parecida al costo. || Á RAIZ, Junto á alguna cosa, ó tan cerca de ella, que no media otra entre las dos. || Por la raiz ó junto á ella. || CORTAR DE RAIZ, ó CORTAR LA RAIZ, met. Prevenir desde los principios y del todo los inconvenientes quitando la causa de donde provienen. || DE RAIZ, Enteramente, ó desde el principio hasta el fin de alguna cosa. || ECHAR RAICES, met. Fijarse, establecerse en algun lugar. || met. Afirmarse ó arraigarse en alguna pasion por costumbre inveterada. || TENER RAICES, met. Explica la resistencia que hace ó tiene alguna cosa para apartarla de donde está, ó sacarla del que la posee.

RAJA, s. f. La astilla que se saca ó aparta de algun leño. || Hendedura, abertura ó quiebra. || met. Parte ó porcion en alguna cosa que se distribuye ó controvierte. || Especie de paño grueso. || HACER RAJAS, Dividir alguna cosa, repartiéndola entre varios interesados ó para diversos usos. || HACERSE RAJAS, V. HACERSE AÑICOS. || SACAR RAJA, Lograr alguna cosa, aunque no sea todo lo que se queria.

RAJADILLO, s. m. Confitura que se hace de almendras rajadas y bañadas de azúcar.

RAJADIZO, ZA, adj. Que es fácil de rajarse.

RAJADO, p. p. de RAJAR.

* RAJADURA, s. f. Parte del mármol que no se puede pulir.

RAJANTE, p. a. de RAJAR, Que raja.

RAJAR, v. a. Dividir en astillas o abrir á golpes. || met. y fam. Decir ó contar muchas mentiras, especialmente jactándose de valiente y hazañoso.

RAJETA, s. f. El paño que llaman raja, mezclado y variado de colores.

RAJICA, LLA, TA, s. f. d. de RAJA.

RAJUELA, s. f. d. de RAJA.

RALEA, s. f. Raza, naturaleza y calidad de alguna cosa. || met. Especie, género, calidad. || *Cetr.* El ave ó pájaro á que es mas inclinado el halcon, gavilan ó azor.

RALEAR, v. a. Hacerse ralo. || Se dice tambien de los racimos de las vides cuando no granan enteramente. || Manifestar, descubrir uno con su porte su mala inclinacion y ralea.

RALEON, NA, adj. Dícese del ave que prende raleas.

RALEZA, s. f. Calidad de las cosas que estan ralas.

RALILLO, LLA, TO, TA, adj. d. de RALO.

RALLADO, p. p. de RALLAR.

RALLADOR, RA, s. m. y f. ant. V. HABLADOR.

RALLADURA, s. f. El surco que deja el rallo en la parte por donde ha pasado, y lo que queda rallado. || ant. V. RASPADURA.

RALLAR, v. a. Desmenuzar alguna cosa pasándola ó estregándola en el rallo. || met. Molestar ó fastidiar con importunidad y pesadez.

RALLICO, TA, s. m. d. de RALLO.

RALLO, s. m. Instrumento para desmenuzar el pan, queso y otras cosas, estregándolas contra él, y para otros usos.

RALLON, s. m. Arma que tiene la cabeza con un hierro ancho como escoplo.

RALO, LA, adj. Que carece de densidad ó solidez. || ant. V. RARO, no comun.

RAMA, s. f. El vástago ó vara que brota del tallo ó tronco principal de la planta ó árbol. || met. La persona que trae su descendencia ú origen comun con otro de un mismo tronco. || En la imprenta cerco de hierro con que se ciñe el molde en la prensa. || ANDARSE POR LAS RAMAS, fam. Detenerse en lo ménos sustancial de algun asunto dejando lo mas importante. || ASIRSE Á LAS RAMAS, fam. Se dice del que busca escusas frívolas para disculparse de algun hecho ó descuido. || DE RAMA EN RAMA, Sin fijarse en objeto determinado variando continuamente. || Se usa hablando de los géneros ó primeras materias sin labrar. || PLANTAR DE RAMA, Se dice de los árboles que se plantan con rama de otros árboles de su especie.

RAMADA, s. f. ant. V. ENRAMADA.

RAMADAN, s. m. La cuaresma que observan los mahometanos.

RAMAJE, s. m. El conjunto de ramos.

RAMAL, s. m. Cada uno de los cabos de que se componen las cuerdas torcidas de cáñamo, esparto y otras materias, y tambien las sogas y pleitas. || El cabestro ó ronzal que está asido á la cabeza de la bestia. || Parte ó trozo de una escalera. || En las minas y cuevas la parte que se dirige á la izquierda ó derecha de la nave ó calle principal. || met. La parte ó division que resulta ó nace de alguna cosa con relacion y dependencia de ella, como ramas suyas.

RAMALAZO, s. m. El golpe que se da con el ramal. || La señal que hace el golpe dado con el ramal. || Pinta ó señal que sale al rostro ú otra parte del cuerpo. || met. El dolor que aguda é improvisamente acomete en alguna parte del cuerpo. || met. La especie sensible ó pesar que sobrecoge y sorprende por no esperada. || met. La resulta que á uno le sobreviene por la causa ó daño de otro.

RAMALICO, LLO, ITO, s. m. d. de RAMAL.

RAMBLA, s. f. La quebrada de los montes y valles por donde corren las aguas llovedizas cuando son abundantes.

RAMBLAZO, El sitio por donde corren las aguas de los turbiones y avenidas.

RAMBLIZO, s. m. V. RAMBLAZO.

RAMERA, s. f. La muger que hace ganancia de su cuerpo entregada vilmente al vicio de la sensualidad por el interes.

RAMERÍA, s. f. El burdel de mugeres públicas ó el mismo vil y torpe egercicio de ellas.

RAMERITA, s. f. fam. V. RAMERA.

RAMERO, adj. El halcon pequeño que salta de rama en rama.

RAMERUELA, s. f. d. de RAMA.

RAMIFICACIÓN, s. f. Extension, division y esparcimiento de alguna cosa. || *Anat.* La division y extension de las venas, arterias ó nervios que como ramas nacen de un mismo principio ó tronco.

RAMIFICADO, p. p. de RAMIFICARSE.

RAMIFICARSE, v. r. Esparcirse y dividirse en ramas alguna cosa.

RAMILLA, TA, s. f. d. de RAMA, Metafóricamente se toma por cualquiera cosa ligera de que alguno se vale para su intento.

RAMILLETE, s. m. Conjunto de diversas flores y yerbas. || met. Especie de piña artificial de dulces ó de varias frutas que se sirven en las mesas. || El adorno compuesto de figuras que se pone sobre las mesas en donde se sirven comidas suntuosas, y en los cuales se colocan diestramente los dulces, frutas, etc. || La coleccion de especies exquisitas y útiles en alguna materia. || RAMILLETE DE CONSTANTINOPLA, V. MINUTISA.

RAMILLETERO, RA, s. m. y f. El que vende ó hace ramilletes. || Especie de adorno que se pone en los altares.

RAMILLO, s. m. d. de RAMO. || *Ar.* V. DINERILLO.

RAMITO, s. m. d. de RAMO.

RAMIZA, s. f. El conjunto de ramas cortadas, ó lo que se hace de ramas.

RAMO, s. m. V. RAMA. || V. ARETRA. || Artículo, cabo, hablando de ciencias y artes. || Negocio, incumbencia de algunos cargos ó comisiones que se reparten entre varios. || Artículo, hablando de mercancías. || Entre pasamaneros el conjunto de hilos de seda con que se hacen las labores de las cintas. || met. El pedazo ó parte separada de algun todo con dependencia y relacion á él. || met. Cualquiera de las especies que se originan de alguna cosa no material. || met. La enfermedad imperfecta ó que no ha llegado á ser conocidamente tal y se extiende á otros defectos. || VENDER AL RAMO, Vender el vino por menor los cosecheros.

RAMOJO, s. m. El conjunto de ramas cortadas pequeñas y delgadas.

RAMON, s. m. Las ramas que cortan los pastores para apacentar los ganados en tiempo de muchas nieves.

RAMONEADO, p. p. de RAMONEAR.

RAMONEAR, v. n. Cortar las ramas de los árboles. || Cortar los animales para su pasto los ramos de los árboles.

RAMONEO, s. m. El acto de ramonear.

RAMOSO, SA, adj. Que tiene muchos ramos ó ramas.

RAMPA, s. f. p. *Mar.* V. CALAMBRE. || Declive formado suavemente para bajar sin escalones.

RAMPANTE, adj. *Blas.* Se aplica al leon ù otro animal que está en el campo del escudo de armas con la mano abierta y las garras tendidas.

RAMPIÑETE, s. m. Aguja de que usan los artilleros.

RAMPLON, NA, adj. Se aplica al calzado ó zapato tosco, y bañado de suela. || met. Tosco, grosero, inculto, desaliñado.

RAMPLON, s. m. Especie de taconcillo que se forma en la cara inferior de las herraduras á la punta de los callos. || Piececita de hierro en forma piramidal que se pone en la lumbre y callos de la herraduras para que las caballerías puedan caminar por el hielo sin resbalarse. || Á RAMPLON, Con herraduras de ramplon ó con ramplones.

RAMPLONCILLO, s. m. d. de RAMPLON.

RAMPOJO, s. m. El escobajo que queda despues de quitados los granos de uva al racimo.

RAMPOLLO, s. m. La rama que se corta del árbol para plantarla.

*RAMUJOS, s. m. Leña menuda de que se hacen fagotes.

RANA, s. f. Reptil de unas dos ó tres pulgadas de largo de color verde con manchas negras, que no tiene cola, vive en agua dulce, y pasa el invierno adormecido debajo de tierra. || RANAS, p. V. RÁNULA. || RANA MARINA Ó PESCADORA, Pez. V. PEGESAPO. || NO SER RANA, met. y fam. Se dice del que es hábil y apto en alguna materia cuando se duda de su destreza. || CUANDO LA RANA TENGA Ó CRIE PELOS, fam. Se usa para dar a entender un largo plazo en que se egecutará alguna cosa, ó se duda de la posibilidad de que suceda. || RANA DE ZARZAL, Reptil semejante á un sapillo, con el cuerpo lleno de verrugas.

RANACUAJO, s. m. Reptil, V. RENACUAJO. || Hombrecillo pequeño y despreciable.

RANCADO, p. p. de RANCAR.

RANCAJADA, s. f. Desarraigo, la accion de arrancar de cuajo las plantas, sembrados ó cosas semejantes.

RANCAJADO, DA, adj. Herido de algun rancajo.

RANCAJO, s. m. La punta ó astilla de cualquiera cosa que se clava en la carne.

RANCAR, v. a. ant. V. ARRANCAR.

RANCHEADERO, s. m. Lugar ó sitio donde se ranchea.

RANCHEADO, p. p. de RANCHEAR.

RANCHEAR, v. n. Formar ranchos en alguna parte ó acomodarse en ellos.

RANCHERÍA, s. f. El sitio, parage ó casa en el campo donde se recoge la gente de un rancho.

RANCHERO, s. m. El que compra y guisa para el rancho, y cuida de él.

RANCHO, s. m. La junta de varias personas que en forma de rueda comen juntas. || V. CHACRA. || Lugar desembarazado para transitar la gente ó hacer otra cosa. || met. La union familiar de algunas personas separadas de otras y que se juntan á hablar ó tratar alguna materia ó negocio particular. || *Náut.* Parage determinado en las embarcaciones para alojarse ó acomodarse los individuos de la dotacion. || *Náut.* Cada una de las divisiones que se hace de la marinería para el buen órden y disciplina en los buques de guerra. || *Náut.* La provision de comida que embarca el comandante ó los individuos que forman rancho ó estan arranchados. || RANCHO DE SANTA BÁRBARA, la division que está debajo de la cámara principal del navío donde está la caña del timon. || ALBOROTAR EL RANCHO, fam. V. ALBOROTAR EL CORTIJO. || ASENTAR EL RANCHO, fam. Pararse ó detenerse en algun parage para comer ó descansar, ó quedarse de asiento en alguna parte.

RANCIADO, p. p. de RANCIARSE.

*RANCIADURA, s. f. El rancio.

RANCIARSE, v. r. V. ENRANCIARSE.

RANCIDEZ, s. f. La calidad de lo rancio.

RANCIO, CIA, adj. Que muda el color, olor y sabor, adquiriendo una especie de corrupcion por haberse guardado ó detenido mucho tiempo. || Añejo antiguo ó conservado por mucho tiempo.

RANCIOSO, SA, adj. V. RANCIO.

RANCOR, s. m. ant. V. RENCOR.

RANDA, s. f. Adorno que se suele poner en vestidos y ropas.

RANDADO, DA, adj. Adornado con randas.

*RANDAGE, s. m. Punto de randa de encage.

RANDAL, s. m. Tela hecha en forma de randa ó la pieza de randas.

RANDERA, s. f. La que hace randas.

RANGÍFERO, s. f. Cuadrúpedo, V. TARANDO.

RANGUA, s. f. Pieza de hierro ú otro metal en que juega el gorron ó espiga de las máquinas, cavado én el medio á proporcion de la punta y grueso.

RANILLA, s. f. d. de RANA. ‖ El cuarto casco de pié ó mano del caballo, mula y borrico. ‖ *Albeit.* Enfermedad que se hace en los pies de las bestias en la parte trasera del casco. ‖ Enfermedad del ganado vacuno.

RANINA, adj. *Anat.* Se aplica á las venas que corren por la superficie inferior de la lengua.

RÁNULA, s. f. *Albeit.* Tumor que se hace debajo de la lengua de las bestias caballares y del ganado vacuno, á modo de rana.

RANÚNCULO, s. m. Planta de la que se conocen varias especies.

RANURA, s. f. Canalito que se hace á lo largo de una tabla ó piedra para introducir parte de otra, y juntarlas con mas union y firmeza.

RAÑO, s. m. Pez comun en todo el Mediterráneo.

RAPA, s. f. La flor del olivo.

RAPACEJO, s. f. Franja, fimbria, galon liso y sin labor.

RAPACERÍA, s. f. La accion propia de los niños ó rapaces. ‖ ant. V. RAPACIDAD.

RAPACIDAD, s. f. Inclinacion ó vicio de robar y quitar lo ageno, y se dice tambien de las aves de rapiña y de algunas fieras.

RAPACILLO, LLA, adj. d. de RAPAZ.

RAPACÍSIMO, MA, adj. sup. de RAPAZ.

RAPADO, p. p. de RAPAR.

RAPADOR, RA, s. m. y f. El que rapa. ‖ fam. El barbero.

RAPADURA, s. f. La accion de rapar ó el efecto de quedar rapado.

RAPAGON, s. m. Mozo jóven que aun no le ha salido la barba.

RAPAMIENTO, s. m. Accion y efecto de rapar.

RAPANTE, p. a. de RAPAR, Que rapa ó hurta.

RAPANTE, adj. *Blas.* V. RAMPANTE.

RAPAPIES, s. m. V. BUSCAPIES.

RAPAR, v. a. fam. Cortar el pelo á navaja. ‖ Hurtar ó quitar con violencia lo ageno. ‖ fam. V. AFEITAR.

RAPAZ, adj. Que tiene inclinacion ó está dado al robo, hurto ó rapiña.

RAPAZ, ZA, s. m. y f. Muchacho pequeño de poca edad.

RAPAZADA, s. f. V. RAPACERIA.

RAPAZUELO, LA, adj. d. de RAPAZ.

RAPE, s. m. fam. Rasura ó corte de la barba hecho de prisa y sin mucho cuidado.

RAPÉ, adj. y s. m. Se aplica á una especie de tabaco de color negruzco, y cuyo polvo es algo grueso y granead o.

RÁPIDAMENTE, adv. Con ímpetu, celeridad y presteza.

RAPIDEZ, s. f. Velocidad impetuosa ó movimiento arrebatado.

RAPIDÍSIMAMENTE, adv. m. sup. de RÁPIDAMENTE.

RAPIDÍSIMO, MA, adj. sup. de RÁPIDO.

RÁPIDO, DA, adj. Veloz, pronto, impetuoso y como arrebatado.

RAPIEGO, GA, adj. Se aplica á las aves de rapiña.

RAPINA, s. f. ant. V. RAPIÑA.

RAPIÑA, s. f. El robo ó hurto egecutado arrebatando con violencia.

RAPIÑADO, p. p. de RAPIÑAR.

RAPIÑADOR, RA, s. m. y f. El que rapiña.

RAPIÑAR, v. a. fam. Hurtar ó quitar alguna cosa como arrebatando.

RAPISTA, s. m. fam. El que rapa, el barbero.

RAPO, s. m. Especie de nabo redondo.

RAPÓNCHIGO, s. m. Planta perenne que echa por raiz un rabanito blanco que se come en ensalada.

RAPOSA, s. f. V. ZORRA. ‖ met. La persona astuta y solapada.

RAPOSEAR, v. n. Usar de ardides ó trampas como la raposa.

RAPOSERA, s. f. La cueva en que se recoge y guarece la zorra.

RAPOSERÍA, s. f. Astucia, artificio cariñoso con ánimo de engañar ó burlar.

RAPOSILLA, TA, s. f. d. de RAPOSA.

RAPOSINO, NA, adj. V. RAPOSUNO.

RAPOSO, s. m. El macho de la raposa. ‖ RAPOSO FERRERO, Casta de raposo.

RAPOSUNO, NA, adj. Perteneciente á la raposa.

* RÁPSODA, s. m. El que cantaba pasages de los poemas de Homero antiguamente.

* RAPSODIA, s. f. Obra compuesta de diferentes pedazos de varios autores.

* RAPSODISTA, s. f. Autor de centones.

RAPTA, adj. Se aplica á la muger

á quien lleva algun hombre por fuerza ó con ruegos eficaces y engañosos.

RAPTO, s. m. V. ROBO. || Delito que consiste en llevarse por fuerza ó ruegos eficaces y engañososa alguna muger. || V. EXTASI. || *Med.* La elevacion de algun humor ó accidente á la cabeza poseyéndola y quitando el sentido. || *Astron.* V. MOVIMIENTO.

RAPTOR, RA, s. m. y f. ant. Ladron, el que roba. || El que comete el delito de rapto.

RAQUETA, s. f. Pala del juego del volante. || V. VOLANTE, Juego, etc. || V. JARAMAGO.

RAQUETERO, RA, s. m. y f. El que hace ó vende raquetas.

RAQUÍTICO, CA, adj. Que padece la enfermedad de raquítis.

RAQUÍTIS, s. f. Enfermedad rara.

RARAMENTE, adv. Por maravilla rara vez. || Con rareza, de un modo extraordinario ó ridículo.

RAREFACCION, s. f. *Filos.* La accion por la cual un cuerpo se dilata y extiende haciéndose ménos densas las partes que le componen.

RAREFACER, v. a. V. RARIFICAR.

* RAREFACERSE, v. r. Enrarecerse, dilatarse lo denso.

* RAREFACIENTE, adj. m. f. *Fis.* Que tiene virtud de enrarecer.

* RAREFACTIVO, VA, adj. V. RAREFACIENTE.

RAREFACTO, p. p. irreg. de RAREFACER.

RAREZA, s. f. Raridad, la cualidad de ser rara alguna cosa. || Singularidad de una cosa. || Extravagancia de genio, propension á cosas que no hacen los demas.

RARIDAD, s. f. Cualidad que constituye una cosa en ser de rara ó rala. || Extrañeza ó singularidad de algun acaecimiento.

RARIFICADO, p. p. de RARIFICAR.

RARIFICAR, v. a. Dilatar un cuerpo haciéndole ménos denso.

RARIFICATIVO, VA, adj. Que tiene virtud de rarificar.

RARÍSIMAMENTE, adv. m. sup. de RARAMENTE.

RARÍSIMO, MA, adj. sup. de RARO.

RARO, RA, adj. Que tiene poca densidad ó solidez, y se dilata y extiende. || Extraordinario, poco comun ó frecuente. || Se usa tambien para dar á entender lo que es de corto número ó reducido en cualquiera clase ú órden de cosas ó personas. || Insigne, sobresaliente ó excelente en su línea. || Extravagante de genio y propenso á singularizarse. || adv. Raras veces.

RAS, s. m. La igualdad de las cosas en la superficie de ellas. || RAS CON RAS, ó RAS EN RAS, Se dice de las cosas que estan en un mismo equilibrio ó igualdad unas con otras. || Se dice tambien cuando pasa tocando ligeramente un cuerpo á otro.

RASADO, p. p. de RASAR.

RASADURA, s. f. La accion y efecto de rasar.

RASAMENTE, adv. Clara y abiertamente, sin embozo.

RASANTE, p. a. de RASAR, Que rasa.

RASAR, v. a. Raer, igualar con el rasero las medias de trigo, cebada y otras cosas. || Pasar rozando ligeramente un cuerpo con otro.

RASCADERA, s. f. V. RASCADOR. Llámase tambien así vulgarmente la almohaza.

RASCADO, p. p. de RASCAR.

RASCADOR, s. m. Instrumento para rascar ó limpiar. || Especie de aguja guarnecida de piedras que las mugeres se ponen en la cabeza por adorno.

RASCADURA, s. f. La accion de rascar ó rascarse ó la señal que queda de ella.

RASCADURILLA, s. f. d. de RASCADURA.

RASCALIÑO, s. m. V. TIÑUELA.

RASCAMIENTO, s. m. La accion y efecto de rascar.

RASCAMOÑO, s. m. V: RASCADOR, 2a A.

RASCAR, v. a. Refregar ó frotar con fuerza la piel con alguna cosa aguda ó áspera. || V. ARAÑAR. || DESCUIDARSE EN EL RASCAR, Avisa el cuidado y vigilancia que se debe tener en lo que se desea para no perder ocasion. || LLEVAR Ó TENER QUE RASCAR, V. LLEVAR Ó TENER QUE LAMER.

RASCAZON, s. f. La comezon ó picazon que incita á rascarse.

RASCO, s. m. ant. V. RASCADURA.

RASCON, s. m. Ave, V. REY DE CODORNICES.

RASCON, NA, adj. Áspero ó raspante al paladar.

RASCUÑADO, p. p. de RASCUÑAR.

RASCUÑAR, v. a. V. RASGUÑAR. || *Pint.* V. RASGUÑAR.

RASCUÑO, s. m. V. RASGUÑO. || *Pint.* V. RASGUÑO

RASEL, s. m. *Náut.* El delgado del navío desde las aletas de popa hasta la quilla.

RASERO, s. m. Instrumento que sirve para igualar y raer las medidas de cosas áridas. || POR UN RASERO, Ó POR EL MISMO RASERO. met. Con rigurosa igualdad, sin la menor diferencia.

*RASETE, s. m. Raso muy sencillo.

RASGADO, p. p. de RASGAR. || RASGADO, DA, adj. Se dice del balcon y ventana grandes que se abren mucho y que tienen mucha luz. || Se aplica á los ojos grandes y que se descubren bien por lo abierto de los párpados.

RASGADO, s. m. V. RASGON.

RASGADOR, RA, s. m. y f. El que rasga.

*RASGADURA, s. f. La accion de romper una tela, un vestido, etc.

RASGAR, v. a. Dividir con fuerza algunas cosas de poca consistencia, como tegidos, pieles, papel, etc. || V. RASGUEAR.

RASGO, s. m. Línea formada con garbo y aire para el adorno de las letras en lo que se escribe. || met. Aquella especie con que se representa ó explica con propiedad ó hermosura algun concepto ó idea. || La accion que se egecuta de aire, garbo y generosidad.

RASGON, s. m. El pedazo que se rompe ó rasga casualmente de alguna tela.

RASGUBADO, p. p. de RASGUBAR.

RASGUEADO, s. m. La accion y efecto de rasguear.

RASGUEAR, v. a. Tocar la guitarra ú otro instrumento arrastrando toda la mano por las cuerdas.

RASGUEAR, v. n. Formar rasgos con la pluma al escribir.

RASGUEO, s. m. La accion y efecto de rasguear.

RASGUILLO, TO, s. m. d. de RASGO.

RASGUÑADO, p. p. de RASGUÑAR.

RASGUÑAR, v. a. Arañar ó rasgar con las uñas ú otro instrumento cortante alguna cosa continua, especialmente el cuero. || *Pint.* Dibujar en apuntamiento ó tanteo.

RASGUÑITO, s. m. d. de RASGUÑO.

RASGUÑO, s. m. V. ARAÑO. || *Pint.* El dibujo en apuntamiento ó tanteo.

RASGUÑUELO, s. m. d. de RASGUÑO.

RASILLA, s. f. Tela de lana, delgada y parecida á la lampatilla. || Ladrillo fino que sirve para solár.

RASION, s. f. ant. V. RASURA. || *Quim.* Reduccion de un cuerpo á pequeñas partes por medio del rallo.

RASO, SA, adj. Plano, desembarazado de estorbos. || Aplícase al asiento ó silla que no tiene respaldar. || Que no tiene algun título ú otro adherente que le distinga. || Se dice tambien del cielo ó atmósfera cuando está libre y desembarazada de nubes ó nieblas. || ant. V. RASGADO Ó RAIDO. || Á LA RASA, ant. V. AL DESCUBIERTO. || AL RASO, En el campo, á cielo descubierto.

RASO, s. m. Tela de seda lustrosa. || *Germ.* El abad.

*RASO LISO, s. m. Cierta tela de seda.

RASPA, s. f. ARISTA. || En la pluma de escribir PELO. || En los pescados cualquiera espina, especialmente la esquena. || El escobajo de la uva, y en algunas partes se llama un grumo ó gajo de uvas. || V. ZURRON, en algunos frutos. || *Germ.* Cierta trampa que usan los fulleros en el juego de naipes. || IR Á LA RASPA, fam. Ir á pillar ó hurtar. || TENDER LA RASPA, fam. Echarse á dormir ó á descansar.

RASPADILLO, s. m. *Germ.* V. RASPA.

RASPADO, p. p. de RASPAR.

RASPADOR, s. m. Instrumento que sirve para raspar.

RASPADURA, s. f. La accion y efecto de raspar, ó lo que se quita de la superficie raspando. || V. RASURA.

RASPAMIENTO, s. m. Raspadura, la accion y efecto de raspar.

RASPANTE, p. a. de RASPAR, Se aplica comunmente al vino que hiere ó pica al paladar.

RASPAR, v. a. Raer ligeramente alguna cosa, quitándole parte de la superficie. || Picar el vino ú otro licor un poco el paladar. || Hurtar, quitar alguna cosa.

RASPEAR, v. n. Correr con aspereza y dificultad la pluma y despedir chispillas de tinta por tener algun pelo ó raspa.

RASPINEGRO, GRA, adj. V. ARISNEGRO.

RASQUETAS, s. f. pl. Los hierros con uno, dos ó tres filos con que se raen y limpian las cubiertas y costados del navío.

RASTEL, s. m. Baranda ó reja de hierro ó madera.

RASTILLADO, p. p. de RASTILLAR. || RASTILLADO, DA, adj. *Germ.* Se dice de aquel á quien han robado alguna cosa.

RASTILLADOR, RA, s. m. y f. V. RASTRILLADOR.

RASTILLAR, v. a. V. RASTRILLAR.

RASTILLERO, s. m. *Germ.* El ladron que arrebata alguna cosa y huye.

RASTILLO, s. m. RASTRILLO. ‖ *Germ.* La mano.

RASTRA, s. f. V. NARRIA. ‖ La accion de arrastrar. ‖ Cualquier cosa que va colgando y arrastrando. ‖ V. RASTRO, 1ª A. ‖ RASTRO, instrumento. ‖ Cualquiera persona que va con otra, por la cual puede ser conocido aquel con quien va. ‖ La sarta de cualquiera fruta seca. ‖ met. La resulta de alguna accion que obliga ó á la restitucion del daño causado ó á la pena establecida contra el delito, ó trae otros inconvenientes.

RASTRADO, p. p. de RASTRAR.

RASTRALLAR, v. n. Chasquear ó estallar la honda ó el látigo cuando se maneja y sacude con violencia.

RASTRANTE, p. a. ant. de RASTRAR.

RASTRAR, v. a. ant. V. ARRASTRAR.

RASTREADO, p. p. de RASTREAR.

RASTREADOR, RA, s. m. y f. El que rastrea.

RASTREAR, v. a. Seguir el rastro ó buscar alguna cosa por él. ‖ Vender la carne en el rastro por mayor. ‖ Hacer cualquier labor con el rastro. ‖ met. Inquirir, indagar y averiguar alguna cosa, discurriendo por conjeturas ó señales.

RASTREAR, v. n. Ir ó caminar en el aire, pero casi tocando el suelo.

RASTRERO, RA, Que va arrastrando. ‖ Se aplica al perro de caza, que la busca por el rastro. ‖ Se aplica á las cosas que van por el aire, pero casi tocando al suelo. ‖ Bajo, humilde, ratero.

RASTRERO, s. m. El que tiene oficio en el rastro ó lugar donde se matan las reses. ‖ El que trae ganado para el rastro.

RASTRILLA, s. f. d. de RASTRA.

RASTRILLADA, s. f. Todo lo que se recoge ó barre de una vez con el rastrillo ó rastro.

RASTRILLADO, p. p. de RASTRILLAR.

RASTRILLADOR, RA, s. m. y f. El que rastrilla.

RASTRILLAR, v. a. Limpiar el lino ó cáñamo de la arista y estopa. ‖ Recoger la parva en las eras con el instrumento que llaman rastro.

* RASTRILLERO, s. m. La accion de rastrillar la tierra.

RASTRILLO, s. m. Instrumento con que se limpia el lino ó cáñamo. ‖ La compuerta que se echa en las puertas de las plazas de armas para defender la entrada, y se levanta cuando se quiere. ‖ Puerta de las empalizadas, con unos picos en la parte superior. ‖ En los instrumentos ó bocas de fuego la pieza algunas veces cavada ó rayada en que hiere el pedernal para que salte el fuego. ‖ Entre labradores RASTRO. ‖ Entre los cerrageros es una especie de guarda en las llaves. ‖ Plancha de hierro que ponen en la cerradura donde entra el rastrillo.

RASTRO, s. m. La señal que deja impresa en la tierra cualquiera cosa que ha pasado por ella. ‖ RASTRA en el sentido del instrumento con que se arrastra alguna cosa. ‖ Instrumento que usan los labradores y hortelanos para recoger las yerbas secas y broza y para otros fines. ‖ V. MUGRON. ‖ V. MARIONA, baile. ‖ El lugar destinado en las poblaciones para vender en ciertos dias de la semana la carne por mayor. ‖ met. La señal, reliquia ó vestigio que queda de alguna cosa. ‖ ant. V. RESTO. ‖ RASTRO DE LA CORTE, El territorio hasta donde alcanza la jurisdiccion de los alcaldes de corte.

RASTROJERA, s. f. Todo el distrito de tierras que han quedado de rastrojo. ‖ El tiempo que duran en la tierra los rastrojos.

RASTROJO, s. m. El residuo de las cañas de la mies que queda en la tierra despues de segada.

RASURA, s. f. La accion y efecto de rasurar. ‖ V. RAEDURA. ‖ RASURAS, pl. Las heces del vino, que sirven en cocimiento para blanquear la plata y para otros usos.

RASURACION, s. f. *Quim.* V. RASION.

RASURADO, p. p. de RASURAR.

RASURAR, v. a. Quitar ó cortar la barba ó el cabello.

RATA, s. f. La hembra del raton. ‖ Cuadrúpedo indígeno de la América y conaturalizado ya en varias partes del antiguo continente, que habita dentro de las casas, en donde se alimenta de vegetales y á veces de sustancias animales. ‖ En las aldeas la coleta pequeña de pelo muy delgada.

RATA, adj. y s. Que solo se junta con el sustantivo *parte* para significar lo mismo que PRORATA. ‖ *Germ.* La faltriquera. ‖ RATA POR CANTIDAD, V. Á PRORATA. ‖ PRO RATA Ó PRO RATA PARTE, V. PRORATA.

RATAFÍA, s. f. Especie de rosoli mas delicado y activo que el comun.

RATEADO, p. p. de RATEAR.

RATEAR, v. a. Disminuir ó rebajar á proporcion ó prorata. ‖ Distribuir, repartir proporcionadamente. ‖ Hurtar cosas pequeñas con destreza y sutileza.

RATEAR, v. n. Andar arrastrando con el cuerpo pegado á la tierra.

RATEO, s. m. V. PRORATEO.

RATERAMENTE, adv. Con ratería, bajamente.

RATERÍA, s. f. El hurto de cosas de poco valor, ó la accion de hurtarlas con maña y cautela. || Vileza, bajeza ó ruindad en cosa de poco interes.

* RATERILLO, s. m. dim. de RATERO.

RATERÍSIMAMENTE, adv. sup. de RATERAMENTE.

RATERÍSIMO, MA, adj. sup. de RATERO.

RATERO, RA, adj. Que va arrastrando por la tierra. || Se dice de las aves que van volando muy cerca de la tierra. || El ladron que hurta cosas de poco valor ó de las faltriqueras. || met. Bajo en sus pensamientos ó acciones, ó vil y despreciable.

RATERUELO, LA, adj. y s. d. de RATERO.

RATICO, s. m. d. de RATO.

RATIFICACION, s. f. Confirmacion, aprobacion de lo que se ha dicho ó hecho.

RATIFICADO, p. p. de RATIFICAR.

RATIFICAR, v. a. Aprobar ó confirmar alguna cosa que se ha dicho ó hecho, dándola por verdadera y cierta.

RATIGADO, p. p. de RATIGAR.

RATIGAR, v. a. Atar y asegurar con alguna soga el rátigo despues que se ha colocado con órden en el carro.

RÁTIGO, s. m. El conjunto de cosas que lleva el carro en que se acarrea vino.

RATIHABICION, s. f. for. Declaracion de la voluntad de alguno en órden ó algun acto que otro hizo por él, aprobándole y confirmándole.

RATILLO, TO, s. m. d. de RATO.

RATINA, s. f. Tela de lana especie de la que llaman grana, y muy parecida á ella, excepto que es ménos fina y mas delgado el tegido y que tiene granillo.

* RATINAR, v. a. Frisar una tela.

RATO, adj. V. MATRIMONIO RATO.

RATO, s. m. V. RATOS. || Espacio corto de tiempo. || Gusto ó disgusto; y en este sentido va siempre acompañado de los adjetivos bueno ó malo. || AL CABO DE RATO, Nota ó zahiere al que despues de haberse detenido mucho tiempo en pensar ó hacer alguna cosa, la hace mal ó sale con algun despropósito. || Á RATOS, V. DE RATO EN RATO, á veces. || Á RATOS PERDIDOS, Explica el espacio de tiempo libre ó desembarazado de la principal ocupacion que se tiene. || BUEN RATO, fam. Mucha ó gran cantidad de alguna cosa. || DE RATO EN RATO, Con algunas intermisiones de tiempo.

RATON, s. m. Cuadrúpedo muy comun en toda Europa, y que solo se diferencia de la rata en no crecer mas que unas dos pulgadas, y en no tener pulgares en las manos. || *Náut.* La piedra puntiaguda y cortante que está en el fondo del mar y roza los cables. || *Germ.* El ladron cobarde.

RATONA, s. f. La hembra del raton.

RATONADO, p. p. de RATONAR.

RATONAR, v. a. Morder ó roer los ratones alguna cosa, y festivamente se suele decir de los hombres.

RATONARSE, v. r. Ponerse enfermo el gato de comer muchos ratones.

RATONCICO, LLO, TO, s. m. d. de RATON.

RATONCILLA, s. f. d. de RATONA.

RATONERA, s. f. La trampa en que se cogen ó cazan los ratones. || El agujero donde se cria el raton. || RATONERA DE AGUA, V. GATO DE AGUA. || CAER EN LA RATONERA, met. V. CAER EN EL GARLITO Ó LAZO.

RATONERO, RA, RATONESCO, CA, adj. Que pertenece á los ratones.

RAUDA, s. f. ant. Raudal ó corriènte rápida de las aguas.

RAUDAL, s. m. La copia de agua que corre arrebatadamente. || met. Abundancia ú copia de cosas que impetuosamente concurren.

RAUDAMENTE, adv. Con rapidez.

· RAUDÍSIMO, MA, adj. sup. de RAUDO.

RAUDO, DA, adj. Rápido, violento, precipitado.

RAUTA, s. f. Voz que solo tiene uso en las frases coger ó tomar la RAUTA, que valen irse ó tomar el camino.

RAVENÉS, SA, adj. De Ravena.

RAYA, s. f. La señal delgada ó línea que se hace con pluma, estilo ú otro instrumento á propósito. || Término, confin ó límite de una provincia ó region, ó la division de su jurisdiccion. || El término que se pone á alguna cosa. || Nombre que se da á diferentes especies de peces marítimos. || Cierto espacio ó lista de tierra que se limpia de toda materia combustible para impedir la comunicacion del incendio en los campos. || Á RAYA, Dentro de los justos límites. || ECHAR RAYA, met. Competir. || HACER RAYA, Aventajarse, esmerarse ó sobresalir en alguna cosa. || PASAR DE RAYA, Propasarse, tocar en los términos de la desatencion ó descortesía, ó exceder en cualquier línea. || TRES EN RAYA, Juego muchachos. || RAYAS, pl. Las listas de una tela, las canales de un cañon de escopeta, etc.

RAYADO, p. p. de RAYAR.

RAYADO, s. m. El listado, las rayas ó líneas de una tela, etc.

RAYANO, NA, adj. Que confina ó linda con otra cosa, ó está en la raya que divide dos provincias.

RAYAR, v. a. Hacer rayas. || Notar alguna cosa, especialmente alguna voz ó cláusula en lo escrito, con una raya por debajo.

RAYAR, v. n. met. Sobresalir ó distinguirse entre otros en las prendas ó acciones. || met. Tocar ó acercarse una cosa á otra.

RAYILLA, TA, s. f. d. de RAYA.

RAYO, s. m. La línea recta por donde se considera que va ó se dirige alguna cosa. || La línea de luz que procede de algun cuerpo luminoso, y especialmente las que produce el sol. || Porcion de fuego eléctrico vivísimo que desprendido de una nube electrizada egerce su actividad y violencia contra algun objeto terrestre. || En la rueda el palo rollizo que se fija en el que llaman cubo de una parte, como correspondiente al centro de la rueda, y de la otra en la circunferencia de ella. || met. El arma de fuego. || met. Cualquier cosa que tiene gran fuerza ó eficacia en su accion. || met. El que es muy vivo y pronto de ingenio, y el que en otras acciones tiene prontitud y ligereza. || met. El sentimiento intenso y pronto de algun dolor en parte determinada del cuerpo. || met. El estrago, infortunio ó castigo improviso y repentino. || Se usa como interjeccion para explicar el dolor ó mal que se empieza á sentir ó se teme, ó la gran extrañeza que causa alguna cosa. || *Germ.* Criado de justicia. || *Germ.* El ojo. || RAYOS, pl. *Pint. y Esc.* Triángulos angostos de líneas rectas, para representar los rayos del sol ó las estrellas, y los rayos de luz ó resplandor en los imágenes. || RAYO DE LECHE, El hilo ó caño de leche que arroja el pezon del pecho de las mugeres que crian. || RAYO DE LUZ Ó RAYO DE ESPECIES, *Opt.* Es una línea de luz ó especies difundida por el medio diáfano. || RAYO DIRECTO, Es el que proviene derechamente del objeto luminoso. || RAYO INCIDIENTE Ó DE LA INCIDENCIA, Es la parte del rayo de la luz desde el objeto hasta el punto con que se quiebra. || RAYO ÓPTICO, Es aquel por medio del cual se ve el objeto. || RAYO PRINCIPAL, *Persp.* Línea recta tirada de la vista perpendicularmente á la tabla. || RAYO REFLEJO, Es el que doblándose por haber encontrado con algun cuerpo opaco retrocede. || RAYO REFRACTO, Es el que quebrándose pasa adelante. || RAYO TEXTORIO, V. LANZADERA. || RAYO VISUAL, *Opt.* Aquella línea recta que va desde la vista al objeto, ó de este viene á la vista segun varias opiniones. || ECHAR RAYOS, met. Manifestar grande ira ó enojo con acciones y palabras.

RAYOSO, SA, adj. Que tiene rayas.

RAYUELA, s. f. d. de RAYA. || Cierto juego.

RAYUELO, s. m. Ave no rara en las lagunas y orillas de los rios de España.

RAZA, s. f. Casta ó calidad del origen ó linage. || met. La calidad de otras cosas, especialmente la que contraen en su formacion, como la del paño. || El rayo de luz ó del sol. || Abertura longitudinal que se hace á las caballerías en la parte delantera de los cascos.

RAZADO, p. p. de RAZAR. || RAZADO, DA, adj. Se aplica á los tegidos que por la desigualdad de la hilaza sacan algunas listas que desdicen de los demas.

RAZAGO, s. m. V. MALACUENDA.

RAZAR, v. a. ant. V. RAER Ó BORRAR.

RAZON, s. f. La facultad de discurrir y raciocinar. || El acto del entendimiento ó discurso. || Equidad en las compras y ventas. || Cómputo, cuenta, cálculo. || Órden y método de alguna cosa. || Justicia, rectitud en las operaciones ó derecho para egecutarlas. || La misma expresion, voz ó palabra que explica el concepto. || Motivo, causa. || Cuenta, relacion. || Argumento, prueba. || *Mat.* El respecto ó relacion mútua que tienen entre sí dos cantidades de un mismo género. || RAZON ARMÓNICA, La relacion que dicen dos números entre sí en órden á la medida de los intervalos músicos. || RAZON DE CARTAPACIO, fam. La que se da estudiada y de memoria sin venir al caso. || RAZON DE DESIGUALDAD, La que tienen entre sí dos cantidades desiguales. || RAZON DE ESTADO, La política y regla con que se dirigen y gobiernan las cosas pertenecientes al interes y utilidad de la república. || RAZON DE ESTADO, Miramiento, consideracion que nos mueve á portarnos de cierto modo en la sociedad civil por lo que podrán juzgar ó pensar los que lo sepan. || RAZON DE IGUALDAD, La que tienen dos cantidades iguales comparadas entre sí, aunque sean desemejantes. || RAZON DE MAYOR DESIGUALDAD, La que tiene una cantidad mayor á otra menor, como una hora á un minuto. || RAZON DE MENOR DESIGUALDAD, La que tiene una cantidad menor á otra mayor, como una hora á un dia. || RAZON DE PIÉ DE BANCO, fam. La que no satisface ni convence. || RAZON IRRACIONAL, La que no se puede expresar con números algunos. || RAZON NATURAL, La potencia discursiva del hombre, desnuda de toda otra especie que la ilustre. || RAZON RACIONAL, La que se puede expresar con algunos números. || RAZONES SEMEJANTES Ó IGUALES, Aquellas en que el antecedente de la una contiene ó es contenido en su consecuente, de la misma manera que el antecedente de la otra en su consecuente. || ALCANZAR Á UNO DE RAZONES, fam. Concluirle en la disputa, dejarle sin que tenga que responder ó replicar, || Á RAZON, Al respecto. || Á RAZON DE CATORCE, fam. Se usa para dar á entender que no se guarda exactitud ó puntualidad en la cuenta. || ASISTIR LA RAZON Á ALGUNO, Tenerla de su parte. || ATRAVESAR RAZONES, ant. V. TRABARSE DE PALABRAS. || CARGARSE DE RAZON, met. Tener mucha espera y sufrimiento para proceder despues con mas fundamento. || DAR LA RAZON Á ALGUNO, Conceder á otro lo que dice, confesarle que obra racionalmente y con prudencia. || DAR RAZON, Noticiar, informar de algun negocio. || DAR RAZON DE SÍ Ó DE SU PERSONA, Corresponder alguno á lo que se le ha encargado ó confiado, egecutándolo exactamente. || EN RAZON, Por lo que pertenece ó toca á alguna cosa. || ENVOLVER Á UNO EN RAZONES, met. Confundir á alguno de modo que no sepa responder sobre alguna materia. || ESTAR Á RAZON Ó Á RAZONES, Raciocinar, discurrir ó platicar sobre algun punto. || HACER LA RAZON, Corresponder al brindis ó salud. || LA RAZON NO QUIERE FUERZA, Se advierte que en las dependencias debe obrar mas la justicia que la violencia. || Manifiesta á alguno que se dé por convencido de lo que le persuaden. || LLENARSE DE RAZON, V. CARGARSE DE RAZON. || OFUSCARSE LA RAZON, Perturbarse de modo que no se entienden las cosas. || PONER EN RAZON, Apacignar ó sosegar á los que contienden ó altercan. || Corregir á alguno con el castigo ó la aspereza. || PONERSE Á RAZONES, Altercar con alguno ú oponérsele en lo que dice. || POR RAZON, Por causa ó motivo. || PRIVARSE DE RAZON, Tener embargado el uso y egercicio de ella. || REDUCIRSE Á LA RAZON, V. VENIRSE Á BUENAS. || TOMAR RAZON Ó TOMAR LA RAZON, Copiar, asentar ó notar en resúmen alguna partida de cargo ó data, ó algun despacho ú otra cosa semejante.

RAZONABLE, adj. Arreglado, justo, conforme á razon. || met. Mediano, regular, bastante bueno. || ant. V. RACIONAL.

RAZONABLEJO, JA, adj. fam. V. RAZONABLE, mediano.

RAZONABLEMENTE, adv. Segun razon y conforme á ella. || Mas que medianamente.

RAZONADAMENTE, adv. ant. V. RAZONABLEMENTE, segun razon.

RAZONADO, p. p. de RAZONAR. || RAZONADO, DA, adj. Juicioso y de buena razon.

RAZONADOR, RA, s. m. y f. El que arenga ó razona. || ant. El que aboga.

RAZONAL, adj. ant. V. RACIONAL.

RAZONAMIENTO, s. m. El acto de razonar. || El mismo discurso ú oracion.

RAZONANTE, p. a. de RAZONAR, El que razona.

RAZONAR, v. n. Discurrir uno explicando su concepto, ó persuadir alguna especie con razones que la prueben. || Hablar absolutamente y de cualquier modo que sea.

RAZONAR, v. a. ant. Nombrar, apellidar. || ant. Tomar la razon. || ant. V. COMPUTAR Ó REGULAR. || ant. Alegar, decir en derecho, abogar.

RAZONCICA, LLA, TA, s. f. d. de RAZON.

RE

RE, Preposicion inseparable que solo se usa en composicion.

RE, s. m. *Mús.* La segunda voz de la música de las seis del hexacordo que sube un punto mas que él.

* **RE, RE**, Interj. que se usa para avisar á los caballos ó mulas que tuerzan á la izquierda.

REA, s. f. La que ha cometido algun crimen ó delito

* **REACARICIAR**, v. a. Estar acariciando.

REACCION, s. f. *Fis.* Resistencia del cuerpo impelido á la accion del que le impele ó comprime.

REACIO, CIA, adj. met. Resistencia, oposicion.

* **REACRIMINAR**, v. a. Acusar el acusado al acusador.

REACTIVO, s. m. En la química, sustancia que se emplea para descubrir los simples de que se componen otras.

REAGRADECER, v. a. Estimar ó apreciar mucho alguna cosa.

REAGRADECIDO, p. p. de REAGRADECER.

REAGRADECIMIENTO, s. m. La accion y efecto de reagradecer.

REAGRAVACION, s. f. El acto ó efecto de reagravar ó agravar mas.

REAGRAVADO, p. p. de REAGRAVAR.

REAGRAVAR, v. a. Volver á agravar ó agravar mas.

REAGUDO, DA, adj. Se aplica al que es excesivamente agudo.

REAL, adj. Que tiene física y verdadera existencia. || Que toca ó pertenece al rey. || Grande, magnífico, suntuoso. || Cierto, verídico. || Ingenuo en el trato y que no usa cautelas ni reservas. || Generoso y noble. || Dícese de la nave principal de testas coronadas y reinos independientes. || ant. fam. MUY BUENO.

REAL, s. m. Campo donde está acampado un egército. || El sitio en que está la tienda de la persona real ó del general. || Cuerpo del egército. || Moneda del valor de treinta y cuatro maravedís, que es la que hoy se llama REAL de vellon. || REAL DE Á CINCUENTA, Moneda de plata del peso y valor de cincuenta reales de plata doble. || REAL DE Á CUATRO, Moneda de plata del valor de la mitad del real de á ocho. || REAL DE Á DOS, Moneda de plata del valor de la cuarta parte del real de á ocho. || REAL DE AGUA, La porcion de ella que corre por un caño, que tiene la boca del tamaño de un real de plata. || REAL DE Á OCHO, Moneda de plata que contiene el peso y valor de ocho reales de plata. || REAL DE Á OCHO DE MARÍA, Moneda de plata que se fabricó en el año de mil seiscientos y ochenta y seis, correspondiente al valor de doce reales de vellon. || REAL DE MINAS, En Nueva España el pueblo en cuyo distrito hay minas de plata. || REAL DE PLATA, Moneda que en lo antiguo valía lo mismo que el real de vellon, y que vale hoy diez y siete cuartos. || ALZAR Ó LEVANTAR EL REAL, met. Mover el egército para acampar en otra parte. || ASENTAR LOS REALES Ó EL CAMPO, ACAMPAR EL EGÉRCITO Ó LAS TROPAS. || COMO Á REAL DE ENEMIGO, Se usa por lo comun con el verbo *tirar* para denotar que se pretende destruir ó perder á alguna persona ó cosa. || CON MI REAL Y MI PALA, fam. Se usa para significar que alguno concurre con su caudal y persona para alguna cosa. || MEDIO REAL DE PLATA, Moneda de plata, lo mismo que realillo. || SENTAR EL REAL, met. Establecerse en alguna poblacion. || UN REAL SOBRE OTRO, Denota la exactitud y puntualidad en la paga.

REALCE, s. m. El adorno ó labor que se eleva y sobresale en la superficie de cualquiera cosa. || met. Lustre, estimacion, grandeza sobresaliente. || *Pint.* La parte del objeto iluminado donde mas activa y directamente tocan los rayos luminosos. || BORDAR DE REALCE, Hacer el bordado de modo que se eleve y levante mucho sobre la tela.

REALEJO, s. m. d. de REAL. || Órgano pequeño y manual.

*REALENGO, s. m. El patrimonio real.

REALENGO, GA, adj. Que pertenece al rey.

REALERA, s. f. V. MAESTRIL.

REALETE, s. m. V. DIEZIOCHENO.

REALEZA, s. f. La dignidad ó soberanía real. || Grandiosidad, magnificencia propia de un rey.

REALIDAD, s. f. La existencia física y real de cualquiera cosa. || Verdad é ingenuidad en las cosas. || EN REALIDAD, ó EN REALIDAD DE VERDAD, Efectivamente, sin duda alguna.

REALILLO, s. m. Moneda de plata cuyo valor es de ocho cuartos y medio de vellon.

REALISTA, adj. y s. El que en las guerras civiles sigue el partido de los reyes. || El que defiende las regalías, derechos y prerogativas de los reyes.

REALIZADO, p. p. de REALIZAR.

REALIZAR, v. a. Verificar, hacer real y efectiva alguna cosa.

REALME, s. m. ant. V. REINO.

REALMENTE, adv. Efectivamente, ciertamente, en realidad de verdad. || Como un rey, de un modo real.

REALZADO, p. p. de REALZAR.

REALZAR, v. a. Levantar mas ó poner alguna cosa mas elevada de lo que ántes estaba. || Labrar de realce. || *Pint.* Tocar de luz alguna cosa. || met. Ilustrar ó engrandecer.

REAMADO, p. p. de REAMAR.

REAMAR, v. a. Volver á amar ó amar mucho.

REAME, s. m. ant. V. REINO.

REANIMADO, p. p. de REANIMAR.

REANIMAR, v. a. Resucitar, confortar, dar nuevo espíritu, vigor ó ánimo, animar. || met. Avivar, despertar, excitar.

REANIMARSE, v. r. V. ACALORARSE.

REAPRETADO, p. p. de REAPRETAR.

REAPRETAR, v. a. Volver á apretar ó apretar mucho.

REAQUISTADO, p. p. de REAQUISTAR.

REAQUISTAR, v. a. ant. V. RECONQUISTAR.

REARADO, p. p. de REARAR.

REARAR, v. a. Volver á arar.

REASUMIDO, p. p. de REASUMIR.

REASUMIR, v. a. Volver á tomar lo que ántes se tenia ó se habia dejado.

REASUNCION, s. f. Accion y efecto de reasumir.

REASUNTO, seg. p. p. irreg. ant. de REASUMIR.

REATA, s. f. La cuerda ó correa que ata y une una cabalgadura á otra para que vayan en línea una despues de otra. || La mula tercera que se añade al carro, galera ó coche de camino para tirar delante. || met. La condescendencia del dictámen de unos á otros sin mas razon que seguir al primero.

REATADO, p. p. de REATAR.

REATADURA, s. f. La accion de reatar ó atar.

REATAR, v. a. Atar una caballería á otra para que vayan las unas detras de las otras. || Volver á atar ó atar apretadamente. || met. Condescender con el dictámen de otros sin mas razon que seguir al primero.

REATINO, NA, adj. De Rieti.

REATO, s. m. Obligacion que queda á la pena que corresponde al pecado, aun despues de perdonado.

REAVENTADO, p. p. de REAVENTAR.

REAVENTAR, v. a. Volver á aventar la paja del trigo ó cebada para apurarla.

REBAJA, s. f. El desfalco ó descuento que se hace del todo de alguna cosa.

REBAJADO, p. p. de REBAJAR.

REBAJAR, v. a. Minorar la altura ó grueso de una cosa, quitando ó cortando algo de ella. || Hacer segunda baja de alguna cantidad en las posturas. || Se dice tambien de las cantidades que se disminuyen quitando algo de ellas. || *Pint.* Declinar el claro hácia el oscuro.

REBAJARSE, v. r. En algunos hospitales darse por enfermo alguno de los asistentes.

REBAJO, s. m. *Carp.* y *Cant.* Diminucion de lo alto ó grueso de una cosa quitando ó cortando algo de ella.

REBALAGE, s. m. Remolino ó direccion tortuosa que forman las corrientes de las aguas.

REBALSA, s. f. Detencion del agua en su curso. || La coleccion ó detencion de los humores en alguna parte del cuerpo.

REBALSADO, p. p. de REBALSAR.

REBALSAR, v. a. Detener y recoger el agua ú otro licor, de suerte que se estanque y haga balsa. || met. Detener, represar cualesquiera cosas, aunque no sean materiales.

REBANADA, s. f. Porcion ó parte delgada y larga que se saca de algun cosa, cortando del un extremo al otro.

REBANADILLA, s. f. d. de REBANADA.

REBANADO, p. p. de REBANAR.

REBANAR, v. a. Hacer rebanadas alguna cosa. Dícese regularmente del pan. || Cortar ó dividir alguna cosa de una parte á otra.

REBANCO, s. m. *Arq.* El segundo banco ó zócalo que se pone sobre el primero.

REBAÑADERA, s. f. Instrumento de hierro que sirve para atar la soga ó cordel y sacar lo que se cae en los pozos con mas facilidad que con solo los garabatos.

REBAÑADO, p. p. de REBAÑAR.

REBAÑAR, v. a. ant. V. ARREBAÑAR.

REBAÑEGO, GA, adj. Que pertenece al rebaño de ganado.

REBAÑO, s. m. Hato de ganado. || Conjunto de muchas cosas diferentes. || met. La congregacion de los fieles respecto de sus pastores.

REBAÑUELO, s. m. d. de REBAÑO.

REBAPTIZADO, p. p. de REBAPTIZAR.

REBAPTIZANDO, DA, adj. ant. V. REBAUTIZANDO.

REBAPTIZANTE, p. a. ant. de REBAPTIZAR.

REBAPTIZAR, v. a. ant. V. REBAUTIZAR.

REBASADERO, s. m. *Náut.* El lugar ó parage por donde se rebasa.

REBASADO, p. p. de REBASAR.

REBASAR, v. a. *Náut.* Pasar navegando mas allá de algun buque, cabo ú otro punto en que hay alguna dificultad ó peligro.

REBASTAR, v. n. Ser mas que bastante ó suficiente.

REBATADAMENTE, adv. ant. V. ARREBATADAMENTE.

REBATADO, p. p. de REBATAR.

REBATADOR, RA, s. m. y f. ant. V. ARREBATADOR.

REBATAR, v. a. ant. V. ARREBATAR.

REBATE, s. m. Reencuentro, pendencia ó desazon.

REBATIDO, p. p. de REBATIR.

REBATIMIENTO, s. m. La accion y efecto de rebatir.

REBATIÑA, s. f. ant. V. ARREBATIÑA. ‖ ANDAR Á LA REBATIÑA, fam. Concurrir á porfia á coger alguna cosa, arrebatándosela de las manos unos á otros.

REBATIR, v. a. Rechazar ó contrarestar la fuerza ó violencia de otro. ‖ Volver á batir ó batir mucho. ‖ Entre los contadores es sacar lo que queda líquido de una partida, bajada la conduccion, interes ó cambio. ‖ *Esgr.* Desviar la espada del contrario, haciéndola bajar para evitar la herida. ‖ met. Resistir ó rechazar las cosas no materiales ó pasiones del ánimo.

REBATO, s. m. Acometimiento repentino y engañoso que se hace al enemigo. ‖ Cualquiera cosa que sobreviene impensada y repentinamente. ‖ Convocacion popular por algun acaecimiento repentino. ‖ Alteracion pronta ó no esperada de los humores, que pide no se dilate el remedio. ‖ met. Acometimiento pronto é impensado de alguna pasion que altera y conmueve. ‖ DE REBATO, fam. De improviso, repentinamente.

REBATOSAMENTE, adv. ant. V. ARREBATADA Ó INCONSIDERADAMENTE.

REBATOSO, SA, adj. ant. V. ARREBATADO, precipitado.

* **REBAUTIZACION**, s. f. La accion de rebautizar.

REBAUTIZADO, p. p. de REBAUTIZAR.

REBAUTIZANDO, DA, adj. y s. El que está para ser rebautizado.

REBAUTIZANTE, p. a. de REBAUTIZAR, Que rebautizá.

* **REBAUTIZANTES**, s. m. pl. Sectarios que reiteraban las ceremonias del bautismo.

REBAUTIZAR, v. a. Reiterar el sacramento del bautismo.

REBEBER, v. a. Beber muchas veces. ‖ REEMBEBER, EMBEBER, atraer y recoger en sí alguna cosa líquida.

REBEBIDO, p. p. de REBEBER.

* **REBECO**, adj. y s. fam. Arisco, intratable.

REBELADO, p. p. de REBELAR.

REBELAR, v. n. ant. V. REBELARSE.

REBELAR, v. n. ant. Retener ó denegar lo que se debe.

REBELARSE, v. r. Levantarse, sublevarse, faltando á la obediencia debida. ‖ Retirarse ó extrañarse de la amistad ó correspondencia que se tenia. ‖ Resistirse á la fuerza ó violencia las cosas inanimadas. ‖ met. Alterarse las pasiones ó afectos contra el buen órden de la razon que los debe dominar.

REBELDE, adj. Que se rebela y levanta faltando á la obediencia debida. ‖ Indócil, duro, fuerte y tenaz. ‖ for. Que no responde ó no comparece en juicio dentro del término de la citacion. ‖ met. Se aplica a las pasiones ó afectos que se alteran contra la razon y resisten á ella.

REBELDÍA, s. f. Falta contumaz de obediencia. ‖ Tenacidad, resistencia ó repugnancia. ‖ for. Omision y tardanza en responder ó comparecer en juicio el reo ó actor en el término de la citacion. ‖ EN REBELDÍA, for. Explica que citado el reo, y no compareciendo, se le tiene y considera como presente para la prosecucion y sentencia de la causa.

REBELION, s. f. Levantamiento ó conspiracion de muchos contra su rey, patria ó gobierno.

REBELLIN, s. f. *Fort.* Obra separada y desprendida de la fortificacion, con su ángulo flanqueado y dos caras, pero sin traveses.

REBELLINEJO, s. m. d. de REBELLIN.

REBELON, NA, adj. Se aplica á los caballos que rehusan volver á alguno ó á ámbos lados sacudiendo la cabeza.

REBENCAZO, s. m. El golpe dado con el rebenque.

REBENQUE, s. m. Género de latigo que sirve para el castigo de los galeotes cuando estan en la faena. ‖ *Náut.* El cabo ó cuerda corta que sirve para varios usos.

REBETEADO, p. p. de REBETEAR.

REBETEAR, v. a. ant. V. RIBETEAR.

REBEZA, s. f. *Náut.* La mudanza ó alteracion en el giro ó direccion de las mareas ó corrientes, causada por la desigualdad del fondo y configuracion de la costa.

REBIEN, adv. fam. Muy bien.

REBINADO, DA, p. p. de REBINAR.

REBINADURA, s. f. *Agric.* La accion y efecto de terciar.

REBINAR, v. a. *Agric.* V. TERCIAR.

* **REBIRAR**, v. a. *Náut.* Birar á otro bordo.

REBISABUELA, s. f. La tercera abuela.

REBISABUELO, s. m. El padre del bisabuelo.

REBISNIETO, TA, s. m. y f. El hijo del bisnieto, el tercer nieto.

REBLANDECER, v. a. Poner blanda ó tierna alguna cosa.

REBLANDECIDO, p. p. de REBLANDECER.

REBLE, s. m. *Germ.* La nalga.

REBOCIÑO, s. m. Mantilla de que usan las mugeres para cubrir el bozo.

REBOLLAR, s. m. Monte en que los retoños y varas que nacen de las raices de los robles se multiplican de manera que se forman de ellas matorrales.

REBOLLIDURA, s. m. *Art.* Defecto dentro del alma del cañon de artillería por estar mal fundido.

REBOLLO, s. m. El retoño que nace de las raices de los robles. || *Ast.* TRONCO DE ARBOL.

REBOLLUDO, DA, adj. V. REHECHO Y DOBLE. || Se aplica al diamante informe que es malo para labrarse.

REBOÑAR, v. n. *Mont. de Burg.* Parar el molino con el agua que ya despedida rebosa en el cauce.

REBOSADERO, s. m. Parage por donde rebosa alguna cosa.

REBOSADURA, s. f. El acto de rebosar el agua ú otro licor.

* REBOSAMIENTO, s. m. *Med.* Extravasacion hablando de humores.

REBOSAR, v. n. Redundar, salirse alguna cosa de los límites que la contienen, por demasiadamente llenos. || met. Abundar cualquiera cosa. || met. Manifestar, dar á entender con el semblante, ademan ó palabras lo mucho que en lo interior se siente ó abunda.

REBOTADERA, s. f. Plancha de hierro delgada, para levantar el pelo de la bancada de paño que se va á tundir.

REBOTADO, p. p. de REBOTAR.

REBOTADOR, RA, s. m. y f. El que rebota.

REBOTADURA, s. f. ant. Accion de rebotar.

REBOTAR, v. a. Botar segunda vez la pelota. || Inmutarse ó alterarse el color y calidad á alguna cosa. || Redoblar ó volver la punta de lo agudo. || Levantar con la rebotadera el pelo de la bancada de paño que se va á tundir. || Rechazar. || met. Embotar, entorpecer.

REBOTARSE, v. r. Mudar de parecer ó dictámen, volverse atras.

REBOTE, s. m. El bote que da segunda vez la pelota. || DE REBOTE, Significa que alguno va á la casa de otro, habiendo estado ántes en otra parte.

REBOTICA, s. f. La pieza que está despues de la botica principal.

REBOTIGA, s. f. V. TRASTIENDA.

REBOTIN, s. m. La segunda hoja que echa la morera en el año.

REBOZADITO, TA, adj. d. de REBOZADO.

REBOZADO, p. p. de REBOZAR.

REBOZAR, v. a. V. ARREBOZAR. || V. EMBOZAR. || Cubrir alguna vianda bañándola con huevo, harina ú otras cosas, y friéndola luego.

REBOZITO, s. m. d. de REBOZO.

REBOZO, s. m. V. EMBOZO. || V. REBOCIÑO. || met. Velo, simulacion, pretexto. || DE REBOZO, De oculto, secretamente. || SIN REBOZO, Desnudamente, sinceramente, sin disfraz.

REBRAMAR, v. n. Volver á bramar respondiendo al bramido ó al reclamo. || met. Corresponder á un gran ruido con otro igual.

REBRAMO, s. m. El bramido con que el ciervo ó venado responde á otro ó al reclamo.

REBUDIAR, v. n. Roncar el jabalí cuando siente gente ó le da el viento de ella.

REBUENO, NA, adj. fam. Muy bueno ó excelente.

REBUFAR, v. n. Volver á bufar, ó bufar repetidas veces.

REBUFO, s. m. Accion y efecto de rebufar. || La expansion del aire al rededor de la boca de toda arma de fuego al salir el tiro.

REBUJADO, p. p. de REBUJAR.

REBUJAL, s. m. El número de cabezas que en un rebaño no llega á cincuenta. || En las tierras es un corto espacio que no llega á media fanega.

REBUJAR, v. a. V. ARREBUJAR.

REBUJO, s. m. Embozo de las mugeres para no ser conocidas. || El envoltorio que con desaliño y sin órden se hace de papel, trapos ú otras cosas. || La porcion de diezmos que por no ser ya repartible en especie se distribuye en dinero entre los interesados.

REBULLICIO, s. m. Bollicio grande.

REBULLIR, v. n. Empezarse á mover lo que estaba en quietud ó sosegado.

REBULTADO, DA, adj. V. ABULTADO.

REBURUJADO, p. p. de REBURUJAR.

REBURUJAR, v. a. fam. Tapar, cubrir ó revolver alguna cosa haciéndola un burujon.

REBURUJÓN, s. m. V. REBUJO, 2ª A.

REBUSCA, s. f. La accion y efecto de rebuscar. || El fruto que queda en la viña despues de vendimiada. Dícese tambien de otros frutos. || met. El desecho ó lo de inferior calidad en alguna línea.

REBUSCADO, p. p. de REBUSCAR.

REBUSCADOR, RA, s. m. y f. El que rebusca.

REBUSCAR, v. a. Recoger los frutos que quedan en la viña despues de vendimiada. || Escudriñar ó buscar con demasiado cuidado y vigilancia.

REBUSCO, s. m. V. REBUSCA.

REBUZNADOR, RA, s. m. y f. El que rebuzna.

REBUZNAR, v. n. Despedir ó formar el asno el sonido de su voz propia.

REBUZNO, s. m. La voz ó sonido bronco y desapacible que forma el asno, con diferentes altos y bajos.

RECABADO, p. p. de RECABAR.

RECABAR, v. a. Alcanzar, conseguir á fuerza de instancias, ruegos ó súplicas. || ant. V. RECAUDAR, cobrar.

RECABDACION, s. f. ant. V. RECAUDACION.

RECABDADO, p. p. de RECABDAR.

RECABDADOR, s. m. ant. V. RECAUDADOR.

RECABDAMIENTO, s. m. ant. V. RECAUDAMIENTO.

RECABDAR, v. a. ant. V. RECAUDAR. || ant. Asegurar, coger, prender, etc.

RECABDO, s. m. ant. V. RECAUDO.

RECADADO, p. p. de RECADAR.

RECADAR, v. a. ant. V. RECAUDAR.

RECADERO, s. m. ant. El que conduce ó lleva los recados de una parte á otra.

RECADO, s. m. Mensage que de palabra se envia ó da á otro. || Memoria ó recuerdo de la estimacion ó cariño que se tiene á alguna persona. || Regalo ó presente que se envia al que está ausente. || Prevencion ó provision de todo lo necesario para algun fin. || La diaria provision que se trae de la plaza ó tiendas para comer. || Todo lo que se necesita y sirve para formar ó egecutar alguna cosa. || Abundancia de alguna cosa. || El instrumento ó papel de justificacion que se presenta para cobrar ó aclarar algun derecho. || ant. Precaucion, guarda, cuidado. || Á RECADO, Á BUEN RECADO, Ó Á MUCHO RECADO, Con todo cuidado y seguridad. || BUEN Ó MAL RECADO, La accion buena ó mala. || DAR RECADO, Suministrar lo necesario para hacer alguna cosa. || LLEVAR RECADO, met. y fam. Ir reprendido, castigado ó lastimado considerablemente. || SACAR LOS RECADOS, Acudir al juez eclesiástico para que se hagan los autos matrimoniales, y sacar el despacho para las amonestaciones.

RECAER, v. n. Volver á caer. || Volver alguno á adolecer de la misma enfermedad de que estaba convaleciendo. || Dar en el dominio ó poder de otro. || Venir á alguno el mayorazgo, renta, dignidad ó empleo que otro tenia ó poseia.

RECAÍDA, s. f. La caida que se da segunda vez. || La caida de alguno en la misma enfermedad de que estaba convaleciendo. || met. La reincidencia en una misma culpa ó defecto.

RECAIMIENTO, s. m. ant. V. RECAÍDA.

RECALADO, p. p. de RECALAR.

RECALAR, v. a. Pasar algun licor poco á poco por las porosidades de un cuerpo seco, dejándole húmedo. || *Náut.* APORTAR una nave á la otra. || *Náut.* Llevar una nave á la vista de un cabo ó parage conocido para rectificar su derrota ó terminar su navegacion. || *Náut.* Llegar el soplo ó corriente del aire al parage en que se estaba en calma.

RECALCADAMENTE, adv. Apretadamente, muy apretado y sujeto. || met. y fam. Repetidamente y con intencion.

RECALCADO, p. p. de RECALCAR.

RECALCADURA, s. f. ant. Accion de recalcar.

RECALCAR, v. a. Ajustar, apretar mucho una cosa con otra ó sobre otra. || Llenar mucho alguna cosa con otra, apretándola para que quepa mas. || V. [illegible] CALCAR.

RECALCARSE, v. r. Repetir una cosa muchas veces, como saboreándose con las palabras. V. ARRELLANARSE.

RECALCITRAR, v. n. Retroceder, volver atras los pies. || met. Resistir ó no obedecer á quien se debe.

RECALENTADO, p. p. de RECALENTAR.

RECALENTAMIENTO, s. m. Accion y efecto de recalentarse.

RECALENTAR, v. a. Volver a calentar demasiado. || Hablando de [illegible] animales hacerlos poner calientes [illegible] en zelo, y hablando de los racionales excitar ó avivar la pasion de amor.

RECALZAR, v. a. *Pint.* Picar un dibujo. || Arrimar, poner tierra al rededor de las plantas ó árboles. || Componer, reparar los cimientos.

RECALZO, s. m. El reparo que se pone en las casas á los cimientos que tienen las piedras descarnadas. || V. RECALZON.

RECALZON, s. m. La segunda pina de la rueda del carro que suple por la llanta de hierro.

RECAMADO, p. p. de RECAMAR.

RECAMADOR, RA, s. m. El bordador.

RECAMAR, v. a. Bordar de realce.

RECÁMARA, s. f. Aposento despues de la cámara. || Muebles ó alhajas destinadas al servicio interior y doméstico de algun personage. || En los fusiles, cañones y minas, el extremo ó sitio en que se pone la pólvora para que atacada surta el correspondiente efecto.

RECAMARILLA, s. f. d. de RECÁMARA.

RECAMBIADO, p. p. de RECAMBIAR.

RECAMBIAR, v. a. Hacer segundo cambio, trueque ó permuta. || *Com.* Añadir nuevos intereses en los cambios. || met. Recompensar, retribuir los favores recibidos.

RECAMBIO, s. m. El segundo cambio, trueque ó permuta que se hace de alguna cosa. || *Com.* Recargo de nuevo premio ó segundo cambio. || met. Recompensa que empeña á nuevo agradecimiento ó retribucion. || *Germ.* El bodegon.

RECAMO, s. m. La bordadura de realce. || Especie de alamar hecho de galon cerrado con una bolita al extremo.

RECANACION, s. f. REMEDICION por canas, medida de Cataluña.

RECANCANILLA, s. f. El modo de andar los muchachos como cojeando. || met. El tonillo afectado en el hablar con tergiversacion ó vuelta en lo que se habla.

RECANTACION, s. f. V. PALINODIA.

RECANTON, s. m. La piedra que se pone firme y arrimada á los lados de las puertas de calle y tambien en las esquinas para refuerzo.

RECAPACITADO, p. p. de RECAPACITAR.

RECAPACITAR, v. a. Recorrer la memoria volviendo á reflexionar con cuidado lo que se sabia por si se habia olvidado.

* RECAPIO, s. m. *Murc.* Lo que queda de una madeja de seda.

RECAPITULACION, s. f. Resúmen de lo que se tiene dicho ó escrito.

RECAPITULADO, p. p. de RECAPITULAR.

RECAPITULAR, v. a. Resumir ó compendiar.

RECARGADO, p. p. de RECARGAR.

RECARGAR, v. a. Volver á cargar ó cargar de nuevo. || Hacer nuevo cargo ó reconvencion. || for. Retener al reo en la prision por diferente juez ó nueva causa.

* RECARGARSE, v. r. Hacerse pesado sobre una misma materia.

RECARGO, s. m. El nuevo cargo que se hace á alguno. || for. La accion de recargar al reo. || Aumento ó nueva accesion de la calentura.

RECATA, s. f. Accion de catar segunda vez.

RECATADAMENTE, adv. Con recato. || Mañosamente, con arte ó recato.

RECATADÍSIMAMENTE, adv. sup. de RECATAMENTE.

RECATADÍSIMO, MA, adj. sup. de RECATADO.

RECATADO, p. p. de RECATAR. || RECATADO, DA, adj. Prudente, advertido, mirado. || Honesto, modesto.

RECATAMIENTO, s. m. ant. V. RECATO.

RECATAR, v. a. Encubrir ú ocultar alguna cosa que no se quiere se vea ó sepa. || Catar segunda vez.

RECATARSE, v. r. Temer ó rezelar en la resolucion de alguna cosa.

RECATEADO, p. p. de RECATEAR.

RECATEAR, v. a. V. REGATEAR. || Escasear, rehusar.

RECATERÍA, s. f. V. REGATONERÍA.

RECATO, s. m. Cautela ó reserva. || Secreto. || Honestidad, modestia.

RECATON, s. m. V. REGATON.

RECATON, NA, adj. y s. V. REGATON.

RECATONAZO, s. m. Golpe dado con el recaton de la lanza.

RECATONEAR, v. a. V. REGATONEAR.

RECATONERÍA, s. f. V. REGATONERÍA.

RECATONÍA, s. f. ant. V. REGATONERÍA.

RECAUDACION, s. f. El acto de cobrar ó recaudar. || Oficina destinada para la entrega de los caudales.

RECAUDADO, p. p. de RECAUDAR.

RECAUDADOR, s. m. Persona destinada á la cobranza de algunos tributos ó rentas.

RECAUDAMIENTO, s. m. V. RECAUDACION. ‖ Empleo de recaudador. ‖ El territorio á que se extiende el cargo de un recaudador.

RECAUDANZA, s. f. ant. V. RECAUDACION.

RECAUDAR, v. a. Cobrar, percibir ó poner cobro en las rentas ú otra cosa. ‖ met. Lograr, ó conseguir.

RECAUDO, s. m. Recaudacion, el acto de recaudar. ‖ for. Caucion, fianza, seguridad. ‖ ant. V. RECADO. ‖ Á RECAUDO, ant. V. Á RECADO. ‖ BUEN Ó MAL RECAUDO, V. BUEN Ó MAL RECADO.

RECAVADO, p. p. de RECAVAR.

RECAVAR, v. a. Volver á cavar la tierra.

RECAZADO, p. p. de RECAZAR.

RECAZAR, v. a. *Cetr.* Rematar el ave despues de haberla volado, y prenderla en el aire ó en el suelo.

RECAZO, s. m. La guarnicion ó parte intermedia comprendida entre la hoja y la empuñadura de la espada y otras armas. ‖ Lomo ó parte opuesta al filo del cuchillo.

RECEL, s. m. Cobertor ó cubierta de tela delgada y listada.

RECENTADURA, s. f. Porcion de levadura que se deja reservada para fermentar otra masa.

RECENTAL, adj. Se aplica al cordero de leche ó que no ha pastado.

RECENTAR, v. a. Poner en la masa la porcion de levadura que se dejó reservada para fermentar.

RECENTARSE, v. r. V. RENOVARSE.

RECEÑIDO, p. p. de RECEÑIR.

RECEÑIR, v. a. Volver á ceñir ó ceñir mucho.

RECEPCION, s. f. El acto de recibir. ‖ La admision en algun empleo, oficio, comunidad, congregacion ó cosa semejante. ‖ for. Hablando de testigos, el exámen que se hace judicialmente de ellos para averiguar la verdad.

RECEPTA, s. f. Libro en que se asientan las multas impuestas por algun tribunal. ‖ ant. V. RECEPTA, 1ª A. ‖ ant. V. RECETA, 4ª A.

RECEPTACION, s. f. Accion y efecto de receptar.

RECEPTÁCULO, s. m. El vaso ó cavidad que recibe ó tiene en sí alguna materia regularmente líquida. ‖ met. Acogida, amparo, refugio.

RECEPTADO, p. p. de RECEPTAR.

RECEPTADOR, RA, s. m. y f. El que oculta ó encubre.

RECEPTAR, v. a. Ocultar ó encubrir. ‖ Recibir, acoger. ‖ ant. V. RECETAR.

* RECEPTARSE, v. r. Retirarse á parte segura, ó ponerse en salvo.

RECEPTIVO, VA, adj. Que recibe ó es capaz de recibir.

RECEPTO, s. m. Retiro, asilo, lugar de seguridad.

RECEPTOR, RA, s. m. y f. El que recepta ó recibe. ‖ La persona que en virtud de facultad va á residencias y otras diligencias judiciales. ‖ TESORERO que recibe los caudales. ‖ RECEPTOR GENERAL, El sugeto en cuyo poder entran todas las multas por causas civiles y criminales.

RECEPTORÍA, s. f. V. RECETORÍA, 1ª A. ‖ Oficio de receptor. ‖ El despacho ó comision que lleva el receptor.

RECERCADO, p. p. de RECERCAR.

RECERCAR, v. a. ant. V. CERCAR.

RECESIT, s. m. V. RECLE.

RECESO, s. m. Apartamiento, retirada ó desvío. ‖ RECESO DEL SOL, *Astron.* El movimiento por el cual el sol se aparta del ecuador, ó de la línea equinoccial.

RECETA, s. f. Órden que por escrito envia el médico ó cirujano al boticario para la composicion de algun remedio. ‖ met. Memoria de aquello de que se debe componer alguna cosa, y el modo de hacerla. ‖ fam. Memoria de cosas que se piden. ‖ La relacion de partidas que se pasa de una contaduría á otra para que por ella se puede tomar la cuenta al asentista ó arrendador.

RECETADO, p. p. de RECETAR.

RECETADOR, s. m. El que receta.

RECETANTE, p. a. de RECETAR, Que receta.

RECETAR, v. a. Ordenar por escrito el médico ó cirujano los medicamentos que el boticario debe suministrar. ‖ met. Pedir alguna cosa de palabra ó por escrito con alusion á los médicos.

RECETARIO, s. m. Apuntamiento que se hace de todo lo que ordena el médico se suministre al enfermo. ‖ El conjunto de recetas no pagadas. ‖ V. FARMACOPEA.

RECETICA, LLA, TA, s. f. d. de RECETA.

RECETOR, s. m. V. RECEPTOR. ‖ El tesorero que recibe caudales públicos.

RECETORÍA, s. f. La tesorería donde entran los caudales que por los recetores se perciben. || La tesorería adonde acuden los prebendados de las iglesias á cobrar sus emolumentos.

RECHAZADO, p. p. de RECHAZAR.

RECHAZADOR, RA, s. m. y f. El que rechaza.

RECHAZAMIENTO, s. m. Accion y efecto de rechazar.

RECHAZAR, v. a. Resistir un cuerpo á otro forzándole á retroceder en su curso ó movimiento. || met. Resistir al enemigo obligándole á ceder. || met. Contradecir ó impugnar á otro lo que dice ó propone. || RECHAZAR Ó VOLVER LA PELOTA, met. Resistir á lo que se propone con otra razon de igual ó mayor eficacia que la que se da para obligar á ello.

RECHAZO, s. m. La vuelta ó retroceso que hace alguna cuerpo por encontrar ó tocar en otro de mas fortaleza ó resistencia.

RECHIFLA, s. f. Accion y efecto de rechiflar.

RECHIFLAR, v. a. Burlar con extremo, mofar y ridiculizar á alguno.

RECHINADOR, RA, s. m. y f. La persona ó cosa que rechina.

RECHINAMIENTO, s. m. La accion y efecto de rechinar.

RECHINANTE, p. a. de RECHINAR, Que rechina.

RECHINAR, v. n. Hacer ó causar alguna cosa un sonido desapacible por ludir con otra ó por colision. || met. Entrar mal ó con disgusto en alguna cosa que se propone ó dice, ó hacerla con repugnancia.

RECHINO, s. m. El sonido desapacible de la colision y opresion de una cosa con otra.

RECHONCHO, CHA, adj. fam. Aplícase á la persona que es de estatura pequeña y demasiadamente gruesa.

* **RECIARIOS**, s. m. pl. Gladiatores que peleaban con redes, en las que enredaban á sus contrarios.

RECIAL, s. m. La corriente recia, fuerte é impetuosa de los rios por razon de su declive.

RECIAMENTE, adv. Fuertemente, con vigor y violencia.

RECIBIDERO, RA, adj. Que es de recibir y tomar.

RECIBIDÍSIMO, MA, adj. sup. de RECIBIDO.

RECIBIDO, p. p. de RECIBIR.

RECIBIDOR, RA, s. m. y f. El que recibe. || En la órden de san Juan el ministro diputado para recaudar todos los caudales que le pertenecen.

RECIBIENTE, p. a. de RECIBIR, Que recibe.

RECIBIMIENTO, s. m. Recepcion, el acto de recibir ó tomar. || Cortejo, obsequio, buena acogida que se hace al que viene de fuera. || Cuarto inmediato á la entrada de cualquiera habitacion. || La visita general en que una señora recibe á todas sus conocidas con algun motivo. || El altar que se hace en las calles para las procesiones del Santísimo Sacramento.

RECIBIR, v. a. Tomar alguno y pasar á su poder lo que otro tenia ó viene de otra parte. || Percibir, cobrar la paga, dinero, etc. || Sustentar, sostener un cuerpo á otro. || Padecer alguno el daño que otro le hace ó casualmente le sucede. || Se aplica á las cosas no materiales que se comunican, participan ó dan. || Admitir dentro de sí alguna cosa. || Admitir, aceptar, aprobar alguna cosa. Admitir á alguno en su compañía, congregacion ó comunidad. || Admitir las visitas. || Salir á encontrarse con alguno para cortejarle cuando viene de fuera. || Esperar ó hacer frente al que acomete con ánimo y resolucion de resistirle ó rechazarle. || *Filos.* Admitir la materia la forma que se introduce en ella para la constitucion del compuesto. || Asegurar con yeso ú otro material alguna cuerpo que se introduce en la fábrica.

RECIBIRSE, v. r. Hablando de ciertas facultades, es lo mismo que haber sido aprobado para egercerla, precedidos los exámenes correspondientes.

RECIBO, s. m. V. RECEPCION. || V. RECIBIMIENTO, 3ª A. || V. RECIBIMIENTO, 4ª A. || Resguardo firmado en que se declara haber recibido alguna cosa. || ACUSAR EL RECIBO DE ALGUNA CARTA, OFICIO, etc. Lo mismo que AVISAR EL RECIBO. || ESTAR DE RECIBO, Explica que alguna señora está adornada y dispuesta para recibir visitas. || ESTAR Ó SER DE RECIBO, Tener algun género todas las calidades necesarias para admitirse segun ley ó contrato.

RECIEDUMBRE, s. f. ant. Fuerza, fortaleza ó vigor.

RECIEN, adv. V. RECIENTE.

RECIENTE, adj. Nuevo, fresco ó acabado de hacer.

RECIENTEMENTE, adv. Nuevamente ó pocos dias ántes.

RECIENTÍSIMAMENTE, adv. sup. de RECIENTEMENTE.

RECIENTÍSIMO, MA, adj. sup. de RECIENTE.

RECINCHADO, p. p. de RECINCHAR.

RECINCHAR, v. a. Fajar una cosa con otra ciñéndola al rededor.

RECINCHO, s. m. V. CEÑIDOR ó CINTURON.

RECINTO, s. m. El espacio que se comprende dentro de cierto y determinado término.

RECIO, CIA, adj. Fuerte, robusto, vigoroso. || Grueso, gordo ó abultado. || Áspero, duro de genio.||met. Duro, grave, difícil de soportar. || Hablando de tierras, GRUESO, sustancioso, de mucha miga.||Hablando de estaciones, riguroso, rígido. || Veloz, impetuoso, acelerado.

RECIO, adv. Reciamente, fuertemente.|| Con rapidez, ímpetu ó precipitacion. || DE RECIO, Reciamente, fuertemente.

RÉCIPE, s. m. voz latina, RECETA DE MÉDICO Ó CIRUJANO. || met. y fam. Cualquiera desazon, disgusto ó mal despacho que se da á alguno.

* RECIPIÁNGULO, s. m. Instrumento para medir los ángulos entrantes y salientes.

RECIPIENTE, adj. Que recibe.

RECIPIENTE, s. m. El vaso de vidrio que pegado al pico del alambique recibe lo que se destila.|| En la máquina neumática y otras la campana de cristal que sirve para ciertos experimentos.

RECIPROCACION, s. f. V. RECIPROCIDAD. || La accion de retroceder la significacion del verbo á la persona ó cosa que es el móvil de la accion.

RECIPROCADO, p. p. de RECIPROCAR Y RECIPROCARSE.

RECÍPROCAMENTE, adv. Mutuamente, con igual correspondencia.

RECIPROCAR, v. a. Hacer que dos cosas se correspondan una á otra mutuamente.

RECIPROCARSE, v. r. Corresponderse mutuamente dos cosas.

RECIPROCIDAD, s. f. Correspondencia mutua de una persona ó cosa con otra.

RECÍPROCO, CA, adj. Igual en la correspondencia de uno á otro.||*Gram.* Se dice de los pronombres cuya significacion se refunde en el mismo sugeto ó cosa de que se habla como el *se* y *suyo.*

RECÍSIMAMENTE, adv. sup. de RECIAMENTE.

RECISIMO, MA, adj. sup. de RECIO.

RECISION, s. f. for. Cesacion, anulacion, revocacion, abrogacion.

RECITACION, s. f. El acto de recitar.

RECITADO, p. p. de RECITAR.

RECITADO, s. m. *Mus.* Composicion música que se usa en las poesías narratorias y en los diálogos.

RECITADOR, RA, s. m. y f. El que recita.

RECITANTE, TA, s. m. y f. ant. V. COMEDIANTE Ó FARSANTE.

RECITAR, v. a. Referir, contar ó decir en voz alta algun discurso ú oracion. || Decir ó pronunciar de memoria y en voz alta algun discurso, comedia ó cosa semejante.

RECITATIVO, VA, adj. Se aplica al estilo músico en que se canta como recitando.

RECIURA, s. f. V. FORTALEZA Ó ROBUSTEZ. || Rigor del tiempo ó de la estacion.

RECIZALLA, s. f. La segunda cizalla.

RECLAMACION, s. f. Acto y efecto de reclamar.||for. La oposicion ó contradiccion que se hace contra alguna cosa como injusta, ó mostrando no consentir en ella.

RECLAMADO, p. p. de RECLAMAR.

RECLAMAR, v. a. Llamarse las aves una á otra en su especie. || Llamar á las aves con el reclamo. || Clamar ó llamar con repeticion ó mucha instancia.

RECLAMAR, v. n. y a. Contradecir ú oponerse á alguna cosa quejándose de quien la ha hecho.||*Náut.* Llegar la verga junto al reclame.

RECLAME, s. m. *Náut.* La cajeta con sus roldanas que está en los cuellos de los masteleros.

RECLAMO, s. m. Ave doméstica enseñada para que con su canto atraiga otras de su especie.||La voz con que una ave llama á otra de su especie.||Instrumento para llamar las aves imitando su voz.||La voz ó grito llamando á alguno. ||met. Cualquiera cosa que atrae llama ó convida.||for. V. RECLAMACION. || En la imprenta la palabra ó sílaba que se pone al fin de cada plana, y en lo escrito la señal que se pone en el renglon para llamar á la márgen. || *Germ.* Criado de la muger de la mancebía.||ACUDIR AL RECLAMO, met. y fam. Venir alguno á donde ha oido que hay cosa á su propósito.

RECLE, s. m. El tiempo que se permite á los prebendados estar ausentes del coro para su descanso y recreacion.

RECLINACION, s. f. Accion y efecto de reclinar.

RECLINADO, p. p. de RECLINAR.

RECLINAR, v. a. y n. Ladear, apoyar, inclinar algo á determinada postura.

RECLINATORIO, s. m. Cualquiera cosa acomodada y dispuesta para reclinarse.

RECLUIADO, p. p. de RECLUIR.

RECLUIR, v. a. Encerrar ó poner en reclusion.

* **RECLUSA**, s. f. V. RECOGIDA.

RECLUSION, s. f. Encierro ó prision voluntaria ó forzada. || Sitio en que alguno está recluso.

RECLUSO, seg. p. p. irreg. de RECLUIR.

RECLUSORIO, s. m. V. RECLUSION, 2ª A.

RECLUTA, s. f. Reemplazo, complemento ó aumento de gente que se hace para completar algun cuerpo que tiene falta. || El que libre y voluntariamente sienta plaza de soldado. || met. El reemplazo de cualquiera cosa que hace falta.

RECLUTADO, p. p. de RECLUTAR.

* **RECLUTADOR**, s. m. El que hace reclutas.

RECLUTAR, v. a. Enganchar sugetos voluntarios para reemplazo de los regimientos. || Reemplazar, completar ó llenar el número de una compañía ó regimiento. || met. Surtirse de lo que uno necesita y le hace falta.

* **RECOBRABLE**, adj. m. y f. Que se puede recuperar ó recobrar.

RECOBRACION, s. f. ant. V. RECUPERACION.

RECOBRADO, p. p. de RECOBRAR.

RECOBRAMIENTO, s. m. ant. V. RECUPERACION.

RECOBRANTE, p. a. de RECOBRAR, Que recobra.

RECOBRAR, v. a. Volver á cobrar lo que ántes se tenia, recuperar lo perdido.

RECOBRARSE, v. r. Repararse de algun daño recibido. || Desquitarse, reintegrarse de lo perdido. || Volver en sí de la enagenacion del ánimo ó de los sentidos, ó de algun accidente ó enfermedad.

RECOBRO, s. m. Reintegro de lo que se habia perdido.

RECOCER, v. a. Volver á cocer, ó cocer alguna cosa con exceso.

RECOCERSE, v. r. met. Atormentarse, consumirse de rabia y despecho.

RECOCHO, CHA, adj. Pasado de cocido.

RECOCIDO, p. p. de RECOCER. || RECOCIDO, DA, adj. met. Se aplicá á la persona muy práctica en cualquiera materia.

RECOCTA, s. f. ant. V. REQUESON.

RECODADERO, s. m. V. RECLINATORIO.

RECODADO, p. p. de RECODAR.

RECODAR, v. n. Recostarse ó descansar sobre el codo.

RECODIDO, p. de RECODIR.

RECODIR, v. n. ant. V. RECUDIR. || ant. Volver á acudir á algun lugar.

RECODO, s. m. El ángulo ó revuelta de algun sitio ó lugar. || En el juego de villar el acto de tocar la bola herida en dos ó tres ángulos de la mesa.

RECOGEDERO, s. m. Aquella parte en que se recogen ó llegan algunas cosas, ó el instrumento con que se recogen.

RECOGEDOR, RA, s. m. y f. El que recoge ó da acogida.

RECOGER, v. a. Volver á coger, recobrar ó tomar segunda vez. || Juntar, unir ó congregar algunas cosas separadas ó desunidas. || Hacer la recoleccion de los frutos, coger la cosecha. || Encoger, estrechar ó ceñir. || Guardar, alzar ó poner en cobro alguna cosa. || Ir juntando poco á poco, y guardando especialmente el dinero. || Acoger ó refugiar á alguno. || Encerrar á alguno por loco ó insensato. || Suspender el uso ó curso de alguna cosa para enmendarla ó que no tenga efecto. || Observar, notar ó apuntar las especies ó noticias que se hallan repartidas en varios autores ó esparcidas.

RECOGERSE, v. r. Retirarse, refugiarse ó acogerse á alguna parte. || Separarse, quitarse de la demasiada comunicacion y comercio de las gentes. || Ceñirse, moderarse, reformarse en los gastos. || Retirarse á dormir ó descansar. || Retirarse á la casa de su propia habitacion. || met. Apartarse ó abstraerse el espíritu de todo lo terreno que le pueda impedir la meditacion ó contemplacion. || RECOGERSE Á BUEN VIVIR, Retirarse á descansar, ó apartarse del bullicio de las gentes.

RECOGIDA, s. f. ant. V. ACOGIDA. || ant. V. RETIRADA.

RECOGIDA, adj. Se dice de las mugeres que viven retiradas con clausura ó voluntaria ó forzada.

RECOGIDAMENTE, adv. Con recogimiento.

RECOGIDO, p. p. de RECOGER. || RECOGIDO, DA, adj. Que tiene recogimiento y vive retirado del trato y comunicacion de las gentes.‖Se aplica al animal que es corto, esto es, que tiene el cuarto trasero cercano al delantero.

RECOGIMIENTO, s. m. Junta, union ó agregado de algunas cosas. ‖ Acogida, retirada ó seguridad de alguna cosa.‖V. ACOGIMIENTO. ‖ Casa en que viven retiradas en clausura algunas mugeres por penitencia ó voluntaria ó forzada. ‖ V. RECLUSION.‖Retiro, abstraccion en el trato y comercio de las gentes.‖met. Separacion y abstraccion interior de todo lo terreno para poder meditar ó contemplar.

RECOLADO, p. p. de RECOLAR.

RECOLAR, v. a. Volver á colar algun líquido.

RECOLECCION, s. f. V. RECOPILACION, RESÚMEN ó COMPENDIO.‖En algunas religiones la observancia mas estrecha de la regla que la que comunmente se guarda. ‖ La cosecha de los frutos. ‖ El convento ó casa en que se observa mas estrechez que la comun de la regla, se dice asimismo de cualquiera otra cosa particular en que se observa recogimiento. ‖Cobranza, recaudacion de frutos ó dineros. ‖ *Teol.* El recogimiento y atencion á Dios y á las cosas divinas con abstraccion de lo que pueda distraer.

RECOLEGIDO, p. p. de RECOLEGIR.

RECOLEGIR, v. a. ant. Recoger, juntar lo que está dividido ó esparcido. ‖ ant. V. COLEGIR, inferir.

RECOLETO, TA, adj. Se aplica al religioso que guarda y observa recoleccion, y tambien al convento ó casa de la misma recoleccion. ‖ met. El que vive con algun retiro y abstraccion, ó viste modestamente.

RECOMBINADO, p. p. de RECOMBINAR.

RECOMBINAR, v. a. Volver á combinar.

RECOMENDABLE, adj. Digno de recomendacion, aprecio ó estimacion.

RECOMENDABLEMENTE, adv. De un modo recomendable.

RECOMENDACION, s. f. La accion y efecto de recomendar.‖Encargo, encomienda ó súplica que se hace á otro. Alabanza ó elogio de algun sugeto para introducirle con otro.‖ Aquella autoridad, representacion ó calidad por que se hace mas apreciable y digna de respecto alguna cosa. ‖ RECOMENDACION DEL ALMA, La súplica que hace la iglesia por los que estan en la agonía con determinadas preces.

RECOMENDADÍSIMO, MA, adj. sup. de RECOMENDADO.

RECOMENDADO, p. p. de RECOMENDAR.

RECOMENDAR, v. a. Encargar, pedir ó dar órden á otro para que tome á su cuidado alguna persona ó negocio. ‖ Hablar ó empeñarse por alguno elogiándole.

RECOMENDATORIO, RIA, adj. Que recomienda.

RECOMPENSA, s. f. Compensacion, satisfaccion ó especie de trueque que se hace de una cosa por otra equivalente.‖ Remuneracion, gratificacion ó retribucion de algun beneficio recibido.

RECOMPENSABLE, adj. Que se puede recompensar, ó es digno de recompensa.

RECOMPENSACION, s. f. Accion de recompensar.‖V. RECOMPENSA.

RECOMPENSADO, p. p. de RECOMPENSAR.

RECOMPENSAR, v. a. Compensar, satisfacer ó remunerar algun beneficio, favor ó buena obra recibida.

RECOMPONER, v. a. Componer de nuevo, reparar.

RECOMPUESTO, seg. p. p. ir. de RECOMPONER.

RECONCENTRADO, p. p. de RECONCENTRAR.

RECONCENTRAMIENTO, s. m. Accion y efecto de reconcentrar.

RECONCENTRAR, v. a. Introducir, penetrar, internar una cosa en otra. ‖ Disimular, ocultar ó callar profundamente algun sentimiento ó afecto.

RECONCENTRARSE, v. r. Fijarse en la voluntad ó en el ánimo algun afecto, ó en lo interior del cuerpo los humores ó males.

RECONCILIACION, s. f. Accion y efecto de reconciliar. ‖ Renovacion y restitucion á la amistad que se quebró, ó reunion de los ánimos que estaban desunidos. ‖ La breve confesion que se hace despues de haber expuesto al confesor todas sus culpas en otra confesion.

RECONCILIADO, p. p. de RECONCILIAR.

RECONCILIADOR, RA, s. f. y f. El que reconcilia.

RECONCILIAR, v. a. Volver á conciliar y hacer las amistades, ó atraer y acordar los ánimos desunidos. ‖ Oir una breve ó ligera confesion. ‖ Bendecir algun lugar sagrado por haber sido violado.

RECONCILIARSE, v. r. Confesarse por lo comun de algunas culpas ligeras ó de otras faltas ya confesadas.

RECONCOMERSE, v. r. Concomerse con frecuencia.

RECONCOMIDO, p. p. de RECONCOMERSE.

RECONCOMIO, s. m. fam. El movimiento que se hace á un tiempo con hombros y espaldas, motivado de alguna picazon, ó cuando se tiene ó recibe algun gusto particular. || fam. Recelo ó sospecha que incita y mueve interiormente. || fam. Interior movimiento del ánimo que inclina á algun afecto.

RECÓNDITO, TA, adj. Muy escondido, reservado y oculto.

RECONDUCCION, s. f. for. Contrato de segundo arrendamiento.

RECONDUCIDO, p. p. de RECONDUCIR.

RECONDUCIR, v. r. Repetir el contrato de conduccion ó arrendamiento.

RECONFESADO, p. p. de RECONFESAR.

RECONFESAR, v. a. Volver á confesar lo confesado.

RECONOCEDOR, RA, s. m. y f. El que reconoce, revisor, examinador.

RECONOCER, v. a. Examinar con cuidado. || Sujetarse, subordinarse, someterse al dominio ó jurisdiccion de otro. || Confesar la obligacion que se debe á otro para el agradecimiento ó recompensa. || Considerar, advertir ó contemplar. || COMPRENDER ó hacer juicio. || Dar por suyo ó confesar que alguna cosa es suya ó le pertenece. || Registrar ó mirar con cuidado á alguno ó algunas cosas.

RECONOCERSE, v. r. Arrepentirse. || Confesarse culpable de algun error, etc. || Conocerse uno por lo que es, juzgar justamente de sí propio, de su talento, fuerzas, recursos, etc.

RECONOCIDAMENTE, adv. Con reconocimiento ó gratitud.

RECONOCIDÍSIMO, MA, adj. sup. de RECONOCIDO.

RECONOCIDO, p. p. de RECONOCER. || RECONOCIDO, DA, adj. Que reconoce el favor ó beneficio que otro le ha hecho.

RECONOCIENTE, p. a. de RECONOCER, Que reconoce.

RECONOCIMIENTO, s. m. El acto de reconocer. || Agradecimiento ó muestra de correspondencia por algun beneficio recibido. || Vasallage, sumision ó sujecion. || Registro, inquisicion ó averiguacion que se hace de alguna cosa. || for. La declaracion que judicialmente se hace de un vale, censo, etc.

RECONQUISTA, s. f. La accion y efecto de reconquistar.

* **RECONQUISTADO**, p. p. de RECONQUISTAR.

* **RECONQUISTAR**, v. a. Volver á conquistar, conquistar segunda vez.

RECONTADO, p. p. de RECONTAR.

RECONTAMIENTO, s. m. ant. Narracion ó relacion.

RECONTANTE, p. a. de RECONTAR, Que refiere ó repite alguna cosa.

RECONTAR, v. a. Volver á contar. || Referir alguna cosa.

RECONTENTO, TA, adj. Muy contento.

RECONTENTO, s. m. Contento grande.

RECONVALECER, v. n. Volver á convalecer ó recuperar la salud.

RECONVENCION, s. f. Cargo que se hace á alguno valiéndose de su propio hecho ó palabra. || for. La accion con la cual se pide contra la misma persona que pedia.

RECONVENIDO, p. p. de RECONVENIR.

RECONVENIR, v. a. Hacer cargo ó convencer á alguno con su propio hecho ó palabra. || for. Pedir al que demandó, y hacerse de reo actor.

RECOPILACION, s. f. El compendio, resúmen ó reduccion breve de una obra ó un discurso. || La coleccion de varias cosas.

RECOPILADO, p. p. de RECOPILAR.

RECOPILADOR, s. m. El que recopila.

RECOPILAR, v. a. Juntar en compendio, recoger ó unir diversas cosas.

RECOQUIN, s. m. El hombre muy pequeño y gordo.

RECORDABLE, adj. Que se puede recordar o es digno de recordacion.

RECORDACION, s. f. El acto de traer á la memoria alguna cosa. || V. RECUERDO.

RECORDADO, p. p. de RECORDAR.

RECORDADOR, RA, s. m. y f. El que recuerda.

RECORDAMIENTO, s. m. ant. V. RECORDACION.

RECORDANTE, p. a. de RECORDAR, Que recuerda.

RECORDANZA, s. f. ant. V. RECORDACION.

RECORDAR, v. a. Excitar á otro á que tenga presente alguna cosa de que se hizo cargo, ó que tomó á su cuidado.

RECORDAR, v. n. met. Despertar el que está dormido.

* **RECORDARSE**, v. r. Hacer recuerdo, hacer memoria.

RECORDATIVO, VA, adj. y s. Que recuerda ó puede recordar.

RECORRER, v. a. Registrar, mirar con cuidado, andando de una parte á otra para inquirir, solicitar y averiguar alguna cosa que se desea saber. ‖ Repasar leyendo alguna cosa. ‖ Componer alguna cosa que necesitaba de reparo y compostura.

RECORRER, v. n. Recurrir, acudir ó acogerse.

RECORRIDO, p. p. de RECORRER.

RECORTADO, p. p. de RECORTAR.

* **RECORTADOR**, s. m. El que recorta.

RECORTADURA, s. f. V. RECORTE.

RECORTE, s. m. La accion y efecto de recortar. ‖ RECORTES, pl. Las porciones excedentes de cualquiera materia tegida ó elaborada que se separan por medio de un instrumento cortante.

RECORTAR, v. a. Cortar ó cercenar lo que sobra en alguna cosa. ‖ Cortar con arte el papel ú otra cosa en varias figuras. ‖ *Pint.* Señalar los perfiles de alguna figura.

RECORVADO, p. p. de RECORVAR.

RECORVAR, v. a. V. ENCORVAR.

RECORVO, VA, adj. V. CORVO.

RECOSER, v. a. Volver á coser lo que está descosido ó roto.

RECOSIDO, p. p. de RECOSER.

RECOSTADERO, s. m. El parage ó cosa en que se recuesta.

RECOSTADO, p. p. de RECOSTAR.

RECOSTAR, v. a. Reclinar ó poner de lado alguna cosa.

RECOSTARSE, v. a. Recogerse ó dormir ó descansar.

RECOVA, s. f. La compra de huevos, gallinas y otras cosas que se hace por los lugares para volver á vender. ‖ La cuadrilla de perros de caza. ‖ *And.* Cubierta de piedra ó fábrica para defender algunas cosas del temporal.

RECOVECO, s. m. Vuelta y revuelta de algun sitio ó parage. ‖ met. El simulado artificio ó rodeo de algun sugeto para conseguir algun fin.

RECOVERO, s. m. El que compra por los lugares huevos, gallinas y otras cosas para revender.

RECRE, s. m. V. RECLE.

RECREACION, s. f. Diversion para alivio del trabajo.

RECREADO, p. p. de RECREAR.

RECREAR, v. a. Divertir, alegrar ó deleitar.

RECREATIVO, VA, adj. Que recrea ó es capaz de causar recreacion.

RECRECER, v. a. y n. Aumentar, acrecentar alguna cosa. ‖ Ocurrir ú ofrecerse alguna cosa de nuevo.

RECRECIDO, p. p. de RECRECER.

RECRECIMIENTO, s. m. El aumento y crecimiento que se hace de alguna cosa.

RECREIDO, DA, adj. *Cetr.* Se aplica á la ave de caza, que perdiendo su docilidad, se vuelve á su natural libertad.

RECREMENTO, s. m. La reliquia que ha quedado de cualquiera cosa.

RECREO, s. m. V. RECREACION. ‖ El sitio ó lugar apto ó dispuesto para diversion.

* **RECRIMINACION**, s. f. Acusacion del acusador.

* **RECRIMINAR**, v. n. Acusar el acusado al acusador.

* **RECRUCETADO, DA**, adj. Dícese de las cruces cuyos brazos rematan en otras tantas cruces.

RECTAMENTE, adv. Con rectitud, justamente.

* **RECTANGULAR**, adj. m. y f. De ángulos rectos.

RECTÁNGULO, LA, adj. Que tiene ángulo ó ángulos rectos.

RECTÁNGULO, s. m. *Geom.* El paralelógramo que tiene los cuatro ángulos rectos, pero no todos los lados iguales.

RECTIFICACION, s. f. Accion y efecto de rectificar.

RECTIFICADO, p. p. de RECTIFICAR.

RECTIFICAR, v. a. Reducir alguna cosa á la perfeccion que debe tener. ‖ Comprobar alguna cosa, asegurarse de su certeza ‖ *Quim.* Purificar los licores, y darles el último grado de perfeccion.

RECTIFICATIVO, VA, adj. y s. Que rectifica ó tiene la virtud de rectificar.

RECTILÍNEO, NEA, adj. Que se compone de líneas rectas ó se dirige en línea recta.

RECTÍSIMAMENTE, adv. sup. de RECTAMENTE.

RECTÍSIMO, MA, adj. sup. de RECTO.

RECTITUD, s. f. Derechura ó distancia la mas breve entre dos puntos ó términos. || Calidad de ser recto ó justo. || met. La recta razon ó conocimiento práctico de las cosas que debemos obrar. || Exactitud ó justificacion en las operaciones.

RECTO, TA, adj. V. DERECHO. || Se dice de cualquiera de los dos ángulos que forma una línea recta con otra cuando cae perpendicular sobre ella. || met. Justo, severo y firme en sus resoluciones.

RECTOR, RA, s. m. y f. El que rige ó gobierna. || El superior á cuyo cargo está el gobierno y mando de alguna comunidad, hospital ó colegio. || V. PÁRROCO. || En las universidades la persona que se nombra para el gobierno de ellas. || La superiora á cuyo cargo está el gobierno y mando de alguna comunidad ó establecimiento.

RECTORADO, s. m. El oficio y cargo de rector ó el tiempo que se egerce.

RECTORAL, adj. Que pertenece al rector ó rectora.

RECTORAR, v. n. Llegar á ser rector.

RECTORÍA, s. f. El empleo, oficio y jurisdiccion del rector ó cura propio. || V. RECTORADO.

RECUA, s. f. El conjunto de animales de carga que sirven para traginar. || met. y fam. La muchedumbre de cosas que van ó siguen unas tras otras.

RECUADRAR, v. a. *Pint.* V. CUADRAR ó CUADRICULAR.

RECUADRO, s. m. *Arq.* El compartimiento ó division en forma de cuadrado ó cuadrilongo.

RECUAGE, s. m. ant. V. RECUA. || El tributo que se paga por razon del tránsito de las recuas.

RECUARTA, s. f. Una de las cuerdas de la vihuela.

RECUDIDA, s. f. ant. V. RESULTA. || DE RECUDIDA, ant. De resultas, de rechazo.

RECUDIDERO, s. m. ant. El sitio adonde se acude ó concurre.

RECUDIDO, p. p. de RECUDIR.

RECUDIMENTO, s. m. V. RECUDIMIENTO.

RECUDIMIENTO, s. m. El despacho y poder que se da al fiel ó arrendador para cobrar las rentas que estan á su cargo.

RECUDIR, v. a. Pagar ó asistir á alguno con alguna cosa que le toca y debe percibir. || ant. Acudir ó concurrir á alguna parte. || ant. Acudir ó recurrir á alguno. || ant. Responder ó replicar.

RECUDIR, v. n. Resaltar, resurtir ó volver una cosa al parage de donde salió primero. || ant. Concurrir, venir á juntarse en un mismo lugar algunas cosas, como las calles, caminos, arroyos, etc.

RECUENTO, s. m. *Gal.* Inventario. || Cuenta, enumeracion ó la segunda enumeracion que se hace de alguna cosa.

RECUENTRO, s. m. ant. V. REENCUENTRO.

RECUERDO, s. m. Memoria que se hace ó aviso que se da de alguna cosa que pasó.

RECUERO, s. m. El arriero ó aquel á cuyo cargo está la recua.

RECUESTA, REQUERIMIENTO ó intimacion. || ant. La busca y diligencia que se hace para llevar y recoger alguna cosa. || ant. Duelo, desafío ó cartel para él. || Á TODA RECUESTA, V. Á TODO TRANCE.

RECUESTADO, p. p. de RECUESTAR.

RECUESTADOR, RA, s. m. y f. El que recuesta ó desafia.

RECUESTAR, v. a. ant. Demandar ó pedir. || ant. V. DESAFIAR. || met. ant. Acariciar, atraer con el halago ó la dulzura de amante.

RECUESTO, s. m. Sitio que está en pendiente ó declive.

RECULADA, s. f. La accion de recular ó volver atras.

RECULADO, p. p. de RECULAR.

RECULAR, v. n. Cejar ó retroceder. || met. y fam. Ceder de su dictámen ú opinion.

RECULO, LA, adj. Se aplica al pollo ó gallina que no tiene cola.

RECULO, s. m. V. RECULADA.

* **RECULON**, s. m. V. RECULADA. || Á RECULONES, fam. Reculando.

RECUPERABLE, adj. Que se puede recuperar.

RECUPERACION, s. f. Accion y efecto de recuperar, ó la restauracion de alguna cosa.

RECUPERADO, p. p. de RECUPERAR.

RECUPERADOR, RA, s. m. y f. El que recupera ó vuelve á tomar alguna cosa.

* **RECUPERANTE**, p. a. de RECUPERAR, Que recupera.

RECUPERAR, v. a. Volver á tomar ó cobrar alguna cosa que ántes se poseye.

RECUPERARSE, v. r. Aliviarse y repararse de algun accidente ó contratiempo, volviendo á su antiguo estado.

RECUPERATIVO, VA, adj. Que recupera ó tiene virtud de recuperar.

RECURA, s. f. Instrumento de peineros para formar y aclarar las puas de los peines.

RECURADO, p. p. de RECURAR.

RECURAR, v. a. Formar y aclarar las puas de los peines con la recura.

RECURRIR, v. a. Acudir á alguno ó á alguna parte para algun fin.

RECURRIR, v. n. Volver alguna cosa al lugar de donde salió.

RECURSO, s. m. Accion y efecto de recurrir. || La vuelta ó retorno de alguna cosa al lugar de donde salió. || for. La accion que queda á la persona condenada en juicio para poder recurrir á otro juez ó tribunal.

* RECUSABLE, adj. m. f. Que se puede recusar.

RECUSACION, s. f. Accion y efecto de recusar ó no admitir. || RECUSACION VAGA, La que se hace en general de alguna especie de sugetos, sin determinar individuo.

RECUSADO, p. p. de RECUSAR.

RECUSANTE, p. a. de RECUSAR, Que recusa.

RECUSAR, v. a. No querer admitir ó aceptar alguna cosa.||for. Poner excepcion al juez ó otro ministro para que no conozca ó entienda en la causa.

RED, s. f. Instrumento de mallas, para pescar y cazar. || Cualquier tegido hecho en la misma forma, que se hace de diversas materias y para varios usos. || Especie de labor que sirve para las colgaduras y otras cosas. || El sitio ó parage donde se venden el pan, pescado y otras cosas que se dan por entre verjas. || Prision que tienen en los lugares pequeños para mayor seguridad de los reos. || V. COFIA DE SEDA, etc. || ant. V. VERJA Ó REJA. || Reja del locutorio de las monjas. || met. Ardid ó engaño de que alguno se vale para atraer y conquistar á otro. || *Germ.* La capa. || RED BARREDERA, Red para pescar, cuyas mallas son mas estrechas y cerradas que las comunes. || RED DE ARAÑA, La tela que forma la araña para su refugio, y para coger los animales pequeños, como moscas, etc. || RED DE JORRO, Ó RED DE JORRAR, La que lleva tras sí y barre cuanto pesca ó encuentra. || RED DEL AIRE, La que se arma en alto, dispuesta de modo que las aves al pasar den en ella, y queden aprisionadas. || RED DE PÁJAROS, fam. Cualquiera tela muy rala y mal tegida. || RED DE PAVO, *Germ.* Capote de sayal. || Á RED BARREDERA, Con ruina ó destruccion de lo que se halla, o tomando y llevando todo cuanto se encuentra al paso. || ECHAR LA RED, met. Hacer todas las diligencias para conseguir algun fin.||TENDER LAS REDES, Echarlas al mar para pescar. || met. Usar de industria y medios oportunos para el logro de algun fin.

REDACCION, s. f. La accion y efecto de redactar, y tambien el lugar ú oficina donde se redacta.

REDACTAR, v. a. Poner por órden y por escrito autos, providencias, noticias, avisos, etc.

REDADA, s. f. Lance de red. || met. Conjunto de personas ó cosas que se toman ó cogen de una vez.

REDADO, p. p. de REDAR.

REDAÑO, s. m. *Anat.* Tela que cubre las tripas en figura de una bolsa.

REDAR, v. a. Echar la red.

REDARGUCION, s. f. La accion de redargüir, ó el argumento convertido contra el que le hacia.

REDARGÜIDO, p. p. de REDARGÜIR.

REDARGÜIR, v. a. Convertir el argumento ó razon contra el que le hace valiéndose de sus mismas proposiciones y términos.

REDE, s. f. ant. V. RED.

REDECILLA, La labor de que se hacen las redecillas ó redes.

REDECIR, v. a. ant. Volver á decir ó repetir alguna cosa.

REDEDOR, s. m. V. CONTORNO. || AL REDEDOR, En la circunferencia ó circuito. || ANDAR AL REDEDOR, Dar vueltas al contorno de alguna cosa.

REDEJON, s. m. *Germ.* Toca ó escofion de red.

REDEL, s. m. *Náut.* Cuaderna que se pone al remate de la ligazon de cuenta, así á proa como á popa.

REDENCION, s. f. Accion y efecto de redimir. || Rescate ó recuperacion de la libertad perdida.||La que Cristo nuestro Señor hizo del género humano por medio de su pasion y muerte. || Alivio ó socorro que alguno da á otro.

REDENTOR, RA, s. m. y f. El que redime ó rescata. Por excelencia se entiende nuestro Señor Jesucristo. || En las religiones de la Merced y Trinidad el religioso nombrado para hacer el rescate de los cautivos cristianos.

REDERO, s. m. El que hace ó arma las redes para caza ó pesca.

REDERO, RA, adj. Perteneciente á las redes. || Dícese del halcon que se cogió con red y fuera del nido yendo de paso. || *Germ.* El ladron que quita capas.

REDICA, LLA, TA, s. f. d. de RED.

*REDICHO, CHA, adj. Repetido.

REDICION, s. f. Repeticion de lo que se ha dicho.

REDIEZMADO, p. p. de REDIEZMAR.

REDIEZMAR, v. a. Cobrar el rediezmo ó volver á diezmar.

REDIEZMO, s. m. La novena parte de los frutos ya diezmados ú otra cualquiera porcion que se exija de ellos despues de haber pagado el diezmo debido y justo.

REDIL, s. m. El cercado ó corral para encerrar el ganado.

REDIMIBLE, adj. Que se puede redimir.

REDIMIDO, p. p. de REDIMIR.

REDIMIDOR, RA, s. m. y f. ant. V. REDENTOR.

REDIMIR, v. a. Rescatar ó sacar de esclavitud al cautivo mediante el precio. || Comprar alguna cosa que se habia vendido, poseido ó tenido por alguna razon ó título. || Socorrer, aliviar ó sacar de algun riesgo ó peligro. || Volver el dueño de la cosa hipotecada la cantidad de dinero á la persona á cuyo favor se impuso el censo y gravó la alhaja. || Librarse de alguna obligacion ó hacer que esta cese pagando cierta cantidad.

REDINGOTE, s. m. Especie de capa de poco vuelo, y algun tanto ajustada al cuerpo, con sus mangas anchas para los brazos.

REDISTRIBUCION, s. f. ant. La distribucion ó division repetida y con algun exceso.

RÉDITO, s. m. Renta, utilidad ó beneficio que rinde algun dinero en virtud de contrato.

REDITUABLE, adj. Que rinde utilidad ó beneficio.

REDITUADO, p. p. de REDITUAR.

REDITUAL, adj. V. REDITUABLE.

REDITUAR, v. a. Rendir, fructificar ó producir utilidad.

REDITUOSO, SA, adj. ant. Que renta ó reditua mucho.

REDOBLADO, p. p. de REDOBLAR.

|| REDOBLADO, DA, adj. Dícese del hombre que no es muy alto, pero fornido.

REDOBLADURA, s. f. ant. Accion de redoblar.

REDOBLAMIENTO, s. m. Repeticion ó egecucion de una cosa dos veces.

REDOBLAR, v. a. Aumentar una cosa otro tanto ó al doble de lo que ántes se habia aumentado. || Volver la punta del clavo ó cosa semejante hácia la parte opuesta. || Repetir, reiterar, volver á hacer alguna cosa.

REDOBLE, s. m. Repeticion, reiteracion de alguna cosa. || La repeticion continua de un mismo toque en el tambor.

REDOBLEGADO, p. p. de REDOBLEGAR.

REDOBLEGAR, v. a. DOBLEGAR ó redoblar.

REDOBLON, s. m. *Germ.* La accion de redoblar el naipe para hacer el fullero la flor.

REDOLINO, s. m. *Ar.* La bola en que se ponen las cédulas para sortearse.

REDOMA, s. f. Vasija gruesa de vidrio de varios tamaños. || La oferta que se hace á los novios en el dia que se casan.

REDOMADAZO, ZA, adj. aum. de REDOMADO.

REDOMADO, DA, adj. Cauteloso y astuto.

REDOMAZO, s. m. Golpe que se da con la redoma.

REDOMICA, LLA, TA, s. f. d. de REDOMA.

REDONDA, adj. Se aplica á la seda que se saca del capullo ocal.

REDONDA, s. f. V. COMARCA. || Dehesa ó coto de pasto.

REDONDAMENTE, adv. En circunferencia ó al rededor. || Claramente, absolutamente y sin embozo.

REDONDEADO, p. p. de REDONDEAR.

*REDONDEAMIENTO, s. m. Accion y efecto de redondear.

REDONDEAR, v. a. Poner redonda alguna cosa.

REDONDEARSE, v. r. Descargarse y exonerarse de todo cuidado, deuda ó dependencia.

REDONDEL, s. m. fam. V. CÍRCULO. || Especie de capa sin capilla y redonda por la parte inferior.

REDONDETE, adj. d. de REDONDO.

REDONDEZ, s. f. La calidad de redondo. || La extremidad de una figura circular ó esférica. || REDONDEZ DE LA TIERRA. Toda su extension ó superficie.

REDONDICO, CA, LLO, LLA, adj. d. de REDONDO.

REDONDILLO, adj. Hablando de la letra REDONDO.

REDONDILLA, s. f. Estancia de cuatro versos de á ocho sílabas.

*REDONDILLERO, s. m. Poeta que hace redondillas.

REDONDÍSIMO, MA, adj. sup. de REDONDO.

REDONDO, DA, adj. Que tiene figura circular ó esférica. Se aplica al carácter ó letra comun á distincion de la bastarda ó cursiva. || Se aplica al terreno adehesado, y que no es comun. || Se dice del que está desembarazado y libre de deudas, cuidados ó dependencias. || Que vive tan ajustado que no tienen que notarle. || Que va indefenso y sin armas. || met. Se aplica á la persona igual en su nacimiento por todos cuatro costados. || Claro, sin embozo, sin rodeo. || Á LA REDONDA, AL REDEDOR, EN TORNO Ó EN CONTORNO. || DE REDONDO, Se usa hablando de los niños cuando los ponen á andar. || Con letra redonda. || EN REDONDO, En circuito, en circunferencia ó al rededor. || REDONDO Y LARGO, V. ROLLIZO.

REDONDO, s. m. Cualquiera cosa de figura circular ó redonda. || Se suele tomar por moneda. || *Germ.* La basquiña.

REDONDON, s. m. El círculo ó figura orbicular muy grande.

REDOPELO, s. m. La pasada que se hace con la mano al paño ú otra estofa contra pelo. || Riña entre muchos con palabras ú obras. || AL REDOPELO, Contra el curso ó modo natural, violentamente. || TRAER AL REDOPELO, Ajar á alguno, llevándole á mal traer, y tratándole con desprecio.

REDOR, s. m. Esterilla hecha en figura redonda.

REDRADO, p. p. de REDRAR.

REDRAR, v. a. ant. Arredrar, apartar, separar. || ant. Volver, restituir, salir á la eviccion, sanear, defender.

REDRO, adv. fam. Atras ó detras.

REDRO, s. m. El anillo de color mas oscuro que se nota en las astas del ganado cabrío, y que cada año se forma, á excepcion del primero.

REDROJO, s. m. El racimo pequeño y de pocas uvas, que van dejando atras los vendimiadores. || Fruto ó flor tardía, ó que echan segunda vez las plantas. || met. El muchacho que medra poco.

REDROJUELO, s. m. d. de REDROJO. || fam. El muchacho que medra poco.

REDROPELO, s. m. ant. V. REDOPELO.

REDROSACA, s. f. ant. Estafa, socaliña.

REDRUEJO, s. m. V. REDROJO.

REDRUÑA, s. f. ant V. VUELTA.

REDUCCION, s. f. Accion y efecto de reducir, disminuir ó minorar alguna cosa. || Mutacion de una cosa en otra equivalente. || Mutacion ó conversion de un cuerpo á partes menudas ó á sus primeros principios. || La resolucion de un cuerpo duro y seco en sustancia líquida. || Cambio ó trueque que se hace de una moneda por otra. || En las cuentas, la equivalencia que se busca de la cantidad en una especie á la de otra distinta. || Persuasion eficaz con argumentos y razones para atraer á alguno á algun dictámen. || La rendicion, sumision y sujecion de algun reino, lugar, etc. por medio del poder ó de las armas. || Conversion ó conquista de los infieles al conocimiento de la verdadera religion ó de los pecadores á la enmienda. || El pueblo de Indios que se han convertido á la verdadera religion. || En las escuelas es el tránsito ó disposicion de un silogismo imperfecto á otro perfecto. || *Quim.* Resolucion ó restitucion de los mixtos á su estado natural. || *Álg.* La operacion con que la igualacion hallada se reduce á un estado y disposicion en que fácilmente se pueda resolver, hallando la cantidad que se busca.

REDUCIBLE, adj. Que se puede reducir. || Que se puede reducir ó mudar en otra cosa equivalente.

*REDUCIDAMENTE, adj. Moderadamente.

REDUCIDO, p. p. de REDUCIR.

REDUCIMIENTO, s. m. V. REDUCCION.

REDUCIR, v. a. Volver alguna cosa al lugar donde ántes estaba ó al estado que tenia. || Mudar una cosa en otra equivalente. || Cambiar ó trocar una moneda por otra. || Disminuir ó minorar, estrechar ó ceñir alguna cosa. || Ceñir ó resumir en buenas razones un discurso, oracion, etc. || Resolver ó convertir una cosa en partes menudas ó en otra sustancia. || Comprender, incluir ó arreglar bajo de cierto número ó cantidad. || Vencer, sujetar ó rendir volviendo a la obediencia ó dominio á los que se habian separado de él. || Persuadir ó atraer á alguno con razones y argumentos á su dictámen. || Convertir ó atraer al conocimiento de la verdadera religion ó á los pecadores á enmienda. || *Arit.* Convertir un número en otro. || *Dial.* Convertir un silogismo de figura imperfecta á perfecta. || *Pint.* y *otr. art. liber.* Hacer una figura ó diseño mas pequeño, guardando la misma proporcion en las medidas que tiene otro mayor.

REDUCIRSE, v. r. Moderarse, arreglarse ó ceñirse en el modo de la vida ó porte. || Resolverse por precision ó hallarse obligado á egecutar alguna cosa.

REDUCTILLO, s. m. d. de REDUCTO.

REDUCTO, s. m. *Fort.* Fuerte de varios lados, llano y sin baluartes; pero con su foso, parapeto, banqueta y terraplen.

REDUNDANCIA, s. f. Sobra ó demasiada abundancia de cualquiera cosa. || Exceso en cualquiera línea. || *Ret.* Vicio del discurso, que nace de la superfluidad de las palabras.

REDUNDANTE, p. a. de REDUNDAR, Que redunda.

REDUNDANTEMENTE, adv. Con redundancia.

REDUNDAR, v. n. Rebosar. || Resultar, ceder ó venir á parar alguna cosa en beneficio ó daño de otro.

REDUPLICACION, s. f. Repeticion de una misma cosa.

REDUPLICADO, p. p. de REDUPLICAR.

REDUPLICAR, v. a. Duplicar, doblar ó repetir una misma cosa.

REDUTILLO, s. m. ant. d. de REDUTO.

REDUTO, s. m. ant. V. REDUCTO.

REEDIFICACION, s. f. La accion y efecto de reedificar.

REEDIFICADO, p. p. de REEDIFICAR.

REEDIFICADOR, RA, s. m. y f. El que reedifica.

REEDIFICAR, v. a. Volver á edificar ó construir de nuevo lo arruinado ó caido.

REEDOR, s. m. ant. V. REDEDOR.

REELECCION, s. f. La accion y efecto de reelegir.

REELECTO, seg. p. p. irreg. de REELEGIR.

REELEGIDO, p. p. de REELEGIR.

REELEGIR, v. a. Volver á elegir.

REELIGIDO, p. p. de REELIGIR.

REELIGIR, v. a. ant. V. REELEGIR.

REEMBARGADO, p. p. de REEMBARGAR.

REEMBARGAR, v. a. Volver á embargar.

REEMBOLSADO, p. p. de REEMBOLSAR.

REEMBOLSAR, v. a. Cobrar la cantidad que se habia dado ó prestado.

REEMBOLSO, s. m. Accion de recobrar el dinero que se habia dado.

REEMPLAZADO, p. p. de REEMPLAZAR.

REEMPLAZAR, v. a. Reintegrar ó poner en el lugar de donde se sacó alguna cosa otra de la misma especie en valor, número ó cantidad.

REEMPLAZO, s. m. El reintegro que se hace de alguna cosa. || El hombre que entra á servir en lugar de otro en la milicia.

REEMPLEADO, p. p. de REEMPLEAR.

REEMPLEAR, v. a. Volver á emplear.

REENCARGADO, p. p. de REENCARGAR.

REENCARGAR, v. a. Volver á encargar.

REENCOMENDADO, p. p. de REENCOMENDAR.

REENCOMENDAR, v. a. Volver á encomendar ó encomendar con mucha instancia.

REENCUENTRO, s. m. Encuentro ó golpe de dos cosas que se juntan, haciéndose resistencia. || Choque ó combate de dos cuerpos de tropas. || Quimera, riña, pendencia ó desazon de una persona con otra.

REENGANCHADO, p. p. de REENGANCHAR.

REENGANCHAMIENTO, s. m. *Mil.* La accion y efecto de reenganchar. || *Mil.* El dinero que se da al que se reengancha.

REENGANCHAR, v. a. *Mil.* Volver á enganchar.

REENGANCHARSE, v. r. *Mil.* Volver á sentar plaza de soldado el que está sirviendo, ó el que ha acabado de cumplir su tiempo.

REENGANCHE, s. m. *Mil.* V. REENGANCHAMIENTO.

REENGENDRADO, p. p. de REENGENDRAR.

REENGENDRADOR, s. m. El que engendra segunda vez una misma cosa ó le da nuevo ser.

REENGENDRANTE, p. a. de REENGENDRAR, Que reengendra.

REENGENDRAMIENTO, s. m. Accion y efecto de reengendrar.

REENGENDRAR, v. a. Volver á engendrar. || Producirse ú originarse una cosa de otra.

REENGENDRARSE, v. r. Regenerarse.

REENGENDRATIVO, VA, adj. ant. V. REGENERATIVO.

REENSAYADO, p. p. de REENSAYAR.

REENSAYAR, v. a. Volver á ensayar.

REENSAYE, s. m. La accion ó efecto de reensayar.

REENVIDAR, v. a. Envidar de nuevo.

REENVITE, s. m. Retrueque, retruco en el juego.

REESPERAR, v. a. Tener mucha esperanza.

REEXAMINACION, s. f. Nuevo exámen de alguna persona ó de cosa ya examinada.

REEXAMINADO, p. p. de REEXAMINAR.

REEXAMINAR, v. a. Volver á examinar.

REFACCION, s. f. Alimento moderado que se toma para reparar las fuerzas. || Restitucion que se hace al estado eclesiástico de la porcion que ha contribuido en los derechos reales de que es exento. || Compostura, reparacion.

REFACER, v. a. ant. V. REHACER.

REFACIENTE, p. a. ant de REFACER, Que rehace.

REFACIMIENTO, s. m. ant. V. REHACIMIENTO.

REFAJEADO, DA, adj. ant. V. FAJEADO.

REFAJO, s. m. Saya ó guardapies que se faja ó solapa, del cual usan las mugeres.

REFALSADO, DA, adj. Falso, engañoso.

REFECCION, s. f. V. REFACCION, 3ª A. || V. REFACCION, 1ª A.

REFECHO, p. p. irr. de REFACER.

REFECTORIO, s. m. Lugar destinado en las comunidades para juntarse á comer.

REFERENCIA, s. f. Narracion ó relacion de alguna cosa. || La relaccion ó respeto que dice una cosa á otra.

REFERENDARIO, s. m. ant. El que refiere ó relata algunas cosas. || V. REFRENDARIO.

REFERENTE, p. a. de REFERIR, Que refiere ó que dice relacion á otra cosa.

REFERIBLE, adj. Que se puede referir.

REFERIDO, p. p. de REFERIR.

REFERIMIENTO, s. m. ant. La accion y efecto de referir.

REFERIR, v. a. Contar, decir ó relatar. || Dirigir, encaminar ú ordenar alguna cosa á cierto y determinado fin ú objeto. || V. AFERIR. || ant. Atribuir.

REFERIRSE, v. r. Tener respeto ó hacer relacion una cosa á otra. || Remitirse á lo que se tiene dicho antecedentemente. || REFERIRSE Á LO ESCRITO, Remitirse á los documentos escritos en contraposicion de las aseveranciones verbales.

REFERTADO, p. p. de REFERTAR.

REFERTAR, v. a. ant. Contradecir, repugnar, resistir, rehusar.

REFERTERO, RA, adj. Quimerista, amigo de reyertas ó rencillas.

REFERTO, TA, adj. ant. V. LLENO.

REFEZ, adj. ant. V. RAHEZ. || DE REFEZ, ant. V. FÁCILMENTE.

REFIERTA, s. f. ant. Oposicion, contradiccion, repugnancia.

REFIGURADO, p. p. de REFIGURAR.

REFIGURAR, v. a. Volver á figurar.

REFILON, s. m. Dícese en esta loc.: HERIDO DE REFILON, Ligeramente herido.

REFINACION, s. f. La accion y efecto de refinar.

REFINADERA, s. f. Piedra larga en forma de cilindro para labrar el chocolate despues de hecha la mescla.

REFINADISIMO, MA, adj. sup. de REFINADO.

REFINADO, p. p. de REFINAR. || REFINADO, DA, adj. met. Sobresaliente en cualquiera especie.

REFINADOR, s. m. El que refina, especialmente los metales y licores.

REFINADURA, s. f. Accion de refinar los metales ó licores.

REFINAR, v. a. Hacer mas fino ó mas puro. || met. Reducir una cosa á la perfeccion que debe tener.

REFINO, NA, adj. Muy fino y acendrado.

REFINO, s. m. V. REFINACION. || *And.* La lonja donde se vende cacao, azúcar chocolate y otras cosas.

REFIRMADO, p. p. de REFIRMAR.

REFIRMAR, v. a. ant. Asegurar, afianzar. || Confirmar, ratificar.

REFITOLERA, s. f. La religiosa que tiene cuidado del refectorio.

REFITOLERO, s. m. El que tiene cuidado del refectorio.

REFITOR, RA, s. m. y f. ant. V. REFECTORIO. || Cierta porcion de diezmos que percibe en diferentes pueblos el cabildo de la catedral.

REFLECTIR, v. n. *Catóp.* V. REFLEJAR.

REFLEJA, s. f. Cántela ó segunda intencion que se lleva para algun intento. || met. V. REFLEXION.

REFLEJADO, p. p. de REFLEJAR.

REFLEJAR, v. n. Hacer la luz su reflexion encontrando algun obstáculo.

REFLEJAR, v. a. V. REFLEXIONAR.

REFLEJO, JA, adj. Que reflecta, vuelve ó tuerce, como opuesto á lo directo. || Se aplica al conocimiento ó consideracion que se forma de alguna cosa para reconocerla mejor.

REFLEJO, s. m. La luz que retrocede ó vuelve hiriendo ó encontrando en algun obstáculo.

REFLEXION, s. f. *Catóp.* La inflexion del rayo de luz ó especie que se hace en la superficie tersa de un cuerpo opaco retrocediendo. || *Pint.* La claridad ó luz secundaria que resulta de la incidencia de la luz primaria en los cuerpos iluminados. || met. Consideracion ó segundo reparo que se hace sobre el asunto ó materia que se trata ó discurre.

REFLEXIONADO, p. p. de REFLEXIONAR.

REFLEXIONAR, v. a. Pensar mas cuidadosamente ó volver á discurrir sobre alguna especie.

REFLEXIVAMENTE, adv. Con reflexion.

REFLEXIVO, VA, adj. Que refleja ó reflecta. || Que reflexiona.

REFLORECER, v. n. Volver á florecer los campos ó echar flores las plantas. || met. Volver alguna cosa no material al lustre y estimacion que tenia.

REFLUENTE, p. a. de REFLUIR, Que refluye.

REFLUIDO, p. de REFLUIR.

REFLUIR, v. n. Volver hácia atras ó hacer retroceso algun líquido.

REFLUJO, s. m. El movimiento regular de las aguas despues de la pleamar.

REFOCILACION, s. f. La accion y efecto de refocilarse.

REFOCILADO, p. p. de REFOCILAR.

REFOCILAR, v. a. Recrear, alegrar. || Calentar ó dar vigor.

REFOCILARSE, v. r. Estarse complaciendo en el gusto que se recibe.

REFOCILO, s. m. La accion de refocilarse, ó el gusto que se recibe en alguna cosa.

REFORJADO, p. p. de REFORJAR.

REFORJAR, v. a. Volver á forjar.

REFORMA, s. m. Correccion ó arreglo. || Privacion del egercicio de algun empleo que se tenia, y por extension de las cosas que se dejan de usar. || En las órdenes religiosas la reduccion ó restablecimiento que se hace de los institutos religiosos á su primera observancia. || REFORMA, V. RELIGION REFORMADA.

REFORMABLE, adj. Digno de reforma ó que se puede reformar.

REFORMACION, s. m. Accion y efecto de reformar. || V. REFORMA, 1ª A. || V. REFORMA, 3ª A.

REFORMADÍSIMO, MA, adj. sup. de REFORMADO.

REFORMADO, p. p. de REFORMAR. || Usado como sustantivo se toma por el oficial militar que no está en actual egercicio de su empleo.

REFORMADOR, RA, s. m. y f. El que reforma ó pone en debida forma alguna cosa.

REFORMAR, v. a. Reparar, restaurar, restablecer, reponer. || Arreglar, corregir, emendar, poner en órden. || Reducir ó restituir alguna cosa á su primitiva observancia ó instituto. || Aclarar ó explicar el sentido de alguna proposicion para suavizarla. || Extinguir, deshacer algun establecimiento ó cuerpo político. || Privar del egercicio de algun empleo. || Quitar, cercenar, minorar ó rebajar, en el número ó cantidad.

REFORMARSE, v. r. Enmendarse, arreglarse ó corregirse. || Contenerse, moderarse ó repararse en lo que se dice ó egecuta.

REFORMATIVO, VA, adj. Que reforma ó es á propósito para reformar. || Que es de un genio inclinado á reformar.

REFORMATORIO, RIA, adj. Que reforma ó arregla.

REFORME, s. m. V. REFORMA, 1ª A.

REFORZADA, s. f. Especie de liston ancho de un dedo mas ó ménos. || fam. Especie de morcilla muy delgada. || La cuerda doble ó bordoncillo que sirve para el arpa ó violin.

REFORZADO, p. p. de REFORZAR. || REFORZADO, DA, adj. Dícese de la pieza de artillería que tiene mas metal que el preciso que llevan las sencillas.

REFORZADO, s. m. V. REFORZADA, 1ª A.

REFORZAR, v. a. Engrosar ó añadir nuevas fuerzas ó fomento. || Fortalecer ó reparar lo que padece ruina ó detrimento. || Animar, alentar, dar espíritu.

REFORZARSE, v. r. Fortalecerse, recuperarse ó recobrarse.

REFOSETO, s. m. *For.* V. CUNETA.

REFRACCION, s. f. *Dióp.* La inflexion del rayo de luz que pasa de un medio á otro de mas ó ménos resistencia. || REFRACCION ASTRONÓMICA, La que padecen los astros en la comun superficie de la atmósfera.

REFRACTARIO, RIA, adj. Se aplica al sugeto que falta á la promesa ó pacto á que se obligó.

REFRACTO, TA, adj. Se aplica al rayo de luz que por incidir en cuerpo mas ó ménos resistente tuerce la línea de direccion.

REFRAN, s. m. Dicho agudo y sentencioso que sirve para moralizar lo que se dice ó escribe. || TENER REFRANES, fam. Saber de todo género de bellaquería y picaresca.

REFRANCICO, LLO, TO, s. m. d. de REFRAN.

REFREGADO, p. p. de REFREGAR.

REFREGADURA, s. f. V. REFREGON.

REFREGAMIENTO, s. m. El acto de refregarse.

REFREGAR, v. a. Estregar una cosa con otra. || met. y fam. Dar en cara á alguno con alguna cosa que le ofende, insistiendo en ella.

REFREGARSE, v. r. Mancharse.

REFREGON, s. m. El estregon ó ludimiento de una cosa con otra. || Señal que queda de haber ludido alguna cosa. || met. y fam. Gusto ó disgusto breve y de paso que se tiene con otro. || DARSE UN REFREGON, met. y fam. Hablar ligeramente sobre algun asunto ó materia.

REFREIDO, p. p. de REFREIR.

REFREIR, v. a. Freir mucho ó muy bien.

REFRENACION, s. f. V. REFRENAMIENTO.

REFRENADO, p. p. de REFRENAR.

REFRENAMIENTO, s. m. La accion y efecto de refrenar ó contener.

REFRENANZA, s. f. ant. V. REFRENAMIENTO.

REFRENAR, v. a. Sujetar y reducir al caballo con el freno adonde se quiere. || met. Contener, reportar, reprimir ó corregir.

REFRENDACION, s. f. La accion y efecto de refrendar.

REFRENDADO, p. p. de REFRENDAR.

REFRENDAR, v. a. Legalizar un despacho ó cédula real, firmando despues de la firma del superior. || met. y fam. Volver á egecutar ó repetir la accion que se habia hecho. || ant. Marcar las medidas, pesos y pesas.

REFRENDARIO, RIA, s. m. El que con autoridad pública refrenda ó firma despues del superior algun despacho.

REFRENDATA, s. f. La firma del que por autoridad pública suscribe despues del superior.

REFRESCADO, p. p. de REFRESCAR.

REFRESCADOR, s. m. El que refresca ó refrigera.

REFRESCADURA, s. f. ant. Accion y efecto de refrescar.

REFRESCAMIENTO, s. m. ant. V. REFRESCO.

* REFRESCANTE, adj. m. y f. *Med.* Refrigerante.

REFRESCAR, v. a. Atemperar, corregir ó moderar el calor de alguna cosa por la introduccion del frio en ella. || Beber frio ó helado. || met. Volver de nuevo á la accion que se habia egecutado. || Renovar algun sentimiento, pesar ó dolor. || Tomar fuerzas, vigor ó aliento.

REFRESCAR, v. n. Templarse ó moderarse el calor del aire. || Tomar el fresco ó descansar de alguna cansancio ó fatiga.

REFRESCATIVO, VA, adj. Que refresca ó sirve para refrescar.

REFRESCO, s. m. Alimento moderado ó reparo que se toma para fortalecerse y continuar en el trabajo ó fatiga. || La bebida fria y atemperante. || El agasajo de bebidas, dulces y chocolate que se da en las visitas ó otras concurrencias. || DE REFRESCO, De nuevo.

REFRETADO, p. p. de REFRETAR.

REFRETAR, v. a. ant. V. REFREGAR.

REFRIADO, p. p. de REFRIAR.

REFRIAMIENTO, s. m. ant. V. ENFRIAMIENTO.

REFRIANTE, p. a. ant. de REFRIAR, Que enfria.

REFRIAR, v. a. ant. V. ENFRIAR.

REFRIEGA, s. f. El reencuentro ó contienda que tienen unos con otros.

REFRIEGUILLA, s. f. Ráfaga corta y variable del viento.

REFRIGERACION, s. f. Accion y efecto de refrigerar. || La accion y efecto de enfriar. || ant. Privacion absoluta o falta de calor.

REFRIGERADO, p. p. de REFRIGERAR.

REFRIGERANTE, p. a. de REFRIGERAR, y s. Que tiene virtud de templar y refrigerar. || *Quim.* Vaso en que se pone agua para templar el calor en las evaporaciones.

REFRIGERAR, v. a. Refrescar ó templar el calor. || Confortar, fortalecer y reparar las fuerzas.

REFRIGERATIVO, VA, adj. Que refrigera ó tiene virtud de refrigerar.

REFRIGERATORIO, s. m. *Quím.* V. REFRIGERANTE.

REFRIGERIO, s. m. El beneficio ó alivio que se siente con lo fresco.||Alivio ó consuelo que se tiene en cualquiera línea. || El corto alimento que se toma de comida y bebida.

REFRINGENTE, p. a. de REFRINGIR. Que refringe.

REFRINGIR, v. a. *Catóp.* Hacer perder al rayo de luz por la incidencia en algun cuerpo la línea de direccion, como quebrándole ó cortándole.

REFRITO, seg. p. p. irreg. de REFREIR.

REFUERZO, s. m. Reparo que se pone para fortalecer y afirmar alguna cosa.|| Socorro ó ayuda que se da en ocasion ó necesidad. || En las armas de fuego el grueso que tienen en la circunferencia del cañon.

REFUGIADO, p. p. de REFUGIAR.

REFUGIAR, v. a. Acoger ó amparar á alguno, sirviéndole de resguardo y asilo.

REFUGIARSE, v. r. Acogerse, retirarse á parte segura, ó ponerse en salvo y custodia.

REFUGIO, s. m. Asilo, acogida ó amparo que se solicita para resguardo y custodia. || En algunas ciudades y poblaciones grandes cierta hermandad dedicada al servicio y socorro de los pobres.

REFUIDO, p. p. de REFUIR.

REFUIR, v. a. ant. V. REHUIR.

REFULGENCIA, s. f. El resplandor ó claridad que despide ó arroja de sí el cuerpo resplandeciente ó luminoso.

REFULGENTE, adj. Que despide ó arroja de sí claridad ó resplandor.

REFULGENTÍSIMO, MA, adj. sup. de REFULGENTE.

REFUNDICION, s. f. Accion y efecto de refundir.

REFUNDIDO, p. p. de REFUNDIR.

REFUNDIR, v. a. Volver á fundir ó liquidar los metales. || met. Comprender ó incluir.

REFUNDIR, v. n. met. Ceder ó convertirse una cosa en provecho ó daño de alguno.

REFUNFUÑADURA, s. f. El ruido ó sonido que se hace con las narices en señal de enojo, enfado ó disgusto.

REFUNFUÑAR, v. n. Hacer cierto ruido ó sonido con las narices en señal de enojo ó disgusto.

REFUNFUÑO, s. m. V. REFUNFUÑADURA.

REFUSADO, p. p. de REFUSAR.

REFUSAR, v. a. ant. V. REHUSAR.

REFUTACION, s. f. El argumento ó prueba que destruye las razones de la parte contraria.

REFUTADO, p. p. de REFUTAR.

REFUTAR, v. a. Contradecir ó reprobar alguna cosa. || ant. V. REHUSAR.

REFUTATORIO, RIA, adj. Que refuta.

REGADERA, s. f. Vasija de hoja de lata ó cobre para regar. || V. REGUERA.

REGADERO, s. m. V. REGUERA.

REGADÍO, ÍA, adj. y s. Se aplica al terreno que se acostumbra regar.

REGADIZO, ZA, adj. Que se riega.

REGADO, p. p. de REGAR.

REGADOR, RA, s. m. y f. El que riega. || Instrumento de que se sirven los peineros para señalar rayando lo largo que han de tener las puas del peine. || *Mur.* El que tiene derecho de regar, ó agua comprada ó repartida para eso.

REGADURA, s. f. El riego que se hace por una vez.

REGAJAL, s. m. V. REGAJO.

REGAJO, s. m. Charco que se forma de algun arroyuelo, y el mismo arroyuelo.

REGALA, s. f. *Náut.* El tablon que forma el borde de las embarcaciones.

REGALADA, s. f. La caballeriza real donde estan los caballos de regalo, y el conjunto de caballos que la componen.

REGALADAMENTE, adv. Con regalo y delicadamente.

REGALADÍSIMAMENTE, adv. sup. de REGALADAMENTE.

REGALADÍSIMO, MA, adj. sup. de REGALADO.

REGALADO, p. p. de REGALAR. || REGALADO, DA, adj. Acomodado, suave ó delicado.

REGALADOR, RA, s. m. y f. El que es amigo de regalar. || Llaman los boteros á un palo que sirve para alisar y acabar de limpiar las corambres por la parte de afuera.

REGALAMIENTO, s. m. ant. Accion de regalar ó regalarse.

REGALAR, v. a. Agasajar ó contribuir á otro con alguna cosa voluntariamente ó por costumbre. || Halagar, acariciar ó hacer expresiones de afecto y benevolencia.|| Recrear ó deleitar.|| Derretir, liquidar.

REGALARSE, v. r. Tratarse bien y con regalo en el comer y beber. || met.

ant. DESVANECERSE, frustrarse, disiparse.

REGALEJO, s. m. d. de REGALO.

REGALENGO, GA, adj. ant. V. REALENGO.

REGALERO, s. m. En los sitios reales el que tiene el cuidado de llevar las frutas ó flores el rey y demas personas á quienes se acostumbran dar.

REGALÍA, s. f. Preeminencia, prerogativa ó excepcion particular y privativa, que egerce cualquier soberano en su reino ó estado. ‖ met. El privilegio ó excepcion privativa ó particular que alguno tiene en cualquiera línea. ‖ Gages ó provechos que ademas de su sueldo perciben los empleados en algunas oficinas.

REGALICIA, s. f. ant. V. OROZUZ.

REGALICO, LLO, TO, s. m. d. de REGALO. ‖ El manguito que usaban las mugeres para meter las manos en tiempo de frio.

REGALIZ, s. m. V. OROZUZ.

REGALIZA, s. f. V. OROZUZ.

REGALO, s. m. Dádiva que se hace ó envia voluntariamente ó por costumbre. ‖ Gusto ó complacencia que se recibe en cualquiera línea. ‖ La comida y bebida delicada y exquisita. ‖ Conveniencia, comodidad ó descanso que se procura en órden á la persona. ‖ met. La afliccion, trabajo ó penalidad con que mortifica y aflige Dios á sus criaturas.

REGALON, NA, adj. Que se cria ó se trata con mucho regalo.

REGAMIENTO, s. m. Accion y efecto de regar.

REGANADO, p. p. de REGANAR.

REGANAR, v. a. Ganar segunda vez.

REGANTÍO, ÍA, adj. Se aplica al terreno que se acostumbra regar, y á las plantas que se cultivan ó cogen en él.

REGANTÍO, s. m. ant. V. REGADÍO.

REGAÑADO, p. p. de REGAÑAR. ‖ REGAÑADO, DA, adj. Se aplica á lo que se da con disgusto ó repugnancia. ‖ V. REGAÑON. ‖ Dícese de una casta de ciruela que se abre hasta descubrir el hueso y del árbol que la produce. ‖ Se aplica al pan que se abre en el horno.

REGAÑADA, s. f. *And.* Especie de torta muy delgada y recogida.

REGAÑAMIENTO, s. m. Accion y efecto de regañar.

REGAÑAR, v. n. Formar el perro cierto sonido en demostracion de saña, sin ladrar y mostrando los dientes. ‖ Abrirse el hollejo ó corteza de algunas frutas cuando maduran. ‖ Dar muestras de enfado con gestos y acciones, y aun con palabras. ‖ Reñir familiarmente en las casas.

REGAÑIR, v. n. Volver á gañir ó gañir repetidas veces.

REGAÑO, s. m. El gesto ó descomposicion del rostro con que se muestra enfado ó disgusto. ‖ La parte del pan que está tostado del horno y sin corteza.

REGAÑON, NA, adj. Que tiene costumbre de regañar por todo. ‖ Dícese del viento norueste por lo molesto y desabrido que es.

REGAR, v. a. Echar agua con algun instrumento, ó conducirla por alguna parte para el beneficio de la tierra y sus plantas. ‖ Esparcir las aguas en las salas, calles ó paseos para barrerlos ó refrescarlos y apagar el polvo. ‖ Se dice de las nubes cuando llueve. ‖ Se dice asimismo de los rios respecto de las provincias ó lugares por donde pasan. ‖ Humedecer las abejas los vasos en que está el pollo.

REGATA, s. f. La reguera pequeña ó surco por donde se conduce el agua á las eras en las huertas y jardines.

REGATAR, v. n. *Náut.* V REGATEAR.

REGATE, s. m. El movimiento pronto que se hace hurtando el cuerpo á una parte y á otra. ‖ met. Escape ó efugio en alguna dificultad estudiosamente buscado.

REGATEADO, p. p. de REGATEAR.

REGATEAR, v. a. Altercar, porfiar sobre el precio de alguna cosa puesta en venta. ‖ Vender por menor los comestibles que se han comprado por mayor. ‖ Escasear ó rehusar la egecucion de alguna cosa.

REGATEAR, v. n. Hacer regates. ‖ *Náut.* Porfiar dos embarcaciones con empeño en andar al remo la una mas que la otra.

REGATEO, s. m. La accion y efecto de regatear.

REGATERÍA, s. f. V. REGATONERÍA, venta, etc.

REGATERO, RA, adj. y s. V. REGATON.

REGATON, NA, adj. y s. El que vende por menor los comestibles. ‖ El que regatea mucho.

REGATON, s. m. El casquillo, cuento ó virola que se pone en el extremo de las lanzas, bastones, etc.

REGATONEAR, v. a. Vender por menor.

REGATONERÍA, s. f. Tienda del regaton. ‖ Venta por menor. ‖ El oficio y ocupacion del regaton.

REGATONÍA, s. f. ant. El acto de regatonear. ‖ REGATONERÍA, 3ª A.

REGAZADO, p. p. de REGAZAR.

REGAZAR, v. a. V. ARREGAZAR.

REGAZO, s. m. El enfaldo de la saya que hace seno sobre el vientre desde la cintura hasta la rodilla. ‖ La parte del cuerpo donde se forma el regazo. ‖ Cualquiera cosa que recibe en sí á otra piadosa y cariñosamente.

REGENCIA, s. f. El acto de regir ó gobernar. ‖ El empleo de regente. ‖ El gobierno de un reino ó estado en tiempo de la menor edad, ausencia ó incapacidad de su legítimo príncipe.

REGENERACION, s. f. Nueva ó segunda generacion.

REGENERADO, p. p. de REGENERAR.

REGENERAR, v. a. Volver á engendrar.

REGENERATIVO, VA, adj. Que reengendra ó tiene virtud de reengendrar.

REGENTADO, p. p. de REGENTAR.

REGENTAR, v. a. Egercer algun empleo ó cargo de honor. ‖ met. Egercer algun empleo afectando superioridad ó magisterio en él.

REGENTA, s. f. La muger del regente.

REGENTE, p. a. de REGIR, Que rige ó gobierna.

REGENTE, s. m. El que gobierna un reino en la menor edad de su príncipe ó por otro impedimento. ‖ El que preside en las audiencias. ‖ En las religiones el que gobierna y rige los estudios siendo superior. ‖ En las escuelas y universidades, y particularmente en Alcalá, el catedrático trienal. ‖ En algunos tribunales y consejos cualquiera de los ministros togados que los componian. ‖ En las imprentas el que en ausencia y despues del dueño gobierna la imprenta.

REGIAMENTE, adv. Con autoridad y grandeza real ó suntuosamente.

REGIANO, NA, adj. De Regio.

REGIBADO, DA, adj. Que tiene mucha giba ó corcoba.

REGIDO, p. p. de REGIR.

REGIDOR, RA, adj. V. REGITIVO.

REGIDOR, RA, s. m. y *f.* El que rige ó gobierna. ‖ La persona destinada en las ciudades, villas ó lugares para el gobierno económico.

REGIDORA, s. f. La muger del regidor.

REGIDORÍA ó REGIDURÍA, s. f. V. REGIMIENTO, 5ª A.

REGIENTE, p. a. ant. de REGIR, Que rige.

RÉGIMEN, s. m. El modo de gobernarse ó regirse en alguna cosa con moderacion ó templanza. ‖ *Gram.* La construccion de un verbo con la preposicion y caso ó modo que pide y de una preposicion en su caso correspondiente.

REGIMIENTO, s. m. ant. V. RÉGIMEN. ‖ Cuerpo de regidores en su concejo ó ayuntamiento. ‖ La junta de los regidores y demas que componen el ayuntamiento de algun pueblo. ‖ En algunos pueblos la casa de ayuntamiento. ‖ El oficio ó empleo de regidor. ‖ Cierto número de compañías de soldados que forman un cuerpo, de que es cabeza un coronel.

REGIO, GIA, adj. Que pertenece al rey, y es propio de la magestad real. ‖ met. Suntuoso, grande, magnífico.

REGION, s. f. Considerada respecto de toda la tierra es una grande extension de ella, que está habitada por muchos pueblos debajo de una misma nacion. ‖ El espacio que ocupa cualquier elemento. ‖ *Anat.* Cada una de las tres cavidades del cuerpo, cuales son las del estómago, pecho y vientre. ‖ REGION ELEMENTAR, Todo lo que se contiene desde la luna hasta el centro de la tierra. ‖ REGION ETÉREA, *Astron.* Todo lo que hay en la esfera celeste desde la luna arriba.

REGIONAL, adj. Natural de alguna region y perteneciente á ella.

REGIR, v. a. Dirigir, gobernar ó mandar. ‖ Guiar, llevar ó conducir. ‖ Se dice de algunas cosas que se hacen para nuestra direccion y gobierno en ciertos puntos cuando estan corrientes, y sirven á este efecto. ‖ *Gram.* Pedir un verbo tal ó tal preposicion, tal ó tal caso ó modo, ó pedir una preposicion este ó el otro caso. ‖ En los estudios de gramática colocar todas las palabras de un autor en su órden gramatical, y dar razon de lo que es cada una de ellas. ‖ met. Traer bien gobernado el vientre.

REGIR, v. n. *Náut.* Obedecer la nave al timon volviendo la proa al punto opuesto al que mira la pala de este.

REGISTRADO, p. p. de REGISTRAR.

REGISTRADOR, s. m. El que registra. ‖ La persona que tiene á su cargo con autoridad pública notar y poner en el registro todos los privilegios, cédulas, cartas ó despachos librados por el rey, consejos y demas tribunales. ‖ La persona que está á la entrada de algun lugar para registrar los géneros que entran.

REGISTRAR, v. a. Mirar con cuidado y diligencia. || Examinar y especular alguna cosa. || Poner de manifiesto alguna cosa para su registro. || Copiar y notar á la letra en los libros de registro. || Poner alguna señal ó registro entre las hojas de un libro para regirse ó gobernarse. || NO REGISTRAR, met. *And.* Hacer alguna cosa con intrepidez, y sin el método que corresponde.

REGISTRARSE, v. r. Presentarse y matricularse.

REGISTRO, s. m. El acto de registrar. || El lugar desde donde se puede registrar ó ver algo. || En el relox la pieza por la cual subiendo ó bajando la péndola se arregla el movimiento. || V. REGISTRADOR, 2ª A. || La persona curiosa, y que se entretiene en averiguar y registrar lo que pasa. || Abertura con su tapa ó cubierta para examinar las alcantarillas, conductos subterráneos, y limpiar los pozos. || El padron ó matrícula que se hace para saber el nombre y número de personas que hay en un reino, estado ó pueblo. || Manifestacion que se hace de los bienes, ó mercaderías. || V. PROTOCOLO. || Oficina en donde se registra. || El asiento que queda de lo que se registra. || El libro no impreso en que se nota lo que se registra. || La cédula ó albalá en que consta haber registrado alguna cosa. || En los libros, el cordon, cinta ú otra señal que se pone entre las hojas para regirse y gobernarse. || En los órganos liston cuadrado de madera que sale de ellos cerca de los teclados, el que al sacarle abre los conductos para que entre el viento y suenen los caños. || En el órgano cada género de voces, como son flautado mayor, flautado menor, tapadillo, etc. || En el clavicordio reglita de madera que al movimiento de meterla ó sacarla hace que suenen mas ó ménos las voces. || En la imprenta la correspondencia igual de las líneas de una plana á las de su espalda. || Aquella nota que se pone al fin de algun libro en que se refieren las signaturas de todo él. || En el comercio de Indias el navío suelto que lleva mercaderías registradas en el puerto de donde sale para el adeudo de sus derechos. || *Quim.* El agujero del hornillo que sirve para dar fuego é introducir el aire para las operaciones químicas. || *Germ.* El bodegon. || ECHAR TODOS LOS REGISTROS, met. Hacer alguno todo lo que puede y sabe en alguna materia ó asunto.

REGITADO, p. p. de REGITAR.

REGITAR, v. a. *Cetr.* V. VOMITAR.

REGITIVO, VA, adj. Que rige.

REGLA, s. f. El liston recto de madera ó de otra materia que sirve para tirar ó echar las líneas derechas. || La ley universal que comprende lo sustancial que debe observar un cuerpo religioso. || Estatuto, constitucion ó modo de egecutar alguna cosa. || El precepto, principio ó axioma en las ciencias ó artes. || met. Aquella razon que debe servir de medida, y á que se han de ajustar las acciones para que salgan rectas. || Moderacion, templanza, medida, taza. || V. PAUTA. || El órden y concierto invariable que guardan las cosas naturales. || V. MENSTRUACION. || *Arit.* El modo de formar las cuentas, como sumar, restar, multiplicar y partir. || REGLA DE COMPAÑÍA, *Arit.* Aquella con la cual se divide un número en otros proporcionales á cualesquier números dados. || REGLA DE TRES COMPUESTA, Es la que tiene cinco ó siete ó mas términos conocidos, y para egecutarla se reducen ántes á solos tres, multiplicando unos por otros. || REGLA DE TRES Ó DE PROPORCION, *Arit.* La que enseña el modo de hallar un cuarto número proporcional, esto es, dados tres números hallar el cuarto que tenga la misma razon con el tercero que tiene el segundo con el primero. || REGLA LESVIA, La regla formada de modo que se pueda doblar y ajustar á la figura de cualquier cuerpo que se ha de medir. || REGLA MAGNÉTICA, Instrumento de geometría práctica, que sirve para diferentes operaciones, y especialmente para hacer una descripcion icnográfica de una ciudad ó terreno. || REGLA DE ALIGACION, *Arit.* Aquella por la cual se computa y averigua el precio comun de la mezcla de especies de diferente valor ó perfeccion, ó la cantidad que se requiere de cada una de ellas para componer la mezcla que se pretende, á fin de reducirlas á cierto precio ó número. || NO HAY REGLA SIN EXCEPCION, V. EXCEPCION. || Á REGLA, Hablando de obras artificiales se aplica á las que estan justificadas ó arregladas con la regla. || Con arreglo, con sujecion á la razon. || ECHAR LA REGLA, Examinar con ella si estan rectas las líneas.

REGLADAMENTE, adv. Con medida, con regla.

REGLADO, p. p. de REGLAR. || REGLADO, DA, adj. Templado ó parco en el comer ó beber.

REGLAMENTO, s. m. La instruccion

por escrito que se da para la direccion ó gobierno de alguna cosa.

REGLAR, adj. Que pertenece á regla. || Que vive debajo de regla y en comunidad.

REGLAR, v. a. Tirar ó echar líneas por la regla. || Señalar en el papel las líneas por donde han de seguir los renglones. || Medir ó componer las acciones conforme á regla.

REGLARSE, v. r. Medirse, templarse, reducirse ó reformarse.

REGLETA, s. f. *Imp.* Lista de metal que se suele poner entre los renglones para que tengan mas distancia.

REGLICA, LLA, TA, s. f. d. de REGLA.

REGLON, s. m. Regla grande de que usan los albañiles y soladores para dejar planas las paredes y suelos.

REGNANTE, p. a. ant. de REINAR. Que reina.

REGNÍCOLA, adj. y s. Natural de algun reino.

REGOCIJADAMENTE, adv. Alegremente, con regocijo.

REGOCIJADO, p. p. de REGOCIJAR. || REGOCIJADO, DA, adj. Que causa regocijo ó alegría.

REGOCIJADOR, RA, s. m. y f. El que alegra ó causa regocijo.

REGOCIJAR, v. a. Alegrar, festejar, causar gusto ó placer.

REGOCIJARSE, v. r. Recrearse, recibir gusto ó júbilo interior.

REGOCIJO, s. m. Gozo, gusto, contento y placer. || La demostracion ó expresion del gusto ó alegría. || La fiesta de los toros que se corren por la mañana.

REGODEARSE, v. r. fam. Deleitarse ó complacerse en lo que gusta ó se goza, deteniéndose en ello. || Hablar ó estar de chacota.

REGODEO, s. m. Delectacion en lo que se gusta ó posee. || Esguince ó desden que se hace de alguna cosa que se desea. || Diversion, fiesta.

REGOJO, s. m. El pedazo ó porcion de pan que queda de sobra en la mesa despues de haber comido. || El muchacho de pequeño cuerpo.

REGOJUELO, s. m. d. de REGOJO.

REGOLDANO, NA, adj. Se aplica al castaño silvestre, y á su fruto.

REGOLDAR, v. n. Expeler por la boca el aire que está en el cuerpo. || met. y fam. Jactarse vanamente.

REGOLFAR, v. n. Retroceder el agua contra su corriente haciendo un remanso.

REGOLFO, s. m. La vuelta ó retroceso del agua contra su corriente. || El pedazo ó continente de mar comprendido entre dos puntas ó cabos de tierra.

REGONA, s. f. La reguera grande.

REGORDETE, TA, adj. Se aplica á la persona pequeña y gorda.

REGORDÍDO, DA, adj. ant. Gordo, grueso, abultado.

REGORJARSE, v. r. ant. V. REGODEARSE.

REGOSTADO, p. p. de REGOSTARSE.

REGOSTARSE, v. r. Quedar aficionado á una cosa, continuar su egecucion por el gusto, ó provecho que se tiene en ella.

REGOSTO, s. m. El apetito ó deseo de repetir lo que con delectacion se empezó á gustar ó gozar.

REGRACIACION, s. f. Agradecimiento, accion de gracias.

REGRACIADO, p. p. de REGRACIAR.

REGRACIAR, v. a. Mostrar uno su agradecimiento de palabra, ó haciendo alguna expresion.

REGRADECER, v. a. ant. V. AGRADECER.

REGRADECIDO, p. p. de REGRADECER.

REGRADECIMIENTO, s. m. ant. V. AGRADECIMIENTO.

REGRESADO, p. p. de REGRESAR.

REGRESAR, v. a. Resignar ó ceder el beneficio á favor de otro. || met. Entregar la propia voluntad ó libertad al arbitrio ageno.

REGRESAR, v. n. Volver á entrar en posesion del beneficio que se habia resignado ó permutado. || Volver al lugar de donde se salió.

REGRESION, s. f. Retrocesion ó el acto de volver hácia atras.

REGRESO, s. m. La vuelta que se hace al sitio ó lugar de donde se salió. || for. La accion que entre parientes se tiene para volver á obtener la posesion de lo que se habia enagenado. || for. La accion ó derecho de volver á obtener y poder repetir lo que se habia enagenado ó cedido por cualquier título. || Resigna ó cesion del beneficio á favor de otro.

REGRUÑIR, v. n. Gruñir mucho.

REGUARDADO, p. p. de REGUARDAR.

REGUARDA, s. f. ant. V. RETAGUARDIA. || ant. V. MIRADA. || ant. La custodia cuidadosa y vigilante que se tiene de alguna persona ó cosa.

REGUARDADAMENTE, adv. ant. Con cautela ó precaucion.

REGUARDAR, v. a. ant. Mirar ó atender con cuidado y vigilancia.

REGUARDARSE, v. n. Guardarse, precaverse con todo cuidado y esmero.

REGUARDO, s. m. ant. V. MIRADA. || ant. Miramiento ó respeto.

REGÜELDO, s. m. Aire comprimido en el cuerpo que se despide por la boca. || met. Jactancia ó expresion de vanidad.

REGUERA, s. f. La canal ó atargea para conducir el agua para el riego.

REGUERICA, LLA, TA, s. f. d. de REGUERA.

REGUERO, s. m. Especie de arroyo pequeño que se hace de alguna cosa líquida. || La linea, mancha ó señal que queda de alguna cosa que se va vertiendo. || V REGUERA.

REGULACION, s. f. Computo ó cotejo que se hace de una cosa con otra.

REGULADO, p. p. de REGULAR. || REGULADO, DA, adj. V. REGULAR Ó CONFORME Á REGLA.

REGULADOR, RA, s. m. y f. El que regula.

REGULAR, adj. Ajustado y conforme á regla. || Ajustado, medido, arreglado en sus acciones y modo de vivir. || Comun, ordinario ó natural || Se aplica á las personas que viven bajo alguna regla ó instituto religioso, y á lo que pertenece á su estado.

REGULAR, v. a. Medir, ajustar ó computar una cosa con otra. || Ajustar, reglar ó poner en órden alguna cosa. || POR LO REGULAR, Comun ó regularmente.

REGULARIDAD, s. f. La conformidad ó proporcion que guardan cualesquiera de las partes para constituir un todo regular. || La exacta observancia de la regla ó instituto de la órden. || El modo comun y ordinario de obrar.

REGULARÍSIMAMENTE, adv. sup. de REGULARMENTE.

REGULARÍSIMO, MA, adj. sup. de REGULAR.

REGULARMENTE, adv. Comunmente, ordinariamente, naturalmente ó segun reglas.

RÉGULO, s. m. El dominante ó señor de algun pequeño estado. || BASILISCO por el animal fabuloso. || Estrella de la primera magnitud en el signo de leon. || Ave, V. ABADEJO. || *Quim.* La parte mas pura y noble de los minerales y metales.

REGURGITAR, v. n. *Med.* Redundar ó salir algun licor, humor, etc., del continente ó del vaso por la mucha replecion ó abundancia.

REHABILITACION, s. f. Acto de rehabilitar.

REHABILITADO, p. p. de REHABILITAR.

REHABILITAR, v. a. Habilitar de nuevo ó restituir alguna cosa á su antiguo estado.

REHACER, v. a. Volver á hacer lo que se habia deshecho. || Reponer, reparar, restablecer lo disminuido ó deteriorado.

REHACERSE, v. r. Reforzarse, fortalecerse ó tomar nuevas fuerzas. || *Milic.* Volver á unirse y formarse los soldados que se habian desunido ó desbaratado. || Volver el soldado despues de hecha la media vuelta á dar el frente donde la formó.

REHACIMIENTO, s. m. Accion de rehacer ó rehacerse.

REHACIO, CIA, adj. Terco y porfiado.

REHALA, s. f. ant. Piara ó hato de ganado lanar.

REHALERO, s. m. ant El piariego ó pegujalero de ganado lanar.

REHARTADO, p. p. de REHARTAR.

REHARTAR, v. a. Hartar mucho.

REHARTO, seg. p. p. irreg. de REHARTAR.

REHECHO, p. p. irreg. de REHACER. || REHECHO, CHA, adj. Que es de estatura mediana, grueso, fuerte y robusto.

REHEN, s. m. La persona de carácter, plaza ó castillo que quedan en poder del enemigo como prenda pendiente algun ajuste ó tratado.

REHENCHIDO, p p. de REHENCHIR.

REHENCHIR, v. a. Volver á henchir alguna cosa de lo que se habia desmenguado.

REHENDIJA, s. f. V. RENDIJA.

REHERIDO, DA, p. p. de REHERIR.

REHERIMIENTO, s. m. Accion y efecto de reherir.

REHERIR, v. a. Rebatir, rechazar.

REHERRADO, p. p. de REHERRAR.

REHERRAR, v. a. Volver á herrar con la misma herradura y clavos nuevos.

REHERVIDO, p. p. de REHERVIR.

REHERVIR, v. n. Volver á hervir lo que ántes habia hervido. || met. Encenderse, enardecerse ó cegarse de alguna pasion.

REHERVIRSE, v. r. Hablando de las conservas, fermentarse pasando del punto que tienen, y agriándose.

REHILADO, p. p. de REHILAR.

REHILADILLO, s. m. Cinta, V. HILADILLO.

REHILANDERA, s. f. Varilla delgada con dos veletillas ó banderillas de papel encontradas en el extremo, presas con un alfiler con que juegan los muchachos.

REHILAR, v. a. Hilar demasiado ó torcer mucho lo que se hila.

REHILAR, v. n. Moverse alguna cosa como temblando.

REHILERO, s. m. ant. V. REHILETE.

REHILETE, s. m. Un palito con unas plumas en el un extremo, con que juegan los muchachos con una pala. || Flechilla con su pluma ó papel para clavarla en la puerta ó en algunos animales.

REHILO, s. m. El temblor de alguna cosa que se mueve ligeramente.

REHINCHIDO, p. p. de REHINCHIR.

REHINCHIMIENTO, s. m. Accion ó efecto de rehenchir.

REHINCHIR, v. a. ant. V. REHENCHIR.

REHOGADO, p. p. de REHOGAR.

REHOGAR, v. a. Sazonar alguna vianda á fuego lento sin agua y muy tapada.

REHOLLADO, p. p. de REHOLLAR.

REHOLLAR, v. a. Volver á hollar ó pisar. || V PISOTEAR.

REHOYADO, p. de REHOYAR.

REHOYA, s. f. V. REHOYO.

REHOYAR, v. n. Renovar el hoyo hecho ántes para plantar árboles.

REHOYO, s. m. Barranco ú hoyo hondo y profundo.

REHUIDA, s. f. Accion de rehuir. || Entre cazadores la vuelta violenta que hace el ciervo ú otro animal por las mismas huellas.

REHUIDO, p. p. de REHUIR.

REHUIR, v. n. Retirar, apartar alguna cosa como con temor, sospecha ó recelo de algun riesgo. || Retirarse ó huirse con violencia alguna cosa del lugar que naturalmente ocupaba. || Entre cazadores volver á huir ó correr el ciervo ú otro animal por los mismos pasos. || met. Repugnar ó llevar mal alguna cosa.

REHUIR, v. a. Rehusar ó excusar el admitir alguna cosa.

REHUNDIDO, p. p. de REHUNDIR.

REHUNDIR, v. a. Hundir ó sumergir una cosa á lo mas hondo y profundo de otra. || Refundir algun metal. || Gastar sin saber en qué, irse las cosas de entre las manos.

REHUNDIR, v. n. fam. Cundir ó manifestarse el aumento ó útil de alguna cosa.

REHURTADO, p. p. de REHURTARSE.

REHURTARSE, v. r. *Mont.* Echar la caza mayor ó menor acosada del hombre ó del perro por diferente camino del que llevaba.

REHUSADO, p. p. de REHUSAR.

REHUSAR, v. a. Excusar, no querer ó no aceptar alguna cosa.

REIBLE, adj. ant. V. RISIBLE.

* REIDO, p. p. de REIR.

REIDOR, RA, s. m. y f. El que rie ó se rie.

REIMPRESION, s. f. Accion y efecto de reimprimir. || El conjunto de egemplares que se han reimpreso de una vez.

REIMPRESO, p. p. irreg. de REIMPRIMIR.

REIMPRIMIR, v. a. Volver á imprimir.

REINA, s. f. La esposa del rey ó la que posee con derecho de propiedad un reino. || En estilo cortesano y festivo cualquiera muger. || Una de las piezas del ajedrez. || En las colmenas ABEJA MAESA. || REINA MORA, En Andalucía juego de muchachos. V. INFERNÁCULO.

REINADO, s. m. El espacio de tiempo en que gobierna un rey. || ant. Soberanía y dignidad real.

REINAMIENTO, s. m. ant. V. REINADO.

REINANTE, p. a. de REINAR, Que actualmente reina.

REINAR, v. n. Poseer un reino, gobernarle y administrarle. || Dominar ó tener predominio una cosa sobre otra. || Prevalecer ó persistir continuándose ó extendiéndose alguna cosa.

REINCIDENCIA, s. f. Reiteracion de una misma culpa ó defecto.

REINCIDENTE, p. a. de REINCIDIR, Que reincide.

REINCIDIDO, p. de REINCIDIR.

REINCIDIR, v. n. Volver á caer ó incurrir en algun error, falta ó delito.

REINCORPORACION, s. f. Accion y efecto de reincorporar.

REINCORPORADO, p. p. de REINCORPORAR.

REINCORPORAR, v. a. Volver á incorporar.

REINO, s. m. El territorio ó estados

algun suceso ó historia. || *Hacer relacion* de un proceso ó pleito.

RELATIVAMENTE, adv. Con relacion á alguna cosa.

RELATIVO, VA, adj. Que hace relacion á otra cosa. || *Gram.* Dícese de aquel nombre ó pronombre que hace representacion de su antecedente ó de aquellas cosas que estan ántes de él.

RELATOR, s. m. El que refiere ó relata alguna cosa. || La persona aprobada y diputada en cada tribunal para hacer relacion de las causas ó pleitos. || ant. V. REFRENDARIO.

RELATORA, s. f. La muger del relator.

RELATORÍA, s. f. El empleo del relator.

RELAVADO, p. p. de RELAVAR.

RELAVAR, v. a. Volver á lavar ó purificar mas alguna cosa.

RELAVE, s. m. En las minas el segundo lave de los metales. || RELAVES, pl. En las minas las partículas de los metales que en segundo lave se van con el barro ó lama.

RELAVILLO, s. m. d. de RELAVE.

RELEER, v. a. Volver á leer alguna cosa.

RELEGACION, s. f. Entre los antiguos Romanos la pena de destierro que se imponia á un ciudadano, conservándole todos los derechos de tal. || V. DESTIERRO.

RELEGADO, p. p. de RELEGAR.

RELEGAR, v. a. Entre los antiguos Romanos desterrar á un ciudadano sin privarle de los derechos de tal. || V. DESTERRAR.

RELEGE, s. m. *Art.* El resalte que por la parte interior suelen tener algunas piezas de artillería en la recámara, estrechándola.

RELEIDO, p. p. de RELEER.

RELENAR, v. n. Formar la pared relex ó degenerar en él.

RELENTE, s. m. La blandura que causa el rocío en alguna cosa.

RELENTECER, v. n. Ponerse tierna ó blanda alguna cosa.

RELEVACION, s. f. Accion de relevar. || Alivio de la carga que se debe llevar ó de la obligacion que se debe cumplir. || Perdon ó exoneracion de algun gravámen.

RELEVADO, p. p. de RELEVAR.

RELEVANTE, adj. Excelente, grande ó sobresaliente.

RELEVAR, v. a. Fabricar alguna cosa de relieve ó de resalte. || Exonerar de algun peso ó gravámen. || Remediar ó socorrer. || Absolver, perdonar ó excusar. || met. Exaltar ó engrandecer alguna cosa. || *Pint.* Pintar alguna cosa de manera que parezca que sale fuera ó tiene bulto. || *Mil.* Sustituir un soldado á otro en el servicio ó faccion.

RELEVAR, v. n. *Pint.* Salir una figura afuera ó parecer que tiene bulto.

RELEVO, s. m. *Mil.* V. SALVACION.

RELEX, s. m. El escarpe ó cerramiento en diminucion de la pared hácia arriba. || Dícese tambien de otras cosas. || El sarro que se cria en los labios ó en la boca.

RELICARIO, s. m. Lugar en donde estan las reliquias guardadas. || Aquel adorno con que se guarnece alguna reliquia. || met. El convento ó casa en que sus individuos hacen vida egemplar, practicando una particular virtud.

RELIEF, s. m. *Milic.* Habilitacion en grado ó sueldo que se da al oficial que faltó de su cuerpo.

RELIEVE, s. m. Labor ó figura que se levanta sobre el plano. || El residuo que queda en la mesa de lo que se come. || *Pint.* La salida ó bulto que al parecer tienen algunas cosas pintadas. || ALTO RELIEVE, Aquel en que las figuras salen del plano mas de la mitad de su grueso. || BAJO RELIEVE, Obra de escultura en que las figuras esculpidas estan enteramente pegadas al plano sobresaliendo de él ménos de la mitad. || MEDIO RELIEVE, Aquel en que las figuras sobresalen del plano la mitad de su grueso. || TODO RELIEVE, V. ALTO RELIEVE.

RELIGA, s. f. La segunda liga de metal que se echa á otro para trabajarle.

RELIGACION, s. f. Accion y efecto de religar.

RELIGADO, p. p. de RELIGAR.

RELIGAR, v. a. Volver á atar ó ceñir con mayor vínculo ó mas estrechamente. || Volver á ligar un metal con otro.

RELIGION, s. f. Virtud moral con que adoramos y reverenciamos á Dios, como á primer principio de todas las cosas. || La actual observancia de las buenas costumbres y obras de devocion. || La profesion de la ley divina y eclesiástica. || El culto y veneracion que tributan algunas naciones á sus falsos dioses. || La profesion, estado ó modo de vivir mas estrecho y separado con votos, reglas, constituciones pias, y ordenadas ceremonias aprobadas por la iglesia. ||

ENTRAR EN RELIGION, Ser admitido en alguna comunidad. || SALIR Ó SALIRSE DE LA RELIGION, Dejar juridicamente el hábito y profesion religiosa y volverse al siglo, ó no profesar el noviciо.

RELIGIONARIO, s. m. Sectario de la religion que llaman reformada.

RELIGIONISTA, s. com. V. RELIGIONARIO.

RELIGIOSAMENTE, adv. Devotamente, humildemente, con religion. || Con puntualidad y exactitud. || fam. Moderadamente, con parsimonia religiosa.

RELIGIOSIDAD, s. f. El egercicio, práctica y uso de aquellas acciones arregladas y piadosas que constituyen un buen religioso. || La práctica y observancia de las acciones devotas. || Puntualidad, exactitud en hacer, observar ó cumplir alguna cosa.

RELIGIOSÍSIMAMENTE, sup. de RELIGIOSAMENTE.

RELIGIOSÍSIMO, MA, adj. sup. de RELIGIOSO.

RELIGIOSO, SA, adj. Observante de la religion ó ley que profesa. || Que profesa ó trae el hábito de alguna religion. || Que pertenece á la religion ó á los que la profesan. || Pio, devoto, ajustado y arreglado. || fam. Moderado, parco.

RELIMADO, p. p. de RELIMAR.

RELIMAR, v. a. Volver á limar.

RELIMPIADO, p. p. de RELIMPIAR.

RELIMPIAR, v. a. Volver á limpiar ó limpiar mucho.

RELIMPIO, PIA, adj. fam. Muy limpio.

RELINCHADOR, RA, adj. Que relincha con frecuencia.

RELINCHANTE, p. a. de RELINCHAR, Que relincha.

RELINCHAR, v. n. Prorumpir ó formar el caballo ó yegua el sonido de su voz propia.

RELINCHIDO, s. m. V. RELINCHO.

RELINCHO, s. m. La voz del caballo ó yegua.

RELINDO, DA, adj. Muy lindo ó hermoso.

RELINGA, s. f. *Náut.* El cabo con que se guarnecen las cuadras ó caidas.

RELINGADO, p. p. de RELINGAR.

RELINGAR, v. a. *Náut.* Coser ó pegar la relinga á los extremos ó caidas de las velas.

RELINGAR, v. n. *Náut.* Moverse la relinga con el viento ó empezar á flamear los primeros paños de la vela.

RELIQUIA, s. f. Residuo. || La parte pequeña de alguna cosa sagrada. || El pedacito de hueso de algun santo ú otra cosa digna de veneracion. || met. Vestigio ó rastro que queda de alguna cosa pasada. || met. Dolor ó achaque habitual que resulta de algunas enfermedades. || RELIQUIA INSIGNE, La cabeza, brazo ó canilla de algun santo.

RELLANADO, p. p. de RELLANAR.

RELLANAR, v. a. Volver á allanar.

RELLANARSE, v. r. Aplanarse ó echarse sobre alguna cosa.

RELLANO, s. m. El descanso ó meseta de escalera.

RELLENADO, p. p. de RELLENAR.

* RELLENADURA, s. f. La accion de rellenar.

RELLENAR, v. a. Volver á llenar alguna cosa ó henchirla mucho. || Embutir ó llenar alguna ave, tripa ú otra cosa de carne picada, y otros ingredientes. || fam. Dar de comer.

RELLENO, seg. p. p. irreg. de RELLENAR.

RELLENO, s. m. Cierto género de guiso. || La accion y efecto de rellenar.

RELLENTE, s. m. V. RELENTE.

RELLENTECER, v. n. V. RELENTECER.

RELOCO, CA, adj. fam. Muy loco, ó loco rematado.

RELOGERA, s. f. Caja de madera ó de otra materia que sirve para poner y guardar los reloges.

RELOGERÍA, s. f. El arte de hacer reloges. || Tienda donde se hacen, venden ó componen los reloges.

RELOGERO, s. m. El que hace, compone ó vende reloges.

RELOGICO, LLO, TO, s. m. d. de RELOX.

RELOX, s. m. Máquina que señala las horas, ó que las señala y juntamente las da. || RELOX DE AGUA, Instrumento formado de dos ampollas una sobre otra, para la diferencia y señalamiento de las horas. || RELOX DE ARENA, Máquina compuesta de dos ampollitas de vidrio ó cristal unidas por la boca, para señalar cierto y determidado espacio de tiempo. || RELOX DE CAMPANA, El que ademas de soler señalar las horas las da con campana. || RELOX DE FALTRIQUERA, El que por ser pequeño puede uno llevarle consigo. || RELOX DE MÚSICA, Aquel en que al dar la hora suena una tocata de música. || RELOX DE PÉNDOLA, Relox de nueva invencion, que se hace con un peso, suspendido de un hilo ó alambre. || RELOX DE REFLEXION, Relox solar en que señala

algun suceso ó historia. || Hacer relacion de un proceso ó pleito.

RELATIVAMENTE, adv. Con relacion á alguna cosa.

RELATIVO, VA, adj. Que hace relacion á otra cosa. || *Gram.* Dícese de aquel nombre ó pronombre que hace representacion de su antecedente ó de aquellas cosas que estan ántes de él.

RELATOR, s. m. El que refiere ó relata alguna cosa. || La persona aprobada y diputada en cada tribunal para hacer relacion de las causas ó pleitos. || ant. V. REFRENDARIO.

RELATORA, s. f. La muger del relator.

RELATORÍA, s. f. El empleo del relator.

RELAVADO, p. p. de RELAVAR.

RELAVAR, v. a. Volver á lavar ó purificar mas alguna cosa.

RELAVE, s. m. En las minas el segundo lave de los metales. || RELAVES, pl. En las minas las partículas de los metales que en segundo lave se van con el barro ó lama.

RELAVILLO, s. m. d. de RELAVE.

RELEER, v. a. Volver á leer alguna cosa.

RELEGACION, s. f. Entre los antiguos Romanos la pena de destierro que se imponia á un ciudadano, conservándole todos los derechos de tal. || V. DESTIERRO.

RELEGADO, p. p. de RELEGAR.

RELEGAR, v. a. Entre los antiguos Romanos desterrar á un ciudadano sin privarle de los derechos de tal. || V. DESTERRAR.

RELEGE, s. m. *Art.* El resalte que por la parte interior suelen tener algunas piezas de artillería en la recámara, estrechándola.

RELEIDO, p. p. de RELEER.

RELENAR, v. n. Formar la pared relex ó degenerar en él.

RELENTE, s. m. La blandura que causa el rocío en alguna cosa.

RELENTECER, v. n. Ponerse tierna ó blanda alguna cosa.

RELEVACION, s. f. Accion de relevar. || Alivio de la carga que se debe llevar ó de la obligacion que se debe cumplir. || Perdon ó exoneracion de algun gravámen.

RELEVADO, p. p. de RELEVAR.

RELEVANTE, adj. Excelente, grande ó sobresaliente.

RELEVAR, v. a. Fabricar alguna cosa de relieve ó de resalte. || Exonerar de algun peso ó gravámen. || Remediar ó socorrer. || Absolver, perdonar ó excusar. || met. Exaltar ó engrandecer alguna cosa. || *Pint.* Pintar alguna cosa de manera que parezca que sale fuera ó tiene bulto. || *Mil.* Sustituir un soldado á otro en el servicio ó faccion.

RELEVAR, v. n. *Pint.* Salir una figura afuera ó parecer que tiene bulto.

RELEVO, s. m. *Mil.* V. RELEVACION.

RELEX, s. m. El escarpe ó cerramiento en diminucion de la pared hácia arriba. || Dícese tambien de otras cosas. || El sarro que se cria en los labios ó en la boca.

RELICARIO, s. m. Lugar en donde estan las reliquias guardadas. || Aquel adorno con que se guarnece alguna reliquia. || met. El convento ó casa en que sus individuos hacen vida egemplar, practicando una particular virtud.

RELIEF, s. m. *Milic.* Habilitacion en grado ó sueldo que se da al oficial que faltó de su cuerpo.

RELIEVE, s. m. Labor ó figura que se levanta sobre el plano. || El residuo que queda en la mesa de lo que se come. || *Pint.* La salida ó bulto que al parecer tienen algunas cosas pintadas. || ALTO RELIEVE, Aquel en que las figuras salen del plano mas de la mitad de su grueso. || BAJO RELIEVE, Obra de escultura en que las figuras esculpidas estan enteramente pegadas al plano sobresaliendo de él ménos de la mitad. || MEDIO RELIEVE, Aquel en que las figuras sobresalen del plano la mitad de su grueso. || TODO RELIEVE, V. ALTO RELIEVE.

RELIGA, s. f. La segunda liga de metal que se echa á otro para trabajarle.

RELIGACION, s. f. Accion y efecto de religar.

RELIGADO, p. p. de RELIGAR.

RELIGAR, v. a. Volver á atar ó ceñir con mayor vínculo ó mas estrechamente. || Volver á ligar un metal con otro.

RELIGION, s. f. Virtud moral con que adoramos y reverenciamos á Dios, como á primer principio de todas las cosas. || La actual observancia de las buenas costumbres y obras de devocion. || La profesion de la ley divina y eclesiástica. || El culto y veneracion que tributan algunas naciones á sus falsos dioses. || La profesion, estado ó modo de vivir mas estrecho y separado con votos, reglas, constituciones pias, y ordenadas ceremonias aprobadas por la iglesia. ||

ENTRAR EN RELIGION, Ser admitido en alguna comunidad. || SALIR Ó SALIRSE DE LA RELIGION, Dejar jurídicamente el hábito y profesion religiosa y volverse al siglo, ó no profesar el novicio.

RELIGIONARIO, s. m. Sectario de la religion que llaman reformada.

RELIGIONISTA, s. com. V. RELIGIONARIO.

RELIGIOSAMENTE, adv. Devotamente, humildemente, con religion. || Con puntualidad y exactitud. || fam. Moderadamente, con parsimonia religiosa.

RELIGIOSIDAD, s. f. El egercicio, práctica y uso de aquellas acciones arregladas y piadosas que constituyen un buen religioso. || La práctica y observancia de las acciones devotas. || Puntualidad, exactitud en hacer, observar ó cumplir alguna cosa.

RELIGIOSÍSIMAMENTE, sup. de RELIGIOSAMENTE.

RELIGIOSÍSIMO, MA, adj. sup. de RELIGIOSO.

RELIGIOSO, SA, adj. Observante de la religion ó ley que profesa. || Que profesa ó trae el hábito de alguna religion. || Que pertenece á la religion ó á los que la profesan. || Pio, devoto, ajustado y arreglado. || fam. Moderado, parco.

RELIMADO, p. p. de RELIMAR.

RELIMAR, v. a. Volver á limar.

RELIMPIADO, p. p. de RELIMPIAR.

RELIMPIAR, v. a. Volver á limpiar ó limpiar mucho.

RELIMPIO, PIA, adj. fam. Muy limpio.

RELINCHADOR, RA, adj. Que relincha con frecuencia.

RELINCHANTE, p. a. de RELINCHAR, Que relincha.

RELINCHAR, v. n. Prorumpir ó formar el caballo ó yegua el sonido de su voz propia.

RELINCHIDO, s. m. V. RELINCHO.

RELINCHO, s. m. La voz del caballo ó yegua.

RELINDO, DA, adj. Muy lindo ó hermoso.

RELINGA, s. f. *Náut.* El cabo con que se guarnecen las cuadras ó caidas.

RELINGADO, p. p. de RELINGAR.

RELINGAR, v. a. *Náut.* Coser ó pegar la relinga á los extremos ó caidas de las velas.

RELINGAR, v. n. *Náut.* Moverse la relinga con el viento ó empezar á flamear los primeros paños de la vela.

RELIQUIA, s. f. Residuo. || La parte pequeña de alguna cosa sagrada. || El pedacito de hueso de algun santo ú otra cosa digna de veneracion. || met. Vestigio ó rastro que queda de alguna cosa pasada. || met. Dolor ó achaque habitual que resulta de algunas enfermedades. || RELIQUIA INSIGNE, La cabeza, brazo ó canilla de algun santo.

RELLANADO, p. p. de RELLANAR.

RELLANAR, v. a. Volver á allanar.

RELLANARSE, v. r. Aplanarse ó echarse sobre alguna cosa.

RELLANO, s. m. El descanso ó mesa de escalera.

RELLENADO, p. p. de RELLENAR.

* RELLENADURA, s. f. La accion de rellenar.

RELLENAR, v. a. Volver á llenar alguna cosa ó henchirla mucho. || Embutir ó llenar alguna ave, tripa ú otra cosa de carne picada, y otros ingredientes. || fam. Dar de comer.

RELLENO, seg. p. p. irreg. de RELLENAR.

RELLENO, s. m. Cierto género de guiso. || La accion y efecto de rellenar.

RELLENTE, s. m. V. RELENTE.

RELLENTECER, v. n. V. RELENTECER.

RELOCO, CA, adj. fam. Muy loco, ó loco rematado.

RELOGERA, s. f. Caja de madera ó de otra materia que sirve para poner y guardar los reloges.

RELOGERÍA, s. f. El arte de hacer reloges. || Tienda donde se hacen, venden ó componen los reloges.

RELOGERO, s. m. El que hace, compone ó vende reloges.

RELOGICO, LLO, TO, s. m. d. de RELOX.

RELOX, s. m. Máquina que señala las horas, ó que las señala y juntamente las da. || RELOX DE AGUA, Instrumento formado de dos ampollas una sobre otra, para la diferencia y señalamiento de las horas. || RELOX DE ARENA, Máquina compuesta de dos ampollitas de vidrio ó cristal unidas por la boca, para señalar cierto y determinado espacio de tiempo. || RELOX DE CAMPANA, El que ademas de soler señalar las horas las da con campana. || RELOX DE FALTRIQUERA, El que por ser pequeño puede uno llevarle consigo. || RELOX DE MÚSICA, Aquel en que al dar la hora suena una tocata de música. || RELOX DE PÉNDOLA, Relox de nueva invencion, que se hace con un peso, suspendido de un hilo ó alambre. || RELOX DE REFLEXION, Relox solar en que señala las horas el rayo reflexo del sol. || RELOX DE REFRACCION, Aquel en el que señala las horas el rayo refracto del sol. || RELOX DE REPETICION, El que da la hora siempre que se aprieta un muelle. || RELOX DESCONCERTADO, met. El sugeto desordenado en sus acciones ó palabras. || RELOX DE SOL, V. RELOX SOLAR. || RELOX EQUINOCCIAL, Relox de sol, que se describe en un plano paralelo al ecuador. || RELOX HORIZONTAL, El relox de sol que se dibuja en un plano paralelo al horizonte. || RELOX LUNAR, Aquel en que la sombra de la luna formada por el estilo ó gnomon señala qué hora es. || RELOX DE LONGITUD, El que señala el tiempo verdadero sin la variacion á que exponen los reloges comunes, y de que especialmente se sirven los marinos en navegaciones largas. || RELOX MERIDIANO, El relox de sol que se hace en el plano del círculo meridiano. || RELOX POLAR, El relox de sol que se hace en un plano paralelo al círculo máximo, que pasa por los polos del mundo. || RELOX PORTÁTIL, El relox de sol que no está fijo en un lugar determinado. || RELOX SOLAR, El que se dibuja en cualquiera superficie, describiendo unas líneas que representan los círculos horarios, en que toca el sol en el discurso del dia. || RELOX VERTICAL CON DECLINACION, El que está colocado en un plano que no mira derechamente al mediodia. || RELOX VERTICAL SIN DECLINACION, El que está en el plano del vertical primario. || ATRASAR EL RELOX, Hacer retroceder la manecilla para que señale ménos tiempo. || DAR EL RELOX LA HORA, LA UNA, etc., Sonar la campana del relox la hora que es. || ESTAR COMO UN RELOX, met. Estar bien dispuesto con los humores bien equilibrados. || SOLTAR EL RELOX, Levantar el muelle para que esté dando hasta que se acabe la cuerda.

RELUCHAR, v. n. met. Luchar una cosa con otra con continuo debate ó contienda.

RELUCIENTE, p. a. de RELUCIR, Que reluce.

RELUCIR, v. n. Despedir ó arrojar luz alguna cosa resplandeciente. || Lucir mucho ó resplandecer alguna cosa. || met. Resplandecer en alguna virtud, mostrarse excelente en sus acciones.

RELUMBRANTE, p. a. de RELUMBRAR, Que relumbra ó da luz.

RELUMBRAR, v. n. Dar luz ó alumbrar con exceso alguna cosa luminosa.

RELUMBRE, s. m. El sabor que toman algunas cosas por haberse guardado ó guisado en vasijas de cobre ó hierro.

RELUMBRERA, s. f. V. LUMBRERA.

RELUMBRON, s. m. Gran golpe de luz. || met. Cualquier idea, frase ó expresion que choca al pronto, y es un brillo falso.

REMACHADO, p. p. de REMACHAR.

REMACHAR, v. a. Asegurar despues de introducido un clavo doblándole la punta. || Quebrantar, machacar, aplastar. || met. Asegurar ó afianzar algun negocio ó dependencia.

REMACHE, s. m. Accion y efecto de remachar.

REMADOR, s. m. ant. V. REMERO.

REMADURA, s. f. ant. La accion y efecto de remar.

REMALDECIR, v. a. Maldecir al que maldice.

REMALLADO, p. p. de REMALLAR.

REMALLAR, v. a. Componer, reforzar las mallas que estan viejas ó rotas.

REMAMIENTO, s. m. Accion y efecto de remar.

REMANDADO, p. p. de REMANDAR.

REMANDAR, v. a. Mandar una cosa muchas veces.

REMANECER, v. n. Aparecer de nuevo, manifestarse á la vista inopinadamente. || Permanecer, quedar, durar ó subsistir.

REMANECIENTE, p. a. de REMANECER, Que remanece.

REMANENTE, s. m. Residuo.

REMANGADO, p. p. de REMANGAR.

* REMANGADURA, s. f. Enfaldo, la accion de enfaldarse.

REMANGAR, v. a. V. ARREMANGAR.

REMANGO, s. m. El dobles que hace la basquiña ó guardapies cuando se enfalda hácia la cintura.

REMANSADO, p. p. REMANSARSE.

REMANSARSE, v. r. Detenerse o suspenderse el curso ó la corriente de alguna cosa líquida.

REMANSO, s. m. Detencion ó suspension de la corriente del agua ó de algun otro líquido. || met. Flema, pachorra, lentitud.

REMANTE, s. m. V. REMERO.

REMAR, v. n. Trabajar con el remo ó al remo. || met. Trabajar con continua fatiga y grande afan en cualquiera línea.

REMARCADO, p. p. de REMARCAR.

REMARCAR, v. a. Volver á marcar una cosa.

REMATADAMENTE, adv. Totalménte, en conclusion ó absolutamente

REMATADÍSIMAMENTE, adv. sup. de REMATADAMENTE.

REMATADÍSIMO, MA, adj. sup. de REMATADO.

REMATADO, p. p. de REMATAR. ‖ REMATADO, DA, adj. Se aplica al que se halla en tan mal estado que ningun remedio ni recurso tiene para salir de él.

REMATAMIENTO, s. m. V. REMATE.

REMATAR, v. a. Concluir, acabar ó finalizar alguna cosa. ‖ Hacer remate en la venta ó arrendamiento de alguna cosa. ‖ En la caza dejarla enteramente muerta del tiro. ‖ Entre sastres y costureras afianzar la última puntada, dando otras sobre ella ó dando un nudo especial á la hebra.

REMATAR, v. n. Terminar ó fenecer.

REMATARSE, v. r. Perderse ó destruirse alguna cosa.

REMATE, s. m. Fin ó cabo, extremidad ó conclusion. ‖ En las ventas ó arrendamientos que se hacen judicialmente el último término de ellos. ‖ Lo que se sobrepone en las fábricas de arquitectura ú otras cosas para adorno y hermosura. ‖ Ramo muy grande de flores de mano, que sirve para colocarse en las puntas de los altares. ‖ for. La adjudicacion que se hace de los bienes que se venden en almoneda al comprador de mejor puja y condicion. ‖ Á REMATE, V. DE REMATE. ‖ DE REMATE, Absolutamente, sin remedio. ‖ POR REMATE, Por fin, por último.

REMECEDOR, s. m. El que varea y menea los olivos para que larguen la aceituna.

REMECER, v. a. Mover alguna cosa de un lado á otro con continuacion.

REMECIDO, p. p. de REMECER.

REMEDABLE, adj. Que se puede remedar.

REMEDADO, p. p. de REMEDAR.

REMEDADOR, RA, s. m. y f. El que remeda.

REMEDAMIENTO, s. m. ant. V. REMEDO.

REMEDAR, v. a. Imitar ó contrahacer una cosa, hacerla semejante á otra. ‖ Seguir las mismas huellas y vestigios de otro, ó llevar el mismo método, órden ó disciplina. ‖ Hacer las mismas acciones, visages y ademanes que otro hace.

REMEDIABLE, adj. Que se puede remediar.

REMEDIADO, p. p. de REMEDIAR.

REMEDIADOR, RA, s. m. y f. El que remedia, desvia ó ataja algun daño.

REMEDIAR, v. a. Poner remedio al daño, repararle, corregir ó enmendar. ‖ Socorrer ó subvenir á alguna necesidad ó urgencia. ‖ Librar, apartar ó separar del riesgo. ‖ Evitar ó estorbar que se egecute alguna cosa de que se sigue daño, ó contra la voluntad de alguno.

REMEDICION, s. f. Accion de remedir.

REMEDIDO, p. p. de REMEDIR.

REMEDIO, s. m. El medio que se toma para reparar algun daño ó inconveniente. ‖ Enmienda ó correccion. ‖ Recurso ó refugio. ‖ El medicamento ó lo que sirve para recobrar ó conservar la salud. ‖ for. V. ACCION. ‖ *Germ.* El procurador. ‖ REMEDIO CASERO, El que se hace comunmente en las casas sin recurrir á las boticas. ‖ NO TENER REMEDIO, Haber precision ó necesidad de hacer alguna cosa. ‖ NO TENER UN REMEDIO, Carecer enteramente de alguna cosa.

REMEDIR, v. a. Volver á medir ó medir segunda vez una cosa.

REMEDO, s. m. Imitacion ó semejanza de una cosa á otra.

REMEMBRACION, s. f. ant. V. RECORDACION.

REMEMBRADO, p. p. de REMEMBRAR.

REMEMBRANZA, s. f. ant. REMINISCENCIA ó recordacion. ‖ ant. Recuerdo, memoria de alguna cosa pasada.

REMEMBRAR, v. a. ant. Renovar la memoria ó traer á ella alguna cosa.

REMEMORADO, p. p. de REMEMORAR.

REMEMORAR, v. a. Recordar, traer á la memoria.

REMEMORATIVO, VA, adj. Que recuerda ó es capaz de hacer recordar alguna cosa.

REMENDADO, p. p. de REMENDAR. ‖ REMENDADO, DA, adj. Que tiene manchas como recortadas, de otro color que el del fondo.

REMENDAR, v. a. Reforzar lo que está viejo ó roto, poniendo algun remiendo. ‖ Corregir ó enmendar. ‖ Aplicar, ó acomodar una cosa á otra, para suplir lo que le falta.

REMENDON, s. m. El que por oficio compone ó adereza lo que está viejo ó roto.

REMENTIR, v. n. Mentir mucho.

REMERA, s. f. Cada una de las plumas grandes con que se terminan las alas de las aves.

REMERO, s. m. El que rema ó trabaja al remo.

REMESA, s. f. La remision que se hace de alguna cosa de una parte á otra. || ant. V. COCHERA.

REMESADO, p. p. de REMESAR.

REMESAR, v. a. Arrancar los cabellos con las manos.

REMESON, s. m. La accion de arrancar el pelo ó barba y la porcion arrancada. || La carrera corta que da el ginete, haciendo parar el caballo cuando va mas fuerte ó violento. || *Esg.* Cierta treta.

REMETER, v. a. Meter hácia adentro. || Hablando de los niños ponerles un metedor limpio sin desenvolverlos del todo.

REMICHE, s. m. El espacio que hay en las galeras entre banco y banco.

REMIEL, s. m. La segunda miel que se saca de la caña dulce.

REMIENDO, s. m. El pedazo de paño ú otra estofa, que se cose á lo que está viejo ó roto. || Composicion, enmienda ó añadidura. || La obra de corta entidad que se hace en alguna cosa. || La mancha como recortada de diferente color que el del fondo de alguna cosa. || *Imp.* La obra breve de que se tiran pocos egemplares. || fam. La insignia de cualquiera de las órdenes militares que se cose al lado izquierdo de la capa casaca, etc. || Á REMIENDOS, Explica que alguna obra se hace á pedazos y con intermision de tiempo. || ECHAR UN REMIENDO Á LA VIDA, fam. Tomar alguna leve porcion de alimento fuera de la comida y cena para reforzarse. || SER REMIENDO DE OTRO PAÑO, Ser alguna cosa de otra materia, origen ó asunto.

REMILGADAMENTE, adv. Con remilgo.

REMILGADÍSIMO, MA, adj. sup. de REMILGADO.

REMILGADO, p. p. de REMILGARSE. || REMILGADO, DA, adj. Que afecta pulidez, compostura, delicadeza y gracia.

REMILGARSE, v. r. Repulirse y hacer ademanes y gestos con el rostro.

REMILGO, s. m. La accion y ademan de remilgarse.

REMINISCENCIA, s. f. El acto de representarse ú ofrecerse á la memoria la especie de alguna cosa que pasó. || La facultad del alma con que traemos á la memoria aquellas especies de que estamos trascordados.

REMIRADO, p. p. REMIRAR. || REMIRADO, DA, adj. Que considera y reflexiona escrupulosamente sobre sus acciones.

REMIRAR, v. a. Volver á ver alguna cosa que se habia visto, ó mirarla con reflexion ó cuidado. || Volver á ver ó reconocer con reflexion y cuidado alguna cosa.

REMIRARSE, v. r. Esmerarse ó poner mucho cuidado en alguna cosa. || Mirar ó considerar alguna cosa complaciéndose ó recreándose en ella.

REMISAMENTE, adv. Flojamente, con remision y tardanza.

REMISIBLE, adj. Que se puede remitir ó perdonar.

REMISION, s. f. Accion de remitir. || Perdon ó absolucion de algun delito, deuda, culpa ó pena. || Flojedad, descuido, omision. || Diminucion ó mengua de actividad y fuerza.

REMISÍSIMO, MA, adj. sup. de REMISO.

REMISIVAMENTE, adv. Con remision á otra persona, lugar ó tiempo.

REMISIVO, VA, adj. Que remite ó sirve para remitir.

REMISO, SA, adj. Flojo, dejado ó detenido en la resolucion ó determinacion. || Se aplica á las calidades físicas que tienen pocos grados de actividad.

REMISORIA ó LETRA REMISORIA, s. f. for. El despacho del juez con que remite la causa ó el preso á otro tribunal, etc.

REMISORIO, RIA, adj. Que tiene virtud ó facultad de remitir ó perdonar.

REMITIDO, p. p. de REMITIR.

REMITIR, v. a. Enviar una cosa de una parte á otra. || Perdonar, alzar la pena, eximir ó libertar de alguna obligacion. || Dejar, inferir ó suspender. || Ceder ó perder alguna cosa de la intension de su calidad. Úsase como neutro. || Dejar al juicio ó dictámen de otro la resolucion de alguna cosa. || Referirse citando por comprobacion algun instrumento en que se incluye lo que se expresa.

REMO, s. m. Instrumento de madera para llevar la embarcacion haciendo fuerza en el agua. || met. Cualquier trabajo grande y continuado en cualquiera linea. || Los brazos y las piernas en el hombre y en los quadrúpedos. || En las aves cada una de las alas. || Á REMO Y SIN SUELDO, Da á entender que alguno trabaja sin utilidad. || Á REMO Y VELA, met. Con presteza, prisa y prontitud.

REMOCION, s. f. Accion y efecto de remover.

REMOJADERO, s. m. El lugar donde se echa el pescado en remojo.

REMOJADO, p. p. de REMOJAR.

REMOJAR, v. a. Volver á mojar ó poner en remojo.

REMOJO, s. m. Accion de remojar ó empapar en agua alguna cosa. ‖ ECHAR EN REMOJO ALGUN NEGOCIO, met. Diferir el tratar de él hasta que esté en mejor disposicion.

REMOLACHA, s. f. Especie de acelga que produce la raiz bastante gruesa, de figura de un rábano, y llena de zumo encarnado.

REMOLAR, s. m. El maestro ó carpintero que hace remos. ‖ El taller en que se hacen los remos.

REMOLAR, v. a. *Germ.* Cargar un dado para que no corra sino á la parte que está cargado.

REMOLCADO, p. p. de REMOLCAR.

REMOLCAR, v. a. *Náut.* Llevar alguna embarcacion ú otra cosa sobre el agua, tirando de ella por medio de algun cabo.

REMOLER, v. a. Moler mucho alguna cosa.

REMOLIDO, p. p. de REMOLER.

REMOLIMIENTO, s. m. Accion y efecto de remoler.

REMOLINADO, p. p. de REMOLINAR.

REMOLINANTE, p. a. de REMOLINAR. Lo que remolina.

REMOLINAR, v. n. Hacer ó formar remolinos alguna cosa. ‖ met. Amontonarse ó apiñarse desordenadamente las gentes.

* REMOLINARSE, v. r. Dar vueltas al rededor.

REMOLINEAR, v. a. Mover alguna cosa al rededor en forma de remolino.

REMOLINEAR, v. n. V. REMOLINAR.

REMOLINO, s. m. La figura á modo de círculo que se forma del tope de dos vientos contrarios que se encuentran. ‖ El retorcimiento del pelo en redondo, que se forma en alguna parte del cuerpo del animal. ‖ El movimiento circular del agua en algunos parages de los rios y del mar. ‖ met. Amontonamiento de gente ó confusion de unos con otros, motivado de algun desórden. ‖ met. Disturbio, inquietud ó alteracion.

REMOLLAR, v. a. *Germ.* Aforrar ó guarnecer.

REMOLLER ó REMOLLERO, s. m. ant. V. REMOLAR, por el carpintero.

REMOLLERON, s. m. *Germ.* El casco, arma que se pone en la cabeza.

REMOLON, NA, adj. Flojo, pesado, y que huye del trabajo con arte y cuidado. ‖ Dícese del diente superior del jabalí, que hace tigera con la navaja. ‖ Dícese de unos piquillos largos y agudos que se crian en las muelas del ganado caballar, mular y asnal.

REMOLONEADO, p. p. de REMOLONEARSE.

* REMOLONEAR, v. n. Tardar en hacer lo que se debe.

REMOLONEARSE, v. r. Rehusar, moverse ó detenerse en hacer ó admitir alguna cosa.

REMOLQUE, s. m. Accion y efecto de remolcar. ‖ Cuerda que se da á una embarcacion para remolcarla. ‖ Á REMOLQUE, *Náut.* REMOLCANDO alguna cosa. ‖ DAR REMOLQUE, *Náut.* V. REMOLCAR.

REMONDAR, v. a. Limpiar ó quitar segunda vez lo inútil ó perjudicial de alguna cosa.

REMONTA, s. f. *Mil.* La accion de dar nuevo caballo al soldado. ‖ La compra y solicitud que se hace para remontar la caballería. ‖ Conjunto de caballos para remontar algun cuerpo de caballería.

REMONTADO, p. p. de REMONTAR.

REMONTAMIENTO, s. m. El acto de remontarse.

REMONTAR, v. a. Ahuyentar ó espantar alguna cosa. ‖ met. Obligar á que otro se ausente. ‖ *Mil.* Volver á montar, ó dar nuevo caballo al soldado. ‖ Proveer de muchos caballos á un regimiento ó la real caballeriza. ‖ Volver á henchir y componer una silla de caballo ó mula, ó echar nuevos zapatos á las cañas de las botas.

REMONTARSE, v. r. Subir ó volar muy altas las aves. ‖ met. Encumbrarse, elevarse ó sublimarse.

REMONTE, s. m. met. Accion de encumbrarse ó elevarse.

REMONTISTA, s. m. El comisionado por algun cuerpo de caballería ó por la real caballeriza para la compra de caballos.

REMOQUE, s. m. Palabra picante.

REMOQUETE, s. m. El moquete ó puñada que se dan unos á otros. ‖ met. Dicho agudo y salado. ‖ fam. Cuidado ó galanteo.

REMOR, s. m. ant. V. RUMOR.

RÉMORA, s. f. Pez de unas seis pulgadas de largo sobre una de ancho, notable por tener debajo de la mandíbula inferior una placa oval. ‖ met. Cualquier cosa que detiene, embarga ó suspende. Dícese por alusion al pez así llamado á quien atribuian los antiguos la propiedad ó virtud de detener las naves.

REMORDEDOR, RA, adj. Que remuerde, altera ó inquieta interiormente.

REMORDER, v. a. Volver á morder ó morderse uno á otro. || met. Inquietar, alterar ó desasosegar interiormente.

REMORDERSE, v. r. Manifestar con alguna accion exterior de sentimiento el que interiormente se padece.

REMORDIDO, p. p. de REMORDER.

REMORDIENTE, p. a. de REMORDER, Que remuerde.

REMORDIMIENTO, s. m. Inquietud, guerra interior ó escrúpulo que queda despues de egecutada la accion torpe ó mal hecha.

REMOSTADO, p. p. de REMOSTAR.

REMOSTAR, v. a. Echar mosto en el vino añejo.

REMOSTARSE, v. r. Mostearse la uva una con otra ántes de llegar al lagar. Dícese tambien de otras frutas. || Estar dulce el vino ó saber al mosto.

REMOSTECERSE, v. r. V. REMOSTARSE.

REMOSTECIDO, p. p. de REMOSTECERSE.

REMOSTO, s. m. Accion de remostar ó remostarse.

REMOTAMENTE, adv. Distantemente, apartadamente. || met. Sin verisimilitud ni probabilidad, sin proximidad ni proporcion inmediata de que se verifique una cosa. || met. En confuso, como me acuerdo REMOTAMENTE.

REMOTÍSIMAMENTE, adv. sup. de REMOTAMENTE.

REMOTÍSIMO, MA, adj. sup. de REMOTO.

REMOTO, TA, adj. Distante ó apartado. || met. Que no es verisímil, ó que está muy distante de suceder. || ESTAR REMOTO, met. Estar casi olvidado de alguna cosa que se supo ó aprendió.

REMOVER, v. a. Pasar ó mudar una cosa de un lugar á otro. || Quitar, apartar ú obviar algun inconveniente. || Conmover, alterar ó revolver los humores. || Deponer del empleo ó destino.

REMOVIDO, p. p. de REMOVER.

REMOVIMIENTO, s. m. El acto de remover. || Alteracion ó conmocion interior de los humores.

REMOZADO, p. p. de REMOZAR.

REMOZAR, v. a. Rejuvenecer.

REMPUJADO, p. p. de REMPUJAR.

REMPUJAR, v. a. Dar un golpe ó empellon, con que movemos á otro de su lugar. || met. Llevar adelante su pensamiento ó resolucion á pesar de los obstáculos que se oponen. || *Mont.* Acercarse á la caza para que huya á cierto y determinado parage.

REMPUJO, s. m. Fuerza ó resistencia que se hace con cualquiera cosa. || REMPUJE de las fábricas y paredes.

REMPUJON, s. m. El golpe ó empellon que se da á otro para moverle del lugar en que está.

* REMUDA, s. f. La accion y efecto de remudar y remudarse.

REMUDADO, p. p. de REMUDAR.

REMUDAMIENTO, s. m. Acto y efecto de remudar.

REMUDAR, v. a. Poner una persona ó cosa en lugar de otra.

REMUGADO, p. p. de REMUGAR.

REMUGAR, v. a. *Ar.* V. RUMIAR.

REMULLIDO, p. p. de REMULLIR.

REMULLIR, v. a. Mullir mucho.

REMUNERACION, s. m. Accion y efecto de remunerar. || Recompensa, premio ó reconocimiento.

REMUNERADO, p. p. de REMUNERAR.

REMUNERADOR, RA, s. m. y f. El que remunera.

REMUNERAR, v. a. Recompensar, premiar ó galardonar.

REMUNERATORIO, RIA, adj. Que se hace ó da en premio de algun beneficio recibido.

REMUSGAR, v. n. Barruntar ó sospechar.

REMUSGO, s. m. El ambiente algo frio y penetrante.

REMUSGUILLO, s. f. d. de REMUSGO.

REN, s. m. amb. ant. V. RIÑON.

RENACER, v. n. Volver á nacer, ó nacer de nuevo. || met. Adquirir por el bautismo la vida de la gracia.

RENACIDO, p. p. de RENACER.

RENACIMIENTO, s. m. El acto de renacer.

RENACUAJO, s. m. El embrion de la rana ó su cria cuando sale del huevo. || met. El hombre pequeño, mal tallado y enfadoso.

RENADÍO, s. m. La tierra que habiéndose segado en berza vuelve á retoñar.

RENAL, adj. ant. Que pertenece á los riñones.

RENCILLA, s. f. Cuestion ó riña de que queda algun encono.

RENCILLOSO, SA, adj. Inclinado á rencillas ó cuestiones.

RENCIONAR, v. a. ant. Causar rencillas, pendencias ó riñas.

RENCO, CA, adj. Se aplica al que está cojo por lesion de las caderas.

RENCOR, s. m. Enemistad antigua, ira envejecida.

RENCORIOSO, SA, adj. V. RENCOROSO.

RENCOROSAMENTE, adv. Con rencor.

RENCOROSO, SA, adj. Que tiene ó guarda rencor.

RENCOSO, adj. Se dice del cordero que tiene una criadilla dentro y otra fuera.

RENCURA, s. f. ant. V. RENCOR.

RENCURARSE, v. r. ant. V. QUERELLARSE.

RENCUROSO, SA, adj. ant. Que se querella de algun daño ó agravio.

RENDA, s. f. La segunda cava ó labor de las viñas. || ant. V. RENTA.

RENDADO, p. p. de RENDAR.

RENDAGE, s. m. Conjunto de riendas y otras guarniciones y jaeces.

RENDAJO, s. m. V. ARRENDAJO.

RENDAR, v. a. Cavar ó labrar segunda vez las viñas.

RENDER, v. a. ant. Rendir, entregar.

RENDICION, s. f. Accion y efecto de rendir. || Rédito, producto ó utilidad que rinde alguna cosa. || ant. Precio en que se redime ó rescata.

RENDIDAMENTE, adv. Con sumision y rendimiento.

RENDIDÍSIMAMENTE, adv. sup. de RENDIDAMENTE.

RENDIDÍSIMO, MA, adj. sup. de RENDIDO.

RENDIDO, p. p. de RENDIR.

RENDIJA, s. f. Hendedura, raja ó abertura larga, mas ó ménos angosta, que en un cuerpo, atraviesa de parte á parte.

RENDIMIENTO, s. m. Accion y efecto de rendir ó rendirse. || Fatiga, cansancio, descaecimiento de las fuerzas. || Sumision, subordinacion ó sujecion. || Obsequiosa expresion de la sujecion á la voluntad de otro en órden á servirle ó complacerle. || Rédito, producto ó utilidad.

RENDIR, v. a. Vencer, sujetar, obligar á las tropas, plazas ó embarcaciones enemigas, etc., á que se entreguen. || Sujetar, someter alguna cosa al dominio de otro. || Ceder á los trabajos, dificultades, súplicas, amenazas, etc. || Reintegrar ó adjudicar á alguno lo que le toca. || Dar fruto ó utilidad. || Cansar, fatigar, vencer. || Vomitar ó volver la comida. || Junto con algunos nombres toma la significacion del nombre que se le añade. || *Mil.* Entregar, pasar al cuidado ó vigilancia de otro. || *Náut.* Romperse ó hendirse algun palo, mastelero ó vesga. || ant. Dar, entregar una cosa á otro.

RENDON (DE), ant. V. DE RONDON.

RENDUDO, seg. p. p. ant. irreg. de RENDIR.

RENE, s. m. ant. V. RIÑON.

RENEGADO, p. p. de RENEGAR. || RENEGADO, DA, adj. Que renuncia la ley de Jesucristo. || Dícese del hombre desesperado de condicion y maldiciente.

RENEGADO, s. m. Juego del hombre entre tres, en que se reparten nueve cartas á cada uno.

RENEGADOR, RA, s. m. y f. El que reniega, blasfema ó jura frecuentemente.

RENEGAR, v. a. Negar con instancia alguna cosa. || Detestar, abominar una cosa.

RENEGAR, v. n. Pasarse de una religion ó culto á otro. || Blasfemar, prorumpir en injurias ó desesperaciones.

* RENGÍFERO, s. m. Quadrúpedo de la Noruega parecido al ciervo.

RENGLADA, s. f. ant. V. RIÑONADA.

RENGLE, s. m. ant. V. RINGLERA.

RENGLERA, s. f. ant. V. RINGLERA.

RENGLON, s. m. La serie de letras ó escritura en linea recta ó en regla. || met. Parte de renta, utilidad ó beneficio que tiene alguno. || RENGLONES, pl. Los escritos ó lo expresado por ellos. || DEJAR ENTRE RENGLONES, Ó QUEDARSE ENTRE RENGLONES, Olvidarse ó no acordarse de alguna cosa que se debia tener presente.

RENGLONADURA, s. f. Las lineas estampadas con la pauta, señaladas con el plomo, lápiz, etc., en el papel.

RENGO, GA, adj. Lastimado, lisiado ó desgobernado de las renes ó caderas. || DAR CON LA DE RENGO, fam. Engañar á alguno despues de haberle entretenido con esperanzas. || HACER LA DE RENGO, fam. Fingir enfermedad ó lesion para excusarse del trabajo.

RENIEGO, s. m. Especie de execracion, desesperacion ó blasfemia.

RENITENCIA, s. f. Repugnancia,

violencia ú oposicion en egecutar ó admitir alguna cosa.

RENOMBRADO, p. p. de RENOMBRAR. ‖ RENOMBRADO, DA, adj. Célebre, famoso.

RENOMBRAR, v. a. ant. Nombrar, llamar, dar nombre. ‖ ant. Apellidar ó dar algun apellido ó sobrenombre.

RENOMBRE, s. m. El apellido ó sobrenombre propio. ‖ El epiteto de gloria ó fama que se adquiere ó da á alguno por sus acciones.

RENOVACION, s. f. Accion y efecto de renovar. ‖ met. Mudanza ó trasformacion de una cosa del estado ó ser que tenia á otro mas perfecto. ‖ La accion de consumir el sacerdote las formas antiguas, y consagrar otras de nuevo.

RENOVADO, p. p. de RENOVAR.

RENOVADOR, RA, s. m. y f. El que renueva.

RENOVAMIENTO, s. m. ant. V. RENOVACION.

RENOVANTE, p. a. de RENOVAR, Que renueva.

RENOVAR, v. a. Hacer como de nuevo una cosa, restituirla á aquel estado que tenia. ‖ Empezar de nuevo alguna cosa, que por alguno tiempo se habia interrumpido. ‖ Remudar, poner de nuevo ó reemplazar. ‖ Pulir, mejorar ó dar lustre á alguna cosa que se habia envegecido. ‖ Trocar una cosa vieja ó que ya ha servido por otra nueva. ‖ Reiterar ó publicar de nuevo. ‖ Consumir el sacerdote las formas antiguas, y consagrar otras de nuevo.

RENOVERO, RA, adj. Usurero, logrero.

RENOVERO, s. m. Ropavejero ó remendon.

RENQUEAR, v. n. Andar como renco, meneándose á un lado y otro.

RENTA, s. f. Utilidad ó beneficio que rinde anualmente alguna cosa. ‖ Lo que paga en dinero ó en frutos un arrendatario. ‖ RENTA CRECIENTE Ó MENGUANTE, La que admite en su arrendamiento aumento ó minoracion en su anual valor y producto. ‖ RENTA DE SACAS, Cierto impuesto. ‖ RENTA GENERAL, La que se cobra en todo el reino. ‖ RENTA PROVINCIAL, La que comprende los tributos regulares con que contribuye una provincia. ‖ RENTA RENTADA, La que no es eventual, sino fija y segura. ‖ Á RENTA, En arrendamiento. ‖ COMPONER TANTO DE RENTA, fam. Juntar cierta cantidad de varias rentas ó emolumentos. ‖ CONSTITUIR RENTA VIAGERA Ó VITALICIA, Enagenar una cantidad á favor del banco de vitalicios ó fondo perdido, bajo la paga de réditos durante la vida del que constituye la renta. ‖ HACER RENTAS Ó LAS RENTAS, Arrendarlas publicándolas, pregonándolas. ‖ MEJORAR LAS RENTAS, Pujarlas. ‖ METERSE EN LA RENTA DEL EXCUSADO, Se aplica á los que se meten en lo que no les importa.

RENTADO, p. p. de RENTAR.

RENTAR, v. a. Producir ó rendir beneficio ó utilidad anualmente alguna cosa.

RENTERA, s. f. La muger del rentero.

RENTERÍA, s. f. La tierra ó pago que está tomado á renta.

RENTERO, RA, s. m. y f. El colono que tiene en arrendamiento alguna posesion. ‖ El que toma á renta alguna hacienda. ‖ El que pone la renta ó la arrienda.

RENTILLA, s. f. d. de RENTA. ‖ Juego de naipes, en que se reparte una carta á cada uno de los que juegan. ‖ Cierta especie de juego que se hace con seis dados. ‖ SIETE RENTILLAS, Ciertas rentas á ramos de ellas, que por no ser de mucha entidad se arriendan todas juntas.

RENTO, s. m. Casa de labranza con sus tierras, dehesas y aperos. ‖ Renta ó pago con que contribuye anualmente el labrador ó el colono.

RENTOY, s. m. Juego de naipes que se juega de compañeros entre dos, cuatro, seis, y á veces entre ocho personas.

RENUENCIA, s. f. Contradiccion ó repugnancia que se tiene á hacer ó asentir á alguna cosa, demostrándolo con el semblante.

RENUEVO, s. m. El vástago que echa el árbol despues de podado ó cortado. ‖ El arbolito nuevo recien plantado ó para plantar. ‖ El plantel de arbolitos nuevos. ‖ V. RENOVACION. ‖ V. REMUDA. ‖ ant. V. LOGRO Ó USURA.

RENUNCIA, s. f. Acto de renunciar. ‖ El mismo instrumento que contiene la renuncia. ‖ Dejacion voluntaria, dimision ó apartamiento de una cosa que se posee, ó del derecho á ella.

RENUNCIABLE, adj. Que se puede renunciar. ‖ Aplícase al oficio que se adquiere con facultad de trasferirle á otro por renuncia.

RENUNCIACION, s. f. V. RENUNCIA. ‖ RENUNCIACION SIMPLE, La que se hace plenariamente sin reservar ni frutos ni título.

RENUNCIADO, p. p. de RENUNCIAR.

RENUNCIAMIENTO, s. m. V. RENUNCIA.

RENUNCIANTE, p. a. de RENUNCIAR, Que renuncia.

RENUNCIAR, v. a. Hacer dejacion voluntaria, dimision ó apartamiento de lo que se tiene, ó del derecho y accion que se puede tener. || No querer admitir ó aceptar alguna cosa que se propone ó dice. || Despreciar ó abandonar. || En los juegos de naipes no servir al palo que se juega teniendo carta de él.

* RENUNCIARIO, s. f. Aquel á favor de quien se hace una renuncia. || RENUNCIARSE Á SI MISMO, No hacer su propia voluntad, privarse enteramente de hacer ó dejar de hacer lo que gusta.

RENUNCIATARIO, s. m. Aquel á cuyo favor se ha hecho alguna renuncia.

RENUNCIO, s. m. La falta en que se incurre en el juego de naipes no sirviendo al palo que se juega. || met. y fam. El acto ó dicho contrario á lo que se debia esperar de alguno.

REÑIDÍSIMO, MA, adj. sup. de reñido.

REÑIDO, p. p. de REÑIR. || REÑIDO, DA, adj. Se dice del que está enojado con otro ó negado á su comercio.

REÑIDOR, RA, s. m. y f. La persona que riñe ó es amiga de reñir.

REÑIR, v. n. y a. Contender ó disputar altercando de obra ó de palabra. || Reprender ó corregir con algun rigor ó amenaza.

REÑIR, v. a. Controvertir alguna especie, ventilar algun punto ó materia con razones y argumentos muy fuertes y eficaces.

REÑON, s. m. ant. RIÑON.

REO, s. m. El que ha cometido algun delito por el que se hizo digno de castigo. || for. El demandado en juicio civil ó criminalmente á distincion del actor. || La serie ú órden de las cosas que se continúan. || Pez de rios muy comun en todas las del océano de España. || REO DE ESTADO, El que ha cometido algun grave delito contra el soberano ó la patria.

REO, EA, adj. ant. Criminoso, culpable.

REOCTAVA, s. f. V. OCTAVILLA.

REOCTAVADO, p. p. de REOCTAVAR.

REOCTAVAR, v. a. Sacar la reoctava ú octava parte de la otra octava, que por derecho de la sisa se habia exigido para la real hacienda.

REOJO (MIRAR DE), Mirar disimuladamente dirigiendo la vista por encima del hombro. || met. Mirar con desprecio ó enfado.

REPACER, v. a. Apurar el ganado la yerba que pasta.

REPACIDO, p. p. de REPACER.

REPADECER, v. a. y n. Padecer mucho.

REPAGADO, p. p. de REPAGAR.

REPAGAR, v. a. Pagar mucho ó con exceso alguna cosa.

REPAJO, s. m. Sitio cerrado con arbustos ó plantas.

REPANTIGADO, p. p. de REPANTIGARSE.

REPANTIGARSE, v. r. Arrellanarse en el asiento, y extenderse para mayor comodidad.

REPAPILADO, p. p. de REPAPILARSE.

REPAPILARSE, v. r. Llenarse de comida saboreándose y relamiéndose con ella.

REPARABLE, adj. Que se puede reparar ó remediar.

REPARACION, s. f. El acto de reparar en el sentido de renovar ó mejorar. || En las escuelas acto literario y egercicio que hacen en ellas los estudiantes.

REPARADA, s. f. Movimiento extraordinario que hace el caballo apartando de pronto el cuerpo, porque se espanta ó por picardía.

REPARADO, p. p. de REPARAR.

REPARADOR, RA, s. m. y f. El que repara ó mejora alguna cosa. || El que repara con frecuencia y nimiedad.

REPARAMIENTO, s. m. V. REPARO Ó REPARACION.

REPARAR, v. a. Componer, aderezar ó enmendar el menoscabo. || Mirar con cuidado alguna cosa. || Atender, considerar ó reflexionar. || En lo moral vale emendar, corregir ó remediar. || Suspenderse ó detenerse por razon de algun inconveniente ó embarazo. || Oponer alguna defensa contra el golpe para librarse de él. || Defender, resguardar ó precaver algun daño ó perjuicio. || Tomar aliento ó vigor, recuperarse ó recobrarse de algun accidente. || Llaman los vaciadores dar la última mano á sus obras para quitarles los defectos que sacan de los moldes.

REPARAR, v. n. Pasarse, detenerse ó hacer alto en alguna parte.

REPARARSE, v. r. Contenerse ó reportarse.

REPARATIVO, VA, adj. Que repara ó tiene virtud de reparar.

REPARO, s. m. Restauracion, recuperacion ó remedio. || La obra que se hace en las fábricas ú otras cosas que padecen alguna ruina, ó tienen necesidad de componerse ó renovarse. || La inspeccion cuidadosa de alguna cosa. || Advertencia, consideracion ó reflexion que se pone en lo que se dice ó hace. || Duda, dificultad ó inconveniente que ocurre sobre la materia que se trata. || El confortante que se pone en el estómago al enfermo para dar vigor y fortalecer. || Cualquiera cosa que se pone por defensa ó reparo.

REPARTIBLE, adj. Que se puede repartir.

REPARTICION, s. f. Accion y efecto de repartir ó distribuir.

REPARTIDAMENTE, adv. Por partes, en diversas porciones.

REPARTIDERO, RA, adj. Que se ha de repartir.

REPARTIDO, p. p. de REPARTIR.

REPARTIDOR, RA, s. m. y f. El que reparte ó distribuye. || La persona diputada para repartir.

REPARTIMIENTO, s. m. La division que se hace de una cosa para distribuirla por partes. || El mismo instrumento en que consta lo que á cada uno se ha repartido. || Contribucion ó carga con que se grava á uno.

REPARTIR, v. a. Distribuir una cosa dividiéndola por partes. || Dar ó franquear gracias ó favores. || Cargar alguna contribucion ó gravámen por partes. || || Distribuir entre dos ó mas alguna cosa.

REPASADERA, s. f. Instrumento de madera de que usan los que trabajan en madera para sacar en grueso los perfiles.

REPASADO, p. p. de REPASAR.

REPASADORA, s. f. La muger que se ocupa en repasar ó carmenar la lana.

REPASAR, v. a. y n. Volver á pasar por un mismo sitio ó lugar. || Esponjar y limpiar la lana despues de teñida para cardarla. || Volver á mirar, examinar ó registrar una cosa para asegurarse ó emendar el error que hubiese en ella. || Volver á explicar la leccion. || Volver á recorrer lo que se ha estudiado para asegurarse en ello. || Poner á calentar un poco la ropa á fin de que se enjugue. || Recoser, dar pasos á la ropa traida y clara. || Entre mineros revolver y menear la mezcla del azogue y metal para beneficiarle.

REPASATA, s. f. fam. Reprension, correccion.

REPASO, s. m. Acto y efecto de repasar. || El estudio ligero que se hace de lo que se tiene visto ó estudiado. || El reconocimiento de alguna cosa despues de hecha para ver si le falta algo. || Reprension ó castigo.

REPASTADO, p. p. de REPASTAR.

REPASTAR, v. a. Volver á pastar ó á dar pasto.

REPASTO, s. m. El pasto añadido al ordinario ó regular.

REPATRIAR, v. n. Volver ó restituirse á su patria.

REPEANA, s. f. ant. La segunda peana.

REPECHADO, p. p. de REPECHAR.

REPECHAR, v. a. y n. Subir por alguna cuesta ó repecho, ir cuesta arriba.

REPECHO, s. m. Cuesta bastante pendiente y no larga.

REPEDIDO, p. p. de REPEDIR.

REPEDIR, v. a. Volver á pedir y suplicar con mucha instancia.

REPELADO, p. p. de REPELAR. || REPELADA, adj. V. RASALADA.

REPELAR, v. a. Sacar ó arrancar el pelo de la cabeza. || Hacer dar al caballo una carrera corta. || Cortar la parte superior de la yerba con las manos ó con los dientes, como lo hace el ganado. || met. Tomar de una cosa poco á poco, por partes ó porciones.

REPELIENTE, p. a. de REPELER, y s. m. Que tiene virtud de repeler ó arrojar.

REPELER, v. a. Arrojar, lanzar ó echar de sí con algun impulso ó violencia. || Rechazar, contradecir

REPELIDO, p. p. de REPELER.

REPELLADO, p. p. de REPELLAR.

REPELLAR, v. a. Arrojar pelladas de yeso ó cal á la pared que se está fabricando ó reparando.

REPELO, s. m. Parte pequeña de cualquiera cosa que se levanta contra el natural, y sirve de embarazo. || Lo que no va al pelo. || Espira ó linea torcida que forman las fibras de alguna madera. || met. Riña ó encuentro ligero.

met. Repugnancia, desabrimiento que se muestra al egecutar alguna cosa.

REPELON, s. m. El tiron que se da del pelo, especialmente de la cabeza. || En las medias la hebra que saliendo encoge los puntos que estan inmediatos. || met. Porcion pequeña que se toma ó saca de una cosa, como arrancándola. || met. La carrera pronta y fuerte que da el caballo. || met. Tropezon ó golpe ligero. || Á REPELONES, Esplica que una cosa se va tomando ó disipando poco á poco. || BATIR DE REPELON, *Man.* Herir al caballo con las espuelas, corriendo un poco el talon de abajo arriba. || DARSE UN REPELON, met. Tener con alguno conversacion ligera. || DE REPELON, Sin detenerse ó ligeramente.

REPELOSO, SA, adj. Se aplica á la madera que al labrarla levanta pelos. || met. Quisquilloso, rencilloso. || met. Que es muy mirado y delicado de genio.

REPENSADO, p. p. de REPENSAR.

REPENSAR, v. a. Volver á pensar, discurrir ó reflexionar. || Pensar mucho ó con reflexion sobre alguna cosa.

REPENTE, s. m. Movimiento ó suceso súbito ó no previsto.

REPENTE, adv. ant. Repentinamente, de repente. || DE REPENTE, Prontamente, sin preparacion, ó sin discurrir ó pensar.

REPENTIDO, p. p. ant. de REPENTIRSE.

REPENTINAMENTE, adv. de REPENTE.

REPENTINO, NA, adj. Pronto, impensado, no prevenido.

REPENTIRSE, v. r. ant. V. ARREPENTIRSE.

REPENTISTA, s. m. y f. El que dice ó compone versos de repente.

REPENTON, s. m. Suceso, lance ó caso grave, que sobreviene sin pensar. || El movimiento impensado y pronto que le ocurre á alguno para egecutar alguna cosa con precipitacion.

REPEOR, adj. fam. Mucho peor.

REPERCUDIDA, s. f. La revuelta ó retroceso que hace una cosa.

REPERCUDIR, v. n. V. REPERCUTIR.

REPERCUDIR, v. a. V. REPERCUTIR.

REPERCUSION, s. f. La vuelta del movimiento de un cuerpo por tocar en otro. || Reverbero ó reflexion de la luz.

REPERCUSIVO, VA, adj. y s. m. Que tiene virtud ó eficacia de repercutir. || *Med.* y *Cir.* Aplícase á los medicamentos que tienen virtud de repercutir.

REPERCUSO, p. p. irreg. de REPERCUTIR.

REPERCUTIR, v. n. Retroceder con violencia un cuerpo herido de otro. || V. REVERBERAR Ó RESALTAR.

REPERCUTIR, v. a. *Med.* y *Cir.* Rechazar, repeler, hacer que un humor retroceda ó refluya hácia atras.

REPERTORIO, s. m. Libro abreviado ó prontuario, en que sucintamente se hace mencion de cosas notables, remitiéndose á otros escritos.

REPESADO, p. p. de REPESAR.

REPESAR, v. a. Volver á pesar una cosa para asegurarse de la fidelidad del primer peso.

REPESO, s. m. Accion y efecto de repesar. || El lugar que se tiene destinado para repesar. || El encargo de repesar. || DE REPESO, Con todo el peso de una mole ó cuerpo. || met. Con toda la fuerza y eficacia de la autoridad y valimiento ó de la persuasion.

REPETENCIA, s. f. V. REPETICION.

REPETICION, s. f. Reiteracion de cualquier acto. || Discurso ó disertacion sobre alguna determinada materia que componian los catedráticos en las universidades. || *Pint.* y *Esc.* La obra de pintura ó escultura ó parte de ella repetida por el mismo autor original. || En algunas universidades el acto literario que se tiene ántes del egercicio secreto para recibir el grado mayor. || La leccion de hora de dicho acto. || La que compete á alguno para demandar lo indebidamente pagado ó lo que se ha tenido que pagar por otro. || En el relox, instrumento con muelle que repite todas las veces que uno quiere la hora. || V. RELOX DE REPETICION. || *Ret.* Figura en que una misma voz se repite muchas veces en un período para dar eficacia á la espresion.

REPETIDAMENTE, adv. Con repeticion.

REPETIDO, p. p. de REPETIR.

REPETIDOR, RA, s. m. y f. El que repite. || El que repasa á otro la leccion que leyó ó esplicó el maestro, ó el que toma primero á otro la leccion que le fué señalada.

REPETIR, v. a. Volver á pedir, ó pedir muchas veces ó con instancia. || Volver á hacer lo que se habia hecho, ó decir lo que se habia dicho. || for. Demandar lo indebidamente pagado, ó lo que se ha tenido que pagar por otro. || *Pint.* y *Escult.* Volver á egecutar un artífice la obra que originalmente habia

* REPRENSORIO, RIA, adj. ant. Que reprende.

REPRESA, s. f. La detencion ó estanque que se hace de una cosa. || met. La detencion y reunion de algunas cosas no materiales. || MOLER DE REPRESA, met. Se dice del que ha estado sin poder hablar por alguna circunstancia, y en llegando á lograr la ocasion habla en demasía.

REPRESADO, p. p. de REPRESAR.

REPRESALIA, s. f. Retencion de los bienes de una nacion con quien se está en guerra ó de sus individuos. || ant. V. PRENDA.

REPRESAR, v. a. Recobrar de los enemigos la embarcacion que habian apresado. || Detener ó estancar el agua corriente. || met. Detener, contener, reprimir.

REPRESARIA, s. f. V. REPRESALIA.

REPRESENTABLE, adj. Que se puede representar ó hacer visible.

REPRESENTACION, s. f. El acto de representar ó hacer presente. || Accion de representar algun drama. || El poema dramático. || Autoridad, dignidad, carácter ó recomendacion de la persona. || Figura, imágen ó idea que sustituye las veces de la realidad. || Súplica ó proposicion que se hace á los príncipes ó superiores. || for. El derecho de suceder en los bienes, herencia ó mayorazgo por la persona de otro y representándola.

REPRESENTADO, p. p. de REPRESENTAR.

REPRESENTADOR, RA, s. m. y f. El que representa. || V. COMEDIANTE.

REPRESENTANTE, p. a. de REPRESENTAR, Que representa.

REPRESENTANTE, TA, s. m. y f. COMEDIANTE, TA. || El que representa á alguna persona ausente, cuerpo ó comunidad.

REPRESENTAR, v. a. Hacer presente. || Informar, declarar ó referir. || Manifestar uno en lo exterior alguna cosa que hay ó que le parece. || Recitar en público alguna historia ó tragedia, fingiendo sus verdaderas personas. || Subrogarse en los derechos, autoridad ó bienes de otro. || Ser imágen ó símbolo de alguna cosa, ó imitarla perfectamente. || ant. V. PRESENTAR.

REPRESENTATIVO, VA, adj. Que sirve para representar otra cosa.

REPRESION, s. f. Accion y efecto de represar ó represarse.

REPRIMENDA, s. f. V. REPRENSION.

REPRIMIDO, p. p. de REPRIMIR.

REPRIMIR, v. a. Contener, refrenar, templar ó moderar.

REPROBABLE, adj. Digno de reprobacion o que puede reprobarse.

REPROBACION, s. f. Accion y efecto de reprobar. || *Teol.* Proposito de la voluntad divina que excluye de los cielos á los que no ha querido librar de la perdicion. || *Teol.* Decreto de la voluntad divina que condena á las penas del infierno á los que conoció desde la eternidad que habian de morir en pecado mortal.

REPROBADAMENTE, adv. Con reprobacion.

REPROBADÍSIMAMENTE, adv. sup. de REPROBADAMENTE.

REPROBADÍSIMO, MA, adj. sup. de REPROBADO.

REPROBADO, p. p. de REPROBAR. || REPROBADO, DA, adj. V. RÉPROBO.

REPROBADOR, RA, s. m. y f. El que reprueba.

REPROBAR, v. a. Condenar, contradecir, excluir, no admitir ó no aprobar.

REPROBAR, v. a. *Teol.* Decretar la reprobacion.

REPROBATORIO, RIA, adj. Que reprueba, ó sirve para reprobar.

RÉPROBO, BA, adj. y s. El que por eterno decreto está condenado á las penas eternas.

REPROCHADO, p. p. de REPROCHAR.

REPROCHAR, v. a. Dar en rostro con alguna cosa. || Despedir, reprobar, desechar, desdeñar.

REPROCHE, s. m. ant. La accion de echar en cara alguna cosa. || ant. Falta que puede echarse en cara. || Repulsa, desden, desvio, desaire.

REPRODUCCION, s. f. La produccion que de nuevo se hace de una misma cosa, ó la restauracion de la ya deshecha ó destruida. || for. La accion de volver á hacer presente lo que antecedentemente se dijo y alegó.

REPRODUCIDO, p. p. de REPRODUCIR.

REPRODUCIR, v. a. Volver á producir. || for. Volver á hacer presente lo que antecedentemente se dijo y alegó.

* REPRODUCTIBILE, adj. m. y f. Que puede reproducirse.

REPROMISION, s. f. Promesa repetida.

* REPROPIO, s. m. Dícese de los caballos y mulos tercos y reacios, y tambien de las personas.

REPRUEBA, s. f. Nueva prueba sobre la que ya se ha dado.

REPTADO, p. p. de REPTAR.

REPTADOR, s. m. ant. V. RETADOR.

REPTAR, v. a. ant. V. RETAR.

REPTIL, s. m. Animal que ó por carecer de pies ó por tenerlos muy cortos arrastra el vientre al andar.

REPÚBLICA, s. f. Estado en que gobierna el pueblo. || Cualquier estado ó especie de gobierno político. || Estado en que gobiernan muchos. || La causa pública, el comun ó su utilidad. || REPÚBLICA LITERARIA, El conjunto de los hombres sabios y eruditos.

* REPUBLICANISMO, s. m. Zelo ardiente por el gobierno republicano.

REPUBLICANO, NA, adj. Que pertenece á la república. || Aplícase al ciudadano de una república, y al que es afecto á este género de gobierno.

REPÚBLICO, CA, adj. ant. Propio de una república ó que pertenece á ella.

REPÚBLICO, s. m. El hombre zeloso y amigo del bien público ó que trata del bien comun. || El hombre de representacion que es capaz de los oficios públicos.

REPUDIACION, s. f. Accion y efecto de renunciar ó refutar.

REPUDIADO, p. p. de REPUDIAR.

REPUDIAR, v. a. Desechar ó repeler la muger propia. || V. RENUNCIAR.

REPUDIO, s. m. Dimision de la muger propia.

REPUDRIRSE, v. r. Consumirse interiormente, incomodarse mucho una persona.

* REPUESTA, s. f. Nueva postura en el juego del hombre.

REPUESTO, p. p. irreg. de REPONER.

REPUESTO, s. m. Prevencion que se tiene para cuando sea necesario. || El aparador en que está preparado todo lo necesario para el servicio de la comida ó cena. || Cuarto donde se pone el aparador. || En el juego del hombre es la obligacion que tiene el que entra de poner tanta cantidad cuanta habia en la polla. || DE REPUESTO, V. DE PREVENCION.

REPUGNADO, p. p. de REPUGNAR.

REPUGNANCIA, s. f. Oposicion ó contradiccion entre dos cosas. || Tedio, aversion á las cosas ó personas. || Aversion ó resistencia que se siente á consentir ó hacer alguna cosa. || *Filos.* Incompatibilidad de dos atributos ó cualidades en una misma cosa.

REPUGNANTE, p. a. de REPUGNAR, Que repugna.

REPUGNANTEMENTE, adv. Con repugnancia.

REPUGNANTÍSIMO, MA, adj. sup. de REPUGNANTE.

REPUGNAR, v. a. Tener oposicion una cosa á otra. || Contradecir ó negar una cosa. || Hacer de mala gana ó admitir con dificultad alguna cosa. || *Filos.* Implicar ó no poderse verificar una cosa de otra.

REPULGADO, p. p. de REPULGAR. || REPULGADO, DA, adj. V. AFECTADO.

REPULGAR, v. a. Retorcer la orilla de un tegido, con el dedo pulgar y coserla. || Hacer repulgos y labores en las cosas de pasta.

REPULGO, s. m. La torcedura que se hace á un tegido cosido con hilo ó seda á pespunte ó vainilla. || La gracia y adorno exterior que hacen á las empanadas ó pasteles al rededor de las masas. || REPARAR EN REPULGOS DE EMPANADA, met. y fam. Detenerse ó asirse de cosas de poca importancia.

REPULIDO, p. p. de REPULIR. || REPULIDO, DA, adj. Acicalado, peripuesto.

REPULIR, v. a. Volver á pulir, pulir de nuevo. || met. Acicalar, componer con demasiada afectacion.

REPULLO, s. m. Especie de encogida ó corcovo que se da por temor ó susto. || V. REHILETE, flechilla. || met. Demostracion exterior y violenta de la sorpresa que causa algun suceso inesperado. || *Germ.* El acetre.

REPULSA, s. f. Desprecio ó denegacion de lo que se pide.

* REPULSADO, p. p. de REPULSAR.

REPULSAR, v. a. Desechar, repeler ó despreciar una cosa, negar lo que se pide ó pretende.

REPULSION, s. f. *Fis.* Accion ó efecto de repeler. || V. REPULSA.

REPULSIVO, VA, adj. Que tiene accion ó virtud de repulsar.

REPULSO, p. p. irreg. ant. de REPELER.

REPUNTA, s. f. V. PUNTA Ó CABO DE TIERRA. || Cosa muy corta, pequeña porcion ó parte mínima. || Desazon, quimera ó reencuentro.

REPUNTADO, p. de REPUNTAR.

REPUNTAR, v. n. *Náut.* Empezar la mar á moverse para la creciente.

REPUNTARSE, v. r. Empezar á volverse el vino, tener punta de vinagre. || Desazonarse, indisponerse ligeramente una persona con otra.

REPURGADO, p. p. de REPURGAR.

REPURGAR, v. a. Volver á limpiar ó purificar una cosa.

REPUTACION, s. f. Fama y crédito en que está alguno por sus prendas ó acciones.

REPUTADO, p. p. de reputar.

REPUTANTE, p. a. de REPUTAR, Que reputa.

REPUTAR, v. a. Estimar, juzgar ó hacer concepto del estado ó calidad de alguna cosa. ‖ V. APRECIAR.

REQUEBRADILLO, LLA, adj. d. de REQUEBRADO.

REQUEBRADO, p. p. de REQUEBRAR.

REQUEBRADOR, s. m. El que requiebra.

REQUEBRAR, v. a. ant. Volver á quebrar en piezas mas menudas lo que estaba ya quebrado. ‖ met. Galantear, cortejar á una dama, decir requiebros.

REQUEJAMIENTO, s. m. ant. V. QUEJA Ó SENTIMIENTO.

REQUEJAR, v. a. ant. V. QUEJARSE Ó DARSE POR SENTIDO.

REQUEMADO, p. p. de REQUEMAR. ‖ REQUEMADO, DA, adj. Que está de color oscuro denegrido, especialmente por haber estado mucho al sol. ‖ Dícese de un género de tegido delgado muy negro y con cordoncillo, sin lustre, de que se hacian mantos.

REQUEMAMIENTO, s. m. V. REQUEMO.

REQUEMANTE, p. a. de REQUEMAR.

REQUEMAR, v. a. Volver á quemar ó tostar con exceso. ‖ Sacar el jugo de las plantas haciéndoles perder su verdor. ‖ V. RESQUEMAR. ‖ Hablando de la sangre ó de los humores del cuerpo humano encenderlos excesivamente.

REQUEMARSE, v. r. Sentir interiormente y sin explicarse.

REQUEMAZON, s. f. V. RESQUEMO.

REQUERIDO, p. p. de REQUERIR.

REQUERIDOR, s. m. El que requiere.

REQUERIMIENTO, s. m. for. Acto judicial por el cual se amonesta que se haga ó se deje de egecutar alguna cosa. ‖ Intimacion, aviso ó noticia que se pasa á uno con autoridad pública.

REQUERIR, v. a. Intimar, avisar ó hacer saber alguna cosa con autoridad pública. ‖ Reconocer ó examinar el estado en que se halla alguna cosa. ‖ Necesitar ó ser necesario. ‖ Acudir ó suministrar alguna cosa. ‖ Solicitar, pretender, explicar su deseo ó pasion amorosa. ‖ Inducir, persuadir.

REQUESON, s. m. Coagulacion de las partes mantecosas y caseosas de la leche. ‖ La segunda cuajada que se saca del residuo de la leche despues de hecho el queso.

REQUESONARSE, v. r. Cortarse la leche, y empezar á hacerse requeson.

REQUIBRE, s. m. V. REQUIEBRO.

REQUIEBRO, s. m. El dicho ó palabra dulce, amorosa, atractiva, con que se expresa la terneza del amor. ‖ El quiebro ó trinado que se hace en la voz cuando se canta.

REQUINTADO, p. p. de REQUINTAR.

REQUINTADOR, RA, s. m. y f. El que requinta.

REQUINTAR, v. a. Pujar la quinta parte en los arrendamientos despues de rematados y quintados. ‖ met. Sobrepujar, exceder, aventajar mucho. ‖ *Mús.* Subir ó bajar cinco puntos una cuerda ó tono.

REQUINTO, s. m. Segundo quinto que se saca de una cantidad de que se habia extraido ya la quinta parte. ‖ La puja de quinta parte que se hace en los arrendamientos despues de haberse rematado y quintado. ‖ Servicio extraordinario que se impuso á los Indios del Perú y en algunas otras provincias.

REQUISA, s. f. Visita y reconocimiento de los presos y prisiones que por el dia y por la noche repite el carcelero.

REQUISICION, s. f. for. ant. V. REQUERIMIENTO.

REQUISITO, p. p. irreg. de REQUERIR.

REQUISITO, s. m. La circunstancia ó condicion que se requiere para alguna cosa.

REQUISITORIO, RIA, adj. y s. Se aplica al despacho de un juez á otro, en que le requiere, con el término que se debe, egecute algun mandamiento suyo.

RES, s. f. Animal cuadrúpedo de algunas especies. ‖ RES DE VIENTRE, La res paridera en los rebaños, vacadas, etc.

RESABER, v. a. Saber muy bien una cosa.

RESABER, v. n. Ser demasiadamente bachiller, causando enfado con lo que dice al que le oye.

RESABIADO, p. p. de RESABIAR.

RESABIAR, v. a. Hacer tomar algun vicio ó mala costumbre.

RESABIARSE, v. r. Disgustarse ó desazonarse. ‖ V. SABOREARSE.

RESABIDO, p. p. de RESABER. ‖ RESA-

BIDO, DA, adj. Que se precia de muy sabio y entendido.

RESABIO, s. m. El sabor desagradable que deja alguna cosa. || Vicio ó mala costumbre que se toma ó adquiere. || met. ant. Disgusto.

RESACA, s. f. El movimiento que hace la onda del agua cuando se retira volviendo de la orilla ó playa.

RESACAR, v. a. ant. V. SACAR.

RESALADO, DA, adj. Se aplica á la persona que tiene mucha sal, chiste, gracia y meneo.

RESALIDO, p. de RESALIR.

RESALIR, v. n. *Arq.* Salir afuera ó al aire en los edificios ú otras cosas.

RESALTAR, v. n. Rechazar ó dar segundo bote ó salto un cuerpo. || Saltar, despegarse ó disminuirse un cuerpo que estaba pegado á otro. || Sobresalir en parte algun cuerpo en otro en los edificios ú otras cosas. || met. Venir prontamente alguna cosa á los ojos por singularidad.

RESALTE, s. m. La parte que sobresale de las demas en alguna cosa. || *Arq.* V. RESALTO.

RESALTO, s. m. El rechazo ó repercusion que hace un cuerpo dando en otro de mayor consistencia. || *Arq.* La parte que sobresale de la línea principal. || Lo que sobresale algo en una superficie que debia ser plana. || *Mont.* Modo de cazar al jabalí.

RESALUDADO, p. p. de RESALUDAR.

RESALUDAR, v. a. Corresponder á la salutacion, cortesía ó atencion de otro.

RESALUTACION, s. f. Correspondencia á la cortesía ó salutacion que otro hace.

RESARCIMIENTO, s. m. Accion y efecto de resarcir.

RESARCIR, v. a. Indemnizar, reparar, compensar un daño, perjuicio ó agravio.

RESBALADERO, s. m. Lugar expuesto á que alguno se deslice y caiga.

RESBALADERO, RA, adj. V. RESBALADIZO, 2ª A. || met. Que expone á incurrir en alguna falta.

RESBALADIZO, ZA, adj. Que resbala ó escurre fácilmente. || Aplícase al parage en que está expuesto alguno á resbalarse.

RESBALADOR, RA, s. m. y f. El que resbala.

RESBALADURA, s. f. La señal ó huella que queda de haber resbalado.

RESBALAMIENTO, s. m. V. RESBALON.

RESBALANTE, p. a. de RESBALAR. Que resbala ó se desliza.

RESBALAR, v. n. Escurrir ó deslizarse una cosa, irse los pies. || met. Faltar á su obligacion, ó caer en alguna culpa ó cometer algun desliz.

RESBALON, s. m. El acto de resbalar ó el principio de la caida. || met. Caida ó desliz en algun delito ó culpa.

RESBALOSO, SA, adj. V. RESBALADIZO. || V. RESBALADERO.

RESCALDADO, p. p. de RESCALDAR.

RESCALDAR, v. a. V. ESCALDAR.

RESCALDO, s. m. ant. V. RESCOLDO.

RESCATADO, p. p. de RESCATAR.

RESCATADOR, RA, s. m. y f. El que rescata.

RESCATAR, v. a. Recobrar por precio lo que el enemigo ha robado, ó lo que pasó á agena mano. || Cambiar ó trocar una cosa por otra. || Redimir la vejacion, libertar del trabajo ó contratiempo.

RESCATE, s. m. Recobro ó redencion por precio de lo que robó el enemigo, ó de lo que está en poder de otro. || El mismo dinero con que se redime ó rescata. || Cambio ó permuta.

RESCAZA, s. f. Pescado, V. ESCORPINA.

RESCINDIDO, p. p. de RESCINDIR.

RESCINDIR, v. a. Anular, invalidar algun contrato, obligacion, testamento.

RESCISION, s. f. Accion y efecto de rescindir.

RESCISORIO, RIA, adj. Que rescinde ó sirve para rescindir ó que puede rescindirse.

RESCOLDO, s. m. La ceniza caliente que conserva en sí alguna brasa muy menuda. || met. Escozor, rezelo ó escrúpulo.

RESCONTRADO, p. p. de RESCONTRAR.

RESCONTRAR, v. a. Compensar en las cuentas una partida con otra.

RESCRIBIR, v. a. Contestar, responder por escrito á algunas carta ó papel.

RESCRIPTO, s. m. Órden, mandato del príncipe.

RESCRIPTORIO, RIA, adj. Que pertenece á los rescriptos.

RESCRITO, s. m. ant. V. RESCRIPTO.

RESCUENTRO, s. m. Compensacion de una partida con otra en una cuenta.

RESECACION, s. f. Accion y efecto de resecar ó resecarse.

RESECADO, p. p. de RESECAR.

RESECAR, v. a. Secar mucho.

RESECO, CA, adj. Demasiadamente seco. || Se aplica á las personas excesivamente flacas y de pocas carnes.

RESECO, s. m. Parte seca del árbol ó arbusto. || Entre colmeneros la parte de cera que queda sin melar.

RESEGADO, p. p. de RESEGAR.

RESEGAR, v. a. Volver á segar una tierra ya segada.

RESELLADO, p. p. de RESELLAR.

RESELLANTE, p. a. de RESELLAR, Que resella.

RESELLAR, v. a. Volver á sellar.

RESELLO, s. m. El segundo sello.

RESEMBLAR, v. n. ant. Asemejarse, parecerse una cosa á otra.

RESEMBRADO, p. p. de RESEMBRAR.

RESEMBRAR, v. a. Volver á sembrar un mismo terreno ó parte de el.

RESENTIDÍSIMO, MA, adj. sup. de RESENTIDO.

RESENTIDO, p. p. de RESENTIRSE.

RESENTIMIENTO, s. m. La muestra ó seña de sentirse ó quebrantarse alguna cosa. || met. Desazon, desabrimiento ó queja que queda de algun dicho ó accion ofensiva.

RESENTIRSE, v. r. Empezar á flaquear ó sentirse una cosa. || met. Dar muestras de sentimiento ó pesar.

RESEÑA, s. f. Revista que se hace de la tropa. || La nota que se toma de las señales mas distintivas del cuerpo del hombre ó de algun animal para venir en conocimiento de ellos. || La señal que previamente anuncia ó da á entender alguna cosa.

RESEÑADO, p. p. de RESEÑAR.

RESEÑAR, v. a. Tomar ó sentar las señas de alguno para venir en conocimiento de él.

RESEQUIDO, DA, adj. Dícese de una cosa que siendo húmeda por su naturaleza, se ha vuelto seca por accidente.

RESERVA, s. f. Guarda ó custodia que se hace de alguna cosa, ó prevencion de ella para que sirva á su tiempo. || El secreto que se guarda ó encarga. || La excepcion que el superior hace de parte de las facultades que concede al inferior. || V. RESERVACION ó EXCEPCION. || met. Arte ó cautela para no descubrir el interior. || Discrecion, circunspeccion, comedimiento. || for. La declaracion que hace el juez en su sentencia para que puedan las partes deducir su derecho en distinto juicio ó de distinto modo. || La accion de reservar solemnemente el Santísimo Sacramento. || V. RESERVADO por el Sacramento. || Á RESERVA, Á escondidas, con secreto. || SIN RESERVA, Abierta ó sinceramente, con franqueza, sin disfraz.

RESERVACION, s. f. Accion y efecto de reservar.

RESERVADAMENTE, adv. Con reserva ó bajo sigilo.

RESERVADO, p. p. de RESERVAR. || RESERVADO, DA, adj. Cauteloso, detenido en manifestar su interior. || Comedido, discreto, circunspecto.

RESERVADO, s. m. El sacramento de la Eucaristía que se guarda en el sagrario.

RESERVAR, v. a. Guardar para en adelante ó para cuando sea necesario. || Dilatar para otro tiempo lo que se habia de egecutar ó comunicar al presente. || Exceptuar, dispensar de alguna ley comun. || Separar ó apartar alguna cosa de lo que se distribuye, reteniéndola para sí ó para entregarla á otro. || Retener ó no comunicar alguna cosa, ó el egercicio ó conocimiento de ella. || Encubrir, ocultar, callar. || Ocultar el Santísimo Sacramento que estaba manifiesto ó patente. || Hablando de los criados, es JUBILAR. || Se dice en algunos juegos de naipes de ciertas cartas con que no hay obligacion de servir.

RESERVARSE, v. r. Conservarse ó irse deteniendo para mejor ocasion. || Cautelarse, precaverse, guardarse, desconfiar de alguno.

RESFRIADO, p. p. de RESFRIAR.

RESFRIADO, s. m. Destemple ó indisposicion causada por la traspiracion detenida. || El riego que se da á la tierra cuando está seca para que se pueda arar. || COGER Ó COGERSE EL RESFRIADO, Restituirse á su estado natural los líquidos que se alteraron por la constipacion.

RESFRIADOR, s. m. El que resfria.

RESFRIADURA, En las caballerías RESFRIADO.

RESFRIAMIENTO, s. m. V. ENFRIAMIENTO.

RESFRIANTE, p. a. de RESFRIAR, Que resfria.

RESFRIAR, v. a. ant. V. ENFRIAR. || Refrescar, templar el calor. || met. Entibiar, templar el ardor ó fervor.

RESFRIAR, v. n. Empezar á hacer frio.

RESFRIARSE, v. r. Destemplarse el cuerpo del animal.

RESFRIO, s. m. V. RESFRIADO.

RESGADO, p. p. de RESGAR.

RESGAR, v. a. ant. V. RASGAR.

RESGUARDADO, p. p. de RESGUARDAR.

RESGUARDAR, v. a. Defender ó reparar.

RESGUARDARSE, v. r. Cautelarse, precaverse ó prevenirse contra algun dañ

RESGUARDO, s. m. La guardia y seguridad que se pone en alguna cosa. ‖ Defensa ó reparo. ‖ La seguridad que por escrito se hace en las deudas ó contratos. ‖ El cuidado de zelar que no se introduzcan géneros de contrabando ó sin pagar los derechos. ‖ El conjunto de los empleados en el cuidado de que no se introduzcan géneros de contrabando ó sin pagar los derechos.

RESIDENCIA, s. f. Morada, domicilio ó asistencia ordinaria en algun lugar. ‖ Permanencia en el lugar en que se tiene algun empleo ó ministerio para cumplir con las obligaciones que le son anejas. ‖ El espacio de tiempo de un año ó mas ó ménos que debe residir el eclesiástico en el lugar de su beneficio. ‖ La cuenta que toma un juez á otro ó á otra persona de cargo público de la administracion de su oficio. Por extension se dice de otros cargos que se hacen ó de la cuenta que se pide. ‖ El cargo ó ministerio del residente por su príncipe en alguna corte extrangera. ‖ La casa de jesuitas que no está erigida en colegio ni en profesa, ni es granja ni casa de campo. ‖ El proceso ó autos formados al residenciado.

RESIDENCIADO, p. p. de RESIDENCIAR.

RESIDENCIAL, adj. Se aplica al empleo ó ministerio que pide residencia personal.

RESIDENCIAR, v. a. Tomar cuenta á alguno de la administracion del empleo que se puso á su cargo en otras materias.

RESIDENTE, p. a. de RESIDIR, Que reside ó mora en algun lugar. ‖ adj. y s. El ministro que reside en alguna corte extrangera para los negocios de su soberano.

RESIDENTEMENTE, adv. Con ordinaria residencia ó asistencia.

RESIDIR, v. n. Morar en algun lugar ó estar de asiento en él. ‖ Estar cualquiera cosa inmaterial en una persona, etc. ‖ Asistir uno personalmente, y permanecer por tiempo determinado en el lugar por razon de su empleo, dignidad ó beneficio.

RESIDUO, s. m. Parte ó porcion que queda de algun todo.

RESIEMBRA, s. f. La siembra que se hace en un terreno sin dejarle descansar.

RESIGNA, s. f. La renuncia que se hacia del beneficio eclesiástico á favor de un sugeto determinado.

RESIGNACION, s. f. La entrega voluntaria que uno hace de sí poniéndose en las manos y voluntad de otro. V. RESIGNA.

RESIGNADAMENTE, adv. Con resignacion.

RESIGNADÍSIMO, MA, adj. sup. de RESIGNADO.

RESIGNADO, p. p. de RESIGNAR.

RESIGNANTE, p. a. de RESIGNAR, Que resigna.

RESIGNAR, v. a. Renunciar ó hacer dimision de algun beneficio eclesiástico á favor de un sugeto determinado.

RESIGNARSE, v. r. Rendirse, entregarse, humillarse á la voluntad de otro, ponerse en sus manos.

RESIGNATARIO, s. m. El sugeto en cuyo favor se hacia la resigna.

RESINA, s. f. Materia untuosa, inflamable y viscosa que sudan ciertos árboles.

RESINOSO, SA, adj Que tiene ó destila resina.

RESISA, s. f. La octava parte que se saca de la otra octava que en el vino, vinagre y aceite se habia cobrado por el derecho de la sisa.

RESISADO, p. p. de RESISAR.

RESISAR, v. a. Achicar mas las medidas ya sisadas del vino, vinagre y aceite rebajando de ellas lo correspondiente á la resisa.

RESISTENCIA, s. f. Accion y efecto de resistir.

RESISTENTE, p. a. de RESISTIR, Que resiste ó se resiste.

RESISTERO, s. m. El tiempo de medio dia hasta las dos en el verano cuando el sol hiere con mayor fuerza ‖ El calor causado por la reverberacion del sol, y el lugar en que se percibe.

RESISTIBLE, adj. c. Que pueda resistirse, aguantable, soportable.

RESISTIDO, p. p. de RESISTIR.

RESISTIDOR, RA, s. m. y f. El que resiste.

RESISTIR, v. n. Oponerse un cuerpo ó una fuerza á la accion ó violencia de otra. || Repugnar, contradecir.

RESISTIR, v. a. Tolerar, aguantar ó sufrir. ||Combatir las pasiones, deseos, etc. || Rechazar, repeler ó contrarestar.

RESISTIRSE, v. r. Bregar, forcejar.

RESMA, s. f. El mazo de veinte manos de papel.

RESOBRAR, v. n. Sobrar mucho.

RESOBRINO, NA, s. m. y f. El hijo del sobrino carnal.

RESOL, s. m. La reverberacion del sol de un cuerpo en otro.

RESOLADO, p. p. de RESOLAR.

RESOLANA, s. f. V. RESOLANO.

ZESOLANO, El sitio donde se toma el sol resguardado del viento.

RESOLAR, v. a. Volver á solar.

RESOLGAR, v. n. ant. V. RESOLLAR.

RESOLLAR, v. n. Echar el aliento con algun ruido. || Hablar. || Desembarazarse de las ocupaciones ó cuidados que omlestában.

RESOLUBLE, Que se puede resolver fácilmente.

RESOLUCION, s. f. Determinacion que se toma sobre un negocio. ||Ánimo, valor ó arresto. || Decision ó solucion de alguna duda ó dificultad. || *Med.* y *Cir.* La disipacion ó evaporacion del humor. || La disolucion de un todo por desunirse ó separarse sus partes. || Desembarazo, libertad ó despejo en decir ó hacer alguna cosa. || Análisis ó division que se hace de un compuesto en sus partes para reconocerlas cada una de por sí. || Actividad, prontitud, viveza. || Resúmen. || EN RESOLUCION, En sustancia, en suma, en pocas palabras, en resumidas cuentas, en conclusion.

RESOLUTAMENTE, adv. ant. V. RESUELTAMENTE.

RESOLUTÍSIMO, MA, adj. sup. de RESOLUTO.

RESOLUTIVAMENTE, adv. Con decision.

RESOLUTIVO, VA, adj. y s. *Med.* Que tiene virtud de disolver, disipar, dividir y atenuar los humores. || Aplícase al orden ó método en que se procede analíticamente ó por resolucion.

RESOLUTO, p. p irreg. ant. de RESOLVER. || RESOLUTO, TA, adj. V. RESUELTO. || Compendioso, abreviado, resumido. || Versado, diestro, expedito.

RESOLUTORIAMENTE, adv. Con resolucion.

RESOLUTORIO, RIA, adj. Que tiene resolucion.

RESOLVENTE, *Fis.* y *Med.* p. a. de RESOLVER, Que resuelve, disipa ó atenúa.

RESOLVER, v. a. Decidir, determinar sobre alguna materia. || Resumir, epilogar, recapitular. || Desatar alguna dificultad ó dar solucion á alguna duda. || Disolver ó dividir un todo en sus partes. || *Fis.* y *Med.* Hacer que se disipe, desvanezca, exhale ó evapore alguna cosa, dividir, atenuar. || Deshacer, destruir. || Deshacer un agente natural alguna cosa cuyas partes separa destruyendo su union. || Analizar, dividir un compuesto en sus partes ó elementos.

RESOLVERSE, v. r. Arrestarse á decir ó hacer alguna cosa. || Reducirse, venir á parar una cosa en otra.

RESOLVIENTE, *Fis.* y *Med.* p. a. ant. de RESOLVER, Que resuelve, disipa ó atenúa.

RESONACION, s. f. El sonido causado por repercusion.

RESONANCIA, s. f. Prolongacion del sonido que se va disminuyendo por grados. || *Poét.* V. CONSONANCIA.

RESONANTE, p. a. de RESONAR, Que resuena.

RESONAR, v. n. Hacer sonido por repercusion, ó sonar mucho.

RESOPLAR, v. n. Soplar con continuacion ó resollar con fuerza. || Bufar el caballo receloso, el toro ú otro animal.

RESOPLIDO, s. m. El resuello fuerte con continuacion. || Bufido del caballo, etc.

RESOPLO, s. m. V. RESOPLIDO.

RESORBER, v. a. Volver á sorber.

RESORTE, s. m. V. MUELLE, pieza de hierro. || La fuerza elástica de alguna cosa. || met. Medio de que alguno se vale para hacer ó lograr alguna cosa.

RESPALDADO, p. p. de RESPALDAR.

RESPALDAR, v. a. Sentar, notar ó apuntar alguna cosa á la espalda ó vuelta de un escrito.

RESPALDAR, s. m. V. RESPALDO.

RESPALDARSE, v. r. Inclinarse de espaldas ó arrimarse á la silla ó banco. || *Albeit.* Desconcertarse el hueso de la espalda á la caballeria.

RESPALDO, s. m. La vuelta del escrito en que se nota alguna cosa, y lo mismo que se nota. || La parte de la silla ó banco en que descansan las espaldas.

RESPECTAR, v. imp. V. RESPETAR.

RESPECTIVAMENTE, adv. Comparativamente, con relacion á otra cosa.

RESPECTIVE, adv. V. RESPECTIVAMENTE.

RESPECTIVO, VA, adj. Que conviene particularmente á alguno.

RESPECTO, s. m. La razon, relacion ó proporcion de una cosa á otra. ‖ RESPECTO Á, Ó RESPECTO DE, En comparacion, en atencion, en consideracion. ‖ AL RESPECTO, Á proporcion, á correspondencia, respectivamente.

RESPELUZADO, p. p. de RESPELUZAR.

RESPELUZAR, v. a. ant. V. DESPELUZAR.

RESPETABLE, adj. Que es digno de respeto.

RESPETADO, p. p. de RESPETAR.

RESPETADOR, RA, s. m. y f. El que respeta.

RESPETAR, v. a. Venerar, tener respeto.

RESPETAR, v. imp. Tocar, pertenecer, decir relacion ó respeto.

RESPETO, s. m. Miramiento, veneracion, acatamiento. ‖ Miramiento, consideracion, atencion, causa ó motivo particular. ‖ Cualquiera cosa que se tiene de prevencion ó repuesto. ‖ *Germ.* La espada. ‖ RESPETO Á, Ó RESPETO DE, adv. En comparacion, en consideracion ó atencion, por lo que toca á. ‖ ESTAR DE RESPETO, Estar de cumplimiento y ceremonia.

RESPETOSAMENTE, adv. Con respeto y veneracion.

RESPETOSO, SA, adj. Que causa ó mueve á veneracion y respeto. ‖ Que observa veneracion, cortesía y respeto.

RESPETUOSAMENTE, adv. V. RESPETOSAMENTE.

RESPETUOSO, SA, adj. V. RESPETOSO.

RÉSPICE, s. m. fam. Respuesta seca y desabrida ó represion corta, pero fuerte.

RESPIGADERA, s. f. La muger que va á respigar.

RESPIGADOR, s. m. El que respiga.

RESPIGAR, v. a. Ir á recoger las espigas que dejan los espigaderas.

RESPIGON, s. m. PADRASTRO en los dedos. ‖ Llaga que se hace á las caballerías en los pulpejos.

RESPINGAR, v. n. Sacudirse la bestia y gruñir porque le lastima alguna cosa ó le hace cosquillas. ‖ met. y fam. Resistir, repugnar, hacer lo que se manda gruñendo.

RESPINGO, s. m. El movimientó que hace la bestia al tirar las coces, cosquillándose y gruñendo. ‖ met. y fam. Despego, enfado ó repugnancia que tiene alguno en egecutar lo que se le manda demonstrándolo con algun movimiento.

RESPIRACION, s. f. Accion de respirar. ‖ El aire que se respira. ‖ Entrada y salida libre del aire en algun aposento ú otro lugar cerrado.

RESPIRADERO, s. m. La abertura por donde sale el aire. ‖ V. LUMBRERA, tronera. ‖ V. AYABE Ó VENTOSA. ‖ met. Alivio, descanso de alguna fatiga ó trabajo. ‖ El órgano ó conducto de la respiracion.

RESPIRANTE, p. a. de RESPIRAR, Que respira.

RESPIRAR, v. n. Atraer el aire externo al pulmon y volverle á arrojar. ‖ Exhalar, despedir de sí algun olor. ‖ met. Animarse, cobrar aliento. ‖ Tener salida ó comunicacion con el aire externo ó libre un fluido que está encerrado. ‖ Descansar, aliviarse del trabajo, salir de la opresion. ‖ Hablar. ‖ NO TENER POR DONDE RESPIRAR, met. No tener qué responder. ‖ SIN RESPIRAR, Da á entender que una cosa se ha hecho sin descanso ni intermision de tiempo.

RESPIRO, s. m. La accion de respirar. ‖ El rato que se da para descansar de la fatiga, y volver á ella con nuevo aliento. ‖ met. Tiempo ó plaza para pagar.

RESPLANDECENCIA, s. f. ant. La luz ó claridad que alguna cosa tiene en sí. ‖ met. ant. Fama, opinion ó gloria.

RESPLANDECER, v. n. Despedir rayos de luz ó lucir mucho. ‖ met. Brillar mucho por la reflexion de la luz. ‖ met. Sobresalir y aventajarse en alguna accion, virtud.

RESPLANDECIENTE, p. a. de RESPLANDECER, Que resplandece.

RESPLANDECIMIENTO, s. m. V. RESPLANDOR.

RESPLANDOR, s. m. Luz muy clara que arroja ó despide el sol ú otro cualquier cuerpo luminoso. ‖ met. El brillo de algunas cosas. ‖ Composicion con que se afeitan las mugeres. ‖ Esplendor ó lucimiento.

RESPLENDOR, s. m. ant. V. RESPLANDOR.

RESPONDEDOR, RA, s. m. y f. El que responde.

RESPONDENCIA, s. f. ant. Correspondencia, relacion de una cosa con otra.

RESPONDER, v. a. Contestar, satisfacer á lo que se pregunta ó propone. || Contestar uno al que le llama ó al que toca á la puerta. || Contestar al billete ó carta que se ha recibido. || Corresponder con su voz los animales ó aves á la de los otros de su especie ó al reclamo artificial. || Satisfacer al argumento, duda, dificultad ó demanda. || V. RENDIR Ó FRUCTIFICAR. || Se dice de las cosas inanimadas, y vale surtir el efecto que se desea ó pretende.

RESPONDER, v. n. Corresponder, guardar proporcion ó igualdad una cosa con otra. || Corresponder, repetir el eco. || Corresponder, mostrarse agradecido. || Replicar, ser respondon. || Replicar á un pedimento ó alegato. || Mirar, caer, estar situado algun lugar, edificio, etc. hácia alguna parte determinada. || Ser ó hacerse responsable de alguna cosa, salir por fiador, abonar á otro.

RESPONDIDAMENTE, adv. ant. Con proporcion, simetría ó correspondencia.

RESPONDIDO, p. p. de RESPONDER.

RESPONDIENTE, p. a. de RESPONDER, Que responde.

RESPONDON, NA, adj. Que responde mucho cuando se le manda alguna cosa.

RESPONSABLE, adj. Que está obligado á responder ó satisfacer por algun cargo.

RESPONSABILIDAD, s. f. La obligacion de reparar y satisfacer por sí ó por otro cualquiera pérdida ó daño.

RESPONSAR, v. n. Decir ó rezar responsos.

RESPONSEAR, v. n. V. RESPONSAR.

RESPONSION, s. f. ant. V. RESPUESTA. || ant. V. RESPONSABILIDAD. || ant. Correspondencia ó proporcion de una cosa con otra. || El tanto con que contribuyen al tesoro de la órden de san Juan los que disfrutan rentas en ella.

RESPONSO, s. m. El responsorio que separado del rezo se dice por los difuntos.

RESPONSORIO, s. m. Ciertas preces y versículos que se dicen en el rezo.

RESPUESTA, s. f. Satisfaccion á la pregunta, duda ó dificultad. || V. RÉPLICA. || V. REFUTACION. || La contestacion á alguna carta ó billete. || Se aplica al trueno del arcabuz ó de otra arma de fuego. || met. El eco ó voz repetida de los montes ú otros cóncavos.

RESPUESTO, seg. p. p. irreg. ant. de RESPONDER.

RESQUEBRADO, p. de RESQUEBRAR.

RESQUEBRADURA, s. f. V. HENDEDURA, GRIETA.

RESQUEBRAJADO, p. p. de RESQUEBRAJAR.

RESQUEBRAJADURA, s. f. V. HENDEDURA, GRIETA.

RESQUEBRAJAR, v. a. y n. Abrir, hender, rajar.

RESQUEBRAJO, s. m. HENDEDURA, GRIETA.

RESQUEBRAJOSO, SA, adj. Que se resquebraja ó puede resquebrajarse fácilmente.

RESQUEBRAR, v. n. Empezar á quebrarse, hendirse ó saltarse alguna cosa.

RESQUEMADO, p. p. de RESQUEMAR.

RESQUEMAR, v. a. y. n. Causar algunos alimentos ó bebidas en la lengua y paladar un calor picante y mordaz.

RESQUEMAZON, s. f. V. RESQUEMO.

RESQUEMO, s. m. Calor mordicante que producen en la lengua y paladar algunos manjares ó bebidas. || El sabor y olor desagradables que adquieren los alimentos resquemándose con el demasiado fuego.

RESQUICIO, s. m. Abertura que hay entre el quicio y la puerta, y cualquiera otra hendedura. || met. La entrada ú ocasion que se prepara para algun fin.

RESQUITADO, p. p. de RESQUITAR.

RESQUITAR, v. a. ant. Desquitar, descontar, rebajar, disminuir.

RESTA, s. f. V. RESTO. || Residuo de alguna cantidad pecuniaria.

RESTABLECER, v. a. Volver á establecer.

RESTABLECERSE, v. r. Recuperarse, repararse de alguna dolencia, daño ó menoscabo.

RESTABLECIDO, p. p. de RESTABLECER.

RESTABLECIMIENTO, s. m. Accion y efecto de restablecer ó restablecerse.

RESTADO, p. p. de RESTAR.

RESTALLAR, v. n. Chasquear, estallar alguna cosa, como la honda ó el látigo.

RESTANTE, p. a. de RESTAR, Que resta, falta ó queda.

RESTAÑADO, p. p. de RESTAÑAR.

RESTAÑADURA, s. f. Accion y

efecto de cubrir ó bañar con estaño segunda vez.

RESTAÑAR, v. a. Volver á estañar, bañar con estaño. || Estancar, parar ó detener el curso de algun liquido ó humor. || V. RESTALLAR.

RESTAÑASANGRE, s. f. Piedra, V. ALAQUECA.

RESTAÑO, s. m. Especie de tela de plata ú oro parecida á la que modernamente llaman glasé. || V. ESTANCO.

RESTAR, v. a. Sacar el residuo que queda de alguna cosa bajando alguna parte del todo. || *Arit.* Sustraer, separar un número menor de otro mayor. || En el juego de pelota es dar á la pelota volviéndola al que saca. || ant. V. ARRESTAR.

RESTAR, v. n. Faltar, sobrar, quedar de mas.

RESTAURACION, s. f. Recuperacion, reparacion. || Libertad que se da á un pueblo ó pais sojuzgado, oprimido.

RESTAURADO, p. p. de RESTAURAR.

RESTAURADOR, RA, s. m. y f. El que restaura.

RESTAURANTE, p. a. de RESTAURAR, y s. Que restaura.

RESTAURAR, v. a. Recuperar ó recobrar. || Reparar, renovar ó volver á poner alguna cosa en aquel estado ó estimacion que tenia.

RESTAURATIVO, VA, adj. y s. m. Que restaura ó tiene virtud de restaurar.

RESTINGA, s. f. Bajío de piedras cubierto debajo del agua. || *Náut.* Parage estrecho de poca agua cuyo fondo de arena ó piedra se introduce en la mar.

RESTINGAR, s. m. Sitio en que hay restingas ó bajíos de piedras.

RESTITUCION, s. f. Accion y efecto de restituir. || RESTITUCION Ó RESTITUCION IN INTEGRUM, for. Reintegracion de un menor ó de otra persona privilegiada en todas sus acciones y derechos.

RESTITUIBLE, adj. Que se puede restituir.

RESTITUIDO, p. p. de RESTITUIR.

RESTITUIDOR, RA, s. m. y f. El que restituye y restablece.

RESTITUIR, v. a. Volver una cosa á su dueño. || Restablecer ó volver á poner en planta alguna cosa. || Fortalecer de nuevo, dar vigor y aliento al que le habia perdido.

RESTITUIRSE, v. r. Volver al lugar de donde se habia salido.

RESTITUTORIO, RIA, adj. Que incluye ó dispone la restitucion.

RESTO, s. m. El residuo ó parte que queda de algun todo. || En los juegos de envite la cantidad que separa el jugador de lo demas del dinero para jugar y envidar. || ant. V. DESTIERRO, EXCLUSION. || RESTO ABIERTO, El que no tiene cantidad determinada en el juego. || Á RESTO ABIERTO, met. y fam. Ilimitadamente, sin restriccion, sin limitacion. || ECHAR EL RESTO, Parar y hacer envite en el juego de todo el caudal que uno tiene en la mesa. || fam. Hacer todo el esfuerzo posible. || ENVIDAR EL RESTO, V. ECHAR EL RESTO. || HACER RESTO, Entre jugadores señalar una porcion de dinero precisa, la cual solamente pueden ganar ó perder.

RESTRICCION, s. f. Limitacion ó modificacion. || RESTRICCION MENTAL, La excepcion que mentalmente se propone á la proposicion que se profiere con el fin de engañar.

RESTRICTIVAMENTE, adv. En rigor.

RESTRICTIVO, VA, adj. Que restringe ó tiene virtud ó fuerza para restringir y apretar. || Lo que restringe, ciñe, limita ó coarta.

RESTRICTO, TA, adj. Limitado, ceñido ó preciso.

RESTRINGENTE, p. a. de RESTRINGIR, y s. m. Que restringe.

RESTRINGIBLE, adj. Que se puede restringir.

RESTRINGIDO, p. p. de RESTRINGIR.

RESTRINGIR, v. a. Limitar, ceñir ó coartar. || V. RESTRIÑIR.

RESTRIÑENTE, p. a. de RESTRIÑIR, Que restriñe.

RESTRIÑIDO, p. p. de RESTRIÑIR.

RESTRIÑIDOR, RA, s. m. y f. Lo que restriñe y detiene.

RESTRIÑIMIENTO, s. m. La accion y efecto de restriñir.

RESTRIÑIR, v. a. Detener ó apretar.

RESTROJERA, s. f. Criada para servicio de los segadores y trilladores.

RESUCHA, s. f. Res despreciable y de poco valor.

RESUCITADO, p. p. de RESUCITAR.

RESUCITADOR, RA, s. m. y f. El que restituye á la vida ó al antiguo estado.

RESUCITAR, v. a. Dar nueva vida á un muerto. || Renovar ó suscitar.

RESUCITAR, v. n. Volver á vivir despues de muerto. || met. Escapar de una enfermedad peligrosa de que se estaba desauciado. || Volver el que ha estado mucho tiempo ausente.

RESUDACION, s. m. V. TRASPIRACION.

RESUDAR, v. n. y a. V. TRASPIRAR.

RESUDOR, s. m. V. TRASPIRACION.

RESUELLO, s. m. Aliento ó respiracion, especialmente la violenta. || *Germ.* El dinero. || TENGA VM. Ó SUFRA EL RESUELLO, fam. Advierte á alguno que se detenga ó espere.

RESUELTAMENTE, adv. Con resolucion, determinada y osadamente, con ánimo resuelto.

RESUELTO, p. p. irreg. de RESOLVER. || RESUELTO, TA, adj. El demasiadamente determinado, audaz, arrojado y libre. || Pronto, expedito, diligente.

RESULTA, s. f. Accion y efecto de resultar. || El efecto que como secundariamente se sigue de alguna cosa. || Lo que últimamente se resuelve ó sale de alguna conferencia, congreso ó junta. || La vacante que queda de un empleo por ascenso del que le tenia.

RESULTADO, p. de RESULTAR.

RESULTADO, s. m. El efecto y consecuencia de algun hecho, operacion ó deliberacion.

RESULTANCIA, s. f. V. RESULTADO.

RESULTANTE, p. a. de RESULTAR, Que resulta.

RESULTAR, v. n. V. RESALTAR ó resurtir. || Redundar, ceder ó venir á parar una cosa en provecho ó daño de alguno. || Nacer, originarse ó venir una cosa de otra. || Quedar alguna cosa que prover, ajustar ó disponer, como parte de algun todo ó efecto de alguna determinacion.

RESUMBRUNO, adj. *Cetr.* Dícese del plumage del halcon entre rubio y negro.

RESÚMEN, s. m. Compendio ó recopilacion de algun escrito ó narracion. || EN RESÚMEN, Brevemente, en compendio. || En suma, en conclusion.

RESUMIDAMENTE, adv. Determinadamente, en resúmen. || Brevemente, en pocas palabras.

RESUMIDO, p. p. de RESUMIR.

RESUMIR, v. a. Recopilar ó hacer resúmen de una cosa. || Repetir el actuante el silogismo ó argumento que se le pone. || V. REASUMIR. || Resolver, determinar.

RESUMIRSE, v. r. Incluirse, comprenderse, encerrarse una cosa en otra. || Convertirse, resolverse una cosa en otra.

RESUNCION, s. f. *Ret.* Cierta figura.

RESUNTA, s. f. ant. V. RESÚMEN.

RESUNTIVO, VA, adj. Que restaura ó tiene virtud de restaurar.

RESURGIR, v. n. ant. V. RESUCITAR.

RESURRECCION, s. f. Reunion del alma con el cuerpo de que estaba separada, logrando nueva vida.

RESURTIDA, s. f. Rechazo ó rebote de alguna cosa.

RESURTIR, v. n. Retroceder un cuerpo de resultas del choque con otro.

RETABLO, s. m. El retrato en tabla ó el conjunto y agregado de figuras pintadas ó corpóreas. || Adorno de arquitectura con que se componen ó forman los altares. || RETABLO DE DUELOS, met. El cúmulo, agregado ó conjunto de trabajos, miserias y pesares en un sugeto representados y á la vista.

RETACADO, p. p. de RETACAR.

RETACAR, v. a. Herir dos veces la bola con el taco en el juego de trucos y villar.

RETACERÍA, s. f. Conjunto de retazos de tegidos.

RETACO, s. m. Escopeta algo mas pequeña y ligera que lo regular. || En el juego de trucos y villar taco mas corto que los regulares. || El hombre rechoncho y grueso.

RETADO, p. p. de RETAR.

RETADOR, s. m. El que reta ó desafia.

RETAGUARDA, s. f. ant. V. RETAGUARDIA.

RETAGUARDIA, s. f. El postrer cuerpo de tropa que cubre las marchas. || PICAR LA RETAGUARDIA, *Milic.* Perseguir de cerca al enemigo que se retira.

RETAHILA, s. f. Conjunto de muchas cosas que estan ó van sucediendo por su órden.

RETAJADO, p. p. de RETAJAR.

RETAJAR, v. a. Cortar en redondo alguna cosa. || Volver á cortar ó sobrecortar los puntos de la pluma. || Circuncidar.

RETAJILLO, s. m. ant. d. de RETAJO.

RETAJO, s. m. ant. V. RETAL. || Á RETAJO, ant. V. POR MENOR.

RETAL, s. m. El pedazo ó desperdicio de tela. || Pedazo ó desperdicio de piel.

RETALLADO, p. p. de RETALLAR.

RETALLAR, v. n. V. RETALLECER.

RETALLAR, v. a. *Grab.* Volver á pasar el buril por las rayas de una lámina ya gastada.

RETALLECER, v. n. Volver á echar tallos las plantas.

RETALLO, s. m. V. PIMPOLLO ó RENUEVO.

RETAMA, s. f. Género de planta de que hay varias especies. || Arbusto que tiene los tallos mas gruesos á manera de juncos. || ESTAR MASCANDO Ó MASCAR RETAMA, met. Estar violento y desabrido.

RETAMAR, s. m. El sitio poblado de retamas.

RETAMERA, s. f. El lugar o sitio donde se junta ó cria la retama.

RETAMERO, RA, adj. Que pertenece á retama.

RETAPADO, p. p. de RETAPAR.

RETAPAR, v. a. Tapar mucho ó volver á tapar.

* **RETAPE**, s. m. Accion y efecto de retapar.

RETAR, v. a. En lo antiguo era acusar de alevoso un noble á otro delante del rey. || Provocar ó llamar á desafío. || fam. Reprender, echar en cara alguna falta.

RETARDACION, s. f. Accion y efecto de retardar.

RETARDADO, p. p. de RETARDAR.

RETARDAR, v. a. Diferir, detener ó alargar.

RETARDO, s. m. V. RETARDACION.

RETASA, s. f. Segunda tasa.

RETASACION, s. f. V. RETASA.

RETASADO, p. p. de RETASAR.

RETASAR, v. a. Tasar segunda vez una cosa.

RETAZADO, p. p. de RETAZAR.

RETAZAR, v. a. Hacer piezas ó pedazos alguna cosa.

RETAZO, s. m. Retal ó pedazo de alguna tela. || met. Trozo ó fragmento de algun escrito.

RETEGER, v. a. Teger unida y apretadamente.

RETEGIDO, p. p. de RETEGER.

RETEJADO, p. p. de RETEJAR.

RETEJAR, v. a. Recorrer los tejados poniendo las tejas que les faltan.

RETEJO, s. m. El reparo que se hace en el tejado maltratado.

RETEMBLAR, v. a. Temblar con movimiento repetido. || Vibrar, moverse con movimiento trémulo.

RETEN, s. m. El repuesto ó prevencion que se tiene de alguna cosa.

RETENCION, s. f. Accion y efecto de retener. || La conservacion del empleo que se tenia cuando se asciende á otro. || Suspension que hace el rey del uso de cualquier rescrito procedente de autoridad eclesiástica. || *Med.* Depósito que se hace en el cuerpo humano de algun humor que debe expelerse.

RETENEDOR, RA, s. m. y f. El que retiene.

RETENENCIA, s. f. ant. La provision de cosas necesarias para la conservacion y defensa de alguna fortaleza.

RETENER, v. a. Detener alguno en sí lo que se debia entregar á su dueño. || Guardar, reservar para sí algo de lo que se tenia. || Conservar algo de lo pasado. || Conservar en la memoria lo que se lee ó se oye, ó en el estómago la comida, etc. || Mantener y gozar el empleo que se tenia cuando se asciende á otro. || Suspender el rey el uso de algun rescrito que procede de autoridad eclesiástica. || Quedarse un tribunal superior con los autos del juez inferior, por apelacion ó recurso. || Detener, no dejar ir, ó hacer quedar á alguno. || Guardar una cosa que se puede escapar.

RETENIDAMENTE, adv. Con retencion.

RETENIDO, p. p. de RETENER.

RETENIENTE, p. a. ant. de RETENER, Que retiene.

RETENIMIENTO, s. m. ant. V. RETENCION.

RETENTADO, p. p. de RETENTAR.

RETENTAR, v. a. Volver á amenazar la enfermedad, dolor ó accidente.

RETENTIVA, adj. y s. Se aplica á la virtud que tiene alguna cosa para retener.

RETENTIVA, s. f. La facultad que tiene el hombre de conservar ó retener en la memoria lo que sabe.

RETENTRIZ, adj. *Med.* Se aplica á la virtud que tiene una cosa para retener.

RETEÑIDO, p. p. de RETEÑIR.

RETEÑIR, v. a. Volver á dar tinte.

RETEÑIR, v. n. V. RETIÑIR

RETESADO, p. p. de RETESARSE.

RETESAMIENTO, s. m. La dureza ó coagulacion de alguna cosa.

RETESARSE, v. r. Endurecerse las tetas de los animales por estar cargadas de leche. || ant. Hartarse.

RETESO, s. m. Endurecimiento de las tetas por estar cargadas de leche. || V. TESO.

RETICENCIA, s. f. *Ret.* Figura de retórica.

RETINA, s. f. Membrana en forma de red que envuelve la mayor parte del globo del ojo.

RETINTE, s. m. El segundo tinte que se da á una cosa. || V. RETINTIN.

RETINTIN, s. m. Sonido que deja en los oidos la campana ú otro cuerpo sonoro. || El modo y tonillo afectado de hablar.

RETINTO, p. p. irreg. de RETEÑIR. ||

RETINTO, TA, adj. Que es de color muy oscuro, que casi tira á negro.

RETIÑIR, v. n. Sonar el metal ó resonar herido ó tocado de algun modo.

RETIRACION, s. f. *Imp.* La segunda forma que se pone en la prensa para retirar el pliego.

RETIRADA, s. f. Accion y efecto de retirarse. ‖ El terreno ó sitio que sirve de acogida segura. ‖ V. RETRETA. ‖ En la danza española cierto movimiento. ‖ *Mil.* Accion de retroceder la tropa apartándose del enemigo segun las reglas del arte militar.

RETIRADAMENTE, adv. Escondidamente, de secreto, ocultamente.

RETIRADO, p. p. de RETIRAR y RETIRARSE. ‖ RETIRADO, DA, adj. Se aplica al lugar ó sitio solitario, ó que está apartado del bullicio y comercio. ‖ Distante, apartado, desviado. ‖ Empleado que ha sido jubilado ó separado del destino.

RETIRAMIENTO, s. m. V. RETIRO.

RETIRAR, v. a. Apartar ó separar alguna cosa de otra ó de algun sitio. ‖ Apartar de la vista alguna cosa reservándola ú ocultándola. ‖ Obligar á que alguno se retire ó rechazarle. ‖ Negar ó dejar voluntariamente de dar alguna cosa que era necesaria para algun fin. ‖ *Impr.* Estampar por la espalda el pliego que ya lo está por la cara.

RETIRAR, v. n. ant. Tirar, parecerse, asemejarse una cosa á otra.

RETIRARSE, v. r. Apartarse ó separarse del trato, comercio, comunicacion ó amistad. ‖ Ir dejando la mar descubierta la tierra ántes oculta con las aguas. ‖ Dejar de proseguir ó solicitar algun empeño que ántes se tenia. ‖ Resguardarse, guarecerse, refugiarse, huir, ponerse en salvo. ‖ Recogerse uno á su casa ó cuarto, apartándose de aquellos con quienes estaba. ‖ *Mil.* Desamparar ó abandonar algun sitio, puesto ó plaza.

RETIRO, s. m. Accion y efecto de retirarse. ‖ El lugar apartado y distante del concurso y bullicio de la gente. ‖ Recogimiento, apartamiento y abstraccion. ‖ Separacion de la amistad ó familiaridad que ántes se tenia.

RETIRONA, s. f. fam. V. RETIRADA.

RETO, s. m. Acusacion de alévoso que un noble hacia á otro delante del rey. ‖ La provocacion ó citacion al duelo ó desafio. ‖ Amenaza.

RETOCADO, p. p. de RETOCAR.

RETOCAR, v. a. Volver á tocar ó tocar repetidamente. ‖ Volver á tocar ó pintar en lo que ya está acabado, recorriendo y perfeccionando. ‖ met. Recorrer y dar la última mano.

RETOÑAR, v. n. Volver á echar vástagos la planta que se ha cortado, ó brotar ó arrojar de nuevo la yerba. ‖ met. Reproducirse las enfermedades, especialmente las que salen á la cara.

RETOÑECER, v. n. V. RETOÑAR.

RETOÑO, s. m. El vástago ó tallo que echa de nuevo la planta.

RETOQUE, s. m. La última mano de perfeccion que se da en cualquiera obra. ‖ Hablando de accidentes y algunas otras enfermedades es un amago ó principio ligero de ellas.

RETOR, s. m. ant. El que escribe ó enseña retórica.

RETOR, RA, V. RECTOR, RA.

RETORCEDURA, s. f. V. RETORCIMIENTO.

RETORCER, v. a. Torcer mucho alguna cosa dándole vueltas al rededor. ‖ Convencer ó redargüir con la misma instancia ó argumento. ‖ met. Interpretar siniestramente alguna cosa dándole un sentido diferente del que tiene.

RETORCIDO, p. p. de RETORCER.

RETORCIDO, s. m. Especie de dulce que se hace de diferentes frutas.

RETORCIJADO, p. p. de RETORCIJAR.

RETORCIJAR, v. a. ant. V. RETORTIJAR.

RETORCIJO, s. m. V. RETORCIMIENTO.

RETORCIJON, s. m. ant. V. RETORTIJON.

RETORCIMIENTO, s. m. La vuelta que se da á lo que se retuerce.

RETÓRICA, s. f. El arte de bien hablar. ‖ RETÓRICAS, pl. fam. La abundancia de palabras y sofisterías de que alguno usa para engañar ó excusarse de hacer alguna cosa.

RETORICADO, p. p. de RETORICAR.

RETÓRICAMENTE, adv. Segun las reglas de la retórica.

RETORICAR, v. n. ant. Hablar ó escribir segun los preceptos de la retórica.

RETÓRICO, CA, adj. Que pertenece á la retórica. ‖ Que sabe las reglas de la retórica.

RETORNADO, p. p. de RETORNAR.

RETORNAMIENTO, s. m. Accion y efecto de retornar.

RETORNANTE, p. a. de RETORNAR. Que retorna.

RETORNAR, v. a. Volver satisfaciendo ó recompensando. ‖ Volver ó torcer alguna cosa. ‖ Hacer que alguna cosa retroceda ó vuelva atras.

RASERO, s. m. Instrumento que sirve para igualar y raer las medidas de cosas áridas. || POR UN RASERO, ó POR EL MISMO RASERO. met. Con rigurosa igualdad, sin la menor diferencia.

* RASETE, s. m. Raso muy sencillo.

RASGADO, p. p. de RASGAR. || RASGADO, DA, adj. Se dice del balcon y ventana grandes que se abren mucho y que tienen mucha luz. || Se aplica á los ojos grandes y que se descubren bien por lo abierto de los párpados.

RASGADO, s. m. V. RASGON.

RASGADOR, RA, s. m. y f. El que rasga.

* RASGADURA, s. f. La accion de romper una tela, un vestido, etc.

RASGAR, v. a. Dividir con fuerza algunas cosas de poca consistencia, como tegidos, pieles, papel, etc.||V. RASGUEAR.

RASGO, s. m. Línea formada con garbo y aire para el adorno de las letras en lo que se escribe. || met. Aquella especie con que se representa ó explica con propiedad ó hermosura algun concepto ó idea.||La accion que se egecuta de aire, garbo y generosidad.

RASGON, s. m. El pedazo que se rompe ó rasga casualmente de alguna tela.

RASGUEADO, p. p. de RASGUEAR.

RASGUEADO, s. m. La accion y efecto de rasguear.

RASGUEAR, v. a. Tocar la guitarra ú ótro instrumento arrastrando toda la mano por las cuerdas.

RASGUEAR, v. n. Formar rasgos con la pluma al escribir.

RASGUEO, s. m. La accion y efecto de rasguear.

RASGUILLO, TO, s. m. d. de RASGO.

RASGUÑADO, p. p. de RASGUÑAR.

RASGUÑAR, v. a. Arañar ó rasgar con las uñas ú otro instrumento cortante alguna cosa continua, especialmente el cuero.|| *Pint.* Dibujar en apuntamiento ó tanteo.

RASGUÑITO, s. m. d. de RASGUÑO.

RASGUÑO, s. m. V. ARAÑO. || *Pint.* El dibujo en apuntamiento ó tanteo.

RASGUÑUELO, s. m. d. de RASGUÑO.

RASILLA, s. f. Tela de lana, delgada y parecida á la lampatilla. || Ladrillo fino que sirve para solar.

RASION, s. f. ant. V. RASURA. || *Quim.* Reduccion de un cuerpo á pequeñas partes por medio del rallo.

RASO, SA, adj. Plano, desembarazado de estorbos. || Aplícase al asiento ó silla que no tiene respaldar. || Que no tiene algun título ú otro adherente que le distinga. || Se dice tambien del cielo ó atmósfera cuando está libre y desembarazada de nubes ó nieblas. || ant. V. RASGADO ó RAIDO. || Á LA RASA, ant. V. AL DESCUBIERTO. || AL RASO, En el campo, á cielo descubierto.

RASO, s. m. Tela de seda lustrosa. || *Germ.* El abad.

* RASO LISO, s. m. Cierta tela de seda.

RASPA, s. f. ARISTA. || En la pluma de escribir PELO. || En los pescados cualquiera espina, especialmente la espina. || El escobajo de la uva, y en algunas partes se llama un grumo ó gajo de uvas. || V. ZURRON, en algunos frutos. || *Germ.* Cierta trampa que usan los fulleros en el juego de naipes. || IR Á LA RASPA, fam. Ir á pillar ó hurtar. || TENDER LA RASPA, fam. Echarse á dormir ó á descansar.

RASPADILLO, s. m. *Germ.* V. RASPA.

RASPADO, p. p. de RASPAR.

RASPADOR, s. m. Instrumento que sirve para raspar.

RASPADURA, s. f. La accion y efecto de raspar, ó lo que se quita de la superficie raspando. || V. RASURA.

RASPAMIENTO, s. m. Raspadura, la accion y efecto de raspar.

RASPANTE, p. a. de RASPAR, Se aplica comunmente al vino que hiere ó pica al paladar.

RASPAR, v. a. Raer ligeramente alguna cosa, quitándole parte de la superficie. || Picar el vino ú otro licor un poco el paladar. || Hurtar, quitar alguna cosa.

RASPEAR, v. n. Correr con aspereza y dificultad la pluma y despedir chispillas de tinta por tener algun pelo ó raspa.

RASPINEGRO, GRA, adj. V. ARISNEGRO.

RASQUETAS, s. f. pl. Los hierros con uno, dos ó tres filos con que se raen y limpian las cubiertas y costados del navío.

RASTEL, s. m. Baranda ó reja de hierro ó madera.

RASTILLADO, p. p. de RASTILLAR. || RASTILLADO, DA, adj. *Germ.* Se dice de aquel á quien han robado alguna cosa.

RASTILLADOR, RA, s. m. y f. V. RASTRILLADOR.

RASTILLAR, v. a. V. RASTRILLAR.

RASTILLERO, s. m. *Germ.* El ladron que arrebata alguna cosa y huye.

RETRATISTA, s. m. Pintór de retratos.

RETRATÓ, s. m. Pintura ó efigie que representa la figura de alguna persona. || La relacion que regularmente se hace en verso de las partes y facciones de una persona. || met. Lo que se asemeja á alguna cosa. || for. V. RETRACTO.

RETRAYENTE, p. a. de RETRAER, Que retrae.

RETRECHERÍA, s. f. fam. Zalamería ó expresion afectada para atraer y ganar la voluntad de otro.

RETRECHERO, RA, adj. fam. La persona que con zalamería y palabras afectadas pr[illegible] de atraer la voluntad de otra.

RETRETA, s. f. El toque militar para marchar en retirada, y para avisar á la tropa que se recoja por la noche.

RETRETE, s. m. Cuarto pequeño para retirarse. || El cuarto retirado donde se tienen los vasos para exonerar el vientre.

RETRETICO, LLO, TO, s. m. d. de RETRETE.

RETRIBUCION, s. f. Recompensa ó correspondencia de alguna cosa por otra.

RETRIBUENTE, p. a. ant. de RETRIBUIR, V. RETRIBUYENTE.

RETRIBUIR, v. a. Recompensar ó corresponder con alguna cosa á otra que se ha recibido.

RETRIBUYENTE, p. a. de RETRIBUIR, Que retribuye.

* RETROACCION, s. f. for. Suposicion de que una cosa es anterior al tiempo en que se ha pasado.

* RETROACTIVO, VA, adj. for. Que supone retroaccion.

RETROCEDER, v. n. Volver hácia atras en lo que se habia andado ó adelantado. || met. Desistir del dictámen ó juicio formado, y tambien de la palabra dada.

RETROCESION, s. f. Accion y efecto de retroceder. || for. La accion ó efecto de ceder á uno el derecho ó cosa que él habia cedido ántes.

RETROCESO, s. m. Accion y efecto de volver atras. || *Med.* La retirada que hacen los humores del cuerpo de una parte á otra.

* RETROFEUDATARIO, s. m. Subfeudatario.

* RETROFEUDO, s. m. Subfeudo.

RETROGRADACION, s. f. *Astron.* Efecto de retrogradar un planeta.

RETROGRADAR, v. n. V. RETROCEDER. || *Astron.* Retroceder los planetas ó hacer el movimiento contra el órden de los signos.

RETRÓGRADO, DA, adj. Se aplica al movimiento que contra el órden natural y de los signos hace algun planeta. || Que vuelve ó camina hácia atras.

RETROGUARDIA, s. f. ant. V. RETAGUARDIA.

RETRONAR, v. n. Comunicarse á alguna distancia el sonido de los truenos.

RETROPILASTRA, s. f. La pilastra que se pone detras de una columna.

RETROTRACCION, s. f. for. El acto de fingirse que una cosa comenzó en tiempo anterior á aquel en que se hizo para ciertos efectos del derecho.

RETROTRAER, v. a. Traer al tiempo presente lo que sucedió ántes, como si entónces sucediera en órden al efecto.

RETROTRAIDO, p. p. de RETROTRAER.

RETROVENDENDO, s. m. Que expresa el contrato de RETROVENDENDO, que es cierta convencion de compra y venta.

RETROVENDER, v. a. for. Volver el comprador una alhaja al mismo de quien la compró, volviéndole este el precio.

RETROVENDICIO, s. f. for. Acto de retrovender.

RETROVENDIDO, p. p. de RETROVENDER.

RETRUCAR, v. n. Volver la bola impelida de la tablilla, y herir á la otra que le causó el movimiento. || Es el juego de naipes que llaman truque envidar en contra sobre el primer envite hecho.

RETRUCO, s. m. En el juego de trucos es el golpe que la bola herida, dando en la tablilla, vuelve á dar en la bola que hirió.

RETRUÉCANO, s. f. Juego de palabras en diversos sentidos ó alusiones.

RETRUQUE, s. m. El segundo envite en contra del que se hizo primero en el juego del truque.

RETUERTO, p. p. irreg. de RETORCER.

RETUMBANTE, p. a. de RETUMBAR, Que causa mucho ruido ó hace gran eco. || Se dice de las voces sonoras y rimbombantes.

RETUMBAR, v. n. Resonar mucho ó hacer gran ruido ó estruendo.

RETUMBO, s. m. Eco ó repercusion del sonido.

RETUNDIDO, p. p. de RETUNDIR.

RETUNDIR, v. a. Igualar la piedra de silleria despues que está sentada. ‖ *Med.* Repeler, repercutir.

REUMA, s. m. Fluxion ó corrimiento.

REUMÁTICO, CA, adj. Que padece reuma y perteneciente á este mal.

REUMATISMO, s. m. Enfermedad causada de la fluxion que cae en alguna parte del cuerpo.

REUNIDO, p. p. de REUNIR.

REUNION, s. f. La accion y efecto de reunir.

REUNIR, v. a. Volver á unir, juntar, congregar, amontonar.

REVALIDACION, s. f. Accion y efecto de revalidar.

REVALIDADO, p. p. de REVALIDAR.

REVALIDAR, v. a. Ratificar, confirmar ó dar nuevo valor y firmeza.

REVALIDARSE, v. r. Recibirse ó aprobarse en alguna facultad en tribunal superior estándolo ántes en otro inferior.

REVECERO, RA, adj. Que alterna ó se remuda.

REVEEDOR, s. m. V. REVISOR.

REVEJECER, v. n. Avejentarse, ponerse una cosa vieja ántes de tiempo.

REVEJECIDO, p. p. de REVEJECER.

REVEJIDO, DA, adj. Que ha envejecido ántes de tiempo.

REVELACION, s. f. Manifestacion de alguna verdad secreta ú oculta. ‖ La manifestacion divina.

REVELADO, p. p. de REVELAR.

REVELADOR, RA, s. m. y f. El que revela.

REVELAMIENTO, s. m. V. REVELACION.

REVELANTE, p. a. de REVELAR. Que revela.

REVELAR, v. a. Descubrir ó manifestar algun secreto. ‖ Manifestar Dios á sus siervos lo futuro ú oculto.

REVELER, v. a. *Med.* Hacer que fluyan los humores en direccion opuesta á la que llevan.

REVELIDO, p. p. de REVELER.

REVENCER, v. a. ant. V. VENCER.

REVENCIDO, p. p. de REVENCER.

REVENDEDERA, s. f. V. REVENDEDORA.

REVENDEDOR, RA, s. m. y f. El que revende.

REVENDER, v. a. Volver á vender por menudo los géneros, etc., que se compraron por junto.

REVENDIDO, p. p. de REVENDER.

REVENIDO, p. p. de REVENIRSE.

REVENIRSE, v. r. Encogerse, consumirse una cosa poco á poco. ‖ Hablando de conservas y licores acedarse ó avinagrarse. ‖ Escupir una cosa hácia fuera la humedad que tenia ó que ha percibido. ‖ met. Ceder en parte en lo que se afirmaba con teson ó porfía.

REVENTA, s. f. Segunda venta.

REVENTADERO, s. m. La aspereza de algun sitio ó terreno dificultoso de superar y vencer. ‖ El trabajo grande que se tiene en cualquiera línea.

REVENTAR, v. n. Abrirse una cosa por el impulso de otra interior. ‖ Deshacerse en espuma las olas del mar. ‖ Brotar, nacer ó salir con ímpetu. ‖ met. Tener deseo vehemente de alguna cosa. ‖ Trabajar con mucho ahinco y teson.

REVENTAR, v. a. Violentar ó hacer fuerza alguna pasion ó afecto. ‖ met. Molestar, cansar, enfadar. ‖ Á TODO REVENTAR, fam. Á lo mas, cuando mas.

REVENTAZON, s. f. V. REVENTON, 1ª A. ‖ El acto de deshacerse en espuma las olas del mar.

REVENTON, s. m. El acto de reventar, romper ó abrirse una cosa. ‖ Cuesta muy pendiente y dificultosa de subir. ‖ La parte mas áspera y empinada de alguna cosa. ‖ Aprieto grave ó dificultad grande en que uno se halla. ‖ El trabajo ó fatiga que se da ó se toma en alguna cosa urgente y precisa.

REVER, v. a. Volver á ver ó registrar y examinar con cuidado. ‖ for. Ver segunda vez un tribunal superior el pleito que se habia sentenciado en otra sala del mismo.

REVERBERACION, s. f. *Opt.* Reflexion de la luz de un cuerpo iluminado en otro bruñido. ‖ *Quím.* La calcinacion hecha con el fuego actual en el horno de reverbero.

REVERBERADO, p. p. de REVERBERAR.

REVERBERAR, v. n. *Opt.* Hacer reflexion la luz de un cuerpo iluminado en otro bruñido.

REVERBERO, s. m. V. REVERBERACION.

REVERDECER, v. n. y a. Cobrar nuevo verdor los campos ó plantas que estaban mustios ó secos. ‖ met. Renovarse ó tomar nuevo vigor.

REVERDECIDO, p. p. de REVERDECER.

REVERDECIENTE, p. a. de REVERDECER, Que reverdece.

REVERENCIA, s. f. Respeto y veneracion que tiene una persona à otra. || Inclinacion del cuerpo ó parte de él que se hace á una persona en señal de respeto. || Tratamiento que se da á las personas religiosas.

REVERENCIABLE, adj. Digno de reverencia y respeto.

REVERENCIADO, p. p. de REVERENCIAR.

REVERENCIADOR, RA, s. m. y f. El que reverencia ó respeta.

REVERENCIAL, adj. Que incluye reverencia ó respeto.

REVERENCIAR, v. a. Respetar ó venerar.

REVERENDAS, s. f. pl. Las cartas dimisorias en las cuales un obispo ó prelado da facultad á su súbdito para recibir órdenes de otro. || La calidad, prendas ó títulos del sugeto que le hacen digno de estimacion y reverencia.

REVERENDÍSIMO, MA, adj. sup. de REVERENDO.

REVERENDO, DA, adj. Significa el tratamiento que antiguamente se daba á las personas de dignidad, pero hoy solo se da á las dignidades eclesiásticas ó á los prelados y graduados de las religiones. || Digno de reverencia. || fam. Demasiadamente circunspecto.

REVERENTE, adj. Que muestra reverencia ó respeto.

REVERSADO, p. p. de REVERSAR.

REVERSAR, v. a. ant. V. REVESAR.

REVERSAR, v. n. ant. Repetir ó volver á la boca el sabor de la comida ó bebida que aun no se ha digerido.

REVERSION, s. f. La restitucion de alguna cosa al estado que tenia, ó la devolucion de ella á la persona que la poseia primero.

REVERSO, s. m. V. REVES, Úsase hablando de medallas ó monedas.

REVERTER, v. n. Rebosar ó salir alguna cosa de sus términos ó límites.

REVES, s. m. La espalda ó parte opuesta de una cosa. || El golpe que se da á otro con la mano vuelta. || En el juego de pelota el golpe que con la mano vuelta da el jugador á la pelota para volverla. || *Esc.* El golpe que se da con la espada diagonalmente, partiendo de izquierda á derecha. || met. Infortunio, desgracia ó contratiempo. || met. La vuelta ó mudanza en el trato ó en genio. || REVES DE LA MEDALLA, met. Hablando de las personas la que es contraria en su genio, etc., á otra con quien se compara. || DE REVES, De izquierda á derecha. || AL REVES Ó DEL REVES, Al contrario, á la espalda ó vuelta.

REVESÁ, s. f. *Germ.* El arte ó astucia del que vende á otro que se fia de él.

REVESADO, p. p. de REVESAR. || REVESADO, DA, adj. met. Travieso, revoltoso, y indócil. || Difícil, intrincado, oscuro.

REVESAR, v. a. Trocar, vomitar, ó volver la comida.

REVESINO, s. m. Juego de naipes, que por lo comun se juega entre cuatro. || CORTAR EL REVESINO, Quitar una baza al que intenta hacerlas todas. || met. Impedir á alguno el lance ó designio que llevaba, ó interrumpirle el discurso.

REVESTIDO, p. p. de REVESTIR.

REVESTIR, v. a. Vestir una ropa sobre otra. Dícese regularmente del sacerdote cuando sale á decir misa. || Cubrir ó fortalecer la muralla, pared ó fortificacion con cal, piedra ú otros materiales.

REVESTIRSE, v. r. Imbuirse y dejarse llevar con fuerza de alguna especie. || met. Engreirse ó envanecerse con el empleo ó dignidad.

REVEZADO, p. p. de REVEZAR.

REVEZAR, v. n. Remudar, suceder ó entrar de nuevo y de refresco. || Alternar ó remudarse en el trabajo y cuidado de alguna cosa.

REVEZO, s. m. Accion de revezar y la misma cosa que reveza.

REVIEJO, s. m. El ramo reseco é inútil de cualquier árbol.

REVIEJO, JA, adj. Que está muy viejo.

REVIERNES, s. m. Cada uno de los siete viernes que siguen despues de la pascua de resurreccion.

REVISADO, p. p. de REVISAR.

REVISAR, v. a. V. REVER.

REVISION, s. f. Acto de rever.

REVISITA, s. f. Reconocimiento ó registro que se hace por segunda vez.

REVISOR, s. m. El que revé ó examina con cuidado una cosa. || El que tiene por oficio rever ó reconocer.

REVISORÍA, s. f. El oficio de revisor.

REVISTA, s. f. La segunda vista ó exámen hecho con cuidado y diligencia || for. La segunda vista en los pleitos. || *Mil.* El exámen individual que se hace del número de soldados, de su instruccion, del estado de su vestuario y armamento, etc. || REVISTA DE COMISARIO, La que en el principio del mes pasa el comisario de guerra. || REVISTA DE ROPA, La que pasan ordinariamente un dia cada semana á los soldados sus oficiales, reconociendo las prendas de vestuario que les corresponden. || REVISTA DE ARMAS, La que se pasa una vez á la semana á todos los soldados, examinando si tienen sus armas en estado de usarlas. || REVISTA DE INSPECCION, La que de tiempo en tiempo pasa el inspector géneral ú otro oficial de graduacion en su nombre á cada uno de los cuerpos militares. || PASAR REVISTA, Reconocer los gefes militares ó los ministros de hacienda á los soldados, su número, vestuario, armamento, etc., presentarse los soldados á este reconocimiento. || Pasar los soldados á la vista del gefe ó gefes para reconocer su número, calidad y disposicion. || SUPLICAR EN REVISTA, Recurrir al supremo consejo de la sentencia misma de él para la decision de alguna causa ó pleito.

REVISTADO, p. p. de REVISTAR.

REVISTAR, v. a. *Mil.* Pasar revista á la tropa.

REVISTO, p. p. irreg. de REVER.

REVIVIDERO, s. m. Estancia donde se aviva la simiente de los gusanos de seda.

REVIVIDO, p. p. de REVIVIR.

REVIVIFICADO, p. p. de REVIVIFICAR.

REVIVIFICAR, v. a. Vivificar, avivar.

REVIVIR, v. n. Volver á tomar ser ó vida una cosa que la habia perdido. || Volver en sí el que parecia muerto. || met. Resucitar, renovarse alguna cosa.

REVOCABLE, adj. Que se puede revocar.

REVOCABLEMENTE, adv. De un modo revocable.

REVOCACION, s. f. Anulacion ó casacion de algun acto.

REVOCADO, p. p. de REVOCAR.

REVOCADOR, RA, s. m. y f. El que revoca. || El oficial que se egercita en revocar las casas y paredes.

REVOCADURA, s. f. V. REVOQUE. || *Pint.* La orilla de lienzo que se sujeta con tachuelas en los marcos para que esté bien estirado.

REVOCANTE, p. a. de REVOCAR, Que revoca.

REVOCAR, v. a. Anular ó recoger lo que se habia concedido. || Apartar, retraer, disuadir de alguna cosa. || Tender una capa de cal ó mezcla sobre las paredes ó casas. || Volver hácia atras ó retroceder el impulso.

REVOCATORIO, RIA, adj. Que revoca, anula.

REVOCO, s. m. V. REVOQUE. || La defensa de retama que ponen en las seras de carbon entre las dos piezas que componen una sera.

REVOLAR, v. n. Dar segundo vuelo el ave. || *Germ.* Escapar el ladron que huye arrojándose de algun tejado ó ventana. || V. REVOLOTEAR.

REVOLCADERO, s. m. El sitio ó lugar en donde se revuelca.

REVOLCADO, p. p. de REVOLCARSE.

REVOLCARSE, v. r. Echarse sobre alguna cosa, estregándose y refregándose en ella. || met. Inculcarse en una especie.

REVOLEAR, v. n. Volar con aceleracion haciendo tornos en poco espacio. || ant. V. REVOLOTEAR.

REVOLOTEAR, v. n. Volar haciendo tornos ó giros. || Venir alguna cosa por el aire dando vueltas. Úsase como verbo activo por arrojarla á lo alto con ímpetu.

REVOLOTEO, s. m. Movimiento acelerado que con las alas hace el ave en corta distancia.

REVOLTILLO, s. m. El conjunto de muchas cosas, sin órden ni método. || La trenza ó conjunto de tripas del carnero que se forma revolviéndolas. || Confusion ó enredo.

REVOLTON, adj. Se aplica á un gusanillo que se cria y envuelve en las hojas de los pámpanos y los daña.

REVOLTOSO, SA, adj. Travieso, enredador ó sedicioso.

REVOLUCION, s. f. Accion de revolver ó revolverse. || La carrera que hace algun planeta ó astro. || Inquietud, alboroto, sedicion, alteracion. || Conmocion y alteracion de los humores entre sí. || met. Mudanza ó nueva forma en el estado ó gobierno de las cosas.

REVOLVEDERO, s. m. Parage donde se revuelve.

REVOLVEDOR, RA, s. m. y f. El que revuelve ó inquieta.

REVOLVER, v. a. Menear una cosa de un lado á otro, moverla al rededor ó de arriba abajo. || Envolver una cosa en otra, ó envolverse rebujándose en ella. || Volver la cara al enemigo para embestirle ó invadirle. || Mirar ó registrar moviendo y separando algunas cosas. || Inquietar, enredar, mover sediciones. || Discurrir, imaginar ó vacilar en varias cosas ó circunstancias, reflexionándolas. || Hablando de caballos hacer que se vuelvan ágil y prontamente en poco terreno. || Volver á andar lo andado. || Meter en pendencia, pleito, etc. || REVOLVER Ó REVOLVERSE, Dar una cosa vuelta entera hasta llegar al punto de donde salió.

REVOLVERSE, v. r. Moverse de un lado á otro. || Hacer mudanza el tiempo. || fam. Juntarse carnalmente. || *Astron.* Hacer su carrera algun planeta ó astro. || REVOLVER Á UNO CON OTRO, Poner á uno mal con alguno, malquistarle.

REVOLVIMIENTO, s. m. Accion y efecto de revolver.

REVOQUE, s. m. Accion y efecto de revocar las casas y paredes. || La mezcla de cal y arena con que se enlucen las casas y paredes.

REVUELCO, s. m. Accion y efecto de revolcarse.

REVUELO, s. m. El segundo vuelo que dan las aves. || La vuelta y revuelta del vuelo. || met. Turbacion y movimiento confuso de algunas cosas || DE REVUELO, Pronta y ligeramente, como de paso.

REVUELTA, s. f. Segunda vuelta ó repeticion de la vuelta. || Revolucion, alboroto, alteracion, sedicion. || El acto de discurir ó meditar sobre lo que ya se ha reflexionado. || El punto en que alguna cosa empieza á torcer ó tomar una direccion obligua, y la misma direccion oblicua. || La vuelta ó mudanza de un estado á otro, ó de un parecer á otro. || Riña, pendencia, disension. || Á REVUELTA, Juntamente, con union de otra cosa.

REVUELTAMENTE, adv. Con trastorno, sin órden ni concierto.

REVUELTO, s. m. El sarmiento con que se rodea la cepa para que crie barbas y crezca.

REVUELTO, p. p. irreg. de REVOLVER. || REVUELTO, TA, adj. Se aplica al caballo que en lo violento se vuelve con facilidad y obediencia en poco terreno. || Inquieto, travieso, enredador. || Intrincado, revesado, dificil de entender.

REVULSION, s. f. *Med.* El curso que se hace tomar á los humores en direccion opuesta á la que llevan.

REVULSIVO, VA, adj. y s. m. *Med.* Aplícase á los medicamentos que tienen virtud de reveler.

REVULSORIO, RIA, adj. y s. m. *Med.* V. REVULSIVO.

REY, s. m. El monarca ó principe supremo de una monarquía. || En el juego del agedres la pieza mas principal, la cual tiene en la parte superior una corona que la distingue. || La abeja maestra de cada colmena. || En las barajas de naipes es una figura. || fam. El que guarda el ganado de cerda en los lugares. || Uno de los bailes de la danza española. || met. El magnánimo y liberal en sus acciones. || El que en algun juego ó por fiestas manda por algun tiempo á los demas. || *Germ.* El gallo. || REY DE ARMAS, Tituló de dignidad y honor que daban los reyes á los caballeros mas esforzados y famosos en hechos de armas, á cuyo cargo estaba advertir las hazañas de los demas militares. || REY DE BANDA, El perdigon que guia á los demas perdigoncillos y va delante de ellos. || REY DE CODORNICES, Ave mayor que la codorniz, y que las guia cuando estan de paso. || AQUÍ DEL REY, V. FAVOR AL REY. || ALZAR Ó LEVANTAR REY Ó POR REY, Aclamarle por tal. || CON EL REY EN EL CUERPO, Se aplica al ministro que hace alarde del nombre del rey, y se excede en el uso de su autoridad. || DONDE ESTÁ EL REY ESTÁ LA CORTE, met. y fam. Esplica que en materia de obsequios solo se debe atender á la persona que es el objeto principal. || ECHAR REYES, Distribuir la baraja entre cuatro ó mas sugetos, de los cuales han de ser compañeros en el juego aquellos á quienes toquen los primeros reyes que salgan. || HACER EL REY CONSULTA, ant. DAR AUDIENCIA EL REY y oir consultas. || LLEVAR, TENER Ó TRAER EL REY EN EL CUERPO, Explica que uno ostenta mando ó superioridad afectadamente. || NI REY NI ROQUE, Exp. fam. con que se excluye á cualquier género de personas en la materia que se trata. || NO TEMER REY NI ROQUE, fam. No temer nada ó á nadie. || PEDIR REY, En el juego del mediator designar el que entra la polla un rey del palo que no es triunfo para que se le entregue por una carta falla que devuelve, ó señalar por compañero á otro de los jugadores, que lo ha de ser el que tiene tal rey.

REYECICO, LLO, TO, s. m. d. de REY.

REYERTA, s. f. Contienda, altercacion ó cuestion.

REYERTAR, v. n. ant. Contender, altercar.

REYEZUELO, s. m. d. de REY. || Ave,

V. ARBITRIO. || El monarca ó príncipe supremo de un estado pequeño.

REZADERO, RA, adj. ant. V. REZADOR, RA.

REZADO, p. p. de REZAR.

REZADO, s. m. REZO en el sentido de oficio divino.

REZADOR, RA, s. m. y f. La persona que reza mucho.

REZAGA, s. f. ant. V. RETAGUARDIA.

REZAGADO, p. p. de REZAGAR.

REZAGANTE, p. a. de REZAGAR, Que resaga.

REZAGAR, v. a. Dejar atras alguna cosa. || Atrasar, suspender por algun tiempo la egecucion de alguna cosa.

REZAGO, s. m. Atraso ó residuo que queda de alguna cosa.

REZAR, v. a. Orar y pedir vocalmente á Dios alguna cosa. || Leer ó decir con atencion el oficio divino ó las horas canónicas. || V. RECITAR. || Decir ó decirse en algun escrito alguna cosa. || fam. V. GRUÑIR Ó REFUNFUÑAR. || BIEN REZA, PERO MAL OFRECE, Se aplica al que promete mucho, y no cumple nada, ó dice algo que disgusta á otro. || COMO REZAS MEDRESA, fam. Zahiere al que está hablando entre si, y se discurre que habla mal.

REZELADOR, s. m. El caballo destinado para incitar las yeguas.

REZELAMIENTO, s. m. V. REZELO.

REZELAR, v. a. Temer, desconfiar ó sospechar. || Carear el caballo á la yegua para incitarla. || Guardar, conservar y defender.

REZELARSE, v. r. Tener rezelo, temer, sospechar.

REZELO, s. m. Temor, sospecha ó cuidado.

REZELOSO, SA, adj. Que teme, desconfia ó sospecha.

REZNO, s. m. Especie de garrapata gruesa y muy grande. || Planta, V. HIGUERA INFERNAL.

REZO, s. m. El acto de rezar. || El oficio eclesiástico que se reza diariamente. || El conjunto de los oficios particulares de cada festividad.

REZONGADOR, RA, s. m. y f. El que rezonga.

REZONGAR, v. n. Gruñir, refunfuñar á lo que se manda, egecutándolo de mala gana.

REZONGLON, NA, adj. V. REZONGADOR.

REZONGON, NA, adj. V. REZONGADOR.

REZUMADERO, s. m. Lugar por donde se rezuma alguna cosa. || Lo que se ha rezumado, ó el sitio donde se junta lo rezumado.

REZUMADO, p. p. de REZUMARSE.

REZUMARSE, v. r. Recalarse ó traspirarse un líquido por los poros ó venas. || met. Traslucirse y susurrarse alguna especie.

REZURA, s. f. ant V. RECIURA.

RIA

RIA, s. f. La parte del rio á la entrada en el mar.

RIACHUELO, s. m. Rio pequeño y de poco caudal.

RIADA, s. f. Avenida, inundacion, crecida.

RIATILLO, s. m. V. RIACHUELO.

RIBA, s. f. ant. V. RIBERA. || *Ar.* La pendiente que media entre un campo superior y el mas bajo. || V. RIBAZO.

RIBADOQUIN, s. m. Culebrina de poco calibre.

RIDALDERÍA, s. f. Accion, costumbre ó proceder del ribaldo.

RIBALDO, adj. y s. Picaro, bellaco. || V. RUFIAN.

RIBAZO, s. m. Porcion de tierra con alguna elevacion y declive.

RIBERA, s. f. La márgen y orilla del mar ó rio. || Tierra cercana á los rios. || SER DE MONTE Y RIBERA, Ser para todo.

RIBEREÑO, ÑA, adj. Que pertenece á la ribera ó es propio de ella.

RIBERICA, LLA, TA, s. f. d. de RIBERA.

RIBERIEGO, GA, adj. Se aplica á los ganados que no son trashumantes, y al ganadero de este ganado.

RIBERO, s. m. El vallado de estacas, cascajo y céspedes que se hace á la orilla de las presas.

RIBETE, s. m. Guarnicion que se echa á la extremidad de la ropa ó vestido. || Añadidura, aumento, acrecentamiento. || Entre jugadores el interes que pacta el que presta á otro alguna cantidad de dinero en la casa del juego. || met. || El adorno que se añade en la conversacion á algun caso.

RIBETEADO, p. p. de RIBETEAR.

RIBETEAR, v. n. Echar ribetes.

RICACHO, CHA, adj. V. RICAZO.

RICADUEÑA, s. f. La señora, hija ó muger de grande ó de ricohombre.

RICAFEMBRA, s. f. V. RICADUEÑA.

RICAHEMBRA, s. f. V. RICADUEÑA.

RICAHOMBRÍA, s. f. Dignidad ó título de grandeza que gozaban los ricoshombres.

RICAMENTE, adv. Opulentamente, con abundancia. || Preciosamente.

RICAZO, ZA, adj. aum. de RICO.

RICIAL, adj. Se aplica á la tierra en que despues de cortado el pan en verde vuelve á nacer ó retoñar.

*RICINO-MAYOR, s. m. Higuera infernal: planta.

RICO, CA, adj. Noble ó de alto linage, ó de conocida y estimable bondad. || Adinerado, hacendado y acaudalado. || Abundante, opulento y pingüe. || Gustoso, sabroso, agradable. || Muy bueno en su línea. || RICO Ó PINJADO, Pondera la firme resolucion con que uno se mete en algun negocio arriesgado, exponiéndose á arruinarse y perderse.

RICOHOMBRE ó RICOHOME, s. m. V. GRANDE.

RIDÍCULAMENTE, adv. De un modo ridículo.

RIDICULEZ, s. f. El dicho ó hecho extravagante é irregular. || La nimia delicadeza de genio ó natural.

RIDICULÍSIMAMENTE, adv. sup. de RIDÍCULAMENTE.

RIDICULÍSIMO, MA, adj. sup. de RIDÍCULO.

RIDICULIZADO, p. p. de RIDICULIZAR.

RIDICULIZAR, v. a. Burlarse de alguno provocando á risa con la pintura de sus extravagancias.

RIDÍCULO, LA, adj. Que mueve ó puede mover á risa. || Escaso, corto y de poca estimacion. || Extraño, irregular y de poco aprecio ó consideracion. || De genio irregular, nimiamente delicado ó reparador.

RIDICULOSO, SA, adj. V. RIDÍCULO.

RIEGO, s. m. El acto de regar, ó el beneficio que se da á la tierra regándola.

RIEL, s. m. La barra pequeña de oro, plata ó cobre en bruto.

RIELERA, s. f. Pieza de hierro cóncava, en que se echan los metales derretidos para reducirlos á rieles.

RIENDA, s. f. Correa ó correas con que el ginete rinde, sujeta y maneja la caballería. || met. Sujecion, moderacion ó enfreno en acciones ó palabras. || RIENDAS, pl. Gobierno, direccion de alguna cosa. || AFLOJAR LAS RIENDAS, met. Aliviar, disminuir el trabajo, cuidado y fatiga que se toma en la egecucion de alguna cosa, ceder de la vigilancia y direccion de lo que está al cargo de alguno. || Á MEDIA RIENDA, Explica el movimiento violento que lleva el caballo, que consiste en nó darle toda la rienda, metiéndole las piernas. || Á RIENDA SUELTA, met. Con violencia ó celeridad. || met. Sin sujecion y con toda libertad. || CORRER Á RIENDA SUELTA, Soltar el ginete las riendas al caballo, para que corra cuanto pueda. || met. Entregarse sin reserva al egercicio de alguna cosa. || DAR RIENDA SUELTA, Dar libre curso. || FALSA RIENDA, Correa que sirve para que lleve la cabeza derecha la caballería. || GANAR LAS RIENDAS, Apoderarse de las riendas de una caballería para detener al que va en ella. || SOLTAR LA RIENDA, met. Entregarse con libertad y desenfreno á los vicios, pasiones y afectos. || TENER LAS RIENDAS, Tirar de ellas para detener el paso de una caballería. || TIRAR LAS RIENDAS, met. Sujetar, contener, reducir.

RIENTE, p. a. de REIR, Que rie.

RIESGO, s. m. Contingencia ó proximidad de algun daño leve. || CORRER RIESGO, Estar expuesta á perderse alguna cosa, ó no verificarse.

RIETO, s. m. V. RETO.

RIFA, s. f. Contienda, riña ó pendencia. || El sorteo de alguna alhaja entre muchos por la talla que se pone.

RIFADO, p. p. de RIFAR.

RIFADOR, s. m. El que rifa ó sortea alguna alhaja.

RIFADURA, s. f. *Náut.* Accion y efecto de rifar ó romperse alguna vela.

RIFAR, v. n. Reñir ó contender con alguno.

RIFAR, v. a. Sortear alguna alhaja entre muchos. || *Náut.* Romperse, abrirse, descoserce ó hacerse pedazos alguna vela.

RIFARAFE, s. m. fam. Contienda de paso y ligera.

RIGIDAMENTE, adv. Con rigidez.

RIGIDEZ, s. f. Aspereza ó dureza.

RIGIDÍSIMO, MA, adj. sup. de RÍGIDO.

RÍGIDO, DA, adj. Riguroso, áspero y duro.

RIGOR, s. m. La aspereza del frio. || Crueldad ó exceso en el castigo, pena ó represion. || Aspereza, dureza ó acrimonia en el genio. || El último termino á que pueden llegar las cosas. || Intension, vehemencia. || Propiedad y precision. || *Med.* La tesura preternatural de los nervios que los hace inflexibles, é impide los movimientos del cuerpo. || *Germ.*

El fiscal. || *Med.* El frio intenso y extraordinario que entra de improviso á los enfermos en el principio de las calenturas intermitentes. || SIN RIGOR, En propiedad ó con precision.

RIGORISMO, s. m. Exceso de severidad y rigor.

RIGORISTA, adj. y s. El que declina al extremo de severidad en las opiniones sobre materias morales.

RIGOROSAMENTE, adv. Rigurosamente.

RIGOROSO, SA, adj. V. RIGUROSO.

RIGURIDAD, s. f. V. RIGOR.

RIGUROSAMENTE, adv. Con rigor.

RIGUROSIDAD, s. f. ant. V. RIGOR.

RIGUROSÍSIMAMENTE, adv. sup. de RIGUROSAMENTE.

RIGUROSÍSIMO, MA, adj. sup. de RIGUROSO.

RIGUROSO, SA, adj. Áspero y acre. || Cruel y excesivo en el castigo ó pena. || Estrecho, ceñido ó ajustado.

RIJA, s. f. Hendedura que se hace en el ángulo del ojo. || Pendencia, inquietud ó alboroto.

RIJADOR, RA, adj. V. RIJOSO.

RIJO, s. m. Conato ó propension á lo sensual.

RIJOSO, SA, adj. Pronto, dispuesto para reñir ó contender con otro. || Inquieto y alborotado á vista de la hembra.

RIMA, s. f. Composicion de versos en cuyos fines se van correspondiendo unos á otros en consonante. || V. RIMERO.

RIMADO, p. p. de RIMAR. || RIMADO, DA, adj. Dícese de las obras compuestas en verso ó rima.

RIMAR, v. a. Inquirir y buscar.

RIMAR, v. n. Componer en rima.

RIMBOMBANTE, p. a. de RIMBOMBAR, Que rimbomba ó retumba.

RIMBOMBAR, v. n. Retumbar, resonar, sonar mucho ó hacer eco.

RIMBOMBE, s. m. V. RIMBOMBO.

RIMBOMBO, s. m. El retumbo ó repercusion que se causa de un sonido.

RIMERO, s. m. Conjunto de algunas cosas puestas unas sobre otras en órden y compostura.

RINCON, s. m. El ángulo interior que se forma de la junta de dos paredes. || Escondrijo ó lugar retirado. || El domicilio ó habitacion particular de cada uno, con abstraccion del comercio de las gentes. || Pais que se considera como pequeño respecto de otros muchos mayores.

RINCONADA, s. f. El rincon que se forma de dos casas, calles, caminos ó entre dos montes.

RINCONCILLO, s. m. d. de RINCON.

RINCONERA, s. f. Mesa pequeña de figura triangular que se coloca en el rincon de una sala.

RINCONERO, RA, adj. Se aplica á las colmenas que tienen la obra atravesada y al sesgo.

RINGLA, s. f. V. RINGLERA.

RINGLE, s. m. V. RINGLERA.

RINGLERA, s. f. fam. La fila ó línea de cosas puestas en órden unas tras otras.

RINGLERO, s. m. La pauta por donde siguen los muchachos para escribir.

RINGORANGO, s. m. fam. El rasgo demasiado ó sobresaliente en el modo de escribir. || Se dice de cualquier adorno superfluo y sobresaliente.

RINOCERONTE, s. m. Cuadrúpedo indígeno del África y del Asia, de unos diez pies de altura, sobre unos doce de largo.

RIÑA, s. f. Pendencia, cuestion ó quimera.

RIÑON, s. m. Cuerpo glanduloso y de sustancia muy sólida, de que hay dos en la parte interior del animal. || Lo interior ó el centro de un terreno, sitio ó lugar. || TENER CUBIERTO EL RIÑON, met. Estar bien de conveniencias ó estar rico.

RIÑONADA, s. f. La tela de sebo que cubre los riñones, y el lugar en que están los riñones en el cuerpo. || Guisado de riñones.

RIÑOSO, SA, adj. ant. Rencilloso, el que riñe por cualquier motivo.

RIO, s. m. La corriente caudalosa de muchas aguas juntas que van á desembocar en otra en el mar. || met. La grande abundancia de alguna cosa líquida. || APEAR EL RIO, Vadearle á pié. || Á RIO REVUELTO, En la confusion, turbacion y desórden. || CORRER LOS RIOS, Caminar ó ir por tales partes, extenderse y dilatarse tantas leguas.

RIOJANO, NA, adj. y s. De la Rioja.

RIOLADA, s. f. met. La afluencia ó reunion de muchas cosas á un tiempo.

RIOSTRA, s. f. El madero que puesto oblicuamente asegura el pié derecho.

RIPIA, s. f. Tabla delgada, cortada sin sierra y sin arte ni regla. || La costera que queda de los maderos que asierran. || ant. V. RIPIO

RIPIADO, p. p. de RIPIAR.

RIPIAR, v. a. Rellenar ó henchir de

ripio las fábricas, especialmente las presas de los molinos.

RIPIO, s. m. El residuo que queda de una cosa. || La palabra ó palabras que se ponen precisamente para llenar el verso. || Extiéndese tambien á las conversaciones. || METER RIPIO, met. Introducir cosas de poca sustancia entre las importantes. || NO PERDER RIPIO, met. y fam. No perder ni malograr ocasion. || NO DESECHAR RIPIO, V. NO PERDER RIPIO.

RIQUEZA, s. f. Abundancia de bienes y cosas preciosas.

RIQUÍSIMAMENTE, adv. sup. de RICAMENTE.

RIQUÍSIMO, MA, adj. sup. de RICO.

RISA, s. f. Indicio exterior en la boca y otras partes del rostro que demuestra la alegria interior. || Lo que motiva ó mueve á reir. || met. El movimiento suave de algunas cosas que causan placer ó gusto. || RISA FALSA, La que se hace fingiendo agrado para engañar á otro. || RISA SARDESCA, SARDONIA Ó SARDÓNICA, met. La afectada y que no nace de alegria interior. || RISA SARDÓNICA, *Med.* Convulsion y contraccion de los músculos de la cara, en la que se pone un gesto como cuando uno se rie. || CAERSE DE RISA, fam. Reir desordenadamente. || COMERSE DE RISA, met. y fam. Reprimirla contenerla || DESCALZARSE DE RISA, fam. Reir con vehemencia y con movimientos descompasados. || DESCOYUNTARSE DE RISA, fam. Reir con exceso y haciendo movimientos violentos. || DESPEDAZARSE DE RISA, fam. V. DESCALZARSE DE RISA. || DESPERECERSE DE RISA, Reir mucho y con gana. || DESTERNILLARSE DE RISA, V. DESPERECERSE DE RISA. || FINARSE DE RISA, ant Reir descomposadamente. || LA RISA DEL CONEJO, fam. La que suelen causar algunos accidentes. || Por extension se dice del que se rie cuando tiene motivo de dolor ó sentimiento. || RETOZAR LA RISA, ó RETOZAR LA RISA EN EL CUERPO, Querer reir, ó estar movido á risa procurando reprimirla. || REVENTAR DE RISA, Reirse mucho y con muchas ganas. || REVENTAR LA RISA, Violentarse ó hacerse fuerza para no reirse.

RISADA, s. f. Risa desmesurada y descompuesta.

RISCO, s. m. Peñasco levantado y escarpado, dificil y arriesgado para andar por él.

RISCOSO, SA, adj. Que tiene muchos riscos ó que pertenece á ellos.

RISIBILIDAD, s. f. La facultad risiva, propiedad que solo conviene al racional.

RISIBLE, adj. Se aplica al hombre por la capacidad de reirse. || Que causa risa ó es digno de risa.

RISIBLEMENTE, adv. De un modo digno de risa.

RISICA, TA, s. f. d. de RISA, Se suele tomar por RISA FALSA.

RISO, s. m. ant. V. RISA.

RÍSPIDO, DA, adj. V. ÁSPERO.

RISTRA, s. f. Trenza hecha de los tallos de los ajos ó cebollas con algun número de ellos ó ellas. || met. La colocacion de las cosas que van puestas unas tras otras.

RISTRE, s. m. El hierro que el hombre de armas ingiere en el peto donde encaja el cabo de la manija de la lanza.

RISUEÑO, ÑO, adj. Que muestra risa en el semblante, ó que con facilidad se rie. || met. Se dice de aquellas cosas que se mueven suavemente, causando gusto y placer.

RITA, Voz de los pastores con que llaman ó aviean al ganado.

RÍTMICO, CA, adj. Perteneciente á la rima.

RITMO, s. m. V. RIMA. || Armonía ó númen oratorio.

RITO, s. m. Costumbre ó ceremonia. || La ceremonia y regla establecida por la iglesia en órden al oficio eclesiástico.

RITUAL, adj. Se aplica al libro que enseña el órden de las sagradas ceremonias y administracion de los sacramentos. || Que pertenece al rito ó ceremonial.

RIVAL, s. m. V. COMPETIDOR.

RIVALIDAD, s. f. V. COMPETENCIA.

RIVERA, s. f. V. ARROYO.

RIZA, s. f. El residuo que queda del alcacer cerca de la raiz despues de cortado lo que dejan en los pesebres las bestias caballares por estar duro. || Destrozo ó estrago. || HACER RIZA, met. Dar á entender que en alguna funcion de guerra hubo gran destrozo. || En alguna pendencia detener á los contrarios por haberlos acometido con ardor. || Se dice de los argumentos fuertes ó razones eficaces.

RIZADO, p. p. de RIZAR.

RIZADO, s. m. El conjunto de pliegues muy menudos ú otras labores hechas con la plancha, etc., por medio del fuego en la ropa blanca almidonada.

RIZAL, adj. V. RICIAL.

RIZAR, v. a. Formar en el pelo anillos ó sortijas. || Hacer dobleces pulidos y menudos en la ropa y otras cosas.

RIZO, ZA, adj. Ensortijado ó hecho rizos naturalmente.

RIZO, s. m. El ensortijamiento ó dobleces que se hacen en el pelo ó en algunas ropas. || Especie de terciopelo. || ant. V. RIZA. || RIZOS, pl. Cabos que pasados por unos anillos de las velas sirven para acortarlas.

RO

RO, Voz de que se usa repetida para arrullar á los niños.

ROA, s. f. *Náut.* V. RODA.

ROANÉS, SA, adj. De Roan.

ROANO, NA, adj. Se aplica al caballo cuyo pelo está mezclado de blanco, de gris y de bayo.

ROB, s. m. *Quim.* Arrope ó zumo de frutos maduros, mezclado con alguna miel ó azúcar cocido.

ROBADA, s. f. *Nav.* Espacio de tierra que admite un robo de sembradura.

ROBADO, p. p. de ROBAR.

ROBADOR, RA, s. m. y f. El que roba.

ROBADORCILLO, LLA, s. m. y f. d. de ROBADOR.

ROBALIZA, s. f. Pez raro en los mares de España.

RÓBALO, s. m. Pez muy comun en todos los mares de España, en los cuales crece hasta la longitud de dos pies.

ROBAMIENTO, s. m. V. ARROBAMIENTO.

ROBAR, v. a. Quitar ó tomar para sí con violencia ó con fuerza lo ageno. || Tomar para sí ó hurtar de cualquier modo que sea. || Sacar á alguna muger violentamente ó con engaño de la casa y potestad de sus padres ó parientes. || Llevarse los rios y corrientes parte de la tierra contigua ó de aquella por donde pasan. || Llevar sumamente en el precio en las ventas ó contratos, ó en lo que se cobra por derechos ó tributos. || Entre los colmeneros es sacar del peon partido todas las abejas, y ponerlas en otro desocupado. || met. Atraer con eficacia y como violentamente el afecto ó ánimo. || En el juego de naipes vale descartarse de algunas de las cartas que se han dado, tomando otras tantas de las que han quedado por repartir.

ROBDA, s. f. Especie de tributo antiguo.

ROBERÍA, s. ant. V. ROBO.

ROBEZO, s. m. ant. V. BICERRA.

ROBIN, s. m. Orin ó herrumbre en los metales.

ROBLA, s. f. V. ROBRA, 1ª A.

ROBLADERO, RA, adj. Se aplica al clavo hecho en disposicion de roblarse.

ROBLADURA, s. f. La dobladura ó remachadura de alguna pieza de hierro.

ROBLAR, v. a. V. ROBRAR. || Doblar ó remachar alguna pieza de hierro.

ROBLE, s. m. Árbol que se distingue de la encina en sus hojas. || met. Cualquiera cosa fuerte, dura y de gran consistencia.

ROBLECILLO, s. m. d. de ROBLE.

ROBLEDAL, s. m. El sitio ó monte poblado de robles.

ROBLEDO, s. m. V. ROBLEDAL.

ROBLON, s. m. El clavo cuya punta se remacha sobre una plancha de hierro que se pone en la parte opuesta.

ROBLIZO, ZA, adj. Fuerte, recio y duro.

ROBO, s. m. Accion y efecto de robar. || La misma cosa robada. || En algunos juegos de naipes el número de estos que se toma del monte. || Rapto de alguna muger. || Cierta medida de granos usada en Navarra, que equivale á media fanega de Castilla. || METER Á ROBO, ant. METER Á SACO, saquear.

ROBORACION, s. f. Accion y efecto de roborar.

ROBORADO, p. p. de ROBORAR.

ROBORANTE, p. a. de ROBORAR. Que da fuerza y firmeza.

ROBORAR, v. a. Dar fuerza y firmeza.

ROBORATIVO, VA, adj. Que da fuerza y vigor.

ROBRA, s. f. Escritura ó papel autorizado para la seguridad de las compras y ventas ó pasage de las aduanas. || ALBOROQUE, gratificacion.

ROBRADO, p. p. de ROBRAR.

ROBRAMIENTO, s. m. Accion de robrar.

ROBRAR, v. a. Hacer la escritura ó papel autorizado que llaman ROBRA. || V. ROBORAR. || ant. Otorgar, confirmar, rubricar alguna cosa.

ROBREDO, s. m. V. ROBLEDAL.

ROBUSTAMENTE, adv. Con fuerza ó robustez.

ROBUSTEZ, s. f. Fuerza, vigor, resistencia.

ROBUSTICIDAD, s. f. ant. V. ROBUSTEZ.

ROBUSTÍSIMAMENTE, adv. sup. de ROBUSTAMENTE.

ROBUSTÍSIMO, MA, adj. sup. de ROBUSTO.

ROBUSTO, TA, adj. Fuerte, vigoroso, y que resiste á la violencia ó eficacia contraria. || Se aplica al que tiene el cuerpo grueso y de fuertes miembros.

ROCA, s. f. Piedra ó vena de ella muy dura y sólida. || Peñasco ó monte de piedra que sobresale en la tierra ó en el mar. || met. Lo que es muy duro, firme y constante. || ROCAS, pl. Los pedazos de peña tajada que forman precipicios.

ROCADERO, s. m. V. COROZA. || El castillejo que tiene la rueca á la parte superior, al rededor del cual se pone el copo para hilarle. || El cucurucho que ponen en la rueca para asegurar el copo.

ROCADOR, s. m. V. ROCADERO, 2ª A.

ROCALLA, s. f. El conjunto de piedrecillas menudas. || Especie de abalorio de vidrio fuerte, labrado en figura de cuentas ó piedrecillas.

ROCE, s. m. Accion y efecto de rozar ó rozarse. || met. El trato ó comunicacion frecuente con algunas personas.

ROCIADA, s. f. La accion de rociar. || V. ROCÍO. || Yerba con el rocío que se da por medicina á las bestias caballares. || met. El esparcimiento de algunas cosas que se dividen al arrojarlas unas de otras. || met. La murmuracion en que se comprende y zahiere maliciosamente á muchos. || met. La reprension áspera con que se reconviene á alguno.

ROCIADO, p. p. de ROCIAR.

ROCIADOR, s. m. Instrumento con que se rocía la ropa.

ROCIADURA, s. f. V. ROCIADA, 1ª A.

ROCIAMIENTO, s. m. Accion y efecto de rociar.

ROCIAR, v. n. Caer sobre la tierra el rocío ó la lluvia delicada.

ROCIAR, v. a. Esparcir delicadamente el agua, ú otro licor sobre alguna cosa. || met. Arrojar ó esparcir algunas cosas de modo que caigan separadas. || met. Murmurar, zahiriendo á varios á un tiempo mismo.

ROCÍN, s. m. Matalon, el caballo viejo y malo. || El caballo de trabajo, á distincion del que llaman de regalo. || met. y fam. El hombre necio y pesado. || ROCIN Y MANZANAS, Ó AUNQUE SE AVENTUREN ROCIN Y MANZANAS, Da á entender la resolucion en que se está de hacer alguna cosa aunque sea con riesgo y pérdida. || ENCONTRAR SANCHO CON SU ROCIN, met. y fam. Explica que alguno halla otro semejante á él ó de su genio, ó que le entendiese sus modales y se los impugne. || IR DE ROCIN Á RUIN, met. y fam. Decaer ó ir de mal en peor. || HERMOSO ATAR DE ROCIN, Y ATÁBALE POR LA COLA, fam. Se dice para burlarse del que hace ó dice cualquiera cosa fuera de propósito.

ROCINAL, adj. Que pertenece á los rocines ó es propio de ellos.

ROCINANTE, s. m. V. ROCIN, matalon.

ROCINAZO, s. m. aum. de ROCIN.

ROCINILLO, s. m. d. de ROCIN.

ROCINO, s. m. ant. V. ROCIN.

ROCÍO, s. m. Vapor sutil que con la frialdad de la noche se condensa en muy menudas gotas. || Lluvia corta ó poco durable. || met. Las gotas menudas que artificiosamente se esparcen sobre alguna cosa.

RODA, s. f. Derecho ó imposicion que pagaban los ganados lanares. || *Náut.* El madero grueso y curvo que forma el remate de la proa de las naves.

RODABALLO, s. m. Pez muy comun en todos los mares de España. Es casi redondo, de unos dos pies de largo y sumamente chato.

RODADA, s. f. La señal que deja la rueda en la tierra por donde pasa.

RODADERO, RA, Que rueda fácilmente ó está en disposicion ó figura para rodar.

RODADIZO, ZA, adj. Aplícase á lo que rueda con facilidad.

RODADO, p. p. de RODAR. || RODADO, DA, adj. Se aplica al color del caballo blanco con algunas manchas negras. || V. PRIVILEGIO. || Se aplica al período, expresion ó cláusula corriente, fluida, fácil y sin dureza. || VENIR RODADO, Suceder una cosa como casualmente, pero á tiempo.

RODADO, s. m. *Min.* V. SUELTO.

RODADOR, s. m. Lo que rueda ó cae rodando.

RODADURA, s. f. Accion de rodar ó el movimiento que se hace rodando.

RODAJA, s. f. Rueda pequeña y sin rayos.

RODAGE, s. m. El conjunto de varias ruedas.

RODAJILLA, s. f. d. de RODAJA.

RODAJUELA, s. f. d. de RODAJA.

RODANCHO, s. m. *Germ.* El broquel.

RODANTE, p. a. de RODAR, Que rueda.

RODAPELO, s. m. V. REDOPELO.

RODAPIÉ, s. m. Paramento con que se cubren al rededor los pies de las camas, mesas, etc. || El friso de otro color que se pone cerca del suelo ó pavimiento en las piezas blanqueadas. || La tabla ó celosía baja que se pone en los balcones para que no se vean los pies de los que se asoman á ellos. || La tabla de poca altura con que suelen rodearse las papeleras, mesas y otros muebles.

RODAPLANCHA, s. f. *Cerraj.* Especie de guarda en las llaves.

RODAR, v. n. Moverse por la tierra dando vueltas al rededor del ege ó centro del cuerpo que se mueve. || V. RODEAR. || Moverse alguna cosa con ruedas. || Caer desde alguna altura ó por algun declive, como de cuesta, escalera, etc. || Andar ó estar alguna cosa como tirada en el suelo por desprecio ó descuido. || Haber grande abundancia de las cosas. || Andar en pretensiones sin conseguír ó ser atendido en alguna. || met. Caer alguno de la dignidad, puesto ó estimacion en que estaba, ó del grado debido. || met. Suceder las cosas como casualmente y con el curso del tiempo. || RODAR POR ALGUNO, met. Significa la prontitud y disposicion de ánimo para servirle, y hacer lo que le pidiere por difícil que sea.

RODEABRAZO (Á), adv. Dando una vuelta al brazo para arrojar ó despedir alguna cosa con él.

RODEADO, p. p. de RODEAR.

RODEADOR, RA, s. m. y f. El que rodea.

RODEAR, v. n. Andar al rededor. || Ir por camino mas largo que el ordinario ó regular. || met. Usar de circunloquios ó rodeos.

RODEAR, v. a. Poner alguna cosa al rededor de otra ó cercarla cogiéndola en medio. || Revolver ó hacer dar vueltas á alguna cosa. || met. Disponer, proporcionar, preparar desde léjos las cosas para algun fin. || NO PODERSE RODAR, met. Estar muy cargado de ocupaciones y negocios, ó estrechado de la gente ó del sitio.

RODELA, s. f. Escudo redondo y delgado, que cubre el pecho al que pelea con espada.

RODELERO, s. m. El soldado que peleaba con rodela. || El mozo inquieto y que ronda de noche con espada y rodela.

RODEO, s. m. Accion de rodear. || Camino mas largo ó desvío del camino derecho. || Vuelta ó regate para librarse de quien persigue. || Sitio en que se pone el ganado mayor junto para su venta. || met. Escape ó efugio. || met. El medio largo y remoto del asunto que se emplea para venir á hacer ó decir alguna cosa. || *Germ.* Junta de ladrones ó de rufianes.

RODEON, s. m. Vuelta que se hace dar ó da á alguna cosa en redondo.

RODERO, RA, adj. Que pertenece á las ruedas ó sirve para ellas.

RODERO, s. m. El que cobraba el tributo de la roda.

RODETE, s. m. Una rueda formada de dos cascos ó medios círculos de madera, unidos y trabados fuertemente entre sí, para mover la rueda del molino. || La rosca que de las trenzas del pelo hacen las mugeres en el vértice de la cabeza. || El adorno de tela que se pone en las mangas de los vestidos de las mugeres por encima de la sangría del brazo. || Especie de guarda en las llaves. || Especie de rosca que se pone en la cabeza para cargar y llevar sobre ella algun peso. || Círculo ó rueda del juego delantero de los coches. || *Blas.* La trenza ó cordon que está sobre el yelmo del caballero antiguo.

RODEZNO, s. m. Rueda formada de muchas paletas, que llaman álabes, en las cuales hiere la corriente del agua, y las impele para el movimiento. Se usa en los molinos.

RODILLA, s. f. La parte de la pierna que la une con el muslo, y en que consiste el juego de ella. || El paño vil, regularmente de lienzo, que sirve para limpiar alguna cosa. || En los cuadrúpedos, V. CODILLO. || RODETE, especie de rosca. || DE RODILLAS, Poniendo las rodillas en tierra. || DOBLAR LA RODILLA, met. Sujetarse, humillarse á otro.

RODILLADA, s. f. El golpe con la rodilla, ó inclinacion ó postura de ella en tierra.

RODILLAZO, s. m. El golpe dado con la rodilla.

RODILLERA, s. f. Cualquiera cosa que se pone para comodidad, defensa ó adorno de las rodillas.

RODILLERO, RA, adj. Que pertenece á las rodillas.

RODILLO, s. m. Madero redondo y fuerte, que se hace rodar por la tierra para llevar sobre él ó arrastrar alguna cosa de mucho peso. || Cilindro de piedra muy pesado que hacen rodar para allanar la tierra. || DE RODILLO Á RODILLO, En el juego de bochas se dice cuando se despide con violencia una bola arrastrando.

RODILLUDO, DA, adj. Que tiene grandes rodillas.

RODIO, DIA, adj. Perteneciente á la isla de Rodas y natural de ella.

RODOMEL, s. m. El zumo de las rosas mezclado con miel.

* RODONA, s. f. Prostituta, muger pública.

RODRIGADO, p. p. de RODRIGAR.

RODRIGAR, v. a. Poner rodrigones á las vides.

RODRIGAZON, s. f. El tiempo de poner rodrigones.

RODRIGON, s. m. Estaca que se pone en las vides y árboles para sustentarlos y apoyarlos. || fam. El criado que sirve de acompañar algunas mugeres.

ROEDERO, s. m. Parage donde se roe frecuentemente, ó cosa que es á propósito para roer.

ROEDOR, RA, s. m. y f. El que roe. || met. Maldiciente, detractor, murmurador.

ROEDURA, s. f. Accion de roer, ó la porcion que se corta royendo.

ROEL, s. m. *Blas.* Pieza redonda en los cuarteles de los escudos de armas.

ROELA, s. f. Pedazo de oro ó de plata en bruto de la hechura de una cazuela.

ROER, v. a. Cortar alguna cosa menuda y superficialmente con los dientes. || Comerse las abejas las realeras despues de haberlas cerrado. || Ir poco á poco descarnando los huesos de la carne que se les quedó pegada. || met. Gastar ó quitar superficialmente poco ó poco y por partes menudas. || met. Introducirse insensiblemente ó poco á poco alguna cosa en otra, haciendo daño. || met. Murmurar ó decir mal de alguno. || met. Molestar, afligir ó atormentar interiormente y con continuacion.

ROETE, s. m. El zumo de las granadas hecho vino.

ROGACION, s. f. Accion de rogar. || ROGACIONES, pl. Las letanias en procesiones públicas que se hacen en determinados tiempos del año.

ROGADO, p. p. de ROGAR.

ROGADOR, RA, s. m. y f. El que ruega.

ROGANTE, p. a. de ROGAR, Que ruega.

ROGAR, v. a. Pedir por gracia alguna cosa. || Instar con sumision y súplica á alguno para que egecute lo que se pretende y desea. || Orar ó pedir á Dios. || ROGAR Á RUINES, Esplica el poco fruto que se saca con las súplicas hechas á los miserables ó gentes de pocas obligaciones.

ROGARIA, s. f. ant. RUEGO, súplica. || V. ROGATIVA.

ROGATIVA, s. f. La oracion pública hecha á Dios para conseguir el remedio de alguna necesidad pública.

ROGATIVO, VA, Que ruega ó incluye en si ruego.

ROIDO, p. p. de ROER. || ROIDO, DA, adj. Corto, despreciable y dado con miseria.

ROJEANTE, p. a. de ROJEAR, Que rojea.

ROJEAR, v. n. Tirar alguna cosa al color rojo ó volverse de él.

ROJETE, s. m. El color rojo de que usan para pintarse las mugeres.

ROJETO, TA, adj. ant. Que tira á rojo.

ROJEZ, s. f. El color rojo.

ROJEZA, s. f. ant. V. ROJEZ.

ROJIZO, ZA, adj. Que tira á color rojo.

ROJO, JA, adj. Se aplica al color encarnado muy encendido. || Rubio. || ROJO ALAMBRADO, Que es de color encendido de brasa.

ROJURA, s. f. V. ROJEZ.

ROL, s. m. Lista, nómina ó catálogo.

ROLDANA, s. f. *Naut.* La rodaja ó garrucha por donde corren las cuerdas para izar, etc.

ROLDE, s. m. La rueda hecha de personas puestas en órden, ó el círculo formado de otras cosas.

ROLEO, s. m. *Arq.* V. VOLUTA.

ROLLA, s. f. Una especie de rollo formado de espadaña trenzada, para asegurar las colleras de las mulas.

ROLLADO, p. p. de ROLLAR.

ROLLAR, v. a. V. ARROLLAR ó ENVOLVER, etc.

ROLLETE, s. m. d. de ROLLO.

ROLLIZO, ZA, adj. Largo y redondo, como en figura de rollo. || Robusto y fuerte de miembros.

ROLLO, s. m. Cualquiera cosa redonda y larga á modo de columna. || La porcion de tegido arrollada para venderse. || La picota ú horca hecha de piedra, y en forma redonda ó de columna. || La piedra lisa, redonda y larga que se halla frecuentemente en los arroyos y rios. || La pieza de los autos que se forman en un pleito. || V. ROLLA. || ENVIAR Ó MANDAR AL ROLLO, Espr. met. con que se despide á alguno ó por desprecio ó por no quererle atender.

ROLLON, s. m. V. ACEMITE.

ROLLONA, adj. fam. Se aplica á la muger rolliza y fuerte.

ROMADIZADO, p. p. de ROMADIZARSE.

ROMADIZARSE, v. r. V. ARROMADIZARSE.

ROMADIZO, s. m. Destemplanza de la cabeza que ocasiona fluxion de la reuma.

ROMANA, s. f. Especie de peso de brazos desiguales. || ENTRAR LA ROMANA, Comenzar su cuenta con cierto número de libras ó arrobas. || HACER ROMANA, Pesar una cosa á proporcion de otra, deteniéndola con su peso al lado opuesto, para que no se caiga. || met. Tener fuerza y eficacia para hacer valer ó determinar alguna cosa, oponiéndose de su parte ó inclinándose á algun partido. || VENIR Á LA ROMANA, Ajustarse alguna cosa al peso que se pretendia examinar en ella.

ROMANADO, p. p. de ROMANAR.

ROMANADOR, s. m. V. FIEL DE ROMANA.

ROMANAR, v. a. Pesar en romana.

ROMANCE, s. m. La lengua española vulgar. || Composicion de la poesía española. || ROMANCES, pl. y fam. Bachillerías, sofisterías, excusas ó astucias. || EN BUEN ROMANCE, fam. Claramente y de modo que todos lo entiendan. || HABLAR EN ROMANCE, met. Explicarse con claridad y sin rodeos.

ROMANCEADO, p. p. de ROMANCEAR.

ROMANCEAR, v. a. Poner en romance. || *Gram.* Explicar con otras voces la oracion castellana para facilitar el ponerla en latin.

ROMANCERO, RA, adj. El que canta, sabe ó compone romances.

ROMANCERO, s. m. El libro ó coleccion de varios romances antiguos. || fam. El que gasta ó tiene romances, ó se vale de excusas y tergiversaciones.

ROMANCISTA, s. m. El que escribe ó compone en romance ó en lengua castellana. || El que no sabe otra lengua que la castellana ó el romance.

ROMANCITO, s. m. d. de ROMANCE.

ROMANEADO, p. p. de ROMANEAR.

ROMANEAR, v. a. Pesar con la romana.

ROMANEAR, v. n. Hacer alguna cosa mas contrapeso al lado en que está colocada.

ROMANEO, s. m. Accion y efecto de ROMANEAR.

ROMANERO, s. m. V. FIEL DE ROMANA.

ROMANILLA, TA, s. f. d. de ROMANA.

ROMANO, NA, adj. de Roma. || Nombre que se da á los gatos que tienen la piel manchada á listas trasversales de color pardo y negro. || Dícese del melocoton muy grande y sabroso, que tiene el hueso colorado y la carne pegada á él. || Á LA ROMANA, Al uso de Roma.

ROMANZADO, p. p. de ROMANZAR.

ROMANZADOR, s. m. ant. El que vuelve en romance ó castellano lo que está en otra lengua.

ROMANZAR, v. a. V. ROMANCEAR.

ROMANZON, s. m. El romance en la poesía muy largo y pesado.

ROMAZA, s. f. Yerba perenne, cuya raiz gruesa, de color pardo por fuera, amarilla, matizada de venas algo rojas, se usa en la medicina.

ROMBO, s. m. *Geom.* Rectilíneo que consta de cuatro lados iguales y de ángulos desiguales. || V. RODABALLO.

ROMBOIDE, s. m. *Geom.* El cuadrilongo cuyos ángulos y lados son desiguales.

ROMERAGE, s. m. V. ROMERÍA.

ROMERAL, s. m. El sitio ó campo poblado de romeros.

ROMERÍA, s. f. Viage ó peregrinacion, especialmente la que se hace por devocion á algun santuario.

ROMERO, RA, adj. Se aplica al peregrino que va en romería con bordon y esclavina.

ROMERO, s. m. Planta á manera de arbusto, muy abundante en España, de olor aromático y agradable, de sabor acre, muy útil y medicinal. || Pez comun en casi todos los mares de Europa, que gusta de caminar en banda junto á los peces grandes. || ECHAR UN ROMERO, Echar suerte para hacer alguna romería aquel á quien le toque.

ROMÍ ó ROMIN, V. AZAFRAN ROMÍ Ó ROMIN.

ROMO, MA, adj. Obtuso y sin punta. || Que tiene las narices chatas, ó pequeñas y aplanadas. || El macho ó mula hijo de caballo y burra.

ROMPECOCHES, s. m. Tegido fuerte. || V. PERDURABLE.

ROMPEDERA, s. f. Hierro algo semejante al martillo, para abrir agujeros en el hierro grueso caliente.

ROMPEDERO, RA, adj. Fácil de romperse.

ROMPEDOR, RA, s. m. y f. El que rompe. ‖ El que rompe mucho los vestidos.

ROMPEDURA, s. f. V. ROTURA.

ROMPER, v. a. Dividir con violencia las partes de un todo. ‖ Quebrar ó hacer pedazos alguna cosa. ‖ Gastar y destrozar mucho y con brevedad los vestidos, y otras cosas. ‖ Desbaratar ó deshacer un cuerpo de gente unida. ‖ Abrir un espacio ó tramo en un cuerpo para algun uso, ó hiriéndole. ‖ Arar la primera vez la tierra que no se habia arado hasta entónces. ‖ Quitar ó cortar todo el verde vicioso de las cepas. ‖ Cortar, interrumpir la union ó seguida de un cuerpo. ‖ Traspasar el coto, límite ó término que está puesto, ó salirse de él. ‖ met. Dividir ó separar por breve tiempo la union ó continuidad de algun cuerpo fluido. ‖ Hablando del sol ó de la luz vencer con su claridad, el impedimento que le oscurecia.

ROMPER, v. n. Empezar, como ROMPER el dia, ROMPER á hablar. ‖ Entre cazadores partir la caza hácia alguna parte, saliéndose del ojeo. ‖ Resolverse á la egecucion de alguna cosa en que se tenia dificultad. ‖ Reñir con alguno ó dejar su comunicacion ó amistad. ‖ Prorumpir ó brotar. ‖ Brotar, abrir las flores. ‖ Abrir espacio suficiente para pasar por el sitio ó parage ocupado de gente unida. ‖ Interrumpir al que está hablando, ó cortar la conversacion. ‖ Quebrantar ó faltar á la observancia de la ley, precepto, contrato ú otra obligacion. ‖ ROMPER CON ALGUNO, Manifestarle la queja ó disgusto que de él se tiene.

ROMPERSE, v. r. Despejarse y adquirir desembarazo en el porte y las acciones. ‖ DE ROMPE Y RASGA, fam. Denota la demasiada resolucion de alguno ó su abertura de genio en lo que egecuta.

ROMPIDO, p. p. de ROMPER. ‖ *Blas.* V. FALLIDO.

ROMPIENTE, p. a. ant de ROMPER, Que rompe.

ROMPIENTE, s. m. Cualquier bajo, escollo ó costa donde cortado el curso de las olas rompe y se levanta la mar.

ROMPIMIENTO, s. m. Accion y efecto de romper. ‖ Accion y efecto de romper ó arar la primera vez la tierra. ‖ met. Desavenencia ó riña. ‖ El espacio abierto en algun cuerpo sólido, ó quiebra que se reconoce en él. ‖ El derecho que paga el que tiene sepultura propia al tiempo de usar de ella. ‖ *Pint.* Aquella profundidad que se finge, de suerte que parece que rompe la superficie; y tambien se llama así cuando se finge rasgarse el cielo.

RON, s. m. Aguardiente extraido del azúcar.

RONCA, s. f. Amenaza con jactancia del valor propio en competencia de otro. ‖ El grito que da el gamo cuando está en zelo llamando á la hembra. ‖ Arma semejante á la partesana. ‖ ECHAR RONCAS, fam. Estar ronco. ‖ met. y fam. V. ECHAR BOCANADAS.

RONCADOR, RA, s. m. y f. El que ronca. ‖ Pez indígeno del Mediterráneo. ‖ En las minas del Almaden BORRASTANTE.

RONCALÉS, SA, adj. Del valle de Roncal.

RONCAMENTE, adv. Tosca ó groseramente.

RONCAR, v. n. Hacer ruido tosco o bronco con el resuello cuando se duerme. ‖ Hacer un ruido sordo ó bronco algunos instrumentos de viento y el mar. ‖ fam. Echar roncas. ‖ Llamar el gamo á la hembra cuando está en zelo.

RONCE, s. m. V. RONCERÍA, 2ª A.

RONCEAR, v. n. Entretener, dilatar ó retardar la egecucion de alguna cosa por hacerla de mala gana. ‖ Halagar con instancia, con acciones y palabras para lograr algun fin. ‖ *Mar.* Ir tarda y perezosa la embarcacion, especialmente cuando va con otras.

RONCERÍA, s. f. Tardanza ó lentitud en hacer lo que se manda, mostrando desgana de egecutarlo. ‖ Expresion de halago ó cariño con palabras ó acciones para conseguir algun fin. ‖ *Mar.* El movimiento tardo y perezoso de la embarcacion.

RONCERO, RA, adj. Tardo y perezoso. ‖ Regañon, mal acondicionado. ‖ Se aplica al que usa de acciones ó expresiones halagüeñas y cariñosas para conseguir su intento. ‖ *Mar.* Se aplica á la embarcacion tarda y perezosa en el movimiento.

RONCHA, s. f. Bultillo que se eleva en figura de haba en el cuerpo del animal. ‖ met. El daño recibido en materia de dinero, cuando se le sacan á uno con cautela ó engaño. ‖ *Ar.* La tajada delgada de cualquiera cosa cortada en redondo.

RONCHADO, p. p. de RONCHAR.

RONCHAR, v. a. V. RONZAR.

RONCHAR, v. n. Hacer ó causar ronchas.

RONCHON, s. m. aum. de RONCHA.

RONCO, CA, adj. Que tiene ó padece ronquera. ‖ Se aplica tambien á la voz ó sonido tosco y bronco.

RONCO, s. m. fam. V. RONQUIDO.

RONCON, s. m. El cañon que tiene la gaita gallega, que hace el bajo del instrumento.

RONDA, s. f. Accion de rondar. ‖ El conjunto de sugetos ó ministros que andan rondando. ‖ El espacio que hay entre la parte interior del muro y las casas de la ciudad, villa ó fortaleza. ‖ En el juego de naipes llamado sacanete son las tres primeras cartas que se exponen á los que han de parar. ‖ La música y reunion de los mozos por la noche cantando á las puertas y ventanas de las jóvenes. ‖ COGER LA RONDA Á ALGUNO, Sorprenderle en la accion ó delito que queria egecutar ocultamente.

RONDADO, p. p. de RONDAR.

RONDADOR, s. m. El que ronda.

RONDALLA, s. f. Cuento, patraña ó conseja. ‖ *Ar.* Ronda de mozos.

RONDAR, v. n. Andar de noche visitando la ciudad ó plaza para estorbar los desórdenes. ‖ Andar de noche paseando las calles.

RONDAR, v. a. Dar vueltas al rededor de alguna cosa. ‖ Andar al rededor de alguno, ó siguiéndole continuamente para conseguir de él alguna cosa. ‖ Amagar, retentar á alguno alguna cosa, como el sueño, la enfermedad, etc.

RONDEL, s. m. Especie de metro ó composicion poética.

RONDIN, s. m. La ronda que hace regularmente un cabo de escuadra en la muralla. ‖ El sugeto destinado en los arsenales de marina para impedir los robos.

RONDIS ó **RONDIZ**, s. m. La base mayor en las piedras preciosas.

RONDÓ, s. m. *Mús.* Composicion música.

RONDON, s. m. Voz que solo tiene uso en el modo adverbial DE RONDON, que vale intrépidamente y sin reparo.

RONFEA, s. f. ant. Espada larga.

RONGIGATA, s. f. V. REHILERA.

RONQUEAR, v. n. Estar ronco.

RONQUEDAD, s. f. Tosquedad ó bronquedad de la voz ó del sonido.

RONQUERA, s. f. Enfermedad que consiste en una mutacion extraña del sonido natural de la voz.

RONQUEZ, s. f. ant. V. RONQUERA.

RONQUIDO, s. m. El ruido ó sonido que se hace roncando. ‖ met. El ruido ó sonido bronco.

RONQUILLO, LLA, TO, TA, adj. d. de RONCO.

RONZA (IR Á LA), *Náut.* Sotaventarse una embarcacion por tener mucho abatimiento.

RONZADO, p. p. de RONZAR.

RONZAL, s. m. La cuerda que ponen á las bestias al cuello ó á la cabeza para atarlas al pesebre. ‖ *Náut.* V. PALANCA.

RONZAR, v. a. Mascar las cosas duras quebrantándolas con algun ruido. ‖ *Náut.* Mover alguna cosa pesada ladeándola por medio de palancas.

ROÑA, Especie de sarna que padece el ganado lanar. ‖ fam. Astucia, sagacidad, arte ó sofistería. ‖ met. Porquería ó suciedad pegada fuertemente. ‖ met. Daño moral que se comunica ó puede comunicarse de unos en otros.

* **ROÑADA**, s. f. *Náut.* Cierto anillo de cuerda en los cabos de las vergas.

ROÑERÍA, s. f. Astucia ó artificio cauteloso ó atractivo. ‖ Mezquindad ó miseria en lo que se da.

ROÑOSO, SA, adj. Que tiene ó padece la roña. ‖ Puerco, sucio ó asqueroso. ‖ Astuto y sagaz, especialmente para su propio interes. ‖ Miserable, mezquino ó ruin.

ROPA, s. f. Todo género de tela de seda, lana ó lino, que sirve para el uso ó adorno de las casas. ‖ El vestido. ‖ Cualquiera cosa que sirve de especial abrigo. ‖ La vestidura suelta y larga que se trae sobre los demas vestidos ajustados al cuerpo. ‖ Vestidura de particular autoridad. ‖ met. El juez ó persona que la viste por insignia particular. ‖ Cualquiera cosa que se pone debajo ó entre otras para abultar ó hacer asiento. ‖ ROPA Á LA MAR, *Mar.* Avisa que es preciso por la tormenta aliviar la embarcacion de la carga. ‖ ROPA BLANCA, El conjunto de piezas de lienzo que se emplea en las casas para el servicio de ellas y limpieza de los sugetos. ‖ ROPA DE CÁMARA Ó DE LEVANTAR, La vestidura que se usa para levantarse de la cama y estar en casa. ‖ ROPA FUERA, *Mar.* Se usa en las galeras para avisar á los galeotes que se preparen al trabajo. ‖ ROPA VIEJA, Guisado de la carne que ha sobrado de la olla. ‖ ACLARAR LA ROPA, Lavarla con agua clara para purificarla del todo. ‖ ACOMODAR DE ROPA LIMPIA Á ALGUNO, Irón. y fest. Ensuciarle ó mancharle. ‖ APUNZAR LA ROPA, fam. Juntar las piezas de ropa blanca para llevarlas á lavar, con puntadas para que no se pierdan. || Á QUEMA ROPA, Desde muy cerca. || met. Se usa para explicar que uno dice ó hace contra otro alguna cosa que le coge desprevenido. || BUENA ROPA, Explica que alguna persona es de calidad ó digna de particular atencion. Dícese tambien de algunas cosas de buena calidad. || COGER LA ROPA, Doblarla y componerla con curiosidad. || COLAR LA ROPA, Echar la legía cuando se hace colada || ESTIRAR LA ROPA, Quitar las arrugas á la ropa blanca despues de lavada y seca. || GUARDAR LA ROPA, met. Reservar el cuerpo de algun peligro. || NO TOCAR Á LA ROPA Ó AL PELO DE LA ROPA, Niega haberse egecutado cosa que de algun modo pueda ser en ofensa ó perjuicio de otro. || PALPAR LA ROPA, Explica que algun enfermo está en los últimos términos de la vida. || met. Hallarse confuso y sin saber qué hacerse, para salir de alguna dificultad ó empeño. || POCA ROPA, fam. Hombre pobre ó mal vestido, ó al que le falta alguna calidad de estimacion. || TENTAR LA ROPA, met. V. PALPAR LA ROPA. || Andar variando de razones y medios para excusar y huir alguna cosa que tiene difícil salida ó compostura. || TENTAR LA ROPA Á ALGUNO, met. y fam. Indagar el estado en que se halla, ó provocarle á que haga alguna cosa. || VENDERSE ROPA, Ó AQUÍ SE VENDE ROPA, fam. Se usa para denotar que algun sitio está abrigado cuando hace mucho frio.

ROPAGE, s. m. El vestido ú ornato exterior del cuerpo. || El conjunto de ropas.

ROPÁLICO, CA, adj. Se aplica al verso cuya primera palabra es monosílaba, y todas las demas van creciendo progresivamente.

ROPAVEJERÍA, s. f. Tienda donde se venden ropas viejas.

ROPAVEJERO, RA, s. m. y f. El tendero de ropas y vestidos viejos.

ROPERÍA, s. f. El oficio ó arte de los roperos. || La tienda donde se venden los vestidos hechos, pero nuevos. || En las comunidades es la pieza donde se guarda la ropa de sus individuos. || Empleo de guardar la ropa y cuidar de ella. || ROPERÍA DE VIEJO, V. ROPAVEJERÍA.

ROPERO, RA, s. m. y f. El que vende los vestidos hechos, pero nuevos. || En las comunidades el sugeto destinado para que cuide de la ropa de los demas. || Zagal que guarda el hato de los pastores. || En las cabañas el que hace los quesos.

ROPETA, s. f. V. ROPILLA, 2ª A.

ROPILLA, s. f. d. de ROPA. || Vestidura corta con mangas y brahones. || DAR Á UNO UNA ROPILLA, fam. Reconvenirle amigablemente.

ROPITA, s. f. V. ROPILLA, 2ª A.

ROPON, s. m. Ropa larga que se pone suelta regularmente sobre los demas vestidos.

ROQUE, s. m. Pieza grande en el juego del agedrez que se coloca en las esquinas del tablero.

ROQUEDA, s. f. Lugar que abunda en rocas.

ROQUEDAL, s. m. V. ROQUEDA.

ROQUEDO, s. m. Peñasco ó roca.

ROQUEÑO, ÑA, adj. Se aplica al sitio ó parage lleno de rocas.

ROQUERO, RA, adj. Que pertenece á las rocas ó está formado de ellas.

ROQUÉS, adj. V. HALCON ROQUÉS.

ROQUETA, s. f. Especie de caballero y atalaya.

ROQUETE, s. m. Vestidura, especie de sobrepelliz cerrada. || *Blas.* La pieza que está en forma de triángulo en el escudo. || *Art.* V. ATACADOR.

RORRO, s. m. fam. El niño pequeñito.

ROSA, s. f. La flor del rosal bien conocida por su hermosura y suavísimo olor. || met. Mancha redonda, encarnada que suele salir en el cuerpo. || Lazo de cintas ó cosa semejante que se forma en hojas, con la figura de la rosa. || Cualquiera cosa fabricada ó formada con alguna semejanza á ella. || Especie de diamante. || V. COMETA CRINITO. || El color encarnado parecido al de la rosa. || ROSA DEL AZAFRAN, La flor del azafran. || ROSA DE JERICÓ, Yerba originaria de la Palestina, que echa tallos vestidos de hojas largas y romas, y divididos en muchos ramillos poblados de espigas de florecitas blancas. || ROSA DE LOS VIENTOS, V. ROSA NÁUTICA. || ROSA MONTÉS, V. PEONÍA. || ROSA NÁUTICA, Division que se hace en un círculo de carton ó tabla para señalar los vientos, de que se valen los navegantes. || ROSA SECA, Color encarnado desvaido.

ROSADA, s. f. V. ESCARCHA.

ROSADO, p. p. de ROSAR. || ROSADO, DA, adj. Se aplica al color de rosa. || Que está compuesto con rosas.

ROSAL, s. m. Planta que echa muchos tallos en forma de arbusto y que da las ROSAS. || ROSAL SILVESTRE, V. ESCARAMUJO.

ROSARIERO, s. m. El que hace ó vende rosarios.

ROSARIO, s. m. Sarta de número determinado de cuentas engarzadas por órden de diez en diez y en el remate con cruz y comunmente con otros devotos adornos. || El conjunto de Ave Marías y Padre nuestros rezados ó cantados por su órden, y contados en las cuentas del rosario material. || La junta de personas que le cantan á coros y en público. || Máquina hydráulica con que se hace subir el agua. || fam. El espinazo.

ROSARSE, v. r. V. SONROSEARSE.

ROSCA, s. f. Una de las máquinas fundamentales de la maquinaria. || Cualquiera cosa redonda y rolliza, que cerrándose forma un circulo, dejando en medio un espacio vacío. || El bollo de masa de harina formado en círculo. || El rollo circular que los colegiales traen por distintivo en una de las hojas de la beca. || La vuelta que hace con el movimiento alguna cosa, formando espiras ó círculos. || HACER LA ROSCA DEL GALGO, Echarse á dormir en cualquiera parte sin esperar comodidad. || HACERSE ROSCA, Encogerse, doblar el cuerpo.

ROSCON, s. m. aum. de ROSCA.

RÓSEO, SEA, adj. Que tiene el color de rosa.

ROSERO, RA, s. m. y f. El que coge las flores del azafran.

ROSETA, s. f. d. de ROSA. || V. CHAPETA.

ROSETON, s. m. aum. de ROSA.

ROSICA, LLA, TA, s. f. d. de ROSA.

ROSICLER, s. m. El color encendido y luciente parecido al de la rosa encarnada. || Entre mineros metal rico de plata, macizo y vidrioso.

ROSILLO, LLA, adj. Rojo claro.

ROSMARINO, s. m. ant. V. ROMERO.

ROSMARO, s. m. V. VACA MARINA.

ROSO, SA, adj. V. ROJO. || Á ROSO Y VELLOSO, Totalmente, sin excepcion, sin consideracion ninguna.

ROSOLI, s. m. Licor compuesto de aguardiente mezclado con azúcar, canela, ánis ú otros ingredientes olorosos.

ROSONES, s. m. pl. Enfermedad, y la misma que la de lombrices ó gusanos en los animales.

ROSQUETE, s. m. Especie de rosquilla algo mayor que las regulares.

ROSQUILLA, s. f. Nombre que se da á las larvas de diferentes insectos. || Especie de masa dulce y delicada, formada en figura de roscas pequeñas. || Insecto que daña á algunas plantas. || SABER Ó NO SABER Á ROSQUILLAS, fam. Explica que alguna cosa ha ocasionado dolor ó sentimiento.

ROSTIDO, p. p. de ROSTIR.

ROSTIR, v. a. ant. V. ASAR.

ROSTRADO, DA, adj. Que remata en una punta semejante al pico del pájaro.

ROSTRICO, s. m. V. ROSTRILLO, 1ª A.

ROSTRILLO, s. m. Adorno que se ponian las mugeres al rededor de la cara, y hoy se le pone regularmente á las imágenes. || Especie de aljófar, no muy menudo, del cual entran quinientos granos en onza.

* ROSTRIÑO, s. m. V. ROSTRILLO.

ROSTRITUERTO, TA, adj. Que con el semblante ó el rostro manifiesta enojo ó enfado.

ROSTRO, s. m. El pico del ave y por extension se dice de otras cosas en punta parecidas á él. || *Náut.* La punta de la proa ó espolon que sobresale. || Comunmente se toma por la cara de los racionales. || ROSTRO Á ROSTRO, V. CARA Á CARA. || Á ROSTRO FIRME, Cara á cara, sin empacho y con resolucion. || CUBRIR EL ROSTRO, met. Procurar uno con artificio que no se conozca ser suya alguna accion. || DAR EN ROSTRO ALGUNA COSA, Enojar, causar enojo y pesadumbre. || DAR EN ROSTRO Á UNO CON ALGUNA COSA, met. Echarle en cara los beneficios que ha recibido, ó las faltas que ha cometido. || DESENCAJARSE EL ROSTRO, V. DESENCAJARSE LA CARA. || ENCAPOTAR EL ROSTRO, ENCAPOTARSE, ponerse ceñudo. || HACER ROSTRO, Resistir al enemigo ó fuerza contraria. || met. Oponerse al dictámen y opinion de otro. || met. Conformarse ó estar dispuesto ó tolerar con constancia las adversidades. || met. Admitir ó dar señas de aceptar alguna cosa. || VOLVER EL ROSTRO, Explica el cariño ó la atencion cuando se inclina hácia un sugeto para mirarle, y desprecio ó desvio cuando se aparta la vista del sugeto. || met. Huir.

ROTA, s. f. Rompimiento del egército ó tropa contraria desbaratándola en batalla. || JUNCO DE INDIAS Ó BENGALA. || DERROTA, rumbo ó camino. || Tribunal de la corte romana. || NUNCIATURA, tribunal. || ant. ROTURA ó hendimiento. || DE ROTA Ó DE ROTA BATIDA, Con total pérdida ó destruccion. || DE ROTA Ó

DE ROTA BATIDA, met. y fam. De repente ó sin reparo.

ROTACION, s. f. El movimiento circular y la accion de rodar.

ROTADO, p. de ROTAR.

ROTAMENTE, adv. Desbaratadamente, con desenvoltura.

ROTANTE, p. a. de ROTAR, Que rota ó rueda.

ROTAR, v. n. V. RODAR.

ROTEÑO, ÑA, adj. Perteneciente á Rota, y natural de esta poblacion.

ROTO, seg. p. p. irreg. de ROMPER. || ROTO, TA, adj. Licencioso, libre y desbaratado en las costumbres y tambien se aplica á las mismas costumbres. || Andrajoso y que lleva rotos los vestidos. || NO Ó NUNCA FALTA UN ROTO PARA UN DESCOSIDO, Manifiesta que siempre halla compañero de su clase aun la persona mas despreciable.

RÓTULA, s. f. *Anat.* El hueso redondo que forma la rodilla del animal. || *Quim.* V. TROCISCO.

ROTULADO, p. p. de ROTULAR.

ROTULAR, v. a. Poner rótulos á los libros, papeles y otras cosas.

ROTULATA, s. f. fam. RÓTULO, inscripcion.

RÓTULO, s. m. Inscripcion que se pone en libros, papeles y otras cosas para dar á conocer el autor, y el asunto ó materia de que tratan. || Cartel que se fija en los cantones y partes públicas para dar noticia ó aviso de alguna cosa. || En la curia romana el despacho que se libra para que se haga informacion de las virtudes de algun sugeto, y proceda á su beatificacion. || En la universidad de Alcalá la lista de los bachilleres que han de obtener la licencia de graduarse de maestros en artes ó de doctores en teología y medicina.

ROTUNDIDAD, s. f. V. REDONDEZ.

ROTUNDO, DA, adj. V. REDONDO.

ROTURA, s. f. La abertura que se hace en algun cuerpo. || El rompimiento que se hace en la tierra que nunca se ha labrado. || met. Desórden, libertad de costumbres, libertinage. || V. CONTRAROTURA.

ROYA, s. f. Enfermedad de algunas plantas.

ROZA, s. f. Accion y efecto de rozar. || Llaman tambien la tierra rozada y limpia artificialmente de las matas que naturalmente cria para sembrar en ella.

ROZADERO, s. m. El lugar ó la cosa en que se roza.

ROZADO, p. p. de ROZAR. || ROZADO, DA, adj. Dícese de la bebida helada que está á medio cuajar.

ROZADOR, RA, s. m. y f. El que roza.

ROZADURA, s. f. Acto de ludir una cosa con otra.

ROZAGANTE, adj. Se aplica á la vestidura vistosa y muy larga. || met. Vistoso, ufano.

ROZAR, v. a. Limpiar las tierras de las matas é yerbas. || Cortar los animales con los dientes la yerba para comerla. || Quitar el pandeo ó comba de una pared igualando su superficie. || Raer o quitar alguna parte de la superficie de alguna cosa. || *Germ.* Comer.

ROZAR, v. n. Tocar ó tropezar ligeramente una cosa con otra.

ROZARSE, v. r. Tropezarse ó herirse un pié con otro. || Tratarse ó tener familiaridad y confianza. || met. Embarazarse en las palabras pronunciándolas mal ó con dificultad. || Tener una cosa semejanza ó conexion con otra.

ROZAVILLON, s. m. *Germ.* El que come de mogollon.

ROZNAR, v. n. Hacer ruido con los dientes cuando comen los animales cosas duras ó las rumian. || Rebuznar.

ROZNIDO, s. m. El ruido que se forma con los dientes roznando. || V. REBUZNO.

ROZNO, s. m. Borrico pequeño.

ROZO, s. m. Accion y efecto de rozar. || La leña menuda que se hace en la corta de ella. || *Germ.* La comida.

RU

RU, s. m. V. ZUMAQUE.

RUA, s. f La calle de algun pueblo. || El camino carretero.

RUAN, adj. V. RUANO.

RUANÉS, SA, adj. de Ruan.

RUANO, NA, adj. Que pasea las calles. || Que está en rueda ó la hace. || V. ROANO Ó RODADO.

RUANTE, p. a. de RUAR, Que rua ó se pasea. || *Blas.* Se dice del pavo real que extiende las plumas de su cola.

RUAR, v. n. Andar por las calles en coche ú otro carruage. || Pasear la calle con solo el objeto de cortejar y hacer obsequio á las damas.

RÚBEO, EA, adj. Que tira á rojo.

RUBETA, s. f. Reptil, V. RANA DE ZARZAL.

RUBÍ, s. m. Piedra preciosa muy

dura, lustrosa, de color por lo comun rojo de rosa ó de carmin.

RUBI, adj. met. Que tiene color de brasa como los labios.

RUBIA, s. f. Planta perenne, cuya raiz gastan mucho los tintoreros. || Pez de los rios de Europa. Apénas llega á la longitud de tres pulgadas, y tiene las escamas tan pequeñas que son imperceptibles.

RUBIAL, s. m. Campo donde nace, se siembra y se coge la rubia. || Terreno de color rubio.

RUBICAN, adj. Se aplica al caballo que tiene el pelo mezclado de blanco y rojo.

RUBICUNDÍSIMO, MA, adj. sup. de RUBICUNDO.

RUBICUNDO, DA, adj. V. RUBIO.

RUBIFICADO, p. p. de RUBIFICAR.

RUBIFICAR, v. a. Poner colorada alguna cosa ó teñirla de color rojo.

RUBIN, s. m. V. RUBÍ.

RUBINEJO, s. m. d. de RUBIN.

RUBIO, BIA, adj. Que tiene el color rojo, claro ó de color de oro.

RUBIO, s. m. Pez muy comun en todos los mares de España.

RUBION, adj. Se aplica á una casta de trigo.

RUBLO, s. m. Moneda de plata efectiva del imperio de Rusia que vale 18 reales y 14 maravedises.

RUBO, s. m. ant. V. ZARZA.

RUBOR, s. m. El color encarnado ó rojo muy encendido. || El color que saca la vergüenza al rostro, y que le pone encendido. || El mismo empacho y vergüenza.

RUBOROSAMENTE, adv. Con rubor.

RUBOROSÍSIMAMENTE, adv. sup. de RUBOROSAMENTE.

RUBOROSÍSIMO, MA, adj. sup. de RUBOROSO, SA.

RUBOROSO, SA, adj. V. VERGONZOSO.

RÚBRICA, s. f. La señal encarnada y roja. || La señal propia que despues de haber firmado su nombre pone cualquiera al fin de él rasgueando con la pluma. || El epígrafe de los títulos del derecho comunmente estampados en los libros con letras encarnadas. || En el estilo eclesiástico la ordenanza y regla que enseña la egecucion y práctica de las ceremonias y ritos de la iglesia. || RÚBRICA FABRIL, El almagre de que usan los carpinteros. || RÚBRICA LEMNIA, La tierra llamada sigilata que se hallaba en la isla de Lemnos, y de la cual se fabricaban búcaros preciosos y encarnados. || RÚBRICA SINÓPICA, V. MINIO, ARMELLON.

RUBRICADO, p. p. de RUBRICAR.

RUBRICANTE, p. a. de RUBRICAR, Que rubrica ó firma.

RUBRICAR, v. a. Dar ó poner de color rubio ó encarnado alguna cosa. || Señalar el papel ya escrito sin poner en el nombre ó apellido del que suscribe, sino solamente su rúbrica propia. || Suscribir, firmar y sellar algun despacho ó papel con el sello ó escudo de armas de aquel en cuyo nombre se escribe. || met. Suscribir y sellar ó dar testimonio.

RUBRIQUISTA, s. m. El que sabe y practica las rúbricas de la iglesia.

RUBRO, BRA, adj. Que tiene el color rubio, rojo ó encendido.

RUC, s. m. Ave fabulosa de los Orientales, de la cual para ponderar su tamaño y su fuerza se dice que arrebata con sus uñas un elefante.

RUCIO, CIA, adj. Que tiene el color pardo claro, blanquecino ó canoso. || fam. Dícese del hombre entrecano. || RUCIO RODADO, Dícese del caballo de color pardo claro, que comunmente se llama tordo.

RUDA, s. f. Planta medicinal que en forma de arbusto echa tallos de cinco ó seis pies. || RUDA CABRUNA, Yerba medicinal que echa muchos tallos de tres pies y mas de alto. || SER MAS CONOCIDO QUE LA RUDA, Ó SER TAN CONOCIDO COMO LA RUDA, fam. Pondera que una persona ó cosa es generalmente conocida de todos.

RUDAMENTE, adv. Con rudeza, broncamente, sin arte.

RUDERA, s. f. El cascote y despojo de las fábricas arruinadas.

RUDEZ, s. f. ant. V. RUDEZA.

RUDEZA, s. f. Tosquedad bronca y sin desbastar que tienen algunas cosas por su naturaleza. || La dificultad, repugnancia ó tardanza que tienen las potencias del alma para comprendar ó penetrar lo que se desea.

RUDIMENTO, s. m. V. PRINCIPIO. || RUDIMENTOS, s. m. pl. Los primeros principios de cualquiera ciencia ó profesion.

RUDÍSIMAMENTE, adv. sup. de RUDAMENTE.

RUDÍSIMO, MA, adj. sup. de RUDO.

RUDO, DA, adj. Tosco, sin pulimento, naturalmente basto. || Duro, áspero y bronco. || Poco conforme á las reglas del arte. || Que tiene dificultad grande en sus potencias para percibir, aprender ó explicar lo que estudia ó enseña.

RUECA, s. f. Instrumento para hilar. || La vuelta ó torcimiento de alguna cosa.

RUEDA, s. f. Máquina orbicular y redonda que gira sobre un ege y da vueltas al rededor. || Círculo ó corro formado de algunas cosas ó personas. || Pez que tiene el cuerpo sumamente comprimido, adelgazado en corte por la parte superior é inferior, y semejante á la mitad de un óvalo. || La estension que hace en semicírculo el pavo con las plumas de la cola. || Pieza ó porcion de carne, pescado, ó fruta cortada en figura redonda. || En las cárceles la manifestacion que se hace de muchos presos poniendo entre ellos á aquel á quien se imputa algun delito para que la parte ó testigo le reconozca. || Especie de tontillo de lana ó cerdas que se ponia en los pliegues de las casacas. || Turno, vez, órden sucesivo. || *Germ.* El broquel. || RUEDA CATALINA, V. RUEDA DE SANTA CATALINA, 1ª A. || RUEDA DE LA FORTUNA, met. La inconstancia y poca estabilidad de las cosas humanas. || RUEDA DE SANTA CATALINA, En los reloges es la que hace mover el volante. || La que los saludadores se hacen estampar en alguna parte del cuerpo. || ANDE LA RUEDA, Y COZ CON ELLA, Juego de muchachos. || ESCUPIR EN RUEDA, V. ESCUPIR EN CORRO. || TRAER EN RUEDA, Tener á alguno ó á algunos ocupados con prisa al rededor de sí.

RUEDECILLA, s. f. d. de RUEDA.

RUEDEZUELA, s. f. d. de RUEDA.

RUEDO, s. m. Accion de rodar. || La parte puesta ó colocada al rededor de alguna cosa. || La orla interior que tienen los vestidos talares á la extremidad y al rededor de ellos. || La estera pequeña y redonda. || Esterilla afelpada. || El circuito ó circunferencia de alguna cosa. || Á TODO RUEDO, En todo lance próspero ó adverso, en todo caso desgraciado ó dichoso.

RUEGO, s. m. Súplica, peticion hecha á otro con el fin de alcanzar lo que se le pide. || Á RUEGO Ó Á SU RUEGO, Á peticion ó súplica de alguno.

RUEJO, *Ar.* V. RUEDA en el molino. || *Ar.* El rodillo de la era.

RUELLO, s. m. *Ar.* El rodillo de piedra con que allanan los labradores el suelo de sus eras.

RUFEZNO, s. m. *Germ.* Rufiancillo.

RUFIAN, s. m. El que hace el infame tráfico de mugeres públicas.

RUFIANAZO, s. m. aum. de RUFIAN.

RUFIANCETE, s. m. d. de RUFIAN.

RUFIANCILLO, s. m. d. de RUFIAN.

RUFIANEAR, v. a. V. ALCAHUETEAR.

RUFIANEJO, s. m. d. de RUFIAN.

RUFIANERÍA, s. f. V. ALCAHUETERÍA.

RUFIANESCO, CA, adj. Que toca ó pertenece á los rufianes ó rufianería.

RUFO, FA, adj. Rubio, rojo ó bermejo. || Que tiene el pelo ensortijado.

RUFON, s. m. *Germ.* El eslabon con que sacan fuego.

RUGA, s. f. V. ARRUGA.

RUGADO, p. p. de RUGAR.

RUGAR, v. a. V. ARRUGAR.

RUGIADA, s. f. *Ar.* Golpe de lluvia.

RUGIADO, p. p. de RUGIAR.

RUGIAR, v. a. *Ar.* Regar con agua alguna cosa.

RUGIBLE, adj. Capaz de rugir ó de imitar el rugido.

RUGIDO, s. m. El bramido del leon. || met. El ruido que hacen las tripas.

RUGIENTE, p. a. de RUGIR, Que ruge.

RUGIMIENTO, s. m. V. RUGIDO.

RUGINOSO, SA, adj. Mohoso, ó que tiene herrumbre ó orin.

RUGIR, v. n. Bramar el leon. || Crugir ó rechinar, y hacer ruido fuerte.

RUGIRSE, v. r. Sonar una cosa, ó empezarse á decir y á saberse lo que estaba oculto ó ignorado.

RUGOSIDAD, s. f. La calidad de tener arrugas.

RUGOSO, SA, adj. Que tiene arrugas ó está arrugado.

RUIBARBO, s. m. Género de planta purgativa perenne de que se conocen varias especies.

RUIDO, s. m. Estruendo, sonido fuerte. || Litigio, pendencia, pleito, alboroto ó discordia. || met. Apariencia grande en las cosas que en la realidad del hecho no tienen sustancia. || Novedad ó extrañeza que inmuta el ánimo. || *Germ.* El rufian. || RUIDO HECHIZO, El sonido hecho á propósito y con fin particular. || HACER RUIDO, Causar admiracion, novedad ó extrañeza con alguna accion ó particularidad. || MAS ES EL RUIDO QUE LAS NUECES, fam. Explica que alguna cosa que aparece como grande ó de cuidado tiene poca sustancia ó se debe despreciar. || QUERER RUIDO, met. Ser amigo de contiendas ó disputas.

RUIDOSAMENTE, adv. Con estruendo, publicidad ú ostentacion.

RUIDOSO, SA, adj. Que causa ruido.

RUIN, adj. Vil, bajo y despreciable. ‖ Pequeño, desmedrado y humilde. ‖ Vil, de pocas obligaciones, malas costumbres y procedimientos. ‖ Aplícase tambien á las mismas costumbres ó cosas malas. ‖ El mezquino, y avariento. ‖ Se aplica tambien á los animales falsos y de malas mañas.

RUIN, s. m. Niervecillo que tienen los gatos en el extremo de la cola. ‖ EL RUIN DELANTE, fam. Nota al que se nombra ántes de otro, ó toma el primer lugar. ‖ RUINES pl. fam. Las barbas.

RUINA, s. f. La accion de caer ó arruinarse alguna cosa. ‖ met. Destrozo, perdicion, decadencia y caimiento. ‖ La causa de la ruina ó caida de alguno. ‖ RUINAS, pl. Los restos de algun edificio arruinado. ‖ BATIR EN RUINA, *Mil.* Disparar la artillería contra alguna fortaleza para arruinarla.

RUINADO, p. p. de RUINAR.

RUINAR, v. a. V. ARRUINAR.

RUINCICO, CA, LLO, LLA, TO, TA, s. d. de RUIN.

RUINDAD, s. f. Accion vil, infame, indecorosa. ‖ Pequeñez y humildad de alguna cosa. ‖ Miseria, escasez y cortedad.

RUINMENTE, adv. Con ruindad.

RUINOSO, SA, adj. Que se empieza á arruinar ó amenaza ruina. ‖ Pequeño, desmedrado, y que no puede aprovecharse. ‖ Que arruina y destruye.

RUIPONCE, s. m. V. RAPÓNCHIGO.

RUISEÑOR, s. m. Ave de unas seis pulgadas de largo, de color por el lomo ceniciento, que tira á rojizo, que canta deliciosamente, en especial por la primavera.

RULAR, v. n. V. RODAR.

RULO, s. m. La bola gruesa ú otra cosa redonda que rueda fácilmente.

RUMBADAS, s. f. pl. V. ARRUMBADAS.

RUMBO, s. m. La division del plano del horizonte en diferentes partes iguales, y que se describen en la rosa náutica ó cartas de marear, para gobernar los viages de cualquiera embarcacion. ‖ Camino y senda. ‖ Pompa, ostentacion y aparato costoso. ‖ *Blas.* La figura cuadrada con dos ángulos agudos, y que tiene en medio un agugero redondo. ‖ *Germ.* Peligro.

RUMBON, NA, adj. Rumboso, desprendido.

RUMBOSAMENTE, adv. Con pompa, ostentacion y magnificencia.

RUMBOSO, SA, adj. Pomposo, adornado y magnífico. ‖ fam. Desprendido, dadivoso.

RUMIA, s. f. Accion y efecto de rumiar.

RUMIADO, p. p. de RUMIAR.

RUMIADOR, RA, s. m. y f. El que rumia.

RUMIADURA, s. f. Accion y efecto de rumiar.

RUMIANTE, p. a. de RUMIAR, Que rumia.

RUMIAR, v. a. Masticar segunda vez lo que ya han comido los animales rumiantes. ‖ met. Considerar despacio, y pensar con reflexion y madurez alguna cosa.

RUMION, NA, adj. Que rumia mucho.

RUMO, s. m. El primer arco de los cuatro con que se aprietan las cabezas de los toneles ó cubas.

RUMOR, s. m. Voz poco extendida en lo público, y secretamente esparcida entre algunos. ‖ *Poét.* Ruido blando, suave y de poco sonido.

RUMORCICO, LLO, TO, s. m. d. de RUMOR.

RUNFLA, s. f. La multitud de un mismo género ó especie de cosas que estan una en pos de otra.

RÚNICO, CA, adj. Se aplica á las letras, monumentos y poesías de los antiguos Germanos.

RUNO, NA, adj. V. RÚNICO.

RUNRUN, s. m. fam. V. RUMOR.

RUÑADO, p. p. de RUÑAR.

RUÑAR, v. a. Labrar por de dentro la cavidad circular en que se encajan las tiestas de los toneles ó cubas.

RUPICABRA, s. f. GAMUZA, cabra, etc.

RUPTURA, s. f. *Med.* y *Cir.* V. ROTURA.

RUQUETA, s. f. V. JARAMAGO.

RURAL, adj. Que pertenece al campo y á las labores de él.

RURALMENTE, adv. De un modo rural ó campestre.

RUS, s. m. V. ZUMAQUE.

RUSCO, s. m. BRUSCO, planta.

RUSIENTE, adj. Se aplica á lo que se pone rojo ó encendido con el fuego.

RUSO, SA, adj. y s. Que pertenece á Rusia y natural de este pais.

RUSTICAL, adj. V. RURAL.

RÚSTICAMENTE, adv. Con tosquedad y sin cultura.

RUSTICANO, NA, adj. V. RURAL. || Se aplica al RÁBANO Ó JARAMAGO.

RUSTICIDAD, s. f. Sencillez, naturalidad y poco artificio de las cosas rústicas. || La tosquedad, aspereza y rudeza de las cosas rústicas.

RÚSTICO, CA, adj. Que pertenece al campo. || Tosco, grosero. || Usado como sustantivo se toma por hombre del campo.

RUSTIQUEZ ó RUSTIQUEZA, s. f. V. RUSTICIDAD.

RUSTRIDO, p. p. de RUSTRIR.

RUSTRIR, v. a. *Ast.* Tostar el pan y mascarle cuando está tostado ó duro.

RUSTRO, s. m. V. ROMBO.

* RUSTROS, s. m. pl. V. ROMBOS.

RUTA, s. f. Rota ó derrota de un viage. || Itinerario para él.

RUTENO, NA, adj. ant. V. RUSO. Se usa hablando de la liturgia.

RUTILANTE, p. a. de RUTILAR, Que rutila.

RUTILAR, v. n. *Poét.* Resplandecer, echar rayos de luz.

RUTILO, LA, adj. Se aplica al color rubio dorado.

RUTINA, s. f. Costumbre, hábito adquirido por solo la práctica.

S

S, Décima nona letra de nuestro alfabeto. Articúlase con suma facilidad, siendo una de las consonantes dentales, que se forma con lo delgado de la lengua poco arrimada al paladar junto á los dientes altos, de manera que pueda pasar el aliento ó voz con que suena.

S, Abreviatura de Señor. || Abreviatura de santidad. || En los tratamientos es abreviatura de Su; como S. M. su majestad, S. A. su alteza. || Hablando de los puntos cardinales en la division de la rosa náutica significa el SUR. || S.S.S., Abreviatura que se usa en los sobrescritos para expresar SU SEGURO SERVIDOR.

SA

SA, s. f. fam. Contraccion de Señora.

SÁBADO, s. m. El séptimo y último dia de la semana.

SABALERA, s. f. Especie de enrejado de barretas de hierro, adobes ó ladrillos en los hornos de reverbero para colocar el combustible.

SABALERO, s. m. El pescador de sábalos.

SÁBALO, s. m. Pez muy comun en los mares de España, y que en algunos crece hasta la longitud de tres pies.

SÁBANA, s. f. Pieza de lienzo para cubrir la cama, y es la que sirve inmediata al cuerpo. ||V. SABANILLA, por la cubierta del altar. || SÁBANA SANTA, Aquella en que envolvieron á Cristo para ponerle en el sepulcro. || PEGÁRSELE Á UNO LAS SÁBANAS, fam. Levantarse tarde de la cama sin necesidad.

SABANDIJA, s. f. Insecto, especialmente de los asquerosos y molestos.

SABANDIJUELA, s. f. d. de SABANDIJA.

SABANILLA, s. f. d. de SÁBANA. Cualquier pieza de lienzo pequeña, como pañuelo, toalla, etc. || La cubierta exterior de lienzo con que se cubre el altar. || *Nav.* Pedazo de beatilla con que las mugeres adornan el tocado.

SABAÑON, s. m. Porcion de sangre estancada que se coagula por lo comun en las extremidades del cuerpo. || COMER COMO UN SABAÑON, fam. Comer mucho y con ansia.

SABATARIO, adj. Se dijo de los Hebreos por que guardaban religiosamente el sábado.

SABÁTICO, CA, adj. Que pertenece al sábado.

SABATINA, s. f. El oficio divino propio del sábado. || Leccion compuesta de todas las de la semana, que los estudiantes dan el sábado.

SABATINO, NA, adj. Que pertenece al sábado ó se ha egecutado en él.

SABEDOR, RA, s. m. y f. El que está instruido ó noticioso de alguna cosa.

* SABEISMO, s. m. La antigua religion de los adoradores del fuego.

SABELIANISMO, s. m. La secta de Sabelio.

SABELIANO, NA, adj. y s. Se aplica á los sectarios de Sabelio y á lo perteneciente á su doctrina.

SABEO, BEA, adj. Natural de la region sabea y perteneciente á ella.

SABER, v. a. Conocer ó tener noticia de alguna cosa. || V. EXPERIMENTAR. || Ser docto ó erudito. || Tener habilidad para alguna cosa, ó estar instruido y diestro en algun arte ó facultad. || met. Sujetarse ó acomodarse á alguna cosa. || Se dice de las cosas que dan gusto y complacencia. || Se aplica tambien á las cosas inanimadas que tienen proporcion, aptitud ó eficacia para lograr algun fin. || Ser muy sagaz y advertido. || Practicar ó acostumbrar. || met. Tener una cosa semejanza ó apariencia de otra, parecerse á ella. || Equivale algunas veces á poder. || SABER Á TODO, met. y fam. Se dice frecuentemente del dinero. || SABER CUANTAS SON CINCO, fam. Conocer ó entender alguno lo que le conviene ó importa. || COMO SI NO LO SUPIERA, Encarece y pondera el que uno guardará secreto, y que á nadie le descubrirá. || EL QUE Ó QUIEN LAS SABE LAS TAÑE, fam. Advierte al que quiere obrar ó decir en lo que no sabe ó no es de su profesion, pues el acierto en cualquiera cosa es propio del que es en ella práctico y sabio. || ES Á SABER, CONVIENE Á SABER, V. ESTO ES. || HACER SABER, Informar, noticiar, comunicar. || NO SABER CUANTAS SON CINCO, fam. Ser alguno muy ignorante y necio. || NO SABER DE SÍ, Explica las muchas ocupaciones á que uno está entregado, faltándole tiempo aun para cuidar de sí mismo. || NO SABER LO QUE SE PESCA, fam. Nota á alguno de ignorante ó poco inteligente en las dependencias ó negocios que maneja. || SABE QUE RABIA, fam. Se usa para expresar el irregular y vivo sabor que se percibe de alguna cosa; tambien la especial habilidad ó ciencia de alguno. || SABÉRSELO TODO, fam. irón. Nota de presumido al que no admite las advertencias de los otros.

SABER, v. n. Tener sabor que le pueda percibir el sentido del gusto.

SABER, s. m. SABIDURÍA ó comprension de las ciencias ó de otras cosas. || Ciencia ó facultad.

SABIAMENTE, adv. Cuerdamente, con acierto y sabiduría.

SABIDILLO, LLA, adj. d. de SABIDO.

SABIDO, p. p. de SABER. || SABIDO, DA, adj. Que sabe mucho.

SABIDOR, RA, s. m. y f. V. SABEDOR. || ant. El sabio.

SABIDORAMENTE, adv. ant. V. SABIAMENTE.

SABIDURÍA, s. f. Conducta prudente en el manejo de los negocios. || El conocimiento profundo de las ciencias, especialmente de las morales. || Noticia, conocimiento. || SABIDURÍA ETERNA, INCREADA, etc. Por antonomasia se apropia al Verbo Divino.

SABIENDAS (Á), De un modo cierto, á ciencia segura.

SABIENTE, p. a. de SABER, Que sabe.

* SABIENZA, s. f. ant. V. SABIDURÍA.

SABIEZA, s. f. ant. V. SABIDURÍA.

SABINA, s. f. Arbusto, especie de enebro con hojas como de cipres, muy medicinal, y que hasta ahora no se ha descubierto en España.

SABINAR, s. m. El terreno poblado de sabinas.

SABINO, NA, adj. Perteneciente al pais de los Sabinos y el nacido en él. || Aplícase á los caballos y mulas que son entrepelados de blanco y castaño.

SABIO, BIA, adj. Se aplica á las cosas que instruyen ó contienen sabiduría.

SABIO, BIA, s. m. y f. La persona que tiene y posee la sabiduría.

SABIONDEZ, s. f. Mucha inteligencia con malicia y picardia.

SABIONDO, DA, adj. fam. irón. Presumido que se arroja á decir cualquiera dificultad con poco conocimiento.

SABLAZO, s. m. Golpe dado con sable.

SABLE, s. m. Arma de hierro algo corva de un corte solo. || *Blas.* El color negro. || En algunas partes la arena.

SABLECICO, LLO, TO, s. m. d. de SABLE.

SABLON, s. m. V. ARENA GRUESA.

SABOCA, s. f. *Ar.* Pez, V. SABOGA.

SABOGA, s. f. Pez, especie de sábalo pequeño.

SABOGAL, adj. y s. m. Se aplica á la red con que se pescan las sabogas.

SABOR, s. m. Aquella sazon apacible ó desapacible que encuentra el paladar en las cosas. || met. Deleite, gana, deseo del ánimo ó de otro sentido que no sea el del gusto. || Cualquiera de las cuentas redondas y prolongadas que se pone en el freno junto al bocado para refrescar la boca del caballo. Usase mas comunmente en plural. || ant. Deseo ó voluntad de alguna cosa. || A SABOR, Al gusto ó á la voluntad y deseo.

SABORCICO, LLO, TO, s. m. d. de SABOR.

SABOREADO, p. p. de SABOREAR.

SABOREADOR, RA, s. m. y f. Que causa sabor.

SABOREAR, v. a. Dar sabor, gusto y sainete á las cosas. || met. Cebar, atraer con alhagos, razones ó interes.

SABOREARSE, v. r. Comer ó beber alguna cosa despacio, con ademan y expresion de particular deleite para que dure mas el buen sabor. || met. Recrearse en el gusto ó complacencia que causa alguna cosa, deleitándose en ella.

SABORETE, s. m. d. de SABOR.

SABOROSO, SA, adj. ant. V. SABROSO.

SABOYANA, s. f. Ropa exterior de que usaban las mugeres á modo de basquiña abierta por delante. || Pastel de especial hechura.

SABOYANO, NA, adj. y s. Perteneciente á Saboya y el nacido en ella.

SABOYARDO, DA, adj. V. SABOYANO.

SABRE, s. m. ant. V. ARENA.

SABRIDO, DA, adj. ant. V. SABROSO.

SABRIMIENTO, s. m. ant. V. SABOR. || met. ant. Chiste, gracia.

SABROSAMENTE, adv. Con sabor y gusto.

SABROSICO, CA, LLO, LLA, TO, TA, s. m. d. de SABROSO.

SABROSISIMO, MA, adj. sup. de SABROSO.

SABROSO, SA, adj. Sazonado y deleitable al sentido del gusto. || met. Delicioso, gustoso, deleitable. || Que tiene mas sal de lo que necesita para su perfecta sazon y gusto.

SABUDO, p. p. ant. de SABER, V. SABIDO.

SABUESA, s. f. La hembra del perro sabueso.

SABUESO, s. m. Perro de montería, especie de podenco, aunque algo mayor.

SÁBULO, s. m. La arena gruesa y pesada.

SABULOSO, SA, adj. Que tiene arena ó está mezclado con ella.

SABURRADO, p. p. de SABURRAR.

SABURRAR, v. a. ant. Lastrar con piedra ó arena las embarcaciones.

SACA, s. f. La accion y efecto de sacar. || El costal muy grande de lana burda ó lienzo basto mas largo que ancho, que sirve regularmente para conducir y trasportar las cosas sólidas. || Exportacion, trasporte, extraccion de frutos ó de géneros de un pais á otro. || *Ar.* Retracto ó tanteo. || Entre los escribanos es el primer traslado autorizado que se hace del que queda en el protocolo. || ESTAR DE SACA, Estar de venta. || fam. Estar alguna muger en aptitud de casarse. || NO PARECER SACA DE PAJA, Da á entender que un sugeto le ha parecido bien á otro por su gentileza ó hermosura.

SACABALA, s. f. Instrumento de cirujanos para sacar alguna bala que ha quedado dentro de la herida. || SACABALAS, pl. Instrumento con el cual sacan las balas de algun cañon de artillería.

SACABOCADO ó SACABOCADOS, s. m. Instrumento de hierro, para romper lo que se necesita para el uso ó adorno, los zapateros, guarnicioneros, cedaceros y otros oficiales. || met. Medio eficaz con que se consigue algo que se pretende ó se pide.

SACABUCHE, s. m. Instrumento músico á modo de trompeta. || El que tiene por oficio tocar el instrumento de este nombre. || fam. Apodo, V. SARACUAJO. || *Náut.* Un instrumento correspondiente á las bombas de los navios para sacar el agua.

SACACORCHOS, s. m. Instrumento semejante al sacatrapos para quitar los tapones á los frascos ó botellas.

SACADA, s. f. El partido ó territorio que se ha separado de alguna provincia, merindad ó reino: al presente solo se llaman así las cuatro de Asturias.

SACADINERO ó SACADINEROS, s. m. fam. Alhajuela de poco ó de ningun valor, pero de apariencia y buena vista, que atrae á comprarla á los muchachos y gente incauta.

SACADILLA, s. f. Batida corta que coge poco terreno.

SACADO, p. p. de SACAR.

SACADOR, RA, s. m. y f. El que saca.

SACADURA, s. f. Corte que hacen los sastres en sesgo para que siente alguna ropa.

SACAFILÁSTICAS, s. f. Una de las seis especies de agujas de fogon que usan los artilleros á bordo.

* **SACAFOCIDO**, s. m. Instrumento de cubero.

SACALIÑA, s. f. Cierta especie de dardo con una lengüeta en la punta, del cual usaban antiguamente. || met. V. SOCALIÑA.

SACAMANCHAS, s. m. El que tiene por oficio el quitar las manchas de las ropas.

* **SACAMEDULA**, s. f. Instrumento para sacar la medula de los huesos despues de cocidos.

SACAMIENTO, s. m. El acto de sacar alguna cosa del lugar en que está.

SACAMOLERO, s. m. V. SACAMUELAS.

SACAMUELAS, s. m. El maestro dedicado á sacar las muelas. || met. Cualquiera cosa que es causa de que se caigan ó se quiten.

SACANABO, s. m. Vara de hierro para sacar del mortero la bomba.

SACANETE, s. m. Juego de naipes.

SACAPELOTAS, s. m. Instrumento para sacar las balas que usaban los antiguos arcabuceros. || Apodo que se da á la gente comun, ordinaria, despreciable, ó á la que lo parece segun sus acciones.

SACAPOTRAS, s. m. Apodo que se da por desprecio á los malos cirujanos.

SACAR, v. a. Extraer alguna cosa, ponerla fuera de otra en que estaba metida, contenida ó guardada, como SACAR el dinero de la gaveta, SACAR el agua del pozo. || Apartar á alguno de su puesto, destino ú ocupacion, como SACAR el niño de la escuela. || Fabricar, formar, fraguar, hacer alguna cosa, como SACAR una estatua, un vaciado; y así decimos: SACÓ Dios al hombre del lodo de la tierra. || Imitar, hacer alguna cosa como otra que se tiene presente, que se ha visto ó se sabe cómo ha de ser. || Aprender, averiguar, resolver alguna cosa á fuerza de estudio, como SACAR la composicion, la cuenta, etc. || Se dice de las aves que empollan sus huevos, especialmente cuando estan á punto de salir los pollos. || Ayudar á salir ó hacer que alguno salga del lance ó empeño en que se hallaba. || Arrancar, quitar alguna cosa del sitio en que estaba. || Conocer, descubrir, hallar por señales ó indicios. || Ganar, conseguir, obtener alguna providencia, órden ó provision. || Hacer con fuerza ó con maña que uno dé alguna cosa. || Sonsacar, hacer con astucia ó con fuerza que alguno diga lo que ocultaba ó tenia callado. || Inferir, colegir, deducir. || Extraer de una cosa alguno de sus principios ó partes que la componen ó constituyen. || Elegir por sorteo ó por pluralidad de votos, como SACAR alcalde, SACAR prioste. || Ganar por suerte alguna cosa, como SACAR la alhaja, SACAR un terno en la lotería. || Conseguir, lograr alguna cosa como consecuencia ó efecto de otra. || Enjuagar, volver á lavar la ropa despues de haber pasado por la colada para aclararla ántes de tenderla y enjugarla. || Alargar, adelantar alguna cosa; y así decimos: para agrandar la casa ha SACADO una ala sobre el jardin: fulano SACA el pecho cuando anda. || Exceptuar, excluir. || Copiar ó trasladar lo que está escrito. || Mostrar, manifestar. || Quitar. Dícese ordinariamente de cosas que afean ó perjudican, como manchas, enfermedad, etc. || Citar, nombrar, traer al discurso ó á la conversacion. || En el juego es lo mismo que ganar. || Producir, criar inventar. || Llevar, conseguir, obtener, tomar por puja alguna cosa, como SACAR el arriendo, la renta, SACAR la hacienda. || Comprar en alguna tienda. Así decimos: he SACADO muchos géneros en tál tienda. || Presentarse con alguna cosa nueva ó poco vista. Así decimos: los domingos sacan el vestido de seda las aldeanas. || Conducir las gavillas á la era y ponerlas en un monton para trillarlas. || Equivale á salir con; y así decimos: hemos SACADO buen tiempo, en lugar de hemos salido con buen tiempo. || Hablando de armas, como espada, sable, etc., vale desenvainar. || Con la preposicion *de* y los *pronombres personales* vale hacer perder el conocimiento ó el juicio. || En el juego de la pelota y raqueta arrojar la pelota desde el rebote que da en una piedra ó banquillo que llaman el saque, hácia los contrarios que la han de volver. || SACAR Á BAILAR. Decir el bastonero á alguno que salga á bailar, ó pedir el hombre á la muger que baile con él. || met. y fam. Nombrar á alguno de quien no se hablaba, ó citar algun hecho que no se tenia presente. Dícese de ordinario culpando ó motejando al que lo hace con poca razon. || SACAR Á DANZAR, met. SACAR Á BAILAR por nombrar á alguno ó citar algun hecho. || En los bailes es convidar el galan á la dama para bailar con él. || met. Obligar á uno á que tome partido en algun negocio, suceso ó acaecimiento. || met. y fam. Citar á alguna persona, descubriendo la parte que tiene en alguna cosa. || SACAR Á VOLAR Á AL-

GUNO, met. Presentarle en el público, quitarle la cortedad, darle conocimiento de gentes. Úsase mas comunmente en mal sentido. || SACAR CLARO, En el juego de la pelota es depedirla de modo que puedan fácilmente volverla los contrarios. || SACAR EN CLARO, Deducir claramente, en sustancia, en conclusion. || SACAR EN LIMPIO, met. Asegurarse de la certeza de alguna cosa. || SACAR LARGO, En el juego de la pelota es despedirla á mucha distancia cuando se saca. || SACAR MENTIROSO Á OTRO, Probar con la conducta ó las obras que es falso lo que el otro habia dicho de uno.

SACASILLAS, s. m. fam. V. METEMUERTOS.

* SACASUELAS, s. m. Instrumento de cubero, V. SACA-FONDO.

SACATAPON, s. m. V. SACACORCHOS.

SACATRAPOS, s. m. Instrumento de hierro unido á la parte inferior de la baqueta ó atacador, hecho en forma de espira, con unas roscas puntiagudas para sacar los tacos de las armas de fuego ó limpiar las escopetas.

SACERDOCIO, s. La dignidad, estado y cargo del sacerdote.

SACERDOTAL, adj. Perteneciente al sacerdote.

SACERDOTE, s. m. Hombre dedicado y consagrado para hacer, celebrar y ofrecer los sacrificios. || En la ley de gracia el hombre consagrado á Dios, ungido y ordenado para celebrar y ofrecer el sacrificio de la misa. || SIMPLE SACERDOTE, El que no tiene dignidad ó jurisdiccion eclesiástica. || SUMO SACERDOTE, El príncipe de los sacerdotes entre los judíos.

SACERDOTISA, s. f. Entre los gentiles la muger dedicada á ofrecer sacrificios á algunas diosas y cuidar de sus templos.

SACHADO, p. p. de SACHAR.

* SACHADOR, RA, s. m. V. ESCARDADOR.

SACHADURA, s. f. La accion de excavar la tierra con el sacho.

SACHAR, v. a. Escardar la tierra sembrada para que crezca mas la semilla, y se quiten las malas yerbas que hay en ella.

SACHO. s. m. Instrumento de hierro en figura de azadon, que sirve para sachar la tierra.

SACIABLE, adj. Que se puede hartar y satisfacer.

SACIADO, p. p. de SACIAR.

SACIAR, v. a. Hartar y satisfacer de bebida ó comida. || met. Hartar y satisfacer en las cosas del ánimo.

SACIEDAD, s. f. Hartura con que descansa y se satisface el deseo de alguna cosa.

SACO, s. m. Costal ó talega para poner ó trasportar alguna cosa. || Vestidura vil y áspera de sayal, de que usan los serranos y gente del campo. || El vestido talar de paño burdo ó sayal que se viste por penitencia. || Entre los Romanos vestido corto de que usaban en tiempo de guerra, excepto los varones consulares. || met. Cualquiera cosa que en sí incluye otras muchas ó en la realidad ó en la apariencia. || Tómase regularmente en mala parte. || V. SAQUEO. || En el juego de la pelota SAQUE. || Á SACO, Saqueando los bienes de alguna ciudad ó pueblo. || ENTRAR Á SACO, Saquear la villa, ciudad ó plaza, haciendo pillage de cuanto se encuentra. || METER Á SACO, Y METER Á SACO MANO, V. SAQUEAR. || NO ECHAR UNA COSA EN SACO ROTO, Recoger alguna especie que se oye para usar de ella despues oportunamente. || NO LE FIARA UN SACO DE ALACRANES, met. y fam. pondera la gran desconfianza que se tiene de alguna persona. || PONER Á SACO, Saquear. || SIETE AL SACO, Y EL SACO EN TIERRA, Expr. fam. con que se nota la poca maña de algunos que concurren á trasportar algun gran peso ó á otra alguna accion, que juntos no aciertan á egecutar.

SACOCHA, s. f. *Germ.* La faltriquera.

SACOMANO, s. m. ant. V. SAQUEO. || Bandolero. || V. FORRAGEADOR.

SACOIME, s. m. *Germ.* El mayordomo.

* SACOLÁCTICO, CA, adj. *Quím.* Dícese principalmente del ácido formado del azúcar de leche.

* SACOLATO, s. m. Nombre genérico de las sales formadas con el ácido sacoláctico.

SACRA, s. f. Cada una de las tres tablillas que se suelen poner en el altar para que el sacerdote pueda leer cómodamente algunas oraciones y otras partes de la misa sin recurrir al misal. Propiamente solo se debe llamar SACRA la del medio, en que estan las palabras de la consagracion.

SACRAMENTADO, p. p. de SACRAMENTAR.

SACRAMENTAL, adj. Que pertenece á los sacramentos. || Se dice de los remedios que tiene la iglesia para sanar al alma y limpiarla de los pecados veniales, y de las penas debidas por estos y por los mortales, como son el agua bendita é indulgencias y jubileos.

SACRAMENTAL, s. m. El individuo de la cofradía destinada á dar culto al santísimo Sacramento.

SACRAMENTAL, s. f. La cofradía dedicada á dar culto al Sacramento del altar.

SACRAMENTALMENTE, adv. Con realidad de sacramento. || En confesion sacramental.

SACRAMENTAR, v. a. Dar y administrar el viático á los enfermos.

SACRAMENTARIO, adj. Se aplica al herege que niega la presencia real y verdadera de Cristo en el sacramento de la Eucaristía.

SACRAMENTE, adv. V. SAGRADAMENTE.

SACRAMENTO, s. m. Espiritual medicina que sana el alma y le da gracia. || Cristo sacramentado en la hostia. Para mayor veneracion se dice: santísimo SACRAMENTO. || V. MISTERIO. || ant. Juramento. || SACRAMENTO DEL ALTAR, El sacramento eucarístico. || ADMINISTRAR SACRAMENTOS, Darlos ó conferirlos. || HACER SACRAMENTOS, met. V. HACER MISTERIO. || INCAPAZ DE SACRAMENTOS, Expr. fam. que se aplica al que es muy necio. || RECIBIR LOS SACRAMENTOS, Recibir el enfermo los de penitencia, eucaristía y extremauncion.

SACRATÍSIMO, MA, adj. sup. de SAGRADO.

SACRE, s. m. Especie de halcon, cuyas plumas son casi rubias, y algunas tiran á blancas. Tiene el pico, las alas y los dedos azules. || Arma de fuego, que era el cuarto de culebrina, y tiraba la bala de cuatro á seis libras.

SACRIFICADERO, s. m. El lugar ó sitio donde se hacian los sacrificios.

SACRIFICADO, p. p. de SACRIFICAR.

SACRIFICADOR, RA, s. m. y f. El que sacrifica.

SACRIFICANTE, p. a. de SACRIFICAR, y s. El que sacrifica.

SACRIFICAR, v. a. Hacer sacrificios, ofrecer ó dar alguna cosa en reconocimiento de divinidad. || met. Poner á alguno en grave riesgo, peligro ó trabajo.

SACRIFICARSE, v. r. Dedicarse, ofrecerse particularmente á Dios. || Sujetarse ó conformarse con alguna cosa.

SACRIFICIO, s. m. Cualquiera cosa hecha ú ofrecida en reconocimiento de la deidad. || El que hace el sacerdote en la misa, ofreciendo á Cristo bajo las especies de pan y vino en honor de su eterno Padre. || met. Accion á que alguno se sujeta con gran repugnancia por consideraciones que á ello le obligan. || La operacion quirúrgica, violenta ó peligrosa. || SACRIFICIO DEL ALTAR, El sacrificio de la misa.

SACRÍLEGAMENTE, adv. Irreligiosamente violando cosa sagrada.

SACRILEGIO, s. m. Lesion ó violencia de cosa sagrada. || La pena pecuniaria impuesta por el sacrilegio.

SACRÍLEGO, GA, adj. El que comete el sacrilegio. Aplícase tambien á las acciones é instrumentos con que se comete.

SACRIMOCHE, CHO, s. m. Nombre de burla y desprecio que se da al que vestido de negro como los sacristanes está derrotado y sin aseo.

* SACRISTÁ, s. m. El que en algunos cabildos y abadías obtiene el oficio ó dignidad de sacristan.

SACRISTAN, s. m. Ministro destinado en las iglesias para cuidar de los ornamentos, y de la limpieza y aseo de la iglesia y sacristía. || Dignidad eclesiástica á cuyo cargo estaba la custodia y guarda de los vasos, libros y vestiduras sagradas, y la superintendencia de todos los ministros de la sacristía. || V. TONTILLO, por especie de faldellin. || SACRISTAN MAYOR, El principal entre los sacristanes, que manda á todos los dependientes de la sacristía. || SACRISTAN DE AMEN, fam. El sugeto que ciegamente sigue siempre el dictámen de otro. || ES BRAVO SACRISTAN, ES UN GRAN SACRISTAN, fam. Pondera que uno es caviloso, sagaz y astuto para el aprovechamiento propio ó engaño ageno.

SACRISTANA, s. f. La muger del sacristan. || En los conventos de religiosas la que está destinada á cuidar de las cosas de la sacristía, y dar lo necesario para el servicio de la iglesia.

SACRISTANCILLO, TO, s. m. d. de SACRISTAN.

SACRISTANEJO, s. m. d. de SACRISTAN.

SACRISTANÍA, s. f. El empleo de sacristan. || La dignidad de sacristan que hay en algunas iglesias. || ant. V. SACRISTÍA.

SACRISTÍA, s. f. Oficina de la iglesia, donde se guardan y administran los ornamentos y otras cosas pertenecientes al culto divino. || V. SACRISTANÍA.

SACRO, CRA, adj. V. SAGRADO.

SACRO-LUMBRAR, s. m. *Anat.* El músculo que nace del hueso sacro y los lomos.

SACROSANTO, TA, adj. Que reune las calidades de sagrado y santo.

SACUDIDA, s. f. V. SACUDIMIENTO. || DE SACUDIDA, V. DE RESULTA.

SACUDIDAMENTE, adv. Con sacudimiento.

SACUDIDO, p. p. de SACUDIR. || SACUDIDO, DA, adj. Áspero, indócil é intratable.

SACUDIDO, s. m. Movimiento de la danza española, que se hace levantado un pié sin doblar la pierna, y sacudiendo sobre la cinta del pié que está en el suelo.

SACUDIDOR, s. m. El que sacude. || El instrumento con que se sacude y limpia.

SACUDIDURA, s. f. La accion de sacudir, especialmente para quitar el polvo ó limpiar de él alguna cosa.

SACUDIMIENTO, s. m. El acto de sacudir ó sacudirse.

SACUDIR, v. a. Mover violentamente alguna cosa á una y otra parte. || Golpear alguna cosa ó conmoverla al aire con violencia para quitarle el polvo ó enjugarla. || Castigar á alguno con golpes. Arrojar, tirar ó despedir alguna cosa ó apartarla violentamente de sí. || Apartar, separar de sí.

SACUDIRSE, v. r. Apartar de sí con aspereza de palabras á algun sugeto, ó rechazar alguna accion, proposicion ó dicho con libertad, viveza ó despego.

* SADUCEISMO, s. m. Doctrina de los saduceos.

. SADUCEO, EA, adj. Perteneciente á cierta secta de judíos que negaban la inmortalidad del alma y la resurreccion de los cuerpos, y el que sigue aquella secta. Úsase tambien como sustantivo.

SAETA, s. f. Asta delgada, larga como de dos tercias, con una punta de hierro en el extremo anterior y una lengüeta, y en la parte posterior tiene unas plumas cortas para que vaya derecha cuando se dispara del arco. || La mano del relox. || La flecha ó agujo tocada á la piedra iman que señala el norte en la rosa náutica. || La punta del sarmiento que queda en la cepa cuando se poda. || met. Cada una de aquellas coplillas sentenciosas y morales que suelen decir los misioneros, y tambien se suele decir durante la oracion mental, y en las demandas nocturnas que hacen en Madrid los hermanos de la Esperanza. || *Astron.* Constelacion compuesta de cinco estrellas, que casi siempre se ven al fin de capricornio. || ECHAR SAETAS, met. y fam. Mostrar alguno con palabras, gestos ó acciones que está picado y sentido de alguna cosa.

SAETADA, s. f. V. SAETAZO.

SAETAZO, s. m. La accion de tirar ó herir con la saeta. Dícese tambien de la misma herida hecha con ella.

SAETEADO, p. p. de SAETEAR.

SAETEAR, v. a. V. ASAETEAR.

SAETERA, s. f. Ventanilla en las fortalezas para arrojar saetas. || Cualquiera ventanilla estrecha de las que se suelen hacer en las escaleras y otras partes.

SAETERO, RA, adj. Que pertenece á las saetas, como arco SAETERO, aljaba SAETERA. || Se aplica al panal labrado en línea recta, dirigida de un témpano al otro de la colmena.

SAETERO, s. m. El que pelea con saetas, flechero, soldado armado de arco y flechas.

SAETÍA, s. f. Embarcacion latina de tres palos y una sola cubierta, menor que el jabeque y mayor que la galeota. || V. SAETERA por ventanilla.

SAETILLA, s. f. d. de SAETA. || V. SAETA, 3ª A. || V. SAETA, 2ª A. V. SAETA, 5ª A.

SAETIN, s. m. En los molinos es aquella canal angosta por donde se precipita el agua desde la presa al rodete para hacerle andar. || Clavito delgado y sin cabeza de que se hace uso en varios oficios. || Especie de raso liso.

SAETON, s. m. Lance de la ballesta muy largo, con su casquillo de hierro puntiagudo.

SÁFICO, s. m. Verso tomado de la poesía griega y latina.

SÁFICO, CA, adj. Se aplica al verso del mismo nombre, y á la composicion hecha en este metro.

* SAFINX, s. f. *Anat.* Vena donde se hace la sangría del pié.

SAFIO, s. m. En Andalucía el congrio.

* SAFRE, s. m. *Quim.* Azul sacado de cobalto.

SAGA, s. f. La muger supersticiosa ó hechicera, que habla de lo venidero ó revela lo ausente, y hace encantos ó maleficios.

SAGACIDAD, s. f. La viveza del entido en el perro para rastrear y sacar por el olor la caza. Se extiende á otros animales que previenen ó presienten las cosas. || Astucia, trascendencia en penetrar lo oculto ó dificultoso.

SAGACÍSIMAMENTE, adv. sup. de SAGAZMENTE.

SAGACÍSIMO, MA, adj. sup. de SAGAZ.

SAGAPENO, s. m. *Farm.* Goma resina algo trasparente, que se parece al del paraiso. La planta que la produce se cria en Egipto.

SAGATÍ, s. m. Especie de estameña tegida como sarga.

SAGAZ, adj. Se aplica al perro que saca por el rastro la caza. || Extiéndese á otros animales, que previenen ó presienten las cosas. || met. La persona ladina, astuta y prudente, que prevee y previene las cosas ántes que sucedan.

SAGAZMENTE, adv. Astutamente, con observacion y sagacidad.

SAGITA, s. f. *Geom.* El segmento del diámetro contenido entre el vértice y la aplicada.

SAGITAL, adj. *Anat.* Que tiene figura de saeta.

SAGITARIO, s. m. V. SAETERO. || El signo nono del zodiaco. Danle los astrónomos la figura de centauro en accion de disparar una saeta. || *Germ.* El que llevan azotando por las calles.

SAGMA, s. f. *Arq.* Cierta medida que se toma en una regla donde se anotan de una vez muchos miembros como todos los de una cornisa.

SAGO, s. m. V. SAYO.

SAGRADAMENTE, adv. Con respeto á lo divino, venerablemente.

SAGRADO, p. p. de SAGRAR. || SAGRADO, DA, adj. Que segun rito está dedicado á Dios y al culto divino. || Que por algun respecto á lo divino es venerable. || met. Que por su destino ó uso es digno de veneracion y respeto. || Entre los antiguos todo aquello grande que con dificultad y casi imposibilidad en los medios humanos se podia acanzar; y así llamaban SAGRADAS algunas enfermedades que juzgaban incurables. || Maldito, execrable. || SAGRADA YERBA, La verbena supina.

SAGRADO, s. m. El lugar que sirve de asilo á los delincuentes en los delitos que no exceptúa el derecho. || met. Cualquiera recurso ó sitio que asegura de algun peligro aunque no sea lugar sagrado. || ACOGERSE Ó METERSE Á SAGRADO, met. Huir de alguna dificultad que no se puede satisfacer, interponiendo alguna voz ó autoridad respetable.

SAGRAR, v. a. ant. V. CONSAGRAR.

SAGRARIERO, s. m. El que cuida del sagrario de las iglesias.

SAGRARIO, s. m. Parte interior del templo en que se reservan ó guardan las cosas sagradas, como las reliquias. || El lugar donde se guarda y deposita á Cristo sacramentado. || En algunas iglesias catedrales llaman á la capilla que sirve de parroquia.

SAGRATIVAMENTE, adv. ant. V. MISTERIOSAMENTE ó moralmente.

SAGRATIVO, VA, adj. ant. V. MISTERIOSO.

SÁGULA, s. f. V. SAYUELO.

SAGUNTINO, NA, adj. y s. El natural de la antigua ciudad de Sagunto y perteneciente á ella.

SAHORNADO, p. p. de SAHORNARSE.

SAHORNARSE, v. r. Escocerse ó escoriarse alguna parte del cuerpo.

SAHORNO, s. m. Daño ó escoriacion que padece alguna parte del cuerpo por rozarse ó ludir con otra.

SAHUMADO, p. p. de SAHUMAR. || SAHUMADO, DA, adj. met. Se aplica á cualquiera cosa accidental que mejora á otra y la hace mas estimable.

SAHUMADOR, s. m. V. PERFUMADOR.

SAHUMADURA, s. f. El acto y efecto de sahumar. Tómase tambien en este sentido por la materia del sahumerio.

SAHUMAR, v. a. Dar humo á alguna cosa para purificarla ó para que huela.

SAHUMERIO, s. m. El acto y efecto de sahúmar. || El humo que produce alguna materia aromática que se echa en el fuego para sahumar. || La materia aromática que se quema para sahumar.

SAHUMO, s. m. V. SAHUMERIO.

* SAHUQUILLO, s. m. Rosa de gueldres, flor del mundo, arbusto.

* SAICA, s. f. Embarcacion turca.

SAIN, s. m. La grosura de cualquier animal. || La grasa que con el uso suelen descubrir los paños, sombreros y otras cosas.

SAINA, s. f. Trigo candeal.

SAINADO, p. p. de SAINAR.

SAINAR, v. a. Engordar á los animales.

SAINETE, s. m. d. de SAIN. || El pedacito de gordura de tuétano ó sesos que los halconeros ó cazadores de volatería dan al halcon ó pájaro cuando los cobran. || met. Cualquier bocadito gustoso al paladar. Dícese tambien del suave y delicado sabor de algun manjar. || Cualquiera cosa que mueve á la complacencia, inclinacion ó gusto de otra, como el donaire, discrecion, etc. || Salsa que se usa para dar buen sabor á las cosas. || Especial adorno en los vestidos ú otras cosas. || Composicion dramática breve y jocosa en que se reprenden los vicios y se satirizan las malas costumbres del pueblo, la que comunmente se representa despues de concluida la comedia.

SAINETILLO, s. m. d. de SAINETE.

SAINO, s. m. Especie de puerco de Indias.

SAJA, s. f. V. SAJADURA.

SAJADO, p. p. de SAJAR.

SAJADURA, s. f. Cortadura, escarificacion hecha en la carne.

SAJAR, v. a. Hacer escarificaciones ó dar cortaduras en la carne.

SAJON, NA, adj. y s. El natural de Sajonia y perteneciente á ella.

SAL, s. f. Sustancia de sabor punzante, soluble en el agua y fácil de desmenuzar. Entiéndese ordinariamente con este nombre la sal comun que sirve para sazonar la comida y preservar de corrupcion las carnes y pescados. || met. Agudeza, donaire, chiste en el habla. || SAL AMMONIACA Ó AMMONIACO, Sal que se saca de todas las sustancias animales, y que se compone de sal comun y álcali volátil. || SAL DE COMPAS, Sal compuesta de ácido sulfúrico y de sosa. || SAL DE LA HIGUERA, Sal amarga y purgante que se nos trae de Fuente la Higuera, y consta de ácido sulfúrico y magnesia. || SAL DE PLOMO, V. AZÚCAR DE PLOMO. || SAL GAMA, La sal comun conocida con el nombre de *sal de piedra*, y que se compone del ácido muriático y sosa. Se halla de varios colores, segun la cantidad de hierro y manganesa que suele traer; pero la hay trasparente como el cristal. || SAL NITRO, NITRO ó sal que se extrae de las tierras salobres artificialmente. || SAL PEDRES, V. SAL GEMA. || SAL PIEDRA, V. SAL GEMA. || SAL PRUNELA, Composicion del nitro liquidado con flor de azufre. || SAL TÁRTARO, V. CRISTAL TÁRTARO. || SAL QUIERE EL HUEVO, Exp. con que se da á entender que algun asunto ó negocio está muy cerca de venir á su perfeccion. || CON SU SAL Y PIMIENTA, Con malignidad, con intencion de zaherir y mortificar, y tambien á mucha costa, con trabajo, con dificultad. || ECHAR EN SAL, fam. Guardar ó reservar lo que se estaba para dar, enseñar ó decir. || ESTAR ALGO HECHO DE SAL, Estar gracioso, alegre, de buen humor. || HACERSE SAL Y AGUA, fam. Hablando de los bienes y riquezas disiparse y consumirse en breve tiempo. || NO ALCANZAR Á ALGUNO LA SAL AL AGUA, Estar tan falto de medios que no le alcanza lo que tiene para su preciso mantenimiento. || PONER SAL Á ALGUNO EN LA MOLLERA, met. Hacer que uno tenga juicio, escarmentándole con algun castigo. || SEMBRAR DE SAL, Alude al castigo que se daba á los traidores derribándoles las casas y sembrando de sal el solar.

SALA, s. f. La pieza principal de la casa donde se reciben las visitas de cumplimiento. || La pieza donde los jueces tienen sus audiencias y despachan los pleitos. || En los tribunales superiores la reunion de cierto número de jueces para ver y determinar los negocios. || El antiguo tribunal de alcaldes de casa y corte. || ant. Convite, fiesta, sarao y diversion. || SALA DE APELACION, La junta que se formaba de dos alcaldes de corte nombrados por meses para decidir y egecutoriar los pleitos que no excedian de diez mil maradevis, y habian sido sentenciados por el juzgado de alguno de los otros alcaldes ó de los tenientes de villa. || SALA DE MIL Y QUINIENTAS, Aquella que en el consejo estaba especialmente destinada para ver los pleitos graves en que despues de la vista y revista de la chancillería en el juicio de propiedad se suplicaba por via de agravio ante la persona de su magestad. || SALA DE MILLONES, En el consejo de Hacienda era aquella que se componia de algunos ministros de él, y de diputados de las ciudades de voto en cortes, que se sorteaban al tiempo de la prorogacion del servicio de millones: entendia en todo lo tocante al dicho servicio. || SALA DEL CRÍMEN, La junta de los alcaldes del crímen que habia en todas las chancillerías y audiencias para conocer de las causas criminales. || HACER SALAS, V. HACER SALA. || HACER SALA, Juntarse el número de magistrados suficiente segun ley para constituir tribunal. || HACER SALA, ant. Dar espléndidas comidas ó banquetes convidando gentes.

SALACIDAD, s. f. Inclinacion vehemente á la lascivia.

SALACÍSIMO, MA, adj. sup. de SALAZ.

SALADAMENTE, adv. fam. Chistosamente, con agudeza y gracejo.

SALADAR, s. m. Lagunajo en que se cuaja la sal en las marismas. || Terreno bañado y hecho estéril por las aguas del mar.

SALADERO, s. m. El lugar ó casa

destinada para salar las carnes ó pescados.

SALADILLO, s. m. Tocino fresco á media sal.

SALADO, p. p. de SALAR. || SALADO, DA, adj. Que tiene sobra ó exceso de sal. || met. Gracioso, agudo ó chistoso. || Dícese él terreno estéril por demasiado salitroso.

SALADOR, RA, s. m. y f. El que sala.

SALADOR, s. m. V. SALADERO.

SALADURA, s. f La accion y efecto de salar.

SALAMANDRA, s. f. Reptil, V. SALAMANQUESA. || met. Lo que se mantiene en el fuego del amor ó afecto. || SALAMANDRA ACUÁTICA, Especie de salamandra que se halla en el Friul. Tiene la cola parecida á la de la anguilla, el lomo negro, el vientre rojo pintado de manchas amarillas, y la cabeza mas redonda y corta que la salamandra terrestre.

SALAMANDRIA, s. f. V. SALAMANDRA.

SALAMANQUÉS, SA, adj. V. SALMANTINO.

SALAMANQUESA, s. f. Reptil muy comun en todas las provincias de España. || SALAMANQUESA DE AGUA, Reptil que solo se diferencia de la salamanquesa en tener la cola mas recia y enteramente plana.

SALAMANQUINO, NA, adj. y s. V. SALMANTINO.

SALAR, v. a. Echar en sal, curar con sal carnes ó pescados para conservarlos. || Sazonar con sal, echar la sal necesaria á una comida, etc.

SALARIADO, p. p. de SALARIAR.

SALARIAR, v. a. V. ASALARIAR.

SALARIO, s. m. Aquel estipendio ó recompensa que los amos señalan á los criados por razon de su empleo, servicio ó trabajo. || El estipendio que se da á todos los que egecutan algunas comisiones ó encargos por cada dia que se ocupan en ellos, ó por el tiempo que emplean en fenecerlos. || CORRER EL SALARIO, LAS PAGAS, EL SUELDO, V. PAGA.

SALAZ, adj. Que es muy inclinado á la lujuria.

SALAZON, s. f. El tiempo y efecto de salar. || El acopio de carnes ó pescados salados.

SALCE, s. m. V. SAUCE.

SALCEDA, s. f. El lugar ó sitio donde se crian los salces.

SALCHICHA, s. f. Pedazo de tripa delgada y angosta rellena de carne de puerco con tanta cantidad de magro como de gordo, y picada muy bien, que se sazona con pimienta, gengibre, hinojo, sal y un poco de vinagre bien aguado. || *Mil.* La fagina mucho mas larga que la regular, para abrazar y cruzar las otras faginas.

SALCHICHERÍA, s. f. Tienda donde se venden salchichas.

SALCHICHERO, RA, s. m. y f. El que hace salchichas ó trafica en ellas.

SALCHICHON, s. m. aum. de SALCHICHA. || Pedazo de intestino de vaca ó de cerdo, relleno de jamon, tocino, pimienta en grano, etc., y luego prensado, para darle mayor consistencia, el cual se come en crudo. || *Mil.* Haz de gruesas ramas atadas por su centro y extremos que suelen ser otro tanto mas largas que las faginas, cuyo uso es el mismo que el de estas.

SALCOCHADO, p. p. de SALCOCHAR.

SALCOCHAR, v. a. Cocer la vianda dejándola medio cruda y sin sazonar.

SALDADO, p. p. de SALDAR.

SALDAR, v. a. Liquidar enteramente una cuenta satisfaciendo el alcance que resulte de ella.

SALDO, s. m. El remate ó finiquito de las cuentas.

SALEDIZO, s. m. *Arq.* La parte del edificio que sobresale fuera de la pared maestra en la fábrica.

SALEGAR, s. m. El sitio en que se da sal á los ganados en el campo.

SALENTINO, NA, adj. y s. Perteneciente á Salé y el natural de esta ciudad.

SALEPE, s. m. Raiz seca de una especie de satirion.

SALERA, s. f. Una de las piedras de que se compone el salegar.

SALERNITANO, NA, adj. Natural de Salerno, y perteneciente á esta ciudad.

SALERO, s. m. El vaso en que se sirve la sal á la mesa. Hácese de diversas materias y hechuras. || El sitio ó almacen donde se guarda la sal. || fam. Gracia, donaire.

SALEROSO, SA, adj. Se aplica á la persona que tiene sal, gracia y chiste.

SALETA, s. f. d. de SALA. || V. SALA DE APELACION.

SALGADA, s. f. V. ORZAGA.

SALGADERA, s. f. V. ORZAGA.

SALGADO, p. p. de SALGAR.

SALGADURA, s. f. ant. V. SALADURA.

SALGAR, v. a. ant. V. SALAR.

SALGUERA, s. f. V. MIMBRERA.

SALGUERO, s. m. ant. El parage ó sitio donde se da sal al ganado.

SÁLICA, adj. Se aplica á la ley que excluia del trono de Francia á las hembras y á sus descendientes.

* **SALICARIA**, s. f. Cierta planta.

SALICOR, s. m. Planta ramosa de un verde oscuro, y tallos vellosos y nudosos, que quemándola deja como la barrilla unas cenizas cuajadas de la dureza de piedra, abundantes del álcali vegetal, y se emplea en las fábricas de vidrio y jabon.

SALIDA, s. f. Accion y efecto de salir. || La parte por donde se sale fuera de algun sitio ó lugar. || El campo contiguo á las puertas de los pueblos adonde se sale á recrearse. || El punto ó línea que sobresale una cosa respecto de otra. || El despacho ó venta de algunos géneros. || Escapatoria, pretexto, recurso. || met. El medio ó razones con que se vence algun argumento, dificultad ó peligro. || El fin ó término de algun negocio ó dependencia. || La que hace algun número de tropas de la plaza sitiada para fines de su defensa.

SALIDA, adj. Se aplica á las hembras de algunos animales cuando tienen propension al coito.

SALIDICA, LLA, TA, s. f. d. de SALIDA.

SALIDIZO, s. m. V. SALEDIZO.

SALIDO, p. p. de SALIR. || SALIDO, DA, adj. Se aplica á lo que sobresale en algun cuerpo mas de lo regular.

SALIENTE, p. a. de SALIR, Que sale.

* **SALIFICABLE**, adj. m. f. Dícese de las bases que pueden formar una sal, uniéndose con un ácido.

SALIMIENTO, s. m. ant. SALIDA por la accion y efecto de salir.

SALIN, s. m. SALERO ó almacen de sal.

SALINA, s. f. El lugar donde se saca, beneficia ó se cria la sal.

SALINERO, s. m. El que trata en sal ó la trasporta.

SALINO, NA, adj. Que contiene sal.

* **SALIOS**, s. m. pl. Nombre que se dió en Roma á los sacerdotes de Marte, y á las poesías que cantaban en su honor.

SALIR, v. n. Pasar de la parte de adentro á la parte de afuera. || Partir, ir ó marchar de un lugar á otro. || Escapar, librarse de alguna calamidad, aprieto ó peligro. || Hablando de las cosas del ánimo libertarse, desembarazarse. || Aparecer, manifestarse, descubrirse, como SALIR el sol, la luna, etc. || Nacer, brotar. || Sobresalir, estar una cosa mas alta ó mas afuera que otra. || met. Adquirir instruccion en alguna cosa, ó contraer algun mal hábito ó costumbre. || Nacer, proceder, provenir, traer su origen una cosa de otra. || Acabar, concluir, despachar alguna cosa. || Deshacer de alguna cosa vendiéndola ó despachándola. || Darse al público. || Decir ó hacer alguna cosa inesperada ó intempestiva; y así se dice: ¿ahora SALE vm. con eso? || Ocurrir, sobrevenir ú ofrecerse de nuevo alguna cosa, como SALIR conveniencia, etc. || Importar, costar alguna cosa que se compra; y así decimos: me SALE á ochenta reales la vara de paño. || *Náut.* Adelantarse una embarcacion á otra, aventajarla en andar cuando navegan juntas. || Con la preposicion *con* y algunos nombres lograr ó conseguir lo que los nombres significan, como SALIÓ *con* la pretension, *con* su intento. || Con la preposicion *de* y algunos nombres, como juicio, sentido, tino y otros semejantes, perder el uso de lo que los nombres significan. Tambien se usa con el adverbio *fuera* ántes de la preposicion *de*, como SALIÓ fuera de tino. || Tener buen ó mal éxito alguna cosa, resultar ó no lo que se espera, se dice ó se piensa. || Hablando de las estaciones y otras partes del tiempo fenecer, finalizarse. || Parecerse, asemejarse. || Dícese mas comunmente de los hijos respecto de sus padres, de los discípulos respecto de sus maestros, como este niño ha SALIDO á su padre. || Apartarse, separarse de alguna cosa ó faltar á ella en lo regular ó debido. || Cesar en algun oficio ó cargo; y así se dice: pronto SALDRÁ de tutor, de personero. || Ser elegido ó sacado por suerte ó votacion. || Hablando de calles dar salida á punto determinado; y así se dice: esta calle SALE á la plaza. || SALIR POR ALGUNO, Fiarle, abonarle, defenderle. || NO SALIR DE UNO ALGUNA COSA, CALLARLA. || SALGA LO QUE SALIERE, fam. Denota la resolucion de hacer alguna cosa en que hay riesgo cualquiera que sea su éxito. || SALIRLE CARO, Ó SALIRLE CARA ALGUNA COSA Á ALGUNO, met. Resultarle algun daño de su egecucion ó intento.

SALIRSE, v. r. Derramarse una cosa contenida en otra por alguna rendija ó rotura; y así decimos: se SALE el agua por las roturas del estanque. || Dícese tambien de la vasija ó cosa que contiene á otra, como este tintero se SALE

SALIRSE ALLÁ UNA COSA, met. Venir á ser una cosa casi lo mismo que otra. || SALIRSE CON LA SUYA, Conseguir ó hacer alguno lo que quiere á pesar de las contradicciones ó contra el dictámen de otros. || SALIR Á ALGUNA COSA, met. Tomarla á su cargo, responder de ella. || SALIR DE UNO ALGUNA COSA, met. Nacer de ocurrencia ó invencion propia, sin intervencion agena. || SALIR EN PÚBLICO, loc. Salir por las calles con mas pompa y aparato de lo ordinario.

SALITA, s. f. d. de SALA.

SALITRADO, DA, adj. Compuesto con salitre.

SALITRAL, adj. SALITROSO.

SALITRAL, s. m. El sitio ó parage donde se cria y halla el salitre.

SALITRE, s. m. V. NITRO, especialmente el que aun no está purificado.

SALITRERIA, s. f. La casa ó lugar donde se fabrica el salitre.

SALITRERO, RA, adj. y s. La persona que comercia ó trabaja en salitre.

SALITROSO, SA, adj. Que tiene salitre.

SALIVA, s. f. Humor que se forma en la boca, y sirve para humedecer la lengua y fauces, ablandar los alimentos, y facilitar la digestion. || GASTAR SALIVA, Hablar inútilmente. || TRAGAR SALIVA, fam. Denota que alguno no puede desahogarse ni oponerse á alguna determinacion, palabra ó accion que le ofende ó disgusta.

SALIVACION, s. f. El acto de echar ó arrojar la saliva.

SALIVAL, adj. Perteneciente á la saliva.

SALIVAR, v. n. Arrojar saliva.

SALIVERA, s. f. SABOR en el freno del caballo. Dícese mas comunmente en plural.

SALIVOSO, SA adj. Que expele mucha saliva.

* SALLADURA, s. f. Escarda, broza que se saca de las minas. || La accion de escardar la tierra con el sallo.

* SALLAR, v. a. Sachar, escardar un sembrado, una huerta.

* SALLO, s. m. Sarcillo, almocafre.

SALMA, s. f. V. TONELADA.

SALMANTICENSE, adj. V. SALMANTINO, como concilio SALMANTICENSE.

SALMANTINO, NA, adj. y s. Perteneciente á la ciudad de Salamanca y el natural de ella.

SALMATICENSE, adj. V. SALMANTINO.

SALMEAR, v. n. Rezar ó cantar los salmos.

SALMEAR, s. m. *Arq.* El plano inclinado de la imposta, machon, muro, etc., de donde arranca el arco ó bóveda escarzana.

SALMISTA, s. m. El que compone salmos. Es epíteto que se da al profeta David por haber compuesto los salmos de que usa la iglesia. || El que tiene por oficio cantar los salmos y las horas canónicas en las iglesias catedrales y colegitas.

SALMO, s. m. La composicion ó cántico que contiene loores y alabanzas de Dios.

SALMODIA, s. f. El conjunto de los ciento y cincuenta salmos de David. || SALMODIA, El canto usado en la iglesia para los salmos.

SALMODIAR, v. n. V. SALMEAR.

SALMON, s. m. Pez muy comun en el océano de España con la carne de color encarnado, y de gusto sumamente delicado.

SALMONADO, DA, adj. Se dice de los pescados que se parecen en la carne al salmon. Dícese especialmente de las truchas.

SALMONETE, s. m. Pez abundante en todos los mares de España cuya carne pasa por una de las mas delicadas.

* SALMONILLO, s. m. Salmon pequeño.

SALMOREJO, s. m. Salsa compuesta de agua, vinagre, aceite, sal y pimienta, con la que se suelen aderezar los conejos.

SALMUERA, s. f. Agua que se ha cargado de mucha sal. || El agua que destila lo salado.

SALMUERADO, p. p. de SALMUERARSE.

SALMUERARSE, v. r. Enfermar los ganados de comer mucha sal.

SALOBRAL, adj. y s. V. SALOBREÑO.

SALOBRE, adj. Que por naturaleza tiene sabor de sal.

SALOBREÑO, ÑA, adj. Se aplica á la tierra que es salobre ó tiene mezcla de alguna sal.

SALOMA, s. f. La accion de salomar.

SALOMAR, v. n. *Náut.* Gritar el contramaestre ó guardian, diciendo varias retahilas para que al responder á ellas tiren todos á un tiempo del cabo que tienen en la mano.

SALON, s. m. aum. de SALA. || La

carne ó pescado salado para que se conserve.

SALONCILLO, TO, s. m. d. de SALON.

SALPA, s. f. Pez no raro en el Mediterráneo de España.

SALPICADO, p. p. de SALPICAR.

SALPICADURA, s. f. El acto de salpicar ó la mancha que causa esta accion.

SALPICAR, v. a. Rociar, esparcir en gotas ó pequeñas partes alguna cosa líquida, como agua, etc. Úsase tambien en sentido metafórico. || Pasar de unas cosas á otras sin continuacion ni órden, dejándose algunas en medio, como se suele hacer en la lectura de algun papel ó libro.

SALPICON, s. m. Fiambre de carne picada, compuesto y aderezado con pimienta, sal, vinagre y cebolla, todo mezclado. || met. Cualquiera otra cosa hecha menudos pedazos. || SALPICON, V. SALPICADURA.

SALPIMENTADO, p. p. de SALPIMENTAR.

SALPIMENTAR, v. a. Adobar alguna cosa con la mezcla de sal y pimienta, para que se conserve y tenga mejor sabor.

SALPIMIENTA, s. f. Mezcla de sal y pimienta.

SALPRESADO, p. p. de SALPRESAR.

SALPRESAR, v. a. Aderezar con sal alguna cosa, apretándola para que se conserve.

SALPRESO, seg. p. p. irreg. de SALPRESAR.

SALPULLIDO, DA, p. p. de SALPULLIR.

SALPULLIDO, s. m. El conjunto de granitos ó ronchas que salen al cútis.

SALPULLIR, v. a. Levantar en el cútis multitud de granitos ó ronchas.

SALSA, s. f. Composicion ó mezcla de varias cosas desleidas que se hace para comer con apetito. ||met. Cualquiera cosa que mueve ó excita el gusto. || SALSA DE SAN BERNARDO, met. y fam. El hambre ó apetito bien dispuesto que alguno suele tener, por lo que no repara en que la comida esté bien ó mal sazonada.

SALSAFRAS, s. m. V. SALSIFRAGA.

SALSAMENTADO, p. p. de SALSAMENTAR.

SALSAMENTAR, v. a. ant. Sazonar ó guisar alguna cosa.

SALSAMENTO, s. m. ant. Condimento, guiso ó salsa.

SALSEDUMBRE, s. f. La calidad de salado ó salitroso.

SALSERA, s. f. Escudilla pequeña en que se echa la salsa. || V. SALSERILLA.

SALSERETA, s. f. V. SALSERILLA.

SALSERILLA, s. f. d. de SALSERA. Tómase comunmente por la taza pequeña y de un borde bajo, en que se mezclan algunos ingredientes ó se ponen algunos licores y colores que se necesitan tener á la mano.

SALSERO, adj. Se aplica al tomillo fino y muy oloroso que sirve para las salsas.

SALSERON, s. m. V. SALSA.

SALSERUELO, s. m. V. SALSERILLA.

SALSILLA, TA, s. f. d. de SALSA.

SALSO, SA, adj. ant. V. SALADO.

SALTABANCO ó SALTABANCOS, ó SALTA EN BANCO ó SALTA EN BANCOS, s. m. El charlatan que puesto sobre un banco ó mesa junta el pueblo y relata las virtudes de algunas yerbas, confecciones y quintas esencias que trae y vende como remedios singulares.

SALTABARDALES, s. m. Apodo que se da á los muchachos y gente moza para denotar que son traviesos y alocados.

SALTABARRANCOS, s. m. fam. Apodo que se pone al que con poco reparo anda, corre y salta por todas partes.

SALTACHARQUILLOS, s. m. Apodo que se aplica al mozo que va pisando de puntillas y medio saltando con afectacion.

SALTACION, s. f. El acto de saltar. Tómase tambien por la danza ó baile.

SALTADERO, s. m. El sitio á propósito para saltar. || V. SURTIDOR.

SALTADERO, RA, adj. Que salta. || ESTAR AL SALTADERO, met. Estar alguno próximo á mejorar de fortuna.

SALTADO, p. p. de SALTAR. || SALTADO, DA, adj. Que sale fuera de aquel lugar ó superficie que natural ó regularmente debe tener. Dícese comunmente de los ojos.

SALTADOR, RA, s. m. y f. El que salta ó tiene oficio ó egercicio en que necesita saltar. Llámanse asi comunmente los que lo hacen para divertir al público. || *Germ.* El pié.

SALTADURA, s. f. *Cant.* El hoyo que sin querer se hace en un sillar al tiempo de labrarle, por ser vidriosa la piedra, ó por la mala direccion del cincel.

SALTAMBARCA, s. f. Vestidura rústica abierta por la espalda.

SALTANTE, p. a. de SALTAR, Que salta.

SALTAPAREDES, s. m. V. SALTABARDALES.

SALTAR, v. n. Levantar el cuerpo del suelo con ligereza ó impulso para ponerse por el aire en otro lugar distante ó elevarse en él. || Moverse alguna cosa de una parte á otra, levantándose con violencia, como la pelota del suelo, la chispa de la lumbre, etc. || Salir. Se dice de todo líquido que sale hácia arriba con ímpetu; y con propiedad de las aguas en los surtidores. || Romperse violentamente alguna cosa que está oprimida ó tirante, como la cuerda del instrumento. || Desprenderse alguna cosa de donde estaba unida ó fija. || Hacerse reparable ó sobresalir mucho alguna cosa. || Ofrecerceśe á la imaginacion ó á la memoria casualmente con prontitud alguna especie. || Picarse ó resentirse, dándolo á entender exteriormente. || met. Decir alguna cosa que no viene al intento de lo que se trata, ó responder intempestivamente aquel con quien no se habla.

SALTAR, v. a. En los animales cubrir el macho á la hembra. || Pasar de una cosa á otra, dejándose las que debian suceder por órden ó por opcion. Úsase en lo físico y en lo moral. || En el juego de damas, agedrez y tablas es levantar una pieza ó figura, y pasarla de una casa á otra por encima de las demas que estan sentadas.

SALTAREGLA, s. f. V. PANTÓMETRA.

SALTARELO, s. m. Especie de baile de la escuela española.

SALTAREN, s. m. Un cierto son ó aire de guitarra que se tocaba para bailar. || SALTON, insecto.

SALTARIN, NA, s. m. y f. El que danza ó baila. || met. El mozo inquieto y de poco juicio.

SALTATERANDATE, s. m. Especie de bordado, cuyas puntadas son muy largas, y se aseguran atravesando otras muy menudas y delicadas.

SALTATRIZ, s. m. La muger que egercita su destreza dando saltos en la maroma, ó la que en el baile egecuta esta accion con desembarazo.

SALTEADO, p. p. de SALTEAR.

SALTEADOR, s. m. El que saltea y roba en los despoblados ó caminos.

SALTEAMIENTO, s. m. El acto ó egecucion de saltear.

SALTEAR, v. a. Salir á los caminos y robar á los pasageros. || Asaltar, acometer. || Hacer una cosa sin continuarla, sino dejándola comenzada y pasando á otras. || Anticiparse sagazmente á otro en la compra de alguna cosa. || Sobrecoger, sorprender. || met. Sorprender el ánimo con alguna impresion fuerte y viva.

SALTEO, s. m. El acto de saltear.

SALTERIO, s. m. El libro canónico en que se contienen los ciento y cincuenta salmos que compuso el real profeta David. || El libro de coro que contiene solo los salmos. || El rosario de nuestra Señora, por componerse de ciento y cincuenta Ave Marías. || Instrumento músico de figura triangular, que tiene trece hileras de cuerdas, que se tocan con la uña ó con un alambre ó un palillo encorvado; y en otras partes se llama asi á una especie de flauta ó corneta con que se suele acompañar el canto en las iglesias. || *Germ.* El salteador.

SALTERO, RA, adj. V. MONTARAZ.

SALTICO, LLO, TO, s. m. d. de SALTO. || Á SALTILLOS, V. Á SALTOS.

SALTIMBANCO, s. m. fam. V. SALTABANCO.

SALTO, s. m. El acto y el efecto de saltar. || El lugar alto y proporcionado á saltar, ó que sin saltar no se puede pasar. Dícese irónicamente de algunos despeñaderos de suma altura, porque son imposibles de saltar. || El espacio de tierra que mide un salto. || ant. V. ASALTO. || met. Tránsito desproporcionado de una cosa á otra, sin tocar los medios ó alguno de ellos. || Tranco, las omisiones de cláusulas, renglones ú hojas, leyendo ó escribiendo. || Ascenso á puesto superior sin pasar por los del medio. || TACON; y asi se dice: zapato de TACON Ó DE SALTO. || Pillage, robo y botin. || SALTO DEL CORAZON, Palpitacion violenta del corazon. || SALTO DE MATA, fam. La huida ó escape por temor del castigo. || SALTO DE TRUCHA, Suerte de los volteadores, que se hace tendiéndose sobre las manos, y sosteniendo el cuerpo en ellas dan vuelta entera en el aire. || El único modo con que pueden andar los reos cuando les ponen grillos cruzados, que es á pies juntillas. || SALTO MORTAL, El que dan los volatines en alto, dejándose caer de cabeza, y tomando vuelta en el aire para caer despues. || SALTO Y ENCAJE, *Danz.* Un género de mudanza. || Á SALTOS, Dando SALTOS, ó saltando de una cosa en otra, dejándose ú omitiendo las que estan en medio. || DAR SALTOS DE ALEGRÍA Ó DE CON-

SALTO, Manifestar con extremos la alegria interior que se tiene. ‖ DE SALTO, ant. De repente, de improviso, de sobresalto. ‖ POR SALTO, Explica que alguna cosa no se ha hecho ó conseguido por órden, sino dejando algun medio que se debiá practicar para llegar al fin.

SALTON, s. m. Insecto, especie de langosta, cuyo color tira á verde, y anda solo por lo regular. ‖ *Ast.* Pez. V. AGUJA PALADAR.

SALTON, NA, adj. Que anda á saltos ó salta mucho. ‖ V. OJO.

SALUBÉRRIMO, MA, adj. sup. de SALUBRE.

SALUBRE, adj. V. SALUDABLE.

SALUBRIDAD, s. f. La buena, perfecta y sana disposicion de alguna cosa.

SALUD, s. f. La sanidad y entereza del cuerpo libre de achaques. ‖ La libertad ó el bien público ó particular de alguno. ‖ En lenguage espiritual el estado de gracia en el alma. ‖ *Germ.* La iglesia. ‖ SALUDES, pl. Los actos y expresiones corteses. ‖ Á SU SALUD, ant. V. Á SU SALVO. ‖ BEBER Á LA SALUD DE ALGUNO, Brindar á su salud. ‖ CON SALUD LE ROMPA, Exp. fam. con que se da la enhorabuena al que ha estrenado vestido. ‖ EN SANA SALUD, En estado perfecto de sanidad. Dícese alusivamente de otras cosas, comparado en ellas el estado ó perfeccion regular que suelen tener con el que tienen al presente por algun accidente ó defecto que les ha sobrevenido. ‖ GANTAR SALUD, Gozarla buena. ‖ ¿QUIEN QUERRIA LA SALUD MAS BIEN QUE EL ENFERMO? Se usa para satisfacer á otro que le nota de omiso en tomar los medios para el alivio de sus miserias ó infortunios. ‖ VENDER SALUD, fam. Ser alguno muy robusto ó parecer que lo es.

SALUDABLE, adj. Que sirve para conservar ó restablecer la salud corporal. ‖ met. Provechoso para algun fin, y particularmente para el bien del alma.

SALUDABLEMENTE, adv. Conservando ó restableciendo la salud. ‖ met. Con provecho y utilidad para alguna cosa, y en particular para el bien espiritual.

SALUDACION, s. f. ant. V. SALUTACION.

SALUDADO, p. p. de SALUDAR.

SALUDADOR, s. m. El que saluda. ‖ El impostor que aparenta curar ó precaver la rabia ú otros males con el aliento, la saliva y con ciertas deprecaciones y fórmulas.

SALUDAR, v. a. Hablar á otro cortesmente deseándole la salud, ó mostrarle con algunas señales benevolencia ó respeto. ‖ Proclamar á alguno por rey ó emperador. ‖ Disparar algunos cañones de plaza ó naves, lo que se hace en obsequio, cortesanía ó festejo. ‖ Aplicar cualquier impostor de los llamados saludadores algunos medios vanos para la curacion ó preservacion de la rabia ú otros males, como el aliento, la saliva y ciertos signos y deprecaciones. ‖ Enviar saludes.

SALUDO, s. m. El disparo de las armas y cañones para saludar.

SALUMBRE, s. f. Cierto género de orin rojo como moho que se cria sobre.

SALUTACION, s. f. El acto de saludar. ‖ El proemio ó exordio que hacen los predicadores al empezar el sermon. ‖ SALUTACION ANGÉLICA, La que hizo el arcángel san Gabriel á la Virgen María, y forma la primera parte de la oracion del Ave María, que tambien se llama así.

SALUTE, s. m. Moneda de oro usada antiguamente en Castilla, que valia lo mismo que los escudos y las coronas.

SALUTÍFERAMENTE, adv. V. SALUDABLEMENTE.

SALUTÍFERO, RA, adj. V. SALUDABLE.

SALVA, s. f. La prueba que se hace de la comida ó bebida cuando se administra á los reyes para asegurar que no hay peligro alguno en ellas. ‖ Saludo hecho con armas de fuego. ‖ La prueba temeraria que hacia alguno de su inocencia exponiéndose á un grave peligro, como meter la mano en agua hirviendo, andar descalzo sobre una barra hecha ascua, etc., confiado de que Dios le salvaria milagrosamente. ‖ Juramento, promesa solemne, palabra de seguro. ‖ V. SALVILLA. ‖ HACER LA SALVA, Brindar, mover á alegria. ‖ Pedir la venia, permiso y licencia para hablar, contradecir ó representar alguna cosa. ‖ Disparar cierto número de cañonazos con solo pólvora en celebridad de alguna victoria, ó en demostracion de regocijo público.

SALVACION, s. f. La accion y efecto de salvar y salvarse. ‖ La consecucion de la gloria y bienaventuranza eterna.

SALVADERA, s. f. Vaso cerrado con pequeños agujeros por la parte de arriba, en que se tienen los polvos para echar sobre lo que se escribe, á fin de que se enjugue.

SALVADO, p. p. de SALVAR. || LIBRO DE LO SALVADO, Libro en que se sentaban las mercedes hechas por los reyes.

SALVADO, s. m. La cáscara del grano gruesa y basta que queda en la harina despues de molido.

SALVADOR, RA, s. m. y f. El que salva. || Llamase asi por antonomasia á Jesucristo, á quien tambien se nombra SALVADOR DEL MUNDO por habernos redimido del pecado y de la muerte eterna.

SALVAGE, adj. Aplícase á las plantas silvestres y sin cultivo. || Sumamente necio, terco, zafio ó tonto. || Entre los animales el que no es doméstico. || Se aplica al terreno montuoso, áspero, inculto. || El hombre que vive ó se ha criado en los bosques ó selvas entre las fieras y brutos. || El natural de aquellas islas ó paises que no tienen cultura ni sistema alguno de gobierno.

SALVAGEMENTE, adv. Como los salvages, á manera de salvage.

SALVAGERÍA, s. f. Dicho ó hecho rústico ó necio.

SALVAGEZ, s. f. La calidad de salvage.

SALVAGICO, LLO, TO, s. m. d. de SALVAGE.

SALVAGINA, s. f. El conjunto de pieles de animales monteses.

SALVAGINO, NA, adj. Que pertenece á los salvages ó se asemeja á ellos.

SALVAGUARDA, s. m. ant. V. SALVAGUARDIA.

SALVAGUARDIA, s. m. Guarda que se pone para la custodia de alguna cosa. || El escudo de las armas estampadas del señor de alguno de los campos que se da á los lugares amigos, para que colgados á la entrada de ellos, viéndolos los soldados que van á correr, y la gente desmandada, no osen hacerles daño. || El papel ó señal que se da á alguno para que no sea ofendido ó detenido en lo que va á egecutar.

SALVAJUELO, LA, adj. d. de SALVAGE.

SALVAMENTE, adv. Con seguridad ó sin riesgo.

SALVAMENTO, s. m. La accion y efecto de salvar y salvarse. || Puerto, asilo, refugio, el lugar ó parage en que alguno se asegura de algun antecedente peligro, y regularmente se toma por el puerto que asegura de los riesgos del mar. || *Mar.* La accion de salvar, y poner en seguridad los géneros despues de un naufragio.

SALVAMIENTO, s. m. V. SALVAMENTO.

SALVANTE, p. a. de SALVAR, Que salva.

SALVAR, v. a. Librar de algun riesgo ó peligro, poner en seguro. || Dar la gloria y bienaventuranza eterna. Es propio de Dios. || Evitar algun inconveniente, impedimento dificultad ó riesgo || No tocar ó no llegar á alguna cosa pasando por encima ó muy cerca de ella. || Poner los escribanos y notarios al fin de la escritura ó instrumento lo que está entre renglones ó borrado, con lo que queda saneado el yerro que tenia lo escrito. || Probar la comida ó bebida de los príncipes y grandes señores. || Indemnizar, probar jurídicamente la inocencia ó libertad de alguna persona ó cosa. || *Germ.* Guardar, retener un naipe para cuando sea necesario hacer alguna trampa.

SALVAR, v. n. ant. Hacer la salva con la artillería.

SALVARSE, v. r. Librarse ó escapar de algun peligro ó grave riesgo. || Conseguir ó lograr la gloria, ir al cielo.

SALVATELA, s. f. *Anat.* La vena que está entre los dos huesos en que se sostienen los dedos anular y meñique de cualquiera de las dos manos.

SALVÁTICO, CA, adj. ant. V. SELVÁTICO.

SALVATIERRA, s. m. *Germ.* El fullero que guarda ó reserva algun naipe para trampear.

SALVATIQUEZ, s. f. ant. Rudeza, rusticidad, falta de cultura y policía.

SALVE, v. def. Que vale Dios te guarde, y se usa en castellano en la misma significacion. || Una de las oraciones con que se saluda y ruega á la Vírgen santa María.

SALVEDAD, s. f. Impunidad, libertad de obrar sin temor de castigo.

SALVIA, s. f. Mata de tallos leñosos, vellosos, cuadrados, de un verde blanquecino, con hojas opuestas, aovadas, romas, rugosas y blanquiscas.

SALVIADO, DA, adj. Se aplica á lo que tiene salvia ó está compuesto con ella.

SALVILLA, s. f. Pieza de plata, estaño, vidrio ó barro, de figura redonda, con uno ó mas pies, en la cual se sirve la bebida en vasos, barros, etc.

SALVO, p. p. seg. irreg. de SALVAR. || SALVO, VA, adj. Ileso, librado de un peligro.

SALVO, adv. Con exclusion ó excepcion de alguna cosa. || Á SALVO, Sin detrimento, sin diminucion, y fuera de todo riesgo. || Á SU SALVO, Á su satisfaccion, sin peligro, con facilidad y sin estorbo. || EN SALVO, En seguridad, en libertad, exento de peligro. || SALIR Á SALVO, Concluirse, terminarse felizmente alguna cosa difícil.

SALVOCONDUCTO, s. m. Permiso por autoridad pública, despacho de seguridad para que se pueda pasar de un lugar á otro sin reparo ó sin peligro. || met. Cualquiera cosa que da seguridad.

SALVOHONOR, s. m. El trasero ó parte posterior del hombre.

SAMARITA, adj. V. SAMARITANO.

SAMARITANO, NA, adj. y s. Perteneciente á Samaria, y el nacido en ella.

SAMBENITO, s. m. El capotillo ó escapulario que se ponia á los penitentes reconciliados por el tribunal de la inquisicion. || El letrero que se ponia en las iglesias con el nombre y castigo de los penitenciados, y las señales de su castigo. || met. La mala nota que queda de alguna accion.

SAMBLAGE, s. m. V. ENSAMBLADURA.

SAMBUCA, s. f. Instrumento músico de figura triangular que constaba de cuerdas desiguales así en lo largo como en lo grueso. || Pertrecho de guerra con que tomaban los antiguos por asalto las ciudades.

SAMIO, IA, adj. y s. El natural de la isla de Sámos, y perteneciente á ella.

SAMNITE, adj. El natural de Sámnos.

SAMNÍTICO, CA, adj. Perteneciente á los Samnites.

SAMOSATENO, NA, adj. y s. El natural de la ciudad de Samosata y perteneciente á ella.

SAMPSUCO, s. m. V. MEJORANA.

SAMPSUQUINO, s. m. Un género de ungüento que se hace del sérpol, de la casia y otros ingredientes, y principalmente de la mejorana.

SAMUGA, s. f. V. JAMUGA.

SAN, adj. En la terminacion masculina SANTO. Úsase ántes del nombre del santo.

SANABLE, adj. Que puede sanar ó adquirir la sanidad.

SANADO, p. p. de SANAR.

SANADOR, RA, s. m. y f. El que sana.

SANALOTODO, s. m. Emplasto que hacen los boticarios de color negro, al cual llaman así porque suelen aplicarle á todas las cosas. || met. El medio que se intenta aplicar generalmente á todo lo que ocurre ó con que se juzga que se puede componer cualquier daño.

SANAMENTE, adv. Con sanidad. || met. Sinceramente, sin malicia.

SANAR, v. a. Restituir á alguno la salud que habia perdido.

SANAR, v. n. Recobrar el enfermo la salud.

SANATIVO, VA, adj. Que sana ó tiene virtud de sanar.

SANCHETE, s. m. Moneda de plata del valor de un sueldo que mandó acuñar el rey D. Sancho el sabio de Navarra.

SANCHICO, s. m. d. de SANCHO.

SANCION, s. f. Establecimiento ó ley. || Acto solemne por el que se autoriza ó confirma cualquiera ley ó estatuto.

SANCIONADO, p. p. de SANCIONAR.

SANCIONAR, v. a. Autorizar, dar fuerza de ley á alguna cosa.

SANCOCHADO, p. p. de SANCOCHAR.

SANCOCHAR, v. a. V. SALCOCHAR.

SANCTASANCTORUM, s. m. La parte mas interior y sagrada del templo de Jerusalen en la ley antigua. || LLEGAR AL SANCTASANCTORUM, met. Pondera la estimacion y aprecio que se tiene de alguna cosa, y que ofende mucho el que se toque á ella.

SANCTUS, s. m. Voz puramente latina con que se significa una parte de la misa.

SANDALIA, s. f. Género de calzado de una suela que aseguraban con una correa rodeada hasta la garganta del pié.

SANDALINO, NA, adj. Hecho de sándalo, que tiene su color ú olor, ó participa de sus virtudes ó cualidades.

SÁNDALO, s. m. Especie de yerba buena muy parecida á ella. || Árbol que se cria en las Indias orientales, y en algunas á la altura y grueso de un nogal, cuya madera es olorosa. || SÁNDALO RUBIO, *Farm.* Árbol del Asia.

SANDARACA, s. f. Grasilla, resina de enebro.

SANDEZ, s. f. Despropósito, simpleza, necedad.

SANDÍA, s. f. Planta de fruto redondo, liso y comestible como el melon y calabaza, de que es especie. || Melon de agua, el fruto que produce la sandía.

SANDIO, IA, adj. Necio ó simple.

SANEADO, p. p. de SANEAR.

SANEAMIENTO, s. m. El acto y efecto de sanear.

SANEAR, v. a. Afianzar ó asegurar el reparo ó satisfaccion del daño que puede sobrevenir. || Reparar ó remediar alguna cosa.

SANEDRIN, s. f. El consejo supremo de los judíos, en que se trataban y decidian los asuntos de estado y de religion.

• SANES (POR VIDA DE), Especie de voto ó juramento jocoso.

• SANGIAC, s. m. Comandante militar en Turquia.

SANGLEY, adj. y s. El Indio Chino que pasa á comerciar á Filipinas.

• SANGLARGAN, s. m. Droga medicinal para detener la sangre.

SANGRANDERA, s. f. V. LANCETA. || El lebrillo de barro que sirve para bañar el pié y recoger la sangre cuando sangran á alguno. || met. Portillo ó abertura que se hace para desaguar el caz ó tomar agua de alguna corriente.

SANGRADO, p. p. de SANGRAR.

SANGRADOR, s. m. El que tiene el oficio de sangrar. || La abertura que se hace para dar salida á los líquidos contenidos en algun vaso, como en las calderas de jabon, en las presas de rios.

SANGRADURA, s. f. La parte interior del brazo por donde se dobla y se sangra. || La cisura de la vena. || La salida que se da á las aguas de algun rio ó canal para llevarlas á otra parte.

SANGRAR, v. a. Abrir la vena, y dejar salir la sangre en la cantidad que se crea conveniente. || Ordenar, mandar que se haga alguna sangría. || Sacar á modo de sangría de los cubos ó vasijas algun licor agujereándolos. || met. Sacar alguna porcion de agua de un rio ó estanque para servirse de ella en otra parte. || *Impr.* Empezar una linea mas adentro que las otras de la plana, como se hace con la primera de cada párrafo.

SANGRAR, v. n. V. ARROJAR SANGRE.

SANGRARSE, v. r. V. SER SANGRADO.

SANGRAZA, s. f. La sangre corrompida.

SANGRE, s. f. Humor rojo que desde el corazon del animal circula de continuo, y se difunde por todas las arterias y venas de su cuerpo. || met. Linage ó parentesco. || Cualquiera cosa útil que haya costado trabajo, sangre ó sudor alguno. || Herida, y en los desafíos se contaba primera, segunda ó tercera SANGRE, término á que se solia limitar el fin de la batalla. || met. Sustancia ó hacienda; y así se dice: chupar la SANGRE. || SANGRE DE DRAGO, *Farm.* Sustancia medicinal resinosa, pesada y solida, algo dulce y astringente, de un encarnado muy subido, que se recoge de varias especies de árboles en ámbas Indias. || SANGRE DE ESPALDAS, Flujo de sangre por las venas hemorroidales || SANGRE LLUVIA, Enfermedad en las mugeres, que consiste en un flujo continuo de sangre de las venas del útero. || SANGRE Y LECHE, Color mezclado de rojo y blanco que suelen tener algunos jaspes. || Á SANGRE FRIA, Sin cólera, con reflexion. || Á SANGRE Y FUEGO, *Mil.* Con todo rigor, sin dar cuartel, sin perdonar vidas ni haciendas. || met. Con violencia, sin ceder en nada, atropellándolo todo. || BAJARSE Ó IRSE LA SANGRE Á LOS TALONES Ó ZANCAJOS, met. y fam. Pondera el mucho susto ó miedo que ocasiona alguna cosa. || BEBER LA SANGRE Á OTRO, Ó QUERER UNO BEBER LA SANGRE Á OTRO, met. Denota el gran odio que una persona tiene á otra, y el deseo de vengarse de ella. || BULLIR LA SANGRE, fam. Denota el vigor y lozanía de los mozos. || CIRCULAR LA SANGRE, Comunicarse por las arterias desde el corazon á las demas partes del cuerpo volviendo por las venas al corazon. || CORRER SANGRE, Denota que en una riña llegó á haber heridas. Usase mas comunmente con la partícula *no.* || CHUPAR LA SANGRE, met. y fam. Ir quitando la hacienda agena con astucia y engaño. || DAR LA SANGRE DE SUS VENAS, met. Contribuir á alguno con lo que necesita á toda costa, y sin reservar nada por afecto ó amistad. || ESCRIBIR CON SANGRE, Exagera la dureza y acrimonia con que se escribe ó está escrita alguna cosa. || ESCUPIR SANGRE, Blasonar de muy noble y emparentado, y jactarse de ser caballero. || ESCUPIR SANGRE EN BACIN DE ORO, Tener poco contento con mucha riqueza. || ESTAR CHORREANDO SANGRE ALGUNA COSA, met. y fam. Denota que alguna cosa acaba de suceder ó está muy reciente. || HABER MUCHA SANGRE, Significa que una contienda ó batalla fué muy reñida. ‖ HACER SANGRE, met. Maltratar, lastimar, dar que sentir. ‖ HERVIR LA SANGRE, V. BULLIR LA SANGRE. ‖ Exaltarse algun afecto ó pasion del ánimo. ‖ IGUALAR LA SANGRE, Dar la segunda sangría, porque vulgarmente juzgan que así se iguala la sangre, quedando tanto á un lado como á otro. ‖ met. Dar segundo golpe á quien se le ha dado ántes otro. ‖ LA SANGRE SE HEREDA, Y EL VICIO SE APEGA, Nota á los nobles y de conocida familia que no quieren corregirse en sus vicios ni enmendar sus desaciertos. ‖ LAVAR CON SANGRE, Derramar la del enemigo en satisfaccion de algun agravio. ‖ NO CORRERÁ SANGRE, fam. Da á entender que no tomará cuerpo una riña ó pendencia. ‖ PUDRIRSE LA SANGRE, met. V. QUEMARSE LA SANGRE. ‖ QUEMARSE LA SANGRE, met. Sentir demasiado, pudrirse ó impacientarse por disgustos continuados. ‖ SACAR SANGRE, met. Lastimar, dar que sentir. ‖ SER DE LA SANGRE AZUL, fam. Se usa hablando de los que presumen de gran nobleza. ‖ TENER LA SANGRE CALIENTE, met. Se dice del que se arroja precipitadamente y sin consideracion á los peligros ó empeños arduos. ‖ TENER SANGRE EN EL OJO, met. Tener honra y punto para cumplir con sus obligaciones conforme se debe. ‖ TOMAR LA SANGRE, *Cir.* Curar la primera vez alguna herida. ‖ VERTER SANGRE, fam. Denota que alguna persona está colorada ó encendida. ‖ VOMITAR SANGRE, Jactarse de nobleza y altos parentescos.

SANGRENTADO, p. p. de SANGRENTAR.

SANGRENTAR, v. a. ant. V. ENSANGRENTAR.

SANGRÍA, s. f. Incision de una vena para que se evacúe la sangre. ‖ El regalo que se suele hacer por amistad á la persona que se sangra. ‖ Alguna herida de que sale sangre. ‖ met. La extraccion ó hurto de alguna cosa que se hace por pequeñas partes, especialmente del caudal. ‖ met. SANGRADURA, la salida, etc. ‖ La parte interior del brazo opuesta al codo. ‖ Bebida que se compone de agua de limon y vino tinto. ‖ *Imp.* La accion y efecto de sangrar una línea ó meterla mas que las otras de la plana. ‖ *Germ.* Abertura que hace el ladron para sacar el dinero. ‖ LO MISMO SON SANGRÍAS QUE VENTOSAS, Expr. fam. con que se reprocha como inútil é impertinente el medio que alguno propone por equivalente á otro ya tomado.

SANGRIENTAMENTE, adv. De un modo sangriento.

SANGRIENTÍSIMO, MA, adj. sup. de SANGRIENTO.

SANGRIENTO, TA, adj. Que ha hecho sangre. ‖ Teñido en sangre ó manchado de sangre. ‖ Aplícase á la persona ó animal inclinado á la crueldad, y tambien al lugar ó tiempo en que reina la crueldad; y así decimos, el SANGRIENTO Neron, leon SANGRIENTO, SANGRIENTO reinado. ‖ Lo que causa efusion de sangre, como batalla SANGRIENTA.

SANGUAZA, s. f. V. SANGRAZA. ‖ met. Líquido del color de la sangre acuosa que sale de algunas legumbres ó frutas.

* **SANGÜEÑO**, s. m. Cerezo silvestre, árbol.

SANGUÍFERO, RA, adj. Que contiene y lleva en sí la sangre.

SANGUIFICADO, p. p. de SANGUIFICAR.

SANGUIFICAR, v. a. Hacer que se crie sangre.

SANGUIFICATIVO, VA, adj. Que tiene virtud de hacer criar sangre.

SANGUIJUELA, s. f. Animal que consta enteramente de una sustancia muelle, sin hueso ni otra ninguna parte dura, cuya boca está armada de tres dientes, con los cuales agujerea la piel de los animales, de cuya sangre se alimenta, por lo cual se emplea en la medicina, aplicándole exteriormente para disminuir la sangre. ‖ met. La persona que con habilidad y cautela va poco á poco sacando á alguno el dinero, alhajas y otras cosas.

SANGUINA, s. f. *Germ.* El achaque de las mugeres.

SANGUINARIA, s. f. Yerba medicinal. ‖ Piedra semejante al ágata de color de sangre.

SANGUINARIAMENTE, adv. De un modo sanguinario.

SANGUINARIO, RIA, adj. V. CRUEL.

SANGUÍNEO, NEA, adj. Que es de sangre ó contiene sangre. ‖ Que abunda en sangre. Dícese tambien de la complexion en que predomina este humor. Que es de color de sangre. ‖ Que pertenece á la sangre.

SANGUINO, NA, adj. Que abunda de sangre ó la aumenta y cria. ‖ V. SANGUÍNEO en todas sus acepciones.

SANGUINOLENTÍSIMO, MA, adj. sup. de SANGUINOLENTO.

SANGUINOLENTO, TA, adj. V. SANGRIENTO.

SANGUINOSO, SA, adj. SANGUINEO,

que es de sangre ó la contiene. || V. SANGRIENTO y CRUEL.

SÁNGUIS, s. m. Voz puramente latina con que significamos la sangre de Cristo bajo los accidentes del vino.

SANGUISORBA, s. f. Especie de Pimpinela.

SANGUJA, s. f. V. SANGUIJUELA.

SANÍCULA, s. f. Yerba medicinal de hojas anchas, casi redondas, algo tiesas y divididas en cinco gajos dentados por los bordes, de un verde reluciente; es una de las plantas vulnerarias.

SANIDAD, s. f. La calidad de sano. || El estado de perfecta salud. || met. Sencillez y sinceridad. || La libertad y seguridad de no estar tocado de contagio, estando en y viniendo de los lugares donde se padece; y así se dice: junta de SANIDAD, carta de SANIDAD, etc. || EN SANIDAD, En sana salud, estando bueno.

SANIE ó SANIES, s. f. *Med.* y *Cir.* V. ICOR.

SANIOSO, SA, adj. *Med.* y *Cir.* V. ICOROSO.

SANÍSIMO, MA, adj. sup. de SANO.

SANJACADO, s. m. Gobierno de algun partido entre Turcos.

SANJACATO, s. m. V. SANJACADO.

SANJACO, s. m. Entre los Turcos es el gobernador de algun reino ó provincia.

SANJUANADA, s. f. *Ar.* La velada de san Juan.

SANJUANERO, RA, adj. Se aplica á algunas frutas que vienen á fines de junio ó por los dias de san Juan.

SANJUANISTA, adj. y s. Se aplica al caballero, capellan, sirviente y religioso de san Juan de Jerusalen.

SANLUQUEÑO, ÑA, adj. Perteneciente á la ciudad de Sanlúcar y el nacido en ella.

SANMIGUELADA, s. f. En algunas partes la temporada inmediata al dia de san Miguel.

SANMIGUELEÑO, ÑA, adj. Se aplica á algunas frutas que vienen por san Miguel.

SANO, NA, adj. Que está en el estado perfecto de sanidad, sin lesion ni enfermedad alguna. || SEGURO, sin riesgo. || Lo que es á propósito para conservar la salud ó la vida, como comida ó bebida SANA, etc. || El hombre sincero y de buena intencion. || Cuerdo, que tiene el juicio cabal. || met. Perfecto, entero, sin defecto alguno. || Que está entero, sin lesion ni separacion alguna. || SANO DE CASTILLA, *Germ.* El ladron disimulado. || SANO Y SALVO, Sin lesion, enfermedad ni peligro.

SANT, adj. ant En la terminacion masculina lo mismo que SAN.

SANTA, s. m. SANTUARIO en el tabernáculo y en el templo de Jerusalen.

SANTABÁRBARA, s. f. *Náut.* El pañol ó parage destinado en las embarcaciones para custodiar la pólvora.

SANTAMENTE, adv. Con reverencia, virtud y religion. || V. SENCILLAMENTE.

SANTAZO, ZA, adj. aum. de SANTO.

SANTELMO, s. m. V. HELENA.

SANTERO, RA, s. m. y f. La persona que cuida de algun santuario y pide limosna para él.

SANTIAGO, s. m. El grito con que los Españoles invocaban á Santiago, su patron, al romper la batalla contra los Moros ú otros enemigos de la fe. || El mismo acometimiento en la batalla. || Lienzo de mediana suerte, llamado así por la ciudad donde se fabrica.

SANTIAGUEÑO, ÑA, adj. Se aplica á algunas frutas que vienen á fines de julio ó por los dias de Santiago.

SANTIAGUES, ESA, adj. y s. El natural de Santiago, ó perteneciente á esta ciudad.

SANTIAGUISTA, adj. y s. Se aplica á los caballeros, freiles y religiosos de la órden de Santiago.

SANTIAMEN, s. m. fam. Espacio brevísimo, instante, momento.

SANTICO, CA, adj. d. de SANTO.

SANTIDAD, s. f. Perfeccion é integridad de costumbres conforme á la ley y religion. || Tratamiento honorífico que se le da al pontífice.

SANTIFICACION, s. f. La accion y efecto de santificar ó santificarse.

SANTIFICADO, p. p. de SANTIFICAR.

SANTIFICADOR, s. m. El que da la gracia y santifica. Es atributo propio de Dios.

SANTIFICANTE, p. a. de SANTIFICAR, Que santifica.

SANTIFICAR, v. a. Hacer á uno santo dándole la gracia. Es propio de Dios. || Dedicar á Dios enteramente alguna cosa, conservándola sin mancha ó impureza. || Hacer venerable algun lugar la presencia ó reliquia de algun santo. || Hacer que una cosa sea tenida en respeto y veneracion. || met. Abonar, justificar, disculpar á alguno.

SANTIFICARSE, v. r. Emplearse en obras santas.

SANTIGUADA, s. f. La accion y efecto de santiguarse. Solo tiene uso en el modo de hablar ó expresion de juramento, para ó por mi SANTIGUADA, que equivale á POR MI FE Ó POR LA CRUZ.

SANTIGUADERA, s. f. La accion de hacer cruces y santiguar con ceremonias y gestos, como hacen los ensalmadores y curanderas. || V. SANTIGUADORA.

SANTIGUADERO, s. m. El que supersticiosamente santigua ó hace cruces sobre los enfermos, diciendo ciertas oraciones.

SANTIGUADO, p. p. de SANTIGUAR.

SANTIGUADOR, RA, s. m. y f. La persona que supersticiosamente usa de ensalmos para curar.

SANTIGUAMIENTO, s. m. La accion y efecto de santiguar.

SANTIGUAR, v. a. Hacer la señal de la cruz sobre algun enfermo, diciendo juntamente algunas oraciones ó algun evangelio. De esto abusan supersticiosamente los que llaman ensalmadores y santiguaderas. || met. y fam. Castigar ó maltratar á alguno de obra ó de palabra. Dícese frecuentemente SANTIGUAR las secas.

SANTIGUARSE, v. r. Hacer sobre sí la señal de la cruz.

SANTIGUO, s. m. La accion ó el modo de santiguar.

SANTIMONIA, s. f. V. SANTIDAD. || Yerba de flor hermosa, originaria de las islas de Candia y Sicilia, que se cultiva en nuestros jardines.

SANTISCARIO, s. m. ant. CAPRICHO, ó movimiento espontáneo de la voluntad.

SANTÍSIMAMENTE, adv. sup. de SANTAMENTE.

SANTÍSIMO, MA, adj. sup. de SANTO. || El tratamiento de honor y reverencia que se da al papa. || EL SANTÍSIMO, Cristo en el sacramento eucarístico. || DESCUBRIR Ó MANIFESTAR EL SANTÍSIMO, Exponerle á la pública adoracion de los fieles.

SANTO, TA, adj. y s. El que posee la santidad, es perfecto, exento y libre de toda culpa. || La persona declarada tal por la iglesia, y á la que está mandado que se le dé culto universalmente. || La persona virtuosa, de especial vida y egemplo. || Se aplica á cualquiera cosa que está especialmente dedicada ó consagrada á Dios, ó de algun modo pertenece á la santidad. || Justo y conforme á ley y buenas costumbres. || Se aplica á algunas cosas que traen al hombre especial provecho, y con particularidad á las que tienen singular virtud para la curacion de algunas enfermedades. || Se aplica á la iglesia católica apostólica romana por nota característica suya. || Llamaban los antiguos todo lo que defendia y preservaba de los peligros ó riesgos. || fam. Sencillo, poco avisado ú omiso para sí; y así se dice: es un SANTO hombre. || Título de reverencia y estimacion que se da á los padres y doctores antiguos que con su doctrina y virtud ilustraron la iglesia. || fam. Útil, deleitable ó gustoso. || Que está reservado ó defendido ó prohibido el llegar á ello, bajo graves penas. || La efigie ó imágen de algun santo. || *Mil.* V. NOMBRE. || SANTO DE PAJARES, fam. irón. El hipócrita. || SANTO MOCARRO, Juego en que van algunos por su órden tiznando ó manchando la cara á otro á quien llaman así. || SANTO OFICIO, V. OFICIO. || SANTO ÓLEO, V. ÓLEO. || SANTO SEMIDOBLE, Aquel á quien corresponde el oficio semidoble en el rezo eclesiástico. V. SEMIDOBLE. || SANTO SIMPLE, Aquel á quien corresponde el oficio simple en el rezo eclesiástico. V. SIMPLE. || SANTO Y BUENO, Expr. con que se aprueba alguna proposicion ó especie conviniendo en ella. || ALZARSE CON EL SANTO Y LA LIMOSNA, fam. Grangearse absoluta y exclusivamente la estimacion y gracia de alguno. || Á SANTO TAPADO, *Ext.* Con cautela ú ocultamente para que no se entienda ó se conozca. || CON MIL SANTOS, Expr. fam. con que se denota el enojo ó enfado que causa alguna persona ó cosa; y así se dice: anda CON MIL SANTOS, déjame CON MIL SANTOS. || DAR EL SANTO, *Mil.* Señalar el rey, el capitan general ó el gobernador de una plaza, etc., el nombre del santo que sirve aquella noche de seña á las centinelas. || *Mil.* Nombrar, decir el santo que sirve de seña á las centinelas para ser conocido de ellas. || ENCOMENDARSE Á BUEN SANTO, Da á entender que alguno ha salido como milagrosamente de algun peligro, ó ha conseguido alguna cosa de que tenia poca esperanza. || JUGAR CON ALGUNO AL SANTO MOCARRO, met. Burlarse de él, engañarle, maltratarle ó perderle el respeto. || QUITAR DE UN SANTO PARA PONER EN OTRO, Reprende á los que por motivo particular aplican á un sugeto determinado lo que á otro le tocaba ó pertenecia, aun cuando los dos son iguales en mérito y prendas. Algunos dicen: DESCOMPONER UN SANTO POR

COMPONER OTRO. || TODOS SANTOS, Fiesta solemne que hace la iglesia todos los años el dia primero de noviembre en honra y memoria de todos los santos.

SANTON, s. m. aum. Entre los moros el que profesa vida austera y penitente. || El hipócrita ó que afecta santidad.

SANTORAL, s. m. Libro que contiene algunos sermones ó vidas de santos. || Libro de coro que contiene los introitos y antífonas de los oficios de los santos del año, puestos en canto llano.

SANTUARIO, s. m. La parte primera ó anterior del tabernáculo portátil, erigido por órden de Dios en el desierto, y del templo de Jerusalen. || met. La capilla ó iglesia en que se adora y venera alguna imágen de especial devocion, ó las reliquias de algunos santos. || El templo, la iglesia y cosas sagradas y eclesiásticas.

SANTUCHO, CHA, adj. m. y f. fam. V. SANTURRON.

SANTURRON, NA, adj. El extremado en la devocion exterior.

SANTURRONERÍA, s. f. Hipocresía.

SAÑA, s. f. Cólera y enojo con muestras de irritacion cruel. || Á SAÑAS, ant. Con ira, furor, coléricamente.

SAÑOSO, SA, adj. V. SAÑUDO.

SAÑUDAMENTE, adv. Con saña ó furiosamente, áspera y cruelmente.

SAÑUDO, DA, adj. Furioso, colérico y airado ó propenso á la cólera. || met. Por traslacion se dice de las cosas inanimadas.

SAPIENCIA, s. f. V. SABIDURÍA. || ant. El libro de la Sabiduría que escribió Salomon, uno de los libros sapienciales del viejo testamento.

SAPIENCIAL, adj. ant. Que pertenece á la sabiduría. || SAPIENCIALES, pl. Se aplica á los libros morales de la Escritura.

SAPIENTE, adj. ant. V. SABIO.

SAPIENTÍSIMAMENTE, adv. Muy sabiamente.

SAPIENTÍSIMO, MA, adj. sup. de SAPIENTE.

SAPILLO, s. m. d. de SAPO. || Tumor que sale debajo de la lengua ó á los lados de la boca. Llámanle tambien RÁNULA; y en los irracionales BARBAS.

SAPINO, s. m. Cierta especie de pino.

SAPO, s. m. V. ESCUERZO. || SAPO MARINO, Pez, V. PEGESAPO. || ECHAR SAPOS Y CULEBRAS, fam. Decir desatinos ó proferir con ira disparates y denuestos. || PISAR EL SAPO, Nota al que no se atreve á hacer alguna accion por miedo mal fundado de que le suceda mal.

SAPONARIA, s. f. Yerba que refregada entre las manos con agua levanta espuma.

SAPORÍFERO, RA, adj. Que trae ó da sabor.

SAQUE, s. m. La accion de sacar en el juego de la pelota. || La raya ó sitio desde el cual el que saca ha de jugar la pelota. || El que saca; y así se dice: buen SAQUE lleva tal partido.

SAQUEADO, p. p. de SAQUEAR.

SAQUEADOR, RA, s. m. y f. El que saquea.

SAQUEAMIENTO, s. m. V. SAQUEO.

SAQUEAR, v. a. Entrar en alguna plaza ó lugar robando y quitando cuanto se halla. || met. Quitar ó robar cualquiera cosa, ó enteramente ó la mayor parte.

SAQUEO, s. m. La accion y efecto de saquear.

SAQUERA, adj. Se dice de la aguja con que se cosen los sacos.

SAQUERÍA, s. f. La obra de hacer los sacos, y el conjunto de ellos.

SAQUETE, s. m. d. de SACO.

SAQUILADA, s. f. La cantidad de trigo que se lleva á moler en algun saco ó costal cuando no va lleno.

SAQUILLO, s. m. d. de SACO.

SARAGUETE, s. m. El sarao que se hace para divertirse casera y familiarmente.

SARAMPION, s. m. Enfermedad que comunmente da á los niños, empezando con unas calenturas ardentísimas, pintándose todo el cuerpo de unos granos arracimados menudos y rojos.

SARAO, s. m. Junta de personas de estimacion y gerarquía para festejarse con instrumentos y bailes cortesanos. Tómase por el mismo baile ó danza entre muchos.

SARCASMO, s. m. *Ret.* Ironía mordaz ó burla pesada con que se ridiculiza á alguna persona.

SARCIA, s. f. V. CARGA ó fardage.

* SARCITE, s. f. Piedra figurada que imita la carne de vaca, y cuyo color es obscuro.

SARCO, s. m. *Germ.* El sayo. || SARCO DE POPAL, *Germ.* El sayo de faldamentos largos.

* SARCOCELA, s. f. *Cirug.* Tumor carnoso en los testículos.

SARCÓCOLA, s. f. *Farm.* Goma de

color amarillo pálido, de sabor amargo, que fluye de un arbusto de Etiopía.

* **SARCOEPIPLOCELA**, s. f. *Cirug.* Hernia inguinal con excrecencia fungosa.

* **SARCOEPIPLONFALA**, s. f. Hernia en el ombligo.

SARCÓFAGO, s. m. V. SEPULCRO.

* **SARCOHIDROCELA**, s. f. *Cirug.* Sarcocele acompañada de hidrocela.

SARCÓTICO, CA, adj. y s. *Cirug.* Se aplica á los remedios que tienen virtud de cerrar las úlceras y llagas criando nueva carne.

SARDA, s. f. Pez, V. CABALLA.

SARDESCO, CA, adj. V. SARDO. || Se aplica al caballo ó asno pequeño. Úsase muchas veces como sustantivo. || fam. La persona áspera y sacudida.

SARDESQUILLO, LLA, adj. d. de SARDESCO.

SARDICENSE, adj. y s. El natural de Sardica y perteneciente á esta ciudad.

SARDINA, s. f. Pez de paso muy abundante en el océano de España. || SARDINA ARENQUE, V. ARENQUE. || ECHAR OTRA SARDINA, fam. Significa que alguno entra de fuera, especialmente en ocasion que con alguna incomodidad se ha de admitir. || ESTAR COMO SARDINA EN BANASTA, Pondera la apretura con que se está en alguna parte por el mucho concurso ó multitud de gente. || LA ÚLTIMA SARDINA DE LA BANASTA, Modo de hablar con que se explica haber llegado á lo último de las cosas, entre tanto que se busca otra ó de las que se van gastando.

SARDINEL, s. m. *Arq.* Obra hecha de ladrillos puestos de canto.

SARDINERO, RA, s. m. y f. La persona que vende sardinas ó trata en ellas.

SARDINERO, RA, adj. Que pertenece á las sardinas.

SARDINETA, s. f. d. de SARDINA. || La parte que cortan del queso luego que lo hacen, porque sobra del molde donde le fabrican, para que quede con su figura perfecta. || SARDINETAS, pl. Juego de muchachos.

SARDIO, s. m. Cornerina no muy trasparente y que no brilla, ordinariamente de color blanquizco.

SARDIOQUE, s. m. *Germ.* El salero y la sal.

SARDO, DA, adj. y s. El natural de Cerdeña y perteneciente á esta isla.

SARDO, s. m. V. SARDIO.

SARDÓNICA, s. f. Variedad de la calcedonia, que se distingue en ser de color gris con listas rojas.

SARDÓNICO, CA, adj. Que pertenece á la yerba sardónica.

SARDONIO, s. m. V. SARDÓNIX.

SARDONIQUE, s. f. V. SARDÓNIX.

SARDÓNIX, s. f. Piedra, especie de ágata de un color encendido ó amarillento.

SAREPTANO, NA, adj. y s. El natural de Sarepta y que pertenece á ella.

SARGA, s. f. Tela de seda que hace cordoncillo, con alguna mas seda que el tafetan doble. || Especie de mimbre.

SARGADO, DA, adj. V. ASARGADO.

SARGAL, s. m. Sitio ó terreno poblado de sargas.

SARGENTA, s. f. La monja lega de las religiosas de la órden de Santiago. || La alabarda que llevaba el sargento. || La muger del sargento.

SARGENTE, s. m. ant. V. SARGENTO.

SARGENTEAR, v. n. Egercer el empleo de sargento. || met. Animar con denuedo y desembarazo á otros. || V. CAPITANEAR. || fam. Mandar ó disponer con afectado imperio en algun concurso ó funcion.

SARGENTERÍA, s. f. El egercicio ó manejo del sargento en la formacion, disposicion y economía de la tropa.

SARGENTÍA, s. f. El empleo de sargento. || SARGENTÍA MAYOR, El empleo de sargento mayor, y el despacho ó secretaría en donde se expedian los negocios de su cargo.

SARGENTO, s. m. Oficial inferior en la milicia. || El alcalde de corte inmediato en antigüedad á los cinco que tenian saleta. || SARGENTO GENERAL DE BATALLA, Empleo de la milicia antigua inmediato subalterno del maestre de campo general. || SARGENTO MAYOR, Oficial encargado de la instruccion y disciplina de un regimiento, del que es gefe superior á los capitanes. || SARGENTO MAYOR DE BRIGADA, Anteriormente lo era el mas antiguo de los cuerpos que la componian, tomaba las órdenes del mayor general del egército, las participaba al brigadier, y con las de este las distribuia á los otros sargentos mayores. || SARGENTO MAYOR DE LA PLAZA, Oficial gefe de ella encargado del detalle del servicio para señalar el que corresponde á cada cuerpo, vigilar la exactitud en él, y distribuir las órdenes del gobernador por lo respectivo á la milicia. || SARGENTO MAYOR DE PROVINCIA, Empleo que solo ha existido en Indias para mandar en la parte militar despues del gobernador y teniente de rey.

SARGENTON, NA, s. m. aum. de SARGENTO.

SARGO, s. m. Pez abundante en el mediterráneo de España.

SARGUERO, s. m. El pintor de sargas.

SARGUETA, s. f. d. de SARGA.

SARJADO, p. p. de SARJAR.

SARJAR, v. a. V. SAJAR.

SARJIA, s. f. V. SAJADURA ó SAJA.

SARMATA, adj. y s. El natural de Sarmacia.

SARMÁTICO, CA, adj. Que pertenece á la provincia de Sarmacia.

SARMENTADOR, RA, s. m. y f. El que recoge los sarmientos podados para formar con ellos hacecillos.

SARMENTAR, v. n. Coger los sarmientos despues de podados.

SARMENTERA, s. f. El lugar donde se guardan y hacinan los sarmientos. || La accion de sarmentar.

SARMENTERO, s. m. *Germ.* Toca de red ó gorguera.

SARMENTICIO, CIA, adj. Por ultrage se aplicaba á los cristianos, porque se dejaban quemar á fuego lento con sarmientos.

SARMENTILLO, s. m. d. de SARMIENTO.

SARMENTOSO, SA, adj. Que tiene semejanza con los sarmientos.

SARMIENTO, m. El vástago de la vid largo, delgado y nudoso, en el que salen los racimos y se crian las uvas.

SARNA, s. f. Enfermedad contagiosa, que proviene de la efervescencia del humor, y arroja al cútis una multitud de granos que causan gran picazon. || met. El deseo de conseguir alguna cosa que da complacencia ó deleite. || SARNA PERRUNA, La que es muy menuda, mas incómoda y perniciosa que la comun. || NO LE FALTA SINO SARNA QUE RASCAR, fam. Pondera que alguno tiene la salud y conveniencias que necesita. Úsase especialmente para notar ó redargüir al que no obstante se queja de que le falta algo ó lo echa ménos. || SER MAS VIEJO QUE LA SARNA, fam. hiperb. Significa que alguna cosa es muy antigua.

SARNILLA, s. f. de SARNA.

SARNOSILLO, LLA, adj. d. de SARNOSO.

SARNOSO, SA, adj. y s. El que tiene sarna. Dícese tambien de la parte afecta de esta enfermedad. || Se aplica á las cosas materiales que tienen en la superficie una especie de granos que disminuyen su lisura.

SARPULLIDO, p. p. de SARPULLIR.

SARPULLIDO, s. m. Enfermedad que proviene del excesivo ardor de la sangre, de lo que se origina salir al cútis una multitud de granos muy menudos y encarnados. || met. Las señales que dejan en el cútis las picaduras de las pulgas.

SARPULLIR, v. n. Picar la pulga, dejando manchas en el cuerpo.

SARPULLIRSE, v. r. Llenarse de sarpullido.

SARRACÉNICO, CA, adj. Que pertenece á los Sarracenos.

SARRACENO, NA, adj. y s. V. MORO ó MORA. Úsase mas propiamente por el natural de la Arabia feliz ó descendiente de ella.

SARRACIN, adj. ant. V. SARRACENO.

SARRACINA, s. f. La pelea entre muchos, especialmente cuando es el acometimiento con confusion y sin órden. Dícese tambien de cualquiera riña en que hay heridas ó muertes.

SARRIA, s. f. Género de red basta en que recogen la paja para trasportarla. || Espuerta grande.

SARRIETA, s. f. d. de SARRIA.

SARRILLO, s. m. V. ESTERTOR en los moribundos. || Yerba, V. ARO yerba.

SARRIO, s. m. Cuadrúpedo, V. CABRA MONTÉS.

SARRO, s. m. Betun duro y fuerte que de las reliquias salitrosas de algunas cosas se va juntando y uniendo, como se ve en algunas vasijas, en los dientes, etc. || met. El humorcillo colérico que se cria en la lengua y la pone áspera.

SARROSO, SA, adj. Que tiene sarro.

SARTA, s. f. La composicion de cosas metidas por órden en un hilo, cuerda ú otra cosa. || La porcion de cosas ensartadas. || met. La union por órden seguida que llevan unas cosas con otras.

SARTAL, s. m. V. SARTA, 3a a.

SARTALEJO, s. m. d. de SARTAL.

SARTEN, s. f. Utensilio de hierro redondo, con el suelo plano, con alguna diminucion á la parte inferior, y un mango largo para poderla tener sin quemarse, y sirve para freir ó tostar alguna cosa. || SALTAR DE LA SARTEN, Y DAR EN LAS BRASAS, met. Dar en un grave mal ó estrago por querer huir de otro mas leve perjuicio. || TENER LA SARTEN POR EL MANGO, V. TENER EL CUCHARON POR EL MANGO.

SARTENADA, s. f. Lo que de una vez se puede freir en la sarten.

SARTENAZO, s. m. El golpe grande que se da con la sarten. || met. Golpe recio con otra cosa aunque no sea sarten. Dicese tambien de las cosas inmateriales.

SARTENEJA, s. f. d. de SARTEN.

SARTENICA; LLA, TA, s. f. d. de SARTEN.

SARTORIO, s. m. *Anat.* El músculo llamado del sastre, que sirve para poner una pierna sobre otra.

SASAFRAS, s. m. Árbol, especie de laurel, que se cria en la Florida, Carolina y otras provincias de América su leño es aromático y medicinal.

SASTRA, s. f. La muger del sastre ó la que tiene este oficio.

SASTRE, s. m. La persona que tiene el oficio de cortar vestidos y coserlos. || CORTO SASTRE, met. y fam. El que tiene poca inteligencia en alguna materia de que se trata. || ENTRE SASTRES NO SE PAGAN HECHURAS, fam. Explica la atencion y cortesanía que suelen usar entre sí las personas de un empleo, egercicio ú oficio. || SER BUEN SASTRE, met. y fam. Se usa para ponderar la habilidad, comprension y destreza que alguno tiene en algun arte, facultad ó ciencia. || EL SASTRE DEL CANTILLO Ó DEL CAMPILLO, QUE COSIA DE BALDE, Y PONIA EL HILO, Se aplica al que ademas de trabajar sin utilidad, le tiene alguna costa el trabajo.

SASTRECILLO, s. m. d. de SASTRE.

SASTRERÍA, s. f. El oficio y obrador de sastre.

SATAN, s. m. V. SATANAS.

SATANÁS, s. m. Nombre que comunmente significa el enemigo comun ó el demonio, aunque en su rigurosa significacion vale CONTRADICTOR ó ADVERSARIO.

SATÉLITE, s. m. fam. ALGUACIL, ministril ó corchete. || *Astron.* Cada uno de los planetas secundarios que giran al rededor de un planeta primario.

SÁTIRA, s. f. La obra regularmente en verso en que se motejan y censuran las costumbres ú operaciones ó del público ó de algun particular. || met. Cualquier dicho agudo, picante y mordaz. || La muger viva, aguda y áspera.

SATÍRICAMENTE, adv. De un modo satírico.

SATÍRICO, CA, adj. Perteneciente á la sátira.

SATIRIO, s. m. La rata de agua ó de las Indias, animal parecido a la nutria.

SATIRION, s. m. Yerba medicinal, que regularmente no produce mas que tres hojas largas y romas.

SATIRIZADO, p. p. de SATIRIZAR.

SATIRIZANTE, p. a. de SATIRIZAR, Que satiriza.

SATIRIZAR, v. a. Escribir sátiras ó zaherir y motejar con ellas.

SÁTIRO, s. m. Monstruo ó semidios que fingieron los gentiles ser medio hombre y medio cabra.

SATISDACION, s. f. for. V. FIANZA.

SATISFACCION, s. f. El acto de satisfacer. || Una de las tres partes del sacramento de la penitencia, que consiste en pagar con obras de penitencia la pena debida por nuestras culpas. || La razon, accion ó modo con que se sosiega y responde enteramente á alguna queja, sentimiento ó razon contraria. || V. PRESUNCION. || Confianza ó seguridad del ánimo. || Cumplimiento del deseo ó del gusto. || Á SATISFACCION, Á gusto de alguno ó cumplidamente. || TOMAR SATISFACCION, V. SATISFACERSE, 3ª A.

SATISFACER, v. a. Pagar enteramente lo que se debe. || Hacer alguna obra que merezca el perdon de la pena merecida. || met. Aquietar y sosegar las pasiones del ánimo. || Saciar cualquier apetito. Usase tambien en sentido moral. || Dar solucion á alguna duda o dificultad, ó sosegar ó aquietar alguna queja ó sentimiento. || Premiar enteramente y con equidad los méritos que se tienen hechos.

SATISFACERSE, v. r. Pagarse ó entregarse de alguna cosa por su misma mano. || Vengarse de algun agravio. || Volver por su propio honor el que estaba ofendido, vengándose ú obligando al ofensor á que deshaga el agravio. || Saciar el hambre, la sed ó el sueño, esto es, comer, beber ó dormir hasta no apetecerlo mas. || Aquietarse y convencerse con alguna eficaz razon de la duda ó queja que se habia formado.

SATISFACIENTE, p. a. de SATISFACER, Que satisface.

SATISFACTORIAMENTE, adv. De un modo satisfactorio.

SATISFACTORIO, RIA, adj. Que puede satisfacer ó pagar alguna cosa debida.

SATISFECHO, p. p. irreg. de SATISFACER. || SATISFECHO, CHA, adj. Presumido ó pagado de sí mismo.

SATIVO, VA, adj. Que se siembra

ó planta y cultiva, á distincion de lo agreste ó silvestre.

SATO, s. m. V. SEMBRADO.

SÁTRAPA, s. m. Título de dignidad entre los antiguos Persas y algunas otras naciones de Oriente; el cual se daba á los gobernadores de las provincias. || met. y fam. El ladino y que sabe gobernarse con astucia é inteligencia en el comercio humano.

SATRAPÍA, s. f. La dignidad ó gobierno del sátrapa.

SATURACION, s. f. *Med.* El acto y efecto de saturar.

SATURADO, p. p. de SATURAR.

SATURAR, v. a. Echar en algun liquido toda la cantidad que puede disolverse de alguo sólido. || ant. Llenar de comida ó bebida.

SATURNAL, adj. Que pertenece á Saturno, como fiestas SATURNALES.

SATURNINO, NA, adj. fam. Melancólico, triste, silencioso y poco sociable.

SATURNO, s. m. Uno de los planetas cuyo orbe está inmediatamente superior al de Marte, é inferior al de las estrellas. || *Quim.* El plomo.

SAUCE, s. m. Árbol de ribera, de que son especies la mimbrera, la sarga y otros árboles del mismo género.

SAUCEDAL, s. m. V. SALCEDA.

SAUCEGATILLO, s. m. ant. V. SAUZGATILLO.

SAUCERA, s. m. V. SALCEDA.

SAUCILLO, s. m. V. SANGUINARIA.

SAUCO, s. m. Árbol mediano de ramas largas, redondas, nudosas y llenas de medula blanda. || La segunda tapa de que se componen los cascos de los pies de los caballos.

SAUQUILLO, s. m. Árbol pequeño, especie de viburno, con las hojas hendidas en gajos y sus pezones glandulosos.

SAUSERÍA, s. f. Oficina en palacio, á cuyos dependientes toca el servir y repartir la vianda, y su gefe tiene á su cargo la plata y demas servicio de mesa.

SAUSIER, s. m. El gefe de la sausería de palacio.

SAUTOR, s. m. *Blas.* V. ASPA.

SAUZ, s. m. V. SAUCE.

SAUZAL, s. m. V. SALCEDA.

SAUZGATILLO, s. m. Arbusto de ocho á diez pies de altura, que crece á orilla de los rios y en lugares húmedos.

SAVIA, s. f. El jugo que nutre las plantas.

SAXAFRAX, s. f. V. SAXIFRAGA.

SAXATIL, adj. Se aplica al pescado que se cria entre peñas ó pegado á ellas.

SÁXEO, EA, adj. Que es de piedra.

SAXIFRAGA, s. m. Planta medicinal de hojas redondas y festonadas por los bordes.

SAXOSO, SA, adj. ant. V. PETROSO.

SAYA, s. f. Ropa exterior, que visten las mugeres, con pliegues por la parte de arriba, y baja desde la cintura á los pies. || Cierta cantidad de dinero que da la reina á sus criadas cuando toman estado en lugar del trage ó vestido. || Vestidura talar antigua, especie de túnica que usaban los hombres. || SAYA DE ARINA, Un género de tela de lana ó seda, tegida toda en motas ó cuadritos, de que usaban en sus vestidos las mugeres. || SAYA ENTERA, La saya que tiene falda larga. || SAYA INGLESA, Cierta tela de seda con mezcla de colores.

SAYA, SAYA, s. f. Tegido muy semejante al tafetan sencillo, que se fabrica en la China.

SAYAGUES, SA, adj. y s. El natural de Sayago y perteneciente á él.

SAYAL, s. m. Tela muy basta labrada de lana burda. || NO ES TODO EL SAYAL ALFORJAS, Expr. fam. con que se da á entender que en todas las cosas generales hay excepciones, pues aunque sea comun hacer alforjas de sayal, no por eso todo sayal sirve para hacer alforjas.

SAYALERÍA, s. f. El oficio de sayalero.

SAYALERO, s. m. El que tege sayales.

SAYALESCO, CA, adj. Que es de sayal ó perteneciente á él.

SAYALETE, s. m. d. de SAYAL, El sayal delgado que se suele usar para túnicas interiores.

SAYAZA, s. f. aum. de SAYA.

SAYAZO, s. m. aum. de SAYO.

SAYETE, s. m. d. de SAYO.

SAYITO, s. m. d. de SAYO.

SAYO, s. m. Casaca hueca, larga y sin botones. || fam. Cualquier vestido. || SAYO BOBO, Vestido estrecho entero, que llega hasta los pies, todo abotonado, de que usaban comunmente los graciosos en los entremeses. || SAYO VAQUERO, Vestido exterior que cubre todo el cuerpo, y se ataca por una abertura que tiene atras en lo que sirve de jubon. Hoy se usa mucho en los niños y le llaman solo VAQUERO. || Á SU SAYO, Con propria reflexion, consideracion ó concepto que se hace de alguna cosa sin communicarlo con otro. ‖ CORTAR UN SAYO, fam. Murmurar de alguno, censurarle. ‖ DECIR UNO Á SU SAYO, fam. Expresa que uno dice entre sí alguna cosa, como hablando consigo á solas.

SAYON, s. m. ant. El verdugo que egecutaba la pena de muerte ú otra á que eran condenados los reos. ‖ ant. V. ALGUACIL. ‖ aum. de SAYO. ‖ met. Hombre corpulento, feo de rostro ó cruel.

SAYONAZO, s. m. aum. de SAYON, Úsase para mayor expresion ó ponderacion.

SAYUELA, s. f. Camisa de estameña de que usan en algunas religiones.

SAYUELA, adj. Se aplica á cierto género de higuera.

SAYUELO, s. m. d. de SAYO. ‖ Especie de jubon que suelen usar las mugeres, y se hace de varias telas.

SAZ, s. m. ant. V. SAUCE.

SAZON, s. f. El punto ó madurez de las cosas ó el estado de perfeccion en su línea. ‖ El gusto y sabor que se percibe en las cosas. ‖ Ocasion, tiempo oportuno ó coyuntura. ‖ Á LA SAZON, V. ENTÓNCES. ‖ EN SAZON, Oportunamente, á tiempo, á ocasion.

SAZONADAMENTE, adv. Con sazon.

SAZONADÍSIMAMENTE, adv. sup. de SAZONADAMENTE.

SAZONADÍSIMO, MA, adj. sup. de SAZONADO.

SAZONADO, p. p. de SAZONAR. ‖ SAZONADO, DA, adj. Dícese del dicho agudo ó palabra chistosa.

SAZONADOR, RA, s. m. y f. Lo que sazona.

SAZONAR, v. a. Dar sazon al manjar para que esté en el punto que corresponde. ‖ Poner las cosas en el punto y madurez que deben tener; y así se dice que el sol SAZONA los frutos; y por traslacion se dice tambien de las cosas del ánimo.

SAZONARSE, v. r. Madurarse y ponerse en sazon alguna cosa.

SE

SE, Pronombre que se usa para significar la misma persona cuando rige el verbo y recae en ella la accion ó reflexion de la accion del verbo sobre la misma persona. Suélese usar antepuesto ó pospuesto. ‖ Usado junto y antepuesto á los otros pronombres *me*, *te*, *le*, determina y singulariza la accion del verbo á la persona que significan los otros pronombres. ‖ Úsase tambien como preposicion en la composicion de algunos nombres y verbos, como separar, seducir, separacion, seducción.

* SEA, adv. Que sea así, bien está, en hora buena.

* SEBÁCEA, s. f. *Anat.* Dícese de las glándulas de humor ó glúten como sebo.

* SEBÁCICO, adj. *Quim.* Dícese de un ácido que se saca de la grasa de los animales.

SEBASTENO, NA, adj. y s. El natural de la ciudad de Sebaste y perteneciente á ella.

SEBASTIANO, s. m. V. SEBESTEN.

* SEBATO, s. m. *Quim.* Nombre genérico de los sales que forma el ácido sebácico.

SEBE, s. f. En algunas partes cercado de estacas altas, entretegidas con ramas largas.

* SEBESTA, s. f. Fruta parecida á la endrina.

* SEBESTEN, s. m. *Farm.* Árbol al modo de endrino, que se cria en Egipto y en el Asia.

* SEBESTO, s. m. Árbol que da la sebesta.

SEBILLO, s. m. de SEBO. ‖ El sebo suave y delicado, como el del cabrito, que usan para suavizar las manos y para otros efectos. ‖ Especie de jabon que sirve para suavizar las manos.

SEBO, s. m. La grasa dura y sólida que se saca de algunos animales, y que derretida sirve para hacer velas y otros usos. ‖ Cualquier género de gordura, aunque con ménos propiedad. ‖ met. y fam. El caudal ó hacienda en abundancia. ‖ MOSTRAR EL SEBO, Entre marineros burlarse alguna embarcacion de otra que la seguia para apresarla, mostrándole lo ensebado y espalmado que va debajo del agua.

SEBOSO, SA, adj. Que tiene sebo, especialmente si es mucho. ‖ Untado de sebo ó de otra cosa mantecosa ó grasa.

SECA, s. f. El temporal en que no llueve, tomando la causa por el efecto, que es secar y esterilizar la tierra. ‖ V. CASA DE MONEDA. ‖ Enfermedad causada de una inflamacion ó hinchazon de las glándulas. ‖ SECANO, por banco de arena.

SECACUL, s. m. Planta, V. GARBE CORREDORA.

SECADAL, s. m. V. SEQUEDAL. ‖ V. SECANO.

SECADERO, s. m. El parage destinado para poner á secar alguna cosa.

SECADERO, RA, adj. Se aplica á las frutas que pueden conservarse secas.

SECADILLO, s. m. Composicion que se hace de almendras machacadas y mondadas, un poco de corteza de limon y azúcar, y rociándola de cuando en cuando con clara de huevo forma una masa, cuyo mayor pedazo sirve para hacer una torta, y el menor para hacer unas figurillas.

SECADO, p. p. de SECAR.

SECAMENTE, adv. Con pocas palabras ó sin pulimento ni adorno ó composicion. ‖ Asperamente, sin atencion, cortesanía, modo ni urbanidad.

SECAMIENTO, s. m. ant. V. SEQUEDAD.

SECANO, s. m. La tierra de labor que no tiene riego, y solo participa del agua llovediza. ‖ Banco de arena descubierto ó que no le cubre el agua. ‖ met. Cualquiera otra cosa que está muy seca.

SECANSA, s. f. Juego de naipes y de envite. ‖ SECANSA REAL, La de rey, caballo y sota. ‖ En el juego de los cientos se llaman así tres cartas por lo ménos de un mismo palo, y seguidas en el punto.

SECANTE, p. a. de SECAR, Que seca.

SECANTE, s. m. *Pint.* Composicion que se hace para que se sequen presto los colores.

SECANTE, s. f. *Geom.* Cualquiera línea que corta á una superficie, ó cualquiera plano que corta algun cuerpo. ‖ SECANTE DE UN ARCO, *Trigon.* La recta que saliendo del centro del círculo pasa por la extremidad del dicho arco hasta encontrar con la tangente. ‖ SECANTE PRIMERA DE UN ARCO, Es la que se termina en su tangente primera, y SECANTE segunda la que se termina en la tangente segunda del mismo arco.

SECAR, v. a. Extraer la humedad ó hacer que se exhale de algun cuerpo mojado mediante el aire ó el calor que se le aplica. ‖ Gastar ó ir consumiendo el humor ó jugo en los cuerpos.

SECARSE, v. r. Enjugarse la humedad de alguna cosa evaporándose. ‖ Se dice de los rios, fuentes, lagunas, etc., á las que les falta el agua. ‖ Se dice de as plantas que pierden su vigor, lozanía y verdor con los aires y soles demasiados. ‖ Fastidiarse, aburrirse. ‖ met. Se dice del animal que se enflaquece, enmagrece, extenúa por causa de alguna enfermedad ó vejez, que le consume la humedad del cuerpo. ‖ Mesurarse ó extrañarse una persona de otra con quien tenia familiaridad ó trato amigable. ‖ Tener mucha sed. ‖ Se usa tambien para ponderar la dificultad de pedir lo que se necesita ó de someterse á otro en órden á solicitar sus socorros ó hacer alguna accion reparable á este intento.

SECARAL, s. m. V. SEQUERAL.

SECCION, s. f. V. CORTADURA. ‖ Division de puntos ó especies de alguna materia por libros, capítulos, párrafos ó artículos para mayor claridad y mejor comprension de ella. ‖ *Arq.* La delineacion de la altura y profundidad de una fábrica, como si estuviera partida por en medio, para reconocer la parte interior de ella. ‖ *Geom.* El corte de las líneas, figuras y cuerpos sólidos. ‖ La capacidad del álveo en el rio ó canal, determinada por un plano perpendicular á la corriente del agua, que la corta desde la superficie hasta el fondo. ‖ La superficie interpuesta que corta los rayos visuales que pasan desde los objectos posteriores á la superficie hasta la vista, y lo mismo es cuando se imagina trasparente el cuerpo sólido. ‖ SECCION COMUN, La línea que está enteramente en dos superficies que se cortan, la cual si las superficies son planas, es siempre línea recta.

SECENO, NA, adj. num. ord. ant. V. DÉCIMO-SEXTO.

SECESO, s. m. CÁMARA ó deposicion del vientre.

SECLUSO, SA, adj. ant. Apartado y separado.

SECO, CA, adj. Que carece de jugo ó humedad. ‖ Falto de verdor, lozanía ó vigor. Dícese particularmente de las plantas. ‖ Se aplica á las frutas, especialmente de cáscara dura, como avellanas, nueces, etc., y tambien á las que se quita parte de la humedad para que se conserven, como higos, pasas, etc. ‖ Flaco ó de muy pocas carnes. ‖ Se dice tambien del temporal en que no llueve. ‖ met. Que está solo, sin alguna cosa accesoria que le dé mayor valor ó estimacion. ‖ Poco abundante ó falto de aquellas cosas necesarias para la vida y trato humano; y así dicen: este lugar es seco. ‖ Árido,

coser, labrar, bordar y otros infinitos usos. || La hebra compuesta de varios pelos. || Cualquier obra ó tela hecha de seda. || CERDA en algunos animales, especialmente en el jabalí. || SEDA AHOGADA, La que se hila despues de ahogado el gusano. || SEDA DE CANDONGO ó DE CANDONGOS, *Mur.* La seda mas fina y delgada que hilan los hombres en el torno de tres madejas. || SEDA DE COSER, La que está torcida para este uso. Suele por antonomasia llamarse SEDA solamente. || SEDA DE TODO CAPILLO, La que es basta y gruesa. || SEDA FLOJA, La que no está torcida. || SEDA JOYANTE, La que es muy fina y de mucho lustre. || SEDA VERDE, La que se hila estando vivo el gusano dentro del capullo. || DE TODA SEDA, Se dice de los tegidos de seda que no tienen mezcla de otra cosa. || SER UNA SEDA, met. Ser dócil y de suave condicion.

SEDADERA, s. f. Instrumento para asedar el cáñamo.

SEDADO, p. p. de SEDAR.

SEDAL, s. m. El hilo ó cuerda que se ata al anzuelo por una parte, y por la otra al hilo de la caña de pescar. || *Cir.* y *Albeit.* Una cinta ó cordon que se mete por una parte de la piel del animal, y se saca por otra, á fin de excitar una supuracion en el parage donde se introduce, ó de dar vertiente á las materias allí contenidas.

SEDAR, v. a. ant. Apaciguar, sosegar.

SEDATIVO, VA, adj. *Med.* Que tiene virtud de calmar ó sosegar los dolores.

SEDE, s. f. La silla. Tómase por la dignidad de obispo, arzobispo, patriarca y sumo pontífice. || Por antonomasia la apostólica católica romana. || SEDE PLENA, La actual ocupacion de la dignidad episcopal ó pontificia por persona que como prelado nombrado de ella la administra y rige. || SEDE VACANTE, La vacante que causa la muerte ó falta de prelado de alguna iglesia.

SEDEADO, p. p. de SEDEAR.

SEDEAR, v. a. Limpiar las piedras preciosas y las alhajas de oro, plata ú otro metal con una especie de escobilla hecha de cerdas de jabalí, ó de otras igualmente blandas, á que se da el nombre de sedas.

SEDENTARIO, RIA, adj. Se aplica al oficio ó vida de poca agitacion ó movimiento.

SEDEÑA, s. f. La estopilla segunda que se saca del lino al rastrillarle, y tambien se llama así la hilaza ó tela que de ella se hace.

SEDEÑO, ÑA, adj. Que se semeja ó tiene propiedad de seda. || Que tiene sedas ó cerdas.

SEDERA, s. f. Escobilla ó brocha de cerdas.

SEDERÍA, s. f. Toda la mercadería de seda. || La tienda donde se vende la seda.

SEDERO, s. m. El que vende, labra seda ó trata en ella.

SEDICION, s. f. Tumulto, levantamiento popular contra el soberano ó la autoridad que gobierna. || met. La inobediencia, guerra y levantamiento que contra la razon, fomenta la parte sensitiva en el hombre.

SEDICIOSAMENTE, adv. Con sedicion y tumulto.

SEDICIOSO, SA, adj. y s. El que causa alborotos y sediciones.

SEDIENTE, adj. ant. V. SEDIENTO. || SEDIENTES, V. BIENES SEDIENTES.

SEDIENTÍSIMO, MA, adj. sup. de SEDIENTO.

SEDIENTO, TA, adj. Que tiene sed. || met. Se aplica á los campos ó tierras que necesitan de humedad ó riego. || Que con ansia desea alguna cosa.

SEDIMENTO, s. m. El asiento, poso ó hez de los jugos y líquidos que por su gravedad se va al fondo ó suelo de las vasijas.

SEDUCCION, s. f. El acto y efecto de seducir ó engañar.

SEDUCIDO, p. p. de SEDUCIR.

SEDUCIR, v. a. Engañar con arte y maña, persuadir suavemente al mal.

SEDUCTOR, RA, s. m. y f. El que engaña con arte y maña, y persuade suavemente al mal.

SEFORITA, adj. El natural de la ciudad de Séforis. Úsase tambien como sustantivo.

SEGABLE, adj. Que está en aptitud para ser segado.

SEGADA, s. f. ant. V. SIEGA.

SEGADERA, s. f. La hoz para segar.

SEGADERO, RA, adj. Que está en sazon y tiempo de segarse.

SEGADO, p. p. de SEGAR.

SEGADOR, RA, s. m. y f. El que siega.

SEGAR, v. a. Cortar con la hoz las mieses ó yerba. || met. Cortar de cualquiera manera y especialmente lo que sobresale ó está mas alto, como segar la cabeza, el cuello, etc.

SEGAZON, s. f. La accion de segar ó el tiempo de la misma siega.

SEGEDANO, NA, adj. y s. ant. Perteneciente á la ciudad de Segoda ó el natural de ella.

SEGLAR, adj. Que pertenece á la vida, estado ó costumbre del siglo ó mundo. || Lego, como contrapuesto á eclesiástico ó regular.

SEGLARMENTE, adv. Con un modo seglar.

SEGMENTO, s. m. El pedazo ó parte cortada de alguna cosa.

SEGOVIANO, NA, adj. y s. El natural de Segovia, y perteneciente á esta ciudad.

SEGREGACION, s. f. Separacion ó apartamiento de una cosa que estaba entre otras.

SEGREGADO, p. p. de SEGREGAR.

SEGREGAR, v. a. Apartar ó separar una cosa de entre otras.

SEGREGATIVO, VA, adj. Que segrega ó tiene de virtud de segregar.

SEGRÍ, s. m. Tela de seda del grueso ó cuerpo del tafetan doble, con una laborcilla, parecida á la que llaman saya de reina.

SEGUDADO, p. p. de SEGUDAR.

SEGUDAR, v. a. ant. Echar, arrojar. || Perseguir.

SEGUIDA, s. f. La accion y efecto de seguir. || DE SEGUIDA, Consecutiva ó continuamente, sin interrupcion.

SEGUIDILLA, s. f. Composicion métrica de cuatro pies. Úsase frecuentemente en lo jocoso y satírico. || SEGUIDILLAS, pl. fam. Las cámaras ó flujo de vientre.

***SEGUIDILLEAR**, v. n. Cantar, bailar seguidillas.

SEGUIDILLERO, RA, s. m. y f. La persona que es aficionada á cantar ó bailar seguidillas.

SEGUIDO, p. p. de SEGUIR. || SEGUIDO, DA, adj. Continuo, sucesivo, sin intermision del lugar ó tiempo. || V. DERECHO.

SEGUIDO, s. m. Entre calceteras cada uno de los puntos que se van menguando en el remate del de las medias, &c., para cerrarle.

SEGUIDOR, RA, s. m. y f. El que sigue á otro ó alguna cosa. || SEGUIDOR, REGLA ó pauta.

***SEGUIMIENTO**, s. m. El acto y efecto de seguir á otro. Úsase regularmente con la partícula *en*.

SEGUIR, v. a. Ir despues ó detras de alguno. || Proseguir ó continuar en lo empezado. || Ir en compañía de alguno ó andar con él. || Profesar ó ejercer alguna ciencia, arte ó estado. || Tratar ó manejar alguna dependencia ó pleito, haciendo las conducentes diligencias para su logro. || Conformarse, convenir, ser del dictámen ó parcialidad de alguna persona. || met. Perseguir, acosar ó molestar á alguno, ir en su busca ó alcance, como SEGUIR una fiera, etc. || Imitar ó hacer alguna cosa por el egemplo que otro ha dado de ella. || Dirigir alguna cosa por su propio camino ó método, sin apartarse del intento.

SEGUIRSE, v. r. Inferirse ó ser consiguiente una cosa de otra que la antecede. || Suceder ó continuarse una cosa á otra por órden, turno ó número. || met. Originarse ó causarse una cosa de otra.

SEGUN, Preposicion relativa y condicional de otra cosa á que se refiere, la que es conforme ó como ella. || SEGUN Y COMO, Pondera la total conformidad de una cosa á otra, ó al estado que tenia ántes.

SEGUNDADO, p. p. de SEGUNDAR.

SEGUNDAMENTE, adv. ant. En segundo lugar.

SEGUNDAR, v. a. V. ASEGUNDAR.

SEGUNDAR, v. n. Ser segundo ó seguirse al primero.

SEGUNDARIAMENTE, adv. V. SECUNDARIAMENTE.

SEGUNDARIO, RIA, adj. V. SECUNDARIO.

SEGUNDILLA, s. f. fam. El agua que se enfria en los residuos de nieve que quedan de haber enfriado otra agua. || En algunas comunidades la campana pequeña con que avisan á algunos actos de su obligacion.

SEGUNDILLO, s. m. En las comunidades religiosas unas porciones de pan que sacan en las comidas despues de la porcion principal, y que se les pone á todos al empezar á comer, las cuales son mas pequeñas. || El segundo principio ó ante que les suelen dar.

SEGUNDO, DA, adj. num. ord. Que se sigue inmediatamente al primero. || V. FAVORABLE. || SEGUNDA, En las cerraduras y llaves la vuelta doble que suele hacerse en ellas. || SEGUNDA INTENCION, V. INTENCION. || Suele decirse absolutamente SEGUNDA; y así se dice: fulano en esto lleva SEGUNDA.

SEGUNDO, s. m. *Astron.* y *Geom.* Una de las sesenta partes en que se divide el minuto de círculo ó de tiempo.

coser, labrar, bordar y otros infinitos usos. || La hebra compuesta de varios pelos. || Cualquier obra ó tela hecha de seda. || CERDA en algunos animales, especialmente en el jabalí. || SEDA AHOGADA, La que se hila despues de ahogado el gusano. || SEDA DE CANDONGO Ó DE CANDONGOS, *Mur.* La seda mas fina y delgada que hilan los hombres en el torno de tres madejas. || SEDA DE COSER, La que está torcida para este uso. Suele por antonomasia llamarse SEDA solamente. || SEDA DE TODO CAPILLO, La que es basta y gruesa. || SEDA FLOJA, La que no está torcida. || SEDA JOYANTE, La que es muy fina y de mucho lustre. || SEDA VERDE, La que se hila estando vivo el gusano dentro del capullo. || DE TODA SEDA, Se dice de los tegidos de seda que no tienen mezcla de otra cosa. || SER UNA SEDA, met. Ser dócil y de suave condicion.

SEDADERA, s. f. Instrumento para asedar el cáñamo.

SEDADO, p. p. de SEDAR.

SEDAL, s. m. El hilo ó cuerda que se ata al anzuelo por una parte, y por la otra al hilo de la caña de pescar. || *Cir.* y *Albeit.* Una cinta ó cordon que se mete por una parte de la piel del animal, y se saca por otra, á fin de excitar una supuracion en el parage donde se introduce, ó de dar vertiente á las materias allí contenidas.

SEDAR, v. a. ant. Apaciguar, sosegar.

SEDATIVO, VA, adj. *Med.* Que tiene virtud de calmar ó sosegar los dolores.

SEDE, s. f. La silla. Tómase por la dignidad de obispo, arzobispo, patriarca y sumo pontífice. || Por antonomasia la apostólica católica romana. || SEDE PLENA, La actual ocupacion de la dignidad episcopal ó pontificia por persona que como prelado nombrado de ella la administra y rige. || SEDE VACANTE, La vacante que causa la muerte ó falta de prelado de alguna iglesia.

SEDEADO, p. p. de SEDEAR.

SEDEAR, v. a. Limpiar las piedras preciosas y las alhajas de oro, plata ú otro metal con una especie de escobilla hecha de cerdas de jabalí, ó de otras igualmente blandas, á que se da el nombre de sedas.

SEDENTARIO, RIA, adj. Se aplica al oficio ó vida de poca agitacion ó movimiento.

SEDEÑA, s. f. La estopilla segunda que se saca del lino al rastrillarle, y tambien se llama así la hilaza ó tela que de ella se hace.

SEDEÑO, ÑA, adj. Que se semeja ó tiene propiedad de seda. || Que tiene sedas ó cerdas.

SEDERA, s. f. Escobilla ó brocha de cerdas.

SEDERÍA, s. f. Toda la mercadería de seda. || La tienda donde se vende la seda.

SEDERO, s. m. El que vende, labra seda ó trata en ella.

SEDICION, s. f. Tumulto, levantamiento popular contra el soberano ó la autoridad que gobierna. || met. La inobediencia, guerra y levantamiento que contra la razon, fomenta la parte sensitiva en el hombre.

SEDICIOSAMENTE, adv. Con sedicion y tumulto.

SEDICIOSO, SA, adj. y s. El que causa alborotos y sediciones.

SEDIENTE, adj. ant. V. SEDIENTO. || SEDIENTES, V. BIENES SEDIENTES.

SEDIENTÍSIMO, MA, adj. sup. de SEDIENTO.

SEDIENTO, TA, adj. Que tiene sed. || met. Se aplica á los campos ó tierras que necesitan de humedad ó riego. || Que con ansia desea alguna cosa.

SEDIMENTO, s. m. El asiento, poso ó hez de los jugos y líquidos que por su gravedad se va al fondo ó suelo de las vasijas.

SEDUCCION, s. f. El acto y efecto de seducir ó engañar.

SEDUCIDO, p. p. de SEDUCIR.

SEDUCIR, v. a. Engañar con arte y maña, persuadir suavemente al mal.

SEDUCTOR, RA, s. m. y f. El que engaña con arte y maña, y persuade suavemente al mal.

SEFORITA, adj. El natural de la ciudad de Séforis. Úsase tambien como sustantivo.

SEGABLE, adj. Que está en aptitud para ser segado.

SEGADA, s. f. ant. V. SIEGA.

SEGADERA, s. f. La hoz para segar.

SEGADERO, RA, adj. Que está en sazon y tiempo de segarse.

SEGADO, p. p. de SEGAR.

SEGADOR, RA, s. m. y f. El que siega.

SEGAR, v. a. Cortar con la hoz las mieses ó yerba. || met. Cortar de cualquiera manera y especialmente lo que sobresale ó está mas alto, como sucede la cabeza, el cuello, etc.

SEGAZON, s. f. La accion de segar ó el tiempo de la misma siega.

SEGEDANO, NA, adj. y s. ant. Perteneciente á la ciudad de Segeda ó el natural de ella.

SEGLAR, adj. Que pertenece á la vida, estado ó costumbre del siglo ó mundo. || Lego, como contrapuesto á eclesiástico ó regular.

SEGLARMENTE, adv. Con un modo seglar.

SEGMENTO, s. m. El pedazo ó parte cortada de alguna cosa.

SEGOVIANO, NA, adj. y s. El natural de Segovia, y perteneciente á esta ciudad.

SEGREGACION, s. f. Separacion ó apartamiento de una cosa que estaba entre otras.

SEGREGADO, p. p. de SEGREGAR.

SEGREGAR, v. a. Apartar ó separar una cosa de entre otras.

SEGREGATIVO, VA, adj. Que segrega ó tiene de virtud de segregar.

SEGRÍ, s. m. Tela de seda del grueso ó cuerpo del tafetan doble, con una laborcilla, parecida á la que llaman saya de reina.

SEGUDADO, p. p. de SEGUDAR.

SEGUDAR, v. a. ant. Echar, arrojar. || Perseguir.

SEGUIDA, s. f. La accion y efecto de seguir. || DE SEGUIDA, Consecutiva ó continuamente, sin interrupcion.

SEGUIDILLA, s. f. Composicion métrica de cuatro pies. Úsase frecuentemente en lo jocoso y satírico. || SEGUIDILLAS, pl. fam. Las cámaras ó flujo de vientre.

* **SEGUIDILLEAR**, v. n. Cantar, bailar seguidillas.

SEGUIDILLERO, RA, s. m. y f. La persona que es aficionada á cantar ó bailar seguidillas.

SEGUIDO, p. p. de SEGUIR. || SEGUIDO, DA, adj. Continuo, sucesivo, sin intermision del lugar ó tiempo. || V. DERECHO.

SEGUIDO, s. m. Entre calceteras cada uno de los puntos que se van menguando en el remate del de las medias, etc., para cerrarle.

SEGUIDOR, RA, s. m. y f. El que sigue á otro ó alguna cosa. || SEGUIDOR, REGLA ó pauta.

SEGUIMIENTO, s. m. El acto y efecto de seguir á otro. Úsase regularmente con la partícula *en*.

SEGUIR, v. a. Ir despues ó detras de alguno. || Proseguir ó continuar en lo empezado. || Ir en compañía de alguno ó andar con él. || Profesar ó ejercer alguna ciencia, arte ó estado. || Tratar ó manejar alguna dependencia ó pleito, haciendo las conducentes diligencias para su logro. || Conformarse, convenir, ser del dictámen ó parcialidad de alguna persona. || met. Perseguir, acosar ó molestar á alguno, ir en su busca ó alcance, como SEGUIR una fiera, etc. || Imitar ó hacer alguna cosa por el egemplo que otro ha dado de ella. || Dirigir alguna cosa por su propio camino ó método, sin apartarse del intento.

SEGUIRSE, v. r. Inferirse ó ser consiguiente una cosa de otra que la antecede. || Suceder ó continuarse una cosa á otra por órden, turno ó número. || met. Originarse ó causarse una cosa de otra.

SEGUN, Preposicion relativa y condicional de otra cosa á que se refiere, la que es conforme ó como ella. || SEGUN Y COMO, Pondera la total conformidad de una cosa á otra, ó al estado que tenia ántes.

SEGUNDADO, p. p. de SEGUNDAR.

SEGUNDAMENTE, adv. ant. En segundo lugar.

SEGUNDAR, v. a. V. ASEGUNDAR.

SEGUNDAR, v. n. Ser segundo ó seguirse al primero.

SEGUNDARIAMENTE, adv. V. SECUNDARIAMENTE.

SEGUNDARIO, RIA, adj. V. SECUNDARIO.

SEGUNDILLA, s. f. fam. El agua que se enfria en los residuos de nieve que quedan de haber enfriado otra agua. || En algunas comunidades la campana pequeña con que avisan á algunos actos de su obligacion.

SEGUNDILLO, s. m. En las comunidades religiosas unas porciones de pan que sacan en las comidas despues de la porcion principal, y que se les pone á todos al empezar á comer, las cuales son mas pequeñas. || El segundo principio ó ante que les suelen dar.

SEGUNDO, DA, adj. num. ord. Que se sigue inmediatamente al primero. || V. FAVORABLE. || SEGUNDA, En las cerraduras y llaves la vuelta doble que suele hacerse en ellas. || SEGUNDA INTENCION, V. INTENCION. || Suele decirse absolutamente SEGUNDA; y así se dice: fulano en esto lleva SEGUNDA.

SEGUNDO, s. m. *Astron.* y *Geom.* Una de las sesenta partes en que se divide el minuto de círculo ó de tiempo.

SEGUNDOGÉNITO, TA, adj. Se aplica al hijo segundo.

SEGUNDON, s. m. El hijo segundo de la casa. Tambien llaman así á los demas hijos que no son los primogénitos.

SEGUNTINO, NA, adj. y s. Que pertenece á la ciudad y provincia de Sigüenza y el que es natural de ella.

SEGUR, s. f. Hacha grande para cortar. || La insignia que llevaban los lictores en Roma delante de los supremos ministros, que era una cuchilla con su asta. || V. HOZ.

SEGURA, s. f. ant. V. SEGUR.

SEGURADO, p. p. de SEGURAR.

SEGURADOR, s. m. El que asegura ó fia por otro en algun obligacion.

SEGURAMENTE, adv. Con seguridad, certeza ó sin riesgo.

SEGURAMIENTO, s. m. ant. V. SEGURIDAD.

SEGURANZA, s. f. ant. V. SEGURIDAD.

SEGURAR, v. a. V. ASEGURAR.

SEGUREJA, s. f. d. de SEGUR.

SEGURIDAD, s. f. Estado de las cosas que las hace firmes, ciertas, seguras y libres de todo riesgo ó peligro. || Certeza ó infalibilidad que hace que una cosa no falte ó engañe. || Fianza ú obligacion de indemnidad á favor de alguno, regularmente en materia de intereses.

SEGURÍSIMAMENTE, adv. sup. de SEGURAMENTE.

SEGURÍSIMO, MA, adj. sup. de SEGURO.

SEGURO, RA, adj. Libre y exento de todo peligro, daño ó riesgo. || Cierto, indubitable y en cierta manera infalible. || Firme, constante, y que no está á peligro de faltar ó caerse.

SEGURO, s. m. El salvoconducto, la licencia ó permiso que se concede para egecutar lo que sin él no se pudiera. || El contrato ó escritura con que se aseguran los caudales que corren algun riesgo de mar ó tierra. || Á BUEN SEGURO, Ciertamente, sin duda, de verdad. || AL SEGURO, V. SEGURAMENTE. || DE SEGURO, Con certeza y sin duda. || EN SEGURO, En parte donde no hay que temer ni recelar daño. || SOBRE SEGURO, Seguramente, sin aventurarse al riesgo que pudiera suceder por haberle prevenido ó evitado.

SEGURON, s. m. aum. de SEGUR.

SEIS, adj. Num. card. que se aplica al número que se compone de una y cinco unidades. || SEIS, SEXTO, como capítulo SEIS.

SEIS, s. m. El carácter ó cifra que representa este número. || La carta ó naipe que tiene seis señales. || En los dados las seis señales negras que tiene cada uno de ellos puestas en uno de sus cuadros. || En algunas iglesias catedrales cada uno de los niños que asisten al coro, y cantan canto de órgano y contrapunto. || En algunos lugares ó villas cada uno de los regidores que en este número se diputan para el gobierno político y económico, ó para algun negocio particular. || SEIS POR OCHO, Mús. Es un compas de dos partes iguales en que entran seis notas de las que en el compasillo entran ocho.

SEISAVADO, DA, adj. Que tiene seis lados y seis ángulos.

SEISAVO, VA, s. m. V. EXÁGONO. || La sexta parte de un número.

SEISCIENTOS, TAS, adj. num. Que se produce por la multiplicacion de la centena por el seis.

SEISEN, s. m. Moneda de plata de valor de medio real, que eran seis dineros de Aragon.

SEISENO, NA, adj. num. ord. V. SEXTO.

SEISILLO, s. m. *Mús.* Union de seis notas iguales, que siendo de semicorcheas vale una parte del compas de compasillos, y á proporcion de los demas compases.

SELECCION, s. f. Eleccion de alguna cosa entre otras como separándola de ellas y prefiriéndola.

SELECTO, TA, adj. Que se ha escogido y apartado por mejor de entre otras cosas de su especie.

SELÉUCIDES (AVES), s. f. pl. Nombre dado por los antiguos habitantes del Asia á varias aves que destruian las langostas.

SELLADO, p. p. de SELLAR.

SELLADOR, s. m. El que sella ó pone el sello.

SELLADURA, s. *f.* La accion y efecto de sellar.

SELLAR, v. a. Poner el sello sobre alguna cosa. || Estampar, imprimir ó dejar señalada una cosa en otra. || Concluir, poner fin á una cosa, porque el sello se pone cuando se acaba lo que se sella. || Cerrar, tapar, cubrir. En la misma acepcion se usa tambien hablando de las cosas no materiales. || Obligar á alguno con beneficios para que de agradecido le siga siempre en lo que se le ofrezca, como si le hiciera su esclavo.

SELLO, s. m. Lámina en que está grabadas las armas ó divisas de algun príncipe, estado, república, religios comunidad ó señor particular. || La casa donde se estampa ó pone el sello á algunos escritos para autorizarlos. || Lo que queda estampado, impreso y señalado con el mismo sello. || met. La última perfeccion de una cosa; y así se dice: echar el SELLO á alguna cosa, cuando con alguna accion particular se perfecciona. || V. SELLADOR. || SELLO DEL ESTÓMAGO, met. Cualquiera pequeña porcion de comida sólida y vigorosa, que afirma y corrobora la demas comida tomada sobre ella, como la sopa en vino, etc. || SELLO DE SALOMON, Yerba medicinal que tiene las hojas como las del laurel. || SELLO VOLANTE, El que se pone en las cartas sin apretarle, para que quede abierto y pueda leerla la persona por cuya mano se dirige á otra. || ECHAR EL SELLO, met. Afianzar y perfeccionar lo empezado, asegurando su mas cabal cumplimiento.

SELVA, s. f. Lugar lleno de árboles y matas, que le hacen naturalmente frondoso. || FATIGAR LA SELVA, *Poét.* Emplearse en el egercicio de la caza mayor.

SELVAGE, adj. ant. V. SALVAGE.

SELVAGINO, NA, adj. ant. V. SELVÁTICO.

SELVÁTICO, CA, adj. Que toca ó pertenece á las selvas ó se cria en ellas.

SELVATIQUEZ, s. f. Tosquedad, rusticidad y falta de cultura.

SELVOSO, SA, adj. Que pertenece á y es propio de la selva.

SEMANA, s. f. El espacio de siete dias naturales que sucesivamente se siguen uno á otro. || Algunos periodos septenarios de tiempo, sea de meses, años ó siglos, como las SEMANAS de Daniel. || SEMANA GRANDE, ant. V. SEMANA SANTA. || SEMANA MAYOR, V. SEMANA SANTA. || SEMANA SANTA. La última de la cuaresma, desde el domingo de ramos hasta el de la resurreccion gloriosa de nuestro Señor Jesucristo. || El libro en que está el rezo propio del tiempo de la SEMANA SANTA, y los oficios que se celebran en ella. || ENTRE SEMANA, En cualquier dia de ella. || LA SEMANA QUE NO TENGA VIERNES, Expr. fam. con que se despide á alguno, negándole lo que pretende ó se significa la imposibilidad de lograr alguna cosa. || MALA SEMANA, mes ó menstruo en las mugeres.

SEMANAL, adj. Que pertenece á la semana.

SEMANALMENTE, adv. Por semanas, en todas las semanas ó en cada una de ellas.

SEMANARIO, s. m. Obra ó papel periódico que se publica cada semana.

SEMANERÍA, s. f. El cargo ú oficio de semanero. || En los tribunales, la inspeccion que se hace de los despachos que salen de ellos para ver si van arreglados á lo que ha resuelto el consejo.

SEMANERO, RA, adj. y s. Se aplica á la persona que egerce algun empleo ó encargo por semanas.

SEMBLANTE, adj. ant. V. SEMEJANTE.

SEMBLANTE, s. m. La representacion exterior en el rostro de algun interior afecto del ánimo. || V. CARA ó ROSTRO. || met. La apariencia y representacion del estado de las cosas, sobre el cual formamos el concepto de ellas. || COMPONER EL SEMBLANTE ó EL ROSTRO, Mostrar seriedad ó modestia. || MUDAR DE SEMBLANTE Ó DE COLOR, Demudarse ó alterarse, dándolo á entender en el rostro. || MUDAR DE SEMBLANTE Ó DE COLOR, met. Inmutarse ó variarse las circunstancias de las cosas, de modo que se espere diferente suceso del que se suponia, como mudó de SEMBLANTE el asunto.

SEMBLANZA, s. f. ant. V. SEMEJANZA.

SEMBLAR, v. n. ant. Semejar ó ser semejante.

SEMBLE, adv. ant Justamente, semejantemente ó en uno.

SEMBRA (EN), ant. Juntamente, semejantemente, en uno.

SEMBRADA, s. f. ant. V. SEMBRADO.

SEMBRADÍO, DÍA, adj. Se aplica á la parte de tierra ó campo que es á propósito para sembrar.

SEMBRADO, p. p. de SEMBRAR.

SEMBRADO, s. m. La misma tierra sembrada de algunos granos ó semillas, lo cual se dice aun despues de nacido.

SEMBRADOR, RA, s. m. y f. El que siembra.

SEMBRADURA, s. f. La accion y efecto de sembrar. Úsase regularmente para distinguir las tierras que se siembran de las que son de pasto ó monte.

SEMBRAR, v. a. Arrojar y esparcir las semillas por la tierra, dispuesta á este fin, para que introducidas y fermentadas en ella produzcan y multipliquen. || met. Desparramar ó esparcir cualquiera cosa, como SEMBRAR moneda, etc. || Dar motivo, causa ó principio á alguna cosa regularmente mala. || Colocar sin órden alguna cosa para adorno de otra. || Esparcir, publicar ó divulgar alguna especie para que corra, sabiéndose de unos en otros. || Hacer y egecutar algunas cosas de que se ha de seguir el fruto ó paga de ellas. || COMO SEMBRÁREDES COGERÉIS, Exp. que quiere decir que el premio y el útil corresponderá al servicio ó al trabajo. || QUIEN BIEN SIEMBRA, BIEN COGE, Exp. met. que explica que para conseguir algun empleo ó favor se ha de servir, obsequiar ó regalar.

SEMEJA, s. f. SEMEJANZA, aunque de ménos uso. || La señal, muestra ó indicio de alguna cosa.

SEMEJABLE, adj. Que es capaz ó tiene aptitud de asemejarse ó compararse con otra cosa por parecerse á ella. || ant. V. SEMEJANTE.

SEMEJABLEMENTE, adv. ant. V. SEMEJANTEMENTE.

SEMEJADO, p. p. de SEMEJAR. || SEMEJADO, DA, adj. V. PARECIDO.

SEMEJANTE, adj. Que se parece ó tiene semejanza con otra cosa.

SEMEJANTE, s. m. ant. SIMIL ó comparacion. || SEMEJANZA, imitacion. || POR SEMEJANTE, ant. Semejantemente, igualmente.

SEMEJANTEMENTE, adv. Con semejanza, asi, de la misma manera.

SEMEJANTÍSIMO, MA, adj. sup. de SEMEJANTE.

SEMEJANZA, s. f. Conformidad de dos ó mas cosas parecidas unas á otras. || SIMIL ó egemplo.

SEMEJAR, v. n. Parecerse una cosa á otra, tener semejanza ó conformidad aparente con ella.

SÉMEN, s. m. La sustancia que sirve para la generacion de los animales.

SEMENCERA, s. f. V. SEMENTERA.

SEMENTADO, p. p. de SEMENTAR.

SEMENTAL, adj. Que toca ó pertenece á la siembra ó sementera.

SEMENTAR, v. a. Arrojar la simiente.

SEMENTERA, s. f. La accion y efecto de sembrar. || La tierra sembrada. || La cosa sembrada. || met. Las cosas inmateriales que son principio ó causa de multiplicar ó aumentar en su especie. || El tiempo á propósito para sembrar.

SEMENTERO, s. m. El saco ó costal en que se llevan los granos cuando se siembra. || V. SEMENTERA.

SEMENTILLA, s. f. d. de SIMIENTE.

SEMENTINO, NA, adj. Que pertenece á la simiente. Aplícase particularmente á una especie de peras.

SEMESTRE, adj. Que dura por el tiempo ó espacio de seis meses.

SEMESTRE, s. m. El tiempo ó trascurso de medio año.

SEMI, adv. La mitad de cualquiera cosa. No tiene uso sino en composicion. Muchas veces vale CASI, como en SEMIDOBLE ó SEMIDORMIDO.

SEMIBREVE, s. f. *Mús.* La figura ó nota fundamental de la música que vale un compas menor.

SEMICABRON, s. m. V. SEMICAPRO.

SEMICAPRO, s. m. Medio cabra ó cabron y medio hombre. Es epíteto que daban los gentiles á algunos de sus fabulosos dioses que habitaban en los bosques ó selvas.

SEMICIRCULAR, adj. Que toca al semicírculo.

SEMICÍRCULO, s. m. Medio círculo ó mitad de él, dividida y cortada por el diámetro.

SEMICOPADO, s. m. *Mús.* Nota que une la segunda parte de un compas con la primera del que sigue.

SEMICORCHEA, s. f. *Mús.* Una de las siete notas ó figuras musicales, cuyo valor es la mitad de la corchea.

SEMICROMÁTICO, CA, adj. Se dice de cierto género de música compuesto del diatónico y cromático.

SEMIDEA, s. f. *Poét.* V. SEMIDIOSA.

SEMIDEO, s. m. *Poét.* V. SEMIDIOS.

SEMIDIÁMETRO, s. m. V. RADIO.

SEMIDIAPASON, s. m. *Mús.* El intervalo disonante de ocho voces, cuatro tonos y tres semitonos mayores.

SEMIDIAPENTE, s. m. *Mús.* Intervalo que consta de dos tonos y de dos semitonos mayores.

SEMIDIATESÁRON, s. m. *Mús.* El intervalo disonante de cuatros voces, un tono y dos semitonos.

SEMIDITONO, s. m *Mús.* Un intervalo que consta de un tono y un semitono, como del *re* al *fa*, ó del *mi* al *sol*.

SEMIDOBLE, adj. Se aplica en el oficio divino á las fiestas que se celebran con ménos solemnidad que los dobles y con mas que las simples.

SEMIDIFUNTO, TA, adj. Medio difunto ó casi difunto.

SEMIDIOS, s. m. Nombre que la gentilidad daba á los héroes y varones esclarecidos por sus hazañas.

SEMIDIOSA, s. f. Nombre que la gentilidad daba á aquellas heroinas que creian descender de alguno de sus falsos dioses.

SEMIDORMIDO, DA, adj. Medio dormido ó casi dormido.

SEMIDRAGON, s. m. Epíteto que

dieron los antiguos y poetas á los que fingian medio hombre y medio dragon.

SEMIFUSA, s. f. *Mús.* Nota de música, cuyo valor es la mitad de una fusa; de las cuales entran en el compasillo 64.

SEMIGOLA, s. f. *Fort.* La línea recta que pasa del ángulo del flanco en un baluarte á la capital, y es parte del polígono interior.

SEMIHOMBRE, s. m. V. MEDIO HOMBRE.

SEMILLA, s. f. La materia dispuesta por la próvida naturaleza para multiplicar en su especie, engendrando su semejante. ‖ met. Cualquiera cosa que es causa ú orígen de que procedan muchas de su especie. ‖ SEMILLAS, pl. Particularmente entre los labradores, y usado siempre en plural, se llaman los géneros de semillas que no son trigo ni cebada. ‖ La cantidad de trigo y cebada que se siembra, á cuya correspondencia se dice al coger el fruto: ha sido á dos ó á tres SEMILLAS, que vale dos ó tres cantidades como la sembrada.

SEMILLAMA, s. f. V. MANZANILLA.

SEMILLERO, s. m. El lugar ó sitio donde se crian las plantas y los arbolillos para trasplantarlos. ‖ met. Orígen y ocasion frecuente de algunas cosas perjudiciales, como SEMILLERO de vicios, de pleitos, etc.

SEMILUNIO, s. m. El medio tiempo de dias en que la luna hace su curso, que es á los catorce ó algo mas.

* SEMIMETAL, s. m. Sustancia mineral ménos pesada y sólida que los metales.

SEMINAL, adj. Que es de sémen ó pertenece á él ó le contiene.

SEMINARIO, s. m. Plantel destinado para que crezcan las plantas hasta cierto tiempo, en el cual se trasplantan. ‖ La casa ó lugar regularmente destinado para la buena crianza de los niños y jóvenes. ‖ met. El principio ó raiz de que nacen ó se propagan algunas cosas. ‖ ant. V. SEMINARISTA.

SEMINARIO, RIA, adj. ant. Que contiene el sémen.

SEMINARISTA, s. m. El sugeto que reside en algun seminario para aprender alguna facultad, arte ó ciencia.

SEMÍNIMA, s. f. *Mús.* Una de las siete notas ó figuras musicales, cuyo valor es la mitad de la mínima. ‖ met. Cosa pequeña y menuda, adminículo, ápice, etc.

SEMIOCTAVA, s. f. *Poét.* Composicion de cuatro versos consonantes.

SEMIPEDAL, adj. Perteneciente ó parecido al medio pié.

SEMIPELAGIANISMO, s. m. La doctrina y secta de los semipelagianos.

SEMIPELAGIANO, NA, adj. y s. Sectario que seguia parte de los errores de Pelagio.

SEMIPLENA, adj. y s. Se aplica á la prueba imperfecta ó media prueba, como la que resulta de la deposicion de solo un testigo, siendo de toda excepcion.

SEMIPLENAMENTE, adv. Con probanza semiplena.

* SEMIPOETA, s. m. El mal poeta.

SEMIPÚTRIDO, DA, adj. Que está casi podrido.

SEMIRACIONAL, adj. Necio y que tiene algunas acciones ó propiedades semejantes á las de los brutos.

SEMIRECTO, adj. Se aplica al ángulo que tiene cuarenta y cinco grados por ser la mitad del ángulo recto.

SEMIS, s. m. V. SEMI. Tómase comunmente por la mitad del as romano, y así se usa como sustantivo.

SEMITONO, s. m. *Mús.* La distancia que hay entre ciertos puntos de la música, como la que hay entre el *mi* y el *fa*.

SEMIVIBRACION, s. f. *Estat.* El movimiento con que el funependulo desciende ó sube, ó al contrario.

SEMIVIVO, VA, adj. Que está medio vivo ó no tiene perfecta ó cabal vida.

SEMIVOCAL, adj. Se aplica á la letra cuya pronunciacion empieza con vocal, y aunque no constituya sílaba con otra consonante, tiene por sí un muy claro sonido. Las letras semivocales son seis: F. L. M. N. R. S.

SÉMOLA, s. f. El trigo candeal desnudo de su corteza. ‖ El trigo quebrantado á modo del farro, y que se guisa como él.

SEMOVIENTE, adj. Que per sí mismo se mueve, como los ganados, etc.

SEMPITERNA, s. f. Tegido de lana apretado y de bastante cuerpo, de que usan regularmente las mugeres pobres para vestirse. ‖ Flor. V. PERPETUA.

SEMPITERNAMENTE, adv. Perpetua, eternamente.

SEMPITERNO, NA, adj. Eterno.

SEN, s. m. *Bot.* Yerba medicinal purgativa originaria del Asia, de que se conocen dos especies ó variedades.

SENA, s. f. V. SEN. || En los dados las seis señales negras que tiene cada uno de ellos en uno de sus cuadros. || En el juego de las tablas reales y otros se dicen SENAS en plural cuando salen apareados los dos lados de los seis puntos.

SENADO, s. m. Junta ó congreso de los senadores para tratar los negocios importantes de la república. || El lugar donde concurrian los senadores á tratar los negocios de la república. || met. Cualquiera junta ó concurrencia de personas graves, respetables y circunspectas.

SENADOCONSULTO, s. m. Decreto ó determinacion del senado.

SENADOR, s. m. El magistrado que asistia al senado, y decidia las dependencias concernientes al gobierno.

SENARA, s. f. La porcion de tierra en que hace su sementera el labrador de cortas facultades.

SENARERO, s. m. El que siembra una corta porcion de tierra.

SENARIO, RIA, adj. num. y s. Se aplica al número que se compone de seis unidades. || En la poesía latina especie de versos compuestos de seis pies por lo regular yambos.

SENATORIO, RIA, adj. Que toca ó pertenece al senado ó senadores.

SENCIENTE, p. a. de SENTIR, Que siente ó tiene sensacion.

SENCILLAMENTE, adv. Con sencillez, lisura y sin doblez ni engaño.

SENCILLEZ, s. f. La calidad que constituye las cosas delgadas y con poco cuerpo en la línea que le pueden tener. || Ingenuidad, llaneza, sinceridad y lisura en el trato ó en las acciones. || Simpleza, ignorancia, facilidad de alguno para ser engañado.

SENCILLEZA, s. f. ant. V. SENCILLEZ.

SENCILLÍSIMAMENTE, adv. sup. de SENCILLAMENTE.

SENCILLÍSIMO, MA, adj. sup. de SENCILLO.

SENCILLO, LLA, adj. Que no tiene mezcla ni composicion de otra cosa. || Se dice tambien de aquello que tiene ménos cuerpo ó tomo que el comun. Aplícase regularmente á las telas de seda, como tafetan SENCILLO, etc. || met. Simple ó fácil de engañar. || met. Ingenuo ó llano en el trato, sin doblez ni engaño, y que dice lo que siente. || La moneda pequeña respecto de otra del mismo nombre de mas valor, como doblon SENCILLO, real de plata SENCILLO, etc.

SENDA, s. f. Camino angosto, apartado del real y trillado. || met. El medio que se elige ó sigue para lograr algun fin.

SENDERADO, p. p. de SENDERAR.

SENDERAR, v. a. Hacer sendas.

SENDEREADO, p. p. de SENDEREAR.

SENDEREAR, v. a. Guiar ó encaminar por la senda. || met. Echar por caminos extraordinarios en el modo de obrar ó discurrir. || V. SENDERAR.

* SENDERICO, LLO, ITO, dim. de SENDERO.

SENDERO, s. m. V. SENDA.

SENDERUELO, s. m. dim. de SENDERO.

SENDICA, LLA, TA, s. f. d. de SENDA.

SENDOS, DAS, adj. pl. Uno de cada uno, ó por cada uno el suyo ó los suyos.

SENE, s. m. ant. V. VIEJO.

SENECTUD, s. f. ant. Ancianidad ó vejez.

SENÉS, SA, adj. y s. El natural de Sena y perteneciente á esta ciudad ó provincia.

SENESCAL, s. m. En algunas partes mayordomo mayor de la casa real. || El gefe ó cabeza principal de la nobleza del pueblo, que la gobernaba especialmente cuando era llamada ó convocada á la guerra. || El juez supremo ó gobernador de la república ó reino ó de alguna parte de él.

* SENESCALA, s. f. La muger del senescal.

SENESCALÍA, s. f. Dignidad, cargo ó empleo de senescal.

SENIL, adj. c. Uno de los epitetos que los astrólogos dan al cuarto cuadrante del tema celeste. || Que pertenece á los viejos y á la vejez.

SENIOR, RA, adj. ant. V. SEÑOR. SEÑORA. Usábase tambien como sustantivo por el individuo del senado.

SENO, s. m. La cavidad del pecho. || V. REGAZO. || El vientre materno. || SEGURIDAD, amparo y defensa. || La concavidad ó espacio que forman algunas cosas con el rodeo ó vueltas en su movimiento. || Cualquiera concavidad ó hueco capaz de encerrar en sí otra cosa. || La parte de mar que se recoge entre dos puntos ó cabos de tierra. || *Geog.* V. GOLFO. || En el cuerpo humano cualquiera de las concavidades interiores de él, en que se contienen otras cosas. || met. Se dice de las cosas espirituales. || *Cir.* La pequeña cavidad que se forma en la llaga ó apostema, donde se juntan las materias. || met. Disimulo, engaño ó cautela con que se trata ó da á entender alguna cosa de diferente modo que se siente. || El infierno ó el purgatorio y limbo. || *Náut.* La curvatura que hace cualquiera vela ó cuerda que no está tirante. || SENO DE ABRAHAN, El lugar en que estaban detenidas las almas de los fieles que habian pasado de esta vida en la fe y con la esperanza del Redentor. || SENO RECTO Ó PRIMERO DE UN ARCO Ó ÁNGULO, *Trigon.* La linea recta perpendicular que cae de la extremidad del arco ó ángulo sobre el diametro que pasa por la otra extremidad, y por este se entiende cuando absolutamente se dice SENO. || SENO SEGUNDO DE UN ARCO, El seno primero del complemento de dicho arco hasta el cuadrante. || SENO VERSO Ó SAGITA, La porcion del diámetro comprendida entre el seno recto de un arco y el mismo arco.

SENOGIL, s. m. V. CENOGIL.

SENSACION, s. f. La impresion que los objetos hacen sobre los órganos de algun sentido.

SENSATO, TA, adj. Cordato, de buen juicio.

SENSIBILIDAD, s. f. Disposicion ó facultad en los sentidos para la impresion fuerte de los objetos agradables ó desagradables. || *Filos.* La razon, forma ó cuasi forma que constituye lo sensible, y le diferencia de lo no sensible.

SENSIBILÍSIMO, MA, adj. sup. de SENSIBLE.

SENSIBLE, adj. Que se percibe por los sentidos ó se imprime en ellos. || *Filos.* Dícese de la diferencia que constituye al animal. || Que causa ó mueve sentimiento, dolor, angustia, ó pena. || Que se deja llevar fácilmente del sentimiento.

SENSIBLEMENTE, adv. De forma que se perciba por los sentidos. || Con dolor, pesar ó pena.

SENSITIVO, VA, adj. Que tiene disposicion en los órganos para recibir las impresiones de los objetos. || V. SENSUAL. || Perteneciente á los sentidos corporales.

SENSORIO, RIA, adj. Que pertenece á la facultad de sentir, ó al sentido comun.

SENSORIO, s. m. La facultad de sentir. || El lugar donde reside la facultad de sentir, ó el sentido comun.

SENSUAL, adj. En su sentido recto vale lo mismo que SENSITIVO; pero generalmente se aplica al que se deja llevar de los gustos y deleites de los sentidos. || Que pertenece al apetito carnal.

SENSUALIDAD, s. f. Propension ó inclinacion del apetito sensitivo á los gustos y delicias del cuerpo, especialmente carnales.

SENSUALMENTE, adv. Con sensualidad.

SENTADA, s. f. V. ASENTADA.

SENTADILLAS (Á), Con un modo particular de estar sentado, como el que usan las mugeres cuando van á caballo con ámbas piernas hácia un mismo lado.

SENTADO, p. p. de SENTAR. || SENTADO, DA, adj. Juicioso, sesudo y quieto. || ESTAR BIEN SENTADO, met. Estar alguno asegurado en el empleo ó conveniencia que disfruta por el valimiento de quien le conserva y patrocina. || En el juego de naipes tener el lugar en que se gana por órden respecto de los otros.

SENTAMIENTO, s. m. *Arq.* V. ASIENTO.

SENTAR, v. a. V. ASENTAR. || Entre sastres y costureras allanar ó aplanar las costuras.

SENTARSE, v. r. V. ASENTARSE. || En el juego de naipes vale quedarse la polla repuesta. || Poner el cuerpo en alguna disposicion ó de algun modo particular, y se junta siempre con algun nombre que determina el modo, como SENTARSE de rodillas, en cuclillas, etc. || fam. Caer violentamente, dando en el suelo con las nalgas. || Tomar el lugar y asiento, con cuya accion se da como por distincion la posesion de algun empleo ó dignidad. || SENTAR BIEN UNA COSA, met. Agradar ó ser conforme al gusto ó al dictámen.

SENTENCIA, s. f. El dictámen, juicio ó parecer que tiene ó sigue alguno en la materia que trata ó se le consulta. || Dicho grave y sucinto que encierra doctrina ó moralidad digna de notarse. || Declaracion del juicio y resolucion del juez, segun los méritos de la causa. || met. La decision de cualquiera controversia ó disputa extrajudicial que da la persona á quien se ha hecho árbitro de ella para que la juzgue. || SENTENCIA DEFINITIVA Ó DIFINITIVA, Aquella en que el juez, concluido el proceso, resuelve finalmente sobre el asunto principal, condenando ó absolviendo las partes. || SENTENCIA INTERLOCUTORIA, V. INTERLOCUTO-

RIO. || SENTENCIA PASADA EN COSA JUZGADA, Aquella de que no se puede apelar por haber pasado el término de la apelacion. || FULMINAR LA SENTENCIA, Pronunciarla.

SENTENCIADO, p. p. de SENTENCIAR. || ESTAR Á JUZGADO Y SENTENCIADO, for. V. JUZGADO.

SENTENCIAR, v. a. Dar ó pronunciar sentencia. || met. Expresar el parecer, juicio ó dictámen que se hace á favor de la una parte de lo que se disputa ó controvierte. || fam. Determinar ó aplicar alguna cosa para algun fin ó destino.

SENTENCION, s. m. aum. de SENTENCIA. La sentencia rigurosa ó excesiva.

SENTENCIOSAMENTE, adv. De un modo sentencioso.

SENTENCIOSO, SA, adj. Que incluye moralidad ó doctrina en palabras breves, graves y agudas.

SENTENZUELA, s. f. d. de SENTENCIA.

SENTIBLE, adj. ant. V. SENSIBLE.

SENTICAR, s. m. ant. El sitio ó terreno que produce abrojos ó espinas.

SENTIDAMENTE, adv. Con sentimiento.

SENTIDÍSIMAMENTE, adv. sup. de SENTIDAMENTE.

SENTIDÍSIMO, MA, adj. sup. de SENTIDO.

SENTIDO, p. p. de SENTIR. || SENTIDO, DA, adj. Que incluye ó explica algun sentimiento. || Que fácilmente siente. || Hendido, rajado ó relajado. || Que empieza á corromperse ó podrirse.

SENTIDO, s. m. La potencia ó facultad que se egercita en el órgano corporal, por el cual el animal percibe las impresiones de los objetos exteriores. || El entendimiento ó razon, en cuanto discierne las cosas. || El modo particular de entender alguna cosa, ó el juicio que se hace de ella. || La inteligencia ó conocimiento con que se egecutan algunas cosas, como leer con SENTIDO, etc. || La significacion perfecta de alguna proposicion ó cláusula; y en esta acepcion se dice: esta proposicion no tiene SENTIDO. || El significado ó acepcion de las voces ó palabras; y así se dice que una voz tiene varios SENTIDOS, recto ó metafórico, etc. || La capacidad de alguna proposicion, cláusula ó escrito para admitir alguna ó muchas interpretaciones ó inteligencias, como los diversos SENTIDOS de la sagrada Escritura. || En la pintura y escultura cualquiera de los senos que hay entre los murecillos del rostro en los ancianos. || SENTIDO ACOMODATICIO, La inteligencia espiritual y mística que se da á algunas palabras de la Escritura, aplicándolas á otras personas y cosas distintas de las que se digeron en su riguroso y literal significado. || SENTIDO COMUN, La facultad interior, en la cual se reciben é imprimen todas las especies é imágenes de los objetos que envian los sentidos exteriores. Llámanle tambien SENTIDO interior é imaginativa. || ABUNDAR EN SU SENTIDO, Estar uno adicto á su opinion ó dictámen. || CON TODOS SUS CINCO SENTIDOS, Con toda atencion, advertencia y cuidado ó suma eficacia.

SENTIDOR, RA, s. m. y f. ant. El que siente ó tiene facultad de sentir.

SENTIMIENTO, s. m. La accion de percibir por los sentidos los objetos. || La percepcion del alma en las cosas espirituales con gusto, complacencia ó movimiento interior. || Pena, dolor, pesar, disgusto. || La quiebra que hace alguna fábrica ó cosa semejante, con que amenaza ruina. || Queja que se tiene contra algun sugeto que ha dado motivo de sentir. || El dictámen, juicio ó opinion que se forma de las cosas.

SENTINA, s. f. *Náut.* La cavidad inferior de la nave que está sobre la quilla. || met. Cualquier lugar lleno de inmundicias y mal olor.

SENTIR, v. a. Percibir con los sentidos las impresiones de los objetos. || Oir ó percibir con el sentido del oido. || Padecer físicamente algun dolor ó daño, como SENTIR hambre, sed, etc. || Tener pena, dolor ó pesadumbre, ó padecer otros afectos del ánimo. || Juzgar, opinar, formar parecer ó dictámen acerca de alguna cosa. || Acomodar las acciones exteriores á las expresiones ó palabras, ó darles el sentido que les corresponde. || Prever, tener algunas señas ó especies de lo que ha de sobrevenir. Dícese especialmente de los animales que SIENTEN la mudanza de los temporales, y la anuncian con algunas acciones. || Tomar sabor.

SENTIR, s. m. V. SENTIMIENTO. || Dictámen, parecer.

SENTIRSE, v. r. Formar queja, ó tener sentimiento de alguna cosa, explicándola de algun modo. || Padecer quiebra, dando señas de amenazar ruina ú otro daño como SENTIRSE la pared. || Padecer algun dolor ó principio de algun daño en parte determinada del cuerpo, como

SENTIRSE de la mano, de la cabeza. ‖ Explicar el estado de una persona en cierta constitucion, como SENTIRSE preñada, enferma. ‖ Reconocerse ó considerarse precisado á alguna accion. ‖ Empezar á abrirse sutilmente ó rajarse. ‖ SIN SENTIR, Inadvertidamente, sin conocimiento ó cuidado.

SEÑA, s. f. Nota ó indicio sensible que sirve para denotar alguna cosa ó venir en conocimiento de ella. ‖ Cualquiera cosa que de concierto está determinada entre dos ó mas personas para entenderse. ‖ V. SEÑAL. ‖ *Mil.* La palabra que acompañada del santo se da en la órden del dia para que sirva de reconocimiento al recibir las rondas. ‖ ant. El estandarte ó bandera militar. ‖ SEÑAS MORTALES, V. SEÑAL MORTAL. ‖ DAR SEÑAS, Manifestar las circunstancias individuales de una cosa, describirla de forma que no se pueda equivocar con otra. ‖ HABLAR POR SEÑAS, Explicarse con ademanes para dar á entender aquello que se quiere. ‖ HACER SEÑAS, Usar de ellas para dar á entender alguna cosa sin decirla, ó para llamar á alguno en secreto, ó que está muy distante. ‖ POR SEÑAS, Con el uso de ellas para darse á entender. ‖ POR SEÑAS Ó POR MAS SEÑAS, Se usa para traer al conocimiento alguna cosa, acordando las circunstancias ó indicios de ella.

SEÑAL, s. f. La marca ó nota que se pone ó hay en las cosas para darlas á conocer y distinguirlas de otras. ‖ La nota que se pone para señalar algun término. ‖ Cualquiera cosa que se pone ó hace para acordarse despues de alguna especie. ‖ Nota ó distintivo en buena ó mala parte. ‖ El signo que nos induce al conocimiento de otra cosa distinta. ‖ El indicio ó muestra no material de alguna cosa. ‖ SEÑA en significacion de estandarte ó bandera militar. ‖ El vestigio ó impresion que queda de alguna cosa por donde se viene en conocimiento de ella. ‖ La cicatriz ó nota que queda en el rostro ú otras partes del cuerpo por resultas de alguna herida ú otro daño. ‖ Imágen ó representacion de alguna cosa. ‖ Prodigio ó cosa extraordinaria y fuera del órden natural, que pronostica algun suceso especial ó raro. ‖ La parte de precio que se anticipa en cualquier concierto, como prenda de seguridad de que se estará á él. ‖ El aviso que se comunica ó da, de cualquier modo que sea, para concurrir á algun lugar determinado ó para egecutar otra cosa. ‖ *Med.* Aquel accidente, mutacion ó especie que induce á hacer juicio del estado de la enfermedad ó del éxito de ella. ‖ ant. SIGNO, por el de los escribanos. ‖ ant. El sello ó escudo de armadas y blasones de que se compone. ‖ *Germ.* El criado de justicia. ‖ SEÑAL DE BORRICA FRONTINA, fam. La accion con que alguno da á conocer la segunda intencion que lleva. ‖ SEÑAL DE LA CRUZ, La cruz formada de cualquier modo por la mano representando aquella en que murió nuestro Redentor. ‖ SEÑAL DE TRONCA, Entre los ganaderos la que se hace al ganado cortándole una ó ámbas orejas. ‖ SEÑAL MORTAL, La certidumbre del indicio de lo que se teme ó desea. ‖ EN SEÑAL, En prueba ó muestra de alguna cosa. ‖ NI SEÑAL DE TAL COSA, Exp. con que explicamos que la tal cosa ha cesado, ó se acabó del todo ó no se halla.

SEÑALADAMENTE, adv. Con especialidad ó singularidad, ó con expresion determinada.

SEÑALADÍSIMO, MA, adj. sup. de SEÑALADO.

SEÑALADO, p. p. de SEÑALAR. ‖ SEÑALADO, DA, adj. Insigne, famoso.

SEÑALAMIENTO, s. m. La accion de señalar ó determinar hora, lugar ú otra cosa semejante, como SEÑALAMIENTO de dia, de estrados.

SEÑALAR, v. a. Poner ó estampar señal en alguna cosa para darla á conocer ó distinguirla de otra, ó para acordarse despues de alguna especie. ‖ Rubricar algun despacho ó decreto. ‖ Dar á conocer ó entender alguna cosa, mostrándola ó manifestándola entre otras particularmente. ‖ Decir determinadamente alguna cosa. ‖ Nombrar, determinar sugeto, lugar ó dia para algun fin. ‖ Hacer alguna herida ó señal en el cuerpo, particularmente en el rostro, que le cause imperfeccion ó defecto. ‖ met. Hacer el amago y señal de alguna cosa sin egecutarla, como las estocadas en la esgrima. ‖ Hacer señal para dar noticia de alguna cosa.

SEÑALARSE, v. r. Distinguirse ó singularizarse alguno entre otros, especialmente en materias de reputacion, crédito y honra. ‖ En el juego de naipes tantear los puntos que cada uno va ganando hasta que se acabe el juego.

SEÑALEJA, s. f. d. de SEÑAL.

SEÑALERO, s. m. Alférez del rey ó alférez mayor.

SEÑALEZA, s. f. ant. V. SEÑAL.

SEÑAR, v. n. ant. Hacer señas. Hoy tiene uso en Aragon.

SEÑERA, s. f. En lo antiguo pendon militar.

SEÑERAMENTE, adv. ant. Singular ó particularmente.

SEÑERO, RA, adj. ant. Solo, solitario, separado de toda compañia. || ant. Se aplicaba al territorio ó pueblo que tenia facultad de levantar pendon en las proclamaciones de los reyes. || El que hace señas ó las da de alguna cosa.

SEÑOLEAR, v. n. Cazar con señuelo y poner el señuelo á la ave de rapiña.

SEÑOR, RA, s. m. y f. El dueño de alguna cosa, el que tiene dominio y propiedad en ella. || Por antonomasia se entiende Dios, como dueño que es de todas las cosas, rey de reyes, y señor de los señores. || El sacramento eucarístico, en reconocimiento de estar en él el señor del mundo. || El que posee estados y lugares. || Título que se suele dar como especial á algun santo; y así se dice: el señor san Josef, etc. || Término de cortesía, hablando con alguno aunque sea igual ó inferior. || amo respecto de sus criados. || En estilo familiar el suegro. || señor del alcamadijo, V. dueño. || señor de salva, ant. Personage de mucha distinction ó de alta gerarquía. || señor de sí, El que se mantiene con entereza y sin perturbacion en los lances difíciles y que pudieran alterar ó inmutar. || señor mayor, El hombre de edad avanzada. || descansar ó dormir en el señor, Morir. Se dice regularmente de la muerte de los justos. || gran señor, Nombre que se da al emperador de los Turcos. || ninguno puede servir á dos señores, Proverbio tomado del evangelio, con que se significa que el que ha de atender á una obligacion se ha de desprender de otra incompatible con ella. || quedar señor del campo, *Mil.* Haber vencido la batalla, manteniéndose en la campaña ó terreno en donde se dió ó estaba el enemigo. || quedar señor del campo, met. Haber vencido en cualquiera disputa ó contienda. || señora, Por antonomasia se entiende la Virgen María. || El ama de la casa respecto de sus criados. || En estilo familiar la suegra. || señora de honor, Título que se da á las que tienen en palacio empleo inferior á las damas. || señora mayor, La muger de edad avanzada.

SEÑORAGE, s. m. V. señoreage.

SEÑORAZO, ZA, s. m. y f. aum. de señor. Úsase por ironía.

SEÑORCICO, CA, LLO, LLA, TO, TA, s. m. y f. d. de señor.

SEÑOREADO, p. p. de señorear.

SEÑOREADOR, RA, s. m. y f. ant. El que señorea.

SEÑOREAGE, s. m. El derecho que pertenece al príncipe ó soberano en las casas de moneda por razon de la fábrica de ella, de que es privativo señor.

SEÑOREANTE, p. a. de señorear, Que señorea.

SEÑOREAR, v. a. Dominar ó mandar en alguna cosa como dueño de ella. || met. Mandar alguno imperiosamente y disponer de las cosas como si fuera dueño de ellas. || Apoderarse de alguna cosa, sujetarla á su dominio y mando. || Estar una cosa superior en situacion ó en mayor altura del lugar que ocupa otra, como que la domina y sujeta á sí. || Sujetar las pasiones á la razon, y mandar sobre las acciones propias. || Darle á otro repetidas veces é importunamente el tratamiento de señor.

SEÑOREARSE, v. r. Usar de gravedad y mesura en el porte, vestido o trato. || V. señorear.

SEÑORÍA, s. f. Tratamiento que se da á las personas constituidas en dignidad, á quienes les compete. || met. La persona á quien se le da este tratamiento. || señorío, dominio ó mando. || El dominio de algun estado particular que se gobierna como república, como se decia ántes de la señoría de Venecia, de Génova, etc. || El senado que gobierna algun estado particular.

SEÑORICO, CA, TO, TA, s. m. y f. d. de señor. El hijo de los señores ó grandes, y por cortesanía se suele decir del hijo de cualquier otro sugeto de representacion.

SEÑORIL, adj. Que pertenece al señor.

SEÑORÍO, s. m. Dominio ó mando sobre alguna cosa como propia ó sujeta. || El territorio perteneciente al señor, y de que es dueño. || met. Gravedad y mesura en el porte ó las acciones. || El dominio y libertad en obrar con sujecion de las pasiones á la razon.

SEÑORÍSIMO, MA, s. m. y f. Muy señor ó muy señora, ó por serlo en la realidad, ó por portarse como tal, ó finalmente por afectar señorío y grandeza. Úsase por lo comun irónicamente.

SEÑUELO, s. m. Coginillo de cuero con dos alas á los lados, que imita la forma de alguna avé. || met. Cualquiera cosa que sirve para atraer á otra, persuadirla ó inducirla. || V. cimbel.

SEO, s. f. *Ar.* V. iglesia catedral.

SEPAICUANTOS, s. m. fam. Castigo, reprension.

SEPARABLE, adj. Que es capaz de separarse ó se puede separar de otra cosa con que estaba junto.

SEPARACION, s. f. La accion de separar una cosa de otra.

SEPARADAMENTE, adv. Con separacion, ó á parte y con distincion.

SEPARADO, p. p. de SEPARAR.

SEPARADOR, RA, s. m. y f. El que separa.

SEPARANTE, p. a. de SEPARAR, Que separa.

SEPARAR, v. a. Apartar una cosa de otra con quien estaba junta. || Divorciar, impedir la comunicacion de marido y muger por algun tiempo. || *Cir.* Dividir y manifestar los cadáveres en las operaciones anatómicas.

SEPARARSE, v. r. Apartarse ó dividirse una cosa de otra. || Abstraerse alguno de las cosas en que ántes se ocupaba, ó dejar la comunicacion que ántes tenia. || for. Desistir.

SEPARATIVO, VA, adj. Que separa ó tiene virtud de separar.

SEPEDON, s. m. Reptil. V. SIPEDON.

SEPELIDO, p. p. de SEPELIR.

SEPELIR, v. a. ant. V. SEPULTAR.

SEPIA, s. f. Animal marino. V. GIBIA.

SEPTENO, NA, adj. ant. V. SETENO.

SEPTENTRION, s. m. ant. V. SETENTRION.

SEPTENTRIONAL, adj. V. SETENTRIONAL.

SEPTIEMBRE, s. m. V. SETIEMBRE.

SÉPTIMA, s. f. V. SÉTIMA.

SÉPTIMO, MA, adj. V. SÉTIMO, MA.

SÉPTICO, CA, adj. *Med.* Dícese de cualquier tópico que pudre la carne sin dolor.

SEPTUPLICAR, v. a. V. SETUPLICAR.

SÉPTUPLO, PLA, adj. V. SÉTUPLO.

SEPULCRAL, adj. Que toca ó concierne al sepulcro.

SEPULCRO, s. m. Obra por lo comun de piedra que se construye levantada del suelo para dar en ella sepultura al cadáver de alguna persona, y honrar y hacer mas duradera su memoria. || La caja ó las andas cerradas, que con una imágen del cuerpo de Jesucristo difunto se llevan en las procesiones de semana santa.

SEPULTADO, p. p. de SEPULTAR.

SEPULTADOR, s. m. El que sepulta.

SEPULTAR, v. a. Dar sepultura ó enterrar el cuerpo de algun difunto. || met. Esconder ó encubrir una cosa de modo que no se vea ó no se conozca, ó que se olvide.

SEPULTO, p. p. irreg. de SEPELIR.

SEPULTURA, s. f. La accion y efecto de sepultar. || El hoyo que se hace en tierra para poner y enterrar en él el cadáver de alguna persona. Llámase así tambien el mismo hoyo despues de enterrado en él el cadáver. || DAR SEPULTURA, V. SEPULTAR.

SEPULTURERO, s. m. El que por oficio abre las sepulturas y cubre con tierra los muertos.

SEQUEDAD, s. f. La falta de humedad en los cuerpos, ó de lluvia hablando del temporal respecto de la tierra. || Falta y escasez de los géneros en algun pais ó infecundidad de él. || Se dice de aquellas cosas que debieran dar utilidad y no la dan. || Dicho ó expresion áspera y dura. || Úsase mas comunmente en plural. || met. Aspereza en el trato ó falta de cariño. || met. Falta de dulzura y de elocuencia en el estilo. || met. Falta de devocion y fervor, ó de consuelo espiritual.

SEQUEDAL ó SEQUERAL, s. m. El terreno muy seco, y por lo mismo infecundo.

SEQUERO, s. m. V. SECANO. || V. SECADERO. || DE SEQUERO, ant. EN SECO.

SEQUEROSO, SA, adj. Seco, falto de la humedad y jugo que debia tener.

SEQUETE, s. m. El pedazo de pan, bollo ó rosca que está seco y duro. || El golpe ó impulso que se da á alguna cosa de firme, ó para contener ó cortar el movimiento de otra, como en la pelota cuando se espera con la pala firme al voleo, ó en los trucos y villar cuando se hiere la bola contraria de modo que el golpe corre el impulso. || met. Aspereza en el trato ó modo de responder.

SEQUÍA, s. f. V. SEQUEDAD. Dícese especialmente de la del temporal cuando no llueve.

SEQUILLA, s. f. d. de SECA.

SEQUILLO, s. m. El dulce hecho de masa y azúcar, como rosquillas, bollitos, etc.

SEQUÍO, s. m. V. SECANO; y así se llaman tierras de sequío las que no se riegan.

SEQUÍSIMO, MA, adj. sup. de SECO.

SÉQUITO, s. m. La agregacion de gente que en obsequio, autoridad y aplauso de alguno le acompaña y sigue. || El aplauso ó benevolencia comun en aprobacion de las acciones ó prendas de alguno, de su doctrina ú opinion.

SEQUIZO, ZA, adj. Que tiene la calidad de seco.

SER, v. sustantivo, anómalo y auxiliar que sirve para la conjugacion de todos los verbos en su pasiva, porque significa y denota el modo y el tiempo de padecer lo que los verbos significan. || Servir, aprovechar ó conducir para alguna cosa: Pedro no ES para esto. || Estar en algun lugar ó situacion. || Suceder ó acontecer; y así se dice: ¿como FUÉ ese caso? etc. || Valer, hablando del precio de las cosas, y así se pregunta en las compras: ¿á como ES lo que se vende? || Pertenecer á la posesion ó dominio de alguno: este jardin ES del rey. || Pertenecer ó tocar: este proceder no ES de hombre de bien: no ES mio el sentenciar estas discordias. || Pertenecer ó tocar hablando de alguna comunidad ó número, ó de calidad, y tambien se junta con la preposicion *de*, como ES del consejo, etc. || Tener principio, origen ó naturaleza, hablando de los lugares ó paises, como Antonio ES de Madrid. || En las proposiciones significa la relacion que tiene el predicado con el sugeto. || Sirve para afirmar ó negar en lo que se dice ó pretende: como esto ES. || Junto con nombres que significan empleo, ócupacion ó ministerio vale egercitarlos ú ocuparse en ellos, como ES capitan, ES gobernador, etc. || Junto con nombres ó participios de otros verbos vale tener las propiedades ó calidades de lo que dichos nombres significan. || ant. Haber, existir. || SER CON ALGUNO, Opinar del mismo modo que él. || SER DE ALGUNO, Seguir su partido ú opinion, ó mantener su amistad. || ERASE QUE SE ERA, Expr. fam. con que suele dar principio á los cuentos y relaciones la gente ordinaria. || SEA LO QUE FUERE Ó SEA LO QUE SEA, Expr. con que se prescinde de cual de dos ó mas cosas es cierta, pasando á tratar el asunto principal en cualquiera de las suposiciones. || SEA Ó NO SEA, Expr. con que prescindiendo de la existencia ó no existencia de alguna cosa se pasa á tratar del asunto principal. || SOY CON VM, Expr. que se usa para prevenir á alguno que espere un poco para tratar de su dependencia, como disculpándose con la que está tratando con otro. || SIN SER, Sin haberse gastado ó consumido ó deshecho. || ES QUIEN ES, Expr. con que se denota que alguno ha correspondido en alguna accion á lo que debe á su sangre ó empleo. || SI YO FUERA QUE FULANO, Expr. que se usa para dar á entender lo que debia hacer el sugeto de quien se habla en la materia que se trata.

SER, s. m. Esencia ó naturaleza. || Ente. || Valor, precio, estimacion de las cosas; y así decimos: en esa palabra está todo el SER de la proposicion. || Modo de existir.

SERA, s. f. Espuerta grande, regularmente sin asas, que sirve para conducir el carbon y otros usos.

SERADO, s. m. V. SERAGE.

SERÁFICO, CA, adj. Que pertenece ó se parece al serafin. Suele darse este epiteto á san Francisco de Asis, y á la órden religiosa que fundó. || HACER LA SERÁFICA, met. y fam. Nota á alguno de que afecta virtud y modestia para conseguir sus intentos ó conveniencias.

SERAFIN, s. m. Espíritu del primer coro de los nueve celestiales de la superior gerarquia. || met. El sugeto de especial hermosura ú otras prendas. || Especie de moneda de plata que se usa en la India.

SERAFINA, s. f. Tela de lana de un tegido muy semejante á la bayeta, aunque mas tupido y abatanado, adornado de variedad de flores y otros dibujos.

SERAGE, s. m. El conjunto de seras, especialmente de carbon.

* SERAPIN, s. m. Goma que por incision se saca de la cañaheja.

SERAPINO, s. m. V. SAGAPENO.

SERASQUIER, s. m. El general de egército entre los Turcos.

SERBA, s. f. El fruto del serbal, de color pardo que tira á rojo, sumamente áspero al gusto hasta que se suaviza y muda despues de cortado del árbol con el mucho tiempo.

SERBAL, s. m. Árbol cuyo fruto de figura de peras pequeñas, de un color encarnado que participa de amarillo, es comestible despues de maduro entre paja.

SERBO, s. m. V. SERBAL.

SERENADO, p. p. de SERENAR.

SERENAMENTE, adv. Con serenidad, sin turbacion.

SERENAR, v. a. y n. Aclarar, sosegar, tranquilizar alguna cosa, como el tiempo, el mar. || Poner al sereno algun licor ú otra cosa. || Sentarse ó aclararse los licores que estan turbios y mezclados de algunas partículas. || met. Apaciguar ó sosegar disturbios ó tumultos. || Templar, moderar ó cesar del todo en el enojo ó señas de ira ú otra pasion, especialmente en el ceño del semblante.

SERENATA, s. f. Funcion de música, especialmente con concierto de instrumentos.

SERENERO, s. m. La cubierta de la cabeza que sirve á las mugeres para la defensa del sereno.

SERENÍ, s. f. Bote pequeño que se lleva en los navios ademas del grande para mas pronto servicio.

SERENIDAD, s. f. La claridad ó el efecto de nubes y nieblas que turban ó alteran el aire. || Título de honor que se da á algunos soberanos. || met. Sosiego, apacibilidad ó disposicion del ánimo que resiste á la turbacion que suelen ocasionar las pasiones ú otros accidentes. || Desvergüenza. || SERENIDAD DE CONCIENCIA, La seguridad que occasiona el obrar bien y la buena intencion.

SERENÍSIMO, MA, adj. sup. de SERENO. || Título de honor que se da en el tratamiento á los príncipes, hijos de reyes y á algunas repúblicas.

SERENO, NA, adj. Claro, despejado de nubes ó nieblas. || met. Apacible, sosegado, quieto y sin turbacion física ó moral.

SERENO, s. m. La humedad de que durante la noche está impregnada la atmósfera. || La persona destinada para decir en voz alta el tiempo que hace y la hora que es, y para rondar de noche por las calles, avisar de los incendios, evitar los robos. || *Germ.* Desvergonzado. || AL SERENO, Al descubierto, y adonde puede tocar ó llegar el sereno.

SERIAMENTE, adv. Con gravedad y seriedad, de veras.

SÉRICO, CA, adj. ant. Que es de seda.

SERIE, s. f. Continuacion ordenada y sucesiva de cosas, enlace, encadenamiento, union.

SERIEDAD, s. f. Gravedad y entereza, circunspeccion en el modo y en las acciones. || Aspereza ó entereza en el mirar ó decir alguna cosa. || Realidad, sinceridad en el trato.

SERIJO ó SERILLO, s. m. Sera pequeña que sirve regularmente para poner y llevar pasas, higos ó cosas semejantes.

SERILLA, s. f. d. de SERA.

SERIO, RIA, adj. Grave, sentado y compuesto en las acciones y en el modo de proceder. Aplícase tambien á las acciones mismas que tienen esta calidad. || Áspero ó mesurado en el semblante, en el modo de mirar ó hablar. || Real, verdadero y sincero, sin engaño ó burla, doblez ó disimulo. || Grave, importante, de consideracion, como negocio SERIO, enfermedad SERIA. || Megestuoso, grave, sin alegría, bullicio ni mucha viveza, como funcion SERIA, color SERIO.

SERMOCINAL, adj. ant. Que pertenece á la oracion ó modo de decir en público.

SERMON, s. m. ant. El lenguage ó idioma que usa cualquiera nacion para hablar ó entenderse. || El discurso cristiano ú oracion evangélica que se predica en alguna parte para la enseñanza de la buena doctrina, para la enmienda de los vicios, ó en elogio de los buenos para la imitacion de sus virtudes. || ant. Discurso ó conversacion. || met. Reprension particular dada para la enmienda de alguna culpa ó defecto.

SERMONAR, v. n. ant. Predicar, echar sermones.

SERMONARIO, RIA, Perteneciente á sermon ó á semejante á él.

SERMONARIO, s. m. El libro que contiene sermones.

SERMONCICO, LLO, TO, s. m. d. de SERMON.

*SERMONERO, s. m. fam. El que echa sermones, reprehensiones pesadas á alguno.

SERMONEAR, v. a. fam. Reprender frecuentemente.

SERMONIZACION, s. f. ant. El coloquio, acto de hablar ó decir en público.

SERNA, s. f. ant. Porcion de tierra de labor.

SEROJA, s. f. La hoja seca que cae de los árboles. || El residuo ó desperdicio de la leña.

SEROJO, s. m. V. SEROJA.

SERON, s. m. Especie de sera mas larga que ancha, que sirve de ordinario para carga de caballerías. || SERON CAMINERO, El que sirve para llevar carga por los caminos.

SERONERO, s. m. El que por oficio hace serones.

SEROSIDAD, s. m. Humor acuoso y salino que se separa de la parte roja de la sangre.

SEROSO, SA, adj. Que es de suero ó consta de él.

SERPA, s. f. El sarmiento largo de la vid que suele enterrarse para criar otra.

SERPEAR, v. a. V. SERPENTEAR.

SERPENTARIA, s. f. Yerba, V. DRAGONTEA. || SERPENTARIA VIRGINIANA, *Farm.* Raiz alexifarmaca que se trae de la América. Consta de muchos filamentos, delgados amarillentos, y de olor y sabor resinoso.

SERPENTARIO, s. m. Constelacion celeste setentrional, llamada así porque la figuran los astrónomos con un hombre abrazado de una serpiente.

SERPENTEAR, v. n. Andar ó moverse, haciendo vueltas y tornos como la serpiente.

SERPENTÍGERO, RA, adj. *Poét.* Que lleva serpientes.

SERPENTIN, s. m. Especie de piedra mármol de un verde claro con manchas. || Instrumento en que se ponia la mecha encendida, para poner fuego á la cazoleta del mosquete y dispararle. || Pieza de acero que se pone en las llaves de las armas de fuego y chispa, con la cual se forma el movimiento y muelle de la llave. || *Quím.* Caño de cobre ó estaño que sube dando vueltas ó culebreando desde el suelo del alambique hasta la cabeza del refrigerante, y sirve para las destilaciones del aguardiente y otros licores semejantes. || Pieza de artillería antigua que ya no tiene uso. || Fósil. V. SERPENTINA, piedra, etc.

SERPENTINA, s. f. SERPENTIN por la pieza de hierro en que se ponia la mecha del mosquete. || SERPENTIN por arma de fuego. || Especie de arma arrojadiza. || Piedra de color verde oscuro ó de aceituna, con manchas, puntos, venas, listas del mismo color mas ó ménos oscuro.

SERPENTINAMENTE, adv. Á modo de serpientes.

SERPENTINO, NA, adj. Que pertenece á las serpientes ó es propio de ellas. || Se aplica en las boticas al aceite de lombrices. || met. Se aplica á la lengua maldiciente. || Se dice del mármol que tiene parte de serpentina, ó del que es verde abigarrado del mismo color.

SERPENTON, s. m. aum. de SERPIENTE. || Instrumento de viento, contrabajo del fagot. Dásele este nombre porque tiene la figura de una culebra cuando anda.

SERPEZUELA, s. f. d. de SIERPE.

SERPIA, s. f. *And.* La borrura y vicio del tronco de la cepa.

SERPIENTE, s. f. Reptil, V. CULEBRA. || Aplícase comunmente á las que son muy grandes, y tambien á las fingidas y fabulosas de formas extrañas y monstruosas. || met. El demonio por su astucia, y por haber hablado en figura de tal á Adan y Eva.

SERPIGO, s. m. Apostema á modo de empeine que cunde á la larga.

SERPOL, s. m. *Bot.* Yerba perenne y medicinal, especie de tomillo.

* SERPOLIO, s. m. V. SERPOL.

SERRADIZO, ZA, adj. Se dice del madero capaz de serrarse ó ya dividido á lo largo con la sierra.

SERRADO, p. p. de SERRAR. || SERRADO, DA, adj. Que consta de unos dientecillos semejantes á los de la sierra.

SERRADOR, s. m. V. ASERRADOR.

SERRADURAS, s. f. pl. V. ASERRADURAS.

SERRALLO, s. m. La casa ó palacio real del Gran Turco. Tómase regularmente por el lugar en que tiene á sus mugeres y concubinas. || met. Cualquier sitio ó lugar donde se cometen graves desórdenes, obcenos y deshonestos.

SERRANÍA, s. f. El espacio de tierra que se compone de montañas y sierras.

SERRANIEGO, GA, adj. V. SERRANO.

SERRANIL, s. m. Especie de puñal ó cuchillo.

SERRANO, NA, adj. y s. El que habita en alguna sierra ó ha nacido en ella.

SERRAR, v. a. V. ASERRAR.

SERRATO, TA, adj. *Anat.* Se aplica al músculo que tiene dientes á modo de sierra.

* SERRÁTULA, s. f. Planta de prados, que se emplea en los tintes.

SERREZUELA, s. f. d. de SIERRA.

SERRIJON, s. m. Sierra ó cordillera de montes que no tiene mucha extension.

SERRIN, s. m. V. ASERRADURAS.

SERRINO, NA, adj. Que pertenece á la sierra ó se parece á ella. || Se aplica al pulso frecuente ó desigual.

SERRON, s. m. ant. V. SERRUCHO.

SERRUCHO, s. m. Hoja de sierra con sola una manija ó empuñadura, y algunos tienen dos; pero no lo demas de la armadura.

SERTA, s. f. *Germ.* La camisa.

SERTORIANO, NA, adj. Perteneciente á Sertorio.

SERVADOR, s. m. El que guarda ó defiende. Dan este epiteto los poetas al dios Júpiter.

SERVAR, v. a. ant. Observar, guardar.

SERVATO ó **ERVATO**, s. m. *Farm.* Yerba perenne de raiz medicinal.

SERVENTESIO, s. m. *Poét.* Cuarteto semejante á los cuatro primeros versos de la octava.

SERVIBLE, adj. Que puede servir.

SERVICIADO, p. p. de SERVICIAR.

SERVICIADOR, s. m. El que cobra el servicio y montazgo.

SERVICIAL, adj. Que sirve con cuidado, diligencia y obsequio.

SERVICIAL, s. m. AYUDA ó clister.

SERVICIALMENTE, adv. Con diligencia y cuidado en el servir.

SERVICIAR, v. a. Pagar, cobrar ó percibir el servicio.

SERVICIO, s. m. El acto y efecto de servir. ‖ El estado de criado ó sirviente. ‖ El rendimiento y culto que se debe á Dios en el egercicio de lo que pertenece á su gloria. ‖ El mérito que se saca sirviendo, especialmente en la guerra. ‖ El obsequio que se hace en beneficio del igual ó amigo. ‖ La porcion de dinero ofrecida voluntariamente al rey ó á república para las urgencias del estado ó bien público. ‖ La utilidad ó provecho que resulta á alguno de lo que otro egecuta en atencion suya. ‖ El vaso que sirve para excrementos mayores. ‖ El cubierto que se pone en la mesa para cada uno de los que han de comer. ‖ El conjunto de vagilla y otras cosas para servir la comida, el café ó el té. ‖ CUBIERTO por el conjunto de viandas que se ponen á un tiempo en la mesa. ‖ Hablando de beneficios ó prebendas eclesiásticas la residencia y asistencia personal. ‖ SERVICIO DE LANZAS, V. LANZAS. ‖ ESTAR AL SERVICIO, Expr. cortesana con que se ofrece á otro una cosa, ó se expresa estar á su disposicion y obsequio. ‖ HACER EL SERVICIO, Egercer en la milicia el empleo que cada uno tiene. ‖ HACER UN FLACO SERVICIO Á ALGUNO, fam. Hacerle mala obra ó causarle algun perjuicio.

SERVIDERO, RA, adj. Que está apto, á propósito para servir ó aprovecharse de ello en su línea. ‖ Que pide ó requiere asistencia personal para egecutarse ó cumplirse por sí ó por otro; y así se dice beneficio SERVIDERO, etc.

SERVIDO, p. p. de SERVIR. ‖ SERVIDO, DA, adj. Traido ó á medio gastar. ‖ SER SERVIDO, Querer ó gustar de alguna cosa conformándose con la súplica ó pretension que se hace.

SERVIDOR, RA, s. m. y f. El que sirve como criado. ‖ El que corteja ó festeja á alguna dama. ‖ En estilo cortesano el que se ofrece á la disposicion ú obsequio de otro. ‖ El bacin ó servicio.

SERVIDUMBRE, s. f. El acto ó egercicio de servir. ‖ La esclavitud ó estado de siervo. ‖ El conjunto de criados que sirven á un mismo tiempo ó en una misma casa. ‖ for. El derecho ó uso que una casa ó heredad tiene sobre otra, ó alguno sobre cosa agena para provecho suyo ó en utilidad pública. ‖ Sujecion grave ú obligacion inexcusable de hacer alguna cosa. ‖ met. La sujecion de las pasiones ó afectos que impide en cierto modo la libertad. ‖ V. LETRINA.

SERVIL, adj. Que pertenece á ó es propio de los siervos y criados. ‖ Bajo ó humilde y de poca estimacion. Se dice tambien de las cosas del ánimo.

SERVILLA, s. f. Especie de calzado, que son unas zapatillas de cordoban con una suela delgada.

SERVILLETA, s. f. Lienzo que sirve en la mesa para evitar el mancharse con el manjar y limpiar lo que de ella se pega á los dedos ó á la boca.

SERVILMENTE, adv. Á manera de siervo. ‖ Indecorosa ó indecentemente, con bajeza ó desdoro.

SERVIOLA, s. f. *Náut.* Palo grueso sobrepuesto encima del castillo de proa para izar las anclas y ponerlas á la péndola.

SERVIR, v. n. Estar en servicio de otro. ‖ Corresponder, agradecer. ‖ Estar empleado en la egecucion de alguna cosa por mandato de otro, aun cuando lo que se egecuta es pena ó castigo. ‖ Estar sujeto á otro por cualquier motivo aunque sea voluntariamente, haciendo lo que el quiere ó dispone. ‖ met. Hablando de los instrumentos, máquinas y otras cosas semejantes tener el efecto ó uso que se intenta en las cosas ó para los fines á que se destinan. ‖ Egercer algun empleo ó cargo proprio ó en lugar de otro. ‖ Hacer las veces de otro en algun oficio ú ocupacion. ‖ Aprovechar, valer alguna cosa, ser de uso ó tener alguna utilidad para algun fin. ‖ Ser soldado egercitando las funciones propias de la milicia.

SERVIR, v. a. Dar culto ó adoracion á Dios ó á los santos, ó emplearse en los ministerios de su gloria y veneracion. ‖ Obsequiar á alguno ó hacer alguna cosa en su favor, beneficio ó utilidad. ‖ Cortejar ó festejar á alguna dama solicitando su favor. ‖ Obsequiar y divertir. || Ofrecer ó dar voluntariamente al rey ó á la república alguna porcion de dinero para las urgencias del estado ó del público. || En el juego de naipes jugar la carta del palo que se pide especialmente cuando es inferior. || En el juego de la pelota arrojarla ó volverla de modo que se pueda jugar fácilmente. || Asistir á la mesa ministrando ó trayendo los manjares ó las bebidas. || Entre panaderos y alfareros calentar el horno. || Entre cocineros preparar y disponer los manjares para llevarlos á la mesa.

SERVIRSE, v. r. Agradarse de alguna cosa, quererla ó admitirla con gusto. || Úsase en el estilo cortesano cuando se suplica á alguno que egecute algo, como SIRVASE VM. de dejarme entrar. || Valerse de alguna cosa para el uso de ella. || SERVIRSE Ó HACERSE SERVIR, No permitir descuido en su asistencia. || PARA SERVIR Á VM., Modo de hablar cortesano con que se ofrece alguno á la disposicion ú obsequio de otro.

SERVITOR, s. m. fam. V. SERVIDOR.

SERVITUD, s. f. ant. V. SERVIDUMBRE.

SESADA, s. f. La fritada de sesos. || En Andalucía se toma por los sesos de la cabeza de un animal.

SESEAR, v. n. Pronunciar las *ce* como *ss* al hablar.

SESEN, s. m. Moneda de Aragon que valia seis maravedis.

SESENTA, adj. num. card. Se aplica al número que resulta de la multiplicacion de diez por seis. Úsase tambien como sustantivo.

SESENTA, adj. num. ord. V. SEXAGÉSIMO; y asi decimos: capítulo SESENTA.

SESENTA, s. m. La cifra ó caracteres numéricos que representan el número sesenta.

* **SESENTENA**, s. f. Unos sesenta, ó los sesenta, hablando de años.

SESENTON, NA, adj. y s. El que tiene sesenta años.

SESEO, s. m. La accion de sesear.

SESERA, s. f. La parte de la cabeza del animal en que estan colocados los sesos. Tómase tambien por toda la porcion de ellos.

SESGA, s. m. V. NESGA.

SESGADAMENTE, adv. V. SESGAMENTE.

SESGADO, p. p. de SESGAR.

SESGADURA, s. f. La accion y efecto de sesgar.

SESGAMENTE, adv. Hácia un lado, oblicuamente, de través. || Suavemente, tranquilamente.

SESGAR, v. a. Cortar ó partir en sesgo. || Torcer á un lado ó atravesar alguna cosa hácia un lado.

SESGO, GA, adj. Torcido, cortado ó situado oblicuamente. || Sereno y sosegado, sin turbacion ó alteracion. || met. Grave, serio ó torcido en el semblante.

SESGO, s. m. La oblicuidad ó torcimiento de alguna cosa hácia un lado, ó en el corte ó en la situacion ó en el movimiento. || met. Corte ó medio término que se toma en las dependencias ó negociados dudosos. || AL SESGO, Oblicuamente ó al través.

SESILLO, s. m. d. de SESO.

SESION, s. f. Cada una de las juntas de un concilio á congreso. || met. Conferencia ó consulta entre varios para determinar alguna cosa.

SESMA, s. f. La sexta parte de cualquiera cosa. Tómase regularmente por la de la vara. || Division de territorio.

SESMERO, s. m. El sugeto destinado para cuidar de los negocios y derechos pertenecientes á cada SESMO.

SESMO, s. m. El distrito ó partido compuesto de varios lugares que se gobierna por sesmeros. || En algunas partes LINDE Ó DIVISION.

SESMO, MA, adj. y s. m. ant. V. SEXTO.

SESO, s. m. La medula ó meollo de la cabeza del animal ó el celebro. Úsase comunmente en plural. || met. Juicio, cordura, prudencia, madurez. || Aquella piedra, ladrillo ó hierro con que se calza la olla para que siente bien. || ant. SENTIDO hablando de los corporales. || ant. SENTIDO por significado ó acepcion. || ant. Juicio, dictámen, opinion. || CAMBIAR EL SESO, met. y ant. Perder el juicio, ó privarse. || DAR SESOS EN MOSQUITO Á ALGUNO, met. Explica que alguno ha atraido á otro enteramente á todo lo que quiere. || DEVANARSE LOS SESOS. met. Fatigarse la cabeza meditando mucho en alguna cosa. || TENER EL SESO EN LOS CALCAÑARES, Se dice del que tiene poco juicio y asiento.

SESQUI, Voz latina que vale el entero de una cantidad y una parte mas, segun el adjetivo numeral que se le junta; porque solo se usa en composicion, como SESQUITERCIO, SESQUICUARTO.

SESQUIÁLTERO, RA, adj. Se aplica á la razon de tres á dos que tiene una cosa con otra.

SESQUIMODIO, s. m. Medida que

contiene un medio y la mitad de otro.

SESQUIPEDAL, adj. Que tiene pié y medio de largo

SESQUITERCIO, CIA, adj. Se aplica al dinero que contiene en sí otro, y ademas una tercia parte de él; y lo mismo se entiende en la geometría en las proporciones de las líneas, superficies ó cuerpos.

SESTEADERO, s. m. El lugar donde sestea el ganado.

SESTEAR, v. n. Pasar la siesta durmiendo ó descansando.

* **SESTERCIO**, s. m. Moneda de plata de la antigua Roma.

SESTERO, s. m. V. SESTEADERO.

SESTIL, s. m. V. SESTEADERO.

SESUDAMENTE, adv. Prudente y cuerdamente, con reflexion y seso.

SESUDO, DA, adj. Juicioso, cuerdo y prudente, maduro.

SETA, s. f. La cerda del puerco.|| Especie comestible de hongo. || CERA, los labios, etc. || La pavesa ó moco de la luz despues de quemada bien la torcida.

SETABENSE ó **SETABIENSE**, adj. y s. El natural de Jativa y perteneciente á esta ciudad.

SETE, s. m. En las casas de monedà la oficina ó pieza donde estaba el cepo en que se acuñaba la moneda á martillo.

SETECIENTOS, TAS, adj. Que se compone ó resulta de la multiplicacion de la centena por el siete.

SETENA, s. f. El agregado de siete cosas por órden. || SETENAS, pl. Pena con que antiguamente se obligaba á que se pagase el siete tanto. || PAGAR CON LAS SETENAS ALGUNA COSA, Esplica el daño ó castigo que alguno ha padecido desigual ó excesivo á la culpa que cometió en cualquiera línea.

SETENARIO, RIA, adj. Se aplica al número compuesto de siete unidades. Usase tambien como sustantivo masculino || El tiempo ó espacio de siete dias. Tómase regularmente por alguna devocion ó egercicio cristiano que dura por este tiempo.

SETENIO, s. m. El tiempo de siete años.

SETENO, NA, adj. V. SÉPTIMO.

SETENTA, adj. num. card. y s. m. Se aplica al número que resulta de la multiplicacion de la decena por el siete.

SETENTON, NA, adj. y s. El que tiene cumplidos setenta años.

SETENTRION, s. m. Constelacion celeste compuesta de siete estrellas, que los astrónomos llaman la ursa mayor, y vulgarmente se llama el CARRO. || El viento que viene de la parte de setentrion, y comunmente llaman TRAMONTANA ó NORTE. || La parte de la esfera desde el ecuador hasta el polo ártico.

SETENTRIONAL, adj. Que toca ó pertenece al setentrion.

SETIEMBRE, s. m. El noveno mes del calendario comun: tiene treinta dias. || POR SETIEMBRE CALABAZAS, loc. fam. Da á entender que alguno no conseguirá lo que pretende.

SETIMA, s. f. En el juego de los cientos es la combinacion de siete cartas seguidas por órden, que si se cuenta el as, se llama SÉTIMA mayor, del rey real, etc. || SÉTIMA MAYOR, *Mús.* El intervalo que consta de cinco tonos y un semitono. || SÉTIMA MENOR, *Mús.* El intervalo que consta de cuatro tonos y dos semitonos mayores.

SÉTIMAMENTE, adv. ant. EN SÉTIMO LUGAR.

SÉTIMO, MA, adj. num. ord. Que constituye ó cumple el número de siete.

SÉTIMO, s. m. Una de las siete partes en que está dividido un todo.

SETO, s. m. Cercado de palos ó varas entretegidas.

SETUAGENARIO, RIA, adj. Se aplica á la persona que tiene setenta años de edad.

SETUAGÉSIMA, s. f. La dominica que celebra la iglesia tres semanas ántes que la primera de cuaresma.

SETUAGÉSIMO, MA, adj. num. Que en órden incluye ó constituye el número de setenta.

SETUNX, s. m. Moneda del peso de siete onzas, que equivalia á catorce cornados.|| Medida de nueve pulgadas y un tercio.

SETUPLICAR, v. a. Repetir siete veces, multiplicar por siete.

SÉTUPLO, PLA, adj. Se aplica á la cantidad que incluye ó contiene en sí siete veces otra.

SEUDO, s. m. V. FALSO. Solo se usa en la composicion de algunas voces, como SEUDOPROFETA.

SEVERAMENTE, adv. Con severidad ó rigor.

SEVERIDAD, s. f. Rigor y aspereza en el modo y trato, ó en el castigo y reprension. || Seriedad ó gravedad.|| Exactitud, puntualidad y rígida observancia de alguna ley ó instituto.

SEVERÍSIMAMENTE, adv. sup. de SEVERAMENTE.

SEVERÍSIMO, MA, adj. sup. de SEVERO.

SEVERIZADO, p. p. de SEVERIZARSE.

SEVERIZARSE, v. r. ant. Ponerse serio ó grave. Dícese regularmente del que aprehende por agravio lo que se le dijo sin intencion maliciosa ó por chanza, y se siente de ello.

SÉVERO, RA, adj. Riguroso, áspero, duro en el trato ó castigo. || Exacto, puntual y rígido en la observancia de alguna ley, precepto ó regla. || Grave, serio y mesurado.

SEVICIA, s. f. ant. Crueldad excesiva.

SEVILLANO, NA, adj. y s. Que pertenece á la ciudad y reino de Sevilla y el natural de uno ú otra.

SEXAGENARIO, RIA, adj. y s. Que tiene sesenta años de edad.

SEXAGÉSIMA, s. f. La domínica segunda de las tres que se cuentan ántes de la primera de cuaresma.

SEXAGÉSIMO, MA, adj. Que en órden incluye ó constituye el número de sesenta.

SEXAGONAL, adj. V. EXÁGONO.

SEXÁNGULO, LA, adj. y s. m. *Geom.* Se aplica á la figura de seis ángulos.

SEXCUNS ó **SEXCUNCIA**, s. f. Moneda que pesaba onza y media, y equivalia á tres cornados ó una blanca.

SEXENIO, s. m. El tiempo ó trascurso de seis años.

SEXMA, s. f. Moneda, V. SEXTULA.

SEXMERO, s. m. V. SESMERO.

SEXMO, MA, adj. y s. m. ant. SESMO.

SEXO, s. m. La diferencia que ha puesto la naturaleza en el macho y en la hembra.

SEXTA, s. f. Una de las horas en que los Romanos y Hebreos dividian el dia artificial, é incluya tres de las nuestras, empezando desde las doce. || En el juego de los cientos seis cartas que hacen juego por órden y seguidas, y se distinguen por la carta superior, como SEXTA mayor es al AS, SEXTA real al rey y SEXTA al caballo. || SEXTA MAYOR, V. HEXACORDO MAYOR. || SEXTA MENOR, V. HEXACORDO MENOR.

SEXTANTE, s. m. Moneda cuyo peso era de dos onzas, y equivalia á cuatro cornados, que es la sexta parte de ellos. || Instrumento astrónomico que consiste en una sexta parte del círculo, y sirve para tomar la altura del sol, y hacer otras observaciones.

SEXTARIO, s. m. Medida antigua, que era la sexta parte del que llamaban congio, y corresponde á poco mas de un cuartillo.

SEXTERCIO, s. m. Moneda de plata que tuvieron los Romanos, que valia dos y medio, de tres de la moneda que usaban, que era ó el as ó la libra.

SEXTIL, adj. Se aplica en la astronomía al aspecto de dos astros cuando distan uno de otro sesenta grados, o la sexta parte del zodiaco.

SEXTIL, s. m. El mes de agosto.

SEXTILLA, s. f. Composicion métrica de verso corto de la poesía castellana.

SEXTINA, s. f. *Poét.* Composicion métrica ó especie de rima de seis en seis versos, parecida en todo á la octava, sino es en el número de los pies.

SEXTO, TA, adj. Que en órden llena ó constituye el número de seis.

SEXTO, s. m. Un libro en que estan juntas algunas constituciones y decretos canónicos.

SÉXTULA, s. f. Moneda del peso de un real y cinco maravedis.

SEXTUPLICAR, v. a. Repetir seis veces, multiplicar por seis.

SÉXTUPLO, PLA, adj. y s. Que incluye en sí seis veces una cantidad.

SEYELLO, s. m. ant. V. SELLO.

SEYER, v. s. ant. V. SER.

SEZE, adj. num. ant. V. DIEZ Y SEIS.

SEZENO, NA, V. DIEZ Y SEISENO.

SI

SI, Adv. de que se usa para responder, afirmando ó concediendo á quien pregunta ó pide alguna cosa. || Se usa para afirmar ó asegurar ser cierta alguna cosa, aun cuando no interviene pregunta, como esto es certísimo, sí: no hay que dudarlo. || Se usa para expresar una especial aseveracion en lo que se dice ó cree, ó para ponderar alguna especie, como esto sí que es portarse, aquel sí que es buen letrado. || Se usa muy frecuentemente en sentido irónico, y vale negacion ó falta de asenso á lo que se dice ó propone. || Se usa tambien como partícula ó conjuncion condicional del mismo modo que en el latin. Significa muchas veces duda, sospecha ó rezelo, y entónces suele juntarse la partícula *mas* antepuesta, como ¿si se habrá ausentado fulano? ¿mas si juzga que yo lo he dicho? || Se usa tambien para dár por supuesta ó sabida alguna cosa, y pasar desde ella á argüir ó inferir ó sentar otra cosa, como si le conoces ¿ para que te fias de el?. || Se usa asimismo para encarecer alguna cosa, contraponiéndola á otra, como SI ME MATÁRAN no lo haria, y entonces equivale á AUNQUE. || Se usa tambien como disyuncion, contraponiendo una proposicion á otra, y repitiendo el si, como SI callamos nos tienen par ignorantes: SI respondemos, por atrevidos. || Corresponde tambien al pronombre posesivo latino *sui*, *sibi*, *se* en todos los casos de la tercera persona de ámbos números; y así se dice: de sí, para sí, contra si, por sí, en sí. || En algunas expresiones sirve para explicar la superioridad ó excelencia de alguna cosa; y así decimos: es sabio SI los hay. || SI ACASO Ó POR SI ACASO, Se usa para significar la posibilidad ó contingencia de que suceda ó haya sucedido alguna cosa. || SI BIEN, V. AUNQUE. Usase contraponiendo una cosa á otra, ó para explicar alguna excepcion. || POR SI Ó POR NO, V. POR SI ACASO.

SÍ, s. m. Consentimiento, permiso. || *Mús.* Voz introducida por los modernos, y añadida despues del *la*. || DAR EL SI, Conceder alguna cosa, convenir en ella. Usase mas comunmente hablando del matrimonio. || NO DECIR Ó NO RESPONDER UN SÍ NI UN NO, V. NO. || NO HABER ENTRE ALGUNOS Ó NO TENER UN SÍ Ó UN NO, V. NO. || SIN FALTAR UN SÍ NI UN NO, V. NO. || SI NO, Expr. adversativa con que comparando una cosa con otra se contrapone á ella en proposiciones negativas, como no es claro, SINO muy oscuro. || SÍ POR SÍ Ó NO POR NO, V. NO. || SÍ POR CIERTO, Se usa para afirmar sinceramente una cosa. || SÍ POR CIERTO, Interj. que se usa para negar con desprecio alguna cosa. || DE POR SI, Separadamente cada cosa sola ó aparte de las demas. || DE SI, V. DE SUYO. || UN SI ES NO ES, Expr. con que significamos la cortedad, pequeñez ó poquedad de alguna cosa, que apenas se conoce, distingue ó percibe por los sentidos.

SIAMPAN, s. m. Droga para tintes que viene de la provincia de este nombre.

SIBARITA, s. m. El natural de la ciudad de Sibaris en Sicilia.

SIBARÍTICO, CA, adj. Perteneciente á la ciudad de Sibaris y á sus naturales.

SIBIL, s. m. Pequeña despensa en las cuevas para conservar frescas las carnes, frutas, agua, vino y demas provisiones.

SIBILA, s. f. PROFETISA Ó ADIVINA. Es nombre que los antiguos dieron á ciertas mugeres sabias que creyeron tener espíritu divino.

SIBILANTE, adj. *Poét.* Que silba ó suena á modo ó semejanza de silbo.

SIBILINO, NA, adj. Que pertenece á las sibilas y es propio de ellas.

SICAMOR, s. m. V. CICLAMOR.

SICILIANO, NA, adj. y s. El natural de Sicilia y perteneciente á este reino.

SICLO, s. m. Moneda de plata usada entre los Hebreos, de peso de media onza ática, que es la que se usa en las boticas para pesar las medicinas.

* SICOFANTA, s. m. Calumniador, delator, chismoso.

* SICOMÁNTICO, CA, adj. Dícese del que adivina por medio de hojas de árboles.

SICÓMORO, s. m. Especie de higuera con hojas de moral. Lleva el fruto adherido al tronco, y es originario de Egipto.

SIDÉREO, RA, adj. *Poét.* Que pertenece á las estrellas, ó que tiene alguna de sus propiedades.

SIDERÍTIS, s. f. Género de piedra que está como salpicada de unas pequeñas manchas de hierro. || Voz puramente griega, que se aplica á varias yerbas mas ó ménos semejantes al marrubio, y que son medicinales, y cicatrizan las heridas de instrumentos de hierro.

SIDRA, s. f. Bebida fermentada, acre y capaz de embriagar, que se hace del zumo de las manzanas.

SIEGA, s. f. El acto ó el efecto de segar las mieses, y tambien el tiempo en que se siegan. || Las mieses segadas.

SIEMBRA, s. f. La accion y el efecto de sembrar, ó el tiempo en que se siembra, V. SEMBRADO.

SIEMPRE, adv. En todo ó en cualquier tiempo. || SIEMPRE JAMAS, Perpetuamente y por todo tiempo. || SIEMPRE QUE, Todas las veces que, cuantas veces. || SIEMPRE QUE, V. CON TAL QUE. || POR SIEMPRE, V. PARA SIEMPRE.

SIEMPREVIVA, s. f. Se aplica á varias especies de plantas jugosas, siempre verdes, ó sea de hojas permanentes. || for. V. PERPETUA.

SIEN, s. f. Parte de la cabeza que está al extremo de las cejas y frente, y hace algo de concavidad.

SIENA, s. f. *Germ.* El rostro.

SIERPE, s. f. V. SERPIENTE. || met. Persona muy fea ó muy feroz, ó que está muy colérica. || Cualquiera cosa que se mueve con rodeos á manera de SIERPE, como el arroyo, etc. || *Germ.* La ganzúa.

SIERPECILLA, s. f. d. de SIERPE.

SIERRA, s. f. Hoja larga y angosta de una lámina de acero para dividir y cortar la madera con poco desperdicio. || Hoja de acero que difiere de la comun en no tener dientes, y sirve para cortar la piedra, ayudándose del agua y de la arena. || La cordillera de montes ó peñascos cortados. || Pez marino, V. TRISTE. || SIERRAS, pl. *Germ.* Los sienes. || SIERRA ABRAZADERA, La que usan los serradores, que es muy grande, y tiene el hierro en medio para serrar cómodamente los maderos por largos que sean. || SIERRA DE AGUA, La que obra por medio de una máquina impelida por la corriente del agua. || SIERRA DE MANO, La que puede manejar un hombre solo. || SIERRA DE PUNTA, La pequeña y triangular que remata en punta. || SIERRA DE TRAS DOS, La que á distincion de la comun tiene firme é inmovil el hierro ú hoja. || CORRER LAS SIERRAS Ó LOS MONTES, Tener tanta longitud y distancia, dilatarse ó extenderse tantas leguas ó tanto terreno desde tal parte á otra.

SIERVO, VA, s. m. y f. V. ESCLAVO. || Se llama por urbanidad y cortesía el que quiere mostrar el obsequio ó rendimiento á otro. || SIERVO DE DIOS, Ó SIERVA DE DIOS, El temeroso de Dios, que guarda sus preceptos y le sirve. || fam. El muy cuitado, pobre hombre. || SIERVO DE PENA, ant. El que para siempre era condenado en juicio á servir en las minas ú otras obras públicas.

SIESO, s. m. La parte posterior del cuerpo del animal, por donde arroja el excremento.

SIESTA, s. f. El tiempo despues de medio dia, en que aprieta mas el calor. || El tiempo destinado para dormir ó descansar despues de comer. || El sueño que se toma despues de comer. || SIESTA, El punto de música que en las iglesias se canta ó toca por la tarde. || DORMIR LA SIESTA, Echarse á dormir despues de comer.

SIETE, adj. num. card. y s. Se aplica al número impar que se compone de seis y una unidades.

SIETE, adj. ord. Algunas veces SÉPTIMO, como capitulo SIETE.

SIETE, s. m. El carácter ó cifra que representa este número, como 77 se escribe con dos SIETES. || La carta, naipe ó dado que tiene siete señales, como el SIETE de copas.

* SIETEAÑAL, adj. m. y f. Que se hace ó sucede de siete en siete años.

SIETELEVAR, s. m. En el juego de la banca la tercera suerte, en que se va á ganar siete tantos.

SIETEMESINO, NA, adj. Se aplica á la criatura que nace á los siete meses de engendrada.

SIETEÑAL, adj. Que tiene siete años ó es de siete años.

SIFON, s. m. Tubo encorvado que sirve para sacar el agua ú otro licor de alguna vasija.

SIGILACION, s. f. *Med.* V. IMPRESION Ó MARCA.

SIGILADO, p. p. de SIGILAR. || SIGILADO, DA, adj. Notado de algun defecto ó tocado de alguna enfermedad ó contagio.

SIGILAR, v. a. Callar ú ocultar alguna cosa. || Sellar, imprimir con sello.

SIGILO, s. m. V. SELLO. || El secreto que se guarda de alguna cosa de que se tiene noticia. || SIGILO SACRAMENTAL, El secreto inviolable que debe guardar el confesor de lo que oye en la confesion sacramental.

SIGILOSAMENTE, adv. Con sigilo.

SIGILOSO, SA, adj. Que observa con rectitud el secreto.

SIGLO, s. m. El tiempo y espacio de cien años. || La edad, tiempo y duracion de cada cosa. || Mucho ó muy largo tiempo indeterminadamente, y así se dice: un SIGLO ha que no te veo. || El comercio y trato de los hombres en cuanto toca y mira á la vida comun y política; y así decimos que el que se entra religioso deja el SIGLO. || MUNDO, y así se dice: en este y en el otro SIGLO, por este y el otro MUNDO. || SIGLO DE COBRE, Entre los poetas el tiempo y espacio en que se adelantó la malicia de los hombres á los engaños y guerras. || SIGLO DE HIERRO, El tiempo y espacio que fingieron los poetas, en el cual huyeron de la tierra las virtudes y empezaron á reinar todos los vicios. Dícese por extension del tiempo desgraciado. || SIGLO DE ORO, El espacio de tiempo que fingieron los poetas haber reinado el dios Saturno, en el que decian habian vivido los hombres justificadísimamente te; y por extension se llama así cualquier tiempo feliz y aventajado. || met. Los tiempos floridos y felices en que habia paz y quietud. || SIGLO DE PLATA, El tiempo y espacio en que fingieron los poetas haber empezado á reinar Júpiter, y en que los hombres ménos sencillos dieron principio á fabricar casas de cuevas y ramos, domar los toros, labrar las tierras y sembrarlas. || SIGLO DORADO, V. SIGLO DE ORO. || POR Ó EN LOS SIGLOS DE LOS SIGLOS, Expr. con que explicamos la eternidad.

SIGNÁCULO, s. m. El sello ó la señal impresa.

SIGNADO, p. p. de SIGNAR.

SIGNAR, v. a. Hacer poner ó imprimir el signo. || ant. V. SEÑALAR. || SIGNAR Ó SIGNARSE, Hacer ó hacerse la señal de la cruz.

SIGNATURA, s. f. SEÑAL, signo ó carácter. || *Imp.* La señal que con las letras del alfabeto se pone al pié de las primeras planas de los pliegos ó cuadernos, para que se gobierne el librero al tiempo de encuadernar. || El tribunal de la corte romana compuesto de varios prelados, en el cual se determinan diversos negocios de gracia ó de justicia, segun el tribunal de SIGNATURA á que corresponden.

SIGNÍFERO, RA, adj. *Poét.* Que lleva ó incluye alguna señal ó insignia.

SIGNIFICACION, s. f. La accion de significar ó demostrar. || V. SIGNIFICADO.

SIGNIFICADO, p. p. de SIGNIFICAR.

SIGNIFICADO, s. m. El objeto que se significa.

SIGNIFICADOR, RA, s. m. y f. Que significa.

SIGNIFICAMIENTO, s. m. ant. V. SIGNIFICACION.

SIGNIFICANTE, p. a. de SIGNIFICAR, Que significa.

SIGNIFICANTEMENTE, adv. V. SIGNIFICATIVAMENTE.

SIGNIFICANZA, s. f. ant. V. SIGNIFICACION.

SIGNIFICAR, v. a. Representar alguna cosa distinta de sí por naturaleza ó por voluntaria imitacion. || Hacer saber, dar á entender ó manifestar alguna cosa.

SIGNIFICATIVAMENTE, adv. Con significacion y expresion.

SIGNIFICATIVO, VA, adj. Que da á entender ó conocer con propiedad alguna cosa.

SIGNO, s. m. Señal, indicio ó nota de alguna cosa. || La señal que se hace por modo de bendicion, como las que en la misa se hacen en forma de cruz, y señalan la ofrenda y sacrificio. || Ciertas rayas y señales que al fin de la escritura ú otro instrumento ponen los escribanos y notarios en medio del papel con una cruz arriba entre las palabras que dicen: en testimonio de verdad, con lo que se le da mas fe al testimonio ó escritura. || El destino ó suerte que vanamente cree el vulgo ha de suceder ciertamente por el influjo de los astros. || *Filos.* El que representa alguna cosa distinta de sí. || *Astron.* Cada una de las doce partes iguales en que se considera dividido el zodiaco y eclíptica, las cuales recibieron sus nombres de las constelaciones á que correspondian cuando se imaginó aquella division, y son Aries, Tauro, etc. || *Mús.* Con este nombre llaman los prácticos á cada una de las cuerdas de que se compone el sistema de Guido Aretino. || SIGNO NATURAL, El que por su naturaleza representa cosa diferente de sí, como el gemido del enfermo. || SIGNO POR COSTUMBRE, Aquel que por el uso ya introducido significa cosa diversa de sí, como el ramo de la taberna. || SIGNO SERVICIO, Voces con que en lo antiguo se significaba el del estado llano; y así se decia: vasallo de SIGNO SERVICIO.

SIGUIENTE, p. a. de SEGUIR, Que sigue. || SIGUIENTE, adj. com. Posterior.

SÍLABA, s. f. La junta de una vocal con una ó mas consonantes, aunque la forma tambien una sola vocal. || *Mús.* Las dos ó tres voces que corresponden á cada una de sus siete letras. || En algunas provincias el arte de composicion métrica.

SILABAR, v. n. Formar de las letras sílabas, ó pronunciarlas con separacion.

SILABARIO, s. m. Lista ó cuadernito de las sílabas que forman diversas combinaciones de las letras, y sirve para aprender á leer.

SILÁBICO, CA, adj. Que pertenece á la sílaba.

SILABIZAR, v. n. ant. V. SILABAR.

SILBADO, p. p. de SILBAR.

SILBADOR, RA, s. m. y f. El que silba ó lo que silba.

SILBAR, v. n. Formar el silbo. || Agitar el aire, y herir alguna cosa con violencia, de que resulta un sonido como de silbo.

SILBAR, v. a. met. Reprobar alguna

39.

cosa y expresar no haber dado gusto, como en las comedias, en que con el silbo se expresa hacer escarnio ó burla de ellas ó de los que representan.

SILBATICO, LLO, TO, s. m. d. de SILBATO.

SILBATO, s. m. Instrumento pequeño y hueco, que se hace de diferentes modos y de diversas materias, el cual soplado con fuerza suena como el silbo. ‖ La rotura pequeña por donde respira el aire ó se rezuma alguna cosa liquida.

SILBIDILLO, s. m. d. de SILBIDO.

SILBIDO, s. m. V. SILBO. ‖ SILBIDO DE OIDOS, Sonido ó ruido que se percibe en los oidos por alguna indisposicion de ellos á manera de silbo.

SILBO, s. m. El ruido sutil que se hace con la boca, frunciendo por los extremos los labios, para que suene violentando el aire. Tambien se hace metiendo en la boca los dedos ú otra cosa á propósito para este efecto. ‖ met. La voz aguda y penetrante de algunos ánimales, como la de las serpientes. ‖ Cierto ruido que hace el aire.

SILBOSO, adj. *Poét.* Que silba ó forma el ruido del silbido.

SILENCIARIO, RIA, adj. Se aplica á la persona que guarda y observa mucho ó continuo silencio. ‖ Dícese del ministro destinado para cuidar del silencio ó la quietud de la casa ó templo.

SILENCIERO, RA, adj. y s. El que cuida de que se observe silencio.

SILENCIO, s. m. Privacion voluntaria de hablar. ‖ met. La quietud ó sosiego de los lugares en donde no hay ruido. ‖ ENTREGAR ALGUNA COSA AL SILENCIO, met. Olvidarla, callarla, no hacer mas mencion de ella. ‖ IMPONER SILENCIO, Mandar ó hacer á alguno que calle. ‖ IMPONER PERPETUO SILENCIO, for. Prohibir al actor que vuelva á deducir la accion ó á instar sobre ella. ‖ PASAR EN SILENCIO, No hacer mencion de alguna cosa, omitirla, callarla.

SILENCIOSAMENTE, adv. Con silencio ó secretamente.

SILENCIOSO, SA, adj. Se aplica á la persona que calla mucho ó tiene hábito de callar. ‖ Se aplica al lugar ó sitio donde se guarda silencio ó hay quietud.

* SILENOS, s. m. pl. Semidioses de lagentilidad. Daban tambien este nombre á los sátiros.

SILÉPSIS, s. f. *Ret.* Figura de la oracion, que se comete cuando se suple lo que falta en ella de la parte mas cercana, mudando el género, número, caso ó algun otro accidente; ó cuando se atiende mas al sentido que á las palabras.

SILERÍA, s. f. Lugar donde estan los silos.

SILERO, s. m. V. SILO.

SILICIO, s. m. V. CILICIO.

SILICUA, s. f. Uno de los pesos de que usaron los antiguos, que era de cuatro granos. ‖ La vaina de cualquier fruto.

SILLA, s. f. Asiento con respaldo, y á veces con brazos, para una persona. ‖ El ano. ‖ met. La dignidad del pontífice ó de los prelados eclesiásticos ó príncipes. ‖ Asiento con estribos adaptado al lomo de una caballería para acomodarse el ginete sobre él. ‖ SILLA DE CADERAS, ant. La que tiene respaldo y brazos para recostarse. ‖ SILLA DE GINETA, La comun, y solo se distingue en que los fustes son mas altos y ménos distantes, con mayores estribos, pero ménos largos. ‖ De esta usan para montar á la gineta. ‖ SILLA DE LA REINA, Asiento que forman entre dos con las cuatro manos, asiendo cada uno su muñeca y la del otro. ‖ SILLA DE MANOS, Caja cerrada, con un cristal por delante, dispuesta para poder sentarse y ser conducido dentro de ella por manos de hombres el que guste de esta comodidad. ‖ SILLA DE POSTA, Carruage de dos asientos, en que se corre la posta. Las hay de dos y de cuatro ruedas. ‖ SILLA EQUINA, *Anat.* Cavidad que se halla en un hueso comun del cráneo y mandíbula superior. ‖ SILLA POLTRONA, Silla mas baja de brazos que la comun, pero de mas magnitud. ‖ SILLA VOLANTE, Un medio coche con un asiento, en que caben dos personas, puesto sobre dos varas, con dos ruedas. ‖ CALZAR LAS SILLAS, MESAS, ESCRITORIOS, etc. Ponerles alguna cuña entre el pie y el piso cuando esten desiguales. ‖ ... SILLA, Hacer uno que otro se siente en su presencia. ‖ DE SILLA Á SILLA, Explica el modo de hablar en conferencia privada entre dos. ‖ NO SER PARA SILLA NI PARA ALBARDA, fam. No ser á propósito para cosa alguna, ó ser enteramente inhábil. ‖ PEGÁRSELE Á UNO LA SILLA Ó ASIENTO, met. Estarse mucho en alguna parte, detenerse mucho en una visita.

SILLAR, s. m. La piedra labrada cuadro para el edificio de sillería, ... cual van asentando las demas de su misma labor. ‖ La parte del lomo de caballería donde sienta la silla, albardon, etc.

SILLAREJO, s. m. V. ADOQUIN.

SILLERA, s. f. Apartado hecho regularmente de tablas, de que usan en las casas de los señores para poner las sillas de manos.

SILLERÍA, s. f. Conjunto de sillas. Ordinariamente se toma por la carrera de sillas labradas de madera, continuadas unas con otras, afirmadas en contorno á la pared. || La tienda donde se venden las sillas. || El oficio de sillero. || La fábrica que está hecha de sillares asentados unos sobre otros y en hilara.

SILLERO, s. m. El que hace, compone ó vende sillas.

* SILLERO, s. m. Guarnicionero.

SILLETA, s. f. d. de SILLA. || Vaso pequeño y plano, que sirve para excrementar los enfermos. || La piedra sobre que se labra ó muele el chocolate. || SILLETAS, pl. *Arq.* V. JAMUGAS.

SILLETERO, s. m. El que está asalariado para conducir y llevar la silla de manos. || El que vende, adereza ó hace las silletas.

SILLICO, s. m. El bacin ó vaso para excrementos.

SILLITA, s. f. d. de SILLA.

SILLON, s. m. aum. de SILLA. En Andalucía dan este nombre á las sillas comunes que sirven en las salas. || Silla de montar, construida de modo que una muger pueda ir sentada en ella como en una silla comun.

SILO, s. m. Lugar subterráneo y enjuto, adonde se guarda el trigo. || Cualquier lugar subterráneo, profundo y oscuro.

SILOGISMO, s. m. Argumento que consta de tres proposiciones artificiosamente dispuestas. Las dos primeras se llaman premisas, y la tercera consecuencia.

SILOGÍSTICO, CA, adj. Que pertenece al silogismo.

SILOGIZADO, p. p. de SILOGIZAR.

SILOGIZAR, v. n. Disputar, argüir con soligismos, ó hacerlos.

SILURO, s. m. Pez corpulento, que se cree ser el esturion.

SILVA, s. f. ant. V. SELVA. || Coleccion de varias materias ó especies, escritas sin método ni órden. || *Poét.* Metro propio de la poética castellana.

SILVATICO, CA, adj. V. SELVÁTICO.

SILVESTRE, adj. Que naturalmente se cria sin cultivo en selvas ó campos. || Agreste y rústico.

SILVOSO, SA, adj. V. SELVOSO.

SIMA, s. f. Concavidad profunda y oscura.

SIMADO, adj. *And.* Se aplica á las tierras hondas.

SIMBÓLICO, CA, adj. Que explica alguna cosa por símbolo ó semejanzas, ó las incluye. || *Fil.* Que tiene naturaleza análoga y semejante á otra.

SIMBOLIZACION, s. f. La semejanza, simpatía ó conformidad de una cosa con otra.

SIMBOLIZADO, p. p. de SIMBOLIZAR.

SIMBOLIZAR, v. n. Parecerse una cosa á otra, ó representarla con semejanza.

SÍMBOLO, s. m. La nota, señal ó divisa que da á conocer alguna cosa. || La seña que daba un soldado á otro para diferenciarse del enemigo, cualquiera nota ó señal que se daba para llamarse ó convocarse algunos secretamente. || El credo ó sumario de los principales artículos de la fe de los cristianos. || met. La oscura y breve sentencia ó enigma, que significa alguna cosa oculta y escondida, y es particular ó característica de algun sugeto. || Cualquiera cosa que por representacion, figura ó semejanza nos da á conocer ó nos explica otra.

SIMETRÍA, s. f. Conmensuracion y proporcion de unas partes con otras, y de ellas con el todo.

SIMÉTRICAMENTE, adv. Con simetría.

SIMÉTRICO, CA, adj. Que pertenece á la simetría ó la tiene.

SIMIA, s. f. V. MONA.

SIMIENTE, s. f. V. SEMILLA. || V. SEMEN. || met. Cualquiera cosa que es origen de otras. || SIMIENTE DE PAPAGAYOS, V. ALAZOR. || NO HA DE QUEDAR PARA SIMIENTE DE RÁBANOS, Advierte á alguno que ha de morir, y que no ha de ser eterno en el mundo.

SIMIENZA, s. f. ant. V. SEMENTERA.

SÍMIL, adj. Semejante, parecido.

SÍMIL, s. m. Semejanza, egemplo.

SIMILAR, adj. Se dice de un todo cuyas partes son de la misma naturaleza que él y de las partes cuya naturaleza es la misma que la del todo.

SIMILICADENCIA, s. f. V. SIMILCADENCIA.

SIMILIDESINENCIA, s. f. *Poét.* Figura tomada por semejanza cuando los versos hacen consonancia solo en asonantes.

SIMILIRATE, s. m. *Germ.* Ladroncillo temeroso.

SIMILITUD, s. f. V. SEMEJANZA.

SIMILITUDINARIAMENTE, adv. Con similitud.

SIMILITUDINARIO, RIA, adj. Que es algo semejante ó parecido.

SIMILOR, s. m. Composicion metálica de cobre y sinc, mesclados en cierta proporcion.

SIMIO, s. m. El macho de la simia ó mona.

SIMON, NA, adj. y s. En Madrid se aplica al coche de alquiler ó al cochero que le gobierna.

SIMONÍA, s. f. La compra ó venta deliberada de cosas espirituales, ó que dependen de ellas. || SIMONÍA CONVENCIONAL, El pacto ó estipulacion de dar lo temporal por lo espiritual. || SIMONÍA INTENCIONAL, La intencion de dar lo temporal por lo espiritual. || SIMONÍA REAL, La entrega efectiva de la cosa temporal por la espiritual.

SIMONIACAMENTE, adv. Con simonía.

SIMONIACO, CA, adj. Que pertenece á la simonía. Usase tambien como sustantivo por el que la comete.

SIMONIÁTICO, CA, adj. V. SIMONIACO.

SIMPATÍA, s. f. Correspondencia ó afinidad que los antiguos filósofos creyeron que habia entre algunos cuerpos por sus propiedades. || met. La semejanza ó conformidad que algunos tienen entre sí por sus inclinaciones ó propiedades.

SIMPÁTICAMENTE, adv. Con simpatía, conformemente.

SIMPÁTICO, CA, adj. Que es naturalmente conforme ó análogo á otra cosa.

SIMPLAZO, ZA, adj. aum. de SIMPLE, mentecato.

SIMPLE, adj. Puro, único, solo, y que no admite composicion, que solo se dice propia y rigurosamente de Dios. || Que no tiene composicion alguna. || Hablando de las cosas que pueden ser dobles ó estar duplicadas, se aplica á las sencillas, como la muralla sin terraplen se llama SIMPLE muralla. || Cuando se habla del traslado ó copia de alguna escritura, instrumento público ó cosa semejante, es la que se saca sin firmarla ni autorizarla. || Desabrido, falto de sazon y de sabor. || Manso, apacible é incauto. || met. Mentecato, y que no discurre en las cosas con entendimiento. || *Gram.* Se dice del nombre ó verbo que no tiene composicion y suele entrar en ella. || Se aplica al ínfimo rito con que se celebra el oficio divino de alguna feria, vigilia ó santo, y á veces el santo mismo.

SIMPLE, s. m. Planta, yerba ó mineral que sirve por sí sola á la medicina, ó entra en la composicion de los medicamentos.

SIMPLECILLO, LLA, TO, TA, adj. y s. d. de SIMPLE.

SIMPLEMENTE, adv. Con simpleza ó sencillez. || for. V. ABSOLUTAMENTE, sin condicion alguna.

SIMPLEZA, s. f. Bobería, necedad ó tontería. || Rusticidad, grosería. || ant. Sencillez, sinceridad.

SIMPLICIDAD, s. f. La forma ó calidad que constituye una cosa en el ser de simple. || En Dios es la suma perfeccion, porque por ella se constituye unica su esencia, independiente de partes que la compongan, y en su ser es repugnante toda composicion. || SIMPLEZA, bobería.

SIMPLICÍSIMAMENTE, adv. Con mucha simpleza, sencillez ó simplicidad.

SIMPLICÍSIMO, MA, adj. sup. Muy simple ó sencillo.

SIMPLICISTA, s. m. V. SIMPLISTA.

SIMPLIFICACION, s. f. La accion y efecto de simplificar.

SIMPLIFICADO, p. p. de SIMPLIFICAR.

SIMPLIFICAR, v. a. Hacer mas sencillo ó mas fácil y ménos complicado.

SIMPLÍSIMO, MA, adj. sup. de SIMPLE, SIMPLICÍSIMO. Aplícase frequentemente al que es muy necio ó tonto.

SIMPLISTA, s. m. El que escribe ó trata de los simples, como de las calidades ó virtudes de yerbas, metales, etc.

SIMPLON, NA, adj. aum. de SIMPLE. V. SIMPLAZO.

SIMPLONAZO, ZA, adj. aum. de SIMPLON.

SIMULACION, s. f. La accion de simular.

SIMULACRO, s. m. Imágen hecha á semejanza de alguna cosa venerable ó venerada. || Especie que forma la fantasía.

SIMULADAMENTE, adv. Fingidamente.

SIMULADO, p. p. de SIMULAR.

SIMULADOR, RA, s. m. y f. El que simula.

SIMULAR, v. a. Representar alguna cosa, fingiendo ó imitando lo que no es.

SIMULCADENCIA, s. f. Figura que consiste en la repeticion de algun consonante, particularmente en el verbo, ó de alguna voz que tenga el sonido ó cadencia parecida á la otra.

SIMULCADENTE, adj. y s. Se aplica á las cláusulas ó voces que tienen una misma cadencia ó sonido.

SIMULTÁNEAMENTE, adv. Juntamente, á un tiempo, de conformidad.

SIMULTANEIDAD, s. f. La union, junta ó concurso de una cosa con otra.

SIMULTÁNEO, NEA, adj. Que se hace ó concurre juntamente con otra cosa, como posesion SIMULTÁNEA, concurso SIMULTÁNEO.

SIN, Preposicion separativa y negativa, que significa con FALTA DE. ‖ Vale tambien FUERA DE Ó ADEMAS DE; y asi se dice: llevó el dinero SIN otras muchas cosas. ‖ Cuando se junta con verbo vale lo mismo que NO, mudando el verbo en su participio ó gerundio, como me fui SIN comer, esto es, no habiendo comido. ‖ SIN QUE, NI POR QUE, V. SIN QUE NI PARA QUE, V. PARA.

SINAGOGA, s. f. Congregacion ó junta. Es nombre que dieron los Judíos á sus juntas religiosas. ‖ La casa en que se juntan los Judíos á orar y á oir la doctrina de su secta.

SINALEFA, s. f. *Gram*. Figura por la cual se suprime ó calla la vocal con que acaba una diccion cuando empieza tambien con vocal la siguiente.

SINAPISMO, s. m. Remedio compuesto de polvos de mostaza, aplicados por lo comun sobre una miga de pan empapada en vinagre.

SINCATEGOREMA, s. f. Voz que significa con otra, determinando su significacion.

SINCATEGOREMÁTICO, CA, adj. Se aplica á los términos que significan juntos con otro, determinando su significacion.

SINCERADO, p. p. de SINCERAR.

SINCERADOR, RA, s. m. y f. El que sincera.

SINCERAMENTE, adv. Sencillamente, con sinceridad.

SINCERAR, v. a. Persuadir con razones la inocencia en alguna accion que se habia tenido por mala.

SINCERIDAD, s. f. Pureza ó sencillez.

SINCERÍSIMO, MA, adj. sup. de SINCERO.

SINCERO, RA, adj. Puro, sencillo y sin doblez. ‖ ant. Puro, que no tiene mezcla de alguna otra materia extraña.

SÍNCOPA, s. f. *Gram*. Figura por la cual alguna letra ó silaba se quitá de en medio de la diccion.

SINCOPADAMENTE, adv. Con síncopes.

SINCOPADO, p. p. de SINCOPAR.

SINCOPAL, adj. *Med*. Se aplica á la calentura que se junta con el síncope.

SINCOPAR, v. a. Hacer síncopas en algunas dicciones. ‖ met. Abreviar.

SÍNCOPE, s. m. *Med*. Desfallecimiento repentino y considerable, abatimiento repentino de fuerzas en los enfermos, por el cual quedan al instante frios y pálidos. ‖ *Gram*. V. SÍNCOPA.

SINCOPIZADO, p. p. de SINCOPIZAR.

SINCOPIZAR, v. a. Causar síncope ó padecerle.

SINDÉRESIS, s. f. La virtud y capacidad natural del alma para la noticia é inteligencia de los principios morales que dictan vivir justa y arregladamente. ‖ met. Tino, discernimiento.

SINDICADO, p. p. de SINDICAR. ‖ s. m. La junta de los procuradores ó diputados de las ciudades y villas que tienen voto en cortes.

SINDICADOR, RA, s. m. y f. El que sindica.

SINDICAR, v. a. Acusar ó delatar á alguno de un delito ante el juez ó superior. ‖ Poner alguna nota, tacha ó sospecha.

SÍNDICO, s. m. El individuo de un ayuntamiento que tiene á su cargo defender los derechos del público. ‖ El que tiene el dinero de las limosnas de los religiosos mendicantes.

SINÉCDOQUE, s. f. *Ret*. Tropo que se usa cuando la parte se pone por el todo, ó el todo por la parte: lo general por lo particular, ó al contrario; ó cuando se pone uno por muchos, ó muchos por uno, ó cuando la materia se pone por la cosa ó instrumento hecho de ella.

SINEDRIO, s. m. V. SANEDRIN.

SINÉRESIS, s. f. *Gram*. Figura por la cual se contraen dos silabas á una.

SINFONÍA, s. f. La consonancia y union que resulta de muchas voces concordes. Hoy se usa frecuentemente por el concierto de instrumentos músicos. ‖ V. GAITA, instrumento. ‖ Composicion música instrumental, que ordinariamente consta de tres ó mas partes á diversos aires.

SINGLADURA, s. f. *Náut.* El camino que hace una nave en 24 horas, que ordinariamente empiezan á contarse desde las doce del dia.

SINGLAR, v. n. *Náut.* Navegar, andar la nave con un rumbo determinado.

SINGLON, s. m. *Náut.* Cada uno de los maderos que estan sobre la quilla desde los rodeles hasta los piques, y hácen un cuerpo con las astas.

* SINGLONES, s. m. p. *Náut.* Piques ó varengas piques.

SINGULAR, adj. Único y peculiar. ‖ met. Extraordinario, raro ó excelente, como SINGULAR hermosura, etc. ‖ *Gram.* Se aplica al número del nombre ó verbo que habla de uno. ‖ *Ar.* Particular, individuo, vecino. ‖ Usase tambien como sustantivo. ‖ EN SINGULAR, ant. V. EN PARTICULAR.

SINGULARIDAD, s. f. La particularidad, distincion ó separacion del comun.

SINGULARÍSIMAMENTE, adv. sup. de SINGULARMENTE.

SINGULARÍSIMO, MA, adj. sup. de SINGULAR.

SINGULARIZADO, p. p. de SINGULARIZAR.

SINGULARIZAR, v. a. Distinguir ó particularizar una cosa de otras.

SINGULARIZARSE, v. r. Distinguirse, particularizarse ó apartarse del comun.

SINGULARMENTE, adv. Separadamente, particularmente.

SINGULTO, s. m. *Med.* V. HIPO.

SINIESTRA, s. f. La mano, que tambien llamamos IZQUIERDA, contraria á la diestra.

* SINIESTRADO, DA, adj. *Blas.* Se dice de las piezas que tienen otra á la izquierda.

SINIESTRAMENTE, adv. Malamente, indebidamente.

SINIESTRO, TRA, adj. Se aplica á la parte ó sitio que está á la mano izquierda. ‖ Viciado, avieso ó mal intencionado. ‖ Infeliz, funesto ó aciago.

SINIESTRO, s. m. Resabio, vicio ó mala costumbre que tiene el hombre ó la bestia. Usase regularmente en plural.

* SINIGUAL, adj. Que no admite comparacion con otro por lo bueno, ó excelente.

SINÓ, Conjuncion compuesta de las dos *si* y *no*. En las proposiciones en que se pone alguna condicion tiene la misma significacion que ámbos á dos, como si vinieres, saldré de casa, y SI NO vinieres, me quedaré en ella. ‖ Se usa para contraponer los extremos de una oracion, como contrarios entre sí determinando el que se ha de elegir. ‖ Se usa para distinguir una cosa de otra contraponiéndolas, y entónces siempre le precede proposicion negativa, como no es blanco, SINO pardo. ‖ Se usa concediendo ó suponiendo alguna cosa, y equivale Á YA QUE NO Ó AUNQUE NO, como SI NO ES bueno, no es muy malo. ‖ Se usa para exceptuar una cosa de otra ó entre otras, como nadie entiende esto SINÓ fulano. ‖ Con interrogacion se usa para argüir á alguno por el extremo contrario si fuere cierto ó suponiéndole, como algun delito has hecho, SINÓ, por qué huyes? ‖ Equivale á DEMAS Ó FUERA DE, añadiendo extremos á la oracion, y siempre es precedido del modo adverbial *no solo*, como no solo por rico, SINO por prudente, sabio, etc. ‖ Equivale á los adverbios SOLO Ó SOLAMENTE; precediendo preposicion negativa, como no espero SINÓ que te vayas, vale tanto como SOLO espero que te vayas. ‖ Equivale á los modos adverbiales DE OTRA MANERA Ó DE OTRA SUERTE, contraponiendo los extremos, y usado con interrogacion, así: SI NO ¿como conseguirás el empleo?

SÍNO, s. m. ant. V. SIGNO. ‖ fam. V. SIGNO, el destino, etc.

SINOBLE, adj. *Blas.* V. VERDE.

SINOCAL, adj. *Med.* Se aplica á las calenturas inflamatorias simples.

SÍNOCO, CA, adj. *Med.* Se aplica á cierta especie de calentura continua y sin aumento.

SINODAL, adj. Perteneciente al sínodo. Aplícase regularmente á las decisiones de los sínodos, y entónces se usa como sustantivo femenino.

SINODAL, s. m. El examinador en los concursos á curatos y de ordenandos y confesores.

SINODÁTICO, s. m. Tributo que en señal de obediencia pagaban anualmente al obispo todos los eclesiásticos seculares cuando iban al sínodo.

SINÓDICO, CA, adj. Se aplica á las cosas que pertenecen al sínodo. ‖ *Astr.* Que pertenece á la conjuncion; y así se llama mes SINÓDICO el tiempo que pasa de una conjuncion de la luna con el sol hasta la otra.

SÍNODO, s. m. CONCILIO por junta de obispos. ‖ *Astron.* La conjuncion de dos planetas en el mismo grado de la eclíptica ó en el mismo círculo de posicion. || SÍNODO DIOCESANO, El clero de una diócesis convocado y presidido por su obispo para tratar de asuntos eclesiásticos. || SÍNODO NACIONAL, V. CONCILIO NACIONAL. || SÍNODO PROVINCIAL, V. CONCILIO PROVINCIAL.

SINONIMIA, s. f. *Ret.* La repeticion de voces de un mismo ó equivalente significado.

SINÓNIMO, MA, adj. y s. m. Se aplica á las voces y expresiones que parece tienen una misma significacion.

SINÓNOMO, MA, adj. V. SINÓNIMO.

SINOPLE, adj. *Blas.* V. VERDE.

SINÓPSIS, s. f. Compendio ó suma.

SINRAZON, s. f. La accion hecha contra justicia y fuera de lo razonable ó debido. || Á SINRAZON, ant. V. INJUSTAMENTE.

SINSABOR, s. m. El pesar, desazon ó pesadumbre que proviene de alguna cosa infeliz ó digna de sentirse.

* **SINSONTE**, s. m. Arrendajo, ave.

SINTÁXIS, s. f. *Gram.* Modo de coordinar las oraciones, ó el tratado de gramática que enseña los casos que pide cada verbo y las oraciones latinas. || La coordinacion que artificiosamente tienen las cosas entre sí.

SÍNTESIS, s. f. *Alg.* V. MÉTODO SINTÉTICO.

SINTÉTICO, CA, adj. Se aplica á lo que procede componiendo ó que pasa de las partes al todo.

SÍNTOMA, s. f. *Med.* Señal preternatural ó accidente que sobreviene en alguna enfermedad, por la cual se puede formar juicio de su naturaleza ó calidad.

SINTOMÁTICO, CA, adj. Que pertenece al síntoma.

SINTONÍA, s. f. *Ret.* Figura que se comete cuando se explican en palabras concisas las cosas ó hechos memorables que necesitaban mayor extension.

SINUOSIDAD, s. f. La calidad de sinuoso, ó de lo que hace ó tiene senos.

SINUOSO, SA, adj. Que es torcido ó lleno de senos.

SIPEDON, s. m. Especie de culebra indígena del norte de América.

SIQUIER, conj. ant. SIQUIERA, por ó á lo ménos. || ant. SIQUIERA, por ó, ú, ó de otro modo. || SIQUIERA, por ya, sea.

SIQUIERA, conj. V. Á LO MÉNOS. || YA, y se usa del mismo modo repitiéndole en la oracion para contraponer los términos de ella; y así se dice: SIQUIERA venga, SIQUIERA no venga. || Ni aun, ni apenas. || Ó, ú de otro modo.

SIRACUSANO, NA, adj. y s. De Siracusa.

SIRE, s. m. Tratamiento del soberano, que tiene uso principalmente en Francia ó Inglaterra.

SIRENA, s. f. Ninfa del mar que fingieron los poetas.

SIRGA, s. f. La maroma que sirve para tirar las redes, llevar las embarcaciones desde tierra y otros usos. || Á LA SIRGA, Se usa hablando de la embarcacion que navega tirada de una cuerda ó sirga por la orilla.

SIRGADO, p. p. de SIRGAR.

SIRGAR, v. a. Llevar una embarcacion á la sirga.

SIRGO, s. m. La seda torcida. || Tela hecha ó labrada de seda.

SIRGUERITO, s. m. ant. d. de SIRGUERO.

SIRGUERO, s. m. ant. V. JILGUERO.

SIRIACO, CA, adj. Perteneciente á Siria.

SIRIANO, NA, adj. ant. V. SIRIACO.

SIRIO, s. m. *Astron.* La mas brillante de las estrellas fijas en la constelacion del can mayor.

SIRLE, s. m. El excremento del ganado lanar y cabrío.

SIRO, RA, adj. y s. Perteneciente á la Siria y el natural de esta region.

SIROCO, s. m. El viento que viene de la parte intermedia entre levante y mediodía, segun la division de la rosa náutica que se usa en el Mediterráneo.

SIRRIA, s. f. V. SIRLE.

SIRTE, s. f. Peñasco en los golfos con bancos de arena muy peligrosos. || Banco de arena movediza en la mar. || met. Cualquier peligro ó riesgo de la vida humana.

SIRVIENTA, s. f. La que sirve.

SIRVIENTE, s. m. El que ó la que sirve.

SISA, s. f. La pequeña parte que ocultamente se hurta. || Los pequeños retazos que se reservan y quitan de alguna tela. Dícese regularmente de los que quitan los sastres. || En los vestidos el corte que se hace quitándole alguna parte pequeña de la tela para darle su formacion. || El aceite de linaza recocido con algunas tierras de color, como bermellon, ocre ú otros simples para que pegue el pan de oro sobre él. || La imposicion sobre géneros comestibles, rebajando la medida.

SISADO, p. p. de SISAR.

SISADOR, RA, s. m. y f. El que sisa.

SISAR, v. a. Tomar ó quitar de lo que se compra ó se gasta alguna pequeña parte. || Quitar, ocultar y retener otras cosas que no sean materiales. || Acortar ó rebajar las medidas á la proporcion que corresponde al impuesto sobre los géneros comestibles. || Cortar en los vestidos la parte necesaria para darles la forma debida. || Preparar con la sisa lo que se ha de dorar.

SISERO, s. m. El ministro que se emplea en la cobranza de las sisas.

SISIMBRIO, s. m. Planta herbácea de que se conocen varias especies poco usadas ya en la medicina.

SISON, s. m. El que frecuentemente sisa. || Ave muy comun en todas las provincias de España, de un pié y medio de largo, y que tiene el pico negruzco.

SISTEMA, s. m. Conjunto y enlace de principios y verdades relativas á una materia, y así se dice: SISTEMA de gobierno, SISTEMA de filosofía, de medicina, etc. || *Astr.* La colacion y órden que tienen entre sí el globo de la tierra y los cuerpos celestes. || El galon de oro ó de plata de una sola cara. || SISTEMA DEL UNIVERSO, El órden y situacion natural que se supone tienen entre sí los cuerpos principales del universo. || SISTEMA MÚSICO, La recta ordenacion y disposicion de las cuerdas ó voces usadas en la música.

SISTEMÁTICAMENTE, adv. De un modo sistemático.

SISTEMÁTICO, CA, adj. y s. El que sigue algun sistema. Tambien el que procede por principios, y es constante en su tenor de vida ó en algunas obras de ella.

SÍSTILO, s. m. *Arq.* Uno de los cinco géneros de edificios en que las columnas distan dos diámetros.

SÍSTOLE, s. f. *Poét.* Figura por la cual la sílaba, que de su naturaleza es larga, se usa en el verso por breve. || El movimiento del corazon con el cual se contrae y encoge en la respiracion como opuesto al que llaman diástole, con que se ensancha y dilata.

SISTRO, s. m. Instrumento músico de los antiguos.

SITIADO, p. p. de SITIAR. || *Ar.* V. SITUADO Ó SITO.

SITIADOR, s. m. El que sitia alguna plaza ó fortaleza solicitando ganarla con violencia y con armas, ó el que está y sirve en el sitio de ella.

SITIAL, s. m. El asiento ó silla con un pequeño banco delante, cubierto de un tapete con una almohada ó cogin encima y otra á los pies de la silla, de que usan los reyes, príncipes y prelados en la asistencia á las funciones públicas. || Taburetillo raso como de una vara de largo y media de ancho con que adornan el estrado de las señoras, y sirve de asiento.

SITIAR, v. a. Cercar alguna plaza ó fortaleza para combatirla y apoderarse de ella. || met. Quitar ó impedir todos los medios para conseguir alguna cosa o para librarse de algun peligro. || Cercar á alguno tomándole y cerrándole todas las salidas para cogerle. || SITIAR POR HAMBRE, met. Valerse de la ocasion de que esté alguno en necesidad ó aprieto para obligarle á convenir en lo que se desea.

SITIBUNDO, DA, adj. V. SEDIENTO.

SITIO, s. m. El lugar ó parte de terreno que ocupa cualquier cuerpo, y le corresponde. || El parage ó terreno determinado, y que es á propósito por su calidad para alguna cosa. || El cerco que se pone á alguna plaza ó fortaleza para combatirla y apoderarse de ella. || El parage de diversion propio de algun señor. || *Ar.* El aniversario que se celebra por alguna festividad ó por los difuntos de alguna cofradía.

SITO, TA, adj. V. SITUADO.

SITUACION, s. f. La disposicion de alguna cosa en el lugar que le corresponde. || met. El señalamiento ó asignacion de algun efecto para que uno cobre lo que le pertenece. || El estado ó constitucion de las cosas.

SITUADO, p. p. de SITUAR.

SITUADO, s. m. El salario, sueldo ó renta que está señalado sobre algun efecto.

SITUAR, v. a. Colocar ó poner alguna cosa en algun lugar ó sitio. || Asignar ó determinar fondo para que alguno cobre alguna cosa.

SITUARSE, v. r. Ponerse ó colocarse en algun lugar, estado, ocupacion ó puesto.

SO

SO, prep. Bajo, debajo de. Hoy solo tiene uso con los sustantivos *capa*, *color* y *pena*; y así se dice so *capa de*, so *color do*, so *pena de*, so *graves penas*, so *la pena* ó *las penas*. || Se usa en composicion, y unas veces retiene su significacion, como en SOCAVAR, SOTERRAR, SOLOMO, SOTERRAÑO: otras sirve de disminuir ó moderar la significacion del verbo ó nombre que compone, como en SOASAR; y otras sirve para aumentarla, como en SOJUZGAR, SOFRENAR, SOFRENADA. || Se usa tambien como interjeccion para hacer detener ó parar á los jumentos. Dicen tambien CHO y JO.

SO, pron. poses. ant. V. SU. || DE SO UNO, Juntamente, de mancomun. || ant. Juntamente y á un tiempo.

* **SO-ARRENDADOR**, s. m. Subarrendador.

* **SO-ARRENDAMIENTO**, s. m. Subarrendamiento.

* **SO-ARRENDAR**, v. a. Subarrendar.

SOASADO, p. p. de SOASAR.

SOASAR, v. a. Medio asar ó asar ligeramente.

SOBA, s. f. La accion y efecto de sobar. || met. Aporreamiento ó zurra que se da á alguno, como SOBA de palos.

SOBACO, s. m. La parte que está debajo del hombro que hace un género de arco.

SOBADERO, RA, adj. Que se puede sobar.

SOBADO, p. p. de SOBAR.

SOBADO, s. m. V. SOBADURA.

SOBADURA, s. f. La accion y efecto de sobar.

SOBAJADO, p. p. de SOBAJAR.

SOBAJADURA, s. f. La accion y efecto de sobajar.

SOBAJAMIENTO, s. m. Sobadura.

SOBAJANERO, s. m. *And.* El mozo que sirve en los cortijos para ir por el recado al pueblo.

SOBAJAR, v. a. Manosear alguna cosa con fuerza tratándola mal ó ajándola.

SOBANDA, s. f. El remate del tonel que está mas distante respecto del que le labra ó le mira.

SOBAQUERA, s. f. La abertura que suele dejarse de propósito en los vestidos en la union de la manga y cuerpo á la parte del sobaco.

SOBAQUIDO, s. m. *Germ.* Lo que se hurta y lleva debajo del brazo.

SOBAQUINA, s. f. El mal olor que algunos suelen echar de sí por los sobacos.

SOBAR, v. a. Manejar y oprimir alguna cosa repetidamente y con violencia á fin de que se ablande ó suavice. || Castigar dando algunos golpes. || met. Refregar ó manosear mucho, ó con frecuencia.

SOBARBA, s. f. La correa del freno que abraza la barba y hocico del caballo introducida por las correas en que se asegura el bocado.

SOBARBADA, s. f. El golpe que se le da al caballo tirando de las riendas con alguna violencia, á fin de refrenarle cuando va inquieto. || met. La reprension que se da á alguno con palabras ásperas.

SOBARCADO, p. p. de SOBARCAR.

SOBARCAR, v. a. Poner ó llevar alguna cosa que haga bulto debajo del arco del brazo ó sobaco. || Levantar ó subir hácia los sobacos los vestidos.

SOBEJANÍA, s. f. ant. Sobra, demasía, exceso.

SOBEJANO, NA, adj. ant. Sobrado, demasiado, excesivo.

SOBEJO, JA, adj. ant. V. SOBEJANO.

SOBEO, s. m. En algunas partes correa de cuero que sirve para afianzar el arado con el yugo.

SOBERANAMENTE, adv. Con soberanía.

SOBERANÍA, s. f. Alteza y poderío sobre todos. || Orgullo, soberbia ó altivez.

SOBERANIDAD, s. f. ant. V. SOBERANÍA.

SOBERANÍSIMO, MA, adj. sup. de SOBERANO.

SOBERANO, NA, adj. Que es alto, extremado y singular. || ant. Altivo, soberbio ó presumido.

SOBERANO, s. m. El que tiene la autoridad suprema.

SOBERBIA, s. f. Elacion del ánimo, y apetito desordenado de ser preferido á otro. || Satisfaccion y desvanecimiento de las propias prendas con desprecio de los demas. || El exceso en la magnificencia, suntuosidad ó pompa, especialmente hablando de los edificios. || La cólera é ira expresada con algunas acciones. || ant. Palabra ó accion injuriosa.

SOBERBIAMENTE, adv. Arrogante y altivamente.

SOBERBIAR, v. n. ant. V. ENSOBERBECERSE.

SOBERBIO, BIA, adj. El que tiene soberbia, ó se deja llevar de ella. || Altivo, arrogante y elevado. || met. Alto, fuerte ó excesivo en las cosas inanimadas. || Fogoso, orgulloso y violento. Aplícase regularmente á los caballos.

SOBERBIOSAMENTE, adv. V. SOBERBIAMENTE.

SOBERBIOSO, SA, adj. V. SOBERBIO.

SOBERBÍSIMO, MA, adj. sup. de SOBERBIO.

SOBINA, s. f. Clavo de madera.

SOBON, NA, adj. y s. El que por su excesiva familiaridad, caricias y halagos se hace fastidioso.

SOBON ó SOBONAZO, s. m. El hombre taimado, y que se excusa del trabajo.

SOBORNACION, s. f. V. SOBORNO.

SOBORNADO, p. p. de SOBORNAR. ‖ SOBORNADO, DA, adj. Dícese del pan que en el tendido se pone en el hueco de dos hileras, por lo que queda de diferente figura.

SOBORNADOR, RA, s. m. y f. El que soborna.

SOBORNAL, adj. Que se echa encima de la carga á la bestia ademas de lo que ya tenia.

SOBORNAR, v. a. Cohechar ó corromper con dádivas á alguno para conseguir de él alguna cosa.

SOBORNO, s. m. La accion y efecto de sobornar. ‖ La dádiva con que se cohecha ó corrompe á alguno. ‖ met. Cualquiera cosa que mueve, impele y excita el ánimo para inclinarse á complacer á otro.

SOBRA, s. f. La demasía y exceso en cualquiera cosa que tiene ya su justo ser, peso ó valor. ‖ Demasía, injuria, agravio. ‖ SOBRAS, pl. Lo que queda de la comida al levantar la mesa, y se extiende tambien á lo que sobra ó queda de otras cosas. ‖ DE SOBRA, Abundantemente, con exceso ó con mas de lo necesario. ‖ Por demas, sin necesidad.

SOBRADADO, p. p. de SOBRADAR.

SOBRADAMENTE, adv. De sobra, con abundancia de bienes. ‖ Demasiadamente. ‖ Superabundantemente, con exceso.

SOBRADAR, v. a. Hacer los edificios con sobrados.

SOBRADILLO, s. m. d. de SOBRADO. El reparo que se pone encima de los balcones ó ventanas para defenderlos del agua de las canales.

SOBRADISIMO, MA, adj. súp. de SOBRADO.

SOBRADO, p. p. de SOBRAR. ‖ SOBRADO, DA, adj. ATREVIDO, audaz y licencioso. ‖ RICO y abundante de bienes.

SOBRADO, s. m. V. DESVAN. ‖ ant. Cada uno de los altos ó pisos de una casa.

SOBRADO, adv. V. SOBRADAMENTE.

SOBRAJA, s. f. ant. SOBRA ó sobrante.

SOBRAMIENTO, s. m. ant. Sobra ó residuo. ‖ ant. V. SOBRA.

SOBRANCERO, adj. Se aplica al que está sin trabajar y sin oficio determinado. ‖ *Mur.* Mozo de labor que está para suplir.

SOBRANTE, p. a. de SOBRAR, y s. m. Que sobra. ‖ adj. V. SOBRADO por rico.

SOBRAR, v. a. ant. Exceder ó sobrepujar á otra cosa en peso, número, valor ó calidad.

SOBRAR, v. n. Haber mas de lo que se necesita para alguna cosa ó en alguna especie. ‖ Estar demas. Úsase frecuentemente hablando de los sugetos que se introducen adonde no los llaman ó no tienen que hacer. ‖ Quedar, restar. ‖ NI SOBRÓ NI FALTÓ, NI HUBO HARTO, Expr. fam. con que se denota venir cabal y justa alguna cosa para lo que se necesita.

SOBRASADO, p. p. de SOBRASAR.

SOBRASAR, v. a. Poner brasas al pié de la olla ó cosa semejante para que cuezca ántes ó mejor.

SOBRAZADO, p. p. de SOBRAZAR.

SOBRAZAR, v. a. ant. Doblar ó recoger alguna cosa debajo del brazo.

SOBRE, prep. V. ENCIMA. ‖ V. ACERCA DE. ‖ V. ADEMAS DE.

SOBRE, s. m. V. SOBRESCRITO. ‖ Se usa tambien para significar el exceso corto de alguna cosa, especialmente en el número; y así se dice: tendré SOBRE cien reales, esto es, poco mas de cien reales. ‖ Cerca de otra cosa, con mas altura que ella y dominándola. ‖ Con dominio y superioridad. ‖ Sirve á la composicion de nombres y verbos, correspondiendo al *super* latino, y ó aumenta la significacion, ó le añade la suya al nombre ó verbo que compone, como SOBRECOGER, SOBREPONER, SOBRECARGAR. ‖ Úsase por *á* ó *hácia*. ‖ Úsase para denotar la finca ó fondo que tiene afecta alguna carga ó gravámen; y así se dice: un censo impuesto sobre tal casa. ‖ Despues de; y así se dice: SOBRE comida, SOBRE siesta, SOBRE tarde. ‖ SOBRE SI, Con atencion, cautela ó cuidado. ‖ Consentidamente, soberbia ó libremente. ‖ De por sí, separadamente. ‖ IR SOBRE ALGUNO, Seguir á otro de cerca, ir en su alcance para apresarle ó hacerle algun daño.

SOBREABUNDANCIA, s. f. Abundancia excesiva.

SOBREABUNDANTE, p. a. de SOBREABUNDAR, Que abunda con exceso.

SOBREABUNDANTEMENTE, adv. Excesivamente, con gran abundancia.

SOBREABUNDAR, v. n. Abundar mucho.

SOBREAGUAR, v. n. Andar ó estar sobre la superficie del agua.

SOBREAGUDA, s. f. *Mús.* Cada una de las siete letras de la música pequeñas y duplicadas.

SOBREAGUDO, s. m. *Mús.* El signo mas alto que hay en ella.

SOBREALIENTO, s. m. Respiracion difícil y fatigosa.

SOBREALZADO, p. p. de SOBREALZAR.

SOBREALZAR, v. a. Elevar y levantar alguna cosa.

SOBREAÑADIDO, p. p. de SOBREAÑADIR.

SOBREAÑADIR, v. a. Añadir con exceso ó sobre lo que ántes habia.

SOBREAÑAL, adj. Se aplica á algunos animales cuando tienen mas de un año.

SOBREASADO, p. p. de SOBREASAR. || SOBREASADO, DA, adj. Llaman en Mallorca á un salchichon que se guisa al tiempo de formarle, y para que esté mas gustoso y comerle con mas apetito se debe asar.

SOBREASAR, v. a. Volver á poner á la lumbre lo que está asado ó cocido para que se tueste.

SOBREBEBER, v. a. fam. Beber una vez sobre otra ó beber mucho.

* SOBREBOLINAS, s. f. pl. *Náut.* Cabos que pasan por los motones que estan como una braza á dentro del penol.

SOBREGALZA, s. f. ant. V. POLAINA.

SOBRECAMA, s. f. La cubierta que se pone sobre las sábanas y cobertores para abrigo y decencia de la cama.

SOBRECAÑA, s. f. *Albeit.* Tumor duro del tamaño de media nuez, que se cria en el tercio de la caña de la mano del caballo, y suele causar manquedad.

* SOBRECANON, s. m. La primera renta dominical que se añade á un canon enfitéutico.

SOBRECARGA, s. f. Lo que se añade y pone encima de una carga regular. || met. La molestia que sobreviene y se añade al sentimiento, pena ó pasion del ánimo. || La soga ó lazo que se echa encima de la carga para asegurarla.

SOBRECARGADO, p. p. de SOBRECARGAR.

SOBRECARGAR, v. a. Cargar con exceso. || Entre costureras y sastres coser contra otra costura lo que quedó desmentido de la tela, doblándolo para que caiga debajo de las puntadas.

SOBRECARGO, s. m. El sugeto que en los buques de comercio lleva á su cuidado y responsabilidad las mercaderías ó efectos que forman su cargamento.

SOBRECARTA, s. f. La cubierta de papel en que se cierra la carta. || La segunda provision ó despacho que dan los tribunales acerca de una misma cosa, cuando por algun motivo no ha tenido cumplimiento la primera.

SOBRECARTADO, p. p. de SOBRECARTAR.

SOBRECARTAR, v. a. Dar segunda provision para que se egecute lo mandado por la primera.

SOBRECEBADERA, s. f. *Náut.* Vela cuadrada que se pone encima del baupres mas arriba de la cebadera en la proa.

SOBRECÉDULA, s. f. La segunda cédula real ó despacho del rey para la observancia de lo prescrito en la primera.

SOBRECEJA, s. f. La parte de la frente que está inmediata á las cejas.

SOBRECEJO, s. m. V. CEÑO; y se dice: mirar de SOBRECEJO.

SOBRECELESTIAL, adj. Que se considera superior al cielo.

SOBRECEÑO, s. m. Ceño muy sañudo.

SOBRECERCO, s. m. El cerco ó guarnicion que se pone encima de otro para fortificarle.

SOBRECINCHA, s. f. La cincha que se pone encima de la silla, ó la cincha mas ancha y larga que las regulares.

SOBRECINCHO, s. m. V. SOBRECINCHA.

SOBRECLAUSTRO, s. m. La pieza ó vivienda que hay encima del claustro.

SOBRECOGEDOR, s. m. V. RECAUDADOR.

SOBRECOGER, v. a. Coger de repente y desprevenido. Úsase en lo físico y en lo moral.

SOBRECOGIDO, p. p. de SOBRECOGER.

SOBRECOMIDA, s. f. V. POSTRE.

SOBRECOPA, s. f. La tapadera de la copa.

SOBRECRECER, v. n. Crecer una cosa sobre otra.

SOBRECRECIENTE, p. a. de SOBRECRECER, Que sobrecrece.

SOBRECRUCES, s. m. pl. Cada uno de los cuatro palos grandes de las azadas, los cuales estan sobre otros cuatro que llaman cruces para la formacion y seguridad de la rueda.

SOBRECUBIERTA, s. f. El segundo reparo que se pone á alguna cosa que está cubierta con otra para su mayor resguardo.

SOBRECUELLO, s. m. V. COLLARIN.

SOBREDEZMERO, s. m. El acompañado que se pone al que tiene cuidado ó encargo de cobrar los diezmos para mayor seguridad en la fidelidad de las cobranzas.

SOBREDICHO, CHA, adj. Arriba ó ántes dicho.

SOBREDIENTE, s. m. El diente que nace encima de otro.

SOBREDORADO, p. p. de SOBREDORAR.

SOBREDORAR, v. a. Poner ó extender con artificio y habilidad el oro en alguna cosa. || met. Disculpar y abonar con palabras aparentes y sofísticas alguna accion ó palabra mal dicha.

SOBREEDIFICADO, p. p. de SOBREEDIFICAR.

SOBREEDIFICAR, v. a. Edificar sobre alguna cosa.

SOBREEMPEINE, s. m. En las polainas la parte inferior que cae sobre el empeine del pié.

SOBREENTENDER, v. a. V. SOBRENTENDER.

SOBREESENCIAL, adj. Que es mas que esencial.

* **SOBREESPINOSO**, adj. *Anat.* Dícese de un músculo del brazo.

SOBREEXCEDER, v. a. ant. Exceder, sobrepujar, aventajarse á otro.

SOBREEXCEDIENTE, p. a. ant. de SOBREEXCEDER, Que excede.

SOBREEXCELENTE, adj. Muy excelente.

SOBREFAZ, s. f. La superficie ó cara exterior de las cosas. || *Fort.* La distancia que hay entre el ángulo exterior del baluarte y el flanco prolongado.

SOBREGUARDA, s. m. El segundo guarda que suele ponerse para mas seguridad.

SOBREHAZ, s. f. V. SOBREFAZ. || La cubierta de cualquiera cosa.

SOBREHUESO, s. m. Tumor duro que está sobre los huesos, el cual suele causar grandes dolores. || met. Cualquiera cosa que molesta ó sirve de embarazo ó carga. || met. Trabajo, molestia.

SOBREHUMANO, NA, adj. Que excede á lo humano.

SOBREJALMA, s. f. Manta que se pone sobre la enjalma.

SOBREJUEZ, s. m. ant. En lo antiguo significaba el juez superior ó de apelacion.

SOBRELECHO, s. m. *Arq.* La superficie inferior de la piedra que descansa sobre el lecho de la que está debajo.

SOBRELLAVE, s. f. Segunda llave de la puerta ademas de las ordinarias cerraduras. || En palacio el oficio del que tiene segunda llave para asegurar que no se abra sin su intervencion.

SOBRELLENO, NA, adj. Que sobreabunda y excede á la regular capacidad del recipiente.

SOBRELLEVADO, p. p. de SOBRELLEVAR.

SOBRELLEVAR, v. a. Llevar encima ó acuestas alguna carga ó peso para aliviar á otro. || met. Ayudar á llevar ó sufrir los trabajos ó molestias de la vida. || Dar poco á poco el trabajo para que se pueda aguantar, y no todo de una vez ó continuadamente. || Disimular y suplir algunos defectos ó descuidos en el inferior ó súbdito.

SOBREMANERA, adv. Excesivamente.

SOBREMANO, s. f. *Albeit.* Tumor huesoso que se hace en las caballerías sobre la corona del casco en la parte delantera é inferior de las cuartillas de las manos ó piernas delanteras.

SOBREMESA, s. f. La cubierta que se pone encima de la mesa por decencia, limpieza y comodidad. || V. SOBRECOMIDA. || DE SOBREMESA, Inmediatamente á haber comido.

SOBREMESANA, s. f. *Náut.* Vela cuadrada que se pone en las naves en el palo de mesana.

SOBREMUÑONERA, s. f. Un hierro á modo de medio círculo á cada lado de las cureñas.

SOBRENADAR, v. a. Nadar sobre algun fluido.

SOBRENATURAL, adj. Se aplica á cualquiera cosa que excede los términos de la naturaleza.

SOBRENATURALMENTE, adv. Con modo ó de un modo sobrenatural.

SOBRENOMBRE, s. m. El apellido que se añade despues del nombre propio que se puso en el bautismo. || El nombre inventado que se pone á alguno por apodo.

SOBRENTENDER, v. a. Entender una cosa que no está expresa; pero que no puede ménos de suponerse segun lo que antecede ó la materia que se trata.

SOBREPAGA, s. f. Aumento de paga, ventaja en ella.

SOBREPAÑO, s. m. El lienzo ó paño que se pone encima de otro paño.

SOBREPARTO, s. m. El tiempo que inmediatamente se sigue al parto.

SOBREPELLIZ, s. f. Vestidura blanca de lienzo fino con mangas perdidas ó muy anchas, que llevan sobre la sotana los eclesiásticos, y aun los legos que sirven en las funciones de iglesia.

* **SOBREPESO**, s. m. Nuevo gravámen de pechos, de trabajos, de males, etc.

SOBREPIÉ, s. m. *Albeit.* Tumor huesoso que se hace á las caballerías sobre la corona del casco en la parte delantera é inferior de las cuartillas de los pies ó piernas traseras.

SOBREPLAN, s. m. *Náut.* Varenga ó ligazon de madera gruesa y ancha que se pone sobre el forro de la bodega del bajel.

SOBREPONER, v. a. Añadir una cosa ó ponerla encima de otra.

SOBREPONERSE, v. r. Exaltarse y ponerse encima de otra cosa.

* **SOBREPRECIO**, s. m. Precio mas subido.

SOBREPUERTA, s. f. Especie de tejadillo de madera colocado sobre las puertas interiores de los aposentos, del cual penden las cortinas sostenidas por varillas, etc. || La cenefa ó cortinilla que se pone sobre las puertas, sujeta con clavos romanos, etc. || Se toma generalmente por toda pintura, tela, talla, etc., que se pone por adorno sobre las puertas.

SOBREPUESTO, p. p. irreg. de SOBREPONER.

SOBREPUESTO, s. m. Aquel panal que forman las abejas despues de llena la colmena encima de la fábrica que hacen primero. || Vasija de barro ó cesto de mimbres que se pone boca abajo, y ajusta sobre los vasos de las colmenas, en el cual trabajan las abejas. || BORDAR DE SOBREPUESTO, Formar las figuras sobre lienzo ó cosa semejante, y cortándolas sin que se descubra el fondo, se cosen y afirman sobre el campo de la tela.

SOBREPUJADO, p. p. de SOBREPUJAR.

SOBREPUJAMIENTO, s. m. ant. La accion y efecto de sobrepujar.

SOBREPUJANTE, p. a. de SOBREPUJAR, Que sobrepuja.

SOBREPUJANZA, s. f. ant. Pujanza excesiva.

SOBREPUJAR, v. a. Exceder una cosa á otra en cualquiera línea.

SOBREQUILLA, s. f. *Náut.* Madero grueso compuesto de una ó mas piezas, colocado de popa á proa por dentro de la nave encima de la quilla y de los planes, y clavado con pernos en aquella y en estos.

SOBRERONDA, s. f. V. CONTRARONDA.

SOBREROPA, s. f. V. SOBRETODO.

SOBRESALIDO, p. p. de SOBRESALIR.

SOBRESALIENTE, p. a. de SOBRESALIR, Que sobresale.

SOBRESALIENTE, s. m. *Mil.* Cualquier oficial, gefe ó tropa que está prevenida para salir siempre que la necesidad lo pida. || met. La persona que está destinada para suplir la falta ó ausencia de otro, como en los papeles de comedias.

SOBRESALIR, v. a. Exceder, aventajarse, singularizarse.

SOBRESALTADO, p. p. de SOBRESALTAR.

SOBRESALTAR, v. a. Saltar, venir y acometer de repente. || Asustar, acongojar, alterar á alguno repentinamente.

SOBRESALTAR, v. n. Venirse una cosa á los ojos. Dícese especialmente de las pinturas cuando las figuras parece que salen del lienzo.

SOBRESALTO, s. m. Sensacion que proviene de un acometimiento repentino é imprevisto. || El temor ó susto repentino. || DE SOBRESALTO, De improviso ó impensadamente.

SOBRESANADO, p. p. de SOBRESANAR.

SOBRESANAR, v. a. Reducir y cerrar alguna herida solo por la superficie quedando dañada la parte interior y oculta. || met. Afectar ó disimular con alguna cosa superficial alguna accion ó defecto.

SOBRESANO, adv. Con curacion falsa ó superficial. || met. Afectada, fingida, disimuladamente.

SOBRESCRIBIR, v. a. Escribir ó poner un letrero sobre alguna cosa. Úsase mas comunmente por poner el sobrescrito en la cubierta de las cartas.

SOBRESCRITO, p. p. de SOBRESCRIBIR.

SOBRESCRITO, s. m. El letrero que se pone en la cubierta de las cartas.

SOBRESEER, v. n. Desistir de la pretension ó empeño que se tenia. Úsase tambien como activo. ‖ Cesar en algun procedimiento ó desistir de alguna empresa.

SOBRESEGURO, adv. Con seguridad, sin contingencia ni riesgo.

SOBRESEIDO, p. p. de SOBRESEER.

SOBRESEIMIENTO, s. m. La accion y efecto de sobreseer.

SOBRESELLO, s. m. El segundo sello que se pone para mayor firmeza ó autoridad.

SOBRESEMBRADO, p. p. de SOBRESEMBRAR.

SOBRESEMBRAR, v. a. Volver á sembrar sobre lo ántes sembrado. ‖ met. Introducir y sembrar algunas doctrinas ó persuasiones entre otras pacíficas ya sentadas para mover discordias é inquietudes.

SOBRESEÑAL, s. f. Distintivo ó divisa que en lo antiguo tomaban arbitrariamente los caballeros armados.

SOBRESOLADO, p. p. de SOBRESOLAR.

SOBRESOLAR, v. a. Coser una suela nueva en los zapatos sobre las otras que estan ya gastadas ó rotas. ‖ Echar un segundo suelo sobre lo solado.

SOBRESTANTE, adj. Que está muy cerca ó encima.

SOBRESTANTE, s. m. La persona puesta para el cuidado y vigilancia de algunos artífices y operarios, á fin de que no se esten ociosos, y procuren adelantar la obra en cuanto sea posible. ‖ SOBRESTANTE DE COCHES, El empleado en las caballerizas reales para cuidar de los coches que deben servir á las personas reales.

SOBRESUELDO, s. m. El salario, consignacion ó racion que se añade y concede ademas del primer sueldo señalado.

SOBRESUELO, s. m. El segundo suelo que se pone sobre el principal.

SOBRETARDE, s. f. Lo último de la tarde ántes de anochecer.

SOBRETERCERO, s. m. En algunas partes el sugeto nombrado á mas del tercero para llevar cuenta de los diezmos, y tener una llave de la tercia ó cilla.

* SOBRETEGER, v. a. Bordar de recamado una tela con oro, plata ó seda.

SOBRETODO, s. m. Ropa ancha y larga como hasta media pierna, abierta por delante, con sus mangas anchas, y sirve para abrigo y defensa de las aguas.

SOBREVEEDOR, s. m. El superior de los veedores.

SOBREVELA, s. f. ant. *Mil.* Segunda vela ó centinela.

SOBREVENIDA, s. f. La venida repentina ó improvista.

SOBREVENIDO, p. p. de SOBREVENIR.

SOBREVENIR, v. n. Acaecer ó suceder alguna cosa ademas ó despues de otra. ‖ Venir de repente é improvisamente. ‖ V. VENIR.

SOBREVERTIDO, p. p. de SOBREVERTERSE.

SOBREVERTERSE, v. r. Verterse con abundancia alguna cosa.

SOBREVESTA, s. f. Casacon ó casaca que se pone sobre lo demas del vestido.

SOBREVESTIDO, p. p. de SOBREVESTIR.

SOBREVESTIR, v. a. Ponerse un vestido sobre el que ya se lleva.

SOBREVIDRIERA, s. f. El enrejado de alambre del tamaño de las ventanas que se pone para el resguardo de los vidrios.

SOBREVIENTA, s. f. ant. Viento impetuoso. ‖ ant. Furia, ímpetu. ‖ ant. met. Sobresalto, consternacion. ‖ A SOBREVIENTA, ant. De repente, improvisa impensadamente.

SOBREVIENTO, s. m. ant. *Náut.* V. BARLOVENTO. ‖ ESTAR Ó PONERSE Á SOBREVIENTO, *Náut.* Tener el lugar mas ventajoso de barlovento, ó lograr todo el viento á su favor respecto de otra nave.

SOBREVISTA, s. f. Plancha de acero que se une al borde que hacen los morriones en el hueco que está hácia la cara en un imperfecto medio círculo mas ancho en el medio.

SOBREVIVIDO, p. p. de SOBREVIVIR.

SOBREVIVIENTE, p. a. de SOBREVIVIR, Que sobrevive.

SOBREVIVIR, v. n. Vivir mas que otro, ó vivir uno despues de la muerte de otro.

SOBRIAMENTE, adv. Moderada y templadamente.

SOBRIEDAD, s. f. Templanza y moderacion.

SOBRINITO, TA, s. m. y f. d. de SOBRINO.

SOBRINO, NA, s. m. y f. El hijo ó hija de hermano ó hermana, el cual se llama SOBRINO CARNAL, á distincion de los hijos de los primos hermanos que se llaman SOBRINOS segundos.

SOBRIO, BRIA, adj. Templado, moderado.

SOCAIRE, s. m. *Náut.* El parage de la nave por donde la vela expele el viento. ‖ La accion de hacerse remolon el marinero en el coy, sin salir á la guardia.

SOCALIÑA, s. f. Ardid ó artificio con que se saca á alguno lo que no está obligado á dar.

SOCALIÑADO, p. p. de SOCALIÑAR.

SOCALIÑAR, v. a. Sacar á uno con artificio y maña alguna cosa que no está obligado á dar.

SOCALIÑERO, RA, s. m. y f. El que usa de socaliñas.

*SOCAMARERO, s. m. Camarero segundo.

SOCAPA, s. f. El pretexto fingido y aparente que se toma para con aquel socolor egecutar otra cosa. ‖ Á SOCAPA, Disimuladamente ó con cautela.

SOCAPISCOL, s. m. V. SOCHANTRE.

SOCARRA, s. f. La accion de socarrar. ‖ SOCARRONERÍA.

SOCARRADO, p. p. de SOCARRAR.

SOCARRAR, v. a. Pasar alguna cosa por el fuego, que ni bien quede asada ni bien cruda.

SOCARREN, s. m. El ala del tejado que sobresale á la pared.

SOCARRENA, s. f. Hueco, concavidad, espacio ó intervalo.

SOCARRINA, s. f. fam. V. CHAMUSQUINA.

SOCARRON, NA, adj. Astuto, bellaco y disimulado.

SOCARRONAMENTE, adv. Bellacamente, con disimulo y afectacion.

SOCARRONAZO, ZA, adj. aum. de SOCARRON.

SOCARRONERÍA, s. f. La astucia y bellaquería con que alguno pretende su interes ó disimula su intento.

SOCARRONÍSIMO, MA, adj. sup. de SOCARRON.

SOCAVA, s. f. La accion y efecto de socavar. ‖ El hoyo que se hace al rededor de la planta mayor para conservar la humedad.

SOCAVADO, p. p. de SOCAVAR.

SOCAVAR, v. a. Cavar debajo de la tierra quedando sobre falso algun grueso de superficie, lo que suele hacer el agua en las orillas.

SOCAVON, s. m. Cueva que se hace al traves debajo de algun cerro ó monte.

SOCHANTRE, s. m. El cantor que en las iglesias dirige el coro en lo que se canta por canto llano.

*SOCIABILIDAD, s. f. Propension, inclinacion de unas personas ó cosas al trato y correspondencia de otras.

SOCIABLE, adj. Que naturalmente es inclinado á la sociedad ó tiene disposicion para ella.

SOCIAL, adj. Perteneciente á la sociedad; y asi se dice: contrato SOCIAL, virtudes SOCIALES. ‖ Lo que pertenece á los sócios ó compañeros, aliados ó confederados.

SOCIEDAD, s. f. Compañía de racionales. ‖ La junta ó compañía de varios sugetos para el adelantamiento de las facultades y ciencias. ‖ Compañía entre comerciantes.

SOCINIANO, NA, adj. Se dice de la heregía de Fausto Socino y de sus sectarios, que, á casi todos los errores de los protestantes del siglo XVI, añaden otros muchos de los hereges anteriores.

SOCIO, s. m. V. COMPAÑERO.

SOCOLLADA, s. f. *Náut.* El estiron ó sacudida que dan las velas cuando hay poco viento.

SOCOLOR, s. m. Pretexto y apariencia que se da á alguna accion para disimular y encubrir el motivo y fin que se intenta.

SOCONO, s. m. *Germ.* Hurto. ‖ *Germ.* Lo que la muger envia al rufian.

SOCORO, s. m. ant. El sitio que está debajo del coro.

SOCORREDOR, RA, s. m. y f. El que socorre.

SOCORRER, v. a. Ayudar, favorecer á uno, remediar alguna necesidad. ‖ Dar á cuenta una parte de lo que se debe.

SOCORRERSE, v. r. ant. Acogerse, refugiarse.

SOCORRIDO, p. p. de SOCORRER. ‖ SOCORRIDO, DA, adj. Que con facilidad socorre la necesidad de otro, y se extiende á todo aquello en que se halla con abundancia lo que es menester.

SOCORRO, s. m. La accion y efecto de socorrer. ‖ La ayuda y favor que prontamente se da al que se halla en alguna necesidad ó peligro. ‖ La parte ó porcion de dinero que se da anticipadamente del sueldo ó salario que alguno ha de devengar, ó á cuenta del que ya se le debe, y no se le paga enteramente. ‖ En la guerra es la incorporacion de soldados á la tropa ó presidio que padece riesgo, ó la provision de víveres de boca ó guerra de que se carece.

SOCRÁTICO, CA, adj. y s. El que

sigue la doctrina de Sócrates y perteneciente á él.

SODA, s. f. V. SOSA.

SODOMÍA, s. f. Concúbito entre personas de un mismo sexo, ó en vaso indebido.

SODOMITA, adj. y s. La persona que comete sodomía.

SODOMÍTICO, CA, adj. Perteneciente á la sodomía.

SOEZ, adj. Bajo, indigno, de poco valor.

* SOEZMENTE, adv. Puercamente, bajamente.

SOFALDADO, p. p. de SOFALDAR.

SOFALDAR, v. a. Alzar las faldas. ‖ met. Levantar cualquiera cosa para descubrir otra.

SOFALDO, s. m. La accion de sofaldar.

SOFION, s. m. Respuesta dada con desabrimiento y mal modo.

SOFISMA, s. m. La razon ó argumento aparente con que se quiere defender ó persuadir lo que es falso.

SOFISTA, s. m. Antiguamente el profesor de filosofía ó retórica. ‖ En lo antiguo SABIO ó FILÓSOFO.

SOFISTA, adj. El que se vale de sofismas. Úsase tambien como sustantivo.

SOFISTERÍA, s. f. La apariencia ó ficcion sutil de algunas razones, persuasiones ó cláusulas.

SOFISTICACION, s. f. Falsificacion ó adulteracion de alguna cosa.

SOFISTICADO, p. p. de SOFISTICAR.

SOFÍSTICAMENTE, adv. Aparente y engañosamente.

SOFISTICAR, v. a. Falsificar, adulterar, contrahacer alguna cosa.

SOFÍSTICO, CA, adj. Aparente, fingido con sutileza.

SÓFITO, s. m. *Arq.* La parte interior del resalto de la corona de la cornisa.

SOFLAMA, s. f. La llama tenue ó reverberacion del fuego. ‖ El bochorno ó ardor que suele subir al rostro ó por accidente, ú ocasionado de algun empacho. ‖ met. Ficcion de palabras con que se solicita engañar ó chasquear á otro. ‖ V. RONCERÍA, ARRUMACO.

SOFLAMADO, p. p. de SOFLAMAR.

SOFLAMAR, v. a. Fingir, usar de palabras afectadas para chasquear ó engañar á otro. ‖ met. Dar causa ó motivo para que otro se avergüence ó abochorne.

SOFLAMERO, s. m. met. El que usa de soflamas.

SOFOCADO, p. p. de SOFOCAR.

SOFOCAR, v. a. V. SUFOCAR.

SOFÓCLEO, EA, adj. Perteneciente á Sofocles.

SOFREIDO, p. p. de SOFREIR.

SOFREIR, v. a. Freir un poco ó ligeramente alguna cosa.

SOFRENADA, s. f. El golpe que se da prontamente con el freno á la bestia caballar cuando no se sujeta al ginete. ‖ met. La reprension con aspereza que se da á alguno para contenerle.

SOFRENADO, p. p. de SOFRENAR.

SOFRENAR, v. a. Detener con el ímpetu y golpe del freno á la bestia caballar cuando no se sujeta al ginete. ‖ met. Reprender con aspereza á alguno, ó refrenar alguna pasion del ánimo.

SOFRIDERO, RA, adj. ant. V. SUFRIDERO.

SOFRITO, p. p. irreg. de SOFREIR.

SOGA, s. f. La cuerda gruesa hecha de esparto curado ó de otra materia de tantas brazas de largo. ‖ Medida de tierra que tiene diversidad en lo largo segun varias provincias. ‖ Entre los esparteros cierta porcion de cuerda, que en llegando á determinada medida se llama SOGA. ‖ met. y fam. ant. El socarron por la paciencia que tiene en sufrir á trueque de hacer su negocio. ‖ Interj. con que se explica la extrañeza de alguna novedad, ó la aversion de alguna cosa que no nos conviene. ‖ DAR SOGA, V. DAR CUERDA. ‖ Dar chasco ó burlarse de alguno, á veces con la misma palabra SOGA. ‖ ECHAR LA SOGA TRAS EL CALDERO, met. Dejar perder lo accesorio, perdido lo principal. ‖ HACER SOGA, met. Irse quedando atras respecto de otros que van en su compañía. ‖ met. Introducir alguno mas cosas de las que convienen en la conversacion que se trata para la inteligencia de ella. ‖ LLEVAR Ó TRAER LA SOGA ARRASTRANDO, met. Explica que alguno ha cometido delito grave por el cual va siempre expuesto al castigo. ‖ QUEBRAR LA SOGA POR ALGUNO, fam. Faltar uno en lo que habia prometido ó se esperaba de él. ‖ TENER SOGA DE AHORCADO, Pondera la fortuna de alguno. ‖ VERSE Ó ESTAR CON LA SOGA Á LA GARGANTA, Estar amenazado de algun riesgo grave.

SOGUEADO, p. p. de SOGUEAR.

SOGUEAR, v. a. *Ar.* Medir con soga.

SOGUERÍA, s. f. El oficio y trato de soguero, y la tienda ó sitio en que se venden las cosas de este oficio. ‖ *Ar.* El conjunto de sogas.

SOGUERO, s. m. El que hace ó vende sogas.

SOGUILLA, TA, s. f. d. de SOGA. ‖ La trenza delgada que se hace con el pelo.

SOGUILLO, s. m. *Mur.* La trenza delgada del pelo.

SOHEZ, adj. V. SOEZ.

SOJUZGADO, p. p. de SOJUZGAR.

SOJUZGADOR, s. m. El que sujeta, domina y manda.

SOJUZGAR, v. a. Sujetar, dominar y mandar á otro con violencia.

SOL, s. m. El planeta que alumbra por el dia la tierra. ‖ Epíteto que se da á alguna persona especial en belleza, sabiduría ó santidad. ‖ El dia. ‖ Un género de encajes de labor antigua. ‖ met. Cualquiera cosa que da luz física ó moral. ‖ *Mús.* La quinta voz del hexacordo, que sube cuatro puntos mas que el UT. ‖ SOLES, pl. *Poét.* Los hojos hermosos. ‖ SOL CON UÑAS, met. Se llama cuando se le interponen algunas nubecillas que no le dejan despedir su luz con toda claridad y fuerza. ‖ AL PONER DEL SOL, Al tiempo en que se oculta de nuestra vista este planeta. ‖ AL SALIR EL SOL, Al tiempo en que este planeta se ofrece á nuestra vista. ‖ AL SOL PUESTO, Al anochecer. ‖ AL SOL QUE NACE, expr. met. y fam. Explica el anhelo y adulacion, con que siguen algunos al que empieza á ser poderoso, ó se espera que mandará presto. ‖ AUN HAY SOL EN BARDAS, met. Da á entender no estar perdida la esperanza de conseguir alguna cosa. ‖ BAÑAR EL SOL ALGUN ESPACIO, Llenarle de luz. ‖ CAMPEAR DE SOL Á SOMBRA, ant. Trabajar en el campo desde la mañana basta la noche. ‖ COGER EL SOL, Recibir las impresiones de él. ‖ DEJARSE CAER EL SOL, fam. V. DEJARSE CAER EL CALOR. ‖ DE SOL Á SOL, Desde que nace el sol basta que se pone. ‖ JUGAR EL SOL ÁNTES DE NACER Ó ÁNTES QUE NAZCA, met. Estar alguno tan viciado en el juego, que juega hasta lo que no tiene. ‖ JUGAR EL SOL ÁNTES QUE SALGA, met. Jugar el jornal del dia siguiente. ‖ METER Á ALGUNO DONDE NO VEA EL SOL, Ponerle en una cárcel oscura. ‖ MORIR EL SOL, Ocultarse debajo del horizonte, dejando de alumbrarnos. ‖ NO DEJAR Á SOL NI Á SOMBRA Á UNO, Perseguirle con importunidad á todas horas y en todo sitio. ‖ PARTIR EL SOL, En los desafios antiguos y públicos significaba colocar los combatientes, ó señalarles el campo, de modo que la luz del sol les sirviese igualmente, sin que pudiese ninguno tener ventaja en ella. ‖ PESAR EL SOL, ant. *Náut.* V. OBSERVARLE. ‖ PICAR EL SOL, Calentar demasiadamente. ‖ SENTARSE EL SOL, Herir el sol con violento ardor, de modo que inmute el color. ‖ TOMAR EL SOL, Ponerse en parte á propósito y desembarazada para gozar de él. ‖ TOMAR EL SOL, *Náut.* Tomar la altura ú observar la latitud de un lugar.

SOL, adv. ant. V. SOLAMENTE.

SOLACEAR, v. a. V. SOLAZAR.

SOLADA, s. f. SUELO por el asiento ó poso.

SOLADO, p. p. de SOLAR.

SOLADO, s. m. El suelo ya vestido con ladrillos, losas ú otra cosa semejante.

SOLADOR, s. m. El que suela con baldosa ó ladrillo.

SOLADURA, s. f. La accion y efecto de solar el piso de algun edificio. ‖ El material que sirve para solar.

SOLAMENTE, adv. De un solo modo, en una sola cosa, ó sin otra cosa.

SOLANA, s. f. El sitio ó parage donde el sol da de lleno. ‖ El corredor ó parte en la casa destinada para tomar el sol.

SOLANAR, s. m. *Ar.* V. SOLANA.

SOLANAZO, s. m. aum. de SOLANO. El viento solano muy caliente y molesto.

SOLANO, s. m. El viento que viene del oriente, donde el sol sale. ‖ Yerba, V. YERBA MORA.

SOLAPA, s. f. La parte del vestido que cruza y se pone encima de otra. ‖ Regularmente se suele cruzar sobre el pecho. ‖ Para tener mayor abrigo ó defensa. ‖ met. La ficcion ó colorido que se usa para disimular alguna cosa. ‖ *Albeit.* La cavidad, caverna ó seno que hay en algunas llagas que presentan un orificio pequeño.

SOLAPADAMENTE, adv. Disimuladamente, con cautela ó ficcion, ocultando alguna cosa.

SOLAPADO, p. p. de SOLAPAR. ‖ SOLAPADO, DA, adj. Pícaro, disimulado y de segunda intencion.

SOLAPAMIENTO, s. m. *Albeit.* V. SOLAPA.

SOLAPAR, v. a. Caer ó estar una parte de la ropa sobre otra. ‖ met. Encubrir una cosa socolor de otra.

SOLAPE, s. m. V. SOLAPA.

SOLAPO, s. m. V. SOLAPA. ‖ *Albeit.* V. SOLAPA. ‖ fam. V. SOPAPO. ‖ El hueco que queda en alguna cosa. ‖ Á SOLAPO, Ocultamente y á escondidas.

SOLAR, v. a. Echar suelo á algun aposento ó corredor. Dícese especialmente de la parte superficial cuando se le ponen ladrillos ú otro reparo. ‖ Echar suelas á los zapatos.

40.

SOLAR, adj. Que pertenece al sol, como rayos SOLARES.

SOLAR, s. m. El suelo donde se edifica la casa ó habitacion, ó donde ha estado edificada. || El suelo de la casa antigua de donde descienden los hombres nobles.

SOLARIEGO, GA, adj. y s. Que pertenece al solar de antigüedad y nobleza. || Se aplica á los fundos que pertenecen con pleno derecho á sus dueños. || Antiguo y noble.

SOLAZ, s. m. Consuelo, placer ó alivio de los trabajos, huelga ó festin. || Á SOLAZ, Con gusto y placer.

SOLAZADO, p. p. de SOLAZAR.

SOLAZAR, v. a. Alegrar, divertir.

SOLAZO, s. m. fam. aum. de SOL. El sol fuerte y ardiente que calienta y se deja sentir mucho.

SOLAZOSO, SA, adj. Que causa solaz.

SOLDADA, s. f. El salario què se da al criado por servir. || ant. V. SUELDO ó estipendio. || ant. V. PAZ.

SOLDADAZO, s. m. aum. de SOLDADO.

SOLDADERO, RA, adj. El que gana soldada.

SOLDADESCA, s. f. El egercicio y profesion, ó el conjunto de los soldados. || met. La fiesta que se suele hacer entre algunas personas que no son sóldados, imitándolos en las armas, insignias y egercicio. || Á LA SOLDADESCA, Al uso de los soldados.

SOLDADESCO, CA, adj. Perteneciente a los soldados.

SOLDADICO, LLO, TO, s. m. d. de SOLDADO.

SOLDADO, p. p. de SOLDAR.

SOLDADO, s. m. El que sirve en la milicia. || El que no tiene grado en la milicia en contraposicion de los oficiales. Llámase frecuentemente SOLDADO RASO. || met. Esforzado ó diestro en la milicia. || SOLDADO VIEJO, El militar que ha servido muchos años. Llámase tambien VETERANO, á distincion del nuevo y bisoño.

SOLDADOR, s. m. El que tiene y egercita el oficio de soldar. || El instrumento con que se suelda.

SOLDADURA, s. f. La union natural ó artificial de dos partes quebradas ó divididas. || El material á propósito que sirve para soldar, tomando por metonimia la causa por el efecto. || met. La enmienda ó correccion de alguna cosa.

SOLDAN, s. m. Titulo que se daba á algunos principes mahometanos, especialmente en Persia y Egipto.

* SOLDANELA, s. f. Planta marina.

SOLDAR, v. a. Pegar y unir alguna cosa natural ó artificialmente. || met. Componer, enmendar y disculpar algun desacierto con algunas acciones ó palabras.

SOLEADO, p. p. de SOLEAR.

SOLEAR, v. a. V. ASOLEAR.

SOLECISMO, s. m. *Gram.* Defecto en la estructura de la oracion respecto á la concordancia y composicion de sus partes.

SOLECITO, s. m. fam. d. de SOL en la terminacion, y aumentativo en la realidad; pues se dice del sol ardiente y que calienta demasiado.

SOLEDAD, s. m. La privacion ó falta de compañia. || met. El lugar desierto o tierra no habitada. || Horfandad ó falta de alguna persona de cariño, ó que puede tener influjo en el alivio y consuelo; y en este sentido se llama asi por excelencia la que tuvo nuestra Señora en la muerte de su Hijo santisimo.

SOLEJAR, s. m. La solana, plaza o parte descubierta donde da el sol.

SOLEMNE, adj. Que se hace de año á año atendiendo al movimiento del sol. || Célebre, famoso, aplaudido, que se hace en público con aparato y ceremonia. || Grande ó excesivo en alguna línea. || Alegre, festivo y chistoso.

SOLEMNEMENTE, adv. Alegremente. con celebridad y pompa.

SOLEMNIDAD, s. f. La forma y modo que constituye á una cosa solemne, o la ceremonia pública y festiva. || Pompa ó magnificencia de alguna funcion, y entre los eclesiásticos se toma por FIESTA.

SOLEMNÍSIMAMENTE, adv. sup. de SOLEMNEMENTE.

SOLEMNÍSIMO, MA, adj. sup. de SOLEMNE.

* SOLEMNIZACION, s. f. La accion de solemnizar.

SOLEMNIZADO, p. p. de SOLEMNIZAR.

SOLEMNIZADOR, RA, s. m. y f. La persona que solemniza.

SOLEMNIZAR, Festejar ó celebrar solemnemente algun dia.

SOLEMNIZAR, v. a. Engrandecer, aplaudir, autorizar ó encarecer alguna cosa.

SOLENE, adj. ant. V. SOLEMNE.

SOLENEMENTE, adv. ant. V. SOLEMNEMENTE.

SOLENIZADO, p. p. de SOLEMNIZAR.

SOLENIZAR, v. a. ant. V. SOLEMNIZAR.

SÓLEO, s. m. *Anat.* Músculo que estira el pié y forma la pantorilla con los gemelos.

SOLER, v. n. y determinante de otro, y vale ACOSTUMBRAR.

SOLER, s. m. *Naut.* Entablado que tienen las embarcaciones en lo bajo del plan.

SOLERA, s. f. La parte superior de la pared que recibe las cabezas de las vigas, y suele ser de madera. ‖ La piedra plana que ponen en el suelo para sostener los pies derechos ú otras cosas semejantes. ‖ La piedra redonda que en los molinos está debajo, y sobre que se muele el grano ú otras cosas. ‖ *And.* En el vino es madre ó lia.

SOLERCIA, s. f. ant. Industria, habilidad y astucia para hacer ó tratar alguna cosa.

SOLERÍA, s. f. El matérial que sirve para solar alguna pieza. ‖ SOLADO ó enlosado. ‖ El conjunto de cueros que sirven para hacer suelas.

SOLERO, s. m. *p. And.* SOLERA, la piedra redonda.

SOLERTE, adj. ant. Sagaz, astuto. ‖ HÁBIL, industrioso.

SOLETA, s. f. Pieza de lienzo ú otra cosa que se pone y cose en las medias por haberse roto los pies de ellas. ‖ APRETAR Ó PICAR DE SOLETA, Ó TOMAR SOLETA, Andar á prisa ó correr huyendo.

SOLETADO, p. p. de SOLETAR.

SOLETAR ó **SOLETEAR**, v. a. Echar soletas en las medias.

SOLETERO, RA, s. m. y f. La persona que por oficio echa soletas.

SOLEVANTADO, DA, adj. Inquieto, perturbado, solicito, conmovido.

SOLEVANTADO, p. p. de SOLEVANTAR.

SOLEVANTAMIENTO, s. m. V. SUBLEVACION.

SOLEVANTAR, v. a. Levantar alguna cosa, metiendo otra debajo de ella para que la mueva. ‖ Inducir á alguno á que mude habitacion, asiento ú oficio. Dícese especialmente de los criados cuando les persuaden ó incitan á mudar de amos. ‖ Alterar, conmover.

SOLEVANTO, s. m. ant. Alteracion, conmocion.

SOLFA, s. f. Arte que enseña á reducir conforme á unidad y consonancia las diversas voces de la música. ‖ met. La concordancia y conformidad de acciones entre personas de diversa clase ó autoridad. ‖ met. La armonía ó música natural. ‖ fest. La zurra de golpes. ‖ ESTAR Ó PONER EN SOLFA, met. y fam. Estar alguna cosa hecha con arte, regla y acierto. ‖ TOCAR LA SOLFA Á ALGUNO. met. y fam. SOLFEAR, por castigar, etc.

SOLFEADO, p. p. de SOLFEAR.

SOLFEADOR, s. m. El que solfea. ‖ fam. El que zurra ó castiga á otros.

SOLFEAR, v. a. Cantar observando los puntos de la música y el compas para enseñarla, aprenderla ó egecutarla. ‖ met. y fam. Castigar á alguno dándole golpes.

SOLFEO, s. m. La accion y efecto de solfear. ‖ fam. Zurra ó castigo de golpes.

SOLFISTA, s. com. La persona que es diestra en la música.

SOLICITACION, s. f. La accion ó acto de solicitar.

SOLICITADO, p. p. de SOLICITAR.

SOLICITADOR, RA, s. m. y f. La persona que solicita.

SOLICITADOR, s. m. V. AGENTE. ‖ FISCAL SOLICITADOR, ant. V. AGENTE FISCAL.

SOLÍCITAMENTE, adv. Diligentemente, con solicitud y viveza.

SOLICITANTE, p. a. de SOLICITAR, y s. El que solicita. Dícese regularmente del que solicita á cosas torpes en la confesion.

SOLICITAR, v. a. Pretender ó buscar alguna cosa con diligencia y cuidado. ‖ met. Requerir y procurar traer á amores con instancia á alguna persona. ‖ Hacer diligencias ó procurar los negocios de otro.

SOLICITAR, v. imp. ant. Instar, urgir.

SOLÍCITO, TA, adj. Diligente y cuidadoso.

SOLICITUD, s. f. Diligencia ó instancia cuidadosa.

SOLIDADO, p. p. de SOLIDAR.

SÓLIDAMENTE, adv. Firmemente, con solidez. ‖ met. Con razones verdaderas y firmes.

SOLIDAR, v. a. Fortalecer, endurecer, unir y afirmar lo que es fluido ó está vacío. ‖ met. Establecer, fundar ó afirmar alguna cosa con razones verdaderas y fundamentales.

SOLIDEO, s. m. Género de gorro, que usan comunmente los eclesiásticos.

SOLIDEZ, s. f. Firmeza, fortaleza. ‖ met. Integridad, peso y firmeza en las cosas del ánimo.

SOLIDÍSIMAMENTE, adv. sup. de SÓLIDAMENTE.

SOLIDÍSIMO, MA, adj. sup. de SÓLIDO.

SÓLIDO, DA, adj. Firme, macizo,

denso y fortalecido. || met. Firme y establecido con razones fundamentales y verdaderas.

SÓLIDO, s. m. *Geom.* CUERPO: consta de tres dimensiones, longitud, latitud y profundidad.

SOLILOQUIAR, v. n. fam. Hablar á solas.

SOLILOQUIO, s. m. La conversacion que alguno tiene consigo solo.

SOLIMAN, s. m. Sustancia salina, blanca, semidiáfana, cristalizada y sumamente venenosa, compuesta del mercurio, y ácido muriatico.

SOLIO, s. m. Trono, silla real con dosel.

SOLISA, s. f. *Murc.* DESCARADA.

SOLITARIA, s. f. La lombriz ó gusano que se cria en el estómago: causa un apetito desordenado, y al fin la muerte.

SOLITARIAMENTE, adv. En soledad.

SOLITARIO, Nombre que se da á los diamantes de un tamaño abultado, que suelen engastarse solos.

SOLITARIO, RIA, adj. Desamparado, desierto, solo y sin compañia de otro. || Retirado, solo, que ama la soledad ó vive en ella.

SOLITARIO, s. m. Un género de juego, que tanto por ser propio de los cartujos, como por jugarle uno solo se llama SOLITARIO. || La berlina de un solo asiento, que sirve de posta para un viage corto. || V. ERMITAÑO. || Ave, V. PÁJARO.

SÓLITO, TA, adj. ant. Acostumbrado, Que se suele hacer ordinariamente.

SOLITO, d. de SOLO.

SOLIVIADO, p. p. de SOLIVIAR.

SOLIVIADURA, s. f. La accion y efecto de soliviar.

SOLIVIAR, v. a. Ayudar á levantar alguna cosa por debajo. || met. HURTAR.

SOLIVIARSE, v. r. Levantarse un poco el que está sentado, echado ó cargado sobre alguna cosa, sin acabarse de levantar del todo: regularmente se hace para sacar alguna cosa que tiene cogida debajo.

SOLIVIO, s. m. La accion ó efecto de soliviar.

SOLLADO, p. p. de SOLLAR.

SOLLADO, s. m. *Naut.* Union de tablas ó modo de tarima, que se hace sobre el plan de los pañoles para el resguardo del bizcocho.

SOLLADOR, s. m. ant. El que sopla como fuelle.

SOLLAMADO, p. p. de SOLLAMAR.

SOLLAMAR, v. a. Socarrar alguna cosa con la llama.

SOLLAR, v. a. ant. Soplar como fuelle ó con él.

SOLLASTRE, s. m. El criado dedicado á las cosas mas bajas y sucias de la cocina, á quien tambien llaman pícaro de cocina. || met. El pícaro redomado.

SOLLASTRÍA, s. f. La accion ó ministerio del sollastre.

SOLLASTRON, s. m. aum. de SOLLASTRE.

SOLLO, s. m. Pez. V. ESTURION.

SOLLOZAR, v. n. Despedir el sollozo.

SOLLOZO, s. m. Especie de gemido interrumpido ó intercadente por la compresion y convulsion del diafragma, causada de la abundancia de espíritus ó humores que arroja y envia el corazon oprimido de alguna congoja ó pesar.

SOLO, LA, adj. Único en su especie. || Que está sin otra cosa, ó se mira como separado de ella. || Que está sin compañía. || Que no tiene quien le ampare, socorra, alivie ó consuele en sus necesidades ó aflicciones.

SOLO, s. m. *Mus.* La composicion que canta uno solo. || En el juego del hombre el lance en que se hacen todas las bazas necesarias para ganar sin ayuda de robo ni compañero.

SOLO, adv. V. SÓLAMENTE. || Á SOLAS, Sin la ayuda de otro. || Á SOLAS ó Á SUS SOLAS, En soledad, retiro ó fuera del comercio.

SOLOMILLO, s. m. La parte carnosa y sin hueso que está contigua al lomo entre las costillas del puerco.

SOLOMO, s. m. SOLOMILLO, y se dice tambien por extension del lomo del puerco adobado.

SOLSTICIAL, adj. Que pertenece al solsticio, como círculo SOLSTICIAL.

SOLSTICIO, s. m. La entrada del sol en los puntos solsticiales, que son el principio de cáncer y el de capricornio.

SOLTADIZO, ZA, adj. Que se suelta con arte y maña, con disimulo ó secreto para algun fin.

SOLTADO, p. p. de SOLTAR.

SOLTADOR, RA, s. m. y f. El que suelta ó echa de sí alguna cosa que tenia asida.

SOLTAR, v. a. DESATAR ó DESCEÑIR. Dejar ir, ó dar libertad á lo que estaba detenido ó preso. || Romper en alguna seña de afecto interior, como risa, llanto, etc. || Explicar, descifrar, dar solucion. Hoy solo se usa en la frase soltar la dificultad, el argumento. || ant. Perdonar ó remitir á alguno el todo ó parte de lo que debe. || ant. Relevar á uno de cumplir alguna cosa. || ant. Anular, quitar.

SOLTARSE, v. r. Adquirir expedicion y agilidad en la egecucion ó negociacion de las cosas. || met. Abandonar el recogimiento y la modestia, dándose á la comunicacion, libertad y desenvoltura.

SOLTERÍA, s. f. El estado del celibato.

SOLTERO, RA, adj. y s. El que ni es ni ha sido casado, pero lo puede ser. || SUELTO Ó LIBRE.

SOLTURA, s. f. La accion ó efecto de soltar. || Libertad acordada por el juez á los presos. || Manejo, facilidad y prontitud de egercitar el cuerpo ó alguna parte de él. || Disolucion, libertad ó desgarros. || ant. SOLUCION por satisfaccion á alguna duda ó dificultad. || ant. Perdon, remision.

SOLUBLE, adj. Que fácilmente se puede desatar ó desleir.

SOLUCION, s. f. La accion ó efecto de desatar. || La satisfaccion que se da á alguna duda ó razon, con que se disuelve ó desata la dificultad de algun argumento. || En el drama y poema épico DESENLACE y desenredo. || Paga, satisfaccion.

SOLUTIVO, VA, adj. y s. m. *Med.* Que tiene virtud para soltar ó laxar.

SOLVENTE, p. a. de SOLVER. Que desata ó resuelve.

SOLVENTE, adj. Que está desempeñado de sus deudas.

SOLVER, v. a. Desatar ó resolver.

SOMA, s. f. La harina segunda que los labradores destinan para el pan de los criados. || *Germ.* La gallina.

SOMANTA, s. f. fam. Tunda, zurra.

SOMATEN, s. m. Compañía de gente armada y mantenida á costa de algun pueblo, ciudad ó provincia para defenderse del enemigo. || El que sirve en la compañía de los somatenes.

* SOMATOLOGIA, s. f. Tratado de las partes sólidas del cuerpo humano.

SOMBRA, s. f. La oscuridad que se causa de oponerse á la luz un cuerpo sólido, y que impide la direccion de sus rayos. || Espectro ó fantasma que se percibe como sombra. || met. Asilo, favor y defensa. || La apariencia ó semejanza de alguna cosa. || *Pint.* El color oscuro ó bajo que se pone entre los demas colores que sobresalen. || *Germ.* La justicia. || SOMBRA DE HUESO. El color oscuro que se hace de hueso de puerco quemado para las sombras en la pintura. || SOMBRA DE VENECIA, Especie de carbon de piedra que se encuentra en forma de tierra. || SOMBRA DE VIEJO, Género de tierra de color pardo oscuro, de que usan los pintores. || SOMBRAS, Ó SOMBRAS INVISIBLES, Baile que se hace detras de un transparente. || Á SOMBRA DE TEJADO, Ó Á SOMBRA DE TEJADOS, Encubierta y ocultamente, á escondidas. Usase con el verbo andar. || ANDAR SIN SOMBRA, met. Andar muy cuidadoso y diligente por la falta de alguna cosa que se apetece ó desea con ansia. || HACER SOMBRA, Impedir la luz. || met. Impedir á otro el sobresalir y lucir por tener mas mérito ó mas habilidad. || met. Favorecer y amparar á alguno para que con su proteccion sea atendido y respetado. || MIRARSE Á LA SOMBRA, fam. Preciarse de galan y buena persona, ser presumido. || NI POR SOMBRA, De ningun modo, sin especie ó noticia alguna. || PONER Á LA SOMBRA, fam. Meter á alguno en la cárcel.

SOMBRAGE, s. m. SOMBRAJO, cubierto, etc.

SOMBRAJO, s. m. Cubierto que consta de unos palos derechos y otros atravesados encima, tapado con algunas ramas para favorecerse de su sombra en el verano. || La sombra que hace alguno poniéndose delante de la luz, y moviéndose de modo que estorbe al que la necesita. Usase frecuentemente en plural. || *Agric.* Reparo ó resguardo hecho de ramas, mimbres, esteras, etc., para hacer sombra.

SOMBRAR, v. a. V. ASOMBRAR.

SOMBREADO, p. p. de SOMBREAR.

SOMBREAR, v. a. Poner sombras en la pintura ó dibujo.

SOMBRERAZO, s. m. aum. de SOMBRERO. || El golpe que se da con el sombrero.

SOMBRERERA, s. f. Funda para poner el sombrero y preservarle del polvo y de que se maltrate. Hácese regularmente en forma del mismo sombrero. || Yerba perene de reices gruesas, acres, aromáticas y algo amargas.

SOMBRERERÍA, s. f. La tienda donde se venden ó fabrican los sombreros.

SOMBRERERO, s. m. El que fabrica y compone los sombreros.

SOMBRERETE, s. m. d. de SOMBRERO.

SOMBRERILLO, TO, s. m. d. de SOMBRERO. || Planta, V. OMBLIGO DE VÉNUS.

SOMBRERO, s. m. Adorno de diferentes hechuras que se pone en la cabeza para abrigo ornato ó gala con pelo de conejo, y salen entrefinos. || met. El techo que se poné sobre el púlpito para recoger el eco. || met. La grandeza que tienen en España algunas casas. || SOMBRERO DE TEJA, El acanalado que usan los eclesiásticos con las alas levantadas. || SOMBRERO DE TRES PICOS, El que está armado en forma de triángulo. || SOMBRERO GACHO, El sombrero redondo que se lleva con el ala hácia abajo ó caida sobre las cejas. || CALAR EL SOMBRERO, Metérsele en la cabeza hasta las cejas. || QUITARSE EL SOMBRERO, Apartarle de la cabeza, descubriéndola en señal de cortesía y respeto.

SOMBRÍA, s. f. El sitio donde dura mas la sombra.

SOMBRÍO, BRÍA, adj. Dícese de el de lugar poca ó ninguna luz, en que frecuentemente hay sombra. Úsase algunas veces como sustantivo. || Se dice de la parte donde se ponen las sombras en la pintura, ó de la misma figura sombreada.

SOMBRILLA, s. f. d. de SOMBRA. || Quitasol pequeño.

SOMBRITA, s. f. d. de SOMBRA.

SOMBROSO, SA, adj. Que hace mucha sombra ó está sombrío.

SOMERAMENTE, adv. Superficialmente.

SOMERO, RA, adj. Que tiene poco fondo, y está casi encima ó muy inmediato á la superficie. || met. Dícese de cualquiera cosa que está poco arraigada y muy superficial en el ánimo.

SOMETER, v. a. Poner una cosa debajo de otra. || Sujetar y humillar alguna cosa. || for. Sujetar á uno á agena jurisdiccion.

SOMETERSE, v. r. Sujetarse y humillarse á otro.

SOMETIDO, p. p. de SOMETER.

SOMETIMIENTO, s. m. La accion y efecto de someter ó someterse.

SOMNÍFERO, RA, adj. Que da ó causa sueño.

SOMNOLENCIA, s. f. La pesadez y torpeza de los sentidos, motivada del sueño. || Gana de dormir.

SOMO, s. m. ant. La cima ó lo mas alto de una cosa. || EN SOMO, ant. Encima, en lo mas alto.

SOMONTE, s. m. Lo basto, burdo, áspero, al natural y sin pulimento.

SOMORGUJADO, p. p. de SOMORGUJAR.

SOMORGUJADOR, s. m. V. BUZO.

SOMORGUJAR, v. a. Sumergir, chapuzar. V. BUCEAR.

SOMORGUJO, s. m. Nombre que se da á las aves acuáticas que tienen la propiedad de zabullirse. || Á LO SOMORGUJO, Por debajo del agua. || met. Ocultamente, con cautela.

SOMORGUJON, s. m. V. SOMORGUJO.

SOMORMUJADO, p. p. de SOMORMUJAR.

SOMORMUJAR, v. a. V. SOMORGUJAR.

SOMORMUJO, s. m. V. SOMORGUJO. || Á LO SOMORGUJO, ó Á SOMORGUJO, V. Á LO SOMORGUJO.

SOMPESADO, p. p. de SOMPESAR.

SOMPESAR, v. a. Levantar alguna cosa como para tantear el peso que tiene, ó para reconocerle.

SON, s. m. Ruido concertado que percibimos con el sentido del oido, especialmente el que se hace con arte ó música. || met. La noticia, fama, divulgacion de alguna cosa. || Tenor, modo ó manera, como á este SON, por este SON. || *Germ.* V. CALLA. || ¿Á QUÉ SON, Ó Á SON DE QUÉ? Con qué motivo. || Á SON, Tocándose actualmente tal ó tal instrumento. || BAILAR AL SON QUE SE TOCA, Acomodarse á los tiempos ó circunstancias, hacer como los demas. || BAILAR Á CUALQUIER SON, met. Moverse fácilmente de cualquier afecto ó pasion. || BAILAR SIN SON, fam. Significa que alguno está tan acelerado y metido en una cosa, que no necesita de algun estímulo exterior. || EN SON, De tal modo, ó á manera de. || Con la apariencia, en acto, dando muestras ó señales de alguna cosa. || NO VIENE EL SON CON LA CASTAÑETA, Expr. met. con que se explica la desproporcion y deformidad ó inconsecuencia de las acciones. || QUEDARSE AL SON DE BUENAS NOCHES, fam. Quedar burlado en algun intento ó frustrada alguna pretension. || SIN SON, Sin razon, sin fundamento. || SIN TON Y SIN SON, Sin sazon, órden, tiempo ni concierto.

SONABLE, adj. SONORO ó ruidoso. || SONADO ó famoso.

SONADA, s. f. V. SONATA. || ant. SON ó sonido.

SONADERA, s. f. La accion de sonarse las narices.

SONADERO, s. m. El lienzo ó pañuelo con que se suenan las narices. || V. SONADERA.

SONADILLA, s. f. d. de SONATA.

SONADO, p. p. de SONAR. || SONADO,

DA, adj. FAMOSO por alguna prenda ó calidad sobresaliente. || Que se ha divulgado con mucho ruido y admiracion.

SONADOR, RA, s. m. y f. El que suena ó hace ruido.

SONADOR, s. m. El pañuelo para limpiar las narices.

SONAJA, s. f. Instrumento rústico hecho de una tabla delgada, con rodajas de metal, para que dando unas con otras hagan el son.

SONAJERO, s. m. Instrumento pequeño con su cábo, en que se ponen unas rodajas, y sirve para el divertimiento de los niños.

SONAJICA, LLA, TA, s. f. d. de SONAJA. || SONAJILLAS, pl. V. SONAJERO.

SONAJUELA, s. f. d. de SONAJA.

SONÁMBULO, LA, adj. y s. Se aplica á la persona que se levanta durmiendo, anda, se pasea ó hace otros oficios como si estuviese despierta. || Entre los partidarios del sistema del magnetismo animal se llama el hombre ó muger que habiéndosele comunicado por otro el fluido magnético, se adormece, y entre sueños responde á lo que se le pregunta, especialmente sobre el mal que alguno padece y su remedio.

SONANTE, p. a. de SONAR, Que suena. || SONANTE, adj. V. SONORO.

SONANTE, s. f. *Germ.* La nuez.

SONAR, v. n. Hacer ó causar alguna cosa aquel ruido que se percibe con los oidos. || Hablando de las letras expresar todo su valor al pronunciarlas.

SONAR, v. a. Tocar ó tañer alguna cosa para que suene con arte y armonía. || Limpiar los mocos y demas superfluidades que fluyen de las narices.

SONAR, v. imp. Susurrarse, esparcirse rumores de alguna cosa. || Hablando de las palabras es expresar el valor literal que tienen en sí. || met. Hacer lo que dice alusion á alguna otra cosa. || Gustar ó tener complacencia en alguna cosa que se oye, ó tener disgusto y displicencia de ella, segun se junta con los adverbios *bien* ó *mal*. || LO QUE FUERE SONARÁ, YA SE VERÁ. || LO QUE ME SUENA ME SUENA, Expr. met. y fam. con que alguno contesta al cargo que otro le hace de que elige ó aprecia lo que no debe, afirmando que él mira mas á su gusto que á lo razonable.

SONATA, s. f. Concierto de música de variedad de instrumentos.

SONDA, s. f. *Cir.* V. TIENTA. || Cuerda con un gran peso ó plomada con que los marineros suelen explorar la profundidad del mar. || La accion y efecto de sondear. || *Náut.* El sitio ó parage del mar cuyo fondo es comunmente sabido. || IR CON LA SONDA EN LA MANO, met. Considerar muy despacio lo que se hace, y proceder con exámen y madurez.

SONDABLE, adj. Que se puede sondar.

SONDADO, p. p. de SONDAR.

SONDALESA, s. f. *Náut.* Cuerda del grueso del dedo mínimo de ciento y mas brazas con que se sondan las brazas que hay de agua.

SONDAR, v. a. Echar la plomada al mar para averiguar la profundidad que allí tiene el agua, y evitar el no dar en algun bajío. || met. Inquerir y rastrear con cautela y disimulo la intencion de otro, su habilidad ó discrecion, ó las circunstancias y estado de alguna cosa.

SONDEADO, p. p. de SONDEAR.

SONDEAR, v. a. V. SONDAR.

SONECILLO, s. m. d. de SON, Dícese del que se percibe poco. Tómase mas frecuentemente por el son alegre, vivo y ligero.

SONETAZO, s. m. aum. de SONETO, Dícese del muy bien hecho, como quien dice GRAN SONETO. Suele usarse con ironía.

SONETICO, s. m. d. de SONETO. || SONECILLO, y se dice del que suele hacerse con los dedos sobre la mesa ó cosa semejante.

SONETO, s. m. Composicion poética que consta de dos cuartetos y dos tercetos, combinados los consonantes á voluntad del autor.

SONICHE, s. m. *Germ.* Silencio.

SONIDO, s. m. El especial movimiento, impresion ó conmocion del aire herido y agitado de algun cuerpo ó del choque ó colusion de dos ó mas cuerpos que se percibe por el oido. || El valor y pronunciacion de las letras. || Noticia, fama. || Hablando de las palabras es la significacion y valor literal que tienen en sí; y así se dice: estar al SONIDO de las palabras.

SONORAMENTE, adv. Armónicamente, con sonido armonioso.

SONORIDAD, s. f. La calidad por la cual alguna cosa se constituye en ser de sonora, ó la armonía, dulzura ó gustosa cadencia de la música ó de los versos.

SONORO, RA, adj. Que suena bien á los oidos, ó suena mucho, pero suavemente. || met. Recto, concorde y perfecto en las acciones.

SONOROSO, SA, adj. V. SONORO.

SONREIRSE, v. r. Reirse un poco ó levemente.

SONRISA, s. f. La accion de sonreirse.

SONRISO, s. m. V. SONRISA.

SONRODADO, p. p. de SONRODARSE.

SONRODARSE, v. r. Atascarse algun carruage en el lodo.

SONROJADO, p. p. de SONROJAR.

SONROJAR, v. a. Hacer salir los colores al rostro diciendo ó haciendo alguna cosa que pueda causar empacho ó vergüenza.

SONROJEAR, V. SONROJAR.

SONROJO, s. m. La accion ó efecto de sonrojar ó sonrojarse. ‖ Improperio ó voz ofensiva que motiva á sonrojarse.

SONROSADO, p. p. de SONROSAR.

SONROSAR, v. a. Dar, poner ó causar color como de rosa.

SONROSEADO, p. p. de SONROSEAR.

SONROSEAR, v. a. V. SONROSAR.

SONROSEARSE, v. r. Ponerse colorado ó de color de rosa, lo que regularmente sucede en el rostro, motivado de la vergüenza que ocasiona alguna cosa.

SONROSEO, s. m. El color rosado que sobreviene en el rostro.

SONRUJIDO, p. p. de SONRUJIRSE.

SONRUJIRSE, v. r. ant. SUSURRARSE, traslucirse.

SONSACA, s. f. La accion ó efecto de sonsacar.

SONSACADO, p. p. de SONSACAR.

SONSACADOR, RA, s. m. y f. La persona que sonsaca.

SONSACAMIENTO, s. m. La accion y efecto de sonsacar.

SONSACAR, v. a. Ir hurtando del saco por debajo de él sin conocerlo ó advertirlo su dueño. ‖ Solicitar secreta y cautelosamente á alguno para que deje el servicio ó ocupacion que tiene en una parte, y pase á otra á egercer el mismo ó diferente empleo. ‖ met. Procurar con maña que alguno diga ó descubra lo que sabe y reserva.

SONSAQUE, s. m. V. SONSACA.

SONSONETE, s. m. El son que resulta de los golpes pequeños y repetidos que se dan en alguna parte imitando algun son de música. ‖ met. El tonillo ó modo especial en la risa ó palabras que denota desprecio ó ironía.

SOÑADO, p. p. de SOÑAR.

SOÑADOR, RA, s. m. y f. El que sueña mucho. ‖ El que cuenta patrañas y ensueños.

SOÑANTE, p. p. de SOÑAR.

SOÑAR, v. a. Revolver en la fantasía alguna especie durmiendo. ‖ Discurrir fantásticamente, y dar por cierto lo que no es. ‖ NI SOÑARLO, Expr. con que explicamos estar tan léjos de alguna especie, que ni aun por sueño se haya ofrecido al pensamiento.

SOÑARRERA, s. f. En algunas partes la accion de soñar mucho ó el sueño pesado. ‖ La propension continua á quedarse dormido.

SOÑOLENCIA, s. f. V. SOMNOLENCIA.

SOÑOLENTO, TA, adj. ant. V. SOÑOLIENTO.

SOÑOLIENTAMENTE, adv. Con somnolencia.

SOÑOLIENTO, TA, adj. Acometido por ó muy inclinado al sueño. Tómase algunas veces por el que está dormido. ‖ Que causa sueño. ‖ met. Tardo o perezoso.

SOPA, s. f. Pedazo de pan empapado en cualquier licor. ‖ El pan cortado o desmenuzado que se echa en el caldo ó está dispuesto y preparado para echársele. Dícese comunmente SOPAS. ‖ El plato compuesto de pan y caldo que se saca á las mesas en lugar del caldo. ‖ La comida que dan á los pobres en los conventos por ser la mayor parte de ella pan y caldo. ‖ SOPA BORRACHA, La sopa que se hace con bizcochos, vino, azúcar y canela. Suele hacerse tambien de otras cosas. ‖ SOPA DE ARROYO, fam. La piedra suelta ó guijarro, porque en los arroyos suelen estar unas veces en seco y otras mojadas, conforme crece ó mengua el agua de ellos. ‖ SOPA DE VINO, La flor del abrojo. ‖ SOPA DORADA, La que se hace tostando el pan en rebanadas. ‖ SOPAS DE GATO, Las sopas que se hacen friendo una porcion de aceite con unos ajos, y se sazona el caldo con sal y pimienta ó pimenton. ‖ ANDAR Á LA SOPA, Mendigar la comida de casa en casa ó de convento en convento. ‖ CALAR LA SOPA, Remojar con caldo el pan cortado ó desmenuzado. ‖ CAERSE LA SOPA EN LA MIEL, met. y fam. Denota haber sucedido alguna cosa mas felizmente que se esperaba. ‖ ECHAR Á UNO MAS ALTO QUE SOPAS EN QUESO, met. y fam. Despedirle con cólera. ‖ HECHO UNA SOPA DE AGUA, Se dice cuando alguno viene muy mojado, tanto que trae calados los vestidos.

SOPADO, p. p. de SOPAR.

SOPAIPA, s. f. Masa bien batida, frita y enmelada, especie de hojuela.

SOPALANCADO, p. p. de SOPALANCAR.

SOPALANCAR, v. a. Meter debajo

de alguna cosa la palanca para levantarla ó moverla.

SOPALANDA, s. f. V. SOPALANDA.

SOPANDA, s. f. Madero grueso que se pone en los edificios horizontalmente, apoyado por solos sus extremos, y sirve para sostener alguna cosa, como los pares, etc. || Cada uno de los correones ó correas anchas que sostienen la caja del coche.

SOPAPO, s. m. El golpe que se da con la mano cerrada debajo de la papada. || La válvula que se pone en las máquinas hidráulicas para que impida salir el agua que van recibiendo.

SOPAR, v. a. V. ENSOPAR.

SOPEADO, p. p. de SOPEAR.

SOPEAR, v. a. V. ENSOPAR. || Pisar, hollar, poner los pies sobre alguna cosa. || met. Supeditar, dominar ó maltratar á otro.

SOPEÑA, s. f. El espacio ó concavidad que forma una peña por su pié ó parte inferior.

SOPERA, s. f. Vasija honda en que se sirve la sopa en las mesas.

SOPERO, s. m. Plato mas hondo que el trinchero, que sirve para comer en él la sopa.

SOPESADO, p. p. de SOPESAR.

SOPESAR, v. a. V. SOMPESAR.

SOPETEADO, p. p. de SOPETEAR.

SOPETEAR, v. a. Mojar repetidas veces ó frecuentemente el pan en el caldo de algun guisado.||met. Maltratar ó ultrajar á alguno.

SOPETON, s. m. El pan tostado que se moja en aceite en los molinos. || El golpe fuerte y repentino dado con la mano. || DE SOPETON, Pronta é impensadamente, de improviso.

SOPILLA, TA, s. f. d. de SOPA.

SOPISTA, s. m. V. SOPON.

SOPLADERO, s. m. El respiradero que tienen los conductos subterráneos.

SOPLADO, p. p. de SOPLAR. || SOPLADO, DA, adj. Demasiadamente pulido, compuesto y limpio.

SOPLADOR, RA, s. m. y f. El que sopla. || met. Lo que excita, mueve, altera ó enciende alguna cosa.

* SOPLADURA, s. f. La accion de soplar.

SOPLAMOCOS, s. m. fam. El golpe que se da á alguno en la cara, especialmente tocándole en las narices.

SOPLAR, v. n. y a. Echar viento por la boca sacando fuera algo los labios y cerrándolos un poco, lo que da motivo á recoger el aliento para que despues haciendo fuerza salga con alguna violencia. || Hacer que los fuelles arrojen el aire que han recibido.|| Correr el viento haciéndose sentir.

SOPLAR, v. a. Apartar con el viento alguna cosa. || met. Hurtar ó quitar alguna cosa á escondidas. || met. Inspirar ó sugerir algunas noticias ó especies, y así se dice que SOPLA la musa, etc.||met. En el juego de damas y otros quitar al contrario la pieza con que debió comer y no comió. || met. Sugerir á otro la especie que debe decir, y no acierta ó ignora.|| met. Beber mucho.|| met. Acusar ó delatar á alguno. || ¡SOPLA! Interjecion con que se suele explicar la admiracion. || SOPLA, VIVO TE LO DOY, Juego entre varias personas.

SOPLARSE, v. r. Componerse con cuidado y extremo.

SOPLETE, s. m. Tubo de metal para soldar á la luz de una candela.

SOPLICO, LLO, s. m. d. de SOPLO.

SOPLIDO, s. m. ant. V. SOPLO.

SOPLILLO, s. m. Cualquiera cosa feble, sumamente delicada ó muy leve.

SOPLO, s. m. La accion ó acto de soplar. || El aire impelido del acto de soplar. || met. El aviso que se da secreto y cauteloso. || La delacion ó acusacion al juez ó al superior. || El favor é influjo de alguna cosa con que uno se eleva, exalta ó promueve. || Instante ó brevísimo tiempo. || *Germ.* El que descubre á otro.

SOPLON, NA, adj. y s. La persona que acusa en secreto y cautelosamente.

SOPLONCILLO, LLA, adj. d. de SOPLON.

SOPON, s. m. aum. de SOPA. || La persona que vive de limosna, y va á la sopa á las casas y conventos. Dícese regularmente de los estudiantes pobres.

SOPONCIO, s. m. fam. Afliccion ó congoja.

SOPOR, s. m. Adormecimiento ó inclinacion á sueño.

SOPORÍFERO, RA, adj. Que causa, motiva ó inclina al sueño.

SOPOROSO, SA, adj. V. SOPORÍFERO.

SOPORTABLE, adj. Que se puede sufrir ó tolerar.

SOPORTADO, p. p. de SOPORTAR.

SOPORTADOR, RA, s. m. y f. El que soporta.

SOPORTAL, s. m. La pieza cubierta que suelen tener las casas de las aldeas, caserías y mesones ántes de la entrada principal.

SOPORTANTE, p. a. ant. de SOPORTAR, Que soporta.

SOPORTAR, v. a. ant. Llevar en sí ó sobre sí alguna cosa. || met. Sufrir ó tolerar.

SOPORTE, s. m. *Blas.* Cada una de las figuras de animales que sostienen el escudo.

SOPUNTADO, p. p. de SOPUNTAR.

SOPUNTAR, v. a. Poner puntos debajo de alguna palabra que está de sobra ó errada.

SOR, s. f. HERMANA, y se usa solo entre las religiosas, como SOR María. || SOR, Juana, etc.

SOR, s. m. fam. V. SEÑOR.

SORA, s. f. Bebida que se usa en el Perú, y se compone de maiz puesto en remojo.

SORBA, s. f. Fruta. V. SERBA.

* SORBEDOR, s. m. El que sorbe.

SORBER, v. a. Atraer alguna cosa líquida hácia dentro con el aliento de la boca. Dícese especialmente del caldo. || met. Atraer dentro de sí algunas cosas aunque no sean líquidas. || met. Recibir ó esconder una cosa hueca ó esponjosa alguna otra dentro de sí ó en su concavidad. || Consumir, acabar ó traer á sí alguna cosa con estrago.

SORBETE, s. f. Confeccion de algun zumo de fruta sabrosa y azúcar.

SORBETON, s. m. aum. de SORBO.

SORBIBLE, adj. Que se puede sorber.

SORBIDO, p. p. de SORBER.

SORBIL, adj. ant. V. SORBIBLE.

SORBILLO, TO, s. m. ant. d. de SORBO.

SORBO, s. m. El acto de sorber. || La porcion del líquido que se puede tomar de una vez en la boca. || La cosa pequeña comparada con otra mayor.

* SORBÓNICA, s. f. Una de las conclusiones que se defendian por los bachilleres en teología.

SORCE, s. m. ant. El raton pequeño.

SORDAMENTE, adv. Secretamente y sin ruido.

SORDECER, v. a. ant. Poner sordo á alguno.

SORDECER, v. n. ant. V. ENSORDECER.

SORDECIDO, p. p. de SORDECER.

SORDEDAD, s. f. ant. V. SORDERA.

SORDERA, s. f. Privacion del sentido del oido.

SORDEZ, s. f. V. SORDERA.

SÓRDIDAMENTE, adv. Con sordidez.

SORDIDEZ, s. f. Suciedad ó fealdad de alguna cosa. Úsase tambien en sentido metafórico. || Mezquindad, miseria, avaricia.

SÓRDIDO, DA, adj. V. SUCIO. || met. Impuro, indecente ó escandaloso.

SORDILLO, LLA, TO, TA, adj. d. de SORDO.

SORDINA, s. f. Instrumento músico de cuerda, de hechura y forma de violin. || Hierro que se pone sobre las puentecillas de los instrumentos de cuerda para hacer sus voces mas remisas y sordas. || Tapon de madera con un agujero pequeño, que se coloca al fin de la trompeta para el mismo efecto. || Á LA SORDINA, met. Silenciosamente, sin estrépito y con cautela.

SORDÍSIMO, MA, adj. sup. de SORDO.

SORDO, DA, adj. y s. El que está privado del sentido del oido. || CALLADO, silencioso y sin ruido. || Se aplica á lo que es tan ruidoso que hace sordo. || Se dice de las cosas que suenan poco ó con voz oscura, como ruido SORDO, campana SORDA. || met. Se aplica á las cosas incapaces de oir. || met. Insensible ó desentendido á las persuasiones, consejos ó avisos. || Á LA SORDA, Sin ruido, sin estrépito, sin sentir. || Á LO SORDO, V. Á LA SORDA. || Á SORDAS, V. Á LA SORDA. || NOS OIRÁN, Ó NOS HAN DE OIR LOS SORDOS, Se usa para expresar el propósito que uno tiene de explicar su razon ó su enojo en términos fuertes.

SORIANO, NA, adj. y s. El natural de Soria y perteneciente á está ciudad y provincia.

SORÍTES, s. m. *Lóg.* Raciocinio compuesto de muchas proposiciones encadenadas.

SORMIGRADO, p. p. de SORMIGRAR.

SORMIGRAR, v. a. ant. V. SUMIGRAR.

SORNA, s. f. Espacio ó tardanza perezosa con que se hace alguna cosa. || met. El disimulo y bellaquería con que se hace ó se dice alguna cosa con alguna tardanza voluntaria. || *Germ.* La noche. || CANTAR LA SORNA, Entregarse insensiblemente á la vida libre y licenciosa.

SORNADO, p. p. de SORNAR.

SORNAR, v. n. *Germ.* Dormir.

SORNAVIRON, s. m. El golpe pronto y fuerte que se da á otro con la mano vuelta.

* SOROQUE, s. f. La piedra ó roca que sirve de matriz á los minerales.

SOROR, s. f. SOR por hermana entre las religiosas.

SORPRENDER, v. a. Egecutar alguna accion silenciosamente y con cautela

Úsase especialmente en la guerra. ‖ Coger de repente alguna especie el ánimo asustándole con la novedad ó suspendiéndole.

SORPRENDIDO, p. p. de SORPRENDER.

SORPRESA, s. f. La toma ó presa que se hace de alguna cosa súbitamente y sin que lo esperase el contrario. Dícese regularmente de las plazas de armas.

SORRA, s. f. La arena gruesa que se echa por lastre en las embarcaciones. ‖ En algunas partes la ijada del atun.

SORREGADO, p. p. de SORREGAR.

SORREGAR, v. a. Regar ó humedecer un bancal el agua que se pasa del inmediato que se está regando ó de la reguera.

SORRIEGO, s. m. El agua y humedad que se trasvina á una haza de la regadera ó de otra haza ya regada.

SORTEADO, p. p. de SORTEAR.

SORTEADOR, s. m. El que dispone ó echa las suertes. ‖ El que lidia los toros con habilidad, especialmente á pié y de capa.

SORTEAMIENTO, s. m. V. SORTEO.

SORTEAR, v. a. Echar suertes sobre alguna cosa. ‖ met. Lidiar á pié y hacer suertes á los toros.

SORTEO, s. m. La accion ó acto de sortear.

SORTERÍA, s. f. ant. V. SORTILEGIO.

SORTERO, s. m. V. AGORERO, ADIVINO.

SORTIJA, s. f. Anillo pequeño de oro, plata ú otro metal que se trae en los dedos para adorno ó para memoria de alguna cosa. ‖ El anillo regularmente de bronce, algo mayor que la SORTIJA que se pone en los dedos, el cual sirve para varios usos, como para correr las cortinas en alguna varilla de hierro ó para otro objeto. ‖ met. El bucle que natural ó artificiosamente suele hacer el cabello. ‖ SORTIJAS, pl. *And.* Los aros de los cubos ó mazas de todo género de carro. ‖ CORRER SORTIJA, Hacer cierta fiesta de á caballo que se egecuta con una sortija de hierro.

SORTIJITA, s. f. d. de SORTIJA.

SORTIJON, s. m. aum. de SORTIJA.

SORTIJUELA, s. f. d. de SORTIJA.

SORTILEGIO, s. m. La adivinacion que se hace por suertes supersticiosas.

SORTÍLEGO, GA, adj. y s. El que adivina ó pronostica alguna cosa por medio de suertes supersticiosas.

SOSA, s. f. Yerba silvestre que solo se cria en los saladares que como la barrilla sirve para hacer el jabon y el vidrio. ‖ Piedra hecha de la yerba de este nombre ya quemada, que es la que sirve para fabricar el vidrio.

SOSACADO, p. p. de SOSACAR.

SOSACADOR, RA, s. m. y f. ant. V. SONSACADOR.

SOSACAMIENTO, s. m. y f. ant. V. SONSACAMIENTO.

SOSACAR, v. a. ant. V. SONSACAR.

SOSAMENTE, adv. Con sosería.

SOSAÑADO, p. p. de SOSAÑAR.

SOSAÑAR, v. a. ant. Mofar, burlar.

SOSAÑO, s. m. Mofa ó burla.

SOSEGADAMENTE, adv. Sin alteracion ó inquietud.

SOSEGADÍSIMO, MA, adj. sup. de SOSEGADO.

SOSEGADO, p. p. de SOSEGAR. ‖ SOSEGADO, DA, adj. Quieto, pacífico naturalmente ó por su genio.

SOSEGADOR, RA, s. m. y f. El que sosiega.

SOSEGAR, v. a. Aplacar, pacificar, aquietar ‖ met. Aquietar las alteraciones del ánimo, mitigar las turbaciones y movimientos ó ímpetu de la cólera é ira. ‖ ant. Pactar ó asegurar alguna cosa.

SOSEGAR, v. n. Descansar, reposar, aquietarse ó cesar la turbacion ó movimiento. ‖ Dormir ó reposar.

SOSERÍA, s. f. Insulsez, falta de gracia y viveza. ‖ El dicho ó accion insulsa y sin gracia.

SOSIEGO, s. m. Quietud, tranquilidad ó serenidad.

SOSLAYADO, p. p. de SOSLAYAR.

SOSLAYAR, v. a. Hacer alguna cosa al soslayo ú oblicuamente.

SOSLAYO, s. m. Voz que solo tiene uso en los modos adverbiales AL SOSLAYO ó DE SOSLAYO, que valen OBLICUAMENTE.

SOSO, SA, adj. Que no tiene ó está sin sal, desabrido y casi insulso del todo. ‖ met. Insulso, insensato y sin gracia en el hablar.

SOSPECHA, s. f. Imaginacion fundada de alguna conjetura con rezelo de la verdad. ‖ *Germ.* El meson.

SOSPECHADO, p. p. de SOSPECHAR.

SOSPECHAR, v. a. Formar ó tener sospecha sobre alguna cosa ó imaginarla con rezelo de la verdad de ella.

SOSPECHILLA, s. f. d. de SOSPECHA.

SOSPECHOSAMENTE, adv. Dudosamente, con sospecha ó rezelo de la verdad.

SOSPECHOSÍSIMO, MA, adj. sup. de SOSPECHOSO.

SOSPECHOSO, SA, adj. Que da algun fundamento ó motivo para sospechar ó hacer mal juicio de las acciones, doctrina ó creencia de alguno.

SOSPESADO, p. p. de SOSPESAR.

SOSPESAR, v. a. Levantar alguna cosa, haciéndole perder tierra.

SOSQUIN, s. m. El golpe que se da por un lado cautelosamente ó á traicion.

SOSTEN, s. m. El acto ó accion de sostener, ó aquello con que se sostiene. || *Náut.* La firmeza ó rectitud de la nave cuando va á la vela por causa de la mucha escora.

SOSTENEDOR, RA, s. m. y f. El que mantiene y sostiene alguna cosa.

SOSTENER, v. a. Sustentar ó mantener alguna cosa. || Sustentar ó defender alguna proposicion. || met. Sufrir, tolerar, como SOSTENER los trabajos. || Dar á alguno lo necesario para su manutencion.

SOSTENERSE, v. r. Mantenerse firme sin caer, ó procurando no caer cuando se está en riesgo.

SOSTENIDO, p. p. de SOSTENER.

SOSTENIDO, s. m. *Mús.* Accidente de la música que sirve para aumentar un semitono al punto á cuyo lado izquierdo se señala.

SOSTENIENTE, p. a. de SOSTENER, Que sostiene.

SOSTENIMIENTO, s. m. La accion y efecto de sostener. || ant. MANTENIMIENTO ó sustento.

SOSTITUIR, v. a. V. SUSTITUIR.

SOTA, s. f. La tercera figura que tienen los naipes, la cual representa el infante ó soldado. || Se usa en composicion para significar el subalterno inmediato ó sustituto en algunos oficios.

SOTA, prep. ant. De bajo, bajo de.

SOTABANCO, s. m. *Arq.* Una pieza de ella que se fabrica sobre la cornisa, con su moldura y resalte para que reciba los arcos de la bóveda.

SOTABASA, s. f. ant. El plinto, zócalo, etc., en que estriba la basa.

* SOTABIBLIOTECARIO, s. m. Bibliotecario segundo.

SOTACOLA, s. f. ATAHARRE ó grupera.

SOTACORO, s. m. La pieza que está debajo del coro alto.

SOTALUGO, s. m. El segundo arco con que se aprietan los extremos ó tiestas de los toneles y barriles.

SOTAMINISTRO, s. m. V. SOTOMINISTRO.

SOTANA, s. f. Vestidura talar que traen los eclesiásticos debajo del manteo. || met. y fam. La zurra ó golpes que se dan á alguno.

SOTANADO, DA, adj. V. ABOTANADO.

SOTANEADO, p. p. de SOTANEAR.

SOTANEAR, v. a. fam. Dar una sotana, zurra ó reprension áspera.

SOTANÍ, s. m. Especie de zagalejo corto y sin pliegues.

SOTANILLA, s. f. d. de SOTANA. || El trage privativo de los colegiales en las ciudades en que no hay corte, chancillería ó audiencia.

SÓTANO, s. m. Pieza subterránea y embaldosada que hace parte de un edificio.

* SOTA-SACRISTAN, s. m. Teniente de sacristan.

SOTAVENTADO, p. p. de SOTAVENTARSE.

SOTAVENTARSE, v. r. *Náut.* Perder una ó muchas embarcaciones el barlovento respecto de un punto cualquiera.

SOTAVENTO, s. m. *Náut.* El costado del navío opuesto á la parte por donde da el viento que se llama BARLOVENTO.

SOTECHADO, s. m. Lugar cubierto con techo.

SOTEÑO, ÑA, adj. Que se cría en sotos.

SOTERRADO, p. p. de SOTERRAR.

SOTERRAMIENTO, s. m. ant. V. ENTIERRO.

SOTERRÁNEO, NEA, adj. V. SUBTERRÁNEO.

SOTERRANO, s. m. ant. V. SUBTERRÁNEO.

SOTERRAÑO, ÑA, adj. V. SUBTERRÁNEO.

SOTERRAÑO, s. m. V. SUBTERRÁNEO.

SOTERRAR, v. a. Enterrar, poner alguna cosa debajo de tierra. || met. Esconder ó guardar alguna cosa de modo que no parezca.

SOTILLO, s. m. d. de SOTO.

SOTO, s. m. El sitio que en las riberas ó vegas está poblado de árboles y arbustos. || Sitio poblado de malezas, matas y árboles. || BATIR EL SOTO, V. BATIR EL MONTE.

SOTO, prep. DEBAJO, y se usa en composicion.

* SOTO-ESTÓMAGO, s. m. Uno de los estómagos de los animales que rumian.

SOTOMINISTRO, s. m. Los jesuitas llamaban así al coadjutor.

* SOTOSECRETARIO, s. f. Segundo secretario.

* SOTO-TENIENTE, s. m. Segundo teniente.

SOTROZO, s. m. El hierro que se mete en los extremos de los ejes de las curenas de la artillería para detener las ruedas.

SOTUER, s. m. *Blas.* Pieza honorable que ocupa el tercio del escudo, ó cruz de san Andres.

SOZCOMENDADOR, s. m. ant. V. SUBCOMENDADOR.

SOZPRIOR, s. m. ant. V. SUPRIOR.

SU

SU, Pron. posesivo de la tercera persona, que significa lo que le es propio ó de algun modo le pertenece.

SUADIR, v. a. ant. V. PERSUADIR.

* SUARDA, s. f. Churre que cria en la piel de los animales el sudor.

SUASIBLE, adj. ant. V. PERSUASIBLE.

SUASORIO, RIA, adj. Que pertenece á la persuasion, ó que es propio para persuadir.

SUAVE, adj. Blando, dulce, delicado y apacible á los sentidos. || Tranquilo, quieto, manso. || Dócil, manejable ó apacible. Aplícase regularmente al genio ó natural.

* SUAVECITO, TA, adj. Blando, delicado.

SUAVEMENTE, adv. Delicada ó blandamente, con dulzura ó suavidad.

SUAVIDAD, s. f. Dulzura, delicadeza ó blandura. || Apacibilidad, tranquilidad y mansedumbre. || Blandura, delicia y agrado.

SUAVÍSIMAMENTE, adj. sup. de SUAVEMENTE.

SUAVÍSIMO, MA, adj. sup. de SUAVE.

SUAVIZADO, p. p. de SUAVIZAR.

SUAVIZADOR, s. m. Pedazo de cuero, pegado á una tabla con mango, para afilar las navajas de afeitar.

SUAVIZAR, v. a. Ablandar alguna cosa, quitándole algo de su dureza ó templando el rigor del trato.

SUBALCAIDE, s. m. El sustituto ó teniente del alcaide.

SUBALTERNADO, p. p. de SUBALTERNAR.

SUBALTERNANTE, p. a. de SUBALTERNAR. Que tiene sujeto ó debajo de sí otra cosa.

SUBALTERNAR, v. a. SUJETAR ó poner debajo.

BALTERNO, NA, adj. y s. Que es inferior ó está debajo de otra cosa ó incluido en ella.

SUBARRENDADO, p. p. de SUBARRENDAR.

SUBARRENDADOR, RA, s. m. y f. El que subarrienda.

SUBARRENDAMIENTO, s. m. V. SUBARRIENDO.

SUBARRENDAR, v. a. Dar ó tomar en arriendo de aquel que dió ó tomó en arriendo al propietario ó al que hace sus veces.

SUBARRIENDO, s. m. El arriendo que hace el arrendatario de la cosa arrendada.

SUBASTA, s. f. Venta pública de bienes ó alhajas que se hace al mejor postor por mandado y con intervencion de la justicia. || SACAR Á PÚBLICA SUBASTA ALGUNA COSA, Admitir postores para dársela al que mas ofrezca en el término señalado.

SUBASTACION, s. f. V. SUBASTA.

SUBASTADO, p. p. de SUBASTAR.

SUBASTAR, v. a. Vender las cosas en pública subasta.

SUBCINERICIO, adj. Se aplica al pan cocido en el rescoldo ó debajo de la ceniza.

SUBCLAVERO, s. m. En algunas órdenes militares el teniente de clavero ó segundo clavero.

SUBCLAVIO, VIA, adj. *Anat.* Se aplica á la parte que está debajo de la clavícula, como al músculo, ó á la vena y á otros vasos.

SUBCOLECTOR, s. m. El que hace las veces de colector y sirve á sus órdenes.

SUBCOMENDADOR, s. m. El teniente de comendador en las órdenes militares.

SUBCONSERVADOR, s. m. El juez delegado por el conservador.

* SUBDECANO, s. m. Segundo decano.

SUBDELEGABLE, adj. Que se puede subdelegar.

SUBDELEGACION, s. f. El territorio, oficina y empleo del subdelegado. || for. Comision de jurisdiccion hecha por el delegado.

SUBDELEGADO, p. p. de SUBDELEGAR.

SUBDELEGADO, adj. y s. La persona á quien el delegado cometió su jurisdiccion ó ha dado sus veces.

SUBDELEGANTE, p. a. de SUBDELEGAR, Que subdelega.

SUBDELEGAR, v. a. for. Cometer ó dar su jurisdiccion ó potestad el delegado á otro.

SUBDIACONADO ó SUBDIACONA-

TO, s. m. El órden de subdiácono ó de epístola.

SUBDIÁCONO, s. m. El clérigo ordenado de epístola.

SUBDISTINCION, s. f. La distincion de otra distincion.

SUBDISTINGUIDO, p. p. de SUBDISTINGUIR.

SUBDISTINGUIR, v. a. Distinguir lo que se ha ya distinguido, ó hacer una distincion de otra distincion.

SÚBDITO, TA, adj. y s. El que está sujeto á la disposicion de algun superior con obligacion de obedecerle.

SUBDIVIDIDO, p. p. de SUBDIVIDIR.

SUBDIVIDIR, v. a. Dividir alguna parte de las que estaban ya divididas.

SUBDIVISION, s. f. Segunda division de alguna cosa, ó division de alguna de las partes que la componen.

SUBDUPLO, PLA, adj. La cantidad que tiene la razon de mitad con el todo, y por eso es duplo de ella.

SUBGEECUTOR, s. m. El que con la delegacion ó direccion de otro egecuta alguna cosa.

SUBIDA, s. f. La accion y efecto de subir. || El sitio ó lugar declive que va subiendo. || El aumento que toma algun mal ó enfermedad. || met. La mejoría ó elevacion de las cosas en cuanto á su estado o precio.

SUBIDAMENTE, adv. ant. Altamente, elevada ó sublimemente.

SUBIDERO, RA, adj. Aplícase á algunos instrumentos que sirven para subir en alto.

SUBIDERO, s. m. El lugar ó parage por donde se sube.

SUBIDÍSIMO, MA, adj. sup. de SUBIDO.

SUBIDO, p. p. de SUBIR. || SUBIDO, DA, adj. Último, mas fino y acendrado en su especie. || Se aplica al olor y color fuerte en su clase.

SUBIDOR, s. m. El que por oficio sube alguna cosa del lugar bajo al alto.

SUBIENTE, p. a. ant. de SUBIR, Que sube.

SUBIENTE, s. m. *Pint.* Cada uno de los follages que suben adornando algun vaciado de pilastra ó cosa semejante.

SUBILLA, s. f. V. LESNA.

SUBIMIENTO, s. m. ant. V. SUBIDA.

SUBINTRACION, s. f. La entrada de alguna cosa sucesivamente despues de otra. Úsase en la medicina y cirugía.

SUBINTRANTE, p. a. de SUBINTRAR, Que va entrando sucesivamente despues de otro. Aplícase frecuentemente á una especie de calentura.

SUBINTRAR, v. n. Entrar sucesivamente uno despues ó en lugar de otro.

SUBIR, v. n. Ascender ó pasar de algun sitio ó lugar inferior á otro superior ó mas alto. || Ir creciendo las cosas con el agregado y concurso de otras, como SUBEN los rios, arroyos, etc. || Ponerse el gusano en las ramas ó matas para hilar el capullo. || met. Crecer en dignidad, lograr mayor empleo, aumentar el caudal ó la hacienda. || *Mús.* Ir elevando la voz por grados ó puntos.

SUBIR, v. a. Levantar alguna cosa del lugar que tenia, como SUBIR una pintura, SUBIR los tratos. || Hacer mas alta alguna cosa ó irla aumentando hácia arriba, como SUBIR una torre, una pared, etc. || Enderezar ó poner derecha alguna cosa que estaba inclinada hacia abajo; y así se dice: SUBE esa cabeza, esos brazos, etc. || En el sentido neutro MONTAR, hablando de los números; y así se dice: la cuenta SUBE á tanto, la renta me SUBIÓ este año una tercera parte mas. || met. Dar mas precio ó mayor estimacion á las cosas del que tenian, como SUBIR la moneda, la carne, el tocino, etc.

SÚBITAMENTE, adv. V. DE IMPROVISO, repentinamente.

SUBITÁNEAMENTE, adv. Repentinamente, de improviso.

SUBITÁNEO, NEA, adj. Que acaece y sucede repentinamente y sin esperarse.

SÚBITO, TA, adj. Improviso, repentino. || Precipitado, impetuoso ó violento en las obras ó palabras.

SÚBITO, adv. ant. Repentinamente. || DE SÚBITO, ant. De repente.

SUBJECTADO, p. p. de SUBJECTAR.

SUBJECTAR, v. ant. ant. V. SUJETAR.

SUBJETADO, p. p. de SUBJETAR.

SUBJETAR, v. a. ant. V. SUJETAR.

SUBJETO, TA, p. p. irreg. ant. de SUBJETAR.

SUBJETO, s. m. ant. V. SUJETO.

SUBJUGADO, p. p. de SOJUZGAR.

SUBJUGANTE, p. a. ant. de SUBJUGAR, Que subjuga.

SUBJUGAR, v. a. ant. V. SOJUZGAR.

SUBJUNTIVO, s. m. *Gram.* Modo del verbo que necesita otro verbo antecedente expreso ó suplido á que se junta para tener entera y completa su significacion.

SUBJUZGADO, p. p. de SUBJUZGAR.

SUBJUZGANTE, p. a. ant. de SUBJUZGAR.

SUBJUZGAR, v. a. ant. V. SOJUZGAR.

SUBLEVACION, s. f. La accion y efecto de sublevar ó sublevarse.

SUBLEVADO, p. p. de SUBLEVAR.

SUBLEVAMIENTO, s. m. V. SUBLEVACION.

SUBLEVAR, v. a. Levantar ó excitar algun motin.

SUBLIMACION, s. f. La accion y efecto de sublimar. || *Quim.* La extraccion de las partes mas sutiles y volátiles de los mixtos, elevadas por medio del fuego.

SUBLIMADO, p. p. de SUBLIMAR. || SUBLIMADO Ó SUBLIMADO CORROSIVO, El mercurio que combinándose con el ácido muriático se sublima por la accion del fuego.

SUBLIMAR, v. a. Engrandecer, exaltar, ensalzar ó poner en altura. || *Quim.* Extraer de los mixtos las partes mas sutiles y volátiles, elevarlas y separarlas de las crasas por medio del fuego.

SUBLIMATORIO, RIA, adj. Que pertenece ó sirve á la sublimacion en la química.

SUBLIME, adj. Grande, excelso, glorioso, eminente ó alto.

SUBLIMEMENTE, adv. Alta ó elevadamente.

SUBLIMIDAD, s. f. Grandeza, exaltacion ó altura de alguna cosa.

SUBLIMÍSIMO, MA, adj. sup. de SUBLIME.

* SUBLINGUAL, adj. *Anat.* Ranina.

SUBLUNAR, adj. Que está entre la tierra y la órbita de la luna.

SUBMINISTRACION, s. f. V. SUMINISTRACION.

SUBMINISTRADO, p. p. de SUBMINISTRAR.

SUBMINISTRADOR, RA, s. m. y f. ant. V. SUMINISTRADOR.

SUBMINISTRAR, v. a. ant. V. SUMINISTRAR.

SUBORDENADO, p. p. de SUBORDENAR.

SUBORDENAR, v. a. ant. V. SUBORDINAR.

SUBORDINACION, s. f. Sujecion á la órden, mando ó dominio de otro.

* SUBORDINADAMENTE, adv. Con subordinacion.

SUBORDINADO, p. p. de SUBORDINAR.

SUBORDINAR, v. a. Sujetar, poner á otro á su órden, disposicion ó mandato. || Poner ó clasificar algunas cosas inferiores en órden respecto de otras.

SUBPOLAR, adj. Que está debajo del polo.

* SUBPRECEPTOR, s. m. Vice preceptor.

SUBREPCION, s. f. La accion oculta y á escondidas. || Ocultacion de algun hecho ó circunstancia en la pretension de alguna gracia, la cual si se digera impediria su consecucion.

SUBREPTICIAMENTE, adv. Con subrepcion.

SUBREPTICIO, CIA, adj. Que se pretende ú obtiene con subrepcion. || Que se hace ó toma ocultamente y á escondidas.

SUBRETICIO, CIA, adj. V. SUBREPTICIO.

SUBRIGADIER, s. m. El oficial que desempeñaba las funciones de sargento segundo en el extinguido cuerpo de guardias de la persona del rey.

SUBROGACION, s. f. for. La accion de sustituir ó poner una cosa en lugar de otra.

SUBROGADO, p. p. de SUBROGAR.

SUBROGAR, v. a. for. Sustituir ó poner una cosa en lugar de otra.

SUBSANADO, p. p. de SUBSANAR.

SUBSANAR, v. a. Disculpar ó excusar algun desacierto ó delito, reparar, componer algun daño.

SUBSCAPULAR, adj. *Anat.* Se aplica al músculo que está debajo de la escápula y aprieta el brazo contra las costillas.

SUBSCRIBIR, v. a. V. SUSCRIBIR.

SUBSCRIPCION, s. f. V. SUSCRICION.

* SUBSCRIPTOR, s. m. El que adelanta el precio para la edicion de un libro, diario, etc.

SUBSECUENTE, adj. V. SUBSIGUIENTE.

* SUBSECUENTEMENTE, adv. V. SUBSIGUIENTEMENTE.

SUBSEGUIDO, p. p. de SUBSEGUIRSE.

SUBSEGUIRSE, v. r. Seguirse alguna cosa inmediatamente á otra.

SUBSEYENTE, adj. ant. V. SUBSIGUIENTE.

SUBSIDIARIAMENTE, adv. De un modo subsidiario, por via de subsidio.

SUBSIDIARIO, RIA, adj. Que se da ó se manda en socorro ó subsidio de otro.

SUBSIDIO, s. m. Socorro, ayuda ó auxilio extraordinario. || Cierto socorro concedido por la sede apostólica á los reyes de España sobre las rentas eclesiásticas de sus reinos para la guerra contra infieles.

SUBSIGUIENTE, p. a. de SUBSEGUIRSE, Que se sigue inmediatamente á otra cosa.

SUBSISTENCIA; s. f. Permanencia, estabilidad y conservacion de las cosas. ‖ Sustento, comida, alimento. ‖ *Fil.* El complemento último de la sustancia, ó el acto por el cual una sustancia se hace incomunicable á otra, como á supuesto ó individuo.

SUBSISTENTE, p. a. de SUBSISTIR, Que subsiste.

SUBSISTIR, v. n. Permanecer, durar alguna cosa ó conservarse. ‖ *Fil.* Estar por sí en su propia naturaleza y ser, y no en el ageno.

SUBSOLANO, s. m. Viento que viene del oriente equinoccial, contrario al favonio, y es el viento este.

SUBSTANCIA, s. f. V. SUSTANCIA.

SUBSTANCIADO, p. p. de SUBSTANCIAR.

SUBSTANCIAL, adj. V. SUSTANCIAL.

SUBSTANCIALÍSIMO, MA, adj. sup. de SUBSTANCIAL.

SUBSTANCIAR, v. a. V. SUSTANCIAR.

SUBSTANCIOSO, SA, adj. V. SUSTANCIOSO.

SUBSTANTÍFICO, CA, adj. V. SUSTANTÍFICO.

SUBSTANTIVADO, p. p. de SUBSTANTIVAR.

* **SUBSTANTIVAMENTE**, adv. Como substantivo.

SUBSTANTIVAR, v. a. V. SUSTANTIVAR.

SUBSTANTIVO, s. m. V. SUSTANTIVO.

SUBSTITUCION, s. f. V. SUSTITUCION.

SUBSTITUIDO, p. p. de SUBSTITUIR.

SUBSTITUIDOR, RA, s. m. y f. V. SUSTITUIDOR.

SUBSTITUIR, v. a. V. SUSTITUIR.

SUBSTITUTO, V. SUSTITUTO.

SUBSTITUYENTE, p. a. de SUBSTITUIR.

SUBSTRACCION, s. f. V. SUSTRACCION.

SUBSTRAER, v. a. V. SUSTRAER.

SUBSTRAERSE, v. r. V. SUSTRAERSE.

SUBSTRAIDO, p. p. de SUBSTRAER.

SUBTENDER, v. a. *Geom.* Oponerse una línea á un ángulo tocando los extremos ó términos del arco de círculo que [illegible] medida.

[illegible]TE, s. m. V. ALFÉREZ. [illegible] *Matem.* V. CUERDA.

SUBTENSO, SA, p. p. irreg. de SUBTENDER.

* **SUBTERFUGIO**, s. m. Efugio, escapatoria.

SUBTERRÁNEAMENTE, adv. Por debajo de tierra.

SUBTERRÁNEO, NEA, adj. Que está debajo de tierra.

SUBTERRÁNEO, s. m. Cualquier lugar que está debajo de tierra.

SUBTIL, adj. ant. V. SUTIL.

* **SUBTILAR**, adj. m. f. Dícese de una línea, es voz de la gnomónica.

SUBTILEZA, s. f. ant. V. SUTILEZA.

SUBTILIZAR, v. a. ant. V. SUTILIZAR.

SUBTRAER, v. a. ant. V. SUSTRAER.

SUBTRAIDO, p. p. de SUBTRAER.

SUBURBANO, NA, adj. y s. Se aplica al terreno ó campo que está cerca de la ciudad.

* **SUBURBICARIO**, RIA, adj. Que componia la diócesis de Roma.

SUBURBIO, s. m. El arrabal ó aldea cerca de la ciudad ó de su jurisdiccion.

SUBVENCION, s. f. La accion y efecto de subvenir.

SUBVENIDO, p. p. de SUBVENIR.

SUBVENIO, s. m. ant. V. SUBVENCION.

SUBVENIR, v. a. Amparar, socorrer.

SUBVERSION, s. f. ant. V. SUBVERSION.

SUBVERSIVO, VA, adj. V. SUBVERSIVO.

SUBVERSOR, RA, s. m. y f. El que trastorna ó subvierte.

SUBVERTIDO, p. p. de SUBVERTIR.

SUBVERTIR, v. a. Destruir, demoler, arruinar ó trastornar.

SUBYUGADO, p. p. de SUBYUGAR.

SUBYUGAR, v. a. Avasallar, sojuzgar, dominar violentamente.

SUCARRILLO, s. m. *Germ.* El paje.

SUCARRO, s. m. *Germ.* Mozo que sirve.

SUCCINO, s. m. V. ÁMBAR.

SUCCION, s. f. *Med.* El acto de atraer chupando alguna cosa.

SUCEDER, v. n. Entrar en lugar de otro ó seguirse á él. ‖ Heredar ó entrar en la posesion de los bienes de otro por su muerte. ‖ ant. Descender, proceder, provenir.

SUCEDER, v. imp. Acontecer alguna cosa impensadamente, ó contra lo que se presumia y esperaba.

SUCEDIDO, p. de SUCEDER.

SUCEDIENTE, p. a. de SUCEDER, Que sucede ó se sigue.

SUCEDUMBRE, s. f. ant. V. SUCIEDAD.

SUCESIBLE, adj. Dícese de aquello en que se puede suceder.

SUCESION, s. f. La accion de suceder, ó la continuacion de las cosas que se siguen á otras. || La procreacion ó generacion de los hijos.

SUCESIVAMENTE, adv. Consiguientemente ó por órden sucesivo.

SUCESIVO, VA, adj. Que se sigue ó va despues de otra cosa.

SUCESO, s. m. Acontecimiento ó cosa que sucede. || Trascurso ó discurso del tiempo.

SUCESOR, RA, s. m. y f. El que sucede á otro ó sobreviene en su lugar.

SUCEUTOR, s. m. ant. V. SOCHANTRE.

SUCIAMENTE, adv. Asquerosa ó puercamente.

SUCIEDAD, s. f. Asquerosidad, porquería.

* **SUCINATO**, s. m. *Quim.* Nombre genérico de las sales formados con el ácido sucínico.

SUCINO, s. m. V. ÁMBAR.

SUCINTADO, p. p. de SUCINTARSE.

SUCINTAMENTE, adv. Breve, concisa, compendiosa ó abreviadamente.

SUCINTARSE, v. r. V. CEÑIRSE.

SUCINTO, TA, adj. Que está recogido ó ceñido por abajo. || Breve ó compendioso.

SUCIO, CIA, adj. Asqueroso y puerco con sordidez. || met. Manchado con pecados é imperfecciones. || Deshonesto ú obsceno en acciones ó palabras. || Descortés ó desatento. || Dícese del color puerco y entrapado.

SUCÍSIMO, MA, adj. sup. de SUCIO.

SUCO, s. m. Humor de que se alimentan los cuerpos así de los animales como de las plantas.

SUCOSO, SA, adj. V. JUGOSO.

SUCOTRINO, NA, adj. Se aplica á cierto linaloé ó acíbar que viene de la isla de Socotra, y es el mejor.

SÚCUBO, BA, adj. Se aplicaba vulgarmente al demonio que en el trato ilícito con los hombres se decia tomaba forma de muger.

SÚCULA, CABRIA por cilindro.

SUCULENTO, TA, adj. V. JUGOSO.

SUCUMBIENTE, p. a. ant. de SUCUMBIR, Que sucumbe.

SUCUMBIR, v. n. for. Perder el pleito.

SUD, s. m. La parte meridional de la esfera ó el pólo antártico. Llámase tambien así el viento cardinal que viene directamente de esa parte.

SUDADERO, s. m. El lienzo con que se limpia el sudor. || El lugar en el baño destinado para sudar. || El lugar por donde se resuma el agua á gotas. || *Ext.* BACHE por el sitio donde se encierra el ganado lanar para esquilarle.

SUDADO, p. p. de SUDAR.

SUDANTE, p. a. de SUDAR, Que suda.

SUDAR, v. n. Exhalar y expeler el sudor. || Se dice de la persona que da alguna cosa, especialmente con repugnancia, y así se dice: me han hecho SUDAR tanta cantidad. || met. Trabajar con fatiga ó desvelo, física ó moralmente. || Destilar los árboles y plantas algunas gotas de jugo.

SUDARIO, s. m. SUDADERO, por el lienzo. || La sábana ó lienzo con que Josef cubrió el cuerpo de Cristo cuando lo bajó de la cruz. Llámase tambien SUDARIO el lienzo que se pone sobre el rostro de los difuntos.

SUDATORIO, RIA, adj. Que hace sudar.

SUDESTE, s. m. Uno de los treinta y dos vientos en que dividen la rosa náutica, y es el que media entre el este y el sud, que son el de oriente y el de mediodia.

SUDOESTE, s. m. Viento entre el sud y el oeste.

SUDOR, s. m. Serosidad que sale del cuerpo del animal por los poros en forma de unas gotas que se ven y perciben claramente. || Trabajo y fatiga, tomando por metonimia el efecto por la causa. || met. Las gomas ó licor que sudan los árboles, y las gotas que salen y se destilan de las peñas ú otras cosas. || SUDORES, pl. Aquel remedio y curacion que se hace en los enfermos, especialmente en los que padecen el mal gálico, aplicándoles medicinas que los obliguen á sudar copiosa ó frecuentemente.

SUDORIENTO, TA, adj. Sudado, humedecido con el sudor.

SUDORÍFERO, RA, adj. Que causa, trae ó motiva el sudor.

SUDORÍFICO, CA, adj. y s. m. Se aplica al remedio que causa sudor.

SUDOSO, SA, adj. Que tiene sudor.

SUDSUDESTE, s. m. Viento que viene de la parte del mediodia entre el sud y el sudest.

SUDSUDUOESTE, s. m. Uno de

los vientos que consideran los navegantes en la rosa náutica que corre de la parte del mediodia entre el sud y el sudouest.

SUDUESTE, s. m. ÁFRICO ó viento ábrego.

SUECO, CA, adj. y s. El natural de Suecia y perteneciente á este reino. || HACERSE EL SUECO, fam. Hacerse el desentendido en alguna conversacion ó negocio de que se trata.

SUEGRO, GRA, s. m. y f. El padre ó la madre del marido respecto de la muger, ó de la muger respecto del marido. || Los extremos por donde se unen las roscas del pan, que son mas delgados, y suelen estar mas cocidos. || fam. Entre los clérigos el breviario.

SUELA, s. f. La parte del calzado que toca al suelo. || El cuero de bueyes curtido y preparado para echar suelas al calzado. || V. LENGUADO. || V. ZÓCALO. || met. El madero que ponen debajo para sobrelevantar algun tabique. || SUELAS, pl. En algunas órdenes religiosas SANDALIAS. || BAÑADO DE SUELA, Se dice del zapato cuya suela es mas ancha de lo que pide la planta del pié. || DE TRES Ó DE CUATRO SUELAS, met. Fuerte, sólido y con firmeza; y así decimos: tonto de cuatro SUELAS. || NO LLEGAR Á LA SUELA DEL ZAPATO, Ser muy inferior á otro en alguna prenda ó habilidad.

SUELDA, s. f. V. CONSUELDA.

SUELDACOSTILLA, s. f. Planta de cebolla.

SUELDO, s. m. Moneda de oro que se usaba entre los Romanos, y en España ha tenido diferente valor en cada reino. || El estipendio ó paga que se da al soldado, y era una moneda que se le daba por racion ordinaria; y tambien se llama así el que se da á los empleados públicos. || SUELDO SALARIO, El estipendio de los criados. || SUELDO Á LIBRA, ó SUELDO POR LIBRA, Expr. con que se explica la proporcion con que se reputa alguna cosa segun lo que corresponde al capital que cada uno tiene. || SUELDO BUENO ó BURGALÉS, Moneda que se usó en España, y valia doce dineros de á cuatro meajas. || SUELDO MENOR, Moneda que valia un dinero y dos meajas, que son ocho meajas; y de aquí se llamó OCHOSEN. || CORRER EL SUELDO, EL SALARIO, LAS PAGAS, V. PAGA.

SUELO, s. m. La superficie de la tierra. || met. La superficie inferior de algunas cosas, como del pan, de las vasijas, etc. || El asiento ó poso que deja en el hondo la materia líquida. || El sitio ó solar que queda de algun edificio. || La superficie artificial que se hace para que el piso esté sólido y llano. || Piso de un cuarto ó vivienda. || Piso, alto, hablando de los diferentes órdenes de cuartos ó viviendas en que se divide la altura de una casa. || Lo inferior de las tinajas del vino. || El distrito ó espacio de tierra que comprende alguna provincia ó jurisdiccion. || El casco de las caballerías. || met. TIERRA ó mundo. || met. Término, fin. || ant. El ano ú orificio. || SUELOS, pl. Entre labradores el grano que queda despues de limpio y medido, entre la tierra, el que se junta con una escoba para poderlo aprovechar. || Entre labradores la paja ó grano que queda de un año á otro en los pajares ó graneros. || DAR CONSIGO EN EL SUELO, Caer en tierra por haber tropezado por debilidad ó por la aspereza del camino. || DAR EN EL SUELO CON ALGUNA COSA, met. Perderla ó malpararla. || ECHARSE POR LOS SUELOS, met. Humillarse ó rendirse con exceso. || FALTAR EL SUELO, Tropezar ó caer. || LLEVAR DE SUELO Y PROPIEDAD, met. Haberse continuado y continuarse alguna cosa en los de alguna comunidad ó familia, y ser ya como propiedad inseparable de ella; y así se dice: esa casa LLEVA DE SUELO el ser miserable. || NO DEJAR CAER EN EL SUELO, ó NO LLEGAR AL SUELO ALGUNA COSA, met. Repararla, notarla inmediatamente. || NO SALIR DEL SUELO, Ser muy pequeño de estatura. || POR EL SUELO ó POR LOS SUELOS, Explica el desprecio con que se trata alguna cosa ó el estado abatido en que se halla. || SIN SUELO, Con exceso sumo ó sin término, con descaro. || TENER SUELO ALGUNA VASIJA, Dar á entender que no pide todo lo que parece segun la cavidad del vaso el que ha de llevarlo. || VENIRSE AL SUELO, Caerse algun edificio ó máquina.

SUELTA, s. f. La accion de soltar. Traba ó maneota con que se atan las manos de las caballerías. || Llaman los carreteros el número de bueyes que van sueltos para suplir ó remudar en las carreterias. || Sitio ó parage á propósito para soltar ó desuncir los bueyes de las carreterías, y parar á darles pasto. || Remision ó perdon de alguna deuda. || DAR SUELTA, met. Permitir la libertad á algun súbdito para que por breve tiempo se espacie, divierta ó salga de su retiro.

SUELTAMENTE, adv. Con soltura, despejo, libertad, desembarazo. || Con facilidad, con expedicion. || Libre y licenciosamente. || ant. Espontánea y voluntariamente.

SUELTO, seg. p. p. irreg. de soltar. || suelto, ta, adj. Ligero, veloz. || Expedito, ágil ó hábil en lo que egecuta. || Libre, atrevido y poco sujeto. || Expedito en el hablar. || Que está separado, y no hace juego ni forma union con otras cosas; y así se dice: muebles sueltos, especies sueltas. || Se aplica á la composicion métrica que no está sujeta á consonante ni asonante. || ant. V. soltero.

SUELTO, s. m. *Min.* El pedazo de metal ó mineral que arrancado de la mina por las aguas ó vientos, se encuentra en los montes, cerros ó quebradas. || suelto de lengua, Maldiciente ó atrevido, desvergonzado.

SUENO, s. m. ant. V. sonido.

SUEÑO, s. m. El acto de dormir. || El suceso ó especie que en sueños se representan en la imaginacion. || La gana ó inclinacion á dormir; y así se dice: tengo sueño, me estoy cayendo de sueño. || La brevedad y ligereza con que cualquiera cosa fenece y pasa; y así decimos: la vida es sueño, esto es un sueño, etc. || Cosa fantástica y sin fundamento ó razon. || sueño ligero, El que se disipa ó ahuyenta con facilidad. || sueño pesado, El que es muy profundo, dificultoso de desechar, ó melancólico y triste. || á sueño suelto, Sin cuidado alguno. || atraer el sueño, V. conciliar el sueño. || caerse de sueño, fam. Estar uno acometido del sueño sin poderlo resistir. || conciliar el sueño, Procurar dormir recogiéndose ó tomando algunos remedios que le faciliten. || decir el sueño y la soltura, fam. Referir con libertad y sin reserva todo lo que se ofrece aun en las cosas inmodestas. || descabezar el sueño, Quedarse dormido un breve rato el que está molestado del sueño. || dormir á sueño suelto, V. dormir á pierna suelta. || el sueño de la liebre, Expr. que se aplica á los que fingen ó disimulan alguna cosa. || en sueños, ó entre sueño, Estando durmiendo. || entre sueños, Dormitando. || espantar el sueño, fam. Estorbarle, impedirle ó no dejar dormir. || guardar el sueño, Cuidar de que no despierten á otro. || infundir sueño, Causarle repentinamente y fuera del órden regular. || ni por sueño, Expr. con que se pondera que alguna cosa ha estado tan léjos de egecutarse que ni aun se ha ofrecido soñando. || no dormir sueño, Desvelarse, no poder coger el sueño. || quebrantar el sueño, V. descabezar el sueño. || tornarse ó volverse el sueño del perro, Da á entender haberse descompuesto el logro de alguna pretension ó utilidad, el que se tenia ya consentido segun los medios estaban puestos. || volverse el sueño al reves, V. volverse el sueño del perro.

SUERO, s. m. La parte acuosa de la sangre ó de la leche.

SUEROSO, SA, adj. V. seroso.

SUERTE, s. f. Acaso, accidente ó fortuna. || El género ó especie de alguna cosa. || La manera ó modo de hacer alguna cosa. || Como contrapuesto al azar en los dados y otros juegos vale los puntos con que se gana ó acierta, teniendo parte de acaso, como echar senas ó quinas en los dados, ó sacar el naipe que se necesita, etc. || En las fiestas de toros la burla que se hace poniéndose delante, y librándose de ellos con habilidad y ligereza. || En las labores la parte de tierra que está separada de otras con sus lindes. || La cédula en que se escriben los nombres de los que entran en rifa á alguna alhaja. || Estado ó linage. || ant. En el comercio capital. || Cuando á esta voz preceden los númerales ordinales 1, 2, 3, etc., la calidad respectiva de los géneros o de cualquiera otra cosa. || suerte y verdad, Se usa para pedir á los circunstantes que resuelvan y declaren sincera y desapasionadamente la duda en algun lance dificultoso del juego en que estan discordes los jugadores, y por extension se usa en otras materias. || caerle ó tocarle á uno la suerte, En los sorteos por insáculacion de muchos, ser uno agraciado ó infeliz, segun el número ó cédula que le cabe en ellos. || correr bien ó mal la suerte á uno, Ser dichoso ó desgraciado. || de suerte, Suele usarse para captar la atencion del que ha de oir al empezar á hablar, ó al empezar nueva oracion sin otra significacion particular. || echar suertes, Sortear alguna cosa dejándola á la contingencia de algunas cédulas ó puntos en los dados, etc. || entrar en suerte, Ser uno de aquellos entre quienes se ha de sortear alguna cosa útil ó gravosa para aquel en quien recaiga.

SUFICIENCIA, s. f. Capacidad, ciencia ó inteligencia bastante para obtener alguna dignidad ó empleo. || á suficiencia, V. bastantemente.

SUFICIENTE, adj. Bastante para lo que se necesita ó es menester. || Apto ó idoneo.

SUFICIENTEMENTE, adv. Bastantemente ó con suficiencia.

SUFICIENTÍSIMAMENTE, adv. sup. de SUFICIENTEMENTE.

SUFICIENTÍSIMO, MA, adj. sup. de SUFICIENTE.

SUFLACION, s. f. ant. V. SOPLO.

SUFLADO, p. p. de SUFLAR.

SUFLAR, v. a. ant. Soplar.

SUFOCACION, s. f. Ahogo, impedimento de la respiracion.

SUFOCADO, p. p. de SUFOCAR.

SUFOCADOR, RA, s. m. y f. El que sufoca.

SUFOCANTE, p. a. de SUFOCAR. Que sufoca.

SUFOCAR, v. a. Ahogar, impedir el aliento ó la respiracion. ‖ Apagar, impedir del todo el fuego ó alguno efecto natural suyo ó de alguna otra cosa semejante. ‖ met. Oprimir, embarazar ó impedir el egercicio ó el efecto de alguna cosa, ó facultad inmaterial.

SUFRAGADO, p. p. de SUFRAGAR.

SUFRAGÁNEO, NEA, adj. Que es dependiente de alguna persona á cuya jurisdiccion pertenece.

SUFRAGÁNEO, s. m. El obispo de una diócesis que con otros compone la provincia del metropolitano.

SUFRAGANO, NA, adj. y s. m. ant. V. SUFRAGÁNEO.

SUFRAGAR, v. a. Ayudar ó favorecer.

SUFRAGIO, s. m. V. VOTO. ‖ Ayuda, favor ó socorro. ‖ Cualquiera obra buena que se aplica por las almas de los difuntos que estan en el purgatorio.

SUFRIBLE, adj. Que se puede sufrir y tolerar.

SUFRIDA, s. f. *Germ.* La cama.

SUFRIDERA, s. f. Entre los herreros cierta pieza de hierro que ponen debajo de la que quieren penetrar con el punzon.

SUFRIDERO, RA, adj. V. SUFRIBLE.

SUFRIDÍSIMO, MA, adj. sup. de SUFRIDO.

SUFRIDO, p. p. de SUFRIR. ‖ SUFRIDO, DA, adj. Que sufre y tolera con conformidad y paciencia. ‖ Dícese del marido consentidor.

SUFRIDOR, RA, s. m. y f. El que sufre y tolera con paciencia.

SUFRIENTE, p. a. de SUFRIR, Que sufre.

SUFRIMIENTO, s. m. Paciencia, conformidad, tolerancia con que se sufre alguna cosa.

SUFRIR, v. a. Tolerar, llevar, padecer algun mal con paciencia, sufrimiento ó tolerancia. ‖ Sostener, resistir y llevar algun peso. ‖ V. PERMITIR. ‖ Pagar, padecer. ‖ Entre carpinteros recibir el golpe por la parte opuesta de la tabla ó pie derecho en que se clava. ‖ met. V. SOSTENER.

SUFRIR, v. n. ant. V. CONTENERSE.

SUFUMIGACION, s. f. *Med.* El sahumerio que se hace recibiendo el humo.

SUFUSION, s. f. Cierta enfermedad que padecen los ojos, especie de cataratas.

SUGERENTE, p. a. de SUGERIR. Que sugiere.

SUGERIDO, p. p. de SUGERIR.

SUGERIR, v. a. Advertir ó acordar alguna especie. ‖ Influir ó instigar para alguna accion mala.

SUGESTION, s. f. La accion de sugerir. Tómase frecuentemente por la misma especie sugerida. ‖ La tentacion del demonio en la proposicion de algun objeto ó accion mala á la imaginacion que inclina á consentirla ó egecutarla.

SUGESTO, s. m. ant. El púlpito ó cátedra destinada especialmente para predicar.

SUGETO, s. m. Cualquiera persona indeterminada. ‖ La persona de especial calidad ó prendas. ‖ La actividad, vigor y fuerzas de la persona; y asi suele decir del enfermo muy extenuado: no hay SUGETO. ‖ La materia, asunto ó tema de lo que se habla ó escribe. ‖ V. DISPOSICION ó ÁNIMO. ‖ *Fil.* Aquello en que se recibe y conserva alguna cosa. ‖ *Log.* Aquello de quien se enuncia ó predica alguna cosa.

SUICIDA, s. c. El que se quita á sí mismo la vida.

SUICIDIO, s. m. El acto y el efecto del que se quita á sí mismo la vida.

SUIZA, s. f. Compañía de hombres vestidos á la suiza con motivo de regocijo.

SUÍZARO, RA, adj. ant. V. SUIZO.

SUIZO, ZA, adj. El natural de Suiza y perteneciente á ella.

SUJECION, s. f. El acto de sujetar ó sujetarse. ‖ La union ó ligadura con que alguna cosa está sujeta de modo que no pueda separarse, dividirse ó inclinarse. ‖ *Ret.* ARGUMENTO: es cuando uno se arguye á sí mismo, oponiéndose á lo que él ha afirmado, y al mismo tiempo satisfaciendo á las objeciones que él mismo tenia puestas.

SUJETADO, p. p. de SUJETAR.

SUJETAR, v. a. Someter alguna cosa al dominio, señorío, obediencia ó disposicion. || Afirmar ó contener alguna cosa con la fuerza.

SUJETÍSIMO, MA, adj. sup. de SUJETO.

SUJETO, seg. p. p. irreg. de SUJETAR. || SUJETO, TA, adj. Expuesto ó propenso á alguna cosa.

SUJETO, s. m. Aquello de que se está tratando actualmente.

SULCADO, p. p. de SULCAR.

SULCAR, v. a. ant. V. SURCAR.

SULCO, s. m. ant. V. SURCO.

SULFONETE, s. m. PAJUELA para encender.

SULFÚREO, REA, adj. Que tiene azufre ó procede de él.

SULFÚRICO, CA, adj. Sulfúreo.

SULTAN, s. m. Nombre que dan los Turcos á sus emperadores.

SULTANA, s. f. Entre los Turcos la primera de las mugeres de su emperador. || Embarcacion principal que usan los Turcos en la guerra.

SUMA, s. f. *Arit.* El producto de la adicion de dos ó mas números ó cantidades. || El agregado de muchas cosas, y mas comunmente se toma por el de dinero. || La accion de sumar; y así se dice: estoy haciendo esta SUMA. || Lo mas sustancial é importante de alguna cosa. || met. La conclusion ó sustancia de alguna cosa. || La recopilacion ó compendio de alguna facultad que se pone abreviada y en resúmen en algun libro. || EN SUMA, En conclusion ó en resúmen.

SUMADO, p. p. de SUMAR.

SUMADOR, RA, s. m. y f. El que suma.

SUMAMENTE, adv. Segun lo sumo á que se puede llegar.

SUMAR, v. a. *Arit.* Reducir á una suma diferentes cantidades homogéneas añadiendo unas á otras. || Recopilar, compendiar, abreviar alguna materia que estaba extensa y difusa.

SUMAR, v. n. Resultar una suma ó partida de otras.

SUMARIAMENTE, adv. Abreviadamente, en compendio. || for. De plano y sin guardar enteramente el órden judicial.

SUMARIO, RIA, adj. Que está reducido á compendio ó resúmen. || for. Dícese de un modo de proceder brevemente en algunos negocios sin todas las formalidades de un juicio.

SUMARIO, s. m. Resúmen, compendio ó suma.

SUMERGIDO, p. p. de SUMERGIR.

SUMERGIMIENTO, s. m. V. SUMERSION.

SUMERGIR, v. a. Meter alguna cosa debajo del agua. || met. Meter á alguno é implicarle en otras cosas, como la pasion le SUMERGIÓ en vicios, etc.

SUMERSION, s. f. La accion y efecto de sumergir.

SUMIDAD, s. f. El ápice ó extremo de alguna cosa.

SUMIDERO, s. m. Cuevo ó concavidad en la tierra que sirve para que en él se suman las aguas.

SUMIDO, p. p. de SUMIR.

SUMILLER, s. m. El gefe o superior en varias oficinas y ministerios de palacio. || SUMILLER DE CORPS, La persona muy distinguida en palacio, á cuyo cargo está la asistencia al rey en su retrete, para vestirle y desnudarle, y todo lo perteneciente á la cama real. || SUMILLER DE CORTINA, La persona que tiene á su cargo el correr la cortina del camon cuando entran ó salen los reyes ó se hace alguna ceremonia; y de lo mismo sirve cuando los reyes van á alguna iglesia. || SUMILLER DE LA CAVA, Oficial de boca en palacio, á cuyo cargo está toda la plata perteneciente al oficio. || SUMILLER DE PANETERÍA, Empleado de palacio, á cuyo cargo está el pan, la ropa de la mesa y la plata del servicio de ella.

SUMILLERÍA, s. f. La oficina del sumiller. || El egercicio y cargo del sumiller.

SUMINISTRACION, s. f. La accion y efecto de suministrar.

SUMINISTRADO, p. p. de SUMINISTRAR.

SUMINISTRADOR, RA, s. m. y f. El que suministra.

SUMINISTRAR, v. a. Dar y proveer á otro de lo que necesita.

SUMIR, v. a. V. TOMAR. No tiene uso sino es hablando del sacrificio de la misa.

SUMIRSE, v. r. y a. Hundirse ó meterse debajo de la tierra ó del agua. || Hundirse alguna faccion de la cara.

SUMISAMENTE, adv. Con sumision.

SUMISION, s. f. La accion y efecto de someterse. Úsase frecuentemente por rendimiento ú obsequiosa urbanidad con palabras ó acciones. || for. Acto solemne por el cual uno se somete á otra jurisdiccion, renunciando su domicilio y fuero.

SUMISO, SA, adj. Sujeto, rendido ó humillado á otro, especialmente cuando es por reverencia ó atencion.

SUMISTA, s. m. El autor que escribe sumas de alguna ó algunas facultades. || El que solo ha aprendido por sumas el moral, moralista, principiante ó poco estudioso. || El que es práctico y diestro en contar ó hacer sumas.

SUMO, MA, adj. Dícese de lo mas alto y elevado. || Mayor ó mas sobresaliente en su línea. || Á LO SUMO, Á lo mas. || Al mayor grado, número, cantidad, etc., á que puede llegar una persona ó cosa. || DE SUMO, ant. Entera y cabalmente.

SUMONTE, s. m. V. SOMONTE.

SUMOSCAPO, s. m. *Arq.* La parte curva en que remata la columna por la parte superior.

SÚMULAS, s. f. pl. Compendio ó sumario que contiene los principios elementales de la lógica.

SUMULISTA, s. m. El que estudia súmulas.

SUMULÍSTICO, CA, adj. ant. Que pertenece á las súmulas.

* SUNCHADO, DA, adj. Asegurado con aros de hierro.

SUNCHO, s. m. El cerco de fierro que abraza la boca de la bomba donde entra la picota, los que se ponen en las vergas mayores por donde salen los botalones de las alas, los que aseguran el cepo del ancla, etc.

* SUNCION, s. f. La accion de consumir en la misa.

SUNTUARIO, RIA, adj. Se aplica á las leyes en que se pone modo y tasa en los gastos.

SUNTUOSAMENTE, adv. Con suntuosidad.

SUNTUOSIDAD, s. f. Costosa magnificencia, gasto y dispendio grande.

SUNTUOSÍSIMAMENTE, adv. sup. de SUNTUOSAMENTE.

SUNTUOSÍSIMO, SA, adj. sup. de SUNTUOSO.

SUNTUOSO, SA, adj. Magnífico, grande y costoso. || Dícese del hombre magnífico en su gasto y porte.

SUPEDÁNEO, s. m. Especie de peana, estribo ó apoyo como el que suelen tener algunos crucifijos.

SUPEDITACION, s. f. El acto y efecto de supeditar.

SUPEDITADO, p. p. de SUPEDITAR.

SUPEDITAR, v. a. SUJETAR, oprimir alguna cosa con violencia.

SUPERABLE, adj. Que se puede superar ó vencer.

SUPERABUNDANCIA, s. f. Abundancia excesiva. || DE SUPERABUNDANCIA, V. SUPERABUNDANTEMENTE.

SUPERABUNDANTE, p. a. de SUPERABUNDAR, Que abunda con exceso.

SUPERABUNDANTEMENTE, adv. Con abundancia excesiva.

SUPERABUNDANTÍSIMAMENTE, adv. sup. de SUPERABUNDANTEMENTE.

SUPERABUNDANTÍSIMO, MA, adj. sup. de SUPERABUNDANTE.

SUPERABUNDAR, v. n. Abundar con exceso o rebosar.

SUPERÁDITO, TA, adj. ant. Añadido á otra cosa.

SUPERADO, p. p. de SUPERAR.

SUPERANO, s. m. *Mús.* V. TIPLE.

SUPERANTE, p. a. de SUPERAR, Le aplican los aritméticos al número que es excedido de la suma de sus partes alicuantas.

SUPERAR, v. a. Sobrepujar ó vencer.

SUPERAVIT, s. m. Voz latina, que se usa sustantivada y vale el residuo y sobra de alguna cosa.

SUPERBAMENTE, adv. V. SOBERBIAMENTE.

SUPERBIA, s. f. ant. V. SOBERBIA.

SUPERBÍSIMAMENTE, adv. ant. sup. de SUPERBAMENTE.

SUPERBÍSIMO, MA, adj. ant. sup. de SUPERBO.

SUPERBO, BA, adj. ant. V. SOBERBIO.

SUPERCHERÍA, s. f. Engaño, dolo ó fraude. || Desatencion, descortesía, desacato.

SUPERCHERO, RA, adj. Que usa de supercherías.

SUPEREMINENCIA, s. f. La elevacion, alteza, exaltacion ó eminente grado en que una persona ó cosa se halla constituida respecto de otra.

SUPEREMINENTE, adj. Que está muy elevado.

SUPEREROGACION, s. f. Accion ejecutada sobre ó ademas de los términos de la obligacion.

* SUPEREROGATORIO, RIA, adj. De supererogacion.

SUPERFETACION, s. f. *Med.* La segunda preñez en la hembra, manteniéndose ó durando la primera.

SUPERFICIAL, adj. Que toca, pertenece, está ó se queda en la supericie. || met. Apárente, sin solidez ni ustancia.

SUPERFICIALÍSIMO, MA, adj. up. de SUPERFICIAL.

SUPERFICIALMENTE, adv. Ligeamente y por encima.

SUPERFICIARIO, RIA, adj. for. UPERFICIONARIO.

SUPERFICIE, s. f. *Mat.* Cantidad n que solo se consideran dos dimensiones, que son longitud y latitud sin prounddad.

SUPERFICIONARIO, RIA, adj. for. le aplica al que tiene el uso de la superficie, ó usa de los frutos del fundo ageno, agando cierta pension anual al señor le él.

SUPERFINO, NA, adj. Muy fino.

SUPERFLUAMENTE, adv. Excesiramente, con demasía ó superfluidad.

SUPERFLUIDAD, s. f. Demasía, exceso. || Aquello que es superfluo.

SUPERFLUO, UA, adj. Que sobra, edunda ó está demas.

SUPERHUMERAD, s. m. Ornamento lel sumo sacerdote de la ley antigua. || La banda de que se usa para tener la custodia, la patena y reliquias.

SUPERINTENDENCIA, s. f. La surema administracion en alguna linea. || El empleo, cargo y jurisdiccion del superintendente.

SUPERINTENDENTE, s. com. La ersona á cuyo cargo está la direccion y uidado de alguna cosa con superiorilad á los demas que sirven en ella.

SUPERINTENDENTE, s. m. Privaivamente se llama la persona á cuyo argo está la recaudacion y distribucion le la hacienda pública.

SUPERIOR, adj. Que está mas alto en lugar preeminente á otra cosa. | met. Mas excelente y digno, resecto de otras cosas de ménos aprecio ó ondad. || Que excede á otras cosas en irtud, vigor ó prendas, y se particuariza entre ellas. || *Geog.* Se aplica á alunos lugares ó tierras que estan mas altas, respecto de otras, en la situacion le la esfera, como Alemania SUPERIOR, etc. || *Astrol.* Dícese de los planeas Saturno, Júpiter y Marte, porque n la realidad los consideran así en la esera.

SUPERIOR, RA, s. m. y f. La perona que manda, gobierna ó domina á lgunos súbditos, principalmente en las omunidades religiosas.

SUPERIORATO, s. m. El empleo, ignidad de superior, especialmente en las comunidades. Tómase tambien por el tiempo que dura su gobierno.

SUPERIORIDAD, s. f. Preeminencia, excelencia ó exceso en alguna cosa respecto de otra.

* SUPERIORMENTE, adv. Excelentemente, con modo singular ó excesivo.

SUPERLATIVAMENTE, adv. Superlativo.

SUPERLATIVO, VA, adj. Muy grande y excelente en su línea, ó que pertenece al superlativo. || *Gram.* El nombre cuyo significado pone á la cosa en grado y estima, ó muy alta, ó muy baja, como malísimo, bonísimo, etc. || EN GRADO SUPERLATIVO, met. y fam. En sumo grado, con exceso.

SUPERNO, NA, adj. Supremo, ó que está mas alto.

SUPERNUMERARIO, RIA, adj. y s. Que está ó se pone sobre el número señalado y establecido.

SUPERPARCIENTE, adj. *Arit.* Se dice de uno de los géneros de la proporcion; y es cuando el número mayor contiene en sí al menor una vez, y mas alguna parte del número, como una vez, y dos tercios ó dos quintos.

SUPERPARTICULAR, adj. *Arit.* Se dice de uno de los géneros de proporcion; y es cuando el número ó cantidad mayor contiene en sí al menor una vez, y mas una parte del mismo número.

* SUPERPOSICION, s. f. Dícese en geometría quando se pone una linea, superficie, etc., encima de otra.

SUPERSÓLIDO, adj. PLANOSÓLIDO.

SUPERSTICION, s. f. Culto que se da á quien no se debe ó que se da con modo indebido.

SUPERSTICIOSAMENTE, adv. Con supersticion.

SUPERSTICIOSÍSIMO, MA, adj. sup. de SUPERSTICIOSO.

SUPERSTICIOSO, SA, adj. Que pertenece á la supersticion ó la incluye, ó que usa de ella.

SUPERSUSTANCIAL, adj. Se aplica al pan eucarístico.

SUPERVACÁNEO, NEA, adj. V. SUPERFLUO.

SUPERVENCION, s. f. La accion y efecto de sobrevenir nuevo derecho.

SUPERVENIENCIA, s. f. La accion y efecto de supervenir.

SUPERVENIENTE, p. a. for. de SUPERVENIR. Que llega despues de otra cosa ó sobreviene.

SUPERVENIR, v. n. V. SOBREVENIR.

SUPERVIVENCIA, s. f. La accion y efecto de sobrevivir. || La gracia concedida á alguno para gozar una renta ó pension despues de haber fallecido ó que la obtenia.

SUPINO, NA, adj. Que está boca arriba. || Se aplica á la ignorancia que procede de negligencia en aprender ó inquirir lo que puede y debe saberse.

SUPINO, s. m. *Gram.* En algunas lenguas una de las partes de la conjugacion del verbo que sirve para formar otros tiempos.

SUPLANTACION, s. f. La accion y efecto de suplantar.

SUPLANTADO, p. p. de SUPLANTAR.

SUPLANTADOR, RA, s. m. y f. El que suplanta.

SUPLANTAR, v. a. Introducir en algun escrito algunas voces falsas, ó en el lugar en que otras se borran.

SUPLECION, s. f. ant. La accion y efecto de suplir.

SUPLEFALTAS, s. m. fam. El que suple las faltas de otro.

SUPLEMENTO, s. m. La accion y efecto de suplir. || La parte que se agrega ó añade á algun todo para perfecionarle y suplir la falta que tenia. || *Ret.* Figura de diminucion que se comete cuando en una cláusula ú oracion se suple algun verbo ó nombre de otra. || *Gram.* El modo de suplir con el auxiliar *sum, es, fui* la falta de alguna parte de otro verbo; y asi dicen: oracion de SUPLEMENTO ó por SUPLEMENTO.

SUPLENTE, p. a. de SUPLIR, Que suple.

SÚPLICA, s. f. La accion de suplicar, ó el ruego ó peticion que se hace á otro. || El memorial ó escrito con que se suplica.

SUPLICACION, s. f. V. SÚPLICA. || for. La apelacion de la sentencia de vista de los tribunales superiores, interpuesta ante ellos mismos. || Cada uno de los cañutos delgados que se hacen de la masa de los barquillos, y se distinguen de estos en la figura y estrechez con que se forman. || Á SUPLICACION, Á súplica, á ruego, á instancia.

SUPLICACIONERO, s. m. El que vende suplicaciones.

SUPLICADO, p. p. de SUPLICAR.

SUPLICANTE, p. a. de SUPLICAR, Que suplica.

SUPLICAR, v. a. Rogar, pedir con humildad y sumision alguna cosa. || for. Apelar en segunda instancia del auto ó sentencia de vista dada por el tribunal superior y ante el mismo.

SUPLICATORIA, s. f. Carta ó oficio que se pasa de un tribunal ó juez á otro de igual clase ó autoridad.

SUPLICIO, s. m. Castigo ó pena capital que se da al delincuente por algun delito infame que ha cometido. || met. El lugar destinado donde el reo padece el castigo. || ÚLTIMO SUPLICIO, El de pena capital.

SUPLIDO, p. p. de SUPLIR.

SUPLIDOR, RA, s. m. y f. El que suple.

SUPLIR, v. a. Cumplir ó integrar lo que falta en alguna cosa. || Ponerse en lugar de alguno para egecutar lo que el otro habia de hacer. || Disimular algun defecto á otro; y así se dice: á fulano le he SUPLIDO muchas que me ha hecho.

SUPONEDOR, RA, s. m. y f. El que supone alguna cosa.

SUPONER, v. a. Dar por sentada y existente alguna cosa para pasar á otra. || Fingir alguna cosa.

SUPONER, v. n. Tener representacion ó autoridad en alguna república ó comunidad.

SUPORTACION, s. f. ant. La accion y efecto de tolerar ó sobrellevar.

SUPORTADO, p. p. de SUPORTAR.

SUPORTAR, v. a. V. SOBRELLEVAR.

SUPOSITION, s. f. La accion y efecto de suponer. Tómase frecuentemente por lo que se supone ó da por sentado. || Autoridad, distincion, lustre y talento; y así decimos: es hombre de SUPOSICION. || Impostura ó falsedad. || *Log.* La acepcion de un término en lugar de otro. Divídese en material y formal, etc.

SUPOSITICIO, CIA, adj. Fingido ó supuesto.

SUPÓSITO, s. m. ant. V. SUPUESTO.

SUPOSITORIO, s. m. *Med.* V. CALA.

SUPRASPINA, s. f. *Anat.* Hoyo alto de la escápula.

SUPREMA, s. f. El tribunal y consejo supremo de la inquisicion.

SUPREMAMENTE, adv. Últimamente, hasta el fin.

SUPREMIDAD, s. f. ant. Superioridad ó grado supremo en alguna cosa.

SUPREMO, MA, adj. Dícese de lo mas alto, elevado ó ultimo.

SUPRESION, s. f. La accion y efecto de suprimir. || La obstruccion de las vias que impide correr los liquidos. Dícese especialmente de la orina.

SUPRESO, seg. p. p. irreg. de SUPRIMIR.

SUPRIMIDO, p. p. de SUPRIMIR.

SUPRIMIR, v. a. Detener, impedir estorbar el curso de alguna cosa. || met. Extinguir alguna plaza, empleo ó dignidad. || Ocultar ó no explicar lo que debia en alguna materia.

SUPRIOR, s. m. El segundo prelado destinado en algunas religiones para hacer las veces de prior.

SUPRIORA, s. f. En algunas comunidades de religiosas la segunda prelada que suple por la priora haciendo sus funciones.

* SUPRIORATO, s. m. El empleo de prior ó supriora.

SUPUESTO, p. p. irreg. de SUPONER.

SUPUESTO, s. m. Fil. La individualidad de la sustancia completa é incomunicable. || El objeto y materia que se expresa en la proposicion; pero es aquello de que depende, ó en que consiste ó se funda la verdad de ella. || SUPUESTO QUE, Puesto que, ó bien que.

SUPURACION, s. f. La accion y efecto de supurar.

SUPURADO, p. p. de SUPURAR.

SUPURANTE, p. a. de SUPURAR, Que supura.

SUPURAR, v. a. Gastar y consumir el humor ó liquidos de alguna materia por el calor ó por el fuego. || Cir. Disponer ó hacer llegar las materias en los tumores á estado de poderlas extraer ó de que revienten por sí. || met. Disipar ó consumir en cualquiera linea.

SUPURATIVO, VA, adj. Que tiene virtud de supurar.

SUPURATORIO, RIA, adj. Que supura.

SUPUTACION, s. f. Cómputo ó cálculo.

SUPUTADO, p. p. de SUPUTAR.

SUPUTAR, v. a. Computar, calcular, contar por números.

SUR, s. m. El mediodia, ó la parte del mundo que cae enfrente del setenon. || El viento que viene de la parte del mediodia. Es uno de los cuatro principales.

SURA, s. f. Anat. Uno de los huesos que componen la pierna por la parte alta.

SURALES, adj. pl. Anat. Se dice de los vasos de la pantorrilla.

SURCADO, p. p. de SURCAR.

SURCADOR, RA, s. m. y f. El que surca.

SURCAÑO, s. m. Rioj. V. LINDERO.

SURCAR, v. a. Hacer surcos en la tierra al ararla. || met. Hacer rayas en alguna cosa, parecidas á los surcos que se hacen en la tierra. || Ir ó caminar por algun liquido ó fluido rompiéndole ó cortándole, como SURCAR la nave el mar, y el ave el viento.

SURCIR, v. a. ant. V. ZURCIR.

SURCO, s. m. La linea honda que se forma en la tierra al ararla. || met. La señal ó linea que deja alguna cosa que pasa sobre otra. || La arruga en el rostro y en otras partes del cuerpo. || Á SURCO, Se dice de dos labores ó hazas que estan colindantes ó solo surco por medio. || ECHARSE EN EL SURCO, Abandonarse.

SURCULADO, DA, adj. Se aplica á las plantas que no echan mas que un tallo.

SÚRCULO, s. m. La rama del árbol ó planta simple y sin division.

SURCULOSO, SA, adj. Se aplica á la planta que tiene una sola rama.

SURGENTE, p. a. de SURGIR, Que surge.

SURGIDERO, s. m. El sitio ó parage donde dan fondo las naves.

SURGIDO, p. p. de SURGIR.

SURGIDOR, RA, s. m. y f. El que surge.

SURGIENTE, p. a. ant. de SURGIR, Que surge.

SURGIR, v. n. Náut. Dar fondo la nave. || SURTIR, hablando del agua que sale hácia arriba con violencia.

SURGIR, v. a. ant. Levantar.

SURIA, s. f. ant. Tela que se usó antiguamente.

SURIANO, NA, adj. y s. ant. El natural de Siria ó perteneciente á este pais.

SURQUILLO, s. m. d. de SURCO.

SURTIDA, s. f. Paso ó puerta pequeña que se hace en las fortificaciones por debajo del terraplen al foso para comunicarse con la plaza libres del fuego de los enemigos. || La salida oculta que hacen los sitiados contra los sitiadores. || met. La puerta falsa ó parte por donde se sale secretamente.

SURTIDERO, s. m. BUZON por el conducto, etc.

SURTIDO, p. p. de SURTIR.

SURTIDO, s. m. V. SURTIMIENTO, en el sentido de prevencion. || La accion y efecto de surtir; y así se dice: ha llegado un SURTIDO de paños, de lienzos, etc. || DE SURTIDO, De uso, de gasto comun; y así se dice: este es libro de SURTIDO.

SURTIDOR, RA, s. m. y f. El que surte ó provee. || Chorro de agua que salta, regularmente hácia arriba.

SURTIMIENTO, s. m. La accion y efecto de surtir. || Le prevencion de alguna cosa hecha para surtir.

SURTIR, v. a. Proveer ó dar alguna cosa que se necesitaba.

SURTIR, v. n. ant. Rebotar, resaltar alguna cosa de la parte donde hirió primero.

SUS, prep. ant. V. ARRIBA. || Género de aspiracion que se usa como interjeccion para alentar, provocar ó mover á otro á egecutar alguna cosa prontamente ó con vigor. || SUS DE GAITA, El último aire que arroja el clister ó jeringa, qué en el estilo festivo se llama gaita. || met. y fam. Cualquiera cosa aérea ó sin sustancia.

SUSANO, NA, adj. ant. Que está á la parte superior ó de arriba.

SUSCEPTIBLE, adj. Que es capaz de recibir.

SUSCEPTIVO, VA, adj. V. SUSCEPTIBLE.

SUSCITACION, s. f. ant. La accion y efecto de suscitar.

SUSCITADO, p. p. de SUSCITAR.

SUSCÍTAR, v. a. Mover la primera vez, ó remover alguna especie ó cuestion. || met. Resucitar, ó porque es dar movimiento al que no lo tenia, ó por la figura *féresis*, quitado el RE.

***SUSCITARSE**, v. r. Levantarse una disputa, una competencia.

SUSCRIBIR, v. a. Eirmar al pié ó fin de algun escrito. || Convenir con el dictámen de otro, acceder ó él. || Obligarse á contribuir con una cantidad determinada ó anticipar su pago para tener derecho á las ganancias de alguna empresa, ó recoger á ménos precio la obra para que se hace la suscripcion.

SUSCRIPCION, s. f. El acto y efecto de suscribir.

SUSCRITO, p. p. de SUSCRIBIR.

SUSCRIPTOR, RA, s. m. y f. El que suscribe.

SUSERO, RA, adj. ant. Que está á la parte superior ó de arriba.

SUSO, adv. V. ARRIBA. || DE SUSO, ant. DE ARRIBA.

SUSODICHO, CHA, adj. SOBREDICHO ó dicho anteriormente.

SUSPECCION, s. f. ant. V. SOSPECHA.

SUSPECTO, TA, adj. ant. V. SOSPECHOSO.

SUSPENDEDOR, RA, s. m. y f. El que suspende.

SUSPENDER, v. a. Levantar, colgar ó detener alguna cosa en alto ó en el aire. || Detener ó parar por algun tiempo ó hacer pausa. || Causar admiracion.

SUSPENDIDO, p. p. de SUSPENDER.

SUSPENDIMIENTO, s. m. ant. V. SUSPENSION.

SUSPENSION, s. f. Detension ó parada. || Duda ó detencion en algun movimiento del ánimo. || Admiracion. || Censura eclesiástica ó pena política, que en todo ó en parte priva del uso del oficio ó beneficio, ó de sus goces y emolumentos. || *Mús*. La detencion de la voz en algun punto mas de lo que le corresponde por su intervalo. || SUSPENSION DE ARMAS. *Milic*. La cesacion por algun tiempo de las hostilidades de la guerra.

SUSPENSIVO, VA, adj. Que tiene virtud ó fuerza de suspender.

SUSPENSO, p. p. seg. irreg. de SUSPENDER.

SUSPENSORIO, RIA, adj. y s. m. Que sirve para suspender.

SUSPICACIA, s. f. El hábito ó propension á sospechar ó desconfiar.

SUSPICACÍSIMO, MA, adj. sup. de SUSPICAZ.

SUSPICAZ, adj. Se aplica el que es propenso á formar sospechas ó tener desconfianza.

SUSPICAZMENTE, adv. De un modo suspicaz.

SUSPICION, s. f. ant. V. SOSPECHA.

SUSPIRADO, p. p. de SUSPIRAR.

SUSPIRAR, v. n. Dar suspiros. || Desear con ansia alguna cosa.

SUSPIRICO, LLO, TO, s. m. d. de SUSPIRO.

SUSPIRO, s. m. El aliento que se arroja ó saca del pecho con algun impetu ó sonido en demostracion de pena, ansia ó deseo. || met. *Poét*. El ruido que causa el viento. || Especie de dulce que se hace del azúcar alfeñicado. || *And*. V. TRINITARIA. Flor. || El pito pequeño de vidrio del que sale un silbido agudo y penetrante. || EL ÚLTIMO SUSPIRO, fam. El fin y remate de cualquiera cosa.

SUSPIROSO, SA, adj. El que suspira con dificultad.

SUSTANCIA, s. f. Cualquier cosa con que otra se aumenta y nutre, y sin la cual se acaba. || Jugo que se extrae de las cosas sustanciosas. || Ser esencia, naturaleza de las cosas. || La hacienda, caudal y bienes. || El valor y estimacion que tienen las cosas, por el cual deben ser graduadas. || El jugo vigoroso de los alimentos, que nutre y satisface. || *Fil*. La entidad ó esencia que subsiste ó existe por sí. || Sumariamente, en compendio extracto. ‖ EN SUSTANCIA, *Med.* Dícese le los simples que se dan en los medicamentos en su ser natural y con todas us partes, á diferencia de los que se suministran en infusion, extracto ó cocimiento. ‖ TODO LO CONVIERTE EN SUSTANCIA, Loc. met. y fam. que se aplica al que ada le hace fuerza ni impresion.

SUSTANCIAL, adj. Que pertenece la sustancia, es propio de ella ó la inluye. ‖ V. SUSTANCIOSO.

SUSTANCIALMENTE, adv. En susancia.

SUSTANCIAR, v. a. Compendiar aluna cosa ó hacer extracto ó epílogo de la, separando ú omitiendo lo méuos rincipal. ‖ Comprobar ó averiguar enramente la verdad ó realidad de alguna osa. ‖ for. Formar el preceso ó la causa asta ponerla en estado.

SUSTANCIOSO, SA, adj. Que tiene istancia.

SUSTANTIVADAMENTE, adv. De n modo sustantivo.

SUSTANTIVAMENTE, adv. V. SUSANTIVADAMENTE.

SUSTANTIVADO, p. p. de SUSTANIVAR.

SUSTANTIVAR, v. a. Usar como ombre sustantivo lo que en la realidad o lo es.

SUSTANTIVO, VA, adj. Que pertece al nombre ó verbo sustantivo.

SUSTANTIVO, s. m. El nombre que r sí solo puede estar en la oracion á ferencia del adjetivo.

SUSTENIDO, adj. y s. m. *Mus.* La cla ó cuerda que levanta la voz un mitono menor sobre voz inmediata.

SUSTENIDO, s. m. Movimiento de danza española.

SUSTENTABLE, adj. Que se puede stentar ó defender con razones.

SUSTENTACION, s. f. El acto á acon de sustentar.

SUSTENTÁCULO, s. m. Estribo que tiene alguna cosa. ‖ met. Lo que sirve apoyo á alguna cosa ó la sostiene.

SUSTENTADO, p. p. de SUSTENTAR.

SUSTENTADOR, RA, s. m. y f. El e sustenta.

SUSTENTAMIENTO, s. m. ant. V. TENTO. ‖ La accion y efecto de sustar.

SUSTENTANTE, p. a. de SUSTENTAR, e sustenta.

SUSTENTANTE, s. m. El que dede conclusiones ó acto público en ına facultad.

SUSTENTAR, v. a. Sostener ó mantener algun peso. ‖ V. ALIMENTAR. ‖ Defender lo que se dice, hace, propone ó afirma.

SUSTENTO, s. m. Alimento, comida, mantenimiento. ‖ Lo que sirve para el mantenimiento ó conservacion de alguna cosa.

SUSTILLO, s. m. d. de SUSTO.

SUSTITUCION, s. f. La accion y efecto de subrogar alguna persona ó cosa en lugar de otra. ‖ SUSTITUCION EJEMPLAR, for. El nombramiento de heredero para suceder en los bienes del furioso ó mentecato, que por este defecto no puede hacer testamento. ‖ SUSTITUCION PUPILAR, El nombramiento de heredero para que suceda en los bienes del pupilo que, pór no haber llegado á la edad de la pubertad, no puede hacer testamento. ‖ SUSTITUCION VULGAR, El nombramiento de segundo, tercero ó mas herederos que se subroguen, por su órden, en lugar del primero instituido, cuando este falta.

SUSTITUIDO, p. p. de SUSTITUIR.

SUSTITUIDOR, RA, s. m. y f. El que sustituye.

SUSTITUIR, v. a. Poner una persona ó cosa en lugar de otra.

SUSTITUTO, seg. p. p. irreg. de SUSTITUIR.

SUSTITUTO, TA, s. m. y f. El que hace las veces de otro en algun empleo ó comision.

SUSTO, s. m. Alteracion, inquietud ó sobresalto del ánimo, motivado de algun objeto ó accidente repentino que causa miedo ó pavor.

SUSTRACCION, s. f. La accion y efecto de SUSTRAER Y SUSTRAERSE.

SUSTRAER, v. a. Apartar, separar, extraer.

SUSTRAERSE, v. r. Separarse de lo que se tenia proyectado. ‖ Apartarse ó separarse de alguna cosa.

SUSTRAIDO, p. p. de SUSTRAER.

SUSURRACION, s. f. Murmuracion secreta.

SUSURRADOR, RA, s. m. y f. El que susurra.

SUSURRANTE, p. a. de SUSURRAR, Que susurra.

SUSURRAR, v. n. Hablar quedo, pero con algun leve ruido. ‖ Empezarse á decir ó divulgar alguna cosa secreta ó que no se sabia. ‖ met. Moverse con cualquier ruido suave y remiso el aire, el arroyo, etc.

SUSURRO, s. m. El ruido suave y remiso que resulta de hablar quedo. ‖

met. El ruido suave que naturalmente hacen algunas cosas.

SUSURRON, NA, adj. y s. El que acostumbra murmurar secretamente ó á escondidas de otros.

SUTIL, adj. Delgado, delicado, tenue. ‖ Agudo, perspicaz, ingenioso. ‖ Se aplicaba en la marina de la edad media á la tercera y última clase de las galeras.

SUTILEZA, s. f. Delgadeza ó tenuidad. ‖ El pensamiento ó dicho mas agudo que sólido; y así decimos: las SUTILEZAS de los peripatéticos. ‖ met. La perspicacia de ingenio ó agudeza. Aplícase tambien al instinto de los animales. ‖ *Teol.* Uno de los cuatro dotes del cuerpo glorioso, que consiste en poderse penetrar por cualquier cuerpo. ‖ SUTILEZA DE MANOS, La habilidad para hacer con espedicion y primor alguna cosa rara. ‖ La ligereza y habilidad del ladron ratero.

SUTILIDAD, s. f. V. SUTILEZA.

SUTILÍSIMAMENTE, adv. sup. de SUTILMENTE.

SUTILÍSIMO, MA, adj. sup. de SUTIL.

* SUTILIZACION, s. f. Accion de sutilizar ciertas substancias por medio del fuego.

SUTILIZADO, p. p. de SUTILIZAR.

SUTILIZADOR, RA, s. m. y f. El que sutiliza.

SUTILIZAR, v. a. Adelgazar, atenuar. ‖ met. Limar, pulir y perfeccionar otras cosas no materiales. ‖ Discurrir ingeniosamente ó con profundidad.

SUTILMENTE, adv. Con sutileza. ‖ met. Aguda y perspicazmente.

SUTIRO, s. m. *And.* El ruido que forma el oido apretándole con la palma de la mano.

SUTORIO, RIA, adj. Se aplica al arte de hacer zapatos, ó á lo que pertenece á este oficio.

SUTURA, s. f. V. COSTURA. Tiene uso en la anatomía, y vale la conexion de dos huesos como si estuviesen cosidos.

SUVERSION, s. f. La accion y efecto de suvertir.

SUVERSIVO, VA, adj. Que es capaz de suvertir.

SUVERTIR, v. a. V. SUBVERTIR.

SUYO, YA, Pron. posesivo de la tercera persona, que significa lo que le es propio ó pertenece á ella. ‖ Usado como sustantivo en la terminacion femenina vale lo mismo que intencion ó voluntad determinada del sugeto de quien se habla. ‖ SALIRSE CON LA SUYA, met. Lograr su intento á pesar de contradicciones y dificultades. ‖ SUYOS, Usado en plural y como sustantivo significa las personas propias y unidas á otras por parentesco, amistad, servidumbre, etc. ‖ DE SUYO, Naturalmente, propiamente ó sin valerse de agena industria. ‖ LO SUYO Y LO AGENO, Esplica que alguno es gran hablador, gastador ó muy codicioso.

T

T, Vigésima letra de nuestro alfabeto. Es de las consonantes mudas y linguales porque se pronuncia desarrimando la lengua de los dientes altos con presteza y mayor espíritu que para la *d*, con quien tiene mucha conformidad y semejanza.

TA

TA, Interj. con que se advierte á alguno no prosiga lo que ha empezado, ó se le avisa se libre de algun riesgo que le amenaza prontamente.

TA, TA, Interj. con que denotamos venir repentinamente en conocimiento de alguna cosa.

TABA, s. f. Huesecillo que tiene el animal en el juego de la pierna. ‖ Es en el juego de la TABA uno de los cuatro lados de la TABA, opuesto á la chuca. ‖ Juego que usa la gente vulgar, tirándola por alto al suelo, hasta que quede en pie por los lados estrechos. ‖ MENEAR LAS TABAS, fam. Andar con mucha priesa y diligencia. ‖ TOMAR LA TABA, met. fam. Empezar á hablar con prisa, despues que otro lo deja.

TABACAZO, s. m. aum. de TABACO.

TABACO, s. m. Planta de Indias que echa un tallo como de cinco ó seis

pies de altura, del grueso de un dedo,
redondo y felpudo y lleno de una carne
blanca. De las hojas secas y molidas ha-
cen un menudo polvo, que se llama
tambien TABACO, y se usa para tomarle
por las narices. || TABACO TIZON, enfer-
medad de las plantas. || TABACO DE BARRO,
El tabaco aderezado con cascos de bar-
os finos olorosos. Le usan y suelen gas-
arle mucho las mugeres. || TABACO DE
OJA, El que despues de aderezado en
oja, se toma por la boca, chupando el
umo que expele, en pipas ó en cigar-
os || TABACO DE HUMO, V. TABACO DE HOJA.
ABACO DE PALILLOS, El tabaco formado
n polvo de los tallos y venas gruesas
e la planta. || TABACO DE POLVO, El que
stá molido ó rallado para poderle sor-
er por las narices. || TABACO DE SOMON-
Ó SUMONTE, V. TABACO HABANO. || TABA-
HABANO, El tabaco sin lavar y sin otro
lerezo alguno, á distincion del fabrica-
en Sevilla y otras partes. || TABACO
oso, Masilla que hacen del tabaco
n aguas de olores, de que se forman
os como granos de mostaza. Tambien
hacen de las venas de las hojas moli-
, y de ámbos se usa como de polvo.
TABACO RAPÉ, V. RAPÉ. || Á MAL DAR
MAR TABACO, Aconseja que en los
bajos que no se pueden evitar se bus-
en medios decentes que los hagan
erables. || TOMAR TABACO, Usar de él
las narices en polvo, y por la boca
humo.

ABACOSO, SA, adj. fam. Que
a mucho tabaco de polvo y que
manchado con él.

ABALADA, s. f. fam. V. TABANAZO.
golpe fuerte que se da cayendo ó
ándose violentamente en el suelo.

ABALARIO, s. m. fam. Las nalgas
rte posterior.

ABALEAR, v. a. Menear ó mecer
na cosa á una parte y otra. || Hacer
con los dedos sobre alguna tabla ó
; se usa como verbo neutro en esta
cion.

ABANAZO, s. m. fam. Golpe ó bo-
que se da con la mano.

BANCO, s. m. El puesto ó tienda
e pone en las calles, donde venden
mer para los pobres y gente de ser-
y tráfago.

BANO, s. m. Especie de moscon
or pardo con un aguijon muy agu-
n que pica á los animales.

BAOLA, s. f. Ruido ó bulla de vo-
descompuestas, en que hablan to-
dos sin órden ni tiempo, causando gran-
de confusion. || V. BATAHOLA.

TABAQUE, s. m. Cestillo ó canas-
tillo pequeño hecho de mimbres, que
regularmente sirve para traer su labor las
mugeres y tenerla á la mano. || Clavo
poco mayor que la tachuela, y menor
que el clavo de media chilla.

TABAQUERA, s. f. Género de caja
de la hechura de un pomito, con su
cuello arriba, en cuya extremidad tiene
unos agujeros por donde se sorbe el ta-
baco, y tambien se llama asi la cajilla
de la pipa en que se quema el de hoja
para tomarle. || TABAQUERA DE HUMO, PIPA
para tabaco de hoja.

TABAQUERÍA, s. f. El puesto don-
de se vende el tabaco.

TABAQUERO, s. m. El que vende
el tabaco en el sitio que para ello está
destinado.

TABAQUILLO, s. m. d. de TABAQUE.

TABAQUISTA, s. com. El que se
precia de entender la calidad y bondad
del tabaco ó toma mucho.

TABARDETE, s. m. V. TABARDILLO.

TABARDILLO, s. m. Enfermedad
peligrosa.

TABARDO, s. m. Casacon ancho y
largo, de buriel ó paño tosco con las
mangas bobas.

TABELION, s. m. ant. V. ESCRIBANO.

TABELLADO, p. p. de TABELLAR.

TABELLAR, v. a. ant. En el obrage
de paños y otros tegidos de lana doblar-
los ó plegarlos dejando sueltas las orillas
por las extremidades.

TABERNA, s. f. La tienda ó casa
pública donde se vende el vino por me-
nor.

TABERNÁCULO, s. m. El lugar don-
de estaba colocada el arca del testamento
entre los judios. || El sagrario ó lugar en
que está guardado y colocado el cuerpo
de nuestro Señor Jesucrito en los altares.
|| En la escritura se toma por habitacion,
vivienda ó tienda. || FIESTA DE LOS TABER-
NÁCULOS, Solemnidad que celebraban
los Hebreos.

* TABERNARIO, RIA, adj. Que
pertenece á la taberna.

TABERNERA, s. f. La muger del
tabernero ó la que vende vino.

TABERNERÍA, s. f. El oficio ó trato
de tabernero. || ant. V. TABERNA.

TABERNERO, s. m. El que vende
el vino en las tabernas. || ant. El que fre-
cuenta las tabernas.

* TABERNIL, adj. m. f. V. TABERNA-
RIO. Se dice en estilo burlesco.

TABERNILLA, s. f. d. de TABERNA.

TABÍ, s. m. Cierto género de tela que se usaba antiguamente como tafetan grueso prensado.

TABICA, s. f. *Arq.* La tablilla con que se cubre por fuera el agujero ó hueco que queda entre viga y viga de las que se ponen sobre el arquitrabe. || *Arq.* El hueco que queda sobre una pared entre madero y madero de los que se sientan en ella horizontales para formar el techo.

TABICADO, p. p. de TABICAR.

TABICAR, v. a. Cerrar con tabique alguna cosa, como puerta, ventana, etc. || met. Cerrar ó tapar alguna cosa que debia estar abierta ó tener curso, como TABICARSE las narices, etc.

TABICON, s. m. El tabique grueso.

TÁBIDO, DA, adj. *Med.* Podrido ó corrompido.

TÁBIDO, s. m. *Med.* El que por alguna enfermedad de consuncion está sumamente seco y extenuado.

TABIQUE, s. m. Pared delgada que se hace de cascotes, ladrillos ó adobes puestos de canto trabados con yeso.

TABLA, s. f. Pieza delgada de madera que resulta aserrando un trozo de ella en direcciones paralelas, y sirve para hacer puertas, mesas, ventanas y otras obras de carpintería. || En la sastrería se suele llamar el espacio que queda sin plegar en varios géneros de vestidos, como basquiñas, etc., donde empiezan los pliegues á dos lados. || En los tribunales la mesa á que se sientan para despachar los ministros que los componen. || MESA, mueble. || V. ARANCEL. || La caja ó asiento del banquero, como la TABLA que hay en Valencia y en otras partes. || El índice que se pone en los libros. || Lista ó catálogo de algunas cosas puestas por órden sucesivo. || Pintura hecha en tabla ó en piedra. || La parte mas ancha y carnosa de algunos miembros del cuerpo. || En las huertas el tablar ó era pequeña que forman para el criadero de las plantas. || La casa donde se registran las mercaderías que causan derechos en los puertos secos. || Parte pequeña del navío ú otra embarcacion derrotada. || En la carnicería la mesa en que tienen la carne para pesarla y venderla. || *Persp.* Superficie que se pone trasparente, y colocada á cierta distancia entre la vista y el objeto. || ant. V. MAPA. || TABLAS, pl. El tablado donde salen á representar los comediantes. || En el juego de las damas es un estado de él, en que ninguno de los dos que juegan pueden ganarle ni perderle. || *Ast.* Los cómputos ó cálculos dispuestos por órden para saber los movimientos que tienen los planetas para los dias del año. || Las piedras en que se escribió la ley del decálogo que entregó Dios á Moises en el monte Sinai. || TABLAS Ó TABLAS REALES, Juego muy semejante al del chaquete. || TABLA DE CHILLA, La mas delgada de las que se venden en los corrales de madera. || TABLA DE JUEGO, La casa ó garito donde se juntan algunos á jugar. || TABLA DE LA VAÇA, met. Se dice del corrillo ó cuadrilla que mete mucho ruido y bulla en el juego ó la conversacion. || TABLAS DE LOS SELLOS, ant. La oficina del sello. || TABLA DE MANTELES, El paño de lino que se tiende y con que se cubre la mesa para comer. || TABLA DE RIO, La parte por donde corre mas extendido y plano, de modo que casi no se percibe su corriente. || TABLA NUMULARIA, Depósito público donde aseguran los particulares su dinero por un corto premio. || TABLA PITAGÓRICA. *Arit.* Es aquella composicion de los productos de la multiplicacion de cualquiera de los números dígitos por cada uno de los otros para hallarlos con facilidad ó tomarlos de memoria. || TABLA RASA. Entre pintores el lienzo ó tabla dispuesta para la pintura, en la cual aun no se ha puesto color alguno. || met. El entendimiento que aun no está instruido ó carece de las especies de las ciencias. || TABLAS ALFONSINAS, Cómputos ó cálculos astronómicos hechos de orden del rey D. Alonso el Sabio. || Á LA TABLA DEL MUNDO, met. Al público. || Á RAJA TABLA, expr. Explica la fuerza y vigor con que se hace alguna cosa. || DINERO EN TABLA. expr. V. DINERO CONTANTE. || ESCAPAR EN UNA TABLA, Librarse en ella de algun naufragio. || ESCAPAR EN UNA TABLA, met. Salir de algun riesgo venturosamente y como por milagro. || FACER TABLA, ant. Dar mesa ó convite. || HACER Ó HACERSE TABLAS, met. Quedar algun negocio ó dependencia sin decision. || SALVARSE EN UNA TABLA, V. ESCAPAR EN UNA TABLA. || SER UNA COSA DE TABLA, Ser de estilo ó costumbre, sin mudanza ni controversia.

TABLACHINA, s. f. Arma defensiva, especie de broquel ó escudo de madera.

TABLACHO, s. m. COMPUERTA para detener el agua. || HACER Ó ECHAR EL TABLACHO, met. Interrumpir y detener con alguna razon al que está hablando.

TABLADILLO, s. m. d. de TABLADO.

TABLADO, s. m. Andamio ó suelo

formado de tablas unidas una á otras por el canto quedando la superficie plana. || El pavimento del teatro público en que se representa. || En el carro el armazon mas larga que ancha, hecha de maderos y tablas, que descansa sobre el ege, y sirve para echar en ella la carga. || *Germ.* La cara. || Las tablas de la cama sobre que se tiende el colchon. || LANZAR Á TABLADO Ó LANZAR EL TABLADO, Arrojar en los torneos lanzas ó dardos á un tablado que se hacia con este objeto hasta derribarle ó quebrantarle. || SACAR AL TABLADO, met. Publicar, hacer patente alguna cosa.

TABLAGE, s. m. El agregado de tablas que se sacan de la corta de los pinales ú otros árboles ó que se traban en alguna fábrica. || GARITO, parage. || GARITO, ganancia.

TABLAGERÍA, s. f. El vicio ó costumbre de jugar en los garitos y tablages. || GARITO, ganancia.

TABLAGERO, s. m. El carpintero que forma los tablados para alguna fiesta de toros, ó aquel á cuyo cargo corren los que se han hecho. || La persona á cuyo cargo está cobrar los derechos reales. || GARITERO, el que tiene. || Cortador público de la carne. || *Ar.* El practicante del hospital. || GARITERO, el que frecuenta.

TABLANTES, s. m. pl. *Germ.* Los manteles.

TABLAR, s. m. Cualquiera division que se hace en las huertas ó tierras sembradas de hortaliza.

TABLAZO, s. m. El golpe dado con tabla. || Pedazo de mar ó de rio extendido.

TABLAZON, s. f. El agregado de tablas. || El conjunto ó compuesto de tablas con que se hacen las cubiertas de las embarcaciones y se cubre su costado, y demas obras que llevan aforro.

TABLEADO, p. p. de TABLEAR.

TABLEAR, v. a. Entre hortelanos dividir la tierra en tablas ó tablares. || Igualar la tierra despues de arada ó cavada con alguna tabla ó madero. || Entre los herreros y cerrajeros reducir las barras de hierro á figura plana como tabla.

TABLECILLA, s. f. ant. d. de TABLA.

TABLERO, s. m. La tabla alisada, cortada y dispuesta en la figura y forma que se necesita para algun fin. || Madero á propósito para hacer tablas serrándole. || Especie de clavo á propósito para clavar tablas. || En la ballesta el palo ó cureña de ella. || Pieza de madera cuadrada con sus bordes á los cantos, señalados en ella sesenta y cuatro cuadrillos, para jugar á las damas ó al agedrez y aquel en que se juega á las tablas reales. || En las tiendas el cajon ó mostrador sobre que despachan y cuentan el dinero. || V. GARITO, parage. || *Arq.* Plano resaltado, liso ó con molduras para ornato de algunas partes del edificio. || *Arq.* V. ABACO. || Entre los sastres la hoja de cada cuarto delantero de la casaca desde la tapa del bolsillo abajo. || Entre sastres la mesa grande en que cortan. || met. El público; y así se dice: estar en el TABLERO. || PONER Ó TRAER AL TABLERO ALGUNA COSA, met. Aventurarla.

TABLETA, s. f. d. de TABLA. || Cierto género de masa hecho con harina, huevos y azúcar que se vende en las confiterías, la cual se extiende en forma de tabla. || ESTAR EN TABLETAS, met. Estar en duda el logro de alguna cosa. || QUEDARSE TOCANDO TABLETAS, met. y fam. Perder alguno lo que poseia, ó no conseguir lo que muy probablemente esperaba.

TABLETEADO, s. m. El ruido que se forma en las tablas moviéndolas ó pisándolas, ó de otro modo que se le parezca y le imite.

TABLETEAR, v. n. Mover las tablas haciendo ruido con ellas ó de otro modo semejante.

TABLETICA, LLA, s. f. d. de TABLETA.

TABLICA, LLA, TA, s. f. d. de TABLA. || Cierto género de masa mezclada con algun dulce, y extendida como las tabletas que venden los barquilleros en los paseos. || V. TABLETA Ó TABLETILLA. || La lista regularmente hecha de tabla en que escriben los nombres de los públicos excomulgados. || Lista regularmente hecha de madera donde se sientan los nombres de algunas personas, ó se notan algunas cosas para ciertos fines. || En las mesas de trucos y villar cada uno de los trechos de barandilla que hay entre tronera y tronera. || TABLILLA DE MESON, La señal que se pone á la puerta de él para que conozcan los forasteros que allí se da posada y hospedage. || TABLILLA DE SANTERO, La insignia con que piden la limosna para los santuarios ó ermitas. || TABLILLAS DE SAN LÁZARO, Son tres tablillas que se traen en la mano unidas con un cordel por dos agujeros, y la de en medio tiene una manija por donde se coge y menea, haciendo que suenen todas sin consonancia alguna. Úsanse para pedir limosna para los hospitales de san Lázaro, como se hace en el de Toledo y en otro. || TABLILLAS NEPERIANAS, La tabla pitagórica dividida en partes con tal artificio que mediante ella se facilita y abrevia la operacion del multiplicar y partir. || PONER LA TABLILLA, met. Fijar en público una tabla en que estan escritas las indulgencias concedidas á los que asisten á los reos que estan próximos para salir al súplicio. || POR TABLILLA, Se dice de las bolas que se tiran en los trucos y villar dando en alguna de ellas para que desde allí corresponda á dar la otra bola. || met. Se usa para explicar que se hace alguna cosa por algun rodeo no valiéndose del medio ó camino recto de lograrla.

TABLON, s. m. aum. de TABLA. || *Germ.* La mesa.

TABLONCILLO, s. m. d. de TABLON.

TABLOZA, s. f. *Pint.* V. PALETA.

TABUCO, s. m. Aposento pequeño ó habitacion estrecha.

TABUQUILLO, TO, s. m. d. de TABUCO.

TABURETE, s. m. Especie de asiento como una silla, con la diferencia de que es raso y sin brazos. || TABURETES; pl. En los corrales de comedias una media luna que habia en el patio cerca del teatro con sus asientos de tabla y respaldo de lo mismo.

TABURETILLO, s. m. d. de TABURETE, Tómase regularmente por los que sirven en los estrados de las señoras.

*TABURON, s. m. Marrajo, pez grande y voraz del Océano.

TACA, s. f. V. MANCHA.

TACADA, s. f. En el juego de villar y trucos el acto de herir la bola con el taco.

TACADO, p. p. de TACAR.

TACAMACA, s. f. *Farm.* Sustancia resinosa sólida, algo rubia ó amarillenta de sabor y olor fragrante, y de mucho gasto en las boticas.

TACAMAHACA, s. f. V. TACAMACA.

TACAÑAMENTE, adv. m. Con tacañería.

TACAÑEAR, v. n. Obrar con ruindad, malicia ó picardía.

TACAÑERÍA, s. f. Picardía, desenvoltura y astucia vil. || Miseria, ruindad ó cortedad de ánimo.

TACAÑO, NA, adj. Astuto, pícaro, bellaco, y que engaña con sus ardides y embustes. || Miserable, ruin, escaso y corto de ánimo.

TACÁR, v. a. ant. Señalar haciendo hoyo, mancha ú otro daño.

TACETA, s. f. Vaso de cobre redondo que sirve en los molinos de aceite para sacarle de la campana y pasarle á un tinajon.

TACHA, s. f. Falta, nota ó defecto que se halla en alguna cosa y la hace imperfecta. || Especie de clavo pequeño, mayor que tachuela. || MIREN QUÉ TACHA, Expr. fam. con que se pondera la especial bondad ó calidad de alguna cosa, que con singularidad conduce para su estimacion ó aprecio. || ¡ QUÉ TACHA! UNAS CON BORRACHA, Loc. que se aplica á los grandes bebedores, porque bebiendo por la bota pueden saciar su apetito sin que se les note lo que beben.

TACHADO, p. p. de TACHAR.

TACHAR, v. a. Poner en alguna cosa falta ó tacha. || Borrar lo que está escrito || met. Culpar, reprender ó notar.

TACHON, s. m. La linea ó rasgo que se echa en algun escrito voluntariamente para borrar algo. || El golpe de galon, cinta, etc., que se sobrepone en el vestido ú otras cosas semejantes por adorno para hacerlas mas vistosas y sobresalientes. || La tachuela grande, regularmente dorada ó plateada, con que adornan los cofres, coches, etc.

*TACHONADO, p. p. de TACHONAR.

TACHONADO, DA, adj. *Germ.* Cinto.

TACHONAR, v. a. Adornar alguna cosa sobreponiéndole tachones. || Clavetear los cofres y otras cosas con tachones.

TACHONERÍA, s. f. Obra ó labor de tachones.

TACHOSO, SA, adj. Que tiene defecto, falta ó tacha.

TACHUELA, s. f. Clavo pequeño con su cabeza redonda. Las hay de diferentes tamaños, que llaman de Valladolid, de celosía, de caja, etc.

TACHUELICA, LLA, TA, s. f. d. de TACHUELA.

TACICA, LLA, TA, s. f. d. de TAZA.

TÁCITAMENTE, adv. Secretamente, con silencio y sin ruido. || Sin expresion ó declaracion formal.

TÁCITO, TA, adj. Callado, silencioso. || Que no se entiende, percibe, oye, ó dice formalmente, sino que se supone é infiere como si se expresara claramente por algunas razones que persuaden.

TACITURNIDAD, s. f. Calidad

hábito de guardar mucho silencio. || met. Melancolía y tristeza profunda.

TACITURNO, NA, adj. Callado, silencioso y que gasta pocas palabras. || Triste, melancólico ó apesadumbrado.

TACO, s. m. Tarugo con que se aprieta y afirma alguna cosa. || El bodoquillo que se echa sobre la carga de las escopetas para ajustarla con la baqueta, y para que el tiro salga con fuerza. || La baqueta con que se aprieta la carga en el arcabuz ó escopeta. || Vara de madera con que se juega á los trucos y al villar. || Cañutillo de madera con que juegan los muchachos metiendo unos tacos de papel, y apretándolos con un palito salen causando el aire algun ruido. || fam. Voto, juramento ó porvida. || En la fiesta de estafermo, sortija, etc., una como lanza de madera, redonda y roma por la punta, que tiene su empuñadura, con la cual apunta y da al estafermo corriendo á caballo. || *Germ.* El regüeldo. || ECHAR TACOS, met. y fam. Jurar ó hablar con mucha cólera.

TACON, s. m. Zoquete de madera en figura de medio círculo que se pone en la parte que corresponde al calcañar del pié sobre la suela del zapato para que levante algo, y siente el pié con mas descanso al andar.

TACONEAR, v. n. fam. Pisar causando ruido, haciendo fuerza, y estribando en el tacon. Úsase frecuentemente por pisar con valentía y vanidad haciendo gala y planta.

TÁCTICA, s. f. El arte que enseña á poner en órden algunas cosas. || *Mil.* El arte de ordenar las tropas en batalla, acampar, hacer las evoluciones militares, etc. || TÁCTICA NAVAL. El arte que enseña la posicion, defensa y ataque de dos ó mas navíos que forman cuerpo de armada.

TÁCTICO, s. m. El que sabe ó practica la táctica.

TACTO, s. m. Uno de los cinco sentidos corporales, con el cual se percibe y distingue la aspereza, suavidad, dureza ó blandura de las cosas. || TACTO, El acto de tocar ó palpar.

TAFANARIO, s. m. fam. La parte posterior ó asentaderas.

TAFETAN, s. m. Tela delgada de seda muy unida, de que hay varias especies, como doble, doblete, sencillo, etc. || TAFETANES, pl. Las banderas. || NO ESTÁ LA MAGDALENA PARA TAFETANES, Loc. fam. con que se da á entender que alguno está desazonado ó enfadado, y por consiguiente en mala disposicion para conceder alguna gracia ó hacer lo que se le pide.

TAFETANCILLO, s. m. d. de TAFETAN.

TAFILETE, s. m. Cuero mucho mas delgado que el cordoban, bruñido y lustroso. Llamóse así por traerse de la ciudad de Tafilete en África.

TAFILETEADO, p. p. de TAFILETEAR.

TAFILETEAR, v. a. Adornar ó componer con tafilete. Dícese regularmente de los zapatos ó chinelas.

TAFILETERÍA, s. f. El arte de adobar el tafilete, y la oficina ó tienda donde se adoba y vende.

TAFULLA, s. f. ant. V. TAHULLA.

TAFUR, s. m. ant. V. TAHUR.

TAFURCA, s. f. Embarcacion chata y sin quilla, que sirve para embarcar y conducir caballos.

TAFURERÍA, s. f. ant. T. TAHURERÍA.

TAGARINO, s. m. Cualquiera de los moriscos antiguos que vivian y se criaban entre los cristianos, que por hablar bien una y otra lengua apénas se podian distinguir ni conocer.

TAGARNINA, s. f. V. CARDILLO.

TAGAROTE, s. m. Especie de halcon, del color del neblí. || El mozo ó escribiente que tienen los escribanos para que copie los instrumentos y escriba lo que le notan. || El hidalgo pobre que se arrima y pega donde puede comer sin costarle nada. || El alto de cuerpo.

TAGAROTEAR, v. n. Formar los caracteres y letras con garbo, aire y velocidad.

TAGEA, s. f. V. ATARGEA.

TAHA, s. f. Comarca, distrito.

TAHALÍ, s. m. Tira de cordoban, ante ú otro cuero, que cruza desde el hombro derecho hasta la cintura en el lado izquierdo, donde se juntan los dos cabos y se pone la espada.

TAHARAL, s. m. Sitio que produce ó tiene muchos tarayes.

TAHEÑO, adj. Se aplica al que tiene la barba roja ó bermeja.

TAHONA, s. f. Molino de harina cuya rueda se mueve con caballería. || La casa en que se cuece pan y vende para el público.

TAHONERO, s. m. El que tiene tahona.

TAHULLA, s. f. *Mur.* Espacio de tierra de sembradío, que corresponde con poca diferencia á la sexta parte de una fanega, ó á cuarenta varas en cuadro.

TAHUR, RA, adj. y s. m. Se aplica al que es jugador ó muy dado al juego.

TAHUR, s. m. El que frecuenta mucho las casas de juego, ó es muy diestro en jugar. Antiguamente el que jugaba con engaños y trampas.

TAHURERÍA, s. f. Garito ó casa de juego. || El vicio de tahures, ó el modo de jugar con trampas y engaños.

TAIBEQUE, s. m. ant. V. TABIQUE.

TAIMADO, DA, adj. Bellaco, astuto, disimulado y pronto en advertirlo todo.

TAIMONÍA, s. f. Picardía, malicia y astucia desvergonzada.

TAITA, s. m. Nombre con que el niño hace cariños llamando á su padre. || AJO TAITA, expr. fam. V. AJO.

TAJA, s. f. *Rioj.* Fuste hecho de palos combados, el cual puesto sobre las albardas sirve para amarrar las cargas que se ponen sobre ellas. || Cortadura ó repartimiento. || V. TARJA.

TAJADA, s. f. Porcion ó parte de alguna cosa cortada y separada de otra, como TAJADA de carne, de queso, etc. || fam. La ronquera ó tos ocasionada de algun resfriado. || HACER TAJADAS, met. Expr. con que se amenaza á alguno con algun castigo ó venganza.

TAJADERA, s. f. La cuchilla á modo de media luna, con que se taja alguna cosa, como el queso, turron, etc. || El tajito pequeño que suelen tener las horteras de madera. || *Ar.* La compuerta que se pone para detener la corriente del agua. || Entre los herreros CORTAFRIO.

TAJADERO, s. m. TAJO en que se corta la carne. || ant. El plato trinchero.

TAJADILLA, s. f. d. de TAJADA. || Trozo de livianos guisado en los bodegones. || *And* La porcion pequeña de limon ó naranja que se vende para beber aguardiente.

TAJADO, p. p. de TAJAR. || TAJADO, DA, adj. *Blas.* Dícese del escudo que está dividido diagonalmente de la izquierda á la derecha en dos partes iguales.

TAJADOR, RA, s. m. y f. El que taja ó corta alguna cosa. || V. TAJADERO.

TAJADURA, s. f. La cortadura que se hace en alguna cosa con cuchillo, espada ú otro instrumento semejante. || La accion y efecto de tajar ó cortar alguna cosa.

TAJAMAR, s. m. *Náut.* Tablon algo curvo, que nace desde la quilla, y va endentado en la parte exterior de la roda, en cuyo extremo se pone el leon, que es donde rematan las perchas. || Obra de cantería que se construye en la corriente de las aguas en figura angular para que corte el agua y se reparta igualmente por la madre del rio. || *Germ.* Cuchillo de campo.

TAJAMIENTO, s. m. ant. Tajo ó corte.

TAJANTE, p. a. de TAJAR. Que corta.

TAJANTE, s. m. CORTADOR ó carnicero.

TAJAPLUMAS, s. m. V. CORTAPLUMAS.

TAJAR, v. a. Cortar, partir ó dividir una cosa en dos ó mas partes ó pedazos. || Disponer las plumas para que se pueda escribir con ellas, cortándolas y abriéndoles los puntos á proporcion de la letra que se quiere formar.

TAJERO, s. m. V. TABLERO.

TAJO, s. m. El corte que se da con algun instrumento. || El corte que se da á las plumas para escribir, que va en diminucion hasta donde se forman los puntos. || Entre la gente del campo el corte que llevan los segadores ó cavadores cuando van trabajando. || La escarpadura ó corte que queda en algun monte despues de haberse arruinado alguna parte de él. || FILO ó corte. || *Esgr.* El corte que se da con la espada á otra arma cortante, llevando el brazo desde la mano derecha á la izquierda. || Pedazo de madera grueso y ancho, regularmente puesto y afirmado sobre tres pies, el cual sirve en las cocinas para picar y partir la carne. || TAJO DIAGONAL, *Esgr.* El que se tira en la línea diagonal, que atraviesa el cuadrado que se considera en el rostro.

TAJON, s. m. aum. de TAJO. || *And.* Vena de tierra ó piedra muy blanda de que se hace la cal. || TAJO ó pedazo de madera grueso donde se corta la carne. || *Germ.* HOSTERIA, venta ó meson.

TAJONCILLO, s. m. d. de TAJON.

TAJUELA, s. f. Un género de banquillo con cuatro pies, que sirve de asiento.

TAJUELO, s. m. V. TAJUELA.

TAL, adj. rel. que se aplica á las cosas indefinidamente, para verificar y determinar en ellas lo que por su correlativo se denota, ó la calidad especial que tienen, y por la cual se diferencian de otras. || Igual, semejante, ó de la misma forma ó figura. || Tanto ó tan grande. Úsase para exagerar y engrandecer la bondad y perfeccion de alguna cosa. || Se usa tambien para determinar y cotraer lo que no está especificado ó distinguido, y suele repetirse para dar mas viveza á la expresion. || Se usa asimismo para dar á entender el estado de alguna cosa, su condicion ó circunstancias. || Se usa tambien para demostrar un sugeto no conocido. || Á TAL, CON CONDICION y calidad. || CON TAL, mod. adv. Con que se previene alguna condicion ó calidad en algun pacto ó tratado. || TAL CUAL, Expr. que da á entender que por defectuosa que una cosa sea, se estima por alguna bondad que se considera en ella, aun mirándola como es. || Se usa tambien para denotar que son muy pocos los sugetos ó personas ú otras cosas que suelen buscarse ó de que se habla. || Asi asi, medianamente. || Pasadero, mediano, regular. || TAL POR CUAL, Expr. de desprecio que equivale á ser una cosa de poco mas ó ménos ó indigna. || NO HAY TAL, Se usa para negar lo que se dice ó imputa á alguno. || OTRÓ QUE TAL, Parecido ó semejante. Úsase regularmente para comparar cosas malas ó despreciables.

TALA, s. f. La corta de árboles que se hace en los montes desde el tronco para dejar rasa la tierra, ó la que se egecuta entresacando ramas. || Destruccion, ruina, asolacion de los campos ó poblados, quemándolos ó demoliéndolos. || Juego que usan los muchachos con dos palos, uno mayor que otro.

TALABARTE, s. m. La pretina que ciñe á la cintura, y de que cuelgan los tiros, en que se trae asida y pende la espada.

TALABERANO, NA, adj. y s. El natural de Talabera y perteneciente á esta villa.

TALABRICENSE, adj. V. TALABERANO. Úsase tambien como sustantivo.

TALADO, p. p. de TALAR.

TALADOR, RA, s. m. y f. El que ó lo que tala.

TALADRADO, p. p. de TALADRAR.

TALADRADOR, RA, s. m. y f. El que taladra.

TALADRAR, v. a. Agujerear, barrenar ó penetrar alguna cosa con taladro. || Introducirse ó sentirse con gran eficacia en el oido algunas voces por la agudeza del tono con que se profieren. || Met. Penetrar, percibir ó alcanzar con el discurso alguna materia oscura ó dudosa.

TALADRO, s. m. Instrumento agudo ó cortante de varias figuras, con que se agujerea la madera ú otra cosa. || El agujero angosto hecho con el taladro ó barrena.

TALAMERA, s. f. Árbol en donde se coloca el señuelo para matar las palomas con el arcabuz ó ballesta.

TÁLAMO, s. m. Lugar preeminente donde los novios celebran sus bodas y reciben los parabienes. || La cama de los desposados. || Misticamente se entiende é interpreta el vientre virginal de María Santísima, donde Cristo nuestro Señor se desposó con la naturaleza humana.

TALANQUERA, s. f. El artificio de tablas puestas de frente, como haciendo pared para seguridad ó defensa, como las que sirven en las fiestas de toros delante de los tablados. || Cualquier sitio ó parage que asegura y defiende de algun riesgo ó peligro; y metafóricamente la misma seguridad y defensa. || HABLAR DE TALANQUERA, fam. Da á entender la facilidad con que algunos estando en lugar seguro juzgan y murmuran de las acciones de aquellos que estan obrando cosas de valor y peligrosas.

TALANTE, s. m. Modo ó manera de egecutar alguna cosa. || El semblante ó disposicion personal, ó el estado ó calidad de las cosas. || Voluntad, deseo, gusto. || ESTAR DE BUEN Ó MAL TALANTE, Estar de buena ó mala disposicion, ánimo ó inclinacion para hacer ó conceder alguna cosa.

TALANTOSO, SA, adj. Que está de buen humor ó semblante.

TALAR, adj. Se aplica á los ropas largas que llegan hasta los talones.

TALAR, s. m. Cada una de las alas que fingieron los poetas que tenia el dios Mercurio en los talones, para denotar su ligereza y velocidad en las diligencias de su ministerio de embajador de Júpiter.

TALAR, v. a. Hacer tala y corta de los árboles hasta el tronco, ó entresacando ramas. || Destruir, arruinar ó quemar los campos, sembrados y edificios ó poblados: lo que suele hacer un egército en pais enemigo. || Hurtar la harina de los costales. || *Germ.* Quitar ó arrancar.

TALAVERA, s. f. La loza fabricada en la villa de este nombre.

TALCO, s. m. Mineral blando, verdoso, suave al tacto, de un lustre parecido al de los metales.

TALEGA, s. f. Saco ó bolsa ancha y corta de lienzo, estopa ú otra tela, que sirve para llevar dentro las cosas de una parte á otra. || Lo que se guarda ó se lleva en ella. || Especie de bolsa en que se metian las trenzas del pelo despues de peinado. || fam. Los pecados que tiene uno que confesar. || La cantidad de mil pesos duros en plata. || La parte que alguno ha estudiado ántes de ir al estudio público. || ant. Provision de víveres.

TALEGAZO, s. m. El golpe que se da con el talego lleno de alguna cosa.

TALEGO, s. m. Saco de lienzo basto y ordinario de figura angosta y larga, que sirve para guardar alguna cosa ó llevarla de una parte á otra. || fam. La persona que no tiene arte ni disposicion en el cuerpo, y es tan ancho de cintura como de pecho. || TENER TALEGO, Tener dinero.

TALEGON, s. m. aum. de TALEGA ó TALEGO.

TALEGUICA, LLA, TA, s. f. d. de TALEGA. || TALEGUILLA DE LA SAL; fam. Se toma por el dinero que se consume en el gasto diario; y así se dice: la TALEGUILLA DE LA SAL mala es de sustentar.

TALEGUICO, LLO, TO, s. m. d. de TALEGO.

TALENTE, s. m. ant. TALANTE por voluntad, deseo ó gusto.

TALENTO, s. m. Moneda ó suma de monedas que usaron los antiguos en diversos reinos. || met. El caudal de dones naturales ó sobrenaturales con que Dios enriquece á los hombres. || met. Los dotes de naturaleza, como ingenio, capacidad, prudencia, etc., que resplandecen en alguna persona. || El entendimiento.

TALENTOSO, SA, adj. Que tiene talento.

TALION, s. m. Pena que se imponia al delito igual y correspondiente á él, castigando por el mismo modo que se delinquia.

TALIONADO, p. p. de TALIONAR.

TALIONAR, v. a. Castigar con la pena del talion.

TALISMAN, s. m. Carácter, figura ó imágen adivinatoria y supersticiosa. || Doctor de la ley mahometana.

TALLA, s. f. Obra de escultura en madera ó piedra, formando varias figuras que sobresalgan del fondo. || Cierto tributo que pagan al señor sus colonos para socorrerle en alguna necesidad. || Cierta cantidad, porcion ó premio que se ofrece por el rescate de alguna persona ó prision de algun delincuente famoso. || La marca ó medida de alguna cosa. || En el juego de la banca es lo mismo que mano en otros juegos. || ESTATURA ó altura del hombre. || And. La alcarraza en que se pone el agua á serenar. || Ar. V. TABA ó TABÁ. || A MEDIA TALLA, Con poco cuidado, atencion y miramiento. || MEDIA TALLA, La obra en que no salen enteras las figuras, sino que se quedan á medio relieve. || PONER TALLA, Señalarla y publicarla contra algun delincuente.

TALLADO, p. p. de TALLAR.

TALLADO, s. m. Germ. La basquiña ó sayo. || Blas. Se aplica á los árboles y palmas que tienen el tallo ó tronco de diferente esmalte. || BIEN TALLADO, El que tiene buen talle. || MAL TALLADO, El que tiene mal talle.

TALLADOR, s. m. Grabador en hueco ó de medallas.

TALLADURA, s. f. V. ENTALLADURA.

TALLANTE, p. a. de TALLAR, Que talla.

TALLAR, s. m. Monte ó porcion de monte cuya leña está en sazon para cortarse. Úsase á veces como adjetivo, como MONTE TALLAR, LEÑA TALLAR.

TALLAR, v. a. ant. Cortar ó tajar. || Esculpir ó abrir en lámina ó madera. || Cargar de tallas ó impuestos. || En el juego de la banca descubrir uno á uno todos los naipes echando el primero, tercero, etc., á la derecha, el segundo, cuarto, etc., á la izquierda.

TALLARIN, s. m. Cierta especie de masa usada en Italia.

TALLAROLA, s. f. En el telar de sedas es una plancha pequeña de acero con que se corta el cordoncillo al terciopelo para que forme el pelo.

TALLAZO, s. m. aum. fam. de TALLE Y TALLO.

TALLE, s. m. La disposicion ó proporcion del cuerpo humano. || Se toma particularmente por la cintura. || La forma que se da á los vestidos cortándolos y proporcionándolos á los cuerpos; y con particularidad se llama así la parte que corresponde á la cintura. || Traza ó modo de egecutar alguna cosa. || Modo, manera, disposicion. || Género, especie y clase. || met. Forma, figura y hechura, disposicion física ó moral.

TALLECER, v. n. V. ENTALLECER.

TALLECIDO, p. p. de TALLECER.

TALLECILLO, s. m. d. de TALLE. Úsase irónicamente para significar talle desproporcionado ó mal dispuesto.

TALLER, s. m. La oficina ó tienda en que se trabaja alguna obra mecánica. || Cualquiera oficina; y tambien se metafóricamente. || met. Escuela ó seminario de ciencias. || Pieza como una salvilla de plata ú oro que se pone en los aparadores de las mesas de los señores: en medio un salero, y á los cuatro lados dos vasijas para aceite y vinagre, y dos cubillos para pimienta y azúcar. || Cierta moneda antigua cuyo valor se ignora.

TALLICO, TO, s. m. d. de TALLO.

TALLISTA, s. m. El que trabaja de talla.

TALLO, s. m. La vara en que las plantas producen las hojas y las flores, ó las puntas tiernas de los renuevos de los árboles.

TALLON, s. m. *Germ.* Bodegon ó taberna.

TALLUDO, DA, adj. Que ha echado grande tallo. || met. Crecido y alto. Dícese de los muchachos que se han hecho altos en poco tiempo. || met. Se aplica á los que por estar acostumbrados ó enviciados en una cosa mucho tiempo tienen dificultad en dejarla. || Se aplica tambien á aquellas cosas que se les ha pasado ya el tiempo á propósito para lo que habian de servir.

TALLUELO, s. m. d. de TALLO.

TALMUD, s. m. Libro de los Judios que contiene la tradicion, doctrina, ceremonias y policía, que observan tan rigurosamente como la misma ley de Moises.

* TALMÚDICO, CA, adj. m. y f. Que pertenece al Talmud.

TALMUDISTA, s. m. El que profesa los libros del Talmud, sigue sus dogmas ó estudia en entenderlos y explicarlos.

TALON, s. m. La parte posterior del pié que sube desde el calcañar. || La parte del calzado que cubre el talon del pié, como el TALON del zapato, de la media, etc. || *Arq.* GOLA; pero de ordinario se le da este nombre cuando es chica como la del cimacio. || *Germ.* Meson. || APRETAR LOS TALONES, met. Empezar á correr por algun caso improviso ó con mucha diligencia. || IR Á TALON, fam. V. IR Á PIÉ. || LEVANTAR LOS TALONES, V. APRETAR LOS TALONES.

TALONEAR, v. n. Andar con mucha prisa y diligencia á pié.

TALONERO, s. m. *Germ.* Ventero ó mesonero.

TALONESCO, CA, adj. fam. Que pertenece á los talones.

TALPARIA, s. f. *Cir.* Absceso ó tumor que se cria en el pericráneo.

TALQUE, s. m. Barro hecho de tierra semejante á la arcilla ó greda, del cual se hacen los crisoles para purificar los metales.

TALVINA, s. f. Ciertas puches que se hacen con harina y leche sacada de algunas semillas.

TAMANDOA, s. m. Animal que se cria en el Perú.

TAMAÑAMENTE, adv. Tan grandemente como otra cosa con que se compara.

TAMAÑICO, CA, LLO, LLA, TO, TA, adj. d. de TAMAÑO. || Aturdido, temeroso ó amedrentado de algun suceso; y así se dice: quedarse TAMAÑITO.

TAMAÑO, ÑA, adj. Que demuestra el volúmen, medida ó proporcion de un objeto. || Por antítesis ó en sentido contrario se suele usar por CHICO ó PEQUEÑO.

TAMAÑO, s. m. El grandor, corpulencia ó estatura de alguna cosa.

TAMAÑUELO, LA, adj. d. de TAMAÑO.

TÁMARAS, s. f. pl. Los dátiles en racimo. || La leña muy delgada ó el despojo de la grue[s]a.

TAMARINDO, s. m. Árbol que se cria espontaneamente en ámbas Indias.

TAMARISCO, s. m. V. TARAY.

TAMARIZ, s. m. V. TARAY.

TAMARRIZQUITO ó TAMARRUSQUITO, TA, adj. fam. Muy pequeñito.

TAMBA, s. f. *Germ.* Manta de la cama.

TAMBALEAR, v. n. Menearse alguna cosa á un lado y á otro, como que se va á caer por falta de fuerza para sostenerse.

* TAMBALEARSE, v. r. Zarandearse, menearse con viveza.

TAMBALEO, s. m. El movimiento ó la accion de tambalear ó tambalearse.

TAMBANILLO, s. m. Cierto resalto ó sobrepuesto de arquitectura con su mocheta y cortes en ángulo.

TAMBARILLO, s. m. Arquilla ó caja con tapa redonda y tumbada.

TAMBESCO, s. m. *Mont. de Burg.* Columpio en que se mecen y divierten los muchachos.

TAMBIEN, Conj. con que se ata, une y coordina el contexto de la oracion en que hay dos personas ó extremos que se parecen entre sí ó tienen semejanza en lo que se afirma ó se niega de ellos.

TAMBIEN, adv. Se usa para afirmar la igualdad, semejanza, conformidad ó relacion de alguna cosa á otra de que se habló antecedentemente. || ant. V. TANTO Ó ASÍ.

TAMBO, s. m. Meson ó venta. Es voz indiana.

TAMBOR, s. m. Caja de forma cilíndrica, cubierta por ámbos lados de dos pieles estiradas, que llaman parches: tócase con dos palos llamados baquetas, y sirve para los toques de guerra. || *Fort.* Pequeña plaza cerrada de estacas ó de una pared sencilla atronerada, con su rastrillo. || Entre reposteros el cedazo delgado por donde pasan el azúcar para sacar la flor. || *Arq.* El aposentillo que se hace de tabiques dentro de otro aposento. || El casco de una cúpula que estriba en los arcos torales. || En la maquinaria cualquiera de las piezas que tienen figura cilíndrica. || Cilindro de hierro cerrado y lleno de agujeritos con su cigüeña para voltearle sobre dos puntos de apoyo, el cual sirve para asar castañas. || El que toca el tambor en las compañías de infantería. || TAMBOR MAYOR, El maestro y gefe de los tambores. || Á TAMBOR Ó CON TAMBOR BATIENTE, Tocando el tambor.

TAMBORETE, s. m. d. de TAMBOR. || *Náut.* Cada uno de los tablones gruesos hechos en figura redonda, que se ponen al remate del árbol del navío.

TAMBORIL, s. m. El tambor que sirve regularmente para las danzas. || fam. La parte posterior del hombre.

TAMBORILADA, s. f. fam. El golpe que se da con fuerza cayendo en el suelo, especialmente el que se da con las asentaderas. || Golpe dado con la mano en la cabeza ó espaldas.

TAMBORILAZO, s. m. V. TAMBORILADA, golpe.

TAMBORILEAR, v. n. Tocar el tamboril. || Celebrar mucho á alguno publicando y ponderando sus prendas y habilidad ó capacidad. || *Impr.* Igualar las letras del molde en la prensa dando golpecitos con el tamborilete.

TAMBORILERO, s. m. La persona que tiene por oficio tocar el tamboril.

TAMBORILETE, s. m. *Impr.* Tablita cuadrada que se asienta y va pasando por encima del molde, dándole unos golpecitos suaves, para que las letras de él queden todas iguales.

TAMBORILILLO, s. m. El tamboril pequeño, como los que tienen los muchachos para sus juegos.

TAMBORIN, s. m. ant. V. TAMBORIL.

TAMBORITEAR, v. n. V. TAMBORILEAR.

TAMBORITERO, s. m. V. TAMBORILERO.

TAMIZ, s. m. Especie de cedazo de seda ó cerdas, por el cual se pasa y cierne el tabaco y drogas despues de molidas.

TAMO, s. m. Pelusa que sale en el telar al teger el lino ó lana. || Polvo ó paja muy menuda de varias semillas trilladas, como trigo, lino, etc. || La pelusilla que se cria del polvo debajo de las camas y cofres por falta de aseo.

TAMORLAN, s. m. Nombre que dan al emperador de los Tártaros.

TAMPOCO, adv. Con que se niega alguna cosa despues de haber negado otra.

TAMUJO, s. m. Mata espinosa con hojas como las del box ó murta.

TAN, adv. Con que se denota una cosa como igual respecto á otra. || Se usa tambien para acrecentar la significacion al nombre con quien se junta, y equivale á TANTO Ó EN TANTO GRADO.

TAN, s. m. El sonido ó eco que resulta del tambor ú otro instrumento semejante tocado á golpes.

TANACETO, s. m. V. YERBA LOMBRIGUERA.

TANDA, s. f. La alternativa ó turno que han de tener ó cumplir muchos por obligacion ó empleo. || Tarea, labor ó trabajo que se señala para un dia. || V. TONGA Ó TONGADA. || Cierto número de personas ó bestias empleadas en alguna operacion ó trabajo. || Número de juegos ó manos que ha de hacer el que gana, especialmente en el villar y trucos. || Cantidad, especialmente de azotes ó golpes.

TANGANILLO, s. m. d. de TÁNGANO. Regularmente se toma por el palo, piedra ó cosa semejante que se pone para sostener y apoyar alguna cosa. || EN TANGANILLAS, Con poca seguridad ó firmeza, á peligro de caerse.

TÁNGANO, s. m. El hueso ó piedra que se pone para el juego de este nombre. || Juego entre dos ó mas personas.

TANGENTE, p. a. ant. de TANGIR, Que toca.

TANGENTE, adj. *Geom.* Se llaman círculos TANGENTES los que se tocan interior ó exteriormente sin cortarse. || LÍNEA TANGENTE, La que toca la circunferencia de un círculo por la parte convexa.

TANGIBLE, adj. Que se puede tocar.

TANGIDERA, s. f. *Náut.* Cabo grueso que se da á la reguera para tesarla por la otra banda de donde sale la reguera, y que esta quede derecha por la popa.

TANGIDO, p. p. de TANGIR.

TANGIR, v. a. ant. V. TOCAR Ó TAÑER. || ant. Tocar ó palpar.

TANGIR, v. imp. ant. Tocar, pertenecer.

TANGIR, v. n. ant. Tocar ó ser pariente alguno de otro.

TANGO, V. TÁNGANO.

TANTARANTAN, s. m. El sonido del tambor cuando se repiten los golpes. || fam. El golpe violento dado á otro.

TANTEADO, p. p. de TANTEAR.

TANTEADOR, s. m. El que tantea. Úsase frecuentemente por el que lleva la cuenta de los tantos ó piedras en algun juego.

TANTEAR, v. a. Medir ó proporcionar una cosa con otra para ver si viene bien ó ajustada. || Señalar ó apuntar los tantos en el juego para saberse el que gana. || Considerar y reconocer con prudencia y reflexion las cosas ántes de egecutarlas. Úsase en el sentido físico y moral. || met. Examinar con cuidado una persona ó cosa, hacer prueba de ella, regularla, etc. || for. Dar por una cosa el mismo precio en que se le ha rematado á otro por la preferencia que concede el derecho en algunos casos, como de condominio, parentesco, etc. || *Pint.* Bosquejar, diseñar, apuntar.

TANTEARSE, v. r. Allanarse ó convenirse á pagar aquella misma cantidad en que alguna renta ó alhaja está arrendada ó se ha rematado en vanta ó puja. || Se usa privativamente por conseguir las villas ó lugares exencion del señorío á que estan sujetas, dando otro tanto precio como aquel en que fueron enagenadas. || TANTEAR Á ALGUNO, Explorar su ánimo ó su intencion sobre algun asunto. || Examinarle, probar su capacidad sobre alguna ciencia ó arte.

TANTEO, s. m. Medida ó proporcion que se toma de una cosa comparándola con otra, ó ajustándola y concordándola por sus partes con ella misma. || El número señalado de los tantos ó piedras que se ganan en el juego. || El allanamiento ó convenio que se hace de pagar por alguna renta ó alhaja el mismo precio en que se ha arrendado ó rematado. || El derecho que concede la ley en ciertos casos á determinadas personas de tantear lo que se habia vendido á otras. || met. El juicio prudente ó regulacion cuerda que se hace en alguna materia para que salga á medida y como se desea. || *Pint.* Bosquejo, diseño.

TANTICO, CA, LLO, LLA, TO, TA, adj. d. de TANTO.

TANTO, TA, adj. Se aplica á la cantidad, número ó porcion de una cosa indeterminada ó indefinida. Úsase como correlativo de cuanto. || TAN GRANDE Ó muy grande. || TANTOS, pl. En el órden de cuentas vale el número indeterminado, como VEINTE Y TANTOS. || TANTO DE ELLO, Mucho, abundante y sin limitacion, ó tasa de alguna cosa que hay ó se da. || TANTO ES LO DEMAS COMO LO DE MÉNOS, Expr. con que se da á entender que se debe huir de los extremos. || TANTO MAS CUANTO, Se usa en las compras y ventas para ajustar ó convenir en el precio ó estimacion de alguna cosa. || TANTO MONTA, loc. Significa que una cosa es equivalente á otra. || TANTO POR TANTO, Se usa comparativamente, y vale por el mismo precio ó coste. || TANTO CUANTO, V. ALGUN TANTO. || TANTO QUE, V. LUEGO QUE. || TANTOS Á TANTOS, Expr. con que se demuestra la igualdad de número dentro de una especie. || ALGUN TANTO, Expr. que vale algo ó un poco. || AL TANTO, Por el mismo precio, coste ó trabajo; y se usa cuando se explica la voluntad de uno de tomar ó lograr alguna cosa al precio que á otro le ha costado. || CON TANTO QUE, ant. V. CON TAL QUE. || EN SU TANTO, Guardada proporcion, proporcionalmente. || EN TANTO Ó ENTRE TANTO, Mientras, interin ó durante algun tiempo intermedio. || NI TANTO NI TAMPOCO, Expr. con que se contiene en alguna ponderacion al que excede en ella por ámbos extremos. || NO ME HAGAS TANTO, Expr. con que se amenaza al que persiste en hacer alguna cosa que molesta. || POR EL TANTO, V. AL TANTO. Y se usa en lo material de las compras, ventas ú otras semejantes enagenaciones. Por la misma razon, causa ó motivo. || POR TANTO, Expr. con que se concluyen los escritos ó pedimentos, y significa atento á lo referido, por las razones expresadas, y por todo lo demas que se funda y representa. || POR TANTOS Y CUANTOS, Expr. fam. especie de juramento con que se asegura y pondera alguna cosa.

TANTO, s. m. Cantidad cierta ó número determinado de una cosa. || La copia ó egemplar que se da de algun escrito trasladado de su original. || Golpe.

|| La piedrezuela, moneda ó otra pieza con que se señalan los puntos que se ganan en algun juego y despues de haberá cabado de jugar se rediman á dinero. || En algunos juegos PUNTO, PIEDRA.

TANTO, adv. De tal modo ó en tal grado. || Mucho, especialmente hablando del tiempo. || Se toma tambien comparativamente á otra cosa, y vale de la misma suerte, semejante ó igualmente. || Junto con las voces *mas* ó *ménos*, *mejor* ó *peor*, se usa adverbialmente para explicar la especial razon que ocurre para hacer ó dejar de hacer alguna cosa en comparacion de otra.

TAÑEDOR, RA, s. m. y f. El que tañe ó toca.

TAÑENTE, p. a. ant. de TAÑER. El que tañe.

TAÑER, v. a. ant. V. TOCAR. Se usaba frecuentemente por tocar acorde y armónicamente algun instrumento. || ant. V. TOCAR, PALPAR. || ant. Tocar alguna materia ó hablar de ella.

TAÑER, v. imp. ant. Importar, tocar, pertenecer.

TAÑER, s. m. ant. La accion de tocar algun instrumento de cuerda acordemente, y lo mismo que se tañe. || TAÑER ocioso, *Mont.* Avisar con la bocina estar muerta la res que perseguia.

TAÑIDO, p. p. de TAÑER.

TAÑIDO, s. m. El son particular que se toca en cualquier instrumento. || El sonido de la cosa tocada, como el de la campana, etc.

TAÑIMIENTO, s. m. ant. TACTO, sentido corporal.

TAO, s. m. La insignia que traian en el pecho y capa los comendadores del órden de san Antonio abad, y la que llevan en el pecho los familiares y dependientes del órden de san Juan.

TAPA, s. f. La parte superior que cierra las cajas, cofres, vasos ó semejantes cosas, regularmente unida á ellas con goznes, charnelas, encajes ó tornillos. || En los cascos de las cabalgaduras la concha exterior que encierra todas las otras telas de las uñas. || En los zapatos la suela que se pone debajo del tacon, y aquellas de que se compone el mismo tacon. || TAPA DE LOS SESOS, fam. La parte superior del casco de la cabeza, que los cubre y encierra.

TAPABALAZO, s. m. El taco ó trozo de madera redondo, hecho segun el diámetro de las balas, que envuelto en estopa se introduce en el agujero que estas hacen en el costado del navío para impedir la entrada del agua.

TAPABOCA, s. m. El golpe que se da en la boca con la mano abierta, ó el que se da con el boton de la espada en la esgrima. || met. y fam. La razon, dicho ó accion con que á otro se le corta y suspende la conversacion, obligándole á que calle, especialmente cuando se le convence de ser incierto lo que dice.

* TAPACAS, s. f. pl. *Arag.* Alcaparras.

TAPACULO, s. m. ESCARAMUJO por el fruto.

TAPADA, s. f. La muger que se oculta y disfraza con el manto para no ser conocida.

TAPADERA, s. f. Parte superior movediza que no cierra, sino que cubre, y generalmente se usa en los vasos de barro, braseros, etc.

TAPADERO, s. m. Instrumento con que se tapa la boca ancha de alguna cosa ó algun agujero. Fórmanle de varias materias.

TAPADILLO, s. m. V. CONSERTIO. Es voz usada en algunos lugares. || Uno de los registros de flautas que hay en el órgano. || DE TAPADILLO, Sin ceremonia ni aparato, de oculto.

TAPADIZO, s. m. Llaman las mugeres la accion de cubrirse con el manto para ocultarse y no ser conocidas.

TAPADO, p. p. de TAPAR.

TAPADOR, RA, s. m. y f. El que tapa.

TAPADOR, s. m. Cierto género de tapa ó tapadera, que regularmente encaja en la boca ó abertura de lo que se quiere tapar. || *Germ.* Sayo ó saya. || *Germ.* Padre de mancebía.

TAPADURA, s. f. La accion y efecto de tapar ó taparse.

TAPAFUNDA, s. f. Cada una de las faldillas que penden de la boca de las pistoleras, y sirven para resguardar de la lluvia las pistolas, volviéndolas sobre ellas.

TAPAMIENTO, s. m. La accion y efecto de tapar.

TAPANA, s. f. p. *Murc.* V. ALCAPARRA.

TAPAPIES, s. m. V. BRIAL, vestido.

TAPAR, v. a. Cubrir ó cerrar lo que está abierto ó descubierto. || Abrigar ó cubrir con la ropa ú otra defensa contra los temporales. || met. Encubrir, disimular, ocultar ó callar algun defecto.

TÁPARA, s. f. p. *Ar.* ALCAPARRA y ALCAPARRON.

TAPATAN ó TAPARAPATAN, s. m. Voz con que se explica el sonido del tambor.

TAPERUJADO, p. p. de TAPERUJARSE.

TAPERUJARSE, v. r. fam. V. TAPARSE. Se usa especialmente hablando de las mugeres cuando se tapan de médio ojo mal y sin arte.

TAPERUJO, s. m. fam. Llámase asi por lo regular el tapon ó tapador que está mal hecho ó mal puesto. ‖ El modo desaliñado y sin arte de taparse ó embozarse.

TAPETADO, DA, adj. Dícese del color oscuro ó prieto.

TAPETE, s. m. Alfombra pequeña y manual ó cosa parecida á ella.

TAPIA, s. f. Trecho de pared de determinada medida que se hace de tierra, pisada en una horma y seca al aire. ‖ La pared formada de tapias. ‖ La parte que corresponde á la medida de la tapia, que regularmente se toma por cincuenta pies cuadrados; y es medida de que usan los empedradores. ‖ TAPIA REAL, *Alban.* La pared que se forma mezclando la tierra con alguna parte de cal.

TAPIADO, p. p. de TAPIAR.

TAPIADOR, s. m. El oficial que hace tapias.

TAPIAL, s. m. El molde ú horma en que se fabrican las tapias. ‖ TENER EL TAPIAL, fam. Avisa á alguno que se suspenda ó pare en la egecucion de alguna cosa, ó que tenga paciencia cuando da prisa para que se egecute.

TAPIAR, v. a. Cerrar con tapias. ‖ Cerrar alguna cosa que está abierta, haciendo en ella como una tapia, como TAPIAR la puerta, la ventana.

TAPICERÍA, s. f. El agregado ó juego de tapices que componen una historia ó montería, uniformes en la estofa; y suele ser de seis á ocho paños. ‖ En palacio se llama la oficina donde se guardan y recogen los tapices.

TAPICERO, s. m. El oficial que tege tapices, ó los adereza y compone. ‖ TAPICERO MAYOR, En palacio el gefe que cuida de la tapicería.

TAPIDO, DA, adj. ant. V. TUPIDO.

TAPIERÍA, s. f. El conjunto ó agregado de tapias que forman alguna cosa ó cerca.

TAPIRUJADO, p. p. de TAPIRUJARSE.

TAPIRUJARSE, v. r. V. TAPERUJARSE.

TAPIRUJO, s. m. V. TAPERUJO.

* TAPISOTE, s. m. Planta que se cria con los trigos, parecida á la algarroba.

TAPIZ, s. m. Paño grande tegido de lana, seda y algunas veces de oro y plata, en que se copian cuadros de historia, paises ú otras cosas, y sirve para abrigo y adorno cubriendo las paredes. ‖ ARRANCADO DE UN TAPIZ, Apodo que se aplica al que ademas de la ridiculez personal tiene malos atavíos en el vestido.

TAPIZADO, p. p. de TAPIZAR.

TAPIZAR, v. a. V. ENTAPIZAR.

TAPLO, s. m. *Germ.* V. PLATO ó PLATILLO.

TAPON, s. m. El tarugo de corcho ó madera que se pone para cerrar algun agujero á fin de que no se vierta ó exhale alguna cosa. ‖ TAPON DE CUBA, fam. Apodo que se aplica á la persona muy gruesa y pequeña. ‖ AL PRIMER TAPON ZURRAPAS, Expr. met. con que se reprende á los que por sus ruines operaciones dan á conocer desde luego su mal modo.

TAPSIA, s. f. Planta semejante á la cañaheja, aunque tiene mas delicado el tallo y menor la simiente.

TAPUJADO, p. p. de TAPUJARSE.

* TAPUJAR, v. a. Rebujar.

TAPUJARSE, v. r. fam. Taparse de rebozo ó embozarse.

TAPUJO, s. m. Embozo ó disfraz con que alguna persona se encubre para no ser conocida tapándose la cara.

TAQUE, s. m. El ruido ó golpe que da una puerta al cerrarse con llave, ó el sonido que da el golpe cuando llaman á ella desde afuera.

TAQUIGRAFÍA, s. f. El arte de escribir con tanta velocidad como se habla, usando de ciertas figuras y notas.

TAQUIGRÁFICO, CA, adj. Que pertenece á la TAQUIGRAFÍA.

TAQUÍGRAFO, s. m. El que profesa la TAQUIGRAFÍA

TAQUIN, s. m. *Germ.* Fullero. ‖ El carnicol.

TAQUINERO, s. m. p. *Ar.* Jugador de taba.

TARA, s. f. La parte de peso que se rebaja en los géneros ó mercancías por razon de la caja, saco ó cosa semejante en que vienen incluidos ó cerrados. ‖ Palito en que se raya por número el peso que tiene alguna cosa, como se hace en las seras de carbon. ‖ MÉNOS LA

TARA, met. Expresa que siempre se debe rebajar algo de lo que se dice ó se oye.

TARACEA, s. f. El embutido de varios colores hechos en madera ú otra materia.

TARACEADO, p. p. de TARACEAR.

TARACEAR, v. a. Hacer embutidos de varios colores en madera ú otra materia.

TARAFADA, s. f. *Germ.* Flor en los dados.

TARAFANA, s. f. *Germ.* Aduana.

TARAFES, s. m. pl. *Germ.* Los dados.

TARAGALLO, s. m. Palo que ponen colgante del cuello a algunos animales.

TARAGONTÍA, s. m. V. DRAGONTEA.

TARAGOZA, s. f. *Germ.* Pueblo.

TARAGOZADIDA, s. f. *Germ.* Ciudad.

*TARAMAZO, s. m. Enfermedad repentina.

TARAMBANA, s. com. La persona alocada, de poco asiento y juicio.

TARANDO, s. m. Animal que se cria en las provincias del norte, especie de ciervo, aunque mas fuerte y grueso.

TARANGANA, s. f. V. MORCILLA.

TARANTELA, s. f. Tañido violento que se baila sin escuela alguna, y dicen ser el son que tocan á los que estan mordidos de la tarántula. || DAR LA TARANTELA, fam. Excitarse ó conmoverse el ánimo á la egecucion de alguna cosa fuera de oportunidad y método.

TARÁNTULA, s. f. Especie de araña que se cria en la ciudad de Taranto y sus contornos, de color ceniciento, con pintas negras, rojas ó verdes. Es venenosa y muy nociva su mordedura. || PICADO DE LA TARANTULA, met. El que esta tocado de algun afecto fisico ó moral. Vulgarmente se entiende de los que padecen el mal gálico.

TARANTULADO, DA, adj. V. ATARANTADO.

TARARÁ, s. f. Por onomatopeya el sonido de la trompeta.

TARARIRA, s. f. fam. Chanza, alegría con bulla y voces. || s. com. La persona bulliciosa, inquieta y alborotada, y de poco asiento y formalidad.

TARASCA, s. f. Figura de sierpe que sacaban delante de la procesion del Corpus. || met. La muger fea, sacudida, desenvuelta y de mal natural.

TARASCADA, s. f. El golpe, mordedura ó herida hecha con los dientes. || met. y fam. Respuesta áspera ó airada, o dichó desatento ó injurioso contra el que blandamente propone ó cortesanamente pretende alguna cosa.

TARASCADO, p. p. de TARASCAR.

TARASCAR, v. a. Morder ó herir con los dientes. || Dicese mas frecuentemente y es muy usado hablando de los perros.

TARASCON, s. m. V. TARASCA. Úsase con la terminacion del aumentativo para dar mas fuerza y energía á la expresion.

TARAVILLA, s. f. La cítola del molino. || Zoquetillo de madera que sirve para cerrar las puertas ó ventanas, clavada al marco de forma que se pueda mover, y con un lado asegura la ventana. || met. y fam. La persona que habla mucho y aprisa, sin órden ni concierto, ó el mismo tropel de palabras dichas con prisa y sin intermision. || SOLTAR LA TARAVILLA, met. y fam. Hablar mucho y con tropelia.

TARAY, s. m. Arbol de mediana altura, que suele criarse en matas bajas.

TARAZADO, p. p. de TARAZAR.

TARAZANA, s. f. V. ATARAZANA.

TARAZANAL, s. m. V. ATARAZANA.

TARAZAR, v. a. V. ATARAZAR. || met. Molestar, inquietar y mortificar o afligir.

TARAZON, s. m. El trozo que se parte ó corta de alguna cosa. Comunmente se entiende de pescado.

TARAZONCILLO, s. m. d. de TARAZON.

TARBEA, s. f. Sala ó cuadra grande.

TARDADOR, RA, s. m. y f. El que tarda ó se tarda.

TARDANAOS, s. m. Pez. V. RÉMORA.

TARDANO, NA, adj. ant. V. TARDÍO.

TARDANZA, s. f. Detension, demora, lentitud ó pausa en la egecucion de alguna cosa.

TARDAR, v. n. Detenerse, gastar mucho tiempo, no venir oportunamente para la egecucion de alguna cosa. Úsase tambien como reciproco. || Á MAS TARDAR, Se usa para señalar el plazo de una cosa que no puede tardar mucho en suceder; y asi se dice: á mas tardar en la semana que viene.

TARDE, s. f. El tiempo que hay desde medio dia hasta anochecer. || [illegible] Las primeras horas de la noche. || Usado como adverbio vale fuera de tiempo, o pasado ya el oportuno y propio. || TARDE, MAL Y NUNCA, Expr. con que se pondera lo mal y fuera de tiempo que se hace lo que fuera casi mejor que no se egecutara ya. || TARDE PIACHE, V. TARDEPIACHE. || BUENAS TARDES, Salutacion con que se desean las buenas TARDES á alguno. || DE TARDE EN TARDE, De cuando en cuando, alguna vez, con mucha intermision de tiempo. || HACERSE TARDE, Pasarse el tiempo oportuno para egecutar alguna cosa. || PARA LUEGO ES TARDE, Expr. con que se exhorta y da prisa alguno para que egecute prontamente y sin dilacion lo que debe hacer ó se ha encargado.

TARDECICA, TA, s. f. d. de TARDE, Tómase por la caida de ella cerca de anochecer ó ponerse el sol.

TARDECILLO, adv. t. d. de TARDE.

TARDEPIACHE, adv. fam. Muy tarde, pasado ya el tiempo oportuno.

TARDIAMENTE, adv. Fuera de tiempo, pasado ya el que era oportuno y á propósito.

TARDINERO, RA, adj. ant. V. TARDO.

TARDÍO, DÍA, adj. Que tarda en venir á sazon y madurez algun tiempo mas del regular. Dícese comunmente de las frutas y frutos. || Que sucede despues del tiempo oportuno en que se necesitaba ó esperaba. || Pausado, detenido, y que camina lentamente.

TARDÍSIMO, MA, adj. sup. de TARDO.

TARDO, DA, adj. Lento, perezoso en obrar, ó que sucede despues de mucho tiempo. || Torpe, no expedito en la comprension ó explicacion. || *Astr.* Se dice de un planeta cuando su movimiento diurno verdadero es menor que el medio.

TARDON, NA, adj. aum. de TARDO. El que tarda mucho y gasta grande flema ó comprende tarde las cosas.

TAREA, s. f. La obra ó trabajo que se debe concluir en tiempo determinado. || El trabajo que reparten los maestros á sus discípulos, ó los amos á sus criados, ó que cualquiera voluntariamente se impone para limitado tiempo. || met. El afan, cuidado ó penalidad que causa un trabajo continuo.

TARENTINO, NA, adj. de Tarento.

TARGUM, s. m. Version ó interpretacion. Este nombre dieron los Judíos al libro en que estan las glosas y paráfrasis caldaica de la Escritura.

* TARGUMISTA, s. m. Autor de un targum.

TARIDA, s. f. Embarcacion usada desde el siglo XII en el Mediterráneo.

TARIFA, s. f. Tabla ó catálogo de los precios de varias especies vendibles ó de los derechos que se deben pagar á proporcion de ellos.

TARIFEÑO, ÑA, adj. y s. El natural de Tarifa y perteneciente á ella.

TARIMA, s. f. Entablado movible para tener los pies levantados del suelo para no coger humedad, para dormir, y otros usos.

TARIMILLA, s. f. d. de TARIMA.

TARIMON, s. m. aum. de TARIMA.

TARIN, s. m. Realillo de plata de ocho cuartos y medio.

TARINA, s. f. Fuente de mediano tamaño en que se sirve la vianda en la mesa.

TARJA, s. f. Moneda castellana de cobre, con poca liga de plata, cuyo valor es la cuarta parte de un real de vellon. || Palo partido por medio con un rencaje á los extremos para ir marcando lo que se saca ó compra fiado, haciendo una muesca. || Género de escudo ó rodela que usaban los Romanos, Españoles y Africanos con que se cubrian todo el cuerpo. || Planchuela de metal ó madera que se da por señal en algunas tiendas y casas de trato y comercio. || fam. V. GOLPE. || BEBER SOBRE TARJA, Beber al fiado.

TARJADO, p. p. de TARJAR.

TARJADOR, RA, s. m. y f. El que tarja.

TARJAR, v. a. Señalar ó rayar en la tarja lo que se va sacando fiado.

TARJERO, s. m. V. TARJADOR.

TARJETA, s. f. d. de TARJA. Tómase regularmente por la que se saca en las fiestas públicas por rodela, en que va pintada la divisa ó empresa del caballero. || Plancha de madera ú otra materia con que se adorna algun cuadro, tallándola y dorándola, sobreponiéndola al marco á trechos. || Estampa pequeña con el nombre de alguno, que se deja en la casa de aquel á quien se ha ido á visitar.

TARJETON, s. m. aum. de TARJETA.

* TARNA, s. f. Insecto muy pequeño.

TARQUÍA, s. f. *Germ.* Tarja.

TARQUIN, s. m. El cieno que sacan de algun estanque ó lago, ó dejan las lluvias ó arroyos cuando salen de madre.

TARQUINADA, s. f. fam. Violencia torpe contra la honesta resistencia de alguna muger.

TARRACONENSE, adj. y s. El natural de Taragona y perteneciente á ella.

TARRAJA, s. f. *Arq.* Tabla ó chapa de metal cortada con arreglo al perfil de una ó varias molduras para formarlas de yeso.

TARRASCADO, p. p. de TARRASCAR.

TARRASCAR, v. a. *Germ.* Abrir ó tirar.

TARREÑAS, s. f. pl. Tejuelas que los muchachos se meten entre los dedos, y batiendo una con otra hacen un ruido acorde.

TARRO, s. m. Vaso de tierra alto, y ancho de boca y vidriado, el cual suele servir para conservas. || Especie de taza de barro en que los pastores ordeñan las ovejas, cabras ó vacas, y los hacen tambien de palo á modo de herradas.

TARSO, s. m. *Anat.* La raiz ó empeine del pié.

TARTA, s. f. TORTERA, y tambien se toma por TORTADO.

TARTAGEAR, v. n. Hablar trocando algunas letras en la pronunciacion de las palabras por algun impedimento de la lengua.

TARTAGO, s. m. Yerba que echa el tallo de un pié de alto, firme, rollizo, liso y poblado de hojas en figura de lanza, enterísimas, lustrosas, frente una de otra, en cuatro órdenes. || Fatalidad ó suceso infeliz que sobreviene con la pérdida del caudal ó menoscabo de la salud. || V. CHASCO PESADO.

TARTAJOSO, SA, adj. y s. El que por algun impedimento pronuncia las palabras con alguna torpeza, ó trueca las letras de ellas, como TAPAZ POR CAPAZ, etc.

TARTALEAR, v. n. fam. Moverse sin órden ó con movimientos trémulos, precipitados y poco compuestos. || fam. Turbarse de modo que no se acierta á hablar.

TARTAMUDEAR, v. n. Hablar con torpeza por algun impedimento de la lengua, que estorba la expedita pronunciacion de las palabras.

TARTAMUDO, DA, adj. Torpe ó tardo en la pronunciacion por algun impedimento de la lengua.

TARTANA, s. f. Embarcacion pequeña que no tiene elevadas la popa ni proa, y suele servirse de remos. || Carruage cubierto para muchas personas, en que los asientos estan á los lados. Las hay de dos ruedas con limonera, y de cuatro con lanza.

TARTÁREO, REA, adj. *Poét.* Perteneciente al infierno.

TARTARI, adj. y s. ant. TÁRTARO.

TARTARIZADO, p. p. de TARTARIZAR.

TÁRTARO, RA, adj. y s. El natural de Tartaria y lo perteneciente á ella.

TARTARO, s. m. *Poét.* el INFIERNO. || Materia térrea y salina, que desprendiéndose de los vinos en la fermentacion del mosto forma una como costra.

TARTERA, s. f. V. TORTERA.

TARUGA, s. f. Animal que se cria en las Indias semejante á la vicuña, aunque mas pequeño y veloz.

TARUGUILLO, s. m. d. de TARUGO.

TARUGO, s. m. Clavo de madera que sirve para apretar las ensambladuras de dos maderos, y unirlos como si fuera con clavos de hierro.

TAS, s. m. Especie de bigorneta en que se amartilla la oja de plata, y sirve tambien para otros usos. || Voz con que se expresa el golpe de una mano con otra por las palmas, y usan de ella las amas, y las que crian para entretener á los niños.

TASA, s. f. El precio determinado y cierto que pone la justicia á las mercaderías, mantenimientos ú otras cosas, para que no se pueda llevar ni vender á mas que el que se arregla. || Medida, regla. || El aprecio formal que se hace de las albajas. Llámase tambien así la misma cédula en que está escrita la tasa.

TASACION, s. f. La accion de tasar. Tómase tambien por TASA.

TASADAMENTE, adv. Con medida ó tasa, limitada y escasamente.

TASADO, p. p. de TASAR.

TASADOR, s. m. La persona inteligente que pone precio á las mercaderías y géneros segun su valor. En algunas tierras es oficio público, á quien se le da entera fe, como el TASADOR de joyas.

TASAJO, s. m. Pedazo de carne seco y salado ó acecinado para que dure; se extiende tambien al pedazo cortado ó tajado de cualquiera carne.

TASAR, v. a. Poner precio fijo á las cosas vendibles. || Arreglar lo que cada uno merece por su personal trabajo, dándole el premio ó paga correspondiente. || Poner método, regla ó medida para que no se exceda en cualquier materia. || Restringir ó reducir lo que hay obligacion de dar, apocándolo con mezquindad.

TASCADO, p. p. de TASCAR.

TASCAR, v. a. Quebrantar el arista del lino ó cáñamo con la espadilla para que se pueda hilar. || met. Quebrantar lo verde ó yerba con los dientes, cortándola con algun ruido para comerla. Dícese con propiedad de las bestias cuando pacen.

TASCO, s. m. La arista, tamo ó

mento que suelta el lino ó cáñamo al machacarle ó espadarle.

TASCONIO, s. m. V. TALQUE.

TASQUERA, s. f. Pendencia, riña ó contienda. || *Germ.* Taberna.

TASQUIL, s. m. Fragmento ó pedazo pequeño que salta de la piedra al labrarla.

TASTARA, s. f. *Ar.* La hoja gruesa del salvado.

TASTAZ, s. m. Polvo que se hace de los crisoles viejos, que sirve para limpiar las piezas de azófar.

TASTO, s m. El mal sabor que tienen algunas viandas por haberse pasado ó revenido.

TASUGO, s. m. V. TEJON.

TATARABUELO, LA, s. m. y f. Tercer abuelo.

TATARADEUDO, DA, s. m. y f. El pariente muy antiguo ó antepasado.

TATARANIETO, TA, s. m. y f. Tercer nieto, el cual tiene el cuatro grado de consanguinidad en la linea recta descendiente.

TATAS (ANDAR Á), Empezar á andar el niño con miedo y recelo, cuando le van soltando á andar; y tambien ANDAR Á GATAS.

TATE, interj. TA, Úsase tambien para significar que ha ocurrido á la memoria ó al conocimiento alguna especie nueva.

TATO, TA, adj. Tartamudo que vuelve la *c* y *s* en *t*.

TATO, s. m. Animal del tamaño de un puerco mediano, y parecido á él en las piernas, pies y cabeza. || fam. *Ar.* El hermano pequeño.

TAU, s. m. V. TAO. || Una de las letras del alfabeto griego que equivale á nuestra te.

TAUMATURGO, s. m. El sugeto admirable en sus obras, autor de cosas estupendas y prodigiosas.

TAURINO, NA, adj. Perteneciente al tauro.

TAURO, s. m. El segundo signo del zodiaco, el cual corresponde al mes de abril.

TAUROMAQUIA, s. f. El arte de lidiar y matar los toros.

TAUTOLOGIA, s. f. Circunlocucion ó repeticion de una misma sentencia por diversos modos y frases que la explican.

TAUTOLÓGICO, CA, adj. m. y f. Que pertenece á la tautologia.

TAVELLADO, DA, Marcado, señalado con la marca de la fábrica, hablando de paños.

TAUXIA, s. f. V. ATAUXIA.

TAXATIVAMENTE, adv. De un modo taxativo.

TAXATIVO, VA, adj. for. Que limita, circunscribe y reduce algun caso á determinadas circunstancias, como disposicion TAXATIVA, etc.

TAZ, Voz que solo tiene uso en el modo adverbial TAZ Á TAZ, y se usa para significar que una cosa se permuta ó trueca por otra, sin añadir precio alguno, como si se digera tanto por tanto.

TAZA, s. f. Vasija que sirve para beber y otros usos, y que se hace de varias formas y materias. || La capa grande donde vacian el agua las fuentes, que por lo comun es de piedra. || fam. y joc. Las asentaderas.

TAZAÑA, s. f. Llaman los labradores á la tarasca que suelen sacar en los lugares en las fiestas del Corpus.

TAZMIA, s. f. La porcion de granos que de una parva lleva cada uno de aquellos entre quienes se reparten los diezmos, y tambien las relaciones de los interesados en ellos, que se forman en las contadurías de las iglesias catedrales.

TAZON, s. m. aum. de TAZA. Llámanse regularmente así los pilones de las fuentes.

TE

TE, s. m. Arbusto originario de la China y del Japon, cuya hojas delgadas, puntiagudas y anchas son de un frecuente uso en infusion. || La hoja del arbusto de este nombre; y asi decimos: tengo un bote de TE exquisito. || El agua en que se ha cocido el TE. En este sentido decimos: ¿quiere vmd. una taza de TE? || Caso oblicuo del pronombre de la segunda persona, y se usa para hablar con alguno con familiaridad y llaneza.

TEA, s. f. Astilla ó raja de pino ú otra madera resinosa, que encendida alumbra como una hacha. || TEAS MARITALES Ó NUPCIALES, Las que antiguamente llevaban los desposados delante de sus esposas. Tómase regularmente por las mismas bodas.

TEAME, s. f. Piedra, á la que algunos de los antiguos atribuian la propiedad contraria al iman, que como este atrae el hierro, aquella le aparta y desvia.

TEAMIDE, s. f. V. TEAME.

TEATINO, adj. Se dice de los religiosos regulares de san Cayetano. Tomaron esté nombre del obispo de Teati Juan Pedro Carrafa, que despues fué sumo pontífice con el nombre de Paulo IV.

TEATRAL, adj. Que pertenece ó toca al teatro.

TEATRO, s. m. El sitio ó parage en que se junta el pueblo á ver algun espectáculo ó funcion. || El concurso de los que asisten á ver la funcion. || En las universidades la sala adonde concurren los estudiantes y maestros para alguna funcion. || El conjunto de dramas que se representan ó han de representar en el TEATRO. En esta acepcion decimos que el teatro frances era mas perfecto en los principios del siglo decimoséptimo que en los fines. || met. El lugar donde alguna cosa está expuesta á la estimacion ó censura universal. Dícese frecuentemente el TEATRO del mundo. || TEATRO LITERARIO, La universidad de los sabios.

TEBANO, NA, adj. y s. El natural de Tébas y perteneciente á ella.

TEBEO, EA, adj. V. TEBANO.

* TEBLE, adj. m. f. V. TERRIBLE, Que causa terror.

TECHADO, p. p. de TECHAR.

TECHADO, s. m. V. TECHO.

TECHAR, v. a. Cubrir el edificio formando el techo.

TECHO, s. m. La parte interior y superior de un edificio que le cubre y cierra. || met. La casa, habitacion ó domicilio. || met. La patria propia de cada uno. || *Germ.* El sombrero.

TECHUMBRE, s. f. V. TECHO. Dícese por lo regular de los muy altos, como son los de las iglesias y otros edificios semejantes.

TECLA, s. f. Una tablita de palo ó marfil en que se afirman los dedos para hacer sonar los cañones del órgano, ó las cuerdas del clavicordio ú otro instrumento semejante. || met. Materia ó especie delicada que debe tratarse con cuidado. || DAR EN LA TECLA, met. Acertar en el modo de egecutar alguna cosa ó de portarse con alguna persona por haber comprendido su humor ó genio. || TOCAR UNA TECLA, fam. Mover de intento y cuidadosamente algun asunto ó especie.

TECLADO, s. m. El compuesto de teclas del órgano ú otro instrumento semejante segun su órden y disposicion.

TECLEADO, p. p. de TECLEAR.

TECLEAR, v. n. Mover las teclas. || Menear los dedos á manera del que toca las teclas.

TECLEAR, v. a. met. Intentar ó probar diversos caminos y medios para la consecucion y logro de algun fin.

TÉCTICO, CA, adj. Se aplica á las palabras propias de las artes y ciencias.

TEDERO, s. m. Instrumento de hierro sobre que se ponen las teas para alumbrar.

TEDEUM, s. m. Cántico que usa la Iglesia para rendir públicamente gracias á Dios por algun beneficio.

TEDIADO, p. p. de TEDIAR.

TEDIAR, v. a. Aborrecer ó abominar alguna cosa, tener de ella tedio.

TEDIO, s. m. Aborrecimiento, fastidio ó molestia.

TEDIOSO, SA, adj. Fastidioso, enfadoso ó molesto al gusto ó al ánimo.

TEGE MANEGE, Expr. de que se usa como sustantivo masculino para dar á entender la destreza ó sagacidad con que alguno se maneja en sus asuntos ó negocios, ó cuando anda muy afanado en un trabajo material.

TEGEDERA, s. f. V. TEJEDORA. || ESCRIBANO O ESCRIBANILLO del agua.

TEGEDOR, RA, s. m. y f. El que tege. || Tómase frecuentemente por el fabricante de telas.

TEGEDURA, s. f. La accion y efecto de teger. Tómase tambien por lo mismo que TEXTURA.

TEGER, v. a. Formar con la trama y urdimbre la tela en el telar. || met. Componer, ordenar y colocar con método y disposicion una cosa. || Discurrir, maquinar con variedad de ideas. || Cruzar ó mezclar con órden, como los lazos y las cabriolas en la danza, etc. || Formar sin telar alguna cosa parecida á la tela cinta en ser extendida y de poco grueso, como las trencillas que hacen á mano los cordoneros, las pleitas de las esteras, y las telas capullos que forman los insectos. || TEGER Y DESTEGER, Explica que alguno anda variando en lo que dispone, haciendo y deshaciendo una misma cosa.

TEGIDO, p. p. de TEGER.

TEGIDO, s. m. V. TELA.

TEGILLO, s. m. Especie de trencilla de que usaban las mugeres en ceñidor.

TEGIMIENTO, s. m. ant. TEGIDO, tela.

TEGUAL, s. m. Especie de tributo que se pagaba al rey como farda.

TEGUMENTO, s. m. *Med.* Lo [illegible]

cubre ó envuelve alguna membrana, músculo, etc.

* TEIFORME, adj. m. f. Dícese de la infusion hecha como el té.

* TEINADA, s. f. En algunas partes tinada, cobertizo.

* TEISMO, s. m. Creencia de la existencia de Dios.

* TEISTA, s. m. Deista, el que solo cree la existencia de Dios.

TEITRAL, s. m. ant. La testera ó adorno de la cabeza del caballo.

TEJA, s. f. Pieza de barro cocido hecha en forma de canal, para cubrir por fuera los techos, recibir y vaciar las aguas de las lluvias. || *Mur.* La parte cóncava y baja del capuz que ciñe el árbol. || TEJO árbol. || Á TEJA VANA, Explica que el edificio ó cuarto solamente tiene la cubierta del tejado. || Á TEJA VANA, met. Á la ligera, sin defensa ó reparo. || Á TOCA TEJA, En dinero contante, sin dilacion en la paga, con dinero en mano. || DE TEJAS ABAJO, Por un órden regular, no contando con las causas sobrenaturales. || HABLANDO DE TEJAS ABAJO, Se dice cuando lo que se habla es natural y que puede suceder en el mundo, dejando á parte la voluntad de Dios ó sus juicios, que pueden ser diversos de lo que se está pensando ó tratando.

TEJADILLO, s. m. d. de TEJADO. || En los coches de vigа la parte que cubre los estribos para defender del agua al que va sentado en ellos. Hoy se toma en los coches por toda la cubierta. || Entre tahureros una colocacion y postura de los naipes, con que encubriendo una parte de la baraja con la otra, y teniéndola con la mitad de la mano, sacan los naipes que necesitan para la trampa, sin que lo vea nadie.

TEJADO, p. p. de TEJAR.

TEJADO, s. m. El cubierto de tejas. *Germ.* La capa, manteo ú sombrero.

TEJAR, s. m. El sitio ú oficina donde fabrican las tejas.

TEJAR, v. a. Cubrir de tejas las casas y demas edificios y fábricas.

TEJAROZ, s. m. La parte del tejado que vuela fuera del edificio.

TEJAZO, s. m. El golpe que se da con la teja.

TEJERA, s. f. V. TEJAR.

TEJERÍA, s. f. V. TEJAR.

TEJERO, s. m. El que hace ó fabrica tejas.

TEJICA, LLA, TA, s. m. d. de TEJA.

TEJILLO, s. m. d. de TEJO.

TEJO, s. m. Pedazo de teja ó cosa semejante, que los muchachos hacen en figura redonda para jugar. || Juego que se egecuta tirando al que llaman hito con TEJOS. || La plancha gruesa de figura circular que se hace de varios tamaños y metales. || El pedazo de oro en pasta á distincion de la plata que llaman barra. || Árbol siempre verde, semejante al abeto.

TEJOLETA, s. f. Pedazo de teja, y por similitud cualquier pedazo de barro cocido.

TEJON, s. m. TEJO por el pedazo de oro, etc.

TEJUELA, s. f. d. de TEJA. Se llaman tambien así otros pedazos de barro quebrado, aunque no sean de teja. || Pedazo de madera ó tabla de que se forman y visten los fustes en las sillas de montar.

TEJUELO, s. m. d. de TEJO. || ant. TEJO por juego. || El cuadro que se pone en el lomo del libro para fijar el rótulo.

TELA, s. f. Cualquiera obra tegida de lana, seda, lino ú otras materias. || El tegido de oro ó plata. || Lo que se pone de una vez en el telar. || El sitio cerrado y dispuesto para fiestas, lides públicas y otros espectáculos. || La plaza ó recinto formado con lienzos para encerrar la caza y matarla con seguridad. || Exámen, disputa ó controversia para averiguar alguna duda. || La parte interior del cuerpo del animal formada de su grosura á modo de tela, como del celebro, del corazon, etc. || La flor ó nata que crian algunos licores en la superficie. || La túnica en algunas frutas despues de la cáscara ó corteza que cubre alguna parte de ellas. || Aquella nubecilla que se empieza á formar sobre la niña del ojo. || met. Cualquier enredo, maraña ó embuste. || El tegido que forman las arañas y algunos otros insectos. || met. Asunto ó materia; y así decimos: ya tiene TELA para un buen rato. || TELA BLANCA, Especie de lienzo ordinario blanco y tieso, que sirve regularmente para encerados. || TELA DE ARAÑA, V. TELARAÑA. || TELA DE CEBOLLA, La algara y sutil membrana que cubre cada uno de los cascos de que se compone. || TELA DE JUICIO, La forma ó modo de proceder judicialmente. || TELA PASADA, Aquella en cuyas flores ó labores pasa la seda al envés de ella. || ADIVINAR Ó VER POR TELA DE CEDAZO, fam. Juzgar alguno de las cosas no como son en sí, sino como se las presenta su pasion ó preocupacion. || ECHAR TELAS, Hacer ó mandar hacer las

TEMPANADOR, s. m. Instrumento que sirve para abrir las colmenas quitando de ellas las rapas ó témpanos.

TEMPANAR, v. a. Echar témpanos á las colmenas, cubas, etc.

TÉMPANO, s. m. V. TIMBAL. || La hoja de tocino, quitados los perniles. || La piel extendida del pandero, tambor, etc. || El pedazo de cualquiera cosa extendida ó plana cómo un pedazo de hielo ó tierra unida. || En las cubas es la tapa circular que la cierra. || En las colmenas el corcho redondo que las tapa por encima. || *Arq.* El vacío entre el cerramiento del fróntis y su cornisa.

TEMPERACION, s. f. V. TEMPERAMENTO.

TEMPERADAMENTE, adv. V. TEMPLADAMENTE.

TEMPERADO, p. p. de TEMPERAR. || TEMPERADO, DA, adj. ant. V. TEMPLADO.

TEMPERAMENTO, s. m. La constitucion y disposicion de los mixtos con la proporcion de sus calidades. || La constitucion del aire ó ambiente en órden al frio, calor, humedad ó sequedad. || La constitucion y disposicion proporcionada de los humores del cuerpo. || Providencia ó arbitrio para templar ó componer alguna cosa. || TEMPERAMENTO AD PONDUS, *Med.* La igualdad de los humores en el cuerpo humano segun sus calidades.

TEMPERANTE, p. a. de TEMPERAR, Que tempera ó templa. Aplícase regularmente en la medicina á algunos remedios que moderan é igualan los humores corrigiendo el que domina.

TEMPERANTÍSIMO, MA, adj. V. TEMPLADÍSIMO.

TEMPERAR, v. a. V. ATEMPERAR.

TEMPERATÍSIMO, MA, adj. ant. Muy templado.

TEMPERATURA, s. f. V. TEMPERAMENTO.

TEMPERIE, s. f. La constitucion del aire producida por los diversos grados de calor ó frio, sequedad ó humedad.

TEMPERO, s. m. La sazon y buena disposicion que adquiere la tierra con la lluvia para las sementeras y labores.

TEMPESTAD, s. f. El tiempo determinado ó temporada. || Tormenta ó perturbacion que ocasiona el desorden de algun elemento. Comunmente se entiende la que levanta la violencia de los vientos en las aguas del mar. || La perturbacion del aire con nubes gruesas de mucha agua, granizo ó piedra, truenos, rayos y relámpagos. || met. Violencia del genio ó natural de alguna persona en la precipitacion de sus operaciones. || met. La palabra áspera o injuriosa dicha con demasiada colera ó enojo. Usase mas comunmente en plural, como : le dijo mil TEMPESTADES.

TEMPESTAR, v. n. Descargar la tempestad.

TEMPESTIVAMENTE, adv. Á tiempo, oportunamente.

TEMPESTIVIDAD, s. f. Ocasion, oportunidad y coyuntura.

TEMPESTIVO, VA, adj. Oportuno, Que viene á tiempo y ocasion.

TEMPESTOSO, SA, adj. ant. V. TEMPESTUOSO.

TEMPESTUOSAMENTE, adv. Con tempestad.

TEMPESTUOSO, SA, adj. Que ocasiona ó levanta tempestades, ó está expuesto á ellas.

TEMPLA, s. f. *Pint.* Un genero de pegante que se hace de yema de huevo batida en agua para pintar al temple.

TEMPLACION, s. f. ant. V. TEMPLANZA. || ant. Temple, temperamento.

TEMPLADAMENTE, adv. Con templanza.

TEMPLADERA, s. f. p. *Nav.* Especie de compuerta que se pone en las acequias para dejar pasar la cantidad de agua que se quiere.

TEMPLADICO, CA, adj. d. de TEMPLADO.

TEMPLADÍSIMAMENTE, adv. sup. de TEMPLADAMENTE.

TEMPLADÍSIMO, MA, adj. sup. de TEMPLADO.

TEMPLADO, p. p. de TEMPLAR. || TEMPLADO, DA, adj. Moderado, contenido y parco en la comida ó bebida ó en alguna otro apetito ó pasion. || Hablando del estilo, ESTILO MEDIO.

TEMPLADOR, RA, s. m. y f. El que templa.

TEMPLADOR, s. m. La llave ó martillo con que se templa el arpa ó clavicordio.

TEMPLADURA, s. f. La accion y efecto de templar alguna cosa.

TEMPLAMIENTO, s. m. ant. V. TEMPLANZA.

TEMPLANZA, s. f. Virtud que modera los apetitos y uso excesivo de los sentidos sujetándolos á la razon asi para la salud del cuerpo, como para las funciones y operaciones del alma. || Moderacion y continencia de la ira ó colera ú otra pasion.||La buena disposicion y constitucion del aire ó clima de algun pais.||Temperamento, constitucion proporcionada de los humores del cuerpo humano. || *Pint.* La proporcion y la buena disposicion de sus partes por lo bien puesto de los colores. || TEMPLE en las armas.

TEMPLAR, v. a. Moderar, entibiar ó suavizar la fuerza de alguna cosa. || met. Moderar, sosegar la cólera, enojo ó violencia del genio de alguna persona.|| Dar á los metales aquel punto, delicadeza y fineza que requieren para su perfeccion. || *Vol.* Prevenir el halcon un dia ántes de la caza, y disponerle para ella con el hambre, el agua y con el cebo de los manjares que le avivan el apetito de cogerla. || *Mus.* Poner acordes los instrumentos segun la proporcion armónica. || *Pint.* Proporcionar la pintura y disponerla de modo que no disuene, ni desdiga parte alguna de ella. || *Mar.* Moderar y proporcionar las velas al viento recogiéndolas si es muy fuerte, y extendiéndolas si es suave ó blando. || Mezclar una cosa con otra para suavizar ó corregir su actividad.

TEMPLARSE, v. r. Contenerse, moderarse y evitar el exceso en alguna materia, como en la comida, etc.

TEMPLARIO, s. m. El individuo de la órden de caballería, que tuvo principio por los años 1118.

TEMPLE, s. m. El temperamento y sazon del tiempo ó del clima, y se extiende tambien al del calor ó frio en los cuerpos.|| El punto y fineza que se da á los metales y armas cortantes para su mayor dureza y mejor filo y corte.|| met. La calidad ó estado del genio y natural apacible ó áspero; y así se dice: estar de buen ó mal TEMPLE. || Medio término ó partido que se toma entre dos cosas diferentes.||*Mús.* La disposicion y acuerdo armónico de los instrumentos. || La religion de los templarios, y hoy se llaman así algunas iglesias que fueron suyas. || AL TEMPLE, Hablando de la pintura significa la que está hecha con algunos ingredientes pegantes, como cola, goma ó yema de huevo.

TEMPLECILLO, s. m. d. de TEMPLO.

TEMPLETE, s. m. d. de TEMPLO. Úsase mucho en la arquitectura por el ornato en figura de templo.

TEMPLISTA, s. m. *Pint.* El que pinta al temple.

TEMPLO, s. m. Edificio dedicado á Dios, y en que se da culto á los santos. || Cualquiera de los lugares dedicados á los falsos dioses de la gentilidad.

TÉMPORA, s. f. El tiempo de ayuno de precepto de la iglesia en las cuatro estaciones del año que se observan en los tres dias de una semana, que son miércoles, viernes y sábado.

TEMPORADA, s. f. El trascurso ó espacio de algun tiempo.

TEMPORAL, adj. Que dura por algun tiempo, ó de otro modo pertenece á él. || Se usa tambien para distinguir la jurisdiccion así llamada de la espiritual y eclesiastica.

TEMPORAL, s. m. La buena ó mala calidad ó constitucion del tiempo; y así se dice: buen ó mal TEMPORAL. || Tempestad de tierra ó mar causada de la violencia de los vientos ó aguas. || *And.* El trabajador rústico que trabaja solo por ciertos tiempos del año.

TEMPORALIDAD, s. f. Los frutos y cualquiera cosa profana que perciben los eclesiásticos de sus beneficios ó prebendas. || La calidad de lo temporal ó cualquiera cosa, ó bien temporal ó de esta vida. Úsase mas comunmente en plural. || ECHAR LAS TEMPORALIDADES, Privar á algun eclesiástico de los bienes temporales que poseia. || ECHAR LAS TEMPORALIDADES, met. Decir á alguno expresiones ásperas y de mucho enojo.

TEMPORALIZADO, p. p. de TEMPORALIZAR.

TEMPORALIZAR, v. a. Hacer temporal, perecedero ó acabable lo que podia ó debia ser de mucha duracion.

TEMPORALMENTE, adv. Por algun tiempo. || En cosas temporales y terrenas.

TEMPORÁNEO, NEA, adj. Que dura solo por algun tiempo.

TEMPORARIO, RIA, adj. Que dura por determinado ó limitado tiempo.

TEMPORERO, s. m. TEMPORAL por el trabajador.

TEMPORIL, s. m. *p. And.* TEMPORAL ó temporero.

* TEMPORIZADOR, s. m. Entretenedor, el que gana tiempo dilatándole.

TEMPORIZAR, v. n. V. CONTEMPORIZAR. || Pasar ó gastar el tiempo en alguna cosa o en algun lugar.

TEMPRANAL, adj. Se aplica á la tierra y plantio que da fruto temprano.

TEMPRANAMENTE, adv. Anticipadamente, ó con tiempo antecedente o provenido.

TEMPRANERO, RA, adj. V. TEMPRANO.

TEMPRANILLA, s. f. *Rioj.* Especie de uva que madura antes que las demas.

TEMPRANO, NA, adj. Adelantado, anticipado ó que es ántes del tiempo regular ú ordinario.

TEMPRANO, adv. Con anticipacion de tiempo ó muy presto.

TEMULENTO, TA, adj. Borracho, embriagado.

TENA, s. f. TINADA por la manada de ovejas ó cabras ó mezcla de uno y otro que no pasa de sesenta cabezas, y duerme la mayor parte del año en el lugar ó en las teinadas.

TENACEADO, p. p. de TENACEAR.

TENACEAR, v. a. V. ATENACEAR.

TENACEAR, v. n. met. Insistir ó porfiar en alguna cosa con pertinacia y terquedad.

TENACERO, s. m. El que hace, trata ó maneja tenazas. En las ferrerías de Vizcaya llaman asi á los que labran con ellas el acero ó hierro.

TENACICAS, LLAS, s. f. pl. d. de TENAZAS. || DESPABILADERAS.

TENACIDAD, s f. Dificultad de desasirse ó despegarse una cosa de otra. || met. Pertinacia y empeño eficaz y fuerte que hace mantenerse fijo y firme en su propósito.

TENACÍSIMAMENTE, adv. sup. de TENAZMENTE.

TENACÍSIMO, MA, adj. sup. de TENAZ.

TENALLON, s. m. *Fort.* Especie de falsabraga hecha delante de las cortinas y flancos de una fortificacion.

TENANTE, s. m. *Blas.* Cada una de las figuras de ángeles ú hombres que sostienen el escudo.

TENAZ, adj. Que se pega, ase ó prende á alguna cosa, y es dificultoso de separarse. || met. Firme, terco, porfiado y pertinaz en su tema ó propósito. || Miserable, avariento.

TENAZA, s. f. Fortificacion exterior con uno ó dos ángulos retirados sin flancos. || En algunos animales los dientes ó uñas con que prenden ó asen lo que quieren, teniéndolo firme y sujeto. || En los molinos de aceite el fin de la viga. || En el juego de naipes dos cartas que esperando á su mano el que las tiene las ha de hacer precisamente bazas de cualquier manera que le jueguen.

TENAZAS, s. f. pl. Instrumento de hierro formado con dos brazos largos como tigera, vueltas las puntas chatas, que se unen y aprietan una con otra para prender y asir ó agarrar alguna cosa. || HACER TENAZA, Asir mordiendo, atravesando ó cruzando las presas, de modo que es dificultosísimo desprenderse. || SER MENESTER TENAZAS, Pondera la dificultad de conseguir ó sacar alguna cosa de otro.

TENAZADA, s. f. El acto de agarrar con la tenaza ó el sonido que forma prendiendo. || La accion de morder fuertemente.

TENAZMENTE, adv. Con tenacidad y firmeza.

TENAZON, s. m. *Cetr.* El disparo de golpe, y sin apuntar. || PARAR DE TENAZON, Parar el caballo en la carrera de golpe, sin haberle avisado ántes.

TENAZUELAS, s. f. pl. d. de TENAZAS. Privativamente se aplica á un instrumento con que arrancan las mugeres los cabellos descompuestos de las cejas ó nacimiento del pelo.

TENCA, s. f. Pez semejante á la carpa, aunque mas pequeño y delicado. Críase regularmente en los estanques y lagunas.

TENCION, s. f. La accion de tener.

TENCONTEN, s. m. fam. Moderacion y templanza; y asi se dice: fulano gasta un TENCONTEN en sus cosas. || TEN CON TEN, Con la igualdad, proporcion y medida que requiere alguna cosa, ó con tiento.

* **TENDAJO**, s. m. Casilla, choza de tablas.

TENDAL, s. m. Cubierta de lienzo ó otra cosa á modo de toldo, que se pone en las barcas y otros parages para defenderse del sol y para otros usos. || En *algunas partes* TENDEDERO. || *Extr.* La carreta LIMONERA.

TENDALERA, s. f. fam. Descompostura y desórden de las cosas que se dejan tendidas por el suelo.

TENDALERO, s. m. TENDEDERO, ó sitio, etc.

TENDALETE, s. m. El que tiende. || El sitio ó lugar donde se tiende alguna cosa, como la ropa.

* **TENDEDOR**, s. m. f. El que tiende alguna cosa.

TENDEDURA, s. f. La accion de tender.

TENDEJON, s. m. Tienda pequeña ó barraca mal construida.

TENDEL, s. m. *Albañ.* La cuerda que tiran y fijan los alarifes de una esquina á otra para que suban iguales las paredes.

TENDENCIA, s. f. Modo ó disposicion con que algunas cosas se dirigen ó refieren á otras.

TENDER, v. a. Desdoblar, extender ó desplegar lo que está cogido, doblado ó arrugado. || Echar por el suelo alguna cosa, extendiéndola ó esparciéndola. || Alargar ó extender. || TENDERLA, Significa que alguno desafia ó provoca á otro á disputa, lid ú otro género de contienda, con alguna satisfaccion de la victoria.

TENDER, v. n. Dirigir, referirse á algun fin una cosa.

TENDERSE, v. r. Recostarse ó echarse á la larga. || met. Descuidarse, desamparar ó abandonar la solicitud de algun intento por negligencia. || En el juego de naipes echar todas las cartas en la mesa en la aprehsion de ganar seguramente la mano, ó en el conocimiento de perderla.

TENDERETE, s. m. Juego de naipes. || V. TENDALERA.

TENDERO, RA, s. m. y f. La persona que tiene tienda para vender géneros, mercaderías y otras especies. Tómase particularmente por los que venden por menor.

TENDERO, s. m. ant. El que hace tiendas de campaña ó cuida de ellas.

TENDEZUELA, s. f. d. de TIENDA.

TENDIDAMENTE, adv. A la larga, difusamente.

TENDIDO, p. p. de TENDER.

TENDIDO, s. m. El tablado ó talanquera que se pone para ver las fiestas de toros. || La porcion de encajes que se forma sin levantarla del patron. || El conjunto de ropa que cada lavandera tiende. || La masa formada en panes cuando está puesta en el tablero para que se venga, y entrarlos en el horno. || *Alban.* La parte del tejado desde el caballete al alero. || LARGO Y TENDIDO, expr. fam. Con profusion.

TENDIENTE, p. a. de TENDER, que tiende.

TENDINOSO, SA, adj. *Anat.* Que tiene tendones ó se compone de ellos.

TENDON, s. m. *Anat.* La cuerda, nervecillo que une las cabezas de los músculos con los huesos, y sirve para el movimiento, tendiéndose ó encogiéndose.

TENEBRARIO, s. m. Candelero en figura triangular, en que se ponen quince velas, que se encienden para cantar las tinieblas de semana santa; y está puesto en una como columna con su peana, que sirve de asiento.

TENEBREGOSO, SA, adj. ant. V. TENEBROSO.

TENEBREGURA, s. f. ant. V. TENEBROSIDAD.

TENEBROSAMENTE, adv. Con tenebrosidad.

TENEBROSIDAD, s. f. Grande oscuridad, falta total de luz y claridad.

TENEBROSÍSIMO, MA, adv. sup. de TENEBROSO.

TENEBROSO, SA, adj. Oscuro, cubierto de tinieblas. || Se aplica tambien al estilo para denotar su oscuridad y confusion.

TENEDERO, s. m. *Naut.* Suelo del mar donde prende y se afirma el ancla.

TENEDOR, s. m. El que tiene ó posee alguna cosa. || El que tiene á su cargo una cosa por lo regular en nombre de otro. || Instrumento de tres, cuatro ó mas dientes, con su ástil, que sirve para prender con aseo la comida, y ayudar á la cuchara ó trinchante. Hácese de diversas materias, como plata, oro, etc. || En el juego de pelota es el que detiene las pelotas que vienen arrastradas. || TENEDOR Ó TENEDOR DE BASTIMENTOS, La persona encargada de los víveres para su pronta distribucion. || TENEDOR DE CAMINOS, ant. V. SALTEADOR.

TENENCIA, s. f. Ocupacion y posesion actual y corporal de alguna cosa. || El cargo ú oficio de teniente. || ant Hacienda ó haberes.

TENER, v. a. Asir ó mantener asida alguna cosa. || Poseer y gozar. || Ser rico y adinerado. || Mantener y sostener. || Contener ó comprender en sí. || Poseer, dominar ó sujetar. || Detener y parar. || Guardar, cumplir, como TENER la palabra, la promesa, etc. || Hospedar ó recibir en su casa. || Poseer ó estar adornado ó abundante de alguna cosa material ó inmaterial; y así se dice: TENER espíritu, TENER hacienda, etc. || Estar en precision de hacer alguna cosa, ú ocuparse en ella; y así se dice: TENER consejo: TENER junta, etc. || Estar al cargo, cuidado ó expensas de alguna cosa; y así se dice: fulano TIENE casa, mesa, etc. || Como verbo auxiliar lo mismo que el verbo HABER. || Juzgar, reputar y entender. Suélese juntar con la partícula *por.* || Junto con la preposicion *en* y los nombres *poco*, *mucho* y semejantes, estimar, apreciar. || Junto con algunos nombres de tiempo vale emplear, pasar, gastar algun espacio de él en un lugar ó sitio, como: TENER las carnestolendas en Barcelona. || Junto con la partícula *que* y el romance de infinitivo de otro verbo significa la necesidad, precision ó determinacion de hacer lo que el verbo significa. || Junto con algunos nombres vale hacer ó padecer lo que el nombre significa, como TENER cuidado, miedo, experiencia, etc. || *Mil.* ant. Gobernar alguna plaza en nombre del propietario. || Con los nombres que significan tiempo vale la duracion ó edad de las cosas ó personas de que se habla, como TENER años, TENER dias. || Junto con algunos nombres que significan cosa inmaterial, vale estar poseido de ellos ó egercitar lo que los nombres significan, como TENER lástima, TENER vergüenza, buena voluntad.

TENERSE, v. r. Afirmarse ó asegurarse para no caer. || Detenerse ó pararse. || Resistir ó hacer oposicion á alguno en riña ó pelea. || Atenerse, adherirse, estar por alguno ó por alguna cosa. || TENERSE POR DICHA ALGUNA COSA, Tener por dicho lo que aun no se ha dicho expresamente, como yo no he dicho tal cosa; pero téngaselo vm. por dicho. || TENERSE EN BUENAS, fam. En el juego reservar las buenas cartas para lograr la mano; y por extension prevenir el riesgo en cualquiera linea. || TENER SOBRE SI, V. TENER ACUESTAS. || TENER ANDADO, Haber dado algunos pasos ó haber adelantado algo en un asunto. || TENER DE ASI, Especie de interjeccion con que se avisa y advierte á alguno que se detenga ó suspenda en lo que quiere egecutar, y suele usarse solo el verbo. || Se usa asimismo para explicar que alguno tiene habilidad conocida en materia determinada. Suele tambien juntarse con algunos nombres, y explica que el sugeto de quien se habla tiene la calidad ó especialidad de lo que el nombre significa; y así se dice: *fulano* TIENE mucho de miserable, de loco, de santo, etc. || TENER EN CARO, ant. Apreciar, tener en gran estima. || TENER EN CONTRA, Hallar en alguna materia impedimento, contradiccion ó dificultad. || TENER EN POCO, Desestimar, hacer poco aprecio de alguna cosa, despreciarla y abandonarla. || TENER MAS Ó MÉNOS ANDADO PARA ALGUNA COSA, fam. Tener mas ó ménos adelantado para su logro. Usase tambien con otras partículas. || TENER PARA SI, Persuadirse ó hacer dictámen ú opinion particular en una materia en que otros pueden dudar ó llevar sentencia contraria. || TENERLAS TIESAS, fam. Mantenerse firme contra alguno en contienda, disputa ó instancia. || TENER TIESO Ó TENERSE TIESO, Mantenerse constante en alguna resolucion ó dictámen. || TENER Y TENGAMOS, fam. Se usa para persuadir á la mutua seguridad en lo que se trata. || NO PODERSE TENER, Explica la debilidad y flaqueza de alguna persona ú otra cosa. || NO TENER COSA SUYA, Pondera la liberalidad de alguno ó su propension á dar. || NO SABER LO QUE SE TIENE, fam. Pondera el gran caudal que alguno posee.

TENERÍA, s. f. El sitio ú oficina donde se curte y trabaja todo género de cueros.

TENESMO, s. m. Achaque procedido de una inflamacion edematosa de excrementos endurecidos y pegados en el intestino recto. || V. PUJO DE SANGRE.

TENIDO, p. p. de TENER.

TENIENTA, s. f. La muger del teniente.

TENIENTAZGO, s. m. El oficio de teniente.

TENIENTE, p. a. de TENER, Que tiene ó posee alguna cosa.

TENIENTE, adj. Se aplica á la fruta cuando no está aun en estado de madurez. || fam. Algo sordo ó tardo en el sentido del oido. || met. Miserable y escaso: y asi suele decirse: fulano es algo TENIENTE.

TENIENTE, s. m. El que ocupa y egerce el cargo ó ministerio de otro, y es como sustituto suyo. || *Mil.* El oficial inmediato al capitan. || TENIENTE CORONEL, El inmediato gefe despues del coronel. || TENIENTE GENERAL, *Mil.* El oficial general que sigue al capitan general.

TENOR, s. m. Constitucion ú órden firme y estable de alguna cosa. || Una de las cuatro voces de la música, segun el tono natural, entre contralto y contrabajo. || El músico que lleva y entona la voz natural entre contralto y bajo. || El contenido literal de algun libro ó escrito.

TENSION, s. f. Extension ó dilatacion de alguna cosa. Usase regularmente en la medicina hablando de los nervios y otros miembros del cuerpo.

TENSO, SA, adj. Estirado ó tirante.

TENTACION, s. f. Instigacion ó estímulo que induce ó persuade á alguna cosa mala. Algunas veces se toma por el sugeto que induce ó persuade. || Movimiento del ánimo, aunque no sea de cosa mala. || CAER EN LA TENTACION, met. Dejarse vencer de ella, resolverse á egecutar alguna cosa en que se teme algun riesgo, solo por el gusto de lograrla. || fam. Consentirla.

TENTACIONCILLA, s. f. d. de TENTACION.

TENTADO, p. p. de TENTAR.

TENTADOR, RA, s. m. y f. El que tienta. Por antonomasia se toma por el espíritu maligno.

TENTAR, v. a. Egercitar el sentido del tacto, palpando ó tocando alguna cosa materialmente. || Examinar y reconocer por medio del sentido del tacto lo que no se puede ver, como hace el ciego ó el que se halla en un lugar oscuro. || Instigar, inducir ó estimular. || Intentar ó procurar. || Examinar, probar ú experimentar. || Probar á alguno, hacer exámen de su constancia ó fortaleza. || Estar dudoso y sin resolucion en lo que se discurre. Dícese frecuentemente andar TENTANDO. || *Cir.* Reconocer con la tienta la cavidad de alguna herida.

TENTATIVA, s. f. La accion con que se intenta experimentar, probar ó tentear alguna cosa. || El primer acto ó exámen que se hacia en algunas universidades para tantear la capacidad y suficiencia del estudiante que se ha de graduar.

TENTATIVO, VA, adj. Que sirve para tantear ó probar alguna cosa.

TENTE BONETE, Expr. usada en los modos adverbiales á TENTE BONETE ó hasta TENTE BONETE, y significa con abundancia, con exceso, como comer, porfiar, etc., á TENTE BONETE.

TENTEMOZO, s. m. Puntal ó arrimo que se aplica á alguna cosa expuesta á caerse ó que amenaza ruina.

TENUAMENTE, adv. Con tenuidad y escasamente.

TENUDO, p. p. irreg. ant. de TENER. Regularmente se juntaba con el verbo *ser*, y significaba estar obligado ó precisado.

TENUE, adj. Delicado, delgado y débil. || Aplícase tambien á las letras consonantes que se pronuncian con mas suavidad que otras. || Que es de poca sustancia, valor ó importancia.

TENUIDAD, s. f. Debilidad, delicadeza, raridad ó sutileza. || Cualquiera cosa de poco entidad, valor ó estimacion.

TENUO, UA, adj. V. TENUE.

TENUTA, s. f. Posesion de los frutos, rentas y preeminencias de algun mayorazgo, que se goza hasta la decision de la pertenencia de su propiedad entre dos ó mas litigantes.

TENUTARIO, RIA, adj. Que pertenece ó toca á la tenuta.

TEÑIDO, p. p. de TEÑIR.

TEÑIDURA, s. f. La accion y efecto de teñir.

TEÑIR, v. a. Dar á una tela, paño ú otra cualquiera cosa un color distinto del que tenia, embebiéndola en licor preparado para ello. || Manchar con otro color alguna cosa, especialmente si es la mayor parte de ella; y con singularidad se dice de la sangre. || Sobreponer otro color á la cara ó cabello del que naturalmente tiene. || met. Dar otro color ó viso á las cosas, disimulándolas ó desmintiéndolas. || Imbuir de alguna opinion, especie ó afecto. || *Pint.* Rebajar ó apagar algun color con otro mas oscuro.

* TEOCRACIA, s. f. Gobierno segun la voluntad de Dios.

* TEOCRÁTICO, CA, adj. Perteneciente á la teocracia.

TEODOSIANO, NA, adj. Perteneciente á Teodosio.

* TEOGONÍA, s. f. Nacimiento de los dioses de la gentilidad.

TEOLOGAL, adj. Que pertenece á la teología ó es propio de ella.

TEOLOGAL, s. f. LECTORAL, uno de los canonicatos.

TEOLOGÍA, s. f. Ciencia que trata de Dios y de sus atributos. || NO METERSE EN TEOLOGÍAS, met. y fam. Discurrir ó hablar llanamente, sin sutilizar en alguna materia ó sin introducirse en lo que no es de su profesion ó no entiende.

TEOLÓGICAMENTE, adv. En términos ó principios teológicos.

TEOLÓGICO, CA, adj. V. TEOLOGAL.

TEOLOGIZAR, v. n. Discurrir sobre principios ó razones teológicas.

TEÓLOGO, s. m. El profesor ó estudiante de teología. Tómase comunmente por el inteligente ó docto en esta ciencia. || TEÓLOGO, GA. adj. V. TEOLOGAL.

TEOREMA, s. m. Proposicion en que se va á averiguar la verdad de una cosa especulativamente y por sus principios.

TEORÍA, s. f. V. TEÓRICA.

TEÓRICA, s. f. Conocimiento especulativo ó interior de la esencia y calidad de las cosas.

TEÓRICAMENTE, avd. Especulativamente.

TEÓRICO, CA, adj. Que pertenece á la TEORÍA. || Que comprende y entiende la esencia de las cosas especulativamente, sin prueba práctica.

TEOSO, SA, adj. Se dice de la madera que se puede encender para alumbrar, por ser resinosa.

TEOSOFÍA, s. f. ant. V. TEOLOGÍA.

TEPE, s. m. Pedazo de tierra muy trabado con las raices de la grama que se corta en forma de cuña, y sirve para hacer murallas, acomodándolos unos sobre otros.

TEPEAQUÉS, adj. y s. El natural de Tepeaca y que pertenece á esta provincia.

TEPEIZQUINTE, s. m. Animal cuadrúpedo de la provincia de Tabasco, del tamaño de un lechon, y parecido al gamo y pintado como él.

TEQUIO, s. m. En nueva España gravámen, tarea, carga concejil.

TERAPÉUTICA, s. f. La parte de la medicina que enseña los remedios para curar.

TERCAMENTE, adv. Con porfía, con tenacidad.

TERCENA, s. f. El puesto donde se vende el tabaco por mayor.

TERCENAL, s. m. *Ar.* Fascal de treinta haces.

TERCENISTA, s. m. El que tiene á su cargo la tercena.

TERCER, adj. ord. TERCERO; y se antepone al sustantivo.

TERCERAMENTE, adv. En tercer lugar.

TERCERÍA, s. f. Mediacion entre dos personas para algun ajuste, convenio ó cosa semejante. || for. El derecho que deduce algun tercero entre dos ó mas litigantes, ó por el suyo propio, ó auxiliando y fomentando el de alguno de ellos. || El oficio del que tiene en su poder los diezmos hasta entregarlos á los partícipes. || Depósito, ó la tenencia interina de algun castillo, fortaleza, etc.

TERCERILLA, s. f. Composicion métrica que consta de tres versos de arte menor, en que el segundo y tercero hacen consonancia, y el primero es suelto ó libre.

TERCERO, RA, adj. num. ord. Que en órden compone el número tres.

TERCERO, s. m. El que media entre dos ó mas personas para el ajuste ó egecucion de alguna cosa buena ó mala. || El que profesa la regla de la tercera órden de san Francisco, santo Domingo y nuestra Señora del Cármen. || El que tiene el oficio de recoger los diezmos y guardarlos hasta que se entregan á los partícipes. || TERCERO EN DISCORDIA, El que se nombra entre dos árbitros ó jueces para que deshaga la discordia de sus dictámenes, ó arrimándose al sentir de uno de ellos, ó dando diversa sentencia de la de ámbos.

TERCERA, s. f. *Mús.* La consonancia que comprende el intervalo de dos tonos y medio. || En la guitarra una cuerda de las cinco que componen su armonía, que está en este órden. || En el juego de los cientos son tres cartas de un palo seguidas por su órden, y se denomina de la carta superior, como TERCERA mayor la que empieza por el as, real la que empieza por el rey, etc. || TERCERA MAYOR, *Mús.* V. DITONO. || TERCERA MENOR, *Mús.* V. SEMITONO.

TERCEROL, s. m. *Náut.* Lo que ocupa el lugar tercero, como la vela menor con su mástil, el tercer remo en el banco, etc.

TERCEROLA, s. f. Especie de carabina mas corta que las de encara. || Una especie de barril de mediana cabida.

TERCETO, s. m. Composicion métrica que consta de tres versos de arte mayor ó endecasílabos. || La composicion que consta de tres versos, aunque sean de arte menor, y se usan sueltos para geroglíficos, motes, etc.

TERCIA, s. f. Una de tres partes en cualquiera cosa, aunque por lo regular se entiende solo en la medida por la tercera parte de una vara. || Una de las horas en que los Romanos dividian el dia, y corresponde á las nueve de la mañana. || En el oficio divino una de las horas menores, la inmediata despues de prima, y se llama así por corresponder á esa hora del dia. || La casa en que se depositan los diezmos. || En el juego de los cientos TERCERA. || TERCIAS, pl. Los dos novenos de todos los diezmos eclesiásticos que se deducen por lo comun para el rey.

TERCIACION, s. f. La accion de terciar ó dar la tercera reja ó labor á las tierras despues de barbechadas y binadas.

TERCIADO, p. de TERCIAR.

TERCIADO, s. m. La espada corta y ancha, á la que falta una tercera parte de la marca. || Un género de cinta algo mas ancha que liston.

TERCIANA, s. f. Calentura intermitente, que repite el tercero dia: y cuando repite todos los dias se llama doble.

TERCIANARIO, RIA, adj. y s. El que padece ó tiene tercianas.

TERCIANELA, s. f. Tela de seda

de, so *pena de*, so *graves penas*, so *la pena ó las penas*. || Se usa en composicion, y unas veces retiene su significacion, como en SOCAVAR, SOTERRAR, SOLOMO, SOTERRAÑO: otras sirve de disminuir ó moderar la significacion del verbo ó nombre que compone, como en SOASAR; y otras sirve para aumentarla, como en SOJUZGAR, SOFRENAR, SOFRENADA. || Se usa tambien como interjeccion para hacer detener ó parar á los jumentos. Dicen tambien CHO y JO.

SO, pron. poses. ant. V. *su*. || DE SO UNO, Juntamente, de mancomun. || ant. Juntamente y á un tiempo.

* SO-ARRENDADOR, s. m. Subarrendador.

* SO-ARRENDAMIENTO, s. m. Subarrendamiento.

* SO-ARRENDAR, v. a. Subarrendar.

SOASADO, p. p. de SOASAR.

SOASAR, v. a. Medio asar ó asar ligeramente.

SOBA, s. f. La accion y efecto de sobar. || met. Aporreamiento ó zurra que se da á alguno, como SOBA de palos.

SOBACO, s. m. La parte que está debajo del hombro que hace un género de arco.

SOBADERO, RA, adj. Que se puede sobar.

SOBADO, p. p. de SOBAR.

SOBADO, s. m. V. SOBADURA.

SOBADURA, s. f. La accion y efecto de sobar.

SOBAJADO, p. p. de SOBAJAR.

SOBAJADURA, s. f. La accion y efecto de sobajar.

SOBAJAMIENTO, s. m. Sobadura.

SOBAJANERO, s. m. *And.* El mozo que sirve en los cortijos para ir por el recado al pueblo.

SOBAJAR, v. a. Manosear alguna cosa con fuerza tratándola mal ó ajándola.

SOBANDA, s. f. El remate del tonel que está mas distante respecto del que le labra ó le mira.

SOBAQUERA, s. f. La abertura que suele dejarse de propósito en los vestidos en la union de la manga y cuerpo á la parte del sobaco.

SOBAQUIDO, s. m. *Germ.* Lo que se hurta y lleva debajo del brazo.

SOBAQUINA, s. f. El mal olor que algunos suelen echar de sí por los sobacos.

SOBAR, v. a. Manejar y oprimir alguna cosa repetidamente y con violencia á fin de que se ablande ó suavice. || Castigar dando algunos golpes. || met. Refregar ó manosear mucho, ó con frecuencia.

SOBARBA, s. f. La correa del freno que abraza la barba y hocico del caballo introducida por las correas en que se asegura el bocado.

SOBARBADA, s. f. El golpe que se le da al caballo tirando de las riendas con alguna violencia, á fin de refrenarle cuando va inquieto. || met. La reprension que se da á alguno con palabras ásperas.

SOBARCADO, p. p. de SOBARCAR.

SOBARCAR, v. a. Poner ó llevar alguna cosa que haga bulto debajo del arco del brazo ó sobaco. || Levantar ó subir hácia los sobacos los vestidos.

SOBEJANÍA, s. f. ant. Sobra, demasía, exceso.

SOBEJANO, NA, adj. ant. Sobrado, demasiado, excesivo.

SOBEJO, JA, adj. ant. V. SOBEJANO.

SOBEO, s. m. En algunas partes correa de cuero que sirve para afianzar el arado con el yugo.

SOBERANAMENTE, adv. Con soberanía.

SOBERANÍA, s. f. Alteza y poderío sobre todos. || Orgullo, soberbia ó altivez.

SOBERANIDAD, s. f. ant. V. SOBERANÍA.

SOBERANÍSIMO, MA, adj. sup. de SOBERANO.

SOBERANO, NA, adj. Que es alto, extremado y singular. || ant. Altivo, soberbio ó presumido.

SOBERANO, s. m. El que tiene la autoridad suprema.

SOBERBIA, s. f. Elacion del ánimo, y apetito desordenado de ser preferido á otro. || Satisfaccion y desvanecimiento de las propias prendas con desprecio de los demas. || El exceso en la magnificencia, suntuosidad ó pompa, especialmente hablando de los edificios. || La cólera é ira expresada con algunas acciones. || ant. Palabra ó accion injuriosa.

SOBERBIAMENTE, adv. Arrogante y altivamente.

SOBERBIAR, v. n. ant. V. ENSOBERBECERSE.

SOBERBIO, BIA, adj. El que tiene soberbia, ó se deja llevar de ella. || Altivo, arrogante y elevado. || met. Alto, fuerte ó excesivo en las cosas inanimadas. || Fogoso, orgulloso y violento. Aplícase regularmente á los caballos.

TERMINACHO, s. m. fam. Voz ó palabra poco culta, mal formada ó indecente, de que usan gentes ignorantes.

TERMINACION, s. f. La accion y efecto de acabarse, terminarse ó resolverse alguna cosa. || *Gram.* La última ó últimas sílabas de una voz ó palabra; y así se dice: TERMINACION femenina ó masculina. || *Med.* y *Cir.* La determinacion que toma la naturaleza en una enfermedad ó dolencia.

TERMINADO, p. p. de TERMINAR.

TERMINADO, s. m. La division de techos y suelos puestos por órden unos sobre otros en un mismo edificio.

TERMINADOR, RA, s. m. y f. El que termina.

TERMINAJO, s. m. fam. Término bárbaro ó mal usado.

TERMINAL, adj. Final, último, y que pone término á una cosa.

TERMINANTE, p. a. de TERMINAR, Que termina.

TERMINANTE, adj. Se aplica á la autoridad, ley ú otra cosa, que sin caber duda explica el punto de que se trata. || EN TÉRMINOS TERMINANTES, Significa la propiedad ó puntualidad de alguna doctrina ó texto al caso de lo que se pretende ó busca.

TERMINAR, v. a. Acabar, ser fin ó término de alguna cosa. || Poner fin ó término á alguna cosa, acabarla y concluirla.

TERMINAR, v. n. *Gram.* Se aplica á los finales ó últimas sílabas de los verbos ó nombres, como alabar, ensalzar terminan en *ar*; leer, aprender terminan en *er*. || *Med.* y *Cir.* Determinarse ó acabarse una enfermedad por los modos regulares de resolucion, corrupcion, enduracion ó madurez.

TERMINARSE, v. r. Ordenarse, dirigirse una cosa á otra como á su fin y objeto.

TERMINATIVO, VA, adj. Respectivo ó relativo al término ú objeto de alguna accion.

TERMINICO, LLO, TO, s. m. d. de TÉRMINO.

TÉRMINO, s. m. Fin de alguna cosa material ó inmaterial. || El mojon que se pone para distinguir los límites. || Forma ó modo de portarse ó hablar en el trato comun. || El distrito ó espacio de tierra que comprende una ciudad, villa, etc. || El parage señalado para algun fin. || *for.* Tiempo determinado. || Límite ó confin de un lugar ó provincia con otra. || *met.* El objeto determinado de cualquiera operacion. || El que comprende alguna cosa desde el principio hasta el fin, que siempre son dos, uno por donde se empieza, y otro donde acaba. || Vocablo, voz ó palabra de una lengua. || La hora, dia ó punto preciso de hacer algo. || Estado ó constitucion de alguna cosa. || El concepto objetivo que se forma en la primera operacion del entendimiento. Hay varias especies, como relativo, categoremático, sincategoremático, etc. || *Arq.* Sosten ó apoyo que termina por la parte superior en una cabeza humana, al modo que los antiguos figuraban al dios TÉRMINO. || *Pint.* El parage en que se representa algun objeto en un cuadro, y se llama primer TÉRMINO el parage mas cercano, segundo el medio, y tercero el último. || *Med.* El dia en que en las enfermedades se nota alguna novedad ó síntomas en el enfermo. || *Lóg.* Aquello dentro de lo cual se contiene enteramente une cosa, de modo que nada de ella se halle fuera de él. || *Mús.* V. PUNTO, TONO. || TÉRMINOS, pl. *Lóg.* Las palabras que sustancialmente componen un argumento ó silogismo, en el cual es defecto tener cuatro términos. || *Arit.* y *Geom.* Los que componen una comparacion ó proporcion, de los cuales uno es antecedente y otro consiguiente; y se llaman homólogos los que son semejantes en la proporcion. || *Astr.* Ciertos grados y límites en que los planetas tienen mayor fuerza en sus influjos. || TÉRMINO ECLÍPTICO, *Astron.* La distancia de la luna á uno de los dos nodos de la ecliptica ó cola y cabeza del dragon. || TÉRMINO PERENTORIO, Es el que se concede últimamente y con denegacion de otro. || TÉRMINO PROBATORIO, for. El que señala el juez con arreglo á la ley para recibir el pleito á prueba y hacer las probanzas. || TÉRMINO REDONDO, El territorio exento de la jurisdiccion de todos los pueblos comarcanos. || TÉRMINOS DE LA IGUALACION, *Alg.* Aquellos donde se halla la incógnita elevada á diferentes grados. || TÉRMINOS NECESARIOS, En los eclipses de sol ó luna son aquellas distancias de los luminares al nodo mas cercano, dentro de los cuales necesariamente ha de haber eclipse en alguna parte de la tierra. || TÉRMINOS POSIBLES, En los eclipses son aquellas distancias al nodo, dentro de las cuales puede haber eclipses, y fuera de ellas es imposible. || TÉRMINOS RECÍPROCOS, *Lóg.* Los que tienen un mismo significado ó son convertibles. || TÉRMI-

SOBREABUNDANCIA, s. f. Abundancia excesiva.

SOBREABUNDANTE, p. a. de SOBREABUNDAR, Que abunda con exceso.

SOBREABUNDANTEMENTE, adv. Excesivamente, con gran abundancia.

SOBREABUNDAR, v. n. Abundar mucho.

SOBREAGUAR, v. n. Andar ó estar sobre la superficie del agua.

SOBREAGUDA, s. f. *Más.* Cada una de las siete letras de la música pequeñas y duplicadas.

SOBREAGUDO, s. m. *Más.* El signo mas alto que hay en ella.

SOBREALIENTO, s. m. Respiracion difícil y fatigosa.

SOBREALZADO, p. p. de SOBREALZAR.

SOBREALZAR, v. a. Elevar y levantar alguna cosa.

SOBREAÑADIDO, p. p. de SOBREAÑADIR.

SOBREAÑADIR, v. a. Añadir con exceso ó sobre lo que ántes habia.

SOBREAÑAL, adj. Se aplica á algunos animales cuando tienen mas de un año.

SOBREASADO, p. p. de SOBREASAR. || SOBREASADO, DA, adj. Llaman en Mallorca á un salchichon que se guisa al tiempo de formarle, y para que esté mas gustoso y comerle con mas apetito se debe asar.

SOBREASAR, v. a. Volver á poner á la lumbre lo que está asado ó cocido para que se tueste.

SOBREBEBER, v. a. fam. Beber una vez sobre otra ó beber mucho.

* SOBREBOLINAS, s. f. pl. *Náut.* Cabos que pasan por los motones que estan como una braza á dentro del penol.

SOBREGALZA, s. f. ant. V. POLAINA.

SOBRECAMA, s. f. La cubierta que se pone sobre las sábanas y cobertores para abrigo y decencia de la cama.

SOBRECAÑA, s. f. *Albeit.* Tumor duro del tamaño de media nuez, que se cria en el tercio de la caña de la mano del caballo, y suele causar manquedad.

* SOBRECANON, s. m. La primera renta dominical que se añade á un canon enfitéutico

SOBRECARGA, s. f. Lo que se añade y pone encima de una carga regular. || met. La molestia que sobreviene y se añade al sentimiento, pena ó pasion del ánimo. || La soga ó lazo que se echa encima de la carga para asegurarla.

SOBRECARGADO, p. p. de SOBRECARGAR.

SOBRECARGAR, v. a. Cargar con exceso. || Entre costureras y sastres coser contra otra costura lo que quedó desmentido de la tela, doblándolo para que caiga debajo de las puntadas.

SOBRECARGO, s. m. El sugeto que en los buques de comercio lleva á su cuidado y responsabilidad las mercaderías ó efectos que forman su cargamento.

SOBRECARTA, s. f. La cubierta de papel en que se cierra la carta. || La segunda provision ó despacho que dan los tribunales acerca de una misma cosa, cuando por alguno motivo no ha tenido cumplimiento la primera.

SOBRECARTADO, p. p. de SOBRECARTAR.

SOBRECARTAR, v. a. Dar segunda provision para que se egecute lo mandado por la primera.

SOBRECEBADERA, s. f. *Náut.* Vela cuadrada que se pone encima del bauprés mas arriba de la cebadera en la proa.

SOBRECÉDULA, s. f. La segunda cédula real ó despacho del rey para la observancia de lo prescrito en la primera.

SOBRECEJA, s. f. La parte de la frente que está inmediata á las cejas.

SOBRECEJO, s. m. V. CEÑO; y se dice: mirar de SOBRECEJO.

SOBRECELESTIAL, adj. Que se considera superior al cielo.

SOBRECEÑO, s. m. Ceño muy sañudo.

SOBRECERCO, s. m. El cerco ó guarnicion que se pone encima de otro para fortificarle.

SOBRECINCHA, s. f. La cincha que se pone encima de la silla, ó la cincha mas ancha y larga que las regulares.

SOBRECINCHO, s. m. V. SOBRECINCHA.

SOBRECLAUSTRO, s. m. La pieza ó vivienda que hay encima del claustro.

SOBRECOGEDOR, s. m. V. RECAUDADOR.

SOBRECOGER, v. a. Coger de repente y desprevenido. Úsase en lo físico y en lo moral.

SOBRECOGIDO, p. p. de SOBRECOGER.

SOBRECOMIDA, s. f. V. POSTRE.

tua que se hace cociendo almagre, ajos machacados, blanquimiento y cola.

TERRADGO, s. m. V. TERRAZGO.

TERRADILLO, s. m. d. de TERRADO.

TERRADO, s. m. Sitio descubierto en lo mas alto de las casas, con el suelo de tierra ó enladrillado.

TERRAGE, s. m. TERRAZGO por la pension, etc.

TERRAGERO, s. m. V. TERRAZGUERO.

TERRAJA, s. f. Instrumento que usan varios oficios que trabajan en metales para hacer los tornillos. || *Arq.* V. CARRAJA.

TERRAL, adj. y s. m. Se aplica al viento que viene de tierra.

TERRAPLEN, s. m. Fábrica de tierra apretada y oprimida con que se llena algun vacío, ó se levanta para defensa.

TERRAPLENADO, p. p. de TERRAPLENAR.

TERRAPLENAR, v. a. Llenar de tierra algun vacío ó hueco, ó levantarla para defensa.

TERRAPLENO, s. m. V. TERRAPLEN.

TERRÁQUEO, QUEA, adj. Se aplica al globo ó á la esfera compuesta de tierra y agua, como le llaman los cosmógrafos.

TERRATENIENTE, s. m. El dueño ó poseedor de tierra ó hacienda.

TERRAZA, s. f. Jarra vidriada de dos asas.

TERRAZGO, s. m. Pedazo de tierra por sembrar. || La pension que paga al dueño de la tierra el que la labra.

TERRAZGUERO, s. m. El labrador que en reconocimiento del señorío paga al señor solariego cierta pension ó censo por las tierras que labra.

TERRAZO, s. m. ant. V. JARRO. || *Pint.* La porcion de terreno campestre que se pinta en los cuadros para poner en él las figuras.

TERRAZUELA, s. f. d. de TERRAZA.

TERRAZULEJO, s. m. ant. V. TERRAZA.

TERREAR, v. n. Descubrirse ó dejarse ver la tierra en los sembrados.

TERRECER, v. a. ant. Aterrar, causar ó infundir terror.

TERRECIDO, p. p. de TERRECER.

TERREGOSO, SA, adj. Se aplica al campo lleno de terrones.

TERREMOTO, s. m. Movimiento violento é impetuoso de la tierra.

TERRENAL, adj. Se aplica á lo que pertenece á la tierra en contraposicion de lo que pertenece al cielo.

TERRENIDAD, s. f. La calidad ó propiedad de lo terreno.

TERRENO, NA, adj. Que pertenece ó es de la tierra ó tiene sus propiedades. || V. TERRENAL.

TERRENO, s. m. Sitio ó espacio de tierra. || GANAR TERRENO, Adelantar en alguna cosa. || met. Irse introduciendo con arte, habilidad ó gracia para lograr algun fin. || MEDIR EL TERRENO, Ademas del sentido recto vale tantear las dificultades de un negocio á fin de poner los medios para vencerlas. || PERDER TERRENO, met. Atrasar en algun negocio. || RECONOCER EL TERRENO, met. V. RECONOCER EL CAMPO.

TÉRREO, REA, adj. Que consta de tierra, ó está hecho de ella.

TERRERA, s. f. Pedazo de tierra cortada ó escarpada. || Pájaro semejante á la totovía.

TERRERÍA, s. f. ant. Amenaza ó terror con que se infunde miedo.

TERRERO, RA, adj. Que pertenece ó toca á la tierra. || Que anda mas cerca de la tierra fuera de su naturaleza; y tambien se usa en lo metafórico por bajo y humilde. || Dícese del caballo que dobla y llevanta poco los brazos de la tierra.

TERRERO, s. m. V. TERRADO. || Monton de tierra, y con especialidad el que se ha sacado de alguna limpia. || El objeto ó blanco que se pone para tirar á él. || met. El objeto ó blanco. || HACER TERRERO, Cortejar, obsequiar ó galantear á alguna dama desde el sitio de delante de su casa.

TERRESTRE, adj. Perteneciente á la tierra.

TERRESTRIDAD, s. f. ant. La naturaleza ó calidad de la tierra.

TERRETREMO, s. m. *Mur.* V. TERREMOTO.

TERREZUELA, s. f. d. de TIERRA. || Tierra de poca sustancia ó poco valor.

TERRIBILIDAD, s. f. Calidad que constituye á una cosa terrible y digna de temerse. || Aspereza, dureza ó violencia del genio natural, ó condicion.

TERRIBILÍSIMAMENTE, adv. sup. de TERRIBLEMENTE.

TERRIBILÍSIMO, MA, adj. sup. de TERRIBLE.

TERRIBLE, adj. Que es digno ó capaz de temerse, que causa miedo, terror y pavor. || Áspero y duro de genio ó condicion. || Muy grande ó desmesurado en su linea.

TERRIBLEMENTE, adv. Espacio

samente, violentamente, horriblemente.

TERRIBLEZ, s. f. ant. V. TERRIBILIDAD.

TERRIBLEZA, s. f. ant. V. TERRIBILIDAD.

TERRÍCOLA, s. com. Habitador de la tierra.

TERRÍFICO, CA, adj. Que amedrenta, pone espanto ó terror.

TERRÍGENO, NA, adj. Que es nacido ó engendrado de la tierra.

TERRÍN, s. m. COMPATRIOTA. Antiguamente era nombre propio.

TERRINO, NA, adj. Que es de tierra; y así se dice: casa TERRINA.

TERRITORIAL, adj. Que pertenece á un cierto territorio ó distrito.

TERRITORIO, s. m. El sitio ó espacio que contiene una ciudad, villa ó lugar. || El circuito ó termino que comprende la jurisdiccion ordinaria.

TERRIZO, ZA, adj. Que está hecho ó fabricado de tierra.

TERROMONTERO, s. m. Montecillo, cerro ó collado como monton de tierra

TERRON, s. m. Pedazo de tierra aplastado y duro. || Pedazo que se forma de partes menudas, agregándose unas á otras. || Lo que queda en los capachos despues de molida y exprimida la aceituna || met. La junta ó union de cosas inmateriales. || TERRONES, pl. La hacienda raiz de campo, como viñas, tierras labrantías, etc. || TERRON DE SAL, met. El sujeto muy gracioso y decidor. || Á MAPA TERRON, fam. de RAIZ.

TERRONAZO, s. m. aum. de TERRON. || El golpe dado con un terron.

TERRONCILLO, s. m. d. de TERRON.

TERRONTERA, s. f. Quebrada de tierra en algun monte.

TERROR, s. m. Miedo, espanto, pavor de algun mal que amenaza ó de peligro que se teme. || TERROR PÁNICO, V. PÁNICO.

* TERRORISMO, s. m. Sistema político del terror.

* TERRORISTA, s. m. Agente ó partidario del terrorismo.

TERROSIDAD, s. f. V. TERRESTRIDAD.

TERROSO, SA, adj. Que tiene mezcla de tierra.

TERROSO, s. m. *Germ.* El monton de tierra.

TERRUÑO, s. m. Sitio ó espacio de tierra.

TERRUZO, s. m. ant. V. TERRUÑO.

TERSADO, p. p. de TERSAR.

TERSAR, v. a. Poner una cosa pura, limpia y tersa.

TERSIDAD, s. f. La calidad de terso.

TERSÍSIMO, MA, adj. sup. de TERSO.

TERSO, SA, adj. Limpio, claro, bruñido y resplandeciente. || met. Se aplica al estilo limado, puro y elegante, sin afectacion.

TERSURA, s. f. Limpieza, pureza y claridad. || Dícese regularmente de la elegancia del estilo limpio, claro y limado.

TERTIL, s. m. Derecho que se paga por la seda del reino de Granada.

TERTULIA, s. f. La junta voluntaria ó congreso de hombres discretos para discurrir en alguna materia. || La junta de amigos y familiares para conversacion, juego y otras diversiones honestas. || En los coliseos de Madrid un corredor mas alto que todos los aposentos.

TERTULIANO, NA, adj. y s. fam. El que asiste ó concurre á una tertulia.

TERTULIO, LIA, adj. V. TERTULIANO.

TERUELO, s. m. *Ar.* Bola hueca donde se incluye el nombre ó número de cada uno de los que entran en suerte.

TERUNCIO, s. m. Moneda romana muy pequeña de plata que valia tres onzas, ó la cuarta parte de un as.

TERUVELA, s. f. ant. V. POLILLA.

TERZON, NA, adj. y s. *Ar.* Se aplica al novillo de tres años.

TERZUELA, s. f. En algunas iglesias la distribucion que se gana por asistir á la hora de tercia.

TERZUELO, LA, adj. Se dice del halcon, azor y otras aves de esta especie, que sale el tercero del nido.

TERZUELO, s. m. El tercio ó tercera parte de alguna cosa.

TESADO, p. p. de TESAR.

TESALIANO, NA, adj. ant. V. TESALIENSE.

TESALIENSE, adj. y s. El natural de Tesalia y perteneciente á ella.

TÉSALO, LA, adj. y s. El natural de Tesalia y perteneciente á ella.

TESALÓNICO, CA, s. y adj. El natural de Tesalónica y perteneciente á esta ciudad.

TESAR, v. a. *Náut.* Poner tirantes los cabos.

TESAURERO, s. m. ant. V. TESORERO.

TESAURO, s. m. Índice ó compendio de voces y términos reducidos de una lengua á otra, como TESAURO de Salas, Henriquez, etc. || ant. V. TESORO.

TÉSERA, s. f. Pedazo de madera, hueso, marfil ú otra materia de figura cúbica como un dado, de que usaban los Romanos, y pintaban alguna señal para servirse secretamente de ella en la guerra, ó para repartirlas á los soldados como boletas para las pagas ó víveres.

TÉSIS, s. f. V. CONCLUSION.

TESO, SA, adj. ant. V. TIESO.

TESO, s. m. La cima ó alto de algun cerro ó collado.

TESON, s. m. Firmeza, constancia, inflexibilidad.

TESONERÍA, s. f. ant. Accion egecutada con empeño ó teson.

TESONÍA, s. f. ant. Terquedad, pertinacia.

TESORERÍA, s. f. El cargo ú oficio de tesorero. || La misma oficina ó despacho del tesorero.

TESORERO, RA, s. m. y f. La persona diputada para la custodia y distribucion del tesoro. || En las iglesias catedrales y colegiales el canónigo ó dignidad á cuyo cargo está la custodia de las reliquias y alhajas mas preciosas de ella.

TESORO, s. m. Depósito antiguo de dinero ó alhajas escondido, ó de quien se ignora el dueño. || El erario público ó particular que se conserva y guarda por alguna persona destinada á este fin para ocurrir á los gastos y urgencias. || Abundancia de caudal y dinero guardado y conservado. || met. Depósito, suma ó compendio de noticias ó cosas dignas y estimables.

TESTA, s. f. La parte superior de la cabeza, desde el nacimiento del pelo hasta las cejas, que en los racionales se llama por lo regular frente y suele tomarse por toda la cabeza. || met. La frente, cara ó parte anterior de algunas cosas materiales, como la TESTA del egército. || Entendimiento, capacidad y prudencia en la acertada conducta de las cosas. || TESTA CORONADA, El rey, príncipe ó señor que no reconoce superior en lo temporal. || TESTA DE FERRO Ó TESTA FÉRREA, El que presta su nombre en algun contrato, pretension ú otro negocio que en la realidad es de otra persona.

TESTÁCEO, CEA, adj. Se dice de os animales que tienen conchas.

TESTACION, s. f. La accion y efecto de testar ó tachar.

TESTADA, s. f. TESTERADA.

TESTADO, p. p. de TESTAR. || TESTADO, DA, adj. Que ha muerto con testamento, como contrapuesto al que ha muerto abintestato.

TESTADOR, RA, s. m. y f. La persona que hace testamento.

TESTADURA, s. f. Borradura lineal de las letras que estaban escritas.

TESTAMENTARÍA, s. f. Egecucion de lo dispuesto en el testamento y voluntad del testador. || La reunion de los albaceas. || El conjunto de documentos y papeles que convienen para el debido cumplimiento de la voluntad del testador.

TESTAMENTARIO, RÍA, adj. Tocante al testamento, ó que es propio de él.

TESTAMENTARIO, s. m. Albacea ó cabezalero que tiene á su cargo egecutar y cumplir la voluntad del testador, y lo dispuesto y mandado en el testamento.

TESTAMENTO, s. m. La manifestacion ó declaracion de la última voluntad que hace una persona con la solemnidad prevenida por las leyes, disponiendo de sus bienes, é instituyendo heredero que suceda en ellos despues de su muerte. || ant. Embargo ó aprehension judicial de las cosas á pedimento del acreedor. || TESTAMENTO ABIERTO, El que se otorga delante de tres testigos vecinos del lugar y un escribano público, y no habiendo escribano, ó siendo el otorgante ciego, delante de cinco testigos vecinos del lugar. || TESTAMENTO CERRADO, El que se entrega cerrado al escribano, firmado exteriormente por el testador y siete testigos vecinos del lugar en que se otorga con la fe del escribano. || TESTAMENTO MILITAR, El que hace el soldado que se halla en guerra actual, sin otra solemnidad que probar su voluntad con dos testigos, ó por una simple escritura de su puño. || TESTAMENTO NUNCUPATIVO. V. TESTAMENTO ABIERTO. || TESTAMENTO NUEVO, El libro que contiene los evangelios y demas obras canónicas posteriores al nacimiento de Jesucristo. || TESTAMENTO VIEJO, El libro que contiene los escritos de Moises, y todos los demas canónicos anteriores á la venida de Jesucristo. || LO QUE NO PASA POR TESTAMENTO PASA POR CODICILO, Loc. fam. con que se da á entender que lo que no puede hacerse por el camino regular, se suele hacer por otros medios. || ORDENAR SU TESTAMENTO, Hacer ó disponer el testamento. || QUEBRANTAR EL TESTAMENTO, for. Inutiliz ó invalidar el testamento hecho segun derecho, y permaneciendo en el mismo estado el testador, como cuando le nace un heredero suyo, ó cuando hace otro testamento perfecto, ó cuando adopta por hijo á alguno. || SI NO VALE POR TESTAMENTO, VALGA POR CODICILO, fam. V. LO QUE NO PASA POR TESTAMENTO PASA POR CODICILO.

TESTANTE, p. a. ant. de TESTAR, y s. El que atestigua.

TESTAR, v. n. Hacer testamento.

TESTAR, v. a. Borrar ó tachar las letras ó caracteres escritos. || ant. Atestiguar. || ant. Embargar judicialmente ó denunciar alguna cosa pidiendo su embargo.

TESTARUDO, DA, adj. Porfiado, terco y tenaz que con empeño disputa las cosas, manteniéndose en una aprension particular é inflexible á la razon.

TESTERA, s. f. La frente ó principal fachada de una cosa. En los coches es el asiento en que se va de frente, á distincion del otro que llaman al vidrio, en que se va de espaldas. || El adorno que se ponia en la frente del caballo y otras bestias. || La parte anterior de la cabeza del animal.

TESTERADA, s. f. Golpe dado con la testa. || met. Terquedad, inflexibilidad y ostinacion en alguna aprension particular.

TESTERO, s. m. V. TESTERA.

TESTÍCULO, s. m. Parte glandulosa : hay dos en el cuerpo del animal y en diversas partes segun sus especies. Son el principal órgano de la propagacion, por producirse en ellos el esperma, que es el principio de ella.

TESTIFICACION, s. f. La accion y efecto de testificar y asegurar alguna cosa.

TESTIFICADO, p. p. de TESTIFICAR.

TESTIFICANTE, p. a. de TESTIFICAR, y s. El que testifica.

TESTIFICAR, v. a. Deponer como testigo en algun acto judicial. || Declarar, explicar y denotar con seguridad y verdad alguna cosa en lo físico ó en lo moral.

TESTIFICATA, s. f. for. *Ar.* El testimonio ó instrumento legalizado de escribano, en que da fe de alguna cosa.

TESTIFICATIVO, VA, adj. Que declara y explica con certeza y testimonio verdadero alguna cosa.

TESTIGO, s. com. El que da testimonio de alguna cosa ó la atestigua. || Cualquiera cosa, aunque sea inanimada, y que no puede declarar, por la cual se arguye ó infiere la verdad de algun hecho. || TESTIGO ABONADO, for. El que no tiene tacha legal. || El que no pudiendo ratificarse por haber muerto ó hallarse ausente, es abonado por la justificacion que se hace de su veracidad, y de no tener tachas legales. || TESTIGO DE OIDAS, El que depone de algun caso por haberle oido á otros. || TESTIGO DE VISTA, El que se halló presente al caso en que atestigua ó depone. || TESTIGO INSTRUMENTAL, V. INSTRUMENTAL. || TESTIGO OCULAR, V. TESTIGO DE VISTA. || TESTIGO SINGULAR, for. El que por discordar de los otros en el hecho, persona, circunstancias del lugar ó tiempo no hace fe, ni sirve su dicho. || TESTIGO SINODAL, La persona honesta, de suficiencia y probidad, nombrada en el sínodo para saber de ella la observancia de los estatutos sinodales. || EXAMINAR TESTIGOS, for. Tomarles las declaraciones escribiendo lo que dicen y deponen al tenor del interrogatorio. || HACER TESTIGOS, Poner personas de autoridad para que confirmen la verdad de una cosa. || MUCHO APRIETA ESTE TESTIGO, Expr. fam. que se usa cuando alguno prueba con hechos indubitables lo contrario de lo que otro decia.

TESTIGUAR, v. a. ant. V. ATESTIGUAR.

TESTIMONIAL, adj. Que hace fe y verdadero testimonio.

TESTIMONIALES, s. f. pl. El instrumento auténtico que asegura y hace fe de lo contenido en él. Tómase especialmente por el testimonio que dan los obispos de la buena vida, costumbres y libertad de algun súbdito que pasa á otra diócesis.

TESTIMONIAR, v. a. Atestiguar ó servir de testigo para alguna cosa.

TESTIMONIERO, RA, adj. y s. El que levanta falsos testimonios.

TESTIMONIO, s. m. Atestacion o aseveracion de alguna cosa. || Instrumento legalizado de escribano en que da fe de algun hecho. || Prueba, justificacion y comprobacion de la certeza ó verdad de alguna cosa. || Impostura ó falsa atribucion de alguna culpa. Dícese mas regularmente falso TESTIMONIO. || ant. V. TESTIGO. || FALSO TESTIMONIO, V. FALSO.

TESTIMOÑERO, RA, adj. ant. V. TESTIMONIERO. || Hazañero, hipócrita, y que afecta y finge.

TESTON, s. m. Moneda usada en

diversos reinos, llamada así porque tiene grabada una cabeza ó testa.

TESTUDO, s. f. Arma ó máquina bélica á manera de concha de gálapago, con que se cubrian los soldados para arrimarse á las murallas, y defenderse de las armas arrojadizas. || Especie de galería que formaban los soldados uniendo los escudos de unos con los de otros para no ser heridos de alto.

TESTUZ, s. m. En algunos animales lo que en otros se llama la frente.

TESTUZO, s. m. V. TESTUZ.

TESURA, s. f. Dureza de alguna cosa. || met. Gravedad demasiada ó con afectacion.

TETA, s. f. Parte del cuerpo del animal, compuesta de glándulas, gordura, nervios, arterias y venas, en la cual estan los vasos lácteos y linfáticos; en las hembras sobresalen en los pechos para cocer la sangre y convertirla en leche para el alimento de los hijos. || TETA DE MAESTRA, V. MAESTRIL. || TETA DE VACA, Género de uvas gruesas y largas. || DAR LA TETA, Dar de mamar. || DAR LA TETA AL ASNO, met. Explica la improporcion ó inutilidad de alguna accion que se egecuta con quien no la ha de agradecer ó no le ha de aprovechar. || MAMAR UNA TETA, met. Reprende al que ya en edad mayor muestra demasiada aficion á su madre con propiedades de niño.

TETADO, p. p. de TETAR.

TÉTANO, s. m. Pasmo, rigidez del cuerpo que no puede moverse á un lado ni á otro.

TETAR, v. a. V. ATETAR.

TETAZA, s. f. aum. de TETA.

TETERA, s. f. Especie de jarro que sirve regularmente para hacer el té y servirle.

TETICA, LLA, TA, s. f. d. de TETA. || DAR POR LA TETILLA, met. y fam. Convencer á alguno ó tocarle en lo que mas siente.

TETO, s. m. *Mont. y Ast.* V. TETA.

TETON, s. f. aum. de TETA.

TETONA, adj. y s. f. La que tiene muy grandes tetas.

TETRACORDIO, s. m. *Mús.* La serie de cuatro sones diferentes, distantes unos de otros por tres intervalos.

* TETRADRAGMA, s. f. Moneda griega que valia quatro dragmas.

TETRAEDRO, s. m. *Geom.* Pirámide terminada por cuatro triángulos equiláteros.

TETRÁGONO, s. m. *Geom.* Figura rectilínea de cuatro ángulos iguales.

TETRAGRÁMATON, s. m. Nombre ó palabra compuesta de cuatro letras. Por excelencia es nombre que se da á Dios.

* TETRAMETRO, s. m. En la antigua poesía griega y latina, verso iámbico de cuatro pies.

TETRARCA, s. m. El señor de la cuarta parte de un reino ó provincia. || El gobernador absoluto de alguna provincia en la division de algun reino, imperio ó monarquía.

TETRARQUÍA, s. f. La dignidad de tetrarca, el territorio de su jurisdiccion, ó tiempo de su gobierno.

TETRASÍLABO, BA, adj. V. CUATRISÍLABO.

TÉTRICO, CA, adj. Triste, demasiadamente serio, grave y melancólico.

TETRO, TRA, adj. ant. Negro, manchado.

TETUDA, adj. V. TETONA. || *And.* Dícese de un género de aceituna que tiene la figura de teta.

TEUCRIO, s. m. Planta del mismo género que la camédris, á la cual se parece, y se distingue de ella en ser sus tallos leñosos y mas altos.

TEUCRO, CRA, adj. V. TROYANO.

TEXTO, s. m. Las palabras propias de un autor, á distincion de las glosas, notas ó comentarios que de ellas se hacen. || Las palabras citadas de algun autor, y por antonomasia se toma por las sentencias de la sagrada Escritura. Género de letra ménos gruesa que la parangona y mas que la atanasia.

TEXTORIO, RIA, adj. Que pertenece al arte de teger; y así llaman á la lanzadera rayo TEXTORIO.

TEXTUAL, adj. Que conviene con el sentido con el texto ó es propio del. || Se aplica tambien al que autoriza sus pensamientos, y los prueba con lo literal de los textos, ó expone un texto con otro.

TEXTUALISTA, s. m. El que usa con frecuencia y singularidad del texto sin divertirse á las glosas ú otra esplicacion.

TEXTUALMENTE, adv. Con arreglo y sujecion al texto.

TEXTURA, s. f. Disposicion y orden de los hilos en una tela. || met. Conexion y órden de una cosa que se sigue ata con otra.

TEYO, YA, adj. y s. El natural de Teo, ciudad de Jonia, y perteneciente á ella.

SOGUILLA, TA, s. f. d. de SOGA.‖La trenza delgada que se hace con el pelo.

SOGUILLO, s. m. *Mur.* La trenza delgada del pelo.

SOHEZ, adj. V. SOEZ.

SOJUZGADO, p. p. de SOJUZGAR.

SOJUZGADOR, s. m. El que sujeta, domina y manda.

SOJUZGAR, v. a. Sujetar, dominar y mandar á otro con violencia.

SOL, s. m. El planeta que alumbra por el dia la tierra. ‖ Epiteto que se da á alguna persona especial en belleza, sabiduría ó santidad. ‖ El dia. ‖ Un género de encajes de labor antigua. ‖ met. Cualquiera cosa que da luz física ó moral. ‖*Mús.* La quinta voz del hexacordo, que sube cuatro puntos mas que el UT. ‖ SOLES, pl. *Poét.* Los hojos hermosos. ‖ SOL CON UÑAS, met. Se llama cuando se le interponen algunas nubecillas que no le dejan despedir su luz con toda claridad y fuerza. ‖ AL PONER DEL SOL, Al tiempo en que se oculta de nuestra vista este planeta.‖ AL SALIR EL SOL, Al tiempo en que este planeta se ofrece á nuestra vista. ‖ AL SOL PUESTO, Al anochecer. ‖ AL SOL QUE NACE, expr. met. y fam. Explica el anhelo y adulacion, con que siguen algunos al que empieza á ser poderoso, ó se espera que mandará presto. ‖ AUN HAY SOL EN BARDAS, met. Da á entender no estar perdida la esperanza de conseguir alguna cosa. ‖ BAÑAR EL SOL ALGUN ESPACIO, Llenarle de luz. ‖ CAMPEAR DE SOL Á SOMBRA, ant. Trabajar en el campo desde la mañana hasta la noche. ‖ COGER EL SOL, Recibir las impresiones de él. ‖ DEJARSE CAER EL SOL, fam. V. DEJARSE CAER EL CALOR. ‖ DE SOL Á SOL, Desde que nace el sol hasta que se pone. ‖ JUGAR EL SOL ÁNTES DE NACER Ó ÁNTES QUE NAZCA, met. Estar alguno tan viciado en el juego, que juega hasta lo que no tiene. ‖ JUGAR EL SOL ÁNTES QUE SALGA, met. Jugar el jornal del dia siguiente. ‖ METER Á ALGUNO DONDE NO VEA EL SOL, Ponerlo en una cárcel oscura. ‖ MORIR EL SOL, Ocultarse debajo del horizonte, dejando de alumbrarnos. ‖ NO DEJAR Á SOL NI Á SOMBRA Á UNO, Perseguirle con importunidad á todas horas y en todo sitio. ‖ PARTIR EL SOL, En los desafíos antiguos y públicos significaba colocar los combatientes, ó señalarles el campo, de modo que la luz del sol les sirviese igualmente, sin que pudiese ninguno tener ventaja en ella. ‖ PESAR EL SOL, ant. *Náut.* V. OBSERVARLE. ‖ PICAR EL SOL, Calentar demasiadamente. ‖ SENTARSE EL SOL, Herir el sol con violento ardor, de modo que inmute el color. ‖ TOMAR EL SOL, Ponerse en parte á propósito y desembarazada para gozar de él. ‖ TOMAR EL SOL, *Náut.* Tomar la altura ú observar la latitud de un lugar.

SOL, adv. ant. V. SOLAMENTE.

SOLACEAR, v. a. V. SOLAZAR.

SOLADA, s. f. SUELO por el asiento ó poso.

SOLADO, p. p. de SOLAR.

SOLADO, s. m. El suelo ya vestido con ladrillos, losas ú otra cosa semejante.

SOLADOR, s. m. El que suela con baldosa ó ladrillo.

SOLADURA, s. f. La accion y efecto de solar el piso de algun edificio. ‖ El material que sirve para solar.

SOLAMENTE, adv. De un solo modo, en una sola cosa, ó sin otra cosa.

SOLANA, s. f. El sitio ó parage donde el sol da de lleno. ‖ El corredor ó parte en la casa destinada para tomar el sol.

SOLANAR, s. m. *Ar.* V. SOLANA.

SOLANAZO, s. m. aum. de SOLANO. El viento solano muy caliente y molesto.

SOLANO, s. m. El viento que viene del oriente, donde el sol sale. ‖ Yerba, V. YERBA MORA.

SOLAPA, s. f. La parte del vestido que cruza y se pone encima de otra. ‖ Regularmente de suele cruzar sobre el pecho. ‖ Para tener mayor abrigo ó defensa. ‖ met. La ficcion ó colorido que se usa para disimular alguna cosa. ‖ *Albeit.* La cavidad, caverna ó seno que hay en algunas llagas que presentan un orificio pequeño.

SOLAPADAMENTE, adv. Disimuladamente, con cautela ó ficcion, ocultando alguna cosa.

SOLAPADO, p. p. de SOLAPAR. ‖ SOLAPADO, DA, adj. Pícaro, disimulado y de segunda intencion.

SOLAPAMIENTO, s. m. *Albeit.* V. SOLAPA.

SOLAPAR, v. a. Caer ó estar una parte de la ropa sobre otra. ‖ met. Encubrir una cosa socolor de otra.

SOLAPE, s. m. V. SOLAPA.

SOLAPO, s. m. V. SOLAPA. ‖ *Albeit.* V. SOLAPA. ‖ fam. V. SOPAPO. ‖ El hueco que queda en alguna cosa. ‖ Á SOLAPO, Ocultamente y á escondidas.

SOLAR, v. a. Echar suelo á algun aposento ó corredor. Dícese especialmente de la parte superficial cuando se le ponen ladrillos ú otro reparo. ‖ Echar suelas á los zapatos.

ó dia. ‖ CON TIEMPO, Anticipadamente. ‖ CONSAGRAR EL TIEMPO Ó LA VIDA Á ALGUNA PROFESION Ó CIENCIA, Dedicarse enteramente á ella. ‖ CORRER EL TIEMPO, Irse pasando. ‖ DAR TIEMPO AL TIEMPO, Esperar la oportunidad ó coyuntura para hacer alguna cosa. ‖ Usar de condescendencia con alguno atendiendo á las circunstancias. ‖ DARSE BUEN TIEMPO, met. y fam. Alegrarse, divertirse, recrearse. ‖ DEJARLO AL TIEMPO, Esperar la ocasion oportuna para hacer alguna cosa. ‖ DESCOMPONERSE EL TIEMPO, DESTEMPLARSE ó alterarse la serenidad de la atmósfera. ‖ DESPEJARSE EL TIEMPO, DESPEJARSE EL CIELO. ‖ DE TIEMPO, Hablando de los partus explica que la criatura es de los meses en que puede vivir, y cuando es de los nueve se dice de todo TIEMPO. ‖ DE TIEMPO EN TIEMPO, Con intermision ó interrupcion de tiempo. ‖ ENGAÑAR EL TIEMPO, met. Ocuparse en algo el que está ocioso para que el tiempo se le haga mas corto. ‖ EN TIEMPO, En ocasion. ‖ EN TIEMPO DE MARICASTAÑA, Ó DEL TIEMPO DE MARICASTAÑA, fam. En tiempo ó de tiempo antiguo. ‖ FUERA DE TIEMPO Ó SIN TIEMPO, Intempestivamente. ‖ GASTAR EL TIEMPO, PERDERLE. ‖ GOZAR DEL TIEMPO Ó DE LA FORTUNA, Usar bien de él, y aprovecharse de uno y de otro. ‖ MEDIO TIEMPO, El que se interpone y pasa entre un suceso y otro. ‖ MEDIR EL TIEMPO, met. Proporcionarle á lo que se necesita. ‖ OBEDECER AL TIEMPO Ó Á LA NECESIDAD, met. Obrar como lo exigen las circunstancias del tiempo. ‖ PASAR EL TIEMPO, Estar ocioso sin trabajar, ó divertirse ó pasearse sin motivo alguno. ‖ PERDER TIEMPO, No aprovecharse de él, ó dejar de egecutar en él lo que se podia ó debia. ‖ met. Trabajar inútilmente en la solicitud de algun negocio. ‖ POR TIEMPO, Sin determinacion ó con incertidumbre de tiempo. ‖ TOMAR TIEMPO, Dilatar para mas adelante lo que se ha de hacer á fin de asegurar el acierto, ó para diferirlo tanto que no llegue el caso de que tenga efecto. ‖ UN TIEMPO, En otro tiempo.

TIENDA, s. f. Pabellon armado tendido sobre palos ó estacas fijadas en el suelo, y aseguradas con cordeles, que sirve de alojamiento ó aposentamiento en el campo, especialmente en la guerra. ‖ En las embarcaciones llanas y en las galeras la cubierta de lienzo ó lana que elevan para defenderse del sol ó del temporal. ‖ La cubierta del carro ó galera de tierra. ‖ La casa, puesto ó parage donde se venden algunos géneros, así de vestir como de comer. ‖ ABRIR TIENDA, Poner tienda pública de algun trato, manufactura ó mercaderia. ‖ ALZAR Ó LEVANTAR TIENDA, Quitarla, cerrarla. ‖ LA TIENDA DE LOS COJOS, La mas cercana, para dar á entender que aunque tenga las mercaderías de peor calidad, por el trabajo que se ahorra de alejarse á comprarlas, se acude á ella.

TIENTA, s. f. Instrumento de hierro largo y redondo, con que por la cavidad de la herida se examina su profundidad y penetracion. ‖ met. La sagacidad ó industria y arte con que se quiere saber de alguno lo que se ignora por estar secreto. ‖ Á TIENTAS, V. Á TIENTO. ‖ met. Con incertidumbre, dudosamente, sin tino. Úsase mas frecuentemente con el verbo *andar*. ‖ ANDAR Á TIENTAS, Proceder con incertidumbre buscando los medios de acertar.

TIENTO, s. m. Egercicio del sentido del tacto. ‖ El palo que usan los ciegos para que les sirva como de guia. ‖ El palo largo que llevan los volatines en las dos manos, y con que van equilibrando el peso con el movimiento para mantenerse firmes en la maroma. ‖ act. PULSO por seguridad ó firmeza. ‖ GOLPE, y así se dice: le dieron dos TIENTOS. ‖ met. Consideracion prudente, miramiento y cordura en lo que se hace y emprende. ‖ *Pint.* Una varita ó bastoncillo que se tiene en la mano izquierda con un botoncillo de borra ó perilla redonda á lo último para que no lastime el lienzo. ‖ *Mús.* El floreo ó ensayo que hace el músico ántes de tañer á propósito, recurriendo las cuerdas por todas las consonancias para ver si está bien templado el instrumento. ‖ *Mont.* Un pa' delgado como de una vara de alto con una punta de hierro muy aguda, que se hinca en la tierra para afianzar y ... las redes. ‖ Cada uno de los bra- los á manera de rayos, que tie- los pólipos en la parte anterior ... cuerpo. ‖ Á TIENTO, met. Dudosame- sin certeza y clara comprension. ‖ Á TIENTO Ó POR EL TIENTO, Por el tacto, esto es valiéndose de él para reconocer las co- en la oscuridad ó por falta de vist- ‖ DAR UN TIENTO, Reconocer alguna cosa examinarla con prevencion y adverten- cia física ó moralmente, como: DAR ... TIENTO á la espada, DAR UN TIENTO Á ... genio de alguno. ‖ SACAR DE TIENTO, ... SACAR DE TINO.

TIERNAMENTE, adv. m. Con ternura, amor y cariño.

TIERNECICO, CA, LLO, LLA, TO, TA, adj. d. de TIERNO.

TIERNÍSIMAMENTE, adv. m. sup. de TIERNAMENTE.

TIERNO, NA, adj. Blando, delicado, flexible y fácil á cualquiera extraña impresion. || Se aplica á lo que es reciente moderno y de poco tiempo. || Se aplica al tiempo ó edad de la niñez para explicar su delicadeza y docilidad. || Propenso al llanto. || met. Afectuoso, cariñoso y amable.

TIERRA, s. f. Sustancia inorgánica ó fósil, árida, pesada, fija al fuego y desmenuzable, de que se compone por la mayor parte la superficie del globo que pisamos. || La patria propia de cada uno. || Calquiera region ó provincia ó el distrito de algun dominio, estado ó pueblo. || El espacio de terreno á propósito para el cultivo, labor y siembra. || met. Todo mortal por haber sido criado de ella. || La parte enjuta del globo terráqueo, y por extension todo el globo. || TIERRA Á TIERRA, Costeando ó navegando siempre á la vista de tierra, siguiendo la direccion de la costa. || met. Con cautela y sin arrojo en los negocios. || TIERRA CHIA, Tierra medicinal de color blanco, y la mas perfecta tira á color ceniciento. || TIERRA DE LABOR, Tierra labrantia. || TIERRA DE PROMISION, La que es muy fértil y abundante, con alusion á la que Dios prometió al pueblo de Israël. || TIERRA DE SEVILLA, V. ACECHE. || TIERRA FIRME, V. CONTINENTE. || Terreno sólido y capaz por su consistencia y dureza de admitir sobre sí edificio. || TIERRA JAPÓNICA, V. CATO. || TIERRA Ó HEREDAD DE AÑO Y VEZ, La de labor que se labra un año y se deja descansar otro para que se conserve y fructifique. || TIERRA SANTA, Los lugares de Jerusalem donde nació, vivió, esparció su santisima doctrina, y murió Jesucristo. || BESAR LA TIERRA, Caer de boca en ella por alguna contingencia, ó tocarla con los labios por piedad ú otro motivo. || BESAR LA TIERRA QUE OTRO PISA, met. Expresa la reverencia y respecto que se le tiene, y se denota con esta demostracion humilde. || COSECHAR TIERRA, Alzar el barbecho ó dar la última reja á la tierra ántes de sembrarla. || COMO TIERRA, fam. V. Á MANTA. || CORRER LA TIERRA, EL CAMPO, EL PAIS, Entrar en el de los enemigos á hacer hostilidades. || COSERSE CON LA TIERRA, LA PARED, etc. met. Unirse estrechamente con la tierra ó con la pared. || DAR CON ALGUNA PERSONA EN TIERRA, Rendirla, derribarla al suelo. || DAR CON ALGUNA PERSONA Ó COSA EN TIERRA, met. Hacerla decaer, destruirla. || DAR EN COMER TIERRA, fam. Nota el gusto raro y extravagante de alguna persona. || DAR EN TIERRA CON ALGUNA COSA, Derribarla. || DESCUBRIR TIERRA, met. Hacer entrada en pais desconocido para conocerle ó tomar lenguas. || DESCUBRIR TIERRA Ó TERRENO, met. Hacer ó decir algo con el fin de sundear á alguno ó averiguar alguna cosa. || ECHAR EN TIERRA, *Náut.* V. DESEMBARCAR ALGUNA COSA. || ECHAR POR TIERRA ALGUNA COSA, met. Destruir, arruinarla. || ECHARSE Á TIERRA Ó EN TIERRA Ó POR TIERRA, met. Humillarse, rendirse. || ECHAR TIERRA Á ALGUNA COSA, Ocultarla, hacer que se olvide y que no se hable mas de ella. || ES EL MEJOR QUE SUSTENTA LA TIERRA Y QUE CALIENTA EL SOL, Alaba á alguno que sobresale en ciencia, virtud, etc. || ESQUILMAR LA TIERRA, Dícese de los árboles y algunas otras plantas que desustancian la tierra demasiadamente. || ESTAR BIEN GOBERNADA LA TIERRA Ó EL CAMPO, Estar en buena sazon ó tempero. || ESTAR MASCANDO TIERRA, met. Estar enterrado. || GANAR TIERRA, met. V. GANAR TERRENO. || LA PRIMERA, Y ESA EN TIERRA, Loc. con que se nota al que yerra lo primero que egecuta en cualquiera linea. || LA TIERRA DEL PIRIPAO, fam. Aquel lugar ó casa donde hay opulencia y abundancia, y ne se piensa mas en regalarse que en otra cosa. || NO SABERLO LA TIERRA, Proceder con gran secreto en alguna cosa. || PARTIR TIERRA, Lindar el término de un pueblo, ciudad ó provincia con el de otra. || PERDER LA TIERRA, ant. Salir desterrado de ella. || PERDER TIERRA, Faltarle el terreno al que va andando. || Levantarse con repugnancia y dificultad alguna cosa del lugar que ocupaba, como sucede al peso por el esfuerzo del contrapeso, ó al que lucha con otro á brazo partido. || PONER POR TIERRA, Derribar algun edificio ó cosa semejante. || PONER TIERRA EN MEDIO, met. Ausentarse. || POR DEBAJO DE TIERRA, Con cautela y secreto. || PROBAR MAL LA TIERRA Ó PROBAR LA TIERRA, Hacerle daño á alguno en la salud la mudanza de un lugar á otro, enfermando luego por la mudanza de los aires ó mantenimientos. || SALTAR EN TIERRA, Desembarcase. || SEMBRAR EN MALA TIERRA, met. Hacer beneficios á quien los corresponde mal. || SER BUENA TIERRA PARA SEMBRAR NABOS, met. y fam. Denota que una cosa es á propósito para cualquiera otra que se la aplique. || SIN SENTIRLO LA TIER-

denso y fortalecido. || met. Firme y establecido con razones fundamentales y verdaderas.

SÓLIDO, s. m. *Geom.* CUERPO: consta de tres dimensiones, longitud, latitud y profundidad.

SOLILOQUIAR, v. n. fam. Hablar á solas.

SOLILOQUIO, s. m. La conversacion que alguno tiene consigo solo.

SOLIMAN, s. m. Sustancia salina, blanca, semidiáfana, cristalizada y sumamente venenosa, compuesta del mercurio, y ácido muriatico.

SOLIO, s. m. Trono, silla real con dosel.

SOLISA, s. f. *Murc.* DESCARADA.

SOLITARIA, s. f. La lombriz ó gusano que se cria en el estómago: causa un apetito desordenado, y al fin la muerte.

SOLITARIAMENTE, adv. En soledad.

SOLITARIO, Nombre que se da á los diamantes de un tamaño abultado, que suelen engastarse solos.

SOLITARIO, RIA, adj. Desamparado, desierto, solo y sin compañía de otro. || Retirado, solo, que ama la soledad ó vive en ella.

SOLITARIO, s. m. Un género de juego, que tanto por ser propio de los cartujos, como por jugarle uno solo se llama SOLITARIO. || La berlina de un solo asiento, que sirve de posta para un viage corto. || V. ERMITAÑO. || Ave, V. PÁJARO.

SÓLITO, TA, adj. ant. Acostumbrado, Que se suele hacer ordinariamente.

SOLITO, d. de SOLO.

SOLIVIADO, p. p. de SOLIVIAR.

SOLIVIADURA, s. f. La accion y efecto de soliviar.

SOLIVIAR, v. a. Ayudar á levantar alguna cosa por debajo. || met. HURTAR.

SOLIVIARSE, v. r. Levantarse un poco el que está sentado, echado ó cargado sobre alguna cosa, sin acabarse de levantar del todo: regularmente se hace para sacar alguna cosa que tiene cogida debajo.

SOLIVIO, s. m. La accion ó efecto de soliviar.

SOLLADO, p. p. de SOLLAR.

SOLLADO, s. m. *Naut.* Union de tablas ó modo de tarima, que se hace sobre el plan de los pañoles para el resguardo del bizcocho.

SOLLADOR, s. m. ant. El que sopla como fuelle.

SOLLAMADO, p. p. de SOLLAMAR.

SOLLAMAR, v. a. Socarrar alguna cosa con la llama.

SOLLAR, v. a. ant. Soplar como fuelle ó con él.

SOLLASTRE, s. m. El criado dedicado á las cosas mas bajas y sucias de la cocina, á quien tambien llaman pícaro de cocina. || met. El pícaro redomado.

SOLLASTRÍA, s. f. La accion ó ministerio del sollastre.

SOLLASTRON, s. m. aum. de SOLLASTRE.

SOLLO, s. m. Pez. V. ESTURION.

SOLLOZAR, v. n. Despedir el sollozo.

SOLLOZO, s. m. Especie de gemido interrumpido ó intercadente por la compresion y convulsion del diafragma, causada de la abundancia de espíritus ó humores que arroja y envia el corazon oprimido de alguna congoja ó pesar.

SOLO, LA, adj. Único en su especie. || Que está sin otra cosa, ó se mira como separado de ella. || Que está sin compañía. || Que no tiene quien le ampare, socorra, alivie ó consuele en sus necesidades ó aflicciones.

SOLO, s. m. *Mus.* La composicion que canta uno solo. || En el juego del hombre el lance en que se hacen todas las bazas necesarias para ganar sin ayuda de robo ni compañero.

SOLO, adv. V. SÓLAMENTE. || Á SOLAS, Sin la ayuda de otro. || Á SOLAS Ó Á SUS SOLAS, En soledad, retiro ó fuera del comercio.

SOLOMILLO, s. m. La parte carnosa y sin hueso que está contigua al lomo entre las costillas del puerco.

SOLOMO, s. m. SOLOMILLO, y se dice tambien por extension del lomo del puerco adobado.

SOLSTICIAL, adj. Que pertenece al solsticio, como círculo SOLSTICIAL.

SOLSTICIO, s. m. La entrada del sol en los puntos solsticiales, que son el principio de cáncer y el de capricornio.

SOLTADIZO, ZA, adj. Que se suelta con arte y maña, con disimulo ó secreto para algun fin.

SOLTADO, p. p. de SOLTAR.

SOLTADOR, RA, s. m. y f. El que suelta ó echa de sí alguna cosa que tenia asida.

SOLTAR, v. a. DESATAR Ó DESCEÑIR. || Dejar ir, ó dar libertad á lo que estaba detenido ó preso. || Romper en alguna seña de afecto interior, como risa, llanto, etc. || Explicar, descifrar, dar solucion. Hoy solo se usa en la frase soltar la dificultad,

TIERNECICO, CA, LLO, LLA, TO, TA, adj. d. de TIERNO.

TIERNÍSIMAMENTE, adv. m. sup. de TIERNAMENTE.

TIERNO, NA, adj. Blando, delicado, flexible y fácil á cualquiera extraña impresion. || Se aplica á lo que es reciente moderno y de poco tiempo. || Se aplica al tiempo ó edad de la niñez para explicar su delicadeza y docilidad. || Propenso al llanto. || met. Afectuoso, cariñoso y amable.

TIERRA, s. f. Sustancia inorgánica ó fósil, árida, pesada, fija al fuego y desmenuzable, de que se compone por la mayor parte la superficie del globo que pisamos. || La patria propia de cada uno. || Calquiera region ó provincia ó el distrito de algun dominio, estado ó pueblo. || El espacio de terreno á propósito para el cultivo, labor y siembra. || met. Todo mortal por haber sido criado de ella. || La parte enjuta del globo terráqueo, y por extension todo el globo. || TIERRA Á TIERRA, Costeando ó navegando siempre á la vista de tierra, siguiendo la direccion de la costa. || met. Con cautela y sin arrojo en los negocios. || TIERRA CHÍA, Tierra medicinal de color blanco, y la mas perfecta tira á color ceniciento. || TIERRA DE LABOR, Tierra labrantia. || TIERRA DE PROMISION, La que es muy fértil y abundante, con alusion á la que Dios prometió al pueblo de Israël. || TIERRA DE SEVILLA, V. ACECHE. || TIERRA FIRME, V. CONTINENTE. || Terreno sólido y capaz por su consistencia y dureza de admitir sobre sí edificio. || TIERRA JAPÓNICA, V. CATO. || TIERRA Ó HEREDAD DE AÑO Y VEZ, La de labor que se labra un año y se deja descansar otro para que se conserve y fructifique. || TIERRA SANTA, Los lugares de Jerusalem donde nació, vivió, esparció su santísima doctrina, y murió Jesucristo. || BESAR LA TIERRA, Caer de boca en [illegible]lla por alguna contingencia, ó tocarla con los labios por piedad ú otro motivo. [illegible] BESAR LA TIERRA QUE OTRO PISA, met. [illegible]xpresa la reverencia y respecto que se tiene, y se denota con esta demostra[illegible] humilde. || COHECHAR TIERRA, Alzar [illegible]echo ó dar la última reja á la [illegible]es de sembrarla. || COMO TIERRA, [illegible] MANTA. || CORRER LA TIERRA, EL PAIS, Entrar en el de los ene[illegible] hostilidades. || COSERSE CON LA PARED, etc. met. Unirse [illegible]te con la tierra ó con la pa[illegible] ALGUNA PERSONA EN TIERRA, Rendirla, derribarla al suelo. || DAR CON ALGUNA PERSONA Ó COSA EN TIERRA, met. Hacerla decaer, destruirla. || DAR EN COMER TIERRA, fam. Nota el gusto raro y extravagante de alguna persona. || DAR EN TIERRA CON ALGUNA COSA, Derribarla. || DESCUBRIR TIERRA, met. Hacer entrada en pais desconocido para conocerle ó tomar lenguas. || DESCUBRIR TIERRA Ó TERRENO, met. Hacer ó decir algo con el fin de sondear á alguno ó averiguar alguna cosa. || ECHAR EN TIERRA, *Náut.* V. DESEMBARCAR ALGUNA COSA. || ECHAR POR TIERRA ALGUNA COSA, met. Destruir, arruinarla. || ECHARSE Á TIERRA Ó EN TIERRA Ó POR TIERRA, met. Humillarse, rendirse. || ECHAR TIERRA Á ALGUNA COSA, Ocultarla, hacer que se olvide y que no se hable mas de ella. || ES EL MEJOR QUE SOSTENTA LA TIERRA Y QUE CALIENTA EL SOL, Alaba á alguno que sobresale en ciencia, virtud, etc. || ESQUILMAR LA TIERRA, Dícese de los árboles y algunas otras plantas que desustancian la tierra demasiadamente. || ESTAR BIEN GOBERNADA LA TIERRA Ó EL CAMPO, Estar en buena sazon ó tempero. || ESTAR MASCANDO TIERRA, met. Estar enterrado. || GANAR TIERRA, met. V. GANAR TERRENO. || LA PRIMERA, Y ESA EN TIERRA, Loc. con que se nota al que yerra lo primero que egecuta en cualquiera linea. || LA TIERRA DEL PIRIPAO, fam. Aquel lugar ó casa donde hay opulencia y abundancia, y no se piensa mas en regalarse que en otra cosa. || NO SABERLO LA TIERRA, Proceder con gran secreto en alguna cosa. || PARTIR TIERRA, Lindar el término de un pueblo, ciudad ó provincia con el de otra. || PERDER LA TIERRA, ant. Salir desterrado de ella. || PERDER TIERRA, Faltarle el terreno al que va andando. || Levantarse con repugnancia y dificultad alguna cosa del lugar que ocupaba, como sucede al peso por el esfuerzo del contrapeso, ó al que lucha con otro á brazo partido. || PONER POR TIERRA, Derribar algun edificio ó cosa semejante. || PONER TIERRA EN MEDIO, met. Ausentarse. || POR DEBAJO DE TIERRA, Con cautela y secreto. || PROBAR MAL LA TIERRA Ó PROBAR LA TIERRA, Hacerle daño á alguno en la salud la mudanza de un lugar á otro, enfermando luego por la mudanza de los aires ó mantenimientos. || SALTAR EN TIERRA, Desembarcarse. || SEMBRAR EN MALA TIERRA, met. Hacer beneficios á quien los coresponde mal. || SER BUENA TIERRA PARA SEMBRAR NABOS, met. y fam. Denota que una cosa es á propósito para cualquiera otra que se la aplique. || SIN SENTIRLO LA TIER-

ó dia. || CON TIEMPO, Anticipadamente. || CONSAGRAR EL TIEMPO Ó LA VIDA Á ALGUNA PROFESION Ó CIENCIA, Dedicarse enteramente á ella. || CORRER EL TIEMPO, Irse pasando. || DAR TIEMPO AL TIEMPO, Esperar la oportunidad ó coyuntura para hacer alguna cosa. || Usar de condescendencia con alguno atendiendo á las circunstancias. || DARSE BUEN TIEMPO, met. y fam. Alegrarse, divertirse, recrearse. || DEJARLO AL TIEMPO, Esperar la ocasion oportuna para hacer alguna cosa. || DESCOMPONERSE EL TIEMPO, DESTEMPLARSE ó alterarse la serenidad de la atmósfera. || DESPEJARSE EL TIEMPO, DESPEJARSE EL CIELO. || DE TIEMPO, Hablando de los partos explica que la criatura es de los meses en que puede vivir, y cuando es de los nueve se dice de todo TIEMPO. || DE TIEMPO EN TIEMPO, Con intermision ó interrupcion de tiempo. || ENGAÑAR EL TIEMPO, met. Ocuparse en algo el que está ocioso para que el tiempo se le haga mas corto. || EN TIEMPO, En ocasion. || EN TIEMPO DE MARICASTAÑA, Ó DEL TIEMPO DE MARICASTAÑA, fam. En tiempo ó de tiempo antiguo. || FUERA DE TIEMPO Ó SIN TIEMPO, Intempestivamente. || GASTAR EL TIEMPO, PERDERLE. || GOZAR DEL TIEMPO Ó DE LA FORTUNA, Usar bien de él, y aprovecharse de uno y de otro. || MEDIO TIEMPO, El que se interpone y pasa entre un suceso y otro. || MEDIR EL TIEMPO, met. Proporcionarle á lo que se necesita. || OBEDECER AL TIEMPO Ó Á LA NECESIDAD, met. Obrar como lo exigen las circunstancias del tiempo. || PASAR EL TIEMPO, Estar ocioso sin trabajar, ó divertirse ó pasearse sin motivo alguno. || PERDER TIEMPO, No aprovecharse de él, ó dejar de egecutar en él lo que se podia ó debia. || met. Trabajar inútilmente en la solicitud de algun negocio. || POR TIEMPO, Sin determinacion ó con incertidumbre de tiempo. || TOMAR TIEMPO, Dilatar para mas adelante lo que se ha de hacer á fin de asegurar el acierto, ó para diferirlo tanto que no llegue el caso de que tenga efecto. || UN TIEMPO, En otro tiempo.

TIENDA, s. f. Pabellon armado tendido sobre palos ó estacas fijadas en el suelo, y aseguradas con cordeles, que sirve de alojamiento ó aposentamiento en el campo, especialmente en la guerra. || En las embarcaciones llanas y en las galeras la cubierta de lienzo ó lana que elevan para defenderse del sol ó del temporal. || La cubierta del carro ó galera de tierra. || La casa, puesto ó parage donde se venden algunos géneros, así de vestir como de comer. || ABRIR TIENDA, Poner tienda pública de algun trato, manufactura ó mercadería. || ALZAR Ó LEVANTAR TIENDA, Quitarla, cerrarla. || LA TIENDA DE LOS COJOS, La mas cercana, para dar á entender que aunque tenga las mercaderías de peor calidad, por el trabajo que se ahorra de alejarse á comprarlas, se acude á ella.

TIENTA, s. f. Instrumento de hierro largo y redondo, con que por la cavidad de la herida se examina su profundidad y penetracion. || met. La sagacidad ó industria y arte con que se quiere saber de alguno lo que se ignora por estar secreto. || Á TIENTAS, V. Á TIENTO. || met. Con incertidumbre, dudosamente, sin tino. Úsase mas frecuentemente con el verbo *andar*. || ANDAR Á TIENTAS, Proceder con incertidumbre buscando los medios de acertar.

TIENTO, s. m. Egercicio del sentido del tacto. || El palo que usan los ciegos para que les sirva como de guia. || El palo largo que llevan los volatines en las dos manos, y con que van equilibrando el peso con el movimiento para mantenerse firmes en la maroma. || [illegible] PULSO por seguridad ó firmeza. || GOLPE, y asi se dice: le dieron dos tientos. || met. Consideracion prudente, miramiento y cordura en lo que se hace y emprende. || *Pint.* Una varita ó bastoncillo que se tiene en la mano izquierda con un botoncillo de borra ó pelo á la redonda á lo último para que no lastime el lienzo. || *Mús.* El floreo ó ensayo que hace el músico ántes de tañer á propósito, recorriendo las cuerdas por todas las consonancias para ver si está bien templado el instrumento. || *Mont.* Un palo delgado como de una vara de alto con una punta de hierro muy aguda, que se hinca en la tierra para afianzar y [illegible] las redes. || Cada uno de los brazuelos á manera de rayos, que tienen los pólipos en la parte anterior de su cuerpo. || Á TIENTO, met. Dudosamente, sin certeza y clara comprension. || Á TIENTO Ó POR EL TIENTO, Por el tacto, esto es, valiéndose de él para reconocer las cosas en la oscuridad ó por falta de vista. || DAR UN TIENTO, Reconocer alguna cosa ó examinarla con prevencion y advertencia física ó moralmente, como: DAR UN TIENTO á la espada, DAR UN TIENTO al ingenio de alguno. || SACAR DE TIENTO, V. SACAR DE TINO.

TIERNAMENTE, adv. m. Con ternura, amor y cariño.

TIERNECICO, CA, LLO, LLA, TO, TA, adj. d. de TIERNO.

TIERNÍSIMAMENTE, adv. m. sup. de TIERNAMENTE.

TIERNO, NA, adj. Blando, delicado, flexible y fácil á cualquiera extraña impresion. || Se aplica á lo que es reciente moderno y de poco tiempo. || Se aplica al tiempo ó edad de la niñez para explicar su delicadeza y docilidad. || Propenso al llanto. || met. Afectuoso, cariñoso y amable.

TIERRA, s. f. Sustancia inorgánica ó fósil, árida, pesada, fija al fuego y desmenuzable, de que se compone por la mayor parte la superficie del globo que pisamos. || La patria propia de cada uno. || Calquiera region ó provincia ó el distrito de algun dominio, estado ó pueblo. || El espacio de terreno á propósito para el cultivo, labor y siembra. || met. Todo mortal por haber sido criado de ella. || La parte enjuta del globo terráqueo, y por extension todo el globo. || TIERRA Á TIERRA, Costeando ó navegando siempre á la vista de tierra, siguiendo la direccion de la costa. || met. Con cautela y sin arrojo en los negocios. || TIERRA :HIA, Tierra medicinal de color blanco, y la mas perfecta tira á color ceniciento. || TIERRA DE LABOR, Tierra labrantia. || TIERRA DE PROMISION, La que es muy fértil abundante, con alusion á la que Dios prometió al pueblo de Israël. || TIERRA DE SEVILLA, V. ACECHE. || TIERRA FIRME, V. CONTINENTE. || Terreno sólido y capaz por su consistencia y dureza de admitir sobre sí edificio. || TIERRA JAPÓNICA, V. CATO. TIERRA Ó HEREDAD DE AÑO Y VEZ, La de labor que se labra un año y se deja descansar otro para que se conserve y fructifique. || TIERRA SANTA, Los lugares de Jerusalem donde nació, vivió, esparció su santísima doctrina, y murió Jesucristo. || BESAR LA TIERRA, Caer de boca en ella por alguna contingencia, ó tocarla con los labios por piedad ú otro motivo. BESAR LA TIERRA QUE OTRO PISA, met. Expresa la reverencia y respecto que se le tiene, y se denota con esta demostracion humilde. || COHECHAR TIERRA, Alzar el barbecho ó dar la última reja á la tierra ántes de sembrarla. || COMO TIERRA, fam. V. Á MANTA. || CORRER LA TIERRA, EL CAMPO, EL PAIS, Entrar en el de los enemigos á hacer hostilidades. || COSERSE CON LA TIERRA, LA PARED, etc. met. Unirse estrechamente con la tierra ó con la pared. || DAR CON ALGUNA PERSONA EN TIERRA, Rendirla, derribarle al suelo. || DAR CON ALGUÑA PERSONA Ó COSA EN TIERRA, met. Hacerla decaer, destruirla. || DAR EN COMER TIERRA, fam. Nota el gusto raro y extravagante de alguna persona. || DAR EN TIERRA CON ALGUNA COSA, Derribarla. || DESCUBRIR TIERRA, met. Hacer entrada en pais desconocido para conocerle ó tomar lenguas. || DESCUBRIR TIERRA Ó TERRENO, met. Hacer ó decir algo con el fin de sondear á alguno ó averiguar alguna cosa. || ECHAR EN TIERRA, *Náut.* V. DESEMBARCAR ALGUNA COSA. || ECHAR POR TIERRA ALGUNA COSA, met. Destruir, arruinarla. || ECHARSE Á TIERRA Ó EN TIERRA Ó POR TIERRA, met. Humillarse, rendirse. || ECHAR TIERRA Á ALGUNA COSA, Ocultarla, hacer que se olvide y que no se hable mas de ella. || ES EL MEJOR QUE SUSTENTA LA TIERRA Y QUE CALIENTA EL SOL, Alaba á alguno que sobresale en ciencia, virtud, etc. || ESQUILMAR LA TIERRA, Dícese de los árboles y algunas otras plantas que desustancian la tierra demasiadamente. || ESTAR BIEN COHERNADA LA TIERRA Ó EL CAMPO, Estar en buena sazon ó tempero. || ESTAR MASCANDO TIERRA, met. Estar enterrado. || GANAR TIERRA, met. V. GANAR TERRENO. || LA PRIMERA, Y ESA EN TIERRA, Loc. con que se nota al que yerra lo primero que egecuta en cualquiera linea. || LA TIERRA DEL PIRIPAO, fam. Aquel lugar ó casa donde hay opulencia y abundancia, y ne se piensa mas en regalarse que en otra cosa. || NO SABERLO LA TIERRA, Proceder con gran secreto en alguna cosa. || PARTIR TIERRA, Lindar el término de un pueblo, ciudad ó provincia con el de otra. || PERDER LA TIERRA, ant. Salir desterrado de ella. || PERDER TIERRA, Faltarle el terreno al que va andando. || Levantarse con repugnancia y dificultad alguna cosa del lugar que ocupaba, como sucede al peso por el esfúerzo del contrapeso, ó al que lucha con otro á brazo partido. || PONER POR TIERRA, Derribar algun edificio ó cosa semejante. || PONER TIERRA EN MEDIO, met. Ausentarse. || POR DEBAJO DE TIERRA, Con cautela y secreto. || PROBAR MAL LA TIERRA Ó PROBAR LA TIERRA, Hacerle daño á alguno en la salud la mudanza de un lugar á otro, enfermando luego por la mudanza de los aires ó mantenimientos. || SALTAR EN TIERRA, Desembarcase, || SEMBRAR EN MALA TIERRA, met. Hacer beneficios á quien los corresponde mal. || SER BUENA TIERRA PARA SEMBRAR NABOS, met. y fam. Denota que una cosa es á propósito para cualquiera otra que se la aplique. || SIN SENTIRLO LA TIER-

RA, Con mucho silencio y cautela. || VER TIGERAS, met. V. VER MUNDO.

TIESAMENTE, adv. m. Fuertemente, firmemente.

TIESO, SA, adj. Duro, firme, sólido, y que con dificultad se dobla ó rompe. || Robusto de salud, especialmente despues de convalecido de alguna dolencia. || Animoso, valiente y esforzado. || Tenso, tirante. || Nimiamente grave, circonspecto y mesurado. || met. Terco, inflexible y tenaz en el propio dictámen.

TIESO, adv. Recia ó fuertemente; así se dice: pisar TIESO, dar TIESO.

TIESO, s. m. Dureza, tesura é inflexibilidad. || TIESO DE COGOTE, met. y fam. Engreido, vano, indócil. || TIESO QUE TIESO, Expr. fam. con que se denota la terquedad ó persistencia en no dejarse persuadir.

TIESTO, s. m. Pedazo de vaso de barro. || Vaso grande de tierra. Su uso regular es para plantar yerbas y flores para adorno de los jardines.

TIFON, s. m. Torbellino, remolino de viento.

TIGERA, s. f. Instrumento compuesto de dos cuchillas de un corte trabadas por el medio con un ege, y que al remate tiene unos anillos para meter los dedos. Úsase comunmente en plural. Las hay de muchos tamaños. || Cualquiera cosa que se forma en su figura. || Zanja ó cortadura que se hace en las tierras húmedas para desaguarlas. || En los esquileos el que esquila. || met. El que murmura. || Llaman los carpinteros dos maderos atravesados en forma de aspa de san Andres, en que fijan la viga para aserrarla ó labrarla. || *Vol.* La primera pluma del ala del alcon. || En los coches cualquiera de los dos correones cruzados en que se sustentan los balanceos para el buen movimiento de la caja. || TIGERAS, pl. Unas vigas atadas y enlazadas con otras que atraviesan en el rio, y detienen la madera que se conduce por él. || *Germ.* Los dedos mayores de la mano. || BUENA TIGERA, El que es habil en cortar. || met. El que come mucho. || ECHAR LA TIGERA, Empezar á cortar con este instrumento en algun paño ó tela. || met. Atajar ó cortar los inconvenientes que sobrevienen en algun negocio. || HACER TIGERA, En el manejo de los caballos no traer estos la boca en la postura regular, sinó torcerla á un lado ú otro.

TIGERADA, s. f. V. TIGERETADA.

TIGERETA, s. f. d. de TIGERA. || En las vides cada una de las puntillas largas y redondas como cordelillos, que se van retorciendo, y se asen y enredan en lo que encuentran.

TIGERETADA, s. f. El corte hecho de un golpe con las tigeras.

TIGERETAS, s. f. pl. d. de TIGERAS. TIGERETAS HAN DE SER, Ó DECIR TIGERETAS, met. y fam. Porfiar necia y tercamente sobre cosas de poca importancia.

TIGERETEADO, p. p. de TIGERETEAR.

TIGERETEAR, v. a. Dar varios cortes con las tigeras. || met. Disponer segun su arbitrio y dictámen en negocios agenos.

TIGERICA, LLA, TA, s. f. d. de TIGERA. || TIGERILLA, TIGERETA en las vides.

TIGERUELA, s. f. En las vides TIGERETA.

TIGRA, s. f. La hembra del tigre.

TIGRE, s. m. Fiera velocísima de la figura del gato, aunque mucho mayor.

TILA, s. f. V. TILO.

TILDADO, p. p. de TILDAR.

TILDAR, v. a. Borrar ó testar alguna letra ó cláusula con una raya ó tilde. || Poner tilde á las letras que lo piden. || met. Señalar con alguna nota denigrativa particular á un sugeto para algun fin.

TILDE, s. m. La virgulita o nota que se pone sobre alguna letra para significar abreviatura en la voz, ó distinguirla de otras, ó esplicar el acento.

TILDE, s. f. Cosa mínima.

TILDON, s. m. aum. de TILDE.

TILIA, s. f. V. TILO.

TILLA, s. f. La crugía de la nave.

TILO, s. m. Árbol de tronco alto y grueso con ramos, de corteza liza y algo cenicienta, y madera blanca y blanda de gran uso en la escultura y carpintería.

TÍMALO, s. m. Pescado de hermosísima forma, y del largo de un codo.

TIMBAL, s. m. V. ATABAL. || Instrumento bélico propio de la caballería.

TIMBALERO, s. m. El que toca los timbales.

TIMBRADO, p. p. de TIMBRAR.

TIMBRAR, v. a. Poner el timbre en el escudo de armas.

TIMBRE, s. m. La insignia que se coloca sobre el escudo de armas para distinguir los grados de nobleza. || met. Cualquiera accion gloriosa que ensalza y ennoblece.

TÍMIDAMENTE, adv. Con temor, encogimiento ó miedo.

TIMIDEZ, s. f. Temor, miedo, encogimiento é irresolucion.

TIMIDÍSIMAMENTE, adv. sup. de TÍMIDAMENTE.

TIMIDÍSIMO, MA, adj. sup. de TÍMIDO.

TÍMIDO, DA, adj. Temeroso, medroso, encogido y corto de ánimo.

TIMO, s. m. V. TIMALO.

TIMON, s. m. El palo derecho que sale de la cama del arado en su extremidad: tiene tres ó cuatro agujeros que sirven para meter la clavija, y proporcionar el tiro. || *Náut.* Tabla vertical colocada en el codaste ó extremo de la popa de la embarcacion sobre goznes, en que gira á la derecha ó á la izquierda para dar la direccion á la nave. || El instrumento que gobierna el movimiento de algunas máquinas. || met. La especie, el cargo ó la persona en que consiste el gobierno principal de cualquiera cosa.

TIMONCICO, LLO, TO, s. m. d. de TIMON.

TIMONEAR, v. n. Gobernar el timon.

TIMONEL, s. m. El que gobierna el timon de la nave.

TIMONERA, s. f. El sitio donde se sienta la bitácora, y está el pinzote con que gobierna el timonel. || Cada una de las plumas grandes que tienen las aves en la cola. Llámanse así porque en el vuelo les sirve para dar direccion al cuerpo, así como el timon sirve en la navegacion para dirigir los buques.

TIMONERO, s. m. El que gobierna el timon.

TIMORATO, TA, adj. El que tiene el santo temor de ofender á Dios, y se gobierna por él en sus operaciones.

TIMPANILLO, s. m. d. de TÍMPANO. || *Impr.* Tímpano pequeño, cubierto de baldés ó pergamino, que se encaja detras del tímpano principal, y sobre él asienta el cuadro con que se aprieta el molde para que estampe.

TIMPANÍTICO, CA, adj. Que padece timpanítis ó perteneciente á está enfermedad.

TIMPANÍTIS, s. f. Especie de hidropesía en el bajo vientre, causada por el aire.

TÍMPANO, s. m. V. ATABAL. || *Anat.* El instrumento principal del sentido del oido, que es una membrana formada del quinto par de nervios, la cual está extendida y tensa como la de un tambor. || *Impr.* Artificio formado de cuatro listones de madera y cubierto de baldés, para asentar sobre él el papel que se ha de imprimir. || *Máq.* El palo redondo en las máquinas.

TINA, s. f. V. TINAJA. || Vaso grande en forma de caldera, de diferentes materias, que sirve para teñir y otros usos. || *And.* BALSA ó media bota.

TINACO, s. m. Especie de tina, en algunas partes de madera.

TINADA, s. f. Monton ó hacina de leña. || Cobertizo que se hace para reservar del temporal á los ganados; y particularmente se toma por aquel en que estan los bueyes.

TINADO ó TINADOR, s. m. V. TINADA, cobertizo.

TINAJA, s. f. Vasija grande de barro cocido, y algunas veces vidriado: desde el asiento va siendo mas ancha y capaz, y forma una como barriga hasta el gollete ó cuello, que es mas angosto.

TINAJERÍA, s. f. *And.* TINAJERO por el sitio donde se guardan las tinajas.

TINAJERO, s. m. El que hace tinajas ó las vende. || El sitio ó lugar donde se empotran las tinajas.

TINAJICA, LLA, TA ó **TINAJUELA**, s. f. d. de TINAJA.

TINAJON, s. m. Media tinaja ó vaso en forma de ella, en que se recógen aguas llovedizas. Suelen servir para lavar y otros usos.

TINAO, s. m. *p. And.* En los cortijos la estancia cubierta en donde se recogen y comen los bueyes.

TINAON, s. m. *And.* El establo de los bueyes.

TINEA, s. f. ant. Carcoma de madera podrecida en tierra.

TINELERO, RA, s. m. y f. La persona á cuyo cargo está el cuidado y provision del tinelo.

TINELO, s. m. Cuadra ó aposento en que come la familia de los señores y grandes.

TINGE, s. m. Ave de rapiña, especie de halcon nocturno, larga y delgada.

TINGITANO, NA, adj. y s. El natural de Tánger y perteneciente á esta ciudad.

TINGLADO, s. m. V. COBERTIZO.

TINGLE, s. f. Pieza de marfil ó hueso lisa y ancha, que usan los vidrieros para abrir y ajustar al vidrio las aberturas del plomo.

TINICA, LLA, TA, s. f. d. de TINA.

TINICLA, s. f. Especie de cota de armas que usaban los señores mayores del egército, mas larga y ancha que la cota, y las mangas mas estrechas que las del plaquin.

TINIEBLA, s. f. Carencia, falta y privacion total de luz. Usase comunmente en plural. || TINIEBLAS, pl. met. Suma ignorancia y confusion por falta de prudente conocimiento. || Los maytines que se dicen en los tres últimos dias de la semana santa.

TINILLO, s. m. Concavidad hecha de fábrica en donde se recoge el mosto que corre de la uva pisada en el lagar.

TINO, s. m. Hábito ó facilidad de acertar á tiento con las cosas de que ántes se tenia noticia, y del órden en que estaban. || Buen pulso y seguro para acertar á algun blanco ú objeto á que se tira. || met. Juicio, prudencia y discurso cuerdo para el gobierno y acertada direccion de alguna materia. || SACAR DE TINO, Atolondrar á uno con algun golpe ó porrazo. || SACAR DE TINO, met. Aturdir ó confundir á uno con alguna especie ó razon que se le persuade ó impresiona.

TINTA, s. f. Color que se sobrepone á cualquiera cosa ó con que se tiñe. || Privativamente se toma por el licor negro con que se escribe. Sus regulares ingredientes son caparrosa ó vitriolo romano, agallas, piedra lumbre y goma arábiga cocidas en agua ó vino. || La accion de teñir, ó la misma infusion del tinte; y así se dice: dar una TINTA, dar dos TINTAS. || CORRER LA TINTA, Estar fluida y en proporcion para escribir. || DAR TINTA Ó NO DAR TINTAS, Explica que la pluma por abierta ó cerrada de puntos arroja mucha tinta ó no señala las letras, ó porque la tinta está muy clara ó muy espesa. || DE BUENA TINTA, fam. Con eficacia, acrimonia, habilidad ó viveza. || MEDIA TINTA, *Pint.* La tinta general que se da primero para pintar al temple y fresco, sobre la cual se va labrando de claro y oscuro. || METER TINTAS, *Pint.* Poner ó colocar las tintas en los lugares correspondientes. || SABER ALGO DE BUENA TINTA, met. y fam. Estar informado de alguna especie por sugeto á quien se debe dar crédito.

TINTADO, p. p. de TINTAR.

TINTAR, v. a. V. TEÑIR.

TINTE, s. m. El acto mismo de teñir. || El color con que se tiñe. || La casa, tienda ó parage donde se tiñe y dan los colores. || met. Artificio mañoso con que se da diverso color á las cosas no materiales, ó se desfigura el que tienen.

TINTERO, s. m. El vaso en que se tiene la tinta para escribir. Los hay de muchas figuras y materias. || DEXAR Ó DEJARSE EN EL TINTERO ALGUNA COSA, fam. Olvidarla ú omitirla. || QUEDARSELE Á UNO EN EL TINTERO ALGUNA COSA, fam. Olvidársele.

* TINTILLA, s. f. Especie de uva.

TINTILLO, s. m. d. de TINTO. Dícese regularmente del vino no muy cubierto. || met. El sugeto despreciable y tonto con quien todos se zumban y chancean.

TINTIRINTIN, s. m. El eco ó sonido que resulta del toque de los clarines ú otro instrumento que le tenga agudo.

TINTO, TA, adj. V. TEÑIDO. || Se llama por excelencia ó antonomasia el vino de color oscuro, casi negro.

TINTOR, s. m. ant. V. TINTORERO.

TINTORERÍA, s. f. La casa donde se tiñen los paños y otras cosas.

TINTORERO, RA, s. m. y f. El que tiñe ó da los tintes.

TINTURA, s. f. La accion de teñir. Tómase tambien por el mismo color. || Afeite en el rostro, especialmente de las mugeres. || met. Superficial y leve noticia de alguna facultad ó ciencia. || *Quim.* Extracto del color de uno ó mas mixtos con la porcion mas pura de su sustancia, que puesto en infusion en licor conveniente, deshecho en fuego lento le comunica sus virtudes y color. SOBRE NEGRO NO HAY TINTURA, Expr. con que se explica lo dificil que es corregir ó mejorar el mal genio ó natural, ó escusar y disimular las malas y feas acciones.

TINTURADO, p. p. de TINTURAR.

TINTURAR, v. a. V. TEÑIR. || met. Instruir ó informar por mayor de alguna cosa.

TIÑA, s. f. Erupcion cu[illegible] de un humor corrosivo y acre, que va [illegible] y haciendo agujerillos como la polilla en el cútis de la cabeza, donde se cria costra. || El arañuelo ó gusanillo que daña á las colmenas. || met. fam. [illegible], escasez, mezquindad.

TIÑERÍA, s. f. TIÑA por miseria.

TIÑOSO, SA, adj. y s. El que padece la enfermedad de la tiña. || met. Escaso, miserable y ruin.

TIÑUELA, s. f. [illegible] así en algenas partes á la cuscuta que se cria como yerba parásita entre las plantas del lino.

TIO, TIA, s. m. y f. Rigurosamente el hermano ó hermana de nuestros padres; pero latamente se toma por los parientes transversales superiores en algun grado, y se denominan segundo, tercero, etc., segun los grados que distan. || En los lugares llaman comunmente así á las personas entradas ya en edad, que no tienen *don*, aunque no sean parientes. || TIO Ó TIA CARNAL, El hermano ó hermana del padre ó de la madre de alguno. || Á TU TIA QUE TE DÉ PARA LIBROS, Expr. fam. con que se despide ó deshecha á alguna persona, negándole lo que pide, por no querer ó no tener obligacion á darlo. || CONTÁRSELO Á SU TIA, V. CONTÁRSELO Á SU ABUELA. || QUEDARSE PARA TIA Ó PARA VESTIR IMÁGENES, met. Llegar la muger á edad avanzada sin que haya habido quien la quiera para casarse con ella.

TIOBA, s. f. Instrumento músico, especie de laud, algo mayor y con mas cuerdas.

TIPLE, s. m. La tercera y mas alta voz en la consonancia música, que se compone de las tres voces bajo, tenor y tiple. || La persona que tiene este tono de voz sutil, alta y aguda. || Instrumento especie de vihuela, y de su misma hechura, aunque mas chico, porque tiene las voces muy agudas. || *Germ.* El vino.

TIPLISONANTE, adj. fam. Que tiene la voz ó tono de tiple.

TIPO, s. m. El molde ó el egemplar.

TIPOGRAFÍA, s. f. ant. V. IMPRENTA. || El arte de imprimir ó de la imprenta.

TIPOGRÁFICO, CA, adj. Perteneciente á la imprenta ó al arte de imprimir.

TIPÓGRAFO, s. m. El impresor.

TIQUIS MIQUIS, Voces bárbaras que en el estilo familiar se notan como expresiones afectadas, y con particularidad cuando se dicen mutuamente entre dos ó mas personas.

TIRA, s. f. Pedazo de cualquiera tela larga y angosto. || La lista larga y angosta de otra cualquier cosa. || El derecho que se paga en las escribanías por todas las partes el pleito que viene en apelacion al tribunal superior, y se reparte por las hojas, dando un tanto por cada una. Úsase mas comunmente en plural. || *Germ.* Camino. || *Germ.* Trampa en el juego. || TIRA ANGOSTA, *Germ.* Juego de bolos.

TIRABRAGUERO, s. m. Ligadura que los hernistas ponen á los que estan quebrados.

TIRABUZON, s. m. Una especie de sacatrapos, que sirve para quitar los tapones á los frascos ó botellas.

* TIRACABEZA, s. f. Instrumento para sacar la cabeza en un parto laborioso.

TIRACOL, s. m. V. TIRACUELLO.

TIRACUELLO, s. m. Especie de bandolera ó cinturon.

TIRADA, s. f. La accion de tirar. || La distancia que hay de un lugar á otro ó de un tiempo á otro. || DE UNA TIRADA Ó EN UNA TIRADA, De una sola vez, de un golpe, en un acto continuo y seguido.

TIRADERA, s. f. Especie de flecha que usan los Indios, la cual disparan con correa. || Cuerda ó correa que sirve en algunos instrumentos para tirar de ellos ó comprimirlos. || *Germ.* Cadena.

TIRADERO, s. m. El lugar ó parage donde el cazador se pone para tirar á la caza.

TIRADILLAS, s. f. pl. ant. V. CARBONCILLOS.

TIRADO, p. p. de TIRAR. || ANDAR ALGUNA COSA MUY TIRADA, met. V. ANDAR.

TIRADOR, RA, s. m. y f. El que tira. || El que tira con acierto, destreza y habilidad, como TIRADOR de escopeta, de barra, etc. || El que estira algun paño ó tela, y el instrumento con que se estira. || *Impr.* V. PRENSISTA. || TIRADOR DE ORO, El oficial que le reduce á hilo.

TIRAMIENTO, s. m. La accion y efecto de tirar, ó el estiramiento y tension.

TIRAMIRA, s. f. Cordillera ó camino angosto y largo. Úsase frecuentemente por serie continuada de muchas cosas seguidas ó añadidas unas á otras.

TIRAMOLLAR, v. n. *Náut.* Tirar de un cabo que pasa por retorno para aflojar lo que tiene, ó para que quede en banda.

TIRANA, s. f. Cierta cancion española.

TIRANAMENTE, adv. V. TIRÁNICAMENTE.

TIRANÍA, s. f. Gobierno á la voluntad del señor sin justicia ni regla. || met. La exorbitancia de precio á que venden los mercaderes los géneros, especialmente en tiempo de carestía. || met. Cualquiera afecto que apoderado de la voluntad parece que violenta su libertad.

TIRÁNICAMENTE, adv. Con tiranía, violencia ó usurpacion á su legítimo dueño.

TIRÁNICO, CA, adj. V. TIRANO.

TIRANILLO, LLA, adj. d. de TIRANO.

TIRANIZACION, s. f. La accion y efecto de tiranizar.

TIRANIZADAMENTE, adv. V. TIRÁNICAMENTE.

TIRANIZADO, p. p. de TIRANIZAR.

TIRANIZAR, v. a. Usurpar sin derecho y con violencia lo que es legítimamente propio de otro. || Inclinar con poderío y violencia alguna pasion, como arrastrando la voluntad ó persuadiendo al entendimiento. || Vender los géneros á subidos y exorbitantes precios.

TIRANO, NA, adj. y s. Se aplica al señor que gobierna sin justicia y á medida de su voluntad. || Aplícase al mercader que vende sus géneros á precio exorbitante y subido. || Se dice de la pasion de amor ú otro afecto que domina el ánimo ó persuade el entendimiento.

TIRANTE, p. a. de TIRAR, Que tira. || Que está ó se mantiene fuertemente apretado.

TIRANTE, s. m. Un madero mas delgado que cuarton, angosto y largo. || La cuerda ó correa que asida ú las guarniciones de las mulas sirve para tirar el coche. || *Germ.* Calza. || Á TIRANTES LARGOS, Significa el modode llevar cuatro mulas en el coche ó carroza con dos cocheros, á distincion del modo de llevarlas un cochero solo, que llaman á guias.

TIRANTEZ, s. f. La longitud ó espacio que alguna cosa tiene de largo por línea recta. || TIRANTEZ DEL ARCO, *Arq.* La direccion con que las juntas de las piedras ó las hiladas de ladrillos de que constan los arcos de las fábricas se encaminan hácia alguno ó algunos puntos determinados.

TIRAPIÉ, s. m. Correa larga, angosta y cosida por los dos cabos, en que los zapateros meten el pié como en un escribo, y llega hasta por encima de la rodilla, donde aseguran el zapato para coserle.

TIRAR, v. a. Arrojar, despedir de la mano alguna cosa con violencia é impulso. || Imitar, asemejarse ó parecerse una cosa á otra. Dícese especialmente de los colores. || Atraer ó traer hácia sí con violencia exterior ó por virtud natural, como hace el iman con el hierro. || Hacer fuerza hácia sí para llevar algun peso ó carga. || Reducir á hilo algunos metales. || Disparar las armas, máquinas ó invenciones artificiales de fuego. || Estirar ó extender. || met. Desperdiciar, perder ó disipar caudal, dinero ó hacienda. Dícese frecuentemente TIRAR Á la calle. || met. Poner los medios, ó encaminarlos y dirigirlos á algun fin. || met. Devengar, adquirir ó ganar, como TIRAR sueldo, salario, etc. || met. Atraer inclinando la voluntad por alguna especial razon de cariño ó aceptacion, preferencia ó estimacion. || met. Perjudicar, dañar, estorbar ó hacer mal tercio á alguno. || met. Percibir ó tomar la parte ó cantidad que á uno le toca ó corresponde en reparticion ó en el juego. En lo antiguo QUITAR. Hoy se usa en algunas partes. || ant. Sacar ó librar de algun riesgo. || *Impr.* V. IMPRIMIR.

TIRAR, v. n. Echar, ir, caminar; y asi se dice: en llegando á tal parte tire vm. á la derecha. || Durar alguna cosa ó mantenerse sin decaer del estado en que se halla; y asi suele decirse de un enfermo que va TIRANDO. || ant. Echar ó hacer salir á uno de alguna parte, apartarle, desviarle.

TIRARSE, v. a. ant. Apartarse, quitarse de un medio. || TIRAR LARGO, Exceder en lo que se dice ó hace. || TIRAR LARGO O POR LO LARGO, Hacer cuentas alegres ó galanas. || Á TIRA MAS TIRA. fam. Tirando á porfía entre muchos, ó al que mas tira y mas léjos. Usase tambien Á TODO TIRAR. || Á TODO TIRAR, cuanto se puede ó hasta donde se puede. || Tirando todo alcanzar con el tiro. Úsase tambien en sentido metafórico, y vale Á LO MAS O Á LO SUMO. || TIRA Y AFLOJA, Juego de muchachos. || met. Da á entender que se mandan á un tiempo cosas opuestas, y tambien que se van sucediendo alternativamente lances y cosas que molestan, y las que desahogan y alivian.

* TIRATETE, s. m. *Cir.* Instrumento para sacar la cabeza en un parto laborioso.

TIRELA, s. f. Tela listada.

TIRETA, s. f. *Ar.* V. AGUJETA.

TIRICA, LLA, s. f. d. de TIRA.

TIRILLA, s. f. d. de TIRA. || Lista ó tira de lienzo labrada ó pespunteada que se pone por cuello ó cabezon en las camisas.

TIRILLO, s. m. d. de TIRO.

TIRIO, RIA, adj. y s. El natural de Tiro ó perteneciente á este pueblo.

* TIRITADOR, s. m. El que tirita de frio.

TIRITAÑA, s. f. Tela de seda endeble. || met. Cosa de poca sustancia ó entidad.

TIRITAR, v. n. Temblar de frio.

TIRITONA, s. f. Temblor de frio, especialmente afectado.

TIRO, s. m. La accion y efecto de tirar. || La señal ó impresion que hace lo que se tira. || La pieza ó cañon que dispara las balas de artillería. || La cantidad de municion proporcionada para cargar una vez la pieza de fuego. || met. Hurto; y así se dice: á fulano le hicieron un TIRO de cien doblones. || Daño grave físico ó moral. || Chasco ó burla con que se le engaña á alguno maliciosamente. || Juego entero de seis ó seite mulas á caballos, por lo comun de un tamaño y pelo. || *Albañ.* La cuerda puesta en garrucha ó máquina para subir los materiales. || En el coche TIRANTE; y así se dice tambien: ir á TIROS largos. || Entre los sastres y costureras la distancia que hay por delante de hombro á hombro en los vestidos ó entre los dos calzones. || TIROS, pl. Las correas pendientes de que cuelga la espada por estar tirantes. || TIRO DE PIEDRA, ESCOPETA, etc. La distancia ó espacio á que alcanzan arrojadas ó disparadas. || Á TIRO DE ESCOPETA, Nota la distancia que alcanza un tiro de escopeta. || Á TIRO DE ESCOPETA, met. Á primera vista, fácilmente. || ERRAR EL TIRO, met. Engañarse en el dictámen ó concepto de alguna pretension ó intento. || HACER TIRO, En el juego de barra es herir con la punta de ella en la tierra sin que dé vuelta, y no hiriendo así no se cuenta por tiro. || met. Perjudicar, incomodar, hacer mal tercio á uno en alguna pretension ó solicitud. || PONERSE Á TIRO, met. Llegar alguna cosa á la disposicion y estado proporcionado y conveniente para que se ejecute, ó á parage ó lance de que suceda.

TIROCINIO, s. m. ant. El primer empleo del que aprende cualquier arte. Regularmente se entiende por el noviciado de la religion.

TIRON, s. m. Bisoño ó nuevo en alguna arte ó disciplina. || La accion y efecto de tirar con violencia. || V. ESTIRON. || V. ... || Á DOS Ó TRES TIRONES, Explica la facilidad ó dificultad de egecutar ó conseguir alguna cosa. Úsase por lo regular con negacion. || DE UN TIRON, De una vez, de un golpe.

TIRORIRO, s. m. fam. El sonido de los instrumentos de boca; y usado en plural se toma por los mismos instrumentos.

TIROTEAR, Repetir los tiros de fusil de una parte á otra. Dícese comunmente de las partidas de avanzada ó de un corto número de soldados ó gentes.

TIROTEO, La repeticion de varios tiros de fusil.

TIRRIA, s. f. fam. Manía ó tema que se toma contra alguno, oponiéndose á él en cuanto dice ó hace.

TIRSO, s. m. Vara enramada, cubierta de hojas de parra y hiedra, de la cual usaban los gentiles en los sacrificios de Baco. || ant. V. TALLO.

TISANA, s. f. ant. Cierta especie de bebida que se hace de la cebada quitada la cáscara. || Bebida medicinal compuesta de agua de cebada y otros ingredientes conforme á los efectos á que se ha de aplicar, que regularmente es para purgar.

TÍSICA, s. f. V. TISIS.

TÍSICO, CA, adj. y s. El que padece la enfermedad de tisis, ó que toca ó pertenece á ella.

TÍSIS, s. f. Enfermedad causada por tener alguna llaga en los pulmones ó livianos.

TISÚ, s. m. Tela de seda muy doble, bordada de flores varias sobre plata ú oro.

* TITANIO, s. m. Metal amarillo rogizo, nuevamente descubierto.

* TITANITO, s. m. Chorlo rojo, ave.

TÍTERE, s. m. Figurilla de pasta ú otra materia, vestida y adornada, que se mueve con alguna cuerda ó artificio. || met. y fam. El sugeto de figura ridícula, pequeña, aniñado ó muy presumido. || NO QUEDAR TÍTERE CON CARA Ó CABEZA, hay en alguna cosa.

TITERERO, RA, adj. V. TITIRITERO.

TITERISTA, s. m. V. TITIRITERO.

TITÍ, s. m. Especie de mico muy pequeño de cuerpo, que tiene en la cabeza un lunar negro á modo de gorro.

TITILACION, s. f. Movimiento ó latido acelerado ó convulsivo con gusto ó deleite.

* TITILANTE, p. a. de TITILAR, Que titila.

TITÍMALO, s. m. V. LECHETREZNA.

TITIRITAINA, s. f. fam. Ruido confuso de flautas ó cosas semejantes, y por extension se dice de cualquiera bulla alegre ó festiva sin órden.

TITIRITERO, s. m. El que trae ó gobierna los títeres.

TITO, s. m. Legumbre de la especie y naturaleza de guisante, casi cuadrada. || met. El vaso inmundo para los excrementos mayores.

TITUBEANTE, p. a. de TITUBEAR, Que titubea.

TITUBEAR, v. n. Perder la estabilidad y firmeza amenazando ruina. Dícese comunmente de los edificios. || Tropezar ó distraerse en la pronunciacion de las voces. || met. Dudar en algun punto ó materia, no determinar ó resolver en ella, vacilar con inconstancia entre sus extremos.

* TITUBEO, s. m. Vacilacion en lo que se habla ó discurre.

TITULADO, p. p. de TITULAR.

TITULADO, s. m. La persona distinguida con el título de conde, marques, etc.

TITULAR, adj. Que tiene algun título por el cual se denomina, ó que da su propio nombre por título á otra cosa.

TITULAR, v. a. Poner título, nombre ó inscripcion á alguna cosa.

TITULAR, v. n. Adquirir ó conseguir algun título de conde, marques, etc.

TITULILLO, s. m. d. de TÍTULO. || ANDAR EN TITULILLOS, Reparar en cosas de poca importancia, en materia de cortesías ú otras semejantes.

TITULIZADO, DA, adj. *Distinguido ó notado con algun título.*

TÍTULO, s. m. Inscripcion ó rótulo exterior para el conocimiento de las cosas interiores, ocultas ó reservadas. || Renombre ó distintivo con que se conoce alguna persona por sus virtudes ó hazañas. || Causa, razon, motivo ó pretexto. || Demostracion auténtica del derecho con se posee alguna hacienda ó bienes. || El testimonio ó instrumento dado para egercer algun empleo ó dignidad. || La dignidad de conde ó marques, de que hace gracia el rey ó soberano á alguno por sus méritos ó servicios. || La persona condecorada por el rey con la dignidad de baron, conde ó marques. || TÍTULO COLORADO, for. V. COLORADO. || Á TÍTULO, Con pretexto, motivo ó causa. || DAR TÍTULO, Poner á alguno renombre de honra y estimacion.

TIZNA, s. f. La materia dispuesta y preparada para tiznar.

TIZNADO, p. p. de TIZNAR.

TIZNAR, v. a. Manchar con tizne, hollin ú otro unto semejante; y latamente se usa por manchar con cualquier tinte. || met. Deslustrar, oscurecer ó manchar la fama ú opinion.

TIZNE, s. amb. El humo que se pega á las sartenes, peroles y otros vasos que han estado á la lumbre.

TIZNON, s. m. La mancha que se echa ó pone en una cosa untándola con tizne ó otro cualquier color.

* TIZA, s. f. El asta de ciervo calcinada.

TIZO, s. m. El carbon que al fabricarse quedó mal penetrado del fuego.

TIZON, s. m. El palo á medio quemar. || Enfermedad del trigo, cebada y otros granos. || El extremo y costados de la piedra labrada, que entra en lo interior de la fábrica. || met. Mancha, borron ó deshonra en la fama ó estimacion.

TIZONA, s. f. fam. La espada, con alusion á la celebrada del Cid.

TIZONADA, s. f. V. TIZONAZO.

TIZONAZO, s. m. Golpe dado con algun tizon. || fam. Se usa regularmente en plural para significar el castigo del fuego en la otra vida.

TIZONCILLO, s. m. d. de TIZON. Úsase tambien TIZON por la enfermedad de los granos.

TIZONERA, s. f. La carbonera que se forma de los tizos que salieron mal quemados.

TLA

TLASCALTECA, adj. y s. El natural de Tlascala.

* TLASPEOS, s. m. Mostaza silvestre planta.

TMÉ

TMÉSIS, s. f. *Gram.* Figura con que una diccion compuesta se divide ó parte en dos para componer en la poesía ó buen sonido del verso.

TO

TO, Interj. con que se llama al perro, y es como síncopa de la palabra toma, y regularmente se duplica ó repite. || Interj. con que denotamos que hemos tenido en el conocimiento de alguna cosa.

TOA, s. f. ant. *Náut.* El cabo que tiende alguna embarcacion por su proa para irse espiando por él.

TOALLA, s. f. Paño de lino ó linzo para limpiarse las manos. || La cubierta ó telliza que se tiende en las camas sobre las almohadas para mayor decencia.

TOALLETA, s. f. d. de TOALLA. Suele tomarse por lo mismo que SERVILLETA.

TOBA, s. f. Especie de piedra esponjosa y blanda de poco peso. || El sarrillo que se cria en la dentadura ó encias. Dícese tambien TOBA la que se cria de otras cosas que reciben vapores. || La caña del cardo borriqueño. || *Germ.* La bota de calzarse.

TOBAJA ó TOBALLA, s. f. ant. V. TOALLA.

TOBALLETA ó TOBELLETA, s. f. TOALLETA.

TOBERA, s. f. *Plat.* El agujerillo que tiene lo forja ú hornillo por donde entra el cañon del fuelle.

TOBILLO, s. m. El hueco que sobresale como un tumor al extremo de la pierna á los lados de la garganta del pié.

TOCA, s. f. Adorno para cubrir la cabeza, que se forma de velillo ú otra tela delgada en varias figuras, segun los terrenos ó fines para que se usan. || Tela delgada y clara de lino ó seda, especie de beatilla, de que ordinariamente se hacen las tocas.

TOCADO, p. p. de TOCAR.

TOCADO, s. m. Adorno, compostura ó modo especial de peinarse el cabello las mugeres. || Juego de cintas de un color, de que se hacen lazos para tocarse una muger. || ESTAR TOCADA ALGUNA COSA, met. Empezarse á podrir ó dañar.

TOCADOR, s. m. El que toca. || El paño con que se rodea la cabeza y cubre en forma de un gorro, especialmente en las mugeres. || Caja de plata ó madera exquisita, con embutidos de concha, marfil ó plata, y en ella divisiones para guardar los adornos y bujerías del tocado de las mugeres. || El aposento ó retrete donde se peinan y adornan las cabezas las señoras. || Conjunto de piezas de oro, plata y otras que estan colocadas para peinarse y tocarse. || *And.* V. TEMPLADOR. *Germ.* Fullero que toca ó señala los naipes.

TOCADORCITO, s. m. d. de TOCADOR.

TOCADURA, s. f. ant. TOCADO por adorno, etc.

TOCAMIENTO, s. m. La accion y efecto de tocar. || met. Llamamiento ó inspiracion.

TOCANTE, p. a. de TOCAR, Que toca.

TOCANTE, adv. En orden á.

TOCAR, v. a. Egercitar el sentido del tacto, percibiendo la aspereza ó suavidad, dureza ó blandura de los objetos sensibles. || Llegar á alguna cosa con la mano sin asirla. || Hacer son en algun instrumento, hiriendo las cuerdas armónica y acordemente con los dedos ó arco, segun su calidad. || Llegar ó acertar con total inmediacion una cosa á otra, para que le comunique alguna virtud, como la aguja á la piedra iman. || met. Saber alguna cosa ciertamente ó por experiencia que se ha tenido de ella; y así se dice: no me diga vm. eso, que lo he TOCADO. || met. Inspirar ó persuadir en lo interior; y así se dice: le tocó Dios en el corazon. || Tratar ó hablar de alguna materia leve ó superficialmente, sin hacer asunto principal de ella. || Hacer seña ó llamada con campana ó cosa semejante para avisar, con la diferencia de toques determinados para cada cosa, como TOCAR á muerto, á recoger, etc. || Examinar los metales en la piedra de toque para saber su calidad y quilates. || Tropezar ligeramente una cosa con otra. || Herir alguna cosa para reconocerla por su sonido. || Comunicársele á alguno un mal ó contagio físico ó moral. || Examinar ó tantear la habilidad ó ciencia de alguno. || Peinar el cabello, componerle con cintas, lazos y otros adornos. Úsase frecuentemente como verbo reciproco. || fam. Cascar ó castigar. || *Germ.* Engañar.

TOCAR, v. n. Pertenecer por algun derecho ó título. || Llegar ó arribar solo de paso á algun lugar. || Ser de la obligacion ó cargo de alguno. || Importar, ser de interes, conveniencia ó provecho. || Caber ó pertenecer parte ó porcion de alguna cosa que se reparte entre varios. || Estar una cosa material ó inmaterial cercana ó contigua á otra. || Caer en suerte alguna cosa. || Ser pariente alguno de otro á tener alianza con él.

TOCARSE, v. r. Cubrirse la cabeza, esto es, ponerse la gorra, montera ó sombrero. Es ya del estilo llano de las aldeas. || TOCAR Á ALGUNO, met. Tentarle ó estimularle. || TOCAR DE CERCA, met. Tener alguna persona parentesco próximo con otra. || TOCAR DE CERCA ALGUN ASUNTO, met. Tener conocimiento práctico de él.

TOCAYO, YA, adj. Cualquiera de dos ó mas que tienen un mismo nombre.

TOCHAR, v. a. *Ar.* Cerrar la puerta con un palo redondo.

TOCHEDAD, s. f. Necedad, grosería y falta de educacion.

TOCHADO, p. p. de TOCHAR.

TOCHO, CHA, adj. Inculto, tonto, necio, tosco.

TOCHO, s. m. *Ar.* V. PALO REDONDO.

TOCHURA, s. f. *Mont. de Burg.* El dicho hecho de truhan o bufon.

TOCINERO, RA, s. m. y f. La persona que vende tocino.

TOCINO, s. m. La carne salada del puerco, que se guarda para echar en la olla y otros guisados. ‖ El témpano de la canal del cerdo. ‖ *Germ.* El azote.

TOCON, s. m. La parte que queda á la raiz del tronco de cualquier árbol cuando le cortan por el pié. ‖ met. El muñon del brazo ó pierna que queda despues de cortado el pie ó la mano.

TODABUENA, s. f. Planta, especie de hiperico.

TODAVÍA, adv. Con todo eso, no obstante, sin embargo. ‖ Se usa tambien para significar la duracion ó existencia alguna cosa en el estado antecedente. ‖ ant. V. SIEMPRE.

TODO, DA, adj. Que se toma ó se comprende entera y cabalmente segun sus partes en la entidad ó en el número. ‖ NO LLEVARLAS TODAS CONSIGO, fam. Denota el rezelo ó temor que alguno tiene ó con que va á egecutar alguna cosa. ‖ Se usa tambien para ponderar en las cosas el exceso de alguna calidad ó circunstancia.

TODO, s. m. *Fil.* El compuesto de partes integrantes. ‖ Condicion que se pone en el juego del hombre y otros de naipes, en que se paga un tanto mas al que hace todas las bazas, que es lo que se significa con esta voz. ‖ *Geom.* Una cantidad mayor comparada con otra menor, que es parte suya. ‖ TODO EN GORDO, Loc. fam. de que se usa para ponderar lo escaso de alguna dádiva ó pequeñez de alguna cosa. ‖ Á TODO, Cuanto puede ser en su línea, á lo sumo, como Á TODO correr, Á TODO reventar. ‖ CON TODO ESO, No obstante. ‖ DEL TODO, Entera, absolutamente, sin excepcion ni limitacion. ‖ DE TODO EN TODO, Entera y absolutamente. ‖ EN TODO Y POR TODO, Entera y absolutamente ó con todas las circunstancias. ‖ EN UN TODO, Absoluta y generalmente. ‖ Á TODO, Con los verbos *estar*, *quedar*, *salir*, etc., es obligarse á la seguridad de alguna cosa, no obstante los inconvenientes ó riesgos que puedan ofrecerse en contrario. ‖ METERSE EN TODO, V. HALLARSE EN TODO. ‖ SER EL TODO, Significa que uno es el principal en algun negocio, de modo que sin su asistencia ó auxilio no se podrá conseguir.

TODOPODEROSO, SA, adj. El que todo lo puede. Con propiedad aplícase solo á Dios. Úsase tambien como sustantivo en la terminacion masculina por el mismo Dios.

* **TODOSSANTOS**, s. m. Dia de todos santos, fiesta de todos los santos.

TOESA, s. f. Medida francesa de seis pies franceses, que equivalen á siete pies castellanos.

TOFO, s. m. Tumor que se engendra en el vientre de las novillas.

TOGA, s. f. Vestidura talar, con mangas que usaban los Romanos y ahora usan solamente los ministros letrados de las chancillerías ó audiencias. ‖ La misma dignidad de consejero ó ministro.

TOGADO, DA, adj. y s. El ministro trae la toga, ó la persona que usa vestidura talar.

TOGATA, adj. Se aplicaba entre los Romanos á las comedias en que entraban los ciudadanos que no gozaban la dignidad ecuestre.

TOGINO, s. m. *Náut.* Pedazo de madera que se clava en lo interior de la embarcacion para asegurar alguna cosa de movimiento de los balances. ‖ *Náut.* Cada una de los trozos de madera prolongados que se ponen clavados en el costado del bajel, y sirven de escala para subir y bajar á él. ‖ *Náut.* Especie de muesca ó diente que se hace en los penoles ó extremos de las vergas para asegurar allí las empuñiduras y rizos de las velas.

TOISON, s. m. Órden de caballería llamada el TOISON DE ORO, instituida por Felipe el Bueno, duque de Borgoña, de que son gefes los reyes de España y los emperadores de Austria.

TOJO, s. m. Arbusto silvestre, especie de espino alto.

TOLANO, s. m. Enfermedad que les da á las bestias en las encías. ‖ TOLANOS. pl. fam. Los pelillos cortos que nacen en el cogote. ‖ PICAR LOS TOLANOS, Se dice del que manifiesta mucha gana de comer.

TOLDA, s. f. ant. *Náut.* ALCÁZAR de una embarcacion.

TOLDADO, p. p. de TOLDAR.

TOLDADURA, s. f. Colgadura de

algun paño que suele ponerse para defender del calor ó templar la luz.

TOLDAR, v. a. V. ENTOLDAR. || *Germ.* Cubrir ó aderezar.

TOLDERO, s. m. *And.* El tendero que vende la sal por menor.

TOLDILLA, s. f. *Náut.* La cubierta que se pone á popa en los navíos sobre el alcázar desde la rueda del timon ó palo de mesana.

TOLDILLO, s. m. d. de TOLDO. || Silla de manos cubierta.

TOLDO, s. m. Pabellon ó cubierta de lienzo ú otra tela que se tiende para hacer sombra en algun parage. || met. Engreimiento, pompa ó vanidad. || *And.* La tienda en que se vende la sal por menor.

TOLEDADO, NA, adj. y s. El natural de Toledo y perteneciente á esta ciudad.

TOLERABLE, adj. Sufrible, llevadero y que se puede aguantar y tolerar.

TOLERABLEMENTE, adv. Con tolerancia y paciencia.

TOLERACION, s. f. ant. V. TOLERANCIA.

TOLERADO, p. p. de TOLERAR.

TOLERANCIA, s. f. Sufrimiento, paciencia, aguante. || Permision y disimulo de lo que no se debiera sufrir sin castigo del que lo egecuta. || TOLERANCIA ó TOLERANCIA CIVIL, El permiso que concede un gobierno para egercer libremente cualquier culto religioso.

TOLERANTE, p. a. de TOLERAR, Que tolera.

TOLERANTE, adj. Se aplica al gobierno que permite la libertad de cultos.

TOLERANTISMO, s. m. Opinion de los que creen que debe permitirse en cualquier estado el uso libre de todo culto religioso.

TOLERAR, v. a. Sufrir, llevar con paciencia. || Disimular ó permitir algunas cosas, que no son lícitas, sin castigo del delincuente, pero sin dispensarlas expresamente.

TOLETE, s. m. *Náut.* Pedazo de palo como de á tercia, redondo, y por medio mas grueso, que se pone en las chumaceras del bordo de la lancha, donde ponen los estrobos para los remos.

* TOLE-TOLE, adv. lat. Expr. vulgar para significar la gritería tumultuaria contra alguna persona.

* TOLLADAR, s. m. V. ATOLLADERO.

* TOLLE-TOLLE, adv. V. TOLE-TOLE.

TOLLECER, v. a. ant. V. TULLIR.

TOLLECIDO, p. p. de TOLLECER.

TOLLER, v. a. ant. V. QUITAR.

TOLLIDO, p. p. ant. de TOLLER.

TOLLIMIENTO, s. m. ant. La accion y efecto de toller ó quitar.

TOLLO, s. m. Pez parecido enteramente á la lija, y algunos le tienen por el mismo. || El hoyo formado en la tierra, del cual usan los cazadores para ocultarse á la visita de la caza. || El atolladero.

TOLONDRO ó TOLONDRON, s. m. Bulto ó chichon que se levanta en alguna parte del cuerpo, especialmente en la cabeza, por haber recibido algun golpe. || Á TOPA TOLONDRO, Sin reflexion, reparo ó advertencia.

TOLONDRON, NA, adj. y s. El desatento, desatinado, y que no tiene tiento en lo que hace. || Á TOLONDRONES, Con tolondrones ó chichones. || met. Con interrupcion ó á retazos.

TOLONES, s. m. pl. *And.* TOLANO en las bestias.

TOLOSANO, NA, adj. De Tolosa.

TOLVA, s. f. La caja que está colgada sobre la rueda del molino, donde se hecha el grano.

TOLVANERA, s. f. Remolino de polvo, que agitado del aire se mueve circularmente, levantándose en alto, á semejanza de los del agua.

TOMA, s. f. La accion de tomar ó recibir alguna cosa. || Conquista, asalto ú ocupacion por armas de alguna plaza ó ciudad. || La porcion de alguna cosa que se coge ó recibe de una vez, como una TOMA de tabaco. || La abertura ó boca que se abre en algun cauce ó acequia para coger de ella porcion de agua. || TOMA DE RAZON, El asiento ú anotacion en los libros de contaduría de los libramientos, cartas de pago, etc.

TOMADA, s. f. TOMA, conquista ó prision.

TOMADERO, s. m. La parte por donde se toma alguna cosa. || TOMA en los cauces y acequias.

TOMADO, p. p. de TOMAR.

TOMADO, s. m. Pliegue, follage ó especie de alforza cogida á trechos y de modo que haga labor, de que usaban en lo antiguo para adorno, ó como guarnicion de los vestidos.

TOMADOR, RA, s. m. y f. El que toma. || *Mont.* El perro que coge bien la pieza á que se ha tirado. || *Náut.* Cajeta larga con que se acaban de aforrar las velas, liándola con las vergas hasta la cruz.

TOMADURA, s. f. La accion de tomar. Úsase mas frecuentemente por la cantidad ó porcion que se puede tomar de una vez.

TOMAJON, NA, adj. El que toma con frecuencia, facilidad ó descaro. ‖ *Germ.* Oficial ó ministro de justicia.

TOMAMIENTO, s. m. ant. La accion y efecto de tomar.

TOMANTE, p. a. ant. de TOMAR, Que toma.

TOMAR, v. a. Coger ó asir con la mano alguna cosa. ‖ Recibir ó aceptar de cualquier modo que sea. ‖ Percibir ó cobrar. ‖ Ocupar ó adquirir por expugnacion, trato ó asalto alguna fortaleza ó ciudad. ‖ Comer ó beber, como TOMAR un desayuno, TOMAR chocolate. ‖ Entender ó interpretar en determinado sentido lo que está oscuro, dudoso ó equívoco. ‖ met. Aprender ó concebir alguna cosa segun el afecto que domina. ‖ Atajar, cercar ó cerrar los pasos ó caminos. ‖ Quitar ó hurtar. ‖ Comprar; y así se dice: TOMAR carne, fruta, etc. ‖ Aplicarse á algun empleo ú oficio. ‖ Imitar; y así se dice: TOMAR los modales, el estilo ó las propiedades de alguno. ‖ fam. Sobrevenirle á alguno de nuevo alguna especie ó afecto que le incita ó mueve violentamente; y así se dice: TOMARLE á uno el sueño, la risa, la gana, etc. ‖ Recibir en sí los efectos de algunas cosas, consintiéndolos ó padeciéndolos; y así se dice: TOMAR frio, calor, pesadumbre, etc. ‖ Emprender alguna cosa, ó encargarse de alguna dependencia ó negocio. ‖ ant. Hallar ó coger á alguno en culpa ó delito. ‖ Sobrecoger ó sorprender el ánimo por algun accidente ú otra afliccion. ‖ Elegir entre varias cosas que se ofrecen al arbitrio alguna de ellas. ‖ Cubrir el macho á la hembra. ‖ En el juego de naipes hacer ó ganar la baza. ‖ En el juego de pelota suspender y parar lo que se ha sacado, sin volverla ni jugarla, por no estar los jugadores en su lugar, ú otro motivo semejante. ‖ Desear que suceda alguna cosa del modo que se propone como envidiándola. ‖ Junto con algunos nombres significa lo mismo que aquellos verbos de donde nacen los nombres con que se junta. ‖ Junto con ciertos nombres, como *fuerza*, *vigor*, *espíritu*, *aliento*, *libertad* y otros semejantes, vale recibir ó adquirir lo que los mismos nombres significan. ‖ Junto con los nombres que significan el instrumento con que se hace alguna cosa, vale egercitarse en ella ó ponerse á hacerla. ‖ Llevar á alguno en su compañía. ‖ ant. Coger, asir ó cazar. ‖ *Náut.* Aportar ó arribar ó llegar á algun fondeadero ó lugar conveniente. ‖ TOMAR ALGO Ó ALGUNA COSA POR DONDE QUEMA, met. y fam. Entenderlo y tomarlo en el sentido contrario y picante á la intencion del que lo hace y dice. ‖ TOMAR DE MAS ALTO ALGUNA COSA, met. Acercarse mal al origen ó principio de ella. ‖ TOMAR DOS DE LEAS Y JUAN DANZANTE, fam. Ausentarse impensadamente ó hacer fuga. ‖ TOMAR ENMIENDA, ant. V. CASTIGAR. ‖ TOMARLA CON ALGUNO, Tener tema con él. ‖ TOMAR LAS DE VILLADIEGO, Ausentarse impensadamente ó hacer fuga. ‖ TOMAR POR AVANTE, *Náut.* Virar la nave involuntariamente ó de propósito por la parte por donde viene el viento. ‖ TOMA Ó TOME, Voces del verbo TOMAR, que se usan como interjeccion para significar la extrañeza que hace alguna especie. ‖ TOMARLA CON ALGUNO, met. Contradecirle y culparle en cuanto dice ó hace. ‖ TÓMATE ESA, Expr. que se usa cuando á alguno se le da algun golpe, ó se hace con él otra accion que siente, para dar á entender que lo merecia el que la recibe, ó el acierto del que la egecuta; suele añadirse: y vuelve por otra.

TOMARSE, v. r. Cubrirse de moho ú orin. Dícese propiamente de los metales. ‖ ant. Junto con la proposicion á y el infinitivo de otro verbo, vale egecutar lo que este mismo verbo significa. ‖ TOMARSE CON ALGUNO, Reñir ó tener contienda ó cuestion con él.

TOMATE, s. m. El fruto que da la tomatera.

TOMATERA, s. f. Planta herbácea bien conocida, con vástagos de cuatro ó cinco pies de largo, vellosos, huecos, endebles, ramosos y vestidos de hojas recortadas en alas de hojuelas dentadas por los bordes y algo vellosas.

TOMENTO, s. m. La estopa basta llena de pajas y aristas que queda del lino ó cáñamo despues de rastrillado.

TOMILLAR, s. m. El sitio que está poblado de tomillos.

TOMILLO, s. m. Mata pequeña muy olorosa que se levanta poblada de ramos y de hojas aovadas y revueltas por los bordes. ‖ TOMILLO SALSERO, Especie de tomillo.

TOMIN, s. m. La tercera parte de un adarme del marco castellano, ó la octava parte de un castellano en el peso

TOPÓGRAFO, s. m. El que describe ó delinea algun lugar.

TOQUE, s. m. El acto de tocar una cosa tentándola ó palpandola, ó llegándo inmediatamente á ella. || El acto de tocar las campanas, repicando ó doblando, ó de otro modo. || El exámen ó prueba que hacen los plateros y lapidarios de los quilates del oro y de la calidad de los metales. || La piedra en que se examina la ley del oro y plata. || met. El punto ó crisis en que consiste ó estriba alguna cosa. || met. La prueba, exámen ó experiencia que se hace de algun sugeto, con alusion al que se hace de los metales. || met. El auxilio ó inspiracion de Dios. || fam. Golpe que se da á alguno. || TOQUE DE LUZ, Esplendor ó realce de claro en la pintura. || TOQUE DE OSCURO, *Pint.* V. PARTON. || DAR UN TOQUE, Darle á alguno un tiento en algun negocio.

TOQUEADO, s. m. El son ó golpeo acorde que se hace con manos, pies, palo ú otra cosa.

TOQUERÍA, s. f. El conjunto de tocas. || El oficio del toquero ó del que hace tocas.

TOQUERO, s. m. El que tege ó hace tocas.

TOQUILLA, s. f. d. de TOCA. || Cierto adorno de gasa, cinta ú otra cosa que se ponia al rededor de la copa del sombrero.

TORA, s. f. El tributo que pagaban los judíos por familias. || El libro de la ley de los judíos. || La armadura que visten con cohetes en los que llaman toros de fuego.

* TORÁCICO, CA, adj. Perteneciente al pecho.

TORADA, s. f. El conjunto de toros crecidos y separados, porque estan de ca.

TORAL, adj. Principal ó que tiene mas fuerza y vigor en cualquiera especie, como arco TORAL, fundamento TORAL. || *And.* Se aplica á la masa de cera por curar ó que está aun amarilla.

TORAZO, s. m. aum. de TORO.

* TORAX, s. m. *Anat.* La cavidad del pecho.

TORBELLINO, s. m. Viento fuerte encontrado que arremolina y revuelve cuanto encuentra, y lo levanta á lo alto, formando ruedas y giros. || met. Concurrencia ó abundancia de cosas que ocurren á un mismo tiempo. || fam. La persona demasiadamente viva é inquieta, y que hace ó dice las cosas sin órden ni concierto.

TORCAZ, adj. Se aplica á las palomas silvestres. Su color es ordinariamente pardo gris, y en el cuello tienen un círculo blanco.

TORCAZA, adj. y s. ant. V. TORCAZ.

TORCE, s. f. La vuelta ó eslabon de alguna cadena ó collar, y se toma por el mismo collar.

TORCECUELLO, s. f. Ave del tamaño de la calandria, de color pardo, con varias pintas por todo el cuerpo.

TORCEDERO, RA, adj. TORCIDO, desviado de lo recto á lo torcido.

TORCEDERO, s. m. El instrumento con que se tuerce.

TORCEDOR, RA, s. m. y f. El que tuerce. || El huso con que se tuerce la hilaza, el cual tiene en el remate un garabato donde se prende la hebra, y debajo de él una rodaja de madera para que haga peso. || met. Cualquiera cosa que ocasiona frecuente disgusto, mortificacion ó sentimiento.

TORCEDURA, s. f. La accion y efecto de torcer. || El vino ó aguapié que se saca del lagar ó de la prensa echando agua, apretando y torciendo el orujo.

TORCER, v. a. Dar vueltas á alguna cosa al rededor apretándola. || Doblar, encorvar, poner oblicua una cosa que está recta. || Desviarse ó apartarse del camino recto volviendo hácia alguno de los lados. En esta acepcion suele usarse como verbo neutro, como tal camino TUERCE á mano derecha. || met. Desviarse del camino recto de la virtud y de la razon. || met. Interpretar mal, dar diverso y siniestro sentido á lo que por alguna razon le tiene equívoco. || met. Mudar ó trocar el dictámen ó parecer de alguno, persuadiéndole con eficacia el contrario. || met. Se dice tambien de los jueces que se inclinan á las partes que tienen ménos justicia. Úsase tambien como recíproco. || Revolver una cuerda ó muchos hilos para unirla ó apretarla.

TORCERSE, v. r. Dislocarse alguna parte del cuerpo, como el pié ó mano. || Se dice del vino que estando hecho ó faltando poco se vuelve vinagre ó zupia. || met. Mudar el dictámen ó intencion que alguno tenia de favorecer á otro por obligacion ó palabra que tenia contraida. || met. En el juego dejarse ganar de su contrario para ganar dos lo que atraviese un tercero.

TORCIDA, s. f. La mecha de algodon ó trapo torcido que se pone en los velones ó candiles para que arda. || *And.* La racion diaria de carne que dan en los molinos de aceite al oficial que sirve para moler la aceituna.

TORCIDAMENTE, adv. Oblicuamente, con inclinacion ó torcimiento.

TORCIDILLO, s. m. Especie de seda hilada y torcida, que hace un hilo algo mas grueso y fuerte que el regular, y sirve para hacer medias y otros usos.

TORCIDO, p. p. de TORCER.

TORCIDO, s. m. Especie de dulce que se hace de amacena y otras frutas, formando un género de rollo con varias hojas. || En algunas partes TORCEDURA por el vino, etc. || ANDAR Ó ESTAR TORCIDO CON ALGUNO, met. Estar enemistado con él, ó haber perdido la familiaridad y correspondencia que profesaban.

TORCIJON, s. m. Dolor agudo de tripas. || RETORTIJON, y en las bestias TOROZON.

TORCIMIENTO, s. m. Dobladura ó combadura de lo que estaba derecho. || met. Desvío ó apartamiento del camino de la virtud ó inclinacion al vicio. || met. Perífrasis ó circunlocucion con que se da á entender una cosa que se pudiera explicar mas claramente y con mayor brevedad.

TORCULADO, s. m. Instrumento abierto en roscas como los husillos de las prensas.

TÓRCULO, s. m. La prensa pequeña.

TORDELLA, s. f. Especie de tordo mas grande que el ordinario.

TÓRDIGA, s. f. Tira ó lista de piel vacuna de que se hacen las abarcas.

TORDILLEJO, JA, adj. d. de TORDILLO.

TORDILLO, LLA, adj. Que tiene el color del tordo. Aplícase á los caballos y otras bestias mulares que tienen el pelo de este color.

TORDO, DA, adj. Pintado de colores blanco y negro, que es el color del tordo. Aplícase á los caballos.

TORDO, s. m. Ave mayor que la cogujada, con unas pequeñas manchas blancas sobre negro. ||Color de caballos y yeguas, que consiste en tener el pelo mezclado de blanco y negro, la mayor parte negro. ||TORDO DE AGUA, Ave acuátil parecida al tordo de tierra y menor que este. || TORDO LOCO, Ave. El pájaro solitario.

TOREADO, p. p. de TOREAR.

TOREADOR, s. m. El que torea. Aplícase regularmente al que lidia los toros á caballo, á distincion del torero.

TOREAR, v. n. Lidiar los toros en la plaza, hiriéndolos y haciéndoles suertes. || Echar los toros á las vacas.

TOREAR, v. a. met. y fam. Hacer burla de alguno con acciones ó entreteniéndole.

TOREO, s. m. El egercicio ó arte de torear.

TORERO, s. m. El que por oficio ó precio torea de á pié en las plazas.

TORES, s. m. *Arq.* El bocelon que asienta sobre el plinto de la basa de la columna.

TORETE, s. m. d. de TORO. || met. y fam. La especie que contiene grave dificultad y que hace trabajar los entendimientos para su resolucion.

TORGA, s. f. Especie de prision de madera que se pone al pescuezo á los cerdos y otros animales.

* TORICIERVO, s. m. Cuadrúpedo rumiante, cuyos cuernos son en forma de S, con las puntas hácia atras.

TORIL, s. m. El sitio ó parage en que encierran y enjaulan los toros para correrlos en alguna fiesta.

TORILLO, s. m. d. de TORO. || En los coches la espiga redonda que se pone entre pina y pina para unirlas. || fam. El asunto ó novedad de que se trata mas frecuentemente en las conversaciones. || *Anat.* Peritóneo.

TORIONDO, DA, adj. Se aplica al ganado vacuno cuando anda en celo.

TORLOROTO, s. m. Instrumento rústico, con que se festejan y regocijan los aldeanos ó pastores. Tócase con la boca.

TORMENTA, s. f. Tempestad, borrasca, perturbacion de las aguas del mar, causada del ímpetu y violencia de los vientos. || La tempestad de tierra. || met. Adversidad, desgracia ó infelicidad en el estado de una persona.

TORMENTADO, p. p. de TORMENTAR.

TORMENTADOR, RA, s. m. y f. ant. V. ATORMENTADOR.

TORMENTAR, v. a. ant. V. ATORMENTAR.

TORMENTAR, v. n. Padecer tormenta.

TORMENTARIO, RIA, adj. Se aplica al arte de la artillería.

TORMENTILLA, s. f. Yerba medicinal, cuya raiz es muy astringente, de...

rolliza, oscura por fuera y encarnada por dentro.

TORMENTIN, s. m. *Náut.* El mástil que va colocado sobre el bauprés.

TORMENTO, s. m. La accion y efecto de atormentar. || Pena, dolor, afliccion ó angustia que se padece físicamente en el cuerpo. || La pena corporal que se impone á algun reo contra el cual hay prueba semiplena ó bastantes indicios de la culpa, atormentándole para que la confiese. || El cañon de artillería, pieza de batir ú otro instrumento bélico con que se dispara y arroja la bala ó cosa semejante. || met. Congoja, angustia ó afliccion del ánimo; y figuradamente en este sentido se llama así la especie ó el sugeto que la ocasiona. || TORMENTO DE GARRUCHA, Género de tormento en que un hombre colgado de la cuerda que pasa por la garrucha, con su mismo peso se atormenta. || TORMENTO DE TOCA, Especie de tortura que se daba en lo antiguo, la cual consistia en dar al reo á beber unas tiras de gasa delgada y una porcion de agua todo junto. || met. La afliccion, dolor ó pesar que mortifica lentamente y poco á poco. || CONFESAR SIN TORMENTO, Decir ó manifestar fácilmente lo que se sabe, sin necesidad de instancias. || DAR TORMENTO, Poner á algun reo á cuestion de tormento ó en el potro para que confiese su delito ó los cómplices de él.

TORMENTOSO, SA, adj. Que ocasiona tormentas. || *Náut.* Se aplica al navio que fácilmente se desarbola por su mal movimiento.

TORMO, s. m. Peñasco eminente desatado de otros, pero de piedra viva.

TORNA, s. f. Vuelta ó restitucion de lo que se ha tomado ó quitado. || TORNADA ó vuelta á la parte ó sitio de donde se habia partido. || En las huertas la abertura que hacen para encaminar el agua á las eras desde la reguera principal ó á los cuarteles que quieren regar. || TORNAS, pl. Vueltas, retorno, pago, recompensa. Así se dice: volver las TORNAS. || *Arag.* Los granzones de paja que por no quererlos los bueyes se los dan á otras bestias.

TORNABODA, s. f. El dia despues de la boda. Tómase por la celebridad que se egecuta en este dia.

TORNADA, s. f. Vuelta del viage ó jornada que se ha hecho, repeticion de la ida á algun parage ó lugar.

TORNADIZO, ZA, adj. Se aplica al que deserta de algun partido ó profesion.

TORNADO, p. p. de TORNAR.

TORNADURA, s. f. V. TORNA O TORNADA. || Medida de diez pies de tierra.

TORNAGUÍA, s. f. Recibo ó resguardo de la guia que se despacho en algun estanco ó aduana.

TORNAMIENTO, s. m. ant. Vuelta, mudanza ó conversion de una cosa en otra.

TORNAPUNTA, s. f. *Arq.* Madero ensemblado en otro horizontal, desde el cual va en direccion inclinada á apear á otro tambien horizontal, etc. || *Arq.* V. PUNTAL.

TORNAR, v. a. Volver ó restituir lo que se ha tomado ó quitado. || Repetir lo que se ha hecho otra ó mas veces, y entónces se suele juntar con romance de infinitivo de otros verbos. || ant. Mudar una cosa de un estado en otro, ó mudar su naturaleza.

TORNAR, v. n. Volver de alguna parte donde se habia ido, ó venir á aquella de donde se salió. || Junto con la partícula *por*, defender, volver, patrocinar alguna persona ó cosa. || Á TORNAPEON Ó TORNAPUNTA, fam. Mutua y recíprocamente.

TORNASOL, s. m. V. GIRASOL. || Cambiante, reflejo ó viso que hace la luz en algunas telas ó en otras cosas muy tersas.

TORNASOLADO, p. p. de TORNASOLAR. || TORNASOLADO, DA, adj. Que está con visos y tornasoles.

TORNASOLAR, v. a. Hacer ó causar tornasoles.

TORNÁTIL, adj. Que está hecho al torno ó torneado.

TORNAVIAGE, s. m. El viage que se hace para volver al lugar de donde se salió, especialmente cuando se lleva de vuelta alguna cosa.

TORNAVIRON, s. m. V. TORNISCON.

TORNEADO, p. p. de TORNEAR.

TORNEADOR, s. m. TORNERO por el que fabrica obras al torno. || El que juega ó batalla en las fiestas de torneo.

TORNEANTE, p. a. de TORNEAR, Que tornea ó lidia en el torneo.

TORNEAR, v. a. Labrar ó redondear esféricamente una cosa que está en bruto, puliéndola y alisándola.

TORNEAR, v. n. Dar vueltas al rededor ó en torno. || Combatir ó pelear en el torneo. || Dar vueltas con la imaginacion, desvelarse con discurso y pensamiento varios.

TORNEO, s. m. Combate á caballo entre varias personas, puestas en cuadrillas y bandos de una parte y otra, en que batallan y se hieren sangrientamente dando vueltas en torno para perseguir cada cual á su contrario. || La fiesta pública que se egecuta entre caballeros armados, unidos en cuadrillas. Es muy parecida á las justas. || Danza que se egecuta á imitacion de las justas. || *Germ.* Tormento por justicia.

TORNERA, s. f. La monja que está destinada para servir en el torno.

TORNERO, s. m. Artífice que hace obras al torno. || El que hace tornos. || *And.* El demandadero de monjas.

TORNÉS, s. m. Moneda antigua de plata que equivalia á tres cuartillos de un real ó veinte y cinco maravedís y medio.

TORNÉS, SA, adj. Se aplicaba á la moneda fabricada en otro tiempo en la ciudad de Tours. Hoy es una moneda francesa imaginaria.

TORNILLERO, s. m. El soldado que se escapa ó deserta de un regimiento sin licencia.

TORNILLO, s. m. Espigon ó clavo abierto en muescas espirales, que sirve para unir ó armar alguna máquina ó sus piezas, uniéndose y apretándose en los huecos de ella, que llaman tuerca. || La fuga que hace el soldado de su regimiento. || En algunas partes DORNAJO.

TORNISCON, s. m. Golpe que se da en la cara con el reves de la mano.

TORNO, s. m. Máquina fundamental de la maquinaria, ege, pedazo. || La vuelta al rededor, movimiento ó rodeo. || La ventanilla cerrada con una caja con varias divisiones, por donde se mandan las religiosas y personas recogidas dándole vueltas para sacar y meter algunos recados. || Cualquiera máquina con rueda que se mueve sobre el ege, y sirve segun sus diversas formas para varios usos, como torcer seda, hilar, etc. || En los arrendamientos de rentas la vuelta ó regreso que se hace del remate egecutado en el pujador al antecedente ponedor, por no haber dado suficientes fianzas. || *Germ.* El potro del tormento. || EN TORNO, AL REDEDOR.

TORO, s. m. Animal cuadrúpedo grande, que muge, de miembros fornidos y nerviosos, y de uña hendida, con cuernos grandes en la testa. || *Arq.* V. CORDON. || TORO CORRIDO, fam. met. El que es dificultoso de engañar por sus muchas experiencias. || TORO DE CAMPANILLA, El que trae colgando de bajo del pescuezo un pedazo de pellejo que hace la figura de una campanilla. || TORO MEGICANO, El BISONTE, especie de buey. || CIERTOS SON LOS TOROS, Expr. fam. con que se da á entender que es cierta alguna cosa que ántes se habia dicho. || CORRIDA DE TOROS, Fiesta antiquísima y muy celebrada en España, cuyo regocijo consiste en lidiar los toros en las plazas á caballo con vara larga ó rejon, y tambien á pié se les hacen suertes con la capa, lienzo ó otra cosa semejante, ó poniéndoles banderillas ó garrochas, y matándolos con estoque. || HUBO TOROS Y CAÑAS, met. y fam. Se usa para denotar que ha habido fuertes disputas ó porfías sobre alguna cosa. || MIRAR Ó VER LOS TOROS DE TALANQUERA, Ó DESDE TALANQUERA, Ó DESDE EL BALCON, met. y fam. Gozar de alguna diversion ó conveniencia sin exponerse al peligro á que otros se exponen.

TORONDO, s. m. ant. V. TOLONDRO.

TORONDON, s. m. ant. V. TOLONDRO.

TORONDOSO, SA, adj. ant. Que tiene torondones ó tolondrones.

TORONGINA, s. f. V. TORONGIL.

TORONGIL, s. m. Planta medicinal de muchos vástagos, de dos á tres pies de alto.

TORONJA, s. f. Casta de naranja que tiene la corteza mucho mas gruesa y llena de tubérculos.

TORONJO, s. m. El árbol que lleva las toronjas.

TOROSO, SA, adj. Fuerte y robusto.

TOROZON, s. m. Dolor agudo en la barriga que da á las bestias, semejante al que en los racionales llaman cólico.

TORPE, adj. Que no tiene movimiento libre. || Deshonesto, impúdico, lascivo. || Ignominioso, indecoroso é infame. || met. Rudo, tardo en comprender ó hacerse capaz.

TORPECER, v. a. ant. V. ENTORPECER.

TORPECIDO, p. p. de TORPECER.

TORPECIMIENTO, s. m. ant. V. ENTORPECIMIENTO.

TORPEDAD, s. f. ant. V. TORPEZA.

TORPEDO, s. m. Especie de raya que se distingue en tener el cuerpo orbicular, liso y lleno de tubérculos, por donde arroja un humor glutinoso.

TORPEMENTE, adv. Con demasiada lentitud ó torpeza. || met. Con infamia ó deshonestidad.

TORPEZA, s. f. La lentitud, tardanza y pesadez en el movimiento. || met. Desmaña, falta de habilidad y destreza. || Rudeza ó tarda inteligencia. || Deshonestidad é impureza. || Fealdad, desaseo, falta de ornato ó cultura. || La accion indigna é infame.

TORPÍSIMAMENTE, adv. sup. de TORPEMENTE.

TORPÍSIMO, MA, adj. sup. de TORPE.

TORRADO, p. p. de TORRAR.

TORRAR, v. a. V. TOSTAR.

TORRE, s. f. Edificio fuerte que fabricaban en algunos parages para defenderse de los enemigos, y ofender desde ella en las invasiones que hacian, ó para defender alguna ciudad ó plaza. || La parte del edificio alto que en las iglesias sirve para colocar las campanas, y en las casas particulares se tiene por privilegio, y sirve de adorno y grandeza. || En algunas provincias la casa de campo ó granja con huertas. || En el juego del agedrez ROQUE. Llámase así por tener la figura de una TORRE. || TORRE ALBARRANA, Cualquiera de las torres que antiguamente se ponian á trechos en las murallas. || Especie de torre que se fabricaba apartada de los muros de las ciudades ó poblaciones, y servia no solo para defensa, sinó tambien de atalaya. || TORRE DE HOMENAGE, Aquella en la cual el castellano ó gobernador hacia juramento de guardar fidelidad y de defender la fortaleza con valor. || TORRE DE VIENTO, met. El pensamiento ó discurso con que alguna persona vanamente se persuade conveniencias y utilidades, ó pretende ostentar grandezas.

TORREADO, p. p. de TORREAR.

TORREAR, v. a. Cercar, guarnecer ó fortalecer con torres alguna ciudad para su mejor defensa.

TORRECILLA, TA, s. f. d. de TORRE.

TORREFACCION, s. f. *Farm.* Operacion que se hace tomando algunos simples y echándolos en vasija conveniente para que se tuesten á fuego lento.

TORREJON, s. m. Torre pequeña ó mal formada.

TORREJONCILLO, s. m. d. de TORREJON.

* TORRENTADA, s. f. Tempestad de agualluvia.

TORRENTE, s. m. Arroyo, corriente ó avenida impetuosa de aguas que luego cesa y no es durable sino á efecto de muchas lluvias y aguaceros. || El metal de voz entera, gruesa ó bronca. || met. Abundancia ó muchedumbre de cosas que concurren á un mismo tiempo.

TORRENTERA, s. f. La quebrada ó hendidura en tierra pendiente, causada por las avenidas de aguas llovedizas.

TORREON, s. m. aum. Torre grande en las fortalezas para la defensa de alguna plaza ó castillo.

TORRERO, s. m. El labrador ó colono que cuida de las torres ó granjas.

TORREZNADA, s. f. Fritada grande y abundante de torreznos.

TORREZNERO, s. m. fam. El mozo que no sale de sobre el fuego, y es holgazan y regalon.

TORREZNO, s. m. Pedazo de tocino cortado, frito ó para freir.

TÓRRIDO, DA, adj. Muy ardiente ó quemado. Aplícase regularmente en la terminacion femenina á la zona situada en medio de la esfera de un trópico á otro, y dividida por la equinoccial.

TORRIJA, s. f. Rebanada de pan empapada en vino ú otro licor, rebozada con huevos batidos, y frita en manteca ó aceite. Hácese tambien con otros ingredientes, y del principal toma el nombre.

TORRONTERA, s. f. *And.* V. TORRONTERO.

TORRONTERO, s. m. Monton de tierra que dejan las avenidas impetuosas de las aguas.

TORRONTÉS, adj. Dícese de cierta uva blanca que tiene el grano pequeño. || Aplícase tambien á las vides y veduño que producen esta especie de uva.

TORTA, s. m. Masa de pan dispuesta y formada en figura redonda. || TORTA PERRUNA, *And.* Torta de manteca, harina y azúcar. || TORTAS Y PAN PINTADO, Expr. fam. con que se advierte á alguno que se siente ó queja de pequeño trabajo, que habrá de sufrir ó tener otros mayores. || COSTAR LA TORTA UN PAN, fam. Da á entender que una cosa cuesta mucho mas de lo que vale, y tambien que alguno se expone á daño ó riesgo que no ha previsto.

TORTADA, s. f. Torta grande de masa delicada, rellena.

TORTEDAD, s. f. ant. Oblicuidad ó corvadura de alguna cosa.

TORTERA, s. f. La rodaja que se pone debajo del uso y ayuda á torcer la hebra. || El vaso, instrumento de cocina, en que cuecen y forman las tortadas, que regularmente es de cobre, y suelen servirse de ella para otros usos.

TORTERO, s. m. TORTERA, 1ª A.

TORTICERAMENTE, adv. ant. Contra derecho, razon ó justicia.

TORTICERO, RA, adj. ant. Injusto, ó que no se arregla á las leyes y razon.

TORTICA, LLA, s. f. de TORTA. || La fritada de huevos batidos en aceite ó manteca, hecha en figura redonda á modo de torta. || HACERSE TORTILLA, met. Quebrarse una cosa en menudos pedazos ó aplastarse. || VOLVERSE LA TORTILLA, met. y fam. Suceder alguna cosa al contrario de como se esperaba, y tambien trocarse ó mudarse á otro la fortuna favorable que uno tenia.

TORTILLICA, TA, s. f. d. de TORTILLA.

TORTIS, Voz que solo tiene uso en el modo adverbial DE TORTIS para significar la letra que se usó al principio de la introduccion de la imprenta en España.

TORTITA, s. f. d. de TORTA.

TÓRTOLA, s. f. Ave muy conocida, especie de paloma, aunque mas chica: su color es ceniciento, y por el lomo tira á gamuzado. Hay algunas enteramente blancas.

TORTOLICA, LLA, TA, s. f. d. de TÓRTOLA.

TORTOLICO, LLO, TO, s. m. d. de TÓRTOLO.

TORTOLICO, s. m. met. Inocente, cándido y sin experiencia, como lo son los pollluelos de las tórtolas.

TÓRTOLO, s. m. ant. El macho de tórtola.

TORTOR, s. m. *Naut.* El pedazo de calabrote ó guindaleza con que se fortalecen los costados del navio cuando por algun temporal queda maltratado.

TORTOZON, s. m. Especie de uva que hace los racimos grandes y los granos gruesos. Hácese de ella vino, que se conserva poco.

TORTUGA, s. f. Animal anfibio, cuyas conchas son muy pintadas y vistosas, y tan fuertes que pueden resistir una bala de mosquete. || V. TESTUDO.

TORTUOSAMENTE, adv. Con vueltas y rodeos.

TORTUOSIDAD, s. f. La calidad d tortuoso.

TORTUOSO, SA, adj. Que tien vueltas y rodeos.

TORTURA, s. f. Oblicuidad, corvadura ó torcedura. || CUESTION de tormento. || ant. Pena, dolor, afliccion ó angustia que se padece en el cuerpo ó en el ánimo.

TORVISCO, s. m. Mata ramosa de mas de un pié de alto, con hojas siempre verdes, parecidas á las del lino.

TORVO, VA, adj. Fiero, espantoso, airado y terrible á la vista.

TORZAL, s. m. Cordoncillo hecho de varias hebras torcidas. || met. La union de varias cosas que hacen como hebra, torcidas y dobladas unas con otras.

TORZONADO, DA, adj. Se aplica á la bestia que padece dolores de torozon.

TORZUELO, adj. *Vol.* Se dice del halcon y otras aves de esta especie que sale el tercero del nido, porque los dos primeros huevos empollados por el halcon salen hembras, y se llaman primas.

TORZUELO, s. m. *Germ.* Anillo.

TOS, s. f. Fuerza ó violencia que hace el pecho con la respiracion para arrojar lo que le molesta.

TOSCAMENTE, adv. Desaseada y groseramente, sin aliño ni curiosidad.

TOSCANO, NA, adj. y s. El natural de Toscana y perteneciente á ella. || Se aplica á uno de los órdenes de arquitectura, el mas sólido y sencillo de todos.

TOSCO, CA, adj. Grosero, basto, sin pulimento ni labor. || met. Inculto, sin doctrina ni enseñanza.

TOSECILLA, s. f. d. de TOS.

TOSEGOSO, SA, adj. TOSIGOSO por el que tose mucho.

TOSER, v. n. Hacer fuerza y violencia con la respiracion para arrancar y arrojar del pecho lo que la fatiga y molesta, tener y padecer la tos. || Fingir ó imitar la tos para llamar á alguno ó hacerle alguna seña.

TOSIDURA, s. f. La accion y efecto de toser.

TOSIGADO, p. p. de TOSIGAR.

TOSIGAR, v. a. V. ATOSIGAR.

TÓSIGO, s. m. El zumo del tejo, árbol venenoso. Tómase regularmente por cualquiera especie de veneno.

TOSIGOSO, SA, adj. Envenenado, emponzoñado. || Que padece tos, fatiga y opresion de pecho.

TOSQUEDAD, s. f. La calidad de tosco. || met. Grosería, barbarie, falta de enseñanza ó doctrina.

TOSTADA, s. f. Rebanada de pan que se tuesta para mojarla en vino ó pringarla en alguna grosura. || PEGAR UNA TOSTADA Á ALGUNO, fam. Egecutar alguna accion que redunde en perjuicio de otro, ó darle algun chasco, sacarle dinero con engaño, etc.

TOSTADO, p. p. de TOSTAR.

TOSTADO, adj. Dícese del color dorado muy vivo y subido.

TOSTADOR, RA, s. m. y f. El que tuesta.

TOSTADOR, s. m. El instrumento en que se tuesta alguna cosa.

* TOSTADURA, s. f. *Quim.* V. TORREFACCION.

TOSTAR, v. a. Poner alguna cosa á la lumbre para que lentamente se le introduzca el calor, y la vaya desecando sin quemarla hasta que tome color. ‖ Calentar con demasiada actividad y fuerza, como hace el sol en el rigor de sus ardores.

TOSTON, s. m. Garbanzo tostado. ‖ Moneda portuguesa de plata que corresponde á cien reis, aunque la hay de cincuenta. ‖ Cierta especie de sopa que se hace de pan tostado y aceite nuevo. ‖ Cierta arma arrojadiza que se forma de una vara tostada por la punta. ‖ Cualquiera cosa que está demasiadamente tostada. ‖ En nueva España y en el nuevo reino de Granada el real de á cuatro.

TOTAL, adj. General, universal, y que lo comprende todo en su especie.

TOTAL, s. m. El todo que resulta de la union de muchas partes que estaban separadas. El uso de esta voz es peculiar en materia de cuentas, en que muchas partidas sumadas componen un TOTAL.

TOTALIDAD, s. f. Suma ó agregado de partidas ó cosas que juntas componen una compreensiva de todas.

TOTALMENTE, adv. Enteramente, del todo.

TOTILIMUNDI, s. m. V. MUNDINOVI.

TOTOVÍA, s. f. V. COGUJADA.

TOUCAN, s. m. Constelacion celeste cerca del polo antártico, y es de las doce que los antiguos no observaron.

* TOVA, s. f. En algunas partes TOTOVÍA.

TOVIDO, seg. p. p. irreg. ant. de TENER. V. TENIDO.

TOZA, s. f. *Ar.* V. TOCON. ‖ En algunas partes el pedazo de corteza del pino y otros árboles.

TOZAL, s. m. *Ar.* Lugar alto y eminente.

TOZAR, v. n. *Ar.* Topar, dar el carnero golpes con la cabeza. Los muchachos suelen excitarle, diciéndole toza niño. ‖ met. *Ar.* Porfiar neciamente.

TOZO, ZA, adj. *Pint.* Enano ó de baja estatura.

TOZOLADA, s. f. El golpe que se da en el tozuelo.

TOZOLON, s. m. V. TOZOLADA.

TOZUDO, DA, adj. Obstinado, testarudo.

TOZUELO, s. m. La cerviz gruesa, carnosa y crasa de cualquier animal.

TRA

TRABA, s. f. El instrumento con que se junta, traba y une una cosa con otra. ‖ La diligencia de hacer ó trabar la egecucion. ‖ met. Cualquier cosa que impide ó estorba la fácil egecucion de otra. ‖ Cuerda ó correa con que se ligan los pies ó manos á las bestias. ‖ *And.* En las tahonas el palo que atraviesa la frente del arca en que se mueve la piedra. ‖ Cada uno de los palos delanteros de la red que usan para cazar las palomas. ‖ En algunas religiones monásticas un pedazo de paño que une las dos partes del escapulario. ‖ TRABAS, pl. Unas cuerdas que ponen á los caballos y mulas del pié á la mano para que sientan el paso. ‖ Dos correas con sus hebillas que sirven para atar las manos de los caballos ó mulas.

TRABACUENTA, s. f. Error ó equivocacion en alguna cuenta que la enreda ó dificulta. ‖ met. Disension, controversia ó disputa.

TRABADERO, s. m. La parte delgada de la mano ó pié de las bestias por donde se traban.

TRABADO, p. p. de TRABAR. ‖ TRABADO, DA, adj. Dícese del caballo que tiene las dos manos blancas por ser allí donde se le ponen las trabas. ‖ Dícese del caballo que tiene el pié y mano derecha ó izquierda con blancos. ‖ met. El hombre robusto y fuerte de nervios.

TRABADO, s. m. *Germ.* V. COTA.

TRABADURA, s. f. La accion y efecto de trabar.

TRABAJADAMENTE, adv. V. TRABAJOSAMENTE.

TRABAJADO, p. p. de TRABAJAR. ‖ TRABAJADO, DA, adj. Cansado, molido del trabajo por haberse ocupado mucho tiempo ó con afan en él.

TRABAJADOR, RA, s. m. y f. El que trabaja. ‖ El que trabaja por su jornal en el campo. ‖ La persona muy aplicada y que con estudio se dedica al trabajo.

TRABAJANTE, p. a. ant. de TRABAJAR, Que trabaja.

TRABAJAR, v. n. Ocuparse en cualquier egercicio, trabajo ó ministerio que haga cesar y faltar el ocio. || Solicitar, procurar é intentar alguna cosa con eficacia, actividad y cuidado. || met. Poner conato y fuerza para vencer alguna cosa. || Se dice tambien de la tierra que con su jugo y sustancia cria, mantiene y produce las semillas y plantas hasta dar el fruto. || Aplicarse con desvelo y cuidado á la egecucion de alguna cosa. || *Arq.* ó *Maq.* Sostener alguna cosa á otra ó mantenerla.

TRABAJAR, v. a. Formar, disponer ó egecutar alguna cosa arreglándose á método y órden. || met. Molestar, inquietar ó perturbar. || *Germ.* Hurtar ó robar.

TRABAJARSE, v. r. ant. Ocuparse, empeñarse, fatigarse.

TRABAJICO, LLO, TO, s. m. d. de TRABAJO.

TRABAJO, s. m. Egercicio ú ocupacion en alguna obra ó ministerio. || met. Dificultad, impedimento, costa ó perjuicio. || Penalidad, molestia, tormento ó suceso infeliz. || Cualquier escrito ó discurso sobre alguna materia ó facultad. || La misma obra trabajada. || *Germ.* La prision ó galeras. || TRABAJOS, pl. Estrechez, miseria y pobreza ó necesidad con que se pasa la vida. || ARROSTRAR LOS TRABAJOS, V. ARROSTRAR LOS PELIGROS. || TOMAR EL TRABAJO Ó TANTO TRABAJO, Aplicarse á la egecucion de alguna cosa en que interviene cuidado ó afan, especialmente por aliviar á otro.

TRABAJOSAMENTE, adv. Con trabajo, penalidad ó dificultad.

TRABAJOSÍSIMAMENTE, adv. sup. de TRABAJOSAMENTE.

TRABAJOSÍSIMO, MA, adj. sup. de TRABAJOSO.

TRABAJOSO, SA, adj. Que da, cuesta ó causa mucho trabajo. || met. Defectuoso, falto de perfeccion por mal dispuesto ú ordenado.

TRABAJUELO, s. m. d. de TRABAJO.

TRABAL, adj. Se aplica á una especie de clavos que sirven para unir y clavar las vigas ó trabes.

TRABAMIENTO, s. m. La accion y efecto de trabar. || ant. TRABA en las egecuciones.

TRABANCO, s. m. Palo como de media vara de largo, que asido del collar del perro le impide que baje la cabeza.

TRABAR, v. a. Juntar ó unir una cosa con otra para mayor fuerza ó resistencia. || Enlazar, concordar ó conformar. || Echar trabas. || Espesar ó dar mayor consistencia á lo líquido. || Censurar, notar ó murmurar. || Reñir, batallar ó contender. || met. Porfiar, disputar ó altercar. Ahora se dice: TRABARSE absolutamente ó TRABARSE de palabras. || Entre carpinteros torcer un poco los dientes de la sierra alternativamente unos á un lado y otros á otro para que hagan mas ancha la hendidura ó cortadura, y pueda entrar bien todo el hierro de la sierra. || Prender, agarrar ó asir.

TRABAZON, s. f. Juntura y enlace de dos ó mas cosas que se unen entre sí. || met. Conexion ó dependencia que tiene una cosa con otra.

TRABE, s. f. Madero largo y grueso que sirve en las fábricas y edificios para unir las paredes y suelos. Mas comunmente se dice VIGA.

TRABEA, s. f. Ropa talar de que se vestian los reyes, senadores y sacerdotes de los templos de la gentilidad.

TRABILLA, s. m. d. de TRABA. || En las medias y calcetas que no tienen pié es una lista de lo mismo por donde entran y se aseguran al pié. || Entre calceteras el punto que entre otros dos se queda suelto en la aguja.

TRABON, s. m. Argolla de hierro en que se atan por un pié los caballos para que no se rocen ni inquieten. || En los lagares y molinos de aceite cualquiera de los tablones que se atraviesan sobre la cabeza de la viga en las aberturas ó cárceles de las vírgenes.

TRABUCA, s. f. Especie de cohete que se arroja por el suelo, y da un trueno á modo del trabuco.

TRABUCACION, s. f. La accion y efecto de trabucar ó confundir una cosa con otra.

TRABUCADO, p. p. de TRABUCAR.

TRABUCADOR, RA, s. m. y f. El que trabuca.

TRABUCANTE, p. a. de TRABUCAR. Que trabuca. Úsase especialmente para significar las monedas que en el peso hacen inclinar el fiel á un lado.

TRABUCAR, v. a. y n. Descomponer el órden ó colocacion que tiene alguna cosa volviendo lo de arriba abajo, ó interpolándola. || met. Confundir ú ofuscar. || Interrumpir ó cortar el curso de la conversacion mezclando especies agenas de la materia ó del asunto.

TRABUCARSE, v. r. Decir una cosa por otra ó equivocarse.

TRABUCAZO, s. m. El disparo del trabuco ó el golpe y tiro dado con él.

ó extracto. || EN SUSTANCIA, *Med.* Dícese de los simples que se dan en los medicamentos en su ser natural y con todas sus partes, á diferencia de los que se suministran en infusion, extracto ó cocimiento. || TODO LO CONVIERTE EN SUSTANCIA, Loc. met. y fam. que se aplica al que nada le hace fuerza ni impresion.

SUSTANCIAL, adj. Que pertenece á la sustancia, es propio de ella ó la incluye. || V. SUSTANCIOSO.

SUSTANCIALMENTE, adv. En sustancia.

SUSTANCIAR, v. a. Compendiar alguna cosa ó hacer extracto ó epílogo de ella, separando ú omitiendo lo ménos principal. || Comprobar ó averiguar enteramente la verdad ó realidad de alguna cosa. || for. Formar el preceso ó la causa hasta ponerla en estado.

SUSTANCIOSO, SA, adj. Que tiene sustancia.

SUSTANTIVADAMENTE, adv. De un modo sustantivo.

SUSTANTIVAMENTE, adv. V. SUSTANTIVADAMENTE.

SUSTANTIVADO, p. p. de SUSTANTIVAR.

SUSTANTIVAR, v. a. Usar como nombre sustantivo lo que en la realidad no lo es.

SUSTANTIVO, VA, adj. Que pertenece al nombre ó verbo sustantivo.

SUSTANTIVO, s. m. El nombre que por sí solo puede estar en la oracion á diferencia del adjetivo.

SUSTENIDO, adj. y s. m. *Mus.* La tecla ó cuerda que levanta la voz un semitono menor sobre voz inmediata.

SUSTENIDO, s. m. Movimiento de la danza española.

SUSTENTABLE, adj. Que se puede sustentar ó defender con razones.

SUSTENTACION, s. f. El acto ú accion de sustentar.

SUSTENTÁCULO, s. m. Estribo que sostiene alguna cosa. || met. Lo que sirve de apoyo á alguna cosa ó la sostiene.

SUSTENTADO, p. p. de SUSTENTAR.

SUSTENTADOR, RA, s. m. y f. El que sustenta.

SUSTENTAMIENTO, s. m. ant. V. SUSTENTO. || La accion y efecto de sustentar.

SUSTENTANTE, p. a. de SUSTENTAR, Que sustenta.

SUSTENTANTE, s. m. El que defiende conclusiones ó acto público en alguna facultad.

SUSTENTAR, v. a. Sostener ó mantener algun peso. || V. ALIMENTAR. || Defender lo que se dice, hace, propone ó afirma.

SUSTENTO, s. m. Alimento, comida, mantenimiento. || Lo que sirve para el mantenimiento ó conservacion de alguna cosa.

SUSTILLO, s. m. d. de SUSTO.

SUSTITUCION, s. f. La accion y efecto de subrogar alguna persona ó cosa en lugar de otra. || SUSTITUCION EJEMPLAR, for. El nombramiento de heredero para suceder en los bienes del furioso ó mentecato, que por este defecto no puede hacer testamento. || SUSTITUCION PUPILAR, El nombramiento de heredero para que suceda en los bienes del pupilo que, pór no haber llegado á la edad de la pubertad, no puede hacer testamento. || SUSTITUCION VULGAR, El nombramiento de segundo, tercero ó mas herederos que se subroguen, por su órden, en lugar del primero instituido, cuando este falta.

SUSTITUIDO, p. p. de SUSTITUIR.

SUSTITUIDOR, RA, s. m. y f. El que sustituye.

SUSTITUIR, v. a. Poner una persona ó cosa en lugar de otra.

SUSTITUTO, seg. p. p. irreg. de SUSTITUIR.

SUSTITUTO, TA, s. m. y f. El que hace las veces de otro en algun empleo ó comision.

SUSTO, s. m. Alteracion, inquietud ó sobresalto del ánimo, motivado de algun objeto ó accidente repentino que causa miedo ó pavor.

SUSTRACCION, s. f. La accion y efecto de SUSTRAER Y SUSTRAERSE.

SUSTRAER, v. a. Apartar, separar, extraer.

SUSTRAERSE, v. r. Separarse de lo que se tenia proyectado. || Apartarse ó separarse de alguna cosa.

SUSTRAIDO, p. p. de SUSTRAER.

SUSURRACION, s. f. Murmuracion secreta.

SUSURRADOR, RA, s. m. y f. El que susurra.

SUSURRANTE, p. a. de SUSURRAR, Que susurra.

SUSURRAR, v. n. Hablar quedo, pero con algun leve ruido. || Empezarse á decir ó divulgar alguna cosa secreta ó que no se sabia. || met. Moverse con cualquier ruido suave y remiso el aire, el arroyo, etc.

SUSURRO, s. m. El ruido suave y remiso que resulta de hablar quedo. ||

cias, que ocasiona mucha fatiga ó molestia.

TRAFAGON, NA, adj. La persona que trafaga con mucha solicitud, diligencia y ansia.

TRAFALMEJO, JA, adj. Intrépido, atrevido y osado.

TRAFICACION, s. f. El tráfico á accion de traficar.

TRAFICANTE, p. a. de TRAFICAR, y s. Que trafica ó comercia.

TRAFICAR, v. n. Comerciar, negociar con el dinero, comprando ó vendiendo, ó con otros semejantes tratos. || Andar ó caminar por diversas tierras, tratando y conversando en varias provincias.

TRÁFICO, s. m. El comercio ó trato, llevando y trayendo de unas partes á otras los géneros y mercaderías para venderlas ó cambiarlas.

TRAGACANTA, s. f. Mata de raiz gruesa y leñosa que asoma sobre la tierra, la cual es la que produce en las islas del Archipiélago la goma alquitira. || Se llama así, aun mas frecuentemente que la planta, la goma alquitira que se despacha en las boticas. || Mata, V. ARÁNDANO.

TRAGACETE, s. m. Arma arrojadiza de que usaban los Moros.

*TRAGADERAS, s. m. pl. Se dice en esta frase: TENER BUENAS TRAGADERAS, V. TENER BUENOS TRAGADEROS.

TRAGADERO, s. m. V. ESÓFAGO. || La boca ó agujero que traga ó sorbe alguna cosa, como agua, etc. || TENER BUENOS TRAGADEROS, met. Se dice de los que no reparan mucho en lo que se les cuenta sin detenerse á examinarlo con exacta diligencia.

TRAGADO, p. p. de TRAGAR.

TRAGADOR, RA, s. m. y f. El que traga. Dícese comunmente del que come mucho. || TRAGADOR DE LEGUAS, V. TRAGALEGUAS.

TRAGAFEES, s. m. ant. Traidor á la fe debida, ó que la abandona en sus operaciones.

TRAGAHOMBRES, s. m. fam. Perdonavidas, matasiete.

TRAGÁLAFO, s. m. Animal que es muy semejante al ciervo en el cuerpo y cuernos, y á la cabra en la barba y pelo.

TRAGÁLDABAS, s. m. fam. La persona que come mucho ó es muy tragon.

TRAGALEGUAS, s. m. fam. La persona que anda siempre con mucha prisa y diligencia.

TRAGALUZ, s. f. Tronera ó claraboya que se abre en los techos ó paredes en lugar de ventana.

TRAGAMALLAS, s. m. fam. El gran comedor, tragon.

TRAGANTADA, s. f. Trago grande, cuanto se puede tragar de una vez.

TRAGANTE, p. a. de TRAGAR, Que traga. || *And.* El cauce por donde entra en las presas del molino la mayor parte del rio.

TRAGANTON, NA, adj. fam. La persona que come ó traga mucho.

TRAGANTONA, s. f. V. COMILONA. || La accion de tragar haciendo fuerza por susto, temor ó pesadumbre. || met. fam. La dificultad que cuesta, y violencia que hace uno á su razon para creer ó pasar por alguna cosa extraña, difícil ó inverisimil.

TRAGAR, v. a. Pasar alguna cosa por el tragadero. || Comer mucho y muy aprisa. || met. Se dice de la tierra cuando se abre, sepulta ó hunde lo que se mantenia encima de ella. || met. Persuadirse ó creerse de una cosa, haciendo juicio ó aprension del modo que ha de suceder.

TRAGARSE, v. r. Disimular ó encubrir, no dándose por entendido de alguna cosa, especialmente siendo sensible, ó que no se puede pasar al que la dice. || TRAGAR SALIVA, fam. Denota que alguno no puede desahogarse ni oponerse á alguna determinacion, palabra ó accion que le ofende. || NO PODER TRAGAR Á ALGUNO, Tenerle aversion.

TRAGAZO, s. m. aum. de TRAGO.

TRAGAZON, s. f. Glotonería, gula en el comer.

TRAGE, s. m. El modo particular de vestirse una clase de personas, ó el que es general en una provincia ó reino. || El vestido que se usa para disimular ó desmentir la persona. || met. El modo ó razon con que se disimula alguna accion con el semblante ó semejanza de otra. || El vestido completo de una muger.

TRAGEADO, p. p. de TRAGEAR.

TRAGEAR, v. a. Vestir á alguna persona, dándole los adornos correspondientes á su estado, para que ande decente.

TRAGECICO, LLO, TO, s. m. d. de TRAGE.

TRAGEDIA, s. f. Entre los gentiles cancion en loor de Baco. || Obra dramática en la que se representa un suceso de personages ilustres, y que tiene un fin desgraciado. || met. Cualquier suceso fatal, desgraciado ó infausto. || PARAR EN

TRAGEDIA, met. Tener alguna cosa mal fin ó suceso infeliz.

TRAGÉDICO, CA, adj. ant. Que es propio ó pertenece á la tragedia.

TRAGEDIOSO, SA, adj. V. TRÁGICO.

TRÁGICAMENTE, adv. Infelizmente, infaustamente.

TRÁGICO, CA, adj. Que pertenece á la tragedia. || Infausto, desgraciado, infeliz.

TRAGICOMEDIA, s. f. Obra dramática en que por lo regular se representa un suceso verdadero, la que conviniendo con la tragedia en el tono y estilo no tiene fin funesto.

TRAGIN, s. m. V. TRAGINO. || TRAGIN, TRÁFAGO por el conjunto de ocupaciones y negocios.

TRAGINADO, p. p. de TRAGINAR.

TRAGINANTE, p. a. de TRAGINAR, El que tragina mercaderías de un lugar á otro.

TRAGINAR, v. a. Acarrear ó llevar géneros ó mercaderías de un lugar á otro. || Andar de un sitio á otro de cualquiera suerte.

TRAGINERÍA, s. f. El arte y egercicio de traginar.

TRAGINERO, s. m. V. TRAGINANTE.

TRAGINO, s. m. El acarreo de géneros y mercaderías trasportadas y conducidas de un lugar á otro.

TRAGO, La porcion de agua, vino ú otro licor que se puede beber de un aliento ó respiracion. || met. Adversidad, infortunio ó desgracia, que con dificultad y sentimiento se sufre. || Á TRAGOS, Poco á poco, lenta y pausadamente. || PASAR Á TRAGOS LA VIDA, fam. Significa ser preciso interrumpir el trabajo ó interpolar alguna diversion ó solaz con las molestias de la vida.

TRAGON, NA, adj. El que come mucho ó es gloton.

TRAGONAZO, ZA, adj. aum. de TRAGON.

TRAGONCILLO, LLA, adj. d. de TRAGON.

TRAGONERÍA, s. f. El vicio de comer demasiado, glotonería.

TRAGONÍA, s. f. V. GLOTONERÍA.

TRAGUICO, LLO, TO, s. m. d. de TRAGO.

TRAICION, s. f. Falta de fidelidad y lealtad debida al príncipe ó soberano ó á la confianza de algun amigo. || ALTA TRAICION, Traicion cometida contra la soberanía ó persona del soberano. || Á TRAICION, Alevosamente, faltando á la lealtad ó confianza, con engaño ó cautela.

TRAICIONERO, RA, adj. ant. V. TRAIDOR.

TRAÍDA, s. f. La accion de traer.

TRAÍDO, p. p. de TRAER. || Usado, gastado, que se va haciendo viejo. Dícese de la ropa.

TRAIDOR, RA, adj. Aleve, falso ó que no corresponde á la ley ó fe que debe tener u guardar. Aplícase tambien á los ojos que indican malas inclinaciones en sus dueños. || El que falta á la lealtad ó fe jurada á su príncipe ó soberano. || Se aplica á los irracionales que faltan á la obediencia, enseñanza ó lealtad debida á sus dueños, como caballo TRAIDOR.

TRAIDORAMENTE, adv. Á traicion, con falsedad y alevosía.

TRAIDORCICO, CA, LLO, LLA, TO, TA, adj. d. de TRAIDOR.

TRAÍLLA, s. f. La cuerda ó correa con que se lleva el perro atado á las cacerías para soltarle á su tiempo. || Cierta especie de cordel mas grueso que la punta de azote, que forman de dos hebras de bramante. || Instrumento que sirve para conducir y pasar de una parte á otra la tierra con facilidad cuando se quiere allanar ó igualar algun terreno.

TRAILLADO, p. p. de TRAILLAR.

TRAILLAR, v. a. Allanar ó igualar la tierra con la trailla para disponerla al riego.

TRAINEL, s. m. *Germ.* El criado del rufian que lleva y trae recados ó nuevas.

TRAIÑA, s. f. V. BOLICHE.

TRAITE, s. m. La accion ú operacion de cardar el pelaire los paños colgados de la percha.

TRALLA, s. f. Cuerda ó soga.

TRALLETA, s. f. d. de TRALLA.

TRAMA, s. f. La hebra que pasa de en lado á otro de la urdimbre. || Especie de seda para tramar. || met. Artificio engañoso y astuto con que se perjudica á alguno.

TRAMADO, p. p. de TRAMAR.

TRAMADOR, RA, s. m. y f. El que trama las telas. || met. El que dispone algun ardid ó astucia.

TRAMAR, v. a. Atravesar los hilos de la trama por entre los de la urdimbre para teger alguna tela. || met. Disponer ó preparar con astucia y ardid algun concierto, especialmente en daño de algun tercero.

TRÁMITE, s. m. for. El paso de una parte á otra, ó de una cosa á otra.

TRAMO, s. m. Pedazo de alguna cosa. Tómase regularmente por el trecho ú espacio de tierra ó suelo que tiene algu-

TABERNILLA, s. f. d. de TABERNA.

TABÍ, s. m. Cierto género de tela que se usaba antiguamente como tafetan grueso prensado.

TABICA, s. f. *Arq.* La tablilla con que se cubre por fuera el agujero ó hueco que queda entre viga y viga de las que se ponen sobre el arquitrabe. ‖ *Arq.* El hueco que queda sobre una pared entre madero y madero de los que se sientan en ella horizontales para formar el techo.

TABICADO, p. p. de TABICAR.

TABICAR, v. a. Cerrar con tabique alguna cosa, como puerta, ventana, etc. ‖ met. Cerrar ó tapar alguna cosa que debia estar abierta ó tener curso, como TABICARSE las narices, etc.

TABICON, s. m. El tabique grueso.

TÁBIDO, DA, adj. *Med.* Podrido ó corrumpido.

TÁBIDO, s. m. *Med.* El que por alguna enfermedad de consuncion está sumamente seco y extenuado.

TABIQUE, s. m. Pared delgada que se hace de cascotes, ladrillos ó adobes puestos de canto trabados con yeso.

TABLA, s. f. Pieza delgada de madera que resulta aserrando un trozo de ella en direcciones paralelas, y sirve para hacer puertas, mesas, ventanas y otras obras de carpinteria. ‖ En la sastreria se suele llamar el espacio que queda sin plegar en varios géneros de vestidos, como basquiñas, etc., donde empiezan los pliegues á dos lados. ‖ En los tribunales la mesa á que se sientan para despachar los ministros que los componen. ‖ MESA, mueble. ‖ V. ARANCEL. ‖ La caja ó asiento del banquero, como la TABLA que hay en Valencia y en otras partes. ‖ El índice que se pone en los libros. ‖ Lista ó catálogo de algunas cosas puestas por órden sucesivo. ‖ Pintura hecha en tabla ó en piedra. ‖ La parte mas ancha y carnosa de algunos miembros del cuerpo. ‖ En las huertas el tablar ó era pequeña que forman para el criadero de las plantas. ‖ La casa donde se registran las mercaderias que causan derechos en los puertos secos. ‖ Parte pequeña del navio ú otra embarcacion derrotada. ‖ En la carniceria la mesa en que tienen la carne para pesarla y venderla. ‖ *Persp.* Superficie que se pone traspàrente, y colocada á cierta distancia entre la vista y el objeto. ‖ ant. V. MAPA. ‖ TABLAS, pl. El tablado donde salen á representar los comediantes. ‖ En el juego de las damas es un estado de él, en que ninguno de los dos que juegan pueden ganarle ni perderle. ‖ *Ast.* Los cómputos ó cálculos dispuestos por órden para saber los movimientos que tienen los planetas para los dias del año. ‖ Las piedras en que se escribió la ley del decálogo que entregó Dios á Moises en el monte Sinaí. ‖ TABLAS Ó TABLAS REALES, Juego muy semejante al del chaquete. ‖ TABLA DE CHILLA, La mas delgada de las que se venden en los corrales de madera. ‖ TABLA DE JUEGO, La casa ó garito donde se juntan algunos á jugar. ‖ TABLA DE LA VACA, met. Se dice del corrillo ó cuadrilla que mete mucho ruido y bulla en el juego ó la conversacion. ‖ TABLAS DE LOS SELLOS, ant. La oficina del sello. ‖ TABLA DE MANTELES, El paño de lino que se tiende y con que se cubre la mesa para comer. ‖ TABLA DE RIO, La parte por donde corre mas extendido y plano, de modo que casi no se percibe su corriente. ‖ TABLA NUMULARIA, Depósito público donde aseguran los particulares su dinero por un corto premio. ‖ TABLA PITAGÓRICA, *Arit.* Es aquella composicion de los productos de la multiplicacion de cualquiera de los números dígitos por cada uno de los otros para hallarlos con facilidad ó tomarlos de memoria. ‖ TABLA RASA, Entre pintores el lienzo ó tabla dispuesta para la pintura, en la cual aun no se ha puesto color alguno. ‖ met. El entendimiento que aun no está instruido ó carece de las especies de las ciencias. ‖ TABLAS ALFONSINAS, Cómputos ó cálculos astronómicos hechos de orden del rey D. Alonso el Sabio. ‖ Á LA TABLA DEL MUNDO, met. Al público. ‖ Á RAJA TABLA, fam. Explica la fuerza y vigor con que se hace alguna cosa. ‖ DINERO EN TABLA, expr. V. DINERO CONTANTE. ‖ ESCAPAR EN UNA TABLA, Librarse en ella de algun naufragio. ‖ ESCAPAR EN UNA TABLA, met. Salir de algun riesgo venturosamente y como por milagro. ‖ FACER TABLA, ant. Dar mesa ó convite. ‖ HACER Ó HACERSE TABLAS, met. Quedar algun negocio ó dependencia sin decision. ‖ SALVARSE EN UNA TABLA, V. ESCAPAR EN UNA TABLA. ‖ SER UNA COSA DE TABLA, Ser de estilo ó costumbre, sin mudanza ni controversia.

TABLACHINA, s. f. Arma defensiva especie de broquel ó escudo de madera.

TABLACHO, s. m. COMPUERTA para detener el agua. ‖ HACER Ó ECHAR EL TABLACHO, met. Interrumpir y detener con alguna razon al que está hablando.

TABLADILLO, s. m. d. de TABLADO.

TABLADO, s. m. Andamio ó suelo

formado de tablas unidas unas á otras por el canto quedando la superficie plana. || El pavimento del teatro público en que se representa. || En el carro el armazon mas larga que ancha, hecha de maderos y tablas, que descansa sobre el ege, y sirve para echar en ella la carga. || *Germ.* La cara. || Las tablas de la cama sobre que se tiende el colchon. || LANZAR Á TABLADO Ó LANZAR EL TABLADO, Arrojar en los torneos lanzas ó dardos á un tablado que se hacia con este objeto hasta derribarle ó quebrantarle. || SACAR AL TABLADO, met. Publicar, hacer patente alguna cosa.

TABLAGE, s. m. El agregado de tablas que se sacan de la corta de los pinales ú otros árboles ó que se traban en alguna fábrica. || GARITO, parage. || GARITO, ganancia.

TABLAGERÍA, s. f. El vicio ó costumbre de jugar en los garitos y tablages. || GARITO, ganancia.

TABLAGERO, s. m. El carpintero que forma los tablados para alguna fiesta de toros, ó aquel á cuyo cargo corren los que se han hecho. || La persona á cuyo cargo está cobrar los derechos reales. || GARITERO, el que tiene. || Cortador público de la carne. || *Ar.* El practicante del hospital. || GARITERO, el que frecuenta.

TABLANTES, s. m. pl. *Germ.* Los manteles.

TABLAR, s. m. Cualquiera division que se hace en las huertas ó tierras sembradas de hortaliza.

TABLAZO, s. m. El golpe dado con tabla. || Pedazo de mar ó de rio extendido.

TABLAZON, s. f. El agregado de tablas. || El conjunto ó compuesto de tablas con que se hacen las cubiertas de las embarcaciones y se cubre su costado, y demas obras que llevan aforro.

TABLEADO, p. p. de TABLEAR.

TABLEAR, v. a. Entre hortelanos dividir la tierra en tablas ó tablares. || Igualar la tierra despues de arada ó cavada con alguna tabla ó madero. || Entre los herreros y cerrajeros reducir las barras de hierro á figura plana como tabla.

TABLECILLA, s. f. ant. d. de TABLA.

TABLERO, s. m. La tabla alisada, cortada y dispuesta en la figura y forma que se necesita para algun fin. || Madero á propósito para hacer tablas serrándole. || Especie de clavo á propósito para clavar tablas. || En la ballesta el palo ó cureña de ella. || Pieza de madera cuadrada con sus bordes á los cantos, señalados en ella sesenta y cuatro cuadrillos, para jugar á las damas ó al agedrez y aquel en que se juega á las tablas reales. || En las tiendas el cajon ó mostrador sobre que despachan y cuentan el dinero. || V. GARITO, parage. || *Arq.* Plano resaltado, liso ó con molduras para ornato de algunas partes del edificio. || *Arq.* V. ABACO. || Entre los sastres la hoja de cada cuarto delantero de la casaca desde la tapa del bolsillo abajo. || Entre sastres la mesa grande en que cortan. || met. El público; y así se dice: estar en el TABLERO. || PONER Ó TRAER AL TABLERO ALGUNA COSA, met. Aventurarla.

TABLETA, s. f. d. de TABLA. || Cierto género de masa hecho con harina, huevos y azúcar que se vende en las confiterías, la cual se extiende en forma de tabla. || ESTAR EN TABLETAS, met. Estar en duda el logro de alguna cosa. || QUEDARSE TOCANDO TABLETAS, met. y fam. Perder alguno lo que poseia, ó no conseguir lo que muy probablemente esperaba.

TABLETEADO, s. m. El ruido que se forma en las tablas moviéndolas ó pisándolas, ó de otro modo que se le parezca y le imite.

TABLETEAR, v. n. Mover las tablas haciendo ruido con ellas ó de otro modo semejante.

TABLETICA, LLA, s. f. d. de TABLETA.

TABLICA, LLA, TA, s. f. d. de TABLA. || Cierto género de masa mezclada con algun dulce, y extendida como las tabletas que venden los barquilleros en los paseos. || V. TABLETA Ó TABLETILLA. || La lista regularmente hecha de tabla en que escriben los nombres de los públicos excomulgados. || Lista regularmente hecha de madera donde se sientan los nombres de algunas personas, ó se notan algunas cosas para ciertos fines. || En las mesas de trucos y villar cada uno de los trechos de barandilla que hay entre tronera y tronera. || TABLILLA DE MESON, La señal que se pone á la puerta de él para que conozcan los forasteros que allí se da posada y hospedage. || TABLILLA DE SANTERO, La insignia con que piden la limosna para los santuarios ó ermitas. || TABLILLAS DE SAN LÁZARO, Son tres tablillas que se traen en la mano unidas con un cordel por dos agujeros, y la de en medio tiene una manija por donde se

* TRÁNSFUGO, s. m. V. TRÁSFUGO.
TRANSFUNDIDO, p. p. de TRANSFUNDIR.
TRANSFUNDIR, v. a. V. TRASFUNDIR.
TRANSFUSION, s. f. V. TRASFUSION.
TRANSGREDIR, v. a. ant. V. TRASGREDIR.
TRANSGRESION, s. f. V. TRASGRESION.
TRANSGRESOR, RA, s. m. y f. V. TRASGRESOR.
TRANSICION, s. f. *Ret.* Artificio oratorio con que se pasa de un discurso á otro.
TRANSIDO, DA, adj. Fatigado, acongojado ó consumido de alguna penalidad, angustia ó necesidad. || Dícese particularmente del que padece hambre. || met. Miserable, escaso y ridículo en el modo de portarse y gastar.
TRANSÍGIDO, p. p. de TRANSIGIR.
TRANSIGIR, v. a. Ajustar algun punto dudoso ó litigioso, conviniendo las partes voluntariamente en algun medio que componga y parta la diferencia de la disputa.
TRANSILVANO, NA, adj. y s. El natural de Transilvania y perteneciente á ella.
* TRANSITABLE, adj. m. f. Praticable, hablando de un camino.
TRANSITAR, v. n. Ir en viage ó jornada, caminar ó pasar por alguna parte, haciendo tránsitos.
TRANSITIVO, VA, adj. for. Que pasa y se transfiere de uno en otro. || Se aplica á las acciones ó derechos que pasan con las cosas á los sucesores particulares y universales. || *Gram.* Se aplica á los verbos cuya accion pasa á otra cosa.
TRÁNSITO, s. m. El paso ó acto de pasar de un lugar á otro. || El lugar determinado para detenerse y alojarse en el tiempo de alguna jornada ó marcha. || El paso por donde se transita de una parte á otra. || La mudanza de un estado á otro, ó de uno á otro empleo. || La muerte de las personas santas y justas, ó que han dejado buena opinion con su virtuosa vida
TRANSITORIAMENTE, adv. De paso, sin advertencia ó cuidado particular.
TRANSITORIO, RIA, adj. Caduco, perecedero, que fácil ó brevemente pasa ó se acaba. || Aplícase regularmente á los placeres de esta vida.
TRANSLACION, s. f. V. TRASLACION.
TRANSLÁTICIAMENTE, adv. V. TRASLATICIAMENTE.
TRANSMARINO, NA, adj. V. TRASMARINO.
TRANSMIGRACION, s. f. V. TRASMIGRACION.
TRANSMIGRAR, v. n. V. TRASMIGRAR.
TRANSMITIR, v. a. for. V. TRASMITIR.
TRANSMONTAR, v. n. V. TRASMONTAR.
TRANSMUTACION, s. f. V. TRASMUTACION.
TRANSMUTAR, v. a. V. TRASMUTAR.
TRANSPADANO, NA, adj. V. TRASPADANO.
TRANSPARENCIA, s. f. V. TRASPARENCIA.
TRANSPARENTE, adj. V. TRASPARENTE.
TRANSPIRACION, s. f. V. TRASPIRACION.
TRANSPIRABLE, adj. V. TRASPIRABLE.
* TRANSPIRABLE, adj. m. f. Que puede salir por la transpiracion.
TRANSPIRAR, v. n. V. TRASPIRAR.
* TRANSPIRARSE, v. r. V. TRASPIRAR.
TRANSPONER, v. a. V. TRASPONER.
TRANSPORTACION, s. f. V. TRASPORTACION.
TRANSPORTAR, v. a. V. TRASPORTAR.
TRANSPORTE, s. m. V. TRASPORTE.
TRANSPORTIN, s. m. V. TRASPORTIN.
TRANSPOSICION, s. f. V. TRASPOSICION.
TRANSUSTANCIACION, s. f. V. TRASUSTANCIACION.
TRANSUSTANCIAL, adj. V. TRASUSTANCIAL.
TRANSUSTANCIAR, v. a. V. TRASUSTANCIAR.
TRANSTERMINAR, v. a. V. TRASTERMINAR.
TRANSVERBERACION, s. f. V. TRASVERBERACION.
TRANSVERSAL, adj. V. TRASVERSAL.
TRANSVERSO, SA, adj. V. TRASVERSO.
TRANZA, s. f. *Ar.* TRANCE en el remate.
TRANZADERA, s. f. Lazo que se forma trenzando alguna cuerda ó cinta.
TRANZADO, p. p. de TRANZAR.

TRANZAR, v. a. Cortar, tronchar. || *Ar.* V. REMATAR.

TRANZON DE TIERRA, s. m. La suerte de tierra que cultiva un labrador, y es una de las que componen un pago.

TRAPA, s. f. Ruido de los pies ó vocería grande con alboroto y estruendo. || Comunmente se repite la voz para mayor expresion.

TRAPACEAR, v. n. Engañar con mentiras y trapazas.

TRAPACERÍA, s. f. V. TRAPAZA.

TRAPACERO, RA, adj. V. TRAPACISTA.

TRAPACETE, s. m. El libro en que el banquero sienta las partidas que da á cambio ó logro, ó las de los géneros que vende.

TRAPACISTA, adj. Embustero, engañador en las compras, ventas ó cambios. || El que con astucias, falsedades y mentiras procura engañar á otro.

TRAPAJO, s. m. Pedazo de paño ó lienzo roto y viejo.

TRAPAJOSO, SA, adj. Roto, desaseado ó hecho de pedazos.

TRÁPALA, s. f. Ruido de voces ó movimiento descompuesto de los pies. || *Germ.* La cárcel.

TRÁPALA, s. m. El flujo ó prurito de hablar mucho sin sustancia. || met. La persona que habla mucho y sin sustancia.

TRAPALEAR, v. n. fam. Hablar mucho y sin sustancia.

TRAPALON, NA, adj. y s. fam. El que habla mucho y sin sustancia.

TRÁPANA, s. f. *Germ.* La prision.

TRAPAZA, s. f. Artificio engañoso é ilícito con que se perjudica y defrauda á alguna persona en la venta de alguna alhaja.

TRAPAZAR, v. n. V. TRAPACEAR.

TRAPAZO, s. m. aum. de TRAPO.

TRAPE, s. m. La entretela con que arman los sastres los pliegues de las casacas y las faldillas para que esten extendidas y airosas.

* TRAPEAR, v. a. Vestir ó dar los paños correspondientes á las figuras.

TRAPECIO, s. m. *Geom.* Figura irregular de cuatro lados desiguales.

TRAPERÍA, s. f. El conjunto de muchos trapos, ó el sitio donde se venden. || ant. La calle de los mercaderes de paños ó la tienda en que se venden.

TRAPERO, RA, adj. El que anda recogiendo los trapos arrojados á la calle, que lavados sirven para fabricar el papel.

TRAPERO, s. m. ant. Mercader de paños.

TRAPICHE, s. m. El ingenio pequeño donde se fabrica el azúcar.

TRAPICO, LLO, s. m. d. de TRAPO. || El galan ó la dama de baja suerte. || TRAPILLO, V. TRAPO. || DE TRAPILLO, Con vestido llano y casero.

TRAPISONDA, s. f. fam. Bulla ó riña con voces ó acciones; y así se dice: brava TRAPISONDA ha habido.

TRAPITO, s. m. d. de TRAPO.

TRAPO, s. m. V. PAÑO. || El pedazo de lienzo ó paño roto, gastado y desechado por inútil. || El velámen del navío. || AL ATAR DE LOS TRAPOS, fam. AL FIN Ó AL DAR LAS CUENTAS. || Á TODO TRAPO, Con eficacia y actividad. || CON UN TRAPO ATRAS Y OTRO ADELANTE, Expr. con que se significa la pobreza ó estado infeliz y miserable de alguno, especialmente cuando se envanece mejorado de fortuna; y se suele decir: yo le conocí CON UN TRAPO ATRAS, etc. || PONER COMO UN TRAPO, fam. Reprender agriamente á alguno, decirle palabras sensibles ó enojosas. || SOLTAR EL TRAPO, met. Darse ó entregarse enteramente á alguna cosa, vicio, pasion ó sentimiento.

TRAQUE, s. m. El estallido ó ruido que da el cohete. || La guia de la polvora fina que ponen los coheteros entre los cañones de luz para que se enciendan prontamente. || TRAQUE BARRAQUE, Á todo tiempo ó con cualquier motivo.

TRAQUEA, s. f. *Anat.* La arteria ó caña del pulmon.

TRAQUEADO, p. de TRAQUEAR.

TRAQUEAR, v. n. Hacer ruido, estruendo ó estrépito.

TRAQUEAR, v. a. Mover ó bazucar alguna cosa de una parte á otra. Dícese especialmente de los líquidos. || Frecuentar, manejar mucho una cosa.

TRAQUEATOMÍA, s. f. *Cir.* Abertura que se hace artificialmente en la traquiarteria para impedir en ciertos casos la sufocacion de los enfermos.

TRAQUEO, s. m. El ruido continuo del disparo de la pólvora artificial. || El movimiento de alguna cosa de una parte á otra.

TRAQUIARTERIA, s. f. V. TRAQUEA.

TRAQUIDO, s. m. El ruido ó estruendo que resulta del tiro ó disparo de alguna arma de fuego ó cosa semejante.

TRAS, Prep. con que se demuestra el órden con que una cosa se sigue á otra. || Se usa mucho en composicion,

TAHUR, RA, adj. y s. m. Se aplica al que es jugador ó muy dado al juego.

TAHUR, s. m. El que frecuenta mucho las casas de juego, ó es muy diestro en jugar. Antiguamente el que jugaba con engaños y trampas.

TAHURERÍA, s. f. Garito ó casa de juego. || El vicio de tahures, ó el modo de jugar con trampas y engaños.

TAIBEQUE, s. m. ant. V. TABIQUE.

TAIMADO, DA, adj. Bellaco, astuto, disimulado y pronto en advertirlo todo.

TAIMONÍA, s. f. Picardía, malicia y astucia desvergonzada.

TAITA, s. m. Nombre con que el niño hace cariños llamando á su padre. || AJO TAITA, expr. fam. V. AJO.

TAJA, s. f. Rioj. Fuste hecho de palos combados, el cual puesto sobre las albardas sirve para amarrar las cargas que se ponen sobre ellas. || Cortadura ó repartimiento. || V. TARJA.

TAJADA, s. f. Porcion ó parte de alguna cosa cortada y separada de otra, como TAJADA de carne, de queso, etc. || fam. La ronquera ó tos ocasionada de algun resfriado. || HACER TAJADAS, met. Expr. con que se amenaza á alguno con algun castigo ó venganza.

TAJADERA, s. f. La cuchilla á modo de media luna, con que se taja alguna cosa, como el queso, turron, etc. || El tajito pequeño que suelen tener las horteras de madera. || Ar. La compuerta que se pone para detener la corriente del agua. || Entre los herreros CORTAFRIO.

TAJADERO, s. m. TAJO en que se corta la carne. || ant. El plato trinchero.

TAJADILLA, s. f. d. de TAJADA. || Trozo de livianos guisado en los bodegones. || And. La porcion pequeña de limon ó naranja que se vende para beber aguardiente.

TAJADO, p. p. de TAJAR. || TAJADO, DA, adj. Blas. Dícese del escudo que está dividido diagonalmente de la izquierda á la derecha en dos partes iguales.

TAJADOR, RA, s. m. y f. El que taja ó corta alguna cosa. || V. TAJADERO.

TAJADURA, s. f. La cortadura que se hace en alguna cosa con cuchillo, espada ú otro instrumento semejante. || La accion y efecto de tajar ó cortar alguna cosa.

TAJAMAR, s. m. Náut. Tablon algo curvo, que nace desde la quilla, y va endentado en la parte exterior de la roda, en cuyo extremo se pone el leon, que es donde rematan las perchas. || Obra de cantería que se construye en la corriente de las aguas en figura angular para que corte el agua y se reparta igualmente por la madre del rio. || Germ. Cuchillo de campo.

TAJAMIENTO, s. m. ant. Tajo ó corte.

TAJANTE, p. a. de TAJAR. Que corta.

TAJANTE, s. m. CORTADOR ó carnicero.

TAJAPLUMAS, s. m. V. CORTAPLUMAS.

TAJAR, v. a. Cortar, partir ó dividir una cosa en dos ó mas partes ó pedazos. || Disponer las plumas para que se pueda escribir con ellas, cortándolas y abriéndoles los puntos á proporcion de la letra que se quiere formar.

TAJERO, s. m. V. TARJERO.

TAJO, s. m. El corte que se da con algun instrumento. || El corte que se da á las plumas para escribir, que va en diminucion hasta donde se forman los puntos. || Entre la gente del campo el corte que llevan los segadores ó cavadores cuando van trabajando. || La escarpadura ó corte que queda en algun monte despues de haberse arruinado alguna parte de él. || FILO ó corte. || Esgr. El corte que se da con la espada ú otra arma cortante, llevando el brazo desde la mano derecha á la izquierda. || Pedazo de madera grueso y ancho, regularmente puesto y afirmado sobre tres pies, el cual sirve en las cocinas para picar y partir la carne. || TAJO DIAGONAL, Esgr. El que se tira en la línea diagonal, que atraviesa el cuadrado que se considera en el rostro.

TAJON, s. m. aum. de TAJO. || And. Vena de tierra ó piedra muy blanda de que se hace la cal. || TAJO ó pedazo de madera grueso donde se corta la carne. || Germ. HOSTERÍA, venta ó meson.

TAJONCILLO, s. m. d. de TAJON.

TAJUELA, s. f. Un género de banquillo con cuatro pies, que sirve de asiento.

TAJUELO, s. m. V. TAJUELA.

TAL, adj. rel. que se aplica á las cosas indefinidamente, para verificar y determinar en ellas lo que por su correlativo se denota, ó la calidad especial que tienen, y por la cual se diferencian de otras. || Igual, semejante, ó de la misma forma ó figura. || Tanto ó tan grande. Úsase para exagerar y engrandecer la bondad y perfeccion de alguna cosa. || Se usa tambien para determinar y contraer lo que no está especificado ó distinguido, y suele repetirse para dar mas viveza á la expresion. || Se usa asimismo para dar á entender el estado de alguna cosa, su condicion ó circunstancias. || Se usa tambien para demostrar un sugeto no conocido. || Á TAL, CON CONDICION y calidad. || CON TAL, mod. adv. Con que se previene alguna condicion ó calidad en algun pacto ó tratado. || TAL CUAL, Expr. que da á entender que por defectuosa que una cosa sea, se estima por alguna bondad que se considera en ella, aun mirándola como es. || Se usa tambien para denotar que son muy pocos los sugetos ó personas ú otras cosas que suelen buscarse ó de que se habla. || Asi asi, medianamente. || Pasadero, mediano, regular. || TAL POR CUAL, Expr. de desprecio que equivale á ser una cosa de poco mas ó ménos ó indigna. || NO HAY TAL, Se usa para negar lo que se dice ó imputa á alguno. || OTRÓ QUE TAL, Parecido ó semejante. Úsase regularmente para comparar cosas malas ó despreciables.

TALA, s. f. La corta de árboles que se hace en los montes desde el tronco para dejar rasa la tierra, ó la que se egecuta entresacando ramas. || Destruccion, ruina, asolacion de los campos ó poblados, quemándolos ó demoliéndolos. || Juego que usan los muchachos con dos palos, uno mayor que otro.

TALABARTE, s. m. La pretina que ciñe á la cintura, y de que cuelgan los tiros, en que se trae asida y pende la espada.

TALABERANO, NA, adj. y s. El natural de Talabera y perteneciente á esta villa.

TALABRICENSE, adj. V. TALABERANO. Úsase tambien como sustantivo.

TALADO, p. p. de TALAR.

TALADOR, RA, s. m. y f. El que ó lo que tala.

TALADRADO, p. p. de TALADRAR.

TALADRADOR, RA, s. m. y f. El que taladra.

TALADRAR, v. a. Agujerear, barrenar ó penetrar alguna cosa con taladro. || Introducirse ó sentirse con gran eficacia en el oido algunas voces por la agudeza del tono con que se profieren. || met. Penetrar, percibir ó alcanzar con el discurso alguna materia oscura ó dudosa.

TALADRO, s. m. Instrumento agudo ó cortante de varias figuras, con que se agujerea la madera ú otra cosa. || El agujero angosto hecho con el taladro ó barrena.

TALAMERA, s. f. Árbol en donde se coloca el señuelo para matar las palomas con el arcabuz ó ballesta.

TÁLAMO, s. m. Lugar preeminente donde los novios celebran sus bodas y reciben los parabienes. || La cama de los desposados. || Místicamente se entiende é interpreta el vientre virginal de María Santísima, donde Cristo nuestro Señor se desposó con la naturaleza humana.

TALANQUERA, s. f. El artificio de tablas puestas de frente, como haciendo pared para seguridad ó defensa, como las que sirven en las fiestas de toros delante de los tablados. || Cualquier sitio ó parage que asegura y defiende de algun riesgo ó peligro; y metafóricamente la misma seguridad y defensa. || HABLAR DE TALANQUERA, fam. Da á entender la facilidad con que algunos estando en lugar seguro juzgan y murmuran de las acciones de aquellos que estan obrando cosas de valor y peligrosas.

TALANTE, s. m. Modo ó manera de egecutar alguna cosa. || El semblante ó disposicion personal, ó el estado ó calidad de las cosas. || Voluntad, deseo, gusto. || ESTAR DE BUEN Ó MAL TALANTE, Estar de buena ó mala disposicion, ánimo ó inclinacion para hacer ó conceder alguna cosa.

TALANTOSO, SA, adj. Que está de buen humor ó semblante.

TALAR, adj. Se aplica á los ropas largas que llegan hasta los talones.

TALAR, s. m. Cada una de las alas que fingieron los poetas que tenia el dios Mercurio en los talones, para denotar su ligereza y velocidad en las diligencias de su ministerio de embajador de Júpiter.

TALAR, v. a. Hacer tala y corta de los árboles hasta el tronco, ó entresacando ramas. || Destruir, arruinar ó quemar los campos, sembrados y edificios ó poblados: lo que suele hacer un egército en pais enemigo. || Hurtar la harina de los costales. || *Germ.* Quitar ó arrancar.

TALAVERA, s. f. La loza fabricada en la villa de este nombre.

TALCO, s. m. Mineral blando, verdoso, suave al tacto, de un lustre parecido al de los metales.

TALEGA, s. f. Saco ó bolsa ancha y corta de lienzo, estopa ú otra tela, que sirve para llevar dentro las cosas de una parte á otra. || Lo que se guarda ó se

como TRASPASAR, TRASTROCAR. || DETRAS DE, como TRAS una puerta, TRAS una cortina, etc. || V. FUERA DE ESTO, ADEMAS.

TRAS, s. m. fam. V. TRASERO ó ASENTADERAS. || Golpe con ruido. || TRAS, TRAS, Modo con que se explica el golpe repetido que da llamando á la puerta. || TRASTRAS, El que es penúltimo en grado en alguno de los juegos de los muchachos. || NO TENER TRAS QUE PARAR, Estar sumamente pobre y falto de todas las cosas necesarias.

TRASABUELO, LA, s. m. y f. ant. V. BISABUELO.

TRASALCOBA, s. f. La pieza que esta detras de la alcoba principal.

TRASALPINO, NA, adj. Que está ó es de algun pais al otro lado de los montes Alpes.

TRASANTEAYER, adv. V. ANTEANTEAYER.

TRASAÑEJO, JA, adj. V. TRESAÑEJO, y se extiende á lo que tiene mas años.

TRASBISABUELO, LA, s. m. y f. ant. V. TATARABUELO.

TRASBISNIETO, TA, s. m. y f. El tataranieto.

TRASCA, s. f. *Rioj.* Correa recia como de dos dedos de ancho y de largo, de pellejo de buey, curtida para hacer cabezadas, aciones de estribos, para uncir los yugos y otros usos.

TRASCABO, s. m. V. TRASPIÉ ó ZANCADILLA.

TRASCANTON, s. m. El canto ó piedra que se pone en las esquinas de las calles para su defensa. || Esportillero ó mozo de trabajo que se pone detras de alguna esquina ó canton para estar pronto á servir á quien le llama. || DAR TRASCANTON Ó TRASCANTONADA, Esconderse ú ocultarse detras de una esquina ó trascanton para huir de quien le busca ó sigue.

TRASCARTADO, p. p. de TRASCARTARSE.

TRASCARTARSE, v. r. Quedarse una carta detras de otra, cuando se creia ó esperaba que viniese ántes. Úsase en el juego de naipes.

TRASCARTON, s. m. Lance del juego de naipes en que se queda detras la carta con que se gana, y la que hace perder se anticipa á ella.

TRASCENDENCIA, s. f. *Filos.* La accion por la cual una cosa se comunica y extiende por otras que comprende como género supremo. || Penetracion de las cosas.

TRASCENDENTAL, adj. Que se comunica, participa ó se extiende á otras cosas que se comprenden debajo de su concepto.

TRASCENDENTE, p. a. de TRASCENDER, Que trasciende.

TRASCENDER, v. n. Pasar ó ir desde el lugar que está de esta parte al que está de la otra; y con mas propiedad significa subir á lo alto. || *Filos.* Difundirse alguna cosa, y comunicarse generalmente por varias especies que comprende, siendo superior á todas. || Exhalar buen olor, tan vivo y subido, que excite eficazmente el sentido del olfato.

TRASCENDER, v. a. Ser trascendental una cosa á otras que estan en cierto modo comprendidas debajo del mismo género. || Concebir, entender con facilidad y viveza. || Oler mucho. || met. Penetrar ó comprender alguna cosa que está oculta ó secreta, conjeturando y discurriendo.

TRASCENDIDO, p. p. de TRASCENDER. || TRASCENDIDO, DA, adj. Se dice del que penetra y comprende con viveza y prontitud.

TRASCOL, s. m. ant. La falda que arrastra en el vestido de la muger.

TRASCOLADO, p. p. de TRASCOLAR.

TRASCOLAR, v. a. *Med. y Cir.* Pasar algun licor ó el humor por los poros ó artificialmente por algun paño. || met. Pasar desde un lado al otro de algun monte ú otro sitio.

TRASCONEJADO, p. p. de TRASCONEJARSE.

TRASCONEJARSE, v. r. Quedarse la caza detras de los perros que la siguen. Tambien se usa metafóricamente. || Se dice tambien de los hurones cuando quedan en las bocas ó madrigueras, por tener impedida la salida con el conejo que han muerto.

TRASCORDADO, p. p. de TRASCORDARSE.

TRASCORDARSE, v. r. Perder la noticia puntual de alguna cosa por olvido ó confusion con otra especie ó equivocarse en la formalidad de ella.

TRASCORO, s. m. El sitio que en las iglesias está detras del coro.

TRASCORRAL, s. m. El sitio cercado y descubierto que hay despues del corral en las casas de campo y en los lugares. || fam. El trasero ó asentaderas.

TRASCRIBIR, v. a. Trasladar ó copiar un escrito ó impreso de un papel á otro.

TRASCUARTO, s. m. La vivienda ó habitacion que está despues ó detras de la casa principal.

TRASCURSO, s. m. La carrera del tiempo ó continuacion sucesiva de los tiempos que pasan.

TRASDOBLADO, p. p. de TRASDOBLAR.

TRASDOBLADURA, s. f. Multiplicacion de una cantidad por tres veces otro tanto cuanto es en sí.

TRASDOBLAR, v. a. V. TRIPLICAR.

TRASDOBLO, s. m. ant. V. TRIPLE ó TRIPLO.

TRASDOS, s. m. *Arq.* En las piedras de silleria y en otras cosas la superficie posterior que se coloca hácia el interior del edificio.

TRASDOSEADO, p. p. de TRASDOSEAR.

TRASDOSEAR, v. a. *Arq.* Reforzar una obra por la parte posterior.

TRASEGADO, p. p. de TRASEGAR.

TRASEGADOR, s. m. El que trasiega.

TRASEGAR, v. a. Mudar las cosas de una parte á otra, revolverlas. Úsase tambien como neutro. || Mudar el licor de una vasija en otra, como se hace con la cosecha del vino que se muda de las cubas á las tinajas.

TRASEÑALADO, p. p. de TRASEÑALAR.

TRASEÑALADOR, RA, s. m. y f. El que traseñala.

TRASEÑALAR, v. a. Mudar la marca ó señal puesta en alguna cosa, poniéndole otra para que sea desconocida.

TRASERA, s. f. La parte de atras ó posterior de cualquiera cosa.

TRASERO, RA, adj. Que está, se queda ó viene detras.

TRASERO, s. m. La parte posterior del animal. || TRASEROS, pl. fam. Los padres, abuelos y demas ascendientes.

TRASFERIDO, p. p. de TRASFERIR.

TRASFERIDOR, RA, s. m. y f. El que trasfiere.

TRASFERIR, v. a. Pasar ó llevar una cosa desde un lugar á otro. || for. Ceder ó renunciar en otro el derecho ó dominio que se tiene en alguna cosa, haciéndole dueño de ella. || Dilatar para otro tiempo lo que tenia tiempo determinado, ó estaba para egecutarse. || Extender ó trasladar el sentido de una voz á que signifique figuradamente otra cosa distinta. || *Esgr.* Abrir el ángulo en la espada sujeta ó inferior, y volverle á cerrar quedando superior. Explica tambien este verbo otros movimientos poco diferentes y del mismo efecto.

TRASFIGURABLE, adj. Que se puede trasfigurar ó mudar de una figura en otra.

TRASFIGURACION, s. f. Conversion ó mudanza de una figura en otra. || Por antonomasia se entiende la de nuestro Señor Jesucristo. || Fiesta de la trasfiguracion.

TRASFIGURADO, p. p. de TRASFIGURARSE.

TRASFIGURARSE, v. r. Dejar ó perder una figura ó forma, mudándola ó tomando la que no tenia. Úsase tambien como verbo activo.

TRASFIJO, JA, adj. V. TRANSFIXO.

TRASFIXION, s. f. La accion de herir pasando de parte á parte. Úsase frecuentemente hablando de los dolores de la Virgen santísima nuestra Señora.

TRASFIXO, XA, adj. Atravesado ó traspasado con alguna arma ó cosa puntiaguda.

TRASFLORADO, p. p. de TRASFLORAR.

TRASFLORAR, v. a. *Pint.* Copiar algun dibujo al trasluz.

TRASFLOREADO, p. p. de TRASFLOREAR.

TRASFLOREAR, v. a. Dar algun color sobre plata, oro ó estaño, que regularmente es el verde sobre oro.

TRASFOJADO, p. p. de TRASFOJAR.

TRASFOJAR, v. a. V. TRASHOJAR.

TRASFOLLADO, DA, adj. *Albeit.* Se aplica á las vegigas que pasan de parte á parte.

TRASFORMACION, s. f. La mudanza de una forma ó figura en otra. || TRASFORMACION DE FIGURAS, *Geom.* La descripcion de una figura igual á otra, pero desemejante á ella.

TRASFORMADO, p. p. de TRASFORMAR.

TRASFORMADOR, RA, s. m. y f. El que muda ó trueca la forma ó figura de las cosas, convirtiéndolas en otra.

TRASFORMAMIENTO, s. m. V. TRASFORMACION.

TRASFORMAR, v. a. Trasmutar una cosa en otra, dándole diferente forma de la que ántes tenia. || Insinuarse en el afecto ó cariño con tanta actividad, que parece que se convierte ó se muda en la misma cosa amada.

TRASFORMARSE, v. r. Mudar de porte ó de costumbres.

TRASFORMATIVO, VA, adj. Que tiene virtud ó fuerza para trasformar una cosa en otra.

TRASFREGADO, p. p. de TRASFREGAR.

TRASFREGAR, v. a. Estregar ó refregar una cosa con otra, manoseándola y revolviéndola.

TRASFRETANO, NA, adj. Que está de la otra parte del mar.

TRÁSFUGA, s. m. El que se pasa huyendo de una parte á otra, ó de un partido á otro.

TRÁSFUGO, s. m. V. TRÁSFUGA ó desertor.

TRASFUNDICION, s. f. V. TRASFUSION.

TRASFUNDIDO, p. p. de TRASFUNDIR.

TRASFUNDIR, v. a. Echar un licor poco á poco de un vaso en otro. || met. Comunicar cualquiera cosa entre diversos sugetos sucesivamente.

TRASFUSION, s. f. La comunicacion de alguna cosa de unos en otros. || La accion de echar un licor poco á poco de un vaso á otro. || TRASFUSION DE LA SANGRE, Invencion y artificio con que la sangre de un animal se infunde en el cuerpo de otro para darle nuevos alientos, y renovarle la vida.

TRASGO, s. m. V. DUENDE. || met. El muchacho vivo y enredador.

TRASGREDIR, v. a. ant. Quebrantar, violar algun precepto, ley ó estatuto.

TRASGRESION, s. f. Quebrantamiento, inobservancia ó violacion de algun estatuto, ley ó precepto.

TRASGRESOR, RA, s. m. y f. El que quebranta alguna ley ó mandato.

TRASGUEAR, v. n. Fingir ó imitar el ruido, juguetes y zumbas de los duendes ó trasgos.

TRASGUERO, s. m. El que imita ó finge las burlas, juguetes ó acciones de los trasgos ó duendes.

TRASHOGUERO, s. m. La plancha que está detras del hogar ó en la pared de la chiminea para su resguardo. || El leño grueso ó tronco seco que en algunas partes se pone arrimado á la pared en el hogar para conservar la lumbre.

TRASHOGUERO, RA, adj. y s. El perezoso que se queda en su casa y hogar cuando los demas van al trabajo y salen al campo.

TRASHOJADO, p. p. de TRASHOJAR.

TRASHOJAR, v. a. Pasar las hojas de algun libro, sin hacer detencion ni estudio particular en ellas.

TRASHUMANTE, p. a. de TRASHUMAR, Que trashuma.

TRASHUMAR, v. n. Pasar el ganado de lana desde las dehesas ó extremos en que pasta á las montañas para veranear, ó al contrario.

TRASIEGO, s. m. La obra de mudar las cosas de un lugar á otro. || La obra de mudar los licores, especialmente el vino, de unas vasijas en otras.

TRASIJADO, DA, adj. Que tiene los ijares recogidos, á causa de no haber comido ó bebido en mucho tiempo. Tómase mas latamente por el que está muy flaco.

TRASLACION, s. f. El acto de mudar una cosa de un lugar á otro. || Traduccion de un texto de un idioma en otro. || Promocion ó mudanza de un obispo á otra iglesia. || *Ret.* Figura que se usa cuando una voz ó palabra se aplica con semejanza y propiedad para la explicacion de otra cosa distinta de la que directamente significa. || *Astrol.* La accion de trasferir un planeta á otro su luz: y se dice cuando entre dos planetas se halla otro mas veloz que ellos.

TRASLADACION, s. f. V. TRASLACION.

TRASLADADO, p. p. de TRASLADAR.

TRASLADADOR, RA, s. m. y f. ant. El que traslada.

TRASLADANTE, p. a. de TRASLADAR, Que traslada.

TRASLADAR, v. a. Llevar ó mudar una cosa de un lugar, sitio ó parage á otro. || Copiar con puntualidad ó escribir en alguna parte lo que en otra está escrito. || Traducir, volver de un idioma en otro algun escrito. || Aplicar el significado de una voz á alguna cosa para su mejor explicacion, ó porque carece de término propio.

TRASLADO, s. m. Escrito sacado fielmente de otro que sirve como de original. || Imitacion propia de alguna cosa, por la cual se parece mucho á ella. || for. La comunicacion que se da á una de las partes que litigan de las pretensiones ó alegatos de la otra.

TRASLAPADO, p. p. de TRASLAPAR.

TRASLAPAR, v. a. V. SOLAPAR.

TRASLATICIAMENTE, adv. Metafórica ó figuradamente, con traslacion del significado de una voz á otra materia ú objeto.

TRASLATICIO, CIA, adj. Se aplica

á las voces ó palabras que pasan fuera de su propia acepcion ó sentido á significar otro objeto que carece de propia voz, ó para mejorar la que le explica.

TRASLATIVO, VA, adj. V. TRASLATICIO.

TRASLATO, TA, adj. V. TRASLATICIO.

TRASLOADO, p. p. de TRASLOAR.

TRASLOAR, v. a. Alabar ó encarecer alguna cosa, exagerándola y ponderándola mas de lo justo y debido.

TRASLUCIDO, p. p. de TRASLUCIRSE. || TRASLUCIDO, DA, adj. Claro, trasparente, diáfano.

TRASLUCIENTE, adj. Que se trasluce.

TRASLUCIRSE, v. r. Penetrarse á la luz ó dejarse ver por entre alguna cosa diáfana ó rala. || met. Conjeturarse ó inferirse alguna cosa en virtud de algun antecedente que le persuade. Úsase tambien como activo.

TRASLUMBRADO, p. p. de TRASLUMBRARSE.

TRASLUMBRAMIENTO, s. m. El sentimiento ó turbacion que padece la vista por la luz ó resplandor repentino ó no esperado que activamente la hiere. Úsase tambien en sentido metafórico.

TRASLUMBRARSE, v. r. Turbarse el sentido de la vista con alguna repentina luz que la hiere. Úsase tambien en sentido metafórico. || Desaparecerse alguna cosa por la prontitud con que pasa.

TRASLUZ, s. m. La luz que se penetra por algun cuerpo diáfano, sutil y claro, ó la que se percibe de lado ó soslayo para reconocer el lustre ó viso de alguna tela ó pintura.

TRASMALLO, s. m. Red rala, que tiene detras de sí otra mas menuda. || La pala de hierro con que está calzado en algunas partes el mazo de que se usa para jugar al mallo.

TRASMANO, s. m. En los juegos de los muchachos el segundo en el órden del juego. || Á TRASMANO, Con extravío ó fuera del comercio.

TRASMAÑANA, s. f. El dia que vendrá inmediatamente despues de mañana.

TRASMARINO, NA, adj. Que está ó es de la otra parte ó al otro lado del mar.

TRASMATADO, p. p. de TRASMATAR.

TRASMATAR, v. a. fam. Persuadirse alguno á que ha de tener mas larga vida que otro, como deseándole que muera primero.

TRASMIGRACION, s. f. Mudanza de habitacion desde un pais á otro hecha por alguna familia ó nacion entera. || TRASMIGRACION DE LAS ALMAS Ó TRASMIGRACION PITAGÓRICA, El paso de un alma desde un cuerpo á otro segun la opinion de Pitágoras.

TRASMIGRADO, p. p. de TRASMIGRAR.

TRASMIGRAR, v. n. Mudar de habitacion de un pais á otro.

TRASMINADO, p. p. de TRASMINAR.

TRASMINAR, v. n. Caminar por debajo de tierra. || Exhalar un olor subido y activo que penetra mucho, haciéndose percibir fuertemente del olfato.

TRASMINARSE, v. r. Penetrarse ó pasarse alguna cosa por entre otra.

TRASMISIBLE, adj. Que se puede trasmitir, ceder ó dejar á otro.

TRASMISION, s. f. La accion de trasmitir una cosa de una persona á otra.

TRASMITIDO, p. p. de TRASMITIR.

TRASMITIR, v. a. for. Ceder ó traspasar lo que se posee á otro.

TRASMONTADO, p. p. de TRASMONTAR.

TRASMONTAR, v. a. V. TRAMONTAR.

TRASMOTA, s. f. *Rioj.* Licor que se hace echando en el lagar el orujo de la uva despues de prensado, y porcion de agua.

TRASMUDACION, s. f. ant. V. TRASMUTACION.

TRASMUDADO, p. p. de TRASMUDAR.

TRASMUDAMIENTO, s. m. ant. V. TRASMUTACION.

TRASMUDAR, v. a. Mudar lo que está en un lugar á otro. || V. TRASMUTAR. || met. Se aplica á los afectos ó inclinaciones; y vale reducirlas ó trocarlas con las razones ó persuasiva. || *Ar.* V. TRASEGAR.

TRASMUTABLE, adj. Que se puede trasmutar de un ser en otro.

TRASMUTACION, s. f. Conversion ó mudanza de una cosa en otra.

TRASMUTADO, p. p. de TRASMUTAR.

TRASMUTAR, v. a. Convertir ó mudar una cosa en otra.

TRASMUTATIVO, VA, adj. Que tiene virtud de mudar ó convertir una cosa en otra.

TRASMUTATORIO, RIA, adj. V. TRASMUTATIVO.

TRASQUILAR, v. a. Cortar el pelo á trechos sin órden ni arte. || met. Menoscabar ó disminuir alguna cosa, quitando ó separando parte de ella.

TRASQUILIMOCHO, CHA, adj. fam. Trasquilado á raiz.

TRASQUILON, s. m. El corte de la tigera que saca de una vez ó de un golpe un mechon de pelo. Entiéndese comunmente por el que ofende ó hiere el cútis. || met. y fam. La parte de caudal que á alguno le quitan con industria ó arte. || Á TRASQUILONES, Significa el modo de cortar el pelo con desórden, feamente y sin arte. || met. Sin órden, sin método ó sin proporcion.

TRASTANO, s. m. ant. V. ZANCADILLA.

TRASTE, s. m. La cuerda ó tira delgada de metal atada ó fija á trechos en el mástil de la vihuela ú otro instrumento semejante para distinguir los puntos del diapason. || En algunas partes TRASTO. || *And.* El vaso de vidrio pequeño con que los catavinos prueban el vino. || DAR AL TRASTE, Destruir alguna cosa, abandonarla, perderla. || IR FUERA DE TRASTES, Obrar sin concierto, decir lo que no es regular. || SIN TRASTES, Sin órden, disposicion ó método.

TRASTEADO, p. p. de TRASTEAR.

TRASTEADO, s. m. El conjunto de trastes que hay en algun instrumento.

TRASTEADOR, RA, s. m. El que trastea ó hace ruido con algunos trastos.

TRASTEANTE, p. a. de TRASTEAR, y s. El que es diestro en pisar las cuerdas en los instrumentos que tienen trastes.

TRASTEAR, v. a. Poner ó echar los trastes en la vihuela ú otro instrumento semejante. || Resolver, menear ó mudar de una parte á otra los trastos. || Pisar bien las cuerdas de los instrumentos de trastes. || met. Discurrir con viveza y travesura sobre alguna especie.

TRASTEJADO, p. p. de TRASTEJAR.

TRASTEJADOR, s. m. El que trasteja ó tiene este oficio.

TRASTEJADURA, s. f. V. TRASTEJO.

TRASTEJAR, v. a. Aderezar, reparar y componer los tejados, reconociendo las tejas quebradas y poniendo otras nuevas. || met. Recorrer ó mirar cualquiera cosa para aderezarla ó componerla. || POR AQUÍ TRASTEJAN, Explica que alguno huye del riesgo que presume pasando por algun parage. Dícese comunmente de los deudores que huyen de la vista de sus acreedores.

TRASTEJO, s. m. La obra de trastejar. || met. El movimiento continuado, y sin concierto ni órden.

TRASTERA, s. f. La pieza ó desvan destinado para guardar ó poner los trastos que no son del uso comun.

TRASTERÍA, s. f. Muchedumbre ó monton de trastos. || met. La accion poco juiciosa y ridícula.

TRASTERMINANTE, p. a. de TRASTERMINAR, Que trastermina.

TRASTERMINAR, v. r. Pasar de un término jurisdiccional á otro, ó salir del que está señalado.

TRASTESADO, DA, adj. Endurecido y tieso.

TRASTIENDA, s. f. El aposento, cuarto ó pieza que está inmediata y mas adentro de la tienda. || met. Cautela advertida y reflexiva en el porte propio y gobierno de las cosas.

TRASTO, s. m. Cualquiera de las alhajas que sirven al adorno de las casas, como escritorios, espejos, sillas, etc. Tómase comunmente por las que son inútiles y arrimadas, que se amontonan y ponen unas sobre otras. || fam. La persona inútil, ó que no sirve sino de estorbo ó embarazo, ó el enfadoso y de mal trato. || TRASTOS, pl. La espada, daga y otras armas del uso.

TRASTORNABLE, adj. Que fácilmente se inclina ó trastorna.

TRASTORNADO, p. p. de TRASTORNAR.

TRASTORNADOR, RA, s. m. y f. El que trastorna. Úsase en lo físico y en lo moral.

TRASTORNADURA, s. f. La accion de trastornar alguna cosa.

TRASTORNAMIENTO, s. m. V. TRASTORNO.

TRASTORNAR, v. a. Volver alguna cosa lo de abajo arriba ó de un lado á otro, haciéndole dar vuelta. || met. Privar ó perturbar el sentido ó la cabeza los vapores ú otro accidente. Hablando del sueño se usa como verbo recíproco. || Inclinar ó vencer con persuasiones eficaces el ánimo ó dictámen de alguno, haciendole deponer el que ántes tenia. || Invertir el órden regular de alguna cosa confundiéndola ó descomponiéndola.

* TRASTORNARSE, v. r. Dormirse, perder el conocimiento.

TRASTORNO, s. m. La accion y efecto de trastornar.

TRASTRABADO, DA, adj. Se aplica al caballo que tiene el pié derecho y la mano izquierda blancos.

TÁPARA, s. f. p. *Ar.* ALCAPARRA y ALCAPARRON.

TAPATAN ó TAPARAPATAN, s. m. Voz con que se explica el sonido del tambor.

TAPERUJADO, p. p. de TAPERUJARSE.

TAPERUJARSE, v. r. fam. V. TAPARSE. Se usa especialmente hablando de las mugeres cuando se tapan de médio ojo mal y sin arte.

TAPERUJO, s. m. fam. Llámase asi por lo regular el tapon ó tapador que está mal hecho ó mal puesto. || El modo desaliñado y sin arte de taparse ó embozarse.

TAPETADO, DA, adj. Dícese del color oscuro ó prieto.

TAPETE, s. m. Alfombra pequeña y manual ó cosa parecida á ella.

TAPIA, s. f. Trecho de pared de determinada medida que se hace de tierra, pisada en una horma y seca al aire. || La pared formada de tapias. || La parte que corresponde á la medida de la tapia, que regularmente se toma por cincuenta pies cuadrados; y es medida de que usan los empedradores. || TAPIA REAL, *Alban.* La pared que se forma mezclando la tierra con alguna parte de cal.

TAPIADO, p. p. de TAPIAR.

TAPIADOR, s. m. El oficial que hace tapias.

TAPIAL, s. m. El molde ú horma en que se fabrican las tapias. || TENER EL TAPIAL, fam. Avisa á alguno que se suspenda ó pare en la egecucion de alguna cosa, ó que tenga paciencia cuando da prisa para que se egecute.

TAPIAR, v. a. Cerrar con tapias. || Cerrar alguna cosa que está abierta, haciendo en ella como una tapia, como TAPIAR la puerta, la ventana.

TAPICERÍA, s. f. El agregado ó juego de tapices que componen una historia ó monteria, uniformes en la estofa; y suele ser de seis á ocho paños. || En palacio se llama la oficina donde se guardan y recogen los tapices.

TAPICERO, s. m. El oficial que tege tapices, ó los adereza y compone. || TAPICERO MAYOR, En palacio el gefe que cuida de la tapiceria.

TAPIDO, DA, adj. ant. V. TUPIDO.

TAPIERÍA, s. f. El conjunto ó agregado de tapias que forman alguna cosa ó cerca.

TAPIRUJADO, p. p. de TAPIRUJARSE.

TAPIRUJARSE, v. r. V. TAPERUJARSE.

TAPIRUJO, s. m. V. TAPERUJO.

* TAPISOTE, s. m. Planta que se cria con los trigos, parecida á la algarroba.

TAPIZ, s. m. Paño grande tegido de lana, seda y algunas veces de oro y plata, en que se copian cuadros de historia, paises ú otras cosas, y sirve para abrigo y adorno cubriendo las paredes. || ARRANCADO DE UN TAPIZ, Apodo que se aplica al que ademas de la ridiculez personal tiene malos atavíos en el vestido.

TAPIZADO, p. p. de TAPIZAR.

TAPIZAR, v. a. V. ENTAPIZAR.

TAPLO, s. m. *Germ.* V. PLATO ó PLATILLO.

TAPON, s. m. El tarugo de corcho ó madera que se pone para cerrar algun agujero á fin de que no se vierta ó exhale alguna cosa. || TAPON DE CUBA, fam. Apodo que se aplica á la persona muy gruesa y pequeña. || AL PRIMER TAPON ZURRAPAS, Expr. met. con que se reprende á los que por sus ruines operaciones dan á conocer desde luego su mal modo.

TAPSIA, s. f. Planta semejante á la cañaheja, aunque tiene mas delicado el tallo y menor la simiente.

TAPUJADO, p. p. de TAPUJARSE.

* TAPUJAR, v. a. Rebujar.

TAPUJARSE, v. r. fam. Taparse de rebozo ó embozarse.

TAPUJO, s. m. Embozo ó disfraz con que alguna persona se encubre para no ser conocida tapándose la cara.

TAQUE, s. m. El ruido ó golpe que da una puerta al cerrarse con llave, ó el sonido que da el golpe cuando llaman á ella desde afuera.

TAQUIGRAFÍA, s. f. El arte de escribir con tanta velocidad como se habla, usando de ciertas figuras y notas.

TAQUIGRÁFICO, CA, adj. Que pertenece á la TAQUIGRAFÍA.

TAQUÍGRAFO, s. m. El que profesa la TAQUIGRAFÍA

TAQUIN, s. m. *Germ.* Fullero. || El carnicol.

TAQUINERO, s. m. p. *Ar.* Jugador de taba.

TARA, s. f. La parte de peso que se rebaja en los géneros ó mercancias por razon de la caja, saco ó cosa semejante en que vienen incluidos ó cerrados. || Palito en que se raya por número el peso que tiene alguna cosa, como se hace en las seras de carbon. || MÁNOS LA

TREDENTUDO, DA, adj. Que tiene tres dientes.

TREFE, adj. Que es ligero, delgado y flojo, por lo cual fácilmente se ensancha, dobla y encoge. || Falso, falto de ley. || ant. V. TÍSICO.

TREFEDAD, s. f. ant. V. TÍSICA.

TREGUA, s. f. Suspension de armas, cesacion de hostilidades por determinado tiempo. || met. Descanso ó interrupcion de la ocupacion ó trabajo. || DAR TREGUAS, met. Suspenderse por algun tiempo el dolor ú otra cosa que mortifica, como la terciana ú otro accidente que se templa mucho.

TREÍLLA, s. f. V. TRAÍLLA.

TREINTA, adj. num. ord. Que se produce por la multiplicacion de la decena por el tres. || TREINTA Ó TREINTA Y UNA; Juego de naipes.

TREINTANARIO, s. m. El número de treinta dias continuados ó interrumpidos, consagrados ó dirigidos á un mismo objeto. || Las exequias que se hacen por algun difunto por espacio de treinta dias continuos, ó el dia trigésimo despues de su fallecimiento. || TREINTANARIO ENCERRADO, El número de treinta misas que se decian en sufragio de algun difunto por espacio de treinta dias continuos, permaneciendo el celebrante encerrado en la iglesia. || TREINTANARIO LLANO, El número de treinta misas celebradas en treinta dias continuos por el alma de algun difunto. || TREINTANARIO REVELADO, El número de ciertas misas que se decian por espacio de treinta dias seguidos en sufragio de algun difunto, en virtud de lo cual se creia supersticiosamente que Dios habia de revelar al fin el estado del alma del difunto.

TREINTAÑAL, adj. Que es de treinta años ó los tiene.

TREINTENA, s. f. ant. Cada una de las treinta partes en que se divide un todo.

TREINTENARIO, s. m. ant. V. TREINTANARIO.

TREINTENO, NA, adj. V. TRIGÉSIMO.

TREJA, s. f. En el juego de los trucos es un modo de tirar la bola.

TREMADAL, s. m. V. TREMEDAL.

TREMANTE, p. a. ant. de TREMAR, Que tiembla.

TREMAR, v. n. ant. V. TEMBLAR.

TREMEBUNDO, DA, adj. Espantable, horrendo y digno de temerse.

TREMEDAL, s. m. El sitio ó parage cenagoso, que con poco movimiento que se haga retiembla.

TREMENDO, DA, adj. Terrible y formidable, digno de ser temido. || Digno de respeto y reverencia. || Muy grande y excesivo en su línea.

TREMENTE, p. a. de TREMER, Que tiembla.

TREMENTINA, s. f. Fluido algo espeso, pegajoso, resinoso, inflamable y opaco, que se extrae del pino.

TREMER, v. n. V. TEMBLAR.

TREMÉS o **TREMESINO, NA**, adj. Que es de tres meses.

TREMIELGA, s. f. V. TORPEDO.

TREMIS, s. m. Moneda de oro que usaron los Romanos, y tambien se usó en Castilla, la que valia el tercio de un sueldo ó de un castellano.

TREMO, s. m. Adorno á manera de marco que se pone á los espejos que están fijos en la pared.

TREMOLADO, p. p. de TREMOLAR.

TREMOLANTE, p. a. de TREMOLAR. Que se tremola ó bate al aire.

TREMOLAR, v. a. Enarbolar los pendones, banderas ó estandartes, batiéndolos y moviéndolos en el aire. || met. Mover ó esparcir por el aire alguna cosa.

TREMOLINA, s. f. Movimiento ruidoso del aire. || met. y fam. Bulla, confusion de voces y personas que gritan y enredan.

TREMOR, s. m. V. TEMBLOR. En nuestra lengua castellana se toma por el principio del temblor.

TRÉMULAMENTE, adv. Con temblor ó movimiento que se parezca á él.

TREMULANTE, adj. V. TRÉMULO.

TREMULENTO, TA, adj. V. TRÉMULO.

TRÉMULO, LA, adj. Que tiembla. || met. Se aplica á otras cosas que tienen un movimiento ó agitacion semejante al temblor, como la luz, etc.

TREMULOSO, SA, adj. ant. V. TRÉMULO.

TREN, s. m. El aparato y prevencion de las cosas necesarias para algun viage ó expedicion de campaña. || La ostentacion ó pompa en lo perteneciente á una persona ó casa. || TREN DE ARTILLERÍA, El conjunto de la artillería y de todo lo necesario para servirla y trasportarla. Y asimismo las demas armas y municiones de guerra que puede necesitar un ejército.

TRENA, s. f. Una como banda ó trenza. Usábala la gente de guerra.

ya. || TARDE PIACHE, V. TARDEPIACHE. || BUENAS TARDES, Salutacion con que se desean las buenas TARDES á alguno. || DE TARDE EN TARDE, De cuando en cuando, alguna vez, con mucha intermision de tiempo. || HACERSE TARDE, Pasarse el tiempo oportuno para egecutar alguna cosa. || PARA LUEGO ES TARDE, Expr. con que se exhorta y da prisa alguno para que egecute prontamente y sin dilacion lo que debe hacer ó se ha encargado.

TARDECICA, TA, s. f. d. de TARDE, Tómase por la caida de ella cerca de anochecer ó ponerse el sol.

TARDECILLO, adv. t. d. de TARDE.

TARDEPIACHE, adv. fam. Muy tarde, pasado ya el tiempo oportuno.

TARDIAMENTE, adv. Fuera de tiempo, pasado ya el que era oportuno y á propósito.

TARDINERO, RA, adj. ant. V. TARDO.

TARDÍO, DÍA, adj. Que tarda en venir á sazon y madurez algun tiempo mas del regular. Dícese comunmente de las frutas y frutos. || Que sucede despues del tiempo oportuno en que se necesitaba ó esperaba. || Pausado, detenido, y que camina lentamente.

TARDÍSIMO, MA, adj. sup. de TARDO.

TARDO, DA, adj. Lento, perezoso en obrar, ó que sucede despues de mucho tiempo. || Torpe, no expedito en la comprension ó explicacion. || *Astr.* Se dice de un planeta cuando su movimiento diurno verdadero es menor que el medio.

TARDON, NA, adj. aum. de TARDO. El que tarda mucho y gasta grande flema ó comprende tarde las cosas.

TAREA, s. f. La obra ó trabajo que se debe concluir en tiempo determinado. || El trabajo que reparten los maestros á sus discípulos, ó los amos á sus criados, ó que cualquiera voluntariamente se impone para limitado tiempo. || met. El afan, cuidado ó penalidad que causa un trabajo continuo.

TARENTINO, NA, adj. de Tarento.

TARGUM, s. m. Version ó interpretacion. Este nombre dieron los Judios al libro en que estan las glosas y paráfrasis caldaica de la Escritura.

* TARGUMISTA, s. m. Autor de un targum.

TARIDA, s. f. Embarcacion usada desde el siglo XII en el Mediterráneo.

TARIFA, s. f. Tabla ó catálogo de los precios de varias especies vendibles ó de los derechos que se deben pagar á proporcion de ellos.

TARIFEÑO, ÑA, adj. y s. El natural de Tarifa y perteneciente á ella.

TARIMA, s. f. Entablado movible para tener los pies levantados del suelo para no coger humedad, para dormir, y otros usos.

TARIMILLA, s. f. d. de TARIMA.

TARIMON, s. m. aum. de TARIMA.

TARIN, s. m. Realillo de plata de ocho cuartos y medio.

TARINA, s. f. Fuente de mediano tamaño en que se sirve la vianda en la mesa.

TARJA, s. f. Moneda castellana de cobre, con poca liga de plata, cuyo valor es la cuarta parte de un real de vellon. || Palo partido por medio con un rencaje á los extremos para ir marcando lo que se saca ó compra fiado, haciendo una muesca. || Género de escudo ó rodela que usaban los Romanos, Españoles y Africanos con que se cubrian todo el cuerpo. || Planchuela de metal ó madera que se da por señal en algunas tiendas y casas de trato y comercio. || fam. V. GOLPE. || BEBER SOBRE TARJA, Beber al fiado.

TARJADO, p. p. de TARJAR.

TARJADOR, RA, s. m. y f. El que tarja.

TARJAR, v. a. Señalar ó rayar en la tarja lo que se va sacando fiado.

TARJERO, s. m. V. TARJADOR.

TARJETA, s. f. d. de TARJA. Tómase regularmente por la que se saca en las fiestas públicas por rodela, en que va pintada la divisa ó empresa del caballero. || Plancha de madera ú otra materia con que se adorna algun cuadro, tallándola y dorándola, sobreponiéndola al marco á trechos. || Estampa pequeña con el nombre de alguno, que se deja en la casa de aquel á quien se ha ido á visitar.

TARJETON, s. m. aum. de TARJETA.

* TARNA, s. f. Insecto muy pequeño.

TARQUÍA, s. f. *Germ.* Tarja.

TARQUIN, s. m. El cieno que sacan de algun estanque ó lago, ó dejan las lluvias ó arroyos cuando salen de madre.

TARQUINADA, s. f. fam. Violencia torpe contra la honesta resistencia de alguna muger.

TARRACONENSE, adj. y s. El natural de Taragona y perteneciente á ella.

TARRAJA, s. f. *Arq.* Tabla ó chapa de metal cortada con arreglo al perfil de una ó varias molduras para formarlas de yeso.

TARRASCADO, p. p. de TARRASCAR.

formen un cuadro y otro ocupe el centro de él, y así sucesivamente, de manera que cada dos de los laterales sirvan á formar los costados de otro cuadro.

TRESDOBLADO, p. p. de TRESDOBLAR.

TRESDOBLAR, v. a. V. TRIPLICAR.

TRESDOBLE, s. m. Tres veces otro tanto como es el simple.

TRESILLO, s. m. Juego de naipes entre tres.

TRESMESINO, NA, adj. V. TREMESINO.

TRESNA, s. f. ant. V. RASTRO.

TRESNAL, s. m. El conjunto de haces ordenados en forma triangular para que despidan el agua.

TRESNAR, v. a. ant. Frotar, estregar, refregar.

TRESTANTO, s. m. V. TRIPLO.

TRESTANTO, adv. Tres veces tanto.

TRESTIGA, s. f. ant. V. CLOACA.

TRETA, s. f. *Esgr.* El concepto ó pensamiento que forma cualquiera de los batalladores para la defensa propia ú ofensa de su contrario y accion correspondiente á el, sin que este pueda fácilmente comprenderle en cualquiera de los lances y tiempos que se ofrecen. || met. Artificio sutil ó ingenioso para conseguir algun intento.

TREUDO, s. m. *Ar.* V. CATASTRO.

TREZA, s. f. *Germ.* Bestia.

TREZNADO, p. p. de TREZNAR.

TREZNAR, v. a. ant. *Ar.* V. ATRESNALAR.

TRIA, s. f. La frecuente entrada y salida de las abejas de una colmena que está fuerte y poblada.

TRIACA, s. f. Confeccion muy usada antiguamente en las boticas, que se compone de muchos simples, siendo los principales y mas eficaces el opio y las especias que corrigen su virtud narcótica. || met. Remedio de algun mal prevenido con prudencia ó sacado del mismo daño.

TRIACAL, adj. Que es de triaca ó tiene alguna de sus propiedades.

TRIANGULADO, DA, adj. ant. Dispuesto ú ordenado en figura que forme tres ángulos.

TRIANGULAR, adj. Que forma tres ángulos.

TRIANGULARMENTE, adv. En figura triangular ó que forma tres ángulos.

TRIÁNGULO, LA, adj. V. TRIANGULAR.

TRIÁNGULO, s. m. Figura geométrica de solos tres ángulos y tres lados. || TRIÁNGULO ACUTÁNGULO, El que tiene todos los tres ángulos agudos. || TRIÁNGULO AMBLIGONIO, V. TRIÁNGULO OBTUSÁNGULO. || TRIÁNGULO AUSTRAL, Constelacion celeste cerca del polo antártico, y es de las doce que los antiguos no observaron. || TRIÁNGULO BOREAL, Una de las veinte y dos constelaciones celestes que llaman boreales. || TRIÁNGULO CUADRANTAL, El triángulo esférico del cual alguno ó algunos de sus lados son cuadrantes. || TRIÁNGULO EQUILÁTERO, El que tiene todos tres lados iguales. || TRIÁNGULO ESCALENO, El que tiene todos los tres lados desiguales. || TRIÁNGULO ESFÉRICO, El que en la superficie de la esfera se considera descrito y compuesto de tres arcos de círculos máximos. || TRIÁNGULO ESFÉRICO RECTÁNGULO, El que tiene uno ó mas ángulos rectos. || TRIÁNGULO ISÓSCELES, El que tiene dos lados solamente iguales. || TRIÁNGULO OBLICUÁNGULO, El que no tiene ángulo recto alguno, sea plano ó esférico. || TRIÁNGULO OBTUSÁNGULO, El que tiene un ángulo obtuso. || TRIÁNGULO ORTOGONIO, V. TRIÁNGULO RECTÁNGULO. || TRIÁNGULO OXIGONIO, V. TRIÁNGULO ACUTÁNGULO. || TRIÁNGULO PLANO, El que se compone de líneas rectas señaladas en una superficie plana. || TRIÁNGULO RECTÁNGULO, El que tiene un ángulo recto.

TRIAQUERA, s. f. La caja ó bote para guardar triaca ú otra cosa medicinal.

TRIAR, v. n. Entrar y salir con frecuencia las abejas de una colmena que está muy poblada y fuerte.

TRIARIO, s. m. Soldado que en la milicia romana, y llevaba en reserva de todo el cuerpo del egército.

TRIBAQUIO, s. m. Pié de la poesía latina que consta de tres sílabas breves como *vivere*.

TRIBON, s. m. Instrumento músico de figura triangular, cuyas cuerdas son de alambre, y se hieren con este hierro.

TRIBU, s. amb. Una de las partes en que se divide el pueblo, como las doce en que se dividió el pueblo de Israel.

TRIBUENTE, p. a. de TRIBUIR. El que da.

TRIBUIDO, p. p. de TRIBUIR.

TRIBUIR, v. a. V. DAR Ó ATRIBUIR.

TRIBULACION, s. f. Congoja, pena, afliccion ó tormento que inquieta ó turba el ánimo. Tómase regularmente por las persecuciones ó adversidades que padecen los justos y siervos de Dios con

mento que suelta el lino ó cáñamo al machacarle ó espadarle.

TASCONIO, s. m. V. TALQUE.

TASQUERA, s. f. Pendencia, riña ó contienda. || *Germ.* Taberna.

TASQUIL, s. m. Fragmento ó pedazo pequeño que salta de la piedra al labrarla.

TÁSTARA, s. f. *Ar.* La hoja gruesa del salvado.

TASTAZ, s. m. Polvo que se hace de los crisoles viejos, que sirve para limpiar las piezas de azófar.

TASTO, s m. El mal sabor que tienen algunas viandas por haberse pasado ó revenido.

TASUGO, s. m. V. TEJON.

TATARABUELO, LA, s. m. y f. Tercer abuelo.

TATARADEUDO, DA, s. m. y f. El pariente muy antiguo ó antepasado.

TATARANIETO, TA, s. m. y f. Tercer nieto, el cual tiene el cuatro grado de consanguinidad en la linea recta descendiente.

TATAS (ANDAR Á), Empezar á andar el niño con miedo y recelo, cuando le van soltando á andar; y tambien ANDAR Á GATAS.

TATE, interj. TA, Úsase tambien para significar que ha ocurrido á la memoria ó al conocimiento alguna especie nueva.

TATO, TA, adj. Tartamudo que vuelve la *c* y *s* en *t*.

TATO, s. m. Animal del tamaño de un puerco mediano, y parecido á él en las piernas, pies y cabeza. || fam. *Ar.* El hermano pequeño.

TAU, s. m. V. TAO. || Una de las letras del alfabeto griego que equivale á nuestra te.

TAUMATURGO, s. m. El sugeto admirable en sus obras, autor de cosas estupendas y prodigiosas.

TAURINO, NA, adj. Perteneciente al tauro.

TAURO, s. m. El segundo signo del zodiaco, el cual corresponde al mes de abril.

TAUROMAQUIA, s. f. El arte de lidiar y matar los toros.

TAUTOLOGIA, s. f. Circunlocucion ó repeticion de una misma sentencia por diversos modos y frases que la explican.

* TAUTOLÓGICO, CA, adj. m. y f. Que pertenece á la tautologia.

* TAVELLADO, DA, Marcado, señalado con la marca de la fábrica, hablando de paños.

TAUXIA, s. f. V. ATAUXIA.

TAXATIVAMENTE, adv. De un modo taxativo.

TAXATIVO, VA, adj. for. Que limita, circunscribe y reduce algun caso á determinadas circunstancias, como disposicion TAXATIVA, etc.

TAZ, Voz que solo tiene uso en el modo adverbial TAZ Á TAZ, y se usa para significar que una cosa se permuta ó trueca por otra, sin añadir precio alguno, como si se digera tanto por tanto.

TAZA, s. f. Vasija que sirve para beber y otros usos, y que se hace de varias formas y materias. || La capa grande donde vacían el agua las fuentes, que por lo comun es de piedra. || fam. y joc. Las asentaderas.

TAZAÑA, s. f. Llaman los labradores á la tarasca que suelen sacar en los lugares en las fiestas del Corpus.

TAZMÍA, s. f. La porcion de granos que de una parva lleva cada uno de aquellos entre quienes se reparten los diezmos, y tambien las relaciones de los interesados en ellos, que se forman en las contadurías de las iglesias catedrales.

TAZON, s. m. aum. de TAZA. Llámanse regularmente así los pilones de las fuentes.

TE

TE, s. m. Arbusto originario de la China y del Japon, cuya hojas delgadas, puntiagudas y anchas son de un frecuente uso en infusion. || La hoja del arbusto de este nombre; y así decimos: tengo un bote de TE exquisito. || El agua en que se ha cocido el TE. En este sentido decimos: ¿quiere vmd. una taza de TE? || Caso oblicuo del pronombre de la segunda persona, y se usa para hablar con alguno con familiaridad y llaneza.

TEA, s. f. Astilla ó raja de pino ú otra madera resinosa, que encendida alumbra como una hacha. || TEAS MARITALES Ó NUPCIALES, Las que antiguamente llevaban los desposados delante de sus esposas. Tómase regularmente por las mismas bodas.

TEAME, s. f. Piedra, á la que algunos de los antiguos atribuian la propiedad contraria al iman, que como este atrae el hierro, aquella le aparta y desvia.

TEAMIDE, s. f. V. TEAME.

TEATINO, adj. Se dice de los religiosos regulares de san Cayetano. Toma-

TRÍFIDO, DA, adj. *Poét.* Hendido ó abierto por tres partes.

TRIFOLIO, s. m. TRÉBOL.

TRIFORME, adj. Que tiene tres formas ó figuras. Es epíteto que los poetas dan á la fabulosa deidad de Diana.

TRIGAZA, adj. Se aplica á la paja del trigo.

TRIGÉSIMO, MA, adj. num. ord. Que tiene ó cumple el número de treinta.

TRIGLA, s. f. Pez, V. TRILLA.

TRIGLIFO, s. m. *Arq.* Miembro de arquitectura que consta de tres canales; y se reparten en el friso de la columna del órden dórico.

TRIGO, s. m. Grama cereal bien conocida que se cultiva generalmente en Europa. || TRIGOS, pl. V. SEMBRADOS. || TRIGO BLANCO, V. CANDEAL. || TRIGO CANDEAL, V. CANDEAL. || TRIGO DE LAS INDIAS, V. MAIZ. || ECHAR POR ESOS TRIGOS, met. Hablar sin concierto y fuera de propósito.

TRÍGONO, s. m. *Astr.* Agregado de tres signos celestes de la misma naturaleza y calidad, cuya colocacion figura un aspecto trino por la tercera parte del cielo en que recíprocamente se ven. || *Geom.* RADIO DE LOS SIGNOS.

TRIGONOMETRÍA, s. f. El arte que enseña la resolucion de los triángulos tanto planos como esféricos.

TRIGONOMÉTRICO, CA, adj. Que toca ó pertenece á la trigonometría, como cálculo TRIGONOMÉTRICO, operacion TRIGONOMÉTRICA.

TRIGUEÑO, ÑA, adj. Que tiene el color del trigo entre moreno y rubio.

TRIGUERA, s. f. Yerba, V. ALPISTE.

TRIGUERO, RA, adj. Que anda ó se cria entre el trigo, como los espárragos TRIGUEROS, y un pajarillo á quien dan por eso mismo este nombre.

TRIGUERO, s. m. La criba ó harnero para zarandar el trigo. || La persona que comercia y trafica en trigo.

TRILINGÜE, adj. Que tiene tres lenguas. Dícese tambien de las personas que las saben.

TRILLA, s. f. Pez. V. SALMONETE. || V. TRILLO. || El acto de trillar ó el tiempo en que se trilla.

TRILLADERA, s. f. V. TRIGO.

TRILLADO, p. p. de TRILLAR.

TRILLADO, DA, adj. met. Que es comun y sabido.

TRILLADOR, RA, s. m. y f. El que trilla.

TRILLADURA, s. f. La accion de trillar.

TRILLAR, v. a. Quebrantar la mies tendida en la era, y separar el grano de la paja ó con el piso de las bestias ó con el trillo. || met. Frecuentar y seguir con continuacion ó comunmente alguna cosa. Úsase tambien en esta accion en sentido metafórico. || met. Maltratar y mortificar.

TRILLAZON, s. f. ant. La obra ó accion de trillar.

TRILLO, s. m. El instrumento con que se trilla.

TRIMESTRE, s. m. El espacio de tres meses.

TRIMIELGA, s. f. Pez marítimo. V. TORPEDO.

TRINACRIO, CRIA, adj. *Poét.* Perteneciente á la isla de Sicilia.

TRINADO, s. m. El quiebro de la voz ó del sonido de la cuerda del instrumento. || Se aplica á las aves porque en su canto multiplican los trinos, gorjeos.

TRINAR, v. a. Batir el dedo sobre un instrumento ó la garganta sobre dos ó mas puntos seguidos progresivamente y con igualdad.

TRINCA, s. f. La junta de tres cosas de una misma especie ó sugetos de una misma clase. || *Náut.* Ligadura que se da á un palo ó á cualquiera otra cosa con algun cabo ó cuerda para sujetarla ó asegurarla de los balances de la nave; y así se dice: se han aflojado las TRINCAS del bauprés, etc. || *Náut.* El cabo ó cuerda que sirve para trincar alguna cosa. || ESTAR Á LA TRINCA, *Náut.* Trincar, estar á la capa.

TRINCADO, p. p. de TRINCAR.

TRINCAFÍA, s. f. *Náut.* Vuelta ó medio nudo, que se da al bastardo alrededor del racamento para que esté unida á él; y tambien se llama así la vuelta que se da á los forros de cabos ó cables.

TRINCAPIÑONES, s. met. y fam. El mozo liviano y de poco asiento ó juicio.

TRINCAR, v. a. Partir ó desmenuzar en trozos. || *Náut.* Asegurar ó sujetar fuertemente los cabos que se amarran á alguna parte, como los de la maniobra, los de la artillería, etc.

TRINCAR, v. n. *Náut.* PAIRAR. || Ir saltando.

TRINCHADO, p. p. de TRINCHAR.

TRINCHANTE, p. a. de TRINCHAR. Que corta y separa las piezas de la vianda en la mesa.

cubre ó envuelve alguna membrana, músculo, etc.

* TEIFORME, adj. m. f. Dícese de la infusion hecha como el té.

* TEINADA, s. f. En algunas partes tinada, cobertizo.

* TEISMO, s. m. Creencia de la existencia de Dios.

* TEISTA, s. m. Deista, el que solo cree la existencia de Dios.

TEITRAL, s. m. ant. La testera ó adorno de la cabeza del caballo.

TEJA, s. f. Pieza de barro cocido hecha en forma de canal, para cubrir por fuera los techos, recibir y vaciar las aguas de las lluvias. || *Mur.* La parte cóncava y baja del capuz que ciñe el árbol. || TEJO árbol. || Á TEJA VANA, Explica que el edificio ó cuarto solamente tiene la cubierta del tejado. || Á TEJA VANA, met. Á la ligera, sin defensa ó reparo. || Á TOCA TEJA, En dinero contante, sin dilacion en la paga, con dinero en mano. || DE TEJAS ABAJO, Por un órden regular, no contando con las causas sobrenaturales. || HABLANDO DE TEJAS ABAJO, Se dice cuando lo que se habla es natural y que puede suceder en el mundo, dejando á parte la voluntad de Dios ó sus juicios, que pueden ser diversos de lo que se está pensando ó tratando.

TEJADILLO, s. m. d. de TEJADO. || En los coches de viga la parte que cubre los estribos para defender del agua al que va sentado en ellos. Hoy se toma en los coches por toda la cubierta. || Entre fulleros una colocacion y postura de los naipes, con que encubriendo una parte de la baraja con la otra, y teniéndola con la mitad de la mano, sacan los naipes que necesitan para la *trampa*, sin que lo vea nadie.

TEJADO, p. p. de TEJAR.

TEJADO, s. m. El cubierto de tejas. || *Germ.* La capa, manteo ú sombrero.

TEJAR, s. m. El sitio ú oficina donde se fabrican las tejas.

TEJAR, v. a. Cubrir de tejas las casas y demas edificios y fábricas.

TEJAROZ, s. m. La parte del tejado que vuela fuera del edificio.

TEJAZO, s. m. El golpe que se da con la teja.

TEJERA, s. f. V. TEJAR.

TEJERÍA, s. f. V. TEJAR.

TEJERO, s. m. El que hace ó fabrica tejas.

TEJICA, LLA, TA, s. m. d. de TEJA.

TEJILLO, s. m. d. de TEJO.

TEJO, s. m. Pedazo de teja ó cosa semejante, que los muchachos hacen en figura redonda para jugar. || Juego que se egecuta tirando al que llaman hito con TEJOS. || La plancha gruesa de figura circular que se hace de varios tamaños y metales. || El pedazo de oro en pasta á distincion de la plata que llaman barra. || Árbol siempre verde, semejante al abeto.

TEJOLETA, s. f. Pedazo de teja, y por similitud cualquier pedazo de barro cocido.

TEJON, s. m. TEJO por el pedazo de oro, etc.

TEJUELA, s. f. d. de TEJA. Se llaman tambien asi otros pedazos de barro quebrado, aunque no sean de teja. || Pedazo de madera ó tabla de que se forman y visten los fustes en las sillas de montar.

TEJUELO, s. m. d. de TEJO. || ant. TEJO por juego. || El cuadro que se pone en el lomo del libro para fijar el rótulo.

TELA, s. f. Cualquiera obra tegida de lana, seda, lino ú otras materias. || El tegido de oro ó plata. || Lo que se pone de una vez en el telar. || El sitio cerrado y dispuesto para fiestas, lides públicas y otros espectáculos. || La plaza ó recinto formado con lienzos para encerrar la caza y matarla con seguridad. || Exámen, disputa ó controversia para averiguar alguna duda. || La parte interior del cuerpo del animal formada de su grosura á modo de tela, como del celebro, del corazon, etc. || La flor ó nata que crian algunos licores en la superficie. || La túnica en algunas frutas despues de la cáscara ó corteza que cubre alguna parte de ellas. || Aquella nubecilla que se empieza á formar sobre la niña del ojo. || met. Cualquier enredo, maraña ó embuste. || El tegido que forman las arañas y algunos otros insectos. || met. Asunto ó materia; y asi decimos: ya tiene TELA para un buen rato. || TELA BLANCA, Especie de lienzo ordinario blanco y tieso, que sirve regularmente para encerados. || TELA DE ARAÑA, V. TELARAÑA. || TELA DE CEBOLLA, La algara y sutil membrana que cubre cada uno de los cascos de que se compone. || TELA DE JUICIO, La forma ó modo de proceder judicialmente. || TELA PASADA, Aquella en cuyas flores ó labores pasa la seda al enves de ella. || ADIVINAR Ó VER POR TELA DE CEDAZO, fam. Juzgar alguno de las cosas no como son en sí, sino como se las presenta su pasion ó preocupacion. || ECHAR TELA, Hacer ó mandar hacer las

bre ó muger que vende tripas ó mondongo.

TRIPERO, s. m. Un paño regularmente de bayeta que se pone para abrigar el vientre.

TRIPICALLERO, RA, s. m. y f. El hombre ó la muger que vende tripas y callos.

TRIPILLA, TA, s. f. d. de TRIPA.

TRIPLE, adj. y s. Que incluye tres veces alguna cosa.

TRÍPLICA, s. f. for. *Ar.* Peticion que se da respondiendo á la segunda contradiccion del contrario.

TRIPLICADO, p. p. de TRIPLICAR.

TRIPLICAR, v. a. Multiplicar por tres ó hacer tres veces una misma cosa. || for. *Ar.* Responder en juicio á la segunda instancia ó contradiccion del contrario.

TRÍPLICE, adj. Que incluye en si tres veces alguna cantidad ú otra cosa.

TRIPLICIDAD, s. f. La calidad de ser triple alguna cosa.

TRIPLO, PLA, adj. y s. m. V. TRÍPLICE.

TRÍPODE, s. amb. El banquillo de tres pies en que daba la sacerdotisa de Apolo sus respuestas en el templo de Délfos.

TRIPOL, s. m. Especie de piedra blanda y blanca, que sirve para dar pulimento á los metales, maderas finas y otras cosas.

TRIPOLINO, NA, adj. y s. El natural de Tripoli y que pertenece á esta regencia.

TRIPON, NA, adj. Que tiene muy abultada ó grande tripa.

TRIPTONGO, s. m. La union de tres vocales que se pronuncian á un tiempo formando una sola sílaba.

TRIPUDIANTE, p. a. ant. de TRIPUDIAR, Que danza ó baila.

TRIPUDIAR, v. n. ant. Danzar ó bailar.

TRIPUDIO, s. m. Danza ó baile.

TRIPUDO, DA, adj. V. TRIPON.

TRIPULACION, s. f. La gente de mar que lleva una embarcacion para su maniobra y servicio.

TRIPULADO, p. p. de TRIPULAR.

TRIPULAR, v. a. Poner en una embarcacion la gente de mar que necesita. || INTERPOLAR ó mezclar.

TRIQUETE, s. m. ant. *Náut.* V. TRINQUETE. || Á CADA TRIQUETE, Á cada trance, á cada paso.

TRIQUITRAQUE, s. m. Ruido como de golpes repetidos y desordenados, ó los mismos golpes. || Especie de cohete rastrero que va de una parte á otra y da repetidos truenos. || Á CADA TRIQUITRAQUE, Á cada momento, con gran facilidad.

TRIREME, s. m. Embarcacion de tres órdenes de remos que usaron los antiguos.

TRIS, s. m. El leve sonido que hace alguna cosa delicada al quebrarse, como el vidrio, etc., ó el golpe ligero que produce este sonido. || fam. Nada, nonada, poco ó mas poco. || EN UN TRIS, En un momento, en un instante.

TRISA, s. f. V. SÁBALO.

TRISCA, s. f. El ruido que se hace con los pies en alguna cosa que se quebranta, como avellanas, nueces, etc.; y por extension se dice de otra cualquiera bulla, algazara ó estruendo.

TRISCADO, p. p. de TRISCAR.

TRISCADOR, RA, s. m. y f. El que trisca ó mete bulla. || *Germ.* Sedicioso, fanfarron, alborotador ó revoltoso.

TRISCAR, v. a. En algunas partes enredar, mezclar una cosa con otra; y así se dice: este trigo está TRISCADO, cuando el aire ú otra cosa ha mezclado y enredado sus cañas, y no se puede segar bien. || Entre carpinteros TRISCAR.

TRISCAR, v. n. Hacer ruido con los pies ó dando patadas. || Enredar y trampear.

TRISECADO, p. p. de TRISECAR.

TRISECAR, v. a. *Geom.* Cortar ó dividir alguna cosa en tres partes iguales. Dícese comunmente del ángulo.

TRISECCION, s. f. *Geom.* La division de una cosa en tres partes. Tómase regularmente por la que se hace de un ángulo en tres partes iguales.

TRISÍLABO, BA, adj. Diccion ó palabra que contiene tres sílabas.

TRISTE, adj. Afligido ó desconsolado por algun pesar que mortifica el ánimo. || Funesto, infeliz y desgraciado. || Corto, miserable, despreciable, bajo, mezquino. || Falto de alegría y de vida; y así decimos: rostro TRISTE, ojos TRISTES, caballo TRISTE. || Lo que causa ó denota tristeza; y así decimos: he recibido una TRISTE nueva, vi el TRISTE aparato de su entierro. || Lóbrego ó sombrío, que tiene poca luz ó malas vistas, etc.: bosque TRISTE, casa TRISTE.

TRISTECICO, CA, LLO, LLA, TO, TA, adj. d. de TRISTE.

TRISTEMENTE, adv. Con tristeza, pena ó sentimiento.

TRISTEZA, s. f. Desabrimiento, inquietud ó congoja de la voluntad. || *Germ.* La sentencia de muerte.

cos, y sobre la que continuamente estan vacilando y hablando. || Oposicion caprichosa con alguno. || TEMA CELESTE, *Astron.* FIGURA CELESTE. || Á TEMA, Á porfía, á competencia. || ESE ES EL TEMA DE MI SERMON, Expr. con que alguno se explica cuando oye una especie ó advertencia sobre que él ha insistido ántes ó ha altercado mucho. || TOMAR TEMA, V. CÓLERA.

TEMÁTICO, CA, adj. Que se arregla, egecuta ó dispone segun el tema ó asunto de cualquiera materia. || V. TEMOSO.

TEMBLADAL, s. m. V. TREMEDAL.

TEMBLADERA, s. f. Vaso ancho de plata, oro ó vidrio de figura redonda con dos asas á los lados y un pequeño asiento. || V. TEMBLEQUE. || Pez. V. TORPEDO.

TEMBLADERO, s. m. V. TREMEDAL.

TEMBLADOR, RA, s. m. y f. El que tiembla.

TEMBLANTE, p. a. de TEMBLAR, Que tiembla.

TEMBLANTE, s. m. Especie de ajorca o manillas que usaban las mugeres.

TEMBLAR, v. n. Moverse con movimiento inquieto y perturbado. || Se dice de la tierra que se conmueve o vacila al impulso de algun agente, como el aire, el fuego. || Tener mucho miedo ó rezelar con demasiado temor alguna cosa.

TEMBLEQUE, s. m. Adorno que usan las mugeres para la cabeza, que es una flor o boton de diamantes ú otras piedras, preso á una aguja de plata ú oro, que por estar retorcido tiembla con el peso. || TEMBLEQUE, LANTEJUELA o plancha pequeña de oro ú otro metal que se emplea en los bordados.

TEMBLEQUEAR o TEMBLETEAR, v. n. Temblar con frecuencia ó continuacion, ó afectar temblor.

TEMBLON, NA, adj. Que tiembla. Tomase por lo regular por nimiamente medroso ó cobarde. || HACER LA TEMBLONA, Fingir ó afectar temor ó miedo para engañar ó conmover.

TEMBLOR, s. m. Movimiento involuntario, repetido y continuado del cuerpo ó de algunas partes de él, procedente de debilidad, flaqueza, miedo, susto ú otra pasion. || TEMBLOR DE TIERRA, V. TERREMOTO.

TEMBLOSO, SA, adj. Que frecuentemente tiembla ó padece temblor.

TEMEDERO, RA, adj. Que es digno de temerse.

TEMEDOR, RA, s. m. y f. El que teme.

TEMEDOR, adj. Que es digno de temerse.

TEMER, v. a. Tener miedo á alguna cosa. || Sospechar ó rezelar alguna cosa. || Rezelar algun daño en virtud de fundamento antecedente. || NI TEME NI DEBE, Expr. con que se significa la temeridad, arrojo é intrepidez de alguna persona en sus operaciones sin consultarlas con la prudencia ni mirar respetos.

TEMERARIAMENTE, adv. Con temeridad, imprudencia y arrojo, ó sin fundamento.

TEMERARIO, RIA, adj. Inconsiderado, imprudente, y que se expone y arroja á los peligros sin conocimiento ni exámen de su dificultad ó riesgo. || Que se dice, hace ó piensa sin fundamento, razon ó motivo, como juicio TEMERARIO, proposicion TEMERARIA.

TEMERIDAD, s. f. Accion egecutada inconsiderada é imprudentemente sin meditado exámen del peligro. || Juicio formado sin fundamento ó razon. || SER UNA TEMERIDAD, fam. Pondera el gran exceso en alguna cosa.

TEMERON, NA, adj. El que afecta valentía y esfuerzo, especialmente en las acciones, infundiendo con ellas miedo.

TEMEROSAMENTE, adv. Con rezelo, miedo ó temor.

TEMEROSÍSIMO, MA, adj. sup. de TEMEROSO.

TEMEROSO, SA, adj. Que pone ó causa miedo, temor ó rezelo. || Medroso, cobarde ó indeterminado.

TEMIBLE, adj. Digno ó capaz de temerse.

TEMIDO, p. p. de TEMER.

TEMIENTE, p. a. de TEMER, Que teme.

TEMOR, s. m. Pasion del ánimo que hace huir ó rehusar las cosas que se aprehenden dañosas, arriesgadas ó peligrosas. || Presuncion ó sospecha. || Rezelo de algun daño futuro. || *Germ.* La cárcel. || TEMOR DE DIOS, El miedo reverencial y respetuoso que se debe tener á Dios. Es uno de los dones del Espíritu Santo.

TEMORIZADO, p. p. de TEMORIZAR.

TEMORIZAR, v. a. ant. V. ATEMORIZAR.

TEMOSO, SA, adj. Tenaz y porfiado en algun propósito, opinion ó capricho.

TEMPANADO, p. p. de TEMPANAR.

TROCANTE, p. a. ant. de TROCAR, Que trueca.

TROCAR, v. a. Permutar ó dar una cosa por otra, trasfiriendo recíprocamente el dominio. ‖ Vomitar, arrojar por la boca lo que se ha comido. ‖ Equivocar, tomar ó decir una cosa por otra; y así decimos: á fulano no se le puede encargar nada porque todo lo TRUECA.

TRÓCAR, s. m. Instrumento de cirugía, especie de punzon con su vaina de metal, que se introduce en el vientre, etc., y sacando el punzon y dejando metida la vaina, sirve para extraer algun humor.

TROCARSE, v. r. Mudar el genio, natural ó costumbre, siguiendo distinto modo de vida que el que se llevaba. ‖ Mudar con otro el asiento. ‖ Mudarse, cambiarse enteramente, como TROCARSE la suerte, TROCARSE el color.

TROCATINTA, s. f. fam. Trueque ó cambio equivocado ó confuso.

TROCATINTE, s. m. El color de mezcla ó tornasolado.

TROCEADO, p. p. de TROCEAR.

TROCEAR, v. a. ant. Dividir en trozos.

TROCHA, s. f. Vereda ó camino angosto y excusado, ó que sirve de atajo para ir á alguna parte.

TROCHEMOCHE (Á), fam. Disparatada é inconsideradamente.

TROCHUELA, s. f. d. de TROCHA.

TROCISCADO, p. p. de TROCISCAR.

TROCISCAR, v. a. Reducir alguna cosa á trociscos.

TROCISCO, s. m. Cada uno de los trozos que se hacen de la masa, formada de varios ingredientes medicinales, y se disponen en varias figuras, y de ellos se forman despues las píldoras.

TROCLA, s. f. V. POLEA.

TROCO, s. m. Pez, V. RUEDA.

TROFEO, s. m. Insignia ó señal expuesta al público para memoria del vencimiento.‖ met. Cualquiera cosa que representa algun vencimiento moral. ‖ La victoria ó vencimiento conseguido. ‖ TROFEOS, pl. Las armas é insignias militares que suelen pintarse por adorno.

TROGE, s. f. V. TROX.

TROGECILLO, s. m. d. de TROX.

TROGEL, s. m. ant. V. PARDO.

TROGERO, s. m. El que cuida de las troges ó las tiene á su cargo.

TROGLODITA, adj. y s. El natural de ciertos pueblos de la Etiopia que habitaban en cavernas subterráneas. ‖ Hombre bárbaro y cruel. Tambien llaman así al muy comedor.

TROJA, s. f. ant. La alforja, talega ó mochila del soldado en que lleva la comida. ‖ ant. V. TROX.

TROJADO, DA, adj. Metido ó guardado en la talega ó troja.

TROMPA, s. f. Instrumento marcial comunmente de bronce, formado como un clarin, con la diferencia de ser retorcido, y de mas buque, y va en disminucion desde el un extremo al otro. ‖ La nariz del elefante, por ser larga y retorcida como la trompa. ‖ Trompo grande, que tiene dentro otros pequeños, que al tiempo de arrojarle para que baile andan igualmente. ‖ TROMPA MARINA, instrumento músico, que se toca con arco. Consta de una sola cuerda ó bordon largo, debajo del cual al cabo inferior se pone una puentecilla movible que pueda temblar cuando se tañe la cuerda. ‖ TROMPA TAÑIDA, Explica la forma de juntarse uniformemente y á un mismo tiempo todos los que son convocados á algun fin por el toque de la trompa. Úsase en la milicia para sus egercicios, marchas, avances, acometidas, retiradas y lances semejantes. ‖ Se dice de que intempestiva y atropelladamente sale de algun lance. ‖ Á TROMPA Y TALEGA, fam. Sin reflexion, órden ni concierto.

TROMPADA, s. f. fam. Golpe dado con la trompa; regularmente se entiende por el encontron de dos personas cara á cara, dándose en las narices.

TROMPADO, p. p. de TROMPAR.

TROMPAR, v. n. Jugar al trompo.

TROMPAZO, s. m. El golpe dado con el trompo ó con la trompa; y por extension se dice de cualquier golpe recio.

TROMPEAR, v. n. V. TROMPAR.

TROMPERO, s. m. El que hace ó tornea trompos para jugar los muchachos.

TROMPERO, RA, adj. El que engaña, y así dicen: amor TROMPERO.

TROMPETA, s. f. CLARIN ó TROMPA, instrumento de guerra.

TROMPETA, s. m. La persona que por oficio toca el instrumento de este nombre. ‖ PONER TROMPETA, Expr. con que se desprecia á alguno, y se le nota de hombre bajo y de poca utilidad.

TROMPETEAR, v. n. fam. Tocar la trompeta.

TROMPETERÍA, s. f. En el órgano el conjunto de todos los registros formados con trompetas de metal.

TROMPETERO, s. m. El que por oficio toca la trompeta. || El que hace trompetas.

TROMPETILLA, s. f. d. de TROMPETA. || Instrumento á modo de trompeta de plata ú otro metal, que sirve para que los que son sordos perciban la voz. || El aguijoncillo que tiene cierta especie de mosquitos en la boca, con que pican agudamente, y volando hacen un zumbido enfadoso.

TROMPICADO, p. p. de TROMPICAR.

TROMPICAR, v. a. Promover á uno sin el órden debido al oficio que á otro pertenecia. || Hacer dar trompicones.

TROMPICAR, v. n. Tropezar con frecuencia y violencia.

TROMPICO, LLO, TO, s. m. d. de TROMPO.

TROMPICON, s. m. V. TROPEZON.

TROMPILLA, s. f. d. de TROMPA.

TROMPILLADURA, s. f. ant. V. TROPEZON.

TROMPILLAR, v. n. V. TROMPICAR.

TROMPO, s. m. Instrumento con que juegan los muchachos, PEON. || V. PEONZA. || PONERSE CAMO UN TROMPO, met. Comer ó beber hasta hincharse.

TROMPON, s. m. aum. de TROMPO. Á TROMPON Ó DE TROMPON, fam. Sin órden, concierto ni regla.

TRONADA, s. f. Tempestad de truenos.

TRONADOR, RA, adj. Que truena. || Se aplica á cierta especie de cohetes que dan muchos truenos.

TRONANTE, p. a. de TRONAR, Que truena.

TRONAR, v. a. Hacer ó sonar los truenos. || Despedir ó causar ruido ó estadillo, como es el de las armas de fuego cuando se disparan. || POR LO QUE PUDIERE TRONAR, Por lo que sucediere ó acaeciere; y es un modo de prevenirse para que no ser cogido descuidado.

TRONCADO, p. p. de TRONCAR.

TRONCAL, adj. Que pertenece al tronco ó procede de él. Aplícase en lo forense al género de bienes que no se incluyen en la sucesion regular, sino que buscan y requieren persona de la familia por sucesor.

TRONCAR, v. a. Cortar parte del cuerpo de alguna cosa. Dícese con propiedad del cuerpo humano, al que se le corta la cabeza. || met. V. TRUNCAR.

TRONCHADO, p. p. de TRONCHAR. || TRONCHADO, DA, adj. *Blas.* Se dice del escudo dividido en dos partes iguales por una línea diagonal que baja desde el ángulo diestro superior al siniestro inferior.

TRONCHAR, v. a. Partir ó cortar alguna cosa por el tronco ó tallo. Dícese particularmente de la hortaliza que le tiene; aunque tambien se extiende á significar partir ó dividir con fuerza otra cualquiera cosa.

TRONCHAZO, s. m. aum. de TRONCHO. || El golpe que se da con algun troncho.

TRONCHO, s. m. La vara ó espiga que tienen las hortalizas, y en que producen las hojas, la cual corresponde al tronco en los árboles. || BRAVO TRONCHO DE MOZO, Expr. fam. con que se explica la robustez y buena disposicion de algun mozo.

TRONCHUDO, DA, adj. Se aplica á las hortalizas que tienen grueso ó largo el troncho, como berza TRONCHUDA, repollo TRONCHUDO, etc.

TRONCO, s. m. La parte de las árboles y plantas dura y solida que sube desde la raiz hasta la extremidad, exceptuando los ramos. || El principio ó padre comun de quien procede alguna familia. || El cuerpo humano cortada la cabeza, piernas ó brazos. || El par de mulas ó caballos que tiran del coche, enganchadas al juego delantero, llevando en medio la lanza. || met. El hombre insensible, inútil ó despreciable.

TRONCO, CA, adj. V. TRUNCADO. || ESTAR HECHO UN TRONCO, met. Explica que alguno está privado del uso de los sentidos por algun accidente, ó porque está profundamente dormido.

TRONCON, s. m. aum. de TRONCO de árbol.

TRONERA, s. f. Agujero ó abertura que se hace en las baterias ó ataques para disparar la artillería y reconocer los movimientos del enemigo con ménos riesgo. || La ventana pequeña y angosta por donde entra escasamente la luz. || Llaman así los muchachos á un papel doblado, de modo que sacudiéndole con fuerza sale la parte que estaba recogida y hace un trueno. || Un cartucho pequeño de pólvora tres ó cuatro veces doblado y atado, que usan los muchachos por juego, el que al dispararle da tantos truenos como tiene dobleces. || Cada uno de los agujeros pequeños que en forma de ventanillas hay en las mesas de trucos y villar. || met. La persona desbaratada en sus acciones ó palabras, y que no lleva método ni órden en ellas.

TRONERADO, p. p. de TRONERAR.

TRONERAR, v. a. V. ATRONERAR.

TRONGA, s. f. *Germ.* La manceba ó dama.

TRONIDO, s. m. ant. V. TRUENO.

TRONITOSO, SA, adj. fam. Que hace ruido de truenos ú otro semejante.

TRONO, s. m. Asiento real con gradas, de que usan los príncipes soberanos, especialmente en los actos de ceremonia magestuosa. ‖ met. El lugar ó sitio en que se coloca dignamente la efigie ó simulacro de algun santo. ‖ La dignidad de rey ó soberano en sus dominios.

TRONOS, p. Espíritus angélicos del tercer coro de la superior gerarquía.

TRONQUISTA, s. m. El cochero que gobierna los caballos ó mulas de tronco.

* TRONQUITO, s. m. Estaquilla para sostener los guisantes.

TRONZADO, p. p. de TRONZAR.

TRONZAR, v. a. Romper, quebrar ó hacer pedazos. ‖ Hacer un género de plieges muy menudos é iguales en las basquiñas ó guardapieses.

TRONZO, ZA, Se dice del caballo que tiene cortadas una ó entrámbas orejas despues de haber servido, y denota que es desechado por inútil.

TROPA, s. f. La gente militar ó de guerra, infantes ó de á caballo, á distincion de los paisanos. ‖ Trozo de gente de guerra de á caballo. ‖ Junta de mucha gente unida y acuadrillada entre sí para algun fin. ‖ Toque militar que sirve para denotar que se forme la tropa en batalla y para algunas otras evoluciones militares. ‖ met. La multitud de cosas materiales ó inmateriales. ‖ TROPA AVANZADA, V. CENTINELA. ‖ TROPA DE LÍNEA, La que formada en divisiones, batallones, escuadrones ú otros trozos menores combate siempre unida. ‖ TROPA LIGERA, La que hace fuera de las líneas el servicio de avanzadas, escuchas y descubiertas, combate en partidas sueltas, y en las acciones se ocupa principalmente en distraer al enemigo, acosarle los flancos y perseguirle en las retiradas, observar sus movimientos, y cubrir los del propio egército. ‖ EN TROPA, Juntos, sin órden ó formacion.

TROPEL, s. m. Movimiento acelerado y ruidoso de los pies ó de otra cosa que se mueve violentamente. ‖ Prisa, aceleramiento confuso ó desordenado. ‖ En la antigua milicia uno de los trozos ó partes en que se divide el egército. ‖ met. Junta ó agregado de cosas mal ordenadas, y colocadas ó amontonadas sin concierto. ‖ *Germ.* La prision ó cárcel. ‖ DE TROPEL, Con movimiento acelerado y violento, ó juntos muchos en tropa sin órden y confusamente.

TROPELERO, s. m. *Germ.* El salteador.

TROPELÍA, s. f. Aceleracion confusa y desordenada. ‖ Atropellamiento ó violencia en las acciones.

TROPELLADO, p. p. de TROPELLAR.

TROPELLAR, v. a. ant. ATROPELLAR.

TROPEZADERO, s. m. Lugar donde hay peligro de tropezar.

TROPEZADO, p. p. de TROPEZAR.

TROPEZADOR, RA, s. m. y f. El que tropieza con frecuencia.

TROPEZADURA, s. f. La accion y efecto de tropezar.

TROPEZAR, v. n. Dar con los pies en algun estorbo que pone á peligro de caer. ‖ met. Detenerse ó ser impedida una cosa de otra, estorbando el que pase ó se coloque en algun sitio. ‖ Deslizarse en alguna culpa ó imperfeccion, ó faltar poco para cometerla. ‖ Reñir con alguno ú oponerse en los dictámenes.

TROPEZAR, v. a. Reparar, advertir el defecto ó falta de alguna cosa ó la dificultad de su egecucion. ‖ Hallar casualmente una persona á otra, concurriendo en algun parage donde no la buscaba.

TROPEZARSE, v. r. Se dice de las bestias que al andar se luden ó encuentran una mano con otra. ‖ ANDAR TROPEZANDO Y CAYENDO, Padecer varios peligros en alguna accion física ó moral. ‖ NO HABER EN QUE TROPEZAR, met. No haber dificultad ni reparo en alguna cosa.

TROPEZON, NA, adj. Que tropieza mucho. Regularmente se dice de las caballerías.

TROPEZON, s. m. V. TROPIEZO. ‖ El acto de tropezar. ‖ Á TROPEZONES, Con varios impedimentos y tardanzas.

TROPEZONCICO, LLO, TO, s. m. d. de TROPEZON.

TROPEZOSO, SA, adj. Que tropieza ó se detiene y embaraza en la egecucion de alguna cosa.

TROPICO, CA, adj. Se aplica al estilo en que se usan tropos.

TRÓPICO, s. m. *Astron.* Cualquiera de los dos círculos menores que se consideran en la esfera celeste paralelos al ecuador.

TROPIEZO, s. m. El encuentro ó golpe dado con el pié contra algun estorbo ó impedimento. ‖ Lo que sirve de estorbo ó impedimento, ó aquello en que se tropieza tomando la causa por el efecto. ‖ met. Falta, culpa ó yerro. Comunmente se entiende por la culpa en materia de deshonestidad: y tambien se usa por la causa ó el sugeto con quien se comete. ‖ met. Dificultad, embarazo ó impedimento que detiene para conseguir lo que sé ha empezado. ‖ Riña ó quimera y oposicion en los dictámenes.

TROPILLA, s. f. de TROPA.

TROPO, s. m. Figura por la cual se da á las palabras un significado que no es el suyo propio, pero que tiene alguna semejanza con él.

TROPOLOGIA, s. f. Introduccion con que se mezcla moralidad y doctrina en el discurso ú oracion, aunque sea en materia profana ó indiferente.

TROPOLÓGICO, CA, adj. Doctrinal, moral, y que se dirige á la reforma ó enmienda de las costumbres.

TROQUE, s. m. Especie de boton que se forma en los paños cuando se van á teñir, liando fuertemente con bramante una partecita de ellos, para que no pudiendo penetrar el tinte á lo que cubre el bramante se conozca despues de salir del tinte que color tuvo primero todo el paño.

TROQUEL, s. m. Pedazo comunmente de acero, en que está grabada en hueco alguna cosa, con el cual se acuñan las monedas y medallas, y tambien se vacian en yeso, lacre, etc.

TROQUEO, s. m. Pié de la poesía latina, el cual consta de una silaba larga y otra breve.

TROQUILLO, s. m. *Arq.* Moldura cóncava á manera de media caña.

TROTACONVENTOS, s. f. fam. V. ALCAHUETA.

TROTADOR, RA, s. m. y f. El que trota mucho.

TROTAR, v. n. Ir ó caminar al trote alguna cabalgadura. Dícese tambien del ginete que va sobre ella. ‖ Andar de prisa y con celeridad.

TROTE, s. m. Modo de caminar acelerado, natural á todas las cabalgaduras, que consiste en mover á un tiempo pié y mano contrapuestos, arrojando sobre ellos el cuerpo con ímpetu. ‖ Á TROTE, met. Aceleradamente, sin asiento ni sosiego. ‖ PONER EN LOS TROTES Á UNO, fam. Imponerle, adiestrarle en algun negocio ó dependencia. ‖ TOMAR EL TROTE, fam. Irse intempestivamente y con aceleracion.

TROTERO, s. m. ant. V. CORREO.

TROTILLO, s. m. d. de TROTE.

TROTON, NA, adj. Se aplica á la caballería cuyo paso ordinario es el trote.

TROTON, s. m. ant. V. CABALLO.

TROTONERÍA, s. f. La accion continuada de trotar.

TROVA, s. f. ant. V. VERSO. ‖ La composicion métrica, formada á imitacion de otra.

TROVADO, p. p. de TROVAR.

TROVADOR, RA, s. m. y f. El que trova. En lo antiguo significaba el poeta. ‖ ant. El que encuentra ó halla alguna cosa.

TROVAR, v. a. ant. V. HALLAR. Usábase tambien como recíproco. ‖ Hacer versos. ‖ Imitar alguna composicion métrica, aplicándola á otro asunto. ‖ Dar á alguna cosa diverso sentido del que lleva la intencion con que se ha dicho ó hecho.

TROVISTA, s. m. V. TROVADOR.

TROX, s. f. Apartamiento donde se recogen los frutos, especialmente el trigo.

TROYA AQUÍ FUÉ, Expr. met. con que se hace relacion á alguna cosa notable sucedida en aquel lugar ó circunstancias.

TROYANO, NA, adj. y s. El natural de Troya y perteneciente á ella.

TROZA, s. f. Tronco aserrado por los extremos para sacar tablas. ‖ *Náut.* Aparejo hecho firme al chicote del cabo, que sujeta la verga de la mesana á su palo.

TROZEO, s. m. *Náut.* Cabo que ataca y sujeta la verga de la mesana á su palo, tirando de un aparejo que tiene hecho firme al chicote del tal cabo.

TROZO, s. m. Pedazo ó parte de alguna cosa cortada ó separada de otra. ‖ *Mil.* Cada una de las dos partes en que se dividia una columna.

TRUCAR, s. m. Hacer el primer envite en el juego de naipes, que llaman el truque.

TRUCHA, s. f. Pescado delicado y sabroso que se pesca en los rios. ‖ *Maq.* V. CABRIA. ‖ TRUCHA DE MAR, Pescado, V. BAILA. ‖ TRUCHA, Ó NO COMERLA, V. Ó AYUNAR, Ó COMER TRUCHA. ‖ Ó AYUNAR, Ó COMER TRUCHA, Explica la resolucion del que con ánimo generoso y gallardo desprecia la medianía, aspirando á la mayor elevacion ó gloria.

TRUCHERO, s. m. El que pesca y vende truchas.

TRUCHIMAN, NA, adj. fam. El que tiene aficion y habilidad de componer negocios y pretensiones.

TRUCHUELA, s. f. El abadejo mas delgado.

TRUCIDADO, p. p. de TRUCIDAR.

TRUCIDAR, v. a. ant. Despedazar, matar con crueldad é inhumanidad.

TRUCO, s. m. Suerte del juego llamado los TRUCOS. ‖ TRUCOS, pl. Juego de destreza y habilidad, que se egecuta en una mesa dispuesta á este fin con tablillas, troneras, barra y bolillo.

TRUCULENTO, TA, adj. Cruel, atroz y tremendo.

TRUÉ, s. m. Especie de tela de lienzo muy delgado y blanco.

TRUECO, s. m. V. TRUEQUE. ‖ Á TRUECO, V. CON TAL QUE. ‖ Á TRUECO, Ó EN TRUECO, En recompensa ó trocando una cosa por otra.

TRUENO, s. m. El estruendo ó estampido de las exhalaciones de las nubes cuando se inflaman. ‖ El ruido ó estampido que causa el tiro de cualquiera arma ó artificio de fuego. ‖ Pieza de artillería antigua de grueso calibre con que arrojaban varias cosas á los enemigos.

TRUEQUE, s. m. Entrega, cambio, permuta. ‖ TRUEQUE, ant. V. VÓMITO. ‖ Á TRUEQUE Ó EN TRUEQUE, Á TRUECO Ó EN TRUECO.

TRUFA, s. f. Mentira, fábula, cuento, patraña.

TRUFADOR, RA, s. m. y f. El que cuenta ó escribe trufas ó patrañas.

TRUFALDIN, NA, adj. ant. Bailarin representante.

TRUFAR, v. n. ant. Mentir, engañar, levantar fábulas ó patrañas.

TRUHAN, NA, adj. El que con bufonadas, gestos, cuentos ó patrañas procura divertir y hacer reir á otros.

TRUHANADA, s. f. V. TRUHANERÍA.

TRUHANAMENTE, adv. Á manera de truhan.

TRUHANEAR, v. n. Decir chanzas, burlas y chocarrerías propias de un truhan.

TRUHANERÍA, s. f. Burla, chocarrería, gesto ó accion propia de un truhan.

TRUHANESCO, CA, adj. Que es propio de un truhan.

TRUHANÍA, s. f. ant. V. TRUHANERÍA.

TRUHANILLO, LLA, ITO, ITA, adj. d. de TRUHAN.

TRUJA, s. f. *And.* El almacen ó pieza donde se guarda la aceituna ántes de molerla.

TRUJAL, s. m. *Rioj.* La prensa donde se estrujan las uvas y se muele la oliva. ‖ La tinaja en que se conserva y prepara la barrilla para la fábrica del jabon. ‖ *Ar.* V. LAGAR.

TRUJALETA, s. f. *Ar.* Vasija donde cae el mosto desde el trujal.

TRUJAMAN, NA, adj. y s. Intérprete que explica en lengua propia de algun pais lo que se refiere en otro idioma. ‖ El que por la experiencia que tiene de alguna cosa advierte el modo de egecutarla, especialmente en las compras, ventas ó cambios.

TRUJAMANEAR, v. n. Interpretar lo que se dice en lengua extraña traduciéndolo á la propia. ‖ Trocar unos géneros por otros, ó servir de medianero para compras y cambios.

TRUJAMANÍA, s. f. El egercicio y ministerio del trujaman.

TRUJILLANO, NA, adj. y s. El natural de Trujillo y perteneciente á esta ciudad.

TRUJIMAN, NA, adj. V. TRUJAMAN.

TRULLA, s. f. Bulla y ruido de gente. ‖ Turba, tropa ó multitud de gente. ‖ LLANA DE ALBAÑIL.

TRULLO, s. m. Ave de agua especie de ganso, aunque mucho mas pequeño. ‖ En algunas partes especie de lagar, en el cual despues de pisada la uva encima sobre unas tablas, se echa el mosto y repajo para que cuezca por algun tiempo.

* **TRUMBO**, s. m. Tumor formado por la sangre derramada en la circunferencia de la abertura de una vena.

* **TRUMÓ**, s. m. Espejo grande pegado al lienzo de pared de una sala ó entre dos ventanas, ó sobre una chimenea.

TRUNCADAMENTE, adv. Con interrupcion ó falta de palabras en la oracion.

TRUNCADO, p. p. de TRUNCAR.

TRUNCAMIENTO, s. m. La accion y efecto de truncar.

TRUNCAR, v. a. V. TRONCAR. ‖ met. Quitar ó callar en las oraciones algunas voces que sirven al asunto, especialmente cuando se hace de intento y con malicia.

TRUNCO, CA, adj. V. TRONCO.

TRUQUE, s. m. Juego de naipes entre dos, cuatro ó mas personas.

TRUQUERO, s. m. El que tiene á su cargo y cuidado alguna mesa de trucos.

TRUQUIFLOR, s. m. Juego de naipes compuesto de los de la flor y el truque.

TU

TÚ, Pron. que significa la segunda

cutar alguna cosa en que se teme algun riesgo, solo por el gusto de lograrla. || fam. Consentirla.

TENTACIONCILLA, s. f. d. de TENTACION.

TENTADO, p. p. de TENTAR.

TENTADOR, RA, s. m. y f. El que tienta. Por antonomasia se toma por el espíritu maligno.

TENTAR, v. a. Egercitar el sentido del tacto, palpando ó tocando alguna cosa materialmente. || *Examinar* y reconocer por medio del sentido del tacto lo que no se puede ver, como hace el ciego ó el que se halla en un lugar oscuro. || Instigar, inducir ó estimular. || Intentar ó procurar. || Examinar, probar ú esperimentar. || Probar á alguno, hacer exámen de su constancia ó fortaleza. || Estar dudoso y sin resolucion en lo que se discurre. Dícese frecuentemente andar TENTANDO. || *Cir.* Reconocer con la tienta la cavidad de alguna herida.

TENTATIVA, s. f. La accion con que se intenta experimentar, probar ó tentear alguna cosa. || El primer acto ó exámen que se hacia en algunas universidades para tantear la capacidad y suficiencia del estudiante que se ha de graduar.

TENTATIVO, VA, adj. Que sirve para tantear ó probar alguna cosa.

TENTE BONETE, Expr. usada en los modos adverbiales á TENTE BONETE ó hasta TENTE BONETE, y significa con abundancia, con exceso, como comer, porfiar, etc., á TENTE BONETE.

TENTEMOZO, s. m. Puntal ó arrimo que se aplica á alguna cosa expuesta á caerse ó que amenaza ruina.

TENUAMENTE, adv. Con tenuidad y escasamente.

TENUDO, p. p. irreg. ant. de TENER. Regularmente se juntaba con el verbo *ser*, y significaba estar obligado ó precisado.

TENUE, adj. Delicado, delgado y débil. || Aplícase tambien á las letras consonantes que se pronuncian con mas suavidad que otras. || Que es de poca sustancia, valor ó importancia.

TENUIDAD, s. f. Debilidad, delicadeza, raridad ó sutileza. || Cualquiera cosa de poco entidad, valor ó estimacion.

TENUO, UA, adj. V. TENUE.

TENUTA, s. f. Posesion de los frutos, rentas y preeminencias de algun mayorazgo, que se goza hasta la decision de la pertenencia de su propiedad entre dos ó mas litigantes.

TENUTARIO, RIA, adj. Que pertenece ó toca á la tenuta.

TEÑIDO, p. p. de TEÑIR.

TEÑIDURA, s. f. La accion y efecto de teñir

TEÑIR, v. a. Dar á una tela, paño ú otra cualquiera cosa un color distinto del que tenia, embebiéndola en licor preparado para ello. || Manchar con otro color alguna cosa, especialmente si es la mayor parte de ella; y con singularidad se dice de la sangre. || Sobreponer otro color á la cara ó cabello del que naturalmente tiene. || met. Dar otro color ó viso á las cosas, disimulándolas ó desmintiéndolas. || Imbuir de alguna opinion, especie ó afecto. || *Pint.* Rebajar ó apagar algun color con otro mas oscuro.

* TEOCRACIA, s. f. Gobierno segun la voluntad de Dios.

* TEOCRÁTICO, CA, adj. Perteneciente á la teocracia.

TEODOSIANO, NA, adj. Perteneciente á Teodosio.

* TEOGONÍA, s. f. Nacimiento de los dioses de la gentilidad.

TEOLOGAL, adj. Que pertenece á la teología ó es propio de ella.

TEOLOGAL, s. f. LECTORAL, uno de los canonicatos.

TEOLOGÍA, s. f. Ciencia que trata de Dios y de sus atributos. || NO METERSE EN TEOLOGÍAS, met. y fam. Discurrir ó hablar llanamente, sin sutilizar en alguna materia ó sin introducirse en lo que no es de su profesion ó no entiende.

TEOLÓGICAMENTE, adv. En términos ó principios teológicos.

TEOLÓGICO, CA, adj. V. TEOLOGAL.

TEOLOGIZAR, v. n. Discurrir sobre principios ó razones teológicas.

TEÓLOGO, s. m. El profesor ó estudiante de teología. Tómase comunmente por el inteligente ó docto en esta ciencia. || TEÓLOGO, GA, adj. V. TEOLOGAL.

TEOREMA, s. m. Proposicion en que se va á averiguar la verdad de una cosa especulativamente y por sus principios.

TEORÍA, s. f. V. TEÓRICA.

TEÓRICA, s. f. Conocimiento especulativo ó interior de la esencia y calidad de las cosas.

TEÓRICAMENTE, avd. Especulativamente.

TEÓRICO, CA, adj. Que pertenece á la TEORÍA. || Que comprende y entiende la esencia de las cosas especulativamente, sin prueba práctica.

TEOSO, SA, adj. Se dice de la ma-

TULLIR, v. a. ant. Herir ó maltratar á alguno.

TULLIRSE, v. r. Perder alguno el uso y movimiento de su cuerpo ó de algun miembro de él.

TUMBA, s. f. Un género de arca, cuya tapa está en forma de arco ó medio círculo, que se pone sobre la sepultura de algun difunto ó debajo del ataud cuándo se le oficia su entierro. || La cubierta ó cielo de algunos coches ó cosa semejante que tienen la figura de tumba. || TUMBO, vuelco, caida. || V. SEPULCRO.

TUMBADILLO, s. m. *Náut.* Corte que se hace á la cubierta de encima del alcázar de la banda de popa de la mesana.

TUMBADO, p. p. de TUMBAR. || TUMBADO, DA, adj. Que tiene forma de tumba, como los baules, coches, etc.

* TUMBADOR, s. m. El cortador de maderas para construccion.

TUMBAGA, s. f. Liga ó mezcla de iguales partes de oro, plata y cobre, de que resulta un metal de color cobrizo oscuro, bastante frágil. || Sortija hecha del metal que resulta de la mezcla de iguales partes de oro, plata y cobre.

TUMBAGON, s. m. aum. de TUMBAGA. Regularmente llaman así á los brazaletes de este metal lisos y guarnecidos de piedras que se ponen las mugeres en los brazos.

TUMBAR, v. a. Hacer caer á alguno ó derribar alguna cosa. || met. y fam. Sorprender con algun chasco ó zumba á alguno corriéndole y avergonzándole de suerte que se sienta y se pique. || met. Privar de sentido alguna cosa fuerte, como el vino ú otro licor.

TUMBAR, v. n. Caer, rodar por tierra.

TUMBARSE, v. r. fam. Echarse, especialmente á dormir.

TUMBILLA, s. f. Armazon de cuatro palos unidos con otros mas pequeños en el medio para ahuecar la ropa de la cama, y poder calentarla con unas pocas brasas que se ponen dentro en una cazuela ó braserillo.

TUMBO, s. m. Vuelco ó caida de un lado á otro, ó dando vuelta al rededor. || Libro de pergamino antiguo de los que se hallan en las iglesias, monasterios y otras comunidades, y donde estaban copiados á la letra los privilegios y demas escrituras de sus pertenencias. || met. Punto importante ó lance crítico en que sucede alguna cosa. || TUMBO DE DADO, met. Peligro inminente. || TUMBO DE OLLA, fam. El residuo que queda de la olla despues de sacar la carne.

TUMBON, s. m. Especie de coche que tiene el cielo en forma de tumba, de cuya voz puede ser aumentativo. Y tambien llaman así á los cofres que tienen la tapa de esta hechura. || fam. El hombre socarron.

* TUMEFACCION, s. f. *Med.* Elevacion de alguna parte del cuerpo.

* TUMEFACER, v. a. Causar elevacion en alguna parte del cuerpo.

TÚMIDO, DA, adj. V. HINCHADO. || Se aplica al estilo ó escrito alto, elevado y pomposo.

TUMOR, s. m. Hinchazon y bulto que se cria en alguna parte del animal.

TUMORCICO, LLO, TO, s. m. d. de TUMOR.

TÚMULO, s. m. Sepulcro levantado de la tierra. || La armazon de madera vestida de paños fúnebres, y adornada de otras insignias de luto y tristeza, que se erige para la celebracion de las honras de algun difunto, como suponiéndole presente en la tumba, que se coloca en el lugar mas eminente de ella.

TUMULTO, s. m. Motin, alboroto, confusion popular ó militar en que se conspira contra el superior. || Concurso grande de gente que causa desórden é inquietud.

TUMULTUACION, s. f. ant. V. TUMULTO.

TUMULTUADO, p. p. de TUMULTUAR.

TUMULTUANTE, p. a. de TUMULTUAR, Que tumultua.

TUMULTUAR, v. a. Levantar algun túmulto, motin ó desórden. Úsase tambien como recíproco.

* TUMULTUARSE, v. r. V. TUMULTUAR.

TUMULTUARIAMENTE, adv. m. En tumulto, motin ó alboroto popular sin órden ni concierto.

TUMULTUARIO, RIA, adj. Lo que causa ó levanta tumultos, ó está sin órden ni concierto.

TUMULTUOSAMENTE, adv. V. TUMULTUARIAMENTE.

TUMULTUOSO, SA, adj. V. TUMULTUARIO.

TUNA, s. f. V. NOPAL. Llámase tambien así el fruto de esta planta. || La vida holgazana, libre y vagamunda.

TUNAL, s. m. V. NOPAL.

TUNANTE, p. a. de TUNAR, El que tuna ó anda vagando.

TUNANTE, adj. met. y s. Astuto

timado; y así se dice: anda TUNANTE, muy TUNANTE.

TUNANTON, fam. aum. de TUNANTE.

TUNAR, v. n. Andar vagando en vida holgazana y libre, y de lugar en lugar.

TUNDA, s. f. La obra de tundir los paños. ‖ met. Castigo riguroso que se da á alguno de palos, azotes, etc.

TUNDENTE, p. a. de TUNDIR, Que ofende en alguna parte del cuerpo sin hacer sangre, aunque desconcertando ó levantando algun tumor ó bulto. Es muy usado entre cirujanos.

TUNDICION, s. f. V. TUNDA, la obra, etc.

TUNDIDO, p. p. de TUNDIR.

TUNDIDOR, s. m. El que tunde los paños.

TUNDIDURA, s. f. La accion y efecto de tundir.

TUNDIR, v. a. Cortar el pelo de los paños é igualarle con la tigera. ‖ met. y fam. Castigar con golpes, palos ó azotes.

TUNDIZNO, s. m. La borra que queda de la tundidura.

* TUNGSTATO, s. m. *Quim.* Volfrato, nombre genérico de las sales formadas con el ácido túnstico ó volfránico.

TÚNICA, s. f. Vestidura interior sin mangas que usaban los antiguos, y les servia como de camisa. ‖ La vestidura de lana interior que usan los religiosos debajo de los hábitos. ‖ Aquella telilla ó película que en algunas frutas está pegada á la cáscara, y cubre mas inmediatamente la carne. ‖ La membrana sutil que cubre algunas partes del cuerpo, como las TÚNICAS de los ojos, de las venas, etc. ‖ Vestido exterior talar.

TUNICELA, s. f. TÚNICA, vestidura.‖ Vestidura episcopal á modo de dalmática con sus mangas, que se asegura con unos cordones. Úsase en los pontificicales debajo de la casulla.

TUNO, s. m. V. TUNANTE.

* TÚNSTICO, CA, adj. *Quim.* Cuya base es el tungstato.

TUPA, s. f. La accion y efecto de tupir ó tupirse. ‖ fam. Hartazgo.

TUPÉ, s. f. La parte de pelo que se deja sin cortar en la punta de la frente para que sobrepuesto al peluquin imite el natural.

TUPIDO, p. p. de TUPIR.

TUPIR, v. a. Apretar mucho alguna cosa cerrándola de poros.

TUPIRSE, v. r. met. Hartarse de algun manjar ó bebida, comer ó beber con gran exceso.

TURA, s. f. ant. V. DURA.

TURABLE, adj. ant. V. DURABLE.

TURACION, s. f. ant. V. DURACION.

TURAR, v. n. ant. Perseverar una cosa en su ser ó durar.

TURBA, s. f. Conjunto de partículas de plantas, cuyos principios constitutivos inflamables y oleosos han sido alterados por la fermentacion, y en este estado presentan un todo blanco de color entre pardo y negro, que se encuentra en los parages cenagosos, y sirve para los mismos usos que el carbon de piedra. ‖ Muchedumbre de gente confusa y desordenada. ‖Césped de tierra de que se hace carbon.

TURBACION, s. f. La accion y efecto de turbar ó turbarse. ‖ Confusion, desórden ó desconcierto.

TURBADAMENTE, adv. Con turbacion ó sobresalto.

TURBADÍSIMO, MA, adj. sup. de TURBADO.

TURBADO, p. p. de TURBAR.

TURBADOR, RA, s. m. y f. La persona que causa alguna turbacion.

TURBAL, s. m. El sitio ó parage compuesto ó lleno de turba.

TURBAMIENTO, s. m. ant. V. TURBACION.

TURBAMULTA, s. f. fam. Concurso grande ó muchedumbre numerosa de gente confusa y desordenada ó de otra cosa.

TURBANTE, p. a. de TURBAR, Que turba.

TURBANTE, s. m. Tocado con que las naciones orientales se cubren la cabeza.

TURBAR, v. a. Alterar ó conmover el estado natural de alguna cosa, descomponer ó inmutar su órden ó disposicion. ‖ met. Sorprender ó aturdir á alguno causándole rubor en algun acto, de modo que no acierte á hablar ó á proseguir lo que iba á hacer.

TURBATIVO, VA, adj. Que perturba ó inquieta. Úsase muy frecuentemente en lo forense, y se aplica á la posesion que alguno adquiere, violentando la que pacíficamente tenia otro.

* TURBIA, adj. f. Que no está muy clara, hablando de piedras preciosas.

TURBIADO, p. p. de TURBIAR.

TURBIAMENTE, adv. Con oscuridad, con confusion.

TURBIANTE, p. a. de TURBIAR, Que turba.

TURBIAR, v. a. ant. V. TURBAR.

TURBIDO, DA, adj. V. TURBIO.

TURBIEDAD, s. f. La calidad de turbio.

TURBIEZA, s. f. ant. V. TURBULENCIA. || ant. El acto ó efecto de enturbiar ú ofuscar.

* TURBINADO, DA, adj. *Hist. nat.* Nombre de varias conchas cónicas y espirales.

* TURBINITA, s. f. *Hist. nat.* Concha espiral y de figura cónica.

TURBINTO, s. m. Árbol grande y hermoso originario del Perú, cuyas hojas, aunque mas estrechas, imitan á las del lentisco, por lo cual se llaman tambien lentisco del Perú.

TURBIO, BIA, adj. Mezclado ó alterado de alguna cosa que oscurece ó quita la claridad natural ó trasparencia. || met. Infeliz, desgraciado, contrario y turbado. || met. Oscuro ó confuso en la explicacion ó locucion. || Á TURBIO CORRER Ó CUANDO TODO TURBIO CORRA, met. y fam. Por mal que vayan las cosas ó por desgraciadamente que sucedan.

TURBION, s. m. Golpe grande de agua que cae muy recio llevándose tras sí la tierra ó arena, con lo que queda turbia el agua. || met. Multitud de cosas que caen de golpe, como los del agua, llevando tras sí lo que encuentran. || met. Multitud de cosas que vienen juntas y violentamente, y ofenden y lastiman.

TURBIOSO, SA, adj. ant. V. TURBIO.

TURBON, s. m. ant. V. TURBION.

TURBONADA, s. f. Aguacero con viento fuerte que viene repentinamente y es de corta duracion.

TURBULENCIA, s. f. Alteracion de las cosas claras y transparentes que se oscurecen con alguna mezcla que reciben. || met. Confusion alboroto ó perturbacion.

TURBULENTAMENTE, adv. Con turbulencia ó sobresalto.

TURBULENTO, TA, adj. V. TURBIO. || met. Confuso, alborotado y desordenado.

TURCO, CA, adj. y s. Perteneciente á Turquía y el natural de aquel pais. || *Germ.* El vino. || GRAN TURCO, El emperador de Turquía.

TURDETANO, NA, adj. y s. Perteneciente á la Turdetania y el natural de esta provincia.

TURGENCIA, s. f. *Med. y cir.* HINCHAZON.

TURGENTE, adj. Se aplica al humor que hincha alguna parte del cuerpo del animal.

TURLERIN, s. m. *Germ.* V. LADRON.

TURMA, s. f. Testículo ó criadilla. || TURMA DE TIERRA, V. CRIADILLA DE TIERRA.

TURMILLA, s. f. d. de TURMA.

TURNAR, v. a. Alternar con uno ó mas sugetos en el repartimiento de alguna cosa ó servicio de algun cargo guardando órden sucesivo y vez entre todos.

TURNIO, NIA, adj. Se aplica á los ojos revueltos y torcidos. Úsase como sustantivo por el sugeto que tiene este defecto. || El que mira con ceño ó demasiada severidad.

TURNO, s. m. Órden ó alternacion que se observa entre varios sugetos para la egecucion de alguna cosa.

TURON, s. m. Animal silvestre semejante al huron en la forma del cuerpo, pero mucho mayor. Tiene la piel de color pardo oscuro, y críase en cuevas y peñas como los conejos, de cuya caza se sustenta. Llámase mas comunmente TEJON.

TURPE, adj. ant. V. TORPE.

* TURPIAN, s. m. Ave de América.

TURPÍSIMO, MA, adj. sup. ant. de TORPE.

TURPITUD, s. f. ant. V. TORPEZA.

TURQUÉS, SA, adj. ant. V. TURCO.

TURQUESA, s. f. El molde donde se hacen los bodoques para tirar con la ballesta, y por extension se dice de otras cosas. Úsase en sentido metafórico. Hueso ó diente de un cuadrúpedo petrificado é impregnado de una disolucion de cobre. Es de color azul, lustrosa, medianamente dura, y capaz de recibir un hermoso pulimiento, por lo cual se emplea como las piedras preciosas para adornos.

TURQUESADO, DA, adj. V. TURQUI.

TURQUESCO, CA, adj. Perteneciente á Turquía. || Á LA TURQUESCA, A uso de Turquía.

TURQUÍ, adj. Se aplica al color azul muy subido, tirante á negro.

TURQUÍA, s. f. *Germ.* Pistolete, dobla de oro.

TURQUILLO, LLA, adj. d. de TURCO.

TURQUINO, NA, adj. V. TURQUI.

TURRADO, p. p. de TURRAR.

TURRAR, v. a. Tostar ó asar en las brasas.

TURRON, s. m. Masa que se hace de almendras, piñones, avellanas y nueces, tostado todo y mezclado con miel para en punto, de lo cual resulta una materia sólida y dura muy sabrosa, y tambien le suelen mezclar algunos terrones de azúcar. ‖ Dase este nombre á varias especies de mazapanes que se hacen de diversas frutas. ‖ *Germ.* La piedra.

TURRONADA, s. f. *Germ.* Golpe dado con piedra.

TURRONERO, s. m. El que vende ó hace turron.

TURULÉS, adj. Se aplica á una especie de uva fuerte.

TURUMBON, s. m. V. CHICHON.

TUS, interj. Con que se llama á los perros para que vengan.

TUSADO, p. p. de TUSAR.

TUSAR, v. a. ant. V. ATUSAR.

TUSCÁNICO, CA, adj. ant. V. TOSCANO.

TUSILAGO, s. m. V. FÁRFARA, yerba.

TUSO, SA, s. m. y f. fam. Nombre que se da á los perros.

TUSO, interj. V. TUS.

TUSON, s. m. El vellon del carnero ó la piel del mismo con su lana. ‖ *And.* El potro que no ha llegado á dos años. ‖ ant. V. TOISON.

TUSONA, s. f. Ramera ó dama cortesana.

TUTEADO, p. p. de TUTEAR.

TUTEAR, v. a. Hablar ó tratar de tú á alguno.

TUTELA, s. f. El cargo del tutor. ‖ met. Amparo, proteccion ó defensa. ‖ TUTELA DATIVA, for. La que egerce la persona nombrada por el juez á falta de tutor testamentario ó legítimo. ‖ TUTELA LEGÍTIMA, for. La que egerce el pariente mas cercano á falta de tutor testamentario. ‖ TUTELA TESTAMENTARIA, for. La que egerce la persona nombrada por el testador en su testamento.

TUTELAR, adj. Que ampara, protege ó defiende. ‖ Que pertenece á la tutela de los pupilos, y se aplica regularmente á los jueces que con este nombre tenian el cargo de proveer al menor que no la tuviese.

TUTÍA, s. f. V. ATUTÍA.

TUTOR, RA, s. m. y f. La persona destinada primariamente para la educacion, crianza y defensa; y accesoriamente para la administracion y gobierno de los bienes del que por muerte de su padre quedó en la menor edad, y cumpliendo el niño los catorce años se llama curador. ‖ met. El defensor ó amparador y protector en cualquiera línea. ‖ HABER MENESTER TUTOR, Explica la falta de genio ó capacidad de alguno para gobernar sus cosas. Dícese frecuentemente del demasiado gastador ó maniroto: con la negacion se usa aun con mayor viveza para dar á entender lo contrario.

TUTORÍA, s. f. V. TUTELA.

TUTRIZ, s. f. La muger á quien como al tutor se le encarga la tutela de algun menor. ‖ ant. Tutora, protectora.

TUYO, YA, Pron. posesivo de la segunda persona, que significa lo que le pertenece ó le es propio.

TUYOS, s. m. pl. Los que son del partido ó son allegados ó parientes de la persona con quien se habla.

U

U, Vigésima prima letra de nuestro alfabeto, y última de las vocales. Se pronuncia abierta la boca y los labios prolongados para afuera algo mas que para la *o*.

U, conj. disy. Ó.

U, Interj. que sirve para quejarse.

UBE

UBÉRRIMO, MA, adj. sup. Muy abundante y fértil. Úsase tambien en sentido metafórico.

UBIO, s. m. En algunas partes YUGO.

* UBIQUIDAD, s. f. Presencia actual de Dios.

* UBIQUISTA, s. m. Nombre que se da á un teólogo que no es de ningun colegio.

* UBIQUITARIO, s. m. Hombre adicto á una de las sectas del protestantismo.

UBRE, s. f. La teta de las hembras de los cuadrúpedos.

UBRERA, s. f. Llaga que se suele hacer á los niños en la boca por la continuacion del mamar y por calor de la leche.

UCA

* UCASE, s. m. Edicto expedido por el soberano de Rusia.

UCÉ

UCÉ, s. com. ant. V. VUESAMERCED.

UCENCIA, s. com. V. VUECELENCIA.

UES

UESNORUESTE, s. m. V. OESNORUESTE.

UESSUDUESTE, s. m. V. OESSUDUESTE.

UESTE, s. m. El punto del horizonte que está hácia el ocaso del sol, y dista noventa grados del norte y noventa del sur. || El viento que sopla por el ueste.

UFA

UFANADO, p. p. de UFANARSE.

UFANAMENTE, adv. Ostentosa, vana, jactanciosamente.

UFANARSE, v. r. Engreirse, envanecerse, jactarse, gloriarse.

UFANERO, RA, adj. ant. Que acostumbra ufanarse.

UFANEZA, s. f. ant. V. UFANÍA.

UFANÍA, s. f. Engreimiento, vanagloria, envanecimiento. || met. Satisfaccion, alegría, desembarazo en la egecucion de alguna cosa.

UFANIDAD, s. f. ant. V. UFANÍA.

UFANÍSIMO, MA, adj. sup. de UFANO.

UFANO, NA, adj. Envanecido, presuntuoso, engreido. || met. Satisfecho, alegre, contento.

UFO (Á), De gorra, de mogollon, sin ser convidado ni llamado.

UGI

UGIER, s. m. Criado de palacio que en rigor corresponde á portero, de que hay varias clases segun la servidumbre de cada uno. || UGIER DE ARMAS, El criado ó ministro que en lo antiguo tenia el encargo de la custodia y guarda de las armas del rey. || UGIER DE CÁMARA, El criado del rey que asiste en la antecámara para cuidar de la puerta, y que solo entren las personas que deben entrar por sus oficios ú otros motivos. || UGIER DE SALA, V. UGIER DE VIANDA. || UGIER DE SALETA, El criado del rey que asiste en la pieza mas afuera de la antecámara, que llaman la saleta, para cuidar é impedir la entrada á los que no deben entrar. Le hay tambien en el cuarto de la reina con el mismo encargo. || UGIER DE VIANDA, Criado de palacio que tiene á su cargo acompañar el cubierto y copa desde la paneteria y cava, y despues la vianda desde la cocina.

ULC

ÚLCERA, s. f. Llaga profunda causada por algun humor acre y corrosivo.

ULCERACION, s. f. *Cir.* Corrosion del humor en parte del cuerpo que ocasiona la úlcera.

ULCERADO, p. p. de ULCERAR.

ULCERANTE, p. a. ant. de ULCERAR. Que ulcera.

ULCERAR, v. a. Causar el humor acre y corrosivo alguna úlcera.

ULCERATIVO, VA, adj. Que causa ó puede causar úlceras.

ULCEROSO, SA, adj. Que está lleno de úlceras.

* ULÍCEA, s. f. Poema de Homero en que Ulises es el héroe.

* ULMARIA, s. f. Planta sudorífica.

ULTERIOR, adj. Que está de la parte de allá de algun sitio ó territorio. || Que se dice ó egecuta despues de otra cosa, y así se dice que se han tomado providencias ULTERIORES.

* ULTERIORMENTE, adv. De la otra banda. || Despues de lo que se ha dicho ó hecho.

ÚLTIMADAMENTE, adv. ant. ÚLTIMAMENTE.

ULTIMADO, p. p. de ULTIMAR. || ÚLTIMADO, DA, adj. ant. V. ÚLTIMO.

ÚLTIMAMENTE, adv. Finalmente, al cabo, por último.

ULTIMAR, v. a. Acabar, concluir, finalizar alguna cosa.

* ULTIMATUM, s. m. *Dipl.* Últimas condiciones irrevocables de un tratado.

samente, violentamente, horriblemente.

TERRIBLEZ, s. f. ant. V. TERRIBILIDAD.

TERRIBLEZA, s. f. ant. V. TERRIBILIDAD.

TERRÍCOLA, s. com. Habitador de la tierra.

TERRÍFICO, CA, adj. Que amedrenta, pone espanto ó terror.

TERRÍGENO, NA, adj. Que es nacido ó engendrado de la tierra.

TERRÍN, s. m. COMPATRIOTA, Antiguamente era nombre propio.

TERRINO, NA, adj. Que es de tierra; y así se dice: casa TERRINA.

TERRITORIAL, adj. Que pertenece á un cierto territorio ó distrito.

TERRITORIO, s. m. El sitio ó espacio que contiene una ciudad, villa ó lugar. || El circuito ó termino que comprende la jurisdiccion ordinaria.

TERRIZO, ZA, adj. Que está hecho ó fabricado de tierra.

TERROMONTERO, s. m. Montecillo, cerro ó collado como monton de tierra.

TERRON, s. m. Pedazo de tierra aplastado y duro. || Pedazo que se forma de partes menudas, agregándose unas á otras. || Lo que queda en los capachos despues de molida y exprimida la aceituna. || met. La junta ó union de cosas inmateriales. || TERRONES, pl. La hacienda raiz de campo, como viñas, tierras labrantías, etc. || TERRON DE SAL, met. El sujeto muy gracioso y decidor. || Á RAPA TERRON, fam. de RAIZ.

TERRONAZO, s. m. aum. de TERRON. || El golpe dado con un terron.

TERRONCILLO, s. m. d. de TERRON.

TERRONTERA, s. f. Quebrada de tierra en algun monte.

TERROR, s. m. Miedo, espanto, pavor de algun mal que amenaza ó de peligro que se teme. || TERROR PÁNICO, V. PÁNICO.

*TERRORISMO, s. m. Sistema político del terror.

*TERRORISTA, s. m. Agente ó partidario del terrorismo.

TERROSIDAD, s. f. V. TERRESTRIDAD.

TERROSO, SA, adj. Que tiene mezcla de tierra.

TERROSO, s. m. *Germ.* El monton de tierra.

TERRUÑO, s. m. Sitio ó espacio de tierra.

TERRUZO, s. m. ant. V. TERRUÑO.

TERSADO, p. p. de TERSAR.

TERSAR, v. a. Poner una cosa pura, limpia y tersa.

TERSIDAD, s. f. La calidad de terso.

TERSÍSIMO, MA, adj. sup. de TERSO.

TERSO, SA, adj. Limpio, claro, bruñido y resplandeciente. || met. Se aplica al estilo limado, puro y elegante, sin afectacion.

TERSURA, s. f. Limpieza, pureza y claridad. || Dícese regularmente de la elegancia del estilo limpio, claro y limado.

TERTIL, s. m. Derecho que se paga por la seda del reino de Granada.

TERTULIA, s. f. La junta voluntaria ó congreso de hombres discretos para discurrir en alguna materia. || La junta de amigos y familiares para conversacion, juego y otras diversiones honestas. || En los coliseos de Madrid un corredor mas alto que todos los aposentos.

TERTULIANO, NA, adj. y s. fam. El que asiste ó concurre á una tertulia.

TERTULIO, LIA, adj. V. TERTULIANO.

TERUELO, s. m. *Ar.* Bola hueca donde se incluye el nombre ó número de cada uno de los que entran en suerte.

TERUNCIO, s. m. Moneda romana muy pequeña de plata que valia tres onzas, ó la cuarta parte de un as.

TERUVELA, s. f. ant. V. POLILLA.

TERZON, NA, adj. y s. *Ar.* Se aplica al novillo de tres años.

TERZUELA, s. f. En algunas iglesias la distribucion que se gana por asistir á la hora de tercia.

TERZUELO, LA, adj. Se dice del halcon, azor y otras aves de esta especie, que sale el tercero del nido.

TERZUELO, s. m. El tercio ó tercera parte de alguna cosa.

TESADO, p. p. de TESAR.

TESALIANO, NA, adj. ant. V. TESALIENSE.

TESALIENSE, adj. y s. El natural de Tesalia y perteneciente á ella.

TÉSALO, LA, adj. y s. El natural de Tesalia y perteneciente á ella.

TESALÓNICO, CA, s. y adj. El natural de Tesalónica y perteneciente á esta ciudad.

TESAR, v. a. *Náut.* Poner tirantes los cabos.

TESAURERO, s. m. ant. V. TESORERO.

TESAURO, s. m. Índice ó compen-

parte de la herencia que llamaban los Romanos AS.

UNCIDO, p. p. de UNCIR.

UNCION, s. f. El acto de ungir. ‖ Como sacramento EXTREMAUNCION. ‖ Gracia y comunicacion especial del Espíritu Santo, que excita y mueve el alma á la virtud y perfeccion. ‖ UNCIONES, pl. Las unturas que se dan con el mercurio al que está enfermo de gálico para su curacion.

UNCIONARIO, RIA, adj. Que está tomando las unciones ó convaleciente de ellas. Llaman tambien así la pieza ó aposento en que se dan.

UNCIR, v. a. Unir y atar á un mismo yugo los bueyes, mulas ú otras bestias.

UNDANTE, adj. *Poét.* V. UNDOSO.

UNDECÁGONO, NA, adj. y s. m. *Geom.* Que tiene once ángulos y lados. Úsase como sustantivo en la terminacion masculina.

UNDÉCIMO, MA, adj. num. ord. Que sigue en órden al décimo.

UNDÉCUPLO, PLA, adj. Se aplica á la cantidad, que es once veces tanta como otra con quien se compara.

UNDÍSONO, NA, adj. *Poét.* Se aplica á las aguas que causan ruido con el movimiento de las ondas.

UNDOSÍSIMO, MA, adj. sup. de UNDOSO.

UNDOSO, SA, adj. Que tiene ondas ó se mueve haciéndolas.

UNDULACION, s. f. *Fís.* El movimiento circular que adquiere un fluido por el impulso de un cuerpo extraño.

UNDULATORIO, RIA, adj. *Fís.* Se aplica al movimiento de undulacion.

UNGARINA, s. f. V. ANGUARINA.

UNGIDO, p. p. de UNGIR.

UNGIDO, s. m. La persona elegida por rey, y signada con el olio á ese efecto; y por antonomasia se dice de Cristo nuestro señor.

UNGIMIENTO, s. m. La accion y efecto de ungir.

UNGIR, v. a. Aplicar á alguna cosa aceite ú otra materia pingüe, extendiéndola superficialmente. ‖ Signar con olio sagrado á alguna persona para denotar el carácter de su dignidad, ó para la recepcion de algun sacramento.

UNGÜENTARIO, s. m. El que hace los ungüentos.

UNGÜENTARIO, RIA, adj. Que pertenece á los ungüentos ó los contiene, como nues UNGÜENTARIA. ‖ El parage ó sitio en que se tienen colocados en separacion los ungüentos.

UNGÜENTO, s. m. Todo aquello que sirve para ungir ó untar. ‖ La confeccion pingüe y blanda compuesta de varios simples medicinales. ‖ Confeccion de simples olorosos y fragantes que usaban mucho los antiguos, y hoy se usa para embalsamar los cadáveres. ‖ met. Cualquiera cosa que suaviza y ablanda el ánimo ó la voluntad, y la atrae á lo que se desea conseguir. ‖ V. AMARILLO. El que se compone de aceite, de pez griega y de cera amarilla que es la que le da el color.

UNIBLE, adj. Que puede unirse.

ÚNICAMENTE, adv. Sola ó precisamente.

UNICAULE, adj. Dícese del arbusto ó planta de un solo vástago ó tallo.

* UNICIDAD, s. f. Cualidad de lo que es único.

ÚNICO, CA, adj. Solo y sin otro de su especie. ‖ Singular, raro, especial ó excelente en su línea.

UNICORNIO, s. m. Animal supuesto fabuloso parecido á un caballo pequeño, con un solo cuerno. ‖ Rinoceronte, cuadrúpedo. ‖ Piedra mineral amarilla, cenicienta ó parda, que es lo liso, y muchas veces en la figura, se parece al cuerno.

UNIDAD, s. f. Total simplicidad é indivision del ente. ‖ Singularidad en número ó calidad con que se constituye uno. ‖ *Arit.* El dígito ó sitio primero hácia la mano derecha, en que se coloca cualquiera cifra del número que no llega á diez. ‖ Union ó conformidad.

UNIDAMENTE, adv. Juntamente con union ó concordia.

UNIDO, p. p. de UNIR.

UNIFICADO, p. p. de UNIFICAR.

UNIFICAR, v. a. Hacer de muchas cosas una ó un todo, uniéndolas ó mezclándolas.

UNIFORMADO, p. p. de UNIFORMAR.

UNIFORMAR, v. a. Hacer una cosa conforme ó semejante á otra.

UNIFORME, adj. Que guarda uniformidad.

UNIFORME, s. m. El vestido peculiar y distintivo que por establecimiento ó concesion usan los militares y otros empleados ó cuerpos públicos.

UNIFORMEMENTE, adv. Conforme, correspondiente, igual ó concordemente.

UNIFORMIDAD, s. f. Conformidad

ó invalidar el testamento hecho segun derecho, y permaneciendo en el mismo estado el testador, como cuando le nace un heredero suyo, ó cuando hace otro testamento perfecto, ó cuando adopta por hijo á alguno. || SI NO VALE POR TESTAMENTO, VALGA POR CODICILO, fam. V. LO QUE NO PASA POR TESTAMENTO PASA POR CODICILO.

TESTANTE, p. a. ant. de TESTAR, y s. El que atestigua.

TESTAR, v. n. Hacer testamento.

TESTAR, v. a. Borrar ó tachar las letras ó caractéres escritos. || ant. Atestiguar. || ant. Embargar judicialmente ó denunciar alguna cosa pidiendo su embargo.

TESTARUDO, DA, adj. Porfiado, terco y tenaz que con empeño disputa las cosas, manteniéndose en una aprension particular é inflexible á la razon.

TESTERA, s. f. La frente ó principal fachada de una cosa. En los coches es el asiento en que se va de frente, á distincion del otro que llaman el vidrio, en que se va de espaldas. || El adorno que se ponia en la frente del caballo y otras bestias. || La parte anterior de la cabeza del animal.

TESTERADA, s. f. Golpe dado con la testa. || met. Terquedad, inflexibilidad y ostinacion en alguna aprension particular.

TESTERO, s. m. V. TESTERA.

TESTÍCULO, s. m. Parte glandulosa: hay dos en el cuerpo del animal y en diversas partes segun sus especies. Son el principal órgano de la propagacion, por producirse en ellos el esperma, que es el principio de ella.

TESTIFICACION, s. f. La accion y efecto de testificar y asegurar alguna cosa.

TESTIFICADO, p. p. de TESTIFICAR.

TESTIFICANTE, p. a. de TESTIFICAR, y s. El que testifica.

TESTIFICAR, v. a. Deponer como testigo en algun acto judicial. || Declarar, explicar y denotar con seguridad y verdad alguna cosa en lo físico ó en lo moral.

TESTIFICATA, s. f. for. *Ar.* El testimonio é instrumento legalizado de escribano, en que da fe de alguna cosa.

TESTIFICATIVO, VA, adj. Que declara y explica con certeza y testimonio verdadero alguna cosa.

TESTIGO, s. com. El que da testimonio de alguna cosa ó la atestigua. || Cualquiera cosa, aunque sea inanimada, y que no puede declarar, por la cual se arguye ó infiere la verdad de algun hecho. || TESTIGO ABONADO, for. El que no tiene tacha legal. || El que no pudiendo ratificarse por haber muerto ó hallarse ausente, es abonado por la justificacion que se hace de su veracidad, y de no tener tachas legales. || TESTIGO DE OIDAS, El que depone de algun caso por haberle oido á otros. || TESTIGO DE VISTA, El que se halló presente al caso en que atestigua ó depone. || TESTIGO INSTRUMENTAL, V. INSTRUMENTAL. || TESTIGO OCULAR, V. TESTIGO DE VISTA. || TESTIGO SINGULAR, for. El que por discordar de los otros en el hecho, persona, circunstancias del lugar ó tiempo no hace fe, ni sirve su dicho. || TESTIGO SINODAL, La persona honesta, de suficiencia y probidad, nombrada en el sínodo para saber de ella la observancia de los estatutos sinodales. || EXAMINAR TESTIGOS, for. Tomarles las declaraciones escribiendo lo que dicen y deponen al tenor del interrogatorio. || HACER TESTIGOS, Poner personas de autoridad para que confirmen la verdad de una cosa. || MUCHO APRIETA ESTE TESTIGO, Expr. fam. que se usa cuando alguno prueba con hechos indubitables lo contrario de lo que otro decia.

TESTIGUAR, v. a. ant. V. ATESTIGUAR.

TESTIMONIAL, adj. Que hace fe y verdadero testimonio.

TESTIMONIALES, s. f. pl. El instrumento auténtico que asegura y hace fe de lo contenido en él. Tómase especialmente por el testimonio que dan los obispos de la buena vida, costumbres y libertad de algun súbdito que pasa á otra diócesis.

TESTIMONIAR, v. a. Atestiguar ó servir de testigo para alguna cosa.

TESTIMONIERO, RA, adj. y s. El que levanta falsos testimonios.

TESTIMONIO, s. m. Atestacion o aseveracion de alguna cosa. || Instrumento legalizado de escribano en que da fe de algun hecho. || Prueba, justificacion y comprobacion de la certeza ó verdad de alguna cosa. || Impostura ó falsa atribucion de alguna culpa. Dícese mas regularmente falso TESTIMONIO. || ant. V. TESTIGO. || FALSO TESTIMONIO, V. FALSO.

TESTIMOÑERO, RA, adj. ant. V. TESTIMONIERO. || Hazañero, hipócrita, y que afecta y finge.

TESTON, s. m. Moneda usada en

gado de todas las cosas criadas. Úsase con mas extension que la voz mundo, que significa lo mismo.

UNIVOCACION, s. f. La conformidad ó conveniencia de cosas distintas debajo de una misma razon, como la UNIVOCACION del ente entre los filósofos.

UNIVOCADO, p. p. de UNIVOCARSE.

UNÍVOCAMENTE, adv. Con univocacion y semejanza.

UNIVOCARSE, v. r. Convenir en una razon misma dos ó mas cosas.

UNÍVOCO, CA, adj. Que con una misma expresion significa cosas distintas que convienen en una misma razon. Úsase algunas veces como sustantivo. || Semejante á otra cosa ó unido con ella.

UNO, NA, adj. Identificado ó unido física ó moralmente. || Muy semejante ó parecido. || Estrecho amigo ó correspondiente á la voluntad. || Indistinto ó mismo; y así se dice: esa razon y la que yo digo es UNA. || Solo en su especie, y que excluye todo género de pluralidad. || Se usa relativamente para distribuir las cosas ó personas en la materia de que se trata; y se contrapone á la voz *otro*. || La persona que se cita indeterminadamente cuando no se sabe su nombre ó no se quiere decir, como UNO dijo, etc.

UNO, s. m. El principio ó raiz de todo número. || La primera cifra ó nota del guarismo, que en los números castellanos se escribe ó denota con una I, y en los comunes ó arábigos con un 1. || Cualquier individuo de alguna especie. || UNO Á OTRO, Mutua ó recíprocamente. || UNO Á UNO, Expr. con que se explica la separacion ó distincion por órden de las cosas de que se trata. || UNO POR UNO, V. UNO Á UNO. Úsase para explicar mayor separacion ó distincion. || UNO TRAS OTRO, Sucesivamente ó por órden sucesivo. || UNO Y NINGUNO, TODO ES UNO, Significa que uno solo destituido de la ayuda de otros, no puede hacer aquellas cosas para que son necesarios muchos. || UNO Y OTRO, Expr. con que se declaran dos cosas distintas, como uniéndolas á algun fin ó intento. || UNA COSA, Cualquiera materia indeterminada que se calla ó no se dice claramente por algun motivo; y así se dice: yo te digera UNA COSA, como guardaras silencio. || Se usa para hacer separacion ó distincion en los extremos de algun punto ó materia, como concediendo algo para negar lo demas; y así se dice: UNA COSA es que yo lo pase, y otra que lo deba hacer. || UNA NO ES NINGUNA, Expr. que explica que es razon suficiente para que fácilmente se perdone un defecto el haber sido solo. || UNA POR UNA, En todo caso ó con certeza y seguridad en lo que se dice ó controvierte. || UNA Y BUENA, Expr. con que se pondera alguna especie ó funcion, especialmente de riña ó pendencia por haber sido arriesgada ó temerse que lo sea. || UNA Y NO MAS, Expr. con que se denota la resolucion ó propósito firme de no volver á egecutar alguna cosa en que se ha padecido daño ó riesgo. || Á UNA, Á un tiempo, unidamente ó juntamente. || IR Á UNA, Ir de compañía y de conformidad en alguna cosa. || DE UNA, Ó DESDE UNA HASTA CIENTO, Loc. con que se expresa un gran número de injurias ó dicterios dichos á alguno. || DE UNO EN UNO, V. UNO Á UNO. || EN UNO, Con union ó inseparabilidad. || ant. V. JUNTAMENTE. || HACERSE Á UNA, V. IR Á UNA. || IR Á UNA, met. Convenirse ó concertarse algunos á un mismo intento por la utilidad que les es comun. || SER PARA EN UNO, Loc. con que expresamos que dos personas son muy conformes y parecidas en sus costumbres y modales, y que se convendran fácilmente en cualquiera especie. Úsase regularmente hablando de los casamientos. || TODO ES UNO, Expr. que ademas del sentido recto, se usa por antífrasis para dar á entender que alguna cosa es totalmente diversa, ó es impertinente y fuera de propósito para el caso ó fin á que se quiere aplicar.

UNTADO, p. p. de UNTAR.

UNTADOR, RA, s. m. y f. El que unta.

UNTADURA, s. f. La accion y efecto de untar. Tómase tambien por lo mismo con que se unta.

UNTAMIENTO, s. m. La accion y efecto de untar.

UNTAR, v. a. V. UNGIR. Úsase este verbo frecuentemente en las cosas comunes. || met. fam. Corromper ó sobornar con dones ó dinero, especialmente á los ministros y jueces. Dícese frecuentemente UNTAR las manos.

UNTARSE, v. r. Mancharse casualmente con alguna materia untuosa ó grasa. || met. Interesarse ó quedarse con algo en las cosas que se manejan, especialmente dinero.

UNTAZA, s. f. V. ENJUNDIA.

UNTO, s. m. Cualquiera materia crasa ó licor pingüe dispuesto ó capaz para untar. || El craso o gordura interior del cuerpo del animal. || UNGÜENTO, especialmente en sentido metafórico. || UNTO DE MÉJICO, fam. El dinero, especialmente el que se emplea en el soborno. || UNTO DE RANA, fam. V. UNTO DE MÉJICO.

UNTOSIDAD, s. f. ant. V. UNTUOSIDAD.

UNTOSO, SA, adj. ant. V. UNTUOSO.

UNTUOSIDAD, s. f. La calidad ó propiedad de las cosas untuosas.

UNTUOSO, SA, adj. Que es de una sustancia crasa, pingüe y pegajosa.

UNTURA, s. f. V. UNCION, untadura. || La materia con que se unta o unge.

UÑA

UÑA, s. f. Materia dura de la misma naturaleza que el cuerno, la cual nace y crece en las extremidades de los dedos de los pies y de las manos. || El casco ó pesuña de los animales que no tienen dedos. || El garfio ó punta corva de algunos instrumentos de metal ó espinas corvas en algunas plantas. || En los árboles aquella parte que queda pegada á la raiz cuando cortan alguno de sus pies. || Especie de costra dura que se les forma á las bestias sobre las mataduras. || La excrescencia ó tumor duro, que se hace en los ojos en la extremidad del párpado, por la semejanza que tiene con la raiz de la uña. || met. y fam. Destreza ó suma inclinacion á defraudar ó hurtar. Úsase comunmente en plural. || La punta corva en que remata la colilla del alacran, que es con la que pica. || UÑA DE CABALLO, Yerba, V. FÁRFARA. || UÑA GATA, V. GATUÑA. || UÑA OLOROSA, Conchuela ó tapa de otra mayor, ocupada por cierto marisco que menciona Dioscórides y varios médicos de la antigüedad. || UÑAS ABAJO, *Esgr.* Loc. con que se denota la estocada que se da volviendo la mano y los gavilanes de la espada hácia el suelo. *Manej.* Loc. con que se explica la posicion en que queda la mano cuando se afloja un poco la rienda, esto es, vuelta de modo que las uñas miren hácia la tierra. || UÑAS ADENTRO, *Manej.* Loc. con que se explica la posicion ordinaria de la mano izquierda con que se llevan las riendas, la cual ha de ir cerrada y las uñas mirando hácia el cuerpo. || UÑAS ARRIBA, *Esgr.* Loc. con que se denota la estocada que se tira volviendo los gavilanes y la mano hácia arriba. Úsase tambien metafóricamente por el que se dispone á defenderse ó á no convenirse en una especie que le proponen. || *Manej.* Loc. con que se explica la posicion en que ha de quedar la mano cuando se acorta un poco la rienda, esto es, vuelta de modo que las uñas miren hácia el cielo. || UÑAS DE GATO, Y CARA Ó HÁBITO DE BEATO, Reprende á los hipócritas. || Á UÑA DE CABALLO, Junto con los verbos *huir, escapar, salir,* etc., significa librarse de algun peligro por la ligereza del caballo. || met. Con los verbos *huir, salir* y otros semejantes significa libertarse uno de algun riesgo por su cuidado y diligencia. || AFILAR LAS UÑAS, met. y fam. Hacer algun esfuerzo extraordinario de ingenio, habilidad ó destreza. || COGER EN LAS UÑAS Ó ENTRE UÑAS, met. Explica el deseo de castigar á alguno, haciéndole algun daño para vengarse de él. || COMERSE LAS UÑAS, met. Explica la desazon ó sinsabor que causa alguna cosa, dándolo á entender con esta accion. || met. Da á entender la distraccion que se padece en algunas acciones por el demasiado cuidado con que se piensa en algun asunto ó discurso. || CORTARSE LAS UÑAS CON ALGUNO, Irse disponiendo para reñir con él. || DE UÑAS Á UÑAS, Explica la medida del cuerpo humano por toda la extension de sus partes. || EN LA UÑA, Explica la facilidad ó brevedad de egecutar alguna cosa. || HINCAR Ó METER LA UÑA, met. Exceder en los precios ó derechos debidos, ó defraudar algunas cantidades ó porciones. || LARGO DE UÑAS, fam. El ladron ratero. || MIRARSE LAS UÑAS, met. Jugar á los naipes ó estar enteramente ocioso. || MOSTRAR LA UÑA, met. Descubrir finalmente algun defecto el que estaba bien opinado, con que se conoce su genio ó natural. || MOSTRAR LAS UÑAS, met. Manifestar aspereza ó dificultad en dejarse persuadir en lo que se intenta ó en lo que se desea conseguir. || PONERSE DE UÑAS, met. fam. Oir con mucho desagrado y enfado lo que se pide ó pretende, negándose ó resistiéndose á ello. || PONERSE EN VEINTE UÑAS, met. fam. V. PONERSE DE UÑAS. || QUEDARSE SOPLANDO LAS UÑAS, met. Da á entender que alguno se ha quedado burlado ó engañado impensadamente ó de quien no lo esperaba. || SACAR LAS UÑAS, met. y fam. Valerse de toda la habilidad, ingenio ó valor en algun lance estrecho que ocurre. || SACAR POR LA UÑA AL LEON, met. Llegar al conocimiento de alguna cosa por alguna leve señal ó indicio de ella. || SER UÑA Y CARNE, met. y fam. Haber estrecha amistad entre algunas personas. ‖ tener en la uña, met. Saber alguna cosa muy bien, y tener muy pronta su especie. ‖ tener uñas, met. Explica que algun negocio ó especie tiene graves dificultades, ó en su consecucion ó en libertarse ó desembarazarse de él.

UÑADA, s. f. La impresion que se hace con la uña apretándola sobre alguna cosa ó el impulso para moverla con ella. ‖ V. uñarada.

UÑARADA, s. f. El rasguño ó araño que se hace con la uña.

UÑATE, s. m. fam. La accion y efecto de apretar con la uña alguna cosa. ‖ uñeta por juego.

UÑAZA, s. f. aum. de uña.

UÑERO, s. m. Excrescencia que nace á raiz de la uña, y causa mucho dolor y estorbo: llaman tambien así á la uña que creciendo mucho, se introduce entre el cuero y molesta gravemente.

UÑETA, s. f. d. de uña. ‖ Juego de los muchachos.

UÑICA, s. f. d. de uña.

UÑIDO, p. p. de uñir.

UÑIDURA, s. f. La accion y efecto de uncir ó uñir.

UÑIR, v. a. uncir. Hoy se usa en algunas partes.

UÑITA, s. f. d. de uña.

UÑOSO, SA, adj. Que tiene las uñas largas.

UÑUELA, s. f. d. de uña.

UPA

UPA, V. aupa.

UPISPA, s. f. V. abubilla.

URA

URACHO, s. m. *Anat.* La via ó agujero por donde sale la orina de la vegiga.

* URANIA, s. f. Una de las nueve musas y es la de la astronomia.

* URANOGRAFÍA, s. f. Descripcion del cielo.

* URANOMETRÍA, s. f. Arte de medir las distancias y movimientos de los astros.

* URANOSCOPIO, s. m. Pescado del Mediterráneo así llamado por tener los ojos sobre la cabeza mirando hácia el cielo.

* URAÑO, ÑA, adj. V. huraño.

* URATO, s. m. *Quim.* Nombre genérico de las sales formadas con el ácido úrico.

URBANAMENTE, adv. Con cortesía, con urbanidad y buen modo.

URBANÍA, s. f. ant. V. urbanidad.

URBANIDAD, s. f. Cortesania, comedimiento, atencion y buen modo.

URBANÍSIMO, MA, adj. sup. de urbano.

URBANO, NA, adj. Perteneciente á la ciudad. ‖ Cortesano, atento y de buen modo.

URCA, s. f. Embarcacion ó barco grande, muy ancho de buque por en medio de él. Es vaso de carga, y sirve ordinariamente en varios parages de Indias para el trasporte de granos y otros géneros. Pez, V. orca.

URCE, s. m. brezo, arbusto.

URCHILLA, s. f. Cierto color morado artificial, que se hace de yerbas y tintura, y es bueno para las iluminaciones en la pintura.

URDIDERA, s. f. V. urdidora. ‖ El instrumento para urdir las telas, que se compone de una armazon de palos á modo de devanadera, formada en triángulos con un cilindro en medio con que se mueve al rededor.

URDIDO, p. p. de urdir.

URDIDOR, RA, s. m. y f. El que urde ó la que urde.

URDIDOR, s. m. urdidera por el instrumento para urdir las telas.

URDIDURA, s. f. La accion y efecto de urdir.

URDIEMBRE, s. f. V. urdimbre.

URDIMBRE, s. f. El estambre ó pié despues de urdido.

URDIR, v. a. Formar del estambre ó pié madeja en el urdidor para pasarla al telar. ‖ met. Maquinar y disponer cautelosamente alguna cosa contra alguno para la consecucion de algun designio.

* UREA, s. f. *Quim.* Parte de la orina humana.

URÉTERA, s. f. *Anat.* V. uretra.

URÉTERE, s. m. Cada uno de los vasos ó conductos por donde desciende á la vegiga la orina desde los riñones.

URÉTICO, CA, adj. Que toca ó pertenece á la uretra.

URETRA, s. f. El cuello de la vegiga por el cual se vierte la orina.

URGENCIA s. f. La instancia ó precision que obliga á alguna cosa. ‖ Necesidad ó falta de lo que es menester para algun negocio pronto. ‖ Hablando de las leyes ó preceptos la actual obligacion á cumplirlos.

URGENTE, p. a. de URGIR, Que urge.

URGENTEMENTE, adv. Con instancia y precision.

URGENTÍSIMAMENTE, adv. sup. de URGENTEMENTE.

URGENTÍSIMO, **MA**, adj. sup. de URGENTE.

URGIR, v. n. Instar ó precisar alguna cosa á su pronta egecucion ó remedio. || Obligar la ley ó el precepto actualmente.

URIA, s. f. Ave acuática.

* **ÚRICO**, **CA**, adj. *Quím.* Formado por la oxigenacion de la urea.

URINARIO, **RIA**, adj. Que pertenece á la orina, como bálsamo URINARIO.

URNA, s. f. Caja de metal, piedra ú otra materia de hechura de un cofrecillo ó arquita. || Vasija parecida á un cántaro ó cubo, sobre la cual estan apoyados los rios, que los pintores representan en figura humana. || Especie de escaparate adornado de vidrios, en que se colocan los niños ú otras estatuas pequeñas.

URNICA, s. f. d. de URNA.

URNICION, *s. f. Náut.* El barraganete ó pieza última de la barenga por la parte superior que forma el costado. Es usada esta voz en los astilleros de Vizcaya.

URNILLA, **TA**, s. f. d. de URNA.

URO, s. m. El toro salvage, de mayor ligereza por lo regular que el comun.

UROGALLO, s. m. Ave semejante al gallo, pero mayor.

URRACA, s. m. Ave muy parecida á la corneja y grajo, especie del mismo género, con las plumas blancas ó negras. || HABLAR MAS QUE UNA URRACA, fam. Se usa para exagerar lo mucho que habla una persona; y especialmente se dice de las mugeres y los niños.

URSA, s. f. OSA, constelacion.

USA

USACION, s. f. ant. USO por la accion de usar.

USADAMENTE, adv. Segun el uso, conforme á él.

USADÍSIMO, **MA**, adj. sup. de USADO.

USADO, p. p. de USAR. || USADO, DA, adj. Gastado ó deslucido con el uso. || ant. Habituado, egercitado, acostumbrado, práctico en alguna cosa. || AL USADO, Expr. con que explican los cambistas que las letras se han de pagar en el tiempo ó modo que es costumbre.

USADOR, **RA**, s. m. y f. ant. El que usa.

USAGE, s. m. USO por estilo ó moda.

USAGRE, s. m. Especie de sarna que roe la carne.

USANTE, p. a. ant. de USAR, Que usa.

USANZA, s. f. USO por estilo, modo ó costumbre.

USAR, v. a. Valerse de alguna cosa, haciéndola servir para algun ministerio. || Valerse de algun medio en los lances que ocurren. || Poseer alguna cosa, ó gozándola ó disfrutándola. || Poner en uso ó práctica alguna cosa. || Hacer ó egecutar alguna cosa por costumbre ó moda. || Egercer ó servir algun empleo ú oficio. || ant. Tratar y comunicar. || ant. Acostumbrar ó acostumbrarse.

USARSE, v. r. Estar una cosa en estilo ó práctica.

USENCIA, s. com. Voz usada entre los religiosos, y es síncopa de vuestra reverencia.

USEÑORÍA, **USÍA** ó **USIRÍA**, s. com. Voces que se usan en lugar de vuestra señoría, de quien son síncopas.

USGO, s. m. V. ASCO.

USIER, s. m. V. UGIER.

USITADO, **DA**, adj. ant. Que se usa muy frecuentemente.

USO, s. m. La accion y efecto de usar de alguna cosa. || El servicio ó aprovechamiento actual de las cosas. || El goce ó manejo de alguna cosa, aprovechándose de ella, aunque no se tenga la propiedad ni la posesion. || Estilo ó práctica general de alguna cosa. || Costumbre, hábito ó facilidad que se adquiere por el egercicio ó manejo de alguna cosa. || V. MODA. || El egercicio ú oficio de alguna cosa ó el modo determinado de obrar que tiene. || Continuacion frecuente; y así se dice: el uso del vino, del chocolate. || El manoseo ó demasiado manejo ó tratamiento de alguna cosa; y así se dice que una alhaja se maltrata ó desmejora con el uso. || for. El derecho de usar de la cosa agena con cierta limitacion. || USO DE RAZON, El egercicio de los actos de ella. Tómase frecuentemente por el tiempo en que se descubre ó empieza á reconocerse en las operaciones. || ANDAR AL USO, Acomodarse al tiempo, contemporizar con las cosas segun piden las ocasiones. || Á USO ó AL USO, Conforme ó segun él. || EL USO HACE MAESTRO, Persuade á egercitar las artes, ciencias y virtudes, pues la repeticion de sus actos facilita su mayor perfeccion y destreza. || ENTRAR EN LOS USOS, Seguir lo que se estila y practica por otros, y conformarse con los usos y costumbres del pais ó pueblo donde se reside.

USTAGA, s. f. *Náut.* Moton por donde pasa el cabo que va á la cabeza del mastelero de gavia.

USTED, s. com. Voz del tratamiento cortesano y familiar: es síncopa de vuesa merced. Úsase alguna vez como nombre sustantivo.

USTION, s. f. *Farm.* y *Quim.* La accion de quemar alguna cosa.

* USTORIO, RIA, adj. Que quema. Dícese del espejo.

USUAL, adj. Que comun ó frecuentemente se usa ó se practica. || Se aplica al sugeto tratable, sociable y de buen genio, y tambien se dice de las cosas que con facilidad se usan.

USUALMENTE, adv. Segun uso comun.

USUARIO, RIA, adj. for. Se aplica al que tiene derecho de usar de la cosa agena con cierta limitacion. Se halla mas comunmente como sustantivo.

USUCAPIDO, p. p. de USUCAPIR.

USUCAPION, s. f. for. Modo de adquirir la posesion de alguna cosa, por haber pasado el tiempo prescrito por las leyes.

USUCAPIR, v. a. for. Adquirir la posesion de alguna cosa, por haberla poseido todo el tiempo establecido por derecho.

USUFRUCTO, s. m. El derecho de usar de la cosa agena y aprovecharse de todos sus frutos sin deteriorarla. || Utilidades, frutos ó provechos que se sacan de cualquiera cosa.

USUFRUCTUADO, p. p. de USUFRUCTUAR.

USUFRUCTUAR, v. a. Tener ó gozar el usufructo de alguna cosa. || V. FRUCTIFICAR.

USUFRUCTUARIO, RIA, adj. y s. El que tiene el usufructo ó el derecho de gozar de alguna cosa en que no se tiene la propiedad.

USUFRUTUARIO, RIA, adj. ant. V. USUFRUCTUARIO.

USURA, s. f. El interes que se lleva por el dinero en el contrato de mero mutuo ó empréstito. Tómase muchas veces por el mismo contrato. || met. Cualquiera ganancia, fruto, utilidad ó aumento que se saca de alguna cosa en lo físico ó moral.

USURAR, v. n. V. USUREAR.

USURARIAMENTE, adv. Con usura.

USURARIO, RIA, adj. Se aplica á los tratos y contractos en que hay usuras.

USURARIO, RIA, s. m. y f. ant. V. USURERO.

USUREAR, v. n. Dar ó tomar á usura. || Ganar ó adquirir con utilidad, provecho y aumento.

USURERO, RA, s. m. y f. El que presta con usuras y logros.

USURERO, adj. ant. Que sirve para sacar de alguna cosa una gran ganancia ó utilidad excesiva.

USURPACION, s. m. La accion y efecto de usurpar.

USURPADO, p. p. de USURPAR.

USURPADOR, RA, s. m. y f. El que usurpa.

USURPAR, v. a. Quitar á otro lo que es suyo, ó quedarse con ello. Extiéndese tambien á las cosas no materiales. || Arrogarse la dignidad, empleo, oficio ú ocupacion de otro, y usar de él como si fuera propio. Úsase tambien en sentido metafórico.

UT

UT, s. m. Primera voz de la música de la seis del hexacordo y la mas baja de todas.

UTENSILIOS, s. m. pl. Lo que sirve para el uso y comodidad de la vida. || Mil. La contribucion que dan los patrones á los soldados en los alojamientos.

UTERINO, NA, adj. Que pertenece al útero. || Se aplica á los nacidos de una misma madre y de distintos padres.

ÚTERO, s. m. Órgano interior membranoso y hueco, donde se forma el feto y se mantiene hasta el parto.

UTICENSE, adj. y s. El natural de Útica y perteneciente á esta ciudad.

ÚTIL, adj. Que trae, ó produce provecho, utilidad, fruto ó interes. || Que puede servir y aprovechar en alguna línea. || for. Aplícase al tiempo ó dias que se conceden de término por la ley ó la costumbre, exceptuándose ó no contándose los que son legítimamente impedidos, por lo que no se puede actuar en ellos ó usar de alguna accion ó derecho; y fuera de lo forense se extiende á otras materias y especies.

ÚTIL, s. m. V. UTILIDAD.

UTILIDAD, s. f. Provecho, conveniencia, interes ó fruto que se saca de alguna cosa en lo físico ó moral. || La ca-

TÍMIDAMENTE, adv. Con temor, encogimiento ó miedo.

TIMIDEZ, s. f. Temor, miedo, encogimiento é irresolucion.

TIMIDÍSIMAMENTE, adv. sup. de TÍMIDAMENTE.

TIMIDÍSIMO, MA, adj. sup. de TÍMIDO.

TÍMIDO, DA, adj. Temeroso, medroso, encogido y corto de ánimo.

TIMO, s. m. V. TIMALO.

TIMON, s. m. El palo derecho que sale de la cama del arado en su extremidad: tiene tres ó cuatro agujeros que sirven para meter la clavija, y proporcionar el tiro. || *Náut.* Tabla vertical colocada en el codaste ó extremo de la popa de la embarcacion sobre goznes, en que gira á la derecha ó á la izquierda para dar la direccion á la nave. || El instrumento que gobierna el movimiento de algunas máquinas. || met. La especie, el cargo ó la persona en que consiste el gobierno principal de cualquiera cosa.

TIMONCICO, LLO, TO, s. m. d. de TIMON.

TIMONEAR, v. n. Gobernar el timon.

TIMONEL, s. m. El que gobierna el timon de la nave.

TIMONERA, s. f. El sitio donde se sienta la bitácora, y está el pinzote con que gobierna el timonel. || Cada una de las plumas grandes que tienen las aves en la cola. Llámanse así porque en el vuelo les sirve para dar direccion al cuerpo, así como el timon sirve en la navegacion para dirigir los buques.

TIMONERO, s. m. El que gobierna el timon.

TIMORATO, TA, adj. El que tiene el santo temor de ofender á Dios, y se gobierna por él en sus operaciones.

TIMPANILLO, s. m. d. de TÍMPANO. || *Impr.* Tímpano pequeño, cubierto de baldés ó pergamino, que se encaja detras del tímpano principal, y sobre él asienta el cuadro con que se aprieta el molde para que estampe.

TIMPANÍTICO, CA, adj. Que padece timpanítis ó perteneciente á está enfermedad.

TIMPANÍTIS, s. f. Especie de hidropesía en el bajo vientre, causada por el aire.

TÍMPANO, s. m. V. ATABAL. || *Anat.* El instrumento principal del sentido del oido, que es una membrana formada del quinto par de nervios, la cual está extendida y tensa como la de un tambor. || *Impr.* Artificio formado de cuatro listones de madera y cubierto de baldés, para asentar sobre él el papel que se ha de imprimir. || *Máq.* El palo redondo en las máquinas.

TINA, s. f. V. TINAJA. || Vaso grande en forma de caldera, de diferentes materias, que sirve para teñir y otros usos. || *And.* BALSA ó media bota.

TINACO, s. m. Especie de tina, en algunas partes de madera.

TINADA, s. f. Monton ó hacina de leña. || Cobertizo que se hace para reservar del temporal á los ganados; y particularmente se toma por aquel en que estan los bueyes.

TINADO ó TINADOR, s. m. V. TINADA, cobertizo.

TINAJA, s. f. Vasija grande de barro cocido, y algunas veces vidriado: desde el asiento va siendo mas ancha y capaz, y forma una como barriga hasta el gollete ó cuello, que es mas angosto.

TINAJERÍA, s. f. *And.* TINAJERO por el sitio donde se guardan las tinajas.

TINAJERO, s. m. El que hace tinajas ó las vende. || El sitio ó lugar donde se empotran las tinajas.

TINAJICA, LLA, TA ó TINAJUELA, s. f. d. de TINAJA.

TINAJON, s. m. Media tinaja ó vaso en forma de ella, en que se recogen aguas llovedizas. Suelen servir para lavar y otros usos.

TINAO, s. m. *p. And.* En los cortijos la estancia cubierta en donde se recogen y comen los bueyes.

TINAON, s. m. *And.* El establo de los bueyes.

TINEA, s. f. ant. Carcoma de madera podrecida en tierra.

TINELERO, RA, s. m. y f. La persona á cuyo cargo está el cuidado y provision del tinelo.

TINELO, s. m. Cuadra ó aposento en que come la familia de los señores y grandes.

TINGE, s. m. Ave de rapiña, especie de halcon nocturno, larga y delgada.

TINGITANO, NA, adj. y s. El natural de Tánger y perteneciente a esta ciudad.

TINGLADO, s. m. V. COBERTIZO.

TINGLE, s. f. Pieza de marfil ó hueso lisa y ancha, que usan los vidrieros para abrir y ajustar al vidrio las aberturas del plomo.

be en *virgen*, *vino*, *venga*; que es en lo que se conforma y encuentra esta voz con la de la *b*.

VAC

VACA, s. f. La hembra del toro. || La carne que se distribuye y pesa en la carnicería, aunque sea de buey. || Caja de cuero que se coloca encima de los coches para llevar ropas. || *And.* En el juego el caudal que dos llevan de compañía. || VACA DE SAN ANTON, Insecto pequeño volátil, colorado, con motas negras en el lomo, en que se semeja algo al tau de san Anton. || VACA MARINA, Animal indígeno de América y Asia en donde vive en la desembocadura de los grandes rios. || ECHAR LAS VACAS, V. ECHAR LAS CABRAS. || LA VACA DE LA BODA, Aquella persona que sirve de diversion á los que concurren á ella ó hace los gastos, y por extension se dice del sugeto á quien todos acuden en sus urgencias.

VACACION, s. f. Suspension de los negocios ó estudios por algun tiempo. Usase comunmente en plural, y tambien se toma por el mismo tiempo en que se cesa del trabajo. || ant. V. VACANTE.

VACADA, s. f. Manada de ganado vacuno.

VACADO, p. p. de VACAR. || VACADO, DA, adj. ant. V. VACO.

VACANCIA, s. f. ant. V. VACANTE.

VACANTE, p. a. de VACAR, Que vaca.

VACANTE, s. f. El empleo, la dignidad ó puesto que está por proveer. Dícese tambien del tiempo que pasa sin hacerse la provision. || La renta caida ó devengada en el tiempo que permanece sin proveerse algun beneficio ó dignidad eclesiástica. || Vacacion por el tiempo desocupado.

VACAR, v. n. Cesar por algun tiempo ó suspender los negocios, estudios ó trabajo en que alguno se emplea. || Quedar ó estar vaco algun empleo ó dignidad por falta del sugeto que le egercia ó su promocion á otra. || Dedicarse ó entregarse totalmente á algun egercicio determinado. || Suspenderse el órden ó continuacion, faltando alguna cosa del lugar ó tiempo que le correspondia.

VACAR, v. a. Hacer vacante algun oficio ó ministerio, quitando de él al que le egercia.

VACATURA, s. f. ant. V. VACANTE.

VACIADERO, s. m. El sitio en que se vacia alguna cosa, ó el conducto por donde se vacia.

VACIADIZO, ZA, adj. Se aplica á la obra vaciada. Usase entre los vaciadores de metales.

VACIADO, p. p. de VACIAR.

VACIADO, s. m. *Arq.* El rehundido ó fondo que queda en el neto del pedestal despues de la faja y moldura que le guarnece. || *Escult.* La figura, adorno, etc., de yeso, estuco, etc., que se ha formado en molde. || *Arq.* EXCAVACION.

VACIADOR, s. m. El que vacia, ó el instrumento por donde ó con que se vacia.

VACIAMIENTO, s. m. La accion y efecto de vaciar. || V. VACIO.

VACIANTE, p. a. de VACIAR. Aplícase regularmente á la marea menguante.

VACIAR, v. a. Arrojar ó verter lo que se contiene en alguna vasija, costal, etc. || Formar con moldes huecos algunas figuras con el metal ú otra materia que se echa en ellos. || Formar en hueco alguna cosa. Usase mucho en la arquitectura. || Poner ó explicar alguna doctrina latamente, ó pasarla de un escrito á otro.

VACIAR, v. n. Hablando de los rios ó corrientes venir á dar ó descargar sus aguas en otro rio ó en el mar. || Menguar el agua en los rios, mar, etc. || met. No obrar bien ó no emplear el tiempo en las obras que se deben, segun el empleo ú ocupacion. || Decaer el caudal ó perder el lustre alguna cosa.

VACIARSE, v. r. Derramarse algun licor ó verterse del vaso que le contiene. || Quedar algun sitio ó lugar desocupado ó desembarazado de la gente que estaba en él. || met. Decir lo que debia callar sin reparo ú no observar el secreto.

VACIEDAD, s. f. ant. V. VACUIDAD. || Necedad, sandez, simpleza.

VACIERO, s. m. El pastor del ganado vacío.

VACILACION, s. f. Movimiento incierto é indeterminado de alguna cosa. || met. Perplejidad, irresolucion.

VACILANTE, p. a. de VACILAR, Que vacila.

VACILAR, v. n. Moverse indeterminadamente alguna cosa. || Estar poco firme alguna cosa en su estado ó tener riesgo de caer ó arruinarse. Usase en lo físico y en lo moral. ‖ Titubear, estar perplejo é irresoluto.

VACÍO, CÍA, adj. Que está desembarazado ó desocupado de todo cuerpo, lleno solo de aire. ‖ Aplícase á la hembra del ganado que no tiene cria. Úsase tambien como sustantivo en la terminacion masculina. ‖ Vano, sin fruto, malogrado. ‖ met. Vano, presuntuoso y falto de madurez. ‖ Ocioso ó sin la ocupacion ó egercicio que pudiera ó debiera tenerse. ‖ Se aplica al sugeto ó persona que carece de las buenas obras que debia egecutar, ó que no lleva el don ú ofrenda que debia segun las circunstancias, ó no recibe la correspondiente remuneracion. ‖ Se aplica á los carruages ó caballerías sin la carga que suelen llevar. ‖ Se aplica á las casas ó pueblos que estan sin habitadores, ó á los sitios que están sin la gente que suele concurrir á ellos. ‖ Falto de la perfeccion debida en su línea ó del efecto que se pretende. ‖ Hueco ó falto de la solidez correspondiente.

VACÍO, s. m. V. VACUO. ‖ La vacante ó hueco de algun empleo, dignidad, egercicio ó lugar que alguno ocupaba y deja desembarazado. ‖ La concavidad ó hueco de algunas cosas. ‖ En el cuerpo del animal se llama el hueco interior que está desde las costillas hasta las caderas. ‖ Movimiento de la danza española que se hace levantando un pié con violencia, y bajándole despues naturalmente. ‖ DE VACÍO, Expresa que los carruages ó bestias de carga van sin ella. Sin ocupacion ó egercicio. ‖ EN VACÍO, Mús. Expresa que se pulsa la cuerda sin pisarla.

VACISCO, s. m. En las minas de azogue los fragmentos que quedan al romper la piedra mineral para cargar los hornos.

VACO, CA, adj. Se aplica al empleo, dignidad ó puesto que está sin sugeto que le ocupe.

VACUIDAD, s. f. La falta de cuerpo en donde le debia haber, ó la calidad que constituye el vacuo.

VACUNA, s. f. Cierto grano ó viruela que sale á las vacas en las tetas cuando las ordeñan sin lavarse las manos los que han tocado el gabarro de los caballos. Llámase tambien así el material de esos granos y el de los granos de los vacunados.

VACUNACION, s. f. La accion y efecto de vacunar ó aplicar la vacuna.

VACUNADO, p. p. de VACUNAR.

VACUNAR, v. a. Comunicar, aplicar el material de la vacuna á alguna persona para que contrayendo cierta indisposicion quede preservada de las viruelas epidémicas y naturales.

VACUNO, NA, adj. Que pertenece al ganado de vacas.

VACUO, CUA, adj. ant. V. VACANTE. ‖ Vacío, sin empleo, ocupacion ó uso.

VACUO, s. m. Fil. El espacio enteramente desocupado ó desembarazado de todo cuerpo.

VADE, s. m. El cartapacio ó funda de cartones cubiertos con badana en que llevan los estudiantes y niños de escuela los papeles que escriben en ella.

VADEABLE, adj. Se aplica al rio que se puede vadear. ‖ met. Vencible ó superable con el ingenio, arte ó eficacia cuando se ofrece alguna dificultad ó reparo.

VADEADO, p. p. de VADEAR.

VADEAR, v. a. Pasar el rio de una parte á otra por el suelo mas somero y firme de su madre. ‖ met. Vencer alguna grave dificultad. ‖ Tantear ó inquirir el ánimo de alguno, ó comprender y percibir alguna sentencia ú otra cosa dificultosa ú oscura.

VADEARSE, v. r. Manejarse, portarse, conducirse.

VADEMECUM, s. m. V. VADE.

VADERA, s. f. V. VADO. Tómase regularmente por aquel por donde pasan carruages, que es mas ancho.

VADO, s. m. El parage somero, llano y firme por donde se puede pasar el rio de una parte á otra sin barca. ‖ Expediente, curso, remedio ó alivio en las cosas que ocurren; y así se dice: no hallar VADO. ‖ NI AL VADO NI Á LA PUENTE, Expr. con que se da á entender que algun negocio ó dependencia está suspenso y sin hacerse diligencias para finalizarle. ‖ TENTAR EL VADO, Ver si está muy hondo. ‖ met. Intentar algun negocio con precaucion y advertencia para examinar su facilidad ó dificultad en la consecucion.

VADOSO, SA, adj. Se aplica al parage de mar, rio ó lago que tiene vados ó suelos someros, y por eso peligroso para la navegacion.

VAFE, s. m. And. Golpe atrevido.

VAFO, s. m. ant. V. VAHO. ‖ ant. Soplo ó aliento fuerte.

VAFOSO, SA, adj. ant. V VAPOROSO.

VAGABUNDO, DA, adj. Holgazan ú ocioso que anda de un lugar en otro sin

número de determinada estimacion. || Correr ó pasar las monedas. || Ser una cosa de importancia ó utilidad para la consecucion ó el logro de otra. || Prevalecer una cosa en oposicion de otra. || Ser ó servir de defensa ó amparo alguna cosa. || Tener la fuerza ó valor que se requiere para la subsistencia ó firmeza de algun efecto. || Junto con la partícula *por* significa incluir en sí equivalentemente las calidades de otra cosa; y así se dice: esta razon VALE por muchas. || Tener fuerza, actividad ó eficacia en lo físico y moral. || met. Tener cabida, aceptacion ó autoridad con alguno. || LO QUE MUCHO VALE MUCHO CUESTA, Expr. con que se avisa que no debe repararse en el trabajo ó en el coste de las cosas cuando es muy útil ó provechoso su logro ó son dignas de estimacion. || MAS VALE TARDE QUE NUNCA, Expr. fam. con que se significa que no debe desanimar para emprender alguna cosa el haber empezado tarde á egecutarla, pues la buena diligencia puede resarcir el atraso de la tardanza. || MAS VALIERA, Mas vale. || irón. Expresa la extrañeza ó disonancia que hace lo que se propone, como opuesto á lo que se intentaba. || MÉNOS VALER, Usado como sustantivo se toma por la pérdida del privilegio de nobleza ú otro fuero ó desestimacion del grado que se merecia, en la cual se incurre por alguna accion indigna ó infame. Dícese frecuentemente: caso de MÉNOS VALER. || MÉNOS VALER, met. Desestimacion ó desprecio en cualquier línea. Úsase regularmente diciendo: es cosa de MÉNOS VALER. || NO PODERSE VALER, Hallarse alguno en estado de no poder remediar el daño que le amenaza ó evitar alguna accion. || NO PODERSE VALER CON ALGUNO, No poderle reducir á su intento ó á lo que debe egecutar. || VALGA LO QUE VALIERE, Loc. que se usa para expresar que se hace alguna diligencia con desconfianza de que se logre fruto de ella. || VÁLGAME DIOS, Expr. usada como interjec. para manifestar con cierta moderacion el disgusto ó sorpresa que nos causa alguna cosa. || VÁLGATE, Con algunos nombres ó verbos se usa como interjeccion de admiracion, extrañeza, enfado ó pesar; y así se dice: VÁLGATE que te valga, etc.

VALERSE, v. r. Usar de alguna cosa en tiempo y ocasion ó servirse últimamente de ella. || Recurrir al favor ó interposicion de otro para algun intento.

VALERIANA, s. f. Yerba medicinal y de jardinería, de raiz olorosa, blanca, rolliza, rodeada de nudos circulares y de raicillas fibrosas.

VALEROSAMENTE, adv. Con valor, esfuerzo y ánimo, ó con fuerza y eficacia.

VALEROSIDAD, s. f. ant. V. VALOR.

VALEROSÍSIMAMENTE, adv. sup. de VALEROSAMENTE.

VALEROSÍSIMO, MA, adj. sup. de VALEROSO.

VALEROSO, SA, adj. Fuerte, eficaz y activo. || Esforzado, animoso y valiente. || ant. Que vale ó puede mucho.

VALETUDINARIO, RIA, adj. Enfermizo, delicado, de salud quebrada.

VALÍA, s. f. Estimacion ó aprecio de alguna cosa. || Valimiento, privanza. || Faccion, parcialidad. || ant. El precio ó estimacion ó valor de una cosa. || A LAS VALÍAS, Al mayor precio de los frutos en todo el año. Es término de que se usa mucho en los ajustes y contratos de los frutos, especialmente de los granos.

VALIDACION, s. f. Firmeza, fuerza, seguridad ó subsistencia de algun acto.

VALIDAD, s. f. ant. V. VALIDACION.

VALIDADO, p. p. de VALIDAR.

VÁLIDAMENTE, adv. Legítimamente, con firmeza, estabilidad, subsistencia, ó valor.

VALIDAR, v. a. Dar fuerza ó firmeza ó hacer válida alguna cosa.

VALIDÍSIMAMENTE, adv. sup. de VÁLIDAMENTE.

VALÍDISIMO, MA, adj. sup. de VÁLIDO.

VALIDO, p. p. de VALER. Que se vale de alguna cosa; y así se dice: VALIDO del favor se arroja á hacer lo que no debia. || Recibido, creido, apreciado ó estimado generalmente. || Robusto, fuerte ó esforzado.

VALIDO, s. m. El que tiene el primer lugar en la gracia de algun monarca ó en la estimacion de cualquier particular.

VÁLIDO, DA, adj. Firme, subsistente, y que vale ó debe valer.

VALIENTE, p. a. ant. de VALER. Que vale.

VALIENTE, adj. Fuerte y robusto en su línea. || Esforzado, animoso, y de valor. || Fuerte, de gran fuerza. || Eficaz y activo en su línea física ó moral. || Excelente, primoso ó especial en su línea. || Grande ó excesivo; y así se dice: hace un VALIENTE frio. || Valenton, baladron. || LOS VALIENTES Y EL BUEN VINO DURAN POCO, Ó SE ACABAN PRESTO, Expr. con que se da vierte á los que se precian ó jactan de valientes, que estan muy espuestos al riesgo por las frecuentes ocasiones en que suelen ponerse.

VALIENTEMENTE, adv. Con fuerza, actividad ó eficacia. || Esforzada y animosamente. || Con demasía ó exceso. | Con propiedad, primor ó singularidad, ó con arrojo y animosidad en el discurso ó el arte.

VALIMIENTO, s. m. El acto de valer alguna cosa ó de valerse de ella. || El servicio que el rey manda le hagan sus súbditos de alguna parte de sus bienes ó rentas para alguna urgencia por tiempo determinado. || Privanza ó aceptacion particular que una persona tiene con otra, especialmente si es príncipe ó superior. || Amparo, favor, proteccion ó defensa.

VALIOSO, SA, adj. ant. Que vale mucho ó tiene mucha estimacion ó poder. || ant. El adinerado, rico ó que tenia caudal.

VALIZA, s. f. *Náut.* Señal que se pone con lanchas, canoas ó boyas en la entrada de los puertos para que los navíos entren sin tocar en algun bajío.

VALLA, s. f. El vallado ó estacada para defensa. || La línea ó término que se destina ó señala para cerrar algun sitio, formada de estacas hincadas en el suelo ó de tablas unidas. || ROMPER LA VALLA, met. Emprender el primero la ejecucion de alguna cosa difícil.

VALLADAR, s. m. V. VALLADO. || Usabase mucho esta voz en lo antiguo, y hoy se conserva en algunas partes.

VALLADEADO, p. p. de VALLADEAR.

VALLADEAR, v. a. V. VALLAR.

VALLADO, p. p. de VALLAR.

VALLADO, s. m. El cerco que se hace á algun sitio formado de tierra levantada ó de otra cualquier cosa que le sirva de defensa y que cierre é impida la entrada.

VALLAR, v. a. Cercar ó cerrar algun sitio con vallado.

VALLE, s. m. Llanura de tierra entre montes ó alturas. || El conjunto de lugares, caserías, ó aldeas situadas bajo de una misma jurisdiccion. || VALLE DE LÁGRIMAS, met. Este mundo por las miserias y trabajos que obligan á llorar. || HASTA EL VALLE DE JOSAFAT, Hasta el dia del juicio. Se usa frecuentemente para dar á entender los que se despiden que no esperan volver á verse en esta vida.

VALLECICO, LLO, TO, s. m. d. de VALLE.

VALLEJO, s. m. d. de VALLE.

VALLEJON, s. m. aum. de VALLEJO.

VALLEJUELO, s. m. d. de VALLEJO.

VALLICO, s. m. V. JOYO.

VALON, NA, adj. y s. El natural de varios pueblos de los Paises-Bajos que hablan un lenguage particular, que se dice ser el antiguo germánico, y perteneciente á ellos.

VALONA, s. f. Adorno que se ponia al cuello, por lo regular unido al cabezon de la camisa, el cual consistia en una tira angosta de lienzo fino que caia sobre la espalda y hombros, y por la parte de adelante era larga hasta la mitad del pecho. || Á LA VALONA, Segun el uso y estilo de los valones.

VALONCICA, s. f. d. de VALONA.

VALONES, s. m. pl. Zaragüelles ó gregüescos al uso de los valones que los entrodugéron en España.

VALONICA, LLA, TA, s. f. d. de VALONA.

VALOR, s. m. La calidad que constituye una cosa digna de estimacion o aprecio. || El precio que se regula correspondiente é igual á la estimacion de alguna cosa. || Ánimo y aliento que desprecia el miedo y temor en las empresas ó resoluciones. || Subsistencia y firmeza de algun acto. || Fuerza, actividad, eficacia ó virtud de las cosas para producir sus efectos. || El rédito, fruto ó producto de alguna hacienda, de estado ó empleo, y así se dan relaciones de VALORES. || La equivalencia de una cosa á otra, especialmente hablando de las monedas. || COBRAR VALOR, ESPÍRITU, etc. V. COBRAR ÁNIMO.

VALORADO, p. p. de VALORAR.

VALORAR, v. a. Poner el precio ó señalar el valor de alguna cosa correspondiente á su estimacion.

VALOREADO, p. p. de VALOREAR.

VALOREAR, v. a. V. VALORAR.

VALORÍA, s. f. Valor, estimacion.

VALSO, s. m. V. VALS.

VALUA, s. f. p. *Mur.* VALÍA.

VALUACION, s. f. El acto de evaluar alguna cosa.

VALUADO, p. p. de VALUAR.

VALUAR, v. a. Tasar, señalar ó determinar el precio ó estimacion de alguna cosa.

VALVA, s. f. La concha en que se encierran los testáceos.

VALVASOR, s. m. Hidalgo, infanzon.

VÁLVULA, s. f. *Anat.* Película ó túnica puesta en los orificios ó bocas de las venas, arterias y otros vasos del cuerpo, que abriéndose y cerrándose dan paso á los humores, ó le impiden. ‖ La compuertecilla que se pone á algunos instrumentos hidráulicos ó neumáticos para los mismos efectos de las del cuerpo del animal.

VANAGLORIA, s. f. Jactancia del propio saber ú obrar, desvanecimiento y elacion.

VANAGLORIADO, p. p. de VANAGLORIARSE.

VANAGLORIARSE, v. r. Jactarse de su propio saber ú obrar, desvanecerse de sus prendas ó acciones.

VANAGLORIOSAMENTE, adv. Con jactancia, desvanecimiento ó vanagloria.

VANAGLORIOSO, SA, adj. Jactancioso, ufano, y desvanecido.

VANAMENTE, adv. Inútilmente, sin provecho ó fruto. ‖ Con supersticion ó vana observancia. ‖ Sin fundamento ó realidad. ‖ Arrogantemente, con presuncion o vanidad.

VANDALIANO, NA, adj. y s. El natural de la provincia de Vandalia ó Andalucía, V. ANDALUZ.

* VANDALISMO, s. m. Sistema destructor de las artes y ciencias, aludiendo á los Vándalos.

VÁNDALO, LA, adj. Se aplica á ciertos pueblos setentrionales que en el siglo quinto entraron en España y se establecieron en ella. Dícese tambien de los individuos de dichos pueblos y de sus descendientes.

VANDOLA, s. f. *Náut.* El mastelero ú otro palo que para poder navegar se pone provisionalmente en lugar del árbol que ha perdido una embarcacion por tempestad ú otro accidente. ‖ EN VANDOLAS, *Náut.* Se dice de la embarcacion que por haber desarbolado navega con vandolas en lugar de palos.

VANEAR, v. n. Hablar vanamente.

VANECERSE, v. r. ant. V. DESVANECERSE.

VANECIDO, p. p. de VANECERSE.

VANGUARDA, s. f. ant. V. VANGUARDIA.

VANGUARDIA, s. f. La parte mas avanzada de un egército ó armada.

VANIDAD, s. f. Falta o carencia de sustancia, entidad ó realidad en las cosas. ‖ Presuncion, satisfacion de sí mismo, ó desvanecimiento propio por las prendas naturales, sangre, etc. ‖ Fausto, pompa vana ú ostentacion. ‖ Palabra inútil ó vana é insustancial. ‖ Vacuidad. ‖ met. La vana representacion, ilusion ó ficcion de la fantasía. ‖ Insubsistencia, poca duracion ó inutilidad de las cosas. ‖ AJAR LA VANIDAD, fam. Abatir la altivez o soberbia de alguno. ‖ HACER VANIDAD, Preciarse ó jactarse de alguna cosa.

VANIDOSO, SA, adj. y s. El que tiene vanidad y la da á conocer.

VANILOCUENCIA, s. f. Verbosidad inútil y redundante.

VANILOCUO, CUÁ, adj. El que habla cosas inútiles ó vanas.

VANILOQUIO, s. m. Palabra ó discurso vano é inútil.

VANÍSIMAMENTE, adv. sup. de VANAMENTE.

VANÍSIMO, MA, adj. sup. de VANO.

VANISTORIO, s. m. fam. Vanidad ridícula y afectada.

VANO, NA, adj. Falto de realidad, sustancia ó entidad. ‖ Hueco, vacío y falto de solidez; y hablando de algunas frutas de cáscara vale faltas del meollo ó por haberse podrido ó secado. ‖ Inútil, infructuoso ó sin efecto. ‖ Arrogante, presuntuoso ó desvanecido. ‖ Insubsistente, poco durable, ó estable. ‖ Que no tiene fundamento, razon ó prueba.

VANO, s. m. *Arq.* La parte del muro ó fábrica en que no hay sustentáculo ó apoyo para el techo ó bóveda, como son los huecos de ventanas ó puertas y los intercolumnios. ‖ EN VANO, Inútilmente, sin logro ó efecto. ‖ Sin necesidad, razon ó justicia. ‖ UNA VANA, Y DOS VACÍAS, Loc. fam. con que se nota al que habla mucho y sin sustancia, ó por mero entretenimiento.

VAPOR, s. m. La parte sutil y húmeda que mediante el calor se eleva de los cuerpos. ‖ El que se eleva del estómago ú otra parte del cuerpo, y ofende y mortifica la cabeza ó la desvanece y aturde. ‖ El vaho que se despide con la respiracion ó el humor, que se pega á los vidrios y cristales y los empaña.

VAPORABLE, adj. Capaz de arrojar vapores ó evaporarse.

VAPORACION, s. f. V. EVAPORACION.

VAPORAR, v. n. V. EVAPORAR.

VAPOREAR ó VAPORIZAR. v. a. V. EVAPORAR.

VAPOROSO, SA, adj. Que arroja de sí vapores ó los ocasiona.

VAPULACION, s. f. V. VAPULAMIENTO.

VAPULADO, p. p. de VAPULAR.

VAPULAMIENTO, s. m. fam. El acto de azotar ó azotarse.

VAPULAR, v. a. fam. Azotar.

VAQUEADO, p. p. de VAQUEAR.

VAQUEAR, v. a. Cubrir frecuentemente los toros á las vacas.

VAQUERÍA, s. f. V. VACADA.

VAQUERILLO, s. m. d. de VAQUERO.

VAQUERIZA, s. f. El cubierto, corral ó estancia donde se recoge el ganado mayor en el invierno.

VAQUERIZO, ZA, adj. Que pertenece á las vacas, como corral VAQUERIZO, pastor VAQUERIZO.

VAQUERIZO, s. m. V. VAQUERO.

VAQUERO, RA, adj. Que es propio de los pastores de vacas. Aplícase regularmente al sayo ó vestidura de faldas largas, por ser parecido á los que los pastores usan, y es trage de niños y mugeres; y entónces suele usarse como sustantivo.

VAQUERO, s. m. El pastor del ganado vacuno. || Especie de bata ceñida al cuerpo que usaban las mugeres y los niños.

VAQUETA, s. f. El cuero ó piel del buey ó vaca curtido, adobado y zurrado. || PASAR Á ALGUNO POR LAS VAQUETAS, Dárselas.

VAQUILLA, TA, s. f. d. de VACA.

VARA, s. f. El ramo delgado, largo, limpio y liso de algun árbol ó planta. || La que artificiosamente se forma de madera ú otra materia para varios usos, como las VARAS de palio, etc. || La que por insignia de jurisdiccion traen los ministros de justicia en la mano, por la cual son conocidos y respetados; y en ella está señalada una cruz en la parte superior para tomar en ella los juramentos, por lo que suelen decir: jurar en VARA de justicia. || met. La misma jurisdiccion de que es insignia, ó el ministro que la tiene. || Instrumento formado de madera ú otra materia de que se usa para medir, graduado con varias señales, que notan la longitud de tres pies, y la dividen en tercias, cuartas, sexmas, ochavas y dedos. || La porcion de tela ú otra cosa que tiene la medida y longitud de la vara. || met. Castigo ó rigor. || El número de cuarenta á cincuenta puercos, porque por lo regular es este número el que entra de cabezas en la montanera, y puede cuidar un hombre, vareándoles la bellota. || V. ALCÁNDARA. || En los coches y sillas volantes cualquiera de los dos maderos largos, entre los cuales se pone y afirma la caja. || VARA ALTA, met. Autoridad, poder; y así decimos: fulano tiene VARA ALTA en aquella casa. || VARA DE ALGUACIL, El oficio de alguacil. || VARA DE DETENER, V. VARA LARGA. || VARA DE INQUISICION, El ministro que este tribunal diputa para algun encargo con facultad de juntar la gente que necesitare para el logro de él. || VARA DE JESÉ, Planta conocida en los jardines, en donde por lo regular las crian en tiestos. || VARA LARGA, La que usan los vaqueros para guiar y sujetar los toros. || VARA DE LUZ, Especie de meteoro que sucede ó cuando alguna pequeña porcion del arco íris aparece á la vista, ó cuando por las aberturas de las nubes pasan los rayos del sol, formando unas líneas, que con la contraposicion de lo oscuro se manifiestan resplandecientes á la vista. || PICAR DE VARA LARGA, met. Se dice del que intenta el logro de las cosas sin exponerse al riesgo que puedan tener. || PONER UNA VARA, Entre los vaqueros y toreadores herir al toro con ella.

VARADERA, s. f. *Náut.* Cualquiera de los pedazos de palo que se ponen en el costado del navío sobrepuestos en las tablas desde la cinta de la manga hasta la última cinta del bordo.

VARADERO, s. m. El lugar donde se varan las embarcaciones para limpiar sus fondos ó componerse.

VARADO, p. p. de VARAR. || VARADO, DA, adj. ant. V. LISTADO.

VARAL, s. m. La vara muy larga y gruesa. || met. y fam. La persona muy alta.

VARAPALO, s. m. El palo largo á modo de vara. || El golpe dado con el palo ó vara. || met. y fam. Pesadumbre ó desazon grande.

VARAR, v. a. Echar al agua algun navío despues de fabricado. || Encallar la embarcacion en la arena, en las peñas ó en la costa. || met. Estar parado ó detenido algun negocio ó dependencia.

VARASCETO, s. m. Cerramiento de enrejado de varas ó cañas, como los que se suelen poner en los jardines.

VARAZO, s. m. El golpe dado con la vara.

VARBASCO, s. m. V. VERBASCO, gordolobo.

VARCHILLA, s. f. Medida de granos que vale la tercera parte de una fanega.

VARDASCA, s. f. La vara ó ramo delgado.

VARDASCAZO, s. m. El golpe dado con la vardasca.

VAREADO, p. p. de VAREAR.

VAREADOR, s. m. El que varea.

VAREAGE, s. m. La accion y efecto de varear los árboles. || La accion de medir con vara.

VAREAR, v. a. Derribar con los golpes y movimientos de la vara los frutos de algunos árboles. || Dar golpes con vara ó palo. || Herir á los toros ó fieras con vara larga ó cosa semejante. || Medir con la vara ó vender por varas.

VAREARSE, v. r. met. Enflaquecerse.

VAREJON, s. m. La vara larga y gruesa.

VARENDAGE, s. m. El conjunto de todas las varengas de una embarcacion.

VARENGA, s. f. *Náut.* V. PERCHA.

VAREO, s. m. La acion y efecto de varear los árboles. || La accion de medir con vara.

VARETA, s. f. d. de VARA. || Palito delgado y cortado á proporcion, de que usan untándole con liga para cazar pájaros. || La lista de diferente color del principal tegido. || met. Expresion picante con ánimo de herir á alguno. || INDIRECTA, y así se dice: echar una VARETA. || IRSE DE VARETA, fam. Tener diarrea.

VARETEADO, p. p. de VARETEAR.

VARETEAR, v. a. Formar listas de varios colores en los tegidos.

* VARIABILIDAD, s. f. Disposicion habitual á variar.

VARIABLE, adj. Que se varia ó puede variarse. || Instable, inconstante y mudable.

VARIABLEMENTE, adv. Con variedad.

VARIACION, s. f. El acto de variar. || VARIACION DE LA AGUJA, *Náut.* El inconstante movimiento de ella, ó la declinacion del norte cuando no le mira derechamente.

VARIADO, p. p. de VARIAR. || VARIADO, DA, adj. Que es de varios colores.

VARIAMENTE, adv. Con variedad, diferencia ó diversidad.

VARIAMIENTO, s. m. ant. V. VARIACION.

VARIANTE, p. a. de VARIAR, Que varia. Úsase frecuentemente en lo jurídico; y así se dice: testigo VARIANTE.

VARIANTE, s. f. La variedad ó diferencia de lectura que hay en los egemplares de una obra cuando se cotejan unos con otros.

VARIAR, v. a. Mudar en las obras, palabras ó discursos, no permaneciendo en lo que ántes se hacia. || Disponer ó formar alguna cosa con otras diversas para adornarla ó hermosearla.

VARIAR, v. n. Ser una cosa diferente de otra, ó hacer que lo sea. || *Náut.* Declinar la aguja del norte, no mirándole rectamente, ó hacer ángulo con la linea meridiana.

VÁRICE, s. f. Vena dilatada é hinchada con la sangre, que toma un color cárdeno, y es enfermedad en ellas, lo cual suele suceder en varias partes del cuerpo, pero especialmente en las corvas y piernas.

VARICOSO, SA, adj. Que tiene ó padece várices. Particularmente se da este nombre á la vena que está en las corvas.

VARIEDAD, s. f. Diferencia ó diversidad de algunas cosas entre sí. || Particular ó singular distincion en el artificio ó colorido de las cosas en órden á algun compuesto. || Inconstancia, instabilidad ó mutabilidad de las cosas. || Mudanza ó alteracion en la sustancia de las cosas ó en el uso de ellas. || VARIEDAD. V. VARIACION.

VARILARGUERO, s. m. fam. El toreador de vara larga.

VARILLA, TA, s. f. d. de VARA. Barreta de hierro larga, delgada y redonda que se usa para colgar las cortinas. || La espiga delgada en algunas máquinas. || Cada uno de los dos huesos largos que forman la quijada, y se unen por debajo de la barba. || En los abanicos cualquiera de las tiras de marfil, madera fina ú otra materia en que se fija el papel ó tela. || VARILLAS, pl. Instrumento formado de cuatro listas de madera en figura cuadrilonga en que se ponen los cedazos para cerner. || VARITA DE VIRTUDES, La que usan los titiriteros y jugadores de manos, atribuyéndole las operaciones con que artificiosamente engañan á los que las miran.

VARILLAGE, s. m. El conjunto de varillas. Úsase comunmente hablando de abanicos.

VARIO, RIA, adj. Diverso ó diferente. || Inconstante ó mudable. || Lo diferente ó indeterminado. || Que tiene variedad ó está compuesto de diversas cosas con artificio ó coloridos. || VARIOS, pl. ALGUNOS en la linea de que se habla.

VARIZ, s. m. V. VÁRICE.

VARON, s. m. Criatura racional de sexo masculino. || El hombre que ha llegado á la edad varonil, que regularmente se entiende desde los 30 hasta los

algun paño que suele ponerse para defender del calor ó templar la luz.

TOLDAR, v. a. V. ENTOLDAR. || *Germ.* Cubrir ó aderezar.

TOLDERO, s. m. *And.* El tendero que vende la sal por menor.

TOLDILLA, s. f. *Náut.* La cubierta que se pone á popa en los navíos sobre el alcázar desde la rueda del timon ó palo de mesana.

TOLDILLO, s. m. d. de TOLDO. || Silla de manos cubierta.

TOLDO, s. m. Pabellon ó cubierta de lienzo ú otra tela que se tiende para hacer sombra en algun parage. || met. Engreimiento, pompa ó vanidad. || *And.* La tienda en que se vende la sal por menor.

TOLEDADO, NA, adj. y s. El natural de Toledo y perteneciente á esta ciudad.

TOLERABLE, adj. Sufrible, llevadero y que se puede aguantar y tolerar.

TOLERABLEMENTE, adv. Con tolerancia y paciencia.

TOLERACION, s. f. ant. V. TOLERANCIA.

TOLERADO, p. p. de TOLERAR.

TOLERANCIA, s. f. Sufrimiento, paciencia, aguante. || Permision y disimulo de lo que no se debiera sufrir sin castigo del que lo egecuta. || TOLERANCIA Ó TOLERANCIA CIVIL, El permiso que concede un gobierno para egercer libremente cualquier culto religioso.

TOLERANTE, p. a. de TOLERAR, Que tolera.

TOLERANTE, adj. Se aplica al gobierno que permite la libertad de cultos.

TOLERANTISMO, s. m. Opinion de los que creen que debe permitirse en cualquier estado el uso libre de todo culto religioso.

TOLERAR, v. a. Sufrir, llevar con paciencia. || Disimular ó permitir algunas cosas, que no son lícitas, sin castigo del delincuente, pero sin dispensarlas expresamente.

TOLETE, s. m. *Náut.* Pedazo de palo como de á tercia, redondo, y por medio mas grueso, que se pone en las chumaceras del bordo de la lancha, donde ponen los estrobos para los remos.

* TOLE-TOLE, adv. lat. Expr. vulgar para significar la gritería tumultuaria contra alguna persona.

* TOLLADAR, s. m. V. ATOLLADERO.

* TOLLE-TOLLE, adv. V. TOLE-TOLE.

TOLLECER, v. a. ant. V. TOLLER.

TOLLECIDO, p. p. de TOLLECER.

TOLLER, v. a. ant. V. QUITAR.

TOLLIDO, p. p. ant. de TOLLER.

TOLLIMIENTO, s. m. ant. La accion y efecto de toller ó quitar.

TOLLO, s. m. Pez parecido enteramente á la lija, y algunos le tienen por el mismo. || El hoyo formado en la tierra, del cual usan los cazadores para ocultarse á la visita de la caza. || El atolladero.

TOLONDRO ó TOLONDRON, s. m. Bulto ó chichon que se levanta en alguna parte del cuerpo, especialmente en la cabeza, por haber recibido algun golpe. || Á TOPA TOLONDRO, Sin reflexion, reparo ó advertencia.

TOLONDRON, NA, adj. y s. El desatento, desatinado, y que no tiene tiento en lo que hace. || Á TOLONDRONES, Con tolondrones ó chichones. || met. Con interrupcion ó á retazos.

TOLONES, s. m. pl. *And.* TOLANO en las bestias.

TOLOSANO, NA, adj. De Tolosa.

TOLVA, s. f. La caja que está colgada sobre la rueda del molino, donde se hecha el grano.

TOLVANERA, s. f. Remolino de polvo, que agitado del aire se mueve circularmente, levantándose en alto, á semejanza de los del agua.

TOMA, s. f. La accion de tomar ó recibir alguna cosa. || Conquista, asalto ú ocupacion por armas de alguna plaza ó ciudad. || La porcion de alguna cosa que se coge ó recibe de una vez, como una TOMA de tabaco. || La abertura ó boca que se abre en algun cauce ó acequia para coger de ella porcion de agua. || TOMA DE RAZON, El asiento ó anotacion en los libros de contaduría de los libramientos, cartas de pago, etc.

TOMADA, s. f. TOMA, conquista ó prision.

TOMADERO, s. m. La parte por donde se toma alguna cosa. || TOMA en los cauces y acequias.

TOMADO, p. p. de TOMAR.

TOMADO, s. m. Pliegue, follage ó especie de alforza cogida á trechos y de modo que haga labor, de que usaban en lo antiguo para adorno, ó como guarnicion de los vestidos.

TOMADOR, RA, s. m. y f. El que toma. || *Mont.* El perro que coge bien la pieza á que se ha tirado. || *Náut.* Cajeta larga con que se acaban de aforrar las

tendido ó muy grande, y se usa tambien en sentido metafórico.

VATE, s. m. *Poét.* El adivino ó poeta.

• **VATICANO**, s. m. Palacio pontificio.

VATICINADO, p. p. de VATICINAR.

VATICINADOR, RA, s. m. y f. El que vaticina ó pronostica.

VATICINANTE, p. a. de VATICINAR, Que vaticina.

VATICINAR, v. a. Pronosticar, adivinar, profetizar.

VATICINIO, s. m. Prediccion, adivinacion ó pronóstico de lo futuro.

VATIDICO, CA, adj. *Poét.* Que adivina, pronostica ó profetiza lo futuro, ó tocante á profecia, pronóstico ó adivinacion.

VAYA, s. f. Burla ó mofa que se hace de alguno, ó chasco que se le da.

VAYA, interj. V. IR.

VEC

VECERA, s. f. El hato de puercos y otros ganados que van á la vez.

VECERÍA, s. f. La manada de ganado, por lo comun porcuno, perteneciente á un vecindario.

VECERO, RA, adj. y s. El que tiene que egercer por vez ó turno algun egercicio ó carga concejil. || Se aplica á los árboles y plantas que en un año dan mucho fruto, y poco ó ninguno en otro. || ant. PARROQUIANO por el que acostumbra comprar en cierta y determinada tienda lo que necesita.

VECINAL, adj. Perteneciente al vecindario ó á los vecinos de un pueblo.

VECINAMENTE, adv. Inmediatamente ó con vecindad y cercanía.

VECINDAD, s. f. El conjunto ó número de vecinos de un pueblo ó barrio. || La razon de vecino en un pueblo por la habitacion ó domicilio en el tiempo determinado por la ley. || Cercanía ó proximidad de una cosa á otra. Dícese especialmente de las cosas ó cuartos de habitacion. || met. Cercanía ó proximidad en cualquiera línea. || Semejanza ó coincidencia en las cosas inmateriales. || HACER MALA VECINDAD, Ser molesto ó perjudicial á los vecinos. || met. Ser dañosa una cosa á otra por la inmediacion á ella. || MEDIA VECINDAD, En algunas partes el derecho de aprovecharse con los ganados de los pastos del pueblo en que no se reside, pagando la mitad de las contribuciones que sus vecinos.

VECINDADO, p. p. de VECINDAR.

VECINDADO, s. m. VECINDAD por el conjunto de vecinos.

VECINDAR, v. a. ant. V. AVECINDAR.

VECINDARIO, s. m. El número de vecinos que habitan algun pueblo. || La lista, nómina ó matrícula de vecinos que se arregla para algun repartimiento. || VECINDAD, la razon, etc.

VECINO, NA, adj. y s. El que habita con otros en un mismo barrio, casa ó pueblo. || El que tiene casa y hogar en un pueblo, y contribuye á las cargas ó repartimientos, aunque actualmente no viva en él. || El que ha ganado domicilio en un pueblo por haber habitado en él el tiempo determinado por la ley. || met. Cercano, próximo ó inmediato en cualquiera línea. Úsase asimismo hablando de las cosas inmateriales. || Semejante, parecido ó coincidente. || MEDIO VECINO, En algunas partes el que en distinto pueblo de su residencia, pagando la mitad de las contribuciones, puede tener sus ganados en los pastos comunes.

VEDA, s. f. Prohibicion por ley ó establecimiento de hacer alguna cosa. Dícese particularmente de los lugares adehesados ó acotados de montes, caza, etc. || El espacio de tiempo en que está prohibido hacer alguna cosa, como el cazar, pescar, etc.

VEDADO, p. p. de VEDAR.

VEDADO, s. m. El campo ó sitio acotado ó cerrado por ley ú ordenanza.

VEDAMIENTO, s. m. V. PROHIBICION.

VEDAR, v. a. Prohibir por ley, estatuto ó mandato. || Impedir, estorbar, embarazar. || ant. Privar ó suspender oficio ó del egercicio de él.

VEDEGAMBRE, s. m. V. ELEBORO.

VEDEJA, s. f. V. GUEDEJA.

VEDIJA, s. f. La porcion pequeña de lana apretada y apañuscada. || En algunas partes la bolsa de los testículos. || El pelo enredado en cualquier parte del cuerpo del animal. || La mata de pelo enredada y ensortijada que cuesta trabajo el peinarla y desenredarla.

VEDIJERO, RA, s. m. y f. En los esquileos la persona que recoge la lana que llaman caidas cuando se esquila el ganado.

VEDIJICA, LLA, TA, s. f. d. de VEDIJA.

VEDIJOSO, SA, adj. V. VEDIJUDO.

VEDIJUDO, DA, adj. El que tiene el pelo enredado ó en vedijas.

VEDIJUELA, s. f. d. de VEDIJA.

* VEDRIADO, DA, adj. m. f. V. VIDRIADO.

VEDUÑO, s. m. La calidad, especie casta de las vides ó uvas. ‖ V. VIÑEDO.

VEEDOR, RA, s. m. y f. El que ve, ira ó registra con curiosidad las accioes de los otros. ‖ El que está señalado or oficio en las ciudades y villas para reonocer si son conformes á ley ú ordeanza las obras de cualquier gremio ú ofinas de bastimentos. ‖ En las casas de los ñores el que asiste con el despensero la compra de los bastimentos. ‖ En las ıballerizas de los reyes de España el fe principal despues del primer caballerizo, el cual tiene á su cargo el ajuste las provisiones, y que se haga todo lo ecesario para que esten corrientes los ches y el ganado. ‖ *Mil.* V. INSPECTOR. ant. V. VISITADOR. ‖ VEEDOR DE VIANDA, mpleado de palacio, á cuyo cargo cora que se sirviese sin desfalco á la mesa que se habia ordenado, y que no se rviese cosa ninguna sin avisarlo al ayordomo mayor ó al de semana.

VEEDURÍA, s. f. El cargo ú oficio de eedor. ‖ La oficina del veedor.

VEGA, s. f. Parte de tierra ó campo ıjo, llano y fértil.

VEGADA, s. f. ant. V. VEZ. ‖ Á LAS GADAS, ant. V. Á VECES.

VEGETABILIDAD, s. f. La calidad lo vegetable.

VEGETABLE, adj. y s. m. Que veta.

VEGETACION, s. f. La accion de vetar.

VEGETADO, p. de VEGETAR.

VEGETAL, adj. V. VEGETABLE.

VEGETANTE, p. a. de VEGETAR, e vegeta.

VEGETAR, v. n. Nutrirse, crecer y entarse atrayendo interiormente el y alimento.

VEGETATIVO, VA, adj. Que ve- ó tiene fuerza y vigor para vegetar.

VEGIGA, s. f. Parte del animal que de receptáculo á la orina. Es comsta de una película delgada y fuerte gura de una bolsa. Llámase tambien a bolsilla que es depósito de la hiel. ampolla ó bolsa que se suele elevar l cútis y llenarse del humor acuoso. bolsilla y ampolla que se levanta en quier plano. ‖ VEGIGAS, pl. Las vias. ‖ VEGIGA DE PERRO, Planta de raiergas nudosas y retorcidas.

VEGIGATORIO, RIA, adj. y s. *Med.* plica al emplasto ó parche de cantáridas ú otra cosa que se pone para levantar vegigas.

VEGIGAZO, s. m. El golpe que se da con la vegiga llena de aire, que suena mucho y no hace daño.

VEGIGON, s. m. aum. de VEGIGA.

VEGIGÜELA, s. f. d. de VEGIGA.

VEGIGUICA, LLA, TA, s. f. d. de VEGIGA.

VEGIGUILLA, Planta, V. VEGIGA DE PERRO.

VEGUER, s. m. En la corona de Aragon juez ó alcalde ordinario de un partido ó territorio.

VEGUERÍA, s. f. El territorio ó distrito á que se extiende la jurisdiccion del veguer.

VEGUERÍO, s. m. V. VEGUERÍA.

VEHEMENCIA, s. f. Ímpetu ó violencia en el movimiento de alguna cosa, ó demasiada actividad y fuerza en su obrar. ‖ La fuerza, actividad y eficacia de las razones y de la persuasion. ‖ met. Fuerza, edificia ó viveza de algun afecto que mueve con violencia.

VEHEMENTE, adj. Que mueve ó se mueve con ímpetu y violencia ú obra con demasiada fuerza y eficacia. ‖ Viva y eficazmente persuasivo. ‖ met. y fam. Hablando de los afectos del ánimo fuerte, eficaz y que mueve con violencia.

VEHEMENTEMENTE, adv. Con vehemencia, eficacia ó fuerza.

VEHEMENTÍSIMAMENTE, adv. sup. de VEHEMENTEMENTE.

VEHEMENTÍSIMO, MA, adj. sup. de VEHEMENTE.

VEHÍCULO, s. m. *Fis.* Cualquiera cosa que sirve para conducir otra ó hacerla pasar con mas facilidad.

* VEIESA, s. f. Planta herbácea que se emplea para el cáncer y el dolor de muelas.

VEINTAVO, s. m. La vigésima parte de alguna cosa.

VEINTE, adj. num. card. El número que contiene dos decenas. ‖ V. VIGÉSIMO.

VEINTE, s. m. Los dos guarismos con que se representan dos decenas. ‖ VEINTE, DIEZ en el juego de bolos. ‖ Á LAS VEINTE, fam. Á deshora, á horas intempestivas ó mucho mas tarde de lo regular.

VEINTECUATRÍA, s. f. ant. V. VEINTICUATRÍA.

VEINTEDOSENO, NA, adj. V. VEINTIDOSENO.

VEINTEN, s. m. El escudito de oro del vor de veinte reales.

VEINTENA, s. f. Cada una de las partes de veinte. || El conjunto ó compuesto de veinte cosas de una misma especie.

VEINTENAR, s. m. VEINTENA por el conjunto de veinte cosas, etc.

VEINTENARIO, RIA, adj. Que tiene veinte años.

VEINTENO, NA, adj. num. ord. ant. V. VIGÉSIMO. || Se aplica al paño cuya urdimbre consta de veinte centenares de hilos.

VEINTEÑAL, adj. Que dura veinte años.

VEINTEOCHENO, NA, adj. Se aplica al paño cuya urdimbre consta de veinte y ocho centenares de hilos.

VEINTESESENO, NA, adj. Se aplica al paño cuya urdimbre se compone de veinte y seis centenares de hilos.

VEINTÉSIMO, MA, adj. num. ord. ant. V. VIGÉSIMO.

VEINTICINCO, adj. num. card. Número que contiene dos decenas y cinco unidades.

VEINTICUATRENO, NA, adj. Que pertenece al número veinticuatro ó le incluye en órden. Aplícase regularmente á una clase de tegidos de paño.

VEINTICUATRÍA, s. f. El cargo ú oficio de veinticuatro en los ayuntamientos de algunas ciudades de Andalucía.

VEINTICUATRO, s. m. REGIDOR en los ayuntamientos de algunas ciudades de Andalucía.

VEINTICUATRO, adj. num. card. Número que contiene dos decenas y cuatro unidades.

VEINTIDOS, adj. num. card. Número que contiene dos decenas y dos unidades.

VEINTIDOSENO, NA, adj. num. ord. ant. Que por órden completa el número veinte y dos. || Se aplica al paño cuya urdimbre consta de veintidos centenares de hilos.

VEINTINUEVE, adj. num. card. Número que contiene dos decenas y nueve unidades.

VEINTIOCHENO, NA, adj. V. VEINTEOCHENO.

VEINTIOCHO, adj. num. card. Número que contiene dos decenas y ocho unidades.

VEINTISEIS, adj. num. card. Número que contiene dos decenas y seis unidades.

VEINTISEISENO, NA, adj. Que pertenece al número veinte y seis y le incluye en órden. Regularmente se aplica á cierta clase de tegido de paño.

VEINTISIETE, adj. num. card. Número que contiene dos decenas y siete unidades.

VEINTITRES, adj. num. card. Número que contiene dos decenas y tres unidades.

VEINTIUNA, s. f. Juego de naipes ó de dados en que gana el que hace veinte y un puntos ó se acerca mas á ellos sin pasar.

VEINTIUNO, NA, adj. num. card. Número que contiene dos decenas y una unidad.

VEJACION, s. f. El mal trato que se le hace á alguno, ó la persecucion con que se le obliga á padecer alguna pena ó trabajo. || REDIMIR LA VEJACION. Hacer alguna accion, padeciendo desfalco ó pérdida en la utilidad, por subvenir á alguna urgencia ó necesidad mayor.

VEJADO, p. p. de VEJAR.

VEJÁMEN, s. m. Vaya ó representacion satírica y festiva que se da á alguno sobre algun defecto particular ó personal, ó incluido en alguna accion que ha ejecutado. || En los certámenes y funciones literarias el discurso festivo y satírico que se hace cargo á los poetas ú otros sugetos de la funcion de algunos defectos ó personales ó cometidos en los versos.

VEJAMINISTA, s. m. El sugeto á quien se le encarga el vejámen en los certámenes ó funciones literarias.

VEJANCON, NA, adj. y s. fam. aum. de VIEJO.

VEJAR, v. a. Maltratar, molestar, perseguir á alguno, ó hacerle padecer. || Dar vejámen.

VEJARRON, NA, adj. y s. fam. aum. de VIEJO.

VEJAZO, ZA, adj. y s. aum. de VIEJO.

VEJECITO, TA, adj. y s. d. de VIEJO.

VEJEDAD, s. f. ant. V. VEJEZ.

VEJESTORIO, s. m. fam. Cualquiera cosa despreciable por muy vieja.

VEJETE, adj. y s. d. de VIEJO. El viejo ridículo.

VEJETE, s. m. Personage que hace el papel de viejo ridículo en las comedias, entremeses y sainetes.

VEJEZ, s. f. Edad de la vida que empieza á los sesenta años. || met. Estado último ó antigüedad de las cosas en su duracion. || Impertinencia de la edad en los viejos. || Dicho ó narracion de cosa muy sabida y vulgar. || Á LA VE...

·IRUELAS, Expr. con que se nota al que uera de ocasion ó tiempo egecuta ó le obreviene alguna cosa. Dijose con aluion á que las viruelas regularmente dan los niños.

VEJEZUELO, LA, adj. d. de VIEJO. Usase tambien como sustantivo.

VEJIBLE, adj. ant. V. VIEJO.

VEJON, NA, adj. y s. ant. aum. de IEJO.

VEJOTE, TA, adj. ant. aum. de IEJO. Usase tambien como sustantivo.

VELA, s. f. La accion de velar ó la igilia. Tómase tambien por el tiempo ue se vela. || met. Cuidado, vigilancia desvelo en las cosas. || ant. La centiela ó guardia que se ponia por la noche n los egércitos ó plazas. || V. TOLDO. || a asistencia devota que se suele tener ior órden, horas ó turno delante del antísimo Sacramento. || El tiempo de rabajar de noche los menestrales en sus ficios, y se extiende á cualquier trabajo ue se hace á semejantes horas. || ROMEÍA, porque en ellas, especialmente en o antiguo, se velaba en devota oracion or la noche. || Compuesto de cera ó ebo, formado en figura de vara, con na mecha en medio de algodon ú otra nateria semejante que le sirve de pábi, para que encendida arda y dé luz. || onjunto ó union de paños ó piezas de ona ó lienzos fuertes, los cuales cortaos de diversos modos y cosidos, se marran á las vergas ó estais para recibir el viento que hace navegar la nave. met. La embarcacion ó nave. || Oreja ecta del caballo, mula y otros animales. Elevacion ó accion de poner levantadas derechas las orejas el caballo, mula y tros animales cuando caminan con vieza, ó perciben algo que les sobresalta. VELA CUADRA, Náut. La que llevan los avios y otras embarcaciones, y es de gura cuadrangular. || VELA ENCAPILLADA, Mar. Aquella que el viento echa sobre verga ó estay. || VELA LATINA, Vela iangular de que usan algunas embarcaones, principalmente en el Mediterneo. || VELA SOBRE EL PERCHAMIENTO, 'ar. Aquella á la que da el viento en cha, y braceada por barlovento su erga, cae sobre los árboles. || Á LA VELA, on la prevencion ó disposicion necesaa para algun fin; y así se dice: poner LA VELA, estar Á LA VELA. || Á VELA Y EMO, Con presteza, con toda diligena. || Á VELA Y PREGON, En pública subas, con los pregones correspondientes, miéntras dura la vela ó velas que estan encendidas hasta que se concluye el remate. || Á VELAS LLENAS Ó TENDIDAS, Significa que va la embarcacion con gran viento. || met. Enteramente ó con ansia y toda diligencia para la egecucion de alguna cosa. || Á TODAS VELAS, V. Á VELAS LLENAS. || AFOCAR LAS VELAS, ant. Náut. Disminuir ó minorar el número de velas, ó recogerlas para que presenten ménos superficie al viento. || ACORTAR LA VELA Ó ACORTAR VELA, Náut. Aferrar algunas velas ó tomar rizos de modo que se presente ménos superficie al viento. || ALZAR VELAS, Náut. Disponerse para navegar. || met. y fam. Salirse alguno de repente, ó desaparecerse de algun lugar llevándose todos sus bienes. || CAMBIAR LA VELA, Náut. Volverla hácia la parte por donde viene el viento. || CORRERSE LA VELA, EL HACHA, etc., Derretirse con exceso, haciendo canal la cera ó el sebo. || DAR LA VELA Ó DAR VELA, Náut. V. HACERSE Á LA VELA. || EN VELA, Sin dormir ó con falta de sueño. || HACER Á LA VELA, V. HACERSE Á LA VELA. HACERSE Á LA VELA, Salir del puerto alguna embarcacion para navegar. || CARGAR LAS VELAS, met. V. HACERSE Á LA VELA. || LEVANTAR VELAS, met. Dejar alguno, apartarse del sitio que ántes ocupaba. || RECOGER VELAS, met. Contenerse, moderarse. || TENDER VELAS Ó TENDER LAS VELAS, Aprovecharse del viento favorable en la navegacion. || TENDER VELAS Ó LAS VELAS, met. Usar del tiempo ú ocasion á propósito que se ofrece para algun intento.

VELACHO, s. m. Náut. La vela del mastelero de proa.

VELACION, s. f. La accion de velar. || VELACIONES, pl. Las bendiciones nupciales que previene y manda la iglesia hayan de recibir á su tiempo los desposados. || ABRIRSE LAS VELACIONES, Volver el tiempo en que la iglesia permite que se velen los desposados. || CERRARSE LAS VELACIONES, Suspender la iglesia las velaciones solemnes en los matrimonios en ciertos tiempos del año.

VELADA, s. f. En algunas partes VELACION.

VELADO, p. p. de VELAR.

VELADO, s. m. El marido.

VELADOR, RA, s. m. y f. El que vela. || El que vigilantemente y con solicitud cuida de alguna cosa.

VELADOR, s. m. El candelero regularmente de madera, ó la mesita en que se coloca la luz para alumbrarse las personas que trabajan de noche. ‖ ant. V. CENTINELA.

VELAGE, s. m. El conjunto de velas de los navios y armadas.

VELAMBRES, s. f. pl. ant. V. VELACIONES.

VELÁMEN, s. m. El conjunto de velas de un navío.

VELANTE, p. a. ant. de VELAR, Que vela.

VELAR, v. n. Estar sin dormir el tiempo destinado para el sueño. ‖ met. Observar atentamente alguna cosa. ‖ met. Cuidar solicitamente de alguna cosa. ‖ Continuar las tareas por tiempo determinado de la noche. ‖ Asistir por horas ó turnos delante del Santísimo Sacramento cuando está manifiesto ó en el monumento. ‖ *Náut.* Sobresalir ó manifestarse sobre la superficie del agua algun escollo, peñasco ú otro objeto peligroso á los navegantes.

VELAR, v. a. Hacer centinela ó guardia por la noche. ‖ Dar las bendiciones nupciales á los desposados. ‖ Asistir de noche á los enfermos ó difuntos.

VELARTE, s. m. Paño de capas infurtido, de color de ala de cuervo.

VELEIDAD, s. m. Voluntad ineficaz ó deseo vano. ‖ met. Inconstancia, ligereza, mutabilidad reprensible en los dictámenes ó determinaciones.

* VELEIDOSO, SA, adj. Voltario, mudable hablando de genios.

VELEJAR, v. n. Usar ó valerse de las velas en la navegacion.

VELERÍA, s. f. La tienda donde se venden velas, especialmente de sebo, porque la de las de cera se llama comunmente cerería.

VELERO, RA, adj. Se aplica á la embarcacion que es muy ligera ó que navega mucho. ‖ Se dice de la persona que va á velas y romerías.

VELERO, s. m. El que hace ó vende velas, especialmente de sebo.

VELETA, s. f. Banderilla de metal que se coloca en las agujas ó alto de las torres, para que hiriendo en ella el viento, la mueva y señale el que corre, ó la parte de donde viene. ‖ met. La persona inconstante, fácil y mudable.

VELETE, s. m. Velo delgado. Tómase especialmente por el que usan las mugeres en el tocado en algunos paises.

VELICACION, s. f. *Med.* Mordicacion de los humores que punzan alguna parte del cuerpo.

VELICADO, p. p. de VELICAR.

VELICAR, v. a. *Med.* Punzar los humores á alguna parte del cuerpo.

VELICO, LLO, TO, s. m. d. de VELA. ‖ Tela muy sutil, delgada y rala, que suele tegerse con algunas flores de hilo de plata.

VELILLA, TA, s. f. d. de VELA.

* VELITES, s. m. pl. Soldados romanos sacados de la gente mas pobre y por lo mismo poco estimados.

* VELLECILLO, s. m. d. de VELLO.

VELLERA, s. f. La muger que afeita ó quita el vello á otras.

VELLIDA, s. f. *Germ.* La frazada.

VELLIDO, DA, adj. V. VELLOSO.

VELLO, s. m. El pelo delgado, blando, sutil y corto que sale en el labio superior y en algunas otras partes del cuerpo humano. ‖ El pelo de los brutos. ‖ La pelusilla de que estan cubiertas algunas frutas ó plantas.

VELLOCINO, s. m. ant. V. VELLON. Especialmente se aplica el vellocino de oro de la fábula, y al de Gedeon de la sagrada Escritura. ‖ ant. El vellon de lana separado de la piel.

VELLON, s. m. Toda la lana de un carnero ú oveja, que esquilada sale junta é incorporada, y tambien se toma por la misma piel con lana. ‖ La moneda de cobre. ‖ La vedija ó guedeja de lana.

VELLONCICO, LLO, s. m. d. de VELLON.

VELLONERO, s. m. El que en los esquileos tiene el cuidado de recoger los vellones, y llevarlos á la pila.

VELLORA, s. f. *And.* La mota ó granillo que se le saca al tegido de lana.

VELLORÍ, s. m. Paño entrefino de color pardo ceniciento, ó de la lana sin teñir.

VELLORIN, s. m. V. VELLORÍ.

VELLORITA, s. f. Yerba perenne y flor hermosa que se cultiva en los jardines, y florece por primavera.

VELLOSA, s. f. *Germ.* La bes... vestidura de marinero, y tambien carnero. ‖ *Germ.* La frazada.

VELLOSIDAD, s. f. Abundancia de vello.

VELLOSILLA, s. f. Yerba medicinal que de la raiz delgada produce muchos vástagos endebles, vellosos, nudosos rastreros.

VELLOSO, SA, adj. Que tiene vello.

VELLUDO, DA, adj. Que tiene mucho vello.

VELLUDO, s. m. La felpa ó terciopelo.

VELLUTERO, s. m. En algunas partes el que trabaja en seda, especialmente en felpa.

VELO, s. m. La cortina ó tela delgada que cubre alguna cosa. Úsase para ocultar lo que no se quiere que esté comunmente á la vista por respeto ó veneracion. || La toca que usan las mugeres para cubrir la cabeza y el rostro. || Banda de gasa blanca como de media vara de ancho y tres de largo, que en la misa de velaciones se pone á los desposados en señal de la union que han contraido. || La fiesta que se hace para dar la profesion á alguna monja. || met. Cualquiera cosa, especialmente oscura, que estorba la vista de otra. || met. El pretexto, disimulacion ó excusa con que se intenta ocultar la verdad ú oscurecerla. || La confusion ú oscuridad del entendimiento en lo que discurre, que le estorba percibirlo enteramente ú ocasiona duda. || Cualquiera cosa que encubre ó disimula el conocimiento expreso de otra. || CORRER EL VELO, met. Manifestar, descubrir alguna cosa que estaba oscura ú oculta. || TOMAR EL VELO, Entrar á ser monja.

VELOCE, adj. ant. V. VELOZ.

VELOCIDAD, s. f. Ligereza ó prontitud del movimiento. || Presteza ó agilidad en egecutar ó aprender alguna cosa.

VELOCÍSIMAMENTE, adv. sup. de VELOZMENTE.

VELOCÍSIMO, MA, adj. sup. de VELOZ.

VELON, s. m. Candelero para las luces de aceite.

VELONERA, s. f. Repisa de madera ú otra materia en que se coloca el velon y cualquiera otra luz.

VELONERO, s. m. El que hace velones.

VELOZ, adj. Acelerado, ligero y pronto en el movimiento. || Ágil y pronto en lo que se egecuta ó discurre.

VELOZMENTE, adv. Con velocidad.

VENA, s. f. Vaso ó canal por donde en la circulacion vuelve al corazon la sangre que corre igualmente por las arterias, y carece de la pulsacion que se percibe en estas. || El ramo de los metales que se cria en lo interior del cuerpo de la tierra, y la tierra misma sacada ya de la mina. || En las plantas la fibra por donde chupa el alimento de la tierra y su jugo. || La diversa calidad ó color de la tierra ó de piedra, que se encuentra al irla cavando ó cortando en las canteras. || El conducto por donde circula el agua en las entrañas de la tierra. || met. El númen poético ó facilidad de componer versos; y figuradamente se toma por la misma composicion poética. || Cada una de las listas diversas y de varios colores que se hallan en algunas piedras y maderas, esparcidas por ellas, y formadas al modo de las venas del cuerpo. En las piedras suele ser muchas veces de naturaleza muy preciosa. || VENA BASÍLICA, Una de las venas del brazo. || VENA CAVA, V. CAVA. || VENA DE LOCO, met. El genio inconstante ó voltario. || VENA EMULGENTE, Anat. V. EMULGENTE. || VENA MESERAICA Ó MISERAICA, V. MESERAICA. || VENA PORTA, Vena gruesa, cuyo tronco está entre las eminencias de la superficie interior del bigado. || ACOSTARSE LA VENA Ó EL METAL, *Min.* Inclinarse la vena del metal á otra parte del parage en que estaba marcada ó estacada. || COGER Ó HALLAR Á OTRO DE VENA, met. Hallarle en disposicion favorable para conseguir de él lo que se pretende. || DARLE Á ALGUNO LA VENA, met. Excitársele alguna especie que le inquiete ó mueva á egecutar alguna resolucion impensada ó poco cuerda. || DAR EN LA VENA Ó HALLAR LA VENA, met. Encontrar ó descubrir algun medio útil, hasta entónces ignorado, para conseguir con facilidad lo que se desea. || DESCABEZARSE UNA VENA, *Cir.* Romperse ó por sí misma, ó por haber recibido algun golpe, de lo que resulta perderse mucha sangre. || PICAR LA VENA, V. SANGRAR. || met. Ocurrir con fecundidad y afluencia las especies á los poetas.

VENABLO, s. m. Dardo ó lanza corta arrojadiza. || ECHAR VENABLOS, met. Prorumpir en expresiones de cólera y enojo.

VENACION, s. f. ant. La caza ó la accion de cazar.

VENADERO, s. m. El sitio ó parage en que los venados tienen su querencia ó acogida.

VENADICO, LLO, TO, s. m. d. de VENADO.

VENADO, s. m. Se aplica por los cazadores este nombre así al ciervo, como mas comunmente al gamo.

VENADOR, s. m. ant. V. CAZADOR.

VENAGE, s. m. El manantial ó caudal del rio.

VENAL, adj. Que pertenece ó corresponde á las venas. || Vendible ó expuesto á la venta. || met. Se aplica al sugeto que se deja sobornar con dádivas ó dinero.

VENALIDAD, s. f. La aptitud de ser

vendida alguna cosa, ó el vicio del soborno con dinero.

* VENATE, s. m. Pájaro mayor que el gorrion.

VENÁTICO, CA, adj. Que tiene vena de loco, ó ideas y especies extravagantes.

VENATORIO, RIA, adj. Que pertenece á la caza ó es propio de ella.

VENCEDOR, RA, s. m. y f. El que vence.

VENCEJO, s. m. Lazo ó ligadura con que se ata alguna cosa, especialmente los haces de las mieses. || Ave del mismo género que la golondrina, algo mayor, de color enteramente negro, y el cuello blanco, y los pies tan cortos que si cae á tierra baja ó llana, necesita buscar algun cerrillo para tomar vuelo. Vive debajo de las canales de los tejados. || *Germ.* La pretina.

VENCER, v. a. Rendir ó sujetar al enemigo. || Rendir á alguno aquellas cosas á cuya fuerza resiste dificilmente la naturaleza. Úsase en lo físico y en lo moral, como VENCER el sueño á uno, el dolor, la pasion, etc. || met. Aventajarse ó salir preferido, ó exceder en alguna línea en competencia ó comparacion con otros. || Sujetar ó rendir las pasiones y afectos reduciéndolas á la razon. || Superar las dificultades ó estorbos, obrando contra ellos. || Prevalecer una cosa contra otra, aun en las inmateriales. || Atraer ó reducir á alguno á su dictámen ó deseo con razones ó persuasiones ú otros medios. || Sufrir ó llevar con paciencia y constancia algun dolor, trabajo ó calamidad. || Subir, montar ó superar la altura ó aspereza de algun sitio ó camino. || Ladear, torcer ó inclinar alguna cosa, haciéndole perder la línea recta en que estaba. Úsase tambien en sentido metafórico, y muchas veces como pasivo.

VENCER, v. n. Caer ó cumplirse el plazo en que deben pagarse algunos frutos ó deudas. || Salir con el intento ó efecto en contienda física ó moral, disputa ó pleito.

VENCERSE, v. r. Refrenar ó reprimir los ímpetus del genio, natural ó pasion.

* VENCE-TOSIGO, s. m. HIRUNDINARIA, planta.

VENCIBLE, adj. Que se puede vencer.

VENCIDO, p. p. de VENCER. || Á TRES, Ó Á LAS TRES VA LA VENCIDA, Loc. met. con que se aconseja á alguno que no desista de su intento desde luego; pero que tampoco insista demasiado en él. || IR ALGUNO DE VENCIDA, Empezar á ser vencido. || LLEVAR Á ALGUNO DE VENCIDA, Comenzar á vencerle.

VENCIMIENTO, s. m. La accion y efecto de vencer ó vencerse. || met. La inclinacion ó torcimiento de alguna cosa material.

VENDA, s. f. Tira, faja, cinta ancha y larga, que sirve para atar ó ligar, ó cubriendo alguna cosa. || La faja que rodeada á las sienes servia á los reyes de adorno distintivo, y como corona. || ant. En algunas partes VENTA.

VENDADO, p. p. de VENDAR.

VENDAGE, s. m. La paga del trabajo por vender los géneros que se le encomiendan á alguno. || *Cir.* La ligadura que se hace con vendas.

VENDAR, v. a. Atar, ligar ó cubrir con la venda. || met. Poner algun impedimento ó estorbo al conocimiento ó la razon, para que no vea las cosas como son en sí, ó los inconvenientes que se siguen de ellas. Dícese frecuentemente de las pasiones del ánimo.

VENDAVAL, s. m. Viento fuerte de la banda del sur, inclinado á poniente.

VENDEDERO, AA, s. m. y f. El que tiene por oficio vender.

VENDEDOR, RA, s. m. y f. El que vende.

VENDEHUMOS, s. m. El que ostenta ó supone valimiento y privanza con algun poderoso para vender con esto su favor á los pretendientes.

VENDEJA, s. f. Venta pública y comun, como en feria.

VENDER, v. a. Traspasar á otro la propiedad de lo que alguno posee por el precio convenido. || Exponer al público los géneros ó mercaderías para el que las quisiere comprar, aunque no sean propias del que las vende. || Se dice de las cosas inmateriales cuando seegresan por interes; y así se dice: VENDER la honra, la justicia, etc. || met. Faltar á la fe, confianza ó amistad. || met. Hacer que á alguno le cueste mucho trabajo, diligencia ó fatiga conseguir alguna cosa. || Proponer y persuadir á alguno con razones aparentes la bondad ó utilidad de alguna cosa que en la realidad no la tiene.

VENDERSE, v. r. met. Fingirse, jactarse ó gloriarse alguno de lo que no es, ó de la calidad ó prenda que no tiene. || met. Ofrecerse á todo riesgo y costa en favor de alguno, aun exponiendo su libertad. || VENDERSE CARO.

net. Permitirse con gran dificultad al rato, comunicacion ó vista del que lo solicita ó busca. || VENDER AL QUITAR, se dice del que se deshace de alguna cosa por venta, pactando la accion de volverla á comprar cuando se halle en disposicion de egecutarlo. || Á MI QUE LAS VENDO, Expr. fam. con que se previene que quiere engañar á otro de la inteligencia ó conocimiento de la materia que se le persuade, tomada la frase de los vendedores, que saben las calidades ó defectos de sus géneros.

VENDERACHE, s. m. ant. *Mil.* Vendedor ó mercader.

VENDIBLE, adj. Que se puede vender ó está expuesto para venderse.

VENDICA, s. f. d. de VENDA.

VENDICION, s. f. La accion y efecto de vender.

VENDIDA, s. f. ant. Vendicion ó venta.

VENDIDO, p. p. de VENDER. || ESTAR VENDIDO, met. Estar expuesto á conocido peligro entre algunos capaces de ocasionarle, ó que son mas sagaces en la materia que se trata. || ESTAR COMO VENDIDO, Estar mortificado ó desazonado en compañia ó conversacion de los que son de contrario sentir ó extraños y desconocidos.

VENDIENTE, p. a. ant. de VENDER, el que vende.

VENDILLA, s. f. d. de VENDA.

VENDIMIA, s. f. La recoleccion y cosecha de la uva, y el tiempo en que se hace. || met. El provecho ó fruto abundante que se saca de cualquiera cosa.

VENDIMIADO, p. p. de VENDIMIAR.

VENDIMIADOR, RA, s. m. y f. El que vendimia ó recoge el fruto de las viñas.

VENDIMIAR, v. a. Recoger el fruto de la uva. || met. Disfrutar ó aprovecharse de alguna cosa, especialmente con injusticia. || fam. Matar ó quitar la vida.

VENDITA, s. f. d. de VENDA.

VENDO, s. m. El orillo del paño.

VENECIANO, NA, adj. y s. El natural de Venecia y perteneciente á ella. || Á LA VENECIANA, Al uso de Venecia.

VENEDIZO, ZA, adj. ant. V. ADVENEDIZO.

VENEFICIADO, p. p. de VENEFICIAR.

VENEFICIAR, v. a. Maleficiar ó hechizar.

VENEFICIO, s. m. Maleficio ó hechicería.

VENÉFICO, CA, adj. V. VENENOSO. || V. HECHICERO.

VENENADO, p. p. de VENENAR.

VENENADOR, RA, s. m. y f. ant. V. ENVENENADOR.

VENENAR, v. a. ant. V. ENVENENAR.

VENENÍFERO, RA, adj. *Poet.* V. VENENOSO.

VENENO, s. m. Cualquiera sustancia ó materia que tomada ó aplicada en cortísima cantitad altera tanto la economía animal, que produce efectos casi siempre mortales. || Cualquiera cosa gravemente nociva á la salud. || El color de que usan los tintoreros y pintores, por componerse las mas veces de minerales venenosos; y tambien se llama asi aquel con que suelen afeitarse las mugeres. || met. Cualquiera cosa opuesta y nociva á la salud del alma, buenas costumbres ó pureza de la fe. || met. El afecto de ira ó rencor ú otro sentimiento interior; y asi se suele decir: está hecho un VENENO. || met. El mal gusto de las cosas ó muy desabrido. || ant. La medicina ó remedio preparado en la botica. || POCO VENENO NO MATA, Expr. con que se significa que las cosas dañosas en poca cantidad no suelen dañar. Usase tambien en sentido moral.

VENENOSIDAD, s. f. La propiedad mortífera ó sumamente nociva del veneno.

VENENOSÍSIMO, MA, adj. sup. de VENENOSO.

VENENOSO, SA, adj. Que incluye veneno. Se usa en lo físico y en lo moral.

VENERA, s. f. Concha de dos piezas iguales, casi redondas, y de medio pié de diametro, llenas de surcos profundos, y de color blanco manchado de rojo. || La insignia que traen pendiente al pecho los caballeros de las órdenes militares. || VENERO, mineral, etc.

VENERABILÍSIMO, MA, adj. sup. de VENERABLE.

VENERABLE, adj. Digno de veneracion. || Epíteto ó renombre que se da á las personas de conocida virtud. || Título que dan á las personas eclesiásticas constituidas en prelacía y dignidad como cuando el rey escribe á los superiores y prelados les dice: VENERABLE y devoto. etc.

VENERABLEMENTE, adv. Con veneracion.

VENERACION, s. f. Estimacion respetuosa de las cosas segun su mérito. || Hablando de Dios, de los santos y cosas sagradas, CULTO.

VENERADO, p. p. de VENERAR.

VENERADOR, RA, s. m. y f. El que venera.

VENERANDO, DA, adj. V. VENERABLE.

VENERANTE, p. a. de VENERAR, Que venera.

VENERAR, v. a. Respetar, honrar ó conocer en alguna cosa alguna particular excelencia. || Dar culto á Dios, á los santos ó cosas sagradas.

VENÉREO, REA, adj. Que pertenece á la venus ó al deleite sensual.

VENERICA, LLA, TA, s. f. d. de VENERA.

VENERO, s. m. Mineral de metales ó colores ó manantial de agua. La raya ó línea horaria en los reloges de sol. || met. Manantial, origen y principio de alguna cosa.

VENERUELA, s. f. d. de VENERA.

VENGABLE, adj. Que puede ó es digno de vengarse.

VENGADO, p. p. de VENGAR.

VENGADOR, RA, s. m. y f. El que venga ó se venga.

VENGAINJURIAS, s. m. *Germ.* El fiscal.

VENGALA, s. f. Junco de Indias.

VENGANCILLA, s. f. d. de VENGANZA.

VENGANZA, s. f. La satisfaccion que se toma del agravio recibido, sentimiento ó queja.

VENGAR, v. a. Tomar satisfaccion del agravio ó injuria hecha por otro.

* **VENGARSE**, v. r. V. VENGAR.

VENGATIVAMENTE, adv. Con venganza.

VENGATIVO, VA, adj. Inclinado y determinado á tomar venganza de cualquier agravio.

VENIA, s. f. Perdon ó remision de la ofensa ó culpa. || Licencia ó permision pedida para egecutar alguna cosa. || Humillacion que se hace con la cabeza, saludando cortesmente á alguno. || for. La licencia que concede el rey á consulta de tribunal competente, para que los menores de veinte y cinco años administren su hacienda por sí y sin intervencion del curador.

VENIAL, adj. Que se opone levemente á la ley ó precepto, y por eso es de fácil remision.

VENIALIDAD, s. f. La calidad de la culpa ó error leve y fácil de perdonar ó disimular.

VENIALMENTE, adv. Leve ó ligeramente, ó de modo que sea fácil el perdon.

VENICA, s. f. d. de VENA.

VENIDA, s. f. El tránsito ó aproximacion de una persona ó cosa desde un lugar á otro donde se halla el que habla. || La vuelta ó restitucion al lugar de donde se salió. || AVENIDA de los rios, etc. || *Esgr.* El acometimiento mutuo que se hacen los combatientes despues de presentar la espada por todo el tiempo que dura el lance hasta entrar el montante. || met. Ímpetu, prontitud ó accion inconsiderada.

VENIDERO, RA, adj. Que ha de venir ó suceder.

VENIDEROS, s. m. pl. V. SUCESORES, ó los que han de venir despues.

VENIDO, p. p. de VENIR.

VENIENTE, p. a. ant. de VENIR, Que viene.

VENILLA, s. f. d. de VENA.

VENINO, s. m. Grano maligno ó divieso.

VENINO, NA, adj. V. VENENOSO.

VENIR, v. n. Pasar de un lugar á otro donde se halla el que habla, ó acercarse á él. || Comparecer ante el juez superior. || Ir ó caminar á sitio ó paraje determinado con algun fin ó intento. || met. Asentir, reducirse ó sujetarse al dictámen ó parecer de otro, ó convenir en alguna cosa, especialmente cuando ántes ha habido dificultad ó repugnancia. || Ajustarse, acomodarse ó conformarse una cosa á otra ó una cosa con otra. || Acudir á alguna parte determinada; y así se dice: fulano VIENE aquí cada dia. || En lo físico ó moral [illegible] Úsase muchas veces como verbo recíproco cuando se dice: VENIRSE á tierra abajo, etc. || Recurrir finalmente á lo que no se queria egecutar ó se dificultaba hacer. || Llegar absolutamente en cualquier sentido. || Resolverse ó determinarse á tratar de alguna cosa, en lo principal del asunto, cuando se ha discurrido ó hablado de otras incidentemente; y así se dice: pero VENGO al caso. || Conceder lo que se pretende ó pide; y así se dice: VENGO en eso. || Acompañar á alguno; y así decimos VIENE fulano con él. || Trocar ó mudar de estado ó calidad. || *Arit.* Retirar alguna cantidad determinada, como efecto de la operacion; y así se dice: VIENEN á la suma tantos. || Estar á ser del partido ó dictámen de alguno; y así se suele decir: con quien VENGO VENGO. || Acudir á alguno ó valerse de él, pedirle ó persuadirle algo; y así se dice: fulano me vino con un empeño, y cuando se extraña suele decirse: con lo que se VIENE, ó con lo que se VENIA. ‖ Acometer á otro yendo á él. Úsase mas frecuentemente como verbo recíproco; y así se dice: VENIRSE el enemigo, VENIRSE el toro á uno. ‖ ant. Suceder, acontècer ó sobrevenir. ‖ Inferirse, deducirse ó seguirse una cosa de otra. ‖ Pasar el dominio ó uso de alguna cosa de unos á otros. ‖ Acercarse o inclinarse una cosa á otra por su propio movimiento ó con impulso extraño. ‖ Llegar una cosa que no tiene movimiento cuando alguno la trae. ‖ Darse ó producirse alguna cosa en algun terreno. ‖ Seguirse en órden ó sucederse por serie una cosa á otra, especialmente en el curso de las cosas naturales, como despues del verano VIENE el otoño, etc. ‖ Traer orígen, proceder ó tener dependencia una cosa de otra en lo físico ó en lo moral. ‖ Excitarse ó empezarse á mover algun afecto ó pasion, como VENIA gana, deseo, etc. ‖ Ofrecerse ú ocurrirse alguna cosa á la imaginacion ó á la memoria. ‖ Llegar una cosa al estado de perfeccion en su línea ó al fin de ella, como VENIA la razon ó el uso de ella á los niños. ‖ Suceder finalmente alguna cosa que se esperaba ó se temia, como despues de una larga enfermedad VINO á morir ó despues de largas pretensiones VINO á conseguir la plaza. Úsase siempre con la partícula *a* y el romance de otro verbo. ‖ Se usa para expresar ó significar el gusto á complacencia de la venida de alguno. ‖ Con la partícula *a* y el romance de otros verbos es auxiliar ó de romance que llaman equivalente, y vale lo mismo que lo que significa el verbo con quien se junta, regularmente explicado con alguna duda ó rezelo. ‖ Usado tambien como auxiliar y junto con los gerundios de los verbos significa la actual accion del verbo con quien se junta. ‖ Junto con la partícula *a* y algunos nombres vale estar pronto á la egecucion, ó egecutar actualmente lo que los nombres significan, como VENIR á cuentas, á partido, etc. ‖ VENIR Á MÉNOS, Deteriorarse, empeorarse, y caer del estado que se gozaba. ‖ VENIR ANGOSTO, met. y fam. No ser bastante alguna cosa á satisfacer el ánimo, ambicion ó el mérito. ‖ VENIR MUY ANCHO, Ser sobrada alguna cosa para el mérito de la persona á quien se da. ‖ VENIR RODADO, met. Suceder casualmente alguna cosa á propósito de lo que se intentaba ó deseaba. ‖ COSAS QUE VAN Y VIENEN, Expr. fam. que se usa para consolar á alguno en lo que padece ó le sucede, explicando la precision de la alternada sucesion de las cosas, que nunca permanecen en un mismo estado. ‖ EN LO POR VENIR, loc. En lo sucesivo ó venidero. ‖ NO IRLE NI VENIRLE, ó SIN IRLE NI VENIRLE, V. IR. ‖ VEN ACÁ, Expr. fam. de que se usa para excitar la atencion de alguno, reconvenirle ó disuadirle alguna cosa. ‖ VENGA LO QUE VINIERE, Expr. con que se da á entender la resolucion ó determinacion en que se está de emprender ó egecutar alguna cosa, sin rezelo del peligro ó riesgo del éxito prospero ó adverso.

VENIRSE, v. r. Se usa en muchas de las acepciones del verbo *venir*, como VENIRSE á casa, venirse á partido, VENIRSE á buenas, etc. ‖ Perfeccionarse algunas cosas ó constituirse en el estado que deben tener por medio de la fermentacion, como venirse el pan, VENIRSE el vino, etc. ‖ Junto con los gerundios de algunos verbos significa la pasion, proximidad ó riesgo de los mismos verbos, como VENIRSE cayendo, venirse durmiendo. ‖ VENIRSE ABAJO, Arruinarse, caerse una cosa. ‖ VENIRSE Á BUENAS, Ajustarse y convenir en algun partido, excusando el ser vencido por pleito ó por fuerza.

VENITA, s. f. d. de VENA.

VENORA, s. f. *Ar.* Hilada de piedra ó de ladrillo que se pone de trecho en trecho en las acequias para que sirva de señal á los que las limpian.

VENOSO, SA, adj. Que tiene venas. ‖ Que pertenece á la vena. ‖ *Bot.* Se aplica á las hojas que tienen vasillos sobresalientes de su superficie, que se extienden con sus ramificaciones desde el medio de la hoja hasta las orillas.

VENTA, s. f. Contrato por el cual se trasfiere á dominio ageno alguna cosa propia por el precio pactado. ‖ La accion y efecto de vender. ‖ La casa establecida en los caminos y despoblados para hospedage de los pasageros. ‖ met. El sitio desemparado y expuesto á las injurias del tiempo, como lo suelen estar las ventas. ‖ ESTAR DE VENTA Ó EN VENTA, met. y fam. Da á entender que alguna muger acostumbra asomarse mucho á la ventana para ver y ser vista. ‖ HACER VENTA, Se usa para convidar á alguno cortesanamente á comer en su casa al pasar por ella. ‖ HACER BUENA LA VENTA, Asegurarla, darla por buena y valedera. ‖ SER UNA VENTA, Explica lo caro de algun lugar ó tienda. ‖ SER UNA VENTA, Estar un sitio poco resguardado ó defendido de los intemperies.

VENTADO, p. p. de VENTAR.

VENTADOR, s. m. ant. ATENTADOR por el bieldo, etc.

VENTAJA, s. f. El exceso apreciable que hace uno á otro en cualquiera linea, ó una cosa á otra. || El sueldo sobreañadido al comun que gozan otros. || El partido ó ganancia anticipada que se concede á otro para igualar el exceso que se reconoce en habilidad ó destreza. Úsase mucho en el juego.

VENTAJOSAMENTE, adv. Con exceso apreciable ó ventaja.

VENTAJOSÍSIMAMENTE, adverb. sup. de VENTAJOSAMENTE.

VENTAJOSÍSIMO, MA, adj. sup. de VENTAJOSO.

VENTAJOSO, SA, adj. Que hace exceso ó es superior comparativamente á otro en su linea.

VENTALLA, s. f. VÁLVULA en los instrumentos neumáticos é hidráulicos. || *Bot.* Las dos ó mas partes de la cáscara de un fruto, que reunidas por una ó mas suturas encierran las semillas, como en las habas, en los guisantes.

VENTALLE, s. m. V. ABANICO.

VENTANA, s. f. La rotura ó abertura que artificiosamente deja el arquitecto en la pared del edificio para darle luz y que entre el viento. || La compuerta con que se cierra. || La abertura del cañon de la nariz, que sirve para la respiracion. || ARROJAR Ó ECHAR POR LA VENTANA, met. Desperdiciar ó malgastar. || CONDENAR UNA VENTANA, Quitar el uso de ella clavándola ó tapiándola. || EMPAREJAR LA VENTANA, Juntarla de modo que ajuste, pero sin cerrarla. || ESTAR ASOMADO Á BUENA VENTANA, met. Estar cerca de heredar algun mayorazgo ó de entrar en alguna dignidad ó empleo. || HABLAR DESDE LA VENTANA, V. HABLAR DE TALANQUERA. || HACER VENTANA, Ponerse á ellas las mugeres para ser vistas. || JUNTAR LA VENTANA Ó PUERTA, V. ENTORNARLA. || SALIR POR LA VENTANA, met. Salir desgraciadamente de alguna casa, lugar ó negocio. || TENER VENTANA AL CIERZO, met. y fam. Denota que alguna persona tiene mucha vanidad. || TIRAR Á VENTANA SEÑALADA, met. Usar de algunas expresiones en lo que se dice ó se habla generalmente y en comun, y por ellas denotar algun sugeto particular, de modo que se conozca que se habla de él.

VENTANAGE, s. m. El número ó serie de ventanas en un edificio.

VENTANAZO, s. m. El golpe recio que se da cerrando la ventana, especialmente cuando se hace por desprecio ó desaire.

VENTANEAR, v. n. Asomarse, ponerse á la ventana con frecuencia.

VENTANERA, adj. Se aplica á la muger que frecuentemente está á la ventana.

VENTANERO, s. m. El que hace ventanas.

VENTANERO, RA, adj. Se aplica á los que con poco recato miran á las ventanas en que hay mugeres.

VENTANICA, LLA, s. f. d. de VENTANA.

VENTANICO, LLO, s. m. El postigo pequeño de las ventanas.

VENTAR, v. a. y n. V. VENTEAR.

VENTARRON, s. m. El viento que sopla con mucha fuerza.

VENTEADO, p. p. de VENTEAR.

VENTEADURA, s. f. La raja ó hendidura hecha en la madera ú otra cosa por la introduccion del viento.

VENTEAR, v. n. Soplar el viento ó hacer aire fuerte.

VENTEAR, v. a. Tomar algunos animales el viento con el olfato. Úsase tambien como neutro. || met. Andar indagando ó inquiriendo alguna cosa por conjetura ó especie que hay de ella. || Poner, sacar ó arrojar alguna cosa al viento para enjugarla ó limpiarla.

VENTEARSE, v. r. Introducirse el viento en alguna cosa, rajándola, hendiéndola ó levantando ampollas. || Llenarse de aire ó viento por enfermedad, á causa de estar muy abiertos los poros. || Expeler la ventosidad del cuerpo.

VENTECICO, LLO, TO, s. m. d. de VIENTO.

VENTERO, RA, s. m. y f. El que tiene á su cuidado y cargo la venta para hospedage de los pasageros.

VENTILACION, s. f. El movimiento del aire que pasa ó corre ó se traspira. || met. El acto de controvertir, disputar ó contender sobre alguna cosa para examinarla.

VENTILADO, p. p. de VENTILAR.

* VENTILADOR, s. m. Máquina para renovar el ayre en los hospitales, cárceles, etc.

VENTILAR, v. n. Moverse, correr ó traspirarse el viento. Úsase comunmente como verbo recíproco, y es muy frecuente entre los médicos.

VENTILAR, v. a. Mover alguna cosa el viento ó en el viento. || met. Cr...

vertir, disputar ó examinar alguna cuestion ó duda, buscando la verdad.

VENTILLA, s f. d. de VENTA.

VENTISCA, s. f. La borrasca de viento y nieve, que suele ser frecuente en los puertos.

VENTISCAR, v. n. Nevar con viento fuerte ó levantar á la nieve la violencia del viento.

VENTISCO, s. m. V. VENTISCA.

VENTISCOSO, SA, adj. Se aplica al tiempo y lugar en que hay muchas ventiscas.

VENTISQUERO, s. m. El sitio guardado y defendido en que la nieve recogida y amontonada por el viento se conserva mucho tiempo. || V. VENTISCA.

VENTOLERA, s. f. Movimiento del viento recio y poco durable. || V. REHILANDERA. || met. Vanidad, jactancia y soberbia. || Pensamiento ó determinacion inesperada y extravagante; así se dice: le dió la VENTOLERA de sentar plaza.

VENTOLINA, s. f. *Náut.* Viento leve y variable.

VENTOR, s. m. El perro de caza que la sigue por el olfato y viento.

VENTORRERO, s. m. El sitio algo despejado, muy combatido de los vientos.

VENTORRILLO ó VENTORRO, s. m. La venta pequeña ó mala.

VENTOSA, s. f. Vaso por lo regular de vidrio, angosto de boca y ancho de barriga, que calentándole con estopas encendidas, se aplica á algunas partes del cuerpo para atraer con violencia los humores á lo exterior, las llaman VENTOSAS sajadas; y cuando no se hace esta operacion, las llaman VENTOSAS secas. || Abertura que se deja en las cañerías á trechos con un cañon para dar salida al viento, y que no se rompan. Este mismo artificio se hace en otras cosas para dar paso al viento. || *Germ.* La ventana. || PEGAR UNA VENTOSA, met. Sacarle á alguno con artificio ó engaño el dinero ú otra cosa.

VENTOSEAR, v. n. Expeler el aire del cuerpo. Suele usarse como verbo recíproco.

VENTOSEDAD, s. f. ant. V. VENTOSIDAD.

VENTOSERO, RA, adj. Se aplica al que es muy inclinado á usar del remedio de las ventosas.

VENTOSIDAD, s. f. El aire encerrado ó comprimido en el cuerpo. Llámase así especialmente cuando se expele. || La calidad de ventoso en la acepcion de lo que causa flatos.

VENTOSÍSIMO, MA, adj. sup. de VENTOSO.

VENTOSO, SA, adj. Que contiene viento ó aire. || Aplícase á los dias y tiempos en que hacen aires fuertes, y á los sitios combatidos de vientos. || FLATULENTO por lo que causa flatos. || ant. Vano, presuntuoso, desvanecido. || Se aplica al perro ventor. || *Germ.* El que hurta por la ventana.

VENTRADA, s. f. ant. V. VENTREGADA.

VENTRAL, adj. Que pertenece al vientre. Aplícase á la faja, cinto ú otra cubierta que se pone en él.

VENTRECHA, s. f. El vientre de los pescados.

VENTRECILLO, s. m. ant. d. de VIENTRE.

VENTREGADA, s. f. Todo el número de animalillos que han nacido de un parto. || met. La copia ó abundancia de muchas cosas que vienen juntas de una vez.

VENTRERA, s. f. Faja que se pone en el vientre ceñida y apretada. Llámase tambien así la armadura que cubria el vientre.

VENTREZUELO, s. m. d. de VIENTRE.

VENTRÍCULO, s. m. *Anat.* V. ESTÓMAGO. || Cualquiera de las cavidades que hay en el corazon y celebro. En el celebro hay cuatro, dos superiores y dos anteriores ó laterales; y en el corazon dos, una al lado izquierdo y otra al derecho.

VENTRILOCUO, s. m. El que al hablar ahueca y forma la voz de manera que parece procede del vientre.

VENTRON, s. m. aum. de VIENTRE.

VENTROSO, SA, adj. V. VENTRUDO.

VENTRUDO, DA, adj. Que tiene mucho vientre.

VENTURA, s. f. El caso favorable ó suerte dichosa y feliz que acontece á alguno especialmente cuando no se espera. || Contingencia ó casualidad. || ant. AVENTURA por acaecimiento ó suceso. || Riesgo, peligro. || Á VENTURA Ó Á LA AVENTURA, Explica que alguna cosa se expone á la contingencia de que suceda mal ó bien. || LA VENTURA DE GARCÍA, Expr. irón. con que se explica, que á alguno le sucedió alguna cosa al contrario de lo que deseaba. || POR VENTURA, V. ACASO. || PROBAR VENTURA, Exponerse ó pretender alguna cosa en que se considera algun riesgo ó grave dificultad que pone en duda su consecucion.

VENTURERO, RA, adj. Casual ó

contingente. || Se aplica al sugeto que anda vagando, ocioso y sin ocupacion ú oficio, pero dispuesto á trabajar en lo que le saliere.

VENTURERO, s. m. V. AVENTURERO.

VENTURILLA, s. f. V. VENTURA. Úsase en estilo familiar para mayor energía.

VENTURINA, s. f. Piedra de color de café tostado y llena de pintas doradas.

VENTURO, RA, adj. Que ha de suceder ó venir despues.

VENTURON, s. m. aum. de VENTURA.

VENTUROSAMENTE, adv. Con felicidad, dicha y ventura.

VENTUROSÍSIMAMENTE, adv. sup. de VENTUROSAMENTE.

VENTUROSÍSIMO, MA, adj. sup. de VENTUROSO.

VENTUROSO, SA, adj. Dichoso, feliz, y que tiene ventura ó la ocasiona.

VEÑUS, s. f. Uno de los planetas primarios. || Llaman por lisonja ó ponderacion de su belleza á la muger, especialmente hermosa, aludiendo á la deidad de la hermosura, que segun las fábulas gentílicas fue VÉNUS. || *Quim.* El cobre. || El deleite sensual ó el acto venéreo.

VENUSTIDAD, s. f. ant. Hermosura perfecta ó muy agraciada.

VENUSTÍSIMO, MA, adj. sup. de VENUSTO.

VENUSTO, TA, adj. Hermoso y agraciado.

VER, v. a. Egercitar el sentido de la vista, percibir y distinguir por ella los objetos mediante la luz. || Registrar, observar las cosas especiales de la naturaleza ó del arte por diversion ó curiosidad. || Visitar á algun sugeto ó estar con él para alguna dependencia. || Reconocer con cuidado y atencion alguna cosa, leyéndola ó examinándola. || Atender ó ir con cuidado y tiento en las cosas que se egecutan. || Experimentar ó reconocer por el hecho. || Hallar de cualquier modo. || met. Considerar, advertir ó reflexionar. || Prevenir ó cautelar las cosas de futuro, anteverlas ó inferirlas de lo que sucede al presente. || Conocer ó imaginar, aprendiendo alguna cosa presente. || Conocer, juzgar ó hallar con la razon. || for. Asistir á la relacion de algun pleito é informe del derecho de las partes para la sentencia. || Usado siempre en futuro sirve para remitir el que habla ó escribe á otra ocasion alguna especie que entonces se toca de paso. || Examinar ó reconocer alguna cosa si está en el lugar que se cita. Úsase casi siempre mandando. || Junto con la partícula YA, regularmente antepuesta, ó usado impersonalmente en futuro, sirve para expresion de amenaza del castigo. || VER LA SUYA UNO, fam. Se usa para denotar que se le ha presentado alguna ocasion ó coyuntura favorable para efectuar alguna cosa. || VER POR BRÚJULA, Se usa para denotar que se mira desde un parage por donde se ve ó descubre poco. || VER VENIR, Esperar para la resolucion de alguna cosa la determinacion ó intencion de otro ó el suceso futuro. || VER Y CREER, Loc. que se usa para manifestar que no se quiere creer alguna cosa solo por oidas, por ser tal, que solo viéndola se puede creer. || AL VER, En algunos juegos de naipes explica que á un partido solo le falta el último tanto, y por eso lleva hecho el envite el contrario, y le queda el reconocer ó ver las cartas para admitirle. || Á MAS VER, Se usa al despedirse, citándose para otra ocasion. || Á MI VER, Segun ó conforme al propio parecer ó dictámen. || Á VER, Expr. que se usa para pedir alguna cosa que se quiere reconocer ó ver. || VER, Se usa como interjeccion para significar el gusto ó la satisfaccion de que alguna cosa haya sucedido como se decia. || Á VER Ó Á VER VEAMOS, Expr. fam. con que se explica la determinacion á esperar que el suceso diga la certidumbre de alguna cosa. || DAR Á VER, Mostrar alguna cosa ó permitirla á la vista. || ES DE VER Ó PARA VER, Significa que alguna cosa es digna de especial reparo, atencion ó consideracion. || ESTAR DE VER, Se significa el adorno, compostura ó curiosidad de alguna cosa. || ESTAR POR VER, Se usa para dificultar el suceso ó certeza de alguna cosa su egecucion, respondiendo al que la facilita. || HACER VER, Mostrar alguna cosa, ó demostrarla y persuadirla de modo que no quede duda. || JAMAS VISTO NI OIDO, Ó NO SER VISTA NI OIDA ALGUNA COSA, Modo de hablar con que se pondera que alguna cosa es sumamente extraña ó nueva. || NO PODER VER Á ALGUNO. met. Aborrecerle. || NO VER, Ver poco ó no distinguir bien los objetos. Úsase frecuentemente para reprender ó advertir á alguno cuando no repara en lo que hace ó en lo que dice. || SI TE VÍ, YA NO ME ACUERDO, Loc. prov. que manifiesta el despego con que los ingratos suelen pagar los favores que recibieron. || TENER QUE VER UNA PERSONA Ó COSA CON OTRA, Haber entre ellas alguna relacion ó conexion. || TENER QUE VER UNA PERSONA CON tra, Tener cópula carnal. ‖ YA SE VE, Expr. que se usa para convenir ó asentir alguna cosa, como convencido de la lara verdad de ella. Suele usarse tamien irónicamente para negar ó disentir.

VER, s. m. El sentido de la vista. ‖ El arecer ó apariencia de las cosas mateiales ó inmateriales; y así se dice: tener uen ver, tener otro VER.

VERSE, v. r. Estar en sitio ú postura propósito para ser visto. ‖ Se usa tamien como pasiva del verbo *ver*, recayenlo la accion sobre los objetos vistos. ‖ Iallarse constituido en algun estado, omo VERSE pobre, abatido, etc. ‖ Conurrir con alguno para algun efecto. ‖ Estar ó hallarse de cualquier modo en o físico ó moral. ‖ Representarse le imágen ó semejanza de alguna cosa material inmaterialmente, como VERSE al esejo, las prendas del hijo SE VEN en el adre. ‖ Darse alguna cosa á conocer, ó onocerse tan clara ó patentemente como si se estuviera viendo. ‖ Estar ó hallarse en algun sitio ó lance, y así se dice: cuando se VIERON en el puerto no cabian de gozo, etc. ‖ En el juego de cartas reconocer los naipes para admitir ó no admitir el envite. ‖ VERSE CON ALGUNO, Buscarle para cuestion, riña ó pendenia. Dícese tambien VERSE las caras. ‖ VERSE EN ELLO, met. Considerar ó reflexionar alguna cosa para su resolucion, gecucion ó concesion. ‖ VERSE NEGRO, Explica el afan, fatiga ó apuro en que lguno se halla para egecutar alguna osa. ‖ VERSE Ó IRSE VIENDO, Descubrirse la vista alguna cosa que debia estar culta. ‖ VERSE Y DESEARSE, Explica el uidado, fatiga ó afan que cuesta el egeutar alguna cosa.

VERA, s. f. En algunas partes ORILLA. VERAS, pl. Realidad, verdad y serielad en las cosas que se hacen ó dicen, la eficacia, fervor y actividad con que e egecutan.

VERACIDAD, s. f. La propiedad ó ábito de decir siempre la verdad.

VERAMENTE, adv. ant. V. VERDAERAMENTE.

VERANADA, s. f. El tiempo en que os ganados tienen el verano.

VERANADERO, s. m. El sitio donde astan los ganados en la primavera.

VERANAR, v. n. V. VERANEAR.

VERANEAR, v. n. Tener ó pasar el erano en alguna parte.

VERANEO ó VERANERO, s. m. El itio ó parage adonde algunos animales asan á veranear.

VERANICO, s. m. d. de VERANO. El tiempo breve en que suele hacer calor fuera del estio; y así dicen: el VERANICO de san Martin.

VERANIEGO, GA, adj. Que pertenece al verano ó es propio de este tiempo. ‖ met. El que en tiempo de verano está flaco ó enfermo. ‖ Que es defectoso en su línea.

VERANILLO, TO, s. m. d. de VERANO.

VERANO, s. m. El tiempo del estío ó en que hace calor. ‖ ant. V. PRIMAVERA.

VERATRO, s. m. V. ELÉBORO.

VERAZ, adj. Que dice siempre la verdad.

VERBAL, adj. Que se hace ó contrata con solas palabras, como injuria VERBAL, juicio VERBAL. ‖ *Gram.* Que pertenece al verbo ó se deriva de él.

VERBALMENTE, adv. Con solas palabras ó por medio de ellas.

VERBASCO, s. m. V. GORDOLOBO.

VERBENA, s. f. Yerba medicinal que echa por lo comun de cada raiz un solo tallo de dos pies de alto, cuadrangular, derecho y las mas veces ramoso por arriba. ‖ COGER LA VERBENA, met. Madrugar mucho para irse á pasear.

VERBERACION, s. f. La accion ó movimiento con que el agua ó el viento azota con alguna parte.

VERBERADO, p. p. de VERBERAR.

VERBERAR, v. a. Azotar el viento ó el agua en alguna parte.

VERBIGRACIA, Voz latina que se usa en nuestro castellano en la misma significacion, y sirve para llamar la atencion ó egemplo ó símil que se va á poner para comprobar alguna cosa.

VERBO, *Teol.* La segunda persona de la santísima Trinidad, el hijo engendrado eternamente por el entendimiento del padre, imágen consustancial suya y concepto de su divinidad. ‖ *Gram.* Una de las partes de la oracion que se conjuga por modos y tiempos. ‖ VERBOS, pl. Juramentos ó expresiones de enojo. Usase solo en la frase ECHAR VERBOS. ‖ VERBO DEPONENTE, En la gramática latina es el que con terminacion pasiva tiene significacion activa. ‖ VERBO PASIVO, El que se conjuga como el activo y tiene la significacion de pasivo. ‖ VERBO NEUTRO, El que no es activo ni pasivo. ‖ VERBO REFLEXIVO, V. VERBO RECÍPROCO. ‖ VERBO RECÍPROCO, Aquel cuya significacion se refunde en la misma persona que le rige. ‖ DE VERBO

AD VERBUM, Palabra por palabra, á la letra.

VERBOSIDAD, s. f. La abundancia y copia de palabras en la locucion.

VERBOSÍSIMO, MA, adj. sup. de VERBOSO.

VERBOSO, SA, adj. Abundante y copioso de palabras.

VERDACHO, s. m. Verde bajo, como el color de la caña verde. Es uno de los minerales de que usan en la pintura.

VERDAD, s. f. La total correspondencia ó conformidad de lo que se dice ó expresa con lo que interiormente se juzga ó con lo que en sí son las cosas. || La certidumbre de una cosa que se mantiene siempre la misma sin mutacion alguna. En este sentido Dios nuestro señor es la suma y eterna VERDAD, y de las demas cosas se dice por correspondencia á su idea divina. || La conformidad de una cosa con la razon, de tal suerte que convence y persuade á su creencia como cierta é infalible. || Aquella máxima ó proposicion en que todos convienen y nadie puede negar racionalmente, por fundarse en principios naturalmente conocidos. || Virtud que consiste en el hábito de hablarla siempre ó corresponder á las promesas. || La expresion clara, sin rebozo ni lisonja con que á alguno se le corrige ó reprende. Úsase frecuentemente en plural; y así se dice: fulano le dijo DOS VERDADES. || VERAS, y se usa en el mod. adv. DE VERDAD. || La realidad ó cierta existencia de las cosas. || Pastel de masa delicada y mezclada con dulce. || VERDAD DE PEROGRULLO, fam. La proposicion tan notoriamente cierta, que ninguno la puede ignorar ó poner en duda. Úsase siempre para notar al que la dice como cosa especial. || VERDAD DESNUDA, La que es patente, clara, sin rebozo, doblez ni lisonja, dicha sin atender á respetos particulares. || VERDAD ES QUE, Ó ES VERDAD QUE, Expr. que se usa contraponiendo una cosa á otra, como que no impide ó estorba al asunto, ó para exceptuarla de alguna regla general. || VERDAD SABIDA Y BUENA FE GUARDADA, Loc. for. con que se da á entender que algun pleito ó causa se debe sentenciar sin atender precisamente á las formalidades y ápices del derecho. || Á MALA VERDAD, ant. Con engaño, con artificio. || Á LA VERDAD Ó DE VERDAD, Asegura la certeza y realidad de alguna cosa cuando se duda ó se dificulta en ella. || BIEN ES VERDAD, Expr. que se usa para significar alguna excepcion, singularidad, distincion ó diversidad en la materia de que se tr[ata] hablando respecto de algun sugeto, circunstancia ó caso particular. || EN VERDAD. V. VERDADERAMENTE. || FALTAR Á LA VERDAD, No decirla cuando convenia. || HOMBRE DE VERDAD, El que siempre la dice y tiene opinion y fama de eso. || LA PURA VERDAD, La verdad indubitable, clara y sin tergiversacion. || LA VERDAD AMARGA, Expr. con que se significa el disgusto que causa á alguno el que le digan claramente el mal que ha egecutado. || LA VERDAD ES HIJA DE DIOS, Expr. con que se da á entender que se presume algun engaño en el que trata, como exhortándole á que no lo egecute. || POR CIERTO Y POR LA VERDAD, Expr. con que se asegura y confirma la realidad de lo que se dice. || SI VA Á DECIR VERDAD, Significa la realidad que se va á explicar del dictamen ó del sentir en lo que se habla ó trata. || TRATAR VERDAD, Profesarla, decirla.

VERDADERAMENTE, adv. Con toda verdad ó con verdad. || Á LA VERDAD.

VERDADERÍSIMAMENTE, adv. sup. de VERDADERAMENTE.

VERDADERÍSIMO, MA, adj. sup. de VERDADERO.

VERDADERO, RA, adj. Que contiene en sí verdad, certidumbre ó realidad. || Real, sin engaño, doblez ó tergiversacion, ingenuo y sincero.

VERDAL, adj. Se aplica á un género de ciruelas que tienen el color que tira á verde, aunque esten maduras. Dícese tambien de los árboles que las producen ó llevan.

VERDASCA, s. f. V. VARDASCA.

VERDE, adj. Que tiene el color verde, ó está teñido de el. || Que está en vigor, como opuesto á lo seco y marchito. || Que aun no está maduro. || Se aplica á la primera edad, y por eso mas vigorosa y fuerte. || met. El mozo que está en el vigor y la fuerza de su edad, y lo da á entender en las acciones. || Se aplica á las cosas que estan á los principios, y á que falta mucho para llegar á perfeccionarse. || En el vino el sabor áspero de que se conoce que al hacerse hubo mezclada alguna uva por madurar.

VERDE, s. m. El color natural de las yerbas y plantas cuando estan en su vigor. || Color de que usan los pintores semejante al natural, V. CARDENILLO. || V. VERDE FORZADO. || El alcacer que se da á las caballerías por la primavera para purgarlas. || VERDE FORZADO, Mezcla de azul y amarillo de que resulta este ...

lor. || DARSE UN VERDE, met. Holgarse ó divertirse por algun tiempo.

VERDEA, s. f. Especie de vino. Es celebrado el de Florencia.

VERDEADO, p. p. de VERDEAR.

VERDEAR, v. n. Mostrar alguna cosa en si misma el color verde ó tirar á él.

VERDEAR, v. a. En algunas partes coger la uva y aceituna para venderla.

VERDECELEDON, s. m. Color particular muy usado en las partes de levante, para el cual habiendo primero dado al paño un pié de azul muy bajo, luego se le da el color pajizo; y de la mezcla de estos dos colores resulta el VERDECELEDON.

VERDECER, v. n. Reverdecer, vestirse la tierra ó los árboles de verde.

VERDECICO, CA, TO, TA, adj. d. de VERDE.

VERDECILLO, s. m. Pájaro VERDEROL.

VERDECILLO, LLA, adj. d. de VERDE.

VERDEESMERALDA, adj. Que es de un color verde semejante al de la esmeralda. Úsase tambien como sustantivo por el color de esta especie.

VERDEGAY, adj. Que es de un color verde claro y alegre. Úsase tambien como sustantivo por el color de esta especie.

VERDEGUEAR, v. n. V. VERDEAR.

VERDEJA, adj. V. VERDAL.

VERDEMAR, adj. Que es de un color verde, semejante al del mar. Úsase tambien como sustantivo por el color de esta especie.

VERDEMONTAÑA, s. m. Mineral de que usan los pintores para hacer un verde hermoso y claro. Llámase tambien así el color verde que se hace de este mineral.

VERDERON, s. m. Especie de concha de unas dos pulgadas de largo, que consta de dos piezas iguales llenas de surcos profundos que corren desde la charnela á las extremidades. Es de color blanquizco manchado de rojo: y el animal que la fabrica es comestible. || En algunas partes VERDEROL.

VERDEROL, s. m. Ave muy comun en los paises templados de Europa. Es de unas tres pulgadas de largo, de color entre rojo y verde, con las timoneras y primeras exteriores manchadas de pajizo. Se domestica con facilidad, y es una de las aves europeas que se enjaulan por lo melodioso de su canto. || En algunas partes VERDERON, especie de concha.

VERDESCURO, RA, adj. ant. Que es de un verde oscuro.

VERDETE, s. m. V. CARDENILLO.

VERDEVEGIGA, s. m. Color verde oscuro cuyo principal ingrediente entre otros es la hiel de vaca. Sirve mucho en la pintura para las iluminaciones.

VERDEZUELO, s. m. Pájaro, V. VERDEROL.

VERDIN, s. m. El primer color verde que tienen las yerbas ó plantas que no han llegado á su sazon. || La lama verde que se cria en el agua estancada. || El cardenillo ó el orin del cobre.

VERDINA, s. f. VERDIN por el primer color verde que tienen las yerbas ó plantas.

VERDINEGRO, GRA, adj. Se aplica á lo que tiene el color verde oscuro.

VERDINO, NA, adj. Que está muy verde ó tiene el color muy verde.

VERDISECO, CA, adj. Se aplica á lo que está medio seco.

VERDOLAGA, s. f. Planta que se extiende por la tierra.

VERDON, s. m. *Germ.* El campo.

VERDOR, s. m. El color verde vivo de las plantas. || El color verde. || met. Vigor, fortaleza. || VERDORES, pl. met. La edad de la mocedad ó juventud.

VERDOSO, SA, adj. Que tira á verde.

* VERDOSO, s. m. *Germ.* El higo.

VERDOYO, s. m. La lana ó lino verde que cria el agua en las piedras ó paredes.

VERDUGADO, s. m. Vestidura que las mugeres usaban debajo de las basquiñas.

VERDUGAL, s. m. El monte bajo que despues de quemado ó cortado se renueva echando tallos ó espesura.

VERDUGO, s. m. El renuevo ó vástago del árbol. || Especie de estoque muy delgado. || La roncha larga ó señal que levanta el golpe del azote. || El ministro de justicia egecutor de las penas de muerte, y otras que se dan corporales, como de azotes, tormento, etc. || ant. Azote hecho de cuero, mimbre ú otra materia flexible. || *Arq.* La hilada de ladrillo que se pone horizontalmente en una fábrica de mampostería ó tierra. || ant. Arillo de metal que se pone en las orejas ó sirve de sortija. || met. El muy cruel y que castiga demasiado y con impiedad. || met. Se dice de las cosas inmateriales que atormentan ó molestan mucho.

VERDUGON, s. m. aum. de VERDUGO en el sentido de la señal del golpe del azote. || El vástago grande.

VERDUGUILLO, s. m. d. de VERDUGO. || Una como roncha que se levanta en las hojas de algunos árboles. || Navaja para afeitar mas angosta y algo mas pequeña que las regulares. || Especie de estoque angosto. || ant. VERDUGO por el arillo de metal y por la hilada, etc.

VERDULERO, RA, s. m. y f. El hombre ó la muger que vende verdura y hortalizas.

VERDURA, s. f. V. VERDOR. || Todo género de hortaliza, especialmente la que sirve en la olla ó cocido. Úsase regularmente en plural. || En los paises y tapicerías el follage que se pinta en ellos. || met. Vigor, lozanía.

VEREDA, s. f. La senda ó camino angosto, distinto y separado del real. || El órden ó aviso que se despacha para hacer saber alguna cosa á un número determinado de lugares que estan en un mismo camino ó á poca distancia. || El camino que hacen los regulares por determinados pueblos de órden de los prelados para predicar en ellos.

VEREDARIO, RIA, adj. Se aplica á las postas ó postillones y á los de alquiler.

VEREDERO, s. m. El que va enviado con despachos para notificarlos ó publicarlos en varios lugares.

VEREDICA, LLA, TA, s. f. d. de VEREDA.

VERGA, s. f. VARA, Hoy solo se usa en la náutica por cualquiera de las varas o palos de las entenas. || El miembro de la generacion en los animales. || El nervio con que se aprieta y oprime la ballesta. || VERGAS EN ALTO, Loc. con que se denota que la embarcacion está pronta y expedita para navegar.

VERGAJO, s. m. El nervio del miembro genital del toro ú otros animales cuadrúpedos, especialmente separado de ellos.

VERGARZOSO, s. m. Animal de la América meridional, de la naturaleza del oso hormiguero.

VERGEL, s. m. Huerto ameno, especialmente plantado para la recreacion. Propiamente es el jardin ó cercado de verjas donde hay flores. || met. Cosa vistosa, hermosa y deliciosa.

VERGETA, s. f. V. VERGUETA.

VERGETEADO, DA, adj. *Blas.* Se dice del escudo y las figuras compuestas de diez palos ó mas.

VERGONZANTE, adj. El que tiene vergüenza. || Aplícase regularmente á que pide limosna con cierto disimulo, ó encubriéndose.

VERGONZOSAMENTE, adv. Con vergüenza ó de modo que la ocasiona.

VERGONZOSICO, CA, LLO, LLA, TO, TA, adj. d. de VERGONZOSO.

VERGONZOSÍSIMAMENTE, adv. sup. de VERGONZOSAMENTE.

VERGONZOSÍSIMO, MA, adj. sup. de VERGONZOSO.

VERGONZOSO, SA, adj. Que se avergüenza con facilidad. || Que causa vergüenza.

VERGOÑA, s. f. ant. V. VERGÜENZA.

VERGOÑOSO, SA, adj. ant. V. VERGONZOSO.

VERGUEADO, p. p. de VERGUEAR.

VERGUEAR, v. a. Varear ó sacudir con alguna vara.

VERGÜENZA, s. f. Pasion que excita alguna turbacion en el ánimo por la aprehension de algun desprecio, confusion ó infamia que se padece o teme padecer, dando muestras de ello en el rostro, especialmente con el color. || El efecto que causa el pudor en orden á contener las acciones ó palabras indignas del sugeto. || Encogimiento ó cortedad para egecutar alguna cosa. || Cualquiera accion que se debe temer al egecutarla ó por haberle egecutado. || La pena ó castigo que se da, exponiendo al reo á la afrenta y confusion publica con alguna insignia que denota su delito; y así se dice: sacar á la VERGÜENZA. || El pundonor ó estimacion de la propia honra; y así se dice: hombre de VERGÜENZA, etc. || *Germ.* La toca de la muger. El liston ó larguero delantero de las puertas y ventanas. || VERGÜENZAS. Las partes pudendas. || CATAR VERGÜENZA, ant. Tenerse respeto ó miramiento una persona á otra estando presentes. || PERDER LA VERGÜENZA, abandonarse desestimando el honor que segun su estado le corresponde. || SACAR Á LA VERGÜENZA, Poner á alguno delincuente en parage público, ó pasearle por las calles para su confusion y para que todos conozcan su delito. || met. fam. Hacer á alguno que haga públicamente alguna habilidad cuando por cortedad ó desconfianza de desempeñarla bien. || SER UNA MALA VERGÜENZA. Pondera la inutilidad o grave defecto de alguna cosa.

VERGÜEÑA, s. f. ant. V. VERGÜENZA.

VERGUER ó VERGUERO, *s. m. Ar.* Alguacil de vara.

VERGUETA, s. f. Varita delgada.

VERGUITA, s. f. ant. d. de VERGA.

VERICUETO, s. m. Lugar ó sitio áspero y quebrado por donde no se puede andar sino con dificultad.

VERÍDICO, CA, adj. Que trata verdad. Aplícase tambien á las cosas que la incluyen.

VERIFICACION, s. f. Exámen, prueba que se hace de alguna cosa para averiguar ó confirmar la verdad.

VERIFICADO, p. p. de VERIFICAR.

VERIFICAR, v. a. Probar de algun modo que alguna cosa que se dudaba es verdadera. || Comprobar ó examinar la verdad de alguna cosa.

VERIFICARSE, v. r. Salir cierto y verdadero lo que se dijo ó pronosticó. || VERIFICARSE LA CONDICION, V. PURIFICARSE LA CONDICION, V. CONDICION.

VERIFICATIVO, VA, adj. Que sirve para verificar alguna cosa.

VERISÍMIL, adj. Que tiene apariencia de verdadero, aunque en la realidad no lo sea, por lo que prudentemente se puede creer ó asegurar.

VERISIMILITUD, s. f. La apariencia de verdad en las cosas, aunque en realidad no la tengan, bastante para formar un juicio prudente.

VERISÍMILMENTE, adv. Con verisimilitud.

VERÍSIMO, MA, adj. ant. sup. de [illegible]RO.

VERJA, s. f. El enrejado de puerta ó [illegible]ntana ó sitio que se quiere cerrarconel.

VERJICA, LLA, TA, s. f. d. de [illegible]JA.

VERMEJO, JA, adj. Encarnado, [illegible]orado subido.

VERMICULAR, adj. Que tiene gu[illegible]os ó los cria.

VERMÍFUGO, GA, adj. Contra [illegible]mices.

VERMINOSO, SA, adj. V. VERMICU[illegible], Úsanle los facultativos hablando [illegible]as llagas y heridas.

VERNAL, adj. Que pertenece á la [illegible]mavera; y así se dice: equinoccio [illegible]NAL. || Epíteto que dan los astrólogos [illegible]rimer cuadrante del tema celeste [illegible]e el oriente hasta el medio cielo ó [illegible]diano superior.

[illegible]ERO, RA, adj. ant. V. VERDADERO.

[illegible]ERO, s. m. *Blas.* Cada una de las [illegible]as, como copas ó vasos de vidrio, [illegible]se representan en las armerías en [illegible]a de campanitas ó sombrerillos pequeños, que son siempre de plata y azul. || DE VERO, ant. V. DE VERAS. || DE VERAS, Verdadera, realmente. En este sentido se usa frecuentemente con una especie de ironía para dar á entender que no se cree ó se duda lo que se dice. || Con realidad y seriedad, como opuesto á las burlas.

VERÓNICA, s. f. Yerba medicinal de sabor algo amargo y astringente, cuyo uso insignes escritores prefieren al del té de la China y del Japon.

VEROSÍMIL, adj. V. VERISÍMIL.

VEROSIMILITUD, s. f. V. VERISIMILITUD.

VERRACO, s. m. El cerdo padre que se echa á las puercas para cubrirlas.

VERRAQUEAR, v. n. Gruñir ó dar señas de enfado y enojo.

VERRIONDEZ, s. f. El zelo de los puercos y otros animales. || La calidad de las yerbas que estan lacias, marchitas ó mal cocidas.

VERRIONDO, DA, adj. Se aplica al puerco y otros animales cuando estan en zelo. || Se dice de las yerbas ó cosas semejantes cuando estan marchitas ó mal cocidas y duras.

VERRUGA, s. f. Especie de callo redondo y muy duro que se forma en varias partes del cuerpo, y mas comunmente en las manos y cara.

VERRUGOSO, SA, adj. Que tiene muchas verrugas.

VERRUGUETA, s. f. *Germ.* Fullería, trampa en el juego de naipes.

VERRUGUETAR, v. a. *Germ.* Usar de verruguetas en el juego.

VERRUGUICA, LLA, TA, s. f. d. de VERRUGA.

VERRUGUIENTO, TA, adj. Lleno de verrugas.

VERSADÍSIMO, MA, adj. sup. de VERSADO.

VERSADO, p. p. de VERSAR. || VERSADO, DA, adj. Egercitado, práctico, instruido; y así se dice: VERSADO en las lenguas sabias, en las matemáticas.

VERSAL, adj. *Imp.* MAYÚSCULA, cuyo cuerpo es doble que el de la letra baja.

VERSALILLA, s. f. *Imp.* Letra mayúscula, cuyo cuerpo ó altura es el mismo que el de la letra baja.

VERSAR, v. n. Haber, militar ó hallarse en cualquiera cosa las mismas razones y circunstancias que en la otra con quien se compara.

* VERSARSE, v. r. V. VERSAR.

VERSÁTIL, adj. Que se vuelve ó puede volver fácilmente. || met. Que es de genio ó carácter voluble é inconstante.

VERSECILLO, s. m. d. de VERSO.

VERSERÍA, s. f. El conjunto de piezas de artillería que llamaban versos.

VERSETE, s. m. d. de VERSO por pieza de artillería antigua.

VERSICO, s. m. d. de VERSO.

VERSÍCULA, s. f. El lugar donde se ponen los libros de coro.

VERSICULARIO, s. m. El que cuida de libros de coro, y el que canta los versículos.

VERSÍCULO, s. m. Subdivision pequeña del artículo ó párrafo, de un capítulo, en el cual se encierra cláusula perfecta || La parte del responsorio que se dice en las horas canónicas regularmente ántes de la oracion.

VERSIFICACION, s. f. La accion y efecto de versificar.

VERSIFICADOR, RA, s. m. y f. El que versifica.

VERSIFICAR, v. n. Hacer versos.

VERSILLO, s. m. d. de VERSO.

VERSION, s. f. La traduccion de algun escrito ó la de una lengua á otra.

VERSISTA, s. m. El que hace frecuentemente versos sueltos. || Dícese á distincion del poeta que escribe sobre algun asunto heróico ó grave con conocido número.

VERSITO, s. m. d. de VERSO.

VERSO, s. m. Número determinado de sílabas que forman consonancia y cadencia. || *Art.* Especie de culebrina de muy poco calibre que ya no se usa en buenas fundiciones. || *And.* Chiste. || *Gal.* La cuna. || VERSO DE ARTE MAYOR, El que consta de doce sílabas, y se compone de dos versos de redondilla menor. || VERSO LIBRE, El que no es rimado ó no se sujeta á consonante ni asonante en su final. || VERSOS PAREADOS, Los dos versos que tienen igual consonante y se unen próximamente como los dos últimos de la octava. || CORRER EL VERSO, Tener fluidez, sonar bien al oido. || CONSTAR Ó NO CONSTAR UN VERSO. Tener la medida que corresponde á los de su especie, ó al contrario. || CORTAR EL VERSO, Recitar bien el verso conforme á su puntuacion y sentido.

VERSUCIA, s. f. ant. Astucia, sagacidad.

VERSUTO, TA, adj. ant. Astuto, taimado y malicioso.

VERTÉBRA, s. f. *Anat.* Hueso pequeño, que encajándose ó encadenándose con otros compone parte del esqueleto del hombre. En el espinazo hay [illegible] doce, siete en el cuello, y cinco en los lomos.

* VERTEBRAL, adj. m. y f. Que pertenece á las vertebras.

VERTEDERO, s. m. El sitio ó parage adonde ó por donde se vierte.

VERTEDOR, RA, s. m. y f. El que vierte.

VERTEDOR, s. m. El canal ó conducto que en los puentes y otras fábricas sirve para dar salida al agua y otras inmundicias. || *Náut.* V. ACHICADOR.

VERTELLO, s. m. *Náut.* Cada una de las bolas horadadas por en medio por donde pasa un cabo, llamado bastardo, juntándolos con las liebres, y [illegible] ciñen á los palos, y los chicotes se [illegible] man á las vergas al medio de ellas, [illegible] que se facilita el subirlas y bajarlas.

VERTER, v. a. Derramar ó [illegible] alguna cosa arrojándola. || Traducir [illegible] gun escrito de una lengua en otra. [illegible] Comunicar al público ó decir lo que [illegible] tenia secreto. || Exceder ó abundar [illegible] cho en alguna cosa.

VERTIBILIDAD, s. f. La facili[illegible] de moverse alguna cosa hácia [illegible] partes ó al rededor.

VERTIBLE, adj. Que fácilmente [illegible] mueve á todas partes ó al rededor [illegible] se muda con inconstancia.

VERTICAL, adj. Que está dire[illegible] perpendicularmente sobre nuestr[illegible] tice ó cabeza; y así se llama [illegible] VERTICAL el que pasa por el cenit [illegible] dir de un lugar, por ser perpendic[illegible] su horizonte. || VERTICAL PRIMAR[illegible] que corta el horizonte en los pu[illegible] verdadero oriente y poniente, [illegible] cual su plano mira directamente [illegible] diodia por un lado, y por el [illegible] setentrion.

VERTICALMENTE, adv. D[illegible] modo vertical.

VÉRTICE, s. m. El punto [illegible] de la cabeza, desde el cual [illegible] rando una línea recta pasará por [illegible] tro del cuerpo hasta los pies. || [illegible] El punto superior de cualquiera [illegible]

VERTICIDAD, s. f. La capa[illegible] potencia de moverse á varias [illegible] al rededor.

* VERTICILADO, adj. [illegible] forma anillos.

* VERTICILOS, s. m. pl. [illegible] Anillos que forman las plantas.

VERTIDO, p. p. de VERTER.

VERTIENTE, p. a. de VERTER, [illegible] vierte como aguas VERTIENTES.

VERTIENTE, s. m. El declive ó sitio por donde corre ó puede correr ó verter el agua.

VERTIGINOSO, SA, adj. Que padece vértigos ó vahidos.

VÉRTIGO, s. m. V. VAHIDO.

VERTIMIENTO, s. m. ant. La accion y efecto de verter.

* VERTUGADO, s. m. Anfiteatro hecho de céspedes.

VESANA, s. f. La línea recta que forman los labradores arando desde un extremo de la tierra al otro, y tambien el cuadro de tierra comprendido entre los dos surcos paralelos en una heredad grande dividida en porciones.

VÉSPERO, s. m. El lucero de la tarde.

VESPERTILLO, s. m. V. MURCIÉLAGO.

VESPERTINA, s. f. La funcion de letras que en las universidades se tiene por la tarde, ó el sermon que se dice á la misma hora.

VESPERTINO, NA, adj. Que pertenece á la tarde ó le es propio ‖ *Astron.* Cualquier astro que se traspone al horizonte despues de haberse puesto el sol.

VESPERTINO, s. m. El sermon doctrinal que se predica por la tarde.

VESQUIR, v. n. ant. V. VIVIR.

VESTE, s. f. ant. V. VESTIDO.

VESTÍBULO, s. m. El atrio ó portal que está á la entrada de algun edificio.

VESTIDICO, LLO, TO, s. m. d. de VESTIDO.

VESTIDO, p. p. de VESTIR.

VESTIDO, s. m. El adorno ó cubierta que se pone en el cuerpo para abrigo y defenderle de las injurias del tiempo, y por la honestidad y decencia. ‖ El conjunto de piezas que componen un adorno del cuerpo, como en los hombres casaca, chupa y calzon, y en las mugeres basquiña y jubon, respecto del cual las demas piezas se llaman cabos. ‖ met. Cualquier adorno ó adicion que se pone para hermosear alguna cosa ó encubrir su realidad. ‖ VESTIDO DE CORTE, El vestido que usan en palacio las señoras los dias de funcion. ‖ VESTIDO Y CALZADO, expr. Sin trabajo, á poca costa. ‖ CORTAR UN VESTIDO, met. y fam. Murmurar y decir mal de alguno.

VESTIDURA, s. f. VESTIDO. Úsase particularmente por las que sirven al culto divino, sobrepuestas al vestido ordinario. ‖ El vestido especial ó parte de él, que sirve de singular adorno ó distincion.

VESTIDURILLA, TA, s. f. d. de VESTIDURA.

VESTIGIO, s. m. La señal de la planta del hombre ó del bruto que queda impresa en la tierra. ‖ La memoria ó noticia de las acciones de los antiguos, que se observa para la imitacion y el egemplo. ‖ La señal que queda de algun edificio ú otra fábrica antigua; y por traslacion se dice de otras cosas, aun de las inmateriales. ‖ El indicio ó seña por donde se infiere la verdad de alguna cosa ó se sigue la averiguacion de ella. ‖ VESTIGIO HORIZONTAL, La figura que tendria en el plano horizontal la sombra de cualquiera magnitud puesta ó imaginada en el aire, causada de los rayos del sol, puesto perpendicularmente sobre dicha magnitud. ‖ VESTIGIO VERTICAL, La figura de la sombra que se formaria en un plano vertical con los rayos del sol, puesto en el horizonte y perpendicular al plano.

VESTIGLO, s. m. Monstruo horrendo y formidable.

VESTIMENTA, s. f. Vestido ó vestidura.

VESTIMENTAS, s. f. pl. Las vestiduras sagradas de que usan los ministros de la iglesia para celebrar los oficios divinos.

VESTIMIENTO, s. m. ant. Vestidura. ‖ VESTIMENTOS, pl. V. VESTIMENTAS.

VESTIR, v. a. Cubrir ó adornar el cuerpo con el vestido. ‖ Adornar cualquiera cosa, como VESTIR las paredes de tapices, VESTIR los altares, etc. ‖ Guarnecer, ó cubrir alguna cosa con otra por la parte exterior para su defensa. ‖ Dar á otro liberalmente ó de limosna con que se vista. ‖ met. Adornar con conceptos y palabras alguna especie ó con la expresion clara de sus circunstancias. ‖ Disfrazar ó disimular artificiosamente la realidad de alguna cosa, añadiéndole alguna exornacion. ‖ Se dice de los brutos y plantas respecto de las pieles ó cortezas de que se cubren. ‖ Hacer los vestidos para otro; y así decimos: tal sastre me VISTE. ‖ Instruir á alguno de noticias y sugerirle especies para la erudicion ó doctrina. ‖ Afectar alguna pasion del ánimo, demostrándolo exteriormente, en especial en el rostro; y así se dice: fulano VISTIÓ el rostro de severidad, agrado, etc. Suele usarse como verbo recíproco. ‖

Arq. Guarnecer ó cubrir enteramente la fábrica de yeso ó cal.

VESTIR, v. n. Andar vestido; y así se dice: fulano VISTE bien.

VESTIR, s. m. ant. V. VESTIDO.

VESTIRSE, v. r. Cubrirse los campos de yerba, los árboles de hoja, etc. Alguna vez se usa como activo; y así se dice que la primavera VISTE los campos, etc. || Salir de una enfermedad, y dejar la cama el que ha estado algun tiempo enfermo. || met. Engreirse vanamente de la autoridad ó empleo, ó afectar exteriormente dominio ó superioridad. || Sobreponerse una cosa ó otra, encubriéndola, y así se dice que el cielo se VISTIÓ de nubes, y de oscuridad el aire. || AL REVES ME LA VESTÍ, Y ÁNDESE ASÍ, Expr. fam. con que se nota al sumamente descuidado de las cosas, y que repara poco en el órden ó método de su egecucion.

VESTUARIO, s. m. El conjunto de las cosas necesarias para el vestido. || En algunas iglesias el sitio donde se revisten los eclesiásticos. || En las iglesias catedrales la renta que dan á los que tienen obligacion de vestirse en las funciones de iglesia ó coro. || El lugar ó sitio en que se visten los cómicos. || El diácono y subdiácono que asisten al altar. || En algunas comunidades ó cuerpos eclesiásticos lo que se da á sus individuos en especie ó en dinero para vestirse.

VESTUGO, s. m. El renuevo ó vástago del olivo.

VETA, s. f. VENA en las minas de los metales, canteras ó tierras. || La lista ó raya que se halla en algunas cosas de distinto color y demuestra distinta calidad, como en las piedras, madera, paños, etc. || DAR EN LA VETA, met. V. DAR EN LA VENA. || DESCUBRIR LA VETA, met. Conocer las inclinaciones é intencion ó designio de otro.

VETADO, DA, adj. Que tiene vetas.

VETEADO, DA, adj. Que tiene vetas.

VETERANO, NA, adj. y s. m. Que se aplica á los soldados ó tropa que por haber servido mucho tiempo estan expertos en las cosas de la milicia. || Entre los Romanos se aplicaba al soldado ó tropa que habian acabado su servicio y estaban exentos de ir á la guerra. Úsase tambien como sustantivo en la terminacion masculina. || Antiguo y experimentado en cualquiera profesion ó egercicio.

VETERINARIA, s. m. V. ALBEITERÍA.

VETICA, LLA, s. f. d. de VETA.

VETUSTÍSIMO, MA, adj. ant. sup. de VETUSTO.

VETUSTO, TA, adj. ant. Que es muy antiguo ó de mucha edad.

VEZ, s. f. La accion ó egecucion de alguna cosa con respeto ó relacion á otra sucesivamente. || La alternacion de las cosas por órden sucesivo. || El tiempo ú ocasion determinada en que se egecuta alguna accion, aunque no incluya órden sucesivo; y así se dice: VEZ hubo que no comió en un dia. || El tiempo ú ocasion de hacer alguna cosa por turno ú órden. || La cantidad que se da ó recibe de un golpe; y así se dice: una VEZ de vino, caber buena VEZ. || La manada de puercos propia de los vecinos de un pueblo. || Junto con *cada* y algunos nombres se usa para denotar la repeticion de las acciones. || VECES, pl. La autoridad ó jurisdiccion comunicada á otro, por la cual puede obrar en su nombre ó representando su persona. || Á LA VEZ, Por órden sucesivo ó serie. || ALGUNA VEZ, En una ú otra ocasion. || Á MALA VEZ, ant. APÉNAS ó dificultosamente. || A VECES, Por órden alternativo ó sucesivamente. || Á VECES Ó Á LAS VECES, En alguna ocasion ó tiempo, como excepcion de lo que comunmente sucede ó contraponiéndole á otro tiempo ú ocasion. || DE UNA VEZ, Con una sola accion, con una palabra, ó de un golpe. || EN VEZ, En lugar de otra cosa, como contraponiéndola á ella. || POR VEZ, V. Á LA VEZ. || TAL VEZ, ACASO ó por ventura. || TAL VEZ, Ó TAL Y TAL VEZ, Ó TAL CUAL VEZ, En una ocasion ó tiempo. || TODAS LAS VECES QUE, V. UNA VEZ QUE. || UNA VEZ, Loc. que se usa para suponer que se ha de egecutar ó se ha egecutado alguna cosa, ó sentar su certidumbre ó existencia. || UNA VEZ QUE, Loc. fam. con que se supone ó da por cierta alguna cosa para pasar adelante en el discurso.

VEZADO, p. p. de VEZAR.

VEZAR, v. a. V. AVEZAR.

VEZO, s. m. ant. V. COSTUMBRE.

VIA

VIA, s. f. V. CAMINO. || Modo ó manera de egecutar alguna cosa ó el medio por el cual se consigue. || El conducto del cuerpo del animal, especialmente aquel por el cual se expelen los excrementos. || Entre los místicos el modo y órden de vida espiritual, arreglada á la contemplacion, la cual dividen en tres estados, de VIA purgativa, iluminativa y unitiva. || for. El modo de proceder para sustanciar los juicios que dividen en VIA ordinaria y egecutiva. || La calidad del egercicio, estado ó facultad que se elige ó toma para vivir. || El camino ó viage de los correos; y asi se dice: remitir un pliego por la VIA de Francia, etc. || VIA CRUCIS, El camino que se forma con diversas estaciones de cruces ó altares, en memoria y á correspondencia de los pasos que dió nuestro redentor Jesucristo caminando al Calvario. || VIA EGECUTIVA, Juicio breve y sumario que traen aparejado los vales reconocidos, los instrumentos auténticos, las sentencias pasadas en autoridad de cosa juzgada, y otras cosas semejantes. || VIA EGECUTORIA, for. V. VIA EGECUTIVA. || VIA ILUMINATIVA, *Teol.* El segundo estado del alma que trata de llegar á la perfeccion, en el que principalmente se ocupa en los deseos de amar á Dios y de egecutar las virtudes. || VIA LÁCTEA, Una como faja que aparece en el cielo, y se la ve blanquear en las noches serenas, y se compone de muchas estrellas casi imperceptibles. || VIA ORDINARIA, for. El curso ú orden con que se sigue algun pleito, observando y guardando el tenor ó solemnidad del derecho, como son demanda, citacion, prueba y otras, á distincion de la VIA EGECUTIVA. || Fuera de lo forense se dice cuando se hacen las cosas por términos regulares y comunes. || VIA PURGATIVA, *Teol.* El primer estado de una alma que desea llegar á la perfeccion, en el que principalmente se ocupa en llorar sus pecados y purgar con sus lágrimas los efectos é impresiones que hicieron en ella los vicios y las faltas. || VIA RECTA, En derechura. || VIA RESERVADA, Cada una de las secretarías de estado y del despacho universal. || VIA SACRA, V. VIA CRUCIS. || VIA UNITIVA, En mística estado ó situacion en que el alma subiendo á lo mas alto de la perfeccion se une con Dios por la caridad, de modo que solo quiere el cumplimiento perfecto de la voluntad divina. || DE UNA VIA DOS MANDADOS, V. DE UN CAMINO DOS MANDADOS. || POR VIA, De forma, manera y modo. || POR VIA DE BUEN GOBIERNO, GUBERNATIVAMENTE ó en uso de autoridad gubernativa.

VIADERA, s. f. Pieza de madera en el telar, en donde se cuelgan los hilos ó cuerdas, con que subiendo y bajando guia y gobierna el tegido, asida á la cárcola que mueve el tegedor con el pié.

VIADOR, s. m. La criatura racional que está en esta vida, y aspira y camina á la eterna.

VIAGE, s. m. La jornada que se hace de una parte á otra por mar ó tierra. || El mismo camino por donde se hace. || *Arq.* El desvío de la línea recta con que se falta ál ángulo recto al cuadrado en la figura || El modo particular de andar, especialmente cuando es apresurado. || La ida á cualquiera parte, aunque no sea jornada. Dícese con especialidad cuando se lleva alguna carga. || La carga ó peso que se lleva de un lugar á otro de una vez. || La porcion de agua que viene del depósito general para repartir en conductos particulares, que tambien se llaman VIAGES. || BUEN VIAGE, Expr. con que se anuncia ó explica el deseo de la felicidad de la jornada, especialmente por mar. || Se usa como expresion de desprecio ó desvío para dar á entender que da poco cuidado el que alguna cosa se pierda ó alguno se vaya. || En el mar usan de esta expresion al arrojar á los difuntos al agua, dando á entender el deseo que tienen de su felicidad eterna.

VIAGECICO, LLO, TO, s. m. d. de VIAGE.

VIAGERO, s. m. El que hace algun viage, especialmente largo ó por varias partes. Aplícase con singularidad á los que escriben las cosas especiales que han observado en él.

VIAJADOR, s. m. V. VIAGERO.

VIAJANTE, p. a. de VIAJAR, y s. El que hace viages.

VIAJAR, v. n. Hacer viage.

VIAJATA, s. f. Paseo ó viage por poco tiempo, y especialmente el que se hace por algunos dias para divertirse ó explayarse.

VIAL, adj. Que pertenece á la via ó al viage; y asi se dice: estado VIAL en lo místico.

VIANDA, s. f. El sustento y comida de los racionales. || La comida que se sirve ó la mesa.

VIANDANTE, s. m. El que hace viage ó anda camino. Dícese especialmente del que camina mucho ó es vagabundo.

VIARAZA, s. f. La soltura ó flujo del vientre en las caballerías. || met. La accion inconsiderada y repentina que alguno egecuta.

* VIARECTA, adv. Directamente.

VIÁTICO, s. m. La prevencion en especie ó en dinero de lo necesario para el sustento que lleva ó se le da al que hace viage. || El sacramento del cuerpo de Cristo que se administra á los enfermos que estan en peligro de muerte, y como en viage para la eternidad, como verdadero sustento del alma.

VÍBORA, s. m. Especie de culebra de un pié de largo y de una pulgada de diámetro, cuyo veneno es mortífero.

VIBOREZNO, NA, adj. Que es propio de la víbora, ó perteneciente á ella.

VIBOREZNO, s. m. El hijo de la víbora ó la víbora cuando nace.

VIBORILLO, LLA, s. m. y f. V. VIBOREZNO.

VIBRACION, s. f. La accion de vibrar. || *Est.* El movimiento igual á un lado y otro, y libre de un cuerpo suspenso en el aire, con que se va acercando al punto de quietud en que descansa.

VIBRADO, p. p. de VIBRAR.

VIBRANTE, p. a. de VIBRAR, Que vibra.

VIBRAR, v. a. Dar un movimiento trémulo á la pica, lanza ó espada ó á otra cosa larga y delgada. || Arrojar con ímpetu y violencia alguna cosa, especialmente las que en su movimiento hacen algunas vibraciones.

VIBRAR, v. n. *Est.* Moverse libremente algun cuerpo suspenso en el aire á un lado y otro con movimiento igual y arreglado, para cobrar el punto de quietud.

* VIBURNO, s. m. Planta ramosa con hojas pajizas y pequeñas, y la raiz rastrera.

VICARÍA, s. f. El oficio ó dignidad de vicario. || La oficina ó tribunal en que despacha el vicario. || El territorio de la jurisdiccion del vicario. || VICARÍA PERPETUA, V. CURATO.

VICARIA, s. f. Segunda superiora en algunos conventos de monjas.

VICARIATO, s. m. La dignidad de vicario ó el territorio de su jurisdiccion.

VICARIO, RIA, adj. Que tiene las veces, poder y facultades de otro ó sustituye por él.

VICARIO, s. m. En las órdenes regulares el que tiene las veces y autoridad de alguno de los superiores mayores en su ausencia, falta ó indisposicion. || El juez eclesiástico nombrado y elegido por los prelados para que egerza sobre sus súbditos la jurisdiccion ordinaria. || VICARIO, VICARIA DE CORO, La persona que en las órdenes regulares rige y gobierna en órden al canto. || VICARIO DE JESUCRISTO, Uno de los títulos privativos del sumo pontífice, como quien tiene las veces de Cristo en la tierra. || VICARIO DEL IMPERIO, Dignidad que hubo en el imperio romano, y que ha habido despues en el de Alemania. || VICARIO FORÁNEO, El que tiene jurisdiccion ordinaria fuera de la corte episcopal. || VICARIO DE MONJAS, El sugeto que pone el superior de alguna órden regular para que les asista y dirija en los conventos sujetos á su jurisdiccion. || VICARIO GENERAL DE LOS EGÉRCITOS, El que como delegado apostólico egerce la omnímoda jurisdiccion eclesiástica sobre todos los dependientes del egército y armada. Lo es el patriarca de las Indias. || VICARIO PERPETUO, V. CURA.

VICE, Voz que solo tiene uso en composicion, significando que la persona de quien se habla tiene las veces ó autoridad de aquella que significa la voz con que se forma la composicion.

VICEALMIRANTA, s. f. La segunda de las galeras en la escuadra en que la almiranta es la primera.

VICEALMIRANTE, s. m. El gefe ó cabo principal que manda en lugar del almirante.

VICECANCILLER, s. m. El cardenal presidente de la curia romana para el despacho de las bulas y breves apostólicos. || El sugeto que hace el oficio de canciller en defecto de este en órden al sello de los despachos.

VICECONSILIARIO, s. m. El que hace las veces de consiliario.

* VICECÓNSUL, s. m. El que hace veces de cónsul.

* VICECONSULADO, s. m. Empleo, jurisdiccion, dignidad de vicecónsul.

VICEDIOS, s. m. Título honorífico y respetoso que se da al sumo pontífice y á los monarcas por estar en lugar de Dios en la tierra.

VICEGERENTE, adj. El que hace las veces de otro.

VICEPATRONO, s. m. El que hace las veces de patrono.

* VICEPENITENCIARÍA, s. f. Dignidad, jurisdiccion de vicepenitenciario.

* VICEPENITENCIARIO, s. m. El que hace veces de penitenciario.

VICEPREPÓSITO, s. m. El que tiene las veces ó autoridad del prepósito y rige ó manda en su defecto.

* VICEPRESIDENTE, s. m. El que hace veces de presidente.

VICEPROVINCIA, s. f. En algunas religiones es el agregado de casas ó conventós que aun no se ha erigido en provincia, pero tiene veces de tal.

VICEPROVINCIAL, s. m. El sugeto que en algunas órdenes regulares manda en ausencia del provincial.

VICERECTOR, s. m. El sugeto que en las órdenes regulares ó colegios seculares manda y gobierna en ausencia del rector.

VICERECTORADO, s. m. V. VICERECTORÍA.

VICERECTORÍA, s. f. El empleo ó cargo de vicerector.

*VICESENESCAL, s. m. El que hace veces de senescal.

VICESIMARIO, RIA, adj. num. Que en órden constituye el número de veinte.

VICÉSIMO, MA, adj. num. V. VIGÉSIMO.

VICE VERSA, Voces latinas que se usan en nuestro castellano adverbialmente, y significan lo mismo que al contrario ó por lo contrario.

VICIA, s. f. La arveja.

VICIADO, p. p. de VICIAR.

VICIAR, v. a. Dañar ó corromper alguna cosa física ó moralmente. || Falsear ó adulterar los géneros, ó no administrarlos conforme á su debida ley, ó mezclándolos con otros de inferior calidad. || Falsificar algun escrito, introduciendo en él alguna cosa ó quitando la que debia haber. || Anular ó quitar el valor ó validacion de algun acto: y así se dice que el defecto de una formalidad VICIA el contrato. || Pervertir ó corromper las buenas costumbres ó modo de vida, ó introducir en las acciones y obras de virtud algun siniestro motivo que les quite ó les minore su calidad y valor. || met. Torcer el sentido de alguna proposicion, explicándola ó entendiéndola siniestramente.

VICIARSE, v. r. Entregarse á los vicios, dejando la buena vida que ántes se tenia. || Enviciarse ó aficionarse mucho á alguna cosa.

VICIO, s. m. La mala calidad, defecto ó daño físico en las cosas. || La falta de rectitud ó defecto moral en las acciones. || La falsedad, yerro ó engaño en lo que se escribe ó se propone, como vicio de obrepcion y subrepcion. || El hábito malo como opuesto á la virtud. || El defecto ó exceso que como propiedad ó costumbre tienen algunas personas ó que es comun á alguna nacion. || El gusto especial ó demasiado apetito á alguna cosa que incita á usar de ella frecuentemente y con exceso. || La declinacion de la línea recta en las cosas que deben observarla. || Vigor y fortaleza; y así se dice que los sembrados llevan mucho vicio. || La demasiada licencia, permision ó libertad en la crianza; y así se dice de algun niño que tiene mucho VICIO. En Aragon usan de este nombre en este sentido en plural. || En las caballerías la mala propiedad ó costumbre que suelen adquirir. || DE VICIO. Sin necesidad, motivo ó causa ó como por costumbre. || ECHAR DE VICIO, fam. Hablar con descaro y desenfado, diciendo lo que se viene á la boca sin reparo alguno. || HABLAR DE VICIO, Ser hablador. || QUEJARSE DE VICIO, Sentirse ó dolerse con pequeño motivo ó de lo que no se debe.

VICIOSAMENTE, adv. Con vicio excesivo o mala costumbre. || Con vicio ó por vicio || Con defecto, yerro ó equivocacion.

VICIOSÍSIMAMENTE, adv. sup. de VICIOSAMENTE.

VICIOSÍSIMO, MA, adj. sup. de VICIOSO.

VICIOSO, SA, adj. Que tiene ó padece vicio ó le causa. || El entregado libremente á los vicios. || Vigoroso y fuerte, especialmente para producir. Abundante, provisto, deleitoso. || *Ar.* V. MIMADO.

VICISITUD, s. f. El órden sucesivo ó alternativo de alguna cosa.

VICISITUDINARIO, RIA, adj. Que acontece por órden alternativo ó sucesivo.

VÍCTIMA, s. f. La ofrenda viva que se sacrifica y mata en el sacrificio. || met. Lo que se expone ú ofrece á algun grave riesgo en obsequio de otro.

VICTIMARIO, s. m. El que vendaba las víctimas y las ataba al ara, les daba muerte, y servia á los sacerdotes en cosas mecánicas de los sacrificios.

VÍCTOR, s. m. V. VÍTOR.

VICTOREADO, p. p. de VICTOREAR.

VICTOREAR, v. a. V. VITOREAR.

VICTORIA, s. f. La superioridad y ventaja que se consigue sobre el enemigo, venciéndole en batalla. || met. La superioridad ó ventaja que se consigue del contrario en disputa ó lid. || El vencimiento ó sujecion de los vicios ó pasiones.

VICTORIA, Interj. que sirve para aclamar la que se ha conseguido del enemigo. || CANTAR LA VICTORIA, met. Vencer ó triunfar.

VICTORIAL, adj. Que es propio de la victoria ó pertenece á ella.

VICTORIOSAMENTE, adv. Con gloriosa ventaja, vencimiento ó sujecion del enemigo ó contrario.

VICTORIOSO, SA, adj. Que ha conseguido alguna victoria en cualquiera línea. Aplícase tambien á las acciones con que se consigue. || Título honorífico de los príncipes que han conseguido muchas victorias de sus enemigos.

VICUÑA, s. f. Especie de camello que se cria en el Perú, cuya lana se aprecia mucho para vestidos. Aplícase tambien este nombre al paño que se hace de esta lana.

VID, s. f. Planta que produce las uvas. || *Anat.* El ligamento ó tripa con que está asido el feto á las pares, y se rompe al tiempo del parto. || VID SALVAGE, La vid no cultivada, que produce las hojas mas ásperas, y las uvas pequeñas, y de sabor agrio.

VIDA, s. f. La union del cuerpo y el alma, en cuya separacion consiste la muerte. || El acto de vivir ó la permanencia en la union del alma y el cuerpo. || El principio de la nutricion con que se aumentan y crecen las cosas animadas, y el movimiento y demas acciones vitales, el cual se llama vida vegetativa y sensitiva. || El espacio ó tiempo que corre desde el nacimiento á la muerte. || El modo de pasarla en órden á las conveniencias ó desconveniencias de ella. || El modo de vivir segun el porte ó las acciones de los racionales. || El estado que se elige y en que se está, ó el oficio ó empleo para mantenerla. || La relacion ó historia de las acciones de algun sugeto, egecutadas por todo el tiempo de su vida. || El alimento necesario para mantenerla ó conservarla. || met. Cualquiera cosa muy gustosa ó que causa suma complacencia, como por ponderacion de que pende de ella la vida. || Cualquiera cosa que contribuye ó sirve al ser ó conservacion de otra. || met. El estado de la gracia y proporcion para el mérito de las buenas obras. || La bienaventuranza; y se dice: mejor VIDA ó VIDA eterna. || [illegible]r. Número determinado de años, que son diez. || VIDA ANCHA, Vida relajada. || VIDA CANONICAL Ó DE CANÓNIGO, fam. La que se disfruta con mucha comodidad. || VIDA PAPAL, fam. V. VIDA CANONICAL. || VIDA DE PERROS, La que se pasa con trabajos, molestias y desazones. || VIDA ESPIRITUAL, El modo de vivir regulado á los egercicios de perfeccion y aprovechamiento en el espíritu. || VIDA MI [illegible] MI VIDA, Expr. cariñosa con que se habla con alguno á quien se quiere mucho. || VIDA PRIVADA, La que se pasa [illegible] quietud y sosiego, cuidando solo de su familia é intereses domésticos, sin entremeterse en negocios ni en dependencias públicas. || VIDA Y MILAGROS, Expr. fam. que significa el modo de vivir, [illegible] mañas y travesuras de alguno, y en general sus hechos. Se toma regularmente en mala parte. || Á VIDA, Con vida. Usase con algunos verbos, como no dejar hombre á VIDA, ó no quedar hombre [illegible] VIDA. || BUSCAR LA VIDA, Usar de los medios para adquirir el mantenimiento [illegible] lo demas necesario para su conservacion. || Inquirir con solicitud y curiosidad el modo de vivir de alguno, [illegible]cialmente para descubrirle algun de[illegible]to. || BUSCAR VIDA, ant. V. BUSCAR LA [illegible] || CONSAGRAR LA VIDA Á ALGUNA [illegible] Ó CIENCIA, met. Dedicarse enteramente á ella. || CONSUMIR LA VIDA, Pondera [illegible] molestia ó enfado que alguno oca[illegible] ó lo que fatigan los trabajos y necesidades. || COSTAR LA VIDA, Pondera la [illegible] de algun sentimiento ó suceso [illegible] determinacion resuelta á la [illegible] de alguna cosa, aunque sea con [illegible]go de la vida. || DAR LA VIDA, [illegible]mar, fortalecer, refrigerar, vivificar. [illegible] DAR LA VIDA POR ALGUNA COSA Ó POR [illegible]NO, Ofrecerse á la muerte voluntariamente. || DAR MALA VIDA, Tratar mal á alguno. Dícese especialmente de los maridos respecto de sus mugeres. [illegible] COSA LA VIDA Á ALGUNO, met. [illegible] aliviarle, repararle. || DARSE BUENA [illegible] Entregarse á los gustos, delicias [illegible]satiempos. || Buscar y disfrutar sus [illegible]didades. || DEBER LA VIDA, Explica [illegible] conoce la obligacion á otro por [illegible] librado de algun grave riesgo. [illegible] VIDA, Siempre, y por todo el tiempo [illegible] la vida. || EN MI VIDA Ó EN LA VIDA, [illegible] ó en ningun tiempo. Úsase tambien [illegible] explicar la incapacidad ó suma [illegible]tad de conseguir alguna cosa. [illegible] Durante ella, á contraposicion [illegible] que se egecuta al tiempo de la m[illegible] || EN LA VIDA PERDURABLE, Expr. [illegible] se pondera que alguna cosa tarda [illegible] en suceder ó conseguirse, ó [illegible] persona es pesada y molesta. || [illegible] LA VIDA, Librarse de algun grave [illegible] de muerte. || GANAR LA VIDA, Tra[illegible] buscar medios de mantenerse. [illegible] LA VIDA, Pasarla ó vivir. Úsase [illegible]gnificar el empleo de las acciones [illegible] ella. || HACER VIDA, Vivir juntos el marido y la muger, y tratarse como tales y como es de su obligacion. || LA OTRA VIDA, La que creemos y esperamos los cristianos despues de la muerte. || LA VIDA PASADA. Las acciones egecutadas en el tiempo pasado, especialmente las culpables. || LA VIDA PERDURABLE, Cualquiera cosa que por su duracion cansa y fastidia. || LLEVAR Ó TRAER LA VIDA JUGADA, Estar en conocido riesgo de perderla. || MEDIA VIDA, Expr. con que se significa que alguna cosa es de gran gusto ó de gran alivio. || METERSE EN VIDAS AGENAS, Se dice del que murmura, averiguando lo que no le importa. Dicese comunmente de las mugeres. || MUDAR DE VIDA, Dejar las malas costumbres ó vicios reduciéndose á vivir arregladamente. || MUDAR LA VIDA, V. MUDAR DE VIDA. || PARTIR Ó PARTIRSE DE ESTA VIDA, met. Morirse. || PASAR LA VIDA, Mantenerse con lo preciso para su conservacion. || PERDER LA VIDA, Morir. Usase tambien para ponderar la resolucion de exponerla ó arriesgarla á favor de alguno. || POR VIDA, Modo de hablar que se usa en el juego para persuadir ú obligar á la concesion de lo que se pretende; y así se dice: POR VIDA tuya que hagas esto. Usase tambien por aseveracion y juramento. || POR VIDA MIA, Especie de juramento ó atestacion con que se asegura la verdad de alguna cosa, ó se da á entender la determinacion en que se está de egecutarla. || SABER LAS VIDAS AGENAS, Informarse con curiosidad y malicia del porte y conducta de algunos. || SER DE VIDA, Explica, hablando de los enfermos, la esperanza que se tiene de su salud. || fam. Pondera el haber salido alguno de graves riesgos y peligros de muerte. || VENDER LA VIDA CARA LA VIDA, Perderla á mucha costa del enemigo; y se suele añadir el adverbio *bien* para mayor expresion.

VIDAL, adj. ant. V. VITAL.

VIDENTE, p. a. de VER, Que ve. En lo antiguo llamaban así los profetas.

VIDRIADO, p. p. de VIDRIAR. || VIDRIADO, DA, adj. V. VIDRIOSO por delicado y enojadizo.

VIDRIADO, s. m. El barro ó loza que tiene barniz como de vidrio.

VIDRIAR, v. a. Dar al barro un género de barniz que tiene la transparencia y esplendor del vidrio.

VIDRIERA, s. f. La union ó conjunto de vidrios puestos en bastidor en las puertas ó ventanas. || El vidrio por donde se mira alguna cósa ó que se pone para defenderla sin estorbo á la vista. || LICENCIADO VIDRIERA, Apodo con que se moteja á la persona nimiamente delicada y tímida.

VIDRIERÍA, s. f. La tienda donde se venden vidrios, ó se labran y cortan, y en Madrid llaman así aquellas en que se vende el vidriado.

VIDRIERO, s. m. El que trabaja ó vende los vidrios.

VIDRIO, s. m. Cuerpo liso, diáfano y trasparente, formado artificiosamente con la violencia del fuego de arena muy pura y blanca, bien lavada, ó de piedras limpias y relucientes y cenizas de la sosa. || Cualquiera pieza ó vaso formado de él; y suele añadírsele el nombre de lo que contiene en sí. || Cualquiera cosa muy delicada y quebradiza. || La persona de genio muy delicado y que fácilmente se desazona y enoja.

VIDRIOSO, SA, adj. Que fácilmente se quiebra ó salta como el vidrio. || met. Se aplica al piso cuando está muy resbaladizo por haber helado. || Se dice de las cosas muy delicadas, y que deben tratarse y manejarse con gran cuidado y tiento. || Se aplica al sujeto ó genio que fácilmente se resiente, enoja ó desazona de cualquiera cosa.

VIDRO, s. m. ant. V. VIDRIO.

VIDUAL, adj. Que es propio ó pertenece á la viudez.

VIDUÑO ó VIDUEÑO, s. m. V. VEDUÑO.

VIEJAZO, ZA, adj. fam. aum. de VIEJO.

VIEJECITO, TA, adj. fam. d. de VIEJO.

VIEJEZ, s. f. ant. V. VEJEZ.

VIEJEZUELO, LA, adj. d. de VIEJO.

VIEJÍSIMO, MA, adj. sup. de VIEJO.

VIEJO, JA, adj. y s. La persona de mucha edad. Dícese por extension de los animales, especialmente de los que son del servicio y uso humano. || Antiguo ó del tiempo pasado. || Se usa como contrapuesto á lo nuevo; y así se dice que un vestido es VIEJO, ser VIEJO en algun pais. || VIEJOS, s. m. pl. fam. Los pelos de los aladares. || VIEJO VERDE, El viejo que tiene las acciones y modales de mozo, especialmente en materias alegres. || VIEJA FUÉ, Y NO SE COCIÓ, Expr. con que se nota ó reprende la excusa vana é improporcionada que se da de haber omitido alguna cosa. || HACER VIEJO Á ALGUNO, Da á entender que los que se conocieron en menor edad se hallan ya hombres ó en edad crecida. || HACERSE

VIEJO, met. Consumirse por todo. Úsase tambien por respuesta para significar que alguno está ocioso cuando le preguntan que hace. || MAS VIEJO QUE LA SARNA, V. SARNA. Dícese tambien MAS VIEJO QUE EL REPELON, Ó MAS VIEJO QUE PRÉSTAME UN CUARTO. || TENER ALGUNA COSA DE VIEJO, Tenerla por costumbre antigua, especialmente cuando es mala.

VIENENSE, adj. Perteneciente á Viena de Francia.

VIENTECILLO, s. m. d. de VIENTO.

VIENTO, s. m. El aire agitado y movido. || El aire absolutamente ó el espacio que ocupa. En la caza el olor que dejan las reses por el cual la siguen los perros. Llámase tambien asi el mismo olfato. Cierto hueso que tienen los perros entre las orejas. || met. Cualquiera cosa que mueve ó agita el ánimo con violencia ó variedad. || Vanidad y jactancia. || Lo que es medio ó ayuda, y contribuye favorablemente á la consecucion ó prosecucion de alguna cosa, como el VIENTO de la fortuna. || Cuerda larga que se ata á alguna cosa para mantenerla derecha en el aire ó moverla con seguridad hácia algun lado. || *Art.* BURLCA de la bala. || *Germ.* El descubridor de algo, malsin ó soplon. || VIENTO Á LA CUADRA, *Náut.* El que sopla perpendicularmente al rumbo á que se navega, que por tanto es á las ocho cuartas de la aguja. || VIENTO CALMOSO, *Náut.* El viento cuya fuerza va minorando al aproximarse la calma. || VIENTO DE BOLINA, *Náut.* El que viene de la proa, y obliga á ceñir cuanto puede la embarcacion. || VIENTO EN POPA, *Náut.* El que viene diametralmente opuesto al rumbo que se lleva, esto es, por la popa misma. || VIENTO ESCASO, *Náut.* El que sopla por la proa ó de la parte adonde debe dirigirse la embarcacion, ó de alguno de los rumbos próximos, de modo que no pueda navegarse directamente al rumbo ó en la derrota que conviene. || VIENTO FRESCO, *Náut.* El que sopla con fuerza, cualquiera que sea su temperamento. || VIENTO GALERNO. *Náut.* GALERNO Ó GALERNO. || VIENTO LARGO Ó Á UN LARGO. *Náut.* V. LARGO. || VIENTO MARERO. *Náut.* MARERO. || VIENTOS GENERALES, Los que reinan constantemente en varios climas ó partes del globo durante ciertas estaciones ó número de dias. || VIENTOS REGLADOS, V. VIENTOS GENERALES. || VIENTO TERRAL, *Náut.* El que viene de la tierra. Úsase tambien para expresarlo de solo la voz TERRAL. || Á BUEN VIENTO VA LA PARVA, Expr. met. y fam. con que se da á entender que algun negocio, pretension ó grangería camina favorablemente y con buena fortuna; y se reprende al que pone demasiada confianza en ella siendo tan inestable y varia. || ALAGAR DE VIENTO, Soplar mas largo ó mas para popa de lo que soplaba respecto á la embarcacion que navega en derrota. || CAMBIAR EL VIENTO, *Náut.* Mudarse. || CARGAR EL VIENTO, Aumentar mucho su fuerza ó soplar con demasía. || CONTRA VIENTO Y MAREA, met. Contra el comun sentir, contra el ingenio ó capacidad. || CORRER VIENTO, Soplar con fuerza el aire. || CORRER TAL Ó TAL VIENTO, Soplar ó dominar alguno de los vientos. || COSAS DE VIENTO, Las inútiles, vanas, de poca entidad ó sustancia. || DAR EL VIENTO, met. Presumirse ó conjeturarse con acierto alguna cosa. || DEJAR ATRAS LOS VIENTOS, Correr con suma velocidad. || ECHARSE EL VIENTO, Calmarse ó sosegarse. || GANAR EL VIENTO, Lograr el parage por donde el viento sople por costado ventajoso. || HURTAR EL VIENTO, ant. Ir contra el viento. || IR CON EL VIENTO QUE CORRE, met. Se dice al que sigue el partido que prevalece ó que le puede tener mas conveniencia. || MEDIO VIENTO, En la division de la rosa náutica en treinta y dos partes, cada uno de los ocho que se colocan entre los ocho que llaman vientos enteros, y sus nombres son compuestos de cada uno de los nombres de los dos que tiene á los lados. || MOVERSE Á TODOS VIENTOS, met. Explica la inconstancia de algun sugeto ó facilidad de tomar cualquier dictámen. || PICAR EL VIENTO, Correr favorable y suficiente para el rumbo ó navegacion que se lleva. || met. Ir en bonanza los negocios ó pretensiones. || REFRESCAR EL VIENTO, *Náut.* Aumentar su fuerza ó violencia, cualquiera que sea su temperamento. || SALTAR EL VIENTO, Mudarse repentinamente el viento de una parte á otra. || TOMAR EL VIENTO, Acomodar y disponer las velas de modo que el viento las hiera. || Indagar ó rastrear por él la caza. Dícese frecuentemente de los perros, que por el olor de ella que les conduce al sitio se paran á percibirle cuidadosamente. Úsase tambien en la cetrería respecto de los alcones. || VENIR AL VIENTO, *Náut.* Volver algo mas el bajel su curso contra él.

VIENTRE, s. m. La parte exterior del cuerpo del animal desde el estómago al empeine, en que estan incluidos testinos. || El preñado ó feto. || El conjunto de todo lo que contiene dentro, especialmente en las reses cuando le sacan de ellas. || El estómago especialmente hablando del que come mucho. met. La cavidad grande é interior de alguna cosa. || V. BARRIGA. || La parte mas ancha, cóncava y redonda de algunos vasos, como tinajas, jarros, etc. || for. Lo sustancial ó principal de algun instrumento ó cláusula; y así se dice: excepcion sacada del VIENTRE de la misma escritura. || La madre, á excepcion del padre; y así se dice: el parto sigue al VIENTRE, que es tanto como decir: sigue la condicion de su madre. || DESCARGAR EL VIENTRE, Aliviar el cuerpo exonerándole del excremento. || DESDE EL VIENTRE DE SU MADRE, Desde que nació. || LARGO DE VIENTRE, El que tiene facilidad en evacuar el vientre, lo contrario de estítico. || SACAR EL VIENTRE Ó LA TRIPA DE MAL AÑO, fam. Saciar el hambre, comer mas ó mejor de lo que se acostumbra. || SERVIR AL VIENTRE, Darse á la gula y á comer y beber con exceso. || VACIAR EL VIENTRE, Regirle.

VIENTRECILLO, s. m. d. de VIENTRE.

VIÉRNES, s. m. El sexto dia de la semana. || Cualquiera dia en que está prohibido el uso de la carne. || VIÉRNES DE INDULGENCIAS, ant. El viérnes santo. || VIÉRNES DE LA CRUZ, ant. El viérnes santo. || VIÉRNES SANTO, El de la hebdómada mayor ó el de la semana santa.

VIÉSPERA, s. f. ant. V. VÍSPERA.

VIGA, s. f. Madero largo y grueso que sirve por lo regular para formar los techos en los edificios, y sostener y asegurar las fábricas. || La presion de aceituna molida que en los molinos de aceite se pone cada vez debajo de la viga para apretarla y comprimirla. || VIGA DE LAGAR, máquina para exprimir uva. || CONTAR LAS VIGAS, ESTAR CONTANDO Ó PONERSE Á CONTAR LAS VIGAS, met. Nota al que está mirando al techo suspenso ó embelesado.

VIGENTE, adj. for. Se aplica á las leyes, ordenanzas, estilos y costumbres que están en vigor y observancia.

VIGÉSIMO, MA, adj. num. Que en órden incluye el número de veinte.

VIGÍA, s. f. V. ATALAYA. Llámase tambien VIGÍA la persona destinada á vigiar ó atalayar el mar ó la campaña, y en esta acepcion suele usarse como masculino; y así se dice: un VIGÍA de Algeciras ha descubierto una escuadra enemiga, etc. || La accion de vigiar ó el cuidado de descubrir á larga distancia algun objeto.

VIGIAR, v. n. Velar ó cuidar de hacer descubiertas desde el parage en que se está al efecto.

VIGILANCIA, s. f. Cuidado y atencion exacta en las cosas que estan á cargo de cada uno.

VIGILANTE, p. a. de VIGILAR, Que vela ó está despierto.

VIGILANTE, adj. Cuidadoso y atento.

VIGILANTEMENTE, adv. Con vigilancia.

VIGILANTÍSIMAMENTE, adv. sup. de VIGILANTEMENTE.

VIGILANTÍSIMO, MA, adj. sup. de VIGILANTE.

VIGILAR, v. n. Velar sobre alguna cosa ó atender exacta y cuidadosamente a ella.

VIGILATIVO, VA, adj. Que causa vigilias ó no deja dormir.

VIGILIA, s. f. La accion de estar despierto ó en vela. || La tarea estudiosa, especialmente la que se tiene de parte de noche. Llámanse tambien así las mismas obras de los autores trabajadas de este modo. || Víspera, y se usa algunas veces en sentido metafórico. || La víspera de alguna festividad en que se ayuna por precepto de la Iglesia. || El oficio que se reza en la víspera de alguna festividad que le trae. || El oficio de difuntos que se reza ó canta en la iglesia. || Falta de sueño ó dificultad de dormirse ocasionada de alguna enfermedad ó cuidado. || Una de las partes en que se dividen las horas de la noche para las velas y centinelas en los egércitos y plazas. || *Germ.* La trompeta del verdugo.

VIGOLERO, s. m. *Germ.* El ayudante del verdugo en el tormento.

VIGOR, s. m. Fuerza ó actividad de las cosas animadas ó inanimadas. || La viveza ó eficacia de las acciones en la egecucion de las cosas. || La fuerza de la obligacion en las leyes ú ordenanzas, ó la duracion constante de las costumbres ó estilos.

VIGORADO, p. p. de VIGORAR.

VIGORAR, v. a. Dar fuerza, eficacia ó vigor.

VIGOROSAMENTE, adv. Con vigor, fuerza y eficacia.

VIGOROSIDAD, s. f. Robustez ó actividad en el vigor.

VIGOROSÍSIMAMENTE, adv., sup. de VIGOROSAMENTE.

VIGOROSÍSIMO, MA, adj. sup. de VIGOROSO.

VIGOROSO, SA, adj. Que tiene fuerza, eficacia y vigor.

VIGOTA, s. f. *Naut.* Moton chato sin roldana que tiene agugeros en medio por donde pasan los acolladores.

VIGUERÍA, s. f. El conjunto de vigas en las fábricas ó edificios.

VIGUETA, s. f. d. de VIGA.

VIHUELA, s. f. Instrumento músico de cuerdas. V. GUITARRA.

VIHUELISTA, s. m. El que toca la vihuela, especialmente cuando es con habilidad.

VIL, adj. Abatido, bajo ó despreciable. ‖ Se aplica á las acciones infames é indignas ó feas, y al que las egecuta. ‖ Se dice de los oficios serviles en las repúblicas. ‖ La persona que falta á la confianza ó correspondencia á ella.

VILAGOMEZ, s. f. *Germ.* El que saca barato en la casa del juego.

VILANO, s. m. MILANO por la flor del cardo. ‖ ant. MILANO, ave. ‖ Fleco de cerditas muy delgadas que tienen las semillas de algunas plantas, y con cuyo auxilio son trasportadas por el aire.

VILDAD, s. f. ant. de VILEZA.

VILECER, v. a. ant. de ENVILECER.

VILECIDO, p. p. de VILECER.

VILEZA, s. f. La calidad que constituye una cosa vil. ‖ La accion indigna ó infame ó no correspondiente al sugeto que la hace. ‖ El estado bajo y vil en las repúblicas por el modo de vida abatida y despreciable. ‖ La accion contraria de alguna cosa á lo que se esperaba ó se tenia creido, especialmente cuando resulta daño de ella, y así se dice: hacer VILEZA.

VILHORRO, s. m. *Germ.* El que se libra de algun peligro huyendo.

VILIPENDIADO, p. p. de VILIPENDIAR.

VILIPENDIAR, v. a. Despreciar ó tratar á alguno con vilipendio.

VILIPENDIO, s. m. El desprecio ó falta de estimacion de alguna cosa.

VILÍSIMAMENTE, adv. sup. de VILMENTE.

VILISIMO, MA, adj., sup. de VIL.

VILLA, s. f. ant. La quinta ó casa de campo donde se suele tener la labranza. ‖ La poblacion que tiene algunos privilegios con que se distingue de la aldea, como vecindad y jurisdiccion separada de la ciudad. ‖ El cuerpo de los regidores y justicias que gobiernan la villa ó pueblo.

VILLADIEGO, s. m. En el juego del villar la suerte de introducir la bola propia ó la contraria en alguna de las troneras, que tambien se llaman villas.

VILLAGE, s. m. Poblacion corta y abierta.

VILLANAGE, s. m. La gente del estado llano en los lugares. ‖ La calidad del estado de los villanos como opuesta á la nobleza.

VILLANAMENTE, adv. Con villanía.

VILLANCEJA, s. m. V. VILLANCICO.

VILLANCETE, s. m. VILLANCICO, cantarcillo ó coplilla vulgar.

VILLANCHON, NA, adj. Villano, tosco, rudo y grosero.

VILLANCICO, s. m. Composicion de poesía con su estribillo para la música de las festividades en las iglesias: met. y fam. La respuesta, dicho ó escusa repetida; y así se dice: andar en VILLANCICOS.

VILLANCIQUERO, s. m. El que escribe ó usa villancicos.

VILLANERÍA, s. f. V. VILLANÍA, VILLANAGE.

VILLANESCO, CA, adj., Que pertenece ó es propio de los villanos, como trage ó estilo VILLANESCO.

VILLANÍA, s. f. La bajeza del nacimiento, condicion ó estado. ‖ Accion ó palabra indecorosa.

VILLANICO, CA, LLO, LLA, adj. d. de VILLANO.

VILLANÍSIMO, MA, adj. sup. de VILLANO.

VILLANO, NA, adj. y s. El vecino ó habitador del estado llano de alguna villa ó aldea, á distincion del noble ó hidalgo. ‖ Rústico ó descortés. Dícese tambien de las acciones. ‖ Ruin, indigno ó indecoroso.

VILLANO, s. m. Tañido de cierta danza española. ‖ VILLANO HARTO DE AJOS. Loc. fam. con que se nota á alguno de rústico y mal criado. ‖ EL VILLANO EN SU RINCON, El hombre sumamente retirado y poco tratable.

VILLANOTE, adj. aum. de VILLANO.

VILLAR, s. m. V. VILLAGE. ‖ Juego al modo del de los trucos, pero la mesa no tiene barra ni bolillo, y las tablillas son lisas con seis troneras, cuatro á los extremos y dos en medio.

VILLAZGO, s. m. La calidad ó privilegio de villa. ‖ El tributo que se impone á las villas como tales.

VILLETA, s. f. de VILLA.

VILLICA, TA, s. f. d. de VILLA.

'ILLIVINA, s. f. Especie de lienzo.
'ILLORIA, s. f. CASERÍA ó casa de ıpo.
'ILLORIN, s. m. Especie de paño to.
ILLORRIO, s. m. Poblacion muy a. Se usa por desprecio.
ILMENTE, adv. Con vileza ó poca macion.
ILO. Voz que solo tiene uso en el lo adverbial en VILO, que vale levado del suelo y en el aire. || EN VILO, . Con poca seguridad, firmeza ó sistencia.
ILORDO, DA, adj. Perezoso, o.
ILORTA, s. f. El anillo que se a del ramo verde de algun arbol, ecialmente correoso, y en secándose mantiene en aquella figura, y sirve que corran fácilmente por él las das que se tiran para sostener ó er alguna cosa. || Juego que usan en aldeas de Castilla la vieja, especialnte en tierra de Salamanca, y se ace á pasar la pelota por unas pinas tacas que colocan á distancia proionada, tirándola con unos cayacortos, cuyas vueltas ó sortijas esencordeladas con cuerdas de via á modo de raquetas.
ILTANZA, s. f. ant. de ENVILECIro.
ILTOSO, SA, adj. ant. de VIL, o de desprecio.
IMBRE, s. m. V. MIMBRE.
IMBRERA, s. f. V. MIMBRERA.
INAGERA, s. f. Jarillo de oro, a, vidrio ú otro metal para servir el cuando se dicen las misas, y en ministerio se llama así el que sirve el agua.
INAGRE, s. m. El vino acedo y natural ó artificialmente. || El ácile las frutas ántes de madurarse ó de s cosas que se acedan. || met. fam. ugeto de genio áspero y desapa-?.
INAGRERA, s. f. La vasija ó am-ta en que se sirve el vinagre á las as y comidas.
INAGRERO, s. m. El que vende gre.
NAGRILLO, s. m. d. de VINAGRE. ase regularmente por el que es de fuerza. || Afeite que usaban antiaente las mugeres compuesto con gre. || Cierta especie de vinagre rode que se sirven para aderezar el tabaco, y tambien llaman así al tabaco aderezado de este modo.
VINAGROSO, SA, adj. Que tiene un gusto agrio semejante al del vinagre. Que tiene mala condicion.
VINARIEGO, s. m. El que tiene hacienda de viñas, y es práctico en su cultivo y cosecha.
VINARIO, RIA, adj. Que pertenece al vino.
VINATERÍA, s. f. El tráfico y comercio del vino. || La tienda en que se vende vino.
VINATERO, s. m. El que trafica con el vino ó le conduce de una parte á otra para su venta.
VINÁTICO, CA, adj. ant. Perteneciente al vino.
VINAZA, s. f. Aquella especie de vino que se saca á lo último de los posos y las heces.
VINAZO, s. m. Vino muy fuerte.
VINCULABLE, adj. Que se puede vincular.
VINCULACION, s. f. La accion y efecto de vincular.
VINCULADO, p. p. de VINCULAR.
VINCULAR, v. a. Sujetar ó gravar los bienes á vínculo para perpetuarlos en alguna familia. || Asegurar, atar con prisiones. || met. Asegurar ó fundar una cosa en otro, como fulano VINCULA sus esperanzas en el favor del ministro. || met. Perpetuar ó continuar alguna cosa ó el egercicio de ella. En este sentido se usa por lo comun como verbo recíproco.
VÍNCULO, s. m. La union ó atadura de una cosa con otra. En el sentido físico tiene poco uso, pero en el moral y metafórico es muy frecuente. || for. La union y sujecion de los bienes al perpetuo dominio en alguna familia con prohibicion de enagenacion. || Gravámen ó carga perpetua que se impone en alguna fundacion.
VINDICACION, s. f. La justa venganza ó satisfaccion que se toma de algun agravio. || for. El acto con que se da á cada uno lo que es suyo.
VINDICADO, p. p. de VINDICAR.
VINDICAR, v. a. VENGAR ó tomar satisfaccion de algun agravio. || For. Recobrar justamente lo que injustamente se ha quitado ó de que se ha desposeido á alguno. || Defender especialmente por escrito al que se halla injuriado ó injustamente notado.
VINDICATIVO, VA, adj. VENGATIVO. || Se aplica al escrito ó discurso

en que se defiende la fama y opinion de alguno injustamente calumniado ó notado.

VINDICTA, s. f. V. VENGANZA. || VINDICTA PUBLICA. La satisfaccion de los delitos que se debe dar por sola la razon de justicia para egemplo del público.

* VINILLO, s. m. d. de VINO.

VINICO, LLO, TO, s. m. d. de VINO.

VINIEBLA, s. f. LENGUA DE PERRO.

VINIENTE, p. a. ant. de VENIR. Úsase en la locucion YENTES Y VINIENTES.

VINO, s. m. Licor que se hace del zumo de las uvas exprimido y cocido naturalmente por la fermentacion. || El zumo de otras cosas que se cuece y fermenta al modo del de las uvas. || VINO DE AGUJAS. El vino raspante ó picante. || VINO DE DOS OREJAS. fam. El vino fuerte y bueno. || VINO DE DOS, TRES Ó MAS OJAS, El que tiene dos, tres ó mas años. || VINO DE GARROTE, El que se saca á fuerza de la viga, torno ó prensa. || VINO DE LÁGRIMA, El que distila la uva sin exprimir ni apretar el racimo. || VINO DONCEL, El que es suave y de color claro. || VINO GARNACHA Ó DE GARNACHA, V. GARNACHA. || ARROPAR EL VINO, Echarle arrope. || BAUTIZAR EL VINO, fam. Mezclarle con agua. || DORMIR EL VINO, Dormir miéntras dura la borrachera. || TOMARSE DEL VINO. met. Enagenarse, perder el uso racional por la vehemencia de la pasion ó del accidente.

VINOLENCIA, s. f. Exceso ó destemplanza en el beber vino.

VINOLENTO, TA, adj. y s. El que es dado al vino ó acostumbra beberle con exceso.

VINOSIDAD, s. f. La calidad ó propiedad del vino ó de las cosas que tienen su propiedad.

VINOSO, SA, adj. Que tiene la calidad, fuerza ó propiedad del vino. || Se aplica á la persona que bebe mucho vino, especialmente cuando se embriaga.

VIÑA, s. f. El terreno plantado de muchas vides. || VIÑAS, pl. *Germ.* Significan con esta voz irse huyendo, y suelen añadir: Y JUAN DANZANTE. || ARROPAR LAS VIÑAS. *Agr.* Abrigar las raices de las cepas con basura, trapos de lana, etc. COMO HAY VIÑAS, Se usa en el estilo familiar para asegurar la verdad de alguna cosa evitando el juramento. || COMO POR VIÑA VENDIMIADA, Fácilmente, sin reparo ni estorbo. || DE MIS VIÑAS VENGO, met. y fam. Se suele usar para excusarse alguno de que no ha tenido intervencion ó concurrido á algun hecho. || DE TODO TIENE LA VIÑA, UVAS, PÁMPANOS Y AGRAZ, Expr. con que damos á entender al que alaba mucho á un sugeto ó alguna otra cosa, que tiene algunas tachas ó defectos que él no conoce ó no sabe, aun en aquello mismo que aplaude, y que necesita de mas cuidadoso informe.

VIÑADERO, s. m. El guarda de las viñas.

VIÑADOR, s. m. El que cultiva y cuida las viñas.

VIÑEDO, s. m. El pago de viñas.

VIÑERO, s. m. El que tiene heredades de viñas.

VIÑETA, s. f. Dibujo ó estampa apaisada que se pone para adorno en el principio de los libros y capítulos, y algunas veces en los contornos de las planas.

VIÑICA, TA, s. f. d. de VIÑA.

VIÑUELA, s. f. d. de VIÑA.

VIOLA, s. f. Instrumento de la misma figura que el violin.

VIOLÁCEO, CEA, adj. Se aplica al color de violeta.

VIOLACION, s. f. La accion y efecto de violar ó profanar alguna cosa.

VIOLADO, p. p. de VIOLAR. || VIOLADO, DA, adj. Que tiene el color de violeta. || Que está compuesto ó confeccionado con violeta, como jarabe VIOLADO, miel VIOLADA.

VIOLADOR, RA, s. m. y f. El que viola ó profana alguna cosa.

VIOLAR, s. m. ant. El sitio plantado de violetas.

VIOLAR, v. a. Traspasar ó quebrantar la ley, precepto ó estatuto. || Corromper por fuerza á alguna muger, especialmente doncella. || Profanar la iglesia ú otro lugar sagrado, lo cual sucede cuando se egecutan las acciones que el derecho canónico señala. || Ajar ó deslucir alguna cosa.

VIOLARIO, s. m. *Ar.* La pension anual que se acostumbra dar á la persona que entra en religion por el poseedor de los bienes paternos.

VIOLENCIA, s. f. Fuerza ó ímpetu en las acciones, especialmente en las que incluyen movimiento. || La fuerza que se le hace á alguna cosa para sacarla de su estado, modo ó situacion natural. || met. La fuerza con que á alguno se obliga á hacer lo que no quiere por medios á que no puede resistir. || met. La

rencia y resignacion en su santísima voluntad.

TRIBULADO, p. p. de TRIBULAR.

· TRIBULANTE, p. a. de TRIBULAR, Que atribula.

TRIBULANZA, s. f. ant. V. TRIBULACION.

TRIBULAR, v. a. ant. V. ATRIBULAR.

TRÍBULO, ant. Especial ceremonia que se hace en señal de sentimiento de alguna adversidad ó lástima.

TRIBUNA, s. f. El lugar elevado cercado de balcon en donde se decian las oraciones al pueblo. || La ventana de alguna iglesia con balcon ó celosía donde con recogimiento y separacion asisten los príncipes ó personas de distincion á los oficios divinos.

TRIBUNADO, s. m. La dignidad de tribuno.

TRIBUNAL, s. m. El lugar destinado á los jueces para la administracion de justicia y pronunciacion de las sentencias. || El ministro ó ministros que conocen de los asuntos de justicia, y pronuncian la sentencia. || TRIBUNAL DE DIOS, El juicio que Dios hace de los hombres despues de la muerte. || TRIBUNAL DE LA PENITENCIA, El sacramento de la penitencia, y el lugar en que se administra. || TRIBUNAL DE LA CONCIENCIA, El recto juicio de las operaciones que forma la propia conciencia.

TRIBUNALI (PRO), Tomado del latin, que en nuestra lengua significa en estrados y audiencia pública, ó con el trage y aparato de juez. || met. fam. Con tono decisivo.

TRIBUNATO, s. m. ant. V. TRIBUNADO.

TRIBUNICA, LLA, TA, s. f. d. de TRIBUNA.

TRIBUNICIO, CIA, adj. V. TRIBÚNICO.

TRIBÚNICO, CA, adj. Que pertenece á la dignidad de tribuno.

TRIBUNO, s. m. Magistrado de los Romanos instituido para defender al pueblo de la tiranía ó agravios de los grandes.

TRIBUTACION, s. f. V. TRIBUTO. || *Ar.* Enagenacion de bienes raices hecha solemnemente, por la cual se trasfiere el dominio útil á la persona que los compra, debiendo pagar por el reconocimiento del dominio directo, que retiene el vendedor, cierto treudo anual.

TRIBUTADO, p. p. de TRIBUTAR.

TRIBUTANTE, p. a. de TRIBUTAR, Que tributa.

TRIBUTAR, v. a. Contribuir, pagar el tributo que se impone. || Rendir como por tributo y reconocimiento algun obsequio y veneracion. || Dar á treudo. || *Ar.* Poner término ó amojonar los límites señalados á la mesta.

TRIBUTARIO, RIA, adj. y s. Que paga ó está obligado á pagar tributo.

TRIBUTO, s. m. La porcion ó cantidad que paga el vasallo por el repartimiento que se le hace para el príncipe ó señor del estado en que habita, ó en reconocimiento del señorío, ó para sustentacion de sus cargas ú otros fines públicos. || Cualquiera carga continua, V. CENSO. *Ar.* V. CATASTRO. || *Germ.* Muger de gusto ó de mancebía.

TRICENAL, adj. Que dura treinta años, ó que se egecuta de treinta en treinta años, como las fiestas TRICENALES.

TRICENTÉSIMO, MA, adj. num. ord. Que tiene ó cumple el número de trescientos.

TRICÉSIMO, MA, adj. V. TRIGÉSIMO.

TRICÍPITE, adj. Que tiene tres cabezas.

TRICLINIO, s. m. Mesa con tres escaños ó bancos al rededor, uno á la cabecera, y dos á los lados, en cada uno de los cuales cabian sentados ó recostados tres convidados. Llámase tambien así cada uno de los bancos.

TRICOLOR, adj. Que tiene tres colores.

TRICORNE, adj. Que tiene tres cuernos.

TRIDENTE, adj. Que tiene tres dientes. Úsase como sustantivo por el cetro de tres puntas con que los poetas fingieron gobernaba Neptuno los mares. || *And.* Instrumento con que se pesca y suele tener mas de tres dientes.

* TRIDO, DA, adj. Dícese del paso del caballo.

TRIDUANO, NA, adj. Que es de tres dias.

TRÍDUO, s. m. El espacio de tres dias. Dícese comunmente hablando de ciertos egercicios devotos que duran tres dias.

TRIENAL, adj. Que tiene ó dura tres años.

TRIENIO, s. m. El tiempo ó espacio de tres años.

TRIEÑAL, adj. V. TRIENAL.

TRIFAUCE, adj. *Poét.* Que tiene tres gargantas ó fauces. Fabulosamente se aplica al can cerbero.

res que conservaron su integridad y pureza || La religiosa, por estar dedicada á Dios con voto de virginidad. || En los lagares ó molinos de aceite cada uno de los pies derechos que se ponen para que pasando la viga ajustada entre ellos, no se tuerza á un lado ni á otro al cargar por la violencia ó fuerza del movimiento.

VIRGILIANO, NA, adj. Perteneciente á Virgilio.

VIRGINAL, adj. Perteneciente á las vírgenes.

VIRGINALERO, RA, adj. ant. V. VIRGINAL.

VIRGÍNEO, NEA, adj. V. VIRGINAL.

VIRGINIDAD, s. f. La entereza corporal de la persona que no ha tenido comercio carnal.

VIRGO, s. m. Signo boreal, que es el sexto en el órden. || V. VIRGINIDAD.

VÍRGULA, s. f. Varita pequeña. || Rayita ó línea muy delgada

VIRGULILLA, s. f. Rayita que sirve en la puntuacion gramatical, ó para notar lo que en ella se llama coma, y en la escritura de mano lo que se llama tilde. || Cualquiera rayita ó línea muy delgada

VIRIL, s. m. Vidrio muy claro y trasparente que se pone delante de algunas cosas para reservarlas ó defenderlas, dejándolas patentes á la vista. || La custodia pequeña que se pone dentro de la grande.

VIRIL, adj. Que pertenece al varon ó es propio de él. || *Astron.* Uno de los varios epítetos que los astrónomos dan al tercer cuadrante del tema celeste.

VIRILIDAD, s. f. La facultad ó fuerza de la edad varonil. || La actividad ó potencia de las cosas.

VIRILLA, TA, s. f. d. de VIRA.

VIRILMENTE, adv. V. VARONILMENTE.

VIRIO, s. m. Ave de color verde y amarillo, del tamaño de una tórtola. Es algo cantora, dócil é ingeniosa para buscar lo que necesita para vivir. Fué tambien conocida de los antiguos Griegos y Latinos.

VIRIPOTENTE, adj. Se aplica á la muger que está ya en edad capaz de casarse.

VIROL, s. m. *Blas.* V. PERFIL.

*VIROLA, s. f. Rodaja de fierro ó metal.

VIROLENTO, TA, adj. y s. El que tiene viruelas, ó está señalado de ellas.

VIRON, s. m. aum. de VIRA.

VIROTAZO, s. m. aum. de VIROTE. || El golpe dado con el virote.

VIROTE, s. m. Especie de saeta guarnecida con un casquillo. Los hay de diversas figuras. || El mozo soltero, ocioso, paseante, y preciado de guapo. || La punta que forman por chasco en las carnestolendas en las mantellinas ó capas, introduciendo al descuido un ... de esparto ó cuerda. || El membrete ó esquela de aviso ó súplica que se hace á alguno. || Un hierro largo que sube hácia arriba, ingerido en la argolla que echan al cuello á los esclavos que suelen huirse. || El hombre erguido, demasiadamente serio y quijote. || *And.* La ... pa de tres años. || MIRAR POR EL VIROTE. met. Atender con cuidado y vigilancia á lo que importa ó es propia conveniencia. || TRAGA VIROTES, Apodo que se da al hombre que sin motivo ni fundamento es serio y erguido.

*VIROTILLO, s. m. *Carp.* Pontal ó pié derecho pequeño.

VIROTON, s. m. aum. de VIROTE por saeta.

VIRTUAL, adj. Que en virtud, fuerza ó actividad equivale á otra cosa en órden á obrar como ella.

VIRTUALIDAD, s. f. La potencia, eficacia ó actividad de una cosa para obrar como otra.

VIRTUALMENTE, adv. Equivalentemente á otra cosa, en virtud ó facultad.

VIRTUD, s. f. La facultad, potencia ó actividad de las cosas para producir ó causar sus efectos. || La eficacia, actividad ó calidad propia de algunas cosas en órden á la sanidad ó curacion. || Fuerza, vigor ó valor. || Poder ó potestad de obrar. || La facultad natural del alma en órden á las operaciones del cuerpo; y así se dice: VIRTUD expulsiva, digestiva, etc. || Integridad de ánimo y bondad de vida; y así se dice que uno es hombre de VIRTUD. || El hábito y disposicion del alma para las acciones conformes á la ley cristiana, y que se ordenan á la bienaventuranza. || La accion virtuosa, ó recto modo de proceder. || La fuerza especial con que algunas cosas resisten la fuerza contraria. || En la mecánica la fuerza moviente. || VIRTUD TEOLOGAL, La que tiene directamente por objeto á Dios en su operacion: son tres, fe, esperanza y caridad. || VIRTUDES EN GRADO HEROICO, Las sublimes y perfectas, cuales son las de los santos. ‖ VIRTUDES, pl. El quinto coro de los nueve en que estan distribuidos los espíritus celestiales, y el segundo en la gerarquía media. ‖ VIRTUD CARDINAL, La que es principio de otras virtudes que contiene en sí: son cuatro, prudencia, justicia, *fortaleza* y templanza. ‖ VIRTUD ELÁSTICA, V. ELASTICIDAD. ‖ VIRTUD ELÉCTRICA, V. ELECTRICIDAD. ‖ VIRTUD MORAL, El hábito que se adquiere para obrar bien, independiente de los preceptos de la ley, por sola la bondad de la operacion y conformidad con la razon natural. ‖ VIRTUD SOBRENATURAL, La potencia ó facultad para obrar sobre las fuerzas de la naturaleza. ‖ CAMINAR EN LA VIRTUD, met. Adelantar en ella. ‖ EN VIRTUD, Con el valor, actividad ó fuerza de otra cosa á que se refiere la accion. ‖ HACER VIRTUD, Obrar bien y segun la esperanza que se tiene de lo que se intenta conseguir. Usase por lo comun con negacion para significar la poca esperanza que se tiene de que alguno haga lo que debe ó se enmiende de sus defectos. ‖ NO SER VIRTUD, Significa que la accion de alguno no es en realidad lo que demuestra en la operacion, y que lleva algun fin distinto del que manifiesta.

VIRTUOSAMENTE, adv. Praticando ó egercitando la virtud.

VIRTUOSÍSIMAMENTE, adv. sup. de VIRTUOSAMENTE.

VIRTUOSÍSIMO, MA, adj. sup. de VIRTUOSO.

VIRTUOSO, SA, adj. Que se egercita en la virtud ú obra segun ella. ‖ Aplícase tambien á las mismas acciones. ‖ Se aplica á las cosas que tienen la actividad y virtud natural que les corresponde.

VIRUELA, s. f. Enfermedad aguda bien conocida y á veces mortal, acompañada siempre de granos contagiosos. ‖ met. En algunas cosas aquel como granillo que sobresale en la superficie, como en las plantas, en el papel etc.

VIRULENCIA, s. f. *Cir.* La materia ó podre que se hace en alguna llaga ó herida.

VIRULENTO, TA, adj. Ponzoñoso, maligno. ‖ Que tiene materia ó podre.

VIRUS, s. m. *Med.* y *Cir.* Podre, mal humor.

VIRUTA, s. f. *Carp.* Aquella hoja de madera que se arrolla con el cepillo al tiempo de labrarla.

VISADO, p. p. de VISAR.

VISAGE, s. m. Gesto desproporcionado ó demostracion reparable del rostro, con que se da á entender algun afecto ó pasion intérior.

VISAL, s. m. ant. V. VISERA.

VISANTE, s. m. *Germ.* El ojo.

VISAR, v. a. Reconocer ó examinar algun instrumento, certificacion, etc., poniendo en ella el VISTO BUENO.

VÍSCERA, s. f. V. ENTRAÑA

VISCO, s. m. V. LIGA.

VISCOSIDAD, s. f. Materia ó humor pegajoso ó glutinoso.

VISCOSO, SA, adj. Pegajoso ó glutinoso.

VISERA, s. f. Parte de la armadura del morrion que cubre el rostro, dispuesta de modo que no estorbe la vista. ‖ La garita desde donde el palomero acecha el movimiento de las palomas. ‖ CALAR LA VISERA, Dejarla caer sobre la cara.

VISIBILIDAD, s. f. La capacidad ó aptitud de verse alguna cosa.

VISIBLE, adj. Que se puede ver. ‖ Que es tan cierto y evidente que no admitte duda.

VISIBLEMENTE, adv. De manera que pueda ser visto de todos. ‖ Clara y patentemente.

VISION, s. f. La accion y efecto de ver, ó el acto de la potencia visiva. ‖ V. VISION BEATÍFICA. ‖ Especie que Dios envia ó infunde por modo de revelacion, ya sea en objeto real ó en aparente. Tómase algunas veces por profecía. ‖ El objeto de la vista, especialmente cuando es ridiculo ó espantoso. ‖ fam. La persona fea y ridícula. ‖ La especie de la fantasía ó imaginacion, que no tiene realidad, y se aprehende como cierta. ‖ VISION BEATÍFICA, *Teol.* El acto de ver á Dios, en el cual consiste la bienaventuranza. ‖ VER VISIONES, Nota al que se deja llevar mucho de su imaginacion, creyendo lo que no hay. En estilo festivo se usa para apodar de fea á alguna persona.

VISIONARIO, RIA, adj. y s. El que en fuerza de su fantasía exaltada se figura y cree con facilidad cosas quiméricas.

VISIR, s. m. El primer ministro del gran señor ó emperador de los Turcos. Se llama comunmente el gran visir.

VISITA, s. f. Accion de cortesanía, yendo á ver en su casa á alguno por atencion, conversacion, amistad ó consuelo. ‖ La misma persona que la hace. ‖ La ida á algun templo ó santuario por devocion ó para ganar alguna indulgencia. || La ida del médico á la casa del enfermo para su curacion. || El acto de jurisdiccion con que algun superior se informa del proceder de los ministros inferiores ó de los súbditos, ó del estado de las cosas en los distritos de su jurisdiccion, pasando personalmente á reconocerle ó enviando en su nombre otro que lo egecute. || El renocimiento ó registro de los géneros ó mercaderías que se hace en las aduanas ó puertas para la paga de los derechos ó saber si son de lícito comercio. || En las cárceles el reconocimiento que hace el alcaide de los presos y prisiones en órden á su seguridad. || El reconocimiento ó informe que se hace en los oficios públicos de los instrumentos y géneros que respectivamente tocan á cada uno para ver si estan fieles ó segun ley ú ordenanza. || La casa en que está el tribunal de los visitadores eclesiásticos. || La aparicion á algun sugeto determinado de alguna persona ó espíritu celestial en figura visible. || *Teol.* El favor que hace Dios á los hombres en órden á su bien spiritual, enviándoles algun especial consuelo ó algun trabajo para su mayor merecimiento ó para que se reconozcan. || El conjunto de ministros que asisten en forma de tribunal para la visita de cárceles. || V. VISITA DE CÁRCEL. || VISITAS, pl. fam. Las frecuentes idas á algun parage con intento determinado; y así se dice: hace VISITAS á la taberna ó al jarro. || VISITA DE ALTARES, La oracion vocal que con asistencia personal se hace en cada uno de ellos para algun fin piadoso. || VISITA DE CÁRCEL. El reconomicieuto breve y sumario que en determinados dias hace el juez del estado de las causas de los presos en órden á su mas pronto despacho. || PAGAR LA VISITA, Corresponder al que ha visitado á alguno haciéndole el mismo obsequio.

VISITACION, s. f. La accion y efecto de visitar. || V. VISITA. || La visita que hizo María Santísima nuestra Señora á su prima santa Isabel, de que hace fiesta particular la iglesia.

VISITADO, p. p. de VISITAR.

VISITADOR, RA, s. m. y. f. El que visita frecuentemente. || El juez ó ministro que tiene á su cargo el hacer la visita ó reconocimiento en cualquiera línea.

VISITAR, v. a. Ir á ver á alguno en su casa por cortesanía, atencion ó amistad ó por conversacion ó consuelo. || Ir á algun templo ó santuario por devocion ó para ganar algunas indulgencias. || Informarse el juez superior personalmente ó por medio de alguno, que envia en su nombre, del proceder de los súbditos y del estado de las cosas en los distritos de su jurisdiccion. || Ir el médico á ver al enfermo en órden á su curacion. || Registrar ó reconocer en las aduanas ó puertas, ó en otra parte destinada á este efecto, los géneros ó mercaderías para la paga de los derechos, ó para ver si son de lícito comercio. || Reconocer los oficios públicos, y en ellos los instrumentos ó géneros, que respectivamente tocan á cada uno, para ver si estan fieles ó segun ley ú ordenanza. || Reconocer en las cárceles los presos y prisiones en órden á su seguridad. || Examinar el juez eclesiástico las personas en órden al cumplimiento de sus obligaciones cristianas y eclesiásticas, y reconocer las iglesias, obras pías y bienes eclesiásticos, para ver si estan y se mantienen en el órden y disposicion que deben tener. || *Teol.* Enviar Dios á los hombres algun special consuelo ó trabajo para su mayor merecimiento ó para que se reconozcan. || Andar muchas tierras ó paises. Dícese tambien del sol, hablando de su curso. || Reconocer ó informarse personalmente de alguna cosa. || Acudir con frecuencia á algun parage con objeto determinado. || Aparecerse á algun sugeto determinado alguna persona ó espíritu celestial en figura visible. || for. Reconocer el juez breve y sumariamente la causa de algun preso en la visita. || VISITARSE. En algunas iglesias catedrales excusarse de la asistencia del coro por algun breve tiempo con obligacion de no salir de casa.

VISITICA, LLA, s. f. d. de VISITA.

VISIVO, VA, adj. Que tiene facultad de ver.

VISLUMBRADO, p. p. de VISLUMBRAR.

VISLUMBRAR, v. a. Ver tenue ó confusamente algun objeto por la distancia ó falta de luz. Se usa frecuentemente como verbo recíproco. || met. Conocer imperfectamente ó conjeturar por algunos indicios alguna cosa.

VISLUMBRE, s. f. El reflejo de la luz ó tenue resplandor por la distancia de ella. || met. Conjetura, sospecha ó indicio. || met. Corta ó dudosa noticia. || La parte sobresaliente de alguna cosa que apénas se descubre entre otras.

met. Apariencia ó leve semejanza de una cosa á otra.

VISO, s. m. ant. V. VISTA. || Altura ó eminencia, sitio ó lugar alto. || La superficie de las cosas lisas ó tersas que mueven particularmente la vista con algun especial color ó reflexion de la luz. || La onda de resplandor que hacen algunas cosas heridas de la luz. || met. El respecto, calidad ó parecer de las cosas en órden al concepto que se debe formar de ellas. || met. La semejanza que una cosa tiene con otra al parecer; y así se dice que algunas cosas tienen visos de verdad. || VISO DE ALTAR, *And.* Cuadro pequeño de tela con su bastidor, con el cual cubren las puertas del sagrario donde está el Santísimo Sacramento. || Á DOS VISOS, Con dos intentos distintos ó á dos miras. || AL VISO, Á vista de algun objeto, hiriéndole particularmente la luz. || HACER BUEN Ó MAL VISO, met. Explica que alguno se lleva la atencion y aprecio respecto de otro con quien excede en algunas prendas, ó al contrario. || HACER MAL VISO, met. Explica que algun defecto ó nota desluce á algun sugeto, y disminuye la estimacion que se debia tener de él por sus prendas ó empleo.

VISOGODO, DA, adj. y s. El natural de la Gocia occidental y perteneciente á ella.

VISOREINA, s. f. ant. V. VIRREINA.

VISOREINADO, s. m. ant. V. VIRREINATO.

VISOREINO, s. m. ant. V. VIRREINATO.

VISOREY, s. m. V. VIRREY.

VISORIO, RIA, adj. Que pertenece á la vista, y sirve como instrumento para ver.

VÍSPERA, s. f. El dia que antecede inmediatamente á otro determinado, especialmente si es fiesta. || met. Cualquiera cosa que antecede á otra que de algun modo es consecuencia de ella por lo regular. || met. La inmediacion á alguna cosa que ha de suceder. || VÍSPERAS, pl. Una de las horas en que dividian los Romanos el dia, que duraba desde que se acaba la hora de nona hasta ponerse el sol. || VÍSPERAS, Una de las horas del oficio divino que se dice despues de nona. || VÍSPERAS SICILIANAS, Expr. con que se denota cualquiera venganza general, interviniendo muertes violentas, con alusion á lo que los Sicilianos egecutaron con los Franceses á la hora de vísperas. || COMO TONTO EN VÍSPERAS, Expr. fam. con que se moteja ó apoda al que está suspenso fuera de propósito, ó callando enteramente en la conversacion. || EN VÍSPERAS, Cerca ó con inmediacion de tiempo. || PARTIR LAS VÍSPERAS, Expr. que usan los eclesiásticos cuando en la concurrencia del rezo se dicen hasta la capítula de la festividad antecedente, y desde ella de la siguiente. || PRIMERAS VÍSPERAS, Las que se dicen el dia precedente respecto de las que se dicen el mismo sin partirlas con la siguiente festividad; y estas se llaman segundas.

VISTA, s. f. La facultad ó potencia de ver, que es uno de los cinco sentidos corporales. || La accion y efecto de ver. || El actual egercicio de ver ó el modo con que se mira. || La apariencia ó disposicion de las cosas en órden al sentido del ver. Suele decirse regularmente buena ó mala VISTA. || met. El objeto de la visita, especialmente cuando es ameno ó divertido, ó está presente ó muy inmediato. || Los mismos ojos ó cualquiera de ellos separadamente. || El encuentro ó concurrencia en que alguno se ve con otro; y así se dice: hasta la VISTA. || Vision ó aparicion. || Conocimiento claro de las cosas. || La apariencia ó relacion de unas cosas respecto de otras; y así se dice: á VISTA de la nieve el cisne es negro. || Intento ó propósito. || Cualquiera simple mirada de paso; y se suele decir: una VISTA. || for. El reconocimiento primero que se hace ante el juez con relacion de los autos y defensas de las partes para la sentencia. || El parecer ó juicio que se forma de las cosas, ó regulacion prudencial que se hace de ellas viéndolas solo. || ant. V. VISERA. || En las aduanas el empleado á cuyo cargo está el registro de los géneros. || VISTAS, La concurrencia de dos ó mas sugetos que se ven á fin determinado. || Los vestidos y tocador que los novios envian á sus futuras esposas. Llámase así tambien el juego de ropa que estas envian á los novios. || La ventana, puerta ú otra abertura en los edificios por donde entra la luz para ver. || Las galerias ó ventanas desde donde se ve. Dícese especialmente de los conventos de monjas. || VISTA DE OJOS, La diligencia judicial ó extrajudicial de ver personalmente alguna cosa para informarse con seguridad de ella. || AGUZAR LA VISTA, met. Hacerla mas aguda y perspicaz. || APARTAR LA VISTA Ó LOS OJOS, met. Desviar la consideracion ó el pensamiento de lo que se toma en la imaginacion. || Á VISTA, En presencia ó delante. || En consideracion ó comparacion. || Á VISTA Ó Á LA VISTA, Enfrente, cerca ó en parage donde se pueda ver. || Con observacion ó cuidado de ver ó seguir á alguno. || Á VISTA Ó POR VISTA DE OJOS, Denota que uno ve ó se informa por sí mismo de alguna cosa. || Á LA VISTA, Luego al punto, prontamente y sin dilacion. En el comercio se despachan letras Á LA VISTA. || Á MEDIA VISTA, Ligeramente y de paso en el reconocimiento de alguna cosa. Úsase tambien para significar la facilidad de aprender ó de reconocer alguna cosa. || Á VISTAS, Á ser visto. || COMER Ó TRAGAR CON LA VISTA, met. Denota el modo con que alguno mira airadamente ó con grande ansia. || CONOCER DE VISTA, Conocer á alguno por las señas ó disposicion corporal. Úsase para explicar que no se ha tenido trato con él. || CORTO DE VISTA, El que ve poco ó tiene la vista cansada. || COSA NO VISTA Ó NUNCA VISTA, La que es maravillosa ó extraña. || DAR UNA VISTA, Mirar, visitar de paso y sin detenerse mucho. || DAR VISTA Á ALGUNA COSA, Avistarla, alcanzarla á ver. || DAR VISTA Á ALGUNA CIUDAD, PUERTO, etc. Alcanzarle á ver por la primera vez. || DERRAMAR LA VISTA, met. En los caballos es mirar sin volver la cabeza, inclinando solo y torciendo los ojos, lo cual se tiene por muy mala señal. || ECHAR LA VISTA, met. Elegir alguna cosa entre otras. || ECHAR LA VISTA Á ALGUNO, met. Llegarle á ver ó conocer cuando se le anda buscando, y para mayor energía dicen: ECHARLE LA VISTA ENCIMA. || ECHAR UNA VISTA, met. Cuidar de alguna cosa mirándola de cuando en cuando. Úsase frecuentemente para encargar este cuidado. || EN VISTA, Con consideracion ó atencion de lo que se ha visto ó reconocido. || ESTAR Á LA VISTA, V. ESTAR Á LA MIRA. || EXTENDER LA VISTA, Explayarse, esparcirla en algun parage abierto y espacioso, como lo es el campo y el mar. || FIJAR LA VISTA, Ponerla en algun objeto con atencion y cuidado. || HACER LA VISTA GORDA, Fingir con disimulo que no se ha visto alguna cosa. || IRSE DE VISTA, Alejarse ó apartarse de aquella distancia á que alcanza la vista. || NO PERDER DE VISTA, Estar observando á alguno sin apartarse de él; y en el sentido moral vale seguir sin intermision algun intento, ó cuidar con suma vigilancia de alguna cosa. || LANZAR LA VISTA, ant. Echar la vista ó los ojos, mirar alguna cosa. || OFENDER CON LA VISTA, Ademas del sentido recto, se usa para dar á entender á otro lo que le enoja ó irrita aun el que le mire. || OFUSCARSE LA VISTA, Turbarse y perturbarse. || OSCURECERSE LA VISTA, Turbarse ó minorarse por algun accidente ó enfermedad. || PASAR LA VISTA POR ALGUN ESCRITO, Leerle ligeramente. || PERDER DE VISTA, Dejar de ver alguna cosa por haberse alejado ó salido de la esfera de esta potencia. || PERDERSE DE VISTA, Se usa para explicar la grandeza y superioridad de alguna cosa ó el exceso que hace á otra en su línea. || PONER LA VISTA, Hacer alguna cosa objeto especial del ánimo ó intencion deseándola. || TENER Á LA VISTA, Fuera del sentido recto metafóricamente significa tenerla presente en la memoria para el cuidado. || TENER VISTA ALGUNA COSA, Ser hermosa, apacible ó bien dispuesta. || TRABAR LA VISTA, met. Torcer los ojos al mirar. || VER POR VISTA DE OJOS, Ver por sí mismo.

VISTAZO, s. m. Mirada superficial ó ligera. || DAR UN VISTAZO, Visitar, reconocer superficialmente y de bulto alguna cosa.

VISTILLAS, s. f. pl. Lugar alto de de donde se ve y descubre mucho terreno.

VISTO, p. p. irreg. de VER. || Se significa con esta voz el decreto ó auto que denota haberse relacionado algun pleito, ó presentado algun memorial ó peticion, y que no se ha sentenciado ó decretado por entónces. || VISTO BUENO, Fórmula de aprobacion que se pone en algunas certificaciones y otros instrumentos por aquel á quien corresponde. || VISTO ES Ó ESTÁ, Expr. con que se concede alguna cosa dándola por cierta y segura. || NO SER VISTO NI OIDO, ... OIR. || NO VISTO, Ó NUNCA Ó JAMAS VISTO, Raro ó extraordinario en su línea.

VISTOSAMENTE, adv. Hermosamente y con buen órden y disposicion agradable á la vista.

VISTOSÍSIMAMENTE, adv. sup. de VISTOSAMENTE.

VISTOSÍSIMO, MA, adj. sup. de VISTOSO.

VISTOSO, SA, adj. Hermoso, deleitable ó apacible á la vista.

VISTOSO, s. m. *Germ.* El sayo. || *Germ.* El ojo.

VISUAL, adj. Que pertenece á la vista como instrumento ó medio para ver.

VISURA, s. f. El exámen y reconocimiento que se hace de una cosa por a de ojos.
VITACORA, s. f. Caja en donde la brújula.
VITAL, adj. Que pertenece á la vida ó propio de ella.
VITALICIO, CIA, adj. y s. m. Que a por el tiempo de alguna vida. se regularmente en las gracias, cenó cargas.
VITALIDAD, s. f. La actividad ó acia de las cosas pertenecientes á la , ó la virtud propia suya.
VITANDO, DA, adj. Que se debe ar. Dícese de los públicos excomulgos.
VITELA, s. f. La ternera. || La piel la vaca ó ternera adobada y muy da. Llámase muy frecuentemente aquella en que está pintada alguna .
VITELINA, adj. En la terminacion enina se aplica en la medicina á la a cuyo color es amarillo oscuro.
VITOR, Interj. de alegría con que aplaude á algun sugeto ó alguna acion.
VITOR, s. m. La funcion pública en á alguno se le aclama ó aplaude alguna hazaña ó accion gloriosa. || El carró talla en que se escribe algun breve gio en aplauso de alguna persona por una hazaña, accion ó promocion gloria, y el cual se fija y expone al público. || VITOR LA RONCA, Expr. irón. con se desprecia la amenaza ó jactancia valor de otro.
VITOREADO, p. p. de VITOREAR.
VITOREAR, v. a. Aplaudir ó aclacon vítores á algun sugeto ó ac.
VITORIA, s. f. V. VICTORIA.
VITORIOSO, SA, adj. V. VICTORIOSO.
VITREO, EA, adj. Que está hecho vidrio ó tiene sus propiedades. ||Que parecido al vidrio.
VITRIFICABLE, adj. Que es fácil paz de vitrificarse.
VITRIFICACION, s. f. *Quim.* La on y efecto de vitrificar.
VITRIFICADO, p. p. de VITRIFICAR.
VITRIFICAR, v. a. *Quim.* Hacer alguna cosa tenga las propiedades y iencias del vidrio.
VITRIÓLICO, CA, adj. Que perece al vitriolo.
VITRIOLO, s. m. V. CAPARROSA.
VITUALLA, s. f. El conjunto de cosas necesarias para la comida, especialmente en los egércitos. || fam. La abundancia de comida, especialmente de menestras ó verdura.
VITUALLADO, DA, adj. Abastecido ó proveido de vituallas.
VÍTULO MARINO, s. m. V. BECERRO MARINO.
VITUPERABLE, adj. Que se debe vituperar.
VITUPERACION, s. f. La accion y efecto de vituperar.
VITUPERADO, p. p. de VITUPERAR.
VITUPERADOR, RA, s. m. y f. El que vitupera.
VITUPERANTE, p. a. ant. de VITUPERAR, Que vitupera.
VITUPERAR, v. a. Decir mal de alguna cosa notándola de viciosa ó indigna.
VITUPERIO, s. m. Baldon ú oprobio que se dice á alguno. || La accion ó especie que causa afrenta ó deshonra. || LLENAR Á UNO DE VITUPERIOS, etc. Decírselos con demasía.
VITUPERIOSAMENTE, adv. Con vituperio ó ignominia.
VITUPEROSAMENTE, adv. Con vituperio.
VITUPEROSO, SA, adj. Que incluye vituperio.
VIUDA, s. f. La muger á quien se le ha muerto su marido.
VIUDAL, adj. Que pertenece á los viudos ó viudas.
VIUDEDAD, s. f. El estado de las viudas. || La porcion de alimentos que se les asigna á las viudas, y que les dura en el tiempo que permanecen en tal estado. || *Ar.* El usufruto que durante la viudedad goza el consorte que sobrevive de los bienes del que murió.
VIUDEZ, s. f. El estado de viudos ó viudas.
VIUDITA, s. f. d. de VIUDA. Úsase en el estilo familiar por la viuda moza.
VIUDO, s. m. El hombre á quien se le ha muerto su muger, y no se ha vuelto á casar.
VIUDO, DA, adj. Se aplica á algunas aves que estando apareadas para criar se quedan sin la compañera, como la tórtola.
VIVA, Interj. de alegría y aplauso.
VIVA, s. m. V. APLAUSO.
VIVAC, s. m. Guardia que se hace de noche para la seguridad de una plaza ó de un egército, cuando está cerca del enemigo, y expuesto á ser asaltado. || VIVAC Ó VIVAQUE, *Mil.* La guardia prin-

cipal que dan los cuerpos de la guarnicion en las plazas de armas.

VIVACIDAD, s. f. Vigor y eficacia de las acciones vitales ó del principio de la vida. || Viveza del natural, del genio ó dél talento. || El resplandor y lustre de algunas cosas, especialmente de los colores.

VIVACÍSIMO, MA, adj. sup. de VIVAZ.

VIVAMENTE, adv. Con viveza ó eficacia. || Con propiedad ó semejanza.

VIVANDERO, s. m. El que en los egércitos cuida de llevar las provisiones y víveres, ó el que los vende.

VIVAQUEAR, v. n. *Milic.* Pasar las tropas la noche al raso.

VIVAR, s. m. El sitio ó parage donde crian sus hijos algunos animales de caza. Dícese particularmente del sitio cavernoso ó cuevecillas de los conejos.

VIVARACHO, CHA, adj. fam. Muy vivo de natural ó genio.

VIVAZ, adj. Eficaz, vigoroso. Úsase tambien en sentido metafórico. || Agudo, ingenioso.

VIVERA, s. f. V. VIVAR. || *And.* El pantano pequeño.

VÍVERES, s. m. pl. Las provisiones de boca de algun egército ó plaza; y se extiende á lo necesario para el alimento de cualquiera persona.

VIVERO, s. m. *Agric.* ALMÁCIGA cuando se trata de árboles. || El lugar destinado para mantener y criar animales, aves y pescados.

VIVEZ, s. f. ant. V. VIVEZA.

VIVEZA, s. f. Vigor, eficacia, fuerza ó actividad. || Prontitud ó celeridad en las acciones ó agilidad en la egecucion. || Ardimiento ó energía en las palabras. || Agudeza ó perspicacia de ingenio. || El dicho agudo, pronto é ingenioso. || Propiedad y semejanza. || El esplendor y lustre de algunas cosas, especialmente de los colores con que se mueve la vista y atencion, particularmente sobresaliendo en su línea. || La gracia particular y actividad especial que suelen tener los ojos en el modo de mirar ó de moverse. || La accion ó dicho poco considerado ó ménos prudente.

VIVIDERO, RA, adj. Se aplica al sitio ó cuarto capaz de habitarse.

VIVIDO, p. p. de VIVIR.

VIVIDOR, RA, s. m. y f. El que vive mucho tiempo.

VIVIDOR, RA, adj. Se aplica á la persona laboriosa y económica y que busca modos de vivir.

VIVIENDA, s. f. Morada, habitacion. || ant. El género de vida ó modo de vivir.

VIVIENTE, p. a. de VIVIR, Que vive.

VIVIFICACION, s. f. La accion y efecto de vivificar.

VIVIFICADO, p. p. de VIVIFICAR.

VIVIFICADOR, RA, s. m. y f. El que vivifica.

VIVIFICANTE, p. a. de VIVIFICAR, Que vivifica.

VIVIFICAR, v. a. Dar vida. || Confortar ó refrigerar.

VIVIFICATIVO, VA, adj. Que tiene fuerza ó puede vivificar.

VIVÍFICO, CA, adj. Que incluye vida ó nace de ella.

VIVÍPARO, RA, adj. Se aplica á los animales que paren vivos los hijos, á distincion de los que ponen huevos.

VIVIR, v. n. Tener vida. || Durar con vida. Dícese por extension de las cosas que no la tienen y perseveran mucho tiempo. || Tener los medios ó modos de mantener la vida y las cosas necesarias para ella. || Habitar ó morar en algun lugar ó pais. || Cuidar de la vida, huyendo lo que puede ser dañoso á la salud ó á la quietud del ánimo; y así se dice al que está apesadumbrado: VM. trate de vivir, etc. || Hablando de la otra vida ser bienaventurado ó estar en el cielo. || met. Obrar siguiendo algun tenor ó modo en las acciones, en cuanto mira á la razon ó á la ley. Júntase con los adverbios *bien* ó *mal*. || met. Mantenerse ó durar en la fama ó en la memoria despues de muerto. || Acomodarse á los genios ó á las circunstancias del tiempo para lograr sus propias conveniencias; y así se dice: enseñar á VIVIR, saber VIVIR. || Estar presente alguna cosa en la memoria, en la voluntad ó en la consideracion; y en materias espirituales se dice de la presencia y asistencia particular de Dios por sus inspiraciones. || ESTAR, como VIVIR descuidado ó ignorante de algo. || BUENO ES VIVIR PARA VER. Expr. que se usa para manifestar la estrañeza que causa alguna cosa que no se esperaba del sugeto de quien se habla, especialmente cuando es de mala correspondencia. || COMO EL VIVA NO FALTARÁ QUIEN LE ALABE, Loc. iron. con que se moteja á los que acostumbran alabar y ponderar sus cosas propias. || COMO SE VIVE SE MUERE, Expr. con que se explica

munmente se entiende por la culpa en materia de deshonestidad: y tambien se usa por la causa ó el sugeto con quien se comete. || met. Dificultad, embarazo ó impedimento que detiene para conseguir lo que se ha empezado. || Riña ó quimera y oposicion en los dictámenes.

TROPILLA, s. f. de TROPA.

TROPO, s. m. Figura por la cual se da á las palabras un significado que no es el suyo propio, pero que tiene alguna semejanza con él.

TROPOLOGIA, s. f. Introduccion con que se mezcla moralidad y doctrina en el discurso ú oracion, aunque sea en materia profana ó indiferente.

TROPOLÓGICO, CA, adj. Doctrinal, moral, y que se dirige á la reforma ó enmienda de las costumbres.

TROQUE, s. m. Especie de boton que se forma en los paños cuando se van á teñir, liando fuertemente con bramante una partecita de ellos, para que no pudiendo penetrar el tinte á lo que cubre el bramante se conozca despues de salir del tinte que color tuvo primero todo el paño.

TROQUEL, s. m. Pedazo comunmente de acero, en que está grabada en hueco alguna cosa, con el cual se acuñan las monedas y medallas, y tambien se vacian en yeso, lacre, etc.

TROQUEO, s. m. Pié de la poesía latina, el cual consta de una silaba larga y otra breve.

TROQUILLO, s. m. *Arq.* Moldura cóncava á manera de media caña.

TROTACONVENTOS, s. f. fam. V. ALCAHUETA.

TROTADOR, RA, s. m. y f. El que trota mucho.

TROTAR, v. n. Ir ó caminar al trote alguna cabalgadura. Dícese tambien del ginete que va sobre ella. || Andar de prisa y con celeridad.

TROTE, s. m. Modo de caminar acelerado, natural á todas las cabalgaduras, que consiste en mover á un tiempo pié y mano contrapuestos, arrojando sobre ellos el cuerpo con ímpetu. || Á TROTE, met. Aceleradamente, sin asiento ni sosiego. || PONER EN LOS TROTES Á UNO, fam. Imponerle, adiestrarle en algun negocio ó dependencia. || TOMAR EL TROTE, fam. Irse intempestivamente y con aceleracion.

TROTERO, s. m. ant. V. CORREO.

TROTILLO, s. m. d. de TROTE.

TROTON, NA, adj. Se aplica á la caballería cuyo paso ordinario es el trote.

TROTON, s. m. ant. V. CABALLO.

TROTONERÍA, s. f. La accion continuada de trotar.

TROVA, s. f. ant. V. VERSO. || La composicion métrica, formada á imitacion de otra.

TROVADO, p. p. de TROVAR.

TROVADOR, RA, s. m. y f. El que trova. En lo antiguo significaba el poeta. || ant. El que encuentra ó halla alguna cosa.

TROVAR, v. a. ant. V. HALLAR. Usábase tambien como recíproco. || Hacer versos. || Imitar alguna composicion métrica, aplicándola á otro asunto. || Dar á alguna cosa diverso sentido del que lleva la intencion con que se ha dicho ó hecho.

TROVISTA, s. m. V. TROVADOR.

TROX, s. f. Apartamiento donde se recogen los frutos, especialmente el trigo.

TROYA AQUÍ FUÉ, Expr. met. con que se hace relacion á alguna cosa notable sucedida en aquel lugar ó circunstancias.

TROYANO, NA, adj. y s. El natural de Troya y perteneciente á ella.

TROZA, s. f. Tronco aserrado por los extremos para sacar tablas. || *Náut.* Aparejo hecho firme al chicote del cabo, que sujeta la verga de la mesana á su palo.

TROZEO, s. m. *Náut.* Cabo que ataca y sujeta la verga de la mesana á su palo, tirando de un aparejo que tiene hecho firme al chicote del tal cabo.

TROZO, s. m. Pedazo ó parte de alguna cosa cortada ó separada de otra. || *Mil.* Cada una de las dos partes en que se dividia una columna.

TRUCAR, s. m. Hacer el primer envite en el juego de naipes, que llaman el truque.

TRUCHA, s. f. Pescado delicado y sabroso que se pesca en los rios. || *Maq.* V. CABRIA. || TRUCHA DE MAR, Pescado, V. RAILA. || TRUCHA, Ó NO COMERLA, V. Ó AYUNAR, Ó COMER TRUCHA. || Ó AYUNAR, Ó COMER TRUCHA, Explica la resolucion del que con ánimo generoso y gallardo desprecia la medianía, aspirando á la mayor elevacion ó gloria.

TRUCHERO, s. m. El que pesca y vende truchas.

TRUCHIMAN, NA, adj. fam. El que tiene aficion y habilidad de componer negocios y pretensiones.

TRUCHUELA, s. f. El abadejo mas delgado.

TRUCIDADO, p. p. de TRUCIDAR.

vocacion, Dedicarse uno á una ocupacion, empleo ó destino para el que no tenia disposicion.

VOCAL, adj. Que pertenece á la voz. || Que se hace con la voz, á distincion de lo que se hace con la mente, que se llama mental. || Dícese de la letra que se puede pronunciar por sí sola y constituye sílaba, y son cinco: *a, e, i, o, u*.

VOCAL, s. m. El que tiene voz en alguna congregacion ó junta, llamado á ella por derecho ó institucion.

VOCALMENTE, adv. Con la voz y expresion de palabras.

VOCATIVO, s. m. *Gram.* En la lengua latina el quinto caso de la declinacion de los nombres, en el cual se pone la persona con quien hablamos.

VOCEADO, p. p. de vocear.

VOCEADOR, RA, s. m. y f. El que vocea ó da muchas voces.

VOCEAR, v. n. Dar voces ó gritos.

VOCEAR, v. a. Publicar ó manifestar con voces alguna cosa. || Llamar á alguno en voz alta ó dándole voces. || Aplaudir ó aclamar con voces. || Se dice tambien de las cosas inanimadas que manifiestan ó dan á entender alguna cosa claramente. || Jactarse ó alabarse públicamente, en especial de algun beneficio hecho, echándole en rostro al que le ha recibido.

VOCERÍA, s. f. Grita y confusion de voces. || ant. El cargo de llevar la voz de otro, ó de defender sus derechos.

VOCERO, s. m. ant. V. abogado.

VOCIFERACION, s. f. Jactancia con que se publica alguna cosa con muchas voces y expresiones.

VOCIFERADO, p. p. de vociferar.

VOCIFERADOR, RA, s. m. y f. El que publica con jactancia alguna cosa.

VOCIFERANTE, p. p. de vociferar, Que vocifera.

VOCIFERAR, v. a. ant. Publicar jactanciosamente alguna cosa con muchas voces y expresiones.

VOCIFERAR, v. n. Vocear ó dar grandes voces.

VOCINGLERÍA, s. f. Ruido de muchas voces. || Demasiada locuacidad y parlería.

VOCINGLERO, RA, adj. y s. Se aplica al que da muchas voces ó habla muy recio. || El que habla mucho y vanamente.

VOILA, Voz que usan en el juego de la taba para detenerla ó que no valga aquella tirada.

VOLADA, s. f. ant. V. vuelo.

VOLADERA, s. f. Cualquiera de las tablillas que se ponen en la superficie de la rueda de la azuda ú otro artificio semejante, y en que hiriendo hace fuerza el agua y le da movimiento.

VOLADERO, RA, adj. Que puede volar. Úsase en sentido moral por lo que pasa ó se desvanece ligeramente.

VOLADERO, s. m. V. precipicio.

VOLADIZO, ZA, adj. y s. m. Que vuela ó sale de lo macizo en las paredes ó edificios.

VOLADO, p. p. de volar.

VOLADOR, RA, adj. Que está pendiente al aire, de modo que le puede mover. || Se aplica á lo que corre ó va con ligereza.

VOLADOR, RA, s. m. y f. El que vuela. || Se aplica á algunos ingenios y artificios de fuego que se disparan al aire subiendo muy altos.

VOLADOR, s. m. Pez indígeno del mediterráneo y océano europeo que con sus aletas se eleva sobre las aguas, y vuela la distancia de un tiro de fusil. || *Gal.* V. pisaverde.

VOLANDAS, Voz que solo se usa en el modo adverbial en volandas, que vale, por el aire, ó levantado del suelo y como que va volando. || en volandas, En el aire, en un instante.

VOLANDERA, s. f. arandela en los carros, etc. || En los molinos de aceite la piedra que se pone de canto sobre la otra que está asentada horizontalmente para que dando vueltas al rededor de la máquina muela la aceituna. || *fam.* La mentira. || *Impr.* Tableta delgada que entra en el rebajo y por entre los listones de la galera.

VOLANDERO, RA, adj. Que está en el aire suspenso, y que le puede mover. || Que sobreviene casualmente á los oficios ó empleos sin buscarse; y así se dice: dependencias volanderas. || Que no hace asiento ó se fija ó para en algun lugar. Dícese tambien de las cosas inmateriales, como especie volandera.

VOLANDILLAS (EN), V. en volandas.

VOLANTE, p. a. de volar. Que vuela. || volante, adj. Que va ó anda de una parte á otra sin sitio ó asiento fijo. || met. Se aplica á las pulsaciones de la arteria. || Se aplica á algunas especies de metéoros, que se elevan al aire disipándose fácilmente; y así se dice: dragon volante, etc.

VOLANTE, s. m. Un género de adorno

persona con quien hablamos. || Se usa asimismo en el trato comun hablando con familiaridad ó amistad, ó con superioridad al inferior.

TÚ, adj. V. TUYO, como TÚ casa, TÚ hacienda, etc. || Á TÚ POR TÚ, Descompuestamente, sin modo ni respeto. Dícese de los que riñen diciéndose palabras injuriosas y perdiéndose la cortesía. || SALTA TÚ, Y DÁMELA TÚ, Juego de muchachos.

TUAUTEM, s. m. fam. El sugeto que se tiene por principal y necesario para alguna cosa, ó la cosa misma que se considera precisa.

TUBÉRCULO, s. m. *Med.* Cada uno de los pequeños abscesos que se hacen en la superficie del pulmon.

* TUBERIA, s. f. Planta medicinal.

* TUBEROSA, s. f. Amiga de noche, vara de jesé y cierta flor.

TUBEROSIDAD, s. f. Tumor ó hinchazon.

TUBO, s. m. Cañon ó fístola, como TUBO óptico, etc.

* TUC, s. m. Especie de pendon formado de una cola de caballo atada á la punta de una alabarda que los Turcos llevan delante de los visires, bajás, etc.

* TUCA, s. f. Nueza negra, viña negra, congorca. || Planta.

* TUCAN, s. m. Picaza del Brasil, ave. || Una de las doce constelaciones australes.

TUCIORISTA, adj. Se aplica á la persona que sigue la doctrina mas segura.

TUDEL, s. m. La fístola de metal que se ingiere en el bajon ó en otro instrumento de boca.

TUDENSE, adj. y s. El natural de Tuy y perteneciente á esta ciudad.

TUDESCO, CA, adj. y s. El natural de cierto pais de Alemania en la Sajonia inferior, y perteneciente á él. Suele decirse generalmente por ALEMAN.

TUDESCO, s. m. V. CAPOTE ALEMAN.

TUECA, s. f. V. TUECO.

TUECO, s. m. El hueco ó cavidad que por la carcoma se hace en el tronco de los árboles.

TUERA, s. f. En algunas partes la calabacilla, fruto de la planta que llaman coloquíntida. Es sumamente amarga.

TUERCA, s. f. El hueco con muescas y abierto en espiras donde entra y juega la espiga del tornillo.

TUERCE, s. m. V. TORCEDURA.

TUERO, s. m. Palo seco cortado para encender y aplicar al fuego ó lumbre.

TUERTAMENTE, adv. ant. V. TORCIDAMENTE.

TUERTO, TA, p. p. irreg. de TORCER.

TUERTO, adj. y s. El que está falto de un ojo, ó el que tiene los ojos torcidos ó atravesados.

TUERTO, s. m. ant. Agravio, sinrazon ó injuria que se hace á alguno. || TUERTOS, pl. V. ENTUERTOS. || Á TUERTAS, fam. Al reves de como se debe hacer ú oblicuamente. || Á TUERTAS Ó Á DERECHAS, V. Á TUERTO Ó Á DERECHO. || Á TUERTO, Contra razon, injustamente. || Á TUERTO Ó Á DERECHO, Sin consideracion ni reflexion, justa ó injustamente. || DESHACER TUERTOS, V. DESHACER AGRAVIOS.

TUÉTANO, s. m. La medula, sustancia ó jugo que contienen los huesos del animal, la cual es una sustancia tierna, suave y mantecosa. || Medula que tienen los árboles y plantas. || HASTA LOS TUÉTANOS, Pondera la intension, actividad ó eficacia con que se egecuta alguna cosa. || SACAR LOS TUÉTANOS Á ALGUNO, met. V. SACAR EL ALMA.

TUFARADA, s. f. El olor vivo ó fuerte que se percibe de alguna cosa.

TUFO, s. m. El vapor ó exhalacion caliente que se levanta de la tierra ó se causa del fuego y calor artificial || met. El olor activo y molesto que despide de sí alguna cosa. || Cualquiera de las dos caidas del pelo ó laderas de delante de las orejas peinadas ó rizadas. || met. Soberbia, vanidad ó entonamiento.

TUGURIO, s. m. fam. Choza ó casilla de pastores.

TUHO, s. m. ant. V. TUFO.

TUICION, s. f. for. La accion y efecto de defender.

TUITIVO, VA, adj. for. Que defiende, ampara y protege. Dícese de la potestad que tiene el rey para alzar la violencia que hacen los jueces eclesiásticos en los conocimientos de algunas cosas.

* TULIPERO, s. m. Árbol grande de Canadá.

TULLIDO, p. p. de TULLIR.

TULLIDURA, s. f. Entre cazadores la inmundicia ó excrementos de las aves de rapiña.

TULLIMIENTO, s. m. Impedimento ó encogimiento de los nervios causado de algun accidente que los priva de su natural movimiento y uso.

TULLIR, v. n. Arrojar el ave el excremento.

cosa de olor ó fuerza eficaz, de modo que ponga en riesgo de caer. ‖ met. Hacer mudar de parecer á alguno á fuerza de persuaciones ó razones. ‖ met. Molestar ó estrechar á alguno con zumba ó chasco hasta hacerle prorumpir en enfado.

VOLEADO, p. p. de VOLEAR.

VOLEAR, v. a. Herir alguna cosa en el aire para darle impulso, especialmente la pelota en el juego de ella.

VOLEO, s. m. El golpe dado en el aire á alguna cosa ántes que caiga al suelo. Tómase frecuentemente por el que se da á la pelota ántes que haga bote. ‖ Movimiento de la danza española. Es un puntapié que se da en algunas mudanzas levantando el pié lo mas que se puede. Llámase VOLEO por egecutarse al vuelo en el aire. ‖ DE UN VOLEO ó DEL PRIMER VOLEO, Con presteza, ligereza ó de un golpe.

* VOLFRÁNICO, CA, adj. *Quím.* Dícese del ácido, túnstico, el que se forma con la oxigenacion del tunsteno.

VOLQUEADO, p. p. de VOLQUEARSE.

VOLQUEARSE, v. r. REVOLCARSE ó dar vuelcos.

VOLTARIEDAD, s. f. Mutabilidad ó inconstancia del dictámen ó genio.

VOLTARIO, RIA, adj. Mudable, inconstante en el dictámen ó genio.

VOLTEADO, p. p. de VOLTEAR.

VOLTEADOR, RA, s. m. y f. El que da vueltas ó voltea. Tómase comunmente por el que lo hace con habilidad.

VOLTEAR, v. a. Dar vueltas á alguna cosa. ‖ Volver una cosa de una parte á otra ó al reves de como estaba colocada. ‖ Trastocar ó mudar una cosa á otro estado ó sitio. ‖ Derribar violentamente á alguno. Úsase tambien en sentido metafórico.

VOLTEAR, v. n. Dar alguna cosa vueltas por sí misma ó cayendo y rodando sin arbitrio ó voluntariamente, como lo hacen los volteadores.

VOLTEGEADO, p. p. de VOLTEGEAR.

VOLTEGEAR, v. a. *Náut.* Navegar de bolina virando de cuando en cuando para ganar el barlovento. ‖ Voltear, volver.

VOLTEJADO, p. p. de VOLTEJAR.

VOLTEJAR, v. a. ant. V. VOLTEAR.

VOLTERETA, s. f. La vuelta ligera dada en el aire. ‖ Lance del juego de naipes, en que se descubre una carta para saber qué palo ha de ser triunfo.

VOLTETA, s. f. V. VOLTERETA.

VOLTURA, s. f. ant. V. MEZCLA.

VOLUBILIDAD, s. f. La facilidad de moverse al rededor alguna cosa. ‖ met. Inconstancia ó mutabilidad de las cosas.

VOLUBLE, adj. Que fácilmente se puede mover al rededor. ‖ met. Inconstante, vario ó mudable.

VOLÚMEN, s. m. Corpulencia ó bulto de alguna cosa. ‖ El libro.

VOLÚMINE, s. m. ant. V. VOLÚMEN por el libro.

VOLUMINOSO, SA, adj. Que tiene mucho volúmen ó bulto.

VOLUNTAD, s. f. Una de las potencias del alma, que tiene por objeto el bien conocido, cuyos actos son el querer y no querer. ‖ El acto de la potencia con que admite ó huye alguna cosa, queriéndola ó aborreciéndola ó repugnándola. ‖ En Dios se toma por sus decretos y determinaciones ó disposiciones. ‖ El libre albedrío ó la libre determinacion. ‖ La eleccion de alguna cosa sin obligacion ú otra razon particular para ella. ‖ Intencion, ánimo ó resolucion de hacer alguna cosa. ‖ Amor, cariño, aficion, benevolencia ó afecto. ‖ Gana ó deseo de hacer alguna cosa. ‖ Deleite ó complacencia. ‖ La disposicion, precepto ó mandato de otro. ‖ La eleccion hecha por el propio dictámen ó gusto, sin atencion á otro respecto ó reparo. Dícese frecuentemente propia VOLUNTAD. ‖ Consentimiento en alguna accion de otro que pudiera impedir. ‖ VOLUNTAD ES VIDA. Significa que el gusto propio en hacer las cosas contribuye mucho al descanso de la vida, aun cuando al parecer son contrarias. ‖ DE VOLUNTAD ó DE BUENA VOLUNTAD, Con gusto, sin repugnancia ó precision contraria. ‖ GANAR LA VOLUNTAD DE ALGUNO, Lograr su benevolencia con los servicios y gustos que se le hacen. ‖ MALA VOLUNTAD, Enemiga, malquerencia. ‖ NEGAR UNO SU PROPIA VOLUNTAD, met. Privarse de la propia voluntad ó arbitrio, sujetándose á la direccion de otro. Úsase frecuentemente hablando de los que entran en religion. ‖ QUITAR LA VOLUNTAD, Impedir á otro con medios violentos el que egecute lo que quiere ó desea, especialmente cuando este tiene derecho y accion para hacerlo libremente. ‖ ÚLTIMA VOLUNTAD, La voluntad expresada en el testamento ó disposicion para morir. ‖ VIVIR Á VOLUNTAD DE OTRO, V. VIVIR Á CUENTA DE OTRO.

VOLUNTARIAMENTE, adv. Con libertad, gusto ó voluntad, ó por propia determinacion. ‖ De suyo, de su natura.

in el concurso de causa externa. || Por sola determinacion de la voluntad propia, sin otra razon.

VOLUNTARIEDAD, s. f. La calidad que constituye las cosas en el ser de voluntarias. || La determinacion de la propia voluntad, sin otra razon para lo que se resuelve.

VOLUNTARIO, RIA, adj. Que nace de la voluntad libremente, sin necesidad ú fuerza que la obligue. || V. VOLUNTARIOSO. || Que se determina por propia voluntad, sin otra razon ni obligacion. || Se dice del soldado que libremente se alista para el servicio sin ser obligado á ello.

VOLUNTARIOSAMENTE, adv. V. VOLUNTARIAMENTE. || Tercamente ó por propio capricho ó gusto, sin atender á las razones ó motivos para egecutar lo contrario.

VOLUNTARIOSO, SA, adj. Que quiere por capricho hacer siempre su propria voluntad. || ant. Deseoso, que hace con voluntad y gusto alguna cosa.

VOLUPTUOSAMENTE, adv. Con deleite ó placer sensual.

VOLUPTUOSÍSIMO, MA, adj. sup. de VOLUPTUOSO.

VOLUPTUOSO, SA, adj. Que es dado á placeres ó deleites sensuales, ó que inclina á ellos y los fomenta.

VOLUTA, s. f. *Arq.* Ornato propio del capitel jónico formado con lineas espirales, sobre las cuales descansan los ángulos del abaco del mismo capitel, y se ponen aunque menores en el compuesto.

VOLVER, v. a. Dar vuelta ó vueltas á alguna cosa. || Corresponder, pagar, retribuir. || Dirigir, encaminar ó enderezar una cosa á otra material ó inmaterialmente. || Torcer ó inclinar una cosa de un lado á otro. || Traducir de una lengua en otra. || Restituir lo que se ha tomado ó quitado. || Continuár el hilo de la historia ó discurso que se habia interrumpido con alguna digresion, haciendo llamada á la atencion. || Poner ó constituir nuevamente á alguno ó á alguna cosa en el estado que ántes tenia. || Hacer que se mude ó trueque una cosa de un estado ó parecer á otro. Úsase regularmente como verbo recíproco; por egemplo: VOLVERSE blanco negro, etc. || Mudar, trocar ó convertir una cosa en otra. || Mudar la haz de las cosas, poniéndolas por el enves á la vista ó al contrario. || V. VOMITAR. || met. Hacer con persuaciones ó razones mudar el dictámen que se tenia. Úsase por lo comun como verbo recíproco. || En las compras y trueques dar alguna cosa ó cantidad por el exceso del valor ó precio de una alhaja á otra. || En el juego de pelota contrarestar la pelota del que saca. || Dar la segunda reja á la tierra. Dícese mas comunmente cuando la tierra se ara despues de sembrada para cubrir el grano. || Despedir ó rechazar ó enviar por repercusion ó reflexion. || Despedir algun regalo ó don, haciéndole restituir al que le envió, especialmente cuando se da á entender con algun desabrimiento. || ant. Revolver, mezclar. || VOLVER LO DE ABAJO ARRIBA, Ó LO DE ARRIBA ABAJO, Trastornar, perturbar el órden de las cosas.

VOLVER, v. n. Venir ó llegar al lugar ó sitio de donde ántes se habia salido ó apartado. || Torcer ó dejar el camino ó línea recta; y así se dice: este camino VUELVE á tal parte. || Repetir ó reiterar lo que ántes se ha hecho, y se usa siempre determinando otro verbo con la partícula *a*. || Junto con la partícula *por* significa defender ó patrocinar al sugeto ó cosa de que se trata. || Restituirse á su sentido ó acuerdo el que le ha perdido por algun accidente. || VOLVER ATRAS, VOLVERSE ATRAS. || VOLVER EN SÍ, Restituirse á su sentido ó acuerdo despues de algun accidente ó letargo. || V. VOLVER SOBRE SÍ. || VOLVER POR SÍ, Defenderse. || met. Restaurar con las buenas acciones y procederes el crédito ú opinion que se habia perdido ó menoscabado. || VOLVER SOBRE SÍ, Hacer reflexion sobre las operaciones propias para el reconocimiento y enmienda. || Recuperarse en alguna pérdida que se ha tenido.

VOLVERSE, v. r. Hablando de los licores, especialmente del vino, acedarse, avinagrarse ó dañarse. || Inclinar el cuerpo ó el rostro en señal de dirigir la plática ó conversacion hácia determinados sugetos. || Mudar de opinion, parecer ó conducta. || VOLVERSE ATRAS, No cumplir la promesa ó la palabra. || VOLVERSE CONTRA ALGUNO, Perseguirle, hacerle daño ó serle contrario. || VOLVERSE LOCO, Perder el juicio, privarse de la razon. || Manifestar una excesiva alegría.

VOLVIBLE, adj. Que se puede volver.

VOLVIMIENTO, s. m. ant. El acto de volverse ó revolverse.

VOLVO ó VÓLVULO, s. m. Enfermedad, V. MISERERE.

VÓMICA, s. m. Especie de vegiga ó

bolsa membranosa llena de materia, que se suele formar en el pulmon ú otra víscera.

VÓMICO, CA, adj. Que causa ó motiva el vómito. Se aplica particularmente á una especie de nuez. V. NUEZ.

VOMITADO, p. p. de VOMITAR. ‖ VOMITADO, DA, adj. Apodo que dan al que está desmedrado ó descolorido y de mala figura.

VOMITADOR, RA, s. m. y f. El ó lo que vomita ó arroja de sí.

VOMITAR, v. a. Arrojar por la boca violentamente lo que estaba en el estómago. ‖ Se dice de las cosas insensibles que arrojan de sí violentamente otras. ‖ met. Decir ó prorumpir en injurias, dicterios ó expresiones de ira. ‖ fam. Descubrir lo que estaba secreto. ‖ Satisfacer lo que se resiste á dar ó pagar, y se retenia indebidamente.

VOMITIVO, VA, adj. y s. m. Se aplica á la medicina que mueve ó excita al vómito.

VÓMITO, s. m. La accion de vomitar, ó lo mismo que se arroja ó vomita. ‖ VÓMITO NEGRO ó PRIETO, Enfermedad que padecen comunmente los Europeos cuando van á América, y es una calentura biliosa. ‖ PROVOCAR Á VÓMITO, Se usa para reprender al que dice cosas fastidiosas, y ménos decentes ó limpias, ó para despreciar alguna cosa. ‖ VOLVER AL VÓMITO, met. Recaer en las culpas ó delitos de que alguno se habia apartado.

VOMITON, NA, adj. Que aplican las mugeres que crian al niño que vomita mucho.

VOMITONA, s. f. fam. El vómito grande por haber comido mucho.

VOMITORIO, RIA, adj. V. VOMITIVO.

VOMITORIO, s. m. La puerta ó abertura de los circos ó teatros antiguos por donde entraban las gentes á las gradas y salian de ellas.

VORACIDAD, s. f. La propiedad ó calidad de los animales voraces. Dícese por extension de la de los hombres muy comedores. ‖ met. El demasiado desarreglo en qualquier vicio. ‖ met. La actividad de algunas cosas con que consumen otras, como la del fuego por la prontitud con que consume la materia que se le aplica.

VORACÍSIMO, MA, adj. sup. de VORAZ.

VORÁGINE, s. f. Abertura profunda en el mar, rios ó lagunas por donde se hunden las aguas.

VORAGINOSO, SA, adj. Se aplica al sitio en que hay aberturas profundas en el agua.

VORAZ, adj. Se aplica al animal muy comedor, y tambien se dice del hombre que come mucho y con mucha ansia. ‖ met. Se aplica al desreglado demasiadamente en los placeres sensuales. ‖ met. Se aplica á lo que violenta y prontamente consume alguna cosa, como el fuego.

VORAZMENTE, adv. Con voracidad.

VORMELA, s. f. Especie de comadreja que tiene la piel llena de pintas blancas pajizas, rubias y leonadas.

VORTIGINOSO, SA, adj. Se aplica al movimiento que hace el agua ó el aire en forma circular ó espiral.

VOS, pron. pers. V. VOSOTROS. ‖ Se usa hablando con personas de gran dignidad, como tratamiento de respeto. ‖ Se usa como tratamiento que dan los superiores á los inferiores.

VOSCO, ant. V. CON VOS ó CON VOSOTROS.

VOSO, SA, adj. ant. V. VUESTRO.

VOSOTROS, TRAS, Pron. pers. pl. que se usa hablando con muchos, y no incluyéndose el mismo que habla.

VOTACION, s. f. La accion y efecto de votar.

VOTADA, s. f. El acto ó resultado de una votacion.

VOTADO, p. p. de VOTAR.

VOTADOR, RA, s. m. y f. El que vota. Úsase particularmente por el que tiene vicio de jurar.

VOTANTE, p. a. de VOTAR, Que dice ó explica su voto ó le hace.

VOTAR, v. n. Hacer voto á Dios ó á los santos. ‖ Echar juramentos, blasfemar. ‖ Dar ó decir su voto.

VOTAR, v. a. Hacer voto de guardar ó celebrar alguna festividad ó defender algun misterio.

VOTIVO, VA, adj. Que se ha ofrecido por voto.

VOTO, s. m. Promesa de alguna cosa hecha á Dios ó á algun santo seria y deliberadamente. ‖ Cualquiera de los prometimientos que constituyen religion y tiene admitidos la iglesia, como son pobreza, castidad y obediencia. ‖ El parecer ó dictámen explicado en alguna congregacion ó junta en órden á la decision de algun punto ó eleccion de algun sugeto. ‖ Cualquier dictámen ó parecer dado sobre alguna materia. ‖ El ruego ó deprecacion con que se pide á Dios alguna gracia. ‖ V. PRESENTALLA. ‖ Juramento ó execracion en demostracion de ra. || La persona que le da ó puede dar. V. DESEO. || VOTO ACTIVO, VOZ ACTIVA por la facultad de VOTAR. || VOTO Á DIOS, Expr. de juramento y amenaza. || VOTO Á TAL, Expr. fam. con que se denota el enfado que causa alguna cosa, ó especie de amenaza. || VOTO CONSULTIVO, Dictámen que dan algunas personas autorizadas á los que han de decidir algun negocio. || VOTO CUADRAGESIMAL, El que hacen en algunas órdenes los religiosos, de observar todo el año la misma abstinencia que en cuaresma. || VOTO DE AMEN, fam. El que se conforma siempre y ciegamente con el de otro. || VOTO DE CALIDAD, El que en igual número decide la cuestion, adhiriéndose á la parte que le parece, y regularmente está en el que preside. || VOTO DECISIVO, El que tienen los ministros de muchos tribunales para resolver por sí y sin consultar al superior. || VOTO DE REATA, El que se da sin conocimiento ni reflexion, y solo por seguir el dictámen de otro. || VOTO DE SANTIAGO, Cierta medida ó tributo de pan que se pagaba en algunas provincias á la iglesia de Santiago por los labradores de una ó dos yuntas. || VOTO PASIVO, VOZ PASIVA, por la aptitud de ser votado. || VOTO SECRETO, El que se hace por bolas ó habas blancas ó negras para poder votar cada uno con libertad. || VOTO SIMPLE, La promesa hecha á Dios sin solemnidad exterior de derecho. || VOTO SOLEMNE, El que se hace con solemnidad exterior y extrínseca, como sucede en la profesion pública y solemne en alguna órden religiosa. || CONCURRIR EN UN MISMO VOTO Ó DICTÁMEN, Ser de un mismo dictámen que otros; y así se dice de los que en una junta ó conferencia han opinado del mismo modo que CONCURRIERON en el mismo dictámen. || DAR SU VOTO, Se usa para notar al que se entremete á juzgar de la materia que no entiende ó no le toca. || REGULAR LOS VOTOS, Contarlos comparando unos con otros. || TENER Ó SER VOTO, Tener accion para votar en alguna junta. || met. Tener toda la inteligencia que requeria la materia de que se trata, para poder juzgar de ella, ó estar libre de pasion ú otro motivo que pueda torcer ó viciar el dictámen.

VOZ, s. f. El sonido formado en la garganta y proferido en la boca del animal. || El sonido natural ó metal de ella, y el modo con que se usa de ella voluntariamente. || El modo ó calidad de ella en cuanto se percibe bien ó no se percibe ó suena ó disuena al óido. || El sonido que forman algunas cosas inanimadas heridas del viento ó hiriendo en él. || Grito. Úsase regularmente en plural. || Palabra ó vocablo propio de algun idioma. || El músico que canta. || La autoridad ó fuerza que reciben las cosas por el dicho ú opinion comun. || Poder, facultad, derecho para hacer uno en su nombre ó en el de otro todo lo conveniente. || *Gram.* El conjunto de inflexiones de un verbo, que significan de una misma manera. || *Mús.* El tiple ó el contralto, ó el tenor ó el bajo que componen la armonía. || *Mús.* El sonido particular, ó tono correspondiente á las notas y claves, ó en la voz del que canta ó en los instrumentos. || La capacidad ó aptitud en alguna junta ó congregacion para elegir ó ser elegido. || Voto en las juntas ó elecciones. || met. Opinion, fama ó rumor. || met. Motivo ó pretexto público. || Precepto ó mandato del superior. || for. V. VIDA. Úsase frecuentemente en Galicia en los foros ó enfitéusis. || *Germ.* V. CONSUELO. || VOZ ACTIVA, La facultad de votar que tiene el vocal de cualquiera comunidad. || VOZ AGUDA, *Mús.* El alto y el tiple. || VOZ ARGENTADA, La voz clara y sonora. || VOZ PASIVA, El poder ó aptitud de ser votado ó elegido por una comunidad para algun encargo ó empleo. || VOZ VAGA, Rumor, noticia ó hablilla esparcida entre muchos, ignorándose el autor de ella. || ACLARAR LA VOZ, Quitar el impedimento que habia para pronunciar con claridad. || Á MEDIA VOZ, Con voz baja ó mas baja que el tono regular. || Con ligera insinuacion, expresion ó eficacia. || ANUDARSE LA VOZ, met. No poder hablar por alguna vehemente pasion del ánimo. || APAGAR LA VOZ, En algunos instrumentos hacer que suenen ménos, poniéndoles sordina. || Á UNA VOZ, Con comun consentimiento ó unánime parecer. || Á VOCES, Á gritos ó en voz alta. || Á VOZ EN GRITO, En alta voz ó gritando. || Á VOZ DE APELLIDO, ant. Por convocacion ó llamamiento. || CORRER LA VOZ, Divulgarse alguna cosa que se ignoraba. || DAR UNA VOZ, Llamar á alguno que está lejos. || DAR VOCES AL VIENTO, Cansarse en balde, trabajar inútilmente. || DESANUDAR LA VOZ, met. Quedar expeditas la voz y el habla, impedidas ántes por algun accidente. || EN VOZ, De palabra ó verbalmente. || *Mús.* Con la voz clara para poder cantar. En este sentido se dice: no está hoy en voz, ya se ha puesto EN VOZ. || ENTRAR EN VOZ, ant.

Contestar ó responder en juicio á alguna demanda. || ECHAR LA VOZ, Divulgar, extender alguna especie ó noticia. || JUGAR LA VOZ, Cantar haciendo quiebros ó inflexiones. || LEVANTAR LA VOZ, Señalar la persona principal que continúe el foro ó enfitéusis. Usase mas comunmente en Galicia. || METER Á VOCES, Confundir y ocultar la razon metiendo bulla. || MUDAR LA VOZ, Disimular la propia, fingiendo otra para no ser conocido. || PONER MALA VOZ, Desacreditar, hablar mal de una cosa. || PÚBLICA VOZ Y FAMA, Expr. con que se da ó entender que alguna cosa se tiene corrientemente por cierta y verdadera por asegurarlo casi todos. || ROMPER LA VOZ, Levantarla mas de lo regular ó egercitarla dando voces para facilitarla al canto. || SOLTAR LA VOZ, Divulgar, publicar. || TOMAR LA VOZ, Hablar continuando alguna especie ó materia que otros han empezado. || Declararse por algun partido ó por algun determinado sugeto, obrando á favor suyo, y como en su nombre ó con su autoridad. || Defender y salir á la defensa. || TOMAR VOZ, Adquirir noticias, tomar razon. || met. Publicarse ó asegurarse, ó autorizarse alguna cosa con el dicho de muchos. || VIVA VOZ, La explicacion de la voluntad en órden á lo que se debe egecutar sin rescripto, bula ó decreto. || La expresion que se hace por sí sin mediacion de escrito ó papel.

VOZNAR, v. n. GRAZNAR el cisne ú otra ave semejante.

VUE

VUECELENCIA ó VUECENCIA, s. com. Síncopas de vuestra excelencia.

VUELCO, s. m. El movimiento con que alguna cosa se vuelve ó trastorna enteramente. || Á UN VUELCO DE DADO, Denota la suma contingencia á que está expuesta alguna cosa. || DAR UN VUELCO EL CORAZON, met. Da á entender que se ha representado alguna especie futura con algun movimiento ó alteracion interior. || DAR UN VUELCO EN EL INFIERNO, Explica el deseo de conseguir alguna cosa atropellando los dictámenes de la propia conciencia.

VUELO, s. m. La accion de volar. || Espacio que se vuela de una vez. || El conjunto de las plumas del ala en el ave, que le sirven para volar. Comunmente se usa en plural. Suele tomarse por extension por toda el ala. || *Arq.* La parte de las fábricas que sale al aire, como el VUELO del tejado ó del balcon. || En las vestiduras ó cosas semejantes la anchura ó extension de ellas en la parte que va al aire ó sin ajustarse al cuerpo. || Adorno del brazo por la parte de la muñeca. || En las farsas la tramoya en que rápidamente va alguno por el aire. || *Cetr.* El ave de caza enseñada y amaestrada á volar y perseguir á las otras. || Á VUELO Ó AL VUELO, Pronta y ligeramente. || COGER AL VUELO, met. Lograr alguna cosa de paso ó casualmente. || COGER Ó TOMAR VUELO, met. Irse adelantando ó aumentando mucho alguna cosa. || CORTAR LOS VUELOS, met. Detener ó suspender á alguno en el modo de proceder ó en sus acciones. || DE VUELO, DE UN VUELO, Ó EN UN VUELO, Pronta y ligeramente, sin detencion. || ECHAR Á VUELO LAS CAMPANAS, V. TOCARLAS Á VUELO. || LEVANTAR EL VUELO Ó LOS VUELOS, met. Elevar el espíritu ó la imaginacion. || TIRAR AL VUELO, Tirar al ave que va volando, á distincion de cuando se le tira parada. || TOCAR Á VUELO LAS CAMPANAS, Tocarlas todas á un mismo tiempo, dando vueltas con ellas, dejando sueltos los badajos ó lenguas.

VUELTA, s. f. El movimiento de una cosa al rededor, ó de un lado á otro. || El movimiento con que algun cuerpo se agita en el aire, volviéndose enteramente como las vueltas de los volatines ó danzantes. || El rodeo ó torcimiento de la línea ó camino recto. || *Arq.* El torcimiento ó declinacion que va haciendo la linea ó lineas circulares para formar el arco ó la bóveda. || La accion de apretar alguna cosa volviendo ó revolviendo otra al rededor de ella. || La accion de volver del lugar donde se habia ido. || Restitucion de lo que se ha tomado ó quitado. || Retorno ó recompensa. || met. Repeticion de alguna cosa. || El paso ó mano que se da á alguna materia leyéndola: y así se dice: de primera VUELTA, de segunda VUELTA, etc. || Vez en la egecucion de alguna cosa; y así se dice: lo ha hecho otra VUELTA. || La parte de alguna cosa opuesta á la que se tiene hácia la vista. || La zurra ó tunda de azotes ó golpes. || La inclinacion ó torcimiento de alguna cosa hácia un lado; y en la espada ú otros instrumentos semejantes el torcimiento de la línea recta ó del corte ó filo. || En las cerraduras y llaves la disposicion de las guardas para el golpe del cierro; y se llama así porque se vuelve la llave al cerrar. || El adorno que se sobrepone al puño de las camisas ó camisolas

solas, etc. || En las medias y calcetas el órden de puntos con que circularmente se van formando; y así dicen: VUELTA de llano, VUELTA de nudillo. || La mudanza de las cosas de un estado á otro, ó de un parecer á otro. || Accion ó expresion áspera y sensible del genio natural de alguno, especialmente de quien no se esperaba. || La demasía que se le debe volver al que compra ó trueca alguna cosa respecto del precio concertado. || La labor que se da á la tierra ó heredad; y así se dice: esta tierra está de una VUELTA, está de dos VUELTAS. || ant. Riña ó alboroto. || *Mús.* Aquel número de versos que se repiten con la misma solfa. || Se usa asimismo como interjeccion para mandar á alguno que se vuelva ó que vuelva alguna cosa hácia alguna parte. || VUELTA Ú OTRA VUELTA, Se usa como interjeccion para advertir al que reincide en la culpa ó accion que se ha reprendido, significándole la desazon ó enojo que ocasiona. || VUELTA DE PODENCO, met. Zurra ó castigo grande. Regularmente se entiende de palos || Á LA VUELTA, Ademas del sentido recto, que es al volver, se usa para negar alguna cosa que se pide boca á boca. || ANDAR Á LAS VUELTAS, Seguir á alguno, observándole los pasos ó acciones. || ANDAR Á VUELTAS, Reñir ó luchar. || ANDAR Á VUELTAS CON, SOBRE Ó PARA ALGUNA COSA, Estar trabajando ó poniendo todos los medios para saberla ó egecutarla. || ANDAR EN VUELTAS, met. Andar en rodeos, poner dificultades para no hacer alguna cosa. || Á VUELTA DE CABEZA, En un instante. || Á VUELTA DE DADO, V. Á UN VUELCO DE DADO. || Á VUELTA DE OJO, Con presteza y celeridad. || Á VUELTA Ó Á VUELTAS, Cerca ó así, como Á VUELTA de Navidad, Á VUELTAS de cien reales, etc. || Á VUELTA Ó Á VUELTAS, Con otra cosa, ó con inclusion en ella, aunque fuera del intento principal. || Á VUELTA Ó DE VUELTA, V. EN VOLVIENDO; y así se dice: Á VUELTA de correo, Á VUELTA de viage. || COGER LAS VUELTAS Ó LA VUELTA, met. Buscar rodeos ó artificios para librarse de alguna incomodidad ó conseguir algun fin. || DARSE UNA VUELTA Á LA REDONDA, fam. Se usa para denotar que cada uno debe examinarse á sí mismo ántes de reprender á otro. || DAR UNA VUELTA, Ir por poco tiempo á algun pueblo ó pais. || DAR UNA VUELTA, Limpiar ó asear alguna cosa reconociéndola. || DAR UNA VUELTA, met. Hacer alguna breve y personal diligencia para resguardo ó reconocimiento de alguna cosa. || met Mudarse, trocarse. || DAR VUELTAS, Andar al rededor. || met. Andar buscando alguna cosa sin encontrarla. || met. Discurrir repetidamente sobre alguna especie. || DESHACER LA VUELTA Ó MEDIA VUELTA, Egecutar el soldado el movimiento contrario al que ántes hizo. || GUARDAR LAS VUELTAS, Estar con cuidado y vigilancia para no ser cogido en alguna accion mala, ó egecutar algo sin que otro lo entienda. || LA VUELTA DE, HÁCIA ó camino de. || LLEVAR DE VUELTA, Hacer retroceder á alguno del camino que llevaba. || MEDIA VUELTA, La accion de volver el cuerpo hácia algun lado, pero no enteramente. || *Mil.* La accion de volver el soldado la cara adonde tenia la espalda. || met. Breve ó cortísima diligencia en alguna cosa. || NO HAY QUE DARLE VUELTAS, met. Asegura que siempre se hallará una cosa ser la misma, por mas que se considere y examine para buscarle diversidad. || PONER DE VUELTA Y MEDIA, met. y fam. Tratar á alguno mal de obra ó de palabra. || TENER VUELTA, met. y fam. Previene al que se le presta alguna cosa el cuidado de restituirla. || TENER VUELTAS ALGUNO, met. Ser inconstante en sus afectos y favores, y mudarse en contrario con facilidad.

VUELTECICA, LLA, TA, s. f. d. de VUELTA.

VUELTO, p. p. irreg. de VOLVER.

VUESA, adj. de term. Síncopa de vuestra. Úsase con algunos nombres de tratamiento, como merced, eminencia, etc.

VUESARCED, Síncopa fam. de vuesa merced.

* VUESAMERCED, s. f. Síncopa de vuestra señoría.

VUESEÑORÍA, síncop. V. VUESTRA SEÑORÍA.

VUESTRO, TRA, adj. Pron. posesivo con que se significa lo que de cualquier modo pertenece á los otros con quienes hablamos. || Se usa en el tratamiento de inferior á soberano, ó del soberano al inferior, aunque se hable de uno. || SER VUESTRO Ó MUY VUESTRO, Expr. cortesana con que alguno se ofrece á la disposicion de otro para lo que le quisiere mandar.

VULGACHO, s. m. El ínfimo pueblo ó vulgo.

VULGADO, DA, adj. ant. V. VULGAR.

VULGAR, adj. Que pertenece al vulgo. || Que es comun ó está comunmente recibido. || Se aplica á las diferentes lenguas que se hablan actualmente en contraposicion de las lenguas sabias. || Que es del vulgo. Usase tambien como sustantivo. || Que no tiene especialidad particular en su línea.

VULGAR, v. a. ant. V. DIVULGAR.

VULGARIDAD, s. f. Calidad ó propiedad del vulgo ó modo de él. || La especie, aprehension ó dicho vulgar ó de quien sabe poco.

VULGARÍSIMAMENTE, adv. sup. de VULGARMENTE.

VULGARÍSIMO, MA, adj. sup. de VULGAR.

VULGARIZADO, p. p. de VULGARIZAR.

VULGARIZAR, v. a. Hacer vulgar ó comun alguna cosa. || Traducir de otra lengua á la comun y vulgar.

VULGARIZARSE, v. r. Permitirse al trato y comercio de la gente del vulgo, ó portarse como ella.

VULGARMENTE, adv. Comunmente ó con vulgaridad.

VULGATA, s. f. Version latina de la sagrada Escritura, auténticamente recibida en la iglesia.

VULGO, s. m. El comun de la gente popular ó la plebe. || *Germ.* La mancebía.

VULNERACION, s. f. La accion y efecto de vulnerar.

VULNERADO, p. p. de VULNERAR.

VULNERAR, v. a. ant. V. HERIR.

VULNERARIO, RIA, adj. *Cir.* Aplícase al remedio ó medicina que cura las llagas y heridas. || for. Se aplica al clérigo que ha dado alguna herida ó hecho alguna muerte.

VULPEJA, s. f. V. ZORRA.

VULPINO, NA, adj. Astuto, sagaz, engañoso.

VULTO, s. m. ant. El rostro.

VULTURNO, s. m. ant. [illegible] por aire caliente, etc.

VULVA, s. f. *Anat.* V. MATRIZ. Tambien se toma alguna vez por la parte pudenda de la muger.

VUSCO, pron. pers. ant. Se halla siempre usado con la proposicion CON, CON VOSOTROS.

X

X, Vigésima tercia letra de nuestro alfabeto, y una de las semivocales y de las paladiales ó guturales, porque se forma con el medio de la lengua arrimada á lo interior del paladar, no del todo apegada, sino acanalada de modo que quede paso al aliento y espíritu que produce su sonido. Su pronunciacion, tomada de las lenguas latina y griega, equivale á *c s*, como en *exacto*, *existencia*, *exterior axioma*.

XA

XA, adv. ant. YA. Tiene uso en la provincia Galicia.

XANO, NA, adj. ant. V. LLANO. Hoy se usa en Galicia.

XAPELETE, s. m. ant. V. CHAPELETE.

XAPOIPA, s. f. Un género de torta que se frie en sarten.

XAPURCADO, p. p. de XAPURCAR.

XAPURCAR, v. a. *Ar.* Menear ó revolver el agua sucia.

XARRO, s. m. fam. V. JARRO, 3ª a.

XATO, s. m. V. JATO.

XAU, Voz que se usa por modo de interjeccion para animar é incitar á algunos animales, especialmente á los toros. || XAU, XAU, Se usa tambien repetida la voz para significar el aplauso ruidoso que se le da á alguno, pero inconsiderada y tumultuariamente.

XAURADO, DA, adj. ant. Dícese de la persona que se halla sin ninguna razon ni consuelo ó está llorosa ó afligida.

XER

XERQUERCIA, s. f. ant. RASTRO donde se matan los carneros.

XERVILLA, s. f. ant. V. SERVILLA.

XIA

XIA, s. f. ant. V. CHIA. En Aragon se

ma asi la insignia de los magistrados.

XIMIO, MIA, s. m. y f. SIMIO, SIMIA.

XINGLAR, v. n. *Ar.* Gritar pronunciando ó sin pronunciar voz alguna en demostracion de regocijo.

XION, s. m. *Germ.* Partícula afirmativa, que vale *sí*.

XO

XO, interj. SO ó CHO. Algunos le escriben así, y pronuncian la *x* suavemente.

XUB

XUBETE, s. m. Especie de armadura que se usaba en lo antiguo.

Y

Y, Vigésima cuarta letra de nuestro alfabeto. La *y consonante* se introdujo en nuestro abecedario para servir de vocal en las voces que tienen aquel carácter en su orígen griego; pero este uso no ha prevalecido.

Y, Conjuncion copulativa que une las oraciones y su contexto. || Se usa en la oracion para redargüir ó replicar preguntando á lo que se ha dicho. || Se usa para significar enfado ó desprecio de lo que se oye. || Se usa para ponderar. || Se usa para preguntar. || Se usaba en lo antiguo como adverbio de lugar, y significaba ALLÍ.

YA

YA, adv. Denota el tiempo pasado. || En el tiempo presente, haciendo relacion al pasado. || En otro tiempo ó en otra ocasion que se puede ofrecer, distinta de aquella en que se habla. || Finalmente ó últimamente. || Luego inmediatamente. || Se usa como conjuncion, repetida en dos ó mas acciones, ó en dos mas miembros ó partes de una oracion. Interj. con que se explica que nos acordamos de algo que se nos habia olvidado, que caemos en algo que nos avisan ó nos acuerdan. || Se usa como interjeccion de desprecio, con que damos á entender que no hacemos caso de lo que nos dicen, ó no lo queremos hacer, ó que no lo creemos. || Sirve para conceder ó apoyar lo que nos dicen. || Sirve de partícula condicional, y se junta unas veces con *que* y otras con la partícula *si*.

YACA, s. f. Árbol de la India, muy grande y grueso, cuya hoja es de un palmo, verde claro.

YACENTE, p. a. de YACER, Que está echado ó tendido.

YACER, v. n. Estar echado ó tendido. Úsase con propiedad por el que está en el sepulcro ó muerto. || Existir de algun modo ó estar alguna persona ó cosa en algun lugar. || Estar situada alguna cosa en algun parage. || ant. Tener acto carnal ó dormir con alguna muger.

YACIENTE, p. a. de YACER. Úsase hablando de las colmenas que estan tendidas á lo largo.

YACIJA, s. f. Lecho ó cama, ó cosa en que se está echado. || La sepultura. || SER DE MALA YACIJA, Ser de mal dormir. || SER DE MALA YACIJA, met. Estar con inquietud y desasosiego en cualquiera materia. || SER DE MALA YACIJA, Ser hombre bajo, vagabundo y de malas mañas.

*YACTE, s. m. Embarcacion ligera inglesa.

YACTURA, s. f. Quiebra, pérdida ó daño recibido.

*YÁCULO, s. m. Dardo: pez de agua dulce.

YAGUE, s. m. n. p. ant. V. SANTIAGO.

YÁMBICO, CA, adj. Perteneciente al pié yambo.

YAMBO, s. m. Pié de verso latino, que consta de una sílaba breve y otra larga.

YANTA, s. f. ant. La comida del medio dia. Aun tiene uso en algunas partes.

YANTADO, p. p. de YANTAR.

YANTAR, v. a. ant. V. COMER. || ant. Comer al medio dia.

YANTAR, s. m. Manjar ó vianda. || Cierto tributo que se pedia y cobraba de los pueblos cuando el rey entraba en ellos. || YANTAR Á CHISLA COME, ant. Se decia de los que se juntaban á comer y hablar con desahogo y libertad.

YARO, s. m. Planta comun, de tallo de casi un pié de alto, cilíndrico y sulcado, con hojas largas, casi triangulares, relucientes y venosas.

YEC

YECO, CA, adj. V. LLECO.

YEDGO, s. m. ant. V. YEZGO.

* YEDRA, s. f. Planta enredadera.

YEGUA, s. f. La hembra del caballo. || YEGUA DE VIENTRE, La que está en disposicion y edad de parir. || ANDAR CON ALGUNO Á MÁTAME LA YEGUA, MATARTEHE EL POTRO, met. Altercar con porfía, sin necesidad.

* YEGUACERÍA, s. f. La casa en que se tienen garañones y caballos padres para echarlos á las yeguas y burras.

YEGUADA, s. f. Conjunto de muchas yeguas que andan en manada pastando como rebaño de ovejas.

YEGUAR, adj. Que pertenece á las yeguas.

YEGUARIZO, s. f. ant. V. YEGÜERO.

YEGÜERÍA, s. f. V. YEGUADA.

YEGÜERIZO, s. m. V. YEGÜERO.

YEGÜERO, s. m. El que guarda ó cuida las yeguas.

YEGÜEZUELA, s. f. d. de YEGUA.

* YELMERÍA, s. f. La oficina donde se hacian y vendian los yelmos.

YELMO, s. m. Parte de la armadura antigua, que los caballeros usaban en las batallas, justas y torneos para defender la cabeza y cara, y hoy sirve de ornato en los escudos de armas.

* YELO, s. m. Frio que yela. || Gelatina, substancia, ó jugo de alguna carne clarificado y cuajado. || Jalea hecha de frutas ó de su zumo.

YEMA, s. f. El boton escamoso de los vegetales, que encierra el rudimento del ramo. || La porcion que está contenida dentro del huevo de cualquiera ave, rodeada de la cáscara y la clara. Por antonomasia se dice del huevo de la gallina. || met. El medio de alguna cosa. || Lo mejor lo mas bien puesto en cualquiera línea. || YEMA DEL DEDO, La parte que está en la punta de él, contrario á la uña, que es maciza. || DAR EN LA YEMA, met. Dar en la dificultad. || ESTAR EN LA YEMA DEL BAILE, met. Nota al que se quiere introducir en el mejor lugar en cualquiera junta ó concurrencia.

YENTE, p. a. de IR, Que va.

YERBA, s. f. Nombre que se da en general á todas las plantas pequeñas. || El conjunto de muchas yerbas que nacen en un terreno. || Entre lapidarios la mancha que deslustra y afea la esmeralda. || El veneno ú otra cosa que se da para matar á uno comiéndola, por haber entre las yerbas muchos venenos. || YERBAS, pl. Entre los religiosos las menestras que les dan á comer y la ensalada cocida para colacion. || Los pastos que hay en las dehesas para los ganados. || El tiempo en que nacen las caballerías. || YERBA BUENA, Planta de que se distinguen varias especies con diferentes nombres, como el de sándalo, poleo, mastranzo y otros. || YERBA CANA, Yerba que echa uno ó muchos tallos acanalados y huecos, y por lo regular rojos. || YERBA DE BALLESTEROS, El eléboro blanco. || YERBA DE CUAJO, La flor y pelusa que la acompaña en el cardo de comer, con que se cuaja la leche. || YERBA DE LOS LAZAROSOS, Planta. V. ANGÉLICA. || YERBA DE SAN JUAN, V. CORAZONCILLO. || YERBA DE SANTA MARÍA, Planta ramosa, alta de un palmo, y muy semejante al orégano. || YERBA DONCELLA, Yerba medicinal que de la raiz fibrosa echa muchos vástagos delgados, largos, redondos, nudosos, tendidos por tierra, y que se asen de los cuerpos inmediatos. || YERBA ESTRELLA, V. ESTRELLAMAR. || YERBA LOMBRIGUERA, Yerba medicinal bien conocida y semejante á la artemisa. || V. ABRÓTANO. || YERBA MORA, Yerba medicinal de un pié de alto. || YERBA PASTEL, Planta. V. GLASTO. || YERBA PIOJERA Ó PIOJENTA, Yerba medecinal, muy parecida en la forma de su flor y trato á la especie de caballero. || YERBA PUNTERA, V. SIEMPREVIVA MAYOR. || YERBAS DEL SEÑOR SAN JUAN, Todas aquellas que se venden el dia de san Juan Bautista, que son muy olorosas y medicinales, como mastranzo, trebol, etc. || CRECER COMO LA MALA YERBA, fam. Se aplica á los muchachos que crecen, cuando al mismo tiempo no se aplican. || EN YERBA, Denota hablando de los panes y otras semillas que estan aun verdes y tiernos. || LA MALA YERBA CRECE MUCHO, fam. Denota que algun mozo tiene ya mucho cuerpo, y está alto y crecido. || Y OTRAS YERBAS, Expr. joc. que se añade despues de haberle dado á alguno epítetos que no le convienen, para darle á entender que aun hay mas. || PISAR BUENA Ó MALA YERBA, met. y fam. Denota que alguno está contento ó descontento, de buen ó mal humor. || SENTIR NACER LA [illegible], Pondera y nota la agudeza de ingenio de alguno.

YERBECICA, LLA, TA, s. f. d. de [illegible].

YERBO, s. m. V. YERO.

YERMADO, p. p. de YERMAR.

YERMAR, v. a. Despoblar ó dejar erma alguna cosa.

YERMO, MA, adj. Inhabitado, decrto ó sin cultivo ni disposicion para ar frutos.

YERMO, s. m. Desierto ó lugar sotario y apartado de los hombres. || PA-RE DEL YERMO, El antiguo anacoreta ue habitaba los desiertos.

YERNECICO, LLO, TO, s. m. d. e YERNO.

YERNO, s. m. El marido de la hija e alguno, que correlativamente se llaa suegro. || CINCA YERNOS, Cualquiera osa que teniendo alguna apariencia es e poca sustancia ó valor.

YERO, s. m. Yerva muy pequeña, e raices muy delgadas. || YEROS, pl. V. [illegible].

YERRO, s. m. Falta ó defecto comedo por ignorancia ó malicia contra los receptos y reglas de algun arte, y aboslutamente contra las leyes divinas ó umanas. || Equivocacion por descuido inadvertencia, aunque sea inculpable. YERROS, pl. Los defectos ó faltas que on muy reparables y reprensibles en as órdenes de caballería ó en sugetos e estimacion, y no lo fueran en otros e inferior calidad ó circunstancias. || [Y]ERRO DE CUENTA, Cualquier defecto ó [f]alta que se comete por equivocacion ó escuido en las cuentas. || YERRO DE IMPRENTA, met. La falta ó defecto que se omete por descuido en lo que se egeuta, se dice ó se escribe. || DESHACER UN YERRO, Enmendarle. || EL YERRO DEL ENTENDIDO, El descuido ó error cometido or aquel de quien ménos se juzgara. PERDONAR LOS YERROS, Se usa cuando se resenta, se ofrece ó dedica alguna bra de ingenio ó habilidad á sugeto de ignidad ó ciencia.

YERTO, TA, adj. Tieso, derecho é nflexible ó áspero. || Se aplica al viviente que se ha quedado tieso y sin movimiento por el mucho frio, y tambien e dice de los cadáveres y otras cosas ue padecen el mismo efecto. || QUEDARSE YERTO, met. Asustarse sumamente ó sorecogerse de alguna especie.

YERVO, s. m. V. YERO.

YESAL ó YESAR, s. m. El terreno ompuesto de piedra yeso ó algez.

YESCA, s. f. Materia muy seca y preparada, de suerte que cualquiera chispa de fuego prende en ella. || met. El incentivo de cualquiera pasion ó afecto. || fam. Se dice privativamente de cualquiera cosa que excita la gana de beber, y con singularidad de beber vino. || YESCAS, pl. Lo que está sumamente seco, y por consiguiente dispuesto á encenderse ó abrasarse. || El pedernal, eslabon y yesca, para echar lumbres y encender.

YESERA, s. f. La cantera de yeso ó el lugar de donde se sacá piedra algez para hacer yeso.

YESERÍA, s. f. La casa ó corral donde hay hornos para fabricar el yeso. || La fábrica hecha de yeso.

YESERO, RA, adj. Perteneciente al yeso.

YESERO, s. m. El que fabrica, vende ó trata en yeso.

* YESIZO, ZA, adj. Gipsoso.

YESO, s. m. Cierta especie de piedra no muy dura, la cual propiamente se llama así despues de quemada y dispuesta para las fábricas, como la cal. || YESO MATE, El yeso blanco, beneficiado con agua hasta quitarle su fortaleza, matándole. || LAVAR DE YESO, Ar. Cubrir de yeso una pared, bruñéndola con la paleta.

YESON, s. m. El pedazo de tabique ú otra fábrica de yeso, de que se suele servir en lugar de ladrillo ó piedra para nueva fábrica.

YEZGO, s. m. Especie de saúco.

YO

YO, Pron. con que se explica la primera persona en las oraciones, y corresponde al *ego* latino. || Pronunciado con una interrogacion enfática es como interjeccion de extrañeza y negacion de lo que se impone ó atribuye. || Se usa como interjeccion de desprecio, y como quien se hace fuera de lo que se dice ó trata, ó no hace caso de ello. || Se usa con un modo imperioso y de autoridad, especialmente respondiendo á quien pregunta. || Pronunciado deteniéndose mucho en la *o* ó alargándola se usa como interjeccion de amenaza. || En la firma real es signo de magestad y dominio privativo del rey, por lo que no le puede usar otro en sus firmas.

YOGAR ó YOGUIR, v. n. ant. Holgarse, y particularmente tener acto carnal. ‖ ant. Estar detenido ó hacer mansion en algun parage.

YUC

YUCA, s. f. Planta que se cria espontáneamente en América, especialmente en el Perú.

YUGADA, s. f. El espacio de tierra de labor que puede arar un par de bueyes en un dia.

YUGO, s. m. El instrumento de madera con que se unen por la cabeza ó los pescuezos los bueyes ó mulas que trabajan en la labor del campo. ‖ met. La banda ó cinta con que unen á los desposados en el santo matrimonio. ‖ El mismo matrimonio. ‖ met. La ley y dominio superior que sujeta y obliga á obedecer. ‖ Cualquiera carga pesada, prision ó atadura. ‖ Entre los Romanos antiguos era una especie de horca al modo de la nuestra, por debajo de la cual hacian pasar desarmados á los vencidos. ‖ *Náut.* Madero que se une con los extremos de las aletas, formando con ellas el armazon de la popa llana de la nave. ‖ SACUDIR EL YUGO, met. Salir de alguna pesada sujecion, dominio ú otra cosa que servia de peso, gravámen ó molestia. ‖ SUJETARSE AL YUGO, met. Someterse ó sujetarse al dominio ó mando de otro.

YUGUERO, s. m. El mozo que labra la tierra con un par de bueyes, mulas ú otros animales.

YUGULAR, adj. *Anat.* Se aplica á las venas de la garganta.

YUNGIDO, p. p. de YUNGIR.

YUNGIR, v. a. ant. V. UNCIR.

YUNQUE, s. m. Trozo grande de hierro á manera de bigornia, sobre el cual los herreros y otros artistas martillan el hierro forjado ú otros metales. ‖ met. El sugeto de constancia, fortaleza y paciencia en los golpes de fortuna. ‖ ESTAR AL YUNQUE, met. Explica el estar tolerando ó sufriendo la molestia impertinente de alguno, ó los golpes y acaecimientos de la fortuna ú otro cualquier trabajo.

YUNTA, s. f. El par de bueyes, mulas ú otros animales que sirven en la labor del campo. ‖ V. YUGADA.

YUNTADO, p. p. de YUNTAR.

YUNTAR, v. a. ant. V. JUNTAR.

YUNTERÍA, s. f. El conjunto de yuntas ó el parage donde se recogen.

YUNTERO, s. m. V. YUGUERO.

YUNTO, p. p. irreg. de YUNTAR, V. JUNTO. Es voz usada de los labradores; y asi se dice: arar YUNTO, ó ir YUNTOS los surcos.

YUSANO, NA, adj. ant. Que está en el lugar inferior ó de mas abajo.

YUSENTE, s. f. ant. *Náut.* La marea que baja.

YUSERA, s. f. La piedra que en el molino de aceite se asienta horizontalmente sobre la cual rueda la que se pone de canto para moler la aceituna.

YUSERO, RA, adj. ant. Que está en el lugar inferior ó de mas abajo.

YUSION, s. f. Mandato, precepto ó la accion misma de mandar.

YUSO, adv. ant. V. DEBAJO ó ABAJO.

YUSTE, s. m. n. prop. de var. ant. V. JUSTO.

YUXTAPOSICION, s. f. *Fís.* El modo de aumentarse y crecer las cosas que no son vivientes á contraposicion de las que lo son.

YUYUBA, s. f. V. AZUFAIFA.

Z

Z, Última letra de nuestro alfabeto, cuya pronunciacion se forma arrimada la parte anterior de la lengua á los dientes, no tan pegada como para la *c*, sino de manera que quede paso para que el aliento ó espiritu adelgazado ó con fuerza salga con una especie de zumbido.

ZA

ZA, Interj. de que usan en algunas partes para espantar los perros y hacerlos huir.

ZABARCEDA, s. f. *Ant.* La zarza

se revende por menudo frutos y otros comestibles.

ZABIDA, s. f. Planta medicinal cuyo zumo exprimido y espesado constituye el acibar.

ZÁBILA, s. f. Planta, V. ZABIDA.

ZABORDA, s. f. *Náut.* La barada en tierra ó quedada del bajel en seco.

ZABORDADO, p. p. de ZABORDAR.

ZABORDAMIENTO, s. m. *Náut.* V. ZABORDA.

ZABORDAR, v. n. *Náut.* Tropezar, barar y encallar el bajel en tierra.

ZABORDO, s. m. *Náut.* V. ZABORDA.

ZABRA, s. f. Especie de fragata pequeña que se usa en los mares de Vizcaya.

ZABUCADO, p. p. de ZABUCAR.

ZABUCAR, v. a. Revolver alguna cosa de arriba abajo y de un lado á otro, mezclándola y confundiéndola. ‖ Mover é impeler alguna cosa repetidas veces con violencia.

ZABULLIDA, s. f. V. ZABULLIDURA.

ZABULLIDO, p. p. de ZABULLIR.

ZABULLIDURA, s. f. La accion de meterse ó meter á alguno de golpe debajo del agua.

ZABULLIMIENTO, s. m. ant. V. ZABULLIDURA.

ZABULLIR, v. a. Meter alguna cosa debajo del agua con ímpetu ó de golpe.

ZABULLIRSE, v. r. Meterse ó esconderse con prisa debajo del agua. ‖ met. Esconderse ó meterse en alguna parte ó cubrirse con algo.

ZACAPELA, s. f. Riña ó contienda con ruido y bulla que mueven muchos.

ZACAPELLA, s. f. V. ZACAPELA.

ZACATIN, s. m. Plazuela ó calle donde se venden ropas.

ZACEADO, p. p. de ZACEAR.

ZACEAR, v. a. Espantar y hacer huir los perros, hablándoles con la voz ZA.

ZADORIJA, s. f. Planta herbácea, pequeña y anual que nace regularmente en los sembrados.

ZAFA, s. f. *And. y Murc.* V. ALJOFAINA.

ZAFADA, s. f. La accion de zafar ó zafarse. Es voz usada con mas frecuencia entre la marinería.

ZAFADO, p. p. de ZAFAR.

ZAFAR, v. a. Adornar, guarnecer, hermosear ó cubrir. ‖ Desembarazar, libertar, quitar los estorbos de alguna cosa.

ZAFARSE, v. r. Escaparse, evitar algun encuentro ó riesgo como escondiéndose ú ocultándose entre otros. ‖ met. Excusarse de hacer alguna cosa. ‖ met. Librarse de alguna molestia.

ZAFARANCHO, s. m. *Náut.* La accion y efecto de desembarazar la embarcacion, deshaciendo los ranchos y dejando libres las baterías.

ZAFARECHE, s. m. *Ar.* V. ESTANQUE.

ZAFARÍ, adj. Se aplica á la granada que tiene los granos cuadrados.

ZAFARICHE, s. m. *Ar.* La cantarera ó sitio donde se ponen los cántaros.

ZAFERÍA, s. f. Aldea ó cortijo.

ZAFIEDAD, s. f. Tosquedad, barbaridad ó ignorancia en el lenguage ó trato.

ZAFIO, FIA, adj. Tosco, inculto, ignorante ó falto de doctrina.

ZAFÍO, s. m. Pescado, V. SAFIO.

ZAFIR, RO, s. m. Piedra preciosa de color cerúleo.

ZAFIRINO, NA, adj. Que tiene color de zafiro.

ZAFO, FA, adj. *Mar.* Libre y desembarazado. ‖ met. Libre y sin daño.

ZAFON, s. m. V. ZAHON.

ZAFRE, s. m. Polvo que da el bismuto, y se gasta principalmente en las fábricas de loza.

ZAGA, s. f. La carga que se acomoda en la trasera de los carruages. ‖ La parte de atras ó trasera en cualquiera cosa. ‖ ant. *Mil.* V. RETAGUARDIA. ‖ A ZAGA Ó EN ZAGA, Atras ó detras. ‖ NO IR Ó QUEDARSE EN ZAGA, fam. No ser inferior á otro en alguna cosa.

ZAGA, s. m. El postrero en el juego.

ZAGA, adv. ant. V. DETRAS.

ZAGAL, s. m. El mozo fuerte, animoso y valiente. ‖ El pastor mozo que está subordinado al rabadan en el hato. ‖ El inferior de los dos caleseros ó mozos que ván con un tiro de mulas de colleras. ‖ V. ZAGALEJO, guardapies.

ZAGALA, s. f. En los lugares cualquiera moza doncella. ‖ La pastora jóven.

ZAGALEJO, JA, s. m. y f. d. de ZAGAL Ó ZAGALA. ‖ El guardapies interior que usan las mugeres inmediato á las enaguas.

ZAGALICO, LLO, TO, s. m. d. de ZAGAL.

ZAGUAN, s. m. El sitio cubierto dentro de la casa inmediato al umbral de la puerta principal, que sirve de entrada en ella.

ZAGUANETE, s. m. d. de ZAGUAN. ‖

La escolta de guardias que acompaña á pié á las personas reales.

ZAGUERO, RA, adj. Que va, se queda ó está atras.

ZAGUERO, s. m. ant. V. RETAGUARDIA.

ZAHAREÑO, ÑA, adj. *Cetr.* Se aplica al pájaro bravo que no se amansa, ó que con mucha dificultad se domestica. || met. Desdeñoso, esquivo, intratable ó irreducible.

ZAHARRON, s. m. ant. El moharrache ó botarga.

ZAHEN, adj. V. DOBLA ZAHEN.

ZAHENA, V. DOBLA.

ZAHERIDO, p. p. de ZAHERIR.

ZAHERIDOR, RA, s. m. y f. El que zahiere.

ZAHERIMIENTO, s. m. El acto de zaherir.

ZAHERIO, s. m. ant. V. ZAHERIMIENTO.

ZAHERIR, v. a. Censurar á uno sus cosas maligna y solapadamente. || Mortificar á alguno censurando sus cosas maligna y solapadamente.

ZAHINA, s. f. Especie de grama originaria de Indias.

ZAHINAR, s. m. La tierra sembrada de zahina.

ZAHINAS, s. f. pl. *And.* Las gachas ó puches que se hacen de harina, y no se espesan.

ZAHON, s. m. Pedazo de cuero ó paño unido por la parte superior y dividido en dos por la inferior, que usan los cazadores y gentes del campo para preservar el vestido de la maleza.

ZAHONADO, DA, adj. Dícese del color entre cervuno y negro.

ZAHONDADO, p. p. de ZAHONDAR.

ZAHONDAR, v. a. y n. Ahondar la tierra ó hundirse los pies en ella.

ZAHORA, s. f. En la Mancha y otras partes la comilona ó merienda de amigos en que hay bulla y zambra.

ZAHORAR, v. n. Tener zahoras ó comilonas.

ZAHORÍ, s. m. Persona que vulgar y falsamente dicen ve lo que está oculto aunque sea debajo de la tierra, como no lo cubra paño azul.

ZAHORRA, s. f. *Náut.* V. LASTRE.

ZAHUMADO, p. p. de ZAHUMAR.

ZAHUMADOR, s. m. V. ENJUGADOR, camilla.

ZAHUMAR, v. a. V. SAHUMAR.

ZAHUMERIO, s. m. V. SAHUMERIO.

ZAHURDA, s. f. La pocilga en que se encierran los puercos.

ZAIDA, s. f. Especie de garza que anda en las lagunas, parecida á la cigüeña.

ZAINO, NA, adj. Se aplica al caballo castaño oscuro que no tiene otro color. || Se aplica á cualquiera caballería que tiene señales y da indicios de ser falsa. || met. El traidor, falso y poco seguro en el trato. || MIRAR DE ZAINO Ó Á LO ZAINO, Mirar recatadamente, al soslayo ó con segunda intencion.

ZAINO, s. m. *Germ.* La bolsa.

ZALA, s. f. La oracion que hacen los moros á Dios con varias ceremonias y palabras. || HACER LA ZALA, fam. Cortejar á alguno para conseguir alguna cosa, usando de grandes sumisiones y rendimientos.

ZALAGARDA, s. f. Emboscada dispuesta para coger y dar sobre el enemigo cuando está descuidado. || El acometimiento y retirada de los ginetes para inquietar al enemigo, y corresponde á escaramuza. || met. El lazo que se arma para que caigan en él los animales. || met. y fam. La astucia maliciosa con que alguno procura engañar á otro afectando obsequio y cortesía. || El alboroto repentino de gente ruin para espantar á los que estan descuidados. || La pendencia regularmente fingida de palos ó cuchilladas.

ZALAMA, s. f. V. ZALAMERÍA.

ZALAMERÍA, s. f. El exceso de la adulacion en palabras ó acciones.

ZALAMERO, RA, adj. y s. Que hace zalamerías y embustes.

ZALEA, s. f. La piel del carnero seca con lana y sin curtir.

ZALEADO, p. p. de ZALEAR.

ZALEAR, v. a. Arrastrar ó menear con facilidad alguna cosa á un lado y otro, como si se sacudiera una zalea. || ZACEAR á los perros.

ZALEMA, s. f. La reverencia ó cortesía humilde en muestra de sumision.

ZALEO, s. m. V. ZALEA. || La piel de la res que ha medio comido el lobo, y lleva el pastor al amo por disculpa para que sepa la hay de ménos en el rebaño. || La accion de zalear.

ZALMEDINA, s. m. Magistrado que habia en lo antiguo en Aragon con jurisdiccion civil y criminal.

ZALONA, s. f. *And.* Cántara ó botija grande.

ZALLADO, p. p. de ZALLAR.

ZALLAR, v. a. Calar la pieza y ponerla en puntería.

ZAMACUCO, s. m. fam. El hombre

pacidad ó aptitud de las cosas para servir ó aprovechar.

UTILÍSIMAMENTE, adv. sup. de UTILMENTE.

UTILÍSIMO, MA, adj. sup. de UTIL.

UTILIZAR, v. n. Dar útil ó provecho.

UTILIZARSE, v. r. Sacar ó adquirir utilidad ó provecho de alguna cosa. Úsase frecuentemente por lo mismo que interesarse en algo.

UTILMENTE, adv. Con utilidad, fruto ó provecho.

* UTÓPIA, s. f. Gobierno imaginario, donde todo respira justicia y virtud.

UTRERO, RA, s. m. y f. El novillo y novilla desde los dos años hasta cumplir los tres.

UT SUPRA, Voces latinas que se usan en nuestro castellano en la misma significacion, principalmente en los instrumentos que empiezan por la fecha, y para referirse á ella ponen en el fin: fecho.

UVA

UVA, s. f. El fruto de la vid, que es una baya ó grano redondo y jugoso, que recogido en mayor número forma racimos de figura regularmente de piña. || Cada uno de los granos que produce el berberis ó arlo, los cuales son semejantes á los de la granada, y se vuelven muy encarnados despues de maduros. || Enfermedad de la campanilla que consiste en un tumorcillo de la figura de una uva que se hace en ella. || Especie de berruga ó berrugas pequeñas, que suelen formarse en el párpado, juntas y como pegadas unas con otras, de modo que parecen un racimo de uvas cuando se va cuajando. || *Ar. y Nav.* El racimo de uvas. || UVA ARAGONÉS, V. ARAGONÉS. || UVA CANILLA, V. UVA DE GATO. || UVA CRESPA, V. UVA ESPINA. || UVA DE GATO, Yerba pequeña, que se cria comunmente en los tejados con las humedades de las lluvias, é imita la figura de los racimos de uvas. Las hojas son jugosas, larguitas, algo rollizas, romas y sin pezon, y las flores blancas. || UVA DE RAPOSA, Planta especie de solano ó yerba mora, que causa sueños alegres ó furiosos, segun la cantidad que se tome de ella. || UVA ESPINA, Planta que se parece al berberis, cuyas hoyas son como las del apio, y produce el fruto á manera de agrazoncillos, que tienen un agrio muy cordial. || UVA LUPINA, V. ACÓNITO. || UVA PASA, La uva enjuta al sol ó con legía. Llámase absolutamente PASA. || UVA TAMINEA Ó TAMINIA, Planta. V. YERBA PIOJERA. || UVA VERGA, V. ACÓNITO. || CONOCER LAS UVAS DE SU MAJUELO, fam. y met. Tener algun conocimiento del negocio que maneja. || HECHO UNA UVA, El que está muy borracho.

UVADA, s. f. La copia ó abundancia de uva. || *And.* Medida de tierra que contiene treinta y seis fanegas de cuerda mayor.

* UVADUZ, s. m. Cierta planta.

UVAGUEMAESTRE, s. m. ant. Oficial militar que cuidaba de dar providencia en el egército para la seguridad y forma de marchar los equipages.

UVAL, adj. Que se parece en algo á la uva.

UVATE, s. m. Conserva hecha de uvas, regularmente cocidas con el mosto hasta que tome el punto de arrope.

UVAYEMA, s. m. Especie de vid silvestre, que subiendo por los troncos de los árboles se enreda entre sus ramas como la hiedra.

ÚVEA, adj. Se aplica á la tercera túnica del ojo por tener la figura y forma del hollejo de un grano de uva.

UVERO, RA, s. m. y f. El que vende uvas.

UVILLA, TA, s. f. de UVA.

V

V, Vigésima segunda letra de nuestro alfabeto. Fórmase su sonido al apartar de los dientes altos juntos con lo interior del labio de abajo teniéndolos apretados con él, de manera que no salga aliento alguno ántes de abrirlos, como se perci-

ZANAHORIA, s. f. Yerba medicinal cuya raiz es comestible.

ZANAHORIATE, s. m. V. AZANAHORIATE.

ZANCA, s. f. La pierna larga de las aves desde la garra hasta la juntura del muslo. || met. La pierna delgada del hombre ó de otro animal. || *And.* El alfiler grande. || ZANCAS DE ARAÑA, met. Rodeos ó tergiversaciones para huir de alguna dificultad ó cargo que se hace á alguno. || POR ZANCAS Ó POR BARRANCAS, fam. Por varios y extraordinarios medios.

ZANCADA, s. f. El paso largo que se da con movimiento irregular ó por ser las piernas largas. || EN DOS ZANCADAS, fam. Explica y pondera la ligereza de alguno con que va y llega con brevedad y prisa á alguna parte

ZANCADILLA, s. f. La accion de atravesar ó echar á otro el pié por detras del suyo, y apretar al mismo tiempo con él para derribarle. || met. y fam. Engaño, trampa ó ardid. || ARMAR ZANCADILLA, V. LAZO.

ZANCADO, DA, adj. Se aplica al salmon que por rascarse entre las peñas pierde el buen sabor.

ZANCAJEAR, v. n. Andar mucho por las calles llenándose de lodo los zancajos.

ZANCAJERA, s. f. La parte del estribo donde se pone el pié para entrar en el coche.

ZANCAJIENTO, TA, adj. V. ZANCAJOSO.

ZANCAJO, s. m. El hueso del extremo del pié que forma el talon, ó el mismo extremo del pié en que sobresale este hueso. || La parte del zapato ó media que cubre el talon, especialmente cuando está roto ó se deja ver. || La persona de mala figura ó demasiado pequeña. || NO LLEGAR AL ZANCAJO, met. Da á entender el sumo exceso que hay de una persona á otra en la linea de que se habla. || ROER LOS ZANCAJOS, met. y fam. Murmurar ó decir mal de alguno.

ZANCAJOSO, SA, adj. Que tiene los pies tuertos hácia afuera. || Que tiene zancajos naturalmente ó por porquería.

ZANCARRON, s. m. El hueso del pié desnudo y sin carne. || met. Cualquier hueso grande ó seco ó sin carne. || met. fam. El flaco, viejo, feo y desaseado. || met. El profesor de ciencias que no sabe bien, ó de algun arte que entiende poco. || ZANCARRON DE MAHOMA, Llámanse asi por burla los huesos de este falso profeta.

ZANCO, s. m. Palo alto y dispuesto con una horquilla en que se afirma y ata el pié, de que usan en las aldeas ó lugares en que hay que pasar agua para no mojarse. || El danzante que usa de zancos para bailar. || ant. V. ZANCA. || *Náut.* Cada uno de los palos ó astas que se ponen en las cabezas de los masteleros con sus grímpolas cuando se quitan los masteleros de juanetes. || PONER Á ALGUNO EN ZANCOS, met. Favorecerle y ayudarle para que mejore de fortuna. || SUBIRSE EN ZANCOS, met. Engreirse y ensoberbecerse con la buena fortuna.

ZANCUDO, DA, adj. Que tiene las zancas largas.

* **ZANCUDOS**, s. m. pl. Aves muy altas de piernas.

ZANDALIA, s. f. V. SANDALIA.

ZÁNDALO, s. m. V. SÁNDALO.

ZANDÍA, s. f. V. SANDÍA.

ZANGA, s. f. El juego del hombre que se juega entre cuatro.

ZANGALA, s. f. Tela de hilo muy engomada.

ZANGAMANGA, s. f. Embuste muy estudiado con que se intenta engañar á alguno.

ZANGANDONGO, s. m. fam. V. ZANGANDUNGO.

ZANGANDULLO, s. m. fam. V. ZANGANDUNGO.

ZANGANDUNGO, s. m. fam. El que se hace simple para estar ocioso ó excusarse de algun trabajo. || *And.* El hombre inexperto ó de poca habilidad en su linea.

ZANGANEAR, v. n. Andar vagando de una parte á otra sin aplicarse á egercicio cierto.

ZÁNGANO, s. m. La abeja macho que no cuida sino de comer y holgar miéntras las demas labran la miel. || El holgazan que se sustenta y utiliza con el sudor y trabajo ageno.

ZANGARILLA, s. f. *Extr.* Presa de trigo que con madera y céspedes se hace por el verano en los rios.

ZANGARILLEJA, s. f. La muchacha ó moza puerca y mal vestida que anda vagando.

ZANGARREAR, v. n. Estar tocando ó rasgueando en la guitarra sin arte ni saber.

ZANGARRIANA, s. f. Enfermedad que da al ganado, y nace de agua grande de cabeza. || met. fam. La tr-

za, melancolía y digusto ú otro cualquier accidente periódico como la cantura.
ZANGARULLON, s. m. fam. El muchacho alto, desvaido y que anda ocioteniendo ya edad de poder trabajar.
ZANGOLOTEADO, p. p. de ZANGOTEAR.
ZANGOLOTEAR, v. n. Mover ridila y violentamente alguna cosa.
ZANGOLOTEO, s. m. El movimiento liculo y violento, y por lo ordinario decente.
ZANGOTEADO, p. p. de ZANGOTEAR.
ZANGOTEAR, v. a. V. ZANGOLOTEAR.
ZANGOTEO, s. m. V. ZANGOLOTEO.
ZANGUANGA, s. f. fam. Ficcion de una enfermedad ó impedimento para bajar.
ZANGUANGO, s. m. fam. El hombre jo, y que busca pretextos para no bajar.
ZANGUAYO, s. m. fam. El hombre o, desvaido, ocioso y que se hace nple.
ZANJA, s. f. El hoyo largo y ansto que se hace en la tierra para echar s cimientos, encañar las aguas, deder los sembrados, etc. || met. El ndamento ó principio firme de alguna sa. || ABRIR LAS ZANJAS, Empezar el lificio. || met. Dar principio á alguna sa.
ZANJADO, p. p. de ZANJAR.
ZANJAR, v. a. Echar zanjas ó abrirpara fabricar algun edificio ú otro . || met. Establecer, afirmar y funr para hacer alguna cosa seguramente. met. Terminar, transigir un negocio igablemente.
ZANJICA, LLA, TA, s. f. d. de NJA.
ZANQUEADOR, RA, s. m. y f. El e anda zanqueando. || El que anda icho.
ZANQUEAMIENTO, s. m. El acto zanquear.
ZANQUEAR, v. n. Torcer las piers al andar. || Andar mucho á pié y n prisa de una parte á otra.
ZANQUILARGO, GA, adj. Que tiene piernas largas.
ZANQUILLA, TA, s. f. d. de ZANCA.
ZANQUILLAS, pl. El hombre que tiene piernas delgadas y cortas, ó es muy queño á proporcion de la estatura que biera tener.
ZANQUITUERTO, TA, adj. Que ne tuertas las zancas.
ZANQUIVANO, NA, adj. Que tiene las piernas largas y casi sin pantorrillas.
ZAPA, s. f. Instrumento de gastadores en la guerra para levantar tierra. || *Fort.* La zanja de la trinchera. || LIJA, y tambien cualquiera género de piel preparada á su imitacion. || Cierto género de labor que los plateros y otros artífices abren en sus obras. || CAMINAR Á LA ZAPA, *Milic.* Ir los soldados cubiertos de los trabajos ó ataques arrimándose á las fortificaciones que sitian.
* ZAPADO, p. p. de ZAPAR.
ZAPADOR, s. m. El soldado destinado á trabajar ó el que trabaja con la zapa.
ZAPAR, v. n. Trabajar con la zapa.
ZAPARRADA, s. f. V. ZAPARRAZO.
ZAPARRASTRAR, v. n. Llevar arrastrando los vestidos de modo que se ensucien.
ZAPARRASTROSO, SA, adj. El que trae sucio, cazcarriento y manchado el vestido con indecencia.
ZAPARRAZO, s. m. El golpe grande y con estruendo que se da cayendo de lo alto. || met. y fam. La desgracia que sobreviene á alguno, cayendo de su elevacion y fortuna. || Dícese tambien de la enfermedad repentina que sobreviene al que parecia estar sano.
ZAPATA, s. f. El cuero ó suela que en los lugares cortos ponen debajo del quicio de las puertas para que no rechinen. || El pedazo de madera que ponen sobre el pilar para que siente la viga sobresaliendo á los lados. || Calzado especie de botin de color que llega á media pierna, como el coturno antiguo. || *Náut.* Tablon que se pone y afianza en la parte inferior de la quilla para resguardo de ella. || *Náut.* Pedazo de madera que se pone en la uña del ancla para resguardo del costado de la embarcacion.
ZAPATAZO, s. m. aum. de ZAPATO. || met. La caida y ruido que resulta de ella. || met. El golpe recio que se da contra cualquiera cosa que suena, como el dado con el zapato. || met. El golpe que las caballerías dan con el casco del pié cuando al sentarle con fuerza se resbala violentamente.
ZAPATEADO, p. p. de ZAPATEAR.
ZAPATEADO, s. m. El baile que se hace zapateando.
ZAPATEADOR, RA, s. m. y f. El que zapatea.
ZAPATEAR, v. a. Golpear con el zapato. || met. Traer á alguno á mal

traer de obra ó palabra. ‖ *Esgr.* Dar ó señalar muchos golpes á su contrario con el boton ó zapatilla sin recibir alguno. ‖ Acompañar al tañido dando golpes en las manos, y dando alternativamente con ellas en los pies, siguiendo el mismo compas. ‖ *Cetr.* Dar el conejo golpes en la tierra con los pies cuando siente al cazador ó al perro. ‖ Toparse y alcanzarse las mulas ó caballos cuando van corriendo.

ZAPATEARSE, v. r. met. Tenerse igualmente con alguno, ó resistirle riñendo ó disputando con firmeza y corage.

ZAPATERA, s. f. La muger del zapatero ó la que hace zapatos ó tiene tienda de ellos. ‖ V. ACEITUNA ZAPATERA.

ZAPATERÍA, s. La tienda donde se hacen y venden los zapatos. ‖ El sitio ó calle donde hay muchas tiendas de zapatos. ‖ El oficio de hacer zapatos. ‖ ZAPATERÍA DE VIEJO, El sitio ó parage donde se venden y remiendan los zapatos viejos.

ZAPATERILLO, LLA, s. m. y f. d. de ZAPATERO y ZAPATERA.

ZAPATERO, RA, adj. Se aplica á los garbanzos, judías, etc., que se encrudecen de resultas de echar agua fria en la olla cuando estan hirviendo.

ZAPATERO, s. m. El que corta y cose los zapatos. ‖ ZAPATERO DE VIEJO, El que solo remienda los zapatos rotos ó gastados.

ZAPATETA, s. f. El golpe ó palmada que se da en el pié ó zapato, brincando al mismo tiempo en señal de regocijo.

ZAPATETA, Interj. de admiracion.

ZAPATICO, s. m. d. de ZAPATO.

ZAPATILLA, s. f. d. de ZAPATA. Dícese del pedacillo de cuero ó ante que se pone detras del muelle de la llave de la pistola ó carabina. ‖ El zapato de una suela muy delgado, curioso y ligero, especialmente el de las mugeres. ‖ *Esgr.* El boton de cuero que se pone en la punta de la espada negra para que no hiera. ‖ El casco que cubre la uña, especialmente en los animales de pata hendida.

ZAPATILLERO, RA, s. m. y f. El que hace ó vende zapatillas y zapatos.

ZAPATILLO, TO, s. m. d. de ZAPATO.

ZAPATO, s. m. El calzado del pié. ‖ ZAPATO BOTIN, Media bota. ‖ ZAPATO RAMPLON, El que tiene basta y ancha la suela la que sale por los lados. ‖ ZAPATOS PAPALES, Los que se hacen de tanta capacidad que se calzan sobre los que se traen de ordinario. ‖ ANDAR CON ZAPATOS DE FIELTRO, met. Proceder con mucho secreto y recato. ‖ COMO TRES CON UN ZAPATO, fam. Manifiesta la miseria de alguno cuando no tiene todo lo que necesita, ó está precisado á alternar en el uso inexcusable de alguna cosa. ‖ METER Á UNO EN UN ZAPATO, METER Á UNO EN UN PUÑO. ‖ NO LLEGAR Á LA SUELA DE SU ZAPATO, V. SUELA. ‖ SER MAS NECIO Ó MAS RUIN QUE SU ZAPATO, Pondera la necedad, bajeza ó ruindad de alguno.

ZAPATON, s. m. aum. de ZAPATO.

ZAPATUDO, DA, adj. Que tiene los zapatos demasiadamente grandes ó de cuero fuerte. ‖ Que está asegurado ó tiene puesta alguna zapata. ‖ Dícese del animal muy calzado de uña.

ZAPE, Voz que se usa para espantar los gatos. ‖ Se usa para despedir y no admitir en ciertos juegos de naipes. ‖ Se usa como interjeccion de extrañeza ó de aversion al daño ó riesgo sucedido ó que amenaza.

ZAPEADO, p. p. de ZAPEAR.

ZAPEAR, v. a. Espantar al gato con la voz zape ó dar zape en el juego de naipes.

ZAPITO, s. m. *Mont.* Vaso de madera que ordinariamente sirve para echar la leche cuando se ordeñan las vacas.

ZAPOTE, s. m. Árbol de veinte y cinco á treinta pies de altura, de tronco recio, tortuoso y de substancia blanda, aguanosa y quebradiza.

ZAPUZADO, p. p. de ZAPUZAR.

ZAPUZAR, v. a. V. CHAPUZAR.

ZAQUE, s. m. El odre pequeño de cuero para echar vino, agua ú otro licor. ‖ met. y fam. El borracho.

ZAQUEADO, p. p. de ZAQUEAR.

ZAQUEAR, v. a. Mover ó trasegar de unos zaques en otros los licores ó sacarlos con ellos.

ZAQUIZAMÍ, s. m. El desvan, sobrado ó último cuarto de la casa. ‖ met. La casilla ó cuarto pequeño que es desacomodado y poco limpio.

ZAR, s. m. El príncipe dominante de Moscovia.

ZARA, s. f. V. MAIZ.

ZARABANDA, s. f. Tañido y danza viva y alegre. ‖ met. Cualquiera cosa que causa ruido, bulla ó molestia repetida. ‖ DÁRSELE Á UNO LAS COPLAS DE LA ZARABANDA, V. COPLA.

ZARABANDISTA, s. m. com. El

e egerce la zarabanda. || Dícese tamb. del que compone las coplas de este nombre.

ZARABUTERO, RA, adj. *And.* V. BUSTERO.

ZARAGATONA, s. f. Yerba medicinal que se compone de una raiz simple, blanca y fibrosa.

ZARAGOCÍ, adj. Se aplica á una especie de ciruelas.

ZARAGOZANO, NA, adj. y s. De Zaragoza.

ZARAGÜELLES, s. m. pl. Especie de calzones. || fam. Los calzones muy anchos, largos y mal hechos.

ZARAMAGO, s. m. *Gal.* V. JARAMAGO.

ZARAMAGULLON, s. m. Ave. V. MORMUJO.

ZARAMBEQUE, s. m. Tañido y danza muy alegre y bulliciosa.

ZARANDA, s. f. V. CRIBA. || Utensilio compuesto de cuatro tablas que sirve para separar los escobajos de la uva luego pisada que ha de echarse en las tinajas para hacer vino.

ZARANDADO, p. p. de ZARANDAR.

ZARANDADOR, RA, s. m. y f. El que mueve la zaranda, el trigo ú otro grano en ella.

ZARANDAJAS, s. f. pl. El conjunto de cosas menudas y dependientes de otras, ó que las acompañan como menos principales.

ZARANDAJILLAS, s. f. pl. d. de ZARANDAJAS.

ZARANDALÍ, adj. *And.* Se aplica al palomo pintado de negro.

ZARANDAR, v. a. Limpiar el grano ó la uva pasándola por la zaranda. || met. Mover alguna cosa con prisa, ligereza y facilidad. || met. Separar lo especial ó mas precioso de lo comun en alguna linea.

ZARANDEADO, p. p. de ZARANDEAR.

ZARANDERO, s. m. V. ZARANDADOR.

ZARANDEAR, v. a. V. ZARANDAR.

ZARANDILLO, s. m. d. de ZARANDA. || met. y fam. El que con viveza y ligereza anda de una parte á otra.

ZARAPATEL, s. m. Un género de guisado especie de alboronía.

ZARAPITO, s. m. Ave de color algo mas pardo que el de la liebre, y como el alcotan.

ZARATAN, s. m. Cáncer que da á las mugeres en los pechos.

ZARAZA, s. f. Tela de algodon muy delicada, de ancho de casi dos varas, y tan fina como Holanda. || ZARAZAS, pl. Masa para matar los perros, gatos, ratones ú otros animales semejantes.

ZARCEADO, p. p. de ZARCEAR.

ZARCEAR, v. a. Limpiar los conductos y cañerías.

ZARCEAR, v. n. met. Andar de una parte á otra, cruzando con diligencia algun sitio.

ZARCERO, RA, adj. Se aplica á una casta de perro pequeño y corto de pies, que entra con facilidad en las zarzas á buscar la caza.

ZARCETA, s. f. Ave. V. CERCETA.

ZARCILLO, s. m. El arrillo por lo comun de oro ó plata, que pende de un agujero hecho en la parte inferior de la oreja. || En algunas plantas aquel como hilo que les sirve enroscándose para asirse y asegurarse en otra cosa, como suele verse en las que tambien llaman tigeretas en las vides. || *Ar.* El arco de la cuba. || Instrumento á manera de azada, aunque con el cabo mas corto del cual usan en las montañas de Burgos para escardar el trigo. || V. ESCARDILLO.

ZARCO, CA, adj. Se aplica al color azul claro. Úsase regularmente hablando de los ojos.

ZARAVITZ, s. m. El príncipe primogénito del zar de Moscovia.

ZARGATONA, s. f. V. ZARAGATONA.

ZARIANO, NA, adj. Perteneciente al zar, ó que es proprio suyo, como magestad ZARIANA, potestad ZARIANA.

ZARINA, s. f. La muger del zar.

ZARJA, s. f. V. AZARJA.

ZARPA, s. f. La accion de zarpar. || El grueso que se da por ámbos lados á los cimientos mas que á la pared que carga sobre ellos. || El barro ó lodo que cogen los vestidos y se pega á ellos por los extremos inferiores. || La mano del animal que la tiene dividida con dedos y uñas, como el leon, el tigre, etc. || ECHAR LA ZARPA, Agarrar ó asir con las manos ó uñas. || HACERSE UNA ZARPA, Mojarse mucho.

ZARPADO, p. p. de ZARPAR.

ZARPAR, v. a. *Náut.* Levar el áncora.

ZARPAZO, s. m. El golpe grande y con ruido que da alguna cosa cayendo en el suelo.

ZARPOSO, SA, adj. Que tiene zarpas.

ZARRACATIN, s. m. El regaton ó miserable, que procura comprar barato para vender despues caro.

ZARRAMPLIN, s. m. fam. Fargallon, chafallon, chapucero, el hombre de poca habilidad en cualquiera profesion ú oficio.

ZARRAPASTRA, s. f. Zarpa, cazcarria.

ZARRAPASTRON, NA, adj. Que anda muy desaseado, andrajoso ó lleno de zarrias.

ZARRAPASTROSAMENTE, adv. Con desaliño y desaseo.

ZARRAPASTROSO, SA, adj. Desaseado, andrajoso, desaliñado y roto de vestidos.

ZARRIA, s. f. V. CAZCARRIA. ‖ Tira de cuero que se mete entre los ojales de la abarca para asegurarla bien con la calzadera.

ZARRIENTO, TA, adj. Que tiene zarrias.

ZARRIO, s. m. *And.* V. CHARRO.

ZARZA, s. f. Mata bien conocida, con ramos esquinados, flexibles, inclinados al suelo y armados de puas ganchosas que se prenden á la ropa. Las flores son blancas y de figura de rosa, que llevan por fruto unas bayas compuestas de granos asidas á una placenta comun.

ZARZAGAN, s. m. Viento cierzo muy frio, aunque no muy fuerte.

ZARZAGANETE, s. m. d. de ZARZAGAN.

ZARZAGANILLO, s. m. Viento cierzo que causa tempestades.

ZARZAHAN, s. m. Especie de tela de seda delgada como el tafetan, alistada de colores.

ZARZAIDEA, s. f. V. FRAMBUESO.

ZARZAL, s. m. El sitio que está lleno y poblado de zarzas.

ZARZAMORA, s. f. El fruto de la zarza, semejante á la mora. Salen en cada cogollo muchas.

ZARZAPARRILLA, s. f. Mata cuyas raices son medicinales, y las laterales son delgadas, blancas, y que se extienden á lo largo lateralmente, y echan muchos vástagos, armados de puas, con las hojas de hechura de corazon, espinosas y señaladas con nueve nervios que corren desde la base á la punta. Las flores son arracimadas, y llevan unas bayas encarnadas, parecidas á las uvas de las parras silvestres. ‖ ZARZAPARRILLA DE INDIAS, Mata medicinal de América, especie del mismo género que la comun de España, de la cual se distingue en echar las hojas con puas remelladas, y señaladas solo de tres nervios cada una.

ZARZAPARRILLAR, s. m. El sitio y campo en que hay mucha zarzaparilla.

ZARZAPERRUNA, s. m. V. ESCARAMUJO.

ZARZAROSA, s. f. La flor del escaramujo por ser muy parecida á la rosa castellana en la figura.

ZARZO, s. m. El tegido de varas, cañas ó mimbres que forman una figura plana.

ZARZOSO, SA, adj. Que tiene zarzas.

ZARZUELA, s. Composicion dramática, parte de ella cantada.

ZAS, Voz que significa el sonido del golpe ó el golpe mismo.

ZAS, ZAS, Voces con que se significa la repeticion del golpe ó del sonido de él. Úsase frecuentemente para significar los que se dan á la puerta cuando se llama á ella.

ZASCANDIL, s. m. fam. El hombre astuto engañador, y que anda de una parte á otra por lo regular estafando. ‖ El hombre de baja esfera y que se pretende autorizar, entremetiéndose y ofreciendo lo que no puede egecutar.

ZATA, s. f. V. ZATARA.

ZATARA, s. f. Trabazon de madera á modo de las balsas con que en los rios grandes trasportan los génerus y mercaderías.

ZATICO, LLO, s. m. El que antiguamente tenia en palacio el cargo de cuidar del pan y alzar las mesas.

ZATOS, s. m. El pedazo ó mendrugo de pan.

ZAZOSITO, TA, adj. d. de ZAZOSO.

ZAZOSO, SA, adj. V. CECEOSO.

ZED

ZEDA, s. f. Nombre de la letra z, última del abecedario.

ZEDILLA, s. f. Letra antigua nuestra que se formaba de una c, y de una virgulilla ó tilde unido debajo (como esta ç), cuya pronunciacion era la misma que la de la z, aunque segun algunos con mayor suavidad, la que por imperceptible y otras razones se ha excluido de nuestro alfabeto como no necesaria.

ZEDOARIA, s. f. Raiz medicinal, redonda, nudosa, de sabor acre algo amargo y de olor aromático, que proviene de una yerba de la India oriental, ne hecha las ojas de figura de hierro de nza, sostenidas de sus pezones.

ZELANDÉS, SA, adj. y s. El natural de Zelandia y perteneciente á ella.

* ZELADO, p. p. de ZELAR.

ZELAR, v. a. Tener zelos manifestándolo en el cuidado y vigilancia.

* ZELANTE, p. a. V. ZELAR. Que zela.

ZELERA, s. f. ant. V. ZELOS. Úsase mas comunmente en plural.

ZELILLO, s. m. d. de ZELO.

ZELO, s. m. El eficaz cuidado y vigilancia con que se procura el cumplimiento de las leyes y obligaciones de cada uno. || V. ZELOS. || El afectuoso y vigilante cuidado de la gloria de Dios ó del bien de las almas; y se extiende al del aumento y bien de otras cosas ó personas. || El apetito á la generacion en los irracionales; y así se dice que están ó andan en ZELO. || ZELOS, pl. Sospecha, inquietud y rezelo de que la persona amada haya mudado ó mude su cariño ó aficion, poniéndola en otra, ó de que prefiera á otro. || La sospecha ó temor de que se falte á cualesquiera obsequios y atenciones, aplicándose á otro ó á otros. || DAR ZELOS, Dar ocasion ó motivo con las acciones que se ejecutan de entrar en sospecha ó temor de la mudanza del cariño; y se extiende á significar el temor ó presuncion de otro daño; y así se dice que el príncipe que se arma, da ZELOS á su confinante. || PEDIR ZELOS, Hacer cargo á la persona amada de haber mudado su cariño, y puéstole en otro.

ZELOSAMENTE, adv. Con zelo.

ZELOSISIMAMENTE, adv. sup. de ZELOSAMENTE.

ZELOSISIMO, MA, adj. sup. de ZELOSO.

ZELOSO, SA, adj. y s. El que tiene zelos. || ZELOSO, adj. Se aplica á los animales cuando estan ó andan en zelo. || El que tiene zelos, especialmente si lo manifiesta en el cuidado y vigilancia. || El demasiadamente cuidadoso y vigilante de lo que de algun modo le pertenece sin permitir la menor cosa en contra.

ZELOTIPIA, s. f. ant. La pasion de los zelos.

ZENIT, s. m. V. CENIT.

* ZENÓNICO, CA, adj. Conforme la doctrina de Zenon.

ZENZALINO, NA, adj. Que pertenece ó es proprio del mosquito de trompetilla ó zancudo.

* ZENONISMO, s. m. Doctrina de Zenon.

ZENZALO, s. m. El mosquito que llaman zancudo ó de trompetilla.

ZEQUÍ, s. m. Moneda de oro, del valor de unos cuarenta reales, acuñada en varios estados de Europa, especialmente en Venecia, que admitida en el comercio de África retiene el nombre que la impusieron los árabes.

ZEQUIA, s. f. V. ACEQUIA.

* ZEQUIN, s. m. V. ZEQUÍ.

ZETA, s. f. V. ZEDA.

* ZEUGMA, s. f. *Ret.* y *gram.* Conexion.

ZIL

ZILÓRGANO, s. m. Instrumento músico, que se usó antiguamente y que se componia de unas varillas, ó sean cilindros, formados de madera sólida y sonora, ó de barro que no estuviese muy cocido.

* ZIMOTECNIA, s. f. Tratado de la fermentacion.

ZINC, s. m. *Min.* Sustancia metálica de color blanquizco, que se extrae de la calamina y otros minerales, y es lustroso, algo azulado, menos flexible que el estaño ó el plomo, y que expuesto á un fuego intenso se enciende y despide una llama de imponderable brillantez y hermosura, por lo que le emplean ventajosamente los polvoristas con el nitro en los fuegos de artificio.

* ZINCO, s. m. Metal blanco en hojas, fácil de fundir y muy inflamable.

ZIPIZAPE, s. m. fam. Riña ruidosa ó con golpes.

ZIRIGAÑA, s. fam. *And.* Adulacion, lisonja ó zalamería. || *And.* Chasco. || *And.* Friolera, cosa de poca entidad.

ZISZAS, fam. Voces con que se expresa el ruido del golpe que se da ó recibe, ó el mismo golpe.

* ZÍTARA, s. f. V. ACITARA.

* ZITOGALA, s. f. Mezcla de cerveza y miel.

ZIZANIA, s. f. ant. V. ZIZAÑA.

ZIZAÑA, s. f. Grama que nace entre los trigos y cebadas, muy parecida á estas en las hojas y espigas, y es especie absolutamente diversa en su estructura y naturaleza, que causa vahidos y emborracha, si se mezcla su simiente perjudicial con la harina del trigo ó cebada. || Llámase tambien joyo y comínillo. || met. La discordia é inquietud opuesta á la buena correspondencia y sosiego en las comunidades ó entre los particulares. || Vicio que se mezcla entre las buenas acciones ó buenas costumbres. || Cualquiera cosa que hace daño á otra, maleándola ó echándola á perder. || METER Ó SEMBRAR ZIZAÑA, met. Causar disensiones ó echar especies que inquieten á los que ántes estaban concordes y amigos, ó introducir perniciosas costumbres.

ZIZAÑADO, p. p. de ZIZAÑAR.

ZIZAÑADOR, RA, s. m. y f. ant. El que zizaña.

ZIZAÑAR, v. a. Sembrar, meter zizaña.

ZIZAÑERO, RA, adj. met. f. El que causa disensiones ó echa especies para inquietar la concordia y amistad.

ZOC

* ZOCA, s. f. La mano izquierda.

ZOCA EN COLODRA (ANDAR DE) fam. V. ANDAR DE CECA EN MECA.

ZÓCALO, s. m. El cuerpo inferior de un edificio ú obra que sirve para elevar los basamentos á un mismo nivel.

ZOCATO, TA, adj. Se aplica á la berengena ó pepino, que estando ya muy maduro se pone amarillo y como hinchado.

ZOCLO, s. m. Zueco, chanclo.

ZOCO, CA, adj. fam. V. ZURDO.

ZOCO, s. m. V. ZUECO. || *Arq.* El plinto ó cuadrado en que termina la moldura baja del pedestal. || ANDAR DE ZOCOS EN COLODROS, met. ANDAR DE CECA EN MECA.

ZODIACO, s. m. Uno de los círculos máximos que consideran los astrónomos en la esfera en forma de banda, ancha de doce grados, segun los antiguos, y de diez y seis segun los modernos, y es el camino y espacio en que andan los planetas con su curso natural, y proprio de poniente á oriente.

ZOFRA, s. f. Especie de tapete ó alfombra morisca.

ZOILO, s. m. Crítico presumido y maligno censurador ó murmurador de las obras agenas.

ZOLOCHO, CHA, adj. fam. Simple, mentecato, aturdido ó poco expedito.

ZOLLIPAR, v. n. Dar zollipos ó sollozar.

ZOLLIPO, s. m. Sollozo con hipo, y regularmente con llanto y afliccion.

ZOMA, s. f. V. SOMA.

ZOMPO, PA, adj. V. ZOPO.

ZONA, s. f. *Geog.* Cualquiera de las cinco partes ó bandas en que se considera dividida la superficie de la tierra de polo á polo.

ZONCERÍA, s. f. Insultez ó falta de sazon.

ZONZAMENTE, adv. Con zoncería.

ZONZO, ZA, adj. Insulso, sin sazon ó sabor por falta de sal. || met. Que es poco advertido, sin viveza o gracia en lo que hace ó dice.

ZONZORRION, NA, adj. y s. El muy zonzo.

* ZOÓFAGO, GA, adj. Que vive de carne.

* ZOOFITA, s. m. Cuerpo que participa de la naturaleza de planta y de animal.

* ZOOGRAFÍA, Descripcion de los animales.

* ZOOLATRÍA, s. f. Culto dado á los brutos.

* ZOOLITA, s. m. Parte de un animal convertida en piedra.

* ZOOLOGÍA, s. f. La parte de la historia natural que trata del reino animal.

* ZOONATO, s. m. *Quím.* Nombre genérico de las sales formadas con el ácido zoónico.

* ZOÓNICO, adj. *Quím.* Dícese del ácido que se forma en la distilacion de las materias animales.

ZOPAS ó ZOPITAS, fam. Voz de que usan para apodar al que es demasiadamente ceceoso.

ZOPENCO, CA, adj. y s. fam. El que es tonto y abrutado.

ZOPETERO, s. m. V. RIBAZO.

ZOPISA, s. f. La resina que se cr[ia] de los navíos ó la que destila del pino mezclado con cera.

ZOPO, PA, adj. y s. El lisiado de pies ó manos. || met. Sumamente desmañado, que se embaraza y tropieza en todo.

ZOQUETE, s. m. El pedazo de madera grueso y corto, que regularmente queda cortado del madero que se labra ó ajusta á lo que se necesita. || met. El pedazo de pan ó mendrugo que queda de sobra ó se corta del pan entero. || [El] que es feo y de mala traza, especialmente si es pequeño y gordo. || El rudo y tardo en aprender ó percibir las cosas que se le enseñan ó se le dicen.

ZOQUETERO, RA, adj. El que anda recogiendo los zoquetes de pan y se mantiene de ellos sin otro oficio ú ocupacion.

ZOQUETUDO, DA, adj. Se aplica á lo que es basto ó esta mal hecho.

ZORITA, adj. Se aplica á la paloma brava ó campesina.

ZORRA, s. f. Cuadrúpedo muy comun en los paises montuosos del antiguo continente.||En algunas partes carro bajo y fuerte para trasportar pesos grandes. || met. La muger mala ó ramera. || El hombre astuto y engañoso que calladamente y sin ruido busca su utilidad. || La borrachera; y así se dice: dormir la zorra, desollar la zorra. || V. sorra. || zcarra corrida, La persona muy libre y astuta. || Á la zorra candilazo, Explica la habilidad de alguno que engañó á otro astuto. || desollar la zorra ó el lobo, etc. V. lobo. || dormir la zorra, Dormir miéntras dura la borrachera. || no es la primera zorra que ha desollado, Expr. met. con que se nota la costumbre ó habilidad que alguno tiene ó da á entender por alguna accion. || no hay zorra con dos rabos, met. y fam. Explica la dificultad que hay de encontrar dos cosas le un modo mismo semejantes. || pillar na zorra, un cernícalo, una mona, un lobo, etc. met. y fam. Embriagarse. || tener zorra, met. Estar con pesadez de abeza ó con melancolía.

ZORRASTRON, NA, adj. fam. Pícaro, astuto, disimulado y demasiadamente cauteloso.

ZORRAZO, s. m. aum. de zorro.

ZORRERA, s. f. La cueva de la zorra. met. La chimenea, cocina ú otro sitio n que hay y molesta mucho el humo. La pesadez de cabeza ó cargazon del ueño que no deja dispertar ni desperse.

ZORRERÍA, s. f. La astucia y cautela e la zorra ó para buscar su alimento ó ara libertarse de los perros y cazados. || met. y fam. La astucia, cautela y modo de obrar caviloso del que busca utilidad.

ZORRERO, RA, adj. Que Se aplica la embarcacion pesada en navegar. || e aplica á los perdigones gruesos. || met. stuto, capcioso. || met. Que va detras e otros ó tarda al seguir á los demas. || e dice de ciertos perros de caza granes, muy intrépidos, que entran con an prontitud en las cuevas de las zors y otros animales.

ZORRERO, s. m. En los bosques reales es la persona que tiene el cargo de matar las aves de rapiña, lobos, zorras, etc.

ZORRILLA, s. f. d. de zorra.

ZORRILLO, s. m. d. de zorro.

ZORRITA, s. f. d. de zorra.

ZORRO, s. m. El macho de la zorra. || fam. El que afecta simpleza ó insulsez, especialmente por no trabajar, y hace pesadamente las cosas. || La cola de zorra de que se usa para sacudir el polvo. || La piel de las zorras, adobada con su pelo. || zorros, pl. El conjunto de varias tiras de orillo, de colas de cordero, etc., que unidas y atadas sirven para sacudir el polvo. || estar hecho un zorro, Estar demasiadamente cargado de sueño. || Dícese tambien del que esta callado y pesado. || hacerse el zorro, fam. Aparentar ignorancia ó distraccion.

ZORRO, RRA, adj. zorrero, tardo en andar ó navegar.

ZORROCLOCO, s. m. Una especie de nuégados en forma de cañutillos. || El hombre tardo en sus operaciones, y que parece bobo, pero que no se descuida en su utilidad. || fam. V. arrumaco.

ZORRONGLON, NA, adj. fam. Que egecuta las cosas que le mandan pesadamente, de mala gana.

ZORRUELA, s. f. d. de zorra.

ZORRUELO, s. m. d. de zorro.

ZORRULLO, s. m. V. zurullo.

ZORRUNO, NA, adj. Perteneciente á la zorra.

ZORZAL, s. m. Ave de paso que acude durante el otoño á los paises cálidos y templados de España. || met. El hombre astuto y sagaz. || zorzal marino, Nombre dado á varios peces del mismo género.

ZORZALEÑA, adj. *And.* Se aplica á una especie de aceituna muy pequeña y redonda.

ZORZALICO, LLO, TO, s. m. d. de zorzal.

ZOSTER, s. f. Enfermedad, especie de herpes, que da al rededor de la cintura.

ZOTE, s. m. Ignorante, torpe y muy tardo en aprender.

ZOZOBRA, s. f. ant. La oposicion y contraste de los vientos que impiden la navegacion y ponen al bajel en riesgo. || met. Inquietud, afliccion y congoja del ánimo. || Una suerte del dado.

ZOZOBRANTE, p. a. de zozobrar, Que zozobra.

ZOZOBRAR, v. n. Peligrar la embarcacion á la fuerza y contraste de los vientos. || Perderse ó irse á pique. || met.

Estar en gran riesgo, y muy cerca de perderse el logro de alguna cosa. || Congojarse y afligirse en la duda de lo que se debe egecutar para huir el riesgo que amenaza, ó para el logro de lo que se desea.

ZUA

ZUA, s. f. V. AZUDA.

ZUBIA, s. f. Lugar ó sitio por donde corre ó adonde concurre mucha agua.

ZUDA, s. f. V. AZUDA.

ZUDERÍA, s. f. *Ar.* V. CONFITERÍA.

ZUECO, s. m. El zapato enteramente de palo. || El calzado ó modo de zapato con la suela de corcho ó de palo.

ZUIZA, met. Contienda, riza, pendencia y alboroto entre varios.

ZUIZON, s. m. V. CHUZO.

ZULACADO, p. p. de ZULACAR.

ZULACAR, v. a. Untar ó cubrir con zulaque.

ZULAQUE, s. m. Betun que se usa para embetunar y juntar los cañones y arcaduces unos con otros en las cañerías del agua.

ZULLA, s. f. Yerba silvestre, que se cria en la region occidental de la Andalucía desde Cádiz á Tarifa. || El excremento humano.

ZULLARSE, v. r. *fam.* Hacer sus necesidades ó ventosearse.

ZULLENCO, CA, adj. fam. Se aplica por desprecio al viejo que se ventosea con frecuencia é involuntariamente, ó no puede contener la cámara.

ZULLON, s. m. La ventosidad expelida involuntariamente ó sin ruido.

ZULLON, NA, adj. V. ZULLENCO.

ZUMACADO, p. p. de ZUMACAR.

ZUMACAL, s. m. La tierra en que se planta ó cria el zumaque.

ZUMACAR, v. a. Dar y adobar las pieles con zumaque.

ZUMACAR, s. m. V. ZUMACAL.

ZUMACAYA, s. f. Ave. V. ZUMAYA.

ZUMAQUE, s. m. Mata de tallos leñosos, con hojas aladas, compuestas de hojuelas serradas, y por debajo vellosas con que los zurradores adoban las pieles. || fam. El vino.

ZUMAYA, s. m. Ave de un pié y medio de largo.

ZUMBA, s. f. El cencerro grande. || met. Vaya, chanza ó chasco ligero.

ZUMBADO, p. p. de ZUMBAR.

ZUMBAR, v. n. Hacer ruido ó sonido continuado y bronco. || fam. Estar alguna cosa tan inmediata que falte poco para llegar á ella. || met. Dar vaya ó chasco á alguno. || IR ZUMBANDO, met. Ir con violencia ó suma ligereza.

ZUMBEL, s. m. fam. La expresion exterior del semblante ceñudo. || *And.* La cuerda con que los muchachos enredan el trompo para que se mueva.

ZUMBIDO, s. m. El ruido, susurro ó sonido continuado y agudo que hacen las cosas en el aire. || fam. Se usa para significar el golpe ó porrazo que se da á alguno.

ZUMBO, s. m. V. ZUMBIDO.

ZUMBON, NA, adj. met. Que frecuentemente se anda burlando o tiene genio festivo y poco serio.

ZUMBON, s. m. *And.* El palomo que tiene el buche pequeño y muy cerca del pico. || V. CENCERRO ZUMBON.

ZUMIENTO, TA, adj. Que arroja zumo.

ZUMO, s. m. Humor líquido de las yerbas, flores, frutas ú otra cosa semejante, que se saca exprimiéndolas. || met. La utilidad y provecho que se halla ó se saca de las cosas que se manejan ó poseen. || ZUMO DE CEPAS Ó PARRAS, fam. El vino.

ZUMOSO, SA, adj. Que tiene zumo.

ZUÑO, s. m. V. CEÑO.

ZUPIA, s. f. El vino revuelto que tiene mal color y gusto. || met. Cualquiera cosa líquida y de mala vista y sabor. || met. Lo mas inútil y despreciable de cualquiera cosa.

ZURANA, adj. V. ZORITA.

ZURCIDERA, s. f. ZURCIDORA.

ZURCIDO, p. p. de ZURCIR.

ZURCIDO, s. m. La union ó costura de las cosas zurcidas.

ZURCIDOR, RA, s. m. y f. El que zurce. || met. El alcahuete.

ZURCIDURA, Accion y efecto de zurcir, ó la union ó junta de las cosas zurcidas.

ZURCIR, v. n. Unir, juntar unos pedazos de tela con otros, cusiéndolos sutil y curiosamente. || Unir y juntar sutilmente cualquiera cosa con otra. || Mentir, añadiendo unas mentiras á otras para componer en la apariencia alguna especie, y que sea difícil averiguar la verdad.

ZURDILLO, LLA, adj. d. de ZURDO.

ZURDO, DA, adj. Que usa habitualmente y con preferencia de la mano siniestra. || Se aplica á la mano siniestra y á todo lo que pertenece ó dice relacion á ella. || Á ZURDAS, Con la mano zurda ó al contrario de como se debia hacer. || NO SER ZURDO, fam. Ser alguno muy hábil y diestro en la materia de que se trata.

ZURITA, adj. V. ZORITA.

ZURIZA, s. f. ZUIZA, contienda.

ZURO, RA, adj. Dícese de las palomas y palomos silvestres y campesinos.

ZURRA, s. f. El acto de zurrar las pieles ú otras cosas á este modo. || El castigo que se da á alguno, especialmente de azotes ó golpes. || met. La continuacion del trabajo en alguna materia, especialmente leyendo ó estudiando. || met. Contienda, disputa ó pendencia. || V. PELO. || La reprension pesada, áspera y sensible.

ZURRA, Interj. para explicar el enfado que causa la porfía ó pesada repeticion de alguna cosa.

ZURRADO, p. p. de ZURRAR. || SALVO EL ZURRADO, fam. V. SALVO EL GUANTE.

ZURRADOR, RA, s. m. y f. El que tiene por oficio zurrar y curtir los cueros. || El que zurra.

ZURRAPA, s. f. La brizna ó pelillo que se halla en los licores que poco á poco se van sentando. || La cosa vil y despreciable. || CON ZURRAPAS, fam. Con poca limpieza en cualquiera materia física ó moral.

ZURRAPIENTO, TA, V. ZURRAPOSO.

ZURRAPILLA, s. f. d. de ZURRAPA, y en plural se usa cuando son pocas las que hay ó se ven en el licor.

ZURRAPOSO, SA, adj. Que tiene zurrapas.

ZURRAR, v. a. Curtir y adobar las pieles quitándoles ó rayéndoles el pelo. || Castigar á alguno, especialmente con azotes ó golpes. || met. Traer á maltraer en la disputa ó contienda ó en la pendencia ó riña.

ZURRARSE, v. r. Irse alguno ó hacer cámara involuntariamente por algun accidente. || Estar poseido de un gran miedo.

ZURRIAGA, s. f. V. ZURRIAGO. || En algunas partes la calandria.

ZURRIAGADO, p. p. de ZURRIAGAR.

ZURRIAGAR, v. a. Dar ó castigar con la zurriaga ó el zurriago.

ZURRIAGAZO, s. m. El golpe dado con la zurriaga ó el zurriago, ó con cosa flexible. || met. La desgracia ó el mal suceso que no se esperaba. || Mal trato ó desden de quien no se creyera que podia hacer algun daño ó perjuicio.

ZURRIAGO, s. m. El látigo con que se castiga ó zurra. || La correa larga y flexible con que los muchachos hacen andar los trompos.

ZURRIAR, v. n. Sonar broncamente alguna cosa al romper violentamente el aire. || Hablar desentonado y con confusa pronunciacion de forma que causa fastidio oirlo.

ZURRIBANDA, s. f. La zurra ó castigo repetido ó con muchos golpes. || Pendencia ó riña ruidosa entre varios, en que hay golpes ó se hacen daño.

ZURRIBURRI, s. m. fam. El sugeto vil, despreciable y de muy baja esfera.

ZURRIDO, s. m. Sonido bronco, desapacible y confuso ó sordo, como el que se percibe en los oidos. || El rumor indistinto que resulta de voces desentonadas, que se pronuncian confusa y atropelladamente.

ZURRÍO, s. m. V. ZURRIDO.

ZURRIR, v. n. Sonar bronca, desapacible y confusamente alguna cosa.

ZURRON, s. m. La bolsa grande de pellejo, de que regularmente usan los pastores. || Cualquiera bolsa de cuero. || En algunos frutos la cáscara primera y mas tierna en que estan encerrados. || V. PLACENTA. || Película que se forma en el cuerpo del animal, en que está encerrada alguna materia crasa, y muchas veces gusanos ó lombrices.

ZURRONA, s. f. Muger vil y de malas costumbres. || Aplícase á las perdidas y despreciables.

ZURRONCILLO, s. m. d. de ZURRON.

ZURRUSCADO, p. p. de ZURRUSCARSE.

ZURRUSCARSE, v. r. Ensuciarse involuntariamente ó soltar el vientre.

ZURRUSCO, s. m. fam. V. CHURRUSCO.

ZURULLO, s. m. fam. El pedazo de cualquiera cosa, largo y redondo, como de masa ó cosa semejante.

ZUTANICO, LLO, s. m. d. de ZUTANO.

ZUTANO, NA, s. m. y f. Voz inventada para citar á alguno ó suplir su nombre, cuando este se ignora ó no se quiere expresar.

ZUZADO, p. p. de ZUZAR.

ZUZAR, v. a. ant. V. AZUZAR.

ZUZO, Voz que sirve de interjeccion para llamar al perro ó incitarle á que acometa.

ZUZON, s. f. V. YERBA CANA.

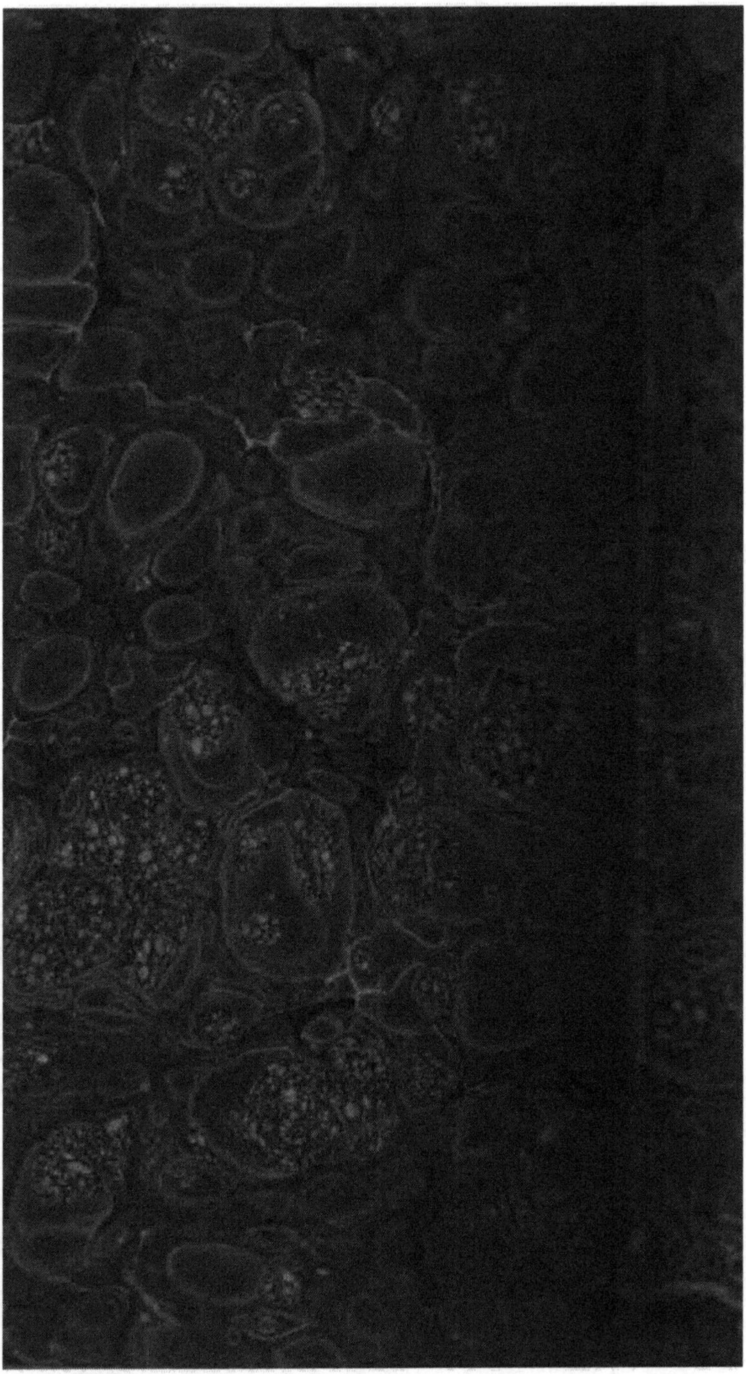

CPSIA information can be obtained
at www.ICGtesting.com
Printed in the USA
BVHW060936170619
551190BV00012B/357/P

9 780274 40